총 목 차

2024년 개정판

법률용어사전

玄岩 趙相元 創始

현암사

座右銘

敬者成就
勤者主人

星庵韓�13教

법률용어사전

초판 | 1985년 11월 15일
인쇄 | 2024년 1월 4일
발행 | 2024년 1월 12일
改訂 | 2024년판

펴낸곳 | **㈜현암사**
펴낸이 | 조미현
엮은이 | 법전부

등록 | 1951년 12월 24일 · 제10-126호
주소 | 04029 서울시 마포구 동교로12안길 35
전화 | 02-365-5051~6 팩스 | 02-313-2729
전자우편 | law@hyeonamsa.com
홈페이지 | www.hyeonamsa.com

ⓒ현암사 2024
ISBN 978-89-323-2349-7 11360

값 30,000원
잘못된 책은 바꿔 드립니다.

가나다순 찾기

【일러두기】

※ 본문 해당 페이지 중 진하게 표시한 것은 법률용어 목차에 해당하고, 진하게 표시되지 않은 페이지는 본문 용어 설명 중 중요하다고 강조한 고딕부분의 용어임

ㄱ 부

ㄴ 부

ㄷ 부

ㄹ 부

ㅁ 부

ㅅ 부

ㅇ 부

ㅈ 부

차 부

ㅋ 부

ㅌ 부

ㅍ 부

ㅎ 부

법 학 일 반

법학일반

법의 역사

법계 **法系**
법에 존재하는 국가나 민족을 초월한 어떤 계통을 말한다. 이를테면, 오늘날 우리나라의 법은 독일법의 영향을 받은 부분이 많으므로 대부분 독일법계에 속한다. 독일법은 로마법의 영향을 받은 부분과 게르만법의 영향을 받은 부분이 많으므로 로마법계와 게르만법계에 속한다. 우리 법률의 경우에는 독일법계에 속한다 하더라도 그것은 일반적인 관점일 따름이며, 중국법의 영향, 프랑스법의 영향 또는 미국법의 영향을 받은 부분도 있고, 독자적인 부분도 있다. 따라서 엄밀히 말하면 각 조문에 대하여 법계를 가릴 수 있음에 불과하다.

우르남무법전
수메르 우르 제3왕조의 우르남무왕이 제정한 법전으로 지금까지 알려진 인류최초의 법전이다. 기원전 2100년~기원전 2050년 사이에 점토판에 수메르어로 기록되었으며 현재 이스탄불 고고학 박물관에 소장되어 있다. 이 법전은 우르 제3왕조의 초대 왕인 우르남무 왕의 이름을 땄지만 실제로는 우르남무 사후 그의 아들인 슐기가 반포했을 가능성이 큰 것으로 알려져 있다. 우르남무법전은 널리 알려진 바빌론의 함무라비법전보다 약 300년 전에 만들어졌으며 함무라비법전을 비롯한 이후 중동 지방의 법체계에 영향을 주었다. 따라서 많은 항목이 함무라비법전과 유사한 모습을 보이고 있지만, 함무라비법전이 전반적으로 '눈에는 눈, 이에는 이'라는 동해보복법(同害報復法, Lex Talionis)의 형벌체계를 따르는 데 비해 우르남무 법전은 가급적 금전적으로 배상하도록 하는 특징이 있다.

함무라비법전
고대 바빌로니아의 함무라비왕(재위 BC 1792~1750)이 펴낸 법전을 말한다. 법문은 높이가 약 2미터, 지름이 약 60센티미터의 돌로 된 둥근 기둥에 설형문자(楔形文字)로 새겨져 있다. 1901년 프랑스의 발굴가가 페르시아의 고도(古都) 수사에서 발굴하였다. 총 282개의 법령이 기록되어 있으며 절차법보다는 실체법의 성격이 강하다.

마누법전
인도 고대의 법전을 말한다. 산스크리트어로 기록된 이 법전은 BC 3세기경으로부터 AD 3세기경에 완성된 것으로 추정된다. 인간의 시조(始祖) 마누가 신의 계시에 의하여 만든 것이라고 전해지고 있다. 그 내용은 법률 외에 종교·도덕·의식에 관한 규율을 포함하고 있으며 고대의 카스트(Caste)에 관한 규정도 있다. 카스트란 인도 사회에서 신앙·직업 등을 공통으로 하는 특수한 집단으로서 같은 카스트에 속하는 자는 다른 카스트에 속하는 자가 종사하는 직업에는 종사할 수 없다. 현대에는 카스트에 의한 차별이 법적으로 금지되어 있으나 관습적으로는 여전히 남아있다고 한다.

로마법
건국 초기에 로마시민에게 적용된 시민법과 로마가 이민족을 지배하기 시작함과 동시에 이민족 간에 적용된 만민법을 말한다. 기원후 2세기 무렵 로마의 영토는 크게 팽창하여 세계제국이 되었고 만민법은 세계법이 되었다. BC 2세기부터 AD 3세기 무렵까지의 사이에 로마에는 대법학자가 많이 나타나 법학 발달에 공헌하였다(법학 융성시대). 그 후 법학은 쇠퇴하였지만 AD 6세기에 이르러 동로마의 황제 유스티니아누스는 법학융성시대(法學隆盛時代)의 학설을 모아 법학을 배우기 시작한 사람을 위한 교과서 및 역대 황제의 칙법(勅法)과 함께 이것을 법률로 공포하였다. 유스티니아누스가 편찬한 법전 전부를 로마법대전이라 한다. 동로마제국이 멸망한 후 로마의 법전도 흐지부지되었는데, 11세기 밀 이탈리아의 보로니아대학에서 로마법 전전(全典)의 연구가 행하여져 독일에서도 많은 이들이 보로니아대학에 유학하여 독일에 로마법의 지식을 넓혔고, 로마법 전전은 15세기부터 16세기에 걸쳐 독일법으로서 전면적으로 독일에 수입되었다. 이를 **로마법의 계수**(繼受)라고 한다. 독일에 계수된 로마법은 그때까지 독일에서 시행되어온 게르만법과 융합하여, 현재의 민법전에는 로마법적 요소와 게르만법적 요소가 남아 있다. 로마법은 스위스·프랑스·이탈리아·영국의 법에도 영향을 미쳤고 현대에 있어서도 하나의 법계를 이루고 있다.

시민법 · 만민법
市民法 · 萬民法
시민법이란 로마시민 간에 적용된 법을 말하고, 만민법이란 이민족에 적용된 법을 말한다. 로마는 BC 8세기 지금의 이탈리아 반도에 국가를 세웠다고 전해지는데, 이때 로마시민 간에 적용된 법이 시민법이다. 로마는 점차 영토를 확장하여 세계적인 대제국으로 발전하였고 그 영토 내에 많은 이민족을 포함하게 되었으므로, 이민족에게 적용되는 법이 발달하였다. 이것을 시민법에 대응하여 만민법이라 한다. 만민법은 널리 로마제국 내의 이민족에게 적용되는 것이었으므로 그 결과 세계 어느 곳에서도 적용될 수 있는 합리적인 원리를 가지고 있었다. 이것이 바로 로마법이 세계 각국에 영향을 미치게 된 원인 중 하나이다(로마법의 항 참조).

시민법 · 사회법
市民法 · 社會法
시민법(Civil Act)이란 사법(민법)을 말하고, 사회법이란 사법과 공법이 혼합된 법(노동법 등)을 말한다. 사회법에 대응하는 용어로서 시민법은 만민법에 대응하는 의미로서의 시민법과는 다르며 본래는

유럽 중세의 도시에서 발달한 법을 말한다. 중세 도시에는 상인이나 수공업자가 거주하였고, 도시는 영주로부터 자치권을 획득하여 자치권에 기하여 영주의 국가에서 시행되는 법과는 다른 도시법을 만들었다. 도시법의 원리는 근대사법에 영향을 끼쳤는데, 근대사법은 개인의 자유·평등을 전제로 하여 자유·평등한 개인의 자유로운 거래활동을 인정한다고 하는 원리에 근거를 두고 있다. 이와 같은 법을 시민법이라 하고 사회법에 대응하는 의미로 사용된다. 우리의 일상생활을 규율하는 법인 민법은 시민법을 뜻하며, 네덜란드어에서 번역된 것으로 알려져 있다(공법·사법·사회법의 항 참조).

게르만법
게르만민족 고유의 법을 말한다. 게르만민족은 현재의 독일과 스칸디나비아반도 일대에 거주하던 민족으로 게르만법은 게르만시대, 프랑크시대(5세기~9세기 말), 중세(9세기 말~1495년)를 통하여 독자적인 발전을 하였다. 이후 15세기부터 16세기에 걸쳐 독일이 로마법을 이어받으면서 로마법이 압도적으로 우세해졌으나 게르만법은 각 지방에 남아 있어 로마법에 우선하여 적용되었다. 시간이 경과됨에 따라 로마법과 게르만법은 어느 정도 융합되었다. 독일의 현행 민법의 물권법에는 게르만법에서 유래하는 제도가 적지 아니하고, 민법총칙·채권법은 로마법적이다. 게르만법은 스위스·프랑스 등 여러 나라에도 영향을 미치고 있다.

영미법 · 대륙법
英美法 · 大陸法
영미법이란 영국과 미국의 법을 말하고, 대륙법이란 유럽대륙의 법을 말한다. 최초 영국에서는 게르만민족에 속하는 앵글로색슨족의 법이 적용되었다. 이후 노르만인(게르만민족에 속한다)의 침공으로 윌리엄 1세가 노르만왕조를 세웠다. 윌리엄 1세와 그 후계자는 각지의 관습법을 존중함과 동시에, 국내의 법을 통일하려고 국왕의

재판소를 설립하였고 재판관은 영국국민의 일반관행에 의하여 재판하였다. 그러나 영국에는 미리 규칙을 만들어 구체적 사건에 이를 적용한다는 생각은 없었고, 판결이 바로 법이라고 생각되어 그 후에 일어난 사건은 전의 판결을 선례로 하여 재판하였다. 이와 같이 하여 판결이 집적된 것을 **보통법**(Common law)이라고 한다(보통법·특별법이라고 하는 경우의 보통법과는 다른 의미이다).

영국에는 보통법과 함께 **형평법**(衡平法)이라는 또 하나의 법체계가 성립되어 있었다. 국왕의 최고 고문인 대법관은 보통법으로 구제받을 수 없는 자를 개별적으로 구제하는 재판을 하고 이 재판이 선례가 되어 형평법이 성립되었다.

의회에서 제정하는 법(**제정법**, 制定法)은 판결보다 상위에 위치하는 것으로 근대에 이르러서는 제정법도 많이 제정되었지만 보통법이 영국법의 근간(根幹)을 이루고 있다. 영국법은 로마법의 영향도 받았지만 그 영향은 많지 않으며 이 점에 있어서 대륙법과는 다르다. 보통법과 형평법은 미국을 비롯하여 영국의 구식민지에서도 이어받게 되어 영미법은 일대 법계를 이루고 있다.

대륙법이란 유럽대륙의 법을 의미하고 영미법에 대응하는 용어이다. 유럽대륙의 법에는 로마법과 게르만법의 영향이 많고, 또 대륙법은 영미법과는 달리 추상적인 법을 만들어 이것을 구체적인 사건에 적용한다는 사고를 바탕으로 제정된 것이다. 대륙법은 영미법과 함께 일대 법계를 이루고 있으며, 그 가운데 독일법계·프랑스법계를 들 수 있다.

카논법　가톨릭 교회의 법을 말한다. 중세의 카논법은 종교회의의 결의나 교황의 명령 등으로 이루어졌고 교회재판소(敎會裁判所)에서 적용되었는데, 독일에서는 로마법의 계수(로마법의 항 참조)와 거의 같은 시대에 독일의 세속재판소(世俗裁判所)에서도 적용되게 되었다(**카논법의 계수**). 그리스도교

국가의 법률 중에는 아직까지도 카논법의 영향을 받은 흔적이 남아 있다. 그리스도교 국가에서 법적으로 이혼을 제한하고 있는 것이 그 예이다. 현재 가톨릭교회의 법으로서는 1983년에 공포된 교회법전이 있다.

나폴레옹법전　1807년에 나폴레옹 1세가 제정한 프랑스 민법전으로서 1804년의 민법전을 개정한 것을 말한다. 나폴레옹법전은 나폴레옹의 유럽지배에 의하여 그 치하의 제국에 시행되고 나폴레옹 몰락 후에도 그 영향을 남겼다. 독일의 일부, 벨기에, 네덜란드, 이탈리아, 불가리아, 루마니아, 캐나다의 퀘벡, 미국의 루이지애나 등에는 그 영향이 적지 아니하며 이들은 모두 프랑스법계이다. 나폴레옹법전은 그 후 민법전(Code Civil)으로 이름을 바꾸어 현재의 프랑스에서 시행되고 있다.

율령격식
律令格式
중국에서 수(隋), 당(唐) 시대에 완성된 성문법을 말한다. 율(律)은 형법, 영(令)은 명령금지의 법, 격(格)은 율령을 수정·변경한 것, 식(式)은 율령의 세칙이다. 당의 율령은 우리나라에 계수되었다.

대명률
大明律
중국 명나라의 기본적인 형법전을 말한다. 명례율(名例律)·이율(吏律)·호율(戶律)·예율(禮律)·병률(兵律)·형률(刑律)·공률(工律)의 7편 30권 460조로 되어 있다.

대명률은 명나라 건국 때 명령(明令)과 더불어 공포되었고, 그 후 여러 번 수정되어 1387년 공포된 것이 최후의 율이다. 대명률은 조선시대의 경제육전(經濟六典)·경국대전 등 치국의 기본법을 제정하는 데 크게 영향을 주어 그에 준거한 바가 많았다. 사상면에서도 대명률에서는 불충죄와 불효죄를 가장 큰 죄악으로 명시하여 개인윤리나 사회윤리의 핵심으로서 충효사상이 중시되었다.

조선경국전
朝鮮經國典

조선 개국 초 1394년(태조 3년) 3월에 정도전이 왕에게 지어 올린 기본정책을 규정한 법전이다. 육전(六典)에 따라 조선왕조의 국가경영의 기준을 종합적으로 서술하였다. 중국 주나라 제도인 주례(周禮)의 육전을 모범으로 하여 조선의 현실에 맞게 조정하였다. 육전 앞머리에는 치국의 대요(大要)로서 정보위(正寶位)·국호·정국본(定國本)·세계(世系)·교서를 서론으로 실었다. 그 내용은 첫째, 천지자연의 이치에 따라 인으로써 왕위를 지켜나갈 것, 둘째, 국호를 조선으로 정한 것은 기자조선(箕子朝鮮)의 계승이라는 것, 셋째, 왕위계승은 장자나 현자로 하여야 한다는 것, 넷째, 교서는 문신의 힘을 빌려 높은 수준으로 해야 한다는 것 등이 제시되고 있다. 본론은 치전(治典: 吏典)·부전(賦典: 戶典)·예전(禮典)·정전(政典: 兵典)·헌전(憲典: 刑典)·공전(工典) 등 육전으로 되어 있으며, 각 전(典)은 총서에 이어 주로 소관업무를 소목으로 나누어 서술하였다.

이 법전에서 제시된 통치규범은 주례의 육전체제를 바탕으로 하되, 중국 역대의 제도를 절충하고 그것을 다시 조선의 현실에 맞게 조정한 것이다. 그리하여 주례에서는 재상제도(宰相制度)·과거제도·병농일치제도(兵農一致制度)의 이상을 모방하였고, 한나라·당나라의 제도에서는 중앙집권 및 부국강병과 관련되는 부병제도(府兵制度)·군현제도(郡縣制度)·부세제도(賦稅制度)·서리(胥吏) 선발제도의 장점을 흡수하였다. 또한 헌전(憲典)은 대명률(大明律)에 의거하고 있다. 이 법전은 개인의 저술이지만 조선왕조의 건국이념을 정리·제시한 것으로서, 성종 때 경국대전 편찬의 모체가 되었다.

경제육전
經濟六典

조선 개국 초에 편찬·반포된 국가의 기본법전이다. 조선시대 최초의 통일법전이며 1397년(태조 6년) 12월 26일에 공포·시행되었다. 경국대전의 전신이다.

이 경제육전은 종류에 따라 구별되는데, 조준육전(趙浚六典)·하륜육전(河崙六典)·이직육전(李稷六典)·황희육전(黃喜六典)은 그 편찬 책임자에 따른 분류이고, 원육전(元六典)·속육전(續六典)·등록(謄錄)은 편찬 연대에 의하여 이름을 붙인 법전명이다. 이두·원육전(방언육전)·상정원육전(詳定元六典)은 법전에 이두가 혼용되었느냐에 따라 구분한 것이다. 조준육전은 1397년(태조 6년)에 반포된 것으로 원육전이며 이두육전이다. 하륜육전은 1413년(태종 13년)에 반포된 것으로, 조준육전에서 이두를 빼고 한문으로 상정한 원육전, 즉 상정원육전과 1397년 이후의 수교조례를 모아 편찬한 속육전으로 구성된다. 이직육전은 1429년(세종 11년)에 반포된 것인데, 하륜의 속육전에 1408년(태종 8년) 이후의 수교조례를 합하여 통일법전으로 만든 속육전 5권과 등록 1권을 말한다. 황희육전은 1433년(세종 15년)에 반포된 것으로, 속육전을 개편하여 1397년부터 1432년(세종 14년)까지의 수교조례를 통합하고, 새로 속육전 6권과 등록 6권을 찬진(撰進)한 것을 말한다. 이상의 각종 육전과 등록은 원육전과 함께 현존하지 않으며, 다만 조선 초기의 실록에 의거하여 조항의 일부를 간접적으로 찾아볼 수 있을 뿐이다.

이들 경제육전은 조선 창업군주의 법치주의 이념이 담긴 조종성헌(祖宗成憲)으로서 금석(金石)과 같은 절대적 가치가 부여되었으며, 뒤에 경국대전의 편찬에도 크게 영향을 끼친 모체가 되었다.

경국대전
經國大典

조선시대 법전의 하나이다. 조선 건국 초의 법전인「경제육전」의 원전과 속전, 그리고 그 뒤의 법령을 종합하여 만든 통치의 기본이 되는 통일법전이다.

고려 말부터 1484년(성종 15년)까지 약 100년간에 반포된 제법령(諸法令) 교지·조례 등을 총망라한 법전으로 조선 500여 년간의 정치는 이것에 기준하였다. 제7대 왕 세조는 즉위하자마자 만세성법(萬世成法)을 이룩하기 위하여 육전상정소(六典詳定所)를 설치하고 통일법전의 편찬에 착수하였다. 1460년(세조 6년) 7월에 먼저 재정·경제의 기본이 되는 호전과 호전등록을 완성하여 이를 경국대전 호전이라고 이름지었다. 다음 해 형전을 완성하여 공포·시행하였으며, 1466년에는 이전·예전·병전·공전도 완성하고 호전·형전도 함께 다시 전면적으로 검토하여 1468년 1월 1일부터 시행하기로 결정하였다. 그러나 세조는 신중을 기하여 반행(頒行 : 발행, 반포)을 보류하였다. 그 뒤 예종이 죽고 성종이 즉위하자 다시 교정의 논의가 일어나 감교(勘校 : 자세히 조사·대조하여 잘못된 부분을 수정)를 가한 후 1470년(성종 1년) 11월에 완성하여 다음 해 1월 1일부터 시행하였다. 이것이 곧 신묘대전(辛卯大典)이다. 그 후 다시 수정하여 1474년 1월에 반행하고 2월 1일부터 시행하였는데 이것이 갑오대전(甲午大典)이다. 갑오대전 역시 수정의 논의가 일어나 심사·수정을 거듭한 끝에 10여 년 후인 1484년 12월에 완성하여 다음해 1월 1일부터 시행하였다. 이것이 을사대전(乙巳大典)이며 지금까지 전해오고 있는 유일한 최고(最古)의 법전이다. 그 내용은 이·호·예·병·형·공의 각 전으로 되어 있으며, 이전은 관리의 직분·임면·관아의 편성, 관리제도 등을 규정하고, 호전은 전제(田制)·세제·호적·조운(漕運)·권농·비황(備荒) 등 재정·경제에 관한 것이며, 예전은 과거·사대·관혼·상제 등 의례·교육·문서식과 외교 등에 관한 것이다.

병전은 군제와 군사에 관한 규정을, 형전은 형벌·재판·공사노비와 상속 등에 관한 민사규정을 포함하였다. 공전에는 도로·교량·도량형(度量衡)·식산(殖産 : 생산물을 늘림)에 관한 규정이 수록되어 있다.

대전통편
大典通編

경국대전을 원전으로 하여 만든 새 법전이다. 정조는 즉위하자 경국대전·속대전(續大典)의 법과 오례의(五禮儀)·속오례의(續五禮儀)의 예를 통합한 대명회전(大明會典)과 같은 회전편찬(會典編纂)을 기도하였으나 너무 복잡하여, 법전에 국한한 법전편찬을 진행하기 위하여 찬집정(纂輯庭)을 신설하여 1781년(정조 5년)부터 찬집을 개시하여 1785년에 편찬을 끝내고 왕의 교지로써 새 법전을 대전통편이라고 명명하여 1786년 1월 1일부터 시행하였다.

이·호·예·병·형·공의 육전의 조문은 경국대전을 맨 앞에, 속대전을 그 다음에, 그리고 그 뒤의 법령 순으로 수록하고 각각 원·속·증자로 표시하였으며, 종래 가로쓰기로 되었던 것을 모두 세로쓰기로 바꾸었다. 특히 조종성헌존중(祖宗成憲尊重)의 대원칙에 따라 경국대전이나 속대전의 조문으로서 공식적으로 폐지된 조문은 금폐(今廢)라고 표시하고, 숫자나 명칭이 서로 바뀌거나 오류가 명백한 것만 바로잡는 외에 경국대전과 속대전의 조문을 그대로 수록하였다.

대전통편에는 이전 221개조, 호전 73개조, 예전 101개조, 병전 265개조, 형전 60개조, 공전 12개조 등 모두 723개 조문이 그 전의 법전에 추가되었다. 대전통편의 편찬으로 경국대전 이후 300년만에 새로운 통일법이 이룩되었으며, 1865년(고종 2년) 9월의 조선시대 최후의 법전인 대전회통은 대전통편을 약간 증보한 것에 지나지 않았다.

대전회통
大典會通

조선 말엽 대전통편 간행 후 그것을 저본(底本)으로 하여 80년간의 수교·품주(稟奏)·정식(定式) 등을 수집하여 정리한 조선시대 최후의 법전이다.

1865년(고종 2년) 영의정 조두순, 좌의정 김병학 등이 왕명을 받아 편찬하였고 대왕대비 대전회통이라고 이름하여 그 해에 반포하였다.

경국대전을 비롯하여 그 뒤의 속대전·대전통편 등을 보완하는 입장에서 편찬된 것이기 때문에 이들 법전의 내용을 그대로 모두 수록하고 있다. 즉 경국대전에 수록된 내용은 원(原)으로 표시하였고, 속대전에서 처음 나타나거나 경국대전의 내용이 바뀐 것은 속(續)으로 표시하였으며, 대전통편에 처음 등장하거나 경국대전·속대전의 내용이 바뀐 것은 증(增)으로 표기하였고, 대전회통에 와서 처음 나타나거나 기존의 법전 내용이 바뀐 것은 보(補)로 표기하여 이·호·예·병·형·공의 각전의 조항에 종합하였다. 따라서 대전회통을 통하여 하나의 제도가 조선 전반에 걸쳐 어떻게 변화되었는가를 자세하게 파악할 수 있다. 이는 고려 이래 조선조의 여러 왕대에 걸쳐 시행된 모든 규정이 집대성된 법전이라 할 수 있다. 이 법전은 조선 일대의 종합법전으로서 기본적 연구 자료가 된다.

법의 성질·목적·효력

사회적 규범(사회규범) 社會的 規範(社會規範)

사회생활에서의 규범(지키지 아니하면 아니 될 규칙)을 말한다. 예의, 도덕, 종교, 관습 및 법은 사회규범이지만, 법은 국가에 의하여 강제되는 것을 원칙으로 하는 점에서 기타의 사회규범과 다르다. 그러나 사회규범이라고 하는 용어는 국가와는 구별되는 사회에 있어서의 규범이라고 하는 의미로도 사용된다. 국가도 사회의 일종이긴 하지만 그것과는 달리 도박꾼의 사회, 학자의 사회, 어민의 사회 등을 생각할 수 있고 거기에는 국가법과는 다른 규범이 행하여진다. 이와 같은 규범을 국가법과 구별하는 의미에서 사회규범이라고 하는 것이다.

행위규범·재판규범 行爲規範·裁判規範

행위규범이란 사회생활에서의 인간의 행위의 규범(지켜야 할 규칙)을 말하고, 재판규범이란 재판의 기준이 되는 규칙을 말한다. 인간의 행위를 규율하는 법은 행위규범인 동시에 법관이 재판을 하는 경우의 재판규범이라고 하는 이중의 성질을 가지고 있다.

법의 실효성 法의 實效性

법이 실제로 효력을 가지고 있는가 없는가의 성질을 말한다. 법이 실제로 시행되고 있을 때에는 법은 실효성을 가지고 있다고 하고, 법이더라도 시행되고 있지 않을 때에는 실효성이 없다고 한다. 예를 들어 개정 전 「경범죄처벌법」 제1조45호는 '성별을 알아볼 수 없을 정도의 장발을 한 남자'를 처벌할 것을 규정하고 있었는데, 경찰이 그러한 장발자를 방임하여 단속하지 않았다면 「경범죄처벌법」 제1조45호의 규정은 실효성을 가지고 있지 않았다고 볼 수 있다.

법의 타당성 法의 妥當性

첫째로는 법이 정의에 맞는 것을 말하고, 둘째로는 법이 사람의 복종을 요구하는 성질(사람에게 의무를 지우는 성질)을 가지고 있는 것을 말한다. 법은 늘 지켜지고 있다고 단정할 수는 없지만 법이 만들어진 이상 그 성질로서 법에 의하여 규율되는 사람의 복종을 요구하는 것이며, 법의 이와 같은 효력(타당성)이 무엇에 근거하여 생기는가는 법철학상의 어려운 문제이다. 셋째로는 법의 실효성(법의 실효성의 항 참조)과 같은 의미로 사용된다.

법적 안정성(법적 안전) 法的 安定性(法的 安全)

사회의 여러 사람들이 법에 의하여 안심하고 생활할 수 있는 것을 말한다. 만일 법이 시행되지 아니하여 사회의 질서가 어지러워지거나, 법이 함부로 개폐되거나, 법이 애매하여 명확하지 않다면 사람들은 법에 의하여 안심하고 생활할 수 없다. 이와 같은 상태를 가리켜 법적 안정성이 없다고 한다. 법적 안정성은 법의 가장 중요한 가치 중의 하나이다.

법의 획일적 성질
法의 劃一的 性質

법이 모든 경우를 동일하게 취급하는 성질을 말한다. 법을 해석·적용함에 있어서는 구체적 타당성을 가지도록 유의하지 않으면 안 되지만(구체적 타당성의 항 참조) 법이 어느 정도 획일적 성질을 가지는 것은 부득이하다. 획일적 성질이란 모든 경우를 동일하게 취급하는 성질이다. 예컨대, 제1심법원의 판결에 대한 항소(抗訴)는 판결이 송달된 날로부터 2주일 내에 제기하여야 하나(민사소송법 제396조1항), 우연히 날짜를 잘못 세어 기일에 1일을 늦게 제기한 항소를 법원이 수리한다면 기일에 늦어 항소를 단념한 자와의 사이에 불공평이 생기고 그 자의 항의에 대하여는 할 말이 없게 된다. 그뿐 아니라 항소기간을 1일 연장하여 처리한다고 하면 또다시 그 항소기일에 1일 늦은 자와의 사이에 똑같은 문제가 생길 것이다. 따라서 2주일간의 항소기간은 획일적으로 정하지 않으면 안 되며 법은 이와 같은 취급을 요구하고 있는 것이다.

법의 타협적 성질
法의 妥協的 性質

법이 지니고 있는 타협적인 성질을 말한다. 법은 국가권력에 의하여 만들어지는 것이지만, 현실에 있어서는 이해나 사회이상을 달리하는 사람들이 자기의 이상에 맞는 법을 만들려고 노력하기 때문에 현대민주주의 사회에서의 법은 서로 다른 이해나 사회이상의 공약수로서 타협적인 산물로 될 수 있다. 법의 이와 같은 성질을 타협적 성질이라 한다.

평균적 정의 · 일반적 정의 · 배분적 정의
平均的 正義 · 一般的 正義 · 配分的 正義

평균적 정의란 개인 상호 간의 급부와 반대급부가 균형을 이루는 것을 말하고, 일반적 정의(또는 **법률적 정의**)란 개인이 단체(예 : 국가)에 대한 의무를 다하는 것을 말하고, 배분적 정의(또는 **분배적 정의**)란 단체가 개인을 그 능력 및 공적에 따라서 취급하는 것을 말한다. 위의 세 가지의 정의는 그리스의 철학자 아리스토텔레스에 의하여 분류된 것이다. 첫 번째 평균적 정의에 관한 예를 들면, 근로에 대하여는 이에 상응하는 대가를 주고, 절도에 대하여는 그 손해에 상응하는 배상을 지급하게 하는 것은 평균적 정의의 요구인 것이다. 두 번째 일반적 정의에 관한 예를 들면, 인간에게 주어지는 기본권과 같은 것들이다. 세 번째 배분적 정의에 관한 예를 들면, 부자에게는 세율을 높게 적용하는 것이 배분적 정의에 합당한 것이다. 요컨대, 평균적 정의는 개인 상호 간에 행하여지는 정의이고, 일반적 정의는 개인의 단체에 대한 관계에서의 정의이며, 배분적 정의는 단체의 개인에 대한 관계에서의 정의이다.

법의 반사작용
法의 反射作用

법률상으로 반사적 결과가 발생하는 작용을 말한다. 법에 의하여 권리를 부여받고 의무를 부담하는 것은 사람에 한정된다. 예를 들어 법이 동물을 보호하라고 명령한 경우에 동물의 사육자는 동물을 보호할 의무를 부담하지만, 동물이 사육자에 대하여 보호를 요구할 권리를 부여받는 것은 아니다. 그러나 동물은 법에 의하여 보호를 받는 결과가 된다. 이것을 법의 '반사작용'에 의하여 보호된다고 한다.

소급효
遡及效

법이 과거로 거슬러 올라가 효력을 발생하는 것을 말한다. 법에는 소급효가 주어지지 않는 것이 원칙이며, 특히 형벌법규에 대하여는 소급효를 인정하는 것이 금지되고 있다(헌법 제13조). 소급효를 인정하면 인권을 해하게 되는 일이 발생할 수 있기 때문이다. 예컨대, 현재 시계의 매매는 적법한 것으로 인정되고 있는데, 1년 후에 시계의 매매를 처벌하는 법률이 제정되고 그것이 현재에서 거슬러 올라가 효력을 발생한다고 하면 사람들은 현재의 법률에 따라 행동하고 있더라도 안심이 되지 않을 것이다(기득권의 항 참조).

속인법주의 · 속지법주의
屬人法主義 · 屬地法主義

속인법주의란 사람의 소재 여하를 묻지 아니하고 그 사람이 속하고 있는 국적 등의 법을 적용하려는 주의를 말하고, 속지법주의란 법이 일정한 지역에 체재 · 거주하는 자에게 적용된다고 하는 주의를 말한다. 독일의 프랑크시대(5~9세기)에는 각 종족의 법이 속인적(屬人的)으로 적용되었다. 그러나 봉건제도의 발달, 근대에 있어서의 영토주권의 관념의 확립에 따라 일국(一國)의 법은 사람의 국적 여하를 묻지 아니하고 원칙적으로 일국의 영토 내에 있는 모든 사람에게 적용하게 되었다. 이것이 **속지법주의**이다. 현대의 국가는 속지법주의를 원칙으로 함과 동시에 어느 정도 속인주의를 병용하고 있다. 예를 들어 우리나라 형법은 누구든지 대한민국의 영역 내에서 죄를 범한 자에게 적용함과 동시에 외국에서 죄를 범한 한국인에게도 적용한다(형법 제2조 · 제3조).

법의 단계
法의 段階

법에 존재하는 상 · 하위의 단계를 말한다. 국내법에 대하여 말하면, 「헌법」이 최상위에 있고, 그 다음에 법률(국회에서 제정한 법)이 있으며, 대통령령(국무회의의 심의를 거쳐 대통령이 제정한 명령), 조례(지방자치단체의 의회에서 제정한 법)는 그 하위에 있다. 하위의 법이 상위의 법에 반하는 경우에는 무효이다.

국제법 · 조약과 헌법 간에 있어서의 상하에 대하여는 논의가 있다(법단계설의 항 참조).

법의 연원과 종류

법원(법의 연원)
法源(法의 淵源)

법에 나타나 있는 형식을 말한다. 법은 헌법의 형식을 취하는 것도 있고 또는 법률(국회에서 제정한 법)로서 혹은 대통령령(국무회의를 거쳐 대통령이 제정한 법)으로서 나타난 것도 있다. 또는 성문법인 것도 있고 관습법인 것도 있다. 이 경우에 있어서의 헌법 · 법률 · 대통령령 또는 성문법 · 관습법은 법원이다(성문법 · 불문법의 항 참조). 법의 연구에 있어서는 먼저 법원(法源)으로서 어떠한 것이 있는가를 명백히 하지 않으면 안 된다. 법원을 법을 구성하는 재료라고 하는 설명도 있는데 그 의미는 위에서 말한 법원의 의미와 다를 바가 없는 것이다.

실정법 · 자연법
實定法 · 自然法

실정법이란 현재 시행되고 있는 법(현행법) 또는 과거에 현실적으로 시행되었던 법을 말하고(자연법에 대응하는 용어이다), **자연법**이란 모든 시대 · 모든 장소에 적용되는 영구불변의 법을 말한다(실정법 위에 있는 것 또는 실정법을 보충하거나 실정법의 지침이 되는 것이다). 자연법의 존부에 대하여는 학자에 따라 의견이 나누어진다. 18세기에 제창된 자연법론(자연법학설)은 근세 자연법론(계몽적 자연법론)이라 하고, 인간의 본래의 성질로부터 인간의 자연상태(법도 국가도 없는 상태)를 상정하고 이 자연상태로부터 자연법의 존재를 논리적으로 설명하려고 하는 점에 특색이 있다. 당시의 유력한 자연법학설은 인간의 자유·평등의 권리를 자연법에 의하여 인정된 권리라고 설명하였는데, 자연법론은 봉건적인 속박으로부터 인간을 해방하는 유력한 무기가 되었지만 역사법학이 번성하게 됨과 동시에(역사법학의 항 참조) 근세자연법론도 쇠퇴하였다. 그러나 19세기 후반에 독일의 법철학자 슈타믈러(Stammler, 1856~1938)는 형식은 불변이지만 내용이 변화하는 자연법의 존재를 설명하였고 또 현재의 독일에서도 자연법론이 번성하고 있다. 우리나라에서도 자연법론자는 적지 않지만 18세기와 같은 세계적인 자연법학파는 존재하지 않는다.

성문법·불문법 관습법·판례법
成文法·不文法 慣習法·判例法

성문법이란 문서로써 나타내고 일정한 형식 및 절차에 따라 공포되는 법을 말하고(불문법에 대응하는 용어이다. 「헌법」·「민법」·「형법」 등 우리나라의 법은 거의 모두 성문법이다), 불문법이란 성문법이 아닌 법을 말한다. 불문법의 주된 것으로는 관습법 및 판례법이 있다.

관습법이란 관습에 근거하여 성립된 법이다. 관습법이 성립하기 위해서는 ① 관습이 존재할 것, ② 그 관습이 규범(지켜야 할 규칙)으로 존재할 것 그리고 ③ 국가가 이것을 법으로 인정하는 것이 필요하다. 영국 헌법의 대부분은 관습법이다.

판례법은 법원의 판결이 반복됨에 따라 법적인 효력을 갖게 된 것을 말한다. 법원의 판결은 그 사건만을 구속하는 것이지만, 같은 사건이 일어나 재판을 하게 된 경우에 같은 판결이 되풀이되면 판결은 동종의 사건에 대하여

는 사실상 법과 동일한 구속력을 갖는 것이 된다. 이와 같이 판결에 인정된 구속력이 있는 규범을 판례법이라 한다.

공법·사법·사회법
公法·私法·社會法

공법이란 국가와 국가, 국가와 지방자치단체(특별시, 광역시, 특별자치시, 도, 특별자치도, 시, 군, 구 등), 지방자치단체 상호 간의 관계 혹은 국가·지방자치단체와 개인 간의 관계를 정하는 법 및 국가 또는 지방자치단체의 조직·활동을 정하는 법을 말하고, 사법이라 함은 개인 상호간의 관계를 정하는 법을 말한다. 헌법·행정법·형법·소송법·국제법은 공법이고, 민법·상법·국제사법은 사법이다.

그러나 국가 또는 지방자치단체가 사인과 같은 자격으로 사인과 여러 가지 관계에 서게 되는 때에는 이를 규율하는 법은 사법이다. 예를 들어 시영버스사업은 개인운영 버스사업과 성질이 동일하므로 시버스와 승객과의 관계는 사법상의 관계이다.

공법은 대부분 강행법이고, 사법에는 임의법의 부분이 많다(강행법규·임의법규의 항 참조). 따라서 사법에 있어서는 당사자의 합의를 원칙적으로 유효한 것으로 인정한다. 그러나 사용자와 근로자의 관계와 같이 약속을 자유롭게 인정하면 현실적으로 어느 한 쪽이 불리해질 때가 있다. 이러한 경우 국가가 법에 의하여 이와 같은 합의에 여러 가지 제한을 가했고, 그 결과 공법과 사법이 혼합된 법의 분야가 생겼다. 이와 같은 분야의 법을 사회법이라 한다. 노동법이나 경제통제법은 사회법에 속한다.

강행법규·임의법규
强行法規·任意法規

강행법규(강행규정)란 당사자의 의사 여하에 불문하고 적용되는 법을 말한다. 예를 들어 사람을 살해한 자를 처벌한다고 하는 형법의 규정은

강행법이다. 임의법규(임의규정)란 당사자가 법의 규정과 다른 의사를 가지고 있는 경우에는 적용되지 아니하는 법을 말한다. 예를 들어 '전세권자는 목적물의 현상을 유지하고 그 통상의 관리에 속한 수선을 하여야 한다'(민법 제309조)고 한 규정은 임의법규이며, 따라서 당사자간의 약속으로 목적물의 현상을 변경하고 그 수선의무를 전세를 내준 사람이 부담하여도 좋다. 어떤 법문이 공익에 관한 것인 때에는 그것은 강행법규이다.

일반법(보통법) · 특별법
一般法(普通法) · 特別法

일반법이란 보통법이라고도 하며, 같은 단계의 법으로서(법의 단계의 항 참조) 특별법에 비하여 넓은 범위의 사람 · 장소 또는 사항에 적용되는 법을 말하고, 특별법이란 일반법보다도 좁은 범위의 사람 · 장소 또는 사항에 적용되는 법을 말한다. 사람에 대하여 말하면 국민 전체에 대하여 적용되는 「형법」 및 「형사소송법」은 일반법이고, 소년(19세 미만)에 대한 형벌 및 이를 과하는 절차를 정한 「소년법」은 「형법」 및 「형사소송법」의 특별법이다. 장소에 대하여 말하면 우리나라 전국에 적용되는 「지방자치법」은 일반법이고, 이와 같은 사항(지방자치행정)에 대하여 서울특별시에만 적용되는 「서울특별시 행정특례에 관한 법률」은 특별법이라 할 수 있다. 그리고 사항에 대하여 말하면, 일상생활에 적용되는 「민법」은 일반법, 상거래에 적용되는 「상법」은 특별법이다(사람에 대하여도 「민법」은 국민 전체에 적용되고, 「상법」은 주로 상인에게 적용된다). 특별법은 일반법에 우선하여 적용되고, 특별법의 규정이 없는 경우에 일반법이 보충적으로 적용된다. 한편, 영국법의 근간을 이루는 법을 커먼 로(Common law)라고 하여 보통법으로 번역하는데, 이것은 보통법 · 특별법이라고 하는 경우의 보통법과는 전혀 다른 의미이다(영미법 · 대륙법의 항 참조).

실체법 · 절차법
實體法 · 節次法

실체법(실체규정)이란 사항의 실체를 규정한 법(규정)을 말하고, 절차법(절차규정)이란 실체법을 실현하는 절차를 규정한 법(규정)을 말한다. 예를 들어 돈을 빌린 자는 이를 반환할 의무가 있다고 하는 것은 실체규정이고, 돈을 반환하지 않은 경우에 강제적으로 반환시키는 절차를 규정하는 법은 절차법이다. 소송법은 절차법이며 「민법」 · 「상법」 · 「형법」 등은 실체법이다. 그러나 절차법 중에도 실체규정이 있고, 실체법 중에도 절차규정이 있다.

고유법 · 계수법
固有法 · 繼受法

고유법이란 어느 사회에 있어서 다른 사회의 법의 영향을 받지 아니하고 발달한 법을 말하고, 계수법이라 함은 다른 사회로부터 전래된 법을 말한다. 독일에서는 중세 무렵부터 16세기까지 로마법을 계수하고(로마법의 항 참조), 우리나라에서는 예로부터 내려온 고유법 외에 중국 · 독일 · 프랑스 · 일본법을 수입하고 제2차 세계 대전 후에는 미국법의 일부를 계수하였다.

행위법 · 조직법
行爲法 · 組織法

행위법이란 사회생활에 있어서의 행위의 준칙(지키지 않으면 안 될 규칙)을 정하는 법을 말하고, 조직법이란 조직을 정하는 법을 말한다. 예를 들어 살인을 처벌하는 「형법」의 규정은 살인이라고 하는 행위를 금하는 것이므로 행위법이며, 법원의 조직을 정하는 법은 조직법이다. 행위법과 조직법은 밀접한 관계에 있다. 사람을 살해하여서는 아니 된다고 하는 행위법이 있으면, 이를 강행하기 위하여 법원이 필요하고 법원의 조직을 정하는 조직법이 필요하게 된다. 또 법원의 조직을 정함으로써 법관의 임명을 어떠한 절차로 하여야 할 것인가를 정하는 행위법이 필요하게 되는 것이다.

보충법 · 해석법
補充法 · 解釋法

보충법(보충규정)이란 임의법(강행법규 · 임의법규의 항 참조) 중 당사자의 의사표시가 전혀 없는 경우에 이를 보충하는 규정을 말하고, 해석법(해석규정)이란 당사자의 의사표시는 있지만 그 취지가 분명치 않은 경우에 이를 해석하는 규정을 말한다.

예를 들어 정관에 다른 규정이 없는 때에는 사단법인의 정관은 총사원 3분의 2 이상의 동의가 있어야 이를 변경할 수 있다(민법 제42조1항)고 한 규정은 보충법이고, 위약금의 약정은 손해배상액의 예정으로 추정한다(민법 제398조4항)고 한 규정은 해석법이다. 보충법과 해석법의 구분이 명확하지 않은 것도 적지 않지만 굳이 이를 밝혀야 할 필요도 없다.

경과법(경과규정)
經過法(經過規定)

법이 변경된 경우에 어떠한 사실이 신법의 적용을 받는가, 구법의 적용을 받는가에 대하여 설정해두는 명문의 규정을 말한다. 대표적인 경과법으로는 「상법시행법」이 있다.

「상법시행법」 제2조는 '상법은 특별한 규정이 없으면 상법시행 전에 생긴 사항에도 적용한다'고 규정하여 원칙적으로 소급효를 인정하였다(소급효의 항 참조). 특히 어떤 사실이 구법과 신법에 걸쳐 있는 때에는 경과법이 필요하다. 예를 들어 상법시행 전에 회사의 합병에 관하여 주주총회의 승인이 있고 상법시행 후에 설립등기를 하는 경우는 그 예이다. 이 경우 「상법시행법」 제52조는 그 합병에 관하여는 구법을 적용하고, 설립의 등기에 관하여는 신법을 적용하도록 하였다.

법의 해석

유권해석 · 학리해석
有權解釋 · 學理解釋

유권해석이란 공권적 해석(公權的 解釋)이라고도 하며, 법을 해석하는 권한을 가지고 있는 기관에 의한 해석을 말한다. 국가가 법령에 의하여 해석을 분명히 하는 것은 유권해석의 전형적인 경우이다. 물건이란 무엇인가에 대하여 「민법」 제98조는 '물건이라 함은 유체물 및 전기 기타 관리할 수 있는 자연력을 말한다'고 규정하고 있는데 이것이 그 예이다.

학리해석이란 이론에 의한 해석을 말한다.

확장해석 · 축소해석
擴張解釋 · 縮小解釋

확장해석이란 법문의 용어를 보통 쓰이는 의미보다 넓게 해석하는 것을 말한다. 예를 들어 '차마(車馬)의 통행을 금한다'고 하는 법규가 있는 경우에, 여기서 말하는 말(馬)에는 당나귀나 노새도 들어간다고 해석하는 것이 확장해석이다. 축소해석이란 법문의 용어를 축소하여 해석하는 것을 말한다. 예를 들어 '차마의 통행을 금한다'고 한 경우에, 우마차(牛馬車)는 여기서 지칭하는 '차'에는 해당하지 않는다고 해석하는 것이 축소해석이다.

물론해석
勿論解釋

"매장 안에 애완견을 데리고 들어갈 수 없다"는 규정이 있는 경우, 애완견의 출입이 금지된다면 소, 말, 돼지 등 가축의 출입 역시 당연히 허용되지 않는다고 해석하는 것을 말한다. 가축의 출입에 대한 별도의 규정이 없다 하더라도 사물의 성질상 또는 그 규정이 왜 만들어졌는지를 생각한다면 가축의 출입 역시 당연히 금지되어야 한다. 이처럼 규정에 명시된 대상보다도 상식상 더욱 더 자명하고 당연한 대상이 있는 경우 그 대상에 대해서도 동일한 결론을 인정하는 해석방법이다.

유추해석
類推解釋

"매장 안에 애완견을 데리고 들어갈 수 없다"는 규정이 있는 경우에 다른 애완동물에 대한 별도의 규정이 없더라도 유사한 성질의 규정을 적용해서 고양이나 새의 출입도 금지한다고 해석하는 것을 말한다. 문제는 과연 어디부터 어디까지가 '유사한 규정'인가에 대하여는 개인의 판단에 따라 달라질 수 있으며, 이에 따라 법적 안정성을 해할 염려가 있다는 점이다. 따라서 형법은 이와 같은 해석을 금지하고 있다(유추해석금지의 원칙 항 참조).

반대해석
反對解釋

규정되어 있는 사항의 반대 측면에서 규정되어 있지 아니한 사항을 긍정하는 것을 말한다. 예를 들어 차마의 통행을 금지한다고 하는 반대 측면에서 사람은 통행하여도 좋다고 해석하는 것이 그 예이다.

변경해석(보정해석)
變更解釋(補正解釋)

법문의 용어를 변경하여 해석하는 것을 말한다. 예를 들어 '청구'라는 용어는 상대방의 행위를 요구하는 것을 의미하므로 법률이 요금인상의 '청구'를 인정하고 있더라도 상대방의 승낙이 없으면 요금인상의 효력이 발생하지 않는다. 그러나 건물을 소유할 목적으로 토지에 지상권을 가진 자에 대하여 토지소유자가 지료인상의 청구를 하는 것은 상대방의 승낙을 필요로 하지 아니하는 일방적인 의사의 표시라고 해석되는 경우(민법 제286조)와 같이 예외도 존재한다.

문자해석
文字解釋

법문의 문자의 의미를 해석하는 것을 말한다. 예를 들어 다른 사람에게 구걸하도록 시켜 올바르지 아니한 이익을 얻은 사람은 처벌을 받는데(경범죄 처벌법 제3조18호), '구걸'이란 무엇인가를 명확히 하는 것이 문자해석이다.

문리해석
文理解釋

법문의 문장의 의미를 문법적으로 명확히 하는 것을 말한다. 예를 들어 '사람이 간수하는 저택(邸宅), 건조물이나 선박에 침입하는 자' 라고 하는 법문 중의 '사람이 간수하는'이라고 하는 용어는 '저택'에만 걸리는 것인가 '건조물이나 선박'에도 걸리는 것인가를 명확히 하는 것이 그 예이다. 문자해석·문리해석을 합쳐 '법문의 문자의 해석 및 문법적 해석'이라고 하는 의미로 사용되기도 한다.

논리해석
論理解釋

모든 논리로써 법을 해석하는 것을 말한다. 확장해석·축소해석·반대해석·유추해석은 논리해석의 일종인데, 문자해석·문리해석도 논리해석으로 보충하지 않으면 완전하지 아니하다. 문자해석·문리해석을 한다 해도 다른 조문과의 관계, 법문의 목적 등을 명확히 하여야 하며, 또 법제정의 연혁이나 법체계에서의 조문의 지위 등도 생각하지 않으면 안 된다. 이러한 것들은 논리해석에서 고려되어야 할 사항들이다.

목적론적 해석
目的論的 解釋

법문의 목적(취지)에 맞는 해석을 말한다. 법의 해석은 목적론적 해석이 아니면 안 된다. 확장해석·축소해석 기타 앞에서 설명한 해석방법은 목적론적 해석을 하기 위한 기술에 지나지 않는다. 예를 들어 1995년 12월 29일 개정되기 이전 형법 제243조에서 음란한 도화 등을 공연히 전시한 자는 처벌하도록 되어 있는데, '전시'는 영화의 영사를 포함한다고 해석하였다. 이와 같은 확장해석은 사회 풍속의 문란을 방지한다고 하는 법문의 목적에서 이루어진 것이며, 이 경우의 '전시'라고 하는 용어의 의미의 확장은 실은 보통의 의미를 확장한 데 불과하고, 이 경우에는 바로 그것이 그 용어의 참뜻인 것이다.

법률개념의 상대성
法律概念의 相對性

법의 해석이 목적론적 해석인 까닭에 같은 용어라고 하더라도 그것을 사용하고 있는 법문이 다르면 그 의미도 달라지는 것을 말한다. 예를 들어 살인죄를 처벌하는 규정은 사람의 생명을 보호할 목적을 가지고 있으므로 모태에서 분리 중에 있는 아기를 살해한 자는 낙태죄의 규정에 의하지 아니하고 살인죄의 규정에 의하여 처벌되어야 하지만, 「민법」에서 사람이라고 하는 경우에는 모태에서 완전히 분리된 자를 뜻하는 것으로 해석된다. 왜냐하면 「민법」은 권리·의무의 주체를 사람으로 하는 것이며, 모태에서 분리되지 아니한 자에게 권리를 주고 의무를 지울 필요는 없기 때문이다. 이와 같이 동일한 '사람'이란 용어도 「민법」과 「형법」에서는 각각 그 의미가 다르다.

구체적 타당성
具體的 妥當性
법의 해석·적용에 의하여 구체적 사건의 해결이 적절히 이루어지는 것을 말한다. 예를 들어 가옥의 임차인이 퇴거요구를 받은 사건에 대하여 임차인도 임대인도 모두 만족할 수 있는 판결이 있었다면 그 판결은 구체적 타당성을 가지고 있다고 한다.

그러나 그것 때문에 법적 타당성을 해하여서는 아니 된다(법적 안정성의 항 참조). 예를 들어, 법원이 임차인을 불쌍히 여겨 덮어놓고 집을 돌려주지 않아도 좋다고 하는 판결을 한다면, 법률상으로는 임대한 가옥을 반환받을 수 있다고 생각한 모든 임대인은 앞으로 자기가 임대한 가옥도 반환받지 못하게 될 것을 우려하여 혼란을 일으키게 될 것이다. 즉, 법적 안정성이 없게 된다. 법적 안정성을 해하지 아니하고 구체적 타당성을 가지는 해결을 하는 것이 법률가의 임무이다.

조리
條理
사물의 도리를 말한다. 법이 불완전한 경우에는 조리로 보충할 수 있다. 조리를 실정법 존립의 이념, 평가척도라고 생각하고 법에 흠이 없는 경우에도 조리에 의하여 해석하여야 한다고 주장하는 사람도 있으나, 조리는 실정법 해석의 지침에 불과하므로 조리해석은 법에 흠이 있거나 의문이 있는 경우에 한하여 보충적으로 인정된다고 하는 것이 일반적인 견해이다.

방론
傍論
판결에서 판결이유를 쓰는 데 있어서 그 사건의 판결과 직접적인 관계가 없는 부분을 말한다. 예를 들어 대금의 반환을 명하는 판결 중에, 원고가 반환을 요구한 대금이 만약 대금이 아니고 피고의 사업에 대한 출자금이라면 피고는 이를 반환할 필요가 없다고 하는 논의가 있었다면 그것은 방론이다. 왜냐하면, 원고가 돈을 빌려준 것을 인정하고 있는 이 사건과 직접 관계가 없는 논의이기 때문이다. 영미에서 판결이유는 선례로서 이후에 일어날 사건을 구속하고, 법관이 선례와 다른 이유로 판결을 하는 것을 허용하지 않지만 방론에는 구속력이 없다. 따라서 나중에 발생한 사건의 법관이나 변호사는 이전에 발생한 사건의 판결이유 중에서 본론(사건에 직접 관계있는 판결이유의 부분)과 방론을 구별하는 작업을 하지 않으면 안 된다. 우리나라의 판결은 나중의 사건에 대하여 영미의 판결만큼 엄격한 구속력을 가지고 있지 않다. 그러나 판결이유 중에서 본론과 방론을 구별하는 것은 이후의 사건에 대하여 판결을 내리거나 그 판결을 비판하는 경우에 있어서 유익한 면이 많다.

법학의 종류와 경향

실정법학·자연법학
實定法學·自然法學
실정법학이란 실정법을 연구하는 학문을 말하고, 자연법학이란 자연법을 연구하는 학문을 말한다. 이것을 **자연법론**(自然法論)이라고도 한다(자세한 사항은 자연법·실정법의 항 참조).

민약론(사회계약론)
民約論(社會契約論)
18세기의 자연법학(자연법학의 항 참조)의 계통을 대표하는 프랑스의 장자크 루소(1712~1778)가 저술한 「사회계약론」을 말한다. 루소는 인간의 자연상태를 자유·독립의 상태라 하고, 이와 같은 자연상태에 있는 인간이 그의 신체·재산을 지키기 위하여 사회계약을 맺어 일반의사(전체의사)에 복종하도록 되었다고 설명하였다. **일반의사(一般意思)**란 국민의 의사를 의미하고 따라서 주권은 국민에게 있다고 하였다.

루소의 설은 당시의 전제정치(專制政治)를 타파하는 사상적 무기가 되었고, 미국의 독립혁명이나 프랑스 대혁명도 직접 또는 간접으로 그의 철학에 영향을 받았다.

역사법학
歷史法學
법의 생성·발달을 역사적으로 연구하는 학문을 말한다. 18세기의 자연법학자에게는 법을 역사적으로 연구한다는 개념이 없었는데, 18세기 말 무렵부터 법의 연구에는 역사적 연구가 필요하다는 것을 자각하기 시작하였다. 19세기 초에 이르러 독일의 법학자 사비니(1779~1861)는 법은 언어와 같이 민족의 공동의식에 의하여 자연히 생성되고 발달한 것이라고 설명하고, 이와 같은 법의 역사적 연구의 중요성을 주장하였다. 사비니의 설은 19세기 초 유럽에 큰 영향을 주었다. 법이 자연히 생성되고 자연히 발달한 것이라고 하는 그의 견해는 예링 등에 의하여 비판되어(목적법학의 항 참조) 그 위세를 잃었지만 법의 역사적 연구의 필요성은 그 후에도 학자들의 인정을 받고 있다.

목적법학
目的法學
법을 목적적으로 연구하는 학문을 말한다. 독일의 법학자 예링(1818~1892)은 사비니의 역사법학을 비판하여 법은 자연히 생성되고 자연히 발달하는 것이 아니라, 어떠한 목적에 의하여 만들어지는 것이고 법의 목적은 사회의 이익에 있다고 설명하였다. 예링의 설은 그 후 법학에 큰 영향을 미쳤다. 법의 해석이 법의 목적에 따라 행하여지지 않으면 안 된다고 하

는 것은 현재에는 일반적으로 인정되고 있다(목적론적 해석의 항 참조).

개념법학
概念法學
법문의 자구의 개념(의미)을 연구하는 학문을 말한다. 19세기 후반에 법문의 자구의 개념(의미)을 정밀히 분석·확정하여 실제의 사건에 적용하는 데 전념하는 경향이 법학계에 나타났는데, 그 결과 법의 적용이 사회의 실정에 맞지 않는 경우가 눈에 띄게 되었다. 개념법학이란 이와 같은 경향의 법학에 붙여진 다소 조소적(嘲笑的)인 이름이다. 목적법학이나 자유법론은 개념법학에 대한 비판이기도 하였다.

자유법론·자유법운동
自由法論·自由法運動
자유법론이란 개념법학(개념법학의 항 참조)이 개념의 분석을 일삼아 법문의 해석이 사회의 실정에 맞지 않게 된 것을 비난하며, 법문의 자구에 구애되지 아니하고 자유로운 해석을 함으로써 법을 사회의 실정에 합치시키려고 하는 논의를 말한다. 독일의 법학자 칸토로비츠(1877~1940)가 주장한 것으로서 이와 같은 주장에 근거한 운동을 자유법운동이라 한다.

일반법학
一般法學
권리·의무·법률관계 등 「민법」·「형법」 등의 개개의 법률부문을 총괄하는 법의 일반적 부분을 연구 대상으로 하는 법학을 말한다. 19세기 후반에 독일의 법학자 메르켈(1838~1896) 등에 의하여 주장되었다.

순수법학
純粹法學
오스트리아의 법학자 한스 켈젠(1881~1973)이 주장한 것으로 정치적·사회적·도덕적인 고찰을 실정법의 연구에서 배제하여 실정법을 순수하게 당위의 법칙(지켜야 할 규칙)으로서 논리적으로 고찰할 것을 목적으로 하는 법학을 말한다(법단계설의 항 참조).

법학
일반

이익법학
利益法學

법을 해석하는 경우에 서로 충돌하는 여러 가지 이익을 비교·평가하여 가장 중요한 이익을 우선시켜야 한다고 주장하는 법학을 말한다. 법의 목적이 사회의 이익에 있다고 설명한 예링(목적법학의 항 참조), 독일의 법학자 뤼멜린(1861~1931), 헤크(1859~1943) 등이 그 주장자였다.

법해석학(해석법학)
法解釋學(解釋法學)

법해석학이란 법의 해석을 목적으로 하는 법학을 말한다. 이것을 해석법학이라고도 한다. 법학에는 법의 역사적 연구를 하는 법사학(법제사학)이나 입법정책을 연구하는 입법정책학 등 여러 가지가 있는데, 이러한 법학과 함께 법해석학은 법학의 중요한 한 분야가 되어 있다.

비교법학
比較法學

여러 국가의 법을 비교·연구하는 학문을 말한다. 예를 들어 자국법과 외국법을 비교하고 그 장단점을 분명히 하여 자국법의 입법·해석에 참고로 하거나, 법치 선진국의 법에 공통된 원리를 밝혀 자국의 법을 발전시키는 데 참고로 하는 것 등이 비교법학이 해야 할 역할이다.

법실증주의(실증법학)
法實證主義(實證法學)

법실증주의란 실증적인 방법으로 법을 연구하려는 주의를 말하고, 실증법학이란 이와 같은 방법을 사용하는 법학을 말한다. 실증적 방법이란 경험에 의하여 확인할 수 없는 것은 연구의 대상에서 제외하고, 경험으로 확인할 수 있는 것을 연구의 대상으로 하는 방법이다. 위에서 설명한 자연법론 이외의 법학은 실증법학이거나 실증적 경향을 가지는 법학이다.

법단계설
法段階說

법에는 상·하위의 단계가 있다고 주장하는 학설을 말한다. 켈젠은 법을 순수하게 논리적으로 고찰한 결과(순수법학의 항 참조) 법질서 전체는 단계를 이루고 연속하여 일체를 이룬다고 하였다. 이 주장에 따르면 가장 근원적인 법으로서는 근본규범이 있고, 그 밑에 국제법·헌법·법률·명령·판결 등이 있는데, 바로 이를 법단계설이라 한다. 켈젠이 주장한 바와 같이 법이 단계를 이루며 존재한다는 것은 인정하지 않을 수 없지만(법의 단계의 항 참조), 근본규범이 존재한다는 것은 사실에 반하고 또 국제법이 헌법의 상위에 있다고 한 것에 대하여도 비판이 있다. 또한 법을 정치적·사회적·도덕적인 요소로부터 분리하여 고찰하여야 한다는 켈젠의 주장에 대하여도, 이와 같은 고찰방법에 의하여 법을 올바로 이해할 수 있는가 하는 의문이 생긴다. 그러나 법의 성질·구조를 명확히 한 점에서 커다란 공헌을 한 것은 부인할 수 없다.

법사회학
法社會學

법을 사회학적으로 연구하려고 하는 학문을 말한다. 독일의 막스 베버(1864~1920), 오스트리아의 에를리히(1862~1922)에 의해서 주창된 이론이다. 에를리히는 실정법과는 별도로 존재하는 사회의 내부질서를 명확히 하여야 할 필요가 있음을 강조하고 이를 명확하게 하는 학문을 법사회학이라고 불렀다.

법사회학이 널리 보급된 것은 비교적 최근의 일이다. 연구 영역은 각각 달라도 법학과 달리 법을 고찰하는 경우에 이것을 사회현상으로 본다는 점에서는 법사회학이 모두 동일하다. 예를 들어 혼인은 신고하여야 그 효력이 생긴다고 한 규정(민법 제812조)을 연구하는 경우에 법사회학은 이 규정이 사회에서 어느 정도로 지켜지고 있는가, 신고하지 아니한 사실상의 혼인이 어느 정도 있는가, 그 이유는 무엇인가 하는 것을 연구하며, 법학과 같이 이 규정의 목적은 무엇인가, 이 규정에 의하여 그 목적을 달성할 수 있는가, 이와 같은 목적을 추구하는 것이 국법으로서 바람직한가 하는 것은 연구하지 않는다.

법률만능주의
法律萬能主義

어떠한 사항이든 법률로 규율하기만 하면 해결할 수 있다고 하는 사고방식을 말한다. 음주의 폐해가 있으면 법률로 음주를 금지하면 된다고 생각하는 식이다. 그러나 현실에서는 법이 이와 같이 작동하지 않는다. 일찍이 미국에서 금주법을 제정한 바 있지만, 술의 밀조나 이에 따르는 범죄가 격증하여 오히려 폐해를 발생시켰기 때문에 이후 금주법이 폐지된 것이 그 대표적인 예이다. 법률에 서투른 사람은 자칫하면 법률만능주의의 폐해에 빠지기 쉽다.

법 률 관 계

법률관계
法律關係

법에 의하여 규율되는 관계를 말한다. 예를 들어 갑·을 간에 시계의 매매계약을 체결하면 매도인 갑은 매수인 을에 대하여 대금의 지급을 청구할 권리를 취득하고, 매수인은 시계의 소유권을 취득한다고 하는 관계가 법에 의하여 생긴다. 이와 같은 갑·을 간의 관계가 법률관계이다. 법은 사람과 사람 간의 관계를 권리와 의무의 관계로 규율하므로 법률관계는 권리·의무의 관계이다. 예를 들어 갑이 을을 상해하면 을은 갑에 대하여 손해의 배상을 청구할 권리를 취득하고, 갑은 배상지급의 의무를 부담한다고 하는 법률관계가 생긴다.

권리
權利

법이 인정한 의사의 힘을 말한다. 예를 들어 물건을 판 매도인은 매수인에게 대금을 청구할 권리가 있는데, 대금을 청구할 권리가 있다고 하는 것은 대금을 청구한다고 하는 매도인의 의사가 법에 의하여 보호되고 있다는 것을 의미한다. 다시 말하면 만약 매수인이 임의로 대금을 지급하지 않은 때에는 매도인은 법원에 소를 제기하여 판결을 얻어 이에 근거하여 강제집행을 하여 매수인의 재산으로부터 강제적으로 대금을 취득할 수 있다. 또한 권리는 법에 의하여 보호되는 이익이라고도 설명된다. 왜냐하면 위의 예에서 매도인이 대금을 청구하는 것은 매도인의 이익이며 이러한 이익이 얻어지도록 법은 매도인을 보호하고 있기 때문이다.

기득권
既得權

법에 의하여 이미 부여된 권리를 말한다. 예를 들어 10년 이상 근무한 공무원이 퇴직한 때에는 연금을 지급하므로(공무원연금법 제43조) 10년간 근무한 공무원에게는 연금청구권은 기득권이 된다. 그러나 가령, 「공무원연금법」이 개정되어 15년 이상 근무한 공무원밖에 연금을 지급받지 못하게 되고, 또 그 개정법이 이미 10년간 근무한 공무원에게도 적용되도록 한다면 공무원의 기득권을 해하게 된다. 또한 개정법의 적용을 10년 소급시켜(소급효의 항 참조) 과거 10년 이후 연금을 받고 있는 자 모두에게 적용하는 것으로 한다면 현재 연금을 받고 있는 자 중에서도 연금을 받지 못하게 되는 자가 생기게 될 것이다. 입법에 의하여 기득권을 빼앗는 것은 적당하지 아니하나, 입법에 의하여 절대로 기득권을 빼앗으면 안 된다고 하는 원칙은 없다.

기대권
期待權

장래 일정한 사실이 발생하면 일정한 법률상의 이익을 얻을 수 있을 것이라는 기대를 내용으로 하는 권리를 말한다. 예를 들어 시험에 합격하면 10만원을 준다고 하는 계약이 체결된 경우에는 수험자는 시험에 합격하면 10만원을 받는다고 하는 기대가 있고, 이 기대는 일종의 권리로서 어느 정도 보호를 받는다. 이때 10만원을 준다고 약속한 자가 수험을 방해하면 수험자가 합격한 것으로 보게 되고 따라서 수험자는 10만원을 취득할 수 있게 된다(민법 제150조). 그러나 같은 기대권이라 하더라도 권리로서의 보호가 극히 약한 것이 있는데 이것을 권리라고 할 수 있는가 하는 의문이 있는 경우도 있다.

이행
履行

채권의 목적인 의무자의 행위(또는 부작위)를 말한다. 예를 들어 매도인은 매수인에 대하여 매매대금의 지급을 청구할 수 있는데, 이행을 청구할 수 있다고 하는 것은 대금을 지급한다는 매수인의 행위를 청구할 수 있다는 의미이다. 상대방이 일정한 행위를 하지 아니할 것(부작위, 예 : 집을 짓지 아니할 것)을 청구하는 것을 **소극적 이행**(消極的 履行)을 청구한다고 말하는 경우도 있다. 이에 대하여 상대방이 일정한 행위를 할 것을 청구하는 것을 **적극적 이행**(積極的 履行)을 청구한다고 말하는 경우도 있다(민법채권편 이행의 항 참조).

채권이라고 하는 권리는 상대방(채무자)의 이행을 청구하는 권리이긴 하지만(예를 들면, 매도인은 매수인에 대하여 대금의 지급이라는 행위를 청구할 수 있다), 대금 그 자체를 직접 지배하는 권리는 아니다. 물건을 직접 지배하는 권리는 **물권**이라 한다.

급부
給付

보통 채권의 목적인 채무자의 행위를 가리킨다. 구 민법이나 구 민사소송법 등에 많이 사용되었으나, 현행 「민법」이나 「민사소송법」은 이를 대신하여 이행·지급·행위 또는 급여 등의 용어를 쓰고 있다.

본래 급부는 일본인들이 그들의 민법이나 민사소송법을 제정하면서 독일어의 Leistung 이라는 말을 번역한 것으로, 우리나라에서는 일상적으로 사용되지 않는 단어이다. 이런 이유로 우리 「민법」이나 「민사소송법」은 가능한 급부라는 용어의 사용을 피하고 있지만, 모든 채권의 목적으로서 채무자의 행위를 통일적으로 파악하기 위해서 현행법상 어쩔 수 없이 사용하는 경우가 있다.

민사책임·형사책임
民事責任·刑事責任

민사책임이란 민법상의 책임, 특히 불법행위로 인한 책임을 말하고, 형사책임이란 형법상의 책임을 말한다. **불법행위**(不法行爲)란 법이 허용하지 아니하는 행위이며, 예컨대 타인의 신체를 상해하는 것은 불법행위이다(불법행위의 항 참조). 불법행위를 한 자는 피해자에 대하여 손해를 배상할 책임이 있다. 형사책임은 범죄행위를 범한 경우에 져야 하는 책임이며, 행위자에게 형벌이 과하여지게 된다. 즉, 형벌이 부과되는 것을 형사책임을 부담한다고 한다. 타인의 신체를 상해한 경우에는 민사책임과 형사책임이 동시에 발생하는데, 피해자가 법원에 제소하여 승소의 판결을 얻어야 비로소 가해자는 민사책임을 강제당하게 되는 것이지, 피해자의 제소가 없는데도 법원이 직권으로 가해자에게 손해배상을 명할 수는 없다. 이에 반하여 형사책임은 피해자의 제소가 없더라도 부담하여야 한다. 예를 들면, 살인범은 누가 제소하지 아니하더라도 국가가 이를 처벌한다.

그러나 행위자가 형사책임을 부담하지 아니하고 민사책임만을 부담하는 경우도 있다. 예를 들면, 과실로 타인의 집의 창을 깨뜨린 자는 민사책임을 부담하지 않으면 안 되지만, 과실로 인한 기물손괴죄(器物損壞罪)는 인정되지 아니하므로 형사책임을 부담하는 일은 없다. 민사책임은 개인에 대한 책임이고, 형사책임은 국가에 대한 책임이다.

법령일반 · 법령집

법전
法典

법령을 체계적으로 종합편찬한 성문법령집을 말한다. '典'이란 가장 기본적이며 귀중한 책을 말한다. 중국에서 가장 오래된 경전으로 알려진 상서(尙

書)에 '요전(堯典)', '순전(舜典)'이란 것이 있는데, 여기에 나온 「전(典)」의 뜻에 대하여 중국 후한 때 허신이 편찬한 자전인 설문(說文)에서는 '典五帝之書也冊在丌上 尊閣之也'라고 하였다. 즉 '典'字는 冊字와 丌字를 합쳐서 만든 것으로서 五帝(古代中國의 다섯 聖君)가 冊을 존중하여 丌(책상) 위에 두고 그 冊 속의 가르침을 준수하였다는 것을 설명하고 있다. 주공(주나라 정치가)은 이른바 치국평천하의 기본이 되는 여섯 가지 조목을 정하고(治·敎·禮·政·刑·事), 이를 육전이라 하였다(여기서 '事'는 以家邦國 以生萬民, 즉 經濟를 뜻한다). 무릇 '典'은 서적으로서 그 내용이 만인교화의 기본이 되는 성현의 가르침이 될 때에는 경전이라 하고, 법칙일 때에는 **법전**이라 한다.

우리나라의 법령집으로는 조선조 태조 3년(1394)에 판삼사사 **정도전**(1337~1398)이 **주례**(周禮)의 육전을 모방하여 **조선경국전**(朝鮮經國典)을 찬진(撰進)한 일이 있고, 태조 6년(1397)에는 정승 조준(1346~1405) 등이 **경제육전**(經濟六典)을 찬수(撰修)하여 널리 영포하니 조선조의 법전편찬의 효시가 되었다. 그 후 세조가 최항(崔恒, 1409~1474), 한계희(韓繼禧, 1423~1482) 등으로 하여금 이른바 만세성문(万歲成文)으로서의 가장 귀중한 법전인 **경국대전**을 편찬하게 했고, 다시 1746년에는 김재로(金在魯, 1682~1759) 등이 왕명을 받아 경국대전의 속전인 **속대전**(續大典)을 편찬하였다. 또 정조 5년부터 9년에 걸쳐 경국대전을 원전으로 하여 새로운 **대전통편**(大典通編)을 1785년에 완성하고, 1865년에는 영의정 조두순(趙斗淳) 등에 의해서 조선 일대의 종합법전인 **대전회통**(大典會通)을 완성하였다. 광복 후 우리나라 출판사에 의해서 처음으로 발행된 종합 법령집은 정양사(대표 윤영)의 육법전서(六法全書)이다. 그 후 1959년 현암사가 육법전서는 일제시대의 용어라 하여 처음

으로 **법전**이라는 이름의 종합 법령집을 출판하고(조상원 편저), 이후 '법전'이라는 용어가 일반화되었다.

부칙
附則
법령에 있어서 그 법령이 정하는 주된 사항[이것을 정하고 있는 부분을 **본칙**(本則)이라 한다]에 부수하는(붙어서 따르는) 필요사항을 정하는 부분의 명칭이다. 보통 법령의 시행기일, 경과규정, 관계법령의 개폐 등에 관한 규정을 그 내용으로 한다.

제령
制令
일본 식민지 당시의 조선에 시행되던 법형식의 하나로서 1911년 3월 25일(명치 44) 일본 법률 제30호로 공포된 「조선에 시행할 법령에 관한 건」에 의거하여 조선총독이 법률을 요하는 사항에 관하여 발한 명령을 말한다. 조선총독이 본국의 내각총리대신을 거쳐 일황의 재가를 받아 발하되, 임시 긴급한 경우에는 이러한 사전절차를 밟지 않아도 할 수 있었다. 그런데 총독은 이보다 앞서서 1910년 8월에 제령 제1호로 「조선에 있어서의 법령의 효력에 관한 건」이란 명령으로 조선총독부 설치에 따라 조선에 있어서 그 효력을 잃은 일본법령 및 한국법령은 당분간 조선총독이 발한 명령으로서 계속 그 효력이 있다고 선포하였다.

그러나 이러한 제령은 1948년 7월 17일 공포된 우리 「헌법」 제100조에 의해서 실효되거나 신법으로 대치하게 되고, 나머지도 1961년 7월 15일 법률 제659호 「舊법령정리에관한특별조치법」에 정하는 바에 의해서 완전히 정리되었다.

구민법 · 의용법
舊民法 · 依用法
우리 민법이 시행되기 전까지(1959년까지), 조선민사령 1조에 의하여 1912년 이래로 우리나라에 의용되었던 일본민법(전)을, 우리 민법에 대응하여 부르는 말이다.

헌 법

헌 법

총 강

헌법
憲法
한 나라에 있어서 국민의 기본권 보장과 정치체제의 조직과 운영에 관하여 규정한 최고의 효력을 가진 법을 말한다. 각종 사회단체(예 : 학교·회사·조합·시·군·구·국가 등)는 각각 조직, 운용을 위한 규칙을 가진다. 국가의 경우, 그 규칙을 '법'이라고 한다. 국가에는 다수의 법(법률·명령·규칙·조례·조약 등)이 있으나, 이러한 여러 법들의 내용·형식은 헌법에 위반해서는 아니 된다. 즉 헌법은 한 국가의 **근본법·기본법**인 것이다.

근본법을 헌법이라고 부르게 된 것은 미국 연방헌법(1788년)이 스스로 '헌법'이라 칭하여 제정된 것이 그 시초이다. 우리나라에서는 「대한민국헌법」(1948년 7월 17일 제정)이 최초의 헌법이다. 18세기 말에서부터 19세기 초에 걸쳐 서구에서는 점차 전제적 군주국가가 붕괴되어 자유주의적 근대국가가 건설되었다. 이러한 자유주의국가에서는 권력분립제와 국민의 권리보장이 가장 중요한 정치원리가 되었다. 프랑스의 인권선언(1789년) 16조는 '권리의 보장이 확보되지 아니하고 권력분립이 이루어지지 아니한 사회는 헌법을 갖는다고 할 수 없다'고 단언하고 있다. 그래서 이 두 개의 원리를 갖는 헌법을 특히 근대헌법이라 하여 근본법·조직법으로서의 헌법과 구별한다. 그러나 근대헌법을 단순히 '헌법'이라고 칭하는 경우는 극히 많다. 오늘날에는 영국 등을 제외한 대다수 나라의 헌법은 법전화되어 있다(성문헌법). 따라서 헌법전인 성문헌법을 헌법이라 부르는 것이 일반적이다.

성문헌법
成文憲法
헌법이 통일적·체계적으로 법전화되어 있는 것을 말한다. 우리나라를 비롯한 대다수 국가들은 성문헌법국가이다. 영국에는 성문헌법이 없으며, 몇 가지의 중요한 법률을 헌법이라고 부른다. 이와 같은 국가를 **불문헌법국가**(不文憲法國家)라고 한다. 그러나 실질적 의미의 헌법이 기본권 보장과 정치체계에 대한 기본적인 내용을 규정한 것이라 할 때 영국과 같은 불문헌법국가도 실질적 의미에서 헌법을 가지고 있다고 할 수 있다.

경성헌법
硬性憲法
헌법을 개정하는 경우 일반법률보다 까다로운 개정절차방법을 취하고 있는 헌법을 말한다. 대다수의 국가는 경성헌법을 채택하고, 헌법개정절차로 국민투표(우리나라·일본·프랑스)라든가, 헌법의회(미국)라든가, 국회(또는 의회)에서의 3분의 2 이상의 찬성(우리나라 「헌법」 제130조1항·일본메이지헌법) 등을 정하고 있다. 이에 대해 일반법률과 같은 방법으로 개정할 수 있는 헌법을 **연성헌법**(軟性憲法)이라고 한다(1848년 이탈리아헌법). 이처럼 성문헌법은 개정절차의 경중에 따라 경성헌법과 연성헌법으로 나뉜다.

민정헌법
民定憲法
국민이 제정한 헌법(예 : 대한민국헌법·일본헌법·미국헌법)을 말한다. 이에 대하여 군주가 제정한 것을 **흠정헌법**(欽定憲法, 예 : 루이 18세의 프랑스헌법, 1814년), 국민과 군주가 협약하여 제정한 것을 **군민협약헌법**(君民協約憲法)이라고 한다. 즉, 헌법의 제정자에 따라 민정헌법, 흠정헌법, 군민협약헌법으로 나뉜다.

마그나 카르타
Magna Carta
1215년 6월 19일 영국, 존 국왕과 봉건귀족 사이에 교환된 문서로서, **대헌장**이라고 번역되고 있다. 전문과 63조로 구성되어 있으며, 봉건제후의 기득권의 불가침을 국왕으로 하여금 약속하게 한 것이다. 시민권의 해방을 선언한 근대의 권리장전과는 목적이 전혀 다르지만, 후세의 입헌사상의 발전에 선구적 역할을 한 것으로 인정되어 영국헌법의 기원으로 부른다.

권리장전
權利章典
시민의 자유와 권리를 확정하고 보장하는 문장으로, 통상적으로 영국의 명예혁명(1688년)의 다음 해에 시민의 기득권을 확인하기 위하여 의회가 제정하고 국왕 윌리엄이 인가한 역사적인 문장을 말한다. 그 후, 미국 여러 주의 권리선언과 프랑스혁명 당시 인권선언의 모범이 되었다.

인권선언
人權宣言
일반적으로 시민의 자유·권리의 확인·보장의 문서로서, 1789년 프랑스혁명 당시 국민의회가 혁명의 의미와 사명을 천명한 「인간과 시민에 관한 권리선언」을 말한다. 전문 및 17개조로 구성되어 있으며, 인간은 태어나면서부터 자유·평등하고(천부인권), 이러한 자연적 권리의 본질은 국가도 침해할 수 없음을 주된 내용으로 한다. 이 전문은 그 후 1791년의 프랑스헌법의 전문에 채택되었고, 이후 여러 나라의 헌법에는 반드시 권리선언의 부분이 규정되게 되었다. 한편, 이 인권선언은 1776년 미국의 버지니아 권리장전에서 유래하였다.

영국헌법
英國憲法
프랑스의 역사가 토크빌(Alexis-Charles-Henri Maurice Clérel de Tocqueville, 1805~1859)이 '영국에는 헌법이 없다'고 주장한 바와 같이, 영국이야말로 근대 및 현대의 여러 나라 중에서 성문헌법(헌법전)을 갖지 않은 유일한 국가이다. 따라서 영국헌법이라 할 때는 실질적으로 헌법에 관한 몇 가지의 통상적인 법률과 헌법적 관습법률(Conventions of the Constitution)로 이루어진 것을 총칭한다(이것을 실질적 의미의 헌법이라고 한다). 이들 중에서 약간의 성문법, 즉 대헌장(Magna Carta, 1215), **권리청원**(Petition of Right, 1628), 권리장전(Bill of Right, 1689)은 '영국헌법의 바이블'이라고도 불리우며, 또 왕위계승법(Act of Settlement, 1071)과 국회법(Parliament Act, 1911)도 실질적 의미의 헌법의 내용으로서 중요한 의미를 갖는다. 특히 전자는 군주제국가의 구성에 있어서 왕위 계승을 제외하고는 사법권의 독립을 원칙으로 한다. 한편, 영국헌법의 기본원리의 특징으로 이른바 의회주의(Sovereignty of Parliament)의 원리가 있는데, 이것은 국왕과 상원(귀족원, House of Lords) 및 하원(서민원, House of Commons)을 합친 'parliament'가 영국의 주권자라는 것을 말한다. 그러나 20세기에 이르러 영국의 헌정에는 다음과 같은 새로운 경향 또는 특색이 나타나게 되었다. ① 하원의 우월이다. 상원은 재정법안(Money Bill)에 대하여는 거부권이 없으며, 또한 공공법률안(Public Bill)도 한 회기 내에 하원에 의하여 다시 가결되면 상원의 의사를 무시하고 법률이 된다. ② 군주제의 민주화이다. 영국의 군주제에 관하여는 '국왕이라고 이름 붙인 자가 지상에서 사라지더라도 최후까지 남는 King이 5인 있다. 그것은 트럼프의 네 가지의 King과 영국의 King이다'라고 하는 속담이 있을 정도이지만, 다른 한편으로는 '오늘날의 영국은 이미 왕관을 쓴 공화제(Crowned republic)이다'라고 할 정도로 민주화가 철저하다. 즉 제한군주제로서도 가장 민주화가 진척된 의회주의적 군주제(King in Parliament)의 전형을 나타내고 있다. ③ 1931년의 웨스트민스터헌장(Statute of Westminster)에 의하여 영국 본국(United kingdom of Great Britain and Northern Ireland)과 자치령(Dominions)간의 식민적 종속을 설정하고, 각 영국연방(British Common-wealth of Nations)의 헌법적 구성을 규제해왔으나, 제2차 대전 후 인도의 독립을 비롯한 식민지의 독립으로 그 의미가 퇴색하였다.

미국헌법
美國憲法

미국의 성문헌법을 말한다. 미국헌법은 역사적으로는 미국의 영국 식민지 지배로부터의 독립혁명의 소산이며, 오늘날의 미합중국은 1787년 영국령 식민지 13주로 이루어지는 연방으로서 발족한 것이다. 이미 독립선언을 한 1776년부터 1780년에 걸쳐, 버지니아를 비롯한 여러 주에 천부인권적 기본권이나 사회계약이론을 사상적 기초로 한 주 헌법이 성립되었다. 미국연방헌법은 이들 여러 주를 통합한 통일적이고 안정된 정부를 만들기 위한 여러 주의 요망에 따라 제정된 것이다.

1777년 '연합규약'이라고 하는 과도기를 거쳐, 1787년에 제정된 미국연방헌법은 초대 대통령으로 워싱턴을 선출하고, 이후 연방헌법의 정비 내지 수정에 노력하였는데, 최초의 수정 10개조는 1791년에 증보되었으며, 그 내용은 이른바 권리장전의 포함이다. 그 후의 수정조항으로서 특히 중요한 것은, 남북전쟁 후에 증보된 노예제의 폐지 등을 내용으로 하는 수정 13조 내지 15조이며, 이의 영향으로 오늘날 헌법에서 말하는 인권보장의 기본적 부분이 거의 체계적으로 성문화되었다.

미국헌법의 특색으로서 50주로 이루어지는 연방제와 권력분립주의 및 사법권우위(위헌법률심사제)를 들 수 있다. 이 중에서 연방제에 관하여는 전술한 바와 같이, 합중국과 각 주의 권한 분배가 헌법에 의하여 명기되어 있으며, 이에 따라 연방법(Federal law)과 주법(State law)의 이원성이 미국 법체계를 이루고 있다. 이에 따라 사법제도에 있어서도 연방법원과 주법원의 이원적인 계통을 볼 수 있다. 또 권력분립제는 대통령과 연방의회 및 연방법원이라는 국가기관의 엄격한 분립체제에 나타나 있다. 대통령은 4년 임기로 국민의 선거대표인단에 의하여(간접선거) 국회와는 전혀 관계없이 선출되며, 행정부(대통령)와 입법부(국회)간에 영국 의원내각제의 긴밀한 협동관계와는 달리 그 분립이 엄격하다. 또한 국회를 구성하는 상원(Senate)과 하원(House of Representative) 중에서, 하원이 총 435개의 의석을 각 주의 인구수에 비례해서 배정하는 데 반하여, 상원이 각 주에서 각각 두 명씩 대표를 선출하여 구성되는 것은 말할 나위도 없이 연방제의 특색과 관계있다.

다음으로 미국헌법의 특색 중 '사법권의 우위'는 1803년의 마버리 대 매디슨 사건(Marbury vs. Madison)에서 연방최고법원장 마샬의 판결에 의하여 확립된 판례법상의 원칙으로, 법률이 헌법에 비추어 보아 위헌이냐 합헌이냐를 심사·판정하는 권한은 법을 해석하는 법원이 독점한다고 하는 것이다. 다만, 이 경우의 위헌심사제는 법원이 사법권의 행사로서 구체적 사건의 심리과정에서 내리는 판단에 그칠 뿐, 이른바 독일의 경우와 같이 추상적 위헌심사를 내용으로 하는 헌법재판소적 기능을 갖지 않는다는 점을 주의해야 한다. 우리 헌법은 법률이 헌법에 위반되는 여부가 재판의 전제가 된 경우에 법원의 제청에 의하여 법원과는 별개 기관인 헌법재판소의 결정에 의하도록 하고 있다. 즉 우리 헌법은 명령·규칙의 위헌심사는 일반법원의 권한으로 하고, 법률의 위헌심사는 법원과는 별개의 기관인 헌법재판소의 권한으로 하고 있다.

프로이센헌법

1848년 프로이센이 제정하고 그 후 개정된 1850년의 헌법을 말한다.

이 헌법의 본질적 특색은 북독일연방헌법(1867년)이나 남독일제국을 합한 독일제국헌법, 즉 **비스마르크헌법**(1871년)에도 계승되어 제1차 대전 후의 **바이마르헌법**(1919년 8월 11일)이 제정될 때까지 그 근간을 유지해왔다는 데 있다. 프로이센헌법 제정의 과업은 프로이센왕 프리드리히 빌헬름 3세에 의하여 착수되었는데, 1848년 프로이센의 흠정헌법

헌법

공포는 빌헬름 4세에 의하여 이루어졌다. 이미 1789년에 일어난 프랑스혁명은 이웃나라 오스트리아와 독일에도 파급되어 3월 혁명을 각지에서 일으키게 하였는데, 보수적인 절대군주주의를 표방해온 프로이센 국왕도 이러한 민중의 혁신적 요구에 양보하지 않을 수 없게 되었다. 또한 프로이센이 독일연방국가를 구성하는 여러 연방 중에서 지도적인 지위를 확립하기 위하여 헌법제정의 과정을 밟지 않을 수 없었다. 1850년의 프로이센헌법은 당초의 1848년 헌법과 같이 1831년의 벨기에헌법을 모방하였지만 독일·프로이센적인 반동적 군주주권주의가 강하게 작용하고 있어서 국민주권과 의회권한이 강조된 벨기에헌법과는 상당한 거리가 있었다. 예를 들면, 입법권은 국왕과 양원이 공동으로 행사하고, 행정권은 국왕에 속하며, 사법권은 법원이 군주의 이름으로 행사하는 등 3권분립의 규정이 있으며, 국민의 권리도 어느 정도 보장되어 있지만, 특히 권리보장의 면에서는 이른바 '법률의 유보' 사항이 벨기에헌법에서는 예시적으로 규정된 데 반하여 프로이센헌법에서는 제한적 열거로 해석하고, 국왕의 독립명령권이 광범하게 인정되는 것 등이 중요한 차이점이다. 이 점에 관해 괄목할만한 사건은 1862년부터 1866년에 걸친 유명한 헌법분쟁을 들 수 있다. 그것은 재상 비스마르크가 군비확장에 반대한 연방의회의 의결을 거치지 않고 예산을 집행한 사건에서 그 절정에 달하였는데, 사실문제로서는 1866년 7월 오스트리아에의 승전결과 비스마르크의 사실승인의 제안에 의하여 종결되었다.

바이마르(Weimar)**헌법** 1919년 8월 11일에 공포된 독일의 헌법을 말한다. 정식으로는 「독일공화국헌법」이라고 한다. 바이마르는 제헌의회가 열린 지명이며, 문호 괴테(Goethe)가 영면한 독일 중부의 도시이다.

이 헌법에 의하여 독일은 처음으로 대통령제를 채택하였다. 또 직접민주제를 가미하고 사회권을 인정하여 당시로서는 참신한 내용을 풍부하게 가지고 있어 주목된다. 그러나 1933년 히틀러의 독재체제 출현으로 말미암아 사실상의 효력은 상실되었다.

사회주의 헌법 사회주의 국가에서 제정
社會主義 憲法 되어 시행되고 있는 헌법을 말한다. 소비에트 연방이 붕괴된 지금 '사회주의'라고 하는 이념은 퇴색되었지만, 헌법학의 역사적 고찰이라는 측면에서 재고의 가치가 있다.

전통적인 헌법학에서는 주로 헌법의 형식 면에서 헌법을 분류하는 방식을 취하고 있지만, 관점을 바꾸어 사회경제적 측면에서 분류한다면 크게 자본주의국가헌법과 사회주의국가헌법으로 나누어 볼 수 있다. 그러나 일률적으로 사회주의국가헌법이라고 해도 오늘날에 있어서는 인민민주주의국가라고 부르는 것처럼 그 성립사정이나 제도적 배경에 따라서 특이한 성격을 가진다는 데 유의할 필요가 있다. 여하튼 광의의 사회주의국가헌법이라고 부를 수 있는 것은 자본주의에서 사회주의로 이행하는 과도기적 단계의 사회·경제의 체제를 반영하는 헌법이란 점에 있다. 그 역사적인 사실로서는 1917년의 사회주의 혁명과 사회주의국가의 탄생을 지적하지 않을 수 없다. 널리 사회주의국가헌법의 공통된 특색은 그 기본원칙으로서 사회주의로의 방향을 명기하고 있다는 점이다. 그리고 소자본가나 지주들의 참정권을 어느 정도 인정하고 있지만, 사회·정치·경제의 제 분야에 걸친 실질적 지도권은 근로자계급 또는 그 전위정당이 장악하고 있다. 그러므로 특히 자본주의국가헌법에서는 민주주의의 본질적 요소인 자유·평등을 근간으로 하는 데 반하여 사회주의국가헌법에서는 근로대중을 최상으로 옹호한다는 미명 아래 보다 격심한 계급독재를 합법화하는 명목상의 것으로 위장되고 있다는 점에서 대조적이라고 할 수 있다.

사회주의국가헌법의 창설은 레닌이 지도한 1917년의 소련혁명에서 비롯하였으며, 제2차대전의 종결까지 소련의 사회주의헌법은 세계 여러 나라 헌법 가운데서 확실히 독특한 존재였다. 그러나 전후 20년 동안 사회주의가 보급됨에 따라서 사회주의헌법을 채택하는 나라들이 생겨났는데, 불가리아와 루마니아 등 유럽의 구소련 위성국가들과 아시아·아랍의 일부 국가들이 그 예이다. 이들 국가의 헌법은 사적소유권제도를 인정하고 정치참여를 허용하는 비교적 온건한 태도를 취하는 점에서 1918년 소련 혁명헌법과 차이가 있다.

현존하는 국가들 중에서 아직까지 헌법에 사회주의를 명시하는 국가는 북한을 비롯하여 중국·베트남·쿠바·라오스 등 극히 일부에 불과하다. 그러나 이들 국가의 헌법은 각 국가의 정책과 정치적 상황, 헌법이 성립되던 시기의 특수한 사정 등에 의하여 원론적 사회주의헌법에 비하여 많이 변질된 것이 사실이다.

입헌주의헌법
立憲主義憲法
국가권력조직에 관한 근본적 규범과 함께 국민의 국가권력에 대한 지위보장에 관한 근본적 규범도 갖추고 있는 헌법을 말한다. 즉 국민주권사상과 개인의 자유를 본질적 요소로 하고 있는 헌법이다. 그러나 입헌주의라는 의미는 시대에 따라 그 내용이 변화하고 있다. 19세기에는 자유주의와 군주주의의 결합에 의한 입헌군주제로 이해되어 왔으나, 군주의 실권이 소멸된 오늘의 민주국가에 있어서는 대체로 자유민주주의의 제도적 실현으로 이해한다. 입헌주의헌법은 대체로 다음과 같은 세 가지 요소로 구성되어 있다.
① 개인의 자유보장 : 국민의 기본권에 관한 규정이 헌법의 본질적 요소로 규정되어 있으며,

따라서 똑같은 헌법에 규정되고 있으면서도 기본권에 관한 규정은 권력구조에 관한 규정보다 우월한 규정으로 간주되고 있다.
② 권력분립 : 개인의 자유를 보장하기 위해서는 국가의 권력구조가 '견제와 균형'의 원리에 의하여 입법·행정·사법이 엄격하게 분리될 것을 요구하고 있다.
③ 성문헌법 : 입헌주의적 헌법에서는 기본권의 보장이 헌법의 목적인 까닭에 그 기본권을 보장하기 위해서는 헌법을 성문화할 필요가 있다. 그뿐만 아니라 헌법을 성문으로 하는 목적에 비추어 그 개정을 보통의 법률의 개정보다는 곤란하게 하고 있다(경성헌법주의). 입헌주의적 헌법은 이러한 성문헌법성과 개정곤란성을 그 특색으로 하는 형식적 헌법이다. 이러한 헌법의 형식을 구비한 것이 바로 헌법전이다. 그러한 의미에서 입헌주의적 헌법은 형식적 헌법—성문헌법—헌법전으로 표현할 수 있다. 입헌주의적 헌법을 가지고 있는 국가를 **입헌국가**라고 하며, 오늘날 입헌국가는 곧, 자유민주주의 국가를 의미하기도 한다.

절대적 의미의 헌법
絕對的 意味의 憲法
헌법의 각 조항들이 평균적으로 같은 지위에 있는 것이 아니라 입체적·단계적 구조를 가지고 있으며, 같은 헌법조항 중에도 그 성질상 차원이 다른 상위의 조항이 있는 헌법이 있다고 할 때, 이것을 **헌법의 헌법**이라고도 한다. 이것은 칼 슈미트(Carl Schmitt, 1888~1985)가 주장한 것으로, 절대적 의미의 헌법에 대응하는 것이 **상대적 의미의 헌법**이며, 전자의 변경은 바로 헌법의 파괴를 의미한다고 한다. 따라서 헌법개정의 한계가 된다.

이념적 헌법
理念的 憲法
헌법 속에 어떠한 이념(자유주의적 또는 사회주의적)을 표명하고 있는 헌법을 말한다. 실용적 헌법에 대응하는 개념이다. 사회질서의 개혁을 강력히 지향하는 헌법은

이념을 명백히 표명함으로써 이념적 헌법의 형태를 채택한다. 1917년의 멕시코헌법, 1919년의 **바이마르헌법**, 1936년의 소련헌법 등이 이에 속한다. **실용적 헌법**은 이념이 달성된 후의 국가권력구조면에 관한 규정을 중심으로 한 헌법으로서 이념적으로 중립이거나 순수하게 실용적일 것을 의도하고 있다. 1871년의 비스마르크헌법, 1875년의 프랑스 제3공화국헌법이 이에 속한다.

헌법우위설
憲法優位說

헌법과 조약과의 효력관계에 있어서 헌법이 조약보다 우위에 있다는 학설을 말한다. 이에 대하여 그 반대의 경우를 **조약우위설**이라고 한다. 이 논의는 일단 국제법(조약)과 국내법(헌법)이 동일법체계에 속한다는 것(일원론)을 전제로 하여 성립한다. 그래서 헌법이 조약보다 우위에 있다는 논거는, ① 성립절차에 국민투표를 필요로 하지 않고, 헌법보다도 용이한 조약이 만약 헌법보다 우위에 있다고 하면 그 국민투표의 절차를 필요로 하는 헌법을 변경하는 것이 가능하게 되어 국민주권주의의 입장에서 받아들일 수 없다는 것 ② 「헌법」 제6조1항은 헌법과 조약과의 우열을 정한 규정이 아니고 국제법규는 (헌법 이외의)국내법과 동일한 효력을 가진다는 것 ③ 위헌법령심사의 대상에서 조약을 제외하고 있는 것은 조약의 특성에 근거한 것이며, 조약우위의 의미에서 나온 것이 아니라는 점 등이다.

최고규범성
最高規範性

헌법은 모든 법령의 근원이며 이에 반하는 법령은 효력이 없다고 하는 헌법이 지니는 성격을 말한다. 이 성격은 헌법개정에 대하여 법률제정보다도 가중된 절차가 필요하며(헌법 제130조2항), 위헌법률심사권(헌법 제107조1항)에 있어서 법원의 제청에 의하여 헌법재판소가 결정한 바에 따라 재판하도록 하고 있는 것만 보아도 알 수 있다. 이러한 헌법은 그 형식적 효력에서의 최고성 이외에 기본적 인권(헌법 제10조)과 대통령의 헌법수호책무(헌법 제66조2항)를 규정하고 있다. 이것은 헌법이 형식적으로 최고규범이라고 하는 것의 실질적 이유와 이로 인해서 생기는 일종의 효과를 정하고 있는 것이라고 해석할 수 있다. 실질적 이유란 '인류의 오랜 세월에 걸친 자유획득을 위한 투쟁의 효과'인 기본적 인권을 '이 헌법이 대한민국 국민에게 보장'한다고 하는 것을 말한다. 이와 같은 보장규정을 중핵으로 하는 까닭에 헌법은 최고법규로서의 가치를 가지는 것이다. 또한 기본적 인권을 위협할 우려가 있는 국가권력의 담당자인 대통령에게 헌법수호책무를 과하는 것도 헌법의 최고법규성에서 생기는 일종의 효과라고 할 수도 있다.

국체
國體

대체로 정체와의 대비에 있어서 사용되는 헌법학상의 개념을 말한다. 주권이 군주에게 있는 국가를 군주국(체)이라 하고, 주권이 국민에게 있는 국가를 공화국(체)이라 하는 것과 같이, 국체는 국가를 분류하는 경우에 주권의 소재를 기준으로 한 경우의 관념이다. 이에 대하여 전제군주제·입헌군주제·의회제적 군주제의 구별, 또한 대통령제·의원내각제의 구별 등은 주권의 소재가 아니고, 주권 행사의 형식을 기준으로 하는 **정체**(政體)로서 사용된다.

주권의 소재라는 측면에서 보면 **군주국(체)**이지만 주권의 행사의 형식이라는 측면에서 보면 **입헌정체**의 국가가 있는 반면에, **공화국(체)**이지만 **전제정체**의 국가도 있을 수 있다. 우리 헌법은 제1조에서 대한민국의 주권은 국민에게 있음을 규정하여 공화국(체)임을 분명히 하고 있다. 또한 국가형태로서의 공화국을 '민주적인 공화국'이어야 함을 규정하여 주권의 행사가 '민주적' 정체이어야 함을 규정하고 있다. 그러나 국체, 정체의 구별이 이미 시대성을 상실한 것으로 보고 우리 헌법 제1조는 민주공화국이라는 국체와 정체를 동시에 의미한다고 보는 견해가 유력하다.

정체
政體

forms of government 주권의 행사방법에 따라 정부형태를 분류하는 것을 말한다. 궁극적으로 주권이 누구에게 있느냐에 따라 국가형태를 분류하는 **국체**와 대비되는 용어이다. 정체는 여러 가지 표준에 의하여 구분되는데, 그 주요한 것으로서는 민주정체와 독재정체, 직접정체와 간접정체, 단일제와 연방제, 입헌제와 비입헌제를 들 수 있다. 우리 헌법은 민주제·간접정체·입헌제를 채택하고 있다.

민주공화국
民主共和國

공동체를 의미하는 라틴어 'res publica'에서 유래하는 공화국은 '다수인이 국가권력을 보유하고 군주가 존재하지 않는 국가'(마키아벨리)를 의미한다. 이러한 공화국은 다시 소수에게 권력이 집중되는 과두공화국과 국민주권을 바탕으로 하는 민주공화국으로 구별한다. 예전에는 우리 헌법에서 규정하는 민주공화국에 대해서 렘(Rehm)의 국가형태 분류방식의 영향을 받아 **정체**로서의 '민주'와 **국체**로서의 '공화국'으로 이해하기도 하였으나, 현재에는 민주공화국 자체를 국가형태로 이해하는 것이 다수설이다(이설 있음).

대한민국헌법
大韓民國憲法

1948년 7월 17일 제정·공포하여 공포한 날로부터 시행되어 그 후 제9차의 개정을 거쳐서 오늘에 이르고 있는 성문헌법을 말한다.

조국이 일제에서 해방된 지 약 3년 만인 1948년 5월 10일에 제헌국회가 구성되어 대통령제, 단원제를 골자로 하는 **건국헌법**이 1948년 7월 17일에 제정·공포되었다.

그 후 제1공화국헌법(대한민국헌법연혁 참조)은 1952년 7월 7일의 발췌개헌(拔萃改憲)과 1954년 11월 29일의 사사오입개헌(四捨五入改憲) 두 차례에 걸친 개정이 있었다.

3·15 부정선거에 항거하는 4·19혁명에 의하여 제1공화국이 무너지고 의원내각제를 중심으로 하는 제2공화국헌법(대한민국헌법연혁 참조)이 1960년 6월 15일에 공포되었다. 이 헌법은 3·15 부정선거의 주모자를 처벌하기 위한 헌법상의 근거를 만들기 위하여 형벌불소급의 원칙에 대한 예외규정을 골자로 1960년 11월 29일에 개정되었다(제4차 개정).

4·19 이후의 국가적 혼란을 틈타 일부 군세력의 5·16 군사정변에 의하여 제2공화국은 단명으로 끝나고 말았다. 1962년 12월 26일에 대통령제와 단원제로의 환원을 골자로 하는 제3공화국헌법(대한민국헌법연혁 참조)이 공포되었는데 이것은 그 성질상 전면개헌이었다(제5차 개정). 이 제3공화국헌법은 1969년 10월 21일에 개정되었고(**3선개헌**), 그 후 1972년 12월 27일에 다시 개정되어 박정희대통령의 독재를 위한 헌법 개정인 **유신헌법**으로 이어지게 되었다(제7차 개정).

1979년 10월 26일에 박정희대통령이 급서하자 극도의 정치적 혼란기를 거쳐, 1980년 9월 9일에 정부측의 개헌시안이 확정되고, 같은 해 10월 22일 국민투표를 통해 제8차 개정이 확정되고 1980년 10월 27일부터 시행되었으며, 이것이 제5공화국헌법(대한민국헌법연혁 참조)이다.

현행헌법의 (9차)개정에 관하여는 숱한 곡절 끝에 여당인 민정당과 야당인 신민·국민당에 의하여 1986년 8월 18일에 개헌안이 나오게 되고, 1987년 10월 27일에 국민투표에 의하여 확정, 1987년 10월 29일에 공포되었다. 현행 제6공화국헌법의 특이한 점은 상해임시정부의 법통과 4·19민주이념의 계승(전문), 편제상 국회를 정부의 장 앞에 두었고, 대통령직선제, 구속적부심사제 전면실시, 헌법위원회의 폐지와 헌법재판소 신설, 군법회의를 군사법원으로 한 것 등이다.

전문
前文

성문헌법의 모두(冒頭)에 있는 문장을 말하며, 계승정신, 그 헌법의 기본원칙 및 연혁 등을 선언하는 것이다. 조문의 체제를 취하지 아니하지만 조문과 동일하게 헌법적 효력을 가진다는 것이 통설이다. 우리나라에서는 제4공화국헌법의 전문에서는 계승정신에 관하여 3·1운동의 숭고한 독립정신과 4·19 민주이념 및 5·16 군사정변 이념을 넣고 있었으나, 제5공화국헌법의 전문에서는 3·1운동의 숭고한 독립정신만 남기고 4·19 민주이념 및 5·16 군사정변 이념을 삭제하였다. 제5공화국헌법 전문에서는 ① 정의·인도와 동포애로써 민족단결을 공고히 한다는 것 ② 모든 사회적 폐습과 불의를 타파한다는 것 ③ 자유민주적 기본영역에서 각인의 기회를 균등히 한다는 것 ④ 능력을 최고도로 발휘하게 한다는 것 ⑤ 자유와 권리에 따르는 책임과 의무를 완수하게 한다는 것 ⑥ 안으로 국민생활의 균등한 향상을 기하고, 밖으로는 항구적인 세계평화와 인류공영에 이바지함으로써 우리들과 우리들의 자손의 안전·자유·행복을 영원히 확보한다는 것 등을 다짐하였고, 제6공화국헌법에서는 3·1운동으로 건립된 대한민국임시정부의 법통과 불의에 항거한 4·19 민주이념을 계승하고, 조국의 민주개혁과 평화적 통일의 사명 및 자율과 조화를 바탕으로 한다는 것 등을 추가하였다.

총강
總綱

성문헌법을 장으로 구분하는 경우에 쓰이는 것으로서 총칙에 해당하는 것이다. 제6공화국헌법 총강에서는 국호·정체·국민주권, 국민의 요건·재외국민, 영토, 통일정책, 침략적 전쟁의 부인·국군의 사명, 조약·국제법규의 효력·외국인의 법적 지위, 공무원의 지위·책임·신분·정치적 중립성, 정당, 전통문화와 민족문화 등에 관하여 규정하고 있다(제1조~제9조). 제5공화국 헌법과 다른 점은 제4조에서 민주적 기본질서에 입각한 평화적 통일정책을 수립·추진할 것을 규정한 것과 제5조2항에서 군의 정치적 중립성은 준수된다고 규정한 것 등이다. 이것은 우리나라의 헌정사에서 군의 정치개입이 부정적인 결과를 낳아온 점 등을 반성하여 헌법상 보장수단을 마련하기 위한 것이다.

국민주권
國民主權

국민이 주권을 가지는 헌법 제도를 말하며, **주권재민의 원칙**이라고도 한다. **군주주권**과 반대되는 개념이다. 「대한민국헌법」은 '대한민국의 주권은 국민에게 있고, 모든 권력은 국민으로부터 나온다'고 규정하여(헌법 제1조2항), 국민에게 주권이 있음을 명시하고 있다.

경우에 따라서 군주주권과 민주주의는 반드시 모순되는 것만은 아닌 바, 그 대표적인 예를 영국의 헌정제도에서 찾아볼 수 있다. 그러나 본래의 민주주의가 국민에 의한, 국민을 위한 정치인 이상, 국민이 정치의 원동력(국민주권)이라는 것이 일반적이고 이상적인 것이라 할 수 있다. 대한민국의 경우, 주권은 국민에게 있고, 모든 권력은 국민으로부터 나온다고 규정하여 민주주의의 실현을 도모하고 있다. 군주주권의 경우와는 달리, 국민주권이란 정치의 최종적 결정권이 국민에게 있다고 하는 의미이며, 반드시 국민 각자가 직접 정치를 한다는 의미는 아니다.

국민은 선거에 의하여 국회의원을 선출하여 간접적으로 국가의 정치를 행하게 하고, 헌법개정 때의 국민투표 등에 의하여 간접적으로 정치에 참가하는 것이다.

주권
主權

입법·행정·사법이라는 국가권력의 기초가 되는 지배권력을 말한다. **권력**이란 국가의 기관이 행하는 합법적 강제력을 말한다. 우리 헌법은 '모든 권력은 국민으로부터 나온다'고 규정하고 있는데, 이것은 국가의 최고의 의사, 국가정치형태를 최종적으로 결정하는 권력인 주권으로부터 입법·행정·사법이라는 통치권이 나옴을 의미하는 것이다.

봉건시대의 유럽에서는 국왕·제후·교회 기타 각종의 지배자가 각각 주권을 가지고 있었으나, 근세의 군주는 국내의 여러 권력을 배타적으로 자기의 수중에 집중하고, 스스로 주권자라고 하였다. 이것이 주권개념의 시초이다. 따라서 주권이란 국내적으로는 최고권력이고, 국제적으로는 일국의 자주독립성을 의미하는 것이 되었다.

헌법제정권
憲法制定權

입법·행정·사법권 등과 같이 헌법에 기초를 두고 헌법에 의하여 부여된 권한 내지 권력이 아니라, 헌법 그 자체를 만들고 헌법상의 여러 기관에 권한을 부여하는 근원적인 권한 내지 권력을 말한다. 헌법을 제정하는 근원적 권력이므로 주권이라고 규정된다. 따라서 헌법제정권은 주권과 동의어로 사용된다. 주권이 국민에게 있음은 헌법제정권이 국민에게 있음을 의미하며, **군주주권**은 헌법제정권이 군주에게 있음을 의미하고 있다. 우리 현행헌법은 **주권재민의 원칙**을 제1조2항에서 규정하여 헌법제정권이 국민에게 있음을 선언하였을 뿐만 아니라, 제130조2항에서 「헌법」의 개정도 국민투표에 의하여 최종적으로 확정됨을 규정하고 있다.

민주주의
民主主義

국민 전체가 정치에 참가하는 제도와 기본적 인권을 존중하는 사상을 말한다. 고대 그리스 정치제도 가운데 1인이 지배하는 군주제, 수인이 지배하는 과두제(寡頭制)와 함께 시민 전체 모두가 정치에 참가하는 제도를 민주제 (democracy)라고 하였다. 그러나 오늘날 민주주의는 이와 같은 정치제도의 형식만을 의미하는 것은 아니다.

링컨은 민주주의를 정의하여 '국민의, 국민에 의한, 국민을 위한 정치'라고 말하였는데, 우리 헌법도 전문에서 자유민주적 기본질서를

확고히 한다는 표현이 있음을 보아도 대한민국의 정치가 민주주의에 기초를 두고 있음을 알 수 있다. 현대에 대부분의 국가는 민주주의를 채택하고 있다. 근대의 민주주의가 고대의 그것과 다른 점은 기본적 인권의 관념을 기초로 하고 있는 데 있다. 근대국가는 기본적 인권의 존중과 옹호를 입헌제의 목적으로 하며, 또 이와 같은 사상을 배경으로 하는 제도로서 근대에 있어서 민주제가 지지되고 있다. 따라서 민주주의란 제도임과 동시에 사상이다. 영국이 제도로서는 군주제이지만 민주주의국가라고 불리며, 나치스 독일이 공화제이면서 민주주의국가라고 할 수 없는 것은 이와 같은 연유에서이다.

근세의 전제를 타도한 혁명이나 파시즘을 패배시킨 제2차 대전을 민주주의의 승리라고 부른다. 인간의 역사는 **전제주의**(專制主義)에서 인간을 해방하는 민주주의 실현의 역사이기도 하다.

또한 켈젠과 슈미트의 민주주의의 본질에 관한 논의로서, 민주주의는 국민에 의한 정치를 의미한다는 '방식적 접근론'과 국민을 위한 정치를 의미한다는 '가치적 접근론'의 논쟁이 유명하다.

직접민주제
直接民主制

국민이 국가의사를 결정하는 데 직접 참여하는 정치제도를 말한다. 구체적으로는 국민투표제를 넓은 범위에서 인정하는 민주제로서, 간접민주제에 반대되는 개념이다.

직접민주제의 기원은 고대 그리스에서 찾아볼 수 있는데, 통치자와 통치를 받는 자의 의사가 일치되어야 한다는(자동성의 원리) 현대 민주정치에서도 그 이념은 존중되고 있다. 다만, 모든 통치권의 행사에 국민이 직접 참여하여 결정한다는 것은 현대국가에서 거의 불가능하기 때문에 오늘날에는 간접민주제를 보충하는 범위에서만 채택되고 있다. 우리 헌법은 정당국가적 의회제도(간접민주제)를 바탕으로

국민의 통치권을 실현하도록 하였으며, 특히 중요한 국사에 한하여 직접민주제를 보충적으로 병용하고 있다.

간접민주제
間接民主制
국민이 정치에 참여하는 경우를 의원 기타 공무원의 선거에 한정시켜 국민이 그의 대표인 의원 기타의 피선기관을 통하여 통치권을 행사하는 민주제를 말한다. **대표민주제** 또는 **대의제**(代議制)라고도 하며, 직접민주제에 반대되는 개념이다.

현재의 민주제는 거의 대부분이 간접민주제에 의하고 있다. 우리 헌법도 간접민주제에 입각하고 있으면서 외교, 국방, 통일 기타 국가안위 등의 중요정책과 헌법개정안에 대한 국민투표에 한하여 직접민주제를 가미하고 있다.

개인주의
個人主義
개인의 존재 유지 및 충실을 위한 모든 제도를 이상으로 삼는 이념을 말한다.
법철학사상의 개인주의는 개인의 존재가치의 확충이 정치제도의 목표가 되므로 단체주의나 전체주의를 배격한다. 근세 자연법론의 영향을 받는 민주주의와 개인 인격의 존엄성 및 천부인권설(天賦人權說)도 법적으로는 개인주의에서 도출되었다. 근대민법의 3대 원칙인 사소유권의 절대불가침, 계약자유의 원칙, 과실책임의 원칙은 개인주의 사상의 대표적인 예인데, 이는 근대 자본주의가 급속도로 발전하는 데 법적인 뒷받침이 되었다. 현대의 자유주의 내지 민주주의도 물론 개인주의에 입각한 사상이다. 그러나 19세기 말엽부터 경제적 불균형으로 인한 사회적 문제로 종래의 개인주의적 법사상이 대폭적으로 수정되어, 법의 사회화 경향이 현대법 사상의 특징이 되었다.

전체주의
全體主義
개인주의에 반대하고 개인보다 단체에 우월한 가치의 기준을 두는 원리를 말한다. 정치적으로는 자유주의·민주주의에 반대되는 절대주의·독재주의·국가주의·파시즘(fascism)과 궤를 같이한다. 특히 독일의 나치즘(Nazism)을 의미하는 용어로서 사용되기도 한다. 과거 소련을 중심으로 한 공산국가의 정치원리도 반자유주의적이라는 의미에서 전체주의라고 할 수 있다.

법치주의
法治主義
법 우위의 원칙에 따라 모든 국가작용을 법규범에 따르게 함으로써 국민의 자유와 권리를 보장하려는 원리를 말한다. 그리고 이 경우의 법이 원칙적으로 의회에 의하여 제정된 법률이어야 한다는 것이 전통적인 법치주의의 요청이다. 이러한 법치주의의 구현요건을 구체적으로 살펴보면, ① 법의 제정이 의회에 의하여 또는 의회의 참여에 의하여 행하여짐을 전제로 하고, ② 사법은 독립된 법원에 의하여 행하여지며, ③ 행정은 법률에 의하여 행해질 것이 요구된다. 즉, 권력분립주의가 법치주의의 기초를 이루고 있다. 그것은 구체적으로는 국민의 자유를 보호하기 위한 자유주의적 원리이다. 이러한 법치주의에 의한 국가를 법치국가라고 부른다. 이 원리는 근대국가의 위기와 함께 입헌국가에 있어서도 운용상 확대되고 있다.

자유주의
自由主義
개인의 자유보장을 최고의 이념으로 하는 주의를 말한다. 자유주의가 정치원리로 확립되기까지에는 오랜 시간이 필요했다. 영국·독일·프랑스의 자연법학자들이 이 근본원리를 발전시켰으며, 고전경제학자들은 이 원리를 분업사회에 적용했다. 자유주의는 중세 극복에서 산출된 것이다. 인간이 계급사회의 테두리 안에서 벗어나 인문주의와 문예부흥, 계몽운동을 통하여 스스로 책임있게 생활하고 예술을 창조하는 인격자로서 승화됨에 이르게 되자, 자유주의는 개인주의사상의 뿌리가 되어 18세기의 프랑스혁명, 미국의 독립선언 등에 의하여 구체적으로 표현되었다.

즉, 자유주의는 '자신의 인격을 타인의 명령에 의해서가 아닌 독자적으로 발전시키려는 인간정신의 본연의 발로 속에 뿌리박은 것이며, 오랜 역사적인 생성과정의 소산'인 것이다. 이러한 개념은 후에 로크(John Locke, 1632~1704)와 몽테스키외(Baron de La Brède et de Montesquieu, 1689~1755)를 거쳐 칸트(Immanuel Kant, 1724~1804)에 이르러서는 법치국가·권력분립의 사상을 형성하게 되었고, 경제면으로는 자유방임주의(laissez faire)를 낳게 되었다.

자유방임주의
自由放任主義

18세기 중엽 개인의 기업형태·노동조건 등 모든 경제활동에 대해 국가 또는 정부가 가능한 간섭을 피하고 사경제자유를 폭넓게 인정하는 원리를 말한다.

근대국가의 자본주의는 국가로부터의 간섭을 배제하고 각인의 능력에 일임하는 자유방임주의를 토대로 발전했다. 자유로운 개인의 경쟁만이 '보이지 않는 손'에 의하여 스스로 사회복지를 증진시킨다는 것이 애덤 스미스(Adam Smith, 1723~1790)의 자유방임사상의 내용이다. 이러한 자유방임주의는 국가와 사회의 **이원주의**와 국민 외에 복지에 대한 정부의 책무를 나타하도록 만들었다. 즉 사회는 국가 이전에 이루어진 기성질서로서, 국가는 사회 안에서 이루어지는 자유경쟁에 간섭하지 말고, 다만 그 질서의 유지만을 담당해야 한다는 것이 이원주의와 **국가목적제한설**(國家目的制限說)의 내용이다. 자유방임의 결과로서 국가의 목적이 치안유지에만 제한된 경우의 국가를 **야경국가**라 하며, 오늘날 복지국가와 정면 배치한다.

전제군주제
專制君主制

군주가 국가의 통치권 전부를 장악·행사하고, 국가기관은 군주의 권력집행기관에 지나지 않는 제도를 말한다. 전제군주제는 다시 군주의 독제적 기능이 신으로부터 부여되었다고 보는 신정적(theokratisch) 군주제, 일대 가족인 국민이 가장인 지위에서 유래된다고 하는 가부장적(patriarchalisch) 군주제, 영토 및 국민을 군주의 세습재산으로 간주하는 가산적(patrimonial) 군주제로 분류할 수 있다.

사회민주주의
社會民主主義

사회주의의 폭력에 의한 혁명 및 프롤레타리아 독재를 부인하고 의회정치를 통한 민주주의적 방법에 의한 사회주의의 합법적·점진적 실현원리를 말한다.

이 원리는 정치적 민주주의의 수정 내지 이념적 발전형태로서 등장하여, 노동자 계급의 해방을 위하여 사회적·경제적 평등의 실현을 목적으로 하되, 그 방법에 있어서 프롤레타리아 독재를 배척하고 의회주의를 고수한다는 점에서 **공산주의**와 다르다. 제1차 대전까지는 공산주의와 사회민주주의 간에 명백한 구별이 없었기 때문에 사회민주주의를 양자의 총괄적 명칭으로 사용하였으나, 공산주의를 신봉하는 제3세계의 성립을 계기로 양자 간에 엄격한 구별이 생기게 되었다.

입헌군주제
立憲君主制

군주국가 중 국가권력의 행사방법에 있어서 군주가 입헌적 제약을 받는 정체, 즉 군주 외에 국민의 선거에 의하여 구성된 의회가 독립적 국가기관으로 존재하며 그 의결이 없이는 군주가 독단적인 헌법개정·법률제정 기타 중요한 국무처리를 할 수 없도록 하고 있는 정체를 말한다. **제한군주제**의 일종이다. 오늘날에 있어서는 입헌군주제를 채택하는 나라들도 국민주권의 원칙을 채택하는 것이 보통이다.

제한군주제
制限君主制

군주의 권능에 대해 여러 가지 법적인 제한을 인정하는 군주제를 말한다. **절대적 군주제**에 대응하는 용어이다. 이것이 근대적 자유주의에 입각할 때에는 입헌군주제라고 부르고, 의원내각제를 수반할 때에는 **의회군주제**(議會君主制)라고 부른다.

공화제
共和制

주권이 한 사람의 의사에서가 아니라 합의체의 기관에서 나오는 정치제도를 말한다. 과두정치·귀족정치도 이에 포함되지만 근세에 와서는 오직 민주정치만을 뜻한다. 오늘날 절대군주제가 없어지고 군주제도 민주화함에 따라서 (영국·일본 등 상징군주제) 군주제와 공화제를 구별하는 의미는 희석되었다.

국가
國家

일정한 영토에 거주하고 주권을 보유한 다수인으로 구성된 정치단체를 말한다. 국가는 주권·영토·국민의 3요소에 의하여 성립된다고 하는 것이 통설이지만, 그 밖에 무수한 이설이 있다. 국가의 기원에 관하여는 신의설·가족설·계약설 등이 있고, 그 기능·목적으로서는 자기보존·치안유지·문화발전 등을 들 수 있다(질서·복지). **자유주의적 국가관**에 있어서는 국가를 필요악이라고 규정하고 국가의 기능을 국방이나 치안유지에만 한정시켰으나, **사회국가의 원리**에 의한 국가관에 있어서는 각 국민의 생활을 보장하는 국가의 임무를 부과하고 있다.

다원적 국가론
多元的 國家論

국가주권의 유일성에 반대하여 각 부분사회의 복수주권을 주장하는 학설을 말한다. 국가를 교회·직업단체·지방자치단체 등과 본질적인 차이가 없다고 생각하는 입장에서 출발하는 견해이다. 이 견해는 특히 20세기 초 콜(Cole), 라스키(Laski) 등의 영미학자에 의하여 주장되어 정치학에 획기적인 영향을 끼쳤다. 논자에 따라 그 견해에는 다소의 차이가 있으나, 국가의 특수한 사회적 기능을 인정하더라도 이것을 다른 부분사회의 상위에 있는 유일한 지배적 전체사회로 보지 않고, 정치적 기능을 분담하는 각 부분의 복수사회와 질적으로 같은 서열로 생각하려는 입장에 입각하고 있다. 주로 유럽, 특히

독일에서 발전한 관념적인 국가절대주의의 경향에 대하여 다원적 국가론은 영미의 자유주의와 경험주의의 흐름을 계승한 원리라고 할 수 있다.

국가주권설
國家主權說

국가권력, 즉 주권이 군주나 국민에게 속하는 것이 아니고, 사회적 단일체이며 법률상의 인격자인 국가 자신에 귀속한다는 학설을 말한다.

이 학설은 **국가법인설**과 밀접한 관계를 가지고 있으며, 19세기 후반 독일의 절대군주정과 극단적 민주정과의 타협의 소산인 입헌군주정의 전위적 이론이다. 옐리네크(G. Jellinek)가 그 대표적 주창자이다.

의회주권
議會主權

의회가 국가의 최고기관으로서 주권을 가지는 헌법제도를 말한다. 영국의회가 역사적으로 가지고 있는 절대적인 권능과 관련하여 생긴 개념이다. 의회주권과 국민주권을 동일한 의미로 파악하는 견해도 있으나, 의회가 언제나 직접 또는 공정하게 국민을 대표한다고는 할 수 없다. 영국에서 통치권의 소재를 표시하는 전통적 개념인 King in Parliament는 의회주권의 설명을 보완하고 있는데, 국왕은 단독으로 주권자일 수 없고 의회의 일원으로서 일체가 되어서만 권력의 주체일 수 있다는 뜻이다.

국민
國民

국적, 곧 국가의 구성원이 되는 법적 자격을 가진 모든 사람을 말한다. 대한민국은 국민의 요건을 법률(국적법)로 규정하고 있다(국적법정주의). 또 국민은 위와 같이 개개의 인민만을 의미하지 않고 '국가기관으로서의 국민'이라는 이념적 통일체를 지칭하기도 한다. 이러한 의미의 국민은 **선거인단**이라고도 한다. 그러나 최근에는 국가기관으로서의 국민의 실질적 의의가 없다는 유력한 견해가 제기되고 있다.

국적
國籍

어느 개인이 법률상 국민으로서 어느 국가에 소속하는 관계, 즉 일정한 국가의 구성원이 되는 자격을 말한다. 일정한 국적을 가진 사람은 그 영토 외에서도 그 나라의 주권에 복종하는 반면에 본국에 의하여 보호를 받는다(재외국민의 보호).

국적의 취득에는 출생 등의 선천적 취득과 영토의 변경·귀화 등의 후천적 취득이 있고, 국적의 상실에 있어서도 사망 등의 선천적 상실과 영토의 변경·국적의 이탈 등의 후천적 상실이 있다. 근대 이전에는 각국의 법제가 국적강제주의를 채택하여 일정한 조건을 구비한 개인에 대하여 그 나라의 국적을 강제하고 그 이탈을 허용하지 않는 것이 원칙이었다. 그러나 유럽대륙의 이주자들에 의하여 성립된 미합중국에서는 1868년 헌법의 개정에 의하여 귀화에 의한 국적취득과 함께 이주와 국적이탈의 자유를 인정하고 이것을 불가침의 천부인권으로 선언하였다. 그 이후 우리나라와 「세계인권선언」(제13조)을 비롯한 각국은 개인의 자유의사에 의한 국적의 취득·상실을 인정하고, 자유의사에 반하는 국적강요를 금지하고 있다.

국제평화주의
國際平和主義

국제간에 친선을 도모하고 침략전쟁을 부인(헌법 제5조1항)함으로써 인류를 전쟁의 참화로부터 구출하려는 제원리를 말한다. 이는 곧 UN의 정신이며, 우리 헌법 전문에서도 그 뜻을 명백히 규정하고 있다. 오늘날 각국의 헌법은 거의 국제평화에 관한 규정을 두고 있다.

우리 헌법 제5조2항 전단에서는 '국군의 국가안전보장 및 국토방위 의무'를 규정하고 있는데, 이는 곧 외국의 침략에 대한 자위전쟁은 인정하는 것으로 이해된다.

정당
政黨

국민의 이익을 위하여 책임 있는 정치적 주장이나 정책을 추진하고 공직선거의 후보자를 추천 또는 지지함으로써 국민의 정치적 의사의 형성에 참여함을 목적으로 하는 국민의 자발적 조직을 말한다(정당법 제2조). 우리 헌법은 '정당설립의 자유'와 '복수정당제'를 보장하고 있다(제8조). 현대의회정치는 정당의 출현으로 인하여 대의정치, 의회제도로부터 정당국가로 발전·변모하게 되었다. 라이프홀츠(Leibholz, 1901~1982) 교수는 이러한 현상을 정당제민주주의라 지칭하였다. 한편, 역사적으로 정당은 공공복리의 추구가 아니라 특수이익을 대변하기 위한 조직으로 출발하였으며, 따라서 당시 국가는 정당에 대해서 적대적 태도를 취하였다. 트리펠(Triepel)은 이러한 정당에 대한 헌법의 편입단계를 적대 → 무시 → 승인 → 합법화 과정으로 설명한다.

정당국가
政黨國家

의회정치의 운영에 있어서 정당이 그 정치의 중심이 되어 있는 국가를 말한다. 대의정치의회제도의 쇠퇴에 따라 오늘날 모든 국가는 정당국가로 변모하였다. 따라서 민주정치·의회정치·정당정치는 한 궤를 이룬다.

민주국가의 정당국가적 성격은 복수정당제 또는 다원적 정당국가임을 그 특성으로 한다. 다원적 정당국가는 정당설립의 자유가 보장되어야 함은 물론, 복수정당간에 평화적인 정권교체의 가능성이 존재한다는 점에 특색이 있다. 정당국가에 있어서는 정당의 정책을 중심으로 그 정치가 운용되는 까닭에 선거의 성질은 대표자의 선출로서의 의미를 가지는 것이 아니라 정당의 정책에 관한 국민의 신임투표를 의미한다.

정당의 해산
政黨의 解散

정당의 목적이나 활동이 민주적 기본질서에 위배된 때, 정부가 헌법재판소에 그 해산을 제소하고 헌법재판소의 심판에 의하여 정당을 해산(헌법 제8조4항)하게 하는 것을 말한다. 이는 우리 헌법의 가치기준인 민주적 기본질서를 파괴하려는 정당의 존립을 부인하는 투쟁적·방어적 민주주의를 선언하고, 정치적 중립기관인 헌법재판소의 신중한 심판 절차를 거치게 함으로써 정부의 자의적인 처분에 의한 정당해산과 이로 인한 야당탄압을 금지하려는 데 취지가 있다.

헌법

공무원제도
公務員制度

① **공무원의 개념** : 직접 또는 간접으로 국민으로부터 선임되어 국가나 공공단체의 공무를 담당하는 자를 말한다(헌법재판소 결정 1992.4.28. 90헌바27—34,36—42,44—46,92헌바15(병합) 전원재판부).
② **공무원의 헌법상 지위** : 국민을 이념적으로 대표하는(이설 있음) 국민 전체의 봉사자로서, 국민주권의 제도적 구현으로 평가된다.
③ **공무원의 책임** : 법적 책임과 정치적 책임으로 나누어볼 수 있는데, 전자로는 해임건의, 청원 등을 들 수 있고, 후자로는 탄핵제도·국가배상제도·해임·징계·민사상 손해배상·형사소추 등을 들 수 있다.
④ **직업공무원제도** : 1919년 바이마르헌법이 효시이며 우리 헌법은 제3차 개헌으로 명문화하였다(현행헌법 제7조2항). 직업공무원제도는 정치적 중립성과 신분보장을 그 내용으로 한다. 한편, 여기서 말하는 '공무원'은 가장 좁은 범위의 개념으로서 별정직 등의 특수경력직공무원은 제외한다.

국민의 권리·의무

기본적 인권
基本的 人權

인간이 인간으로서 살아가기 위하여 없어서는 안 될 기본적인 권리를 말한다. **인권**, **기본권**이라고도 한다.
사람이 기본적 권리를 가진다는 사상은 인간이 자아(주체적인 존재)를 자각하게 된 근세에 이르러 비로소 널리 주장되었다. 미국의 독립, 프랑스의 혁명을 비롯하여 근대 민주국가의 건설은 특권적·전제적 정치에 대한 기본적 인권의 보장이 주된 목적이었다. 따라서 근대국가의 헌법에는 예외없이 기본적 인권의 불가침이 선언되어 있다. 기본적 인권은 역사적으로 볼 때, **자유권적 기본권**과 **사회권적 기본권**으로 나누어지는데, 전자는 국가로부터의 권리보호를 그 목적으로 하는 권리이며, 사상의 자유·언론의 자유·종교의 자유 등 이른바 근대의 권리이다. 후자인 사회적 기본권은 자본주의가 심화되면서 나타난 모순을 해결하기 위하여 인정된 권리로서, 국가가 사회적·정책적 방법에 의하여 국민의 인간다운 삶을 보장하기 위해 인정되는 권리를 말한다. 생존권·근로기본권 등이 여기에 해당하며 현대의 권리라 부른다.

자연권
自然權

모든 사람이 태어나면서부터 갖게 되는 고유한 권리, 실정법상의 권리에 대응해 자연법에 의하여 생래적으로 부여된 권리를 말한다. 근대 초기의 사회계약설을 배경으로 하여 나타난 **천부인권**과 동일한 개념이다. 이것은 국가 이전의 권리이므로 국가라 할지라도 이것을 자의적으로 침해할 수 없다.

인격권
人格權

권리자와 분리할 수 없는 이익, 즉 신체·자유·명예 등을 목적으로 하는 **사권**이다. 민법은 이것을 침해한 때에는 불법행위가 성립한다고 규정하고 있으므로 학설은 이것을 인격권의 예시로 보고, 이 밖에도 생명·정조·신용·성명·초상 등에 인격권이 성립한다고 한다. 여기에서 **초상권**은 사람의 용모·용태를 함부로 타인이 그림으로 그리거나, 사진으로 촬영하거나 조각하지 아니하고, 본인 자신의 그림이나 사진이 함부로 신문·잡지·도서 등에 게재되거나 발표되지 않을 권리를 말한다.

저항권
抵抗權

기본적 인권을 침해하는 국가권력에 대하여 저항할 수 있는 권리를 말한다. 실정법상 승인된 국민의 권리는 아니다. 역사적으로 미국의 독립선언, 프랑스의 인권선언, 1793년 프랑스헌법 등과 같이 초기의 권리조항에서 권리보장을 위한 담보로 삽입된 바 있었다. 그러나 저항권은 그 후 점차로 모습을 감춰 제2차 대전 후 합법적인 독재로부터 인권을 수호하기 위한 수단으로 다시 출현하게 되었다.

[저 항 권]

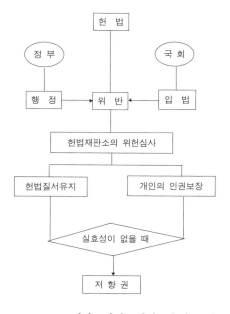

평등권
平等權

연령·성별·직업·출신 등에 의한 자의적 판단에 따른 차별을 금하고(Willkürverbot), 정의·도덕·합목적성 등의 합리적 고려에 의한 상대적 평가를 의미하는(reasonableness) 개념으로서, 이러한 평가를 법적으로 보장받을 수 있는 권리를 평등권이라 한다. 이러한 평등권의 연원은 고대 그리스(아리스토텔레스의 '배분적 정의') 철학과 중세 그리스도교의 '신 앞의 평등'에서 기원하여 이후 근대 자연법 사상에

의한 '법 앞의 평등'을 거쳐(1776년 버지니아 권리장전 '생래적 평등'), 사회국가 원리에 입각한 실질적 평등으로 발전하였다(1919년 바이마르헌법).

우리 헌법은 '법 앞의 평등'을 명문으로 규정하여(제11조), 사회적 특수계급을 부인할 뿐 아니라 정치적·경제적·문화적인 모든 영역에서 차별을 금하고 있다.

역평등
逆平等

경제적·사회적 약자에 대해서 국가가 우선적 처우나 해택을 받을 수 있도록 함으로써 실질적 평등을 기하려는 평등의 현대적 경향을 의미한다. 남편을 잃은 여자에게는 재산세를 면제해주면서 처를 잃은 남자에게는 이를 면제해주지 않는 법률을 합헌으로 본 미연방대법원의 이른바 '칸 사건'(Kahn vs. Shevin, 416 U.S. 351, 1974)이 그 대표적 예이다. 한편, 이러한 역평등은 상대적으로 백인이나 남성에게 불평등을 초래하게 된다는 **역차별**의 문제를 불러일으키고 있다.

영전
榮典

국가에 대한 공로를 치하하기 위하여 인정된 특수한 법적 지위를 말한다. 대개의 경우 훈장이 수여된다. 영전은 법률이 정하는 바에 의하여 대통령이 수여한다(헌법 제80조). 훈장 등의 영전은 이를 받은 자에게만 효력이 있고, 어떠한 특권도 이에 따르지 아니한다(헌법 제11조3항). 이는 평등의 원칙에 위배되기 때문이다. 이것을 '영전일대의 원칙'이라 한다.

자유권
自由權

헌법 또는 국회의 의결을 거친 법률에 의하지 아니하고는 국가권력에 의하여 자유를 침해받지 아니하는 권리를 말한다.

1215년 영국의 대헌장 제39조 '신체의 자유'에서 처음 성문화된 자유권 혹은 자유권적 기본권은 국가권력에 대한 방어적 권리로 인정되어왔다. 초기 근대 자유국가에서는 자유권을 절대적 권리로 인정하였으나(프랑스

인권선언 '재산권의 신성불가침', 미국 수정헌법 제1조), 이후 사회권의 등장과 재산권의 사회적 의무성이 강조됨에 따라 그 절대적 색채는 희석되었다.

우리 헌법은 제12조 내지 제22조에서 자유권에 관해 규정하고 있는데, 여러 분류방법이 있으나 아래 표의 분류가 일반적이다.

인신 자유권	생명권, 신체의 자유
사생활 자유권	사생활 비밀의 자유, 주거의 자유, 거주·이전의 자유, 통신의 자유
정신적 자유권	양심의 자유, 종교의 자유, 언론·출판의 자유, 집회·결사의 자유, 학문과 예술의 자유
경제적 자유권	재산권, 직업선택의 자유, 소비자의 권리

기본권으로서의 자유권에 대한 논의는 포괄적인 권리냐, 「헌법」이 규정하는 개개의 자유권만이 보장받는 것이냐가 문제된다. 이에 관하여 「헌법」은 국민의 어떠한 자유를 제한하는 데 최소한 법률로써 하도록 되어 있으므로(헌법 제37조2항), 우리 국민은 포괄적 자유권을 가지고 있다고 하겠다. 그 밖에 국민의 자유와 권리를 제한하는 법률의 제·개정은 국가안전보장·질서유지 또는 공공복리를 위하여 필요한 경우에 한하지만, 이 경우에도 자유의 본질적인 내용을 침해할 수는 없다(헌법 제37조2항).

신체의 자유
身體의 自由

신체적 구속을 받지 아니하는 자유를 말한다. **인신의 자유**라고도 한다. 신체의 자유는 최소한의 자유로서 정신적 자유와 더불어 인간의 존엄과 가치를 구현하기 위한 모든 기본권보장의 전제조건이다. 우리 헌법은 이에 대해서, ① 적법절차의 원리(제12조1항), ② 죄형법정주의(제12조1항·제13조1항), ③ 사전영장주의(제12조3항, 제16조), ④ 구속적부심사제(제12조6항)를 명문으로 보장하고 있다.

적법절차의 원리
適法節次의 原理

공권력에 의한 국민의 자유와 권리침해는 반드시 실정법에 따라 합리적이고 정당한 절차에 의하여야 한다는 원리이다. 영국의 대헌장(1215년)에서 기원하여 권리청원을 거쳐 미국 수정헌법 제5조 "정당한 법의 절차(due process of law)"(1791년)에서 보다 구체화되었다. 우리 헌법은 구속이유고지(제12조5항), 형사피의자의 형사보상청구권(제28조) 등을 통해 이를 구현하고 있다.

사전영장주의
事前令狀主義

강제처분에 있어서 원칙적으로 법원 또는 법관의 영장을 필요로 하는 주의를 말한다. 1679년 인신보호령(Habeas Corpus Act)에서 유래한 사전영장제도는 우리 법제사의 경우 1948년 군정법령 제176호에 의하여 도입되었다.

체포·구속·수색·압수에 관하여 사전영장주의는 헌법상의 요청이다(헌법 제12조3항). 사법적 통제에 의하여 강제처분의 남용을 방지하고 인권을 옹호함을 목적으로 한다. 처분의 대상·시각 또는 장소의 특정을 결한 영장(이른바 일반영장)은 사전영장주의에 반하므로 금지된다(형사소송법 제74조·제75조·제114조). 그러나 현행범인의 체포(헌법 제12조3항 단서, 형사소송법 제212조), 긴급체포(헌법 제12조3항 단서, 형사소송법 제200조의3), 체포 또는 구속을 위한 피의자수색(형사소송법 제216조1항1호), 체포현장에서의 압수·수색·검증(형사소송법 제216조1항2호), 피고인 구속현장에서의 압수·수색·검증(형사소송법 제216조2항), 범죄장소에서의 압수·수색·검증(형사소송법 제216조3항), 긴급체포 후의 압수·수색·검증(형사소송법 제217조1항), 유류물 또는 임의제출물의 압수(형사소송법 제108조·제218조)는 사전영장주의의 예외이다.

구속적부심사제도
拘束適否審査制度

피구금자 또는 관계인의 청구가 있을 때에 법관은 즉시 본인과 변호인이 출석한 공개법정에서 구금의 이유(① 주거부정 여부 ② 도주의 우려 여부 ③ 증거인멸의 우려 여부 등)를 밝히도록 하고, 구금의 이유가 부당하거나 적법하지 아니할 때에는 법관이 직권으로 피구금자를 석방하게 하는 제도를 말한다. 이 제도의 기원은 불확실하나 1215년의 마그나 카르타 이전에 영국의 보통법(Common Law)에서 발생한 것으로 추측된다. 그 후 1679년 영국의 인신보호법에서 수정·확대되고, 이어 각국의 헌법에 확대되었다. 우리나라에서는 1948년 3월에 군정법령 제176호 「형사소송법」의 개정에 의하여 이 제도가 도입되고 「헌법」에 규정되었다. 그러나 그 후 폐지되었다가 제5공화국헌법에서 다시 부활했으나, 청구사유를 제한하였다. 현행헌법에서는 그 제한규정과 국가보안법 위반사건 등과 검사인지사건을 청구대상에서 제외하는 규정을 삭제하고 모든 범죄에 대해 구속적부심사청구를 할 수 있도록 하였다(헌법 제12조 6항, 형사소송법 제214조의2).

사후입법의 금지
事後立法의 禁止

행위 당시 적법한 행위에 대하여 사후에 입법을 통해서 형사책임을 지우는 것을 금지함을 말한다(헌법 제13조1항). 적법한 행위에 대하여 사후에 이를 처벌하는 소급법을 제정하지 못한다는 것을 의미하는 동시에, 그러한 방법으로 형을 가중하는 것도 금지된다. 미국에서는 유죄평결을 쉽게 하는 증거법의 사후개정도 이에 포함시키고 있다.

거주·이전의 자유
居住·移轉의 自由

국내 어느 곳이라도 주거를 결정하고 변경할 수 있는 자유와 국내의 어떠한 장소이든 여행할 수 있는 자유, 그리고 국외로 이주하고, 국외에서 귀환하는 자유 및 국적을 이탈하고 귀화하는 자유를 말한다. 단, 무국적의 자유는 인정되지 않는다. 1919년 바이마르헌법이 그 효시이다. 한편, 외국인에게는 입국의 자유는 제한되나, 출국의 자유는 허용한다는 것이 통설이다.

직업의 자유
職業의 自由

'인간이 생활을 유지·영위하기 위하여 그가 원하는 바에 따라 선택한 직업에 종사할 수 있는 자유'를 말한다(헌재 1990.10.15, 89헌마178). 우리 헌법은 이에 대해 '직업선택의 자유', '영업의 자유', '전직(轉職)의 자유', '무직업의 자유'를 그 내용으로 규정하고 있다(제15조). 여기서 의미하는 '직업'이라 함은 생활의 영역을 위하여 필요한 정신적·물질적 수단을 획득하기 위한 계속적 활동을 말한다.

주거의 자유
住居의 自由

법률에 의하지 아니하고는 그 주거에 대하여 침입·수색 및 압수를 당하지 아니하는 권리를 말한다. 우리 헌법은 '모든 국민은 주거의 자유를 침해받지 아니한다. 주거에 대한 압수나 수색에는 검사의 신청에 의하여 법관이 발부한 영장을 제시하여야 한다'(제16조)고 규정하고 있다. 여기서 '주거'라 함은 평상시에 생활하고 있는 주택뿐만 아니라 여관의 객실은 물론, 교실·창고·차고·사무실도 포함된다.

사생활의 자유
私生活의 自由

사생활의 비밀과 자유를 침해받지 않을 자유를 말한다. 우리 헌법은 '모든 국민은 사생활의 비밀과 자유를 침해받지 아니한다'고 규정하고 있다(제17조).

사회생활의 복잡화에 수반하여 타인으로부터 격리되어 방임하는 것이 중요한 생활상의 이익으로 이해됨에 따라 인격권의 하나로서 「헌법」에 기본적 인권으로 규정되었다. 사회적 평가를 불문하며 개인의 사적인 영역[이른바 **프라이버시(privacy)]**에의 침해에 의하여 생기는 정신적 고통을 구제한다는 점과 진실이라 하더라도 비밀로 하고 싶은 것을 보호한다는 점에서 사생활자유의 침해는 명예훼손과 구별된다. 사생활이 타인에 의하여 공개되지 않는 것, 사람에 의하여 오인을 일으킬 수 있는 사항을 공개당하지 않는 것, 또는 사사를 영리적으로 이용당하지 않는 것 등이 그 내용을 이룬다.

통신의 자유
通信의 自由
　개인이 그 의사나 정보를 우편이나 기타 전기통신 등의 수단으로 전달 또는 교환하는 경우에 그 내용이 본인의 의사에 반하여 공개되지 아니할 자유를 말한다(헌법 제18조). 아울러 통신의 자유는 사생활을 보호하는 기능과 사회구성원 사이에 의사소통이 원활하게 이루어질 수 있도록 하는 기능을 한다.

양심의 자유
良心의 自由
　원래는 윤리적 사항에 대한 신념을 의미하지만, 현행헌법상으로는 이에 국한하지 않고 사상의 자유를 포함한다(통설). 우리 헌법에는 '모든 국민은 양심의 자유를 가진다'고 규정되어 있는데(제19조), 그 내용으로는 내심으로 무엇을 결정하는 자유(양심형성의 자유)와 결정한 내용에 대하여 침묵을 지키는 자유(양심유지의 자유), 그리고 양심에 반하는 행동을 강제당하지 않는 자유로 나누어볼 수 있는 바, 그 보장의 정도와 방법은 각각 다르다. 양심의 자유와 관련하여 신문기자의 취재원에 관한 묵비권과 양심상의 집총거부(執銃拒否) 등이 문제가 되고 있다.

종교의 자유
宗敎의 自由
　1649년 영국의 인민협정(Agreement of the People)에서 최초로 규정된 것으로, 종교를 믿거나 믿지 아니하는 자유를 말한다. 우리 헌법에는 '모든 국민은 종교의 자유를 가진다'고 규정되어 있는데(제20조1항), 이것이 종교의 자유이다. 이 종교의 자유에는 종교의 선택·변경의 자유, 무종교의 자유, 종교적 사상 발표의 자유, 예배집회의 자유, 종교결사의 자유를 포함한다. 아울러 국교는 인정되지 아니하고, 종교와 정치는 분리된다(**정교분리의 원칙**, 제20조2항).

언론·출판의 자유
言論·出版의 自由
　사상·양심 및 지식·경험 등을 구두 또는 인쇄 기타 방송매체를 통하여 표현하는 자유를 말하고, 사상표현의 자유라고도 한다(헌법 제21조1항). 1649년 영국의 인민협정에서 선언되어 1695년 검열법(The Licensing Act)의 폐지로 확립되었다. 이후 1776년 버지니아 권리장전과 미국수정헌법 제1조를 통해 '절대적 자유권'으로 인정되었다. 우리 헌법은 지난 제5공화국헌법까지는 언론·출판에 대한 사전검열을 인정하여 왔으나, 현행헌법에서 이에 대한 금지를 명문화하였다. 그러나 실제적으로 아직 사전검열을 인정하는 경우가 사라지지 않고 있어 이에 대한 위헌 시비가 끊이질 않고 있다. 한편, 현행헌법은 언론·출판에 대한 피해배상규정을 신설하여 타인의 명예나 권리를 침해할 경우 그 배상을 명하고 있다(헌법 제21조4항).

이러한 언론·출판의 자유는 구체적으로 다음의 내용을 보장한다.

① **알권리** : 일반적으로 접근할 수 있는 정보원으로부터 의사형성에 필요한 정보를 자유롭게 수집하고, 수집된 정보를 취사·선택할 수 있는 자유를 말한다.

② **보도의 자유** : 자유로운 의사형성을 위한 언론기관의 '신문의 자유'와 '취재의 자유'가 그 대표적인 예이다.

③ **액세스권** : 자기와 관계있는 보도에 대한 반론 또는 해명의 기회를 요구할 수 있는 반론권 및 해명권을 말하며, 보다 넓은 의미로 '언론기관접근권'이라고도 한다.

집회의 자유
集會의 自由

다수인이 특정한 공동목적을 위하여 일시적으로 일정한 장소에 회합하는 자유를 말한다. 광의로는 **시위의 자유**를 포함한다. 모든 국민은 집회의 자유를 가지며(헌법 제21조1항), 일반 자유권과 같이 국가안전보장·질서유지·공공복리를 위하여 필요한 경우에는 법률로써 제한할 수 있고(헌법 제37조2항), 집회의 자유를 제한하는 법으로는 「집회 및 시위에 관한 법률」이 있다. 이 법률은 집회 및 시위의 방해 금지, 금지되는 집회 및 시위, 옥외집회 및 시위의 신고 등을 규정하고 있다. 집회에 대한 허가제는 인정되지 아니한다고 명문으로 규정하고 있다(헌법 제21조2항).

결사의 자유
結社의 自由

일정한 공동목적을 위하여 다수인이 계속적인 단체를 조직하는 자유를 말한다. 이에 대해서 우리 헌법은 '모든 국민은 결사의 자유를 가진다'고 규정하고 있다(제21조1항). 특히 근세에 와서는 정치적 단체조직과의 관계에 있어서 민주사회에서는 반드시 보장되어야 할 국민의 기본권의 하나이다. 우리 헌법은 정치적 단체인 정당과 근로자의 결사인 노동조합을 적극적으로 보호하고 있다(제8조·제33조1항). 결사에 대한 사전허가제는 인정되지 아니한다고 「헌법」 제21조2항에 명문화되어 있다. 그러나 국가안전보장·질서유지 또는 공공복리를 위하여 법률로써 제한할 수 있다(헌법 제37조2항).

학문의 자유
學問의 自由

연구의 자유, 즉 임의의 과제를 선정하여 연구하고 그 연구의 결과를 발표할 자유를 말한다. 17세기 영국에서 베이컨(Francis Bacon, 1561~1626)이나 밀턴(John Milton, 1608~1674)등이 최초로 주장하기 시작했으며, 1849년 프랑크푸르트헌법에서 처음으로 헌법에 규정되었다.

우리나라에서는 「헌법」에 "모든 국민은 학문과 예술의 자유를 가진다."(제22조1항)고 보장하고, 예외적으로 질서유지 등을 위하여 필요한 경우에만 법률로 제한할 수 있도록 되어 있다(제37조2항). 학문의 자유는 사상의 자유나 표현의 자유의 일부로도 볼 수 있지만 「헌법」이 특별히 별도의 항목을 설정해서 이를 보장하는 것은 학문에는 객관성이 확보되어야 하기 때문이다. 그리고 이러한 객관성을 확보하기 위해서는 학문의 중심인 대학의 자치가 반드시 필요한데 그 헌법적 근거를 학문의 자유에서 찾는 견해와 제31조4항 중 "대학의 자율성은 법률이 정하는 바에 의하여 보장된다."는 부분으로 보는 견해가 대립한다.

예술의 자유
藝術의 自由

미(美)를 추구하는 작용인 '예술'을 자유롭게 창작·표현하는 자유를 말한다(헌법 제22조1항). 1919년 바이마르헌법이 그 효시이며, 우리 헌법에서는 제5차 개헌으로 명문화하기 시작하였다. 예술의 자유에서 특히 문제되는 것은 예술표현의 자유의 인정범위로서 위헌의 소지가 있는 사전심의를 통해 예술작품의 음란성을 검열할 수 있는가이다. 이러한 논의는 한 사회의 문화적 발전을 좌우하는 매우 중요한 기준이 된다. 아울러 우리 헌법은 저작권·산업소유권 등의 지식재산권의 보호를 규정하고 있다(제22조2항).

재산권의 보장
財産權의 保障

사유재산을 그 소유자 이외의 자에 의하여 침해당하지 않도록 보장하는 제도를 말한다. 우리 헌법은 '모든 국민의 재산권은 보장된다'고 규정하고 있다.

근대 이전의 봉건사회에 재산은 국왕이나 영주로부터의 보관물 또는 일시적으로 얻어서 사용할 수 있는 물건이라고 생각했고, 따라서 영구적인 소유물이 아니었다. 이렇게 되면 재산관계가 불안정할 뿐만 아니라 안정된 사회생활을 영위하지 못하게 된다. 따라서 근대헌법에서는 사유재산의 보장(불가침) 규정을 두게 되었다. 재산권의 보장은 근대헌법의 기본원칙의 하나이다. 동시에 근대 자본주의 사회는 이 재산권의 보장을 기초로 발전되어 왔다. 그러나 19세기 후반부터 발생한 자본주의경제의 발전에 따른 부의 불평등·부의 집중현상으로 사회적 관점에서 사유재산의 절대적 보장에 수정을 가하게 되었다. 이것을 **재산권의 사회화**라고 한다. 즉 사적소유권은 절대적인 것이 아니고, 사회적 책임을 수반한다고 생각하게 되었다. 독일의 바이마르헌법(1919년)이 '소유권은 의무를 수반한다'고 규정한 것은 사회적 책임을 나타낸 것이다. 우리 헌법에서 '모든 국민의 재산권은 보장된다'(제23조)고 규정하고 있으면서 '재산권의 행사는 **공공복리**에 적합하도록 하여야 한다'고 규정하고 있는 것도 이러한 새 시대의 경향을 인정한 결과다. 다만, 공공을 위하여 사유재산을 제한함에는 정당한 보상이 필요하므로 '공공필요에 의한 재산권의 수용·사용 또는 제한은 법률로써 하되, 정당한 보상을 지급하여야 한다'(헌법 제23조3항)고 규정되어 있다.

청원권
請願權

국민이 국가기관에 대하여 일정한 사항을 문서로써 진정하는 권리를 말한다. 민주정치는 국민을 위한 정치이므로 국민이 국가기관에 대하여 일정한 희망이나 의사를 제출함으로써 권리의 구제·위법의 시정·복리증진을 할 수 있도록 한 것이다. 고전적 기본권의 하나이며, 기본권을 보장하기 위한 기본권이라고도 한다. 우리 헌법도 이 청원권을 보장하고 있다. 국회에 대한 청원은 「국회법」, 지방의회에 대한 것은 「지방자치법」, 그 밖의 일반법으로는 「청원법」이 있다. 누구라도 청원을 하였다는 이유로 차별대우를 받거나 불이익을 강요당하지 않는다(청원법 제26조).

공무원파면청원권
公務員罷免請願權

공직에 있는 자를 임기 종료 전에 국민의 발의에 의하여 파면시키는 권리를 말한다. 구헌법상 국민의 기본권리의 하나로 인정된 바 있다(제5차 개정 이전의 헌법 제27조1항). 직접민주제의 하나인 국민소환과 흡사하나, 공무원의 불법행위를 요건으로 하고 그 방법에 있어서 청원에 의하는 점이 다르다. 미국·스위스·독일 등에서 발전된 제도이다. 우리나라는 1962년의 개정헌법(제5차 개정)에 의하여 이 규정을 삭제하였으나, 현행헌법 제26조와 「청원법」 제5조에 의하여 공무원의 위법·부당한 행위에 대하여 시정 또는 징계를 요구할 수 있는 권리는 그대로 인정되고 있다.

재판을 받을 권리
裁判을 받을 權利

모든 국민이 「헌법」과 법률이 정한 법관에 의하여 법률에 의한 재판을 받을 권리를 말한다. 이 재판을 받을 권리를 **재판청구권**이라고도 한다. 이 권리에는 적극적 효과와 소극적 효과의 양면이 있다. 적극적 효과란 적극적으로 재판을 청구하는 권리이며, 이에 의하여 국민은 민사재판청구권과 행정재판청구권을 가진다. 이에 대하여 형사재판청구권은 원칙적으로 검사가 가지고 있고(형사소송법 제246조), 일반국민은 법률상 이것을 갖지 아니하지만, 예외적으로 이른바 재판상의 준기소절차의 경우에는 고소인 또는 고발인에게 일종의 형사재판청구권이 인정된다. 재판청구권의 소극적 효과란 「헌법」과 법률이 정한 법관이 아닌 자의 재판 및 법률에 의하지 아니한 재판을 거절하고 합리적인 재판을 청구할 수 있는 권리이다. 즉, 정당한 재판을 받을 권리, 신속한 재판을 받을 권리, 재판의 공개, 대법원을 최종심으로 하는 3심제, 법관의 독립 등의 보장을 그 내용으로 한다. 「헌법」이 인정하는 예외로는 군사법원에 의한 재판이 있다(헌법 제27조·제103조).

형사피고인의 무죄추정
刑事被告人의 無罪推定

형사피고인은 유죄판결을 받을 때까지는 범죄인으로 단정할 수 없다는 것, 또는 합리적으로 의심할 만한 정도의 증명이 없으면 무죄를 선고하는 것을 말한다. 이 사상은 영미법에서 비롯된 것이며, 대륙법에서의 '의심스러운 때에는 피고인의 이익으로'라는 법언에 해당한다. 우리 헌법은 이 사상을 바탕으로 하여 '형사피고인은 유죄의 판결이 확정될 때까지 무죄로 추정한다'고 규정하고 있다(제27조4항). 또 형사소송법상 입증책임은 검사 측에 있다고 하고, 필요적 보석(권리보석)을 인정하는 것 등이 이 사상의 표현이라고 설명되고 있다.

형사보상
刑事補償

형사피고인으로서 구금되었던 자가 무죄판결을 받은 때에 법률이 정하는 바에 의하여 국가에 대하여 청구할 수 있는 정당한 보상을 말한다. 현행헌법에서 규정하고 있는 형사보상의 청구권자에는 형사피의자까지도 포함시키고 있다. 즉, '형사피의자 또는 형사피고인으로서 구금되었던 자가 법률이 정하는 불기소처분을 받거나 무죄판결을 받은 때에는 법률이 정하는 바에 의하여 국가에 정당한 보상을 청구할 수 있다'(헌법 제28조)고 하는 것이 그것이다. 형사보상은 프랑스·독일 등 유럽대륙에서 발달된 제도이며, 초기에는 국왕의 은혜로 생각되었으나 오늘날에는 국가의 의무로 발전되었다. 이 보상의 본질에 관하여는 **법적의무설**과 **공평설**의 대립이 있다. 전자는 처분의 객관적 위법에 그 근거를 두는 데 대하여, 후자는 공법상의 조절보상에 그 본질이 있다고 한다. 우리나라에서는 공평설적인 사고방식에 근거하여 일종의 공법상 무과실손해배상이라고 하는 견해가 유력하다. 우리나라에서 형사보상에 관한 사항은 「헌법」 제28조에 의해 「형사보상 및 명예회복에 관한 법률」에서 정하고 있다.

국가의 불법행위책임
國家의 不法行爲責任

국가가 위법하게 개인의 권리를 침해한 경우의 배상책임을 말한다. 이 책임에 관하여는 종래는 일반적 규정이 없었고, 특히 공행정작용에 있어서는 국가 무책임의 원칙이 지배하고 있었다. 우리 헌법은 공무원의 직무상 불법행위로 손해를 받은 국민이 국가 또는 공공단체에 배상을 청구할 수 있다는 것을 확실하게 밝히고 있으며(제29조1항), 이에 근거하여 국가배상법이 제정되어, 국가의 불법행위책임이 일반적으로 확립됨에 이르렀다. 이 국가배상법에는 국가의 불법행위책임을 국가작용의 성질에 따라 다음의 3종으로 나누어 규정하고 있다.

① 권력적 공행정작용(公行政作用) 등 : 이에는 공무원이 그 직무를 행함에 있어서 고의 또는 과실로 위법하게 타인에게 손해를 가한 것을 요건으로 한다(국가배상법 제2조1항). 이 경우에 공무원에게 고의 또는 중대한 과실이 있으면 국가 또는 공공단체는 그 공무원에게 구상권을 가진다(같은 법 제2조2항).

② 영조물설치관리작용(營造物設置管理作用) : 도로·하천 등 공공영조물의 설치·관리에 관한 하자로 인한 손해의 배상책임에 관하여는 무과실책임을 인정하고 있다(같은 법 제5조).

③ 국가 또는 공공단체의 사경제적 작용(私經濟的 作用) : 이 경우에는 「민법」의 규정(제750조~제766조)이 적용된다(국가배상법 제8조).

그리고 위의 모든 경우에 다른 특별법의 규정이 있으면(예 : 우편법 제38~45조) 그 법의 규정에 의한다.

[국가배상청구권]

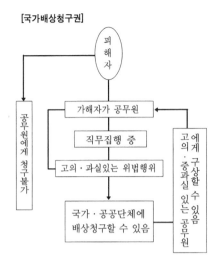

도·장학제도의 채택은 물론, 학교를 지역적·종별적으로 공평하게 배치할 것, 직장을 가진 사람도 교육받을 수 있도록 야간제·시간제 기타 특수한 교육방법을 강구할 것 등 일련의 적극적 수단이 필요하다.

교육의 의무란 모든 국민이 그 보호하는 자녀에게 적어도 초등교육과 법률이 정하는 교육을 받게 할 의무를 말한다(헌법 제31조2항). 이 의무는 진보적 사상에 입각하여 국민의 교육수준을 향상시킴으로써 국민 개인의 지성향상을 기하는 동시에, 국력의 부강을 도모하고 나아가서는 인류문화의 진화에 이바지한다는 근본적인 목적을 가지고 있다. 의무교육은 무상으로 한다.

범죄피해자보호
犯罪被害者保護

사람의 생명 또는 신체를 해하는 범죄행위로 사망한 자의 유족이나 중상해를 당한 자를 구제하는 것을 말한다. 타인의 범죄행위로 생명·신체에 대한 피해를 받은 국민은 법률이 정하는 바에 따라 국가로부터 구조를 받을 수 있다고 규정하고 있다(헌법 제30조). 이에 근거하여 「범죄피해자 보호법」이 제정되었다.

교육의 권리·의무
教育의 權利·義務

모든 국민이 능력에 따라 균등하게 교육을 받을 권리를 말한다(헌법 제31조1항). 이 권리는 일정한 자격과 학력이 있는 자가 주로 경제적 이유 내지 지역적·시간적 이유로 현실적으로 교육을 받을 수 없을 때에 국가에 대하여 교육을 시켜 줄 것을 청구할 수 있고, 국가는 이에 대응하는 의무를 지는 적극적인 수익권을 의미한다. 그러므로 이 권리는 '교육의 기회균등'의 원칙이 사실상 유린되었던 초기 민주국가에서는 볼 수 없었던 현대적인 수익권의 하나이다. 그리고 이 권리를 실효성 있게 하기 위하여는 광범위한 무상교육제도·학비보조제도·지원제

근로권
勤勞權

노동을 할 능력이 있고 근로의 욕도 있는 자가 노동을 할 기회를 사회적으로 요구할 수 있는 권리를 말한다. 실제로는 노동을 할 능력이 있음에도 불구하고 일반기업에 취직할 수 없는 자에 대해서 국가 또는 공공단체가 최소한도의 임금으로 근로기회를 제공하고, 만약 그것이 불가능한 경우에는 상당한 생활비를 부여할 것을 요구하는 권리라고 할 수 있다. **노동권**이라고도 한다.

근로권에 관하여는 근본적으로 다른 두 가지 개념이 있다. 첫 번째는 개인이 자유롭게 노동의 기회를 얻는 것을 국가가 침범하지 못한다는 소극적 의미의 자유권적 기본권이다. 이는 17·18세기의 개인주의·자유주의를 기반으로 한 자연법적 기본권이다. 두 번째는 국민의 균등한 생활을 보장하고, 경제적 약자인 근로자의 인간다운 생활을 보장하는 것을 내용으로 하는 적극적 의미의 생존권적 기본권이다. 20세기의 복리후생주의적 근로권의 개념이 이에 해당한다. 이러한 의미의 노동권은 멩거(Anton Menger, 1841~1906) 이래 유력한 사회사상으로서 주로 독일에서 제창(提唱)되어 바이마르헌법에서 채택되기 시작하였다. 우리 헌법에서는 단순한 직업선택의 자

유 이상으로 적극적 의미의 생존권적 기본권으로서 근로권을 인정하는 동시에 국가는 사회적·경제적 방법으로 근로자의 고용 증진과 적정임금의 보장에 노력하여야 하며, 법률이 정하는 바에 의하여 최저임금제를 시행하여야 하는 것과(헌법 제32조1항) 국가는 사회보장·사회복지의 증진에 노력할 의무를 진다(제34조2항)는 것을 선언하고 있다.

근로3권
勤勞三權

근로자의 생존권 확보를 위하여 「헌법」이 보장하고 있는 근로권(헌법 제32조1항) 및 단결권·단체교섭권·단체행동권을 말한다. **노동3권**이라고도 한다. 이러한 권리는 보장의 방법 여하에 따라서 반드시 동일한 성격을 가지고 있는 것은 아니다. 근로권은 국민이 근로의 권리를 갖는다고 하는 취지의 선언적 규정에 불과하며, 법률적으로는 정치적 강령을 표시한 것에 불과하지만, 다른 3권은 「노동조합 및 노동관계조정법」 등의 구체적 입법에 의하여 적극적으로 보장되고 있다. 이에 관하여 「헌법」은 공공복리에 의한 제약을 구체적으로 밝히고 있지는 않으나, 이러한 권리가 근로자의 생존을 확보하기 위하여 보장되었다는 점을 생각하면 절대적이고 무한정한 보장을 받는다고는 할 수 없다. 즉, 이와 같은 권리는 사회 전체의 이익을 위해서 제약을 받을 수 있으나, 그렇다고 해서 이를 이유로 부당한 제한을 가해서는 아니 된다. 근로자의 기본권에 대해서 사용자 측에는 록아웃(Lock Out, 직장폐쇄)이라고 하는 쟁의행위가 인정되고 있지만, 이것은 단지 노사의 균형상 용인되고 있을 뿐 근로기본권이라고는 볼 수 없다.

단결권
團結權

경제적 약자인 근로자가 경제적 강자인 사용자에 대항하여 그들의 이익과 지위 향상을 위하여 단결하는 권리를 말한다. 근로자는 근로조건 향상을 위하여 자주적인 단결권·단체교섭권 및 단체행동권을 가지기 때문에(헌법 제33조), 넓은 의미에서는 단결권 외에 단체교섭권·단체행동권을 포함한다. 결사(結社)의 자유와는 달리 국가의 적극적인 관여·보호를 필요로 하는 생존권적 기본권이다. 다시 말해 국가가 근로자의 자유를 부당하게 침해해서는 아니 될 뿐 아니라, 사용자도 이 단결권을 부당하게 침해해서는 안 된다. 이 권리는 근로자의 근로조건 향상을 위한 목적으로만 행사할 수 있으며, 「노동조합 및 노동관계조정법」에 의하여 보장받고 있다. 또한 국가안전보장, 질서유지 또는 공공복리를 위하여 필요한 경우에 한해 법률로 제한할 수 있지만, 그러한 경우에도 권리의 본질적인 내용을 침해할 수는 없다. 근로자는 어떤 형태로 단결하는가에 대한 자유가 보장되며, 특정 조합의 가입·탈퇴도 원칙적으로 자유이다. 이러한 근로자의 단결권을 침해하거나 지배·개입하는 사용자의 행위는 부당노동행위로서 금지된다.

다만, 단결권은 공무원에 대해서는 제한적으로 적용되는데, 법률로써 인정된 공무원만이 단결권을 보장받는 근로자에 포함된다. 즉, 단순한 노무에 종사하는 공무원 이외의 공무원은 노동운동이나 그 밖에 공무 외의 일을 위한 집단행위를 할 수 없다(국가공무원법 제66조, 노동조합 및 노동관계조정법 제5조).

단체교섭권
團體交涉權

근로자가 근로조건을 유지·개선하기 위하여 단결하여 사용자와 교섭하는 권리를 말한다. 우리 헌법은 명문으로 이 권리를 보장하고 있다(헌법 제33조1항). 근로자의 이와 같은 단체교섭에 대하여 사용자 또는 사용자단체는 정당한 이유 없이 이를 거절하거나 게을리 할 수 없으며(노동조합 및 노동관계조정법 제30조2항), 어길 경우 이를 부당노동행위라고 하여 금지하고 있다(제81조1항3호).

단체교섭은 근로자가 단체의 위력을 발휘하여 사용자와 대등한 입장에서 교섭하는 것으로 단체행동권과 마찬가지로 그것 자체가 위법이 되지는 않는다. 단체교섭의 결과 노사 간에 체결되는 계약을 **단체협약**(團體協約)이라고 하며, 「노동조합 및 노동관계조정법」은 이에 대한 여러 보호규정을 두고 있다(제29조 이하). 이 권리의 성질·한계 및 주체는 근로자 단결권의 경우와 같다.

단체행동권
團體行動權

경제적 약자인 근로자가 경제적 강자인 사용자에 대항하여 근로조건의 유지·개선을 위하여 파업·태업·시위운동 등의 단체행동을 할 수 있는 권리를 말한다. 우리 헌법도 이 단체행동권을 보장하고 있는데(헌법 제33조1항), 넓게 보면 단체교섭권도 단체행동권에 포함된다. 이와 같은 근로자의 단체행동권은 결국 쟁의행위이므로 단체행동권은 일명 **노동쟁의권**(勞動爭議權)이라고도 한다. 이러한 근로자의 단체행동권은 근로자의 지위향상을 위한 것이므로 최대한으로 보장되어야 하나, 반면에 지나친 행위나 폭력 등은 사용자에게 부당한 손해를 끼치고 나아가서는 국민경제를 위협하므로 단체행동권의 행사는 법률이 정하는 바에 따라 제한을 받는다. 「노동조합 및 노동관계조정법」은 일정한 행위의 제한·금지를 규정하고 있는데(제41조·제42조·제42조의2) 여기서 말하는 제한·금지의 정도는 국가, 지방자치단체, 국공영기업체 또는 방위산업체에 종사하는 근로자의 단체행동권을 법률이 정하는 바에 따라 이를 제한하거나 인정하지 아니할 수 있다는 「헌법」의 규정을 기초로 하여 해석된다(헌법 제33조2항·3항).

경영권
經營權

사용자가 자기 기업체를 관리·경영하는 행위를 말한다. 「헌법」 제33조에서는 근로3권을 보장하고 있으면서도 사용자의 경영권에 대하여는 아무런 규정을 두지 않고 있다. 따라서 경영권은 실정법상의 권리라고는 할 수 없다.

그러나 「헌법」 제23조에서는 사유재산제도를 보장하고 있기 때문에 이 제도에서 따라오는 사용자의 권리가 곧 경영권이라 할 수 있다. 예를 들면 기업소유권에 의거하여 사용자 측의 조직·직제 또는 생산판매계획의 설정이나 변경은 경영권인 것이다. 또한 경영권과 근로권은 대등한 관계에 있다.

생존권
生存權

인간다운 생활을 위한 여러 가지 조건의 확보를 요구할 수 있는 권리를 말한다.

생존권은 본래 국가의 간섭을 받지 않고 자기의 생활을 유지할 수 있는 **자연권**(自然權), 즉 자유권적 기본권으로 17·18세기에 주장되었지만, 20세기에 들어와서는 빈부의 차가 격심해져서 무산계급의 생활이 위협을 받게 되어 지금까지의 소극적 성격을 지양하고 적극적으로 개인이 그 생존의 유지 또는 발전을 위해 국가에 대해서 금전적 급부 또는 시설의 이용을 요구할 수 있는 수익권으로 발전하였다. 완전고용이 절대로 불가능한 것은 아니지만 매우 어렵기 때문에 자본주의국가에서 모든 국민에게 생존권을 실질적으로 보장하기 위해서는 완전고용을 위해 노력하는 동시에 고용보험·건강보험·상해보험·양로보험·퇴직연금 등과 같은 사회보험제도를 완비해야 한다. 그러므로 우리 헌법도 '국가는 사회보장·사회복지의 증진에 노력할 의무를 진다'고 규정하고 있다(제34조2항). 이러한 이유로 말미암아 생존권은 국민의 구체적이고 주관적인 권리라고는 볼 수 없고, 따라서 생존권을 규정하고 있는 헌법 규정은 국가정책의 지침을 밝혔음에 불과하다(다수설).

사회권
社會權

국민이 인간다운 생활을 영위하는 데 필요한 사회적 보장책을 국가에 요구할 수 있는 권리를 말한다. 개인이 인간다운 생활을 영위하는 것을 보장할 책임은 국가·사회에 있다는 관점에서 발생한 권리이고 대체로 생존권적 기본권과 동일한 개념이다(생존권의 항 참조).

사회보장
社會保障

국민의 생활보장을 목적으로 하는 국가의 종합적 시책을 말한다. 저소득층 또는 근로자층에 대한 생활안전을 위한 정책이나 제도는 오랫동안 분산적으로 행하여지고 있었다. 사회보험은 산업근로자를 주된 대상으로 하며, 업무상 및 업무 외의 각종 사고, 즉 재해·질병·노령·사망 등으로 인하여 발생하는 불안에 대하여 보험을 통해 근로자의 생활을 보호하고자 한다. 실업대책사업도 본래는 노동시장에 있어서의 수급조정을 목적으로 하여 출발한 것이지만, 제1차 대전 후 실업자가 크게 늘고 만성화됨과 함께 점차로 지금과 같은 형태를 갖추게 되었다. 한편, 사회복지사업은 연혁상 가장 오래된 사회보장제도로 자선구제사업에서 발전한 것이지만, 점차로 사적인 구제관념으로는 해결할 수 없는 대상과 대결하지 않으면 안 되었다. 사회보장제도의 제안은 1942년 베버리지 경(Sir William Henry Beveridge)의 보고서가 효시로서, 영국에서는 1948년 이후 본격화하였으나, 미국에서는 이에 앞서 1935년 연방사회보장법에 의하여 불완전한 형태로 실시되었다. 우리나라에서도 「헌법」 제34조2항에 근거하여 사회보험(예 : 건강보험)·공공부조·공중위생 등의 면에서 종합적인 조치가 강구되어가고 있다. 이 밖에 ① 국가의 여성 복지와 권익향상을 위한 노력 ② 국가의 노인·청소년복지향상을 위한 정책의 실시의무 ③ 신체장애인·생활능력 없는 국민에 대한 국가의 보호 ④ 국가의 재해예방 및 위험으로부터의 국민보호 노력 ⑤ 국가의 주택개발정책을 통한 국민의 쾌적한 주거생활에 대한 노력 등을 「헌법」에 명문화하고 있다(헌법 제35조3항).

양성의 평등
兩性의 平等

남녀의 성별에 의하여 차별대우를 받지 않는다는 사상을 말한다. 이 양성의 평등은 「헌법」에서 보장된 법 앞의 평등으로부터 오는 당연한 귀결이다. 법률상 차별대우를 받지 않는다는 것은 법률의 적용 및 집행에 있어서 차별대우를 받지 않을 뿐 아니라 입법에 있어서도 차별대우를 받지 않음을 의미한다.

그러나 과거에는 부인의 법률행위능력을 제한하여 중요한 법률행위를 할 때에는 남편의 동의를 필요로 하게 하든가, 부인의 재산에 대하여 남편이 원칙적으로 관리권을 가지고, 동거에 관해서도 원칙적으로 남편이 주거를 정할 수 있게 하며, 여자에 대해서만 간통죄를 인정하는 등 불평등한 규정이 다수 존재했다.

현행 「헌법」에서는 혼인과 가족생활에서 양성의 평등을 명확하게 규정하고 있다. 이에 따르면 혼인과 가족생활은 개인의 존엄과 양성의 평등을 기초로 성립되고 유지되어야 하며, 국가는 이를 보장해야 한다. 또한 양성의 평등에 입각하여 국가는 모성의 보호를 위해 특별히 노력하여야 한다(헌법 제36조).

참정권
參政權

국민이 국가기관의 구성원으로서 공무에 참여하는 권리, 즉 피치자(被治者)인 국민이 치자(治者)의 입장에서 공무원을 선거하고 공무를 담당하는 권리이다. 우리 헌법은 이에 대해서 크게 선거권, 피선거권인 공무담임권, 국민표결권을 규정하고 있다.

① **선거권**(選擧權) : 선거인의 지위를 말한다. 헌법학적 관점에서 권리로서의 성질을 가지느냐에 대해서는 다툼이 있다. 현대정치가 대의제를 원칙으로 하고 있는 까닭에 선거권은 참정권의 대표적인 것이라고 할 수 있다. 제5공화국헌법에서는 20세 이상의 국민에게 선거권을 부여하고 있었으나, 현행 헌법은 모든 국민은 법률이 정하는 바에 의하여 선거권을 가진

다고 규정하고 있다(제24조). 국민은 이 선거권에 근거하여 대통령과 국회의원 및 지방자치단체의 장 등을 선거한다.

② **공무담임권(公務擔任權)** : 국민이 공무원이 되어 공적인 업무를 담당할 수 있도록 하는 권리를 말한다. 참정권의 일종이다. 현행 헌법은 모든 국민은 법률이 정하는 바에 따라 공무를 담임할 권리를 가진다고 규정한다(헌법 제25조). 이때 공무는 행정부·사법부의 직무뿐만 아니라, 국회의원·지방의원 기타 일체의 공공단체의 직원의 직무를 포함한다. 공무담임권은 참정권에 관한 국민평등의 원칙을 선언하는 의의가 있지만, 국민에게 그 자격 여하를 불문하고 직접 공무원에 취임하는 권리를 부여한다는 취지는 아니므로 법률이 정하는 바에 따라 선거에 의한 당선, 일정한 자격, 시험합격 등을 공무원 취임의 조건으로 하는 것은 취지에 위반되지 않는다.

③ **국민표결권(國民表決權)** : 국민이 국정에 직접 참여할 수 있는 제도 중에는 국민소환, 국민발안, 국민표결이 있는데, 우리 헌법은 국민표결만을 규정하고 있다. 헌법 개정 시(제130조2항), 그리고 대통령이 국가안위에 관한 중요정책 중 필요하다고 인정하는 경우 국민투표로 결정을 내릴 수 있다(제72조). 이러한 국민표결에는 「헌법」에 규정된 절차에 따라 입법과정에서 투표의 방법으로 국민이 참여하는 레퍼렌덤(referendum)과 입법 외의 정치적 결단에 국민을 참여시키는 플레비사이트(plebiscite)의 유형이 대표적이다.

정치적 자유
政治的 自由
정치에 관한 또는 정치적 목적을 위한 자유를 말한다. 특히 정치적 목적을 위한 언론·출판·집회·결사(그중에서도 정당)·단체행동의 자유와 나아가서는 참정권(특히 선거권)의 자유로운 행사를 말한다. 민주정치(입헌민주주의 내지 자유민주주의)

의 필수적인 요건이다. 참다운 정치적 자유가 실질적으로 보장되기 위해서는 사회적·경제적·문화적 생활의 모든 영역에서 모든 국민에게 기회의 균등이 현실석으로 부여되어야 한다. 정치적 자유는 질서유지 특히 민주적 기본질서의 유지를 위하여 내재적 제약을 받는다(헌법 제8조4항·제37조2항).

피선거권
被選擧權
선거에 있어서 당선인이 될 수 있는 자격을 말한다. 공무담임권과 같은 의미로 이해되기도 한다. 보통 선거권보다는 그 요건이 가중된다. 우리나라는 국회의원의 선거나 대통령선거에 있어서 선거권의 연령보다는 높은 연령으로 하고 있다. 선거일 현재 40세(선거권은 18세) 이상의 국민은 대통령의 피선거권이 있으며 18세 이상의 국민은 국회의원의 피선거권이 있다(헌법 제67조4항, 공직선거법 제15조·제16조).

보통선거
普通選擧
선거권에 재산·납세·교육 또는 신앙 등에 의한 차등을 두지 않는 선거를 말한다. 제한선거에 대응하는 개념이다. 근대 선거제도가 발달된 초기에 있어서는 대개 제한선거제도였으나, 민주주의의 발달에 따라 현대에 와서는 보통선거제도가 거의 예외 없이 인정되고 있다. 우리 헌법에서도 국회의원 선거와 대통령선거에 있어서 명문으로 보통선거에 의할 것을 규정하고 있다(헌법 제41조1항·제67조1항).

제한선거
制限選擧
재산·납세·교육 또는 신앙 등에 의하여 선거권에 제한을 두는 선거를 말한다. 보통선거에 대응하는 개념이다. 근대 초기의 선거제도는 대개 제한선거제도였으나, 민주주의의 발달에 따라 현대에 와서는 제한선거는 거의 없어졌으며 보통선거가 원칙으로 되어 있다.

평등선거 平等選擧

각 선거인이 가지는 선거권의 효과가 평등한 선거제도를 말한다. 재산·납세·교육 등에 의해서 선거권의 효과에 차등을 두는 제도인 불평등(차등)선거와 구별된다. 직접·비밀·보통선거와 아울러 평등선거는 입헌국가에서의 선거제도상 가장 중요한 원리의 하나이다. 우리 헌법도 국회의원과 대통령선거에 있어서 평등선거를 선언하고 있다(보통선거의 항 참조).

직접선거 直接選擧

선거인이 당선인(국회의원 그밖의 선거할 공무원)을 직접 지명하는 선거제도를 말한다. 간접선거에 대응하는 개념이다. 오늘날 여러나라의 선거법에서는 직접선거를 원칙으로 하고 있다. 우리 헌법도 국회의원과 대통령선거에 있어서 명문으로 직접선거에 의할 것을 규정하고 있다(헌법 제41조1항·제67조1항).

간접선거 間接選擧

일반선거인은 이른바 원선거인으로서 중간선거인을 선거하는 데 그치고, 그 중간선거인이 대통령이나 의원 등을 선거하는 제도를 말한다. 직접선거에 대응하는 개념이다.

일반선거인의 선거능력에 대한 불신에서 채택하는 경우와, 인구가 많고 지역이 지나치게 넓어서 선거의 간편화를 위해 채택하는 경우가 있다. 간접선거제도의 근원은 일반선거인에 대한 불신에서 유래한다. 그러나 중간선거인이 원선거인의 의사대로 의원을 선출하면 쓸모없는 절차이고, 반면 원선거인의 의사에 반하면 민의를 중간에서 저지·왜곡하는 까닭에 그 한도 내에서는 민주주의 정신에 위배된다는 문제점을 갖고 있다. 현존의 제도로는 미국 대통령선거가 대표적인 것이나, 정당정치의 발달로 실질적으로는 직접선거와 같다. 우리나라의 제4·5공화국 때의 대통령선거가 이에 해당한다.

비밀선거 秘密選擧

투표하는 방법에서 누구에게 투표했는지 외부에서 알지 못하도록 비밀을 보장하는 선거제도를 말한다. **공개선거**(公開選擧)에 대응하는 개념이다. 비밀선거는 투표자가 외부의 압력을 받지 않고 공정한 투표를 하게 할 수 있다는 점에서 민주국가의 선거제도는 반드시 이에 의하고 있다. 이에 반하여 공개선거는 호명·거수·기립·기명투표 등의 방식을 쓰는데 투표자가 외부로부터 부당한 간섭을 받을 염려가 있다. 우리 헌법도 국회의원과 대통령선거의 선거에 있어서 비밀선거를 보장하고 있다(헌법 제41조1항·제67조1항).

자유선거 自由選擧

선거에 참여하거나 선거에 참여하지 않는 것에 대한 선거인의 자유로운 결정이 보장되는 선거로서, 강제선거에 대응하는 개념이다. 이것은 투표의 여부에 대한 외부의 간섭을 배제하고, 소극적인 투표의 자유를 보호하려는 것이다. 보통, 직접, 평등, 비밀선거의 4대원칙 이외에 이 자유선거를 포함하여 민주국가에 있어서 선거의 5대 원칙이라 하기도 한다.

보궐선거 補闕選擧

대통령이 궐위된 때 또는 지역구 국회의원이나 지역구 지방의회의원 및 지방자치단체의 장에 궐원 또는 궐위가 생긴 때 실시하는 선거를 말한다. 대통령이 궐위된 때에는 60일 이내에 후임자를 선거하여야 하고(헌법 제68조2항, 공직선거법 제35조), 지역구 국회의원·지방의회의원의 결원에 대하여는 매년 1회, 4월 첫 번째 수요일에 보궐선거를 실시한다. 다만, 3월 1일 이후 실시사유가 확정된 선거는 그 다음 연도의 4월 첫 번째 수요일에 실시한다. 지방자치단체장의 경우에는 전년도 9월 1일부터 2월 말일까지 실시사유가 확정된 선거는 4월 첫 번째 수요일, 3월 1일부터 8월 31일까지 실시사유가 확정된 선거는 10월 첫 번째 수요일로 연 2회 실시한다. 다만, 선거일부터 임기만료일까지의 기간이 1년 미만이거나, 지방의회의 의원정수의 4분의 1 이상이 궐원되지 않은 경우에는 실시하지 않을 수 있다(공직선거법 제35조·제201조).

비례대표로 선출된 국회의원에 궐원이 생긴 때에는 중앙선거관리위원회는 궐원통지를 받은 후 10일 이내에 그 궐원된 의원이 그 선거 당시에 소속한 정당의 비례대표 후보자명부에 기재된 순위에 따라 궐원된 의석을 승계할 자를 결정한다. 다만, 그 정당이 해산되거나 임기만료일 전 120일 이내에 궐원이 생긴 때에는 그러하지 아니하다. 또한 국회의장은 국회의원이 궐원된 때에는 대통령과 중앙선거관리위원회에 그 사실을 지체 없이 통보하여야 한다(공직선거법 제200조).

대선거구
大選擧區
단위지역에서 2명 이상의 대표를 선출하는 선거구를 말한다. 소선거구의 반대개념이다. 선출자가 2명 이상, 5명 이하인 경우 중선거구라고 하기도 하는데, 중선거구 역시 넓은 의미의 대선거구에 포함된다. 대선거구제의 장단점은 곧 소선거구제의 장단점의 반대가 된다. 즉 ① 사표(死票)가 적어지며 비례대표제의 취지를 관철시킬 수 있고 ② 소선거구제의 경우와 같이 학연이나 지연, 혈연 등에 따른 투표나 매수 등에 의한 부정선거가 비교적 줄어들고 ③ 인물선택의 범위가 넓어진다는 장점이 있는 반면, ① 군소정당의 출현을 쉽게 하므로 정국의 불안을 조정할 우려가 있고 ② 선거구역이 확대되므로 선거비용이 많아진다는 단점이 있다.

중선거구
中選擧區
대선거구의 일종이다. 1선거구에서 2명 이상의 당선인을 선출하는 선거구제를 대선거구제라 하는데, 그 선거구가 전국을 단위로 하지 않고 중간지역을 단위로 할 때 이를 중선거구라고 부르는 경우가 있다. 현재 우리나라에서는 자치구·시·군의원 선거에서 지역구당 2명 이상 4명 이하를 선출하여 중선거구제를 채택하고 있다.

소선거구
小選擧區
1선거구에서 1명을 선출하는 선거의 지역적 단위를 말한다. 대선거구에 대한 반대개념이다. 선거인이 후보자 중의 1명에게만 투표를 하고, 다수표를 얻은 후보자가 당선인이 되는 단기투표법(單記投票法)과 다수결주의가 적용된다. 소선거구제는 ① 소정당의 진출을 억제함으로써 정국의 안정을 도모할 수 있으며 ② 철저한 선거 단속을 통해 엄정선거를 도모할 수 있고 ③ 지역이 비교적 협소하므로 선거비용이 절약되고, 후보자의 적부에 대하여 선거인이 비교적 정통하다는 장점이 있는 반면, ① 사표의 확률이 높으며, 중소정당에 불리하고 ② 전국민의 대표자로서는 부적격한 지역적 인물이 배출될 가능성이 많으며 ③ 선거에 간섭이나 사적인 감정의 개입 또는 매수 등으로 인해 부정선거가 행해질 위험성이 많다는 단점도 무시할 수 없다.

다수대표제
多數代表制
다수표를 얻은 자를 당선인으로 하는 선거제도를 말한다. 소선거구제와 결합하여 다수당에 유리한 제도이다. 대선거구제에 있어서도 투표용지에 여러 명의 후보자 이름을 기입하는 연기투표제(連記投票制)를 실시한다면 마찬가지로 다수당에 유리한 결과를 가져올 수 있다. 소수대표제와 비례대표제는 이와 같이 다수당에 절대 유리한 다수대표제의 결점을 보충하려는 제도이다.

소수대표제
少數代表制
선거구에서 2명 이상의 당선자를 선출하는 대선거구제와 결탁하여 소수당에서도 당선인을 낼 수 있게 하는 선거제도를 말한다. 다수대표제에 대응하는 개념이다. 소수대표제는 대선거구에서 단기투표제로 하는 것이 가장 대표적이나, 이 밖에도 누적투표제·제한연기투표제·체감투표제 등의 방법이 있다. 우리나라에서는 과거 참의원선거에 대선거구제한연기투표제를 채택한 바가 있으나 현행 선거법에는 없다.

비례대표제 比例代表制 정당의 존재를 전제로 하고, 정당의 득표수에 비례하여 의원을 선출하는 선거제도를 말한다. 우리나라 헌법도 비례대표제를 채택하고 있다(헌법 제41조3항). 다수대표제와 소수대표제의 결점을 보완하기 위하여 고안된 것이다. 자유주의적 대의제로부터 정당국가적 민주정으로 발달해감에 따라 비례대표제가 많이 채택되었다. 사표를 활용하는 데에 장점이 있다. 비례대표제에는 그 양태가 170여 종이나 있으나 그 대표적인 것은 **단기이양식**(單記移讓式)과 **명부식**(名簿式)의 두 가지를 들 수 있다.

직능대표제 職能代表制 국민의 각계각층의 이해관계자의 대표로 국회를 구성하는 제도를 말한다. 국회의원이 국민의 일부층에서만 선출되기 때문에 국회가 정당한 국민대표라고 말할 수 없다는 데에 직능대표제를 주장하는 이유가 있다. 그러나 어떠한 합리적인 방법으로 직능대표를 선출하느냐가 기술상 곤란한 문제다. 또 완전히 이해관계가 대립된 대표자들이 어떻게 타협하여 의견의 일치를 볼 수 있느냐도 문제가 된다. 아직 성공적인 직능대표의 예는 찾아볼 수 없다.

공개투표 公開投票 투표인의 투표내용을 제3자가 알 수 있는 투표제도를 말한다. 비밀투표에 대응하는 개념이다. 대표적 예로 구술투표·거수투표·기립투표·기명투표 등이 있다. 공개투표는 제3자에 의한 심리적 억압의 영향을 받기 쉬우므로 공정한 표결이 어렵다. 따라서 우리나라에서는 일반적으로 비밀투표를 채택하고 있으며, 특히 대통령선거와 국회의원선거는 비밀투표로 치르도록 헌법에 규정하고 있다(헌법 제41조1항·제67조1항).

비밀투표 秘密投票 투표가 어느 투표인에 의하여 어떻게 투표되었는지를 모르게 하는 투표제도를 말한다. 공개투표의 반대말이다. 투표인의 투표내용이 공개됨으로써 오는 압력과 영향력을 없앤 공정한 투표가 그 목적이다. 비밀투표는 반드시 무기명투표이다. 우리 헌법은 명문으로 대통령선거·국회의원의 선거에 비밀투표를 요구하고 있다(헌법 제41조1항·제67조1항).

구술투표 口述投票 투표제도의 하나로서, 선거인의 구술에 의한 의사표시에 따라 특정 공직자를 선출하는 방법을 말한다. 거수투표·서면투표·기계투표 등과 비교하여 선거인의 수가 비교적 적은 선거에서 사용할 수 있으나, 오늘날 국가의 선거제도로서는 일반적으로 채택되고 있지 않다.

강제투표 强制投票 선거인으로서 정당한 이유 없이 투표하지 않는 자에게 일정한 제재를 가하는 투표제도를 말한다. 자유투표 또는 임의투표에 대응하는 개념이다. 선거권의 법적 성질을 공무적인 것으로 보는 제도로서 처음 프랑스의 1791년 헌법회의에서 바르나브(Antoine Pierre Joseph Marie Barnave, 1761~1793) 등에 의하여 주장되었고, 1795년 집정헌법의 토의에 있어서도 지배적으로 주장되었으며, 19세기 중엽 이후의 유럽제국에서 많이 채택된 제도이다. 제재로서는 보통 성명의 공시·견책·공권의 정지·공권의 박탈·벌금·조세의 증징, 공무원의 경우에는 감봉·면직 등의 방법이 있다. 기권의 방지가 그 목적이지만, 반면 국민의 정치적 관심도를 표시하는 증거도 된다. 그러나 선거권의 권리적 성질과 배치되는 제도라는 이유 때문에 현대 민주주의국가의 대부분은 임의투표제를 채택하고 있다. 우리나라도 임의투표제를 채택하고 있다.

결선투표
決選投票
재투표의 일종이다. 당선인을 결정하기 위하여 일정수 이상의 득표를 필요로 할 때, 전단계의 투표에 의하여 그 득표수에 달하는 자가 없기 때문에 최고득표자 2명에 대하여 행하는 투표이다. 국회의장·부의장의 선거 등에 인정되고 있다.

연기명투표
連記名投票
대선거구에서 선거인이 정해진 수만큼 여러 명의 피선거인의 성명을 적어서 투표하는 제도로서 소수대표제의 한 방식을 말한다. 단기명투표에 대한 반대개념이다.

단기명투표
單記名投票
한 선거구에서 선출되는 의원의 정수에 관계없이 투표용지상의 1명의 후보자에게 투표하는 것을 말한다. 연기명투표에 대한 반대개념이다. 소선거구제에서 다수대표제를 위한 가장 전형적인 투표방법이다.

근로의무
勤勞義務
국민은 누구나 일을 해야 한다는 의무를 말한다. 우리 헌법에서는 "모든 국민은 근로의 의무를 진다. 국가는 근로의 의무의 내용과 조건을 민주주의원칙에 따라 법률로 정한다."(헌법 제32조2항)고 하여 이를 명시하고 있다.

납세의무와 국방의무가 국민의 고전적 의무라면 근로의무는 20세기에 들어서 생존권적 기본권으로서 **근로권**이 인정되는 반면에 부과된 의무이다. 그러나 근로의무가 있다고 하여 이것이 곧 강제근로를 의미하는 것은 아니다. 과거 스탈린 시대의 소련헌법에는 "일하지 않는 자는 먹어서도 안 된다는 원칙에 따라 소비에트연방에서 노동은 모든 비장애인 시민들의 의무이자 명예"라고 명시하고 있다. 그러나 우리 헌법에서 말하는 근로의무는 이와 같은 공산국가의 근로의무와는 다르다. 헌법에서는 개인의 재산권·직업선택의 자유를 보장하고(제15조·제23조1항), 강제노역을 금지하고 있다(제12조1항). 따라서 현실적으로 불로소득생활자가 생기는 것은 불가피하다. 그러므로 우리 헌법의 근로의무는 근로의 능력이 있음에도 불구하고 근로하지 않는 자에 대하여는 근로권의 보호를 주지 않는다는 사상의 표명으로 보는 것이 타당하다.

국방의무
國防義務
모든 국민이 법률이 정하는 바에 의하여 외적의 공격에 대해 국가를 방어할 의무를 지는 것을 말한다. 우리 헌법도 국방의무에 관하여 규정하고 있다(제39조). 우리나라는 국제평화의 유지에 노력하고 침략적인 전쟁을 부인하고 있지만(제5조), 아직도 우리나라는 침략자를 격퇴하는 자위의 전쟁과 침략자를 응징하는 제재의 전쟁을 할 필요가 있기 때문에 모든 국민에게 법률이 정하는 바에 따라 국방의 의무를 부담시키고 있다. 현대전은 총력전이기 때문에 국방의 의무는 단지 **병역의 의무**에 그치지 않고 방공·방첩의 의무, 군작전에 협조할 의무, 국가안전보장에 기여할 군노무동원에 응할 의무 등을 포함한다. 실제에 있어서도 「병역법」에 의하여 병역의 의무뿐만 아니라, 「예비군법」에 의한 예비군복무의 의무, 「민방위기본법」에 의한 징발·징용에 응할 의무를 지고 있다.

납세의무
納稅義務
국가 또는 공공단체를 유지하는 데 필요한 경비를 조세로써 납부하는 의무를 말한다. 거의 모든 국가가 헌법으로 납세의무를 규정하고 있고, 우리 헌법도 마찬가지이다(제38조). '모든 국민은 법률이 정하는 바에 의하여 납세의 의무를 진다'는 것은 **조세법률주의**를 말하는

데, 이 조세법률주의는 「헌법」 제59조에서도 '조세의 종목과 세율은 법률로 정한다'고 하여 이를 별도로 규정하고 있다. 조세법률주의는 영국에서 확립된 '대표 없이 과세 없다'의 원칙으로부터 유래했다. 조세는 금전급부가 보통이지만 때에 따라서는 부역·현품도 허용할 수 있다. 또 조세는 급부에 대한 반대급부가 아니라 조세부담능력에 따라서 균등하게 국민에게 부과되는 점에서 수수료·요금·부담금 기타의 과징금과 다르다.

조세법률주의
租稅法律主義

조세의 부과는 반드시 법률에 의하여야 한다는 주의를 말한다. 이른바 '대표없이 과세 없다'는 원칙의 표현으로서 근대국가는 모두 이것을 인정하고 있다(헌법 제59조). 조세의 종류 및 부과의 근거뿐만 아니라, 과세의무자·과세물건·과세표준·세율을 국민의 대표로써 구성되는 의회의 법률로 정함으로써 국민의 재산권보장과 법률생활의 안전을 도모하려는 것이다. 그 예외는 다음과 같다.

[조세의 신설 또는 변경]

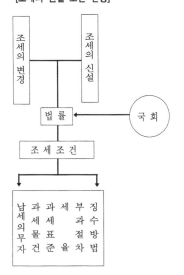

지방세는 지방자치단체가 **과세권**을 국가로부터 부여받고 지방세법이 그 일반적 기준을 정하나, 구체적인 것은 지방자치단체의 자치권에 근거한 조례로써 정하여진다.

국 회

의회
議會

국민에 의하여 선출된 의원을 구성원으로 하여 입법, 국정감시 등 국가의 중요한 작용에 참여하는 기능을 가진 합의체 국가기관을 의미한다. **국회**라고도 한다. 의회는 일반적으로 입법작용을 담당하는 것이 본래의 임무이므로 입법부라고도 한다. 국가의 기관인 의회를 국회라고 하며, 지방자치단체의 기관인 의회를 **지방의회**라고 한다(헌법 제118조). 국가의 의회제도에는 양원제와 단원제가 있다. 의회는 봉건국가에 있어서의 등족회의(等族會議)에서 그 기원을 찾을 수 있는데, 특히 1295년 영국의 모범의회(模範議會, model parliament)는 봉건사회의 각 신분대표를 소집한 점에서 이후 의회의 모범이 되었고, 양원제가 확립된 것은 14세기 전반기에 이르러 귀족·고위성직자가 귀족원을, 기사·도시대표가 서민원을 각각 구성하여 국왕이 부과하는 재정안을 의결한 데 있다. 양원제의 존재이유는 국가에 따라 다르나, 일반적으로 연방국가에 있어서는 각 주의 이익을 평등하게 대표하는 기관으로 상원을 두고, 군주국가에 있어서는 귀족과 같은 특수계급의 이익을 대표하는 귀족원을 두고 있다. 오늘날 각국은 양원제를 많이 채택하고 있는데, 이는 단원제 의회의 경솔·횡포를 방지하려는 데 그 목적이 있다.

국회
國會

국민이 뽑은 의원으로 구성되는 합의체로서 입법을 비롯하여 기타 중요한 국가작용에 관한 권한을 가진 헌법상의 기관을 말한다. 국회의 주요 권한은 입법에 관한 것이라는 점에서 이를 입법기관이라고 한다(헌법 제40조). 국회의 구성에는 단원제와 양원제가 있는데 우리나라의 경우 1948년 제헌 당시에는 단원제를 채택하였으나, 제2차 개헌에서 양원제를 채택한 후 제5차 개헌(1962년)에서 다시 단원제가 되었다. 국회는 국민의 보통·평등·직접·비밀선거에 의하여 선출된 의원으로 구성되고, 국회의원의 수는 법률로 정하되 200명 이상으로 하고, 국회의원의 선거구와 비례대표제 기타 선거에 관한 사항은 법률로 정하게 되어 있다. 국회의 조직과 운영에 관하여는 **국회법**에 상세히 규정되어 있고 국회의원의 선거에 관하여는 **공직선거법**이 있다. 국회의 집회에는 정기회와 임시회가 있고, 정기회는 법률이 정하는 바에 따라 매년 1회, 임시회는 대통령 또는 국회재적의원 4분의 1 이상의 요구에 의하여 집회된다. 정기회의 회기는 100일을, 임시회의 회기는 30일을 초과할 수 없으며(헌법 제47조), 대통령이 임시회의 소집을 요구할 때에는 기간과 집회 요구 이유를 명시하여야 한다. 국회에는 의장 1명과 부의장 2명을 두고, 일반 의결정족수는 재적의원 과반수의 출석과 출석의원 과반수의 찬성으로, 가부동수인 때에는 부결된 것으로 본다(헌법 제49조). 국회의 회의는 원칙적으로 공개하나, 출석의원 과반수의 찬성 또는 의장이 국가의 안전보장을 위하여 필요하다고 인정할 때에는 공개하지 아니할 수 있다. 공개하지 아니한 회의내용의 공표에 관하여는 법률이 정하는 바에 따른다(헌법 제50조).

의회제
議會制

민주국가에 있어서 대의제의 한 수단으로서 국민대표에 의하여 조직된 기관을 그 정치의 기초로 하는 제도를 말한다. 따라서 의회제에는 ① 국민이 선출한 대표로 조직될 것, ② 서로 의견과 이익을 달리하는 정치세력의 대립이 있을 것, ③ 그 기관의 의사는 이러한 대립된 의견과 이익의 토론을 타협으로써 결정할 것 등을 그 본질로 한다. 따라서 공산주의 국가의 최고인민회의의 경우, 그것이 비록 인민의 대표로 구성된 합의체의 기관이라고 할지라도 대립된 정치세력이 없고 토론과 타협의 여지가 없을 때에는 진정한 의회라고 할 수 없다. 의회가 민주정치에 있어서 불가결의 정치도구를 의미하는 것과 같이 의회정치 또는 의회주의도 민주정치와 똑같은 의미로 사용되고 있다. 민주정치에서 의회의 본질을 이루고 있는 의견과 이익의 대립은 민주주의의 요소인 다원적 정당제에 의하여 조정하고 있다.

민의원
民議院

양원제 국회에 있어서 하원에 해당하며, **참의원**과 함께 국회를 구성하는 일원을 말한다. 우리나라의 경우 제2공화국의 국회가 민의원과 참의원의 양원으로 구성되어 있었다(제2공화국헌법 제31조2항). 예산, 기타 법률안의 심의나 정부의 조직·감독 등에 있어서 민의원이 우월한 것이 보통이다.

참의원
參議院

양원제 국회에서 상원에 해당하며, 민의원과 함께 국회를 구성하는 일원을 말한다. 우리나라의 참의원제도는 「헌법」의 명문상으로는 제1차 개헌부터 제5차 개헌 전까지 존재하였으나 실질적인 기능을 발휘하기는 제3차 개헌 이후였다. 제5차 개헌 이전의 우리 헌법에 의하면 참의원도 민의원과 같이 국민의 보통·평등·직접·비밀투표에 의하여 선거된 의원으로써 조직되었지만 그 권한과 의원의 임기·정수·개선방법·선거구 등은 민의원의 그것과 달랐다. 또 참의원에 있어서는 민의원에서와 같은 해산제도는 적용되지 않고 긴급집회제도를 갖는 점이 특색이었다.

양원제
兩院制
국회가 두 개의 의회로 구성되는 제도를 말한다. 양원제를 채택하는 목적은 의회를 보수정당과 진보정당 혹은 상하 양원으로 나누어 서로 견제와 균형을 도모하기 위함이다. 그러나 민주주의의 발달에 따라 하원의 권한이 강화되는 경향이 있고, 상원은 사실상 보수세력을 대표하여 정부와 민주세력의 대표기관인 하원과의 완충지대를 형성하는 데 의의가 있다. 양원제 국가에 있어서 상하원의 명칭이 각각 다르다. 우리나라의 구헌법은 참의원과 민의원, 일본은 중의원과 참의원, 영국은 House of Lords와 House of Commons, 미국은 United States Senate와 House of Representatives라 부른다.

제헌국회
制憲國會
헌법을 제정하기 위하여 구성된 국회를 말한다. 우리나라에서는 독립 후 「헌법」을 제정한 초대국회를 제헌국회라고 부르고 있다. 1948년 국제연합의 감시하에 실시된 총선거에서 당선된 198명의 의원으로 구성된 초대국회는 헌법기초위원회를 조직하고, '유진오 초안(兪鎭午 草案)'을 중심으로 만장일치로 통과시켜 같은 해 7월 17일 공포하였다. 이것이 우리나라 최초의 헌법이다. 그 날을 기념하기 위하여 7월 17일을 제헌절로 하고 있다.

입법
立法
법의 정립작용을 말한다. 입법에는 실질적 개념과 형식적 개념이 있다. 실질적 개념으로는 통치권에 의거하여 국가와 국민과의 사이에 효력을 갖는 일반적·추상적 성문의 법규를 정립하는 국가작용을 말한다. 이것은 국가작용의 성질상의 차이에 착안한 것으로서 행정·사법이 법규 아래에서 그것을 구체적으로 집행·운용하는 작용을 입법이라고 보는 것이다. 이에 대하여 국가작용은 모두 법정립적·법집행적·법적용적 성질을 아울러 가지고 있으므로 국가작용을 성질에 따라 구별하는 것은 불가능하다고

하는 견해도 있으나(순수법학파의 견해), 국가기관을 입법·행정·사법으로 나누고, 국민의 자유와 권리에 관계되는 법규의 정립을 국민의 대표기관인 의회의 권한으로 하는 근대 입헌주의의 입장에서는 상대적이나마 국가작용의 성질상 구별을 전제로 하고 있다. 그런데 원래 권력분립론은 실질적 의미의 입법·행정·사법을 입법기관·행정기관·사법기관이 각각 나누어 맡는 것을 목표로 한 것이었으나, 각 기관은 자기 본래의 권한에 속하지 않는 작용도 그 권한으로 하고 있다. 따라서 입법의 개념에도 실질적 개념 이외에 형식적 개념이 필요하게 되는데 이 형식적 개념에서는 입법기관의 권한에 속하는 작용이 입법이 된다. 즉, 실질적 의미의 입법과 형식적 의미의 입법은 일치하지 않는다. 그리고 학문상으로는 실질적 의미의 입법을 연구대상으로 한다. 다만, 우리 헌법 제40조의 '입법'의 의미에 관하여는 실질설(실질적 의미의 법률, 즉 전술한 바와 같은 법규를 정립하는 작용이라는 설)과 형식설(형식적 의미의 법률을 정립하는 작용이라는 설)이 대립하고 있다.

입법권
立法權
실질적 의미에 있어서 법규를 제정하는 국가권능을 말하고, 형식적 의미에 있어서는 국회가 가지는 법률제정권을 말한다. 고전적 3권분립론에 의하면 국가권력을 입법권·행정권·사법권으로 분류하여 입법권, 즉 국민의 권리·의무에 관한 법규의 정립은 국회만이 가진다는 원칙이 확립되었다. 그러나 국가에 따라 국가비상사태에 있어서의 특례가 인정되기도 한다. 「헌법」 제40조에서 규정하는 '입법'의 의미를 실질설에서 이해하는 입장은 헌법 자체가 그 예외로 대통령의 긴급조치·위임명령·집행명령을 인정한다고 보고, 반대로 '입법'을 국회를 통과하는 법률에 국한해서 해석하는 형식설의 경우 대통령의 긴급조치는 헌법 자체가 인정하는 예외이므로 별도이고, 위임명

령·집행명령은 법률에 의한 보충적 명령이므로 이와 관계없다고 한다.

입법사항
立法事項
헌법 또는 법률에 의하여 법률로써 규정하게 되어 있는 사항을 말한다. **법률사항**이라고도 한다. 국민의 자유(자유권)와 권리에 관한 제한사항(헌법 제37조2항)과 같이 그 중요성에 비추어 국민의 대의기관인 국회의 의결을 거쳐야 할 법률유보사항을 말한다.

입법의 위임
立法의 委任
입법사항에 관하여 국회가 대강의 사항을 정하고, 구체적인 내용에 대하여는 그 입법을 명령에 위임하는 것을 말한다. 입법의 위임에는 포괄적 위임과 구체적 위임이 있는데, 포괄적 위임은 법치주의를 기초로 하는 헌법정신에 위배된다.

위임입법
委任立法
법률의 위임에 의하여 입법부 이외의 국가기관(특히 행정부의 기관)이 법률을 정립하는 것을 말한다. 현대 국가에 있어서는 사회상태가 복잡해짐에 따라 국회가 법률의 형식으로써 이에 대한 모든 법을 제정한다는 것은 사실상 불가능할 뿐만 아니라 정당하지도 않다. 따라서 국회는 법률로써 일반적·추상적인 기준을 정함에 그치고, 구체적이고 상세한 규정은 행정기관 등 다른 기관이 발하는 명령에 위임하는 경향이 증대되고 있다.

입법기관
立法機關
입법을 담당하는 국가기관을 말한다. 원칙적으로는 국회를 말하며 입법부 또는 의회라고도 한다. 입법의 '법'을 형식적 의미의 법률로 볼 때에는 오직 국회만이 입법기관이 되겠으나, '법'을 광의로 볼 때에는 사법부(법원규칙제정권)·행정부(집행명령·위임명령, 예외로 대통령의 긴급조치 등) 또는 지방자치단체(조례제정권)도 입법기관의 성격을 갖는다고 할 수 있다.

국회의원
國會議員
국회의 구성원을 말한다. 특수경력직 국가공무원이며, 양원제 국회에 있어서는 상하양원을 통칭한다. 국회의원은 국민의 보통·평등·직접·비밀선거에 의하여 선출되며, 그 임기는 4년이다(헌법 제41조·제42조). 국회의원선거에 관한 사항은 「공직선거법」에 규정되어 있는 바, 선거일 현재 18세 이상의 국민으로 법이 정하는 결격사유에 해당하지 않는 자이어야 한다(공직선거법 제16조2항). 「헌법」은 국회의원의 수를 200명 이상으로 하도록 규정하고 있는데(헌법 제41조2항), 현행 「공직선거법」에서는 지역구의원 253명과 비례대표의원 47명을 합하여 300명으로 하도록 하고 있다(공직선거법 제21조1항).

국회의장
國會議長
국회를 대표하고 의사를 정리하며, 질서를 유지하고 사무를 감독한다(국회법 제10조). 의장은 국회에서 무기명투표로 선거하고, 재적의원 과반수의 득표로 당선되며(헌법 제48조, 국회법 제15조1항), 그 임기는 2년이다(국회법 제9조). 의장이 사고가 있을 때에는 그가 지정하는 부의장이 그 직무를 대행하며(같은 법 제12조), 국회의원 총선거 후 또는 의장이나 부의장이 선출될 때까지는 사무총장이 임시회 집회공고에 관하여 의장의 직무를 대행한다(같은 법 제14조). 의장은 상임위원회의 위원이 될 수 없으며(같은 법 제39조제3항), 위원회에 출석·발언할 수 있으나 표결에는 참가할 수 없다(같은 법 제11조). 대통령이 확정된 법률을 공포하지 아니하는 경우에 법률공포권을 가진다(헌법 제53조6항).

국회상임위원회
國會常任委員會
국회의 본회의에 부의(附議)함에 앞서 법률안·예산안·결의안·청원 등을 심사하기 위하여 국회 내에 설치된 위원회를 말한다. **분과위원회**라고도 한다. 상임위원회는 17개가 있는데, 어느 상임위원회에도 속하지 아니하는 사항은 의장과 국회운영위원회가 협의하여 소관 상임위원회를 정한다(국회법 제37조). 상임위원회 외에도 예산결산특별위원회, 인사청문특별위원회, 윤리특별위원회 등의 특별위원회가 있다(같은 법 제45조·제46조·제46조의3).

위원회는 매월 2회 이상 개최한다. 다만 해당 위원회의 국정감사 또는 국정조사 실시기간, 그 밖에 의장이 회의를 개회하기 어렵다고 인정하는 경우에는 그러하지 아니하다. 또한 국회운영위원회, 정보위원회, 여성가족위원회, 특별위원회 및 예산결산특별위원회의 경우에는 위원장이 개회 횟수를 정할 수 있다(같은 법 제49조의2).

의원은 둘 이상의 상임위원회의 위원(상임위원)이 될 수 있으며, 소관 상임위원회의 직무와 관련한 영리행위를 할 수 없다. 상임위원의 임기는 2년으로 한다(같은 법 제39조~제40조의2).

국회 전문위원
國會 專門委員
국회의 위원회에 속해 있는 전문적 지식을 가진 위원을 말한다. 이 전문위원은 국회의원은 아니며 국회의 각 위원회에서 일정한 사항에 관한 문제를 전문적으로 심사·검토하는 데 필요한 자료와 의견을 제출한다. 국가의 사회적·경제적 기능이 증가함에 따라 국회의 입법도 매우 기술화되고 복잡해져서 상임위원회제도와 더불어 전문위원의 역할이 증대해지고 있다. 전문위원은 국회사무총장의 제청으로 국회의장이 임명한다. 전문위원은 위원회에서 발언할 수 있으며, 본회의 의결 또는 의장의 허가로 본회의에서 발언할 수 있다(국회법 제42조).

국회운영위원회
國會運營委員會
국회의 운영에 관한 사항, 국회법과 국회규칙에 관한 사항, 국회사무처 소관에 속하는 사항, 국회도서관의 소관에 속하는 사항, 국회예산정책처 소관에 속하는 사항, 국회입법조사처 소관에 속하는 사항, 대통령비서실, 국가안보실, 대통령경호처 소관에 속하는 사항 및 국가인권위원회 소관에 속하는 사항을 관장하는 상임위원회를 말한다(국회법 제37조1항1호).

국회사무처
國會事務處
국회의장의 지휘·감독을 받아 국회 및 국회의원의 입법활동과 국회의 행정업무에 관련된 사무를 처리하는 국회의 기관을 말한다. 그 조직과 직무에 대하여는 법률로 정한다(국회법 제21조, 국회사무처법).

국회규칙
國會規則
국회가 제정하는 규칙을 말한다. 「헌법」은 "국회는 법률에 저촉되지 아니하는 범위 안에서 의사와 내부규율에 관한 규칙을 제정할 수 있다"(헌법 제64조)고 하여 국회에 규칙제정권을 부여하고 있다. 이것은 국회의 자율권을 보장하기 위해 인정되는 것이다. 규칙의 제정은 재적의원 과반수의 출석과 출석의원 과반수의 찬성으로 한다(헌법 제49조). 국회규칙이 법률을 위반할 때에는 무효이다.

국회의 자율권
國會의 自律權
국회의 내부사항에 관하여 국회가 스스로 규율할 수 있는 권한을 말한다. 국회의 자주성, 특히 국회의 정부에 대한 자주성을 보장하기 위하여 인정된 것이다. 여기에 속하는 권한에는 의사규칙제정권(헌법 제64조), 의사진행에 관한 자율권, 내부경찰권 및 의원가택권, 내부조직권, 의원신분에 관한 권한, 집회·개회·휴회·폐회에 관한 권한 등이 주요한 것이다.

국회의 회의
國會의 會議
국회에서 의안의 심의 등을 위하여 행하여지는 의사를 말한다. 이것은 그 집회 원인에 따라 정기회와 임시회로 구분되며, 의사단계에 따라 본회의와 위원회 회의로 구분할 수 있다. 국회의 본회의는 오후 2시(토요일은 오전 10시)에 개의하며, 의장은 교섭단체 대표의원과 협의하여 그 개의시간을 변경할 수 있다(국회법 제72조). 국회가 특히 비공개로 의결한 경우 이외에는 본회의는 공개하여야 한다(헌법 제50조).

교섭단체
交涉團體
국회에서 일정한 정당에 속하는 의원의 의사를 종합·통일하여 사전에 상호 교섭함으로써 국회의 원활한 의사진행을 도모하기 위한 의원단체를 말한다. 소속의원 20명 이상의 정당을 단위로 하여 교섭단체를 구성함이 원칙이나, 정당단위가 아니더라도 다른 교섭단체에 속하지 아니한 20명 이상의 의원으로 따로 교섭단체를 구성할 수 있다(국회법 제33조). 교섭단체는 그 단체의 소속의원이 연서·날인한 명부를 의장에게 제출함으로써 구성된다.

국회법
國會法
국회의 조직구성 및 의사 절차 등 필요한 사항을 규정함으로써 국민의 대의기관인 국회의 효율적인 운영에 기여함을 목적으로 하여 제정된 법률을 말한다.

국회의 권한
國會의 權限
일반적으로 국회가 가지는 ① 입법에 관한 권한 ② 재정에 관한 권한 ③ 일반 국정에 관한 권한 ④ 국회내부 사항에 관한 권한을 말한다. 그러나 이러한 권한의 구체적인 내용은 대통령제 국가와 의원내각제 국가에 따라 중대한 차이가 있다. 그리고 양원제 국회에 있어서는 양원일치의 의결로 행사하거나 일원의 의결만으로 행사하는 국회의 권한과 각 의원의 의결로 행사하는 의원의 권한이 있다(헌법 제40조 이하).

일사부재의
一事不再議
공법상 합의체의 의사에 있어서 그 회의체의 회기중에 부결된 의안을 같은 회기 중에는 다시 제출하지 못하는 것을 말한다. 합의체의 의결이 있는 이상, 그 합의체의 의사는 확정되었다는 데에 근거를 두고 있으며, 합의체의 의사진행의 원활화, 특히 소수파의 의사방해의 배제를 주목적으로 한다. 국회의 일사부재의에 관하여는 「국회법」 제92조에서 '부결된 안건은 같은 회기 중에 다시 발의하거나 제출할 수 없다'고 규정하고 있다.

불체포특권
不逮捕特權
불체포특권은 국회의원이 현행범인 경우를 제외하고는 회기 중 국회의 동의 없이 체포·구금되지 아니하며, 회기 전에 체포·구금된 때에는 현행범이 아닌 한 국회의 요구가 있으면 회기 중 석방되는 특권을 말한다(헌법 제44조). 행정부의 부당한 억압으로부터 국회의원의 자주적인 활동을 보장하기 위한 제도이다. 이 불체포특권은 영국의 제임스 1세(James I, 1566~1625) 때에 처음 인정되었다. 국회의원 외에도 대표적인 불체포특권의 예로는 다음과 같은 것들이 있다. ① 「선거관리위원회법」상 각급 선거관리위원회위원은 선거인명부작성기준일 또는 국민투표안공고일부터 개표종료시까지 일정한 범죄를 제외하고는 현행범이 아니면 체포 또는 구속되지 않으며(제13조), ② 「교육공무원법」상 현행범인 교원을 제외하고는 소속 학교장의 동의 없이는 학원 내에서 체포되지 않는다(제48조).

회기
會期
국회 및 지방의회가 활동능력을 가지는 기간을 말한다. 국회의 회기는 정기회는 100일을, 임시회는 30일을 초과할 수 없다(헌법 제47조2항). 정기회는 매년 9월 1일에 열리며 그날이 공휴일이면 그 다음 날에 집회한다(국회법 제4조). 임시회는 대통령 또는 재적의원 4분의 1 이상의 요구에 의하고, 대통령이 집회 요구시에는 기간과 요구 이유를 명시하여야 한다(헌법 제47조1항·3항). 임시회의 집회 요구시에는 의장이 집회기일 3일 전에 공고하여야 한다(국회법 제5조). 국회의 회기와 관련되는 문제로 **일사부재**

의의 원칙(일사부재의의 항 참조)과 **회기불계속의 원칙**이 있다.

회기계속의 원칙
會期繼續의 原則

회기중에 의결하지 아니한 의안을 다음 회기에서 계속 심의할 수 있다는 원칙이다(헌법 제51조). 미국 등 일부 국가에서는 회기불계속의 원칙을 채택하고 있으나, 국회의원의 임기가 2년 이상인 국가의 경우 동일의원이 차기회기에도 계속 재임하게 되므로 회기계속을 인정하는 것이 국정의 운영에 바람직하다. 한편, 회기계속의 원칙은 한 입법기 내에서만 효력이 있으므로 국회의원의 임기가 만료된 경우에는 회기가 계속되지 않는다.

정족수
定足數

합의체가 활동하기 위하여 회의에 출석해야 할 정원수를 말한다. 정족수에는 의사정족수와 의결정족수가 있다. **의사정족수**(議事定足數)는 합의제기관의 의사를 진행하는 데 필요한 구성원의 최소출석수를 말한다. 국회의 의사정족수는 재적의원의 과반수이다. **의결정족수**(議決定足數)는 합의제기관의 의결이 성립하는 데 필요한 구성원의 최소찬성표수를 말한다. 국회는 「헌법」 또는 법률에 특별한 규정이 없는 한 그 재적의원 과반수의 출석과 출석의원 과반수의 찬성으로 의결한다. 가부동수(可否同數)인 경우에는 부결된 것으로 본다(헌법 제49조). 즉, 국회의장의 캐스팅보트(casting vote)는 인정되지 아니한다. 이것을 국회의 **일반의결정족수**라고 하는데 이 밖에 **특별의결정족수**가 요구되는 경우가 있다. 대통령이 환부한 법률안에 대한 재의결(같은 법 제53조4항), 국무총리 또는 국무위원에 대한 해임건의(같은 법 제63조2항), 의원의 제명의결(같은 법 제64조3항), 탄핵소추의결(같은 법 제65조2항), 헌법개정안의 의결(같은 법 제128조1항) 등이 있다.

재의
再議

이미 의결된 사항에 대하여 같은 기관이 재차 심사·의결하는 절차를 말한다. ① 대통령은 국회에서 의결된 법률안에 대하여 이의가 있을 때에는 15일 이내에 이의서를 붙여 국회로 환부하고, 그 재의를 요구할 수 있다. 다만, 대통령은 법률안의 일부에 대하여 또는 법률안을 수정하여 재의를 요구할 수 없다. 재의의 요구가 있을 때에는 국회는 재의에 붙이고, 재적의원 과반수의 출석과 출석의원 3분의 2 이상의 찬성으로 전과 같은 의결을 하면 그 법률안은 법률로서 확정된다(헌법 제53조). ② 지방의회의 의결이 법령에 위반된다고 인정된 때에는 그 지방자치단체의 장은 의회에 재의를 요구할 수 있다. 지방의회의 의결에 예산상 집행할 수 없는 경비가 포함되어 있을 때에도 그 지방자치단체의 장은 의회에 재의를 요구할 수 있다. 이에 대하여 재의의 결과 재적의원 과반수의 출석과 출석의원 3분의 2 이상의 찬성을 얻은 경우에는 그 의결은 확정된다(지방자치법 제120조·제121조).

면책특권
免責特權

국회의원이 국회에서 직무상 행한 발언과 표결에 관하여 국회 밖에서 책임을 지지 않는 특권을 말한다(헌법 제45조). 의원의 발언·표결의 면책특권이라고도 한다. 1689년 영국의 권리장전에서 비롯되어 미연방헌법에서 명문화하였다. 의원의 행위가 위법·유책한 것일지라도 그 처벌을 면제해주는 것으로 **인적처벌조각사유**(人的處罰阻却事由)로서의 성격을 갖는다. 이러한 국회의원의 면책특권은 집행부의 부당한 탄압을 배제하고, 선거인이나 정당의 지도부로부터 그 지위를 보장해주는 제도적 장치라는 점에 그 의의가 있다.

세비
歲費

국회의원이 받는 보수 기타의 수당을 말한다. 「국회의원의 보좌직원과 수당 등에 관한 법률」에 의하여 지급되며, 국회의원이 겸직을 하게 될 때에는 그중 액수가 많은 쪽을 택일하여 지급한다. 국회의원은 수당 외에도 매월 입법활동비를 지급받고, 회기 중에는 특별활동비도 지급받지만, 겸직 중인 경우에는 지급받지 않는다. 그 밖에 국회의원은 여비와 입법 및 정책개발비 등을 지급받고 보좌직원 등의 급료도 세비 중에 포함한다.

법률안거부권
法律案拒否權

국회(의회)가 의결한 법률안에 대하여 행정부의 기관(군주나 대통령)이 재가 또는 승인을 거부함으로써 법률로서의 성립을 결정적 또는 잠정적으로 저지하는 권한을 말한다. 거부의 효력이 절대적이고 의회의 재의를 인정하지 아니할 때에는 이것을 **절대적 거부권**(absolute veto)이라 하는데, 일본제국헌법이 그 좋은 예이다. 이에 대하여 거부의 효력이 잠정적이어서 의회의 재의결로써 부인되는 경우에는 이것을 **잠정적 거부권**(suspensive veto)이라고 하며, 미국대통령의 거부권이 그 예이다. 우리 헌법에 의하면 국회로부터 이송된 법률안에 이의가 있을 때에 대통령은 이송된 후 15일 이내에 이의서를 붙여 이를 국회에 환부하고 그 재의를 요구할 수 있다(헌법 제53조, **환부거부**). 재의의 요구가 있을 때에는 국회는 재의에 붙이고, 재적의원 과반수의 출석과 출석의원 3분의 2 이상의 찬성으로 전과 같은 의결을 하면 그 법률안은 법률로서 확정된다. 그러므로 우리나라 대통령의 법률안거부권은 잠재적 거부권이다. 대통령은 거부권을 행사하는 데 있어서 법률의 일부에 대하여 또는 법률안을 수정하여 재의를 요구할 수 없고, 일부거부(item veto) 또는 수정거부는 인정되지 아니한다. 또 대통령은 법률안에 이의가 있을 때에는 국회가 폐회 중일지라도 그 이송을 받은 날로부터 15일 이내에 국회에 재의의 요구를 하여야 하며, 재의의 요구를 하지 아니할 때

에는 그 법률안은 법률로서 확정되므로 우리나라 헌법상에서는 미국법에서와 같은 **보류거부**(pocket veto)는 인정되지 아니하며, 오직 환부기부만 인정된다. 다만, 국회의원의 임기가 만료된 때에는 **회기불계속의 원칙**이 적용되므로(헌법 제51조 단서), 이 경우에는 예외적으로 보류거부가 인정된다고 해석된다. 왜냐하면, 이 경우에는 법률안을 의결한 국회와 재의할 국회는 다른 국회이므로 엄격한 의미에서의 '재의'라고 할 수 없기 때문이다.

법률안의 환부
法律案의 還付

의회에서 의결되어 이송되어 온 법률안을 대통령이 공포하지 않고 그 재의를 위하여 의회로 되돌리는 것을 말한다. 우리 헌법상 국회에서 의결된 법률안은 정부에 이송되어 15일 이내에 대통령이 공포하도록 되어 있다(헌법 제53조1항). 법률안에 이의가 있을 때에는 대통령은 이송된 후 15일 이내에 이의서를 붙여 국회에 환부하여 그 재의를 요구할 수 있도록 하고 있다.

법률안제출권
法律案提出權

국회의원과 정부가 법률안을 국회에 제출할 수 있는 권리를 말한다(헌법 제52조). 권력분립주의에 철저한 대통령제(미국)에서는 정부의 법률안제출권을 배척하는 것이 통례이고, 다만 사실상 정부의 입안이 여당 국회의원을 통하여 국회에 제출되는 경로를 밟고 있을 뿐이다. 이에 반하여 우리 헌법은 정부의 법률안제출권을 정면으로 인정함으로써 입법에 관해 강력한 영향을 미치게 하고 있다. 국회의원은 의원 10명 이상의 찬성으로 법률안을 발의할 수 있다(국회법 제79조).

예산
豫算

실질적 의미로는 1회계연도에 있어서의 세입과 세출의 예정계획서를 말하고, 형식적 의미로는 일정한 형식에 의하여 행정부에서 작성하여 국회

의 심의를 거쳐 그 의결로써 성립하는 국회의 행정부에 대한 재정권 부여의 방식을 말한다. 이 예산에는 국가의 예산과 지방자치단체의 예산이 있다. ① 국가의 예산 : 우리 헌법과 국가재정법에 있어서의 예산은 위에서 설명한 형식적 의미의 예산의 의미로 사용되고 있다. 그러나 우리나라에서는 영미계통의 형식(예산법률주의)과는 다른 형식을 취하고 있다. 즉 행정부는 국가의 총수입과 총지출을 회계연도마다 예산안으로 편성, 국회에 제출하여 의결을 얻어야 하는데, 대통령의 승인을 얻은 예산안을 회계연도 개시 120일 전까지 국회에 제출하여야 한다(국가재정법 제33조). 또 행정부는 국가가 채무를 부담하는 행위를 할 때에는 미리 예산으로써 국회의 의결을 얻어야 한다(헌법 제58조, 국가재정법 제25조). 이와 같이 예산에 대하여 국회의 의결을 요하게 한 것은, 국가재정을 국민의 대표기관인 국회의 감독하에 두려는 취지이다. 양원제를 채택하는 국가에 있어서는 예산에 관하여 하원에게 의결권을 부여하는 것이 통례이다.

예산은 편성 절차에 따라 본예산과 추가경정예산, 성립 여부에 따라 확정예산과 준예산, 목적에 따라 일반회계예산(총예산)과 특별회계예산 등으로 구분된다. 예산의 구성은 예산총칙·세입세출예산·계속비·명시이월비·국고채무부담행위로 성립된다(국가재정법 제19조). 예산의 효력은 세입예산과 세출예산에 있어서 서로 다르다. 전자는 단순한 세입예정표에 지나지 않으며 그 효과는 특정회계연도의 세출지변(歲出支辨)의 재원을 표시하고, 세입을 통관(通觀)하고 편의를 제공하는 데에 불과한 데 비하여, 후자는 지출의 목적·금액·시기의 3점에 있어서 행정부를 구속하는 법적 효력을 가진다. ② 지방자치단체의 예산 : 국가의 예산과 대체로 동일한 형태로 인정되고 있다(지방재정법).

예산안의 편성
豫算案의 編成

국회에 제출할 예산안을 편성하는 것을 말한다. 예산안을 편성하는 권한은 정부에 속하며(헌법 제54조·제56조·제89조), 정부 내에서는 기획재정부장관의 권한에 속한다(국가재정법 제28조 이하). 기획재정부장관은 매년 3월 31일까지 국무회의의 심의를 거쳐 대통령의 승인을 얻은 다음 연도의 예산안편성지침을 각 중앙관서의 장에게 통보하고, 각 중앙관서의 장은 이에 따라 그 소관에 속하는 세입·세출·계속비 및 국고채무부담행위 요구서를 작성하여 5월 31일까지 기획재정부장관에게 제출하며, 기획재정부장관은 이에 의하여 예산을 편성하여 국무회의의 심의를 거쳐 대통령의 승인을 얻어야 한다(국가재정법 제29조~제32조). 국회·대법원·헌법재판소 및 중앙선거관리위원회의 세출예산 요구액을 감액할 때에는 국무회의에서 국회의장·대법원장 기타 해당 기관의 장의 의견을 들어야 한다(국가재정법 제40조). 국무회의에서 심의되어 대통령의 승인을 얻은 예산안은 국회에 제출하여 그 의결을 받는다(헌법 제54조2항, 국가재정법 제33조).

회계연도
會計年度

세입·세출의 기본이 되는 기간을 말한다. 세입·세출을 일정한 기간마다 구분 정리하여 그 관계를 명료하게 하고 양자 간의 균형을 유지하자는 데 그 제도적 의의가 있다. 일반적으로 1년을 1기로 하여 이것을 1회계연도라고 한다. 국가의 회계연도는 매년 1월 1일에 시작하여 12월 31일에 종료한다(국가재정법 제2조). 각 회계연도는 상호 독립함을 원칙으로 하며, 각 회계연도에 있어서의 경비는 그 회계연도의 세입으로써 지불하여야 하며, 또한 매 회계연도의 세출예산은 원칙적으로 다음 연도에 이월하여 사용할 수 없다(국가재정법 제48조). 지방자치단체의 회계연도는 국가의 회계연도와 동일하게 매년 1월 1일에 시작해 그 해 12월 31일에 끝난다(지방자치법 제140조).

계속비
繼續費

수년에 걸친 경비에 관하여 미리 일괄하여 국회의 의결을 얻고, 이것을 변경할 경우 외에는 다시 그 의결을 얻을 필요가 없는 경비를 말한다. 국가의 세출은 매 회계연도마다 예산으로 편성하여 매년도 국회의 의결을 얻는 것이 원칙이지만, 계속비는 그 예외이다(헌법 제55조). 계속비의 연한은 5년 이내이다(국가재정법 제23조). 수년간 계속되는 사업, 예컨대 국가의 대규모의 공사나 계획 등이 일단 착수된 후에 중도에서 국회의 의결을 얻지 못함으로써 중지케 되는 것과 같은 일이 일어나지 않도록 하려는 것이다. 또한 계속비는 경비총액과 그 연한을 미리 정하여 국회의 의결을 얻어야 하는데, 그 성질로 보아 매년도의 지출잔액은 예정연한이 끝날 때까지 순차로 이월(移越) 사용할 수 있다고 해석된다. 그리고 지방자치단체에 있어서도 계속비의 제도가 인정되고 있다.

예비비
豫備費

예측하기 어려운 세출예산의 부족에 충당하기 위하여 예산에 계상되는 비용을 말한다. 현행 헌법에는 '예비비는 총액으로 국회의 의결을 얻어야 한다'고 규정하고(제55조), 「국가재정법」은 '정부는 예측할 수 없는 예산 외의 지출 또는 예산초과지출에 충당하기 위하여 일반회계 예산총액의 100분의 1 이내의 금액을 세입세출예산에 계상할 수 있다'고 규정하고 있다(제22조). 예비비는 형식상으로는 세입세출예산에 계상되어 있지만 예비비 그 자체로서 지출되는 것이 아니므로 실질적으로 예산은 아니고, 후일 예산으로 변할 용도미정의 재원이다. 기획재정부장관이 이를 관리하고(국가재정법 제51조), 지출은 국무회의의 심의를 거쳐 대통령의 승인을 얻어야 한다. 지방자치단체의 예산에 있어서도 예비비제도가 있다.

추가경정예산
追加更正豫算

예산의 성립 후에 생긴 사유로 인하여 이미 성립된 예산에 변경을 가하는 예산을 말한다. 추가경정예산안의 제출은 수정예산안의 제출과는 다르다. 후자는 행정부가 예산안을 국회에 제출한 후 예산이 성립되기 전에 부득이한 사정으로 예산안의 일부를 수정하는 것임에 대하여(국가재정법 제35조), 전자는 예산이 성립된 후에 그 예산에 변경을 가하는 것이다. 추가경정예산안은 ① 전쟁이나 대규모 재해의 발생, ② 경기침체, 대량실업, 남북관계의 변화 등 대내외 여건에 중대한 변화가 발생하였거나 발생할 우려가 있는 경우, ③ 법령에 따라 국가가 지급하여야 하는 지출이 발생하거나 증가하는 경우에 편성할 수 있으며(같은 법 제89조1항), 정부는 국회에서 추가경정예산안이 확정되기 전에 이를 미리 배정하거나 집행할 수 없다(같은 조 2항).

준예산
準豫算

국가의 예산이 법정기간 내에 성립하지 못하는 경우에 정부가 일정한 범위 안에서 전회계년도 예산에 준하여 집행하는 잠정예산(暫定豫算)을 말한다. 정부가 회계연도 개시 120일 전까지 예산안을 국회에 제출하면 국회는 회계연도 개시 30일 전까지 이것을 의결하여야 하는데, 만약 기간 내에 국회에서 예산안이 의결되지 못한 때에는 정부는 그 예산안이 의결될 때까지 ① 「헌법」이나 법률에 의하여 설치된 기관 또는 시설의 유지·운영을 위한 경비 ② 법률상 지출의무의 이행을 위한 경비 ③ 이미 예산으로 승인된 사업의 계속을 위한 경비는 전년도 예산에 준하여 집행할 수 있는 바(헌법 제54조3항, 국가재정법 제55조), 이것이 준예산이다. 이미 집행된 준예산은 해당 회계연도의 예산이 성립되면 그 성립된 예산에 의하여 집행된 것으로 간주된다.

예산의 증액수정
豫算의 增額修正

국회에서 정부가 제출한 예산의 원안에 없는 비목(費目)을 새로 넣거나, 또는 이들 금액을 증액하는 것을 말한다. 국회는 정부의 동의 없이는 정부가 제출한 지출예산 각 항의 금액을 증가하거나 새 비목을 설치할 수 없는데(헌법 제57조), 이것은 정부만이 예산제출권을 가진다는 것(헌법 제54조2항)과 국회의원의 정략적 증액을 방지하려는 데 그 이유가 있다.

조약의 체결·비준에 대한 동의
條約의 締結·批准에 대한 同意

조약의 체결·비준에 대한 국회의 동의를 말한다. 조약의 체결·비준은 일반적으로 국가원수의 권한사항으로 되어 있으나, 이 권한을 이용하여 국가원수가 법규사항에 관여하려는 사례가 있었기 때문에 오늘날 민주국가는 모두 중요조약의 체결·비준에는 국회의 동의를 필요케 함으로써 국가원수의 전횡(專橫)을 방지하고 있다. 우리 헌법 제60조1항도 '국회는 상호원조 또는 안전보장에 관한 조약, 중요한 국제조직에 관한 조약, 우호통상항해조약(友好通商航海條約), 주권의 제약에 관한 조약, 강화조약(講和條約), 국가나 국민에게 중대한 재정적 부담을 지우는 조약, 또는 입법사항에 관한 조약의 체결·비준에 대한 동의권을 가진다'고 규정함으로써 이러한 조류에 따르고 있다. 조약에는 비준을 요하지 않고 체결로써만 효력이 발생하는 것도 있기 때문에 국회의 동의권은 조약의 체결 또는 비준을 그 대상으로 하고 있다. 국제법적으로는 조약의 체결 또는 비준이 국회의 동의를 얻지 못해도 그 효력발생에는 무관하나, 국내법적으로는 그런 경우 효력이 발생되지 않기 때문에 조약의 체결·비준에 대한 국회의 동의권을 조약의 국내법적 효력 발생의 요건이라고 할 수 있다.

의사공개의 원칙
議事公開의 原則

합의제기관의 의사를 일반에게 공개한다는 원칙을 말하나, 주로 국회의 의사진행에 관한 것이다. 대의기관인 국회의 의사를 공개함으로써 국정의 공개토론과 국민의 국정비판을 가능하게 하려는 국회제도에 있어서의 본질적인 원천 중 하나이다. 벤담(Jeremy Bentham, 1748~1832)에 의하여 처음으로 주창된 후 1791년의 프랑스헌법에서 제도화되었다. 이 원칙에 의하여 공개되는 것은 국회의 본회의이다. 이 원칙은 절대적인 것이 아니라, 국회의 의결 또는 의장의 결정으로 비공개로 할 수 있다(헌법 제50조, 국회법 제75조). 이에 대하여 의장의 회의 비공개권(會議非公開權)을 인정하지 않으려는 견해가 있다.

의사규칙
議事規則

국회가 법률에 저촉되지 않는 범위 안에서 의사에 관하여 자율적으로 규정한 규칙을 말한다. 이와 같은 의사규칙은 국회의 자주성을 존중하여 「헌법」이 인정한 것이기 때문에(헌법 제64조) 국민도 기속한다는 견해가 있다.

국정감사(조사)권
國政監査(調査)權

국회가 국정에 관한 감사(조사)를 직접 할 수 있는 권한을 말한다. 이것은 현대의회가 입법기능 외에 정부를 감시·비판하는 권능을 가지게 됨에 따라 인정된 권한이다. 「헌법」은 국회가 국정을 감사하거나 특정한 국정사안에 대하여 조사할 수 있으며 감사와 조사의 수단으로서 이에 필요한 서류의 제출, 증인의 출석과 증언과 의견의 진술을 요구할 수 있다고 규정하고 있다(헌법 제61조). 이에 관하여 절차 기타 필요한 사항은 「국정감사 및 조사에 관한 법률」로 규정하고 있다. 이 법에 따르면 매년 정기국회 집회일 이전에 30일 이내의 기간을 정하여 국정감사를 실시하며(제2조), 재적의원 4분의 1 이상의 요구가 있는 때에는 특별위원회 또는 상임위원회로 하여금 국정의 특정사안에 관하여 국정조사를 하게 한다(제3조). 다만, 국정감사와 조사는 개인의 사생활을 침해하거나 계속 중인 재판 또는 수사 중인 사건의 소추(訴追)에 관여할 목적으로 행사되어서는 아니 된다(제8조).

탄핵제도
彈劾制度

일반법원에 의해서는 소추가 곤란한 정부의 고급공무원 또는 법관과 같은 신분이 보장된 공무원이 직무상 중대한 비위를 범한 경우에 국회의 소추에 의하여 이를 처벌하거나 파면하는 제도를 말한다. 이 제도는 먼저 영국에서 발생하여 그 후 여러 국가가 이를 이어받았으나 그 내용과 절차는 반드시 일정한 것은 아니다. 예컨대 영국에서는 형벌까지도 부과할 수 있는 데 비하여(프랑스·멕시코도 마찬가지이다), 미국에서는 파면함에 그치며, 또 일반적으로는 하원이 소추하고 상원이 심판하지만, 때로는 법원이 심판을 담당하는 경우도 있다(독일 바이마르헌법하의 국사재판소와 이탈리아의 1848년 헌법하의 고등법원). 우리 헌법도 대통령·국무총리·국무위원·행정각부의 장·헌법재판소재판관·법관·중앙선거관리위원회 위원·감사원장·감사위원 기타 법률에 정한 공무원이 그 직무수행에 관하여 헌법이나 법률을 위배한 때에는 국회는 탄핵의 소추〔국회 재적의원 3분의 1 이상의 발의(發議)와 그 재적의원 과반수의 찬성에 의한 의결로, 대통령에 대하여는 재적의원 과반수의 발의와 재적의원 3분의 2 이상의 찬성으로 의결〕를 의결할 수 있고(헌법 제65조), 헌법재판소가 심판함으로써 공직에서 파면시키는 탄핵제도를 인정하고 있다(헌법 제113조1항). 탄핵소추의 의결을 받은 자는 탄핵결정이 있을 때까지 그 직권행사가 정지되며, 탄핵결정은 공직으로부터 파면함에 그친다. 그러나 이에 의하여 민사상이나 형사상의 책임이 면제되지는 않는다.

탄핵심판위원회
彈劾審判委員會

舊헌법상의 탄핵사건을 심판하기 위하여 설치되었던 국가기관을 말한다(1962년 제5차 개정 헌법 제62조1항). 대법원장을 위원장으로 하고, 대법원판사 3명과 국회의원 5명의 위원으로 구성되어 있었다. 당시 탄핵결정에는 구성원 6명 이상의 찬성이 있어야 했다. 탄핵결정은 공직으로부터 파면에 그쳤으나, 이에 의하여 민사상이나 형사상의 책임이 면제되지는 아니하였다. 현행헌법에서는 국회를 소추기관으로 하고(헌법 제65조1항), 헌법재판소를 심판기관으로 하였으며, 탄핵심판위원회는 폐지되었다.

탄핵재판소
彈劾裁判所

제3차 개정 전의 「헌법」에서 탄핵사건을 심판하였던 기관을 말한다. 부통령이 재판장의 직무를 행하고 대법관 5명과 참의원 5명이 심판관이었다. 다만, 대통령과 부통령을 심판할 때에는 대법원장이 재판장의 직무를 행하게 되어 있었다. 그러나 제3차 개헌에 의하여 헌법재판소를 신설함과 동시에 탄핵재판소는 폐지되었고, 신설된 헌법재판소로 하여금 탄핵사건을 심판하게 하였다.

정 부

권력분립주의
權力分立主義

국가의 작용을 입법·사법·행정의 3권으로 나누어, 그 각각을 담당하는 자를 상호 분리·독립시켜서 서로 견제시킴으로써 국민의 정치적 자유를 보장하고자 하는 자유주의적인 통치조직원리를 말한다.

로크, 몽테스키외 등에 의해 처음으로 주장되었으며, 근대의 시민적 자유주의 및 국민참정의 요청에 부응하였으므로 각국의 정치조직에 널리 채택되었다. 제1차 대전 이후의 여러 나라에서 독재제(獨裁制)의 대두가 이 원리를 동요시킨 바 있으나, 근대헌법에서는 거의 공통되고 불가결한 내용으로 되어 있다. 보통 입법권은 국회가, 사법권은 법원이, 행정권은 군주·대통령 등의 행정기관에 귀속하는데, 역사적으로 발달한 제도인 까닭에 그 구체적인 내용은 각국에 따라 다르다. 예를 들면, 미국형의 대통령제는 거의 완전한 3권의 분립을 인정하나, 영국형의 의원내각제는 입법·행정의 융합을 나타내고 있다. 또한 대륙법계의 여러 나라에서는 행정재판제도에 의해 행정권의 사법권으로부터의 독립을 강조하는 경향이 있는 데 대하여, 영미법계의 여러 나라는 이것을 인정하지 않는다. 우리 헌법도 입법권은 국회에, 행정권은 대통령을 수반으로 하는 정부에, 사법권은 법관으로 구성된 법원에 분속(分屬)시킴으로써 권력분립주의에 입각하고 있다(헌법 제40조·제66조·제101조).

정부형태
政府形態

국가의 권력구조가 어떠한 형태로 되어 있느냐 하는 것을 말한다. **정체**(政體)라고도 한다. 정부형태는 국가형태를 전제로 한다. 국가형태란 그 국가의 기본질서가 군주를 중심으로 하느냐(군주국), 국민을 중심으로 하느냐(공화국)에 따라 결정된다. 그러나 오늘날 거의 대다수의 국가는 공화국인 까닭에 국가의 기본질서도 국민의 지배를 표준으로 하지 않고 자유민주주의냐 공산주의냐 하는 것을 표준으로 하며, 또한 그 권력구조는 이러한 국가의 기본질서와 밀접한 관계가 있는 까닭에 오늘날에 있어서는 대체로 국가형태의 문제는 정부형태를 중심으로 하여 고찰하게 된다. 정부형태에는 입법과 행정과의 관계 여하를 표준으로 하여 대체로 대통령제·내각책임제(또는 의원내각제)·회의제(또는 회의의 정체)로 구별한다.

대통령제
大統領制

엄격한 권력분립주의에 입각하여 행정권의 수장(대통령)이 국민에 의해 선출되고 의회로부터 완전히 독립한 지위를 가지는 정치체제를 말한다. 미합중국의 정부형태가 그 전형이다. 우리나라도 제1공화국에서 대통령제를 채택했다. 그러나 제1공화국헌법에서는 대통령제에 의원내각제적 요소를 많이 가미했으므로 그것은 순수한 대통령제로 보기는 힘들다. 그래서 이러한 대통령제를 **대통령중심제**라는 명칭으로 부르기도 한다. 우리나라는 국민의 직접선거에 의한 대통령중심제를 채택하고 있다.

의원내각제
議院內閣制

정부(행정부)가 의회(특히 하원)의 신임을 전제로 조직되고, 또한 존속할 수 있는 제도를 말한다.

영국에서 시작되어 프랑스를 거쳐 다른 유럽 여러 나라에 보급되었다. 이 제도하에서는 의회가 정부에 대해 신임을 거부하는 경우, 정부는 총사직하지 않으면 안 되는데, 정부가 의회에 대해서 해산권을 가지는 경우에는 총사직하지 않고 의회를 해산하여 총선거에 붙일 수도 있다. 그리하여 총선거에 의하여 새롭게 구성된 의회에 의하여 내각의 신임 여부가 결정된다. 의원내각제에 있어서는 정부는 필연적으로 정당내각인 것이 원칙이다. 우리나라는 제2공화국헌법에서 전형적인 의원내각제를 경험했다. 진정한 의미의 의원내각제는 의회의 정부에 대한 **불신임권**과 정부의 의회해산권이 상호의 견제수단이 되어 의회와 정부가 대등한 지위에 있는 것을 말한다. 그러나 현실에 있어서는 그러한 조화된 상태는 보기 힘들다. 내각이 의회보다 우월하다든가, 혹은 의회가 내각보다 우월하다든가 하여 그 양자의 균형이 파괴되는 것이 보통이다. 전자의 전형적인 예는 영국에서 발견할 수 있으며, 후자의 전형적인 예는 과거 프랑스의 제3·4공화국에서 찾아볼 수 있다. 레즈로브(Robert Redslob, 1882~1962)는 이와 같은 의원내각제의 유형을 부진정한 의원내각제라고 불렀다. 우리나라에서는 흔히 의원내각제를 내각책임제라고 부른다.

회의제
會議制

입법부가 국가의 모든 권력을 독점하며, 집행부(행정부)는 마치 입법부의 사용인에 불과할 만큼 입법부에 종속된 정부형태를 말한다. **회의정체**(會議政體) 또는 **국민공회제**(國民公會制)라고도 한다. 그 밖에 국회는 단원제가 원칙이고 국가의 원수를 두지 않는 것이 보통이다. 이러한 회의제의 고전적 형태는 영국의 제1차 청교도혁명 시의 장기의회(Long Parliament, 1640~1660)의 지배에서 찾아볼 수 있으며, 근대에 이르러서는 프랑스혁명 당시의 국민공회(Convention)의 집권이 그 전형적인 예이다. 오늘날에 있어서는 1936년 스탈린 헌법하의 소련의 정부형태가 이에 속했었다고 볼 수 있다. 우리나라에서는 5·16 군사정변 이후의 「국가재건비상조치법」에 의한 정부형태가 회의제라고 불리었다. 그 근거는 「국가재건비상조치법」하에 있어서의 대한민국의 최고통치기관인 국가재건최고회의가 국회의 권한을 대행하는 입법기관이며(국가재건비상조치법 제9조), 집행부(행정부)인 내각이 그에 절대 종속된 것(같은 법 제13조·제15조)을 이유로 한다. 그러나 회의제에 있어서의 입법부란 국민에 의해 선출된 의원으로 구성되는 것을 말하는 데 대하여, 국가재건최고회의는 국민에 의해 선출된 의원에 의해 구성된 기관이 아닌 점에서 당시의 정부형태를 엄격한 의미에서 회의제로 보기에는 문제가 있다(국가재건최고회의법 2009년 4월 1일 폐지).

이원집정제
二元執政制

대통령중심제도 내각책임제도 아닌 제3의 정부형태로서, 혼합형·절충형 또는 중간형이리고도 하고, '반대통령제'(모리스 뒤베르제 Maurice Duverger, 1917~2014)라고 부르기도 하지만 반드시 같은 의미는 아니다. '이원적' 또는 '이원'이란 표현은 행정권이 대통령과 국무총리에게 나뉜다는 의미로 이를 '권력의 수직분산(垂直分散)'이라고도 한다. 전시와 평시의 운영이 달라 이원적이라고도 한다. 전자의 경우 대통령에게 외교·국방에 관한 권한을 주고, 내치(內治)는 주로 국무총리가 맡는다는 뜻으로도 이해된다.

이 제도는 나라마다 약간씩 다르기 때문에 일률적으로 말할 수 없지만 대체로 다음과 같은 특징을 갖고 있다.
① 대통령은 4~7년의 임기로 국민이 직접 선출한다. ② 대통령은 국회에 대해 책임을 지지 않는다. ③ 대통령은 수상을 지명하나 국회의 동의를 얻어야만 임명할 수 있다. ④ 의회는 내각에 대해 불신임권을 가지며, 내각은 국회해산권을 갖는다. ⑤ 대통령은 전쟁 또는 비상시에 긴급권을 가지며, 수상과 국무위원의 부서 없이도 행정권을 행사할 수 있고 국무회의를 주재할 수 있으며, 수상을 해임할 수도 있다.

즉, 이원집정부제(二元執政府制)란 위기에 있어서는 대통령이 행정권까지 행사하여 대통령제로 운영되고, 평상시에는 내각이 행정권을 행사하되 국회에 대해 책임을 지는 내각책임제로 운영되는 것을 말한다.

이러한 제도를 경험하였거나 현재 운영하는 나라는 유럽의 7개국으로 핀란드가 가장 오래된 역사를 갖고 있고, 아일랜드, 오스트리아, 아이슬란드, 프랑스, 그리고 포르투갈이 이 제도를 실시하고 있다. 독일의 바이마르헌법은 이원집정부제의 전형으로 꼽히고 있지만 히틀러에 의해 뿌리를 박지 못하고 와해되어 버렸다.
1919년 바이마르헌법은 국민이 직접 선출한

대통령이 수상지명권(국회 동의 필요), 수상해임권(긴급시), 국회해산권, 법률안거부권 등 실질적 권한을 갖는 외에 국가비상시에 긴급권을 발동할 수 있도록 되어 있었다.

대통령
大統領

공화국의 원수를 말한다. 대통령제를 채택하는 현행헌법상의 대통령은 행정부의 수반인 동시에 국가의 원수이며, 외국에 대하여 국가를 대표한다(헌법 제66조). 국가의 독립·영토의 보전·국가의 계속성과 헌법을 수호할 책무를 지며, 조국의 평화적 통일을 위한 성실한 의무를 지고, 5년의 임기로 국민의 보통·직접·비밀선거에 의하여 선출된다(헌법 제67조·제68조·제70조). 그리고 대통령의 피선거권이 있는 자는 국회의원의 피선거권이 있고 선거일 현재 40세에 달하여야 한다.

대통령은 중요정책에 대한 국민투표부의권, 외교·선전(宣戰)·강화권(講和權), 국군통수권, 대통령령의 발포권, 긴급처분·명령권, 계엄선포권, 공무원임면권, 사면권, 영전수여권, 국회에 대한 의사표시권, 국무총리임명권(헌법 제72조~제86조), 법률공포권(헌법 제53조), 법률안거부권(헌법 제53조), 대법원장 임명권(헌법 제104조), 헌법재판소 재판관 및 선거관리위원회 위원의 임명권(헌법 제111조·제114조) 등 행정권 전반과 일부의 입법권 및 사법적 권능까지를 포함한 강력한 권한을 가지는 동시에, 내란 또는 외환의 죄를 범한 경우를 제외하고는 재직 중 형사상의 소추를 받지 아니한다. 또 전직대통령의 신분과 예우에 관하여는 법률로 정하도록 하고 있다. 대통령의 지위에 관하여 현행헌법은 행정부 수반, 국가원수 및 국가대표를 인정하고 있다.

국가원수
國家元首

외국에 대하여 국가를 대표할 자격을 가진 국가의 최고기관이다. 군주 또는 대통령이 이에 해당한다. 「헌법」은 '대통령은 국가의 원수이며, 외국에 대하여 국가를 대표한다'고 규정하고 있다(헌법 제66조1항).

대통령령
大統領令

대통령제에 있어서 법률에서 구체적으로 범위를 정하여 위임받은 사항과 법률을 집행하기 위하여 필요한 사항에 관하여 대통령이 발할 수 있는 명령을 말한다(헌법 제75조). 전자인 대통령령을 **위임명령**이라 하고, 후자인 대통령령을 **집행명령**(執行命令)이라 한다. 이것은 국무회의의 심의를 거쳐서 대통령이 발한다(헌법 제89조3호). 일반적으로 법치주의의 원칙상 국민의 권리·의무에 관한 이른바 입법사항은 국회의 입법권에 속한다. 그러나 헌법과 법률은 이것을 모두 입법부에 전속시키지 않고, 경우에 따라서는 행정부에 그 권한을 부여하는 수가 있다. 이것을 **법규명령**(法規命令)이라 하며, 반드시 「헌법」과 법률에 그 근거가 있어야 한다. 위임명령과 집행명령이 포함되는 대통령령은 바로 이에 해당하는 명령이다. 내각책임제에 있어서는 내각령이 이에 해당한다.

통수권
統帥權

군의 최고사령관으로서 군을 지휘·통솔하는 권한으로 **군령권**(軍令權)이라고도 한다. 우리 헌법(제6공화국)에서는 이 통수권을 대통령에게 부여하고 있다. 통수권 행사에는 국무총리와 국방부장관이 부서해야 한다(헌법 제74조·제82조). 이것을 **병정통합주의**(兵政統合主義)라고 한다.

긴급재정경제처분권
緊急財政經濟處分權

대통령이 내우, 외환, 천재, 지변 또는 중대한 재정·경제상의 위기에 있어서 국가의 안전보장 또는 공공의 안녕질서를 유지하기 위하여 긴급한 조치가 필요하고, 국회의 집회를 기다릴 여유가 없을 때에 한하여 최소한으로 필요한 재정·경제상의 처분을 할 권한을 의미한다.

긴급재정경제명령권
緊急財政經濟命令權

대통령은 내우, 외환, 천재, 지변 또는 중대한 재정·경제상의 위기에 있어서 국가의 안전보상 또는 공공의 안녕질서를 유지하기 위하여 긴급재정경제처분을 할 수 있는데, 이 경우 이 처분을 법적으로 보장해주기 위해서 법률의 효력을 가지는 긴급재정경제명령을 발할 수 있는 대통령의 권한을 뜻한다. 우리나라에서도 금융실명제의 실시와 관련하여 이 명령이 발하여진 사례가 있다. 국회의 의결을 거치지 않고 법률의 효력을 가지는 명령을 발하기 때문에, 이것은 국회입법원칙에 대한 중요한 예외를 의미하며, 따라서 「헌법」 자체에 그 근거를 부여하고 있다. 또한 위기극복을 위한 합헌적인 권한을 부여하여 「헌법」에 대한 위협을 사전에 방지하려는 헌법보호수단으로서의 의의도 지니고 있다고 볼 수 있다. 이 명령을 발한 경우에는 대통령은 지체 없이 국회에 보고하여 그 승인을 얻어야 한다. 이른바 통치행위로서 사법심사가 어렵기 때문에 국회의 승인에 의한 정치적 통제하에 두려는 것이다. 승인을 얻지 못한 경우에는 그 명령은 효력을 상실하며, 그 명령에 의하여 개정되거나 폐지되었던 법률은 당연히 효력을 회복한다. 대통령은 국회에 보고한 사실 및 승인 여부를 공포하여야 한다.

긴급명령권
緊急命令權

대통령이 국가의 안위에 관계되는 중대한 교전상태에 있어서 국가를 보위하기 위하여 긴급한 조치가 필요하고 국회의 집회가 불가능한 때에 한하여 법률의 효력을 가지는 명령을 발할 수 있는 권한이다. 따라서 국회 입법원칙에 대해 「헌법」이 정한 예외라 할 수 있다. 긴급명령을 발한 경우에는 대통령은 지체 없이 국회에 보고하여 그 승인을 얻어야 하며, 승인을 얻지 못한 경우에는 그 때부터 그 명령은 효력을 상실하며, 이에 의

해 개정 또는 폐지되었던 법률은 그 효력을 당연히 회복한다. 국회의 승인을 요구하는 이유는 대통령의 정치적 행위에 대한 통제수단으로서의 기능을 하기 위해서이다. 대통령은 국회에 보고한 사실 및 승인 여부를 공포하여야 한다.

비상조치
非常措置

천재·지변 또는 중대한 재정·경제상의 위기에 처하거나, 국가의 안전을 위협하는 교전상태나, 그에 준하는 중대한 비상사태에 처하여 국가를 보위하기 위하여 급속한 조치를 할 필요가 있다고 판단되는 경우에 대통령이 내정·외교·국방·경제·재정·사법 등 국정전반에 걸쳐서 하는 특별한 조치를 말한다(제5공화국헌법 제51조).

대통령은 비상조치에 의하여 국민의 자유와 권리를 잠정적으로 정지시킬 수 있고, 정부나 법원의 권한에 관하여 특별한 조치를 할 수 있다. 대통령이 비상조치권을 행사한 경우에는 지체 없이 국회에 통고하여 승인을 얻어야 하며, 그 승인을 얻지 못하면 이는 그 때부터 효력을 상실한다. 국회가 재적의원 과반수의 찬성으로 비상조치의 해제를 요구한 때에는 대통령은 이를 해제하여야 한다. 비상조치에 관하여 구헌법은 대통령에게 헌법적 효력의 비상조치권을 인정하였으나, 9차 개헌에서 대통령의 비상조치권이 폐지되고, 긴급재정·경제명령, 처분권과 긴급명령권이 규정되었다.

계엄
戒嚴

전시·사변 또는 이에 준하는 국가 비상사태에 있어서 병력으로써 군사상의 필요 또는 공공의 안녕질서의 유지의 필요가 있을 때 대통령에 의하여 당해 지역의 행정권과 사법권의 일부 또는 전부를 군의 관할하에 두는 것을 말한다(헌법 제77조, 계엄법 제2조·제7조). 계엄에는 **비상계엄**(非常戒嚴)과 **경비계엄**(警備戒嚴)이 있다. 경비계엄이 선포된 경우에는 계엄지역 내의 군

사에 관한 행정·사법사무가 군의 권력하에 이관되며, 비상계엄이 선포된 경우에는 계엄지역 내의 모든 행정·사법사무가 군의 권력하에 이관된다(계엄법 제7조). 특히 이 경우에는 법률이 정하는 바에 따라 영장제도·언론·출판·집회·결사의 자유에 관하여 특별한 조치를 할 수 있다(계엄법 제9조). 계엄을 선포한 때에는 대통령은 지체 없이 국회에 통고하여야 하며, 국회가 재적의원 과반수의 찬성으로 계엄의 해제를 요구한 때에는 이를 해제하여야 한다(헌법 제77조, 계엄법 제4조·제11조).

비상계엄
非常戒嚴
전시·사변 또는 이에 준할 비상사태에 있어서 적과 교전상태에 있거나, 질서가 극도로 교란되어 행정·사법기능의 수행이 현저하게 곤란한 경우에 군사상의 필요나 공공의 안녕질서를 유지하기 위하여 선포하는 계엄을 말한다. 비상계엄이 선포되면, 해당 지역 내의 모든 행정사무와 사법사무를 군이 관장하게 되고, 영장제도·언론·출판·집회·결사의 자유에 관하여 특별조치를 할 수 있게 되고, 동원 또는 징발을 할 수 있으며, 일정한 죄를 범한 자는 군사법원의 재판을 받게 된다(헌법 제77조, 계엄법 제2조·제10조). 또한 비상계엄하의 군사재판에 있어서 일정한 죄에 대하여는 단심으로 할 수 있다(헌법 제110조).

경비계엄
警備戒嚴
전시·사변 또는 이에 준하는 비상사태로 질서가 교란되어 일반행정기관만으로는 치안을 확보할 수 없는 지역에 선포하는 계엄을 말한다(헌법 제77조, 계엄법 제2조). 경비계엄이 선포되면, 해당 지역 내의 군사에 관한 행정사무와 사법사무는 군이 관장하게 되나(계엄법 제7조), 비상계엄과는 달라서 군사재판이 아닌 일반재판의 경우 군사법원이 관장할 수 없다.

사면
赦免
국가원수의 특권으로서 형의 선고효과의 전부 또는 일부를 소멸시키거나, 형의 선고를 받지 아니한 자에 대하여는 공소권(公訴權)을 소멸시키는 것을 말한다(사면법 제5조). 예로부터 군주가 은혜를 베풀어 죄를 면제해 주던 것에서 유래했으며, 사법권에 대한 예외적 현상의 하나이다. 우리나라의 사면은 일반사면과 특별사면으로 구분되고, 일반사면을 명하려면 국회의 동의를 얻어야 한다(헌법 제79조). 사면에 관하여 현행헌법은 대통령이 법률이 정하는 바에 따라 사면을 명할 수 있도록 하고 있다.

일반사면
一般赦免
사면의 일종으로 대사(大赦)라고도 한다. 대통령령으로 죄의 종류를 정하여 하는 것이나(사면법 제8조), 국무회의의 심의를 거쳐 국회의 동의를 얻어야 한다(헌법 제79조·제88조). 일반사면을 행하는 대통령령에 특별한 규정이 있는 경우를 제외하고는 형의 선고의 효력을 소멸시키며, 형의 선고를 받지 아니한 자에 대하여는 공소권을 소멸시킨다(사면법 제5조). 일반사면의 효과로써 형의 선고에 의한 기성의 효과는 아무런 영향도 받지 아니한다.

특별사면
特別赦免
사면의 일종으로 이것을 특사(特赦)라고도 한다. 형의 선고를 받은 특정한 자에 대하여 법무부장관의 상신으로 국무회의의 심의를 거쳐 대통령이 행한다(사면법 제3조·제9조·제10조, 헌법 제79조·제88조). 특별사면은 형의 집행을 면제하는 것이 원칙이나, 특별한 사정이 있을 때에는 이후 형의 선고의 효력을 상실시킬 수 있다(사면법 제5조). 특별사면은 형의 선고로 인한 기성의 효과에는 영향을 미치지 아니한다.

의회해산
議會解散

국회의원 또는 하원의원 전체 (양원제 국회의 경우)에 대하여 임기만료 전에 의원의 자격을 상실하게 하는 행위를 말한다. 통상적으로 내각책임제의 국가에서 국회(하원)에 의한 내각불신임결의 내지 내각신임결의요구 거부에 대항하는 수단으로 내각에 인정된다. 제3차 개정 헌법하에서는 민의원의 국무원불신임결의에 대하여서만 인정되었지만, 국무원은 민의원이 조약비준에 대한 동의를 부결하거나 신년도 총예산안을 그 법정기일 내에 의결하지 아니한 때에는 이것을 국무원에 대한 불신임결의로 간주할 수 있었다. 대통령중심제에서는 의회의 해산은 인정되지 아니하는 것이 보통이지만, 제7차 개정 헌법은 대통령의 의회해산권을 인정하고 있었고, 제8차 개정 헌법도 대통령의 국회해산권을 인정하고 있었다(舊憲法 제57조1항). 9차 개헌에 의한 현행헌법에서는 대통령의 국회해산권을 삭제하였다.

부서
副署

국가원수의 서명에 부가하여 각료(閣僚) 또는 장관이 서명하는 것을 말한다. 국무총리가 있는 나라에서는 국무총리도 부서한다. 관계 각료·장관의 책임소재를 밝히는 동시에 국가원수의 독단을 방지하는 효과가 있다. 우리 헌법에는 대통령의 국법상 또는 군사상 행위는 문서로써 하며, 이 문서에는 국무총리와 관계 국무위원이 부서하게 되어 있다(헌법 제82조).

내각
內閣

의원내각제(내각책임제)에 있어서 내각수반인 **수상**과 **각료**로 구성되는 합의체를 말한다. 행정권은 내각에 속한다. 내각수반인 수상과 내각의 구성원인 각료 과반수는 원칙적으로 국회의원이어야 한다. 수상은 국회에서 토론 없이 선출하며, 각료는 수상이 임면하며 대통령이 이를 확인한다. 수상은 정부를 대표하여 의안을 국회에 제출하고 행정각부를 통할한다. 내각에 의결기관인 **내각회의**를 두며, 수상은 이 내각회의를 소집하고 그 의장이 된다. 행정각부의 장은 각료 중에서 수상이 임면하고, 대통령이 확인한다. 수상은 법률에서 구체적으로 범위를 정하여 위임받은 사항과 법률을 집행하기 위하여 필요한 사항에 관하여 내각회의의 의결을 거쳐 **내각령**을 발할 수 있다.

수상
首相

의원내각제에 있어서 내각의 구성원 중 그 우두머리(수반)를 말한다. 내각책임제의 국가에서는 다수당의 당수가 수상이 되는 것이 원칙이며, 내각을 통솔하고 행정각부를 지휘·감독한다.

각료
閣僚

한 나라의 내각을 구성하는 장관을 말한다. 의원내각제에서 각료는 행정부 최고의 합의 기관인 내각의 구성원 중 내각수반인 수상을 제외한 사람을 말하는데, 국회의원을 겸할 수 있고 언제든지 국회에서 발언할 수 있으며 국회에 대하여 책임을 진다. 그러나 우리나라와 같은 대통령중심제에서 각료는 대통령을 보좌하고 자문을 담당하는 보조기관의 성질을 갖는다.

내각령·각령
內閣令·閣令

내각령은 의원내각제에 있어서 내각수반인 수상이 법률에서 구체적으로 범위를 정하여 위임받은 사항과 법률을 집행하기 위하여 필요한 사항에 관하여 내각회의의 의결을 거쳐 발하는 명령을 말하고, 각령은 국가재건비상조치법상의 기관인 내각수반이 법률에서 일정한 범위를 정하여 위임을 받은 사항과 법률을 실시하기 위하여 필요에 따라 발하는 명령을 말한다. 내각령은 의원내각제에 있어서는 법률의 하위령 중 가장 상위의 것이다. 대통령중심제에서는 대통령령이 이에 대응한다. 과거의 「국가재건비상조치법」이 내각책임제상의 국무원령에 해당하는 각령을 인정하였고, 제7차 개정헌법 부칙 제6조2항은 헌법에 의거한 대통령령으로 간주하기로 하였다.

내각회의 · 각의
內閣會議 · 閣議
내각회의는 의원내각제에 있어서 내각에 두는 수상과 각료로 구성되는 합의체인 의결기관을 말하고, 각의는 과거의 「국가재건비상조치법」에서 두었던 내각회의를 말한다. 대통령중심제에서는 국무회의가 내각회의 또는 각의에 대응한다. 수상은 내각회의를 소집하고 그 의장이 된다.

수상령
首相令
의원내각제에 있어서 수상이 소관사무에 관하여 법률이나 내각령의 위임 또는 직권으로 발하는 명령을 말한다. 수상령에는 두 가지가 있는 바, 하나는 법률 또는 내각령의 위임에 의한 것이고, 다른 하나는 직권으로서 발하는 것이다. 전자를 **위임명령**(委任命令)이라고 하고, 후자를 **집행명령**(執行命令)이라고 한다. 위임명령은 법률 또는 내각령의 위임에 의해서 발하는 명령이므로 위임된 범위 내에서는 국민의 권리 · 의무에 관한 새로운 사항도 규정할 수 있다. 그리고 집행명령은 법률 또는 내각령을 집행하기 위하여 발하는 명령이다. 따라서 여기에서는 국민의 권리 · 의무에 관한 새로운 사항을 규정할 수 없다. 대통령중심제에서는 총리령이 수상령에 해당한다.

내각총사직
內閣總辭職
내각책임제에 있어서 일정한 사유가 있을 때에 내각 전체가 동시에 그 직을 물러나는 것을 말한다. 내각책임제의 헌법에 있어서 정권의 교체는 내각총사직에 의한다. 내각의 총사직은 다음과 같은 사유에 의함이 보통이다.
① 의회로부터 불신임을 받았을 경우 : 의회해산의 조치를 취하지 않는 한 내각이 물러나야 한다.

② 예산안, 중요한 법률안, 조약의 비준 등이 의회로부터 거부되었을 경우 : 이 경우에는 대체로 의회의 불신임으로 간주되어 의회를 해산하든가 또는 내각이 물러나야 한다.
③ 내각에 있어서 의견이 통일되지 않은 경우 : 내각책임제인 경우에는 그 내각회의는 만장일치를 요하는 까닭에 내각회의에 있어서 의견의 조정이 불가능할 경우 그 내각은 총사직하게 된다.
④ 의원의 임기가 만료되었을 때 : 내각책임제에 있어서의 내각은 의회의 신임을 그 존속의 기초로 하는 까닭에 의회의 임기가 끝나면 내각도 동시에 물러나게 되는 것이 원칙이다.
⑤ 임면권자의 해면조치가 있었을 때 : 바이마르헌법에 있어서와 같이 내각책임제의 대통령이 수상의 실질적 임면권을 가졌을 때에는 그 대통령은 수상을 마음대로 해임할 수 있고, 따라서 내각총사직이 일어나게 된다.
⑥ 수상이 사임하였을 경우 : 내각책임제에서 각료는 수상에 의하여 임면되는 까닭에 수상이 사임하면 동시에 내각도 총사직하게 된다.

국무총리
國務總理
국무회의의 구성원으로서 대통령의 제1의 보조기관을 말한다. 국무회의의 부의장이 되고(헌법 제88조), 국회의 동의를 얻어 대통령이 임명한다(헌법 제86조). 국무총리는 국무위원 임명에 대한 제청권과 그 해임에 대한 건의권을 가진다(헌법 제87조). 국무총리는 대통령의 명을 받아 행정각부를 통할하며, 법률 · 대통령령의 위임 또는 직권으로 **총리령**을 발할 수 있으며(헌법 제95조), 대통령의 국법상 문서에 대하여 **부서권**(副署權)이 있다(헌법 제82조). 제2차 개헌 전의 대통령제 정부형태에 있어서도 대통령의 제1의 보조기관으로서 국무총리가 있었으며, 제5차 개헌 전의 내각책임제 정부형태에 있어서는 최고 행정관청인 국무원의 대표자로서 국무총리가 있었다.

국무위원
國務委員
국무회의의 구성원을 말한다. 국무총리의 제청에 의하여 대통령이 임명한다(헌법 제87조). 대통령의 국법상의 문서에 대하여 관계 국무위원은 부서한다(헌법 제82조). 국무위원은 각부장관에 보임되는 것이 대부분이나(헌법 제94조), 부를 맡지 않는 국무위원도 있다. 이것을 **정무장관**이라고 한다. 국회는 국무위원의 해임을 건의할 수 있다(헌법 제63조).

국무회의
國務會議
국무위원들이 정부의 중요한 정책을 심의하고 의결하는 정부의 최고의결기관을 말한다. 1960년 제3차 개헌 이전의 헌법하에서는 대통령의 권한에 속하는 중요정책을 의결하는 의결기관으로서의 국무원의 회의를 의미하였고, 제3차 개정 헌법하에서는 내각책임제 정부형태가 채택됨에 따라 행정권의 귀속주체로서 최고회의제 행정관청인 국무원의 회의를 의미하였다. 5·16 군사정변 이후 「국가재건비상조치법」 제23조에 의하여 헌법상의 국무원에 관한 규정은 동 비상조치법하의 내각에 준용하기로 되었고, 내각의 회의를 각의라고 하였다. 제5차 개헌 및 제7차 개헌에서 미국식 대통령제가 채택됨에 따라 의결기관으로서의 국무원제도는 폐지되고, 현행헌법에서는 '정부의 권한에 속하는 중요한 정책을 심의'하는 필요적 심의기관으로서의 국무회의만을 두고 있다(헌법 제88조·제89조). 국무회의는 대통령·국무총리와 15명 이상 30명 이하의 국무위원으로 구성되고, 대통령이 의장, 국무총리가 부의장이 된다.

총리령
總理令
국무총리가 그 담임하는 직무에 관하여 직권 또는 특별한 위임에 의하여 발하는 명령을 말한다(헌법 제95조). 총리령에는 법률 또는 대통령령의 위임에 의한 **위임명령**과, 직권으로서 발하는 **집행명령**이 있다. 위임명령은 법률 또는 대통령령의 위임에 의해서 발하는 명령이므로 위임된 범위 내에서는 국민의 권리·의무에 관한 새로운 사항도 규정할 수 있다. 그리고 집행명령은 법률 또는 대통령령을 집행하기 위하여 발하는 명령이다. 따라서 여기서는 국민의 권리·의무에 관한 새로운 사항을 규정할 수 없다.

국가안전보장회의
國家安全保障會議
국가안전보장에 관련되는 대외정책·군사정책과 국내정책의 수립에 관하여 국무회의의 심의에 앞서 대통령의 자문에 응하기 위한 기관을 말한다(헌법 제91조). 이 회의의 조직·직무범위 기타 필요한 사항은 법률로 정한다(국가안전보장회의법).

장관
長官
법령이 정하는 바에 따라 일정한 범위 내의 행정사무를 주관하고, 그 주관사무에 관하여 대통령과 국무총리의 지휘·감독을 받는 행정각부의 장을 말한다. 국무총리의 제청으로 대통령이 임명한다(헌법 제94조). 장관은 반드시 국무위원이어야 하나, 모든 국무위원이 장관인 것은 아니다. 장관을 겸직하고 있지 않는 국무위원을 **정무장관**(政務長官)이라고 한다. 장관은 국무위원을 겸하고 있으나 그 법적 지위는 구별된다. ① 국무위원은 국무회의의 구성원이나, 장관은 국무회의에서 일단 심의된 사항을 집행하는 행정집행기관이다. ② 국무위원은 담당사무에 한계가 없지만, 장관은 담당사무에 일정한 한계가 있다.

부령
部令
대통령중심제에 있어서 행정각부의 장이 소관사무에 관하여 법률이나 대통령령의 위임 또는 직권으로 발하는 명령을 말한다(헌법 제95조). 이 부령에는 두 가지가 있는데 하나는 법률이나 대통령령의 위임에 의하여 발하는 **위임명령**이고, 다른 하나는 직권으로서 발하는 **집행명령**이다.

감사원
監査院

국가의 세입·세출의 결산, 국가 및 법률(감사원법 등)에 정한 단체의 회계검사와 행정기관 및 공무원의 직무에 관한 감찰을 하기 위한 헌법상의 기관을 말한다(헌법 제97조~제100조). 감사원은 과거의 **심계원**(審計院)과 **감찰위원회**를 통합한 기구로서, 대통령에 소속하되 직무에 관하여는 독립적인 지위를 가진다(감사원법 제2조). 감사원은 원장을 포함한 5명 이상 11명 이하의 감사위원(감사원법에는 7명으로 되어 있음)으로 구성하되, 원장은 국회의 동의를 얻어 대통령이 임명하고, 그 임기는 4년으로 하되 1차에 한하여 중임할 수 있다(헌법 제98조).

감사위원
監査委員

감사원의 의결기관인 감사위원회의의 구성원을 말한다. 감사원장의 제청으로 대통령이 임명하며, 4년의 임기를 가지나 1차에 한하여 중임할 수 있다(헌법 제98조3항). 감사위원이 되기 위하여는 일정한 자격요건을 갖추어야 하며, 탄핵결정이나 금고 이상의 형의 선고를 받았을 때 또는 장기의 심신쇠약 등 이외에는 그 의사에 반하여 면직되지 않는다(감사원법 제7조·제8조).

법 원

법원
法院

법관으로 구성되고 소송절차에 따라 사법권을 행사함을 그 본래의 직무로 하는 국가기관을 말한다(헌법상 사법기관으로서의 지위). 이 밖에 **법원의 헌법상 지위**로 중립적 권력으로서의 지위(헌법 제101조1항·제103조), 헌법의 수호자로의 지위(헌법 제107조·제111조1항), 기본권보장자로서의 지위(헌법 제27조·제111조1항5호)가 있다. 한편, 법원의 조직 및 운영에 관한 세부사항에 대해서는 법률로 정하고 있다(법원조직법).

사법
司法

실질적 의미로는 입법 및 행정에 대하여 법규를 적용하여 권리관계를 확정하고, 어떤 사항의 적법·위법을 판단함으로써 구체적 쟁송을 통하여 분쟁을 해결하는 국가작용을 말한다. 형식적 의미로는 사법기관인 법원의 권한으로 되어 있는 사항을 말한다. 대륙법계 국가에 있어서는 일반적으로 실질적 사법은 민사 및 형사재판권 행사에 한정되어 왔으나, 우리나라는 영미법적인 통일관할주의 아래서 행정사건의 재판도 이에 포함시키고 있다(헌법 제107조3항).

사법권
司法權

사법작용을 행하는 권능을 말한다. 입법권·행정권에 대립하는 개념이다. 3권분립은 근대국가의 근본원칙의 하나이며, 이것은 입법·행정·사법의 세 가지의 권력이 각각 별도의 기관에 부여되는 것을 요구하고 있다. 따라서 근대국가는 모두 사법권을 독립한 법원이 행하게 하고 있다.

사법권의 독립
司法權의 獨立

사법권을 행사하는 법관이 구체적 사건의 재판에 있어서 독립하여 누구의 지휘·명령에도 구속되지 않는 것을 말한다. 법률적으로 다른 국가기관의 지휘·감독을 받지 않는 것을 의미하나, 사실적으로도 다른 어떤 것에 의해서도 제약되어서는 안 된다는 것을 의미한다. 법관의 지위면에서 볼 때에는 '**법관의 독립**'이라고 하고, 사법권 행사면에서 볼 때에는 '**사법권의 독립**'이라고 한다. 우리 헌법은 이 취지를 '법관은 헌법과 법률에 의하여 그 양심에 따라 독립하여 심판한다'고 규정하고 있다(헌법 제103조). 사법권의 독립을 보장하기 위하여 법관에게는 특히 인사자주권과 강한 신분보장이 요구되고 있다(헌법 제104조·제106조).

사법권의 우월
司法權의 優越

법원에 법령심사권, 즉 위헌법령심사권(違憲法令審査權)이 부여되어 있는 것을 말한다. **사법권의 우위**라고도 한다. 미국에서 판례에 의하여 확립되었고, 그 영향으로 영연방제국(다만, 영국에서는 이를 인정치 않음)이나 라틴아메리카의 일부에서는 헌법상 명문으로 규정하고 있다. 이에 반하여 유럽에서는 오히려 법원의 법령심사권이 전통적으로 부정되고 있다. 우리나라의 「헌법」은 법원에 명령·규칙의 심사권만을 부여하고 위헌법률심사권은 인정하지 않고 있다. 즉 위헌법률심사는 헌법재판소의 심판으로 하고 있다(헌법 제107조).

법관
法官

광의로는 분쟁 또는 이해의 대립을 법률적으로 해결·조정하는 판단을 내리는 권한을 가진 자를 말하고, 협의로는 우리 국법상 법관의 명칭을 가지는 공무원으로 「헌법」 또는 법률에 정한 바에 의하여 임명되고, 대법원 기타 각급법원에 소속되어 재판사무를 담당하는 자를 말한다. 법관은 그 직권행사에 있어서 누구로부터도 지휘·명령을 받지 아니하고 오직 그 양심에 좇아 헌법 및 법률을 해석·적용하여야 한다. 법관은 탄핵 또는 형벌에 의하지 아니하고는 파면되지 아니하며, 징계처분에 의하지 아니하고는 정직·감봉 또는 불리한 처분을 받지 아니한다(헌법 제106조, 법원조직법 제46조). 법관에는 대법원장·대법관·판사 등이 있는데, 대법원장과 대법관의 임기는 6년(대법원장은 중임할 수 없으며, 대법관은 법률이 정하는 바에 따라 연임할 수 있다)이고, 판사의 임기는 10년이며 법률이 정하는 바에 따라 연임할 수 있다(헌법 제105조). 그리고 대법원장과 대법관이 아닌 법관은 대법관회의의 동의를 얻어 대법원장이 임명한다(헌법 제104조).

대법원
大法院

우리나라의 최고법원을 말한다. 대법원은 다음의 사건을 최종심으로 재판한다. ① 고등법원 또는 항소법원·특허법원의 판결에 대한 상고사건 ② 항고법원·고등법원 또는 항소법원·특허법원의 결정·명령에 대한 재항고사건 ③ 다른 법률에 따라 대법원의 권한에 속하는 사건이다(법원조직법 제14조). 대법원의 심판에서 판시한 법령의 해석은 그 사건에 관하여 하급심을 기속한다. 대법원에는 대법관을 둔다. 다만, 법률이 정하는 바에 따라 대법관이 아닌 법관을 둘 수 있다(헌법 제102조). 대법관의 수(數)는 대법원장을 포함하여 14명으로 한다(법원조직법 제4조2항). 대법원에 행정·조세·노동·군사·특허 등에 관한 사건을 전담하는 부를 둘 수 있다(법원조직법 제7조2항).

대법원장
大法院長

대법원의 장을 말한다. 대법원장은 20년 이상 판사·검사·변호사의 자격이 있는 자로서 법률사무종사자 또는 법과대학의 법률학교수로 있었던 45세 이상의 사람 중에서 이를 임용한다(법원조직법 제42조). 대법원장은 대통령이 국회의 동의를 얻어 임명하며(헌법 제104조, 법원조직법 제41조), 임기는 6년으로 한다(헌법 제105조).

대법관
大法官

대법원의 법관을 말한다. 대법관의 수는 대법원장을 포함하여 14명으로 한다(법원조직법 제4조2항). 대법관은 대법원장의 제청으로 국회의 동의를 얻어 대통령이 임명하며(헌법 제104조), 대법관의 임기는 6년이며, 법률이 정하는 바에 따라 연임할 수 있다. 대법관은 45세 이상인 사람으로서 20년 이상 판사·검사·변호사로 종사한 사람, 변호사 자격이 있는 사람으로서 국가기관, 지방자치단체, 「공공기관의 운영에 관한 법률」에 따른 공공기관, 그 밖의 법인에서 법률에 관한 사무에 종사한 사람, 변호사 자격이 있는 사람으로서 공인된 대학의 법률학 조교수 이상으로 재직한 사람 중에서 임용한다(법원조직법 제42조). 대법관은 대법관회의의 구성원이 된다(같은 법 제16조).

대법원규칙
大法院規則

대법원이 제정하는 규칙을 말한다. 「헌법」은 '대법원은 법률에 저촉되지 아니하는 범위 안에서 소송에 관한 절차, 법원의 내부규율과 사무처리에 관한 규칙을 제정할 수 있다'(제108조)고 규정함으로써 법원내부뿐만 아니라 소송에 관한 절차와 사법행정사무 등 법규사항까지 규율하게 하고 있다. 대법원규칙은 대법관전원으로 구성되는 대법관회의의 의결을 거쳐 제정된다(법원조직법 제17조2호). 이와 같이 대법원에 규칙제정권을 부여하는 것은 법원의 독립성에 비추어 그 자율권을 보장해주기 위한 것이다. 불문법주의를 채택하는 영미법계 국가에서도 법원의 규칙제정권을 광범위하게 인정하고 있다. 우리나라가 이러한 제도를 채택한 것은 영미법계 국가를 본딴 것이다. 대법원규칙이 법률에 저촉되면 그 대법원규칙은 효력이 없다.

대법관회의
大法官會議

대법관 전원으로 조직되는 합의제기관을 말한다. 그 의장은 대법원장이 된다. 의결은 대법관 전원의 3분의 2 이상의 출석과 출석인원 과반수의 찬성으로써 한다. 의장은 의결에 있어 표결권을 가지며, 가부 동수인 때에는 결정권을 가진다(법원조직법 제16조). 대법관회의는 ① 판사의 임명 및 연임에 대한 동의 ② 대법원규칙의 제정과 개정 등에 관한 사항 ③ 판례의 수집·간행에 관한 사항 ④ 예산 요구·예비금 지출과 결산에 관한 사항 ⑤ 특히 중요하다고 인정되는 사항으로서 대법원장이 회의에 부친 사항 ⑥ 다른 법령에 따라 대법관회의의 권한에 속하는 사항 등을 의결한다(법

원조직법 제17조). 대법관회의의 운영에 필요한 사항은 대법원규칙으로 정한다(같은 법 제18조).

법령심사권
法令審査權

법원이 재판을 행함에 있어 적용해야 할 법령의 효력을 심사하고, 하자 있는 법령의 적용을 거부하는 권한을 말한다. 형식적 하자의 심사권은 일반적으로 법원이 가지고 있으나, 실질적 하자(법령의 내용이 상위의 법형식에 위반하는 것)의 심사권에 관하여는 국가에 따라 그 취급방법이 다르다. 과거(제7차 개헌 전) 우리 헌법은 법원에게 법령심사권을 부여하고 있었으나, 현행헌법은 위헌법률심사권은 헌법재판소에 부여하고, '명령·규칙 또는 처분이 헌법이나 법률에 위반되는 여부가 재판의 전제가 된 경우에는 대법원은 이를 최종적으로 심사할 권한을 가진다'(제107조)고 규정하여 법원의 행정입법에 대한 구체적·실질적 심사권만을 인정하고 있다.

행정심판
行政審判

행정상의 법률관계에 관하여 분쟁이 있는 경우에 행정기관이 이것을 심리·판정하는 제도를 말한다. 행정기관에 의한 심판이라고도 한다. 원래 행정심판제도는 대륙법계의 여러 나라에 있어서 이른바 행정제도의 개념을 기초로 하여 행정권의 자율성을 보장하고 행정권을 사법권에 의한 제약으로부터 해방하려는 의미로 이해되었다. 현재에 있어서도 특히 프랑스의 행정재판제도는 이러한 사상적 배경을 가지고 있다. 그러나 우리나라에서의 행정심판의 체계는 사법적 통제를 전제로 하여 행정소송의 전심으로서 인정되고 있다. 우리 현행 헌법은 이 행정심판제도를 신설하여 헌법조항에 명문으로 규정하고 있다. 즉 '재판의 전심절차'로서 행정심판을 할 수 있으나, 최근 행정소송법의 개정으로 행정심판을 거치지 않고 1심법원에 바로 행정소송을 제기하는 방법이 보장되게 되었다. 행정심판의 절차는 법률로

정하되, 사법절차가 준용되어야 한다(헌법 제107조). 이 행정심판에 관한 자세한 절차는 「행정심판법」에 규정되어 있다. 행정심판제도는 사법절차의 대상·한계를 보충하고, 행정상의 쟁송을 기술적·전문적으로 간이·신속하게 처리하여 행정소송과 아울러 전체로서의 합리적인 행정쟁송제도를 구성하는 데에 그 존재이유를 가지고 있다. 행정심판의 대상은 행정청의 처분 또는 부작위이며, 다른 법률에 특별규정이 있는 경우를 제외하고는 행정심판법에 의하여 행정심판을 제기할 수 있다. 행정심판의 종류는 다음의 세 가지가 있다(행정심판법 제5조).

① 취소심판 : 행정청의 위법 또는 부당한 처분을 취소 또는 변경하는 심판

② 무효등확인심판 : 행정청의 처분의 효력 유무 또는 존재 여부를 확인하는 심판

③ 의무이행심판 : 당사자의 신청에 대한 행정청의 위법 또는 부당한 거부처분이나 부작위에 대하여 일정한 처분을 하도록 하는 심판.

이 밖에 기타 심판기관·당사자 및 관계인·심판청구·심리·재결 등에 관하여는 「행정심판법」 제6조 이하에 규정되어 있다.

위헌명령·규칙·처분의 심사
違憲命令·規則·處分의 審査

명령·규칙·처분이 「헌법」과 법률에 위반되는지의 여부를 심사하는 것을 말한다. 명령·규칙, 그중에서도 행정부가 발하는 명령·규칙에 대하여는 법원의 심사권을 인정하는 것이 원칙이며, 법률의 위헌심사권을 법원에 부여하지 아니하는 국가도 위헌·위법의 명령·규칙심사권을 사법부인 법원에 부여하는 것이 통례이다. 이러한 취지하에 우리 헌법은 명령·규칙이 「헌법」과 법률에 위반되는 여부가 재판의 전제가 된 때에는 대법원은 이를 최종적으로 심사할 수 있게 하고 있다(제107조). 여기에서 말하는 명령·규칙에는 대통령령·총리

령·부령·국회규칙·대법원규칙·중앙선거관리위원회규칙·지방자치단체의 자치법규(조례 및 규칙) 등이 포함된다. 명령·규칙의 심사에 관한 기타의 문제, 즉 심사법원·구체적 규범통제·위헌판결의 효력 등은 위헌법률심사의 경우와 같다. 대법원은 처분이 「헌법」이나 법률에 위반되는지 여부를 최종적으로 심사할 권한을 가진다. 이것은 행정처분에 대한 심사권, 즉 행정재판권이 최종적으로 대법원에 속함을 규정한 것이다. 그러므로 「헌법」은 행정재판권을 사법부인 법원으로부터 독립하는 행정재판소에 부여하는 행정국가주의를 채택하지 아니하고, 이른바 사법국가주의를 따르고 있다.

위헌법률심사
違憲法律審査

법률이 「헌법」에 위반되는지의 여부를 심사하는 것을 말한다. 국회의 의결을 거친 법률에 대하여 법원이 심사권을 가지느냐의 여부는 국가에 따라 상이하다. 제1차 대전 전까지의 유럽대륙은 대개 '입법권의 우월'을 인정하고, 법원의 법률심사권을 부인하였다. 이에 대하여 미국은 '사법권의 우월'을 인정하고 일찍부터 대법원의 판례로써 법원의 법률심사권을 인정해왔다. 이상의 두 가지 형태에 대하여 1920년 헌법하의 오스트리아 또는 현재의 독일이나 이탈리아 등은 위헌법률심사제도를 인정하되, 그 심사권은 이를 법원에 부여하지 아니하고 독립된 기관이라 할 수 있는 헌법재판소에 부여하고 있다. 이에 관하여 우리나라는 제3차 개정 헌법 이전에는 헌법위원회에, 제5차개정 헌법 이전에는 헌법재판소에 위헌법률심사권을 부여함으로써 법원의 위헌법률심사권을 부인하였다. 그러나 제5차개헌 후의 헌법은 법원의 위헌법률심사권을 인정하였었다(舊헌법 제102조1항). 제8차개정 헌법은 위헌법률심사권을 헌법상의 특별기관인 헌법위원회에 부여하고 있었다(舊헌법 제108조1

항·제112조1항1호). 대체로 위헌법률심사권을 법원에 부여하는 경우에는, 법률이 재판의 전제가 되는 것을 조건으로 하는 '구체적 규범통제'만이 인정되며, 법률의 위헌판결의 효력도 '구체적 규범통제'의 결과 법원이 당해 법률 또는 법률조항의 적용을 거부함에 그친다. 이에 대하여 위헌법률심사권을 제4권(第四權)으로서의 헌법재판소에 부여하는 경우에는 법원에 사건이 구체적·개별적으로 계속됨이 없이도 법률심사를 할 수 있는 '추상적 규범통제'가 인정되고, 법률의 위헌판결의 효력도 당해 법률 또는 조항을 무효로 하는 일반적 효력을 갖게 된다. 현행헌법에서는 법률이 「헌법」에 위반되는 여부가 재판의 전제가 된 때에는 법원은 헌법재판소에 제청하여야 하며(헌법 제107조1항), 헌법재판소에서 법률의 위헌결정을 할 때에는 9명 중 6명 이상의 재판관의 찬성을 얻어야 한다(헌법 제113조).

위헌결정
違憲決定
법원의 법령심사권이 인정되는 국가에서 법원이 이 권한에 근거하여 어떤 법률·명령·규칙·처분이 「헌법」에 위반된다고 판단하는 재판을 말한다. 명령·규칙 또는 처분의 위헌결정은 일반법원의 권한으로 인정되는 것이 통례이며, 우리 헌법 역시 이에 따르고 있지만 법률의 위헌 여부에 관하여는 그 심사를 전혀 인정하지 않는 제도, 일반법원에 그 재판권을 부여하는 제도, 특별법원에 그 재판권을 부여하는 제도, 특별기관에 그 결정권을 주는 제도 등 국가에 따라 다른데 위헌결정은 일반법원(예: 미국·일본 등) 또는 특별법원(예: 1919년의 오스트리아헌법재판소·서독연방헌법재판소·제2공화국하의 우리나라 헌법재판소 등)에 그 재판권을 주는 국가에서만 인정된다. 우리나라의 현행헌법은 헌법재판소에 법률의 구체적 위헌심사권을 부여하고 있다(헌법 제107조·제111조).

재판의 공개
裁判의 公開
소송의 심판을 일반공중이 방청할 수 있는 상태에서 하는 것을 말한다. 우리 헌법하에서도 재판의 심리와 판결은 공개를 원칙으로 하고, 다만 심리는 국가의 안전보장 또는 안녕질서를 방해하거나 선량한 풍속을 해할 염려가 있을 때에는 법원의 결정으로 공개를 정지할 수 있으며, 이 공개정지 결정은 이유를 밝혀 선고한다(헌법 제27조3항·제109조, 법원조직법 제57조). 민사소송에서는 공개의 규정에 위반하면 절대적 상고이유(絕對的 上告理由)가 되지만(민사소송법 제424조1항5호), 재심사유는 되지 않는다. 형사소송법상 공판의 공개에 관한 규정에 위반한 때에는 절대적 항소이유(絕對的 抗訴理由)가 되고(형사소송법 제361조의5 9호), 위헌으로서 상고이유가 된다(형사소송법 제383조1호).

감치명령
監置命令
법원이 직권으로 법정 내외에서 재판장의 명령에 위배하는 행위나 폭언·소란 등의 행위로 법원의 심리를 방해하거나 재판의 위신을 현저하게 훼손한 자를 구속시키는 제재조치를 말하며, 20일 이내의 감치명령을 내리거나 100만원 이하의 과태료를 부과할 수 있으며 이를 병과할 수 있도록 규정하고 있다. 법원직원, 교도관 또는 경찰공무원으로 하여금 감치 대상자를 즉시 구속하게 할 수 있고, 구속한 때부터 24시간 이내에 감치에 처하는 재판을 하여야 한다. 만일 이를 하지 않았을 경우 즉시 석방명령을 해야 한다. 감치대상자는 이에 불복할 경우 3일 이내에 항고를 할 수 있다(법원조직법 제61조, 법정등의질서유지를위한재판에관한규칙 제12조).

법원조직법
法院組織法
「헌법」에 의하여 사법권을 행하는 법원의 조직을 정하기 위해 제정된 법률을 말한다. 이 법은 ① 대법원, 고등법원, 지방법원을 비롯한 각급 법원과 법관, 법원직원 등 법원의 조직에 관한 사항을 정하고 ②법원이 민사소송, 형사소송, 행정소송, 선거소송 및 기타 비송사건과 다른 법률에 의하여 법원에 속하는 사건을 관장하도록 하며 ③법원행정처, 사법정책연구원, 법원도서관 등 대법원 산하 기관과 ④법관이 재판에 참고할 수 있는 구체적이고 객관적인 양형기준을 설정하기 위한 양형위원회 설립 등에 관한 사항을 다루고 있다.

군사법원
軍事法院

군사재판을 관할하기 위한 특별법원(特別法院)을 말한다. 이는 제9차 개헌으로 종전의 군법회의가 바뀐 것이다(헌법 제110조). 군사법원은 군인·군무원·군적을 가진 군의 학교의 학생·생도와 사관후보생 등(군형법 제1조1항~4항)과 국군부대가 관리하고 있는 포로에 대하여 재판권을 가지며(군사법원법 제2조), 「계엄법」에 따른 재판권도 가진다(군사법원법 제3조). 일반법원과 군사법원 사이에 재판권에 관한 다툼이 발생한 때에는 대법원이 판단하여 결정한다(같은 법 제3조의2).

헌법재판 및 선거관리

헌법재판소
憲法裁判所

법원의 제청에 의한 법률의 위헌 여부와 탄핵 및 정당의 해산에 관한 심판을 담당하는 국가기관을 말한다(헌법 제111조). 헌법재판소는 3권으로부터 완전히 독립하여 중립권력을 행사하는 헌법수호자로서의 지위를 가진다. 헌법재판소에서 결정한 사항은 최종적인 국가의사로서 확정되므로, 다른 어떠한 기관의 의사로서도 제약 또는 변경을 가할 수 없다. 헌법재판소는 9명의 재판관으로 구성하며, 재판관은 대통령이 임명한다. 9명의 위원 중 3명은 국회에서 선출하는 자를, 3명은 대법원장이 지명하는 자를 임명한다. 헌법재판소의 장은 국회의 동의를 얻어 재판관 중에서 대통령이 임명하고, 그 임기는 6년으로 하며, 법률이 정하는 바에 따라 연임할 수 있다. 헌법재판소의 재판관은 탄핵 또는 형벌에 의하지 아니하고는 파면되지 아니한다. 이 밖에 해임사유로서는 정당에 가입하거나 정치에 관여한 때를 들 수 있다. 그리고 헌법재판소에서 법률의 위헌결정, 탄핵결정 또는 정당해산결정을 할 때에는 재판관 6명 이상의 찬성이 있어야 한다. 또 「헌법재판소법」과 다른 법률에 저촉되지 아니한 범위에서 심판에 관한 절차, 내부규율과 사무처리에 관한 규칙을 제정할 수 있고, 조직과 운영 기타 필요한 사항은 법률로 정한다(헌법 제113조, 헌법재판소법 제10조).

변형결정
變形決定

독일에서는 위헌법률이 소급하여 효력을 상실하게 되므로 법적 안정성과 입법부의 입법형성의 자유를 존중하고 소급무효가 되는 것을 제한하기 위한 형식의 판결로 선고되고 있는데, 이를 변형결정이라고 한다.
현행 헌법재판소법에서 일반법규는 즉시무효, 형벌법규는 소급무효라는 제도를 규정하고 있지만, 다수설은 변형결정도 가능하다고 한다. 변형결정의 유형에는 헌법불합치, 한정합헌결정, 한정위헌결정, 입법촉구결정 등이 있다.

헌법불합치결정
憲法不合致決定

헌법불합치결정이란 법률의 위헌성을 인정하면서도 입법자의 입법형성의 자유를 존중하고 법의 공백과 혼란을 피하기 위하여 일정기간 해당 법률이 잠정적인 계속효를 가진다는 것을 인정하는 결정형식이다(주문례 : ○○조는 헌법에 합치되지 아니한다. 그러나 ○○조는 ○○○까지를 시한으로 입법자가 개정할 때까지 그 효력을 지속한다). 이러한 결정이 있을 경우 그 법률은 위헌법률이 되지만 당분간 법률로서 그 효력을 지속한다. 그러나 헌법불합치결정과 입법촉구결정은 각각 그 자체로서 독자적으로 이루어질 수 있는 별개의 결정형식이라고 보기 어렵다. 바꿔 말하면 헌법불합치결정은 입법촉구결정을 수반하기 마련이고, 입법촉구결정은 헌법불합치결정을 그 전제로 하기 때문이다.

한정합헌결정 · 한정위헌결정
限定合憲決定 ·
限定違憲決定

한정합헌결정이란 해석여하에 따라서 위헌이 되는 부분을 포함하고 있는 법령의 의미를 「헌법」의 정신에 합치하도록 합헌적으로 해석하여 위헌결정을 회피하는 것으로 헌법합치적 법률해석이라고도 한다(주문례 : '… 이러한 해석하에' 또는 '…것으로 해석하는 한' 「헌법」에 위반되지 않는다).

이와 같은 결정형식은 **법률의 합헌성추정**(合憲性推定)의 원리를 근거로 하고 있다. 한정합헌결정은 해당 법률이 다양한 해석가능성을 가지고 있고 그중에서 최소한 하나 이상의 해석방법이 「헌법」에 합치하는 경우에 법조문의 문언범위나 입법목적을 벗어나지 아니하는 범위 내에서 가능하다. 한정합헌해석을 하는 경우, 해당 법률은 합헌으로 선언되어 법률이나 법조문은 그대로 유지된다.

한정위헌결정이라 함은 불확정개념으로 되어 있거나 다의적(多義的)인 해석가능성이 있는 조문의 경우, 한정축소해석을 통해 얻어진 일정한 합헌적 의미를 넘은 확대해석은 「헌법」에 위반되어 채택할 수 없다는 결정을 말한다.

입법촉구결정
立法促求決定

입법촉구결정을 하나의 독자적 결정형식으로 보는 견해에 따르면, 입법촉구결정이란 결정 당시에는 합헌인 법률이지만 위헌법률이 될 소지가 있다고 인정하여, 「헌법」에 완전히 합치되는 상태를 실현하기 위함이고 또한 장차 발생할 위헌의 상태를 방지하기 위하여 입법자에게 해당 법률의 개정 또는 보완 등 입법을 촉구하는 결정형식을 말한다. 그러나 아직까지 우리나라에서는 직접 입법촉구를 주문에 명시한 결정례를 찾아볼 수 없고, 독일의 경우에 그 예가 있을 뿐이다.

중앙선거관리위원회
中央選擧管理委員會

최상급의 선거관리위원회를 말하며, 선거와 국민투표의 공정한 관리 및 정당에 관한 사무를 처리하기 위하여 설치된 국가선거관리기관을 말한다. 중앙선거관리위원회는 9명의 위원으로 구성되는데, 3명은 대통령이 직접 임명하고, 3명은 국회에서 선출한 자를, 3명은 대법원장이 지명한 자로 하며, 위원장은 위원 중에서 호선한다. 이와 같이 위원은 중립성이 보장된 대법원에서 3분의 1의 위원을 선출하게 하여, 선거와 정당의 최고관리기관인 중앙선거관리위원회의 중립성을 보장하고 있다. 위원의 임기는 6년이고, 정당에 가입하거나 정치에 관여할 수 없다. 위원은 탄핵 또는 형벌에 의하지 아니하고는 파면되지 아니한다. 중앙선거관리위원회는 법령의 범위 안에서 선거관리 · 국민투표관리 또는 정당사무에 관한 규칙을 제정할 수 있다(헌법 제114조). 이 밖에 중앙선거관리위원회는 하급선거관리위원회를 지휘 · 감독한다(선거관리위원회법 제3조3항).

선거운동
選擧運動

선거에 있어서 당선되게 하거나 당선되지 아니하게 하는 행위를 말한다. 그러나 선거에 관한 단순한 의견의 개진(開陳), 의사의 표시와 입후보를 위한 준비행위는 선거운동이 아니다. 선거운동은 선거기간 개시일부터 선거일 전일까지에 한하여 할 수 있다(공직선거법 제59조). 또 선거운동은 각급 선거관리위원회의 관리하에 법률이 정하는 범위 안에서 하되, 균등한 기회가 보장되어야 한다(헌법 제116조).

국민투표
國民投票
일반국민이 특정사항에 관하여 투표를 통해 국가의사의 성립에 참가함으로써 민주정치의 목적을 실현하기 위한 직접민주제도의 한 형태를 말한다. 인민투표·일반투표·직접투표라고도 한다. 국민투표의 기원은 고대 그리스까지 거슬러 올라간다. 근대에 와서는 미국 각 주에서 행해졌고, 프랑스·스위스가 이를 채택한 후 제1차 대전을 전후하여 캐나다·오스트레일리아·덴마크·체코슬로바키아·아이슬란드·에스토니아·오스트리아·스웨덴·독일·라트비아·리투아니아·아일랜드·그리스·스페인 등 여러 나라가 스위스 및 미국의 국민투표제를 채택했다. 국민투표의 여러 형식으로서 국민거부, 국민표결, 국민발안, 국민의사표시 등이 있다. 특히 국민표결에는 헌법국민표결·법률국민표결, 강제국민표결·임의국민표결 등이 있고, 국민발안에는 동의발안·형성발안, 직접발안·간접발안 등이 있다. 우리나라는 헌법 개정의 경우 국민투표(헌법 제130조2항)와 같은 헌법국민표결 외에도 외교·국방·통일 기타 국가안위에 관한 중요정책도 대통령이 국민투표에 부칠 수 있다(헌법 제72조). 그러나 헌법 개정은 재적 국회의원 3분의 2 이상의 찬성을 얻어야 한다.

지방자치

지방자치
地方自治
지방행정사무를 지방주민 자신의 책임으로 자기의 기관으로 하여금 처리케 하는 것을 말한다. 원래 자치라는 개념은 자기의 일은 자기가 처리한다고 하는 사회적·윤리적 관념인데, 이에는 주민자치와 단체자치의 두 유형이 있다. 전자는 주로 영국에서 발달한 제도로 주민 스스로의 의사에 의하여 자신의 책임하에 행하여지는 행정이며, 후자는 주로 독일 기타 유럽대륙에서 발달한 제도로서 국가로부터 일정한 사무를 위임받은 자치단체가 그 권한의 범위 내에서 행하는 행정이다. 양자는 행정조직의 민주화의 중요한 일환으로 기능하는 것이므로 진정한 자치행정이 되기 위하여는 단체자치의 요소뿐만 아니라 주민자치의 요소도 갖추지 않으면 안 된다. 현대에 있어서는 양자 사이에 볼 수 있었던 전통적인 개념적·제도적 차이는 차츰 감소되는 경향이 있으며, 특히 이러한 경향은 대륙법계 국가에서 현저하다. 우리나라는 「헌법」 제8장에서 명문을 두어 지방자치를 보장하였고 그를 구체화한 것이 「지방자치법」이다.

지방자치단체
地方自治團體
국가 아래에서 국가 영토의 일부를 구성 요소로 하고, 그 구역 내의 주민에 대하여 국법의 범위 내에서 지배권을 가진 단체를 말한다. 공공단체의 일종이며, 공법인이다(지방자치법 제3조). **지자체**(地自體)라고도 한다. 국가와 동일한 통치단체의 성격을 가지고 있으며, 단순한 경제단체인 것은 아니다. 종류로는 보통지방자치단체와 특별지방자치단체로 대별할 수 있고, 전자는 다시 상급지방자치단체(특별시, 광역시, 특별자치시, 도, 특별자치도)와 하급지방자치단체(시·군·구)로 나눌 수 있다.

지방의회
地方議會
지방자치단체의 의결기관을 말한다. 「헌법」 제118조에서 지방자치단체에 의회를 둔다고 하고 있으며, 의회의 조직·권한·의원선거와 지방자치단체의 장의 선임방법 기타 지방자치단체의 조직과 운영에 관한 사항은 법률로 정한다고 규정하고 있다.

지방자치단체의 장
地方自治團體의 長

지방자치단체의 집행기관으로 지방자치단체를 대표하고, 그 사무를 총괄한다(지방자치법 제114조). 대표적으로 특별시장·광역시장·특별자치시장·도지사·시장·군수·자치구의 구청장 등이 있으며(지방자치법 제106조), 주민이 보통·평등·직접·비밀선거로 선출한다(같은 법 제107조). 지방자치단체장의 임기는 4년으로, 3기 내에서 계속 재임할 수 있다(같은 법 제108조).

자치권
自治權

널리 공공단체의 자주적인 사무처리권능을 말하나, 주로 지방자치단체가 그의 구역 내에서 가지는 지배권을 말한다. 주민에 대한 공적 지배권인 점에서 국가의 통치권과 그 성질을 같이 한다. 그러나 이 자치권의 성질에 대해서는 전부터 두 견해가 대립되고 있다. 일설은 지방자치단체의 자치권은 국가의 통치권의 일부가 국가로부터 부여된 것이라고 하고, 따라서 국가로부터 부여된 범위 내에서만 행사될 수 있다고 한다. 다른 일설은 지방자치단체는 고유의 자치권을 가지는 것으로서 국가라 할지라도 그 고유의 자치권을 침해하는 것은 허용되지 않는다고 한다. 우리 헌법은 '지방자치단체는……법령의 범위 안에서 자치에 관한 규정을 제정할 수 있다'(제117조)고 규정함으로써 전자의 입장을 취하고 있다.

자치법규
自治法規

① 광의로는 지방자치단체의 자치와 관계가 있는 모든 법규의 총칭이다. 예컨대, 「헌법」·「지방자치법」·「교육기본법」·「지방세법」·「지방공무원법」·조례·규칙 등이 그것이다. ② 협의로는 지방자치단체가 법령의 범위 안에서 제정하는 자치에 관한 규정, 즉 조례와 규칙만을 의미한다.

조례와 규칙
條例와 規則

조례는 「헌법」 제117조1항, 「지방자치법」 제28조~제35조에 의거하여 지방자치단체가 법령의 범위 내에서 그 지방의회의 의결에 의하여 제정하는 주민의 권리·의무에 관한 일반준칙(一般準則)을 말한다. 다만, 주민의 권리·의무에 관한 사항·벌칙을 규정한 때에는 법률의 위임이 있어야 한다(지방자치법 제28조). 규칙이란 지방자치단체의 장이 법령이나 조례가 위임한 범위 내에서 그 권한에 속하는 사무에 관하여 제정하는 규칙을 말한다(같은 법 제29조). 시·군 및 자치구의 조례나 규칙은 시·도의 조례나 규칙을 위반하여서는 아니 된다(같은 법 제30조). 지방자치단체는 조례로써 조례위반행위에 대하여 1천만원 이하의 과태료를 정할 수 있다. 과태료는 지방자치단체의 장이 부과·징수한다(같은 법 제34조). 조례와 규칙은 대통령령으로 정하는 일정한 방식에 의하여 공포하여야 한다. 조례안이 지방의회에서 의결되면 의장은 의결된 날부터 5일 이내에 그 자치단체의 장에게 이송하여야 하며, 자치단체의 장이 이송을 받았을 때에는 20일 이내에 공포하여야 한다. 또 조례와 규칙은 특별한 규정이 없는 한 공포한 날부터 20일이 지나면 효력을 발생한다(지방자치법 제32조).

고유사무
固有事務

지방자치단체가 그의 존립목적을 달성하기 위하여 행하는 사무를 말한다. 「헌법」 제117조에 규정된 주민의 복리에 관한 사무 또는 「지방자치법」 제13조에 규정된 그 지방의 자치사무가 바로 고유사무를 가리키고 있다. **위임사무**에 대응하는 개념이다. 지방자치단체는 지방의 공공복리 증진을 그의 존립목적으로 하는 것이므로 그 목적을 달성하기 위해서 행하는 각종 사업(상하수도·교통·오물처리)의 경영 또는 시설(병원·학교·시장)의 관리에 관한 사무가 여기서 말하는 고유사무의 본체를 이룬다. 그러나 그 밖에도 그 본래의 목적을 달성하기 위해 필요한 단체의 조직에 관한 사무 및 재무에 관한 사무 등을 포함해서 고유사무라고 부른다. 지방자치단체는 법률상 국가 또는 다른 자치단체의 전권에 속한 것을 제외하고는 임의로 그의 주민의 복리를 위해 필요한 각종의 사무를 행할 수 있다. 이것을 임의 또는 **수의사무**(隨意事務)라고 한다. 그러나 때로는 지방자치단체에게 법률상 어떤 종류의 사무를 행할 것을 의무화하고 있는 경우도 있다. 예를 들면, 교육법에 의해 의무를 지우고 있는 초등학교의 설치·관리가 그것이다. 이와 같은 사무를 전자에 대응해서 **필요사무**(必要事務)라고 한다. 앞서 지방자치단체는 고유사무, 즉 주민의 복리에 관한 사무의 처리를 그의 존립 목적으로 하고 있음에도 불구하고, 지금 우리나라의 실정은 대부분의 지방자치단체가 무엇보다 재정의 부족, 기타의 이유로 거의 위임사무만을 담당하고 있는 것이 사실이다. 이와 같은 사정은 하급지방자치단체일수록 심하다.

위임사무
委任事務

지방자치단체 또는 그 기관이 국가 또는 다른 공공단체의 위임에 근거하여 행하는 사무를 말한다. 고유사무에 대응하는 개념이다. 이 위임사무에는 단체위임사무와 기관위임사무 및 사인에 대한 위임사무 등이 있다. 전자는 단체 자체에 대한 위임사무로서 보건소의 설치·경영, 도로·하천의 비용의 부담에 관한 사무 등이 이에 속한다. 그 사무처리의 면에서는 고유사무와의 사이에 거의 차이가 없다. 즉 원칙적으로 지방의회의 의결을 거쳐 지방자치단체의 장이 집행한다. 기관위임사무는 자치단체의 장 기타 기관에 대한 위임사무로서 그 기관은 특히 국가사무를 위임받아 처리하는 한도 내에서 국가기관의 지위에 서게 되고, 지방의회는 이 사무에 관여하지 아니한다. 치안·가족관계등록 관련 사무가 그 예이다.

지방자치법
地方自治法

지방자치단체의 종류와 조직 및 운영, 주민의 지방자치행정 참여에 관한 사항을 정하고, 국가와 지방자치단체 사이의 기본적인 관계를 정함으로써 지방자치 행정을 민주적이고 능률적으로 수행하고, 지방을 균형 있게 발전시키며, 대한민국을 민주적으로 발전시키려는 것을 목적으로 하여 제정된 법률을 말한다(지방자치법 제1조).

경 제

경제질서
經濟秩序

국가의 기본적인 경제적 구조를 말한다. 우리나라의 경제질서는 개인과 기업의 경제상의 자유와 창의를 존중함을 기본으로 하며, 국가는 균형 있는 국민경제의 성장과 안정, 적정한 소득분배를 유지하고, 시장의 지배와 경제력의 남용을 방지하며, 경제의 민주화를 위하여 경제에 대한 규제와 조정을 할 수 있다고 규정하고 있다(헌법 제119조).

즉, 우리나라는 국민에게 경제상의 자유를 보장하여 창의를 존중하고, 이를 최대한으로 발휘시킴으로써 국가경제의 발전과 국민생활의 자주성을 도모하면서도 다른 한편, 극단적인 자유방임주의가 초래한 폐단(弊端) 중의 하나인 독과점을 적절히 규제·조정함으로써 국가의 경제에 대한 합리적인 관여 가능성 및 국민 각자의 경제적 자유의 한계를 지움으로써 평등사회의 수립을 기하려 하고 있다.

경제조항
經濟條項

보통 경제에 관한 헌법의 여러 규정을 말한다. 자유방임주의와 개인주의에 입각하여 사유재산권의 보장과 계약자유의 원칙을 강조하던 18·19세기 국가의 헌법에서는 경제에 관한 규정으로 재산권의 신성불가침 및 계약자유의 원칙을 규정한 것 이외에는 이를 찾아볼 수 없었다. 그러나 20세기에 들어와서 자본주의가 사회적·경제적인 모든 면에서 여러 난제를 발생시키고, 자력으로 이를 극복할 자극성(自克性)을 상실하게 되자 여기에 경제적·사회적인 모든 면에서 국가의 합리적인 관여 및 통제가 강력하게 요청되게 되었다. 이리하여 바이마르헌법을 비롯하여 제1차 대전 후의 20세기 각국 헌법은 경제에 관한 규정을 극히 중요시하여 그에 관한 규정을 많이 포함하게 되었는데, 우리 헌법도 이 진보적 경향에 따라 제9장 '경제'에서 경제에 관한 기본원칙을 명시하고 있다. 즉 제119조에서 경제질서의 기본과 경제의 민주화를 위한 규제와 조정을 할 수 있다고 규정하고, 제120조에서 중요한 자원과 자연력은 국가의 보호를 받는다고 규정하고, 제121조에서는 농지의 소작제도를 금지하고, 제122조에서는 생활의 기반이 되는 국토의 효율적 이용을 위하여 법률이 정하는 바에 따라 그에 관한 필요한 제한과 의무를 과할 수 있게 하고, 제123조에서는 농어촌을 개발하여 지역경제의 발전을 기하고, 중소기업보호 육성을 보장하고, 제124조에서는 국가는 건전한 소비행위를 계도하고 생산품 품질향상을 촉구하기 위한 소비자보호운동을 법률이 정하는 바에 따라 보장하고, 제125조에서는 대외무역을 육성하며, 이를 규제·조정할 수 있도록 하고, 제126조에서는 국방상 또는 국민경제상 긴절(緊切)한 필요로 법률이 정한 경우를 제외하고는 사영기업을 국유 또는 공유로 이전하거나 그 경영을 통제 또는 관리할 수 없게 하고, 제127조에서는 과학기술의 혁신과 정보 및 인력개발을 통하여 경제발전에 노력하여야 한다고 하고, 대통령은 이를 위하여 필요한 자문기관을 둘 수 있게 하고 있다.

헌 법 개 정

헌법개정
憲法改正

헌법의 개정이란 헌법의 규범력을 높이기 위하여 헌법에 규정된 절차에 따라 헌법의 기본적 동일성을 유지하면서 의식적으로 헌법전의 조항을 수정·삭제 또는 증보(增補)하는 것을 말한다. 헌법의 개정은 일부개정이 보통이지만, 헌법전의 거의 전부를 고치는 전부개정도 있으며, 이를 **헌법개혁**이라 하기도 한다.

헌법의 개정과 비슷하나 구별하여야 할 개념으로 다음의 것들이 있다.

① **헌법 파괴** : 혁명 등의 초헌법적 원인에 의하여 기존의 헌법뿐만 아니라, 그 헌법의 기초가 되는 그 헌법제정권력까지도 배제하는 경우를 말한다. 1789년 프랑스대혁명, 1917년 11월 러시아혁명 등이 그 예이다.

② **헌법 폐제**(廢除) : 헌법의 파괴와는 달리 헌법제정권력은 변경되지 않으면서 기존의 헌법을 배제하는 경우를 말한다. 1946년의 프랑스헌법을 교체한 1958년의 드골헌법이 그 대표적인 예이다.

③ **헌법 침해** : 헌법의 조문을 명시적으로 고치지 않은 채 헌법규정에 반하는 조치를 취하는 경우로서, 바이마르헌법에서 빈번히 행하여졌다.

④ **헌법 정지** : 헌법의 일정조항을 개변함이 없이 일시적으로 그 효력만을 상실시키는 경우를 말한다. 이에는 다시 헌법의 명시적 규정에 의하여 행하여지는 '합헌적 헌법 정지'

와 헌법에 명시적 규정이 존재하지 않음에도 불구하고 행하여지는 '위헌적 헌법 정지'가 있다.

⑤ **헌법 변천** : 헌법 조항의 의미가 그 문언을 개변함이 없이 의식적이건 무의식적이건 법원의 판례, 헌법적 학습 또는 객관적 사정의 변화에 따라 실질적으로 변경하는 경우를 말한다.

한편, 우리 현행헌법의 개정절차를 살펴보면, 헌법개정은 국회재적의원 과반수 또는 대통령의 발의로 제안된다. 대통령의 임기연장이나 또는 중임변경을 위한 개정은 헌법개정 제안 당시의 대통령에 대하여는 효력이 없다.

제안된 헌법개정안은 대통령이 20일 이상의 기간 동안 이를 공고하도록 되어 있다. 국회는 헌법개정안이 공고된 날로부터 60일 이내에 의결하여야 하며, 국회의 의결은 재적의원 3분의 2 이상의 찬성이 있어야 한다. 국회의 의결을 거친 헌법개정안은 국회가 의결한 후 30일 이내에 국민투표에 부쳐지고, 국회의원 선거권자 과반수의 투표와 투표자 과반수의 찬성을 얻어야 하고, 위의 찬성을 얻은 때에는 헌법개정안은 확정되며, 대통령은 즉시 이를 공포하여야 한다(헌법 제128조~제130조).

이러한 헌법개정도 경우에 따라 어느 범위까지 개정을 인정할 것인가 하는 **헌법개정의 한계** 문제에 부딪히게 된다. 즉, 헌법규정 중 헌법개정의 대상에서 제외되는 규정이 있는가 하는 문제이다. 이에 대해서는 헌법관에 따라 그 입장이 다르지만, 헌법의 기본적 동일성과 지속성을 해치지 않는 범위 안에서 그 한계를 인정함이 타당하다는 것이 통설이다.

[헌법개정의 절차]

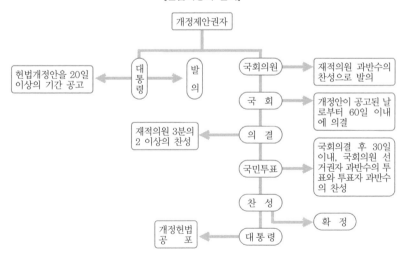

《 대한민국헌법 제정 · 개정 변천사 》

제정 · 개정일자	주요 제정 · 개정 내용
헌법제정 (1948.7.17.)	▶ 국회에서 대통령 선출(대통령 간선제) ▶ 대통령 임기 4년(재임만 가능) ▶ 대통령의 법률안거부권 인정 ▶ 부통령제 시행 ▶ 단원제 국회 ▶ 위헌법률심사권 헌법위원회에 부여 ▶ 탄핵재판소에서 탄핵심판 담당 ▶ 부서제도 ▶ 사기업근로자의 이익균점권 ▶ 기본권의 법률유보에 의한 제한
제1차 개헌 (1952.7.7.)	▶ 대통령, 부통령 직선제 ▶ 국회 양원제(민의원, 참의원) ▶ 국회의 국무원불신임제도 ▶ 국무위원 임명에 있어서 국무총리제청권
제2차 개헌 (1954.11.29.)	▶ 영토변경 · 주권제약 등 중요사항에 관한 국민투표제 ▶ 국무총리제 폐지 ▶ 국무위원에 대한 개별적 불신임제 ▶ 초대 대통령에 대한 중임제한 철폐 ▶ 대통령 궐위시 부통령이 지위 승계 ▶ 경제정책에 대한 국가의 통제 완화 ▶ 군법회의에 대한 헌법적 근거 마련
제3차 개헌 (1960.6.15.)	▶ 자유권에 대한 유보조항 삭제 ▶ 언론 · 출판 · 집회 · 결사의 사전허가 또는 검열 금지 ▶ 선거연령 20세로 인하 ▶ 공무원의 정치적 중립 보장 ▶ 헌법재판소 신설(정당해산 관할) ▶ 중앙선거위원회 헌법기관화 ▶ 법관의 자격 있는 자로서 구성된 선거인단에서 대법원장, 대법관 선거 ▶ 의원내각제 정부형태 구현
제4차 개헌 (1960.11.29.)	▶ 부정선거 관련자 처벌 및 부정축재자 처리 등을 위한 소급입법의 헌법적 근거 마련 ▶ 특별재판소, 특별검찰부 설치

제5차 개헌 (1962.12.26.)	▶ 대통령제 정부형태로 환원 ▶ 국회 단원제로 환원 ▶ 인간의 존엄성 조항 신설 ▶ 대통령·국회의원 입후보 정당추천제 ▶ 헌법 전문(前文) 개정 ▶ 헌법재판소 폐지(위헌법률심사권 등 법원에서 행사) ▶ 헌법개정 국회의결을 거쳐 국민투표 ▶ 경제과학심의회의, 국가안전보장회의 설치
제6차 개헌 (1969.10.21.)	▶ 대통령 3선 허용 ▶ 국회의원 수 증원 ▶ 대통령에 대한 탄핵소추요건 강화
제7차 개헌 (1972.12.27.)	▶ 헌법개정절차 이원화 ▶ 대통령, 국회의원 임기 6년 연장 ▶ 국회의 국정감사권 폐지 ▶ 통일주체국민회의에서 대통령 선출 ▶ 대통령의 사전·사후적 긴급조치권 ▶ 대통령의 국회해산권 ▶ 헌법위원회 설치(헌법재판권 부여) ▶ 평화적 통일 지향 조항 마련
제8차 개헌 (1980.10.27.)	▶ 기본권의 개별적 법률유보 삭제 ▶ 구속적부심사제, 형사피고인 무죄추정 ▶ 재외국민 보호, 연좌제 폐지 ▶ 행복추구권, 사생활보호, 환경권 ▶ 정당운영자금의 국고보조 ▶ 대통령 선거인단 통한 간선(7년 단임) ▶ 대통령 임기조항 개정효력 제한 ▶ 국정조사권 신설 ▶ 독과점 폐해 규제, 소비자 보호 ▶ 중소기업 보호 육성, 전통문화 창달
제9차 개헌 (1987.10.29.)	▶ 대통령 직선제(5년 단임) ▶ 4·19민주이념 계승(헌법 전문) ▶ 헌법재판소 부활 ▶ 국회의 국정감사권 부활 ▶ 대통령의 국회해산권 폐지 ▶ 최저임금제 보장

행 정 법

행정법

행정 일반

행정
行政

행정의 정의에 관하여는 소극설 (공제설)과 적극설이 대립하고 있다. 소극설에 의하면 행정이란 국가작용 중에서 입법 및 사법을 제외한 것을 말하고, 적극설에 의하면 법의 규제를 받으면서 현실로 국가목적의 적극적 실현을 목표로 하여 행하여지는 전체로서 통일성을 가진 계속적인 형식적 국가 활동을 의미한다. 이 외에 행정의 실질적 작용을 중심으로 '형식적' 의미의 행정과 '실질적' 의미의 행정으로 분류하기도 하는데, 전자는 국가기관이라는 제도를 중심으로 행정부가 하는 모든 활동만을 행정으로 보는 것이고, 후자는 입법부나 사법부의 소속 공무원 임면 행위 등과 같이 행정부의 행위가 아니라고 하더라도 그 행위의 실질이 행정인 것을 의미한다.

적극행정
積極行政

공무원이 불합리한 규제의 개선 등 공공의 이익을 위하여 창의성과 전문성을 바탕으로 적극적으로 업무를 처리하는 행위를 말한다(헌법 제7조, 국가공무원법 제56조, 지방공무원법 제48조). 「행정기본법」 제4조는 '행정은 공공의 이익을 위하여 적극적으로 추진되어야 한다'고 규정하여 적극행정의 원칙을 밝히고 있으며, 국가와 지방자치단체에게 소속 공무원이 공공의 이익을 위하여 적극적으로 직무를 수행할 수 있도록 제반 여건을 조성하고, 이와 관련된 시책 및 조치를 추진해야 할 의무를 부과하고 있다. 이와 대비되는 개념

으로 '공무원의 부작위 또는 직무태만 등으로 국민의 권익을 침해하거나 재정상 손실을 발생하게 하는 행위'인 **소극행정**이 있다.

행정권
行政權

일반행정을 행하는 국가 통치권의 권능을 말한다. 행정권을 넓게 해석하면 지방자치단체가 행하는 **자치행정권**도 포함된다. 행정권은 대통령을 수반으로 하는 정부에 속한다(헌법 제66조4항). 대통령은 국회의 동의를 얻어 국무총리를 임명하고, 기타의 국사행위에 의하여 행정작용을 행한다. 행정부만이 행정권을 행사하는 것은 아니며, 행정부 밑에 국가를 위하여 의사를 결정, 표시하는 행정각부의 기관을 두고 행정부는 스스로 일반 행정을 행하는 동시에 행정 각부의 장을 지휘·감독한다. 따라서 행정부는 행정권의 최고기관이지만 유일한 기관은 아니다. 행정권에 대해 그것을 행사하고, 그 행위의 법적 효과가 귀속되는 당사자를 행정주체(行政主體)라고 한다. 이때 행정주체가 반드시 행정기관인 것은 아니다.

법률에 의한 행정
法律에 의한 行政

모든 행정은 법률에 의거하여 법률의 절차에 따라 행해져야 한다는 원리를 말한다(**법률의 유보**라고도 한다). 법치국가에서 행정의 기본원리이고, 권력분립주의에 의한 통치기구를 전제로 한 자유주의·민주주의 사상의 배경에서 성립되었다. 즉, 국민 참정의 기관인 국회의 입법권에 대한 우월적 지위를 인정하고 의회가 정립한 법률 아래서 행정을 하게 함으로써, 행정권의 자의를 방지함으로써 국민의 권리·자유를 보장하고 법률생활의 안전을 확보하는 것을 목적으로 한다. 「행정기본법」 제8조는 "행정작용은 법률에 위반되어서는 아니 되며, 국민의 권리를 제한하거나 의무를 부과하는 경우와 그 밖에 국민생활에 중요한 영향을 미치는 경우에는 법률에 근거하여야 한다."고 법률에 의한

행정의 원칙을 규정하고 있다. 동조 전단은 행정작용이 법률을 준수해야 한다는 것을 명시적으로 규율하여 법치행정의 원칙의 요소 중 하나인 법률우위의 원칙을 명문화하고 있고, 후단은 국민의 권리를 제한하거나 의무를 부과하는 경우와 그 밖에 국민생활에 중요한 영향을 미칠 때에는 법률에 근거하여야 한다고 규정하여 법률유보의 원칙을 명문화하고 있다.

공법 · 사법
公法 · 私法

일반적으로 공법은 일반 사인 간의 관계가 아닌 국가기관과 사인 혹은 국가기관 간의 관계를 규율하기 위함을 목적으로 한다. 다만, 공법과 사법의 구별 기준에 대해서는 여러 학설로 나뉜다. 먼저 법률관계설은 법률주체 상호 간의 관계를 기준으로 하여 수평적인 경우는 사법, 수직적인 경우는 공법이라고 한다. 법익을 기준으로 구분하는 이익설은 법률의 보호이익이 공익인 경우는 공법, 사익인 경우는 사법이라고 한다. 반면 주체설은 국가에 관한 법은 공법, 사인에 관한 법은 사법이라고 한다. 그 외 일부 학설(순수법학파)은 법을 그 본질적 성격에 의해 공법 · 사법으로 나누는 이론적 가능성을 부정하고, 공법 · 사법의 혼재 내지 융합화의 현상을 중시하여 양자의 구별을 부정하는 자도 있다. 그러나 많은 국가는 실정법상 양자를 구별하여 법의 해석 · 적용의 원리를 달리하고 있음은 부정할 수 없다. 다만, 근대법 체계에서의 이 구별은 일정한 정치적 · 사회적 배경하에 발생한 역사적 · 제도적 소산이므로 국가에 따라, 시대에 따라 그 해석을 주의해야 한다. 또한 실정법 제도를 운용하는 기술적 필요에서 이 구별이 요청되는 경우가 있다. 특히 행정재판제도를 채택하고 있는 국가에서는 행정재판소 · 사법재판소의 관할권 분배의 필요로 어떤 기준에 의하여 공법 · 사법을 구별할 필요가 있게 된다. 우리나라는 「행정소송법」과 「행정심판법」이 이 구별을 전제로 하고 있으므로 아직 공법 · 사법을 구별하는 의의는 존재한다. 법체계의 분류로서는 헌법 · 행정법 · 형법 · 소송법 · 국제법 등은 대체로 공법에, 민법 · 상법 등은 대체로 사법에 속하는 것이 보통이다. 다만, 최근에 새로이 발달한 사회법(경제법 · 노동법 등)은 사법에도 공법에도 속하지 아니하고 그 중간적 성질을 가지는 것으로 해석되는데, 이를 '사법의 공법화 경향'이라고 이해하는 학자도 있다.

행정법
行政法

행정권의 조직 및 작용, 구제에 관한 국내 공법을 말한다. 즉 근대법치국가에서 행정권의 자의적 행사를 방지하기 위하여 입법권이 정립한 법률에 따라 행정을 하게 함으로써 국민에 대한 행정권의 발동을 구속하고, 국민을 행정권의 자의적 행사에서 보호하는 것을 목적으로 하는 행정에 관한 고유 · 특수한 법체계를 지칭한다. 한편, 행정권과 국민과의 관계를 지배하는 법이 일반 국민 상호 간의 관계를 규율하는 법(사법)과 다른 특수한 법체계(공법체계)를 구성할 때, 후자를 고유한 의미에서의 행정법이라고 한다. 고유한 의미에서의 행정법은 프랑스에서 처음으로 생겨났다. 초기에는 단지 역사적인 배경에서 행정권을 사법권의 제약으로부터 해방시키기 위해 행정재판소제도를 규정하였지만, 동 행정재판소의 판결례에 의하여 점차 일반사법과 다른 행정에 관한 법원리(공법원리)가 인정되어 특수한 행정법의 체계가 수립되게 된 것이다. 그 후 이 제도는 독일, 기타의 대륙법계 국가에 퍼지게 되었고, 우리나라도 과거에는 일본의 영향 아래 대륙법계 국가의 행정법을 가졌다. 그러나 이러한 의미에서의 행정법의 존재는 대륙법계 국가의 특색을 이루고 있을 뿐(다만, 그것이 역사적 소산인 결과 그 체계와 원리에 있어서는 각 국가에 따라 상당한 차이가 있다는 것에 주의해야 한다), 영미법계 국가에서는 원칙적으로 이와 같은 특수한 행정법을 인정하지 않고 있다. 다만, 최근에 행정 각 분야에서 행정심판기관의 출현은 새로운 의미의 행정법 발전을 촉진하고 있다.

행정기본법
行政基本法

행정법 분야의 원칙과 기준을 제시한 법률로 국민의 권리보호 강화, 행정의 효율성과 통일성 제고, 적극행정 및 규제혁신 촉진에 관한 내용을 규정하고 있다. 구체적으로는 '학설·판례로 정립된 행정법의 일반원칙을 명문화하고, 행정 법령 개정 시 신법과 구법의 적용 기준, 수리가 필요한 신고의 효력 발생 시점 등 법 집행 기준 제시, 개별법에 산재해 있는 인허가의제제도 등 유사한 제도의 공통 사항 체계화, 일부 개별법에 따라 운영되고 있는 처분에 대한 이의신청 제도 확대, 처분의 재심사 제도 도입' 등 행정 분야에서 국민의 실체적 권리를 강화함으로써 국민의 권익 보호와 법치주의의 발전에 이바지하기 위한 사항들이 주된 내용이다.

행정법학
行政法學

행정법을 연구대상으로 하는 법률학의 분과를 말한다. 즉 역사적으로 행정에 관한 법규범의 내용·타당성·상호관계를 명백히 밝힘으로써 법규범에 공통된 법원리를 탐구함을 목적으로 하는 학문이다. 행정법학은 행정에 대한 법적 통제의 필요와 행정제도의 발달을 계기로 하여 프랑스를 필두로 독일, 오스트리아 등 유럽 대륙의 19세기 말경에 법률학의 분과로서 독립하였다. 이에 비해서 영미에서는 **법의 지배**의 원리에 따라 국가나 공무원도 일반 국민과 같은 법의 적용을 받아옴으로써 행정법 및 그에 따른 행정법학의 생성·발달은 유럽 대륙 국가와 비교해 뒤떨어져 있었다. 즉 영미에서는 자본주의의 폐해가 고조되어 경제적·사회적 분야에 대한 국가적 개입이 불가피하게 된 19세기 초에 이르러서야 비로소 행정법 및 그것을 연구대상으로 하는 행정법학의 연구가 시작되었다.

법의 지배
法의 支配

누구든지 일반법원이 적용하는 법 이외에는 지배받지 않는다는 법지상주의 원칙을 말한다. 권력자의 자의적인 지배에 복종하는 **사람의 지배**에 대응하는 개념이다. 영국에서 코크(Sir Edward Coke, 1552~1634)가 제임스 1세와 항쟁할 때 '국왕이라 할지라도 신과 법 밑에 있다'라는 블랙스톤(Sir William Blackstone, 1723~1780)의 말을 인용함으로써 영국헌정상의 원칙이 되었다. 이것은 왕권에 대한 '법의 우위', 또한 '일반법원의 우위'를 의미한다. 이 원칙이 영국에서는 법률을 제정하는 국회의 우위를 초래하여 국회주권주의의 토대가 되었으며, 미국에서는 '사법권의 우월'의 원리가 되었다. 법의 지배는 흔히 '법치주의'와 동일어로 쓰이기도 한다. 왜냐하면 법의 지배라고 할 때 법은 국회제정법을 의미하기 때문이다. 그러나 법치주의가 위임입법의 확대로 변화된 것과 같이 법의 지배 개념도 변화하고 있다.

행정과학
行政科學

행정에 관한 과학을 말한다. 이 행정과학은 다시 연구대상을 기준으로, 행정의 사실을 대상으로 하는 행정학과 행정정책을 대상으로 하는 행정정책학 및 행정에 관한 법을 대상으로 하는 행정법학으로 나누어진다.

행정주체
行政主體

행정상 법률관계의 당사자를 말한다. 원칙적으로는 국가와 공공단체이나, 때로는 사인일 때도 있다. 국가나 공공단체가 행정 활동을 하기 위하여 그 의사를 결정·표시하고 집행하는 행정기관과 구별된다.

공법관계
公法關係

법치주의하에서 행정주체와 사인 간의 관계가 공법의 규율을 받을 때, 이를 공법관계라고 말하고, 사법관계에 대응되는 개념이다. 공법관계가 하나의 법률관계이며 권리·의무관계인 점에 있어서는 사법관계와 본질적인 차이는 없으나, 사법관계에서와 같은 당사자자치(사적 자치)가 인정되지 않고 법률관계의 변동이 법의 기속을 받으며 또 당사자가 대등한 지위에 있지 아니하고 행정주체에 법률상 우월한 지위가 인정되는 것(행정주체인 당사자의 의사에 공정력·확정력·집행력 등이 인정됨)이 원칙인 점이 특색이다. 공법관계의 내용을 이루는 권리·의무를 일반적으로 공권(公權)·공의무(公義務)라고 한다.

공권
公權
공법관계에서 인정되는 권리를 말한다. 공권에는 **국가적 공권**(국가·공공단체 또는 국가로부터 수권된 자가 지배권자로서 국민에 대하여 가지는 권리)과 **개인적 공권**(국민이 국가 등 행정주체에 대하여 갖는 권리)이 있다. 국가적 공권은 그 목적상으로는 조직권·형벌권·경찰권·강제권·재정권·공기업특권 등으로 나누어지고, 내용상으로는 하명권(下命權)·강제권·형성권 기타 공법상의 지배권으로 나누어진다. 이런 권리는 원칙적으로 권리 내용을 국가 측에서 일방적으로 정할 수 있으며 강제할 수 있는 점이 특색이다. 개인적 공권은 참정권·수익권·자유권으로 나누어지고, 사권과 달라서 국가적·공익적 견지에서 인정되는 권리이므로 일신전속적(一身專屬的) 성질의 것으로서 이전성(移轉性)이 없고 또 그 포기가 제한되는 일이 많지만, 경제적 가치를 내용으로 한 권리에는 예외가 인정된다. 개인적 공권은 행정소송으로 법원에 제소함으로써 보호를 받는다.

공의무
公義務
공권에 대응하는 개념으로 타인의 이익을 위해 의무자의 의사에 가해진 공법상의 구속을 의미한다. 일반적으로 공권과 공의무는 언제나 대칭관계에 놓이는 것은 아니다. 한편, 공의무는 주체에 따라 '행정주체가 지는 국가적 공의무, 개인이 지는 개인적 공의무', 내용에 따라 '작위의무, 부작위의무, 수인의무, 급부의무', 근거에 따라 '법규에 의해 발생하는 의무, 행정행위에 근거한 의무' 등으로 나눌 수 있다. 공의무는 공법상 계약과 같이 의무자의 의사에 따라 발생하기도 하나, 법령 또는 법령에 근거한 행정행위에 의해 발생하기도 한다.

공권력
公權力
국가 또는 공공단체가 우월한 의사의 주체로서 국민에 대하여 명령·강제하는 권력을 말하며 그 권력을 행사하는 국가 자체를 의미할 때도 있다. 국가가 국민에 대하여 공권력을 행사하는 경우가 본래의 공법관계이며, 원칙적으로 사법의 지배를 받지 아니하고 공법의 규율을 받는다. 공권력의 개념은 대륙법계의 각국(특히 독일·일본·한국)에서 공법의 개념을 구성하는 중요한 기준이 되었다.

권력관계
權力關係
광의로는 국가 또는 공공단체와 개인이 법률상 지배자와 복종자의 지위에 서는 관계를 말한다. 양자의 지위가 대등하지 않고 전자의 의사가 법률상 후자에 우월한 힘을 가진다. 그 지배권의 성립이 일반통치권에 기초하는 경우가 **일반권력관계**이며, 특별한 규정 또는 당사자의 합의에 기초하는 경우가 **특별권력관계**이다. 협의로는 광의의 권력관계 중 국가나 공공단체가 공권력 주체의 지위에서 국민과의 관계를 말한다. 권력관계는 전형적인 **공법관계**로서 사법관계와는 다른 법원리의 적용을 받는다.

특별권력관계
特別權力關係
특별한 법률상의 원인(법률의 규정 또는 당사자의 동의)을 근거로 하여 공법상의 특정 목적에 필요한 한도 내에서 포괄적으로 당사자의 일방이 타방을 지배하고, 타방이 이에 복종하는 것을 내용으로 하는 두 주체

간의 관계를 말한다(예 : 국가·공공단체와 공무원의 관계). '법률의 규정 또는 당사자의 동의'에서 합리적으로 추정되는 범위 내에서 법치주의의 적용이 배제되고, 일방은 타방에 대해 명령·강제·징계할 수 있는 권능을 가진다. 근래에는 이를 부정하는 견해가 유력하며, 특별권력관계와 혼동하지 않기 위해 '특별행정법관계'라고도 부른다.

일반권력관계
一般權力關係

국가 또는 공공단체가 통치권을 근거로 하여 국민에게 명령·강제함으로써 그 양자 간에 성립하는 권리관계를 말한다. 국민은 국가 또는 공공단체의 구성원으로서의 일반적 지위에서 그 국가 및 공공단체에 대하여 이와 같은 관계에 놓이는 경우가 많다. 예컨대 국민의 신분으로서 납세를 하고, 병역의무를 지고, 경찰권에 복종하는 경우다. 그러나 국민이 국가나 공공단체의 구성원이라고 해서 그 양자와의 사이에 상기한 바와 같은 권력관계가 당연히 성립하는 것은 아니다. 근대 법치주의의 입장에서 국가나 공공단체가 개인에 대해 명령·강제하기 위해서는 반드시 법률 및 그의 구체적인 위임을 받아 제정된 명령에 근거하지 않으면 안 된다. 이 점에서 일반권력관계는 국가 또는 기타의 **행정주체**와 특수한 관계를 맺음으로써 그 내부에서 법치주의가 제한되는 이른바 특별권력관계와 구별된다.

관리관계
管理關係

공법관계, 즉 공법이 규율하는 법률관계의 한 형태를 말한다. 그러나 공법이 규율하는 법률관계이지만, 권력관계와 같이 법률이 국가 또는 공공단체 등의 행정주체에 우월적 지위를 부여하여 행정객체와의 사이에 지배·복종의 관계를 설정하는 것은 아니다. 다만, 공공복리의 실현이라고 하는 행정 목적을 달성하기 위해 사법관계와 다른 특수성이 인정되는 법률

관계를 말한다. 그 대표적인 예는 공물의 관리라든가 공기업의 경영 등에서 찾아볼 수 있다. 재물의 관리라든가 기업의 경영은 사인 간에서도 행하여지는 것과 유사하지만, 국가 또는 공공단체 등의 행정주체가 공공복리를 위해 그것을 행하고 있고 공공복리의 실현과 밀접한 관계를 맺고 있으므로 사법관계와 다른 특별한 취급을 받는다. 국가가 공공복리를 위해 계약을 자유로이 해제할 수 있다든가, 반대로 행정객체 측에서는 계약의 해제가 자유롭지 않다든가, 그 밖에 공물 사용의 관계에 있어서 사용자의 권리가 상대성을 가진다는 것을 의미한다. 이와 같은 관리관계는 법률이 명문으로 인정하는 경우 및 사법관계와 구별해서 취급할 만한 공익상 필요의 존재를 증명할 만한 실정법상의 근거가 있을 때만 인정된다.

관리행위
管理行爲

행정법상 행정주체가 특정한 행정 목적(공공복리)의 달성을 위하여 행하는 공물 관리·사업경영 등의 비권력적 행위를 말한다. 이러한 행위는 권력적 행위와는 달리 본질적으로 사법행위와 다를 바가 없으나, 특정한 행정 목적의 달성을 위한 행위이므로 그 목적달성에 필요한 한도 내에서 공법행위이고 공법적 규율을 받는다. 관리행위는 당사자의 수에 따라 단독행위(공법상의 기권·상계·증여)와 쌍방행위(공법상의 계약·합동행위)로 나눌 수 있다.

행정행위
行政行爲

행정주체가 공법영역에 해당하는 사항을 규율하기 위한 권력적 단독행위(행정주체의 행위 중 사실행위·사법행위·통치행위·입법행위·관리행위를 제외)를 말한다. 이는 실정법상의 용어가 아니고 실정법의 이론구성을 위해 발달한 학문상의 개념으로 그 내용은 학자에 따라 차이가 있다. 판례는 행정처분과 동일한 개념으로 본다(대법원 2010.11.26, 2010

무137). 행정행위도 법적 행위로서는 사법행위와 본질적인 차이는 없으나(순수법학파는 이와 같은 입장에서 행정행위라는 특수한 개념을 부정한다), 행정권의 행위는 그 성립·효력 등에 있어서 사법의 원리와는 다른 공법상의 특수한 법원리가 적용된다. 여기에 행정행위의 개념을 구성하는 의의가 있다.

행정법

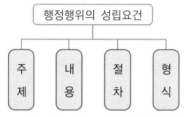

주 : 이 중 어느 것이든 법 적합성이 없으면 하자있는 행정행위가 된다.

행정행위는 보통 다음과 같은 특색을 가진다(물론 이것은 반드시 명문으로 규정되어 있지는 않으나 실정법상의 이론구성으로서 승인되어 있다). 즉 행정행위는 법률에 의거해야 된다(법적합성). 그 성립에 하자가 있을지라도 절대 무효인 경우 이외에는 적법이라는 추정을 받고 권한 있는 기관의 취소가 있을 때까지는 유효한 구속력을 가지며(공정성), 스스로 그 내용으로 하는 바를 상대방에 대하여 강제하여 실현하는 힘을 가지며(실효성), 일정한 기간의 경과 후에는 그 효력을 다툴 수 없고(불가쟁력), 어떤 경우에는 행정주체도 이를 변경할 수 없다(불가변력). 또 그 취소·변경을 구하는 소송은 행정소송으로서 특수한 규율을 받고, 행정행위로 인한 손해의 배상책임도 민사상의 불법행위책임과 다른 특색을 가진다. 행정행위는 보통 그 행위의 요소인 정신작용이 효과의사냐 아니냐에 따라 **법률행위적 행정행위**와 **준법률행위적 행정행위**로 분류된다. 전자에는 **명령적 행위**(하명행위·허가·면제)와 **형성적 행위**(특허·대리·인가)가 있고, 후자에는 확인행위·공증행위·통지행위·수리행위가 있다.

[행정행위의 분류]

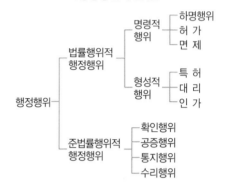

행정처분
行政處分
행정청이 구체적 사실에 관하여 행하는 법 집행으로서 공권력의 행사 또는 그 거부와 그 밖에 이에 준하는 행정작용을 말한다(행정심판법 제2조1호, 행정기본법 제2조4호, 예 : 영업면허·공기업의 특허·조세의 부과 등). 우리 법원은 '국민의 권리·의무에 관계되는 사항에 관하여 공권력을 발동하여 행하는 공법상의 행위'라고 판시하고 있다(대법원 2010. 11.26, 2010무137). 실정법상의 처분 또는 행정처분이 이에 해당하나, 실정법상의 처분은 행정주체의 법률행위뿐만 아니라 사실행위·입법행위까지를 포함하는 때가 있다(행정소송법 제1조, 행정심판법 제1조). 행정처분은 법규와 행정 목적에 적합하여야 하며 법규에 위반된 처분은 위법처분으로서 행정심판·행정소송의 대상이 되고, 행정 목적에 위반하는 처분은 부당 처분으로서 행정심판의 대상이 된다. 한편, "**제재처분**"이란 법령 등에 따른 의무를 위반하거나 이행하지 아니하였음을 이유로 당사자에게 의무를 부과하거나 권익을 제한하는 처분을 말한다. 다만, 행정상 강제(행정대집행, 이행강제금의 부과, 직접강제, 강제징수, 즉시강제)는 제외한다(행정기본법 제2조5호).

행정청문
行政聽聞

행정청이 행정처분 및 기타 공권력을 행사하기 전에 상대방이나 기타의 이해관계인 등에게 사안을 알려서 그들로 하여금 그 권익에 관하여 주장할 기회(**청문의 기회**)를 주고 증거를 조사하는 절차를 말한다. 이는 행정청의 재량을 통제하고 행정권의 위법·부당한 행사로 말미암아 국민의 권익이 침해당하는 것을 미리 막고자 하는 제도(사전의 적정절차)이다. 예를 들어 위반건축물의 시정명령에 대한 청문(건축법 제86조)은 시장·군수의 처분이 적정하게 이루어져 관계자의 권익이 부당하게 침해당하지 않도록 하기 위한 것이다.

법률행위적 행정행위
法律行爲的 行政行爲

행정행위 중 효과의사의 표시를 구성요소로 하고 그 효과의사의 내용에 따라 법률적 효과가 발생하는 행위를 말한다. 효과의사 이외 정신작용의 표시를 구성요소로 하고 그 법률적 효과는 직접 법규가 정하는 바에 따라 발생하는 준법률행위적 행정행위와 대비된다. 법률행위적 행정행위에는 부관(附款), 조건·기한·부담·취소권의 유보·법률효과의 일부배제 등을 붙일 수 있다. 또 이 법률행위적 행정행위는 법률효과의 내용에 따라 명령적 행위와 형성적 행위로 분류된다.

준법률행위적 행정행위
準法律行爲的 行政行爲

행정행위 중 효과의사 이외의 정신작용(예 : 판단·인식·관념 등)의 표시를 구성요소로 하고 그 법률효과는 행위자의 의사 여하를 불문하고 직접 법규가 정하는 바에 따라 발생하는 행위를 말한다. 효과의사를 구성요소로 하고 그 법률적 효과가 효과의사의 내용에 따라 발생하는 법률행위적 행정행위와 대비된다. 준법률행위적 행정행위에는 부관을 붙일 수 없다(확인행위·공증행위·통지행위·수리행위).

명령적 행위
命令的 行爲

국민에 대하여 사람이 자연적으로 가지는 자유를 제한하고, 의무를 명하거나 특정한 경우에 면제하는 행위를 말한다. 이 점에서 국민에게 특정한 권리·권리능력·행위능력·법률관계 등을 설정·변경·소멸시키는 행위인 형성적 행위와 구별된다. 이 명령적 행위는 다시 작위·부작위·급부·수인을 명하는 행정행위인 **하명행위**와 허가행위, 법령에 따라 정해진 작위·부작위·급부·수인의무(受忍義務)를 특정한 경우에 면제하는 행위인 **면제행위**(免除行爲)로 분류된다.

형성적 행위
形成的 行爲

국민의 특정한 권리, 권리능력, 행위능력 또는 포괄적인 법률관계 기타 법률상의 힘을 설정·변경시키거나 소멸시키는 행위를 말한다. 형성적 행위는 제3자에 대항할 수 있는 법률상의 힘을 부여하거나 이것을 부정하는 것을 목적으로 하는 점에서, 국민의 자연적인 자유의 제한 또는 해제를 목적으로 하는 **명령적 행위**와 구별된다. 형성적 행위는 그 상대방 여하에 따라 상대방을 위하여 직접 권리 등을 설정하는 설권행위(設權行爲) 또는 특허와, 상대방이 아닌 제3자를 위하여 그 법률적 행위를 보충하고 그 효력을 완성시키는 보충행위 또는 인가, 제3자에 갈음하여 행하는 대리행위(당사자의 협의가 이루어지지 않는 경우에 국가가 갈음하여 행하는 재정, 일정한 경우에 국가가 갈음하여 행하는 회사의 정관작성, 임원의 임명 등)로 분류된다.

하명행위
下命行爲

작위·부작위·급부·수인 등을 명하는 행정행위를 말한다. 이 중에서 부작위를 명하는 행정행위를 특히 '**금지**'라고 한다. 법규에 의한 직접하명(법규하명)과 행정행위에 의한 하명(하명처분)이 있다. 보통 하명이라고 할 때에는 후자를 말한다. 하명의 수명자는 하명의 내용에 따른 공법상의 의무를 지며, 그

의무불이행에 대해서는 행정상의 강제집행 방법으로 의무이행을 강제하고, 의무위반에 대해서는 벌칙을 적용하여 처벌한다.

확인행위
確認行爲

특정한 사실·법률관계에 관하여 의문이 있는 경우에 공권적으로 그 존부(存否) 또는 정부(正否)를 확정하는 준법률행위를 말한다. 실정법상 재결·결정·사정(查定)·인정·검정·검인·특허 등 용어가 혼용되고 있다. 효과의사의 표시가 아니고 판단의 표시이며 확인의 법률적 효과는 구체적인 법규에 따라 다르지만, 공통적 효력은 공적 권위로 인정된 후에는 일정한 절차에 의하지 않고는 누구도 이를 다툴 수 없게 되는 점에 있다. 당선인의 결정, 국가시험합격자의 결정, 하천구역의 인정, 교과서의 검정, 소득금액의 결정, 행정소송의 확인판결 등이 그 예이다.

공증행위
公證行爲

특정한 사실 또는 법률관계의 존부를 공적으로 증명하는 행정주체의 준법률행위적 행정행위를 말한다. 각종의 등기·등록·영수증교부·증명서발급·여권발급·검인압날(檢印押捺) 등이 그 예이다. 효과의사의 표시가 아니고 확인의 표시이며 공증의 법률적 효과는 구체적인 법규의 정하는 바에 따르지만, 그 공통적 효력은 반증에 의하지 않는 한 전복되지 아니하는 공적 증거력이 발생하는 점에 있다.

통지행위
通知行爲

행정청의 의사 또는 특정한 사실 등을 타인에게 알리는 행위를 말한다. 행정청의 관념 표시행위로서의 준법률행위적 행정행위이다. 법률상의 효과는 통지를 요구한 각 법령에 따라 결정된다. 절차상의 요건이 되는 경우와 단순히 주의적·통고적인 것에 그치는 경우가 있다.

수리행위
受理行爲

타인의 행위를 유효한 행위로서 수령하는 행위를 말한다. 원서(願書)·신고서·청원서·소원장·소장 등의 수령이 그 예이다. 단순한 사실인 수수 또는 도달과 달라서 타인의 행위를 유효한 행위라고 판단하여 수리할 의사로써 수령하는 준법률행위적 행정행위이다. 수령거절행위, 즉 각하는 불수리(不受理)의 의사표시이며, **소극적 행정행위**이므로 이에 대하여는 **행정쟁송**이 가능하다. 수리에 의하여 어떠한 법률적 효과가 발생하느냐는 각 법률이 정하는 바에 따라서 다르다.

공법상의 계약
公法上의 契約

공법상의 법률효과의 발생을 목적으로 하여 복수 당사자의 반대방향의 의사표시의 합치에 의하여 성립하는 공법상의 법률행위를 말한다(**행정계약**이라고도 한다). 행정청은 공법상 계약의 공공성과 제3자의 이해관계를 고려하여 공법상 계약의 상대방을 선정하고 계약 내용을 정하여 법령 등을 위반하지 아니하는 범위에서 행정목적을 달성하기 위한 공법 계약을 체결할 수 있다(행정기본법 제27조). 종래의 **행정법학** 체계에서 연구대상은 전적으로 **행정행위**이고 공법상의 계약에 대한 관심은 적었는데, 특히 현대국가의 국가기관의 확대로 공법계약도 사법계약도 아닌 중간영역에 포함되는 행정이 증대함에 따라 공법상의 계약의 유용성이 인식되게 되었다. 공법상의 계약은 획일적이고 경직적인 형성행위보다도 개별적·구체적 사태에 즉시 응하여 강력하게 행정목적의 달성을 도모할 수 있고 법률생활의 안정을 가져오는 동시에 불필요한 쟁송의 발생을 방지할 수 있다는 점에서 행정행위보다 더 많은 장점이 있다고 평가된다. 공법상의 계약의 종류는 다음과 같다. ① 행정주체 상호 간의 계약(예 : 공공단체 상호 간의 사무위탁·경비분담에 관한 협의 등), ② 행정주체와 사인 간의 계약(예 : 임의적 공용부담계약, 이른바 공법상 보상계약), ③ 사인 상호 간의 계약(예 : 토지수용에 관한 협의)

행정행위의 부관
行政行爲의 附款

행정행위의 효과를 제한하기 위하여 주된 의사표시에 부가된 종된 의사표시를 말한다. 의사표시에 부가되는 것이므로 법에 직접 정해져 있는 조건이나 기한은 여기서 말하는 부관이 아니다. 이것은 **법정부관**(法定附款)이라고 말하며, 광업허가의 조건인 광업권의 설정이 등록을 조건으로 하는 것(광업법 제28조)이 그 예로 직접 법의 규정에 근거하고 있다. 종된 의사표시로서의 부관의 종류에는 조건·기한·부담·취소권의 유보·법률효과의 일부배제가 있다. **조건**이란 조합성립을 조건으로 하여 하천의 사용을 허가하고(정지조건), 일정 기간 내에 공사에 착수하는 것을 조건으로 하여 건축사업을 면허하는 것과 같이(해제조건) 행정행위 효과의 발생 또는 소멸을 장래의 불확정한 사실이 실제로 일어나는지 여부에 따른 의사표시를 말한다. **기한**이란 예컨대 사업 개시 때부터 '20년간 사업의 경영을 특허한다'(종기) 또는 '○년 ○월 ○일부터 하천의 사용을 허가한다'와 같이(시기) 행정행위의 효력 발생 또는 소멸을 장래 도래할 확실한 사실의 발생에 관련시키는 의사표시를 말한다. **부담**이란 이익을 부여하는 것을 내용으로 하는 주된 의사표시에 부수하여 수익자에게 특정 의무를 과하는 행위를 말한다. 예컨대 도로·하천의 사용을 허가할 때 그 부관으로서 점용료·사용료의 납부를 명하고 또는 그 사용 방법에 관하여 특별한 제한을 가하는 경우이다. **취소권의 유보**란 주된 의사표시에 부가하여 특정한 경우에 행정행위의 효과를 소멸시키는 권리를 유보하는 뜻의 의사표시를 말한다. 예컨대 하천·도로 등의 사용을 허가할 때 공익상 필요가 있는 경우에는 언제든지 허가를 취소한다는 뜻을 정하는 부관이다. **법률효과의 일부배제**란 주된 의사표시에 부가하여 법령이 그 행위에 부여한 효과의 일부 발생을 배제하는 의사표시를 말한다. 예컨대 출장을 명하는 명령 중에 '다만, 법정여비를 지급하지 아니한다'고 하는 것이다.

행정청은 처분에 재량이 있는 경우에는 부관을 붙일 수 있지만, 없는 경우에는 법률에 근거가 있는 때에만 부관을 붙일 수 있다. 또한 부관을 붙일 수 있는 처분이 '법률에 근거가 있는 경우, 당사자의 동의가 있는 경우, 사정이 변경되어 부관을 새로 붙이거나 종전의 부관을 변경하지 아니하면 해당 처분의 목적을 달성할 수 없다고 인정되는 경우'에는 그 처분을 한 후에도 부관을 새로 붙이거나 종전의 부관을 변경할 수 있다. 부관은 '해당 처분의 목적에 위배되지 아니할 것, 해당 처분과 실질적인 관련이 있을 것, 해당 처분의 목적을 달성하기 위하여 필요한 최소한의 범위일 것'을 요건으로 한다(행정기본법 제17조).

인가
認可

학문상 일반적으로 공기관의 동의에 따라 법률상 행위의 효력이 완성되는 경우 그 동의를 말한다. 이 의미에서 **보충행위**(補充行爲)라고도 한다. 실정법상으로는 허가·인가·승인 등의 용어가 혼용되고 있다. 법인설립의 인가, 사업양도의 인가 등이 그 예이다. 인가는 법률행위의 효력발생요건으로서, 인가를 얻지 않고 행한 행위는 원칙적으로 무효이며 허가와 마찬가지로 행정상의 강제집행이나 처벌의 대상이 되지 않는 것이 통례이다. 인가의 대상이 되는 행위는 법률적 행위에 한하며, 여기에는 공법적 행위(예 : 한국전력공사 정관)도 있고 사법적 행위(예 : 비영리법인의 설립)(민법 제32조)도 있다. 인가는 보충적 의사표시로서 인가될 법률행위의 내용은 당사자의 신청에 따라 결정되고, 행정청은 동의 여부만을 결정하는 데 그치기 때문에 수정인가에는 법률의 근거가 있어야 한다.

행정법

특허
特許
특정인을 위하여 특정한 권리 또는 법률관계를 설정하는 설권적·형성적 행정행위를 말한다. 행정법상으로는 특정인을 위하여 법률상의 힘을 부여하는 행정처분의 의미로 쓰인다. 일반적인 금지를 특정한 경우에 해제하여 적법하게 행위를 시키는 허가와 구별되는 광업법상의 광업허가, 어업면허, 공기업의 특허, 토지수용권의 설정, 공무원의 임명, 귀화허가(법률관계설정행위) 등이 그 예이다. 실정법에서는 반드시 특허라는 용어에 한하지 아니하고 허가·면허·인가·인허 등으로 혼용되고 있다. 특허에 의하여 설정되는 권리 또는 법률관계는 공법적인 것에 한하지 아니하고, 어업권이나 광업권과 같은 사법적 성질의 것도 있다. 또한 특허법상의 특허는 여기에서 말하는 특허와는 달리 특허출원을 근거로 하여 일정한 심리절차를 거쳐서 출원된 발명이 특허법상 요구된 요건을 충족하고 있는가 아닌가를 확인하는 행위이다.

허가
許可
학문상 법령에 따라 일반적으로 금지되어 있는 행위를 해제하여 적법하게 그 행위를 할 수 있도록 하는 행정처분을 말한다. 실정법에서는 면허·허가·등록 등의 용어를 쓰고 있다. 하지만 실정법상의 용어와 학문상의 허가는 다소 차이가 있다. 학문상의 허가는 단순히 일반적 금지를 해제하는 데 그칠 뿐 허가처분으로 인하여 특정한 권리 또는 능력이 부여되지는 않는다. 예컨대 전당포 영업의 허가를 받은 결과 일정 구역 내에서 사업을 영위하여 사실상의 이익을 얻을 수가 있지만, 이것은 법률상 제3자에게 대항할 수 있는 권리가 아니고 허가처분에 따른 반사적 효과에 지나지 않는다. 허가는 출원에 따라 부여되고, 형식적으로는 서면으로 행하는 것이 보통이다. 또 허가에는 운전면허와 같은 특정인에 대하여 부여되는 것과 건축허가 등의 물적 설비에 착안하여 부여되는 것이 있는데 그 허가가 상속·양도 등으로 승계할 수 있는지가 구별의 기준이 된다.

인허가 의제
認許可 擬制
하나의 인허가(주된 인허가)를 받으면 법률로 정하는 바에 따라 그와 관련된 여러 인허가(관련 인허가)를 받은 것으로 보는 것을 말한다. 인허가 의제를 받으려면 주된 인허가를 신청할 때 관련 인허가에 필요한 서류를 함께 제출하여야 한다. 이는 각종 개발사업을 시행하는 경우 농지전용허가·산지전용허가·도로점용허가 등 여러 법률에 규정된 인허가를 받아야 하는 번거로움이 있는데, 대규모사업의 경우에는 이러한 인허가를 받는 데에 걸리는 시간과 비용이 많이 들어서 사업의 신속한 시행에 부담이 되는 경우가 많다. 그래서 여러 법률에 규정된 인허가를 받는 데 소요되는 시간과 비용을 줄이기 위해 도입되었다. 현재는 개발사업에 관한 법률은 물론 개발사업과 관련이 없는 법률에도 인허가 의제 제도가 많이 도입되고 있다.

반사적 이익
反射的 利益
법이 공익의 보호 증진을 위하여 일정한 규율을 행하고, 또 법을 근거로 하여 집행된 행정의 반사적 효과로서 특정 또는 불특정의 사인에게 생기는 일정한 이익을 말한다. 개인적 공권과 구별해야 할 개념으로 국가가 일정한 제도를 시행함으로 인해 국민이 이익을 받는다고 하더라도, 그 이익이 침해될 때도 법적으로 보호받지 못하는 이익이다. 일반적으로 행정객체로서의 사인은 행정 주체에 대하여 자기를 위하여 법률적으로 일정한 이익의 주장을 할 수 있는 힘(개인적 공권)을 가지고 있는데, 현실적인 행정상의 관계에서는 이와 같은 개인적 공권이라고는 말할 수 없는 사실상의 이익이 생기는 경우가 적지 않다. 이러한 일정한 사실적 이익은 법적으로 주장할 수는 없고, 이것을 공권과 구별하여 반사적 이익이라고 한다. 그러나 구체적으로는 무엇이 공권이고, 무엇이 반사적 이익에 지나지 않는가에 대한 구별이 곤란한 경우가 많다. 예컨대 영업허가 제도하에서 허가영업자가 받은 이익 또는 도로, 공원 등의 자유사용의 이익 등은 반사적 이익에 지나지 아니하므로 제3자에 대한 허가로 인해 관계자에게 불이익이 발생해도 자기의 이익을 법적으로 주장할 수 없다. 일반적으로 반사적 이익은 일반적으로 재판상의 보호를 받을 수 없다고 해석되고 있다(취소소송에서 원고적격을 인정할 수 없고, 손해배상청구권의 발생 원인도 되지 않는다).

사인의 공법행위
私人의 公法行爲

사인이 공법관계에서 행하는 행위를 말한다. 국가 또는 지방공공단체 기관의 지위에서 행하는 행위(예 : 선거에서의 투표 등)와 국가 또는 지방공공단체의 행정권에 대해 반대 당사자로 행하는 행위(예 : 이의신청, 행정심판, 소송의 제기, 재결신청, 각종 신고, 동의 등)가 있다. 또한 의사표시로서의 행위와 관념 또는 사실의 통지행위가 있다. 이외에도 단독행위와 쌍방행위가 있다. 사인의 공법행위에 관하여는 일반적인 규정이 없으므로 특별규정이 있는 경우를 제외하고는 민법의 규정 또는 원칙이 유추적용(類推適用)된다고 해석되고 있다. 그러나 사인의 공법행위의 성격은 행정의 질서와 관련이 있고 사법행위와 같이 대립하는 대등한 당사자 간의 사적 거래행위가 아니므로 민법

의 보충적용에는 다음과 같은 수정이 가해져야 할 것이다. ① 의사능력을 결한 자의 행위는 일반적으로 무효로 된다. ② 사인의 공법행위에는 일신전속적(一身專屬的)인 대리에 적합하지 않은 행위가 많다. ③ 착오에 관해서도 원칙적으로 민법에 준한다고 되어 있다. 그러나 선거의 투표와 같이 집단적·정형적으로 행하여지는 행위에 관하여는 착오로 인한 취소는 주장할 수 없다. ④ 사인의 공법행위를 근거로 하여 어떤 행정행위가 행하여질 때까지는 사인의 공법행위는 자유로이 철회·보정 등을 할 수 있지만, 그것을 근거로 하여 어떤 법적 효과가 완성된 후에는 자유로이 철회할 수 없다. ⑤ 효력 발생의 시기에 관하여는 행위의 존재 여부를 명확하게 판단하고 당사자 간의 이해조정을 도모한다는 견지에서 원칙적으로 도달주의에 의한다고 해석되고 있다. ⑥ 사인의 공법행위는 일반적으로 요식행위(要式行爲)가 아니다. 그러나 이의신청과 같은 행위는 그 취지를 명백히 밝혀 증거를 남길 필요에서 서면으로 해야 한다. ⑦ 사인의 공법행위가 행정행위를 행하는 단순한 동기에 지나지 않는 때에는 사인의 행위 흠결(欠缺)은 이를 근거로 하여 행하여진 행정행위에 아무런 영향을 주지 않는다.

행정행위의 효력
行政行爲의 效力

유효하게 성립된 행정행위가 가지는 효력을 말한다. 유효하게 성립된 행정행위가 어떤 효력을 가지는가는 행정행위의 종류에 따라서 다르지만, 일반적으로 다음과 같은 효력을 가진다. ① 행정행위의 내용에 따라서 그 상대방 및 기타의 관계자뿐만 아니라 행정청도 구속하는 효력(**행정행위의 구속력**) ② 행정행위가 비록 위법이라고 해도 권한 있는 행정청 또는 법원에 의하여 취소될 때까지는 일반 **적법성의 추정**을 받아 상대방이나 국가기관 또는 제3자도 그 효력을 부정할 수 없는 효력(**행정행위의 공정력** : ①의 효

력 승인을 강요하는 힘) ③ 일정한 기간(제소기간)이 경과한 후에는 보통의 쟁송절차로서는 다툴 수 없는 효력(**행정행위의 불가쟁력** 또는 **형식적확정력**) 및 행정청 자신도 그 효력을 변경할 수 없는 효력(**행정행위의 불가변력** 또는 **실질적 확정력**) ④ 행정행위로 부과된 의무의 불이행시 행정주체가 스스로 강제력을 발동시켜 의무를 실현할 수 있는 효력(**행정행위의 자력집행력**)

행정행위의 하자
行政行爲의 瑕疵

행정행위의 적법요건을 완전하게 구비하지 못한 행정행위, 즉 적법요건에 미비(흠결)가 있는 행정행위를 말한다. 행정행위의 하자에 관한 문제는 법치행정의 요청을 실현하기 위한 이론의 하나로서 독일을 중심으로 발달하였다. 행정행위의 하자의 유형에 관하여는 여러 학설이 대립하고 있으나, 종래의 통설은 사법상의 법률행위와 같이 무효와 취소의 두 가지로 구분한다. 행정행위의 무효와 취소를 구별하는 기준에 관하여는 여러 가지 견해가 있는데, 양자의 구별을 ① 하자의 성질을 기준으로 하는 설과 ② 하자의 성질 여하를 불문하고 구체적 사건에 관한 모든 사정을 기준으로 하는 설의 두 가지로 나누어진다. ①은 다시 법규를 능력적 규율과 명령적 규율, 강행법규와 비강행법규, 중요법규와 비중요법규로 나누어 구별하는 설, 중요한 법규위반이고 그 위반이 객관적으로 명백한가 아닌가에 따라 구별하려고 하는 설(중대명백설 : 통설·판례)로 나누어지는데, 어느 것이든 전자에 위반하는 행위를 **무효**로 하고, 후자에 위반하는 행위를 **취소할 수 있는 행위**로 한다. 다만, 일정한 사유나 법률행위의 존재로서 취소할 수 있는 행정행위의 하자가 치유되는 경우도 있다. 최근에는 행정행위의 하자와 관련하여 '부존재의 인정, 상대방의 신뢰보호, 구체적 타당성, 관계 제 이익의 고려하에 하자의 다양화, 개별화론' 등도 논의되고 있다.

행정행위의 무효
行政行爲의 無效

행정행위가 외관상 존재하지만, 하자가 중대하고 동시에 명백하여 행정행위의 효력이 전혀 생기지 않는 것을 말한다. 이 경우 행정행위의 외관이 존재한다는 점에서 **부존재**(不存在)와 구별되고, 처음부터 효력이 없다는 점에서 **취소**(取消)할 수 있는 행정행위와 구별된다. 또한 일단 유효하게 성립하였다가 일정한 사유의 발생으로 효력이 소멸되는 **실효**(失效)와도 구별된다.

[행정행위의 무효와 취소]

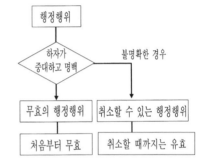

취소할 수 있는 행정행위
取消할 수 있는 行政行爲

행정행위가 일단 유효하게 성립되었음에도, 그 성립에 흠이 있음을 이유로 행정주체가 그 효력을 소멸시킬 수 있는 행정행위를 말한다. 이는 행정행위는 그 성립에 하자가 있어도 공정력에 의해 지지가 되기에 정당한 권한을 가진 행정청(처분청, 감독청) 또는 법원(관할고등법원·대법원)에 의해 취소되지 않는 한 유효한 행정행위로서의 효력을 유지하다가, 행정청 또는 법원이 취소한 경우에 비로소 효력을 잃는다. 이와 같은 **하자 있는 행정행위**를 취소할 수 있는 행정행위라고 한다. 이 용어는 **무효인 행정행위**, 즉 정당한 권한 있는 행정청 또는 법원의 취소를 기다리지 않고 처음부터 법이 행정행위에 부여한 효력이 생기지 않는 무효인 행정행위에 대비되는 것이다.

행정행위의 철회
行政行爲의 撤回

유효 또는 하자 없이 성립된 행정행위에 대하여 공익상 그 효력을 존속시킬 수 없는 새로운 사유가 발생했기 때문에 장래를 향하여 그 효력을 잃게 하는 것을 말한다('행정행위의 폐지'라고도 한다). 법령에는 '취소'라고 규정된 경우가 많은데 철회와는 그 성질이 다르다. 즉, 철회는 하자 없이 성립된 행정행위의 효력을 그 행위의 효력을 존속시킬 수 없는 새로운 사유가 발생했기 때문에 소멸시킨다는 점에서 그 성립에 하자가 있어서 행하는 취소와 다르고, 그 결과로서 철회는 장래를 향하여서만 그 효력이 발생한다는 점에서 원칙적으로 소급하여 효과가 발생하는 취소와 구별된다. 행정행위의 철회는 행위자인 행정청만이 할 수 있다. 감독행정청은 법률에 명문 규정이 있는 경우를 제외하고는 철회권을 갖지 않는다. 일단, 행정행위가 행하여지면 그것을 근거로 하여 새로운 법률관계가 설정되어가기 때문에 법률관계의 조기 안정의 견지에서 무제한의 철회는 인정되지 않는다. 또한 법의 취지·목적에 비추어 다음과 같은 제한이 있다. ① 확정력 또는 이에 준하는 효력을 발생하는 행위는 그 철회가 국민에게 이익을 부여하는 경우에도 허용되지 아니한다. ② 국민에게 권리 또는 이익을 부여하는 행위의 철회는 철회권을 유보하고 있는 경우를 제외하고는 원칙적으로 허용되지 않으며, 철회권의 유보를 하고 있는 경우에도 그것이 단순한 예문에 지나지 않는 때에는 그것을 이유로 무조건의 철회를 하는 것은 허용되지 않는다.

행정제도
行政制度

행정권의 지위(특히 사법권에 의한 제약으로부터 독립된 지위)를 보장하여 자율을 인정하는 제도를 말한다. 즉 행정권에 대한 사법권의 간섭을 배제하기 위하여 행정법이라는 국가에게만 적용되는 특수한 법체계와 행정재판소라는 일반사법재판소로부터 독립된 특별재판소를 가지는 것이 이 제도의 특색이다. 일찍이 절대왕정 이후 강대하고 집권적인 행정기구의 전통과 사법에 대한 불신을 배경으로 프랑스에서 성립·발전하여 독일·오스트리아 등의 대륙법계 국가에 파급되어 과거의 일본·우리나라에서도 이 제도가 채택되었다. 그러나 영미법계 국가에서는 이와 같은 정치적 기반이 없었으므로 행정제도가 성립되지 않았다. 행정제도를 인정하는 국가를 **행정국가**라 하고, 행정제도를 인정하지 않는 국가를 **사법국가**라 한다.

위임행정
委任行政

공공단체 및 그에 따른 기관, 개인이 국가 또는 공공단체의 위임에 의하여 국가 또는 공공단체를 대신해서 행하는 행정을 말한다. 국가 또는 공공단체는 각각 자기의 기관으로써 그의 행정사무를 행하는 것이 원칙이긴 하나, 부득이한 경우에는 위임행정의 방식을 취한다. 위임행정에는 다음과 같은 세 종류가 있다. ① 특별시, 광역시, 특별자치시, 도, 특별자치도, 시, 군, 구 등의 지방자치단체에 대한 위임을 들 수 있고, 감염병원 등의 설치, 도로관리, 하천관리 등이 이에 속한다. 이것을 **단체위임사무**(團體委任事務)라고 한다. ② 지방자치단체의 기관에 대한 위임으로 경찰사무, 각종 인·허가 등이 이에 속한다. 이것을 **기관위임사무**(機關委任事務)라고 한다. ③ 사법인(私法人) 또는 개인에 대한 위임으로 국고금취급, 금고사무의 취급, 소득세·입장세 등의 조세징수사무가 이에 속한다. 이것을 **사인**(私人)에 대한 위임사무라고 한다.

자치행정
自治行政

자치행정의 의미는 두 가지로 나뉘는데, ① 국민(또는 주민)이 그들 자신에 의하여 또는 그들이 선출한 기관에 의하여 처리하는 행정을 말하고, ② 지방자치단체에 의한 행정을 의미하기도 한다. ①의 자치행정은 **관치행정**(官治行政)에 대비되는 개념으로서 **민중**

정치(民衆政治)라고 해석되고, ②의 자치행정은 **국가행정**에 대비되는 개념으로서 **단체자치**(團體自治)라고 해석된다. 또한 ①은 '영국적 자치행정'(정치적 의미의 자치행정)의 개념이며, ②는 '독일적 자치행정'(법률적 의미의 자치행정)의 개념이다. 다만, 현대국가에서 자치행정의 주체로는 자치단체가 설정되고, 그 자치단체에 의하여 정치적 의미의 자치행정이 실현되고 있다. 그러나 자치행정은 반드시 지방자치단체에만 인정되는 것이 아니라 경제행정 기타의 행정 분야에 직능단체가 설립되어 그것에 경제통제 기타의 기능이 위임되는 경우가 있다(이를 **경제자치행정**이라고 한다).

관치행정
官治行政

국가(또는 공공단체)의 기관에 의하여 하향적으로 처리되는 행정을 말한다. 국민(또는 주민)이 그들 자신에 의하여 또는 그들이 선출한 기관에 의하여 상향적으로 처리되는 영국식 자치행정(정치적 의미의 자치행정 또는 민중정치)에 반대되는 개념이다. 다만, 지방자치단체가 국가의 간섭으로부터 해방되어 처리하는 독일식 자치행정(법률적 의미의 자치행정 또는 단체자치)에 대립하는 개념인 **국가행정**과는 다르다.

국가행정
國家行政

국가가 직접 그 기관에 의하여 행하는 행정을 말한다. 자치단체 또는 공공단체가 국가의 간섭으로부터 해방되어 행하는 독일식 자치행정(법률적 의미의 자치행정 또는 단체자치)에 대립하는 개념이다. 국민(또는 주민)이 그들 자신 또는 그들이 선출한 기관이 상향적으로 처리하는 영국식 자치행정(정치적 의미의 자치행정 또는 민중자치)에 대립하는 개념인 **관치행정**과는 다르다.

자유재량
自由裁量

행정청이 일정한 범위 안에서 법에 구속됨이 없이 어떤 행위나 판단 등을 독자적으로 행하는 것이다. 광의로는 행정주체의 판단 또는 행위가 법이 인정하는 일정한 범위 안에서 법의 구속으로부터 해방되는 것을 말한다〔이 자유재량이 허용되지 않는 법에 구속되는 행위를 **기속행위**(羈束行爲)라고 한다〕. 협의로는 이와 같은 광의의 자유재량 중에서 **법규재량**(기속재량)을 제외한 **편의재량**(공익재량)만을 말한다. 법규재량행위는 법의 취지·원리 등에 구속되는 재량행위인 데 대하여, 편의재량행위는 이러한 조리법적 제한을 받지 아니하고 단순히 공익에 의한 제한만을 받는 재량행위라고 한다. 행정행위는 모두 상위규범에 구속된다는 점에서 법에 기속되는 행위(**기속처분**)와 자유재량이 허용되는 행위(**재량처분**) 사이에 본질적인 차이가 있다고 할 수는 없고, 다만 그 법의 구속 범위에 차이가 있다고 할 수 있다. 그 구별의 실익은 자유재량의 경우 행정청에게 일정한 범위에서 행정적합성에 대한 선택의 자유가 주어져 있으므로 비록 그 선택이 부당하다고 하여도 부당한 행정행위에 해당할 뿐 곧바로 위법한 행정행위가 되지 않는다는 데 있다. 반면 기속행위는 행정청이 행하여야 할 행정행위가 특정한 행위로 기속되어 있으므로 만일 행정청이 이와 다른 행위를 할 때는 곧바로 위법한 행정행위가 되어 행정소송의 대상이 된다. 오늘날 보통 자유재량이라고 할 때는 편의재량을 가리킨다. 다만, 재량행위 중에서 법규재량과 편의재량의 구별은 표준이 명확하지 않다. 국민의 자유·권리를 침해·제한하는 경우에는 법규재량이고, 그것을 부여·설정하는 경우에는 편의재량이라고 보는 것이 통설적인 견해이다.

법규재량
法規裁量

행정청이 행정처분을 내릴 때 어떠한 법규가 적합한가를 판단(해석)하여 적용할 수 있는 재량으로, 기속재량이라고도 하며, 편의재량에 대비되는 개념이다. 이는 법규가 일정한 행정행위의 전제에 대하여 일의적으로 규정하지 않고 해석상의 여지를 남겼다고 하여도, 그것은 행정청의 자유의사에 전적으로 위임한 것이 아니라, 법규의 해석·적용에 관한 법률적 판단의 여지를 부여한 데 그친다는 것이다. 법규재량은 행정청의 재량을 허용하는 것같이 보이나 불문법적 제한이 있고, 그 재량을 잘못 행사하는 것은 결국 법규의 해석을 잘못하는 것으로 귀착되어 위법행위가 되므로 행정소송의 대상이 된다. 이러한 의미에서는 법규재량행위도 기속행위와 같다.

편의재량
便宜裁量

행정청이 법규를 적용함에 있어서 어떠한 법규가 가장 행정목적에 적합한가, 무엇이 공익에 합치하는가에 대해 행정청에게 선택의 자유를 인정하는 재량으로, **합목적적 재량**(合目的的 裁量) 또는 **공익재량**이라고도 하며, 법규재량에 대비되는 개념이다. 이 재량권의 범위에서 행한 행위는 설사 그 재량을 잘못 행사하였을지라도 원칙적으로 행정상 부당한 결과를 발생하는 데 그치고, 해당 행위를 위법화하지는 않는다. 따라서 그 재량이 옳고 그름을 판단하는 것은 법원의 권한에 속하지 않고 주로 행정기관의 권한에 속한다. 다만, 편의재량과 법규재량은 본질적으로 구별할 수 있는 성질의 것이 아니라 법의 구속 정도에 따른 상대적인 구분에 불과하다는 것이 통설과 판례의 입장이다.

기속처분
羈束處分

법규의 집행에서 행정청의 재량의 여지가 전혀 허용되지 않는 처분(즉, 기속행위) 및 행정청의 재량의 여지가 허용되는 것 같으면서도 법의 취지·원리가 이미 일반적으로 확정되어 있어서 실제로는 구체적인 경우의 사실의 확정만이 허용되는 처분(즉, 기속재량행위)을 말한다. 이와 같은 처분이 그릇되면 위법행위가 되고 행정소송의 대상이 된다.

재량처분
裁量處分

행정청의 자유재량에 속하는 범위 내에서 행하는 행정처분을 말하며, 기속처분에 대비되는 개념이다(자유재량과 기속처분의 항을 참조). 행정청의 자유재량에 속하는 처분이라도 재량권의 한계를 넘거나(**재량권일탈**) 그 남용(**재량권남용**)이 있는 때에는 법원은 이를 취소할 수 있다(행정소송법 제27조).

재량권일탈·재량권남용
裁量權逸脫·裁量權濫用

원칙적으로 행정청이 재량권 내에서 한 행위는 행정청의 자유로운 선택에 맡겨져 있으므로, 만일 행정청이 잘못된 판단에 기초해서 어떠한 행위를 했다 하더라도 재량권 내에서 이루어진 행위라면 단순히 부당한 행위에 불과하고 위법한 행위로 보지 않는다. 따라서 이 같은 경우에는 사법심사를 받지 아니한다. 그러나 만일 행정청이 법률에 정해진 한계를 넘어서 재량권을 행사했다면 이는 재량권을 일탈한 행위로 위법한 행위가 된다. 행정기관의 재량권은 법률과 법의 일반원칙에 의한 제약을 받고 있다. 법이 일정한 사실의 존재를 전제로 하여 재량권의 행사를 인정하고 있는 경우에 그 사실이 존재하지 않음에도 불구하고 처분을 하면 그 처분은 위법이 된다. 이와 같은 위법인 재량권의 행사를 재량권일탈이라고 한다. 하지만 재량 내의 행위라 하더라도 행정청이 자의적으로 함부로 행사해도 된다는 것은 아니며, 그 재량에는 항상 행정기본법(법치행정의 원칙·평등의 원칙·비례의 원칙·성실의무 및 권한남용금지의 원칙·부당결부금지의 원칙 등) 및 행정목적에 의한 조리상의 제약이 존재한다. 행정청의 재량권은 어디까지나 공익목적의 증진, 행정목적의 원활한 수행을 위해서 행사되어야 하며, 법의 취지를 무시하고 자의적으로 공정하지 않게 재량권을 행사하게 되면 재량권의 일탈 내지 남용이 된다. 이 경우 법원은 이를 취소할 수 있다(행정소송법 제27조).

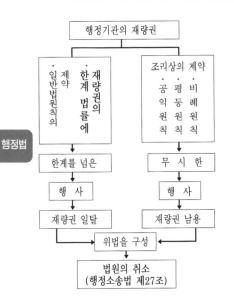

행정작용
行政作用

행정주체가 행정목적의 실현을 위하여 행하는 모두 작용〔법률적 작용, 사실적 작용, 권력적 작용, 비권력적 작용, 입법적 작용, 사법(司法)적 작용, 통치적 작용, 사법(私法)적 작용을 모두 포함]을 말한다.

행정입법
行政立法

행정주체가 일반적·추상적인 법규범을 만드는 작용 내지 행정주체가 만든 일반적·추상적인 법규범을 말하는 것으로, 이는 실정법상의 용어가 아닌 학문적 개념이다. 근대법치국가에서는 국민의 권리·의무에 관한 사항을 국회에서의 의결한 법으로 정하는 것이 원칙이었으나, 사회적·경제적·기술적 발전에 따라 국회의원의 전문적 능력의 부족, 충분한 심의를 할 수 있는 시간적 여유의 부족, 또 시대 변천 속도와 법률개정 속도의 차이라고 하는 점에서 행정권에 어느 정도의 입법권을 인정하여 유동적인 사회상태에 대응하는 것이 필요하게 되었다. 그러나 이것을 무제한으로 인정하면 삼권분립에 어긋나게 되고, 또 독일 나치스의 전권위임법과 같이 행정권을 절대적 우위의 지위에 두고 의회정치의 위기를 초래할 염려가 있어서 '행정입법의 한계를 어디로 설정하는가'는 각국의 중요한 문제가 되었다. 우리나라 현행 헌법은 제40조에서 '입법권은 국회에 속한다'고 명문으로 규정하고 있고, 행정기본법 제38조에서는 행정의 입법활동의 원칙과 기준을 제시하여, 정부가 매년 수립하는 정부입법계획에 대한 법률상의 근거를 마련하고 있다. 행정입법에는 국가행정권에 의한 행정입법과 지방자치단체에 의한 행정입법(자치입법)으로 나뉜다. 전자는 다시 법규성을 갖는 법규명령과 법규성이 없는 행정명령[예 : 훈령(訓令)·지령(指令)·명령(특허명령 등)]으로, 후자는 조례·규칙(교육 규칙 포함)으로 나뉜다. 법규명령은 **위임명령**〔법률에서 구체적으로 범위를 정하여

불확정개념
不確定概念

실정법 체계에서는 모든 상황을 예측하여 그에 부합하는 행정행위를 규정할 수는 없으므로, 법규의 내용은 추상적인 문언으로 규정되는 것이 일반적이다. 그렇게 함으로써 행정청은 개별적인 상황에서 법문의 의미를 명확히 해석하여 그에 부합하는 행정행위를 하는데, 이렇게 행정청의 판단에 의해 구체적으로 확정되는 법문상의 행정행위 요건을 불확정개념이라고 한다. 재량행위와 불확정개념을 구분하지 않는 학설도 있으나, 통설은 일반적으로 이를 구분하여 사용하고 있다. 재량행위가 선택 가능한 여러 행위 중에서 행정청의 자유판단에 따라 선택할 수 있도록 한 것이라면, 불확정개념은 구체적인 상황에서 올바른 해석은 오직 하나만이 존재한다는 점에서 차이가 있다. 다만, 불확정개념의 해석에는 행정청 자신의 해석을 우선하여야 한다는 판단여지설이 주장되고 있다. 불확정개념의 예는 '불공정한 행위', '주거환경에 대한 위험', '도시계획의 필요성' 등과 같은 다의적이고 추상적인 법문의 표현들이다.

위임을 받은 사항에 관하여 발하는 **법규명령**(헌법 제75조·제95조·제114조6항))과 **집행명령**(법률을 집행하는 데 필요한 사항에 관하여 발하는 법규명령)으로 구분하기도 하며, 또한 긴급조치권(헌법 제76조)에 의한 명령도 법규명령으로서 인정되고 있다. 또한, 제정기관의 종별에 따라서 **대통령령**(대통령이 발하는 명령), **총리령**(국무총리가 발하는 명령), **부령**(행정 각부의 장이 발하는 명령), **선거관리**, 국민투표관리 또는 **선거관리위원회규칙**(중앙선거관리위원회가 제정하는 규칙)으로 나뉘기도 한다. 한편 행정명령은 행정규칙이라고도 한다.

법규명령
法規命令

행정권이 법률의 수권을 받아 정립하는 명령으로서 법규의 성질을 가진 것을 말한다. 즉 국민에게 의무를 과하고 국민의 권리를 제한하는 것을 내용으로 하는 명령이다. 대통령의 긴급명령권(헌법 제76조)에 의한 명령, 위임명령(법률에서 구체적으로 범위를 정하여 위임을 받은 사항에 관하여 발하는 명령(헌법 제75조)), 집행명령(법률을 집행하는 데 필요한 사항에 관하여 발하는 명령) 또는 선거관리·국민투표관리·정당사무에 관한 규칙(헌법 제114조6항) 등이 이에 속한다. 19세기의 입헌군주정하에서는 이와 같은 국민의 권리·의무에 관한 사항은 국민의 대표기관인 의회의 입법사항으로 함을 원칙으로 하였으나, 20세기의 복지국가에 이르러서는 국가기능의 적극화에 따라 행정 내용이 복잡다단하게 되어 전문적·기술적 성격을 띠는 사항은 행정부가 직접 정할 수 있도록 하였다. 그러나 행정권에 의한 법규 정립은 동시에 행정권 남용의 우려가 있으므로 일정한 제한을 두는 것이 일반적이다.

행정규칙
行政規則

행정주체가 정립하는 일반적인 규정으로서 국민의 권리·의무를 정하기 위한 성질을 가지지 않은 것을 말한다. 즉 **행정명령**과 동의

어로 쓰인다. 다만, 행정청이 정립하는 일반적인 법규범을 행정규칙이라고 총칭하기도 한다. 원칙적으로 대외적이 아닌 행정조직 내부와 공법상의 특별권력관계에서 조직·활동을 규율한다. 행정사무의 분배와 같은 국민의 권리·의무와 관계없는 규정 또는 특별권력관계에 기한 규정(예 : 훈령·지령·규칙(국가인권위원회 운영규칙)·명령(특허명령))이다. 따라서 행정규칙의 정립은 행정권에 당연히 따르는 권능이며 법률의 수권이 필요 없다.

선거관리 등에 관한 규칙
選擧管理 등에 관한 規則

「헌법」 제114조6항에서는 중앙선거관리위원회에 규칙제정권(規則制定權)을 인정하고 있는데, 그 규칙제정권에 따라 제정할 수 있는 규칙이 선거관리·국민투표관리·정당사무에 관한 규칙이다. 이는 표면상 규칙이라는 용어를 쓰고 있으나 국민의 권리·의무를 직접 규제하므로 **법규명령**에 속한다.

특허명령
特許命令

공기업이 특허를 하는 데 특허관청이 발하는 명령을 말한다. 이것은 특별권력관계에서 발하는 추상적 명령으로서 특별히 상위법령의 수권이 없이도 발할 수 있으며 법규의 성질을 가지는 법규명령이 아니고, 법규의 성질을 가지지 않는 행정명령이다. 특허명령을 발할 때는 보통 **특허명령서**를 작성하여 특허기업자에게 보낸다. 이것은 특허관청이 특허처분의 **부관**으로서 특허기업자의 의무를 정한 명령서이다. 보통 특허의 유효기간, 공사의 착수 및 준공의 기한, 공사설계의 방법, 기업경영의 조건, 감독의 방법 기타 기업자의 의무 등을 정한다. **허가명령서**라고도 하지만 성질상 양자는 다른 것이다.

자치입법
自治立法

헌법의 수권 아래, 특별시·광역시·특별자치시·도·특별자치도·시·군·구 등

의 **지방자치단체**가 **자치권**에 근거하여 법률을 제정하는 것을 말한다. 즉, 지방의회가 법령이 정하는 절차에 따라 제정하는 조례와 지방자치단체의 장이 법령 또는 조례가 위임한 범위 안에서 그 권한에 관해서 제정하는 자치법규를 제정하는 것이다.

법령 등
法令 등

법령과 자치법규를 말한다. 법령은 '법률 및 대통령령·총리령·부령, 국회규칙·대법원규칙·헌법재판소규칙·중앙선거관리위원회규칙 및 감사원규칙, 법률의 위임을 받아 중앙행정기관의 장이 정한 훈령·예규 및 고시 등 행정규칙'을, 자치법규는 '지방자치단체의 조례 및 규칙'을 말한다(행정기본법 제2조1호).

훈령
訓令

하급관청의 권한 행사를 지휘하기 위하여 발하는 명령으로, 행정의 예방적 감독 수단의 하나이다. 훈령 중에서 하급관청의 신청 또는 문의에 의하여 발하는 명령을 특히 지령(指令)이라고 한다. 대체로 훈령은 관보에 공시하는 것이지만 공시하지 않는 것도 있다. 이것을 **내훈**(內訓)이라고도 한다. 그 어느 것이든 하급관청을 구속함으로써 그 지휘에 따라 활동하게 하는 구속력이 있고, 일반 사인에 대해서는 구속력을 가지지 않는다. 따라서 훈령 또는 지령은 법규의 성질을 가지는 명령(법규명령)이 아니고, 법규의 성질을 가지지 않는 명령(행정명령)이다. 훈령은 어느 관청에나 발할 수 있는 것이 아니며 행정관청 중에서도 독립된 관청은 훈령에 복종할 의무가 없다. 훈령은 직무명령과도 구별된다. 훈령은 상급관청이 하급관청에 대해서 발하는 것이 원칙이지만, 직무명령은 관청을 구성하는 특정인이 아니라 상급공무원이면 누구나 하급공무원에게 현재 담당하고 있는 직무에 관한 것뿐만 아니라 널리 직무와 관련되고 있는 사항에 대해서까지 발할 수 있는 지휘명령을 총칭하는 개념이다.

행정강제
行政强制

행정목적을 달성하기 위해 개인의 신체 또는 재산에 실력(實力)을 가하여 행정상 필요한 상태를 실현하는 행정청의 작용을 말한다. 행정강제는 크게 나누어 '행정상 강제집행'과 '행정상 즉시강제'로 분류된다. 전자에는 대집행과 행정상 강제징수, 이행강제금, 직접강제가 있고, 후자에는 「소방기본법」상의 강제처분, 「감염병의 예방 및 관리에 관한 법률」상의 강제입원 등이 있다. 행정상 강제집행 중 직접강제와 행정상 즉시강제는 모두 행정청이나 관계 공무원의 실력행사를 수반한다는 점에서 유사하며, 매우 강력한 효력을 가지기 때문에 최근 여러 법률에서 도입하고 있다. 그러나 직접강제와 행정상 즉시강제는 그 강한 효력만큼 국민의 기본권을 침해할 가능성도 크므로 도입을 신중히 처리해야 하며, 도입하면서도 집행상 남용 소지를 없애기 위한 충분한 법적·제도적 장치를 마련해야 한다.

행정상 강제집행
行政上 强制執行

의무의 불이행에 대하여 행정주체가 실력을 가하여 그 의무를 이행시키거나 또는 이행된 것과 동일한 상태를 실현하는 작용을 말한다. 행정상의 강제처분이라고도 한다(예 : 경찰상의 강제집행·조세의 강제징수 등). 앞으로의 의무의 이행을 강제하는 점에서 과거의 의무위반에 대한 제재인 **행정벌**과 구별되며, 의무의 존재와 그 불이행을 전제로 하는 점에서 의무를 과하지 아니하고 즉시 실력으로써 강제하는 행정상의 **즉시강제**(卽時强制)와 구별된다. 사법상 의무 또는 소송법상 의무의 강제는 사인이 스스로 행하지 않고 사법권의 작용으로 행하는 데 대하여, 행정법상 의무의 강제는 행정주체 자신이 행할 수 있다는 점에 그 특색이 있다. 이와 같은 행정상 의무의 강제는 국민의 자유·재산의 침해가 되므로 반드시 법률의 근거가 있어야 한다. 일반법으로서 「**행정대집행**

법」과 「국세징수법」이 있고 그 이외에 단행법(예 : 출입국관리법 제46조, 방어해면법 제7조, 공익사업을 위한 토지 등의 취득 및 보상에 관한 법률 제89조)에 강제퇴거 및 대집행의 규정이 있다. 「행정대집행법」은 행정상 강제집행에 관한 일반법으로서 그 강제집행의 수단으로 대집행의 방법을 인정하고 있다(대집행 및 행정대집행법의 항을 참조). 「국세징수법」은 공법상의 금전급부의무의 이행의 강제(행정상의 강제징수)의 일반법으로서 체납처분절차에 관하여 규정하고 있다.

대집행
代執行

의무자가 행정상 의무(법령 등에서 직접 부과하거나 행정청이 법령 등에 따라 부과한 의무)로서 타인이 대신하여 행할 수 있는 의무를 이행하지 아니하는 경우 법률로 정하는 다른 수단으로는 그 이행을 확보하기 곤란하고 그 불이행을 방치하면 공익을 크게 해칠 것으로 인정될 때에 행정청이 의무자가 하여야 할 행위를 스스로 하거나 제3자에게 하게 하고 그 비용을 의무자로부터 징수하는 것이다(행정기본법 제30조1항1호). 대집행에 관해서는 일반법인 「행정대집행법」이 있으므로 개별법에서는 대집행을 할 수 있다는 근거 규정 외에 별도의 규정을 둘 필요는 없다. 다만, 대집행의 요건과 절차 등에 관하여 「행정대집행법」에 대한 특례를 규정하려고 할 경우에는 개별법에 그에 관한 규정을 두도록 한다. 대집행의 비용징수에 관해서는 「행정대집행법」 제2조에 따라 대집행에 필요한 비용은 해당 의무를 불이행한 자가 부담하는 것이 원칙이다. 따라서 의무 불이행자에게 대집행 비용을 부담시킬 때에는 별도의 규정을 두지 않아도 된다. 하지만 대집행 비용을 의무 불이행자가 아닌 자(예컨대, 사업시행자)에게 부담시키려는 경우나 대집행 의무자가 분명하지 않은 경우에는 개별법에서 별도의 규정을 두도록 한다. 대집행을 할 수 있는 권한이 있는 자는 대집행의 대상이 되는 의무를 명하는 처분을 한 행정청이다. 행정청은 스스로 대집행을 하는 것이 원칙이지만 필요한 경우에는 대집행에 관한 권한을 타인에게 위탁할 수도 있다. 대집행 권한을 타인에게 위탁할 필요가 있는 경우에는 반드시 법률에 그 근거를 두어야 할 것이고, 가장 강력한 행정권한 중 하나인 권한을 위탁하는 경우이므로 부득이한 경우로 한정해야 한다.

행정대집행법
行政代執行法

행정의무의 이행확보에 관하여 강제집행수단의 하나로서 대집행에 관한 일반적 요건과 절차 등을 정한 법률을 말한다. 이 법률은 대체적인 작위의무에 관한 대집행만을 인정하고 있다. 즉 법률(위임명령·조례 포함)에 의해 직접 명령되었거나, 법률에 의한 행정청의 명령에 따른 행위로서 타인이 대신하여 행할 수 있는 행위를 의무자가 이행하지 아니하는 경우 다른 수단으로써 그 이행을 확보하기 곤란하고 그 불이행을 방치함이 심히 공익을 해칠 것으로 인정된 때에는 해당 행정청은 스스로 의무자가 해야 할 행위를 하거나, 제3자로 하여금 이를 하게 하여 그 비용을 의무자로부터 징수할 수 있다(행정대집행법 제2조). 이 대집행의 절차는 ① 이행기간을 정하여 기한 내에 이행하지 않으면 대집행을 한다는 뜻의 계고, ② 대집행영장에 의한 통지, ③ 대집행의 실시, ④ 「국세징수법」의 예에 의한 비용의 징수 등이다(같은 법 제3조~제6조). 대집행의 실시에서 집행책임자는 집행책임자임을 표시하는 증표를 휴대·제시하여야 한다. 대집행에 관하여 불복이 있는 자는 해당 행정청 또는 그 직접 상급행정청에 **행정심판**을 제기할 수 있으며, 해당 행정청에 행정심판을 제기한 자는 다시 행정심판을 제기할 수 없다.

강제징수
强制徵收

의무자가 행정상 의무 중 금전급부의무를 이행하지 아니하는 경우 행정청이 의무자의 재산에 실력을 행사하여 그 행정상 의무가 실현된 것과 같은 상태를 실현하는 것을 말한다(행정기본법 제30조1항4호). '체납처분'이라고도 한다. 「국세징수법」에 의거하여 국세체납처분으로 징수되는 채권은 국세와 지방세의 채권을 비롯하여 국가 또는 공공단체의 공법상의 금전채권의 전반에 걸친 채권인데, 국세채권 이외의 공법상의 금전채권에 있어서는 법률에 따라 그 채권 집행에 관하여 '「국세징수법」에 의한다' 또는 '국세체납처분의 예에 의한다'는 등의 법률로서의 수권이 있어야 한다. 이러한 공법상의 금전채권 중 국세채권은 모든 공과금에 우선한다. 지방세채권은 「지방세징수법」 또는 지방세관계법에서 규정한 것을 제외하고는 「국세기본법」과 「국세징수법」을 준용한다(지방세기본법 제153조). 또한 지방세는 다른 공과금과 채권에 우선한다(지방세기본법 제71조). 공법상의 금전채권 이외에 행정상의 의무이행에서도 강제징수로 그 목적을 달성할 수 있다. 행정상의 의무자가 그 의무를 이행하지 아니한 때에 **대집행**을 하고 그 비용을 징수하는 것이 그 예이다.

이행강제금
履行強制金

의무자가 행정상 의무를 이행하지 아니하는 경우 행정청이 적절한 이행기간을 부여하고, 그 기한까지 행정상 의무를 이행하지 않을 때 부과하는 금전급부의무를 말한다(행정기본법 제30조1항2호). 이행강제금은 장래의 의무이행의 확보를 위한 수단일 뿐 이미 행한 불법에 대한 반작용이 아니고, 일종의 처벌인 과태료와 성질을 달리한다. 따라서 이행강제금은 과태료나 형벌과 병과될 수도 있다. 이행강제금을 부과하기 위해서는 법적 근거가 필요한데(헌법 제37조2항), 이와 관련된 일반법은 없고 다만 「건축법」과 「주차장법」 등 개별 법률에서 관련 입법례를 찾아볼 수 있다.

직접강제
直接强制

행정상의 강제집행의 한 수단으로, 의무자가 행정상 의무를 이행하지 아니하는 경우 행정청이 의무자의 신체나 재산에 실력을 행사하여 그 행정상 의무의 이행이 있었던 것과 같은 상태를 실현하는 것을 말한다(행정기본법 제30조1항3호). 의무불이행을 전제로 하는 점에서 그것을 전제로 하지 아니하는 **즉시강제**와 구별된다. 직접강제는 **대집행**과 **집행벌**(執行罰)보다 의무내용을 실현시키는 점에서는 가장 효과적이지만, 신체의 자유 또는 재산에 대한 중대한 제한을 가하는 것이므로 인권존중의 헌법 이념에 비추어 일반적 방법으로서는 타당치 않다. 따라서 우리나라에서는 직접강제가 인정되지 않는다.

행정상 즉시강제
行政上 卽時强制

행정청이 미리 행정상 의무이행을 명할 시간적 여유가 없거나 그 성질상 또는 행정상 의무의 이행을 명하는 것만으로는 행정목적 달성이 곤란한 경우에, 현재의 급박한 행정상의 장해를 제거하기 위한 경우로서 행정청이 곧바로 국민의 신체 또는 재산에 실력을 행사하여 행정목적을 달성하는 것을 말한다(행정기본법 제30조1항5호, 예 : 불심검문·강제격리·강제수용·가택출입 등). 즉시강제는 의무의 불이행이 존재하고 그 의무를 실현시키기 위한 강제 수단인 **행정상의 강제집행**(또는 강제처분)과 달라서 의무의 불이행을 전제로 하지 않는다. 즉시강제는 행정목적을 달성하기 위하여 필요불가결한 수단이지만, 상대방인 국민의 신체·재산 등에 대하여 직접 물리적 힘을 가하는 것이므로 국민의 기본적 인권의 존중의 견지에서도 필요한 최소한도에 그쳐야 한다. 또한 법률상의 근거가 있어야 한다. 이와 같은 근거는 개별 행정법에 각각 구체적으로 규정되어 있는데 경찰관의 직무집행상 인정된 즉시강제의 종류·범위·요건 등에 관하여는 「경찰관 직무집행법」에 규정되어 있다. 이 법은 불심검문, 보호조치, 위험 발생의 방지, 범죄의 예방과 제지, 위험 방지를 위한 출입, 경찰장구의 사용 및 무기의 사용 등의 수단을 들고 있다. 기타의 개별 행정법에서 인정하고 있는 수단으로서는 법률로 정한 특정 감염병에 관한 강제처분(감염병의 예방 및 관리에 관한 법률 제42조), 소방대상물이 있는 토지의 일시사용 등에 대한 강제처분(소방기본법 제25조), 마약류취급자의 업소·공장 등에 대한 검사와 수거(마약류 관리에 관한 법률 제41조1항) 등을 들 수 있다.

과징금
課徵金

행정청이 법령 등에 따른 의무를 위반한 자에 대하여 법률로 정하는 바에 따라 그 위반행위에 대하여 부과하는 금전적 제재이다(행정기본법 제28조). 현행법상 과징금은 크게 경제적 이익 환수 과징금, 영업정지 대체 과징금, 순수한 금전적 제재로서의 과징금으로 유형을 구분할 수 있다. 과징금은 금전적 제재 수단이라는 점에서 **벌금**이나 **과태료**와 유사하다. 그러나 과징금은 행정기관이 부과한다는 점에서 사법기관(司法機關)이 결정하는 벌금과 구별되고, 과태료가 행정청에 대한 협조의무 위반에 대해 부과하거나 경미한 형사사범에 대한 비범죄화 차원에서 부과되는 반면, 과징금은 일반적으로 법규 위반으로 얻어진 경제적 이익을 환수하거나 영업정지처분을 갈음하여 금전적 제재를 부과한다는 점에서 차이가 있다. 또한 독점규제법은 따로 장을 두어 이를 명문화하고 있다(독점규제 및 공정거래에 관한 법률 제11장). 현행 독점규제법상의 과징금은 형벌과는 본질적으로 다른 법적 성질을 갖는 것으로 행정법상의 의무이행확보수단으로서의 '행정제재적 요소'와 '부당이득환수적 요소'를 동시에 지니고 있다.

집행벌
執行罰

행정상의 강제집행의 일종으로서 행정상의 부작위의무·비대체적 작위의무의 이행을 강제하기 위하여 과하는 벌을 말한다. 부작위의무·비대체적 작위의무의 불이행이 있는 경우(예 : 성병환자가 강제검진을 받지 않는 경우)에 심리적으로 그 이행을 강제하기 위하여 과태료를 과하는 경우 등이다(**강제벌**이라고도 한다). 집행벌은 장래의 의무이행을 강제하기 위한 수단인 점에서 과거의 의무위반에 대한 제재인 행정벌과 다르며, **간접강제**인 점에서 직접적·실력적 사실행위인 **대집행**·직접강제와 다르다. 집행벌은 의무이행이 있을 때까지 반복하여 과태료를 과할 수 있다. 반면에 강제의 필요가 소멸한 때에는 이행 기간 경과 후에라도 과태료를 과할 수 없다는 특색이 있다. 우리나라에서는 이와 같은 집행벌은 인정되지 아니한다.

행정벌
行政罰

행정법상의 의무위반에 대하여 일반통치권을 근거로 하여 제재로서 과하는 처벌을 말한다. 행정벌도 일종의 벌이므로 항상 법률에 근거하여 부과해야 하며, 법률에 따라 개별적·구체적으로 벌칙정립권을 위임하는 경우 이외에는 일반적인 위임은 허용되지 않는다. 행정벌은 형사벌(刑事罰), 징계벌(懲戒罰) 및 집행벌(執行罰)과 구별된다. 형사벌은 법의 규정을 기다릴 필요도 없이 사회생활상 당연히 위반해서는 안 되는 도덕적 본분을 위반하기 때문에 과하는 처벌인 데 비해, 행정벌은 법규의 규정에 기한 명령·금지를 전제로 하고, 이 명령·금지를 위반하기 때문에 반사회성을 띠게 된다고 하여 과하는 처벌인 점에서 다르다. 또 **징계벌**은 특별권력관계에 있어서 그 특별권력을 근거로 하여 질서유지를 위하여 과하는 처벌(이 때문에 **질서벌**이라고도 한다)인데 비하여, 행정벌은 일반통치권을 근거로 하여 부과하는 처벌이다. **집행벌**은 장래 행정법상의 의무의 이행을 강제하기 위하여 과하는 처벌이지만, 행정벌은 과거의 행정법상의 의무위반에 대한 제재로서 과하는 처벌이다.

실정법상 행정벌에는 다음과 같은 종류가 있다. ① 「형법」에 형명이 있는 형벌(사형·징역·금고·자격상실·자격정지·벌금·구류·과료·몰수)을 과하는 경우(행정형벌) : 행정벌로서 가장 보통의 예이며, 특별규정이 있는 경우를 제외하고는 원칙적으로 형법총칙이 적용되고 보통 법원에서 형사소송법의 절차에 따라 과해진다. ② 행정벌로서의 과태료를 과하는 경우(행정상의 질서벌) : 「변호사법」 제90조4호, 「공증인법」 제83조3호, 「상공회의소법」 제57조, 「자본시장과 금융투자업에 관한 법률」 제449조, 「상호저축은행법」 제40조, 「보험업법」 제209조 등을 예로 들 수 있다. 이 과태료는 형벌이 아니므로 형법총칙·형사소송법의 규정을 적용하지 않고, 각 법률에 특별한 규정이 없는 한 「비송사건절차법」의 규정(제247조~제250조)에 따라 과한다. ③ 「지방자치법」(제34조)이 규정하는 과태료를 과하는 경우 : 지방자치단체는 조례로써 조례위반행위에 대하여 1천만원 이하의 과태료를 정할 수 있다.

징계권 懲戒權

특별권력관계 기타 공법상의 특별한 감독 관계의 질서를 유지하기 위해 질서를 위반한 자에 대하여 **징계벌**을 과할 수 있는 권원을 말한다. 넓은 의미로는 소극적인 가택권적 규율권(시립운동장·국립도서관 등의 경우)과 적극적인 징계권(공무원·학생·소년원생 등의 경우)을 총칭하나, 좁은 의미로는 적극적인 징계권만을 의미한다. 징계권은 특별권력관계의 내부에서 성립하는 특별권력에 근거를 둔다는 점에서, 일반통치관계에서 성립하는 일반통치권인 형벌권과 구별된다. 징계권이 어느 범위까지 미칠 것인가에 대하여는 의견이 일치하지 아니하나, 해당 특별권력관계가 법률의 규정에 따라 설정되었을 때는 그 법률이 정하는 범위 안에서 행하여야 하며, 상대방의 동의로 설정되었을 때는 그 특별권력관계로부터 배제하여 그로부터 받는 이익의 박탈을 한도로 해야 한다는 것이 통설이다.

징계벌 懲戒罰

특별권력관계에 따라 부담하는 의무에 위반이 있는 경우에 그 질서를 유지하기 위하여 징계권에 근거하여 해당 의무위반에 대하여 과하는 처벌을 말한다. 질서유지를 위한 처벌이기 때문에 **질서벌**(秩序罰)이라고도 한다. 징계벌은 특별권력 내부에서 성립한 특별권력에 따라 그 특별권력관계의 질서유지를 위하여 부과하는 처벌이라는 점에서, 일반통치권에 의하여 국가사회의 일반적 질서를 유지하기 위하여 과하는 **행정형벌**(行政刑罰)과 다르다. 그러므로 같은 행위에 대하여 징계벌과 행정형벌이 병과되어도 일사부재리의 원칙에 반하지 않는다. 일반국가공무원 및 지방공무원에 대한 징계에는 파면·해임·강등·정직·감봉·견책이 있다(국가공무원법 제79조, 지방공무원법 제70조). 징계벌을 부과할 사유가 발생하였을 때, 국가공무원은 소속 장관이나 소속 기관의 장 또는 소속 상급기관의 장의 요청으로 관할 징계위원회의 징계 의결을 통해 처분을 결정한다. 지방공무원의 경우에는 임용권자 등이 인사위원회에 징계 의결 등을 요구하여 그 결과에 따라 임용권자가 징계처분 등을 한다(지방공무원 징계 및 소청 규정 제2조·6조·10조). 법관·검사·교원 등과 같이 특히 신분보장이 강하게 요구되는 공무원에 대한 징계는 일반직 국가공무원에 대한 경우와는 달리 별도의 징계 기관에서 엄격한 절차적 심사를 거쳐 행하여진다. 징계에 대하여 불복이 있는 자는 징계처분사유설명서를 받은 날로부터 30일 이내에 **소청심사위원회**(訴請審査委員會) 또는 심사위원회에 심사청구를 할 수 있다(국가공무원법 제76조1항, 지방공무원법 제67조3항).

행정형벌 行政刑罰

행정법상의 의무위반에 대하여 그 제재로서 「형법」에 형명이 있는 형벌(사형·징역·

금고·자격상실·자격정지·벌금·구류·과료·몰수)을 과하는 행정벌의 일종이다. 행정형벌에 관하여는 원칙적으로 형법총칙의 규정이 적용될 것이나 명문으로써 적용을 배제하고 있는 경우는 물론, 그와 같은 명문의 규정이 없는 경우에도 **행정범**(行政犯)의 특수성을 고려하여 고의, 법인의 범죄능력, 타인의 비행에 대한 책임, 공범 등에 관하여 형법총칙이 그대로 적용될 수 없다고 하는 것이 통설이다. 행정형벌의 과형은 원칙적으로 법원에서 형사소송절차에 따라 진행되고, 예외적으로 즉결심판절차·통고처분절차로 행한다.

행정범
行政犯

행정목적을 위하여 정해진 법규에 위반하는 행위로서 그 행위자체는 반사회성·반도덕성을 갖지 않으나, 법규에 정한 명령·금지에 위반하기 때문에 비로소 위법성을 갖는 범죄를 말한다. **형사범**에 대비되는 개념으로 사용되고, **자연범**과 비교하여 사용할 때는 **법정범**(法定犯)이라고 한다. 자연범이란, 행위 그 자체가 법규범의 설정을 기다리지 않고 이미 반사회적·반도덕적으로 되어 있는 범죄(예 : 살인죄·절도죄 등)를 말하며 형사범과 유사하다. 법정범이란, 행위 그 자체는 윤리적으로 무색하고, 법률로 정하여진 범죄를 말한다. 행정법에 대한 제재법(制裁法)을 행정형법이라고 한다.

행정형법
行政刑法

특별형법의 일종으로 행정적 형벌 법규의 총체, 즉 행정벌 중 특히 「형법」에 형명이 있는 벌(행정형벌)에 관한 법규의 총체를 말한다. 광의로는 행정벌에 관한 법규의 총체를 의미하는 때도 있다. 행정형법은 행정적인 단속 목적을 위하여 형벌이라는 수단을 빌려 쓰는 것이며(그 행정 목적에 따라서 조세형법·경제형법·노동형법 등의 분야로 구분된다), 고유의 형법(사법형법), 형사형법에 비하여 윤리적 요소가 약하고 기술적·합목적적 요소가 강하다. 행정형법과 고유의 형법을 범죄의 면에서 구별해 보면 행정범과 형사범과의 구별에 대응한다. 형법총칙의 적용을 배제하는 특별규정은 특히 행정형법의 영역에 많이 존재한다(예 : 형사미성년자·심신장애인·청각 및 언어 장애인 규정의 적용배제, 법률의 착오 규정의 적용배제 등).

양벌규정
兩罰規定

법인의 대표자나 법인 또는 개인의 대리인·사용인 기타 종업원이 그 법인 또는 개인의 업무에 관하여 일정한 위법행위를 하였을 때 현실의 행위자를 처벌하는 외에 사업 주체인 그 법인 또는 개인도 처벌하는 규정이다 [**쌍벌규정**(雙罰規定)이라고도 한다]. 행정목적의 효율적 달성을 위하여 행위자와 함께 그 감독자의 감독책임을 물음으로써 단속의 실효를 거두려는데 그 취지가 있다. 행정법규의 벌칙 규정에는 대부분 양벌규정이 있다(예 : 식품위생법 제100조, 혈액관리법 제22조, 공중위생관리법 제21조 등).

행정해석
行政解釋

행정기관에 의한 법의 해석을 말하며, 유권해석의 한 형태이다[참고 : 판례는 법원(法院)에 의한 법의 해석]. 법을 집행하는 데 행정기관은 독자적으로 법을 해석하고 그 해석을 기술한 문서를 발표하는 일이 많다. 행정해석은 일단 유효하지만, 최종적인 구속력은 없다.

행정지도
行政指導

행정기관이 그 소관 사무의 범위에서 일정한 행정목적을 실현하기 위하여 특정인에게 일정한 행위를 하거나 하지 아니하도록 지도, 권고, 조언 등을 하는 행정작용을 말한다(행정절차법 제2조3호). 법령을 근거로 하여 행하는 경우도 있으나, 법령에 근거가 없는 경우도 많다. 행정지도는 구속력을 갖지 않는 비권력적인 작용이며, 법적으로는 아무런 효과도 수반하지 않는 사실작용이다. 그러나 행정지도는 현대국가에서 공행정의 적극적인 활동 형태로서 무시할 수 없는 작용을 하고 있다. 행정지도는 본래 상급행정기관의 감독권 행사로서 특별권력관계에 있는 자에 대해 행해졌지만, 최근에는 행정의 확대 현상의 하나로서 국민의 기대에 보답하는 동시에 상대방의 저항을 피하고 원활한 행정을 수행하기 위해 될 수 있는 한 권력적 작용을 피하려고 하는 고려에서 종종 이용된다. 그러나 이와 같은 현상은 어떤 의미에서는 일반권력관계의 특별권력관계로의 진행이라고 해석될 수 있고, 법률에 의한 행정원리가 형해화(形骸化 : 형식뿐이고 가치나 의의가 없음)될 위험성이 있다고 하는 점에서 문제가 지적된다. 따라서 행정지도에는 공행정 일반에 인정되는 것과 같은 법적 한계가 존재한다고 해석된다. 즉 행정지도는 해당 행정기관의 권한의 한계를 넘지 않아야 하고, 기타 「행정기본법」상 행정의 법 원칙(법치행정의 원칙·평등의 원칙·비례의 원칙·성실의무 및 권한남용금지의 원칙·신뢰보호의 원칙·부당결부금지의 원칙) 및 조리 등을 위반해서는 안 된다. 다만, 위법·부당한 행정지도로 손해를 받았을 때 손해배상을 청구할 수 있는지가 문제가 되는데, 위법·부당하게 행하여진 행정지도를 따르지 아니함을 이유로 어떤 처분이 행하여지면 **국가배상**을 청구할 수 있다고 해석된다.

행정조사
行政調査

행정기관이 정책을 결정하거나 직무를 수행하는 데 필요한 정보나 자료를 수집하기 위하여 현장조사·문서열람·시료채취 등을 하거나 조사대상자에게 보고요구·자료제출 요구 및 출석·진술요구를 행하는 활동을 말한다(행정조사기본법 제2조1호). 종래에는 행정상의 **즉시강제**의 테두리 속에서 다루어졌기 때문에 독자적 개념구성을 보지 못하였으나, 근래에 와서는 즉시강제로부터 분리되어 행정조사의 개념이 주목받았다. 일반적인 행정조사란 행정학상의 행정에 관한 사회조사를 말하는데 **행정학**에 대하여 빙법적 기준을 부여하는 작용을 한다. 행정조사는 뉴욕 시정조사회에서 시작된 것으로서 정부기관의 목적·권한·구조·기능에 관한 자료수집, 자료에 기한 분석, 이에 따른 기술적 기준의 확립이라고 하는 점이 그 특색이다.

행정응원
行政應援

대등한 행정관청 상호 간에 직무수행상 필요한 특정행위 또는 일반적 협력을 타 관청에게 요구하는 경우 이러한 요구에 응하는 협력행위를 말한다. 재해·사변 기타 비상시에 일반행정관청의 기능만으로는 행정목적을 달성할 수 없을 때 해당 관청의 청구에 따라 타 관청이 자기의 기능 전부 또는 일부를 동원하여 이를 응원하는 경우가 있다. 행정응원이라고 할 때 보통 이것을 말한다. 행정응원은 법의 근거가 없어도 가능하지만, 특히 법의 규정이 있을 때 요구받은 관청은 이를 거부하지 못한다[예 : 현행법상으로는 응원경찰관의 파견(경찰직무 응원법 제1조)·소방업무의 응원(소방기본법 제11조) 등].

행정적 통제
行政的 統制

보통 국가가 지방자치단체에 대하여 행하는 감독·통제를 말한다. 즉 국가의 행정관청에 의하여 지방자치단체를 통제하는 것이다. 그 방법은 법률이나 명령에 의한 감독권한의 행사 및 그것을 근거로 한 '통첩·회답·제시·지정·기준설정·부관(附款)·내시(內示, 내부적으로 미리 알림)·조사에 기한 의견' 등의 기술적 수단으로 행하여진다. 행정적 통제는 **입법적 통제**에 비하여 탄력성이 풍부하며, **사법적 통제**에 비하여 시간과 비용의 낭비를 방지할 수 있는 장점이 있으나 실질적으로는 허가권·지도권을 통해 지방자치의 위축을 가져오기 쉽다.

행정절차
行政節次

행정기관이 규칙제정·행정심판에서의 **재결청의 재결** 등과 같은 행정행위를 할 때에 준거해야 할 절차를 말한다. 넓은 의미로는 행정의사의 결정과 집행에 관련된 일체의 과정(사전절차로서 행정입법·행정계획·행정처분·행정계약 및 행정지도에 관한 절차, 사후절차로서 행정심판절차 및 행정상의 실효성 확보절차 등)을 의미하며, 좁은 의미로는 행정기관의 제1차적인 행정권의 행사과정을 규율하는 절차(행정의사결정에 관한 사전절차·행정입법·행정계획·행정처분·행정계약 및 행정지도에 관한 사전절차 등)를 의미하며, 가장 좁은 의미의 행정절차는 행정처분의 사전절차만을 의미하며, 행정처분 절차만을 그 범위로 본다. 특히 행정심판에서 당사자 또는 관계인의 보호를 위하여 요청되는 일정한 형식(예 : 구술의 심리·증거조사·청문)을 가질 때에는 준사법적 절차라고도 칭한다. 주로 미국 행정법상의 용례에서 발달한 것이다. 법원에 의한 심리재판을 **사법절차**(司法節次)라고 부르는 데 비해, 행정기관에 의한 심판을 행정절차라고 부르기도 한다. 최근에는 행정절차의 적법성이 중요시되고 있는데, 행정의 투명성과 민주성을 확보하기 위한 측면에서 법규에 따른 적법한 절차를 거치지 않은 행정행위는 취소의 사유가 될 수 있다고 해석된다. 특히 침익적 행정행위에서 청문절차나 이해관계인의 의견진술 기회를 주지 않은 행정행위에 대하여 견제방법으로 중요시되고 있다.

행정절차법
行政節次法

행정청이 각종 처분, 법령·정책·제도 등을 제정·수립 또는 변경하는 경우 그 준칙이 되는 법률로, 행정절차에 관한 공통적인 사항을 규정하여 국민의 행정 참여를 도모함으로써 행정의 공정성·투명성 및 신뢰성을 확보하고 국민의 권익을 보호함을 목적으로 한다(행정절차법 제1조). 이 법은 행정청의 처분·신고·입법예고, 행정예고, 행정지도의 절차를 규정한 것으로 처분의 처리기간·처리기준 및 처분의 사전통지절차, 법령 등의 제정·개정·폐지, 정책수립 등에 대한 국민의 협조와 행정지도의 방법을 규정하고 있다.

행정구역
行政區域

행정권발동의 지역적 관할을 말한다. 이것은 **국가행정**, 즉 관치행정에서도 중요시되지만, 특히 행정학에서는 자치단체의 영역과 관련하여 중요시되고 있다. 우리나라의 지방자치단체에는 서울특별시·광역시·특별자치시·도·특별자치도·시·군·구 등이 있는데 이러한 단체를 어떻게 정할 것인가에 관하여 **적정규모**(適正規模)의 원칙이 있다. 적정규모를 결정하는 데는 공동사회·행정량·재원·행정의 편의 등 네 가지 조건이 구비되어야 한다.

행정분석
行政分析

행정관리의 합리화·능률화를 확보하기 위하여 취하는 방법을 말한다. 직접 목표는 행정 활동을 관리적 가치에서 분석·개선하는 데 두며, 주된 대상 영역은 운영관리·조직관리·인사관리·재무관리·사무관리·물적설비관리 등이다.

행정관리
行政管理

행정기관이 일정한 행정목적 또는 목표를 설정하고 그것을 달성하는 데 필요한 사항을 계획·지도·통제하는 것을 말한다. 행정목적의 효과적 달성을 위한 일종의 기술관리로, 인력·시간·경비를 최소한도로 사용하여 최대한의 효과를 거두는 경제성의 원칙을 적용하여 업무를 가장 효율적으로 완수함으로써 국민에게 최대한의 봉사를 제공하는 데 궁극적인 목표가 있다. 행정관리의 지도이념으로는 ① 봉사의 원리, 즉 민주주의 ② 능률성의 원리, 즉 생산성 ③ 합리성의 원리, 즉 경제성의 세 가지를 들 수 있는데 이것을 **행정관리의 3원칙**이라고도 한다.

행정감독
行政監督
행정관청이 그의 하급행정기관 또는 그와 특별한 감독 관계에 있는 자에 대하여 행정질서의 유지 또는 법 목적의 보장을 위하여 행하는 감독을 말한다. 상하급행정관청 간의 관계로서 상급행정관청의 하급행정관청에 대한 행정감독은 '직무감시·훈령·허가·취소' 등의 현상으로 나타나며, 특별한 감독 관계에 있는 자에 대한 행정감독은 **공기업** 또는 **허가영업** 등의 '업무부과·검사·허가취소·업무정지·공기업체의 직원에 대한 징계' 등으로 나타난다.

행정감사
行政監査
행정기관의 업무 집행상황, 공공기업체의 고유업무 또는 국가의 위임이나 보조에 관한 업무의 집행상황 등을 파악하기 위하여 행하는 감사를 말한다. 국회에 의한 행정감사를 특히 **국정감사**라 한다.

행정경찰
行政警察
행정경찰은 학문상의 용어로, 광의로는 사법경찰에 대응하는 행정상의 경찰작용을 의미한다. 사법경찰이 형사사법권에 부수하는 작용으로서 형사소송법규의 규율을 받는 데 비해, 행정경찰은 행정권 본래의 작용으로서 각 행정법규의 규율을 받는 경찰이다. 협의로는 위 행정상의 경찰작용 중 일반공안 유지를 임무로 하고 그 자체가 독립한 행정부문을 형성하고 있는 보안경찰(고유 의미의 경찰)에 대조되는 개념으로서 위생·교통·경제 등의 행정 각 부문에서 질서유지를 목적으로 하는 경찰을 의미한다.

행정계획
行政計劃
행정주체가 장래 일정한 시점의 행정 활동을 위한 목표를 설정하고 이와 관련되는 행정 수단의 종합조정을 통하여 이러한 일정한 질서를 실현하는 구상이나 활동기준의 설정을 말한다. 행정계획은 행정 각 분야에 있어서 보다 나은 질서를 창조하기 위한 장래의 목표를 설정하는 기능, 행정기관의 개별적인 행정조치를 일정한 목표에 맞추어 상호 유기적으로 연관 지어 전체적인 행동 방향을 종합화·체계화하는 기능, 국민에 대하여 목표와 그 실현의 수단을 미리 알려서 협력을 구하고, 또한 국민에 대한 지침적·유도적인 효과와 때로는 규제적 효과를 얻는 기능을 한다. 행정계획은 법치주의의 형해화를 가져올 우려가 있다는 점, 그 법적 성질이 애매하다는 점이 문제점으로 지적되고, 계획변경으로 손해를 입었을 때의 배상청구 여부에 대한 견해가 대립하고 있다.

행정규정
行政規程
보통 실정법상의 개개 조항이 아니라 이들 조항의 체계적인 일단을 가리킨다. 행정규정은 **행정규칙·행정명령**과 동의어로 많이 쓰인다. 때로는 행정규칙을 행정권이 정립하는 일반적 법규범으로 정의하고, 그 가운데서 특히 법규를 내용으로 하지 않는 것을 행정규정이라고 하는 때도 있다.

행정재산
行政財産
학문상으로는 널리 국가 또는 공공단체가 직접 행정목적을 위해 공용하는 재산을 말한다. 실정법상으로는 보통재산에 대응하는 개념으로서 「국유재산법」상 사용되는 용어이다. 「국유재산법」상의 행정재산에는 **공용재산·공공용재산·기업용재산·보존용재산**의 4종이 있다(제6조2항). 공용재산이란 국가가 직접 사무용·사업용 또는 공무원의 주거용(직무 수행을 위하여 필요한 경우로서 대통령령으로 정하는 경우로 한정한다)으로 사용하거나 대통령령으로 정하는 기한까지 사용하기로 결정한 재산을 말하고, 공공용재산이란 국가가 직접 공공용으로 사용하거나 대통령령으로 정하는 기한까지 사용하기로 결정한 재산을 말하며, 기업용재산이란 정부기업이 직접 사무용·사업용 또는 그 기업에 종사하는 직원의 주거용(직무 수행을 위하여 필요한 경우로서 대통령령으로 정하는 경우로 한정한다)으로 사용하거나 대통령령으로 정하는 기한까지 사용하기로 결정한 재산을 말한다. 보존용재산이란 법령이나 그 밖의 필요에 따라 국가가 보존하는 재산을 말한다. 행정재산은 **총괄청**(기획재정부장관)이 총괄·관리하며 법률이 정하는 범위에서 각 중앙관서의 장이 관리할 수도 있으며, 총괄청은 대통령령이 정하는 바에 의하여 행정재산의 관리 및 처분에 관한 사무를 중앙관서의 장에게 위임할 수 있다(같은 법 제8조). 행정재산은 원칙적으로는 처분하지 못하며(같은 법 제27조), 이는 국유의 행정물을 의미한다.

공물 公物

국가·공공단체 등의 행정주체가 직접 행정목적을 위하여 제공한 물건(物件)을 말하는데, 이는 실정법상 개념이 아니라 학문상 개념이다. 공용주체에 착안하여 정립된 개념으로서 소유권의 귀속 여하를 불문한다. 개개의 유체물이므로 영조물(營造物) 그 자체는 공물이 아니다. 도로·하천 등과 같이 일반공중의 공동사용에 제공되는 이른바 **공공용물**(公共用物)과 청사·교사 등과 같이 행정주체의 직접 사용에 제공되는 이른바 공용물의 양자가 있다. 국유재산(國有財産)은 그중의 행정재산만이 이 공물에 해당하고, 수익만을 목적으로 하는 **보통재산**(普通財産), 특히 **일반재산**(一般財産)은 공물이 아니다. 공물은 사물(私物)에 상대되는 개념으로서 공공목적에 공용되는 한도 내에서는 사물과 다른 법적 취급을 받고, 공법적 규정에 따라 규율된다. 즉 공물에는 사권의 목적이 될 수 없는 것이 있고(예: 하천·호소·해면), 사권의 목적이 될 수 있는 공물도 그 공공목적에 방해가 될 사

권의 행사는 제한된다(예: 융통성의 제한·강제집행의 제한·수용의 제한·과세의 제한 등). 공공용물에 있어서 공물의 성립은 자연공물을 제외하고는 공공용에 제공하는 행정행위(공용개시행위)가 있음으로써 개시되고, 공용물에 있어서는 단순한 사실상의 사용개시가 있음으로써 개시된다. 아직 공공목적에 공용되지 않았으나 장차 그 구조의 완성을 기다려서 공용하기로 결정된 이른바 **예정공물**(예: 도로예정지) 또는 현실적인 공용이 목적이 아니고, 다만 공공목적을 위하여 그 물건 자체의 보존을 목적으로 하는 이른바 **공적보존물**(예: 문화재·향교재산)도 공공목적에 필요한 한도 내에서 공물에 준하여 취급된다.

공물사용의 법률관계 公物使用의 法律關係

공물의 사용에 관하여 공물주체와 사용자 간에 발생되는 법률관계로, 공물관리상 필요한 범위 내에서 공법적 규율을 받는다. 공물 중 주로 공공용물에서 발생하고, 공용물에서는 그 공용물 본래의 목적을 방해하지 않는 한도 내에서만 발생한다. 일반공중이 공물을 사용할 때 공물주체와 사용자 간에 발생하는 법률관계는 사물의 경우와는 달라서 공물 본래의 목적에 필요한 한도 내에서는 **공법관계**로서 공법적 규율의 대상이 되는 것이다. 일반공중에 의한 공물의 사용은 그 법률관계를 표준으로 하여 일반사용과 특별사용으로 구분된다. 일반사용이란 공중이 자유로이 그것을 사용할 수 있는 경우를 말하며, 특별사용이란 일반사용의 범위를 넘은 사용이 허용되는 경우를 말한다. 후자는 다시 그 사용의 법률상의 성질을 표준으로 하여 허가사용과 특허사용으로 나누어진다. ① 공물의 일반사용 내용 및 범위는 법률에 특별한 규정이 없는 한 일반사회의 관습에 의하여 정하여진다. 공물의 일반사용은 아무런 권리도 설정하지 않는다. 이것은 다만, 공물주체가 공물을 공중의

사용에 제공한 결과로 받게 되는 **반사적 이익**(反射的 利益)에 불과하다. 따라서 공물주체(公物主體)가 도로·공원 등의 공용폐지를 한 경우에도 그것이 어느 특정인의 권리·이익을 침해한 것이 되지 않는다. ② 일반적으로는 자유로운 사용이 금지된 공물에 대해 특정한 경우에 그 제한을 해제함으로써 사용을 허용하는 것이 허가사용이다. 공물의 허가사용은 **공물경찰권**(公物警察權)의 작용으로서 행하여지는 때도 있으며, **공물관리권**(公物管理權)의 작용으로서 행하여지는 때도 있다. 어느 쪽이든 특별사용의 허가는 공물 사용의 일반적 금지를 해제하는 행위에 그치며 권리를 설정하는 것은 아니다. 공물의 허가사용 예는 도로 작업, 공사·광고판설치의 허가(경찰허가), 하천에서의 유목(流木)·통항(通航)의 허가(관리허가) 등이다. ③ 공물의 특허사용은 특정인 외에 일반인에게는 허용되지 않는 특별한 사용권을 부여하는 경우를 말하는데 도로에 전주를 세우고 수도관·하수관을 묻는 것 등이 그 예이다. ④ 공물의 특별사용권은 관습에 의하여 성립하는 경우가 있다. 하천의 유수사용권·유수권 등이 그 예이다. ⑤ 공물의 사용권은 사법상의 계약에 의해서도 설정할 수 있다. 공물 위에 사법상의 사용권을 설정할 수 있는가에 관해 종래 다툼이 있었으나, 공물의 용도 또는 목적을 해치지 않는 한도에서 사인으로 하여금 그것을 사용·수익시키는 것을 방해할 아무런 이유가 없다고 보는 것이 다수설이며, 「국유재산법」도 제30조에서 같은 취지를 규정하고 있다.

공물경찰
公物警察

공물의 사용관계에서 발생하는 사회적 장애를 방지 또는 제거하기 위하여 명령·강제하는 작용을 말한다(예 : 도로경찰·하천경찰 등). 공물의 목적을 달성하기 위한 작용인 점에서 공물의 관리작용과 같으나, 권력의 성질·목적·활동범위·제재수단 등에서 차이가 있다.

공물의 관리
公物의 管理

공물의 주체가 공물의 목적을 달성하기 위하여 행하는 모든 공법적 작용, 즉 공물의 유지·수선을 위하여 또는 공물의 작용의 보호·조장을 위하여 필요한 경우에 사인에 대하여 명령·금지·강제하는 등의 작용을 말한다. 공물(**공공의 영조물**)의 관리의 하자로 인한 손해는 배상하여야 한다(국가배상법 제5조1항).

공물관리권
公物管理權

행정주체가 공물의 관리주체라는 지위에서 공물 본래의 목적을 달성하기 위하여 관리작용을 할 수 있는 공법상의 권능을 말한다. 예컨대 공용개시·공용폐지·공물사용권특허 등을 할 수 있는 권능이다.

공물사용의 허가
公物使用의 許可

경찰권 또는 공물관리권에 의하여 일반적으로는 금지되어 있는 공물의 사용을 특정한 경우에 그 금지를 해제하여 적법하게 사용할 수 있게 하는 행정행위를 말한다(예 : 하천에서의 유목·통항의 허가 등). 이 행정행위의 성질은 일반적인 허가와 같다. 허가권은 경찰기관 또는 관리기관에 각각 있는 경우가 보통이나 두 기관에 경합되어 있는 경우도 있다. 도로상의 작업·수도부설 등이 그 예이다. 이 경우에도 경찰작용(警察作用)과 관리작용(管理作用)은 각각 독립하여 효력을 가지기 때문에 한쪽의 허가로 금지가 당연히 해제되는 것은 아니다.

공용개시
公用開始

특정물을 실제로 공공목적에 공용한다는 행정주체의 의사표시를 말한다. 공공용물은 원칙적으로 일반공중의 공동사용에 제공될 수 있는 형식적 조건을 갖춤과 동시에 이와 같은 의사표시 행위가 있음으로써 성립한다. 이 의사표시 행위를 공용개시행위(公用開始行爲)라고 하는데, 이에 따라 그 물건은 공물로서 성질을 취득하고 일정한 공법상의 제한을 받게 된다. 공용개시행위는 상대방 없는 형식적 행정행위로서 그 의사표시는 명시적인 것이 보통이나 묵시적인 것도 있다. 공용개시행위는 공공용물의 성립요건이지만, 공용물 및 **자연공물**의 성립에는 필요치 않다.

자연공물 自然公物

하천·해면·호수 등과 같이 자연 상태에 있어서 이미 공공용에 제공할 수 있는 형태를 갖추고 있는 공물을 말한다. 행정주체가 인공을 가하고 또한 이를 공공용에 제공함으로써 비로소 공물이 되는 **인공공물**(人工公物, 예 : 도로·공원)에 대응하는 개념이다.

공용사용 公用使用

특정한 공익사업을 위하여 그 사업 주체가 타인의 소유인 토지 기타 재산권을 강제적으로 사용하는 것을 말한다. 이 권리를 공용사용권이라고 한다. **공용제한**(公用制限)의 일종이기는 하나, 공용사용권의 설정이 주된 것이고, 재산권에 대한 제한은 그 효과에 불과한 점에서 공용제한과는 다른 특성이 있다. 또 **공용수용**이 재산권 자체를 징수하는 데 비해, 공용사용은 그 재산권의 사용권만을 징수하는 점에서 공용수용과도 다르다. 공용사용은 법률 또는 법률에 의한 행정행위에 의하여 설정되며 그 성질은 공법상의 권리이다. 공용사용에는 공사·측량 등을 위하여 또는 비상·재해의 경우에 설정되는 일시적 사용(도로법 제83조, 공익사업을 위한 토지 등의 취득 및 보상에 관한 법률 제38조, 광업법 제68조)과 계속적 사용의 두 가지의 경우가 있다. 전자는 보통 법률이 정하는 간단한 절차 또는 행정처분에 의하여 설정되는 데 대하여, 후자는 재산권에 대한 중대한 제한이므로 그 설정은 법률의 근거가 있어야 하며, 그 절차도 원칙적으로 「공익사업을 위한 토지 등의 취득 및 보상에 관한 법률」 제38조에 의한 토지수용의 절차에 의한다. 공공필요에 의한 재산권의 수용·사용 또는 제한 및 그에 대한 보상은 법률로써 하되, 정당한 보상을 지급하여야 한다(헌법 제23조3항).

공용부담 公用負擔

특정한 공익사업의 목적을 달성하기 위한 행정수단으로서 법률에 따라 국민에게 강제적으로 과하는 모든 인적·물적부담을 말한다. 행정주체가 경영하는 공익사업 자체는 비권력적 작용이지만 그 보조적 수단으로서 이와 같은 권력적 작용이 필요하다. 공용부담은 특정한 공익사업을 위한 공법상 부담이라는 점에서 기타의 행정목적을 위한 공법상 부담인 경찰부담·재정부담·군사부담 등과 구별되며, 국민에게 과하는 부담인 점에서 공공단체에 과하는 사업부담·경비부담 등과 구별된다. 공용부담은 국민에게 새로운 부담을 과하는 것이므로 반드시 법률의 근거를 필요로 한다. 공용부담은 특정인에게 작위·부작위·급부를 명하는 **인적공용부담**(人的公用負擔)과 특정한 재산권에 고착해서 이에 제한·변경을 가하는 **물적공용부담**(物的公用負擔)으로 구분되는데, 전자는 다시 부담금·부역현품(賦役現品)·노역물품·시설부담·부작위부담 등으로 구분되고, 후자는 공용제한·공용수용·공용환지 등으로 구분된다.

공용제한 公用制限

특정한 공익사업의 목적을 위하여 특정한 재산권에 과하여지는 공법상의 제한을 말한다. **물적공용부담**의 일종이다. 재산권의 이전과 함께 그 제한의 효과도 당연히 이전된다. 공용제한의 대상이 되는 재산권의 목적인 재산은 토지 등의 부동산인 경우도 있고 동산인 경우도 있다. 또 무체재산권이 대상이 되는 때도 있다. 그중 토지에 대한 공용제한이 가장 보통의 경우인데 이것을 공용지역(公用地域)이라고 한다. 공용제한은 특정한 공익사업을 위한 공법상의 제한이라는 점에서 사법상의 제한과는 구별되며, 재정목적·경찰목적·군사목적을 위한 다른 공법상의 제한과도 구별된다. 공용제한은 반드시 법률의 근거를 필요로 하며 법률이 정하는 바에 따라 그 손실을 보상해야 한다(헌법 제23조3항). 그리고 제한의 양태에 따라 계획제한·보전제한·사업제한·공물제한(公物制限)·사용제한으로 구별된다.

공용환지
公用換地
토지의 이용가치를 전반적으로 증진하기 위하여 일정한 지역 내에 있는 토지의 소유권 또는 기타의 권리(예 : 지상권·임차권 등)를 권리자의 의사 여하에도 불구하고 강제적으로 교환·분합하는 것을 말한다. **물적 공용부담**의 일종이다. 환지·토지정리·**구획 정리**라고도 한다. 공용환지는 되도록 권리의 실질에 변경을 주지 않으면서 목적물을 변경하여 같은 가치의 토지와 교환하게 할 뿐인 점에서 권리의 제한 또는 수용을 목적으로 하는 **공용제한**·공용수용과 구별된다.

공용수용
公用收用
특정한 공익사업을 위하여 개인의 재산권을 법률에 따라 강제적으로 취득하는 것을 말한다. 수용 또는 **공용징수**(公用徵收)라고도 한다. 물적공용부담의 일종이다. 공용수용은 공익사업을 위한 재산권의 징수라는 점에서 재정상의 목적을 위하여 행하는 조세징수, 경찰상의 견지에서 하는 몰수, 국방상의 목적에서 행하는 징발 등과 구별되며, 재산권의 강제적 취득인 점에서 임의적 취득 및 재산권의 제한인 공용제한과도 구별된다. 공용수용은 특정한 공익사업을 위한 것이어야 한다(공익사업을 위한 토지 등의 취득 및 보상에 관한 법률 참조). 그 대상인 물건은 비대체적인 특정한 재산권으로서 토지 기타의 부동산·동산에 관한 소유권, 기타의 권리이지만 때에 따라서는 무체재산권(특허권) 또는 광업권·어업권·용수권인 경우도 있다. 그중 토지소유권에 관한

것이 가장 보통이다. 공용수용의 주체는 국가, 공공단체, 그로부터 특허받은 사인이다. 공용수용은 사법상의 수단에 의할 수 없을 때 권리자의 의사와 관계없이 그 권리를 강제적으로 취득하는 것이므로 법률의 규정에 따른 물권변동이다. 따라서 부동산의 경우에는 등기 없이 효력이 생기며 그 권리취득의 성질은 원시적 취득이다. 공용수용은 법률의 근거가 있어야 하고 법률이 정하는 보상을 하여야 한다(헌법 제23조3항). 공용수용에 관한 일반법으로서는 「공익사업을 위한 토지 등의 취득 및 보상에 관한 법률」이 있고, 이외에도 그 근거를 규정한 법률이 많다(광업법 제70조·제71조, 도로법 제82조).

공용폐지
公用廢止
공물로서의 성질을 상실시키는 행정주체(공물관리자)의 의사표시를 말한다. 상대방 없는 형성적 행정행위이다. 명시적임을 원칙으로 하나 묵시적이라도 무방하다. 공용폐지에 의하여 그 물건에 대한 공법상의 제한이 배제되고 사법상의 권리는 완전히 회복되어 사법의 적용대상이 된다.

국유공물
國有公物
국가가 소유하는 사권의 목적이 될 수 있는 공물을 말한다. 소유권의 주체는 국가로, 공물관리권의 주체와 소유권의 주체가 반드시 일치하는 것은 아니다. 국유공물을 국가가 관리할 때에는 **자유공물**(自有公物)이나, 공공단체가 관리할 때에는 **타유공물**(他有公物)이 된다.

국유재산
國有財産
넓은 의미로는 국가가 소유하는 현금 이외의 모든 재산적 가치가 있는 물건 및 권리를 지칭하며, 공유재산·사유재산에 대응하는 개념이다. 좁은 의미로는 「국유재산법」 제5조에서 규정하고 있는 재산을 말한다. 즉 국유재산이란 국가의 재산[① 부동산과 그 종물(從物), ② 선박·부표(浮標)·부잔교(浮棧橋)·부선

거(浮船渠) 및 항공기와 그 종물, ③ 정부의 기업 또는 시설에서 사용하는 기관차・전차・객차 등 궤도차량(해당 기업이나 시설이 폐지된 후에도 국유재산에 해당한다), ④ 지상권・지역권・전세권・광업권 기타 이에 준하는 권리, ⑤ 투자자가 취득과 동시에 지급한 금전등 외에 어떠한 명목으로든지 추가로 지급의무를 부담하지 아니하는 채무증권, 지분증권, 수익증권, 투자계약증권, 파생결합증권, 증권예탁증권 등 금융투자상품, ⑥ 특허권・실용신안권・디자인권 및 상표권, 한국저작권위원회에 등록된 저작권・저작인접권 및 데이터베이스제작자의 권리, 품종보호권 및 기타 법령 또는 조약 등에 따라 인정되거나 보호되는 지식재산에 관한 권리]으로서 국가의 부담이나 기부채납 또는 법령・조약의 규정에 따라 국유로 된 것을 말한다(제2조1호・제5조1항). 「국유재산법」은 국유재산을 그 용도에 따라 **행정재산**, **일반재산**으로 구분하고 있다(제6조1항). **행정재산**이란 공용재산, 공공용재산 및 기업용재산, 보존용재산을 말한다(제6조2항). **공용재산**이란 국가가 직접 그 사무용・사업용 또는 공무원의 주거용으로 사용하거나 사용하기로 결정한 재산을 말한다(제6조2항1호). **공공용재산**이란 국가가 직접 공공용으로 사용하거나 사용하기로 결정한 재산을 말한다(제6조2항2호). **기업용재산**이란 정부기업이 직접 그 사무용・사업용 또는 해당 기업에 종사하는 직원의 주거용으로 사용하거나 사용하기로 결정한 재산을 말한다(제6조2항3호). **보존용재산**이란 법령이나 그 밖의 필요에 따라 국가가 보존하는 재산을 말하고(제6조2항4호), **일반재산**이란 행정재산 외의 모든 국유재산을 말한다(제6조3항). 국유재산사무에 관하여는 **총괄청**(기획재정부장관)이 총괄하고, 각 중앙관서의 장은 그 소관에 속하는 국유재산을 관리・처분한다(제8조). 일반재산은 법률로 정하는 경우에는 대부・매각・교환・양여・개발・현물출자할 수 있다(제4장제2절~제7절).

영조물
營造物

국가 또는 공공단체에 의하여 공공의 목적에 공용되는 인적・물적 시설의 통일체를 말한다. **공공영조물**(公共營造物)이라고도 한다. 영조물이라는 용어는 실정법에서는 행정주체에 의하여 공공의 목적에 사용되는 건조물 등의 물적 설비를 의미할 때 사용되고 있는데(국가배상법 제5조・제6조), 이 경우의 영조물이라는 개념은 공물이라는 개념에 상당하며, 특별히 영조물의 개념으로서 파악할 필요는 없다. 영조물에는 **공용영조물**과 **공공용영조물**이 있다. 전자는 행정주체가 공공의 목적을 위하여 계속해서 사용하는 인적・물적 설비의 종합체를 의미하는 영조물(예 : 행정관서・교도소・소년원 등)이고, 후자는 행정주체에 의하여 계속해서 일반공중의 사용에 제공되는 인적・물적 시설의 종합체를 의미하는 영조물(예 : 철도・수도・병원・박물관・도서관・도로・시장・학교 등)이다. 일반적으로 국가 또는 공공단체가 그가 담당하는 각종 공공의 목적을 위하여 물적 설비를 갖추고, 그 사무를 집행하는 인원을 갖추는 경우 내용상으로는 공기업에 가깝다고 말할 수 있다. 그래서 실정법에서는 영조물이라는 용어 대신에 **공공시설**이라는 용어를 사용하기도 한다(예 : 국가배상법 제5조, 지방자치법 제153조). 그러나 영조물은 주로 설비의 점에 착안한 정적 개념이고, **공기업**은 주로 이 설비를 이용하여 행하여지는 행위에 착안한 동적 개념이라고 말할 수 있다. 따라서 도로・공원・항만 등과 같이 주로 물적 설비를 요소로 하는 것은 공기업이라고 부르기에는 적합하지 않다. 또 주로 사람의 행위를 요소로 하는 토지개량 등은 영조물이라고 말할 수 없다. 즉 공기업이라는 용어는 주로 영리적으로 경영되고, 적어도 수입과 지출이 있는 경제적 재화의 생산에 관한 사업을 의미하는 경향이 있는 데 비해, 영조물이라는 용어는 수입과 지출이 없는 정신적 문화에 관한 사업을 의미하는 경향이 많다. 이처럼 양자는 관점을 달리하는 점에서 그 개념의 차이가 있다.

영조물경찰
營造物警察

영조물의 관리 및 경영에 수반하여 사회공공의 안녕질서에 위해를 미치거나 미칠 우려가 있는 때에 이를 제거하거나 예방하기 위하여 행하는 경찰을 말한다. 공공경찰이라고도 한다. 공공의 질서를 유지하기 위하여 일반통치권에 따라 국민에게 어떠한 제한을 가하는 작용이라는 점에서 다른 경찰과 다름이 없으나, 그것이 특히 영조물에 관하여 행하여진다는 점에서 영조물경찰이라고 한다(예 : 철도경찰, 도로경찰 등).

영조물규칙
營造物規則

영조물의 조직·관리·이용조건 등에 관하여 영조물의 관리자가 정하는 규칙을 말한다. **공기업규칙**이라고도 한다. 이것은 영조물의 내부규율 또는 영조물 관리자의 특별권력에 복종하는 자를 구속하는 데 그치고, 일반 사인의 권리·의무에 관계되는 것이 아니므로 성질상 행정규칙의 일종이다. 법률의 수권이 필요하지 않으며 법령에 저촉하지 않는 범위 안에서 고시 등의 임의의 형식으로 정할 수 있다.

공기업
公企業

국가·공공단체 또는 그로부터 특허받은 자가 직접 사회공공의 복리를 위하여 인적·물적 시설을 갖추어 경영하는 비권력적 사업을 말한다. 공기업을 정지상태의 그 시설에 치중해서 말할 때는 영조물 또는 공공시설이라고 한다. 국가·공공단체 또는 그로부터 특허받은 자가 그 주체라는 점에서 사인이 자기의 고유사업으로서 경영하는 사기업과 구별되고, 직접 사회공공의 복리를 목적으로 하는 점에서 국가의 수입을 목적으로 하는 전매사업·사경제적 기업과 구별되며, 역무의 제공과 그 시설의 유지·관리만을 내용으로 하는 비권력적 작용을 수단으로 하는 점에서 경찰·통제·조세·병역 등의 권력작용과도 구별된다. 학설상으로는 영리를 수반하는 공익사업(예 : 철도·우편·전신·전화)만을 가리키는 의미로 사용하여 비영리적 순공익사업(예 : 학교·도서관·박물관·미술관 등)을 제외하는 수가 있으나, 양자는 경제상으로는 차이가 있어도 법률적으로는 본질적인 차이가 없으므로 양자를 포함하여 공기업이라고 부른다. 공기업은 국가·공공단체 또는 그로부터 특허받은 자가 공공복리를 위하여 계속적 시설로서 경영하는 사업이므로 그의 조직(인적 요소는 공무원, 물적 요소는 공물)·회계·경리 등에 있어서 사기업과 다른 특색이 인정된다. 또 경제상(기업독점권 등)·형사상 기타 특별한 보호가 부여되고, 그의 이용관계에 관하여도 가끔 법률상 또는 사실상의 강제가 가하여지는 등 여러 가지 법률상의 특색이 인정된다.

공기업의 특허
公企業의 特許

법률상 국가 또는 공공단체에 유보된 공기업 경영권의 전부 또는 일부를 다른 특정인에게 부여하고 그 경영 의무를 부담시키는 행위를 말한다. 포괄적 법률관계의 설정행위로서 경찰상의 제한을 해제하여 본래의 자유를 회복하는 경찰상의 경영허가와 구별된다. 다만, 양자를 구별하지 않는 견해도 있다. 공기업의 특허는 직접 법규에 따라 행하는 경우와 법규에 따른 행정행위에 의하여 행하는 경우가 있다. 그리고 후자의 경우에는 보통 **특허명령서**(特許命令書)를 교부한다. 공기업의 공공성으로 인하여 특허기업자는 그 기업의 경영에 있어서 국가 또는 공공단체로부터 여러 가지 보호와 특전을 받는 동시에 한편으로는 국가 또는 공공단체에 대하여 특별한 공법상의 의무를 지고 또한 특별한 국가적 감독을 받는다(예 : 사립학교 설립인가, 도선장 설치허가, 토지수용 사업인정 등).

특허기업
特許企業

행정주체의 기업경영권 설정행위(공기업의 특허)에 의하여 설립·경영하는 공기업을 말한다. 그 기업이 공기업이고 경영권이 행정주체에 속하는 기업인 점에서 사기업, 특히 그 가운데서도 행정주체의 특별한 보호를 받는 **보호기업**(保護企業)과 구별된다(예 : 한국조폐공사, 한국전력공사, 한국토지주택공사 등의 사업과 수도사업, 가스사업, 농지개량사업, 사립학교 등).

공기업특권
公企業特權

공기업의 목적을 달성하기 위하여 법률이 특히 공기업의 주체에게 부여하는 권리 또는 이익을 말한다〔예 : 공기업독점권(우편·전기·수도 등)·공용부담특권·경제상의 수혜(면세·보조금 지급·강제징수특권·손해배상책임제한 등)·공기업경찰권·공기업형벌권 등〕.

공공기업체
公共企業體

국가의 소관에 속하는 특수한 사업을 관리하기 위하여 설립되어 국가로부터 독립된 인격을 가진 단체를 말한다. 각종의 공사(한국조폐공사·한국전력공사·한국도로공사·한국토지주택공사 등), 특수은행(한국은행·한국수출입은행 등)이 모두 이에 속한다. 이들 공공기업체는 넓은 의미에서 국가행정조직의 일부를 구성한다고 볼 수 있다.

금고
金庫

① 국가 또는 지방자치단체의 현금 출납기관으로서의 금고를 말한다. 금고제도에는 고유금고제도(국가 또는 지방자치단체가 직접 현금출납사무를 관장하는 제도), 위탁금고제도(은행 기타의 자에게 출납사무를 위탁하는 제도), 예금제도(특정은행에 출납사무를 위임하는 제도)가 있다. 현재 우리나라에 있어서는 국고금의 출납사무는 한국은행이 취급하며, 한국은행에서 수입한 국고금은 국가의 예금으로 하도록 하여 예금제도를 채택하고 있다(국고금관리법 제36조). ② 일정한 목적을 위하여 설립되는 비영리법인을 말한다. 새마을금고가 그 예이다. 새마을금고란 국민의 자주적인 협동조직을 바탕으로 우리나라 고유의 상부상조 정신에 근거하여 자금의 조성 및 이용과 회원의 경제적·사회적·문화적 지위의 향상 및 지역사회개발을 통한 건전한 국민정신의 함양과 국가경제발전에 이바지할 목적으로 설립된 비영리법인이다(새마을금고법 제1조, 제2조1항). ③ 기업형태의 하나로서의 금고를 말한다. 상호저축은행이 그 예이다. 상호저축은행이란 서민과 중소기업의 금융편의를 도모하고자 설립되는 기업형태의 일종으로 상호저축은행의 형태는 주식회사로 한다(상호저축은행법 제1조·제3조). 새마을금고와 상호저축은행은 모두 정부의 감독을 받는다.

행정구제
行政救濟

위법 또는 부당한 행정작용의 시정과 행정작용에 기인하는 국민의 재산적 손해의 전보에 관한 제도를 일괄하여 부르는 개념이다. 이러한 행정구제제도는 일반적으로 '① 위법 또는 부당한 행정작용의 시정에 관한 수단 : 행정심판·행정소송 등의 **행정쟁송**제도 ② 위법한 행정작용으로 인한 손해의 배상에 관한 제도 : **국가배상**(행정상의 손해배상 또는 **국가의 불법행위**로 인한 손해배상이라고도 한다)제도 ③ 적법한 행정작용으로 국민에게 특별한 재산적 손실(희생)을 가한 경우의 그 손실보상에 관한 제도 : 손실보상(행정상의 손실보상이라고도 한다)제도'의 세 가지로 분류할 수 있다. 우리나라 헌법은 행정청의 위법행위에 대하여는 일반적으로 법원에 제소할 수 있는 길을 열어놓고(헌법 제107조), 국가 또는 공공단체의 배상책임규정(같은 법 제29조)과 재산권의 침해에 대한 보상을 규정함으로써(같은 법 제23조3항) 행정구제제도(行政救濟制度)의 완비를 기하고 있다.

국가배상
國家賠償

국가 또는 지방자치단체가 부담하는 공법상의 손해배상을 말한다. 우리나라 헌법 제29조에 근거하여 「국가배상법」이 제정되었다. 이 법률에 따르면 다음의 경우에 국가 또는 지방자치단체의 손해배상책임이 발생한다. ① 국가나 지방자치단체의 공무원이 그 직무를 집행하면서 고의 또는 과실로 법령에 위반하여 타인에게 손해를 가하거나, 「자동차손해배상 보장법」의 규정에 의하여 손해배상의 책임이 있는 경우이다(국가배상법 제2조). 이 경우 공무원에게 고의 또는 중대한 과실이 있는 때에는 국가 또는 지방자치단체는 그 공무원에게 구상할 수 있다. ② 도로·하천, 그 밖의 공공의 영조물의 설치 또는 관리에 하자가 있기 때문에 타인에게 손해를 발생하게 하였을 경우이다(같은 법 제5조). 이 경우 손해의 원인에 대하여 책임을 질 자가 따로 있을 때에는 국가 또는 지방자치단체는 그 자에게 구상할 수 있다. ③ 위의 경우 이외의 경우로서 국가 또는 지방자치단체가 사경제 행위의 과정에서 타인에게 손해를 발생하게 하였을 때에는 「민법」상의 손해배상책임을 진다(국가배상법 제8조). 또 「민법」 이외의 법률(예 : 우편법 제38조~제45조)에 다른 규정이 있으면 그 법률의 규정에 의한다. ④ 국가나 지방자치단체가 손해를 배상할 책임이 있는 경우에 공무원의 선임·감독 또는 영조물의 설치·관리를 맡은 자와 공무원의 봉급·급여, 그 밖의 비용 또는 영조물의 설치·관리 비용을 부담하는 자가 같지 아니한 때에는 그 비용을 부담하는 자도 손해를 배상할 책임이 있다(국가배상법 제6조). 이 경우 손해를 배상한 자는 내부관계에서 그 손해를 배상할 책임이 있는 자에게 구상할 수 있다. 다만, 공무원의 불법행위 중에서 「국가배상법」과 「민법」의 규정에 따른 손해배상을 청구할 수 없는 경우가 있다. 즉 군인·군무원·경찰공무원 또는 예비군대원이 전투·훈련 등 직무집행과 관련하여 전사·순직하거나 공상을 입었을 때 본인이나 그 유족이 다른 법령의 규정에 따라 재해보상금·유족연금·상이연금 등의 보상을 지급받을 수 있을 때에는 「국가배상법」 및 「민법」의 규정에 의한 손해배상을 청구할 수 없다(국가배상법 제2조1항 단서).

「국가배상법」에서 규정하고 있는 손해배상은 불법행위로 인한 것이기 때문에 적법행위로 인하여 발생한 손실을 보상하는 **손실보상제도**(損失補償制度)와는 구별된다. 또 손해배상제도가 근세의 개인주의적 사상을 기반으로 개인적·도의적 책임주의를 기초원리로 하여 구성된 것인데 비해, 손실보상제도는 단체주의적 사상을 근거로, 사회적 공평부담주의의 실현을 기초이념으로 하여 구성되었다. 그러나 오늘날에는 오히려 양자가 접근하여 그 어느 경우이든 공평부담의 견지에서 피해자의 손해전보에 중점을 두고 문제를 해결해야 한다고 해석된다.

손실보상
損失補償

적법한 공권력의 행사(이 점에서 불법행위에 대한 손해배상과 다르다)로 특정인에게 경제상의 특별한 희생(예 : 공용수용, 공용사용 등)을 가한 경우에 그 손실을 전체의 부담으로 행정주체가 보상해 주는 것을 말한다. **행정상의 손실보상**이라고도 한다. 「공익사업을 위한 토지 등의 취득 및 보상에 관한 법률」에 근거한 공익사업에 대한 손실보상(제6장)이 그 예이다. 적법행위로 인한 손실(재산권의 침해)의 보상이라는 점에 있어서 불법행위로 인한 공법상의 손해배상(**국가배상**)과 구별된다. 사유재산제도에 입각하는 근대법치국가에서는 공공목적을 위하여 필요한 재산권의 제약·침해를 인정하면서도 이로 인하여 발생한 특별·우연한 희생(조세부담과 같은 일반적 희생이나 재산권 자체에 내재하는 사회적 제약이 아닌 것)은 이를 전보하여 공익과 사익의 조절을 도모하는 것이 형평이 추구하는 바이다. 여기에 손실보상제도의 합리적 근거가 있다. 이 제도의 실정법적 기초는 헌법상의 재산권 보장으로, 국민의 재산권을 보장하는 동시에 공공필요에 의한 재산권의 수용·사용 또는 제한의 경우는 일정한 기준에 따라 법률이 정하는 보상을 하도록 규정하여 손실보상제도의 일반적 기초를 확립하였다(헌법 제23조3항). 이 「헌법」의 규정에 따라 손실보상에 관한 일반법은 없고 각 단행법(예 : 공익사업을 위한 토지 등의 취득 및 보상에 관한 법률 등)에 규정되어 있는 것도 국가배상과 다르다.

행정쟁송
行政爭訟
광의로는 행정상의 법률관계에 관하여 분쟁 또는 의문이 있는 경우에 이해관계자에 의한 쟁송의 제기를 근거로 하여 일정한 판단기관이 이를 심판하는 절차의 총칭을 말한다. 행정쟁송은 영미법계 국가에서도 인정되지만 종래 대륙법계 국가에서의 특수한 **행정심판제도**(行政審判制度)를 채택하는 행정권 내부기관에 의한 쟁송판단의 절차(협의의 행정쟁송)를 말한다. 현재 우리나라에서는 보통 행정쟁송을 행정기관에 의한 행정심판 절차(이에 관한 일반법으로는 **행정심판법**이 있다)와 법원에 의한 행정심판절차(이에 관한 일반법으로는 **행정소송법**이 있다)를 포함한 의미로 사용하고 있다.

행정심판법
行政審判法
행정심판절차를 통하여 행정청의 위법 또는 부당한 처분(處分)이나 부작위(不作爲)로 침해된 국민의 권리 또는 이익을 구제하고, 아울러 행정의 적정한 운영을 꾀함을 목적으로(행정심판법 제1조), 「헌법」 제107조3항에 근거하여 제정된 행정심판에 관한 일반법을 말한다. 행정심판의 절차는 준사법절차로, 행정소송과 달리 주요 서류들이 「행정심판법 시행규칙」에 법령서식으로 규정되어 있는 것이 특징이다. 처분, 부작위, 행정청의 개념은 「행정소송법」과 같지만, 행정심판의 청구에 대하여 행정심판위원회가 행하는 판단은 '**재결**(裁決)'이라고 한다(행정심판법 제2조3호).

행정소송
行政訴訟
공법상의 권리관계 또는 법 적용에 대한 다툼을 해결함을 목적으로 하여 정식의 소송절차에 의하여 행하는 소송을 말한다(행정소송법 제1조). 행정쟁송의 일종이며, 행정소송에 관한 일반법으로 「행정소송법」이 있다. 원칙적으로 구술변론을 거치는 점과 공법상의 권리관계 또는 법 적용에 관한 것을 쟁송사항으로 하는 점 등에서 행정심판과 다르다. 그러나 행정청의 위법 또는 부당한 처분, 그 밖에 공권력의 행사·불행사 등으로 인한 국민의 권리 또는 이익의 침해를 구제하는 데 목적을 두고 있는 점은 같다(행정소송법 제1조, 행정심판법 제1조). 행정소송은 행정법규의 정당한 적용과 동시에 국민의 권리구제라는 이중적 기능이 있는데, 이 중 행정법규 적용의 면을 중시할 때는 그 본질이 **행정작용**(行政作用)이라 할 수 있다. 반대로 국민의 권리구제 면을 중시할 때는 그 본질이 **사법작용**(司法作用)이라 할 수 있다. 행정소송에는 **항고소송·당사자소송·민중소송·기관소송**이 있다(행정소송법 제3조). 영미법계 국가에 있어서는 행정소송을 민·형사소송과 같이 **사법재판소**에서 통일적으로 관할하나(**사법국가주의**), 대륙법계 국가에서는 사법재판소와는 별개의 **행정재판소**를 두어 그로 하여금 행정소송을 관할하도록 하고 있다(**행정국가주의**). 행정소송은 보통 이 행정재판소에 의한 판정절차를 말하며 이것은 민사소송에 비하여 행정소송사항의 한정, 제소기간의 제한, 직권심리주의의 요소 채택 등의 특색을 가지고 있다. 우리나라에 있어서는 행정소송을 사법법원의 관할로 하고 있는 점에서 영미법계의 사법국가주의를 채택하고 있다고 할 수 있으나, 기타 행정소송법상의 특례의 적용을 받고 있으므로 일반의 민사소송과 같지 않으며 또한 그 때문에 순수한 사법국가주의도 아니다.

[행정소송의 종류]

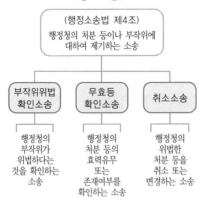

행정소송
(행정소송법 제3조)

기관소송	민중소송	당사자소송	항고소송
국가 또는 공공단체의 기관 상호간에 있어서의 권한의 존부 또는 그 행사에 관한 다툼이 있을 때에 이에 대하여 제기하는 소송	국가 또는 공공단체의 기관이 법률에 위반되는 행위를 한 때에 직접 자기의 법률상 이익과 관계없이 그 시정을 구하기 위하여 제기하는 소송	행정청의 처분등을 원인으로 하는 법률관계에 관한 소송 그밖에 공법상의 법률관계에 관한 소송으로서 그 법률관계의 한쪽 당사자를 피고로 하는 소송	행정청의 처분등이나 부작위에 대하여 제기하는 소송

[항고소송]

(행정소송법 제4조)
행정청의 처분 등이나 부작위에 대하여 제기하는 소송

부작위위법 확인소송	무효등 확인소송	취소소송
행정청의 부작위가 위법하다는 것을 확인하는 소송	행정청의 처분 등의 효력유무 또는 존재여부를 확인하는 소송	행정청의 위법한 처분 등을 취소 또는 변경하는 소송

행정소송법
行政訴訟法

행정소송절차를 통하여 행정청의 위법한 처분 그 밖에 공권력의 행사·불행사 등으로 인한 국민의 권리 또는 이익의 침해를 구제하고, 공법상의 권리관계 또는 법적

용에 관한 다툼을 적정하게 해결함을 목적으로 제정된 법률이다. 이 법을 적용받는 행정청에는 법령에 의하여 행정권한의 위임 또는 위탁을 받은 행정기관, 공공단체 및 그 가관 또는 사인이 포함된다.

소원전치주의·행정심판전치주의
訴願前置主義·行政審判前置主義

소원전치주의란 행정청의 위법처분에 관하여 법률의 규정에 따라 행정청에 대한 소원 등 불복신청을 할 수 있는 경우에는 먼저 이에 대한 재결 등을 거친 후가 아니면 소송을 제기할 수 없게 하는 주의를 말한다. 구「행정소송법」(1951년 8월 24일 법률 제213호)이 채택하고 있던 주의이다(동 행정소송법 제2조 본문 참조). 이 주의가 목표로 하는 것은 행정기관에 의한 심판제도가 설정된 경우에는 그 처분을 시정할 것인가 아닌가에 관하여 먼저 처분청 또는 상급행정청에게 제1차적으로 판단할 기회를 부여하고, 다른 한편으로는 직접 법원에 제소하는 것을 제약함으로써 법원의 부담을 덜어 주려는 데 있었다. 그러나 그 일반법인 「소원법」이 폐지되고 「헌법」 제107조3항에 근거하여 「행정심판법」이 제정됨에 따라 「행정소송법」에서는 소원전치주의 대신에 행정심판전치주의를 채택하였다. 행정심판전치주의란 원칙적으로 법령의 규정에 따라 해당 처분에 대한 행정심판을 제기할 수 있는 경우에는 이에 대한 재결을 거치지 아니하면 이를 제기할 수 없게 하는 것이다(구 행정소송법 제18조1항). 그러나 1994년 개정 「행정소송법」 제18조는 "취소소송은 법령의 규정에 의하여 당해 처분에 대한 행정심판을 제기할 수 있는 경우에도 이를 거치지 아니하고 제기할 수 있다."라고 하여 원칙적으로 임의적 행정심판전치주의를 채택하였고, "다른 법률에 당해 처분에 대한 행정심판의 재결을 거치지 아니하면 취소소송을 제기할 수 없다."는 규정이 있는 때에만 행정심판을 거치도록 하고 있다(행정소송법 제18조1항). 다만, 개별 법률이 의무적 행정심판전치주의를 채택하고 있는 경우에도 ① 행정심판청구가 있은 날로부터 60일이 지나도 재결이 없는 때, ② 처분의 집행 또는 절차의 속행으로 생길 중대한 손해를 예방하여야 할 긴급한 필요가 있는 때, ③ 법령의 규정에 의한 행정심판기관이 의결 또는 재결을 하지 못할 사유가 있는 때, ④ 그 밖의 정당한 사유가 있는 때에는 행정심판을 거치지 않고 곧바로 소송을 제기할 수 있다.

행정소송사항
行政訴訟事項
행정소송을 제기할 수 있는 사항을 말한다. 대륙법계 국가의 행정재판제도에 있어서는 사법관계에 관한 분쟁은 언제나 민사소송을 제기하여 그 구제를 구할 수 있지만, 공법관계에 관한 분쟁에 대하여는 행정소송이 최종적인 구제 수단으로 되지 않는 때도 있다. 특히 행정감독 등의 수단에 의해서도 그 목적을 달성할 수 있거나, 분쟁의 성질에 따라서는 행정소송을 인정하지 않는 것이 적당하다고 판단될 때는 행정소송을 제기할 수 있는 사항에 일정한 제한을 가하는 것이 보통이었다. 행정소송사항을 정하는 방법에는 개괄적으로 정하는 개괄주의(槪括主義)와 소송 사항을 열기하여 한정하는 열기주의(列記主義)가 있다. 우리나라 현행법하에서는 공법관계의 분쟁도 법률적 쟁송에 해당하는 한, 최종적으로는 법원에 제소할 수 있다는 의미에서 개괄주의를 채택하고 있다(법원조직법 제2조, 행정소송법 제1조).

행정재판소
行政裁判所
행정사건의 재판관할을 위하여 사법재판소의 계통과는 별도로 행정부 내에 설치되고, 또한 통상의 행정계통으로부터 독립한 지위를 가지는 재판소를 말한다. **행정법원**이라고도 한다. 영미법계의 사법국가에서는 원칙적으로 이를 인정하지 않고, '프랑스, 독일' 등 이른바 대륙법계의 행정국가에서 설치하고 있는 특별재판소이다. 우리나라는 사법

재판소의 계통 내에, 1994년 「행정소송법」의 개정으로 1998년 3월 1일부터 행정법원이 설치·운영되고 있다(같은 법 제9조).

재결
裁決
행정청의 처분 또는 부작위에 대한 행정심판청구에 대해 행정심판위원회가 행하는 판단이다(행정심판법 제2조3호). 이는 행정심판위원회의 의사표시로서 준사법적 행위의 성질을 갖는다. **재결신청**(裁決申請)이란 당사자 간에 행정상의 법률관계에 관하여 분쟁이 있는 경우에 제3자인 행정기관(예 : 토지수용위원회)에 그 판정을 구하는 행위를 말한다〔예 : 토지수용위원회의 재결신청(공익사업을 위한 토지 등의 취득 및 보상에 관한 법률 제28조) 등〕. 재결은 서면으로 하고, 재결이 서면으로 된 것을 **재결서**(裁決書)라고 하며, 이에는 법정사항을 기재하고 재결청이 **행정심판위원회**의 의결내용에 따라 재결한 사실을 명기한 다음 기명날인하여야 한다(행정심판법 제46조). 행정심판위원회는 심판청구의 대상이 되는 처분 또는 부작위 외의 사항에 대하여는 재결하지 못하며, 또한 심판청구의 대상이 되는 처분보다 청구인에게 불이익한 재결을 하지 못한다(같은 법 제47조). 재결은 피청구인인 행정청과 그 밖의 관계행정청을 기속한다(같은 법 제49조1항). 재결은 청구인에게 재결서의 정본이 송달되었을 때 그 효력이 생긴다(같은 법 제48조2항). 심판청구에 대한 재결에 대하여는 다시 행정심판을 청구할 수 없다(같은 법 제51조). 취소소송은 법령의 규정에 따라 해당 처분에 대한 행정심판을 제기할 수 있는 경우에도 이에 대한 재결을 거치지 아니하고 제기할 수 있다(다만, 다른 법률에 금지규정이 있을 때는 제외. 행정소송법 제18조1항).

지방자치단체 상호 간의 분쟁조정
地方自治團體 相互間의 紛爭調整
지방자치단체 상호 간 또는 지방자치단체의 장 상호 간에는 행정안전부장관이나 시·도지사

가 당사자의 신청에 따라 조정할 수 있다. 다만, 조속한 조정이 필요한 경우에는 직권으로 조정할 수 있다. 행정안전부장관이나 시·도지사가 분쟁을 조정하고자 할 때에는 관계 중앙분쟁조정기관의 장과 협의를 거쳐 지방자치단체 중앙분쟁조정위원회나 지방자치단체지방분쟁조정위원회의 의결에 따라 조정한다. 행정안전부장관이나 시·도지사는 조정의 결정을 한 때에는 지방자치단체의 장에게 통보하여야 하며, 해당 단체의 장은 그 조정결정사항을 이행하여야 한다. 이때 예산이 수반되는 사항의 경우에는 관계 지방자치단체는 이에 필요한 예산을 우선적으로 편성하여야 한다. 이 경우 연차적으로 추진해야 할 사항은 연도별 추진계획을 행정안전부장관이나 시·도지사에게 보고하여야 한다(지방자치법 제165조). 한편, 헌법재판소에 의한 권한쟁의 심판을 통해 해결하기도 한다(헌법재판소법 제4절).

소청
訴請
징계처분 기타 그 의사에 반하는 불리한 처분을 받은 국가공무원(지방공무원)은 그 처분사유설명서의 교부를 받은 날부터, 처분 이외의 의사에 반하는 불이익처분을 받았을 때에는 그 처분이 있은 것을 안 날로부터 30일 이내에 **소청심사위원회**(訴請審査委員會)에 심사를 청구할 수 있는데, 소청은 이에 기한 심사를 말한다(국가공무원법 제76조1항, 지방공무원법 제67조3항). 소청심사위원회가 소청사건을 심사할 때에는 반드시 소청인(訴請人) 또는 그 대리인에게 진술의 기회를 주어야 한다(국가공무원법 제13조, 지방공무원법 제18조). 한편, 귀속재산처리에 관한 행정처분에 대하여 제기된 소청을 심의결정하기 위해 국세청에 설치되었던 귀속재산소청심의회는 폐지되었다.

청원
請願
국민이 국가기관에 대해서 희망을 요구하는 것을 말하며, 수익권의 일종이다. 국민의 청원권은 현대의 각국 헌법에서 거의 빠짐없이 보장하고 있고, 우리나라 헌법에서도 이를 보장하고 있다(헌법 제26조). 청원 사항은 단지 소극적으로 불평의 구제에 그칠 것이 아니라, 적극적으로 국가에 대해서 희망을 요구하는 것도 포함된다. 청원의 대상이 되는 국가기관도 원칙적으로 제한이 있을 수 없고 행정기관·입법기관은 물론 사법기관에 대해서도 할 수 있지만, 헌법상 인정된 국가기관의 권한을 침해하는 청원은 허용될 수 없다. 국민의 청원권을 규정하고 있는 「헌법」 제26조1항은 '법률이 정하는 바에 의하여'라는 문언이 삽입되어 있어서 청원 사항·청원 절차와 청원의 대상이 되는 국가기관을 법률로써 제한할 수 있으며 내재적 한계를 벗어난 청원을 법률로써 제한하는 것은 무방하지만, 그 한도를 넘어서 법률로써 제한하면 그 법률은 위헌이 된다. 「헌법」에 의하면 청원은 반드시 문서로 하여야 하고, 국가기관은 이를 수리하여 심사할 의무만 지고 재결을 해줄 필요가 없는 점에서 행정심판과 차이가 있다. 청원에 관해서는 「국회법」·「지방자치법」 등에 개별적인 규정이 있다.

자력집행
自力執行
국가 또는 공공단체가 그의 의사를 스스로의 기관에 의하여 강제하고 실현하는 것을 말한다. 사인 간의 자력집행은 원칙적으로 금지된다. 국가 또는 공공단체와 사인 간에 있어서는 국가가 일방적으로 명령하고, 만일 상대방이 복종하지 않을 때는 스스로의 기관을 통해 의사를 강제하고 실현하는 경우가 있다. 예를 들면 국민이 세금을 자진납부하지 않는 경우에 있어서 세무공무원이 압류·공매 등의 절차를 통해 강제로 징수한다든가 또는 무허가건축물을 인부를 사서 혹은 경찰관리를 동원해서 철거하는 것과 같은 것이다. 그러나 국가나 공공단체의 자력집행도 언제나 적법한 법률상의 수권에 근거하여야 한다. 또한 자력집행을 발할 수 있는 법적 근거가 있는 경우에도 그 자력집행명령에 복종하지 않는 자에 대한 자력집행에는 또다시 법적 근거가 필요하다고 보는 것이 통설이다. 국가 또는 공공단체의 자력집행에 대한 근거법으로 「국세징수법」과 「행정대집행법」 등이 있다.

재무행정
財務行政
일반적으로 국가 기타의 행정주체가 그의 임무를 수행하는 데 필요한 재력의 조달·관리·사용 등에 관하여 행하는 모든 행위를 말한다. 보통의 경우에 있어서는 국가의 재무행정만을 의미한다. 국가의 재무행정으로서 중요한 것은 **예산**·결산의 작성, 예산의 집행, **예비비의 관리**, 지출부담행위의 실시계획, 지급계획의 승인, 회계 및 회계검사, 지방자치단체 재무의 조정, 조세의 부과·징수, 수수료의 징수 기타의 섭외부담, 재외자금 기타의 재외자산에 관한 재무의 처리, 국고금의 출납·관리·운용, 국채의 발행·상환·이자의 지급 등이다.

급부행정
給付行政
공익적 활동을 통하여 국민의 복지향상 증진에 이바지하는 공행정의 활동을 말한다. 무엇을 급부행정으로 파악하는가에 관하여는 학설상 견해가 일치되어 있지 않다. 다만, 독일의 공법학자 **포르스트호프**(Ernst Forsthoff, 1902~1974)가 『급부주체로서의 행정』이라는 저서에서 처음으로 사용한 용어로 알려져 있다. 이 개념은 전통적 행정에 대비되는 현대적 행정 중에서 수익적(授益的)인 행정을 포섭하는 것으로서 사용되고 있다고 말할 수 있다. 급부행정의 개념에 포함되는 공행정의 활동범위로서는 ① 공급행정 ② 사회보장행정 ③ 자금보조행정을 들 수 있다. 또 급부행정을 지배하는 법원리는 ① 사회국가의 원리(헌법 제34조) ② 법률적합성의 원리 ③ 평등원칙 ④ 보충성의 원칙(생활보호 대상자라 하더라도 우선 그들이 가진 것을 최대한 활용한 다음 부족한 부분을 지원한다는 '보족성의 원칙' 등) ⑤ 과잉급부금지의 원칙 ⑥ 신뢰보호의 원칙 등을 들 수 있다. 급부행정에 대하여 법치주의의 원리가 타당한가 아닌가가 문제 되는데, 급부행정에 대하여도 법률의 근거가 필요하다고 하는 견해가 일반적이다. 즉 국민주권국가에 있어서는 급부행정에도 법치주의가 관철되는 것이 필요하며, 다만 기속의 정도는 행정의 각 영역에 따라 차이가 있다고 해석된다.

권력적 행정
權力的 行政
행정의 본디 활동이며, 사인에 대한 명령·강제의 작용을 말한다. 비권력적 행정에 대응하는 개념이다. 이 범위에서 국가 또는 공공단체는 항상 사인에 대한 명령자로서 우위에 서며, 그 관계는 명령·복종의 권력관계이다. 경찰·재정 등의 작용이 그 예이다.

비권력적 행정
非權力的 行政
명령·강제의 행정작용이 아니라 일반사업의 관리·경영의 행정작용을 말한다. **관리작용**(管理作用)이라고도 하며, 권력적 행정에 대응하는 개념이다. 이 범위에서 국가 또는 공공단체는 사인에 대해 우위에 서는 명령·복종의 관계가 아니라 동등한 관계에 서는 일이 많다. 도로·하천 등의 공물의 관리, 학교·병원·도서관·우편 등의 영조물 경영 등의 작용이 그 예이다.

국가목적적 행정
國家目的的 行政
국가 자체의 존립과 활동을 위하여 직접적으로 필요한 행정을 말한다. 행정조직, 재무행정, 군사행정, 외무행정, 사법행정은 국가 자체의 존립과 활동을 위하여 필요한 행정이므로 국가 목적적 행정에 속한다고 할 수 있고, 내무행정은 사회질서의 유지, 공공복리의 증진 등 사회목적을 가지고 있으므로 **사회목적적 행정**에 속한다고 할 수 있다. 19세기 소극국가 내지 야경국가에 있어서는 국가의 행정작용은 국가와 사회의 존립에 필요한 최소한도에 그쳤으므로 외교·국방·과세 등 국가 목적적 행정 이외에는 사회목적적 행정으로서 최소한의 질서유지에 그쳤으나, 오늘날의 적극국가 내지 복지국가에 있어서는 국가가 모든 국민에게 생활의 기본적 수요를 충족시키는 사회정의의 실현과 균형 있는 국민경제의 발전을 기하여야 하므로 보육적인 사회목적적 행정도 중요한 국가행정으로 되어 있다.

국고행위
國庫行爲
행정주체의 사경제적 행위를 말한다. 국가의 물품매매계약·교량건설도급계약·국유재산불하·수표발행 등의 행위와 지방자치단체의 공원건설도급계약·지방사채모집·은행으로부터의 일시차입 등의 행위가 그 예이다. 이러한 행위는 행정주체의 사법상 재산권의 주체로서의 행위인 동시에 사인으로서의 행위이며, 따라서 특별한 규정이 없는 한 일반사인과 마찬가지로 「민법」 기타 사법의 적용을 받는다. 국고행위는 주로 경제적 활동에 관한 것이기 때문에 국가의 경우보다도 경제단체적 성격이 농후한 공공단체에서 그 예를 많이 찾아볼 수 있다.

경제행정
經濟行政
국가 또는 공공단체 등의 행정주체가 경제 목적의 수행을 위하여 행하는 행정을 말한다. 급부·규제행정의 일부라고 할 수 있다. 즉 교육행정·사회행정·문화행정과 같은 것은 **급부행정**(給付行政)에는 포함되나, 경제행정에는 포함되지 않으며 또 **재무행정**(財務行政)과 같은 것은 급부행정에는 포함되지 않으나 광의로는 경제행정에 포함된다.

사법행정
司法行政
사법을 운영해 가는 데 필요한 행정작용을 말한다. 법원의 회계·경리·직원의 임면 및 감독을 포함한다. 이와 같은 사법행정권 대부분은 사법권의 자주·독립을 확보하기 위해

대법원과 각 법원에 주어져 있다. 사법행정의 최고기관은 대법원이다. 즉 「법원조직법」에 의하면 대법원장은 대법원의 일반사무를 관장할 뿐만 아니라 관할법원의 법원행정 사무를 지휘·감독할 수 있다. 고등법원장을 비롯한 각급 법원장도 자기 관할법원의 사법행정사무를 지휘·감독하게 되어 있다(법원조직법 제13조2항, 제26조3항, 제28조의2 3항, 제29조3항, 제37조3항, 제40조의2 3항, 제40조의5 3항). 이러한 법원행정에 대한 지휘·감독권이 본래의 사법 작용, 즉 재판권의 행사까지는 미치지 아니한다.

쌍방적 행정행위
雙方的 行政行爲
상대방의 협력을 요건으로 하는 행정행위를 말한다. 그 협력의 내용에 따라 '동의를 요하는 행정행위'와 '신청을 요하는 행정행위'(예: 인가·특허·귀화허가 등)로 나눌 수 있다. 쌍방적 행정행위는 첫째, 상대방의 협력(동의·신청)이 필요하다는 점에서 그것을 필요로 하지 않는 **독립적 행정행위**와 구별된다. 둘째, 상대방의 협력이 필요하나 그 상대방의 협력은 행정행위의 효과 발생의 한 요건에 불과하고 그 행정행위의 내용은 행정주체의 일방적 의사에 의하여 결정되는 권력적 단독행위인 점에서 쌍방의 대등한 의사의 합치로 효과를 발생하는 쌍방행위인 **공법상의 계약**과 구별된다.

엽관주의
獵官主義
공무원을 임용하는 방식 중 하나로 공무원의 임면·승진을 당에 대한 충성도나 기여도에 따라 처리하는 정치 습관을 말한다. **엽관제**(獵官制)라고도 한다. 국왕을 위하여 충성을 다함으로써 특권적 지위를 누렸던 전근대적 관리제도를 타파하고, 선거에서 승리한 정당이 행정부도 독점하고, 만일 선거에 패하면 집권당과 더불어 공무원도 책임을 지고 물러서야 한다는 원리 아래에 세워진 근대 초기의 공무원제도이다. 선거에 의한 행정부의 통제라

고 하는 민주주의 사상을 기초로 했던 이 제도는 그 후 정당정치의 타락과 더불어 선거운동이나 선거자금의 대상으로 이용됨으로써 행정능률의 저하, 행정질서의 문란 등의 폐단을 가져오게 되었다. 이와 같은 폐단을 제거하기 위해서 나타난 것이 이른바 **성적주의(成績主義)** 이다. 그러나 아직도 장·차관 등 주로 정책결정에 참여하는 공직에 대해서는 엽관주의가 행해지고 있는 것이 각국의 공통된 현상이다.

성적주의
成績主義

공무원을 임용하는 방식 중 하나로 공무원의 임면·승진을 본인의 성적을 기준으로 하는 제도로, **성적제(成績制)**라고도 한다. 공무원을 정당의 영향에서 벗어나게 함으로써 공무원의 정치적 중립, 능력 있는 전문적 공무원의 확보 및 행정능률과 행정안정 등을 목적으로 하는 제도이다. 엽관주의에 대비되는 개념이다. 엽관주의와 더불어 근대적 공무원 임용제도의 하나이나, 성적주의 또는 성적제도는 이에 앞서 채택된 엽관주의의 폐단을 제거하기 위해서 채택된 점에 그 의의가 있다. 성적주의는 영국에서 1870년의 글래드스턴(Gladstone)의 개혁으로 처음 채택된 것인데, 그 후 미국에서도 1883년의 연방공무원법(Civil Service Act)의 제정과 더불어 실시된 이래 오늘날에 있어서는 모든 국가에 공통된 공무원제도가 되었다.

일반행정절차
一般行政節次

행정기관이 행정입법·재결 기타의 행정행위를 함에 있어서 일반적으로 준거하여야 하는 절차를 말한다. 법원의 소송절차를 사법절차라고 부르는 데 비해, 행정기관에 의한 행위를 규제하는 일반적인 절차를 행정절차라고 한다. 행정절차의 문제는 행정기능의 확대·강화, 특히 준입법·준사법기능의 확대로 인한 국민 권익의 침해를 예방하기 위하여 중요한 위치를 차지하게 되었다. 그러나 행정 활동의 복잡다기(複雜多岐), 행정능률의 요구 및 행정의 기술성 등으로 말미암아 행정절차의 정형화에 많은 곤란이 있다. 관련 입법례로는 1928년의 오스트리아 일반행정절차법, 1926년의 튀링겐 행정법, 1946년의 미국행정절차법, 1958년의 스페인 행정절차법, 1977년의 서독행정절차법 등이 있으며 많은 입법이 시도되고 있다.

지방분권
地方分權

자치분권을 가리킨다. 행정조직을 권한분배 관계에 따라 국가기관 내부 상하 간이나 중앙·지방 간에 행하여지느냐 또는 국가와 독립한 법인격 있는 단체와의 사이에서 행하여지느냐로 분류하여 권한분권과 자치분권으로 나눌 수 있다. 자치분권은 분권주의의 가장 발전된 형태이다. 우리나라도 이러한 의미의 지방분권에 입각하고 있다(헌법 제117조1항).

주민
住民

지방자치단체의 구역 내에 주소를 가진 자를 말한다. 국적·성별·연령·행위능력의 여하를 불문하며 어떤 행정행위나 등록 등 공증행위를 필요로 하지 않는다. 주민은 법령으로 정하는 바에 따라 소속 자치단체의 재산과 공공시설을 이용할 권리가 있고, 그 자치단체의 비용을 분담하는 의무를 진다(지방자치법 제17조·제27조). 또한 주민은 일정한 요건하에 해당 지방자치단체에의 참정권(선거권·피선거권·소청)을 가진다. 주민의 직접 참여하에 지방행정의 공정성과 투명성 강화를 위하여 **주민소송제도**를 도입하고 있다(지방자치법 제22조~제24조). 「**주민등록법**」은 30일 이상 거주할 목적으로 일정한 장소에 주소 또는 거소를 가진 자를 주민으로 하여(제6조) 주민등록의 대상으로 하고 있다.

지방행정
地方行政

① 국가의 **지방행정기관**에 의하여 행하여지는 행정을 말한다. ② 지방자치단체에 의하여

행하여지는 행정, 즉 **지방자치행정**을 말한다. ③ 지방자치단체의 기관에 위임된 국가의 행정을 말한다. 이처럼 지방행정에는 여러 가지 의미가 있다. 한편, 지방행정은 **관치행정**(官治行政)과 **자치행정**으로 나눌 수 있다.

직접국가행정
直接國家行政

국가 스스로가 그 기관에 의하여 행하는 행정을 말한다. **위임행정** 및 **간접국가행정**에 대응하는 개념이다.

간접국가행정
間接國家行政

국가 자신의 기관에 의하지 않고, 지방자치단체와 같은 자치단체에 의하여 행하여지는 행정을 말한다. 대체로 이것을 **자치행정**이라고도 한다. 자치행정에 있어서는 법률로써 지방자치단체를 설립하게 하고, 법인인 그 자치단체의 책임하에서 구역 내 행정을 담당하는 것이 특색이다.

법무행정
法務行政

검찰·행형·사면·인권옹호·출입국관리 등에 관한 행정을 말한다(정부조직법 제32조). 국가행정의 일종이다. 법무행정을 관장하는 기관으로는 법무부가 있다. 우리나라에 있어서는 이와 같이 행정부가 행하는 법무행정을 법원이 행하는 **사법행정** 내지 **법원행정**으로부터 구별하여 사용하는 경향이 있다.

법원행정
法院行政

사법권에 관련되는 행정을 말한다. 즉 입법권이나 행정권과 독립되어 있는 사법권은 주로 소송을 통하여 법원이 독립된 판단을 내리는 것을 의미하지만, 법원행정이란 이러한 독립된 사법권의 행사를 제대로 하기 위해 행하는 부수적인 행정사무를 말하는 것이다. 주로 인사·예산·입법(준비) 등을 가리킨다. 사법권의 독립을 제대로 보장하려면 당연히 법원행정권도 법원이 가지고 있을 필요가 있다. 그러나 법원행정권의 일부는 행정부에 속하고, 이에 따라 대법원장은 대통령이 국회의 동의를 얻어 임명하고, 대법관은 대법원장의 제청으로 국회의 동의를 얻어 대통령이 임명하고, 기타의 법관은 대법관회의의 동의를 얻어 대법원장이 임명하며(헌법 제104조), 예산권은 행정부에 주어져 있다. 법원에 주어진 법원행정사무를 처리하게 하기 위하여 대법원에 법원행정처를 두고 있다(법원조직법 제19조1항). 법원행정에 관한 중요한 사무의 처리는 대법원 법관회의에서 의결하는 것을 원칙으로 한다.

국제행정법
國際行政法

① 각국의 협력을 기초로 하는 공동적 사무처리에 관한 조약에 근거하여 설정되는 연합 또는 동맹의 조직관계 및 그 행정적 활동에 관한 법을 말한다. ② 각국의 국내 행정법의 적용범위의 한계 또는 그 국제적 저촉을 처리하는 법을 말한다. ③ 국제적 행정의 발달영역에 착안하여 교통·통신·경제 기타 문화적 행정사무에 관한 국가 간의 협력에 관한 법을 말한다. 국제행정법의 개념에 관하여는 정설이 없다. 어떤 의미로 사용하느냐는 각각의 사정에 따라 다르지만 인류 공동사회로서의 국제단체의 기반 위에 교통·경제·문화 등 각 분야에서 국제적 협력을 촉진하고 그 구체화로서 국제통일법의 발달을 보게 된 것은 사실이며 이것을 국제행정법이라고 한다면, 우편·전신·전화·철도·항공·공업소유권 등 상공업, 저작권보호, 아편단속, 부인 및 아동매매금지 등 문화적 사업 또는 노동에 관한 국제조약을 그 예로 들 수 있다. 그 밖에 국제입법·국제사법에 대립하는 개념으로서 국제행정법이라고 하는 경우도 있다. 한편, 세계행정법이라고 칭하는 학자들도 있다.

교육행정
敎育行政

국가 또는 지방자치단체가 교육의 목적을 달성하기 위하여 행하는 행정을 말한다.

교육은 본래 국가 고유의 사업은 아니었으나, 현대국가에 있어서는 가장 중요한 국가 사업의 하나가 되어, 교육행정은 행정 중에서도 중요한 내부행정 일부를 차지하게 되었다. 「헌법」은 교육의 자주성·전문성 및 정치적 중립성의 보장을 선언하고(헌법 제31조4항), 「교육기본법」은 "국가와 지방자치단체는 교육의 자주성과 전문성을 보장하여야 하며, 국가는 지방자치단체의 교육에 관한 자율성을 존중하여야 한다."고 규정하여(교육기본법 제5조1항) 교육행정의 내용을 정하고 있다. 교육행정의 내용은 교육의 목적을 달성하기 위하여 필요한 조건, 즉 교육행정조직·교육시설·교직원에 관한 제도를 확립하는 것이다. 교육행정의 주체는 국가 또는 지방자치단체이며, 교육행정의 민주화·지방분권화의 경향에 따라 국가사무였던 것이 광범위하게 지방자치단체에 이양되어 있다.

행 정 조 직

행정조직
行政組織
행정기관의 조직 및 권한에 관한 사항의 총칭이다. 행정조직은 **중앙행정조직**과 **지방행정조직**으로 구별된다. 중앙행정조직은 권한이 전 국토에 미치는 행정기관의 조직으로, 「정부조직법」이 규정하고 있는 **보통행정기관**과 기타 특별법이 규정하고 있는 **특별행정기관**이 있다(예 : 감사원법에 의한 감사원 등). 이에 대하여 지방행정조직은 **지방행정기관의 조직**을 말한다. 또 행정조직은 **국가행정조직**과 공공단체행정조직으로 구별할 수도 있다. 이 구별은 행정권의 주체에 국가와 공공단체의 두 가지가 있다는 데서 유래한 것이다. 행

정조직은 행정의 합리화 내지 능률화를 중심으로 하여 조직되어야 하지만 국가권력에 좌우되는 경우가 많다. 현대국가의 행정조직은 순수한 자유주의 요소를 극복하는 데서부터 출발한다. 왜냐하면 현대국가는 사회생활의 전반을 육성통제(育成統制)하는 직능국가(職能國家)이며, 양적으로 확대되어가는 행정활동을 잘 처리하기 위해서는 행정조직을 통일·강화하고 그 운영에 있어서 기술을 극도로 이용하지 않을 수 없기 때문이다. 이리하여 현대의 행정조직은 자유주의 시대에서 볼 수 있었던 분권제(分權制)·합의제·분립제(分立制)·엽관제(獵官制)를 서서히 극복하면서 집권제(集權制)·단독제·통합제·관료제로 이행하는 경향이 있다.

국가행정조직
國家行政組織
국가의 행정을 담당하는 행정기관의 조직을 말한다. 국가의 행정은 국가 자신이 행하는 것을 원칙으로 하지만 「헌법」상 대통령을 최고기관으로 하여 감사원과 같은 독립기관을 제외하고는 중앙에 중앙행정기관, 지방에 지방행정기관의 조직을 설치하여 국가의 행정사무를 분장시키고 있다. 이와 같은 국가행정기관의 설치·폐지·조직·권한 등에 관한 규정을 일반적으로 실질적 의의의 국가행정조직법이라고 한다. 국가행정조직법의 주요한 법원으로는 독립기관으로서 **「감사원법」**이 있고, 중앙행정기관의 조직에 관한 **「정부조직법」**, **「행정기관의 조직과 정원에 관한 통칙」** 등이 있다.

관청
官廳
국가의 의사를 결정하고 국민에게 그 의사를 표시할 수 있는 권한이 있는 **국가기관**을 총칭하는 개념이다. 국가기관은 삼권분립주의에 의하여 입법·사법·행정의 기관으로 크게 나눌 수 있으므로 관청은 **입법관청·사법관청·행정관청**으로 구별될 수 있다. 그리고 관청은 국가기관만을 의미하므로 지방자치단체의 기관은

포함되지 않는다. **보조기관**이 행정관청으로부터 그 권한의 일부를 위임받았을 때는 그 범위 안에서 행정관청으로 간주된다. 관청에는 중앙관청과 지방관청, 또한 보통관청과 특별관청의 구별이 있다. 그리고 여기서 **기관**이란 의사의 결정 또는 실행에 참여하는 지위에 있는 자를 말한다. 그 조직형태에 따라 합의기관, 독임기관, 자문기관, 집행기관 등으로 나누어진다.

관청의 감독
官廳의 監督
상급관청이 하급관청의 행위에 간섭함으로써 그의 위법·부당을 방지하는 통제적 작용을 말한다. 관청은 상명하복의 기관계층체를 이루어 상급관청이 하급관청의 행위를 감독함으로써 국가의사의 통일을 기한다. 관청의 감독은 입법기관인 국회에 의한 입법감독, 사법기관인 법원에 의한 사법감독, 행정관청에 의한 **행정감독**의 구별이 있는데, 가장 중요시되는 것은 상급행정관청이 하급행정관청에 대해서 행하는 행정감독이다. 행정감독은 행정사무의 처리에 있어서 국가의 이익을 보장하기 위한 수단이며, 그 내용에 따라 사전감독과 사후감독 또는 적극감독과 소극감독으로 구별될 수 있다. 사전감독이란 하급관청의 위법·부당한 권한행사를 사전에 방지할 목적으로 행하는 감독을 말하며, 사후감독이란 이미 행한 위법·부당한 권한행사에 대해서 이를 교정할 목적으로 행하는 감독을 말한다. 전자를 예방적 감독이라 하고 그 감독수단으로서 감시·인가·훈령 등이 있으며, 후자를 교정적 감독이라 하고 그 수단으로서 취소 또는 중지의 명령이 있다. 또 적극감독이란 하급관청의 권한불행사로 인하여 발생하는 행정의 불이익을 제거하기 위한 목적으로 행하는 감독을 말하며, 소극감독은 하급관청의 위법·부당한 권한행사로 인하여 발생하는 행정의 불이익을 제거하기 위해 행하는 감독을 말한다. 한편, 관청의 감독은 **감독관청**과 피감독관청과의 지배계통의 상위점에 의하여 직계감독과 방계감독으로 구별될 수 있다. 직계감독이란 일반적인 권한행사에 관해서 직계의 상급관청이 행하는 감독을 말하며, 방계감독은 특수사항의 권한행사에 관해서 방계의 특별관청이 행하는 감독을 말한다. 방계감독은 어느 방계의 관청이 행하는 자기의 고유사무가 동시에 타 관청의 행위를 감독하는 결과를 가져오는 경우에 있을 수 있다. 감사원의 결정이 타 관청을 감독하는 결과가 되는 것이 그 예이다.

보통관청
普通官廳
일정한 행정사무를 비교적 일반적·보편적으로 주관하는 행정관청의 일종이며 **국무총리**가 그 예이다.

특별관청
特別官廳
권한이 비교적 특수적·한정적으로 정해져 있는 행정기관을 말한다. 보통관청에 대응하는 개념이며, 지방국세청장·지방철도청장·경찰서장 등이 그 예이다.

국가기관
國家機關
국가의사의 결정·표시를 비롯한 모든 국가작용을 담당하는 기관을 말한다. 국가기관은 헌법 기타의 법령에 의하여 유효하게 활동할 수 있는 범위가 규정되어 있는데 이를 국가기관의 권한이라고 한다. 권한의 범위 내에서 국가기관의 행위는 국가 자체의 행위이며, 그 효과는 국가에 귀착된다. 국가기관은 삼권분립주의에 의거하여 입법기관·사법기관·행정기관으로 대별된다. 또 조직적 관점에서 독임제기관(獨任制機關)과 **합의제기관**(合議制機關)으로 분류되며, 기능에 의하여 의결기관·집행기관·자문기관·감사기관·조사연구기관·보좌기관·보조기관·현업기관·영조물기관·부속기관 등 여러 가지로 분류된다.

[정부조직표]

19부 5처, 19청, 2원 4실, 7위원회

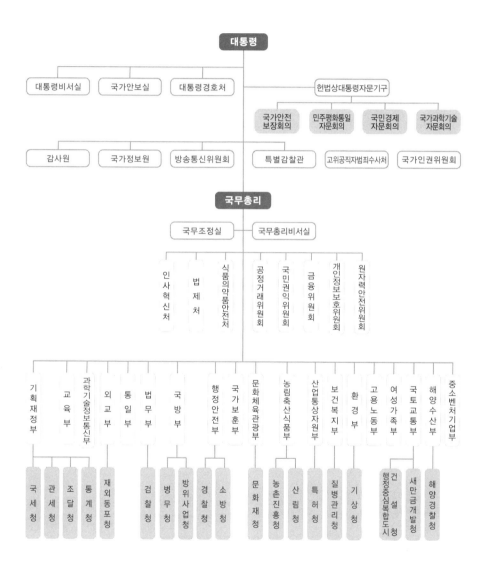

행정관청
行政官廳

행정사무에 관하여 국가의 의사를 결정하고, 그 의사를 국민에 대하여 표시·집행할 수 있는 권한을 가진 국가기관을 말한다. 행정관청의 특징은 ① 국가기관이다. 그러므로 국가 이외의 행정단체, 즉 **지방자치단체**나 **공공조합**의 행정기관은 행정관청이 아니다. ② **국가행정사무**에 관하여 국가의 의사를 결정하는 기관이다. 행정사무를 담당하는 기관은 많이 있으나 국가의사를 결정하는 기관은 일부분에 지나지 않고, 대부분은 행정기관이 국가의사를 결정하는 데 준비적 행위를 하는 보조기관이다. 예를 들면 행정 각부 장관은 행정관청이지만 차관 이하의 기관은 보조기관이다. 그러나 보조기관도 위임에 따라 의사결정권이 부여되었을 때는 그 범위 내에서 행정관청의 지위를 취득할 수 있다. ③ 국가의사를 결정하고 그것을 국민에 대하여 표시·집행할 수 있는 권한이 있는 기관이다. 행정내부에서 의사결정을 할 수 있는 기관만으로는 행정관청이 될 수 없고, 그 의사결정을 외부 행정객체에 대하여 표시·집행할 수 있는 권한이 있어야 한다는 것이 행정관청의 요건이다. 이 점에 있어서 행정관청은 국가의사만을 결정할 수 있는 **의사기관**과도 구별되는 것이다. 예를 들면 징계위원회는 징계에 관한 국가의사를 결정할 수 있으나 피징계자에게 직접 그 의사를 표시·집행하거나, 공무원으로서의 법적 지위를 결정할 수 없는 기관이기 때문에 행정관청이 아니다.

행정사무
行政事務

행정관청·행정기관이 행하는 사무 또는 행정기관 외의 기관이 행하는, 그 성질상 행정작용에 속하는 사무를 말한다. 전자에 해당하는 것이 국가의 행정사무(국가사무), 지방자치단체의 사무(고유사무·위임사무)이고, 후자에 해당하는 것이 국회나 법원에 의한 행정사무이다.

단체위임사무
團體委任事務

자치단체에 대하여 국가 또는 다른 자치단체가 위임하는 사무를 말한다. 기관위임사무에 대응하는 개념이다. 사무의 위임은 일종의 부담인 까닭에 법적 근거를 필요로 하며, 단체위임사무는 위임된 이상 그 자치단체의 사무가 되므로 그 자주적 책임하에 처리되며 지방의회의 의결을 거쳐 집행된다. 따라서 고유사무와 그 취급에 있어서는 다르지 않다. 다만, 국가 또는 다른 자치단체가 지방자치단체에 대하여 그 사무를 위임한 경우에 경비는 이를 위임한 국가 또는 다른 자치단체에서 부담하여야 한다.

기관위임사무
機關委任事務

지방자치단체의 장 기타의 기관에 대하여 국가 또는 상급지방자치단체가 위임하는 사무를 말한다. 단체위임사무에 대응하는 개념이다. 기관위임사무의 예로는 도로·하천·공원 등의 유지·관리, 경찰사무 등이 있다. 「지방자치법」에서 특별시·광역시·특별자치시·도·특별자치도·시·군·구 등에 시행하는 국가행정사무(국가사무)는 법령에 다른 규정이 없는 한, 특별시장·광역시장·특별자치시장·도지사·시장·군수·구청장 등 지방자치단체의 장에게 위임하여 행하게 하고 있다(제106조 이하). 이처럼 지방자치단체의 장이 국가의 위임사무를 처리할 때는 국가의 행정기관의 지위를 갖는다. 또 조례가 정하는 바에 의하여 권한에 속하는 사무 일부를 보조기관 및 하부행정기관 등에 위임할 수 있다.

행정기관
行政機關

국가 또는 지방자치단체가 행정사무를 담당하는 기관을 말한다. 국가의 행정기관은 권한의 차이에 의하여 **행정관청**·의결기관·보조기관·보좌기관·자문기관·집행기관·감사기관 등으로 구별된다(이 중 보조기관과 보좌기관을 '하부조직'이라고 한다). 행정기관에는 **중앙행정기관**, 지방행정기관, **특별지방행정기관**, 합의제행정기관, 부속기관 등이 있다. 중앙행정기관이란 권한이 전 지역에 미치는 행정기관으로서 부·처·청을 비롯하여 「정부조직법」에 따라 설치된 행정기관을 말한다(정부조직법 제2조2항). 지방행정기관이란 권한이 일부 지역에 국한되어 있는 행정기관을 말한다. 지방행정기관에는 지방국가행정기관과 지방자치행정기관의 구별이 있고, 보통지방행정기관과 특별지방행정기관의 구별이 있다. 보통지방행정기관이란 중앙행정관청의 직할로 되어 있는 사무나 특별지방행정기관의 권한에 속하는 사무를 제외하고, 널리 해당 관할구역 내에 시행되는 일반적인 국가행정사무를 관장하는 국가의 지방행정기관을 말한다. 국가사무를 위임받아 처리하는 지방자치단체의 장이 이에 해당한다. 특별지방행정기관이란 특정한 중앙행정관청에 소속하여 해당 관할구역 내에 시행되는 그 중앙행정관청의 권한에 속하는 특수한 행정사무를 관장하는 국가의 지방행정기관을 말한다. 어느 특정한 중앙행정관청에 소속하지 않고 해당 관할구역 내에서 시행되는 일반적인 국가행정사무를 관장하는 보통지방행정기관에 대응하는 개념이다. 지방건설관서·지방세무관서·지방병무관서·지방교통관서·지방체신관서·영림관서·경찰서·소방서 등이 그 예이다. 법률 또는 대통령령으로 정하는 바에 따라 설치된다(같은 법 제3조1항). 합의제행정기관이란 하나의 행정기관을 수인의 기관인으로서 구성하는 행정기관을 말한다. 그 의사결정에 있어서 다수인의 의사결합이 요구되며 법이 정하는 일정한 방법에 의하여 의사가 형성되는데, 다수결의 방법이 가장 일반적이다. 합의제행정기관은 다수인의 의사를 참작하는 것이므로 의사결정을 경솔히 하지 않는 이점이 있다. 행정기관은 단독제기관을 위주로 하는 것이 원칙이나 합의제행정기관을 설치할 수 있도록 하고 있다(같은 법 제5조). **행정위원회** 등이 그 예이다. **부속기관**(附屬機關)이란 행정기관의 소관사무의 범위 안에서 필요한 때에 대통령령에 의하여 설치할 수 있는 기관, 즉 시험연구기관·교육훈련기관·문화기관·의료기관·제조기관 및 자문기관 등을 말한다(같은 법 제4조).

의결기관
議決機關

다수결의 형식으로서 국가의 의사를 결정하는 합의제행정기관을 말한다. 의결기관은 내부적으로 국가나 공공단체의 의사를 결정할 수는 있지만, 외부에 대하여 국가를 대표할 수 없는 점에서 행정관청과 구별된다. **지방의회**가 그 대표적인 예이다. 국가의 의사를 내부적으로 의결할 수는 없고, 오로지 그 결정을 유도하는 데 불과한 합의기관이며, 부속기관인 자문기관과 구별된다. 의결기관도 단독으로 외부에 대하여 국가나 공공단체를 대표할 수 있는 경우에는 행정기관의 지위를 가질 경우가 있으며 합의제행정기관인 행정위원회가 그 예이다.

보조기관
補助機關

중앙행정기관 또는 지방행정기관을 보조하는 기관을 말한다. 중앙행정기관의 보조기관이란 차관·차장·실장·국장 및 과장을 말한다(정부조직법 제2조3항 본문). 다만, 실장·국장 및 과장의 명칭은 대통령령으로 정하는 바에 따라 본부장·단장·부장·팀장 등으로 달리 정할 수 있으며(같은 항 단서), 보조기관의 설치와 사무분장은 법률로 정한 것을 제외하고는 대통령령으로 정한다(같은 조 4항). 또한 중앙행정기관에는 그 기관의 장, 차관·차장·실장·국장 밑에 정책의 기획, 계획의 입안, 연구·조사, 심사·평가 및 홍보 등을 통하여 그를 보좌하기 위한 보좌기관을 대통령령으로 정하는 바에 따라 둘 수 있다(같은 조 5항).

보좌기관
輔佐機關

행정기관이 그 기능을 원활하게 수행할 수 있도록 그 기관장이나 보조기관을 보좌함으로써 행정기관의 목적달성에 공헌하는 기관을 말한다(행정기관의 조직과 정원에 관한 통칙 제2조7호). 보조기관은 계선기관(系線機關 : 계층적·수직적 구조를 갖추어 상부의 명령이 하부로 직선으로 전달되는 조직에서 조직의 목적달성을 위한 업무를 실질적으로 집행하는 기관)이고 보좌기관은 참모기관이라는 점에서 서로 구별된다. 우리나라 중앙행정기관에 설치되어 있는 보좌기관으로는 대통령실장·국무총리실장, 그리고 행정 각부의 차관보·장관정책보좌관·대변인 등이 있다. 차관보(次官補)는 고위공무원단에 속하는 별정직 공무원으로 보하고 장관과 차관을 직접 보좌하며, 장관정책보좌관(長官政策補佐官)은 별정직 공무원으로 보하고, 특히 대통령령이 정하는 특정 사항에 대하여 장관을 보좌한다.

자문기관
諮問機關

행정기관의 자문에 응하여 또는 자진하여 행정기관에 의견을 제공함을 임무로 하는 기관을 말하며, **부속기관**의 일종이다(정부조직법 제4조). 자문기관은 법률의 근거가 없어도 대통령령으로 설치할 수 있다. 자문기관이 제공하는 답신·의견·건의는 법률상 그 행정기관을 구속하는 힘이 없는 점에서 의결기관과 다르다. 조사·연구·심의 등을 임무로 하는 조사기관·심의기관도 넓은 의미에의 자문기관이다. 보통은 **심의회**·위원회·조사회 등의 명칭이 붙는다. **심의기관**으로서의 **국무회의**와 **국가원로자문회의**(헌법 제90조)도 법적 성질에 있어서 자문기관에 속한다는 것이 통설이다.

집행기관
執行機關

일반적으로 의결기관 또는 의사기관에 대하여 그 의결 또는 의사결정을 집행하는 기관을 말한다. 행정법학상에서는 행정기관의 명령을 받아 국가의사를 실력으로써 국민에 대하여 강제하고, 그 상태를 실현하는 기관을 말한다. 예를 들면 경찰공무원·세무공무원·집행관 등이다.「지방자치법」은 집행기관으로서 지방자치단체의 장, 보조기관, 소속행정기관, 하부행정기관, 교육·과학 및 체육에 관한 기관을 두고 있다(제6장).

의사기관
意思機關

지방자치단체, 그 밖의 공공단체의 의사를 의결하고 결정하는 기관을 말한다. 예컨대 지방자치단체의 의회(지방의회) 등에 관하여 그 성질을 표시하는 학문상의 용어로 사용되는 경우가 많다.

감사기관
監査機關

행정기관의 사무집행을 검사하여 그 비위를 적발·시정함을 임무로 하는 국가기관을 말한다. 감사원이 그 예이다. 감사기관이 감독기관과 구별되는 요점은, 감독기관은 직계상급감독기관임에 대하여 감사기관은 어느 방계의 행정기관이 행하는 고유사무가 동시에 타 기관의 행위를 감독하는 결과가 되는 경우를 말한다.

행정위원회
行政委員會

일반행정권으로부터 어느 정도의 독립적 지위를 가진 합의제행정기관으로서 처분권한 등의 행정적 권능 이외에 행정심판의 판단과 같은 준사법적 권능과 규칙제정 등의 준입법적 권능을 가지는 위원회를 말한다. 미국·영국에서 발전한 독립규제위원회(independent regulatory commission)가 그 전형적인 예이다. 행정위원회의 특색은 ① 일반행정기관으로부터 어느 정도의 직무상 독립성이 인정되어 있는 점 ② 행정적 권한 이외에 준입법적·준사법적 권한까지를 통합하여 행사하는 점 ③ 독자적 책임하에서 행정사무를 집행하는 권한을 가진 관청적 기관인 점 ④ 위원의 신분보장이 있는 점 등이다. 그 구성은 ㉮ 정당적 이해관계 없는 공정중립의 제3자로 구성되는 것(예 : **선거관리위원회**) ㈏기술적 전문가로 구성되는 것(예 : **금융통화위원회**) ㈐ 각계각층의 이익 또는 노력을 대표하는 자로 구성되는 것(예 : **노동위원회**) ㈑ 판사·검사·변호사 등의 자격이 있는 자로 구성되는 것(예 : **행정심판위원회**) ㈒이상의 요소를 혼합한 형태로 구성되는 것 등이 있다. 우리나라도 행정위원회제도를 채택하고 있다(정부조직법 제5조). 현행법상 대부분의 '위원회'는 자문기관 내지 의결기관(예 : 국세심사위원회, 각종의 공무원징계위원회 등)이고, 앞에서 이야기한 행정위원회적 성격을 가진 위원회로는 행정심판위원회·감사원·각급선거관리위원회·금융통화위원회·각급노동위원회·각급토지수용위원회 등이 있다. 국민경제가 발달·복잡화하고 있는 현대에 있어서는 어느 나라를 막론하고 이 행정위원회제도의 채택이 증가해가는 추세이다.

행정청
行政廳
행정에 관한 의사를 결정하여 표시하는 국가 또는 지방자치단체의 기관, 그 밖에 법령 또는 자치법규에 따라 행정권한을 가지고 있거나 위탁을 받은 공공단체나 그 기관 또는 사인(私人)을 말한다(행정심판법 제2조4호, 행정기본법 제2조2호). 공기업 및 공공시설기관도 그 권한의 범위 내에서는 행정청이 될 수 있다. 그 예로 한국토지주택공사는 「공익사업을 위한 토지 등의 취득 및 보상에 관한 법률」에 따라 실시하는 이주대책 대상자선정행위에 있어서 행정청의 지위를 갖고, 근로복지공단은 「산업재해보상보험법」에 따라 부과하는 산업재해보상보험료 부과행위에 있어서 행정청의 지위를 갖는다. 또한 법원이나 국회도 행정처분을 하는 범위 내에서는 행정청에 포함된다. 그 예로 국회 또는 법원의 직원에 대한 징계, 법원장의 법무사합동법인설립인가 등에 있어서는 법원이나 국회도 행정청의 지위를 갖는다. 한편 행정심판에 있어서의 행정청은 해당 처분 또는 부작위를 한 행정청을 가리키는 것이 원칙이다. 다만, 처분이나 부작위가 있은 뒤에 그 처분이나 부작위에 관한 권한이 다른 행정청에 승계된 때에는 권한을 승계한 행정청이 피청구인이 된다(행정심판법 제17조1항).

행정심판위원회
行政審判委員會
행정청의 처분 또는 부작위에 대한 행정심판 청구를 심리·재결하는 심판기관이다(행정심판법 제6조). 여기서 처분이란 행정청이 행하는 구체적 사실에 관한 법 집행으로서의 공권력의 행사 또는 그 거부와 그 밖에 이에 준하는 행정작용을 말하고, 부작위란 행정청이 행한 처분을 하여야 할 법률상 의무가 있으나 이를 하지 아니하는 것을 말한다(같은 법 제2조1호·2호). 행정심판기관으로는 시·도지사 소속, 직근 상급 행정기관 소속, 해당 행정청 소속으로 설치되는 행정심판위원회와 국민권익위원회 소속으로 설치되는 **중앙행정심판위원회**가 있다.

공공단체
公共團體
국가 밑에 국가로부터 그 존립 목적이 부여된 공법상의 법인 단체를 말한다. **공법인** 또는 **공법상의 법인**이라고도 한다. 일반적으로 지방자치단체, 공공조합, 영조물법인 등을 말하며, 넓은 의미에서 국가행정조직의 일부를 구성한다. 공공단체는 국가로부터 부여된 목적을 바탕으로 삼아 그 기관에서 사무를 행하는데, 국가로부터 목적이 부여되고, 이에 관한 행정권이 주어진 단체이므로 '목적이 법률에 의하여 정해진 것, 설립이 국가의 의도에 의하는 것, 목적을 수행할 의무를 지고 해산의 자유가 없는 것, 또는 어느 범위에 있어서는 국가적 공권이 부여되어 있는 것, 국가의 특별한 감독을 받고 있는 것' 등의 특색을 가진다.

공법인
公法人
특정한 공공목적을 위하여 특별한 법적 근거에 의하여 설립된 법인을 말한다. 사법인에 대응하는 개념이다. 광의로는 국가와 공공단체를 모두 포함한 의미로 사용되고, 협의로 는 공공단체와 같은 뜻이며, 최협의로는 공 공단체 중에서 지방자치단체 이외의 것을 가리킨다. 공법인에는 그 목적에 부합되는 한도 내에서 행정권을 부여할 수 있는데, 공 공조합·**공사단**(公社團) 등이 그 예이다. 공 법인은 국가의 특별한 감독, 공과금의 면제 등과 같이 실정법상 사법인과는 다른 취급 을 받는 경우가 많으나, 공법인에 관한 모든 법률관계가 공법관계는 아니며, 실정법의 규정이나 구체적 사업의 실질적 내용에 따 라 결정된다.

공공조합
公共組合
일정한 사람의 결합에 의하 여 조직되는 공법상의 사단 법인을 말한다. 농지개량조 합(현 한국농어촌공사), 산림조합 등이 그 예 이다. 일정한 사원(조합원)의 결합에 의하여 조직된 점에 있어서는 사법상의 사단법인과 동일하나, 그의 목적이 국가로부터 부여되 고, 국가적 목적을 위해 존재하고, 국가적 임무를 담당하는 점에서 다르다. 그 밖에도 공공조합은 다음과 같은 점에서 사법상의 사단법인과 구별된다. ① 공공조합은 목적 에 따라 설립이 강제되며, 설립이 강제되지 않는 경우에도 일정한 자가 이것을 설립하 였을 때는 다른 자격자는 당연히 조합원이 되는 점 ② 공공조합에 대해서는 국가적 권 력이 부여됨으로써 조합원의 의사와 상관없 이 조합이 정한 바를 강행할 수 있다는 점 ③ 공공조합에 대해서는 국가로부터 특별한 의무가 부과되고 국가의 특별한 감독을 받 는 점 등이다. 공공조합은 공공단체(공법인) 의 일종이지만, 공공단체라고 해서 공공조 합에 관한 법률관계가 전부 공법관계임을 의미하지는 않는다. 예전에는 각종 산업의 개량·발달, 동업자의 이익증진 또는 산업 의 통제나 국가목적을 추진하기 위하여 널 리 공공조합의 제도가 이용되었으나, 이제 는 임의단체인 협동조합이 이용되는 경우가

많다. 농업협동조합·수산업협동조합·중소 기업협동조합 등이 그 예이다. 협동조합을 공공조합의 일종으로 보는 견해도 있지만, 협동조합은 국가로부터 목적이 부여된 것이 아니고, 강제적 요소를 전혀 띠고 있지 아니 하므로 공공조합으로 보지 않음이 타당하다.

영조물법인
營造物法人
영조물로서 독립적인 법인 격을 갖춘 법인을 말한다. **공적재단법인**(公的財團法 人) 또는 **공재단**(公財團)이라고도 한다. 본래 국가 또는 공공단체는 영속적 기관이므로 특별히 영조물법인을 별도로 둘 필요가 없 다. 그러나 사업의 독자성을 인정하여 채산 과 책임의 귀속을 명백히 밝힐 목적으로 설 치하는 경향이 있다. 독일의 독일철도공사· 연방보험공사·남독일방송국 등이 이에 속 한다. 우리나라에서는 한국조폐공사·한국 토지주택공사·대한석탄공사·한국은행· 한국산업은행 등을 들 수 있으나, 이들은 아 직도 예산 기타의 제약에 의하여 행정기관 으로부터 완전히 독립되는 수준에 이르지 못하고 있으므로 국가행정의 한 형태에 불 과하다고 할 수 있다.

영조물기관
營造物機關
영조물(공공시설)의 설치· 관리를 임무로 하는 기관을 말한다. 국립대학·국립병 원·국립도서관·국립박물관 등이 그 예이 다. 영조물기관을 기업기관 또는 현업기관이 라고도 하나, 기업기관은 재력 취득을 목적 으로 하는 전매사업기관까지 포함하는 개념 이므로 이와 구별된다.

공사단
公社團
일정한 조합원 또는 사원을 구 성요소로 하는 공법인의 사단 법인을 말한다. 공공조합과 같 은 의미이다.

공재단
公財團
일정한 공적 목적에 제공된 재 산을 구성요소로 하는 공법인 을 말한다. 국가는 개인과 달라

서 그 자체가 영속적인 단체인 까닭에 원칙적으로 국가로부터 독립한 법인격을 갖는 재단법인을 설립하여 국가목적을 수행시킬 필요는 없다. 따라서 학교·철도·우편·전신·전화 등도 법인격이 없는 보통의 행정기관에 의하여 운영되는 것이 일반적인 현상이다. 그러나 근래에는 사업의 독자성을 인정하여 국가의 간섭을 배제하고 예산 기타의 제약으로부터 독립시킴으로써 채산과 책임의 귀속을 명백히 밝히기 위하여 공재단을 설치하는 경향이 있다. 일반적으로 공재단과 **영조물법인**(營造物法人)을 같은 것으로 생각하나, 엄격한 의미에 있어서는 전자가 일정한 공적 목적에 제공된 재산에 법인격이 주어진 것인데 비해, 후자는 인적·물적 결합체인 시설에 법인격이 주어진 것이므로 서로 다르다. 공재단은 그 자체가 목적을 가지고 법인격이 인정되는 점에서, 그 자체가 목적을 가지지 않고 국가목적을 실현함에 불과하며 법인격을 가지지 않는 국가기관과는 다르다. 또한 국가의 의사에 따라 설립되며, 일정한 범위의 국가적 공권이 부여되고, 국가의 특별한 감독을 받는 점에서 사재단법인과도 구별된다.

보통지방자치단체
普通地方自治團體

목적·조직·권한 등에 있어 일반적 성격을 가지고 전국적으로 보편적으로 존재하는 지방자치단체를 말한다. 보통지방자치단체는 '광역지방자치단체인 특별시·광역시·도(이상 상급지방자치단체)'와 '기초지방자치단체인 시·군·자치구(이상 하급지방자치단체)'로 나눌 수 있다. 특별지방자치단체에 대응하는 개념이다.

특별지방자치단체
特別地方自治團體

보통지방자치단체인 서울특별시·광역시·도·시·군·구에 비하여 단체의 조직·권능 등에 있어서 특수한 성격을 가진 지방자치단체를

말한다. 현행법상으로는 지방자치단체조합(2개 이상의 지방자치단체가 특정사무의 전부 또는 일부를 공동으로 처리하기 위하여 필요한 때에는 규약을 정하여 지방의회의 의결을 거쳐 시·도는 행정자치부장관의, 시·군 및 자치구는 시·도지사의 승인을 얻어 법인으로 설립하는 조합)이 있다.

지방자치단체조합
地方自治團體組合

2개 이상의 지방자치단체가 하나 또는 둘 이상의 사무를 공동으로 처리할 필요가 있을 때에는 규약을 정하여 그 지방의회의 의결을 거쳐 시·도는 행정안전부장관의, 시·군 및 자치구는 시·도지사의 승인을 받아 법인으로 설립하는 조합이다(지방자치법 제176조). 이 조합의 규약에는 명칭, 구성하는 지방자치단체, 위치, 사무, 집행기관·조합회의의 조직 및 위원의 선임방법, 경비의 부담 및 지출방법, 운영에 관한 사항 등을 규정하도록 되어 있다(같은 법 제179조). 조합은 시·도지사와 행정안전부장관의 지도와 감독을 받는다. 공익상 필요한 때에 행정안전부장관은 조합의 설립·해산 또는 규약의 변경을 명할 수 있다(같은 법 제180조).

행정협의회
行政協議會

2개 이상의 지방자치단체에 관련된 사무를 관련 자치단체들이 공동으로 처리하기 위하여 설치한 협의기구이다. 행정협의회는 광역행정의 사무를 공동으로 처리하기 위해 설치된 기구이나 법인이 없기 때문에 그 사무의 처리는 협의회를 구성하는 자치단체의 공동 명의로 한다. 행정협의회를 구성하고자 하는 관계 지방자치단체는 협의에 관한 규약을 작성하여 지방의회의 의결을 거쳐 고시하여야 한다(지방자치법 제169조). 이 규약에는 행정협의회의 명칭, 협의회를 구성하는 지방자치단체, 처리사무, 조직 및 선임방법, 경비부담 및 행정협의회의 구성 및 운영에 관한 사항의

처리 등에 관한 사항을 정하도록 되어 있다(같은 법 제171조). 행정협의회에서 합의가 이루어지지 아니한 사항에 대하여 지방자치단체의 장으로부터 조정요청이 있을 때에는 시·도의 경우 또는 시·군 및 자치구가 2개 이상의 시·도에 걸치는 경우에는 행정안전부장관이, 시·군 및 자치구의 경우에는 시·도지사가 이를 조정할 수 있다(같은 법 제173조).

권한대행
權限代行
공법상으로 어떤 국가기관 또는 국가기관의 구성원의 권한을 다른 국가기관 또는 국가기관의 구성원이 대행하는 것을 말한다. 대통령이 궐위되거나 사고로 직무를 수행할 수 없을 때에는 국무총리, 법률이 정한 국무위원의 순위로 그 권한을 대행한다(헌법 제71조).

권한배정
權限配定
국가기관 상호 간의 권한을 헌법과 법령에 의하여 배정하는 것을 말한다. 행정 각 부문 간의 권한배정은 「정부조직법」 기타의 법률에 규정되어 있다. 권한배정의 기본계획은 국무회의의 심의사항이다(헌법 제89조 11호). 관청 상호 간의 권한배정에 의문이 생겨 쟁의가 일어나면 국무회의에서 결정하고, 행정 각부 내부의 기관 상호 간의 경우는 그 부의 장관에 의하여 결정된다.

권한의 대리
權限의 代理
관청의 권한의 전부 또는 일부를 그 보조기관이나 타 관청이 피대리관청의 대리인으로서 행사하여 그 대리인의 행위가 피대리관청의 행위로서의 효력을 발생하는 것을 말한다. 관청의 권한 그 자체를 다른 기관에 위임하는 **권한의 위임** 및 관청의 보조기관이 그 관청의 이름으로 그 관청의 권한을 사실상 대리행사하는 **위임전결**(委任專決)과 각각 구별된다. 관청의 대리는 발생원인에 따라 법정대리와 임의대리로 구분되며, 전자는 다시 **보충대리**(補充代理)와 **지정대리**(指定代理)로 나눌 수 있다.

권한의 위임
權限의 委任
행정관청이 자신의 법령상의 권한의 일부를 다른 관청(보통 하급관청)에게 위임하고, 그것을 위임받은 관청은 그의 명의와 책임하에서 권한을 행사하는 것을 말한다. 이때 권한을 위임한 관청을 위임관청이라고 하고, 권한을 위임받은 관청을 수임관청이라고 한다. 이 권한의 위임은 법령으로 정하여진 권한배정의 변경을 의미하는 것이므로 법적 근거를 요하며(예 : 건설산업기본법 제91조, 의료법 제86조 등), 권한 전부의 위임은 해당 관청의 실질적 폐지를 의미하므로 그 일부의 위임만 허용된다. 권한이 위임되면 위임관청은 수임관청의 행위에 관하여 책임을 지지 아니한다(다만, 위임행위 자체에서 발생하는 책임과 수임관청이 하급관청인 경우에는 상급관청으로서 일반적인 감독의 책임을 진다). 권한의 위임은 권한 자체가 위임되는 점, 법적 근거를 요하는 점, 대체로 수임관청이 하급관청인 점 등에서 권한의 대리와 다르다.

권한의 획정
權限의 劃定
권한쟁의를 결정하는 것을 말한다. **권한쟁의**란 행정관청의 권한에 관하여 분쟁이 있을 때 그 분쟁을 해결하는 절차를 말하며 **주관쟁의**(主管爭議)라고도 한다. 권한쟁의에는 특정사항이 서로 자기권한(또는 주관)에 속한다고 하는 적극적 쟁의와 소속되지 않는다고 하는 소극적 쟁의가 있다. 그 어느 경우에 있어서나 쌍방의 협의로써 해결되지 않으면 그 상급관청의 결정에 의하고, 상급관청이 동일하지 않을 때에는 상급관청의 협의에 의하며, 상급관청 간의 협의가 이루어지지 않을 때에는 행정각부 간의 권한의 획정으로서 국무회의의 심의를 거쳐(헌법 제89조10호) 행정수반으로서의 대통령의 결정에 따를 수밖에 없다.

권한초과
權限超過

행정기관이 그 권한을 초과하여 행사하는 것을 말한다. **권한유월**(權限踰越)이라고도 한다. 행정기관이 그 권한을 초과해서 행한 행위는 하자 있는 행정행위로서 취소의 원인이 된다. 세무서장이 면세해서는 안 될 세금을 면제해 주는 것, 경찰서장이 허가해서는 안 될 영업을 허가해 주는 것 등이 그 예이다.

통할
統轄

일반적으로 상급자가 하급자의 행위를 지휘·조정하는 것을 말한다. **총할**(總轄)이라고도 한다. 상급의 행정기관이 하급의 행정기관에 대해 행하는 경우와 기관장이 소속직원에 대해 행하는 경우 모두에 사용된다. 예를 들면 국무총리는 행정에 관하여 대통령의 명을 받아 행정각부를 통할하고(헌법 제86조2항), 대통령의 통할하에 행정각부를 두며(정부조직법 제26조1항), 국회사무총장은 국회의장의 감독을 받아 국회의 사무를 통할하는 것(국회사무처법 제4조1항) 등이 상급행정기관의 하급행정기관에 대한 통할에 속한다.

통첩
通牒

행정관청이 관하의 기관·직원 또는 지방자치단체 등에 대하여 어떤 사항을 통지하는 형식을 말한다. 주로 **훈령**의 성질을 가지는 경우가 많다.

통지
通知

행정청의 의사 또는 특정한 사실 등을 타인에게 알리는 행위를 말한다. 행정청의 관념표시행위로서의 준법률행위적 행정행위이다. 법률상의 효과는 통지를 요구한 각 법령에 의하여 결정된다. 절차상의 요건이 되는 경우와 단순한 주의적·통지적인 것에 그치는 경우가 있다.

고시
告示

행정기관이 결정한 사항 등을 널리 일반 국민에게 알리기 위하여 공고하는 일종의 공고형식을 말한다. 원칙적으로 법규로서의 성질을 갖지 아니한다.

감독행위
監督行爲

일정한 자의 행위를 감시하고 필요한 명령 등을 함으로써 그 자의 행위의 합법성 및 합목적성을 보장하는 행위를 말한다. 공공단체에 대한 감독 등 공법상 그 예가 많다. 감독행위에는 예방적 감독행위(감시·훈령·인가)와 교정적 감독행위(취소·정지명령 등)가 있다.

행정감독권
行政監督權

상급행정관청이 그의 하급행정관청 또는 그와 특별한 감독관계에 있는 자에 대하여 행정질서의 유지 또는 법목적의 보장을 위하여 행하는 감독의 권한을 말한다. 대통령은 정부의 수반으로서 법령에 따라 모든 중앙행정기관의 장을 지휘·감독하며, 국무총리와 중앙행정기관의 장의 명령이나 처분이 위법 또는 부당하다고 인정되면 이를 중지 또는 취소할 수 있다. 국무총리는 대통령의 명을 받아 각 중앙행정기관의 장을 지휘·감독하며, 중앙행정기관의 장의 명령이나 처분이 위법 또는 부당하다고 인정될 경우에는 대통령의 승인을 받아 이를 중지 또는 취소할 수 있다(정부조직법 제11조·제18조).

관장
管掌

일정한 사무를 관리·장악하는 것을 말한다. 예를 들면 행정각부의 장관에 관하여는 관장이라고 하는 용어가 사용되고 있다(같은 법 제27조 이하).

정부
政府

① 국가의 삼권분립을 이루는 독립기관인 입법부, 행정부, 사법부 중 행정부를 뜻한다. 「헌법」 제4장 제2절의 행정부가 이에 해당하며, 일반적으로 정부라고 할 때에는 행정부를 의미하는 경우가 가장 많다. ② 국가 자체 또는 국가의 입법·행정·사법의 모든 기관을 말한다. 대한민국정부라고 하는 경우가 이에 해당한다. ③ 행정부보다도 좁은 내각을 말한다. 내각책임제적 정부형태에서 정부불신임이라고 하는 경우가 이에 해당된다.

정부위원
政府委員

각부 장관을 보좌하고 국회에 출석하여 발언할 수 있는 정부 소속의 공무원을 말한다. 국무조정실의 실장 및 차장, 부·처·청의 처장·차관·청장·차장·실장·국장 및 차관보와 과학기술정보통신부·행정안전부 및 산업통상자원부에 두는 본부장은 정부위원이 된다(정부조직법 제10조).

대통령비서실
大統領秘書室

대통령의 직무를 보좌하기 위하여 설치된 보좌기관을 말한다(정부조직법 제14조1항). 대통령비서실에 실장 1명을 두되, 실장은 정무직으로 한다(같은 법 제14조2항). 또, 대통령 등의 경호를 담당하기 위하여 **대통령경호처**를 둔다. 대통령경호처에는 처장 1명을 두되, 처장은 정무직으로 한다. 대통령경호처의 조직·직무범위 그 밖에 필요한 사항은 따로 법률로 정한다(같은 법 제16조).

국가안보실
國家安保室

국가안보에 관한 대통령의 직무를 보좌하기 위하여 국가안보실을 둔다(정부조직법 제15조1항). 국가안보실에 실장 1명을 두되, 실장은 정무직으로 한다(같은 법 제15조2항).

국가정보원
國家情報院

국가안전보장에 관련되는 정보 및 보안에 관한 사무를 담당하게 하기 위하여 대통령 소속하에 설치된 국가기관을 말한다(정부조직법 제17조1항). 국가정보원의 조직·직무범위 그 밖에 필요한 사항은 따로 「**국가정보원법**」에서 정하고 있다.

국무조정실
國務調整室

각 중앙행정기관의 행정의 지휘·감독, 정책 조정 및 사회위험·갈등의 관리, 정부업무평가 및 규제개혁에 관하여 국무총리를 보좌하기 위하여 국무총리 밑에 설치된 보좌기관을 말한다(정부조직법 제20조). 국무조정실에 실장 1명을 두되, 실장은 정무직으로 한다. 또한, 국무총리의 직무를 보좌하기 위하여 **국무총리비서실**을 둔다(같은 법 제21조1항). 국무총리비서실에 실장 1명을 두되, 실장은 정무직으로 한다(같은 법 제21조2항).

인사혁신처
人事革新處

공무원의 인사·윤리·복무 및 연금에 관한 사무를 관장하기 위해 설립된 국무총리 소속 기관이다. 인사혁신처에는 처장 1명과 차장 1명을 두되 처장은 정무직으로 하고, 차장은 고위공무원단에 속하는 일반직공무원으로 보한다(정부조직법 제22조의3).

법제처
法制處

국무회의에 상정될 법령안·조약안과 총리령안 및 부령안의 심사와 그 밖에 법제에 관한 사무를 전문적으로 관장하기 위하여 국무총리 소속하에 만들어진 기관이다(정부조직법 제23조). 법제처에는 처장 1명과 차장 1명을 두되, 처장은 정무직으로 하고, 차장은 고위공무원단에 속하는 일반직공무원으로 보한다.

식품의약품안전처
食品醫藥品安全處

식품·의약품의 안전관리체계를 구축·운영하여 국민이 안전하고 건강한 삶을 영위할 수 있도록 하고자 설립된 국무총리실 산하의 중앙행정기관이다. 1998년 보건복지부 외청인 식품의약품안전청으로 설립된 뒤 2013년 식품의약품안전처로 승격했다. 처장 1명과 차장 1명을 두되, 처장은 정무직으로 하고, 차장은 고위공무원단에 속하는 일반직공무원으로 한다(정부조직법 제25조).

기획재정부
企劃財政部

중장기 국가발전전략수립, 경제·재정정책의 수립·총괄·조정, 예산·기금의 편성·집행·성과관리, 화폐·외환·국고·정부회계·내국세제·관세·국제금융, 공공기관관리, 경제협력·국유재산·민간투자 및 국가채무에 관한 사무를 관장하는 국무총리 소속하의 중앙행정기관을 말한다(정부조직법 제27조). 장관 1명과 차관보 1명을 두며 그 소속하에 조달청, 국세청, 관세청, 통계청이 있다.

교육부
教育部
인적자원개발정책, 영·유아 보육·교육, 학교교육·평생교육, 학술에 관한 사무를 관장하기 위하여 국무총리 소속하에 설치한 중앙행정기관을 말한다(정부조직법 제28조). 교육부에 차관보 1명을 둔다.

과학기술정보통신부
科學技術情報通信部
과학기술정책의 수립·총괄·조정·평가, 과학기술의 연구개발·협력·진흥, 과학기술인력 양성, 원자력 연구·개발·생산·이용, 국가정보화 기획·정보보호·정보문화, 방송·통신의 융합·진흥 및 전파관리, 정보통신산업, 우편·우편환 및 우편대체에 관한 사무를 관장하는 중앙행정기관이다(정부조직법 제29조). 2017년 7월 정부 조직 개편으로 기술창업활성화 관련 창조경제 진흥에 관한 업무를 중소벤처기업부에 이관하고, 과학기술·정보통신 정책의 중요성을 고려하여 명칭을 과학기술정보통신부로 변경하였다.

외교부
外交部
외교부장관은 외교, 경제외교 및 국제경제협력외교, 국제관계 업무에 관한 조정, 조약 기타 국제협정, 재외국민의 보호·지원, 국제정세의 조사·분석에 관한 사무를 관장한다(정부조직법 제30조). 외교부에 차관보 1명을 둘 수 있다. 재외동포 정책의 체계적이고 종합적인 수립·시행 등 재외동포에 관한 사무를 관장하기 위하여 외교부장관 소속으로 재외동포청을 신설하였다. 재외동포청에 청장 1명과 차장 1명을 두되, 청장은 정무직으로 하고, 차장은 고위공무원단에 속하는 일반직공무원 또는 외무공무원으로 보한다.

통일부
統一部
통일 및 남북대화·교류·협력에 관한 정책의 수립, 통일교육, 그 밖에 통일에 관한 사무를 관할하기 위하여 설치한 중앙행정기관을 말한다(정부조직법 제31조).

법무부
法務部
검찰·행형·인권옹호·출입국관리 그 밖에 법무에 관한 사무를 관장하기 위한 기관이다(정부조직법 제32조). 법무부 산하에 검사에 관한 사무를 관장하기 위하여 법무부장관 소속으로 검찰청을 둔다. 검찰청의 조직·직무범위 그 밖에 필요한 사항은 「검찰청법」에 규정되어 있다.

국방부
國防部
국방에 관련된 군정 및 군령과 그 밖에 군사에 관한 사무를 관장하는 기관을 의미한다(정부조직법 제33조). 국방부에는 차관보 1명을 두고, 징집·소집 그 밖에 병무행정에 관한 사무를 관장하기 위하여 국방부장관 소속으로 병무청을 둔다. 병무청에는 청장 1명과 차장 1명을 두되, 청장은 정무직으로 하고, 차장은 고위공무원단에 속하는 일반직공무원으로 보한다. 또, 방위력 개선사업, 군수물자 조달 및 방위산업 육성에 관한 사무를 관장하기 위하여 국방부장관 소속으로 방위사업청을 두고 청장 1명과 차장 1명을 두되, 청장은 정무직으로 하고 차장은 고위공무원단에 속하는 일반직공무원으로 보한다.

행정안전부
行政安全部
국무회의의 서무, 법령 및 조약의 공포, 정부조직과 정원, 상훈, 정부혁신, 행정능률, 전자정부, 정부청사의 관리, 지방자치제도, 지방자치단체의 사무지원·재정·세제, 낙후지역 등 지원, 지방자치단체 간 분쟁조정, 선거·국민투표의 지원, 안전 및 재난에 관한 정책의 수립·총괄·조정, 비상대비, 민방위 및 방재에 관한 사무를 관장한다(정부조직법 제34조). 행정안전부장관은 국가의 행정사무로서 다른 중앙행정기관의 소관에 속하지 아니하는 사무를 처리한다(같은 조 2항). 재난 및 안전 관리를 전담할 재난안전관리본부를 설치하여 재난안전관리사무를 담당하는 본부장 1명을 두되, 본부장은 정무직으로 하고, 치안에 관한 사무를 관장하기 위하여 행정안전부장관 소속으로 경찰청을 둔다. 경찰청의 조직·직무범위 그 밖에 필요한 사항은 「경찰청과 그 소속기관 직제」로 규정한다. 또한 소방에 관한 사무를 관장하기 위하여 행정안전부장관 소속으로 소방청을 두고, 청장 1명과 차장 1명을 두되 청장 및 차장은 소방공무원으로 보한다.

국가보훈부
國家報勳部
국가를 위해 헌신하고 희생한 국가유공자 및 그 가족에 대한 예우·지원 등 보훈 기능의 위상을 강화하고 효율적인 보훈 정책을 추진하기 위해 국무총리 소속의 국가보훈처를 국가보훈부로 승격하였다(2023년). 국가보훈부장관은 국가유공자 및 그 유족에 대한 보훈, 제대군인의 보상·보호, 보훈선양에 관한 사무를 관장한다(정부조직법 제35조).

문화체육관광부
文化體育觀光部
문화·예술·영상·광고·출판·간행물·체육·관광에 관한 사무와 국정에 대한 홍보 및 정부발표에 관한 사무를 관장한다(정부조직법 제36조). 문화체육관광부에는 차관보 1명을 두고, 문화재에 관한 사무를 관장하기 위하여 문화체육관광부장관 소속으로 문화재청을 둔다. 문화재청에는 청장 1명과 차장 1명을 두되, 청장은 정무직으로 하고, 차장은 고위공무원단에 속하는 일반직공무원으로 보한다.

농림축산식품부
農林畜産食品部
농산·축산, 식량·농지·수리, 식품산업진흥, 농촌개발 및 농산물 유통에 관한 사무를 관장한다. 농림축산식품부에는 차관보 1명을 두고, 농촌진흥에 관한 사무를 관장하기 위하여 농림축산식품부장관 소속으로 농촌진흥청을 둔다(정부조직법 제37조). 농촌진흥청에는 청장 1명과 차장 1명을 두되, 청장은 정무직으로 하고, 차장은 일반직공무원으로 보한다. 또한 산림에 관한 사무를 관장하기 위하여 농림축산식품부장관 소속으로 산림청을 둔다. 산림청에는 청장 1명과 차장 1명을 두되, 청장은 정무직으로 하고, 차장은 일반직공무원으로 보한다.

산업통상자원부
産業通商資源部
상업·무역·공업·통상, 통상교섭 및 통상교섭에 관한 총괄·조정, 외국인 투자, 중견기업, 산업기술 연구개발정책 및 에너지·지하자원에 관한 사무를 관장한다(정부조직법 제38조). 산업통상자원부장관 소속으로 특허·실용신안·디자인 및 상표에 관한 사무와 이에 대한 심사·심판사무를 관장하기 위한 특허청을 둔다. 특허청에 청장 1명과 차장 1명을 두되, 청장은 정무직으로 하고, 차장은 고위공무원단에 속하는 일반직공무원으로 보한다.

보건복지부
保健福祉部
생활보호·자활지원·사회보장·아동(영·유아 보육 제외)·노인·장애인·보건위생·의정(醫政)·약정(藥政)에 관한 사무를 관장한다(정부조직법 제39조). 방역·검역 등 감염병에 관한 사무 및 각종 질병에 관한 조사·시험·연구에 관한 사무를 관장하기 위하여 보건복지부장관 소속으로 질병관리청을 둔다. 질병관리청에 청장 1명과 차장 1명을 두되, 청장은 정무직으로 하고, 차장은 고위공무원단에 속하는 일반직공무원으로 보한다.

환경부
環境部
자연환경, 생활환경의 보전과 환경오염방지, 수자원의 보전·이용 및 개발 및 하천에 관한 사무를 관장한다(정부조직법 제40조). 기상에 관한 사무를 관장하기 위하여 환경부장관 소속으로

기상청을 둔다. 기상청에는 청장 1명과 차장 1명을 두되, 청장은 정무직으로 하고, 차장은 일반직공무원으로 보한다.

고용노동부
雇傭勞動部

고용정책의 총괄, 고용보험, 직업능력개발훈련, 근로조건의 기준, 근로자의 복지후생, 노사관계의 조정, 산업안전보건, 산업재해보상보험과 그 밖에 고용과 노동에 관한 사무를 관장한다(정부조직법 제41조).

여성가족부
女性家族部

여성정책의 기획·종합, 여성의 권익증진 등 지위향상, 청소년 및 가족(다문화 가족과 건강가정사업을 위한 아동업무를 포함한다)에 관한 사무를 관장한다(정부조직법 제42조). 2001년 1월 29일 「정부조직법」의 개정으로 신설된 여성부는 보건복지부로부터 가정폭력, 성폭력 피해자의 보호, 윤락행위 등의 방지업무 및 일제하 일본군 위안부에 대한 생활안정지원사무를 이관받아 여성가족부로 개편되었다.

국토교통부
國土交通部

국토종합계획의 수립·조정, 국토의 보전·이용 및 개발, 도시·도로 및 주택의 건설, 해안 및 간척, 육운·철도 및 항공에 관한 사무를 관장한다(정부조직법 제43조). 국토교통부에 차관보 1명을 둘 수 있다.

해양수산부
海洋水産部

해양정책, 수산, 어촌개발 및 수산물 유통, 해운·항만, 해양환경, 해양조사, 해양수산자원개발, 해양과학기술연구·개발 및 해양안전심판에 관한 사무를 관장하는 기관이다(정부조직법 제44조). 해양에서의 경찰 및 오염방제에 관한 사무를 관장하기 위하여 해양수산부장관 소속으로 해양경찰청을 두고, 청장 1명과 차장 1명을 두되, 청장 및 차장은 경찰공무원으로 보한다.

중소벤처기업부

1996년 산업자원부 산하에 설립된 중소기업청을 중소기업 중심의 경제구조와 창업 생태계 조성을 위하여 2017년 중소벤처기업부로 격상하여 창업·벤처기업의 지원 및 대·중소기업 간 협력 등에 관한 사무를 관장하도록 하였다. 중소벤처기업부장관은 중소기업 정책의 기획·종합, 중소기업의 보호·육성, 창업·벤처기업의 지원, 대·중소기업 간 협력 및 소상공인에 대한 보호·지원에 관한 사무를 관장한다(정부조직법 제45조).

공정거래위원회
公正去來委員會

건전한 경제질서의 확립을 위하여 독과점의 폐단을 적절히 규제한다는 목적을 달성하기 위하여 국무총리 소속하에 독립적으로 설치한 합의제 중앙행정기관(독점규제 및 공정거래에 관한 법률 제54조, 정부조직법 제2조)으로 각종 고시·규정·규칙 제정권이 있는 준사법기관으로서의 성격을 갖는다. 이 위원회의 소관사무는 다음과 같다. ① 시장지배적 지위의 남용행위 규제에 관한 사항 ② 기업결합의 제한 및 경제력 집중의 억제에 관한 사항 ③ 부당한 공동행위 및 사업자단체의 경쟁제한행위 규제에 관한 사항 ④ 불공정거래행위, 재판매가격유지행위 및 특수관계인에 대한 부당이익제공의 금지 행위 규제에 관한 사항 ⑤ 경쟁제한적인 법령 및 행정처분의 협의·조정 등 경쟁촉진정책에 관한 사항 ⑥ 다른 법령에서 공정거래위원회의 소관으로 규정된 사항 등이다(독점규제 및 공정거래에 관한 법률 제55조). 공정거래위원회는 위원장 1명 및 부위원장 1명을 포함한 9명의 위원으로 구성하며, 그 중 4명은 비상임위원으로 한다. 공정거래위원회의 상임위원과 비상임위원은 다음에 해당하는 자 중에서 독점규제 및 공정거래 또는 소비자 분야에 경험 또는 전문지식이 있는 자로서 ① 2급 이상의 공무원의 직에 있었던 사람, ② 판사·검사 또는 변호사의 직에 15년 이상 있었던 사람, ③ 법률·경제·경영 또는 소비자 관련 분야 학문을 전공하고 대학이나 공인된 연구기관에서 15년 이상 근무한 자로서 부교수 이상 또는 이에 상당하는 직에 있었던 사람, ④ 기업경영 및 소비자보호활동에 15년 이상 종사한 경력이 있는 사람 중에서 임명하며, 위원장과 부위원장은 정무직으로 하고, 그 밖의 상임위원은 임기제공무원으로 보한다(같은 법 제57조).

방송통신위원회
放送通信委員會

방송과 통신의 융합환경에 능동적으로 대응하여 방송의 자유와 공공성 및 공익성을 높이고 독립적 운영을 보장함으로써 국민의 권익보호와 공공복리의 증진에 이바지함을 목적으로 설치한 기관을 말한다(방송통신위원회의 설치 및 운영에 관한 법률 제1조). 주요 업무는 방송과 통신에 관한 규제와 이용자 보호 등이며, 공영방송 임원선임에 관한 사항, 지상파방송사업자의 허가·재허가 및 종합편성이나 보도에 관한 전문편성을 하는 방송채널사용사업자의 승인에 관한 사항, 방송용 주파수 관리에 관한 사항, 종합유선방송사업자 등의 허가·재허가·변경허가 및 관련 법령의 제정·개정에 관한 동의에 관한 사항, 방송광고에 관한 사항 등을 심의·의결한다(같은 법 제12조). 방송통신위원회는 위원장 1명, 부위원장 1명을 포함한 5명의 상임위원으로 구성된다. 대통령이 위원장을 포함한 2명을 임명하고 3명은 국회에서 추천하는데, 대통령이 소속되거나 소속되었던 정당의 교섭단체가 1명을 추천하고 그 외 교섭단체가 2명을 추천한다(같은 법 제4조·제5조).

언론중재위원회
言論仲裁委員會

언론 등의 보도 또는 매개로 인한 분쟁조정·중재 및 침해사항을 심의하기 위하여 설치한 중재기관을 말한다. 중재위원회는 ① 중재부의 구성 ② 중재위원회 규칙의 제정·개정 및 폐지 ③ 사무총장의 임명 동의 ④ 시정권고의 결정 및 취소결정 ⑤ 그 밖에 중재위원회 위원장이 부치는 사항을 심의한다. 중재위원회는 40명 이상 90명 이내의 중재위원으로 구성하며, 중재위원은 문화체육관광부장관이 위촉한다. 위원장·부위원장·감사 및 중재위원의 임기는 각각 3년으로 하며, 한 차례만 연임할 수 있다. 중재위원회의 회의는 재적위원 과반수의 출석과 출석위원 과반수의 찬성으로 의결한다(언론중재 및 피해구제 등에 관한 법률 제7조).

국가지식재산위원회
國家知識財産委員會

국가지식재산위원회는 지식재산 강국 실현을 위한 국가전략 수립, 관련 정책의 심의·조정·점검 등 지식재산 분야의 컨트롤 타워 역할을 수행하는 대통령 소속 기관으로「지식재산 기본법」제6조 규정에 의거 설립되었다. 국무총리 및 민간 위원장과 13명의 정부위원, 18명의 민간위원으로 구성되며, 과학기술정보통신부장관이 간사위원의 역할을 수행한다. 위원회는 분야별 5개 전문위원회(창출·보호·활용·기반·신지식재산)를 두고 있으며, 중요 사안의 전문적 검토를 위해 한시 조직인 특별전문위원회를, 위원회 안건의 사전검토 및 부처 간 이견 조정을 위해 고위공무원으로 구성된 실무운영위원회를 구성·운영하고 있다. 위원회 업무 지원을 위해 지식재산전략기획단을 사무국으로 두고 있다. 위원회의 기능은 ① 국가지식재산 기본계획 및 국가지식재산 시행계획의 수립·변경에 관한 사항 ② 기본계획 및 시행계획의 추진상황에 대한 점검·평가에 관한 사항 ③ 지식재산 관련 재원의 배분방향 및 효율적 운용에 관한 사항 ④ 지식재산의 창출·보호 및 활용 촉진과 그 기반 조성을 위한 시책에 관한 사항이 있다.

사회보장위원회
社會保障委員會

사회보장에 관한 주요 시책을 심의·조정하기 위하여 국무총리 소속으로 설치한 합의제기관을 말한다(사회보장기본법 제20조). 이 위원회는 ① 사회보장 증진을 위한 기본계획 ② 사회보장 관련 주요 계획 ③ 사회보장제도의 평가 및 개선 ④ 사회보장제도의 신설 또는 변경에 따른 우선순위 ⑤ 둘 이상의 중앙행정기관이 관련된 주요 사회보장정책 ⑥ 사회보장급여 및 비용 부담 ⑦ 국가와 지방자치단체의 역할 및 비용 분담 ⑧ 사회보장의 재정추계 및 재원조달 방안 ⑨ 사회보장 전달체계 운영 및 개선 ⑩ 효과적인 사회보장정책의 수립과 시행을 위한 사회보장에 관한 통계 ⑪ 사회보장정보의 보호 및 관리 ⑫ 사회보장제도를 신설·변경하면서 보건복지부장관과의 협의가 이루어지지 않을 경우 그 조정 ⑬ 그 밖에 위원장이 심의에 부치는 사항 등을 심의·조정하며 관계 중앙행정기관의 장과 지방자치단체의 장은 이와 같은 내용을 반영하여 사회보장제도를 운영 또는 개선하여야 한다. 위원회는 위원장 1명과 부위원장 3명을 포함한 30명 이내의 위원으로 구성하는데, 위원장은 국무총리가 되고 부위원장은 기획재정부장관, 교육부장관 및 보건복지부장관이 된다. 위원회의 위원은 행정안전부장관, 고용노동부장관, 여성가족부장관, 국토교통부장관을 포함하며, 대통령령으로 정하는 관계 중앙행정기관의 장과, ① 근로자 및 사용자를 대표하는 사람, ② 사회보장에 관한 학식과 경험이 풍부한 사람, ③ 변호사 자격이 있는 사람 중에서 대통령이 위촉하는 사람으로 한다(같은 법 제21조).

소비자정책위원회
消費者政策委員會

소비자의 권익증진과 소비생활의 향상에 관한 기본적인 정책을 종합·조정하고 심의·의결하기 위하여 국무총리소속으로 소비자정책위원회를 두고 있다(소비자기본법 제23조). 이 위원회는 위원장 2명을 포함한 25명 이내의 위원으로 구성하는데, 위원장은 국무총리와 소비자문제에 관하여 학식과 경험이 풍부한 자 중에서 대통령이 위촉하고, 위원은 관계 중앙행정기관의 장 및 한국소비자원의 원장과 소비자문제에 관한 학식과 경험이 풍부한 자, 소비자단체와 경제단체에서 추천하는 소비자대표 및 경제계대표 중에서 국무총리가 위촉하고 위원의 임기는 3년으로 한다(같은 법 제24조). 이 위원회는 ① 기본계획 및 종합시행계획의 수립·평가와 그 결과의 공포 ② 소비자정책의 종합적 추진 및 조정에 관한 사항 ③ 소비자보호 및 안전 확보를 위하여 필요한 조치에 관한 사항 ④ 소비자정책의 평가 및 제도개선·권고에 관한 사항 ⑤ 그 밖에 위원장이 소비자의 권익증진 및 소비생활의 향상을 위하여 토의에 부치는 사항을 종합·조정하고 심의·의결한다(같은 법 제25조).

원자력진흥위원회
原子力振興委員會

원자력이용에 관한 중요사항을 심의·의결하기 위하여 국무총리 소속하에 설치한 합의제기관을 말한다(원자력 진흥법 제3조). 이 위원회는 ① 원자력이용에 관한 사항의 종합·조정 ② 원자력진흥종합계획의 수립에 관한 사항 ③ 원자력이용에 관한 경비의 추정 및 배분계획에 관한 사항 ④ 원자력이용에 관한 시험·연구의 조성에 관한 사항 ⑤ 원자력이용에 관한 연구자·기술자의 양성 및 훈련에 관한 사항 ⑥ 방사성폐기물 관리 기본계획에 관한 사항 ⑦ 사용 후 핵연료의 처리·처분에 관한 사항 ⑧ 원자력 수출 촉진 및 지원에 관한 사항 ⑨ 그 밖에 위원장이 중요하다고 인정하여 위원회의 토의에 부치는 사항을 심의·의결한다(같은 법 제4조). 이 위원회는 위원장을 포함한 9명 이상 11명 이하의 위원으로 구성한다(같은 법 제5조).

치료감호심의위원회
治療監護審議委員會

치료감호 및 보호관찰의 관리와 집행에 관한 사항을 심사·결정하기 위하여 법무부에 설치한 합의제기관을 말한다. 이 위원회는 판사·검사 법무부 고위공무원단에 속하는 일반직공무원 또는 변호사의 자격이 있는 6명 이내의 위원과 정신건강의학과 등 전문의의 자격이 있는 3명 이내의 위원으로 구성하며, 위원장은 법무부차관으로 한다. 위원회는 ① 피치료감호자에 대한 치료감호시설 간 이송에 관한 사항 ② 피치료감호자에 대한 치료의 위탁·가종료 및 그 취소와 치료감호 종료 여부에 관한 사항 ③ 피보호관찰자에 대한 준수사항의 부과 및 추가·변경 또는 삭제에 관한 사항 ④ 치료감호기간 만료 시 보호관찰 개시에 관한 사항 ⑤ 그 밖에 ①부터 ④까지에 관련된 사항을 심사·결정한다(치료감호 등에 관한 법률 제37조).

보안관찰처분심의위원회
保安觀察處分審議委員會

보안관찰처분에 관한 사안을 심의·의결하기 위하여 법무부에 설치한 합의제기관을 말한다(보안관찰법 제12조). 이 위원회는 위원장 1인과 6인의 위원으로 구성하며, 위원장은 법무부차관이 되고, 위원은 학식과 덕망이 있는 자로 하되, 그 과반수는 변호사의 자격이 있는 자로 한다.

경찰위원회
警察委員會

경찰 정책에 관한 사항을 심의·의결하는 기구로 경찰이 정치적으로 중립되고 민주적으로 공권력을 집행할 수 있도록 돕는다. 2020년 12월 31일까지 경찰청을 감독하는 경찰위원회만 존재하다가 자치경찰제가 시행되는 2021년 1월 1일부터 행정안전부 소속의 국가경찰위원회와 시·도지사 소속의 각 시·도자치경찰위원회로 분리되었다. 국가경찰위원회는 국가경찰인 경찰청을, 자치경찰위원회는 자치경찰인 시·도경찰청(구 지방경찰청)을 감독하는 기관이다(국가경찰과 자치경찰의 조직 및 운영에 관한 법률 제2장·제4장).

- 국가경찰위원회 : 국가경찰행정에 관한 사항을 심의·의결하기 위하여 행정안전부에 두는 기관으로, 위원장 1명을 포함한 7명의 위원으로 구성된다. 이때 위원장 및 5명의 위원은 비상임(非常任)으로 하고, 1명의 위원은 상임(常任)으로 한다.

- 시·도자치경찰위원회 : 자치경찰사무를 관장하게 하기 위하여 특별시장·광역시장·특별자치시장·도지사·특별자치도지사 소속으로 두는 기구이다. 위원회는 합의제 행정기관으로서 그 권한에 속하는 업무를 독립적으로 수행한다. 위원장 1명을 포함한 7명의 위원으로 구성하되, 위원장과 1명의 위원은 상임으로 하고, 5명의 위원은 비상임으로 한다.

식품위생심의위원회
食品衛生審議委員會

식품의약품안전처장의 자문에 응하여 일정한 사항을 조사·심의하기 위하여 식품의약품안전처에 설치한 합의제기관을 말한다(식품위생법 제57조). 여기서 일정한 사항이란 ① 식중독 방지 ② 농약·중금속 등 유독·유해물질의 잔류 허용 기준 ③ 식품 등의 기준과 규격 ④ 그 밖에 식품위생에 관한 중요 사항을 말한다. 이 위원회는 위원장 1명과 부위원장 2명을 포함한 100명 이내의 위원으로 구성한다(같은 법 제58조).

중앙약사심의위원회
中央藥事審議委員會

보건복지부장관과 식품의약품안전처장의 자문에 응하게 하기 위하여 식품의약품안전처에 설치한 합의제기관을 말한다(약사법 제18조). 이 위원회는 ① 대한민국약전의 제정과 개정에 관한 사항 ② 의약품·의약외품의 기준에 관한 사항 ③ 의약품 등의 안전성·유효성에 대한 조사·연구 및 평가에 관한 사항 ④ 의약품 부작용 피해 구제에 관한 사항 ⑤ 일반의약품과 전문의약품의 분류에 관한 사항 ⑥ 그 밖에 보건복지부장관·식품의약품안전처장이 심의에 부치는 사항을 심의한다(같은 법 시행령 제13조). 이 위원회는 위원장 2명과 부위원장 2명을 포함한 위원 300명 이내로 구성하며, 이 경우 공무원이 아닌 위원이 전체 위원의 과반수가 되도록 하여야 한다. 위원장은 식품의약품안전처차장과 식품의약품안전처장이 지명하는 민간위원이 공동으로 하고, 부위원장은 보건복지부 및 식품의약품안전처의 고위공무원단에 속하는 공무원 각 1명으로 한다(같은 법 제18조).

외국인투자위원회
外國人投資委員會
외국인투자 등 외자 도입에 관한 기본정책과 제도에 관한 사항을 심의하기 위한 산업통상자원부장관의 자문기관으로 외국인투자환경의 개선, 외국인투자기업의 조세감면기준, 외국인투자와 관련하여 중앙행정기관 및 시·도 간의 협조 및 의견조정에 관한 사항 등을 심의한다. 위원회의 위원장은 산업통상자원부장관이 되고, 위원은 기획재정부차관, 교육부차관, 과학기술정보통신부차관, 외교부차관, 국방부차관, 행정안전부차관, 문화체육관광부차관, 농림축산식품부차관, 환경부차관, 고용노동부차관, 국토교통부차관, 해양수산부차관, 방위사업청장, 금융위원회 부위원장과 국가정보원장이 지명하는 국가정보원차장, 위원회에 상정되는 안건과 관련된 중앙행정기관의 차관·부위원장 또는 차장, 서울특별시 부시장, 시·도지사(서울특별시장은 제외한다) 또는 대한무역투자진흥공사의 장으로 한다(외국인투자 촉진법 제27조).

환경분쟁조정위원회
環境紛爭調停委員會
환경오염으로 인한 피해의 조사와 분쟁의 조정을 위하여 설치한 합의제조정기관을 말한다. 환경부에 중앙환경분쟁조정위원회를 설치하고, 특별시·광역시·특별자치시·도·특별자치도에는 지방환경분쟁조정위원회를 설치한다(환경분쟁 조정법 제4조). 환경분쟁조정위원회는 ① 환경분쟁의 조정, ② 환경피해와 관련되는 민원의 조사, 분석 및 상담, ③ 환경분쟁의 예방 및 해결을 위한 제도와 정책의 연구 및 건의, ④ 환경피해의 예방 및 구제와 관련된 교육 및 홍보 및 지원, ⑤ 그 밖에 법령에 따라 위원회의 소관으로 규정된 사항과 같은 사무를 담당한다(같은 법 제5조). 환경분쟁의 조정에 있어서 중앙조정위원회는 분쟁의 재정 및 중재, 국가나 지방자치단체가 당사자이거나 둘 이상의 시·도의 관할 구역에 걸친 분쟁 및 대통령령으로 정한 분쟁을 조정하는 역할을 맡으며 그 피해가 크고 사회적 파급효과가 크다고 우려되는 분쟁에 대해서도 직권으로 조정절차를 시작할 수 있다(같은 법 제6조·제30조). 지방조정위원회는 대통령령으로 정하는 분쟁의 재정 및 중재 사항만을 관할할 수 있다.

최저임금위원회
最低賃金委員會
최저임금에 관한 심의와 그 밖에 최저임금에 관한 중요 사항을 심의하기 위하여 고용노동부에 설치된 합의제기관이다(최저임금법 제12조). 위원회는 ① 최저임금에 관한 심의 및 재심의 ② 최저임금 적용 사업의 종류별 구분에 관한 심의 ③ 최저임금제도의 발전을 위한 연구 및 건의 ④ 그 밖에 최저임금에 관한 중요 사항으로서 고용노동부장관이 회의에 부치는 사항의 심의를 수행한다. 위원회는 근로자를 대표하는 근로자위원, 사용자를 대표하는 사용자위원 및 공익을 대표하는 공익위원 각 9명으로 구성되며, 2명의 상임위원은 공익위원이 된다(같은 법 제13조·제14조).

소청심사위원회
訴請審査委員會

행정기관 소속 공무원의 징계처분, 그 밖에 그 의사에 반하는 불리한 처분이나 부작위에 대한 소청을 심사·결정하기 위하여 인사혁신처에 소청심사위원회를 둔다. 국회, 법원, 헌법재판소 및 선거관리위원회 소속 공무원의 소청에 관한 사항을 심사·결정하기 위하여 국회사무처, 법원행정처, 헌법재판소사무처 및 중앙선거관리위원회사무처에 각각 해당 소청심사위원회를 둔다. 소청심사위원회의 조직에 관하여 필요한 사항은 대통령령 등으로 정한다(국가공무원법 제9조).

인사위원회
人事委員會

공무원 충원계획의 사전심의 및 각종 임용시험의 실시, 임용권자의 요구에 따른 보직관리 기준 및 승진·전보임용 기준의 사전의결, 승진임용의 사전심의, 임용권자의 요구에 따른 공무원의 징계의결, 징계부가금 부과의결, 지방자치단체의 장이 지방의회에 제출하는 공무원의 인사와 관련된 조례안 및 규칙안의 사전심의, 임용권자의 인사운영에 대한 개선 권고, 그 밖에 법령 또는 조례에 따라 인사위원회 관장에 속하는 사항 등의 사무를 관장하기 위하여 지방자치단체에 임용권자(임용권을 위임받은 자는 제외하되, 그중 시의 구청장과 지방자치단체의 장이 필요하다고 인정하는 소속기관의 장을 포함한다)별로 설치한 합의제행정기관을 말한다(지방공무원법 제7조1항·제8조1항). 인사위원회는 위원 16명 이상 20명 이하로 구성되며(같은 법 제7조2항), 지방자치단체의 장과 지방의회의 의장은 각각 소속 공무원(국가공무원을 포함한다) 및 법률 전문가, 대학에서 조교수 이상으로 재직하거나 초·중·고등학교의 교장 또는 교감, 20년 이상 근속하고 퇴직한 공무원(국가공무원을 포함한다), 10년 이상 활동하고 있는 비영리민간단체의 지역단위 조직의 장, 상장법인의 임원 또는 「공공기관의 운영에 관한 법률」 제5조에 따라 지정된 공기업의 지역단위 조직의 장으로서 인사행정에 관한 학식과 경험이 풍부한 사람 중에서 위원을 임명하거나 위촉한다(지방공무원법 제7조5항). 위촉된 위원의 임기는 3년으로 하되, 한 번만 연임할 수 있다. 다만, 시험위원은 시험실시기관의 장이 따로 위촉할 수 있다. 또한 지방자치단체의 조례가 정하는 바에 따라 위원에게 실비보상을 할 수 있으며, 위원은 그 직무에 관하여 알게 된 비밀을 누설해서는 안 된다.

교원소청심사위원회
教員訴請審査委員會

각급 학교 교원의 징계처분, 그 밖에 그 의사에 반하는 불리한 처분에 대한 소청심사를 하기 위하여 교육부에 설치한 합의제행정기관이다. 위원장 1명을 포함하여 9명 이상 12명 이내의 위원으로 구성하되, 위원장과 대통령령으로 정하는 수의 위원은 상임으로 한다. 또한 위원회의 위원 중 교원 또는 교원이었던 위원이 전체 위원 수의 2분의 1을 초과해서는 안 된다. 조직에 관하여 필요한 사항은 대통령령으로 정한다(교원의 지위 향상 및 교육활동 보호를 위한 특별법 제7조).

외무인사위원회
外務人事委員會

외무공무원의 인사에 관한 중요사항을 심의하기 위하여 외교부에 설치한 합의제행정기관을 말한다(외무공무원법 제7조). 제1외무인사위원회는 ① 외무공무원의 인사행정에 관한 방침과 기준 및 기본계획 ② 외무공무원의 인사 관련 법령의 제정·개정 또는 폐지에 관한 사항 ③ 외무공무원의 채용·전직·보직 및 상훈 ④ 그 밖에 외교부장관이 외무인사위원회의 회의에 부치는 사항을 심의하고, 제2외무인사위원회는 대통령령으로 정하는 참사관급 미만의 직위의 인사에 관한 사항 중 제1외무인사위원회가 위임한 사항을 심의하고, 외교부장관에게 건의하거나 추천한다(같은 법 제8조).

범죄피해구조심의회
犯罪被害救助審議會
사람의 생명 또는 신체에 피해를 받은 사람을 구조함으로써 범죄피해를 받은 사람 또는 그 유족에게 범죄피해 구조금의 지급에 관한 사항을 심의·결정하기 위하여 각 지방검찰청에 설치한다(범죄피해자 보호법 제24조). 심의회는 법무부장관의 지휘·감독을 받으며 심의회의 구성 및 운영 등에 관한 사항은 대통령령으로 정한다.

교육공무원인사위원회
教育公務員人事委員會
교육공무원의 인사에 관한 중요 사항에 대하여 교육부장관의 자문에 응하게 하기 위하여 교육부에 설치한 합의제행정기관을 말한다(교육공무원법 제3조). 이 인사위원회는 위원장 1명을 포함한 7명의 위원으로 구성한다.

경찰공무원인사위원회
警察公務員人事委員會
경찰공무원의 인사에 관한 중요 사항에 대하여 경찰청장 또는 해양경찰청장의 자문에 응하게 하기 위하여 경찰청과 해양경찰청에 경찰공무원인사위원회를 둔다(경찰공무원법 제5조). 인사위원회는 ① 경찰공무원의 인사행정에 관한 방침과 기준 및 기본계획 ② 경찰공무원의 인사에 관한 법령의 제정·개정 또는 폐지에 관한 사항 ③ 그 밖에 경찰청장 또는 해양경찰청장이 인사위원회의 회의에 부치는 사항을 심의한다(같은 법 제6조).

소방공무원인사위원회
消防公務員人事委員會
소방공무원의 인사에 관한 중요 사항에 대하여 소방청장의 자문에 응하게 하기 위하여 소방청에 설치한 행정기관을 말한다. 다만, 특별시장·광역시장·특별자치시장·도지사·특별자치도지사가 임용권을 행사하는 경우에는 특별시·광역시·특별자치시·도·특별자치도에 인사위원회를 둔다(소방공무원법 제4조1항). 인사위원회는 ① 소방공무원의 인사행정에 관한 방침과 기준 및 기본계획 ② 소방공무원의 인사에 관한 법령의 제정·개정 또는 폐지에 관한 사항 ③ 그 밖에 소방청장과 시·도지사가 해당 인사위원회의 회의에 부치는 사항을 심의한다(같은 법 제5조).

문화유산위원회
文化遺産委員會
문화유산의 보존·관리 및 활용에 관한 일정한 사항을 조사·심의하기 위하여 문화재청에 설치한 합의제기관을 말한다(문화유산의 보존 및 활용에 관한 법률 제8조). 여기에서 일정한 사항이란 ① 기본계획에 관한 사항 ② 국가지정문화유산의 지정과 해제 ③ 국가지정문화유산의 보호물 또는 보호구역 지정과 해제 ④ 국가지정문화유산의 현상변경에 관한 사항 ⑤ 국가지정문화유산의 국외 반출에 관한 사항 ⑥ 국가지정문화유산의 역사문화환경 보호에 관한 사항 ⑦ 국가등록문화유산의 등록 및 등록 말소 ⑧ 매장유산 발굴 및 평가 ⑨ 국가지정문화유산의 보존·관리에 관한 전문적 또는 기술적 사항으로서 중요하다고 인정되는 사항 ⑩ 그 밖에 문화유산의 보존·관리 및 활용 등에 관하여 문화재청장이 심의에 부치는 사항을 말한다. 이러한 일정한 사항들을 문화유산의 종류에 따라 나누어 조사·심의하기 위하여 문화유산위원회에 분과위원회를 둘 수 있다. 분과위원회는 조사·심의 등을 위하여 필요한 경우 다른 분과위원회와 함께 위원회를 열 수 있다. 문화유산위원회, 분과위원회 및 합동분과위원회는 ① 회의일시와 장소 ② 출석위원 ③ 심의내용과 의결사항을 적은 회의록을 작성하여야 한다. 이 경우 필요하다고 인정되면 속기나 녹음 또는 녹화를 할 수 있으며 작성된 회의록은 공개하여야 한다. 다만, 특정인의 재산상의 이익에 영향을 미치거나 사생활의 비밀을 침해하는 경우에는 해당 위원회의 의결로 공개하지 않을 수 있다. 문화유산위원회의 조직·운영 등에 관하여 필요한 사항은 대통령령으로 정한다.

건강보험정책심의위원회
健康保險政策審議委員會

건강보험정책심의위원회는 국민건강보험 종합계획 및 시행계획의 심의, 요양급여의 기준과 요양급여비용에 관한 사항, 직장가입자의 보험료율, 지역가입자의 보험료부과점수당 금액, 그 밖에 건강보험에 관한 주요 사항으로서 대통령령이 정하는 사항을 심의·의결하기 위하여 보건복지부장관 소속하에 설치한 합의제기관을 말한다. 본 위원회의 위원장은 보건복지부차관이 되고, 심의위원회 위원의 임기는 3년으로 한다. 심의위원회의 운영 등에 관하여 필요한 사항은 대통령령으로 정한다(국민건강보험법 제4조).

생활보장위원회
生活保障委員會

「국민기초생활 보장법」에 의한 생활보장사업의 기획·조사·실시 등에 관한 사항을 심의·의결하기 위하여 보건복지부와 특별시·광역시·도·특별자치도 및 시·군·구에 설치한 합의제기관을 말한다. 보건복지부에 두는 생활보장위원회를 **중앙생활보장위원회**라 한다(국민기초생활 보장법 제20조).

도시계획위원회
都市計劃委員會

도시계획의 결정과 기타 도시계획에 관한 중요사항을 합의하며, 이에 관한 조사·연구를 하기 위하여 설치한 합의제기관을 말한다. 기존의 도시계획위원회는 「도시계획법」의 폐지로 중앙도시계획위원회와 지방도시계획위원회로 나뉘었다(국토의 계획 및 이용에 관한 법률 제9장). 중앙도시계획위원회는 광역도시계획·도시·군계획·토지거래계약허가구역 등 국토교통부장관의 권한에 속하는 사항과 다른 법률에서 중앙도시계획위원회의 심의를 거치도록 한 사항을 심의하고 도시·군계획에 관한 조사·연구를 수행하기 위하여 국토교통부에 둔다. 한편, ① 시·도지사가 결정하는 도시·군관리계획의 심의 등 시·도지사의 권한에 속하는 사항과 다른 법률에서 시·도도시계획위원회의 심의를 거치도록 한 사항, ② 국토교통부장관의 권한 중 중앙도시계획위원회의 심의대상에 해당하는 사항이 시·도지사에게 위임된 경우 그 위임된 사항, ③ 도시·군관리계획에 관한 사항을 자문·심의하기 위하여 시·도에 시·도도시계획위원회를 둔다.

도로관리청
道路管理廳

도로에 관한 계획, 건설, 관리의 주체가 되는 기관을 말한다. 고속국도와 국도는 국토교통부장관, 국가지원지방도는 도지사·특별자치도지사(특별시, 광역시 또는 특별자치시 관할구역에 있는 구간은 해당 특별시장, 광역시장 또는 특별자치시장)가, 그 밖의 도로는 해당 노선을 지정한 행정청이 관리청이 된다. 특별시·광역시·특별자치시·특별자치도 또는 시가 관할하는 구역의 일반국도(우회국도 및 지정국도는 제외)와 지방도의 도로관리청에 대하여는 ① 특별시·광역시·특별자치시·특별자치도 관할구역의 동(洞) 지역에 있는 일반국도는 해당 특별시장·광역시장·특별자치시장·특별자치도지사 ② 특별자치시 관할구역의 동 지역에 있는 지방도는 해당 특별자치시장 ③ 시 관할구역의 동 지역에 있는 일반국도 및 지방도는 해당 시장이 관리청이 된다(도로법 제23조).

금융위원회
金融委員會

금융정책, 외국환업무 취급기관의 건전성 감독 및 금융감독에 관한 업무를 수행하게 하기 위하여 국무총리 소속으로 금융위원회를 둔다. 금융위원회는 「정부조직법」 제2조에 따라 설치된 중앙행정기관으로서 그 권한에 속하는 사무를 독립적으로 수행한다(금융위원회의 설치 등에 관한 법률 제3조). 이 위원회의 소관 사무는 다음과 같다. ① 금융에 관한 정책 및 제도에 관한 사항 ② 금융기관 감독 및 검사·제재(制裁)에 관한 사항 ③ 금융기관의 설립, 합병, 전환, 영업의 양수·양도 및 경영 등의 인가·허가에 관한 사항 ④ 자본시장의 관리·감독 및 감시 등에 관한 사항 ⑤ 금융소비자의 보호와 배상 등 피해구제에 관한 사항 ⑥ 금융중심지의 조성 및 발전에 관한 사항 ⑦ 위 ①부터 ⑥까지의 사항에 관련된 법령 및 규정의 제정·개정 및 폐지에 관한 사항 ⑧ 금융 및 외국환업무 취급기관의 건전성 감독에 관한 양자 간 협상, 다자 간 협상 및 국제협력에 관한 사항 ⑨ 외국환업무 취급기관의 건전성 감독에 관한 사항 ⑩ 그 밖에 다른 법령에서 금융위원회의 소관으로 규정한 사항(같은 법 제17조). 금융위원회는 위원장 1명 및 부위원장 1명을 포함한 9명의 위원으로 구성하며, 위원장은 국무총리의 제청으로 대통령이 임명하고 부위원장은 위원장의 제청으로 대통령이 임명한다. 금융위원회의 위원은 ① 기획재정부차관, ② 금융감독원 원장, ③ 예금보험공사 사장, ④ 한국은행 부총재, ⑤ 금융위원회 위원장이 추천하는 금융 전문가 2명, ⑥ 대한상공회의소 회장이 추천하는 경제계대표 1명으로 구성한다(같은 법 제4조).

금융통화위원회
金融通貨委員會

「한국은행법」에 규정된 범위 내에서 통화신용의 운영·관리에 관한 정책을 수립하고, 한국은행의 업무·운영·관리를 지시·감독하기 위하여 한국은행에 설치한 합의제기관을 말한다(같은 법 제2장). 금융통화위원회는 다음 7인의 위원으로서 구성한다. ① 한국은행 총재 ② 한국은행 부총재 ③ 기획재정부장관이 추천하는 위원 1명 ④ 한국은행 총재가 추천하는 위원 1명 ⑤ 금융위원회 위원장이 추천하는 위원 1명 ⑥ 대한상공회의소 회장이 추천하는 위원 1명 ⑦ 사단법인 전국은행연합회 회장이 추천하는 위원 1명. ③ 내지 ⑦의 위원은 금융·경제 또는 산업에 관하여 풍부한 경험이 있거나 탁월한 지식을 가진 자로서 대통령령이 정하는 바에 의하여 추천기관의 추천을 받아 대통령이 임명하며(같은 법 제13조), 그 임기는 4년으로 하되, 연임할 수 있다(같은 법 제15조).

국민권익위원회
國民權益委員會

고충민원의 처리와 불합리한 행정제도를 개선하고, 부패의 발생을 예방하며 부패행위를 효율적으로 규제하도록 하기 위하여 국무총리 소속으로 국민권익위원회를 둔다. 위원회는 「정부조직법」 제2조에 따른 중앙행정기관으로서 그 권한에 속하는 사무를 독립적으로 수행한다. 위원회는 다음과 같은 업무를 수행한다. ① 국민의 권리보호·권익구제 및 부패방지를 위한 정책의 수립 및 시행 ② 고충민원의 조사와 처리 및 이와 관련된 시정권고 또는 의견표명 ③ 고충민원을 유발하는 관련 행정제도 및 그 제도의 운영에 개선이 필요하다고 판단되는 경우 이에 대한 권고 또는 의견표명 ④ 위원회가 처리한 고충민원의 결과 및 행정제도의 개선에 관한 실태조사와 평가 ⑤ 공공기관의 부패방지를 위한 시책 및 제도개선 사항의 수립·권고와 이를 위한 공공기관에 대한 실태조사 ⑥ 공공기관의 부패방지시책 추진상황에 대한 실태조사·평가 ⑦ 부패방지 및 권익구제 교육·홍보 계획의 수립·시행 ⑧ 비영리 민간단체의 부패방지활동 지원 등 위원회의 활동과 관련된 개인·법인 또는 단체와의 협력 및 지원 ⑨ 위원회의 활동과 관련된 국제협력 ⑩ 부패행위 신고 안내·상담 및 접수 등 ⑪ 신고자의 보호 및 보상 ⑫ 법령 등에 대한 부패유발요인 검토 ⑬ 부패방지 및 권익구제와 관련된 자료의 수집·관리 및 분석 ⑭ 공직자 행동강령의 시행·운영 및 그 위반행위에 대한 신고의 접수·처리 및 신고자의 보호 ⑮ 민원사항에 관한 안내·상담 및 민원사항 처리실태 확인·지도 ⑯ 온라인 국민참여포털의 통합 운영과 정부민원안내콜센터의 설치·운영 ⑰ 시민고충처리위원회의 활동과 관련한 협력·지원 및 교육 ⑱ 다수인 관련 갈등사항에 대한 중재·조정 및 기업애로 해소를 위한 기업고충민원의 조사·처리 ⑲ 「행정심판법」에 따른 중앙행정심판위원회의 운영에 관한 사항 ⑳ 다른 법령에 따라 위원회의 소관으로 규정된 사항 ㉑ 그 밖에 국민권익 향상을 위하여 국무총리가 위원회에 부의하는 사항(부패방지 및 국민권익위원회의 설치와 운영에 관한 법률 제11조·제12조)

중앙행정심판위원회
中央行政審判委員會

헌법 제107조제3항과 행정심판법에 의해 국민의 권리를 보호하고 행정의 적정한 운영을 기하기 위해 설치된 기관이다. 「부패방지 및 국민권익위원회의 설치와 운영에 관한 법률」에 따른 국민권익위원회에서 운영하며, 중앙행정기관(각 부·처·청 등), 특별시·광역시·도, 중앙행정기관 소속 특별지방행정기관(지방경찰청, 지방병무청, 지방식품의약품안전청, 지방환경청, 지방노동청, 지방보훈청 등)의 처분 또는 부작위에 대하여 제기되는 심판 청구사건을 심리·의결한다. 중앙행정심판위원회의 위원장 1명을 포함하여 모두 70명 이내의 위원으로 구성되며 대통령이 임명하는 상임위원은 4명 이내로 한다. 위원장은 국민권익위원회 부위원장으로 한다. 중앙행정심판위원회의 상임위원은 일반직공무원으로서 「국가공무원법」 제26조의5에 따른 임기제공무원으로 보하되, 3급 이상 공무원 또는 고위공무원단에 속하는 일반직공무원으로 3년 이상 근무한 사람이나 그 밖에 행정심판에 관한 지식과 경험이 풍부한 사람 중에서 중앙행정심판위원회 위원장의 제청으로 국무총리를 거쳐 대통령이 임명한다. 비상임위원은 중앙행정심판위원회 위원장의 제청으로 국무총리가 위촉하고 중앙행정심판위원회의 회의는 위원장, 상임위원 및 위원장이 회의마다 지정하는 비상임위원을 포함하여 총 9명으로 구성한다. 또한 소위원회와 전문위원회를 둘 수 있으며, 그 밖에 필요한 사항은 대통령령으로 정한다(행정심판법 제8조).

대한민국재외공관
大韓民國在外公館

외교부 소관의 외교 및 영사사무를 외국에서 나누어 맡아 처리하기 위한 외교부장관 소속의 행정관청을 말한다. **공관**이라고도 하며, 공관에는 대사관·대표부 및 총영사관이 있고(대한민국 재외공관 설치법 제1조·제2조), 필요에 따라 이들의 분관 또는 출장소를 둘 수 있다(같은 법 제3조). 공관에는 장을 두며, 대사관과 대표부의 장은 각각 특명전권대사로 하고, 총영사관의 장은 총영사로 한다. 특명전권대사는 외교부장관의 명을 받아 해당 공관 사무를 총괄하며 소속 공무원을 지휘·감독한다. 총영사는 외교부장관과 특명전권대사의 명을 받아 해당 공관 사무를 총괄하며 소속 공무원을 지휘·감독한다(같은 법 제5조). 외교부장관이 필요하다고 인정할 때에는 총영사관을 두지 아니한 곳에 명예총영사나 명예영사를 둘 수 있다(같은 법 제7조).

공직자윤리위원회
公職者倫理委員會

공직자윤리위원회는 국회·대법원·헌법재판소·중앙선거관리위원회·정부·지방자치단체 및 특별시·

광역시·특별자치시·도·특별자치도교육청에 각각 설치한 합의제기관을 말하며(공직자윤리법 제9조), 재산등록사항의 심사와 그 결과의 처리, 금융거래의 내용에 관한 자료 제출 요구 및 심사 결과 상당한 혐의가 있다고 의심되는 등록의무자에 대한 조사 의뢰 승인, 취업심사 대상자의 취업제한 여부의 확인 및 취업승인과 퇴직공직자의 업무취급 제한의 승인에 대하여 심사·결정한다.

고충심사위원회
苦衷審査委員會

공무원의 인사·조직·처우 등 각종 직무 조건 및 신상문제 등에 대한 고충을 심사하고 기관 내 성폭력 범죄 또는 성희롱 발생 사실을 신고할 수 있는 합의제행정기관을 말한다. 중앙고충심사위원회는 보통고충심사위원회의 심사를 거친 재심청구와 5급 이상 공무원 및 고위공무원단에 속하는 일반직공무원의 고충을, 보통고충심사위원회는 소속 6급 이하의 공무원의 고충을 각각 심사한다. 다만, 6급 이하 공무원의 고충이 성폭력 범죄나 성희롱 사실에 관한 고충 등 대통령령으로 정한 사안이거나 임용권자를 달리하는 둘 이상의 기관과 관련된 경우에는 중앙고충심사위원회에서, 원 소속 기관의 보통고충심사위원회에서 고충을 심사하는 것이 부적당하다고 인정될 경우에는 직근 상급기관의 보통고충심사위원회에서 각각 심사할 수 있다. 고충상담 신청, 성폭력 범죄 또는 성희롱 발생 사실의 신고에 대한 처리절차, 고충심사위원회의 구성·권한·심사절차, 그 밖에 필요한 사항은 대통령령 등으로 정한다(국가공무원법 제76조의2).

토지수용위원회
土地收用委員會

토지의 수용과 사용에 관한 재결을 하기 위하여 설치한 재결기관을 말한다. 합의제행정기관으로서 영미식인 행정위원회의 성격을 가진 기관이다. 국토교통부에 설치한 **중앙토지수용위원회**와 특별시·광역시·도·특별자치도에 설치한 **지방토지수용위원회**가 있다(공익사업을 위한 토지 등의 취득 및 보상에 관한 법률 제49조). 중앙토지수용위원회의 위원장은 국토교통부장관이 되고, 위원은 토지 수용에 관한 학식과 경험이 풍부한 사람 중에서 국토교통부장관이 위촉하며 회의는 위원장 및 상임위원 1명과 회의마다 지정하는 위원 7명으로 구성한다(같은 법 제52조). 지방토지수용위원회의 위원장은 시·도지사가 되고, 위원은 시·도지사가 소속 공무원 중에서 임명하는 사람 1명과 토지수용에 관한 학식·경험이 풍부한 사람 중에서 위촉하며, 회의는 위원장과 위원장이 지명하는 위원 8명으로 구성한다(같은 법 제53조).

개인정보보호위원회
個人情報保護委員會

개인정보보호위원회는 국무총리 소속 중앙행정기관으로서 개인정보 보호에 관한 사무를 독립적으로 수행하고 있다. 소관 사무로는 개인정보 보호와 관련된 법령 개선, 정책·제도·계획 수립·집행, 권리침해에 대한 조사·처분, 고충처리·권리구제 및 분쟁조정, 국제기구 및 외국의 개인정보 보호기구와의 교류·협력, 법령·정책·제도·실태 등의 조사·연구, 교육, 홍보, 기술개발의 지원·보급, 기술의 표준화 및 전문인력의 양성 등이 있다(개인정보 보호법 제7조의8). 개인정보보호위원회의 심의·의결 사항으로는 개인정보 침해요인 평가, 개인정보 보호 기본계획 및 시행계획, 개인정보 보호 관련 정책과 제도·법령 개선, 개인정보 처리 관련 공공기관 간의 의견조정, 개인정보 보호 법령 해석·운용, 개인정보의 목적 외 이용과 제공 제한, 개인정보의 국외 이전 중지 명령, 개인정보 영향평가 결과, 과징금 부과, 개인정보 보호 법령 관련 의견제시 및 개인정보 처리 실태에 대한 개선권고, 사전 실태점검에 따른 시정권고, 개인정보 침해 시 시정조치, 개인정보 보호 관련 법규 위반 시의 고발 및 징계권고, 개선권고·시정조치 명령·고발 또는 징계권고 및 과태료 부과 내용에 관한 결과 공표, 과태료 부과, 개인정보보호위원회 소관 법령 및 규칙의 제정·개정·폐지 등에 관한 사항을 심의·의결한다(같은 법 제7조의9). 개인정보보호위원회 위원은 총 9명으로 구성되며, 상임위원은 위원장, 부위원장으로 국무총리가 제청하며, 그 외 위원은 위원장 제청 2인, 정당 교섭단체 추천 5인(여당2, 야당3)으로 대통령이 위촉한다(같은 법 제7조의2).

원자력안전위원회
原子力安全委員會

원자력안전에 관한 업무를 수행하기 위하여 국무총리 소속으로 원자력안전위원회를 둔다(원자력안전위원회의 설치 및 운영에 관한 법률 제3조1항). 위원회는 ① 원자력안전관리에 관한 사항 ② 원자력안전관리에 따른 연구·개발에 관한 사항 ③ 그 밖에 이 법 또는 다른 법률에서 위원회의 사무로 정한 사항(같은 법 제11조)을 소관 사무로 한다. 위원회는 위원장을 포함하여 9명의 위원으로 구성하며, 위원장 및 위원 1명은 상임위원으로 한다(같은 법 제4조). 위원은 원자력안전에 관한 식견과 경험이 풍부한 사람 중에서 임명하거나 위촉하되, 원자력·환경·보건의료·과학기술·공공안전·법률·인문사회 등 원자력안전에 이바지할 수 있는 관련 분야 인사가 고루 포함되어야 한다. 위원장은 국무총리의 제청으로 대통령이 임명하고, 상임위원인 위원을 포함한 4명의 위원은 위원장이 제청하여 대통령이 임명 또는 위촉하며, 나머지 4명의 위원은 국회에서 추천하여 대통령이 임명 또는 위촉한다(같은 법 제5조1항·2항).

재 정

국가재정법
國家財政法

국가의 예산·기금·결산·성과관리 및 국가채무 등 재정에 관한 사항을 정함으로써 효율적이고 성과 지향적이며 투명한 재정운용과 건전재정의 기틀을 확립하고 재정운용의 공공성을 증진하는 것을 목적으로 제정한 법률을 말한다(국가재정법 제1조). 1995년 1월 5일 법률 제4868호「국가를 당사자로 하는 계약에 관한 법률」이 제정됨에 따라 계약 부분이 위 법으로 흡수되었다. 예산과 회계를 분리하여 법률을 제정한 국가가 있으나(예 : 일본), 우리나라에서는 단일의「국가재정법」에 양자를 포함하고 있다. 이 법률은 통일국고주의, **예산회계주의, 회계연도독립의 원칙**(같은 법 제3조) 등을 채택한 점에 있어서는 종래의「재정법」과 유사하나, 세입세출예산에 관한 기능별·성질별·기관별의 업무 단위별 예산연도(성과주의예산제도, 같은 법 제21조3항)를 채택한 점에 큰 차이가 있다.

국가를 당사자로 하는 계약에 관한 법률
國家를 當事者로 하는 契約에 관한 法律

국가를 당사자로 하는 계약에 관한 기본적인 사항을 정한 법으로 1995년 1월 5일 법률 제4868호로 제정되었다. 이 법은 국제입찰에 의한 정부조달계약, 국가가 대한민국 국민을 계약상대자로 하여 체결하는 계약 등에 적용한다.

지방재정법
地方財政法

지방자치단체의 재정에 관한 기본원칙을 정하여 지방재정의 건전한 운영과 자율성 보장을 목적으로 하여 제정된 법률을 말한다. 각 회계연도의 경비는 해당 연도의 세입으로 충당하여야 하고(지방재정법 제7조1항), 지방자치단체의 세출은 원칙적으로 **지방채** 외의 세입을 그 재원으로 하여야 하며(같은 법 제35조), 지방자치단체의 장이 법령 또는 조례에 의한 것과 세출예산·명시이월비 또는 계속비의 총액의 범위 안의 것 이외에 지방자치단체의 채무부담의 원인이 될 계약의 체결, 그 밖의 행위를 하고자 할 때에는 미리 예산으로 지방의회의 의결을 얻어야 한다(같은 법 제44조). 자치사무에 관하여 필요한 경비는 원칙적으로 해당 지방자치단체가 그 전액을 부담하여야 하고(같은 법 제20조), **부담금**과 **보조금의 교부**는 국가와 지방자치단체 상호 간에 이해관계가 있거나, 해당 지방자치단체의 재무사정상 특히 필요한 경우에 한한다(같은 법 제21조1항, 제23조).

지방회계법
地方會計法
지방자치단체의 회계 및 자금관리에 관한 사항을 정하여 지방자치단체의 회계를 투명하게 처리하고 자금을 효율적으로 관리하려는 목적으로 제정된 법률을 말한다. 이 법에서는 지방자치단체의 회계 원칙을 정하고(지방회계법 제5조), 자금관리의 기준을 명확히 하며(같은 법 제7조), 회계책임관제도 및 내부통제 제도를 도입하고(같은 법 제10조·제51조), 지방자치단체의 회계기준을 마련(같은 법 제12조)하는 한편, 결산의 실효성을 강화하고(같은 법 제14조), 지방자치단체의 장이 현금을 취급하는 데 제한을 두고 있다(같은 법 제43조).

재정
財政
국가 또는 지방자치단체가 그 존립에 필요한 재력을 취득하고 또한 이를 관리하는 작용을 말한다. 작용의 성격별로 조세의 부과·징수와 같이 재력을 취득하기 위하여 국민에게 명령하고 강제하는 재정권력작용과, 그 취득한 재력을 관리하기 위한 재정관리작용으로 분류할 수

있다. 근대국가에 있어서는 이 작용이 국민의 경제생활과 특히 밀접한 관계를 가지고 있으므로 이를 국회 또는 지방의회의 의결을 거쳐야 하는 것으로 하고, 특히 재정권력작용에 있어서는 권력의 남용을 억제하기 위하여 법률에 의해서 엄중히 제약을 가하고, 재정관리작용에 있어서도 그 공정을 확보하기 위하여 일정한 법률에 의한 규제를 따르게 한다. 또한 이에 대하여 감독·검사를 행하는 것이 통례이다. 국가의 재정에 관하여는 「헌법」에 그 원칙을 규정한 것 외에도 **「국가재정법」**·「국유재산법」·각종의 조세법·「감사원법」 등에 규정이 있으며, 지방자치단체의 재정에 관하여는 「지방재정법」, 「지방회계법」, 「지방세법」 등에 규정이 있다.

재정법
財政法
실질적 의미에서는 재정에 관한 고유 법규의 전체를 말하나, 형식적 의미에서는 국가의 예산·회계 기타 재정의 기본이 되는 사항을 규정한 「재정법」(1951년 9월 24일 법률 제217호)을 말한다. 이 형식적 의미의 재정법은 「국가재정법」(舊 : 예산회계법)에 의하여 대체됨으로써 폐지되었다.

재정증권
財政證券
국가가 국고금 출납상의 필요에 의하여 발행하는 증권을 말한다. **일시차입금**(一時借入金)과 더불어 국가의 1회계연도에 있어서 경비의 일시적 부족을 충당하는 방법이 된다. 재정증권은 해당 연도의 세입으로써 발행일로부터 1년 내에 상환하여야 한다. 재정증권의 발행과 일시차입금의 차입최고액은 필요한 각 회계에 대하여 매 회계연도마다 국회의 의결을 얻어야 한다.

재정재산
財政財産
직접 공적목적에 공용되지 아니하고 수익의 목적으로서 보유하는 국가의 재산을 말한다. 국가의 수익의 목적으로만 보유하기 때문에 **수익재산**(收益財産) 또는 국가의 **사산**(私

産)이라고도 한다. 행정재산에 대응하는 개념이다. 「국유재산법」상의 일반재산과 기업용재산의 일부가 이에 해당한다.

세입
歲入

국가 또는 지방자치단체의 1회계연도에 있어서의 국가 또는 지방자치단체의 모든 수요를 충족시키기 위한 지출의 재원이 되는 일체의 현금적 수입을 말한다. 세출에 대응하는 개념이다. 이 현금적 수입에는 우편저금의 예입, 공탁금의 수입과 같이 지출의 재원이 되지 아니하는 것은 포함되지 아니하나, 재산의 처분 또는 새로운 채무의 부담에 의하여 생기는 수입(공채의 발행 등) 및 회계 간의 전입과 국고 내의 이체에 의한 것은 포함된다. 국가의 세출은 국채·차입금 외의 세입을 그 재원으로 한다(국가재정법 제18조). 세입은 현금으로 수납하는 것이 원칙이나, 증권으로써 수납하는 경우도 있다. 국가의 세입과 세출은 예산으로 편성하여 매 회계연도 개시 120일 전까지 국회에 제출하여 그 의결을 받아야 한다(국가재정법 제33조, 헌법 제54조2항에 의하여서는 90일). 조세 기타 세입은 법령이 정하는 바에 의하여 징수 또는 수납하여야 한다.

세출
歲出

국가 또는 지방자치단체의 1회계연도에 국가 또는 지방자치단체의 모든 수요를 충족시키기 위한 일체의 지출을 말한다. 세입에 대응하는 개념이다. 이 일체의 지출에는 우편저금의 환급과 같이 국가의 재정적 수요와 관계가 없는 지출은 포함되지 아니하나, 재산의 취득 또는 채무의 감소를 위한 지출(공채를 매입하기 위한 현금의 지급 등) 및 회계 간의 전입과 국고 내의 이체에 의한 것은 포함된다. 국가의 세출은 국채·차입금 외의 세입을 그 재원으로 한다(국가재정법 제18조 본문). 국가의 세입과 세출은 예산으로 편성하여 회계연도 개시 120일 전까지 국회에 제출하여 의결을 얻어야 한다(국가재정법 제33조, 헌법 제54조2항에 의하여서는 90일). 기획재정부장관은 지출에 관한 업무를 총괄하고, 각 중앙관서의 장은 그 소관에 속하는 **지출원인행위**와 지출에 관한 업무를 관리한다.

세입세출외현금
歲入歲出外現金

세입·세출예산에 계상할 확정된 세입이 아니고 정부에서 일시적으로 받아들인 후에 반환할 채무를 부담하는 현금을 말한다. 우편저금·우편환·보관금·공탁금 등이 그 예이다. 이러한 현금의 수납·지출은 「국가재정법」 제17조1항에 규정된 수입·지출은 아니며, 따라서 세입·세출이 아니다. 이러한 현금은 법률 또는 대통령령이 정하는 바에 의하여 보관하여야 한다(국가재정법 제53조). 세입·세출외현금을 출납보관하는 출납공무원을 세입세출외현금출납공무원이라고 한다.

세입징수관
歲入徵收官

조세 그 밖의 세입을 징수할 자격이 있는 공무원을 말한다. 세입징수관은 원칙적으로 각 중앙관서의 장이 지정하는 각 관서의 장이 된다.

지출
支出

광의로는 어떤 목적을 위하여 금전을 지급하는 모든 경우를 말하나, 협의로는 국가 또는 공공단체가 그 직능의 수행을 위하여 경비를 지급하는 것을 말한다. 지출은 ① 국가에 있어서는 기획재정부장관의 예산배정, 기획재정부장관의 지출한도액통지, 각 중앙관서의 장의 지출관별 지출한도액지시, 각 중앙관서의 장 또는 그 위임을 받은 공무원(즉 **재무관**)의 **지출원인행위**, 각 중앙관서의 장 또는 재무관의 지출관에 대한 지출원인행위관계서류의 송부를 거쳐 지출관이 원칙적으로 현금을 교부하는 대신 한국은행을 지급인으로 하는 수표를 발행하거나 정부계정 상호 간의 국고금대체를 위하여 대체수요를 발행함으로써 행한다(국가재정법 제45조 이하). ② 지방자치단체에 있어서는 지방자치단체의 장 또는 그 위임을 받은 공무원(즉 재무관)에 의한 지출원인행위, 재무관이 지출원에게 지출원인행위관계서류를 송부하여 지출원이 원칙적으로 현금에 갈음하여 그 지방자치단체의 금고에 대하여 지급명령을 발함으로써 행한다(지방회계법 제5장).

지출관
支出官

중앙관서의 장의 위임을 받아 재무관으로부터 지출원인행위 관계서류의 송부를 받아서 **출납기관**(한국은행 등)에게 지출을 명령하는 공무원을 말한다(국고금 관리법 제22조). 지출관은 출납공무원에게 자금을 교부하거나 채권자 등을 수취인으로 하는 경우 외에는 지출을 할 수 없다(같은 법 제23조). 지출관은 재무관 또는 출납기관의 직무를 겸할 수 없다(같은 법 제27조).

지출기관
支出機關

국가 또는 공공단체의 경비를 지급하는 행정기관을 말한다. 국가에 있어서는 지출사무의 관리기관은 각 중앙관서의 장이지만, 실제의 지출기관으로서는 지출관과 출납기관이 있다. 지출관은 재무관으로부터 지출원인행위관계서류의 송부를 받고 지출을 명하는 명령기관이며, 출납기관은 지출관의 지출명령에 따라 현금의 지급을 행하는 집행기관으로서의 한국은행 등이다. 지방자치단체에 있어서는 지출사무의 관리기관은 지방자치단체이지만, 실제의 지출기관으로서는 명령기관으로서의 지출원과 집행기관으로서의 금고(원칙)·출납원(예외)이 있다. 지출관과 출납기관의 직무는 서로 겸할 수 없다(국고금 관리법 제27조, 지방회계법 제36조).

지출원
支出員

재무관으로부터 지출원인행위관계서류의 송부를 받아서 출납기관(지방자치단체금고 또는 출납원)에게 지출을 명하는 공무원을 말한다(지방회계법 제31조). 국가의 예산·회계에 있어서의 지출관에 해당한다.

지출원인행위
支出原因行爲

세출예산·**계속비** 및 **국고채무부담행위**에 의한 국가 또는 지방자치단체의 지출의 원인이 되는 계약 기타의 행위를 말한다. 지출원인행위제도는 예산집행을 통제하기 위하여 인정된 것이다. 각 중앙관서 또는 지방자치단체의 장이 행하지만, 각 중앙관서의 장 또는 그 위임을 받은 공무원을 **재무관**이라 하고(국고금 관리법 제22조), 지방자치단체의 장 또는 그 위임을 받은 공무원도 재무관이라고 한다(지방회계법 제29조2항). 지출원인행위는 법령(지방자치단체에 있어서는 조례·규칙도 포함) 또는 배정받은 예산의 범위 내에서 하여야 한다(국고금 관리법 제20조, 지방회계법 제29조2항). 재무관은 다음 연도에 걸쳐 지출하여야 할 지출원인행위는 할 수 없는 것이 원칙이나, **명시이월비**에 대하여 예산집행상 부득이한 사유가 있을 때에는 사항마다 그 사유와 금액을 명백히 하여 기획재정부장관의 승인을 얻은 금액의 범위 안에서 다음 연도에 걸쳐 지출하여야 할 지출원인행위를 할 수 있다(국가재정법 제24조). 지출원인행위의 대부분은 계약인 바, 그 계약의 방법은 원칙적으로 일반경쟁입찰의 방법에 의하나(국가를 당사자로 하는 계약에 관한 법률 제7조), 예외적으로 대통령령으로 정하는 바에 따라 지명계약 또는 수의계약에 의할 수 있다. 지출원이 지출원인행위에 의하여 지출을 할 때에는 현금의 지급에 갈음하여 그 지방자치단체의 금고에 대하여 지급명령을 행한다(지방회계법 제32조).

재무관
財務官

지출원인행위를 하는 각 중앙관서의 장 또는 그의 위임을 받은 공무원을 말한다(국고금 관리법 제22조). 지방자치단체에 있어서는 각 지방자치단체의 장 또는 그 위임을 받은 공무원을 말한다(지방회계법 제29조).

출납기관
出納機關

국가 또는 공공단체의 경비를 지출관·지출원 등의 지출명령에 따라 지급하는 집행기관을 말한다. 국가에 있어서는 원칙으로 한국은행과 기획재정부령으로 정하는 바에 따라 한국은행을 대리하는 금융회사 등이, 지방자치단체에 있어서는 원칙으로 금고, 예외로 출납원이 출납기관이다(국고금 관리법 제36조, 지방회계법 제32조). 법률에서는 지출기관과 출납기관의 직무분리를 요구하고 있다(국고금 관리법 제27조, 지방회계법 제36조).

출납정리기한
出納整理期限

1회계연도에 속하는 세입·세출의 출납에 관한 사무의 정리기한을 말한다. 한 회계연도에 속하는 세입세출의 출납에 관한 사무는 다음 연도 2월 10일까지 완결하여야 한다(국고금 관리법 제4조의2). 출납공무원은 매 회계연도의 수입금 및 경비를 해당 회계연도 말일까지 수납 및 지출하여야 하는데, ① 출납공무원이 수입금을 한국은행 등에 납입하거나, ② 지방세에 부가되어 징수된 수입금을 납입하거나, ③ 정부계정 상호간의 국고금 대체를 위하여 납입·지출하거나, ④ 우편사업특별회계·우체국예금특별회계·양곡관리특별회계·조달특별회계 등 정부기업을 운영하기 위하여 미리 사용한 수입금(선사용자금)을 대체납입하기 위하여 지출하는 경우, ⑤ 재정증권을 발행하거나 한국은행으로부터 일시차입하여 조달한 자금을 그 회계연도의 세입으로 상환하는 경우, ⑥ 관서운영경비출납공무원이 해당 회계연도에 사용한 정부구매카드의 사용대금을 지급하는 경우에는 다음 회계연도 1월 20일까지 지급할 수 있다(국고금 관리법 시행령 제5조·제6조). 지방자치단체의 출납은 회계연도가 끝나는 날 폐쇄한다(지방회계법 제7조).

출납공무원
出納公務員

법령에서 정하는 바에 따라 자금이나 물품을 출납·보관하는 공무원을 말한다(국고금 관리법 제4조의3, 물품관리법 제10조2항). 출납공무원은 각 중앙관서의 장이나 그 위임을 받은 공무원이 임명하며, 재무관, 지출관 및 출납공무원의 직무는 서로 겸할 수 없다(국고금 관리법 제27조). 현금을 출납하는 공무원을 현금출납공무원이라 하며, 물품을 출납·보관하는 공무원을 물품출납공무원이라 하는데, 현금출납공무원은 다시 그 직무내용에 따라 수입금출납공무원(국고금 관리법 제12조), 선사용자금출납공무원(국고금 관리법 제18조2항), 관서운영경비출납공무원(국고금 관리법 제24조) 등으로 나누어진다. 중앙관서의 장 또는 그 위임을 받은 공무원은 필요하다고 인정할 때에는 대리출납공무원 또는 분임출납공무원을 임명할 수 있다(물품관리법 제12조).

국고채무부담행위
國庫債務負擔行爲

실질적 의미에 있어서는 법률에 따른 것과 세출예산금액 또는 계속비의 총액 범위 안의 것 외에 국가가 행하는 금전급부를 내용으로 하는 행위를 말하며(국가재정법 제25조), 형식적 의미에 있어서는 예산총칙·세입세출예산·계속비·명시이월비(明示移越費) 및 국고채무부담행위를 총칭한다(같은 법 제19조). 즉 특정사항에 관한 채무부담행위에 대하여 국회의 의결을 거치는 형식을 말한다. 일반적으로는 어떤 회계연도에 행한 지출의무부담행위에 따르는 경비는 그 연도에 지출하나, 경비의 종류·내용에 따라서는 어떤 회계연도에 행한 지출의무부담에 수반하는 경비의 지출이 그 연도 내에는 필요하지 아니하고 익년도 이후에 필요한 경우가 있다. 이런 경우에는 그 경비를 지출할 연도에 가서 국회의 의결을 얻지 못하면 국가의 채무불이행을 초래할 우려가 있으므로 미리 채무의 부담에 대하여 국회의 의결을 얻어 두려고 하는 것이 이 제도를 둔 취지이다. 국고 채무부담행위에는 사항마다 그 필요한 이유를 명백히 하고 그 행위를 할 연도 및 상환연도와 채무부담의 금액을 표시하여 국회의 의결을 얻어 행하는 것(같은 법 제25조)과, 재해복구 기타 긴급한 필요가 있을 때에 예산총칙에 규정하여 **예비비**와 같이 국회의 의결을 얻은 금액의 범위 내에서 행하는 것이 있다.

회계연도독립의 원칙
會計年度獨立의 原則

각 회계연도의 경비는 그 연도의 세입 또는 수입으로 충당하여야 하며, 따라서 매 회계연도의 세출예산 경비의 금액은 다음 연도에 사용할 수 없음을 내용으로 하는 원칙을 말한다(국가재정법 제3조·제48조1항, 지방재정법 제7조1항). 회계연도 독립의 원칙의 예외로서 계속비(헌법 제55조1항, 국가재정법 제23조, 지방재정법 제42조)·이월사용(국가재정법 제24조·제48조2항, 지방재정법 제50조)·지난 회계연도 지출(지방회계법 제37조) 등이 있다.

회계관계직원
會計關係職員

국가 또는 지방자치단체의 회계사무를 처리하는 공무원을 말한다. 회계관계직원으로서는 수입징수관·재무관·지출관·계약관·현금출납 공무원과 그 대리자·분임자 또는 대리분임자 등이다(회계관계직원 등의 책임에 관한 법률 제2조1호).

예산총계주의의 원칙
豫算總計主義의 原則

'세입·세출은 모두 예산에 계상하여야 한다'는 원칙을 말한다(국가재정법 제17조2항). 예산의 내용은 예산총칙, 세입세출예산, 계속비·명시이월비와 국고채무부담행위로서 성립된다. **예산**이란 여기서 말하는 세입세출예산을 말한다. 즉 세입세출예산은 예산의 기본이며, 그 내용은 1회계연도에 있어서 일체의 수입을 세입, 일체의 지출을 세출로써 각각의 총계로서 표시하는 것이다. 이를 각각 **세입예**산, **세출예산**이라고 부른다. 「국가재정법」 제17조1항이 '세입과 세출은 모두 예산에 계상하여야 한다'고 정하고 있는 것은 이를 의미하며, 예산총계주의의 원칙이라고 한다. 이 원칙은 국가재정의 팽창·문란의 방지에 그 목적이 있다. 그러나 이 원칙을 관철할 때에는 실제상의 불편과 불이익이 따르는 때도 있으므로 「국가재정법」은 국가의 회계를 **일반회계**와 **특별회계**로 구분하여 국가활동에 관한 모든 세입·세출을 포괄하는 일반회계를 원칙으로 하되, 일정한 경우에는 예외적으로 특별회계를 설치할 수 있게 하고 있으며(같은 법 제4조), 「지방재정법」도 일반회계와 특별회계로 구분하여 일정한 경우에는 특별회계를 설치할 수 있게 하고 있다(지방재정법 제9조).

일반회계
一般會計

특별회계에 속하지 아니하는 국가 또는 지방자치단체의 회계를 말한다. 특별회계에 대응하는 개념이다. 국가의 회계는 이해의 편의와 재정의 혼란을 방지하기 위하여 세입·세출은 모두 예산에 편입하여 회계처리하는 것이 원칙이나(예산총계주의의 원칙), 이 원칙을 끝까지 관철하면 오히려 실제상 불편 또는 불이익한 경우가 있으므로 예외적으로 특별회계가 인정된다. 「국가재정법」과 「지방재정법」도 국가 또는 지방자치단체의 회계를 일반회계와 특별회계로 구분하여, 일반회계는 일반적 국가활동에 관한 세입·세출을 포괄하도록 하고, 특별회계는 국가 또는 지방자치단체에서 특정한 사업을 운영할 때, 특정한 자금을 보유하여 운용할 때, 기타 특정한 세입으로 특정한 세출에 충당함으로써 일반의 세입·세출과 구분하여 회계처리할 필요가 있을 때에 법률로써 설치하게 하고 있다(국가재정법 제4조, 지방재정법 제9조).

특별회계
特別會計

특수한 목적을 위한 수입·지출을 일반회계로부터 분리하여 독립적으로 회계처리하는 회계를 말한다. 일반회계에 대응하는 개념이다. 국가 또는 지방자치단체의 회계는 이를 일반회계와 특별회계로 구분하여(국가재정법 제4조, 지방재정법 제9조), 국가 또는 지방자치단체의 일반적인 활동에 관한 세입·세출을 포괄하는 일반회계를 원칙으로 한다. 특별회계는 국가가 특정한 사업을 운영할 때(사업특별회계), 특정한 자금을 보유하여 운용할 때(자금특별회계), 기타 특정한 세입으로 특정한 세출에 충당함으로써 일반의 세입세출과 구분하여 회계처리할 필요가 있을 때(경리특별회계)에 법률로써 설치한다. 특별회계에 의하여 정부가 운영하는 사업은 따로 법률(**정부기업예산법**)이 정하는 바에 의하여 **기업회계의 원칙**으로 회계처리할 수 있다(국가재정법 제4조3항).

기업회계의 원칙
企業會計의 原則

기업회계의 실무에 있어서 관습으로서 발달한 것 중에서 일반적으로 공정·타당하다고 인정되는 것을 요약한, 기업회계를 규제하는 근본원칙을 말한다. 이 원칙은 일반원칙·손익계산서원칙·대차대조표(재무상태표)원칙의 3원칙으로 이루어진다. 우리나라에 있어서는 「정부기업예산법」이 우편사업·우체국예금사업·양곡관리사업·조달사업에 대하여 기업회계의 원칙을 적용하며(정부기업예산법 제2조), 민간기업에 관하여도 기업회계의 원칙(공정·타당한 회계관습)을 준거하도록 하고 있다.

정부기업예산법

정부기업의 합리적 경영을 위하여 예산과 회계를 통일적으로 규제함으로써 그 건전한 발전에 기여함을 목적으로 하여 제정된 법률을 말한다. 기업의 예산회계는 일반예산회계와는 달리 생산경제적 예산회계이므로 그 특수성에 입각한 특별예산회계로서 통일적 규율을 하고자 함에 있다. 즉 이 법률은 특별회계로서 우편사업·우체국예금사업·양곡관리사업·조달사업의 각 특별회계를 설치하고 그 수입으로써 그 지출에 충당하며(정부기업예산법 제3조), 이 특별회계는 관계 중앙관서의 장이 관리·운용한다(같은 법 제4조).

예산총칙
豫算總則

① 세입세출예산·계속비·명시이월비와 국고채무부담행위에 관한 총괄적 규정 이외에 「국가재정법」 제18조 단서의 규정에 따른 국채와 차입금의 한도액, 「국고금 관리법」 제32조의 규정에 따른 재정증권의 발행과 일시차입금의 최고액, 그 밖에 예산집행에 관하여 필요한 사항에 관한 규정을 그 내용으로 하는 것을 말하고(국가재정법 제20조), ② 세입·세출·계속비·채무부담행위 및 명시이월비에 관한 총괄적 규정과 지방채 및 일시차입금의 한도액, 그 밖에 예산집행에 관하여 필요한 사항에 관한 규정을 그 내용으로 하는 것을 말한다(지방재정법 제40조2항).

예산의 구분
豫算의 區分

예산의 내용·기능·성질 등을 명백히 하기 위한 예산편성상의 필요적 구분형식을 말한다. 일명 **예산과목**이라고도 한다. 예산은 필요한 때에는 계정으로 구분할 수 있으며(국가재정법 제21조), 세입세출예산은 독립기관 및 중앙관서의 소관별로 구분한 후 소관 내에서 일반회계·특별회계로 구분한다. **세입예산**은 조직별 구분에 의하여 그 내용을 성질별로 관·항으로 구분하고, 그 **세출예산**은 조직별 구분에 의하여 기능별·성질별 또는 기관별로 그 내용을 장·관·항으로 구분한다. 예산의 구체적인 분류기준 및 세항과 각 경비의 성질에 따른 목의 구분은 기획재정부장관이 정한다.

예산외지출
豫算外支出

세출예산 또는 계속비의 각 항에서 정한 목적 이외에 경비를 사용하는 것을 말한다. **예산의 목적외사용**이라고도 한다. 예산외지출은 원칙적으로 허용되지 아니하며(국가재정법 제45조), 만일 예산외지출을 할 필요가 있을 때에는 예비비를 사용하거나(같은 법 제22조) 추가경정예산에 의하여야 한다(같은 법 제89조1항). 이 원칙에 대한 예외로서 **예산의 이용**이 있는데, 이 예산의 이용은 추가경정예산에 의하지 아니하고 예산집행상 그 목적을 변경하여 사용하는 것이므로 실질적으로 예산을 변경하는 것이 된다.

예산의 이용
豫算의 移用
예산집행상 필요에 따라 미리 예산으로써 국회의 의결을 얻은 경우에 예산이 정한 각 기관 간, 각 장·관·항 간의 금액을 기획재정부장관의 승인을 얻어 이용하거나 기획재정부장관이 위임하는 범위 안에서 자체적으로 이용할 수 있는 것을 말한다(국가재정법 제47조). **예산의 피차이용**이라고도 한다. **예산외지출금지의 원칙**에 대한 예외로서 예산의 효율적 집행을 도모한다는 점에서는 예산의 전용과 같으나, 예산의 전용이 각 세항 또는 목 간의 금액을 기획재정부장관의 승인을 얻어 서로 융통하는 것이므로 양자는 다르다. 구 「재정법」에서는 양 제도를 용어에 있어서 구별하지 않고 다 같이 **예산의 유용**이라고 하였으나, 「국가재정법」에서는 이를 구별하고 있다. 기획재정부장관은 예산을 이용하였을 때에는 해당 중앙관서의 장 및 감사원에 통지하여야 한다. 지방자치단체에 있어서도 예산집행에 필요하여 미리 예산으로 지방의회의 의결을 거쳤을 때에는 이용할 수 있다(지방재정법 제47조의2 1항 단서).

예산의 전용
豫算의 轉用
예산집행상의 필요에 의하여 각 중앙관서의 장이 기획재정부장관의 개별적 승인 또는 미리 정한 범위 안에서 각 세항 또는 목 간의 금액을 서로 융통하는 것을 말한다(국가재정법 제46조). **비목전용**(費目轉用) 또는 **예산의 피차전용**이라고도 한다. 예산외 지출금지의 원칙에 대한 예외로서 예산의 효율적 집행을 도모하기 위한 것인 점에서는 예산의 이용과 같으나, 예산의 이용은 예산집행상 필요에 의하여 미리 예산으로 국회의 의결을 얻은 경우에 예산이 정한 각 기관 간, 각 장·관·항 간의 금액을 기획재정부장관의 승인을 받아 서로 융통하는 것이므로 양자는 다르다. 기획재정부장관은 예산의 전용을 승인하였을 때에는 그 명세서를 해당 중앙관서의 장 및 감사원에 송부하여야 하며, 각 중앙관서의 장은 기획재정부장관이 위임하는 범위 안에서 전용할 때에는 그 명세서를 기획재정부장관 및 감사원에 각각 송부하여야 한다. 이와 같이 전용한 경비의 금액은 세입세출결산보고서에서 명백히 하고 이유를 기재하여야 한다.

예산의 이월
豫算의 移越
세출예산 중에서 해당 회계연도에 지출을 하지 못한 것을 다음 해에 이월하여 다음 연도의 예산으로서 사용하는 것을 말한다. **회계연도독립의 원칙**에 대한 예외이다. 예산의 이월에는 **명시이월**과 **사고이월**이 있는 바, 전자는 세출예산 중 경비의 성질상 해당 연도 내에 그 지출을 하지 못할 것이 예측될 때에 특히 그 취지를 세입세출예산에 명시하고 다음 연도에 이월하여 사용할 것에 대하여 국회 또는 지방의회의 승인을 얻은 것을 말하며(국가재정법 제24조), 후자는 세출예산 중 해당 회계연도 내에 **지출원인행위**를 하고 불가피한 사유로 인하여 그 회계연도 내에 지출하지 못한 경비와 지출하지 아니한 그 부대경비의 금액을 다음 회계연도에 이월하여 사용하는 것을 말한다(국가재정법 제48조, 지방재정법 제50조). 각 중앙관서의 장이 세출예산을 이월하는 때에는 이월명세서를 작성하고 이를 다음 연도 1월 31일까지 기획재정부장관 및 감사원에 송부하여야 하며, 세출예산을 이월하는 때에는 그 이월하는 과목별 금액은 다음 연도의 이월예산으로 배정한 것으로 본다. 기획재정부장관은 세입징수상황 등을 감안하여 필요하다고 인정하는 때에는 미리 세출예산의 이월 사용을 제한하기 위한 조치를 할 수 있다. 계속비에 있어서는 연도별 소요경비의 금액 중 해당 연도에 지출하지 못한 금액은 계속비사업의 완성연도까지 계속 이월하여 사용할 수 있다. 매 회계연도 세입·세출의 결산상 생긴 **잉여금**은 다른 법률에 따른 것과 이월액을 공제한 금액은「지방교부세법」에 따른 교부세의 정산과「지방교육재정교부금법」에 따른 교부금 정산에 사용할 수 있다(국가재정법 제90조 2항). 각종 특별회계에 있어서는 예산의 이월을 인정하는 예가 적지 않다.「정부기업예산법」제21조에 규정하고 있는 특별회계에서의 예산의 이월은 그 한 예이다.

예산의 배정
豫算의 配定
예산이 성립된 후 기획재정부장관이 각 중앙관서의 장에게 예산을 배정하는 것을 말한다. 예산이 확정된 후 각 중앙관서의 장은 사업운영계획 및 이에 따른 세입세출예산, 계속비와 국고채무부담행위를 포함한 예산배정요구서를 기획재정부장관에게 제출하고(국가재정법 제42조), 기획재정부장관은 사업운영계획과 월별자금계획에 의거하여 분기별예산배정계획을 작성한다. 각 중앙관서의 장은 대통령의 승인을 얻은 예산배정계획을 불가피한 사유로 변경하려면 사업운영계획과 예산배정계획변경요구서를 기획재정부장관에게 제출한다. 기획재정부장관은 각 중앙관서의 장이 제출한 사업운영계획과 예산배정계획변경요구서에 필요한 조정을 한 후 예산배정변경계획을 작성하여 국무회의의 심의를 거쳐 대통령의 승인을 받아야 한다. 기획재정부장관은 제출한 예산배정계획의 변경에 관하여 대통령의 승인을 얻으면 해당 중앙관서의 장에게 예산을 배정하고 감사원에 통지하여야 한다. 또한 기획재정부장관은 필요한 때에는 대통령령이 정하는 바에 따라 회계연도 개시 전에 예산을 배정할 수 있다.

예산의 집행
豫算의 執行
국가 또는 지방자치단체의 수입·지출을 실행하는 일체의 행위를 말한다. 단순히 예산에 규정된 금액을 국고 또는 금고에 수납하고 국고 또는 금고로부터 지급하는 것뿐만 아니라, 그 원인이 되는 국고채무부담행위(국가에 한함) 또는 지출원인행위를 하는 것도 예산의 집행이다. 국가예산의 집행에 대한 궁극적인 책임은 행정수반인 대통령에게 있으나, 직접적으로 수입 및 지출에 대한 총괄적인 책임을 지는 것은 기획재정부장관이고, 각 중앙관서의 장의 소관에 속하는 수입 및 지출은 해당 중앙관서의 장의 책임하에 계약관·출납공무원이 있어서 이들이 집행을 담당한다. 각 중앙관서의 장은 기획재정부장관으로부터 **예산의 배정**을 받아 그 배정받은 예산을 집행하는 것으로서 그 집행은 세입예산의 집행, 세출예산의 집행, 계속비의 집행, 예산의 이용, 예산의 전용, 예비비의 사용, 국고채무부담행위의 집행 등으로 분류할 수 있다(국가재정법 제42조~제55조). 지방자치단체의 예산집행에 관하여는「지방재정법」에 규정되어 있다.

예산초과지출
豫算超過支出
예산의 각 항에서 정하는 금액을 초과하여 지출하는 것을 말한다. 지출은 예산의 각 항에서 정하는 금액을 한도로 하여서만 할 수 있다. 다만, 일정한 경우에 한하여 예산의 이용 또는 전용이 인정된다(국가재정법 제46조·제47조). 위의 경우 이외에 예산의 초과지출이 필요한 때에는 예비비를 지출하거나(같은 법 제22조), 추가경정예산에 의할 수밖에 없다(같은 법 제89조).

예산의정권
豫算議定權
국회(지방의회)가 예산을 심의하여 의결하는 권한을 말한다. 국회의 예산의 심의와 의결은 예산의 성립요건이며, 이것 없이는 원칙적으로 국비의 지출이 불가능하다(헌법 제54조1항·2항, 예외 : 제54조3항). 양원제도를 채택하는 국가에 있어서는 예산의 의정에 있어서 하원에 특권(예산선의권)을 인정하는 것이 보통이다.

예산선의권
豫算先議權

양원제 국회에 있어서 하원이 상원보다 먼저 정부가 제출한 예산안을 받아 이를 심의·의결하는 권한을 말한다. 이것은 예산 기타 국민의 부담이 되는 재정법안의 심의·의결에 있어서는 국민의 대표기관성이 강한 하원의 의사를 존중하여야 한다는 사상에 근거를 두고 있으며, 현대국가의 대부분이 인정하고 있는 제도이다. 우리나라 제2공화국 헌법에서도 이를 채택하고 있었다(제2공화국 헌법 제39조2항). 또한 제2공화국 헌법은 각국 헌법의 예에 따라 민의원에 대하여 예산의 결의 우월적 지위를 인정하였다(제2공화국 헌법 제37조2항). 그러나 이 제도는 양원의 존재를 전제로 하는 것이므로 단원제 국회에서는 존재하지 않기 때문에, 우리나라에서는 채택될 수 없다.

일시차입금
一時借入金

국가 또는 지방자치단체가 회계연도 내의 일시적인 현금의 부족을 보충하기 위하여 차입하는 금전을 말한다. 국가는 국고금의 출납상 필요할 때에는 재정증권을 발행하거나 한국은행으로부터 일시차입을 할 수 있는데, 재정증권의 발행을 우선해야 한다. 재정증권의 발행과 일시차입금의 차입최고액은 필요한 각 회계에 대하여 매 회계연도마다 국회의 의결을 얻어야 한다. 일시차입금은 해당 연도의 세입으로 상환하여야 하지만 한국은행에서 일시차입한 자금은 자금소요가 해소되는 대로 곧바로 상환해야 한다. 지방자치단체에 있어서는 지방자치단체의 장은 예산 내의 지출을 하기 위하여 필요한 일시차입금의 한도액을 회계연도마다 회계별로 지방의회의 의결을 얻어 일시차입을 할 수 있으며(지방회계법 제24조), 일시차입금은 그 회계연도의 수입으로 상환하여야 한다.

수납
收納

광의로는 수입금을 수령하여 납부하는 일반적인 모든 행위를 말하나, 협의로는 국가의 수납기관이 하는 행정행위를 말한다. 여기서는 후자에 관하여 설명한다. 수납은 법적 근거가 있어야 한다. 수납에 관한 사무는 기획재정부장관이 총괄하고, 각 중앙관서의 장이 관리한다(국고금 관리법 제6조).

수납기관
收納機關

조세 기타의 수입금을 수령하여 납부하는 행정기관을 말한다. 수납기관은 원칙적으로 출납공무원이 되며, 예외적으로 한국은행 또는 「정부기업예산법」 제3조에 따른 금고은행이 된다. 출납공무원이 수납을 하였을 때에는 지체 없이 한국은행 또는 금고은행에 납입하여야 한다(국고금 관리법 제12조).

조세
租稅

국가 또는 지방자치단체가 그 재력의 취득을 위하여 반대급부 없이 일반국민으로부터 강제적으로 부과·징수하는 과징금을 말한다. 조세는 국가 또는 지방자치단체가 과징하는 점에서 그 이외의 단체가 과징하는 조합비·회비 등과 구별되며, 과세단체의 재력의 취득을 목적으로 하는 점에서 벌금·과료·과태료·몰수 등과 구별되고, 반대급부 없이 과징하는 점에서 사용료·수수료 등과 구별되며, 일반국민으로부터 과징하는 점에서 특정공익사업에 특별한 이해관계가 있는 자로부터 과징하는 **부담금** 등과 구별되고, 강제적으로 과징하는 점에서 사업수입·재산수입 등의 사법적 수입과 구별된다. 조세부과의 필요는 과세단체의 일반적 경비에 충당하려는 것에 있으나, 예외적으로 세액의 전부 또는 일부를 처음부터 특정용도에 충당시킬 것을 예정하는 것이 있는 바, 이것을 **목적세**라고 한다(예 : 교육세, 농어촌특별세). 조세는 금전으로 납부하는 것이 원칙이나, 예외적으로 법령에 따라 **물납**(物納)이 허용되는 경우도 있다(예 : 상속세 및 증여세법 제73조). 조세의 종목과 세율은 법률로써 정한다(헌법 제59조).

종합부동산세
綜合不動産稅

부동산 보유에 대한 조세부담의 형평성을 제고하고 부동산의 가격안정을 도모함으로써 지방재정의 균형발전을 기하기 위하여 고액의 부동산 보유자에 대하여 부과하는 세금이다. 과세대상자는 「지방세법」상 주택분 재산세의 납세의무자로서 국내에 있는 재산세 과세대상인 주택의 공시가격을 합산한 금액이 9억원을 초과하는 사람(1세대 1주택자는 12억원), 또는 그 소유하고 있는 토지가 종합합산과세대상인 경우에는 국내에 소재하는 해당 과세대상토지의 공시가격을 합한 금액이 5억원을 초과하거나 별도합산과세대상인 경우에는 국내에 소재하는 해당 과세대상토지의 공시가격을 합한 금액이 80억원을 초과하는 사람이다.

국유재산법
國有財産法

국유재산을 보호하고 그 관리(취득·유지·보존 및 운용)와 처분의 적정을 기함을 목적으로 하여 제정된 법률을 말한다. 이 법률에는 국유재산의 범위·구분과 종류(제5조·제6조), 관리기관과 처분기관, 관리·처분, 대장(臺帳)과 보고 등의 규정이 있으며, 「국유재산법」에 대한 특례를 규정한 특별법으로는 「물품관리법」·「군수품관리법」 등이 있다.

물품관리법
物品管理法

국가 물품의 취득·보관·사용 및 처분에 관한 기본적 사항을 규정함으로써 물품의 효율적이며 적정한 관리를 도모함을 목적으로 하여 제정된 법률을 말한다. 이 법률은 물품의 분류 및 표준화, 물품의 관리기관, 물품의 관리, 물품관리 공무원의 책임, 물품검사 등을 규정하고 있는 국가 물품의 관리에 관한 일반법이다.

군수품관리법
軍需品管理法

군수품의 관리에 관한 기본적 사항을 규정함으로써 군수품을 효율적이고 적절하게 관리하는 것으로 목적으로 제정된 법률을 말한다. 이 법률은 「물품관리법」에 대한 특별법이라 할 수 있다(물품관리법 제3조). 그러므로 많은 경우에 「물품관리법」을 준용하고 있다(군수품관리법 제4조). 이 법률에서 군수품이란 「물품관리법」 제2조에 따른 물품 중 국방부 및 그 직할기관, 합동참모본부 육·해·공군에서 관리하는 물품을 말하며, 그 용도에 따라서 전비품과 통상품으로 분류된다. 국방관서의 장과 각군 참모총장이 그 소관에 속하는 군수품의 관리기관이다(군수품관리법 제6조). 이 밖에 외국군과의 연합훈련 및 작전, 기타 연합임무를 수행함에 있어서 군수품의 대여·양도 및 교환에 필요한 사항과 군수품의 획득·출납·처분·재고조사와 조정, 자연감모와 손망실처리, 군수품의 관급, 군수품관리의 특례, 물품관리공무원 등의 책임, 기록과 보고, 감사와 계리제도 등에 관한 규정이 이 법률의 주된 내용을 이루고 있다.

공 무 원

국가공무원법
國家公務員法

각급 기관에서 근무하는 모든 국가공무원에게 적용할 인사행정의 근본기준을 확립하여 그 공정을 기함과 아울러, 국민 전체의 봉사자로서 행정을 민주적이며 능률적으로 운영하게 할 목적으로 제정된 법률을 말한다. 이 법률에는 국가공무원의 구분, 인사에 관한 기본 정책의 수립 및 시행, **소청심사위원회, 직위분류제**, 임용과 시험, 직무상의 의무, 신분보장, 권익보장, 훈련, 제안제도, 상훈제도, 징계 등을 규정하고 있다. 이 법률은 보수 및 복무에 관한 규정을 제외하고, 이 법 기타 법률에 특별한 규정이 없는 한 **특수경력직공무원**에게는 적용되지 아니한다.

지방공무원법
地方公務員法

지방자치단체의 공무원에게 적용할 인사행정의 근본 기준을 확립하여 지방자치행정의 민주적이며 능률적인 운영을 도모할 것을 목적으로 제정된 법률을 말한다. 이 법률은 지방공무원의 구분, 인사위원회, 지방공무원소청심사위원회, 직위분류제, 임용과 시험, 보수, 복무, 신분보장, 권익보장, 징계, 지방공무원의 훈련, 제안제도, 국가공무원과의 교류 등에 관하여 규정하고 있다. 보수 및 복무에 관한 규정을 제외하고는 원칙적으로 특수경력직공무원에게 적용하지 아니한다.

외무공무원법
外務公務員法

외무공무원의 직무 및 책임의 중요성과 신분 및 근무조건의 특수성에 비추어 그 자격·임용·교육훈련·복무·보수·신분보장 등에 관하여 「국가공무원법」에 대한 특례 규정을 목적으로 제정된 법률을 말한다.

소방공무원법
消防公務員法

소방공무원(국가소방공무원 및 지방소방공무원)의 책임 및 직무의 중요성과 신분 및 근무조건의 특수성에 비추어 그 임용·교육훈련·복무·신분보장 등에 관하여 「국가공무원법」에 대한 특례 규정을 목적으로 제정된 법률을 말한다.

경찰공무원법
警察公務員法

경찰공무원의 책임 및 직무의 중요성과 신분 및 근무조건의 특수성에 비추어 그 임용·교육훈련·복무·신분보장 등에 관하여 「국가공무원법」에 대한 특례를 규정함을 목적으로 제정된 법률을 말한다.

교육공무원법
敎育公務員法

교육을 통하여 국민 전체에 봉사하는 교육공무원의 직무와 책임의 특수성에 비추어 그 자격·임용·보수·연수 및 신분보장 등에 관하여 교육공무원에게 적용할 국가공무원에 대한 특례 규정을 목적으로 제정된 법률을 말한다. 이 법률은 **교육공무원 인**사위원회의 설치, 대학인사위원회의 설치, 자격, 임용, 보수, 연수, 신분보장, 휴직, 정년, 교원의 불체포특권, 교육공무원보통고충심사위원회 및 교육공무원중앙고충심사위원회의 설치, 교육공무원징계위원회의 설치, 행정안전부에 설치된 교원소청심사위원회에의 소청심사청구, 「국가공무원법」과의 관계 등에 관하여 규정하고 있다.

공무원
公務員

광의로는 국가 또는 지방자치단체의 공무에 종사하는 모든 자를 말한다. 이 의미에서는 행정기관에 종사하는 자에 한하지 않고, 입법·사법기관에 종사하는 자도 포함된다. 이와 같은 의미의 공무원은 국가공무원과 지방공무원으로 분류된다. 「국가공무원법」과 「지방공무원법」은 공무원의 직을 경력직과 특수경력직으로 구분한다. 다시 경력직을 일반직과 특정직으로, 특수경력직을 정무직과 별정직으로 구분하고 있다(국가공무원법 제2조, 지방공무원법 제2조). 「국가공무원법」과 「지방공무원법」은 원칙으로 경력직 중 일반직 공무원의 근무법이며, 특정직 공무원에 관하여는 각 특별법이 적용된다(예 : 외무공무원법·소방공무원법·경찰공무원법·교육공무원법·군인사법·군무원인사법 등). 공무원 이외에 공법상의 법인의 임·직원 등은 특별법에 의하여 공무원에 준한 법적 취급을 받는 예가 많다(예 : 한국산업은행법 제17조 등). 「헌법」 및 「국가공무원법」은 공무원이 국민 전체에 대한 봉사자임을 규정하고 있다(헌법 제7조1항, 국가공무원법 제1조). 이와 같은 신분 때문에 공무원은 일반국민에게 허용되는 여러 가지 권리가 제한되거나 특별한 의무가 과해지고 있다.

국가공무원
國家公務員

입법·사법·행정의 각부의 각급 기관에서 공무에 종사하는 모든 공무원을 말한다. 국가공무원은 국민 전체에 대한 봉사자로서(헌법 제7조1항, 국가공무원법 제1조) 그 취임의 형식 여하를 불문하고 국가에 의하여 임명되며, 그 직무가 법령 기타의 정당한 근거를 가지며, 국가로부터 보수를 받는 등의 특징을 가진다. 국가공무원은 이를 **경력직공무원**과 **특수경력직공무원**으로 구분한다(국가공무원법 제2조). 경력직공무원이란 실적과 자격에 의하여 임용되고 그 신분이 보장되며, 평생(또는 정해진 근무기간 동안) 공무원으로 근무할 것이 예정되는 공무원을 말한다. 그 종류에는 **일반직공무원**과 특정직공무원이 있다. 일반직공무원이라 함은 기술·연구 또는 행정일반에 대한 업무를 담당하는 공무원으로 1급부터 9급까지의 계급으로 구분하며 직군과 직렬별로 분류한다. **직군**이란 직무의 성질이 유사한 직렬의 군을 말한다. **직렬**(職列)이란 직무의 종류가 유사하고 그 책임과 곤란성의 정도가 서로 다른 직급의 군을 말한다. **직급**이란 직무의 종류·곤란성과 책임도가 상당히 유사한 직위의 군을 말하며, 같은 직급에 속하는 직위에 대하여는 임용자격·시험·보수 기타 인사행정에 있어서 동일하게 취급한다. **직위**란 1명의 공무원에게 부여할 수 있는 직무와 책임을 말한다(같은 법 제5조). **특정직공무원**이란 법관·검사·외무공무원·경찰공무원·소방공무원·교육공무원·군인·군무원·헌법재판소 헌법연구관 및 국가정보원의 직원, 경호공무원과 특수분야의 업무를 담당하는 공무원으로서 다른 법률이 특정직공무원으로 정하고 있는 공무원을 말한다. **특수경력직공무원**이란 경력직공무원 외의 공무원을 말하며, 그 종류에는 **정무직공무원**과 별정직공무원이 있다. **정무직공무원**이란 선거로 취임하거나 임명할 때 국회의 동의가 필요한 공무원, 고도의 정책결정 업무를 담당하거나 이러한 업무를 보조하는 공무원으로서 법률이나 대통령령(대통령비서실 및 국가안보실의 조직에 관한 대통령령만 해당한다)에서 정무직으로 지정하는 공무원

[공무원의 구분 · 종류 및 법의 적용]

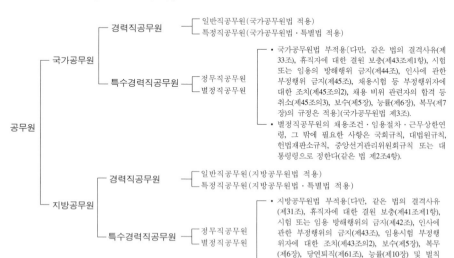

을 말한다. **별정직공무원**이란 비서관·비서 등 보조업무를 수행하거나 특정한 업무를 담당하기 위하여 법령에서 별정직으로 지정하는 공무원을 말한다. 별정직공무원의 채용조건·임용절차·근무상한연령 그 밖에 필요한 사항은 국회규칙·대법원규칙·헌법재판소규칙·중앙선거관리위원회규칙 또는 대통령령으로 정한다(같은 법 제2조). 경력직공무원은 「국가공무원법」의 적용을 받으나, 특수경력직공무원은 원칙적으로 「국가공무원법」의 적용을 받지 아니한다(같은 법 제3조).

고위공무원단
高位公務員團
직무의 곤란성과 책임도가 높은 중앙행정기관의 실·국장 및 이에 상당하는 직위의 공무원을 범정부적 차원에서 효율적으로 인사관리하기 위해 구성하는 군(群)을 말한다(국가공무원법 제2조의2). 고위공무원단에는 중앙행정기관의 실장·국장 및 이에 상당하는 보좌기관과 행정부 각급 기관(감사원은 제외한다)·지방자치단체·지방교육행정기관에서 이에 상당하는 직위의 공무원, 또는 다른 법령에서 고위공무원단에 속하는 공무원으로 임용할 수 있도록 정한 직위의 공무원을 말한다. 고위공무원단은 일반직공무원과는 달리 1급부터 9급까지의 계급 구분과 직군과 직렬별 분류가 적용되지 않으며(같은 법 제4조), 인사혁신처에 고위공무원임용심사위원회를 두어, 고위공무원단에 속하는 공무원의 채용과 고위공무원단 직위로의 승진임용 및 고위공무원으로서 적격한지 여부를 심사한다(같은 법 제28조의6).

지방공무원
地方公務員
지방자치단체에서 공무에 종사하는 모든 공무원을 말한다. 국가공무원에 대응하는 개념이다. 지방자치단체에서 근무하고 그 공무를 담당하는 점에서 국가의 각급 기관에서 공무에 종사하는 국가공무원과 구별된다. 지방공무원도 경력직공무원과 특수경력직공무원으로 구분되는 것은 국가공무원의 경우와 같다(지방공무원법 제2조).

외무공무원
外務公務員
외교부 소속기관 및 재외공관에서 공무에 종사하는 국가공무원을 말한다. 외무공무원은 외교통상직공무원, 외무영사직공무원, 외교정보기술직공무원으로 구분된다. **외교통상직공무원**이란 외교·통상업무를 담당하는 외교부(소속기관을 포함한다. 이하 같다) 소속의 공무원을 말한다. **외무영사직공무원**이란 영사업무를 담당하는 외교부 소속의 공무원을 말한다. **외교정보기술직공무원**이란 외교정보관리 및 통신업무를 담당하는 외교부 소속의 공무원을 말한다(외무공무원법 제2조). 외무공무원은 대외적으로 국가이익을 보호·신장하고, 외국과의 우호·경제·문화관계를 증진하며, 재외국민을 보호·육성함을 임무로 한다(같은 법 제5조). 외무공무원의 책임 및 직무의 중요성과 신분 및 근무조건의 특수성에 비추어 그 자격·임용·교육훈련·복무·보수·신분보장 등에 관하여 「국가공무원법」에 대한 특례를 「외무공무원법」에 규정하고 있으며, 「외무공무원법」에 특별규정이 있는 경우를 제외하고는 「국가공무원법」 및 「공무원교육훈련법」을 적용하도록 되어 있다(외무공무원법 제30조).

소방공무원
消防公務員
소방의 직무를 담당하는 국가공무원을 말한다. 소방공무원의 책임 및 직무의 중요성과 신분 및 근무조건의 특수성에 비추어 그 임용·교육훈련·복무·신분보장 등에 관하여 「국가공무원법」에 대한 특례를 「소방공무원법」에 규정하고 있다.

경찰공무원
警察公務員
공공안녕과 질서유지의 직무를 담당하는 특정직국가공무원이다(국가공무원법 제2조2항2호). 경찰공무원의 책임 및 직무의 중요성과 신분 및 근무조건의 특수성에 비추어 그 임용·교육훈련·복무·신분보장 등에 관하여 「국가공무원법」에 대한 특례를 「경찰공무원법」에 규정하고 있다. 경찰공무원은 제복을 착용하고 필요에 따라 무기를 휴대할 수 있으며(경찰공무원법 제26조), 각 경찰관청에 소속되어 있는 것이 원칙이다. 경찰공무원은 그 직급에 따라 치안총감·치안정감·치안감·경무관·총경·경정·경감·경위·경사·경장 및 순경으로 나누어지며(같은 법 제3조), 경위 이상의 직급에 해당하는 자를 경찰관, 경사 이하를 **경찰리**라 한다. 경찰공무원은 그 고유한 경찰사무 이외에도 사법경찰에 관한 사무를 아울러 담당한다. 검사와 사법경찰관은 수사, 공소제기 및 공소유지에 관하여 서로 협력하여야 한다(형사소송법 제195조).

교육공무원
教育公務員

교육공무원이란 ① 교육기관에 근무하는 교원 및 조교 ② 교육행정기관에 근무하는 장학관·장학사 ③ 교육기관·교육행정기관 또는 교육연구기관에 근무하는 교육연구관·교육연구사 중 하나에 해당하는 사람을 말한다(교육공무원법 제2조1항). 교육기관이란 ① 유치원, 각급학교 ② 연수기관 ③ 학생수련기관 등 교육연수기관(교육관계 법령 또는 조례에 의하여 설치된 것) 중 하나에 해당하는 국립 또는 공립의 학교 또는 기관을 말한다. 교육행정기관이란 국가교육위원회, 교육부 및 그 소속 기관과 특별시·광역시·특별자치시·도 또는 특별자치도의 **교육관서**를 말하고, 교육연구기관이란 교육에 관하여 전문적으로 조사·연구를 하기 위하여 설립된 국립 또는 공립기관을 말한다(같은 법 제2조). 교육공무원의 직무와 책임의 특수성에 비추어 그 자격·임용·보수·연수 및 신분보장 등에 관하여 「국가공무원법」과 「지방공무원법」에 대한 특례를 「교육공무원법」에 규정하고 있으며, 「교육공무원법」과 「국가공무원법」과의 관계에 관하여는 「교육공무원법」 제53조에 규정되어 있다.

직업공무원
職業公務員

직업적으로 공무에 종사하는 공무원을 말한다. 명예직공무원에 대응하는 개념이다. **명예직공무원**이란 대체로 선거에 의하여 선출되는 공무원으로서 공무담당이 임시적인 공무원을 말한다. 오늘날의 공무원제도에 있어서는 명예직공무원을 예외로 하고 직업공무원을 원칙으로 하고 있다. 직업공무원을 대상으로 하는 공무원제도를 직업공무원제라고 한다. 직업공무원제에 있어서 공무원의 임용은 시험제로 하고, 그 신분을 보장하며 정치로부터 중립성을 지키게 하는 것을 특색으로 한다. 우리나라의 공무원법도 직업공무원제를 그 내용으로 하고 있다.

직위
職位

1명의 공무원에게 부여할 수 있는 직무와 책임을 말한다(국가공무원법 제5조1호, 지방공무원법 제5조1호). 같은 직류와 계급에 속하는 직위는 다시 세분되며, 공무원의 임용은 특정한 직위에 대하여 행하여진다.

직위분류제
職位分類制

공무원의 직위를 직무의 종류·곤란성 및 책임도의 차이에 따라 일정한 원칙과 방법에 의하여 분류하는 제도를 말한다. **직계제**(職階制)라고도 한다. 직위분류에 있어서는 모든 직위를 직무의 종류와 곤란성 및 책임도에 따라 직군·직렬·직급 및 직무등급별로 분류하되, 같은 직급이나 직무등급에 속하는 직위에 대하여는 동일하거나 유사한 보수가 지급되도록 분류하여야 하는데(국가공무원법 제22조, 지방공무원법 제22조2항), 이것을 **직위분류제의 원칙**이라고 한다. 국회사무총장·법원행정처장·헌법재판소사무처장·중앙선거관리위원회사무총장 또는 인사혁신처장은 법령(국회규칙, 대법원규칙, 헌법재판소규칙 및 중앙선거관리위원회규칙을 포함)에 따라, 지방자치단체의 장과 지방의회의 의장은 대통령령에 따라 직위분류제의 적용을 받는 모든 직위를 어느 하나의 직급 또는 직무등급에 배정하여야 하는데(국가공무원법 제23조1항, 지방공무원법 제23조), 이것을 **직위의 정급**이라고 한다. **정급**(定級)이란 직위를 직급 또는 직무등급에 배정시키는 것을 말한다(국가공무원법 제5조3호, 지방공무원법 제5조3호). 국회사무총장·법원행정처장·헌법재판소사무처장·중앙선거관리위원회사무총장 또는 인사혁신처장은 법령(국회규칙, 대법원규칙, 헌법재판소규칙 및 중앙선거관리위원회규칙을 포함)에 따라, 지방자치단체의 장과 지방의회의 의장은 대통령령으로 정하는 바에 따라 정급을 재심사하고 필요하다고 인정하면 이를 개정하여야 한다(국가공무원법 제23조2항, 지방공무원법 제23조2항). 행정부의 경우 인사혁신처장은 위에 따라 정급을 실시하거나 재심사·개정하는 경우에는 대통령령으로 정하는 바에 따라 행정안전부장관과 협의하여야 한다(국가공무원법 제23조3항). 일반직에 대한 직위분류제는 대통령령으로 정하는 바에 따라 그 실시가 쉬운 기관, 직무의 종류 및 직위부터 단계적으로 실시할 수 있으며(국가공무원법 제24조, 지방공무원법 제24조), 직위분류제에 관하여는 「국가공무원법」 및 「지방공무원법」에 규정한 것을 제외하고는 대통령령으로 정한다(국가공무원법 제21조, 지방공무원법 제22조).

직급
職級
직무의 종류·곤란성(困難性)과 책임도가 상당히 유사한 직위의 군을 말한다. 동일한 직급에 속하는 직위에 대하여는 임용자격·시험 기타 인사행정에 있어서 동일한 적용을 받는다(국가공무원법 제5조2호, 지방공무원법 제5조2호). 직위분류제에 있어서의 직위분류를 위한 최소단위이다.

직군
職群
직무의 성질이 유사한 직렬의 군을 말한다(국가공무원법 제5조7호, 지방공무원법 제5조7호).

직렬
職列
직무의 종류가 유사하고 그 책임과 곤란성의 정도가 서로 다른 직급의 군을 말한다(국가공무원법 제5조8호, 지방공무원법 제5조8호). 행정기능의 다양화에 따라 공무원이 담당하는 직무를 세분화·전문화하기 위하여 마련된 인사관리상의 제도이며, 행정직·사서직·감사직 등이 그 예이다. 공무원의 승진·강임은 원칙적으로 같은 직렬에서만 인정된다.

직류
職類
같은 직렬 내에서 담당분야가 같은 직무의 군을 말한다(국가공무원법 제5조9호, 지방공무원법 제5조9호). 직무의 성질에 따라 직렬을 보다 세분화한 개념이며 임용자격, 시험 기타 인사행정이나 직위분류의 기초가 된다.

임용
任用
일반적으로 특정인에게 일정한 공무원의 직위를 부여하는 행위의 총칭이다. 그러므로 공무원의 신분관계를 설정하는 임명과 이미 공무원의 신분을 취득한 자에게 일정한 직무를 부여하는 **보직행위**(補職行爲)를 포함한다. 우리나라의 실정법상 임용은 여러 가지 뜻으로 쓰이고 있는데, **「공무원임용령」**에서 임용은 신규채용·승진임용·전직(轉職)·전보·겸임·파견·강임(降任)·휴직·직위해제·정직·강등·복직·면직·해임 및 파면을 말한다.

전직
轉職
임용행위의 일종으로, ① 국가·지방공무원의 직렬을 달리하는 임명(국가공무원법 제5조5호, 지방공무원법 제5조5호) 또는 ② 교육공무원의 종류와 자격을 달리하는 임용을 말한다(교육공무원법 제2조8항).

전보
轉補
임용행위의 일종으로, ① 국가·지방공무원의 동일한 직급 내에서의 보직 변경 또는 고위공무원단 직위 간의 보직 변경(국가공무원법 제5조6호, 지방공무원법 제5조6호) 또는 ② 교육공무원의 동일 직위 및 자격 내에서 근무기관이나 부서를 달리하는 임용을 말한다(교육공무원법 제2조9항).

복직 임용행위의 일종으로, 휴직·직위
復職 해제·정직 중이거나 강등으로 직무를 종사하지 못한 국가·지방·교육공무원을 직위에 복귀시키는 것을 말한다(공무원임용령 제2조2호, 지방공무원 임용령 제2조2호, 교육공무원법 제2조11항).

휴직 공무원의 신분은 보유하나, 직무에
休職 는 종사하지 못하는 것을 말한다. 임용행위의 일종이다. 휴직은 공무원에 대한 불이익처분이므로 법률이 정하는 사유가 있는 경우에 한하여 **직권휴직**(職權休職)이 인정되며, 그 밖에 일정한 사유가 있는 경우에 본인이 원하여 인정되는 **의원휴직**(依願休職)이 있다. 직권휴직의 사유와 기간은 ① 신체·정신상의 장애로 장기요양이 필요할 때(1년 이내) ② 「병역법」에 따른 병역복무를 마치기 위하여 징집 또는 소집된 때(복무기간이 끝날 때까지) ③ 천재지변이나 전시·사변 그 밖의 사유로 생사 또는 소재가 불명확하게 되었을 때(3개월 이내) ④ 노동조합 전임자로 종사하게 된 때 ⑤ 그 밖에 법률의 규정에 따른 의무를 수행하기 위하여 직무를 이탈하게 된 때(복무기간이 만료될 때까지)이다(국가공무원법 제71조1항·제72조1호~3호, 지방공무원법 제63조1항·제64조1호~4호). 휴직기간이 끝난 공무원이 30일 이내에 복귀신고를 하면 당연히 복직된다(국가공무원법 제73조3항, 지방공무원법 제65조3항).

징계 일반적으로 특별권력관계나 공법
懲戒 상의 특별한 감독관계를 규율하고, 질서를 유지하기 위하여 그 관계에 속하는 자가 징계사유에 해당하는 경우에 제재를 가하는 것을 말한다. 징계는 특별권력관계나 공법상의 특별한 감독관계의 규율·질서를 유지하기 위한 행정처분이라는 점에서 일반통치권에 의하여 국가사회의 일반질서를 유지하기 위하여 과하는 형벌과 다르다. 그러므로 같은 행위에 대하여 징계와 형벌이 병과되어도 일사부재리의 원칙에 반하지 않는다. 국가·지방공무원에 대한 징계에 있어서는 다음의 징계사유, 즉 ① 국가공무원법과 지방공무원법 및 이 법에 따른 명령이나 지방자치단체의 조례 또는 규칙을 위반한 때 ② 직무상 의무를 위반하거나 직무를 태만한 때 ③ 직무의 내외를 불문하고 체면 또는 위신을 손상하는 행위를 한 때에 징계처분으로서 파면·해임·강등·정직·감봉 및 견책을 할 수 있다(국가공무원법 제78조1항·제79조, 지방공무원법 제69조1항·제70조). 특정직공무원인 외무공무원·소방공무원·경찰공무원 및 교육공무원에 대한 징계도 국가·지방공무원에 대한 징계와 같다. 그러나 특정직공무원인 검사에 대한 징계에 있어서는 ① 정치운동 등의 금지 규정을 위반한 때 ② 금전상의 이익을 목적으로 하는 업무에 종사했을 때 ③ 직무상의 의무에 위반하거나 직무를 게을리한 때 ④ 검사로서의 체면·위신을 손상하는 행위를 한 때에 징계를 할 수 있다(검사징계법 제2조). 특정직공무원인 법관에 대한 징계에 있어서는 ① 법관으로서 직무상 의무를 위반하거나 직무를 게을리한 때 ② 법관이 품위를 손상하거나 법원의 위신을 떨어뜨린 때에 견책·감봉 및 정직의 징계처분을 할 수 있다(법관징계법 제2조·제3조). 군인에 대한 징계는 ① 「군인사법」 또는 그에 따른 명령을 위반한 경우 ② 품위를 손상하는 행위를 한 경우 ③ 직무상의 의무를 위반하거나 직무를 게을리한 경우에 이루어진다(군인사법 제56조). 이때 장교, 준사관 및 부사관에 대한 징계처분은 중징계인 파면·해임·강등·정직과 경징계인 감봉·근신·견책으로 나뉜다. 병(兵)에 대한 징계처분은 강등, 군기교육, 감봉, 휴가단축, 근신 및 견책으로 구분한다(군인사법 제57조). 징계에 대하여 불복이 있는 국가·지방

공무원은 징계처분사유설명서를 받은 날부터 30일 이내에 소청심사위원회 또는 심사위원회에 각각 심사청구를 할 수 있다(국가공무원법 제76조1항, 지방공무원법 제67조3항).

파면
罷免

징계절차를 거쳐 공무원 신분이나 군인의 관직을 박탈, 강제로 퇴직시키는 중징계를 말한다. **징계면직**이라고도 한다. 공무원 등의 신분이 소멸된다는 점에서 직권면직과 같지만, 징계의 일종이라는 점에서 직권면직과 구별된다(국가공무원법 제79조, 지방공무원법 제70조). 파면은 징계위원회의 의결을 거쳐 각 임용권자 또는 임용권을 위임한 상급감독기관의 장이 한다(국가공무원법 제82조1항 단서). 징계로 파면 처분을 받으면 5년간 공무원으로 임용될 수 없다(국가공무원법 제33조7호, 지방공무원법 제31조7호).

해임
解任

징계절차를 거쳐 국가의 일방적 행위에 의하여 공무원관계를 소멸시키는 임용행위의 일종을 말한다. 공무원 신분의 박탈이나 징계위원회의 의결을 거쳐 각 임용권자 또는 임용권을 위임한 상급감독기관의 장이 한다(국가공무원법 제82조1항 단서)는 점에서는 파면과 같다. 그러나 재임용이 가능한 기간[3년, 파면의 경우 5년(국가공무원법 제33조8호, 지방공무원법 제31조8호)]이나 연금상 불이익 등에서 파면보다는 낮은 징계이다.

강등
降等

징계절차를 거쳐 1계급 아래로 직급을 내리고(고위공무원단에 속하는 공무원은 3급으로 임용하고, 연구관 및 지도관은 연구사 및 지도사로 한다), 3개월간 직무에 종사하지 못하도록 하는 것을 말한다. 징계를 받는 공무원은 공무원신분은 그대로 유지하지만 직무에 종사하지 않는 기간 중 보수는 전액을 감한다. 다만, 특수업무 분야에 종사하는 공무원이나 연구·지도·특수기술 직렬의 공무원 등 계급을 구분하지 아니하는 공무원과 임기제공무원에 대해서는 강등을 적용하지 않으며, 외무공무원과 교육공무원 등 특정직 공무원에 대해서는 별도의 규정에 따른다(국가공무원법 제80조).

정직
停職

① 공무원의 신분은 보유하나, 직무에 종사하지 못하는 것을 말한다. 정직 기간은 1개월 이상 3개월을 넘지 못하며 보수는 전액 삭감한다. 법관의 경우 정직 기간은 1개월 이상 1년 이하이다(국가공무원법 제80조3항, 지방공무원법 제71조3항, 법관징계법 제3조2항). ② 군인의 경우 정직은 장교, 준사관, 부사관에 대한 중징계 중 하나로, 직책은 유지하나 직무에 종사하지 못하며, 일정한 장소에서 근신하게 함을 말한다. 정직 기간은 1개월 이상 3개월 이하이며, 보수의 3분의 2에 해당하는 금액을 감액한다(군인사법 제57조1항3호).

감봉
減俸

공무원·법관·군인에 대한 징계의 일종으로서 일정한 기간 보수의 지급액을 감하는 것을 말한다. 국가·지방공무원에 있어서의 감봉은 1개월 이상 3개월 이하의 기간 동안 보수의 3분의 1을 감하여 지급하며(국가공무원법 제80조4항, 지방공무원법 제71조4항), 법관에 대한 감봉은 1개월 이상 1년 이하의 기간 동안 보수의 3분의 1 이하를 감한다(법관징계법 제3조3항). 군인에 대한 감봉은 경징계의 일종으로서 1개월 이상 3개월 이하의 기간 동안 보수를 감액하는 것을 말하며 그 비율은 장교, 준사관 및 부사관의 경우 보수의 3분의 1, 병(兵)의 경우 보수의 5분의 1에 해당하는 금액으로 한다(군인사법 제57조). 광의로는 공무원·법관·군인에게뿐만 아니라 모든 고용관계에 있어서 내부질서의 유지를 위하여 사용되는 제재의 방법인 감봉 일반을 의미한다.

견책
譴責

① 전과(前過)에 대하여 훈계하고 회개하게 하는 것을 말한다(국가공무원법 제80조5항, 지방공무원법

제71조5항). ②비행을 규명하여 앞으로 비행을 저지르지 아니하도록 훈계하는 것을 말한다(군인사법 제57조). 국가・지방공무원・법관・군인에 대한 징계의 일종이며, 특히 군인에 대한 견책은 경징계의 일종이다(국가공무원법 제79조, 지방공무원법 제70조, 법관징계법 제3조1항, 군인사법 제57조). 광의로는 국가・지방공무원・법관・군인에게뿐만 아니라 모든 고용관계에 있어서 그 내부질서를 유지하기 위하여 사용되는 제재방법의 하나이다.

직위해제
職位解除
임용권자는 ①직무수행능력이 부족하거나 근무성적이 극히 나쁜 자 ②파면・해임・강등 또는 정직에 해당하는 징계 의결이 요구 중인 자 ③형사 사건으로 기소된 자(약식명령이 청구된 자는 제외) ④고위공무원단에 속하는 일반직공무원으로서 적격심사를 요구받은 자 ⑤금품비위, 성범죄 등 비위행위로 인하여 감사원 및 검찰・경찰 등 수사기관에서 조사나 수사 중인 자로서 비위 정도가 중대하고 이로 인하여 정상적인 업무수행을 기대하기 어려운 자에게는 직위를 부여하지 아니할 수 있다(국가공무원법 제73조의3 1항, 지방공무원법 제65조의3 1항). 임용행위의 일종이다.

면직
免職
공무원관계를 소멸시키는 것을 말한다. 면직에는 본인의 의사에 의하는 **의원면직**(依願免職)과 임용권자의 일방적 의사에 의하는 **직권면직** 및 징계처분으로서 행하여지는 **징계면직**(파면・해임)이 있다. 면직은 공무원에 대한 불이익처분이기 때문에 본인의 자발적인 의사에 의하는 의원면직을 제외한 직권면직 및 징계면직은 엄격한 법적 규제하에서 하게 된다.

직권면직
職權免職
임용권자의 일방적 의사와 직권에 의하여 행하여지는 면직을 말한다. 직권면직은 ①직제와 정원의 개폐 또는 예산의 감소 등에 따라 폐직(廢職) 또는 과원(過員)이 되었을 때

②휴직 기간이 끝나거나 휴직 사유가 소멸된 후에도 직무에 복귀하지 아니하거나 직무를 감당할 수 없을 때 ③대기 명령을 받은 자가 그 기간에 능력 또는 근무성적의 향상을 기대하기 어렵다고 인정된 때 ④전직시험에서 3번 이상 불합격한 자로서 직무수행능력이 부족하다고 인정된 때 ⑤병역판정검사・입영 또는 소집의 명령을 받고 정당한 사유 없이 이를 기피하거나 군복무를 위하여 휴직 중에 있는 자가 군복무 중 군무를 이탈하였을 때 ⑥해당 직급・직위에서 직무를 수행하는 데 필요한 자격증의 효력이 없어지거나 면허가 취소되어 담당 직무를 수행할 수 없게 된 때 ⑦고위공무원단에 속하는 공무원이 적격심사 결과 부적격 결정을 받은 때에 한하여 면직시킬 수 있다(국가공무원법 제70조1항, 지방공무원법 제62조1항).

퇴직
退職
일반적으로 국가・지방공무원 기타 기관의 직원이 일정한 사유로 인하여 그 직에서 물러나는 것을 말한다. 「공무원연금법」에서의 퇴직이란 면직・사직 기타 사망 외의 사유로 인한 모든 해직을 말한다(공무원연금법 제3조1항3호). 퇴직에는 본인의 의사에 의하는 의원퇴직, 정년에 의하는 정년퇴직, 법령의 규정에 의하는 당연퇴직 및 명예퇴직이 있다.

정년
停年
국가・지방공무원 그 밖의 기관의 직원이 법정 연령에 달함으로써 그의 직에서 물러나게 되는 연령을 말한다. 선배공무원이 후배공무원에게 승진의 길을 열어 주기 위하여 **정년제**가 많이 채택된다.

신분보장
身分保障
공무원은 형의 선고・징계 또는 법이 정하는 사유에 의하지 아니하고는 그 의사에 반하여 휴직・강임・면직을 당하지 아니한다(국가공무원법 제68조, 지방공무원법 제60조, 외무공무원법 제23조, 교육공무원법 제43조). 그

러나 1급 국가공무원과 1급 지방공무원은 예외로 한다. 이 밖에 교육공무원은 권고에 의하여 사직을 당하지 아니한다(교육공무원법 제43조3항). 특정직공무원인 법관은 탄핵결정이나 금고 이상의 형의 선고에 의하지 아니하고는 파면되지 아니하며, 징계처분에 의하지 아니하고는 정직·감봉 또는 불리한 처분을 받지 아니한다(법원조직법 제46조1항). 특정직공무원인 검사는 탄핵이나 금고 이상의 형의 선고에 의하지 아니하고는 파면되지 아니하며, 징계처분이나 적격심사에 의하지 아니하면 해임·면직·정직·감봉·견책 또는 퇴직의 처분을 받지 아니한다(검찰청법 제37조).

공무원의 의무
公務員의 義務

공무원이 복무함에 있어서 특별히 부담하는 의무를 말한다. 국가공무원의 의무는 「국가공무원법」에서, 지방공무원의 의무는 「지방공무원법」에서 각각 규정하고 있으며, 특정직국가공무원인 외무공무원의 의무는 특별법인 「외무공무원법」에 규정되어 있다. 「국가공무원법」 및 「지방공무원법」에 규정된 공무원의 의무는 다음과 같다. ① **성실의무** : 모든 공무원은 법령을 준수하며 직무를 성실히 수행하여야 한다. ② **복종의무** : 공무원은 직무를 수행할 때 소속 상관의 직무상의 명령에 복종하여야 한다. 다만, 이에 대한 의견을 진술할 수 있다. ③ **직장 이탈 금지** : 공무원은 소속 상관의 허가나 정당한 이유 없이 직장을 이탈하지 못한다. ④ **친절·공정의무** : 공무원은 국가·주민 전체의 봉사자로서 친절하고 공정하게 집무하여야 한다. ⑤ **종교중립의 의무** : 공무원은 종교에 따른 차별 없이 직무를 수행하여야 한다. ⑥ **비밀엄수의무** : 공무원은 재직 중은 물론 퇴직 후에도 직무상 알게 된 비밀을 엄수하여야 한다. ⑦ **청렴의무** : 공무원은 직무와 관련하여 직접적이든 간접적이든 사례·증여·향응을 주거나 받을 수 없으며, 직무상의 관계가 있든 없든 그 소속 상관에게 증여하거나 소속 공무원으로부터 증여를 받아서는 아니 된다. ⑧ **외국 정부의 영예 등을 받을 경우** : 공무원이 외국 정부로부터 영예나 증여를 받을 경우에는 대통령의 허가를 받아야 한다. ⑨ **품위유지의무** : 공무원은 그 품위가 손상되는 행위를 하여서는 아니 된다. ⑩ **영리 업무 및 겸직 금지** : 공무원은 영리를 목적으로 하는 업무에 종사하지 못하며, 소속 기관의 장의 허가 없이 다른 직무를 겸할 수 없다. ⑪ **정치운동의 금지** : 공무원은 정당의 결성이나 선거운동 등의 정치활동을 할 수 없다. ⑫ **집단행위의 금지** : 사실상 노무에 종사하는 공무원을 제외하고 공무원은 노동운동이나 그 밖에 공무 외의 일을 위한 집단 행위를 하여서는 아니 된다. 외무공무원은 외교기밀의 엄수의무·품위유지의무 및 국제법의 준수의무를 진다. 공무원이 이상과 같은 의무에 위반한 때에는 징계사유에 해당되어 징계처분을 받게 된다.

정치운동의 금지
政治運動의 禁止

공무원이 정당이나 그 밖의 정치단체의 결성에 관여하거나 이에 가입함을 금지하는 것을 말한다(국가공무원법 제65조, 지방공무원법 제57조). 이 정치운동행위가 금지되는 것은 공무원이 국민·주민 전체의 봉사자이며, 그 정치적 중립성을 확보함으로써 행정의 공정한 운영을 기하기 위해서이다. 공무원은 선거에서 특정정당 또는 특정인을 지지하거나 반대하기 위하여 ①투표를 하거나 하지 아니하도록 권유운동을 하는 행위 ②서명운동을 기도·주재하거나 권유하는 행위 ③문서나 도서를 공공시설 등에 게시하거나 게시하게 하는 행위 ④기부금을 모집 또는 모집하게 하거나 공공자금을 이용 또는 이용하게 하는 행위 ⑤타인에게 정당이나 그 밖의 정치단체에 가입하게 하거나 가입하지 아니하도록 권유운동을 하는 행위를 하여서는 아니 된다. 공무원은 다른 공무원에게 위에서 예시한 행위를 하도록 요구하거나, 정치적 행위의 보상 또는 보복으로서 이익 또는 불이익을 약속하여서는 아니 된다. 정치운동의 금지에 위반한 자는 3년 이하의 징역과 3년 이하의 자격정지에 처한다(국가공무원법 제84조, 지방공무원법 제82조). 특정직국가공무원인 검사와 법관에 있어서도 정치운동이 금지되어 있다(검찰청법 제43조2호, 법원조직법 제49조3호).

집단행위의 금지
集團行爲의 禁止
공무원(사실상 노무에 종사하는 공무원은 제외)의 노동운동이나 그 밖에 공무 외의 일을 위한 집단행위를 금지하는 것을 말한다(국가공무원법 제66조, 지방공무원법 제58조). 이 집단행위의 금지의 이유는 공무원의 집단행위가 국민·주민 전체의 봉사자로서 공공복지를 위하여 근무해야 하는 공무원의 특수적 지위에서 행하는 행위와 상반된다고 하는 점에 있다. 공무원으로서 노동조합에 가입한 사람이 조합업무를 전임으로 하려면 소속 지방자치단체의 장 또는 소속 지방의회의 의장의 허가를 받아야 하며, 이 허가에는 필요한 조건을 붙일 수 있다. 집단행위의 금지에 위반한 자는 1년 이하의 징역 또는 1천만원 이하의 벌금에 처한다(국가공무원법 제84조의2, 지방공무원법 제83조).

제안제도
提案制度
행정운영의 능률화와 경제화를 위한 공무원의 창의적인 의견이나 고안을 계발하고, 이를 채택하여 행정운영의 개선에 반영하도록 하기 위하여 마련된 제도를 말한다(국가공무원법 제53조, 지방공무원법 제78조). 제안의 채택 시행으로 국가 또는 지방자치단체 예산의 절약 등 행정운영 발전에 현저한 실적이 있는 자에 대하여는 상여금을 지급할 수 있으며, 특별승진 또는 특별승급시킬 수 있다(국가공무원법 제53조2항, 지방공무원법 제78조2항). 위의 상여금·특별승진·특별승급에 관하여는 대통령령으로 정하고, 제안제도의 운영에

관하여 필요한 사항은 대통령령 또는 규칙으로 정한다. 이 제안제도는 1880년에 스코틀랜드의 조선회사인 '윌리엄 대니 앤 브라더스'에서 처음으로 도입되었다.

상훈제도
賞勳制度
공무원으로서 직무에 힘을 다하거나 사회에 공헌한 공적이 뚜렷한 자에게 훈장 또는 포장을 수여하거나 표창을 하는 제도를 말한다(국가공무원법 제54조). 지방자치단체의 장과 지방의회의 의장은 공무원으로서 직무에 특히 성실하거나 사회에 공헌한 공적이 뚜렷한 사람에게는 조례로 정하는 바에 따라 표창을 행한다(지방공무원법 제79조). 위의 훈장·포상 및 표창에 관한 사항은 법률(상훈법)로 정한 것을 제외하고는 대통령령으로 정한다.

근무성적평정
勤務成績評定
공무원의 근무성적을 평정하고 기록을 작성하여 그 결과를 인사관리에 반영시킴으로써 과학적 인사행정에 기여하게 하려는 것을 말한다. 각 기관의 장·임용권자는 정기 또는 수시로 소속 공무원의 근무성적을 객관적이고 엄정하게 평정하여 이를 인사관리에 반영시켜야 하며 근무성적이 우수한 자에게는 상여금을 지급하거나 특별승급이 가능하다(국가공무원법 제51조, 지방공무원법 제76조).

공무원의 권리
公務員의 權利
공무원이 국가 또는 지방자치단체에 대하여 가지는 일종의 개인적 공권을 말한다. 공무원은 일반사인과 다른 특별한 의무를 부담하는 반면, 그것과 다른 여러 가지 권리를 가지고 있다. 공무원의 권리를 대별하면 신분상 권리와 재산상 권리로 분류할 수 있다. **신분상 권리** : 공무원은 형의 선고, 징계처분 또는 법률이 정하는 사유를 제외하고는 본인의 의사에 반하여 휴직·강임 또는 면직을 당하지 아니한다. 다만, 1급 공무원 등 법률이 정하는 고위공무원은 그러하지 아니하

다. **재산상 권리** : 경력직공무원은 봉급·연금·공무재해보상·실비변상 등을 받을 권리를 가진다. 특수경력직공무원도 경력직공무원과 균형된 보수를 받을 권리를 가진다. 이와 같은 공무원의 신분상 및 재산상의 권리가 침해된 때에는 공무원은 소청·행정심판·행정소송 등을 통해 권리를 구제받을 수 있다.

일반승진시험
一般昇進試驗
특정한 직급의 공무원에 결원이 생긴 경우에 결원 보충방법으로서 그 결원이 있는 직급의 하위직급에 재직 중인 공무원을 승진임용하기 위하여 행하는 승진시험의 일종이다. 공개경쟁승진시험에 대응하는 개념이다. 일반승진시험은 승진후보자명부의 고순위자순으로 임용하고자 하는 결원 또는 결원과 예상결원을 합한 총결원의 2배수 이상 5배수 이내 범위의 자에 대하여 실시하며, 시험성적점수 및 승진후보자명부에 의한 평정점수를 합산한 종합성적에 의하여 합격자를 결정한다(국가공무원법 제41조, 지방공무원법 제39조의2). 일반승진시험에 있어서의 시험성적점수와 승진후보자명부의 평정점수의 배점비율, 합격자의 결정방법, 예상결원의 산정방법 및 일반승진시험 합격의 효력에 관하여 필요한 사항은 대통령령 등으로 정한다. 5급 일반승진시험의 방법·요구 및 응시자격의 정지 등에 관하여는 「공무원임용시험령」과 「지방공무원 임용령」에 각각 규정되어 있다.

공개경쟁시험
公開競爭試驗
국가공무원을 신규채용하거나, 지방공무원을 신규임용하는 경우에 실시하는 국가공무원의 채용시험 및 지방공무원의 임용시험의 일종을 말한다. 국가공무원의 **신규채용** 및 지방공무원의 신규임용은 원칙적으로 공개경쟁시험에 의한다(국가공무원법 제28조, 지방공무원법 제27조). 공무원 신규채용시험에 응시하려는 사람은 대통령령등으로 정하는 바에 따라 수수료를 내야 하며 수수료 금액은 실비의 범위에서 정하여야 한다. 수수료 과오납등 대통령령등으로 정하는 경우에는 수수료를 반환받을 수 있으며, 「국민기초생활 보장법」에 따른 수급자 등 대통령령등으로 정하는 사람에 대하여는 수수료를 감면할 수 있다(국가공무원법 제85조의2, 지방공무원법 제81조의2).

특별채용시험
特別採用試驗
국가공무원을 신규채용하는 경우에 실시하는 채용시험의 일종을 말한다. 국가공무원의 신규채용은 원칙적으로 공개경쟁시험에 의하나, 예외로서 「국가공무원법」 제28조2항에 규정되어 있는 13개의 경우 중 어느 하나에 해당하는 경우에는 특별채용시험에 의할 수 있다. 또한 우수 지역인재 특별채용의 근거를 마련하고 있다.

경력경쟁채용시험
경력경쟁임용시험
經歷競爭採用試驗
經歷競爭任用試驗
공무원의 신규임용을 하는 경우에 실시하는 채용·임용시험의 일종을 말한다. 공무원의 신규임용은 원칙적으로 공개경쟁신규임용시험에 의하나, 예외로서 「국가공무원법」 제28조 또는 「지방공무원법」 제27조2항에 규정되어 있는 13개의 경우 중 어느 하나에 해당하는 경우에는 경력경쟁채용시험(국가공무원)·경력경쟁임용시험(지방공무원)에 의할 수 있다.

봉급
俸給
광의로는 계속적인 노무에 대한 대가로서 지급되는 보수를 말하나, 협의로는 직무의 곤란성 및 책임의 정도에 따라 직책별로 지급되는 기본급여 또는 직무의 곤란성 및 책임의 정도와 재직기간에 따라 계급(직위를 포함)별, 호봉별로 지급되는 기본급여를 말한다. 공무원의 봉급은 월 단위로 지급되는 것이 보통이며, 강임된 공무원에 대하여는 원칙적으로 강임 당시의 봉급을 지급한다.

지 방 자 치

지방자치단체의 종류
地方自治團體의 種類

지방자치단체는 ① 특별시, 광역시, 특별자치시, 도, 특별자치도 ② 시, 군, 구로 구분하고, 지방자치단체인 구(자치구)는 특별시와 광역시의 관할 구역 안의 구만을 말하며, 자치구의 자치권의 범위는 법령으로 정하는 바에 따라 시·군과 다르게 할 수 있다. 이외에 특정한 목적을 수행하기 위하여 필요하면 따로 특별지방자치단체를 설치할 수 있다(지방자치법 제2조).

지방자치단체의 구역
地方自治團體의 區域

지방자치단체의 구역에는 나라의 영토와 마찬가지로 육상만이 아니라 그 구역 안에 있는 하천·호수 등의 수면은 물론, 육지의 연장으로서 그 지역에 접속하는 해면(영해) 또는 지하 및 지상(공중)도 포함되어 지방자치단체의 권한이 미치게 된다. 지방자치단체의 구성요소는 ① 일정한 구역 ② 주민 ③ 자치권이다. 지방자치단체의 명칭과 구역을 바꾸거나 지방자치단체를 폐지하거나 설치하거나 나누거나 합칠 때에는 법률로 정한다. 그러나 지방자치단체의 관할 구역 경계변경과 한자 명칭의 변경은 대통령령으로 정한다(지방자치법 제5조1항·2항).

지방자치단체의 사무범위
地方自治團體의 事務範圍

지방자치단체는 그 관할구역의 자치사무와 법령에 의하여 지방자치단체에 속하는 사무를 처리하며, 그 사무를 예시하면 ①지방자치단체의 구역, 조직 및 행정관리 등에 관한 사무 ②주민의 복지증진에 관한 사무 ③ 농림·수산·상공업 등 산업진흥에 관한 사무 ④지역개발과 자연환경보전 및 생활환경시설의 설치·관리에 관한 사무 ⑤교육·체육·문화·예술의 진흥에 관한 사무 ⑥지역민방위 및 지방소방에 관한 사무 ⑦국제교류 및 협력에 관한 사무와 같다. 다만, 법령에 이와 다른 규정이 있는 경우에는 그러하지 아니하다(지방자치법 제13조).

지방자치단체의 종류별 사무배분기준
地方自治團體의 種類別 事務配分基準

지방자치단체의 사무범위의 규정에 의한 지방자치단체의 사무를 지방자치단체의 종류별로 배분하는 기준은 다음과 같다. 다만, 지방자치단체의 구역, 조직 및 행정관리에 관한 사무는 각 지방자치단체에 공통된 사무로 한다.

1. 시·도
   가. 행정처리 결과가 2개 이상의 시·군 및 자치구에 미치는 광역적 사무
   나. 시·도 단위로 동일한 기준에 따라 처리되어야 할 성질의 사무
   다. 지역적 특성을 살리면서 시·도 단위로 통일성을 유지할 필요가 있는 사무
   라. 국가와 시·군 및 자치구 사이의 연락·조정 등의 사무
   마. 시·군 및 자치구가 독자적으로 처리하기에 부적당한 사무
   바. 2개 이상의 시·군 및 자치구가 공동으로 설치하는 것이 적당하다고 인정되는 규모의 시설을 설치하고 관리하는 사무
2. 시·군 및 자치구
   1.에서 시·도가 처리하는 것으로 되어 있는 사무를 제외한 사무. 다만, 인구 50만 이상의 시에 대하여는 도가 처리하는 사무의 일부를 직접 처리하게 할 수 있다.

위에 기술한 배분기준에 따른 지방자치단체의 종류별 사무는 대통령령으로 정하며, 시·도와 시·군 및 자치구는 사무를 처리할 때 서

로 겹치지 않도록 해야 하며, 사무가 서로 겹치면 시·군 및 자치구에서 먼저 처리한다(지방자치법 제14조).

주민의 권리
住民의 權利

지방자치단체의 구역에 주소를 가진 자는 그 지방자치단체의 주민이 되며, 주민은 법령으로 정하는 바에 따라 소속 지방자치단체의 재산과 공공시설을 이용할 권리와 그 지방자치단체로부터 균등하게 행정의 혜택을 받을 권리를 가지며, 주민은 법령으로 정하는 바에 따라 그 지방자치단체에서 실시하는 지방의회의원과 지방자치단체장의 선거(지방선거)에 참여할 권리를 가진다(지방자치법 제16조·제17조).

선거권
選擧權

선거권[투표권(投票權)이라고도 한다]은 선거에서 투표를 할 권리를 말한다. 이에 대비해서 선거 후보가 될 수 있는 권리는 피선거권이라고 한다. 한편, 선거일 현재 18세 이상인 국민으로서 선거인명부작성기준일 현재 해당 지방자치단체의 관할구역 안에 주민등록이 되어 있는 자는 그 구역에서 선거하는 지방의회의원 및 지방자치단체의 장의 선거권이 있다(공직선거법 제15조). 선거일 현재 계속하여 60일 이상 해당 지방자치단체의 관할구역 안에 주민등록이 되어 있는 주민으로서 18세 이상의 국민은 그 지방의회의원 및 지방자치단체장의 **피선거권**을 가진다. 이 경우 60일의 기간은 지방자치단체의 설치·폐지·분할·합병 또는 구역변경의 사유에 의하여 중단되지 않는다. 이외에, 선거일 현재 5년 이상 국내에 거주하고 있는 40세 이상의 국민은 대통령의 피선거권이 있고, 18세 이상의 국민은 국회의원의 피선거권이 있다(공직선거법 제16조).

지방의회의 권한
地方議會의 權限

지방의회의 권한에 대하여는 「지방자치법」 제47조 이하에 규정되어 있다. 그 주요한 것을 들면 의결권, 서류제출요구권, 행정사무 감사권·조사권, 행정사무감사 또는 조사 보고의 처리권, 행정사무처리상황의 보고와 질문응답권, 의회규칙 제정권 등이다.

• **의결권**: 「지방자치법」 제47조1항에 '지방의회는 다음 사항을 의결한다'고 하며 11항목을 열거하고 있다. 그러나 이외에도 조례로 정하는 바에 따라 지방의회에서 의결되어야 할 사항을 따로 정할 수 있다(지방자치법 제47조2항).
1. 조례의 제정·개정 및 폐지
2. 예산의 심의·확정
3. 결산의 승인
4. 법령에 규정된 것을 제외한 사용료·수수료·분담금·지방세 또는 가입금의 부과와 징수
5. 기금의 설치·운용
6. 중요재산의 취득·처분
7. 공공시설의 설치·처분
8. 법령과 조례에 규정된 것을 제외한 예산 외의 의무부담이나 권리의 포기
9. 청원의 수리와 처리
10. 외국 지방자치단체와의 교류·협력에 관한 사항
11. 그 밖에 법령에 따라 그 권한에 속하는 사항

• **서류제출요구권**: 본회의나 위원회는 그 의결 안건의 심의와 직접 관련된 서류의 제출을 해당 지방자치단체의 장에게 요구할 수 있으며, 위원회가 이 요구를 할 때에는 지방의회의 의장에게 보고하여야 한다. 폐회 중에 지방의회의 의장이 서류제출을 해당 지방자치단체의 장에게 요구할 수 있으며, 서류제출은 서면, 전자문서 또는 컴퓨터의 자기테이프·자기디스크, 그 밖에 이와 유사한 매체에 기록된 상태 등 제출 형식을 지정하여 요구할 수 있다(같은 법 제48조).

• **행정사무 감사권** 및 **조사권**: 지방의회는 매년 1회 그 지방자치단체의 사무에 대하여 시·도에서는 14일의 범위에서, 시·군 및 자

치구는 9일의 범위에서 감사를 실시하고, 지방자치단체의 사무 중 특정사안에 관하여 본회의 의결로 본회의나 위원회에서 조사하게 할 수 있다. 감사 또는 조사를 위하여 필요하면 현지확인을 하거나 서류제출과 지방자치단체의 장 또는 그 보조기관의 출석·증언이나 의견진술을 요구할 수 있으며, 행정사무에 대한 조사를 하고자 할 때에는 재적의원 3분의 1 이상의 찬성으로 이유를 밝힌 서면으로 발의하여야 한다. 그리고 행정사무 감사 또는 조사를 위하여 필요한 절차 기타 필요한 사항은 대통령령이 정하는 바에 따라 해당 지방자치단체의 조례로 정한다(같은 법 제49조).

• 행정사무 감사 또는 조사 보고의 처리권 : 지방의회는 본회의의 의결로 감사 또는 조사 결과를 처리한다. 감사 또는 조사 결과 해당 지방자치단체나 기관의 시정이 필요한 사유가 있을 때에는 시정을 요구하고, 지방자치단체나 기관에서 처리함이 타당하다고 인정되는 사항은 그 지방자치단체나 기관으로 이송한다. 시정 요구를 받거나 이송받은 사항을 지체 없이 처리하고 그 결과를 지방의회에 보고하여야 한다(같은 법 제50조).

• 행정사무처리상황의 보고와 질문응답권 : 지방자치단체의 장이나 관계공무원은 지방의회나 그 위원회에 출석하여 행정사무의 처리상황을 보고하거나 의견을 진술하고 질문에 답변할 수 있으며, 지방의회나 그 위원회가 요구하면 출석·답변하여야 한다. 특별한 이유가 있으면 지방자치단체의 장은 관계공무원에게 출석·답변하게 할 수 있는데, 그 관계공무원은 조례로 정한다(같은 법 제51조).

조례·규칙의 제정권
條例·規則의 制定權

「헌법」 제117조는 '지방자치단체는 주민의 복리에 관한 사무를 처리하고 재산을 관리하며, 법령의 범위 안에서 자치에 관한 규정을 제정할 수 있다'고 규정하고 있다. 지방자치단체는 법령의 범위 안에서 그 사무에 관하여 조례를 제정

할 수 있다. 다만, 주민의 권리제한 또는 의무부과에 관한 사항이나 벌칙을 정할 때에는 법률의 위임이 있어야 하며, 지방자치단체의 장은 법령 또는 조례가 위임한 범위 안에서 그 권한에 속하는 사무에 관하여 규칙을 제정할 수 있다. 조례와 규칙의 입법한계로서 시·군 및 자치구의 조례나 규칙은 시·도의 조례나 규칙에 위반해서는 아니 된다(지방자치법 제28조~제30조).

지방의회와 지방자치단체장의 관계
地方議會와 地方自治團體長의 關係

지방자치단체의 의회와 장과의 관계는 의결기관과 집행기관의 분립원칙에 의하여 상호 독립이 보장되며, 서로 자주적 활동을 존중하는 것을 원칙으로 하고 있다. 먼저, 지방자치단체의 장은 지방의회의 의결이 월권이거나 법령에 위반되거나 공익을 현저히 해친다고 인정되면 그 의결사항을 이송받은 날부터 20일 이내에 이유를 붙여 재의를 요구할 수 있다. 이때 재의의 요구에 대하여 재의결과 재적의원 과반수의 출석과 출석의원 3분의 2 이상의 찬성으로 전과 같은 의결을 하면 그 의결사항은 확정된다(지방자치법 제120조). 또 지방자치단체의 장은 지방의회의 의결이 예산상 집행할 수 없는 경비를 포함하고 있다고 인정되면 그 의결사항을 이송받은 날부터 20일 이내에 이유를 붙여 재의를 요구할 수 있고, 법령에 따라 지방자치단체에서 의무적으로 부담하여야 할 경비, 비상재해로 인한 시설의 응급복구를 위하여 필요한 경비를 줄이는 의결을 할 때에도 마찬가지이다(같은 법 제121조). 다음으로, 지방의회는 ① 의결권(자치단체 또는 의회 자체의 의사를 결정하는 권한으로, 이에 의하여 조례를 제정·개폐하고, 예산안과 결산을 심의·확정·승인하는 등 법령과 조례에 의하여 지방의회의 권한에 속하는 사항과 중요정책을 심의·의결한다), ② 행정감시권〔지방자치단체의 행정 집행 상태를 감시하고 통제하는 권

한으로, 지방의회의 감시·통제권은 지방행정 사무에 대한 감사권과 조사권에 의하여 구체화된다. 그리고 단체장 및 보조기관(공무원)의 출석답변요구, 자료요구, 보고요구 등에 의해서도 감시기능을 수행한다], ③ **자율권**(지방의회의 조직과 운영에 있어서 국가나 집행기관 등 외부기관으로부터 관여나 간섭을 받지 않고 스스로 규율하는 권한을 말한다. 그 예로 회의규칙 제정권, 회의의 개폐 및 회기 결정권, 질서유지권, 의원의 징계 및 자격심사권, 의장·부의장 불신임권, 내부조직권 등이 있다), ④ **선거권**(지방의회는 선거에 의해서 의사를 결정한다. 이 선거권 중에는 의회 내부조직의 구성원에 대한 선거권과 지방자치법령 이외의 법령과 해당 지방자치단체 조례 등에 의하여 주어지는 선거권으로 구분된다. 지방의회가 선임권을 행하는 경우로서 결산검사위원 선임의 예를 들 수 있고, 또한 단체장이 지방자치단체의 각종 위원회의 구성원인 위원을 선임하면서 법령이나 조례에 의하여 지방의회에 그 일부를 추천해 달라고 요구하는 경우 추천을 하기도 한다), ⑤ **청원처리권**(지역주민이 지방의회의원 1인 이상의 소개를 받아 제출하는 청원을 수리하고 이를 처리하는 권한을 갖는다), ⑥ **의견표명권**(자치단체의 공공이익을 위해서 해당 자치단체의 집행기관, 중앙정부, 다른 자치단체, 기타 공공·민간단체 등에 대하여 의견을 제시할 수 있는 권한을 갖는다. 이는 지방의회의 의결권과 감시권에 대한 보완적이고 부가적인 권한이다), ⑦ **보고 및 자료 요구권**(집행기관의 사무를 감시하고 안건심사를 원활히 하기 위하여 감사와 조사, 그리고 안건의 심사와 직접 관련이 있는 서류의 제출을 단체장에게 요구할 수 있는 권한을 갖는다) 등을 통해 지방자치단체장을 통제한다.

지방자치단체장의 권한
地方自治團體長의 權限

지방자치단체의 장은 해당 지방자치단체를 대표하고 그 집행기관으로서 지방자치단체의 고유사무와 국가의 위임사무를 관리·집행한다.

• 지방자치단체의 통할대표권 : 지방자치단체의 장은 지방자치단체를 대표하고, 그 사무를 총괄한다(지방자치법 제114조).

• 국가사무의 위임 : 시·도와 시·군 및 자치구에서 시행하는 국가사무는 시·도지사와 시장·군수 및 자치구의 구청장에게 위임하여 수행하는 것을 원칙으로 하나, 법령에 다른 규정이 있으면 그러하지 아니한다(같은 법 제115조).

• 자치단체의 사무관리 및 집행권 : 지방자치단체의 사무와 법령에 따라 그 지방자치단체의 장에게 위임된 사무를 관리하고 집행한다(같은 법 제116조).

• 사무의 일부를 위임할 수 있는 권한 : 지방자치단체의 장은 조례나 규칙으로 정하는 바에 따라 그 권한에 속하는 사무의 일부를 보조기관, 소속 행정기관 또는 하부행정기관에 위임할 수 있으며, 또한 관할 지방자치단체나 공공단체 또는 그 기관(사업소·출장소 포함)에 위임하거나 위탁할 수 있다(같은 법 제117조).

• 직원에 대한 임면권 등 : 지방자치단체의 장은 소속직원을 지휘·감독하고 법령과 조례·규칙으로 정하는 바에 따라 그 임면·교육훈련·복무·징계 등에 관한 사항을 처리한다(같은 법 제118조).

• 사무인계 : 지방자치단체의 장이 퇴직할 때에는 그 소관 사무의 일체를 후임자에게 인계하여야 한다(같은 법 제119조).

• 선결처분권 : 지방자치단체의 장은 지방의회가 지방의회의원이 구속되는 등의 사유로 의결정족수에 미달된 때와 지방의회의 의결 사항 중 주민의 생명과 재산 보호를 위하여 긴급하게 필요한 사항으로서 지방의회를 소집할 시간적 여유가 없거나 지방의회에서 의결이 지체되어 의결되지 아니한 때에는 선결처분을 할 수 있다. 선결처분은 지체 없이 지방의회에 보고하여 승인을 받아야 한다(같은 법 제122조).

지방자치단체의 공공시설
地方自治團體의 公共施設

주민의 복지를 증진하기 위한 목적으로 주민의 이익에 제공하기 위하여 지방자치단체가 설치하는 시설이다. 지방자치단체는 주민의 복지를 증진하기 위하여 공공시설을 설치할 수 있으며, 공공시설의 설치 및 관리에 관하여 다른 법령에 규정이 없으면 조례로 정하고 또 공공시설을 설치할 때에 관계 지방자치단체의 동의를 받아 그 지방자치단체의 구역 밖에 설치할 수 있다(지방자치법 제161조). 공공시설이란 주민의 이용에 제공하기 위한 시설이다. 따라서 주민의 이용에 제공하는 것을 목적으로 하지 않는 것은 공공시설이 아니다. 또한 지방자치단체의 구역 안의 주민의 이용에 제공하지 않는 것, 예컨대 관광호텔, 전시장 등은 영조물이라 하더라도 공공시설은 아니다. 반대로 학교·도서관·박물관·병원·보건소·공원 등은 공공시설에 해당한다.

국가와 지방자치단체와의 관계
國家와 地方自治團體와의 關係

지방자치를 보장하기 위해서는 지방자치단체에 대한 중앙정부의 관여를 될 수 있는 한 배제하여야 한다. 그러나 지방자치제도는 원래 법률에 의하여 실시하게 된 것으로서 지방자치단체의 행정도 국가행정의 일부분을 이루는 이상 양자는 전혀 관계가 없다고는 할 수 없다. 더구나 우리나라는 오랫동안 국가가 지방행정을 지배해온 타성이 있기 때문에 지방자치단체는 국가로부터 일정 부분 간섭을 받을 수밖에 없다. 중앙행정기관의 장이나 시·도지사는 지방자치단체의 사무에 관하여 조언 또는 권고하거나 지도할 수 있고, 이를 위하여 필요하면 지방자치단체에 자료 제출을 요구할 수 있으며, 국가나 시·도는 지방자치단체가 그 지방자치단체의 사무를 처리하는 데에 필요하다고 인정하면 재정지원이나 기술지원을 할 수 있다. 지방자치단체나 그 장이 위임받아 처리하는 국가사무에 관하여 시·도에서는 주무부장관의, 시·군 및 자치구에서는 1차로 시·도지사의, 2차로 주무부장관의 지도·감독을 받는다. 그리고 시·군 및 자치구나 그 장이 위임받아 처리하는 사무에 관하여는 시·도지사의 지도·감독을 받는다(지방자치법 제185조). 지방자치단체의 사무에 관한 그 장의 명령이나 처분이 법령에 위반되거나 현저히 부당하여 공익을 해친다고 인정되면 시·도에 대하여는 주무부장관이, 시·군 및 자치구에 대하여는 시·도지사가 기간을 정하여 서면으로 시정할 것을 명하고, 기간에 이행하지 아니하면 이를 취소하거나 정지할 수 있다. 지방자치단체의 장은 자치사무에 관한 명령이나 처분의 취소 또는 정지에 대하여 이의가 있으면 그 취소처분 또는 정지처분을 통보받은 날부터 15일 이내에 대법원에 소를 제기할 수 있다(같은 법 제188조). 행정안전부장관이나 시·도지사는 지방자치단체의 자치사무에 관하여 보고를 받거나 서류·장부 또는 회계를 감사할 수 있다(같은 법 제190조). 지방의회의 의결이 법령에 위반되거나 공익을 현저히 해친다고 판단되면 시·도에 대하여는 주무부장관이, 시·군 및 자치구에 대하여는 시·도지사가 해당 지방자치단체의 장에게 재의를 요구하게 할 수 있고, 재의요구 지시를 받은 지방자치단체의 장은 의결사항을 이송받은 날부터 20일 이내에 지방의회에 이유를 붙여 재의를 요구하여야 한다. 재의결과가 전과 같은 의결을 하면 그 의결사항은 확정된다. 재의결된 사항이 법령에 위반된다고 판단되면 재의결된 날부터 20일 이내에 대법원에 소를 제기할 수 있고, 이 경우 의결의 효력은 판결이 있을 때까지 정지된다(같은 법 제192조). 또한 지방분권화와 지방자치가 확대되면서 의원의 위법·부당행위를 통제하기 위해 「주민소환에 관한 법률」이 제정되었다.

경 찰 행 정

경찰의 의의
警察의 意義

경찰의 실질적(학문상의) 의의와 형식적(실정법상의) 의의로 나눌 수 있다. 실질적 의의의 경찰이란 직접 사회공공의 질서를 유지하기 위하여 일반통치권을 근거로 하여 국민에게 명령·강제함으로써 그의 자연적인 자유를 제한하는 행정작용을 말한다. 이와 같은 질서목적의 경찰개념은 자유주의적 법치국가사상에 의한 국가목적의 제한을 배경으로 하여 성립된 것이다. 이 경찰작용은 목적·수단·권력기초의 세 가지 점에서 다른 행정작용과 다르다. ① 경찰은 소극적인 보안목적의 작용인 점에서 적극적인 복리목적의 보육작용·통제작용과 다르고, 사회목적적 작용인 점에서 국가목적적 작용인 재정작용·군정작용과 다르다. 경찰은 이와 같이 소극적인 보안목적의 작용이므로 경찰권의 발동에는 일정한 한계가 있다(**경찰권의 한계**). ② 경찰은 권력적 작용인 점에서 비권력적 작용을 원칙으로 하는 보육작용과 다르고, 국민의 자연적 자유를 대상으로 하여 사실상 필요한 일정한 상태를 실현하는 작용인 점에서 법률상 능력을 좌우하는 형성적 행위와 다르다. ③ 경찰은 국가의 일반통치권에 기초를 둔 작용인 점에서 특별권력에 기초를 둔 명령·징계와 다르다. 형식적 의의의 경찰이란 실정법상 일반경찰기관의 권한에 속하는 일체의 작용을 말한다.

경찰의 목적
警察의 目的

국민의 자유와 권리 및 모든 개인이 가지는 불가침의 기본적 인권을 보호하고 사회공공의 질서를 유지하기 위함이다(경찰관 직무집행법 제1조1항). 사회공공의 안녕질서란 사회 공동생활이 원만하고 건전하게 유지되는 것을 의미한다. 그러기 위해서는 사람의 생명·신체·재산이 보호되고 국가나 공공단체의 조직·시설이 국민의 양식에 좇아 운영되고 지켜져야만 된다. 이것은 사람의 작위·부작위 또는 자연력에 의하여 침해되므로 경찰은 이와 같은 위험을 방지하고 장해를 제거하는 것을 목적으로 한다. 다만, 민주주의 정치체제하에서는 언론에 의한 정부기관에 대한 비판은 공공의 질서 침해에는 포함되지 않는다.

경찰의무
警察義務

경찰하명에 의하여 부과된 공법상의 의무를 말한다. 경찰목적의 달성을 위하여는 경찰강제에 의하여 실력으로써 경찰상 필요한 상태를 실현하는 것이 가장 신속한 것이나, 인권보장의 요구로 특별한 경우를 제외하고는 경찰의무를 명하는 방법에 따름이 원칙이다. 그 의무의 부과형식에는 직접 법규에 의하는 경우와 행정처분에 의하는 경우가 있다. 경찰의무는 일반 공법상의 의무와 같이 그 내용에 따라 작위의무·부작위의무·급부의무·수인의무로 나눌 수 있으며, 경찰목적은 주로 사회상의 장해를 제거하는 데에 있기 때문에 경찰의무의 가장 보편적인 내용은 부작위의무이다. 이것을 **금지의무**라고도 한다. 경찰의무를 이행하지 아니한 경우에는 경찰상의 강제집행의 대상이 되고, 경찰의무의 위반자는 경찰벌의 대상이 된다.

경찰의 수단
警察의 手段

일반적으로 경찰작용을 실행하는 수단으로서 경찰하명·경찰허가 및 경찰강제를 말한다. 경찰작용이란 권력을 가지고 국민에게 명령하고 강제하고 사람의 권리·자유를 제한하는 작용을 말한다. 그러나 경찰수단과는 별도로 행정지도의 형식으로 명령·강제에 해당하지 아니하는 소위 비권력적인 임의수단, 즉 상대방의 임의의 승낙에 기한 목적달성방법을 사용하는 경우도 있으나 이것은 본질적인 경찰작용이 아니다. 따라서 경찰수단의 특징으로는 첫째, 개인의 사에 우월한 국가 등의 권력에 의한 지배의 사의 실현이며 둘째, '필요한 때에는 실력을 가지고 강제한다'라는 두 가지 점을 들 수 있다. 이때 강제적인 장해제거를 위한 수단으로 보이더라도 그 본질이 국민의 복지를 증진시키는 작용을 하는 것(경제통제, 공용부담, 공물관리 등)은 경찰작용에 포함되지 아니한다.

사법경찰
司法警察
범죄의 수사를 목적으로 하는 경찰작용을 말하며, 본래 행정기관의 지위에 있는 자가 범죄수사를 담당하는 경우에 그 직무로서 행하는 작용을 말한다. 행정경찰에 대응하는 개념이다. 따라서 실질적 의의의 경찰에 속하지 아니하고, 법에 의하여 경찰관의 직무에 속해 있기 때문에 형식적 의의의 경찰에 속한다. 사법경찰과 행정경찰의 구별은 유럽에서 유래한 것이나, 영미에서는 제도상으로나 이론상으로 이 구별을 인정하지 않는다. 행정경찰이 사회질서의 유지, 즉 사전에 국민의 생명·신체·재산을 보호하려는 예방경찰에 중점을 두는 데 대하여, 사법경찰은 그 법익이 침해된 때에 범죄를 수사하는 활동(**범죄의 진압경찰**)으로서의 특색이 있으며, 검사와 사법경찰관리가 그 임무를 담당하고 「형사소송법」이 정하는 절차에 따른다.

보안경찰
保安警察
사회공공의 안녕과 질서를 유지하기 위하여 다른 종류의 행정작용에 부수되지 아니하고 오직 경찰작용만으로써 목적을 달성하는 경찰을 말한다. 협의의 행정경찰, 즉 다른 행정작용에 부수하여 그와 관련되어 일어나는 장해를 제거하기 위하여 행하여지는 경찰작용에 대립되는 **독립경찰**(獨立警察)이며, 고유한 의미의 경찰이다.

경찰권
警察權
경찰작용으로서 발동되는 일반통치권을 말한다. 경찰권은 일반통치권의 작용이므로 그 나라의 통치권에 복종하는 자는 내국인·외국인·자연인·법인의 구별 없이 경찰권의 대상이 된다. 법치국가에 있어서는 경찰권의 발동은 반드시 법령의 근거가 있어야 하고(경찰권의 근거), 명문 또는 조리상의 한계(경찰권의 한계)에 의하여 제약된다. 위의 '법령의 근거'에 있어서 법령이라 함은, 국회에서 제정하는 법률과 법률의 위임에 의하여 제정하는 법규명령을 말한다. **법규명령**(法規命令)이란 행정부가 제정하여 발하는 명령으로서 법규적 성질을 가진 것을 말한다. 즉 국민에게 의무를 과하고, 국민의 권리를 제한하는 것을 내용으로 하는 명령으로서 행정명령에 대응하는 개념이다. 임의명령·집행명령 등이 이에 속한다.

경찰명령
警察命令
경찰에 관한 사항에 대하여 경찰목적을 달성하기 위해 발하는 행정명령을 말한다. 법치주의하에서는 경찰명령은 오직 법률의 위임이 있는 때나 그 집행을 위해서만 발할 수 있다. 경찰명령은 경찰법규의 중요한 부분을 이루고 있다.

경찰처분
警察處分
경찰목적의 달성을 위하여 행하여지는 행정처분을 말한다. 경찰행정관청이 법률의 집행으로서 행하는 경찰하명이나 경찰허가 등이 그 예이다.

경찰하명
警察下命
경찰상의 목적달성을 위하여 국민에 대하여 공익상 유해한 행위를 금지하거나 또는 필요한 행위를 명하는 처분을 말한다. 다음의 네 가지로 분류된다.
• **작위하명**(作爲下命) : 일정한 행위를 할 것을 적극적으로 명하는 것이며, 예컨대 일정한 경우 총포·도검·화약류의 제출을 명하는(총

포·도검·화약류 등의 안전관리에 관한 법률 제47조) 경우가 이에 해당한다.

• **부작위하명**(경찰금지) : 경찰상의 금지를 내용으로 한다. 금지는 그 행위 자체가 선량한 풍속 기타 사회질서에 반하여 사회상, 곧 유해하기 때문에 행하여지는 절대적 금지(예 : 미성년자의 음주·흡연 및 남녀혼숙 등의 금지)와 단순히 허가를 받지 아니하고 일정한 행위를 하는 것을 금지하는 상대적 금지(예 : 무면허운전의 금지)로 분류된다.

• **급부하명**(給付下命) : 경찰상의 목적을 위해 금전 또는 물품의 납입을 명하는 것이며, 예컨대 경찰상의 대집행의 비용징수·수수료의 납부 등이 이에 속한다.

• **수인하명**(受忍下命) : 경찰상 강제에 대하여 반항하여서는 아니 된다는 것을 명하는 것이며, 경찰관의 위험 방지를 위한 출입(경찰관 직무집행법 제7조), 건강진단(감염병의 예방 및 관리에 관한 법률 제46조) 등이 행하여지는 경우에는 직무집행자에게 그 권한이 부여되는 동시에 상대방에게 수인의 하명이 내려져서 법률상 수인의무를 지게 되는 것이다.

경찰허가
警察許可

경찰목적을 위하여 일반적으로 금지된 행위를 특정한 경우에 해제하여 적법하게 일정한 행위를 할 수 있게 하는 행정처분을 말한다. 예컨대 영업의 허가, 건축의 허가가 이에 해당한다. 일반적 금지의 해제이고 새로운 권리를 설정하는 행위가 아닌 점에서 특허와 다르며, 허가를 하여야 할 것인가의 여부는 경찰관청의 자유재량에 속하는 것이 아니고 경찰상 장해의 염려가 없는 한 허가를 하여야 한다(기속처분). 이는 헌법상 직업선택의 자유와 관련하여 금지시킬 합리적인 이유가 없는 한 신청인은 그 행위를 할 수 있어야 한다고 보기 때문이다. 경찰허가는 신청인의 인적 사정에 따라서 부여되는 대인적 허가(예 : 운전면허)와 물건 또는 설비 등의 물적 사정에 따라 부여되는 대물적 허가(예 : 건축물 사용허가)로

분류된다. 경찰허가의 형식은 신청에 의하여 서면으로써 행하는 것이 보통이며 면허증 등의 교부, 공부상 등록 등 특정한 형식을 그 효력발생요건으로 하는 때가 많다.

사법경찰관리
司法警察官吏

사법경찰관과 사법경찰리를 말하며, 「형사소송법」상의 개념이다. 사법경찰관은 경무관·총경·경정·경감·경위이며, 사법경찰리는 경사·경장 및 순경이다(형사소송법 제197조). 삼림·해사·전매·세무·군수사기관 기타 특별한 사항에 관하여 직무를 행할 특별사법경찰관리도 법률로 정한다(같은 법 제245조의10, 「사법경찰관리의 직무를 수행할 자와 그 직무범위에 관한 법률」). 또한 서장이 아닌 경정 이하의 사법경찰관리가 직무집행과 관련하여 부당한 행위를 하는 경우 지방검찰청 검사장은 해당 사건의 수사중지를 명하고, 임용권자에게 그 사법경찰관리의 교체임용을 요구할 수 있다(검찰청법 제54조). 이 요구가 있는 경우에 임명권자는 정당한 이유를 제시하지 않는 한, 교체임용요구에 응하여야 한다. 개정된 「형사소송법」(법률 제16924호)에 의하면, 검사와 「형사소송법」상 사법경찰관의 관계를 상호 협력관계로 설정하였으며, 모든 범죄의 1차적 수사권을 경찰에게 부여하고, 몇몇 범죄에 대해서만 검찰의 제1차적인 수사개시권을 인정하면서, 경찰은 자신이 수사한 사건이 범죄 혐의가 없다고 사료되는 때에는 검사에게 사건을 송치하지 않고 자체적으로 종결할 수 있게 되었다. 입법례에 따라서는 수사에 관한 권한은 이를 사법경찰관리에게 일임하고 검사는 공소유지에만 전력하는 곳도 있다.

경찰상의 즉시강제
警察上의 即時强制

목전의 급박한 장해를 제거해야 할 필요가 있는 경우에 미리 의무를 명할 여유가 없는 때 또는 그 성질상 의무를 명하여서는 목적을 달성하기

어려운 때에 직접 국민의 신체 또는 재산에 실력을 가하여 경찰상 필요한 상태를 실현하는 작용을 말한다. 불심검문(경찰관 직무집행법 제3조)·위험 방지를 위한 출입(같은 법 제7조) 등이 그 예이며, 경찰강제의 일종이다. 의무불이행을 전제로 하지 않는 점에서 그것을 전제로 하는 경찰상의 강제집행과 다르다. 경찰상의 즉시강제의 성질은 행정상의 즉시강제의 그것과 동일하다(행정상 즉시강제의 항 참조). 경찰상의 즉시강제의 법적 근거로서는 일반법으로서 「경찰관 직무집행법」이 있다.

경찰긴급권
警察緊急權

현재의 급박한 경찰상의 필요에 의하여 통상의 경찰권의 한계를 넘어서 경찰권을 행사하여 국민의 신체·재산에 대하여 실력을 행사하는 것이 법령상 허용되는 권한을 말한다. 경찰관이 「경찰관 직무집행법」제5조(위험발생의 방지 등)1항·2항 및 제6조(범죄의 예방과 제지)에서 말하는 경찰책임이 없는 관계인에게 경고를 하거나 또는 필요한 조치 및 범죄행위를 제지하는 것 등의 권한이 그 예이다. 이 경우에는 경찰책임의 원칙에서 벗어난 것이나, 「경찰관 직무집행법」에 의하여 허용된 권한의 범위이므로 위법하다고 할 수는 없다.

경찰벌
警察罰

경찰상의 의무위반(경찰범)에 대한 제재로서 일반통치권에 의거하여 과하는 벌을 말한다. 경찰범이라 함은, 경찰의무의 위반으로서 행하여지는 비행을 말하며 전형적인 행정범이다. 경찰벌에는 「형법」상 형명이 있는 형벌(사형·징역·금고·자격상실·자격정지·벌금·구류·과료·몰수)과 질서벌인 과태료가 있다. 경찰벌은 원칙적으로 법률에 근거가 있어야 하나, 예외로서 법률의 특별한 위임에 의하여 명령으로써 정하는 경우가 있다. 경찰벌을 과하는 절차는 형벌인 경우에는 「형

사소송법」, 과태료인 경우에는 법령에 특별한 규정이 없으면 「비송사건절차법」의 규정에 의한다. 경찰벌은 행정벌의 일종이므로 행정벌의 특색을 가지고 있다.

경찰관의 직무
警察官의 職務

「경찰관 직무집행법」에 의하여 경찰관이 행할 직무를 말한다. 학문상의 경찰관의 직무와 일치하지는 않는다. 전자의 경찰관에는 사법경찰관리를 포함하는 데 반하여, 후자의 경찰관에는 사법경찰관리가 제외되어 있는 대신에 광의의 행정경찰관리를 포함하고 있다. 경찰관의 직무에는 ① 국민의 생명·신체 및 재산의 보호 ② 범죄의 예방·진압 및 수사 ③ 범죄피해자 보호 ④ 경비·주요 인사 경호 및 대간첩·대테러 작전 수행 ⑤ 공공안녕에 대한 위험의 예방과 대응을 위한 정보의 수집·작성 및 배포 ⑥ 교통단속과 교통 위해의 방지 ⑦ 외국 정부기관 및 국제기구와의 국제협력 ⑧ 그 밖에 공공의 안녕과 질서 유지 등이 있다(경찰관 직무집행법 제2조). 특별사법경찰관리는 원칙적으로 각 소속 관서의 관할구역 내에서 직무를 행하지만, 예외로서 관할구역 내의 사건과 관련성이 있는 사실을 발견하기 위해 필요한 때에는 관할구역 밖에서도 그 직무를 수행할 수 있다(특별사법경찰관리에 대한 검사의 수사지휘 및 특별사법경찰관리의 수사준칙에 관한 규칙 제6조).

경찰권의 한계
警察權의 限界

경찰권이 유효하게 발동될 수 있는 한계를 말한다. 경찰권의 발동에는 발동의 대상·범위·조건·양태에 있어서 구체적인 규정이 없는 경우에도 무제한으로 발동할 수 있는 것이 아니고, 조리상 일정한 한계가 있는 것이다. 따라서 이 한계를 넘은 경찰권의 발동은 항상 위법한 것으로 해석된다. 통상 다음의 세 원칙이 주장되고 있다.

• **경찰책임의 원칙** : 경찰권은 경찰위반의 상태가 있는 때, 즉 공공사회의 안녕과 질서에 대한 장해가 생기거나 또는 생길 우려가 있을 때, 이 상태의 발생에 관하여 경찰책임을 가지는 자(그 사람의 생활 범위에 속하는 것을 포함한다)에 대하여서만 발동하는 것을 원칙으로 하고, 경찰책임이 없는 자에 대해서는 긴급을 요하는 경우로서 특히 법령이 인정하는 때(경찰긴급권의 경우, 경찰긴급권의 항 참조) 이외에는 발동할 수 없다. 경찰책임을 발생시키는 사람의 생활 범위는 그 자의 사실상 지배하에 있는 모든 사람 및 물건을 가리키고, 그 자 자신은 물론 가족·사용인·동물 기타 그 자가 소유 또는 점유하는 모든 물건을 포함한다.

• **경찰공공의 원칙** : 경찰권은 사회공공의 안녕과 질서를 위해서만 발동할 수 있고, 이것과 직접 관계가 없는 사생활상의 분쟁이나 사주소·사경제·민사상의 법률관계에 대해서는 미치지 아니한다. 이것을 **민사불개입의 원칙**이라 한다. 이 원칙의 구현으로서 민사분쟁에의 부당개입금지 규정이 있다(경찰공무원 복무규정 제10조). 그러나 미성년자의 음주·흡연이나 아동의 학대, 동물의 학대 등 사회공공에 영향을 미치는 경우는 경찰권을 발동할 수 있다.

• **경찰비례의 원칙** : 경찰권의 발동 및 정도는 사회공공의 질서에 있어서 용인할 수 없는 장해의 정도에 비례하여야 한다. 또한 그 장해를 제거하기 위한 수단으로서의 경찰관의 직권행사는 항상 그 직권수행에 필요한 최소한도에 그쳐야 한다. 이 경찰비례의 원칙의 구현으로서 '경찰관의 직권은 그 직무 수행에 필요한 최소한도에서 행사되어야 한다'는 규정이 있다(경찰관 직무집행법 제1조2항).

경찰금지
警察禁止
경찰목적을 위하여 일정한 부작위를 명하는 것을 말한다. 경찰하명의 일종으로서 법규 또는 행정처분의 형식으로 행하여진다. 경찰금지에는 절대적 금지(예 : 미성년자의 음주·흡연·남녀혼숙 등의 금지)와 상대적 금지(예 : 무면허운전의 금지)가 있다.

경찰면제
警察免除
긴급목적을 위하여 명하여진 작위·급부 등의 경찰의무를 특정인에 대하여 해제해주는 행정처분을 말한다. 예방접종의무의 면제가 그 예이다. 경찰면제는 작위·급부의무의 해제인 점에서 부작위의 경찰의무, 즉 경찰금지에 따르는 의무를 해제하는 경찰허가와 다르다.

경찰강제
警察强制
경찰상 목적을 위하여 사람의 신체 또는 재산에 실력을 가함으로써 경찰상 필요한 상태를 실현하는 사실상의 작용을 말하며, 경찰상의 강제집행과 경찰상의 즉시강제로 나눌 수 있다. 경찰에 관한 각 특별법에 구체적인 규정이 있으나 일반적으로 말하면, 전자에는 「행정대집행법」이 있고, 후자에는 「경찰관 직무집행법」이 있다. 경찰강제에는 대인적 강제(對人的 强制)·대물적 강제(對物的 强制)·대가택 강제(對家宅 强制)가 있다.

경찰상의 강제집행
警察上의 强制執行
경찰의무의 불이행에 대하여 강제적으로 의무를 이행시키거나 또는 의무의 이행이 있는 것과 동일한 상태를 실현하는 작용을 말한다. 경찰강제의 일종이다. 경찰상의 강제집행의 성질은 행정상의 강제집행의 그것과 같다. 경찰상의 강제집행에 적용되는 법률로서는 일반법으로 「행정대집행법」, 「국세징수법」이 있으며, 개별법으로 「건축법」·「도로교통법」·「출입국관리법」·「식품위생법」 등이 있다. 경찰상의 강제집행의 수단은 대집행(예 : 주차위반 차량의 견인, 불법건축물의 철거 등), 집행벌, 직접강제[예 : 도로의 지상 인공구조물 등에 대한 위험방지 조치(도로교통법 제72조), 해산 명령 후 집회자 해산(집회 및 시위에 관한 법률 제20조) 등], 강제징수 등이 있다.

경찰권행사에 대한 구제
警察權行使에 대한 救濟

고의 또는 과실이 있는 경찰권의 행사에 기인하는 국민의 재산적 손해의 전보에 관한 제도를 총칭하는 개념이다. 경찰권의 행사는 공권력의 행사에 해당하는 경우가 많기 때문에 경찰공무원이 그 직무를 집행함에 있어서 고의 또는 과실로 법령에 위반하여 국민(타인)에게 손해를 가하거나, 「자동차손해배상보장법」의 규정에 의하여 손해배상책임이 있는 때에는 국가는 「국가배상법」에 의하여 그 손해를 배상할 책임을 부담한다(국가배상법 제2조1항 본문). 그러나 경찰공무원이 훈련 등 직무집행에 관련해서 순직 또는 공상을 입은 경우에 본인 또는 그 유족이 다른 법령(공무원연금법)의 규정에 의하여 재해보상금·유족연금·상이연금 등의 보상을 지급받을 수 있을 때에는 「국가배상법」 및 「민법」의 규정에 의한 손해배상을 청구할 수 없다(국가배상법 제2조1항 단서). 또 경찰공무원에게 고의 또는 중대한 과실이 있는 때에는 국가는 그 경찰공무원에게 구상할 수 있다(국가배상법 제2조2항). 만일 경찰관의 적법한 직무집행으로 인하여 재산상 손실이 발생한 경우에도 국가는 그 손실을 보상하여야 한다. 재산상 손실을 입은 사람이 그 원인에 책임이 없는 경우는 물론이고 책임이 있더라도 책임 이상의 손실을 입은 경우 국가는 이를 배상해야 한다. 이와 같은 손실보상신청 사건을 심의하기 위하여 경찰청, 해양경찰청, 지방경찰청 및 지방해양경찰청에 손실보상심의위원회를 둔다(경찰관 직무집행법 제11조의2).

경찰공무원의 계급
警察公務員의 階級

「경찰공무원법」 제3조에서 경찰공무원을 치안총감·치안정감·치안감·경무관·총경·경정·경감·경위·경사·경장·순경으로 구분하고 있는 11계급을 말한다. 경찰공무원은 경력직공무원 중 특정직공무원이며, 「국가공무원법」을 경찰공무원에 적용함에 있어서는 「국가공무원법」 제32조의5 및 제43조 중 '직급'은 '계급'으로 본다(경찰공무원법 제36조2항1호). 경찰공무원의 근무조건의 특수성에 비추어 경찰공무원에 대하여는 특별히 계급정년제도가 채택되어 있다(같은 법 제30조1항2호).

경찰관 직무집행법
警察官 職務執行法

국민의 자유와 권리 및 모든 개인이 가지는 불가침의 기본적 인권을 보호하고 사회공공의 질서유지를 위한 경찰관의 직무수행에 필요한 사항(주로 행정경찰의 수단)을 규정할 목적으로 제정된 법률을 말한다(경찰관 직무집행법 제1조1항). 「경찰관 직무집행법」 제2조의 경찰관의 직무 중 '범죄의 수사'는 「검사와 사법경찰관의 상호협력과 일반적 수사준칙에 관한 규정」에서 정하는 수단에 의하게 되므로, 이 법은 그 이외의 범죄의 예방·진압 및 수사, 범죄피해자 보호, 경비·주요 인사 경호 및 대간첩·대테러 작전 수행, 공공안녕에 대한 위험의 예방과 대응을 위한 정보의 수집·작성 및 배포, 교통 단속과 교통 위해의 방지, 외국 정부기관 및 국제기구와의 국제협력 그 밖에 공공의 안녕과 질서 유지 등의 직무의 수행을 위하여 필요한 즉시강제적인 수단[이 가운데에는 임의수단(예 : 경고를 하는 수단, 경찰관이 스스로 조치를 하는 수단) 등도 있다]을 정한 것이다. 이 법은 특히 경찰관의 직권남용을 금지하고 경찰비례의 원칙을 엄중히 지킬 것을 요구하고 있다. 또 이 법에 규정된 경찰관의 직권을 남용하여 다른 사람에게 해를 끼친 자는 1년 이하의 징역이나 금고에 처하도록 되어 있다. 이 법에 규정되어 있는 수단에는 불심검문, 보호조치, 위험 발생의 방지, 범죄의 예방과 제지, 위험 방지를 위한 출입, 사실의 확인, 정보의 수집, 국제협력, 유치장, 경찰장비의 사용, 경찰장구의 사용, 분사기의 사용, 무기의 사용, 사용기록의 보관 등 14종이 있다.

불심검문
不審檢問

경찰관이 수상한 행동이나 그 밖의 주위 사정을 합리적으로 판단하여 ① 어떠한 죄를 범하였거나 범하려 하고 있다고 의심할 만한 상당한 이유가 있는 사람 또는 ② 이미 행하여진 범죄나 행하여지려고 하는 범죄행위에 관한 사실을 안다고 인정되는 사람을 정지시켜 질문하는 수단을 말한다. 경찰상의 즉시강제수단의 일종이다. 경찰관은 위의 불심검문을 할 수 있고 또 사람을 정지시킨 장소에서 질문하는 것이 그 사람에게 불리하거나 교통에 방해가 된다고 인정될 때에는 질문하기 위하여 가까운 경찰서·지구대·파출소 또는 출장소(지방해양경찰서 포함)로 동행할 것을 요구할 수 있다. 이 경우 동행을 요구받은 사람은 그 요구를 거절할 수 있다(경찰관 직무집행법 제3조). 이 법에서 말하는 수상한 행동이란 경찰관이 그 사람의 언어·태도·안색·착의·소지품·장소·시간 등을 종합하여 객관적으로 부자연성이 인정되는 경우를 가리킨다. 경찰관은 이러한 요건을 구비한 사람에 대하여 불심검문을 행함으로써 범죄의 방지를 도모하는 동시에 범죄수사의 단서를 얻을 수 있다. 그리고 같은 법 제3조1항·2항에 규정된 사람에게 질문을 하거나 동행을 요구할 때에는 경찰관은 그 사람에게 자신의 신분을 표시하는 증표를 제시하면서 성명과 소속을 밝히고 질문이나 동행의 목적과 이유를 설명하여야 하며, 동행을 요구한 경우에는 동행 장소를 밝혀야 한다. 경찰관은 동행한 사람의 가족이나 친지 등에게 동행한 경찰관의 신분, 동행 장소, 동행 목적과 이유를 알리거나 본인으로 하여금 즉시 연락할 수 있는 기회를 주어야 하며, 변호인

의 도움을 받을 권리가 있음을 알려야 한다(같은 법 제3조4항·5항). 그리고 동행한 사람을 6시간을 초과하여 경찰관서에 머물게 할 수 없다(같은 조 6항). 이와 같은 경우 질문을 받거나 동행을 요구받은 사람은 형사소송에 관한 법률에 따르지 아니하고는 신체를 구속당하지 아니하며, 그 의사에 반하여 답변을 강요당하지 아니한다(같은 조 7항). 또 피질문자가 불심검문을 거부하여 도주한 경우 상황에 따라서는 경찰관은 이를 추적할 수 있다. 또한 경찰은 상황의 긴박성이나 혐의의 정도 등에 따라 유형력의 행사가 가능하다. 다만 이와 같은 실력행사는 반드시 필요할 경우에 한해서 최소한의 범위에서 이루어져야 한다. 어깨에 손을 얹거나, 자전거의 핸들을 잡는 등의 사회통념상 용인되는 정도의 가벼운 실력행사가 이에 해당한다. 그리고 경찰관은 같은 법 제3조1항 각 호의 어느 하나에 해당하는 사람에게 질문을 할 때에 그 사람이 흉기를 가지고 있는지를 조사할 수 있다(같은 조 3항). 흉기조사는 증거보전이라는 수사목적이 아니고, 동행한 사람의 자살이나 경찰관에 대한 위해를 예방하기 위하여 편의상 같은 법에 규정한 행정경찰상의 수단이다.

임의동행
任意同行

수사기관이 피의자 또는 참고인에게 검찰청·경찰서 등에 동행을 요구하고 상대방의 승낙을 얻어 이를 진행하는 처분을 말한다. 다만, 형사소송에 관한 법규에 의하지 않는 한 그 사람의 신체를 구속하거나 그 의사에 반하여 답변을 강요할 수 없다. 임의동행을 요구받았을 때 동행을 승낙할 수도 있고, 거절할 수도 있다. 구속요건이 있을 때에는 구속영장을 발부받아 구속할 수 있다. 임의동행을 한 경우 경찰관은 그 사람을 6시간을 초과하여 경찰관서에 머물게 할 수 없다(경찰관 직무집행법 제3조).

보호조치
保護措置

경찰관이 수상한 행동이나 그 밖의 주위의 사정을 합리적으로 판단하여 정신착란을 일으키거나 술에 취하여 자신 또는 다른 사람의 생명·신체·재산에 위해를 끼칠 우려가 있는 사람과 자살을 시도하는 사람, 미아·병자·부상자 등으로서 적당한 보호자가 없으며 응급구호가 필요하다고 인정되는 사람을 발견하였을 때 보건의료기관이나 공공구호기관에 긴급구호를 요청하거나 경찰관서에 보호하는 등 적절한 조치를 취할 수 있는 수단을 말한다. 위의 긴급구호요청을 받은 보건의료기관이나 공공구호기관은 정당한 이유 없이 긴급구호를 거절할 수 없다. 구호대상자가 휴대하고 있는 무기·흉기 등 위험을 일으킬 수 있는 것으로 인정되는 물건은 경찰관서에 임시로 영치(領置)하여 놓을 수 있으며, 이 경우 임시 영치 기간은 10일을 초과할 수 없다. 구호대상자를 경찰서에서 보호하는 기간은 24시간을 초과할 수 없다. 경찰관이 보호조치를 하였을 때에는 지체 없이 구호대상자의 가족, 친지 또는 그 밖의 연고자에게 그 사실을 알려야 하며, 연고자가 발견되지 아니할 때에는 구호대상자를 적당한 공공보건의료기관이나 공공구호기관에 즉시 인계하여야 하고 그 사실을 소속 경찰서장이나 해양경찰서장에게 즉시 보고하여야 한다. 이때 소속 경찰서장이나 해양경찰서장은 대통령령으로 정하는 바에 따라 구호대상자를 인계한 사실을 지체 없이 해당 공공보건의료기관 또는 공공구호기관의 장 및 그 감독행정청에 통보하여야 한다 (경찰관 직무집행법 제4조).

위험발생의 방지조치
危險發生의 防止措置

경찰관이 사람의 생명 또는 신체에 위해를 끼치거나 재산에 중대한 손해를 끼칠 우려가 있는 천재(天災), 사변(事變), 인공구조물의 파손이나 붕괴, 교통사고, 위험물의 폭발, 위험한 동물 등의 출현, 극도의 혼잡, 그 밖의 위험한 사태가 있을 때 취할 수 있는 조치수단을 말한다 (경찰관 직무집행법 제5조). ① 그 장소에 모인 사람, 사물(事物)의 관리자, 그 밖의 관계인에게 필요한 경고를 하는 것 ② 매우 긴급한 경우에는 위해를 입을 우려가 있는 사람을 필요한 한도에서 억류하거나 피난시키는 것 ③ 그 장소에 있는 사람, 사물의 관리자, 그 밖의 관계인에게 위해를 방지하기 위하여 필요하다고 인정되는 조치를 하게 하거나 직접 그 조치를 할 수 있다. 위의 ①에서 경고란 관계인의 주의를 환기하기 위한 주의수단이며, 상대방에게 의무를 과하는 것이 아니다. 따라서 강제적 방법도 허용되지 아니한다. 위의 ②에서 매우 긴급한 경우에는 즉시강제(억류·피난시키는 것)가 허용된다. 또 위의 ③에서 그 장소에 있는 사람, 사물의 관리자, 그 밖의 관계인에게 위해를 방지하기 위하여 필요하다고 인정되는 조치를 하게 하는 것은 경찰하명이고, 직접 그 조치를 하는 것은 임의수단이다. 경찰관이 위의 조치를 하였을 때에는 지체 없이 그 사실을 소속 경찰관서의 장에게 보고하여야 하며, 이 보고를 받은 경찰관서의 장은 관계 기관의 협조를 구하는 등 적절한 조치를 하여야 한다. 또 경찰관서의 장은 대간첩 작전의 수행이나 소요(騷擾) 사태의 진압을 위하여 필요하다고 인정되는 등 상당한 이유가 있을 때에는 대간첩 작전지역이나 경찰관서·무기고 등 국가중요시설에 대한 접근 또는 통행을 제한하거나 금지할 수 있으며, 위의 국가중요시설에 대한 접근 또는 통행의 제한·금지는 즉시강제수단이다.

범죄의 예방·제지
犯罪의 豫防·制止

경찰관이 범죄행위가 목전(目前)에 행하여지려고 하고 있다고 인정될 때에는 이를 예방하기 위하여 관계인에게 필요한 경고를 하고, 그 행위로 인하여 사람의 생명·신체에 위해를 끼치거나 재산에 중대한 손해를 끼칠 우려가 있는 긴급한 경우에는 그 행위를 제지할 수 있는 것을 말한다(경찰관 직무집행법 제6조). 위에서 경고란 관계인의 주의를 환기하기 위한 임의수단이며, 상대방에게 의무를 과하는 것이 아니고, 강제적 방법도 허용되지 아니한다. 또한 위에서 긴급을 요하는 경우에 취하는 제지수단은 즉시강제수단이다.

위험방지를 위한 출입
危險防止를 위한 出入

경찰관이 「경찰관 직무집행법」 제5조1항·2항 및 제6조에 따른 위험한 사태가 발생하여 사람의 생명·신체 또는 재산에 대한 위해의 발생이 임박한 때에 그 위해를 방지하거나 피해자를 구조하기 위하여 부득이하다고 인정하면 합리적으로 판단하여 필요한 한도에서 다른 사람의 토지·건물·배 또는 차에 출입할 수 있는 수단을 말한다(경찰관 직무집행법 제7조). 이것은 전형적인 즉시강제수단이며, 상대방의 의사 여하를 불문하고 경찰비례의 원칙에 따라서 실력적으로 출입할 수 있다. 흥행장(興行場), 여관, 음식점, 역, 그 밖에 많은 사람이 출입하는 장소의 관리자나 그에 준하는 관계인은 경찰관이 범죄나 사람의 생명·신체·재산에 대한 위해를 예방하기 위하여 해당 장소의 영업시간이나 해당 장소가 일반인에게 공개된 시간에 그 장소에 출입하겠다고 요구하면 정당한 이유 없이 그 요구를 거절할 수 없다. 이것은 경찰관의 방범상 견지에서 출입요구권을 규정한 것으로서 강제적으로는 출입할 수 없다고 해석되며, 상대방은 정당한 이유 없이 출입을 거절할 수 없다고 하는 수인의무를 부담하고 있는 데 지나지 않는다. 또한 경찰관은 대간첩작전수행에 필요한 때에는 작전지역 안의 흥행장, 여관, 음식점, 역, 그 밖에 많은 사람이 출입하는 장소를 검색할 수 있다. 이것은 대간첩작전수행상 경찰관에게 특별히 인정되고 있는 즉시강제수단이다. 그리고 경찰관

이 이와 같은 목적으로 필요한 장소에 출입할 때에는 그 신분을 표시하는 증표를 제시하여야 하며, 함부로 관계인이 하는 정당한 업무를 방해해서는 아니 된다.

경찰장구의 사용
警察裝具의 使用

경찰관이 현행범이나 사형·무기 또는 장기 3년 이상의 징역이나 금고에 해당하는 죄를 범한 범인의 체포 또는 도주 방지, 자신이나 다른 사람의 생명·신체의 방어 및 보호, 공무집행에 대한 항거(抗拒) 제지를 위하여 필요하다고 인정되는 상당한 이유가 있을 때에는 그 사태를 합리적으로 판단하여 필요한 한도에서 경찰장구를 사용할 수 있다(경찰관 직무집행법 제10조의2). 여기서 경찰장구란 경찰관이 휴대하여 범인 검거와 범죄 진압 등의 직무 수행에 사용하는 수갑, 포승(捕繩), 경찰봉, 방패 등을 말하며, 사람을 살상할 목적으로 제작된 것이 아닌 점에서 그 같은 목적으로 제작된 무기와 구별된다.

분사기 등의 사용
噴射機 등의 使用

경찰관은 범인의 체포 또는 범인의 도주 방지, 불법집회·시위로 인한 자신이나 다른 사람의 생명·신체와 재산 및 공공시설 안전에 대한 현저한 위해의 발생을 억제하기 위하여 부득이한 경우 현장책임자가 판단하여 필요한 최소한의 범위에서 분사기 또는 최루탄을 사용할 수 있다(경찰관 직무집행법 제10조의3).

무기의 사용
武器의 使用

경찰관은 범인의 체포, 범인의 도주 방지, 자신이나 다른 사람의 생명·신체의 방어 및 보호, 공무집행에 대한 항거의 제지를 위하여 필요하다고 인정되는 상당한 이유가 있을 때에는 그 사태를 합리적으로 판단하여 필요한 한도에서 무기를 사용하는 것을 말한다(경찰관 직무집행법 제10조의4 1항 본문). 경찰관은 직무수행을 위하여 필요하

면 무기를 휴대할 수 있다(경찰공무원법 제26조2항). 여기서 말하는 무기는 권총을 가리키지만, 「경찰관 직무집행법」 제10조의4 1항 본문에서 말하는 무기는 사람의 생명이나 신체에 위해를 끼칠 수 있도록 제작된 권총·소총·도검 등을 말하며, 이 점에서 사람을 살상할 목적으로 제작된 것이 아닌 장구와 구별된다. 경찰관은 무기사용에 의하여 사람을 살상하지 아니하는 것이 원칙이다. 그러나 다음의 어느 하나의 특별요건을 구비한 때에는 사람을 살상하는 무기의 사용도 경찰비례의 원칙에 반하지 않는 것으로서 허용된다. ① 「형법」에 규정된 정당방위와 긴급피난에 해당할 때 ② 사형·무기 또는 장기 3년 이상의 징역이나 금고에 해당하는 죄를 범하거나 범하였다고 의심할 만한 충분한 이유가 있는 사람이 경찰관의 직무집행에 항거하거나 도주하려고 할 때, 체포·구속영장과 압수·수색영장을 집행하는 과정에서 경찰관의 직무집행에 항거하거나 도주하려고 할 때, 제3자가 직전에 열거한 두 가지 경우에 해당하는 사람을 도주시키려고 경찰관에게 항거할 때, 범인이나 소요를 일으킨 사람이 무기·흉기 등 위험한 물건을 지니고 경찰관으로부터 3회 이상 물건을 버리라는 명령이나 항복하라는 명령을 받고도 따르지 아니하면서 계속 항거할 때에 그 행위를 방지하거나 그 행위자를 체포하기 위하여 무기를 사용하지 아니하고는 다른 수단이 없다고 인정되는 상당한 이유가 있을 때 ③ 대간첩 작전 수행 과정에서 무장간첩이 항복하라는 경찰관의 명령을 받고도 따르지 아니할 때 등이다.

국가경찰과 자치경찰의 조직 및 운영에 관한 법률

경찰의 민주적인 관리·운영과 효율적인 임무수행을 위하여 경찰의 기본조직과 직무범위 그밖에 필요한 사항을 규정함을 목적으로 제정된 법이다. 진정한 지방자치를 위해서는 경찰 권한의 분권화와 함께 지역 특성에 적합한 치안서비스의 제공이 필요하다는 점에서 자치경찰제 전면 시행의 필요성은 꾸준히 제기되어 왔다. 더욱이 수사권 조정 시행과 함께 자치경찰제의 도입을 통해 비대해진 경찰권을 효율적으로 분산하여야 한다는 의견에 따라 기존의 「경찰법」이 「국가경찰과 자치경찰의 조직 및 운영에 관한 법률」으로 새롭게 개정되었다. 이 법의 주요 내용은 다음과 같다. ① 치안에 관한 사무를 관장하게 하기 위하여 행정안전부장관 소속으로 경찰청을 설치하고, 경찰의 사무를 지역적으로 분담 수행하게 하기 위하여 특별시·광역시·특별자치시·도·특별자치도에 시·도경찰청을 두고, 시·도경찰청장 소속으로 경찰서를 둔다. ② 경찰의 임무를 명확히 하고 경찰은 직무 수행에 있어서 헌법과 법률에 따라 국민의 자유와 권리 및 개인의 기본적 인권을 존중하고 국민 전체에 대한 봉사자로서 공정·중립을 지켜야 하며, 권한을 남용해서는 안 된다. ③ 국가경찰행정에 관한 사항을 심의·의결하기 위해 행정안전부에 국가경찰위원회를 둔다. ④ 경찰청에 경찰청장을 두어 국가경찰사무를 총괄하고 경찰청 업무를 관장하며 소속 공무원 및 각급 경찰기관의 장을 지휘·감독하도록 한다. ⑤ 경찰청에 국가수사본부를 두며, 국가수사본부장은 「형사소송법」에 따른 경찰의 수사에 관하여 각 시·도경찰청장과 경찰서장 및 수사부서 소속 공무원을 지휘·감독한다. ⑥ 자치경찰사무를 관장하게 하기 위하여 시·도지사 소속으로 시·도자치경찰위원회를 둔다.

경찰직무 응원법
警察職務 應援法

돌발사태의 진압 또는 공공질서가 교란되었거나 교란될 우려가 현저한 경우에 경비의 충실을 기하기 위하여 행하는 경찰응원에 관하여 규정한 법률을 말한다. 이 법률은 응원경찰관(應援警察官)의 파견, 파견경찰관의 소속, 이동근무, 기동대의 편성·파견·해체, 기동대의 대장, 대장의 권한, 파견경찰관의 직무, 상벌·승진·복무·수당 등에 관하여 규정하고 있다.

의무경찰대 설치 및 운영에 관한 법률
義務警察隊 設置 및 運營에 관한 法律

간첩(무장공비를 포함한다)의 침투 거부·포착·섬멸, 그 밖에 대간첩작전을 수행하고 치안업무를 보조하기 위하여 시·도경찰청장 및 대통령령으로 정하는 국가경찰기관의 장 또는 해양경찰기관의 장 소속으로 두는 의무경찰대에 관하여 규정한 법률을 말한다. 이 법률은 「전투경찰대 설치법」으로 시행되던 중 경찰의 전환복무 인력을 의무경찰로 일원화하기로 함에 따라 법률 제명 및 관련 규정·용어를 변경하였다.

경찰대학 설치법
警察大學 設置法

국가치안 부문에 종사하는 경찰간부가 될 사람에게 학술을 연마하고 심신을 단련시키기 위하여 경찰청장의 소속으로 두는 경찰대학과 치안 부문에 관한 학술 연구·발전 및 교육과 치안 부문에 종사할 전문인력의 양성을 위하여 경찰대학에 둘 수 있는 치안대학원에 관하여 규정한 법률을 말한다(경찰대학 설치법 제1조). 수업연한, 입학자격, 교과, 학장과 공무원, 교수 등의 자격 및 임용, 학위 수여, 졸업생의 임명, 학비 및 수당, 의무복무, 「병역법」의 준용, 부설교육기관 등을 내용으로 한다.

청원경찰
請願警察

'국가기관 또는 공공단체와 그 관리하에 있는 중요시설 또는 사업장, 국내 주재 외국기관, 그 밖에 행정안전부령으로 정하는 중요시설·사업장 또는 장소'의 장 또는 시설·사업장 등의 경영자가 경비(청원경찰경비)를 부담할 것을 조건으로 경찰의 배치를 신청하는 경우에 그 기관·시설 또는 사업장 등의 경비를 담당하게 하기 위하여 배치하는 경찰을 말한다(청원경찰법 제2조). 청원경찰은 청원주와 배치된 기관·시설 또는 사업장 등의 구역을 관할하는 경찰서장의 감독을 받아 그 경비구역만의 경비를 목적으로 필요한 범위에서 「경찰관 직무집행법」에 따른 경찰관의 직무를 수행한다(청원경찰법 제3조). 청원경찰의 배치를 받으려는 자는 대통령령으로 정하는 바에 따라 관할 시·도경찰청장에게 신청하여야 하며, 시·도경찰청장은 청원경찰의 배치신청을 받으면 지체 없이 배치 여부를 결정하여 신청인에게 알려야 하고, 청원경찰의 배치가 필요하다고 인정되는 기관의 장 또는 시설·사업장의 경영자에게 청원경찰을 배치할 것을 요청할 수 있다(같은 법 제4조). 청원경찰은 청원주가 임용하되, 임용할 때에는 미리 시·도경찰청장의 승인을 받아야 한다(같은 법 제5조1항). 청원경찰이 직무상의 의무를 위반하거나 직무를 태만히 한 때, 품위를 손상하는 행위를 한 때에는 청원주는 대통령령으로 정하는 징계절차를 거쳐 징계처분을 하여야 한다. 청원경찰에 대한 징계의 종류는 파면, 해임, 정직, 감봉 및 견책으로 구분한다(같은 법 제5조의2). 청원주는 법으로 정한 청원경찰경비를 부담해야 하며(같은 법 제6조), 청원경찰이 직무수행으로 인하여 부상을 입거나 질병에 걸리거나 또는 사망한 경우, 또는 직무상의 부상·질병으로 퇴직하거나 퇴직 후 2년 이내에 사망한 경우 본인 또는 유족에게 보상금을 지급하여야 한다(같은 법 제7조). 또 청원주는 항상 소속 청원경찰의 근무상황을 감독하고 필요한 교육을 하여야 한다(같은 법 제9조의3 1항). 그리고 청원경찰(국가기관이나 지방자치단체에 근무하는 청원경찰은 제외한다)의 직무상 불법행위에 대한 배상책임에 관하여는 「민법」을 따르며(청원경찰법 제10조의2), 청원경찰의 신분보장을 위하여 형의 선고·징계처분 또는 신체·정신상의 이상으로 직무를 감당하지 못하는 때를 제외하고는 그 의사에 반하여 면직되지 아니하도록 한다(같은 법 제10조의4).

환경행정

환경
環境

환경은 자연환경과 생활환경으로 나누며, **자연환경**은 지하·지표(해양을 포함한다) 및 지상의 모든 생물과 이를 둘러싸고 있는 비생물적인 것을 포함한 자연 상태를 말하고, **생활환경**은 대기, 물, 토양, 폐기물, 소음·진동, 악취, 일조(日照) 등 사람의 일상생활과 관계되는 환경을 말한다. **환경오염**이란 사업 활동 기타 사람의 활동에 따라 발생하는 대기·수질·토양·해양·방사능 오염, 소음·진동, 악취, 일조 방해 등으로서 사람의 건강과 환경에 피해를 주는 상태를 말하며, **환경보전**이란 환경오염으로부터 환경을 보호하고 환경을 개선함과 동시에 쾌적한 환경 상태를 유지·조성하기 위한 행위를 말한다.

환경기준
環境基準

정부는 국민의 건강을 보호하고 쾌적한 환경을 조성하기 위하여 환경기준을 설정하여야 하며, 그러한 환경의 적정치를 말한다. 환경 여건의 변화에 따라 그 적정성이 유지되도록 하여야 하며, 특별시·광역시·특별자치시·도·특별자치도는 지역 환경의 특수성을 고려하여 필요하다고 인정하는 때에는 해당 지방자치단체의 조례로 보다 확대·강화된 별도의 환경기준을 설정할 수 있다. 이 경우 해당 특별시장·광역시장·특별자치시장·도지사·특별자치도지사는 이를 지체 없이 환경부장관에게 통보하여야 한다. 환경기준이 설정되면 행정 기준의 수립 및 사업의 집행을 할 경우 환경기준이 적절히 유지되도록 ① 환경악화의 예방 및 그 요인의 제거 ② 환경오염지역의 원상회복 ③ 새로운 과학기술의 사용으로 인한 환경오염 및 환경훼손의 예방 ④ 환경오염방지를 위한 재원(財源)의 적정 배분(환경정책기본법 제12조·제13조)을 고려하여야 한다.

환경영향평가
環境影響評價

환경에 영향을 미치는 실시계획·시행계획 등의 허가·인가·승인·면허 또는 결정 등을 할 때에 해당 사업이 환경에 미치는 영향을 미리 조사·예측·평가하여 해로운 환경영향을 피하거나 제거 또는 감소시킬 수 있는 방안을 마련하는 것을 말한다(환경

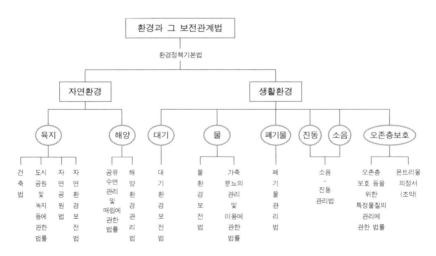

영향평가법 제2조2호). 즉, 도시개발, 산업입지 및 산업단지의 조성, 에너지개발, 항만건설, 도로건설, 수자원개발, 철도(도시철도 포함) 건설, 공항 건설, 하천의 이용 및 개발, 개간 및 공유수면매립, 관광단지 개발, 산지 개발, 특정지역 개발, 체육시설 설치, 폐기물처리시설 설치, 국방·군사시설 설치, 토석·모래·자갈·광물 등의 채취사업 등과 같은 것들이 환경보전에 미치는 영향을 평가하는 것을 말한다. 따라서 이 같은 사업을 하고자 하는 자는 사업계획안과 그 사업이 환경에 미치게 될 영향의 예측 및 평가에 관한 서류를 작성하여 미리 환경부장관에게 협의를 요청하여야 하며, 사업자는 해당 사업시행으로 영향을 받게 되는 주민의 의견을 수렴하여 환경영향평가서의 내용에 포함시켜야 한다. 또 사업자는 환경영향평가대상사업을 시행하려는 때에는 환경영향평가에 관한 서류를 작성하여야 한다(환경영향평가법 제9조·제16조).

자연환경보전
自然環境保全

자연환경을 체계적으로 보존·보호 또는 복원하고 생물다양성을 높이기 위하여 자연을 조성하고 관리하는 것을 말한다. 이를 위하여 「자연환경보전법」이 1991년 12월 31일 법률 제4492호로 공포되었으며 이후 몇 차례의 전부개정을 거쳐 시행되고 있다. 환경부장관 및 시·도지사는 ① 자연상태가 원시성을 유지하고 있거나 생물다양성이 풍부하여 보전 및 학술적 연구가치가 큰 지역이나 ② 지형 또는 지질이 특이하여 학술적 연구 또는 자연경관의 유지를 위하여 보전이 필요한 지역 ③ 다양한 생태계를 대표할 수 있는 지역 또는 생태계의 표본지역 ④ 그 밖에 하천·산간계곡 등 자연경관이 수려하여 특별히 보전할 필요가 있는 지역으로서 관계 행정기관의 장이나 특별시장·광역시장·특별자치시장·도지사 또는 특별자치도지사가 추천하는 지역을 생태·경관보전지역으로 지정하여 관리하여야 한다(자연환경보전법 제12조, 같은 법 시행령 제7조). 생태·경관보전지역은 다시 생태·경관핵심보전구역(생태계의 구조와 기능의 훼손방지를 위하여 특별한 보호가 필요하거나 자연경관이 수려하여 특별히 보호하고자 하는 지역), 생태·경관완충보전구역(핵심구역의 연접지역으로서 핵심구역의 보호를 위하여 필요한 지역), 생태·경관전이(轉移)보전구역(핵심구역 또는 완충구역에 둘러싸인 취락지역으로서 지속가능한 보전과 이용을 위하여 필요한 지역)으로 세분화된다. 또한 환경부장관은 관계중앙행정기관의 장과 협조하여 5년마다 전국의 자연환경을 조사하여야 하며(같은 법 제30조1항), 이 조사결과를 바탕으로 전국의 자연환경을 1~3등급 권역 및 별도관리지역으로 구분하고 이에 따라 생태·자연도를 작성하여야 한다(같은 법 제34조).

자연보호운동
自然保護運動

자연을 자연적 파괴와 인위적 훼손으로부터 지키고 돌보아서 원상대로 보존함으로써 자연환경을 보전하고 국민정서 및 생활을 보다 윤택하게 하려는 운동을 말한다. 정부는 자연보호운동이 범국민적인 운동으로 추진되도록 지방자치단체와 민간단체 등을 지원하여야 한다(자연환경보전법 제5조).

해양오염
海洋汚染

해양에 유입되거나 해양에서 발생되는 물질 또는 에너지로 인하여 해양환경에 해로운 결과를 미치거나 미칠 우려가 있는 상태를 말한다. 우리나라는 이를 방지하기 위하여 「해양오염방지법」을 제정하여 선박 및 해양시설로부터 배출되는 기름 및 폐기물 등으로 인한 해양오염에 대하여 규제해 왔다. 이후 단순히 해양오염에 대한 규제와 그 방제에서 벗어나, 환경친화적 해양자원의 지속가능한 이용·개발을 도모하고 해양환경의 효과적인 보전·관리를 위하여 국가 차원의 해양환경종합계획을 수립·시행하고, 해양에 유입되거나 해양에서 발생되는 각종 오염원을 통합관리하게 하는 등 해양 분야에서의 환경정책을 종합적·체계적으로 추진할 수 있는 법적 근거를 마련하기 위하여 「해양환경관리법」이 제정되었다.

배출허용기준
排出許容基準

배출시설에서 발생하는 오염물질과 악취발생물, 기계·기구 등에서 발생하는 소음진동의 법적 허용기준을 말한다. 수질분야에서는 생화학적산소요구량, 화학적산소요구량, 부유물질량 등이 적용되고, 대기분야에서는 매연 가운데 황산화물, 분진, 질소산화물, 유해물질의 허용 한도가 정해져 있다. 구체적인 기준은 개별법률에 의해 규율된다. 환경부장관은 특별대책지역에 대하여 환경오염방지에 필요하다고 인정하는 때에는 엄격한 배출허용기준을 정할 수 있다. 또한 지역환경기준을 유지하기 어렵다고 인정하는 때에는 특별대책지역에 새로이 설치되는 배출시설에 대하여 특별배출허용기준

을 정할 수 있다. 배출허용기준을 규제하는 것은 지역환경개선은 물론 국가 및 지구환경 개선에 기여한다.

배출부과금
排出賦課金

오염물질로 인한 환경상의 피해를 방지하거나 줄이기 위해 오염물질을 배출하는 업체에게 부과하는 금전적 제재를 말한다. 배출부과금 제도는 오염물질을 배출하는 사업자에게 금전적 부담을 지도록 하여 자발적으로 오염을 억제하도록 하는 데 그 목적이 있다. 구체적인 기준은 개별법률에 의해 규율되며, '오염물질의 기준 초과 정도, 배출기간, 오염물질의 종류, 배출량, 위반횟수' 등에 따라 부과금의 요율이 달라진다(물환경보전법 제41조, 대기환경보전법 제35조).

대기환경보전법
大氣環境保全法

대기오염으로 인한 국민건강 및 환경상의 위해를 예방하고 대기환

<대기오염물질>

1. 입자상물질
2. 브롬 및 그 화합물
3. 알루미늄 및 그 화합물
4. 바나듐 및 그 화합물
5. 망간화합물
6. 철 및 그 화합물
7. 아연 및 그 화합물
8. 셀렌 및 그 화합물
9. 안티몬 및 그 화합물
10. 주석 및 그 화합물
11. 텔루륨 및 그 화합물
12. 바륨 및 그 화합물
13. 일산화탄소
14. 암모니아
15. 질소산화물
16. 황산화물
17. 황화수소
18. 황화메틸
19. 이황화메틸
20. 메르캅탄류
21. 아민류
22. 사염화탄소

23. 이황화탄소
24. 탄화수소
25. 인 및 그 화합물
26. 붕소화합물
27. 아닐린
28. 벤젠
29. 스틸렌
30. 아크롤레인
31. 카드뮴 및 그 화합물
32. 시안화물
33. 납 및 그 화합물
34. 크롬 및 그 화합물
35. 비소 및 그 화합물
36. 수은 및 그 화합물
37. 구리 및 그 화합물
38. 염소 및 그 화합물
39. 불소화물
40. 석면
41. 니켈 및 그 화합물
42. 염화비닐
43. 다이옥신
44. 페놀 및 그 화합물

45. 베릴륨 및 그 화합물
46. 프로필렌옥사이드
47. 폴리염화비페닐
48. 클로로포름
49. 포름알데히드
50. 아세트알데히드
51. 벤지딘
52. 1,3-부타디엔
53. 다환 방향족 탄화수소류
54. 에틸렌옥사이드
55. 디클로로메탄
56. 테트라클로로에틸렌
57. 1,2-디클로로에탄
58. 에틸벤젠
59. 트리클로로에틸렌
60. 아크릴로니트릴
61. 히드라진
62. 아세트산비닐
63. 비스(2-에틸헥실)프탈레이트
64. 디메틸포름아미드

경을 적정하게 관리·보전함으로써 모든 국민이 건강하고 쾌적한 환경에서 생활할 수 있게 할 목적으로 제정된 법률을 말한다. 이 법률에서 말하는 **대기오염물질**이란 대기오염의 원인이 되는 가스·입자상 물질을 가리킨다. 이 법은 사업장과 생활환경상 배출되는 대기오염물질을 규제하고, 자동차·선박 등의 배출가스를 규제하며 자동차 온실가스의 배출을 관리하도록 하고 있는데, 환경부장관은 전국적인 대기오염 및 기후·생태계 변화유발물질의 실태를 파악하기 위하여 측정망을 설치, 대기오염도 등을 상시 측정하며, 대기오염물질과 온실가스를 줄여 대기환경을 개선하기 위하여 대기환경개선 종합계획을 10년마다 수립하여 시행하고, 장거리이동대기오염물질피해방지를 위하여 5년마다 장거리이동대기오염물질피해방지 종합대책을 수립하여야 한다.

물환경보전법 수질오염으로 인한 국민건강 및 환경상의 위해를 예방하고 하천·호소 등 공공수역의 물환경을 적정하게 관리·보전함으로써 국민으로 하여금 그 혜택을 널리 향유할 수 있도록 함과 동시에 미래의 세대에게 물려줄 수 있도록 함을 목적으로 제정된 법률이다. 이 법에서 **폐수**란 물에 액체성 또는 고체성의 수질오염물질이 혼입되어 그대로 사용할 수 없는 물을 말하며, **수질오염물질**은 수질오염의 요인이 되는 물질을 말하며, **특정수질유해물질**이란 사람의 건강, 재산이나 동식물의 생육에 직접 또는 간접으로 위해를 줄 우려가 있는 수질오염물질을 말한다. 또한 **공공수역**은 하천·호소·항만·연안해역, 그 밖에 공공용으로 사용되는 수역과 이에 접속하여 공공용으로 사용되는 수로를 말한다. **폐수배출시설**은 수질오염물질을 배출하는 시설물·기계·기구 그 밖의 물체로서 환경부령으로 정한 것을 말하며, **수질오염방지시설**이란 점오염원, 비점오염원 기타 수질오염원으로부터 배출되는 수질오염물질을 제거하거나 감소하게 하는 시설을 말한다(물환경보전법 제2조).

공공폐수처리시설
公共廢水處理施設
국가·지방자치단체 및 한국환경공단이 수질오염이 악화되어 환경기준을 유지하기 곤란하거나 물환경보전에 필요하다고 인정되는 지역 안의 각 사업장에서 배출되는 수질오염물질을 공동으로 처리하여 배출하기 위하여 설치한 시설을 **공공폐수처리시설**이라고 한다. 시설을 설치한 사업자 그 밖에 수질오염의 원인을 직접 일으킨 자는 공공폐수처리시설의 설치·운영에 필요한 비용의 전부 또는 일부를 부담하여야 한다. 공공폐수처리시설의 종류는 ① 산업단지 공공폐수처리시설 ② 농공단지 공공폐수처리시설 ③ 기타 공공폐수처리시설 등이다(물환경보전법 제48조, 같은 법 시행령 제61조).

가축분뇨
家畜糞尿
가축분뇨란 가축이 배설하는 분(糞)·요(尿) 및 가축사육 과정에서 사용된 물 등이 분·요에 섞인 것을 말한다(가축분뇨의 관리 및 이용에 관한 법률 제2조). 이때의 가축이란 소·돼지·말·닭, 그 밖에 대통령령으로 정하는 사육동물을 말한다.

폐기물관리
廢棄物管理
폐기물의 발생을 최대한 억제하고 발생한 폐기물을 친환경적으로 처리함으로써 환경보전과 국민생활의 질적 향상에 이바지함을 목적으로 「폐기물관리법」이 1986년 12월 31일 법률 제3904호(2007년 4월 11일 법률 제8371호 전부개정)로 제정·공포되었다. 이 법에서 말하는 **폐기물**이란 쓰레기, 연소재(燃燒滓), 오니(汚泥), 폐유(廢油), 폐산(廢酸), 폐알칼리, 동물의 사체 등으로서 사람의 생활이나 사업활동에 필요하지 아니하게 된 물질을 말한다. **생활폐기물**은 사업장폐기물 외의 폐기물을 말하며, **사업장폐기물**이란 법령에 따라 배출시설을 설치·운영하는 사업장이나 그 밖에 대통령령으로 정하는 사업장에서 발생하는 폐기물을 말하고, **지정폐기물**이란 사업장폐기물 중 폐유·폐산 등 주변 환경을 오염시킬 수 있거나 의료폐기물(醫療廢棄物) 등 인체에 위해(危害)를 줄 수 있는 폐기물을 말한다. **의료폐기물**이란 보건·의료기관, 동물병원, 시험·검사기관 등에서 배출되는 폐기물 중 인체에 감염 등 위해를 줄 우려가 있는 폐기물과 인체 조직 등 적출물(摘出物), 실험 동물의 사체 등 보건·환경보호상 특별한 관리가 필요한 폐기물을 말한다. 처리란 폐기물의 수집·운반·보관·재활용·처분을 말하며, 처분이란 폐기물의 소각(燒却)·중화(中和)·파쇄(破碎)·고형화(固形化) 등의 중간처분과 매립하거나 해역(海域)으로 배출하는 등의 최종처분을 말한다. **재활용**이란 폐기물을 재사용·재생이용하거나 재사용·재생이용할 수 있게 하는 것, 또는 폐기물로부터 에너지를 회수 또는 회수 가능한 상태로 만들거나 폐기물을 연료로 사용하는 활동을 말한다. **폐기물처리시설**이란 폐기물의 중간처분시설, 최종처분시설 및 재활용시설로서 대통령령으로 정하는 시설을 말한다. **폐기물감량화시설**이란 생산 공정에서 발생하는 폐기물의 양을 줄이고, 사업장 내 재활용을 통하여 폐기물 배출을 최소화하는 시설로서 대통령령으로 정하는 시설을 말한다(폐기물관리법 제2조).

소음·진동관리
噪音·振動管理

공장·건설공사장·도로·철도 등으로부터 발생하는 소음·진동으로 인한 피해를 방지하고 소음·진동을 적정하게 관리하여 모든 국민이 조용하고 평온한 환경에서 생활할 수 있게 함을 목적으로 1990년 8월 1일에 법률 제4259호로 「소음·진동규제법」(2009년 6월 9일 법률 제9770호에 의하여 소음·진동관리법으로 개정)을 제정·공포하였다. 이 법에서 **소음**이란 기계·기구·시설 그 밖의 물체를 사용하거나 공동주택 등의 장소에서 사람의 활동으로 인하여 발생하는 강한 소리를 말하며, **진동**이란 기계·기구·시설 그 밖의 물체의 사용으로 발생하는 강한 흔들림을 말한다. **소음·진동배출시설**이란 소음·진동을 발생시키는 공장의 기계·기구·시설 그 밖의 물체로서 환경부령으로 정하는 것을 말하며, 소음·진동배출시설로부터 배출되는 소음·진동을 없애거나 줄이는 시설을 **소음·진동방지시설**이라고 한다. **방음시설**은 소음·진동배출시설이 아닌 물체로부터 발생하는 소음을 없애거나 줄이는 시설을 말하며, 진동을 없애거나 줄이는 시설을 **방진시설**(防振施設)이라고 한다(소음·진동관리법 제2조).

이동소음
移動騷音

생활소음의 하나이다. 상업적 선전목적을 위해 자동차 등에 붙인 확성기 등의 사용으로 발생하는 소음을 말한다. 우리 헌법(제35조)은 '모든 국민은 건강하고 쾌적한 환경에서 생활할 권리를 가진다'고 규정하고 있다. 따라서 「소음·진동관리법」에서 그 규제지역을 정해 시·도지사가 필요한 조치를 취한다고 규정하고 있으나(소음·진동관리법 제24조), 이 규정은 거의 실효를 거두지 못하고 있다. 미국의 경우는 규제 정도가 매우 강하다.

오존층 보호
ozone層 保護

「오존층 보호를 위한 비엔나 협약」과 「오존층 파괴물질에 관한 몬트리올 의정서」의 시행을 위하여 특정물질의 제조 및 사용 등을 규제하고 대체물질의 개발 및 이용의 촉진과 특정물질의 배출억제 및 사용합리화 등을 효율적으로 추진할 목적으로 1991년 1월 14일에 법률 제4322호로 「오존층 보호를 위한 특정물질의 제조규제 등에 관한 법률」을 제정·공포하였다. 이 법에서 **특정물질**이란 「오존층 파괴물질에 관한 몬트리올 의정서」에 따른 오존층 파괴물질 중 대통령령으로 정하는 것을 말하며, **대체물질**이란 특정물질을 대체하는 물질 및 혼합물을 말한다. 이후 이 법은 「오존층 파괴물질에 관한 몬트리올 의정서」의 개정안인 키갈리 개정서에 의하여 오존층 파괴물질인 특정물질의 정의가 확대됨과 함께 제명이 「오존층 보호 등을 위한 특정물질의 관리에 관한 법률」로 변경되었다(2022년 10월 18일 법률 제19002호).

몬트리올 의정서
Montreal 議定書

정식명칭은 「**오존층 파괴물질에 관한 몬트리올 의정서**」이다. 세계 최초로 환경문제를 경제문제와 연계시킨 국제조약이다. 「오존층 보호를 위한 비엔나 협약」과 「오존층 파괴물질에 관한 몬트리올 의정서」의 시행을 위하여 「오존층 보호를 위한 특정물질의 제조규제 등에 관한 법률」을 제정·공포하였다. 이 조약에 가입한 나라는 염화불화탄소(프레온 가스) 등 20개의 오존층 파괴물질의 생산 및 사용을 1999년까지 완전히 금지하며, 비가입국으로부터는 오존층 파괴물질을 사용한 상품을 수입하지 않도록 규정하고 있다. 이 조약의 시행으로 인하여 전 세계적으로 프레온 가스의 사용이 금지되면서 에어컨과 냉장고 등에 사용되는 냉매가 수소불화탄소(HFCs)로 대체되었다. 그러나 수소불화탄소는 오존층을 파괴하지는 않지만 이산화탄소보다 훨씬 강력한 온실가스 효과를 일으키는 것으로 문제가 되었고, 이후 **키갈리 개정서**에 의하여 오존층파괴물질인 **특정물질**의 정의를 확대하여 수소불화탄소 역시 규제 대상에 포함되었다.

환경개선부담금
環境改善負擔金

경유를 연료로 사용하는 자동차의 소유자에게 부과·징수하는 금전을 말한다. 과거에는 경유자동차 외에도 환경오염물질을 다량으로 배출하는 건물 등의 소유자나 점유자에게도 부과했지만, 하수도 요금 등과 중복 부과되는 등의 문제가 발생해서 현재는 경유자동차에만 부과하고 있다. 자동차에 대한 개선부담금은 '대당(臺當) 기본 부과금액×오염유발계수×차령계수(車齡係數)×지역계수'에 따라 산정한다. 이때 대당 기본 부과금액, 오염유발계수, 차령계수 및 지역계수는 대통령령으로 정한다(환경개선비용 부담법 제9조·제10조).

환경분쟁조정제도
環境紛爭調整制度

환경오염 피해로 인한 민사상의 분쟁을 해결하도록 도와주는 제도이다. 소송을 통한 환경피해에 대한 분쟁해결은 인과관계의 규명이 곤란하거나 시간과 비용이 과다하게 소요되는 등의 문제로 피해자의 보다 신속하고 실효적인 피해 구제에 어려움이 있다. 「환경정책기본법」은 국가가 환경오염피해에 대한 분쟁이 신속·공정하게 해결될 수 있도록 필요한 시책을 마련하도록 규정하고 있다(제42조). 환경오염의 피해로 분쟁이 발생한 경우 관계당사자의 일방 또는 쌍방은 **중앙환경분쟁조정위원회** 또는 관할지방환경조정위원회에 분쟁의 알선·조정·재정 또는 중재를 신청할 수 있다. 위원회는 조정신청을 받으면 이해관계인이나 주무관청의 의견을 듣고 지체 없이 조정절차를 시작하여야 한다. 조정과는 별개로 위원회의 위원장은 당사자에게 합의를 권고할 수 있다. 분쟁이 조정 또는 재정에 계류되어 있는 같은 환경오염 원인에 의한 피해를 주장하는 자는 중앙·지방위원회의 승인을 얻어 당사자로서 해당 절차에 참가할 수 있다(환경분쟁 조정법 제16조~제20조).

한국환경공단
韓國環境公團

환경오염방지사업을 효율적으로 수행하여 환경보전에 기여함을 목적으로 설립한 법인을 말하며 2009년 2월 6일 법률 제9433호로서 「**한국환경공단법**」을 제정·공포하였다. 공단은 다음의 사업을 한다. ① 환경오염방지·환경개선 및 자원순환 촉진을 통한 자원생산성 향상 등을 위한 정책의 연구, 개발 및 지원 ② 재활용 가능자원 관련 물류시설, 폐기물에너지화시설, 폐기물재활용단지 및 연구시설 등 환경복합시설의 설치·운영 ③ 「환경기술 및 환경산업 지원법」에 따른 환경시설의 점검·진단·검사·설치·운영 및 기술지원 ④ 환경산업의 육성, 환경시설의 설치, 환경기술의 개발 등 환경개선사업에 필요한 자금의 융자 ⑤ 폐기물의 발생 억제, 부산물·폐기물의 순환이용(재사용·재생이용·재활용 등), 폐기물의 친환경적 처리를 위한 사업 ⑥ 대기·수질·소음·실내공기질 등을 측정하기 위한 환경측정망 및 관제센터의 설치·운영 ⑦ 토양·지하수 환경의 조사·평가·검증·인증·정화사업 및 관리 ⑧ 환경유해인자(화학물질을 포함한다)의 검사·분석, 유해성시험, 위해성평가 및 관리 ⑨ 환경 관련 국제협약 대응 및 환경시설 설치·운영 등 국제협력사업 ⑩ 수변구역 매수토지관리·생태복원, 비점오염원 관리·물순환 및 「물환경보전법」 제21조의4에 따른 완충저류시설 설치 ⑪ 재활용산업의 육성지원, 재활용제품의 수요촉진, 제품의 자원순환성 평가 및 개발사업의 자원순환성 고려의 지원 등 자원순환촉진을 위한 사업 ⑫ 기후변화대응을 위한 온실가스 감축사업과 국가나 지방자치단체의 온실가스 정책지원 사업 ⑬ 녹색기술·녹색산업 집적지 및 단지 조성·운영 ⑭ 「사회기반시설에 대한 민간투자법」에 따른 환경분야 사업의 평가·협상, 총사업비 검증 및 이에 수반되는 공사비와 설계의 경제성 검토 등 지원(다만, 「사회기반시설에 대한 민간투자법」 제23조에 따른 공공투자관리센터에서 수행하는 사업 제외) ⑮ 석면안전관리 사업 ⑯ 환경보건 정책지원 사업 ⑰ 국가나 지방자치단체가 압수·몰수한 물품의 운송·보관, 폐기·자원화 및 공매 ⑱ 환경분야 지식·정

보수집, 교육·홍보, 국내외 협력 및 각급 기관에 대한 지원 ⑲ 공익상 그 수행이 필요하거나 공단의 설립목적을 달성하기 위하여 필요한 사업으로서 대통령령으로 정하는 사업 ⑳ 위에 열거한 사업을 위한 조사·측량, 시험·연구, 통계관리, 정보화, 기술용역, 설계 및 공사의 관리·감독·감리 ㉑ 환경오염방지 및 폐자원의 효율적 이용 등에 관한 대국민홍보 및 교육 ㉒ 다른 법령에 따라 공단이 수행할 수 있는 사업 ㉓ 그 밖에 공단의 설립목적을 달성하기 위하여 필요하다고 환경부장관이 인정하는 사업 ㉔ ①부터 ㉓까지의 사업에 딸린 업무로서 정관으로 정하는 사항(한국환경공단법 제17조)

기타 행정용어

농업기계화사업
農業機械化事業
농업기계의 연구·조사·개발·생산·보급·이용·기술훈련·사후관리·안전관리 등을 통하여 농업생산기술의 향상과 농업의 구조 및 경영개선을 도모하는 것을 말하며, 농업기계란 농림축산물의 생산 및 생산 후 처리작업과 생산시설의 환경제어 및 자동화 등에 사용되는 기계·설비 및 그 부속 기자재를 말한다(농업기계화 촉진법 제2조).

도시개발사업
都市開發事業
지정된 도시개발구역 안에서 주거·상업·산업·유통·정보통신·생태·문화·보건 및 복지 등의 기능을 가진 단지 또는 시가지를 조성하기 위해 시행하는 사업을 말한다(도시개발법 제2조1항). 도시개발의 방식으로는 ① 수용 또는 사용에 의한 방식 ② 환지방식 ③ 양자혼합방식을 선택하여 시행하도록 하고 있다(같은 법 제21조).

도시 · 군계획
都市 · 郡計劃

특별시 · 광역시 · 특별자치시 · 특별자치도 · 시 또는 군(광역시의 관할구역 안에 있는 군을 제외. 이하 도시 · 군이라 한다)의 관할구역에 대하여 수립하는 공간구조와 발전방향에 대한 계획으로서 도시 · 군기본계획과 도시 · 군관리계획으로 구분한다(국토의 계획 및 이용에 관한 법률 제2조). 도시 · 군기본계획이란 도시 · 군의 관할구역에 대하여 기본적인 공간구조와 장기발전방향을 제시하는 종합계획으로서 도시 · 군관리계획 수립의 지침이 되는 계획을 말하며, 도시 · 군관리계획이란 도시 · 군의 개발 · 정비 및 보전을 위하여 수립하는 토지 이용, 교통, 환경, 경관, 안전, 산업, 정보통신, 보건, 복지, 안보, 문화 등에 관한 다음의 계획을 말한다. ① 용도지역 · 용도지구의 지정 또는 변경에 관한 계획 ② 개발제한구역, 도시자연공원구역, 시가화조정구역(市街化調整區域), 수산자원보호구역의 지정 또는 변경에 관한 계획 ③ 기반시설의 설치 · 정비 또는 개량에 관한 계획 ④ 도시개발사업이나 정비사업에 관한 계획 ⑤ 지구단위계획구역의 지정 또는 변경에 관한 계획과 지구단위계획 ⑥ 입지규제최소구역의 지정 또는 변경에 관한 계획과 입지규제최소구역계획

도시 · 군계획은 도시 · 군의 관할구역에서 수립되는 다른 법률에 의한 토지의 이용 · 개발 및 보전에 관한 계획의 기본이 되므로 특별시장 · 광역시장 · 특별자치시장 · 특별자치도지사 · 시장 또는 군수가 관할구역에 대하여 다른 법률에 의한 환경 · 교통 · 수도 · 하수도 · 주택 등에 관한 부문별 계획을 수립하는 때에는 도시 · 군기본계획의 내용과 부합되게 하여야 한다(같은 법 제4조).

공동구
共同溝

지하매설물(전기 · 가스 · 수도 등의 공급시설 및 통신시설 · 하수도시설 등)을 공동수용함으로써 미관의 개선, 도로구조의 보전과 교통의 원활한 소통을 위하여 지하에 설치하는 시설물을 말한다(국토의 계획 및 이용에 관한 법률 제2조9호).

기반시설
基盤施設

도시주민의 생활 및 도시기능 유지에 필요한 기초적인 시설을 말한다. ① 도로 · 철도 · 항만 · 공항 · 주차장 등 교통시설 ② 광장 · 공원 · 녹지 등 공간시설 ③ 유통업무설비, 수도 · 전기 · 가스공급설비, 방송 · 통신시설, 공동구 등 유통 · 공급시설 ④ 학교 · 공공청사 · 문화시설 및 공공필요성이 인정되는 체육시설 등 공공 · 문화체육시설 ⑤ 하천 · 유수지(遊水池) · 방화설비 등 방재시설 ⑥ 장사시설 등 보건위생시설 ⑦ 하수도, 폐기물처리 및 재활용시설, 빗물저장 및 이용시설 등 환경기초시설 등이 이에 해당한다(국토의 계획 및 이용에 관한 법률 제2조6호).

기반시설연동제
基盤施設連動制

도로 · 항만 · 통신 등의 기반시설의 설치 여부와 연계하여 개발행위를 허가해주는 제도를 말한다. 「국토의 계획 및 이용에 관한 법률」에서 기반시설연동제는 개발밀도관리구역을 그 내용으로 하고 있다. **개발밀도관리구역**은 개발로 인하여 기반시설이 부족할 것으로 예상되거나 기반시설의 설치가 곤란한 지역을 대상으로 건폐율이나 용적률을 강화하여 적용하기 위하여 지정하는 구역을 말한다(국토의 계획 및 이용에 관한 법률 제2조18호).

체비지
替費地

환지방식의 도시개발사업에서 시행자가 환지로 정하지 않고 경비에 충당하는 땅을 말한다. 환지란 도시개발사업의 시행방식 중 하나로 토지소유자가 개발과정에서 비용을 지불하는 대신 사업 후 필지정리를 통해 토지소유권을 재분배하는 방식을 말하는데, 이때 시행자는 도시개발사업에 필요한 경비에 충당

하거나 규약·정관·시행규정 또는 실시계획으로 정하는 목적을 위하여 일정한 토지를 환지로 정해서 토지소유주에게 돌려주는 대신 보류지로 정할 수 있으며, 그중 일부를 체비지로 정하여 도시개발사업에 필요한 경비에 충당할 수 있다(도시개발법 제34조).

건축설비
建築設備

건축물에 설치하는 전기·전화 설비, 초고속 정보통신 설비, 지능형 홈네트워크 설비, 가스·급수·배수·환기·난방·소화·배연 및 오물처리의 설비와 굴뚝, 승강기, 피뢰침, 국기게양대, 공동시청안테나, 유선방송수신시설, 우편함, 저수조, 방범시설, 그 밖에 국토교통부령으로 정하는 설비를 말한다. 건축물이란 토지에 정착하는 공작물 중 지붕과 기둥 또는 벽이 있는 것과 이에 딸린 시설물, 지하나 고가의 공작물에 설치하는 사무소, 공연장, 점포, 차고, 창고, 그 밖에 대통령령으로 정하는 것을 말한다(건축법 제2조1항2호·4호).

골재
骨材

하천·산림·공유수면, 그 밖의 지상·지하 등 자연상태에 부존(賦存)하는 암석(쇄석용에 한정함)·모래 또는 자갈로서 콘크리트 및 아스팔트콘크리트의 재료 또는 그 밖에 건설공사의 기초재료로 쓰이는 것을 말한다(골재채취법 제2조1항1호). 공유수면(公有水面)이란 바다, 바닷가, 하천·호소(湖沼)·구거(溝渠), 그 밖에 공공용으로 사용되는 수면 또는 수류(水流)로서 국가의 소유에 속하는 것을 말한다(공유수면 관리 및 매립에 관한 법률 제2조1호).

주택조합
住宅組合

많은 수의 구성원이 주택을 마련하거나 리모델링하기 위하여 결성하는 조합으로, ① 지역주택조합은 같은 지역에 거주하는 주민이 주택을 마련하기 위하여 설립한 조합 ② 직장주택조합은 같은 직장의 근로자가 주택을 마련하기 위하여 설립한 조합 ③ 리모델링주택조합은 공동주택의 소유자가 그 주택을 리모델링하기 위하여 설립한 조합이다(주택법 제2조11호). 많은 수의 구성원이 주택을 마련하거나 리모델링하기 위하여 주택조합을 설립하려는 경우(직장주택조합의 경우는 제외)에는 관할 시장·군수·구청장의 인가를 받아야 한다. 인가받은 내용을 변경하거나 주택조합을 해산하려는 경우에도 또한 같다(같은 법 제11조1항). 주택조합설립인가를 받으려는 자는 해당 주택건설대지의 80퍼센트 이상에 해당하는 토지의 사용권원과 15퍼센트 이상에 해당하는 토지의 소유권을 확보하여야 한다. 주택을 리모델링하기 위하여 주택조합을 설립하려는 경우에는 다음의 구분에 따른 구분소유자(「집합건물의 소유 및 관리에 관한 법률」 제2조2호에 따른 구분소유자)와 의결권(같은 법 제37조에 따른 의결권)의 결의를 증명하는 서류를 첨부하여 관할 시장·군수·구청장의 인가를 받아야 한다. ① 주택단지 전체를 리모델링하고자 하는 경우에는 주택단지 전체의 구분소유자와 의결권의 각 3분의 2 이상의 결의 및 각 동의 구분소유자와 의결권의 각 과반수의 결의 ② 동을 리모델링하고자 하는 경우에는 그 동의 구분소유자 및 의결권의 각 3분의 2 이상의 결의(주택법 제11조3항). 또한, 주택조합의 발기인 또는 임원은 조합규약이나 공동사업주체의 선정 및 주택조합이 공동사업주체인 등록사업자와 체결한 협약서, 설계자 등 용역업체 선정 계약서, 조합총회·이사회·대의원회 등의 의사록, 사업시행계획서, 해당 주택조합사업의 시행에 관한 공문서, 회계감사보고서, 분기별 사업실적 보고서, 업무대행자가 제출한 실적보고서, 그 밖에 주택조합사업 시행에 관하여 대통령령으로 정하는 서류 및 관련 자료가 작성되거나 변경된 후 15일 이내에 이를 조합원이 알 수 있도록 인터넷과 그 밖의 방법을 병행하여 공개하여야 한다(주택법 제12조2항).

무주택세대주
無住宅世帶主

세대별 주민등록표상에 배우자 또는 직계존비속 등으로 이루어진 세대의 세대주로서 그 세대주를 포함한 세대원(세대주와 동일한 세대별 주민등록표상에 등재되어 있지 아니한 세대주의 배우자와 동일한 세대를 이루고 있는 세대원을 포함) 전원이 주택을 소유하고 있지 아니한 경우의 세대주를 말한다. 국민주택 등의 일반공급에 있어서는 입주자모집공고일부터 입주시까지, 고용자인 사업주체가 그 소속근로자에게 공급하는 주택은 해당 주택의 사업계획승인일부터 입주시까지 무주택세대주인 사람은 해당 주택의 공급대상이 된다(주택공급에 관한 규칙 제2조3호·4호, 제4조2항).

산업단지
産業團地

공장·지식산업관련시설·문화산업관련시설·정보통신산업관련시설·재활용산업관련시설·자원비축시설·물류시설·교육·연구시설 등과 이와 관련된 교육·연구·업무·지원·정보처리·유통시설 및 이들 시설의 기능향상을 위하여 주거·문화·환경·공원녹지·의료·관광·체육·복지시설 등을 집단적으로 설치하기 위하여 포괄적 계획에 따라 지정·개발되는 일단의 토지로서, ① 국가산업단지 : 국가기간산업 및 첨단과학기술산업 등을 육성하거나 개발촉진이 필요한 낙후지역이나 둘 이상의 특별시·광역시·특별자치시 또는 도에 걸쳐 있는 지역을 산업단지로 개발하기 위하여 지정된 산업단지 ② 일반산업단지 : 산업의 적정한 지방분산을 촉진하고 지역경제의 활성화를 위하여 지정된 산업단지 ③ 도시첨단산업단지 : 지식산업·문화산업·정보통신산업, 그 밖의 첨단산업의 육성과 개발촉진을 위하여 지정된 산업단지 ④ 농공단지 : 농어촌지역에 농어민의 소득증대를 위한 산업을 유치·육성하기 위하여 지정된 산업단지를 말한다(산업입지 및 개발에 관한 법률 제2조8호).

공시지가
公示地價

국토교통부장관이 조사·평가하여 공시한 표준지의 단위면적(㎡)당 가격을 말한다. 「부동산 가격공시에 관한 법률」에 따라 국토교통부장관은 토지이용상황이나 주변환경 그 밖의 자연적·사회적 조건이 일반적으로 유사하다고 인정되는 일단의 토지 중에서 선정한 표준지에 대하여 매년 공시기준일 현재의 적정가격을 조사·평가하여야 한다(같은 법 제3조1항).

개발이익환수제
開發利益還收制

개발이익을 얻게 되는 당사자로부터 그 이익을 환수하는 제도이다. 개발이익이란 개발사업의 시행 또는 토지이용계획의 변경, 그 밖에 사회적·경제적 요인에 의하여 정상지가상승분을 초과하여 개발사업을 시행하는 자(사업시행자) 또는 토지소유자에게 귀속되는 토지가액의 증가분을 말한다(개발이익 환수에 관한 법률 제2조1호). 이와 같은 개발이익에 대하여 특별자치시장·특별자치도지사·시장·군수 또는 구청장(구청장은 자치구의 구청장을 말한다)은 **개발부담금**을 부과·징수하는데, 개발부담금의 부과 대상인 개발사업은 택지개발사업(주택단지조성사업을 포함한다), 산업단지개발사업, 관광단지조성사업(온천 개발사업을 포함한다), 도시개발사업, 지역개발사업 및 도시환경정비사업, 교통시설 및 물류시설 용지조성사업, 체육시설 부지조성사업(골프장 건설사업 및 경륜장·경정장 설치사업을 포함한다), 지목 변경이 수반되는 사업으로서 대통령령으로 정하는 사업, 그 밖에 대통령령으로 정하는 사업이다(같은 법 제5조).

개발행위허가제
開發行爲許可制

일정한 개발행위에 대하여 사전에 관계행정청의 허가를 받도록 하는 제도를 말한다. 이는 난개발을 방지하기 위하여 종전 구 「도시계획법」에서 존재하던 것을 확대 도입한 것이다. 여기서 개발행위허가의 대상이 되는 개발행위란 ① 건축물의 건축 또는 공작물의 설치 ② 토지의 형질변경 ③ 토석의 채취 ④ 토지분할 ⑤ 녹지지역·관리지역 또는 자연환경보전지역에 물건을 1개월 이상 쌓아놓는 행위를 말한다. 이러한 행위를 하고자 하는 자는 특별시장·광역시장·특별자치시장·특별자치도지사·시장 또는 군수의 허가를 받아야 한다(국토의 계획 및 이용에 관한 법률 제56조1항).

개발부담금
開發負擔金

개발부담금은 개발사업시행자에게 귀속되는 개발이익 중에서 「개발이익 환수에 관한 법률」에 의하여 특별자치시장·특별자치도지사·시장·군수 또는 구청장(구청장은 자치구의 구청장을 말한다)이 부과·징수하는 금액을 말한다. 징수된 개발부담금의 100분의 50에 해당하는 금액은 개발이익이 발생한 토지가 속하는 지방자치단체에 귀속되고, 이를 제외한 나머지 개발부담금은 「지방자치분권 및 지역균형발전에 관한 특별법」에 따른 지역균형발전특별회계에 귀속된다(개발이익 환수에 관한 법률 제2조4호, 제4조1항).

향정신성의약품
向精神性醫藥品

인간의 중추신경계에 작용하는 것으로 이를 오용(誤用)하거나 남용할 경우 인체에 심각한 위해가 있다고 인정되는 것으로서(마약류 관리에 관한 법률 제2조3호), ① 오용하거나 남용할 우려가 심하고 의료용으로 쓰이지 아니하며 안전성이 결여되어 있는 것으로서 이를 오용하거나 남용할 경우 심한 신체적·정신적 의존성을 일으키는 약물 또는 이를 함유하는 물질, ② 오용하거나 남용할 우려가 심하고 매우 제한된 의료용으로만 쓰이는 것으로서 이를 오용하거나 남용할 경우 심한 신체적 또는 정신적 의존성을 일으키는 약물 또는 이를 함유하는 물질, ③ ① 및 ② 에 규정된 것보다 오용하거나 남용할 우려가 상대적으로 적고 의료용으로 쓰이는 것으로서 이를 오용하거나 남용할 경우 그리 심하지 아니한 신체적 의존성을 일으키거나 심한 정신적 의존성을 일으키는 약물 또는 이를 함유하는 물질, ④③에 규정된 것보다 오용하거나 남용할 우려가 상대적으로 적고 의료용으로 쓰이는 것으로서 이를 오용하거나 남용할 경우 ③에 규정된 것보다 신체적 또는 정신적 의존성을 일으킬 우려가 적은 약물 또는 이를 함유하는 물질, ⑤ ①부터 ④까지에 열거된 것을 함유하는 혼합물질 또는 혼합제제 등을 말한다.

장애인
障碍人

지체장애, 시각장애, 청각장애, 언어장애 또는 지적장애 등 신체적·정신적 장애로 장기간에 걸쳐 일상생활 또는 사회생활에 상당한 제약을 받는 자로서 대통령령으로 정하는 기준에 해당하는 자를 말한다. 장애인은 인간으로서의 존엄과 가치의 존중과 이에 상응하는 대우를 받고 누구든지 장애를 이유로 정치·경제·사회·문화 생활의 모든 영역에서 차별을 받지 아니하며, 또한 모든 장애인에게는 국가·사회를 구성하는 일원으로서 정치·경제·사회·문화 기타 모든 분야의 활동에 참여할 기회가 보장된다. 그리고 국가와 지방자치단체는 장애의 발생을 예방하고 장애인 복지에 대한 국민의 관심을 높이고 자립을 지원하며 필요한 보호를 실시하여 장애인의 복지를 증진할 책임을 진다. 또한 모든 국민은 장애발생의 예방, 조기발견과 장애인의 복지증진에 협력하여야 한다. 장애인의 인간다운 삶과 권리보장을 위한 국가와 지방자치단체 등의 책임을 명백히 하고, 장애발생 예방과 장애인의 의료·교육·직업재활·생활환경개선 등에 관한 사업을 정하여 장애인복지대책을 종합적으로 추진하며, 장애인의 자립생활·보호 및 수당지급 등에 관하여 필요한 사항을 정하여 장애인의 생활안정에 기여하는 등 장애인의 복지와 사회활동 참여증진을 통하여 사회통합에 이바지함을 목적으로 「장애인복지법」을 제정하였다.

노 동 법

노동법

노동법
勞動法

자본주의 경제조직하의 노동관계에 대해 규정한 법률을 말한다. 공장제생산(자본제생산)이 확립됨에 따라 사회의 새로운 계층으로 근로자라는 개념이 생겼다. 이러한 근로자와 사용자와의 관계(이른바, 노동문제를 중심으로 한 관계)는 종래의 근대법률로는 규율할 수 없는 새로운 양상으로 발전되어 나갔고, 이에 대처하기 위하여 서서히 생성·발전되어 나간 여러 법제를 가리켜 일반적으로 노동법이라고 부른다. 자본주의 국가는 기존의 계약자유의 원칙에 입각한 근대민법만으로는 노동관계를 규율할 수 없었기 때문에 노동문제에 대해서 새로운 법제를 설정하게 되었다. 근로자의 근로조건의 최저기준을 국가의 행정감독에 의하여 보호하는 노동보호법(근로기준법), 근로자의 단결·단체행동의 권리를 용인하는 단결법이자 쟁의조정과 쟁의행위 행사요건을 정하는 쟁의조정법(노동조합 및 노동관계조정법), 노동관계에 개입하여 노동관계의 조정을 임무로 하는 기관의 설립 및 운영에 관한 법(노동위원회법), 근로자와 사용자가 단체협약의 해결 및 근로조건에 관한 사항 등을 협의하는 기관 설립에 관한 법(근로자참여 및 협력증진에 관한 법률)을 제정하였다. 이와 같은 법률은 사용자의 사회적·경제적 우위와 근로자의 종속관계를 전제로 하여 근로자의 권리를 용인·보호하고 그들의 지위 향상과 노사의 실질적 평등을 도모하기 위한 것으로 이것들을 총칭하여 **노동법**이라고 부른다.

노동법은 사회보험이나 생활보호 등의 사회보장입법 및 실업대책입법과 함께 사회법에서 중요한 분야이다. 그러나 이와 동시에 노동법은 자본주의 법질서를 전제로 하여, 이를 수정하면서도 결국은 자본주의 법질서를 따른다는 특징을 갖고 있다. 따라서 자본주의를 부정하는 사회에서는 여기서 말하는 노동법은 존재하지 아니한다.

노동관계
勞動關係

넓은 의미로는 근로자로서의 생활질서의 관계를, 일반적으로는 근로자와 사용자와의 관계를 말하며, 근로관계라고도 한다. 노동에는 반드시 이를 제공하는 자와 이를 제공받는 자가 있다. 제공하는 자를 피용자(근로자)라고 하며, 이를 제공받는 자를 고용주(사용자)라고 하는데 양자 간의 노동수급관계를 노동관계라고 말한다. 노동관계를 자본주의 초기에는 사법상의 채권관계라고 보아 왔으나, 오늘날의 노동법 이론상으로는 용납될 수 없는 견해이다. 본래 채권관계는 어떤 자가 경제가치를 타인에게 제공하면, 그 타인은 이에 상당하는 경제가치를 공여(供與)하며 서로 이의 융통전환(融通轉換)을 행하는 관계, 즉 경제가치의 융통전환을 내용으로 하는 법률관계이나, 노동관계는 본질상 이러한 법률관계에 속하지 않는다. 물론 형식상으로는 피용자는 고용주에게 일정한 보수를 받고 노동이라고 하는 일종의 경제가치를 제공하는 것이기 때문에 단순한 채권관계에 속하는 것처럼 보이지만, 피용자가 제공하는 노동력은 본래 피용자 본인과 분리할 수 없는 '인적급부(人的給付)'여서 매매·증여·임대차 등의 목적물로 되어 있는 일반경제재화와는 본질적으로 다르다. 따라서 노동관계는 「민법」 채권편의 각종의 계약관계와는 그 성질이 판이하게 달라 일반채권관계에서는 볼 수 없는 특수한 요소를 포함하고 있다. 노동관계는 다시 개별노동관계와 단체노동관계로 구별된다.

노동법

개별적 노동법, 집단적 노동법(단체적 노동법)
個別的 勞動法, 集團的 勞動法(團體的 勞動法)

독일의 A. Hueck는 노동관계의 특성에 따라 개별적 노동법과 집단적 노동법으로 양자를 구분하였다. 먼저 개별적 노동법은 노동자 개인의 인권보장과 개별적 노동계약, 근로조건 등을 규율하는 법으로 노동기본권 중에서 가장 기본적인 규범들이다. 이에 해당하는 것으로 「근로기준법」, 「남녀고용평등과 일·가정 양립 지원에 관한 법률」, 「직업안정법」, 「고용정책 기본법」 등이 있다. 노동기본권 중에서 근로권에 대응하는 개념이라고 할 수 있다.

반면 집단적 노동법은 노동자들의 단체형성과 노동자단체의 행위·구성·활동범위 등을 전반적으로 규율한 법규로 노동3권을 보장하기 위한 법규들이라고 할 수 있다. 이에 해당하는 것으로는 「노동조합 및 노동관계조정법」, 「근로자참여 및 협력증진에 관한 법률」 등이 있다.

노동문제
勞動問題

근로자의 사회적·경제적 지위를 개선·향상시키는 것과 관련된 문제를 말한다. 산업혁명으로 공장제생산체제(자본제생산체제)가 확립되어 모든 상품이 기계와 동력에 의하여 대량으로 생산됨에 따라 종래 수공업적 생산 내지는 가내공업적 생산에 종사하던 근로자들이 대규모 공장을 중심으로 공장근로자로 일하게 되었다. 공장제생산체제는 다수 근로자가 동일한 장소에서 동일한 상품을 생산하는 체제이므로 자연히 저임금 문제, 장시간 노동문제 또는 근로자의 재해문제 등이 야기되었다. 이러한 문제를 그대로 방치하기에는 너무나 큰 국가적·사회적 문제였기 때문에 국가가 문제를 해결하기 위하여 적극적으로 관여하게 되면서 노동법이 만들어졌다.

노동보호법
勞動保護法

광의로는 근로자 보호를 목적으로 한 법규 전체를 말한다. 사회보험·실업구제 등에 관한 법도 포함하지만 보통은 근로계약관계에 수반하는 폐해(弊害) 제거를 목적으로 하는 법을 말한다. 이것은 근로계약내용에 국가가 직접 간섭하여 최저한도의 근로조건을 정하는 법인 까닭에 계약자유의 원칙을 제한한다. 이러한 의미에 있어서의 노동관계법으로 「근로기준법」이 있다.

노동기본권
勞動基本權

근로자의 생존권 확보를 위하여 헌법이 보장하고 있는 노동권(근로권, 헌법 제32조1항) 및 단결권·단체교섭권·단체행동권(쟁의권, 헌법 제33조1항) 등의 권리를 총칭한다. 이때 좁은 의미의 노동기본권이란 일반적으로 노동3권을 의미한다. 이러한 권리는 보장방법에 따라서 반드시 동일한 성격을 가지고 있지는 않다. 노동권은 국민이 근로의 권리를 갖는다고 하는 취지의 선언적 규정에 불과하며, 법률적으로는 정치적 강령을 표시한 것에 불과하지만, 다른 3권은 「노동조합 및 노동관계조정법」·「근로기준법」 등의 구체적 입법에 의하여 적극적으로 보장되어 있다. 그러나 이러한 권리는 근로자의 생존을 확보하기 위한 수단으로 보장된 것이고, 그 자체가 절대적 권리로서 무한정의 행사와 보장을 받지는 않는다. 따라서 사회 전체의 이익을 위하여 이와 같은 권리는 일부 제약을 받을 수 있으나, 그렇다고 해서 이를 이유로 부당한 제한이 가해져서는 안 된다. 근로자의 기본권에 대해서 사용자측에는 '록아웃'(직장폐쇄)이라고 하는 쟁의행위가 인정되고 있지만(노동조합 및 노동관계조정법 제46조), 이것은 단지 노사 균형상 용인되고 있을 뿐 노동기본권이라고는 볼 수 없다.

종속노동
從屬勞動

타인에게 지휘·명령을 받으며 사용·종속 관계에서 이루어지는 노동을 말한다. 근대 시민법에서는 자유독립 근로자라 하더라도 자본주의 생산양식하의 근로관계에 있어서 본인의 노동력을 판매해서 생계비를 획득하는 방법 이외에 달리 방도가 없기 때문에 실질적으로는 사용자에게 종속되지 않을 수 없다. 사용자와 근로자와의 관계를 근대법에서는 계약이라고 보아야 하고 또한 적어도 그 시초에 있어서는 양쪽 당사자의 자유의사가 그 결합을 이루는 것이라고 볼 수 있다. 하지만 그로 인하여 일단 발생한 관계는 이미 계약의 개념만으로는 해결할 수 없는 지배·종속의 관계가 생기며, 독일의 학설에서 보는 바와 같은 종속노동이라고 하는 관념이 나오게 되는 것이다. 따라서 종속노동을 영위하는 자가 노동법상의 근로자(노동자)이고, 노동법이라는 것은 종속노동에 종사하는 자의 각종 관계를 규율하는 법이라고 하는 정의가 내려진다. 그러나 종속의 의미에 대해서는 사람에 따라서 약간의 차이가 있다.

노동전수권
勞動全收權

사회 구성원에게 노동에서 생기는 모든 수익이 법률질서에 따라 그들 소유가 될 것을 요구하는 권리를 말한다. **근로전수권** 또는 **전근로수익권**이라고도 한다. 이것은 토지·자본에 의한 불로소득 및 법률상 전제인 생산수단의 사유를 부정하는 동시에 사회 구성원에게 그 생존욕망을 충족시키는 데 충분한 일정수의 시간만 매일 노동하는 의무를 부담시키고, 동시에 남은 근로시간의 모든 노동수익을 일정한 제한을 붙여서 자유처분에 맡기는 것을 내용으로 한다. 오스트리아의 법학자 멩거가 주창한 것으로 노동권과 함께 **경제적 기본권**이라고 칭한다.

국제노동법
國際勞動法

각국의 노동법 중에서도 근로자 보호에 관한 법규를 통일하기 위해서 주로 국제조약(특히 국제노동조약)에 의하여 정하여진 법규를 말한다. 특별히 국제노동법이라는 명칭을 붙일 만한 일반적 이론은 아직 확립되지 않았다. 1890년의 베를린 국제노동회의를 효시로 하며, 1906년 베른 국제노동회의에서는 여성의 심야작업금지·백린(白燐)성냥제조금지의 2조약이 성립되었다. 제1차 세계대전 후에는 각국 노동조합의 요구를 인정하고 「베르사유강화조약」 중에 노동편(제13편)을 마련하여 입법사업의 조직·목적을 확립하였다. 국제연맹가입국이 국제노동기관을 조직하고 국제노동사무국을 설치하여 매년 1회 국제노동총회를 개최하였다. 제2차 세계대전 후에는 「베르사유강화조약」의 노동편 대신에 국제노동기관헌장이 채택되었다. 그러나 기본적인 점에는 다름이 없다.

국제노동조약
國際勞動條約

국제노동총회가 채택한 노동의 국제적 통제에 관한 조약을 말한다. 각 가맹국은 입법 또는 다른 조치를 취하기 위하여 총회 후 적어도 1년 이내에 권한 있는 기관에 부의(附議)하여야 하며, 그 기관의 동의를 받지 못하였을 때에는 장해가 된 사정을 보고해야 한다. 조약불이행에 대해서는 신고·이의신청·노동심리위원회나 국제사법재판소에 부탁·제재절차가 정하여져 있다. 노동의 국제적 통제란 각국에서의 노동, 특히 근로자 보호를 국제적으로 통제하는 것이다. 이에 관한 통일적 규칙을 조약으로 정하여 각국의 국내법에서 이를 채택하여 실행한다.

국제노동규약
國際勞動規約

「베르사유강화조약」 제13편의 노동편을 말한다. 이에 의해서 국제노동기관이 설치되었으나 1948년에 폐지되었다. 그 대신에 1946년에 국제노동기구 총회에서 채택한 국제노동기구헌장이 1948년에 발효되었다.

국제노동기구
國際勞動機構

각국의 근로조건을 개선하고 근로자 지위를 향상시켜 사회적 불안을 제거하여 세계평화에 공헌하자는 목적으로 설립된 국제기관이다. 약칭하여 ILO라고 한다. 제1차 세계 대전 후 「베르사유강화조약」 제13편에 노동조약을 채택하고 이 규약에 근거하여 국제연맹의 자주적인 하나의 기구로 설립되었다(1919년). 제2차 세계 대전 후 1946년에는 이 기구와 국제연합 간에 협정을 체결하여 전문기구가 되었다. 주요기관으로는 총회 · 이사회 · 국제노동사무국이 있다. 이 기구의 가맹은 UN의 비가맹국에도 개방되어 있다. 본부는 스위스 제네바에 있다.

국제노동기구헌장
國際勞動機構憲章

국제노동기구를 구성하는 「베르사유강화조약」 제13편의 노동편을 말한다. 이 노동편은 형식상 평화조약의 일부를 구성하나, 사실상 독립적인 것으로 1934년 이후 「국제노동기구헌장」이라고 부른다. 국제연맹의 해체에 따라 1946년 9월부터 10월에 걸친 몬트리올의 제29회 총회에서 전면적 개정문서를 채택하여 1948년 4월 20일에 발효(發效)하였다. 우리나라는 이 헌장을 1991년 12월 9일 조약 제1066호로 공포하였다.

노동조합주의
勞動組合主義

노동조합운동의 모국인 영국의 노동조합주의를 가리킨다. 그러나 널리 노동조합운동, 즉 근로자가 노동조합의 단결력을 배경으로 하여 경제적 · 사회적 지위 향상을 실현하려고 하는 단체운동의 방식을 의미하는 경우도 있다. 영국에서의 노동조합주의는 사상적으로는 약간의 변천을 보이고 있지만, 기본적으로는 '마르크스주의'를 부정하고 구 소련의 사회주의와도 구별된다. 영국에서는 근로자를 위한 어떤 시책도 이 노동조합주의와 조화되지 않는 것은 인정되지 않는다.

노동조합운동
勞動組合運動

근로자가 노동조합을 결성하고 이를 중심으로 그들의 경제적 · 사회적 지위의 향상을 도모하기 위하여 행하는 운동을 말한다. 이와 같은 근로자의 집단적 운동은 고용관계가 존재하였던 고대부터 있었다고 할 수 있으나, 오늘날 노동조합운동은 보통 근대사회 이후의 조합운동, 즉 자본주의 사회가 성립된 후에 발생 · 전개된 노동조합운동만을 가리키는 것으로 이해된다. 노동운동은 근대 자본주의 사회에서는 노동력 제공을 통해서 생활할 수밖에 없는 근로자가 자신의 힘으로 경제적 · 사회적 지위를 향상시키기 위하여 전개한 자연발생적인 운동이기 때문에 대체로 자본주의 사회 발전에 상응하여 발전해 왔다. 따라서 노동조합운동의 양상은 시대와 국가에 따라 많은 차이가 있다. 자본주의 초기에는 대체로 노동조합운동이 국가로부터 심한 탄압을 받았기 때문에 숙련기술자에 의한 소규모의 비밀조직운동 양상으로 나타났고, 그 후 자본주의경제조직의 발전과 근로자의 자기의식이 높아짐에 따라 국가 또는 사용자에 의해서 방임(放任)되는 단계를 거쳐 점차적으로 법적으로도 용인 내지 보장되는 운동으로 진전되었다. 오늘날에 와서는 국가에 따라 약간의 차이는 있지만 노동조합운동은 법적으로 거의 완전히 보장되게 되었다. 노동조합운동의 조국은 영국이며 1720년 무렵 임금인상을 목표로 내세우고 재봉 · 모직물 등의 직공이 단체교섭을 한 것을 필두로 하여 18세기 후반에 가서는 각종 노동조합이 성립하였다. 우리나라도 헌법에서 단결권 · 단체교섭권 · 단체행동권(쟁의권)을 보장함과 동시에 1953년에는 「노동조합법」이 제정됨에 따라 노동조합운동이 비로소 본격화되었다.

노동공급계약
勞動供給契約

타인의 노무(勞務) 또는 노동력을 이용하는 계약을 말한다. 이 계약에는 고용 · 도급(都給) · 위임의 유형이 있다. 그

중 ① 고용은 노무 자체의 급부를 목적으로 한다. ② 도급은 일의 완성, 즉 노무에 의하여 이루어진 일정한 급부를 목적으로 한다. ③ 위임은 노무제공자의 판단에 의한 사무의 처리를 목적으로 하는 점에 각각 특색이 있다.

근로자공급계약
勤勞者供給契約

근로자공급계약은 「직업안정법」상의 개념으로 근로를 직접 제공하는 근로자와 이러한 근로자를 공급하는 제공업자, 공급받는 자 사이의 3면계약의 성질을 가진다. 근로자에 대한 구체적인 업무지시·근로시간·휴게 등의 규제는 공급받는 자와 근로자 사이에서의 사용종속관계에서 결정되고, 근로자와 공급자 사이에는 지배종속관계가 성립된다. 현행 「직업안정법」상 근로자공급사업을 할 수 있는 자는 국내 근로자공급사업의 경우는 「노동조합 및 노동관계조정법」에 의한 노동조합, 국외 근로자공급사업의 경우는 국내에서 제조업·건설업·용역업, 기타 서비스업을 행하고 있는 자(다만, 연예인을 대상으로 하는 국외 근로자공급사업의 허가를 받을 수 있는 자는 민법 제32조에 따른 비영리법인으로 한다)로 한정되어 있다(직업안정법 제33조).

노무관리
勞務管理

기업경영에 있어서 생산과정에 작용하는 노동력을 가장 효율적이고 합리적으로 이용하기 위하여 행하는 노동력관리를 말한다. 종업원의 채용·배치·이동·승진·퇴직 등의 고용관리, 근로조건관리, 급여관리 등을 내용으로 한다.

노무관리와 비슷한 말로 **인사관리**가 있는데, 이에 관하여는 ① 두 가지를 구분하여 사용하는 견해, ② 넓은 의미의 노무관리 안에 인사관리가 포함된다고 보는 견해, ③ 두 가지가 동일하다고 보는 견해가 존재한다. 노무관리와 인사관리를 구분하여 사용하는 견해에 따르면, 인사관리는 노동력을 효율적으로 이용할 수 있도록 하는 직접적인 인력관리 또는 고용관리를 가리키는 반면, 노무관리는 근로자 개인의 인간성이나 감정적인 측면을 대상으로 하는 인간관계관리 또는 노동조건의 적정화, 고용의 보장, 정년퇴직 후의 생활보장, 노사관계의 개선 등을 내용으로 한다. 그러나 양자를 명백히 구분해서 관리하기란 힘든 것이 사실이며 실질적으로는 노무관리와 인사관리는 거의 같은 의미로 쓰이고 있다.

노동법

노동절
勞動節

노동자의 명절을 말한다. 종래 5월 1일 메이데이(May Day)를 기념하고 있었던 것을 「근로자의 날 제정에 관한 법률」(1963년 4월 17일 법률 제1326호)에 의하여 3월 10일을 근로자의 날로 정하였다가 이후 개정을 거치면서 다시 5월 1일로 정하여 기념하고 있다. 따라서 정확하게 말하면 **근로자의 날**이다.

중간착취의 배제

누구든지 법률에 따르지 아니하고는 영리로 다른 사람의 취업에 개입하거나 중간인으로서 이익을 취득하지 못한다(근로기준법 제9조).

근로기준법

근로기준법

「헌법」 제32조3항에 의거하여 근로조건의 기준을 정함으로써 근로자의 기본적 생활을 보장·향상시키며 균형 있는 국민경제의 발전을 도모함을 목적으로 제정된 법률을 말한다(제1조). 이 법률은 총 13장과 부칙으로 되어 있다. 즉 제1장(총칙), 제2장(근로계약), 제3장(임금), 제4장(근로시간과 휴식), 제5장(여성과 소년),

제6장(안전과 보건), 제6장의2(직장 내 괴롭힘의 금지), 제7장(기능 습득), 제8장(재해보상), 제9장(취업규칙), 제10장(기숙사), 제11장(근로감독관 등), 제12장(벌칙)으로 되어 있다. 이 법의 특색은 ① 통일적·망라적(網羅的)이라는 점 ② 보호의 정도가 거의 국제적 수준에 도달되어 있다는 점 ③ 강력한 전국적 감독기관이 설치되어 있다는 점 등을 들 수 있다. 이 법은 상시 5명 이상 근로자를 사용하는 모든 사업 또는 사업장에 적용되지만, 그중에서 동거의 친족만을 사용하는 사업 또는 사업장과 가사(家事) 사용인에 대하여는 적용하지 않는다. 다만, 상시 4명 이하 근로자를 사용하는 사업이나 사업장은 대통령령으로 정하는 바에 따라 「근로기준법」의 일부 규정을 적용할 수 있다(제11조).

근로
勤勞
정신노동과 육체노동을 말한다(근로기준법 제2조1항3호). 정신노동이란 주로 두뇌를 써서 하는 노동을 말하고, 육체노동이란 몸을 움직여 그 물리적 힘으로 하는 노동을 말한다.

근로자
勤勞者
근로자란 ① 「근로기준법」과 「근로자참여 및 협력증진에 관한 법률」에서는 직업의 종류와 관계없이 임금을 목적으로 사업이나 사업장에 근로를 제공하는 자를 말하며(근로기준법 제2조1항1호, 근로자참여 및 협력증진에 관한 법률 제3조2호), ② 「노동조합 및 노동관계조정법」에서는 직업의 종류를 불문하고 임금·급료 기타 이에 준하는 수입에 의하여 생활하는 자를 말한다(노동조합 및 노동관계조정법 제2조1호). 위에서 본 바와 같이 「근로기준법」과 「근로자참여 및 협력증진에 관한 법률」상의 근로자의 개념과 「노동조합 및 노동관계조정법」상의 근로자의 개념은 각각 다르다. 「노동조합 및 노동관계조정법」상의 근로자에는 실직된 상태에 있지만 현재 해고의 무효 여부를 다투고 있는 자도 포함된다. 이것

은 해고의 부당성을 단체행동권에 의해 충분히 다툴 수 있도록 하기 위해서이다. 우리 헌법 제33조1항에서는 근로자에게 단결권과 단체교섭권·단체행동권(쟁의권)을 보장하고 있다. 다만, 공무원에 대해서는 제한규정이 있다(노동조합 및 노동관계조정법 제5조1항 단서, 국가공무원법 제66조).

사용자
使用者
① 「근로기준법」·「노동조합 및 노동관계조정법」·「근로자참여 및 협력증진에 관한 법률」에서는 사업주 또는 사업 경영 담당자, 그 밖에 근로자에 관한 사항에 대하여 사업주를 위하여 행위하는 자를 말한다(근로기준법 제2조1항2호, 노동조합 및 노동관계조정법 제2조2호, 근로자참여 및 협력증진에 관한 법률 제3조3호). ② 「민법」에서는 고용계약(근로계약)에 있어서 노무를 제공할 것을 약정한 상대방(근로자)에게 보수(임금)를 지급할 것을 약정하는 자를 말한다(민법 제655조·제756조).

근로계약
勤勞契約
근로자가 사용자에게 근로를 제공하고 사용자는 이에 대하여 임금을 지급함을 목적으로 체결된 계약을 말한다(근로기준법 제2조1항4호). 민법의 고용계약에 해당되는데 근로자보호를 위하여 계약자유의 원칙을 제약하는 노동법이 발달하면서부터 그 자체가 특수한 계약유형으로서 특수한 법규정의 대상이 되었다. 특히 「근로기준법」은 근로조건에 관한 기준을 법으로 정하여 근로계약 중 그 기준에 미달하는 부분은 무효로 함과 동시에 무효가 된 부분은 이 법에서 정하는 기준에 따르도록 하였고(근로기준법 제15조), 기타 근로자의 인적구속(人的拘束) 내지 강제근로(强制勤勞)가 될 우려가 있는 각종 약정의 금지를 규정하였다(같은 법 제17조~제22조). 해고 등의 제한과 예고(같은 법 제23조·제24조·제26조), 부당해고 등

의 구제신청(같은 법 제28조), 취업방해의 금지(같은 법 제40조), 연소근로자의 근로계약체결 등에 대한 규정(같은 법 제64조 이하)이 있다. 또한 근로계약의 내용은 단체협약과 취업규칙과의 관계에서 제약을 받는다(노동조합 및 노동관계조정법 제35조, 근로기준법 제97조).

채용내정
採用內定

일반적인 근로계약은 구직자의 응모에 의한 사용자의 승낙으로 근로계약이 체결되고 곧바로 근로관계가 성립되지만, 채용내정은 이미 사용자와 근로자의 근로계약체결 합의가 존재하나 구체적인 근로계약의 체결과 근로관계의 개시를 미래의 확정시기로 미루어놓은 것이다. 예를 들어 졸업예정자에게 졸업시에 채용하기로 미리 약정하는 경우가 대표적인 사례이다. 본래 채용내정은 아직 근로관계가 성립되지 않았기 때문에 「근로기준법」상의 해고제한 등이 적용될 여지가 없다고도 할 수 있다. 그러나 최근 들어 채용내정이란 명목으로 근로자를 모집한 후 채용시기에 와서는 본채용을 거부하는 사례가 늘어나고 있고, 이러한 경우에 근로자를 보호하기 위해 근로관계가 성립한 자와 동일한 해고제한의 법리가 적용되어야 한다는 견해가 있다. 이 같은 주장은 우리나라에서는 취업연령에 대한 사회적 기준이 존재하고 취업시기가 1년의 특정시기에 몰려 있기 때문에, 채용내정만을 믿고 취업기회를 놓친 근로자를 보호하기 위한 방안을 마련하여야 한다는 입장에서 나온 것이다.

시용기간
試用期間

근로의 성질상 일정기간 근로자의 훈련이 필요하거나, 근로자의 자질·특성이 요구되는 경우에 일정기간을 시용기간으로 지정하여 그동안 근로자의 업무에 대한 적격성을 판단하여 정식채용 여부를 결정한다. 원칙적으로 시용기간은 정식적인 근로관계가 성립된 것은 아니기 때문에 「근로기준법」상의 해고제한법리가 적용될 여지는 없다. 그러나 최근의 상황은 사업자들이 곧바로 정식채용을 하는 경우에 받게 되는 「근로기준법」상의 해고제한규정을 회피하기 위해 악용하는 사례가 증가하고, 정당한 사유 없이 본 채용을 거부하는 사례가 증가하고 있기 때문에 이를 제한해야 한다는 주장이 제기되고 있다. 따라서 시용기간 만료 후에 본 채용을 거부하는 정당한 사유가 있어야 한다는 것이 통설과 판례의 태도이다.

근로조건
勤勞條件

근로자가 사용자에 대하여 근로계약에 의한 노무를 제공하는 데 관한 각종 조건을 말한다. 임금·근로시간·연차유급휴가·안전장치 등이 해당하며, 「헌법」은 이 기준을 법으로 정해야 한다고 규정하고 있다(헌법 제32조3항). 「근로기준법」은 이에 의거하여 일정한 규모 이상의 사업에 대해서 필요한 최소한의 근로조건기준을 임금·근로시간 등에 관하여 법으로 정함과 동시에 이 점에 대한 차별대우를 금지함은 물론 이 근로기준의 준수에 대한 감독방법을 강구하고 있다.

근무조건의 명시
勤務條件의 明示

근로계약을 체결할 때에는 사용자에게는 반드시 근로조건을 명시해야 할 의무가 있다. 근로조건이 제시되지 않은 채 체결되는 근로계약은 강제근로 등의 폐해를 가져오기 쉬우므로 「근로기준법」 제17조와 제19조에서는 근로계약을 체결할 때에 사용자가 근로자에게 임금·근로시간·휴일 등의 근로조건을 명시할 것과 명시된 근로조건이 사실과 달랐을 경우에는(근로조건 위반) 손해배상을 청구할 수 있음은 물론 그 계약을 즉시 해제할 수 있다고 규정하고 있다. 또한 이 경우에 취업을 목적으로 거주를 변경한 경우에는 귀향 여비도 지급하여야 한다(근로기준법 제19조2항).

유리조건우선의 원칙
有利條件優先의 原則

일반적인 법적용의 원칙에는 상위법우선의 원칙이 적용된다. 노동법에도 원칙적으로 상위법우선의 원칙이 적용되어 일반적으로 「근로기준법」(시행령, 시행규칙), 단체협약, 취업규칙, 개별적인 근로계약, 업무명령의 순서로 우선순위가 정해지고 상위규정이 우선적으로 적용된다. 그러나 노동법상에는 일반법과 달리 그 내용이 근로자에게 유리한 경우에는 그것이 원칙적으로 적용된다고 하는 유리조건우선의 원칙이 적용된다. 따라서 단체협약으로 정해놓은 사항과 개별적 근로계약과의 관계에서도 단체협약을 최저기준으로 보고 근로자에게 더 유리한 사항은 개별근로계약에 정해놓은 것이 적용된다.

균등처우
均等處遇

사용자는 근로자에 대하여 남녀의 성(性)을 이유로 차별적 대우를 하지 못하며 국적·신앙 또는 사회적 신분을 이유로 근로조건에 대하여 차별대우를 해서는 안 되고 균등하게 처우해야 한다(근로기준법 제6조). 이를 위반하면 500만원 이하의 벌금에 처한다(같은 법 제114조). 이는 「헌법」 제11조1항의 취지를 노사관계에서도 관철시키려는 것이다. 남녀차별대우는 여자라는 이유로 행하여지는 경우를 말한다. 예를 들면, 동일직종에 취업하는 대졸신입사원의 초봉에 대해서 남녀를 차별해서는 안 된다. 국적에 의한 차별대우가 문제되는 경우는 주로 한국인 근로자와 한국 국적을 가지고 있지 않은 외국인 근로자의 경우이다. 신앙은 종교적인 것에 한하느냐, 널리 정치적 신념 또는 사상적 신념의 자유까지도 포함시키느냐의 여부에 대해서 이론이 있으나 후자가 유력설이다. 사회적 신분은 개인의 사회적 지위를 가리켜서 말하는 것이 보통이다.

강제근로의 금지
强制勤勞의 禁止

「근로기준법」 제7조에 의하여 폭행·협박·감금 그 밖에 정신상 또는 신체의 자유를 부당하게 구속하는 수단으로써의 강제근로를 금지하는 것을 말한다. 여기서 폭행·협박·감금이란 「형법」상 범죄가 되는 행위이지만, 그 밖의 정신상 또는 신체의 자유를 부당하게 구속한다는 것은 이보다 훨씬 넓은 개념이다. 과거 우리나라에서는 공장에서 여공을 기숙사에 강제수용하여 외부와의 접촉을 막아 사실상 인신을 감금하는 강제근로의 예가 많았다. 이런 행위는 우리나라 노동관계의 봉건성을 대표하는 것으로 「근로기준법」에서 금지하고 있다. 강제근로의 금지위반에 대한 벌칙은 「근로기준법」상 가장 엄한 것으로서 5년 이하의 징역 또는 5,000만원 이하의 벌금에 처한다(근로기준법 제107조).

강제저금의 금지
强制貯金의 禁止

사용자는 근로계약에 부수하여 강제저축 또는 저축금의 관리를 규정하는 계약을 체결해서는 안 된다는 것을 말한다(근로기준법 제22조1항). 그러나 근로자가 위탁하여 저축금을 관리하는 것은 무방하다. 이 경우에는 저축의 종류·기간 및 금융기관을 근로자가 결정하고, 근로자 본인의 이름으로 저축하며, 사용자는 근로자가 저축증서 등 관련 자료의 열람 또는 반환을 요구할 때에는 즉시 따라야 한다(같은 법 제22조2항). 강제저금을 수단으로 하여 근로자를 억류할 가능성이 있기 때문이다.

임금
賃金

사용자가 근로의 대가로 근로자에게 임금·봉급 그 밖에 어떠한 명칭으로든지 지급하는 일체의 금품을 말한다(근로기준법 제2조1항5호). 계약자유의 원칙에 의하면 임금의 금액과 지급방법은 노사 간에 자유롭게 결정해야 하지만, 그렇게 되면 사실상 사용자가 일방적으로 결정하게 되어 근로자에게 불리하기 때문에 법은 두 가지 점에서 간섭하고 있다. 하나는 최저임금, 또다른 하나는 임금이 확실히 근로자 손에 들어가도록 배려하는 것이다. 후자에 관해서는 이미 「민사소송법」 중에 보호규정이 마련되어 있다(압류금지채권, 민사집행법 제246조1항4호, 민법 제497조 참조). 「근로기준법」에서는 다시 전차금(前借金)과 임금과의 상계금지(근로기준법 제21조), 미성년근로자 임금수령 보호(같은 법 제68조)를 규정하고 있을 뿐만 아니라, 임금은 강제통용력이 있는 통화로 직접 전액을 매월 1회 이상 일정기일에 지급하여야 한다는 것을 정하고 있다(같은 법 제43조). 법령 또는 단체협약에 의한 임금의 일부공제, 통화 이외의 지급은 인정된다(같은 법 제43조1항 단서). 임시로 지급하는 임금은 매월 1회 이상 일정기일에 지급할 필요는 없다.

임금청구권
賃金請求權

근로자가 사용자에게 임금을 청구할 수 있는 권리이다. 임금은 근로의 대가이며 근로자의 생활을 유지하는 유일한 재원이므로 근로자는 근로계약에 따라 제공한 노동에 대해서 당연히 임금청구권을 가진다. 「근로기준법」에서는 통화지급(通貨支給) · 직접지급 · 전액지급 · 일정기일지급을 명하고(근로기준법 제43조), 임금 등을 지급하지 않은 사업주 중 일정요건에 해당하는 사업주의 명단을 공개하거나 신용정보기관에 체불사업주의 인적 사항 등에 관한 자료를 제공할 수 있게 하고(같은 법 제43조의2 · 제43조의3), 근로자가 출산 · 질병 · 재해 등 특별하고 다급한 비용의 지출이 필요한 경우에는 지급기일 전 비상시 지급을 규정하고(같은 법 제45조), 휴업시 생활보장을 위한 휴업수당제도를 설정하고 있으며(같은 법 제46조), **도급제** 기타 이에 준하는 제도로 근로자를 사용하는 경우에도 **보장지급의 제도**를 규정하고 있다(같은 법 제47조). 또한 임금과 전차금의 상계를 금

지(같은 법 제21조)하는 등 임금청구권의 실질적인 확보를 보장하고 있다. 「근로기준법」에 의한 임금채권은 3년간 행사하지 않으면 시효로 소멸한다(같은 법 제49조).

임금통화지급의 원칙
賃金通貨支給의 原則

사용자가 근로자에게 지급하는 임금은 강제통용력(强制通用力)을 가진 통화로 지급하여야 한다는 원칙이다(근로기준법 제43조1항 본문). 영국에서 임금이 현물로 지급되는 폐해를 제거하기 위하여 제정된 현물임금금지법에서 유래되었다. 해당 기업의 생산품이나 기타 화폐 이외의 수단으로 임금을 지급하게 된다면 사용자는 안락한 시장개척을 한 셈이다. 그러나 그 가격이 반드시 시장가격과 일치하기 어렵고 돈으로 환산하는 것 역시 쉽지 않아서 근로자를 부당하게 착취하는 수단이 되고, 근로자 생활을 위협한다는 이유에서 이와 같은 원칙이 채택되었다.

이 원칙의 예외로 법령 또는 단체협약에 특별한 규정이 있는 경우에는 임금의 일부를 공제하거나 통화 이외의 것으로 지급하는 것을 인정하고 있다(같은 법 제43조1항 단서). 이런 경우, 보통 단체협약에서 제품이나 일용품으로 지급된다는 뜻을 정하고 있다. 주택 · 기숙사의 제공이 통화지급의 원칙에 반하는가의 여부에 대해서는 다툼이 있다.

임금대장
賃金臺帳

사용자가 사업장별로 임금지급의 명세를 기입 · 작성하여 근로자와 감독기관이 공람할 수 있게 비치하여 두는 대장을 말한다. 대장에 기입할 사항은 임금액수는 물론, 가족수당계산의 기초가 되는 사항과 「근로기준법 시행령」 제27조에 의한 각 사항을 임금지급 때마다 적어야 하며(근로기준법 제48조), 3년간 보존한다(같은 법 제42조). 임금대장의 작성이 필요한 이유는 국가 감독기관이 각 사업장 근로자의 근로조건을 수시로 손쉽게 파

악할 수 있게 하기 위함이다. 또한 근로실적과 지급임금과의 관계를 명확하게 기록하여 사용자뿐만 아니라 근로자에게도 노동과 그 대가인 임금에 대한 관계를 강하게 인식시키기 위함이다.

노동법

평균임금
平均賃金

평균임금을 산정하여야 할 사유가 발생한 날 이전 3개월 동안에 근로자에게 지급된 임금의 총액을 그 기간의 총일수로 나눈 금액을 말한다. 여기서 사유발생일 전의 3개월간의 기간은 월력에 따른 3개월로서 89~92일이며 실제 근로일수는 아니다. 취업 후 3개월 미만인 경우에도 이에 준한다(근로기준법 제2조1항6호). 이러한 평균임금은 근로자가 현실적으로 지급받는 임금의 한 종류가 아니라 급여산출의 기초가 되는 단위개념이다. 즉, 평균임금은 근로를 할 수 없는 경우(예 : 퇴직, 업무상 재해, 휴업 등)나 감급의 경우에 평상시의 생활수준을 보장하기 위해 편의상 설정한 개념이다.

[평균임금이 이용되는 경우와 사유발생일]

1. 퇴직금 (근로기준법 제34조)	「근로자퇴직급여 보장법」에 따라 사용자는 근로자가 퇴직한 경우 그 지급사유가 발생한 날부터 14일 이내에 퇴직금을 지급하며, 특별한 사정이 있는 경우에는 당사자 간의 합의에 따라 지급기일 연장(근로자퇴직급여 보장법 제9조)
2. 휴업수당 (근로기준법 제46조)	사용자의 귀책사유로 휴업하는 경우 - 휴업한 첫날(70%)
3. 휴업보상 (근로기준법 제79조)	업무상 재해에 의해 요양중인 근로자 - 사고, 진단에 의해 질병이 발생했다고 확정된 날 (60%)
4. 감급 (근로기준법 제95조)	감액은 1회의 금액이 평균임금의 1일분의 2분의 1을, 총액이 1임금지급기의 임금 총액의 10분의 1을 초과하지 못한다.
5. 고용보험법상	구직급여의 산정기초가 되는 임금금액

임률계약
賃率契約

단체협약 중 **임금률**(賃金率 : 일정한 시간 또는 노동의 대가로 근로자에게 지급하는 임금이나 임금단가)을 정한 것을 말한다. 단체협약으로는 최초로 행하여진 것이기 때문에 오늘날은 단체협약과 같은 뜻으로 사용된다.

체크 · 오프
Check Off

체크 · 오프란 노동조합의 조합비 징수방법의 하나로서 사용자가 근로자에게 임금을 지급하기 전에 미리 임금에서 조합비를 공제하여 조합에 일괄납부하는 것을 말하며, 미국에서 유래된 제도이다. 임금은 「근로기준법」 제43조1항에 의거 원칙적으로 전액을 근로자에게 직접 지급하여야 하는데 임금의 사전공제는 같은 법 제43조1항 단서의 규정에 의한 것이므로 해당 사업 또는 사업장 노동조합과 노동조합이 결성되지 아니한 때에는 근로자 과반수를 대표하는 자와 서면협정을 하여야 한다. 그러나 학설은 체크 · 오프에 관한 협정을 **조합보장조항**의 하나로 보아 「근로기준법」 제43조의 규정과는 직접적인 관계가 없다고 하는 견해가 유력하다.

남녀동일임금
男女同一賃金

같은 노동에 대하여 남녀 근로자에게 같은 임금을 지급해야 한다는 것을 말한다. 예전에는 질적으로 같은 노동을 해도 여자라는 이유로 낮은 임금을 지급하는 일이 흔하게 발생했으나 오늘날에는 허용되지 않는다(근로기준법 제6조). 양성의 본질적 평등(헌법 제11조1항)에 위배되는 것이며, 값싼 노동력을 직장에 공급함으로써 전체로서의 근로조건을 저하시키기 때문이다. 동일가치의 노동에 대하여 동일한 임금을 지급해야 한다는 원칙은 국제노동기구헌장에서도 권장되어, 1951년에는 「동일노동에 대한 남녀 근로자의 동일보수에 관한 조약」이 채택되었다. 여기서 **동일가치노동**(同一價值勞動), **동일보수**란 기능 · 지식 · 경험 등이 동일하여 제공하는 노동가치가 같음에도 불구하고 성별에 따른 차등대우를 금지하는 취지로서 능력에 따른 합리적인 차등을 두는 것을 금지하는 것은 아니다.

일용근로자
日傭勤勞者

1일 단위 계약기간으로 고용되고, 1일의 종료로써 근로계약도 종료하는 계약형식 근로자를 말한다. 이러한 근로자는 사용되었던 다음 날 이미 계약이 존재하지 않기 때문에 다음 날 계약을 새로이 체결하지 않는 한 사용자는 계속해서 고용할 의무가 없다. 이러한 이유로 상시근로자로 고용하여야 할 자를 일용(日傭)으로 고용하는 경우가 생기기 때문에 「근로기준법」은 현행 해고의 예고에 대한 적용 예외 사유들을 '계속 근로한 기간이 3개월 미만인 경우'로 일원화 했다(같은 법 제26조).

퇴직금
退職金

근로자가 퇴직하는 경우에 사용자가 지급하는 금전 및 기타의 급부를 말한다. 「근로자퇴직급여 보장법」 제9조에서는 근로자가 퇴직한 경우에는 그 지급사유가 발생한 날부터 14일 이내에 지급하며, 특별한 사정이 있는 경우 당사자간에 합의로 지급기일을 연장한다고 규정하고 있다. 1년 미만 근무한 근로자 또는 근로시간이 1주에 15시간 미만인 근로자는 적용되지 않는다. 또 퇴직금제도를 설정함에 있어서 하나의 사업 내에 차등제도를 두어서는 아니 된다(같은 법 제4조). 퇴직금 액수는 일반적으로 단체협약이나 취업규칙 등에서 근속연수에 따라서 누진적으로 정하는 것이 보통이다.

최근에는 빠르게 진행되는 고령화시대를 맞아 더 많은 근로자들이 안정적인 노후재원을 마련할 수 있도록 퇴직연금제도를 시행하고 있다. 새로 설립된 회사는 우선적으로 1년 이내에 퇴직연금제도를 우선 설정하여야 한다(같은 법 제5조).

전차금
前借金

근로계약을 체결하기 전이나, 그 당시 또는 그 후에 사용자가 차입하여 장래의 임금으로 변제할 것을 약정하는 금전을 말한다. 사용자가 전차금에 고율의 이자를 붙여 언제까지나 완제(完濟)할 수 없는 상태로 만들어 실질임금을 저하시키고 사용자로부터 벗어날 수 없는 인신구속의 결과를 초래할 우려가 있어 「근로기준법」은 전차금과 임금의 상계를 금지하고 있을 뿐만 아니라, 전차금 이외에도 장래 근로할 것을 조건으로 하는 어떠한 전대채권(前貸債權)과 임금과의 상계도 금지하고 있다(근로기준법 제21조). 이에 위반하면 500만원 이하의 벌금에 처하며(같은 법 제114조1호), 민사상으로도 강행법규 위반이라 하여 이러한 상계계약은 무효라고 해석되고 있다.

[전 차 금]

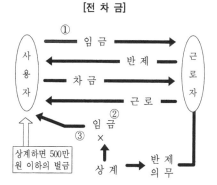

해고
解雇

사용자가 근로자와 근로계약(고용계약)을 일방적으로 해약하는 것을 말한다. 「민법」상 고용계약의 해약(해지, 민법 제658조~제663조)과 법률상의 성질은 같은 것이나 노동법관계의 용어로서는 해고가 쓰인다. 「민법」상으로는 기간 약정이 없는 때에는 사용자는 1개월간의 예고만 하면 언제든지 해약을 할 수 있는데, 실제에서는 근로자에게 가혹한 것이어서 해고 제한의 문제가 생긴다.

해고제한
解雇制限

협의로는 「근로기준법」 제23조에 규정된 해고제한만을 가리키나, 광의로는 사용자의 해고의 자유를 제한하는 일체의 제도를 포함한다. 후자에 대해서는 해고자유의 항에서 설명한다.

우선 사용자는 정당한 이유가 없는 한, 근로자를 해고하지 못한다(근로기준법 제23조1항). 제23조1항은 해고권(해고의 자유)에 대한 일반적·기본적인 제한을 가한 규정으로서 해고의 경우에는 항상 정당한 사유의 존재 여부에 따라서 유효 여부를 판단하게 된다. 그리고 사용자는 근로자가 업무상의 부상 또는 질병을 요양하기 위하여 휴업한 기간과 그 후 30일간은 해고를 하지 못한다. 또한 출산 전후의 여성이 제74조에 따라 휴업한 기간과 그 후 30일 동안에도 해고하지 못한다(같은 법 제23조). 그러나 사용자가 일시보상금(一時補償金)을 지급하였을 경우(같은 법 제84조) 또는 사업을 계속할 수 없게 된 경우에는 예외이다(같은 법 제23조2항 단서).

정리해고
整理解雇

사용자가 경영상의 이유로 근로자를 해고하는 경우에는 긴박한 경영상의 필요가 있어야 한다는 요건을 말한다(근로기준법 제24조1항). 「근로기준법」 제23조1항의 규정에 의한 정당한 해고를 하기 위해서는 ① 긴박한 경영상의 필요 ② 해고를 피하기 위한 노력 ③ 공정하고 합리적인 해고기준 ④ 근로자대표와의 협의 ⑤ 일정규모 이상 인원 해고시 고용노동부장관에게 신고 등의 요건을 갖추어야 한다(근로기준법 제24조5항).

해고의 자유
解雇의 自由

일반적으로 사용자가 근로자를 자유로이 해고할 수 있는 것을 말한다. 이것을 제한하는 규정은 「근로기준법」의 해고제한 및 해고예고규정(제23조·제26조), 「노동조합 및 노동관계조정법」의 부당노동행위 규정(제81조) 등이 있다.

해고의 유예
解雇의 猶豫

사용자가 근로자를 해고하고자 할 때에 미리 알리는 것을 말한다. 기간의 약정이 없는 근로계약에서는 사용자는 1개월의 예고만 하면 언제든지 근로자를 해고할 수 있지만(민법 제660조), 「근로기준법」에서는 '정당한 이유', 즉 해고를 정당시할 만한 상당한 이유가 있는 경우에 한해서만(근로기준법 제23조1항) 그와 같은 방식으로 해고할 수 있다고 하여 해고의 자유에 대한 중대한 제한을 가하고 있다. 이 경우에는 30일 전에 예고를 하는 대신에 30일분 이상의 통상임금(해고수당 또는 예고수당)을 지급하여도 상관없으며, 천재·사변이나 기타 이에 준할 만한 부득이한 사유로 사업계속이 불가능한 경우(고용노동부장관의 승인을 요한다)와 근로자의 귀책사유로 인한 경우(노동위원회의 인정을 요한다)에는 30일의 예고나 해고수당(예고수당)이 없이도 해고할 수 있다. 또한 근로자가 계속 근로한 기간이 3개월 미만인 경우에는 예고할 필요가 없다(같은 법 제26조).

사용증명서
使用證明書

근로자가 퇴직하는 경우에 그의 청구에 따라서 사용기간·업무종류·지위·임금 등에 대해서 사용자가 교부하는 증명서를 말한다(근로기준법 제39조). 근로자가 한 직장을 퇴직하고 다른 직장에 취직하려고 할 때에는 전 직장에서의 임금·기능·지위 등의 증명이 유력한 자료가 되는 경우가 많은 까닭에 근로자가 이를 청구한 경우에는 교부하여야 한다는 것을 사용자의 의무로 하고 있다. 따라서 이 증명서에는 근로자가 요구한 사항만을 기입하여야 하고 또 사용자는 근로자의 취업을 고의로 방해할 목적으로 비밀기호를 사용하거나 허위행위를 하여서는 아니 된다.

근로자명부
勤勞者名簿

사용자가 각 사업장별로 전 근로자 각 사람에 대하여 작성·비치해두는 명부를 말한다(근로기준법 제41조). 이 명부에는 근로자의 성명·생년월일·이력, 그 밖에 「근로기준법 시행령」이 정한 사항을 기입하여야 하며, 이 명부는 3년간 보존하여야 한다(근로기준법 제42조). 다만, 대통령령으로 정하는 일용근로자에 대해서는 근로자 명부를 작성하지 아니할 수 있다(같은 법 제41조1항 단서).

최저임금
最低賃金

근로자에게 임금의 최저수준을 보장하여 근로자의 생활안정과 노동력의 질적향상을 기하고 국민경제의 건전한 발전에 이바지하는 것을 목적으로 일정한 사업 또는 직업에 종사하는 근로자에 대하여 정할 수 있는 최저임금을 말한다. 「헌법」 제32조1항에 의하여 1986년 12월 31일 법률 제3927호로 **최저임금법**이 제정·공포되었다. 계약자유의 원칙하에서는 임금액수가 노사 간에 자유로이 결정된다는 것을 예정한다. 그러나 이를 내버려두면 노동조합의 힘이 강력한 경우를 제외하고는 사실상 사용자에 의해 일방적으로 결정되어 임금은 점점 저하되고, 근로자가 최저한도의 생활을 영위할 수 없을 정도로 떨어져버릴 가능성이 있다. 이 때문에 최저임금을 법으로 정하였다. 사용자는 최저임금보다 낮은 임금으로는 근로자를 사용할 수 없다는 제도가 각국에서 채택되고 있다.

임금채권 우선변제
賃金債權 優先辨濟

근로자의 임금, 재해보상금, 그 밖에 근로관계로 인한 채권은 사용자의 총재산에 대하여 질권 또는 저당권에 따라 담보된 채권 외에는 조세·공과금 및 다른 채권에 우선하여 변제받는 것을 말한다(근로기준법 제38조). 임금채권이란, 임금·재해보상금 그 밖에 근로관계로 인한 채권이다. 근로자의 임금채권을 확보하기 위하여 채권자평등의 원칙 예외를 인정함으로써 근로자를 보호하려는 데 목적이 있다. 그리고 최종 3개월분의 임금채권과 재해보상금은 사용자의 총재산에 대하여 질권(質權) 또는 저당권(抵當權)에 따라 담보된 채권, 조세·공과금 및 다른 채권에 우선하여 변제되어야 한다.

비상시지급
非常時支給

근로자가 비상(非常)한 경우의 비용에 충당하기 위하여 청구하는 경우 사용자가 지급기간 전이라도 이전 근로에 대한 임금을 지급하여야 하는 것을 말한다(근로기준법 제45조). 여기서 비상한 경우란 근로자나 그의 수입으로 생계를 유지하는 자가 다음의 어느 하나에 해당하는 것으로 ① 출산하거나 질병에 걸리거나 재해를 당한 경우 ② 혼인 또는 사망한 경우 ③ 부득이한 사유로 1주일 이상 귀향하게 되는 경우를 말한다(같은 법 시행령 제25조).

휴업수당
休業手當

사용자의 귀책사유로 휴업하는 경우에 사용자는 휴업기간 동안 그 근로자에게 평균임금의 100분의 70 이상의 수당을 지급하여야 한다는 것을 말한다(근로기준법 제46조). 사용자의 귀책사유로 휴업하는 경우에 근로자에게 휴업수당을 지급하도록 사용자를 강제함으로써 근로자의 생활보장을 도모하려고 하고 있다. 그러나 부득이한 사유로 사업계속이 불가능하여 노동위원회의 승인을 받은 경우에는 평균임금의 100분의 70 이상의 기준에 못 미치는 휴업수당을 지급할 수 있다. 그리고 사용자가 노동위원회의 승인을 받고자 할 때에는 기준미달의 휴업수당지급승인신청서를 관할 지방노동위원회에 제출하여야 한다(같은 법 시행규칙 제8조). 또 사용자의 귀책사유로 휴업한 기간 중에 근로자가 임금의 일부를 받은 경우에는 사용자는 해당 근로자에게 평균임금과 그 부분과의 차액의 100분의 70 이상을 지급하여야 한다(같은 법 시행령 제26조).

도급근로자에 대한 임금보장
都給勤勞者에 대한 賃金保障

도급이나 그 밖에 이에 준하는 제도로 사용하는 근로자의 임금에 대해서는 근로자가 취업한 이상, 비록 성과가 적은 경우라 할지라도 근로시간에 따라 일정액의 임금을 보장하여야 한다는 것을 말한다(근로기준법 제47조). **도급제**(都給制)는 일의 완성 자체를 목적으로 하는 것이므로(민법 제664조), 일정량의 일에 대해서 부분적으로 완성되지 못한 경우에는 전부를 미완성으로 하여 이에 대한 임금을 지급하지 않아 근로자의 생활을 궁지에 빠뜨리게 할 폐단이 생기기 쉽다. 또한 임금을 근로자가 행한 일의 분량에 따라서 지급하는 경우라 할지라도 일의 단위량에 대한 임금률을 부당하게 낮게 정하여 근로자를 가혹한 중노동으로 이끌 위험성이 있으므로 일정한 보장급을 정하고 근로자의 최저생활을 보장하려는 취지에서 규정되었다.

근로시간
勤勞時間

근로자가 사용자와의 근로계약에 따라서 휴게(休憩)시간을 제외하고 실제로 노동하는 시간을 말한다. 근로시간은 근로조건 중 가장 중요한 것의 하나이며, 근로자에게 노동의 재생산성을 유지시키고 기본적 생활을 보장하기 위하여 제한이 필요하므로, 「근로기준법」은 근로시간에 관하여 다음과 같은 규정을 두고 있다. ① 휴게시간을 제외하고 1일 8시간, 1주 40시간을 기준(작업을 위하여 근로자가 사용자의 지휘·감독 아래에 있는 대기시간 등도 근로시간으로 본다)으로 하고(근로기준법 제50조), 당사자의 합의에 의하여 주 12시간을 한도로 연장근로할 수 있다. 특별한 사정이 있는 때에는 고용노동부장관의 사전 인가와 근로자의 동의를 받아 추가로 근로시간을 연장할 수 있는데, 고용노동부장관의 인가가 필요하지만 사정이 급박한 경우 사후에 지체 없이 승인을 받아야 한다.

그러나 만일 고용노동부장관이 이 근로시간 연장이 부적당하다고 인정하면 그 후 연장시간에 상당한 휴게 또는 휴일을 줄 것을 명할 수 있다. 다만, 상시 30명 미만의 근로자를 사용하는 사용자는 고용노동부장관의 인가가 없더라도 근로자대표와 서면합의를 거쳐 근로시간을 더 연장할 수 있다. 이렇게 연장하는 근로시간은 1주간 8시간을 초과할 수 없다(같은 법 제53조). ② 15세 이상 18세 미만자의 근로시간은 1일 7시간, 1주일 35시간 이내를 한도로 하고, 다만 당사자 사이의 합의에 따라 1일 1시간, 1주 5시간을 한도로 연장할 수 있다(같은 법 제69조).

구 분	15세 미만자	15세 이상 18세 미만자	18세 이상 여성
노동시간	원칙적으로 근로자로 사용 금지. 다만, 취업인허증소지자는 예외	1일 7시간 1주 35시간	1일 8시간 1주 40시간 (남성근로자와 동일)
시간외 근로	금지	1일 1시간 1주 5시간 연장가능	산후 1년이 지나지 않은 경우 1일 2시간, 1주 6시간, 1년 150시간 초과 금지
오후 10시 ~ 오전 6시 및 휴일 근로	금지	금지 (예외 있음)	근로자의 동의 필요 임산부의 경우 금지 (예외 있음)

탄력적 근로시간제
彈力的 勤勞時間制

선택적 근로시간제와 함께 「근로기준법」상의 기준근로시간에 대한 일종의 예외를 인정한 것이다.

탄력적 근로시간제는 크게 3개월을 단위로 나눌 수 있다. 3개월 이내의 탄력적 근로시간제는 다시 그 단위기간에 따라 2주 단위의 탄력적 근로시간제와 3개월 이내의 탄력적 근로시간제로 구분한다. 먼저 2주 단위 탄력적 근로시간제는 사용자가 취업규칙(취업규칙에 준하는 것을 포함)에서 정하는 바에 의하여 2주 이내의 일정한 단위기간을 평균하여 1주간의 근로시간이 1주 40시간을 초과하지 아니하는 범위에서 특정 주에 1주 40시간을, 특정일에 1일 8시간의 근로시간을 초과하여 근로하게 할 수 있는 것을 말한다(근로기준법 제51조1항). 다만, 특정 주의 근로시간은 48시간을 초과할 수 없다.

3개월 단위 탄력적 근로시간제는 사용자가 근로자대표와의 서면합의에 따라 3개월 이내의 단위기간을 평균하여 1주 간의 근로시간이 40시간을 초과하지 아니하는 범위에서 특정한 주에 1주 40시간을, 특정한 날에 1일 8시간을 초과하여 근로하게 할 수 있는 것을 말한다. 다만, 특정한 주의 근로시간은 52시간을, 특정한 날의 근로시간은 12시간을 초과할 수 없다(같은 법 제51조2항).

3개월을 초과하는 탄력적 근로시간제는 사용자가 근로자대표와의 서면합의에 따라 3개월 초과 6개월 이내의 단위기간을 평균하여 1주 간의 근로시간이 40시간을 초과하지 아니하는 범위에서 특정한 주에 1주 40시간, 특정한 날에 1일 8시간을 초과하여 근로하게 할 수 있는 것을 말한다. 다만, 특정한 주의 근로시간은 52시간을, 특정한 날의 근로시간은 12시간을 초과할 수 없다(같은 법 제51조의2). 이 경우 사용자는 근로일 종료 후 다음 근로일 개시 전까지 근로자에게 연속하여 11시간 이상의 휴식시간을 주어야 한다. 다만 천재지변 등 대통령령으로 정하는 불가피한 경우에는 근로자대표와의 서면합의에 따른다.

탄력적 근로시간제는 15세 이상 18세 미만의 근로자와 임신 중인 여성 근로자에 대해서는 적용하지 않는다.

선택적 근로시간제
選擇的 勤勞時間制

노동자의 여건에 따라 근로시간이나 형태 등을 조절할 수 있는 제도로, 의무시간대 이외에는 자유출퇴근을 할 수 있도록 하여 주부 또는 개발·연구·디자인 등의 업종 및 근로의 양보다 질이 중요한 전문직 종사자 등의 취업에 활용되고 있다. 탄력적 근로시간제(근로기준법 제50조·제51조), 재량근로제(같은 법 제58조)와 함께 근로기준법상에 규정된 **유연근로시간제**(유연근무제)의 일종이다.

사용자가 취업규칙(취업규칙에 준하는 것을 포함)에 따라 업무의 시작 및 종료시각을 근로자의 결정에 맡기기로 한 근로자에 대하여 근로자대표와 '대상 근로자의 범위(15세 이상 18세 미만의 근로자를 제외)', '정산기간', '정산기간의 총 근로시간', '필수 근로시간대를 정하는 경우 그 시작 및 종료시각', '근로자의 결정에 따라 근로시간대를 정하는 경우에는 그 시작 및 종료시각'을 서면합의한 때에는 1개월 이내(신상품 또는 신기술의 연구개발 업무의 경우 3개월)의 정산기간을 평균하여 1주간의 근로시간이 주 40시간의 근로시간을 초과하지 아니하는 범위 안에서 1주간에 40시간을, 1일에 8시간을 초과하여 근로하게 할 수 있다(같은 법 제52조1항). 또한 정산기간이 1개월을 초과할 경우 사용자는 근로일 종료 후 다음 근로일 시작 전까지 근로자에게 연속하여 11시간 이상의 휴식시간을 주어야 한다. 다만, 천재지변 등 대통령령으로 정하는 불가피한 경우에는 근로자대표와의 서면합의에 따른다(같은 조 2항).

재량근로제

근로시간 및 업무수행방식을 근로자 스스로 결정하여 근무하는 형태를 말한다. 업무의 성질에 비추어 업무 수행 방법을 근로자의 재량에 위임할 필요가 있는 업무로서 대통령령으로 정하는 업무는 사용자가 근로자대표와 서면 합의로 정한 시간을 근로한 것으로 본다(근로기준법 제58조3항). 통상적으로 고도의 전문 지식과 기술이 필요해 업무수행 방법이나 시간 배분을 업무수행자의 재량에 맡길 필요가 있는 분야에서 주로 활용된다. 탄력적 근로시간제(같은 법 제50조·제51조), 선택적 근로시간제(같은 법 제52조)와 함께 근로기준법상에 규정된 **유연근로시간제**(유연근무제)의 일종이다.

재량근로제의 대상이 되는 업무로는 ① 신상품 또는 신기술의 연구개발이나 인문사회과학 또는 자연과학분야의 연구 업무 ② 정보처리시스템의 설계 또는 분석 업무 ③ 신문, 방송 또는 출판 사업에서의 기사의 취재, 편성 또는 편집 업무 ④ 의복·실내장식·공업제품·광고 등의 디자인 또는 고안 업무 ⑤ 방송 프로그램·영화 등의 제작 사업에서의 프로듀서나 감독 업무 ⑥ 회계·법률사건·납세·법무·노무관리·특허·감정평가·금융투자분석·투자자산운용 등의 사무에 있어 타인의 위임·위촉을 받아 상담·조언·감정 또는 대행을 하는 업무 등이 있다(같은 법 시행령 제31조, 고용노동부고시 제2019-36호).

휴게
休憩
소모된 몸을 쉬고 피로한 정신을 회복하는 것을 말한다. 이를 위해 「근로기준법」은 휴게시간을 요구하고 있다. 즉 근로시간이 4시간인 경우에는 30분 이상을, 8시간인 경우에는 1시간 이상을 휴게시간으로 주도록 규정하고 있다(근로기준법 제54조). 휴게시간은 반드시 근로시간 도중에 주어져야 하며, 시업 직후 또는 종업 직전에 주어서는 안 된다. 따라서 휴게시간 대신 늦게 업무를 시작하거나 일찍 업무를 마쳤다면 이는 적법한 휴게시간이 주어졌다고 볼 수 없다. 또 휴게시간은 근로자가 자유롭게 이용할 수 있도록 하여야 한다(**휴게시간자유이용의 원칙**). 그러나 예외가 인정된다(같은 법 제59조).

휴일
休日
일반적으로 일을 쉬는 날을 말하며, 여기에는 세 가지 뜻이 있다. 첫째, 국가가 직무·업무의 집행을 쉬는 것으로 특정한 날, 국경일이나 공휴일이 이에 해당한다(공휴일에 관한 법률, 국경일에 관한 법률, 관공서의 공휴일에 관한 규정). 둘째, 특정한 사회에서 일반적으로 업무를 쉬는 날이 있고, 각종의 법률에서 '일반의 휴일'이라 불리며, 공휴일 이외에 경우에 따라서 정부에서 지정하는 휴일이 포함된다(민법 제161조, 민사소송법 제166조·제190조, 어음법 제72조, 수표법 제60조 등에서 규정하는 휴일을 가리킨다). 셋째, 「근로기준법」상의 휴일로 사용자가 근로자의 쉬는 날로 정한 날이다(근로기준법 제55조~제57조·제63조).

유급휴일
有給休日
사용자가 근로자에게 1주일에 평균 1회 이상 주어야 하는 임금이 지불되는 휴일을 말한다(근로기준법 제55조). 유급휴일은 소정의 근로일수를 개근한 자에 대해서만 주어야 하는 것이기 때문에(같은 법 시행령 제30조), 질병 등의 이유로 소정 근로일수를 채우지 못한 자는 유급휴일의 혜택을 받지 못한다. 사용자가 이 유급휴일을 주지 않았을 때에는 2년 이하의 징역 또는 2,000만원 이하의 벌금에 처해진다(같은 법 제110조1호).

유급휴가
有給休暇
일정한 근로일수를 채운 자에게 휴일을 주고 임금을 지급하는 제도이다. 「근로기준법」은 유급휴일(제55조)·연차 유급휴가(제60조)·임산부의 보호(제74조)제도를 마련하고 있다. 또한 근로자가 업무상 부상 또는 질병으로 휴업한 기간과 출산 전후의 여자에 대한 휴가기간(출산 전후를 통하여 90일, 한 번에 둘 이상 자녀를 임신한 경우에는 120일)은 유급휴가를 산정하는 데 있어 출근일수로 간주된다.

휴일근로
休日勤勞
휴일에 근로하는 것을 말한다. 휴일근로는 8시간 이내의 휴일근로일 경우 통상임금의 100분의 50, 8시간을 초과할 경우 통상임금의 100분의 100을 휴일근로수당으로 추가지급한다(근로기준법 제56조). 휴일에는 유급휴일과 무급휴일이 있으므로 무급휴일근로와 유급휴일근로와는 지급되는 임금에 차이가 있다.

연차 유급휴가
年次 有給休暇

매년을 단위로 하여 주어지는 휴가제도로서, 통상임금이 지급되는 휴가를 말한다(근로기준법 제60조). 1년간 80퍼센트 이상 출근한 근로자에게는 15일의 유급휴가를 주며, 계속하여 근로한 기간이 1년 미만인 근로자 또는 1년간 80퍼센트 미만 출근한 근로자에게는 1개월 개근 시 1일의 유급휴가를 주어야 하며, 2년마다 1일의 휴가를 가산하되, 휴가일수의 상한을 25일로 정하고 있다. 이 휴가는 원칙적으로 근로자가 청구하는 시기에 주어야 하며, 그 기간에 대하여 취업규칙이나 단체 협약 등에 정해져 있는 통상임금 또는 평균임금을 지급하여야 한다. 그러나 근로자가 청구한 시기가 사업운영상 막대한 지장이 있을 경우에는 그 시기를 변경할 수 있다. 또한 1년간 휴가를 사용하지 아니한 경우, 사용자는 휴가기간이 끝나기 6개월 전을 기준으로 10일 이내에(계속하여 근로한 기간이 1년 미만인 근로자의 경우 최초 1년의 근로기간이 끝나기 3개월 전을 기준으로 하며, 사용자가 서면 촉구한 후 발생한 휴가에 대해서는 최초 1년의 근로기간이 끝나기 1개월 전을 기준으로 5일 이내) 근로자별로 사용하지 아니한 휴가일수를 알려주고, 근로자가 그 사용시기를 정하여 사용자에게 통보해줄 것을 촉구하여야 하며, 이에도 불구하고 근로자가 촉구를 받은 때부터 10일 이내에 휴가사용시기를 통보하지 아니하면 휴가기간 종료 전 2개월 전까지(계속하여 근로한 기간이 1년 미만인 근로자의 경우 최초 1년의 근로기간이 끝나기 1개월 전까지, 사용자가 서면 촉구한 후 발생한 휴가에 대해서는 10일 전까지) 근로자에게 서면통보하여야 한다. 이러한 의무를 다한 사용자에게는 그 미사용한 휴가에 대하여 보상할 의무를 면제하여 근로자의 연차 유급휴가의 사용을 촉진하고 있다(같은 법 제61조).

연차휴가를 산정함에 있어 근로자가 업무상의 부상·질병으로 출근하지 못한 기간과 임신 중의 여성이 출산전후휴가 및 유산·사산휴가를 사용한 경우 그리고 「남녀고용평등과 일·가정 양립 지원에 관한 법률」 제19조 1항에 따른 육아휴직으로 휴업한 기간에는 이를 출근한 것으로 본다.

연장근로
延長勤勞

시간외근로의 일종을 말한다. 「근로기준법」은 1일에 8시간·1주일에 40시간을 초과할 수 없고(근로기준법 제50조), 유해위험작업(有害危險作業)의 연장근로는 1일에 6시간, 1주일에 34시간을 초과할 수 없다(산업안전보건법 제139조). 그러나 당사자 간의 합의에 의하여 1주일에 12시간 한도로 연장할 수 있다(근로기준법 제53조1항). 특별한 경우에는 고용노동부장관의 인가와 본인의 동의를 얻어 이 한도 이상의 연장근로를 시킬 수 있는데(같은 조 4항), 이때 사용자는 연장근로를 하는 근로자의 건강 보호를 위하여 건강검진 실시 또는 휴식시간 부여 등 고용노동부장관이 정하는 바에 따라 적절한 조치를 하여야 한다. 또한 30명 미만의 근로자를 사용하는 사용자는 고용노동부장관의 인가 없이도 근로자대표와 서면 합의를 통해 1주간 8시간을 초과하지 않는 범위에서 추가로 연장할 수 있다(같은 조 3항). 연장근로에 대하여는 통상임금의 100분의 50 이상의 연장근로수당을 가산하여 지급하여야 한다(근로기준법 제56조).

통상임금
通常賃金

통상임금은 실제 근로일수나 수령액에 구애되지 않고 근로의 양과 질에 관계되는 근로의 대가로서 정기적·일률적으로 임금산정기간에 지급하기로 약정한 고정급 임금을 의미한다. 즉 임금 중에서 정기적·일률적으로 지급되는 것이다. 특히 일률적이라는 것은 모든 근로자에게 지급되는 것뿐만 아니라 일정한 조건 또는 기준에 달하는 모든 근로자에게 지급하는 것도 포함한다. 통상임금은 해고예고에 갈음하는 지급(근로기준법 제26조),

연장근로·야간근로·휴일근로(같은 법 제56조)에 대한 가급임금을 산출하는 표준이 된다. 통상임금은 기본급료뿐만 아니라, 단체협약이나 근로계약에 의하여 근로의 내가로서 근로자에게 지급하여야 할 임금 전부를 포함시킨 개념으로서 가족수당이나 물가수당 등 근로자에게 예외없이 지급되는 것은 전부 포함하여야 한다. 그러나 상여금이나 축의금 등과 같이 임시로 지급되는 것은 포함하지 않는 것이 보통이다.

가급임금
加給賃金
연장근로·야간근로·유급휴일, 그 밖의 휴일근로에 대해서는 원래 정해진 기초임금에 통상임금의 100분의 50 이상을 가산한 임금을 사용자가 지급해야 하는데, 이 경우의 가산지급된 임금을 말한다. **가산임금**(加算賃金)이라고도 한다. 「근로기준법」 제56조는 연장근로·야간근로·휴일근로에 대해서만 가산임금을 지급하여야 하는 것으로 규정하고 있으나 이는 예시에 불과한 것이고 기타 장시간근로에 대해서도 똑같이 같은 법 제56조의 규정에 의한 가산임금이 지급되어야 한다.

시간외협정
時間外協定
1주에 몇 시간을 어떠한 방법으로 어느 작업에 연장근로 또는 휴일근로를 한다는 당사자 간의 합의사항을 기재한 단체협약을 말한다. 보다 정확히는 단체협약의 시간외협정부분을 말한다. 「근로기준법」상 1일 8시간·1주 40시간을 기준으로 하고, 당사자 간의 합의가 있으면 각각 1주 12시간 한도에서 연장근로를 시킬 수 있다(근로기준법 제50조·제53조). **시간외근로**에 대해서는 통상임금의 100분의 50 이상을 가산한 가산임금을 지급하여야 한다(같은 법 제56조).

야간근로
夜間勤勞
오후 10시부터 오전 6시까지 사이의 근로를 말한다(근로기준법 제56조). 이러한 근로에 대해서는 가산임금이 지급된다. 한편 18세 미만자와 임산부에 대해서는 원칙적으로 야간근로를 금지하고 있으나(같은 법 제70조2항), 본인의 동의·명시적 청구가 있는 경우에 한해서 고용노동부장관의 인가를 받아 예외적으로 허용한다. 이 경우에도 물론 소정의 가산임금이 지급되어야 한다.

야간근로수당
夜間勤勞手當
야간근로에 대해서 특별히 지급되는 수당을 말한다. 야간근로수당은 통상임금에서 100분의 50 이상을 가산한다(근로기준법 제56조). 따라서 통상임금이 1시간에 10,000원인 근로자가 3시간의 야간근로를 행한 경우에는 3시간의 통상임금 30,000원과 그 100분의 50 이상의 야간근로수당 15,000원 이상을 가산한 45,000원 이상의 야간근로임금을 받게 된다.

초과근무수당
超過勤務手當
정규 근무시간을 초과해서 근무한 자에 대해서 지급되는 수당이다. 1일 8시간·주 40시간을, 유해위험작업은 1일 6시간·주 34시간을 초과해서 근무한 경우에 초과된 시간, 즉 연장근로시간에 대한 수당이다. 연장근로수당은 통상임금의 100분의 50 이상이다. 휴일근로의 경우, 8시간 이내의 휴일근로는 연장근로와 동일하게 통상임금의 100분의 50 이상 수당을 지급하지만, 8시간을 초과한 휴일근로에 대해서는 통상임금의 100분의 100 이상의 수당을 지급해야 한다(근로기준법 제50조~제57조).

취직인허증
就職認許證
취직이 금지되는 15세 미만자에 대해서 고용노동부장관이 취직을 허가함을 표시하는 증명서를 말한다. 사용자는 15세 미만자를 근로자로 사용하지 못한다(근로기준법 제64조). 그러나 고용노동부장관의 취직인허증을 소지한 자는 예외이다. 취직인허증은 본인의 신청에 의하여 의무교육에 지장이 없는 경우에 직종을 지정하여서만 발행받을 수 있다.

15세 미만자가 취업인허증을 받고자 하는 경우에는 고용노동부장관이 정하여 고시하는 서식에 따라 학교장 및 친권자 또는 후견인의 서명을 받아 사용자가 될 자와 연명하여서 고용노동부장관에게 신청하여야 한다(같은 법 시행령 제35조). 고용노동부장관이 취직을 인허할 경우에는 고용노동부령으로 정하는 취직인허증에 직종을 지정하여 신청한 근로자와 사용자가 될 자에게 내주어야 한다(같은 법 시행령 제36조). 취직인허증이 못쓰게 되거나 잃어버린 경우에는 고용노동부령으로 정하는 바에 따라 지체 없이 재교부 신청을 하여야 한다(같은 법 시행령 제39조).

연소자증명서
年少者證明書

18세 미만자를 고용한 사용자가 사업장에 두어야 할 서류로서, 18세 미만자의 연령을 증명하는 가족관계기록사항에 관한 증명서와 친권자 또는 후견인의 동의서를 사업장에 두어야 한다(근로기준법 제66조).

유해물
有害物

근로과정에서 근로자의 생명·신체에 특히 유해한 물질을 말한다. 근로자의 보건상 특히 해롭다고 인정되는 물질로서 대통령령(산업안전보건법 시행령 제87조)이 정하는 것은 제조·수입·양도·제공 또는 사용해서는 아니된다(산업안전보건법 제117조). 원래 황린성냥 등의 유해물 제조 금지는 경찰적인 입장에서도 금지하여야 하나, 「산업안전보건법」에서 이것을 강조하고 있는 것은 제조과정에서 인중독(燐中毒)이 발생하기 쉽고 근로자 위생에 특히 관계가 있기 때문이다. 또 유해물 제조만이 아니라 판매·수입에까지 미치고 있는 것은 판매·수입의 금지까지 하지 아니하면 실효가 없기 때문이다.

위약예정금지
違約豫定禁止

사용자에게 근로계약 불이행에 대한 위약금(違約金) 또는 손해배상액을 예정하는 계약체결을 금지하는 것을 말한다(근로기준법 제20조). 근로계약기간 도중에 근로자가 전직(轉職) 또는 귀향 등을 하여 근로계약을 이행하지 않는 경우에 일정액의 위약금을 정하거나, 근로계약 불이행 내지는 근로자의 불법행위에 대해서 일정액의 손해배상을 지급하여야 한다는 것을 근로자 본인이나 신원보증인과 약속하는 관행이 있으나 이러한 제도는 자칫하면 근로의 강제가 되기 쉽고, 근로자의 자유의사를 부당하게 구속하여 근로자를 사용자에게 귀속시킬 가능성이 있기 때문에 「근로기준법」 제20조에서는 이러한 위약금제도와 손해배상액예정제도를 금지하고 있다.

기능습득자
技能習得者

양성공(養成工), 수습 그 밖의 명칭을 불문하고 기능의 습득을 목적으로 하는 근로자를 말한다(근로기준법 제77조). 기능습득을 목적으로 한 근로계약의 체결은 연혁상 **도제제도**(徒弟制度)에서 그 기원을 찾을 수 있다. 그런데 이와 같은 도제제도는 근로자의 혹사, 가사노동의 강제, 나아가서는 노동 착취와 같은 폐해를 가져오기 쉽기 때문에 「근로기준법」 제77조는 특별한 규정을 두고 있다. 즉 기능 습득을 목적으로 하여 근로자를 혹사하거나 가사 그 밖의 기능 습득과 관계가 없는 업무에 종사시켜서는 안 된다고 규정하고 있다.

재해보상
災害補償

일반적으로 근로자의 업무상 재해를 보상하는 것을 말한다. 업무상 재해란 업무상 사유에 의한 근로자의 부상·질병·신체장해 또는 사망을 말한다. 근대산업의 발달과 함께 위험한 기계설비 채택·노동밀도 강화 기타의 사정으로 사업장에서 근로자의 재해가 빈발하기에 이르렀는데, 종래에는 사용자에게 고의·과실이 없는 한 사용자의 손해배상 책임은 없고, 단지 건물 기타 공작물의 설치·보존에 하자가 있는 경우에 한하여 무과실이라도 책임을 질 정도에 지나지 않았다. 하지만 이 정도로는 근로자를 보호하기 어려우므로 업무상 재해로 인한 근로자 손실에 대하여는 일정범위 내에서 사용자 과실이 없어도 보상책임을 지도록 하는 입법이 바로「근로기준법」제8장에서 규정하고 있는 재해보상제도이다. 재해보상에는 요양보상·휴업보상·장해보상·유족보상·장례비·일시보상 및 분할보상의 7종이 있으며, 각각 그에 따른 지급요건·지급금액의 기준이 정해져 있다. 또한 재해보상을 보험방식으로 해결하는 제도로서 산업재해보상보험이 있다(산업재해보상보험법 제1조).

요양보상
療養補償
재해보상의 일종이다. 근로자가 업무상 부상 또는 질병에 걸리면 사용자는 그 비용으로 필요한 요양을 행하거나 필요한 요양비를 부담하여야 한다(근로기준법 제78조). 위의 업무상 질병범위에 관하여는 같은 법 시행령 제44조에 상세히 규정되어 있다.

휴업보상
休業補償
업무상 부상이나 질병으로 휴업 중에 있는 근로자에게 사용자가 지급해야 하는 보상을 말한다. 요양중인 근로자가 노동불능이 되어 임금을 받을 수 없게 된 때에도 사용자는 근로자의 요양 중 평균임금의 100분의 60에 해당하는 금액을 지급하여야 한다(근로기준법 제79조). 그러나 업무상 부상 또는 질병이 근로자의 중대한 과실로 발생하고 사용자가 그 과실에 대하여 노동위원회의 인정을 받으면 휴업보상이나 장해보상을 하지 아니하여도 된다(같은 법 제81조). 사용자가 산재보험에 가입한 경우에는 동보험으로부터 휴업급여(休業給與)라는 명목으로 휴업보상과 동액이 지급되므로 사용자는 휴업보상의 책임을 면하게 된다(근로기준법 제87조, 산업재해보상보험법 제52조).

장해보상
障害補償
재해보상의 일종이다. 근로자가 업무상 부상 또는 질병에 걸려 완치 후에도 신체에 장해가 있으면 사용자는 장해정도에 따라 평균임금에「근로기준법」에서 정한 일수를 곱한 금액의 장해보상을 하여야 한다(근로기준법 제80조). 그러나 업무상 부상 또는 질병이 근로자의 중대한 과실로 발생하고 사용자가 과실에 대하여 노동위원회의 인정을 받으면 장해보상금을 지급하지 아니하여도 무방하다(같은 법 제81조). 사용자가 산재보험에 가입한 경우에는 동보험으로부터 장해급여라는 명목으로 장해보상과 동액이 지급되므로 장해보상의 의무는 면하게 된다(같은 법 제87조, 산업재해보상보험법 제57조).

[신체장해등급과 장해급여표]

(평균임금기준)

장해등급	장해보상연금	장해보상일시금
제1급	329일분	1,474일분
제2급	291일분	1,309일분
제3급	257일분	1,555일분
제4급	224일분	1,012일분
제5급	193일분	869일분
제6급	164일분	737일분
제7급	138일분	616일분
제8급		495일분
제9급		385일분
제10급		297일분
제11급		220일분
제12급		154일분
제13급		99일분
제14급		55일분

유족보상
遺族補償
재해보상의 일종으로, 근로자가 업무상 사망한 경우에 사용자는 유족에게 평균임금의 1,000일분에 해당하는 금액을 지급하여야 한다(근로기준법 제82조). 유족 범위는 다음 순서에 따르되, 동일하게 해당하는 경우에는 적힌 순서에 따른다(같은 법 시행령 제48조1항).

1. 근로자가 사망할 때 그가 부양하고 있던 배우자(사실혼관계에 있던 자를 포함한다) · 자녀 · 부모 · 손 및 조부모
2. 근로자가 사망할 때 그가 부양하고 있지 아니한 배우자 · 자녀 · 부모 · 손 및 조부모
3. 근로자가 사망할 때 그가 부양하고 있던 형제자매
4. 근로자가 사망할 때 그가 부양하고 있지 아니한 형제자매

　유족의 순위를 정하는 경우에 부모는 양부모를 선순위로 친부모를 후순위로 하고, 조부모는 양부모의 부모를 선순위로 친부모의 부모를 후순위로 하되, 부모의 양부모를 선순위로 부모의 친부모를 후순위로 한다(같은 법 시행령 제48조2항). 또 근로자가 유언 또는 사용자에 대한 예고에 따라 유족 중의 특정한 자를 지정한 경우에는 이에 따른다(같은 법 시행령 제48조3항). 유족보상을 받을 같은 순위의 수급권자가 2명 이상일 경우에는 유족보상을 인원수에 따라 똑같이 나누어 유족보상을 한다(같은 법 시행령 제49조). 유족보상을 받기로 확정된 유족이 사망한 경우에 그 유족보상은 같은 순위자가 있는 경우에는 같은 순위자에게, 같은 순위자가 없는 경우에는 다음 순위자에게 지급한다(같은 법 시행령 제50조). 사용자가 산재보험에 가입한 경우에는 동보험에서 유족급여(遺族給與)라는 명목으로 유족보상금과 동액이 지급되므로 사용자는 유족보상의 의무를 면하게 된다(같은 법 제87조, 산업재해보상보험법 제62조). 또한 유족보상은 근로자의 사망 후 지체 없이 하여야 한다(근로기준법 시행령 제51조2항).

장례비
葬禮費
　재해보상의 일종이다. 근로자가 업무상 사망한 경우에는 사용자는 평균임금 90일분의 장례비를 지급하여야 한다(근로기준법 제83조). 장례비는 근로자 사망 후 지체 없이 지급하여야 한다(같은 법 시행령 제51조2항). 「선원법」(제100조)에서는 **장제비**(葬際費)라고 한다.

일시보상
一時補償
　재해보상의 일종이다. 요양보상을 받는 근로자가 요양개시 후 2년이 지나도 부상 또는 질병이 완치되지 아니하는 경우에는 사용자는 평균임금 1,340일분의 일시보상을 하여야 그 후의 「근로기준법」에 따른 모든 보상책임을 면할 수 있다(제84조). 이 일시보상제도는 요양개시 후 2년이 경과하면 사용자가 일시보상을 하여 그 이후의 사용자보상책임을 면하도록 하기 위한 것이다.

분할보상
分割補償
　사용자가 지급능력이 있는 것을 증명하고 보상을 받는 사람의 동의를 받으면 장해보상금, 유족보상금, 일시보상금 등을 1년에 걸쳐 분할하여 보상할 수 있는 제도를 말한다(근로기준법 제85조). 장해보상은 근로자의 부상 또는 질병 완치 후, 유족보상은 근로자가 사망한 후 지체 없이 하여야 하나(같은 법 시행령 제51조), 사용자가 당장에 위의 보상금을 지급할 수 없는 경우에 분할보상을 인정하여 사용자의 편의를 도모하려는 데 그 목적이 있다.

취업규칙
就業規則
　취업규칙은 사용자가 사업장에서 적용될 일반적인 사항을 규정한 것으로, 사업자 자의에 의한 불합리한 규제를 막는다는 데 그 의의가 있다. 우리 「근로기준법」은 상시 10명 이상의 근로자를 사용하는 사업자는 취업규칙을 의무적으로 작성하여 고용노동부장관에게 신고하도록 하고 있고, 근로자의 대표자나 노동조합과 협의하여 작성하여야 한다. 또한, 취업규칙을 불이익하게 변경하는 경우에는 해당 근로자의 동의를 얻어야 하고, 동의가 없는 한 불이익하게 변경된 취업규칙은 해당 근로자에게 적용되지 않는다.

1. 업무의 시작과 종료 시각, 휴게시간, 휴일, 휴가와 교대 근로에 관한 사항
2. 임금의 결정 · 계산 · 지급 방법, 산정기간 · 지급시기 및 승급에 관한 사항

3. 가족수당의 계산과 지급 방법에 관한 사항
4. 퇴직에 관한 사항
5. 퇴직급여, 상여와 최저임금에 관한 사항
6. 근로사의 식비, 작업 용품 등 부담에 관한 사항
7. 근로자를 위한 교육시설에 관한 사항
8. 출산전후휴가·육아휴직 등 근로자의 모성 보호 및 일·가정 양립 지원에 관한 사항
9. 안전과 보건에 관한 사항
9의2. 근로자의 성별·연령 또는 신체적 조건 등의 특성에 따른 사업장 환경의 개선에 관한 사항
10. 업무상과 업무 외의 재해부조에 관한 사항
11. 직장 내 괴롭힘의 예방 및 발생 시 조치 등에 관한 사항
12. 표창과 제재에 관한 사항
13. 그 밖에 해당 사업 또는 사업장의 근로자 전체에 적용될 사항
(근로기준법 제93조)

취업규칙에서 근로자에 대하여 감급(減給)의 제재를 정할 경우에는 그 감액은 1회의 금액이 평균임금의 1일분에서 2분의 1을, 총액이 1임금지급기의 임금 총액의 10분의 1을 초과하지 못한다(같은 법 제95조). 또한, 취업규칙은 법령이나 해당 사업 또는 사업장에 대하여 적용되는 단체협약에 반할 수 없으며, 고용노동부장관은 법령이나 단체협약에 어긋나는 취업규칙의 변경을 명할 수 있다(같은 법 제96조). 그리고 취업규칙에 정한 기준에 미달하는 근로조건을 정한 근로계약은 그 부분에 관하여는 무효로 하며, 이 경우에 무효로 된 부분은 취업규칙에 정한 기준에 따른다(같은 법 제97조).

기숙사
寄宿舍
사업 또는 사업장에 부속하는 근로자가 기숙하는 시설을 말한다. 기숙사는 근로자의 자유를 박탈하고, 강제노동·풍기문란 등의 악폐의 온상이 되는 경우가 많았다. 그러나 사업의 성질에 따라서는 기숙사 설치가 필요할 때가 있고, 기숙사를 설치하는 편이 근로자에게

편리한 경우도 있다. 따라서 「근로기준법」은 종래 기숙사에서의 봉건성을 제거함과 동시에 기숙사 생활질서를 유지하고 근로자의 안전·보건을 도모하도록 하고 있다.

사용자는 근로자 사생활의 자유를 침해하거나 기숙사 임원선임에 간섭하지 못하며(근로기준법 제98조), 기숙사규칙을 작성해야 한다(같은 법 제99조1항).

기숙사규칙
寄宿舍規則
사업의 부속 기숙사에 기숙시키는 사용자가 다음 사항에 관하여 작성해놓은 규칙을 말한다(근로기준법 제99조1항).
1. 기상·취침·외출과 외박에 관한 사항
2. 행사에 관한 사항
3. 식사에 관한 사항
4. 안전과 보건에 관한 사항
5. 건설물과 설비의 관리에 관한 사항
6. 그 밖에 기숙사에 기숙하는 근로자 전체에 적용될 사항

기숙사규칙의 작성·변경에 관하여는 기숙사에 기숙하는 근로자의 과반수를 대표하는 자의 동의를 받아야 한다. 사용자와 기숙사에 기숙하는 근로자는 기숙사규칙을 지켜야 한다(같은 법 제99조). 또한 사용자는 부속 기숙사를 설치·운영할 때 다음 사항에 관하여 대통령령으로 정하는 기준을 충족하도록 하여야 한다(같은 법 제100조).
1. 기숙사의 구조와 설비
2. 기숙사의 설치 장소
3. 기숙사의 주거 환경 조성
4. 기숙사의 면적
5. 그 밖에 근로자의 안전하고 쾌적한 주거를 위하여 필요한 사항

근로감독관
勤勞監督官
노동관계법상 근로조건의 기준을 확보하기 위하여 고용노동부와 그 소속기관에 배치된 근로감독관(근로기준법 제101조1항)을 말한다. 고용노동부의 3급부터 7급까지의

공무원 중 고용평등·여성근로자 보호·노동조합·노사분규·근로기준·임금·산업보건 및 산업안전 등에 관한 업무를 수행하는 과(課) 또는 담당관 소속 공무원, 지방고용노동청의 4급부터 7급까지의 공무원 중 근로개선지도 및 산업안전보건에 관한 업무를 담당하는 과 소속 공무원, 지방고용노동청 지청 및 출장소의 장과 그에 소속된 4급부터 7급까지의 공무원 중 근로개선지도 및 산업안전보건에 관한 업무를 담당하는 과 소속 공무원은 그 직위에 임용된 날부터 근로감독관에 임명된 것으로 본다. 일반직 6급 또는 7급 공무원 중 고용노동부와 그 소속기관에서 근무한 경력이 1년 미만인 사람은 근무경력이 1년이 되는 날부터 근로감독관에 임명된 것으로 본다(근로감독관규정 제2조). 근로감독관은 현장조사·서류제출의 요구·심문·검진 등의 권한이 있다(근로기준법 제102조1항·2항). 「근로기준법」 위반의 범죄에 대하여서는 「사법경찰관리의 직무를 수행할 자와 그 직무범위에 관한 법률」에 규정된 사법경찰관의 직무를 수행한다(근로기준법 제102조5항). 또한, 근로감독관은 비밀유지의무를 부담한다(같은 법 제103조).

노동조합 및 노동관계조정법

노동조합 및 노동관계조정법 노동조합과 사용자 간의 집단적 노사관계를 규율하는 법률을 말한다. 줄여서 **노동조합법**이라고도 한다. 이 법은 노동조합의 조직과 운영의 자주성 및 민주성을 확보하고 노사 간의 자율적인 단체교섭의 기반을 마련하며 노동쟁의 조정절차와 쟁의행위 행사요건을 합리적으로 규정함으로써 자율성과 대등성에 기초한 노동관계의 발전을 도모하기 위해 기존의 「노동조합법」과 「노동쟁의조정법」을 통합하여 제정되었다. 이 법의 주요 내용은 다음과 같다. ① 헌법에 의한 근로자의 단결권·단체교섭권 및 단체행동권을 보장하고 노동관계를 공정하게 조정하여 노동쟁의를 예방·해결함으로써 산업평화의 유지와 국민경제의 발전에 이바지한다. ② 해고근로자의 조합원 자격을 중앙노동위원회의 재심판정이 있을 때까지 인정하도록 하고(제5조3항), ③ 노동쟁의를 노동관계 당사자 간에 근로조건의 결정에 관한 주장의 불일치로 인한 분쟁상태로 규정한다(제2조5호). ④ 복수노조의 설립을 허용하고 교섭창구의 일원화 등 단체교섭의 방법·절차를 정하며(제29조 이하), ⑤ 노동조합의 업무에 종사하는 근로자의 노동조합 업무 수행 등에 대해 규정하고(제24조 및 제24조의2), ⑥ 노동조합의 대표자에게 단체협약 체결권한을 부여하며(제29조), ⑦ 단체협약의 최장 유효기간을 3년으로 한다(제32조). ⑧ 쟁의행위의 제한과 금지의 내용을 정하고(제41조 이하), ⑨ 사용자는 쟁의행위기간 중에 쟁의행위로 중단된 업무수행을 위하여 당해 사업과 관련이 없는 자를 채용 또는 대체하거나 신규 하도급을 행할 수 없으며(제43조), ⑩ 사용자는 쟁의행위에 참여한 근로자에 대하여는 그 기간에 대한 임금을 지급할 의무를 지지 않는 한편, 노동조합은 임금지급을 요구하여 이를 관철할 목적으로 쟁의행위를 할 수 없다(제44조).

노동조합 勞動組合 근로자가 주체가 되어 자주적으로 단결하여 근로조건의 유지·개선 기타 경제적·사회적 지위의 향상을 도모함을 목적으로 조직하는 단체 또는 그 연합단체를 말한다. 그러나 다음의 어느 하나에 해당하는 경우에는 노동조합이 아니다(노동조합 및 노동관계조정법 제2조4호).
1. 사용자 또는 항상 그의 이익을 대표하여 행동하는 자의 참가를 허용하는 경우
2. 경비의 주된 부분을 사용자로부터 원조 받는 경우

3. 공제·수양 기타 복리사업만을 목적으로 하는 경우
4. 근로자가 아닌 자의 가입을 허용하는 경우
5. 주로 정치운동을 목적으로 하는 경우

노동조합은 그 규약이 정하는 바에 의하여 법인으로 할 수 있다. 노동조합을 법인으로 하고자 할 경우에는 등기를 하여야 하고, 법인인 노동조합에 대하여는 「노동조합 및 노동관계조정법」 외에 「민법」 중 사단법인에 관한 규정을 적용한다. 노동조합이 단체로서 조합규약을 가져야 한다는 것은 당연한 일이나, 법은 주로 조합민주화라는 견지에서 조합규약의 내용으로 정하여야 할 약간의 사항을 법률로 정하고(노동조합 및 노동관계조정법 제11조), 위에서 설명한 조합요건과 조합규약요건을 충족시키지 못하는 노동조합, 이른바 법외조합에 대해서는 「노동조합 및 노동관계조정법」에 정하여진 절차와 구제(예컨대 노동위원회에 의한 노동쟁의의 조정, 부당노동행위의 구제)를 인정하지 않고 있다(같은 법 제7조1항). 이것은 노동조합에 대한 국가의 계몽적 입장에서의 조치라고 하나, 근로자권리를 부당하게 제약할 염려가 있어 일반적으로 타당하지 않다는 견해가 많다. 노동조합으로서의 단결 방식은 자유이며, 근로자는 기업별로(기업별노동조합 : 우리나라에서 일반적이다), 혹은 직종별로(직업별노동조합 : 외국에서 일반적이다) 조합을 결성할 수 있으며, 또한 조합(단위조합)을 단위로 하는 연합체(聯合體), 혹은 조합 및 개인근로자로 구성되는 단일조합이라도 무방하다. 조합의 조직·해산 및 조합의 가입탈퇴도 원칙적으로 자유이다.

복수노조
複數勞組

하나의 사업 또는 사업장에 두 개 이상의 노동조합이 결성되어 있는 것을 말한다.

헌법 제33조와 「노동조합 및 노동관계조정법」 제5조에 의하여 근로자라면 누구나 자유로이 노동조합을 조직할 수 있다. 그러나 과거에는 이에 대한 예외로서 이미 해당 사업장에 노동조합이 조직되어 있는 경우에는 새로운 노동조합을 설립할 수 없도록 하였다. 그러나 2010년 1월 1일 「노동조합 및 노동관계조정법」이 개정됨에 따라 2011년 7월 1일부터 사업 또는 사업장 단위에서 2개 이상의 노동조합을 자유롭게 설립하거나 가입할 수 있게 되었다. 이와 같이 복수의 노조가 있는 사업장에서는 교섭대표노동조합을 정하여 단체교섭을 요구하여야 한다(노동조합 및 노동관계조정법 제29조의2).

숍 협정
Shop協定

고용계약(근로계약)과 노동조합 조합원 자격의 관계를 결정하는 방식을 말한다. 클로즈드숍, 유니언숍, 오픈숍 등으로 구별된다.

유니언숍
Union Shop

근로자를 채용할 때 사용자는 해당 근로자가 노동조합원이건 아니건 자유롭게 채용할 수 있으나, 일단 채용된 자는 일정 기간 내에 조합에 가입하지 않으면 해고되며, 또한 (제명 혹은 탈퇴 등으로) 조합원자격을 상실한 자도 해고된다는 공장사업장을 말한다. 노동조합의 교섭력 강화와 조합원 확대를 그 목적으로 한다. 광의의 클로즈드숍에 포함되는 것이나, 보통은 채용시의 차이를 표준으로 하여 협의의 클로즈드숍과 대응하는 개념이다. 1980년 12월 31일 개정 이전의 「노동조합법」은 일정한 조건하에 유니언숍을 인정하고 있었기 때문에, 헌법론상 클로즈드숍과 같이 이론이 많았으나 1980년 개정으로 해당 법 규정이 삭제되었다가 1987년 「노동조합법」 일부개정 때에 다시 신설되어 현재의 「노동조합 및 노동관계조정법」에서도 일부 인정하고 있으나, 가입 후 제명·탈퇴에 따른 신분상 불이익은 금지하고 있어 실효성은 없다고 볼 수 있다(같은 법 제81조1항2호 단서).

클로즈드숍
Closed Shop

광의로는 유니언숍까지도 포함시켜 오픈숍과 대립되는 것이나, 보통은 이미 노동조합에 가입되어 있는 자만 채용되며, 제명 혹은 탈퇴 등으로 인하여 조합원 자격을 상실한 자는 해고되는 공장사업장을 말한다. 사용자와 노동조합 간의 협정에 의해 성립한다.

과거 미국에서는 기업과 노동조합의 단체협약을 통하여 근로자의 채용·해고 등을 노동조합의 통제에 위탁하고, 기업은 노동조합 이외에서는 근로자를 채용하지 않고 반드시 조합원 중에서 채용하였다. 그러나 이에 대하여 점차 사용자의 인사권을 침해하는 것이 아닌가, 비조합원의 '단결하지 않을 자유', '부당하게 일을 박탈당하지 않을 자유'를 침해하는 것이 아닌가 하는 문제가 제기되었다. 조합 측은 근로자가 사용자와 대등한 입장에 서서 교섭하려면 모든 근로자가 일체되어야 할 필요가 있으며, 이를 위해서는 어느 정도의 단결강제도 불가피하다고 주장한다. 이 주장에 대하여 일부 견해의 차이는 있어도 현재 미국에서는 이를 금지하고 있다. 우리나라에서는 직업별노동조합이 거의 없고, 산업별노동조합도 미발달상태에 있기 때문에 현실적으로 고용 이전부터 노동조합에 개입되어 있는 일은 거의 불가능하다. 따라서 클로즈드숍의 실례는 거의 없다.

오픈숍
Open Shop

근로자의 채용·해고 기타 근로조건에 관해서 노동조합에 가입한 근로자와 가입하지 아니한 근로자와의 사이에 차별대우를 하지 아니하는 사업장을 말한다. 노동조합의 가입 여부는 어디까지나 노동자의 의사에 따라 결정된다.

우리나라에서는 공무원과 교원을 제외한 모든 근로자에게 오픈숍을 적용하고 있다(노동조합 및 노동관계조정법 제5조1항). 그러나 오픈숍은 조합원이 불이익을 당하기 쉽다는 단점이 있고, 실제로 사용자가 이를 악용하는 경우도 있다. 따라서 우리 법에서는 노동조합의 가입·조직 및 노동조합의 업무를 위한 정당한 행위로 인하여 해고 등 근로자에게 불이익을 주는 사용자의 행위를 '부당노동행위'로 보고 이를 규제하고 있다(같은 법 제81조1항1호).

조합원자격
組合員資格

노동조합원으로서의 지위를 말한다. 노동조합은 원래 임의단체이므로 조합이 조합자격에 대하여 어떠한 제한을 가하더라도 자유라고 볼 수 있지만, 우리나라의 「노동조합 및 노동관계조정법」은 건전한 조합을 육성한다는 견지에서 '조합원은 어떠한 경우에도 인종·종교·성별·연령·신체적 조건·고용형태·정당 또는 신분에 의하여 차별대우를 받지 않는다'고 하여(제9조), 이것을 이유로 한 조합원자격의 박탈이 있어서는 아니 된다고 규정하고 있다.

사용자의 이익을 대표한다고 인정되는 자의 가입이 그것만으로는 직접적으로 어용조합화(御用組合化) 또는 지배·개입이 있었다고는 할 수 없지만, 어용화의 우려가 많기 때문에 조합은 관리적 입장에 있는 자를 제외하는 것이 보통이다.

노동조합규약
勞動組合規約

노동조합이 다음의 사항에 관해서 작성해놓은 규약을 말한다(노동조합 및 노동관계조정법 제11조). ① 명칭 ② 목적과 사업 ③ 주된 사무소의 소재지 ④ 조합원에 관한 사항(연합단체인 노동조합에 있어서는 그 구성단체에 관한 사항) ⑤ 소속된 연합단체가 있는 경우에는 그 명칭 ⑥ 대의원회를 두는 경우에는 대의원회에 관한 사항 ⑦ 회의에 관한 사항 ⑧ 대표자와 임원에 관한 사항 ⑨ 조합비 기타 회계에 관한 사항 ⑩ 규약변경에 관한 사항 ⑪ 해산에 관한 사항 ⑫ 쟁의행위와 관련된 찬반투표 결과의 공개, 투표자 명부 및 투표용지 등의 보존·열람에 관한 사항 ⑬ 대표자와 임원의 규약위반에 대한 탄핵에 관한 사항 ⑭ 임원 및 대의원의 선거절차에 관한 사항 ⑮ 규율과 통제에 관한 사항

노동조합도 일종의 사단인 이상 내부규약을 자유로이 정할 수 있는 것은 당연한 일이나, 「노동조합 및 노동관계조정법」은 조직의 자주적·민주적 운영을 보장하기 위하여 노동조합 규약을 기재하게 하고 있다. 이에 반하는 조합은 「노동조합 및 노동관계조정법」상의 절차에 참여할 자격을 가지지 못하며 이 법에 규정된 구제를 받지 못한다(같은 법 제7조1항).

기업별노동조합
企業別勞動組合

동일한 경영에 속하는 근로자의 노동조합(예 : 갑회사노동조합·을공장노동조합과 같은 것)을 말한다. 이것을 **경영별노동조합**이라고도 한다. 우리나라 노동조합의 기본 형태인데, 우리 정부 수립 후 급속도로 근로자를 조직화하는 데 있어서 가장 편리하였기 때문이다. 이 기업별노동조합은 어용화되기 쉽다는 단점이 있다. 이와 대비되는 개념으로 산업별노동조합이 있는데, 이는 같은 종류의 산업에 종사하는 조합이 모여서 만들어진 것으로 오늘날 유럽에서 일반적으로 채택되고 있는 조합의 형태이다.

산업별노동조합
産業別勞動組合

근로자의 직종·성별·숙련의 차이를 불문하고 어느 한 산업에 종사하는 모든 근로자를 하나의 노동조합으로 조직한 것을 말한다. 섬유(산업)노동조합·화학(산업)노동조합·철도(산업)노동조합 등이 그 예이다. 노동조합의 최초 형태인 직업별노동조합은 주로 숙련공만의 조합이다. 그러나 기계의 등장으로 숙련공과 비숙련공의 차이가 줄어들었다. 또한 직업별노동조합은 보수적으로 흐르기 쉽기 때문에 이와 같은 단점을 보완하고자 산업별노동조합이 나타났다. 여러 나라 중 특히 미국에서는 직업별노동조합주의와 산업별노동조합주의의 다툼이 치열하다. 직업별노동조합이 발달하지 못한 우리나라에서는 이러한 예를 찾아볼 수 없다.

직업별노동조합
職業別勞動組合

같은 직업에 속하는 근로자 노동조합을 말한다. 약칭하여 **직별조합**(職別組合)이라고도 한다. 예를 들면 목수조합·철공조합·배관공조합 등이 있다. 초기 노동조합은 모두 직업별노동조합이어서 숙련공만의 이익옹호단체가 되기 쉽고, 배타적·보수적이어서 근로자 전반의 이해에 무관심하다는 비난이 있었다. 산업별노동조합이 생겨난 이유 중의 하나도 여기에 있다. 그러나 역사적 의의는 무시할 수 없어서 현재도 미국 등 일부 국가에서는 충분한 존재이유가 있다.

단체협약
團體協約

노동조합과 사용자 또는 그 단체 사이의 협정으로 설정되는 자치적 법규를 말한다. 이것을 계약으로 보고, 이른바 집합계약의 한 형태로서 단체협정으로 보는 입장도 있다. 이러한 노사관계를 규율하는 법규설정에 대한 근거는 노동조합운동이 승인됨으로써 성립된 노동관습법 속에서 찾을 수 있다. 쟁의단이나 이른바 어용조합은 단체협약을 체결할 능력(협약능력)이 없다. 「노동조합 및 노동관계조정법」에 의하면 단체협약은 서면으로 작성하고, 당사자 쌍방의 서명이나 날인을 요한다(제31조1항). 유효기간은 3년을 초과하지 않는 범위에서 노사가 합의하여 정할 수 있다(제32조1항·2항). 단체협약에서 정한 근로조건 기타 근로자 대우에 관한 기준(규범적 부분이라고도 한다)에 위반하는 취업규칙 또는 근로계약의 부분은 무효이며 협약에서 정한 기준에 따른다(제33조·규범적 효력). 단체협약에 규정이 없는 경우도 동일하다.

규범적 효력
規範的 效力

단체협약에 정한 근로조건 기타 근로자의 대우에 관한 기준에 위반한 근로계약에 대해서는 무효이며, 무효로 된 부분은 단체협약에 정해진 기준에 따르도록 되어 있는 협약의 효력을 말한다(노동조합 및 노동관계조정법 제33조). 예를 들면 협약에서 최저임금을 1만원으로 정하였으면 개개의 근로자와의 근로계약에서 7,000원으로 정하더라도 임금은 당연히 1만원이 된다. 협약의 규범적 효력이라고 하며 이는 협약의 본질적 효력이라고 할 수 있다.

직률성
直律性

단체협약에서는 이른바 규범적부분(조항)에 대해서는 규범적 효력이 있기 때문에 일반적인 근로계약으로는 단체협약을 깨뜨릴 수 없다는 것이다. 특히 단체협약에 위반되는 근로계약은 무효인데, 무효로 된 부분과 근로계약에 정하지 않은 부분은 단체협약이 정하는 기준에 따르게 된다는 단체협약의 효력을 말한다. 그러므로 직률성은 규범적 효력과 같은 개념이다. 「노동조합 및 노동관계조정법」 제33조는 이에 대한 규정이다.

일반적 구속력
一般的 拘束力

단체협약에 대해서 「노동조합 및 노동관계조정법」이 특별히 인정하고 있는 효력을 말한다. 하나의 사업 또는 사업장에서 상시 사용되는 동종 근로자 반수 이상이 하나의 단체협약을 적용받게 된 경우에는 그곳에서 사용되는 다른 동종 근로자도 당연히 그 협약을 적용받는다(노동조합 및 노동관계조정법 제35조). 또한 한 지역에 있어서 종업하는 동종의 근로자 3분의 2 이상이 하나의 단체협약의 적용을 받게 되는 경우에는 행정관청은 당사자의 쌍방 및 일방의 신청 또는 직권으로 노동위원회의 의결을 얻은 다음 해당 지역에서 종업하는 다른 동종 근로자와 사용자에 대하여도 해당 단체협약을 적용함을 결정할 수 있

다(같은 법 제36조·지역적 구속력). 이것들을 보통 일반적 구속력이라고 한다. 단체협약은 체약당사자 간의 자주적 규범이어서 비조합원의 근로조건은 같은 사용자 밑에서 일을 하더라도 적용받지 않는다는 것이 원칙이나, 하나의 사업장 또는 하나의 지역 내 근로조건의 기준을 통일한다는 목적에서 법률은 특히 다수자에게 적용되는 협약을 소수자에게도 적용시키고 있다. 이것은 원래 독일 단체협약령(1818년 12월 23일)의 일반적 구속력(allgemein verbindlich)을 선언한 제도에서 채택된 것이나, 「노동조합 및 노동관계조정법」 제36조의 '지역적 구속력'만이 독일의 단체협약령과 같은 형태를 취하고, 같은 법 제35조의 '일반적 구속력'은 본래의 독일 단체협약령을 다른 형식으로 확장한 규정이다.

어용조합
御用組合

노동조합이 사용자에 대해서 완전한 자주성을 보유하여야 하는데 이것을 갖추지 못한 조합을 말한다. 회사조합 또는 황색조합(黃色組合)이라고도 한다. 예컨대 사용자가 조합의 인사에 비밀리에 개입한다든가, 조합간부를 매수하여 조합의 운영을 지배한다든가 함으로써 자기에게 유리하도록 이끌어 나가는 조합이다. 사용자가 조합을 어용하는 행위는 사용자의 부당노동행위로 된다(노동조합 및 노동관계조정법 제81조1항4호).

황색조합
黃色組合

독일에서 사용자의 영향을 받은 노동조합을 말한다. 황색노동조합이라고도 한다. 어용조합(御用組合)과 같은 뜻이다.

법외조합
法外組合

「노동조합 및 노동관계조정법」에서 규정하고 있는 노동조합의 자격요건을 구비하지 않은 근로자단체를 말한다. 이른바 어용단체·조합규약요건을 갖추지 못한 노동조합 등이다. 법내조합에 대응하는 개념이다. 「헌법」이 근로자에게 단결권·단체교섭권·단체행동권(쟁

의권)을 보장하고 있는 이상(헌법 제33조1항), 신고된 노동조합이 아니어도 정당한 쟁의행위에 대해서는 민사상·형사상 책임을 면하지만(노동조합 및 노동관계조정법 제1조·제2조), 법외조합은 당연히 단체협약의 체결능력이 없을뿐 아니라 노동위원회에 의한 노동쟁의 조정이나 부당노동행위 구제신청 등도 할 수 없다. 또한 법에 의한 노동조합이 아니면 노동조합이라는 명칭도 사용할 수 없다(노동조합 및 노동관계조정법 제7조3항).

법내조합
法內組合
「노동조합 및 노동관계조정법」 제2조의 요건을 구비한 조합이 같은 법 제10조1항의 신고사항을 기재한 신고서에 같은 법 제11조에 의한 규약을 첨부하여 전국적인 규모를 가진 노동단체는 고용노동부장관에게, 지역별 또는 기업별 노동단체는 특별시장·광역시장 또는 도지사에게 제출한 다음 이들 행정관청으로부터 신고증(같은 법 제12조)을 받은 조합을 말한다. 법외조합에 대응하는 것으로서 '**적격조합**(適格組合)', '노동조합법상의 노동조합'이라고도 한다.

사용자단체
使用者團體
근로자가 노동조합을 결성하고 단체교섭을 하는 것에 대응하여 사용자 측이 조정 또는 규제할 권한을 가진 단체를 말한다. 직업별·산업별 노동조합에 대응하여 결성되고, 노사 대등교섭을 확보함과 동시에 근로관계의 통일적 처리를 실현하고자 한다. 소속사용자와 상대방조합 및 그 조합원 간의 노동관계를 규정하는 단체협약을 체결할 능력(협약능력)을 가지고 있다. 그러나 사용자단체 보호는 일반결사의 자유에 따르는 소극적인 것에 불과하다.

부당노동행위
不當勞動行爲
노동조합운동에 대한 사용자 방해행위를 말한다. 노동조합이 자주적으로 방위할 수 있을 정도로 강력하지 못한 경우에는 국가기관이 부당노동행위를 배제함으로써 건전한 노사관계를 육성해 나가야 한다.

원래 미국에서 노동조합운동에 대한 사용자의 방해행위를 배제하고 노동조합의 조직화를 촉진하기 위해 1935년 와그너법이 최초로 채택하였다. 우리 헌법에서도 근로자에게 단결권·단체교섭권·단체행동권(쟁의권)을 보장하고 있어(헌법 제33조1항), 사용자의 방해행위는 위법이 되나, 조합의 조직력이 충분히 강력하지 못한 관계로 노동조합을 건전하게 발달·조성하기 위해서「노동조합 및 노동관계조정법」에서도 부당노동행위제도의 규정을 채택하게 되었다. 1963년 개정 이전의「노동조합법」에서는 그 위반에 대한 처벌을 하였으나 현「노동조합 및 노동관계조정법」에서는 처벌주의와 부당노동행위를 배제하는 원상회복주의를 함께 활용하는 병용주의를 채택하고 있다(노동조합 및 노동관계조정법 제81조~제86조).

부당노동행위로 금지되는 행위는 다음과 같다. ① 근로자가 노동조합에 가입 또는 가입하려고 하거나 노동조합을 조직하려고 하거나 그 외에 노동조합의 업무를 위한 정당한 행위를 한 것을 이유로 그 근로자를 해고하거나 그 근로자에게 불이익을 주는 행위 ② 근로자가 특정 노동조합에 가입하지 않거나 또는 가입·탈퇴할 것을 고용조건으로 하는 행위(다만, 해당 노동조합이 그 사업장에 종사하는 근로자의 3분의 2 이상을 대표하고 있을 때에는 근로자가 그 노동조합의 조합원이 될 것을 고용조건으로 하는 단체협약의 체결은 예외로 하며, 또한 근로자가 해당 노동조합에서 제명·탈퇴 등을 이유로 근로자에게 신분상 불이익을 줄 수 없다). ③ 노동조합의 대표자 또는 위임을 받은 자와의 단체협약체결, 기타의 단체교섭을 정당한 이유 없이 거부하거나 게을리하는 행위 ④ 근로자가 노동조합을 조직 또는 운영하는 것을 지배하거나 이에 개입하는 행위 ⑤ 근로시간 면제한도를 초과하여 급여를 지급하거나 노동조합의 자주적인 운영 또는 활동을 침해할 수준의 운영비를 원조하는 행위 ⑥ 근로자가 정당한 단체행위에 참가한 사실이나 노동위원회에 사용자의 부당노동행위를 신고·증언·증거제출 했다는 이유로 그 근로자에게 해고 또는 불이익을 주는 행위

이러한 행위가 있었을 경우에는 근로자 또는 노동조합은 관할 노동위원회(일반적으로는 지방노동위원회. 경우에 따라서는 특별노동위원회)에 3개월 이내에 부당노동행위 구제신청을 할 수 있다(같은 법 제82조). 노동위원회가 조사·심문하여 부당노동행위가 성립한다고 인정된 경우에는 복직 기타 원상회복명령, 단체교섭에 응하여야 한다는 명령 또는 운영비원조의 중지명령 등을 내린다. 결정에 불복이 있는 관계 당사자는 중앙노동위원회에 재심을 신청할 수 있다(같은 법 제85조1항). 이에 불복이 있는 관계 당사자는 다시 행정소송을 제기할 수 있다(같은 법 제85조2항). 구제명령에 위반하거나, 확정된 기각판결(棄却判決) 또는 재심판결(再審判決)에 따르지 않은 자는 3년 이하의 징역 또는 3천만원 이하의 벌금에 처한다(같은 법 제84조·제85조3항·제89조2호). 또한 우리법상 미국의 태프트-하틀리법(Taft-Hartley Act)과는 달리 근로자의 부당노동행위(예: 부당한 단체교섭 거부)는 인정되지 않는다.

황견계약
黃犬契約
근로자가 노동조합에 가입하지 않을 것 또는 조합에서 탈퇴할 것을 고용조건으로 하는 근로계약을 말한다. 이 계약은 특히 미국에서 조합에 반감을 가진 사용자에 의하여 19세기 말부터 1920년대에 걸쳐서 흔히 사용되었다. 조합활동을 억제하기 위해서는 매우 유력한 수단이다. 이 계약은 우리나라에서는 헌법상의 단결권(헌법 제33조1항)을 침해하는 것이어서 당연히 무효가 되며, 황견계약의 체결은 사용자의 부당노동행위가 된다(노동조합 및 노동관계조정법 제81조1항2호). 미

국 와그너법에 의하면 조합의 정당한 행위를 행하지 않는 계약, 조합조직을 방해할 목적으로 노사 합자경영 형식을 취하는 계약도 부당노동행위가 된다.

구제명령
救濟命令
노동위원회에서 노동조합·근로자 그 밖의 사람의 신청에 따라 사용자의 부당노동행위 사실을 인정하고 구제하기 위해서 발하는 명령을 말한다. 부당노동행위가 성립된다는 결정과 이를 구제하기 위한 명령은 서면으로 하여야 하며, 해당 사용자와 신청자에게 각각 교부하여야 한다(노동조합 및 노동관계조정법 제84조). 지방노동위원회의 명령에 대해서는 10일 이내에 중앙노동위원회에 재심을 신청할 수 있으며, 중앙노동위원회의 명령에 대해서는 15일 이내에 행정소송을 제기할 수 있다(같은 법 제85조).

노동쟁의
勞動爭議
일반적으로 노동조합 내지는 근로자단체와 사용자 내지는 그 단체 사이의 분쟁상태를 말한다. 「노동조합 및 노동관계조정법」 제2조도 노동관계 당사자 간 임금·근로시간·복지·해고 기타 대우 등 근로조건에 관한 주장의 불일치로 인한 분쟁상태를 말한다고 규정하고 있다. 노동관계 당사자란 근로자 측에서는 근로자단체(노동조합)만 당사자가 될 수 있으며, 개별적인 근로자는 자격이 없는 것으로 해석된다. 사용자 측에서는 개별적으로 당사자가 되는 경우가 있고 또는 사용자단체가 당사자가 되는 경우도 있다. 또한 노동쟁의는 당사자 간에 합의를 위한 노력을 계속하여도 더 이상 자주적 교섭에 의한 합의의 여지가 없는 경우 발생한다고 보고 있으므로, 단체교섭이 행하여졌다는 것을 전제로 한다. 단체교섭이 행하여지지 않았던 쟁의는 「노동조합 및 노동관계조정법」에 있어서의 노동쟁의라고 볼 수 없다. 분쟁상태는 쟁의행위가 발생할 우려가 있는 상태라고 해석하는 것이 타당

하다. 원래 노동쟁의는 노사 간의 자주적 해결에 맡겨서 노사관계의 안정과 산업평화를 도모하기 위하여 노동쟁의를 예방하고 조정하는 기구가 노사 간에 자주적으로 구성되어야 하는 것이 이상적이지만, 「노동조합 및 노동관계조정법」이 노동쟁의를 문제로 하고 있는 목적은 국가기관 또는 행정기관의 관여로 분쟁을 가급적 신속하고 원만하게 해결하기 위해서이다.

쟁의권 爭議權

근로자가 사용자에 대해서 근로조건 등에 관한 자기주장을 관철하기 위하여 단결해서 동맹파업 기타 쟁의행위를 하는 권리를 말한다. 시민법상 실질적으로 우위에 서 있는 사용자와 근로자를 대등한 입장으로 유지시키기 위해서 인정된 것으로, 「헌법」 제33조1항에서 '단체행동권을 가진다'고 하여 쟁의권을 보장하고 있다. 현행법에 의거하여 정당한 쟁의행위에 대해서는 형사상 및 민사상 면책을 인정하고 있다(노동조합 및 노동관계조정법 제3조·제4조). 그러나 현실에서 행하여지는 쟁의행위는 목적·양태·수단 등에 따라서는 헌법이 보장하는 쟁의권행사 범위를 일탈하여 법률상 책임을 지지 않으면 안 될 경우가 있다. 따라서 쟁의행위에 관한 법률문제는 쟁의행위의 합법(合法)·위법(違法) 한계를 명백히 하는 데에 있다. 근로자의 쟁의권 보장과 관련하여 형평의 견지에서 사용자측에게도 직장폐쇄라고 하는 쟁의행위가 인정되며, 그것이 정당하여 노무제공을 거부한다면 수령지체(受領遲滯)가 되지 않는다.

쟁의단 爭議團

쟁의행위를 하기 위하여 집합한 근로자단체를 말한다. 아직 노동조합이 조직되지 아니한 공장 사업장에서 어떤 문제를 계기로 근로자들이 쟁의행위를 할 때 그 단체가 쟁의단이다. 근로자단체인 이상, 정당한 쟁의행위로 인정되면 민사상·형사상의 책임이 생기지 않으며 단체교섭도 할 수 있으나, 협약 당사자는 될 수 없다는 것이 통설이다. 또한 노동위원회 근로자 측 위원의 추천과 법인격 취득은 할 수 없으며, 기타 「노동조합 및 노동관계조정법」상의 노동쟁의의 조정을 받을 수 없다(같은 법 제7조1항).

쟁의불참가자 爭議不參加者

쟁의행위가 발생하였을 때 참가하지 않도록 단체협약에 의하여 미리 정해져 있는 근로자를 말한다. 일정수의 수위·운전원 등이 그 예이다.

쟁의행위 爭議行爲

노동관계 당사자가 주장을 관철할 것을 목적으로 하는 행위 및 이에 대항하는 행위이며, 업무의 정상적인 운영을 저해하는 것을 말한다. 「노동조합 및 노동관계조정법」 제2조는 **파업**(罷業)·태업(怠業) 등을 근로자가 행하는 것으로, **직장폐쇄**를 사용자가 행하는 것으로 각각 예시하고 있다. 이 밖에 보이콧·피케팅·생산관리 등이 있으며, 쟁의행위의 목적에 따라 보통 파업 외에 동정 스트라이크·정치 스트라이크 등이 있다. 또한 시위행진이나 조합대회가 근무시간중에 행하여지면 쟁의행위가 될 가능성이 많다. 그러나 이와 같은 쟁의행위가 모두 당연하게 적법한 것으로 인정되는 것은 아니다. 즉 쟁의행위 자체가 권리로서 행사된다고 하여 어떠한 목적·양태·수단을 통한 모든 행동이 적법시되지는 않는다. 예를 들면 쟁의행위에 의한다고 할지라도 인명을 해칠 수 없음은 물론 헌법이 보장하는 기본적 인권을 침해할 수는 없다. 또한 노동기본권과 함께 재산권을 보장하고 있는 헌법에서 재산권을 부정하는 따위의 행위가 허용될 수 없음은 당연하다. 그러나 쟁의행위에 의한 업무의 정지 또는 폐지 등으로 인하여 기업이 경제적 손실을 입는 것은 부득이한 것으로 예정된다.

[쟁의행위]

파 업	일정한 요구를 관철하기 위하여 의사의 결정으로 근로의 제공을 거부하는 행위
태 업	① 시설·제품 등의 파괴 ② 사용자의 비밀폭로, 욕설 등 ③ 의식적으로 작업능률을 저하시키는 행위
보이콧	제3자에게 사용자의 제품을 사지 말도록 혹은 취급을 거부케 함으로써 그 거래를 방해하는 행위
피케팅	파업을 방해하려는 것을 막고 쟁의의 선전 등을 위하여 직장 부근에 파수꾼을 두거나, 근로희망자들의 파업을 유도하는 행위
직장 점거	파업실행을 확보하기 위하여 사용자의 의사를 무시하고 사업장 시설 내에 머무는 행위
생산 관리	노동조합의 요구를 관철하기 위하여 사업시설을 장악하고 일시적으로 기업을 경영하는 행위

동맹파업
同盟罷業

노동조합 기타 근로자단체가 통제하여 소속원(조합원)이 집단적으로 노무의 제공을 정지하는 쟁의행위를 말한다. 일반적으로 '파업'이라고 한다. 동맹파업은 각종 쟁의행위 중에서 널리 행하여지는 전형적 쟁의행위이며 동시에 가장 순수한 형태로서, 그 본체를 조성하는 행위는 노동력에 대한 사용자의 지배관계로부터 이탈하는 것이다. 즉 생산수단과 노동력과의 결합을 끊고 노동력 제공을 집단적으로 거부하는 것이다. 동맹파업에 관해서는 근로자측의 채무불이행·업무방해 등이 문제되며, 각국에서도 동맹파업이 적법한 것이 되기까지는 많은 시일이 소요되었다. 우리나라에서는 「헌법」 제33조1항과 「노동조합 및 노동관계조정법」에 의하여 법률의 범

위 내에서 그 적법성이 보장되고 있다. 그러나 구체적으로 어떠한 동맹파업이 적법한 것인가는 그때그때의 목적·양태·수단에 따라서 결정될 문제이다. 동맹파업은 목적·양태에 따라서 여러 가지 형태로 분류된다. 예를 들면 정치파업·동정파업과 총파업·부분파업 등이 있다.

동정파업
同情罷業

노동조합 등의 근로자 단체와 사용자와의 사이에 아무런 다툼이 없음에도 불구하고 다른 사업장 또는 직업·산업에 있어서 파업 중에 있는 다른 근로자 단체를 지원해서 행하는 파업을 말한다. 이와 같은 파업 형태는 노동조합과 사용자와의 사이에 직접적이며 구체적 대립관계가 존재하지 않음으로써 파업 대상이 된 사용자가 노동조합의 요구에 응할 수가 없기 때문에 정당한 쟁의행위라고 볼 수 없으며, 각국에서 위법시되는 경향이다. 그러나 지원된 쟁의행위의 성공으로 자기가 속하는 기업의 근로조건 유지·향상이 기대되는 경우에는 법률상 정당한 쟁의행위로 보는 견해도 있다.

정치파업
政治罷業

근로자의 경제적 지위의 향상보다도 정치적 목적을 달성하기 위하여 행하여지는 파업을 말한다(예 : 특정 내각의 퇴진, 특정한 입법 또는 정책의 요구나 반대를 목적으로 하는 쟁의행위). 동정파업의 경우와 마찬가지로 노동조합과 사용자와의 사이에 직접적이며 구체적 대립관계가 존재하지 않기 때문에 정당한 쟁의행위로서의 보호를 받지 못하나, 정치적 목적이 경제적 목적에 부수되는 경우에는 법에 규정된 정당한 목적에서 일탈하지 않는 것이라고 볼 수 있다. 경제파업은 항상 정치파업이 되는 경향이 있어 양자의 경계가 불명확해지는 경우가 많이 있기 때문이다.

총파업
總罷業

동일지역, 같은 산업 또는 전국 주요 산업 근로자가 공동으로 동시에 행하는 파업을 말한다. 총동맹파업, 제너럴 스트라이크라고도 한다. 총파업에는 ① 동정파업이 그 규모를 확대한 형태, ② 특정 입법 내지는 정책 변경을 요구하는 정치적 형태, ③ 현존 사회질서의 전복을 도모하는 수단으로서의 혁명적 형태 등 세 가지 종류가 있다.

역사적으로 가장 유명한 총파업은 1926년 영국에서 일어났다. 광산노동자들의 처우 개선을 위하여 영국 노동조합회의의 주도하에 광산노동자뿐만 아니라, 철도·항만·운송·인쇄·가스·전기·조선(造船) 노동자까지 전국적으로 약 250만 명의 노동자가 영국 역사상 최대 규모 파업에 들어간 사건이다. 이렇듯 총파업은 과거에는 전국적인 규모의 파업을 가리키는 의미로 쓰였으나, 최근에는 특정 지역에서 여러 가지 산업이 일제히 파업을 실시하는 경우도 총파업이라고 하는 경향이 있다. 또한 오늘날의 총파업은 데모나 집회 등 갖가지 투쟁 형태와 결합하여 조직되는 일이 많다.

태업
怠業

노동조합의 통제하에 표면적으로는 일을 하면서도 집단적으로는 근로능률을 저하시키고 열악한 작업을 하여 사용자에게 손해를 주는 쟁의행위를 말한다. 태업은 실제상 파업에 관한 제한을 회피하기 위하여 행하여지는 경우가 많다. 즉 단체협약으로 파업에 대해서 제한이 가해진 경우라든지, 파업에 대한 사회여론이 매우 나쁘다면 파업을 피하고 이에 대신해서 태업을 행하는 경우가 있다. 태업 형태는 보통 적극적 태업과 소극적 태업으로 구분된다. 예를 들어 기계설비를 사용할 수 없도록 만들어 손해를 끼치는 행위 등이 적극적 태업에 해당하고, 잔업거절 등이 소극적 태업에 해당한다. 법률적 관점에서 적극적 태업은 사용자의 재산을 손괴하는 행위로, 합법성의 한계를 넘어 위법하다. 그러나 소극적 태업의 경우 근로자가 자기의 노력을 아끼고 충분히 발휘하지 않는 것은 정당한 권리로 파업과 마찬가지로 합법적 행위로 볼 수 있다. 태업은 이용도가 많은 쟁의행위이다.

직장폐쇄
職場閉鎖

노동법이 인정하는 유일한 사용자 쟁의행위이다. **록 아웃**(lock out) 또는 **공장폐쇄**라고도 한다. 이것은 노사의 주장이 대립하는 경우에 사용자가 그의 주장을 관철하기 위하여 근로자를 공장에서 내쫓고 노무제공을 거부하는 쟁의행위이다. 직장폐쇄는 반드시 노동조합이 쟁의행위를 개시한 이후에만 실시할 수 있으며, 사용자는 적법하게 이루어진 직장폐쇄로 인하여 임금지급의 의무를 면한다. 직장폐쇄는 방위적인 것이어야 하며, 만약 근로자의 정당한 조합활동을 저해할 목적으로 행하거나 집단적·영구적 해고의 의도를 가지고 행하는 경우는 정당한 것으로 인정할 수 없다는 설이 유력하다. 그리고 사용자가 직장폐쇄를 할 경우에는 행정관청과 노동위원회에 각각 신고하여야 한다(노동조합 및 노동관계조정법 제46조).

보이콧
Boycott

사용자 또는 사용자와 거래관계가 있는 제3자가 단결해서 상품 구매 또는 시설 이용을 거절하는 일종의 쟁의행위이며, 일반적으로 거래를 저해하는 행위를 말한다. 보이콧이라는 용어는 스코틀랜드의 한 영토의 관리인 보이콧 대위(Captain Boycott)의 악정에 반항한 영민(領民)이 보이콧 대위와의 접촉을 일체 단절한 데서 나왔다.

보이콧이라는 용어는 국제법에서도 사용되고 있다. 국제법상 보이콧이란 한 나라의 국민이 공동으로 특정한 외국상품을 불매하는 것을 말한다. 여기서는 노동법상 노동보이콧에 대해서만 설명하기로 한다.

직접 쟁의중의 사용자에 대해서 행하는

보이콧을 1차적 보이콧이라 하며, 쟁의와 직접관계가 없는 제3자에게까지 번지는 보이콧을 2차적 보이콧이라고 한다. 미국의 태프트－하틀리법에서는 근로자의 부당노동행위로서 금지되어 있지만, 영국에서는 합법이라고 판시된 바 있다. 노동조합의 결의에 따라서 어느 사용자에 대하여 그 상품의 불매를 실행하는 것은 조합으로서 행동자유의 범위 내에 속하기 때문에 적법한 것으로 보나, 2차적 보이콧의 경우는 동맹파업이 직접 사용자와의 사이에서 일어난 분쟁이 아니므로 사용자 측에서는 대응책이 없는 쟁의행위이기 때문에 정당화될 수 없다고 보는 것이 일반적이다.

피케팅
Picketing

파업 · 보이콧, 기타의 쟁의행위를 하는 경우에 근로자가 공장 · 사업장 · 상점의 입구 에 늘어서는 등의 행위를 하여 파업에 방해가 되는 요소의 출입을 차단하고, 근로자들이 파업에서 이탈하는 것을 막는 행위를 말한다. 따라서 피케팅은 독립된 쟁의행위는 아니며 다른 쟁의행위에 대한 보조수단 역할을 한다. 또한 피케팅은 쟁의행위의 당사자인 사용자 이외의 제3자에 대한 적극적 행위이다. 따라서 관계근로자가 일사불란하게 쟁의행위를 결행하고, 근로자 전체가 연대의식이 강하며, 파업이 파괴될 염려가 없으면 피케팅은 아무 필요가 없다. 파업이 노동력의 정지로 스스로 요구를 관철할 것을 목적으로 하는 이상 사용자가 고용한 대체근로자를 근로자 측에서 배제한다는 것은 효과를 확보하기 위한 불가피한 수단이라고 하겠다.

현재 모든 나라에서는 피케팅을 파업에 부수되는 합법적 행위로 보고 있다. 그러나 동시에 사용자의 재산권 보호라는 면에서 여러 가지 제한을 가하고 있으며, 일반적으로 엄격한 평화적 피케팅만 인정하는 경향이 강하다. 즉 평화적 설득의 범주를 넘어서는 안 된다는 것이 세계의 통칙으로 되어 있다.

생산관리
生産管理

노동조합이 사용자의 지휘 · 명령을 배제하고 자기 손으로 기업경영을 담당하는 것을 말한다. 즉 근로자단체가 쟁의목적을 달성하기 위하여 사용자 의사에 반하여 사용자의 공장 · 사업장 또는 설비자재 등 일체를 자기 수중으로 접수하여 점유(지배)하에 놓고 사용자의 지휘 · 명령을 배제한 채 자기 손으로 기업경영을 행하는 쟁의행위이다. 이것은 정당한 동맹파업으로는 임금을 받지 못할 뿐만 아니라 자칫 잘못하면 분열이 생기기 쉽기 때문에 임금을 받아가면서 결속을 굳게 하고 쟁의목적을 달성하려고 하는 것이다. 그러나 노동거부라고 하는 소극적 성질에서 벗어나, 기업자소유권을 침해하고 경영권을 탈취하려는 행위이므로 위법 여부가 문제된다.

준법투쟁
遵法鬪爭

쟁의행위로서 태업의 일종이다. 크게 나누면 두 종류가 있다. ① 업무 · 시설관리법규 또는 「근로기준법」 및 그 시행규칙이 요구하고 있는 조건대로 작업을 실시하고 업무능률을 저하시키는 것. 예컨대 안전운전 · 점검투쟁 등이다. ② 시간외근무 · 휴일근무를 거부하거나(잔업거부 또는 정시퇴근 등) 단체협약 · 취업규칙으로 인정된 휴가를 일제히 취하는 경우(집단휴가 또는 집단결근 등)이다.

잔업거부
殘業拒否

업무계획에 따라 잔업 · 초과근무 기타 시간외노동이 필요한 경우에 일제히 거부하고 정규 노동만을 제공함으로써 업무능률의 저하를 꾀하는 소극적인 쟁의행위를 말한다.

집단결근
集團缺勤

단체협약 · 취업규칙 또는 법령으로 인정된 휴가를 같은 직장에서 일제히 행하여 업무 운영을 저해하거나 능률을 저하시키는 쟁의행위를 말한다. 일종의 준법투쟁으로 행하여진다.

정당한 쟁의행위
正當한 爭議行爲

헌법에 의하여 정당하게 보장되는 쟁의행위를 말한다. 헌법이 근로자에게 단체행동권, 즉 쟁의권을 보장하고 있으므로(헌법 제33조1항) 정당한 쟁의행위에는 당연히 민사상·형사상의 면책이 인정된다. '정당한'이란, 쟁의행위의 목적·양태·수단에 있어 사회통념상 정당한 범위에 속하는 것을 말하며 '법으로 보장을 받는다'는 뜻이다. 예컨대 구체적인 주장도 없이 오로지 사용자를 괴롭히기 위한 쟁의행위나, 경제적 지위의 향상이 아니라 순전히 정치적 목적의 달성을 주된 목표로 하는 쟁의행위라든지, 부당한 폭력행사나 파괴적인 쟁의행위(노동조합 및 노동관계조정법 제42조1항)는 정당한 쟁의행위가 아니다. 민사상 면책이란 근로자가 동맹파업 등을 행하여 단체로 사용자에 대하여 노무제공을 거부하여도 사용자에 대한 채무불이행 내지는 계약위반으로 손해배상책임을 지지 않는 것은 물론 제3자에 대해서도 불법행위로 인한 손해배상책임을 지는 일은 없다(같은 법 제3조)는 뜻이다. 형사상의 면책(免責)이란 원래 근로자의 행위는 노동조합에 대해서는 계약위반의 유도로서 불법행위를 구성하고 나아가서는 업무 내지 영업방해를 이유로 한 범죄를 구성하는 것이나, 정당한 쟁의행위에 대해서는 이를 묻지 않는다는 것을 말한다(같은 법 제4조).

쟁의행위의 손해배상책임
爭議行爲의 損害賠償責任

정당한 쟁의행위에 대해서는 근로자가 원칙적으로 손해배상책임을 면하게 된다는 것을 말한다. 「헌법」은 근로자의 단체행동권(쟁의권)을 보장하고 있고, 「노동조합 및 노동관계조정법」도 이를 확인하고 사용자는 정당한 쟁의행위로 인하여 손해를 받는 것을 예정하여 노동조합 또는 근로자에 대해서 배상을 청구할 수 없음을 규정하고 있다(노동조합 및 노동관계조정법 제3조). 정당하지 못한 쟁의행위는 민법의 일반원칙에 따라 채무불이행 또는 불법행위로 인한 배상책임이 발생한다. 그러나 원칙적으로 책임주체는 쟁의행위 전체의 목적 또는 수단에 있어서 정당하지 아니한 경우에는 조합 자체이며, 쟁의행위 중에 폭행 등의 개개의 불법행위가 있었을 경우에는 그 조합원이다.

쟁의행위의 제한
爭議行爲의 制限

쟁의권 또는 쟁의행위에 대한 법률상의 제한을 말한다. 쟁의권은 근로자에게 그의 근로조건 등을 향상시키기 위해서 인정한 것이어서 그것 자체가 목적이 아니고 수단이기 때문에 절대적인 것은 아니다. 따라서 국민 전체의 이익이나 생명의 안전 등의 요청에서부터 법률상의 제한을 받는다. 현재 일반공무원에게는 쟁의권이 원칙적으로 부정되며(헌법 제33조2항, 국가공무원법 제66조, 노동조합 및 노동관계조정법 제5조1항 단서), 공장·사업장 기타 직장에 대한 안전보호시설의 유지·운영을 정지·폐지 또는 방해하는 행위는 쟁의행위로서 이를 행할 수 없도록 하고 있다(노동조합 및 노동관계조정법 제42조2항). 기타 쟁의행위는 조합원의 직접·비밀·무기명투표에 의한 과반수의 찬성으로 행하여야 하며(같은 법 제41조1항), 폭력이나 파괴행위로는 행할 수 없다는 것(같은 법 제42조1항)을 규정하고 있다.

냉각기간(조정기간)
冷却期間(調停期間)

법령 또는 단체협약이나 기타 규정으로써 일정기간을 경과하지 않으면 쟁의행위를 할 수 없다는 뜻을 정하는 경우 그 일정기간을 말한다. 이것은 그 기간 중에 노사 쌍방의 흥분을 진정시켜 사실상 쟁의행위가 실현되지 않게 하려는 의미와 쟁의행위를 돌발적으로 행하면 상대방과 공중에게 주는 충격이나 타격이 크므로 그 일정기간에 최선책을 강구케 하려는 의미가 있다. 냉각기간은 전자에 착안한 것이고, 예고기간은 후자에 착안한 것이다. 현행법에서는 조정기간이라 하여 일반사업에 있어서는 10일, 공익사업에 있어서는 15일 이내에서 연장할 수 있으며(노동조합 및 노동관계조정법 제54조), 노동쟁의가 중재에 회부된 때에는 그날부터 다시 15일간은 쟁의행위를 할 수 없다(같은 법 제63조). 그 밖에 공익사업이나 전국적인 규모의 쟁의행위에 대해서 긴급조정이 공표된 때에는 즉시 쟁의행위를 중지하여야 하며, 공표일부터 30일이 경과하지 아니하면 쟁의행위를 재개할 수 없다(같은 법 제77조). 전국비상사태(national emergency)를 야기하는 쟁의는 합계 80일간의 냉각기간을 둔다는 미국의 태프트－하틀리법을 따른 규정이다.

예고기간
豫告期間
돌발적으로 일어나는 쟁의행위가 상대방 또는 공중에게 막대한 영향을 주는 경우가 많기 때문에 법령 또는 단체협약에서 쟁의행위를 행하려면 일정기간 전에 상대방 또는 기타의 자에게 예고를 하여야 한다고 정하는 경우 그 기간을 말한다. 우리나라에서는 냉각기간제도만이 채택되었을 뿐 예고기간제도는 마련되어 있지 않다.

공익사업
公益事業
공공이익 내지 복리를 위한 사업을 말한다. 각 법령의 목적에 따라 다르게 규정되고 있어 ①「공익사업을 위한 토지 등의 취득 및 보상에 관한 법률」에서는 토지를 취득 또는 사용할 수 있는 사업인 중요산업 등을 공익사업으로 규정하고(제4조), ②「노동조합 및 노동관계조정법」에서는 국민의 일상생활에 필요 불가결한 정기노선 여객운수사업과 항공운수사업, 수도사업 · 전기사업 · 가스사업 · 석유정제사업과 석유공급사업, 공중위생사업 · 의료사업과 혈액공급사업, 은행과 조폐사업, 방송과 통신사업으로 규정하고(제71조1항) 있다. 이러한 사업은 냉각기간에 있어서 일반사업과는 다른 긴급조정을 인정하고 있다(같은 법 제76조~제80조).

특별조정위원회
特別調停委員會
공익사업의 노동쟁의 조정을 위하여 노동위원회에 두는 위원회를 말한다. 특별조정위원회는 특별조정위원 3인으로 구성하되, 공익위원 중에서 노동조합과 사용자가 순차적으로 배제하고 남은 4인 내지 6인 중에서 노동위원회 위원장이 지명한다. 다만, 관계당사자가 합의로 해당 노동위원회 위원이 아닌 자를 추천하는 경우에는 그 추천된 자를 지명한다(노동조합 및 노동관계조정법 제72조). 특별조정위원회에 위원장을 두며, 위원장은 ① 노동위원회 공익위원인 특별조정위원 중에서 호선하고, ② 해당 노동위원회의 위원이 아닌 자만으로 구성된 경우에는 그중에서 호선하되, ③ 공익을 대표하는 위원인 특별조정위원이 1인인 경우에는 해당 위원이 위원장이 된다(같은 법 제73조).

조정
調停
노동쟁의에서 당사자 이외의 제3자가 개입하여 그 분쟁의 해결에 조력하는 것을 말한다. 조정은 노동위원회에 의한 노동쟁의 해결의 한 방법으로, 노동위원회는 조정을 위한 별도의 조정위원회를 구성하고 조정위원회가 양 당사자의 이해관계를 개입 · 절충하여 조정안을 작성한 다음, 이러한 조정안을 당사자가 수락함으로써 노사 간의 분쟁은 해결된다(노동조합 및 노동관계조정법 제53조~제61조의2). 그러나 중재와는 달라서 관계당사자의 임의수락(任意受諾)을 전제로 하고, 이런 점에서 노사의 자주적 해결 정신에 적합하고 가장 유효 · 적절한 쟁의해결 방법이다. 조정에 부치느냐의 여부는 원칙적으로 당사자의 임의에 맡겨져 있으나, 예외적으로 강제조정제(조정강제)가 인정되어 있다.

조정안
調停案

조정위원회가 작성하는 노동쟁의 해결안을 말한다. 조정위원회는 조정안을 작성하여 관계 당사자에게 수락(受諾)을 권고한다. 그러나 중재와는 달리 당사자를 구속하는 힘은 없으며 임의 수락에 의해서 당사자를 구속하게 된다. 또한 조정안에 이유를 붙여서 공표할 수 있으며, 필요한 때에는 신문 또는 방송에 보도협조를 요청할 수 있다.

이 조정안이 관계 당사자 쌍방에 의하여 수락된 후 해석 또는 이행방법에 관하여 관계 당사자 간 의견이 불일치할 때에는 관계 당사자는 당해 조정위원회 또는 단독조정인에게 해석 또는 이행방법에 관한 명확한 견해 제시를 요청해야 하며, 조정위원회는 위 요청을 받은 때에는 그 요청을 받은 날부터 7일 이내에 명확한 견해를 제시하여야 한다. 이에 관한 견해가 제시될 때까지는 관계 당사자는 당해 조정안의 해석 또는 이행에 관하여 쟁의행위를 할 수 없다(노동조합 및 노동관계조정법 제60조).

조정위원
調停委員

「노동조합 및 노동관계조정법」상 조정위원회를 구성하는 자를 말한다. 노동위원회 위원 중에서 근로자·사용자·공익을 대표하는 위원 각 1인을 위원장이 지명한다(노동조합 및 노동관계조정법 제55조3항). 조정위원회 위원장은 공익을 대표하는 조정위원이 된다(같은 법 제56조2항).

조정위원회
調停委員會

노동위원회 중 조정을 담당하는 특별한 위원회를 말한다. 본래 노동쟁의의 조정은 노동위원회의 권한이지만, 노동위원회의 위원 전원이 조정을 담당하는 것은 아니고, 특별한 위원회를 구성한다. 조정위원회는 해당 노동위원회 위원 또는 특별조정위원 중에서 근로자·사용자·공익위원 각 1명의 조정위원으로 구성된다. 조정위원회 위원장(공익위원이 된다)은 조정위원회를 소집하고, 관계 당사자의 의견을 청취한 다음에 조정안을 작성하여 관계 당사자에게 수락을 권고한다. 조정위원회는 관계 당사자로부터 승낙(承諾)의 통지가 있으면 임무가 끝나는 일시적인 위원회이나, 관계 당사자에 의하여 수락(受諾)된 조정안의 해석이나 그것의 이행방법 등에 관해서는 요청에 따라서 의견을 제시하여야 한다(노동조합 및 노동관계조정법 제55조~제60조).

중재
仲裁

노동쟁의의 조정방법의 일종이다. 중재는 ① 관계 당사자 쌍방이 함께 중재신청을 한 때, ② 관계 당사자 일방이 단체협약에 의하여 중재신청을 한 때에 중재위원회에서 행하기로 되어 있다(노동조합 및 노동관계조정법 제62조). 중재결정은 조정과 달리 임의중재의 경우 모두 당사자를 구속한다. 그리고 중재재정은 단체협약과 동일한 효력을 가지며(같은 법 제70조1항), 노동쟁의가 최종적으로 해결되는 것이다. 중재재정(仲裁裁定) 또는 재심결정(再審決定)이 위법 또는 월권이라고 인정되는 경우에는 중앙노동위원회의 재심 또는 행정소송이 허용된다(같은 법 제69조1항·2항).

강제중재·임의중재
強制仲裁·任意仲裁

분쟁당사자 쌍방 또는 일방의 단체협약에 의한 신청이 없음에도 불구하고 개시되는 중재를 강제중재라 한다. 강제중재에 대응하는 용어로 당사자 쌍방 합의에 의해서 개시되는 중재를 임의중재라 한다. 구「노동조합 및 노동관계조정법」상에서는 특별조정위원회가 필수공익사업에 있어서 조정이 성립될 가망이 없다고 인정하면 강제조정을 노동위원회의 위원장에게 권고하고 위원장은 이에 대해 중재에 회부한다는 결정을 내릴 수 있었다. 그러나 노동3권의 과도한 제약이라는 측면에서 위헌 논란과 함께 국제노동기구(ILO) 등에서 지속적으로 개선권고를 받아 2006년 12월 30일 법 제8158호에 의하여 이 조항을 삭제하고 현재는 임의중재만을 허용하고 있다. 다만 중앙노동위원회의 위원장이 긴급조정을 통하여 조정이 성립될 가망이 없다고 인정한 경우에는 예외가 인정된다(노동조합 및 노동관계조정법 제79조).

중재위원회
仲裁委員會
노동쟁의 중재를 담당하는 노동위원회의 특별위원회를 말한다. 「노동조합 및 노동관계조정법」에 의한 노동쟁의 중재는 노동위원회 권한이지만 노동위원회의 위원 전원이 아니고 특별한 위원회를 구성하여 행한다. 중재위원회는 중재위원 3인으로 구성되며, 노동위원회의 공익을 대표하는 위원 중에서 관계 당사자의 합의로 선정한 자에 대하여 해당 노동위원회 위원장이 지명한다(노동조합 및 노동관계조정법 제64조).

중재재정
仲裁裁定
중재자가 내리는 판단을 말한다. 「노동조합 및 노동관계조정법」에서 중재위원회가 내리는 중재재정은 단체협약과 동일한 효력을 가진다(제70조1항). 서면으로 작성하여야 하며 효력발생 기일을 명시하여야 한다(제68조). 구법에서는 **중재판정**(仲裁判定)이라고 하였다.

긴급조정
緊急調停
사건이 공익사업에 관한 것이거나 대규모 혹은 특별한 성질의 사업에 관한 것이기 때문에 쟁의행위로 업무가 정지되면 국민경제의 운영이 현저하게 저해되거나 국민의 일상생활이 크게 위태롭게 될 염려가 있는 사건에 대해서 위험이 현존하는 경우에 중앙노동위원회가 행하는 노동관계 조정을 말한다. 이와 같은 사정이 있는 경우에는 고용노동부장관은 중앙노동위원회의 의견을 들은 다음 긴급조정을 결정할 수 있다(노동조합 및 노동관계조정법 제76조). 고용노동부장관은 긴급조정을 결정한 때에는 지체 없이 이유를 붙여 공표함과 동시에 중앙노동위원회와 관계당사자에게 각각 통고하여야 하며, 통고를 받은 때에는 중앙노동위원회는 지체 없이 조정을 개시하여야 한다(같은 법 제78조). 조정이 성립될 가망이 없다고 인정된 경우에는 중재에 회부할 여부를 결정하여야 하고, 이 결정은 긴급조정의 결정이 관계 당사자에게 통고된 날부터 15일 이내에 하여야 한다(같은 법 제79조). 중재회부가 결정된 때에는 지체없이 중재를 행하여야 한다(같은 법 제80조). 긴급조정결정의 공표일부터 30일이 경과하지 아니하면 쟁의행위를 재개할 수 없다(같은 법 제77조).

노 동 위 원 회 법

노동위원회법
노동관계에 있어서 판정 및 조정업무의 신속·공정한 수행을 위하여 노동위원회를 설치하고 그 운영에 관한 사항을 규정함으로써 노동관계의 안정과 발전에 이바지함을 목적으로 제정된 법률이다(노동위원회법 제1조).

노동위원회
勞動委員會
노동관계에 개입하여 노사 간의 이익 및 권리분쟁에 대한 조정과 판정을 주업무로 하는 독립성을 지닌 준사법적 기관이다. 노동위원회는 노·사·공익 3자로 구성된 합의제 행정기관이며, 주요한 기능으로 노동쟁의의 조정·중재, 복수노조 교섭창구 단일화

사건 등의 결정, 부당해고 및 부당노동행위 등의 심판·구제, 비정규직 차별적 처우시정 등과 함께 노동위원회규칙 제정(노동위원회법 제25조), 근로조건 개선조치의 권고(같은 법 제22조2항)와 같은 각종 정책적 업무를 담당하고 있다. 노동위원회는 중앙노동위원회와 지방노동위원회 및 특별노동위원회로 구분된다. 각 노동위원회는 근로자를 대표하는 근로자위원·사용자를 대표하는 사용자위원이 각 10명 이상 50명 이하, 공익을 대표하는 공익위원은 각 10명 이상 70명 이하로 구성되며, 근로자위원은 노동조합에서, 사용자위원은 사용자단체에서 추천한 자 중에서 위촉된다. 위촉권자는 중앙노동위원회의 위원은 대통령, 지방노동위원회 위원은 중앙노동위원회위원장이다(같은 법 제6조). 또한 중앙노동위원회와 지방노동위원회에는 각각 상임위원을 두며, 해당 상임위원은 당연히 공익위원이 되고, 고용노동부장관의 제청으로 대통령이 임명한다(같은 법 제11조). 그 외에도 중앙노동위원회와 지방노동위원회가 행하는 노동쟁의 조정(調停)·중재에 한해서 중앙노동위원회와 지방노동위원회에 각각 특별조정위원을 두고 참여케 할 수 있다(노동조합 및 노동관계조정법 제72조). 노동위원회에는 위원장 1명을 두며, 중앙노동위원회 위원장은 해당 노동위원회의 공익위원이 될 수 있는 자격을 갖춘 사람 중에서 고용노동부장관의 제청으로 대통령이 임명하고, 지방노동위원회 위원장은 지방노동위원회의 공익위원이 될 수 있는 자격을 갖춘 사람 중에서 중앙노동위원회 위원장의 추천과 고용노동부장관의 제청으로 대통령이 임명한다(노동위원회법 제9조).

중앙노동위원회
中央勞動委員會
고용노동부장관 소속 하에 두며(노동위원회법 제2조2항), 근로자위원·사용자위원은 각 10명 이상 50명 이하,

공익위원은 각 10명 이상 70명의 이하의 범위 내에서 구성되며 대통령령으로 정한다(같은 법 제6조). 또한 중앙노동위원회에는 「노동위원회법 시행령」에서 정하는 수의 중앙노동위원회상임위원을 두며, 해당 상임위원은 당연히 공익위원이 되고 고용노동부장관의 제청으로 대통령이 임명한다(노동위원회법 제11조). 중앙노동위원회는 지방노동위원회 및 특별노동위원회의 처분에 관한 재심사건, 둘 이상의 지방노동위원회의 관할구역에 걸친 노동쟁의 조정(調整)사건, 다른 법률에서 그 권한에 속하는 것으로 규정된 사건을 관장한다(같은 법 제3조1항). 특히 중재의 경우에는 지방노동위원회 또는 특별노동위원회의 중재재정을 재심할 수 있을 뿐만 아니라(노동조합 및 노동관계조정법 제69조1항, 노동위원회법 제26조), 지방노동위원회나 특별노동위원회의 상급심(上級審)이 된다. 이 밖에 긴급조정(조정·중재)은 중앙노동위원회에서만 관장한다(노동조합 및 노동관계조정법 제76조~제80조). 또한 중앙노동위원회는 노동위원회의 사무관리에 관한 지시권과 노동위원회의 운영과 기타 필요한 사항에 관한 규칙제정권을 가지고 있으며(노동위원회법 제24조·제25조), 중앙노동위원회에는 사무정리를 위하여 사무처가 설치된다(같은 법 제14조).

지방노동위원회
地方勞動委員會
해당 관할구역 내의 노동관계의 조정을 목적으로 하는 노동위원회를 말한다. 지방노동위원회에는 서울특별시의 서울지방노동위원회, 부산광역시의 부산지방노동위원회, 경기도의 경기지방노동위원회, 대전광역시의 충남지방노동위원회, 광주광역시의 전남지방노동위원회, 대구광역시의 경북지방노동위원회, 경상남도의 경남지방노동위원회, 인천광역시의 인천지방노동위원회, 울산광역시의 울산지방노동위원회,

강원도의 강원지방노동위원회, 충청북도의 충북지방노동위원회, 전라북도의 전북지방노동위원회, 제주도의 제주지방노동위원회 등이 있다. 충남지방노동위원회·전남지방노동위원회·경북지방노동위원회는 각 광역시와 인근 도의 사건을 관장한다(노동위원회법 시행령 제2조). 근로자위원·사용자위원은 각 10명 이상 50명 이하, 공익위원은 10명 이상 70명 이하의 범위에서 구성되며 중앙노동위원회위원장이 위촉한다(노동위원회법 제6조).

특별노동위원회
特別勞動委員會
관계 법률에서 정하는 사항을 관장하기 위하여 필요한 경우에 해당 사항을 관장하는 중앙행정기관의 장 소속하에 설치한다(노동위원회법 제2조3항). 이때, 특별노동위원회가 관할하는 특정사항은 관계 법률에 정하는 바에 따른다(같은 법 제3조3항). 특별노동위원회의 위원 수는 기본적으로는 중앙노동위원회 및 지방노동위원회와 동일하지만, 해당 특별노동위원회의 설치근거가 되는 법률에서 달리 정할 수 있다(같은 법 제5조).

근로자위원
勤勞者委員
노동위원회에 있어서 근로자를 대표하는 위원을 말한다. 노동조합이 추천한 사람 중에서 중앙노동위원회 위원은 대통령이, 지방노동위원회 위원은 중앙노동위원회위원장이 각각 위촉한다(노동위원회법 제6조3항). 근로자위원의 임기는 3년으로 하되 연임할 수 있으며, 보궐위원의 임기는 전임자 임기의 남은 기간이다(같은 법 제7조).

사용자위원
使用者委員
노동위원회에 있어서 사용자를 대표하는 위원을 말한다. 사용자단체에서 추천한 사람 중에서 중앙노동위원회 위원은 대통령이, 지방노동위원회 위원은 중앙노동위원회위원장이 각각 위촉한다(노동위원회법 제6

조3항). 임기는 3년으로, 연임이 가능하고 보궐위원의 임기는 전임자 임기의 남은 기간이다(같은 법 제7조).

공익위원
公益委員
노동위원회에 있어서 공익을 대표하는 위원을 말한다. 중앙노동위원회의 공익위원은 대통령이, 지방노동위원회의 공익위원은 중앙노동위원회위원장이 각각 위촉한다. 공익위원의 자격은 대통령령으로 정한다(노동위원회법 제6조7항). 공익위원의 임기는 3년으로 연임이 가능하고 보궐위원의 임기는 전임자 임기의 남은 기간이다(같은 법 제7조).

상임위원
常任委員
중앙노동위원회와 지방노동위원회에 두는 상임위원을 말한다. 중앙노동위원회에 두는 상임위원을 **중앙노동위원회상임위원**이라고 하고, 지방노동위원회에 두는 상임위원을 **지방노동위원회상임위원**이라고 한다. 중앙노동위원회상임위원과 지방노동위원회상임위원은 모두 고위공무원단에 속하는 임기제공무원이다(고용노동부와 그 소속기관 직제 제25조). 해당 노동위원회의 공익위원 자격을 가진 자 중에서 중앙노동위원회위원장의 추천과 고용노동부장관의 제청으로 대통령이 임명한다(노동위원회법 제11조1항). 따라서 상임위원은 당연히 공익위원이 되며, 심판사건·차별적 처우 시정사건과 조정사건을 담당할 수 있다(같은 법 제11조2항).

근로자참여 및 협력증진에 관한 법률

근로자참여 및 협력증진에 관한 법률
근로자와 사용자 쌍방이 참여와 협력을 통하여 노사공동의 이익을 증진함으로써 산업 평화를 도모하고 국민경제 발전에 이바지하는 것을 목적으로 제정된 법률이다.

노사협의회
勞使協議會

근로자와 사용자가 참여와 협력을 통하여 근로자의 복지증진과 기업의 건전한 발전을 도모하기 위하여 구성하는 협의기구를 말한다(근로자참여 및 협력증진에 관한 법률 제3조1호). 노사협의회는 근로조건 결정권이 있는 사업 또는 사업장 단위로 설치하여야 한다. 다만, 상시 30명 미만의 근로자를 사용하는 사업 또는 사업장은 예외이다. 하나의 사업에 지역을 달리하는 사업장이 있을 경우에는 그 사업장에도 설치할 수 있다(같은 법 제4조). 노사협의회는 근로자와 사용자를 대표하는 같은 수의 위원으로 구성하되, 각 3명 이상 10명 이하로 한다(같은 법 제6조). 근로자위원은 근로자 과반수가 참여하여 직접·비밀·무기명 투표로 선출한다. 다만, 사업 또는 사업장의 특수성으로 인하여 부득이한 경우에는 부서별로 근로자 수에 비례하여 근로자위원을 선출할 근로자를 근로자 과반수가 참여한 직접·비밀·무기명 투표로 선출하고, 선출된 근로자 과반수가 참여한 직접·비밀·무기명 투표로 근로자위원을 선출할 수 있다. 그러나 근로자의 과반수로 조직된 노동조합이 조직되어 있는 경우에는 노동조합 대표자와 그 노동조합이 위촉하는 자로 한다. 사용자위원은 해당 사업 또는 사업장의 대표자와 그 대표자가 위촉하는 자로 한다. 노사협의회에 의장을 두며 의장은 위원 중에서 호선(互選)한다. 이 경우 근로자위원과 사용자위원 중 1명을 공동의장으로 할 수 있다(같은 법 제7조1항). 위원의 임기는 3년으로 하되 연임할 수 있으며, 보궐위원의 임기는 전임자의 남은 기간으로 한다(같은 법 제8조). 노사협의회는 3개월마다 정기적으로 회의를 개최하여야 하며, 필요에 따라 임시회의를 개최할 수 있다(같은 법 제12조). 또한 노사협의회는 법으로 정한 사항에 관하여 협의한다(같은 법 제20조). 노사협의회는 의결된 사항을 신속히 근로자에게 널리 알려야 하며(같은 법 제23조), 근로자와 사용자는 노사협의회의 의결사항을 성실하게 이행하여야 한다(같은 법 제24조).

고충처리위원
苦衷處理委員

근로자의 고충을 청취하고 처리하기 위하여 모든 사업 또는 사업장(다만, 상시 30명 미만의 근로자를 사용하는 사업 또는 사업장을 제외한다)에 두는 위원을 말한다(근로자참여 및 협력증진에 관한 법률 제26조). 고충처리위원은 노사를 대표하는 3명 이내의 위원으로 구성하되, 노사협의회가 설치되어 있는 사업 또는 사업장의 경우에는 노사협의회가 그 위원 중에서 선임하고, 노사협의회가 설치되어 있지 않는 사업 또는 사업장의 경우에는 사용자가 위촉한다(같은 법 제27조1항). 고충처리위원의 임기는 3년으로 하되 연임할 수 있으며, 보궐위원의 임기는 전임자의 남은 기간으로 한다(같은 법 제8조1항·2항, 제27조2항).

근로자가 고충사항이 있는 경우에는 고충처리위원에게 구두 또는 서면으로 신고하고 신고된 고충사항은 지체 없이 처리하여야 하며(같은 법 시행령 제7조), 노사협의회가 설치되어 있지 아니한 사업 또는 사업장에서 고충처리위원이 처리할 수 없는 고충사항은 해당 사업 또는 사업장의 대표자에게 통보하여 해결하도록 노력하여야 한다. 또 고충처리위원은 근로자로부터 고충사항을 청취한 경우에는 10일 이내에 조치사항과 그 밖의 처리결과를 해당 근로자에게 통보하여야 하며, 고충처리위원이 처리하기 곤란한 사항에 대하여는 노사협의회에 부쳐 협의 처리한다(같은 법 제28조). 고충처리위원은 비상임·무보수로 한다(같은 법 시행령 제8조1항).

기타 노동관련법

기간제 및 단시간근로자 보호 등에 관한 법률

기간제근로자 (기간의 정함이 있는 근로 계약을 체결한 근로자), 단시간근로자(1주 동안의 소정 근로시간이 그 사업장에서 같은 종류의 업무에 종사하는 통상 근로자의 1주 동안의 소정 근로시간에 비하여 짧은 근로자) 등 비정규직 근로자가 급격히 증가하고 이들 근로자에 대한 차별적 처우와 남용행위가 사회적 문제로 대두됨에 따라, 기간제근로자 및 단시간근로자에 대한 불합리한 차별을 시정하고 이들 근로자의 근로조건 보호를 강화함으로써 노동시장의 건전한 발전에 이바지함을 목적으로 제정된 법률이다.

주요 내용으로는 ① 기간제근로자의 최대 사용기간을 2년으로 정하고, 그 기간을 초과하여 사용하는 경우에는 기간의 정함이 없는 근로계약을 체결한 근로자로 보도록 한다. ② 단시간근로는 해당 근로자의 가사, 학업 등 근로자의 사정에 따라 행하여지는 경우가 많음을 고려하여 단시간근로자에 대하여 소정근로시간을 초과하여 근로를 시키는 경우에는 해당 단시간근로자의 동의를 얻고, 그 상한을 1주에 12시간으로 정한다. ③ 기간제·단시간근로자에 대한 임금 등 근로조건의 차별이 심각해지고 있어 그 차별시정을 위한 제도를 마련하여 이유 없이 차별적 처우를 하는 것을 금지하고, 차별적 처우를 받은 경우 노동위원회를 통하여 시정을 받을 수 있도록 하며, 차별적 처우의 시정신청과 관련한 분쟁해결에 있어서의 입증책임은 사용자가 부담하도록 한다는 것 등이다.

근로복지기본법

「중소기업근로자복지진흥법」 및 「근로자의 생활향상과 고용안정 지원에관한법률」 등 근로자복지와 관련된 법령을 통합·정비하여 생산적 복지 및 근로자 복지정책·사업의 효율적 추진을 위하여 제정되었다. 이후 노동시장의 양극화, 비정규직 근로자의 증가 등 근로환경의 변화에 따라 근로복지를 확대·강화하기 위하여 「사내근로복지기금법」을 이 법으로 통합하여 근로복지 전반을 포괄하도록 하고, 기간제근로자·단시간근로자·파견근로자 및 하수급인의 근로자에 대한 근로복지를 향상시키기 위하여 근로복지정책의 수립 시에 기간제근로자 등에 대해서도 우대할 수 있도록 하는 근거를 마련하였다. 우리사주조합원의 자격범위를 수급관계회사 근로자까지 확대하였다. 사내근로복지기금의 수혜대상에 수급업체 근로자 등을 포함하도록 허용했으며, 또한 선택적 복지제도의 설계 및 운영 등에 대한 법적 근거를 마련하였다(제81조·제82조).

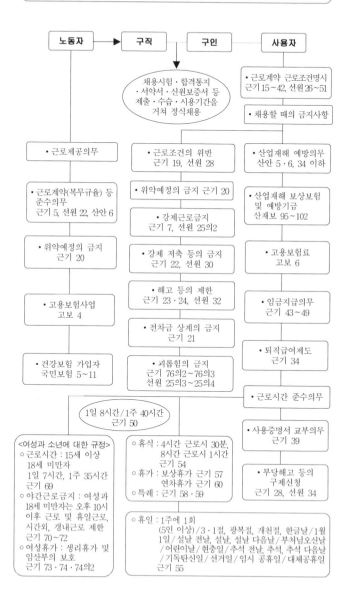

그림으로 본 노사관계

○약어 ⇒ □근기 : 근로기준법   □선원 : 선원법
         □산안 : 산업안전보건법   □고보 : 고용보험법
         □국민보험 : 국민건강보험법   □산재보 : 산업재해보상보험법

| 노동자 | → | 구직 | 구인 | 사용자 |

채용시험 · 합격통지
· 서약서 · 신원보증서 등
제출 · 수습 · 사용기간을
거쳐 정식채용

· 근로계약 근로조건명시
근기 15~42, 선원 26~51

· 채용할 때의 금지사항

· 근로제공의무

· 근로조건의 위반
근기 19, 선원 28

· 산업재해 예방의무
산안 5 · 6, 34 이하

· 근로계약(복무규율) 등
준수의무
근기 5, 선원 22, 산안 6

· 위약예정의 금지 근기 20

· 산업재해 보상보험
및 예방기금
산재보 95~102

· 위약예정의 금지
근기 20

· 강제근로금지
근기 7, 선원 25의2

· 강제 저축 등의 금지
근기 22, 선원 30

· 고용·보험료
고보 6

· 고용보험사업
고보 4

· 해고 등의 제한
근기 23 · 24, 선원 32

· 임금지급의무
근기 43~49

· 전차금 상계의 금지
근기 21

· 퇴직급여제도
근기 34

· 건강보험 가입자
국민보험 5~11

· 괴롭힘의 금지
근기 76의2~76의3
선원 25의3~25의4

· 근로시간 준수의무

1일 8시간/1주 40시간
근기 50

· 사용증명서 교부의무
근기 39

<여성과 소년에 대한 규정>
○근로시간 : 15세 이상
18세 미만자
1일 7시간, 1주 35시간
근기 69
○야간근로금지 : 여성과
18세 미만자는 오후 10시
이후 근로 및 휴일근로,
시간외, 갱내근로 제한
근기 70~72
○여성휴가 : 생리휴가 및
임산부의 보호
근기 73 · 74 · 74의2

○휴식 : 4시간 근로시 30분,
8시간 근로시 1시간
근기 54
○휴가 : 보상휴가 근기 57
연차휴가 근기 60
○특례 : 근기 58 · 59

· 부당해고 등의
구제신청
근기 28, 선원 34

○휴일 : 1주에 1회
(5인 이상)/3 · 1절, 광복절, 개천절, 한글날/1월
1일/설날 전날, 설날, 설날 다음날/부처님오신날
/어린이날/현충일/추석 전날, 추석, 추석 다음날
/기독탄신일/선거일/임시 공휴일/대체공휴일
근기 55

민 법

민법총칙편

통칙 · 인(人)

민법전
民法典

민법이라는 명칭의 법전으로, 법전이란 체계적으로 엮인 일단의 법률을 말한다. 민법전은 5편으로 되어 있고 각 편은 장·절 등 체계적으로 엮여 총 1,118조와 부칙으로 구성되어 있는 일대법전이다. 민법전을 보통 민법이라고 부르는데, 이를 **형식적 의미의 민법**이라고 한다. 이에 대응하여 **실질적 의미의 민법**은 사법(私法)인 일반법을 가리킨다. 사법이란 사적 생활관계를 균분적 정의(均分的 正義)라는 원리에 의거하여 규율하는 법이며, 공적 생활관계를 분배적 정의(分配的 正義)의 원리로 규율하는 공법(公法)이나 근로 생활관계·경제 생활관계·복지 생활관계 등 본래 균분적 정의를 존중하면서 분배적 정의에 따라 바로잡으면서 규율하는 사회법에 대응하는 개념이다. 또 일반법이란, 일반적으로 정하여진 법을 가리키는 것이며 특별법에 대응하는 개념이다. 바꾸어 말하면 실질적 의미의 민법이란, 개인으로서의 일반적인 생활관계를 자유·평등을 기조(基調)로 하여 규율하는 법이라고 할 수 있다. 민법전에 수록되어 있는 조문은 그 대부분이 실질적 의미의 민법이지만, 예컨대 민법 제97조(벌칙)의 규정은 공법규정이며, 실질적 의미의 민법이 아니다. 반대로 민법전에 수록되어 있는 것 외에 관습법 내지 불문법으로서 실질적 의미의 민법도 존재한다.

① 민법의 제정 : 우리나라는 8·15 해방 전까지는 일본 민법(1898년 7월 시행)을 그대로 적용하였고(가족법 관계에 대해서는 관습법이 적용되었다), 그 전에는 근대적 민법전을 갖추지 못하였다. 해방 후 정부가 수립되면서(1948년) 법전편찬위원회를 설치하여 법조인 및 소수의 법률학자가 기본법전의 기초작업에 착수하였는데, 1948년 12월부터 시작해서 1953년 7월에 끝을 냈다. 이 초안을 정부에서 정리하여 국무회의를 거친 후 1954년 10월 13일 국회에 제출하여 법제사법위원회에 회부하였다. 그곳에서 2년간 예비심한 후 수정안이 만들어지고 1957년 9월 17일 국회에 상정(上程)되어 약 1개월 만에 통과되었다. 이를 1958년 2월 22일 법률 제471호로 공포하여 1960년 1월 1일부터 시행되었다.

② 민법의 개정 : 1960년 1월 1일부터 민법이 시행된 이래 모두 28차의 개정이 있었다. 개정 내용 중 중요한 사항을 살펴보면 다음과 같다.

1차 개정	• 1962년 12월 29일 공포, 1963년 3월 1일부터 시행 • 제789조에 법정분가와 강제분가 규정 신설
2차 개정	• 1962년 12월 31일 공포, 1963년 1월 1일부터 시행 • 부칙 제10조1항의 등기기간(3년)을 5년으로 개정
3차 개정	• 1964년 12월 31일 공포, 1965년 1월 1일부터 시행 • 부칙 제10조1항의 등기기간을 5년에서 6년으로 연장
4차 개정	• 1970년 6월 18일 공포·시행 • 부칙 제3조3항 개정
5차 개정	• 1977년 12월 31일 공포, 1979년 1월 1일부터 시행 • 제808조(동의를 요하는 혼인) 규정 개정 • 제826조의2(성년의제) 규정 신설 • 제830조2항 부부의 특유재산(特有財産)의 추정을 부부재산의 공유추정으로 개정 • 제836조1항 협의이혼시 가정법원의 확인규정 신설 • 제909조1항·2항(친권규정) 개정 • 제1008조 단서 규정(특별수임자의 상속분) 삭제 • 유류분제도(遺留分制度) 신설 (제1112조~제1118조)
6차 개정	• 1984년 4월 10일 공포, 1984년 9월 1일부터 시행 • 제27조2항 특별실종기간(3년)을 1년으로 단축하고, 항공기에 의한 실종을 특별실종에 추가 • 제289조의2 구분지상권 규정 신설

개정	내용
	• 전세권에 우선변제력(優先辨濟力)을 인정하여 투하자본회수(投下資本回收)를 보장(제303조1항) • 건물전세권의 법정갱신제도(제312조2항)와 전세금증감청구권제도(312조의2) 신설
7차 개정	• 1990년 1월 13일 공포, 1991년 1월 1일부터 시행 • 호주제는 존치하되, 남녀평등정신에 반하는 호주계승을 목적으로 하는 직계비속장남자의 거가금지규정을 삭제하고, 친족의 범위를 조정하며, 실효성이 없는 호주권을 폐지하는 등 가족관계규정 중 불합리한 사항 정리
10차 개정	• 2005년 3월 31일 공포 · 시행 • 종전 민법의 친족편에 규정되어 있는 호주를 중심으로 가(家)를 구성하는 호주제도는 양성평등이라는 헌법이념과 시대변화에 부합하지 아니하므로 이를 폐지하고, 동성동본금혼제도와 친생부인의 소의 제척기간을 헌법불합치결정의 취지에 따라 합리적으로 조정하며, 입양제도의 현실을 반영하고 양자의 복리를 증진시키기 위하여 양친과 양자에게 친족관계를 인정하면서 양친의 성과 본을 따르게 하는 친양자제도를 도입
12차 개정	• 2007년 12월 21일 공포 · 시행 • 헌법상의 양성평등원칙 구현을 위하여 남녀의 약혼연령 및 혼인적령을 일치시키는 한편, 신중하지 못한 이혼을 방지하기 위하여 이혼숙려기간제도를 도입하고, 이혼가정 자녀의 양육환경을 개선하기 위하여 협의이혼시 자녀 양육사항 합의를 의무화하는 등 현행 규정의 운영상 나타난 일부 미비점을 개선 · 보완
14차 개정	• 2011년 3월 7일 공포, 2013년 7월 1일부터 시행 • 성년 연령의 하향(20세→19세) • 성년후견 · 한정후견 · 특정후견제도 신설 • 제한능력자 능력의 확대 • 후견을 받는 사람의 복리, 치료행위, 주거의 자유 등에 관한 신상보호규정 신설 • 복수(複數) · 법인(法人)의 후견 신설 및 동의권 · 대리권의 범위에 대한 개별적 결정 • 후견감독인제도 신설 • 후견계약제도 신설 • 제3자 보호를 위하여 성년후견의 등기 공시
15차 개정	• 2011년 5월 19일 공포, 2013년 7월 1일부터 시행 • 단독 친권자의 사망, 입양 취소, 파양 또는 양부모의 사망의 경우 가정법원이 미성년자 법정대리인을 선임함 • 친권자 지정의 기준 강화 • 단독 친권자에게 친권 상실, 소재불명 등 친권을 행사할 수 없는 중대한 사유가 있는 경우 가정법원이 미성년자 법정대리인을 선임함 • 단독 친권자가 유언으로 미성년자의 후견인을 지정한 경우 가정법원이 친권자를 지정할 수 있음
16차 개정	• 2012년 2월 10일 공포, 2013년 7월 1일부터 시행 • 미성년자 입양에 대한 가정법원의 허가제 신설 • 부모의 동의 없이 양자가 될 수 있는 방안 마련 • 친양자 입양 가능 연령 완화
17차 개정	• 2013년 4월 5일 공포, 2013년 7월 1일부터 시행 • 유실물의 소유권이 습득자에게 귀속되는 기간을 1년에서 6개월로 단축
18차 개정	• 2014년 10월 15일 공포, 2015년 10월 16일부터 시행 • 친권자의 동의를 갈음하는 재판 신설 • 친권의 상실 또는 일시 정지의 선고 • 친권의 일부 제한의 선고 신설 • 대리권, 재산관리권 상실의 선고 • 친권 상실 선고 등의 판단 기준 신설 • 부모의 권리와 의무 • 실권 회복의 선고 • 친권의 상실, 일시 정지 또는 일부 제한과 친권자의 지정 등 • 미성년자에 대한 후견의 개시 • 피성년후견인의 선임 • 친권 중 일부에 한정된 후견
19차 개정	• 2014년 12월 30일 공포 · 시행 • 국민의 언어생활과 한글맞춤법에 맞도록 법문상의 "가름"이라는 단어를 "갈음"으로 바로잡음
20차 개정	• 2015년 2월 3일 공포, 2016년 2월 4일부터 시행 • 일반 보증인을 보호하기 위하여 보증 방식 및 근보증(根保證)에 관한 규정 신설 • 여행과 관련하여 발생하는 여러 가지 법적 문제를 보완하기 위하여 여행계약의 의의, 해제 · 해지, 담보책임 등 여행계약에 관한 기본적인 사항 신설

21차 개정	• 2016년 1월 6일 공포・시행 • 임대차 존속기간에 제한을 둔 관련 규정을 폐지함으로써 자율적 거래 관계의 형성을 촉진하고, 국민의 자유로운 재산권 행사를 보장하기 위하여 제651조 삭제
22차 개정	• 2016년 12월 2일 공포, 2017년 6월 3일부터 시행 • 자녀를 직접 양육하지 않는 부모 일방이 사망 또는 면접교섭권을 행사할 수 없을 때 그 부모의 직계존속이 가정법원의 허가를 받아 손자녀와 면접교섭이 가능하도록 함
23차 개정	• 2016년 12월 20일 공포・시행 • 피후견인의 직계비속은 그 직계혈족이 피후견인을 상대로 소송 또는 소송 중이어도 후견인 결격사유에 해당되지 않도록 함
24차 개정	• 2017년 10월 31일 공포, 2018년 2월 1일부터 시행 • 제844조제2항 중 혼인관계종료의 날부터 300일 이내에 출생한 자는 혼인 중에 포태한 것으로 추정하는 부분에 대한 헌법재판소의 헌법불합치결정의 취지를 반영하여 친생부인의 소보다 간이한 방법으로 친생추정을 배제할 수 있도록 함
25차 개정	• 2020년 10월 20일 공포・시행 • 미성년자가 성적 침해를 당한 경우에 해당 미성년자가 성년이 될 때까지 손해배상청구권의 소멸시효가 진행되지 아니하도록 하여 성적 침해를 당한 미성년자에 대한 보호를 강화함
26차 개정	• 2021년 1월 26일 공포・시행 • 친권자의 징계권 규정은 아동학대 가해자인 친권자의 항변사유로 이용되는 등 아동학대를 정당화하는 데 악용될 소지가 있는바, 징계권 규정을 삭제함으로써 이를 방지하고 아동의 권리와 인권을 보호하려는 것임
27차 개정	• 2022년 12월 13일 공포・시행 • 상속개시 당시 미성년자인 상속인의 법정대리인이 상속을 단순승인하였더라도 이와 관계없이 미성년인 상속인이 성년이 된 후 한정승인을 할 수 있는 특별절차를 마련함으로써 미성년자 상속인의 자기결정권 및 재산권을 보호하도록 하였음
28차 개정	• 2022년 12월 27일 공포, 2023년 6월 28일부터 시행 • 현재 우리나라는 법률상 「민법」의 규정과 해석에 따라 '만(滿) 나이'로 계산하는 것이 원칙이나, 일상생활에서는 '세는 나이', 일부 법률에서는 현재 연도에서 출생 연도를 뺀 '연 나이'를 사용하고 있는데, 사법(私法)의 기본법인 「민법」에 나이는 '만 나이'로 계산하고 연수(年數)로 표시함을 명확히 규정함으로써 나이와 관련된 불필요한 갈등을 최소화하고 국제적 기준에 부합하는 사회적 관행을 확립하려함

사권
私權

권리는 크게 국가와 사인의 관계에서 작용하는 공권과 사인 간의 관계에서 작용하는 사권으로 나누어지는데 민법상의 권리를 사권이라 한다. 사권은 다시 권리의 내용에 따라 생명・신체・자유・명예 등의 보호를 목적으로 하는 **인격권**, 친생자・부부・친족과 같은 신분상의 지위에서 나오는 **신분권** 외에 **재산권**과 **사원권**(社員權)이 있다. 재산권에는 경제적인 가치가 있어서 거래의 대상이 되는 권리로서 소유권・지상권・저당권과 같이 어느 물건을 직접・배타적으로 지배하는 **물권**, 대금청구권・임금청구권과 같이 채권자가 채무자에게 일정한 행위를 요구하는 **채권**, 기타 저작권・특허권・상표권과 같이 정신적 노동의 산물을 직접・배타적으로 지배하는 **무체재산권**(無體財産權)이 있다. **사원권**은 사단법인의 사원의 권리, 주식회사의 주주의 권리 등과 같이 단체의 구성원이 그 지위에서 단체에 대하여 가지는 권리이다.

아울러 사권은 그 효력에 따라 타인의 행위의 개입 없이 직접 지배하는 **지배권**, 특정인이 다른 특정인에게 일정한 작위 또는 부작위를 요구하는 **청구권**, 이러한 청구권의 행사에 대하여 그 작용을 저지할 수 있는 **항변권** 및 권리자의 일방적 의사표시로 법률관계의 발생・변경・소멸을 일어나게 하는 **형성권** 등이 있다. 그 밖에 일반인 모두에게 권리를 주장하는 대세효의 유무에 따라 **절대권**과 **상대권**으로, 권리의 양도성 유무에 따라 **일신전속권**과 **비전속권**으로, 권리의 종속 여부에 따라 **주된 권리**와 **종된 권리**로 구별된다.

사권은 '공공복리'의 이념에 따라 존재하지만, 권리자가 함부로 행사하면 권리의 남용이 된다.

지배권
支配權

권리의 분류방법은 여러 가지가 있지만, 작용인 법률상의 효과를 기준으로 하면 지배권·청구권·형성권·항변권 등으로 나눌 수 있다. 지배권은 권리의 내용을 직접 지배(실현)할 수 있는 권리를 말한다. 여기서 '직접 지배'한다는 것은 권리의 내용인 이익을 실현하는 데에 권리자 외에 타인의 행위는 필요 없다는 뜻이다. 소유권·지상권·지역권 등과 같은 물권이 대표적이고, 저작권이나 특허권 등의 무체재산권도 이에 속하며 친권·후견권 등도 권리 내용을 직접 실현하는 점에서 지배권이라 할 수 있다. 지배권은 권리를 위법하게 침해하는 자에게는 그 침해의 제거를 청구할 수 있고(물권적 방해배제청구권) 손해배상을 청구할 수도 있다(이를 지배권의 '대내적 효력·대외적 효력' 또는 '직접적 효력·배타적 효력'이라고도 한다).

청구권
請求權

대금을 지급하지 않는 자에게 대금의 지급을 청구하거나, 임차기한이 지났는데도 계속 거주하고 있는 임차인에 대하여 집을 비워달라고 청구하는 것과 같이 직접 물건을 지배하는 것이 아니고 타인에게 일정한 행위(부작위도 포함)를 요구하는 것을 내용으로 하는 권리를 말한다. 가장 대표적인 청구권은 채권이고, 그 밖에 소유물반환청구권(민법 제213조), 상속회복청구권(민법 제999조) 등이 있다.

한편, 청구권에서 **청구권의 경합**이라는 문제가 논의된다. 예컨대 퇴거하지 않는 임차인에게 집을 비워달라고 청구하는 경우 임대인으로서 임대차계약 만료에 따라 집을 비워달라고 청구할 수 있는 동시에 다른 한편으로 소유자로서 자신의 소유물인 집을 돌려달라고 할 수 있는지에 관한 문제이다.

항변권
抗辯權

매매의 경우 대금을 지급하지 않고 물건의 인도만을 요구할 때 매도인이 대금의 지급을 요구하면서 물건의 인도를 거절하는 것과 같이(동시이행항변권) 청구권의 행사를 저지할 수 있는 권리를 말한다. 항변권에는 청구권의 행사를 일시 저지할 수 있는 '연기적(延期的) 항변권'과 영구히 저지할 수 있는 '영구적(永久的) 항변권'이 있다. 전자의 예로는 동시이행항변권(민법 제536조)과 보증인의 최고·검색의 항변권(민법 제437조)이 있고, 후자의 예로는 상속인의 한정승인항변권(민법 제1028조)이 있다. 한편, 항변권과 구별해야 하는 개념으로 소송절차에서 피고가 원고의 청구를 배척하려고 여러 가지 법률적 이유를 들어 적극적으로 방어하는 것을 의미하는 '소송상의 항변'이 있다.

형성권
形成權

권리자의 일방적인 의사표시로 법률관계의 변동(권리의 발생·변경·소멸)을 일으키는 권리를 말한다. 권리자가 일방적으로 법률관계를 변동시킬 수 있는 가능성을 가진다는 의미에서 **가능권(可能權)**이라고도 한다. 이러한 형성권에는 권리자의 의사표시만으로 효과를 발생시키는 것과, 법원의 판결에 의해서 비로소 효과를 발생시키는 것이 있다(**형성의 소**). 전자의 예로는 동의권(민법 제5조·제13조), 취소권(민법 제140조 이하), 추인권(민법 제143조) 등이 있고, 후자의 예로는 채권자취소권(민법 제406조), 입양취소권(민법 제884조) 등이 있다.

권리의 남용
權利의 濫用

외관상으로는 권리의 행사처럼 보이지만 실질적으로는 공공의 복리에 반하여 권리행사라고 할 수 없는 경우를 말한다. 이러한 권리행사에 대하여는 이를 용인할 필요가 없을 뿐 아니라, 오히려 불법행위가 되어 손해배상을 청구할 수 있다.

'권리남용금지의 원칙'은 19세기 중엽 권리행사가 보다 자유로웠던 프랑스에서 판례를 통해서 인정되었고, 그 후 독일 민법에서 이른바 '시카네(Schikane ; 권리를 가진 사람이 자신에게는 아무런 이득이 없음에도 불구하고 타인을 괴롭힐 목적으로 그 권리를 행사하는 일)' 금지를 명문화하였다.

사적자치의 원칙
私的自治의 原則

자신의 법률관계를 자유로운 의사에 따라 형성할 수 있고 이에 국가의 간섭을 배제한다는 원리로서, **법률행위**

민법

자유의 원칙이라고도 한다. 이는 자유방임주의를 바탕으로 하는 근대 민법의 3대 기본원칙(사유재산권존중의 원칙, 과실책임의 원칙) 중의 하나로서 개인 간의 법률관계인 계약의 형태에서 가장 잘 나타나므로, 이른바 **계약자유의 원칙**(해당 항 참조)이라고도 한다.

사유재산권존중의 원칙
私有財産權尊重의 原則

개인의 사유재산권에 대한 절대적 지배를 인정하여 국가나 타인의 간섭이나 제한으로부터 자유롭게 재산권을 행사할 수 있다는 근대 민법의 기본원리이다. 여러 사유재산권 중 가장 대표적인 것이 '소유권'인데, 이를 **소유권절대의 원칙**이라고도 한다. 이 원리는 사적자치의 원칙과 함께 자본주의 시장경제의 이념적 지주로 작용하였다.

과실책임의 원칙
過失責任의 原則

타인에게 손해를 입힌 경우 고의나 과실이 없는 한 가해행위에 대하여 손해배상의 책임을 지지 않는다는 원리로서, **자기책임의 원칙**이라고도 한다.

이 원리가 인정됨에 따라 개인은 자기의 행위에 대해서만 충분한 주의를 하고 있으면 책임을 질 염려가 없으므로 안심하고 자유로운 의지에 따라 행동할 수 있게 되었다. 그러나 고도의 자본주의의 발달로 인한 현대 사회의 여러 가지 폐해로 그 수정이 불가피해졌으며, 이에 따라 등장하게 된 것이 **무과실책임주의**의 예외적 적용이다. 즉, 고의나 과실이 없어도 경우에 따라 책임을 지는 무과실책임주의는 특히 공장에서 유출되는 환경오염과 관련하여 논의되어 왔으며, 우리 민법도 예외적으로 공작물 소유자에게 무과실책임을 인정하고 있다(민법 제758조1항 단서). 이 밖에도 이에 대한 실정법으로 「광업법」(제75조), 「근로기준법」(제78조), 「자동차손해배상 보장법」(제3조) 등이 과실책임주의에 실질적인 수정을 가하고 있고, 「제조물 책임법」도 무과실책임주의의 대표적 입법이다.

신의성실의 원칙(신의칙)
信義誠實의 原則(信義則)

권리의 행사나 의무의 이행은 '신의'에 좇아 '성실'히 하여야 한다는 근대 민법의 수정원리로서 공공복리, 거래안전, 권리남용의 금지와 함께 우리 민법의 기본원리를 이루고 있다(민법 제2조). 로마법에서 유래한 신의칙은 프랑스 민법에서 근대 사법으로는 처음으로 명문화하였고, 우리 민법과 같이 총칙편에서 일반원칙으로 작용하여 모든 사인관계를 포괄적으로 규율하게 된 것은 스위스 민법의 영향이다. 이러한 신의칙으로 인해서 '사정변경의 원칙'과 '실효의 원칙'이 파생되었다.

권리능력(=인격)
權利能力(=人格)

권리의 주체(자연인, 법인)가 될 수 있는 지위나 자격을 말한다. 구체적으로 우리와 같이 육체를 가진 **자연인**과 국가·회사·학교·재단법인과 같은 **법인**은 권리능력이 있다. 권리능력을 인격·법인격이라고도 한다. 자연인은 태아가 모체로부터 전부 노출한 때(**전부노출설**)로부터 권리능력을 가지는 것이 원칙(민법 제3조)이나, 아직 출생하지 않은 태아는 부친이 사망한 경우에 손해배상을 청구하거나(민법 제762조), 부모·형제의 유산의 상속(민법 제1000조)에 있어서 이미 출생한 것으로 하여 권리능력을 인정한다. 사산(死産)인 경우에는 처음부터 권리능력을 갖지 않았던 것으로 한다. 권리능력은 사망으로 사라지는데, 민법은 사망 시기에 관해서는 침묵하고 있다. 보통 호흡과 심장의 박동이 영구히 정지한 때를 사망한 것으로 보지만, 의학의 발달로 장기이식, 특히 심장이식이 빈번해지면서 '뇌사'를 인정하자는 주장이 의학계를 중심으로 제기되고 있다.

의사능력
意思能力

자기 행위의 의미나 결과를 정상적인 인식능력에 따라 예측·판단하여 이에 따라 의사결정을 할 수 있는 능력을 말한다. 술이나 약물에 취한 자·정신질환자·유아 등은 의사능력이 없으므로 법률행위를 했다 하더라도 정상적인 의사에 의한 행위라 할 수 없어 무효이다. 의사능력과 비슷한 것으로 **책임능력**이 있다. 이것은 불법행위에 의한 손해배상책임을 묻기 위해 자기의 행위에 어떠한 법적 책임이 발생할 것인가를 이해할 수 있는 능력으로, 의사능력을 '책임'이라는 측면에서 본 것이다.

행위능력
行爲能力

단순히 권리·의무의 주체가 될 수 있는 자격인 권리능력과는 달리, 권리능력자가 자기의 권리·의무에 변동이 일어나게 스스로 행위할 수 있는 지위를 말하며, 일반적으로 민법상 능력이라 함은 행위능력을 가리킨다. 미성년자, 피한정후견인, 피성년후견인, 피특정후견인, 피임의후견인은 제한능력자이며, 제한능력자가 혼자 한 법률행위는 취소할 수 있다(민법 제5조2항·제10조·제13조).

책임능력
責任能力

자기의 행위로 타인에게 손해를 끼칠 수 있다는 것을 판단하는 능력, 즉 불법행위의 책임을 질 수 있는 능력이라 하여 **불법행위능력**이라고도 한다. 지능의 발달 정도에 따라 차이가 있으나 대체로 초등학교 졸업 연령 정도부터 인정된다. 이와 같은 책임능력을 결여한 사람은 불법행위나 채무불이행에 대하여 책임을 지지 않으며(민법 제753조·제754조), 그를 대신하여 친권자나 후견인 등 법률상의 감독자가 감독의무를 다하지 않은 책임을 진다(민법 제755조).

수령능력
受領能力

의사표시를 받을 수 있는 능력(**법적 자격**)을 말한다. 행위능력이 의사표시의 능동적 능력임에 대하여, 수령능력은 의사표시의 수동적 능력이다. 미성년자, 피성년후견인, 피한정후견인, 피특정후견인, 피임의후견인 등 제한능력자에 대하여 의사표시를 하여도 표의자(表意者)는 의사표시의 효력을 주장할 수 없으므로 제한능력자에 대한 의사표시는 그 법정대리인에게 하여야 한다(민법 제112조). 그러나 제한능력자에게 의사표시를 하더라도 법정대리인이 의사표시의 도달을 안 경우에는 그 효력을 주장할 수 있다(같은 조 단서).

[능력의 구분]

종류 \ 능력의 내용	의 미	구체적인 표준	능력이 있는 경우의 사례	능력이 없는 경우의 효과
권리능력	권리나 의무의 주체가 될 수 있는 지위나 자격	자연인(경우에 따라서는 출생 전의 태아도 포함)과 법인 모두 인정	권리를 가지며 의무를 부담	권리를 갖지 못하며 의무도 부담하지 않음
의사능력	사물을 판단하고, 이에 따라 의사결정을 할 수 있는 능력	7세 정도, 개별적으로 판단	7세 정도라도 증여를 받을 수 있음	행위는 성립하지 않고 무효
행위능력	재산 관련 권리·의무를 혼자서 유효하게 할 수 있는 능력	미성년(19세 미만)·피한정후견인·피성년후견인·피특정후견인 등 제한능력자를 선고, 법인은 정해진 목적의 범위 내에서 행위	성년이 되면 모든 재산거래행위가 가능하고, 법인도 목적의 범위 내에서라면 가능	행위를 취소할 수 있으며, 취소한 행위는 처음부터 무효
신분 행위능력	신분법상의 행위능력	순수하게 신분관계의 변동만을 일으키는 행위에 대해서는 의사능력과 동일	의사능력이 있으면 자의 인지가 가능 (예 : 입양의 승낙)	무효(소에 의한 취소로부터 장래에 대해서만 무효가 가능하도록 한 것이 많음)
책임능력 (불법행위능력)	행위의 책임을 분별할 수 있는 정신적 능력	보통 19세 전후가 되면 책임능력을 인정하지만, 경우에 따라 개별적으로 판단	본인이 손해배상 등의 책임을 직접 부담	본인은 책임이 없으며 감독의무를 게을리한 법정감독의무자가 손해배상 등의 책임 부담

민법

제한능력자
制限能力者

권리나 의무를 가지기 위한 행위를 혼자서 완전히 할 수 있는 능력을 **행위능력**이라 하고, 이러한 행위능력이 없는 자를 제한능력자라고 한다. 민법이 규정하는 제한능력자에는 **미성년자·피성년후견인·피한정후견인·피특정후견인·피임의후견인**이 있다. 제한능력자의 행위는 보호자의 동의를 받아서 하든가, 보호자가 대리해서 하지 않으면 취소가 가능해 무효가 될 우려가 있다. 제한능력자가 한 법률행위일지라도 취소하지 않는 한 유효하다. 그러나 제한능력자가 속임수를 쓴 경우, 예를 들면 위조문서를 보여서 자기가 제한능력자이지만 보호자의 동의를 얻었다는 것을 상대방에게 믿게 하였다면 취소할 수 없다(민법 제17조).

미성년자
未成年者

19세에 이르지 않은 자를 말한다. 미성년자가 법률행위를 함에는 원칙적으로 법정대리인의 동의를 얻어야 하며(민법 제5조1항), 동의를 얻지 않고 한 경우에는 미성년자나 법정대리인이 취소할 수 있다(민법 제5조2항·제140조). 그러나 미성년자라 하더라도 권리만을 얻거나 의무를 면제하는 행위, 법정대리인이 범위를 정하여 처분을 허락한 재산의 처분행위, 법정대리인에게 허락을 받은 특정한 영업에 관한 법률행위, 대리행위, 유언행위, 근로임금 행위 등은 미성년자가 혼자 할 수 있다.

미성년자가 속임수를 써서 성년자로 믿게 하거나, 법정대리인의 동의를 얻은 것으로 믿게 한 후에 법률행위를 하였을 때에는 미성년자보다 법률행위의 상대방을 더 보호할

민법

[제한능력자제도]

종류 \ 내용	요 건	보호자	보호자의 권 한	동의 없이 할 수 있는 행위	관련규정
미성년자	19세에 달하지 아니한 자	• 친권자 -부모 • 후견인 (친권자가 없을 때)	• 동의권 • 대리권 • 취소권	• 단순히 권리만을 얻거나 의무를 면하는 행위 • 처분이 허락된 재산의 처분행위 • 영업이 허락된 미성년자의 그 영업에 관한 행위·혼인 후의 행위 • 대리행위·유언행위	민법 제4조, 제5조, 제6조, 제8조, 제911조~제938조
피한정후견인	정신적 제약으로 인한 사무처리능력 부족으로 가정법원의 선고심판을 받은 자	한정 후견인	위와 같음	위와 같음	민법 제12조~제14조, 제929조
피성년후견인	정신적 제약으로 인한 사무처리능력의 지속적 결여로 가정법원의 선고심판을 받은 자	성년 후견인	• 대리권 • 취소권	없음	민법 제9조~제11조, 제929조, 제938조
피특정후견인	정신적 제약으로 일시적인 후원이나 특정한 사무에 관한 후원이 필요한 자	특정 후견인	• 대리권	없음	민법 제14조의2, 제959조의11

필요가 있다(제한능력자의 상대방 보호). 그러므로 이 경우 미성년자는 법정대리인의 동의가 없었다는 것을 이유로 법률행위를 취소할 수 없다.

한편, 미성년자의 제한능력에 대한 유일한 예외로 혼인에 의한 **성년의제**가 있다(민법 제826조의2). 즉, 혼인한 미성년자는 성년자로 본다.

피한정후견인
被限定後見人

질병, 장애, 노령, 그 밖의 사유로 인한 정신적 제약으로 사무를 처리할 능력이 부족하여 본인, 배우자, 4촌 이내의 친족, 미성년후견인, 미성년후견감독인, 성년후견인, 성년후견감독인, 특정후견인, 특정후견감독인, 검사 또는 지방자치단체의 장의 청구에 의하여 가정법원으로부터 한정후견개시의 심판을 받은 자를 말한다(민법 제12조). 가정법원은 이때 본인의 의사를 고려하여 심판하여야 한다(같은 조 2항).

피한정후견인은 한정후견인의 동의를 받은 행위의 범위 안에서 법률행위를 할 수 있으나, 그 행위외 범위는 청구권자의 청구에 의하여 변경될 수 있으며, 한정후견인의 동의 없이 한 법률행위는 취소할 수 있다. 다만, 일용품의 구입 등 일상생활에 필요하고 그 대가가 과도하지 아니한 법률행위에 대하여는 그러하지 아니하다(민법 제13조). 가정법원은 한정후견개시의 원인이 소멸하면 청구권자의 청구에 의하여 한정후견종료의 심판을 하여야 한다(민법 제14조).

피성년후견인
被成年後見人

질병, 장애, 노령, 그 밖의 사유로 인한 정신적 제약으로 사무를 처리할 능력이 지속적으로 결여된 사람에 대하여 본인, 배우자, 4촌 이내의 친족, 미성년후견인, 미성년후견감독인, 한정후견인, 한정후견감독인, 특정후견인, 특정후견감독인, 검사 또는 지방자치단체의 장의 청구에 의하여 가정법원으로부터 성년후견개시의 심판을 받은 자를 말한다. 가정법원은 이때 본인의 의사를 고려하여 심

판하여야 한다(민법 제9조). 피성년후견인의 법률행위는 취소할 수 있다. 다만, 일용품의 구입 등 일상생활에 필요하고 그 대가가 과도하지 아니한 법률행위는 성년후견인이 취소할 수 없고, 가정법원은 취소할 수 없는 피성년후견인의 법률행위의 범위를 정할 수 있으며, 또한 이 범위는 청구권자의 청구에 의하여 변경할 수 있다(민법 제10조). 가정법원은 성년후견개시의 원인이 소멸된 경우에는 청구권자의 청구에 의하여 성년후견종료의 심판을 하여야 한다(민법 제11조). 한편 가정법원은 직권으로 성년후견인을 선임하여야 하며, 성년후견인이 사망, 결격, 그 밖의 사유로 없게 된 경우에도 직권으로 또는 청구권자의 청구에 의하여 성년후견인을 선임하여야 한다(민법 제929조·제936조). 피성년후견인은 부모나 성년후견인의 동의를 얻어 혼인하고(민법 제808조), 이혼하고(민법 제835조), 양자를 입양(민법 제873조)하거나 파양(민법 제902조)할 수 있다. 그러나 유언은 의사능력이 회복된 때에만 할 수 있고, 이 유언서에 의사가 심신회복의 상태를 부기(附記)하고 서명날인하여야 한다(민법 제1063조).

피특정후견인
被特定後見人

질병, 장애, 노령, 그 밖의 사유로 인한 정신적 제약으로 일시적 후원 또는 특정한 사무에 관한 후원이 필요한 사람에 대하여 본인, 배우자, 4촌 이내의 친족, 미성년후견인, 미성년후견감독인, 검사 또는 지방자치단체의 장의 청구에 의하여 가정법원으로부터 특정후견의 심판을 받은 사람을 말한다. 가정법원은 본인의 의사에 반하여 특정후견심판을 할 수 없고, 특정후견심판을 하는 경우에는 특정후견의 기간 또는 사무의 범위를 정하여야 한다(민법 제14조의2). 또한 가정법원은 피특정후견인의 후원을 위하여 필요한 처분을 명할 수 있고(민법 제959조의8), 피특정후견인을 후원하거나 대리하기 위한 특정후견인을 선임할 수 있다(민법 제959조의9). 피특정후견인의 후원을 위하여 필요하다고 인정하면 가정법원은 기간이나 범위를 정하

민법

여 특정후견인에게 대리권을 수여하는 심판을 할 수 있고, 특정후견인의 대리권 행사에 가정법원이나 특정후견감독인의 동의를 받도록 명할 수 있다(민법 제959조의11).

성년후견제도
成年後見制度

기존의 금치산·한정치산제도 대신 사회복지차원으로 도입한 성년후견·한정후견·특정후견제도를 말한다. 민법상의 제한능력자제도는 획일화되어 있고 범위도 넓으며, 가정법원의 선고만 있으면 공시되기 때문에 제한능력자제도에 대한 기피현상이 많았다. 이에 피후견인의 복리 미비, 의사판단력이 부족한 노인의 법률행위 보호, 장애인에 대한 보호를 강화하고, 기존 금치산·한정치산 선고의 청구권자에 '후견감독인'과 '지방자치단체의 장'을 추가하여 후견을 내실화하였다(민법 제9조·제12조·제14조의2의 피성년후견인·피한정후견인·피특정후견인의 각 항 참조).

후견감독인
後見監督人

후견인을 감독하는 민법상의 기관을 말한다. 가정법원은 사안에 따라 개별적으로 후견감독인을 선임할 수 있다(민법 제940조의3·제940조의4). 후견감독인은 후견인의 사무를 감독하고, 후견인이 없는 경우 지체 없이 가정법원에 후견인의 선임을 청구하여야 하며, 피후견인의 신상이나 재산에 대하여 급박한 사정이 있는 경우 그의 보호를 위하여 필요한 행위 또는 처분을 할 수 있다. 후견인과 피후견인 사이에 이해가 상반되는 행위에 관하여는 후견감독인이 피후견인을 대리한다(민법 제940조의6). 후견인의 가족은 후견감독인이 될 수 없다(민법 제940조의5).

제한능력자의 상대방 보호
制限能力者의 相對方 保護

제한능력자의 법률행위는 취소할 수 있는데 그 취소권을 제한능력자측만 가지므로, 제한능력자와 거래한 상대방은 매우 불안정한 지위에 놓인다. 따라서 민법은 제한능력자의 상대방을 보호하기 위해 상대방에게 다음의 권리를 부여하고 있다.

① **최고권** : 제한능력자 측에게 취소할 수 있는 행위를 추인할 것인지 묻고, 이에 대한 답변이 없으면 취소나 추인의 효과를 발생하게 하는 권리이다(민법 제15조).

② **철회권** : 제한능력자와 계약을 체결한 상대방이 제한능력자 측의 추인이 있기 전까지 계약의 의사표시를 철회하는 권리이다(민법 제16조1항). 이때 상대방이 계약 당시 제한능력자임을 알았을 때에는 철회하지 못한다.

③ **거절권** : 제한능력자의 상대방 있는 단독행위에 대하여 상대방이 제한능력자의 의사표시를 거절하는 권리이다(민법 제16조2항). 이때 상대방이 제한능력자임을 알았는지 여부는 문제되지 않는다.

④ **취소권 배제** : 제한능력자가 법률행위를 하면서 자신이 능력자라고 거짓말하거나 법정대리인의 동의가 있었다고 거짓말한 경우, 상대방이 제한능력자의 취소권을 박탈하는 권리이다(민법 제17조).

주소
住所

민법의 규정상 주소는 생활의 근거되는 곳을 의미한다(민법 제18조1항). 그러나 이것은 주민등록부의 형식적 기준(본적지)에 의하지 않고 실질적 기준(생활의 근거되는 곳)에 의해서 정한다(실질주의). 또 주관적 요소(일정한 곳에 자리를 잡고 살고자 하는 의사)를 요하지 않으며 객관적 요소(일정한 곳에 자리를 잡고 살고 있다는 사실)만으로 주소를 정한다(객관주의). 주소는 동시에 두 곳 이상을 둘 수 있다(민법 제18조2항 : 복수주의).

주소를 정하는 실효성은 다음의 경우에 생긴다. ① 부재자나 실종자는 주소를 떠난 자이고(민법 제22조·제27조), ② 채무를 변제하는 장소는 원칙적으로 채권자의 주소이고(지참채무 : 민법 제467조), ③ 상속에 관한 소는 피상속인의 주소지의 법원에 속하고(민사소송법 제22조), ④ 일반의 소는 원칙적으로 피고의 주소지의 법원에 속한다(민사소송

민법

법 제2조·제3조). 그 밖에 주소는 귀화와 국적회복의 기준이고(국적법 제5조~제7조), 징세의 기준이다(국세기본법 제8조).

주소와 구별되는 개념으로 다음의 것이 있다. **거소**(居所)는 생활의 중심지이지만 장소와의 밀접의 정도가 주소만큼은 못한 곳이다. 주소를 알 수 없을 때(민법 제19조), 국내에 주소가 없을 때(민법 제20조)에는 거소를 주소로 본다. **현재지**(現在地)는 장소적 관계가 거소보다 희박한 곳으로, 여행 중 투숙한 호텔이 이에 해당한다. **가주소**(假住所)는 당사자가 어떤 거래에 관하여 일정한 장소를 선정하여 그 거래관계에 주소로서의 법률적 기능을 부여한 장소이다(민법 제21조). **등록기준지**는 주소와 직접관계가 없다.

부재자
不在者
종래의 주소나 거소를 떠나 당분간 돌아올 가망이 없는 자를 말한다. 부재상태에서 부재자의 재산의 관리인을 정하지 않았을 때에는 이해관계인이나 검사의 청구에 의하여 법원은 관리인을 선임하거나 그 밖에 필요한 처분을 명한다(민법 제22조).

재산관리인
財産管理人
보통 부재자 등의 재산을 관리하거나 보존하는 자를 말한다. 부재자의 재산관리인은 본인이 지정한 관리인과 법원이 지정한 관리인이 있다. 법원이 지정한 관리인은 법정대리인의 일종이다. 재산관리인은 부재자 등의 재산을 현상태로 유지·보전하는 **보존행위**(保存行爲), 물건이나 권리의 성질을 변경하지 않는 범위에서 이로부터 수익하는 **이용행위**(利用行爲), 그 경제적 가치를 늘리는 **개량행위**(改良行爲)는 할 수 있으나, 재산을 처분하려면 법원의 허가를 받아야 한다(민법 제25조·제118조). 한편, 부재자의 재산관리인 외에 상속인이 확정되기 전까지 상속재산을 관리하는 상속재산의 관리인이 있다.

실종선고
失踪宣告
종래의 주소나 거소를 떠나 장기간 그 생사를 알 수 없는 사람을 사망의 증명이 없다 하여 언제까지나 살아 있는 것으로 간주하면 남아

있는 배우자는 재혼도 하지 못하고 상속도 받을 수 없다. 이처럼 부재자의 생사불명 상태가 일정기간 계속된 경우에 가정법원의 선고로 부재자를 사망한 깃으로 간주하는 제도를 실종선고라 한다. 민법은 전쟁이나 선박의 침몰 등과 같이 사망의 개연성이 높은 **특별실종**의 기간을 1년으로 하고, 그렇지 않은 **보통실종**의 기간을 5년으로 하고 있다(민법 제27조). 실종기간이 만료하면 이해관계인이나 검사의 청구로 가정법원이 실종선고를 한다. 실종선고는 사망한 것으로 '간주'하므로, '추정'의 경우와 달리 실종자의 생존이나 다른 반증만으로 실종선고의 효과가 바뀌지 않고, 사망의 효과를 저지하려면 가정법원에 실종선고를 취소하는 절차를 밟아야 한다. 이러한 절차를 밟아 실종선고를 취소하면 사망은 소급하여 효력을 잃는다. 즉, 실종자의 생존을 이유로 취소하면 실종자의 재산관계와 법률관계가 선고 전의 상태로 회복되고, 실종자가 실종기간 만료시와 다른 시기에 사망하였음을 이유로 취소하면 실제로 인정된 사망시기를 기준으로 사망으로 인한 법률관계가 다시 확정된다. 그러나 실종선고 후 그 취소 전에 선의로 한 행위는 유효하다. 즉, 실종선고가 사실에 반한다는 사실을 모르고 한 행위는 유효하다.

동시사망
同時死亡
2명 이상의 사람이 동일한 위난으로 사망하고 그 사망의 전후를 증명할 수 없을 때에는 이들이 동시에 사망한 것으로 추정한다(민법 제30조). 태풍·지진·화재·교통사고 등에서 자주 발생하는 문제다. 동시사망은 공동위난으로 사망한 자들의 상속순위를 결정하는 데 중요한 역할을 한다. 예를 들어 처와 부모가 있는 甲과 미혼의 아들 乙이 비행기를 타고 가다가 비행기 추락으로 함께 사망한 경우에 동시사망으로 추정되면 甲의 배우자와 부모가 공동으로 甲의 재산을 상속한다(민법 제1000조). 그러나 아들 乙이 나중에 죽은 것으로 추정되면 甲의 재산이 아들에게 먼저 상속되고 그 아들의 재산이 다시 甲의 처에게 상속되어, 결국 甲의 처가 甲의 재산을 모두 상속하게 된다.

인정사망
認定死亡

수난, 화재, 그 밖의 사정으로 사망한 자가 있는 경우에 이를 조사한 관공서의 사망보고에 따라 가족관계등록부에 사망의 기재를 하여 사망한 것으로 추정하는 것을 말한다. 실종선고와 다른 점은 실종선고는 사망의제이고, 인정사망은 사망의 추정이라는 점이다. 또 실종선고는 요건상 생사불명상태로 생존의 증명, 사망의 증명이 불가능해야 하지만, 인정사망은 사망의 개연성이 확실한 경우여야 한다. 인정사망의 경우에는 실종기간의 경과가 필요 없다. 또 인정사망은 「가족관계의 등록 등에 관한 법률」상의 정정이나 구체적 소송에서 입증을 통해 추정력을 깨뜨릴 수 있다.

법 인

법인
法人

법인이란 일정한 사람의 집합(사단) 또는 일정한 목적을 위하여 바쳐진 재산의 집합체(재단)에 마치 살아 있는 자연인과 같은 법인격을 부여하여 법률상 권리·의무의 주체가 될 수 있도록 한 것을 말한다(법인의 권리능력). 법인은 권리·의무의 귀속주체가 될 뿐만 아니라 그 기관(이사, 주주총회 등)을 통하여 자기의 이름으로 법률행위를 할 능력도 가진다(행위능력). 권리능력이 인정되는 전형은 자연인이지만 사단이나 재

민법

[법인본질론]

학 설	주장자	내 용	논의의 실익
법인 의제설	사비니(Savigny)	권리·의무의 주체가 될 수 있는 것은 의사능력을 가진 자연인에 한하므로 법인의 권리능력은 일정한 목적을 위하여, 특히 자연인에 의제(擬制)하여 부여한 것	법인의 행위능력을 설립목적에 따라 엄격하게 한정하고, 불법행위능력을 부정〔법인의 불법행위규정(민법 제35조)은 정책적 규정에 불과하다고 봄〕
법인 실재설	기르케(Gierke), 살레유(Saleilles), 와카츠마 사카에 (我妻營)	법인을 권리주체로서의 실질을 가지는 사회적 실체로 봄	법인의 사회적 작용을 강조하여 그 행위능력의 범위를 확장(법인의 불법행위규정을 당연한 규정으로 봄)

[법인의 종류]

국가 공권력의 작용에 따라	공법인	국가, 지방공공단체, 영조물법인
	사법인	사단법인, 재단법인, 각종 회사
	중간법인	한국은행, 한국토지주택공사, 농업협동조합 등
설립목적의 영리성에 따라	영리법인	상사회사, 민사회사
	비영리법인	학술·종교·자선·예술·사교 등의 사업을 목적으로 하는 민법상 법인
존재이유에 따라	사단법인	영리법인, 비영리법인
	재단법인	비영리법인

단 역시 사회에서 중요한 역할을 행하므로 이를 법률관계의 주체로 함이 요청된다. 이에 따라 법은 자연인 외에 법인에게도 권리능력을 부여하여 법인격을 인정한 것이다. 국가·공공단체·각종 회사·사학·종교단체 등이 이에 속한다. 이러한 법인의 본질과 종류에 대해서 여러 논의가 있다.

재단법인
財團法人

일정한 목적을 위하여 출연한 재산에 법인격을 인정한 단체이다. 재단법인에는 구성원이 없고 설립자가 제정한 정관이 재단법인의 일반적 의사이다. 또 재단법인은 스스로 의사를 형성·발전시키지 못하므로 사단법인에 비하여 타율적·고정적 성격을 가진다. 따라서 사단법인과는 달리 사원이나 사원총회는 없고 **출연행위**(구 민법에서는 **기부행위**)에 따라 이사가 의사결정·업무집행·대외대표의 일을 한다. 재단법인은 종교·자선·학술·기예(技藝), 그 밖의 영리 아닌 사업을 목적으로 하는 것에 한하여 인정되며, 사립학교법에 의한 학교법인, 의료법에 의한 의료법인 등이 대표적이다. 재단법인의 설립은 비영리를 목적으로 재산을 출연하는 동시에 근본원칙인 정관을 작성하여 주무관청의 허가를 얻어 설립한다.

사단법인
社團法人

일정한 목적을 위하여 결합한 사람들의 단체에 법인격을 인정한 것을 말한다. 사단법인은 구성원으로 이루어진 총회가 자기의사를 결정하고 집행기관이 이를 대내외적으로 집행하는 등 자율적으로 활동한다. 사단법인은 자치법규(정관)를 가지고 있어야 하며, 대내적인 문제는 우선적으로 정관에 따라 해결한다.

사단법인에는 회사와 같이 상법의 적용을 받는 **영리법인**, 학술·종교·사교 등 비영리사업을 목적으로 하고 민법의 적용을 받는 **비영리사단법인**이 있다. 여기서는 민법의 비영리사단법인을 중심으로 설명한다.

비영리사단법인은 비영리를 목적으로 수익사업을 하여도 좋으나 이익을 관계자에게 분배할 수 없고, 정관을 작성하여 주무관청(재단법인 항 참조)의 허가를 얻어야 한다. 설립은 각 사무소의 소재지에서 등기하여야 한다. 특히 주된 사무소의 소재지에서 등기하지 않으면 법인의 설립을 주장할 수 없다. 사단법인은 기관에 의하여 행위하지만 최고 필수의 의사결정기관은 사원총회이며 이사는 적어도 매년 1회 이상 통상총회(민법 제69조), 기타 필요에 따라 특히 총사원 5분의 1 이상의 청구가 있을 때에는 임시총회를 소집한다(민법 제70조). 또 법인의 내부적 사무를 집행하고 대외적으로 대표하는 상설 필수기관은 이사이다. 법인의 재산상태나 이사의 업무집행을 조사·감독하는 감사가 있으나 필수기관은 아니다(민법 제66조).

권리능력 없는 사단
(법인격 없는 사단)
權利能力 없는 社團
(法人格 없는 社團)

사단으로서의 실질(사람의 집합)은 갖추고 있으나 법이 요구하고 있는 요건을 갖추지 않아 법인격을 취득하지 못한 사단을 말한다. 법인은 법률의 규정에 따라 소정의 절차를 거쳐야 성립하므로 이러한 절차를 거치지 않으면 권리능력 없는 사단이 된다.

권리능력 없는 사단은 성질상 사단법인에 가까운 취급을 받는다. 사원의 다수결로 의사를 결정하고 대표자에 의하여 행동하며, 대표자가 있으면 권리능력 없는 사단도 당사자능력을 가진다(민사소송법 제52조). 재산의 소유형태는 **총유**(總有)로서(민법 제275조), 구성원은 지분권을 가지지 않는다. 또 채무에 대하여 책임을 지는 것은 사단의 재산뿐이며 각 구성원은 단체의 규칙으로 정한 그 이상의 책임은 지지 않는다. 권리능력 없는 사단의 재산공시는 사단명의로 토지·건물 등의 부동산을 등기할 수 있다(부동산등기법 제26조). 그러나 예금 등에 관해서는 대표자의 성명에 사단 대표자라는 것을 명시하여 사단채권임을 표시하여야 한다.

판례가 인정한 권리능력 없는 사단으로는 종중, 교회, 동, 리, 자연부락 등이 있으며 기타 제중, 복중, 친목계, 불교단체, 등록되어 있지 않은 사찰 등도 이에 속한다(불교단체 등록을 한 사찰은 권리능력 없는 재단으로 본다).

권리능력 없는 재단 (법인격 없는 재단)
權利能力 없는 財團 (法人格 없는 財團)

재단법인의 실질(재산의 총체)은 갖추고 있으나 법이 요구하는 절차를 거치지 않아 법인격을 취득하지 못한 재단을 말한다. 한정승인을 한 상속재산(민법 제1028조 이하), 상속인 없는 상속재산(민법 제1053조 이하), 파산재단(채무자 회생 및 파산에 관한 법률 제382조 이하), 각종 재단저당의 목적이 되는 재단 등이 그 예이며, 판례는 유치원을 권리능력 없는 재단으로 본 예가 있다. 민법은 권리능력 없는 사단의 재산귀속형태를 총유로 규정하고 있지만(민법 제275조), 권리능력 없는 재단에 대해서는 아무런 규정이 없다. 이에 대해서 부동산에 관한 권리를 규정한 「부동산등기법」 제26조에 비추어 권리능력 없는 재단의 '단독소유'로 보아야 한다는 견해가 유력하다.

정관
定款

단체나 법인의 조직·활동을 정하는 근본규칙을 기재한 서면을 말한다. 정관에는 반드시 기재하여야 하는 사항인 '필요적 기재사항'과 그렇지 않은 '임의적 기재사항'이 있다. 민법상 사단법인의 경우에는 목적·명칭·사무소의 소재지·자산에 관한 규정·이사의 임면규정·사원자격의 득실규정·존립시기나 해산사유를 정하는 때에는 그 시기나 사유를 반드시 기재하여야 한다(민법 제40조). **정관의 변경**은 정관에 정한 바에 따르며, 정함이 없는 때에는 총사원 3분의 2 이상의 동의에 따라 주무관청의 허가를 얻어야 한다(민법 제42조). 재단법인의 설립자는 일정한 재산을 출연하고 정관을 작성하여야 하는데, 재단법인의 정관에는 목적·명칭·사무소의 소재지·자산에 관한 규정·이사의 임면규정 등을 기재하여야 한다(민법 제43조).

필수적 기재사항은 거래의 안전을 위해서 반드시 외부에 알려야 한다. 예를 들어 법인의 이사는 법인의 업무집행자이므로 법인과 거래하는 자는 법인을 대표하는 이사와 법률상 행위를 하여야 하고 따라서 이사의 임면규정은 필수적 기재사항 중 하나이다.

법인의 권리능력
法人의 權利能力

법인이 법률의 규정에 따라 정관으로 정한 목적의 범위 내에서 권리와 의무의 주체가 될 수 있는 자격을 말한다(민법 제34조). 사람(자연인)의 권리능력을 제한 없이 인정하는 것에 반해, 법인의 권리능력은 정관의 목적에 따른 제한 외에도 다음과 같은 제한이 있다.

① 성질에 따른 제한 : 법인은 성(性)이나 친족관계와 같은 사람의 자연적 성질에 따른 권리와 의무의 주체가 될 수 없다. 즉 친권, 생명권, 정조권, 상속권 등을 누릴 수 없다. 그러나 재산권, 성명권, 명예권, 신용권 등은 누릴 수 있다.

② 법률에 따른 제한 : 법인은 개별적인 법률의 규정에 따라 권리능력을 제한받는다. 회사가 다른 회사의 무한책임사원이 되지 못하도록 규정한 「상법」 제173조가 그 예이다.

법인의 행위능력
法人의 行爲能力

법인이 권리능력의 범위 내에서 권리를 취득하거나 처분하는 것은 일정한 자연인의 현실의 행위에 의할 수밖에 없다. 그렇다면 누구의 어떤 행위가 법인의 행위로 되는가 하는 문제가 발생하는데, 이것이 '법인의 행위능력'에 관한 문제이다. 민법은 법인의 행위능력에 대해서는 따로 규정하고 있지 않으므로 법인은 권리능력의 범위 내에서 행위능력을 가진다. 따라서 법인의 대표기관이 권리능력의 범위 내에서 기관 자격으로 한 행위는 법인 자신의 행위로 된다.

법인의제설에 의하면 법인은 법에 의해 권리능력이 있는 것으로 의제된 것에 불과하고 행위능력이 없기 때문에 법인의 행위라는 것이 있을 수 없다. 따라서 외부의 대표기관의 행위에 의존한다고 해석한다. 그러나 법인실재설은 법인 자체의 단체의사와 법인 기관의 행위는 법인 자체의 행위라고 해석한다.

법인의 불법행위능력
法人의 不法行爲能力

법인은 스스로 불법행위를 할 수 없지만, 민법은 법인의 대표기관이 그 직무에 관한 행위를 수행함에 있어 타인에게 손해를 가한 경우에, 그 손해를 배상한다고 하여 법인 대표자의 불법행위를 법인의 불법행위로 규정하고 있다(민법 제35조. 다만, 사원총회나 감사는 법인의 기관일 뿐 대표자는 아니므로 법인이 불법행위책임을 지지 않는다). 법인에 관한 통설은 법인실재설이므로 법인이 불법행위에 대하여 책임을 지는 경우도 점점 확장되는 경향이고, '직무에 관하여'라는 규정도 널리 외관상 법인 기관의 행위라고 인정된다면, 진실한 직무행위가 아니라도 이와 적당한 상호관계가 있으면 된다고 해석한다. 예를 들면 운송회사의 대표자가 부정하게 화물상환증을 발행했으면 회사는 손해배상책임을 진다. 창고회사의 대표자가 예탁증(預託證)을 받지 않고 화물을 출고했을 때도 마찬가지이다. 이사의 행위에 의하여 법인이 불법행위책임을 지는 경우 이사 자신도 책임을 지는 것은 물론이고, 이때 법인과 이사의 관계는 **부진정연대채무**(不眞正連帶債務) 관계에 해당한다.

이사
理事

대외적으로 법인을 대표하고(대표기관), 대내적으로 법인의 사무를 집행하는(업무집행기관) 상설(常設) 필수기관이다. 이사의 임기와 수에 대한 제한은 없고(민법 제58조2항) 정관에서 임의로 정할 수 있다(민법 제40조·제43조). 이사는 자격상실이나 자격정지의 형을 받지 않은

자연인에 한한다. 이사가 법인의 대표자로서 법인이 정관에서 정한 목적의 범위 내에서 한 업무는 바로 법인의 행위가 된다. '목적의 범위 내'에는 정관에 확실히 기재되어 있지 않아도 목적을 수행함에 상당한 행위이기만 하면 어음의 발행은 물론 기부나 위로금의 지출까지 포함된다. 이사의 대표권은 제한할 수 있지만, 이것을 알지 못하고 거래한 자에 대하여는 주장할 수 없다(민법 제60조). 이사가 외형상 직무행위로 보이는 것에 의하여 타인에게 손해를 입히면, 법인의 불법행위로 되어 법인이 이사와 함께 손해배상책임을 진다. 또 이사가 법인재산을 양수하는 경우와 같이 법인의 이익과 이사의 이익이 상반하는 경우에는 이사는 대표권이 없으며, 이러한 경우에는 이해관계인이나 검사의 청구에 의하여 법원이 선임한 특별대리인이 법인을 대표한다(민법 제64조).

임시이사
臨時理事

법인이 성립한 후에 일시적으로 이사가 없거나 결원이 생겨도 법인의 존립에는 원칙적으로 영향이 없지만 이로 인하여 손해가 생길 염려가 있는 경우에 법원이 법률상의 이해관계인이나 검사의 청구로 선임하는 이사를 말한다(민법 제63조). 선임절차는 「비송사건절차법」에 따른다. 임시이사는 이사가 선임될 때까지 한시적으로 이사와 동일한 권한을 가지며, 이사가 선임되면 그 권한은 당연히 소멸한다.

감사
監事

이사의 직무집행을 감독하는 기관으로, 정관이나 사원총회의 결의로 둘 수도 있고 안 둘 수도 있는 임의기관이다(민법 제66조). 그러나 공익법인의 감사는 필수기관이다. (공익법인의 설립·운영에 관한 법률 제5조1항). 감사의 선임방법, 자격, 수, 임기 등은 정관이나 사원총회의 의결로 정한다. 감사는 내부적으로 이사의 사무집행을 감독할 권한을 가지지만, 외부에 대하여 법인을 대표할 권한은 없다. 그리고 감사는 이사와

마찬가지로 선량한 관리자의 주의로 직무를 수행하여야 하고, 이를 위반하면 채무불이행의 책임을 진다. 「민법」은 감사의 중요한 직무 권한을 제67조에 예시하고 있다.

사원권
社員權

사단법인에서 사원이라는 자격에 따라 가지는 권리와 의무를 포괄한 개념이다. 사원권은 재산권, 신분권, 인격권의 어느 것에도 속하지 않는 특수한 권리이다.

사원권에는 법인의 목적을 달성하기 위하여 사원에게 주어지는 **공익권**(共益權 : 의결권·업무집행권과 같은 것)과 사원 자신의 목적을 달성하기 위하여 사원에게 주어지는 **자익권**(自益權 : 이익배당청구권, 잔여재산분배청구권 등)이 있다. 민법의 비영리법인에는 공익권이 중요하나 영리법인, 특히 주식회사 등에는 자익권이 중요하여 공익권은 종속적이다. 그래서 공익권은 법인기관이 가진 권한이라고 해서 자익권만이 사원권이고, 이것이 사원의 지위에서 생기는 개개의 권리라고 보는 소위 '사원권부정론'도 주장된다.

법인의 해산
法人의 解散

법인에게는 자연인과 달리 사망이란 문제는 일어나지 않으나 정관으로 정한 해산사유가 발생하거나 설립허가를 취소하면 해산될 수도 있고, 사단법인의 경우에는 총회해산결의가 있거나 사원이 한 사람도 없게 되면 그것으로 해산된다(민법 제77조). 법인이 해산되면 이미 적극적 행동을 할 수 없으므로 재산관계를 정리하는 청산절차에 들어간다.

법인의 청산
法人의 清算

법인이 소멸할 경우, 법인에게는 상속이 인정되지 않으므로 권리능력의 상실에 따른 재산관계를 정리하기 위하여 일정한 절차를 밟는다. 즉 법인은 해산단계를 거쳐 청산절차를 끝으로 법인등기부에 청산종결의 등기를 함으로써 소멸한다(민법 제77조 이하). 해산된 법인은 재산정리를 위해서만 권리능력이 있다(민법 제81조). 즉 원칙적으로 이사가 **청산인**(清算人)이 되어(민법 제82조), 계속중인 사무를 종결시키고, 채권을 추심(推尋)하며, 채무를 변제한다. 또 잔여재산이 있을 때에는 정관에 정한 사람에게 귀속하고, 이것이 없을 때에는 주무관청의 허가를 얻어(사단법인의 경우는 총회결의도 필요) 법인의 목적에 유사한 목적에 따라 처분하고, 이것도 없을 때에는 국고에 귀속한다(민법 제80조). 이러한 청산절차가 완료되면 비로소 법인은 소멸한다. 또 법인이 채무를 완제하지 못하면 「채무자 회생 및 파산에 관한 법률」에 따라 파산절차에 들어간다(제294조 이하).

청산법인
清算法人

해산한 법인을 의미하는 것으로 채권·채무를 정리(청산)하는 범위 내에서 권리가 있고 의무를 부담한다. 해산으로 인하여 이사는 당연히 그 지위를 상실하고 청산인에 취임한다(단, 파산의 경우는 파산관재인으로 취임한다). 이때 청산인은 청산의 목적범위 내에서 이사에 준하는 모든 권한과 의무를 가진다(민법 제87조·제96조). 청산인은 1차로 정관에서 정한 자가 되고, 2차로 총회의 결의로 선임한 자가 되며, 3차로 위에 해당하는 자가 없으면 이사가 청산인이 된다(민법 제82조).

권리의 객체(물건)

물건
物件

권리의 실질적 내용은 이익이지만 이익을 성립시키는 데 필요한 물건(대상·객체)은 여러 가지가 있다. 민법은 '본법에서 물건이라 함은 유체물 및 전기 기타 관리할 수 있는 자연력을 말한다'(민법 제98조)라고 하여 물건의 의미를 한정하여, '물건'에 대하여 일괄하지 않고 각각의 명칭에 따르고 있다. 따라서 민법상의 물건은 ① 유체

민법

물 또는 자연력일 것, ② 관리가 가능할 것, ③ 사람의 신체(또는 그 일부)가 아닐 것, ④ 독립한 존재를 가질 것이어야 한다.

유체(有體)·무체(無體)를 불문하고 사람이 지배할 수 없는 것이나 반대로 누구나 자유로이 지배할 수 있는 것에 대하여는 법률상 문제될 여지가 없다(태양, 달, 별, 공기와 같은 것). 한편, 시체나 유골이 물건인가에 관하여 견해의 대립이 있다. 시체나 유골은 사용·수익·처분할 수 없고 오로지 매장이나 제사의 대상이 되는 특수한 것으로 보는 견해가 통설이다.

[물건의 분류]
① 사법상의 거래에서 객체에 제한이 따르는지에 따라
• 융통물(보통의 상품)
• 불융통물(예 : 공유물·공용물·금제품)
② 물건의 성질이나 가격을 현저하게 손상하지 않고서 분할할 수 있는지에 따라(민법 제269조·제408조 이하)
• 가분물(예 : 금전·곡물·토지)
• 불가분물(예 : 소·말·서면)
③ 거래에서 물건의 개성이 중요시되는지에 따라(민법 제598조·제702조)
• 대체물(예 : 금전·곡물·석탄)
• 불대체물(예 : 서면·토지·건물)
④ 당사자가 물건의 개성에 착안하여 거래를 하였는지에 따라(민법 제374조·제375조·제462조·제463조)
• 특정물 • 불특정물
⑤ 개개 물건을 종합한 종합물의 관점에 따라
• 단일물(예 : 말·소·정원·돌)
• 합성물(예 : 건물·보석·반지)
• 집합물(예 : 해당 법에 의해 담보권의 설치가 인정되는 각종의 재단·농업용 동산)
⑥ 한 번 사용 후 동일한 용도로 다시 사용할 수 있는지에 따라
• 소비물(금전·식료품)
• 비소비물(건물·토지)

집합물
集合物
다수의 물건이 모여 경제적으로 하나의 가치를 가지고 거래에서 하나의 물건으로 다루어지는 것을 말한다. **일물일권주의**(一物一權主義)의 요청으로 집합물 위에 하나의 물권이 성립할 수 없지만 집합물을 법률상 하나의 물건으로 인정하는 특별법 또는 거래의 필요에 따라 예외를 인정한다. 예컨대, 공장설비 전체를 담보하는 경우 「공장 및 광업재단 저당법」이라는 특별법으로 공장설비 전체에 하나의 물권을 설정할 수 있다. 그리고 양어장의 고기 전체를 거래하는 경우에도 하나의 물권을 설정할 수 있다.

부동산
不動産
토지와 그것에 정착된 건물이나 수목(樹木 : 살아 있는 나무) 등의 재산을 말한다(민법 제99조1항). 민법과 그 부속법령과 관습법에서 다루는 부동산은 다음과 같다.
① **토지** : 일정한 범위의 지표면으로, 토지의 소유권은 정당한 이익이 있는 범위 내에서 그 지면의 상하에 미친다(민법 제212조). 가령 암석, 토사, 지하수 등은 토지의 구성부분으로 토지의 소유권이 미친다. 그러나 지하에 매장된 광물(鑛物)은 광업권이나 조광권의 객체이므로 토지소유권이 미치지 않는다(광업법 제5조). 토지는 연속되어 있으나 인위적으로 그 지표에 선을 그어 구별하며, 각 구역은 지적공부인 토지대장이나 임야대장 등에 등록하여 지번(地番)을 부여받으면 독립성이 인정된다(공간정보의 구축 및 관리 등에 관한 법률 제2조). 토지의 개수는 필(筆)로 따지고(부동산등기법 제2조), 분할이나 합병도 가능하다(부동산등기법 제35조).
② **건물** : 토지의 정착물 중 가장 중요한 건물은 토지와는 별개의 독립한 부동산으로 건물등기부를 통해 공시한다(부동산등기법 제14조·제15조).
③ 「**입목에 관한 법률**」에 따라 등기된 입목 : 수목은 토지에서 분리하면 동산이지만 그렇지

민법

않으면 토지의 일부분으로 본다. 그러나 「입목에 관한 법률」에 따라 입목등기를 한 수목은 토지와 별개의 독립한 부동산으로 본다. 입목은 토지에 부착된 수목의 집단으로 입목등기를 받은 것이다(입목에 관한 법률 제2조).

④ **명인방법**을 갖춘 수목이나 **미분리과실** : 명인방법(明認方法)은 수목이나 미분리과실의 소유자가 누구인지를 잘 알아볼 수 있도록 표찰을 붙이는 관습법상의 공시방법이다(해당 항 참조). 미분리과실(未分離果實)은 나무에 달려 있는 열매와 같이 원물에서 분리하기 전의 천연과실이다(해당 항 참조). 수목에 입목등기 등의 별도의 공시절차를 거치지 않더라도 관습법상의 명인방법을 갖추면 토지와 별개의 부동산으로 인정된다(미분리과실을 부동산으로 인정할 수 있는지에 대해서는 학설의 대립이 있다).

⑤ **농작물** : 토지에서 경작·재배하는 농작물은 토지의 일부이지만, 토지임차권과 같이 정당한 권원(權原)에 따라 타인의 토지에서 경작·재배한 농작물은 토지와 별개의 물건으로 다루어진다. 또 벼와 같이 수확기간이 짧은 농작물은 아무 권원 없이 심지어 위법하게 타인의 토지에서 농작물을 경작·재배하였더라도 농작물이 성숙하여 독립한 물건의 모습을 하고 있으면 경작자에게 소유권이 있다(대판 1979. 8.28, 79다784).

동산
動産
부동산 이외의 물건이 동산이다(민법 제99조2항). 동산의 개수는 사회통념에 따른다. 쌀·간장·술 같은 것은 용기에 의하여 개수가 정해진다.

동산과 부동산은 여러 가지 점에서 법률상의 취급이 다르지만, 가장 중요한 차이는 물권의 공시방법과 효력이다. 부동산물권의 공시방법은 **등기**이며, 등기가 성립요건으로서 매매에 의하여 부동산소유권을 얻으려 해도 등기를 하지 않고 있으면 소유권취득의 효력이 발생하지 않는다(민법 제186조). 그러나 등기를 신뢰하여 부동산을 매수하고 소유권이전등기를 했다 할지라도 매도인이 진정한 소유자가 아니면 해당 부동산의 소유권을 취득하지 못한다(등기에는 공신력이 없다). 이에 대하여 동산물권의 공시방법은 **점유**(占有)이다(민법 제200조). 거래에서 동산소유권을 얻은 자가 그 권리를 제3자에게 주장하기 위하여는 점유의 이전을 받을 필요가 있다(민법 제188조1항). 또 매도인에게 처분권이 없어도 동산을 선의로 매수하여 이전받으면 매수인(買受人)은 동산의 소유권을 취득한다(민법 제249조).

[동산과 부동산의 법률상 차이]

구 분	부동산	동 산
용익물권 설정	할 수 있다	할 수 없다
질권 실행	경매규정	질물(質物)을 직접 변제에 충당(민법 제338조 2항)
저당권 설정	할 수 있다	원칙상 할 수 없다
공시방법	등기	점유
대항력	등기	점유 이전
공신력	(등기부에) 없다	(점유에) 있다

주물과 종물
主物과 從物
물건을 사용하는 방법에서 보면 물건 상호 간에 주종의 관계가 있는 경우가 흔히 있다. 가방과 자물쇠, 칼과 칼집, 가옥과 문 등이 그 예이다. 이와 같이 물건의 소유자가 물건을 상용(常用)하는 데 자기 소유의 다른 물건을 부속하는 경우 그 물건을 주물이라 하고, 다른 부속물건을 종물이라 한다. 종물은 주물의 경제적 효용을 높이는 것이므로 주물과 종물은 법률적 운명을 같이하지만, 종물은 반드시 독립한 물건이어야 한다. 독립한 물건이면 동산이든 부동산이든 상관없다.

주물과 종물은 원칙적으로 모두 동일한 소유자에게 속해야 하지만, 처분의 결과가 제3자의 권리를 침해하지 않는 범위에서 「민법」 제100조1항의 취지를 확장해석하여 다른 소유자에게 속하는 물건 간에도 주물과 종물의 관계를 인정하는 것이 통설이다. 주물과 종물을 구별하는 실익(實益)은 종물이 주물의 처분에 따르는 점에 있다(같은 조 2항). 즉, 집(주물)이 매도되면 집 안에 있는 부속시설(종물)도 함께 양도되는 것이다. 그러나 이는 통상의 경우를 상정한 것이므로 당사자가 주물을 처분함에 있어 특히 종물의 처분을 유보할 수 있다. 판례는 권리상호 간에 주종의 관계가 있는 경우에도 주물과 종물을 같이 취급하는 것을 인정한다. 원본채권과 이자채권, 건물과 그 건물을 위한 임차권(賃借權) 등이 그 예이다.

특정물 · 불특정물
特定物 · 不特定物

'이 집', '이 자동차'라고 하는 것과 같이 거래에서 당사자가 특히 목적물의 개성에 착안하여 지정한 때, 그 목적물을 특정물이라고 한다. 이와 달리 밀가루 한 포대라든가 휘발유 10리터와 같이 종류와 수량만을 명시한 목적물을 불특정물이라 한다. 특정물과 불특정물을 나누는 실익은 목적물의 보관의무의 경중(민법 제374조), 인도의 조건(민법 제462조 · 제467조), 위험부담(민법 제537조 · 제538조), 하자담보책임(민법 제570조) 등에 있다.

원물과 과실
元物과 果實

논밭에서 산출하는 쌀 · 보리 · 과일, 젖소로부터 짜는 우유와 같이 물건의 사용에 따라 수취(收取)하는 산출물을 **천연과실**(天然果實)이라 하며, 임대료 · 이자와 같이 물건의 사용대가로 받는 금전 기타의 물건을 **법정과실**(法定果實)이라 한다(민법 제101조2항). 이러한 과실을 생기게 하는 물건이 원물이다. 천연과실을 수취할 권리가 있는가의 여부는 '천연과실이 원물에서 분리할 때'를 기준으로 정한다(민법 제102조1항). 그때의 원물소유자(민법 제211조), 선의점유자(민법 제201조1항), 지상권자(민법 제279조), 전세권자(민법 제303조), 유치권자(민법 제323조), 매도인(민법 제587조), 임차인(민법 제618조) 등이 수취권자이다. 이에 대하여 법정과실(法定果實)은 그의 지급시기를 기준으로 하는 것이 아니고 수취할 수 있는 권리의 존속기간 일수의 비율로 정한다(민법 제102조2항). 따라서 임대중의 건물이 양도되면 양도일 전의 임대료는 전소유자가, 후의 임대료는 새로운 소유자가 각각 취득한다.

미분리과실
未分離果實

원물에서 분리하기 전의 천연과실을 말한다. 원물에 부착되어 있는 천연과실이므로 원물인 부동산이나 동산의 일부이다. 예를 들면 수확 전의 농작물, 광물이나 벌채 전의 수목, 사육하고 있는 동물의 태아 등이 이에 속한다.

원물과 일체가 된 부동산이나 동산이므로 원물과 일체로 권리의 객체이자 거래의 대상이 되지만, 미분리과실의 거래도 가능하다(분리 전의 과실만의 매매계약이나 예약). 분리수취권을 매수인으로 하는 계약도 유효하다(민법 제102조1항).

법 률 행 위

강행규정
强行規定

선량한 풍속이나 사회질서에 관한 규정으로, **강행법규**라고도 한다(민법 제103조). 강행규정에 위반한 행위는 무효이다. 당사자의 의사에 관계없이 언제나 적용되는 규정이며, 강행규정을 판단하는 기준은 특별히 정해 놓은 것은 없고 각 규정의 입법목적과 성질 등을 고려하여 정한다. 보통 강행규정으로 이해하는 것은 다음과 같다. ① 사회의 기본적 윤리관을 반영하는 규정(민법 제103조), ② 가족관계의 질서유지에 관한 규정(민법 친족·상속편), ③ 법질서 기본구조에 관한 규정(민법의 '능력'에 관한 규정), ④ 제3자, 나아가 사회일반에 중요한 영향을 미치는 사항에 관한 규정(민법 물권편), ⑤ 거래안전에 관한 규정, ⑥ 경제적 약자의 보호를 위한 사회정책적 규정(주택임대차보호법)이 여기에 속한다.

강행규정과 관련하여 당사자의 의사로 배척할 수 없는 규정으로 **단속규정**(법규)이라는 것이 있는데, 이것은 일반적으로 위반시에 행위자에게 벌칙이 내려지는 것은 별개로 하고 행위의 효력은 유효하다고 해석한다. 다만, 단속규정과 강행규정과의 관계에 대해 일부 견해는 '강행규정은 효력규정과 단속규정을 포함하는데 강행규정 위반으로 무효로 되는 것은 효력규정 위반의 경우'라고 설명하기도 하고, 강행규정과 효력규정을 같은 개념으로 이해하고, 강행규정과 단속규정을 완전히 분리하여 이해하기도 한다.

단속규정의 일반적인 판정기준은 없다. 다만, 개별적인 법규의 취지가 규정내용 자체의 실현을 금지하는가(효력의 금지), 아니면 일정한 행위 자체를 금지하는가에 따라 구별하는 것이 일반적인 해석론이다. 예를 들어 일정한 자격을 갖춘 자에 대하여만 일정한 영업을 허용하는 경우에는 그 법규는 효력규정이라고 해석하는 것이 통설이다. 따라서 광업권자, 어업권자가 명의를 대여한 계약은 무효이다. 반면 무허가음식점 영업행위는 단속규정 위반이지만 음식판매행위는 유효하다.

사회질서·선량한 풍속
社會秩序·善良한 風俗

사회질서란 사회의 평화와 질서를 유지하기 위하여 국민이 지켜야 할 공공질서를 말하고, 선량한 풍속이란 사회의 건전한 도덕관념을 말한다. 민법은 '사회질서·선량한 풍속에 위반한 법률행위는 무효'라고 하여 법률행위의 적법성을 규정하고 있다(민법 제103조). 어떠한 행위가 반사회적인가를 상세하게 기술하기는 곤란하나 대체로 그 기준은 다음과 같다.
① 형법상 범죄가 되는 행위를 목적으로 한 것. 예를 들면 살인의 대가로서 금전을 주는 계약
② 일부일처제에 반하는 사항을 목적으로 하는 것. 예를 들면 첩계약(妾契約 : 처와 이혼한 후 혼인한다는 약속으로 그때까지의 부양료를 급여하는 뜻의 계약)
③ 개인의 자유를 침해하는 것. 예를 들면 인신매매나 전차금(근로를 제공할 것을 조건으로 사용자로부터 빌려 장차의 임금으로 변제할 것을 약정하는 금전) 상계 등을 이유로 한 감금 및 노동력 착취
④ 상대방의 급박하고 분별력이 없음을 틈타 행해진 폭리행위
⑤ 현저하게 사행적인 행위 : 도박계약 등

폭리행위
暴利行爲

천재 등으로 교통이 두절된 지역에서 야채를 적정시가의 10배로 판매한다거나, 가족 중 급한 환자가 있지만 치료비가 준비되지 않은 자에 대하여 하루 10%라는 비싼 이자로 금전을 대여하는 등 상대방의 곤궁하고 절박한 사정이나 경솔, 무경험을 이용하여 부당한 이익을 얻으려는 행위이다. 민법은 폭리행위를 **불공정한 법률행위**라고 규정한다(민법 제104조). 폭리행위가 성립하려면 ① 급부와 반대급부 사이에 현저한 불균형이 있어야 하고, ② 피해자의 곤궁하고 절박한 사정, 경솔, 무경험을 이용하여야 한다. 이러한 요건을 갖춘 폭리행위는 무효이다.

탈법행위
脫法行爲

강행규정 자체를 정면으로 위반하면 당연히 무효이지만 강행규정을 간접적으로 위반하는 경우, 즉 강행규정을 직접 위반하지는 않지

만 회피수단을 통하여 강행규정을 위반하는 결과를 실질적으로 실현하는 행위를 말한다. 탈법행위는 원칙적으로는 무효이지만 언제나 무효라 할 수는 없고, 탈법행위의 효력을 강행규정의 취지에 따라 판단하여야 한다. 즉 강행규정이 '특정의 수단·형식'을 금지하는지 아니면 '특정의 결과'를 금지하는지에 따라, 전자의 경우에는 탈법행위라도 유효하지만, 후자의 경우에는 무효이다.

임의규정
任意規定
사회질서나 선량한 풍속과 관계가 없는 규정으로 당사자의 의사로 법규의 적용을 배제할 수 있다. 따라서 임의규정은 당사자의 의사표시가 없는 경우나 분명하지 않은 경우에 대비하여 그 공백부분을 없애고 불분명한 부분을 명확하게 하기 위한 규정이다(민법 제105조). '다른 의사표시가 없는 때에는'(민법 제457조)이라든가, '정관에 다른 규정이 있는 때에는'(민법 제42조) 등으로 명기되어 있으면 명백한 임의규정이다. 물론 조항에 이러한 문구가 없어도 임의규정인 경우가 많다. 채권편, 특히 계약관련 규정은 대부분 임의규정이다.

관습법
慣習法
어떤 사항에 관한 관행의 반복이 사회구성원의 법적 확신에 의한 지시를 받아 법규범으로서의 실체를 갖추게 된 것을 말한다. 판례에 의하여 확인된 관습법으로는 수목의 집단이나 미분리과실의 소유권 이전에 관한 명인방법(明認方法), 동산의 양도담보 등이 있다. 관습법의 효력에 관하여는 다툼이 있으나 성문법에 없는 부분을 보충하는 효력(**보충적 효력**)만 인정하는 것이 통설이다(민법 제1조).

관습법과 사실인 관습의 차이는, 전자는 법적 확신이 있는 하나의 '법원(法源)'이지만, 후자는 법적 확신이 없는 '관례'로서 법률행위 당사자의 의사를 보충적으로 해석하는 기준이다.

사실인 관습
事實인 慣習
법률행위의 내용을 확정함에 있어서 법률행위 해석의 표준이 되는 일반적인 관계를 말한다. 물론 선량한 풍속 기타 사회질서에 위반하는 관습은 이에 해당하지 않고, 법률행위의 당사자가 제반사정으로 보아 관습에 따를 의사를 가지지 않았다고 인정되는 경우에는 그 관습을 해석의 표준으로 할 수 없다(민법 제106조). 민법은 당사자의 의사표시가 관습이나 임의법규 이상의 구속력을 가지는 것을, 또 관습이 임의법규 이상의 구속력을 가지는 것을 각각 승인하고 있기 때문이다.

법률행위
法律行爲
일정한 효과의 발생을 목적으로 하고 불가결의 요소로 하는 법률요건을 말한다. 이러한 법률행위에 의하여 권리의 발생, 변경, 소멸과 같은 구체적인 법률효과가 발생한다.

법률행위의 요소가 되는 의사표시가 일방적인 의사로 구성되는 행위를 **단독행위**라 한다. 이러한 단독행위는 행위자의 일방적 의사로 법률효과를 발생시키므로 원칙적으로 법률에 규정하는 것으로 한정해야 한다. 예를 들어 계약의 취소, 해제, 추인, 채무의 면제 등이 있다. 반면에 두 개 이상의 의사표시로 이루어진 것으로 **계약**, **합동행위**가 있다. 계약은 서로 다른 두 개 이상의 의사표시(청약·승낙)가 서로 반대되는 방향으로 합쳐져 하나의 법률요건이 되는 것이다. 예를 들어 매매계약에서 일방당사자는 물건의 구매를 청약하고, 반대당사자는 이에 대한 응답으로 물건의 매도를 승낙하는 것이다.

이러한 법률행위는 성립요건과 효력요건으로 나눌 수 있다. 성립요건에는 일반적 성립요건으로 ① 당사자 ② 법률행위의 목적 ③ 의사표시의 존재가 있어야 하고, 특별성립요건으로 ① 일정한 방식〔제33조(법인설립의 등기)·제1060조(유언의 요식성)〕, ② 요물성〔제330조(설정계약의 요물성)·제466조(대물변제)〕 등이 있어야 한다.

일단 성립요건을 갖추어 적법하게 성립한 법률행위가 유효한 효력을 가지려면 별도의 효력요건을 갖추어야 한다. 효력요건에는 일반적 효력요건으로 ① 당사자가 권리능력·의사능력·행위능력을 가질 것, ② 법률행위의 목적이 확정성·가능성·적법성·사회적 타당성을 가질 것(민법 제103조·제104조), ③ 의사표시에 관하여 의사와 표시가 일치하고 의사표시에 하자가 없을 것(민법 제107조~제110조)을 요구한다. 그 밖에 개별적인 법률행위에서 추가적으로 요구하는 특별효력요건으로는 ① 대리행위에서 대리권의 존재(민법 제114조~제136조), ② 조건부·기한부 법률행위에서 조건의 성취와 기한의 도래(민법 제147조~제154조), ③ 유언에서 유언자의 사망(민법 제1073조) 등이 있다.

[법률행위의 종류]

단독행위(상대방 있는·상대방 없는 단독행위), 계약, 합동행위
요식(要式)행위, 불요식행위
생전(生前)행위, 사후(事後)행위
채권행위, 물권행위, 준물권행위
출연행위(유상·무상행위, 유인·무인행위, 신탁·비신탁행위), 비출연행위
독립행위, 보조행위
주(主)된 행위, 종(從)된 행위

권리의 변동
權利의 變動

'법률관계의 변동'을 말한다. 법률관계의 변동이 일어나려면 일정한 전제조건(법률요건)이 갖추어져야 한다. 법률요건이 갖추어졌을 때 이루어지는 법률관계의 변동, 즉 권리의 변동에는 권리의 발생, 소멸 그리고 변경이 있다.

① 권리의 발생(절대적·상대적 발생)
　㉠ 절대적 발생(**원시취득**) : 종전에 없던 권리가 새로 생기는 것(예 : 시효취득, 선의취득)

　㉡ 상대적 발생(**승계취득**) : 타인이 가지고 있던 기존의 권리를 다른 사람이 승계받아 취득하는 것으로 설정적 승계와 이전적 승계가 있다.
　　• **설정적 승계** : 소유자로부터 전세권이나 저당권을 설정받는 경우와 같이 이전 권리자의 권리 일부만을 승계받는 것
　　• **이전적 승계** : 매매나 상속 등과 같이 이전 권리자의 권리를 그대로 승계받는 것으로, 특정승계와 포괄승계로 나눔
　　－ **특정승계** : 권리의 개별적 취득원인에 의하여 개개의 권리를 취득하는 것(예 : 매매에 의한 소유권취득)
　　－ **포괄승계** : 이전 권리자의 모든 권리를 취득하는 것(예 : 포괄유증, 회사의 합병)
② 권리의 소멸(절대적·상대적 소멸)
　㉠ 절대적 소멸 : 기존의 권리가 완전히 없어지는 것(예 : 권리의 포기, 화재로 인한 건물의 소멸 등)
　㉡ 상대적 소멸 : 매매나 증여 등으로 소유권이 타인에게로 이전되어 상실하는 것
③ 권리의 변경 : 권리의 동일성을 유지하면서 권리의 주체, 내용 또는 권리의 작용이 변하는 것

의사표시
意思表示

일정한 법률효과를 발생시키려는 의사를 외부로 표시하는 것으로, 법률행위의 본질적 구성부분이다. 의사표시는 일정한 법률효과의 발생을 원하는 내심의 의사와 외부에 표시하는 행위로 분리할 수 있다. 즉 의사표시라는 개념은 자연인의 일상적인 행위 중에서 일정한 법적 의사를 가지고 하는 행위를 법률적으로 분리해내기 위한 강학(講學)상의 개념이다.

의사표시는 먼저 내면적인 동기로 내심적 효과의사가 성립하고, 이것을 밖으로 표현하려고 하는 표시의사에 따라 권리주체의 법적 의사가 외부에서 인식할 수 있는 상태로 표시되는 것이다. 특히 표시의사에 의하여 외부에 나타난 행위자의 의사를 '표시상의 효과의사'라고도

한다. 의사표시는 이러한 절차로 완결되지만 그중 어느 것이 의사표시의 '본질'을 이루는지에 대해 견해가 대립한다. 일단 유효하게 성립한 의사표시라고 하더라도 표시자의 '내심적 효과의사'와 표시의사에 따라 실제 나타나는 '표시상의 효과의사'는 서로 일치하지 않을 수 있다. 이 경우에 내심적 효과의사를 중시하는 입장을 **의사주의**, 표시상의 효과의사를 중시하는 입장을 **표시주의**라고 한다. 의사주의에 따라 표시자의 내심적 효과의사를 중시한다면, 내심적 효과의사에 일치하지 않는 의사표시는 무효이고, 반면에 표시주의에 따라 표시의사가 유효하면 족하다고 보는 경우에는 의사표시는 그대로 유효한 것이 된다. 우리 민법은 절충적인 입장을 취하여 의사와 표시가 일치하지 않는 착오의 경우에는 취소할 수 있도록 하고 있다(민법 제109조). 다만, 의사표시는 의사능력을 전제로 하므로 의사능력 없는 제한능력자의 의사표시는 무효이다.

준법률행위
準法律行爲

권리주체의 행위가 특정한 법률효과를 직접 발생시키는 것이 아니라, 권리주체의 단순한 사실적 행위로서 표현행위 혹은 비표현행위(사실행위)에 대해 법률이 일정한 법적 효과를 부여하고 있는 것들의 총칭이다. 이것은 권리주체의 의사표시를 요건으로 하지 않는다는 점에서 일반적인 법률행위와 구분된다.
① **의사의 통지** : 최고나 거절. 예를 들면 계약을 취소할 것인가에 관하여 확답을 촉구하거나(민법 제15조), 채무의 이행을 구하고(민법 제387조2항), 변제의 수령을 거절하는(민법 제460조·제487조) 행위
② **관념의 통지** : 일정한 사실의 통지. 예를 들면 사원총회소집의 통지(민법 제71조), 채무의 승인(민법 제168조3호), 채권양도의 통지(민법 제450조) 등
③ **감정의 표시** : '용서'와 같이 표시된 의식내용. 이혼의 원인이 있어도 당사자의 일방이 '용서'하면 이혼의 제소를 할 수 없는 경우가 있다(민법 제841조). 여기서 '용서'가 감정의 표시에 해당한다.

사실행위
事實行爲

점유(민법 제197조 : 자기를 위한 의사로서 물건을 가지는 것)·선점(민법 제252조 : 소유의 의사로서 무주물을 점유하는 것)·사무관리(민법 제734조 : 타인을 위한 의사로서 관리하는 것)·미분리과실(未分離果實)의 분리(민법 제102조 : 소유의 의사로서 수취하는 것) 등과 같이 외부에 표시하지 않는 내심적 의사로 일정한 사실을 행하는 것을 말한다(점유에 의한 점유권, 선점에 의한 소유권, 사무관리로서 관리의 권리·의무가 발생한다). 사실행위는 사실이 표시되지 않는 점에서 의사표시나 준법률행위와 다른 것이다. 학설 중에는 준법률행위를 **표현행위**(表現行爲)와 **비표현행위**(非表現行爲)로 분류하여 준법률행위를 표현행위라 하고, 사실행위를 비표현행위로 파악하는 견해도 있다.

출연행위·비출연행위
出捐行爲·非出捐行爲

보통 '출연'이란 금품을 내어 원조한다는 뜻으로, 민법에서 당사자의 한쪽이 자기의 의사에 따라 재산상의 손실을 입고 다른 당사자(보통 재단이 된다)에게 이득을 주는 것을 '출연행위'라 하고, 그렇지 않은 것을 '비출연행위'라 한다. 출연행위는 자기의 출연에 대응하여 상대방의 출연을 목적으로 하는지의 여부에 따라 **유상행위**(有償行爲)·**무상행위**(無償行爲), 출연의 목적인 원인을 행위의 조건이나 내용으로 하는지의 여부에 따라 **유인행위**(有因行爲)·**무인행위**(無因行爲)로 나뉜다. 출연행위는 법기술적으로는 후에 성립할 법인에 대한 증여나 유증과 비슷한 구조를 가지므로, 이에 대한 규정을 준용한다(민법 제47조).

추정
推定

일정한 법적 사실에 대한 증명이 확실하지 않은 경우에 일반적인 상황에 의한 효과를 인정하고, 이러한 일반적인 상황에 의한 효과를 번복할 증거가 있는 경우에만 그 추정력을 상실시키는 제도를 말한다. 민법은 증명이 어려운 몇 가지 경우에 추정규정을 두고 있다. 여러 명의 사망자 중 누가 먼저 사망했는가를 알 수 없으면 동시에 사망한 것으로 추정하고(민법 제30조), 계약의 기한은 채무자의 이익을 위한 것으로 추정하며(민법 제153조), 부부 중 누구에게 속한 것인지 분명하지 않은 재산은 공유로 추정한다(민법 제830조의2항). 추정 사항이 진실에 반한다고 다투는 자는 반대증거를 제출하여야 한다.

의제·간주
擬制·看做

법적 사실에 대한 증명이 확실히 나타나지 않은 경우라고 하더라도, 일반적인 사실의 개연성이 매우 높은 경우에 법률이 그러한 사실에 기초한 효과를 발생시키는 것을 말한다. 여기에 해당하는 것은 실종선고로 인한 사망의 간주가 있다. 추정과 다른 점은 법률에 의한 효과를 번복하기 위해서는 단순한 반증만으로는 부족하고, 법원의 정식 재판이 있어야 한다는 점이다.

간주의 또 다른 의미로는 일정한 법률효과에 대한 예외로 법이 강제적으로 특별한 효과를 부여하는 경우로 이해하기도 한다. 예를 들면 미성년자의 혼인의제제도(민법 제826조의2)가 있는데, 이것은 미성년자의 혼인에 의하여 법이 일정한 예외를 인정한 것이고 추정과 비교되는 원래의 간주와는 다른 의미가 있다.

최고
催告

‘금전을 지급하라’, ‘가옥을 넘겨줘라’, ‘제한능력자의 행위를 추인할 것인가’ 등 상대방에게 어떤 행위를 요구하는 통지를 말한다. 최고는 준법률행위로서 법률에 의해 일정한 법률효과가 부여된다. 기한이 정해져 있지 않은 채무는 최고가 있는 때에 기한이 도래하여 상대방은 이행지체에 빠진다(민법 제387조2항). 그러나 돈을 빌려주었을 때에는 최고만 하여서는 아니 되고 상당한 유예기간을 두어 반환하도록 최고하여야 한다(민법 제603조1항). 또 소멸시효에 걸린 권리도 최고가 있으면 기간이 6개월 연장된다(민법 제174조). 이행지체를 이유로 계약을 해제할 때에도 상당한 기간을 정하여 최고하여야 한다(민법 제544조).

법률요건
法律要件

법률의 역할은 일정한 경우에 사람은 무엇을 할 수 있고 무엇을 하지 않으면 아니 된다는 것을 표시하는 것이다. 무엇을 할 수 있고 무엇을 하지 않으면 아니 되는가를 표시한다는 것은 달리 말하자면 권리·의무를 분명히 한다는 것이고, ‘일정한 경우’를 표시한다는 것은 권리·의무의 득실변경의 조건을 표시한다는 것에 지나지 않는다. 이 조건을 법률요건이라고 한다. 예를 들면 매매는 ‘당사자의 일방이 재산권을 상대방에게 이전할 것을 약속하고, 상대방이 이에 대하여 대금의 지급을 약속하는 것’에 의하여 성립하는 법률

[법률요건의 분류]

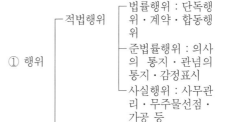

① 행위 ┬ 적법행위 ┬ 법률행위 : 단독행위·계약·합동행위
        │   ├ 준법률행위 : 의사의 통지·관념의 통지·감정표시
        │   └ 사실행위 : 사무관리·무주물선점·가공 등
        └ 위법행위 : 채무불이행·불법행위

② 심리상태 ┬ 관념적 상태 : 선의·악의
           └ 의사적 상태 : 원하느냐의 여부

③ 사건 : 시간의 경과·출생·사망·물건의 증감 등

요건이며(민법 제563조), 또 불법행위는 '고의 또는 과실로 인한 위법행위로 타인에게 손해를 입히는 것'에 의하여 성립하는 법률요건이다(민법 제750조). 여기서 '고의'라든가 '과실'이라는 개개의 조건을 **법률사실**(法律事實)이라고 한다.

법률효과
法律效果

법률은 어떤 경우에 어떤 권리가 발생·변경·소멸(득실변경)하는가를 정하고 있다. 권리의 발생·변경·소멸을 '권리의 변동'이라고 하고, 권리의 변동이 발생하는 경우를 '법률요건'이라 하며, 일정한 경우에 일정한 권리의 변동이 발생하는 것을 '법률효과'라고 한다.

소급(효)
遡及(效)

법률효과를 과거의 일정한 시기까지 거슬러 올라가는 것으로, 이를 효과의 소급 또는 **소급적 효과**(소급효)라고 한다. 소급효가 인정되는 중요한 예로는 실종선고(민법 제28조), 취소(민법 제141조·제406조), 추인(민법 제133조), 해제(민법 제548조1항) 등이 있다.

소급효가 인정되는 경우에는 원상회복의 권리·의무가 발생하는 예가 많다. 일정한 법률관계에 의하여 이익이 이동한 후에 그 법률관계(권리·의무)가 거슬러 올라가 부정되기 때문이다. 다만, 반환의무가 현존이익에 한정되는 예도 있다. 계속적 계약관계에는 소급효가 인정되지 않는다(계약 항 참조). 혼인이나 입양의 취소에도 소급효는 인정되지 않는다(민법 제824조·제897조·제908조의7 2항).

요식행위
要式行爲

법률행위는 원래 구두나 서면 등 일정한 방식의 제한이 없는 것이 원칙이지만, 그 형식에 대하여 법률에 특히 정함이 있는 경우가 요식행위이며, 법률상 특별한 정함이 없는 경우가 **불요식행위**이다. 혼인·협의이혼·인지·양자입양·유언 등은 요식행위의 예이다. 재산관련 법률행위의 대부분은 불요식행위이다. 또 증여는 불요식행위이지만 서면에 의하지 않을 때에는 해제할 수 있다(민법 제555조).

의사의 흠결
意思의 欠缺

표시상의 효과의사에 대응하는 내심적 효과의사(의사표시 항 참조)에 흠이 있는 경우를 말한다. 비진의표시(민법 제107조)·허위표시(민법 제108조)·착오(민법 제109조) 및 혼인무효원인(민법 제815조)이나 입양무효원인(민법 제883조) 등이 이에 속한다.

비진의표시
非眞意表示

농담이나 거짓말과 같이 표의자가 진의와 다른 의사표시를 스스로 알면서 하는 것으로, **심리유보**(心理留保)라고도 한다. 비진의표시는 그 동기가 어떤 것이든 표시한 대로 효과를 내는 것을 원칙으로 한다(민법 제107조1항). 다만, ① 상대방이 표의자의 진의를 알고 있는 경우 ② 알지 못하여도 보통의 사람이라면 표의자의 진의를 알았을 것이라고 인정되는 경우에는 상대방을 보호할 필요가 없으므로 무효가 된다(민법 제107조1항). 그러나 표의자나 상대방은 선의의 제3자에 대하여 의사표시의 무효를 주장할 수 없다(같은 조 2항).

허위표시
虛僞表示

표의자가 상대방과 통정(通情)하여 행한 진의와 다른 의사표시를 말한다. 비진의표시가 단독허위표시라면, 허위표시는 **통정허위표시·가장행위**(假裝行爲)라고도 한다.

예를 들면 채권자의 압류를 면하기 위하여 친구와 통정하여 소유부동산을 그 친구에게 매도한 것으로 가장하고 등기명의를 이전한 경우에 이러한 매매는 허위표시이다. 허위표시는 원칙적으로 무효이다(민법 제108조1항). 그러나 이 원칙을 관철하면 사정을 알지 못하고 친구로부터 부동산을 매수한 자들도 소유권을 취득할 수 없게 된다. 따라서 이와 같은 예외적인 경우에 민법은 선의의 제3자에 대하여는 허위표시의 무효를 주장할 수 없도록 하고 있다(같은 조 2항). 여기서 말하는 '제3자'란 당사자 및 포괄승계인(상속인) 이외의 자로서 허위표시가 있었던 후에 그 목적물에 대하여 이해관계를 가지게 된 자를 말한다.

선의 · 악의
善意 · 惡意

법률적 의미에서 **선의**란 일정한 사실을 알지 못한 것이고, **악의**란 일정한 사실을 알고 있는 것을 말한다. 여기서 '일정한 사실'이란 자신의 법률행위의 원인이 되는 내면적 사실관계를 말한다. 예를 들어 「민법」 제29조1항 단서에는 실종자의 생사(같은 조 1항 본문)의 사실이며, 제60조에는 대표권이 제한되어 있는 사실이다. 이와 같이 법률적 의미로서의 선의 · 악의 개념은 윤리적 의미를 가진 것은 아니고 일정한 사실을 알고 있는지 여부는 곧 내심적 사실이 된다. 민법상 선의 · 악의에 관한 조항으로는, 이득의 반환에 관한 제29조2항 · 제201조1항 · 2항 · 제741조 등과 동적 안전(動的 安全)에 관한 제29조1항 · 제110조 · 제129조(민법 제125조 · 제126조) · 제197조1항 · 제470조 · 제471조 등이 있다. 다만, 예외적으로 윤리적 의미를 내포하는 악의 개념이 있다(민법 제840조2호).

착오
錯誤

「민법」에서 '착오'란 표의자가 진의와 다름을 알지 못하고 한 의사표시를 말한다(민법 제109조). 착오는 보통 다음과 같이 분류한다.
① 내용의 착오 : 보증채무와 연대채무를 같은 것으로 오해하여 연대채무자가 되는 것을 승낙한 경우, 파운드와 달러를 같은 가치로 오해하여 100파운드로 매수할 것을 승낙한 경우 등 행위의 의미를 잘못 알고 한 경우이다.

② 표시의 착오 : 10만원이라고 기재하여야 할 것을 무심히 100만원이라고 잘못 기재한 경우로서, 오기(誤記) · 오담(誤談)의 형태이다.
③ 동기의 착오 : 머지 않아 철도가 부설될 것으로 오해하여 토지를 고가로 매수한 경우이다.
④ 표시기관의 착오 : 전보를 통해 의사표시를 하는 경우, 전신기사의 잘못으로 표의자가 한 것과는 다른 내용이 전해진 것과 같은 경우이다. 이 경우는 표시의 착오와 같이 취급한다.

중요부분의 착오
重要部分의 錯誤

원칙적으로 한번 권리주체의 의사표시가 표시되면 거래의 상대방은 그 의사표시를 신뢰하고, 표시자는 그에 대한 책임을 져야 한다. 그러나 행위자의 의사표시중 중요부분에 착오가 있는 경우에는 이를 예외적으로 취소하도록 하는 것이 오히려 타당하다. 이와 같이 「민법」은 의사표시의 중요한 부분에 착오가 있는 경우에 한정하여 취소를 인정하고 있다. 구법은 이를 **요소의 착오**라 하였다. 무엇이 법률행위의 중요부분인가를 구체적으로 열거하기는 곤란하다. 그 이유는 무엇보다도 표의자의 주관에 따라 정하여지기 때문이다. 그러나 어느 정도의 객관성은 있어야 한다. 이러한 관점에서 무엇이 중요부분인가를 살펴보면 다음과 같다.

신분행위와 증여에 있어서는 상대방이 누구인가가 중시되고 또 보증계약에서는 주채무자가 누구인가가 중시되어 이 점의 착오는 일반적으로 중요부분의 착오가 될 것이다. 이에 대하여 매매에 있어서는 사람보다도 목적물이나 대금이 더 중시된다. 목적물의 시장가액과 매매금액과의 사이에 현저한 차이가 있는 경우는 일반적으로 중요부분의 착오가 있다고 본다. 그러나 자기의 순수한 주관적 판단에 의하여 행하여지는 투기적인 매매는 여기에 해당되지 않는다. 또 매매 후 이행 전에 매수인이 대금지급능력이 없는 것이 판명된 경우에도 중요부분의 착오가 추정된다. 이에 대하여 금 전대차(金錢貸借) 등에서는 임차인의 지급능력에 대해서의 착오는 중요부분의 착오가 되지 않는 것이 보통이다. 그러나 표의자의 중대한 과실이 있는 경우에는 착오에 의한 의사표시로 취소할 수 없다(민법 제109조1항 단서).

하자 있는 의사표시
瑕疵 있는 意思表示

사기나 강박에 의한 의사표시를 말한다. 의사표시가 완전히 유효하려면 그것이 자유롭게 표시된 의사에 의한 것이어야 한다. 자유롭게 표시되어야 할 의사가 내재적 효과의사의 형성과정에서 타인의 위법한 간섭으로 말미암아 방해된 상태하에서 자유롭지 못하게 의사표시가 된 경우에 표의자를 보호하고자 하는 데 법률적 의의가 있다. 하자 있는 의사표시는 표시된 의사에 대립하는 내재적 효과의사가 존재하는 점에서 그것이 존재하지 않는 의사의 흠결과 구별된다.

사기
詐欺

고의로 사실을 속여서 사람을 착오에 빠지게 하는 행위를 말한다. 과대선전·과대광고는 모두 사실을 속이는 것이나, 그것을 받아들이는 측에서 과장되어 있는 것을 예측할 수 있는 경우는 사기가 되지 않는 것이 보통이다. 표의자는 사기에 의한 의사표시를 취소할 수 있다(민법 제110조1항). 취소된 행위는 소급하여 무효가 되므로(민법 제141조) 상대방으로부터 계약의 이행을 요구받아도 거절할 수 있고, 이미 이행하였다면 이행한 물건의 반환이나 등기의 말소를 청구할 수 있다. 그러나 사기의 사실을 알지 못하고 그 물건에 대하여 새로운 권리를 얻은 자에게 취소를 주장하여 반환이나 취소의 청구를 주장할 수 없다(민법 제110조3항). 가옥을 매수하고 나서 가옥에 중대한 흠이 있는 것이 판명된 경우에는 매수인은 제569조 이하의 규정에 따라 매도인의 책임을 물을 수 있으나, 그 밖에 중요부분의 착오나 사기가 성립하는 경우에 이를 함께 주장하여 대금상당액의 반환을 청구할 수 있는가에 대하여는 학설이 나누어져 있다.

강박
强迫

사람을 위협하여 공포심을 일으키는 행위를 말한다. 채무를 변제하지 않으면 압류를 한다든가, 부정행위를 고소·고발한다든가 하는 행위는 권리의 행사이므로 상대방이 두려워해도 강박이라 할 수 없다. 그러나 그것이 부당한 이익을 탐내는 수단으로 악용된 경우에는 강박이 된다. 표의자는 강박에 의한 의사표시를 취소할 수 있다(민법 제110조1항). 甲이 강박으로 乙에 대하여 의사표시를 하고 乙이 강박의 사실을 알지 못하였다 해도 취소할 수 있다. 그러나 강박에 의한 의사표시의 취소는 선의의 제3자에 대하여 대항할 수 없다. 사기에 의한 의사표시와 강박에 의한 의사표시는 서로 요건은 다르지만 그 법률효과와 대항력에 있어서는 같다.

도달주의
到達主義

의사표시는 보통 '표의자에 의한 의사의 표명 → 발신 → 상대방에의 도달 → 상대방의 요지'의 단계를 거친다. 물론 마주 앉은 상대방에게 말로 하는 의사표시인 '대화'에는 이러한 일련의 과정이 거의 동시에 이루어지지만, 멀리 떨어진 상대방에게 편지로 의사표시를 하는 경우에는 위 네 단계가 분명히 드러난다. 이 중 어느 시기에 의사표시의 효력이 발생하는지가 문제되는데, 우리 민법은 '도달주의'를 채택하여 상대방에게 도달한 때 의사표시의 효력이 발생한다(민법 제111조). 도달주의에 따르는 경우 의사표시가 상대방에게 도달하였는지에 대한 입증책임은 표의자(의사표시를 한 자)에게 있다.

도달주의는 구체적으로 언제 상대방에게 도달하였는지가 문제되는데, 일반적으로 편지가 상대방의 우편함에 들어가서 가족이나 동거인에게 수령되는 등 상대방의 지배하에 들어가면 도달한 것이 된다. 도달하면 발신 후에 표의자가 사망하거나 제한능력자가 되어도 의사표시의 효력에는 영향이 없다(민법 제111조2항). 이와 같이 도달주의의 원칙에 대하여는 다음을 주의하여야 한다. 첫째, 효력발생시기에 대하여 특별한 규정이 있으면 그것에 따른다. 예컨대 ① 상대방이 제한능력자인 때에는 그의 법정대리인이 도달을 알지 못하면 의사표시의 효력이 생긴 것을 주장할 수 없다(민법 제112조). ② 계약의 승낙은 거래의 신속을 고려하여 **발신주의**(해당 항 참조)로 한다(민법 제531조). ③ 요식행위(要式行爲), 요물계약(要物契約) 등은 어떠한 요식을 이행하여 물건을 인도하지 않으면 효력이 생기지 않는다.

둘째, 대화자 사이의 의사표시나 상대방 없는 의사표시에 대하여는 특별한 규정이 없다. 전자는 표명·발신·도달·요지의 사이에 시간적인 차이가 없고, 후자는 표시가 있음에 불과하기 때문이다. 더구나 대화자 사이의 의사표시에 대하여는 도달 후 상대방의 요지를 결할 경우도 없지 않다. 이와 같은 경우도 상대방이 요지할 수 있는 상태라면 효력이 생기는 것으로 해석한다.

발신주의
發信主義

격지자(隔地者)에 대한 의사표시에 관하여 의사표시를 발신한 때(서신을 우체통에 넣은 때, 종이에 기록하여 우체국의 창구에 의뢰한 때, 시간차가 존재하지 않는 전화 등은 해당하지 않음)에 의사표시의 효력 발생을 인정하는 주의이다. 즉 발신시에 의사표시가 있는 것으로 하는 주의이다. 민법은 도달주의(**수신주의**)를 원칙으로 하고(민법 제111조1항), 계약의 승낙이나 사원총회의 소집 등에 있어서는 발신주의를 취하고 있다(민법 제71조). 또 거래의 신속을 목적으로 하는 상법에서는 발신주의를 채택한 예가 적지 않다(상법 제53조·제67조 등).

전자적 의사표시
電子的 意思表示

컴퓨터 자동데이터처리 시스템의 이용자가 확정하지 않은 세부사항에 대하여 프로그램이라는 포괄적 기준설정에 따라 의사표시의 성립과 내용을 세부적으로 결정하는 것으로서, 인간의 의사영역의 일정한 부분을 사실상 대신한다는 전제하에서 이러한 자동화장치로 이루어지는 법률행위를 말한다. **자동화**(自動化) **의사표시**라고도 한다. 전자적 의사표시에 따라 비진의 의사표시의 경우 그 책임소재와 의사표시의 효력발생시기에 대해서 새로운 법률적 접근이 필요해졌다.

[도달주의 · 발신주의]

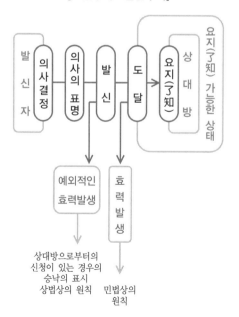

대리
代理

넓은 의미에서 대리란 타인(본인)을 대신하여 어떤 행위를 하는 것을 말하나, 민법 총칙편에서 규정하고 있는 대리란 대리인이 자신이 하는 법률행위가 본인을 위하여 하는 것임을 표시하여(현명주의), 대리인이 하는 법률행위의 효과가 직접 본인에게 귀속되는 법률제도를 말한다. 이와 유사한 개념으로 **사자**(使者)와 간접대리(間接代理)가 있다. 사자는 단순히 ① 완성한 의사표시를 전달하는 자(편지를 전달하는 자 등), ② 타인이 결정한 의사를 상대방에게 표시하여 그 의사표시를 완성시키는 자 등을 말한다. 대리에 있어서의 의사표시는 대리인 자신의 의사표시임에 반하여, 사자의 경우 의사는 본인이 결정하고 사자는 이를 표시하는 기관에 불과하다는 점에 차이가 있다. 또 **간접대리**란 타인의 계산(計算)하에 자기의 명의로 행하는 행위를 말한다(위탁매매인, 중매인 등의 행위). 간접대리의 경우 그 효과는 일단 행위자에게 귀속되고 그 다음에 본인에게 귀속되기 때문에 경제적인 작용은 대리와 비슷하나, 행위자와 그 법률효과의 귀속이 분리되지 않은 점에서 대리와 차이가 있다. 예를 들어 원본증서가 없는 투자신탁을 취급하는 회사는 타인(투자자)을 위하여 증권액의 거래(의사표시)를 하고, 그 거래에 의한 이익이나 손실은 모두 투자자에게 귀속되지만 그 거래는 회사가 자기의 명의로 한다. 따라서 그 효과도 회사에 귀속되므로 대리와는 다르다. 또 법인의 이사는 법인을 위하여 의사표시를 하고 그 방법이나 효과는 대리의 경우와 다를 바 없으나 대리인이라고 하지 않고 **대표자**라고 한다. 다만, 법률행위 중에는 성질상 본인 스스로 해야만 하는 것이 있다. 혼인·입양·유언 등은 **대리에 친하지 않은 행위**라 하여 대리행위로 할 수 없다.

[민법상 대리와 상법상 대리의 비교]

구 분	민 법	상 법
수권(授權)	법정과 임의	임의
성 질	대리에 친하지 않은 행위 있음	대리에 친하지 않은 행위 없음
형 식	현명주의	현명주의 아님
대 상	일반법률행위	상행위
효 과	본인	상인
본인의 사망	대리권 소멸	대리권 소멸하지 않음

대리권
代理權

대리인이 될 수 있는 지위나 자격을 말한다. 대리는 대리인이 한 행위의 효과가 직접 본인에게 귀속하는 제도이므로 대리인에게는 대리권이 필요하다. 대리권이 없는 대리행위는 **무권대리**(無權代理)라고 해서 원칙적으로 무효이지만(민법 제130조), 본인이 추인하면 대리권이 추완(追完)되어 유효로 된다. 또 표면상 대리권이 있는 것같이 보이는 소위 **표현대리**(表見代理)에서는 유권대리와 같은 책임을 본인이 진다(민법 제125조·제126조·제129조). 대리권은 법정대리에서는 법률규정, 임의대리에서는 위임 등 본인의 대리권수여(代理權授與)로 발생한다.

법정대리
法定代理

현대사회에서는 자기의 재산은 자기가 관리·운영하는 것이 원칙이지만, 이를 관철하는 것이 적당하지 않은 경우가 적지 않다. 예를 들면 보통사람에 비하여 능력이 뒤떨어지는 미성년자나 피성년후견인의 경우는 그들의 이익을 위하여, 파산자의 경우는 채권자 등의 이익을 위하여, 부재자의 경우는 부재자 본인과 이해관계인의 이익을 위하여 각각 이들을 대신하여 재산을 관리하고 법률행위를 할 자가 필요하다. 법률은 이러한 경우를 위하여 대리인을 두도록 규정하고 있다. 이것이 법정대리제도이다. 달리 말하자면 법정대리는 본인의 자유의사에 의하지 않고 법률의 규정이

[법정대리와 임의대리의 차이점]

구 분	어떤 경우에 대리인을 선임하는가	대리인의 능력	대리인이 대리인을 선임하는 경우 (복대리)	대리권이 소멸하는 사유	
				공통 원인	특별 원인
법정대리	미성년자 피성년후견인 부재자 등	법률로 정함 (성년자에 한함)	자유로움 (민법 제122조)	본인의 사망 대리인의 사망 대리인의 성년후견의 개시 대리인의 파산 (민법 제127조)	친권 상실 후견인 사임 후견인 해임 후견인 흠결
임의대리	본인의 수권행위 행사	제한능력자도 무방 (민법 제117조)	본인의 승낙이나 부득이한 경우가 아니면 할 수 없음(민법 제120조)		위임 종료 위임 해제

나 법원의 선임으로 대리권이 주어지는 경우이다. 그 법적 근거로는 다음 세 가지가 있다. ① 법률이 직접 대리인이 될 자를 규정하고 있는 경우 – 미성년자의 친권자(민법 제920조), 피성년후견인의 후견인(민법 제938조) 등, ② 법원의 선임에 의한 경우 – 부재자의 재산관리인(민법 제23조·제24조), **상속재산관리인**(민법 제1023조) 등, ③ 본인 이외의 일정한 지정권자의 지정에 의한 경우 – **지정후견인**(민법 제931조), **지정유언집행자**(민법 제1093조) 등이다.

임의대리
任意代理
본인의 의사에 따라 대리권을 수여하여 대리인을 두는 제도이다. 임의대리는 본인의 활동 영역을 확대하는 하나의 수단이다. 사람은 자기가 신뢰하는 대리인을 사용하여 시간을 절약하고 경험이나 지식의 부족을 보충할 수 있다. 본인이 대리권을 수여하는 행위를 **수권행위**(授權行爲)라고 한다. 이 수권행위는 기초적 내부관계를 발생하게 하는 행위(위임·고용·도급·조합 등)와는 구별하여야 한다. 위임·고용·도급·조합 등의 계약이나 이러한 계약의 존재를 전제로 하여 일정한 법률행위를 하는 권한을 수여하거나 의무를 지우기도 하지만, 이러한 계약이 없어도 대리권을 수여하는 것이 가능하다. 즉 수권행위는 본인과 대리인 사이에 기초적 내부관계를 발생하게 하는 행위 그 자체는 아니며, 그것과는 독립하여 대리권의 발생만을 목적으로 하는 것이다. 그 결과 위임·고용 등의 계약이 무효가 되어도 수권행위는 당연하게 무효가 되지 않을 수 있다. 이에 따라 거래의 안전에 기여한다(무인설). 대리권을 증명하는 수단으로 **위임장**을 교부하는데, 특수한 것으로 **백지위임장**(白紙委任狀)이 있다. 이는 대리인의 성명이나 대리권의 내용이 기재되지 않은 위임장으로, 이와 같은 경우에는 대리권의 범위가 불명확해서 본인과의 관계에서는 권한의 남용이, 대리행위의 상대방과의 관계에서는 표현대리의 문제가 발생하기 쉽다.

위임장
委任狀
타인에게 어떤 사무의 처리를 위임한 것을 증명하기 위하여 위임자가 수임자에게 교부하는 문서이다. 반드시 엄밀한 의미에서의 위임계약에 따를 필요는 없고, 오히려 대리권의 수여로 따르는 계약 일반에 관하여 교부할 수 있다. 이러한 의미에서 실질적으로 대리권을 증명하는 문서라 해도 좋다. 위임하여야 할 사항의 일부나 수임자의 성명을 공백으로 한 것을 **백지위임장**이라 한다. 공법상의 위임장도 있다. 국제법상 특정인을 영사에 임명할 것을 기재하여 상대국에게 보내는 문서 등이 이에 해당한다.

대리인
代理人

대리권을 가진 자를 말한다. 대리는 본인을 대신하여 의사표시를 하는 제도이므로 대리인은 본인의 의사를 전달하는 사자(使者)와도 다르고 또 법인의 이사와 같은 소위 대표와도 다르다. 대리인은 자기가 의사표시의 결정과 표시를 하므로 의사능력이 있어야 하지만, 그 효과는 본인에게 귀속하여 대리인에게는 관계가 없으므로 직접 대리인 자신의 이익을 해하는 일은 없다. 그래서 민법은 제한능력자라도 법정대리인의 동의 없이 타인의 대리인이 될 수 있음을 인정하고 있다(민법 제117조). 따라서 대리인이 제한능력자라는 이유로 본인은 그 대리행위를 취소할 수 없다.

사자
使者

실정법 규정에는 사자라는 용어를 쓰지 않으나, 법학에서는 표의자와 구별하기 위하여 사용한다. 사자는 표의자의 보조자로서 편지를 전하는 등 표의자의 의사표시를 전달하는 자이다. 사자가 잘못하여 다른 사람에게 편지를 전달하였다면 의사표시는 당연히 도달하지 않은 것이 된다. 이에 대하여 상대방에게 의사표시의 내용을 잘못 전했을 때에는 표의자의 착오로 취급한다. 구별해야 할 개념으로 **이행보조자**(履行補助者)가 있는데, 채무자가 채무의 이행을 위하여 수족(手足)처럼 부리는 자이다(민법 제391조). 이행보조자는 독립한 지위를 갖지 못하므로 보조행위의 하자에 대해서는 채무자 본인이 책임을 진다. 대리와의 차이는 대리인의 귀책사유를 인정한다는 점에 있다.

현명주의
顯名主義

대리인이 그 권한 내에서 한 의사표시의 효력이 직접 본인에게 귀속되려면 그 의사표시가 '본인을 위한 것임을 표시'하여야 함을 말한다(민법 제114조). 이처럼 '현명'을 요구하는 이유는 대리행위가 본인을 위한 것임을 외부에 알려 법률관계를 명확하게 하고, 법률행위의 당사자에 대한 상대방의 신뢰를 보호하려는 데 있다. '본인을 위한 것임을 표시한다'는 것은 대리자격을 표시한다는 정도의 의미로서, 대리행위의 효과가 본인에게 돌아간다는 의미이다. 현명주의를 위반한 의사표시는 대리행위가 되지 아니하고 대리인 자신을 위한 행위로 간주한다. 원래 현명주의는 대리인의 입장에서 행동한다는 것을 상대방에게 알리기 위한 것으로 그것을 상대방이 알거나 알 수 있는 상태이면 현명할 필요가 없고, 따라서 이 경우 대리인의 의사표시는 대리행위로 되어 그 효과는 직접 본인에게 귀속된다(민법 제115조). 현명주의에 의하여 상대방이 대리인에게 의사표시를 하는 경우에도 대리인에 대하여 본인을 위한 것임을 표시하지 않으면 본인에 대하여 효력이 생기지 않는다(민법 제114조2항). 한편, 상행위의 대리에 대하여는 '본인을 위한 것임을 표시하지 아니하여도 그 행위는 본인에 대하여 효력이 있다'고 하여 현명주의 원칙을 채용하지 않고 있다(상법 제48조).

관리행위
管理行爲

권한을 정하지 않은 대리인이 할 수 있는 행위로서, 대리의 목적인 물건이나 권리의 성질이 변하지 않는 범위에서 그 이용 · 보존 또는 개량하는 행위를 말한다. 대리권의 범위는 법정대리의 경우는 법규에 따르고, 임의대리의 경우는 수권행위의 내용에 따라 정하여진다. 그러나 실제로는 수권행위의 취지를 둘러싸고 다툼이 일어날 때가 적지 않다. 이와 같은 경우에는 본인과 대리인의 종래의 관계, 수권행위를 하기에 이른 사정 등을 통하여 대리권의 범위를 확정하여야 하나 그것으로도 명확하지 않은 경우가 있다. 그래서 민법은 대리권의 범위를 확정지을 수 없는 대리인은 다음의 행위만을 할 수 있도록 하였다(민법 제118조).
① **보존행위**(保存行爲) : 대리행위의 목적인 재산의 현상을 유지하는 행위. 예를 들면 가옥수리, 권리의 등기, 시효의 중단 등
② **이용행위**(利用行爲) : 대리의 목적인 재산

의 성질을 변경하지 않는 한도에서 수익을 도모하는 행위. 예를 들면 금전을 은행에 예금하거나 가옥을 임대하는 행위 등

③ **개량행위**(改良行爲) : 대리의 목적인 재산의 성질을 변경하지 않는 범위에서 경제적 가치를 증가시키는 행위. 예를 들면 무이자의 대금을 이자부로 변경하는 행위 등

'관리'라는 용어는 다의적(多義的)이나 민법에서는 위 세 가지 의미로 사용하고 있다. 관리행위에 대한 개념으로 매각 · **전집**〔典執 : 질권의 설정, 즉 '입질(入質)'을 의미〕 등의 **처분행위**(處分行爲)가 있다.

복대리
復代理

대리인이 대리권의 범위에 속하는 행위를 할 수 있도록 대리인 자신의 이름으로(즉, 대리인의 권한으로) 선임한 본인의 대리인을 말한다. 대리인이 복대리인을 선임할 수 있는 권한을 **복임권**(複任權)이라 하고, 그 선임행위를 복임행위라 한다. 대리인은 위임 · 고용 등의 실질관계에 의하여 대리권을 가질 뿐 아니라, 여러 가지 경우에서 본인에 대하여 대리행위를 해야 하는 의무를 진다. 그러나 상황에 따라서는 이러한 의무를 대리인 스스로 다 하지 못할 수가 있다. 복대리인제도는 그러한 경우에 대비한 것으로서 다음과 같은 특색이 있다.

① 대리인은 자기의 이름으로 복대리인을 선임하는 것이므로, 복대리인의 선임은 대리행위가 아니다. 법정대리인은 자기의 책임으로 언제든지 복대리인을 선임할 수 있으나(민법 제122조), 임의대리인(任意代理人)은 본인의 허락이 있거나 부득이한 사유가 있는 경우에 한하여 복대리인을 선임할 수 있다(민법 제120조). 반면 본인의 승낙이 있거나 부득이한 사유가 있어 대리인이 복대리인을 선임한 때에는 본인에 대하여 그 선임 · 감독에 관한 책임을 진다(민법 제121조1항). 또 대리인이 본인의 지명으로 복대리인을 선임한 경우에는 그 부적임이나 불성실함을 알고 본인에게 통

지나 해임을 태만히 한 때에만 책임을 진다(민법 제121조2항).

② 복대리인은 대리인의 대리인이 아니고 본인의 대리인이며, 따라서 복대리인의 대리행위의 효과는 직접 본인에게 미친다(민법 제123조).

③ 복대리인은 대리인과의 내부관계에 따라 대리인의 감독에 복종하는 것은 당연하지만, 다시 본인과의 사이에 대리인 · 본인 간의 내부관계(위임 · 고용 등)와 동일한 관계가 생긴다(민법 제123조2항).

자기계약
自己契約

대리인이 본인을 대리하면서 다른 한편으로 대리인 자신이 상대방이 되어 계약을 체결하는 것을 말한다. 예를 들어 甲의 대리인 乙이 甲소유의 부동산을 자기에게 매도하는 경우이다. 우리 민법은 자기계약을 쌍방대리(雙方代理)와 함께 금지하고 있다(민법 제124조). 그것은 본인의 이익을 해할 염려가 있기 때문이다. 따라서 본인의 이익을 해할 염려가 없는 경우에는 금지하지 않는다. 민법은 그 예로 채무의 이행을 들고 있으나, 그 밖에 주식의 명의개서 · 등기의 신청 · 친권자의 미성년자에 대한 증여 등도 본인의 이익을 해하지 아니하므로 금지하지 않는다. 또 본인이 자기계약을 허락한 경우에도 금지하지 않는다.

쌍방대리
雙方代理

동일인이 하나의 법률행위에 있어 당사자 쌍방을 대리하여 대리행위를 하는 것을 말한다. 예를 들어, 甲의 대리인 乙이 丙의 대리인도 겸하여 乙 혼자서 甲 · 丙 간의 계약을 체결하는 경우이다(쌍방대리에 대한 법규정은 자기계약의 경우와 같으므로 그 항을 참조할 것).

표현대리
表見代理

대리권 없는 자(무권대리인 : 無權代理人)가 한 대리행위는 무효이다. 그러나 상대방이 무권대리인을 유권대리인으로 잘못 믿은 책임이 본인에게도 있는 경우에, 본인은 그의 무

권대리행위에 대하여 책임을 지며 무효를 주장할 수 없다. 이것을 표현대리라고 하며, 외형을 신뢰한 자의 보호라는 점에서 선의취득과 동일한 법리에 의한 제도이다. 표현대리는 다음 세 가지 경우에 성립한다. 어느 것이나 상대방이 과실 없이 무권대리인을 유권대리인으로 잘못 믿게 한 것을 전제로 한다. ① 실제로는 대리권을 주지 않았으나 본인이 어떤 자(표현대리인)에게 대리권을 수여한 뜻을 제3자에게 표시하여 그 표현대리인이 대리권의 범위 내에서 제3자와 법률행위를 한 때(민법 제125조) : 등기필증이나 인감증명에 백지위임장을 첨부하여 교부한 자는 그 제시를 받은 자에게 부동산의 처분행위에 대하여 서류의 소지인(所持人)을 대리인으로 하는 뜻을 표시한 것으로 된다. 또 공사의 도급에 관하여 수급인(受給人)의 자격이 있는 자가 그 자격이 없는 자에게 명의를 빌려준 자는 일반인에 대하여 공사의 시행에 따른 거래에 관하여 명의를 빌린 자를 대리인으로 하는 뜻을 표시한 것으로 해석된다. ② 대리인이 권한 밖의 행위를 한 때(민법 제126조) : 법정대리의 경우에도 적용된다. ③ 대리인이 대리권 소멸 후에 대리행위를 한 때(민법 제129조) : 소멸 전에 가지고 있던 대리권을 넘어서 대리행위를 한 경우에는 ②와 결합하여 표현대리가 성립한다.

특별대리인
特別代理人

본인과 대리인(대표자) 간의 이해관계가 상반하는 사항에 대한 특별한 업무를 처리하기 위해 임시적으로 선임한 대리인을 말한다. 예를 들어 법인과 이사의 이익이 상반하는 사항에 관하여는 이사는 대표권이 없고, 이 경우에는 이해상반 사항을 처리하기 위해서는 특별대리인을 선임하여야 한다(민법 제64조). 또 친권자와 그 자 또는 수인의 자에게 이해상반행위를 할 때에는 친권자는 법원에 그 자의 특별대리인의 선임을 청구하여야 한다(민법 제921조).

공동대리
共同代理

여러 명의 대리인이 공동으로 대리행위를 하지 않으면 대리의 효과가 생기지 않는 경우를 말한다. 공동대리의 취지는 복수대리인의 상호규제나 합의에 의해 대리권의 남용과 경솔한 행사로부터 본인을 보호한다는 점에 있다. 미성년인 자에 대하여 부모는 법정의 공동대리인이다(민법 제909조). 그러나 여러 명의 대리인이 있어도 법규나 수권계약(授權契約)으로, 특히 공동대리로 한다는 것을 정하지 않은 경우에는 각자에게 단독으로 대리할 권한이 있는 것으로 해석한다. 공동대리에서 대리인의 한 사람이 단독으로 대리를 한 경우에는 권한 외의 행위를 한 것이 되고(민법 제126조), 또 공동대리 중 한 사람이라도 의사표시에 흠이 있는 때에는 그 대리행위 전체가 유효하지 않거나 대리행위 자체가 흠이 있는 것이 된다.

무권대리
無權代理

대리행위의 다른 요건은 갖추고 대리권만 없는 행위를 말한다. 무권대리의 행위는 대리권이 없는 자가 대리행위를 한 경우는 무효이지만 특수한 사정이 있어서 그 행위에 대하여 본인이 책임을 지고 무효를 주장할 수 없는 경우를 특히 **표현대리**라 하여, 그 밖의 무권대리와 구별한다. 후자를 협의의 무권대리라고 하며, 그 행위가 계약인가 단독행위인가에 따라 법적 효력이 다르다.

① **계약의 무권대리** : 본인은 대리행위를 추인하거나 추인을 거절할 수 있다(민법 제130조). 상대방에 대하여 추인하면 제3자의 권리를 해하지 않는 한도에서 대리행위는 처음부터 유효한 것으로 되며(민법 제133조), 추인을 거절하면 대리행위가 무효로 확정된다. 자기의 명의로 타인의 물건을 함부로 처분한 후 소유자가 추인한 경우도 그 처분행위는 처음부터 유효한 것으로 해석한다. 권한 없는 자의 행위라는 점에서 무권대리와 유사하기 때문이다. 또 무권대리인이 본인을 상속(승계)한 경우에는 추인을 거절할 수 없다. 상대방은 본인에 대하

여 추인할 것인가 아닌가를 최고하고(최고권 : 제131조), 추인 전인 경우, 계약 당시에 상대방이 대리권 없음을 모르고 계약한 자는 계약을 철회할 수 있다(민법 제134조 본문). 또 무권대리인에 대하여는 계약의 이행을 구하거나 이에 갈음하는 손해배상(이행이익의 배상)을 청구할 수 있다(민법 제135조1항). 다만, 무권대리인에게 행위능력이 없는 경우이거나 상대방이 행위 당시 무권대리인인 것을 알고 있었거나 알 수 있었던 경우에는 무권대리인에게 책임을 물을 수 없고(민법 제135조2항), 또 악의의 상대방은 철회권(撤回權)도 주장할 수 없다(민법 제134조 단서).

② 단독행위의 무권대리 : 유언이나 재단법인 행위와 같이 상대방이 없는 단독행위의 경우에는 절대적으로 무효이다. 해제나 취소와 같이 상대방이 있는 단독행위에 대하여는 그 행위 당시 상대방이 무권대리인의 행위(해제·취소를 하거나 그 의사표시를 받는 것)를 다투지 않으면 계약의 경우와 같은 효과가 생긴다(민법 제136조).

대리권의 남용이론
代理權의 濫用理論

대리권의 남용이란 대리인이 본인의 이익에 반하여 자기의 이익을 위하여 대리권을 악용하는 것을 말한다. 특히 문제는 대리권의 범위 내에서 그 남용이 있는 경우로서, 원칙적으로 배임행위라고 하더라도 대리권 내의 범위에서 본인에 대하여 효과가 발생하므로 본인에게 매우 불리하다. 이러한 경우 거래의 안전을 해치지 않는 범위 내에서 배임적인 대리행위의 효력을 부정하여 본인을 보호할 필요가 있는데, 대리권 남용이론은 이에 대한 논의이다. 독일 판례의 경우 대리인과 상대방이 ① 공모한 경우에는 '허용되지 않는 권리의 항변'을, ② 공모하지는 않았으나 통상의 주의를 결여하여 상대방이 몰랐을 경우에는 '허용되지 않는 권리행사의 항변'을 할 수 있다고 하였다. 이는 '신의칙에 기한 항변권'으로 해결한 것이라고 할 수 있다. 우리나라 판례의 경우에는 「민법」 제107조1항 단서를 적용하거나 신의칙 위반을 적용한 것 등이 있다.

무효
無效

법률행위가 성립한 때부터 법률상 당연히 효력이 없는 것으로 확정된 것을 말한다. 따라서 당사자가 의도한 법률상의 효과는 발생하지 않는다. 다만, 무효인 법률행위는 그 본래적 효과가 발생하지 않을 뿐 다른 부수적 효과는 발생하므로 '법률상의 무'가 아니며 규범의 산물에 불과하다. 예컨대 원시적 불능으로 계약이 무효가 된 경우에도 이로 인하여 계약체결상의 과실책임(민법 제535조)이 발생하며, 무효인 법률행위에 대해서도 추인이나 전환이 인정된다. 또 무효는 법률행위 자체가 처음부터 전혀 존재하지 않는 부존재와도 구별된다.

무효는 취소와 달라서 어느 누구의 의사표시가 없어도 법률상 당연히 효력이 없는 것으로 되고, 무효인 행위를 후에 유효한 것으로 하려고(추인) 해도 원칙적으로 유효한 것이 되지 않고(민법 제139조), 시간이 어느 정도 경과하더라도 유효로 되지 않는다. 민법상 무효사유에는 의사무능력자의 법률행위, 강행규정에 위반한 법률행위, 불공정한 법률행위, 진의 아닌 의사표시, 허위표시, 무권대리행위 등이 있다.

무효가 법률행위를 행한 당사자 사이에서뿐 아니라 제3자에 대한 관계에서도, 즉 모든 사람의 관계에서 그러한가 아니면 일정한 사람의 관계에서만 그러한가에 따라 **절대적 무효**와 **상대적 무효**로 나뉜다. 상대적 무효는 선의의 제3자 등에게 대항할 수 없다는 형태로 나타난다. 또 무효는 원칙적으로 법률상 당연히 그러한데, 법률관계를 획일적으로 확정하기 위해서 소(訴)에 의해서만 이를 주장할 수 있는 경우도 있다. 이를 **재판상 무효**라 한다(상법 제184조·제236조). 그런데 민법상 무효는 전자, 즉 **당연무효**이다.

일부무효
一部無效

법률행위의 일부가 무효인 것을 말한다. 법률행위의 일부가 무효인 경우에 원칙적으로 법률행위 전부가 무효이지만, 당사자 쌍방이 법률행위 당시 일부무효임을 알았다면 나머지 부분만으로 법률행위를 하였을 것이라고 인정될 때 나머지 부분은 유효하다(민법 제137조). 일부무효에 관한 민법의 규정은 임의규정이므로 당사자의 약정이 있으면 그에 의하고 민법의 규정은 적용되지 않는다.

유동적 무효
流動的 無效

법률행위가 무효이기는 하지만 추인으로 행위시에 소급하여 유효로 될 수 있는 것을 말한다. 법률행위의 무효는 그것이 확정적인가 아니면 추인에 의하여 소급적으로 유효로 될 수 있는가에 따라 확정적 무효와 유동적 무효(불확정적 무효)로 나누어지는데, 확정적 무효가 무효의 원칙적인 모습이다.

취소
取消

일단 유효하게 성립한 법률행위의 효력을 제한능력이나 의사표시의 결함을 이유로 취소권자가 그 효력을 소멸시키는 것을 말한다. 민법은 여러 조항에서 취소라는 말을 사용하지만, 이들 조항에 취소에 관한 제140조 이하의 규정이 그대로 적용되는 것은 아니다. 즉, 민법 제140조 이하의 취소는 본래적 의미의 취소이다. 이는 상대방의 사기·강박에 의한 의사표시, 착오에 의한 의사표시, 제한능력자가 한 법률행위(이러한 행위를 **취소할 수 있는 행위**라고 한다)의 효력을 취소권자가 소멸시키는 것이다.

[무효와 취소의 비교]

무 효	취 소
특정인의 주장 없이도 당연히 효력이 없음	특정인의 주장(취소행위)이 있어야 효력이 없음
처음부터 효력이 없는 것으로 취급	취소하지 않은 동안은 효력이 있는 것으로 취급
그대로 두어도 효력이 없는 것에 변함 없음	그대로 두면 무효로 할 수 없음

취소의 방법은 법률행위를 취소한다는 의사표시면 족하고 다른 특별한 형식은 필요 없다. 취소의 효력은 그 행위가 소급한 때부터 무효이다. 예를 들면 미성년자가 혼자서 소유물을 매각한 후 매매행위를 취소했다면 아직 물품을 인도하지 않고 있는 때에는 이를 인도할 필요가 없고, 이미 물품을 인도한 후이면 그 반환을 청구할 수 있다. 물론 미성년자는 대금을 청구할 수 없고, 만약 수령한 후이면 이를 반환하여야 한다. 그러나 제한능력자가 취소한 행위로부터 받은 이익 전부를 반환해야 한다고 하면 미성년자의 보호에 충분하지 못하므로 제한능력자는 취득한 재산을 현재 남아 있는 한도(**현존이익**)에서 반환하면 된다(민법 제141조 단서). 취소할 수 있는 권리(취소권)는 추인을 할 수 있는 때로부터 3년이 지나면 시효에 의하여 소멸하고, 또 법률행위를 한 날로부터 10년이 지나면 소멸한다(민법 제146조).

철회
撤回

효력이 발생하지 않은 법률행위의 효력을 장래를 향하여 저지하는 것을 말한다. 미성년자가 법정대리인에게 재산처분 등의 법률행위에 관하여 동의를 얻었음에도 불구하고 아직 처분행위를 하지 않은 경우에는 법정대리인은 그 동의를 취소하여 미성년자가 처분행위를 하지 않도록 할 수 있다. 또 **유언자**(遺言者)는 언제든지 이미 한 유언을 철회할 수 있다(민법 제1108조). 이러한 철회를 민법은 취소라고 할 때가 많으나, 거래의 취소는 한번 효력이 발생한 후에 그 효력을 소멸시키는 행위이므로 철회와 취소는 구별하여야 한다(유사용어편 '철회·취소·무효' 항 참조).

추인
追認

① 법률행위의 하자를 후에 보충하여 완전하게 하는 것을 말한다. 특히 취소할 수 있는 행위를 취소하지 않겠다는 확정적 의사표시로서 이론상으로는 취소권의 포기에 해당한다. 추인은

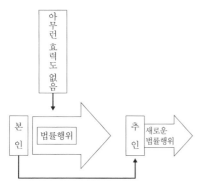

[법정추인]

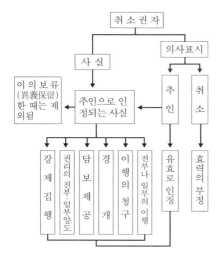

일단 효과가 생겼으나 취소될지도 모르는 불안정한 상태에 있는 행위를 취소될 염려가 없는 행위로 확정한다(민법 제143조). 추인을 할 수 있는 자와 추인의 방법은 취소와 같다. 취소할 수 있는 행위에 대하여 통상인(通常人)이 일반적으로 추인이라고 인정할 만한 일정한 사실, 예를 들면 미성년자가 행한 매매계약에 대하여 법정대리인인 친권자(親權者)가 대금을 지급하거나, 물품의 인도를 청구하고 담보를 설정한 경우에는 취소

권자의 의사 여하를 불문하고 추인과 같은 효과가 발생한다. 이것을 **법정추인**(法定追認)이라고 한다(민법 제145조).
② 무효인 법률행위는 추인하여도 유효로 되지 않는다. 그러나 가장매매(假裝賣買)로 무효인 법률행위를 무효인 것으로 알고 당사자가 추인하였을 때에는 그때부터 유효한 매매로 된다(민법 제139조 단서).

[추인할 수 있는 시기]

사기나 강박에 의해 의사표시를 한 자	사기나 강박에서 벗어난 후
제한능력자	능력자가 된 후
법정대리인	제한 없음
추인권자	추인 당시

무효행위의 전환
無效行爲의 轉換

무효인 법률행위가 다른 법률행위의 요건을 구비하고 당사자가 그 무효를 알았더라면 다른 법률행위를 하는 것을 의욕하였으리라고 인정될 때에 다른 법률행위의 효력이 생기도록 하는 민법의 규정을 말한다(민법 제138조). 민법 제138조는 직접 일부무효의 경우를 규정한 것이라 할 수 있다. 민법이 단독행위의 전환을 인정하는 경우로는 연착된 승낙(민법 제530조), 변경된 승낙(민법 제534조), 비밀증서에 의한 유언이 자필증서에 의한 유언으로 전환되는 경우(민법 제1071조) 등이다. 판례는 입양아를 자기의 자로 출생신고한 경우에 입양신고로서의 효력을 인정하고, 혼인이 무효인 경우에 이미 출생신고가 있었을 때에는 인지신고의 효력을 인정하고 있다. 무효행위의 전환은 될 수 있는 한 당사자의 의도를 달성시켜 주려는 **사적자치**(私的自治)의 구현으로, 공공의 질서와 선량한 풍속에 반하여 무효인 경우와 같이 사인의 의사를 제한하는 행위에까지 무효행위의 전환을 인정하는 것은 아니다.

부관
附款

법률행위가 성립하면 보통 바로 효력이 생기지만 법률행위의 당사자가 법률행위 효력의 발생이나 소멸에 조건을 붙여 제한하기도 한다. 이처럼 법률행위 효력의 발생이나 소멸을 제한하려고 법률행위에 부가한 약관을 법률행위의 부관이라 한다. 민법은 법률행위의 부관으로 조건(민법 제147조~제151조), 기한(민법 제152조~제154조), 부담(민법 제561조·제1088조)을 규정하고 있다. 한편, 이러한 민법상의 부관 이외에도 행정청의 행위를 제한하는 행정행위의 부관도 있다. 예컨대 행정청이 운전면허를 발급하면서 유효기간을 부과하거나, 건축을 허가하면서 일정한 시설을 갖추도록 의무를 부과하는 것이 행정행위의 부관에 해당한다.

조건
條件

장래에 어떤 사실이 일어나는지에 따라 법률행위의 효력이 발생하거나 소멸하는 법률행위의 부관을 말한다. 예를 들면 취직을 하면 자동차를 주겠다는 약정은 '취직'이라는 장래의 불확실한 사실에 따라 약정의 효력이 발생할 수도 발생하지 않을 수도 있다. 또 며느리에게 차를 사주면서 이혼하면 차를 되돌려줄 것을 약정하는 경우 역시 '이혼'이라는 장래의 불확실한 사실에 따라 약정의 효력이 소멸할 수도 소멸하지 않을 수도 있다. 위 예에서 '취직'은 효력을 발생시키는 **정지조건**이 되고, '이혼'은 효력을 소멸시키는 **해제조건**이 된다. 즉 전자는 조건성취로 법률행위의 효력이 생겨 불확실한 상태를 '정지'시킨다는 뜻이고, 후자는 조건성취로 법률행위의 효력이 사라져 역시 불확실한 상태를 '해제'시킨다는 뜻이다. 이처럼 법률행위에는 자유롭게 조건을 붙일 수 있지만 혼인, 입양 등의 신분행위와 같이 법률효과가 확실하게 발생하여야 하는 행위에는 조건을 붙일 수 없다(**조건과 친하지 않은 법률행위**). 이러한 조건부법

률행위의 효력이 발생하거나 소멸하려면 조건이 성취되어야 하는데, 조건의 성취가 미정인 경우 조건이 성취될 것이라고 믿고 있는 당사자에게는 이른바 '**기대권**'이라고 하는 조건부권리가 생긴다. 민법은 이러한 조건부권리도 보호한다(민법 제148조).

[조건과 친하지 않은 법률행위]

신분행위	혼인, 입양, 인지, 상속의 승인·포기
단독행위	상계와 같은 형성권 행사(민법 제493조1항)(단, 유증이나 채무의 면제와 같이 상대방의 동의가 있거나 상대방에게 이익만을 주는 단독행위에는 조건을 붙일 수 있음)
어음·수표행위	어음법 제12조·제26조, 수표법 제15조·제54조 참조

[조건]

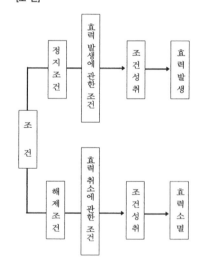

가장조건
假裝條件

형식적으로는 조건이지만 실질적으로는 조건으로서의 효력을 인정할 수 없는 것을 총칭하는 개념이다. 법정조건, 불법조건, 기성조건, 불능조건이 이에 해당한다.

기성조건
既成條件

조건이 법률행위 성립 당시에 이미 성취하여 있는 경우를 말한다. 기성조건이 정지조건이면 '조건 없는 법률행위'이고, 해제조건이면 그 법률행위는 무효이다(민법 제151조2항).

불법조건
不法條件

조건이 붙여짐으로써 법률행위 전체가 위법성을 띠는 것을 말한다. '甲을 죽이면 10만원을 준다'라고 할 때 '甲을 죽이면…'이라는 조건 자체가 불법인 경우이다. 또한 '살인만은 하지 않을 것을 조건으로 하여 10만원을 준다'는 계약과 같이 조건 자체에는 아무런 불법성이 없으나, 당연히 하지 말아야 하는 비행을 특히 하지 않을 것을 조건으로 하여 금품을 지급함으로써 법률행위 전체가 불법성을 띠는 경우가 있다. 이처럼 불법을 조건으로 하거나 법률행위 자체가 불법인 법률행위는 무효이다(민법 제151조1항).

불능조건
不能條件

조건의 성취가 법률상이건 사실상이건 불가능한 경우를 말한다. 불능조건을 정지조건으로 하는 법률행위는 법률행위 전체가 무효이다. 기대권(期待權)으로서의 가치가 없기 때문이다. 또 불능조건을 해제조건으로 한 법률행위는 '조건 없는 법률행위'이다(민법 제151조3항).

수의조건
隨意條件

조건의 성취가 채무자의 자유의사에만 맡겨져 있는 경우, 즉 '채무자가 원한다면'이라는 조건을 말한다. 순수수의조건(純粹隨意條件)이라 부르기도 한다. 수의조건을 정지조건으로 하는 법률행위는 법률행위 전체가 무효이다. 권리(기대권)로 파악할 실익이 없기 때문이다. 반대로 수의조건을 해제조건으로 하는 법률행위는 '조건 없는 법률행위'이다.

법정조건
法定條件

법률이 법률요건으로서 정한 사실을 말한다. 예를 들면 채권자가 이행지체로 계약을 해제한 경우 먼저 최고를 하고, 최고기간 내에 이행을 하지 않으면 해제권이 발생한다(민법 제544조). 여기서 최고기간 내의 불이행이 해제권 발생의 요건으로 법정조건이 된다. 법정조건은 소위 '조건'은 아니므로 '최고기간 내에 불이행인 때에는 해제한다'라는 의사표시는 소위 '조건부해제(條件附解除)의 법률행위'가 아니다.

기한
期限

법률행위 효력의 발생이나 소멸, 채무의 이행을 장래에 나타날 확실한 사실에 의존하도록 하는 '법률행위의 부관'을 말한다. 기한은 법률행위의 내용으로 당사자가 임의로 정하는 것이므로, '법률기한'은 여기서 말하는 기한이 아니다.

예를 들면 내년 2월 1일에 대금을 지급한다는 경우에 내년 2월 1일까지가 기한이다. 조건과 다른 점은 조건은 성취할 것인가 아닌가가 불분명한 사실이나, 기한은 반드시 도래하는 사실이다. 기한에는 언제 도래할 것인지 분명한 확정기한(確定期限)과 언제 도래할 것인지 분명하지 않은 불확정기한(不確定期限)이 있다. 또 법률행위의 효력이 발생하는 때와 채무를 이행하여야 하는 때가 시기(始期), 법률행위의 효력이 소멸하는 기한(올해 말까지 매월 2만원씩 지급하는 뜻의 계약에서 '올해 말')이 종기(終期)이다. 시기의 경우에는 대금을 지급할 채무자는 내년 2월 1일까지는 대금을 지급하지 않아도 되므로 그때까지는 이익이 있다고 할 수 있다. 이를 기한의 이익이라 한다. 이자부소비대차(利子附消費貸借)에서 기한의 이익은 채권자와 채무자 쌍방에게 있다. 기한의 이익은 일반적으로 포기할 수 있으나(채무자는 2월 1일 이전에 지급하여도 된다) 이로 인해 상대방의 이익을 해할 수 없다(민법 제153조2항).

기간
期間

어느 시점에서 어느 시점까지의 계속된 시간을 말한다. 기간 계산에 관한 민법의 규정(민법 제155조~제161조)은 보충적인 것이다. 즉 법령이나 재판상의 처분 또는 법률행위에 달리 정한 바가 있으면 그에 따른다(민법 제155조). 이러한 민법의 기간에 관한 규정은 사법관계뿐 아니라 공법관계에도 적용된다.

시(時) 이하의 단위에서 기간을 정하였으면 (예 : 지금부터 3시간 20분), 그때부터 계산을 시작하여 정한 시간을 그대로 계산한다(자연적 계산방법, 민법 제156조). 일(日) 이상을 단위로 한 경우는 초일을 넣지 않고 다음 날부터 계산하고 그 계산도 월이나 년이 단위일 때에는 일로 환산하지 않고 역에 따라서 헤아린다(역법적 계산방법, 민법 제157조 · 제160조). 그래서 주 · 월 · 년을 처음부터 기산하는 것이 아닌 경우에는 최후의 주 · 월 · 년에서 기산일(起算日)에 응당하는 일(日)의 전일로서 기간이 만료된다. 예를 들면 3월 20일에 기간을 2개월이라고 하면 기산일은 21일이고, 만료일은 5월 21일의 전일인 20일이다. 그러나 월이나 년을 단위로 하는 경우에 마지막 월에 지정일이 없으면 그 월의 말일을 만료일로 한다(예 : 계산상 2월 30일이 만료일이 되는 경우에는 28일이 만료일이 된다). 만약 기간의 말일이 휴일이어서 그날에 거래하지 아니하는 관습이 있는 경우에 한하여 그 익일(翌日)을 만료일로 한다. 이러한 원칙에 대하여는 상당한 예외가 있다. 그 대표적인 경우로서 가족관계등록 신고기간은 신고사유가 발생한 날부터 산정하고(가족관계의 등록 등에 관한 법률 제37조), 나이는 출생일을 산입하여 만(滿) 나이로 계산하고, 연수(年數)로 표시한다(민법 제158조).

시   효

시효
時效

일정한 사실상태(예컨대, 어떤 자가 채무를 부담하고 있지 아니한 것 같은 사실상태, 어떤 자가 소유자인 것 같은 사실상태 등)가 일정기간(**시효기간**이라고 한다) 계속됨으로써 법률상의 일정한 효과, 즉 권리의 취득이나 소멸을 일어나게 하는 법률요건을 말한다. 시효에는 **취득시효**와 **소멸시효**가 있다. 민법은 권리의 취득원인인 취득시효에 관해서는 물권편의 소유권에서 규정하고 다른 재산권에 준용하고 있다. 이는 소유권의 발생을 통일적으로 설명하기 위한 것이다. 반면 소멸시효는 민법의 권리소멸원인으로 통칙에 해당하는 것이므로 총칙편 마지막에 규정하고 있다. 취득시효는 장기간 타인의 물건을 점유하는 자에게 권리(소유권)를 부여하는 제도이고, 소멸시효는 일정기간 행사하지 않는 권리(채권)를 소멸시키는 제도이다. 민법이 시효제도를 둔 이유는 다음과 같다.

① 어떠한 사실상태가 장기간 계속되면 이를 기초로 하여 여러 가지 법률관계가 발생한다. 만약 진실한 권리자가 오랜 세월이 흐른 뒤에 나타나서 권리를 주장한다면 오랜 세월 동안 지속된 사실관계를 믿고 법률관계를 맺어온 사람들에게 혼란을 준다. ② 오랜 세월 지속된 사실관계가 과연 정당한 법률관계에 합치하는가 아닌가에 대하여 소송이 제기된 경우에 증거자료를 확보하기가 곤란해진다. 또 ③ 오랜 세월 자기의 권리를 행사하지 않은 자는 이른바 '권리 위에 잠자는 자'에 해당하여 법으로 보호할 가치가 없다. 시효기간이 만료하면 권리변동이 생기는데, 특히 소멸시효의 효력에 관해서는 소멸시효의 완성으로 권리는 당연히 소멸한다는 다수설(절대적 소멸설)과 권리의 소멸을 주장할 권리가 생길 뿐이라는 소수설(상대적 소멸설)이 대립한다. 판례는 다수설을 따른다.

시효의 효과는 기산일에 소급하며(민법 제167조), 이에 따라 취득시효는 기간완성시부터 권리자가 되고, 소멸시효는 기간완성시부터 이미 권리가 소멸한 것으로 본다.

시효기간
時效期間

시효로 권리득실의 효력이 발생하는 데 필요한 기간을 말한다. **취득시효**에서는 부동산에 대하여 20년간 소유의 의사로 평온·공연하게 부동산을 점유한 자는 등기함으로써 소유권을 취득한다. 또 부동산의 소유자로 등기한 자가 10년간 소유의 의사로 평온·공연하게 선의이며 과실 없이 부동산을 점유한 때에도 소유권을 취득한다(민법 제245조). 동산의 경우에는 10년간 소유의 의사로 평온·공연하게 동산을 점유한 자는 소유권을 취득하고, 전의 점유가 선의이며 과실 없는 경우에는 5년을 경과함으로써 소유권을 취득한다(민법 제246조). **소멸시효**에는 채권과 소유권 이외의 재산권은 20년, 채권은 10년의 원칙 말고도 많은 단기시효를 인정하고 있다(민법 제162조~제165조).

제척기간
除斥期間

어떤 종류의 권리에 일정한 존속기간을 정하여 그 기간의 경과로 권리를 소멸시키는 제도이다. 소멸시효와 유사하나, 다른 점은 다음과 같다.

① 시효는 중단으로 기간이 갱신되나, 제척기간은 중단이 없다. ② 시효는 당사자가 이를 주장하지 않으면 법원은 이에 따라 재판할 수 없으나, 제척기간은 당연히 효력이 발생하고 법원은 이에 따라 재판하여야 한다. 법률은 제척기간임을 명시하고 있지 않으므로 소멸시효기간인가 제척기간인가에 의문이 생기기도 하는데, 조문에 '시효로 인하여'라는 문구가 없으면 보통 제척기간으로 해석한다. 그러나 문구에 구애됨이 없이 해당 규정의 취지나 권리의 성질 등에 비추어 실질적으로 판단하는 것이 바람직하다. 점유소권(민법 제205조), 매수인의 담보책임청구권(민법 제573조), 혼인·입양의 취소권(민법 제815조 이하) 등이 제척기간에 해당한다.

시효이익의 포기
時效利益의 抛棄

시효가 완성하여 생기는 법률상의 이익을 받지 않겠다는 일방적 의사표시를 말한다. 시효는 장기간 계속된 사실상태를 법률상태로 높이는 사회적 제도이기도 하지만, 당사자의 의사를 존중하여 시효이익의 포기를 인정하고 있다. 그러나 시효완성 전에 미리 포기하는 것은 시효완성으로 이익을 받은 자의 핍박을 틈타서 강제하는 일이 우려되므로 인정되지 않는다(민법 제184조). 한편, 소멸시효가 완성된 후에 변제하거나 변제할 의사를 분명히 표시한 경우를 시효이익의 포기로 보느냐의 문제가 있는데, 일반적으로는 포기한 것으로 본다.

시효의 정지
時效의 停止

시효기간이 거의 완성될 무렵에 권리자가 중단행위를 하는 것이 대단히 곤란한 경우 시효기간의 진행을 일시적으로 멈추게 하고, 그러한 사정이 없어졌을 때 다시 나머지 기간을 진행시키는 것을 말한다. 권리자에게 정지기간 중에 시효를 중단하는 기회를 주기 위한 제도이다. 시효의 중단은 이미 경과한 시효기간의 이익을 소멸시키나(민법 제178조), 정지는 정지기간에 해당하는 기간만

[소멸시효기간과 채권의 종류]

20년	채권, 소유권 이외의 재산권(제162조 2항)
10년	채권, 확정판결에 의한 채권(제162조1항·제165조1항)
3년	이자, 부양료, 급료, 의·약료, 수령자채권, 변호료, 변리료, 공증인, 공인회계사, 법무사의 보수, 상인의 상품대가, 수공업자·제조업자의 채권(제163조)
1년	숙박료, 음식료, 입장료, 의복·침구, 장구 기타 동산의 사용료, 연예인의 임금, 교육비, 기숙사비, 하숙비(제164조)

시효기간을 연장시킬 뿐이다. 따라서 권리자는 정지기간 내에 시효를 중단시키면 된다. 시효정지사유에는 제한능력자를 위한 정지(민법 제179조), 혼인관계의 종료에 의한 정지(민법 제180조2항), 상속재산에 의한 정지(민법 제181조), 천재 기타 사변(事變)에 의한 정지(민법 제182조) 등이 있다.

시효의 중단
時效의 中斷

시효의 기초가 되는 계속된 사실상태와 부딪치는 어떤 사실(권리자가 권리를 행사하거나 의무자가 의무를 승인하는 것)이 생긴 경우에 시효기간의 진행을 중단시키는 것을 말한다. 시효의 중단이 있으면 이미 진행한 시효기간은 완전히 효력을 잃고 그 후부터 새로 시효기간을 계산한다(민법 제178조). 민법이 인정하는 **중단사유**는 다음의 세 가지이다(민법 제168조).

① 청구(민법 제168조), 재판상의 청구 : 소의 제기와 최고(권리자가 의무자에 대하여 의무이행을 촉구하는 것)가 주이지만 그 밖에도 지급명령, 화해를 위한 소환이나 임의출석(任意出席), 파산절차참가(破産節次參加)가 있다(민법 제170조~제174조). 다만, 최고는 최고 후 6개월 내에 다시 소의 제기·강제집행 등의 강력한 중단행위를 해야 한다(민법 제174조).
② 압류·가압류, 가처분(민법 제175조·제176조)
③ 승인(민법 제177조) : 예를 들면 취득시효의 이익을 받으려는 점유자가 다른 권리자가 있음을 인정하거나, 소멸시효의 이익을 받으려는 채무자가 채권자가 있음을 인정하는 것이다.

위의 중단사유는 취득시효·소멸시효에 공통한 것으로 **법정중단**(法定中斷)이라고도 부른다.

민법물권편

총 칙

물권
物權

민법에서 물권이란 물건에 대한 배타적 지배권인 소유권, 지상권·지역권·전세권 등의 **용익물권**(用益物權), 유치권(留置權)·질권·저당권 등의 **담보물권**, **점유권**을 총칭한다. 물권은 채권과 같이 재산권의 하나이지만 일반적으로 다음의 점에서 채권과 다르다.

첫째, 채권은 어느 특정인(채권자-임차인)이 다른 특정인(채무자-임대인)에 대하여 일정한 행위(예 : 가옥을 인도하여 이용시키는 행위)를 청구할 수 있는 권리이나, 물권은 물건을 직접, 즉 타인의 아무런 행위도 거치지 않고 지배할 수 있는 권리이다. 즉, 물권에는 배타성이 있으나 채권에는 없다. 둘째, 물권은 **물상청구권**(物上請求權)으로 모든 사람에게 주장할 수 있으나, 채권은 원칙적으로 특정인(채무자)에 대하여서만 주장할 수 있다. 셋째, 동일물상에 내용이 대립하는 2개 이상의 물권이 함께 있을 때에는 먼저 성립한 물권이, 또 채권과 물권이 함께 있을 때에는 물권이 우선한다(**물권의 우선적 효력**).

이상과 같이 물권은 광범위하게 강한 효력을 가지는 것으로 종류가 한정되고(**물권법정주의**), 또 그 존재를 외부에서 알 수 있도록 공시하여야 한다(**공시의 원칙**). 공시는 물권변동의 성립요건으로(**성립요건주의**) 공시(등기, 인도)를 갖추지 않으면 물권으로 성립하지 않는다(민법 제186조·제188조). 그러나 상속·공용징수·판결·경매 기타 법률의 규정에 따른 부동산에 관한 물권의 취득은 등기를 요하지 않으나, 이를 처분하려면 등기를 하여야 한다(민법 제187조).

물권행위
物權行爲

물권 자체의 득실변경(발생·변경·소멸)을 직접 내용으로 하는 법률행위이다. 예를 들면 저당권을 설정하는 행위나, 토지의 소유권을 이전하는 행위를 말한다. 물권행위는 그것만으로서 하는 경우는 드물고, 차용행위에 부수한 저당권설정계약, 토지매매계약(이러한 것을 **채권행위**라고 한다) 등에 부수하는 것이 보통이다. 토지매매의 경우, 대금을 지급한 때에 이전한다는 특별한 약속도 없고, 단지 매매의 약속만을 한 경우에 소유권이 언제 매수인에게 이전하는지가 문제다. 독일법에서는 매매의 약속(채권행위)이 있어도 그것만으로 소유권이 이전하지 않고 그 후 다시 소유권을 이전하는 행위(물권행위)가 있을 때 비로소 소유권이전의 효과가 생기도록 규정하고 있다(유인행위 항 참조). 그러나 물권행위가 채권행위와는 별개의 것이라는 의견도 있다(물권행위의 무인성 : 다수설). 다만, 판례는 대금 전부를 지급하였을 때에 다시 소유권을 이전한다는 특별한 약속이 없는 한 매매계약이 있는 때에 물권행위가 있는 것으로 보며(물권행위의 무인성 부정), 물권의 변동은 등기나 인도 등의 공시방법을 갖추면 발생하는 것으로 하고 있다. 즉 물권행위는 채권행위에 포함되고 독립한 존재가 아니라고 본다.

물권적 효력 · 채권적 효력
物權的 效力 · 債權的 效力

물권적 효력은 물권의 변동으로 생기는 법률효과를 누구에게도 주장할 수 있다는 물권의 대세적(對世的) 효력을 말한다. 물권적 효과를 일으키는 물권변동에 관해서는 크게 두 가지 견해가 있다. 대항요건주의(對抗要件主義)는 물권의 변동이 그것을 목적으로 하는 의사표시만 있으면 일어나고, 공시(등기, 인도)는 단지 제3자에 대한 대항요건에 지나지 않는다는 견해이다. 성립요건주의(成立要件主義)는 의사표시만으로는 물권변동의 효력이 발생하지 않고 부동산물권에 관하여는 등기, 동산물권에 관하여는 인도라는 공시방법을 갖추어야만 효력이 생긴다는 견해이다. 프랑스와 일본은 전자를, 우리나라와 독일은 후자를 취하고 있다. 즉 우리나라에서는 물권변동이 일어나려면(물권적 효력이 발생하려면) 물권적 의사표시(물권행위)와 등기 · 인도라는 공시방법을 갖추어야 한다(민법 제186조 · 제188조). 그러나 법률의 규정에 따른 물권변동 내지 법률행위에 의하지 않는 물권변동은 공시방법을 갖추지 않더라도 물권변동이 일어난다(민법 제187조).

이러한 물권적 효력에 반해 채권적 효력은 채권의 변동이 당사자 간의 관계에서만 인정됨에 그치고, 대세적 관계에서는 인정되지 않는다.

물권법정주의
物權法定主義

물권의 종류와 내용은 법률이 정하는 것으로 한정하고 당사자가 임의로 이와 다른 물권을 창설하지 못한다는 원칙이다. 계약자유의 원칙이 지배하는 채권과는 달리 물권은 물권법정주의의 범위 안에서만 사적자치를 허용한다.

물권법정주의를 인정하는 이유는 어떤 물건에 어떤 권리(물권)가 있는지를 외부의 제3자가 예견할 수 있도록 하는 '공시제도' 때문이다. 즉 물권의 종류와 내용이 법에 명시되어 있어야만 공시가 용이하여 거래의 안전을 꾀할 수 있다.

우리 민법은 제185조에서 '물권은 법률 또는 관습법에 의하는 외에는 임의로 창설하지 못한다'고 규정하고 있다. 여기서 '법률'은 형식적 의미의 법률, 즉 민법 기타 성문의 법률(예 : 공장 및 광업재단 저당법, 입목에 관한 법률 등)을 의미한다. 민법에서 관습법으로 물권을 창설할 수 있도록 하는 것은 사회변화의 탄력성을 확보하기 위한 것이다. 현대사회의 복잡한 권리관계를 성문법에 명시한 몇 가지만으로 한정하기에는 무리가 있기 때문이다. 물론 관습법상의 물권도 명인방법 등의 공시방법을 갖추어야 한다. 물권법정주의에 관한 민법규정은 강행규정이므로 이에 위반한 법률행위는 무효이다.

일물일권주의
一物一權主義
물건 위에 1개의 물권이 성립하면 그 물건 위에 그와 양립할 수 없는 같은 내용의 물권이 성립할 수 없다는 원칙이다. 물권의 절대성·배타성에 따른 당연한 귀결이다. 예를 들면, 1필의 토지에 2 이상의 소유권은 존재할 수 없다(만일, 이 경우 2 이상의 소유권이 있게 하려면 분필절차를 거쳐 1필의 토지를 나누어 각각의 토지에 별도로 등기를 하여야 한다). 그러나 채권에는 이런 것이 없고, 한 사람의 연주자를 같은 시각에 다른 장소에서 연주시키는 것을 내용으로 하는 수개의 채권도 평등하게 성립할 수 있다. 다만, 이행불능에 따른 손해배상 등의 문제가 남는다. 한편, 공유의 경우는 2 이상의 소유권이 1개의 물건에 함께 있는 것으로 보이나 이 경우에는 1개의 소유권이 분량적으로 분할되어 수인에게 속하고 있는 것일 뿐이다. 이와 같이 물권은 배타성을 가져서 거래의 안전을 해할 우려가 있으므로 그 성립을 엄격하게 할 뿐 아니라 물권의 성립을 제3자가 인식할 수 있는 외형(등기나 점유 등의 공시방법)을 갖추어야 한다(민법 제186조·제188조).

대항요건
對抗要件
이미 발생하고 있는 권리관계를 타인에 대하여 주장할 수 있는 요건을 말한다. 일반적으로 법률행위가 유효한 효력을 발휘하기 위해서는 먼저 성립요건을 갖추고 그 다음 효력요건을 갖추어야 한다. 대항요건은 유효하게 성립한 법률행위의 효력을 거래상대방 외의 제3자에게 주장하기 위해 필요한 요건이다. 특히 제3자는 거래당사자 사이의 실제 권리변동 사실을 외부에 나타난 표시에 따라 판단하므로, 일정한 요건을 대항요건으로 하고 이를 갖추지 못한 경우에는 제3자의 이익을 도모할 필요가 있다. 구 민법에서는 법률행위에 의한 물권변동에서 의사주의를 채택하여 등기와 인도를 대항요건으로 하였으나, 현행 민법은 형식주의를 취하여 등기와 인도가 성립요건인 동시에 효력요건으로 하고 있다. 대항요건의 형태로는 채권양도에 있어서의 통지와 승낙(민법 제450조·제451조)이 있다.

제3자
第三者
민법에서 '제3자'란 보통 당사자 및 그 포괄승계인(예 : 상속인) 이외의 모든 자를 말한다. 그러나 어떤 경우에는 일정한 법률관계에 있어서 정당한 이익을 갖는 자만을 제3자라고 한다(민법 제110조·제539조). 법률상 거래안전을 위하여 제3자 보호(특히, 선의의 제3자 보호)의 제도가 마련된 경우도 있다(민법 제108조2항 등).

등기
登記
국가기관(등기공무원)이 등기부라는 공적 장부에 부동산에 관한 권리관계를 기재하는 행위 또는 그 기재 자체를 말한다. 절차나 방법은 원칙적으로 「부동산등기법」이 규정하고 있다. 등기는 원칙적으로 등기권리자(예 : 토지의 매수인)와 등기의무자(예 : 토지의 매도인)의 공동신청으로 이루어진다(부동산등기법 제23조1항 **공동신청주의**). 그러나 판결을 받은 자나 상속인 등은 단독으로 등기권리자가 될 수 있다(같은 조 3항·4항).

등기의 종류에는 등기내용을 기준으로 할 때 새로운 등기원인에 따라 어떤 사항을 새로 기입하는 **기입등기**, 기존의 등기 일부를 변경하는 **변경등기**, 기존의 등기를 말소하는 **말소등기**, 멸실된 등기를 다시 회복하는 **회복등기**

등이 있다. 등기를 효력기준으로 나누어보면, **종국등기**(본등기)와 **예비등기**(豫備登記)가 있고, 후자는 다시 **가등기**와 **예고등기**(豫告登記)로 나누어진다(유사용어편 '가등기·예고등기' 항 참조). 예고등기는 어떤 부동산에 관한 기존등기에 어떤 소의 제기가 있었다는 사실을 공시하여 제3자에게 알리기 위해 수소법원의 촉탁으로 이루어지는 등기이며, 가등기는 본등기의 순위를 보전하는 등기이다. 그리고 등기는 독립한 번호를 부여하는 **주등기**(主登記)와 독립된 순위번호를 갖지 않고 기존의 등기에 부기번호(附記番號)를 붙이는 **부기등기**(附記登記)로 나누어진다. 부기등기의 순위는 주등기의 순위에 따르며, 같은 주등기에 관한 부기등기 상호 간의 순위는 그 등기 순서에 따른다(부동산등기법 제5조).

등기청구권
登記請求權

실체권리관계에 부합하는 진실한 권리를 가지고 있는 자가 현재의 등기명의인에게 등기의 변경을 청구할 수 있는 권리를 말한다. 우리 법은 등기에 관하여 **공동신청주의**를 취하고 있어서 등기의무자가 등기절차에 협력하지 않으면 등기를 할 수 없으므로 등기의무자가 임의로 등기에 협력하지 않은 때에는 등기권리자는 등기의무자에게 등기절차에 협력할 것을 청구할 수 있다. 등기청구권은 보통 등기권리자가 등기의무자를 상대로 등기에 협력하여 줄 것을 청구하는 형태로 나타나지만, 소유자로서의 민사책임이나 세금의 부담을 피하기 위해 등기의무자가 등기권리자를 상대로 행사하기도 하는데, 이를 **등기인수청구권**(登記引受請求權)이라 한다. 등기청구권은 반드시 법률행위에 의한 권리변동에 한하지 아니하고 진실과 합치하지 않는 등기가 존재하는 모든 경우에 발생한다. 한편, 등기청구권과 혼동하기 쉬운 것으로 '**등기신청권**'이 있는데, 이는 등기를 신청할 수 있는 절차법상의 권리에 지나지 않는 것이다.

중간생략등기
中間省略登記

부동산물권이 최초의 양도인 A로부터 중간취득자 B에게, 중간취득자로부터 최종취득자 C에게 이전하여야 할 경우 그 중간취득자 B의 등기(중간등기)를 생략해서 최초의 양도인 A와 최종취득자 C 사이에 직접 이루어지는 등기를 말한다. 등기는 현행법상 물권변동의 효력발생요건 중 하나이므로 B는 등기가 없었으므로 결국 실제 권리를 취득하지 못했고, 무권리자인 B에게서 권리를 양수받은 C도 무권리자라 할 것이다. 그러나 이런 형식적인 법리를 그대로 따르면 거래의 안전을 해치는 결과가 되므로 A－B－C 간의 의사 합치에 의해 물권변동이 일어났고, 현재 C의 등기가 실제의 권리관계에 부합하다면 그 유효성을 인정하자는 것이 판례의 태도이다. 일반적으로 중간생략등기를 이용하는 이유는 ① 등록면허세 기타 조세부담의 경감, ② 절차비용의 절약, ③ 투기에 이용하기 위한 목적 등이다. 다만, 「부동산 실권리자명의 등기에 관한 법률」을 시행한 후로 탈세목적의 등기는 많은 제약을 받고 있다.

중복등기
重複登記

하나의 부동산에 이중으로 보존등기를 완료한 것을 말한다. 등기부에는 1필(筆)의 토지나 1동(棟)의 건물에는 하나의 등기용지를 사용하여야 한다는 '1부동산 1용지주의'의 원칙상 서로 중복된 등기사실을 같은 등기용지에 기재할 수 없다(부동산등기법 제15조·제21조). 이처럼 중복등기된 경우에는 실체관계를 고려하여 먼저 완료된 보존등기가 원인무효로 되지 않는 이상 뒤에 완료된 보존등기는 무효이다. 한편, 뒤에 완료된 보존등기가 실체관계에 부합하는 등기라 하더라도 먼저 완료된 보존등기가 원인무효가 아닌 이상 뒤에 완료된 보존등기 역시 무효이다(대판 1990.11.27, 87다카2961·87다453 전원합의체). 이는 판례가 등기의 실체관계보다는 절차관계를 중시한 태도를 취함을 의미한다.

공시의 원칙
公示의 原則

물권의 변동은 언제나 외부에서 인식할 수 있는 어떤 표상, 즉 공시방법을 수반하여야 한다는 원칙이다. 물권은 배타성을 가진 독점적인 지배권이므로 그 소재를 제3자가 쉽게 알 수 있는 방법을 쓰지 않으면 제3자에게 뜻하지 않은 손해를 주어 거래의 안전을 해할 염려가 크다. 민법은 동산에 관하여 인도(민법 제188조), 부동산에 관하여는 등기(민법 제186조)를 공시방법으로 인정하고 있고, 그 밖에는 판례에서 명인방법이라는 특별한 관습상의 공시방법을 인정하고 있다. 공시방법을 하지 않은 경우의 법률효과에 관해서는 입법정책에 따라 국가마다 다르지만, 크게 **성립요건주의**와 **대항요건주의**(對抗要件主義)로 나누어진다. 전자는 등기나 인도가 없으면 설사 당사자 사이에 물권을 설정하였다 하더라도 그것을 제3자에게 주장(대항)할 수 없을 뿐 아니라, 당사자 사이에도 물권설정의 효력이 생기지 않는 것으로, 독일 민법과 우리 민법이 채택하고 있다. 후자는 당사자 사이에는 물권설정의 효력을 생기게 하나 그것을 제3자에게 주장할 수 없게 하는 것으로, 프랑스 민법과 일본 민법이 채택하고 있다. 또 권리변동을 공시할 필요는 물권에만 있는 것이 아니고 혼인의 성립에 신고를 하여야 한다든가(민법 제812조), 채권의 양도에 통지나 채무자의 승낙을 요한다는(민법 제450조) 규정도 이 제도에서 비롯한 것이다.

입목
立木

보통 땅에 뿌리박고 있는 수목의 집단을 뜻하는 입목은 법에서 정의하기를 '토지에 부착된 수목의 집단으로 소유자가 소유권보존등기를 받은 것'이라 한다(입목에 관한 법률 제2조). 입목은 등기함으로써 토지와는 별개의 부동산으로 거래의 객체가 된다. 등기하지 않은 동안은 토지의 일부로서 토지의 처분에 따른다. 그러나 관습상의 명인방법을 취하면 토지와는 별개의 독립적인 거래의 객체로 할 수 있다.

명인방법
明認方法

지상물을 토지로부터 분리하지 않은 채 토지의 소유권과는 별도로 그 자체를 독립해서 거래하는 데 이용하는 공시방법으로, 제3자가 지상물의 소유권이 누구에게 있는지를 명백하게 알 수 있도록 하는 방법의 총칭이다. 예컨대 곧 벌채할 목적으로 매수한 나무의 껍질을 벗겨서 페인트로 소유자명을 쓴다든지, 미분리과실인 경우에는 끈을 두르고 표찰을 세워서 미분리과실을 매수한 것을 공시하는 것과 같이 법정의 형식에 의하지 아니하고 관습에 따라 나무나 과실 등의 권리를 공시하는 것이다.

명인방법은 등기와 같이 복잡한 권리관계를 공시하는 정도의 높은 수단이 아니므로 저당권과 같은 담보물권의 공시방법으로는 이용하지 않는 것이 원칙이고, 이 방법으로 물권을 인정하는 것은 소유권에 한한다. 목적물에 담보물권을 설정할 필요가 있을 때에는 매도담보(賣渡擔保)나 양도담보(讓渡擔保)의 방법에 따른다.

공신의 원칙
公信의 原則

공시방법을 신뢰해서 거래한 자가 있는 경우에 비록 그 공시가 진정한 권리관계가 아니더라도 공시한 그대로의 권리가 존재하는 것처럼 다루어 그 자의 신뢰를 보호하여야 한다는 원칙이다. 예를 들면 乙이 가지고 있는 사진기가 乙의 것이 아니지만 마치 乙이 진정한 소유자처럼 보이는 경우, 이를 믿고 거래한 매수인(丙)은 보호되어야 한다는 원칙이다. 만일 이와 같은 원칙이 없다면 丙이 乙을 소유자라고 생각하여 사진기를 매수했는데 실제로는 乙이 甲으로부터 빌린 것이라면 비록 丙이 상식적으로 그렇게 믿을 수밖에 없었더라도 소유권을 취득할 수 없다. 그러나 상대방이 진실한 소유자인가 아닌가를 정확하게 조사할 방법은 없고, 또 아무리 소유자로 생각하고 거래하여도 그 자가 진실한 소유자가 아닌 이상 권리를 취득할 수 없다면 현저하게 거래의 안전을 해칠 것이다. 따라서 진실과 다른 외관이 있는 경우에는 그러한 외관을 믿고 또 그 믿음에 부주의가 없이(선의·무과실) 거래한 자를 보호하고 외관 그대로의 권리를 얻도록 하는 것이 공신의 원칙이다. 민법에서는 동산에 관한 선의취득제도가 이 원칙을 구현한 가장 대표적인 것이다. 표현대리(민법 제125조·제126조), 채권의 준점유자(準占有者)에 대한 변제(민법 제470조), 영수증소지자에 대한 변제(민법 제471조), 어음에 대한 강한 보호(상법 제65조 등) 등도 그 예이다. 그러나 부동산거래에 대해서는 이 원칙을 인정하지 않는다. 그러므로 부동산의 진실한 소유자는 甲이지만 乙의 소유로서 등기되어 있는 경우 이를 믿고 乙로부터 매수하여도 보호되지 않고 소유권을 취득할 수 없다(이때 乙에 대하여는 대금의 반환이나 손해배상을 청구할 수 있을 뿐이다).

(주) 부동산등기에 공신력을 주기 위하여는 다음의 것이 고려되어야 한다. 첫째, 무권리자의 등기가 이루어지지 않도록 예방적 조치가 있어야 한다(등기부의 정비·등기절차의 신중·등기관의 실질적 심사주의). 둘째, 사후의 조치로서 권리를 잃는 진정한 권리자에 대한 보상제도를 두어야 한다(국가배상제 등).

명의신탁
名義信託

부동산에 관한 소유권 기타 물권을 보유한 자나 사실상 취득하거나 취득하려고 하는 자가 타인과의 사이에서 내부적으로는 실권리자가 부동산에 관한 물권을 보유하거나 보유하기로 약정하고, 그에 관한 등기는 타인의 명의로 하기로 하는 약정(위임·위탁매매의 형식에 의하거나 추인에 의한 경우를 포함)을 말한다. 이러한 명의신탁은 탈세나 강제집행의 회피를 위하여 이용되어 왔으나 현재 시행 중인 「부동산 실권리자명의 등기에 관한 법률」에 의하여 제한을 받고 있다.

무인행위
無因行爲

어떤 법률행위의 효력이 그 기초가 되는 법률관계의 무효·취소 등의 영향을 받지 않는 경우에 그 법률행위를 무인행위라고 하며, 유인행위에 대응하는 개념이다. 예를 들면 부동산의 매매계약이 있고 등기를 완료했다면 그 채권계약이 무효·취소되더라도 소유권 자체의 이전은 유효하다(**물권행위의 무인성**). 이러한 무인행위의 관념은 어음·수표의 교부와 같이 원인관계의 진실성 여부를 제3자가 쉽게 알 수 없고, 거래의 신속·안정을 도모할 필요성이 강한 법률행위에서 실효성이 있다.

유인행위
有因行爲

어떤 법률행위의 효력이 그 기초가 되는 법률관계의 효력에 좌우될 때 그 법률행위를 유인행위라고 한다. 일반적인 법률행위는 원칙적으로 유인행위이다. 다만, 예외적으로 어음행위 같이 거래 안전의 필요성이 큰 것은 무인행위에 해당한다.

(주) 물권행위(물권변동이 목적인 의사표시를 요소로 하는 법률행위. 예를 들면 부동산의 소유권이전행위)가 무인성(無因性)이냐 유인성(有因性)이냐, 바꾸어 말하면 물권행위의 효력은 그 원인인 채권행위의 부존재·무효·취소·해제 등으로 당연히 그 영향을 받는다는 것이 물권행위의 유인론이고, 이에 반해 물권행위의 효력은 그 원인이 되는 채권행위에 아무런 영향도 받지 않으며 물권행위의 효력은 그 원인관계와 법률상 단절되어 있다는 것이 물권행위의 무인론인데, 무인론자가 주장하는 것이 무인성이며, 유인론자가 주장하는 것이 유인성이다. 판례는 유인론, 즉 물권행위는 그 원인행위인 채권행위의 유·무효에 영향을 받는다고 하며, 학설은 판례와는 다르게 영향을 받지 않는다는 무인론이 다수설이다.

점유권 · 소유권

인도
引渡
물건을 타인에게 이전하는 사실행위를 말한다. '점유의 이전'이라고도 한다. 예컨대 판 책을 산 사람에게 주는 것을 말한다(이것을 **현실의 인도**라고 한다, 민법 제196조1항). 그러나 민법은 보다 넓게 간이인도(簡易引渡 : 제188조), 점유개정(민법 제189조), 목적물반환청구권의 양도(민법 제190조)와 같이 의사표시만으로 하는 인도도 유효한 것으로 보고 있다. 인도는 먼저 동산물권의 대항요건(민법 제188조)의 효과를 가진다. 그러나 인도는 등기와는 달라서 일시적인 것이고, 더구나 위와 같은 간이인도의 방법을 인정하면 공시방법으로서의 역할을 거의 하지 못한다. 그러나 이 결함은 선의취득제도로 보충되어 거래의 안전을 보장할 수 있다.

점유
占有
물건에 대한 사실상의 지배를 말한다. 사람에게 필요한 것은 모두 누군가의 지배하에 있다. 따라서 이러한 사실상의 지배는 소유권이나 임차권 등과 같이 지배를 정당화하도록 하는 어떤 권리(본권)에 의하여 뒷받침되는 경우도 있고, 도둑과 같이 아무런 권리도 없이 단순히 사실상의 지배를 하는 데 불과한 경우도 있다. 이와 같이 여러 가지 원인으로 행하여지는 물건의 지배를 일시적이나마 보호하는 것은 사회의 질서를 유지하는 데 필요하고, 또 현실의 지배를 함으로써 생기는 여러 가지 분쟁에 대처할 필요가 있기 때문이다. 그래서 법률은 현존하는 지배관계가 어떤 이유로 되었는가를 일체 불문하고 그 사실상의 지배관계를 보호하여 여러 가지 법률효과를 인정하고 있고, 이러한 점유사실에 근거해서 점유자에게 인정한 권리가 **점유권**이다.

점유가 성립하려면 사실적 지배 외에 어떤 주관적 의사가 필요한지 독일 보통법 학자들 사이에서 논쟁이 있었으며, 이에 영향을 받아 입법주의도 주관설과 객관설로 나누어져 있다. 우리 민법은 객관설을 취하여 점유는 물건에 대한 사실상의 지배만으로써 성립한다(민법 제192조)고 규정하고 있다.

우리 민법은 점유에 다음과 같은 법률효과를 규정하고 있다. ① 점유자가 그 점유를 침해당한 때에 그 침해의 배제를 청구할 수 있는 점유보호청구권(민법 제240조)이 인정되며, ② 일정한 경우에는 자력으로 점유의 침해에 대하여 방어나 회복을 할 수 있고(자력구제 : 민법 제209조), ③ 점유자가 점유물에 대하여 행사하는 권리는 적법하게 가지고 있는 것으로 추정되며(권리의 추정 : 민법 제200조), ④ 선의의 점유자는 점유물에서 생기는 과실을 취득하고(민법 제201조), ⑤ 점유물의 멸실·훼손에 대한 책임이 경감되고(민법 제202조), ⑥ 점유물에 관하여 지출한 비용을 일정한 범위에서 상환청구할 수 있는 권리를 가지는 것으로 하고 있다(민법 제203조). 이 밖에 점유는 동산물권변동(動産物權變動)의 성립발생요건과 효력발생요건이며, 일정한 요건을 갖춘 동산의 선의취득자는 그 동산에 관한 물권을 취득한다.

(주) •주관설 - 점유는 사실상의 지배와 어떤 의사를 필요로 한다는 설이다. 여기서 의사는 소유자로서 물건을 지배할 의사여야 한다는 사비니가 주장한 '소유자 의사설'이 있으며(프랑스 민법), 데른부르크(Heinrich Dernburg, 1829~1907)가 주장한 소지에 의한 사실상의 이익을 자기에게 귀속시키려는 의사가 있으면 된다는 '자기를 위하여 소지하는 의사설'(일본 민법) 등이 있다.

•객관설 - 점유는 사실상의 지배만으로 충분하며, 그 밖에 특별한 의사를 필요로 하지 않는다는 설이다. 예링·베커(Ernst Immanuel Bekker, 1827-1916) 등이 주장하였으며 우리 민법, 독일 민법, 스위스 민법 등이 따르고 있다.

점유보조자
占有補助者

점유기관(占有機關)이라고도 하며, 점유자의 지시에 따라 물건을 사실상 지배하는 자이다. 어떤 자가 물건에 대한 사실상의 지배를 하고 있어도 물건의 점유자가 되지 못하고, 그 자와 특정한 관계에 있는 자만이 점유자가 되는 경우가 있는데, 이때 사실상의 지배를 하고 있는 자를 점유보조자라 한다. 점유보조자의 사실상의 지배는 점유로서 보호받지 못한다(민법 제195조). 점유자와 점유보조자의 관계를 점유보조관계(占有補助關係)라 하고, 점유보조자가 점유자의 지시에 따라야 할 관계를 의미한다. 여기서 말하는 '관계'란 채권·채무의 대등적 관계가 아니라 명령·복종의 종속관계를 말한다. 점유보조자도 점유자의 자력구제권(민법 제209조)만은 행사할 수 있다. 점유보조자도 간접점유와 더불어 타인을 통한 점유의 형태이지만, 간접점유자에게 점유권이 인정되는 반면, 점유보조자에게는 점유권이 인정되지 않는다는 점에 차이가 있다.

직접점유
直接占有

물건을 직접 소지하여 점유하는 것을 말한다. 예를 들면 건물의 소유자 甲이 그 건물을 乙에게 임대하고 있는 경우, 乙은 직접점유·타주점유(他主占有)의 점유권자이고, 甲은 간접점유·자주점유(自主占有)의 점유권자이다. 甲은 乙을 중개로 하여 점유를 하고 있으므로 甲의 점유를 간접점유라고 한다. 이와 같이 점유(권)는 중복하여 성립할 수 있다.

간접점유
間接占有

점유자와 물건 사이에 타인이 개재하여 그 타인의 점유를 매개로 하는 점유이다. 이러한 법률관계로서 민법은 지상권·전세권·질권·사용대차·임대차·임치 기타의 관계를 들고 있다(민법 제194조). 예컨대 임대인의 점유가 간접점유이며, 그러한 매개관계를 **점유매개관계**(占有媒介關係)라고 한다. 이러한 점유매개관계가 없는 도난의 경우에는 피해자와 절취자 사이에 간접점유가 성립하지 않는다. 간접점유도 점유이므로 원칙적으로 점유보호청구권 등 점유권의 효력이 있다.

자주점유·타주점유
自主占有·他主占有

소유의 의사를 가진 점유가 자주점유이다. 즉 사람이 물건을 점유하고 있는 경우에도 소유의 의사 유무에 따라 자주점유와 타주점유로 구별된다. 소유자는 아니지만 잘못하여 소유자로 믿고 점유하고 있는 자, 도둑 등은 소유의 의사를 가지므로 자주점유자이다. 그러나 임차인이나 지상권자 등은 소유자가 따로 있는 것을 전제로 하여 점유하고 있으므로 타주점유자이다. 자주점유는 취득시효(민법 제245조), 무주물선점(민법 제252조) 등의 요건에 해당한다.

악의점유·선의점유
惡意占有·善意占有

남의 물건을 훔친 자가 자신이 정당한 권원(본권)이 없다는 것을 알고 있는 점유를 악의점유라 하고, 반대로 타인의 구두를 잘못 바꿔 신고 있는 사람과 같이 정당한 권원이 없음을 알지 못하고 점유하고 있는 것을 선의점유라 한다. 정당한 권원이 없는 것에 확신이 없는 경우, 즉 의심하면서도 점유하고 있는 경우에는 악의점유에 속한다. 악의점유와 선의점유를 구별하는 실익은 취득시효에서 전자는 20년 이상의 기간의 경과를 요하는 데 대하여, 후자는 10년 이상을 요하는 점(민법 제245조), 동산의 선의취득이 후자에게만 적용되는 점, 정당한 권리자에게 반환할 때의 청산관계(민법 제204조) 등에 있다. 점유자가 선의인지 악의인지 불분명할 때는 선의인 것으로 추정한다(민법 제197조).

과실있는 점유·과실없는 점유
過失있는 占有·過失없는 占有

선의의 점유에 관하여 본권이 있다고 오신하는 데 있어서 과실의 유무를 말한다. 취득시효, 선의취득 등에서 구별의 실익이 있다. 무과실에 관하여는 선의점유와 같은 추정이 되지 않기 때문에 이를 주장하는 자가 증명하여야 한다.

하자있는 점유·하자없는 점유
瑕疵있는 占有·瑕疵없는 占有

하자의 유무에 따른 점유형태를 말한다. 여기서 하자에는 악의·과실·강제적이거나 폭력적인 수단을 쓴 경우·비밀스럽게 숨긴 경우·불계속(不繼續) 등 완전한 점유로서의 효력의 발생을 방해하는 모든 사정이 해당한다.

간이인도
簡易引渡

점유권의 양수인이 이미 물건을 직접 점유하고 있을 때에 현실인도 없이 점유이전의 의사만으로 인도가 끝난 것으로 하는 제도이다(민법 제188조2항). 예를 들면 乙이 甲에게 빌린 자전거를 甲으로부터 소유권을 취득하는 경우에는 우선 甲에게 반환하였다가 다시 甲으로부터 이전을 받는다는 것은 번거로운 일이므로 실제로 물건을 인도하지 아니하고 甲과 乙의 의사표시만으로 물건의 인도가 이루어진 것으로 하는 간편한 점유이전의 방법이다.

점유개정
占有改正

동산에 관한 물권을 인도하는 경우 당사자의 계약으로 양도인이 그 동산의 점유를 계속하면서도 양수인이 인도받은 것으로 하는 형태로, 현실의 인도 없이 인도받은 것으로 보는 것을 말한다. 점유개정으로 양수인에게 이전하는 점유는 간접점유이다(민법 제189조). 예를 들면 만년필을 甲에게 판 乙이 계속 그 만년필을 甲으로부터 빌리는 경우에는, 일단 만년필을 甲에게 이전한 후에 다시 甲으로부터 인도를 받는다는 것은 번거로운 일이므로 실제로 물건을 수수하지 않고 甲과 乙의 의사표시만으로 이루어지는 간편한 인도의 방법이다.

선의취득
善意取得

동산을 점유하고 있는 상대방을 권리자로 믿고 평온·공연·선의·무과실로 거래한 경우에는 비록 양도인이 정당한 권리자가 아니라 할지라도 양수인은 그 동산에 대한 권리를 취득하는 것을 인정하는 제도이다. 선의취득은 게르만법의 '사람은 자기가 신뢰를 준 곳에서 신뢰를 찾아야 한다'는 법언에 따라 점유를 떠난 소유권을 강하게 보호하고 아울러 거래의 안전을 기하는 제도이다. 선의취득은 동산의 경우에만 인정하고, 다만 동산이 도품(盜品)이거나 유실물(遺失物)인 경우에는 피해자나 유실자는 도난 또는 유실한 날로부터 2년간 물건의 반환을 청구할 수 있다. 그러나 도품이거나 유실물이 금전인 경우에는 반환을 청구하지 못한다(민법 제250조).

[점유이전의 방법]

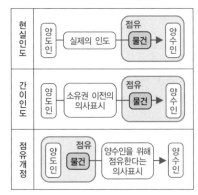

필요비
必要費

점유물을 보존하는 데 지출한 금액 기타 공과금, 수리비 등을 말한다. 점유자가 점유물에 관하여 본권을 가졌는지에 관계없이 점유물에 대하여 비용을 지출한 경우에 해당 점유물을 반환할 때에는 그 물건의 회복자에 대하여 비용상환청구권(費用償還請求權)을 행사할 수 있다. 민법은 이런 경우에 특칙을 두어 필요비와 유익비(有益費)의 상환청구를 할 수 있다고 규정하고 있다(민법 제203조). 다만, 점유자가 과실을 취득한 경우에는 통상의 필요비 청구를 제한한다(같은 조 1항). 또 법원은 회복자의 신청으로 상당한 상환기간을 허여할 수 있다(같은 조 3항).

유익비
有益費

甲의 임차인 乙이 자기의 비용으로 화장실을 수세식으로 개량했다든가, 丙 소유의 책을 훔친 丁이 자기의 비용으로 훌륭하게 장정(裝幀)을 한 경우와 같이, 그 물건의 유지·보존에 반드시 필요한 것은 아니지만 그 물건의 가격을 객관적으로 높이는 데 쓴 비용을 말한다. 예를 들면 乙이 20만원의 비용을 들인 결과 본래 100만원이었던 甲의 가옥이 115만원이 되었다면, 甲은 乙에 대하여 15만원(증가액)을 상환하면 된다. 그러나 가옥의 가격이 125만원이 되었다 해도 甲은 25만원이 아니고 20만원을 상환하면 된다. 또 유익비에 대하여는 필요비의 경우와는 달라서 상환의 기한을 연장받을 수 있는 경우가 있다(민법 제203조3항·제626조2항).

점유보호청구권
占有保護請求權

점유자가 점유를 침탈·방해당하거나, 방해당할 염려가 있을 때 방해자에게 방해의 제거를 청구할 수 있는 권리로서, 본권의 유무와는 관계없이 점유 그 자체를 보호하기 위하여 인정되는 일종의 **물권적 청구권**이다. 민법상 점유보호제도인 **자력구제권**과의 관계에 있어서 평화교란상태가 계속 되는 동안에는 자력구제권과 경합하지만, 평화교란상태가 종료하여 새로운 지배상태가 확립되면 점유보호청구권만이 인정된다. 유형으로는 **점유물반환청구권**(민법 제204조), **점유물방해제거청구권**(민법 제205조), **점유물방해예방청구권**(민법 제206조)이 있다.

자력구제
自力救濟

사인(私人)이 자기의 권리를 보호하거나 실현하기 위하여 국가의 힘을 빌리지 않고 실력을 행사하여 강제하는 제도를 말하며, 침해행위가 일어나기 전에 행사하는 **자력방위권**과 침탈 후 즉시 단시간(사회관념상 가해자를 배제하여 점유를 회복함에 필요하다고 생각되는 시간) 내에 가해자를 배제하여 행사하는 **자력탈환권**이 있다.

본권
本權

임차권·소유권과 같이 점유를 정당화하는 실질적인 권리를 본권 또는 **점유할 권리**라 한다. 어떤 사람이 물건에 대하여 그 점유를 정당화하는 실질적인 권리에 의하여 점유하고 있는 것도 있으나 그러하지 않는 것도 있다. 예를 들면 임차인이나 소유자는 각각 임차권, 소유권이라는 권리에 의하여 정당하게 점유하고 있는 자이지만, 도둑 등은 아무런 권리도 없이 사실상 점유하고 있음에 지나지 않는다.

점유의 소·본권의 소
占有의 訴·本權의 訴

'점유의 소'란 점유보호청구권에 의하여 제기된 소를 말하고, '본권의 소'란 소유권 기타 실질적 권리에 의하여 제기된 소를 말한다. 양자는 서로 영향을 미치지 않으므로 점유권에 관한 소는 본권에 관한 이유로 재판하지 못한다. 예를 들면, 임대인이 소유확인의 소에 승소하였더라도 법원은 이로 인하여 아무런 제약을 받지 않고 점유관계에 대하여만 재판할 수 있고, 소유물을 잃은 자는 소유권에 관한 소와 점유권에 관한 소를 동시 또는 각자 별도로 제기할 수 있다.

준점유
準占有

재산권을 사실상 행사하는 것에 점유의 효과를 부여하는 제도이다. 원래 점유는 물건에 대하여 적용하는 것이지만 권리에 대해서도 그 유사한 관계를 인정하자는 데 취지가 있다. 예를 들면, 예금자 명의는 甲이지만 그 통장과 도장을 乙이 가지고 있는 경우 乙은 예금채권의 준점유자가 되고, 진정한 특허권자는 丙이지만 丁명의로 등록이 되어 있는 경우 丁이 그 특허권의 준점유자가 된다.

물권적청구권 (물상청구권)
物權的請求權 (物上請求權)

물권의 완전한 실현이 어떤 사정으로 방해받고 있는 경우에 방해자에게 물권의 완전실현을 청구할 수 있는 권리를 말한다. 이때 방해자의 고의나 과실을 요건으로 하지 않는다. 물권적청구권의 근거는 물권의 실효성, 즉 목적물에 대한 직접 지배권의 확보에 있다. 물권적청구권의 실정법적 근거는 먼저 소유권과 점유권에 규정하고 있고(민법 제204조~제206조·제213조·제214조), 이를 다른 물권에서 준용하고 있다[예 : 민법 제290조 지상권(제213조와 제214조) 준용, 제301조 지역권(제214조 소유물방해제거·예방청구권), 제319조 전세권, 제213조 소유물반환, 제214조 소유물방해제거·예방청구권, 제370조 저당권(제214조 소유물방해제거·예방청구권) 준용]. 단, 유치권과 질권의 경우 명문규정이 없으므로 이를 인정하는 것이 바람직한지에 대한 문제가 있다. 통설은 유치권자는 점유를 요소로 하는 권리이므로 점유권에 기한 물권적청구만 가능하다고 하고, 질권자에 관하여는 법률에 규정이 없으나 질권 자체에 기한 경우를 해석상 인정한다(학설 대립). 물권적청구권은 목적물반환청구권, 목적물방해배제청구권, 목적물방해예방청구권으로 이루어져 있다. 각 물권의 특성에 따라 준용되는 물권적청구권은 각기 다르다. 예를 들어 지역권의 경우 민법 제214조의 소유물방해제거·예방청구권만을 준용하고 있는데, 이것은 지역권이 자기 토지의 편익을 위하여 타인의 토지를 '이용'만 하는 권리이고 타인의 토지를 직접 점유하는 권리는 아니므로 민법 제213조의 소유물반환청구권을 준용할 필요가 없다. 저당권도 마찬가지이다.

목적물반환청구권
目的物返還請求權

물권적청구권 중에서 목적물에 대한 지배, 즉 점유가 전부 침탈당하고 있는 경우 그 반환을 청구할 수 있는 권리를 말한다. 예를 들어 도둑에게 자기의 카메라를 빼앗겼다든지, 임차인이 퇴거한 후 타인이 마음대로 빈집에 들어와 거주하고 있는 것과 같이 타인이 정당한 이유 없이 소유물에 대한 점유를 빼앗아서 이용을 방해하는 경우에 방해자에 대하여 그 카메라를 반환하라든가, 집에서 나가달라고 청구할 수 있는 권리이다. 이것은 소유권에 한하지 않고 물권일반에 인정되어 방해배제청구권·방해예방청구권 등과 함께 물상청구권을 이룬다. 또 바람이 불어 널어둔 빨래가 이웃집 뜰에 날아간 경우와 같이 상대방에게 아무런 책임이 없는 경우에도 이 청구권을 행사할 수 있다.

목적물방해배제청구권
目的物妨害排除請求權

목적물에 대한 지배가 부분적으로 침해된 경우 그 방해의 제거를 청구할 수 있는 권리를 말한다. 예를 들어 폭풍으로 이웃집의 나무가 자기 집으로 넘겨져 있다든가, 이웃 토지의 토사가 무너져서 자기 집 뜰의 일부분을 점거한 것과 같이 자기의 소유물을 이용하는 데 타인의 소유물이 부분적으로 방해하고 있는 경우에 나무나 토사 등 방해물의 제거를 소유자에게 청구할 수 있는 권리이다.

목적물방해예방청구권
目的物妨害豫防請求權

목적물에 대한 지배가 장차 침해될 우려가 있는 경우 그 원인의 제거를 청구할 수 있는 권리를 말한다. 이웃 건물이 오래되어 심한 바람이라도 불면 자기 집으로 넘어질 것 같은 상태에 있거나, 이웃집 담이 곧 무너져서 자기 집 뜰 앞을 덮칠 우려가 있는 경우와 같이, 지금 당장은 소유권을 침해하고 있지 않으나 가까운 장래에 침해할 위험이 있는 경우에 그 위험을 생기게 할 물건의 소유자에 대하여 적당한 조치, 예컨대 건물에 기둥을 세우거나, 흙벽에 받침대를 설치할 것을 청구할 수 있는 권리이다.

소유권
所有權

목적물을 전면적으로 지배하는 절대적 권리로서, 노동과 결합하여 생산의 원동력이 되고 가치의 축적수단이 되는 근대 시민사회의 역사적 산물이다. 민법은 소유권을 가장 대표적인 물권의 하나로 인정하고 있다. 그러나 이처럼 절대적 권리인 소유권도 그 권리를 행사함에 있어 본질적 · 제도적 한계와 제한을 받는 경우가 있다. 소유권의 객체는 물건에 한하고 채권에 관한 소유권은 존재하지 않는다. 또 소유자는 법률의 범위 내에서만 자신의 소유물을 사용 · 수익 · 처분할 수 있을 뿐이다(민법 제211조).

구분소유
區分所有

한 채의 건물을 구분하여 독립해서 사용할 때 그 독립한 부분에 대해 인정되는 소유권을 말한다. 아파트 등 공동건물의 사용이 늘어나면서 「집합건물의 소유 및 관리에 관한 법률」을 제정하여 민법의 구분소유권에 관한 규정(민법 제215조)을 보완하였다. 이 법에서는 집합건물을 구분소유권의 목적인 전용부분과 그 밖의 부분인 공용부분으로 분리하여 전자는 독립된 각자의 개인소유권의 내용을 이루고, 후자는 구분소유권자의 공유로 하고 있다. 구분소유권은 민법의 **일물일권주의** 원칙의 예외를 이루는 것이나, 현대의 집합(공동)건물 등의 사용증대에 따라 아주 중요한 권리가 되고 있다(집합건물의 소유 및 관리에 관한 법률 제1조).

상린관계
相隣關係

물건의 소유자는 본래 그 물건을 어떻게 이용하든 상관없고, 타인의 간섭은 일체 받지 않는 것이 원칙이다. 그러나 토지의 경우, 예컨대 甲지와 乙지가 인접해 있을 때 甲지를 원만하게 이용하려면 반드시 乙지를 지나갈 수밖에 없다거나, 乙지상에 甲지와의 경계에 너무 근접하여 건물이 세워지면 곤란하다든가 하는 경우와 같이 어느 정도 乙지 이용의 내용에 관한 것을 제한할 필요성이 있다. 甲지의 이용이 원활하려면 乙지의 이용을 어느 정도 제한해야 하기 때문이다. 이와 같이 인접한 토지의 소유자가 서로 어느 정도 자기 토지의 이용에 관한 내용을 제한하여 상대방의 토지 이용을 원활하도록 하는 관계를 '상린관계'라 하고, 민법 제216조 이하에서 규정하고 있다. 상린관계에는 통행에 관한 것, 배수 · 유수에 관한 것, 경계에 관한 것, 경계를 넘은 수목에 관한 것, 건물의 건축에 관한 것들이 있다. 민법의 상린관계의 규정은 인접지 이용자와의 특별한 계약이 없는 경우 최소한의 규제를 정한 것으로, 만일 그 이상의 인접지 소유자의 이용을 제한할 필요성이 있을 때에는 인접지상의 지역권(민법 제291조 이하)을 설정하여야 한다.

생활방해
生活妨害

매연, 열기체, 액체, 음향, 진동 기타 이에 유사한 것이 다른 건물이나 토지에서 발산 · 유입되어 토지의 사용을 방해하거나 거주자의 생활에 고통을 주는 것을 말한다. 이를 **안온방해**(安穩妨害)라고도 한다. 민법은 생활방해의 유형을 예시하고 있다(민법 제217조1항). 생활방해는 공기나 지표를 통해서 자연적으로 확산하는 방법으로 이루어져야 하고, 인공적 시설을 통한 방해는 여기에 해당되지 않는다. 그러나 공동생활에서 어느 정도의 생활방해는 불가피하다. 민법은 생활방해가 토지의 통상의 용도에 적당한 것인 때에는 이웃 토지의 거주자는 이를 용인할 의무가 있다고 규정하고 있다(민법 제217조2항).

용수권
用水權

물의 이용을 목적으로 하는 권리를 말한다. 물에 관한 문제는 보통 공법의 규율(하천법 등)을 받으나, 개인이 물을 이용하는 것이 법의 보호를 받을 때에는 그것이 하나의 사권의 성질을 가지므로 사법의 규율을 받는다. 물의 이용 자체를 목적으로 하는 독립한 권리로서 민법에 규정된 것으로는 공유하천용수권(민법 제231

조~제234조)과 원천(源泉)·수도사용권(민법 제235조·제236조)이 있다.

주위토지통행권
周圍土地通行權
어느 토지와 공로(公路) 사이에 그 토지의 용도에 필요한 통로가 없어 주위의 토지를 통행하거나 통로를 만들지 않고는 공로에 출입할 수 없는 경우, 공로를 지나가려면 과다한 비용을 들여야 하는 경우에 주위의 토지를 통해서 공로로 출입할 수 있는 권리를 말한다(민법 제219조). 여기서 '공로에 출입할 수 없는 경우'란 그 토지와 공로 사이에 통로가 전혀 없는 경우뿐만 아니라 통로가 있더라도 그것이 토지의 용도에 필요한 통로가 아닌 경우도 포함한다. 이웃토지의 통행권이 인정되더라도 통행으로 인하여 타인의 토지에 대한 손해가 가장 적은 장소와 방법을 선택하여야 하고, 통행권자는 통행지소유자의 손해를 보상하여야 한다.

인지사용청구권
隣地使用請求權
토지소유자가 경계나 그 근방에서 담이나 건물을 축조하거나 수선하는 데 필요한 범위 내에서 이웃 토지를 사용할 것을 청구하는 권리이다(민법 제216조). 이웃의 주거에 들어가려면 당연히 이웃사람의 승낙을 받아야 한다. 여기서 이웃사람은 현재 토지를 이용하고 있는 자로 소유자뿐 아니라 전세권자나 임차인도 해당한다. 이웃사람이 이로 인해 손해를 입었다면 보상을 청구할 수 있다.

무주물선점
無主物先占
소유권이 미치지 않은 동산, 즉 소유권자가 없는 동산이나 산과 들의 새·짐승이나 바다의 고기 등이 무주물에 해당한다. 소유자가 소유권을 버린 동산도 무주물이다. 무주물은 소유의 의사로 점유를 시작한 때에 그 자가 소유권을 취득한다(민법 제252조). 이것을 '무주물선점'이라 한다. 소유의 의사는 법률상으로 추정된다(민법 제197조). 어업권이 없는 자에게도 선점을 인정한다. 그러나 어부로 고용된 자는 사용자의 피용자 지위로 점유하는 것이므로 피용자에 의한 선점의 효력은 사용자만이 가진다. 무주의 부동산은 국유로 한다(민법 제252조2항). 따라서 부동산은 무주물선점이 인정되지 않는다.

유실물습득
遺失物拾得
유실물이란 점유권자의 의사에 의하지 않고 점유권자의 지배상태를 벗어난 것으로 도품 이외의 물건을 말한다(유실물법 제11조·제12조 참조). 보통의 유실물에 대하여는 「유실물법」이 규정하고, 표류물이나 침몰품에 대하여는 「수상에서의 수색·구조 등에 관한 법률」이 규정하고 있다. 유실물을 습득한 자는 곧 유실자에게 반환하든지 경찰(보통의 유실물)에 제출하여야 한다. 그렇게 하지 않으면 유실물횡령죄(遺失物橫領罪)가 성립한다. 유실물을 제출하면 소정의 절차를 거쳐 공고하며, 6개월 이내에 소유자가 나타나지 아니하는 경우에는 습득자가 유실물의 소유권을 취득한다(민법 제253조). 6개월 이내에 소유자가 나타난 경우에는 습득자는 유실물의 가액의 100분의 5 이상 100분의 20 이하의 범위 내에서 보상금청구권을 가진다(유실물법 제4조). 유실물의 반환을 받을 권리자가 그 권리를 포기한 때에는 습득자가 그 소유권을 취득한다(같은 법 제8조2항).

매장물발견
埋藏物發見
매장물은 부동산이나 동산에 매장되어 있는 물건으로 물건의 소유권자가 있을 것이지만 과연 누가 소유권자인지 쉽게 판명할 수 없는 물건이다(무주물은 매장물이 아니다). 땅속에 묻혀 있는 것이 대부분이겠지만 도서관의 책속에 숨겨져 있는 지폐도 매장물이다. 또 건물도 매장물일 수 있다. 매장물을 발견한 자는 경찰에 신고하여야 한다(유실물법 제1조·제13조). 경찰에서는 「유실물법」에 따라 공고한다. 공고 후 1년 이내에 소유권자가 나타나면 매장물은 소유권자에게 반환하고 발견자는 소유권자에 대하여 보상금청구권을 행사할 수 있다(유실물법 제13조·제14조). 공고 후 1년 이내에 소유권자가 나타나지 않는 경우에는 발견자가 매장물의 소유권을 취득한다. 다만, 타인의 토지 기타 물건으로부터 발견한 매장물은 그 토지 기타 물건의 소유자와 발견자가 절반하여 취득한다(민법 제254조).

첨부
添附

부합·혼화·가공을 총칭하는 개념으로, 소유자가 다른 두 개 이상의 물건이 결합하여 사회통념상 분리하는 것이 불가능해지거나(부합, 혼화) 물건과 이에 가하여진 노력이 결합하여 사회관념상 분리하는 것이 불가능하게 된 때(가공), 이를 원래대로 회복시키는 것이 물리적으로 가능하다 하더라도 사회경제상 대단히 불리하므로 복구를 허용하지 않고 그것을 하나의 물건으로 어느 누구의 소유에 귀속시키려는 제도를 말한다. 즉 어떤 물건에 다른 물건을 결합시키거나 노력을 가하여 한 개의 물건이 만들어졌을 때 이를 분리하면 성질이 파괴되거나 과다한 비용을 요하는 경우에 어느 한쪽에게 소유권을 인정하는 제도이다.

부합
附合

소유자를 달리하는 여러 개의 물건이 결합하여 한 개의 물건이 되는 것을 말한다. 예를 들어, 甲의 구두에 뒷굽을 덧붙인다든가, 甲의 반지에 보석을 박는다든가 하는 경우와 같이 소유자를 달리하는 두 개 이상의 물건이 어떠한 이유로 결합하여 사회경제적으로 보아 분리하는 것이 불가능하게 되는 것으로, 첨부의 한 형태이다. 구두에 뒷굽을 덧붙이는 것과 같이 동산과 동산이 부합한 때에는 양자 간에 주종의 구별이 있으면 주된 동산(구두)의 소유자를 전체의 소유로 하고, 주종의 구별이 없으면 각각 가액의 비율로 양소유자의 공유

로 한다(민법 제257조). 동산과 부동산이 부합한 때에는 원칙적으로 부동산의 소유자를 전체의 소유자로 하고 동산의 소유자는 소유권을 잃는다(민법 제256조 본문). 그러나 동산의 소유자가 권원에 따라(부동산의 임차인 등의 승낙을 얻어) 부동산에 부속시킨 경우 그 부속시킨 것이 독립성을 가지는 때에는 각자의 소유에 속한다(민법 제256조 단서). 토지에 심은 수목은 위와 같이 보고 있으나, 판례는 농작물에 관해서만은 아무런 권원 없이 다른 사람의 토지에서 경작·재배한 농작물의 소유권은 토지의 소유권자에게 있지 않고 항상 경작·재배자에게 있다고 한다. 부합으로 소유권을 취득한 자는 소유권을 잃은 자에 대하여 부당이득에 관한 규정에 따라 보상하여야 한다(민법 제261조).

가공
加工

타인의 동산에 인위적인 노력을 가하여 새로운 물건을 만들어내는 것을 말한다. 甲 소유의 가죽을 乙이 자기의 것이라고 잘못 생각하여 구두를 만들었거나, 丙 소유의 산에서 丁이 나무를 몰래 베어 이를 목재로 사용한 경우와 같이 타인의 동산에 노동력을 들여 새로운 물건을 만들어내는 것으로 첨부의 한 형태이다. 가공으로 완성한 물건은 원칙적으로 원재료의 소유자에게 속한다(민법 제259조1항 본문). 즉 구두는 甲의 것으로, 재목은 丙의 것으로 된다. 다만, 예외로서 甲 소유의 종이에 화가 乙이 그림을 그린 경우와 같이, 가공의 결과 완성된 물건의 가치가 재료의 가치보다 현저하게 높을 때에는 완성한 물건(그림)은 가공자 乙의 것이 된다(민법 제259조1항 단서). 완성한 물건의 소유권을 취득한 甲은 乙에게 부당이득을 반환하여야 한다. 가공의 규정은 위와 같이 계약관계가 없는 사람 상호 간에만 적용하고, 사용인을 고용하거나 위탁가공으로 자기의 재료로 물건을 만들게 하는 경우에는 각각 그 계약에 정하여진 것에 따른다.

혼화
混和

곡물, 금전 등이 서로 혼합하거나 술, 기름 등이 서로 융화하는 것처럼 물건이 동종의 다른 물건과 섞여서 원물을 식별할 수 없게 되는 것을 말한다. 민법은 혼화를 동산 간의 부합의 일종으로 보고 부합에 관한 규정을 준용하도록 하고 있다(민법 제258조, '부합' 항 참조).

공유
共有

여러 사람이 1개의 물건에 대하여 1개의 소유권을 분량적으로 분할하여 소유하는 것이다. 2인 이상의 사람이 동일한 물건을 공동으로 소유하는 형태를 공동소유라고 하지만 그중에서도 가장 일반적인 것이 공유이다(민법 제262조 이하). 예를 들면 甲·乙·丙이 출자하여 한 필의 토지를 매수한 경우에는 원칙적으로 그 토지는 3자의 공유가 된다. 甲·乙·丙은 모두 토지소유권을 행사할 수 있지만 단독으로 소유하는 경우와 달라서 각자의 지분권에 해당하는 부분에 한해서만 소유권을 행사할 수 있다. 甲·乙·丙이 내부적으로 사용·수익의 비율을 정하고 있으면(**지분의 비율**) 그에 따라 사용·수익하나, 그러한 정함이 없으면 그 비율은 균등한 것으로 추정한다(민법 제262조2항). 공유물의 조세공과금도 지분의 비율에 따라 부담한다. 공유물의 보존행위(수리 등)는 각 공유자가 단독으로 할 수 있으나, 기타 관리행위(공유물의 이용방법을 정하는 것 등)는 공유자의 지분의 과반수로 결정한다(민법 제265조). 공유물을 변경하거나 처분하는 경우에는 공유자 전원의 동의가 필요하다(민법 제264조). 공유물에 침해를 입히는 자가 있는 경우에는 그 침해자가 공유자 중 한 명이거나 공유자가 아닌 자라도 각 공유자는 단독으로 침해의 배제를 청구할 수 있다. 공유자는 원칙적으로 언제든지 공유관계를 끊고 공유물의 분할을 청구할 수 있다. 분할은 우선 전원 협의에 의하여 이루어진다(민법 제268조·제269조). 현물을 분

할하든지(현물분할), 매각하여 대금을 나누든지(대금분할), 한 사람이 현물을 받고 다른 사람이 그 가격의 일부를 수취하는 것으로 하든지(가격배상) 상관없다. 협의가 성립되지 아니한 때에는 법원에 분할을 청구할 수 있다(**공유물분할청구권**, 민법 제269조). 법원은 원칙적으로 현물분할을 하여야 하지만, 현물분할이 불가능하거나 현물분할을 하면 현저하게 가치가 떨어질 우려가 있을 때에는 경매하여 대금을 분할한다.

합유
合有

공동소유의 한 형태로 공유와 총유의 중간 형태에 해당하는 것이다(민법 제271조). 공유와 다른 점은 공유에는 각 공유자의 지분을 자유롭게 양도할 수 있고, 또 공유자의 누군가가 분할할 것을 희망하면 분할하여야 하는데, 합유에서는 각자가 지분을 가지고 있어도 자유롭게 양도할 수 없으며, 분할도 인정되지 않고 제한된다는 점이다(민법 제273조). 공유는 말하자면 편의상 일시 공동소유의 형식을 가진 것으로 개인적 색채가 강하나, 합유는 공동의 목적을 위하여 어느 정도 개인적인 입장을 구속하는 것이다. 그러나 각자가 지분을 가지고 있는 점에서 총유보다는 개인적 색채가 강하다.

총유
總有

법인 아닌 사단의 사원이 집합체로서 물건을 소유하는 공동소유의 형태로(민법 제275조) 물건의 관리·처분의 권한은 단체에 속하고, 그 물건을 사용·수익하는 권한은 각 단체원에 속하는 것으로 공동소유형태 중 가장 개인적인 색채가 약하다. 즉 총유자 개인은 지분을 가지지 아니하고 분할을 청구할 수도 없다. 이 단체의 구성원 자격을 얻으면 물건을 사용·수익하는 권능(權能)을 취득하지만, 자격을 잃으면 당연히 권능도 잃는다. 자격의 취득·상실과 구성원의 사용·수익의 방법 등은 단체의 규약으로 정한다.

[공유, 합유, 총유의 비교]

구분	공유	합유	총유
인적 결합	우연한 결합	조합	법인격 없는 사단
세계관	개인주의	절충주의	단체주의
지분	○	×	×
지분 처분	자유	전원동의 시 가능	지분 없음
분할 청구	자유 원칙 (단, 제215조·제239조 예외)	제한원칙	불가
처분·변경	전원동의		사원총회 의결
보존 행위	단독 (제265조)	단독 (제272조)	
연원	로마법	게르만법	

지분권
持分權

공유물에 대한 1개의 소유권을 여러 명에게 분할하는 비율을 지분이라 하며, 이러한 1개의 소유권을 분할하는 구성권을 지분권이라고 한다. 지분권은 공동소유관계에서 제한된 소유권이므로 권리의 성질이나 효력은 모두 소유권과 같다고 해도 좋다(지분권의 처분·상속·등기 등). 합유상태에서 지분권의 처분은 일정한 제한이 있다. 공유자의 한 사람이 지분권을 포기하거나 상속인 없이 사망한 경우, 지분권은 다른 공유자에게 지분의 비율에 따라 귀속한다(민법 제267조). 각 공유자는 지분권에 따라 다른 공유자에게 지분권의 등기를 청구하거나(단독소유의 등기가 되어 있는 경우 등), 물상청구권을 행사(마음대로 공유물을 전부 사용하고 있는 경우 등)할 수 있고, 제3자에 대하여도 보통의 소유권자와 같이 등기를 청구하거나 물상청구권을 행사할 수 있다.

준공유
準公有

소유권 이외의 재산권을 여러 명이 공동으로 소유하는 경우이며, 준공유자에게는 공유의 규정을 준용한다(민법 제278조). 따라서 공유와 준공유와의 차이는 권리의 내용이 소유권인가 소유권 이외의 재산권인가에 있다고 할 수 있으나, 소유권 이외의 물권이나 무체재산권에는 전면적인 준용을 인정하지만, 채권의 준공유는 다수 당사자의 채권에 관한 규정(특히 불가분채권 규정)을 우선적용한다. 준공동소유에도 공유에서와 같이 준공유·준합유·준총유가 있다. 준공유를 인정하는 재산권에는 지상권·전세권·지역권·저당권 등의 물권과 주식·특허권·광업권 등이 있다.

용익물권

제한물권
制限物權

물건을 한정된 목적으로만 이용할 수 있는 물권이다. 제한물권은 크게 건물을 세울 목적으로 토지를 사용할 지상권 등과 같은 용익물권과 담보의 목적으로 물건을 지배하는 담보물권으로 나뉜다. 소유권은 물건을 전면적으로 지배하여 자유롭게 이용할 수 있는 권리임에 반하여, 제한물권은 어떤 특정의 목적으로 일시적으로 물건을 지배하는 권리임에 지나지 않는다. 그런 의미에서 소유권에 대응하는 개념이며, 소유권의 권능 일부를 제한하므로 '제한물권'이라 부른다.

용익물권
用益物權

타인의 토지를 일정한 범위에서 사용·수익할 수 있는 권리를 말한다. 담보물권과 함께 제한물권의 일종이다. 민법에서는 지상권, 지역권, 전세권을 규정하고 있으며 기타 법률에서 규정하는 광업권, 어업권 등도 용익물권의 성질이 있다. 민법은 소유권을 절대의 권리로 하고 용익물권은 한정된 범위에서 일시적으로 행사하는 물권이라고 하고 있으나, 최근에는 토지를 실제로 이용하고 있는 자를 더욱 두텁게 보호하여야 한다는 취지에서 용익물권을 강화하는 추세이다.

지상권
地上權

타인의 토지에 건물이나 공작물이나 수목을 소유하기 위하여 그 토지를 사용하고자 하는 권리를 말한다. 지상권은 크게 법정지상권과 관습법상의 지상권으로 나뉘는데, 전자에는 전세권상의 지상권(민법 제305조), 저당권상의 지상권(민법 제366조), 입목법상의 지상권(입목에 관한 법률 제6조), 가등기담보상의 지상권(가등기담보 등에 관한 법률 제10조)이 있고, 후자에는 분묘기지권(墳墓基地權) 등이 있다. 이러한 지상권은 특히 토지임차권과 관련하여 구별의 실익이 있는데, 양자 모두 사용수익권과 매수청구권이 인정된다는 점에서는 동일하나, 전자는 물권이고 후자는 채권이라는 점 말고도 등기의 효력·지료(地料)의 성질·존속기간 등에 차이가 있다. 지상권의 존속기간은 당사자가 자유로이 정할 수 있으나 최단기간의 제한이 있어 견고한 건물(석조·석회조·연와조)이나 수목의 소유를 목적으로 한 경우에는 30년, 그 외의 건물의 경우에는 15년, 건물 외의 공작물의 경우에는 5년 이하로 지상권을 설정할 수 없다(민법 제280조). 당사자가 기간을 정하지 아니한 경우에는 위의 최단존속기간으로 한다. 지상권자가 약속한 지료를 2년 이상 지급하지 않을 때에는 지주는 지상권의 소멸을 청구할 수 있다(민법 제287조).

[지상권·임차권·전세권]

법정지상권
法定地上權

토지와 건물이 동일인에 속하는 상태에서 건물에만 제한물권이 설정되었다가 나중에 토지와 건물의 소유자가 달라진 경우에 건물소유자를 보호하기 위하여 법률로 인정하는 지상권을 말한다. 법률상 당연히 성립하는 지상권(관습법상 지상권을 포함)이므로 등기 없이 성립하는 물권이다(민법 제187조). 법정지상권은 민법상 전세권에 의한 경매실행의 경우(민법 제305조)와 저당권의 실행(민법 제366조)에 의한 경우가 있다. 반면 판례가 인정하는 '관습법상의 법정지상권'은 토지와 건물이 동일소유자에게 속하였다가 토지이용권에 관한 합의 없이 매매 등으로 토지와 건물소유자가 달라진 경우에 지상권의 성립을 인정하는 것이다.

분묘기지권
墳墓基地權

타인의 토지 위에 분묘를 소유하기 위해 분묘의 기지부분의 토지를 사용할 것을 내용으로 하는, 관습으로 인정되는 지상권 유사의 물권을 말한다. 판례는 ① 토지소유자의 승낙을 얻어 분묘를 설치한 경우 ② 토지소유자의 승낙 없이 분묘를 설치한 때에는 20년간 평온·공연하게 분묘를 점유한 경우(분묘기지권의 시효취득) ③ 자기 소유의 토지 위에 분묘를 설치한 후 그 분묘기지에 대한 소유권을 유보하거나 분묘이전의 약정 없이 토지를 처분한 경우에 분묘기지권을 인정한다. 특히 분묘기지권은 이미 설치되어 있는 분묘를 소유하기 위해서만 주장할 수 있다. 즉 새 분묘를 설치하거나 다른 용도로 토지를 사용할 수 없다. 분묘기지권의 존속기간은 약정이 없는 경우에는 권리자가 분묘의 수호와 봉사를 계속하고 있는 한, 즉 분묘가 존속하는 동안 계속된다.

구분지상권
區分地上權

건물 기타 공작물을 소유하기 위해 타인 토지의 지상이나 지하의 공간에 범위를 정하여 사용하는 지상권의 일종이다(민법 제

289조의2). 민법은 토목기술의 발달과 도시의 과밀화, 지가의 상승 등으로 토지의 입체적 이용의 필요성이 커짐에 따라 토지소유자의 토지이용을 전면적으로 배제하지 않고 지상이나 지하의 일정한 범위만 이용을 제한하면서(가령 지하철이나 지하상가의 경우와 같이) 나머지 부분은 토지소유자가 그대로 사용할 수 있도록 구분지상권제도를 신설하였다. 구분지상권을 설정하려면 당사자 사이의 합의와 등기를 하여야 함은 보통의 지상권과 같다. 그 밖에도 구분지상권을 설정하려면 토지의 상하의 범위를 등기하여야 하고, 토지 위에 다른 배타성 있는 용익물권이 없어야 한다. 구분지상권자는 토지의 '어떤 층'만 사용할 권리가 있을 뿐이고 나머지는 토지소유자에게 사용권이 있다. 이 경우 토지소유자의 사용권을 제한하는 특약을 정할 수 있고, 이 제한사항을 등기하면 구분지상권자는 토지소유자나 제3자에게 대항할 수 있다(부동산등기법 제69조). 그러나 구분지상권은 보통의 지상권과는 달리 토지소유자의 토지사용을 전면적으로 배제할 수는 없다. 구분지상권의 지료는 당사자의 합의나 법원에 의하여 정하여진다(그러나 지하철도 건설을 위한 구분지상권 설정은 「도시철도법」 제9조에서 위임한 대통령령에 따라 지하의 깊이를 기준으로 차등있게 정하도록 규정하고 있다).

지료
地料

지상권자가 토지를 사용하면서 토지소유자에게 지급하는 대가를 말한다. 지료는 당사자의 합의로 정하고 등기하여야 물권적 효력이 생긴다(부동산등기법 제69조). 지료가 당사자의 합의로 정해진 후라도 물가변동 등 사정이 변경된 경우에 당사자는 **지료증감청구권**(地料增減請求權)을 행사하여 지료를 변경할 수 있다(민법 제286조). 또 지상권자가 2년 이상 지료를 체납한 때에는 토지소유자는 지상권의 소멸을 청구할 수 있다(민법 제287조).

지역권
地役權

설정행위에서 정한 일정한 목적을 위하여 타인의 토지(승역지)를 자기의 토지(요역지)의 편익에 이용하는 용익물권(민법 제291조)을 말한다. 지역권은 요역지의 편익을 위해 승역지에 설정하는 권리로 주로 통행·인수를 위한 권리를 의미한다. 지역권은 **요역지**(편익을 받는 토지)의 이용가치를 높이는 것이어야 한다. 곧 초학인 요역지 소유자가 **승역지**(편익을 주는 토지) 소유자와 승역지에서 채집하여도 좋다는 약속을 했다 하여도 그것은 요역지 소유자의 개인적 이익을 위한 **인역권**(人役權)에 해당하는 것이지 지역권은 아니다.

지역권은 2개의 토지 사이의 이용 조절을 목적으로 한다는 점에서 상린관계와 비슷하나, 상린관계가 최소한도의 이용 조절을 목적으로 법률상 당연히 생기는 것임에 대하여, 지역권은 원칙적으로 계약으로 설정한다.

[지역권과 상린관계]

구 분	지역권	상린관계
발생 원인	당사자 간의 계약	법률의 규정
성질	소유권에 독립한 물권	소유권의 내용
기능	인접토지의 고도의 이용 조절	인접토지의 최소한도의 이용 조절
인접성	불요	필요
소멸시효	20년	소멸시효에 걸리지 않음

지역권의 취득은 일반적으로 단독행위이지만, 설정계약에 의한 취득으로 ① 설정계약과 등기 ② 유언·양도·상속 ③ 요역지의 소유권이나 사용권의 이전에 수반하여 이전(민법 제292조1항)한다. 또 시효로 취득하는 것도 가능하다. 다만, 시효로 취득할 수 있는 지역권은 '계속되어 표현하는 것', 즉 지역권의 행사가 끊임없이 외부에서 보이는 것이어야 한다.

특수지역권
特殊地役權

어느 지역의 주민이 집합체의 관계로 각자가 타인의 토지(임야 등)에서 퇴비·가축 사료를 채취하거나, 토사의 채취·방목 기타의 수익을 하는 권리를 말한다(민법 제302조). 특수지역권은 자연경제시대의 농촌생활에서 지역주민이 토지수용권을 준총유(準總有)하는 관계에서 입법화한 것이다. 특수지역권은 토지소유자의 소유권 행사를 배제하는 것이 아니라 토지소유자에게 단지 편익을 제공할 의무를 부담지우는 권리이므로 지역권과 비슷하다. 그러나 지역권에서 편익을 받는 것이 '토지'임에 반하여, 특수지역권에서는 '어느 지역의 주민'이 편익을 받는다. 따라서 특수지역권은 **인역권**(人役權)의 일종으로 이해하기도 한다. 지역주민이 준총유의 형태로 특수지역권을 취득하는 원인은 관습이나 계약이다. 이때 주민 각자의 수익권은 주민의 지위에 따라 변경하고, 양도나 상속은 인정하지 않는다.

인역권
人役權

어떤 편익을 위하여 타인의 동산이나 부동산을 이용하는 권리이다. 예를 들어 남의 토지에서 운동을 한다든가 남의 배 위에서 낚시를 한다든가 하는 것이다. 인역권은 로마법에 기원을 두고 있으며 우리 민법은 명문으로 인정하지 않는다.

지역권의 위기
地役權의 委棄

계약으로 승역지 소유자가 자기 비용으로 지역권을 행사하려고 공작물을 설치·수선하는 경우에 승역지 소유자의 특별승계인도 이러한 설치·수선의무를 부담한다. 이러한 경우에 민법은 승역지 소유자가 지역권에 필요한 부분의 토지소유권을 지역권자에게 양도하여 공작물의 설치·수선의무를 지지 않도록 규정하고 있는데, 이를 '지역권의 위기'라 한다(민법 제299조). 여기서 **위기**란 '버리고 다시 돌보지 않는다'는 의미로 구법의 용어를 그대로 옮겨 놓은 것이다.

전세권
傳貰權

전세권자가 전세금을 지급하고 타인의 부동산을 점유하여 그 부동산의 용도에 좇아 사용·수익하는 용익물권이다(민법 제303조 이하). 기존의 임대차와 비슷한 계약으로 행하여 오던 것을 물권화한 것이다. 전세권은 임대차에 의한 임차권과 비슷하나 물권과 채권이라는 본질적인 차이가 있다. 전세권은 직접 목적부동산을 지배할 수 있으며, 제3자에 대하여도 언제나 대항할 수 있다. 따라서 부동산의 소유자가 목적부동산을 양도하더라도 전세권자는 새로운 소유권자에게 대항할 수 있으며, 처분의 자유가 인정되어 양도·임대·**전전세**(轉傳貰)가 가능하다. 또 전세권은 '담보물권적'인 성질도 가지고 있는데, 전세권자는 전세금 반환을 위해서 목적부동산에 대하여 경매권과 우선변제권을 행사할 수 있다. 그러나 전세권은 물권으로서 등기를 필요로 하며, 당사자 외에도 누구에게나 주장할 수 있는 권리이다. 그러다보니 실제로는 소유자가 전세권설정을 꺼려해 많이 이용되지 않고 채권인 임대차가 많이 이용되고 있다(주택임대차보호법에 의한 임차권은 채권이지만 주민등록 등의 일정한 요건을 갖추면 전세권의 내용과 비견되는 효력이 생겨 임차인을 보호하게 된다. 자세한 것은 '주택임대차보호법' 항 참조).

전전세
轉傳貰

전세권자가 자기의 전세권 위에 타인에 대한 전세권을 설정하는 것을 말한다. 전세권자는 전세계약 당시 전전세를 금지한다는 특약을 하지 않는 한 전세권설정자인 부동산 소유자의 동의 없이 전전세를 설정할 수 있으나(민법 제306조), 부동산 소유자에게 전전세로 인한 손해배상책임을 진다(민법 제308조). 예를 들어, 전세권자 甲이 집주인 乙(전세권설정자)의 동의 없이 丙(전전세권자)에게 다시 전세금을 받고 전세를 주었는데, 丙의 과실로 부동산에 화재가 발생하였다면 甲이 집주인인 乙에게 화재에 대한 책임을 진다. 물론 乙은 다시 丙에게 책임을 물을 수 있다.

담보물권

담보물권
擔保物權

목적물을 채권의 담보로 제공하는 것을 목적으로 하는 물권을 말한다. 채무자의 책임재산은 채권실현을 위한 최후의 거점이 된다. 그러나 채권은 채권자 평등의 원칙의 적용을 받으므로, 채권자는 채무자의 책임재산으로부터 채권의 만족을 얻지 못하는 경우가 생긴다. 이를 대비하여 자기채권의 실현을 확보하는 제도가 담보제도이다. 담보에는 크게 인적 담보와 물적 담보가 있는데, 전자에는 보증채무·연대채무 등이 있고, 후자가 바로 여기서 설명하는 담보물권이다.

담보물권에는 채권자와 채무자가 미리 약속하여 성립하는 **약정담보물권**(約定擔保物權)과, 특수한 채권에 대하여는 법률에 의하여 당연히 성립하는 **법정담보물권**(法定擔保物權)이 있다. 민법은 전자에 속하는 것으로 질권과 저당권을, 후자에 속하는 것으로 유치권을 규정하고 있다. 담보물권의 목적이 되는 재산은 특정한 재산이어야 한다. 또 그 재산은 채무자의 소유물이 아니어도 좋다. 즉, 채무자의 친구·친척 등이 채무자를 위하여 담보물을 제공할 수도 있다(이를 **물상보증인**이라 한다).

담보물권은 채권자가 자기의 채권을 확보하기 위한 물권이지만 그 채권의 확보방법은 두 가지가 있다. 하나는 채무자가 변제하지 않는 경우에 채권자가 담보물을 경매하여 그 대금에서 우선변제를 받는 방법이고, 또 하나는 담보물을 채권자의 수중에 두어 채무자가 변제

[전세권과 임차권의 비교]

구 분	전 세 권	임 차 권
공통점	• 목적물을 타인에게 사용·수익시키고 일정기간이 경과한 후 반환받을 수 있음 • 전세권자와 임차권자 모두 목적물에 투입한 비용을 상환받을 수 있음 • 임차권자나 전세권자의 고의·과실로 목적물을 훼손하는 등의 사유가 있으면 임대인과 전세권설정자가 임차권과 전세권을 소멸시킬 수 있음 • 둘 다 부속물매수청구권이 있음	
차이점	목적물을 직접 지배할 수 있는 물권	임대인에 대하여 목적부동산을 사용·수익하게 해줄 것을 청구할 수 있는 권리
	등기가 성립요건	등기 불요
	설정자의 동의 없이 전세권의 양도, 전대할 수 있음	임차권을 양도, 전대하려면 임대인의 동의 필요
	존속기간이 최단 1년(건물), 최장 10년	민법상의 임차권은 최단기간 제한이 없고, 최장기간은 20년임(주택임대차보호법상의 임차권은 최단기간이 2년이고, 최장기간은 제한 없음)
	전세권자에게는 전세금반환청구권을 확보하기 위해서 전세금반환지체의 경우 목적부동산을 경매하여 우선변제를 받을 수 있음	임차권자에게는 목적물의 경매권이 없음
	필요비 청구 불가	필요비 청구 가능(왜냐하면 유지·수선의무가 임대인에게 있으므로)
	파산은 소멸사유가 아님	파산은 소멸사유임

를 하지 않는 한 이를 반환하지 않는 것으로 간접적으로 변제를 촉구하는 방법이다. 전자에는 저당권이, 후자에는 유치권이 있으며, 질권은 양자에 다 해당한다.

담보물권은 일반적으로 다음과 같은 성질을 가진다. ① **부종성**(附從性) : 채권이 없으면 담보물권도 성립하지 아니하고 또 채권이 소멸하면 담보물권도 소멸한다. 담보물권이 '채권의 담보'라는 목적으로 존재하기에 그 권리에서 나오는 당연한 성질이다. 그러나 금융거래가 성행하면서 채권이 아직 발생하지 않으나 장래 발생할 것이 확실한 경우에 미리 담보물권을 설정하여 둘 필요가 있다. 판례나 학설은 점차 이 요청을 받아들여 부종성을 상당히 완화하는 추세이다. 약정담보물권인 질권과 저당권이 그러하다. 그러나 유치권은 부종성을 엄격하게 요구한다. ② **수반성**(隨伴性) : 담보물권은 채권을 담보하는 것이므로 채권을 양도하면 원칙적으로 담보물권도 이에 따라 이전한다. ③ **불가분성**(不可分性) : 채권 전부의 변제를 받을 때까지는 담보물권은 소멸하지 않는다. 예컨대 100만원의 채권 중에 이미 90만원을 변제받았어도 담보물권은 채권 전부에 존속한다. ④ **물상대위성**(物上代位性) : 담보의 목적물이 매각·임대·멸실·훼손되어 소유자가 매각대금, 임료, 손해배상, 보험금 등의 청구권을 취득하는 경우에는 담보물권은 이러한 청구권 위에 그대로 존속한다. 이러한 청구권은 본래의 담보물의 가치를 대표하는 것이기 때문이다. 다만, 유치권에는 이러한 성질이 없다.

유치권
留置權
타인의 물건이나 유가증권을 점유하고 있는 자가 그 물건에 관하여 생긴 채무의 변제를 받을 때까지 그 물건이나 유가증권을 유치할 수 있는 권리이다(민법 제320조~제328조). 보통 '유치'란 사람이나 물건을 일정한 지배 아래에 두는 것이다. 물론 민법에서 말하는 유치에 사람은 해당하지 않는다. 예를 들면 시계수리사는 수리대금을 받기까지 수리한 시계를 유치하여 그 반환을 거절할 수 있다. 채무자는 수리대금을 지급하지 않는 한 시계의 반환을 받을 수 없으므로, 유치권은 간접적으로 수리대금의 지급을 강제할 수 있는 역할을 한 것이다. 이러한 유치권의 역할을 **유치적 작용**(留置的 作用)이라 한다. 유치권은 물건에 관하여 생긴 채권에 대하여 법률상 당연히 발생하는 담보물권이지만 '물건에 관하여 생긴 채권'이라고 할 때는 위의 시계 수리대금의 경우 외에 매매대금이나 서로 모자를 잘못 바꿔서서 모자의 반환을 청구하는 경우도 해당한다. 또 상거래에서 채권이 물건에 관하여 생긴 것이 아니라 하더라도 유치권이 생기기도 한다(상법 제58조, '상사유치권' 항 참조).

유치권자가 적극적으로 유치물을 경매할 수 있는가 하는 것이 문제되고 있으나, 다른 채권자가 그 물건을 매각(경매)하여 매각인[경락인(競落人)]이 결정되어도 매각인은 먼저 유치권자에게 그 채권액을 매각대금에서 우선하여 지급하지 않으면 그 물건을 취득할 수 없으므로 유치권자도 우선하여 변제를 받을 수 있다.

질권
質權
채권자가 채권의 담보로서 채무자의 물건을 수취하여 채무자가 변제할 때까지 수중에 두고, 변제하지 않은 때에는 그 물건에서 우선하여 변제를 받을 수 있는 담보물권을 말한다(민법 제329조~제344조). 이때 채무자의 물건에는 제3자(물상보증인)의 물건도 포함된다. 질권은 질물을 수중에 가지고 있음으로 해서 간접적으로 변제를 촉구하면서 만일의 경우에도 그 물건에서(원칙적으로 매각하여) 우선변제를 받을 수 있다는 효과가 있다. 채권자로서 질물을 취득한 사람을 질권자, 질물을 제공한 사람을 질권설정자(質權設定者)라 한다.

질권은 저당권과 같이 약정담보로서 금융을 얻는 수단으로 쓰인다. 그러나 질권은 목적물을 채권자의 손에 넘기므로 채무자가 이를 이용하여 수익을 높이는 물건(기계·생활도구)을 담보로 삼고 금융을 얻으려는 경우에는 양도담보, 매도담보, 포괄저당권을 이용한다. 이에 반하여 보석반지 등과 같이 채무자에게 매일 꼭 필요한 물건은 아니지만 교환가치가 큰 물건에 대하여는 질권을 널리 이용한다.

질권에는 그 목적물에 따라 동산질과 권리질이 있다. 동산질은 서민금융의 수단으로 자주 쓰이고 있고 역사적으로도 가장 인연이 깊은 것이나, 최근에는 권리질도 발달하여 은행금융 등에서 중요한 작용을 하고 있다. 질권은 질권자와 질권설정자와의 계약으로 성립하는 전형적인 **요물계약**이다. 질권이 담보하는 채권의 범위는 원금, 이자, 위약금, 질권실행·보존비용, 손해배상액에 미친다.

질권자는 질물소유자의 승낙 없이 유치한 물건을 사용·수익할 수 없다. 질권자가 우선하여 변제를 받으려면 매각(경매)의 규정에 따르는 것이 원칙이나, 동산질과 권리질에는 특별한 환가방법을 인정하고 있다. 그러나 채권자가 질물의 소유권을 취득하여 채권을 만족시키는 변제수령방법(유질)은 허용되지 않는다.

입질
入質
동산이나 유가증권 등을 담보로 하여 금전을 빌려주는 행위로서, 동산담보에 대한 우리 전래의 용어는 **전집**(典執)이었던 것이 일제 때 일본 민법을 의용(依用)하고 또 우리 민법을 제정하는 과정에서 질입(質入) 또는 입질로 바뀌었다.

유질
流質
채무자가 변제기에 채무를 이행하지 않는 경우에 채권자가 질물의 소유권을 취득하든가 혹은 채권자가 질물을 마음대로 팔아서 그 매매대금을 우선하여 채권변제에 충당하는 것을 말한다. 과거에는 유질을 질물에서 우선변제를 받는 보통의 방법으로 생각하였으나, 유질을 함부로 허용하면 채무자의 경제적 곤란으로 부당하게 고가(高價)의 질물을 빼앗기는 경우가 생기기 때문에 민법은 질권설정계약이나 그 후 변제기 전의 다른 계약으로 유질계약체결을 금지하고 있지만, 상사관계(상법 제59조)에서는 유질계약을 허용하고 있다.

전질
轉質
질권자가 다시 한 번 질권을 설정하는 것, 즉 질권자가 질권을 가지고 다른 채권의 담보로 제공하는 경우를 말한다. 전질에는 **책임전질**과 **승낙전질**이 있다. 전자는 최초의 질권자가 질권설정자의 승낙을 얻지 않고 질권자 스스로의 책임으로 전질하는 것을 말하고, 후자는 질권자가 질물소유자의 승낙을 얻어서 자기의 채권담보를 위하여 자기가 점유하는 질물을 입질하여 자기의 질권보다 우선적 효력을 갖는 새로운 질권을 설정하는 전질을 말한다.

동산질
動産質
동산을 목적물로 하는 질권을 말한다(민법 제329조). 목적물을 질권자에게 인도하지 않으면 성립하지 않는 것은 다른 질의 경우와 같으나, 동산질의 경우에는 목적물을 계속 점유하지 않으면 제3자에게 대항할 수 없다. 질권자가 질물의 점유를 잃어버린 때에는 점유회복의 소나 질권 자체에 기한 물권적청구권을 행사하여 질물을 찾을 수 있다. 질권에 기한 물권적청구권(物權的請求權)의 요건이나 내용은 소유권에 기한 물권적청구권에 준하여 생각하면 된다. 채무자가 변제기에 변제하지 않는 때에는 질권자는 질물에서 우선하여 변제를 받을 수 있으나 그 방법은 경매에 의하는 것이 원칙이다(민법 제338조1항). 그러나 가격이 적은 질물까지도 정식으로 매각(경매)을 하면 비용이 많이 들기 때문에 법원에 청구하여 감정인에게 평가시켜 변제에 충당하는 간단한 환가방법도 있다(**간이변제충당**, 민법 제338조2항).

권리질
權利質

물건 이외의 재산권을 목적으로 하는 질권을 말한다(민법 제345조~제355조). 물건에 성립하는 것이 아니라 채권이나 주권(株權)과 같은 권리에 성립하는 질권이다. 원래 질권은 물건에 대하여 인정된 제도이나, 각종의 권리가 하나의 재산으로 경제적으로 중요한 의미를 가지게 됨에 따라 물건을 질에 넣는 것과 같이 권리를 질에 넣는 것도 인정되었다. 현재 권리질은 은행금융 등에서 중요한 작용을 하고 있다. 권리질의 목적이 될 수 있는 권리는 양도와 환가할 수 있는 것이어야 한다. 또 부동산의 사용·수익을 목적으로 하는 권리는 안 되므로(민법 제345조 단서), 지상권·전세권·부동산임차권 등은 권리질의 목적이 되지 못한다. 그 밖에 소유권·지역권·광업권·어업권 등도 성질상 목적이 될 수 없다. 따라서 채권과 주주권이 가장 중요하지만 무체재산권(지식재산권) 등에도 성립한다. 권리질은 목적물을 점유해서 심리적 압박을 가하는 유치적 작용은 적으나, 목적물에서 우선변제를 받는다는 점에서는 유체물의 질과 같다. 그러나 민법과 상법은 그 성질상 성립요건이나 대항요건 등에서 보통의 질과 다른 취급을 규정하고 있다(권리질의 실행방법으로는 채권의 직접청구와 민사집행법이 정하는 집행방법이 있다).

채권질
債權質

권리질 중에서 채권을 목적으로 하는 질권을 말한다. 채권은 원칙적으로 양도성을 가지며(민법 제449조), 추심·환가에 의하여 피담보채권을 만족시키기에 적합하므로 채권질은 대표적인 권리질이다. 채권질이 성립하려면 질권설정의 합의와 공시방법을 갖추어야 한다. 즉 채권증서가 있으면 이를 질권자에게 내주어야 한다(민법 제347조). 이때 지명채권은 확정일자 있는 증서이어야 하고(민법 제349조1항·제450조), 지시채권은 증서에 배서하여야 하며(민법

제350조·제508조), 저당권부채권은 저당권의 등기에 질권의 부기등기를 하여야 한다(민법 제348조, 부동산등기법 제76조). 채권질의 효력은 입질된 원본채권과 이자채권 및 이들에 관한 인적·물적 담보 모두에 미친다. 한편, 법률상 담보제공을 금지하는 채권(근로자의 보험급여수급권, 산업재해보상보험법 제88조 2항)이나 법률상 처분을 금지하는 채권(부양청구권, 민법 제979조), 성질상 양도성이 없는 채권(부작위채권), 양도금지특약이 있는 채권(민법 제449조2항)에는 채권질을 설정할 수 없다.

법정질권
法定質權

법정질권은 임대인이 임차인에 대해서 가지는 차임 기타 임대차관계로 생긴 채권을 보호하기 위하여 법률의 규정에 의해 당연히 발생하는 질권이며, 그 법적 성질은 당사자 간의 계약에 의해 성립하는 보통의 질권과 같다. 법정질권은 ① 토지임대인이 임대차에 관한 채권에 의하여 임차지에 부속 또는 그 사용의 편익에 공용한 임차인의 소유동산이나 토지의 과실을 압류한 경우(민법 제648조), ② 건물 기타 공작물의 임대인이 임대차에 관한 채권에 의하여 그 건물 기타 공작물에 부속한 임차인소유의 동산을 압류한 경우에 성립한다(민법 제650조).

화환
貨換

매매의 목적물을 표상하는 운송증권을 그 어음채권의 담보로 첨부한 것으로, '화환어음'이라고도 한다. 매도인이 은행으로부터 어음의 할인을 얻으면 목적물은 은행을 위해 입질(동산질)된다.

저당권
抵當權

채무자 또는 제3자가 채권담보를 제공한 부동산 기타의 목적물을 채권자가 인도를 받지 아니하고 그 목적물을 관념적으로만 지배하며 채무의 변제가 없는 경우에 그 목적물로부터 우선변제를 받는 권리를 말한다(민법 제356조). 근

대적 저당제도는 저당권의 투자를 매개하는 투자저당권으로서의 성질을 가지지만, 일제(1912년 조선부동산등기령 제1조)의 부동산제도에 기원을 두고 있는 우리 민법의 저당권제도는 단지 특정채권의 담보기능이 주목적일 뿐이다.

저당권은 질권과 같이 약정담보물권(約定擔保物權)으로 금융을 얻을 수단으로 사용된다. 그러나 질권의 경우에는 채권자가 목적물을 점유하여 설정자가 이를 사용하지 못하지만, 저당권은 목적물을 설정자의 손에 남겨서 그 이용에 맡기고, 만일의 경우에 그 효과를 발휘하는 점에서 질권과는 큰 차이가 있다. 이 때문에 공장 등과 같이 설정자가 저당물에서 수익을 얻어 변제에 충당하는 경우에 특히 중요한 작용을 한다. 저당권은 목적물이 설정자의 손에 계속 남아 있는 점에서 제3자에게 목적물에 저당권이 설정되어 있다는 것을 알리는 방법으로 등기나 등록과 같은 일정한 공시방법을 두고 있다.

민법에서는 부동산이 주이며 그 밖에 지상권과 전세권이 저당권의 목적이 될 수 있으나, 동산은 저당권의 목적이 될 수 없다. 그러나 그 후 경제의 발전으로 활용범위가 확대되어 재단저당·동산저당(「공장 및 광업재단 저당법」, 「자동차 등 특정동산 저당법」 등)이라는 특수한 저당권의 분야가 생겼다(각 항 참조).

저당권은 저당권자와 저당권설정자의 설정계약으로 성립하지만 등기를 하지 않으면 제3자에게 저당권의 존재를 주장할 수 없다. 등기를 하면 저당권설정자가 그 후 목적부동산을 제3자에게 양도하여도 저당권을 실행할 수 있다. 또 저당권이 설정되어 있는 부동산에서 지상권이나 임차권을 취득하여도 저당권자에게는 대항할 수 없다. 그리고 하나의 부동산에 둘 이상의 저당권을 설정할 수도 있다. 그런 경우에는 등기의 전후에 따라 순위가 정하여지고, 후순위 저당권자는 선순위 저당권자가 우선변제를 받은 후가 아니면 변제를 받을 수 없다. 예컨대 채무자의 부동산에 甲이 100만원의 채권에 대하여 1번 저당권, 乙이 50만원의 채권에 대하여 2번 저당권을 가지고 있는 경우에 부동산이 120만원에 매각되었다면 매각대금에서 甲은 100만원, 乙은 20만원을 취득한다. 저당권으로 담보된 채권의 액(저당권자가 매각대금에서 우선하여 변제를 받을 수 있는 액)은 질권의 경우와 달라서 제한된다. 즉 원본과 이자는 등기되어 있으면 그대로 담보되나 채무불이행으로 인한 손해배상, 즉 지연배상(지연이자)은 원본의 이행기일을 경과한 후의 1년분에 한한다. 채무자가 변제기에 변제하지 않으면 목적물에서 우선변제를 받는 것이 저당권 본래의 효력이다. 저당권의 실행방법은 매각(경매)이 원칙이나, 저당물을 직접 채권자의 소유로 하거나 다른 매각방법을 약정하더라도 채무자에게 불리한 것으로 무효인 경우(민법 제607조·제608조)에는 「가등기담보 등에 관한 법률」에 따라 처리한다.

근저당
根抵當
계속적인 거래에서 발생하고 소멸하는 불특정다수의 장래채권을 결산기에 계산하여 잔존하는 채무를 일정한도액의 범위 내에서 담보하는 저당권을 말한다(민법 제357조). 단순한 장래의 채권을 위한 저당권과는 달리 피담보채권액이 확정되어 있지 않아 원본채권 자체가 불확정한 상태에 있게 되고, 이러한 피담보채권의 증감변동은 물론 기본적인 법률관계를 전제로 한다. 당좌대월계약, 어음할인대부계약, 상호계산계약 등과 같은 계속적 채권관계를 기본적 법률관계로 하는 경우에 많이 이용된다.

포괄근저당
包括根抵當
기본계약을 특정하지 않은 채 '현재와 장래에 발생할 채권'을 일정한 한도까지 담보하는 근저당의 특수한 형태를 말한다. 특히 은행과의 거래에서 반복·계속되는 다양한 거래마다 별도의 근저당권을 설정하는 번거로움을 피하기 위하여 발달한 제도이다. 이처럼 금융거래에서 널리 이용되는 포괄근저당제도는 기초적인 서래관계조차 특정하지 않고 현재 발생하였거나 앞으로 발생할 모든 채무를 담보하므로 피담보채권이 무한정 확대될 수 있다는 점에서 유효성이 문제된다. 대체로 학설과 판례는 유효하다고 보지만 인정범위를 분명하게 밝히고 있지는 않다(대판 2001.1.19, 2000다44911 참조).

공동저당
共同抵當

동일한 채권을 담보하기 위해 수개의 부동산 위에 저당권을 설정하는 것을 말한다(민법 제368조). 예를 들면, 채권자 甲에게 300만원을 빌리면서 X(시가 300만원), Y(시가 200만원), Z(시가 100만원)라는 3개의 부동산을 모두 저당한 경우에(공동저당을 '**총괄저당**'이라고도 한다), 甲은 X, Y, Z의 어느 것에 대해서도 우선변제를 받을 수 있다. 이처럼 채권자 甲이 저당목적물의 멸실·훼손, 가격의 하락 등에 대비하여 여러 개의 목적물에 위험을 분산시킬 수 있는 이점이 있다.

법정저당권
法定抵當權

토지임대인이 변제기를 경과하고 최후 2년의 차임채권에 따라 토지 위에 있는 임차인 소유의 건물을 압류한 때에는 저당권과 같은 효력이 있는데, 이때 성립하는 저당권을 말한다(민법 제649조). 법률의 규정에 따라 성립하는 저당권이므로 등기 없이도 효력이 있다(민법 제187조 참조).

저당권설정청구권
抵當權設定請求權

부동산공사의 수급인이 보수에 관한 채권을 담보하려고 그 부동산을 목적으로 하는 저당권의 설정을 도급인에게 청구하는 권리를 말한다(민법 제666조. 구 민법 제327조에서는 이른바 '선취특권'이라는 용어를 사용하였다). 이 청구권은 부동산공사의 수급인을 보호하기 위한 것으로, 수급인이 취득하는 저당권은 약정저당권에 해당한다. 즉 수급인의 청구권 행사로 당연히 저당권이 성립하는 것이 아니라, 도급인이 수급인의 청구에 응하여 등기하여야 비로소 저당권이 성립한다(민법 제186조 참조).

저당물보충청구권
抵當物補充請求權

저당권설정자의 책임 있는 사유로 저당물의 가치가 현저히 감소한 경우, 저당권자가 저당권설정자에게 원상회복이나 상당한 담보의 제공을 청구할 수 있는 권리를 말한다(민법 제362조). 여기서 '현저한 감소'란 저당물의 교환가치가 감소하여 피담보채권을 완제할 수 없는 염려가 있는 경우이다. 저당권자가 저당물보충청구권을 행사하면 손해배상청구권이나 즉시변제청구권(민법 제388조1호)을 행사할 수 없다.

재단저당
財團抵當

기업활동을 위하여 결합되어 있는 토지, 건물, 기계, 기구 등의 물적 설비와 각종 면허, 지적재산권 등을 묶어 하나의 재단으로 구성하여 그 위에 저당권을 설정하는 제도를 말한다. 재단저당은 기업자산을 유기적으로 결합하여 담보가치를 높이고, 담보설정과 실행절차를 간편하게 하려는 데 취지가 있다. 재단저당에 관한 법률로 「공장 및 광업재단 저당법」이 있다.

광업재단저당
鑛業財團抵當

광업권자가 광업권 및 그 소유에 속하는 토지와 공작물, 지상권 등의 토지사용권, 임대인의 동의를 얻은 임차권, 기계, 기구, 차량, 선박 기타 부속물의 전부나 일부를 광업재단으로 구성하여 그 위에 저당권을 설정하는 것을 말한다(공장 및 광업재단 저당법 참조).

공장저당
工場抵當

공장에 속하는 토지, 건물, 기계, 기구 등의 기업자산을 재단저당으로 구성하여 그 위에 저당권을 설정하는 것을 말한다(공장 및 광업재단 저당법 참조). 이때 공장저당권의 목적으로 목록에 기재된 물건이라 하더라도 그것이 저당권설정자가 아닌 제3자의 소유에 해당하는 것에는 공장저당권의 효력이 미치지 않는다. 목록에 기재되어 있는 물건이 점유개정의 방법으로 이미 양도담보로 제공된 경우에도 그 물건은 양도담보권자의 소유에 속하므로 역시 공장저당권의 효력이 미치지 않는다(대결 1998.10.12, 98그64 참조).

입목저당
立木抵當

「입목에 관한 법률」에 따라 등기한 입목에 저당권을 설정하는 것을 말한다. 입목저당권을 설정하면 입목소유자(입목저당권설정자)는 당사자의 약정대로 입목을 조성·육림하여야 한다(입목에 관한 법률 제5조1항). 이때 입목을 벌채하여 토지에서 분리한 수목에도 입목저당권의 효력이 미친다(같은 법 제4조). 한편, 입목의 경매나 그 밖의 사유로 토지와 그 입목이 각각 다른 소유자에게 속하게 되는 경우에는 토지소유자는 입목소유자에 대하여 지상권을 설정한 것으로 본다(같은 법 제6조).

동산저당
動産抵當

등기나 등록 등의 공시방법이 있는 동산에 저당권을 설정하는 것을 말한다. 현행법상 저당권을 설정할 수 있는 동산에는 자동차, 항공기, 건설기계(자동차 등 특정동산 저당법), 선박(상법 제787조) 등이 있다.
동산에는 원칙적으로 질권을 설정할 수는 있어도 저당권을 설정하지는 못한다. 그러나 동산에 질권을 설정하면(질권의 유치적 효력으로 인해) 동산의 사용가치가 없어져 이를 담보로 생산자금을 융통할 수 없게 된다. 따라서 법은 위와 같이 등기나 등록 등의 공시방법이 있는 동산에 저당권을 설정할 수 있도록 하고 있다.

저당보험
抵當保險

저당권이 설정된 목적물이 멸실·훼손되어 저당권자에게 손해를 입힌 경우에 이를 보상해주는 손해보험의 일종이다. 저당보험은 저당권설정자가 아니라 '저당권자'를 피보험자로 한다. 만일 저당권설정자를 피보험자로 하면, 목적물이 멸실·훼손된 경우 저당권자가 저당권설정자의 보험금청구권을 물상대위하여야 하는데, 이때 저당권자는 보험금을 저당권설정자에게 지급하기 전에 압류하여야 하는 등 불합리하기 때문이다.

저당채권
抵當債券

저당권부채권(抵當權附債權)이 원본과 이자에 대한 청구권을 '보증'하는 역할을 하는 유가증권의 일종이다. 저당채권은 거액의 담보가치를 소액면의 증권으로 분할하여 시장에서 영세한 자금을 유치하는 것을 가능하게 하므로 부동산금융에서 중요한 역할을 한다. 저당채권에 가까운 형태로 부동산금융 거래에서 흔히 이용하는 '담보부사채'가 있다.

양도담보
讓渡擔保

채권을 담보하기 위하여 채무자나 제3자(물상보증인 포함)가 목적물의 소유권을 채권자에게 이전하고, 채무자가 채무를 변제하지 않으면 채권자가 소유권을 취득하거나 목적물로부터 우선변제를 받지만, 채무자가 채무를 이행하면 목적물을 다시 원래의 소유자에게 반환하는 제도이다. 민법이 규정하는 담보제도가 아니라 하여 '비전형담보'나 '변칙담보'라고도 한다.
양도담보는 담보제공자가 필요한 자금을 얻는 방법에 따라 매매의 형식을 이용하는 '매도담보'와 소비대차의 형식을 이용하는 '좁은 의미의 양도담보'로 나뉜다. '좁은 의미의 양도담보'는 다시 채권자에게 청산의무가 있고 없음에 따라 '약한 의미의 양도담보'와 '유담보형 양도담보'로 구별한다.

양도담보는 채무자 등이 경제적 곤궁으로 목적물의 소유권을 채권자에게 넘기고 금융을 얻는 담보형태이므로, 자칫 채권자가 채무자의 경제적 곤궁을 이용하여 담보로부터 폭리를 얻는 수단으로 쓰일 우려가 있다. 따라서 과거에는 양도담보를 허용하지 말아야 한다는 논의가 제기되기도 하였지만, 강한 '담보력'으로 실거래에서 계속 이용되고 있다.

따라서 양도담보의 유효성을 뒷받침하는 여러 이론이 주장되었다. 이 중 판례가 따르고 있는 '신탁적 소유권이전설'은 채권자(담보권자)가 소유권을 취득하지만 이 소유권은 담보의 목적에만 행사한다는 신탁계약의 구속을 받는다고 한다. 이 밖에 채권자가 진정한 의미의 소유권을 취득하는 것이 아니라 양도담보권이라는 제한물권을 취득한다는 '담보권설'도 있다. 「가등기담보 등에 관한 법률」의 제정으로 양도담보를 '담보권'으로 구성하는 논거에 좀 더 힘이 실렸다. 즉 **'가등기담보'**란 소비대차에 기한 채권을 담보할 목적으로 채무자 등의 부동산을 양도하는 '대물변제의 예약'이나 '매매의 예약'을 하고, 채권자가 채무불이행 상황이 생기면 행사할 소유권이전등기청구권의 가등기를 채권자 앞으로 해두는 제도이다. 「가등기담보 등에 관한 법률」은 소비대차나 준소비대차에 한해서만 적용하지만, 양도담보도 이 법의 적용논리에 영향을 받지 않는다고 할 수 없다. 물론 동산양도담보도 「가등기담보 등에 관한 법률」의 적용을 받지 못하지만 유효성에 관한 법적 논의는 부동산양도담보와 다르지 않다.

양도담보는 채권자와 채무자가 양도담보설정계약을 체결하여 성립한다. 양도담보의 공시방법은 동산인 경우 인도로 하고, 부동산인 경우 매매를 원인으로 하는 소유권이전등기를 하면서 「부동산 실권리자명의 등기에 관한 법률」 제3조에 따라 채무를 담보한다는 서면을 등기관에게 제출하여야 한다.

민법채권편

총 칙

채권
債權
채권이란 특정인(채권자)이 다른 특정인(채무자)에 대하여 특정의 행위(급부·급여·작위·부작위)를 청구할 수 있는 권리를 말한다. 즉 어떤 사람(채권자)이 다른 사람(채무자)에 대하여 '돈을 1만원을 지급하라'든가, '저 건물을 인도하라'고 하는 것처럼 일정한 행위를 청구하는 권리를 말한다. 청구권은 채권의 핵심 내지 본질적인 요소이고, 단순한 채권의 작용이나 효력에 불과하다. 따라서 채권은 청구권을 본질로 하나, 채권과 청구권은 동일하지 않다. 채무자가 임의로 그 행위를 하지 않았을 때에는, 채권자는 법원에 소송을 제기하고 강제적으로 이를 이행하게 할 수도 있다(현실적 이행의 강제). 또 채무자가 채무이행을 하지 않아 손해가 생겼다면, 채권자는 손해배상을 청구할 수 있다. 그뿐 아니라 제3자가 불법으로 채권의 실현을 방해할 때에는 채권자는 제3자에 대하여서도 손해배상을 청구할 수 있다. 오늘날의 사회생활에 있어서는 상품의 매매라든가 금전대차·근로계약 등은 물론, 교통사고와 같은 불법행위로부터 발생하는 손해배상채권 등 채권관계가 경제상 중요한 역할을 차지하고 있으며 채권은 재산관계의 중심이 되어 있다. 채권과 나란히 재산권 가운데 중요한 지위를 차지하는 소유권과 같은 물권도 그 중요성에 있어서는 채권에 일보 양보했다고 해도 과언이 아니다. 왜냐하면 소유자가 직접 생산활동을 하기보다도 기업인은 금전을 차입하고 근로자를 고용하여 상품을 매매하는 등, 생산·소비 과정의 대부분이 어떤 형태로든 채권관계에 의하여 지탱되고 있기 때문이다.

채권은 물권과 달리 배타성이 없다. 즉 물권은 물건을 직접 지배할 수 있는 권리이므로 제3자의 개입을 인정한다면 직접적인 지배를 관철시킬 수 없다. 그래서 물권에는 배타성이 있다. 이에 대하여 채권은 타인에게 일정한 행위를 청구하는 것뿐이므로, 마치 노예와 같이 인간이 인간을 지배할 수 없는 이상 채권의 실현은 채무자의 의사에 맡길 수밖에 없다. 그러므로 똑같은 시간에 다른 장소에서 피아노를 치는 계약처럼 채무자가 같은 내용의 채권을 다른 곳에도 부여하고 있는 경우에는, 채권자는 이 제3자를 배제하고 채권의 이행을 받을 수 없으며, 채무자가 자기의 채권을 만족시켜 주지 않을 때에는 손해배상을 청구할 수 있을 뿐이다.

채권행위
債權行爲
임대차·매매·고용 등과 같이 당사자 간에 채권·채무관계를 발생시키는 법률행위를 말한다. 당사자 간에 채권·채무관계를 발생시키는 것일지라도 손해배상채권을 발생시키는 불법행위 등은 법률행위가 아니므로 채권행위라고 할 수 없다. 채권행위에 대립하는 개념은 물권행위이다. 물권행위(物權行爲)는 소유권의 이전행위나 저당권 등의 담보물권의 설정행위와 같이 직접 물권의 변동을 목적으로 하는 법률행위이다. 이 밖에도 신분권의 변동을 목적으로 하는 신분행위가 있다.

채권자평등의 원칙
債權者平等의 原則
한 사람의 채무자에게 복수의 채권자가 있을 때에는 채권발생의 원인 및 시기 등에 관계없이 모든 채권자는 채무자의 총재산으로부터 평등하게 변제를 받을 수 있다는 원칙이다. 물권의 경우에는 공시방법이 있지만 채권에는 공시방법이 없다.

또 모든 채권은 금전채권으로 전환되고(물건의 인도채무도 이를 이행하지 않을 때에는 금전채무로 전환한다), 결국 채무자의 전 재산을 대상으로 한다. 그러므로 채권자는 채무자의 어느 재산에도 이해관계가 있다. 이와 같이 모든 채권자는 공시방법이 없기 때문에 서로가 자기 이외에는 어떤 채권자가 있는지 알지 못하며, 모든 채권자가 채무자의 모든 재산에 똑같은 이해관계를 지니게 될 때, 어떤 채권자가 다른 채권자에 우선하여 채무자의 재산으로부터 변제를 받는 것을 인정한다는 것은 불공평하다. 그러므로 법률은 채권자가 채무자의 재산을 압류한 경우에 다른 채권자는 압류채권자와 균등하게 배당을 요구할 수 있다고 정하고, 또 파산의 경우에 모든 채권자는 균등하게 각각 채권액에 따라서 배당을 받을 수 있도록 규정하고 있다. 채권자취소권이 모든 채권자의 이익을 위하여 행사된다는 취지(민법 제407조)도 채권자평등의 원칙에 기초한 것이다. 그러나 채권자평등의 원칙이 절대적인 것만은 아니다. 채권자 중에는 어떻게 하든 우선변제를 받으려고 하는 자가 있을 것이고, 또 일정한 채권자에게 우선변제권을 부여하는 것이 공평한 경우도 있기 때문이다. 따라서 민법은 공시를 수반하는 물적담보제도를 두고 있다.

책임 있는 채무
責任 있는 債務
강제집행을 받을 책임이 있는 채무를 말한다. 채무자가 임의로 이행을 하지 않을 때에는 채권자는 판결로 채무의 이행을 강요하고 강제집행을 할 수 있다(민법 제389조). 이와 같이 채무는 일반적으로 강제집행을 받을 책임이 있다. 이것을 '책임 있는 채무'라고 한다. 그러나 예외적으로 강제집행을 받을 책임이 없는 채무도 있다. 이것을 '**책임 없는 채무**'라고 한다. 책임 없는 채무의 채권자는 강제집행을 할 수 없다. 채무는 당사자가 강제집행을 하지 않는다는 취지의 특약에 따라 책임 없는 채무가 된다(이 특약이

사해행위(詐害行爲)면 취소할 수 있다]. 법률의 규정에서 책임이 한정되는 것에는 한정승인(限定承認)이 있고, 책임이 특정재산에 한정되는 것에는 수탁자의 수익자에 대한 책임(신탁법 제38조), 선박소유자의 책임(상법 제746조), 물상보증인의 책임 등이 있다.

채무 없는 책임
債務 없는 責任

'책임 없는 채무'가 채무를 요구할 권리관계는 존재하지만 그것을 현실적으로 이행할 책임(강제집행의 가능성)이 없는 것이라면, '채무 없는 책임'은 채무를 요구할 직접적인 권리관계가 없음에도 다른 채무관계에 의하여 직접 강제집행을 받게 되는 것을 말한다. 가장 전형적인 예는 물상보증인의 책임으로 제3자의 채무의 담보로 자신의 부동산을 제공한 자는 채권자와 현실적인 채무관계가 없음에도 불구하고 채권자의 강제집행에 복종하여야 한다.

대체적 급부와 불대체적 급부
代替的 給付와 不代替的 給付

대체적 급부는 특정인 이외의 자도 할 수 있는 급부, 불대체적 급부는 특정 채무자만이 할 수 있는 급부를 말한다. 제3자의 변제(민법 제469조1항), 대체집행(민법 제389조2항), 채무인수(민법 제453조) 등은 불대체적 급부를 목적으로 하는 채권에 있어서는 불가능하다.

보호의무
保護義務

채무의 내용은 ① 주된 급부의무, ② 부수적 주의의무, ③ 보호의무로 나뉜다. 다만, 보호의무가 채무의 내용에 들어가는지는 논란의 여지가 있다. 예컨대 매매계약에서 먼저 '주된 급부의무'는 물건을 인도하고 대금을 지급할 의무를 말하고, '부수적 주의의무'는 물건의 인도시에 주의사항이나 기타 유의할 사항을 알려주어야 할 의무를 말한다. 보호의무는 이보다 더 나아가, 물건을 사기 위해 매장에 들어오는 손님이 매장 안의 시설에 의하여 다치지 않도록 배려하여야 할 의무를 말한다. 특히 보호의무에 대한 논의의 초점은 계약체결상의 과실 또는 불완전이행에서 계약당사자가 계약상대방에 대한 일종의 보호의무를 지는가에 대한 것인데, 이에 따라 보호의무에 따른 책임이 계약책임이 되는가 아니면 법정책임이 되는가로 나뉜다. 보호의무를 계약상의 의무가 아니라고 한다면 상대방은 불법행위에 의한 책임은 인정될지언정 계약상의 책임은 없는 것으로 된다.

자연채무
自然債務

채무자가 변제하지 않은 경우에 채권자가 법원에 소를 제기할 수 없는 채무(소권 없는 채무)를 말한다. 로마법에는 소권 없는 채무, 즉 자연채무가 많이 존재하였고, 우리나라의 구(舊) 민법은 이것을 인정하고 있었으나, 현행 민법은 이에 대하여 아무런 규정도 두고 있지 않다. 따라서 자연채무를 인정하느냐의 여부에 관하여 학설이 대립한다. 그러나 현행법에서도 소권 없는 채무(예 : 불법원인급여), 강제집행을 요구할 수 없는 채무(강제집행을 하지 않는 특약 있는 채무, 한정승인을 한 채무의 적극재산을 초과하는 부분)가 존재한다. 따라서 학설의 논쟁은 이들 경우를 종합하여 '자연채무'라는 관념을 인정하느냐의 여부에 귀착한다. 최근의 학설은 이를 인정하는 방향으로 기울어지고 있다. 채무자가 자연채무를 임의로 이행하면 법률상 유효한 '채무변제'가 되어 채무가 없는데도 변제한 '비채변제(非債辨濟)'로 되지 않는다. 따라서 채무자는 자연채무를 변제받은 채권자에게 부당이득을 이유로 반환을 청구할 수 없다. 물론 채무자가 임의로 자연채무를 이행하지 않더라도 이에 대해서 채권자는 이행의 소를 제기할 수 없지만, 채무자는 자연채무를 가지고 상계를 할 수 있다.

특정물채권
特定物債權

특정물의 인도를 목적으로 하는 채권으로, 여기서 '특정물'이란 물건의 개성에 착안하여 동종의 다른 물건으로 바꿀 수 없게 한 물건을 말한다. 계약 체결시에는 개성이 없는 물건을 지정하였다고 해도 '특정'이란 행위에 의하여 계약의 목적물이 특정물채권으로 변화한다. 특히 종류채권이나 선택채권처럼 인도할 물건이 아직도 특정되지 않은 경우에는 특정의 문제가 발생한다. 종류채권에서 목적물을 특정하는 것은 당사자의 계약으로 결정되는 경우가 많지만, 이러한 결정이 없을 때에는 채무자가 급부에 필요한 행위를 완료하였을 때, 즉 지참채무일 때에는 채무자가 채권자의 주소로 지참하였을 때, 추심채무일 때에는 채무자가 언제라도 인도할 수 있도록 채권자에게 그 취지를 통지하였을 때에 특정된다(민법 제460조). 선택채권일 때에는 특별한 결정이 없는 경우에는 원칙적으로 채무자가 선택의 의사표시를 하였을 때 특정된다(민법 제380조). 특정이 되면 특정물의 인도채무와 같아진다.

종류채권
種類債權

쌀 두 가마니라든가 비누 한 박스처럼 종류와 분량만이 정하여져 있고 어디에 있는 쌀이라고 특정되지 않은 '불특정물'의 인도를 목적으로 하는 채권을 말한다. 불특정물인 상품의 매매에서 볼 수 있는 것처럼 종류채권이 차지하는 비율은 크다. 쌀 한 가마니라고만 정해져 있는 경우에는 채무자는 중등품질(中等品質)의 물건으로 이행하여야 하는데(민법 제375조 1항), 당사자 사이에 어느 정도의 품질의 것을 이행할지 미리 결정하거나, 계약의 성질상 품질이 이미 결정되어 있는 것이 보통이다. 종류채권은 미리 당사자가 특약을 하여 합의를 보거나 혹은 채무자나 제3자가 지정하여 '이 물건'이라고 결정하는 경우도 있지만, 이런 결정이 없을 때에는 채무자가 인도에 필요한 행위를 완료하였을 때 특정된다(종류채권의 특정). 채권의 목적물이 특정되면 그 이후의 채무는 특정물인도채무와 같고 채무자는 그 물건을 선량한 관리자의 주의를 기울여 보관해야 하며(민법 제374조), 그 물건이 채무자의 책임으로 멸실한다면 채무자는 손해를 배상하여야 한다(민법 제390조).

제한종류채권
制限種類債權

목적물의 종류를 특정하고 특정한 범위 안에서 이행할 목적물을 특정(제한)하는 채권으로, 종류채권의 일종이다. 예를 들어 'A목장 안의 소 10마리'라는 종류 외에 다시 '태어난 지 1년이 안 된 것'으로 제한을 하는 경우를 말한다.

추심채무
推尋債務

채권자가 직접 채무자의 주소나 영업소로 가서 채무의 이행을 받는 채무를 말한다. 채무자가 채권자에게 가서 이행하는 지참채무에 대응하는 용어이다. 당사자가 특히 추심채무라고 결정하거나, 어음·수표와 같이 법률상 추심채무로 규정하고 있는 경우(상법 제56조) 외에는 지참채무가 원칙이다(민법 제467조). 추심채무는 이행기가 도래하여도 채권자가 추심을 하지 않는 한, 이행지체가 되지 않는다.

지참채무
持參債務

임차인이 매달 집세를 임대인에게로 가서 지급하는 경우와 같이, 채권자의 주소나 영업소에서 이행하기로 되어 있는 채무를 말한다. 채권자가 채무자에게 받으러 가는 추심채무에 대응하는 개념이다. 당사자가 특히 추심채무로 결정하였다거나, 법률로 추심채무로 결정하고 있는 경우(상법 제56조)를 제외하고는 지참채무가 원칙이다(민법 제467조). 더구나 특정물의 인도는 특약이 없는 한, 계약 당시 그 물건이 존재하고 있던 장소를 이행지로 한다(민법 제467조). 지참채무에서 채무자는 이행기에 채권자에게 가서 이행하지 않으면 이행지체에 빠진다.

금전채권
金錢債權

일정액의 금전을 지급할 것을 목적으로 하는 채권을 말한다. 대금이나 임금 등의 채권처럼 대부분의 채권은 금전채권이다. 금전은 통상 돈으로 지급한다고 하는 것처럼 금전의 개성이 문제되는 일이 없기 때문에, 예컨대 가옥을 매매하였는데 가옥이 소실되어 급부를 할 수 없다는 것처럼 이행불능이 될 수 없다(채무자에게 자력이 없어서 지급할 수 없다고 하는 것은 이행불능이 아니다). 금전은 개성이 없는 종류채권이기 때문이다. 이에 대하여 특정의 가옥이 소실되면 채무자의 자력에 관계없이 이미 이 가옥의 급부는 불능이다. 따라서 금전채권에 대하여는 이행지체의 문제가 될 뿐이다. 그리고 이행지체로 인한 지연배상(遲延賠償)에 대하여 금전채권은 특수한 취급을 받고 있다(민법 제397조). 즉 채무자의 고의·과실이나 손해의 유무에 관계없이 금전채무의 이행지체로 채무자는 지연이자를 지급하여야 한다. 더구나 금전에는 개성이 없으므로 채무자는 어떤 화폐나 지폐로 지급하여도 무방하며, 채권의 목적이 다른 나라 통화로 지급할 것인 경우에는 채무자는 자기가 선택한 그 나라의 각 종류의 통화로 변제할 수 있다(민법 제377조1항). 외국의 통화로 금액을 결정하여도 특약이 없으면 어음을 바꿀 때 우리나라 통화로 지급해도 된다(민법 제378조).

무기명채권
無記名債權

채권과 증권이 일체가 되어 있고 증권 없이 채권을 행사하거나 처분할 수 없으며 그 증권에 채권자의 표시가 없는 것을 말한다. **상품권**, 극장의 관람권 등이 있다. 이와 같은 무기명채권은 물건으로서의 증권과 분리할 수 없으므로 비록 동산은 아니지만 동산에 준하여 취급한다.

이자채권
利子債權

이자의 지급을 목적(내용)으로 하는 채권을 말한다. **이자청구권**이라고도 한다. '이자'란 법정과실의 일종이다(민법 제101조2항). 즉 유동자본인 원본채권액과 존속기간에 비례하여(일정한 이율에 의하여) 지급하여야 할 금전 또는 금전 이외의 대체물이다. 그러나 고정자본의 사용대가인 '임료'는 이자가 아니다. 이자채권은 소비대차나 소비임치(消費任置)에 수반하는 경우가 많지만, 매매대금을 준소비대차로서 이자를 붙이는 경우도 있다. 소비대차는 민법에서는 이자를 붙인다는 내용의 특약에 따라 이자를 붙이는데, 상법에서는 당연히 이자를 붙인다. 지연이자라고 부르는 것은 실은 이행지체로 인한 손해이며(민법 제392조 참조), 지연이자청구권은 본래의 이자청구권은 아니지만, 똑같이 취급한다. 이자채권에서는 '기본채권인 이자채권'과, '지분채권인 이자채권'의 구별에 주의하여야 한다. '**기본채권**인 이자채권'이란, 일정한 시기에 일정률의 이자를 발생시키는 것을 목적으로 하는 채권이다. 그리고 이 기본채권인 이자채권에 의거해서 일정한 시기에 일정액의 이자청구권이 구체적으로 발생한다. 이것이 '**지분채권**인 이자채권'이다. 예를 들면 이율을 월 1분으로 하여 이자월말지급의 특약으로 2년의 기간을 정하고, 원본 10만원의 소비대차를 하면 이 계약관계는 기본채권인 이자채권이 있는 소비대차이며, 각 월말마다 지분채권인 1천원의 이자채권이 발생한다. 이미 현실화한(발생한) 지분채권인 이자채권에 대하여는 독자적으로 소멸시효가 진행된다(지분채권인 이자채권에 대한 저당권의 효력에 대하여는 민법 제360조 참조).

법정이자
法定利子

법률상 인정되어 있는 이자를 말한다. 이자는 당사자의 계약으로 발생하는 것이 보통인데(**약정이자**), 당사자가 계약을 하지 않아도, 예컨대 연대채무자의 1인이 지급하고 다른 연대채무자의 부담부분도 면책시킨 경우와 같이, 공평의 관점에서 법률이 특별히 규정하여 이자를 받는 것을 인정하는 경우가 있다(민법 제425조·제688조·제701조·제748조2항). 법정이자의 이율은 민법상의 채무에 대하여는 연 5푼(민법 제379조), 상법상의 채무에 대하여는 연 6푼(상법 제54조)으로 규정하고 있다(법정이율).

약정이자
約定利子

당사자의 약속으로 발생하는 이자를 말한다. 당사자가 이자를 받을 것을 결정한 경우에는 통상 이율도 미리 정한다. 이것을 **약정이율**이라고 하는데, 약정이율은 당사자가 어떻게 정해도 무방하다. 그러나 이자가 지나치게 높을 경우 폭리행위로 무효가 될 수 있다(민법 제104조).

원본
元本

사용의 대가로 금전이나 그 밖에 다른 물건(법정과실)을 받을 수 있는 재산을 말한다. 원본이라는 개념은 유체물인 원본을 포함할 뿐 아니라 법정과실이 발생하는 재산이라면 특허권과 같은 무체재산도 포함한다. 그러나 보통 원본이라고 할 때에는 더 좁은 의미로 이해하는 경우가 많다. 즉 이자가 발생하는 대금을 원본 또는 **원금**이라고 한다. 사용의 대가로 이자를 발생시키는 금전을 원본이라고 하기 때문에 이자에 이자를 붙이는 **복리**(複利)의 경우에는 이자를 발생시킨 이자는 원본이 된다. 이것을 '원본으로의 이자의 산입'이라고 한다.

선택채권
選擇債權

선택적 급부를 목적으로 하는 하나의 채권을 말한다. 선택채권은 계약이나 법률의 규정으로 발생한다. 이 선택채권을 변제하려면 우선 어느 것을 급부할 것인지 선택할 필요가 있다. 선택권자는 보통 계약으로 정하여져 있지만, 이러한 약정이 없으면 민법은 채무자에게 선택권이 있다고 규정하고 있다(민법 제380조). 채무자가 선택을 하지 않으면 선택권은 상대방에게 이전한다(민법 제381조). 선택권의 행사에 따라 채권은 처음부터 선택된 급부를 목적으로 한 것으로 된다(민법 제386조). 더구나 여러 개의 급부 가운데 이행불능의 급부가 있으면 이 급부는 잔존한 것에 존재한다(민법 제385조1항).

임의채권
任意債權

한 개의 특정된 급부를 목적으로 하지만 채권자나 채무자가 다른 급부로 본래의 급부를 대신할 수 있는 권리(대용권)를 가지고 있는 채권을 말한다. 본래의 급부가 채무자의 귀책사유 없이 불능이 되면 채권이 소멸된다는 점에서 선택채권과 다르다.

이행기
履行期

채무를 이행하여야 할 시기를 말한다. '변제기(辨濟期)' 또는 단순히 '기한'이라고도 한다. 이행기는 당사자 사이의 계약으로 결정하는 것이 보통이지만, 당사자가 특히 결정을 하지 않아도 제사에 쓰는 제물을 주문하는 경우처럼 급부의 성질로 결정하는 것이 있는가 하면, 상인이 그 달(月)의 모든 채무를 월말에 지급하는 것을 통례로 하고 있는 경우처럼 거래의 관습에 따라 결정되는 것도 있다. 또 민법은 이행기를 결정하지 않은 경우에 보충규정을 두고 있다(민법 제603조·제613조·제698조). 이행기가 민법의 규정으로도 결정하지 못한 경우에는 채권발생과 동시에 이행기가 도래하였다고 본다. 이행기는 법률상 여러 가지 효과와 결부되어 있다. 이를 구체적으로 살펴보면, ① 채무자가 이행을 하지 않고 이행기가 지나면 이행지체의 책임을 진다(민법 제387조). 그러나 채무이행의 기한이 없는 경우에는 이행청구를 받은 때로부터 채무자에게 지체책임이 있다는 점에 주의하여야 한다. 정기행위에 있어서는 이행기가 경과하면 즉시 해제권이 발생한다(민법 제545조). ② 채권의 소멸시효는 이행기로부터 진행한다(민법 제166조). ③ 계약당사자가 서로 같은 종류를 목적으로 하는 채무를 부담한 경우에 채무의 이행기가 도래하였을 때에는 각 채무자는 대등액에 관하여 상계할 수 있다(민법 제492조). 쌍무계약에서 쌍방의 채무가 이행기에 있으면 **동시이행항변권**이 성립한다(민법 제536조).

불확정기간
不確定期間

확정되어 있지 않은 기한을 말한다. 기한을 정하는 방법에는 'ㅇ월 ㅇ일'이라고 하는 것처럼 확정적으로 결정하는 경우(확정기한)와, '누가 사망한 때', '상경할 때' 등과 같이 장래 도래할 것은 확실하지만 그것이 언제인지 확실치 않은 경우가 있다. 후자를 불확정기한이라고 한다. 확정기한과 불확정기한과의 법률상 취급의 차이는 채무이행에 기한을 정한 경우에 언제부터 이행지체가 되는가(채무불이행으로 손해배상을 해야 하는가)에 있다. 확정기한에서는 기한이 도래하면 즉시 이행지체가 되고, 불확정기한에서는 채무자의 보호를 위하여 기한이 도래하였다는 것만으로는 (예 : 어떤 사람이 사망하였다거나 상경하였다거나 하는 사실의 존재만으로는) 이행지체가 되지 않으며, 기한이 도래한 것을 채무자가 안 날부터 비로소 이행지체가 된다.

이행
履行

채무의 내용(목적)으로서, 채무자의 행위를 말한다. 보통 '급부'라고도 한다. 이행은 다음과 같이 분류할 수 있다. ① **주는 급부**와 **하는 급부** : 물건의 인도를 목적(내용)으로 하는 채무를 '주는 급부'라고 하며, 물건의 인도 외에 채무자의 행위를 목적으로 하는 채무를 '하는 급부'라고 한다. 주는 급부의 경우에는 채권자가 목적물을 인도받으면 그것으로 족하므로, 채무자 외의 제3자의 변제도 원칙적으로 가능하다(민법 제469조). '하는 급부'는 일정한 적극적인 행위를 내용으로 하는 **작위급부**(作爲給付)와 소극적으로 일정한 행위를 하지 않는다는 것을 내용으로 하는 **부작위급부**(不作爲給付)로 나뉜다. 또 채무자 외의 제3자의 이행도 채권자가 만족할 수 있는 것(대체적 이행)과 채무자 외의 자의 이행으로는 채권자가 만족할 수 없는 것(비대체적 이행)이 있다. 예를 들면 도급채무는 대체성이 있는 채무에 해당하는 것이 보통이지만, 화가나 가수가 이행하여야 할 채무는 대체성이 없는 것이 보통이다. 이 분류는 **강제이행**의 방법에 차이가 있다. '주는 급부'의 강제이행으로는 직접강제가 적절하고, '하는 급부'에 있어서는 인도주의의 견지에서 직접강제는 허용되지 않는다. 대체성이 있는 '하는 급부'에 대하여는 대체집행이 허용되지만, 비대체적인 '하는 급부'에 대하여는 간접강제만 허용될 뿐이다. ② **가분급부**(可分給付)와 **불가분급부**(不可分給付) : 분할이행이 허용되는 경우는 '가분급부'이고, 분할이행이 허용되지 않는 경우는 '불가분급부'이다. 계약내용에 따라 불가분급부가 되는 경우와 채무의 성질에 따라 불가분급부가 되는 경우가 있다(예 : 소 한 마리의 인도).

수령지체
受領遲滯

채무자가 변제의 제공을 하였는데도 채권자가 수령을 거절하는 것을 말한다. **채권자지체**(債權者遲滯)라고도 한다(민법 제400조). 예를 들면 매매의 목적물을 매도인이 매수인에게 인도하였지만 매수인이 이를 수령하지 않는 경우를 말한다. 수령지체로 어떠한 법률효과가 발생하는가 하는 점에 대하여는 수령지체를 규정하는 민법 제400조를 둘러싸고 학설의 논쟁이 있다. 학설을 요약하면 다음과 같다. ① 법정책임설 : 이 설에 따르면 채권자는 수령의무를 부담하고 있는 것이 아니므로 채권자가 수령을 거절하여도 무방하다. 채권자가 수령을 거절하여도 이로 인하여 채무자가 채권자에게 손해배상을 청구할 수 있거나 계약을 해제할 수 있는 것이 아니다. 다만, 채무자는 수령지체 이후의 이자지급의무를 면하고, 이행지체가 되지 않고, 수령지체 이후의 목적물에 대한 보관의무가 가벼워진다. ② 계약책임설 : 최근의 유력설로, 채권자는 거래상의 신의성실이라는 점에서 보아 채무자가 제공하는 이행을 수령할 의무가 있다. 따라서 채권자가 수령을 거절하였을 경우에는 일종의 채무불이행으로 생각하여야 하며, 채무자는 손해배상이나 계약의 해제를 청구할 수 있다. 수령지체가 발생한다고 해서 채무자의 채무이행의무가 사라지는 것은 아니다. 다만, 채무자는 급부한 물건을 공탁하여 급부의무를 면할 수 있다(민법 제487조). 그러나 채무자는 수령지체로 채무이행시 발생하는 사고에 대해서 고의나 중대한 과실이 있는 경우에만 책임을 진다. 즉 채무이행시 채무자의 주의의무가 경감된다. 그리고 채무자는 채권자에게 채무액에 대한 이자를 내지 않아도 되고, 수령지체로 목적물의 보관비용이나 변제비용이 증가한 경우에는 증가비용을 채권자에게 청구할 수도 있다. 한편, 쌍무계약에서 당사자 쌍방에게 책임 없는 사유로 급부가 불능의 상태에 빠지면 채무자의 급부의무는 소멸하지만 채권자의 반대급부의무는 소멸하지 않는다. 즉 수령지체의 성립과 동시에 '위험부담'은 채권자에게 이전한다. 채권자의 수령지체가 없었더라면 불능으로 인한 손실이 채권자에게 귀속할 텐데, 채권자의 수령지체로 불능으로 인한 손실을 채무자가 계속 떠안는 것은 불합리하기 때문이다.

채무불이행
債務不履行

넓은 의미로는 채무자가 채무의 내용에 따른 이행을 하지 않는 것을 말한다. 채무의 내용에 따른 이행인가 아닌가 하는 것은 당사자가 의도하는 목적과 거래 관행, 신의성실의 원칙 등을 고려하여 판단한다. 예를 들면 쌀가게에서 약속한 날에 쌀을 배달하지 않는다거나, 배달된 쌀이 당초의 약속과는 다른 품질이었다면 채무의 내용에 따른 이행이라고 할 수 없다. 채무불이행에는 이행지체, 이행불능, 불완전이행의 세 가지 유형이 있다(민법 제390조). 좁은 의미의 채무불이행이라고 할 때에는 채무의 내용에 따른 이행을 하지 않은 상태가 존재하고 있을 뿐만 아니라, 이 상태의 존재에 채무자의 고의나 과실(채무자의 귀책사유)이 있는 경우를 의미한다. 채무자에게 책임이 있으면 채권자는 채무자에게 불이행으로 발생한 손해배상을 청구할 수 있다(민법 제390조). 또 채무자의 책임 있는 사유로 이행불능이 되면 채권자는 계약을 해제할 수 있다(민법 제546조).

원시적 불능
原始的 不能

이미 소실된 건물을 매매하는 계약처럼 처음부터 이행이 불능한 것을 말한다. 넓은 의미에서 이행불능의 일종이다. 후발적 불능(계약성립 후에 건물이 소실한 경우)과는 달리 계약은 처음부터 성립할 수 없고, 따라서 대금지급이나 채무불이행으로 인한 손해배상 문제는 발생하지 않는다. 그러나 매도인이 이행불능을 알고 있었다거나, 과실로 모르고 있었던 경우에는 매수인이 계약의 효력이 있다고 생각하고 이사를 할 준비를 하거나, 다른 싼 집을 살 기회를 잃었다고 하는 손해(신뢰이익)를 매도인이 배상해야 한다[계약체결상의 과실(민법 제535조)].

후발적 불능
後發的 不能

계약이 성립한 때는 이행이 가능했지만, 후에 이행이 불가능하게 된 것을 말한다. 예를 들면 매매계약 당시에는 존재하고 있었던 건물이 계약체결 후 이를 인도하기 전에 소실된 경우이다. 계약이 성립되었을 때 이미 이행불능인 경우(원시적 불능)와는 달리, 일단 효력이 있는 계약이 성립되었기 때문에 계약을 한 후의 효과가 문제된다. 불능이 채무자의 책임 있는 사유로 발생하면(예 : 매도인의 부주의로 가옥을 소실하였을 때) 채무불이행으로 채권자는 손해배상을 청구할 수 있다. 이에 반하여 채무자에게 책임이 없으면(예 : 건물이 천재지변으로 무너진 경우) 채무는 소멸하지만, 채무가 쌍무계약에서 발생한 경우에는 위험부담의 문제가 생긴다.

이행지체 履行遲滯

채무불이행의 한 유형으로, 채무가 이행기에 있고 그 이행이 가능함에도 불구하고 채무자가 자신의 책임 있는 사유(귀책사유)로 채무의 내용에 따른 이행을 하지 않는 경우이다. '채무자지체'라고도 한다. 채권의 목적물을 소실하거나 이행불능의 상태에 있는 것이 아니라, 이행할 수 있는 상태에 있다는 점에서 이행불능과 다르다. 이행기는 당사자 사이에 결정하는 경우가 많지만 ○년○월○일이라고 확정적으로 정하고 있으면 이 기한이 지나면 이행지체가 되고, 또 상경을 하면 시계를 준다고 하는 것처럼 불확정한 기한을 정하였을 때에는 채무자가 상대방이 상경한 사실을 알았을 때(상경한 때가 아니라)부터 지체가 된다. 기한을 정하지 않았을 때에는 채무자가 이행청구를 받은 때부터 지체가 된다(민법 제387조2항). 예를 들면 재료를 샀는데도 납품을 하지 않아서 공장을 휴업해야 하는 경우처럼, 이행지체로 채권자가 뜻밖의 손해를 입는 경우가 있다. 이때 이행지체를 이유로 손해배상을 받으려면 채무자의 고의·과실이 있어야 한다(민법 제390조). 그러나 금전채무에 대하여는 특칙이 있으며, 이행지체가 불가항력으로 인한 경우에는 손해의 유무에 관계없이 연체이자를 받을 수 있다(민법 제397조). 또 계약당사자 일방이 채무를 이행하지 않으면 상대방은 상당한 기간을 정하여 이행을 최고하고, 그 기간 내에 이행하지 않으면 계약을 해제할 수 있다(민법 제544조).

이행불능 履行不能

채무가 성립할 당시에는 이행이 가능하였으나, 후에 채무자의 고의나 과실로 이행이 불가능하게 된 경우를 말한다. 불가항력으로 인한 불능이라고 하더라도 이것이 일단 이행지체가 된 후에 발생한 것일 때에는 결국 채무자에게 책임이 있다고 할 수 있다. 예를 들면 매매계약을 할 당시에는 채무자가 소유하고 있던 가옥이 매수인에게 인도되기 전에 매도인의 부주의로 소실한 경우나, 매도인이 제3자에게 이중으로 양도를 하고 등기이전을 한 경우이다. 이행불능이 된 경우에는 채권자는 채무자에게 손해배상(전보배상)을 청구할 수 있다(민법 제390조). 그리고 이 채무가 계약에 근거하고 있을 때에는 채권자는 계약을 해제할 수 있다(민법 제546조). 넓은 의미로는 채무성립 당시에 이미 이행을 할 수 없는 상태인 경우(원시적 불능)도 이행불능이라고 하지만, 이런 경우에는 계약은 성립되지 않으므로 앞에서 말한 문제는 발생하지 않는다. 또 채무성립 후에 이행불능으로 된 경우(후발적 불능)에도 불가항력으로 인한 것이면 채무는 소멸한다. 그리고 쌍무계약의 경우에는 '위험부담'이 문제될 뿐이다.

불완전이행 不完全履行

채무자가 채무이행을 하였으나 채무의 내용에 좇은 완전한 이행이 아니라 하자 있는 불완전한 이행이어서 채권자에게 손해가 생긴 경우를 말하며, **적극적 채권침해**라고도 한다. 독일에서는 과거에 '확대손해를 발생시킨 것'이라는 측면에서 적극적 채권침해를 중심으로 설명하여 왔으나, 근래에는 '부수의무위반'이라는 귀책사유요건의 특성으로 설명하는 추세이다. 학설에 따라 불완전이행과 적극적 채권침해를 같은 용어로 쓰는 견해와 확대손해를 발생시킨 경우를 적극적 채권침해로 하고, 그 외의 것을 협의의 불완전이행으로 구분하는 견해가 있다. 협의의 불완전이행의 예를 들면 책을 샀는데 중간에 페이지가 떨어져 나갔다거나, 50킬로그램의 쌀을 샀는데 40킬로그램밖에 되지 않았다거나, 정원사에게 정원수의 이식도급(移植都給)을 주었는데 오히려 나무가 죽은 경우이다. 불완전이행이 채무자의 고의나 과실에 의한 때에는 채권자는 이로 인하여 발생한 손해배상을 청구할 수 있다. 40킬로그램의 쌀(한 포대)을 50킬로그램으로 속여서 급부하여도 불완전이행으로 인한 손해는 없겠지만, 이식에 실패하여 나무가 죽은 경우에는 불완전이행으로 인한 손해가 있다. 또 불완전이행의 경우에는 나중에 부족한 요건을 추완(追完, 보충하여 유효하게 성립)시킬 수 있다면(나무의 이식의 실패는 이미 추완은 불가능하다) 채권자는 완전한 이행을 청구할 수 있다. 중간에 페이지가 떨어져 나간 책은 다시 바꿀 수 있으며, 쌀의 부족량은 추가하여 받으면 된다.

적극적 채권침해
積極的 債權侵害

불완전이행을 협의의 불완전이행과 적극적 채권침해로 구분하는 학설에 따를 때, 적극적 채권침해는 계약상대방의 계약상의 주의의무 위반으로 다른 상대방에게 확대손해가 발생한 것을 말한다. 예를 들면, A가 B에게 닭 사료를 주문하여 닭에게 먹였는데, 사료를 먹은 A의 닭 전부가 감염병에 걸려 몰살한 경우와 같이 목적물의 하자 자체 이외의 손해를 발생시킨 경우를 말한다.

손해배상
損害賠償

채무불이행이나 불법행위로 발생한 손해를 피해자 이외의 자가 전보(塡補)하는 것을 말한다. 즉 손해배상은 손해의 제거가 아니라, 배상으로 손해를 전보하는 것이다. 손해배상의 방법에는 원상회복주의와 금전배상주의가 있으며 우리 민법은 금전배상주의(민법 제394조ㆍ제763조)를 원칙으로 하고 있다. 원료의 구입계약을 체결하였는데도 원료를 갖고 오지 않아 공장에서 작업을 할 수 없다거나, 이로 인해 다른 거래처에서 보다 비싼 가격으로 원료를 구입하여 손해를 보았다거나, 도로 옆의 집에 트럭이 뛰어들어 가재를 파괴하는 경우 등에서 손해를 입은 자는 손해를 입은 자에게 배상을 하여야 한다. 손해배상에는 배상의 범위와 전보되는 손해의 범위 등에 관한 문제가 있다. 특히 손해배상의 범위가 문제되는데, 가해자의 행위를 원인으로 하여 발생한 모든 결과에 대한 배상이 인정되는 것은 아니고, 일반적으로 채무불이행 당시에 채무자가 알고 있었던 사정과 일반인이 알 수 있었던 사정(채무자가 과실로 알지 못한 사정)을 기초로 한다

('상당인과관계설' 중 '절충설'의 입장 : 통설). 또 전보되는 손해는 단순한 재산적 손해 외에 정신적 고통에 대한 전보도 가능하다.

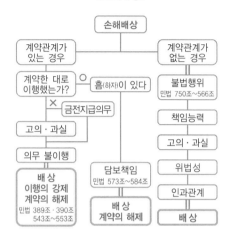

[손해배상]

호프만식 계산법
Hoffmann式 計算法

독일의 경제학자 D. 호프만이 고안한 것으로, 아직 기한에 이르지 않은 무이자채권의 현재가액을 산정하여 계산하는 방법을 말한다. 즉 피해자의 장래에 걸친 총수입으로부터 본인의 생활비ㆍ소득세 등의 모든 비용을 공제하고, 여기에다 취업가능한 연수를 곱한 뒤 중간이자를 공제하는 방법이다. 주로 교통사고 등의 사고피해의 배상액 계산방법으로 이용한다. 현재부터 일정기간 후에 얻는 이익의 현가를 구하는 방법에는 상업수학상 네 가지 방법이 있다. 이율에 의한 단할인법(單割引法 : 진할인법이라고도 함), 할인율에 의한 단할인법(은행할인법이라고 함), 이율에 의한 복할인법(複割引法), 할인율에 의한 복할인법 등이다.

지연배상
遲延賠償

채무이행을 지연하여 발생한 손해를 배상하는 것을 말한다. 예를 들면 가옥의 인도를 지연한 경우에 이행지체의 기간에 대한 그 상당액

을 배상하는 것이다. 이행지체로 손해가 발생한 경우에 이것을 배상하는 것이므로 지연배상의 책임은 본래 급부의 청구와 양립한다(즉 앞의 예에서 채권자는 상당액의 지급과 동시에 가옥의 인도를 청구할 수 있다). 이 점이 이행에 갈음하는 손해배상(전보배상)과 다르다. 배상을 하는 손해액은 보통 실손해이지만, 민법은 특히 금전배상의 지체의 경우에 대한 특칙을 두고, 실손해의 유무에 관계없이 지연이자를 받을 수 있다고 규정하고 있다(민법 제397조).

전보배상
塡補賠償
채무자의 과실로 채무이행이 불가능하게 되거나 이행이 지체되어 본래의 급부를 받는다고 해도 이미 채권자에게 이익이 없는 때에 채권자가 수령을 거절하고 이행에 갈음하여 청구하는 손해배상을 말한다(민법 제395조). 예를 들면 시가 100만원의 가옥을 90만원에 매수하기로 하였는데 매도인의 과실로 가옥이 소실되었다거나, 이행이 지체되고 있는 동안 매수인이 외국으로 가지 않으면 안 될 경우에 가옥의 인도에 갈음하여 지급되는 가옥 상당액(100만원)이다. 이때 매수인은 대금을 지급하지 않아도 되므로 실제로는 가격과 대금의 차액(10만원)을 지급하는 데 지나지 않는다(손익상계). 따라서 시가로 매매를 하였을 때에는 특별히 손해가 없는 경우도 있다.

사정변경의 원칙
事情變更의 原則
법률행위의 성립에 있어서 그 기초가 된 사정이 후에 당사자가 예견하지 못하였거나 예견할 수 없었던 중대한 변경이 있어서 당초에 정하여진 행위의 효과를 그대로 유지하거나 강제한다면 대단히 부당한 결과가 생기는 경우에, 당사자가 그러한 행위의 효과를 신의칙에 맞도록 적당히 변경할 것을 상대방에게 청구하거나 계약을 해제·해지할 수 있는 원칙이다. 우리 민법에는 사정변경의 원칙을 직접적으로 규정하지 않

고 간접적으로만 규정하고 있을 뿐이다(민법 제286조·제557조·제627조·제628조·제661조·제689조 등).

인과관계
因果關係
어떤 원인(행위)과 결과(손해)와의 관계를 말한다. 그런데 어떤 행위를 원인으로 발생한 손해를 배상하는 경우에 행위자에게 무한한 손해액의 배상책임을 인정한다는 것은 가혹하며 동시에 불가능하기도 하다. 예를 들면 어떤 식품을 가공하기 위해 식품가공업자와 계약 후 재료를 매입하였는데 업자가 약속한 날짜가 지나도록 작업을 하지 않아 재료에 보관비가 겹치고, 그러는 동안 그 재료에 부패균이 감염하여 변질되어 손해가 발생했다면 가공업자는 어느 정도까지 손해배상을 하여야 할까. 손해배상의 범위를 한정하기 위하여 행위와 손해와의 사이의 인과관계 문제에 대한 여러 학설 가운데 민법은 **상당인과관계설**(相當因果關係說)을 채택하고 있다(민법 제393조. 불법행위로 인한 손해배상에도 이 규정을 유추적용한다). 상당인과관계설에 따르면 배상액의 범위는 어떤 행위에 의해서 통상 발생하는 손해(앞에서의 예로는 보관비용) 등에 한정되고, 이 사례의 특별한 사정에 의하여 발생한 손해(부패균이 감염하여 재료가 변질된 것)는 당사자의 예견이 가능한 경우(가공업자가 변질을 예상할 수 있었을 때)에만 배상을 받을 수 있다.

과실상계
過失相計
채무불이행이나 불법행위에 관하여 채권자나 피해자에게 과실이 있는 때에 손해배상의 책임과 그 액을 정함에 있어 이를 참작하는 것을 말한다. 채무를 이행하지 않은 채무자나 불법행위의 가해자는 각각 채권자나 피해자에 대하여 손해를 배상하지 않으면 안 되지만, 채무불이행이나 불법행위의 발생에 채권자나 피해자에게도 과실이 있는 경우(예 : 피해자가 차도를 무단횡단하다가 차에 치어 교통사고가 난 경우) 또는 채권자나 피

해자의 부주의로 이미 발생한 손해가 더 커진 경우(예 : 부상을 당한 피해자가 치료를 게을리하여 상처를 더욱 악화시킨 경우)에는 손해배상을 하는 데 있어서 이런 사정을 참작할 필요가 있다. 민법은 채무불이행의 경우에는 배상금액을 감액시킬 뿐만 아니라, 경우에 따라서는 배상책임을 면하게 할 수도 있다(민법 제396조)고 규정하고 있으며, 불법행위의 경우에도 이를 준용하고 있다(민법 제763조).

손익상계(이득공제)
損益相計(利得控除)

채무불이행으로 손해를 입은 자가 같은 원인으로 이익이 있는 때에는 손해에서 그 이익을 공제한 잔액을 배상할 손해로 정하는 것을 말한다. 민법에 규정은 없으나 손해배상은 실제로 생긴 손해의 전보를 목적으로 하는 것이므로 채무불이행으로 인하여 채권자에게 손해가 생겼음과 동시에 이익도 생긴 경우에는 배상액을 정할 때 손해의 액에서 채무불이행과 상당인과관계에 있는 한 이익의 액을 공제하여야 한다.

위약금
違約金

채무불이행시 채무자가 채권자에게 치러야 할 금액을 미리 약정해 놓은 것을 말한다. 위약금의 성질은 이것을 결정하는 방법에 따라 제재금(制裁金)으로서 채무불이행에 의한 손해배상액과는 별도로 지급되기도 하고, 손해배상의 예정액인 경우도 있다. 그 결정방법이 명확하지 않은 경우 민법은 위약금을 **손해배상액의 예정**으로 추정한다(민법 제398조 4항).

위약금의 성질

(1) 위약금=손해배상액 예정=배상액≠실손해액
(2) 위약금+실손해액=배상액
(3) 위약금+X=실손해액=배상액
민법 제398조는 (1)로 추정한다.

손해배상액의 예정
損害賠償額의 豫定

채무불이행의 경우에 채무자가 지급해야 할 손해배상액을 당사자 사이에 미리 정하여 두는 것을 말한다. 배상액을 예정하였을 때에는 채권자는 채무가 이행되지 않으면 채무자 쪽의 불이행에 대하여 책임 있는 사유가 있는지의 여부와 실제로 어떤 손해가 발생하였는지 등을 고려할 필요 없이, 즉시 예정된 배상액을 청구할 수 있다. 이 경우 실손해가 예정액 이상이라고 하더라도 초과분은 청구할 수 없다. 예정된 배상액은 공공의 질서와 선량한 풍속에 위반하지 않는 한 유효하다. 그러나 예정액이 부당하게 과다한 경우에는 법원은 이를 적당히 감액할 수 있다(민법 제398조2항). 근로계약의 불이행에 대하여는 배상액의 예정을 금지하고 있다(근로기준법 제20조).

지연이자
遲延利子

금전채무의 이행이 지체되었을 경우에 그 손해배상으로서 지급되는 금원을 말한다. **지체이자**(遲滯利子)라고도 한다. 이자라고 하지만 원금(원본)을 사용하는 대가로 지급되는 성질의 이자는 아니다. 다만, 채무액의 일정비율을 지체된 기간에 따라 지급한다는 것이 보통 이자와 비슷하므로 '이자'라고 명명한다. 여기서 일정비율이란, 본래의 금전채권에 대하여 약정이율을 정하고 이에 의하여 이자를 지급할 때의 약정이율을 말하며, 그렇지 않을 때에는 법정이율(연 5푼)이다(민법 제379조). 지연이자의 특징은 금전채무 아닌 채무의 이행지체로 인한 손해배상과는 달리, 채무자의 책임으로 돌아갈 사유가 없어도 실손해가 없을 때에도 일정한 금액을 지급한다. 더구나 당사자 사이에 미리 지체이자의 요건과 다른 요건으로 손해배상금을 지급할 것을 약속해 두는 것은 무방하다.

배상자대위
賠償者代位

채권자가 그 채권의 목적인 물건이나 권리의 가액 전부를 손해배상으로 받은 때에는 채무자는 그 물건이나 권리에 관하여 당연히 채권자를 대위하는 것을 말한다. 시계를 빌리고 있는 자나, 이것을 수선하기 위하여 보관하고 있는 자는 자기의 부주의로 그 시계를 도난당하거나 분실했다면, 시계의 반환에 대신하여 손해배상을 하지 않으면 안 된다. 그런데 시계의 대가를 배상한 다음에 그 시계를 찾았다면 그 시계는 누구의 소유물이 되는가? 만약 본래의 소유주에게 돌려주어야 한다면 본래의 소유주는 시계와 대가를 이중으로 취득하므로 불공평하다. 그래서 민법은 이런 경우에 채권자가 그 채권의 목적인 물건이나 권리의 가액 전부를 손해배상으로 받은 때에는 채무자는 그 물건이나 권리에 관하여 당연히 채권자를 대위한다(민법 제399조)고 규정하고 있다. 따라서 이런 경우, 시계는 차주·보관자의 것이 된다.

채권자대위권
債權者代位權
채권자가 자기의 채권을 보전하기 위하여 그의 채무자에게 속하는 권리를 행사할 수 있는 권리를 말한다(민법 제404조). 채권자대위권의 연혁은 주로 강제집행제도가 불완전한 프랑스 민법에서 유래한다. 자력 없는 채무자가 제3채무자에 대해 채권을 가지고 있음에도 이를 행사하지 않을 경우 채권자가 채무자의 권리를 행사하는 것이다. 예를 들면 채무자의 일반재산이 채무자의 전채무에 부족함에도 불구하고, 채무자가 자기의 대금을 회수하지 않거나 소멸시효를 중단시키지 않는 경우, 채권자가 이를 대신하여 수금하거나 시효중단을 시킬 수 있는 권리이다. 채권자대위권은 재판상에서도 재판 외에서도 행사할 수 있다. 채권자가 대신해서 행사할 수 있는 권리에 채무자의 **일신전속권**(一身專屬權)에 해당하는 권리는 포함하지 않는다. 그러므로 위자료청구권이나 부부간의 계약취소권 등과 같이 그 행사를 권리자의 의사에 일임한 권리는 대위권의 목적이 될 수 없다. 그런데 본래 이러한 권리의 행사를 채권자에게 인정한 것은 이것이 채권자 전체의 이익이 된다는 취지에서 채무자의 일반재산이 전채무액에 부족한 경우에 한한다는 것이 원칙이었다(무자력요건). 그러나 판례는 이 취지를 확대하여 예외적으로 ① A로부터 B, B로부터 C로 부동산이 이전된 경우에 C가 B를 대신하여 B의 자력에 관계없이 B의 A에 대한 이전등기청구권을 행사하는 것을 인정하고, ② C가 대차하는 토지를 불법으로 점유한 A에 대하여, B의 자력에 관계없이 C는 B가 지니고 있는 방해배제청구권(명도청구권)을 행사할 수 있다는 것을 인정하였다. 채권자대위권을 행사함으로써 얻은 재산이나 권리는 채무자에게 귀속되고, 총채권자가 그 이익을 받는다.

채권자취소권
債權者取消權
채권자가 자기 채권의 보전을 위하여 필요한 경우에 채무자의 부당한 재산처분행위를 취소하고, 그 재산을 채무자의 일반재산으로 원상회복하는 권리를 말한다(민법 제406조). 예를 들면 채무자의 일반재산이 채무자의 전채무에 부족함에도 불구하고, 제3자에게 부동산을 아주 싼값으로 매도 또는 증여하거나 채무를 면제해주는 경우에 채권자가 이런 행위의 취소를 법원에 청구하고 부동산을 도찾거나 채무를 면제하지 않도록 하는 것이다. **사해행위취소권**(詐害行爲取消權)이라고도 부른다. 취소의 목적이 되는 사해행위의 결과 잔존재산만으로는 전채무를 변제하는 것이 부족한 경우에 채권자는 취소권을 행사할 수 있지만, 그 사해행위에 신분상의 행위는 포함되지 않는다. 일부채권자에 대한 변제는 다른 채권자가 변제를 받을 수 없다고 하더라도 유효하나, 부동산의 부당한 가격에 의한 매각은 재산이 분산될 우려가 있다고 하여 사해행위로 인정한다. 특히, 채권자취소권이 성립하려면 채무자·수익자 또는 전득자의 악의가 필요하다. 채권자취소권의 소의 피고는 이득반환청구의 상대방, 즉 수익자나 전득자(轉得者)이며, 채무자를 피고로 할 수 없다. 원상을 회복한 재산은 채무자에게 복귀하고 모든 채권자의 이익을 위하여 효력이 있다(민법 제407조). 채권자취소권의 소는 채권자가 취소원인을 안 날로부터 1년, 법률행위가 있은 날로부터 5년 내에 제기하여야 한다(민법 제406조).

다수당사자의 채권·채무
多數當事者의 債權·債務

채권자(채무자)가 여러 명이고 채무자(채권자)가 1명인 경우 및 채권자와 채무자가 모두 여러 명인 경우의 채권·채무관계를 말한다. 여기에는 분할채권(민법 제408조), 불가분채무(민법 제411조), 연대채무가 있다(민법 제413조). 부진정연대채무는 특수한 예이다. 보증채무(민법 제428조)나 연대보증(민법 제437조 단서)에는 주채무가 단일하고 종채무가 부속하나, 이들도 모두 다수당사자의 채무에 포함시킬 수 있다. 왜냐하면 보증채무도 하나의 채무이므로 채권자에게는 주채무자와 보증채무자(보증인) 등 최소한 2명 이상의 채무자가 있기 때문이다.

분할채권
分割債權

같은 채권에 2명 이상의 채권자 또는 채무자가 있는 경우 분할할 수 있는 채권을 말한다. 이런 채권을 가분채권이라고도 한다. 예를 들면 A, B, C 세 사람이 D에 대하여 3만원의 채권을 가지고 있을 때, 각각 1만원씩의 채권으로 분할할 수 있는 경우에 그 3만원의 채권은 분할채권이 된다(D의 입장을 기본으로 한다면 가분채무나 분할채무가 된다). 민법 제408조는 채권자나 채무자가 여러 명인 경우에 특별한 의사표시가 없으면 각 채권자나 채무자는 균등한 비율로 권리·의무가 있다고 규정하여 분할채권관계를 원칙으로 하고 있다. 그러나 이 원칙을 고집하면 현실에 맞지 않는 경우도 있으므로 특별한 약속이나 의사표시가 없어도 연대채무(또는 불가분채무)로서 취급하는 것이 타당한 경우가 많다. 상사채권의 경우가 이에 해당한다(상법 제57조).

불가분채권
不可分債權

같은 채권에 2명 이상의 채권자나 채무자가 있는 경우 분할할 수 없는 채권을 말한다. 가분채권(분할채권)과 반대의 뜻이다. 예를 들면 A·B가 공동으로 C로부터 말을 산 경우에 A·B의 C에 대한 채권은 불가분채권이며, A·B가 공유하고 있는 말을 C에게 판 경우에 A·B의 C에 대한 채무는 **불가분채무**(不可分債務)이다. 이런 경우에는 급부(말의 인도)가 성질상 불가분이지만, 당사자의 의사표시에 따라 해석하여도 무방하다. 불가분채권에서는 각 채권자는 모든 채권자를 위하여 이행을 청구할 수 있고, 채무자는 모든 채권자를 위하여 각 채권자에게 이행할 수 있다(민법 제409조). 채무자는 불가분채권자 중 1명을 선택해서 이행할 수도 있다. 불가분채권자 중 그 1명의 행위나 1명에 관한 사항은 다른 채권자에게 효력이 없다(민법 제410조). 그 밖의 관계는 연대채무의 규정을 준용한다.

연대채무
連帶債務

여러 명의 채무자가 각자 채무 전부를 이행할 의무가 있고, 채무자 1명의 이행으로 다른 채무자도 그 채무를 면하게 되는 다수당사자의 채권관계를 말한다(민법 제413조). 각 채무자의 채무가 독립되어 있고, 주종의 차이가 없다는 점에서 보증채무와 다르다. 이 점이 보증채무보다도 유력한 담보제도가 되는 이유이기도 하다. 채권자는 연대채무자 중의 1명이나 여러 명 또는 전원에 대하여 채무의 전부 또는 일부를 청구할 수 있다. 여러 명 또는 전원에 대하여 청구할 때에는 이를 동시에 청구할 수도 있고 순차로 청구할 수도 있다. 연대채무자의 1명에 대하여 변제·대물변제·공탁·수령지체·상계·청구·경개·면제·혼동·시효가 발생하면 그 효력은 다른 연대채무자에게도 미치지만, 그 이외의 사유가 발생하여도 다른 자와는 관계가 없다. 다만, 연대채무자의 내부에서는 부담부분이 정하여져 있다. 즉 특약이 있으면 이에 의거하고, 특약이 없으면 평등하게 부담한다. 예를 들면 D에 대한 90만원의 연대채무를 A, B, C 3명이 부담하고 있다면, 이 부담부분은 각각 30만원씩이 된다. 그러므로 그중의 1명이 부담부분 이상을 변제하였다면(예 : A가 90만원을 변제하였다면), 다른 자의 부담부분에 상당하는 액수의 상환을 청구할 수 있다(B, C에 대하여 각각 30만원씩의 지급을 청구할 수 있다). 이러한 권리를 **구상권**(求償權)이라고 한다. 연대채무자 가운데 1명이 변제를 하려면 그 전후에 다른 연대채무자에게 통지할 의무가 있다. 이 통지를 게을리하면 구상권의 제한을 받는다. A가 B, C에게 30만원씩 구상을 할 때에 C에게 자력이 없으면 C의 부담부분 30만원은 A, B가 부담부분에 따라 15만원씩 부담한다. 그러나 이런 경우 D가 B에게는 30만원밖에 부담시키지 않는다면(**연대의 면제**), C의 무자력에 의하여 B가 추가해서 부담해야 할 15만원은 채권자인 D가 부담하게 된다.

부진정연대채무
不眞正連帶債務

여러 명의 채무자가 동일한 내용의 급부에 관하여 각각 독립해서 전부를 급부하여야 할 채무를 부담하고, 그중 한 사람 또는 여러 명이 변제를 하면 모든 채무자의 채무가 소멸하는 다수당사자의 채권관계로서, 민법이 규율하는 연대채무에 속하지 않는 것을 말한다. 각 채무는 별개의 원인으로 성립한다. 즉 연대채무자 상호 간에 연대채무의 성립의 의사가 없다는 점에서 연대채무와 다르다. 예를 들어 사용인 A와 피용자의 1명인 B가 개인적인 입장에서 C로부터 20만원을 연대하여 차용하였다고 하자. 이런 경우에는 연대채무이다. 그러나 피용자인 B가 작업중에 제3자인 C에게 부상을 입혔을 때, B는 불법행위로 인하여 손해배상채무를 부담하지만, 사용인 A도 민법 제756조에 의하여 그 손해배상을 부담하여야 하는데, 이러한 경우가 부진정연대채무이다. 즉 전자의 경우에는 당초부터 공동차용이라고 하는 목적, 즉 주관적 관련

이 있는 데 대하여, 후자의 경우에는 우연히 채무가 발생한 것에 지나지 않는다(주관적 관련성이 없다). 그러므로 부진정연대채무에서는 채무자 사이에 부담부분이 없고 이것을 전제로 하는 구상권도 특별한 규정이 없는 한 당연히 발생하지 않는다.

인적담보
人的擔保

채무자 이외의 제3자의 전재산에 의한 채권의 담보를 말한다. 보증채무나 연대채무가 대표적인 예이다. 인적담보는 특정한 물건을 담보로 제공하는 방법으로서 물건에 질권이나 저당권을 설정하거나 양도담보로 제공하는 **물적담보**(物的擔保)와 함께 담보제도의 근간을 이룬다. 개인의 재산상태는 변하기 때문에 인적담보는 물적담보만큼 확실성은 없지만, 성립이 간단하여 서민금융으로 널리 이용되고 있다.

보증채무
保證債務

주채무자가 그의 채무를 이행하지 않을 경우 그 이행의 책임을 지는 제3자의 채무를 말한다. 주채무와 같은 내용을 지닌 종속된 채무로서 주채무를 담보하는 작용을 한다(민법 제428조~제448조). 보증계약은 보증인의 기명날인 또는 서명이 있는 서면으로 표시되어야 효력이 발생(전자문서는 제외)하며, 보증채무 최고액을 서면으로 특정하도록 하고 최고액이 서면으로 특정되지 않은 근보증은 효력이 없다(민법 제428조의2·제428조의3). 주채무가 없으면 보증채무는 성립할 수 없고, 주채무가 소멸하면 보증채무도 소멸한다(부종성). 그러므로 주채무자가 제한능력자이기 때문에 그의 법정대리인이 주채무를 취소한 경우에는 보증채무도 소멸한다. 그러나 보증인이 당초에 주채무자가 제한능력자라는 것을 알고 있었을 때에는 보증채무는 소멸하지 않는다. 또 채권이 양도(채권자가 바뀌더라도)되어도 보증채무는 소멸되지 않지만(수반성), 채무인수(채무자가 바뀔 때)일 때에는 소

멸한다. 보증인이 이행해야 하는 채무는 특약이 없는 한, 주채무는 물론 주채무의 이자·위약금·손해배상 기타 주채무에 종속된 것까지 포함한다. 채권자에게는 보증계약을 체결·갱신할 때 그가 알고 있는 채무자의 신용정보 및 연체상태를 보증인에게 알려야 하는 정보제공 및 통지 의무가 있다(민법 제436조의2). 채권자가 보증인에게 청구를 할 때에는 보증인은 먼저 주채무자에게 청구하라고 항변할 수 있다(**최고의 항변권**). 또 보증인은 주채무자의 변제자력이 있는 사실 및 그 집행이 용이함을 증명하여 먼저 주채무자의 재산에 대하여 집행할 것을 항변할 수 있다(**검색의 항변권**). 이 두 경우에 채권자가 보증인의 항변에도 불구하고, 채권자의 태만으로 인하여 주채무자로부터 일부의 변제를 받지 못한 경우에는 그 변제를 받았을 한도에서 보증인은 주채무자가 채권자에 대하여 가지고 있는 채권으로 상계할 수 있다. 주채무자에 대하여 소멸시효의 중단 및 기타 여러 가지 사유가 발생하면 그것은 보증인에 대하여도 효력이 있다. 보증인이 주채무를 변제하면 당연히 주채무자에 대하여 구상할 수 있다. 보증인은 변제를 하기 전과 후에 주채무자에게 통지하여야 하며, 이에 대한 통지를 게을리하면 구상권의 제한을 받게 된다(민법 제445조).

부종성
附從性

주된 권리·의무에 부수적인 권리·의무가 의존하는 것을 말한다. 채권을 담보하기 위하여 저당권·질권을 설정하거나(물적담보) 보증인을 세울 경우(인적담보), 근본이 되는 주된 권리·의무 외에 저당권·질권과 관련된 권리·의무, 그리고 보증채무와 이에 대한 권리라는 형식으로 종속된 권리·의무가 발생한다. 이런 경우에 종속된 권리·의무는 주된 권리·의무가 성립하지 않으면 성립할 수 없고, 주된 권리·의무가 소멸하면 함께 소멸한다. 예를 들어 주채무자가 채무를 이행하여 이에 따라 채무가 소멸하면 주채무에 의존하는 저당권·질권·보증채무도 소멸한다. 이처럼 주된 권리·의무의 존재에 따르는 종속된 권리·의무의 성질을 '부종성'이라고 한다. 그러나 부종성을 엄격하게 요구하면 거래에서 부적합한 일이 일어나므로 부종성의 완화가 필요한 경우가 있다. 예를 들면 근저당, 근질, 근보증의 경우와 같이 대금의 한계를 정하고(예 : 100만원까지라고 하는 계약) 그 범위 내에서 차용하고 변제하는 거래관계에서는 100만원의 채무를 위하여 저당권·질권·보증채무가 설정된다.

수반성
隨伴性

주된 권리·의무의 처분에 따라 법률상의 운명을 함께하는 종속된 권리·의무의 성질을 말한다. 종속된 권리·의무가 지니고 있는 부종성으로부터 스스로 발생하는 성질이다. 예를 들면 채권이 양도되면 저당권·질권보증금(가입채권 등의 담보)·보증채무 등도 당연히 신권리자와 채무자와의 관계로 이전한다. '주된 권리·의무의 이전'이라고 하는 것은 양도 기타 약정의 경우나 강제집행이나 대위(예 : 대위변제) 등 법률의 규정에 의한 경우에도 마찬가지이며, 종속된 권리·의무를 수반한다는 것에는 변함이 없다. 다만, 채권양도와 같은 경우에는 대항요건을 갖추고 있어야 한다.

최고·검색의 항변권
催告·檢索의 抗辯權

보증인이 채권자로부터 주채무자의 채무를 이행할 것을 청구받은 경우, 주채무자에게 변제자력이 있고 그 집행이 용이하다는 사실을 증명하여 먼저 주채무자에게 이행을 청구하라고 주장할 수 있는 권리이다(민법 제437조). 보증인의 최고·검색의 항변에도 불구하고 채권자가 주채무자의 최고나 검색(집행)을 게을리하여 변제를 받지 못하였다면 보증인은 채권자가 게을리하지 않았더라면 변제받았을 한도에서 그 의무를 면한다(민법 제438조).

연대보증
連帶保證

보증인이 주채무자와 연대하여 채무를 부담하는 보증을 말한다. 다만, 연대보증도 보증채무의 일종이기 때문에 부종성이 있다는 점에서 연대채무와 다르다. 즉 주채무가 성립하지 않으면 연대보증도 성립하지 않으며, 주채무가 소멸하면 연대보증도 소멸한다. 그러나 보통의 보증채무와는 달리 연대보증인에게는 최고·검색의 항변권이 없다. 채권자는 주채무자의 자력 유무와 상관없이 즉시 연대보증인에게 청구하고 강제집행을 할 수 있다.

보증연대
保證連帶

보증인들이 서로 연대하여 보증채무를 부담하는 것이다. 이 경우 민법에서는 보증인들과 채무자 사이에 특약이 없으면 보증인들을 공동보증인으로 보지 않는다. 즉 민법에서는 공동보증인을 당연히 보증연대관계에 있다고 보지 않는다. 그러나 상행위로 생긴 공동보증인은 법률상 당연히 보증연대관계에 있다고 본다. 연대보증과 달리 보충성이 있어서 각 보증인은 최고·검색의 항변권을 행사할 수 있으나 분별의 이익은 없다.

계속적 보증
繼續的 保證

계속적 채권관계에서 주채무자가 부담하는 현재 또는 장래의 불특정한 채무에 대한 보증을 말한다. '일시적 보증'에 대응하는 개념이다. 신원보증, 신용보증, 임대차보증 등이 계속적 보증에 해당한다.

신원보증
身元保證

피용자(보통 '근로자')가 장차 고용계약상의 채무불이행으로 사용자에게 손해를 줄 것을 담보하는 보증이다. 신원보증은 사용자에게 피용자의 신분을 보증하는 것이지만, 여기서 신분을 보증한다는 것은 사용자가 피용자의 인물·재능 등을 숙지할 수 있을 때까지만 보증하는 것이어야 함에도 불구하고, 실제 신원보증계약에서는 보증기간을 장기간으로 하여 보증인의 책임을 부당하게 가중시키는 경우가 있다. 이러한 신원보증의 폐해를 방지하기 위해 「신원보증법」이 제정되었다. 「신원보증법」은 신원보증을 '피용자가 업무를 수행하는 과정에서 그의 책임 있는 사유로 사용자에게 손해를 입힌 경우에 그 손해를 배상할 채무를 부담하는 것을 약정하는 계약'으로 정의하고, 보증기간을 2년이 넘지 않도록 규정하고 있다(신원보증법 제2조·제3조).

공동보증
共同保證

동일한 주채무에 관하여 여러 명이 보증채무를 부담하는 것을 말한다. 하나의 계약 또는 각 보증인 별로 별개의 계약으로 성립하기도 한다. 여러 명이 ① 모두 보통의 보증인인 경우 ② 연대보증인인 경우 ③ 보증연대인인 경우의 세 가지가 있다. 여러 명의 보증인 모두 보통의 보증인인 경우에는 보증인 상호간에 분별의 이익이 있다. 이 분별의 이익은 연대보증인 또는 불가분채무의 보증인에게는 없다. 공동보증인은 변제를 한 금액을 주채무자에게 구상할 수 있다. 공동보증인이 다른 보증인에 대하여 구상할 때 자기의 부담부분을 넘는 변제를 했을 때는 ① 분별의 이익이 있는 경우에는 다른 보증인에 대하여 구상권을 행사할 수 있고(민법 제448조2항), ② 분별의 이익이 없는 경우에는 연대채무자 간의 구상권에 관한 규정을 준용한다(민법 제448조1항).

수탁보증인
受託保證人

주채무자의 부탁을 받아 보증인으로 된 자를 말한다. 수탁보증인이 과실 없이 변제 기타 출재(出財)로 주채무를 소멸시키면 주채무자에 대하여 구상권을 행사할 수 있다(민법 제441조1항). 이때 구상의 범위는 연대채무자의 구상의 범위에 관한 규정을 준용한다(민법 제441조2항·제425조). 한편, 주채무자의 부탁을 받지 않은 보증인은 주채무자가 이익을 받은 한도에서 구상권을 행사할 수 있을 뿐이다.

분별의 이익
分別의 利益

주채무의 액을 균등한 비율로 분할한 액에 관해서만 보증채무를 부담하는 것을 말한다. 분별의 이익을 원칙적으로 인정하는 경우에는 그만큼 담보력이 약해지므로 각국의 입법례에서는 이를 제한하고 있다. 공동보증에서는 각 보증인이 1개의 계약으로 보증인이 되었거나, 별개의 계약으로 보증인이 된 경우에도 각 보증인 간에 균등하게 분할하고, 그 분할한 부분을 보증하기로 되어 있다(민법 제439조). 예를 들면 30만원의 채무 보증인 3명이 있으면 각 보증인은 10만원씩 보증채무를 부담하게 된다. 한편 연대보증인은 분별의 이익을 가지지 않는다. 또한 주채무가 불가분채무이면 보증인에게는 분별의 이익은 없다. 그러므로 이런 경우에는 각 보증인은 전액의 채무를 변제할 책임을 부담하게 되는 것이다. 특히 상사채무의 경우에는 분별의 이익이 없다(상법 제57조).

구상권
求償權

타인을 위하여 변제를 한 사람이 그 타인에 대하여 가지는 반환청구의 권리를 말한다. 연대채무자의 1명이 채무를 변제한 경우에는 다른 연대채무자에게, 보증인·물상보증인(物上保證人)이 채무를 변제한 경우에는 주채무자에게, 저당부동산의 제3취득자가 저당권자에게 변제한 경우에는 채무자에게 각각 반환을 청구할 수 있다. 민법은 이 밖에도 타인의 행위로 배상의무를 지게 된 자가 그 타인에게(민법 제465조·제756조·제758조), 타인 때문에 손해를 입은 자가 그 타인에게(민법 제1038조·제1051조·제1056조), 그리고 변제에 의해서 타인에게 부당이득을 발생하게 하였을 경우에는 변제자가 그 타인에게(민법 제745조) 각각 반환청구를 할 수 있다고 인정하고 있는데, 이런 경우에도 구상권이라는 용어를 사용한다.

부담부분
負擔部分

다수당사자의 채권관계에서 채무자 각자가 내부적으로 부담하여야 할 채무의 분담액 내지 비율로서, 구상권의 기초가 되는 것을 말한다. 불가분채무와 연대채무의 내부관계는 이러한 부담부분이 그 본질을 이룬다. 부담부분의 비율은 당사자의 약정에 의하여 결정되지만, 약정이 없는 경우 균등한 것으로 추정한다. 이러한 부담부분은 모든 다수당사자 채권관계에서 존재하는 것은 아니다. 즉 채무자 사이에 공통되는 채무가 존재하지 않는 분할채무와 실질적으로 주채무자의 채무에 해당하는 보증채무에는 부담부분이 존재하지 않는다.

채권양도
債權讓渡

계약으로 채권의 동일성을 유지하면서 이전하는 행위를 말한다. 민법은 채권양도를 명문으로 인정하고 있다(민법 제449조~제452조). 예외적으로 채권양도를 허용하지 않는 경우로는 첫째, 법률이 금지하는 경우(예 : 친족 간의 부양청구권, 연금청구권 등), 둘째, 채권의 성질로 보아 허용되지 않는 경우〔예 : 차주의 사용·수익권(민법 제610조) 및 임차인의 임차권(민법 제629조) 등〕, 셋째, 채권자와 채무자 사이에 미리 채권을 양도하지 않는다는 특약이 있는 경우(단, 이 특약은 선의의 제3자에게 대항할 수 없다) 등이다. 채권양도는 양도인과 양수인의 합의만으로 효력을 발생하지만, 양도의 효력을 제3자에게 주장하려면 다음의 요건이 필요하다. 첫째, 채무자를 상대로 주장하려면 양도가 있었다는 것을 양도인으로부터 채무자에게 통지하거나, 채무자가 그것을 승낙하여야 한다. 둘째, 채무자 이외의 제3자에게 주장하려면 통지나 승낙을 확정일자 있는 증서로 하여야 한다. 이상은 **지명채권**이라 부르는 보통의 채권에 해당한다. 이 밖에 **증권적 채권**이 있다. 지시채권의 양도의 효력을 제3자에게 주장하려면 증권에 양도를 한다는 내용을 배서하여 양수인에게 교부하여야 하며, 무기명채권·지명소지인출급채권의 경우에는 증권의 인도(교부)에 의한다. 다만, 상법상의 증권적 채권은 증권의 배서·교부에 의하여 당사자 및 제3자에게 효력을 발생한다.

지시채권
指示債權

특정인(特定人) 또는 그가 지시한 자에게 변제하여야 하는 증권적 채권을 말한다. 어음·수표·창고증권·화물상환증·선하증권·기명주식은 원칙적으로 지시채권이다. 민법은 어음법이나 수표법에서와 같이 증권의 배서 교부를 채권양도의 성립조건으로 하고 있다.

변제
辨濟

채무자가 채무의 내용인 급부를 실현하는 행위를 말한다. 변제가 있으면 채무자는 목적을 달성하고 채권은 소멸된다. '이행'과 같은 용어이지만, 이행은 채권의 효력상의 용어이고, 변제는 채무의 소멸상의 용어이다. 변제를 완료하기 위하여는 채무자와 채권자가 서로 협력해야 하는 경우가 많다. 채무자는 자기 채무에 대하여 최대한 이행하여야 하며, 채권자 또한 채무변제에 협력해야 하는 신의성실의 원칙상의 의무가 있다. 이 채무자의 행위를 **'변제의 제공'**이라

[채권의 형식과 양도]

구 분	형 식	실 례	양도의 방식
지명채권	채권자가 특정한 채권	증권적 채권에 속하지 않는 채권은 대부분 이에 속함	• 양도인·양수인 간의 효력 → 채권양도계약 • 채권자에 대한 효력 → 통지 또는 승낙 • 채무자 이외의 제3자에 대한 효력 → 확정일자가 있는 증서에 의한 통지 또는 승낙
지시채권	특정한 사람 또는 그가 지시한 사람에게 변제할 증권적 채권	어음·수표·창고증권·화물상환증·선하증권·기명주식 등	(민법) • 양도인·양수인 간의 효력 → 채권양도계약 • 제3자에 대한 효력 → 배서·교부 (상법) • 모든 자에 대한 효력 → 배서·교부
무기명채권	특정 채권자를 지정하지 않고 정당한 소지인에게 변제하여야 하는 증권적 채권	상품권·승차권·관람권(입장권)	(민법) • 양도인·양수인 간의 효력 → 채권양도계약 • 제3자에 대한 효력 → 인도
지명소지인 출급채권	증권에 의하여 표시되고, 특정인 또는 이 증권의 정당한 소지인에게 지급되는 채권	정부나 공공단체발행의 지급명령서나 지참인출급의 서면이 있는 유가증권이 이에 속하는 경우가 많음	무기명채권의 경우와 같음

하고, 채권자의 행위를 '**변제의 수령**'이라고 하는데 모두가 신의성실의 원칙이나 거래관습에 따라 그 내용과 정도를 결정하여야 한다. 변제는 채권의 내용에 따라 본래의 급부대로 이행하는 것이 보통이지만, 채권자의 승낙이 있으면 다른 물건으로 변제할 수도 있다. 이것을 **대물변제**(代物辨濟)라고 한다. 또 변제는 채무자가 아닌 자도 할 수 있다. 이것을 **제3자의 변제**라고 한다. 제3자가 변제를 하면 제3자는 변제를 한 부분을 채무자에게 구상할 수 있다. 이것을 변제자의 대위 또는 **대위변제**(代位辨濟)라고 한다. 변제는 채권자만이 수령할 수 있다는 것이 원칙이지만, 예외적으로 채권자에게 수령권한이 없는 경우가 있으며(예 : 채권을 압류당하였을 때), 수령권한이 없는 자에 대한 변제가 유효인 경우도 있다(예 : 예금 증서와 인장을 소지한 자나 영수증의 지참인이 진정한 수령권한이 있는 자가 아닌데도 그에게 변제를 한 경우).

우선변제
優先辨濟

채권자 가운데서 어떤 채권자가 다른 채권자에 우선하여 받는 변제를 말한다. 채권자는 서로 균등한 지위에서 채권액에 비례하여 변제를 받는 것을 원칙으로 하는데 이것을 **채권자 평등의 원칙**이라고 한다. 그러나 예외적으로 법률이 인정한 경우에는 우선변제를 받을 수 있다. 민법이 인정한 채권 가운데 우선변제를 받을 수 있는 것은 질권, 저당권이 있는 경우의 채권이다. 이 밖에도 특별법에 의한 채권, 예를 들면 세금이나 산재보험·복지연금, 자동차손해배상보험 등의 할부금을 징수하는 청구권이 우선권으로 인정되고 있다.

채무인수
債務引受

채무를 그 동일성을 잃지 않은 채 인수인에게 이전하는 계약을 말한다. 우리 민법은 종래의 학설·판례상 인정하여 오던 채무인수에 관하여 명문으로 규정하고 있다(민법 제453조~제459조). 채무인수방법은 첫째, 채권자인 A, 채무자인 B, 인수인인 C의 3명의 계약으로 할 수 있다. 둘째, A와 C와의 계약으로 할 수 있는데 이때에는 B의 의사에 반하여 채무를 인수하지 못한다(민법 제453조). 셋째, B와 C와의 계약으로 할 수 있는데 이때에는 A의 승낙에 의하여 그 효력이 생긴다(민법 제454조). 채무인수의 효과로서 전채무자인 B의 채무는 그 동일성을 잃지 않고 신채무자인 C에게 이전되고 B는 채무를 면한다. 또 C는 B가 가지고 있던 모든 항변권을 승계한다(민법 제458조). 또 C의 자력 여하는 보증인이나 물상보증인(담보물을 제공한 B, C 이외의 제3자)에게 중대한 이해관계가 있기 때문에 민법은 B의 채무에 대한 보증채무나 물상보증인이 제공한 담보물권은 채무인수로 소멸한다고 규정하고 있다(민법 제459조 본문). 그러나 보증인이나 물상보증인이 채무인수에 동의한 경우에는 그러하지 아니하다고 규정하고 있다(같은 조 단서).

병존적 채무인수
竝存的 債務引受

제3자(인수인)가 채권관계에 개입해서 채무자가 되고, 종래의 채무자와 더불어 새로이 동일내용의 채무를 부담하는 계약을 말한다. 예를 들면 B의 A에 대한 채무를 제3자인 C가 인수하였을 때(같은 내용의 채무를 부담하여) B도 여전히 그 채무를 부담하고 있는 경우이다. **부가적**(附加的)·**확보적**(確保的)·**첨가적**(添加的)·**중첩적**(重疊的) **채무인수**라고도 한다. 이런 채무인수에 대하여 보통의 채무인수를 **면책적 채무인수**(免責的 債務引受)라고 부른다. 병존적 채무인수는 채권자와 인수인 사이의 계약에 따라 채무자의 의사에 반하여 이를 행할 수 있다. 여기서 문제가 되는 것은 구채무자와 인수인이 어떤 관계에 있는가 하는 것인데 연대채무관계, 불가분채권관계, 부진정연대채무관계, 보증채무관계 등 여러 가지 학설로 나뉘고 있다. 이 구분은 계약의 내용에 따라 결정할 수밖에 없는데 계약의 내용이 확실하지 않을 때에는 '연대채무관계'라고 해석하는 실이 통설이나. 판례는 낭사자의 약정이 불확실한 경우에는 원칙적으로 병존적 채무인수로 해석한다.

이행인수
履行引受
인수인이 채무자에 대하여 그 채무를 이행할 것을 약정하는 채무자·인수인 간의 계약을 말한다. 인수인은 채무자에 대하여 그 채무변제의무를 부담할 뿐, 직접 채권자에 대하여 의무를 지지 않는다. 따라서 채무의 이전은 없다.

영수증
領收證
채권자가 채무의 변제를 받았다는 것을 증명하기 위하여 채무자에게 교부하는 증서를 말한다. 특별한 형식이 정해져 있는 것은 아니기 때문에 변제를 받은 증거가 되는 증서이면 된다. 다만, 증거이기 때문에 목적물의 표시, 수령의 문언(文言), 수령인의 서명, 일자의 기재, 상대방의 표시 등을 기재하는 것이 실제로 필요한 것이다. 변제를 한 자는 변제를 수령한 자에게 영수증의 교부를 청구할 수 있다(민법 제474조). 영수증의 작성비용은 채권자가 부담한다. 영수증은 채권소멸의 증거가 되지만, 이 밖에 영수증의 소지자를 변제를 받을 권한이 있는 자라고 오신하고 변제를 한 경우, 예를 들면 해고된 수금원이 영수증을 지참하였기 때문에 이를 지급한 경우 이 변제는 변제자에게 과실이 없는 한 효력이 있다(민법 제471조).

대물변제
代物辨濟
계약에 따라 채무자가 본래 부담하고 있던 급여 대신에 다른 급여를 하여 채권을 소멸시키는 것을 말한다(민법 제466조). 예를 들어 A가 B에게 200만원의 채무를 부담하고 있는 경우에 A, B 사이의 계약으로 금전에 갈음하여 가옥을 인도하고 채권을 소멸시키는 경우이다.

대물변제의 목적물에 하자가 있는 경우에는 채권자는 매매의 하자담보의 규정을 준용하여 계약의 해제 또는 손해배상을 청구할 수 있다(민법 제580조). 그러나 금전채권의 경우에 수표나 어음을 교부하는 것이 금전채무를 이행하기 위한 수단으로 교부하였는가 아니면 대물변제인가 하는 것이 문제가 된다. 이런 경우에는 일반적으로 지급채무를 이행하기 위하여 교부했다는 데 그치고 금전채무는 소멸되지 않는다고 본다.

대물변제의 예약
代物辨濟의 豫約
대물변제를 미리 약속하여 두는 계약을 말한다. 예컨대 100만원을 대차하는데 있어서 기한 내에 변제를 하지 않을 때에는 이를 대신하여 가옥의 소유권을 이전한다는 계약을 하는 경우이다. 대물변제의 예약은 내용에 따라 결과도 달라진다. 첫째, '진정한 대물변제예약'으로, 계약의 내용이 당사자 일방 또는 쌍방이 특정물의 급부로 대물변제할 수 있는 권능을 보류하는 경우를 말한다. 이러한 대물변제의 예약은 민법 제564조에 의하여 '일방예약'으로 추정하고, 예약권자인 채권자의 일방적 의사표시와 등기·인도 후에 소유권이전의 효과가 발생한다고 한다. 반면, 이와 달리 편무예약으로 보는 것이 타당하다고 하는 견해도 있다. 즉 대물변제는 요물계약으로서 채무자의 대물급부의무이행으로 성립하기 때문이라고 한다. 진정한 대물변제의 예약에서 목적물의 소유권이전은 예약완결권의 행사와 등기·인도에 의해서 그 효과가 발생한다고 한다(판례, 통설). 둘째, '정지조건부 대물변제예약'으로, 변제기에 채무의 이행이 없는 경우 목적물의 소유권이 당연히 채권자에게 이전하는 형태의 대물변제예약을 말한다. 그러나 민법은 물권에 있어서는 물권변동에 관한 형식주의를 취하고 있기 때문에 이러한 예약은 인정될 수 없다.

지정변제충당
指定辨濟充當

채무자가 동일한 채권자에 대하여 같은 종류를 목적으로 하는 여러 개의 채무를 부담하고 변제의 제공이 그 채무 전부를 소멸하게 하지 못하는 경우, 변제자가 임의로 채무를 지정하여 변제에 충당하는 것을 말한다(민법 제476조1항). 예를 들면 채권자 B에게 3만원·5만원·10만원의 금전채무를 부담하고 있는 채무자 A가, B에게 10만원을 변제로 제공할 때, A는 그 제공 당시 10만원의 채무에 대한 변제라고 지정하여 그 변제에 충당할 수 있다. 채무자(변제자)가 위의 지정을 하지 아니할 때에는 채권자(변제받는 자)는 그 당시 하나의 채무를 지정하여 변제에 충당할 수 있다(같은 조 2항 본문). 이때 채무자가 그 충당에 대하여 즉시 이의를 할 수 있다(같은 항 단서). 위의 변제충당은 상대방에 대한 의사표시로 한다(같은 조 3항). 그리고 채무자나 채권자가 변제에 충당할 채무를 지정하지 아니한 때에는 법률의 규정으로 변제충당을 결정한다(민법 제477조). 이를 **법정변제충당**(法定辨濟充當)이라 한다. 한편, 1개의 채무에 여러 개의 급부를 요하는 경우, 채무자(변제자)가 그 채무 전부를 소멸하지 못한 급부를 한 때에는 앞에서 설명한 지정변제충당과 법정변제충당의 규정을 준용한다(민법 제478조). 이것을 **부족변제의 충당**이라 한다. 그리고 채무자가 1개 또는 수개의 채무의 비용 및 이자를 지급할 경우에 채무자(변제자)가 그 전부를 소멸하게 하지 못한 급여를 한 때에는 비용·이자·원본의 순서로 변제에 충당하여야 한다(민법 제479조1항).

변제의 제공
辨濟의 提供

채무자가 변제의 실현을 위하여 채권자의 협력을 기다리지 않고, 먼저 스스로 할 수 있는 변제를 위한 행위를 하는 것을 말한다. 변제의 제공 방법은 일반적으로 거래관습과 신의성실의 원칙에 따라야 하는데, 민법에 의하면 ① 원칙적으로 채무의 내용에 좇아서 현실로 제공하여야 한다(민법 제460조 본문). 이것을 **현실의 제공**이라 한다. 예를 들어 금전의 지참채무는 금전을 가지고 지급장소에 가서 제공하여야 한다. ② 예외적으로 채권자가 미리 변제받기를 거절하거나, 채무의 이행에 채권자의 행위를 요하는 경우에는 변제준비의 완료를 통지하고 그 요령을 최고하면 된다(같은 조 단서). 이것을 **구두의 제공**이라 한다. 예를 들면 집세의 인상을 둘러 싼 분쟁으로 인하여 그 달의 집세를 집주인이 받지 않는 경우에 집세가 준비되었으니 이를 받으라고 통지를 하거나, 채권자가 지정한 장소에 상품을 보낼 경우에 상품 발송의 준비를 하고 송부처의 지정을 바라는 경우가 이에 해당한다. 변제를 제공하면 채무자는 그때부터 채무불이행으로 발생하는 모든 책임을 면할 수 있고(민법 제461조), 채권자는 경우에 따라 수령지체에 빠질 수도 있다.

대위변제
代位辨濟

제3자 또는 공동채무자의 1명이 채무자를 위하여 변제하면 그 변제자는 채무자 또는 다른 공동채무자에 대하여 구상권을 취득하게 되는데, 민법이 이 변제자의 구상권을 확실히 하기 위하여 변제자는 변제를 받은 채권자가 가지고 있는 권리를 대위하여 행사할 수 있다고 정하고 있는 바(민법 제480조·제481조), 이를 대위변제 또는 **변제에 의한 대위**라고 한다. 대위변제가 생기는 요건으로는 제3자 또는 공동채무자의 1명이 채무자를 위하여 변제를 하고, 그 결과로서 채무자 또는 다른 공동채무자에 대하여 구상권을 가지고 있는 것이 가장 기본적이다. 변제를 함에 있어서 정당한 이익을 가지고 있는 자, 예컨대 물상보증인·담보부동산의 제3취득자·보증인·연대채무자 등에 대하여는 위의 요건만으로 대위가 생긴다(민법 제481조). 이것을 **법정대위**라 한다. 그러나 그 밖의 자는 변제를 하고 동시에 채권자의 승낙을 얻지 않으면 대위의 효과가 생기지 않는데, 이를 **임의대위**(任意代位)라 한다(민법 제480조1항). 그리고 변제자가 일부의 변제를 하면 **일부의 대위**가 생긴다. 예를 들면 甲의 乙에 대한 10만원의 채권을 丙이 5만원만 변제하였다면 甲은 잔액 5만원의 채권을 가지고, 丙은 5만원만의 대위를 하고, 丙은 채권자(甲)와 함께 그 권리를 행사하게 된다(민법 제483조1항). 또 이 경우에 민법은 채권 발생의 원인인 甲·乙 간의 계약을 해지 또는 해제하는 권리는 甲만이 가진다고 규정하고, 만약 甲이 해지 또는 해제한 때에는 甲은 丙에 대하여 이미 수령한 5만원과 이자를 상환해야 한다고 규정하고 있다(민법 제483조2항). 대위의 이익을 받는 자가 여러 명 있는 때에는 상호 간에 문제가 생긴다. 예를 들면 甲의 乙에 대한 채권에 대해 丙이 보증인이 되고 丁이 물상보증인이 된 경우, 丙이 변제하면 丁의 부동산의 저당권을 행사하여 손실을 면하고, 丁이 변제하면 丙의 재산에 대해 집행하여 손해를 면할 수 있다고 한다면 빨리 변제한 자가 이익을 얻는 불공평한 결과를 초래한다. 그래서 민법은 각자의 구상권에 관하여 보호할 필요에 따라 대위의 순위와 비율을 정하고 있다(민법 제482조2항).

대상청구권
代償請求權
이행불능과 동일한 원인으로 채무자가 목적물의 대상이 되는 이익을 얻을 수 있는 경우에 채권자는 채무자에 대하여 그 이익의 상환을 청구할 수 있는 바, 이를 대상청구권이라 한다. 예를 들어, A가 B에게 그림을 매도하기로 약정한 후에 그림을 절취당하여 이행불능이 된 경우, 만일 그림에 대한 보험금이 채무자 A에게 지급된다면 채권자 B는 그림의 대상이 되는 보험금을 채무자 A에게 청구할 수 있다. 한편, 독일법상 인정되는 대상청구권을 명문의 규정이 없는 우리 민법에 들여와서 인정하는 것이 타당한가에 대한 견해가 있다.

통설은 대상청구권을 인정하는 것에 찬성한다. 대법원도 "취득시효가 완성된 토지가 수용된 경우 취득시효 완성을 원인으로 하는 소유권이전등기의무의 이행불능시에 취득시효 완성자는 수용 당시의 소유명의자가 받은 보상금청구권 혹은 보상금에 대해 대상청구할 수 있다"는 취지의 판결을 하여, 대상청구권의 인정에 긍정적인 입장을 취하고 있다(대판 1995.8.11, 94다21559).

공탁
供託
변제자가 채권자를 위하여 변제의 목적물을 공탁소에 임치하여 채권자의 협력이 없는 경우에도 채무를 면하는 제도이다. 변제자, 즉 채무자를 보호하기 위한 제도로서, 그 성질을 '제3자를 위한 임치계약'으로 봄이 일반적이나, 판례는 공법관계(행정처분)로 본다(민법 제487조~제491조). 공탁의 성립요건으로는, 채권자가 변제를 받지 않거나 받을 수 없어야 하는데, 변제자의 과실 없이 채권자를 알 수 없는 경우도 이에 해당한다. 공탁의 목적물은 채무의 내용에 적합한 것이어야 하고, '일부공탁'은 원칙적으로 무효이다.

상계
相計
채권자와 채무자가 서로 대립하는 동종의 채권·채무를 가지는 경우에 그 채권과 채무를 대등액에 있어서 소멸케 하는 일방적 의사표시를 말한다. 예를 들면 B가 A에 대하여 10만원의 채무를 부담하고 있고, B도 또한 A에 대하여 7만원의 채권을 취득하고 있을 때에는 양쪽에서 별도로 변제를 하지 않고, B의 A에 대한 의사표시에 의하여 B의 채권 7만원을 소멸시킴과 동시에 A의 채권을 3만원으로 감할 수 있는 것이다. 상계는 광의로는 당사자 사이의 계약에 의한 상계(상계계약)를 포함하지만, 협의로는 일방적 의사표시에 의한 상계만을 가리킨다. 상계를 하는 쪽의 채권(앞의 예에서는 7만원인 B의 채권)을 **자동채권**(自動債權)이라고 하고, 상계되는 쪽의 채권(앞의 예에서는 10만원인

A의 채권)을 **수동채권**(受動債權)이라고 한다. 양 채권이 상계할 수 있는 사정에 놓일 때 이것을 **상계적상**(相計適狀)이라고 하는데, 이를 위하여는 ① 자동채권과 수동채권이 존재하고 있어야 한다. 다만, 자동채권이 시효로 소멸되어도 이의 소멸 이전에 양 채권이 동시에 존재하고 있었다면 무방하다. 그리고 ② 양 채권이 변제기에 도래하고 있어야 한다. 다만, 수동채권은 변제기가 도래하지 않아도 이를 상계하는 자가 변제기 이전에 지급할 의사가 있으면 무방하다. 그러나 상계적상이라고 하더라도 수동채권이 불법행위에 입각한 손해배상채권인 경우나 압류가 금지된 채권의 경우 등과 같이 상계가 허용되지 않는 경우도 있다. 상계는 상대방에 대한 의사표시로 하는데, 이것은 '재판상'이거나 '재판 외'이거나를 불문한다. 상계의 의사표시가 있으면 상계적상시로 소급하여 효력이 발생한다. 상계의 상대방이 여러 개의 채권을 지니고 있는 경우에는 어느 채권을 먼저 충당할 것인가 하는 문제가 발생하는데 일반적으로 변제의 충당에 관한 규정(민법 제476조~제479조)을 준용한다.

상계계약
相計契約

서로 대립하고 있는 같은 성질의 채권을 상계하는 계약을 말한다. 민법상의 상계는 단독행위, 즉 채권자의 일방적 의사표시만으로 효력이 발생하는 행위이기 때문에 이 점에서 근본적으로 다르다. 상계계약에는 민법에서 정하는 것과 같은 제한이 없으므로 넓은 범위에서 상계를 할 수 있다. 예컨대 甲이 乙에 대하여, 乙이 丙에 대하여, 丙이 丁에 대하여, 丁이 甲에 대하여 각 채권을 가지고 있는 경우에는, 민법의 단독행위에 의한 상계는 불가능하지만 甲·乙·丙·丁의 계약으로 상계가 가능하다. 어음의 변제 등은 이러한 원리로 행하여지는 것이며, 이러한 의미에서 광의의 상계제도는 화폐에 의존하지 않는 거래를 가능하게 한다.

경개
更改

채무의 요소를 변경함으로써 신채무를 성립시키고 동시에 구채무를 소멸시키는 유상계약을 말한다. 채권양도와 채무인수로 인해 오늘날 경개의 기능은 그 의미가 많이 퇴색하였다.

경개계약의 당사자는 경개의 종류에 따라 다르다. ① 채무자변경으로 인한 경개 : 乙의 甲에 대한 채무를 소멸시키고 丙의 甲에 대한 채무를 성립시키는 경개는 甲·乙·丙 3명의 계약으로 할 수 있음은 물론이지만, 甲·丙만의 계약으로도 할 수 있다. 다만, 乙의 의사에 반하는 때에는 효력이 생기지 않는다(민법 제501조). ② 채권자변경으로 인한 경개 : 甲의 乙에 대한 채권을 소멸시키고 丙의 乙에 대한 채권을 성립시키는 경개는 甲·乙·丙 3명의 계약에 의한다고 해석한다. ③ 채무의 목적 변경으로 인한 경개는 동일채권자·채무자 간의 계약이다. 경개계약에는 아무런 형식이 필요 없다. 다만, 채권자변경으로 인한 경개는 확정일자 있는 증서로 하지 아니하면 이로써 제3자에게 대항하지 못한다(민법 제502조).

경개의 효력으로 구채무가 소멸하고 신채무가 성립하는 것에는 아무런 문제가 없다. 주의해야 할 것은 이 구채무의 소멸과 신채무의 성립 사이에 인과관계가 존재하여야 한다. 만약 구채무가 존재하지 아니하거나 취소되면 신채무는 성립하지 아니하고, 또 반대로 신채무가 성립하지 아니하거나 취소되면 구채무는 소멸하지 아니한다. 다만, 여기에는 두 가지 예외가 있다. 첫째, 甲·乙·丙 3명의 계약으로 甲·乙 간의 채권을 소멸시키고 丙·乙 간의 채권을 성립시키는 경우에 乙이 이의를 보류하지 아니하고 경개계약을 체결한 때에는 비록 甲·乙 간의 구채권이 존재하지 않는 경우에도 丙·乙 간의 신채권은 성립한다(민법 제503조·제451조1항). 둘째, 예컨대 10만원의 채무를 말(馬) 한 마리의 채무로 변경하는 경개에 있어서 그 말이 이미 죽었기 때문에 이것을 목적으로 하는 신채무가 성립하지 않는 경우에, 만약 당사자가 이 사실을 알고 있으면 신채무가 성립하지 않음에도 불구하고 구채무는 소멸하는 것이다(민법 제504조 규정의 반대해석에서 생긴다). 민법은 구채무의 목적의 한도에서 담보를 신채무로 이전할 수 있다고 규정하고 있고(민법 제505조 본문), 제3자가 제공한 담보는 제3자의 승낙이 없으면 신채무로 이전할 수 없다고 규정하고 있다(같은 조 단서).

혼동
混同

채무자가 채권자를 상속하는 것과 같이 채권자의 지위와 채무자의 지위가 동일한 주체(동일인)에 귀속하는 것을 말한다. 이런 경우에는 채권을 존속시킬 필요가 없으므로 소멸시킨다(민법 제507조 본문). 다만, 이 채권이 제3자의 권리, 예컨대 질권의 목적인 때에는 혼동으로 질권의 목적물을 소멸시켜서는 아니 되므로 예외적으로 채권은 여전히 존속한다(같은 조 단서). 이것은 물권의 소멸원인으로서의 혼동과 같다.

면제
免除

채권자가 채권을 포기하는 단독행위를 말한다. 채무자의 승낙이 필요 없고 채권자가 단독으로 할 수 있다(민법 제506조 본문). 면제를 하기 위해 채무자에 대하여 채권을 포기하겠다는 의사표시를 하면 어떤 방법이든 무방하다. 면제는 채권자의 자유이지만, 만약 해당 채권에 질권이 설정되어 있으면 면제를 할 수 없다. 면제에 의하여 제3자의 권리를 해할 때에는 면제를 허용하지 않는다고 해석한다.

각 칙

계약
契約

서로 대립하는 2개 이상의 의사표시가 합치하는, 채권의 발생을 목적으로 하는 법률행위를 말한다. ① 계약은 하나의 법률행위이다. 의사표시에 의하여 권리·의무가 발생하거나 변경하는 행위를 법률행위라고 하는데, 계약은 법률행위의 일부에 속한다. 그러므로 계약에는 민법의 법률행위에 관한 여러 규정이 적용된다. 그런데 민법 제3편의 계약은 채권관계를 발생시키는 데 한정된 소위 채권계약(債權契約)으로서 **공법상의 계약**(관할의 합의나 행정주체 간의 계약) 및 **물권계약**(지상권설정계약이나 저당권설정계약), 그리고 **준물권계약**(準物權契約 : 채권양도와 같이 즉시 채권이전의 효과를 발생한 뒤에 채무이행의 문제를 남기지 않는 계약)과 **신분계약**(身分契約 : 혼인이나 입양)과는 다

[계 약]

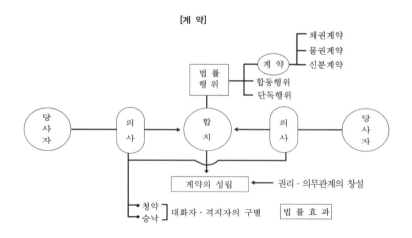

르다. ② 계약은 서로 대립하고 있는 의사표시의 합치에 의하여 성립한다. 보통 청약·승낙이라고 하는 서로 대립하는 두 의사표시의 합치에 의하여 성립한다. 다만, 예외로 청약만으로 성립하거나〔예: 호텔방을 예약해 둔다든가(**의사실현**)〕, 당사자 간에 동일 내용의 청약(**교차청약**)을 하는 경우에도 계약이 성립하기도 한다(민법 제533조).

[합동행위]

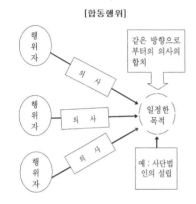

계약자유의 원칙
契約自由의 原則

당사자가 자유롭게 선택한 상대방과 그 법률관계의 내용을 자유롭게 합의하고, 법이 그 합의를 법적 구속력 있는 것으로 승인하는 원칙을 말한다. '소유권 절대의 원칙', '과실책임의 원칙'과 함께 근대 민법의 3대 원칙을 이룬다. 계약자유의 내용으로는 '체결의 자유', '상대방선택의 자유', '내용결정의 자유', '방식의 자유'가 있다. 이 원칙은 자본주의 초기에 특히 강조되었지만 현대 사회에서는 여러 제한을 받고 있다. ① '내용결정의 자유'에 대해서는 민법이나 근로기준법 등 법률이 정한 조건이 아니면 계약을 할 수 없도록 제한하는 경우가 많다. 예를 들면 「근로기준법」이 정한 기준에 달하지 못하는 근로조건을 정한 근로계약은 그 부분에 한하여 무효가 되고, 그 부분은 같은 법 제17조에 정한 기준에 따라야 한다(같은 법 제20조). 아울러 보험계약이나 근로계약과 같은 **부합계약**(附合契約 : 당사자 일방인 기업이 계약내용을 일방적으로 결정하고 상대방은 그 내용을 좇음으로써 성립하는 계약)에서는 당사자 일방의 자유는 사실상 박탈되고 있다. ② 제정법상 '형식의 자유'가 명확히 박탈되는 경우〔현상광고(懸賞廣告)의 청약, 단체협약 등이 예이다〕는 드물다. 그러나 서면으로 표시하지 않은 증여는 효력이 약하며 당사자는 이를 해제할 수 있다(민법 제555조). ③ 계약을 체결하느냐 체결하지 않느냐의 자유, 즉 '체결의 자유'에도 제한이 있다. 독점적인 기업(우편·철도·가스·수도)이나 공익적인 직무(의사·조무사 등) 및 사회정책적인 제도(건물의 매수청구의 행사)에서는 제약을 받는 경우가 있다. ④ 계약 상대방을 누구로 선택할 것인가에 관한 '상대방 선택의 자유'도 재판이나 노동관계법 등의 법률에 의하여 제한받는 경우가 있다.

계약체결상의 과실로 인한 신뢰이익의 배상청구
契約締結上의 過失로 인한 信賴利益의 賠償請求

목적이 불능한 계약을 체결할 때, 그 불능을 알았거나 알 수 있었던 자에게 상대방이 그 계약의 유효를 믿음으로 인하여 받은 손해(신뢰이익)의 배상을 청구하는 것을 말한다. 예컨대 울릉도에 있는 별장의 매매계약을 서울에서 체결하였는데, 그 별장이 전날 밤에 화재로 이미 전소한 경우처럼 계약이 성립하지 않은 경우에도 그 매매를 유효한 것으로 믿어서 발생한 손해(신뢰이익)의 배상을 청구할 수 있다. 계약을 체결할 때 계약내용이 실현 불가능한 것이라면 계약은 무효이고, 비록 매도인이 과실로 인하여 이런 사실을 몰랐기 때문에 매수인에게 손해를 입혔다고 하더라도 무효가 된 계약에서 계약상의 손해배상청구권이 발생할 수는 없다. 따라서 매수인은 원칙적으로는 계약에 의한 손해배상을 청구할 수 없다. 그러나 계약성립이전의 단계에서도 이미 당사자가 계약의 성립을 기대하고 준비작업을 착수하였는데, 후에 기대에 어긋나 그 준비작업이 허사가 되었다면 그 자체에 대한 법적 책임을 묻게 된다. 이 이론은 예링(Jehring)이 제창한 것으로 우리 민법에서 명문화하고 있다. 즉 「민법」 제535조는 "목적이 불능한 계약을 체결할 때에 그 불능을 알았거나 알 수 있었을 자는 상대방이 그 계약의 유효를 믿었음으로 인하여 받은 손해를 배상해야 한다"고 규정하고 있다. 그리고 배상의 범위는 목적물건의 검사비용과 교통비, 그 밖에 다른 유리한 계약을 이행하지 못하였기 때문에 발생한 손해와 은행으로부터 매수대금(買收代金)을 차용하기 위하여 사전에 지급한 이자와 같은 신뢰이익(信賴利益) 정도이다. 여기서 신뢰이익이 이행이익(履行利益)보다 클 때에는 이행이익의 범위 내에서 배상한다.

전형계약
典型契約

「민법」이 규정하고 있는 14가지 계약을 말한다(증여·매매·교환·소비대차·사용대차·임대차·고용·도급·현상광고·위임·임치·조합·종신정기금·화해). 전형계약을 '유명계약(有名契約)'이라고도 한다. 이에 대응하는 개념으로 어느 것에도 속하지 않는 계약을 '비전형계약(非典型契約)' 또는 '무명계약'이라 한다.

무명계약
無名契約

「민법」이 규정하고 있는 14가지 계약(유명계약)에 속하지 않는 계약을 말한다. 무명계약을 **비전형계약**이라고도 한다. ① 무명계약은 어떤 전형계약에도 전혀 속하지 않는 것이다. ② **혼합계약**(混合契約)은 두 가지 이상의 전형계약의 성질을 겸하고 있는 계약이다(예 : 주문에 의하여 물건을 제작하여 판매하는 계약은 도급과 매매의 성질을 겸하고 있다). 그러나 수개의 전형계약이 병합하고 있는 경우에는 혼합계약이 아니다. ③ 한편, 무명계약에 대한 법률의 적용은 어떠한가? 그것은 무명계약을 성립시키고 있는 전형계약의 규정을 수정해서 적용하는데, 이 경우 무리하게 전형계약에 관한 규정을 적용하지 말고, 상황에 적합한 형태로 유추해서 적용해야 한다.

무상계약
無償契約

증여계약(贈與契約) 등과 같이 경제적인 출연(出捐)을 하는 것은 일방뿐이고, 상대방은 이에 대응하는 반대급부를 하지 않는 계약을 말한다. 편무계약(片務契約)의 대부분은 무상계약이다. 그러나 이자 있는 소비대차는 편무계약이지만 유상계약이다. **이자 있는 소비대차**는 '이자'라고 하는 경제적인 지급을 수반하는데(소위 '유상계약'이다), 대주와 차주의 채무는 서로 대등한 관계가 아니므로 편무계약이다. 민법의 전형계약 가운데 증여·사용대차는 무상계약이다. 그리고 임치·소비대차·위임·종신정기금은 당사자의 의사에 따라 유·무상 여부가 결정되므로 일정하지 않다.

유상계약
有償契約

매매나 임대차의 경우와 같이 계약당사자 쌍방이 서로 대가적인 의미를 가지는 출연(대금이나 차임)을 하는 계약을 말한다. 무상계약에 대립하는 용어이다. 유상계약의 범위는 쌍무계약보다도 넓다. 모든 쌍무계약은 유상계약이라고 할 수 있지만, 모든 유상계약을 쌍무계약이라고는 할 수 없다. 즉 소비대차와 같은 편무계약도 유상계약이라고 할 수 있기 때문이다. 민법의 전형계약 중에 매매·교환·현상광고·임대차·고용·도급·조합·화해 등이 유상계약에 해당한다. 「민법」은 유상계약에 관하여 매매의 규정을 준용하도록 규정하고 있다(민법 제567조).

낙성계약
諸成契約

당사자 사이의 의사표시가 합치하기만 하면 계약이 성립하고, 그 밖에 다른 형식이나 절차가 필요없는 계약을 말한다. 「민법」이 규정하고 있는 14가지 전형계약은 현상광고를 제외하고는 모두 낙성계약이다.

쌍무계약 雙務契約
계약당사자가 서로 대가적 의미를 가지는 급부를 하는 계약을 말한다. 예를 들면 매매계약에 있어서는 매도인이 상대방에게 상품을 급부할 의무를 부담하고, 매수인이 상대방에게 대금을 급부할 의무를 부담한다. 여기서 두 개의 급부는 서로 대가관계에 있다. 「민법」이 규정하고 있는 14가지 전형계약 가운데 매매·임대차·교환·도급·조합·화해·고용 등은 쌍무계약이고, 증여·소비대차·사용대차·무상의 위임·무상의 임치는 편무계약이다. 특히 동시이행항변권(민법 제536조1항)과 위험부담(민법 제537조) 등의 문제는 쌍무계약에서 발생한다.

편무계약 片務契約
증여의 경우와 같이 당사자 일방만이 급부를 하고, 상대방은 이에 대응하는 반대급부를 하지 않는 계약을 말한다. 이것은 쌍무계약과는 달리 동시이행항변권이나 위험부담 등의 문제가 발생하지 않는다. 「민법」에서 정하고 있는 14가지 전형계약 가운데 증여 이외에 소비대차·무상의 위임·무상의 임치·사용대차가 이에 속한다.

청약 請約
예컨대 A가 토지를 팔겠다고 의사표시를 하고 B가 그것을 사겠다고 의사표시를 하여 두 개의 의사표시가 합치하는 경우(계약의 성립)에 A의 의사표시를 말한다. 이때 B의 의사표시를 '승낙'이라고 한다. ① 청약과 청약의 유인(誘引)의 구별 : **청약의 유인**은 타인을 꾀어내어 자기에게 청약을 하게 하려는 행위를 말한다. 즉 청약의 유인은 청약을 하기 전의 흥정, 준비행위이고, 청약은 계약을 체결하려는 구속력 있는 의사표시이다. 대표적인 청약의 유인으로는 구인광고, 물품판매광고, 상품목록배부, 기차시간표의 게시 등을 들 수 있다. 양자의 구별은 새삼 의사표시를 할 필요가 있는가의 여부와 의사표시의 효력발생시기를 정하는 기준 등에서 실익이 있다. '입찰광고'는 청약이 아니고 청약의 유인이기 때문에 입찰이 청약이 되고, 낙찰이 승낙이 된다. 또 여러 사람을 구두(口頭)로 경쟁시키고 그중에서 가장 유리한 가격으로 사겠다는 자와 매매계약을 체결하는 '경매'에서는 최고가격을 부른 자에게 반드시 매도해야 하는 것이 아니라 새삼 승낙을 요하는 경우가 많다. 아울러 '견적서'는 청약이 아니라 청약의 유인인 경우가 많다. ② 승낙의 기간을 정하여 청약을 하는 경우 : 기간 내에 자유롭게 청약을 철회할 수 없지만, 기간 내에 승낙의 통지를 받지 못하면 당연히 효력을 상실한다(민법 제527조·제528조1항). 보통 승낙의 발송이 지연되었을 때에는 청약은 효력을 상실하고 계약은 성립되지 않지만, 기간 내에 도달할 수 있는 승낙의 연착은 청약자가 '승낙의 통지가 연착(延着)되었다'는 통지를 하지 않으면 계약은 그대로 성립한다(민법 제528조2항·3항) ③ 승낙기간을 정하지 않고 청약을 하는 경우 : 승낙기간을 정하지 아니한 청약은 청약자가 상당한 기간 내에 승낙의 통지를 받지 못한 때에는 그 효력을 잃는다. 또 **격지자**(隔地者) 간의 계약은 승낙의 통지를 발송한 때에 성립한다(민법 제531조).

승낙 承諾
예컨대 A가 토지를 팔겠다고 의사표시를 하고, B가 그것을 사겠다고 의사표시를 하여 두 개의 의사표시가 합치하는 경우(계약의 성립)에 B의 의사표시를 말한다. 이때 A의 의사표시를 '청약'이라고 한다. ① 승낙기간(承諾期間)을 정한 청약에 대하여는 그 기간 내에 승낙의 통지가 도달하였을 때에 계약이 성립한다(민법 제528조2항). ② 기간 내에 도달할 수 있는 발송이 지연되었을 때에는 청약의 효력이 상실된 후이기 때문에 보통 계약은 성립할 수 없을 것이다. 그러나 승낙자는 계약이 성립한 것이라고 생각하고 있으므로 승낙자의 기대를 보호하기 위하여 청약자가 연착하였다는 통지를 즉시 하지 않으면 계약은 성립한다(같은 조 3항). ③ 승낙기간을 정하지 않은 청약에 대하여는 승낙의 통지를 받을 상당한 기간 내에 청약을 철회할 수 없다. 이것을 **청약의 구속력**이라고 한다. 이 기간이 지나면 당연히 효력을 상실한다(민법 제527조).

사실행위에 의한 계약성립
事實行爲에 의한 契約成立

승낙은 없으나 승낙의 의사표시라고 볼 수 있는 일정한 사실이 있는 경우에 이를 승낙으로 보아 계약이 성립하는 경우를 말한다. 대표적인 것으로 '의사실현에 의한 계약성립의 경우'가 여기에 해당한다. 의사실현에 의한 계약의 성립에는 ① 청약자의 의사표시에 의하여 승낙통지를 필요로 하지 않는 경우로 이른바 '현실청약'인, 매각할 목적으로 청약과 함께 상품을 송부하는 경우와 ② 거래의 관습에 의해 통지를 요하지 않는 경우로 '의료에 관한 계약, 여행 중의 숙박계약' 등이 있다.

교차청약
交叉請約

두 개의 청약이 서로 같은 의사로 중복하는 것을 말한다. 예를 들어 甲이 어떤 시계를 2만원에 '팔겠다'고 하는 청약을 한 경우에 乙이 청약을 받기 전에 그 시계를 2만원 주고 '사겠다'고 하는 청약을 한 경우를 말한다. 그런데 이러한 교차청약으로 계약이 성립할 수 있는가의 문제는 계약의 요소인 주관적 합치라는 것이 甲의 특정된 의사표시와 합치하려고 하는 의도를 요하는가, 아니면 단순히 甲과 계약을 체결하려고 하는 의도만으로 족한가에 따라 해석된다. 왜냐하면 乙의 청약에는 전자의 의도는 없으나 후자의 의도만은 있기 때문이다. 그리고 많은 학자들은 계약의 성립에 필요한 주관적 합치는 후자의 의도만으로 족하다고 한다. 따라서 교차청약으로 계약은 성립한다. 「민법」은 당사자 간에 같은 내용의 청약이 상호 교차된 경우에는 양 청약이 상대방에게 도달한 때에 계약이 성립한다고 규정하고 있다(민법 제533조). 교차청약은 청약과 승낙에 의하지 않는 특수한 계약성립의 모습이며, 후자의 청약에 대하여는 「민법」상 승낙의 규정을 적용하지 않는다.

보통거래약관
普通去來約款

계약의 일방당사자에 의해서 일방적으로 작성된 장래의 계약을 위한 모형을 말한다. 상인과 소비자와의 계약은 이러한 약관에 의한 계약으로 표현될 수 있는 바, 이로 인해 소비자는 계약내용결정의 자유를 가지지 못하고 계약체결의 자유만 가지게 된다. 약관제도는 현대사회에서 대량거래의 합리화를 위해서 필수적이지만, 약관에 규정된 기업의 '면책조항'이나 '자기책임제한조항'으로 계약의 위험부담이 자칫 소비자에게 전가될 우려가 있다. 이러한 부당한 약관을 규제하기 위하여 마련된 법이 「약관의 규제에 관한 법률」이다.

제3자를 위한 계약
第三者를 위한 契約

제3자에게 권리를 취득하게 할 목적으로 양 당사자가 체결하는 계약을 말한다. 예컨대 甲·乙 간의 계약으로 乙이 제3자인 丙에게 10만원의 채무를 이행할 것을 약정한 때 丙은 乙에게 직접 10만원의 채무이행을 청구하는 권리를 취득하는 것과 같이, 丙을 계약의 당사자에 넣지 않고 丙에게 권리를 취득시키는 甲·乙 간의 계약을 말한다. 이때 甲을 요약자, 乙을 **낙성자**(諾成者), 丙을 수익자(受益者)라고 한다. 이 경우에 제3자인 丙의 권리는 丙이 채무자인 乙에 대하여 계약의 이익을 받을 의사표시를 한 때에 생긴다. 이것을 **수익의 의사표시**라고 한다. 이 경우에 채무자인 乙은 상당한 기간을 정하여 계약의 이익을 받을 것인지의 여부의 확답을 제3자인 丙에게 최고할 수 있고, 채무자인 乙이 그 기간 내에 확답을 받지 못한 때에는 제3자인 丙이 계약의 이익을 받을 것을 거절한 것으로 본다(민법 제540조). 甲과 乙의 계약에 의하여 제3자인 丙의 권리가 생긴 후에는 甲과 乙은 이를 변경하거나 소멸시키지 못한다(민법 제541조). 또 제3자인 丙의 권리는 甲과 乙 사이의 계약의 효력으로 생기는 것이므로 乙은 계약에서 생긴 항변권으로 제3자인 丙에게 대항할 수 있다(민법 제542조).

쌍무계약의 견련성
雙務契約의 牽聯性
계약당사자가 서로 의무를 부담하는 쌍무계약에서 양 당사자의 채무가 서로 의존 관계에 있는 것을 말한다. 쌍무계약에서 각 채무는 서로 대가적인 의존관계를 가지고 있으므로 그 발생·이행·존속에 있어서 운명을 같이한다. 쌍무계약의 견련성에는 ① 성립상의 견련성, ② 이행상의 견련성, ③ 존속상의 견련성이 있고, 이행상의 견련성에서는 '동시이행항변권', 존속상의 견련성에서는 '위험부담'의 법리가 파생한다.

동시이행항변권
同時履行抗辯權
쌍무계약의 상대방이 그 채무이행을 제공할 때까지 자기의 채무이행을 거절할 수 있는 권리를 말한다(민법 제536조1항 본문). 예컨대 매매계약에서 매수인은 대금을 지급한다는 채무를 부담하고, 매도인은 상품을 인도한다는 채무를 부담한다. 따라서 매도인의 입장에서 보면 상품의 인도는 대금의 지급이 있을 때까지 이를 거절할 수 있고, 매수인의 입장에서 보면 대금의 지급은 상품의 인도가 있을 때까지 이를 거절할 수 있다. 이와 같이 거절할 수 있는 권리를 동시이행항변권이라 한다. 동시이행항변권은 비단 매매의 경우뿐만 아니라 모든 쌍무계약에서 발생하는 것이다. 보통 쌍무계약에서는 쌍방의 채무가 서로 대가관계에 있기 때문이다. 쌍무계약이라도 당사자의 일방이 먼저 이행할 특약이 있는 때에는 동시이행항변권은 없다(같은 항 단서). 예컨대 월말계산의 매매 등이 이에 속한다. 다만, 1년간 계속하여 매일 우유를 배달하고 대금은 매월 말에 1개월분씩 지급한다고 하는 계약에서, 매수인이 이미 배달된 8월분의 대금을 지급하지 아니한 때에는 비록 9월분의 대금을 제공하여도 매도인은 9월분의 우유의 배달을 거절할 수 있다. 다만, 당사자 일방이 상대방에게 먼저 이행하여야 할 경우에 상대방의 이행이 곤란할 현저한 사유가 있는 때에는 동시이행항변권이 있다(민법 제536조2항). 상대방이 동시이행항변권을 가지고 있으면, 이에 대하여 청구하는 자가 이 항변을 받지 않도록 하기 위해서는 자기의 채무를 변제하든가 제공하고 청구를 하면 된다. 제공의 정도는 일반법칙에 따른다. 즉 원칙적으로는 현실의 제공을 하여야 하나, 예외적으로 구두의 제공으로 족한 경우도 있다. 그러나 변제의 제공을 하지 않고 상대방의 채무이행을 제소한 경우에도 상대방의 변제에 의하여 원고가 패소하게 되는 것은 아니고, 법원은 '피고는 원고에 대하여 그 급여와 상환하여 변제하라'고 하는 뜻의 판결을 한다. 그러므로 원고는 먼저 이 판결에 관하여 집행문을 받고 나서 이행 또는 제공을 하고 그 증명서를 받아 강제집행을 시작할 수 있다.

위에서 설명한 바와 같이 동시이행항변권은 자기의 채무를 제공하지 아니하고는 상대방의 채무를 청구할 수 없다고 하는 취지를 포함하는 것이므로, 일방이 제공하지 않고 청구만을 한 경우에는 상대방은 이에 응하지 아니하더라도 이행지체(履行遲滯)가 되지 않는다고 해석한다. 이것은 계약의 해제에 있어서 중요한 의의를 가지고 있다. 계약의 상대방이 이행하지 않은 때에는 상당한 기간을 정하여 그 이행을 최고하고, 그래도 이행하지 않은 때에는 계약을 해제할 수 있는데(민법 제544조 본문), 이 해제는 예컨대 일방의 이행지체의 책임이다. 따라서 채무자가 동시이행항변권을 행사하고 있는 경우에는 이행지체가 되지 않으므로 채권자에게 계약해제권도 발생하지 않는다.

위험부담
危險負擔
쌍무계약에서 일방의 채무가 채무자에게 책임 없는 사유로 이행불능이 되어 소멸한 경우에, 그에 대응하는 타방의 채무의 운명은 어떻게 되느냐가 문제된다. 일반적으로 '채무의 독립성'과 '쌍무계약의 견련성'이라는 두 성격의 조화를 꾀하려는 제도로, 채무의 후발적 불능을 둘러싸고 일어나는 문제의 해결을 위한 것이 위험부담 법리이다. 예컨대 주택을 매매하는 계약을 체결한 후에 그 목적인 주택이 화재로 소실한 때에는 이 쌍무계약에서 생긴 일방의 채무인 주택인도의 채무는 이행불능으로 소멸한다. 이 경우 다른 일방이 부담하는 대금지급채무의 운명은 어떻게 되는가? 만약 운명을 함께하여 소멸한다고 하면 매도인은 대금을 청구할 수 없게 되므로, 쌍무계약의 일방의 채무가 소멸되었다고 하는 손실은 그 소멸된 채무의 채무자(매도인)가 부담하게 된다. 이에 반하여 만약 다른 채무만은 존속한다고 하면 매도인은 대금을 청구할 수 있으므로 위의 손실은 채권자(매수인)의 부담으로 된다. 전자를 **채무자위험부담주의**(債務者危險負擔主義)라 하고, 후자를 **채권자위험부담주의**(債權者危險負擔主義)라 한다. 우리 민법은 '쌍무계약의 당사자 일방의 채무가 당사자 쌍방의 책임 없는 사유로 이행할 수 없게 된 때에는 채무자는 상대방의 이행을 청구하지 못한다'고 규정하여(민법 제537조), 채무자위험부담주의를 채택하고 있다.

해제
解除

일단 유효하게 성립한 계약을 소급하여 소멸시키는 일방적인 의사표시를 말한다. 그리고 이러한 일방적인 의사표시에 의하여 계약을 해소시키는 권리를 **해제권**이라고 한다. 해제권은 약정해제권과 법정해제권이 있고, 법정해제권은 채무불이행의 일반적인 사유인 이행지체, 이행불능, 채권자지체(다수설) 등에 의해 발생한다. ① 수인의 계약당사자가 있을 때에는 그 전원이 해제의 의사표시를 하여야 하며, 상대방이 수인인 경우에는 그 전원에 대하여 의사표시를 하여야 한다(민법 제547조1항). 이것을 **해제권불가분의 원칙**이라 한다. ② 해제를 하면 계약은 처음부터 소급하여 효력을 상실하

므로(**해제의 소급효**), 이에 대한 사후처리를 하지 않으면 안 된다. 당사자는 서로 상대방에 대하여 원상회복의 의무를 부담한다(민법 제548조).

법정해제권
法定解除權

법률의 규정으로 당연히 발생하는 해제권을 말한다. 이것은 약정해제권에 대립하는 용어이다. 일반적으로 이행지체 등 채무의 불이행으로 인한 해제권이 이에 해당하는데, 매도인의 담보책임 등 특별한 규정(민법 제576조)에 의한 경우도 있고, 사정변경의 원칙에 의한 경우도 있다. 이행지체일 때에는 상당한 기간을 정하여 이를 최고하고, 이 최고기간이 지나면 법정해제권을 행사할 수 있다(민법 제544조). 정기행위인 경우에는 최고를 하지 않아도 계약을 해제할 수 있다(민법 제545조). 이행불능인 경우에는 채권자는 최고 없이 계약을 해제할 수 있다(민법 제546조).

해지
解止

계속적인 계약을 장래에 향하여 실효시키는 것을 말한다. 이것은 장래에 향하여 계약을 소멸시키는 점에서 해제의 소급적 효력과는 구별하여야 한다. 예를 들어 일시적인 계약으로 어떤 매매계약이 해제되면 계약은 처음부터 무효가 되고 원상회복의 의무를 부담하게 된다(민법 제548조1항 본문). 해제는 계약을 소급적으로 무효로 하는 법률행위(단독행위)이다. 이에 반하여 계속적 계약인 임대차에 있어서는 이미 경과한 사실관계를 회복한다는 것(원상회복)은 타당하지 않으므로, 이미 경과한 사실관계는 그대로 두고 장래에 향하여 계약(법률관계)을 실효케 하는 것이다(민법 제550조). 법정해지원인은 계속적인 계약의 신뢰관계를 현저히 해할 정도의 채무불이행에 있다. 즉 현저한 의무위반이 있다고 인정되는 경우에 한하여 발생하는 것이다. 혼인이나 입양 등 신분상의 계약관계를 장래에 향하여 무효로 하는 이혼이나 파양도 그 성질은 해지와 같다.

약정해제권
約定解除權
당사자의 계약으로 발생하는 해제권을 말한다. 민법은 이에 대하여 일반적인 규정은 두고 있지 않지만, 민법 제543조는 약정해제권을 전제로 한 규정이며, 해제(민법 제565조)와 환매(민법 제590조~제595조) 등도 그 예이다.

정기행위
定期行爲
여름철 선풍기의 매매와 김장철 채소의 매매 또는 국제공항에서 해외로 떠나는 사람에게 주는 꽃다발의 주문이나 결혼식 당일에 쓰는 예복의 대여 등과 같이 일정한 시일 또는 일정한 기간 내에 이행하지 않으면 채권자가 계약의 목적을 달성할 수 없는 계약을 말한다. 여기에는 앞에서 열거한 두 가지 사례와 같이 그 행위의 성질상 당연히 정기행위가 되는 것(**절대적 정기행위**)과, 후에 열거한 두 가지 경우처럼 당사자의 의사표시에 의하여 정기행위가 되는 것(**상대적 정기행위**)이 있다. 어느 경우에나 이를 해제하려면 최고를 할 필요가 없으며 언제든지 해제할 수 있다(민법 제544조·제545조).

원상회복의무
原狀回復義務
계약을 해제하면 계약이 소급하여 해소되기 때문에 일단 인도하였던 물건을 반환받고 대금을 반환하는 것처럼, 각 당사자가 계약이 없었던 것과 같은 상태로 돌아갈 의무를 부담하는 것을 말한다. 이것이 **부당이득**(不當利得)의 반환청구권인가, 아니면 특별한 법률상의 청구권인가에 대하여는 논쟁이 있지만 전자라고 해석하는 것이 통설과 판례의 입장이다. 다만, 부당이득을 현존이익의 한도에서 반환하는 것에 반해(민법 제748조1항), 해제의 효과인 원상회복의무는 계약이 소급적으로 소멸하고 급부가 없었던 것과 동일한 상태로 돌아가므로, 이익의 현존 여부를 묻지 않고서 받은 급부를 전부 상대방에게 반환하여야 한다.

증여
贈與
당사자 일방이 무상으로 재산을 상대방에게 수여하는 의사표시를 하고, 상대방이 이를 승낙함으로써 성립하는 계약을 말한다(민법 제554조). 증여에 관한 중요사항은 다음과 같다. ① 서면에 의하지 아니한 증여 : '증여의 의사가 서면으로 표시되지 아니한 경우에는 각 당사자는 이를 해제할 수 있다'(민법 제555조)라는 민법상의 규정이 있어 그 효력은 매우 약하다. 서면은 '증여계약서'라고 하지 않아도 그 밖의 계약과 합하여 그 일부가 증여로 인정되면 무방하다. 또 구두로 계약을 하고 후에 서면을 작성한 것은 이를 취소할 수 없다. 서면에 의하지 않는 증여일지라도 '이미 이행한 부분'에 대하여는 영향을 미치지 않으므로(민법 제558조) 이를 해제할 수 없다. ② 증여자의 **담보책임증여**(擔保責任贈與) : 무상계약으로서 이에 대상을 부담하지 않으므로 목적물에 불완전한 점(하자)이 있다고 하더라도 담보책임을 지지 않는 것이 원칙이다. 그러나 증여자가 하자나 흠결을 알고 수증자에게 알리지 아니한 때에는 그러하지 아니하다. 상대부담 있는 증여에 대하여는 증여자는 그 부담의 한도 내에서 매도인과 같은 담보책임이 있다(민법 제559조).

부담부증여
負擔附贈與
수증자가 증여를 받는 동시에 일정한 부담, 즉 일정한 급부를 하여야 할 채무를 부담하는 것을 부관(조건)으로 하는 증여계약이다. 예컨대 100평의 토지를 증여하는데 그 중의 30평은 증여자의 자동차 주차장으로 사용한다든가, 선박을 1척 증여하는데 매월 1회씩 무료로 증여자의 운송물을 선적하게 하는 것과 같이 일정한 조건이 있는 증여를 말한다. 부담부증여도 증여이므로 증여에 관한 규정을 따르지만, 부담가격(주차장 및 운송물 선적을 각각 가격으로 견적한 금액)의 한도에서는 대가관계가 있는 계약이어야 한다. 그러므로 부담부증여는 증여이기는 하나 쌍무계약의 규정을 따르고(민법 제561조), 또 유상계약과 같이 담보책임을 부담한다(민법 제559조).

사인증여
死因贈與

생전에 증여계약을 체결해두고 그 효력이 증여자의 사망시부터 발생하는 것으로 정한 증여를 말한다. 민법에서는 유증과 비슷하다고 하여 유증에 관한 규정을 준용하고 있는데(민법 제562조), 유증은 단독행위이므로 상대방의 승낙이 필요치 않으나, 사인증여는 생전의 계약이므로 승낙이 필요하다. 그러나 유증의 경우에도 수증자는 이것을 포기할 수 있으므로 실제로는 별로 차이가 없다. 유언의 방법이나 유언능력이 만 17세에 달한 자라고 한 규정은 사인증여에 해당하지 않는다.

매매
賣買

당사자 일방이 재산권을 상대방에게 이전할 것을 약정하고, 상대방은 그 대금을 지급할 것을 약정함으로써 성립하는 계약을 말한다(민법 제563조). 매매는 낙성(諾成)·쌍무·유상계약이다. ① **매도인**은 목적물을 완전히 매수인에게 인도할 의무를 부담한다. 즉 매도인은 ㉠ 소유권 자체를 이전해야 하고, ㉡ 권리변동의 효력발생요건으로서의 등기를 하여야 하며, ㉢ 모든 권리증서와 그 밖에 이에 속한 서류를 인도하여야 한다. ㉣ 여기서 특히 중요한 것은 **매도인의 담보책임**(賣渡人의 擔保責任)이다. 이것은 매매의 목적물인 물건이나 권리가 불완전한 경우, 매도인은 대금을 감액하고 매수인이 계약의 해제를 당하고 손해를 부담해야 하는 책임이다. ② **매수인**은 대금을 지급하고 그 지급이 지체되었을 때에는 이자를 지급하여야 한다. 단, 목적물의 인도가 지체되었을 때에는 그러하지 아니하다(민법 제587조).

방문판매
訪問販賣

방문판매, 전화권유판매, 다단계판매, 계속거래 및 사업권유거래 등에 의한 재화 또는 용역의 공정한 거래에 관한 사항을 규정함으로써 소비자의 권익을 보호하고 시장의 신뢰도 제고를 통하여 국민경제의 건전한 발전에 이바지함을 목적으로「방문판매 등에 관한 법률」이 제정되었다. **방문판매**란 재화 또는 용역의 판매를 업으로 하는 자가 방문의 방법으로 그의 영업소·대리점 그 밖에 총리령으로 정하는 영업장소 외의 장소에서 소비자에게 권유하여 계약의 청약을 받거나 계약을 체결하여 재화 또는 용역을 판매하는 것을 말하며, 이때 사업장 외의 장소에서 총리령으로 정하는 방법으로 소비자를 유인하여 계약의 청약을 받거나 계약을 체결하는 경우도 포함한다. **전화권유판매**란 전화를 이용하여 소비자에게 권유함으로써 계약의 청약을 받거나 계약을 체결하는 등 총리령으로 정하는 방법으로 재화등을 판매하는 것을 말하며, **다단계판매**란 판매업자가 특정인에게 일정한 이익(소비자에게 재화등을 판매하여 얻는 소매이익과 다단계판매원에게 지급하는 후원수당)을 얻을 수 있다고 권유하여 판매원의 가입이 단계적(판매원의 단계가 3단계 이상인 경우)으로 이루어지는 다단계판매조직(판매원의 단계가 2단계 이하인 판매조직 중 사실상 3단계 이상인 판매조직으로 관리·운영되는 경우로서 대통령령으로 정하는 판매조직을 포함)을 통하여 재화등을 판매하는 것을 말한다(방문판매 등에 관한 법률 제1조·제2조).

할부거래
割賦去來

할부계약에 의한 거래를 공정하게 함으로써 소비자 등의 이익을 보호하고 국민경제의 건전한 발전에 이바지하기 위하여「할부거래에 관한 법률」이 제정되었다. 이 법은 계약의 명칭·형식 여하를 불문하고 일정한 시설을 이용하거나 용역의 제공을 받을 권리를 포함하는 할부계약에 관한 사항을 규정한다. 할부계약은 다음의 사항을 적용한다. ① 소비자가 사업자에게 대금(代金)이나 용역의 대가를 2개월 이상의 기간에 걸쳐 3회 이상 나누어 지급하고, 대금의 완납 전에 재화의 공급이나 용역의 제공을 받기로 하는 계약과 ② 소비자가 신용제공자에게 재화등의 대금을 2개월 이상의 기간에 걸쳐 3회 이상 나누어 지급하고, 그 대금의 완납 전에 사업자로부터 재화등의 공급을 받기로 하는 계약이다(할부거래에 관한 법률 제2조1호).

한편, 「할부거래에 관한 법률」은 사업자가 상행위를 목적으로 할부계약을 체결하는 경우에는 적용하지 아니한다(같은 법 제3조). 사업자는 할부계약을 체결하기 전에 소비자가 할부계약의 내용을 이해할 수 있도록 ① 재화등의 종류 및 내용, ② 현금가격(할부계약에 의하지 아니하고 소비자가 재화등의 공급을 받은 때에 할부거래업자에게 지급하여야 할 대금 전액), ③ 할부가격(소비자가 할부거래업자나 신용제공자에게 지급하여야 할 계약금과 할부금의 총합계액), ④ 각 할부금의 금액·지급 횟수 및 시기, ⑤ 할부수수료의 실제연간요율, ⑥ 계약금(최초 지급금·선수금 등 명칭 여하를 불문하고 할부계약을 체결하는 때에 소비자가 할부거래업자에게 지급하는 금액) 등을 표시하고 이를 소비자에게 고지하여야 한다. 「여신전문금융업법」에 의한 신용카드가맹점과 신용카드회원 간의 할부계약시에는 할부가격 및 계약금의 사항을 표시하지 아니할 수 있다(할부거래에 관한 법률 제5조).

할부계약의 철회권
割賦契約의 撤回權

소비자는 계약서를 받은 날 또는 계약서를 받은 날보다 재화등의 공급이 늦어진 경우에는 재화등을 공급받은 날부터 7일 이내에 할부계약에 관한 청약을 철회할 수 있다. 다만, 재화등의 성질 또는 계약체결의 형태에 비추어 철회를 인정하는 것이 적당하지 아니한 경우로서 대통령령으로 정하는 것에 대하여는 그러하지 아니하다. 소비자는 계약에 관한 청약을 철회하고자 하는 때에는 7일 이내에 할부거래업자에게 철회의 의사표시가 기재된 서면을 발송하여야 하며, 청약의 철회는 서면을 발송한 날에 그 효력이 발생한 것으로 본다. 그리고 소비자의 책임으로 재화등이 멸실 또는 훼손된 경우에는 청약을 철회하지 못하며, 계약서의 발급사실 및 그 시기, 재화등의 공급사실 및 그 시기 등에 관하여 다툼이 있는 경우에는 할부거래업자가 이를 입증하여야 한다(할부거래에 관한 법률 제8조, 같은 법 시행령 제6조).

할부계약의 해제
割賦契約의 解除

할부거래업자는 소비자가 할부금 지급의무를 이행하지 않은 경우에는 계약을 해제할 수 있다. 이 경우 할부거래업자는 그 계약을 해제하기 전 14일 이상의 기간을 정하여 소비자에게 그 이행을 서면으로 최고하여야 한다. 계약이 해제된 경우에는 각 당사자는 상대방에 대하여 원상회복의무를 진다. 이 경우 상대방이 그 이행의 제공을 할 때까지 자기의 의무이행을 거절할 수 있다. 재화등의 소유권이 할부거래업자에게 유보된 경우에는 그 계약을 해제하지 아니하고는 반환을 청구할 수 없다(할부거래에 관한 법률 제11조).

이중매매
二重賣買

매도인인 A가 어떤 건물을 B에게 매도하고, 이전등기를 완료하기 전에 이를 다시 C에게 이중으로 매도한 경우를 말한다. 이러한 경우에는 B와 C 중에 먼저 이전등기를 완료하는 자가 소유권을 취득하게 되며, 소유권을 취득하지 못한 상대방은 매도인에게 손해배상청구를 할 수 있을 뿐이다.

계약보증금
契約保證金

계약을 체결할 때 당사자 일방이 상대방에게 교부하는 금전으로, **계약금**이라고도 한다. 계약보증금을 교부하는 목적에는 여러 가지가 있다. ① 계약보증금은 계약이 확실히 성립되었다고 하는 증거의 의미가 있다. ② 또 어느 한편이 임의로 계약을 철회할 때, 이를 위약금으로 몰수할 수 있는 경우가 있다. 여기에는 계약보증금을 몰수하고 다시 손해배상을 받을 수 있는 경우와 계약보증금만을 몰수할 수 있는 경우가 있다. ③ 그리고 **해약금**(解約金)이라 하여, 매수인이 계약보증금을 포기하고 매도인은 계약보증금의 배액(倍額)을 지급하여 매매계약을 해제하는 경우도 있다. 이들 가운데 ①은 모든 계약보증금이 지니고 있는 효력이며, ②와 ③ 중에 어느 것에 해당할 것인가 하는 것은 계약의 취지에 따라서 결정된다. 매매에서는 당사자의 특약이 없으면 해약금으로 본다(민법 제565조).

하자담보책임
瑕疵擔保責任

물건에 하자가 있는 경우 매수인이 하자 있는 것을 알지 못하고, 알지 못한 것에 과실이 없는 경우에 물건을 인도한 매도인이 매수인에게 부담하는 책임을 말한다. 예컨대 매매의 목적물인 가옥에 계약 체결 당시 이미 하자가 있는 경우에는 이것을 권리의 하자와 구별하여 특히 물건의 하자라 하고, 그 책임을 하자담보책임이라 한다. 매매의 목적물에 하자(물건의 품질이 흠결되어 있는 불완전한 상태)가 있고, 하자를 거래상 요구되는 통상의 주의로 알지 못한 때에는 매수인은 계약을 해제하고 손해배상을 청구할 수 있다(민법 제580조). 이것은 매매의 목적물에 하자가 있는 경우, 즉 물건에 하자가 있는 경우에 한한다. 예를 들면 매도인으로부터 매수한 가옥이 겉으로 봐서는 알 수 없지만 부실공사로 인하여 파손되거나 무너질 것 같은 상태에 놓여 있는 경우이다. 물건의 하자담보책임은 특정물인 경우(민법 제581조)와 불특정물(민법 제1082조)인 경우로 나눌 수 있다. 특정물인 경우에는 매수인에게 계약해제·손해배상청구권이 인정되고, 불특정물인 경우에는 계약해제·손해배상청구권 외에도 완전물급부청구권이 인정된다. 다만, 상인 간의 매매에서는 담보책임의 효과로 매도인에게 하자가 있다는 통지를 하지 않으면 대금감액이나 손해배상을 청구하지 못한다(상법 제69조).

매매의 예약
賣買의 豫約

예컨대 가옥을 5천만원으로 매매하겠다고 미리 약속하는 것(예약)을 말한다. 매매의 예약에는 두 가지가 있다. 하나는 일방이 본계약을 체결하려고 하는 청약을 하면 타방이 이것을 승낙할 의무를 부담하는 것이다. 청약할 권리를 일방만이 가지고 있는 때에는 **편무예약**(片務豫約)이라고 하고, 쌍방이 가지고 있는 때에는 **쌍무예약**(雙務豫約)이라고 한다. 또 하나는 일방이 본계약을 성립시키려고 하는 의사표시(예약완결의 의사표시)를 하면 타방의 승낙을 요하지 않고 본계약이 성립하는 것이다. 이 완결권을 일방만이 가지고 있는 것을 **일방예약**(一方豫約)이라고 하고, 쌍방이 가지고 있는 것을 **쌍방예약**(雙方豫約)이라고 한다. 당사자가 원하는 바에 따라 네 가지 중 어느 것이라도 유효하게 성립시킬 수 있다. 그러나 민법은 특히 '일방예약'의 규정을 두고 있으므로(민법 제564조), 당사자의 의사가 분명하지 아니할 때에는 일방예약으로 추정된다. **매매의 일방예약**을 할 때 반드시 본계약의 세목까지 결정해둘 필요는 없다. 대금 등도 후에 결정할 수 있는 사정이 있으면 예약으로 정해두지 않아도 좋다. 일방예약은 상대방이 매매를 완결할 의사를 표시하는 때에 매매의 효력이 생긴다(민법 제564조1항). 의사표시의 기간을 정하지 아니한 때에는 예약자는 상당한 기간을 정하여 매매완결 여부의 확답을 상대방에게 최고할 수 있다(같은 조 2항). 예약자가 전항의 기간 내에 확답을 받지 못한 때에는 예약은 그 효력을 잃는다(같은 조 3항). 상대방을 오랫동안 불확정한 상태에 두는 것을 피하려는 취지이다. 매매의 예약은 한 번 매도한 부동산 등을 일정한 기간 내에 다시 환매하기 위하여, 이른바 **재매매**(再賣買)**의 예약**으로 이루어지는 경우가 많다.

환매
還買

넓은 의미로 매도인이 한 번 매도한 물건을 대가를 지급하고 다시 매수할 것을 약정하는 계약을 말한다. 환매에는 법률적으로 두 가지 수단이 있다. 하나는 최초의 매매계약을 할 때에 매도인이 환매할 권리를 보유하고 그 목적물을 환매할 수 있다고 약속하는 것(**환매권보유환매**)이고, 또 하나는 보통의 매매계약을 체결하고 나서 다시 매도인이 장래의 일정기간 내에 매수인으로부터 매수할 수 있다고 하는 예약('매매의 예약' 항 참조)을 하는 것이다. 그리고 환매대금이 매매대금과 거의 동일한 때에는 전자의 수단이 편리할 것이고, 대금 기타의 조건을 자유로이 정할 수 있는 점에서는 후자의 수단이 적당할 것이다. 다만, 민법상 환매는 존속기간, 계약의 동시성, 대금의 동액성 등이 제한됨에 반해, 재매매의 예약은 이와 같은 제한이 없어 비교적 자유롭게 체결할 수 있다. '민법상 환매'의 경우에는 매도인이 매매계약과 동시에 환매할 권리를 보류한 때에는 그 영수한 대금 및 매수인이 부담한 매매비용을 반환하고 그 목적물을 환매할 수 있다(민법 제590조1항). 이 경우의 환매대금(還買代金)에 관하여 특별한 약정이 있으면 그 약정에 의한다(같은 조 2항). 또 목적물의 과실과 대금의 이자는 특별한 약정이 없으면 이를 상계한 것으로 본다(같은 조 3항). **환매기간**(還買期間)은 부동산은 5년, 동산은 3년을 넘지 못하고, 약정기간이 이를 넘는 때에는 부동산은 5년, 동산은 3년으로 단축한다(민법 제591조1항). 환매기간을 정한 때에는 다시 이를 연장하지 못하고(같은 조 2항), 환매기간을 정하지 아니한 때에는 그 기간은 부동산은 5년, 동산은 3년으로 한다(같은 조 3항). 매매의 목적물이 부동산인 경우에 매매등기와 동시에 환매권의 보류를 등기한 때에는 제3자에 대하여 그 효력이 있다(민법 제592조). 매도인의 채권자가 매도인을 대위하여 환매하고자 하는 때에는 매수인은 법원이 선정한 감정인의 평가액에서 매도인이 반환할 금액을 공제한 잔액으로 매도인의 채무를 변제하고 잉여액이 있으면 이를 매도인에게 지급하여 환매권을 소멸시킬 수 있다(민법 제593조). 매도인은 기간 내에 대금과 매매비용을 매수인에게 제공하지 아니하면 환매할 권리를 잃는다(민법 제594조1항). 매수인이나 전득자(轉得者)가 목적물에 대하여 비용을 지출한 때에는 매도인은 이를 상환하여야 한다(같은 조 2항 본문). 그러나 유익비(有益費)에 대하여는 법원은 매도인의 청구에 의하여 상당한 상환기간을 허여할 수 있다(같은 항 단서).

소유권유보부매매
所有權留保附賣買

대금의 완제가 있을 때까지 목적물의 소유권이 매도인에게 유보되어 있는 매매를 말한다. 특히 동산의 소유권유보부매매가 일반적으로 이루어지고 있다. 소유권유보부매매에 의해 매도인은 목적물점유이전의무와 매수인으로 하여금 사용·수익하게 할 의무가 있다. 반면 매수인은 물건을 인도받고 점유할 권리, 사용수익권, 목적물의 보관상 선관의무(선량한 관리자의 주의의무)를 부담한다. 그 밖에 공과금이나 수선비용은 특약이 없는 한 매수인이 부담한다. 위험부담의 경우에는 특칙이 인정되는데, 쌍방이 책임 없는 사유로 목적물이 멸실되더라도 매수인의 대금채무는 소멸하지 않는다. 즉, 대가의 위험은 매수인이 부담한다.

교환
交換

A의 토지와 B의 토지를 교환하는 것처럼, 당사자 쌍방이 서로 '금전 이외의 재산권'을 이전할 것을 약정함으로써 성립하는 계약을 말한다(민법 제596조). 그러나 물물교환은 현재에는 별로 중요성이 없다. 토지의 교환 이외에는 거의 행하여지지 않기 때문이다. 토지 교환의 경우에도 각각 특별법이나 관습이 우선하여 민법의 규정은 오히려 보충적인 의미를 지니고 있을 뿐이다. 교환에서 특히 유의해야 할 사항으로는 ① 자기의 물건이 상대방의 물건보다 가격이 쌀 때에는 재산권이전(財産權移轉)과 동시에 금전으로 보충지급을 한다. A의 토지와 B의 가옥에 30만원을 현금으로 가산하여 교환하는 경우가 여기에 해당한다. 이 경우의 30만원을 **금전의 보충지급**(補充支給)이라 한다. 금전의 보충지급에 대하여는 매매대금에 관한 규정을 준용한다(민법 제597조). ② 교환은 유상계약이므로 서로 담보책임이 있다.

소비대차
消費貸借

당사자 일방이 금전 기타 대체물(쌀·보리 등)의 소유권을 상대방에게 이전할 것을 약정하고, 상대방은 그와 같은 종류, 품질 및 수량으로 반환할 것을 약정함으로써 성립하는 계약을 말한다(민법 제598조~제608조). '금전'의 소비대차가 가장 대표적인 것이다. 즉 차주가 인수했던 물건을 그대로 반환하는 것이 아니라 그 물건 자체는 소비하고, 그와 동종·동등·동량의 물건을 반환할 의무를 부담하는 것이다. 민법상 소비대차계약은 차주와 대주 간의 합의만으로 성립하는 낙성계약이다. 소비대차에는 이자를 지급하는 경우(이자 있는 소비대차)가 있고 차주의 이자지급의무는 특약에 의하여 발생한다. 한편, 상인 간의 금전소비대차에 있어서는 특약이 없어도 대주는 법정이자(연 6푼)를 청구할 수 있다(상법 제54조).

준소비대차
準消費貸借
당사자 쌍방이 소비대차에 의하지 아니하고, 금전 기타 대체물을 지급할 의무가 있는 경우에 당사자가 그 목적물을 소비대차의 목적으로 할 것을 약정하는 계약을 말한다(민법 제605조). 예를 들면 매매대금채무를 소비대차상의 채무로 바꾸는 경우가 여기에 해당한다. 기존의 소비대차상의 채무를 새로운 소비대차의 목적으로 하는 경우에도 준소비대차가 성립한다. 준소비대차의 경우에는 기존채무의 소멸과 새로운 소비대차상의 채무의 발생 사이에 인과관계가 있는데, 예를 들면 소비대차가 취소되었을 때에는 본래의 채무는 소멸하지 않는 것으로 된다.

사용대차
使用貸借
당사자 일방(대주)이 상대방(차주)에게 무상으로 사용·수익하게 하기 위하여 목적물을 인도할 것을 약정하고, 상대방은 이를 사용·수익한 후 그 물건을 반환할 것을 약정함으로써 성립하는 계약을 말한다(민법 제609조). 차주는 계약 또는 목적물의 성질에 의하여 정하여진 용법으로 사용·수익하여야 하고, 대주의 승낙 없이 제3자에게 차용물을 사용·수익하게 할 수 없으며, 차주가 이에 반하는 행위를 하면 대주는 즉시 이 계약을 해지할 수 있다.

사용대차에서 목적물의 반환시기를 정한 경우에는 차주는 그 시기에 반환하여야 하며, 반환시기를 정하지 않은 경우에도 목적물의 성질에 의한 사용·수익이 종료되면 이를 반환하여야 한다. 반환시기를 정하지 않은 경우에는 차주가 소정의 목적에 따라 사용·수익을 하는 데 족한 기간이 경과한 때에는 대주는 언제든지 계약을 해지할 수 있다. 사용대차에서 차주의 사망이나 파산선고(破産宣告)로 인하여 대주가 계약을 해지할 수 있다는 규정은 무상계약인 사용대차가 개인적인 색채가 강하다는 것을 의미한다.

임대차
賃貸借
당사자 일방(임대인)이 상대방(임차인)에게 목적물(임차물)을 사용·수익하게 할 것을 약정하고, 상대방이 이에 대하여 차임을 지급할 것을 약정함으로써 성립하는 계약을 말한다(민법 제618조). 임대차 중에서 중요한 사회적 기능을 지니고 있는 것은 택지·건물·농지의 임대차이다. 타인의 토지를 이용하는 제도로는 임대차 외에 지상권(민법 제279조) 등이 있고, 가옥 등을 이용하는 물권으로 전세권(민법 제303조) 등이 있다. 임대차에서 대주(임대인)는 목적물을 차주(임차인)의 사용·수익에 필요한 상태로 유지시킬 적극적 의무를 부담한다. 이런 의무 가운데 특히 중요한 것은 수선의무(修繕義務)로, 임대인은 목적물의 사용·수익에 필요한 수선을 할 의무를 부담하고, 임대인이 이 의무를 이행하지 않을 때에는 계약을 해지할 수 있다. 임차인은 임차물을 반환할 때까지 '선량한 관리자의 주의'로 그 목적물을 보존하고, 계약 또는 임차물의 성질에 의하여 정한 용법에 따라 사용·수익하여야 한다. 또 민법은 임차인이 임대인의 승낙 없이 임차인으로서의 권리, 즉 임차권을 양도하거나 임차물을 전대하는 것을 금지하고, 만약 임차인이 이에 반하여 무단으로 제3자에게 임차물을 사용·수익하게 하면 임대인은 임대차계약을 해지할 수 있다고 규정하고 있다.

임차권
賃借權

임대차계약(賃貸借契約)에 의하여 목적물을 사용·수익하는 임차인의 권리를 말한다. 임차권의 성질은 임대인의 사용·수익하게 할 채무에 대응하는 임차인의 사용·수익청구권(收益請求權)이라는 채권에 부수하는 일종의 권리이다. 부동산의 임대차는 등기를 하면 그때부터 제3자에 대하여 효력이 생긴다. 그러나 임대인은 등기에 응할 의무는 없으므로 임차권은 당연히 배타성이 있다고는 말할 수 없다. 임차인이 계약 또는 목적물의 성질에 따라 정하여진 용법으로 사용·수익하여야 하는 것은 사용대차의 경우와 같다(민법 제610조1항·제654조). 이에 위반한 때에는 임차인의 채무불이행으로 되어 임대인은 일반원칙에 따라 불법용익을 중지할 것을 최고하고, 임대차계약을 해제할 수 있으며(민법 제544조 본문), 또 손해배상을 청구할 수 있다고 해석한다(민법 제551조). 또 손해배상청구권에 관하여는 단기존속기간(6개월)의 정함이 있는 것도 사용대차의 경우와 같다(민법 제617조·제654조). 중요한 것은 임차권의 양도나 **전대**(轉貸)이다. 왜냐하면 임차인은 임차지상에 건물을 짓거나 임대가옥에 조작을 하거나 하여 많은 자금을 투자하기 때문에, 임차권을 양도 또는 전대할 권리를 인정하지 아니할 때에는 이 자금을 회수하는 데 곤란을 겪기 때문이다. 그러나 민법은 임차인이 이러한 행위를 함에는 임대인의 동의를 요한다고 규정하고 있다(민법 제629조1항). 임대인의 동의 없이 한 임차권의 양도나 전대는 절대적으로 무효는 아니고, 임차인과 양수인 또는 전차인과의 사이에서는 유효하다. 다만, '임대인에게 대항하지 못한다'고 해석한다. 그리고 임차인이 임대인의 동의 없이 임차권을 양도하거나 전대한 때에는 임대인은 계약을 해지할 수 있다(민법 제629조2항·제630조).

단기임대차
短期賃貸借

처분의 능력 또는 권한 없는 자가 임대차를 하는 경우에 일정기간 이상의 장기의 것은 허용되지 않는 단기의 임대차를 말한다. 즉 피한정후견인과 같이 재산관리능력은 있으나 처분능력이 없는 자나 권한을 정하지 아니한 대리인(민법 제118조)과 같이 타인의 재산에 대하여 관리의 권한만이 있고 처분할 권한이 없는 자가 임대차를 하는 경우에는 그 임대차는 다음의 기간을 넘지 못하도록 되어 있다(민법 제619조). ① 식목, 채염(採鹽) 또는 석조·석회조·연와조 및 이와 유사한 건축을 목적으로 한 토지의 임대차는 10년 ② 기타 토지의 임대차는 5년 ③ 건물 기타 공작물의 임대차는 3년 ④ 동산의 임대차는 6개월이고, 위의 기간은 갱신할 수 있다(민법 제620조 본문). 그러나 기간 만료 전 토지에 대하여는 1년, 건물 기타 공작물에 대하여는 3개월, 동산에 대하여는 1개월 내에 갱신하여야 한다(같은 조 단서).

묵시의 갱신
默示의 更新

임대차기간이 만료한 후 임차인이 임차물의 사용·수익을 계속하는 경우에 임대인이 상당한 기간 내에 이의를 하지 아니한 때에는 전임대차와 동일한 조건으로 다시 임대차한 것으로 보는 것을 말한다(민법 제639조1항 본문). 그러나 당사자는 민법 제635조의 규정에 의하여 해지의 통고를 할 수 있다(같은 항 단서). 또 위의 경우에 전임대차에 대하여 제3자가 제공한 담보는 기간의 만료로 소멸한다(민법 제639조2항). 이 묵시의 갱신은 임대차뿐만 아니라 고용에서도 인정된다. 즉 고용기간이 만료한 후 노무자가 계속하여 그 노무를 제공하는 경우에 사용자가 상당한 기간 내에 이의를 하지 않으면 앞의 고용과 동일한 조건으로 다시 고용한 것으로 본다(민법 제662조1항 본문). 그러나 당사자는 민법 제660조의 규정에 따라 해지의 통고를 할 수 있다(같은 항 단서). 또 위의 경우에 이전 고용에 대하여 제3자가 제공한 담보는 기간의 만료로 소멸한다(민법 제662조2항).

고용 雇傭
당사자 일방(노무자)이 상대방(사용자)에 대하여 노무를 제공할 것을 약정하고, 상대방이 이에 대하여 보수를 지급할 것을 약정함으로써 성립하는 계약을 말한다(민법 제655조). 고용은 낙성의 유상·쌍무계약이다. 일반적으로 타인의 노력을 이용하는 계약(**노무공급계약**)에는 몇 가지 종류가 있다. ① 노무 자체의 이용을 목적으로 하고, 이것을 지시하여 일정한 목적을 위해 효과를 발휘시키는 권능이 사용자에게 속하는 것을 고용이라 한다. ② 타인의 노력에 의하여 완성된 일정한 일을 목적으로 하고, 노무자가 스스로 그 노무를 안배하고, 일의 완성에 노력하는 것을 **도급**이라 한다. ③ 일정한 사무의 처리라고 하는 통일된 노무를 목적으로 하고, 반드시 완성된 사무의 결과만을 목적으로 하지 않지만, 사무의 처리는 노무자가 그 독자의 식견·재능에 따라 하는 것을 **위임**이라 한다. 민법상 고용의 기간은 직접적인 제한은 없다. 그러나 보통 3년을 넘거나, 당사자의 일방 또는 제3자의 종신을 기간으로 하는 때에는 각 당사자는 3년을 경과한 후에는 언제든지 해지할 수 있으므로(민법 제659조1항) 간접적으로 최장기한을 제한한다. 그러나 「근로기준법」은 긴박한 경영상의 필요 등 정당한 이유 없이는 함부로 근로자를 해고할 수 없도록 금지하고 있다(근로기준법 제23조). 이와 같이 모든 사업장에서는 해고, 보수지급의무 등이 근로기준법상의 특칙으로 규제되므로 민법의 고용규정은 보충적인 역할만을 한다.

도급 都給
당사자 일방(수급인)이 어느 일을 완성할 것을 약정하고, 상대방(도급인)이 그 일의 결과에 대하여 보수를 지급할 것을 약정함으로써 성립하는 계약을 말한다(민법 제664조). 낙성의 유상·쌍무계약이다. 또 노무공급계약의 일종이다. 수급인은 자기 자신이 일을 완성할 의무는 없으므로 하도급을 시켜도 좋다. 그러나 건설공사의 하도급에 있어서 건설사업자는 그가 도급받은 건설공사의 전부 또는 주요 부분의 대부분을 다른 건설사업자에게 하도급하는 것은 원칙으로 금지하고 있다(건설산업기본법 제29조). 또 건설공사의 발주자는 현저히 부적당하다고 인정하는 **하수급인**(下受給人)이 있거나 하도급 계약 내용이 적정하지 않은 때에는 그 변경을 요구할 수 있다(건설산업기본법 제31조3항). 민법은 수급인의 담보책임에 관하여 상세한 규정을 두고 있다. 담보책임의 내용은 도급인이 다음의 권리를 취득하는 것이다. ① **하자보수청구권**(瑕疵補修請求權) : 상당한 기간에 보수를 청구할 수 있는 것을 원칙으로 하나, 하자가 중요하지 아니하고 또 보수에 과다한 비용을 요할 때에는 손해배상청구권이 있을 뿐이다(민법 제667조1항). ② 손해배상청구권 : 하자의 보수에 갈음하거나 보수와 함께 손해배상을 청구할 수 있다(같은 조 2항). ③ 계약의 해제권 : 완성된 목적물의 하자로 인하여 계약의 목적을 달성할 수 없는 때에는 계약을 해제할 수 있다(민법 제668조 본문). 그러나 건물 기타 토지의 공작물에 대하여는 그러하지 아니하다(같은 조 단서).

하자가 도급인 측의 사유, 즉 도급인이 제공한 재료의 성질 또는 도급인의 지시에 기인한 때에는 담보책임을 지지 않는 것을 원칙으로 하나, 이 경우에도 수급인이 그 재료 또는 지시의 부적당함을 알고 도급인에게 고지하지 아니한 때에는 역시 책임을 면할 수 없다(민법 제669조). 담보책임의 존속기간에는 일정한 제한이 있다. 즉 목적물의 인도를 받은 날 또는 일이 종료한 날로부터 1년을 원칙으로 하고(민법 제670조), 목적물(토지·건물 기타 공작물) 또는 지반공사의 하자에 대하여는 5년이나, 목적물이 석조, 석회조, 연와조, 금속 기타 이와 유사한 재료로 조성된 것인 때에는 10년으로 한다(민법 제671조1항). 다만, 그 전에 목적물이 하자로 인하여 멸실 또는 훼손된 때에는 그날로부터 1년으로 한다(같은 조 2항). 담보책임이 없다는 뜻의 약정은 유효하지만, 이 경우에도 알고 고지하지 아니한 사실에 대하여는 책임을 면할 수 없다(민법 제672조). 도급인의 의무로는 보수지급의무(報酬支給義務)가 있다. 보수는 그 완성된 목적물의 인도와 동시에 지급해야 한다(민법 제665조1항 본문). 그러나 목적물의 인도를 요하지 아니하는 경우에는 그 일을 완성한 후 지체 없이 지급해야 한다(같은 항 단서).

한편, 도급의 종료원인으로 다음의 3가지가 있다. ① 일을 완성하기 전에는 도급인은 손해를 배상하고 계약을 해제할 수 있다(민법 제673조). ② 도급인이 파산선고를 받은 때에는 수급인 또는 파산관재인(破産管財人)은 계약을 해제할 수 있다(민법 제674조1항 전단). ③ 완성된 목적물의 하자로 인하여 계약의 목적을 달성할 수 없는 때에는 도급인은 계약을 해제할 수 있다(민법 제668조 본문).

여행계약 당사자 한쪽이 상대방에게 운송, 숙박, 관광, 그 밖에 여행 관련 용역을 결합하여 제공하기로 약정하고 상대방이 그 대금을 지급하기로 약정함으로써 효력이 생긴다(민법 제674조의2). 여행자는 약정한 시기에 대금을 지급하여야 하며, 그 시기의 약정이 없으면 관습에 따르고, 관습이 없으면 여행의 종료 후 지체 없이 지급하여야 한다(민법 제674조의5). 여행자는 여행 시작 전에 언제든지 계약 해제가 가능하나, 상대방에게 발생한 손해는 배상해야 한다(민법 제674조의3). 천재지변, 질병 등 부득이한 사유가 있는 경우에는 각 당사자는 계약을 해지할 수 있다(그 사유가 당사자 한쪽 과실로 인하여 생긴 경우에는 상대방에게 손해를 배상한다). 과실로 인하여 해지된 계약의 추가 비용은 그 해지 사유가 어느 당사자의 사정에 속하는 경우에는 그 당사자가 부담하고, 누구의 사정에도 속하지 아니하는 경우에는 각 당사자가 절반씩 부담한다. 계약이 해지된 경우에도 계약상 귀

환운송 의무가 있는 여행주최자는 귀환운송할 의무가 있다(민법 제674조의4).

또한 여행에 하자가 있는 경우(숙박이나 식사 등의 질이 낮음) 여행자는 여행주최자에게 시정 또는 대금의 감액을 청구할 수 있으나, 그 시정에 지나치게 많은 비용이 들거나 시정을 합리적으로 기대할 수 없는 경우에는 시정을 청구할 수 없다. 중대한 하자일 때 시정 등이 불가능할 경우에는 여행자는 계약을 해지할 수 있다(민법 제674조의6·제674조의7). 이에 따른 권리는 여행 기간 중에도 행사할 수 있으며, 계약에서 정한 여행 종료일부터 6개월 내에 행사하여야 한다(민법 제674조의8).

현상광고
懸賞廣告
행방불명이 된 아이를 찾아준 자에게 100만원의 사례금을 지급하겠다고 광고하는 것과 같이, 불특정 다수인에 대한 광고방법에 의하여 광고자가 어느 행위를 완료한 자에게 일정 보수를 지급할 의사를 표시하고, 이에 응한 자가 그 광고에 정한 행위를 완료함으로써 효력이 생기는 계약을 말한다(민법 제675조). 광고에 지정한 행위의 완료기간을 정한 때에는 그 기간 만료 전에 광고를 철회하지 못하고(민법 제679조1항), 광고에 행위의 완료기간을 정하지 아니한 때에는 그 행위를 완료한 자가 있기 전에는 광고와 같은 방법으로 광고를 철회할 수 있다(같은 조 2항). 그리고 이전 광고와 같은 방법으로 철회할 수 없는 때에는 그와 유사한 방법으로 철회할 수 있고, 이 철회는 철회한 것을 안 자에 대하여만 효력이 있다(같은 조 3항). 광고에 정한 행위를 완료한 자가 여러 명인 경우에는 먼저 그 행위를 완료한 자가 보수를 받을 권리가 있고(민법 제676조1항), 여러 명이 동시에 완료한 경우에는 각각 균등한 비율로 보수를 받을 권리가 있다(민법 제676조2항 본문). 다만, 보수가 그 성질상 분할할 수 없거나 광고에 1명만이 보수를 받을 것으로 정한 때에는 추첨으로 결정한다(같은 항 단서). 그리고 광고 있음을 알지 못하고 광고에

정한 행위를 완료한 자도 위에서 설명한 보수를 받을 권리가 있다(민법 제677조). 또 예컨대 교통사고방지의 표어모집에서 1등을 한 자에게 100만원을 시상하겠다는 광고와 같이 광고에 정한 행위를 완료한 자가 여러 명인 경우에 그 우수한 자에 한하여 보수를 지급할 것을 정하는 경우가 있다. 이것을 **우수현상광고**라 한다. 이 광고에는 응모기간을 정해야 한다(민법 제678조1항). 우수의 판정은 광고 중에 정한 자가 하고, 광고 중에 판정자(예컨대, '심사위원')를 정하지 아니한 때에는 광고자가 판정한다(민법 제678조2항). 우수한 자가 없다는 판정은 할 수 없다(민법 제678조3항 본문). 다만, 광고 중에 다른 의사표시가 있거나 광고의 성질상 판정의 표준이 정하여져 있는 때에는 이에 따른다(같은 항 단서). 그리고 응모자는 판정에 대하여 이의를 제기하지 못한다(민법 제678조4항). 여러 명의 행위가 동등하다고 판정된 때에는 각각 균등한 비율로 보수를 받을 권리가 있고, 보수가 그 성질상 분할할 수 없거나 광고에 1명만이 보수를 받을 것으로 정한 때에는 추첨에 따라 결정한다(민법 제678조5항).

위임
委任

당사자 일방(위임인)이 상대방(수임인)에 대하여 사무의 처리를 위탁하고 상대방이 이를 승낙함으로써 성립하는 계약을 말한다(민법 제680조). 노무공급계약(勞務供給契約)의 일종이지만, 일정한 사무의 처리라고 하는 통일된 노무를 목적으로 하는 점에 특색이 있다. 따라서 수임인(受任人)은 일정한 범위에서 자유재량의 여지가 있고, 위임인과의 사이에 일종의 신임관계가 성립한다. 사무는 법률행위인 것과 그렇지 않은 것이 있다. 법률행위를 위임하는 경우에는 대리권의 수여를 수반하는 경우가 많다. 위임은 무상을 원칙으로 한다. 그러나 특히 유상의 약속을 하여도 상관없다(민법 제686조). 그뿐만 아니라 오늘날에는 특히 명시의 약속을 하지 아니하더라도 관습이나 묵시의 의사표시

에 의하여 유상의 위임이라고 인정해야 할 경우가 적지 않다. 예컨대 변호사에게 사건을 위임하는 것 등은 특히 그러하다. 위임이 무상이면 편무계약이고, 유상이면 쌍무계약이다. 두 가지 모두 낙성계약이다. 수임인은 **선량한 관리자의 주의**로 위임사무를 처리해야 할 의무가 있다(민법 제681조). 또 수임인은 이 기본적인 의무 때문에 다음과 같은 부수의무를 부담한다. ① 위임인의 청구에 의하여 위임사무 처리의 상황 및 위임이 종료한 때의 전말을 보고하는 의무(민법 제683조), ② 위임사무의 처리로 인하여 받은 금전 기타의 물건 및 수취한 과실을 인도하는 의무(민법 제684조1항), ③ 위임인을 위하여 자기의 명의로(대리에 의하지 않고) 취득한 권리를 이전하는 의무(같은 조 2항)가 그 예이다. 이때 대리권을 수반하는 때에는 위임인의 명의로 법률행위를 하고 권리는 당연히 위임인에게 직접 귀속하므로 이전의 필요가 없다. ④ 위임인에게 인도할 금전 또는 위임인의 이익을 위하여 사용할 금전을 자기를 위하여 소비한 경우의 이자지급 및 손해배상의무(민법 제685조) 등이 이에 해당한다.

위임인은 일반적으로 보수지급의무를 부담하지 않지만, 그 밖에 있어서는 위임으로 수임인에게 어떤 손해도 입히지 않도록 해줄 의무가 있다. 즉 다음과 같은 의무를 부담한다. ① 비용선급의무(민법 제687조), ② 수임인이 위임사무의 처리에 관하여 필요비를 지출한 경우의 비용 및 이자의 상환의무(민법 제688조1항), ③ 수임인이 위임사무의 처리에 필요한 채무를 부담한 경우의 채무변제의무와 담보제공의무(같은 조 2항), ④ 수임인이 위임사무의 처리를 위하여 과실 없이 손해를 받은 경우의 무과실배상의무(같은 조 3항) 등이 이에 해당한다. 특히 보수지급의무를 부담하는 경우에는 후급을 원칙으로 하고(민법 제686조2항 본문), 기간으로 보수를 정한 때에는 그 기간의 경과 후에 지급할 수 있다(같은 항 단서). 또 수임인의 책임 없는 사유로 인하여 위임이 종

료된 때에는 이미 처리한 사무의 비율에 따른 보수를 지급할 수 있다(민법 제686조3항).

위임의 종료원인으로 다음의 네 가지가 있다. ① 위임계약은 각 당사자가 언제든지 해지할 수 있고(민법 제689조1항), ② 당사자 일방의 사망(민법 제690조), ③ 당사자 일방의 파산(민법 제690조), ④ 수임인의 성년후견개시의 심판(민법 제690조)이 이에 해당한다. 위임종료의 경우에 당사자가 손실을 입는 것을 방지하기 위하여 긴급처리를 명하는 두 가지 특칙이 있다. ① 위임종료의 경우에 급박한 사정이 있는 때에는 수임인, 그 상속인이나 법정대리인은 위임인, 그 상속인이나 법정대리인이 위임사무를 처리할 수 있을 때까지 그 사무처리를 계속해야 한다(민법 제691조). ② 위임종료의 사유는 이를 상대방에게 통지하거나 상대방이 이를 안 때가 아니면 이로써 상대방에게 대항하지 못한다(민법 제692조).

임치
任置

당사자 일방(임치인)이 상대방(수치인)에 대하여 금전이나 유가증권(有價證券) 기타 물건의 보관을 위탁하고 상대방이 이를 승낙함으로써 성립하는 계약을 말한다(민법 제693조). 임치에는 보관료를 지급하는 경우와 그렇지 않은 경우가 있다. 전자는 **유상·쌍무계약**이고, 후자는 **무상·편무계약**이다. 임치물의 종류에 따라 수치인의 보관의무에 경중이 있다는 것을 주의해야 한다.

1. 수치인의 의무
① 임치물의 보관의무 : 보관을 위한 주의의 정도는 유상임치(有償任置)에서는 선량한 관리자의 주의이지만(민법 제374조), 무상임치(無償任置)에서는 자기재산과 동일한 주의로 경감된다(민법 제695조). 또 보관에 종된 채무로서 다음의 세 가지 의무가 있다.
(가) 임치인의 동의 없이 임치물을 사용하지 못하며(민법 제694조), 임치인의 승낙이나 부득이한 사유 없이 제3자로 하여금 보관을 하게 하지 못한다(민법 제682조1항·제701

조). 다만, 승낙을 얻어서 제3자에게 보관시킨 경우에는 수치인은 마치 임의대리인이 정당하게 복대리인(複代理人)을 선임한 경우와 마찬가지로 원칙적으로 보관인의 선임·감독에 관해서만 책임을 지고, 보관인은 임치인과 제3자에 대하여 직접 수치인과 동일한 권리·의무를 부담하게 된다(민법 제682조2항·제701조).
(나) 임치물에 대한 권리를 주장하는 제3자가 소를 제기하거나 압류한 때에는 지체 없이 임치인에게 이를 통지하여야 한다(민법 제696조).
(다) 위임규정의 준용에 의하여 수임인과 마찬가지로 보관에 있어서 받은 금전 기타의 물건 등을 임치인에게 인도하고, 취득한 권리를 이전하는 의무(민법 제684조·제701조) 및 자기를 위하여 소비한 금전의 이자를 지급하고, 손해를 배상할 의무를 부담한다(민법 제685조·제701조).
② 임치물의 반환의무 : 반환장소는 보관한 장소를 원칙으로 하나, 수치인이 정당한 사유로 인하여 그 물건을 전치한 때에는 현존하는 장소에서 반환할 수 있다(민법 제700조).

2. 임치인의 의무
보관을 위하여 필요한 비용 등을 상환할 의무는 위임인의 경우와 같다.
(가) 비용선급(費用先給 : 민법 제687조·제701조) 및 비용상환(費用償還 : 민법 제688조1항·제701조)과 채무변제 및 담보제공(민법 제688조2항·제701조)의 의무를 부담한다.
(나) 그러나 수치인이 목적물의 성질이나 하자를 모르고 입은 손해를 배상하는 의무는 위임인의 경우와 같이 무과실책임(無過失責任)이 아니고 임치인이 과실로 인하여 그 성질 또는 하자를 모르는 경우에 한한다(민법 제688조3항·제697조 참조).

3. 임치의 종료
임치의 종료원인에는 다음 두 가지가 있다.
① 임치기간의 약정이 있는 때에는 수치인은 부득이한 사유 없이 그 기간만료 전에 계약을

해지하지 못하지만, 임치인은 언제든지 계약을 해지할 수 있다(민법 제698조).
② 임치기간의 약정이 없는 때에는 각 당사자는 언제든지 계약을 해지할 수 있다(민법 제699조).

소비임치
消費任置

수치인이 임치물을 소비한 후 동종·동등·동량의 물건으로 반환하면 된다는 것으로서 **불규칙임치**(不規則任置)라고도 한다. 은행에 예금하는 것이 그 예이다. 예금자는 은행에 돈을 빌려주는 것이 아니라 보관시키는, 즉 가치의 보관을 위탁하는 것이다. 그러나 수치인인 은행은 목적물의 소유권을 취득하고 이것을 이용할 권능을 얻는 결과, 예금자 측이 보관료를 지급하기는커녕 반대로 은행 측이 이자를 지급하게 된다. 소비임치는 법률적으로 보면 소비대차와 동일하다. 그래서 민법은 소비임치에 관하여는 소비대차의 규정을 준용하도록 하고 있다(민법 제702조 본문). 그러나 양자의 다른 점이 있다. 소비대차는 기간을 정하지 않고 사람에게 돈을 빌려준 경우에 반환을 청구함에는 상당한 유예기간을 정하여 최고하여야 하는데(민법 제603조2항 본문), 소비임치는 기간을 정하지 않고 돈을 보관시키면 언제든지 반환을 청구할 수 있다(민법 제702조 단서).

조합계약
組合契約

2명 이상이 서로 출자하여 공동사업을 경영할 것을 약정함으로써 성립하는 계약을 말한다(민법 제703조1항). 공동사업에는 제한이 없다. 비영리사업이거나 일시적인 사업이거나 상관없다. 다만, 공동사업임을 요하므로 적어도 이익은 전원이 받는 것이어야 한다. 출자는 금전 기타 재산 또는 노무로 할 수 있다(민법 제703조2항). 각 조합원의 출자의무(出資義務)는 서로 대가관계(對價關係)에 있는 것이 아니고, 공동목적의 수단으로 결합·협력해야 할 운명을 가지고 있다. 그래서 조합을 낙성의 유상(有償)·쌍무계약이라 한다(조합에 유상계약 내지 쌍무계약에 관한 일반적 규정을 적용함에 있어서 일정한 제한을 받는다고 보는 학자도 있다). 주목할 점은 동시이행항변권에 관한 것이 있다(민법 제536조). 각 조합원은 업무집행자로부터 출자의 청구를 받으면 비록 출자를 하지 않은 조합원이 있더라도 동시이행항변권을 행사하지 못한다. 아울러 위험부담에 관해서 살펴볼 필요가 있다(민법 제537조). 한 조합원의 출자의무가 불능으로 되어도 이 조합원이 조합관계에서 탈퇴할 뿐이고, 다른 조합원과의 조합관계는 존속한다. 다만, 한 조합원의 출자의무의 불능 등의 부득이한 사유로 해산의 청구를 받게 되는 것은 별문제이지만(민법 제720조), 한 조합원의 출자의무의 불능이 당연히 다른 각 조합원의 출자의무를 소멸시키는 것은 아니다.

1. 조합의 재산관계

조합원의 출자 기타 조합재산은 조합원의 합유(合有)이다(민법 제704조). 민법에서는 단체적 색채가 농후한 공동소유를 총유(總有)라 하고, 개인적 색채가 농후한 공동소유를 공유(共有)라 한다. 합유는 공유와 총유의 중간적 소유 형태이다. 금전을 출자의 목적으로 한 조합원이 출자시기를 지체한 때에는 연체이자를 지급하는 외에 손해를 배상하여야 한다(민법 제705조). 조합재산을 견고히 하기 위하여 보통의 금전채무불이행의 예외를 설정한 것이다. 조합의 채무자는 그 채무와 조합원에 대한 채권으로 상계하지 못한다(민법 제715조). 조합채권자는 그 채권발행 당시에 조합원의 손실부담의 비율을 알지 못한 때에는 각 조합원에게 균분하여 그 권리를 행사할 수 있다(민법 제712조). 예컨대 조합에 손실이 있으면 乙만이 이것을 부담한다고 하는 약속이 있었는데 채권자가 이것을 알지 못한 때에는 甲, 乙, 丙으로부터 균분한 액수를 청구할 수 있다. 당사자가 손익분배의 비율을 정하지 아니한 때에는 각 조합원의 출자가액에 비례하여 이를 정하고(민법 제711조1항), 이익이나 손실에 대하여 분배의 비율을 정한 때에는 그 비율은 이익과 손실에 공통된 것으로 추정한다(민법 제711조2항). 조합원 중에 변제할 자력이 없는 자가 있는 때에는 그 변제할 수 없는 부분은 다른 조합원이 균분하여 변제하여야 한다(민법 제713조). 조합원의 지분에 대한 압류는 그 조합원의 장래의 이익배당 및 지분의 반환을 받을 권리에 대하여 효력이 있다(민법 제714조).

2. 조합의 업무집행

조합의 업무집행은 조합원의 과반수로 결정하며, 업무집행자가 수인인 때에는 그 과반수로 결정한다(민법 제706조2항). 그러나 조합의 통상사무는 각 조합원 또는 각 업무집행자가 혼자서 행할 수 있다(민법 제706조3항 본문). 다만, 그 사무의 완료 전에 다른 조합원 또는 업무집행자의 이의가 있는 때에는 즉시 중지하여야 한다(같은 항 단서). 조합계약으로 업무집행자를 정하지 아니한 경우에는 조합원 3분의 2 이상의 찬성으로 업무집행자를 선임한다(민법 제706조1항). 업무집행자의 직무는 수임인의 직무와 유사하므로 민법은 이에 관하여 수임인의 권리·의무에 관한 규정을 모두 준용하고 있다(민법 제707조). 그러나 그 관계는 위임과 같이(민법 제689조1항) 양 당사자가 언제든지 해지할 수 있는 것은 아니고, 정당한 사유가 없으면 사임하지 못하며, 다른 조합원의 일치(一致)가 아니면 해임하지 못한다(민법 제708조). 조합의 의무를 집행하는 조합원은 그 업무집행의 대리권이 있는 것으로 추정한다(민법 제709조). 업무집행자를 정한 때에는 다른 조합원은 통상사무(通常事務)라고 하더라도 집행할 수 없다. 그러나 언제든지 조합의 업무 및 재산상태를 검사할 수 있다(민법 제710조).

3. 탈퇴와 가입

탈퇴에는 탈퇴하는 자의 의사에 의한 것(임의탈퇴)과 그렇지 않은 것(비임의탈퇴)이 있다.
① 임의탈퇴 : 조합계약으로 조합의 존신기간을 정하지 아니하거나, 조합원이 종신까지 존속할 것을 정한 때에는 각 조합원은 언제든지 탈퇴할 수 있다(민법 제716조1항 본문). 그러나 부득이한 사유 없이 조합에게 불리한 시기에 탈퇴하지 못한다(같은 항 단서). 또 조합의 존속기간을 정한 때라도 조합원은 부득이한 사유가 있으면 탈퇴할 수 있다(민법 제716조2항).
② 비임의탈퇴 : 비임의탈퇴의 원인은 사망·파산·성년후견개시의 심판·제명(除名)이다(민법 제717조). 제명의 요건은 중요하다. 조합원의 제명은 정당한 사유 있는 때에 한하여 다른 조합원의 일치로 이를 결정한다(민법 제718조1항). 이 제명결정은 제명된 조합원에게 통지하지 아니하면 그 조합원에게 대항하지 못한다(민법 제718조2항).
③ 가입 : 가입에 관하여는 민법에 규정이 없다. 그러나 탈퇴를 허용하고 있는 이상 당연히 가입도 허용하여야 한다는 것이 판례와 통설의 입장이다.

4. 해산과 청산

조합은 해산으로 종료한다.
① 각 조합원의 해산청구 : 각 조합원은 부득이한 사유가 있는 때에는 조합의 해산을 청구할 수 있다(민법 제720조).
② 청산(淸算) : 청산은 해산한 조합의 재산관계의 정리이며, 법인의 청산과 비슷하다. 조합이 해산한 때에는 청산은 총조합원 공동으로 또는 그들이 선임한 자가 그 사무를 집행한다(민법 제721조1항). 이 경우 청산인의 선임은 조합원의 과반수로 결정한다(같은 조 2항). 청산인이 수인인 때에는 업무집행은 그 과반수로 결정한다(민법 제706조2항 후단·제722조). 조합원 중에서 청산인을 정한 때에는 청산인은 정당한 사유 없이 사임하지 못하며, 다른 조합원의 일치가 아니면 해임하지 못한다(민법 제708조·제723조). 청산인의 직무와 권한은 법인의 청산인과 동일하다(민법 제87조·제724조1항). 잔여재산은 각 조합원의 출자가액에 비례하여 이를 분배한다(민법 제724조2항).

종신정기금
終身定期金

당사자 일방이 자기, 상대방 또는 제3자의 종신까지 정기로 금전 기타의 물건을 상대방 또는 제3자에게 지급할 것을 약정함으로써 성립하는 계약을 말한다(민법 제725조). A가 자기의 상점에서 오랫동안 근속한 B에 대하여 B의 종신까지 매월 5만원을 지급한다든가, C가 D에게 일시에 일정금액을 납입하고, D로 하여금 E의 종신까지 매월 5만원을 지급하게 하는 것과 같은 계약이 그 예이다. 따라서 종신정기금계약은 종신까지 존속하는 정기금채권이 생기는 점에 특색이 있다. 만일 이 정기금채권을 부담하는 데 대가를 받지 않으면 그 계약은 증여가 되고, 대금을 받으면 매매가 된다. 그러므로 민법은 '종신정기금채권'이라는 특수한 채권이 생긴다고 하는 점에서 이것을 하나의 전형계약으로 하고 있지만 그 의미는 다른 전형계약과는 조금 다르다. 종신정기금채권을 유언으로 성립시킬 수도 있다. 그 성립요건은 유증의 규정에 의하여야 함은 물론이지만, 그 효력에 관하여는 계약에 의하여 성립한 것과 동일한 규정을 준용한다(민법 제730조). 종신정기금계약의 효력에 있어서 채무자는 '일정인의 종신까지 정기로 일정한 금전 기타의 물건을 지급해야 한다'고 하는 추상적인 내용의 채무를 부담한다. 이것이 종신정기금채권이다. 그리고 그 정한 시기가 도래하면 위의 '일정한 것을 지급할 채무'를 현실로 부담하게 된다. 이 채권은 위의 기본적인 정기금채권과는 독립하여 소멸시효에 걸리며, 양도 기타의 처분도 독립적으로 할 수 있다. 정기로 생기는 채권을 **지분권**(支分權)이라 부르기도 한다.

화해
和解

당사자가 서로 양보하여 당사자 간의 분쟁을 종지할 것을 약정함으로써 성립하는 계약을 말한다(민법 제731조). 화해계약은 분쟁이 있음을 요건으로 하므로, 예컨대 일방이 타방을 속여 당사자 간에 일정한 법률관계가 생기는 것을 약정하는 것은 화해가 아니다. 분쟁의 종류에는 제한은 없다. 다만, 당사자가 처분할 수 없는 권리관계에 관하여는 화해할 수 없다. 예컨대 父가 子를 상대로 친생자부인의 소를 제기하고 있는 경우에 상당한 재산을 부여하고 이것을 인정하게 하는 화해는 허용되지 않는다. 또 상호 양보(相互讓步)하는 것을 요건으로 하고 있으므로 당사자의 일방만이 그 주장을 감축하는 것은 화해가 아니다. 화해는 재판에서 행하여지는 경우도 있다. 이 경우에는「민사소송법」상의 특별한 효력이 부여된다(민사소송법 제145조·제220조, 민사집행법 제56조·제57조).

화해계약으로 당사자 일방이 양보한 권리가 소멸되고 상대방이 그 권리를 취득하는 효력이 생긴다(민법 제732조). 이것을 **화해의 창설적 효력**이라 한다. 화해계약은 착오를 이유로 취소하지 못한다(민법 제733조 본문). 다만, 화해 당사자의 자격 또는 화해의 목적인 분쟁 이외의 사항에 착오가 있는 때에는 취소할 수 있다(같은 조 단서).

사무관리
事務管理

사무관리는 관리자가 법률상 또는 계약상 의무 없이 타인을 위하여 사무를 처리함으로써 관리자와 본인 사이에 생기는 법정채권관계이다. 민법은 사무관리의무를 강제하지 않는 동시에 사무관리자에게 보수청구권도 인정하지 않으면서 본인의 의사를 존중하여 그 의사에 적합하도록 관리하게 하고 비용상환청구권과 손해배상청구권을 인정하고 있다. 사무관리의 성립요건으로는 ① 타인이 사무를 관리(보존·개량·처분행위)하고, ② 타인을 위하여 관리한다는 의사가 필요하고, ③ 관리자에게는 관리에 대한 법률상 의무가 없으며, ④ 관리행위로 본인에게 불리하거나 본인의 의사에 반하지 않아야 한다. 이러한 요건을 충족하면, 사무관리는 적법행위로 유효하고, 관리인에게는 본인에게 불이익을 주는 일이 없도록 하기 위하여 수임인(受任人)과 같은 의무를 부과시킨다(민법 제734조·제736조·제737조). 아울러 본인은 사무관리자에게 필요비·유익비 전액을 반환하여야 하고(민법 제739조), 경우에 따라 손해배상의무(민법 제740조)도 진다.

준사무관리
準事務管理

일반적으로 오신(誤信)사무관리와 무단(無斷)사무관리를 준사무관리로 하여, 사무관리의 채권관계를 인정할 수 있다는 학설에 따른 개념이다. **오신사무관리**란 실제로 타인의 사무를 처리한다는 의사 없이 자신이 사무를 처리하는 것으로 잘못 알고 사무처리를 한 경우를 말한다. **무단사무관리**란 타인의 사무인지는 알았지만 타인의 이익을 위해서 사무를 관리한 것이 아니라, 그 기회를 통해 자신의 이익을 증진시키기 위해 사무처리를 한 경우이다. 예를 들어 乙이 멋대로 甲의 특허권을 실시하여 막대한 이익을 얻었다고 하는 경우에 甲은 乙에게 그 계산을 명하고, 비용을 공제한 이익 전부의 인도를 청구할 수 있을까? 乙의 행위는 부당이득이 되거나 불법행위가 되기 때문에 이득의 반환이나 손해배상을 청구할 수 있다. 乙의 행위가 없었더라면 甲은 과연 그만큼의 이익을 얻을 수 있었을까? 이에 대한 증명은 매우 어렵다. 이를 사무관리로 함에는 乙에게 甲을 위하여 했다는 의사가 없다. 그래서 일부 학자는 이와 같은 것을 **준사무관리**라 말하고, 사무관리의 효과 중 본인을 위하여 인정되는 것만을 인정하자고 주장한다. 즉 본인의 입장을 보호하려고 하는 것이다. 이 견해에 의하면 사무관리의 다른 효과인 위법성조각 및 본인의 의무는 생기지 아니한다. 본인은 부당이득의 일반원칙에 의한 의무를 지는 데 그친다. 그러나 위와 같은 경우에는 부당이득이나 불법행위의 규정에 따라 처리하는 것이 타당하다는 견해도 있다.

부당이득
不當利得

법률상 원인 없이 부당하게 재산적 이익을 얻고 이로 말미암아 타인에게 손해를 준 자에 대하여 그 이득의 반환을 명하는 제도이다(민법 제741조). 부당이득제도는 손실자와 수익자 간의 재산적 가치의 이동을 조절하는 것이므로 법률이 특별히 이를 배척하지 않는 한 널리 부당이득에 관한 규정이 적용된다고 보며, 물권적 청구권, 계약상의 채무이행청구권, 계약종료 후 목적물반환청구권, 불법행위에 의한 손해배상청구권, 사무관리 등과 경합한다(함께 청구할 수 있다). 다만, 이득자와 손실자 사이에 부당이득반환을 직접적인 내용으로 하는 채권관계가 존재한다면 그것에 따르고 부당이득반환청구의 문제는 별도로 생기지 않는다. 부당이득의 일반적 성립요건은 ① 타인의 재산·노무로 인하여 이익을 얻었을 것(수익), ② 그러한 이득으로 말미암아 타인에게 손해를 주었을 것(손실), ③ 이들 수익과 손실 사이에 인과관계가 있을 것, ④ 법률상 원인이 없을 것을 요구한다. 다만, 수익의 방법에는 법률행위에 한정하지 않는다. 손실자와 수익자의 법률행위에 의하거나 제3자와의 법률행위에 의하거나 사실행위이거나 사람의 행위가 아닌 단순한 자연적 사실에 의한 수익이거나 상관없다.

부당이득의 유형에는 ① 급부부당이득 : 일방의 원인 없는 출연행위에 의해 상대방이 이익을 얻는 경우, ② 침해부당이득 : 무권리자가 타인의 물건이나 재산권을 사용·수익·처분함으로써 이득을 얻는 경우, ③ 지출부당이득 : 손실자가 급부 이외의 목적으로 금전지출 등의 출연행위로 이득을 얻는 경우 등으로 나누어지기도 한다.

부당이익의 효과에 의해 수익자는 반환의무를 부담하는데, ① 선의의 수익자의 반환의 범위는 이익이 현존하는 한도에 한한다(민법 제748조1항). ② 악의의 수익자의 반환의 범위는 그 받은 이익에 이자를 붙여 반환하고, 손해가 있으면 함께 배상하여야 한다(민법 제748조2항).

비채변제
非債辨濟

실제 채무가 없는데 변제한 경우를 말한다. 즉 채무 없는 변제로 부당이득의 일반적인 요건은 충족하지만, 부당이득으로 이를 반환받도록 하는 것이 타당하지 않은 경우에 채무자가 변제한 금액의 반환을 제한하는 것이다. 비채변제의 유형은 다음과 같다. ① **협의의 비채변제**(민법 제742조) : 채무 없음에도 불구하고 이를 알면서 변제한 경우에는 부당이득의 요건은 충족되지만 부당이득의 반환을 청구할 수 없다. 그러나 채무자가 그 사실을 모르고 변제한 경우에는 부당이득으로서 반환을 청구할 수 있다. ② 기한 전의 변제(민법 제743조) : 변제기에 있지 않은 채무를 변제한 때에는 그 반환을 청구하지 못하지만, 채무자가 이를 착오로 인하여 변제한 때는 채권자는 이로 인하여 얻은 이익을 반환하여야 한다. ③ 도의관념에 적합한 변제(민법 제744조) : 법적으로 변제할 의무가 없음에도 불구하고 이를 변제한 경우에 그것이 도의관념에 적합한 것일 때에는 반환을 청구할 수 없다. 예를 들어 소멸시효 완성 후의 변제는 실제로 채무가 존재하지는 않는 것이지만 적법한 권리관계에 기초한 것으로 그 반환을 청구할 수는 없다. ④ 타인의 채무의 변제(민법 제745조) : 채무자 아닌 자가 착오로 인하여 타인의 채무를 변제한 경우에 채권자가 선의로 증서를 훼손하거나 담보를 포기하거나 시효로 인하여 그 채권을 잃은 때에는 변제자는 그 반환을 청구하지 못한다.

불법원인급여
不法原因給與

불법의 원인으로 재산을 급여하거나 노무를 제공한 때에는 이익의 반환을 청구하지 못한다(민법 제746조 본문). 여기서 '불법'의 의미는 '선량한 풍속 기타 사회질서 위반'이라 보는 것이 다수설이자 판례의 견해이다. 불법원인급여가 되는 경우에는 소유권에 기한 반환청구도 할 수 없다(판례). 예를 들어 도박을 위해 돈을 빌린 경우 노박자금의 대여자는 불법적인 도박을 위한 자금을 제공한 것으로 그 반환을 청구하지 못한다. 그러나 불법원인이 수익자에게만 있을 때에는 예외적으로 반환청구권을 인정한다(민법 제746조 단서). 예를 들어 지나치게 폭리적인 고액의 이자를 약정한 대차계약의 경우 민법 제104조 위반으로 무효가 되지만 불법의 원인은 대여자에게만 있으므로, 대차인이 이미 고리의 대금을 변제한 경우에도 그 반환을 청구할 수 있다.

불법행위
不法行爲

고의나 과실로 타인에게 손해를 가하는 위법행위를 말한다. 불법행위를 한 자는 손해를 배상할 책임이 있다(민법 제750조). 불법행위는 계약과 함께 민법 채권편에 있어서 중요한 지위를 차지하고 있고, 법이론은 물론 실무에서도 중요한 문제를 제공한다. 개인주의 원리에 입각한 민법은 불법행위제도로 개인의 자유로운 활동에 최소한의 제한으로서의 역할을 하므로 그 요건도 엄격하다. 그러나 민법의 이상이 점차로 개인 본위의 입장을 버리고, 사회의 협동생존(協同生存)을 유지·보장하는 것으로 옮겨짐에 따라 불법행위제도도 사회생활 속에서 생기는 손해를 공평하게 분배하는 것이 이상이 되었다. 이때 특히 문제가 되는 것은 불법행위의 요건인 고의·과실과 위법행위이다.

1. 불법행위의 일반적 성립요건

① **고의·과실** : **고의**란 자기의 행위가 타인에게 손해를 가할 것을 알면서도 일부러 한다는 심리상태를 말한다. 반드시 손해를 가하는 것 자체를 목적으로 하지 않아도 좋다. **과실**이란 주의가 부족함을 말한다. 다만, 불법행위의 성립요건으로서는 원칙적으로 선량한 관리자의 주의를 결하는 과실(추상적 경과실)을 말한다.

② **책임능력** : 정상적인 의사활동을 할 능력이 없는 자는 자기의 행위에 책임을 지지 않는다고 하는 취지이다. 책임무능력(責任無能力)에는 두 가지가 있는데, 하나는 행위의 책임을 변식할 지능이 없는 미성년자의 행위이다(민법 제753조). 이때 미성년자의 나이·환경 기타 상황에 따라 판단해야 한다. 또 하나는 심신상실중의 행위이다(민법 제754조 본문). 심신상실의 상태에 있음을 요하지 아니하나, 고의나 과실로 인하여 심신상실을 초래한 때에는 책임이 있다(같은 조 단서).

③ **위법성** : 불법행위의 요건 중 실제로 가장 중요한 것이다. 침해행위의 태양(態樣)과 피침해이익(被侵害利益)의 종류를 상관적으로 고찰하고, 법률의 취지에 비추어 위법성의 유무를 결정해야 한다. (가) '피침해이익의 측면'에서 말하면, 위법성을 재산권과 인격권으로 대별하여 생각할 수 있다. (a) 재산권 가운데 소유권 기타의 물권은 모든 사람에 대한 권리로서 가장 강력한 것이므로, 그 침해는 일반적으로 위법하다. 또 특별법이 인정하는 어업권·광업권 등의 준물권과 저작권·특허권 등의 이른바 지적재산권은 대세적(對世的) 재산권이므로, 그 침해는 일반적으로 위법하다. 채권도 재산권의 일종으로서 제3자가 하는 침해행위는 위법하다. (b) 인격권 가운데 신체·자유·명예의 침해와 정신상 고통을 주는 행위가 위법하여 불법행위로 되는 것은 민법도 간접적으로 인정하고 있다(민법 제751조1항). 이러한 인격권의 침해에 대해서는 재산상의 손해와 정신상의 손해(위자료)를 청구할 수 있다. 생명침해는 그 자체로서 위법한 것이지만, 생명을 빼앗긴 자에 대한 불법행위와 그 자의 직계존속(直系尊屬)·직계비속(直系卑屬) 배우자에 대한 불법행위도 생각할 수 있다. 종래의 통설은 전자의 불법행위를 부정하였지만, 최근에는 긍정하는 추세이다. 후자의 불법행위에 관하여는 민법이 명문으로 규정하고 있다(민법 제752조). (나) **침해행위**에 대하여 살

펴보면, (a) 형벌법규위반(刑罰法規違反)의 행위가 가장 강한 위법성을 보인다. 예컨대 허위의 사실을 유포하여 사람의 신용을 훼손하는 행위는 형법상 범죄를 구성하므로(형법 제313조) 그 행위는 불법행위가 된다. (b) 단속법규위반(團束法規違反)의 행위도 그 법규가 타인의 보호를 목적으로 하는 것이면 불법행위의 성립요건에 해당하여 위법성을 띤다. (다) 침해행위와 피침해이익에서 생각하여 일단 위법성이 있다고 하는 행위도 특히 이를 허용할 특수한 사유가 있는 때에는 위법성이 없어진다. 이것을 **위법성조각사유**라고 한다. (a) 이에 속하는 가장 대표적인 것은 **정당방위**이다. 타인의 불법행위에 대하여 자기 또는 제3자의 이익을 방위하기 위하여 부득이 타인에게 손해를 가한 행위에는 위법성이 없다. 다만, 이 가해행위는 방위하려고 하는 불법행위자에 대한 반격에 한하지 않고, 제3자에 대한 가해라도 좋다. 甲에게 구타당하는 것을 막기 위해 乙의 정원을 짓밟아도 정원 훼손에 대한 위법성이 조각된다. 다만, 이 경우 乙은 甲에 대하여 손해배상을 취득한다(민법 제761조1항). (b) 아울러 **긴급피난**(緊急避難)은 급박한 위난을 피하기 위하여 부득이 타인에게 손해를 가하는 행위로, 역시 위법성이 조각된다(민법 제761조2항).

④ **손해의 발생과 인과관계** : 불법행위로 인한 손해라 함은 재산적 손해뿐만 아니라 신체·자유 또는 명예에 끼친 손해는 물론 기타 정신상 고통을 포함한다(민법 제751조). 적극적 손해와 소극적 손해를 포함하는 것은 물론이다. 또 가해자의 행위와 손해와의 사이에는 인과관계가 있어야 한다. 이 인과관계의 범위는 채무불이행에서와 같이 **상당인과관계**(相當因果關係)에서 고려되어야 한다.

　2. 불법행위의 효과

　　불법행위의 효과로서 가해자는 손해를 배상할 책임이 있다(민법 제750조). 그 내용은 채무불이행으로 인한 손해배상의 내용과 매우 비

숫하다. ① 배상방법은 금전배상을 원칙으로 하며, 채무불이행과 같다(민법 제394조·제763조). 다만, 명예훼손에 있어서 법원은 피해자의 청구에 의하여 손해배상에 갈음하거나 손해배상과 함께 명예회복에 적당한 처분을 명할 수 있다(민법 제764조). ② 배상의 범위는 채무불이행의 경우와 동일하다(민법 제393조·제763조). ③ 과실상계도 채무불이행의 경우와 같다(민법 제396조·제763조). ④ 배상자의 대위도 채무불이행의 경우와 같다(민법 제399조·제763조). ⑤ 다만, 손해가 고의나 중과실에 의한 것이 아니고 배상으로 인하여 배상자의 생계에 중대한 영향을 미치게 될 경우에는, 배상의무자는 법원에 배상액의 경감을 청구할 수 있다(민법 제765조). ⑥ 불법행위로 인한 손해배상청구권의 행사에 관하여 태아는 이미 출생한 것으로 본다(민법 제762조). ⑦ 불법행위로 인한 손해배상의 청구권은 비교적 시효가 짧다. 즉 피해자나 그 법정대리인이 손해 및 가해자를 안 날로부터 3년 또는 불법행위를 한 날로부터 10년이다(민법 제766조).

3. 특수한 불법행위

민법은 일반불법행위(민법 제750조) 외에 특수한 불법행위를 규정하고 있다.

① **책임능력 없는 제한능력자를 감독하는 자의 책임**(민법 제755조) : 책임능력 없는 제한능력자가 책임을 지지 않는 경우에는 이 자를 감독할 법정의무 있는 자, 즉 친권자·후견인·아동복지시설의 장 등이 책임을 진다. 그뿐만 아니라 이러한 자에 갈음하여 해당 제한능력자를 감독하는 자, 예컨대 유치원장·정신병원장 등도 책임을 진다. 이러한 자는 자기가 감독의무를 게을리하지 아니하였음을 증명하면 책임을 면할 수 있으므로 절대적 무과실책임이 아니다. 그러나 거증책임이 보통의 경우와 반대로 되어 있는 것과 문제가 되는 과실은 가해행위에 관한 것이 아니고 감독에 관한 것이라는 점이 보통의 경우와 다르다.

② **사용자책임**(민법 제756조) : 어떤 사업을 위하여 타인을 사용하는 자는 피용자가 사무의 집행에 관하여 제3자에게 가한 손해를 배상할 책임을 진다. 사용자에 갈음하여 사무를 감독하는 자도 같은 책임을 진다(민법 제756조2항). 대기업조직이 발달한 현대에서 극히 중요한 의의를 가지는 규정이다.

③ **공작물 등의 점유자·소유자의 책임**(민법 제758조) : 가옥의 기둥이 썩어서 붕괴되어 통행인에게 부상을 입힌 경우, 먼저 점유자(예 : 임차인)가 책임을 지지만, 손해의 발생을 방지하는 데 필요한 주의를 하고 있었다는 것을 증명한 때에는 책임을 면하고, 원가옥주인 소유자가 책임을 지게 된다. 그리고 이 소유자의 책임에는 아무런 면책사유(免責事由)를 인정하지 않는다. 즉 무과실책임(無過失責任)이다. 이러한 무거운 책임은, 위험한 물건을 점유 또는 소유하는 자는 그것에 의하여 생긴 손해에 대하여 당연히 책임을 져야 한다고 하는 이른바 **위험책임**(危險責任)이다.

④ **동물을 점유하는 자의 책임**(민법 제759조) : 동물의 점유자 또는 이 자에 갈음하여 동물을 보관하는 자는 그 동물이 타인에게 가한 손해를 배상할 책임을 진다. 다만, 동물의 종류와 성질에 따라 상당한 주의를 한 것을 증명하면 책임을 면한다.

⑤ **자동차손해배상책임** : 자기를 위해 자동차를 운행하는 자는 그 운행으로 다른 사람을 사망하게 하거나 부상하게 한 경우에 배상책임을 진다(자동차손해배상 보장법 제3조). 여기서는 인체손해배상에 대해서만 규정하고 있는데, 이 책임은 일종의 무과실책임으로서 과실책임을 원칙으로 하는 민법의 특칙이다. 예외적으로 승객이 아닌 사람이 사망하거나 부상한 경우 ㉠ 자기 및 운전자가 운전에 대하여 주의를 게을리하지 않고, ㉡ 자동차의 구조상 결함, 기능의 장애가 없으며, ㉢ 피해자·자기·운전자 외의 제3자에게 고의 또는 과실이

있다는 사실을 증명하면 그 책임을 지지 않는다. 승객이 고의·자살행위로 사망하거나 부상한 경우도 마찬가지이다. 손해배상책임을 지는 자는 ㉮ 자동차를 운행하는 자, ㉯ 자기를 위하여 운행하는 자일 것(자동차의 소유자, 자동차를 관리할 권리가 있는 자)을 요건으로 한다. 학설은 운행지배와 운행이익이 충족되어야 운행자성이 인정된다고 한다.

⑥ **공동불법행위**(민법 제760조) : 공동불법행위에는 3가지 형태가 있다. ㉠ 여러 명이 공동으로 가옥을 파괴했을 때에 각자의 행위가 어느 것이나 일반불법행위의 요건을 구비하는 경우이다. 이것을 '협의의 공동불법행위'라 한다. 민법은 이 경우 각 공동자는 연대책임을 진다고 하고 있으므로 그 효과에서만 특수한 취급을 받는 것이다. ㉡ 여러 명이 1명을 구타했을 때 그중 1명이 부상을 입었으나, 그 자가 누구인지 알 수 없는 경우이다. 이론적으로 말하면 그 1명만이 부상에 대한 책임을 지고 그 밖의 자는 구타한 것에 대해서만 책임을 져야 하지만, 민법은 이 경우에도 연대책임을 진다고 하고 있다. ㉢ 교사자(敎唆者)나 방조자(幇助者)이다. 이 경우는 직접 가해자와 그 가해행위를 공동으로 행한 자가 아니지만 민법은 연대책임을 진다고 하고 있다. 백치나 광인(狂人)을 교사하는 경우에는 교사자 자신이 도구를 사용하여 가해행위를 하는 것으로 보아야 하므로 공동불법행위로 되지 아니한다.

4. 손해배상의 방법

재산적 손해뿐 아니라 정신적 손해도 금전배상을 원칙으로 한다. 이 경우 일시금배상이 원칙이지만, 법원의 자유재량에 따라 정기금배상을 명할 수도 있다(민법 제751조2항). 한편, 금전배상의 예외로 법원은 명예훼손의 경우에 손해배상에 갈음하거나 손해배상과 함께 명예회복에 적합한 처분을 명할 수 있다. 단, 가해자의 '사죄광고'는 양심의 자유를 침해한다는 헌법재판소의 결정으로 허용되지 않는다.

민법친족편

총 칙

친족
親族
　배우자, 혈족(血族), 인척(姻戚)을 말한다(민법 제767조). 친족은 '단체'개념이 아니라 '관계'개념이다(본인은 친족에 들어가지 않는다). 민법상 친족은 다음과 같다(민법 제777조). ① 8촌 이내의 혈족 ② 4촌 이내의 인척 ③ 배우자(단, 혼인신고를 하지 않은 이른바 '사실혼' 관계의 배우자는 여기에 포함하지 않는다).

혈족이란 혈통이 연결되어 있는 자(자연혈족)와, 양자(養子)와 같이 혈통의 연결이 있는 것으로 법적으로 의제된 자(법적혈족)를 말한다. **인척**이란 자기 혈족의 배우자, 배우자의 혈족, 배우자 혈족의 배우자를 말한다(민법 제769조). **촌**이란 자기와 혈족이나 인척의 관계에 있는 자의 원근을 재는 척도이며, 1세대를 말한다. 민법에서는 '촌'과 동의어로, '친등(親等)'이라는 용어도 사용한다(민법 제1000조2항). 촌(寸)의 원래의 뜻은 손마디, 즉 손가락 관절을 의미하는 것이다. 예컨대 숙부를 3촌, 종형제를 4촌, 당숙을 5촌, 재종형제를 6촌이라 부른다. 배우자를 제외한 개개의 친족은 촌 이외에 친계, 존속, 비속, 직계, 방계, 부계, 모계, 남계, 여계, 적계, 서계 등의 개념을 조합하여 구체적으로 부른다. **친계**(親系)란 혈통적 연결관계를 말한다. **존속**(尊屬)이란 자기보다 세대가 위에 있는 자를 말하고, **비속**(卑屬)이란 자기보다 세대가 아래에 있는 자(동세대에 있는 자는 존속도 비속도 아니다)를 말한다. **직계**(直系)란 자기의 선조와 자손을 말하고, **방계**(傍系)란 자기와 같은 선조(공동시조)에서 갈라진 자를 말한다. **부계**(父系)란 자기의 부와 그 혈족(본가의 혈족)을 말하고, **모계**(母系)란 자기의 모와 그 혈족(외가의 혈족)을 말한다. **남계**(男系)란 혈통연결이 남자만으로 이어져 그 사이에 여자가 끼어 있지 않는 친족관계를 말하고, **여계**(女系)란 혈통연결이 여자만으로 이어져 그 사이에 남자가 끼어 있지 않는 친족관계를 말한다. 따라서 부의 자매는 부계친이고, 남계친은 아니다. **적계**(嫡系)란 혈통연결이 정식부부 사이의 출생을 통하여서만 이어지고 그 사이에 혼외자의 혈통이 끼어 있지 않은 친족관계를 말하고, **서계**(庶系)란 그렇지 않은 친족관계를 말한다.

친족관계는 출생·혼인·인지(認知)·입양 등에 의하여 발생하고, 사망·혼인의 취소·이혼·입양의 취소·파양·혼인의 무효·인지의 취소 등으로 소멸한다. 친족으로서의 효과는 매우 다방면에 미친다. 즉 특정된 친족은 부양(민법 제974조~제979조)의 관계에 서고 서로의 혼인이 금지되는(민법 제809조) 등의 민법상의 효과 이외에, 형법상 범인은닉죄·절도죄 등에 있어서 인적처벌조각사유(人的處罰阻却事由)가 되며(형법 제344조·제365조), 재판상 제척(除斥)·증언거부의 사유가 되는(민사소송법 제41조~제50조·제314조, 형사소송법 제17조~제25조·제148조) 등 여러 가지 효과가 인정된다.

혈족
血族

자기와 혈통이 이어져 있는 자를 말한다. 민법상 혈족에는 **법정혈족**(法定血族)과 실제로 혈통이 이어져 있는 **자연혈족**(自然血族)이 있다. 법정혈족이란 예컨대 친자라고 하는 자연의 혈통연결이 없음에도 불구하고 친자라고 하는 혈통이 이어져 있다고 법적으로 의제되어, 이것을 통하여 기타의 친족관계를 형성하는 자를 말한다. 예컨대 양자로 들어가면 양부모 등은 법정혈족이다. 또 동생의 아들을 양자

로 한 경우에는 3촌의 방계혈족이라는 혈통의 연결이 있으나, 새롭게 친자 등의 혈연이 의제되어 법정혈족이 된다. 그리고 자연혈족이란 자연의 혈통 연결이 있는 법적인 혈족을 말한다. 이 자연혈족의 관계가 발생하는 경우는 다음과 같다. ① 혼인중에 출생한 경우에는 출생과 동시에 혈족관계가 발생한다. ② 혼인 외에 출생한 경우에는 생부 또는 생모의 인지나 이에 갈음하는 인지의 재판이 있어야만 비로소 혈족관계가 발생한다(혼외 모자관계는 원칙적으로 인지를 요하지 않으며 출생과 동시에 발생한다고 하는 것이 통설·판례의 입장이다). 또 자연혈족은 **직계혈족**(直系血族)과 **방계혈족**(傍系血族)으로 나누어진다(민법 제768조). 직계혈족이란 자기의 직계존속(直系尊屬)과 직계비속(直系卑屬)을 말하고, 방계혈족이란 자기의 형제자매와 형제자매의 직계비속, 직계존속의 형제자매 및 그 형제자매의 직계비속을 말한다. 혈족에 관한 민법 친족·상속편상의 법적 효력에는 부양(민법 제974조~제979조) 등 여러 가지가 있다.

존속
尊屬

자기의 '선조' 및 그들과 같은 세대에 있는 혈족을 말한다. 자기의 '자손' 및 그들과 같은 세대에 있는 혈족이 '비속'이다. 자기의 배우자나 자기와 같은 세대에 있는 혈족(형제자매·종형제 등)은 존속도 아니고 비속도 아니다. 인척에서도 이 구별이 타당한가에 관하여 부정하는 견해도 있으나 긍정하는 견해가 통설이다(여기에서도 배우자와 같은 세대에 있는 자는 존속도 비속도 아니다). 직계존속·방계비속이라고 하는 것과 같이 직계·방계라는 개념과 연결되어 사용되는 때에는 인척은 포함되지 않는다(이 점은 학설에 다툼이 없다). 존속은 양자가 될 수 없고(민법 제877조), 형법은 존속살해(尊屬殺害)에 대하여 형을 가중하고 있다(형법 제250조2항).

신분행위
身分行爲

친족관계를 형성하거나 해소하는 법률행위를 말한다. 예컨대 혼인계약에 의한 배우관계의 창설, 파양(罷養)에 의한 양친자관계의 해소, 인지에 의한 혼인외 부자관계의 발생 등이 이에 속한다. 신분행위의 구성은 재산법상 법률행위의 정형적 구성과는 정반대의 것으로 되어 있다. 즉, 재산법상의 행위능력은 정형적인 성년기에 도달하지 않으면 부여되지 않는 데 대하여, 신분행위에 있어서는 행위자가 무능력자여도 의사능력만 있으면 유효한 법률행위를 할 수 있다. 또 신분행위는 당사자의 진의를 존중해야 하므로 의사표시에 관하여 표시주의를 따를 수 없고, 의사주의에 의하여 해결되어야 한다. 당사자 간에 혼인의 합의가 없는 때의 혼인은 무효가 된다는 규정(민법 제815조)은 그 예이다. 이와 같은 특색은 본인의 직접적인 의사표시를 필요로 하므로 신분행위에서는 대리를 인정하지 않는다.

성
姓

출생의 혈통을 표시하는 표지를 말한다. 역사적으로 보면 모계시대에는 모계의 혈통을 표시하였고, 부계시대에는 부계의 혈통을 표시하였다. 우리나라의 성의 유래는 씨족사회시대의 씨족명으로서의 성이 아니라 중국에서 수입된 특권세습계급의 칭호인데, 고려시대 이전에는 오늘날과 같은 성은 없었으며, 고려시대에 이르러 개인에게 일반적으로 성을 부여하여 보급하였다고 한다. 이와 같이 일반적으로 성을 칭하게 된 때에는 이미 부계중심사회이므로 성은 각 개인의 부계혈통을 표시하는 표지이다. 민법상 자녀의 성은 부의 성을 따르는 것이 원칙이지만, 부모가 혼인신고를 하며 모의 성과 본을 따르기로 협의한 경우에는 모의 성과 본을 따른다. 부의 인지를 받지 못한 혼인외의 출생자는 모의 성을 따르고, 부모를 알 수 없는 자는 법원의 허가를 얻어 성을 창설하고, 후에 부 또는 모를 알게 된 때에는 부 또는 모의 성을 따를 수 있다(민법 제781

조). 그러나 성은 가족형태의 다양화에 따른 불편 내지 불이익을 제거하고 자의 복리를 위하여 법원의 허가를 받아 변경이 가능하다(민법 제781조6항 본문). 성과 본에 관한 변경신고는 「가족관계의 등록 등에 관한 법률」제100조에 따른다.

본
本

소속시조의 발상지명(發祥地名)을 표시하는 것을 말한다. 본관(本貫)·관적(貫籍)·적관(籍貫)·족본(族本) 등 여러 가지 명칭으로 부르며, 이를 줄여서 본·적·향이라고도 한다. 법률의 규정에는 본을 사용한다(민법 제781조). 본은 혈족계통(血族系統)을 표시하는 데 있어서 성과 불가분의 관계에 있으며, 성만으로는 혈족계통을 표시하지 못하고 반드시 본을 병칭(倂稱)하여야만 동족으로 표시할 수 있다. 그것은 아무런 혈족관계가 없으면서도 같은 성을 가진 사람이 많기 때문이다. 그러나 성과 본이 같더라도 동족이 아닌 자가 있고, 동족이면서도 성과 본이 다른 자가 있다. 즉 이족 가운데는 동성이본(예 : 연안이씨, 한산이씨, 광산이씨), 이성동본(예 : 경주최씨, 경주이씨, 경주김씨), 동성동본(예 : 속칭 토홍이라는 남양홍씨, 속칭 당홍이라는 남양홍씨)의 세 가지가 있고, 동족 가운데는 동성이본(예 : 강릉김씨, 광산김씨), 이성동본(예 : 안동김씨, 안동권씨), 동성동본의 세 가지가 있다. 위에서 설명한 바와 같이 본은 성과 불가분의 관계에 있으므로 성의 항에서 설명한 것에 본을 붙이면 된다. 즉 자녀의 성과 본은 부의 성과 본을 따르는 것이 원칙이다.

족보
族譜

일가의 계통을 적은 책을 말한다. 이를 통해 동족 여부·소목(昭穆)의 서(序)·촌수 등 동족 사이의 신분관계를 알 수 있으며, 계보(系譜)·보첩(譜牒)·세보(世譜)·세계(世系)·세지(世誌)·가승(家乘)·가첩(家牒)·성보(姓譜) 등의 이름으로 불리기도 한다. 족보는 일반상속재산에는 포함되지 않는다. 또 족보는 제구(祭具)와 함께 압류를 할 수 없다(민사집행법 제195조9호).

가족의 범위와 자의 성과 본

가족
家族

종래 민법상 가족이란 가(家)의 구성원으로 호주 아닌 자를 말하였다. 이러한 가족개념은 호주제도를 전제로 호주에 대비되는 개념이었는데, 2005년 개정에 의하여 호주제도가 폐지됨에 따라 새로운 가족개념이 도입되었다. 즉, 제779조에 따르면 배우자, 직계혈족 및 형제자매, 생계를 같이하는 직계혈족의 배우자와 배우자의 직계혈족 및 배우자의 형제자매가 가족의 범위에 속한다. 그런데 호주제 폐지에 따라 가정이 파괴되고 가족이 해체되는 것을 우려하여 국무회의 심의과정에서 상징적 의미의 규정으로 신설된 제779조의 가족개념은 친권·부양·상속 등의 법률관계와 무관한 것으로서 실효성이 없다고 평가된다.

가족의 범위는 당연가족형과 생계공동형으로 나눌 수 있다. 당연가족형에는 ㉠ 본인을 기준으로 당연히 가족에 포함되는 자는 배우자, 직계혈족 및 형제자매이다(민법 제779조1항1호). ㉡ 배우자는 현재 혼인관계에 있는 자를 의미하고, 사별한 또는 이혼한 배우자는 제외된다. ㉢ 직계혈족은 생존하고 있는 한 모두 가족으로 되며, 부모와 모계를 모두 포함한다. ㉣ 본인을 기준으로 부계 및 모계의 혈연관계에 있는 자는 모두 형제자매에 포함된다. 생계공동형에는 ㉠ 직계혈족의 배우자, 배우자의 직계혈족 및 배우자의 형제자매도 생계를 같이 하는 경우에 가족으로 편입된다. ㉡ 직계혈족의 배우자에는 계모 혹은 계부 등과 같이 본인과 혈연관계는 없으나 본인의 직계 존속과 결혼한 배우자와 며느리·사위 등이 포함된다. ㉢ 배우자의 직계혈족에는 배우자가 전혼에서 출생한 자녀, 시부모와 장인 등이 포함된다. ㉣ 배우자의 형제자매로는 시숙, 시누이, 처남, 처제 등이 있

으며, 여기서의 형제자매도 부계와 모계를 가리지 않는다.

가족관계등록부
전산정보처리조직에 의하여 입력·처리된 가족관계 등록사항에 관한 전산정보자료를 등록기준지에 따라 국민 개인별로 구분하여 기록·공시한 것을 말한다. 종래 호주를 중심으로 가(家) 단위로 가족관계를 편제하는 호적제도가 개인의 존엄과 양성평등의 헌법이념에 어긋난다는 비판이 있어 본인을 기준으로 신분관계 변동을 기록하는 가족관계 등록제도가 마련되었다. 등록부에는 등록기준지, 성명·본·성별·출생연월일 및 주민등록번호, 출생·혼인·사망 등 가족관계의 발생 및 변동에 관한 사항, 그 밖에 가족관계에 관한 사항으로서 대법원규칙이 정하는 사항을 기록하여야 한다. 본인을 기준으로 가족관계사항이 기록되므로 가(家)를 전제로 한 입적·복적·분가 등의 문제는 더 이상 발생하지 않는다. 즉 여자가 결혼을 하더라도 남편의 호적에 입적하는 것이 아니라 자신의 등록부에 배우자의 인적사항을 기재하고, 자녀도 부(父)의 호적에 입적하는 것이 아니고 자기 자신의 등록부를 갖게 된다. 신분관계증명서도 종래의 호적등본처럼 하나의 문서에 가족 전체의 신분사항이 기재되는 것이 아니라 증명목적에 따라 다양한 증명서를 발급할 수 있게 되었다. 즉 가족관계증명서, 기본증명서, 혼인관계증명서, 입양관계증명서, 친양자입양관계증명서의 5종의 증명서가 발급된다(가족관계의 등록 등에 관한 법률 15조). 개인정보 보호를 위하여 증명서의 교부신청은 원칙적으로 본인 또는 배우자, 직계혈족으로 제한하였다(같은 법 14조).

자의 성과 본
子의 姓과 本

자는 부의 성과 본을 따르는 것이 원칙이나, 부모가 혼인신고시에 모의 성과 본을 따르기로 협의한 경우에는 모의 성과 본을 따른다. 부가 외국인인 경우 자는 모의 성과

본을 따를 수 있으며, 부를 알 수 없는 자는 모의 성과 본을 따른다. 부모를 알 수 없는 자는 법원의 허가를 받아 성과 본을 창설하나, 창설 후 부 또는 모를 알게 된 때에는 부 또는 모의 성과 본을 따를 수 있다. 혼인외의 출생자가 인지된 때에는 부모의 협의에 의해 종전의 성과 본을 계속 사용할 수 있으나, 부모가 협의할 수 없거나 협의가 이루어지지 아니한 경우에는 법원의 허가를 받아 종전의 성과 본을 계속 사용할 수 있다. 자의 복리를 위해 자의 성과 본을 변경할 필요가 있을 때에는 부, 모 또는 자의 청구에 의하여 법원의 허가를 받아 성과 본을 변경할 수 있다(민법 제781조). 「가족관계의 등록 등에 관한 법률」에서는 성・본 변경신고 절차를 마련하였다(제100조).

가족관계 등록 창설 등록이 되어 있지 아니한 사람은 등록을 하려는 곳을 관할하는 가정법원의 허가를 받고 그 등본을 받은 날부터 1개월 이내에 가족관계 등록 창설의 신고를 하여야 한다. 신고서에는 등록창설허가의 연월일을 기재하며, 등본을 첨부하여야 한다(가족관계의 등록 등에 관한 법률 제101조~제103조).

혼 인

약혼 장차 혼인할 것을 목적으로 하는 約婚 당사자 사이의 계약을 말한다. 약혼을 혼약 또는 혼인예약(婚姻豫約)이라고도 한다. 약혼은 혼인을 하려는 양 당사자의 합의가 있으면 성립하고 일정한 형식을 갖추어야 하는 것은 아니다. 또 약혼과 구별해야 할 개념으로 '정혼(定婚)'이라는 말이 있는데, 이것은 남녀양가의 주혼자(主婚者, 혼사를 맡아 주관하는 사람)들이 당사자의 혼인을 약속하는 것을 의미하기 때문에

당사자의 의사에 따라 이루어지는 혼인을 위한 신분법적 합의인 약혼과는 다르다. 18세가 된 사람은 부모 또는 미성년후견인의 동의를 얻어 약혼할 수 있다(민법 제801조 전단). 즉 미성년자는 부모의 동의를 얻어야 하고(민법 제801조), 부모 중 한쪽이 동의권을 행사할 수 없을 때에는 다른 한쪽의 동의를 얻어야 하며, 부모가 모두 동의권을 행사할 수 없을 때에는 미성년후견인의 동의를 얻어야 한다(민법 제801조・제808조1항). 피성년후견인은 부모나 성년후견인의 동의를 얻어야 한다(민법 제802조・제808조2항). 이러한 동의 없이 한 약혼이라도 무효는 아니고 당사자 또는 그 법정대리인이 약혼을 취소할 수 있는 데 그친다고 해석된다(민법 제817조 유추). 약혼의 방식은 특별히 정해진 것은 아니다. 예물의 교환이나 그 밖에 지방적인 의식이 행하여지는 경우가 많지만 의식 없는 약혼도 무효가 될 수 없고, 예물교환이 없더라도 상관없다. 약혼은 당사자의 자유로운 의사에 따라 성립하므로 강제이행을 청구하지는 못한다(민법 제803조). 약혼은 정당한 사유가 있는 한 언제든지 해제할 수 있고, 해제사유는 민법 제804조에 구체적으로 열거되어 있다. 약혼의 해제는 상대방에 대한 의사표시로 한다. 그러나 상대방에 대하여 의사표시를 할 수 없는 때에는 그 해제사유가 있는 것을 안 때에 해제된 것으로 본다(민법 제805조). 약혼을 해제한 때에는 당사자의 일방은 과실 있는 상대방에 대하여 약혼해제로 인한 손해배상을 청구할 수 있다(민법 제806조1항). 손해배상의 범위로는 재산상의 손해 이외에 정신상의 고통도 포함된다(민법 제806조2항). 정신상의 고통에 대한 배상청구권은 양도나 승계를 하지 못하나 당사자 사이에 이미 그 배상에 관한 계약이 성립하거나 심판을 청구한 후에는 일반재산권과 구별해야 할 이유가 없기 때문에 타인에게 양도나 승계를 할 수 있다(민법 제806조3항).

예물
禮物

약혼 성립의 증표로 약혼 당사자 간에 주고받는 금품을 말한다. 그런데 예물의 교환에 관하여 민법은 아무런 규정도 두지 않을 뿐 아니라, 예물 교환이 민법상 약혼성립에 아무런 영향을 주지 않는다. 문제가 되는 것은 약혼의 해제 또는 파기의 경우에 예물의 처리에 관한 것이다. 원래 이러한 예물은 '증여'(민법 제554조 참조)에 해당하지만, 이것은 혼인의 성립을 예정한 증여이며, 혼인의 불성립을 해제조건으로 한 것이다(통설). 그러므로 우선 합의해제의 경우에는 그 반환문제가 합의중에 결정되는 경우가 많겠지만, 아무런 합의도 없는 경우에는 부당이득(민법 제741조 참조)으로서 반환하여야 하며 또 반환을 청구할 수 있다고 해석한다. 당사자 쌍방의 책임 없는 사유로 혼인이 이행불능으로 된 경우에도 같다. 이에 반하여 일방당사자에게 과실이 있는 경우의 혼인파기는 무책자(無責者)만이 반환청구권을 가지고, 유책자(有責者)는 받은 예물을 반환해야 하지만 본인이 준 예물의 반환을 청구할 수 없게 된다. 만약 쌍방에게 과실이 있다면 쌍방은 과실 없는 경우에 준하여 과실상계(민법 제492조 참조)의 원리에 따라 반환의 범위를 결정해야 할 것이다. 물론 혼인이 성립된 후에는 반환을 청구할 수 없다. 조건이 성취되었기 때문이다. 혼인신고가 되어 있지 않은 경우(사실혼)에도 반환청구를 할 수 없다고 해석한다.

혼인
婚姻

결혼, 즉 부부가 되는 것을 말한다. 혼인은 「가족관계의 등록 등에 관한 법률」이 정하는 바에 따라 신고함으로써 성립한다(민법 제812조1항). '신고함으로써 그 효력이 생긴다'고 규정하고 있지만 '성립한다'는 뜻으로 해석해야 한다). 결혼식을 올리는 것은 혼인성립의 요건이 아니다(민법 제812조1항 참조). 혼인신고서를 제출하기만 하면 수리되는 것이 아니라, 수리요건이 정해져 있어서 이것에 합치하지 않으면 수리되지 않는다(수리요건. 민법 제813조). 재산법상의 거래(계약)는 당사자가 자유로이 할 수 있지만 가족법상의 혼인(계약)은 우선적·도덕적 견지에서 다음과 같은 제한(수리요건)이 있다. ① 혼인적령(18세)에 도달해 있어야 한다(민법 제807조). ② 미성년자와 피성년후견인은 부모나 후견인의 동의를 얻어야 한다(민법 제808조). ③ 배우자 있는 자는 다시 결혼하는 것(중혼)이 금지된다(민법 제810조). 혼인신고는 당사자 쌍방과 성년인인 증인 2명이 연서(連署)한 서면으로 하여야 하며(민법 제812조2항, 가족관계의 등록 등에 관한 법률 제71조), 이에 위반하면 수리되지 않는다(민법 제813조). 신고는 구술로도 할 수 있고(가족관계의 등록 등에 관한 법률 제23조1항), 우송할 수도 있지만(가족관계의 등록 등에 관한 법률 제41조), 대리인에 의한 신고는 허용되지 않는다(가족관계의 등록 등에 관한 법률 제31조3항 단서). 공무원은 위의 수리요건에 위반하는지의 여부를 심사할 권한(형식적 심사권)만을 가지고 있고, 당사자의 혼인의사의 확인 등을 심사할 권한(실질적 심사권)은 갖고 있지 아니하므로 혼인의 합의가 없는 신고도 수리되는 경우가 있는데, 이런 경우에는 수리되어도 무효가 된다(민법 제815조). 또 수리요건에 위반이 있는데도 불구하고 수리된 경우에는 법원에 취소를 청구할 수 있다(민법 제816조1호). 사기나 강박에 의하여 혼인을 한 경우에도 취소할 수 있고(민법 제816조3호), 혼인 당시 당사자 일방에 부부생활을 계속할 수 없는 악질 기타 중대한 사유가 있음을 알지 못한 때에도 취소할 수 있다(민법 제816조2호). 한편, 요건 위반이 있어도 취소할 수 없는 경우도 있다(민법 제819조~제823조 참조).

「헌법」 제36조1항은 '혼인과 가족생활은 개인의 존엄과 양성의 평등을 기초로 성립되고 유지되어야 한다'고 규정하여, 결혼의 대원칙은 개인의 존엄과 양성의 본질적 평등에 기초를 두어야 함을 선언하고 있다. 이와 같은 대원칙을 가능하게 하기 위해서는 제 아무리 당사자 사이에 합의가 있어도 일부다처혼(또는 그 반대) 등은 어떠한 경우라도 허용할 수 없다.

혼인의 민법상 효과로는 ① 미성년자라도 혼인을 하면 제한능력자가 아니라는 것(민법은 '성년자가 된 것으로 본다'고 규정하고 있다. 민법 제826조의2), ② 상호부조적인 것〔동거 · 부양 · 협조(민법 제826조1항 본문)〕, ③ 친족관계의 형성에 관한 것〔친족관계의 발생(민법 제777조3호)〕, ④ 공동생활에 관한 것〔혼인생활비용은 부부의 공동부담 등(민법 제833조)〕 등을 들 수 있다. 그리고 ⑤ 서로 상속권을 가지게 된다(민법 제1003조1항).

부부재산계약
夫婦財産契約
부부 당사자가 혼인의 성립 전에 혼인 후의 재산관계에 관하여 미리 계약으로 정하는 것을 말한다(민법 제829조). 이는 혼인중 부부간의 약정인 부부계약과 구별된다. 부부재산계약은 혼인 후 법률관계를 대상으로 하여야 하며 혼인신고 전에 계약이 성립되어 있어야 한다. 그리고 혼인신고 전에 등기하지 않으면 그 계약으로 부부의 승계인 및 제3자에게 대항하지 못한다(민법 제829조). 부부재산 등기에 관하여는 약정자 양쪽이 남편이 될 사람의 주소지를 관할하는 지방법원, 그 지원 또는 등기소에 재산계약서를 첨부하여 신청한다(비송사건절차법 제68조 · 제70조). 부부재산계약은 혼인이 성립하였을 때 그 효력이 발생하며 한번 체결한 계약은 혼인신고 후에는 원칙적으로 변경할 수 없다. 예컨대 아내의 재산을 관리하게 된 남편이 그 관리재산을 위태롭게 한 때에는 아내 본인이 관리할 것을 가정법원에 청구할 수 있고, 그 재산이 공유인 때에는 그 분할을 청구할 수 있다(민법 제829조). 재산계약 중에 미리 관리자의 변경이나 공유재산의 분할에 관하여 정한 것이 있는 때에는 이에 따라 관리자를 변경하거나 분할할 수 있다. 부부재산계약을 체결하지 않은 부부는 이른바 **별산제**(別産制) · 일상가사채무(日常家事債務)의 연대책임제 등에 의하여 규율된다(이것을 **법정재산제**라 한다). 현행 민법상의 부부재산계약은 요건의 엄격성 또는 우리의 정서상 익숙하지 않아 사실상 많이 행하여지지 않고 있으며 이러한 부부재산계약이 체결되지 않은 경우에는 법정재산제가 적용된다.

법정재산제
法定財産制
혼인 전에 부부 당사자가 부부재산계약을 미리 체결하지 않은 경우에 적용되는 민법상의 부부재산계약을 말한다. 법정재산제에 의하면 이른바 별산제에 의하여 부부의 일방이 혼인 전부터 가진 고유재산과 혼인중 자기의 명의로 취득한 재산은 각자의 특유재산으로 하고(민법 제830조1항), 부부는 그 특유재산을 각자 관리 · 사용 · 수익한다(민법 제831조). 또 부부의 누구에게 속한 것인지 분명하지 아니한 재산은 부부의 공유로 추정한다(민법 제830조2항). 반면에 부부의 일방이 일상의 가사에 관하여 제3자와 법률행위를 한 때에는 다른 일방은 이로 인한 채무에 대하여 연대책임이 있다. 다만, 이미 제3자에 대하여 다른 일방의 책임 없음을 명시한 때에는 그렇지 않다(민법 제832조). 그 밖에 부부의 공동생활에 필요한 비용은 당사자간에 특별한 약정이 없으면 부부가 공동으로 부담한다(민법 제833조).

정조
貞操
부부간의 성적인 신의성실을 말한다. '정조'라는 용어는 민법에서 명문화하고 있지는 않지만, 부부가 다른 이성과 성관계 등의 불순한 관계를 가지지 않을 것, 즉 정조를 지켜야 할 의무가 있음과 동시에 상대방에 대하여 정조를 지킬 것을 요구할 권리가 있는 것은 혼인의 본질에서 볼 때 당연하다. 부부의 일방이 이 의무에 위반한 때에는 '부정한 행위'로서 타방의 배우자는 이혼을 청구할 수 있다(민법 제840조1호). 여기에서 '**부정한 행위**'라는 것은 간통이라는 개념보다 넓게 해석되고 있다. 구법과는 달리(舊민법 제813조2호·3호) 배우자의 부정행위가 있는 경우에는 부부의 어느 쪽이나 평등하게 이혼을 청구할 수 있다. 배우자에게 부정한 행위가 있었을 때라도 다른 일방이 사전동의나 사후용서를 한 경우 또는 그 사유를 안 날로부터 6개월, 그 사유 있은 날로부터 2년을 경과하면 이혼을 청구하지 못한다(민법 제841조). 제3자에 의하여 일방의 배우자의 정조가 침해되었을 때에는 타방의 배우자는 그 제3자에 대하여 불법행위로 인한 책임을 물을 수 있다고 해석한다.

협의이혼
協議離婚
부부 쌍방이 생존 중에 혼인을 해소하는 것을 말한다. 필연적으로 발생하는 친족관계(예 : 친자관계)는 당사자 일방의 사망에 의해서만 소멸되지만, 혼인과 같은 창설적인 친족관계는 재판이나 당사자의 의사에 의해 소멸시킬 수 있다. 이혼은 사망에 의하지 는 배우관계의 소멸이다. 혼인취소사유에 해당하는 때에는 혼인은 장래에 향해서만 소멸되므로(민법 제824조) 취소될 때까지는 유효하다. 봉건제도하의 남녀불평등사상은 이혼에서도 적용되어, 남편의 일방적 의사에 의하여 이혼을 허용하였다〔추방이혼(追放離婚)〕. 반면에 근대 혼인 규정은 남녀평등의 원칙에 입각하여 부부의 자유의사를 존중하고 있으나 충동적 이혼을 막기 위한 **이혼숙려기간제도**가 도입된다. 가정법원에 이혼신청을 하고 미성년인 자녀가 있으면 3개월, 없으면 1개월이 지나 이혼의사를 확인받을 수 있으며, 폭력으로 당사자 일방에게 참을 수 없는 고통이 예상되거나 이혼해야 할 급박한 사정이 있다고 인정되면 그 기간을 줄이거나 면제할 수 있다. 협의이혼시 양육하여야 할 자녀가 있는 경우 양육계획 및 친권자결정협의서 제출을 의무화해 이에 대한 합의가 없으면 이혼 자체가 불가능하다. 자녀를 양육하지 않

는 부모 중 일방은 **면접교섭권**을 가진다. 또한 자녀를 직접 양육하지 않는 부모 중 일방이 사망, 질병, 외국거주, 그 밖에 불가피한 사정으로 자녀를 면접교섭할 수 없는 경우 그의 직계존속은 가정법원에 자녀와의 면접교섭을 청구할 수 있다. 이 경우 가정법원은 자녀의 의사(意思), 면접교섭을 청구한 사람과 자녀의 관계, 청구의 동기, 그 밖의 사정을 참작하여야 한다. 가정법원은 자녀의 복리를 위하여 당사자의 청구 또는 직권으로 면접교섭권을 제한하거나 배제 또는 변경할 수 있다(민법 제837조의2). 또 사기나 강박으로 이혼의 의사표시를 한 자는 그 취소를 가정법원에 청구할 수 있다(민법 제838조).

재판상 이혼
裁判上 離婚
재판상 이혼은 양 당사자의 합의에 의한 이혼이 성립하지 않은 경우, 즉 일방이 이혼의 청구에 응하지 않거나, 행방불명으로 다른 일방의 동의를 얻지 못하는 경우에 재판에 따라 이혼하는 것을 말한다. 재판상 이혼의 원인은 ① 배우자의 부정행위, ② 악의의 유기, ③ 배우자 또는 그 직계존속에 의한 부당한 대우, ④ 자기의 직계존속에 대한 부당한 대우, ⑤ 3년 이상의 생사불명, ⑥ 기타 혼인을 계속하기 어려운 중대한 사유가 있는 경우이다(민법 제840조). 재판상 이혼의 청구는 이혼사유가 발생했음을 안 날로부터 6개월, 사유가 있은 날로부터 2년이 경과하기 전에 청구하여야 한다. 재판상 이혼의 심판을 받고자 하는 자는 먼저 가정법원에 조정신청을 하게 되어 있으므로(가사소송법 제50조1항), 가정법원의 조정을 거쳐 당사자 사이에 이혼에 대한 합의가 성립되면 이를 조서에 기재함으로써〔확정판결과 같은 효력이 있기 때문에(가사소송법 제59조)〕 이혼이 성립한다(**조정이혼**이라고도 한다. 후에 보고적으로 이혼신고를 한다). 위의 이혼성립에 관한 조정이 성립되지 않는다면

재판이혼의 심판을 청구할 수 있다. 이러한 청구에 의하여 가정법원은 사회정의와 형평의 이념, 그 밖의 모든 사정을 참작하여 강제적으로 이혼의 심판을 할 수 있다(**심판이혼**이라고 한다). 이 심판은 이를 받을 자가 고지받음으로써 효력을 발생한다(가사소송법 제40조). 재판상 이혼에서 재판이 확정된 경우에는 심판을 청구한 자는 재판의 확정일로부터 1개월 이내에 재판의 등본 및 확정증명서를 첨부하여 그 취지를 신고하여야 한다(가족관계의 등록 등에 관한 법률 제58조·제78조). 그러나 자를 직접 양육하지 아니하더라도 부모 중 일방은 자에 대한 **면접교섭권**(面接交涉權)을 가진다(민법 제837조의2). 재판이혼의 경우 당사자 일방은 과실 있는 상대방에 대하여 이혼으로 인한 재산상의 손해와 정신상의 고통으로 인한 손해의 배상을 청구할 수 있다.

면접교섭권
面接交涉權

이혼한 부부 중 양육권을 갖지 않은 일방이 양육권을 가지고 있는 다른 일방에게 맡겨진 자녀를 만나고 교류하는 권리를 말한다. 민법은 협의상 이혼의 효과로서 '자를 직접 양육하지 않는 부모의 일방과 자는 면접교섭권을 가진다'라고 규정(민법 제837조의2)하고 이를 재판상 이혼에 준용하고 있다(민법 제843조). 부모와 자녀의 친자관계는 혈육의 정으로 맺어져 부모의 이혼에 관계없이 계속되는 것이다. 면접교섭권의 내용은 구체적인 사정에 따라 당사자의 협의, 조정, 심판에 의해 정해지고, 가정법원은 특히 면접교섭이 자녀에게 교육적으로 나쁜 영향을 미치거나 미칠 우려가 있다고 판단되는 경우에는 자녀의 복리를 위하여 당사자의 청구 또는 직권으로 면접교섭을 제한하거나 배제할 수 있다. 면접교섭권의 법적 성질은 부모가 생존 중 계속해서 보유하는 일신전속의 자연권으로서, 합의에 의하여 일시적으로 행사를 중지할 수는 있지만 영구적으로 포기할 수는 없다.

재산분할청구권
財産分割請求權

이혼을 한 당사자의 일방이 다른 일방에게 혼인중에 축적된 재산의 분할을 청구하는 것을 말한다(민법 제839조의2). 부부재산관계에서 남녀평등을 꾀하고 경제력으로 약자인 배우자에게 실질적인 이혼의 자유를 보장할 수 있다는 데 의의가 있다. 특히 혼인중의 재산취득은 실제로는 양 당사자의 공동노력으로 이루어지지만 남편 일방의 명의로 취득하는 것이 대부분이기 때문에, 현실적인 명의에 의하여 재산관계를 정리하는 것은 경제적 약자인 부인에게 불리한 것이 된다. 따라서 재산형성의 일정한 기여도를 참작하여 당사자 일방에 대한 재산분할을 인정하도록 한 것이다. 재산분할청구권은 이혼 후부터 2년 경과시에는 소멸한다. 재산분할청구권의 법적 성질에 대해서는 견해가 나누어져 있다. ① '청산설'은 혼인중에 취득한 재산은 부부 쌍방의 기여에 의한 공유재산이므로 이는 자기의 공유지분의 분할청구의 일종으로 본다고 하고, ② '부양설'은 생활이 곤궁한 타방을 자력 있는 자가 부양하는 것이 도의적으로 타당하다는 데 법적 성질이 있다고 한다. 다수설인 ③ '청산 및 부양설'은「민법」제839조의2가 '당사자 쌍방의 협력으로 이룩한 재산의 액수 기타 사정을 참작하여'라고 규정하고 있으므로, 청산과 부양의 성질을 함께 가진다고 보고 있다.

부부의 일방이 다른 일방의 재산분할청구권 행사를 해함을 알면서도 재산권을 목적으로 하는 법률행위를 한 때에는 다른 일방은 취소 및 원상회복을 가정법원에 청구할 수 있다(민법 제839조의3).

재혼
再婚

부부관계는 사망, 이혼, 혼인의 취소로 소멸한다. 재혼은 이러한 부부관계 소멸사유로 부부관계가 해소된 자가 다시 혼인을 하는 것을 말한다. 다만, 배우자 있는 자가 다시 혼인을 하는 것은 '중혼'이라 하여 민법이 금지하고 있다(민법 제810조). 봉건제도하에서는 '열녀는 두 낭군을 섬기지 않는다'고 하여 여성의 재혼을 금기시 하였으나, 민법은 남녀를 불문하고 재혼을 자유롭게 할 수 있도록 하고 있다.

한편 과거에는 여성이 이혼 후 곧바로 재혼하여 출산한다면 태어난 아이가 전남편의 아이인지 현재 남편의 아이인지 명확하게 알기 힘들었다. 이와 같은 이유로 우리 민법에는 여성에 한정해서 **재혼금지기간(대혼기간**이라고도 한다)을 두어 여자는 혼인관계가 끝난 날부터 6개월간 재혼할 수 없게 하고 있었다. 그러나 이는 여성에 대한 차별적인 규정으로 비쳐질 수 있고, 친자관계 감정기법의 발달로 이러한 제한규정을 둘 필요성이 없어졌다는 판단에 따라 해당 규정을 삭제하였다(2005년 3월 31일 법률 제7427호).

사실혼
事實婚

실질적으로는 혼인생활을 하고 있으나 신고는 하지 않은 사실상의 부부관계를 말한다. 사실혼을 **내연**(內緣)이라고도 한다. 민법이 1923년 법률혼주의를 채택한 이후부터 사실혼이라는 용어를 사용해왔다. 오늘날에 있어서는 법률상의 혼인관계에 들어가는 것을 도피하고, 신고의사를 가지지 않고 동거하려고 하는 경우가 증가하고 있다. 민법이 **법률혼주의**(法律婚主義)를 채택하고 있는 이상, 과거 우리 법원은 사실혼관계에 있는 당사자에게는 혼인의 효력을 인정하지 않았다 그러나 1932년 2월 9일 조선고등법원 판결은, "사실혼은 장래 혼인(결국 신고)을 하는 계약의 예약(혼인예약)으로서 신고를 상대방에게 강제할 수는 없으나, 사실혼관계를 부당하게 파기한 자는 상대방에 대하여 손해배상의무를 져야 한다"고 하였고, 그 후의 판결은 사실혼을 **준혼관계**(準婚關係)로 보고 법률상의 부부에 준한 법적 효력을 인정하고 그 부당파기는 불법행위가 된다고 하였다(통설). 그러나 사실혼에 혼인의 모든 효력이 부여되는 것은 아니다. 부부간에 동거하며 서로 협조할 의무는 발생하더라도 친족관계의 창설적 효력은 발생하지 않는다. 만약 이것을 부여하면 신고는 단순한 보고의무로 변모해버리기 때문이다. 또 부부재산계약은 인정되지 않으나 법정재산제에 관한 여러 규정은 준용된다고 해석한다. 사실혼은 제3자에 대하여도 일정한 효력을 가진다. 즉 부부는 일상가사에 있어서 제3자에 대하여 대리행위를 할 수 있고, 또 사실혼을 침해한 제3자는 그것으로 말미암아 일어난 유형·무형의 손해를 배상할 의무를 지게 된다. 사실혼은 혼인신고 또는 심판혼인에 의하여 해소되고, 이밖에 당사자의 사망(실종선고) 또는 합의에 의하여 해소되며, 특히 상대방에게 과실이 있는 경우에는 일방적으로 해소할 수 있다. 당사자의 일방이 정당한 이유에 의하지 않고 사실혼관계를 파기한 경우에는 상대방은 재산상·정신상의 손해배상을 청구할 수 있다. 사실혼보호의 판례에 따라서 사실혼의 처는 여러 사회관련법에서도 점차 보호를 받게 되었다(공무원연금법 제3조1항2호가목·제57조1항2호, 군인연금법 제3조1항4호·제32조1항2호). 특히 「가족관계의 등록 등에 관한 법률」과 「가사소송법」이 사실상 혼인관계존부확인제도(婚姻關係存否確認制度)를 둔 것은 사실혼을 보호하는 데 있어서 획기적인 의의가 있다.

부모와 자

친생자
親生子

자연의 혈연관계에 의거하는 **친생자**와 법률상 친생자에 준하는 **법정친자**(法定親子)를 말한다. 친생자는 혼인을 한 부모 사이의 자인가 아닌가에 따라 생부모와 혼인중의 자, 생부모와 혼인외의 자의 관계로 구별된다.

① 혼인중의 자 : '혼인중의 자'란 부모의 혼인생활로부터 출생한 자를 말한다. 혼인중의 자가 되기 위한 요건으로는 부모가 혼인하였을 것, 부의 자일 것, 부부의 혼인중에 아내가 임신하였을 것 등이 필요하다. 혼인중에 아내가 임신하여 출산한 자녀는 남편의 자녀로 추정하여 혼인중의 출생자로서의 신분을 취득한다(민법 제844조 참조). 혼인 전에 출생한 자라도 후에 부모가 혼인하면 혼인중의 자로서의 신분을 취득한다(민법 제855조2항). 구법에서는 적출자 또는 적자라고 하였지만 현행 민법에서는 '혼인중의 출생자'(민법 제855조2항) 또는 '혼인중의 자'라 한다.

② 혼인외의 자 : '혼인외의 자'란 혼인관계가 없는 남녀 사이에 출생한 자를 말한다. 따라서 사통관계·사실혼관계·첩관계·무효혼관계(민법 제855조1항 후단)에서 출생한 자는 물론, 아내가 혼인 중에 출생하였더라도 심판에 의하여 남편의 친자가 아닌 것으로 밝혀진 경우도 혼인 외의 자에 해당한다. 그러나 혼인이 취소된 경우에는 그 효과가 소급하지 않기 때문에 그 혼인관계 중에 출생된 자는 혼인 중의 자이다. 혼인외의 자에는 부 또는 모에 의하여 인지된 자와 인지되지 않는 자가 있다. 구법에서는 혼인외의 자를 '사생자'라고 하고, 부에 의하여 인지된 사생자를 '서출자' 또는 '서자'라고 하였다. 그런데 사생자라는 용어는 '자'의 법률상의 인격을 무시하는 용어이므로 '혼인외의 자'(민법 제855조)가 적절한 표현이다. 따라서 현행 민법에서 '자'는 모두 혼인 중의 자 아니면 혼인외의 자이며, 구법에서와 같이 적자·서자·사생자라고 하는 단계적 의미를 가지는 명칭은 존재하지 않는다.

③ 법정친자 : 법정친자란 생리학적인 혈연관계가 없는데도 불구하고 법률상 혈연관계가 있는 것으로 보는 것을 말한다. 과거 민법에서 인정하는 법정친자에는 양친자·계모자·적모서자가 있었다. 양친자란 입양을 통하여 혼인중의 자와 같은 신분이 부여된 의제적인 친자를 말하며, 계모자란 재혼한 부부 사이에 전처의 출생자가 있을 경우, 그 전처 소생의 자와 후처의 관계를 말한다. 적모서자란 혼인외의 자(서자)와 적모(부의 배우자) 등의 사이에 생리적인 혈연관계가 없지만 적모의 출생자와 같은 것으로 의제된 친자를 말하는데, 이 중 계모자와 적모서자의 두 조항은 1990년 1월 13일 법률 제4199호에 의하여 삭제·폐지되었으며, 현재는 인척관계로만 인정되고 있다. 따라서 계모와 적모 등이 이혼·배우자와 사별 후 재혼 등을 하게 되면 그 관계는 소멸한다(민법 제775조). 현재 민법에서 인정되는 법정친자로는 양자와 친양자가 있다(해당항 참조).

친생자의 추정
親生子의 推定

혼인 중에 출생한 자녀에 대하여 우리 민법은 남편의 자녀로 추정한다(민법 제844조). 이것을 '친생자의 추정', 혹은 '친생의 추정'이라고 하는데, 혼인이 성립한 날부터 200일 후와 혼인관계가 종료된 날부터 300일 이내에 출생한 자녀가 이에 해당한다.

오늘날에는 기술의 개발로 친자관계를 정확히 증명할 수 있지만, 과거에는 모자관계와 달리 부자관계의 정확한 증명이 실질적으로 불가능했다. 따라서 아무나 친자관계를 부인하지 못하도록 하기 위해 이와 같은 친생의 추정이 강조될 수밖에 없었다. 그러나 이제는 유전자검사와 같은 방법으로 친자관계의 확인이 가능해졌고 사회적·법률적 상황도 친생추정의 기준이 만들어진 당시와는 크게 달라졌다. 혼인 종료일로부터 300일 이내에 여성이 남편이 아닌 남자의 아이를 출산할 가능성도 증가하였다. 그런데도 일단 친생추정이 되면 그 추정이 오직 **친생부인의**

소를 통해서만 번복될 수 있다는 점은 문제로 지적되어 왔다. 혼인종료 후 300일 이내에 태어난 자녀가 전남편의 친생자가 아님이 명백하고, 전남편이 친생추정을 원하지도 않으며, 생부가 그 자녀를 인지하려는 경우에도 가족관계등록부에는 일단 전남편의 친생자로 등록할 수밖에 없다는 불합리함이 있기 때문이다. 이에 혼인관계가 종료한 날부터 300일 이내에 출생한 자녀를 친생자로 추정하는 조항에 대해 헌법불합치 결정(2015.4.30, 2013헌마623)이 내려졌고, 2017년 10월 31일 법률 제14965호에 의하여 친생부인의 허가 청구가 가능해졌다. 이에 따라 어머니 또는 어머니의 전(前) 남편은 혼인관계가 종료된 날부터 300일 이내에 출생한 자녀는 혼인 중에 임신한 것으로 추정한다는 민법 제844조3항의 경우에 가정법원에 친생부인의 허가를 청구할 수 있다. 다만, 혼인 중의 자녀로 출생신고가 된 경우에는 그러하지 아니하다.

[친생 추정]

친생부인의 소
親生否認의 訴

혼인 중 태어난 자녀에 대해 친생자 추정의 원칙에도 불구하고 친생자로 보기 힘들 때가 있다. 남편이 행방불명이나 생사불명일 때, 입대나 수감생활 등으로 인해 부재중일 때, 혼인의 파탄으로 인해 사실상 이혼상태로 별거중일 때, 남편과 자녀 간에 명백한 인종차가 있을 때 등이 그러하다. 이와 같은 경우 친자관계를 부인하기 위해서 제기되는 소를 '친생부인의 소'라 한다(민법 제847조).

일단 친생추정을 받은 자녀에 대해 친생부인의 소를 제기할 때는 부인권자는 부 또는 처가 되고, 이들은 친생부인의 사유가 있음을 안 날로부터 2년 내에 이를 제기하여야 한다. 만일 남편 또는 아내가 피성년후견인인 경우에는 그의 성년후견인이 성년후견감독인의 동의를 얻어 제기할 수 있고 성년후견감독인이 없거나 동의할 수 없을 때에는 가정법원에 그 동의에 갈음하는 허가를 청구할 수 있으며, 성년후견인이 친생부인의 소를 제기하지 아니하는 경우에는 피성년후견인은 성년후견종료의 심판이 있은 날부터 2년 내에 제기할 수 있다(민법 제848조). 친생부인의 소의 상대방은 '자' 또는 그 친권자인 '부 또는 모'가 원칙이나, 그 상대방이 될 자가 모두 사망한 때에는 그 사망을 안 날부터 2년 내에 검사를 상대로 소를 제기할 수 있다(민법 제849조).

친생부인의 허가 청구
親生否認의 許可 請求

친생추정을 받은 자녀에 대해 친자관계를 부인하기 위해서는 친생부인의 소를 제기하는 것 외에는 방법이 없었으나 친생부인의 소보다 간이한 방법으로 친생추정을 배제할 수 있도록 한 것이 친생부인의 허가 청구이다. 구 민법 제844조2항 중 혼인관계 종료의 날부터 300일 이내에 출생한 자는 혼인 중에 포태(胞胎)한 것으로 추정하는 부분에 대한 헌법재판소의 헌법불합치결정(2013헌마623, 2015.4.30. 결정)이 내려짐으로써 이 취지를 반영하여 혼인관계가 종료된 날부터 300일 이내에 출생한 자녀에 대하여 어머니와 어머니의 전(前) 남편은 친생부인의 허가 청구(민법 제854조의2)를, 생부(生父)는 인지의 허가 청구(민법 제855조의2)를 할 수 있도록 하여 친생부인(親生否認)의 소(訴)보다 간이한 방법으로 친생추정을 배제할 수 있도록 하였다. ① 혼인관계가 종료된 날부터 300일 이내에 출생한 자녀는 혼인 중에 임신한 것으로 추정되나, 어머니 또는 어머니의 전 남편이 가정법원에 친생부인의 허가 청구를 할 수 있도록 하되, 자녀가 이미 혼인 중의 자녀로 출생신고가 된 경우는 제외하고, ② 친생부인의 허가 청구가 있는 경우에 가정법원은 혈액채취에 의한 혈액형 검사, 유전인자의 검사 등 과학적 방법에 따른 검사결과 또는 장기간의 별거 등 그 밖의 사정을 고려하여 허가 여부를 정하도록 하였으며, ③ 친생부인의 허가 청구에 따라 가정법원의 허가를 받은 경우에는 친생추정의 효력이 미치지 않는다.

친생관계존부확인의 소
親生關係存否確認의 訴

친생자 추정이 되지 않은 자 또는 인지에 의하여 친생관계가 확인된 자에 대해 이해관계인이 친생관계의 존부를 확인할 수 있는 소송이다. 친생관계존부확인의 소는 부가 아니라 해도 상속재산관계에 이해관계를 가지고 있는 자가 그 무효 여부를 다투도록 할 필요가 있기 때문에 친생자관계의 존부를 확인하는 소송권의 범위는 넓게 인정된다.

태아
胎兒

포태 이후 모태에서 분리되기 직전까지의 자를 말한다. 모태로부터 완전분리된 때에는 '인(人)'이 된다. 권리능력은 '인'에게만 부여되는 것이므로 태아는 재산을 소유하거나 양자가 될 수 없

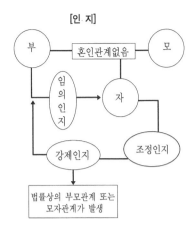

[인 지]

법률상의 부모관계 또는 모자관계가 발생

다. 태아의 출생 후의 이익을 도모하기 위하여 살아서 태어난 후에는 태아였던 시기로 소급하여 이미 출생한 것으로 보는 경우가 있다. 예컨대 태아는 재산상속순위에 관하여는 이미 출생한 것으로 본다(민법 제1000조3항). 또 불법행위로 인한 손해배상청구와 유증에 관해서도 이미 출생한 것으로 본다(민법 제762조·제1064조). 또 판례는 '유복자는 부의 사망 당시에 소급하여 상속권을 가지는 것이 우리나라의 관습'이라고 판시한 바 있다. 부는 포태 중에 있는 자(태아)에 대하여도 이를 인지할 수 있다(민법 제858조).

인지
認知

혼인외에서 출생한 자를 자기의 자로 인정하는 의사표시를 말한다. 혼인외에서 출생한 자는 법률상 당연히 부(父)가 없다. 부가 자기의 자(子)임을 승인하거나 자가 소송을 제기하여 승소함으로써 법률상 부를 가질 수 있다. 이와 같이 생리학적 부가 자기의 자임을 임의로 승인하는 것을 임의인지(任意認知)라고 하고, 자가 가정법원에 인지청구의 소(민법 제863조)를 제기하여 법률상의 친자관계를 확인받는 것을 강제인지(强制認知)라고 한다. 강제인지를 재판인지(裁判認知), 심판인지(審判認知)라고도 한다.

임의인지에는 인지하려고 하는 부의 의사가, 강제인지에는 그와 반대로 인지를 받으려고 하는 자의 의사가 본체를 이룬다.

1. **임의인지** : 모자관계는 보통 자(子)의 출생이라는 사실에 의하여 명백해지기 때문에 특히 모가 인지할 필요 없이 모자의 법률관계는 생긴다. 그러나 모자관계가 분명하지 않은 경우에는 모의 인지가 필요하다. 부 또는 모는 혼인외의 자를 임의로 인지할 수 있다(민법 제855조1항). 이것을 '임의인지'라 한다. 자를 인지할 수 있는 자는 그 자의 진정한 부 또는 모이다. 또한 혼인관계가 종료된 날부터 300일 이내에 출생한 자녀가 혼인 중에 임신한 것으로 추정되는 경우에 생부(生父)는 가정법원에 인지의 허가를 청구할 수 있다(민법 제855조의2). 인지를 하려면 의사능력이 있어야 하고, 의사능력만 있으면 미성년자나 피한정후견인이라도 누구의 동의도 필요 없이 인지를 할 수 있다. 그러나 부가 피성년후견인인 경우에 한해서는 성년후견인의 동의를 얻어야 한다(민법 제856조). 피인지자(被認知者)는 혼인외의 자이다. 피인지자는 생존하고 있어야 하는 것이 원칙이지만 예외가 있다. 즉 사망한 자에게 직계비속이 있는 경우에는 그 사망한 자를 인지할 수 있다(민법 제857조). 또 아직 포태중에 있는 자도 인지할 수 있다(민법 제858조). 인지는 유언으로도 할 수 있다(민법 제859조2항). 인지는 피인지자의 승낙을 요하지 않는다. 인지는 「가족관계의 등록 등에 관한 법률」에 정한 바에 따라 신고함으로써 효력이 생긴다(민법 제859조1항). 무효인 인지는 법률상 당연무효이지만, 그 무효를 확정하기 위하여 자 및 이해관계인은 가정법원에 인지의 무효확인의 심판을 청구할 수 있다[가사소송법 제2조1항1호가목3)]. 일단 행하여진 인지는 철회할 수 없지만, 사기·강박 또는 중대한 착오로 인하여 인지를 한 때에는 사기나 착오

를 안 날 또는 강박을 면한 날로부터 6개월 내에 가정법원에 그 취소를 청구할 수 있다[민법 제861조, 가사소송법 제2조1항1호나목7)]. 자(子) 기타 이해관계인이 인지에 관하여 이의가 있는 경우에는 그 신고가 있음을 안 날로부터 1년 내에 가정법원에 이의의 소를 제기할 수 있다[민법 제862조, 가사소송법 제2조1항1호나목8)]. 이 경우에 부 또는 모가 이미 사망한 때에는 그 사망을 안 날로부터 2년 내에 검사를 상대로 인지에 대한 이의 또는 인지청구의 소를 제기할 수 있다(민법 제864조).

2. **강제인지** : 부 또는 모가 임의로 인지하지 않는 경우에는 자(子)가 부자 또는 모자관계의 존재에 대한 확인심판을 청구할 수 있다[민법 제863조, 가사소송법 제2조1항1호가목4)]. 이것을 '강제인지'라 한다. 심판을 청구할 수 있는 자는 자와 그 직계비속 또는 그 법정대리인이다(민법 제863조). 피청구인은 부 또는 모이다. 부 또는 모가 사망한 때에는 사망을 안 날로부터 2년 내에 검사를 상대로 인지의 심판을 청구할 수 있다(민법 제864조). 인지의 재판이 확정된 경우에는 소를 제기한 자가 재판확정일로부터 1개월 내에 재판서의 등본 및 확정증명서를 첨부하여 그 취지를 신고하여야 한다(가족관계의 등록 등에 관한 법률 제58조). 강제인지는 심판의 확정에 의하여 효력이 발생하고[가사소송법 제2조1항1호나목9)·제40조], 임의인지의 경우와 같이 신고가 있어야 비로소 유효하게 되는 것은 아니다. 따라서 강제인지의 신고는 보고적 신고에 해당한다.

3. **조정인지**(調停認知) : 가사소송법은 강제인지에 관하여 조정전치주의를 채택하고 있으므로, 인지의 심판을 청구하기 위하여는 우선 가정법원에 조정을 신청하여야 한다(가사소송법 제50조). 조정으로 당사자 사이에 인지에 대한 합의가 성립하면 그것을 조서에 기재

함으로써 확정판결과 같은 효력이 발생하고(가사소송법 제59조, 민사소송법 제220조), 이로써 인지가 성립한다. 이것이 '조정인지'이다. 당사자 사이에 합의가 있어야 성립한다는 점에서 임의인지와 같다. 조정인지의 경우에도 인지신고를 하여야 하는데, 그 신고는 보고적인 것에 지나지 않는다.

4. **인지의 효력** : 인지가 있으면 일반적으로 법률상의 부자관계 또는 모자관계가 발생하고, 인지는 그 자의 출생시에 소급하여 효력이 생긴다(민법 제860조 본문). 인지의 소급효는 제3자가 이미 취득한 권리를 해할 수 없다(민법 제860조 단서). 부를 알 수 없어서 모의 성과 본을 따른 자는 부의 인지로 부의 성과 본을 따를 수 있고, 부모의 협의에 따라 종전의 성과 본을 그대로 사용할 수도 있다(민법 제781조3항 · 5항). 부모를 알 수 없어서 성과 본을 창설한 자는 부 또는 모를 알게 된 때에는 부 또는 모의 성과 본을 따를 수 있다(민법 제781조4항).

준정
準正

법률상의 혼인관계가 없는 부모 사이에서 출생한 자가 부모의 사후의 혼인에 의하여 혼인중의 자의 신분을 취득하는 것을 말한다. **후혼인지**(後婚認知)라고도 한다. 준정제도는 로마법에 기원한 것이지만 자의 이익을 위하여 또 혼인외의 남녀관계를 정상적인 혼인관계로 이행시킬 수 있다는 정책적인 고려에서 의의 있는 제도이기 때문에 널리 유럽 각국에 계승되어 오늘날 여러 나라에서 채택하고 있다. 준정은 결국 사실상의 부모가 혼인을 하는 것을 요건으로 하는 것으로 다음과 같은 것이 있다. ① **혼인준정** : 혼인외의 자가 이미 부모의 인지를 받고 있는 경우에는 부모의 혼인 전에 이미 친생자관계가 명확하게 되어 있으므로, 그 자는 부모의 혼인에 의하여 당연히 혼인 중의 자로서의 신분을 취득한다(민법 제855조2항). ② 혼인 중의 준정 : 혼인외의 자가 부모의 혼인 전에 인지되어 있지 않은 경우에는 아직 부자관계가 명확하지 않으므로 부모가 혼인한 후에 부의 인지신고가 있은 때부터 비로소 혼인 중의 자로서의 신분을 취득한다. 길러야 할 의무가 있는 사람이 남몰래 아이를 내다버린 경우와 같이 모자관계도 판명되지 않을 때에는 모 역시 인지하여야 모에 대한 준정의 효과가 발생한다. 민법에 규정은 없지만 당연히 인정된다. ③ 혼인 후의 준정 : 혼인관계가 없는 부모 사이에서 태어난 자가 이후 부모가 혼인했음에도 불구하고 인지를 하지 않은 상태로 다시 부모의 혼인관계가 해소된 이후에 인지를 했을 때 혼인 중의 자로서의 신분을 취득한다. 역시 민법에 규정은 없지만 당연히 인정된다.

준정으로 혼인외의 자는 혼인 중의 자로서의 신분을 취득한다(민법 제855조2항). 그런데 준정의 효력은 부모가 혼인한 때로부터 발생하고 그 자의 출생시에 소급하는 것은 아니다. 혼인 중의 준정이나 혼인 후의 준정에 있어서도 마찬가지라고 해석한다.

양자
養子

생리적 친생자관계가 없는데도 있는 것으로 의제된 법정친자를 말한다. 친생자와 같은 법적 효력이 부여된다. 친생자에는 혼인 중의 자와 혼인외의 자가 있는데, 양자에는 혼인 중의 자로서의 신분이 부여되고, 혼인외의 자로서의 신분을 취득하는 양자는 있을 수 없다. 양자에 있어서 의제된 부모로 된 자를 '양부모'(양부 · 양모)라 한다. 양친자관계는 부모 아닌 자가 부모가 되고 자(子) 아닌 자(者)가 자(子)로 될 것을 서로 바라는 의사가 있어서, 이러한 당사자의 의사에 따라 친자와 같은 신분관계를 창설하는 것을 법률이 허용한 관계이다. 민법에서 양친자관계는 양자와 양부모 및 그 혈족 · 인척 사이의 법정친족관계이다. 양자는 입양일자로부터 양친의 혼인 중의 출생자와 같은 신분을 취득하며, 양자의 배우자·직계비속과 그 배우자는 양자의 양가에 대한 친계를 기준으로 하여 촌수관계를 형성한다(민법 제772조). 그러나 양자의 생가의 부모 그 밖의 혈족에 대한 친족관계는 여전히 유지되고, 양친자관계는 입양이 취소하거나 파양한 경우에 소멸한다(민법 제776조). 이 외에 **친양자**란 친생친족관계와 양친자관계가 모두 유지되는 양자와는 달리 양자를 종전의 친족관계를 종료하고 양친의 친생자로만 인정하는 제도로 새롭게 신설되었다.

친양자
親養子

자녀의 복리를 위해 양자를 법률상 완전한 친생자로 인정하는 제도이다. 따라서 친양자로 입양되면 친생부모와의 친족관계나 상속관계는 모두 종료되고, 양부모와의 법률상 친생자 관계를 새롭게 형성하며, 성과 본도 양부의 성과 본으로 변경할 수 있다. 친양자를 하려는 자는 ① 3년 이상 혼인 중인 부부로서 공동으로 입양할 것. 다만, 1년 이상 혼인 중인 부부의 일방이 그 배우자의 친생자를 친양자로 하는 경우에는 그러하지 아니하다. ② 친양자가 될 자가 미성년자일 것. ③ 친양자가 될 자의 친생부모가 친양자 입양에 동의할 것. 다만, 부모의 친권이 상실되거나, 소재를 알 수 없거나, 그 밖의 사유로 동의할 수 없는 경우에는 그러하지 아니하다. ④ 친양자가 될 자가 13세 이상인 경우에는 법정대리인의 동의를 받아 입양을 승낙할 것. ⑤ 친양자가 될 자가 13세 미만인 경우에는 법정대리인이 그를 갈음하여 입양을 승낙하여야 가정법원에 친양자 입양청구를 한다(민법 제908조의2제1항).

입양
入養

부부와 그 친생자 사이의 법률관계를 설정할 목적으로 양자가 되려는 자와 양부모가 되려는 자 사이에 체결하는 신분법상의 계약을 말한다. 입양의 성립요건은 실질적 성립요건과 형식적 성립요건으로 나누어 다음과 같이 살펴볼 수 있다.

1. 실질적 성립요건(일반입양의 요건) : ① 당사자 사이에 입양의 합의가 있는 때(민법 세883조1호 참조), ② 양부모가 되려는 자가 성년자일 것(민법 제866조), ③ 양자가 되려는 자가 미성년자인 경우 부모 또는 법정대리인의 동의 또는 승낙을 얻을 것(민법 제869조·제870조), ④ 성년양자는 부모 등의 동의를 얻을 것(민법 제871조1항), ⑤ 피성년후견인은 성년후견인의 동의를 얻을 것(민법 제873조), ⑥ 배우자 있는 자는 공동으로 입양을 할 것(민법 제874조1항), ⑦ 양자는 양친의 존속이나 연장자가 아닐 것(민법 제877조).

2. 형식적 성립요건 : 「가족관계의 등록 등에 관한 법률」에 정한 바에 의하여 입양신고를 하여야 한다(민법 제878조). 신고의 방식과 수리는 혼인신고와 동일하다. 그리고 양자와 양친 사이에는 법정친자관계가 발생하고 이러한 기본적인 효과에 따라 양자·그 직계비속이나 그 배우자와 양친의 혈족·인척 사이에도 법정 친족관계가 발생하여(민법 제772조) 자연혈족의 경우와 동일하게 부양관계가 인정된다(민법 제974조). 양자가 미성년자인 경우에는 생부 또는 생모의 친권을 벗어나 양부 또는 양모가 친권자가 된다(민법 제909조).

파양
罷養

입양을 해소시키는 것을 말한다. 입양은 파양만으로 해소할 수 있다. 파양은 입양성립 후에 생긴 사유로 인하여 입양을 해소하는 것이며, 입양의 취소와는 구별된다. 이것은 이혼과 혼인의 취소가 구별되는 것과 같다. 민법상 파양에는 이혼의 경우와 같이 협의상 파양(協議上 罷養)과 재판상 파양(裁判上 罷養)이 있고 그 밖에 「가사소송법」이 인정하는 조정파양(調停罷養)이 있다.

1. **협의상 파양** : 입양의 당사자(양부모와 양자)는 그 원인 여하를 묻지 않고 협의로 파양

을 할 수 있다(민법 제898조). 협의상 파양의 실질적 성립요건은 다음과 같다. ① 당사자 사이에 협의(합의)가 있을 것, ② 양부모가 피성년후견인인 경우에는 성년후견인의 동의를 얻을 것(민법 제902조)이 여기에 해당한다. 그리고 형식적 성립요건은 '파양신고'이고, 신고의 방식과 수리는 협의상 이혼의 경우와 같다(민법 제878조·제904조, 가족관계의 등록 등에 관한 법률 제63조).

2. 재판상 파양 : 입양당사자는 법정의 파양원인에 의거하여 타방을 상대방으로 하여 가정법원에 파양의 심판을 청구할 수 있다〔민법 제905조, 가사소송법 제2조1항1호나목12)〕. 재판상 파양원인에는 ① 양부모가 양자를 학대 또는 유기하거나 그 밖에 양자의 복리를 해친 경우 ② 양부모가 양자로부터 심히 부당한 대우를 받은 경우 ③ 양부모나 양자의 생사가 3년 이상 분명하지 않을 경우 ④ 그 밖에 양친자관계를 계속하기 어려운 중대한 사유가 있는 경우(민법 제905조)가 해당한다. 파양의 심판을 청구할 때, 입양당사자가 제한능력자인 경우 청구에 제한이 있다. ① 양자가 13세 미만인 경우에는 입양에 따른 승낙을 한 사람이 양자를 갈음하여 파양을 청구할 수 있다. 다만, 파양을 청구할 수 있는 사람이 없는 경우에는 양자의 친족이나 이해관계인이 가정법원의 허가를 받아 파양을 청구할 수 있다. ② 양자가 13세 이상의 미성년자인 경우에는 입양에 따른 동의를 한 부모의 동의를 받아 파양을 청구할 수 있다. 다만, 부모가 사망하거나 그 밖의 사유로 동의할 수 없는 경우에는 동의 없이 파양을 청구할 수 있다. ③ 양부모나 양자가 피성년후견인인 경우에는 성년후견인의 동의를 받아 파양을 청구할 수 있다. ④ 검사는 미성년자나 피성년후견인인 양자를 위하여 파양을 청구할 수 있다(민법 제906조). 또 양부모나 양자가 생사불명인 경우를 제외하고 다른 법정사유에 의한 파양심판은 그 사유를 안 날로부터 6개월, 그 사유가 있은 날로부터 3년을 경과하면 청구하지 못한다(민법 제907조).

3. 조정파양 : 「가사소송법」은 재판상 파양에 관하여 조정전치주의를 채택하고 있으므로, 재판상 파양의 심판을 청구하기 위하여는 우선 가정법원에 조정을 신청하여야 한다〔가사소송법 제2조1항1호나목12)·제50조〕. 조정에 의하여 성립되는 파양을 조정파양이라고 하는데, 그 성질은 조정이혼과 같다('이혼' 항 참조).

4. 파양의 효과 : 파양은 입양으로 인하여 생긴 양자관계의 효과를 장래에 향하여 소멸시킨다. 즉 파양으로 인하여 양자와 양친 사이의 법정혈족관계는 물론, 양자와 양친의 혈족·인척 사이 또는 양자의 배우자·직계비속·그 배우자와 양친·그 혈족·인척 사이의 법정친족관계도 소멸한다. 따라서 그 사이의 친족관계·부양관계·상속관계도 소멸한다. 그러나 혼인장애사유로서의 친족관계는 남는다(민법 제809조).

후 견

친권
親權

자(子)를 보호하고 교양할 권리·의무를 말한다(민법 제913조). 친권을 권리라고 하여도 자에 대한 지배권이나 부모의 개인적 이익을 위한 권리라고는 볼 수 없다. 자를 건전하게 육성하는 것은 부모로서의 국가적·사회적 의무이므로 결국 친권이란 부모로서의 의무를 다하는 권리라고 이해해야 한다. 민법은 친권자로 미성년자의 부모와 양자의 부모(양부모)에 한정하고 있다(민법 제909조1항). 친권은 부모가 혼인중에는 공동으로 행사한다(민법 제909조2항 본문). 그러나 부모의 의견이 일치하지 않는 경우에는 당사자의 청구에 의하여 가정법원이 정한다(같은 조 2항 단서). 부모의 일방이 친권을 행사할 수 없는 경우에는 다른 일방이 친권을 행사한다(같은 조 3항). 혼인외의 자가 인지된 경우와 부모가 이혼한 경우에는 부모의 협의로 친권자를 정하고, 협의가 되지 않을 경우에는 당사자의 청구에 의하여 가정법원이 결정한다. 다만, 부모의 협의가 자의 복리에 반하는 경우에는 가정법원은 보정을 명하거나 직권으로 친권자를 정한다(같은 조 4항). 친권을 행사함에 있어서는 자(子)의 복리를 우선적으로 고려하여야 하며, 가정법원이 친권자를 지정함에 있어서도 자의 복리를 우선적으로 고려하여야 한다(민법 제912조). 가정법원은 부 또는 모가 친권을 남용하여 자녀의 복리를 현저히 해치거나 해칠 우려가 있는 경우에는 자녀, 자녀의 친족, 검사 또는 지방자치단체의 장의 청구에 의하여 그 친권의 상실 또는 일시 정지를 선고할 수 있으며, 친권의 일시 정지를 선고할 때에는 자녀의 상태, 양육상황, 그 밖의 사정을 고려하여 그 기간을 정하여야 한다. 이 경우 그 기간은 2년을 넘을 수 없다. 자녀의 복리를 위하여 친권의 일시 정지 기간의 연장이 필요하다고 인정하는 경우에는 자녀, 자녀의 친족, 검사, 지방자치단체의 장, 미성년후견인 또는 미성년후견감독인의 청구에 의하여 2년의 범위에서 그 기간을 한 차례만 연장할 수 있다(민법 제924조). 가정법원은 거소의 지정이나 그 밖의 신상에 관한 결정 등 특정한 사항에 관하여 친권자가 친권을 행사하는 것이 곤란하거나 부적당한 사유가 있어 자녀의 복리를 해치거나 해칠 우려가 있는 경우에는 자녀, 자녀의 친족, 검사 또는 지방자치단체의 장의 청구에 의하여 구체적인 범위를 정하여 친권의 일부 제한을 선고할 수 있다(민법 제924조의2). 또 가정법원은 법정대리인인 친권자가 부적당한 관리로 인하여 자녀의 재산을 위태롭게 한 때에는 자녀의 친족, 검사 또는 지방자치단체의 장의 청구에 의하여 그 법률행위의 대리권과 재산관리권의 상실을 선고할 수 있다(민법 제925조). 친권 상실의 선고

는 친권의 일시 정지, 친권의 일부 제한, 대리권·재산관리권의 상실 선고 또는 그 밖의 다른 조치에 의해서는 자녀의 복리를 충분히 보호할 수 없는 경우에만 할 수 있다. 또 친권의 일시 정지, 친권의 일부 제한 또는 대리권·재산관리권의 상실 선고는 동의를 갈음하는 재판 또는 그 밖의 다른 조치에 의해서는 자녀의 복리를 충분히 보호할 수 없는 경우에만 할 수 있다(민법 제925조의2). 친권의 상실, 일시 정지, 일부 제한 또는 대리권과 재산관리권의 상실이 선고된 경우에도 부모의 자녀에 대한 그 밖의 권리와 의무는 변경되지 아니한다(민법 제925조의3). 법정대리인인 친권자는 정당한 사유가 있는 경우(예 : 친권자의 장기여행, 장기입원 등)에는 가정법원의 허가를 얻어 친권의 일부, 즉 법률행위대리권·재산관리권을 포기할 수 있다(민법 제927조). 친권의 내용을 총칭하여 '보호·교양'이라고 하는데, 이는 첫째, 거소지정권(자는 친권자가 지정하는 장소에 거주해야 한다), 신분행위상의 대리권〔친권자는 그 친권에 복종하는 자가, 자(子)를 가지고 이에 대하여 친권을 행사할 지위에 있는 경우에는 그 자를 대신하여 친권을 행사한다〕 등이다. 한편 친권자(부모)가 자녀의 보호·교양을 위하여 징계할 수 있다는 징계권 규정은 아동학대 등을 정당화하는 데 악용될 소지가 있는바, 아동의 권리와 인권을 보호하기 위하여 징계권 규정(구 민법 제915조)을 삭제하였다. 둘째, ① 친권자는 자의 재산에 관한 관리권을 가진다. ② 친권자는 자의 재산에 관한 법률행위의 대리권을 가진다. ③ 친권자는 자의 재산상의 법률행위에 관하여 동의권을 가진다. 친권은 친권자 또는 자의 사망, 자의 성년도달로 인하여 소멸하고, 미성년자라도 혼인을 하면 성년자가 되므로(민법 제826조의2) 미성년자가 혼인을 한 때에도 소멸한다. 이 밖에도 소멸원인으로 친권상실의 선고와 친권의 일부사퇴(一部辭退)가 있다.

이해상반행위
利害相反行爲

친권자와 자 사이에 친권자가 행사하는 행위의 성질상 이해의 대립이 생길 우려가 있는 행위를 말한다. 실제로 이해의 대립이 있었는지의 여부는 묻지 않는다. 판례가 이해상반행위에 해당한다고 한 사례를 살펴보면 ① 친권자가 자기 채무를 위하여 자의 부동산에 담보를 제공한 경우(대판 1971.7.27, 71다1113), ② 모가 공동상속인으로서 자를 대리하여 상속재산분할협의를 하는 경우(대판 1993.3.9, 92다18481), ③ 모가 자신과 자의 공유인 토지 중 자의 공유지분에 관하여 법정대리인의 자격으로 근저당권설정계약을 체결한 경우(대판 2002.1.11, 2001다65960) 등이 있다. 민법은 친권을 행사하는 부 또는 모와 그 자 사이에 또는 친권자와 그 친권에 따르는 수인의 자 사이에 이해상반행위를 금지하고, 가정법원에 특별대리인의 선임을 청구하도록 하여 당해 법률행위에 관하여는 이 특별대리인과 친권자 사이에서 행하도록 하고 있다〔민법 제921조, 가사소송법 제2조1항2호가목16)〕. 친권자가 자와 이해상반행위를 특별대리인에 의하지 않고 한 경우에는 무권대리가 되어 본인의 추인이 있으면 유효하다고 하는 것이 통설이지만, 절대무효라고 하는 견해도 있다. 미성년자 본인이 하는 법률행위의 동의에 관하여도 이해상반행위가 성립되고 특별대리인의 선임을 하여야 하는데, 이에 위반하여 행하여진 친권자에 의한 동의는 취소할 수 있는 행위라는 점에서 그 효력을 달리하고 있다.

후견
後見

친권에 의하여 보호를 받을 수 없는 미성년자, 피성년후견인을 보호하기 위하여 마련한 민법상의 직무를 말한다. 후견의 직무를 행하는 것을 후견기관이라고 하고, 이에는 집행기관과 감독기관이 있다. 현행법상 **후견집행기관**(後見執行機關)으로는 후견인이 있고, **후견감독기관**(後見監督機關)으로는 가정법원이 있다. 후견에는 미성년자후견인과 성년후견인이 있다. ① 미성년자후견은 친권자가 없거나, 친권자가 법률에 따라 친권의 전부 또는 일부를 행사할 수 없는 때에 개시한다(민법 제928조). 미성년자에 관하여는 제1순위가 지정후견인이고, 제2순위가 법정후견인이다. 미성년자에게 친권을 행사하는 부모는 유언으로 미성년자의 후견인을 지정할 수 있다. 이 경우에도 가정법원은 미성년자의 복리를 위하여 필요하면 생존하는 부 또는 모, 미성년자의 청구에 의하여 후견을 종료하고 생존하는 부 또는 모를 친권자로 지정할 수 있다(민법 제931조). 이것이 **지정후견인**이다. 지정후견인이 없는 경우에 법률의 규정에 의하여 당연히 취임하게 되는 후견인을 **법정후견인**이라고 한다. 즉 유언에 의한 후견인의 지정이 없는 때에는 법원의 직권 또는 미성년자, 친족, 이해관계인, 검사, 지방자치단체의 장의 청구로 미성년후견인을 선임한다(민법 제932조). 단독 친권자가 된 부 또는 모, 양부모(친양자의 양부모 제외)에게 친권상실의 선고가 있는 경우, 대리권과 재산관리권 상실의 선고가 있는 경우, 대리권과 재산관리권을 사퇴한 경우, 소재불명 등 친권을 행사할 수 없는 중대한 사유가 있는 경우에는 새로운 친권자나 미성년후견인을 선임할 수 있다. 정하여진 친권자 또는 미성년후견인의 임무는 제한된 친권의 범위에 속하는 행위에 한정된다(민법 제927조의2 1항). ② 성년후견개시심판을 받은 때에는 피성년후견인을 위하여 후견이 개시된다(민법 제929조). 성년후견인은 피성년후견인의 신상과 재산에 관한 사정을 고려하여 여러 명을 둘 수 있고, 법인도 성년후견인이 될 수 있다(민법 제930조). 성년후견인은 가정법원이 직권으로 선임하며, 성년후견인이 사망, 결격, 그 밖의 사유로 없게 된 경우에도 직권 또는 피성년후견인, 친족, 이해관계인, 검사, 지방자치단체의 장의 청구에 의하여 성년후견인을 선임한다. 또한 가정법원은 성년후견인이 선임된 경우에도 필요하다고 인정하면 직권 또는 청구권자나 성년후견인의 청구에 의하여 추가로 성년후견인을 선임할 수 있다(민법 제936조). 후견인은 정당한 사유가 있는 경우에는 가정법원의 허가를 얻어 사임할 수 있다(민법 제939조). 또 가정법원은 피후견인의 복리를 위하여 후견인을 변경할 필요가 있다고 인정되는 경우에는 직권 또는 피후견인, 친족, 후견감독인, 검사, 지방자치단체의 장의 청구로 후견인을 변경할 수 있다(민법 제940조). 후견감독기관으로서의 가정법원은 후견에 관하여 여러 가지 면에서 관여하게 된다.

부 양

부양
扶養

자기의 자력이나 근로에 의하여 생활을 유지할 수 없는 자에 대한 경제적 급여(생활비의 지급·현물 제공 등)를 말한다. 공법상 부양(공적 부양)과 사법상 부양(사적 부양)으로 나누어진다. 공법상 부양은 「국민기초생활 보장법」에 규정되어 있는 것이 가장 전형적인 것인데, 보통 부양이라고 하면 사법상에서 분배되는 것을 가리킨다. 민법이 인정하고 있는 부양에는 이론적으로 두 가지가 있다. 하나는 생활유지의 부양을 의미하는 '1차적 부양의무'이고, 다른 하나는 생활부조의 부양을 의미하는 '2차적 부양의무'이다.

1. 1차적 부양의무

부모와 자, 부부 사이의 부양의무로서 현실적 공동생활 그 자체에 입각해서 당연히 요청되는 것이라고 할 수 있다. 특히 민법이 혼인의 효과로서 부부간의 부양의무를 일반 친족부양과 구별하여 따로 규정한 것(민법 제826조1항)은 이러한 사상의 표현이라고 할 수 있다.

(1) 친자 간의 부양 : 친자 간 부양의 근거에 관해서는 현실적 공동생활에서 근거를 구하는 견해, 친권자의 친권에 포함시키는 견해가 있다. 그 밖에 친자관계 자체에서 부양의무가 나온다는 견해가 있다. 민법은 부부간의 부양에 관하여는 특별히 제826조1항에서 다시 규정하고 있으나 부자관계에 관하여는 이에 대한 규정이 없는 점에서 입법론으로 이를 상세히 규정할 필요가 있다는 주장이 있다.

(2) 부부간의 부양 : ① 배우자 간에는 상호 부양의무가 있다. 부부는 1차적 부양관계에 있으므로 상호 동등한 생활수준을 누릴 수 있는 정도의 생활비를 청구할 수 있다. ② 별거중인 부부간에 상호부양청구권이 있는가가 문제된다. 현행법이 경제적으로 자립능력이 없는 배우자에 대한 부양의무를 부정하는 취지는 아니므로 원칙적으로는 부양의무가 있다고 해석된다. 다만, 남편과의 동거의무를 스스로 저버린 경우에 판례는 남편에게 부양료를 청구할 수 없다고 해석한다. ③ 이혼 후에 당사자 간에 부양의무가 있는가? 입법론적으로 외국법에는 이를 규정한 것이 있으나 우리 법으로는 인정하기 힘들고 이혼에 관해 유책주의를 기본으로 하고 있으므로 위자료 청구권이나 재산분할청구권을 통해 그 목적을 달성하고 있다.

2. 2차적 부양의무

친족 사이의 일반적인 부양의무로, 민법 제777조의 친족의 범위를 포함한다. 특히 이는 사회보장의 대체물로서 누구도 자기 생활을 희생하면서까지 부양의무를 지지는 않는다는 것을 골자로 하고 있다. 어떤 자에 대하여 부양의무 있는 자가 여러 명 있는 경우에는 우선 당사자의 협정으로 부양의무자의 순위를 정하도록 하고, 당사자 사이에 협정이 성립되지 않거나 협정할 수 없을 때에는 당사자의 청구에 의하여 가정법원이 그 순위를 결정하고[민법 제976조1항 전단, 가사소송법 제2조1항2호나목8)], 이 경우에 가정법원은 여러 명을 공동의 부양의무자로 선정할 수 있다(민법 제976조2항). 또 가정법원은 당사자의 협정이나 심판이 있은 후라도 사정변경이 있는 경우에는 당사자의 청구에 의하여 그 협정·심판을 취소하거나 변경할 수 있다(민법 제978조). 부양을 받을 권리자가 여러 명 있는 경우에 부양의무자가 그 전원을 부양할 능력이 없는 때에도 역시 우선 당사자의 협정에 의하고, 그것이 불가능할 때에는 가정법원의 심판에 의하여 정하며, 이후 가정법원은 그 협정이나 심판을 취소하거나 변경할 수 있다(민법 제976조1항 후단·2항, 제978조).

부양은 앞에서 설명한 바와 같이 경제적 급여이다. 그런데 이러한 부양료의 액수를 어느 정도로 할 것인가, 부양의 방법을 어떻게 할 것인가는 구체적인 사정에 따라 다르겠지만, 우선 당사자 사이의 협정에 의하도록 하고, 그 협정이 성립되지 않거나 협정을 할 수 없는 경우에는 당사자의 청구에 의하여 가정법원이 부양권리자의 생활정도와 부양의무자의 자력, 그 밖의 여러 사정을 참작하여 정하게 된다[민법 제977조, 가사소송법 제2조1항2호나목8)]. 그러므로 부양은 경우에 따라 생활비를 지급할 수도 있고, 의식주에 필요한 현물을 직접 제공할 수도 있다. 부양청구권은 양도·입질·상계를 할 수 없으며, 대위행사·상속·압류도 할 수 없다.

민법상속편

상　속

상속
相續
상속은 피상속인의 사망 혹은 실종선고에 의하여 피상속인의 모든 권리·의무가 상속인에게 포괄적으로 이전하는 것을 말한다. 다만, 한정승인과 상속포기를 한 경우에는 그러하지 아니한다. 상속의 대상이 되는 재산은 피상속인의 재산에 속한 모든 권리·의무인데, 구체적으로는 다음과 같은 것이 있다.

① **상속재산에 들어가는 것** : 권리로서는 소유권·지상권·저당권·질권·점유권 등의 물권, 매매·증여·소비대차·임대차·도급계약(都給契約) 등에 의한 채권, 저작권·특허권·실용신안권(實用新案權)·디자인권·상표권 등의 무체재산권과 사원권이 있다. 또 의무로서는 금전채무는 물론, 피상속인이 부담하고 있던 매도인으로서의 담보책임, 불법행위나 채무불이행으로 인한 손해배상의무, 계약의 해제나 해지를 받는 지위 등이다.

② **상속재산에 들어가지 않는 것** : 뒤의 항에서 설명하는 일신전속권(一身專屬權)은 상속인에게 승계되지 않는다(민법 제1005조 단서).

③ **상속재산에 들어가는지 아닌지가 의심스러운 것** : 판례에 따르면, 살해나 치사 등을 당한 경우 '위자료청구권'은 피해자가 청구포기를 하지 않는 한 상속된다고 한다.

④ **상속인의 순위** ㉠ 제1순위자 : 제1순위의 상속인은 피상속인의 직계비속과 피상속인의 배우자이다(민법 제1000조1항1호·제1003조1항). 피상속인의 직계비속이면 되고, 남녀

에 의한 차별, 혼인중의 자와 혼인외의 자에 의한 차별, 연령의 고하에 의한 차별 등을 인정하지 않는다. 피상속인의 배우자의 상속분은 직계비속 또는 직계존속과 공동으로 상속할 때는 직계비속·존속의 상속분의 5할을 가산한다(민법 제1009조2항). 촌수의 차이가 있는 직계비속이 여러 명 있는 경우에는 최근친자가 선순위의 상속인이 되고, 같은 촌수의 상속인이 여러 명 있는 경우에는 공동상속인이 된다(민법 제1000조2항). 태아는 상속순위에서 이미 출생한 것으로 본다(민법 제1000조3항. '태아' 항 참조). 피상속인의 배우자는 그 직계비속과 동순위로 공동상속인이 되고, 직계비속이 없는 때에는 피상속인의 직계존속과 동순위로 되며, 그 상속인이 없는 때에는 단독상속인이 된다(민법 제1003조). ㉡제2순위자 : 제2순위의 상속인은 피상속인의 직계존속이다(민법 제1000조1항2호). 피상속인의 직계존속이면 어떠한 차별도 없다. 직계존속이 여러 명 있는 경우에는 최근친을 선순위로 하고, 같은 촌수의 상속인이 여러 명 있는 경우에는 동순위로 공동상속인이 된다(민법 제1000조2항). ㉢제3순위자 : 제3순위의 상속인은 피상속인의 형제자매이다(민법 제1000조1항3호). 피상속인의 형제자매이면 되고 형제자매 사이에 차별이 있지 않다. 형제자매가 여러 명 있는 경우에는 동순위로 공동상속인이 된다(민법 제1000조2항). ㉣제4순위자 : 제4순위의 상속인은 피상속인의 4촌 이내의 방계혈족이다(민법 제1000조1항4호). 4촌 이내의 방계혈족 사이에서는 근친자는 원친자에 우선하여 상속인이 되고, 같은 촌수의 혈족이 여러 명 있는 경우에는 동순위로 공동상속인이 된다. 그리고 여성이라 하여 상속분이나 상속순위에서 차별을 받지 않는다. 이 경우에도 역시 태아는 이미 출생한 것으로 본다(민법 제1000조3항).

대습상속
代襲相續

재산상속 개시 전에 상속인이 될 직계비속이나 형제자매가 사망하거나 결격자로 된 경우에, 그 자에게 직계비속이나 배우자가 있으면 그 직계비속이나 배우자가 사망하거나 결격된 자의 순위에 갈음하여 상속인이 되는 것을 말한다(민법 제1001조). 대습자의 상속에 대한 기대를 보호함으로써 공평을 기하기 위하여 인정되는 제도이다. 예컨대 피상속인에게 장남A·차남B·장녀C가 있는 경우, 상속개시 전에 차남B가 사망하고, 그 차남B에게 X·Y의 직계비속이 있다면 X·Y는 백부·백모인 A·C와 동순위로 상속인이 되는 것이다. 이것은 직계비속 사이에서는 촌수가 가까운 자가 우선한다는 원칙에 대한 예외를 인정한 것이다. 대습상속을 **승조상속**(承祖相續)이라고도 한다. 이에 대하여 추정상속인이 그대로 상속하는 경우를 **본위상속**(本位相續)이라고 한다. 또 민법은 피대습자(被代襲者)의 배우자에게도 대습상속권을 인정하여(민법 제1003조2항), 그 상속상의 지위를 강력하게 보호하고 있다. 요컨대 민법은 직계비속·형제자매·배우자에 대하여 대습상속을 인정하고 있다.

포괄승계
包括承繼

상속인이 상속개시된 때로부터 피상속인의 일신(一身)에 전속한 것을 제외하고 재산에 관한 포괄적 권리·의무를 승계하는 것을 말한다(민법 제1005조). 포괄승계는 상속개시의 때, 즉 피상속인이 사망한 때에 행하여지며, 특히 상속인의 의사표시나 신고를 필요로 하지 않는다. 그런데 포괄승계의 대상이 되는 재산은 일신전속권(一身專屬權)을 제외한 모든 재산적 가치 있는 권리·의무이다〔의무의 경우에는 상대방(권리자)이 보아 재산적 가치가 있으면 된다〕. 포괄승계한 상속재산은 상속인이 이전부터 가지고 있던 재산과 마찬가지로 상속인의 재산을 구성하게 되는데, 부동산의 경우에는 등기를 필요로 하지 않으나(민법 제187조 본문) 등기를 하지 않으면 이를 처분하지 못한다(민법 제187조 단서). 기명주식(記名株式)인 때에는 명의개서(상법 제337조1항)가 없으면 제3자에게 대항하지 못한다. 또 분묘에 속한 1정보(町步) 이내의 금양임야(禁養林野)와 600평 이내의 묘토(墓土)인 농지, 족보와 제구의 소유권은 포괄승계에 의하지 않고 그 소유권은 제사를 주재하는 자가 이를 승계한다(민법 제1008조의3).

일신전속권
一身專屬權

상속인에게 승계되지 않는 피상속인의 일신에 전속하는 권리·의무를 말한다(민법 제1005조 단서). 일신전속의 권리·의무에는 사인간의 신용을 기초로 하는 대리권, 고용계약에 의한 노동의무·위임계약에 의한 사무처리의 의무나 친족관계를 기초로 하는 부양청구권·혼인동의권·부부간의 계약취소권·이혼청구권·친권 등이 있다. 또 신원보증채무는 신원보증인의 상속인에게 승계되지 않으나, 보통의 보증채무는 상속인에게 승계된다. 그 밖에 위자료청구권은 피해자가 청구포기의 의사를 표시하지 않는 한 상속인에게 승계된다. 또 생명보험금의 경우, 피상속인이 보험금수령인을 특정상속인으로만 표시하면 생명보험금은 피보험자의 사망시에 그 상속인의 고유재산이 된다. 따라서 상속재산에 포함되지 않는다. 한편, 제3자를 수령인으로 지정한 경우에 그 제3자가 피보험자보다 먼저 사망하였다면 수익자의 지위는 당연히 상속되지 않는다.

공동상속
共同相續

상속인이 여러 명 있는 경우에 상속재산을 그 상속분에 따라 분할하지만, 분할 전까지는 전 상속인의 공유로 하고(민법 제1006조), 여러 명의 상속인이 각자의 상속분에 따라 피상속인의 권리·의무를 승계하는 상속형태를 말한다(민법 제1007조). 상속인이 1명만 있는 경우에는 그 1명이 모든 상속재산을 승계한다. 이것을 **단독상속**이라 한다. 그러나 실제로는 상속인이 여러 명 있는 경우가 많다. 이렇게 여러 명이 공동으로 상속하는 경우 상속재산을 여러 명이 공동으로 소유하는데, 민법 제1006조는 '상속인이 여러 명인 때에는 상속재산은 그 공유'라고 규정하고 있다. 이러한 상속재산의 공유의 성질을 어떻게 볼 것인지 학설의 대립이 있다. 먼저 합유설에 의하면, 상속재산의 공유는 개개의 상속재산에 대한 공유가 아니고 상속재산의 상속분에 따라 권리·의무를 가지는 데 불과하다. 따라서 개개의 상속재산에 대한 지분은 처분이 불가능하고 일종의 목적재산으로의 성격을 가진다. 이는 조세관련법의 입장이기도 한데 조세관련법은 과세부과의 편의를 위해 이와 같은 입장에 선다. 합유설은 민법 제1011조(공동상속분의 양수)를 근거로 한다. 합유설에 따르면 상속재산의 분할 전 처분은 대외적으로는 유효하고 대내적으로는 무효라고 해석하게 된다. 반면 공유설에 따르면, 공동상속인은 각자 상속재산에 대하여 상속분에 따라 물권적 지분을 가지고 그 지분을 양도하거나 저당권 등을 설정하는 것도 무방하다고 한다. 다만, 일반 공유재산과 다른 점은 분할시로 소급하여 효력을 발생한다는 데 있다. 공유설이 다수설이자 판례의 태도이다. 공유설의 근거는 당사자들이 언제든지 협의에 의해 분할할 수 있다고 규정한 민법 제1013조와 상속재산분할의 소급효 제한에 관한 민법 제1015조 단서에서 찾을 수 있다. 민법상 상속재산의 소유형태를 공유로 본다면 상속재산 전체에 대한 공동소유관계는 성립될 수 없고, 개개의 상속재산에 대하여 각 공동상속인이 그 상속분에 따라 지분을 가지며(민법 제262조), 그 지분은 상속재산의 분할 전에 단독으로 자유롭게 처분할 수 있다(민법 제263조). 또 채권·채무도 그 목적이 가분하다면 법률상 당연히 각 공동상속인에게 분할되는 것이 원칙이다(민법 제408조). 반면 민법상 상속재산의 공동소유형태를 합유로 본다면 공동상속인은 모든 상속재산에 대한 상속분을 가지므로(민법 제271조1항) 개개의 상속재산에 대한 상속분을 가지지 못하고, 설사 가진다고 하더라도 그것을 임의로 처분할 수 없다(민법 제273조). 또 채권·채무는 상속재산이 분할되기까지 상속재산에 포함되어 공동상속인에게 불가분적으로 귀속된다.

상속분
相續分

공동상속의 경우 각 공동상속인이 모든 상속재산에 대하여 갖는 승계의 비율을 말한다. 먼저 상속분은 피상속인의 유언으로 지정된다. 이 것을 **지정상속분**(指定相續分)이라 한다. 지정상속분은 상속인의 유류분을 침해하지 않으면 어떠한 비율로도 지정할 수 있다. 다음에 지정이 없는 때에는 법률의 규정에 따라 상속분을 결정한다. 이것을 **법정상속분**이라고 한다. ① 동순위상속인 사이의 상속분 : 동순위의 상속인이 여러 명 있는 때에는 상속분을 동일하게 분할한다(민법 제1009조1항). ② 배우자의 상속분 : 피상속인의 배우자의 상속분은 직계비속과 공동으로 상속하는 때에는 직계비속 상속분의 5할을 가산하고, 직계존속과 공동으로 상속하는 때에도 직계존속 상속분의 5할을 가산한다(민법 제1009조2항). ③ 대습상속인의 상속분 : 대습상속인의 상속분은 피대습상속인의 상속분에 의한다(민법 제1010조1항). 그리고 피대습상속인의 직계비속이 여러 명인 때에는 그 상속분은 피대습상속인의 상속분의 한도에서 전술한 방법(민법 제1009조)으로 결정한다(민법 제1010조2항 전단). 배우자가 대습상속하는 경우에도 같다(민법 제1010조2항 후단). 그리고 공동상속인 중에 피상속인으로

부터 재산의 증여나 유증을 받은 자를 **특별수익자**라 한다. 특별수익자가 있는 경우에 그 수증재산이 자기의 상속분에 달하지 못한 때에는 부족한 부분의 한도에서 상속분이 있다(민법 제1008조). 공동상속인 중에 피상속인의 재산유지나 증가에 특별히 기여한 자(피상속인을 특별히 부양한 자 포함)가 있을 때에는 상속개시 당시의 피상속인의 재산가액에서 공동상속인의 협의로 정한 그 자의 기여분을 공제할 것을 상속재산으로 보고, 법정상속분 및 대습상속분에 의하여 산정한 상속분에 기여분을 가산한 금액을 그 자의 상속분으로 한다. 기여분이 협의되지 않거나 협의할 수 없을 때에는 기여자의 청구로 가정법원이 여러 가지 사정을 참작하여 기여분을 정한다. 기여분은 상속이 개시된 때의 피상속인의 재산가액에서 유증의 가액을 공제한 액을 넘지 못한다(민법 제1008조의2제3항).

기여분
寄與分

공동상속인 중에 상당한 기간 동거·간호 그 밖의 방법으로 피상속인을 특별히 부양하거나 피상속인의 재산의 유지 또는 증가에 특별히 기여한 자가 있는 경우, 그가 기여한 부분을 기여분으로 인정하여 그의 상속분에 기여분을 가산해주는 제도를 말한다. 기여분에 대한 법률관계는 순수하게 상속법적 측면에서 인정된 것으로, 피상속인의 재산에 관한 자기지분을 회수하거나 부당이득을 반환하는 재산관계와는 다르다. 따라서 산술적으로 기여재산을 분리해낼 수는 없는 것이고 또 부양자에게 기여분을 인정한 것은 기여분제도가 재산관계에 기초해서뿐 아니라 가족윤리에 근거해서 배정되어야 함을 암시한다. 구체적으로 기여분에 대한 권리인 기여분권은 피상속인의 재산에 기여한 자 또는 부양한 자가 그의 상속분 산정 시 기여분을 상속분에 산입받을 권리이다. 기여분권은 독립한 권리가 아니라 상속권의 일부분에 해당한다. 따라서 기여분 권리자는 상속개시 때부터 기여분을 포함한 자기의 상속

분에 상응하는 지분을 상속하여 상속재산을 그 지분의 비율로 공유하게 된다. 기여분권리자는 공동상속인 중의 한 사람이어야 한다. 즉 기여분권리자는 「민법」 제1000조의 상속순위에 따라 실제로 상속인이어야 하고, 상속결격사유(민법 제1004조)가 있거나 상속권을 포기한 자(민법 제1041조)는 상속권이 없으므로 기여분도 받지 못한다.

상속재산의 분할
相續財産의 分割

공동상속인의 상속분에 따라 상속재산을 배분하는 절차를 말한다.

1. 분할요건 : ① 상속재산에 대하여 공동소유관계가 있어야 한다. ② 공동상속인이 확정되어야 한다. ③ 피상속인의 분할금지의사가 없어야 한다. 피상속인은 유언으로 상속재산의 분할방법을 정하거나 정할 것을 제3자에게 위탁할 수 있는데, 이때 상속개시의 날로부터 5년을 초과하지 않는 기간 내에서만 상속재산의 분할을 금지할 수 있다(민법 제1012조).

2. 분할청구권자 : 분할을 청구할 수 있는 자는 상속을 승인한 공동상속인이다. 포괄적 수증자도 분할을 청구할 수 있다(민법 제1078조). 공동상속인의 대습상속인이나 상속분을 양도받은 제3자 및 상속인의 채권자도 상속인에 대위하여 분할청구를 할 수 있다.

3. 분할방법 : 분할방법에는 지정분할·협의분할·법원분할의 세 가지가 있다. ① **지정분할** : 피상속인은 유언으로 상속재산의 분할방법을 정하거나 정할 것을 제3자에게 위탁할 수 있다(민법 제1012조). ② **협의분할** : 공동상속인은 피상속인에 의한 지정분할이 없을 때에는 분할요건이 갖추어져 있는 한 언제든지 협의에 의하여 분할을 할 수 있다(민법 제1013조1항). ③ **법원분할** : 상속재산의 분할방법에 관하여 협의가 성립되지 않는 경우, 공동상속인은 가정법원에 분할을 청구할 수 있다(민법 제269조1항·제1013조). 또 상속재산을 현물로 분할할 수 없거나 분할로 인하여 현저히 그 가액이 감손될 염려가 있을 때에는, 법원은 그 물건의 경매를 명할 수 있다(민법 제269조2항·제1013조2항).

4. 분할효과 : ① 분할의 소급효 : ㉠ 상속재산의 분할은 상속이 개시된 때에 소급하여 효력이 발생한다(민법 제1015조 본문). 이것은 상속재산을 분할하면 각 공동상속인에게 귀속되는 재산은 상속개시 당시에 이미 피상속인으로부터 직접 분할을 받은 자에게 이전하여 승계된 것으로 보는 것을 의미한다. ㉡ 상속재산분할의 소급효는 제3자의 권리를 해할 수 없다(민법 제1015조 단서). 분할에 대하여 소급효를 인정하면 상속개시부터 분할시까지 행한 거래의 안전을 해칠 염려가 있으므로 제3자의 거래상 지위를 보호하기 위하여 둔 규정이다. ② 분할 후 피인지자 등의 청구권 : 인지 또는 재판확정에 의하여 공동상속인이 된 자는 분할 등 기타의 처분을 한 공동상속인에 대하여 그 상속분에 상당한 가액의 지급을 청구할 수 있다(민법 제1014조). 이 청구권은 일종의 **상속회복청구권**이다. ③ 공동상속인 사이의 담보책임 : ㉠ 공동상속인은 다른 공동상속인이 분할로 인하여 취득한 재산에 대하여 그 상속분에 따라 매도인과 같은 담보책임이 있다(민법 제1016조). '매도인과 같은 담보책임'이란 추탈 및 하자담보책임을 말하며 그 내용으로는 손해배상책임과 분할계약의 전부 또는 일부의 해제청구권까지도 포함한다. ㉡ 상속채무자의 자력에 대한 담보책임 : 공동상속인은 다른 공동상속인이 분할로 인하여 취득한 채권에 대하여 분할 당시의 채무자의 자력을 담보한다(민법 제1017조1항). 변제기에 달하지 아니한 채권이나 정지조건부채권에 대하여는 변제를 청구할 수 있는 때의 채무자의 자력을 담보한다(민법 제1017조2항). ㉢ 무자력공동상속인의 담보책임 분담 : 담보책임 있는 공동상속인 중에 상환능력 없는 자가 있는 때에는 그 부담 부분은 구상권자와 자력 있는 다른 공동상속인이 그 상속분에 응하여 분담한다(민법 제1018조 본문). 그러나 구상권자의 과실로 인하여 상환을 받지 못하는 경우, 예컨대 담보책임

을 부담하는 자가 자력이 있는 동안에 구상권을 실행하지 못한 데 대하여 구상권자에게 과실이 있는 경우, 그 손해는 구상권자가 부담해야 하고 다른 공동상속인에게 그 분담을 청구할 수 없다(민법 제1018조 단서).

무자력공동상속인의 담보책임분담 사례

A·B·C·D 4명의 평등상속분의 상속인이 상속재산을 분할하였는데, A가 취득한 재산 중의 채권 120만원이 변제기에 지급불능이 되었다고 하면, B·C·D는 각자의 상속분에 응하여 4분의 1, 즉 30만원씩을 배상하여야 한다. 그리고 만약 B·C·D 중 B가 무자력으로 배상이 불능한 경우에는 A·C·D는 B의 배상액 30만원을 각자의 상속분에 응하여 3분의 1, 즉 10만원씩을 분담하게 되어, 결국 A·C·D는 각각 40만원을 배상하여야 한다. 그러나 B의 무자력이 A의 과실로 인한 경우에는 A는 30만원 전부를 혼자서 부담하여야 한다.

상속회복청구권
相續回復請求權

진정한 상속인이 그 상속권의 실현을 방해하는 **참칭상속인**(僭稱相續人) 또는 상속재산을 취득한 제3자에 대하여 상속권을 주장함으로써 방해를 배제하고 상속권을 실현시키는 권리이다. 청구권자는 상속인 또는 그 법정대리인이고, 상대방은 참칭상속인이다. 다만, 참칭상속인으로부터 상속재산을 양수한 제3자가 있으면 그 제3자도 상대방이 된다. 이 권리는 침해를 안 날로부터 3년, 상속권의 침해행위가 있은 날부터 10년을 경과하면 소멸된다(민법 제999조).

상속결격
相續缺格

일정한 사유(결격사유)에 의하여 법률상 당연히 상속인으로서의 자격을 상실하는 것을 말한다. 민법은 상속인으로서의 결격자를 다음과 같은 자로 규정하고 있다(민법 제1004조).

① 고의로 직계존속, 피상속인, 그 배우자 또는 상속의 선순위나 동순위에 있는 자를 살해하거나 살해하려 한 자, ② 고의로 직계존속, 피상속인과 그 배우자에게 상해를 가하여 사망에 이르게 한 자, ③ 사기 또는 강박으로 피상속인의 상속에 관한 유언 또는 유언의 철회를 방해한 자, ④ 사기 또는 강박으로 피상속인의 상속에 관한 유언을 하게 한 자, ⑤ 피상속인의 상속에 관한 유언서를 위조·변조·파기 또는 은닉한 자 등이다.

단순승인
單純承認

상속인이 상속재산의 승계를 전면적으로 받아들이는 것을 말한다. 이것에 의하여 상속인은 피상속인의 권리·의무를 승계하게 되고(민법 제1025조), 후에 취소(철회)할 수 없게 된다. 그리고 상속재산과 상속인의 고유재산은 완전히 일체화된다. 단순승인에는 특별한 신고가 필요 없으며, 명시적인 의사를 표시하지 않더라도 다음의 사유가 있는 경우에는 상속인이 단순승인을 한 것으로 본다. ① 상속인이 상속재산에 대한 처분행위를 한 때, ② 상속인이 상속개시 있음을 안 날로부터 3개월 내에 한정승인 또는 포기를 하지 아니한 때, ③ 상속인이 한정승인 또는 포기를 한 후에 상속재산을 은닉하거나 부정소비하거나 고의로 재산목록에 기입하지 아니한 때이다(민법 제1026조). 다만, 상속인이 상속채무가 상속재산을 초과하는 사실을 중대한 과실 없이 알지 못한 상황에서 상속재산에 대한 처분행위를 하거나 3개월이 경과되어 단순승인이 이루어진 경우에는 그 사실을 안 날부터 3개월 내에 한정승인을 할 수 있다(민법 제1019조 3항). 또한 미성년자인 상속인이 상속채무가 상속재산을 초과하는 상속을 성년이 되기 전에 단순승인한 경우에는 성년이 된 후 그 상속의 상속채무 초과사실을 안 날부터 3개월 내에 한정승인을 할 수 있다. 미성년자인 상속인이 한정승인을 하지 않았거나 할 수 없었던 경우에도 또한 같다(같은 조 4항).

한정승인
限定承認

상속인의 상속으로 인하여 취득할 피상속인의 재산의 한도에서 피상속인의 채무와 유증을 변제할 것을 조건으로 상속을 승인하는 것을 말한다(민법 제1028조). 즉 상속받은 재산의 한도에서 상속받은 채무를 변제하면 족하고, 상속재산을 상속채무가 초과하는 경우에는 더 이상 피상속인의 채무는 상속되지 않으므로 변제할 필요가 없다. 한정승인은 단순승인에 대응하는 개념으로 단순승인은 모든 피상속인의 권리·의무가 상속되므로 상속받은 재산을 초과하는 재산에 대해서도 피상속인은 변제를 하여야 한다는 데 차이가 있다. 원칙적으로 한정승인을 하기 위해서는 3개월 내에 상속재산의 목록을 작성하여 법원에 한정승인의 신고를 하여야 한다(민법 제1019조·제1030조). 상속인이 수인인 때에는 각 상속인은 그 상속분에 응하여 취득할 재산의 한도에서 그 상속분에 의한 피상속인의 채무와 유증을 변제할 것을 조건으로 상속을 승인할 수 있다(민법 제1029조). 한정승인이 있으면 한정승인자는 한정승인을 한 날로부터 5일 내에 상속채권자와 수증자에 대하여 일정한 기간(2개월 이상으로 하여야 한다) 내에 그 채권 또는 수증을 신고하지 않으면 청산에서 제외한다고 하는 공고를 하고(민법 제1032조1항), 이에 응한 자에게 변제를 한다. 그러나 이 공고와는 별도로 알고 있는 채권자에 대하여는 각각 그 채권신고를 최고하여야 하며, 이미 알고 있는 채권자를 청산에서 제외할 수는 없다(민법 제89조·제1032조2항).

상속포기
相續抛棄

상속인이 상속재산의 승계를 거부하는 의사표시를 말한다. 재산상속에 관하여는 상속포기의 자유가 인정된다. 상속재산이 채무초과(소극적 재산이 적극적 재산보다 많은 경우)인데도 불구하고 상속을 강제한다는 것은, 상속인에게 손해의 부담을 강요하는 결과가 되어 가혹할 뿐만 아니라 자기책임의 원칙에도 어긋나므로 이러한 경우에 상속을 포기할 수 있게 한 것은 당연하다. 상속의 포기를 할 수 있는 자는 상속권이 있고 또 상속순위에 해당한 자에 한한다. 상속인이 상속을 포기한 때에는 이해관계인 또는 검사 등에 의하여 가정법원에 대한 기간연장의 청구가 없는 한, 상속개시된 것을 안 날로부터 3개월 내에 가정법원에 포기의 신고를 하여야 한다(민법 제1019조1항·제1041조). 상속의 포기는 상속이 개시된 때에 소급하여 그 효력이 발생한다(민법 제1042조). 따라서 상속포기자는 상속개시부터 상속인이 아닌 것으로 확정된다. 포기한 상속재산의 귀속에 관하여 민법은 '상속인이 수인인 경우에 어느 상속인이 상속을 포기한 때에는 그 상속분은 다른 상속인의 상속분의 비율로 그 상속인에게 귀속된다'고만 규정하고 있어서 해석상 여러 문제점이 있다.

재산분리
財産分離

상속개시 후에 상속채권자·유증받은 자 또는 상속인의 채권자의 청구에 의하여 상속재산과 상속인의 고유재산을 분리하여 상속재산에 관한 청산을 하기 위한 재판상 처분을 말한다. 재산상속이 개시되면 상속채권자와 유증받은 자 또는 상속인의 채권자는 상속재산과 상속인의 고유재산과의 혼합재산으로부터 동등한 입장에서 변제를 받게 된다. 이 경우에 상속인이 채무초과이면 상속채권자·유증받은 자는 상속인의 채권자 때문에 자기 채권의 완전한 만족을 받지 못하게 될 염려가 있다. 반대로 상속재산이 채무초과이면 상속인의 채권자가 불리하게 된다. 재산분리는 이와 같은 상속채권자·유증받은 자 또는 상속인의 채권자의 불이익을 방지하기 위한 것이다. 그러나 이 재산분리제도는 그 실용성이 미미하다. 가정법원에 대하여 상속재산과 상속인의 고유재산과의 분리를 청구할 수 있는 자는 상속채권자·유증받은 자·상속인의 채권자이다(민법 제1045조1항). 재산분리의 청구기간은 상속이 개시된 날로부터 3개월 내에 하여야 한다(민법 제1045조1항). 그러나 상속개시 후 3개월의 기간이 경과하더라도 재산상속인이 승인이나 포기를 하지 않는 동안에는 재산분리의 청구를 할 수 있다(민법 제1045조2항). 재산분리의 대상이 되는 재산은 상속개시 당시에 피상속인에게 속하고 있는 모든 재산이다. 상속채권자·유증받은 자 또는 상속인의 채권자에 의한 재산분리의 청구가 있는 경우에는 가정법원의 분리명령에 따라 일정한 절차를 밟아, 상속재산과 상속인의 고유재산이 아직 혼합되지 아니한 경우에는 상속인은 그 상태를 유지해야 하고, 이미 혼합된 경우에는 두 재산을 분리하여야 한다. 법원에 의하여 재산분리의 명령이 있는 때에는 피상속인에 대한 상속인의 재산상 권리·의무는 소멸하지 않는다(민법 제1050조). 따라서 분리된 상속재산과 상속인의 고유재산은 그것이 권리자에게 이전될 때까지 상속인은 관리자로서의 권리·의무를 계속 갖게 된다. 또 단순승인을 한 상속인은 재산분리의 명령이 있는 때에는 상속재산에 대하여 자기의 고유재산과 동일한 주의로 관리하여야 한다(민법 제1048조1항). 상속인은 상속재산의 분리청구기간 만료 전 또는 상속채권자와 유증받은 자에 대한 공고기간 만료 전에는 상속채권자와 유증받은 자에 대하여 변제를 거절할 수 있다(민법 제1051조1항).

재산상속인부존재
財産相續人不存在

재산상속인의 존부가 분명하지 않은 상태를 말한다(민법 제1053조1항). 상속인이 존재한다는 것은 명백하지만 소재가 분명하지 않은 경우에는 재산상속인부존재라고 말하지 않는다. 상속개시 후 재산상속인의 존부가 불분명한 경우에는 상속인을 수색하기 위하여 일정한 절차가 필요할 뿐만 아니라, 상속재산의 최후의 귀속자인 국고를 위하여 또는 상속채권자와 유증받은 자 등의 이익을 위하여 상속재산에 대한 관리와 청산을 할 필요가 있다. 따라서 민법은 재산

상속인부존재제도를 설정하여 상속인의 수색을 위하여 일정한 공고절차를 규정하는 동시에 상속재산의 관리·청산의 절차에 관한 규정을 두고 있다.
① **상속재산의 관리** ㉠ 재산관리인의 선임 : 재산상속인의 존부가 분명하지 않은 때에는 가정법원은 민법 제777조의 규정에 의한 피상속인의 친족 기타 이해관계인 또는 검사의 청구에 의하여 상속재산관리인을 선임하고 지체없이 이를 공고하여야 한다(민법 제1053조1항). ㉡ 재산관리인의 권리·의무 : 재산관리인의 권리·의무에 관하여는 부재자를 위한 재산관리인에 관한 규정이 준용되고(민법 제1053조2항), 재산관리인은 상속채권자나 유증받은 자의 청구가 있는 때에는 언제든지 상속재산의 목록을 제시하고 그 상황을 보고할 의무가 있다(민법 제1054조). 관리인의 임무는 그 상속인이 상속의 승인을 한 때에 종료하고(민법 제1055조1항), 이 경우에 관리인은 지체없이 그 상속인에 대하여 관리의 계산을 하여야 한다(민법 제1055조2항).
② **상속재산의 청산** ㉠ 청산공고 : 법원이 상속재산관리인의 선임을 공고한 후 3개월 내에 상속인의 존부를 알 수 없는 때에는 관리인은 지체없이 일반상속채권자와 유증받은 자에 대하여 2개월 이상의 기간을 정하여 그 기간 내에 채권 또는 수증을 신고할 것을 공고하여야 한다(민법 제1056조1항). ㉡ 상속재산의 변제 : 관리인은 채권신고의 최고의 공고절차를 취한 후 한정승인의 경우와 동일한 방법으로 상속채권자 또는 유증받은 자에 대하여 변제하여야 한다(민법 제1056조2항). ㉢ 상속인 수색의 공고 : 재산관리인 선임에 관한 공고와 이에 후행하는 청산공고기간이 경과하여도 상속인의 존부를 알 수 없는 경우, 가정법원은 관리인의 청구에 의하여 상속인이 있으면 1년 이상의 기간 내에 권리를 주장할 것을 공고하여야 한다(민법 제1057조).
③ **상속재산의 분여와 국가귀속** : 위의 기간

내에 상속권을 주장하는 자가 없는 경우에 가정법원은 피상속인과 상계를 같이하고 있던 자, 피상속인의 요양간호를 한 자 기타 피상속인과 특별연고가 있던 자의 청구에 의하여 상속재산의 일부 또는 전부를 분여(分與)할 수 있고(민법 제1057조의2), 이에 따라 분여되지 않은 상속재산은 국가에 귀속한다(민법 제1058조1항). 그리고 상속재산이 국가에 귀속된 후에는 상속재산으로 변제를 받지 못한 상속채권자나 유증받은 자가 있더라도 국가에 대하여 그 변제를 청구하지 못한다(민법 제1059조).

유언 · 유류분

유언 유언자의 사망과 동시에 일정한 효과를 발생시키는 것을 목적으로 하
遺言 는 상대방 없는 단독행위를 말한다. 유언은 사유재산제도의 재산처분에 대한 자유의 연장이지만 또 한편으로는 살아서 남아 있는 가족(상속인)의 생활자원(유산)이나 신분관계에 영향을 주기 때문에 너무 무제한적인 자유를 주는 것도 좋지 않다. 유언의 자유와 그 제도는 법률상 매우 어려운 문제 중의 하나이다. 그래서 법률은 유언으로 할 수 있는 일정한 사항을 다음과 같이 한정하고 있다. ① 상속에 관한 사항 : 상속재산분할방법의 지정 또는 위탁, 상속재산분할금지(민법 제1012조), ② 상속 이외의 유산의 처분에 관한 사항 : 유증(민법 제1074조 이하), 재단법인의 설립(민법 제47조2항), 신탁의 설정(신탁법 제2조), ③ 신분상의 사항 : 인지(민법 제859조2항), 친생부인(민법 제850조), 후견인의 지정(민법 제931조), ④ 유언의 집행에 관한 사항 : 유언집행자의 지정 또는 위탁(민법 제1093조)
유언제도는 유언자의 명확한 최종의사를 확인하고 이에 법적 효과를 부여하는 제도이다.

그래서 다음과 같은 일반적인 성격이 있다.
① **유언능력** : 유언도 일종의 의사표시이기 때문에 의사능력이 없는 자가 한 유언은 비록 형식을 구비하더라도 무효이다. 그러나 유언이 효력을 발생한 때에 유언자는 생존하고 있지 아니하다. 그래서 행위자를 보호하는 취지의 제한능력자제도를 그대로 엄격하게 유언에 적용할 필요가 없다. 민법은 제5조, 제10조, 제13조 규정을 유언에 적용하지 않는 것으로 하고 있다(민법 제1062조). 그러나 위에서 설명한 바와 같이 유언의 효력이 인정되기 위해서는 그것이 정상적인 의사에 의하는 것이 필요하다. 그래서 민법은 미성년자에 관하여는 17세 미만인 자의 유언은 모두 무효로 하고 있다(민법 제1061조). 또 피성년후견인은 의사능력을 회복한 때에 한하여 유언을 할 수 있고(민법 제1063조1항), 이 경우에는 의사가 심신회복의 상태를 유언서에 부기하고 서명 · 날인하도록 하고 있다(민법 제1063조2항).
② **수증능력**(受贈能力) : 수증능력이란 유증의 이익을 향수할 수 있는 능력, 즉 수증자가 될 수 있는 능력을 말한다. 수증능력은 의사능력의 존재를 전제로 하지 않으며, 권리능력자이면 된다는 점이 의사능력을 전제로 하는 유언능력과 다르므로 의사무능력자 · 법인 · 태아도 수증자가 될 수 있다(민법 제1064조). 그러나 민법은 재산상속인의 결격사유를 수증자의 경우에도 준용하여(민법 제1000조3항 · 제1004조), 재산상속인으로서의 결격자는 수증능력도 없는 것으로 하고 있다.
③ **유언의 철회** : 유언제도는 유언자의 최종의사에 효력을 인정하려고 하는 것이므로 한번 한 유언도 자유롭게 철회할 수 있고, 유언의 철회권을 포기하지 못한다(민법 제1108조).
④ **유언의 해석** : 유언도 의사표시에 의한 법률행위의 일종으로 이것을 해석할 필요가 있다. 민법은 유언의 내용을 명확히 하기 위하여 엄격한 요식(要式)을 규정하고 있는 동시에 그 해석에 관하여도 엄격한 기준을 정하고 있다

(민법 제1060조). 예컨대 전후의 유언이 저촉되거나 유언 후의 생전행위가 유언과 저촉되는 경우에는 그 저촉된 부분의 전유언은 이를 철회한 것으로 보고(민법 제1109조), 유언의 목적이 된 권리가 유언자의 사망 당시에 상속재산에 속하지 아니한 때에는 유언의 효력이 발생하지 않는다(민법 제1087조1항 본문). 이러한 사항에 관하여는 유언을 엄격하게 해석하여야 하지만, 유언이 임종시에 행하여지는 것이 빈번한 우리나라의 실정에서 본다면 내용이 불명확한 경우도 적지 않다. 유언의 요식성이나 해석규정의 근본을 흩뜨리지 않는 범위 내에서 합리적인 해석을 하여야 한다.

유언의 방식
遺言의 方式
요식행위인 유언에 관하여 민법이 요구하고 있는 일정한 방식을 말한다. 민법이 요구하는 일정한 방식에 따르지 않으면 유언은 무효가 된다(민법 제1060조 참조). 유언의 방식에는 자필증서·녹음·공정증서·비밀증서·구수증서(口授證書)의 다섯 가지가 있다(민법 제1065조).

① 자필증서에 의한 유언 : 유언자가 유언의 전문과 연월일·주소·성명을 기재하고 날인하는 방식이다(민법 제1066조1항). 이 방식에 의한 유언을 집행하려면 반드시 가정법원에 의한 검인절차를 받아야 한다〔제1091조, 가사소송법 제2조1항2호가목41)〕. 그리고 자필증서에서 문자를 삽입하거나 유언문을 삭제·변경하는 경우에는 유언자가 이를 기재하고 날인하여야 한다(민법 제1066조2항).

② 녹음에 의한 유언 : 유언자가 유언의 취지, 그 성명과 연월일을 구술하고 이에 참여한 증인이 유언의 정확함과 그 성명을 구술하는 방식이다(민법 제1067조). 피성년후견인이 의사능력이 회복되어 녹음에 의한 유언을 하는 경우에는 참여한 의사가 심신회복의 상태를 유언서에 부기하고 서명·날인하는 대신에(민법 제1063조) 그 취지를 녹음해야 한다.

③ 공정증서(公正證書)에 의한 유언 : 유언자가 증인 2명이 참여한 공증인 앞에서 유언의 취지를 구수하고 공증인이 이를 필기·낭독하여 유언자와 증인이 그 정확함을 승인한 후 각자가 서명·기명하여 날인하는 방식이다(민법 제1068조). 이 방식에 의한 유언의 집행에 있어서는 검인절차가 필요 없다는 장점이 있지만, 유언내용이 타인에게 누설되기 쉽고 상당한 비용이 요구되는 단점도 있다.

④ 비밀증서에 의한 유언 : 유언자가 필자의 성명을 기입한 증서를 엄봉·날인하고 이를 2명 이상의 증인 앞에 제출하여 자기의 유언서인 것을 표시한 후 봉서표면에 제출연월일을 기재하고 유언자와 증인이 각자 서명 또는 기명날인하는 방식이다(민법 제1069조1항). 비밀증서에 의한 유언방식은 자기의 성명을 기재할 수 있는 자라면 누구나 할 수 있을 뿐만 아니라, 자필증서에 의한 유언방식과 공정증서에 의한 유언방식을 절충한 유언방식이므로 유언내용의 비밀을 유지하고, 그 누설을 방지하는 동시에 유언의 존재와 내용을 확실하게 할 수 있는 장점이 있다. 그리고 비밀증서의 방식에 의하여 작성된 유언봉서는 그 표면에 기재된 날로부터 5일 내에 공증인이나 법원서기에게 제출하여 그 봉인상에 확정일자인을 받아야 한다(민법 제1069조2항). 비밀증서에 의한 유언에 있어서 그 방식상 요건을 갖추지 않으면 유언으로서의 효력이 없다. 그러나 민법은 비밀증서에 의한 유언의 방식에 흠결이 있는 경우에도 그 증서가 자필증서의 방식에 적합한 때에는 자필증서에 의한 유언으로서의 효력을 인정한다(민법 제1071조). 따라서 무효로 된 비밀증서유언이 자필증서유언으로 전환되려면 유언서전문과 연월일·주소·성명의 기재와 날인이 있어야 한다.

⑤ 구수증서(口授證書)에 의한 유언 : 질병 기타 급박한 사유로 인하여 자필증서·녹음·공정증서 또는 비밀증서 등의 방식으로 유언을 할 수 없는 경우에 유언자가 2명 이상의 증인의 참여로 그 1명에게 유언의 취지를 구수하

고, 그 구수를 받은 자가 이를 필기·낭독하여 유언자의 증인이 그 정확함을 승인한 후 각자가 서명·기명날인하는 방식이다(민법 제1070조1항). 구수증서의 방식에 의한 유언은 그 증인이나 이해관계인이 급박한 사유가 종료한 날로부터 7일 내에 가정법원에 검인을 신청하여야 한다[민법 제1070조2항, 가사소송법 제2조1항2호가목40)].

유증
遺贈

유언자가 유언에 의하여 재산을 타인에게 무상으로 증여하는 단독행위를 말하는데, 이때 재산 이외에 일정한 부담을 지우는 것(부담부유증)도 가능하다. 유증에는 재산의 전부 또는 일부를 그 비율액(2분의 1이라든가 3분의 1이라든가)으로 증여하는 **포괄유증**(包括遺贈)과 어느 번지의 토지를 증여한다든가 A주식회사의 주식을 2만주 증여한다고 하는 것과 같이 특정재산을 증여하는 **특정유증**(特定遺贈)이 있으며 그 유증을 받은 자를 각각 포괄수증자(包括受贈者)·특정수증자(特定受贈者)라고 한다. 민법은 "포괄적 유증을 받은 자는 상속인과 동일한 권리·의무가 있다"고 규정하고 있다(민법 제1078조). 따라서 유언으로 정해진 비율의 상속분을 가지는 상속인이 1명 증가했다고 생각하면 된다. 여기에서 다음과 같은 효과가 생긴다. ① 상속인과 같이 유언자의 일신에 전속한 권리·의무를 제외하고 그 재산에 속한 모든 권리·의무를 승계한다(민법 제1005조). 이 승계는 유언의 효력이 발생하는 동시에 당연히 생기고(물권적 효력) 유증의무자의 이행의 문제가 생기지 아니한다. ② 그리고 포괄수증자와 상속인, 포괄수증자와 다른 포괄수증자와의 사이에는 공동상속인 상호 간에 있어서와 동일한 관계가 생긴다. 즉 상속재산의 공유관계가 생기고(민법 제1006조·제1007조), 분할의 협의를 하게 된다(민법 제1013조1항). ③ 유증의 승인·포기에 관하여도 재산상속의 단순 또는 한정승인·포기에 관한 규정(민법 제1019조 이하)이 적용되므로 승인이나 포기를 할 필요가 있고, 이것을 가정법원에 신고하지 않으면 단순한 포괄유증승인이 있는 것으로 보게 된다. 위에서 설명한 바와 같이 포괄수증자의 권리·의무의 내용에 있어서는 상속인과의 사이에 거의 차이가 없다. 그러나 수증자가 상속개시 전에 사망한 경우에는 원칙적으로 유증이 실효되므로 대습상속이 인정되지 않는다는 점에서 상속과 다르다.

수증자
受贈者

유언에 의한 증여(유증)를 받는 자를 말한다. 자연인뿐만 아니라 법인도 수증자가 될 수 있다. 상속인과 동일한 결격사유가 인정된다(민법 제1004조·제1064조). 또 수증자는 유언의 효력을 발생한 때(유언자가 사망한 때)에 생존하고 있어야 한다. 유언자의 사망 전에 수증자가 사망한 경우에는 수증자 지위의 승계(일종의 대습수증)는 인정되지 아니하므로 결국 유증은 그 효력이 생기지 아니한다(민법 제1089조1항). 태아는 유증에 있어서도 이미 출생한 것으로 본다(민법 제1000조·제1064조). 따라서 태아에게 유증할 수도 있다. 수증자에는 포괄적 유증을 받는 포괄 수증자와 특정유증을 받는 특정수증자가 있는데, 여기에서는 특정수증자에 관해서만 설명하기로 한다. 먼저 특정수증자에 대한 유증재산의 이전은 유언의 효력이 생기는 동시에, 즉 피상속인이 사망한 때에 행하여진다. 예컨대 목적물이 가옥의 소유권인 때에는 피상속인이 사망한 순간에 특정수증자에게 이전한 것이 되고 상속인을 경유하지 아니한다. 현실로는 수증자에게 인도가 있을 때까지 상속인이 점유·관리하게 되는데 이 경우에도 상속인이 그것을 사용·수익하지 못한다(민법 제1080조 이하). 또 특정수증자는 상속인에 대하여 유언자의 사망 후에 언제든지 유증을 승인하거나 포기할 수 있고(민법 제1074조1항), 그 효력은 유언자의 사망시에 소급하여 효력이 생긴다(민법 제1074조2항). 그 밖에 수증자에게 채무를 붙인 '부담부유증'이라는 제도가 있는데(민법 제

1088조), 이 경우에는 부담하고 있는 채무를 이행하지 아니하면 유증이 취소되는 경우가 있다.

검인
檢印

가정법원이 유언서나 유언녹음의 존재와 내용을 인정하는 것을 말한다. 자필유언증서나 비밀유언증서 또는 녹음을 보관하는 자나 이것을 발견한 자는 유언자가 사망한 후 지체 없이 유언증서 또는 유언녹음을 가정법원에 제출하여 그 검인을 청구하여야 한다(민법 제1091조1항). 검인으로 유언서나 유언녹음의 존재를 명확히 하고, 위조·변조를 방지할 수 있기 때문이다. 그러나 검인은 유언서나 유언녹음의 내용을 심사하는 것이 아니고 단지 외형을 검사·인정하여 그 형식적 존재를 확보하는 절차에 불과하므로, 검인에 의하여 무효인 유언서나 유언녹음이 유효하게 되는 것은 아니다. 그리고 공정증서나 구수증서에 의한 유언에 관하여는 검인을 필요로 하지 않는다(민법 제1091조2항). 또 가정법원이 봉인된 유언증서를 개봉할 때에는 유언자의 상속인, 그 대리인 기타 이해관계인의 참여가 있어야 한다(민법 제1092조). 구수증서의 방식에 의한 유언은 그 증인이나 이해관계인이 급박한 사유가 종료한 날로부터 7일 이내에 가정법원에 검인을 신청하여야 한다(민법 제1070조2항). 이 경우 검인은 위에서 설명한 검인과는 달리 유언의 진부, 즉 유언이 유언자의 진의에서 나온 것인가 아닌가를 판정하는 것이다.

유언집행자
遺言執行者

유언의 내용을 실현시키기 위한 직무권한을 가진 자를 말한다. 유언집행자에는 유언자가 직접 지정하거나 유언자의 위탁을 받아 제3자가 지정한 유언집행자(민법 제1093조), 지정된 유언집행자가 없는 경우에 상속인이 당연히 취임하게 되는 유언집행자(민법 제1095조), 유언집행자가 없거나 사망, 결격 기타의 사유로 유언집행자가 없게 된 경우에 가정법원이 선임한 유언집행자(민법 제1096조)가 있다. 이것을 각각 지정유언집행자·법정유언집행자·선정유언집행자라 한다. 제한능력자(미성년자·피한정후견인·피성년후견인)와 파산선고를 받은 자는 유언집행자가 되지 못한다(민법 제1098조). 지정이나 선임에 의한 유언집행자는 상속인의 대리인으로 보는 동시에 유언집행자의 관리·처분 또는 상속인과의 법률관계에 대하여는 위임관계의 규정을 준용하고 있다(민법 제1103조). 요컨대 유언집행자는 유언의 집행에 필요한 모든 행위를 할 권리·의무가 있다. 지정이나 선임에 의한 유언집행자는 정당한 사유가 있는 때에는 가정법원의 허가를 얻어 그 임무를 사퇴할 수 있고(민법 제1105조), 또 지정이나 선임에 의한 유언집행자가 그 임무를 게을리하거나 적당하지 아니한 사유가 있는 때에는 가정법원은 상속인 기타 이해관계인의 청구에 의하여 유언집행자를 해임할 수 있다(민법 제1106조).

유류분
遺留分

피상속인의 유언에 의한 재산처분의 자유를 제한함으로써 상속인에게 법정상속분에 대한 일정재산을 확보해주는 제도이다. 유류분권에 의하여 증여나 유증이 아직 이행 전인 때는 이행거절권, 법정의 유류분의 부족이 생긴 때에는 유류분반환청구권이 나온다. 즉 유류분권리자는 자기의 유류분을 보전하기 위하여 수증자로부터 수증재산의 반환을 청구할 권리를 갖는다. 그런데 유류분은 모든 상속순위자에게 인정되는 것이 아니고, 제3순위의 재산상속인, 즉 피상속인의 형제자매에 이르기까지만 인정된다(민법 제1000조~제1003조 참조). 그리고 그 유류분의 비율도 반드시 동일하지 않으며, 상속인으로서의 순위에 따라 차이가 있다(민법 제1112조). 즉 ① 피상속인의 직계비속은 그 법정상속분의 2분의 1(같은 조 1호), ② 피상속인의 배우자는 그 법정상속분의 2분의 1(같은 조 2호), ③ 피상속인의 직계존속은 그 법정상속분의 3분의 1(같은 조 3호), ④ 피상속인의 형제자매는 그 법정상속분의 3분의 1(같은 조

4호)이다. 아울러 유류분은 태아에 대해서도 인정된다. 대습상속인도 피대습자의 상속분의 범위 내에서 유류분이 있다(민법 제1118조에 의한 제1001조·제1010조의 준용). 이상과 같은 모든 경우에 유류분권을 행사할 수 있는 자는 재산상속의 순위상 상속권이 있는 자이어야 한다. 예컨대 제1순위상속인인 직계비속이 있는 경우에는 제2순위상속인인 직계존속에 대해서는 유류분권을 인정하지 않는다.

유류분의 산정방법은 다음과 같다. ① 유류분은 피상속인의 상속개시시에 가진 재산의 가액에 증여재산의 가액을 가산하고 채무의 금액을 공제하여 산정한다(민법 제1113조1항). ② 조건부의 권리 또는 존속기간이 불확정한 권리는 가정법원이 선임한 감정인의 평가에 의하여 가격을 정한다(민법 제1113조2항). ③ 증여는 상속개시 전 1년 동안 행한 것에 한하여 가격을 산정한다(민법 제1114조 전단). 그러나 당사자 쌍방이 유류분권리자에게 손해를 가할 것을 알고 증여를 한 때에는 1년 전에 한 것도 산입하게 된다(민법 제1114조 후단). ④ 공동상속인 중에 피상속인으로부터 특별수익분을 받은 것이 있으면 그것은 비록 상속개시 1년 전의 것이라 하더라도 모두 산입하게 된다(민법 제1118조에 의한 제1008조의 준용). 유류분권리자는 피상속인의 증여와 유증으로 인하여 그 유류분에 부족이 생긴 때에는 부족한 한도에서 그 재산의 반환을 청구할 수 있다(민법 제1115조1항). 이것을 부족분에 대한 반환청구권이라고 한다. 이 경우에 증여와 유증을 받은 자가 수인인 때에는 각자가 얻은 유증가액의 비율로 반환하여야 한다(민법 제1115조2항). 그리고 증여에 대하여는 유증을 반환받은 후가 아니면 이것을 청구할 수 없다(민법 제1116조). 위의 반환청구권은 유류분권리자가 상속의 개시와 반환하여야 할 증여 또는 유증을 한 사실을 안 때로부터 1년 또는 상속을 개시한 때로부터 10년이 경과하면 시효로 소멸한다(민법 제1117조).

민사특별법편

국가에 귀속하는 상속재산 이전에 관한 법률

1961년 12월 23일 법률 제860호로 제정·공포되어 민법 제1058조1항의 규정에 의하여 국가에 귀속하는 상속재산의 관리인이 피상속인의 주소지를 관할하는 세무서장에게 지체없이 그 상속재산의 관리를 이전할 것을 목적으로 제정한 법률을 말한다. 이 경우에 피상속인의 주소가 외국인 때에는 영사 또는 영사의 직무를 행하는 자에게 지체 없이 그 상속재산의 관리를 이전하여야 한다.

가족관계의 등록 등에 관한 법률

민법 개정(법률 제7427호 2005년 3월 31일 공포·시행)으로 2008년 1월 1일부터 민법상 호주제가 폐지되어 호적제도를 대체할 새로운 가족관계 등록제도를 마련하여 국민 개개인별로 출생·혼인·사망 등의 신분변동사항을 전산정보처리조직에 따라 기록·관리하도록 하는 한편, 그 등록정보를 사용목적에 따른 다양한 증명서 형태로 발급하도록 하고, 가족관계 등록 등의 사무를 국가사무화하여 대법원이 관장하도록 하고, 국적변동사항이 있는 경우 국적업무의 관장기관인 법무부장관이 국적변동자의 등록기준지 시·읍·면의 장에게 이를 직접 통보하여 가족관계등록부에 국민의 국적변동사항을 정확하게 기재할 수 있도록 하는 등 국민의 편의를 도모하기 위한 법률이다. 주요내용을 살펴보면 다음과 같다.

1. 가족관계 등록사무의 국가사무화(가족관계의 등록 등에 관한 법률 제2조·제3조·제7조)

① 국민의 각종 가족법적 신분변동사항을 등록하거나 증명하는 가족관계 등록사무(종전의

호적사무)는 그 법적 성격이 국가사무임에도 자치사무로 되어 있어 지방자치단체가 막대한 적자를 감수하며 사무를 담당하는 등의 문제점이 발견된다. 이에 ②가족관계 등록사무를 국가사무로 하여 대법원이 그 사무를 관장하되, 그 등록사무 처리에 관한 권한을 시·읍·면의 장에게 위임하며, 사무처리에 소요되는 비용은 국가가 부담하도록 한다. ③그동안 호적업무의 감독을 하던 대법원이 주도적으로 가족관계 등록사무를 관장함에 따라 업무수행을 하는 과정에서 국민의 혼란을 방지하고, 사무처리비용을 국가가 부담함으로써 지방재정에도 도움이 될 것으로 기대된다.

2. 개인별 가족관계등록부 편제와 전산정보처리조직에 의한 관리(같은 법 제9조~제11조)

① 호주를 기준으로 가(家) 단위로 국민의 가족관계를 편제하는 호적제도는 개인의 존엄과 양성평등의 헌법이념에 어긋난다는 비판이 있었다. ②호적부를 대신하여 국민 개인별로 등록기준지에 따라 가족관계등록부를 편제하고, 사무의 전산화에 따라 각종 가족관계의 취득·발생 및 변동사항의 입력과 처리 및 관리를 전산정보처리조직에 의한다. ③국민 개개인별로 가족관계사항이 기록·공시됨에 따라 호주제 폐지의 취지 및 양성평등의 원칙을 구현하고, 가(家)를 전제로 한 입적·복적·분가 등의 복잡한 사무처리가 개선되는 등 업무의 효율성이 크게 증대될 것으로 기대된다.

3. 목적별 다양한 증명서 발급 및 발급신청 기준 명확화(같은 법 제14조·제15조·제15조의2)

①호적제도는 호적등본이라는 하나의 증명서에 본인은 물론 가족 전체의 신분에 관한 사항이 모두 기재되어 있고, 그 발급신청인도 원칙적으로 제한이 없어 민감한 개인정보가 부당하게 노출되는 등의 문제점이 있었다. ②증명하려는 목적에 따라 다양한 증명서(가족관계증명, 기본증명, 혼인관계증명, 입양관계증명, 친양자입양관계증명)를 발급받을 수 있도록

하되, 증명서 교부신청은 원칙적으로 본인 또는 본인의 배우자·직계혈족(가족관계증명서 및 기본증명서 제외)만이 할 수 있도록 하고, 친양자입양관계증명은 친양자가 성년이 되어 신청하는 경우 등 한정적으로만 인정하여 발급요건을 더욱 강화하였다. ③기존 가족관계증명서에 친부모와 양부모가 함께 기록됨으로써 입양사실이 쉽게 드러나 입양가정의 사생활 보호에 해가 되므로 입양관계가 있는 경우 가족관계증명서에는 양부모만을 부모로 기록하고, 친부모 및 양부모는 입양관계증명서에 기록하여 입양관계를 확인할 수 있도록 하며, 이혼 등 과거의 기록사항을 전부 현출하는 전부증명 형식과는 별도로 개인의 사생활 보호를 위하여 일부의 기록사항만을 현출하는 일부증명 형식의 증명서를 신설하였다(같은 법 제15조). ④가정폭력피해자의 개인정보자기결정권을 보호하고 추가적인 가정폭력범죄가 발생하는 것을 방지하기 위하여 가정폭력피해자 또는 그 대리인은 피해자의 배우자 또는 직계혈족(배우자 또는 직계혈족이었던 사람을 포함한다)을 교부제한대상자로 지정하여 가정폭력피해자 본인의 등록사항별 증명서의 교부를 제한하거나 그 제한을 해지하도록 신청할 수 있으며(같은 법 제14조8항), 교부제한대상자는 가정폭력피해자 본인의 등록부등의 기록사항을 열람할 수 없도록 하였다(같은 조 10항). 또한 공시제한대상자가 본인 명의의 등록사항별 증명서를 발급받을 때에도 공시제한대상자 본인등(본인, 배우자 또는 직계혈족)과 그 대리인의 교부·발급을 허용하되, 가정폭력피해자에 관한 기록사항을 가리도록 하였다(같은 법 제15조의2).

또한 증명서를 제출할 것을 요구하는 자는 사용목적에 필요한 최소한의 가족관계등록사항이 기록된 일반증명서 또는 특정증명서를 요구하여야 하며 상세증명서를 요구하는 경우에는 그 이유를 설명하여야 하고, 제출받은 증명서를 사용목적 외의 용도로 사용하는 것을 금지하였다(같은 법 제14조5항).

4. 「민법」의 개정에 따른 구체적 절차 마련(「가족관계의 등록 등에 관한 법률」 제67조·제69조·제100조)

① 민법이 개정되어 친양자제도, 자의 성과 본 변경 등이 인정됨에 따라 그에 따른 구체적 절차를 마련할 필요가 있다. ② 친양자를 입양하려는 사람은 친양자 입양재판의 확정일부터 1개월 이내에 재판서의 등본 및 확정증명서를 첨부하여 신고하도록 하고, 혼인중 출생한 자녀가 어머니의 성과 본을 따르기로 한 경우에는 혼인신고서에 그 내용을 기재한 후 부모의 협의서를 첨부하도록 하며, 자녀의 성과 본을 변경하려는 사람은 재판확정일부터 1개월 이내에 재판서의 등본 및 확정증명서를 첨부하여 신고하도록 한다. ③ 「민법」의 신설 및 개정 조항에 대한 구체적 절차를 마련함으로써 그 시행에 차질이 없게 될 것으로 기대된다.

5. 구 「호적법」의 일부 미비점 개선(가족관계의 등록 등에 관한 법률 제76조·제85조)

① 구 「호적법」은 가정법원의 협의이혼의사 확인이 있는 경우에도 이혼신고서에 증인 2인의 연서가 필요하고, 사망신고인을 친족 및 동거인 등으로 한정함으로써 독거노인 등에 대한 사망신고가 잘 이루어지지 않는 등의 문제점이 있었다. ② 가정법원의 이혼의사확인서등본을 첨부한 경우에는 증인 2인의 연서가 있는 것으로 보아 이혼신고를 할 수 있도록 하고, 사망장소의 동장이나 통장 또는 이장도 사망신고를 할 수 있도록 하였다. ③ 구 「호적법」 운용과정에서 나타난 일부 미비점을 개선함으로써 국민의 편의가 대폭 증진될 것으로 기대된다.

6. 국적변동사항의 통보(같은 법 제98조)

① 국적을 취득하거나 상실·이탈한 사람이라 하더라도 호적관서에 그 사실을 신고하지 않는 한 호적부에 그 변동사항이 기재되지 아니하거나 신호적이 편제되지 아니하는 문제점이 있었다. ② 국적변동사항이 있는 경우 국적업무의 관장기관인 법무부장관이 국적변동자의 등록기준지의 시·읍·면의 장에게 이를 직접 통보하도록 하고, 대한민국 국민으로 판정받은 사람이 등록되어 있지 아니한 때에는 그 통보를 받은 시·읍·면의 장은 가족관계등록부를 작성하도록 하였다. ③ 국적변동사항을 국민신고제에서 관장기관 통보제로 전환하여 국민편의를 도모하였다.

7. 가족관계 등록정보의 남용자 등에 대한 처벌 강화(같은 법 제117조~제119조)

① 가족관계 등록 전산정보자료는 국민의 민감한 개인정보가 기록되어 있어 그 자료가 부정하게 사용되는 경우 개인의 사생활 침해 등의 문제가 발생할 우려가 있고, 가족관계에 관한 사항을 거짓으로 신고하는 경우 등록사무처리의 진정성을 확보하기 어려운 문제점이 있다.

② 가족관계 등록사무를 처리하는 사람이 법률에서 정하는 사유가 아닌 다른 사유로 등록전산정보자료를 이용하거나 타인에게 제공한 경우에는 3년 이하의 징역 또는 1천만원 이하의 벌금에 처하도록 하고, 거짓으로 신고를 한 사람은 1년 이하의 징역 또는 1천만원 이하의 벌금에 처할 수 있도록 한다. ③ 거짓신고자와 타인정보 남용자를 처벌하도록 함으로써 등록정보가 철저히 관리되고 개인정보 보호도 강화될 것으로 기대된다.

이자제한법 이 법은 1997년 외환위기 직후의 비정상적인 고금리시기에 IMF의 고금리정책 권고를 배경으로 하여 지난 1998년 1월 13일 "자금의 수급상황에 따라 금리가 자유롭게 정해질 수 있도록 함으로써 자원 배분의 효율성을 도모"한다는 이유로 폐지되었으나, 현행 「대부업 등의 등록 및 금융이용자보호에 관한 법률」만으로는 사채업의 폐해를 해결할 수 없다는 인식하에 다시 이 법을 제정하여 이자의 적정한 최고한도를 정함으로써 국민경제생활을 보호하기 위한 최소한의 사회적 안전장치를 마련하였다. 주요내용을 살펴보면 ① **이자의 최고한도**(이자제한법 제2조) : 금전대차에 관한 계약상의 최고이자율을 제한하되, 최고이자율은 연 25퍼센트를 초과하지 아니하는 범위 안에서 대통령령으로 정하도록 하고, 계약상의 이자로서 이자의 최고한도를 초과하는 부분은 무효로 하며, 이미 초과지급된 이자 상당금액은 원본에 충당되도록 한다. ② **간주이자**(같은 법 제4조) : 이자의 최고한도를 면탈하려는 탈법행위를 방지하기 위해 채권자가 예금·할인금·수수료·공제금·체당금 등 명칭에 불구하고 금전대차와 관련하여 채무자로부터 받은 것은 이자로 보도록 한다. ③ **적용범위**(같은 법 제7조) : 자금시장의 급격한 혼란을 방지하기 위해 다른 법률에 따라 인가·허가·등록을 마친 금융업 및 대부업에는 이 법을 적용하지 않도록 한다.

실화책임에 관한 법률

실화의 경우 중대한 과실이 있을 때에만 「민법」 제750조에 따른 손해배상책임을 지도록 한 규정에 대하여 헌법재판소가 헌법불합치 및 적용중지결정(헌재결 2007.8.30, 2004헌가25 전원재판부)을 한 취지를 반영하여 경과실의 경우에도 「민법」 제750조에 따른 손해배상책임을 지도록 하는 한편, 「민법」 제765조와 달리 생계곤란의 요건이 없어도 실화가 경과실로 인한 경우 실화자, 공동불법행위자 등 배상의무자에게 손해배상액의 경감을 청구할 수 있도록 하고, 법원은 구체적인 사정을 고려하여 손해배상액을 경감할 수 있도록 하여, 실화로 인한 배상의무자에게 전부책임을 지우기 어려운 사정이 있는 경우에 가혹한 손해배상으로부터 배상의무자를 구제하기 위하여 2009년 5월 8일 전부개정하였다.

신원보증법

신원보증 관계를 적절히 규율하는 것을 목적으로 하여 제정된 법률을 말한다(신원보증법 제1조). 이 법은 2002년 1월 14일 법률 제6592호로 전부개정되었다. 이 법에서 **신원보증계약**이란 인수·보증 기타 명칭 여하를 불문하고 피용자의 행위로 사용자가 받은 손해를 배상하는 것을 약정하는 계약을 말한다. 신원보증계약의 기간은 2년을 초과하지 못한다(같은 법 제3조).

자동차손해 배상 보장법

자동차로 인한 인신사고에 관하여 자동차의 보유자에게 무과실책임과 동일한 손해배상책임을 인정하는 동시에 정부가 운영하는 강제보험제도에 의하여 피해자에게 정액의 보험금급여를 보장한 법률을 말한다. 피해자는 보험사업자에게 보험금의 지급을 청구할 수 있고(같은 법 제12조), 자동차의 보유자에 대하여 손해배상을 청구할 수 있다(같은 법 제3조 본문). 자동차보유자는 ① 자기 및 운전자가 자동차의 운행에 관하여 주의를 게을리하지 않았고, ② 피해자 또는 제3자의 고의 또는 과실로 인한 사고라는 것, ③ 자동차의 구조상의 결함 또는 기능에 장해가 없다는 것을 증명하거나, 승객의 사망·부상이 그 승객의 고의 또는 자살행위로 인한 경우 면책을 받는다(같은 법 제3조).

주택임대차 보호법

주택의 임대차에 관하여 민법에 대한 특례를 규정함으로써 임차인을 보호하고 국민의 주거생활의 안정을 보장함을 목적으로 제정된 법률을 말한다(주택임대차보호법 제1조). 이 법률은 1981년 3월 5일 법률 제3379호로 제정, 그 후 여러 번의 개정을 거쳐 오늘에 이르고 있다. 「민법」에서 말하는 '전세'는 등기부에 등기됨으로써 효력을 발생하는 물권을 의미한다. 따라서 흔히 말하는 전세는 거의 대부분 등기가 되어 있지 않기 때문에 엄밀한 의미에서 '전세'가 아니다. 등기를 하지 않고 보통 보증금을 내거나 월세로 들어가 있는 경우는 법률상 **임대차**(賃貸借)라고 부른다. 즉 등기를 한 경우는 「민법」의 보호를 받고, 등기하지 않은 경우에는 이 법에 의하여 보호를 받는 것이다. 이 법은 임대차가 그 등기가 없는 경우에도 임차인이 주택의 인도와 주민등록을 마친 때에는 그 다음 날부터 제3자에 대하여 효력이 생기고, 이 경우 전입신고를 한 때에 주민등록이 된 것으로 본다고 규정하고 있다. 중소기업에 해당하는 법인이 소속 직원의 주거용으로 주택을 임차한 후 그 법인이 선정한 직원이 해당 주택을 인도받고 주민등록을 마쳤을 때에도 준용하며, 임대차가 끝나기 전에 그 직원이 변경된 경우에는 그 법인이 선정한 새로운 직원이 주택을 인도받고 주민등록을 마친 다음 날부터 제3자에 대하여 효력이 생긴다(같은 법 제3조). 또 임차주택의 양수인은 임대인의 지위를 승계한 것으로 본다고 규정하여(같은 법 제3조), 임차인의 지위를 확고히 하고 있다. 확정일자는 주택 소재지의 읍·면사무소, 동 주민센터 또는 시·군·구의 출장소, 지방법원 및 그 지원과 등기소 또는 「공증인법」에 따른 공증인이 부여하는데, 해당 주택의 소재지, 확정일자 부여일, 차임 및 보증금 등을 기재한 확정일자부를 작성하여야 한다. 주택의 임대차에 이해관계가 있는 자는 확정일자를 부여하는 기관에 해당 주택의 확정일자 부여일, 차임 및 보증금 등 정보의 제공을 요청할 수 있으며, 요청을 받은 기관은 정당한 사유 없이 이를 거부할 수 없다. 확정일자부에 기재하여야 할 사항, 주택의 임대차에 이해관계가 있는 자의 범위, 확정일자부여기관에 요청할 수 있는 정보의 범위 및 수수료, 그 밖에 확정일자 부여사무와 정보제공 등에 필요한 사항은 대통령령 또는 대법원규칙으로 정한다(주택임대차보호법 제3조의6). 또한 임대차계약을 체결할 때 임대인은 해당 주택의 확정일자 부여일, 차임 및 보증금 등 정보, 납세증명서 등의 사항을 임차인에게 제시하여야 한다(같은 법 제3조의7).

이 법률은 주택의 전부 또는 일부의 임대차에 관하여 적용된다. 이 법은 기간의 정함이 없거나 기간을 2년 미만으로 정한 임대차는 그 기간을 2년으로 보장하고 있다. 또 임대인이 바뀐 경우 새 임대인(새 집주인)으로부터 보증금을 받아낼 수 있도록 하였고, 보증금을 내주지 못하겠다고 버티면 보증금을 받아낼 때까지 그 주택에 계속 살 수 있도록 보장하고 있다(같은 법 제4조). 임대인은 임차인이 임대차기간이 끝나기 전 일정 기간 중에 계약갱신을 요구할 경우 정당한 사유 없이 거절할 수 없으며, 임차인은 1회에 한하여 계약갱신요구권을 행사할 수 있다(같은 법 제6조의3).

또 보증금이나 월세금을 임대인이 멋대로 올릴 수 없도록 보장하고 있는데, 보증금이나 월세금을 올릴 때에는 기존 보증금이나 월세금의 1/20 이상 올릴 수 없다. 또한 일단 보증금이나 월세금을 올린 뒤에는 1년 이내에 또 다시 이를 올릴 수 없다. 반대로 전체물가가 떨어져 보증금이나 월세금을 내릴 필요가 있을 때에는 임차인이 임대인에 대하여 보증금 또는 월세금을 내리도록 청구할 수 있다(같은 법 제7조). 세든 주택이 처분되었을 경우 임차인은 보증금 중 일정액을 다른 담보물채권보다 우선하여 변제받을 권리가 있다. 이 경우 임차인은 주택에 대한 경매신청의 등기 전에 주민등록(전입신고)을 갖추어야 한다. 이 경우에 소액보증금의 범위와 기준은 주택의 가액(대지가액을 포함한다)의 2분의 1의 범위 안에서 대통령령으로 정하게 되어 있다(같은 법 제8조). 혼인신고를 하지 않고 살다가(사실혼) 남편이 사망한 경우에 남편의 이름으로 계약을 하였더라도 동거생활하던 여자는 물론이고 같이 살던 남편의 부모형제도 임대인으로부터 보증금을 청구할 수 있다(같은 법 제9조). 임차인이 증액비율을 초과하여 차임 또는 보증금을 지급하거나 월차임 산정률을 초과하여 차임을 지급한 경우에는 초과 지급된 차임 또는 보증금 상당금액의 반환을 청구할 수 있다(같은 법 제10조의2).

상가건물 임대차보호법 상가건물의 임대차에서 일반적으로 사회적·경제적 약자인 임차인을 보호함으로써 임차인들의 경제생활의 안정을 도모하기 위하여 민법에 대한 특례를 규정한 것이다. 주요 내용을 살펴보면 ① 이 법은 상가건물의 임대차에 대하여 적용하되, 대통령령으로 정하는 보증금액을 초과하는 임대차에 대하여는 적용하지 아니한다. 다만, 계약갱신요구권(상가건물임대차보호법 제3조, 제10조1항·2항·3항 본문, 제10조의2부터 제10조의9까지의 규정, 제11조의2 및 제19조)에 관해서는 보증금액을 초과하는 임대차에 대하여도 적용한다(같은 법 제2조). ② 임대차는 그 등기가 없는 경우에도 임차인이 건물의 인도와 「부가가치세법」 제8조, 「소득세법」 제168조 또는 「법인세법」 제111조에 따른 사업자등록을 신청한 때에는 그 다음 날부터 제3자에 대하여 효력이 생긴다(상가건물 임대차보호법 제3조). ③ 건물의 임대차에 이해관계가 있는 자는 건물의 소재지 관할 세무서장에게 일정한 정보의 제공을 요청할 수 있으며, 이때 관할 세무서장은 정당한 사유 없이 이를 거부할 수 없다(같은 법 제4조). ④ 대항요건을 갖추고 관할 세무서장으로부터 임대차계약서상의 확정일자를 받은 임차인 또는 그 임차인의 보증금반환채권을 양수한 금융회사 등은 경매나 공매시 임차한 대지를 포함한 상가건물의 환가대금에서 후순위권리자 그 밖의 채권자보다 우선하여 변제받을 권리를 인정한다(같은 법 제5조). ⑤ 임대차가 종료된 후 보증금을 반환받지 못한 임차인은 임차건물의 소재지를 관할하는 지방법원·지방법원지원 또는 시·군법원에 임차권등기명령을 신청할 수 있다(같은 법 제6조). ⑥ 기간의 정함이 없거나 기간을 1년 미만으로 정한 임대차는 그 기간을 1년으로 본다(같은 법 제9조). ⑦ 임차인의 계약갱신요구에 대하여 임대인은 이 법에 규정된 정당한 사유 없이는 이를 거절하지 못하게 하고, 임차인의 갱신요구권은 최초의 임대차기간을 포함한 전체 임대차기간이 10년을 초과하지 않는 범위 내에서만 행사할 수 있다(같은 법 제10조). ⑧ 차임 또는 보증금이 임차건물에 관한 조세, 공과금 그 밖에 부담의 증감이나 경제사정의 변동으로 상당하지 아니하게 된 때에는 당사자는 장래에 대하여 그 증감을 청구할 수 있다(같은 법 제11조). ⑨ 임차인이 3개월 이상 감염병 예방을 위한 집합 제한 또는 금지 조치를 받음으로써 발생한 경제 사정의 중대한 변동으로 폐업한 경우에는 사정 변경을 이유로 임대차계약을 해지할 수 있다(같은 법 제11조의2). ⑩ 계약갱신요구권, 계약갱신특례, 차임연체

와 해지, 계약 갱신요구 등에 관한 임시 특례, 차임 등의 증감청구권, 월차임 전환시 산정률의 제한규정은 전대인과 전차인의 전대차관계에 적용하고, 임대인의 동의를 받고 전대차계약을 체결한 전차인은 임차인의 계약갱신요구권 행사기간 범위 내에서 임차인을 대위하여 임대인에게 계약갱신요구권을 행사할 수 있다(같은 법 제13조). ⑪ 임차인은 임대건물가액의 2분의 1의 범위 안에서 보증금 중 일정액을 다른 담보물권자보다 우선하여 변제받을 권리를 인정한다(같은 법 제14조).

가등기담보 등에 관한 법률

차용한 금전의 반환에 관하여 차주가 차용한 금전에 갈음하여 다른 재산권(예 : 집이나 땅의 소유권)을 이전할 것을 예약한 경우에 그 재산의 가액에서 차용액(이자를 포함한다)을 공제한 나머지 금전(청산금)을 대주(채권자)가 반드시 차주(채무자)에게 돌려주게 함으로써 대주(고리대금업자)의 횡포를 막고 차주(일반서민)를 보호할 목적으로 제정된 법률을 말한다. 이 법률은 1983년 12월 30일 법률 제3681호로 제정되어 1984년 1월 1일부터 시행되고 있다. 이 법률의 주요한 내용은 다음과 같다.

① 통지의무와 청산금 반환 : 채권자는 그 채권의 변제기 후에 담보부동산의 평가액(청산금)을 채무자에게 통지하도록 되어 있다(같은 법 제3조1항). 따라서 채무자는 채무를 변제하고 남은 청산금이 얼마인가를 알 수 있게 된다. 채무자는 이 통지를 받은 날로부터 2개월 안에 채무를 전부 변제하면 다시 담보부동산등기서류를 찾아 부동산을 원상회복시킬 수 있다. 만약 채권자가 청산금을 채무자에게 반환하지 않을 경우에는 부동산소유권이 채권자에게 넘어가지 못하도록 되어 있고(같은 법 제4조3항, 민법 제536조), 또 청산금을 반환하지 않고 채권자가 미리 받아놓은 담보부동산서류로 일방적으로 소유권이전등기를 한 경우에는 무효가 된다.

② 다른 권리자와의 관계 : 채권자는 만약 문

제의 부동산에 저당권, 전세권 등 다른 권리가 있을 경우에는 반드시 이들에게도 내용을 통지하여 이들이 청산금의 한도 내에서 권리를 행사할 수 있는 기회를 주어야 한다. 또한, 세든 사람을 보호하기 위하여 채무자에게 통지한 사실과 그 채권액을 통지하여(같은 법 제6조) 임대인(집주인)으로부터 청산금한도 내에서 보증금을 반환받을 수 있다.

③ 채권자의 청산금공탁(淸算金供託) : 청산금이 다른 사람에 의하여 압류 또는 가압류되어 있는 경우에는 채권자가 문제의 부동산에 대하여 신속하게 권리를 행사할 수 없기 때문에, 이 경우에는 채권자가 청산금을 법원에 공탁하여 목적을 달성할 수 있다(같은 법 제8조).

④ 채무자의 등기말소청구권 : 채무자는 청산금을 받을 때까지 그 채무액을 채권자에게 지급하고 그 소유권이전등기의 말소를 청구할 수 있다. 다만, 채무의 변제기가 지난 때부터 10년이 경과하거나 선의의 제3자가 소유권을 취득한 때에는 소유권이전등기의 말소를 청구할 수 없다(같은 법 제11조).

공탁법 공탁법은 법령의 규정에 의하여 행하는 공탁의 절차를 정함을 목적으로 한 법이다. 이 법에서 **공탁**이란 유가증권 기타의 물품을 공탁소에 임치하는 것으로서, 대체로 ① 채권소멸을 위한 공탁, 즉 채무자가 채권자의 협력 없이 채무를 면하는 수단으로(**변제공탁**), ② 채권담보를 위한 공탁, 즉 상대방에게 생길 손해의 배상을 담보하기 위한 수단으로(**담보공탁**), ③ 단순히 보관하는 의미로 하는 것(**보관공탁**)과 기타 특수한 목적으로 하는 것(**특수공탁**) 등을 말한다.

제조물 책임법
製造物 責任法
시장에 유통된 상품의 결함으로 인하여 소비자의 생명, 신체 또는 재산상의 손해에 대하여 상품의 제조자나 판매자에게 무과실책임의 원칙에 따라 손해배상책임을 지도록 하여 피해자의 권리구제를 도모하기 위한 목적으로 제정된 법이다.

이 법에 따른 손해배상의 청구권은 피해자 또는 그 법정대리인이 해당 제조물로 인하여 발생한 손해와 이에 따라 손해배상책임을 지는 자가 누구인지에 대하여 모두 알게 된 날부터 3년간 행사하지 아니하면 시효의 완성으로 소멸하며(제조물 책임법 제7조1항). 손해배상의 청구권은 제조업자가 손해를 발생시킨 제조물을 공급한 날부터 10년 이내에 행사하여야 한다. 다만, 신체에 누적되어 사람의 건강을 해치는 물질에 의하여 발생한 손해 또는 일정한 잠복기간(潛伏期間)이 지난 후에 증상이 나타나는 손해에 대하여는 그 손해가 발생한 날부터 기산(起算)한다(같은 조 2항). 제조물의 결함으로 인한 손해배상책임에 관하여 이 법에 규정된 것을 제외하고는「민법」에 따른다(같은 법 제8조). 이 법에 따른 제조자에 대한 귀책근거, 즉 비난가능성은 제조자가 위험성 있는 결함상품을 시장에 내놓음으로써 위험을 야기했다는 데 있다. 이때 제조자가 자기의 결함이나 위험성을 인식하였는가는 문제삼지 않는다. 특히 제조물책임은 다음과 같은 점에서 특수성이 인정된다.

① 확대손해의 발생 : 상품의 결함으로 야기된 손해는 완전물의 이행이익을 초과하여 이용자의 신체나 기타 재산에 발생한다. 따라서 제조물책임에서는 하자로 인한 직접손해의 문제가 아니라 하자에 의해 야기된 확대손해가 문제된다.

② 피해자의 불특정 : 피해자가 특정상품의 매수인뿐 아니라 이용자나 운송자 등 누구에게나 발생할 수 있다.

③ 책임주체의 특수성 : 제조물 피해에 대한 책임은 1차적으로 결함상품을 만들어낸 제조자에게 있으며, 2차적으로 그러한 상품을 유통시킨 도매상, 수입상에게 있다.

④ 책임요건의 특수성 : 오늘날 상품의 생산·유통은 고도의 기술, 기업비밀로 말미암아 제조물의 피해자가 피해의 원인을 설명하기 매우 곤란하다. 따라서 피해자가 제조, 유통상의 주의의무 위반에 대해 입증을 해야 한

다면 제조물 피해로 인한 피해의 구제는 사실상 불가능한 것이 될 것이다. 따라서 제조물책임에서는 책임발생의 핵심을 과실에 두지 않고 제조물의 결함에 둔다.

이와 같은 제조물책임의 특수성에 의해서 제조물의 결함과 제조업자의 과실요건에 대해서는 다음과 같은 논의가 있다.

1. 제조물의 결함
① 결함의 책임(매개성) : 제조물책임의 법리에 있어서 책임발생의 핵심적인 요소는 제조물에 존재하는 결함이다. 제조물책임에 있어서 '결함'이란 통상 예견된 제조물의 사용에 있어서 생명, 신체 또는 재산에 부당한 위험을 발생시킨 제조물의 하자를 말한다.
② 결함의 유형 : 결함의 유형에는 설계상의 하자, 제조과정상의 하자, 설명·경고상의 하자 등이 있다.

2. 제조자의 과실
① 원칙적인 책임요건으로의 과실 : 원칙적인 불법행위에 의할 때 피해자가 제조자의 상품 결함에 대한 과실이 있음을 입증하여야 하고, 이것은 상품의 결함이 제조자의 과실행위에 의해 생긴 것과 그 상품의 유통이 제조자의 의도 또는 과실로 말미암아 이루어졌음을 밝힘으로써 증명된다.
② 제조물책임에서 과실의 사실상 추정 : 일정한 요건이 충족되는 경우에는 제조자에게 과실이 있다고 사실상 추정함으로써 피해자의 과실입증의 곤란을 완화시켜야 한다. 피해자가 결함의 존재 및 결함과 손해 사이의 인과관계를 증명하면 제조자의 과실에 대한 사실상의 추정이 행해져 과실의 증명책임이 제조자에게 옮겨져야 한다고 한다.
③ 주의의무의 가중 : ㉠ 과실의 인정－제조자의 과실이란 제조자가 짊어진 주의의무에 어긋나는 행위를 하거나 그 의무의 이행을 게을리한 것을 의미한다. 제조자는 각종의 특별법규에 의하여 제조기준이나 기타의 의무를 부여받으므로 이 기준, 의무에 어긋나는 작위 또는 부작위에 의한 손해의 경우는

제조자의 과실을 인정할 수 있다. ㉡ 위험책임에 유사한 운영－제조물책임을 위험책임에 가깝게 하여 과실이라는 책임원인에서 해방시키기 위해서는 제조자의 주의의무를 포괄적인 위험방지의무로 이해하고 상품·결함 등의 위험요인들이 야기되었을 경우에는 반증이 없는 한 주의의무위반이 있었다고 판정함이 필요하다고 한다. ㉢ 결함의 종류에 따른 주의의무의 차등화 결함의 종류에 따라 주의의무의 차등화를 주장한 견해도 주장되고 있다.

입목에 관한 법률
立木에 관한 法律
1973년에 제정된 이 법에 따라, 소유권 보전등기를 받을 수 있는 수목의 집단은 시·군에 비치한 입목등록원부에 등록한 것에 한한다(입목에 관한 법률 제8조). 입목등기부는 물적편성주의에 따라 작성한다(같은 법 제13조). 입목등기부의 양식은 토지나 건물의 등기부와 같다(같은 법 제14조). 입목등기의 신청은 입목소유자가 단독으로 하며, 그 신청의 진정을 보장하기 위하여 각종의 서면을 제출하게 한다(같은 법 제15조 이하). 이 법 시행 초기에는 이 법의 적용을 받아 독립한 부동산으로 거래할 수 있는 수목의 집단이 매우 제한적이었으나 입목에 관한 권리의 행사를 보다 확실하게 보장하기 위해 현재는 모든 수종으로 확대되었다(같은 법 시행령 제1조 참조).

약관의 규제에 관한 법률
약관에 의한 거래는 현대의 대량생산·대량소비사회에서 등장하게 된 새로운 현상으로서 여러 가지 유용한 기능을 해온 것이 사실이므로 「약관의 규제에 관한 법률」을 제정하여 신의성실의 원칙에 반하여 공정을 잃은 조항들을 무효화하고, 약관심사위원회를 설치하여 이 법에 위반되는 조항을 적용한 사업자에 대하여는 기획재정부장관으로 하여금 동 위원회의 심의를 거쳐 시정권고를 하도록 함으로써 경제적 약자가 명실상부한 계약의 자유를 누릴 수 있도록 하였다.

부동산등기법

부동산등기법

실 체 관 계

기입등기
記入登記

새로운 등기원인(매매에 의한 소유권의 이전이라든가 토지·건물에 저당권을 설정하는 경우)이 발생한 경우에 그 등기원인에 입각하여 새로운 사항을 등기부에 기재하는 등기를 말한다. 건물을 신축하고 그것을 등기부에 기재하는 소유권보존등기, 매매나 증여 등에 의하여 부동산의 소유주가 변경된 경우에 행하는 소유권이전등기, 토지·건물을 담보로 제공한 경우 담보권을 설정하는 저당권설정등기 등 새로운 사실의 발생에 입각하여 새로운 사항을 기재하는 등기가 이에 해당된다. 즉 이미 기재된 등기를 말소하거나 변경 또는 회복하는 경우와 구별하는 뜻에서 특히 기입등기라고 부른다.

종국등기·본등기
終局登記·本登記

등기는 토지·건물을 표시하고 그 소유자나 저당권자 등 일정한 권리관계를 일반에게 공시하고 권리자 및 거래의 안전을 도모하기 위하여 여러 가지 효력이 인정되고 있는데, 이 등기 본래의 효력을 발생시키는 등기가 종국등기이다. 또한 이것은 가등기에 대응하는 뜻에서 **본등기**라고 부른다. 그런 까닭에 등기 본래의 효력을 지니지 않고 장래 종국등기를 할 것을 예상하고 미리 하는 가등기나, 단순히 일정한 사실을 기입하는 예고등기는 **예비등기**(豫備登記)라 하여 이와 구별한다. 종국등기는 그의 기재내용에 의하여 '기입등기(記入登記)', '변경등기(變更登記)', '말소등기(抹消登記)', '회복등기(回復登記)'로 분류되고, 또한 그 형식에 따라 '**주등기**(主登記)'와 '**부기등기**(附記登記)'(단순한 추가기재의 등기)로 나뉜다.

변경등기
變更登記

등기의 일부가 실체관계와 부합하지 아니하는 경우에 이를 실체관계와 부합하도록 시정하는 등기를 말한다. 변경등기는 등기의 일부가 실체관계와 불일치하는 데 불과하므로 이를 시정하여도 변경 전과 동일성이 유지된다. 이 점에서 등기의 전부가 실체관계와 부합하지 아니하여 이를 등기부로부터 소멸케하는 말소등기와 구별된다. 등기와 실체관계가 불일치하게 된 원인이 등기 후 후발적으로 발생하여 이를 시정하는 경우를 협의의 변경등기라고 하고, 등기 당시 처음부터 원시적으로 착오·누락에 의하여 그 불일치가 생긴 경우에 이를 시정하는 것을 **경정등기**(부동산등기법 제32조)라고 한다. 양자를 합하여 광의의 변경등기라고 하며, 보통 변경등기란 협의의 변경등기를 말한다. 변경등기는 그 불일치하는 내용에 따라서 다음과 같이 분류할 수 있다. 권리내용이 불일치한 경우에는 권리변경등기를, 객체인 부동산의 표시가 불일치한 경우에는 부동산 표시변경등기를, 주체인 등기명의인의 표시가 불일치한 경우에는 등기명의인의 표시변경등기를 하여야 한다. 변경등기의 신청은 그 사실이 있는 때부터 1개월 이내에 신청하여야 한다(같은 법 제35조).

말소등기
抹消登記

기존의 등기사항의 전부가 원시적(原始的) 또는 후발적(後發的) 실체관계와 부합하지 아니하여 그 등기사항의 전부를 등기부로부터 소멸시키기 위하여 하는 등기를 말한다. 부합하지 아니한 이유가 실체적(원인무효)인 경우도 있고, 절차적(관할위반)인 경우도 있다. 그러나 등기사항의 전부가 아닌 일부가 실체관계와 부합하지 아니한 경우에는 말소가 아닌 변경, 경정, 말소회복의 등기로서 이를 시정하여야 한다. 등기사항의 일부에 말소사항이 있는 경우에는 말소 의미의 경정등기를 하여야 한다. 말소의 대상이 될 수 있는 등기의 종류는 제한이 없으나, 말소등기는 말소등기의 대상이 되지 아니한다. 이 경우에는 말소회복등기를 하여야 한다. 말소등기라고 하여도 단지 등기면의 기재사항을 붉은 선으로 말소하는 것뿐만이 아니라 '○월 ○일 제○번의 등기말소'라는 내용이 새로 기입된다. 말소등기는 등기명의인으로 될 자 또는 등기명의인이 단독으로 신청한다(부동산등기법 제23조2항). 등기명의인의 사망 또는 법인의 해산으로 권리가 소멸한다는 약정이 등기되어 있는 경우에 그 권리가 소멸하였을 때에는, 등기권리자는 그 사실을 증명하여 단독으로 해당 등기의 말소를 신청할 수 있다(같은 법 제55조). 또한 등기권리자가 등기의무자의 소재불명으로 인해 공동으로 등기의 말소를 신청할 수 없을 때에는 「민사소송법」에 따라 공시최고를 신청할 수 있으며, 이 경우에 제권판결(除權判決)이 있으면 등기권리자가 그 사실을 증명하여 단독으로 등기의 말소를 신청할 수 있다(부동산등기법 제56조).

회복등기
回復登記
일단 말소되었던 등기를 다시 한 번 부활, 재현하는 등기를 말한다. 회복등기는 등기부 그 자체의 전부 또는 일부가 멸실된 경우에 그것을 재현하는 등기인 멸실회복등기와 등기사항이 부적법하게 말소된 경우에 이를 회복시키는 말소회복등기로 구분된다. **멸실회복등기**란 등기부의 전부 또는 일부가 물리적으로 멸실된 경우에 그로 인하여 소멸한 등기를 회복하는 등기를 말한다. 그 멸실의 원인은 가리지 않는다. 멸실회복등기는 멸실된 등기를 단순히 회복해서 보존하는 것일 뿐 새로이 등기를 하는 것은 아니다. 따라서 멸실회복등기는 등기권리자만으로도 신청할 수 있다. 즉 멸실회복등기는 이미 유효하게 성립되어 효력이 발생되었던 등기를 등기부에 재현시키는 절차인 보존행위에 불과하여 권리자만의 단독신청에 의하더라도 등기의 진정이 확보되기 때문이다. **말소회복등기**는 등기사항의 전부 또는 일부가 부적법하게 말소된 경우에 이를 회복하는 등기이다. 등기사항의 일부가 부적법하게 말소된 경우라 함은 임차권의 양도에 대한 임대인의 동의의 특약등기가 부적법하게 말소된 경우 등을 말한다. 말소회복등기는 등기가 부적법하게 말소된 것을 요건으로 하는데, 부적법하게 말소된 이유는 실체적 이유(원인무효)이건 절차적 하자(등기관의 과오)에 기인한 것이든 이를 불문하고, 말소등기가 무효인 경우는 모두 포함된다. 등기는 현실의 권리관계를 사실대로 공시하는 제도이므로 말소등기가 부적법하게 행하여진 경우라도 그것이 실체관계에 부합하는 때에는 말소등기를 할 수 없다. 말소회복등기는 종래 말소되었던 그 등기사항을 그대로 재현시켜 그 효력을 회복시켜 달라는 것이다. 말소회복등기에 의하여 등기상 이해관계 있는 제3자가 있으면 그 제3자의 승낙이 있어야 한다(부동산등기법 제59조).

상속등기
相續登記
소유권·지상권 등 부동산등기에 의하여 공시되는 권리가 상속으로 인하여 피상속인으로부터 상속인으로 이전하였다는 것을 표시하는 등기를 말한다. 상속의 경우에는 종전의 권리자(피상속인)가 이미 사망하였다거나, 비록 생존하고 있다 하더라도 가족관계등록 등에 의하여 상속의 사실을 증명하는 것은 용이하다. 그러므로 상속에 의한 등기는 가족관계등록부 등 상속을 증명하는 서면을 첨부하고, 등기권리자인 상속인이 단독으로 신청하면 된다(부동산등기법 제23조3항·제27조). 그러나 상속인이 수인이 있는 경우에는 우선 전원공유의 상속등기를 하고, 후에 유산분할절차의 결과에 따라서 그 부동산을 취득하기로 결정된 특정 상속인만의 소유로 하기 위한 등기를 하는 것이 원칙이나, 이 제1단계의 절차를 생략하고 유산분할절차가 끝날 때까지는 피상속인의 명의를 그대로 두고, 유산분할의 결과에 따라서 결정된 특정 상속인의 명의로 직접 상속등기를 할 수 있다.

가등기 假登記

매매의 예약이나 기한에 차용금을 변제하지 않았을 때에는 대물변제로서 부동산을 취득한다는 약정을 하였을 때, 또한 농지가 택지로 변경되면 매수하겠다는 계약을 하였을 때에는 당연히 장래에 소유권이전의 본등기를 하는 것이 예상된다. 이 장래의 본등기에 대비하여 미리 등기부상의 순위를 보전하기 위하여 행하는 등기를 말한다(부동산등기법 제88조~제93조). 무담보의 토지라는 것을 알고 매매의 예약을 하였다 하더라도 마침내 정식으로 매매가 성립하기까지의 사이에 누군가가 여기에 저당권의 등기를 하면 후순위의 취득자는 결국 손해를 보게 된다. 그러므로 도중에 제3자가 개입하는 것을 방지하기 위하여 이 가등기를 할 필요가 있다. 즉 가등기를 한 다음에 본등기를 하면 이 대항력의 순위가 가등기를 한 때로 소급하기 때문에(같은 법 제91조), 가등기 후에 한 일체의 등기는 효력을 상실한다. 이처럼 가등기의 효과가 크고 등록세도 적어 많이 활용되고 있다.

가처분명령 假處分命令

가등기를 하는 데 있어서도 쌍방의 협력이 필요하다. 상대방이 가등기의 신청에 동의하지 않는 경우 법원에 대하여 가등기를 마쳐야 한다는 취지의 가처분명령을 신청하고, 이 명령에 의거하여 일방적으로 행하는 가등기를 말한다. 가등기를 하려는 자는 그 부동산의 소유지를 관할하는 지방법원에 가등기 원인사실의 소명이 있는 경우에 신청할 수 있다. 이 신청은 각하한 결정에 대하여는 즉시항고를 할 수 있고, 즉시항고에 대하여는 「비송사건절차법」을 준용한다(부동산등기법 제90조). 이에 의해 가등기를 신청할 때에는 가처분명령이 있음을 증명하는 정보를 첨부정보로서 등기소에 제공하여야 한다(부동산등기규칙 제145조2항).

합필등기 合筆登記

토지등기부상 독립한 토지로서 등기되어 있는 여러 필의 토지를 합쳐서 1필의 토지로 등기하는 것을 말한다. 등기는 소유자가 신청하는 것이 원칙이지만, 다음과 같은 등기 외 권리에 관한 등기가 있으면 합필등기를 할 수 없다. ① 소유권·지상권·전세권·임차권 및 승역지(承役地 : 편익제공지)에 하는 지역권의 등기 ② 합필하려는 모든 토지에 있어 등기원인 및 그 연월일과 접수번호가 동일한 저당권에 관한 등기 ③ 합필하려는 모든 토지에 있어 신탁원부에 기록된 신탁등기의 등기사항이 모두 동일한 경우(부동산등기법 제37조). 「공간정보의 구축 및 관리 등에 관한 법률」에 따른 토지합병절차를 마친 후 합필등기를 하기 전에 합병된 토지 중 어느 토지에 관하여 소유권이전등기가 된 경우라 하더라도 이해관계인의 승낙이 있으면 해당 토지의 소유권의 등기명의인들은 합필 후의 토지를 공유(共有)로 하는 합필등기를 신청할 수 있다. 또한 토지합병절차를 마친 후 합필등기를 하기 전에 합병된 토지 중 어느 토지에 관하여 합필등기의 제한사유에 해당하는 권리에 관한 등기가 된 경우라 하더라도 이해관계인의 승낙이 있으면 해당 토지의 소유권의 등기명의인은 그 권리의 목적물을 합필 후의 토지에 관한 지분으로 하는 합필등기를 신청할 수 있다. 다만, 요역지(要役地 : 편익필요지)에 하는 지역권의 등기가 있는 경우에는 합필등기를 신청하여야 한다(부동산등기법 제38조).

부동산
등기법

합병등기
合倂登記

1필의 토지의 일부를 다른 필로 합병하는 것을 말한다. 즉 분필과 합필이 결합하여 행하여지는 등기이다. 합병등기는 토지의 분할·합병이나 건물의 분할·구분·합병이 있는 경우와 등기사항에 변경이 있는 경우에는 그 토지나 건물소유권의 등기명의인은 그 사실이 있는 때부터 1개월 이내에 그 등기를 신청하여야 한다(부동산등기법 제35조·제41조). 그러나 ① 소유권·전세권 및 임차권의 등기, ② 모든 건물에 있는 등기원인 및 그 연월일과 접수번호가 동일한 저당권에 관한 등기, ③ 신탁원부에 기록된 사항이 모두 동일한 신탁등기가 있는 경우에는 그러하지 아니하다(같은 법 제42조).

멸실등기
滅失登記

부동산이 멸실된 경우 표제부의 기재를 말소하고 그 등기용지를 폐쇄하는 방법으로 행하여지는 등기를 말한다. 멸실등기는 토지가 함몰하여 없어지거나 건물이 소실 또는 파괴되어 1개의 부동산 전체가 멸실한 경우에 해당된다. 1필의 토지나 1개의 건물 전체가 멸실한 경우로서 토지 면적의 감소나 건평의 축소 등 일부멸실의 경우에는 이에 해당하지

않는다. 토지나 건물이 멸실된 경우에는 그 소유권의 등기명의인은 그 사실이 있는 때부터 1개월 이내에 그 등기를 신청하여야 한다(부동산등기법 제39조·제43조). 또한 존재하지 아니하는 건물에 대한 등기가 있을 때에는 그 소유권의 등기명의인은 지체 없이 그 건물의 멸실등기를 신청하여야 한다(같은 법 제44조).

절 차 관 계

등기부
登記簿

전산정보처리조직에 의하여 입력·처리된 등기정보자료를 대법원규칙으로 정하는 바에 따라 편성한 것이며(부동산등기법 제2조1호), 토지등기부(土地登記簿)와 건물등기부(建物登記簿)로 구분한다. 등기부는 영구(永久)히 보존하여야 하며 대법원규칙으로 정하는 장소에 보관·관리하고, 전쟁·천재지변이나 그 밖에 이에 준하는 사태를 피하기 위한 경우 외에는 그 장소 밖으로 옮기지 못한다. 다만, 신청서나 그 밖의 부속서류에 대하여는 법원의 명령 또는 촉탁이 있거나 법관이 발부한 영장에 의하여 압수하는 경우에는 옮길 수 있다(같은 법 제14조).

누구든지 수수료를 내고 대법원규칙으로 정하는 바에 따라 등기기록에 기록되어 있는 사항의 전부 또는 일부의 열람과 이를 증명하는 등기사항증명서의 발급을 청구할 수 있으나, 등기기록의 부속서류에 대하여는 이해관계 있는 부분만 열람을 청구할 수 있다. 등기기록의 열람 및 등기사항증명서의 발급청구는 관할등기소가 아닌 등기소에 대하여도 할 수 있다(같은 법 제19조).

물적 편성주의
物的 編成主義

등기부를 편성하는 방식으로서 1필의 토지 또는 1개의 건물에 대하여 1개의 등기부를 편성하는 것을 말한다. 다만, 1동의 건물을 구분한 건물에 있어서는 1동의 건물에 속하는 전부에 대하여 1개의 등기기록을 사용한다. 등기기록에는 부동산의 표시에 관한 사항을 기록하는 표제부와 소유권에 관한 사항을 기록하는 갑구(甲區) 및 소유권 외의 권리에 관한 사항을 기록하는 을구(乙區)를 둔다(부동산등기법 제15조).

등기소
登記所

등기사무를 취급하는 국가기관을 말한다. 각 등기소의 관할구역은 행정구획을 기준으로 하여 정하여져 있다. 그런데 부동산이 여러 등기소의 관할구역에 걸쳐 있을 때에는 신청을 받아 각 등기소를 관할하는 상급법원의 장이 관할등기소를 지정한다(부동산등기법 제7조).

등기공무원(등기관)
登記公務員(登記官)

등기사무를 취급할 권한이 있는 공무원을 말한다. 이 등기사무는 등기소에 근무하는 법원서기관·등기사무관·등기주사 또는 등기주사보 중에서 지방법원장이 지정한 자(이하 등기관이라고 한다)가 처리한다(부동산등기법 제11조). 등기사무는 공정하게 처리하지 않으면 안 되기 때문에 등기관 본인, 배우자 또는 4촌 이내의 친족(이하 배우자 등)이 등기신청인(登記申請人)인 경우에는 그 등기소에서 소유권등기(所有權登記)를 한 성년자로서 배우자 등이 아닌 자 2명 이상의 참여가 없으면 등기를 할 수 없다(배우자 등의 관계가 끝난 후에도 같다). 이 경우에 등기관은 조서를 작성하여 참여인과 같이 기명날인 또는 서명을

하여야 한다(같은 법 제12조). 등기공무원이 고의·과실로 부당한 처분을 하고 타인에게 손해를 가한 경우에는 국가가 이의 손해배상책임을 지게 된다(국가배상법 제2조).

법무사
法務士

다른 사람에게서 위임을 받아 법원과 검찰청에 제출하는 서류를 대신 작성하거나 등기 그 밖의 등록신청에 필요한 서류의 작성 또는 대신해서 이를 제출하는 등의 사무를 처리하는 사람을 말한다(법무사법 제2조). 이 법무사가 될 자격은 법무사시험에 합격한 자이다(같은 법 제4조). 법무사는 위임에 응할 의무(같은 법 제20조)가 있으며, 경매사건 또는 공매사건의 대리를 할 때에도 해당 장소에 직접 출석해야 한다(같은 법 제20조의2). 또한 업무범위를 초과하여 타인의 소송이나 쟁의사건에 관여하거나 등록증을 다른 사람에게 빌려주어서는 안 되고(같은 법 제21조), 그 외에도 법무사는 비밀누설금지의무(같은 법 제27조), 해당 지방법무사회 가입 및 회칙 준수(같은 법 제28조·제30조), 보수영수증교부(법무사규칙 제34조) 등의 의무를 부담한다. 법무사 또는 변호사가 대리인으로서 등기를 신청하는 경우 해당 사무소 소재지를 관할하는 지방법원장이 허가하는 사무원이 등기소에 출석해서 신청정보 또는 첨부정보를 적은 서면을 제출할 수 있다(부동산등기법 제24조).

**등기부
전산화**

등기정보자료를 대법원규칙으로 정하는 바에 따라 편성하여 전산정보처리한 것을 말한다. 부동산등기부 전산화사업의 완료로 등기사무처리가 전산정보처리조직에 따라 수행되고 있고, 전자신청이 전국적으로 시행되고 있으므로 종이등기부를 전제로 한 규정 또는 용어는 전산등기부와 부합하지 아니하므로 모두 삭제했고, 모든 등기사무가 전산정보처

부동산
등기법

리조직으로 처리되므로 이를 등기사무처리 방식의 원칙으로 규정한 것이다. 등기신청의 접수시기와 효력발생시기는 등기신청정보가 전산정보처리조직에 저장된 때 접수된 것으로 본다(부동산등기법 제6조). 어느 부동산의 소재지가 다른 등기소의 관할로 바뀌었을 때에는 종전의 관할등기소는 전산정보처리조직을 이용하여 그 부동산에 관한 등기기록의 처리권한을 다른 등기소로 넘겨주는 조치를 하여야 한다(같은 법 제9조).

신청주의 申請主義
토지·건물을 등기하는 데 있어서 국가가 직권으로 이를 행하지 않고 당사자(토지·건물의 소유자나 이해관계인)의 신청이 있는 경우에 한하여 등기를 한다는 원칙을 말한다. 따라서 등기소는 당사자의 신청 또는 관공서의 촉탁이 없으면 원칙상 등기절차를 취할 수 없다(부동산등기법 제22조)고 규정함으로써 사인의 재산거래는 사인의 자치에 맡기려고 하는 취지이다.

등기원인 登記原因
매매나 상속 등과 같이 등기를 필요로 하는 원인이 되는 사실을 말한다(매매·증여와 같은 계약이 있으며, 시효에 의한 소유권의 취득 등도 있다). 결국 등기를 하지 않으면 안 될 경우는 매매나 상속 등에 의하여 토지·건물의 소유권이 이동하였을 때에 발생한다. 그러므로 그 매매나 상속 등을 등기원인이라고 한다. 등기를 신청할 때에는 「부동산등기법」에 따른 등기원인을 증명하는 서면을 제출하면 된다.

등기필정보 登記畢情報
등기부에 새로운 권리자가 기록되는 경우에 그 권리자를 확인하기 위하여 등기관이 작성한 정보를 말한다(부동산등기법 제2

조4호). 등기권리자와 등기의무자가 공동으로 권리에 관한 등기를 신청하는 경우에 신청인은 그 신청정보와 함께 통지받은 등기의무자의 등기필정보를 등기소에 제공하여야 한다. 승소한 등기의무자가 단독으로 권리에 관한 등기를 신청하는 경우에도 또한 같다(같은 법 제50조2항). 등기의무자의 등기필정보가 없을 때에는 등기의무자 또는 그 법정대리인이 등기소에 출석하여 등기관으로부터 등기의무자등임을 확인받아야 한다. 다만, 등기신청인의 대리인(변호사나 법무사만을 말한다)이 등기의무자등으로부터 위임받았음을 확인한 경우 또는 신청서(위임에 의한 대리인이 신청하는 경우에는 그 권한을 증명하는 서면을 말한다) 중 등기의무자 등의 작성부분에 관하여 공증(公證)을 받은 경우에는 그러하지 아니하다(같은 법 제51조). 등기관은 취급하는 등기필정보의 누설·멸실 또는 훼손의 방지와 그 밖에 등기필정보의 안전관리를 위하여 적절한 조치를 마련하여야 한다(같은 법 제110조).

상 법

상 법

총 칙

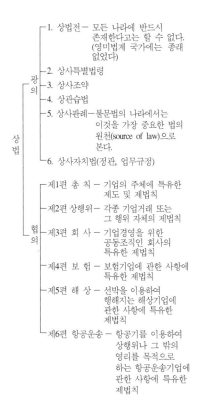

상법전
商法典

상법은 영리를 목적으로 하는 기업생활관계를 규율하는 것을 목적으로 한다. 예컨대 물자의 제조·가공·판매·보관·운송·보험업 등을 규율하기 위해 '상법'이라고 하는 명칭을 붙여서 제정된 법전을 말한다. 형식적인 「상법」이외의 상사특별법령(商事特別法令)·상관습법(商慣習法)도 포함하고, 성문법의 유무에 관계없이 기업생활관계를 규율하는 법의 전체를 상법이라고 말하고 있는데, 보통 상법이라고 하면 이 상법전을 가리킨다.

민법 이외 상법이 필요한 이유는 기업거래가 영리를 중심으로 되어 있기 때문에 그것에 대응하는 특수한 기업형태의 조직운영에 관한 규제가 필요하며, 그 거래행위가 집단적이어서 민법과 달리 개성적이 아니고, 고도의 기술성을 갖고 있는 점에서 일반적으로 개인 간의 생활관계·거래관계를 규율하는 민법과는 차이가 있기 때문이다. 민법과 상법은 사적 생활관계를 규율하는 법으로서 일반법과 특별법의 관계에 있다. 역사·종교·풍속·관습 등 전통적 요소가 강하게 지배하고 고정적인 경향이 강한 민법과는 달리, 상법은 나날이 발전해 가는 기업 생활관계를 규율하기 때문에 매우 진보적이다. 민법과 비교하여 개정이 잦은 이유이다.

우리나라 현행 상법은 1962년 1월 20일 법률 제1000호로 제정되어 그 시행 전인 1962년 12월 12일에 일부개정하여 1963년 1월 1일부터 시행되었으며, 총칙·상행위·회사·보험·해상 및 항공운송의 6편으로 되어 있다.

상법은 제정 이후 1984년 4월 10일 법률 제3724호로 처음 개정되었고, 그 후 몇 차례의 개정이 있었다.

1998년 12월 28일 개정에서는 이사선임시의 집중투표제도(제382조의2), 주식분할제도(제329조의2)가 도입되었고, 소수주주의 회사감독권을 보장하는 주주제안권(제363조의2), 소수주주에 의한 소집청구(제366조) 등에 관한 내용이 신설·개정되었다. 그리고 당시 외환위기에서 사회문제로 부각되었던 실질적인 회사업무결정권자의 회사에 대한 책임을 묻기 위해 업무집행지시자 등의 책임(제401조의2) 조항이 신설되었다.

1999년 12월 31일 개정에서는 국제경쟁시대에 기업의 국제화 필요성이 제기됨에 따라 이사회의 기능과 역할을 강화하여 기업경영의 효율성을 제고하고, 감사위원회제도의 도입(제415조의2)을 통하여 기업경영의 투명성을 보장하며, 주주총회 및 이사회의 운영방법을 정비하는 데 초점을 맞추었다.

2001년 7월 24일 개정에서는 기업경영의 투명성을 제고하고 국제경쟁력을 강화하기 위하여 주주총회의 결의사항을 확대하고, 이사회제도를 개선하며 주주의 신주인수권을 강화하는 등 기업지배구조를 개선하고(제418조 등), 지주회사 설립을 위한 주식의 포괄적 교환·이전제도를 도입(제360조의2~제360조의23)하였다.

2001년 12월 29일 개정에서는 주식회사 및 유한회사의 이사·감사·청산인에 관하여는 그 선임결의 무효의 소 등을 제기하면서 직무집행정지·직무대행자 선임가처분을 신청할 수 있고, 그 명령이 발령된 때에는 이를 등기(제183조의2)하도록 하였다.

2007년 8월 3일 개정에서는 제5편 해상 부분을 전면적으로 개선·보완하여 해상운송계약 관련 법체계(제791조~제864조)를 국제무역 실무에 맞게 재정비하고, 전자선하증권제도(제862조) 및 해상화물운송장제도(제863조·제864조) 등 새로운 무역환경에 부합하는 제도를 마련하며, 해운강국으로서 세계적인 지위에 걸맞는 해상법제를 마련하기 위하여 선박소유자의 책임한도와 운송물의 포장·선적단위당 책임한도(제797조)를 국제기준에 맞게 상향조정하였다.

2009년 5월 28일 개정에서는 경제활성화를 위하여 소규모회사의 창업이 용이하도록 회사설립시 자본금의 규모나 설립형태를 불문하고 정관에 대하여 일률적으로 공증인의 인증을 받게 하던 것을 발기설립시 정관에 대한 인증의무를 면제하고(제292조), 주주총회의 소집절차를 간소화하는 등(제363조·제366조1항) 창업절차를 간소화하며, 주주총회의 전자투표제(제368조의4)를 도입하여 기업

경영의 정보기술(IT)화를 실현하는 등 기업활동의 편의를 도모하려 하였다.

2010년 5월 14일 개정은 변화된 현실을 반영하여 방송, 지급결제업무의 인수 등 새로운 상행위를 도입하고(제46조), 공중접객업자의 비현실적 엄격책임을 완화하며(제151조~제154조), 새로운 상행위인 금융리스(제168조의2~제168조의5), 가맹업(제168조의6~제168조의10), 채권매입업(제168조의11·제168조의12)의 법률관계를 구체적으로 규정하는 등 현행 규정의 미비점을 보완하고 법률관계를 명확히 하기 위한 것이었다.

2011년 4월 14일 개정에서는 기업경영의 투명성과 효율성을 높이기 위하여 자금 및 회계 관련 규정을 정비하고, 정보통신기술을 활용하여 주식·사채(社債)의 전자등록제를 도입하며(제356조의2·제478조3항), 합자조합(제86조의2~제86조의9)과 유한책임회사 등(제287조의2~제287조의45) 다양한 기업형태를 도입함으로써 국제적 기준에 부합하는 회사법제로 재편하는 한편, 이사의 자기거래 승인 대상범위를 확대하고 이사의 회사기회 유용금지 조항을 신설하여(제397조의2) 기업경영의 투명성을 높임으로써 활발한 투자여건을 조성하고 급변하는 경영환경에 기업이 적절히 대응할 수 있는 법적 기반을 마련하고자 하였다.

2011년 5월 23일 개정에서는 우리나라 항공운송산업이 비약적으로 발전했음에도 불구하고 당사자 사이의 이해관계는 오로지 항공사가 제공하는 약관에만 의존하고 있어서 법적 안정성이 훼손될 우려가 있으므로, 승객과 화주의 권익을 보호하고 항공운송 당사자의 권리·의무를 명확히 하기 위하여 항공운송편을 신설하였다(제896조~제935조).

2014년 3월 11일 개정(2015.3.12 시행)에서는 선량한 보험계약자를 두텁게 보호하는 한편 보험산업의 성장과 변화를 법령에 반영하였다. 2014년 5월 20일 개정(2014.5.20 시행)으로 기존의 무기명주식 제도가 기업의 자본조

달에 기여하지 못하고, 더 이상 유지할 실익이 없는바, 무기명주식 제도를 폐지하여 기명주식으로 일원화함으로써 조세 및 기업 소유구조의 투명성 제고를 위한 기반을 마련하였다.

2015년 12월 1일 개정에서는 기업 인수·합병 시장의 확대 및 경제 활성화를 도모하기 위하여 기업의 원활한 구조 조정 및 투자 활동이 가능하도록 다양한 형태의 기업 인수·합병 방식을 도입하는 한편, 반대주주의 주식매수청구권 제도를 정비하였다. 삼각합병, 삼각주식교환, 역삼각합병 및 삼각분할합병 제도를 도입하고(제360조의3 및 제530조의6 등), 반대주주의 주식매수청구권 제도를 정비하였으며(제360조의5 1항 및 제374조의2 등), 소규모 주식교환의 요건을 완화하였다(제360조의10 1항 및 제527조의3 1항 등). 또 간이 영업양도, 양수, 임대 제도를 도입하고(제374조의3 신설), 회사의 분할 시 분할하는 해당 회사를 분할회사로, 분할을 통하여 새로 설립되는 회사를 단순분할신설회사로, 분할흡수합병의 존속회사를 분할승계회사로, 분할신설합병으로 새로 설립되는 회사를 분할합병신설회사로 용어를 명확하게 정비하고, 분할 시 자기주식의 이전을 허용하는 등 회사의 분할·합병 관련 규정을 정비하였다(제530조의5 등).

2017년 10월 31일 개정에서는 전자금융거래가 활성화되고 있는 사회적인 현상을 반영하여 타인의 사망을 보험사고로 하는 보험계약을 체결할 때 받아야 하는 그 타인의 서면 동의 및 단체가 규약에 따라 구성원의 전부 또는 일부를 피보험자로 하는 생명보험계약을 체결하며 피보험자 또는 그 상속인이 아닌 자를 보험수익자로 지정할 때에 받아야 하는 그 피보험자의 서면 동의에 「전자서명법」(2020.6.9 법 17354호로 전부개정되기 이전 법) 제2조제2호에 따른 전자서명이 있는 경우로서 대통령령으로 정하는 바에 따라 본인 확인 및 위조·변조 방지에 대한 신뢰성을 갖춘 전자문서를 포함하였다(제731조1항·제735조의3 3항).

2018년 9월 18일 개정에서는 행위능력에 관한 금치산 및 한정치산 제도를 폐지하고 성년후견, 한정후견 등의 새로운 제도를 도입하는 내용으로 「민법」이 개정됨에 따라, 현행은 영업허락의 등기를 하여야 하는 사유와 법정대리인의 허락을 얻어 회사의 무한책임사원이 될 수 있는 사람으로 "한정치산자"를 규정하고 있으나, "피한정후견인"은 원칙적으로 능력자이며 법정대리인이 존재하지 않을 수 있다는 점을 고려하여 "피한정후견인"으로 변경하지 아니하고 현행 "한정치산자"를 각각 삭제하였고(제6조·제7조), 또한 현행 사외이사의 결격 사유로 규정된 "금치산자 또는 한정치산자"는 "피성년후견인 또는 피한정후견인"으로 변경하였다(제8조·제284조·제542조의8 2항).

2020년 6월 9일 개정에서는 기존 법령에서 유한책임회사가 상호의 가등기를 하는 것이 불가능했던 것을 개정하여 유한책임회사도 상호의 가등기를 신청하여 설립절차 진행 중 타인이 먼저 그 상호를 등기하는 것을 방지할 수 있도록 했으며(제22조의2), 이후 2020년 12월 29일 개정에서는 모회사의 대주주가 자회사를 설립하여 자회사의 자산 또는 사업기회를 유용하거나 감사위원회위원의 선임에 영향력을 발휘하여 그 직무의 독립성을 해치는 등의 전횡을 방지하고 소수주주의 권익을 보호하기 위하여 다중대표소송제(제406조의2)와 감사위원회위원 분리선출제(제542조의12 2항 단서)를 도입하는 내용의 개정이 이루어졌다.

상사특별법령
商事特別法令

상법전의 각 규정을 시행하거나 구체화하기 위해서, 또는 상법전에 별도로 규정되어 있지 않은 특수한 기업이나 특별한 거래제도를 규율하기 위해서 제정된 성문의 법령을 말한다. 전자에 포함되는 것으로는 「상법시행법」, 「상법 시행령」, 「상업등기법」, 「상업등기규칙」 등이 있다. 일반적으로 상법의 부속법령이라고 말하며 상법의 규정과 동일하게 적용된다. 후자에는 「어음법」, 「수표법」, 「담보부사채신탁법」,「부정경쟁방지 및 영업비밀 보호에 관한 법률」,「자본시장과 금융투자업에 관한 법률」,「보험업법」,「한국철도공사법」,「해운법」,「중소기업협동조합법」,「대외무역법」,「독점규제 및 공정거래에 관한 법률」 등이 있다. 대부분 사법적 규정이나, 그중에는 경제법적 규정을 포함하는 것도 있다. 이들 법률은 어느 것이든 상법에 우선하여 적용되는 점에서 앞에서 말한 부속법령과 구별된다.

상사조약
商事條約

국가와 국가 사이에서 국제상거래에 관한 모든 제도를 규제하기 위해서 체결된 조약을 말한다. 상법은 규율의 대상인 기업생활관계가 갖고 있는 특색을 반영하며 세계적으로 통일될 가능성을 갖고 있고 또 국제거래에 있어서도 국제조약이 많이 체결되어 있다. 상사조약에는 두 가지가 있다. 하나는 조약당사국에 조약실시를 위한 국내법 제정의무를 지우는 상사조약〔예컨대 「어음법통일조약」(1930년),「수표법통일조약」(1931년),「선하증권조약」(1924년) 등〕이고, 다른 하나는 조약당사국의 국민 상호 간의 관계를 직접적으로 규율하는 상사조약〔예컨대 「선박충돌조약」(1929년),「해난구조조약」(1910년),「국제항공운송규칙의 통일조약」(1929년) 등〕이다. 전자는 조약 그 자체가 곧 국가법으로서의 효력을 갖지 못하지만, 후자는 체결·공포함으로써 국내법과 같은 효력이 생긴다(헌법 제6조1항). 따라서 상사조약은 국내법적인 효력을 가지며 상법의 모든 규정과 함께 적용된다.

상관습법
商慣習法

관행의 형식으로 존재하는 상사에 관한 법규범을 말한다. 따라서 상사에 관한 사실상의 관행(민법 제106조의 '사실인 관습'의 일종)인 상관습과는 구별된다. 상관습법은 법규범의 성질을 가지는 데 비해, 상관습은 당사자의 의사표시의 해석을 위한 것에 지나지 않기 때문이다. 따라서 현실의 효과로서 양자

의 사이에 다음과 같은 다른 점이 인정된다. ① 민·상법의 강행법규에 위반하는 상관습은 구속력을 갖지 못하지만, 상관습법은 그것이 선량한 풍속 기타 사회질서에 위반하지 않는 한 성립이 가능하다(상법 제1조). ② 상관습법 위반의 판결에 대해서는 법률문제로서 상고할 수 있는데 비해, 단순한 상관습 위반의 판결은 사실인정의 문제에 관한 것이므로 상고이유가 되지 않는다. 여기서 양자의 구별기준을 어디서 찾을 수 있는지에 대해, 통설은 상관습에 법적 확신이 부가됨으로써 상관습법이 된다고 보고 있다. 양자를 전적으로 동일시하는 견해도 있다. 판례는 후자의 설에 가깝다. 즉 일반적 관행에도 불구하고 당사자가 배제할 것을 명백히 표시하지 않는 이상, 관행에 따를 의사가 있다고 추정해야 한다. 현실적으로 양자를 구별하는 실익은 없다. 상법 분야에서는 상관습이 성립되는 기회는 많고 판례에 의해서 상관습법으로서 승인될 가능성이 크다. 대표적인 사례로 예컨대 백지어음의 유통이나 주식납입금영수증에 의한 주식의 양도 등이 있다. 이 경우 상관습법에 대해 민법에 우선하는 효력을 인정하고(상법 제1조), 자유로운 발달을 촉진하고 있다.

상사자치법
商事自治法

회사 기타의 기업단체가 그 단체의 조직 및 구성원에 관하여 자주적으로 제정하는 자치규약을 말한다. 예컨대 회사의 정관·거래소의 업무규정 등이 이에 해당한다. 공공단체의 자치법규도 상사기업에 관한 것은 이에 포함된다. 이 자치법의 제정은 모두 법률에 기반을 두고(예 : 회사의 정관은 「상법」, 한국금융투자협회의 업무규정은 「자본시장과 금융투자업에 관한 법률」) 법률이 허용하는 범위 내에서 인정되는 것이므로, 제정법인 강행법규에 위반할 수 없고 감독관청의 감독에 복종해야 한다. 단체에 가입하면 원하든 원하지 않든 관계없이 규정의 구속을 받게 된다.

보통계약약관
普通契約約款

기업자가 집단거래의 편의를 위해서 일반적인 계약조항을 부동문자(不動文字 : 미리 인쇄하여 수정할 수 없도록 고정된 글자)로 작성하는 것을 말한다. 업무약관이라고도 한다. 보통보험약관·운송약관·은행예금약관·창고임치약관(倉庫任置約款) 등이 여기에 해당하는데, 이 보통계약약관이 상사자치법에 포함되는지에 관하여는 다툼이 있다. 보통계약약관에 의한 거래에서는 계약의 상대방은 계약을 체결하는가 안하는가의 자유는 있어도 계약의 내용에 관해서는 별도의 약정을 하지 않는 한, 위 약관에 따라 계약한 것으로 취급된다. 그래서 이 점을 어떻게 이해하는가에 따라 의견이 갈라진다. 약관은 대개 기업자가 집단거래의 편의를 위하여 일방적으로 작성하여 그 경제력을 배경으로 사실상 시행하는 것이기 때문에 약관 자체에 법규성을 인정할 수는 없다. 다만 그것을 계약의 내용으로 한다는 당사자 간의 합의가 있다고 간주될 때에만 그것은 법규로서가 아니라 계약의 조건으로서 구속력이 생길 뿐이다(법률행위설·계약설·채택합의설).

당연상인
當然商人

상법상 당연상인이란 자기명의로「상법」제46조의 기본적 상행위나 제47조의 보조적 상행위를 하는 자를 말한다. 제46조의 기본적 상행위는 동산·부동산·유가증권 기타 재산의 매매, 동산·부동산·유가증권 기타의 재산의 임대차, 제조·가공 또는 수선에 관한 행위, 전기·전파·가스 또는 물의 공급에 관한 행위, 작업 또는 노무의 도급의 인수, 출판·인쇄 또는 촬영에 관한 행위 등을 영업의 목적으로 하는 것을 말한다. 영업의 의미는 이익을 목적으로 일정한 계획에 따라 같은 종류의 행위를 계속·반복하는 행위를 말한다. 그외 제47조의 보조적 상행위는 상인이 영업을 위하여 하는 행위를 말한다. 다만, 기본적 상행위를 한다고 하더라도 오로지 임금을 받을 목적으로 물건을 제조하거나 노무에 종사하는 자의 행위는 상행위에 포함되지 않는다. 당연상인은 의제상인에 대응하는 용어이다. 일반·통속적으로 상업에 종사하는 자를 모두 상인이라고 부르고 있는데 상법상의 상인은 그것보다 범위가 좁다. 여기에서 '자기명의로'란 자기가 법률상 행위로 생기는 권리·의무의 주체가 된다는 것을 말한다. 자기가 영업활동으로 인하여 사법상 권리·의무의 주체가 되는 이상, 타인에게 대리시키더라도 본인이 상인이지 대리인은 상인이 아니다. 지배인·부분적 포괄대리권을 가진 상업사용인(예 : 회사의 부장·과장·계장·주임 등)·물건판매점포의 상업사용인(예 : 점원) 등이 상인이 아님은 이 때문이다. 이와 마찬가지로 주식회사 이사도 상인이 아니다. 또 행정관청에 대한 신고명의, 간판에 표시되는 명의와 부가가치세의 납부명의가 누구인가는 반드시 그 자가 상인인지 아닌지를 결정하는 표준이 되지 않는다. 또한 영업상의 손익이 누구에게 귀속되는지도 문제가 되지 않는다. 그러므로 자기명의의 계산으로 영업을 하고 이익은 모두 공공사업에 기부하는 사람도 상인이다. 그러나 예술가·의사·변호사 등의 전문직업인은 그 고유의 직무에 종사하고 있는 한, 사회통념상 상인은 아니다. 영업은 원칙적으로 자연인이든 법인(국가 또는 지방자치단체 등의 공법인을 포함한다)이든 자유롭게 할 수 있다. 그러나 공직에 있는 사람은 법률(예 : 국가공무원법 제64조)에 의하여 영업에 관계하는 것을 금지·제한한다. 그 목적이 명확히 한정되어 있는 특수공법인(예 : 토지구획정리조합 등), 특별법령에 의한 사법인(예 : 상공회의소)도 동시에 영업을 영위하는 것은 허용되지 않는다. 따라서 이들은 상인이 될 수 없다.

의제상인
擬制商人

자기명의로 상행위를 하는 자는 아니나 상인으로 의제되는 자를 말한다. 본래「상법」(제46조·제47조) 및 특별법(예 : 담보부사채신

탁법 제23조2항, 자본시장과 금융투자업에
관한 법률 제6조)에서 상행위로 정해져 있는
것을 영업으로 하는 자만을 상인으로 취급한
다면, 그 중에 포함되지 않는 농·임·수산
업 등의 이른바 원시산업을 영위하는 자는
그 경영방식이나 경영규모의 여하를 불문하
고 상인이라 할 수 없다. 그러나 이렇게 하면
끊임없이 발전하는 경제실정에 맞지 않으므
로 이와 같은 자도 '의제상인'으로서 당연상
인과 같은 상법의 적용을 받는다. 의제상인
에는 두 가지가 있다. 하나는 점포 기타 유사
한 설비에 의하여 상인적 방법으로 영업을
하는 자(상법 제5조1항)이고, 다른 하나는 상
행위 아닌 영리행위를 목적으로 하는 회사
(민사회사, 상법 제5조2항)이다. 전자의 예로
서는 과수원 경영자가 직매소를 설치하고 그
과수원에서 수확한 것을 판매하는 경우인데,
외관상으로는 다른 상인(예컨대 과일상)과
구별되지 않는다. 후자의 경우에도 경영방법
이 조직적이고 경영규모도 크므로 이 점에서
상사회사(상행위를 목적으로 하는 회사)와
동일하므로 양자는 구별할 필요가 없다.

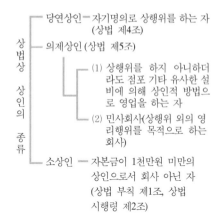

[상인의 종류와 적격]

상법상 상인의 종류
- 당연상인 ─ 자기명의로 상행위를 하는 자(상법 제4조)
- 의제상인 (상법 제5조)
  - (1) 상행위를 하지 아니하더라도 점포 기타 유사한 설비에 의해 상인적 방법으로 영업을 하는 자
  - (2) 민사회사(상행위 외의 영리행위를 목적으로 하는 회사)
- 소상인 ─ 자본금이 1천만원 미만의 상인으로서 회사 아닌 자(상법 부칙 제1조, 상법 시행령 제2조)

소상인
小商人

자본금이 1천만원 미만의 상인
으로서 회사가 아닌 자를 말한
다(상법 부칙 제1조, 상법 시행
령 제2조). 소상인에는 상법의 규정 중 지배
인·상호·상업장부와 상업등기에 관한 규정
은 적용되지 않는다(상법 제9조). 소규모이고
복잡한 기업조직을 갖지 않는 영업에 이러한
제도를 적용하면 번잡해지며, 오히려 소상인
의 영업에 방해가 될 염려가 있기 때문이다.
또한 소상인 중에서 회사를 제외한 것은, 회
사는 그 규모의 대소에 관계없이 경영조직의
면에서 영업설비에 관한 상법제규정(商法諸
規定)의 적용을 받아야 하기 때문이다.

민사회사
民事會社

상법에서 '회사'란 상행위나
그 밖의 영리를 목적으로 하여
설립한 법인을 말한다(상법 제
169조). 이때 상행위를 목적으로 한 회사를
'상사회사', 그렇지 않은 회사를 '민사회사'라

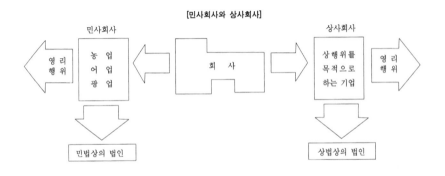

[민사회사와 상사회사]

한다. 예컨대 광물의 채굴(採堀), 조림(造林), 어획 등의 원시산업(原始産業)이나 특정한 부동산의 매입 및 전매와 같은 개별적인 영리행위를 목적으로 하는 회사가 이에 속한다. 상행위를 목적으로 하지 않더라도 영리를 목적으로 하는 사단법인이기 때문에, 영리법인은 모두 상사회사에 관한 규정을 준용한다(민법 제39조).

민사회사는 법률상 회사로 취급되고 있으나, 상사회사와 같이 상인이 될 수 있는지의 여부는 이론·법률의 해석상 의문의 여지가 있다. 그러나 실제로 상거래를 하는 데에 양자를 전혀 별개로 취급하기는 어려우며, 오히려 민사회사도 상인으로 취급하여 상법의 규정을 적용하는 것이 타당하다. 그러므로 「상법」에서는 '상인적 방법으로 영업을 하는 자는 상행위를 하지 않더라도 상인으로 본다'고 규정하고 있으며(상법 제5조2항), 민사회사의 행위에 상행위에 관한 규정을 준용하고 있는 것이다(민법 제39조). 그런 까닭에 오늘날 상사회사와 민사회사는 형식적인 개념으로 구별되고 있으나, 상법상 구별의 실익은 거의 없다.

상사회사
商事會社
상법에서 규정하는 '회사' 중 상행위를 목적으로 하여 설립한 법인을 말한다. 고유의 의미에 있어서의 회사를 뜻하며, 민사회사에 대응하는 개념이다. 예컨대 타처에서 상품을 구입

하여 판매하거나 또는 구입한 원자재를 가공하여 전기배선기구를 제작·판매하는 등의 영업을 하는 회사가 이에 해당한다. 상사회사에 대하여 설명하면 다음과 같다.

① 상사회사는 같은 목적을 가진 복수인의 결합체로서 법에 의하여 법인격이 부여되고(상법 제169조), 그 종류는 합명회사·합자회사·유한책임회사·주식회사와 유한회사의 5종이 있다(상법 제170조).

② 상사회사는 상행위를 목적으로 하고 있으므로 상법인의 당연상인(當然商人)이다.

③ 회사의 구성원인 사원은 출자의무를 부담한다. 회사는 이 사원이 공동경영(회사의 종류에 따라 직간접의 차이는 있다)하고 있고 출자를 중요시하고 있다.

④ 상사회사는 영리단체로서 영리활동에 의해서 얻은 이익을 사원에게 분배할 것을 목적으로 하는 단체이다.

상업사용인
商業使用人
특정상인(特定商人)에 종속하여 그 상인의 지휘·감독에 복종하면서 대외적으로 상인의 영업상의 활동을 보조하는 자를 말한다.

이와 같은 **영업보조자**(營業補助者)로서 상법상 대리상, 위탁매매인(委託賣買人), 중개인 등이 있는데, 상업사용인은 특정상인에게 종속된 영업보조자라는 점에서 일반상인의 영업보조자인 위탁매매인이나 중개인과는 다

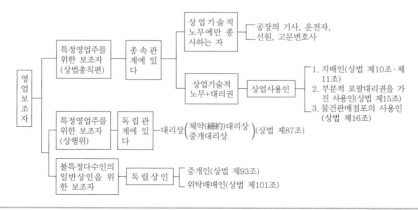

르며, 특정상인과 종속관계가 있다는 점에서 대리상과 구별된다. 상업사용인은 예컨대 상품의 매매·금전 출납·부기·통신 등 상인의 특유한 상업기술적 노무에 종사하고, 상인을 대리하여 법률행위를 행하는 자이므로 가사도우미는 물론, 공장의 기사·운송업자의 운전자·차장·선장 및 선원·출판사의 편집자·기자·회사의 고문변호사 등은 이에 포함되지 않는다. 마찬가지로 영업을 위한 노무일지라도 사환·운반인·배달인 등도 상업사용인이 아니다. 또한, 상업상의 업무에 종사하고 있을지라도 대외적으로 대리권이 없는 부기계, 현금출납계 등도 상업사용인이 아니다. 「상법」은 상업사용인으로서 대리권의 범위를 기초로 하여 지배인·부분적 포괄대리권을 가진 사용인·물건판매점포의 사용인 등 3종으로 나누고 있다. 물건의 판매를 하는 점포의 사용인, 즉 점원은 단순한 장부계원(帳簿係員)일지라도 그 판매에 관한 모든 권한이 있는 것으로 본다(상법 제16조).

지배인 상인의 영업에 관하여 가장 넓게
支配人 영업전반에 걸쳐서 재판상, 재판외의 대리권을 갖고 있는 상업사용인을 말한다(상법 제10조·제11조).
① 대리권(**지배권**이라고도 한다)은 개개의 행위에 관한 것이 아니라 영업주의 영업 전반에 걸친 포괄적 대리권인 것이다.
② 법률에 의하여 지배인의 대리권 범위가 정하여지고 영업주가 제한을 한다고 할지라도 선의의 제3자에게 대항하지 못한다(상법 제11조3항). 지배인 대리권 범위에 대한 제한은 거래의 종류·금액 등의 제한과 같은 것이다. 상인은 수인의 지배인에게 공동으로 대리권을 행사하게 할 수 있으며, 이 경우 지배인 1인에 대한 의사표시는 영업주에게 대하여 효력이 있다(상법 제12조). 그리고 이와 같은 대리권이 있는 자는 명칭의 여하를 불문하고(지배인·부지배인·지점장 등) 지배인으로 본다.

상인은 지배인을 선임하여 본점 또는 지점에서 영업을 하게 할 수 있고(상법 제10조), 지배인의 임무는 고용의 종료 또는 대리권의 소멸에 의하여 종결된다. 영업의 폐지·양도로 종료되는 경우도 있다. 상인은 지배인의 선임과 대리권의 소멸에 관하여 등기를 하여야 한다(상법 제13조). 지배인의 대리권은 영업주의 영업에 관한 것이며, 영업에 의하여 그 범위가 정하여진다. 그런 까닭에 영업주가 수개의 상호를 가지고 수종의 영업을 경영하는 경우에 지배인의 대리권은 각 상호하의 영업에 한정된다. 또한 영업주가 1개의 영업에 관하여 수개의 영업소를 두고 있는 때에는 지배인의 대리권은 각 영업소의 영업에 한정된다. 이 밖에 「상법」에서는 지배인이 영업주의 영업에 관하여 알게 된 기밀을 이용하여 자기 이익을 도모하는 것을 방지하기 위하여 지배인에게 특수한 부작위의무(경업금지의무)를 부과하고 있다(상법 제17조).

공동지배인 수인의 지배인을 두고 수인
共同支配人 의 지배인이 공동으로 대리권을 행사할 수 있도록 정한 때, 각 지배인을 말한다(상법 제12조).
1인의 지배인이 광범한 대리권을 남용하는 것을 제한·방지하기 위하여 수인의 지배인이 상호 견제하는 데 공동지배인제도의 목적이 있다. 공동지배인은 제3자에게 권한의 제한내용을 공시할 필요가 있으므로 이를 등기하여야 한다(상법 제13조). 그러나 공동지배인도 수동대리(受動代理)에서만은 각자가 상인을 대표하여 의사표시를 수령할 수 있다(상법 제12조).

외관주의· 외관주의란 고의·과실
금반언의 원칙 에 반하는 외관을 만든
外觀主義· 자는 그 외관을 믿고 행
禁反言의 原則 위를 한 선의의 제3자에 대하여 외관의 사실에 반한다는 것을 주장하지 못한다는 법리를 말한다. 외관을 부여한 자는 외관에 근거한 책임을 져야 한다는 뜻이다. 또 외관을 표현(表見)이라고도 말할 수 있으며, 외관주의를 표현책임이라고도 말하고, 우리나라에서는 후자의 문언이 일반적으로 사용되고 있다. 외관주의는 독일법에서 구성된 것인데, 이것과 동일한 법리에는 영미법상의 금반언(Estoppel)의 원칙이 있다.

금반언의 원칙이란 이미 표명한 자기의 언동에 대하여 그것과 모순된 언동을 하지 못한다는 법리를 말한다. 이것에는 기록에 의한 금반언과 표시에 의한 금반언이 있다. 외관주의도, 금반언의 원칙도 그 적용의 결과는 거의 차이가 없다. 예컨대 회사가 대표권이 없는 이사에게 대표이사나 이에 유사한 직함(사장·부사장·전무이사·상무이사 등)을 명시적으로 붙이고, 사용하는 것을 묵시적으로 승인하는 경우가 있다. 이것을 믿고 거래한 선의의 제3자에 대하여 회사는 책임을 져야 하는 표현대표이사제도가 있다(상법 제395조). 그 밖에 부실의 등기(상법 제39조)·명의대여자의 책임(상법 제24조)·표현지배인(상법 제14조) 등의 규정이 있다.

표현지배인
表見支配人

영업주로부터 지배인으로서의 권한이 부여되어 있지는 않으나, 영업주의 책임 있는 행위에 의해 외형상 지배인으로 오인되기 때문에 상법상의 지배인과 똑같이 거래상의 행위에 있어서 대리권이 있다고 인정되는 자를 말한다(상법 제14조).

어떤 자가 지배인가의 여부는 영업주로부터 지배인으로서의 대리권이 부여되었는가의 유무에 따라 판단된다. 그런 까닭에 지점장, 출장소장 기타 이와 유사한 명칭을 가진 사용인일지라도 지배권이 없는 한, 지배인이라 할 수 없다. 그러나 지배인과 유사한 명칭이 붙은 사용인은 외관상 그 영업소에 있어서 모든 거래에 대리권이 있다고 생각하는 것이 일반적이다. 대리권이 있다고 믿는 데에 과실 없는 제3자의 보호가 거래안전 측

면에서 인정되어야 한다. 그러므로 이 경우, 민법의 표현대리제도를 보다 특수화하여 지배인으로 취급한 것이 이 제도이다. 영미법상의 Estoppel의 법리(금반언의 원칙)의 구현이라고도 할 수 있다.

부분적 포괄대리권을 가진 사용인
部分的 包括代理權을 가진 使用人

상인의 영업에 관한 어떤 종류 또는 특정사항(예 : 판매·구입·대부·출납 등)에 관하여 포괄적 대리권이 부여된 상업사용인을 말한다(상법 제15조). 회사 그 밖의 기업에 있어서 부장·과장·계장·주임이라고 불리는 사용인이 이에 해당한다. 그 대리권이 일정범위에 한정되고, 이 제한에 관해서도 선의의 제3자에게 대항하지 못하는 것은 지배인의 경우와 같다. 예컨대 판매계장이라고 하면 매매계약을 체결하는 것은 물론, 상품 및 대금의 수수, 대금의 감액, 지급유예 등도 할 수 있다.

영업소
營業所

상인의 영업 본거지를 말한다. 즉 영업에 관하여 지휘명령이 내려지고, 영업의 목적인 기본적인 거래가 평소 행하여지는 장소를 말한다. 단순한 제조공장, 상품인도소, 철도의 역이나 박람회 등의 매점은 영업소가 아니다. 어떤 장소를 영업소라고 할 수 있는가 없는가는 영업의 중심이라고 할 수 있는 실질을 구비하고 있는지의 여부에 따라 결정될 문제이다. 따라서 상인이 특정장소를 영업소로 표시하더라도 그것이 영업소로 되는 것은 아니다. 그러나 등기(회사의 경우) 기타의 방법으로 영업소로 공시한 자는 기타의 표시를 신뢰한 선의의 제3자에게는 영업소가 아니라는 것을 주장하지 못한다(상법 제39조).

그리고 상인은 1개의 영업을 위하여 수개의 영업소를 가질 수 있다. 그러나 1개의 영업인 경우 전체가 1개의 중심에 통할(統轄)되어야

한다. 여기에 각 영업소 간에 주종관계가 생긴다. 전영업의 중심이 되어 최고의 지휘가 행하여지는 곳이 본점이고, 이에 종속하여 어느 범위에서 독립된 영업활동의 중심이 되는 곳이 지점이다.

상호 商號

상인이 영업상 자기를 표시하기 위하여 사용하는 명칭을 말한다.
① 명칭이기 때문에 문자로 표시할 수 있는 것이어야 한다. 도형은 상표로는 될 수 있지만 상호로는 사용할 수 없다.
② 상호는 상인의 명칭이지 기업의 명칭은 아니다. 일반적으로 상호는 기업 그 자체와의 동일성을 표시하는 명칭으로서의 작용을 하고 있다. 예컨대 사람이 모 백화점을 말할 때에 그 기업자가 누구인가는 문제되지 않고, 구체적인 기업을 생각하여 상호가 같으면 기업주가 교체·변경되었다고 할지라도 여전히 같은 기업으로 생각한다. 그럼에도 불구하고 법률상 상호에 의한 거래에 근거하여 권리·의무를 부담하는 것이 상인이므로 상호는 상인의 명칭인 것이다.
③ 상호는 상인이 영업관계에 있어서 자기를 표시하기 위하여 사용하는 명칭이다. 상인의 성명·아호·예명 등은 이 점에서 다르다. 상법은 원칙상 상인에게 어떤 상호라도 자기의 성명과 전혀 관계없이 자유로이 선정할 수 있는데, 회사에 대하여는 각각 그 회사의 종류에 따라 반드시 합명회사·합자회사·유한책임회사·주식회사 또는 유한회사의 문자를 사용하도록 규정하고 있고(상법 제19조), 회사 아닌 자가 상호에 회사라는 문자를 사용하는 것(상법 제20조), 부정한 목적으로 타인의 영업으로 오인할 수 있는 상호의 사용(상법 제23조)은 각각 금지하고 있다. 동일한 영업에는 단일상호를 사용하여야 한다(**상호의 단일성**, 상법 제21조). 개인상인의 경우 상호등기가 강제되지 않으나, 등기에 의하여 상호전용권(商號專用權)이 부여된다.

상호전용권 商號專用權

타인의 동일 또는 유사상호의 등기와 사용을 배척하는 권리로, 「상법」은 타인이 등기한 상호는 동일한 특별시·광역시·시·군에서 동종영업의 상호로 등기할 수 없다고 규정하고 있다(상법 제22조). 그리고 '부정한 목적으로 타인의 영업으로 오인할 수 있는 상호를 사용하지 못한다'고 규정하고 있다(상법 제23조1항). 동일 또는 유사상호인지의 여부를 판단하는 기준은 두 상호가 영업상 혼동되고 오인될 우려가 있는지의 여부를 거래의 실정에 비추어 판단한다. 따라서 두 상호가 전체적으로는 다르다고 할지라도 주요부분 내지 통칭이 되는 부분에 앞서 혼동·오인의 우려가 있을 때에는 동일 또는 유사상호라고 보아야 한다. 또 영업의 혼동오인(混同誤認)을 방지하기 위하여 상호는 영업 중 영업과 분리하여 단독으로 양도하는 것은 허용되지 않는다.

상호의 가등기 商號의 假登記

유한책임회사·주식회사 또는 유한회사를 설립하거나 본점을 이전할 때, 상호나 목적 또는 상호와 목적을 변경하고자 할 때에, 관할등기소에 상호의 가등기를 신청할 수 있다(상법 제22조의2). 가등기는 본등기를 할 때까지 본점 이전에 관계된 상호의 가등기의 경우에는 2년, 상호나 목적 또는 상호와 목적변경에 관계된 상호의 가등기의 경우에는 1년을 초과할 수 없다(상업등기법 제39조).

명의대여 名義貸與

성명·상호를 사용하여 영업을 할 것을 타인에게 허락하는 것을 말한다. ① 일정한 상호를 가지고 현재 영업을 하고 있는 자가 타인에게 자기의 상호하에 출장소나 지점이라는 명칭을 부가하여 영업을 할 것을 허락하거나, ② 약국과 같은 허가영업에 관하여 이미 허가의 조건을 구비하고 있는 타인의 명의를 빌려서 허가를 받고, 그 타인명의로 영업을 하는 경우를 말한다. 이 경우 거래의 상대방은 명

상법

의대여자를 영업주로 오인하고 거래를 하는 경우가 있기 때문에 법은 제3자의 신뢰이익의 보호를 위하여 거래에서 생긴 채무에 관하여 명의대여자에게 영업주와 연대하여 선의의 제3자에 대한 변제책임을 지우고 있다(상법 제24조). 이 책임은 어디까지나 법률행위를 전제로 하는 책임이기 때문에 명의차용자의 불법행위에 대해서까지 명의대여자가 책임을 지는 것은 아니다.

상업장부
商業帳簿

상인이 그 영업상 재산 및 손익의 상황을 명확히 하기 위하여 상법상의 의무로서 작성하는 장부를 말한다. 따라서 상인이 아닌 자, 상호보험회사(相互保險會社)나 각종의 협동조합이 작성하는 장부, 그리고 상인이 상법상 작성할 의무가 있는 장부일지라도 영업상의 재산 및 손익의 상황을 밝힐 것을 목적으로 하지 않는 주주명부·주주총회 의사록·사채원부 등은 상업장부가 아니다. 또 상업장부는 상법상의 의무로서 강제되어 있으므로 임의로 작성한 것은 비록 상인의 영업에 관한 것일지라도 상업장부가 아니다. 상인은 이런 장부를 작성함으로써 자기 기업을 합리적으로 경영할 수 있으므로, 법이 작성을 강요하는 이유가 바로 여기에 있다. 우리 현행 상법에서 법률적으로 요구하는 것은 회계장부와 대차대조표(재무상태표)의 2종이다(상법 제29조1항). 종래의 상법(1984년 이전의 상법)에서는 상업장부에 관해 일반적으로 일기장, 재산목록 및 대차대조표(재무상태표)의 작성을 의무화하고 있었다. 현행 상법은 **기업회계기준**(企業會計基準)과의 접근을 시도하여 일기장을 회계장부로 대치하고, 오늘날 손익법의 계리체계하에서 재산목록의 존재가치가 거의 없어졌기 때문에 상업장부에서 재산목록을 삭제한 것이다.

상인은 재판상의 증거로서 남겨두기 위하여 10년간 상업장부와 영업에 관한 중요한 서류를 보존할 의무를 부담한다(상법 제33조). 단, 전표나 이와 유사한 서류는 5년간 보존하는 것으로 완화(1995.12.29 개정)되었다. 이 의무위반에 대하여는 회사의 경우(상법 제635조1항9호)를 제외하고 별단의 제재가 없다. 또 상업장부에 관하여는 상법에서 규정한 것을 제외하고는 일반적으로 공정·타당한 회계관행(會計慣行)에 의하도록 되어 있다(상법 제29조2항).

회계장부
會計帳簿

상인은 영업을 개시한 때와 매년 1회 이상 일정시기의 영업상의 재산 및 그 가액을, 회사는 성립한 때와 매결산기의 영업상의 재산 및 그 가액, 거래와 기타 영업상의 재산에 영향이 있는 사항을 기재한 장부를 말한다(상법 제30조). 이 회계장부는 종래의 **일기장**에 대치된 것이며, 현행 상법상 작성이 요구되고 있는 것이다(상법 제29조1항). 1984년 4월 10일 상법개정에 있어서 재산목록이 삭제됨에 따라 영업상의 재산 및 그 가액을 이에 기재하도록 되었다. 일반부기회계(一般簿記會計)의 관행에 따라 상인이 갖고 있는 모든 영업재산을 기재하여야 한다.

대차대조표
貸借對照表

상인의 영업상의 재산 및 손익의 상황을 명백히 하기 위하여 작성하는 상업장부를 말한다(상법 제29조1항). 대차대조표는 상인의 총재산을 자산(차변)과 부채(대변)의 양부로 나누어 기재하고, 현재 가지고 있는 재산액과 가지고 있어야 할 재산액을 대조하여, 특정 시점의 상인(기업)의 재무상태를 알 수 있게 나타낸 기본 재무제표이다.

대차대조표상의 자산과 부채라는 것은 순전히 부기기술상의 개념이며 법률적·경제적 개념이 아니다. 부채의 부에 자본금 및 준비금(적립금) 등의 채무에 속하지 않는 회계상의 공제항목이 기재되는 것은 이것을 나타내는 것이다. 상법에서는 대차대조표에 대하여 '상인은 영업을 개시한 때와 매년 1회 이상 일정시기에, 회사는 성립한 때와 매결산기에 회계장부에 의하여 대차대조표를 작성하고, 작성자가 이에 기명날인 또는 서명하여야 한다'고 규정하고(상법 제30조2항), 이외에 대차대조표의 작성에 관하여는 일반적으로 공정·타당한 회계관행에 의하도록 하였다(상법 제29조2항). 손익계산을 위한 통상 대차대조표(通常貸借對照表)에는 그 자산의 부에 동산·부동산·유가증권·무체재산권(無體財産權)·채권·현금·재산적 가치가 있는 사실상의 관계 등의 적극재산을 기재한다. 무체재산권과 사실상의 관계는 특히 비용을 지출하거나 대가를 지급하여 취득하였을 경우에 한하여 기재한다는 것이 부기학상의 정설이다. 부채의 부에는 소극재산, 즉 채무를 기재하는 이외에 자본금·준비금 등의 이른바 공제항목도 기재한다. 또 고정재산·채권 등의 감가액을 직접 그 가액에서 감하는 대신에, 감가상각적립금(減價償却積立金)·대손준비금(貸損準備金) 등으로 부채의 부에 기재할 수 있다.

2011년 상장회사의 국제회계기준(IFRS)의 도입이 의무화되었으며, 이에 맞추어 IFRS에서는 기존의 대차대조표라는 명칭 대신 재무상태표라는 명칭을 사용하게 되었다.

재무상태표 財務狀態表

대차대조표. 특정시점의 기업의 재정상태를 알 수 있게 나타낸 재무제표로, 기존의 대차대조표를 국제회계기준에 맞추어 재무상태표로 명칭을 변경하였다(대차대조표의 항 참조).

상업등기 商業登記

상업등기부에 등기를 하는 것을 말한다. 등기사항은 「상법」과 「상업등기법」에서 자세히 규정하고 있다. 등기는 법률에 정해진 자의 신청에 의하여 등기관이 행하는 것이 원칙이다. 등기를 게을리하면 다음과 같은 불이익이 있다. 예컨대 영업주 갑이 지배인 을을 해임하였더라도 미처 해임등기(상법 제13조)를 하지 않았다면, 그동안에 을이 갑을 대리하여 병으로부터 돈을 차입한 경우에 병이 을의 해임을 알고 있으면(악의의 경우) 갑은 변제의 의무를 지지 않는다. 그러나 병이 해임의 사실을 모르는 때에는(선의의 경우) 갑은 병에 대하여 을이 지배인이 아니므로 을의 차입에 관하여는 자기에게 책임이 없다고 주장하지 못한다. 즉 등기 전에는 등기사항이 실제로 존재한다는 것으로써 선의의 제3자에게 대항하지 못한다(상법 제37조1항). 등기 후에 비로소 선의의 제3자에 대해서도 대항할 수 있다. 그러나 제3자가 천재지변 등 정당한 사유로 알지 못한 경우는 예외이다(상법 제37조2항).

또한 등기사항이 실제로 존재하지 않는데도 등기가 되어 있는(부실등기) 경우, 그 등기가 신청자의 고의 또는 과실에 의한 때는, 신청자는 그 등기를 신뢰하고 거래한 자에게는 실제로 존재하지 않는다는 것을 주장하지 못한다(상법 제39조). 상업등기에 관한 규정은 소상인에게는 적용되지 않는다(상법 제9조).

상업등기부 商業登記簿

상업등기사항을 기재하기 위한 장부를 말한다. 등기를 신청하는 자의 영업소 소재지의 각 등기소에는 다음의 상업등기부가 비치되어 있다.

① 상호등기부, ② 미성년자등기부, ③ 법정대리인등기부, ④ 지배인등기부, ⑤ 합자조합등기부, ⑥ 합명회사등기부, ⑦ 합자회사등기부, ⑧ 유한책임회사등기부, ⑨ 주식회사등기부, ⑩ 유한회사등기부, ⑪ 외국회사등기부(상업등기법 제11조1항)

상호등기부에는 개인상인의 상호에 관한 등기사항을 기재한다. 회사의 상호는 각 회사의 정관에 기재하고 등기하여야 한다(상법 제179조2호·제180조1호, 제270조·제271조1항, 제287조의3 1호·제287조의5 1항1호, 제289조 1항2호·제317조2항, 제543조2항1호·제549조2항1호). 미성년등기부는 미성년자가 법정대리인의 허락을 얻어 영업을 하는 때에 등기사항을 기재하는 등기부이다(상업등기법 제46조·제47조). 법정대리인등기부는 법정대리인이 미성년자, 피한정후견인 또는 피성년후견인을 위하여 영업을 하는 때에 등기사항을 기재하는 등기부이다(상법 제8조1항, 상업등기법 제48조·제49조). 지배인등기부는 영업주(개인상인·회사)가 지배인의 선임과 대리권의 소멸에 관한 등기사항을 기재하는 등기부이다(상법 제13조, 상업등기법 제50조·제51조).

등기부의 전부 또는 일부가 손상될 우려가 있거나 손상된 때에는 대법원장은 대법원규칙으로 정하는 바에 따라 등기부의 손상방지·복구 등 필요한 처분을 명령할 수 있으며, 등기부의 부속서류가 손상되거나 멸실될 우려가 있을 때에는 이를 방지하기 위하여 필요한 처분을 명령할 수 있다(상업등기법 제14조). 누구든지 수수료를 내고 대법원규칙으로 정하는 바에 따라 등기기록에 기록되어 있는 사항의 전부 또는 일부의 열람과 이를 증명하는 등기사항증명서의 발급을 신청할 수 있으며, 이 경우 관할 등기소가 아닌 다른 등기소에서도 할 수 있다(상업등기법 제15조). 등기신청서에 기명날인을 하기 위해 인감을 등기소에 제출한 사람, 지배인, 「채무자회생 및 파산에 관한 법률」에 따라 그 인감을 등기소에 제출한 사람은 수수료를 내고 대법원규칙으로 정하는 바에 따라 그 인감에 관한 증명서의 발급을 신청할 수 있으며, 전자서명 및 자격에 관한 증명을 또한 신청할 수 있다. 이 경우 그 증명은 대법원규칙으로 정하는 바에 따라 증명내용을 휴대용 저장매체에 저장하여 발급하거나 그 밖의 방법에 따른다(상업등기법 제16조·제17조).

상업등기의 경정·말소
商業登記의 更正·抹消

상업 등기가 된 후에 등기내용이 사실과 합치되지 않는 때 이것을 시정하는 절차를 말한다. 등기의 경정(更正)이란 예컨대 회사의 대표자 A를 잘못하여 B라고 등기한 경우, 잘못된 등기의 B를 올바른 A로 고치는 경우를 말하고, 말소(抹消)란 잘못된 등기의 B를 지워버리는 것을 말한다. 등기의 경정과 말소에는 각각 신청에 의해 하는 경우와 직권으로 하는 경우가 있다. 등기를 마친 후 그 등기에 착오나 빠진 부분이 있음을 발견하였을 때에는 등기관은 지체 없이 그 사실을 등기를 한 자에게 통지하여야 하며, 등기의 착오나 빠진 부분이 등기관의 잘못으로 인한 것이었을 때에는 그 등기를 직권으로 경정하고 그 사실을 등기를 한 자에게 지체 없이 통지하여야 한다(상업등기법 제76조). 등기 당사자는 사건이 그 등기소의 관할이 아닌 경우, 등기할 사항이 아닌 경우, 그 등기소에 이미 등기되어 있는 경우, 등기된 사항에 무효의 원인이 있는 경우 그 등기의 말소를 신청할 수 있다(같은 법 제77조). 등기관은 등기를 마친 후 사건이 그 등기소의 관할이 아닌 경우, 등기할 사항이 아닌 경우, 그 등기소에 이미 등기되어 있는 경우, 등기된 사항에 무효의 원인이 있는 경우의 어느 하나에 해당되는 것임을 발견하였을 때에는 등기를 한 자에게 1개월 이내의 기간을 정하여 그 기간 이내에 이의를 진술하지 아니하면 등기를 말소한다는 뜻을 통지하여야 한다(같은 법 제78조). 말소에 관하여 이의를 진술한 자가 있으면 그 이의에 대한 결정을 하여야 한다(같은 법 제79조). 이의를 진술한 자가 없거나 이의를 각하한 경우에는 등기를 직권으로 말소하여야 한다(같은 법 제80조).

영업양도
營業讓渡

상인 A가 그의 영업을 B에게 이전하는 계약을 말한다. 여기에서 말하는 영업이란 '영리목적을 실현하기 위하여 조직화된 유기적 일체로서의 기능적 재산'(영업재산설)을 말하는 것으로서, A가 그의 영업활동을 위하여 가지고 있는 조직적 재산을 의미한다. 이것에는 동산·부동산이나 권리(물권·채권·무체재산권)는 물론 영업권, 영업(활동)상의 채무도 포함된다. 그리고 영업은 이와 같은 각종 재산의 단순한 집합이 아니고, 일정한 목적에 의하여 조직적으로 통일되어 있는 것이다. 영업양도는 이와 같은 조직적 재산을 일괄하여 이전하는 것을 목적으로 하는 것이다. 영업을 위한 건물 또는 토지만의 양도 등 개개의 재산의 양도는 영업용 재산의 양도이고, 영업의 양도는 아니다. 특히 영업의 양도가 되기 위하여는 양도 전과 같은 상태로 영업(활동)을 계속함에 필요한 재산의 이전이 있으면 족하고, 반드시 재산 전부의 이전을 요하지 않는다. 특약이 없는 한, 전재산의 이전이 있는 것으로 추정된다. 또 지점만의 양도와 같이 하나의 영업 내에서 그 자체가 독립되어 영업을 계속할 수 있는 조직을 갖고 있는 부분을 분리하여 양도할 수도 있다. 이 계약의 결과, 양도인은 영업을 구성하는 각종 재산을 양수인에게 이전하고, 이에 부수하여 재산의 종류에 따라 인도·등기를 할 의무를 부담한다. 또한 영업양도인은 다른 약정이 없으면 동일하거나 인접한 지역에서 10년간, 약정이 있으면 20년간 동종영업을 하지 못하게 되어 있다(영업양도인의 경업금지 : 상법 제41조). 또 주식회사가 영업양도를 함에는 「상법」 제434조(정관변경의 특별결의)에 규정된 결의에 의하여야 하는 제약이 있다(상법 제374조).

주식매수청구권
株式買受請求權

영업양도, 양수, 임대 등을 정하는 결의에 반대하는 주주는 총회 전에 회사에 반대의사를 통지하고 자신 소유의 주식의 매수를 청구할 수 있는 권리를 말한다. 이때 회사는 매수청구기간이 종료하는 날부터 2개월 이내에 그 주식을 매수하여야 한다(상법 제374조의2). 이런 주식매수청구권의 규정은 소수주주의 보호를 위한 것이다.

영업권
營業權

다년의 영업활동에서 생기는 영업상 재산적 가치가 있는 사실관계를 말한다. 영업비결·신용·단골고객 등이 이에 해당한다. 영어로는 **good will**이라고 부른다. 영업양도의 목적물인 '영업'이 식별가능한 자산·부채(순자산) 이상의 가치를 가지고 있는 것은 바로 영업권이라고 하는 사실관계가 포함되어 있기 때문이다. 가장 대표적인 예로는 상가를 임대하면서 임차보증금과는 별도로 임차인이 누리게 될 영업상의 이익에 대해 지불하는 권리금이 바로 영업권의 대가라고 볼 수 있다.

영업의 임대차
營業의 賃貸借

상인 A가 영업을 일괄하여 B에게 임대하는 계약을 말한다. 영업은 일정한 영업목적에 의하여 형성된 재산으로서 일체로 양도될 수 있을 뿐 아니라 임대차의 대상이 되기도 한다. 영업 전부뿐만 아니라 지점과 같이 일정한 범위 내에서 독립하여 영업할 수 있는 조직에 관하여도 임대차를 할 수 있다. 이 계약에 의하여 임차인 B는 그 임차기간 중에 자기명의로 그 영업을 경영할 수 있는 권리를 취득함과 동시에 임대인 A에 대하여 차임을 지급할 의무를 부담한다. 영업활동에 의하여 생긴 이익이나 손실은 임차인 B에게 귀속된다. 주식회사 또는 유한회사가 영업의 전부를 임대하는 경우에는 주주총회 또는 사원총회의 특별결의를 필요로 한다(상법 제374조제1항2호·제576조제1항).

경영위임
經營委任

상인 A가 영업의 경영을 B에게 위임하는 계약을 말한다. 위임받은 경영은 위임자 A의 명의로 행하여지며, 영업상의 이익 또는 손실이 수임자 B에게 귀속되는 경우와 위임자 A에게 귀속되는 경우가 있다. 전자를 협의의 경영위임이라고 하고, 후자를 **경영관리**(經營管理)라고 한다. 협의의 경영위임의 경우에는 영업의 경영은 B의 이익에서 행하여지고, B가 A에 대하여 일정한 보수를 지급한다. 이 점에서 볼 때에 실질상 영업의 임대차와 같다. 다만, 경영이 여전히 A의 명의로 행하여진다는 것과 B에게 영업재산의 처분권한이 있다는 점에서 영업의 임대차와 다르다. 경영관리계약(經營管理契約)의 경우에는 경영은 위임자의 이익에서 행하여지고, 수임자는 위임자로부터 일정한 보수를 받을 뿐이다. 보통의 위임(민법 제680조)의 한 경우이다. 경영위임의 경우에는 주주총회 또는 사원총회의 특별결의를 요한다고 하는 제약이 있다(상법 제374조1항2호·제576조1항).

경업금지의무
競業禁止義務

특정자의 영업과 동종의 영업을 영위·경쟁하지 않는다고 하는(부작위)의 무를 말한다. 이와 같은 의무가 계약에 의하여 발생하는 경우 이를 **경업금지계약**이라 하는데, 영업주와 사용인 사이에서 체결되는 것이 그 예이다. 이와 같은 의무는 상법의 규정에 의하여 발생하기도 하는데, 영업에 대하여 밀접한 관계를 가지는 사용인이 허락 없이 영업주가 행하고 있는 영업행위와 동일한 행위를 자기 또는 제3자의 계산으로 하는 것은 그 영업주의 수익에 손해를 끼치게 되므로, 상법이 이 의무를 부과하고 있는 것이다. 상법상이 의무가 부과되어 있는 자로서는 상업사용인(상법 제17조), 대리상(상법 제89조), 합명회사의 사원(상법 제198조), 합자회사의 무한책임사원(상법 제198조·제269조), 유한책임회사의 업무집행자(상법 제287조의10), 주식회사·유한회사의 이사(상법 제397조·제567조) 등이 있다. 다만, 영업주 또는 본인의 허락, 다른 사원의 동의 또는 주주·사원총회의 승낙이 있으면 허용된다. 이 의무의 내용은 각각 명문화되어 있는데 공통사항은 경업금지의무자가 자기 또는 제3자의 계산으로 영업주, 본인 또는 회사의 영업부류에 속한 거래를 하지 못한다는 것이다(협의의 경업금지). 또 상업사용인은 회사의 무한책임사원, 이사 또는 다른 상인의 사용인이 되지 못한다. 대리상은 본인의 영업과 동종영업을 목적으로 하는 회사의 무한책임사원 또는 이사가 되지 못한다. 합명회사 사원과 합자회사의 무한책임사원(無限責任社員), 유한책임회사의 업무집행자도 동종영업을 목적으로 하는 다른 회사의 무한책임사원 또는 이사가 되지 못한다(특정지위취임금지). 또한 상법은 영업양도인에 대하여 일정한 지역·기한(무약정이면 10년간·유약정이면 20년간) 내에서는 경업하는 것을 금지하고 있다(경업금지의무, 상법 제41조).

상법은 위에 열거한 경업금지의무자(영업양도인은 제외)가 영업주 또는 본인의 허락, 사원의 동의 또는 주주·사원총회의 승낙 없이 영업주, 본인 또는 회사의 영업부류에 속한 거래를 자기의 계산으로 한 때에는 영업주, 본인 또는 회사는 이를 영업주, 본인 또는 회사의 계산으로 한 것으로 본다. 이것을 영업주, 본인 또는 **회사의 개입권**이라고 한다. 이 개입권의 행사는 영업주의 일방적 의사표시로써 하되(형성권), 영업주가 그 거래를 안 날로부터 2주 또는 그 거래가 있은 날로부터 1년 내에 행사하여야 한다(제척기간). 또 경업금지의무자가 영업주, 본인의 허락, 다른 사원의 동의 또는 주주·사원총회의 승낙 없이 영업주, 본인, 회사의 영업부류에 속한 거래를 제3자의 계산으로 한 때에는 영업주, 본인 또는 회사는 위의 경업금지의무자(상업사용인, 대리상, 사원, 이사 등)에 대하여 이로 인한 이득의 양도를 청구할 수 있다. 이것을 영업주, 본인, 회사의 **이득양도청구권**(利得讓渡請求權)이라고 한다. 개입권과 이득양도청구권을 행사하는 이외에도 영업주와 본인은 상업사용인과 대리상 간의 대리권수여계약을 해지하고 손해배상을 청구할 수 있으며, 회사는 사원 또는 이사에 대하여 손해배상을 청구할 수 있다.

상 행 위

상행위
商行爲

상행위는 일반적으로 영업활동에 관한 재산상의 행위를 말하는데, 실제로는 「상법」(제46조·제47조) 및 특별법(예 : 담보부사채신탁법 제23조2항) 등에서 상행위로 규정되어 있는 것을 말한다. 재산상의 행위이므로 부부·부자관계 등 신분상의 행위는 포함되지 않으며, 법률행위가 주된 것이고, 통지·최고 등의 준법률행위는 독립하여 상행위가 되지 않는다고 해석하여도 좋다. 또한 법률행위 중에서도 채권법적인 행위가 기본적인 것이며, 물권행위는 그 이행행위로서 나타나는 데 지나지 않는다. 상행위를 분류하면 행위의 성질상 당연히 절대적으로 상행위가 되는 것(**절대적 상행위**)과 그렇지 않고 그 행위를 하는 자에 따라 상행위가 되거나 되지 않는 것(**상대적 상행위**)으로 구별된다.

후자는 상인에 의해 영업으로 행하여짐으로써 상행위가 되는 것(**영업적 상행위**)과 상인에 의하여 그 영업의 수단으로서 행하여지는 것(**부속적 상행위**)으로 나누어진다. 또한 영업적 상행위(상법 제46조)는 절대적 상행위와 더불어 상인의 개념을 정하는 기초가 되므로(상법 제4조), 이 두 가지를 기본적 상행위라고 하고, 이에 대하여 부속적(附屬的) 상행위는 상인의 개념이 먼저 정하여져 있고 이로부터 도출되는 것이므로 **보조적 상행위**(상법 제47조)라고도 한다. 또 그 행위가 거래의 당사자 쌍방에 대하여 상행위가 되는 것을 쌍방적 상행위라 하고, 일방에게만 상행위이고 타방에게는 상행위가 되지 않는 것을 일방적 상행위라고 한다. 상행위는 민법상의 행위에 비하여 영리성, 신속성, 집단성, 비개인성 등의 특색을 가지고 있으므로 상법

은 상행위 일반에 관한 통칙을 두고(상법 제46조~제66조) 특별한 취급을 하고 있다. 예를 들면 상행위의 대리는 민법상의 대리(민법 제114조·제115조)와 달라서 본인을 위하여 대리한다는 것을 표시하지 아니하여도 좋다(상법 제48조). 또 상인이 그 영업범위 내에서 타인을 위하여 행위를 한 때에는 이에 대하여 특약이 없어도 상당한 보수를 청구할 수 있다(상법 제61조). 또한 상사법정이율은 민사법정이율의 연 5푼(민법 제379조)을 넘어서 연 6푼으로 되어 있고(상법 제54조), 채권의 소멸시효는 민법에서는 10년이 원칙이라고 되어 있는데(민법 제162조1항), 상법에서는 5년으로 단축되어 있다(상법 제64조). 또 상행위는 아니지만 상행위에 관한 상법의 규정이 준용되므로 **준상행위**(準商行爲)라고 하는 것이 있다. 의제상인(擬制商人)의 행위가 준상행위이다. 따라서 이러한 행위도 상행위법(商行爲法)의 적용을 받아야 한다. 상법은 의제상인인 설비상인(設備商人)과 민사회사(상법 제5조)의 행위에 대하여도 상행위법 통칙에 관한 규정을 준용하도록 규정하고 있다(상법 제66조).

[상행위의 분류]

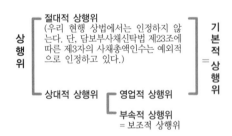

절대적 상행위
絕對的 商行爲

상인이 영업을 목적으로 하는 행위가 아니더라도 그 행위에 영리성이 강하다면 이를 상행위로 보는데, 이와 같은 상행위를 절대적 상행위라고 한다.

상법

舊상법에서는 절대적 상행위를 규정하고 있었으며 상인이 아닌 자의 1회만의 행위에도 상행위성을 인정하고 있었다. 그러나 이러한 것은 기업상의 특별한 수요가 없으며 상법을 기업에 관한 법으로 보는 입장에서는 허용할 수 없기 때문에 현행 상법에서는 절대적 상행위를 인정하지 않고 있다.

특별법상의 절대적 상행위로서는 「담보부사채신탁법」에 의한 사채총액(社債總額)의 인수행위가 있다. 즉 담보부사채(擔保附社債)란 물상담보(物上擔保)가 붙은 사채를 말하며, 수탁회사(受託會社)는 자기에게 신탁적으로 귀속된 담보권을 총사채권자(總社債權者)를 위하여 보존실행을 할 의무를 부담하고 있는 바, 위임회사 또는 신탁업자가 신탁계약에서 정하는 바에 따라 제3자로 하여금 사채총액을 인수하게 하는 경우 사채총액의 인수행위는 상행위가 된다. 제3자의 자격에도 제한이 없고, 이것을 영업으로 하는 것이 요건도 아니므로 말하자면, 舊상법상의 절대적 상행위와 같은 것이다. 이것을 영업으로 하는 때에 그 주체가 상인이 됨은 물론이다.

상대적 상행위
相對的 商行爲

상행위를 정의하는 기준이 그 행위가 영리적 목적으로 이루어졌는가에 있지 않고 상인이 영업을 목적으로 해야만 비로소 상행위가 된다고 볼 때, 이와 같은 상행위를 상대적 상행위라 한다. 「상법」 제4조에서 정의하는 당연상인이나 제5조의 의제상인이 영업이나, 영업을 위하여 하는 행위만을 상행위로 규정하기 때문에 일반인이 영리를 목적으로 하는 행동은 상행위가 아니라고 보고, 따라서 「상법」의 적용을 받지 않는다. 절대적 상행위의 반대적 개념이다. 상대적 상행위 중에서 그 행위를 영업으로 함으로써 상행위가 되는 것을 영업적 상행위라고 하고, 상인이 영업을 위하여 영업하는 것으로써 상행위가 되는 것을 부속적(附屬的) 또는 보조적 상행위라고 한다.

영업적 상행위
營業的 商行爲

상대적 상행위 중에서 상인이 영업으로써 하는 행위를 말한다. 우리 「상법」 제46조의 조문 제목인 '기본적 상행위'가 영업적 상행위이며, 같은 조의 22개 종목의 상행위와 특별법(예 : 자본시장과 금융투자업에 관한 법률 제6조)상의 상행위가 이에 속한다. 영업적 상행위로서는 동산·부동산·유가증권 기타 재산의 매매행위, 동산·부동산·유가증권 기타 재산의 임대차행위, 제조·가공 또는 수선에 관한 행위, 전기·전파·가스 또는 물의 공급에 관한 행위, 작업 또는 노무의 도급의 인수, 출판·인쇄 또는 촬영에 관한 행위, 광고·통신 또는 정보에 관한 행위, 수신·여신·환 기타의 금융거래, 공중(公衆)이 이용하는 시설에 의한 거래, 상행위의 대리의 인수, 중개에 관한 행위, 위탁매매 기타의 주선에 관한 행위, 운송의 인수, 임치의 인수, 신탁의 인수, 상호부금 기타 이와 유사한 행위, 보험, 광물 또는 토석의 채취에 관한 행위, 기계·시설, 그 밖의 재산의 금융리스에 관한 행위, 상호·상표 등의 사용허락에 의한 영업에 관한 행위, 영업상 채권의 매입·회수 등에 관한 행위, 신용카드·전자화폐 등을 이용한 지급결제 업무의 인수 등 22개 종목을 「상법」 제46조 각 호에서 열거하고, 특별법상의 영업적 상행위로서는 「자본시장과 금융투자업에 관한 법률」에 의한 신탁의 인수행위가 있다. 자기명의로 상행위를 하는 자는 당연상인이 된다(상법 제4조).

부속적 상행위
附屬的 商行爲

상인이 영업을 위하여 하는 행위를 말한다(상법 제47조1항). **보조적 상행위**라고도 한다. 상인의 개념을 전제로 하여 도출(導出)되므로 상대적 상행위이며, 상인 개념의 전제로 되는 기본적 상행위와 상대되므로 보조적 상행위라고도 한다. 기본적 상행위인 영업적 상행위의 경우에는 법률상 그 내용이 한정적이나, 부속적 상행위의 내용은

상법

천차만별이어서 열거할 수 없다. 신분상의 행위 이외에 상인이 영업의 수단으로서 직접 하는 것을 포함하고 법률행위·사실행위 또는 유상·무상을 불문한다. 따라서 특히 개인상인에 있어서는 자기 고유의 소비생활상의 행위와 구별할 수 없는 경우가 있으므로 상인의 행위는 영업을 위하여 하는 것으로 추정한다 (상법 제47조2항). 또한 상인의 영업존속 중의 행위뿐만 아니라 개업 준비행위 등의 영업개시 전의 행위도 부속적 상행위가 된다.

기본적 상행위
基本的 商行爲

절대적 상행위와 영업적 상행위를 말한다. 이러한 행위는 상인의 개념을 정하는 기초가 되므로 이 명칭이 붙는다. 이와는 반대로 상인의 개념으로부터 도출되는 부속적 상행위(보조적 상행위)와 구별된다. 자기명의로 기본적 상행위(영업적 상행위)를 하는 자가 당연상인이다(상법 제4조).

쌍방적 상행위
雙方的 商行爲

거래의 당사자 쌍방에게 상행위가 되는 행위를 말한다. 일방적 상행위에 대응하는 개념이다. 예컨대 도매상과 소매상과의 거래 등은 쌍방적 상행위이다. 매매에 관한 상법상의 몇몇 특별규정 등은 거래의 양 당사자가 상인인 것을 요구한다는 점에서 일방적 상행위와 구별하는 실익이 있다. 상법상의 규정은 거래의 신속·원활을 주목적으로 하고 있기 때문에 일반 민법상의 제 원칙을 수정해서 적용하고, 따라서 일방당사자가 상인이라고 해서 상법의 규정을 적용시키는 것이 타당하지 않은 경우에는 양 당사자 쌍방의 상인성을 요구하고 있다.

일방적 상행위
一方的 商行爲

거래가 당사자 일방에게만 상행위가 되고, 타방에게는 상행위가 되지 않는 행위를 말한다. 쌍방적 상행위에 대응하는 개념이다. 예컨대 소매상과 일반소비자와의 거래는 일방적 상행위이다. 원칙적으로 거래당사자 일방에게만 상행위가 되어도 쌍방 모두에 상법이 적용되는 것이 원칙이지만, 상사유치권을 비롯한 몇몇의 거래유형에서는 일방적 상행위에 대해서는 상법이 적용되지 않는다.

준상행위
準商行爲

상행위는 아니지만 상행위에 관한 상법의 규정이 준용되는 행위를 말한다. 의제상인, 즉 상행위를 하지 아니하더라도 점포 기타 유사한 설비에 의하여 상인적 방법으로 영업을 하는 자(설비상인, 상법 제5조1항) 또는 상행위를 하지 아니하더라도 영리를 목적으로 하여 설립되는 민사회사(상법 제5조2항·제169조)가 영업으로 하는 행위를 준상행위(準商行爲)라고 한다. 이들의 영업행위에는 상행위에 관한 규정이 준용된다(상법 제66조). 이러한 설비상인이나 민사회사가 영업을 위하여 하는 행위는 부속적 상행위(보조적 상행위)로 되는 것이지만(상법 제47조), 영업으로 하는 행위, 예컨대 수산회사가 출어하여 잡은 어류를 판매하는 행위 등은 준상행위이다.

임치의 인수
任置의 引受

타인을 위하여 물건의 보관을 인수하는 행위를 가리키며, 기본적 상행위에 해당한다(상법 제46조14호). 창고업자의 창고업이 여기에 해당한다. 다만, 임치의 인수는 그것이 반드시 기본적 상행위이어야 하는 것은 아니고, 보조적 상행위인 임치의 인수도 있다. 음식점, 여관 등에서 손님의 수하물을 잠시 보관해주는 경우가 여기에 해당한다. 기본적 상행위로서의 임치는 물건의 보관을 영업으로 하는 것이므로 반드시 유상이어야 하는데, 보조적 상행위로서의 보관은 무상인 경우도 많다. 그러나 타인의 물건을 임치받은 상인은 유상의 경우는 물론, 비록 무상일지라도 물건의 보관에 관해 선량한 관리자의 주의의무를 져야 하는 점(상법 제62조)에 있어서, 자기재산과 동일한 주의를 하면 족하다고 하는 민법상 임치와는 다르다(민법 제695조). 또한, 창고업자 및 여관 등 공중접객업자의 책임은 일반상인에 비하여 크다(상법 제152조1항·제160조). 또 창고업자는 「물류정책기본법」의 규제를 받는다.

상행위의 대리의 인수
商行爲의 代理의 引受

위탁자 본인을 위하여 상행위로 되는 행위의 대리를 인수하는 행위를 말한다. 기본적 상행위의 일종이다(상법 제46조10호). 상행위의 대리인이 본인을 위한 것임을 표시하지 아니하더라도 그 행위의 효과는 본인에게 귀속되는(상법 제48조) 점에서 **현명주의**(顯名主義)를 취하고 있는 민법상의 대리와 다르다(민법 제114조·제115조와 대비). 또한, 상행위의 위임에 의한 대리권은 본인이 사망하여도 소멸하지 않는다(상법 제50조, 민법 제127조1호와 대비).

중개
仲介

타인 간의 법률행위를 매개하는 것을 말한다. 이른바 브로커는 중개를 영업으로 하는 자이다. '중개에 관한 행위'는 기본적 상행위이다(상법 제46조11호). 중개하는 법률행위가 상행위인 것은 상법상의 중개인(상법 제93조)이고, 상행위 이외의 법률행위인 것은 민사중개인이다. 예컨대 가옥·아파트·토지·임야 등을 전문으로 중개하는 부동산업자나 결혼상담자 등은 민사중개인이다. 또한, 일정한 상인을 위하여 상업사용인이 아니면서 상시 그 영업부류에 속하는 거래의 대리 또는 중개를 영업으로 하는 자를 대리상이라고 하는데(상법 제87조), 대리상이 행하는 중개도 중개이므로 중개대리상(仲介代理商)이라고 부르고 있다.

주선
周旋

자기명의로써 타인의 계산으로 법률행위를 하는 것을 말한다. '주선에 관한 행위'는 위탁매매에 관한 행위와 함께 기본적 상행위의 일종이다(상법 제46조12호). 예컨대 위탁매매인(委託賣買人)

은 물건 또는 유가증권의 매매를 주선하는 자이고, 운송주선인(運送周旋人)은 물건운송을 주선하는 자이다. 또한, 주선행위가 위의 두 가지 이외의 법률행위인 때에는 준위탁매매인(상법 제113조)이라고 한다.

상사법정이율
商事法定利率

상행위로 인한 채무에 의한 연(年) 6분의 법정이율을 말한다. 민법상의 법정이율은 연 5푼이지만(민법 제379조), 상법상 상행위로 생긴 상사채무의 법정이율은 연 6푼이다(상법 제54조). 이와 같이 상법상의 법정이율이 민법상의 이율보다 높은 것은 상사거래에서는 민사거래에서보다 금전의 수요가 많고, 원금의 이용으로 많은 수익이 생기는 것이 보통이기 때문이다. 채무발생의 원인이 상행위라면, 그 어느 당사자를 위한 상행위이든 관계없이 이 상사법정이율(商事法定利率)이 적용된다.

상사법정이자청구권
商事法定利子請求權

상인 간에 금전의 소비대차를 한 경우에는 대주(貸主)는 이자에 관한 특약이 없어도 법정이자를 청구할 수 있는 권리를 말한다. 민법에 있어서는 소비대차에 관하여 특약이 없는 한 이자가 생기지 않는다(민법 제598조·제602조). 이에 대하여 상법에 있어서는 상인 간에 금전의 소비대차를 한 때에는 대주는 이자에 관한 특약이 없어도 법정이자를 청구할 수 있다(상법 제55조1항). 이 청구권의 입법취지도 상인의 영업활동과 재산운용의 원칙이 영리를 전제로 한다는 데 있다.

체당금의 상사법정이자청구권
替當金의 商事法定利子請求權

상인이 그 영업범위 내에서 타인을 위하여 금전을 체당(타인을 위하여 채무변제로서 금전지급을 하는 것)한 때에는 체당한 날 이후의 상사법정이자를 청구할 수 있는 권리를 말한다(상법 제55조2항). 민법에서는 타인을 위하여 금전을 체당하여도, 그것이 위임사무의 처리에 관한 필요비를 지출한 경우(민법 제688조1항)가 아니면 특약이 없는 한 당연히 이자를 청구할 수 없다. 이에 반하여 상법에서는 상인이 영업범위 내에서 타인을 위하여 금전을 체당한 때에는 체당한 날 이후의 상사법정이자를 청구할 수 있다. 이 체당금은 그 행위에 근거한 상사법정이자청구권과 동일한 행위에 근거한 보수청구권과는 별개사항에 속하고 서로 배척하는 것이 아니므로 상인은 상사법정이자 이외에 보수를 청구할 수도 있다.

상사채무의 연대성
商事債務의 連帶性

복수의 채무자가 있는 경우 상법상 그의 채무가 당연히 연대채무로 되는 것을 말한다. 「민법」에서는 다수인의 채무에 관하여 별단의 의사표시가 없으면 원칙으로 각 채무자가 균등비율(均等比率)로 채무를 부담하고(민법 제408조), 보증인은 **최고의 항변권**과 **검색의 항변권**(민법 제437조)을 가지고 있어 당연히 연대보증으로 되지 않는 데 반해 상법에서는 수인이 그 1인 또는 전원에게 상행위가 되는 행위로 채무를 부담하였을 때는 그 채무는 연대하여 변제할 책임이 있고(상법 제57조1항), 보증인이 있는 경우에 보증이 상행위이거나 주채무가 상행위로 인한 것인 때에 주채무자와 보증인은 연대책임을 진다(상법 제57조2항). 이것은 모두 상사채무의 이행을 확실히 하여 기업금융을 원활하게 하려는 취지에서 나온 것이다.

상사유치권
商事留置權

상법상 인정된 유치권을 말한다. 이 상사유치권에는 일반상사유치권과 특별상사유치권의 구별이 있으며, 전자에는 **상인 간의 유치권**(상법 제58조)이 있고, 후자에는 대리상(같은 법 제91조)·위탁매매인(같은 법 제111조)·운송주선인(같은 법 제120조)·운송인(같은 법 제147조)의 유치권이 있다. 일반상사유치권은 상인의 특정 업종과는 관계없는 상인 일반에 관한 의미에서 원칙적 상사유치권이고, 특별상사유치권은 특정 업종에 관하여 인정되는 업종의 유치권이다. 상인 간의 유치권의 요건에는 채권과 목적물의 양면에서 고찰된다. 채권에 관한 요건으로는 ① 당사자 쌍방이 상인일 것 ② 채권이 상행위로 인하여 발생하였을 것 ③ 변제기(辨濟期)에 있을 것 등 세 가지가 있으며, 목적물에 관한 요건으로는 ① 채무자 소유의 물건 또는 유가증권일 것 ② 채권자의 채무자에 대한 상행위로 목적물을 점유한 것 등의 두 가지가 있다.

상인 간의 유치권과 민법상의 일반유치권과의 차이는 다음과 같다. 민법상의 유치권은 ① 피담보채권(被擔保債權)과 유치목적물(留置目的物)과의 사이에 견련관계(牽聯關係)가 필요하다. ② 유치목적물은 채무자의 소유가 아니라도 무방하다는 점에 특색이 있다. 유치권은 법정담보물권이지만 당사자의 특약이 있으면 이를 배척할 수 있다. 이 점은 상사유치권에서나 민사유치권에서 다를 바가 없다. 또한, 상법은 상사유치권의 성립요건에 관하여 규정하고 있을 뿐이므로 그 효력과 소멸에 관하여는 민법의 규정(민법 제321조~제328조)이 적용된다.

유질계약
流質契約

채권자가 채권의 담보로 제공받은 물건에 대하여 채무자가 변제기에 변제를 하지 못할 때에 그 담보물(질물)의 소유권을 취득하거나 또는 법정절차에 의하지 아니하고 질물을 처분할 수 있는 권한을 가지는 계약을 말한다. 민법에서는 채무자보호를 위하여 유질계약을 금지하고 있으나(민법 제339조), 상법에서는 상행위로 생긴 채권을 담보하기 위하여 설정한 질권에 대하여는 이 금지규정이 적용되지 않는다(상법 제59조). 민법에서는 채권자가 채무자의 궁박한 상태를 이용함으로써 근소한 채권액으로 고가의 질물을 취득하는 것을 방지하기 위하여 이 계약을 금지하고 있다. 그러나 이와 달리 상법에서는 상거래에 있어서 상행위의 당사자는 서로 평등한 경제적 지위에서 자유롭게 채권자의 질권 실행을 간편하게 함으로써 신속한 금융의 편의를 도모하기 위하여 민법에서와 같은 금지규정을 두지 않는다. 또한 '상행위로 인하여 생긴 채권'이라 함은 채권자 또는 채무자에게 상행위로 인하여 발생한 채권이라는 뜻이다.

보수청구권
報酬請求權
상인이 영업범위 내에서 타인을 위하여 어떤 행위를 한 때에 상당한 보수를 청구할 수 있는 권리를 말한다(상법 제61조). 민법에 있어서는 어떤 사람(예 : 수임인, 수치인)이 어떤 행위(위의 예에서 위임계약상의 행위, 임치계약상의 행위)를 하여도 특약이 없는 한 보수를 청구할 수 없다(민법 제686조·제701조). 이에 대해 상인은 영리활동에 의하여 이윤을 추구하는 것이 목적이므로 상법은 상인이 영업범위 내에서 타인을 위하여 어떤 행위를 한 때에는 특약이 없어도 상당한 보수를 청구할 수 있도록 하고 있다. 여기에서 영업범위 내의 행위란 법률행위뿐만 아니라 사실행위도 포함된다. 예컨대 상품을 보관하거나 운반하는 행위를 한 때에도 상당한 보수를 청구할 수 있다. 타인을 위한다는 것은 타인의 이익을 위한다는 실질적 의미이므로 그 행위가 타인의 이익으로 되었든 안 되었든 불문한다. 사회통념상 무상으로 하는 것, 예컨대 '매도품의 포장' 또는 '배달' 등은 그 영업범위 내에서 한 경우에도 무상이 된다. 또한 보수청구는 비용청구를 배척하는 것이 아니다.

상사채무이행의 장소
商事債務履行의 場所
상사채무의 이행을 하는 장소를 말한다. 상사채무변제의 장소라고 하여도 좋다. 상행위로 생긴 특정물인도채무는 채무의 성질 또는 특약에 의하여 정하여지지 아니할 때에는 채권성립 당시 그 물건이 있던 장소가 이행장소로 된다(민법 제467조1항). 특정물의 인도 이외의 채무에 관하여는 원칙으로는 지참채무(持參債務)이며 채권자의 현재의 주소가 이행장소로 되는 데 반해, 기업활동은 영업소를 중심으로 하여 전개되는 까닭에 채권자의 현영업소가 주소에 우선한다(민법 제467조2항). 단, 지점에서 행한 거래에 관하여는 지점이 이행장소가 된다(상법 제56조). 채권양도의 경우에는 신채권자의 영업소가 이행장소로 된다. 지시채권(指示債權) 및 무기명채권(無記名債權)에 관하여는 채무자의 현재의 영업소 또는 이것이 없을 때에는 현주소가 채무이행의 장소로 된다(민법 제516조·제524조). 이러한 채권은 유통성이 있기 때문에 변제기에 있어서 채권자를 채무자가 명확히 알 수 없다는 사정에 기인한다. 법령 또는 관습에 의하여 거래시간의 정함이 있는 때에는 그 거래시간 내에 채무의 이행을 하거나 그 이행의 청구를 할 수 있다(상법 제63조). 명문이 없는 민법에서도 신의성실의 원칙상 이것과 동일하게 해석해야 할 것이지만, 기업거래에 있어서는 이러한 일이 빈번하므로 명문화한 것이다.

상사채권의 소멸시효
商事債權의 消滅時效
상행위로 생긴 채권의 소멸시효를 말한다. 상행위로 생긴 채권(예 : 상행위인 소비대차로 생긴 채권)의 소멸시효기간은 5년이다(상법 제64조). 이것은 민사채권(民事債權)의 소멸시효기간을 10년으로 하고 있는 것(민법 제162조)에 대한 특칙이다. 이것은 상거래에서 요구되는 신속주의(迅速主義)의 구현이다. 시효의 기간이 단축될 뿐이며 그 밖에는 민사채권의 경우와 동일하다. 또한 상행위로 생긴 채권은 상법에 다른 규정이 있는 경우(상법 제121조·제122조·제154조·제166조·제167조·제662조·제895조·제919조)와 다른 법령에 단기시효(短期時效)의 규정이 있는 경우(민법 제163조·제164조, 어음법 제70조, 수표법 제51조)에는 그 규정에 의한다(상법 제64조 단서). 따라서 5년의 상사시효(商事時效)가 적용되는 범위는 실제로 좁아지게 된다.

[상사채권과 민사채권의 소멸시효기간의 대비]

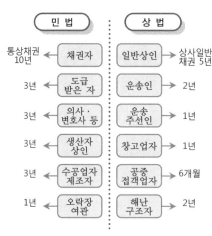

<유가증권>
有價證券

재산적 가치가 있는 사권(재산권)이 표창된 증권으로서 그 권리의 발생·행사·이전의 전부 또는 일부를 증권에 의해서만 행사할 수 있는 것을 말한다.

상법은 화물상환증(貨物相換證)·창고증권(倉庫證券)·주권·사채권·선하증권(船荷證券) 등의 특수한 유가증권에 관하여 그 기초인 실질관계와 관련하여 개별적인 규정을 두고, 유가증권에 공통된 규정으로서는 「상법」 제65조(유가증권과 준용규정)가 있을 뿐이다. 즉 금전·물건 또는 유가증권의 지급을 목적으로 하는 유가증권에는 민법의 지시채권의 양도방식(민법 제508조), 환배서(같은 법 제509조), 배서의 방식(같은 법 제510조), 약식배서의 처리방식(같은 법 제511조), 소지인출급배서의 효력(같은 법 제512조), 배서의 자격수여력(같은 법 제513조), 선의취득(같은 법 제514조), 이전배서와 인적항변(같은 법 제515조), 변제의 장소(같은 법 제516조), 증서의 제

시와 이행지체(같은 법 제517조), 채무자의 조사권리의무(같은 법 제518조), 변제와 증서교부(같은 법 제519조), 영수의 기입청구권(같은 법 제520조), 공시최고절차에 의한 증서의 실효(같은 법 제521조), 공시최고절차에 의한 공탁·변제(같은 법 제522조), 무기명채권의 양도방식(같은 법 제523조), 지명소지인출급채권(같은 법 제525조)에 관한 규정 등이 적용되는 것을 주의적으로 밝히고, 배서의 무조건성과 일부배서의 무효에 관하여 「민법」에 규정이 없는 것은 「어음법」 제12조1항과 2항의 규정을 준용하도록 하고 있다.

<상사매매>
商事賣買

당사자의 쌍방에게 상행위가 되는 매매를 말한다. 상사매매에 관하여는 민법상의 매매에 관한 규정(민법 제563조~제595조)을 일반적으로 적용하되, 상인 간의 매매계약에서는 거래의 안전·신속과 매도인을 보호하기 위하여 몇 가지 특칙을 두고 있다. 즉 상인 간의 상사매매에 관하여는 우선 매수인의 목적물수령거절, 수령불능시의 매도인의 공탁권(供託權)·경매권(競賣權)을 인정하고 있다(상법 제67조). 다음에 목적물을 수령하였을 때 매수인의 검사 및 하자나 수량부족의 통지의무를 매수인에게 부과하여, 이를 게을리하면 매수인은 대금감액·계약해제·손해배상 등의 청구를 할 수 없도록 하고 있다(상법 제69조). 위의 두 특칙은 매도인(채권자)을 보호함으로써 거래의 안전을 도모하고, 나아가 상거래를 신속하게 하려는 취지이다.

<확정기매매>
確定期賣買

매매의 성질 또는 당사자의 의사표시에 의하여 일정한 일시 또는 일정한 기간 내에 이행하지 않으면 계약을 한 목적을 달성할 수 없는 매매를 말한다. 이것은 이른바 정기행위의 일종이다.

확정기계약(**정기행위**)의 일반원칙에 의하면 당사자의 일방이 이행하지 않고 그 시기를 지

나면, 상대방은 계약해제의 일반전제요건인 이행의 최고(민법 제544조)를 하지 않고 계약해제의 의사표시를 할 수 있다(민법 제545조). 상법은 이 원칙을 다시 완화하여 상행위인 확정기매매에 있어서는 당사자의 일방이 이행하지 않고 그 시기가 지나면 상대방이 해제의 의사표시를 기다릴 것 없이 당연히 해제의 효과가 생기고, 만약 상대방이 그 매매계약을 존속시키려면 즉시 이행의 청구를 하여야 한다(상법 제68조). 이 경우 확정기매매의 내용인 행위는 일방적 상행위를 포함한다.

매도인의 공탁권 및 경매권
賣渡人의 供託權 및 競賣權

상인 간의 매매에서 매수인이 목적물을 수령할 것을 거부하거나 수령할 수 없는 때 매도인이 공탁 또는 경매할 수 있는 권리를 말한다.

매도인이 목적물 인도의 의무를 이행하고자 할 때, 매수인이 이것을 수령할 것을 거부하거나 이것을 수령할 수 없는 때에는 매도인은 공탁을 함으로써 채무를 면할 수 있는데(민법 제487조~제491조), 「상법」은 상인 간의 상행위인 매매에 관하여 다음과 같은 특칙을 두고 있다. 매도인이 매매의 목적물을 일반절차에 따라 공탁하여 인도의무(引渡義務)를 면할 수 있음은 「민법」의 규정과 같으나, 매수인(買受人)에 대하여 그 사유의 통지를 발송하면 되는 점(발신주의·상법 제67조 1항)이 민법(도달주의·민법 제111조)의 경우와 다르다. 또한 매도인의 경매권에 관하여는 간단하게 되어 있다. 「민법」의 규정(민법 제490조)에 의하면 경매를 하는 때에는 공탁에 과다한 비용이 필요한 경우에 한하여 법원의 허가를 요건으로 하고 있지만, 「상법」의 규정에는 이러한 요건은 전부 생략되고, 매수인에 대하여 최고를 할 수 없거나 목적물이 멸실 또는 훼손될 염려가 있는 때에는 이 최고까지도 필요 없게 하였다(상법 제67조1항·2항). 매도인이 목적물을 경매하였을 때에는 그 대금을 공탁하여야 하며 전부 또는 일부를 매매대금에 충당하여도 상관없다(상법 제67조3항). 매도인의 경매권을 자조매각권(自助賣却權)이라고도 한다.

매수인의 보관·공탁·경매의무
買受人의 保管·供託·競賣義務

상인 간의 매매에서 목적물의 하자 또는 수량부족으로 계약을 해제한 경우에 매도인의 비용으로 매매의 목적물을 보관 또는 공탁하고, 만약 그 목적물이 멸실 또는 훼손될 염려가 있는 때에는 법원의 허가를 얻어 경매하여 대가를 보관 또는 공탁하여야 할 매수인의 의무를 말한다(상법 제70조1항).

매수인이 경매를 한 때에는 지체 없이 매도인에게 통지를 발송해야 한다(상법 제70조 2항). 이 경매를 긴급매각(緊急賣却)이라고도 한다. 매수인의 이와 같은 의무는 목적물의 인도장소가 매도인의 영업소 또는 주소와 동일한 특별시·광역시·시·군 내에 없는 경우에만 인정되고 목적물의 인도장소와 매도인의 영업소·주소가 같은 지역의 경우에는 인정되지 않는다(상법 제70조3항). 본래 사인(私人) 간의 거래에서는 매도인으로부터 매수인에게 인도한 물건이 매매목적물과 상위하거나 수량이 초과한 경우에 그 상위 또는 초과액에 관하여 매수인은 반환의무를 부담할 뿐이다. 그러나 상인 간의 매매에 있어서는 이와 달리 하자 또는 수량부족으로 인한 계약해제의 경우와 같이 매수인에게 보관·공탁·경매의 의무를 부과하고 있다(상법 제71조). 이 의무는 법률에 의한 의무로서 이에 위반한 때에는 매도인에 대하여 손해배상의 의무를 부담하게 된다.

목적물의 검사·통지의무
目的物의 檢査·通知義務

상인 간의 매매에서 매수인이 매매목적물을 수령한 때에는 지체 없이 이를 검사하고, 만약 하자 또는 수량의 부족을 발견한 경우에는 즉시 매도인에게 통지를 발송하여야 한다는 매수인의 의무를 말한다. 만약 매수인이 통지를 게을리하면 매도인이 악의인 경우를 제외하고는 하자 또는 수량부족으로 인한 계약해제·대금감액(代金減額) 또는 손해배상 등의 청구를 할 수 없다. 그러나 하자가 즉시 발견할 수 없는 성질의 것일 때에는 6개월 내에 이를 발견하여 즉시 통지하면 이러한 청구를 할 수 있다(상법 제69조). 「민법」에서는 매매의 목적물에 하자 또는 수량부족이 있을 때 매도인이 하자담보책임(瑕疵擔保責任)을 지고 매수인에게 대금감액·계약해제·손해배상 등의 청구권이 인정되며, 이 권리는 매수인이 악의이면 계약시부터 1년 내에, 선의이면 사실을 안 날부터 1년 또는 6개월 내에 행사하도록 되어 있다(민법 제573조~제575조·제580조·제582조). 그러나 양 당사자가 상사거래에서 매도인을 이렇게 오랫동안 불확정한 위치에 두는 것은 상거래의 신속을 존중하는 상법의 이념에 어긋나므로 매수인에게 검사·통지의무를 부과하고 있는 것이다.

상호계산
相互計算
상인 간 또는 상인·비상인 간에 계속적인 거래관계가 있는 경우에 일정한 기간의 거래로 채권·채무의 총액에 관하여 상계(相計)하고 그 잔액을 지급할 것을 약정하는 계약을 말한다(상법 제72조). 상사거래에서는 거래처와의 관계에서 끊임없이 금액지급의 관계가 생기는데 항상 일방이 매도인이고, 동일 상대에 대하여 때로는 채권자가 되고 또는 채무자가 되는 경우가 많다. 그러나 일정한 기간 거래가 계속될 때 개개의 거래시마다 대금결제를 현금으로 한다면 많은 노력과 불편이 뒤따르게 되므로 보통은 대차관계로서 잠시 동안 놓아두고 일정한 시기에 그 총액을 계상하여 결제하는 것이 편리하고 또 수고를 덜 수 있게 된다. 이와 같은 방법으로 대차관계를 결제하는 것을 상법상 상호계산이라고 하는데, 일정한 상호계산기간 내의 대차라고

하더라도 특약이 없는 한, 일반적으로 금전채권(金錢債權)의 결제를 원칙으로 하고, 기간을 정하지 아니한 때에는 상호계산기간은 6개월로 한다(상법 제74조). 어음 기타의 상업증권이 수여(授與)되었을 때에는 유가증권의 성질상 그 증권에 기재된 그대로 독립하여 채권의 행사 또는 채무의 이행을 하여야 할 것이지만, 그 대가는 상호계산에 산입된다. 그러나 이것은 증권의 채무자가 변제하지 아니할 때에는 당사자는 그 항목을 예외적으로 상호계산에서 제거할 수 있다(상법 제73조). 그 이유는 상호계산기간의 종료까지 기다려야 한다면 증권의 채권자가 증권에 의하여 신속하게 그 채권의 만족을 얻을 기회를 상실하기 때문이다. 당사자가 채권·채무의 각 항목을 기재한 계산서를 승인한 때에는 착오 또는 탈루(脫漏)가 있는 경우를 제외하고는 각 항목에 대하여 이의를 하지 못한다(상법 제75조). 또한 상계로 인한 잔액에 대하여는 채권자는 계산폐쇄일 이후의 법정이자를 청구할 수 있고(상법 제76조1항), 당사자는 각 항목을 상호계산에 계입한 날로부터 이자를 붙일 것을 약정할 수도 있다(상법 제76조2항). 상호계산계약의 각 당사자는 언제든지 해지할 수 있는데 이 경우에는 즉시 계산을 폐쇄하고 잔액의 지급을 청구할 수 있다(상법 제77조).

익명조합
匿名組合
당사자의 일방(익명조합원)이 상대방(영업자)의 영업을 위하여 출자를 하고, 상대방은 그 영업으로 인한 이익을 분배할 것을 약정하는 계약을 말한다(상법 제78조). 익명조합의 당사자는 영업자와 익명조합원에 한정되어 있고 민법상의 조합과 같은 독립된 당사자가 2명 이상 있음을 요하지 않는다. 특히 영업자와 익명조합원이라고 하더라도 2명만을 뜻하는 것이 아니고, 익명조합원이 다수라도 상관없다. 또한 대립하는 단체를 당사자와 익명조합원으로 구분할 수 있으면 된다. 익명조합원은 출자(금전 기타 재산에 한정되고,

신용·노무의 출자는 인정되지 않는다)를 하여야 하며, 상인·비상인을 불문하고, 자연인이든 법인이든 익명조합원이 될 수 있으나 영업자는 반드시 상인이어야 한다. 그러나 상인이어야 한다고 하더라도 익명조합계약을 체결하고 동시에 영업을 개시하여도 상관없다. 익명조합은 합자회사와 더불어 약 1천년 전부터 행하여졌고, 자본가가 기업가에게 자기의 상품 등을 위탁하고, 기업가는 해외에서 자기의 명의로써 무역을 하여 귀국과 동시에 항해영업활동(航海營業活動)의 결과로 얻은 이익을 분배한다는 데서 전형(典型)을 찾을 수 있는데, 실체적으로는 익명조합은 단독기업이지 조합관계가 아니다. 따라서 익명조합원의 출자는 영업자의 재산으로 되고(상법 제79조), 영업자는 자기의 전재산(출자된 것을 포함한다)을 가지고 자기의 영업으로서 활동하게 된다.

다음은 이익분배(배당)와 손실분담인데, 영업자는 영업으로 생긴 이익을 익명조합원에게 분배할 의무를 부담하고 있으므로(상법 제78조), 익명조합원에 대하여 이익분배(배당)를 하여야 한다. 이익분배의 비율은 당사자(영업자와 익명조합원) 사이의 약정에 의하여 정하여진다. 손실분담의 비율도 당사자 간의 약정에 의하여 정하여진다. 손실분담의 방법에 관하여는 당사자 간에 약정이 있으면 이에 따르지만(상법 제82조3항), 당사자 간에 약정이 없으면 그 손실분담액에 상당하는 액을 다시 현실로 출자하여야 하는 것이 아니고, 단순히 계산상 그 손실분담액만큼 출자액이 감소된다. 그리고 이 경우에는 그 손실분담액을 전보한 후가 아니면 익명조합원은 이익분배(배당)를 청구할 수 없다(상법 제82조1항). 손실분담액이 출자액을 초과한 경우에도 익명조합원은 이미 받은 이익의 반환 또는 증자할 의무가 없다(상법 제82조2항). 계약으로 익명조합 종료의 원인(예 : 존속기간의 만료 등)을 정하고 있는 경우에는 그 원인발생으로 익명조합은 종료하고 기타 해약, 영업의 폐지 또는 양도, 영업자의 사망 또는 성년후견개시, 영업자 또는 익명조합원의 파산 등도 종료원인이 된다(상법 제84조). 익명조합계약이 종료하였을 때에는 영업자는 익명조합원에게 그 출자의 가액을 반환하여야 한다(상법 제85조 본문). 그러나 출자가 손실로 감소된 때에는 그 출자액에서 손실분담액을 공제한 잔액만을 반환하면 된다(같은 조 단서). 그러나 익명조합원은 영업자의 재산분배는 요구할 수 없고, 또한 영업자의 결손이 심할 때에는 출자가액을 반환받을 수 없는 경우가 생긴다.

대리상
代理商

독립상인(獨立商人)으로서 일정상인을 위하여 상업사용인이 아니면서 그 영업부류에 속하는 거래의 대리 또는 중개를 영업으로 하는 자를 말한다(상법 제87조). 일반적으로 **대리점**이라고 부른다. 보험·운송 등 영업활동의 지역이 극히 광범위하고 다수의 계약을 필요로 하는 성질을 가진 사업에 널리 이용되고 있다. 대리상제도의 장점은 지점 또는 출장소를 설치하는 데 소요되는 비용을 절약하고, 각각 그 지방의 특수사정을 잘 알고 있는 자를 수시로 이용할 수 있다는 점에 있다. 거래를 대리하는 자를 **체약대리상**(締約代理商)이라고 하고, 거래의 중개를 하는 자를 **중개대리상**(仲介代理商)이라고 한다. 대리상과 본인(일정상인)과의 사이의 계약을 **대리상계약**(代理商契約)이라고 하는데, 그 법적 성질은 위임이다. 따라서 계약에 다른 정함이 없는 한 대리상의 법률관계는 「상법」의 위임에 관한 규정(상법 제49조·제50조)과 「민법」의 일반규정(민법 제680조~제692조)에 따라 결정하여야 한다. 「상법」은 양자 간의 계속적인 신뢰관계와 거래의 신속처리를 고려하여 대리상의 통지의무(상법 제88조), 경업금지의무(상법 제89조)를 정하고 특별한 유치권(상법 제91조)을 정하고 있다.

중개대리상
仲介代理商

일정상인을 위하여 상업사용인이 아니면서 항상 그 영업부류에 속하는 거래의 중개를 영업으로 하는 자를 말한다. 계약체결에 대한 대리권 없이 단순히 계약의 성립을 주선하고 매개하는 권한만 있다는 점에서 체약대리상과 다르다. 또, 타인을 위하여 상행위의 중개를 한다는 점에서 중개인과 동일하지만, 일정상인을 위하여 계속적으로 그 영업을 보조한다는 점에서 일반상인을 위하여 임시적으로 보조를 하는 중개인과는 구별된다.

중개대리상은 계약체결에 대한 권한이 없기 때문에 이에 대한 의무와 책임도 없다. 다만, 선량한 제3자 보호와 계약의 안정을 위하여 물건의 판매나 그 중개의 위탁을 받은 대리상은 매매 목적물의 하자 또는 수량부족 기타 매매의 이행에 관한 통지를 받을 권한이 있다(상법 제90조). 대리상의 활동으로 새로운 고객확보와 거래증가가 있을 경우에 대리상은 본인에게 보상을 청구할 수 있다(**대리상의 보상청구권**, 상법 제92조의2). 아울러 대리상은 계약과 관련한 사항에 관한 **영업비밀준수의무**(營業秘密遵守義務)(상법 제92조의3)가 있다.

중개인
仲介人

타인 간의 상행위 중개를 영업으로 하는 자를 말한다(상법 제93조). 다만, 상행위의 중개라고 하더라도 실제로는 매매중개가 중심이 되어 있다. 중개인은 단지 타인 간의 상행위를 중개하는 데 그치고 스스로 그 행위의 당사자가 되는 자가 아니며, 당사자의 대리인도 아니다. 중개인과 거래의 중개를 의뢰한 자와의 사이에 체결한 위탁계약을 중개계약이라고 한다. **중개계약**은 위탁계약이므로 위임에 관한 민법의 규정(민법 제680조~제692조)에 준하여 결정하는 것이지만, 상법은 중개인에 관하여 약간의 특칙을 두고 있다. 즉, 상법은 중개인에 대하여 상거래 중개의 특수성에 기인한 특수한 의무를 부과하고 있다. 예컨대 견품보관의 의

무(상법 제95조), 결약서교부의무(같은 법 제96조), 장부작성의무(같은 법 제97조), 성명, 상호묵비의무(같은 법 제98조), 개입의무(이행책임, 같은 법 제99조) 등이 그것이다. 또 상법은 다른 약정이나 관습이 없는 한 중개인으로 하여금 중개한 행위에 관하여 당사자를 위하여 지급 기타의 이행을 받지 못하도록 규정하고(같은 법 제94조), 계약서 교부 후 중개료라고 하는 보수를 당사자 쌍방에게 균분하여 청구할 수 있는 이른바 보수청구권을 규정하고 있다(같은 법 제100조).

계약서
契約書

중개인이 당사자 간에 계약이 성립된 때 각 당사자의 성명 또는 상호, 계약연월일과 그 요령을 기재하고 기명날인 또는 서명한 서면을 말한다(상법 제96조1항). 이 계약서를 **결약서**(結約書)라고도 한다. 증거보존을 위한 문서로서 계약성립의 요건은 아니다. 중개에 의하여 계약이 성립된 경우에는 중개인은 지체 없이 이 계약서를 작성하여 각 당사자에게 교부하여야 하는데, 즉시 이행의 경우를 제외하고는 중개인은 각 당사자로 하여금 계약서에 기명날인 또는 서명하게 한 후 그 상대방에게 교부하여야 한다(같은 법 제96조2항). 만약 당사자의 일방이 계약서의 수령을 거부하거나 기명날인 또는 서명하지 아니한 때는 중개인은 지체 없이 상대방에게 그 통지를 발송하여야 한다(같은 법 제96조3항).

개입의무
介入義務

중개인이 상행위의 중개를 함에 있어서 당사자 일방의 성명이나 상호를 상대방에게 표시하지 않았을 때, 상대방의 청구에 의하여 그 상행위를 이행하여야 하는 의무(책임)를 말한다. 중개에서는 당사자가 그 성명 또는 상호를 상대방에게 표시하지 아니할 것을 중개인에게 요구한 때에는, 중개인은 이 요구에 응하여야 할 이른바 성명·상호의 묵비의무(默秘義務)가 있고(상법 제98조), 중개인이 임의로 또는 성명·상호 묵비의무에 의하여 당사자의 일방

의 성명 또는 상호를 상대방에게 표시하지 아니한 때에는 상대방은 중개인에 대하여 이행을 청구할 수 있으며, 중개인도 그 이행을 하여야 할 의무(책임)가 있다(같은 법 제99조). 이것을 중개인의 개입의무라고 한다.

위탁매매인
委託賣買人
자기명의로서 타인의 계산으로 물건 또는 유가증권의 매매를 영업으로 하는 자를 말한다(상법 제101조). 또한 자기명의로서 그 비용·손익 등 거래의 모든 결과를 타인의 부담으로 법률행위를 하는 것을 **주선**(周旋)이라고 하는데, 위탁매매인은 바로 이 주선행위를 하는 자이다. 그리고 비용·손익 등 거래의 모든 책임을 지는 자, 즉 위탁매매인에게 물건 또는 유가증권의 판매 또는 매입을 의뢰한 자를 위탁자라고 한다. 위탁자는 상인·비상인·특정인·불특정이거나 다수인이라도 좋다. 위탁자로부터 주선을 의뢰받은(민법상의 위임관계) 위탁매매인은 자기 자신의 거래로서 제3자와 법률행위(매매 등)를 하기 때문에 단순히 중개를 하는 중개인, 중개대리상과는 다른 입장에 있다. 흔히 볼 수 있는 도매상의 경우 메이커로부터 상품을 저렴하게 구입해서 소매상에게 도매가격으로 파는 경우, 이는 자기의 영업으로 보아야지 위탁매매업으로 볼 수 없다. 그러나 일반적으로 많은 도매상들이 자기의 영업과 위탁매매를 겸하고 있는 것이 보통이다. 이 위탁매매인제도가 생긴 연혁을 살펴보면, 중세 유럽에서 점원이 주인의 명령으로 상품을 휴대하고 해외로 여행하며 상품을 판매하는 영업을 하다가 거래가 끝난 후에도 여전히 그곳에 있으며 본국의 주인으로부터 계속해서 보내온 상품을 자기의 상품으로서 판매하고, 대신 주인으로부터 그 보수를 받은 것에서 시작되었다. 점원은 그대로 외국에 머무르며 자기의 주인뿐만 아니라 본국의 다른 상인을 위하여서도 상행위를 주선했다. 이와 같은 위탁매매인을 이용하면 위탁자가 직접 지점을 설치하는 비용·수고를 덜게 되고, 또한 시장을 확대할 수 있는 이점이 있기 때문에 위탁매매인제도는 18세기경까지 크게 유행하였다. 오늘날은 지점직영방식(支店直營方式)이 이에 대치되고 있다.

위탁매매인과 위탁자와의 사이에는 위탁매매인은 보수청구권(상법 제61조)이 있고 그 밖에 매수물의 공탁·경매권(같은 법 제109조), 유치권(같은 법 제111조), 개입권(같은 법 제107조) 등이 인정되고 있다. 개입권이란 위탁매매인이 거래소의 시세가 있는 물건 또는 유가증권의 매매를 위탁받은 때 직접 매도인이나 매수인이 될 수 있는 권리를 말한다(개입권 항 참조). 보통 위탁매매인은 위탁자를 위하여 제3자와 매매를 하는 것이 원칙인데, 거래소의 시세(유가증권에 관하여는 증권거래소에서 시세가 결정된다)가 있는 물건의 경우는 위탁매매인이 위탁자를 속일 수 없으므로 위탁매매인이 자기의 상거래로서 위탁자와 매매관계를 가질 수 있다. 이것을 개입권이라고 하며, 이것은 위탁매매인의 권리이다. 위탁자에게 개입한다고 통지하면 위탁자는 이것을 거부하지 못한다. 예컨대 고객이 위탁매매인인 증권거래소 거래원에게 '갑주식을 사라'고 위탁한 때에 이 거래원이 해당 주식을 갖고 있는 경우에는 다른 곳에서 해당 주식을 매입하지 않고 개입권을 행사하여 자기가 갖고 있는 주식을 위탁자에게 매각할 수 있다.

준위탁매매인
準委託賣買人
자기명의(自己名義)로써 타인의 계산으로 매매 아닌 행위를 영업으로 하는 자를 말한다. 판매 또는 매입의 행위를 하는 자는 위탁매매인이지만, 그 이외의 행위 예컨대 출판업(저자를 위하여 자기명의로써 출판한다), 광고업 등은 이 준위탁매매인에 해당된다. 그리고 준위탁매매인에 관하여는 위탁매매인에 관한 규정이 준용된다(상법 제113조).

개입권
介入權

거래의 당사자가 아닌 사람이 당사자와 같은 지위 또는 이익의 양도 등을 청구할 수 있는 권리를 말한다. 상법상 개입권은 세 가지 유형이 있는데, 먼저 ① 경업금지의무(競業禁止義務)를 위반한 거래행위가 있었을 때, 권리자는 이를 자기를 위하여 행한 것으로 볼 수 있다. 따라서 의무위반자가 자신의 계산으로 이와 같은 행위를 했을 경우, 영업주의 계산으로 한 것으로 볼 수 있고, 제3자의 계산으로 했을 때에는 그 사용인에 대하여 이로 인한 이득의 양도를 청구할 수 있다. 가장 대표적인 개입권의 행사유형이다. 개입권의 행사는 영업주의 일방적 의사표시로써 하되(형성권), 영업주가 그 거래를 안 날로부터 2주 또는 그 거래가 있은 날로부터 1년 내에 행사하여야 한다(제척기간). 이와 같은 권리를 인정하는 취지는 의무위반자에 대한 손해배상 이외에도 손해 입증의 번거로움을 피하고 권리자의 이익을 보호하려는 데 있다. 이 권리는 의무위반자에 대한 일방적 의사표시에 의하여 행사되며 형성권에 속한다. 효과는 의무위반자에 대한 관계에서만 권리자의 계산으로 한 것으로 보는 데 그친다. 의무위반의 발생요건은 공통되어 있으며 권리자인 영업주(상법 제17조2항), 본인(제89조2항), 회사(제198조2항·제269조·제397조2항·제567조)에 대하여 인정된다. ② 위탁매매인이 거래소의 시세가 있는 물건의 매매를 위탁받은 때에 직접 매도인 또는 매수인이 될 수 있는 권리를 말한다. ③ 운송주선인(運送周旋人)이 다른 약정이 없으면 직접 운송할 수 있는 권리를 말한다(상법 제116조1항 전단). 운송주선인이 이 개입권을 행사한 때에는 운송인과 동일한 권리·의무를 가지게 된다(상법 제116조1항 후단). 또한 운송주선인이 위탁자의 청구에 의하여 화물상환증을 작성한 때에는 개입한 것으로 인정하고 있다(같은 조 2항).

운송주선인
運送周旋人

자기의 명의로 물건운송의 주선을 영업으로 하는 자를 말한다(상법 제114조). 운송위탁자의 계산으로 또한 자기명의로 운송인과 물건운송계약을 체결하는 것이므로 판매 또는 매수를 자기명의로, 또한 위탁자의 계산으로 주선하는 위탁매매인과 동일하나, 주선행위의 내용이 물건운송인 점에서 다르다. 운송주선인은 물건운송만을 주선하고 여객운송은 주선하지 않는다. 여객운송의 주선을 영업으로 하는 자는 운송주선이 아니고 준위탁매매인(상법 제113조)에 속한다. 그러나 물건운송인 이상 육상운송이든 해상운송이든 공중운송이든 상관없다. 운송주선계약은 위탁매매계약과 같이 주선계약의 일종인 까닭에 민법상의 위임계약의 일종이다. 그러므로 운송주선인에 관하여는 다른 규정이 없는 한, 위탁매매인에 관한 규정이 준용된다(상법 제123조). 운송주선인과 운송인과의 사이에는 보수청구권(제119조)이 있고, 그 밖에 유치권(제120조), 개입권(개입권의 항 참조·제116조) 등이 인정된다. 또한 운송주선인에는 무거운 손해배상책임이 있다. 즉 운송주선인은 자기나 그 사용인이 운송물의 수령, 인도, 보관, 운송인이나 다른 운송주선인의 선택 기타 운송에 관하여 주의를 해태하지 아니하였음을 증명하지 아니하면 운송물의 멸실, 훼손 또는 연착으로 인한 손해를 배상할 책임을 면하지 못하도록 되어 있다(상법 제115조).

운송인
運送人

육상 또는 호천(湖川), 항만에서 물건 또는 여객의 운송을 영업으로 하는 자를 말한다(상법 제125조). 물건운송(物件運送), 여객운송(旅客運送)은 포함되나 우편운송(郵便運送)은 제외된다. 또한, 상법상 운송인에는 해상운송, 공중운송을 영업으로 하는 자는 포함되지 않는다. 영업으로 하는 운송의 인수(상법 제46조13호)는 기본적 상행위이므로 운송인도 상인이다. 따라서 운송의 인수는 유상이고, 운송인 자신이 운송행위를 실행하지 않고 타인에게 위탁하여도 상관없다. 운송인은 운송물의 수령·인도·보관과 운송에 관하여 주의를 해태하지 아니하였음을 증명하지 아니하면 운송물의 멸실, 훼손 또는 연착으로 인한 손해배상의 책임을 면하지 못한다(상법 제135조). 손해배상액에 관하여는 운송물이 전부 또는 일부 멸실되거나 훼손 및 연착된 경우의 손해배상액은 인도할 날의 도착지의 가격에 따르고(상법 제137조1항·2항), 운송물의 멸실, 훼손 또는 연착이 운송인의 고의나 중대한 과실로 인한 때에는 운송인은 모든 손해를 배상하여야 한다(같은 조 3항). 또한 운송물의 멸실 또는 훼손으로 지급을 요하지 않는 운임 기타 비용은 위의 배상액에서 공제하여야 한다(같은 조 4항). 운송인의 책임은 운송물에 즉시 발견할 수 없는 훼손 또는 일부멸실이 있는 경우에 운송물을 받은 날로부터 2주간 내에 운송인에게 그 통지를 발송한 경우를 제외하고, 또한 운송인이 악의가 아닌 경우에 한하여, 수하인 또는 화물상환증소지인(貨物相換證所持人)이 유보 없이 운송물을 수령하고 운임 기타의 비용을 지급한 때에 소멸한다(상법 제146조).

운송계약
運送契約
당사자의 일방이 물건 또는 여객의 운송을 인수하고 상대방이 이에 대한 운임을 지급할 것을 약속하는 계약을 말한다. 이 계약을 체결하고 운송을 인수하는 행위는 기본적 상행위에 속한다(상법 제46조13호). 운송의 목적물에 따라 물건운송계약과 여객운송계약으로 나뉘고, 그 운송수단에 따라 육상운송계약과 해상운송계약으로 나누어진다. 어느 것이나 목적지까지 운송해야 일의 완성을 인수하는 것이므로 도급계약의 성질을 갖고 있지만, 이에 관하여 상법에 특별규정을 두고 있으므로 민법이 적용될 여지는 거의 없다. 항상 운송증권의 작성을 수반하는 요식계약(要式契約)이 아니고, 낙성(諾成)·유상·쌍무

계약(雙務契約)에 속한다. 오늘날 운송계약은 **부합계약**(附合契約)의 형식을 갖는 것이 일반적이다.

운송장
運送狀
운송장은 송하인이 운송인의 청구에 의하여 작성·교부하는 문서로서 운송목적물의 종류, 중량 또는 용적, 포장의 종별, 개수와 기호, 도착지 수하인과 운송인의 성명 또는 상호, 영업소 또는 주소 등이 기재되는 문서를 말한다. 운송장은 운송물과 수하인 등을 아는 데 편리하고, 후일의 증거방법의 하나로서 작성되는 것이다. 운송장은 유가증권(有價證券)이 아니고 단순한 증거증권(證據證券)이므로 운송장에 법정사항 이외의 사항을 기재하여도 상관없고 또한 법정사항의 어느 것을 결하여도 상관없다. 다만, 운송인은 적어도 앞에서 말한 법정사항을 기재한 운송장의 교부를 청구할 수 있고, 송하인이 이 운송장이 허위 또는 부정확한 기재를 한 때에는 운송인이 악의인 경우를 제외하고 운송인에 대하여 이로 인한 손해배상책임을 부담한다(상법 제127조).

화물상환증
貨物相換證
운송인이 운송물의 수령을 증명하고 목적지에서 운송물을 증권소지인에게 인도할 의무를 부담하는 유가증권을 말한다. 송하인의 청구가 있는 때에는 운송인은 화물상환증을 작성·교부하여야 한다(상법 제128조1항). 이것은 해상운송에 있어서의 선하증권(船荷證券)을 육상운송에 응용한 것이고, 송하인은 화물상환증에 의하여 운송 중의 화물을 양도 또는 질권을 설정하여 금융을 얻을 수 있고, 또한 수하인도 이 화물상환증을 제3자에 양도하면 화물도착 전에 화물을 전매하는 것과 동일한 효과를 얻을 수 있다. 다만, 선하증권과 비교해볼 때 운송기간이 육상운송에서는 단기간이 보통이고, 화물상환증에 의해 금융을 얻거나 전매(轉賣)하여 금전으로 바꾸는 기회는 적다고 말할 수

있다. 화물상환증에는 법정기재사항(운송물의 종류, 중량 또는 용적, 포장의 종별, 개수와 기호, 도착지, 수하인과 운송인의 성명 또는 상호, 영업소 또는 주소, 운임 기타 운송물에 관한 비용과 그 선급 또는 착급의 구별, 화물상환증의 작성지와 작성연월일)을 기재하고 나서 운송인이 기명날인 또는 서명하여야 한다(상법 제128조2항).

요식증권
要式證券
증권의 기재사항이 법률에 의하여 엄격히 정하여져 있는 유가증권을 말한다. 어음 · 수표 · 화물상환증 · 창고증권 · 선하증권 등이 이에 속한다. 그러나 그 요식의 엄격성은 차이가 있다. 어음 · 수표와 같이 유통성이 강한 증권은 기재사항 중 하나라도 흠결(欠缺)이 있으면 원칙적으로 증권 자체가 무효로 되나(절대적 요식증권, 어음법 제2조 · 제76조, 수표법 제2조), 화물상환증, 기타의 증권은 그 형식상 약간의 하자가 있더라도 무효가 되지 않는다(상대적 요식증권). 그러나 화물상환증의 항에서 설명한 바와 같이 무효가 되는 경우도 있다. 또한 법정요건 이외의 사항을 기재하여도 무방한 경우가 있고, 증권 전체를 무효로 하는 경우가 있는데, 전자를 무해적(無害的) 기재사항이라고 하고, 후자를 유해적(有害的) 기재사항이라고 한다.

요인증권
要因證券
증권을 발행하게 된 법률관계가 유효함을 전제로 하기 때문에 그 원인관계가 무효이면 증권 자체도 효력이 발생하지 않는 유가증권을 말한다. **유인증권**(有因證券)이라고도 하며 **무인증권**(無因證券)에 대응하는 용어이다. 요인증권이 표시하는 권리는 원인관계의 실질적 존재 여부에 따라 좌우되므로, 예컨대 운송물을 받지 않고 발행한 화물상환증 · 선하증권은 무효이며, 운송인은 공권에 기재된 물건의 반환채무를 부담하지 않고, 다만 불법행위로 인

한 손해배상책임을 지는 데 그친다. 그러나 이와 같은 것은 통설에 의하면 운송인을 보호할 수는 있으나 증권의 유통을 심히 해치게 되므로 반대설이 유력하게 대두되고 있다. 즉 요인증권은 증권에 기재함으로써 책임이 생기는 것이지 그 원인관계에 의하여 책임이 생기는 것이 아니므로, 증권발행자는 그 기재문언에 따라 당연히 책임을 져야 한다고 주장한다. 다만, 어음 · 수표는 유통성의 확보가 무엇보다도 요구되는 증권으로서 「어음법」 제17조에 따라 인적항변이 단절되어 원인관계가 무효가 된다고 하더라도 증권 자체가 곧바로 무효가 되지는 않는다.

공권
空券
운송물 또는 임치물(任置物)의 수령 없이 발행된 화물상환증 · 선하증권 또는 창고증권을 말한다. 이들 증권의 요인증권성을 중시하여 공권을 원인이 흠결된 것이라고 하는 무효설과 요인성을 단지 증권의 문언에 있어서 원인을 요하는 뜻으로 해석하여 유효설이 대립되어 있다.

인도증권
引渡證券
증권상의 권리자에게 증권을 인도하면 그 인도가 증권에 기재된 물건 자체를 인도한 것과 동일한 효력을 가지는 유가증권을 말한다. 화물상환증 · 선하증권 · 창고증권에 의하여 운송물 또는 임치물을 받을 수 있는 자에게 화물상환증 · 선하증권 · 창고증권을 교부한 때에는 운송물 또는 임치물 위에 행사하는 권리의 취득에 관하여 운송물 또는 임치물을 인도한 것과 동일한 효력이 있는 것으로 간주된다(상법 제133조 · 제157조 · 제861조).

인도증권은 물건의 인도청구권(引渡請求權)을 표창하는 채권증권(債權證券)이지만, 위와 같은 물건적 효력을 가지고 있기 때문에 **물권적유가증권**(物權的有價證券)이라고도 부른다. 그러나 물권증권(物權證券)과 혼동해서는 안 된다.

수하물
手荷物

여객이 여행할 때 휴대하는 물건을 말한다. 수하물에는 운송인이 여객으로부터 인도를 받아서 운송하는 탁송수하물(託送手荷物)과 운송인이 여객으로부터 인도받지 않는 휴대수하물이 있다. 여객운송인은 탁송수하물에 관하여 운임을 받지 않는 경우에도 물건운송인과 같은 책임을 진다(상법 제149조1항). 따라서 서비스를 위한 무료위탁의 경우에도 이 수하물을 상실한 때에는 여객운송인은 이 물건의 가격을 배상하여야 한다. 또한 여객운송인은 수하물이 도착지에 도착한 날로부터 10일 이내에 여객이 그 인도를 청구하지 아니한 때에는 매도인에게 인정되는 것과 같은 조건하에 그 수하물을 공탁하거나 경매할 수 있다(같은 조 2항 본문). 그러나 주소 또는 거소를 알지 못하는 여객에게는 최고와 통지를 할 필요가 없다(같은 조 2항 단서). 휴대수하물에 관하여는 여객운송인은 원칙으로 책임을 지지 않는다. 그러나 이 경우에도 여객운송인 또는 그 사용인의 과실로 수하물을 멸실 또는 훼손시킨 경우에만 손해를 배상할 책임을 진다(상법 제150조). 그리고 여객운송인 측에 과실이 있는 것은 여객측에서 입증하여야 한다.

공중접객업자
公衆接客業者

극장, 여관, 음식점 그 밖의 공중이 이용하는 시설에 의한 거래를 영업으로 하는 자를 말한다(상법 제151조). 공중이 이용하는 시설에 의한 거래는 기본적 상행위 중의 하나이다(같은 법 제46조9호). 그리고 이것을 영업으로 하는 자, 즉 공중접객업자는 상인이다(같은 법 제4조). 공중접객시설에는 많은 사람들이 빈번히 출입하여 어느 정도 장시간 체재하는 것이 보통이고, 그동안에 휴대물이 멸실 또는 훼손되는 경우가 적지 않다. 그래서 상법은 공중접객업자의 책임에 관하여 엄격한 규정을 두고 있다. 즉, 공중접객업자는 손님으로부터 임치를 받은 물건이 멸실·훼손되었을 경우, 보관에 주의를 게을리하지 않았다는 증명을 하지 못하면 손해를 배상할 책임이 있다(같은 법 제152조1항). 임치를 받지 않은 물건이라 하더라도 시설 내에서 손님이 휴대한 물건이 자기 또는 그 사용인의 과실로 멸실 또는 훼손된 때에는 그 손해를 배상할 책임이 있다(같은 법 제152조2항). 만일 공중접객업자가 손님의 휴대물에 대하여 책임이 없음을 표시했다 하더라도 위의 두 가지 책임을 면하지 못한다(같은 법 제152조3항). 다만, 화폐, 유가증권 기타의 고가물에 대하여는 손님이 그 종류와 가격을 명시하여 임치한 때에 한하여 공중접객업자는 그 물건의 멸실 또는 훼손으로 인한 손해배상책임을 지도록 되어 있다(같은 법 제153조). 공중접객업자의 손해배상책임은 그가 임치물을 반환하거나 손님이 휴대물을 가져간 후 6개월을 경과하면 공중접객업자나 그의 사용인이 악의가 아닌 한 시효에 의하여 소멸된다(같은 법 제154조1항·3항).

창고업자
倉庫業者

타인을 위하여 창고에 물건을 보관함을 영업으로 하는 자를 말한다(상법 제155조). 보관함을 영업으로 한다는 것은 임치의 인수를 영업으로 하는 것을 말하며, 임치의 인수(같은 법 제46조14호)는 기본적 상행위의 일종이다. 따라서 창고업자는 상인이다(같은 법 제4조). 창고임치계약(倉庫任置契約)은 보관을 목적으로 하는 계약이므로 민법상의 임치계약(민법 제693조)에 해당되며, **요물계약**(要物契約 : 당사자들의 합의 외에 물건의 인도, 대가의 지급 등 계약을 성립시키는 행위가 필요한 계약)이 아니고 **낙성계약**(諸成契約 : 당사자들의 합의만으로 성립되는 계약)이다. 보관의 목적물은 타인의 물건이고, 부동산이나 유가증권 등은 제외된다. 창고업자는 수치물에 대하여 선량한 관리자의 주의로써 보관하여야 하며, 이 주의의무를 게을리하지 아니하였음을 증명하지 못하면 임치물의 멸실·훼손에 대하여 손해배상의 책임을 면하지 못한다(상법 제160조). 그리고 창고업자에게는 보관료청구권(같은 법 제162조), 임치목적물의 공탁·경매권(같은 법 제165조) 등이 있다.

창고업자의 보관책임
倉庫業者의 保管責任

창고업자가 타인으로부터 임치를 받은 물건(수치물)을 보관하는 때의 책임을 말한다. 이 보관책임에는 선량한 관리자의 주의의무가 요구된다. 선량한 관리자의 주의의무라고 하더라도 그 주의의무의 내용은 수치물의 멸실·훼손을 방지할 목적에 비추어볼 때 도난, 화재, 풍수해 등의 예방을 하고, 통풍, 방습, 방충 등의 적당한 수단을 취하는 것이다. 보관의무(책임)는 창고업자가 수치물에 대하여 수령서를 교부하거나 입고의 통지를 발송한 때에 시작되고, 수치물을 인도한 때에 종료한다. 따라서 인도 후 창고에서 운반해 가지 않은 동안에 멸실되었다고 하더라도 창고업자에게는 책임이 없다.

보관료
保管料

창고업자가 임치인 또는 창고증권의 소지인으로부터 받는 수치물의 보관에 대한 보수를 말한다. 그 금액은 계약으로 정하지만, 보관요금표에 의하여 일정한 금액이 정해져 있는 것이 보통이다. 창고업자는 임치물을 출고한 때에 비로소 보관료를 청구할 수 있고, 보관기간 경과 후에는 출고 전이라도 청구할 수 있다(상법 제162조1항). 그리고 일부출고의 경우에는 그 비율에 따른 보관료 기타의 비용과 체당금의 지급을 청구할 수 있다(상법 제162조2항). 이 보관료 청구의 채권은 그 물건을 출고한 날로부터 1년간 행사하지 아니하면 시효에 의하여 소멸된다(상법 제167조).

창고증권
倉庫證券

창고업자가 임치인의 청구에 의해 수치물에 관하여 발행하는 유가증권을 말한다. 이 창고증권은 창고업자에 대한 임치물반환청구권이 표창된 것이며, 임치물이 창고에 보관되어 있는 동안에 이 반환청구권을 양도하거나 임치물 위에 권리를 갖고 있는 자가 이것을 양도·질권설정(質權設定) 등을 할 필요가 있는 경우에 이것을 작성시키고, 이 증권의 점유이전에 법적 효력을 인정함으로써 임치물에 관한 거래를 간편·원활하게 하는 기술적 제도이다. 창고증권에 관한 입법주의에는 **단권주의**(일권주의)·**복권주의**(2권주의)와 **병용주의**(併用主義)의 3종이 있다. 우리나라 현행 상법은 단권주의를 채택하여 창고증권 하나만을 인정하고 있다. 이 창고증권에는 「상법」 제156조에 정하고 있는 사항을 기재하고 창고업자가 기명날인 또는 서명하여야 한다. 그러나 이 법정기재사항에 빠지거나 부족한 점이 있더라도 실질적으로 기재가 있는 것으로 볼 수 있다면 창고업자의 기명날인 또는 서명이 있는 한 유효하다. 창고증권은 유가증권이므로 배서에 의하여 양도하거나 질권을 설정할 수 있다. 창고증권을 분실한 때에는 그 소지인은 상당한 담보를 제공하고 재발행을 청구할 수 있다. 이 점은 어음 등의 유가증권과 다르다.

프랜차이즈
franchise

타인의 상호·상표 등이나 경영 노하우를 자기 사업에 이용하기 위해 수수료(또는 '로열티'라고도 함) 등의 대가를 그 소유권자에게 지급하는 형태의 사용허가계약을 말한다. 가맹업이라고도 한다. 상법은 프랜차이즈를 '상호·상표 등의 사용허락에 의한 영업에 관한 행위'라고 규정하고 있다(상법 제46조20호). 프랜차이즈 계약의 당사자는 프랜차이즈 특권을 창설, 본점을 운영하여 지점개설을 희망하는 자에게 프랜차이즈 특권인 상호·상표 등을 사용하도록 허가하는 '프랜차이즈 제공자'와 이러한 특권을 사용하여 지점을 개설하려는 '프랜차이즈 이용자'이다. 이들은 각기 독립된 상인으로서 각자의 명의와 계산으로 영업행위를 한다. 한편, 여기서 설명한 프랜차이즈 개념은 상법상의 것으로, 공법에서 프랜차이즈를 말할 때는 국가주권에 속하는 것을 일반 사인(私人)에게 특별히 부여하는 특권의 일종으로 이해하기도 한다.

팩토링
factoring

기업이 영업활동으로 얻은 채권을 변제기 전에 양도하여 초기에 채권추심(債權推尋)을 할 수 있도록 하는 채권매매형식의 계약을 말한다.

팩토링 계약의 당사자는 팩토링 회사〔은행 등 금융기관으로 팩터(factor)라고도 한다〕와 거래기업인 클라이언트(client)인데, 거래기업은 그들의 영업활동을 통해 얻은 상업어음이나 외상매출증서 등의 매출채권을 팩토링 회사에 양도하고, 팩토링 회사는 거래기업에게 매입한 매출채권의 변제기 전에 해당 채권대금에 상당하는 선급금융(advance)을 한다. 아울러 팩토링 회사는 거래기업의 고객(customer)의 신용조사 등을 대행해주기도 한다. 그리고 거래기업은 해당 고객에게 채권양도의 사실을 내용증명우편으로 통지하거나 고객인 채무자가 해당 채권양도를 이의 없이 승낙하였다는 사실을 적은 확정일자 있는 서면을 팩토링 회사에 보낸다.

팩토링 계약을 통해 거래기업은 채권회수를 위한 비용을 절감하게 되고, 팩토링 회사는 선급금융을 통해 신용제공기능을 한다.

우리나라는 미국의 Factor Lien Act와 같이 팩토링을 직접 규율하는 특별법이 없어서, 이에 대한 법률관계를 민법의 일반원칙이나 팩토링 회사가 마련한 약관 등에 의존하는 경우가 많다.

한편, 거래기업의 채권을 양수한 팩토링 회사가 해당 채권을 변제받지 못하여 거래기업에게 앞서 지급한 선급금융을 상환할 것을 청구할 경우, 팩토링 회사에 대한 채권양도는 채권담보적 기능을 가지므로 채권매매형식에 의한 융자라기보다는 '소비대차'로 보는 것이 타당하다는 견해가 있다.

우리 상법 제46조21호는 팩토링을 '영업상 채권의 매입(買入)·회수 등에 관한 행위'라고 하여 기본적 상행위로 규정하고 있다.

리스
lease

이용자가 필요로 하는 기계·시설·그 밖의 재산을 제조업자(공급자)로부터 리스회사(lessor)가 대신 취득하거나 대여하여 이용자(lessee)에게 일정기간 사용하게 하고, 이용자는 그 사용료를 정기적으로 분할하여 리스회사에 지급하며, 그 사용기간이 끝난 후 리스의 대상물이 된 물건의 처분에 관하여는 당사자 간의 약정으로 정하는 금융제도를 말한다(여신전문금융업법 제2조10호, 상법 제46조19호 참조). 이와 같은 리스를 리스 중에서도 특히 **금융리스**라고 한다. 상법에서 규정하는 리스는 일반적으로 금융리스를 말한다. 금융리스는 형식상 임대차 방식을 취하지만 그 본질적 기능은 돈을 빌려주어 물건을 구매하도록 하는 것이기에 금융의 일종으로 보며, 따라서 리스회사는 리스의 대상물이 된 물건에 대한 직접적인 유지와 관리 책임을 지지 않는다. 영세한 중소기업은 기계 설비를 사는 데 부담을 느끼는 경우가 많은데, 이때 리스회사와의 계약을 통해 리스회사가 대신 기계 설비를 구입하도록 하여 임대형식을 통해 중소기업이 이를 사용하게 함으로써 기계 설비에 대한 자금 융자 기능을 하는 것이 금융리스의 목적이다.

우리나라 최초의 리스회사는 1972년 한국산업은행이 출자한 ㈜한국산업리스이다. 정부는 1973년 「시설대여산업육성법」을 통해 이를 제도적으로 육성하기 시작하였고, 1997년 제정된 「여신전문금융업법」에 의해서 지금까지 이 제도를 유지해오고 있다.

리스에는 금융리스 이외에 **운용리스**가 있다. 운용리스는 시설을 대여한다는 점에서 금융리스와 동일하다. 그러나 해당 물건의 유지·관리 책임이 리스회사에 있고, 중도 해약이 가능하며, 자동차나 컴퓨터, 의료기기 등 범용성이 있는 물건을 불특정 다수의 이용자를 대상으로 대여한다는 점에서 순수 임대차 거래로 볼 수 있고, 따라서 임대차의 법리에 따른다.

회 사

인적회사
人的會社

사원의 성향이 강하게 회사에 반영되고 개인적인 색채가 짙은 회사를 말한다. 회사는 영리를 목적으로 하는 인적단체이며, 회사재산을 보유하고 있다. 회사재산은 사원의 출자, 자본의 결합이므로 회사의 기본구조를 알기 위해서는 인적결합(인적요소)과 물적결합(물적요소)과의 관계를 이해하여야 한다. 회사에는 사원의 결합(협력), 즉 인적요소(人的要素)에 중점을 두고 물적요소(物的要素)를 부수적 요소로 하는 회사와 반대로 물적결합에 중점을 두고 인적결합이 부수적 요소가 되는 물적회사가 있다. 인적회사는 소자본이지만 사원간에 밀접한 신뢰관계를 필요로 하고 그 결과 소수의 사원에 한정되어 있다. 합명회사가 그의 전형이다. 인적회사는 사원의 개성에 중점을 두고 개개의 사원의 의사가 중요시되므로 결정에 있어서 원칙상 전원일치제도를 채택하고 있다. 이런 특색으로 인해서 합명회사에는 법인격이 부여되고 있음에도 불구하고 실제적으로는 조합적인 성질을 가지고 있다고 말할 수 있다.

물적회사
物的會社

사원의 개인적 결합 색채가 희박하고, 자본결합(물적결합)에 중점을 두는 회사를 말한다. 물적회사는 자본회사(資本會社)라고도 하는데 필연적으로 출자자, 사원의 수가 증대한다. 그러므로 제도상 사원 모두에게 업무집행권 및 대표권이 부여되지 않고, 사원의 책임은 유한책임이 된다. 물적회사에서는 이런 유한책임의 결과로 회사채권자가 사원의 신용을 믿지 않으며 회사재산만이 담보재산이기 때문에 제도상 회사는 일정한도의 자산을 내부유보(內部留保)하여야 하고, 따라서 물적회사에는 사본(금)의 제도를 두고 있다. 자본금은 사원의 출자로 구성되고 회사가 보유해야 할 재산의 기준이 된다. 이에 의하여 이른바 자본원칙을 두고, 특히 자본의 충실·유지를 요구하고 있다. 그 결과 청산에 따른 사원의 퇴사는 인정되지 않고 그 결과 생기는 투하자본회수(投下資本回收)의 불이익에 대하여는 자유로운 양도에 의하여 보호된다. 사원 간에는 인적신뢰관계가 문제되지 않고 개개 사원의 회사에 대한 권리내용은 출자, 회사에 대한 자본적 기여에 비례하여 평가된다. 사원의 자본적 기여는 일정한 단위에 의하여 결정되고 그 보유수에 비례하여 평등취급을 한다. 또한, 회사의 경영은 제3자(이사)에게 전문적으로 행하게 하는 제3자기관제를 취한다. 주식회사는 물적회사의 전형이다. 또한, 유한회사에 있어서는 사원 총수는 50명을 한도로 하고 사원의 인적 개성(人的 個性)도 상당히 중점을 두고 있기 때문에 인적회사성(人的會社性)을 가지고 있으나, 전체적으로는 역시 물적회사의 유형에 속한다.

법인격부인의 법리
法人格否認의 法理

회사의 법인격을 남용한 일정행위에 관하여 회사의 독립적인 법인격을 부인하고, 사원책임을 인정하는 법리를 말한다. 원칙적으로 회사는 사단법인이므로(상법 제169조) 회사와 그 사원 개인은 법률상 별개의 인격자이다. 따라서 회사의 자금과 사원개인의 자금 또는 회사의 법률관계와 사원개인의 법률관계는 별개의 것이다. 그러나 이 법률상의 구별을 이용해 회사형태를 남용하는 경우가 있어, 이를 방지하기 위한 이론이 법인격부인론이다. 예컨대 회사를 설립하여 실질은 개인 사업을 하면서도 거래 명의는 회사(법인) 명의로 하여, 그 거래로부터 발생하는 모든 채무와 책임은 회사에게 부담시키고 자연인인 자신은 회사의 사원(투자자) 또는 주주일 뿐으로서 회사의 채무에 대하여 아무런 책임이 없다고 주장하는 것이다. 이러한 경우에 사원이 회사의 법인격을 이용하는 것을 쉽게 하기 위하여 1인회사의 형식을 이용하는 일이 많고(주식회사 이외의 회사는 사원이 1인으로 되면 해산사유가 된다), 판례는 법인격부인의 법리에 의하여 사원의 책임을 인정하고 있다.

설립등기
設立登記

법인의 설립에 관한 등기를 말한다. 회사의 설립등기는 회사의 설립에 관한 등기를 말하며, 회사는 본점의 소재지에서 설립등기를 함으로써 성립한다(상법 제172조). 따라서 설립등기는 회사의 성립요건이고 대항요건(對抗要件)이 아니다. 비영리법인의 설립등기도 성립요건이다(민법 제33조 참조). 설립등기사항은 법으로 정해져 있고(상법 제180조·제271조·제287조의5·제317조2항·제549조2항), 각 회사에 따라 등기사항의 내용에 차이가 있는데, 회사와 거래하는 제3자에게 알릴 필요가 있는 사항이다. 설립등기의 기간은 주식회사와 유한회사에서는 법으로 정해져 있고(상법 제317조1항·제549조1항), 기타의 회사에서는 정해져 있지 않다. 어느 회사든지 설립과 동시에 지점을 설치 또는 성립 후 설치하는 경우와 본점, 지점을 이전한 경우, 또한 설립등기사항에 변경이 생긴 때에는 반드시 등기를 하여야 한다(상법 제181조~제183조·제269조·제287조의5·제317조3항·4항·제549조3항·4항). 설립등기는 상업등기이므로 회사성립의 창설적 효력 이외는 모두 「상업등기법」의 규정이 적용된다. 또한 주식회사에 있어서는 설립등기에 권리주 양도제한의 해제, 주식인수의 무효 주장 및 취소의 제한(상법 제320조), 주권발행의 허용(같은 법 제355조) 등 특별한 효력이 생긴다.

회사의 권리능력
會社의 權利能力

회사의 권리·의무를 가질 수 있는 자격 내지 지위를 말한다. 회사는 법인이므로(상법 제169조), 일부제한되어 있는 경우를 제외하고는 권리능력이 있고, 신분법상의 권리능력은 없다. 제한되어 있는 경우란, 회사는 다른 회사의 무한책임사원(無限責任社員)이 되지 못한다고 하는 것이다(상법 제173조). 회사의 권리능력에 관하여 문제가 되는 것은 법인의 권리능력에 관한 「민법」 제34조의 규정이 준용되는가이다. 통설·판례는 제한을 긍정하면서도 회사의 권리능력이 정관이 정한 목적범위에 장애를 받는다고 하면 거래상대방의 이익을 침해할 우려가 있기 때문에 해석에 있어서는 융통성을 주어 행위는 물론, 목적달성에 필요한 행위, 유익한 행위, 목적에 반하지 않는 행위 등을 포함한다고 해석하고 있다. 이에 반하여 제한을 부정하는 학설은 권리능력이 제한되지 않는다고 한다. 따라서 이 학설은 상법이 정관에 회사의 목적을 기재하도록 하고 있는 것은 이사 등의 회사기관의 행위에 대한 제한을 정한 것에 지나지 않는다고 본다. 우리나라에 있어서는 법률해석을 통하여 법인의 목적을 광범위하게 인정하고 있다.

회사의 합병
會社의 合併

2개 이상의 회사가 당사자 간의 약정(합병계약)으로 1개의 회사로 합치는 것을 말한다. 합병은 기업 간의 경쟁제한, 경영의 합리화, 시장의 독점 등 여러 목적을 위해 행하여지고 있는데, 콘체른(Konzern)과 같이 법률상의 독립성을 유지하면서 경제적으로 일체화하는 기업합동과 다르고, 사원을 흡수하지 않는 영업양도와도 구별된다. 합병은 법정절차에 따라 하여야 하며, 회사는 해산하여도 청산절차를 요하지 않으며(상법 제250조·제269조·제531조1항·제613조1항), 사원의 흡수합체(吸收合體)와 회사재산의 포괄승계(包括承繼)가 행하여진다(상법 제235조·

제269조·제530조2항·제603조). 합병에는 합병하려고 하는 양(兩) 회사가 해산하고 그것과 동시에 신회사가 설립되어 합체하는 **신설합병**(新設合倂)과 일방이 해산하고 존속하는 타방의 회사가 그것을 흡수하는 **흡수합병**, 소멸회사의 총주주의 동의가 있거나 소멸회사의 발행주식총수의 100분의 90 이상을 존속회사가 소유하는 경우인 **간이합병**(簡易合倂)(상법 제527조의2)과 존속회사가 합병으로 발행하는 신주 및 이전하는 자기주식의 총수가 그 회사의 발행주식총수의 100분의 10을 초과하지 아니하고 소멸회사의 주주에게 지급할 금액이 존속하는 회사의 최종 대차대조표상으로 현존하는 순자산액의 100분의 5를 초과하지 않는 경우인 **소규모합병**(小規模合倂)(상법 제527조의3) 등이 있다. 합병은 상법상 일정한 제한이 있다. 먼저 합명회사·합자회사·주식회사·유한회사·유한책임회사 간의 합병은 자유롭게 할 수 있으나, 합병을 하는 회사의 일방 또는 쌍방이 주식회사, 유한회사 또는 유한책임회사인 때에는 합병 후 존속하는 회사 또는 합병으로 설립되는 회사는 주식회사, 유한회사 또는 유한책임회사여야 한다(상법 제174조2항). 유한회사가 주식회사와 합병하여 주식회사가 되는 경우, 법원의 인가가 없으면 합병의 효력이 없다(상법 제600조1항). 또한, 해산 후의 회사는 존립 중의 회사를 존속하는 회사로 하는 경우에 한하여 합병을 할 수 있다(상법 제174조3항). 회사의 합병은 기업결합에서 가장 진보된 것이지만 이로 인해 공정경쟁이 방해되어 독점의 폐해가 생길 수 있으므로 「독점규제 및 공정거래에 관한 법률」에 의하여 제한을 받고 있다(독점규제 및 공정거래에 관한 법률 제9조1항3호). 합병은 합병계약의 이행행위(履行行爲)로 행하여지는데, 합병계약은 주식회사·유한회사에서는 요식행위이며, 합병계약서를 작성하여야 한다(상법 제522조1항·제523조·제524조·제525조·

제603조). 또한, 합병의 무효는 소(訴)만으로 주장할 수 있다(상법 제236조1항·제269조·제529조·제603조).

회사합병등기
會社合倂登記
회사가 합병을 한 때에 하는 등기를 말하고, 그 절차는 「상업등기법」에 규정하고 있다. 즉 회사가 합병을 한 때에는 합병 후 존속하는 회사에 관하여는 변경등기, 합병으로 소멸하는 회사에 관하여는 해산등기, 합병으로 설립한 회사에 관하여는 설립등기를 하여야 한다(상법 제233조·제269조·제287조의41·제528조1항·제602조). 합명·합자회사 및 유한책임회사의 합병으로 인한 변경등기는 합명·합자회사를 대표할 총사원·무한책임사원 전원의 신청에 의하여야 하고, 합명·합자회사 및 유한책임회사의 합병으로 인한 해산등기는 해산할 합명·합자회사 및 유한책임회사의 총사원·무한책임사원 전원의 신청에 의하여야 한다. 주식회사의 합병으로 인한 변경·해산·설립의 등기는 이사의 공동신청에 의하여야 하며, 또한 유한회사의 합병으로 인한 변경·해산·설립의 등기는 이사와 감사의 공동신청에 의하여야 한다. 합병으로 인한 합명·합자회사 및 유한책임회사의 해산등기신청서의 첨부서면은 정해져 있으며, 합병으로 인한 변경·설립등기의 신청서 첨부서류(또는 서면)는 각종의 회사에 따라 정해져 있다.

합병계약서
合倂契約書
주식회사 또는 유한회사가 합병을 할 때 작성하는 계약서를 말한다. 합병시 이합병계약서를 작성하여 주주총회 또는 사원총회의 승인을 얻어야 한다(상법 제522조1항·제603조). 합명회사 또는 합자회사에 있어서는 합병계약서의 작성이 불필요하나, 존속회사(存續會社) 또는 신설회사가 주식회사인 경우에 합병당사회사(合倂當事會社)의 일방 또는 쌍방이 합명회사 또는 합자회사인 때에는 총사원의 동의를 얻어서 합병계약서를 작성하여야 하며, 이 경우에는 주식회사의 합병계약서의 규정이 준용된다(상법 제525조). 합병계약서(合倂契約書)의 기재사항은 법으로 정해져 있다(상법 제523조·제524조·제603조). **합병반대주주**는 회사에 대하여 **주식매수청구권**(株式買受請求權)을 가진다(상법 제522조의3).

삼각합병
triangular merger

모회사가 어떤 회사를 인수하려 할 때, 자회사와 인수대상회사를 합병시키면서 피합병회사의 주주에게 두 회사가 새롭게 합병되어 생긴 회사의 주식을 교부하는 대신 모회사의 주식을 교부하는 것을 말한다. 형식상으로는 자회사와 인수대상회사가 합병하는 것으로 보이지만 실제로는 모회사가 제3의 회사의 영업과 자산을 획득하는 효과가 있다. 삼각합병은 합병 대가로 합병법인의 모회사의 주식이나 현금을 지급할 수 있어 다양한 합병 방식을 가능하게 한다. 또 삼각합병에서 합병 대가를 지급하는 모회사는 주주총회를 진행하지 않아도 된다는 장점이 있다. 미국과 일본 등에서는 이미 활발하게 이루어지는 형식의 합병 방식이었지만, 우리나라는 교부금합병(존속회사가 소멸회사의 주주에게 합병의 대가로 합병신주 대신 현금이나 기타 재산을 지급하는 것) 허용 여부에 논란이 있어왔고, 자회사의 모회사주식 취득 또한 금지되어 있었기 때문에 불가능하다가 2015년 12월 1일 상법 개정을 통해 가능해졌다(상법 제523조, 제523조의2).

삼각주식교환

자회사가 다른 회사의 주식을 전부 인수하여 완전자회사(손자회사)로 삼는 주식교환을 할 때, 자회사가 해당 완전자회사에 교환 당사자인 자회사의 주식이 아니라 모회사의 주식을 지급하는 것을 말한다(상법 제360조의3). 예를 들어 A라는 회사를 모회사로 두고 있는 회사 a가 B사를 인수할 경우, a는 B의 주주에게 모회사인 A의 주식을, B의 주주는 a에게 B의 주식을 준다. 그러면 B의 주주는 A의 주주가 되고 B는 a의 자회사, 즉 A의 손자회사가 된다.

삼각분할합병

인수 대상 회사의 원하는 사업부문만 떼어내 자회사와 합병하고 모회사 주식을 인수 대상 회사 주주에게 대가로 주는 방식이다. 기존에는 이와 같이 자회사 주도의 분할합병에 있어서는 모기업 주식을 교부하는 행위가 금지돼 있었지만 2015년 12월 1일 상법 개정을 통해 가능해졌다. 삼각분할합병은 모회사의 주식을 활용하여 다양한 전략적 구조에 따른 기업의 인수 합병이 가능하다는 특징이 있다.

역삼각합병
reverse triangular merger

역삼각합병이란, A 회사의 자회사인 B 회사가 C 회사와 주식의 포괄적 교환을 하는 경우 C 회사의 주주에게 모회사인 A 회사의 주식을 교부하면서 C 회사를 존속회사로 하는 합병을 하는 것을 말한다. 다시 말해 합병의 결과 존속하

[삼각합병의 과정]

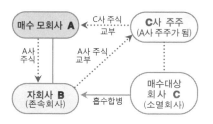

[역삼각합병의 과정]

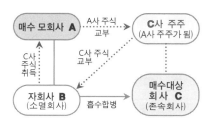

는 회사가 정반대인 삼각합병이라고 할 수 있다. 기존 우리나라 상법으로는 허용되지 않았지만, 2015년 12월 1일 상법이 개정되어 삼각주식교환제도가 도입되면서 이를 통해 가능해졌다. 이와 같은 역삼각합병은 인수대상이 되는 회사가 그대로 남아있기 때문에 그 회사가 기존에 보유하고 있던 특허권, 상표권, 독점사용권 또는 제3자의 동의가 없으면 양도할 수 없는 계약상의 권리 등을 그대로 모기업이 행사할 수 있다는 장점이 있다.

회사의 분할
會社의 分割

회사가 분할하여 여러 개의 회사를 설립하거나, 분할하여 존립 중인 회사와 합병하고(분할합병) 신설회사 또는 존립 중인 회사의 주식이 분할된 회사(피분할회사)의 주주에게 귀속하되 해산하는 회사는 청산을 요하지 않는 절차를 말한다(상법 제530조의2~제530조의12).

회사의 분할에는 '완전분할과 불완전분할', '단순분할과 분할합병'의 유형이 있다. 전자는 피분할회사의 분할 후 존속 여부에 따른 분류로서 소멸(해산)하면 완전분할이고, 분할 후에도 존속하면 불완전분할이다. 후자는 분할회사의 단·복수에 따른 분류로서 단수인 경우에는 단순분할이고, 복수인 경우에는 분할합병이다. 한편, 분할의 범위에 따라 재산적 분할에 그치는 '물적분할'과 피분할회사(분할되는 회사)의 주주에게 분할의 효력이 미치는 '인적분할'이 있다.

피분할회사는 분할계획서 등을 작성하여 분할대차대조표(재무상태표) 등과 함께 주주총회 회일 2주 전부터 공시하여야 하고, 주주총회에서 분할승인결의를 하여야 한다. 회사의 분할은 본점 소재지에서 설립등기 또는 변경등기를 하여야 효력이 생긴다.

회사의 해산명령
會社의 解散命令

법정사유가 있는 경우에 법원이 이해관계인이나 검사의 청구에 의하여 또는 직권으로 회사의 해산을 명령하는

것을 말한다. 회사의 해산원인 중의 하나이며(상법 제227조6호·제269조·제287조의38·제517조1호·제609조1항1호), 위의 법정사유가 있는 경우란 ① 회사의 설립목적이 불법한 것인 때 ② 회사가 정당한 사유 없이 1년 내에 영업을 개시하지 아니하거나 1년 이상 영업을 휴지하는 때 ③ 이사 또는 회사의 업무집행사원(業務執行社員)이 법령 또는 정관에 위반하여 회사의 존속을 허용할 수 없는 행위를 한 때를 말한다(상법 제176조1항). 이해관계인이 해산명령의 청구를 한 때에는 법원은 회사의 청구에 의하여 상당한 담보를 제공할 것을 명할 수 있고(같은 조 3항), 회사가 위의 청구를 함에는 이해관계인의 청구가 악의임을 소명하여야 한다(같은 조 4항). 이 해산명령의 청구가 있는 때에는 법원은 해산을 명하기 전일지라도 이해관계인이나 검사의 청구에 의하여 또는 직권으로 관리인의 선임 기타 회사재산의 보전에 필요한 처분을 할 수 있다(같은 조 2항, 해산명령의 절차는 「비송사건절차법」 제90조 참조). 이 해산명령이 있으면 회사는 당연히 해산된다.

정관
定款

회사의 조직, 목적(활동), 사원의 지위에 관한 근본규칙(실질적 의의) 또는 이것을 기재한 서면(형식적 의의)을 말한다. 정관의 작성이란 위의 근본규칙을 정하고 이것을 서면에 기재하는 것을 뜻한다. 작성자는 주식회사에서는 발기인에 한하며, 각 발기인이 기명날인 또는 서명하여야 한다(상법 제289조1항). 기타의 회사에서는 특별히 정한 바가 없으나, 설립자인 사원이 작성하고 총사원이 기명날인 또는 서명하여야 한다(상법 제179조·제269조·제287조의3·제543조2항). 또한 주식회사와 유한회사에서는 공증인의 인증을 받지 않으면 효력이 발생하지 않는다(같은 법 제292조·제543조3항). 정관의 작성은 회사설립의 기본요건이다. 그의 효력은 그 후에 입사하는 사원을 구속하고, 정관의 변경에는 합명회사와 합자회사 및

유한책임회사에 있어서는 총사원의 동의를 요하고(같은 법 제204조·제269조·제287조의16), 주식회사와 유한회사에서는 특별결의를 요한다(같은 법 제433조·제434조·제584조·제585조). 정관의 기재사항으로는 회사의 목적(사업목적)·상호·본점소재지 등 절대적 기재사항이 정하여져 있고, 이 사항은 반드시 기재해야 함을 요구하고 있으며(절대적 기재사항), 만약 기재를 하지 않은 경우에는 정관 전체가 무효로 되고 회사 설립은 무효가 된다. 또한 정관에 기재함으로써 효력이 발생하는 상대적 기재사항(예 : 변태설립사항, 상법 제290조), 내용이 다른 여러 종류의 주식(종류주식)을 발행하는 경우, 각 종류주식의 내용과 수(같은 법 제344조1항·2항), 주주총회가 결의할 수 있는(같은 법 제361조) 사항 등이 있다. 그 밖에 임의적 기재사항이 있는데, 이것은 정관으로 정하지 않아도 행위의 효력에는 영향을 미치지 않으나, 이를 기재함으로써 사항을 보다 명확히 하고 변경을 곤란하게 하는 효과가 있고(정관변경을 요하므로), 강행규정(強行規定)·선량풍속(善良風俗)·회사의 성질에 반하지 않는 한, 어떠한 사항도 기재할 수 있다. 만약 어떤 기재가 무효일지라도 그 사항만이 무효일 뿐 정관 자체의 효력에는 영향을 미치지 아니한다.

정관의 인증
定款의 認證
정관의 성립 및 기재에 관하여 공인을 부여하는 공증인의 행위를 말한다(공증인법 제2조). 주식회사와 유한회사에서는 공증인의 인증이 없으면 정관은 효력을 발생하지 않는다(상법 제292조 본문·제543조3항). 정관은 공정증서에 의할 필요는 없고 사서증서(私署證書)라도 족하나, 법은 그 작성의 명확과 확실을 기하고 정관의 성립 및 기재에 관하여 분쟁이나 부정행위가 발생하는 것을 방지하기 위하여 인증을 요구하고 있는 것이다. 따라서 만약 공정증서에 의하여 정관을 작성한 경우에는 법의 취지로 보아 별도로 인증을 필요로 하지 않는다. 정관인증(定款認證)의 절차는「공증인법」제63조 이하에 규정하고 있다.

합명회사
合名會社
무한책임사원만으로 구성되는 일원적 조직의 회사를 말한다. 사원 전원이 회사채무에 대하여 직접 연대무한책임(連帶無限責任)을 지고(상법 제212조), 이에 대응하여 각 사원이 업무집행권 및 대표권을 가진다. 또한 사원에게는 출자의무가 있으므로 이른바 자기재산을 스스로 자본적으로 운영하고, 채권자에 대하여는 무한책임을 지는 개인기업이 복합화된 것이라고 볼 수 있다. 따라서 각 사원의 인적 신용이 중요하고, 대내적으로도 각 사원 간에 밀접한 신뢰관계가 필요하다. 신뢰관계의 필요는 어떤 사원의 대표행위에 기한 책임을 연대책임으로 타 사원이 무한으로 부담하여야 한다는 점을 생각하면 당연한 것이다. 또한 사원은 공동이익을 각자가 협력해서 달성하여야 하므로 업무집행의 의무를 진다(상법 제200조1항). 사원 간의 신뢰관계를 유지하기 위하여 제명선고제도(除名宣告制度)가 있고(상법 제220조), 지분의 양도는 제한되고 있으며, 다른 총사원의 동의가 있어야 한다(상법 제197조). 그러나 이것은 사원의 투하자본회수(投下資本回收)의 이익을 제한하므로 법은 지분의 환급을 수반하는 임의퇴사를 인정하고 있다. 사원의 출자는 금전출자·현물출자 이외에 신용출자(회사를 위하여 보증과 어음·수표의 인수 및 배서를 하고, 물적담보를 제공하는 등의 신용행위)·노무출자(노무를 제공하는 것)를 내용으로 한다. 노무출자를 하는 자는 직접적으로 회사의 재산을 구성하는 것이 아니므로 손익의 분배와 잔여재산의 분배기준을 정하기 위하여 별도로 정관상 출자가액 또는 평가의 기준을 정하여야 한다(상법 제179조4호). 또한 합명회사는 전형적인 인적회사이고 조합성이 농후한 회사이다.

지분
持分

지분이란 법률적 의미로는 사원이 회사에 대하여 가지는 법률상의 지위를 의미하고, 경제적으로는 구체적인 사원의 분배 몫을 의미한다. 먼저 합명회사·합자회사·유한회사 사원이 회사에 대하여 가지는 법률상의 지위를 의미하는 경우에는 지분의 양도(상법 제197조·제269조·제556조), 지분의 압류(같은 법 제223조·제269조), 지분의 입질(같은 법 제559조1항), 지분의 상속이라고 하는 경우에서 사용된다. 반면에 합명회사·합자회사·유한회사 사원이 회사에 대하여 가지는 경제적 의미의 경우에는 사원인 지위의 경제적 평가액이며, 지분의 환급(같은 법 제222조·제269조)·계산이라고 하는 경우이다. 지분이라는 용어는 공동소유의 경우에도 사용되는데, 회사에서 말하는 지분은 회사재산이 법인인 회사의 단독소유로 되어 있기 때문에 공동소유지분과는 동일한 의미가 아니다. 그러나 회사사원의 지위는 본질상 공동소유자적 지위이고, 그것이 회사에 부여된 법인성과 함께 회사와 사원과의 법률관계(사원관계)에 제도상 변화한 것에 지나지 않는다. 경제적 의미의 지분에는 적극지분과 소극지분이 있다. 예컨대 갑이 5백만원, 을이 2백만원의 출자를 하고 손익은 평등률로 분배한다고 하는 경우, 초년도에 회사가 6백만원의 손실을 입은 때에는 갑의 지분은 2백만원의 적극지분, 을의 지분은 1백만원의 소극지분(消極持分)으로 된다. 회사재산은 1백만원밖에 없으므로 갑에 대한 부족분에는 을의 소극지분의 지급분이 충당된다. 회사는 손실을 입은 경우 손실분담에 관해 추가출자에 의하여 현실로 보충할 필요는 없고, 계산상 각 사원에 대한 지분의 감소라고 하는 방법으로 처리할 수 있다.

사원
社員

일반적으로 합명·합자·유한책임회사·유한회사와 비영리법인의 구성원(투자자)을 말한다. 실정법상의 용어로서 주식회사의 구성원은 주주, 특별법상의 조합의 구성원은 조합원이라고 하며, 비영리법인·합명회사·합자회사·유한책임회사 및 유한회사의 구성원만을 사원이라고 한다. 또한 보통 회사원을 사원이라고 하나, 법률상으로는 여기서 말하는 사원이 아니고 피고용인에 지나지 않는다.

무한책임사원
無限責任社員

회사의 채무에 대하여 직접·무한·연대책임을 지고 있는 사원을 말한다. 합명회사는 무한책임사원만으로 구성되어 있고(상법 제212조), 합자회사는 무한책임사원과 유한책임사원으로 구성되어 있다(같은 법 제268조). 무한책임사원의 책임은 ① 회사재산으로 회사채무를 완전히 변제할 수 없는 경우(채무초과), ② 회사재산에 대한 강제집행이 주효하지 못한 경우에 구체화되는 것이므로 제2차적 책임이라고 할 수 있다. 회사채권자의 청구에 대하여 회사에 변제자력(辨濟資力)이 있고 집행이 용이한 것을 증명한 때에는 책임을 면할 수 있다(같은 법 제212조3항·제269조). 또한 사원의 책임은 종속적인 것이며 따라서 회사의 채무가 소멸되면 사원의 책임도 소멸되고, 회사에 채무의 이행을 거절할 수 있는 항변사유가 있으면 사원도 그 사유를 수용하여 채권자에게 대항할 수 있다(같은 법 제214조1항). 무한책임사원은 중대한 책임을 지는 반면에 회사의 경영에 관하여는 업무집행권·대표권을 가진다.

업무집행사원
業務執行社員

정관에 의하여 회사업무를 집행하는 1인 또는 수인의 무한책임사원을 말한다(상법 제201조1항·제269조). 1인의 업무집행사원을 단독업무집행사원이라고 하고, 수인의 업무집행사원을 공동업무집행사원이라고 한다. 각 공동업무집행사원의 업무집행에 관한 행위에 대하여 다른 공동업무집행사원의 이의가 있는 때에는 곧 그 행위를 중지하고 공동업무집행사원 과반수의 결의에 의하여야 하며(상법 제201조2항·제269조), 공동업무집행사원 전원의 동의가 없으면 회사 업무를 지체할 염려가 있는 경우를 제외하고는 업무집행에 관한 행위를 할 수 없다(상법 제202조·제269조). 단독업무집행사원과 각 공동업무집행사원은 정관 또는 총사원의 동의로 업무집행사원 중 특히 회사를 대표할 자를 정하는 경우를 제외하고는 회사를 대표한다(상법 제207조·제269조). 단독업무집행사원 및 각 공동업무집행사원과 합명·합자회사와의 관계는 「민법」의 위임규정에 따른다(상법 제195조·제269조, 민법 제707조).

자칭사원
自稱社員

합명·합자회사에 있어서 사원이 아닌 자가 타인에게 자기를 사원이라고 오인시키는 행위를 하는 자를 말한다. 본래 자칭사원은 사원이 아니므로 사원으로서의 책임을 지지 않을 것이나, 자기를 사원이라고 오인시키는 행위를 하였을 때에는 오인으로 인하여 회사와 거래한 자에 대하여 사원과 동일한 책임을 진다(상법 제215조·제269조). 영미법상의 **금반언의 원칙** 및 독일법상의 **외관주의**(外觀主義)에서 유래된 것이다.

퇴사
退社

존속 중의 합명·합자회사에 있어서 특정사원의 지분의 절대적 소멸을 말한다. 지분의 양도는 타인이 사원지위를 승계하기 때문에 상대적 소멸이고, 퇴사와 구별된다. 또한 회사의 해산으로 인한 소멸의 결과 전사원의 지분이 소멸되어도 퇴사가 아니다.

퇴사원인으로서는 사원의 퇴사권(상법 제217조·제269조·제287조의24), 정관에 정한 사유의 발생, 총사원의 동의, 사망, 성년후견개시, 파산, 제명(같은 법 제218조·제269조·제287조의25), 지분압류채권자의 의사에 의한 퇴사(같은 법 제224조·제269조·제287조의29)가 있다. 사원의 퇴사로 인하여 필요최소한의 사원수가 충족되지 않으면(합명회사 2인, 유한책임회사 1인) 회사 해산의 원인이 된다.

회사의 해산
會社의 解散

회사 법인격의 소멸을 초래하는 원인이 되는 법률상의 사실을 말한다. 합병의 경우에는 해산과 동시에 기존회사의 인격은 소멸되지만, 그 이외의 경우에는 해산원인이 생기면 청산절차(파산이 원인인 경우는 파산절차)로 들어가고(상법 제250조·제269조·제531조·제613조1항), 그 절차의 종료에 의하여 소멸한다. 해산 후는 청산업무가 중심이 되므로 회사는 종전의 영업을 계속할 수가 없다. 그래서 법은 청산 중에는 아직도 존속하는 회사의 인격의 존속범위를 한정하고 청산목적범위 내에서 전과 동일한 회사로서 존속한다고 정하고 있다(상법 제245조·제269조·제542조1항·제613조1항, 파산의 경우에 관하여는 「채무자 회생 및 파산에 관한 법률」 제328조). 해산원인으로서는 존립기간의 만료 기타 정관으로 정한 사유의 발생, 사원의 동의(총사원의 동의, 주주총회·사원총회의 특별결의), 회사의 합병, 회사의 파산, 법원의 해산명령 또는 해산판결 등이 각 회사에 공통되어 있고, 기타 필요최소한의 사원수(합명회사 2인, 유한책임회사 1인)가 충족되지 않은 경우와 합자회사에 있어서는 유한책임사원(有限責任社員) 또는 무한책임사원(無限責任社員)의 전원이 퇴사한 경우 등이다(상법 제227조·제269조·제285조·제287조의38·제517조·제609조). 회사가 해산한 때에는 해산등기를 하여야 한다(상법 제228조·제269조·제287조의39·제521조의2·제613조1항).

해산판결
解散判決

부득이한 사유가 있는 때에 사원 또는 주주의 청구에 의하여 법원이 행하는 회사의 해산판결을 말한다(상법 제241조·제269조·제287조의42·제520조·제613조1항). 주식회사·유한회사에서 해산판결청구권(解散判決請求權)은 소수주주권(少數株主權)으로 되어 있고, 일정한 주식·출자액을 보유해야 한다.

또한 단지 부득이한 사유만으로는 부족하고, 중대한 손해나 회사존립의 위태 등 일정한 조건이 구비되어야 한다(상법 제520조·제613조1항). 해산판결청구의 소의 피고는 회사이며, 원고승소의 판결이 확정된 경우 회사는 당연히 해산한다. 해산판결은 법원의 해산명령(상법 제176조·제227조6호·제269조·제287조의38·제517조1호·제609조1항1호)과 유사한 결과를 가져오지만, 법원의 해산판결은 사원의 이익보호, 법원의 해산명령은 공익보호(公益保護)의 제도이며 법의(法意)를 달리한다.

회사의 조직변경
會社의 組織變更

회사의 인격을 동일하게 유지하면서 어떤 회사에서 다른 종류의 회사로 그 조직을 변경하는 것을 말한다. 회사의 조직변경은 사원의 책임에 중대한 영향을 주기 때문에 법은 합명회사·합자회사 간, 유한책임회사·주식회사 간, 주식회사·유한회사 간에 한정하여 조직변경을 인정하고 있다. 합명회사는 총사원의 동의로 일부사원을 유한책임사원으로 하거나 유한책임사원을 새로 가입시켜서 합자회사로 조직변경할 수 있고(상법 제242조1항), 합자회사는 사원 전원의 동의로 합명회사로 조직변경을 할 수 있다(상법 제286조1항). 또한 합명회사·합자회사에는 조직변경에 따른 '회사의 계속'(상법 제242조2항·제286조1항)이 인정된다. 유한책임회사·주식회사 간, 주식회사·유한회사 간의 조직변경에는 총주주·총사원의 일치에 의한 총회 결의와 채권자보호를 위한 이의절차가 필요하다. 다만, 유한회사는 정관으로 정하는 바에 따라 사원총회의 결의에 의하여 조직변경을 할 수 있다(상법 제604조·제607조·제608조).

조직변경등기
組織變更登記

회사가 조직변경을 한 때에 행하는 등기를 말한다. 조직변경이란 회사의 인격은 유지하면서 오직 그 법률상의 조직을 변경하여 다른 종류의 회사가 되는 것을 말한다. 합명회사를 합자회사로, 합자회사를 합명회사로 변경하는 것과 유한회사와 주식회사 간의 조직변경, 주식회사와 유한책임회사 간의 조직변경이 인정되고 있다(상법 제242조1항·제286조1항·제287조의43·제604조·제607조). 조직변경으로 인하여 회사의 종류가 변경하게 되므로 해산등기와 설립등기가 필요하게 된다. 어떤 회사가 다른 종류의 회사로 조직을 변경한 경우에는 본래 종류의 회사(예 : 합명회사가 합자회사로 조직변경을 한 때에는 합명회사)에 관한 해산등기와 조직변경으로 인한 새 종류의 회사(위의 예에서는 합자회사)에 관한 설립등기를 하여야 한다(상법 제243조·제286조3항·제287조의44·제606조·제607조5항). 조직변경으로 인한 설립등기의 신청과 해산등기의 신청은 동시에 하여야 한다(상업등기법 제66조). 조직변경으로 인한 변경 후의 회사에 관한 설립등기를 할 때에는 변경 전의 회사의 성립 연월일, 변경 전의 회사의 상호·본점과 조직을 변경한 뜻도 함께 등기하여야 하며, 변경 전의 회사에 관한 해산등기를 할 때에는 변경 후의 회사의 상호·본점과 조직을 변경한 이유 및 그 연월일도 함께 등기하여야 한다. 두 신청 중 어느 한 쪽이라도 신청을 각하할 사유(상업등기법 제26조)가 있으면 두 가지 신청을 함께 각하하여야 한다(상업등기법 제67조).

청산
淸算

회사가 합병·파산(破産) 이외의 원인으로 해산한 경우에 채권자에 대한 변제(辨濟)·사원에 대한 잔여재산의 분배 등과 각종의 법률관계를 처리하는 절차를 말한다(상법 제250조·제269조·제287조의45·제531조·제613조1항). 합병에서 회사는 해산과 동시에 소멸하고, 파산에서는 파산절차에 의하여 처리되므로 어느 것도 청산을 필요로 하지 않는다. 청산에 있어서 회사는 청산법인(淸算法人)으로서 청산목적의 범위 내에서 계속하여 종전의 인격을 보유한다(상법 제245조·제269조·제287조의45·제542조1항·제613조1항). 청산의 방법에는 **임의청산**(任意淸算)과 **법정청산**(法定淸算)이 있으며, 임의청산은 합명회사·합자회사에만 인정되고, 법정청산은 전 회사에 인정되고 있다(상법 제247조·제250조·제269조·제531조·제613조1항). 임의청산은 정관 또는 총사원의 동의로 행하는 청산이고, 법정청산은 청산사무를 집행하는 청산인이 행하는 청산이다.

해산·청산등기
解散·淸算登記

해산등기란 회사가 해산한 경우에 행하는 등기를 말한다(상법 제228조·제269조·제287조의39·제613조1항). 그러나 회사는 해산으로 소멸되는 것이 아니고, 해산 후에도 역시 청산목적의 범위 내에서 존속하며 청산종결로 소멸되므로 청산종결등기가 회사에 관한 소멸등기이다. 해산등기를 할 때에는 해산한 뜻과 그 사유 및 연월일을 등기하여야 하고 해산등기의 신청과 해산으로 인한 청산인의 취임등기의 신청은 동시에 하여야 한다(상업등기법 제60조). 합병으로 인한 해산등기를 할 때에는 합병 후 존속하는 회사 또는 합병으로 설립하는 회사, 소멸회사의 상호·본점과 합병을 한 뜻 및 그 연월일도 함께 등기하여야 하며(같은 법 제62조), 합병으로 인한 해산등기는 존속회사 또는 신설회사의 대표자가 소멸회사를 대표하여 신청한다(같은 법 제63조). 존속회사 또는 신설회사의 본점 소재지를 관할하는 등기소에서 합병으로 인한 변경 또는 설립등기를 하였을 때에는 지체 없이 그 등기 연월일과 등기신청이 있었다는 뜻을 소멸회사의 본점 소재지를 관할하는 등기소에 전산정보처리조직을 이용하여 통지하여야 하며, 통지가 도달한 때에 소멸회사의 본점 소재지를 관할하는 등기소의 등기관이 등기신청을 접수한 것으로 본다(같은 법 제64조2항·3항).

잔여재산의 분배
殘餘財産의 分配

회사재산의 청산에 의하여 남은 **적극재산**(순재산)을 사원·주주에게 분배하는 것을 말한다. 청산인은 회사재산의 환가처분 등에 의하여 채권자에게 변제를 완료하고 잔여가 있으면 이것을 출자자인 사원·주주에게 분배하여야 한다. 잔여재산분배청구권(殘餘財産分配請求權)은 이익배당청구권과 함께 사원·주주의 기본적 권리이다. 잔여재산의 분배기준은 합명회사·합자회사에서는 정관에 다른 정함이 없는 때에는 출자액에 따라 분배하고(상법 제195조, 민법 제269조·제724조2항), 유한책임회사·주식회사·유한회사에서는 주주 또는 사원의 보유주식수 또는 출자액수에 따라 분배한다. 또한 합명회사·합자회사에서 채무를 완제할 때 현존재산으로 부족한 경우에는 사원에게 추가출자를 시킬 수가 있다(상법 제258조·제269조).

설립무효
設立無效

회사가 설립등기에 의하여 성립된 후 설립절차에 무효원인이 있는 것을 안 때에 회사존립을 부정하는 법률상의 제도를 말한다. 「상법」은 설립무효에 대하여는 어느 종류의 회사에도 인정하고 있으나, 설립의 취소는 주식회사를 제외한 다른 회사에만 인정하고 있다(상법 제184조 이하·제269조·제287조의6·제328조·제552조). 다만, 회사설립의 하자는 재판상 소송에 의해서만 다툴 수 있다. 설립무효의 소는 회사를 피고로 하여 회사성립의 날로부터 2년 내에 제기할 수 있다. 설립무효의 승소판결(勝訴判決)이 확정되면 이 판결은 소의 당사자(원고·피고) 이외에 제3자에게도 효력이 미치고, 제3자는 다시 소를 제기할 수 없다. 또한 이 판결에 의하여 설립은 무효가 되므로 회사는 해산의 경우와 같이 청산을 하여야 한다. 다만, 법은 설립무효판결이 확정되기 전에 회사, 그 사원(주주) 및 제3자와의 사이에 생긴 여러 가지 권리나 의무에는 영향을 미치지 않는다는 입장을 취하고 있다(같은 법 제190조·

제269조 · 제287조의6 · 제328조2항 · 제552조2항). 설립무효의 원인이 되는 것은 합명회사에서는 정관의 작성 · 설립등기에 흠결이 있는 경우, 정관의 내용이 위법인 경우(예 : 목적이 선량풍속 · 사회질서에 반하는 경우) 이외에 설립자인 사원의 1명에 관하여, 예컨대 착오 등의 의사표시의 결격이 있는 경우도 포함된다. 주식회사에서는 설립절차의 위법이나 정관의 내용이 위법인 경우에 한정된다.

설립의 취소
設立의 取消

회사가 설립등기에 의하여 성립된 후 회사의 설립을 목적으로 하는 각 사원의 행위에 관하여 취소원인이 있는 것을 안 경우 회사의 존립을 부정하는 법률상의 제도를 말한다. 설립의 취소는 합명회사 · 합자회사 · 유한책임회사 · 유한회사에 대해서만 인정되고(상법 제184조 이하 · 제269조 · 제287조의6 · 제552조), 모두 소의 방법만으로 주장할 수 있다. 취소원인으로 되는 것은 사원이 제한능력자(미성년자 · 피한정후견인 · 피성년후견인)인 경우, 의사표시에 결격이 있는 경우(예 : 사기 · 강박), 사원이 그 채권자를 해칠 목적으로 출자를 한 경우(상법 제185조)이고, 무효에 비해 하자사유가 가벼운 경우이다. 회사설립의 목적이 채권자를 해하기 위한 경우는 사해행위(詐害行爲)라고 말하며, 채권자에게 취소권이 있으므로 상법은 채권자에게도 설립취소권을 인정하고 있다. 설립취소의 소를 제기할 수 있는 자는 취소권 있는 자, 그 대리인 및 채권자이고, 피고는 회사인데 사해행위에 의한 채권자의 설립취소의 경우에는 회사 이외에 사해행위를 한 사원도 피고로 된다(상법 제185조). 취소판결이 확정되면 회사의 설립은 취소로 무효가 되며, 그 판결의 효력 등에 관하여는 모두 설립무효의 경우에 준한다. 주식회사 이외의 회사에 대해 설립취소의 소의 제도가 인정되는 것은 이러한 회사에서는 사원의 인적신용이 중대하고(유한회사도 어느 정도 인적회사성을 가지고 있다), 사원의 설립에 관한 행위의 취소에 따른 무효의 결과 가 인적신용에 중점을 두는 개인기업적인 회사의 인적 기초(人的 基礎)를 상실하게 되므로 법은 회사의 설립을 취소함으로써 전체적으로 무효로 한다고 한 것이다.

합자회사
合資會社

무한책임사원(無限責任社員)과 유한책임사원(有限責任社員)으로 구성되는 이원적 조직의 회사를 말한다. 합명회사와 마찬가지로 인적회사성을 갖고 있다. 이른바 합명회사에 유한책임사원을 가입시킨 것과 같은 회사이고, 상법은 합명회사에 관한 많은 규정을 준용하도록 하고 있다(상법 제269조). 합자회사는 무한책임사원이 경영하는 회사기업에 유한책임사원이 출자를 하고 이익배당을 받는다는 점에서 익명조합(匿名組合)과 유사한 점이 있으나, 법률상으로는 유한책임사원도 회사의 구성원으로서 사원의 지위를 가지고 대외적으로는 출자액의 한도 내에서 책임을 직접 부담하기 때문에 익명조합과 다르다는 것은 명백하다. 유한책임사원의 책임은 출자액을 한도로 하여 회사채권자에 대하여 직접 또는 연대하여 부담하고, 이미 출자의 전부 또는 일부를 이행한 경우에는 그 한도 내에서 책임을 면하게 된다(같은 법 제279조). 또한, 유한책임사원은 회사의 경영에 대하여 직접적인 권한을 가지지 않으나 감시권을 가지며, 경업금지의무를 부담하지 않는다(같은 법 제275조). 회사 자체가 소규모의 인적신용을 중시하는 기업이므로 유한책임사원의 지분양도는 제한되어 무한책임사원 전원의 동의를 요한다(같은 법 제276조). 합자회사에 있어서 유한책임사원 전원이 퇴사한 경우에는 무한책임사원 전원의 동의에 의하여 합명회사로 조직변경하여 회사를 계속할 수 있다(같은 법 제286조2항). 또한 유한책임사원의 출자는 재산출자(금전 · 현물)에 한정된다(같은 법 제272조).

유한책임사원
有限責任社員

회사채무에 대하여 출자가액을 한도로 하여 직접 또는 연대하여 책임을 지는 합자회사의 사원을 말한다. 주식회사의 주주와 유한회사의 사원은 책임의 한도는 유한하나, 회사채권자에 대하여 직접 부담하는 것이 아니고 또한 연대책임도 아니다. 유한책임은 출자가액을 한도로 하지만 만약 출자를 이행한 경우에는 그 한도에서 책임을 면하게 된다. 이와 반대로 채권자에 대하여 책임을 이행한 경우에는 그 한도에서 출자의 이행이 있는 것으로 된다. 즉 일방을 이행하면 타방은 그만큼 경감되는 관계에 있다(상법 제279조1항). 유한책임사원의 책임은 출자가액을 한도로 하지만 연대책임이다. 이 경우 연대란 유한책임사원 간뿐만 아니라 무한책임사원 간을 포함하여 상호 연대관계에 있다는 것을 말한다. 또한 유한책임사원의 책임도 무한책임회사의 책임과 마찬가지로 2차적 책임이고 회사채무에 대하여 보충성(補充性)·종속성(從屬性)을 가지고 있다. 따라서 회사의 채무가 없어지면 사원의 책임도 없어진다(같은 법 제212조·제269조).

유한책임사원은 무한책임사원 전원의 동의가 있으면 그 지분의 전부 또는 일부를 타인에게 양도할 수 있다. 지분의 양도에 따라 정관을 변경해야 할 경우에도 같다(같은 법 제276조). 유한책임사원은 회사의 업무집행, 대표의 권한을 갖지 않는 대신 감시권(監視權)이 부여되어 있다. 이 권리는 영업연도말에 있어서 영업시간 내에 한하여 행사할 수 있고, 이것에 의하여 회사의 회계장부·대차대조표(재무상태표)를 열람할 수 있으며 회사의 업무와 재산상태를 검사할 수 있다(같은 법 제277조1항).

자칭무한책임사원
自稱無限責任社員

타인에게 자기를 무한책임사원이라고 오인시키는 행위를 하는 유한책임사원을 말한다. 자칭무한책임

사원의 오인으로 회사와 거래를 한 자에 대하여는 무한책임사원과 동일한 책임을 진다(상법 제281조1항). 이것은 자칭사원(自稱社員)의 경우와 같이 외관주의(外觀主義)와 금반언(禁反言)의 원칙에 의하여 외관을 신뢰하고 거래하는 자를 보호하기 위한 취지에서 인정된 것이다. 또한 유한책임사원이 그 책임의 한도를 오인시키는 행위를 한 경우에도 무한책임사원과 동일한 책임을 진다(상법 제281조2항).

출자
出資

사원 또는 조합원의 자격에서 법인 또는 조합에 대하여 사업을 영위하기 위한 자본으로서 재산·노무·신용을 급부하는 것 또는 그 급부의 목적물을 말한다. 법률상 출자라고 하는 용어는 민법상의 조합(민법 제703조), 각종의 회사(상법 제179조4호·제196조·제222조·제269조·제287조의4·제290조2호·제543조2항3호·4호·제544조1호·제546조·제548조), 익명조합(상법 제78조·제79조·제82조), 합자조합(상법 제86조의2·제86조의3 6호), 농업협동조합(농업협동조합법 제21조) 등에 있어서 사용되고 있다. 출자의 종류에는 재산출자·노무출자·신용출자가 있다. 재산출자는 금전이 보통이나 기타의 재산이라도 상관없다. 또한 재산의 소유권을 이전하거나 단순히 사용에 제공하는 것도 상관없다. 금전 이외의 재산을 목적으로 하는 출자를 현물출자(現物出資)라고 한다. 노무출자(勞務出資)는 정신적·육체적인 것, 공장설계와 같은 일시적인 것이라도 된다. 신용출자는 예컨대 특히 재계의 신용 있는 자가 사원으로서 그의 성명을 빌려주는 것과 같이 자기의 신용을 이용시키는 것을 말한다. 합자회사의 유한책임사원, 주주, 유한회사의 사원, 익명조합원 등은 재산출자에 한정된다(상법 제86조·제272조). 민법상의 조합원·합명회사의 사원·합자회사의 무한책임사원은 **재산출자** 이외에 **노무·신용출자**도 인정된다(민법 제703조, 상법 제195조·제269조).

유한책임회사
有限責任會社

유한책임회사는 미국의 유한책임회사제도를 참고하여, 2011년 개정 상법에서 새롭게 도입된 기업형태로, 각 사원들이 출자금액만을 한도로 책임을 지게 되는 회사(상법 제287조의7)이다.

유한책임회사는 회사의 주주들이 채권자에 대하여 자기의 투자액의 한도 내에서 법적인 책임을 부담한다는 점에서는 주식회사와 동일하지만, 주식회사가 상대적으로 경직된 지배구조를 갖고 있는 것과 달리 최저자본금제도가 없으며, 이사나 감사 등의 기관을 둘 필요도 없는 등 상대적으로 유연하며 탄력적인 지배구조를 그 특성으로 하기 때문에 소규모 기업에 적합하다. 또한 유한책임회사는 총사원의 동의에 따라 주식회사로의 조직변경이 가능하다(상법 제287조의43).

주식회사
株式會社

사원(주주)의 지위가 주식이라고 하는 세분화된 균등비율적 단위의 형식을 취하고, 주주가 출자가액의 한도에서만 회사에 대해서 책임을 지는 회사를 말한다. 이 주식이라고 하는 제도와 유한책임의 제도가 다른 회사와 비교되는 주식회사의 특색이다. 주주유한책임의 결과, 회사채권자는 회사재산에 의해서만 그의 채권을 만족시킬 수 있으므로 상법은 회사자본제도를 정하고 그 금액의 한도까지는 적어도 회사의 총재산이 내부에 유보되도록 요구하고 있다. 자본금은 원칙으로 주주의 출자가액에 의하여 구성된다(상법 제451조). 회사는 이 자본에 상당하는 회사의 총재산을 확보하기 위하여 여러 가지 제약을 받는다. 특히 회사의 총재산액이 자본·법정준비금의 총계액에 미달한 경우에는 자본결손이 생겨 회사는 그 손실을 전보(塡補)하지 않으면 이익배당을 할 수 없고, 이에 위반하면 회사채권자는 위법배당의 반환청구권(返還請求權)을 가지게 된다(상법 제462조3항). 이러한 자본제도로 주식회사에서는 사원의 퇴사에

의한 투하자본의 회수는 할 수 없다. 다만, 주식회사는 주식의 양도에 의해 투하자본의 회수가 가능해진다. 주주지위의 균등비율적 단위 및 유한책임에 따르는 기구상의 특색은 대규모적 자본형성에 근거하고, 이것 때문에 주식회사는 물적회사(物的會社)라고 부른다. 그리고 회사의 경영에 관하여는 주주는 업무집행권이나 대표권을 갖지 못하고 전문적 경영자로서의 이사, 이사회 및 대표이사의 제도를 두고 있다. 주주는 주주총회의 구성원으로서 이사의 선임·해임권을 포함한 회사의 기본적 중요사항에 관해서만 의결권을 가지는 동시에 경영에 대한 감독적인 권한이 부여되어 있다. 그러나 근래 주주의 분산, 대중투자화에 따라 주주가 회사의 경영에는 관심을 가지지 않고 주주총회에도 출석하지 않으며, 오직 이익배당과 주식거래에 중점을 두는 경향이 강해져 이른바 기업의 소유와 경영의 분리가 심각하게 나타나고 있다.

일인회사
一人會社

주식회사의 주주가 1인뿐인 회사를 말한다. 때로는 주주가 여러 명 있을지라도 실질적으로는 그중의 1인이 전 실권을 장악하고 다른 주주는 명의상의 지위만을 가지고 있는 경우에도 1인회사라고 한다. 합명회사·합자회사의 경우 사원이 1인으로 되는 것을 해산사유로 규정하고 있으므로(상법 제227조3호), 이들 회사에서는 1인회사가 성립할 수 없다. 이에 대하여 주식회사는 사단이기는 하나 주식양도가 자유로운 결과, 주주수는 언제라도 복수화될 수 있고, 또 적극적으로는 주식회사 기업의 유지를 위하여 1인회사가 인정될 수 있다(상법 제517조). 유한책임회사, 유한회사 역시 사원이 1인인 회사의 성립을 인정하고 있다(상법 제287조의38·제609조). 1인회사도 주주의 유한책임이 인정되는 결과, 1인의 주주가 유한책임의 이익을 향유함으로써 이를 남용하는 폐단이 있다. 그러므로 최근의 판례는 법인격부인의 법리에 의하여 형식상(명의상 전 주식

이 1인의 주주에 속하고 있는 경우) 또는 실질상(예컨대 주주명부에 여러 명의 주주가 있다고 되어 있지만, 실제로는 아버지가 1인 주주이고 그 부인과 자녀들은 명목적인 주주일 뿐인 경우) 1인회사의 1인 주주 개인 행위를 회사의 행위로서 행하였다는 주장을 배척하고 주주 개인의 행위로 인정하고 있다.

발기인
發起人
주식회사의 설립행위자를 말한다. 설립절차에 관계한 자 가운데서 누가 발기인이 되는가 하는 것은 명확히 확정할 수 없으므로 학설 및 판례는 정관에 발기인으로서 기명날인 또는 서명한 자(상법 제289조1항)를 발기인이라고 해석하고 있다. 다만, 정관에 발기인으로서 기명날인하지 않았으나 주식청약서 기타 주식모집에 관한 서면 등에 성명을 기재하여 회사의 설립을 찬조하는 뜻을 표시한 자는 발기인의 외관을 제3자에게 부여하기 때문에 유사발기인으로서 책임을 져야 한다(상법 제327조). 법인은 물론 자연인 특히 제한능력자도 발기인이 될 수 있다. 발기인은 회사의 설립을 목적으로 하는 발기인조합을 조직하고 이 목적을 달성하기 위하여 설립행위를 한다. 이 조합은 회사가 성립되면 목적을 달성하고 해산된다. 설립절차가 진행되면 장래 회사가 되는 실체가 형성되어 가는데 이것을 학설상 설립 중의 회사라고 하며, 이것과 발기인조합은 구별되어야 한다. 발기인은 1주 이상의 주식을 인수하여야 하며, 발기인이 설립시에 발행하는 전 주식을 인수하는 경우를 발기설립(發起設立)이라고 하고, 일부를 인수하고 잔부를 모집하는 경우를 모집설립(募集設立)이라고 한다. 발기인의 주된 업무는 정관의 작성, 주주의 모집, 주식의 배정, 주식납입금의 수령, 창립총회의 소집 등이다(상법 제289조1항·제301조·제305조·제308조). 또한 발기인에는 주식의 미인수(未引受)·미납입(未納入)이 있는 경우에는 인수·납입책임을 져야 한다(상법 제321조).

발기설립
發起設立
발기인이 설립시에 발행하는 주식의 전부를 인수하고 회사를 설립하는 절차를 말한다. 발기인은 먼저 정관을 작성하고 공증인의 인증을 받고 주식발행사항을 결정하고(상법 제289조·제291조·제292조), 정관에 의한 설립시에 발행하는 주식의 총수를 서면으로 인수하고(같은 법 제289조1항5호·제293조) 곧 그 주식인수가액의 전액을 납입하고, 이사·감사를 선임하여야 한다(같은 법 제296조1항). 발기인 가운데 현물출자를 하는 자가 있는 때에는 그 출자의 목적인 재산을 인도하고(같은 법 제295조2항), 또한 재산인수 등의 변태설립사항(變態設立事項) 및 주금전액납입(株金全額納入) 및 현물출자의 이행의 완료를 조사하기 위하여 이미 선임된 이사가 법원에 검사인의 선임을 청구하고(같은 법 제298조·제299조), 법원은 검사인이나 공증인의 조사보고서 또는 감정인의 감정결과와 발기인의 보고서를 심사하여 특히 현물출자 등의 변태설립사항에 부당한 점이 있으면 이를 변경한다(같은 법 제300조1항). 이 검사인의 선임 및 조사보고의 절차 및 법원의 변경처분의 절차가 완료된 날로부터 2주 내에 설립등기를 하여야 하며(같은 법 제317조1항), 이 등기에 의하여 회사는 성립된다. 또 발기인은 주식의 미인수·미납입이 있으면 공동인수 및 연대납입책임(連帶納入責任)을 지고(같은 법 제321조), 기타 그 임무를 게을리한 때에는 회사에 대한 연대손해배상책임을 진다(같은 법 제322조).

모집설립
募集設立
발기인이 설립시에 발행하는 주식의 총수 전부를 인수하지 않고 잔여의 주식에 대하여 주주를 모집하여 회사를 설립하는 절차를 말한다. 발기인은 정관을 작성하고, 공증인의 인증을 받고, 주식발행사항을 결정하고, 회사의 설립시에 발행하는 주식의 총수(상법 제289조1항5호) 가운데서 적어도 1주 이상을 서면으로 인수하여야 한다(같은 법 제293조). 설립시에 발행하는 주식의 총수를 인수하지 아니한 부분은 주주를 모집하여야 한다(같은 법 제301조). 주식청약자는 주식청약서 2통에 인수할 주식의 종류 및 수와 주소 등 정한 바 그대로 기재하여 주식인수를 청약하고(같은 법 제302조1항, 실무상 이때에 인수가액 상당의 주식청약증거금을 납입시킨다), 발기인이 이에 대하여 배정을 한다(같은 법 제303조 참조). 이 배정을 받은 주식수의 한도 내에서 주식청약자는 주식인수인이 되고, 주금납입의무(株金納入義務)를 지며 회사성립과 동시에 주주가 되는 것이다. 발기인 및 주식인수인(株式引受人)은 지체 없이 주금을 납입하고, 만약 주식인수인이 납입하지 않으면 실권통지를 하고, 기일까지 납입하지 않으면 주식인수인의 지위를 상실한다[같은 법 제307조, 실무상으로는 주식청약증거금(株式請約證據金)이 주금에 충당되므로 실권의 문제는 생기지 않는다]. 또한 발기인 가운데 현물출자를 하는 자가 있는 때에는 즉시 출자물을 인도하고, 이 절차가 완료되면 빨리 창립총회를 개최하여 설립절차 및 현물출자 등의 이행의 유무, 그리고 변태설립사항의 조사보고 또는 부당한 경우에 변경처분을 하고(같은 법 제308조~제314조), 특히 정관변경 및 설립폐지의 결의가 없는 한, 설립등기를 함으로써 회사는 성립된다(같은 법 제317조1항).

변태설립사항
變態設立事項

주식회사의 설립시에 현물출자·재산인수(회사성립 후에 일정재산을 양수하는 약속), 회사의 부담으로 되는 설립비용, 발기인이 받는 특별이익이나 보수가 정관에 정하여져 있는 경우들을 말한다. 이러한 사항들은 모두 회사의 재산에 큰 영향을 미치게 되므로 위험한 약속 또는 변태설립사항이라고 한다(상법 제290조). 「상법」은 정관에 정하지 않으면 이러한 행위를 할 수 없다고 규정하고 있는 한편, 검사인에 의한 조사보고 및 법원 또는 창립총회에 의한 변경처분의 제도를 정하고, 불공정한 행위가 행하여지지 않도록 하고 있다. 만약 부당한 현물출자 등의 행위가 행하여지면 회사는 물론 주주 및 회사채권자의 이익을 해치는 것이 되기 때문이다.

현물출자
現物出資

회사설립 또는 신주발행시에 현금 이외의 재산으로써 출자하는 것을 말한다. 「화물자동차 운수사업법」상의 차량의 현물출자등과는 구별되는 개념이다.

회사설립시에 현물출자를 하기 위해서는 정관에 현물출자를 하는 자의 성명과 재산의 종류, 수량, 가격과 이에 대하여 부여할 주식의 종류와 수를 기재하여야 한다(상법 제290조2호). 신주발행시에 현물출자를 하기 위해서는 이사회가 현물출자를 하는 자의 성명과 그 목적인 재산의 종류, 수량, 가격과 이에 대하여 부여할 주식의 종류와 수를 결정하여야 한다(같은 법 제416조4호). 현물출자로서의 재산은 동산, 부동산, 채권, 무체재산권 기타 금전적 가치가 있는 것은 무엇이든 상관없다. 현물출자자는 회사설립이나 신주발행의 경우에 누구라도 상관없다. 현물출자에 관하여는 출자를 하는 재산을 과대평가하여 현물출자자가 부당한 이익을 얻게 되면 그 결과 회사나 회사채권자의 이익을 해할 염려도 있다. 그래서 상법은 회사설립시에는 취임한 이사가 지체 없이 회사설립의 경과를 조사하도록 법원에 검사인의 선임을 청구할 수 있게 하고(같은 법 제298조), 이 경우 검사인은 현물출자의 이행이 완료되었는지의 여부를 조사하여 법원에 보고하여야 한다(같은 법 제299조1항). 또한, 신주발행시에는 이사가 이사회에서 결정한 현물출자사항을 조사하기 위해 법원에 검사인의 선임을 청구할 수 있다(같은 법 제422조1항). 이 경우 공인된 감정인의 감정으로 검사인의 조사에 갈음할 수 있다. 법원은 검사인의 조사보고서와 감정인의 감정결과를 심사하여 현물출자사항이 부당하다고 판단될 때에는 이를 변경하여 이사와 현물출자를 한 자에게 통고할 수 있다(같은 조 3항). 또한, 현물출자자가 법원이 한 변경에 불복이 있으면 주식의 인수를 취소할 수 있으나(같은 조 4항), 법원의 통고 후 2주 내에 주식인수를 취소한 자가 없으면 이사회에서 정한 현물출자사항은 법원의 통고에 따라 변경된 것으로 본다(같은 조 5항).

재산인수
財産引受
회사성립 후에 일정한 재산을 양수(讓受)하는 약정을 말한다. 재산인수는 회사의 재산에 큰 영향을 미치게 되므로 「상법」은 이를 변태설립사항의 하나로 규정하고 있다. 재산인수계약(財産引受契約)의 체결은 회사성립시에 있어서는 현물출자의 탈법수단으로서 행하여지기 쉽기 때문에 정관에 정한 경우에 한하여 승인하는 동시에(상법 제290조3호·제544조2호) 현물출자와 동일한 감독하에 두고 있다(같은 법 제299조1항·제300조1항·제310조1항·제313조2항·제314조1항). 자본증가의 경우에도 이에 준하는 규정이 있다(같은 법 제586조2호).

사후설립
事後設立
회사가 특정자산을 영업에 사용할 것을 예정하고 이것을 회사성립 후에 양수하는 것을 말한다. 「상법」은 회사성립 후 2년 내에 그 성립 전부터 존재하는 재산으로서 영업을 위하여 계속하여 사용하여야 할 것을 자본의 20분의 1 이상에 해당하는 대가로 취득하는 경우 주주총회의 특별결의(상법 제434조)를 요하는 것으로 하고 있다(같은 법 제375조·제576조2항). 이와 같은 엄격한 절차를 요하는 것은 회사성립 전의 변태설립사항으로서 엄격한 감독을 받는 재산인수에 관한 규정(같은 법 제290조3호·제299조1항·제310조1항·제311조2항2호·제314조1항·제544조2호·제550조1항)을 사후설립으로 탈법(脫法)하는 경우가 많기 때문이다. 또 법이 정한 요건에 따르지 않

는 재산인수를 회사성립 후 사후설립의 방법에 의하여 추인을 받을 수 있는가에 관하여는 판례 및 학설은 이것을 부정하고 있다.

검사인
檢査人
① 주식회사의 설립경과·변태설립사항 및 현물출자의 조사 및 검사를 하는 자(상법 제299조·제310조1항·제422조1항) ② 주식회사·유한회사의 업무·재산상태를 검사하는 자(같은 법 제366조3항·제467조1항·제582조1항·제613조2항) ③ 이사가 제출한 서류와 감사의 보고서를 조사하는 자(같은 법 제367조·제613조2항) 등을 말한다. 이 검사인은 임시적 감사기관이며 상설기관이 아닌 점에서 감사와 다르다. 이 검사인에는 발기인·이사·소수주주권자 및 일정출자좌수를 가진 사원의 청구에 의하여 법원에서 선임되는 자(상법 제298조·제310조1항·제422조1항·제467조1항·제582조1항)와 창립총회·주주총회 및 사원총회에서 선임되는 자(같은 법 제366조3항·제367조·제613조2항)가 있다. 법원에서 선임되는 검사인(단, 같은 법 제582조1항에 의하여 선임되는 검사인은 제외)에게는 회사가 보수를 지급하게 되어 있고, 검사인의 선임신청의 방식과 검사인선임의 재판 등에 관하여는 「비송사건절차법」에서 규정하고 있다.

창립총회
創立總會
주식회사의 모집설립에 있어서 설립절차의 최종단계로서 개최되는 주식인수인(발기인도 주식을 인수하므로 이에 포함된다)의 총회를 말한다. 이사·감사의 선임 이외에 정관변경결의, 설립폐지결의, 변태설립사항 가운데 부당한 것을 변경하는 처분 또는 설립절차의 조사보고를 받는 권한 등을 가진다. 창립총회는 발기인이 소집하고, 결의는 출석한 주식인수인(株式引受人)이 보유하고 있는 의결권(1인수주식에 1의결권) 총수의 3분의 2 이상으로, 그리고 그것이 인수총주식수의 과반수에 해당하는 경우에 성립한다(상법 제309조). 또

한 주주총회의 소집절차, 소집지, 의결권행사, 의결권의 불통일행사(不統一行使), 의결권, 의결권수의 계산, 연기 또는 속행의 결의, 의사록, 결의의 취소·무효확인 또는 변경의 소, 종류주주총회(種類株主總會)에 관한 규정은 모두 창립총회에 준용된다(같은 법 제308조2항). 창립총회가 종결한 날로부터(만약, 변태설립사항이 부당하게 행하여진 경우에는 그 변경처분 후) 2주간 이내에 설립등기를 함으로써 회사는 성립된다(같은 법 제317조1항). 또한, 일정한 시기까지 창립총회를 종결하지 않으면 주식인수인은 주식의 인수를 취소할 수 있다(같은 법 제302조2항8호).

상장회사
上場會社

주식회사의 사원권인 주식이 「자본시장과 금융투자업에 관한 법률」상 증권시장에서 매매거래의 목적물로 공개되는 것을 **상장**(上場)이라고 하며, 증권거래소의 증권매매시장에 그 회사가 발행한 증권이 상장되어 있는 회사를 상장회사라 한다. 기업이 주식을 상장하여 증권거래소를 통해 주식을 매매하기 위해서는 「자본시장과 금융투자업에 관한 법률」과 유가증권시장 상장규정에 따른 기업규모·분산·경영성과·안정성·건전성 등의 요건을 충족해야 한다. 또한 상장증권은 일반공중의 투자대상이 되므로 그 공공성에 비추어, 상장 및 그 폐지·정지·정지의 해제 등과 더불어 그 발행인의 사업보고에 관하여 행정적 감독이 행하여진다(자본시장과 금융투자업에 관한 법률 제159조·제390조).

회사의 목적
會社의 目的

정관에 정하여진 회사의 사업목적을 말한다(상법 제179조1호·제270조·제287조의3·제289조1항1호·제543조2항1호). 회사는 영리사단법인(營利社團法人)이므로 영리목적을 가지는 것은 당연하나, 이것과 회사의 목적과는 구별되어야 한다. 회사는 정관에 따라 구체적인 영업활동을 행하는데 어떤 행위가

정관상의 목적과의 관계에서 유효한가는 가끔 문제가 된다. 이른바 목적에 의한 권리능력의 제한이 문제인데, 이것은 지금까지의 학설 및 판례상 여러 가지로 논의되어 왔다. 현재 한국의 통설은 법인의 정관의 목적범위에 의하여 당연히 권리능력이 제한된다고 한다. 다만, 회사가 정관상의 목적을 달성하기 위하여 필요하고 유익한 행위 또는 목적달성에 반하지 않는 행위는 가령 정관에 기재가 없을지라도 목적의 범위 내의 행위로서 유효하다고 한다.

일반적으로 현대생활에서 법인의 역할은 계속 확대되어 왔고, 거래의 안전을 위해서도 법인의 권리능력은 확대되어 왔기 때문에 통설과 판례의 태도가 타당하다.

가장납입
假裝納入

회사를 설립하거나 증자를 하면서 실제로는 출자가 이루어지지 않았음에도 불구하고 마치 출자가 이루어진 것처럼 가장하는 것을 말한다. **납입가장**이라고도 한다.

상법상 회사의 자본금 확충을 위해 주식회사는 설립 또는 신주발행시의 납입금을 은행 기타의 금융기관에 납입하도록 되어 있다(상법 제305조2항·제425조1항). 이러한 상법상의 자본금제도를 회피하기 위해 회사의 발기인 혹은 이사 등은 납입을 취급하는 은행 기타 금융기관에서 납입금을 차입한 후 그 예금증서를 회사에 제출하고 자신이 차입금을 은행에 반환하기 전까지는 회사가 그 예금을 인출하지 않는다는 약정을 이용한다. 이렇게 되면 결국 실질적인 회사납입금은 존재하지 않게 된다. 그 외에도 회사의 발기인, 이사 기타의 자가 납입을 취급하는 은행 기타의 금융기관과 공모하여 납입이 없는데도 납입이 있는 것으로 하여 납입금의 보관증명을 쓰게 하는 것〔**예합**(預合)〕도 가장납입이라고 할 수 있다. 그 외에도 발기인 등이 제3자에게 돈을 빌려 납입하고, 회사 설립이나 증자가 완료된 뒤 납입금 전액을 인출해 제3자에게 돌려주는 **견금**(見金)역시 가장납입의 대표적 형태 중 하나이다.

가장납입은 회사의 자본충실을 현저하게 해치므로 이러한 납입의 무효의 문제와 주식납입을 맡은 은행 기타의 금융기관과 통모(通謀)한 경우의 보관증명책임의 문제, 가장납입에 관한 형사책임규정(같은 법 제628조1항)의 적용의 문제가 생기는데, 판례는 이것을 적극적으로 인정하고 있다. 발기인 또는 이사 등이 납입을 가장하는 행위를 한 때에는 5년 이하의 징역 또는 1천500만원 이하의 벌금에 처하도록 되어 있다(같은 법 제628조1항). 은행 기타의 금융기관이 납입금을 보관하고 있다고 하는 증명을 한 이상, 납입금을 반환하지 않는다는 약속이 있다든가 납입이 없었다고 하는 주장은 할 수 없다(같은 법 제318조2항).

자본금
資本金

회사영업을 위하여 주주(유한책임회사 및 유한회사에서는 사원)가 출자한 기금 전부의 금액을 말한다. 이러한 자본금은 일정한 계산상의 수액이고, 영업활동의 결과 또는 물가변동 등에 의하여 증감되는 회사의 현실재산과는 다르다. 자본금은 고정적인 것인 데 반하여, 회사재산은 유동적인 것이고 양자의 금액도 원칙적으로 일치하지 않는다. 「상법」이 유한책임회사·주식회사 및 유한회사에 대하여 자본금제도를 두고 있는 것은 주주·사원이 유한책임이고, 특히 회사재산만이 회사채권자에 대한 책임재산이기 때문에 자본금에 상당하는 회사의 총재산을 항상 보유하게 하고 있으며, 자본금은 그 의미에서 순재산보유기준액(純財産保有基準額)이고 또 그 의미에서 규범적 수액(規範的 數額)이다. 이와 같은 자본금을 확보하기 위하여 이른바 **자본금의 3원칙**이 인정되어 회사는 설립시에 일정한 자본금을 확정하고(**자본금확정의 원칙**), 확정자본금에 상당하는 회사재산을 유지하고(**자본금유지 또는 충실의 원칙**), 또한 자본금이 증가되는 것은 좋으나 자본금이 감소하는 것은 채권자에게 불리하므로 일정한 엄격절차(주주총회의 특별결의와 채권자에 대한

이의절차)를 밟도록 하고 있다(**자본금불변의 원칙**). 자본금확정의 원칙은 자본금조달의 편의를 위하여 정관에 자본금을 기재하지 않고(등기사항, 상법 제287조의3 3호·제317조2항2호·제543조2항2호 참조), 그 대신에 회사가 발행할 주식의 총수(같은 법 제289조1항3호)와 회사가 설립시에 발행하는 주식의 총수(같은 조 1항5호)를 기재하게 한다. 후자는 설립시에 전부 인수를 하게 함으로써 종래의 자본금확정의 원칙을 유지하고 있는 동시에 양자의 차수(미발행주식총수)의 한도 내에서 이사회의 결의에 의해 자유로이 신주를 발행할 수 있도록 하고 있다. 또한 자본금유지원칙의 내용으로는 발기인·이사의 공동인수책임(상법 제321조1항·제428조1항), 주식의 액면 미달발행의 제한(같은 법 제330조 본문), 자기주식의 취득(같은 법 제341조), 이익배당의 제한(같은 법 제462조) 등이 있다. 회사가 액면주식을 발행한 경우 자본금은 주식발행의 액면총액으로 구성되고, 회사가 무액면주식을 발행한 경우에는 발행가액의 2분의 1 이상의 금액으로서 이사회에서 자본금으로 계상하기로 한 금액을 말한다. 이와 같이 구성된 자본금은 신주발행(같은 법 제416조 이하), 준비금의 자본금전입(같은 법 제461조), 전환사채(轉換社債)의 전환 등에 의하여 증가되고, 자본금감소절차에 의하여 감소된다. 또한 자본금은 대차대조표(재무상태표)의 대변(貸邊)항 자본금의 부에 계상(計上)되고, 배당가능이익(配當可能利益)의 계산상 회사의 자산에 대한 공제항목으로서 부채(負債)의 공제에 이어 공제된다. 또한, 회사가 자본금결손(資本金缺損)을 내고 있을 때에는 이익배당을 할 수 없다(같은 법 제462조).

견금
見金

제3자로부터 납입금을 차입하고 이것으로 은행 기타의 금융기관에 납입하여 회사성립 후, 납입금의 반환을 받은 후 이것을 위의 제3자에 대한 차입금의 변제에 충당하는 금전을 말한다.

예합
預合

발기인이 주식납입을 맡은 은행 기타의 금융기관으로부터 납입금 상당액을 납입하고 반환제한을 붙이는 것을 말한다(가장납입의 항 참조).「상법」은 납입금을 보관한 은행 기타의 금융기관에 보관증명책임을 부과함으로써 이를 방지하고 있다(같은 법 제318조).

자본금확정의 원칙
資本金確定의 原則

회사의 설립에 있어서 자본금을 정관에서 확정할 뿐만 아니라 자본금총액에 상당하는 주식인수(株式引受) 또는 출자인수(出資引受)에 의하여 출자자가 확정되는 것을 필요로 하는 주의를 말한다. 자본금이 회사채권자에 대한 유일한 담보가 되어 있는 물적회사에 있어서 인정된다. 독일의 종래 유한회사법과 상법은 이 원칙에 따르고 있으나, 영미법에서는 창립주의에 의하여 이 원칙을 채택하지 않는다. 우리「상법」에서는 수권자본제를 채택한 결과, 자본금은 정관에서 확정되지 않는다. 그러나 1주의 금액과 회사의 설립시에 발행하는 주식총수는 정관에서 확정되므로(상법 제289조1항), 이 한도에서 자본금확정의 원칙이 인정되고 있다.

자본금충실의 원칙
資本金充實의 原則

주식회사가 자본금에 상당하는 재산을 실질적으로 보유할 것을 요하는 원칙을 말한다. 자본금을 단순한 계산상의 수액에 그치게 하지 않고 그 실질을 충실케 한다는 의미에서 자본금을 회사채권자의 유일한 담보로 하는 물적회사에서 인정되고 있는 원칙이다. 이것을 **자본금유지**(資本金維持)**의 원칙**이라고도 한다. 자본금충실의 원칙의 내용으로서는 발기인·이사의 공동인수책임(상법 제321조1항·제428조1항), 주식의 액면미달발행(額面未達發行)의 제한(같은 법 제330조 본문), 자기주식의 취득 제한(같은 법 제341조), 이익배당의 제한(같은 법 제462조) 등이 있다.

자본금불변의 원칙
資本金不變의 原則

일단 확정된 자본금의 자의적인 감소를 허용하지 않는 원칙을 말한다. 자본금충실의 원칙이 회사재산의 충실을 도모하려고 하는 것인데 반하여, 자본금불변의 원칙은 자본금의 감소를 제한하려고 하는 것이다. 자본금을 감소하는 것은 상법상 인정되고 있으나, 이 경우에도 회사채권자를 보호하기 위하여 엄격한 절차(주주총회의 특별결의와 채권자에 대한 이의절차, 상법 제438조1항·제439조2항)를 요한다.

자본금의 증가(증자)
資本金의 增加(增資)

주식회사·유한회사에서 자본금을 증가시키는 것을 말한다. 주식회사에서는 자본금은 정관의 필요적 기재사항이 아니므로 자본금의 증가는 정관변경의 사유가 되지 않으나, 유한회사에서는 정관변경을 해야 한다(상법 제543조). 주식회사의 자본금증가는 보통 신주발행에 의하여 행하여지고(상법 제416조~제432조), 기타 준비금의 자본금전입(같은 법 제461조), 전환사채(轉換社債)의 발행(같은 법 제513조~제516조) 등에 의하여도 증가된다. 유한회사에 있어서는 출자좌수(出資座數)의 증가, 출자 1좌의 금액의 증가 및 양자의 병용에 의하여 행하여진다. 양 회사에서 자본금증가는 등기사항이며 자본금의 변경등기를 하여야 한다(같은 법 제40조·제317조2항2호·제549조2항2호). 또한, 주식회사에 있어서는 정관상의 발행예정주식총수(發行豫定株式總數)를 변경함에는 정관변경의 특별결의를 요한다.

자본금의 감소(감자)
資本金의 減少(減資)

주식회사·유한회사에서 이미 형성된 자본금을 감소하는 것을 말한다. 자본금의 감소에는 회사재산을 감소하고, 그 부분을 주주·사원에게 분배 반환하기 위하여 행하여지는 자본금감소(실질적 자본금감소)와 이미 회사재산이 자본금에 미달한 경우에 그 자본금결손을 전보하기 위하여 하는 자본금감소(형식적 자본금 감소) 및 양자의 병용에 의한 경우 등이 있다. 자본금감소의 방법은 주식회사에서는 주식의 소각·병합·주금액의 감소에 의하는데 자본금과 주식의 분리를 이유로 하여 단순히 자본금만을 감소할 수 있다는 견해도 있다. 유한회사에서는 출자좌수(出資座數)의 감소·출자 1좌의 금액의 감소 및 양자의 병용이 있다. 자본금감소는 채권자·주주·사원에게 중대한 이해사항이므로 주주총회·사원총회의 특별결의를 요한다(상법 제438조·제597조).

자본금감소·증가등기
資本金減少·增加登記
주식회사·유한회사의 자본금의 감소·증가로 인한 변경등기(變更登記)를 말한다. 주식회사의 자본금감소·증가가 행하여지면 등기사항인 자본금과 이미 발행한 주식총수 등에 변경이 생기고 유한회사에 있어서 자본금의 감소·증가가 행하여지면 등기사항인 자본금에 변경이 생긴다.

수권자본제
授權資本制
주식회사에 있어서 정관에 회사가 발행할 주식총수(수권주식총수)를 기재하고, 회사의 설립 시에 이 중 일부만을 인수하여도 회사가 성립하는 제도를 말한다. 발행되지 않은 나머지 주식에 대하여는 이사회에 그 권한을 위임하여 회사의 필요에 따라 이사회결의만으로 신주발행을 할 수 있도록 한다. 이로 인하여 회사의 설립이 용이해지고, 증자에 있어서 정관변경 기타의 복잡한 절차를 밟을 필요가 없으므로 자본금조달에 편리한 장점이 있다. 반면, 회사채권자의 보호가 소홀해지고 회사의 재산적 기초가 약화될 위험이 있는 단점을 가지고 있다.

주식
株式
주주가 사원으로서 회사에 대하여 가지고 있는 법률상의 지위를 말한다. 주식의 본질에 관하여는 주주라고 하는 지위에서 가지고 있는 권리와 의무가 합체하여 단일권리로 되었다고 하는 설, 주주의 자격에서 가지고 있는 많은 권리·의무가 집합한 것이라고 하는 설, 주주의 권리·의무가 생기게 되는 법률상의 지위 또는 자격이라고 하는 설, 기타의 설이 있으나 사원의 회사에 대한 법률상의 지위라고 해석하는 것이 가장 타당할 것이다. 주주는 이러한 지위에 근거하여 회사에 대하여 여러 가지의 권리를 가지게 되는데, 주주의 권리는 주주가 소유하는 주식수에 비례하여 정하여진다. 예컨대 각 주주는 1주에 1의결권을 가지고(상법 제369조1항), 이익배당은 각 주주가 소유하고 있는 주식수에 따라 하며(같은 법 제464조), 회사가 해산하여 청산한 후에 아직도 재산이 남아 있는 때에는 그 재산을 각 주주가 가진 주식의 수에 따라 주주에게 분배하여야 한다(같은 법 제538조). 이와 같이 주주는 그가 가지고 있는 주식수에 따라 권리의 비율이 정하여지므로 주식은 주주의 회사에 대한 비율적 지위라고도 한다. 예컨대 1백만주의 주식을 발행한 회사에 있어서 1주의 주식을 가지고 있는 주주는 1백만분의 1의 비율로 회사의 기업경영에 참가하고 기업이익의 분배를 받을 수 있다.

주주명부에는 주주의 성명과 주소가 기재되어 있는데, 회사가 주식을 발행한 때에는 주주의 성명과 주소를 주주명부에 기재하여야 한다(상법 제352조1항1호). 주주에 대한 회사의 통지 또는 최고는 주주명부에 기재한 주소 또는 그 자로부터 회사에 통지한 주소로 하면 된다(같은 법 제353조1항). 주주가 주주총회에 출석하여 의결권을 행사하거나 이익배당금을 수취하는 경우에는 일일이 주권을 회사에 제시할 필요는 없으나, 주식을 양도함에는 주권을 양수인에게 교부하여야 한다(같은 법 제336조1항).

액면주식
額面株式
상법에 의하여 1주의 금액이 정하여져 있는 주식을 말한다. 액면주식에는 이 금액을 주권의 표면에 기재하여야 하므로 액면주식이라고 한다. 액면주식의 금액은 균일하여야 하며(상법 제329조2항), 그 1주의 금액은 100원 이상으로 하여야 한다(같은 조 3항). 액면주식은 프리미엄을 붙여서 액면을 넘는 발행가액으로 발행하는, 이른바 액면초과발행(額面超過發行)은 허용되지만, 액면미달발행은 원칙으로 제한을 받는다(상법 제330조 본문).

무액면주식
無額面株式

주권에 금액이 기재되어 있지 않은 주식을 말한다. 액면주식에 대응하는 용어이다. 액면주식의 경우, 액면 미만의 발행이 허용되지 않으므로 주가가 하락하면 사실상 액면주식의 발행이 불가능하다. 이 같은 경우에 자금조달의 필요가 있을 때는 무액면주식을 발행할 수 있다. 예컨대 5천원의 액면주식의 시장가격이 4천3백원이라고 해도 액면의 신주식은 5천원 이하로는 발행할 수 없으나, 무액면주식이면 4천원 정도로 발행할 수 있다. 5천원의 액면주식도 4천원으로 발행하는 무액면주식도 주주의 권리는 동일하며 배당도 동액이므로, 이와 같은 회사에서는 무액면주식을 발행함으로써 자본금의 조달이 용이하게 된다. 이와 같이 무액면주식은 비교적 수월하게 자금조달이 가능하다는 장점이 있으나, 그 발행가액의 결정과 자본금에 대한 계상에 있어서 공정을 기하기가 어렵다는 단점도 있다.

무액면주식에는 정관에 최저발행가액(最低發行價額)을 정해둔 표시액면 무액면주식과 이를 정해두지 않은 순수 무액면주식이 있는데, 전자는 주권에 권면액(券面額)의 기재는 없으나 그 정관에 정해둔 가액 미만으로는 주식을 발행할 수 없다.

상환주식
償還株式

내용이 다른 종류의 주식(종류주식)을 발행하는 경우(상법 제344조)에 이익배당에 관하여 우선적 내용이 있는 주식에 대하여 이익으로써 소각할 수 있음을 조건으로 하고, 이러한 조건 하에서 발행된 주식을 말한다(같은 법 제345조 1항 전단). 이 경우 회사는 정관에 상환가액ㆍ상환기간ㆍ상환방법과 상환할 주식의 수를 정하여야 한다(같은 항 후단). 또한, 주식청약서와 설립등기에서도 그 규정을 기재ㆍ등기하여야 한다(같은 법 제302조2항7호ㆍ제317조2항6호). 상환주식을 상환함에는 이익으로써 하여야 한다. 따라서 이익이 없는 한 상환을 할 수 없으며 상환의무도 없다. 상환주식을 소각한 경우에는 그만큼 발행주식이 감소하며, 감소된 주식수대로의 주식을 다시 발행할 수 있는가에 대하여는 문제가 있으나, 정관ㆍ주식청약서ㆍ설립등기 등에서 소각할 것이 예정된 특정주식이 감소된 것이므로 재발행은 할 수 없다는 것이 다수설이다. 상환주식의 소각은 자본금감소의 절차에 의한 것이 아니므로 소각의 결과 자본금이 감소되는 것은 아니다.

권리주
權利株

회사의 성립 전 또는 신주발행의 효력발생 전에 주식인수인이 가지고 있는 권리를 말한다. 상법규정의 원칙상 회사설립시에 주식을 인수한 자는 회사성립시부터 주주가 되고, 회사성립 후 신주를 발행하는 경우의 신주를 인수한 자는 납입기일의 다음 날부터 주주가 된다(상법 제423조1항). 상법은 정식주주가 되기 전에 권리주를 자유롭게 양도하면 투기를 조장한다는 이유에서 당초에는 이것을 금지하고 있었으나 뒤에 이 금지를 풀고, 주식의 인수로 인한 권리의 양도는 회사에 대하여 효력이 없다고 하였다(같은 법 제319조ㆍ제425조1항). '효력이 없다'는 것은 권리주의 양수인은 회사에 대하여 이것을 주장하지 못할 뿐만 아니라, 회사도 양수인에 대하여 양도의 사실을 승인하지 못한다는 뜻이다. 발기인ㆍ이사에 대하여는 권리주의 양도를 금지하고 있다. 그러나 이 양도를 절대적 무효로 하면 이와 같은 권리주를 거래한 것도 무효가 되어 법률관계가 복잡하게 된다. 그래서 양도가 있은 당사자 간의 거래는 이것을 유효로 하고, 회사에 대한 관계에서는 효력이 없다고 하는 일반규정을 적용키로 하였다. 그러나 이 금지에 위반한 발기인·이사·집행임원에 대하여는 별도로 벌칙을 규정하고 있다(같은 법 제635조2항).

신주
新株
회사가 설립등기를 하여 성립된 후에 발행되는 주식을 말한다. 회사정관에서 정한 회사가 발행할 주식의 총수(상법 제289조1항3호), 즉 수권자본 중에서 아직도 발행되지 않은 주식(미발행주식)의 범위 내라면 정관을 변경하거나 주주총회의 결의가 없어도 이사회의 결의만으로 언제든지 필요한 수의 신주를 발행할 수 있다(같은 법 제416조~제432조).

신주를 발행할 때에는 이사회에서 다음의 사항을 결의하여야 한다. ① 보통주를 발행하는가, 종류주(우선주·후배주 등)를 발행하는가, 몇 주를 발행하는가, ② 얼마의 값으로 발행하는가, 납입기일을 언제로 하는가, ③ 무액면주식을 발행할 경우에는 그중 얼마를 자본금으로 계상할 것인가, ④ 주식의 인수는 어떤 방법으로 하는가, ⑤ 현물출자를 시키는 경우 어떤 재산을 얼마나 출자시키는가, 그 재산에 대하여 어떤 주식을 몇 주 발행하는가, ⑥ 신주인수권의 양도를 인정한 때에는 신주인수권은 양도할 수 있다는 것, ⑦ 신주인수권의 양도를 인정한 경우 주주의 청구가 있는 때에만 신주인수권증서를 발행한다고 결정한 때에는 그 뜻 및 주주가 회사에 대하여 신주인수권증서의 발행을 청구할 수 있는 기간

수권자본 중의 미발행주식의 범위를 넘어서 신주를 발행하면 그 발행은 무효가 되고 또한 이사는 5년 이하의 징역 또는 1,500만원 이하의 벌금에 처하여지므로(같은 법 제629조), 그 범위가 부족한 경우에는 주주총회를 열어서 정관을 개정하고 그 범위를 넓혀야 한다.

종류주
種類株
회사는 이익배당, 잔여재산분배에 관한 종류주식, 의결권의 배제·제한에 관한 종류주식, 주식의 상환에 관한 종류주식, 주식의 전환에 관한 종류주식을 발행할 수 있다(상법 제344조1항).

종류주를 발행할 때에는 정관으로 종류주의 내용과 발행할 수 있는 수를 정해두어야 한다(같은 조 2항). 보통 우선주란 이익배당의 경우에 보통주에 우선하여 배당을 받거나(배당우선주), 해산의 경우에 보통주에 우선하여 잔여재산의 분배를 받는(잔여재산분배우선주) 주식을 말한다. 열후주란 이익배당의 경우에 보통주의 배당을 끝내고 잔여의 이익에 대하여 배당을 받거나(배당열후주), 해산의 경우에는 우선주나 보통주가 분배를 받고 남은 재산에 대하여 분배를 받는 주식(잔여재산열후주)을 말한다. 열후주를 후배주(後配株)라고도 한다.

전환주식
轉換株式
우선주에서 보통주로, 열후주에서 보통주로 종류가 다른 주식으로 주주가 회사에 대하여 전환을 청구할 수 있는 주식을 말한다. 의결권이 없는 우선주를 발행한 경우 회사의 업적이 향상되어 보통주에 대하여도 안전배당을 할 수 있게 되면, 우선주주(優先株主)는 배당의 점에서 보통주와 그다지 차이가 없게 되므로 의결권을 원하게 된다. 전환주식의 발행목적은 바로 이러한 점에 있다. 전환주식을 발행할 때에는 정관으로 정하는 바에 따라 주주는 인수한 주식을 다른 종류주식으로 전환할 것을 청구할 수 있다. 이 경우 전환의 조건, 전환의 청구기간, 전환으로 인하여 발행할 주식의 수와 내용을 정하여야 한다(상법 제346조1항). 또한 회사는 일정한 사유가 발생할 때 회사가 주주의 인수주식을 다른 종류의 주식으로 전환할 수 있다는 내용을 정관으로 정할 수 있다. 이 경우 회사는 전환의 사유, 전환의 조건, 전환의 기간, 전환으로 인하여 발행할 주식의 수와 내용을 정하여야 한다(같은 조 2항). 전환주식과 전환되는 주식의 발행가액은 등가이므로 전환우선주식(轉換優先株式)의 발행가액이 5천원이면 전환으로 인하여 발행되는 보통주도 5천원이 된다(상법 제348조).

자기주식
自己株式

회사가 자기의 계산으로 취득하였거나 또는 질권의 목적으로 받은 자사의 주식을 말한다. 회사는 법정된 경우를 제외하고는 자기의 계산으로 자기주식을 취득하지 못하도록 되어 있으며(상법 제341조), 법정된 경우를 제외하고는 발행주식총수의 20분의 1을 초과하여 자기주식을 질권의 목적으로 받지 못하도록 되어 있다(같은 법 제341조의3). 주권은 유가증권이며, 그 자체가 재산상의 가치를 가지는 것이므로 자사의 주식이라도 이것을 유가증권으로서 보유할 수 없는 것은 아니다. 그러나 자기주식을 취득하는 것은 실질적으로 자본금의 환급이 되어 자본금충실(유지)의 원칙에 반하게 되므로 상법에서는 이것을 원칙적으로 금지하고 있으나 ① 거래소에서 시세(時勢)가 있는 주식을 거래소에서 취득하는 경우 ② 「상법」 제345조1항의 주식의 상환에 관한 종류주식의 경우 외에 각 주주가 가진 주식수에 따라 균등한 조건으로 취득하는 것으로서 대통령령으로 정하는 방법에 의하여서는 예외적으로 취득을 허용하고 있다.

또한 상법은 발행주식총수의 20분의 1을 초과하여 자기의 주식을 질권의 목적으로 받는 것을 금지하고 있으나 예외적으로 ① 회사의 합병 또는 다른 회사의 영업 전부의 양수로 인한 경우와, ② 회사의 권리를 실행함에 있어서 그 목적을 달성하기 위하여 필요한 경우에 한하여 그 한도를 초과하여 질권의 목적으로 하는 것을 허용하고 있다(같은 법 제341조의3).

회사가 보유하는 자기의 주식을 처분하는 경우 처분할 주식의 종류와 수 및 처분가액, 납입기일, 처분할 상대방과 처분방법 등에 관하여 정관에 규정이 없는 것은 이사회가 결정한다(같은 법 제342조).

주권
株券

주주권(주식)을 표창하는 유가증권을 말한다. 주식은 주권에 의하지 아니하면 양도하거나 입질(入質)을 할 수 없으므로 회사는 성립 후 또는 신주의 납입기일 후 지체 없이 주권을 발행하여야 한다(상법 제355조1항). 그러나 회사가 설립등기를 종료하기 전에 또는 신주의 납입기일 이전에는 주권을 발행할 수 없고(같은 조 2항), 이에 위반하여 발행한 주권은 무효이다(같은 조 3항). 주권에는 다음의 사항과 주권의 번호를 기재하고 대표이사가 기명날인 또는 서명하여야 한다(상법 제356조). ① 회사의 상호 ② 회사의 성립연월일 ③ 회사가 발행할 주식의 총수 ④ 액면주식을 발행하는 경우 1주의 금액 ⑤ 회사의 성립 후에 발행된 주식에 관하여는 그 발행연월일 ⑥ 종류가 다른 주식(상법 제344조)을 발행하는 경우에는 그 주식의 종류와 내용 ⑦ 주식의 양도에 관하여 이사회의 승인을 얻도록 정한 때에는 그 규정

주식의 전자등록

회사에서 주권을 발행하는 대신 주식을 전자등록기관이 작성하는 전자등록부에 등록하여 주식의 양도, 담보설정이나 권리행사를 전자적 방법으로 하는 것을 말한다. 주식을 전자등록하는 경우에는 주권을 발행하지 않음으로써 회사는 비용과 사무처리의 부담을 덜게 되고, 주주는 분실이나 위·변조 등의 위험 없이 간편하고 안전하게 권리를 행사할 수 있게 된다. 전자등록제도는 상법상 주식(상법 제356조의2), 사채(같은 법 제478조3항) 및 주주·신주인수권부사채권자의 신주인수권(같은 법 제420조의4, 제516조의7) 등을 대상으로 규정되어 있는데, 이에 한정되는 것은 아니다. 상행위편의 유가증권에 관한 일반규정에 의하여 그 밖의 유가증권, 즉 금전의 지급청구권, 물건·유가증권의 인도청구권 및 사원의 지위를 표시하는 유가증권에 대하여 일반적으로 적용된다(상법 제65조2항). 주식 등의 전자등록제도를 실질적으로 구성·운영하기 위하여 2016년 「주식·사채 등의 전자등록에 관한 법률」이 제정되었고, 2019년 9월 16일 시행되었다. 이 법에 따라 상장주식은 반드시 전자등록을 하여야 한다.

증권금융업
證券金融業

유가증권의 거래업무와 관련한 자금의 대부 등 금융업무를 일컫는다. 구체적으로 금융투자상품의 매도·매수, 증권의 발행·인수 또는 그 중개나 청약의 권유, 청약, 청약의 승낙과 관련하여 투자매매업자 또는 투자중개업자에 대하여 필요한 자금 또는 증권을 대여하는 업무를 비롯하여, 거래소시장에서의 매매거래(다자간매매체결회사에서의 거래를 포함한다) 또는 청산대상거래에 필요한 자금 또는 증권을 청산기관으로서 금융위원회가 지정하는 거래소 또는 금융투자상품거래청산회사를 통하여 대여하는 업무, 증권을 담보로 하는 대출업무 및 그 밖에 금융위원회의 승인을 받은 업무 등을 말한다(자본시장과 금융투자업에 관한 법률 제326조1항).

주식의 양도
株式의 讓渡

주식회사의 주주는 원칙적으로 회사로부터 출자를 환급받지 못한다. 다만, 자신의 주식을 양도함으로써 출자를 회수할 수 있을 뿐이다. 합명회사에서는 임의퇴사에 의한 지분의 환급에 의하여 출자한 자본금을 회수할 수 있다. 그러나 주식회사에서는 주주의 유한책임에 따라 회사채권자를 보호하기 위하여 담보재산으로서 일정액의 순재산의 내부유보가 요구되고(자본금제도), 이 때문에 순재산확보를 해칠 우려가 있는 주주의 임의퇴사는 인정되지 않는다. 그래서 주주는 주식의 양도에 의하여 출자한 자본금의 회수를 하지 않을 수 없게 된다. 주식은 원칙적으로 타인에게 양도할 수 있지만 정관으로 이사회의 승인을 얻도록 할 수 있고, 정관의 규정에 위반하여 이사회의 승인을 얻지 아니한 주식의 양도는 회사에 대하여 효력이 없다. 이 밖에 주식양도의 제한규정은 다음과 같다.
① 권리주양도(權利株讓渡)의 제한 : 회사가 성립되기 전이나 또는 신주발행의 효력이 발생하기 전의 주식인수인(株式引受人)으로서의 지위를 권리주라고 하는데, 그 권리주양도의 자유를 인정하는 경우에는 무책임한 투기행위를 조장할 염려가 있기 때문에 그 양도는 회사에 대하여 효력이 없다(상법 제319조·제425조1항). ② 주권발행 전의 주식양도의 제한 : 회사성립 후 또는 신주의 납입기일 후 6개월이 경과한 때를 제외하고, 주권발행 전에 한 주식양도는 회사에 대하여 효력이 없다(같은 법 제335조3항). ③ 자기주식의 취득·질취 금지 : 상법은 회사가 자기주식을 취득하거나 질권의 목적으로 받는데 일정한 제한을 두고 있다(같은 법 제341조~제341조의3). ④ **자회사**에 의한 모회사주식의 취득금지 : 모회사(다른 회사의 발행주식총수의 100분의 50을 초과하는 주식을 가진 회사)의 주식은 법정한 경우를 제외하고는 자회사(그 다른 회사)가 이를 취득할 수 없다(상법 제342조의2).

주식을 양도함에는 주권을 교부하여야 한다(상법 제336조1항). 주권을 교부하지 아니하면 주식을 양도할 수 없으므로 주권발행 전에 한 주식의 양도는 회사성립 후 또는 신주의 납입기일 후 6개월이 경과한 때를 제외하고는 회사에 대하여 효력이 없고(같은 법 제335조3항), 「상법」 제358조의2 1항의 규정에 따라 주권을 소지하지 않겠다고 신고한 경우에는 회사에 대하여 주권의 발행이나 임치한 주권의 반환을 청구하여 주권을 교부하여야 한다. 주식은 주권의 교부만으로 양도할 수 있으므로 주권을 점유하고 있는 자는 주식을 소지할 법률상의 권리를 가지고 있고, 따라서 이를 적법한 소지인으로 추정한다(같은 법 제336조2항). 주주가 주권을 상실하거나 도난당한 경우에 그 주권을 입수한 취득자는 이 주권을 원소지자에게 반환할 필요는 없다. 다만, 취득자가 원소지자의 상실한 것을 알았거나, 조금만 주의를 하면 상실한 주권이라고 하는 것을 알 수 있는데도 중대한 과실이 있어 알지 못한 경우에는 원소지자에게 반환하여야 한다(같은 법 제359조).

주식의 입질
株式의 入質

주식을 질권의 목적으로 하는 것을 말한다. 주식에 질권을 설정하는 방법으로는 등록질(登錄質)과 약식질(略式質)이라는 두 가지 방법이 있는데, 등록질이란 주권을 질권자에게 교부하고 질권설정자가 회사에 청구하여 질권자의 성명과 주소를 주주명부에 기재하고 또한 주권에 질권자의 성명을 기재하는 방식을 말한다(상법 제340조1항). 반면 약식질이란 질권설정자가 질권자에게 주권을 교부하는 것만으로 이루어진다(상법 제338조1항). 질권이 대상이 되는 주식을 소각(상법 제343조)·병합(상법 제440조)·전환(상법 제346조1항)하는 때에는 주주가 받을 금전이나 주식에 대하여도 종전의 주식을 목적으로 한 질권을 행사할 수 있다(상법 제339조). 이것을 질권의 물상대위(物上代位)라고 한다. 또한 등록질권자는 회사로부터 이익배당, 회사가 해산한 때에 남은 회사재산의 분배 또는 「상법」 제339조의 규정에 의한 금전의 지급을 받아 다른 채권자에 우선하여 자기채권의 변제에 충당할 수 있다(같은 법 제340조1항).

주식매수선택권
株式買受選擇權

회사가 정관에 정한 대로 주주총회에서 특별결의를 하여 회사의 설립·경영과 기술혁신 등에 기여하거나 기여할 수 있는 이사·집행임원·감사·피용자에게 미리 정한 가액으로 신주를 인수하거나 자기의 주식을 매수할 수 있는 권리를 주는 것이다(상법 제340조의2). '스톡옵션(stock option)'이라고도 한다. 선택권이 있는 임직원 등은 행사기간 내에 주가가 행사가격보다 상승하는 경우에 권리를 행사하여 주식을 취득하고, 이후 매각하여 주가의 상승에 의한 이익을 얻게 된다. 즉 회사의 임직원 등은 선택권을 행사하여 경영성과에 따르는 성과급보수를 주가의 상승에 의한 자본이득의 형태로 받는 것이다.

회사는 선택권을 부여받은 자와 계약을 체결하고 상당한 기간 내에 계약서를 작성하여 선택권 행사기간이 종료할 때까지 본점에 비치하여 주주가 영업시간 내에 열람할 수 있도록 한다. 또 회사는 정관에 따라 이사회의 결의로 선택권의 부여를 취소할 수도 있다.

한편, 선택권은 이에 관한 주주총회결의일로부터 2년 이상 재임 또는 재직하여야 행사할 수 있다.

주식의 소각
株式의 消却

회사가 존속 중에 자기 회사 주식을 매입해 없애는 행위를 말한다. 회사는 자기 회사의 주식을 취득하였을 때, 자사주 취득 금지규정에 근거하여 이를 소각해야 한다.

주식의 소각에는 ① 자본감소 규정에 의하여 주식을 소각해 회사의 자본금을 줄이는 것(감자소각)과 ② 정관규정에 따라 기업의 이익잉여금을 이용해 자사의 주권을 매입해 시중에 유통되는 주권 수를 줄이는 것(이익소각)이 있다. 이익소각의 경우에는 자본감소와 무관하게 주식을 소각할 수 있다(상법 제343조).

과거 우리나라에서는 자기주식 취득을 원칙적으로 금지하였고, 주식의 소각은 일정한 기간 내에 기업의 경제적 가치가 소멸되는 회사(예 : 수년 후에 광맥이 없어질 광산회사) 등이 해산하는 경우에 청산절차를 간단하게 하기 위하여 행해졌다. 그러나 현재는 주주의 이익을 꾀하기 위하여 많이 이용된다. 회사가 자사의 주식을 취득해 이것을 소각하면, 본질적인 기업의 가치는 그대로이지만 발행주식의 수가 줄어들어 1주당 가치는 높아지기 때문이다.

주식교환
株式交換

법정절차에 따라 甲회사가 가지고 있는 주식을 모두 乙회사에 이전하고, 甲회사의 주주는 乙회사가 주식교환을 위하여 발행하는 신주의 배정을 받거나 그 회사 자기주식의 이전을 받음으로써 乙회사의 주주가 되어 완전모자회사의 관계를 형성하는 것을 말한다. 여기서 甲은 완전자회사가 되고, 乙은 완전모회사가 된다(상법 제360조의2~제360조의14).

　기업 간 소규모 인수·합병에 들어가는 비용과 시간을 줄여주는 제도로 **간이주식교환**과 **소규모주식교환**이 있다. ① 간이주식교환은 甲회사의 총주주의 동의가 있거나 甲회사의 발행주식총수의 100분의 90 이상을 乙회사가 소유하고 있는 경우에는 甲회사의 주주총회의 승인을 이사회의 승인으로 대신할 수 있는 제도이다. 이 경우 甲회사는 총주주의 동의가 있는 경우를 제외하고 주식교환계약서를 작성한 날부터 2주 내에 주주총회의 승인을 얻지 않고 주식교환을 한다는 취지를 공고하거나 주주에게 통지하여야 한다(상법 제360조의9). ② 소규모주식교환은 완전모회사(乙)의 규모에 비하여 완전자회사(甲)의 규모가 소규모인 경우에 乙회사의 주주총회의 승인결의 없이 이사회의 결의만으로 주식교환을 할 수 있도록 하는 제도이다(상법 제360조의10).

주식이전
株式移轉

완전자회사가 되는 회사(A)의 주주가 소유하는 주식을 새롭게 설립하는 완전모회사(B)에 이전하고, A회사의 주주는 B회사가 발행하는 신주를 배정받음으로써 B회사의 주주가 되는 제도를 말한다. 완전모자회사관계를 맺게 한다는 점에서 주식교환과 동일하지만 주식교환은 기존에 이미 존재하고 있던 회사와 완전모자회사관계가 발생하지만, 주식이전은 모회사가 될 새로운 회사를 만들어 기존의 회사와 모자회사관계를 창설한다는 점에서 다르다(상법 제360조의15~제360조의23). 이 경우 회사의 설립은 통상의 회사설립절차에 따르지 않고 주식이전만으로 새로운 회사가 설립한다. 즉 주식이전으로 완전자회사(A)의 주주가 소유하는 모든 주식은 완전모회사(B)가 발행하는 신주와 강제적으로 교환한다. 그러나 주식이전에는 간이주식교환과 같은 제도는 존재하지 않는다.

발행가액
發行價額

주식의 발행 당시 주식인수인이 회사에 납입하여야 하는 1주의 가액을 말한다. 발행가액은 설립시에 정관에 의하여 정하여지고(상법 제289조1항4호) 정관에 규정이 없다면 이사회에서 결정된다(같은 법 제416조 본문). 신주의 발행가액은 액면 이상이어야 하며, 액면 미달로 발행하는 경우에는 주주총회의 특별결의와 법원의 허가를 요하므로 이사회가 결정하지 못한다(같은 법 제330조·제417조1항). 또한 신주의 발행가액은 지금 유통되고 있는 주식의 시가, 회사의 재산 및 영업실적 등을 감안하여 공정하게 정하여야 하며, 불공정한 발행가액을 정한 때에는 발행유지(發行留止)의 문제가 생기고 이사는 임무해태(任務懈怠)의 책임을 지게 된다(같은 법 제399조1항).

주식인수
株式引受

회사설립이나 신주발행시에 출자자를 누구로 하는가, 그 출자자가 인수하는 주식은 몇 주인가를 확정하는 것을 말한다. 발기인은 서면에 의하여 주식인수를 하여야 하고(상법 제293조), 각 발기인이 발기인대표자에게 주식인수증을 제출함으로써 주식인수가 확정된다. 발기인 이외의 자가 주식인수를 청약하는 경우에는 법정된 주식청약서(株式請約書)를 사용하여야 하며, 발기인이나 이사가 이에 대하여 주식의 배정을 하면 인수가 확정된다. 배정주수(配定株數)가 청약수보다 적어도 주식청약자는 이의를 할 수 없으며 배정주수에 대하여 납입의무를 진다(같은 법 제305조1항). 신주인수권(新株引受權)을 가지고 있는 경우에 신주인수권자는 그가 가지고 있는 인수권의 범위 내에서 주식청약서에 의하여 청약한 주식수에 따라 인수가 확정된다고 해석된다.

주권 재발행
株券 再發行

주권이 상실된 경우 그 상실된 주권의 주주가 공시최고절차를 통하여 제권판결(除權判決)을 받아 이 판결의 정본 또는 등본을 회사에 제출하여 주권을 다시 발행받는 것을 말한다. 주권이 도난당하거나, 분실되거나, 또는 찢어져서 어떤 주권인가가 불명하게 된 경우 주권의 소지자는 「민사소송법」제475조 이하의 규정에 따라 공시최고절차를 밟을 수 있다. 이 절차는 그 주권을 가지고 있는 자가 있으면 일정한 기간 내에 법원에 신고하도록 공고를 하고, 신고가 없으면 그 주권을 무효로 하는 판결을 내린다(상법 제360조1항). 이 판결을 제권판결이라고 한다. 제권판결을 내리면 공시최고의 신청인은 이 판결의 정본 또는 등본을 회사에 제출하여 주권의 재발행을 청구할 수 있다(같은 조 2항). 제권판결이 내리지 않는 한 재발행의 청구는 할 수 없으나 주권의 일부가 찢어진 경우에는 주주의 번호, 주주의 성명 등이 다른 주권과 분별이 되는 한 신주권과 교환받을 수 있다.

주식의 병합
株式의 倂合

1인의 주주에게 속하는 수개의 주식을 합쳐서 그것보다 적은 수의 주식으로 하는 것을 말한다. 예컨대 2주를 합쳐서 1주로 하거나, 10주를 합쳐서 7주로 하는 것을 말한다. 상법은 주식수감소에 의한 자본금감소의 하나의 방법으로서(그 밖에 주식소각이 있다) 주식의 병합을 인정하고 있고(상법 제440조) 회사합병으로 인한 주식병합(같은 법 제530조3항)에도 이것을 준용하고 있다. 주식의 병합은 그 자체가 주주의 권리개수를 감소시키고, 주식의 경제적 가치에 영향을 주며, 자본금감소 및 합병과의 관계에 있어서 주주에게 중대한 이해관계가 있으므로, 주주총회의 특별결의를 요한다. 주식을 병합할 경우에는 회사는 1개월 이상의 기간을 정하여 주식병합을 한다는 것과 그 기간 내에 주권을 회사에 제공할 것을 공고하고, 주주명부에 기재된 주주와 질권자에 대하여는 각별로 그 통지를 하여야 한다(같은 법 제440조). 주식의 병합은 원칙적으로 위의 기간이 만료된 때에 그 효력이 생기지만, 채권자보

호절차(같은 법 제232조)가 끝나지 아니한 때에는 그 절차가 종료한 때에 효력이 생긴다(같은 법 제441조). 주식의 병합을 한 경우에 회사는 구주권을 회수하고 신주권을 교부하게 되는데, 구주권을 회사에 제공할 수 없는 자가 있는 경우에는 회사는 그 자의 청구에 의하여 3개월 이상의 기간을 정하여 이해관계인에 대하여 그 주권에 대한 이의가 있으면 그 기간 내에 제출할 뜻을 공고하고, 그 기간이 경과된 후에 신주권을 청구자에게 교부할 수 있다. 이 경우의 공고비용(公告費用)은 청구자가 부담한다(같은 법 제442조). 주식의 병합은 주주평등의 원칙에 따라 행하여져야 하지만, 병합에 적당하지 아니한 단주(端株)가 생긴 경우에는 그 단주 전부에 상당하는 병합신주(倂合新株)를 경매하여 각 주수에 따라 그 대금을 종전의 주주에게 분배하여야 한다. 그러나 거래소의 시세 있는 주식은 거래소를 통하여 매각하고, 거래소의 시세 없는 주식은 법원의 허가를 받아 경매 이외의 방법으로 매각할 수 있다(같은 법 제443조1항).

주식의 분할
株式의 分割

자본금은 증가하지 않지만 현재 발행되어 있는 주식을 세분하여 그 수를 증가시키는 것을 말한다(상법 제329조의2). 예를 들어 1주를 분할하여 2주로 하거나, 2주를 분할하여 3주로 하는 것 등이 있을 수 있다. 1주를 분할하여 2주로 하는 경우에는 지금까지의 주주는 그 소유주식 1주에 대하여 새로운 1주가 교부되고, 2주를 분할하여 3주로 하는 경우에는 소유주식 2주에 대하여 새로운 1주가 교부된다. 주식의 분할은 높은 주식의 시가를 저하시켜서 시장성을 높이거나, 1주에 대한 배당액을 눈에 띄지 않게 하기 위하여 행하여지며, **주식의 병합**과 반대개념이다. 주식을 분할하면 발행주식의 총수가 증가하고 각 주주의 지주수도 증가하지만 회사의 자산과 자본금에는 영향이 없다. 상법은 주

식의 분할이 1주당 액면가의 변경을 필요로 하기 때문에 주주총회의 특별결의를 통할 것을 규정하고 있다.

주식의 공유
株式의 共有
여러 명이 공동으로 주식을 소유하는 것을 말한다. 여러 명이 공동으로 주식을 인수하였거나, 주주가 사망했는데 상속인이 여러 명 있는 경우, 조합이 주식을 가지고 있는 경우 등에 있어서 주식공유의 관계가 생긴다. 여러 명이 공동으로 주식을 인수한 때에는 그 인수인 각자가 연대하여 납입할 책임을 진다(상법 제333조1항). A·B·C 3명이 공동하여 주식인수의 청약을 하고 배정이 있었을 때에는 회사는 A·B·C 각자에 대하여 발행가액의 전액을 납입하도록 최고할 수 있다. 물론 그중의 1명이 전액을 납입하면 다른 2명은 납입할 필요가 없다. 여러 명이 공동으로 주식을 소유하는 경우에는 공유자는 주주로서의 권리를 행사할 대표자 1명을 정하여야 한다(같은 조 2항). 주주로서 주주총회에 출석하거나 배당금을 수취하는 자가 여러 명이 있게 되면 불편하기 때문에 누군가 1명을 대표자로 하여 회사는 대표만을 상대로 업무를 처리하도록 한 것이다. 주주로서의 권리를 행사할 대표자가 정해져 있지 않을 때에 회사가 공유자(共有者)에 대하여 통지나 최고를 하려고 하는 경우에는 공유자 중의 1명에 대하여 하면 된다(같은 조 3항).

주식의 청약
株式의 請約
주식을 인수하여 주주가 되겠다고 하는 발기인(회사설립의 경우) 또는 이사(신주발행의 경우)에 대한 주식응모자의 의사표시를 말한다. 주식인수의 청약은 발기인 또는 이사가 작성한 법정사항을 기재한 주식청약서에 의하여야 한다(상법 제302조·제420조). 주식인수의 청약을 하고자 하는 자는 이 주식청약서에 자기가 인수하려고 하는 주식의 수와 주소를 기재하고, 기명날인하여 회사에 제출하여야 한다. 회사로부터 주식의 배정을 받으면 납입기일에 인수가액의 전액을 은행 또는 그 밖의 금융기관에 납입하도록 되어 있는데(같은 법 제305조), 실제의 취급은 주식청약서에 청약증거금(請約證據金)을 첨부하여 청약기간 내(납입기일이 아니다)에 납입취급은행에 제출하도록 되어 있다. 이 경우에 청약증거금은 배정을 받으면 납입금액에 충당되지만, 납입을 게을리하여 실권(失權)되면(같은 법 제307조) 위약금으로서 몰수된다. 신주인수권(新株引受權)의 양도를 인정하여(같은 법 제420조의3) 신주인수권증서를 발행한 때에는 신주인수권증서에 의하여 주식의 청약을 한다(같은 법 제420조의5 1항).

주식의 배정
株式의 配定
주식청약서에 의한 주식인수의 청약이 있는 경우 발기인(회사설립의 경우) 또는 이사(신주발행의 경우)가 그 청약자에게 주식을 인수시킬 것인가, 아닌가 또는 그 인수를 시키는 주수를 결정하는 것을 말한다(상법 제303조·제425조1항). 상법상의 취급에 있어서는 청약 → 배정 → 납입의 순서이지만, 실제 취급에 있어서는 먼저 사실상의 배정이 행하여지고, 배정을 받은 자는 배정된 주수를 주식청약서에 기재하고, 청약기간 내에 청약증거금을 첨부하여 주식청약서에 기재된 납입장소인 은행 기타 금융기관에 제출한다고 하는 방법을 취하고 있다. 즉 예약 → 배정 → 청약 및 증거금납입 → 납입(납입기일에 청약증거금을 납입에 충당한다)의 순서가 된다.

주식의 납입
株式의 納入
주식인수인이 금전출자의 의무를 이행하는 것을 말한다. 주식을 인수한 자는 회사설립의 경우에는 발기인이 지정하는 날까지, 신주발행의 경우에는 주식청약서에 기재된 납입기일까지 그 인수가액의 전액을 납입하여야 한다(상법 제305조1항·제421조1항).

회사설립의 경우 주식인수인이 납입을 하지 아니한 때에는 발기인은 강제집행은 물론이고, 실권의 절차를 취할 수 있다(같은 법 제307조). 신주발행의 경우 납입을 한 신주인수인은 납입기일의 다음 날부터 주주가 되고(같은 법 제423조1항) 납입기일까지 납입을 하지 아니한 때에는 실권된다(같은 조 2항). 납입을 맡은 은행 기타 금융기관의 명칭과 납입장소는 주식청약서에 기재되어야 한다(같은 법 제302조2항9호·제420조2호). 납입은 주식청약서에 기재된 납입장소에서 하여야 한다(같은 법 제305조2항·제425조1항). 또한, 납입금의 보관자 또는 납입장소를 변경할 때에는 법원의 허가를 얻어야 한다(같은 법 제306조·제425조1항). 납입금을 보관한 은행 기타 금융기관은 발기인 또는 이사의 청구가 있는 때에는 그 보관금액에 관하여 증명서를 교부하여야 하며, 증명서를 교부한 이상, 납입의 부실 또는 그 금액의 반환에 관한 제한이 있음을 이유로 하여 회사에 대항하지 못한다(같은 법 제318조·제425조1항).

공매도
空賣渡

가격하락을 예상해 주식이나 채권을 빌려 매도하는 것을 말한다. 이것은 증권회사 및 증권금융회사로부터 빌린 주식을 파는 것으로서 형태는 어디까지나 실물거래이지만, 가지고 있지 않은 주식을 팔기 때문에 공매도라고 한다.

단주
端株

1주(또는 통상적인 거래단위) 미만의 주식. 예컨대 신주(新株)를 주주에게 배정하여 발행하는 경우에 구주(舊株) 2주에 대하여 신주 1주를 배정한다고 하면, 구주 3주를 가지는 주주는 신주 1주의 배정은 받을 수 있지만 나머지 1주에 대하여는 신주 1주의 배정을 받을 수 없게 되는데, 이때 나머지 1주를 단주라고 한다. 주식은 1주 단위이고 이것보다 적은 주식은 있을 수 없으므로, 이 경우 단주에 대한 불이익을 인

정하여 이것을 무시하든가 또는 실질적으로 주주평등의 원칙인 비례평등을 배려함으로써 보호할 것인가의 문제가 생긴다. 현행 상법에는 신주발행의 경우 단주의 처리에 관한 명문 규정이 없다. 신주의 인수권을 가지는 주주는 그가 가진 주식수에 따라 신주의 배정을 받을 권리가 있으므로(상법 제418조1항), 전자의 경우와 같이 단주를 무시하려면 「상법」제418조1항에 단서로서 '그러나 1주에 미달하는 단수에 관하여는 그러하지 아니하다'고 규정해두는 것이 좋을 것이다. 이에 대하여 주식의 병합의 경우에는 단주부분에 대하여 발행한 신주를 경매하여 그 대금을 각주수에 따라 단주주에게 비례분배하게 된다(같은 법 제443조1항 본문). 준비금의 자본금전입에 의한 신주발행의 경우에는 주주에 배정된 신주가 1주에 미달하는 단수가 생긴 때에는 「상법」 제443조1항의 규정이 준용되므로(같은 법 제461조2항), 그 단수를 모아서 경매하여 그 대금을 지주수에 따라 비례분배하게 된다. 그리고 주식배당의 경우에는 주식으로 배당할 이익의 금액 중 주식의 권면액에 미달하는 단수가 있는 때에는 그 부분에 대하여도 마찬가지이다(같은 법 제462조의2 3항).

명의개서
名義改書

주식의 양도·상속 등으로 구소유자로부터 신소유자로 주식이 이전된 경우에 신소유자의 성명과 주소를 회사의 주주명부에 기재하는 것을 말한다. 주식의 양도는 주권을 양수인에게 교부하면 효력이 발생하고(상법 제336조1항), 양수인이 회사에 대하여 자기가 주주임을 주장하기 위해서는 명의개서의 절차를 밟아야 한다(같은 법 제337조1항). 명의개서를 청구함에는 주권에 명의개서청구서와 인감증명을 첨부하여 회사의 본점(명의개서대리인이 있는 경우는 명의개서대리인의 영업소)에 제출한다.

그러나 빈번하게 명의개서가 이루어진다면 회사는 주주를 인식하는 데 어려움을 겪게 된

다. 따라서 주주총회에서 의결권을 행사하거나 배당을 받는 등 주주로서의 권리를 행사할 수 있는 특정 시점의 주주를 확정하기 위해 회사는 일정 기간 명의개서의 청구를 접수하지 않고 주주명부를 폐쇄한다. 이를 **주식명의개서정지기간**이라고 한다. 명의개서의 청구가 늦어지면 이익배당과 신주의 배정도 받을 수 없다. 따라서 구명의인과의 사이에서 이익배당의 반환문제가 생기므로 주의를 요한다.

명의개서대리인
名義改書代理人

회사를 위하여 주식의 명의개서 및 회사의 복잡한 주식 관련 업무를 담당하는 기관을 말한다. 주식의 명의개서는 원칙적으로 회사의 본점에서만 행하여지나 회사는 정관이 정하는 바에 의하여 명의개서대리인을 두고, 그 영업소에 주주명부 또는 그 복본을 비치하여 영업소에서도 명의개서를 할 수 있게 하고 있다(상법 제337조2항·제396조1항). 명의개서대리인을 둔 경우에는 주식청약서(같은 법 제302조2항10호)와 등기(같은 법 제317조2항11호)로써 공시하게 되어 있다.

「자본시장과 금융투자업에 관한 법률」에서는 '명의개서대행회사'라는 용어를 사용하고 있으나, 의미는 명의개서대리인과 동일하다.

주주
株主

주식을 소유하는 자를 말한다. 주주의 자격에는 제한이 없다. 자연인, 법인, 능력자, 제한능력자, 내국인, 외국인이든 불문한다. 다만, 사적독점을 금지하기 위하여 주식의 소유를 제한하거나 특별법에 의하여 외국인에게 주식을 부여하는 것을 금지하는 경우가 있다. 주주의 책임은 유한책임(有限責任)이고, 주주는 그가 가지고 있는 주식의 인수가액 이상의 책임은 지지 않는다(상법 제331조). 회사가 손실을 입거나 돈을 빌리는 경우에 주주는 그것을 전보하거나, 빌린 돈을 변제하거나, 추가출자를 할 책임을 지지 않는다(주주유한책임의 원칙).

주주는 주주라고 하는 자격에서 생기는 법률관계에 관하여는 그가 가지고 있는 주식의 수에 따라 회사로부터 평등한 취급을 받는다. 각 주주는 1주마다 1개의 의결권을 가지며(상법 제369조1항), 이익배당은 각 주주가 가지고 있는 주식의 수에 따라 지급한다(주주평등의 원칙, 상법 제464조). 주주는 주식회사의 구성원이며 합명회사나 합자회사의 사원과 달라서 퇴사라고 하는 것은 인정되지 않는다. 그러나 실질적으로는 퇴사와 똑같은 결과가 생기는 주식양도의 자유성이 인정된다. 다만, 정관에 이사회의 승인을 얻도록 한 경우에는 그러하지 아니하다(상법 제335조1항).

주주평등원칙
株主平等原則

회사가 주주자격에 근거한 법률관계에서 주주를 평등하게 취급함을 요한다고 하는 것을 말한다. 사원의 개성을 중시하는 단체에 있어서는 원칙적으로 평등한 취급은 사람을 기준으로 하나, 자본단체로서의 주식회사에 있어서는 균등한 비율적 지위로서의 주식을 기준으로 하여 주주는 소유한 주식의 수에 따라 평등한 취급을 받는다. 따라서 주주평등원칙은 비례적 평등을 의미한다. 또한, 주주평등원칙은 주식의 평등성을 전제로 한다. 이른바 보통주의 평등성·균등성을 말한다. 이 균등내용을 가지는 주식의 보유수에 비례하여 평등취급이 되는 것이다. 그리고 이 균등성에 대한 예외로서 우선주, 후배주, 상환주 등의 종류주(상법 제344조)가 있다. 다만, 이러한 종류주 중에서는 예컨대 동일우선주의 주주상호간에서는 그 주식보유수에 따라 비례적 평등취급을 받게 된다.

주주명부
株主名簿

주주 및 주권에 관한 사항을 명확히 기재하여 회사에 비치해두는 장부를 말한다. 회사가 주식을 발행한 때에는 주주명부에 ① 주주의 성명과 주소 ② 각 주주가 가진 주식의 종류와 그 수 ③ 각 주주가 가진 주식의 주권을 발행한 때에는 그 주권의 번호 ④ 각 주식의 취득

연월일을 기재하여야 한다(상법 제352조1항).

전환주식을 발행한 때에는 ① 주식을 다른 종류의 주식으로 전환할 수 있다는 뜻 ② 전환의 조건 ③ 전환으로 인하여 발행할 주식의 내용 ④ 전환청구기간 또는 전환의 기간을 주주명부에 기재하여야 한다(같은 법 제352조2항). 주주명부는 본점에 비치하여야 하고(같은 법 제396조1항), 명의개서대리인을 둔 때에는 주주명부의 복본을 명의개서대리인의 영업소에 비치할 수 있는데, 본점에 비치해두지 않고 명의개서대리인의 영업소에 주주명부를 비치해두어도 된다(같은 법 제396조1항). 주식의 이전은 주주명부의 명의개서를 하지 않으면 신취득자는 회사에 대하여 이것을 주장할 수 없다(같은 법 제337조1항).

또한, 회사는 ① 주주총회에 출석하여 의결권을 행사하는 자를 확정하기 위하여, ② 배당금 받을 자를 확정하기 위하여, ③ 기타 주주 또는 질권자로서 권리를 행사할 자를 확정하기 위하여 일정한 기간을 정하여 주주명부의 기재변경을 정지하는 경우가 있다. 이것을 주주명부의 폐쇄라고 한다(같은 법 제354조1항). 주주명부의 폐쇄기간은 3개월을 초과하지 못하며(같은 조 2항), 이 기간은 2주전에 공고하여야 한다. 다만, 정관으로 기간을 지정한 경우(예를 들어, 매결산기의 다음날부터 당해 결산에 관한 정기주주총회종결의 날까지라고 정한 경우)에는 공고할 필요가 없다(같은 조 4항 단서). 또한, 회사는 일정한 날을 정하여 그 날을 현재로 주주명부에 기재된 주주가 총회에 출석하여 의결권을 행사하거나 배당금을 받을 수 있게 할 수 있다(같은 조 1항). 이 일정한 날을 기준일이라고 한다. 기준일을 정함에는 기준일과 권리를 행사할 날과의 사이에 3개월을 초과하지 않도록 하여야 한다(같은 조 3항). 기준일을 정하면 주주명부의 폐쇄를 하지 아니하여도 좋지만, 기준일의 설정과 주주명부의 폐쇄를 병용하면 폐쇄의 기간이 짧아진다.

주주총회
株主總會

정식절차에 따라 주주가 모인 회합(會合)이며, 회사가 대내적으로 회사의 의사를 결정하는 회사최고의 기관을 말한다. 회사의 업무운영에 관한 결정은 원칙적으로 이사회에 위임되고, 이에 대응하여 주주총회는 상법 또는 정관에 정하는 사항에 한하여 결의할 수 있다(상법 제361조). 주주총회에는 **정기총회**와 **임시총회**가 있다. 정기총회는 매년 1회 일정한 시기(매결산기)에 소집하고, 연 2회 이상의 결산기를 정한 회사는 매기에 총회를 소집하여야 한다(같은 법 제365조). 정기총회에서는 재무제표를 승인하는 결의를 하여야 한다(같은 법 제449조). 임시총회는 필요할 때마다 수시로 소집한다. 총회의 소집은 상법에 다른 규정이 있는 경우(같은 법 제366조)를 제외하고는 이사회가 결정한다(같은 법 제362조). 총회의 소집은 반드시 이사회의 결의를 필요로 하며 이 결의에 근거하여 대표이사가 구체적인 소집절차를 실행하게 된다. 총회를 소집함에는 회일을 정하여 2주 전에 각 주주에 대하여 서면이나 전자문서로 통지를 발송하여야 한다(같은 법 제363조1항). 즉 소집통지를 발송한 날의 다음날로부터 회일의 전일까지 적어도 14일의 기간이 있어야 한다. 그리고 총회소집통지서에는 회의의 목적사항을 기재하여야 한다(같은 조 2항). 회의의 목적사항은 일일이 구체적으로 기재할 필요는 없고, 결의될 사항이 어떤 범위의 것인가를 주주에게 알리는 정도면 된다. 총회는 정관에 다른 정함이 없으면 본점소재지 또는 이에 인접한 곳에서 소집하여야 한다(같은 법 제364조).

주주총회의사록
株主總會議事錄

주주총회의 의사의 경과요령 및 그 결과를 기재한 서면을 말한다. 총회의 의사에 관하여는 의사록을 작성하여야 한다(상법 제373조1항). 의사록에는 의사의 경과요령과 그 결과를 기재하고, 의장과 출석한 이사가 기명날인 또는 서명하여야 한다(같은 조 2항). 의사의 경과요령이란 제안, 심의의 요령, 표결방법 등을 말한다. 요령만 기재하면 충분하므로 토의의 내용을 전부 기재할 필요는 없다.

주주제안권
株主提案權

일정한 요건을 갖춘 소수주주가 주주총회의 의제·의안을 제안할 수 있는 권리를 말한다(상법 제363조의2). 의결권 있는 발행주식총수의 100분의 3 이상에 해당하는 주식을 보유한 자는 이사에 대하여 회일의 6주 전에 서면 또는 전자문서로 일정한 사항을 주주총회의 목적사항으로 할 것을 제안할 수 있다.

상법은 주주제안권을 '**의제제안권**'과 '**의안제안권**'으로 나누어 규정하고 있다. 의제제안권은 일정한 사항을 총회 회의의 목적(의제)으로 정할 것을 청구할 수 있는 권리이고, 의안제안권은 의제에 관하여 주주가 제안하는 의안의 요령을 총회소집의 통지에 기재할 것을 청구할 수 있는 권리이다. 예컨대 이사선임결의의 경우에는 '이사선임의 건'이 의제가 된다. 의제에 관한 구체적인 안은 '의안'이라 한다. 예컨대 '甲을 이사후보로 한다'는 것 등이다. 소수주의 적법한 제안권 행사가 있으면 이사는 해당 주주가 제출하는 의안의 요령을 총회소집통지와 공고에 기재하고, 제안내용을 총회의 목적사항으로 상정하여야 한다. 이사회는 제안한 주주의 요청이 있는 경우에는 주주총회에서 해당 의안을 설명할 수 있는 기회를 주어야 한다. 이사회는 주주제안의 내용이 법령이나 정관에 위반하는 경우에는 총회의 목적사항으로 하는 것을 거절할 수 있다. 적법한 주주제안을 회사가 정당한 사유 없이 총회의 목적에 추가하지 않으면 과태료를 내야 한다.

의결권
議決權

주주가 주주총회에 출석하여 그 결의에 참가하는 권리를 말한다. 각 주주는 1주마다 1개의 의결권을 가지는 것이 원칙이나(상법 제369조1항), 예외로서 회사가 가진 자기주식에 대하여는 의결권을 가지지 못하고(같은 조 2항), 회사·모회사 및 자회사 또는 자회사가 다른 회사의 발행주식총수의 10분의 1을 초과하는 주식을 가지고 있는 경우 그 다른 회사가 가지고 있는 회사 또는 모회사의 주식은 의결권을 가지지 못한다(같은 조 3항). 의결권은 정관의 정함이나 주주총회의 결의에 의하여도 제한하거나 박탈할 수 없지만 주주총회의 결의에 관하여 특별한 이해관계가 있는 자는 의결권을 행사하지 못한다(상법 제368조3항). 주주가 2개 이상의 의결권을 가지고 있는 때에는 이것을 통일하지 아니하고 행사할 수 있다(예 : 100주의 주주가 80주는 찬성, 20주는 반대라고 하는 것). 이 경우에는 주주총회일의 3일 전에 회사에 대하여 서면 또는 전자문서로 그 뜻과 이유를 통지하여야 한다(상법 제368조의2 1항). 주주가 주식의 신탁을 인수하였거나 기타 타인을 위하여 주식을 가지고 있는 경우 외에는 회사는 주주의 의결권의 불통일행사(不統一行使)를 거부할 수 있다(같은 조 2항). 주주는 스스로 의결권을 행사하는 이외에 대리인으로 하여금 그 의결권을 행사하게 할 수 있고, 이 경우에는 대리인은 대리권을 증명하는 서면을 주주총회에 제출하여야 한다(같은 법 제368조2항). 주주총회의 회일까지의 일정기간 주주명부의 폐쇄를 한 경우에는 폐쇄 직전의 주주명부상의 주주가 의결권을 가지고, 기준일을 설정한 경우에는 그 기준일 현재의 주주명부상의 주주가 의결권을 가진다(같은 법 제354조).

의결권의 불통일행사
議決權의 不統一行使

주주가 2개 이상의 의결권을 가지고 있는 때에 이것을 통일하지 아니하고 행사(예 : 100주의 주주가 80주는 찬성, 20주는 반대)할 수 있게 하는 것을 말한다(상법 제368조의2 1항 전단). 주주는 1주에 대하여 1개의 의결권을 가지고 주주총회에서 이 의결권의 행사에 의하여 자기의 의사를 표시한다. 이 경우에 이론상 주주가 1개의 의안에 관하여 찬반 두 가지 중 하나의 의사를 동시에 표시하는 방향으로 통일적으로 행사하여야 한다고 되어 있었다. 그런데 이 의결권의 통일행사는 주식의 공유자의 경우, 공유자를 대표하여 출석하는 주주(1명에 한정된다)가 다른 공유자의 다른 의사를 총회에서 표시할 수 있게 하는 것이 합리적이고, 이 경우에 한하여 불통일행사를 인정하여야 한다고 주장하는 견해도 있다. 근래에는 주식의 관리신탁, 주식의 대체결제나 투자신탁에 있어서 주주총회에 출석하는 주식의 수탁자(이러한 경우 수탁자가 주주로 된다)가 위탁자인 주주의 의사를 총회에서 표시할 수 있도록 하는 것이 타당하기 때문에 여기에 의결권의 불통일행사를 인정하게 되었다. 2개 이상의 의결권을 가지고 있는 주주는 총회 3일 전에 회사에 대하여 서면 또는 전자문서로 의결권의 불통일행사를 한다는 뜻과 그 이유를 회사에 통지하여야 한다(같은 조 1항 후단). 이에 대하여 회사는 주주의 불통일행사를 필요로 하는 이유가 전술한 바와 같이 수탁자가 주식의 신탁을 인수하였거나 또는 타인을 위하여 주식을 가지고 있는 경우에는 거부할 수 없으나, 기타의 이유의 경우에는 임의로 거부할 수 있다(같은 조 2항).

의결권의 대리행사
議決權의 代理行使

주주가 의결권을 대리인으로 하여금 행사하게 하는 것을 말한다. 의결권을 대리행사하려면 대리권을 증명하는 서면(위임장)을 총회에 제출하여야 한다(상법 제368조2항).

정관으로써 대리인의 자격을 주주에 한정하는 것은 허용되지만, 대리행사를 금지하거나 강제하는 것은 허용되지 않는다고 해석해야 한다. 이와 관련해서 회사가 주주에 대하여 총회소집의 통지와 함께 의결권 대리행사의 백지위임장을 송부하여 그 대리권의 수여(授與)를 권유하는 관례가 있다. 이것은 소수주주가 의결권행사에 무관심한 것을 이용하여 이사의 총회지배를 확보하는 작용을 하게 된다.

집중투표
集中投票

동일한 주주총회에서 2명 이상의 이사를 선임하는 경우에 소수주주가 1주마다 선임할 이사의 수와 동일한 의결권을 가지는 제도이다(상법 제382조의2). 예컨대 2명 이상의 이사를 동일한 총회에서 선임하는 경우에 소수주주의 의결권 있는 주식의 수가 5,000주라고 하면 그 주주의 이사선임에 관한 의결

[소수주주권]

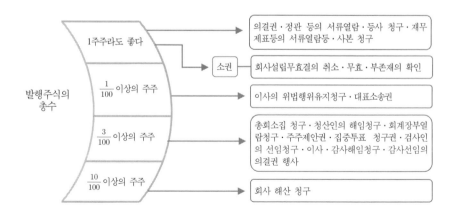

권은 5,000주 × 2 = 10,000이 되므로, '10,000'의 의결권을 1인의 이사후보에게 집중해서 투표하는 것이다(물론 2명 이상의 후보에게 분산하여 투표할 수도 있다). 집중투표제도는 소수주주와 그 이익을 대표하는 자를 이사로 선임할 수 있어, 소수주주의 의견이 회사경영에 반영될 수 있는 장점이 있다. 그러나 상법은 집중투표제의 채택 여부를 회사의 의사에 따라 선택할 수 있도록 규정하여, 정관에서 얼마든지 집중투표제를 채택하지 않을 수 있도록 규정하고 있다.

집중투표를 청구할 수 있는 자는 의결권 있는 발행주식총수의 100분의 3 이상에 해당하는 주식을 가진 주주이다. 집중투표의 청구는 총회회일의 7일 전까지 서면 또는 전자문서로 하여야 하고, 철회하지 못한다. 소수주주에 의한 집중투표의 청구가 있으면 총회의 의장은 의결에 앞서 청구취지를 알려야 한다.

소수주주권
少數株主權

일정수 이상의 주식을 가지고 있는 주주만이 행사할 수 있는 권리를 말한다.

소수주주권에 속하는 것에는 다음과 같은 권리가 있다. ① 주주총회소집청구권(상법 제366조) ② 이사의 위법행위유지청구권(같은 법 제402조) ③ 대표소송제기권(같은 법 제403조) ④ 회사해산청구권(같은 법 제520조) ⑤ 청산인해임청구권(같은 법 제539조2항) ⑥ 회계장부열람권(같은 법 제466조) ⑦ 주주제안권(같은 법 제363조의2) ⑧ 집중투표 청구권(같은 법 제382조의2) ⑨ 검사인선임청구권(같은 법 제467조1항) ⑩ 이사·감사해임청구권(같은 법 제385조2항·제415조)

단독주주권
單獨株主權

개인주주의 지위를 강화하기 위하여 주주가 소유하는 주수에 관계없이(1주라도) 인정되는 권리를 말한다. 단독주주권에는 다음과 같은 권리가 있다. ① 의결권(상법 제369조) ② 주주총회결의의 취소·무효 및 부

존재확인의 소의 제기권(같은 법 제376조·제380조) ③ 회사설립무효의 소제기권(같은 법 제328조) ④ 정관 등의 서류열람·등사청구권(같은 법 제396조2항) ⑤ 재무제표 등의 서류열람등·초본교부청구권(같은 법 제448조2항) ⑥ 신주발행유지청구권(같은 법 제424조)

유지청구권
留止請求權

이사나 회사의 위법행위로 손해가 발생할 염려가 있을 때 감사 또는 소수주주권자 및 주주가 사전에 이들 행위의 유지를 청구하는 권리를 말한다. 영미법의 금지명령(injunction)제도를 모방하여 이것을 실체법상의 권리로 우리 상법이 채택한 것이다. 유지청구권은 회사의 이익을 위하여 행사되는 경우도 있고, 주주의 이익을 위하여 행사되는 경우도 있다. 전자는 이사가 법령이나 정관에 위반하는 행위로 회사에 회복할 수 없는 손해가 생길 염려가 있는 경우에 감사 또는 발행주식총수의 100분의 1 이상에 해당하는 주식을 가진 주주는 회사를 위하여 이사에게 그 행위를 유지하는 청구를 할 수 있다(상법 제402조). 후자는 회사가 법령이나 정관에 위반하거나 현저하게 불공정한 방법으로 주식을 발행하여 주주가 불이익을 받을 염려가 있는 경우에 회사에게 그 발행의 유지청구를 할 수 있다(같은 법 제424조). 양자의 다른 점은 회사의 이익을 위하여 인정되는 것이냐, 아니면 주주 개인의 이익을 위하여 인정되는 것이냐에 차이가 있다. 또한, 감사나 소수주주권을 가지는 주주가 행사할 수 있느냐, 개개의 단독주주가 행사할 수 있느냐의 차이가 있다. 유지청구권은 소로 행사하지 않고, 다만 그 의사표시를 회사에 대하여 행사할 수 있을 뿐이다. 그러나 부정한 행사에는 형벌의 제재(制裁)가 있다(같은 법 제631조1항3호). 유한회사 역시 이사가 법령이나 정관에 위반한 행위를 하여 회사에 회복할 수 없는 손해를 끼칠 염려가 있는 경우에는 감사 또는 자본금 총액의 100분의 3 이상

의 출자좌수를 가진 사원이 이사에게 그 행위를 유지할 것을 청구할 수 있다(같은 법 제564조의2).

의결정족수
議決定足數
주주총회가 특정사항을 유효하게 결의하는 데 필요로 하는 최소한의 주주출석수를 말한다. 보통결의는 출석한 주주 의결권의 과반수와 발행주식총수의 4분의 1 이상의 수로써 결정한다(상법 제368조1항). 다만, 이 의결정족수는 정관으로 변경할 수 있으므로 어느 회사에서도 정관에 '총회의 결의는 상법 또는 정관에 다른 정함이 있는 경우를 제외하고 출석한 주주의 의결권의 과반수로 결정한다'고 하는 규정을 둘 수 있다. 「상법」이 정하고 있는 보통결의사항으로서는 검사인의 선임(상법 제367조·제542조2항), 이사·감사·청산인의 보수의 결정(같은 법 제388조·제415조·제542조2항), 이사의 경업과 개입권의 행사(같은 법 제397조1항·2항), 재무제표 등의 승인(같은 법 제449조1항), 청산인의 결산보고서의 승인(같은 법 제540조1항), 이사·감사·청산인의 책임해제의 유보(같은 법 제450조·제542조2항), 청산인의 선·해임(같은 법 제531조1항·제539조1항) 등이 있다. 또한 보통결의 이외에 **특별결의**(特別決議)가 있는데, 이 결의는 출석한 주주의 의결권의 3분의 2 이상의 수와 발행주식총수의 3분의 1 이상의 다수로써 결정한다(같은 법 제434조). 「상법」이 정하고 있는 특별결의사항으로서는 정관의 변경(같은 법 제433조·제434조), 영업 전부 또는 중요한 일부의 양도(같은 법 제374조1항1호), 영업 전부의 임대 및 경영위임 기타 이에 준할 계약의 체결·변경 또는 해약(같은 법 제374조1항2호), 회사영업에 중대한 영향을 미치는 다른 회사의 영업 전부 또는 일부의 양수(같은 법 제374조1항3호), 사후설립, 즉 회사가 그 성립 후 2년 내에 그 성립 전부터 존재하는 재산으로서 영업을 위하여 계속하여 사용하여야 할 것을 자본금의 100분의 5 이상에 해당하는

대가로 취득하는 계약(같은 법 제375조), 자본금의 감소(같은 법 제438조), 회사의 해산(같은 법 제518조), 회사의 계속(같은 법 제519조), 회사의 합병(같은 법 제522조), 설립위원의 선임(같은 법 제175조2항) 등이 있다.

결의취소의 소
決議取消의 訴
총회의 소집절차 또는 결의방법이 법령 또는 정관에 위반하거나 현저하게 불공정한 때 또는 그 결의내용이 정관에 위반한 때에 주주, 이사 또는 감사가 주주총회결의의 취소를 제기하는 소를 말한다. 결의취소의 소는 결의의 날로부터 2개월 내에 제기하여야 한다(상법 제376조1항). 주주가 이 소를 제기한 때에는 법원은 주주가 이사 또는 감사인 경우를 제외하고는 회사의 청구에 의하여 상당한 담보를 제공할 것을 명할 수 있으며(상법 제377조1항 본문), 회사가 이 청구를 함에는 주주가 악의임을 소명하여야 한다(같은 조 2항). 그리고 이 소가 제기된 경우에 결의의 내용, 회사의 현황과 제반사정을 참작하여 그 취소가 부적당하다고 인정한 때에는 법원은 그 청구를 기각할 수 있다(상법 제379조). 결의한 사항이 등기된 경우에 결의취소의 판결이 확정된 때에는 본점과 지점의 소재지에서 등기하여야 한다(같은 법 제378조).

결의무효·부존재확인의 소
決議無效·不存在確認의 訴
결의무효확인의 소란 총회의 결의내용이 법령에 위반하는 것을 이유로 하여 제기하는 소를 말하고, 결의부존재확인의 소란 총회의 소집절차 또는 결의방법에 총회결의가 존재한다고 볼 수 없을 정도의 중대한 하자가 있는 것을 이유로 하여 제기하는 소를 말한다(상법 제380조).

우리 상법상 절차상의 하자는 모두 취소의 사유로 하고 있으나(상법 제376조) 절차상의 하자이면서도 그 하자의 정도가 중대한 것에 대하여는 취소의 소 이외에 부존재확인의 소를

인정할 필요가 있고 또한 이러한 때에는 법률상 총회결의 자체가 있다고조차 할 수 없으므로 구태여 제소권자, 제소기간 등에 제한이 있는 취소의 소에 의할 것도 없이 바로 부존재확인의 소를 구할 수 있게 하는 것이 타당하다. 결의무효확인의 소와 결의부존재확인의 소는 그 확인에 관하여 정당한 법률상 이익이 있는 자는 누구나 소송으로 그 확인을 구할 수 있다. 또한, 명목상의 납입을 함에 불과한 주주일지라도 결의무효확인의 소를 제기할 수 있다. 무효 또는 존재하지 않는 주주총회의 결의에 의하여 대표이사를 해임당한 자는 그가 주주가 아니라도 그 무효 또는 부존재확인의 청구를 할 수 있다. 결의무효·부존재확인의 소에 관하여는 전속관할·소제기의 공고·소의 병합심리(같은 법 제186조~제188조), 판결의 효력(같은 법 제190조), 패소원고의 책임(같은 법 제191조), 주주의 담보제공의무(같은 법 제377조)와 결의취소의 등기(같은 법 제378조)의 규정이 준용된다(같은 법 제380조).

이사
理事

주식회사의 업무집행기관인 이사회의 구성원을 말한다. 각 이사는 회사의 직접 기관은 아니다. 주식회사의 업무집행기관은 회사의 의사결정기관인 이사회와 업무의 집행 및 대표기관인 대표이사의 두 가지로 나누어지고, 각 이사는 이사회의 구성원인 동시에 대표이사의 지위를 전제로 한다. 주식회사에서 주주 대다수는 경영에 관여하지 않고 이것을 이사에게 맡기고 있기 때문에 이사의 지위가 강화되어 있고, 이와 같은 이사 지위의 중요성에 비추어 그 선임이나 책임 등에 관해 법은 특별한 배려를 하고 있다. 널리 인재를 얻기 위하여 이사의 자격에는 제한이 없고, 자연인이면 누구라도 이사가 될 수 있다. 이사의 인원수는 3명 이상이어야 한다(단, 자본금의 총액이 10억원 미만인 회사는 1명 또는 2명으로 할 수 있다. 상법 제383조1항). 이사의 임기는 3년을 초과하지 못한다(상법 제383조2항). 이사는 주주총회에서 선임한

다(상법 제382조1항). 이사는 언제든지 사임할 수 있다(민법 제689조, 상법 제382조2항). 또 회사는 주주총회의 특별결의로 언제든지 이사를 해임할 수 있으나 정당한 이유 없이 임기만료 전에 해임한 때에는 해임으로 인한 손해를 배상하여야 한다(상법 제385조1항). 회사와 이사와의 사이의 관계는 위임관계이므로(상법 제382조2항), 이사는 선량한 관리자의 주의로써 그 직무를 수행할 의무가 있다(민법 제681조). 그리고 이사가 사익을 도모하여 회사의 이익을 해치는 것을 방지하기 위하여 이사가 자기 또는 제3자의 계산으로 회사의 영업부류에 속한 거래를 하거나, 동종영업을 목적으로 하는 다른 회사의 무한책임사원이나 이사가 되는 것(상법 제397조1항), 회사의 사업기회를 자기나 제3자의 이익으로 이용하거나 자산을 유용하는 행위(상법 제397조의2)를 금지하고, 이사가 자기 또는 제3자의 계산으로 회사와 거래하는 것(같은 법 제398조) 등에 관하여 제한되어 있고 또한 그의 책임을 특히 엄중하게 규정하고 있다(같은 법 제399조·제401조). 또 이사는 대표이사로 하여금 다른 이사나 피용자의 업무에 관하여 이사회에 보고할 것을 요구할 수 있고, 3개월에 1회 이상 업무집행상황을 이사회에 보고하여야 한다(상법 제393조3항·4항).

이사회
理事會

이사 전원으로 구성되어 업무집행에 관한 회사의 의사를 결정하고 이사의 직무집행을 감독하는 필요적 상설기관을 말한다(상법 제393조). 이사회가 결정할 수 있는 사항의 범위는 상법이 이사회의 결의로 결정한다고 정한 사항(중요한 자산의 처분 및 양도, 대규모 재산의 차입, 지배인의 선임 또는 해임과 지점의 설치·이전 또는 폐지, 같은 조 1항) 등이며, 회사의 기본적인 사항, 기타 상법 또는 정관으로써 주주총회의 권한으로 되어 있는 사항에는 권한이 없다(같은 법 제361조). 그 중에서 법률에 의하여 이사회가 결정하기로 되어 있

는 사항은 반드시 이사회가 결정하여야 하나, 그 밖의 사항은 이사회의 결의로 대표이사나 이사에게 위임할 수 있다. 이사회는 상시 열리는 것이 아니고 필요에 따라 열린다. 이사회를 열기 위해서는 소집권자(소집권은 각 이사가 가지고 있으나, 이사회의 결의로 특정이사에 위임할 수도 있다. 같은 법 제390조1항)가 기일을 정하고 그 1주 전(정관으로 단축할 수 있다)에 통지를 각 이사 및 감사에게 발송하는 소집절차를 취하는 것이 원칙이나(같은 조 3항), 이사 및 감사 전원의 동의가 있는 때에는 소집절차를 취하지 아니하고 회의할 수 있다(같은 조 4항). 감사는 이사의 업무집행을 감사하는 권한을 가지고 있으므로(같은 법 제412조1항) 이사회에 출석하여 의견을 진술할 수 있고(같은 법 제391조의2 1항), 이사가 법령 또는 정관에 위반한 행위를 하거나 그 행위를 할 염려가 있다고 인정한 때에는 이사회에 이를 보고하여야 한다(같은 법 제391조의2 2항). 결의는 이사의 과반수로 하는 것이 원칙이나 정관으로 그 비율을 높게 정할 수도 있다(같은 법 제391조1항). 정관에서 달리 정하는 경우를 제외하고 이사회는 이사의 전부 또는 일부가 직접 회의에 출석하지 아니하고 모든 이사가 음성을 동시에 송수신하는 원격통신수단에 의하여 결의에 참가하는 것을 허용할 수 있다. 이 경우 당해 이사는 이사회에 직접 출석한 것으로 본다(같은 법 제391조2항). 또한 타인에게 의결권의 행사를 대리시킬 수 없고, 결의사항에 특별한 이해관계를 가지고 있는 이사는 의결권의 행사가 인정되지 않는다(같은 법 제368조3항). 이사회의 의사에 관하여는 의사록을 작성하여야 하고(같은 법 제391조의3 1항), 이 의사록에는 의사의 안건, 경과요령, 결과, 반대하는 자와 반대이유를 기재하고 이사 및 감사가 기명날인 또는 서명하여야 한다(같은 법 제391조의3 2항). 한편, 이사회는 정관에 따라 위원회를 둘 수 있다(같은 법 제393조의2).

대표이사
代表理事

대내적으로 업무를 집행하는 이사들 중에서 회사업무와 관련하여 대외적으로 회사를 대표하는 이사를 말한다. 대표이사는 원칙적으로 이사회의 결의에 의하여 이사들 중에서 선임되지만, 정관에 별도의 규정이 있는 경우에는 주주총회에서 선임될 수 있다(상법 제389조1항). 대표이사의 수는 반드시 1명일 것을 요하지 않는다. 대표이사는 단지 이사들 중에서 대외적인 대표권을 가지는 것에 불과하기 때문에 대표이사를 사임한다고 하여 곧바로 이사지위가 상실되는 것은 아니다. 대표이사는 집행기관으로서 내부적 업무집행뿐만 아니라 대외적 업무집행도 한다. 이 때문에 회사의 대표권을 가진다. 대표이사의 대표권의 범위는 영업에 관한 재판상 또는 재판 외의 모든 행위에 미친다(같은 법 제209조1항·제389조3항). 그리고 대표권의 범위를 제한한 경우에 선의의 제3자에게 대항할 수 없다(같은 법 제209조2항·제389조3항). 이와 같이 대표권은 광범위하기 때문에 그 남용을 방지하기 위하여 대표이사를 여러 명 둘 수 있다. 이를 공동대표이사라 하고, 이 경우 수인이 공동하여서만 회사를 대표할 수 있도록 하고 있다(같은 법 제389조2항). 이사의 성명과 주민등록번호, 대표이사의 성명·주민등록번호 및 주소는 등기하여야 하므로(같은 법 제317조2항8호·9호), 등기부를 보면 누가 대표이사인지를 당연히 알 수 있으나, 사장·부사장·전무이사·상무이사 등 보통 대표이사로 인정될 만한 명칭을 가진 이사는 가령, 대표이사가 아니라도 대표이사로 오인되기 쉬우므로 이와 같은 명칭을 가진 자를 표현대표이사라 한다. 이 자의 행위는 대표권이 없어도 회사는 선의의 제3자에 대하여 책임을 지도록 되어 있다(같은 법 제395조).

임원명칭이 있는 이사
任員名稱이 있는 理事

사장·부사장·전무·상무라고 하는 임원명칭이 있는 이사를 말한다. 우리 상법은 주식회사의 이사에 관하여는 대표이사와 대표권이 없는 이사와의 구별만을 하고, 이것을 이사의 조직규정상의 기초로 하고 있다. 그런데 실무상은 회사의 사장·부사장·전무·상무라고 하는 임원명칭이 있고, 또한 이것은 임원명칭이 있는 이사로서 이사자격과 결합되기 때문에 회사의 대외관계에 있어서 복잡한 양상을 나타내게 된다. 관례에 의하면 사장이 대표이사임에는 예외가 없으나, 부사장·전무·상무 중에는 대표권이 있는 이사와 그렇지 않은 이사가 있다. 전자의 경우에는 사장을 포함하여 2명 이상의 대표이사가 있으므로, 예컨대 사장이 사무를 통할하고, 부사장은 이를 보좌하는 지휘기구로 조정되어 있으나 법률상은 평등한 대표권을 가지는 이사이며, 그의 대외적 행위가 내부적 제한범위를 넘어선 때에도 회사는 선의의 제3자에 대하여 책임을 져야 한다. 반면에 임원명칭이 있는 이사이지만 대표권이 없는 이사는 회사업무를 내부적으로 처리할 권한은 가지고 있으나 대외적으로 회사를 대표할 권한은 없기 때문에, 원칙적으로 대표권 없는 자의 대표행위는 무효로 회사에 대하여 아무런 효력을 미치지 않는다. 그러나 일반적으로 거래의 상대방은 이러한 임원의 명칭을 사용하는 자에게 대외적 대표권이 있다고 믿는 것이 거래의 실정이다. 따라서 상법은 이 경우 사장, 부사장, 전무, 상무 기타 회사를 대표할 권한이 있는 것으로 인정될 만한 임원명칭을 사용한 이사의 행위에 대하여는 그 이사가 회사를 대표할 권한이 없는 경우에도 회사는 선의의 제3자에 대하여 책임을 진다고 하였다(상법 제395조). 이것이 이른바 표현대표이사(表見代表理事)의 제도이다.

표현대표이사
表見代表理事
일반적으로 회사를 대외적으로 대표하여 업무를 처리할 수 있는 자는 대표이사와 같은 대외적 업무집행권을 가지고 있는 이사에 한정되고, 표현대표이사는 이러한 대외적인 업무집행권이 없음에도 불구하고 외관상 대외적 업무집행권을 가지고 있는 듯한 외관을 가진 자를 말한다. 예를 들어 사장, 부사장, 전무이사 등은 실제로 대외적 업무집행권을 가지고 있지 않더라도 일반적으로 회사를 대표할 권한이 있다고 생각되는 것이 보통이다. 그러므로 회사와 거래하는 제3자는 사장·부사장 등의 임원명칭이 있는 이사를 대표이사로 믿고 거래하는 일이 많으나, 후에 대표권이 없기 때문에 무권대표행위(無權代表行爲)로서 무효가 되는 경우가 있고, 결과적으로 거래의 안전을 크게 해치게 된다. 따라서 상법은 이른바 표현책임(외관주의)의 경우로서 사장·부사장·전무·상무 등의 임원명칭과 기타 회사를 대표할 권한이 있는 것으로 인정될 만한 명칭을 사용한 이사의 행위에 대하여는 그 이사가 회사를 대표할 권한이 없는 경우에도 선의의 제3자(대표권이 없다는 것을 모르는 제3자)에 대하여 그 책임을 지게 하고 있다(상법 제395조).

이사의 책임
理事의 責任
이사의 회사 또는 제3자에 대한 손해배상책임을 말한다(상법 제399조·제401조). ① 회사에 대한 손해배상책임 : 이사가 고의 또는 과실로 법령 또는 정관에 위반한 행위를 하거나, 그 임무를 게을리한 때에는 그 이사는 회사에 대하여 연대하여 손해를 배상할 책임을 진다(같은 법 제399조1항). 이사가 법령에 위반한 행위에 대하여 손해배상책임을 지는 경우란, 예컨대 상법에 위반하는 이익배당의 경우(같은 법 제462조1항), 「상법」제341조의 규정을 벗어난 자기주식의 취득, 경업금지의무(같은 법 제397조1항)에 위반한 경우, 회사의 사업기회를 자기나 제3자의 이익으로 이용하거나 자산을 유용하는 경우(같은 법 제397조의2), 자기거래에 관한 의무(같은 법 제398조)에 위반한 경우 등을 말하고, 그 임무를 게을리한 때란 이사가 그 임무를 게을리하여 회사에 손해를 주는 모든 경우를 말하는 것이며 이것은 과실책임이다. 또한, 행위가 이사회의 결의에 의한 것인 때에는 결의에 찬성한 이사도 회사에 대하여 연대책임을 진다(같은 법 제399조2항). 결의에 참가한 이사는 의사록에 이의를 한 기재가 없는 한 그 결의에 찬성한 것으로 추정한다(상법 제399조3항). 다만, 이사가 이사회에 출석하여 결의에 기권하였다고 의사록에 기재된 경우, 이사회 결의에 찬성한 것으로 추정되지는 않는다. 이사의 책임은 주주 전원의 동의 또는 정관의 규정으로 면제할 수 있다(같은 법 제400조). 그리고 이사의 책임추궁에 관하여는 주주의 대표소송제도가 있다(같은 법 제403조 · 제406조의2). ② 제3자에 대한 손해배상책임 : 이사가 고의 또는 중대한 과실로 그 임무를 게을리한 때에는 이사는 제3자에 대하여 연대하여 손해를 배상할 책임을 진다(같은 법 제401조1항). 그 밖에 이사에게는 신주발행시의 인수담보책임(引受擔保責任)이 있다(같은 법 제428조). 또한 이사는 위에서 말한 책임 이외에 민법의 일반원칙에 따라 회사에 대하여 채무불이행 또는 불법행위에 의한 책임을 진다.

이사의 의무
理事의 義務

법률의 규정에 의하여 이사가 부담하는 의무를 말한다. 이사와 회사와의 관계는 민법상의 위임이므로(상법 제382조2항), 위임의 규정에 따라 이사에게는 선량한 관리자의 주의로써 그 직무를 수행할 충실의무가 있다(민법 제681조). 이 의무는 이사의 일반적 의무를 정한 것인데, 상법은 구체적 의무로서 경업금지의무(상법 제397조), 회사의 기회 및 자산의 유용금지의무(상법 제397조의2)와 회사와의 거래에 관한 이사회의 승인을 얻는 의무(상법 제398조, 일반적으로 자기거래에 관한 의무라고 한다)를 정하고 있다. 전자는 회사의 영업부류에 속한 거래를 주주총회의 승인 없이 자기 또는 제3자의 계산으로 하는 것을 금지하는 것이고, 후자는 이사가 자기 또는 제3자의 계산으로 회사와 거래하는 것은 거래조건 등으로 회사에 불이익을 가져올 염려가 있기 때문에 이사회의 승인을 얻도록 되어 있다. 또한, 이사는 감사가 언제든지 영업에 관한 보고를 요구하면 이를 보고하여야 할 의무가 있다(상법 제412조2항). 감사의 업무감사권(業務監査權)을 실효 있게 하기 위하여 부과된 의무이다. 아울러 이사는 법령과 정관에 따라 회사를 위하여 직무를 충실히 수행할 **충실의무**(상법 제382조의3)와 재임 중은 물론 퇴임 후에도 직무상 알게 된 회사의 영업비밀을 누설하지 말아야 할 **비밀유지의무**(상법 제382조의4)를 진다.

이사의 자기거래
理事의 自己去來

이사가 회사와 거래하는 것을 말한다. 상법은 이사가 자기 또는 제3자의 계산으로 회사와 거래를 함에는 이사회의 승인을 얻도록 하고 있다(상법 제398조). 이사가 자기 또는 제3자의 계산으로 회사와 거래한다는 것은 예컨대 회사의 제품 기타의 재산을 양수(讓受)하거나, 회사에 대하여 자기의 제품 기타를 양도하고, 회사로부터 금전의 대부를 받는 것 등을 말한다. 이사는 회사에 대하여 선량한 관리자의 주의로써 업무를 수행할 충실의무를 부담하고 있으므로 회사에 손해를 입힐 염려가 있는 행위를 하여서는 아니 된다. 그러나 회사는 이사 또는 감사를 통하여 제3자와의 거래를 하는 것이 필요한 경우도 있다. 그래서 상법은 이사회의 승인을 필요로 하게 함으로써 행위 그 자체는 할 수 있으나 이로 인하여 회사에 손해가 생기지 않도록 하는 방법을 취하고 있다. 이사가 이사회의 승인 없이 자기거래를 하는 것은 이사의 의무위반이 되므로 이로 인해 회사에 손해가 발생하면 그 행위를 한 이사는 손해배상의 책임을 지고 이사회의 승인이 있는 경우에는 자기거래로 인하여 회사에 손해가 생기면 행위를 한 이사뿐만 아니라 이사회에서 승인결의에 찬성한 이사도 회사에 대하여 연대하여 손해를 배상할 책임을 진다(같은 법 제399조2항 참조).

이사의 보수
理事의 報酬
이사가 회사를 위하여 한 일에 대한 대가를 말한다. 이사와 회사와의 관계는 위임관계이다(상법 제382조2항). 그러나 위임에 관하여 민법은 무상을 원칙으로 하고 있지만(민법 제686조1항), 사실상 오늘날의 실무에서 무상의 이사는 없다고 하여도 좋다. 상법은 이사의 보수액을 정관의 기재사항으로 하고 있지만 정관에 기재가 없어도 주주총회의 결의에 의하여 정할 수 있게 하고 있다(같은 법 제388조). 위의 결의는 보통결의에 의한다(상법 제368조1항). 이사의 보수는 정관으로 정하기보다는 주주총회의 결의에 의하여 정하는 것이 일반적이지만, 그렇다면 이번에는 총회의 결의에서 어느 정도까지 구체적으로 결정하여야 하는가가 문제가 된다. 해석상 보수의 결정 그 자체를 이사회에 맡기는 것은 위법이지만, 보수총액을 정하고 그 배분결정을 이사회에서 정하도록 하는 것은 무방하다. 또한 이사의 상여는 보수와는 달라서 주주총회의 결의에 의하여 확정된 대차대조표(재무상태표)에 근거한 이익금의 처분이다.

대표소송
代表訴訟
회사가 이사에 대하여 책임을 추궁할 소를 제기하여야 하는데도 회사가 이 소를 제기하지 아니한 때 주주가 회사를 위하여 이사에 대하여 제기하는 소를 말한다. 발행주식의 총수의 100분의 1 이상에 해당하는 주식을 가진 주주는 회사에 대하여 이유를 기재한 서면으로써 이사의 책임을 추궁할 소의 제기를 청구할 수 있다(상법 제403조1항·2항). 이 청구를 받은 날로부터 30일 내에 회사가 이사에 대하여 소를 제기하지 아니한 때에는 위의 소수주주권자(少數株主權者)는 즉시 회사를 위하여 소를 제기할 수 있다(같은 조 3항). 또한, 위의 기간의 경과로 회사에 회복할

수 없는 손해가 생길 염려가 있는 경우에는 위의 소수주주권자는 30일의 기간을 기다리지 않고 즉시 대표소송을 제기할 수 있다(같은 조 4항). 한편, 소를 제기한 주주의 보유주식이 제소 후 발행주식총수의 100분의 1 미만으로 감소한 경우에도 제소의 효력에는 영향이 없다(같은 조 5항). 즉 1주라도 보유하고 있으면 제소의 효력이 유지된다. 그리고 회사가 「상법」 제403조1항의 청구에 따라 소를 제기하거나 주주가 같은 법 제403조3항과 4항의 소를 제기한 경우에 당사자는 법원의 허가를 얻지 않고는 소의 취하, 청구의 포기·인낙(認諾)·화해를 할 수 없다(같은 조 6항).

다중대표소송
多重代表訴訟
모회사의 소수주주가 모회사에 자회사의 이사의 책임을 추궁할 대표소송의 제기를 청구하였는데 자회사의 주주인 모회사가 이에 응하지 않는 경우, 모회사의 소수주주가 스스로 자회사를 위하여 자회사의 이사의 책임을 추궁하는 소를 제기할 수 있다. 이를 이중대표소송(double derivative suit)이라 한다. 모회사의 주주가 자회사 아래 손회사 등의 이사의 책임까지도 추궁하는 소를 제기하는 경우 다중대표소송이 된다. 다른 회사의 발행주식의 총수의 100분의 50을 초과하는 주식을 모회사 및 자회사 또는 자회사가 가지고 있는 경우 그 다른 회사는 이 법의 적용에 있어 그 모회사의 자회사로 보므로(상법 제342조의2 3항), 모회사의 주주는 손회사의 이사에 대해서도 대표소송을 제기할 수 있는데, 이것이 다중대표소송이다(상법 제406조의2).

이사해임의 소
理事解任의 訴
이사가 그 직무에 관하여 부정행위 또는 법령·정관에 위반한 중대한 사실이 있음에도 불구하고 주주총회에서 그 해임을 부결한 때에 주주가 그 이사의 해임을 법원에 청구하는 소를 말한다. 이사해임의 소의 청구권자는 발행주식의 총수의 100분의 3 이상에 해당하는 주식을 가진 주주이고, 청

구기간(請求期間)은 총회의 결의가 있은 날로부터 1개월 내이다(상법 제385조2항). 또한, 청구할 법원은 본점소재지의 지방법원이다(같은 법 제385조3항·제186조). 이사해임의 소는 유한회사에서도 인정된다(같은 법 제385조3항·제567조).

감사
監事

회사의 업무나 재산상태를 조사하고 이사의 직무집행이 적정한가를 심사·감독하는 것을 임무로 하는 주식회사의 필요·상설 기관을 말한다. 「상법」 제412조에 의하면 감사는 ① 이사의 직무의 집행을 감사하며, ② 언제든지 이사에 대하여 영업에 관한 보고를 요구하거나 회사의 업무와 재산상태를 조사할 수 있고, ③ 회사의 비용으로 전문가의 도움을 구할 수 있다고 하여 감사의 일반적 업무감사권을 인정하고, 영업에 관한 보고청구권과 업무 및 재산상태의 조사권을 인정하고 있다. 유한회사 역시 정관에 의하여 1명 또는 여러 명의 감사를 둘 수 있으나(상법 제568조1항), 주식회사에서와는 달리 감사를 두는 것은 임의적이다. 그러나 유한회사의 감사 역시 영업에 관한 보고를 요구할 수 있고, 업무 및 재산상태에 대해 조사할 수 있다(같은 법 제569조).

상법은 감사의 자격에 관해서는 특별한 제한을 두고 있지 않다. 그러나 감독기관이라는 감사의 성질상 그 회사 및 자회사의 이사 또는 지배인 기타 사용인의 직무를 겸할 수는 없다(같은 법 제411조). 감사는 이사와 마찬가지로 주주총회에서 선임하는데(같은 법 제409조1항), 인원수에 제한이 없어 단 한 명의 감사만을 선임할 수도 있다. 공정한 감사의 선출을 위하여 의결권행사에 중대한 제한이 있다. 즉, 의결권 없는 주식을 제외한 발행주식 총수의 100분의 3(정관으로 더 낮게 정할 수 있다)을 초과하는 수의 주식을 가진 주주는 그 초과하는 주식에 관하여 감사선임(監事選任)에 있어서 의결권을 행사하지 못한다(같은 조 2항). 정관에 감사의 보수를 정해놓지 않은 경우에는 이사의 경우와 마찬가지로 주주총회의 결의로 이를 정한다(같은 법 제388조·제415조).

감사는 이사회에 출석하여 의견을 진술할 수 있고(같은 법 제391조의2 1항), 이사가 법령 또는 정관에 위반한 행위를 하거나 그 행위를 할 염려가 있다고 인정한 때에는 이사회에 이를 보고할 권한이 있다(같은 조 2항). 만일 감사에 대하여 이사회소집통지가 누락되었다면 이사회결의 무효의 문제가 생긴다(같은 법 제390조3항). 또한 감사는 이사가 주주총회에 제출할 의안 및 서류를 조사하여 법령 또는 정관에 위반하거나 현저하게 부당한 사항이 있는지의 여부에 관하여 주주총회에 그 의견을 진술하고(상법 제413조), 감사의 실시요령과 그 결과를 기재한 감사록을 작성하여야 한다(같은 법 제413조의2 1항). 만일 감사를 하기 위하여 필요한 조사를 할 수 없었던 경우에는 그 뜻과 이유를 감사보고서에 기재하여야 한다(같은 법 제447조의4 3항).

회사와 감사와의 법률관계는 위임의 규정이 적용되므로(같은 법 제382조2항·제415조), 선량한 관리자의 주의의무를 부담한다. 감사가 임무를 게을리한 때에는 그 감사는 회사에 대하여 연대하여 손해배상책임을 져야 하고(같은 법 제414조1항), 또한 감사가 악의 또는 중대한 과실로 그 임무를 게을리한 때에는 그 감사는 제3자에 대하여 연대하여 손해배상책임을 져야 한다(같은 조 2항). 그리고 감사가 회사 또는 제3자에 대하여 손해배상책임이 있는데 이사도 그 책임이 있는 때에는 그 감사와 이사는 연대하여 손해배상책임을 져야 한다(같은 조 3항). 감사의 책임면제(責任免除)에도 역시 주주 전원의 동의가 필요하다(상법 제400조·제415조).

감사의 임기
監事의 任期

감사가 근무하는 기간을 말한다. 감사의 임기는 감사 취임 후, 3년 이내의 최종의 결산기에 관한 정기총회의 종결시까지이다(상법 제410조). 감사의 임기는 정관으로 단축하거나 연장할 수 없다는 점에서 정관으로 연장이 가능한 이사의 임기와 차이점이 있다(상법 제383조3항 참조). 감사의 임기는 취임 후부터 만 3년간을 의미하는 것이 아니고 3년 이내에 도래하는 최종의 결산기에 관한 주주총회가 종결할 때까지이며, 실제로는 만 3년을 넘는 경우도 있고 3년보다 짧을 수도 있다.

감사위원회
監査委員會

주식회사의 감사를 고유 직무권한으로 하는 합의제 의결기관으로, 이사회 내의 위원회의 일종이다(상법 제415조의2). 감사위원회는 「상법」 제409조에서 규정하는 '감사'와 대치하는 법정기관이다. 즉, 감사위원회를 설치하면 감사를 둘 수가 없다. 감사위원회는 3명 이상의 이사로 구성한다. 위원회 위원의 3분의 2 이상은 사외이사이어야 하고, 사외이사가 아닌 이사는 3분의 1을 초과할 수 없다. 감사위원은 정관에 다른 정함이 없는 한 이사회의 결의로 선임하지만, 그 해임의 결의는 이사 총수의 3분의 2 이상의 결의로 한다.

감사위원 분리선임
監査委員 分離選任

자산총액 2조원 이상인 상장회사 또는 자산총액 1천억원 이상인 상장회사로서 감사위원회를 설치한 회사는 주주총회에서 이사를 선임한 후 선임된 이사 중에서 감사위원회 위원을 선임하여야 한다(상법 제542조의12 2항 본문). 다만, 감사위원회 위원 중 1명(정관에서 2명 이상으로 정할 수 있으며, 정관으로 정한 경우에는 그에 따른 인원으로 한다)은 다른 이사들과 분리하여 감사위원회 위원이 되는 이사로 선임하여야 한다(감사위원 1명 분리선임, 상법 제542조의12 2항 단서). 상장회사의 감사위원은 주주총회의 특별결의로 해임될 수 있고, 분리선임된 감사위원이 해임된 때에는 이사의 지위도 동시에 상실한다(상법 제542조의12 3항).

신주인수권
新株引受權

신주를 발행하는 경우에 우선적으로 주식을 인수할 수 있는 권리를 말한다. 「상법」 제418조1항에 의하면 주주는 그가 가진 주식의 수에 따라서 신주의 배정을 받을 권리가 있다. 즉 주주는 법률의 규정에 따라서 당연히 신주인수권을 가지며, 주주 이외의 제3자의 신주인수권은 정관에 규정하고 있어야 한다(상법 제418조2항). 이러한 법률에 의한 주주의 신주인수권과 정관에 의한 제3자의 신주인수권은 추상적 신주인수권이며, 이사회의 결의로써 주주 또는 제3자에게 신주인수권을 줄 것을 결정한 때에는 구체적 신주인수권이 된다. 신주발행의 경우에는 설립의 경우와는 달리 정관의 규정에 따라야 하므로 그 범위에서 주식배정자유의 원칙이 적용되지 않는다. 추상적 신주인수권은 주주권의 일부이지만, 정관에 의하여 제한(배정비율의 제한) 또는 박탈할 수가 있다. 따라서 이것은 고유권(固有權)이라고 할 수 없다. 이사회의 결의에 의하여 생기는 구체적 신주인수권은 추상적 인수권(引受權)으로부터 유출되는 것이다. 이것은 일종의 채권적 권리이므로 양도할 수 있으나(같은 법 제420조의3 1항), 주주총회 또는 이사회의 결의로써 주주에게 불리하게 변경하거나 박탈하지 못한다. 특정한 제3자에게 신주인수권을 부여할 것을 정관에 정한 경우에도 그 제3자는 그것만으로써 당연히 인수권을 취득하는 것이 아니고 회사와의 구체적인 계약에 의하여 취득하게 되는 것이므로, 결국 제3자의 신주인수권의 취득에는 정관의 규정과 회사와의 계약의 두 가지가 필요한 것이다. 따라서 제3자의 인수권은 계약상의 권리이다.

신주인수권의 양도
新株引受權의 讓渡

신주인수권을 타인에게 이전하는 것을 말한다. 주주가 가지는 추상적 신주인수권은 주식을 떠나서 별도로 양도할 수 없는 것이 당연하지만, 구체적 신주인수권은 재산권으로서 그 성질상 주식과 별도로 양도할 수 있다. 신주인수권의 양도는 신주인수권증서의 교부에 의하여서만 이를 행할 수 있게 하였다(상법 제420조의3 1항). 그리고 주주가 가지는 신주인수권을 양도할 수 있는 것에 관한 사항은 신주발행사항으로서 원칙적으로 이사회가 이를 결정하게 되었다(상법 제416조5호).

신주인수권증서
新株引受權證書

기업이 유상증자를 할 때, 기존 주주가 신주를 우선적으로 배당받을 수 있는 권리를 표시한 유가증권을 말한다. 신주인수권의 양도는 이 신주인수권증서를 양수인에게 교부하는 것에 의하여서만 행할 수 있다(상법 제420조의3 1항). 주주의 청구가 있는 때에만 신주인수권증서를 발행한다는 것과 그 청구기간은 신주발행사항으로서 원칙적으로 이사회의 결의에 의하여 결정된다(상법 제416조). 주주가 가지는 신주인수권을 양도할 수 있는 것에 관한 사항(같은 조 5호)을 정한 경우에 회사는 주주의 청구가 있는 때에만 신주인수권증서를 발행한다는 것과 그 청구기간(같은 조 6호)의 정함이 있는 때에는 그 정함에 따라, 그 정함이 없는 때에는 「상법」 제419조1항의 기일의 2주 전에 신주인수권증서를 발행하여야 한다(상법 제420조의2 1항). 신주인수권증서에는 다음 사항과 번호를 기재하고 이사가 기명날인 또는 서명하여야 한다(같은 조 2항). ① 신주인수권증서라는 뜻의 표시 ② 「상법」 제420조에 규정한 사항 ③ 신주인수권의 목적인 주식의 종류와 수 ④ 일정기일까지 주식의 청약을 하지 아니한 때에는 그 권리를 잃는다는 사실을 기재하여야 한다.

신주인수권증서를 발행한 경우에는 신주인수권증서에 의하여 주식의 청약을 한다. 이 경우에는 주식인수의 청약(상법 제302조1항) 규정을 준용한다(상법 제420조의5 1항). 신주인수권증서를 상실한 자는 주식청약서에 의하여 주식의 청약을 할 수 있다. 그러나 그 청약은 신주인수권증서에 의한 청약이 있는 때에는 그 효력을 잃는다(같은 조 2항). 신주인수권증서는 무기명유가증권이므로 고도의 유통성을 가진다. 그 분실 등의 경우 선의취득제도(善意取得制度)의 적용이 있다(상법 제420조의3 2항).

재무제표
財務諸表

일정기간 동안의 회계상 재무현황을 기록하여 보고하기 위한 문서를 말한다. 대차대조표(재무상태표)·대차대조표부속명세서, 손익계산서·손익계산서부속명세서, 이익잉여금처분계산서·이익잉여금처분계산서부속명세서, 자본금변동표, 결손금처리계산서·결손금처리계산서부속명세서 등이 이에 해당한다(상법 제447조). 이사는 결산기마다 이와 같은 재무제표를 작성하여 이사회의 승인을 얻어야 하는데, 정기총회회일의 6주 전에 재무제표를 감사에게 제출하여야 하고(상법 제447조의3), 또한 재무제표를 정기총회에 제출하여 그 승인을 요구하여야 하며(상법 제449조1항), 재무제표에 대한 총회의 승인을 얻은 때에는 지체 없이 대차대조표(재무상태표)를 공고하여야 한다(같은 조 3항). 또한 이사는 정기총회회일의 1주 전부터 재무제표 및 영업보고서의 서류와 감사보고서를 본점에 5년간, 그 등본은 지점에 3년간 비치하여야 하고(상법 제448조1항), 주주와 회사채권자는 영업시간 내에 언제든지 그 재무제표를 열람할 수 있으며, 회사가 정한 비용을 지급하고 그 서류의 등본이나 초본의 교부를 청구할 수 있다(같은 조 2항).

손익계산서
損益計算書

기업의 경영성과를 명확히 보고하기 위하여 그 회계기간에 속하는 모든 수익과 이에 대응하는 모든 비용을 기재하여 경상손익(經常損益)을 표시하고, 이에 특별손익에 속하는 항목을 가감하고, 법인세 등을 차감하여 당기순손익(當期純損益)을 표시하는 재무제표를 말한다. 손익계산서는 상법상 재무제표 중의 하나이므로(상법 제447조1항2호), 그의 작성시기·제출·승인·공고와 비치·공시 등은 다른 재무제표와 같다(같은 법 제447조·제447조의3·제448조·제449조). 손익계산서는 보고식으로 작성하는 것을 원칙으로 한다. ① 모든 수익과 비용은 그것이 발생한 기간에 정당하게 처분되도록 처리하여야 한다. 다만, 수익은 실현시기를 기준으로 계상하고, 미실현수익(未實現收益)은 당기의 손익계산에 산입하지 아니함을 원칙으로 한다. ② 수익과 비용은 그 발생원천에 따라 명확하게 분류하고, 각 수익항목과 이에 관련되는 비용항목을 대응표시하여야 한다. ③ 수익과 비용은 총액에 의하여 기재함을 원칙으로 하고, 수익항목과 비용항목을 직접 상계함으로써 그 전부 또는 일부를 손익계산에서 제외하여서는 아니 된다. ④ 손익계산서는 매출총손익(賣出總損益), 영업손익(營業損益), 경상손익(經常損益), 법인세차감전순손익(法人稅差減前純損益)과 당기순손익(當期純損益)으로 구분 표시하여야 한다. 다만, 제조업·판매업 및 건설업 이외의 기업에 있어서는 매출총손익의 구분표시를 생략할 수 있다.

영업보고서
營業報告書

이사가 매결산기에 작성하여 이사회의 승인을 얻어야 하는 영업에 관한 보고서를 말한다(상법 제447조의2 1항). 이사는 정기총회의 6주 전에 영업보고서를 감사에게 제출하여야 하며(상법 제447조의3), 감사는 재무제표 및 영업보고서를 받은 날로부터 4주 내에 감사보고서를 이사에게 제출하여야 한다(같은 법 제447조의4 1항). 또한 이사는 영업보고서를 정기총회에 제출하여 그 내용을 보고하여야 한다(같은 법 제449조2항). 이사는 정기총회회일의 1주 전부터 재무제표, 감사보고서, 영업보고서를 본점에 5년간, 그 등본을 지점에 3년간 비치하여야 하고(상법 제448조1항), 주주와 회사채권자는 영업시간 내에 언제든지 비치한 서류를 열람할 수 있으며, 회사가 정한 비용을 지급하고 그 서류의 등본이나 초본의 교부를 청구할 수 있다(같은 조 2항). 영업보고서에는 대통령령(상법 시행령 제17조)이 정하는 바에 의하여 영업에 관한 중요한 사항을 기재하여야 한다(상법 제447조의2 2항).

연결재무제표
聯結財務諸表

지배회사(支配會社)가 종속회사(從屬會社)의 보고서를 총합(總合) 또는 결합하여 작성하는 재무제표를 말한다. 상법상 주식회사는 재무제표를 작성하게 되어 있다(상법 제447조2항). 그런데 지배회사·종속회사와 같이 법률상은 별개의 독립된 회사이지만 경제적으로는 일체관계에 있고, 하나의 경제단위인데도 불구하고 별개의 재무제표에 의한다는 것은 전체로서의 재산상태나 손익상태를 표시할 수 없고, 또한 주주·회사채권자·투자자도 불편하다. 그래서 기업회계기준은 발행주식총수의 과반수의 주식을 실질적으로 소유하거나 기타의 방법으로 타 회사를 실질적으로 지배하는 지배회사는 그 종속회사와의 연결재무제표의 작성을 요구하고 있다.

재산·자산
財産·資産

재산이란 현실적 이용성이 있는 것 또는 환가성(換價性)이 있는 것을 말하며, 동산, 부동산, 채권, 유가증권, 무체재산권, 영업상의 비결 등의 사실관계가 포함된다. 재산이라는 용어는 원래 법률상의 용어이며, 특히 재산법에 있어서는 재산의 현실적 가치인 시가를 기준으로 하여 규정을 하고 있다. 이에 반해 자산이란 회사법에 관하여 말하면 손익계산에 관한 회계학적 개념이며, 수익에 대한 비용과 동의적 의미를 가지는 것을 말한다. 자산은 비용으로서 소비되고 수익에 의하여 회수된다. 따라서 자산은 비용의 현재형태이며 대차대조표(재무상태표)의 자산표시는 아직도 비용으로서 소비되지 않은 가치의 표시이다.

재산은 현실적 이용성이 있는가 없는가에 따라 가치가 있고 없음이 결정되는데 반하여, 자산의 경우에는 소비되었으나—따라서 현실적 이용성은 없어졌으나—아직도 수익으로 바뀌지 않고 비용으로서 유보되어 있는 것, 즉 차기 이후의 수익으로 바뀔 것도 역시 가치를 가지는 것으로서 자산의 개념에 포함시킬 수 있다. 이것이 이연자산(移延資産)의 자산성에 관한 문제의 근거이다. 재산법에 있어서는 이연자산은 의제재산이다. 그리고 자산개념은 재산과 이연자산의 양자를 포함하는 상위개념이다. 또한 재산법상의 측면에서 이연자산이 많은 것은 순재산의 확실한 내부유보를 요구하는 자본금충실의 원칙에 반하게 되므로 될 수 있는 대로 한정하려고 하는 경향이 있고, 손익법상의 측면에서는 이와 반대로 확대하려고 하는 경향이 있다.

설립비용
設立費用

회사설립에 필요한 비용 또는 설립절차에 부수하는 필요비용을 말한다. 주식회사의 설립에 있어서는 상법은 인격형성절차를 중심으로 하여 설립절차를 정하고 있는데(영업형성절차＝영업준비행위는 현물출자·재산인수의 경우 이외에는 인정되지 않는다), 주식회사가 주주유한책임에 기초를 둔 대규모 기업형태이기 때문에 그 물적·자본적 기초를 확보하고 그것에 의하여 회사채권자의 보호도 확실히 하려고 회사성립 전에 일정수의 주식의 발행을 강제하고 또 다른 한편으로 회사의 설립절차 중에 회사가 부담할 비용이 무제한(無制限), 무구속(無拘束)으로 생기는 것은 회사의 자본금충실을 해치게 되므로 설립비용으로서 성립 후의 회사에 부담시키기 위해서는 비용의 성질과 비용의 양이라는 두 가지 측면의 제한을 받게 된다. 비용의 성질상 그 비용은 회사의 설립에 필요한 비용이어야 한다는 것이고(필요성에 관하여는 회사설립의 법적 절차상 필요불가결한 행위의 비용에 한한다고 하는 엄격설과 그 밖에 광고비, 통신비, 창립사무소의 임차료, 사무원의 봉급 등 설립절차에 부수하는 필요비용도 설립비용이 된다고 하는 설이 있으며, 통설·판례는 후설을 취하고 있다), 비용의 양적 제한은 아무리 설립에 필요한 비용일지라도 그것이 정관에 견적비용(見積費用)으로서 표시된 금액 내의 것이어야 한다.

준비금
準備金

물적 회사(物的 會社)에 있어서 순재산액이 자본금을 초과하고 있는 경우에 이것을 주주에게 배당하지 않고 회사자본금의 증가나 기타 일정한 목적을 위하여 회사에 유보하는 재산적 수액을 말한다. 적립금이라고도 한다. 유보, 적립한다고 하여도 특정재산을 회사에 보관한다는 것을 의미하는 것이 아니고 준비금은 회사자본금과 같이 순전히 계산상의 재산적 수액이며, 자본금과 더불어 대차대조표(재무상태표)의 부채의 부에 게기되고 이익을 산출하기 위한 공제항목으로 되는데 지나지 않는다. 또한 준비금의 사용·지출이라고 하는 것도 현실로 특정재산을 사용·지출하는 것이 아니고 계산상에 있어서의 준비금의 액을 감소하고, 이것에 의하여 대차대조표(재무상태표)의 자산의 부에 게기된 손실을 말소하는 것을 의미하는 데 지나지 않는다. 회사채권자의 담보인 회사재산의 확보·보유라고 하는 점에서는 자본금에 준하는 성질을 가지고 있으며, 또한 경제적으로는 주식자본금과 더불어 회사가 자기자본금을 형성하기 때문에 **부가자본금**(附加資本金)이라고도 한다. 준비금에는 법률의 규정에 의하여 적립을 강제하는 법정준비금과 회사가 자치적으로 정관 또는 주주총회의 결의에 의하여 적립하는 임의준비금이 있다. 「상법」에서의 준비금은 법정준비금을 지칭한다(상법 제458조 이하). 이에 반해 대차대조표(재무상태표)의 부채의 부에 게기되나, 자산평가액의 수정을 위한 부진정준비금(의사준비금이라고도 한다)은 광의의 준비금에 포함되나 이상에서 본 바와 같은 진정한 준비금은 아니다.

자본준비금
資本準備金
영업거래가 아닌 자본거래에서 생긴 잉여금을 재원(財源)으로 하여 적립되는 법정준비금(法定準備金)을 말한다(상법 제459조). 그 재원으로는 ① 액면초과액(額面超過額 : 액면 이상의 주식을 발행한 때의 초과액. 주식발행 차익금), ② 감자차익금(減資差益金 : 감소한 자본금의 액수가 주식의 소각 또는 환급에 소요된 금액 및 결손보전에 충당한 금액을 초과하는 액수), ③ 합병차익금(合併差益金 : 합병에 의해 승계한 피합병회사의 순재산액이 합병회사의 증가자본금·합병교부금을 초과하는 액수), ④ 신주인수권대가, 자기주식처분이익 등 기타 자본거래로 발생한 잉여금 등이 있다.

회사는 ① 「주식회사 등의 외부감사에 관한 법률」에 따른 외부감사 대상 회사의 경우에는 같은 법 제5조제1항에 따른 회계처리기준, ② 「공공기관의 운영에 관한 법률」에 따른 공공기관의 경우에는 공기업 및 준정부기관의 회계 원칙, ③ 그 외의 회사의 경우 법무부장관이 중소벤처기업부장관 및 금융위원회와 협의하여 고시한 회계기준에 따라 자본준비금을 적립하여야 하는데(상법 제459조1항 및 상법 시행령 제15조), 이때 자본준비금으로 적립하는 금액은 기업회계기준에 의한 자본잉여금과 그 성질이 거의 동일하다. 따라서 주주에게 이익으로서 배당할 배당재원이 될 수 없고, 결손을 보전하거나, 자본금에 전입하는 것 외에는 처분할 수 없다(상법 제460조·제461조).

이익준비금
利益準備金
매결산기의 이익을 재원으로 하여 적립되는 법정준비금을 말한다. 회사의 영업거래에서 생기는 이익은 전부 주주에게 배당하여도 반드시 자본금충실의 원칙에 반하는 것은 아니다. 그러나 그렇게 하면 불시의 손실이 생겼을 때에는 회사의 재산적 기초가 위태롭게 될 우려가 있다. 이와 같이 기업의 건전화

와 회사채권자보호의 측면에서 상법은 이익준비금의 적립을 요구하고 있다. 상법에서는 이익배당액의 10분의 1 이상을 적립하여야 한다고 하고 현금에 의한 이익배당액을 적립의 기준으로 하였다. 또한 자본금의 2분의 1 한도를 넘어 적립한 때에는 그 초과액은 임의준비금의 성질을 가지게 된다(상법 제458조).

법정준비금
法定準備金
자본금의 결손을 보전(補塡)할 목적으로 상법이 적립을 요구하는 준비금을 말한다. 법률상에서는 단순히 준비금이라고 한다(상법 제460조·제461조1항). 법정준비금은 다시 그 재원에 따라 이익준비금(같은 법 제458조)과 자본준비금(같은 법 제459조)으로 나누어진다. 법정준비금은 자본금의 결손보전에 충당하는 경우 외에는 이를 처분하지 못하나(같은 법 제460조·제583조) 주식회사에 있어서는 이것을 자본금에 전입할 수 있다(같은 법 제461조1항). 여기에서 자본금의 결손이란 순재산액이 자본 및 법정준비금의 합계액보다 적은 경우를 말한다. 또한 임의준비금이 있는 경우에는 임의·이익·자본준비금의 순위로 결손을 보전하여야 한다고 해석한다.

임의준비금
任意準備金
회사가 정관의 규정 또는 주주총회의 결의에 의하여 임의로 적립하는 준비금을 말한다. 이익준비금을 적립한 후의 잔여이익(殘餘利益) 또는 이익준비금을 자본금의 2분의 1 한도까지 적립한 후의 남은 이익을 재원으로 하여 적립되며, 그 금액 및 사용목적에 관하여는 법률상 제한이 없다. 실제상은 결손의 전보·사업확장·사채 또는 주식의 상환·배당의 평균 등 목적을 특정하고 적립하는 것이 있는가 하면 별도적립금과 같이 목적을 특정하지 않고 적립하는 것도 있다. 임의준비금의 폐지·변경·사용 등도 적립의 경우와 같이 정관의 변경 또는 주주총회의 결의에 의하여 자유롭게 할 수 있다.

비밀준비금
秘密準備金

대차대조표(재무상태표)상 준비금이라는 명목으로 계상되는 것은 아니나, 자산의 과소평가 또는 부채의 과대평가방법에 의하여 만들어진 준비금을 말한다. **비밀적립금**이라고도 한다.

비밀준비금을 만드는 것은 회사의 재산적 기초를 견고하게는 하지만, 회사의 손익계산이 불명료하게 되고 탈세의 수단이 되기도 하며, 주주의 이익배당청구권을 해칠 뿐만 아니라 이사에 대하여 주가의 지배를 가능케 하는 등의 폐단이 생기게 된다. 따라서 비밀준비금의 적법성에 관하여는 **대차대조표진실(貸借對照表眞實)의 원칙**에 위반된다고 하여 일반적으로 위법이라고 하는 학설과 이 준비금이 기업경영상의 합리적 고려에서 사용되는 정도를 초과하지 않으면 위법이 아니라고 하는 학설로 갈라져 있다.

준비금의 자본금전입
準備金의 資本金轉入

법정준비금(法定準備金)을 자본금에 전입하는 것을 말한다(상법 제461조). 자본금전입은 법정준비금이 증대하여 자본금과의 사이에 불균형이 생긴 경우, 이 불균형을 시정하여 자본구성을 정상화하기 위하여 행하여지는 것이다. 자본금전입은 신주를 발행하지 않고 순전히 계산상의 조치에 의하여 할 수 있으나, 신주를 발행하여 주주에게 교부할 수도 있다(같은 조 2항). 제도의 성질상 자본금전입의 대상이 되는 준비금에 임의준비금은 포함되지 않으나, 법정준비금은 자본금·이익준비금의 양자가 모두 포함된다고 해석된다. 법정준비금의 자본금전입은 원칙적으로 이사회의 결의에 의하고, 다만 정관으로 주주총회에서도 결정할 수 있다(같은 조 1항). 이사회의 결의에서는 2종의 법정준비금 가운데서 어느 것을 전입하는가를 결정하여야 한다. 이사회가 자본금전입을 결정한 후에는 주주에게 소유한 주식수에 따라 주식을 발행하여야 한다(같은 조 2항 전

단). 이때, 1주에 미달하는 단수에 대하여는 단주의 처리(같은 법 제443조1항) 규정을 준용한다(같은 법 제461조2항 후단). 따라서 단주에 관하여는 단수부분에 대하여 발행한 신주를 경매하여 그 대금을 지급한다. 다만, 거래소의 시세 있는 주식은 거래소를 통하여 매각하고, 거래소의 시세 없는 주식은 법원의 허가를 얻어 경매 이외의 방법으로 매각할 수 있는데, 주주에 대하여 평등하게 또한 무상으로 그 주주가 가진 주식의 수에 따라 배정함을 요한다(같은 법 제461조2항 전단).

자본금전입(資本金轉入)에 관하여 이사회의 결의가 있은 때에는 회사는 일정한 날을 정하여 그날의 주주명부에 기재된 주주가 신주의 주주가 된다는 뜻을 그날의 2주간 전에 공고하여야 한다(같은 법 제461조3항 본문). 그러나 그날이 주주명부의 폐쇄기간 중인 때에는 그 기간 초일의 2주간 전에 이를 공고하여야 한다(같은 조 3항 단서). 자본금전입에 관한 주주총회의 결의가 있은 후 주주는 주주총회의 결의가 있은 때로부터 신주의 주주가 된다(같은 조 4항). 신주의 주주가 확정된 때에는 이사는 지체 없이 신주를 받은 주주와 주주명부에 기재된 질권자에 대하여 그 주주가 받은 주식의 종류와 수를 통지하여야 한다(같은 조 5항). 또한 신주의 발행이 있는 때에는 질권자는 이로 인하여 종전의 주주가 받을 금전이나 주식에 대하여도 종전의 주식을 목적으로 한 질권을 행사할 수 있다(같은 조 6항).

이익배당청구권
利益配當請求權

주주가 회사에 대하여 이익의 배당을 청구할 수 있는 권리를 말한다. 이 청구권에는 두 가지의 의미가 있다. 하나는 주주권의 내용이 되어 있는 배당을 받는다고 하는 추상적 권리이고, 또 다른 하나는 이익잉여금처분계산서가 정기주주총회에서 승인된 때(상법 제449조1항)에 생기는 현실로 배당을 받는 구체적 권리이다. 이 두 가지의 권리를 구별하기 위하여 후자의 권리를

배당금지급청구권(配當金支給請求權)이라고 한다. 배당지급청구권은 일종의 채권이며, 주주의 지위로부터 분리하여 그것만을 독립적으로 양도할 수 있는데 반하여, 추상적인 이익배당청구권은 이익배당이 있으면 이것을 받을 수 있다는 기대권(期待權)이며, 주주의 지위로부터 분리하여 이것만을 단독으로 처분하거나 양도할 수 없다. 또한 시효에 의하여 소멸되는 일도 없다. 이에 대하여 배당지급청구권은 주주총회에서 확정된 때로부터 소멸시효가 진행하게 되며 그 시효기간은 5년이다(같은 법 제464조의2).

이익배당
利益配當

이익배당결의에 의하여 배당가능한 이익을 발행된 주식에 대하여 각 주주가 보유하고 있는 주식수에 따라서 분배하는 것을 말한다. 이익을 배당하려면 우선 결산을 하고 배당가능한 이익이 얼마인가를 계산한 후 그 계산서를 정기주주총회에 제출하여 그 승인을 받아야 한다(상법 제449조1항 참조). 배당가능이익의 계산방법에 관하여는 「상법」 제462조에 규정되어 있다. 이익배당은 주주총회 또는 이사회에서 지급시기를 별도로 정하지 않은 한 이익배당결의가 있었던 날부터 1개월 내에 하여야 한다. 이익배당은 기준일에 의하는 때에는 기준일의 주주명부상의 주주에게 지급한다. 다만, 주주명부의 명의개서정지(名義改書停止)에 의하는 때에는 명부폐쇄일(名簿閉鎖日) 전일의 명의주주(名義株主)에게 지급한다. 이익배당에는 현금배당(같은 법 제462조), 주식배당(같은 법 제462조의2) 및 현물배당(같은 법 제462조의4)이 있다. 주식배당이라 함은 신주를 발행하여 주주에게 이익배당을 하는 것을 말한다.

위법배당
違法配當

이익이 없는데도 배당하는 것을 말한다. 당기의 이익에서 전기의 이월손금(移越損金)이나 이익준비금을 공제하지 않고 이를 배당하는 경우와 이익이 없는데도 이익이 있는 것처럼 결산서류를 작성하여 배당하는 경우가 있다. 어느 경우에도 이 배당은 무효이며, 회사채권자는 주주에게 이를 회사에 반환할 것을 청구할 수 있다(상법 제462조3항). 위법배당의 의안을 주주총회에 제출한 대표이사와 이사회에서 이를 찬성한 이사는 회사에 대하여 연대하여 손해배상책임을 지고(같은 법 제399조), 또한 감사에게도 책임이 있는 경우에는 이사와 연대하여 회사에 대하여 손해배상책임을 지며(같은 법 제414조3항), 형벌의 제재까지 받게 된다(같은 법 제625조3호).

중간배당
中間配當

영업연도가 1년으로 되어 있는 회사에서 영업연도 중의 일정일에 이사회의 결의에 의하여 이익을 분배하는 것을 말한다. 중간배당은 한 회기에 두 번의 배당을 함으로써 기업회계의 투명성을 높일 수 있다는 장점이 있다. 중간배당은 직전 결산기의 대차대조표(재무상태표)상의 순자산액에서 다음 각 호의 금액을 공제한 액을 한도로 하여야 한다(상법 제462조의3 2항).
1. 직전 결산기의 자본금의 액
2. 직전 결산기까지 적립된 자본준비금과 이익준비금의 합계액
3. 직전 결산기의 정기총회에서 이익으로 배당하거나 또는 지급하기로 정한 금액
4. 중간배당에 따라 당해 결산기에 적립하여야 할 이익준비금
　이와 같은 제한을 두는 것은 중간배당이 남용되면 기업은 배당금으로 지급하는 금액에 대하여 이자부담이 발생하고, 현금유출로 재무구조가 나빠질 가능성이 있기 때문이다. 따라서 당해 결산기 대차대조표(재무상태표)상의 순자산액이 상법 제462조1항 각 호의 금액의 합계액에 미치지 못함에도 불구하고 중간배당을 한 경우에 이사는 회사에 대하여 연대하여 그 차액을 배상할 책임이 있다(상법 제462조의3 4항).

주식배당
株式配當

회사가 이익배당을 현금이 아니고 새로이 발행하는 주식으로써 배당하는 것을 말한다(상법 제462조의2). 다만, 주식배당에 따른 주주보호를 위하여 주식배당은 이익배당총액의 2분의 1에 상당하는 금액을 초과할 수 없다(같은 조 1항 후단).

주식배당에서 액면주식배당을 하는 경우에는 배당액은 권면액으로 계산한다(같은 조 2항). 주식으로써 배당할 이익의 금액 중 액면주식의 권면액에 미달하는 단수가 있는 때에는 그 부분에 대하여는 발행한 신주를 경매하여 각주수에 따라 그 대금을 종전 주주에게 지급하여야 하나, 신주를 경매하는 대신 거래소의 시세 있는 주식은 거래소를 통하여 매각하고, 거래소의 시세 없는 주식은 법원의 허가를 받아 경매 외의 방법으로 매각할 수 있다(같은 조 3항).

주식배당을 받은 주주는 주식배당의 결의가 있는 주주총회가 종결한 때부터 신주의 주주가 된다(같은 조 4항). 주식배당의 결의가 있는 때에는 이사는 지체 없이 배당을 받을 주주와 주주명부에 기재된 질권자에게 그 주주가 받을 주식의 종류와 수를 통지하여야 한다(같은 조 5항). 또 주식의 등록질(상법 제340조1항)의 질권자의 권리는 주주총회의 결의에 의하여 주식배당으로서 주주가 받을 신주에 미치므로(상법 제462조의2 6항 전단), 주식의 등록질권자(登錄質權者)는 회사로부터 주식배당을 받아 다른 채권자에 우선하여 자기채권의 변제에 충당할 수 있다. 이 경우에 채권자는 회사에 대하여 위의 신주에 대한 주권의 교부를 청구할 수 있다(같은 조 6항 후단).

현물배당
現物配當

재산배당이라고도 하며 대부분의 배당은 현금배당이지만 상품 등 비화폐성 자산으로 배당을 할 수 있음을 정할 수 있다(상법 제462조의4 1항). 배당을 결정한 회사는 주주가 배당되는 금전 외의 재산 대신 금전의 지급을 회사에 청구할 수 있도록 한 경우에는 그 금액 및 청구할 수 있는 기간, 일정수 미만의 주식을 보유한 주주에게 금전 외의 재산 대신 금전을 지급하기로 한 경우에는 그 일정수 및 금액을 정할 수 있다(같은 조 2항). 재산배당이 선언되었을 때 주주에게 분배할 비화폐성 자산의 공정한 시장가치가 배당금으로 기록할 금액이 되며, 주주는 배당받은 재산의 공정한 시장가치를 배당수익으로 인식한다.

이연자산
移延資産

어느 영업연도에 이미 지출한 비용 중 다음 회계기간 이후의 비용으로 미루는 부분을 그 기간의 자산으로 대차대조표(재무상태표)의 자산의 부에 계상하여 이것을 이후 수년에 걸쳐 상각하는 것을 말한다. 자산원칙상 자산은 소비되어 비용으로 되고 또한 이것이 수익에 의하여 회수(回收)된다. 그런데 지출된 비용 중 당기(當期)에 회수되는 수익에 대응할 부분은 당기의 비용으로 하여야 하나, 그렇지 않고 차기의 부담으로 될 부분, 즉 차기 이후의 수익에 대응할 부분까지 당기의 비용으로 하면 손익계산이 부당하게 되어 경영성과의 정확한 손익계산이 불가능하게 된다. 그래서 지출된 비용 중 당기의 부담이 될 부분은 당기의 손익에 산입하고 그 이외의 부분, 즉 차기 이후의 비용으로서 이연하는 부분은 이것을 일시자산으로서 대차대조표(재무상태표)의 자산의 부에 상정하여 이후 수년에 걸쳐 상각해가는 것이다.

과거 상법은 창업비, 신주발행비용, 주식할인발행시의 액면미달금액, 사채모집시의 사채차액, 사채발행비용·건설이자의 배당액에 관하여 이연자산으로서의 처리를 인정하고 있었다. 그러나 국제회계기준의 도입에 따라 이를 삭제하고 현재는 비용, 부채 등으로 각자 회계처리하도록 하였다.

충당금
充當金

충당금은 장래에 지급될 것이 확실한 지출이나 손실에 소요되는 비용으로, 현실로 지출되기 전에 미리 대차대조표(재무상태표)상의 비용으로 상정하여 각기의 수익에 의해 삭감시키는 가상적인 비용을 말한다. 충당금의 본질은 대차대조표(재무상태표)상의 비용예측이라고 할 수 있다. 이연자산과의 차이점은 이연자산이 이미 지출된 비용을 장래의 수익에 대응시키기 위하여 대차대조표(재무상태표)에 계상되는 금액인 데 반해, 충당금은 아직 지출되지 않은 비용을 당기의 수익에 대응시키는 결과로서 대차대조표(재무상태표)에 계상되는 금액이다. 어느 것이나 '비용배분(費用配分)'이라는 손익계산의 이념에 기초를 두고 있는 점에서 공통되어 있다고 할 수 있다.

이와 같이 보면, 이연자산은 그 본질이 비용이연인 것으로 말미암아 자산성을 갖는데 반하여, 충당금은 그 본질이 비용예측이라는 점에서 부채성을 갖는 것이라고 할 수 있다. 충당금에 관하여는 상법에 명문규정이 없다.

포괄증자
包括增資

회사의 신주발행에 의한 증자방법 중에서 신주발행가액의 일부분은 준비금의 자본전입에 의해 무상으로 하고, 나머지 부분은 유상으로 발행함으로써 자본금조달을 용이하게 하는 증자방법을 의미한다. 포괄증자는 준비금의 자본금전입에 의한 무상교부 부분과 증자를 위한 유상교부 부분이 결합되어 있다고 할 수 있다. 따라서 회사 입장에서는 준비금의 자본금전입 방법에 의해 신주의 발행가액에 해당하는 증자를 손쉽게 할 수 있고, 주주측에서는 발행가액 미만의 유상납입으로도 신주를 인수할 수 있다는 이익이 있다. 바로 이 점에서 포괄증자가 유상(有償)·무상병행증자(無償倂行增資)에서 찾아볼 수 없는 커다란 이 점을 지니고 있는 것은 사실이다. 그러나 포괄증자가 주식의 할인발행을 제한하는 상법의 취지(상법 제417조)에 어긋날 뿐만 아니라, 포괄증자시 유상증자부분과의 결부로 말미암아 신주인수권을 행사하지 않는다면, 준비금에 대한 무상신주부분까지 강제로 박탈

당하게 되어서 주주의 이익을 해치게 되므로 우리나라의 현행 상법에서는 이를 인정하지 않고 있다.

자본결손
資本缺損

주식회사의 순재산액(자산총액으로부터 부채총액을 공제한 잔액)이 자본액과 법정준비금(자본준비금과 이익준비금)과의 합계액보다 적은 경우를 말한다. 따라서 만일 회사가 임의준비금을 설정하고 있는 경우에 이것으로써 보전할 수 있는 결손인 경우는 여기에서 말하는 자본결손이 아니다. 상법은 이 의미의 자본결손에 관하여 법정준비금에 의한 결손보전(缺損補塡)을 규정하고 있다(상법 제460조). 이 결손의 보전이라고 하는 경우의 결손은 자본손실을 의미하는데, 순자산액이 자본액보다 적은 의미인지 자본액과 법정준비금과의 합계액보다 적은 경우인지 문제가 되나 일반적으로 후자의 의미로 해석된다.

결산보고서
決算報告書

결산에 관한 보고서를 말한다. 일반적으로 기업에 있어서 1회계연도의 경영성적을 계산확정하고 기업의 재정상태를 명확히 하는 절차를 결산이라고 한다. 상법상 이에 관한 서류를 **재무제표**(財務諸表)라고 부르고 있는데 〔상법 제447조, 대차대조표(재무상태표)·손익계산서·자본변동표·이익잉여금 처분계산서 또는 결손금 처리계산서〕, 실무상은 이러한 재무제표를 일괄한 것을 결산보고서라 하고, 회계상도 결산보고라고 하는 경우가 있다. 물적회사에서는 주주·회사채권자 등의 이익의 조정보호를 위해 이사에 대하여 이러한 재무제표의 작성·제출·승인·공고·비치·공시 등에 관하여 엄중한 규제를 가하고 있다(상법 제447조·제447조의3·제448조·제449조·제449조의2·제579조·제579조의3). 다만, 청산사무를 종결한 청산인이 주주총회에 제출하여 그 승인을 얻어야 하는 결산보고서(상법 제540조1항)는 별개의 것이다.

투자설명서
投資說明書

주식·사채 등의 유가증권의 모집·매출을 위하여 일반인에게 열람시키는 그 증권발행회사의 사업에 관한 설명을 기재한 문서를 말한다. 그 기재내용은 증권신고서에 기재되는 내용과 동일하며, 그 증권신고의 효력이 발생하는 날 금융위원회에 제출하여야 한다. 또, 발행인의 본점, 금융위원회, 한국거래소 및 기타 청약사무를 취급하는 장소에 비치하고 일반인이 열람할 수 있도록 하여야 한다(자본시장과 금융투자업에 관한 법률 제123조, 같은 법 시행규칙 제13조). 상법상 주식모집·사채모집을 할 때에는 각기 주식·사채청약서를 작성하고 그 청약은 이것에 의하도록 되어 있으므로(상법 제302조·제420조·제474조) 투자설명서의 작성사용은 강제되어 있지 않다. 그러나 대중투자보호를 위하여 유가증권의 모집·매출의 경우에 유가증권신고제도(有價證券申告制度)를 채택하고 투자설명서의 작성·공시(자본시장과 금융투자업에 관한 법률 제123조)와 정당한 투자설명서의 사용(같은 법 제124조)을 요구하며, 이를 위반한 경우에는 형벌의 제재가 있다(같은 법 제446조). 또 투자설명서에 허위기재를 한 때에는 해당 투자설명서를 작성·교부한 자는 이로 인한 손해배상책임을 진다(같은 법 제125조).

채무초과
債務超過

재산계산에 있어서 소극재산(부채) 총액이 적극재산(자산) 총액을 초과하는 경우를 말한다. 채무초과는 파산의 원인이 된다. 「채무자회생 및 파산에 관한 법률」은 ① 보통파산원인, ② 법인의 파산원인, ③ 상속재산의 파산원인을 규정하고 있다. ①은 채무자가 채무를 지급할 수 없거나 지급을 정지한 때를 말하고(같은 법 제305조), ②는 법인의 부채총액이 자산총액을 초과하는 경우를 말하며(같은 법 제306조), ③은 상속재산으로 상속채권자 및 유증을 받은 자에 대한 채무를 변제할 수 없는 경우를 말한다(같은 법 제307조).

회계장부 및 서류의 열람·등사청구권
會計帳簿 및 書類의 閱覽·謄寫請求權

주주가 회사의 회계장부 및 서류의 열람 또는 등사를 청구할 수 있는 권리를 말한다.

미국법에 의하면 주식회사는 주주들이 정관이라고 하는 계약에 의하여 결합된 것이고 따라서 이사는 주주의 수임자(受任者)이고, 회사의 재산은 주주의 공유재산에 속하고 회계장부는 이사가 주주의 수임자로서 행한 업무의 기록이라고 해석되고 있다. 따라서 수임자인 주주는 언제든지 회계에 관한 장부·서류의 기록을 열람할 수 있다는 결론이 나오게 되나, 우리나라에서는 이 제도를 소수주주권(小數株主權)으로서 채택하였다. 즉 발행주식총수의 100분의 3 이상에 해당하는 주식을 가진 주주는 이유를 붙인 서면으로 회계장부와 서류의 열람 또는 등사를 청구할 수 있게 하였다(상법 제466조1항). 회사가 주주의 회계장부열람·서류등사청구를 거부함에는 그 청구가 부당함을 증명하여야 한다(상법 제466조2항). 또 회사가 정당한 사유 없이 열람 또는 등사의 청구를 거부한 때에는 주주는 열람청구의 소를 제기할 수 있으며 회계장부와 서류보전의 가처분을 신청할 수 있다. 이 밖에 이사는 과태료에 의한 제재를 받게 된다(상법 제635조1항4호).

회계감사인
會計監查人

주식회사로부터 독립하여 외부에서 그 주식회사에 대한 회계의 감사를 하는 공인회계사 또는 회계법인을 말한다. 「주식회사 등의 외부감사에 관한 법률」에 의하면 「공공기관의 운영에 관한 법률」에 따라 공기업 또는 준정부기관으로 지정받은 회사 중 주권상장법인이 아닌 회사와 그 밖에 대통령령으로 정하는 회사를 제외하고, 주권상장법인, 해당 사업연도 또는 다음 사업연도 중에 주권상장법인이 되려는 회사, 그 밖에 직전 사업연도말의 자산·부채·종업원수 또는 매출액 등 대통령령으로 정하는 기준에 해당하는 회사(해당 회사가 유한

회사인 경우에는 위의 요건 외에 사원 수, 유한회사로 변경조직 후 기간 등을 고려하여 대통령령으로 정하는 기준에 해당하는 유한회사에 한정한다)는 회사로부터 독립된 외부의 감사인에 의한 회계감사를 받도록 되어 있다(주식회사 등의 외부감사에 관한 법률 제4조·제9조). 또 그 주식회사는 그 사업연도의 재무제표(재무상태표·손익계산서 또는 포괄손익계산서)·연결재무제표(연결재무상태표·연결손익계산서 또는 연결포괄손익계산서)를 작성하여 대통령령이 정하는 기간 내에 감사인에게 제출하도록 되어 있다(같은 법 제6조). 그 주식회사는 매 사업연도 개시일부터 45일 이내에 회계감사인을 선임하도록 되어 있다(같은 법 제10조). 회계감사인은 일반적으로 공정·타당하다고 인정되는 회계감사기준에 따라 감사를 실시하여야 하는데(같은 법 제16조1항), 이를 위하여 언제든지 회사의 회계에 관한 장부와 서류를 열람 또는 복사할 수 있고(같은 법 제21조1항), 그 직무의 수행을 위하여 회사 및 대통령령이 정하는 관계회사에 대하여 감사관련자료의 제출 등 필요한 협조를 요청할 수 있으며(같은 법 제21조2항), 그 직무의 수행을 위하여 특히 필요한 때에는 회사의 업무와 재산상태를 조사할 수 있다(같은 법 제21조1항). 이러한 권한은 회계에 관한 것에 한정되는데, 이사의 직무수행에 관하여 부정행위 또는 법령이나 정관에 위반되는 중대한 사실을 발견한 때에는 이를 감사 또는 감사위원회에 통보하고 주주총회 또는 사원총회에 보고하여야 한다(같은 법 제22조). 또 회계감사인은 주주총회 등이 요구하면 주주총회 등에 출석하여 의견을 진술하거나 주주 등의 질문에 답변하여야 한다(같은 법 제24조).

주기적 지정감사제
週期的 指定監査制
주권상장법인 등이 연속 6개 사업연도 동안 자유롭게 감사인을 선임하도록 한 후, 다음 3개 사업연도는 증권선물위원회가 지정한 외부감사인에게 감사를 받도록 하는 제도로, 일정 회계연도에 연속하여 외부감사인을 자유 선임한 법인에 대해 감독기관이 외부 회계감사인을 지정하는 것을 말한다(주식회사 등의 외부감사에 관한 법률 제11조2항).

2018년 11월 도입되어 2020년부터 본격 시행된 지정감사제는 대기업과 감사인의 유착을 막고 감사의 투명성과 독립성을 높이는 데 그 목적이 있다. 그러나 재계를 중심으로 피감기업의 업종, 특성에 대한 이해와 경험이 부족한 감사인을 선임하게 되어 감사인 적격성이 저하되고 감사 비용이 증가하는 부작용이 있다는 주장도 나오고 있다.

사채
社債
주식회사가 자금을 조달하기 위하여 차입된 부채에 대해 발행되는 회사명의의 채권을 의미한다. 회사채(會社債)라고도 한다. 자금조달의 방법은 이 사채 이외에도 차입금·신주발행의 방법이 있다. 합명회사·합자회사 등의 인적회사에 있어서도 이와 같은 사채를 발행할 수 있지만, 주식회사에 대해서만 이에 관한 특별한 규정이 있기 때문에(상법 제469조 이하), 일반적으로 사채란 주식회사의 사채만을 가리킨다. 일반대중으로부터 다액·장기의 자금을 조달하는 방법으로 사채권자인 일반대중의 보호와 대량성·집단성을 가지고 있고, 이를 위한 특별한 처리가 필요하다는 점에 법규정의 특색이 있다. 사채의 본질은 순수한 채권이다. 따라서 사채권자는 회사의 외부에 있는 채권자이므로 회사의 구성원인 주주와는 전혀 다르다. 그러므로 사채권자는 회사의 경영에 참가할 수 없고, 의결권도 없으며, 이익배당·잔여재산의 분배도 받을 수 없으나, 그 대신 이익의 유무와 관계없이 일정액의 이자를 지급받고 상환기한이 도래하면 사채를 상환받을 수 있다. 그리고 회사해산시에는 주주보다 앞서 보통채권자와 동순위에서 변제받을 수 있다. 이와 같이 사채와 주식은 원칙적으로는 법률상의 성질이 전혀 다르지만 점차로 양자가 동화되는 현상을 보이고 있다. 그 이유는 먼저 최근 경제적으로 주주가 회사의 경영에 별다른 관심을 보이지 않는 기업의 소유·경영의 분리현상과 배당 평준화현상에 기인하고, 다음으로 법률적 측면에서 사채와 유사한 무의결권우선주, 상환주, 전환사채 등의 비전형 주식들이 출현하기 때문으로 볼 수 있다.

사채모집
社債募集

주식회사가 자금조달을 위해 사채를 발행하여 인수인을 구하는 것을 말한다. 사채(社債)는 개인 간의 채무를 뜻하는 사채(私債)와 혼동을 일으킬 우려가 있어 **회사채**(會社債)로 표기하기도 한다. 사채를 발행한 회사는 계약에 따라 일정한 이자를 지급함과 동시에 만기에 원금을 상환해야 하며, 이에 따라 만기와 지급할 이자, 만기일에 지급할 원금 등을 반드시 표시해야 한다. 사채는 회사의 채무이므로 사채권자는 회사의 입장에서 볼 때 개인법상의 채권자이다. 따라서 사채권자는 주주들의 배당이나 회사의 이익발생 여부에 상관없이 일정한 이자를 지급받는다. 사채는 주식회사만이 발행할 수 있으며 유한회사나 유한책임회사는 발행할 수 없다(상법 제287조의44·제600조2항·제604조1항 단서).

회사는 이사회의 결의에 의하여 사채를 모집할 수 있는데(상법 제469조1항), 여기에는 ①이익배당에 참가할 수 있는 사채, ②주식이나 그 밖의 다른 유가증권으로 교환·상환할 수 있는 사채, ③유가증권, 통화, 그 밖에 대통령령으로 정하는 자산이나 지표 등의 변동과 연계하여 미리 정하여진 방법에 따라 상환 또는 지급금액이 결정되는 사채 등도 포함된다(같은 조 2항).

회사는 사채를 발행하는 경우에 사채관리회사를 정하여 변제의 수령, 채권의 보전, 그 밖에 사채의 관리를 위탁할 수 있다(상법 제480조의2). 사채모집의 형태에는 사채발행회사가 직접 일반대중에게 발행하는 직접발행방법인 직접모집과 매출발행이 있고, 중개자를 거쳐 간접적으로 일반대중에게 발행하는 위탁모집·인수모집·총액인수 등이 있다. 총액인수의 경우에는 무방식(無方式)이라도 상관없다(상법 제475조). 그러나 직접모집·위탁모집·인수모집의 경우에 일반대중이 청약을 함에는 사채청약서에 의하여(상법 제474조·제476조2항) 청약을 하고, 이에 대한 배정이 있으면 인수가 확정되고 그 다음에 납입을 시킨다(상법 제476조1항).

사채관리회사
社債管理會社

사채를 발행하는 회사로부터 변제의 수령, 채권의 보전 그 밖에 사채의 관리를 위탁받은 회사를 말한다(상법 제480조의2).

사채관리회사에 대하여는 사채의 모집[사채청약서의 작성·사채납입의 징수(상법 제474조·제476조)]뿐만 아니라 사채의 관리나 상환 등의 광범위한 권한이 부여되어 있고(상법 제484조1항·제491조1항·제493조1항·제501조·제511조 등), 그 중요성 때문에 그 자격은 은행, 신탁회사 등으로 한정되어 있으며, 사채의 인수인 및 사채를 발행한 회사와 특수한 이해관계가 있는 자 등은 사채관리회사가 될 수 없다(상법 제480조의3).

기존에는 기업이 발행한 회사채를 인수하는 증권회사, 즉 수탁회사가 사채관리업무도 함께 수행하였다. 하지만 이런 경우 사채권자보다 발행회사의 이익을 우선하는 등 채권자가 불이익을 받는 경우가 발생하였다. 이에 따라 상법을 개정하여 수탁회사의 권한 중 사채관리기능 부분을 분리하여 사채관리회사가 담당하도록 하였다.

무기명사채
無記名社債

사채권자의 성명이 사채권에 기재되어 있지 않은 사채를 말한다. 이에 반하여 사채권자의 성명이 사채권에 기재되어 있는 사채를 기명사채라고 한다. 무기명사채는 이권부(利券附)로 발행되는 것이 보통이다. 이권(利券)이란 사채의 각 이자지급기일에 이자의 지급을 약속하는 유가증권을 말하며, 사채권자는 이자지급기일에 이권과 상환하여 이자의 지급을 청구할 수 있고 별도로 사채권의 제시를 필요로 하지 않는다. 이권은 또 채권과 분리하여 타인에게 양도할 수도 있다. 이권 있는 무기명사채를 상환하는 경우에 이권이 흠결된 때에는 그 이권에 상당한 금액을 상환가액으로부터 공제하도록 되어 있고(상법 제486조1항), 이권소지인은 위의 경우 언제든지 그 이권과 상환하여 공제액의 지급을 청구할 수 있도록 되어 있다(상법 제486조2항). 채권을 기명식 또는 무기명식으로 한정한 때를 제외하고 사채권자는 언제든지 기명식의 채권을 무기명식으로, 무기명식의 채권을 기명식으로 전환해줄 것을 회사에 청구할 수 있다(상법 제480조). 무기명사채는 무기명채권이므로 양수인에게 그 채권을 교부함으로써 양도의 효력이 있다(민법 제523조, 주식의 양도의 항 참조).

사채의 상환
社債의 償還
사채발행회사가 사채권자에 대하여 회사의 채무인 사채를 변제하는 것을 말한다. 상환의 방법·기한은 사채발행조건으로 정하여지며, 사채권·사채원부·사채청약서 등에 기재된다(상법 제474조2항8호·제478조2항2호·제488조3호). 보통 발행 후 일정기간 거치하고 그 후 수시로 상환하거나 정기적으로 일정액 또는 그 이상의 액을 추첨에 의하여 상환하고, 일정기일까지 전부의 상환을 종결하는 뜻을 정한다. 상환금액은 권면액을 원칙으로 하나 권면액을 초과한 금액으로 상환되는 것도 있다. 사채관리회사는 회사가 정기에 일부상환을 하여야 할 경우에 이를 해태하면 사채권자집회의 결의에 의하여 일정절차를 통해 기한의 이익을 잃는다는 뜻을 통지할 수 있다(상법 제490조, 담보부사채신탁법 제69조·제70조).

사채의 상환청구권은 10년의 시효로 소멸한다(상법 제487조). 또 사채상환과 동일한 효과를 가져오는 것으로 사채의 **매입소각(買入消却)**이 있다. 이것은 사채발행회사가 자기의 사채를 매입하여 소각하고 그 사채를 소멸시키는 것이다.

사채원부
社債原簿
사채 및 사채권자에 관한 사항을 명백히 하기 위하여 사채발행회사가 작성하는 장부를 말한다. 회사는 사채원부에 법정사항(사채권자의 성명과 주소·채권의 번호·기타 사항)을 기재하여(상법 제488조) 본점에 비치해 두어야 한다(같은 법 제396조1항 전단). 다만, 명의개서대리인을 둔 때에는 사채원부 또는 그 복본을 명의개서대리인의 영업소에 비치할 수 있다(같은 조 1항 후단). 주주·회사채권자는 영업시간 내에 언제든지 사채원부의 열람 또는 등사를 청구할 수 있다(같은 조 2항). 사채원부는 주식에 관한 사항을 명백히 하는 장부인 주주명부에 대응하는 것이며 기능도 유사하다. 또 사채원부는 기명사채이전(記名社債移轉)의 대항요건(상법 제479조1항)의 역할을 하며, 사채권자에 대한 통지·최고(같은 법 제489조1항·제353조) 등에서 법률상의 의의를 가지고 있다.

사채권자집회
社債權者集會
사채권자 전원으로 구성되어 사채권자의 이해에 중요한 관계를 가진 사항에 관하여 사채권자의 총의(總意)를 결정하기 위한 합의체를 말한다(상법 제490조). 단독으로는 무력한 개개 사채권자의 공동 이익을 보호하기 위하여, 또 다른 한편으로는 사채발행회사가 개개의 사채권자와 개별적으로 교섭하여야 하는 불편을 피하기 위하여 인정된 것이다. 주주총회와 같이 회사의 기관은 아니지만 다음의 점을 제외하고는 대체로 동일하게 취급된다.
① 권한 : 감자·합병에 대한 이의(상법 제439조3항·제530조2항) 등 법률로 정하여진 사항 및 사채권자의 이해관계가 있는 사항에 관하

여 결의할 수 있다(상법 제490조).

② 소집 : 사채권자집회는 위의 결의를 할 필요가 있을 경우 수시로 소집되는데, 소집권자는 사채발행회사·사채관리회사·소수사채권자(사채총액의 10분의 1 이상에 해당하는 사채권자) 등이다.

③ 결의 : 각 사채권자는 그가 가지는 해당 종류의 사채금액의 합계액(상환받은 액은 제외한다)에 따라 의결권을 가지며(상법 제492조1항), 결의는 원칙적으로 출석한 사채권자의 의결권의 3분의 2 이상의 수와 발행사채총수의 3분의 1 이상의 수에 의하여 성립한다(상법 제495조1항·제434조). 또 사채권자집회는 자주 개최하는 것이 곤란하므로 대표자를 선임하여 사채권자집회의 결의 대신에 대표자의 결정에 맡긴다고 하는 편법을 취할 수도 있다(상법 제500조).

전환사채
轉換社債
주식으로 전환할 수 있는 권리, 즉 주식으로의 전환권이 인정되는 사채를 말한다. 전환사채를 가지고 있는 자는 사채권자로서 완전한 지위를 가지게 되는데, 회사의 업적이 양호하게 되면 전환에 의하여 주주가 되어 유리한 지위(사채권자로서 일정한 이자의 지급을 받는 것보다 많은 배당금의 지급을 받을 수 있다)를 획득할 수 있으므로, 전환사채는 사채의 견실성(堅實性)과 주식의 투기성을 모두 가진다. 보통의 사채에 비하여 사채의 모집을 쉽게 하는 이점이 있고, 전환에 의하여 사채가 소멸되고 그 대신에 주식이 발행된다. 전환사채의 발행사항결정에 관해서 정관에서 특별히 주주총회의 결의에 의하여 결정하기로 정한 경우를 제외하고 정관에 규정이 없는 것은 이사회의 결의에 의하여 결정한다(상법 제513조2항). 전환사채의 총액, 전환의 조건, 전환으로 인하여 발행할 주식의 내용 등 전환사채발행을 위한 요건사항은 법으로 정해져 있다(상법 제513조2항1호~6호).

주주 이외의 자에게 전환사채의 인수권을 부여하는 경우에는 정관의 규정이나 주주총회의 특별결의에 의하도록 하였다. 전환사채의 인수권을 가진 주주는 각 전환사채의 금액 중 최저액에 미달하는 단수를 제외하고는 그가 가진 주식수에 따라서 전환사채의 배정을 받을 권리가 있고(상법 제513조의2 1항), 회사는 일정한 날을 정하여 그날의 주주명부에 기재된 주주가 위 권리를 가진다는 뜻과 전환사채의 인수권을 양도할 수 있을 경우에는 그 뜻을 그날의 2주 전에 공고하도록 규정하였다(상법 제418조3항·제513조의2 2항). 주주 이외의 자에 대하여 전환사채를 발행하는 경우에 그 발행할 수 있는 전환사채의 액, 전환의 조건, 전환으로 인하여 발행할 주식의 내용과 전환을 청구할 수 있는 기간에 관하여 정관에 규정이 없으면 주주총회의 특별결의로 정하도록 규정하였다(상법 제513조3항). 전환사채를 발행할 때는 사채청약서·채권·사채원부에 법정사항을 기재하도록 되어 있고(상법 제514조), 회사는 납입이 완료된 날로부터 2주 내에 본점의 소재지에서 전환사채의 등기를 해야 한다(상법 제514조의2 1항). 전환을 청구하는 자는 청구서 2통에 채권을 첨부하여 회사에 제출하고, 전자등록기관의 전자등록부에 채권을 등록한 경우에는 그 채권을 증명할 수 있는 자료를 첨부하여 회사에 제출하여야 하고(상법 제515조1항), 이 청구서에는 전환하고자 하는 사채와 청구의 연월일을 기재하고 기명날인 또는 서명하도록 되어 있다(상법 제515조2항).

전환사채등기
轉換社債登記
회사가 전환사채를 발행할 때 기재해야 하는 등기와 전환사채의 전환으로 등기사항의 변경을 등기하는 것을 말한다. 회사가 전환사채를 발행한 때에는 전환사채의 전액 또는 제1회의 납입이 완료된 날부터 2주 내에 본점 소재지에서 전환사채등기를 하도록 되어 있고(상법 제514조의2 1항), 그 등기사항은 ① 전환사채의 총액 ② 각 전환사채의 금액 ③ 각 전환사채의 납입금액 ④ 사채를 주식으로 전환할 수 있다는 뜻 ⑤ 전환의 조건 ⑥ 전환으로 인하여 발행할 주식의 내용 ⑦ 전환을 청구할 수 있는 기간 등이다(같은 조 2항).

외국에서 전환사채를 모집한 경우에 등기할 사항이 외국에서 생긴 때에는 등기기간은 그 통지가 도달한 날로부터 기산하게 되어 있다(상법 제514조의2 4항). 전환사채의 발행등기를 신청하는 경우에는 ① 사채의 인수를 증명하는 정보, ② 사채의 청약을 증명하는 정보, ③ 사채의 전액 또는 제1회의 납입이 있음을 증명하는 정보를 제공해야 하고(상업등기규칙 제144조1항), 제2회 이후의 납입 등으로 인한 변경등기 또는 사채의 전부 상환 등으로 인한 말소등기를 신청하는 경우에는 그 사실을 증명하는 정보를 제공하여야 한다(같은 조 2항). 전환사채가 주식으로 전환되면 전환사채의 등기사항(상법 제514조의2 2항)에 변경이 생기게 되므로 그 변경등기가 필요하게 된다(같은 조 3항). 이 경우 본점소재지에서는 2주 이내, 지점소재지에서는 3주 이내에 변경등기를 하도록 되어 있다(같은 조 3항·제183조).

신주인수권부사채
新株引受權附社債

사채권자에게 일정기간이 경과한 후 일정가격으로 발행회사의 일정수의 신주를 인수할 수 있는 권리가 부여된 채권을 말한다. 신주인수권부사채는 사채권자가 신주인수권을 행사하면 결국 주주가 될 수 있다는 점에서 전환사채와 성질상 유사한 점이 많다. 그러나 전환사채에 있어서는 사채권자의 전환권행사에 의하여 사채권자의 지위를 상실하여 즉시 주주가 되며, 신주발행의 대가로 별도출자를 요하지 않는데 반하여, 신주인수권부사채에 있어서는 사채권자가 신주인수권을 행사하더라도 사채가 소멸되지 않으며, 신주발행의 대가로 별도출자를 필요로 하는 점에서 양자의 차이가 있다. 또 전환사채의 전환에 의한 신주발행총액은 반드시 사채발행총액과 일치하게 되나(상법 제348조·제516조2항), 신주인수권의 행사에 의한 주식발행총액은 사채총액의 범위 내에서 발행회사가 자유로이 조절할 수 있다. 그러므로 발행회사의 입장에서 볼 때 이익배당의 압박을 경감시키면서 낮은 금리로 자금을 조달할 수 있고, 주식시장에 주식공급을 증가시킬 수 있다는 점에서 신주인수권부사채제도가 전환사채제도(轉換社債制度)보다 유리한 점을 지니고 있다. 신주인수권부사채의 발행시에 발행사항으로 정관에 규정이 없는 것은 특별히 주주총회에서 결정하도록 한 경우를 제외하고는 이사회가 이를 결정한다(상법 제516조의2 2항). 또, 신주인수권부사채의 발행요건으로서, 각 신주인수권부사채에 부여된 신주인수권의 행사로 인하여 발행할 주식의 발행가액의 합계액은 각 신주인수권부사채의 금액을 초과할 수 없으며(상법 제516조의2 3항), 신주인수권부사채는 채권과 신주인수권증권을 발행하게 하였고(상법 제516조의5), 이 증권이 발행된 경우에 신주인수권의 양도는 이 증권의 교부에 의하여서만 할 수 있게 하였다(상법 제516조의6 1항). 회사는 신주인수권증권을 발행하는 대신 정관으로 정하는 바에 따라 전자등록기관의 전자등록부에 신주인수권을 등록할 수 있다(상법 제356조의2·제516조의7). 회사가 신주인수권부사채를 발행한 때에는 법정사항을 등기하게 되어 있다(상법 제516조의8). 신주인수권을 행사하려는 자는 청구서 2통을 회사에 제출하고 신주발행가액의 전액을 납입하며(상법 제516조의9 1항), 이 납입은 채권 또는 신주인수권증권에 기재한 은행, 기타 금융기관의 납입장소에 하게 되어 있다(같은 조 3항). 신주인수권을 행사한 자는 위의 납입을 한 때에 주주가 된다(상법 제516조의10).

회사의 소멸
會社의 消滅

회사가 법인격을 잃는 것을 말하는데, 다음과 같은 경우에 해당한다. ① 합병에 의한 경우(상법 제227조4호·제269조·제287조의38·제517조1호·제609조1항1호) ② 회사가 파산절차를 종료한 경우(채무자 회생 및 파산에 관한 법률 제328조) ③ 합병이나 파산 이외의 원인으로 인하여 해산한 회사(상법 제227조1호~3호·6호·제269조·제287조의38·제517조·제609조)의 청산절차를 종료한 때이다. 다만, 회사의 해산은 법인격의 원인이 되는 법률요건일 뿐이고, 이것에 의하여 회사가 즉시 소멸되는 것은 아니다. 따라서 해산 후에도 회사는 청산의 목적범위 내에서 존속한다(상법 제245조·제269조·제287조의38·제542조1항·제613조1항). 회사가 파산으로 인하여 해산하는 경우에도 파산절차를 종료한 후에 소멸된다(채무자 회생 및 파산에 관한 법률 제328조). 반면 합병의 경우에는 합병 그 자체가 성립된 때에 청산절차를 거치지 아니하고 즉시 소멸한다(상법 제250조·제269조·제287조의38·제531조·제613조1항).

휴면회사
休眠會社

매년 변경등기를 하여야 함에도 불구하고 장기간 등기의무를 게을리하고 영업활동을 하지 않는 명목상의 회사를 말한다. 상법은 휴면회사를 그대로 방치하는 경우에 ① 상호선정의 자유를 저해하고 ② 등기사무의 번잡을 초래하며 ③ 회사범죄의 유발원인이 되는 등 많은 폐해가 생기므로 휴면회사를 해산한 것으로 본다고 규정하고 있다(상법 제520조의2). 또 이와 같이 영업활동을 하지 않는 명목상의 회사는 일정한 요건을 충족하면, 법원에 의한 해산명령의 대상이 될 수 있지만(상법 제176조), 실질사실관계의 조사가 필요하기 때문에 효과적인 기능을 발휘하지 못한다. 상법상 휴면회사의 정리의 방법은 본점소재지를 관할하는 법원에 최후의 등기 후 5년을

경과한 회사로서 공고한 날로부터 2월 이내에 대통령령이 정하는 바에 의하여 신고를 하지 아니한 때에 그 회사는 신고기간이 만료된 때에 해산한 것으로 보며(상법 제520조의2 1항 본문), 등기관은 직권에 의하여 해산등기를 한다(상업등기법 제73조). 이 공고가 있는 때에 법원은 해당 회사에 대하여 통지를 발송한다(상법 제520조의2 2항). 다만, 위의 신고기간 내에 등기를 한 회사에 대하여는 해산한 것으로 보지 않는다(상법 제520조의2 1항 단서).

해산한 것으로 본 회사는 그 후 3년 내에는 주주총회의 특별결의에 의하여 회사를 계속할 수 있고(상법 제520조의2 3항), 해산한 것으로 본 회사가 회사를 계속하지 아니한 경우에는 그 회사는 그 3년이 경과한 때에 청산이 종결된 것으로 본다(상법 제520조의2 4항).

임의청산·법정청산
任意淸算·法定淸算

청산이란 해산하여 본래의 활동을 정지한 법인(청산법인), 기타의 단체가 기존의 채권·채무관계의 정리를 위해 재산관계를 정리하는 것을 말한다. 회사는 파산·합병 이외의 원인으로 해산한 때에는 반드시 청산절차가 따르게 된다. 이 청산절차에는 임의청산과 법정청산이 있다. **임의청산**(任意淸算)은 사원의 의사에 의하여 해산한 경우(상법 제227조2호)에 한하여 인정되는 것이며, 사원의 신뢰관계를 기초로 하는 인적회사의 특유한 청산방법이다. **법정청산**(法定淸算)은 인적·물적회사에게 인정되는 청산방법이며, 청산사무의 내용은 ① 현존사무의 종결 ② 채권의 추심과 채무의 변제 ③ 재산의 환가처분 ④ 잔여재산의 분배 등이다(상법 제254조1항·제269조·제287조의45·제542조1항·제613조1항). 잔여재산은 채무변제 후에 사원에게 분배함을 요하는데 그 표준으로서 합명회사·합자회사(인적회사)에서는 출자의 가액, 주식회사·유한회사(물적회사)에서는 수종의 주식과 같

이 정관에 다른 정함이 있는 경우를 제외하고는 지수주 또는 출자좌수에 따라 분배하게 된다. 이 분배가 전부 종결되면 회사는 소멸되고, 청산종결의 등기가 행하여져 청산절차가 종료된다. 이와 같이 청산중의 회사를 **청산회사**(淸算會社)라고 하는데, 청산회사는 해산 전의 회사와 동일한 인격을 가지면서 청산목적을 위하여 존재한다(상법 제245조·제269조·제287조의45·제542조1항·제613조1항). 청산회사에 있어서는 원칙적으로 존속중의 회사에 관한 규정이 적용되지만, 앞에서 본 바와 같이 존재 목적에 제한이 있으므로 영업을 전제로 하는 업무집행이나 지배인, 경업금지업무(競業禁止業務) 등에 관한 규정의 적용은 없고, 이익배당이나 입사·퇴사에 관한 규정의 적용도 없다.

유한회사 有限會社

다수의 균등액의 출자로 구성되는 자본을 가지고 사원 전원이 회사에 대한 자본의무를 부담할 뿐이고, 회사채권자에 대하여는 별도의 책임을 지지 않는 특질을 가진 물적회사로서 상행위 기타 영리를 목적으로 상법에 의하여 설립되는 법인(상법 제169조)을 말한다. 유한회사는 독일·프랑스의 유한책임회사, 영국의 사회사(私會社)를 모방하여 채택된 물적회사(物的會社)와 인적회사(人的會社)의 장점을 융합시킨 중간적 형태의 회사로서 중소기업에 적합한 형태의 회사이다. 그 조직이 비공중적·폐쇄적인 점에서는 인적회사와 유사하나, 유한책임사원으로 구성되는 자본단체라는 점에서는 주식회사와 유사하다. 이른바 폐쇄적(閉鎖的) 간이주식회사(簡易株式會社)라고도 말할 수 있다.

유한회사의 주요한 성질을 그 특질에 기하여 설명하면 다음과 같다. ① 유한회사의 폐쇄성 : 유한회사는 설립·증자시에 사원의 공모를 할 수 없으며(상법 제589조2항), 주식·사채 또는 이와 유사한 것의 발행 역시 허용되지 않는다(같은 법 제600조2항·제604조1항). 주식회사와 같이 대차대조표(재무상태표)를 공고할 의무도 없으며(같은 법 제581조2항), 수권자본제를 채택하지 아니하므로 자본금의 총액을 정관에 기재하여야 한다(상법 제543조2항2호). ② 조직의 간이성 : 이사의 인원수에 제한이 없고(상법 제561조), 이사회는 인정되지 않는다(상법 제567조). 사원총회의 권한이 크고 그 소집절차·결의방법이 간이화되어 있다(상법 제571조2항·제573조·제577조). 이 밖에 사원의 책임은 출자의무에 한정되는 유한책임이나, 현물출자·재산인수의 목적물에 관하여 가액전보책임(價額塡補責任)을 진다(상법 제550조·제551조1항·제593조1항).

출자인수권 出資引受權

유한회사에서 자본이 증가하는 경우에 우선적으로 출자를 인수하는 권리를 말한다. 주식회사에서는 이에 해당하는 것으로서 **신주인수권**(新株引受權)이 있는데, 유한회사와 다른 점은 유한회사는 각 사원에게 법정된 출자인수권이 인정되어 있는 것이다(상법 제588조). 이와 같이 각 사원에게 출자인수권이 인정되는 것은 유한회사의 성질이 폐쇄적이고 서로 신뢰관계에 있는 사원으로 구성되어 있기 때문이다. 즉 이렇게 함으로써 각 사원의 지위안정을 확보하고 있는 것이다. 예외로서 사원 이외의 특정인에게 출자인수권을 인정할 수도 있다. 즉 정관 또는 자본금증가의 결의에서 또는 사원총회의 특별결의에 의하여 장래의 자본금증가(상법 제586조3호·제587조)에 관하여는 특정인에 대하여 출자인수권을 부여할 수 있다. 출자인수의 방법은 인수를 증명하는 서면에 그 인수할 출자의 좌수와 주소를 기재하고 기명날인 또는 서명하는 것이다(상법 제589조1항). 아울러 자본금증가의 경우에 출자인수를 한 자는 출자의 납입기일 또는 현물출자의 목적인 재산의 급여기일로부터 이익배당에 관하여 사원과 동일한 권리를 가진다(상법 제590조).

사원총회
社員總會

사원 전체로 구성되는 총회이며, 그 실체에 있어서 사단의 최고의결기관을 말한다. 주식회사에서도 사원총회가 존재하는데, 상법에서는 이것을 특별히 주주총회라고 부르고 있기 때문에 사원총회는 보통은 유한회사의 총회, 비영리법인 및 상호회사의 총회를 의미하는 것이다. 다만, 상호회사에 있어서 사원총회는 필요불가결의 기관이 아니고 정관으로 이에 갈음할 사원총회대행기관을 정할 수 있다(보험업법 제54조1항).
① 유한회사의 사원총회 : 원칙적으로 주주총회와 같으며, 상법은 주주총회에 관한 규정을 준용하고 있다(상법 제578조). 여기에서는 주주총회와 다른 점만을 설명한다. 1. 권한에 있어서는 주주총회와 같이 결의사항에 제한이 없고, 2. 결의방법에 관하여는 특별결의는 총사원의 반수 이상이며, 총사원의 의결권의 4분의 3 이상을 가지는 자의 동의를 필요로 하고 서면에 의한 결의가 인정된다(상법 제577조·제585조). 3. 총회소집에 관하여는 이사가 이를 소집하고, 총사원의 동의가 있으면 소집절차를 생략하여도 좋다(상법 제571조·제573조).
② 비영리사단법인(非營利社團法人)의 사원총회 : 비영리사단법인에 관한 규정은 민법에 있고 그 개략은 다음과 같다. 사원총회에는 통상총회(매년 1회 이상)와 임시총회가 있고, 소집권자는 이사 또는 감사이다(민법 제67조4호·제69조·제70조). 총회의 소집은 1주 전에 그 회의의 목적사항을 기재한 통지를 발송한다(민법 제71조). 각 사원의 결의권은 평등하고 서면 또는 대리인에 의한 의결권을 행사할 수도 있다(민법 제73조).

사원의 업무집행권
社員의 業務執行權

회사업무에 관한 제반사무를 집행하기 위하여 사원이 법률상 또는 사실상의 행위를 하는 권한을 말한다. 대외적인 행위에 관한 업무집행권은 회사대표권이 된다(대표이사·사장). 인적회사의 무한책임사원은 그의 책임상 대내적으로는 원칙상 업무집행권을 가지고 있으나, 전원이 업무집행을 담당하여야 하는 것은 아니므로 정관으로 일부의 사원에 한정시킬 수도 있다(상법 제200조·제201조1항·제273조). 반면에 주식회사에서는 이사가 업무집행권을 가지지만 이사는 사원자격을 요건으로 하지 않기 때문에 사원의 업무집행권과는 구별된다. 또 주식회사의 이사는 주주총회에서 선임되어야 하고, 임기를 가지고 있다는 점도 일반적인 사원의 업무집행권과의 차이라고 할 수 있다. 업무집행권을 가지는 사원과 회사와의 관계는 위임에 관한 민법 제681조 내지 제688조의 규정이 준용되므로(상법 제195조, 민법 제707조), 업무집행사원은 선량한 관리자의 주의로써 회사의 업무를 집행하여야 한다(민법 제681조). 업무집행은 원칙적으로 업무집행사원의 과반수로써 한다(상법 제195조, 민법 제706조2항). 다만, 그 결의의 집행 자체는 각 사원이 단독으로 할 수 있고, 통상의 업무는 각 업무집행사원이 전행할 수 있다(상법 제195조, 민법 제706조3항 본문). 또 사원이 업무를 집행함에 현저하게 부적임하거나 중대한 의무위반행위가 있는 때에는 본점소재지의 지방법원은 사원의 청구에 의하여 업무집행권한의 상실을 선고할 수 있다(상법 제186조·제205조1항·제206조). 이 판결이 확정되면 업무집행권을 상실하게 된다.

외국회사
外國會社

대한민국의 국적을 가지지 않은 회사를 말한다. 대한민국의 국적을 가지고 있는 회사를 **내국회사**(內國會社)라고 하는데 이에 대응하는 용어이다. 외국회사가 대한민국에서 영업을 하고자 하는 경우에는 대한민국에서의 대표자를 정하고 영업소를 설치하거나 대표자 중 1명 이상이 대한민국에 그 주소를 두어야 한다. 또, 대한민국에서 설립되는 동종의 회사 또는 가장 유사한 회사의 지점과 동일한 등기를 하여야 하고, 이 등기에서는 회사설립의 준거법(準據法)과 대한민국에서의 대표자의 성명과 그 주소를 등기하도록 되어 있다(상법 제614조). 대한민국에 본점을 설치하거나 대한민국에서 영업을 할 것을 주된 목적으로 하는 외국회사는 외국에서 설립된 경우에도 대한민국에서 설립된 회사와 동일한 규정에 따르도록 되어 있다(상법 제617조). 또 외국회사는 그 영업소의 소재지에서 영업소등기의무의 규정(상법 제614조)에 의한 등기를 하기 전에는 계속하여 거래를 하지 못하고, 이에 위반하여 거래를 한 자는 그 거래에 대하여 회사와 연대하여 책임을 지게 되어 있다(상법 제616조). 외국회사가 대한민국에 영업소를 설치한 경우에 법정사유가 있는 때에는 법원은 이해관계인 또는 검사의 청구에 의하여 그 영업소의 폐쇄를 명할 수 있게 되어 있다(상법 제619조1항). 그 법정사유가 있는 때는 다음과 같은 때이다. ① 영업소의 설치목적이 불법한 것인 때 ② 영업소의 설치등기를 한 후 정당한 사유 없이 1년 내에 영업을 개시하지 아니하거나 1년 이상 영업을 휴지한 때 또는 정당한 사유 없이 지급을 정지한 때 ③ 회사의 대표자 기타 업무집행자가 법령 또는 선량한 풍속 기타 사회질서에 위반한 행위를 한 때이다.

회사 임원에 대한 벌칙
會社 任員에 대한 罰則

회사범죄 등을 범한 물적회사의 이사 기타의 임원을 처벌하는 회사법상의 규칙을 말한다. 이 회사법상의 벌칙 가운데는 회사범죄에 대한 형벌(상법 제622조~제625조·제626조~제634조의2)과 명령규정위반에 대한 행정벌(상법 제625조의2·제635조·제636조)이 있다. 주식회사에 있어서 주주의 대다수는 경영에 관계하지 않고 경영에 관하여는 이사가 강력한 권한을 가지고 있기 때문에 이사의 위법행위에 대하여 주주나 회사채권자 및 일반대중을 보호할 필요가 있다. 따라서 이 보호를 형법에 의존하지 아니하고 상법 자체가 상세히 벌칙을 규정하고 그 보호를 도모하고 있다.

회사범죄자로서 형벌규정의 적용이 있는 자는 발기인, 업무집행사원, 이사, 집행임원, 감사위원회 위원, 감사, 직무대행자, 지배인 기타 회사영업에 관한 특정사용인(부·과장 등), 청산인, 설립위원 등이다. 형벌에는 징역(최고한은 10년)과 벌금(최고한은 3천만원)이 있고, 징역과 벌금을 병과하는 경우도 있다(상법 제632조). 또 행정벌로서는 과태료가 있다. 그 금액의 최고한은 500만원임을 원칙으로 하나(상법 제635조1항), 행위에 대하여 형을 과할 때에는 과태료를 병과하지 못한다(상법 제635조1항 단서).

청산인에 대한 벌칙
淸算人에 대한 罰則

회사범죄 등을 범한 물적회사의 청산인을 처벌하는 회사법상의 규칙을 말한다. 청산인에 대한 벌칙은 2종으로 구별된다. 그의 하나는 형벌(징역·벌금·몰수)을 과하는 경우이다. 이것은 ① 회사에 대한 특별배임죄(特別背任罪)로서 그 임무에 위배한 행위로써 재산상의 이익을 취득하거나, 제3자로 하여금 이를 취득하게 하여 회사에 손해를 가한 때에는 10년 이하의 징역 또는 3천만원 이하의 벌금으로 정하여 형법상의 배임죄(背任罪)보다 무겁게 규정하고 있다(상법 제622조, 형법 제355조). ② 독직죄(瀆職罪)로서 이른바 직무에 관하여 부정한 청탁을 받고 재산상의 이익을 수수(收受)·요구 또는 약속한 때에는 5년 이하의 징역 또는 1천500만원 이하의 벌금에 처한다(상법 제630조).

형벌 이외에 과태료에 처하는 경우가 있는데 상법 제635조에서 이를 규정하고 있다. 이것은 회사의 조직이나 운영에 관한 규정을 준수시키기 위한 규정으로서 청산인에 해당하는 규정은 그중에 11호, 12호, 15호 등이다. 이 경우에는 500만원 이하의 과태료에 처한다. 그러나 그 행위에 대하여 형을 과할 때에는 과태료의 병과는 하지 못한다(상법 제635조1항).

보 험

보험
保險

동일한 경제적 위험에 있는 다수의 사람들이 장래 우연한 사고로 인하여 발생할 재산상의 손해에 대비하기 위해 미리 일정액의 보험료를 갹출하여 공통준비재산(共通準備財産)을 형성하고, 그 재산에 의하여 현실로 사고를 당한 자가 재산적 급여(보험금)를 받는 제도를 말한다. 기본적 상행위의 하나인데(상법 제46조17호), 상행위가 되는 것은 독립한 보험자가 보험계약자의 보험을 영업으로 인수하는 영리보험의 경우에 한하며, 보험가입자 그 자신이 구성하는 단체가 보험자가 되는 상호보험이나, 정부가 관장하는 의료보험, 산업재해보상보험 등의 공영보험은 여기에서 말하는 보험에 속하지 않는다. 우리 상법은 제4편을 할애하여 제1장에 손해보험과 인보험에 공통되는 통칙규정을 두고, 제2장에서 손해보험, 제3장에서 인보험(人保險)에 관하여 각각 규정하고 있다.

손해보험은 사고로 인하여 발생하는 재산상의 손해를 보상한다. 우리 상법에서는 크게 화재보험, 운송보험, 해상보험, 책임보험, 자동차보험, 보증보험으로 구분하고 있다. 손해보험은 보험사고로 인하여 발생한 손해의 유무나 정도를 고려하여 보험금을 보상하는데, 이와는 반대로 보험사고의 발생여부만을 놓고 보험금을 지급하는 보험을 정액보험(定額保險)이라 한다. 인보험 중 생명보험이 가장 대표적인 정액보험이다.

재산상의 손해를 보상하는 손해보험과 달리 인보험은 피보험자의 생명이나 신체에 관하여 보험사고가 발생하면 보험금이나 그 밖의 급여를 지급하도록 하는 보험계약이다. 인보험은 크게 생명보험과 상해보험, 그리고 질병보험으로 나뉜다. 생명보험은 피보험자

의 생존 또는 사망과 관련하여 보험금을 지급하는 계약으로 크게 생존보험과 사망보험이 있는데, 생존보험은 피보험자가 보험기간 만료일까지 생존해 있을 때에 한하여 보험금이 지급되는 보험을 말한다. 생존하고 있을 것을 조건으로 매년 연금을 지급받는 연금보험이 가장 대표적인 생존보험이다. 그에 반해서 사망보험은 피보험자의 사망을 보험사고로 해서 보험금을 지급하는 계약이다. 상해보험은 피보험자의 신체의 상해에 관한 보험사고가 생길 경우에 보험금을 지급하는 보험계약이다. 질병보험은 질병에 대한 치료비를 보장할 것을 목적으로 하는 보험으로 대표적으로 건강보험, 암보험 등이 있다. 우리 상법에서는 질병보험이 그 성질에 반하지 아니하는 범위에서 생명보험 및 상해보험에 관한 규정을 준용하도록 되어있다(상법 제739조의3). 따라서 보험계약에 따라 생명보험의 경우와 같이 질병으로 치료를 받았을 때, 질병의 진단, 수술, 입원에 대하여 일정한 금액의 보험금을 지급받을 수도 있고, 손해보험과 같이 치료비 중 본인이 부담한 실제 치료비를 보상받을 수도 있다.

약관
約款

정형적인 계약조건을 당사자 일방이 미리 계약의 내용으로 정하여 놓은 계약조항을 말한다. 약관에는 이미 작성된 계약조항의 전체를 지칭하는 보통거래약관(普通去來約款) 또는 보통약관(普通約款)의 경우와(단지 약관이라고 하는 경우에는 이 의미가 많다) 특약조항이나 면책조항을 정한 특약약관(特約約款)·면책약관(免責約款)의 경우 등이 있다. 약관은 미리 사업자 등에 의하여 계약내용이 정하여져 있고 계약의 체결을 원하는 타방의 당사자가 약관대로의 계약내용에 동의하든가, 그것이 불만이면 계약을 체결할 수 없다고 하는 동의·부동의의 양자택일밖에 없다고 하는 특색이 있다.

보험계약은 모두 약관에 의하여 체결되고 그 밖에 운송약관, 토목건축약관, 은행약관(약

정서 등) 등이 있다. 매매와 같이 계약내용의 결정에 관하여 쌍방당사자의 의사와 합치되는 경우와는 달라서 약관에 의한 계약에서는 사업자가 제시하는 약관에 따라야 하므로 이와 같은 계약을 **부종계약**(附從契約) 또는 **부합계약**(附合契約)이라고도 한다. 약관은 기업의 독점화와 집단적 거래의 발전에 따라 발생되고 제도화된 것이다. 따라서 약관을 작성하는 사업자측이 유리한 내용의 조항을 삽입하게 되므로 약관의 해석에 있어서는 상대방에게 유리하게 해석하는 것이 공평하다. 이와 같은 약관에 의한 계약이 본래의 의미의 계약인가가 문제이고 약관 그 자체가 법적 규범성을 가지는가도 문제로 되어 있다.

보험계약
保險契約

당사자 일방이 약정한 보험료를 지급하고 재산 또는 생명이나 신체에 불확정한 사고가 발생할 경우에 상대방이 일정한 보험금이나 그 밖의 급여를 지급할 것을 약정하는 것을 말한다(상법 제638조). 보험계약은 실무에 있어서는 보험약관에 의하여 체결되는 것이 통례이다. 보험자는 보험사업을 하는 주식회사인 경우가 보통이고, 보험계약자는 이 보험사업자를 대리하는 보험대리점과 보험계약을 체결하는 것이 통례이다(보험업법 제2조10호 참조). 보험계약자는 위임을 받거나 위임을 받지 아니하고 타인을 위하여 보험계약을 체결할 수 있고(상법 제639조1항) 또 대리인에 의하여 보험계약을 체결할 수도 있다(상법 제646조). 보험대리상은 보험계약자로부터 보험료를 수령할 수 있는 권한, 보험자가 작성한 보험증권을 보험계약자에게 교부할 수 있는 권한, 보험계약자로부터 청약, 고지, 통지, 해지, 취소 등 보험계약에 관한 의사표시를 수령할 수 있는 권한, 보험계약자에게 보험계약의 체결, 변경, 해지 등 보험계약에 관한 의사표시를 할 수 있는 권한을 가진다(상법 제646조의2). 보험사고가 발생하기 전에 보험계약자는 언제든지 계약의 전부 또는 일부를 해지할 수 있다(상법

제649조1항). 또 보험계약자는 보험자가 파산선고를 받은 때에는 계약을 해지할 수 있다(상법 제654조1항). 보험자는 ① 보험료가 적당한 시기에 지급되지 아니한 때 ② 보험계약 당시에 보험계약자가 고의 또는 중대한 과실로 인하여 중요사항을 고지하지 아니하거나 부실의 고지를 한 때 ③ 보험계약자가 위험변경증가의 통지를 보험자에게 지체 없이 통지하지 아니한 때 ④ 보험기간 중에 보험계약자 등의 고의 또는 중대한 과실로 인하여 사고발생의 위험이 현저하게 변경 또는 증가된 때에는 보험계약을 해지할 수 있다(상법 제650조·제651조·제652조·제653조. 다만, ②③④의 경우 보증보험은 해당하지 않음). 보험계약의 성질은 **유상계약**(有償契約)인 동시에 **쌍무계약**(雙務契約)이고 **낙성계약**(諾成契約)이다.

타인을 위한 보험계약
他人을 위한 保險契約

보험계약은 타인을 위하여도 체결할 수 있는데, 타인을 위한 보험계약은 보험계약을 체결하고 보험료를 지급하는 자(보험계약자)와 그 보험에 의하여 이익을 받는 자(손해보험계약에 있어서는 피보험자, 인보험계약에 있어서는 보험수익자)가 다른 보험계약을 말한다. 손해보험계약에 있어서는 보험계약자와 피보험자가 다른 사람인 경우를 타인을 위한 손해보험계약이라고 한다. 예컨대 운송인이 하주를 위하여 운송물에 보험을 붙이는 경우이다. 또 인보험계약(人保險契約)에 있어서는 보험계약자와 보험수익자가 다른 사람인 경우를 타인을 위한 인보험계약이라고 한다. 예를 들어 아버지가 아들을 보험수익자로 하여 인보험계약을 체결하는 경우이다. 이 타인을 위한 보험계약의 법적 성질에 관하여는 대리라고 해석하는 학설과 민법상의 제3자를 위한 계약이라고 해석하는 학설로 갈라져 있으나 후설이 통설이다. 다만, 민법상 제3자를 위한 계약에서는 제3자가 수익의 의사표시를 하여야 비

로소 제3자의 권리가 발생하지만(민법 제539조2항), 타인을 위한 보험계약에서는 이와 같은 의사표시를 요하지 않는 점(상법 제639조1항 후단)이 다르다. 따라서 피보험자(被保險者) 또는 보험수익자(保險受益者)는 보험자에 대하여 수익의 의사표시를 하지 아니하더라도 당연히 보험금액지급청구권을 취득한다.

보험계약에 있어서 보험계약자는 제1차적으로 보험료지급의무를 부담하고(상법 제639조3항) 계약해지권(같은 법 제649조1항), 보험료감액청구권(같은 법 제647조), 보험증권교부청구권(같은 법 제640조), 보험료반환청구권(같은 법 제648조 · 제649조3항) 등을 가진다. 피보험자 또는 보험수익자는 본래 보험료지급의무를 부담하지 않지만 보험계약자가 파산선고(破産宣告)를 받거나 보험료의 지급을 지체한 때에는 피보험자 또는 보험수익자가 그 권리를 포기하지 않는 한 보험료지급의무를 부담한다(상법 제639조3항 후단). 또 생명보험에서 보험계약자는 타인을 위한 보험계약의 경우에도 보험수익자의 지정변경권을 가지나(상법 제733조 · 제734조 참조) 보험청구권은 가지지 못한다. 보험계약자는 위임을 받거나 위임을 받지 아니하고 타인을 위하여 보험계약을 체결할 수 있게 하고 있다(상법 제639조1항 전단). 그러나 타인의 사망을 사고로 하는 보험계약에는 피보험자의 서면에 의한 동의를 얻어야 한다(상법 제731조).

보험증권
保險證券

보험계약이 성립된 후에 그것을 증명하기 위하여 보험계약자의 청구에 의하여 보험자가 발행하는 증권을 말한다(상법 제640조). 보험자가 기명날인하여 보험계약이 성립된 것을 명백히 하는 것이다. 법률상으로 보험증권은 보험계약이 성립된 후에 보험계약자의 청구에 의하여 발행하게 되어 있으나, 실제상은 청구를 기다리지 않고 발행된다. 보험증권의 발행은 보험계약 당사자 쌍방의 편의를 위한 것이지 계약의 성립요건도 아니고 보험자만이 기명날인하는 것이므로 계약서도 아니다. 그러나 보험증권은 보험계약에 관한 중요한 증거방법의 하나로서 계약내용에 관하여 사실상의 추정을 받는다. 따라서 신성한 보험계약이 보험증권과 틀리는 경우 보험계약자가 보험증권의 내용을 주장하거나, 보험계약의 내용을 주장한 때에는 보험자가 반증을 들어야 한다. 그러므로 상법은 보험기업운영의 확실성 보장과 계약자의 보호를 조화시키기 위하여 「상법」 제641조에서 '보험계약의 당사자는 보험증권의 교부가 있은 날로부터 일정한 기간 내에 한하여 그 증권내용의 정부에 관한 이의를 할 수 있음을 약정할 수 있고, 이 기간은 1개월을 내리지 못한다'는 규정을 두고 있다.

손해보험증권에는 ① 보험의 목적 ② 보험사고의 성질 ③ 보험금액 ④ 보험료와 그 지급방법 ⑤ 보험기간을 정한 때에는 그 시기와 종기 ⑥ 무효와 실권의 사유 ⑦ 보험계약자의 주소와 성명 또는 상호, 피보험자의 주소, 성명 또는 상호 ⑧ 보험계약의 연월일 ⑨ 보험증권의 작성지와 그 작성연월일을 기재하고 보험자가 기명날인 또는 서명하여야 한다(상법 제666조). 이상의 기재사항은 모든 보험증권에 공통되는 필요적 기재사항이며, 이 밖에 화재보험증권에는 제685조, 운송보험증권에는 제690조, 해상보험증권에는 제695조, 자동차보험증권에는 제726조의3, 인보험증권에는 제728조, 상해보험증권에는 제738조 등 각각 보험종류에 따른 기재사항이 규정되어 있다. 그러나 이러한 법정기재사항을 구비하는 것은 보험증권의 효력발생요건이 아니므로 위의 기재사항 중 중요하지 않은 일부가 갖추어지지 않았더라도 보험증권으로서의 효력에는 영향이 없고, 다만 그것으로 인하여 보험계약자에게 손해가 발생한 때에는 이것을 배상할 책임을 부담할 뿐이다. 또 보험증권의 뒷면에는 보통보험계약약관(普通保險契約約款)이 인쇄되어 있는 경우가 많고, 보험계약자는 이것에 의해 계약의 세목을 알 수 있다.

보험증권이 유가증권인지 아닌지에 관하여는 논의가 있다. 보험증권은 보험계약의 성립을 증명하기 위한 증거증권이고 보험증권이 지시식 또는 무기명식인 경우에도 보험자에게는 보험금지급에 관한 면책증권(免責證券)에 불과하다는 것이 통설이다. 그러나 최근의 학설은 보험금청구권의 양도 기타의 처분을 용이하게 하는 목적, 즉 보험금청구권의 유통확보의 목적하에 발행된 보험증권은 유가증권이라는 견해도 있다. 실제에 있어서도 보험증권 중 특히 적하해상보험증권(積荷海上保險證券)이나 운송보험증권(運送保險證券) 등은 지시식(指示式) 또는 무기명식(無記名式)으로 발행되고 그 유가증권성을 인정하는 학설이 유력하다.

고지의무
告知義務

보험계약자나 피보험자가 보험계약 체결 당시에 사고발생률을 측정하기 위하여 필요한 중요사항에 관하여 고지해야 할 의무 또는 부실고지를 해서는 안 될 의무를 말한다(상법 제651조). 이 고지의무는 보험계약의 효과로서 부담하는 직접적인 의무가 아니고 단지 계약의 전제요건으로서 지는 이른바 간접의무에 지나지 않는다. 즉 이에 대하여는 보험자의 청구권이 있는 것도 아니고 이것에 위반한다고 하여 손해배상의무가 생기는 것도 아니다. 다만, 계약의 해지라는 불이익을 받을 뿐이다. 또, 보증보험과 같이 보험에 따라서는 이와 같은 의무를 지지 않는 예외적인 경우도 있다. 고지의무를 부담하는 자는 보험계약자와 피보험자이다. 피보험자라는 개념은 손해보험과 인보험에 따라 차이가 있으나, 여기에서의 피보험자는 손해보험계약의 피보험자도 포함된다고 해석된다. 고지의 상대방은 보험자와 보험자를 위하여 고지수령권(告知受領權)을 가지고 있는 대리인이다. 체약대리인인 보험대리인은 고지수령권을 가지나, 중개대리인은 당연히 그 권한을 가지는 것은 아니다. 이러한 고지는 계약성립

시까지 하여야 한다. 따라서 고지의 유무는 계약의 청약시가 아니라 계약성립시를 표준으로 하여 결정한다.

고지의 방법에는 법률상 특별한 제한이 없으며 서면으로 하든 구두로 하든 또 명시적이든 묵시적이든 상관없다. 고지의무의 대상이 되는 사실은 '중요한 사항'이며, 여기에서 '중요한 사항'이란 보험자가 위험을 측정하여 보험의 인수 여부 및 보험료를 판단하는 데 영향을 미치는 사실인 바 '보험자가 그 사실을 알았다면 계약을 체결하지 않았을 것이라고 객관적으로 판단되는 사정'이다. 이러한 중요한 사실은 손해보험에서는 보험목적물 자체의 구조·용도·장소·거주자의 직무 등이고, 생명보험에서는 피보험자의 존속친의 유전적 질병의 유무, 그 건강, 사망연령, 사인, 본인의 결핵·뇌일혈(腦溢血)·위암·늑막염(肋膜炎)·신장염(腎臟炎), 배우자의 폐결핵, 피보험자 형제의 폐결핵·사망·수치부(羞恥部)의 질병 등이다. 중요한 사항에 관한 불고지(不告知) 또는 부실고지(객관적 요건)가 고지의무자의 고의 또는 중대한 과실(주관적 요건)에 의한 때에는 고지의무위반이 되므로 보험자는 원칙적으로 계약을 해지할 수 있다. 이러한 중요한 사항은 일반적으로 보험계약청약서에 기재된 '질문란'에 쓰여 있고 그 외에 보험자가 서면으로 질문한 사항도 포함된다(상법 제651조의2). 보험업자의 해지권(解止權)은 보험자가 그 사실을 안 날로부터 1월 이내 또는 계약을 체결한 때로부터 3년 이내에 행사하여야 한다(상법 제651조). 보험은 궁극적으로 장래에 발생할 수도 있는 손해에 대비하기 위해서이고, 피보험이익은 손해가 발생했을 때 보험의 보호를 받는 이익을 말한다. 따라서 단순히 보험의 목적이 되는 일정한 물건이나 사람의 생명 등 그 자체를 의미하는 것이 아니라, 보험목적에 발생한 사고로 인해 피보험자가 구체적으로 입게 될 손해를 의미한다.

손해보험
損害保險

우연한 사고로 생길 재산상의 손해를 보상할 것을 내용으로 하는 보험을 말한다. 당사자의 일방(보험자)이 재산상의 손해를 보상할 것을 약속하고, 이에 대하여 상대방(가입자)이 보험료를 지급할 것을 약정함으로써 효력이 생긴다(상법 제638조·제665조). 보험자(보통 보험회사라고 불린다)에게 가입자가 지급하는 보험료는 실제로 사고가 발생한 때에만 지급되는 것이 아니고, 만약 사고가 발생할 경우 보상을 받는다고 하는 보험자의 위험인수에 대한 대가이므로 사고발생의 유무에 관계없이 미리 지급하게 된다. 그리고 보험자는 만약 사고가 발생할 경우에 보상해야 할 금액의 합계를 통계에 의하여 미리 산정하고 이에 해당하는 금액을 전 가입자에게 배정하여 징수하는 방법을 취한다. 손해보험의 목적(보험에 붙이는 대상)은 손해보험계약에 의하여 정하여져야 하는데, 한 채의 건물이나 한 대의 자동차와 같이 개개의 물건(개별보험)도 가재도구의 전부와 같이 집합물(집합보험)도 된다. 또 타인에게 손해를 입힌 경우에 생기는 손해배상책임을 지는 책임보험에 있어서는 손해가 채무의 부담 또는 재산의 감소라는 특수한 형태로 발생하므로 그 보험의 목적은 피보험자의 구체적인 물건이 아니고 전 재산이다. 보험자는 약정한 보험기간 내에 보험사고가 발생한 경우 피보험이익에 생긴 손해액을 산정하여 원칙적으로 그 액에 상당하는 보험금을 급여에서 손해의 보상을 하게 된다. 다만, 계약에 의하여 정한 보험금액을 최고한도로 한다(초과보험 및 일부보험의 항을 참조). 그리고 보험료는 위의 보험금액에 따라 비율적으로 정해진다.

손해보험계약에 있어서는 보통 보험료를 지급하는 가입자 자신이 보험에 의한 보호, 즉 손해의 보상을 받아야 할 자(이 자를 피보험자라고 한다)이지만, 때로는 자기 이외의 자를 피보험자로 하여 계약을 체결하는 경우가 있다. 전자의 경우를 '자기를 위한 보험'이라고 하고, 후자의 경우를 '타인을 위한 보험'이라고 한다(타인을 위한 보험계약의 항을 참조). 상법에서는 손해보험의 종류로서 화재보험, 운송보험, 해상보험, 책임보험, 자동차보험, 보증보험에 관하여서만 직접 규정하고 있는데, 실제로는 이 밖에도 재보험(再保險), 기술보험, 권리보험, 도난·유리·동물·원자력보험, 비용보험, 날씨보험 등이 있다(보험업법 제4조, 같은 법 시행령 제8조). 이러한 것들은 이른바 사보험(私保險)이라고 하는데 원칙적으로 보험에 가입하느냐 마느냐는 보험가입자의 자유이다(임의보험). 그러나 「자동차손해배상보장법」 제5조1항에 의한 자동차손해배상책임보험, 「화재로 인한 재해보상과 보험가입에 관한 법률」 제2조2호에 의한 특약부화재보험, 「원자력 손해배상법」 제7조에 의한 원자력손해배상 책임보험, 「산업재해보상보험법」의 산업재해보상보험 등은 반드시 보험에 가입하도록(강제보험) 되어 있다.

초과보험
超過保險

어떤 물건에 붙인 보험의 보험금액이 그 물건의 보험가액(사고발생으로 피보험자─보험보호를 받는 자─가 입을 염려가 있는 손해의 최고한도액, 소유물은 그 가액과 일치한다)을 초과하는 보험을 말한다. 예컨대 가액이 5천만원인 자기가옥에 5천2백만원의 보험금액을 정하고 가입한 화재보험은 초과보험이다. 상법에서는 보험금액이 보험가액을 현저하게 초과한 때에 보험자는 보험금액의 감액을, 보험계약자는 보험료의 감액을 상대방에 대하여 청구할 수 있고, 다만 보험료의 감액은 장래에 대해서만 그 효력이 있다(상법 제669조1항). 그러나 초과보험의 경우에 계약이 보험계약자의 사기로 인하여 체결된 때에는 그 계약은 무효로 하고, 보험자는 그 사실을 안 때까지의 보험료를 청구할 수 있다(상법 제669조4항). 초과보험의 보험가액의 산정기준은 계약 당시의 가액에 따르고(상법

제669조2항), 보험가액이 보험기간 중에 현저하게 감소된 때에는 보험료와 보험금액의 감액을 청구할 수 있다(상법 제669조3항). 이와 같은 초과보험은 계약에 의하여 초과되는 경우뿐만 아니라 계약을 체결한 후에 물가의 하락 등에 의하여 초과되는 경우도 있다.

중복보험
重複保險
어떤 물건에 대하여 2개 이상의 보험을 중복해서 가입했는데, 그 보험금액의 합계가 보험가액을 초과하는 보험을 말한다. 예컨대 보험가액 1천만원의 건물에 대하여 갑보험회사와의 보험계약에서 7백만원, 을보험회사와의 보험계약에서 5백만원을 각각 보험금액으로 하였다고 하면 2백만원이 초과된 중복보험이 된다. 그러나 화재보험과 운송보험과 같이 보험사고의 성격이 다른 보험이 붙여진 때에는 중복보험이 되지 않는다. 또 동일한 화재보험이라도 소유자와 저당권자와 같이 물건에 대한 관계가 다른 자가 각각 자기를 위하여 보험에 가입한 경우에는 중복보험이 되지 않는다. 중복보험도 이것을 그대로 인정하면 초과보험의 경우와 같은 폐단이 생긴다. 그래서 현행 상법은 같은 목적과 같은 사고에 관하여 여러 개의 보험계약이 동시 또는 순차로 체결된 경우에, 그 보험금 총액이 보험가액을 초과했다면 보험자는 각자의 보험금액의 비율에 따라 보험금액의 한도에서 보상할 책임을 지고, 각 보험자는 각자의 보험금액의 한도에서 연대책임이 있다(상법 제672조)고 규정하고 있다.

중복보험의 법률관계를 구체적으로 설명하면 다음과 같다. 앞의 예에서 갑보험회사와 을보험회사의 보상책임은 그 보험가액 1천만원에 대한 각자의 보험금액 7백만원, 5백만원의 비율에 따른 보상책임을 지게 된다. 또 갑보험회사가 지급불능이 된 경우에 을보험회사는 자기가 약정한 보험금액 5백만원을 한도로 하여 갑보험회사가 지급하지 못한 부분에 대하여도 연대책임을 지게 되므로 가령 5백만원의 손해가 발생한 경우에도 5백만원 전액의 보상

책임을 지게 되는 것이다.

이러한 중복보험의 경우에는 보험계약자는 각 보험자에 대하여 각 보험계약의 내용을 통지하여야 하고, 중복보험의 경우에 계약이 보험계약자의 사기로 체결된 때에는 그 계약은 무효로 하고 보험자는 그 사실을 안 때까지의 보험료를 청구할 수 있다. 또 중복보험의 경우에 보험자 1인에 대한 권리의 포기는 다른 보험자의 권리 · 의무에 영향을 미치지 않는다(상법 제673조).

일부보험
一部保險
어떤 물건에 붙인 보험의 보험금액이 그 물건의 보험가액에 달하지 않는 보험을 말한다. 예컨대 보험가액 1천만원의 가옥의 소유자가 그 가옥에 6백만원의 화재보험을 붙인 경우를 말한다. 이 경우에는 보험자는 보험금액의 보험가액에 대한 비율에 따라 보상할 책임을 진다(상법 제674조). 따라서 위의 가옥에 4백만원의 손해가 생긴 때에는 4백만원 × 600 ÷ 1000 = 240만원만을 보상하게 된다. 보상되지 않는 부분에 대해서는 피보험자 자신이 위험을 부담한다(자가보험). 일부보험의 경우에도 개별약정으로 보험금액의 범위 내에서 손해액 전액을 배상하는 약정을 하는 것은 유효하다. 이러한 보험을 **제1차위험보험**이라고 하며 화재보험에서 많이 이용된다. 일부보험에 대응하는 용어로서 전부보험이 있다. **전부보험**(全部保險)이라 함은 보험금액과 보험가액이 동액인 보험을 말한다.

화재보험
火災保險
화재로 인하여 물건에 생기는 손해를 보상하는 보험을 말한다(상법 제683조~제687조). 손해보험의 일종이다. 화재보험의 목적물은 유체물이고, 「상법」 제685조는 목적물이 건물인 경우와 동산인 경우를 예정하고 있다. 건물보험은 기성인 것뿐만 아니라 건축중의 건물도 목적물로 할 수 있다. 상법은 집합된 물건을 일괄하여 보험의 목적으로 하는 집합보험의

경우에 피보험자의 가족과 사용인의 소유에 속한 물건도 보험의 목적에 포함된 것으로 하며, 이 경우에는 그 보험은 그 가족 또는 사용인을 위해서도 체결한 것으로 본다고 규정한다(상법 제686조). 또한 집합된 물건을 일괄하여 보험의 목적으로 한 때에는 그 목적에 속한 물건이 보험기간 중에 수시로 교체된 경우에도 보험사고 발생시에 현존한 물건은 보험의 목적에 포함된다고 규정하고 있다(상법 제687조). 그러나 선박, 자동차, 운송 중의 화물 등은 화재보험의 대상이 되지 않고 각각 해상보험, 자동차보험, 운송보험에 의하여 가입된다. 화재보험에서는 소유자가 그의 소유물을 보험의 목적으로 하는 것이 보통이나, 특약에 의하여 저당권자도 저당물을 보험의 목적으로 할 수 있다. 또, 점포에 화재가 발생하여 부득이하게 영업을 쉰 경우에는 만일 영업을 계속 하였더라면 얻을 수 있었을 것으로 기대되는 영업이익도 보험의 목적이 될 수 있다. 화재보험에 있어서의 화재의 개념이 무엇인가에 관하여는 논의가 있으나 일반 사회통념에 따라 화재라고 인정할 수 있는 성질과 규모를 가진 화력의 연소작용이라고 하는 것이 통설이다. 다만, 특약에 의하여 화재의 개념을 한정할 수도 있다. 일반적으로 보상되는 손해는 그 화재를 원인으로 하여 보통 생기는 것으로 인정되는 범위의 것이지만, 화재의 소방 또는 화재손해의 감소를 위해 필요한 조치로 인하여 발생한 손해도 보상받을 수 있다(상법 제684조).

화재보험도 일반적인 손해보험과 마찬가지로 특약이 없으면 전쟁 기타의 변란으로 인한 손해(상법 제660조), 보험목적의 성질·하자·자연소모로 인한 손해(같은 법 제678조) 또는 보험계약자·피보험자의 고의·중과실로 인한 손해(같은 법 제659조1항)에 관하여는 보험자가 보상책임을 지지 않으나, 이것을 제외한 화재로 발생한 손해에 대하여는 화재의 원인 여하를 불문하고 손해를 보상할 책임을 진다(같은 법 제683조). 그러나 특약에 의하여 보험자가 손해배상의 책임을 부담하는 화재의 원인을 한정하는 것은 상관없고, 약관으로써 지진·분화·폭발 등으로 인한 화재를 제외하는 것이 보통이다. 화재보험자가 보험계약자의 청구에 의하여 보험증권을 교부하여야 하는 것은 다른 보험과 동일하다(상법 제640조). 이 보험증권에는 일반 손해보험의 기재사항(상법 제666조) 이외에 ① 건물보험에서는 보험의 목적이 된 건물의 소재지, 구조와 용도 ② 동산보험에서는 이것을 존치한 장소의 상태와 용도 ③ 보험가액을 정한 때에는 그 가액 등을 기재하여야 한다(같은 법 제685조).

운송보험
運送保險

육상에서 운송되는 운송물의 운송 중에 생기는 손해를 보상하는 보험을 말한다(상법 제688조~제692조). 손해보험의 일종이다. 상법상 육상운송의 '육상'에는 호천·항만이 포함되지만(상법 제125조), 약관에 의하여 항만은 제외되는 것이 보통이다. 운송보험의 목적물은 운송물이다. 운송 중에 생긴 사고라도 여객의 생명·신체에 생긴 사고를 보험사고로 하는 보험계약은 운송보험계약이 아니고 인보험계약(人保險契約)이다. 또 운송에 이용되는 용구, 예컨대 기차나 자동차를 보험의 목적으로 한 때에는 그것은 차체보험(車體保險)으로서 통칙규정의 적용을 받는 일종의 손해보험이지 운송보험은 아니다. 운송보험에서 보험사고는 운송 중에 생길 수 있는 모든 사고이므로 충돌이나 전복으로 인한 운송물의 멸실·훼손과 같은 운송에 특유한 위험에 한하지 않고, 운송함에 있어서 생길 수 있는 화재·도난·파손·수해 기타의 모든 위험을 포함한다. 그러나 약관에서는 특정보험사고는 제외하는 것이 보통이다. 운송은 물건의 장소적 이전이므로 피보험이익도 여러 가지이다. 상품인 운송물에 관하여는 송하인이 운송물의 소유자로서 가지는 이익, 운송물의 도착으로 얻을 수 있는 이익(희망이익보험, 상법 제689조2항), 운송인으로서는 운임에 관한 이익 등을 들 수 있다.

이 운송보험에 있어서는 보험가액이 미리 약정되는 것이 보통이지만 약정이 없으면 운송지에서 운송 당시의 운송물가액과 도착지까지의 운임 기타의 비용을 보험가액으로 한다(상법 제689조1항). 이것은 운송보험이 일반적으로 보험기간이 짧고, 운송 도중의 사고로 인한 손해의 발생시점을 정하기가 어렵기 때문에 보험가액불변경주의(保險價額不變更主義)를 취한 것이다. 운송물의 도착으로 얻을 이익(희망이익)은 약정이 있는 때에 한하여 보험가액 중에 산입한다(상법 제689조2항). 운송보험자는 다른 약정이 없으면 운송인이 운송물을 수령한 때부터 수하인에게 인도할 때까지 생긴 모든 손해를 배상할 책임을 진다(상법 제688조). 그러나 운송보험자는 일반면책사유(보험계약자·피보험자의 고의·중과실)로 인한 손해(상법 제659조1항), 보험목적의 성질·하자·자연소모로 인한 손해(상법 제678조), 보험사고가 송하인 또는 수하인의 고의 또는 중대한 과실로 생긴 손해는 보상할 책임이 없다(상법 제692조).

보험계약은 다른 약정이 없으면 운송의 필요에 의하여 일시 운송을 중지하거나, 운송의 노순(路順) 또는 방법을 변경한 경우에도 그 효력을 잃지 아니한다(상법 제691조). 그러나 이것은 운송을 위해 필요한 경우이고, 보험계약자 또는 피보험자의 고의·중과실로 운송을 중지하거나 변경하여 위험이 현저하게 증가된 때에는 보험자가 그 계약을 해지할 수 있다고 해석된다.

해상보험
海上保險

항해에 관한 사고로 생기는 손해를 보상하는 보험을 말한다(상법 제693조~제718조). 손해보험의 일종이다. 항해에 관한 사고는 선박의 침몰·좌초(坐礁)·폭풍우 등의 항해의 고유한 사고에 한하지 아니하고 화재·도난·포획·선원의 불법행위 등도 포함된다. 항해에 관한 사고라도 여객이나 선원의 사망·상해에 관한 보험은 해상보험이 아니고 인보험에 속한다. 또 해상보험이라도 법정 혹은 약정의 면책사유가 있을 때는 해상보험자가 보상책임을 지지 않는다. 이 해상보험에 있어서의 보험의 목적은 선박 또는 적하이다. 육상운송보험(陸上運送保險)과는 달라서 운송물뿐만 아니라 운송용구로서의 선박도 보험의 목적이 된다(상법 제696조). 선박인 이상 영리선(상법 제740조)뿐만 아니라, 국공유의 선박이나 건조 중의 선박(같은 법 제741조)도 보험의 목적이 될 수 있다. 적하라는 것은 해상운송의 객체가 되는 물건이다. 이 해상보험에 있어서는 선박·적하의 소유자가 입은 손해를 보상하는 것이 보통이나, 특약에 의하여 선박임차인이나 선박저당권자가 입은 손해 또는 타선과 충돌하여 손해배상의무를 부담하는 손해도 보상받을 수 있다. 해상보험에 있어서도 보험계약자·피보험자의 고의·중과실이나(상법 제659조1항), 보험목적의 성질·하자·자연소모로 인한(같은 법 제678조) 손해에 관하여 보험자가 보상책임을 지지 않는 것은 손해보험일반의 경우와 같다. 또 보험자는 전쟁 기타의 변란으로 인한 손해에 관하여 특약이 없으면 보상책임을 지지 않는다(상법 제660조). 이 밖에 일정한 손해에 대하여 보험자의 면책을 법으로 정하고 있으며(상법 제706조), 약관에 의하여 보험자의 책임을 한정하는 것이 보통이다. 또 보험기간은 당사자의 정함에 따르는 것이 일반적이지만 항해보험의 보험기간 개시와 종료에 대하여 상법은 특칙을 두고 있다(상법 제699조·제700조). 이 밖에 상법은 보험위부의 제도(상법 제710조·제718조)를 두고 있다. **보험위부**(保險委付)는 보험의 목적이 전부멸실한 것과 동일시할 일정한 경우에 피보험자는 자기의 보험의 목적에 대한 모든 권리를 보험자에게 취득시키고, 보험자로 하여금 보험금액의 전부를 지급하도록 하는 단독행위이다(상법 제710조·제718조). 예컨대 선박이 행방불명이 된 경우에 그 상실이 확인되기 전이라도, 보험금을 지급받는 동시에 그 선박에 대한 권리를 보험자에게 이전하는 제도이다.

적하보험
積荷保險

항해에 관한 사고로 적하에 생기는 손해를 보상하는 해상보험을 말한다. 이 적하보험에 있어서는 보험가액이 당사자 사이에서 협정되는 것이 보통이나, 협정이 없는 때에는 그 적하 당시의 시세에 의한 적하물의 가액과 선적 및 보험에 관한 비용을 합산한 가액이 보험가액이 된다(상법 제697조). 또 보험의 목적인 적하가 목적지에 도착함으로 인하여 생기는 이익도 보험에 붙일 수 있다(상법 제698조). 이것을 **희망이익보험**(希望利益保險)이라고 한다. 이 밖에 보험기간·보험자의 면책사유에 관하여는 해상보험의 경우와 같으나 보험계약자·피보험자 이외의 특정자(용선자, 송하인 또는 수하인)의 고의 또는 중대한 과실로 인하여 생긴 손해 및 선박이 변경된 후의 사고로 인한 손해에 관하여는 보험자는 보상책임을 지지 않는 점이 이 보험의 특색이다(상법 제706조2호·제703조).

책임보험
責任保險

피보험자가 보험기간 중에 사고로 제3자에게 손해를 배상할 책임을 진 경우에 보험자가 그 손해를 보상하는 보험을 말한다(상법 제719조). 손해보험의 일종이다. 이것은 피보험자가 보험사고로 직접 입은 재산상의 손해를 보상하는 것이 아니고, 제3자에 대한 손해배상책임을 부담함으로써 입은 이른바 간접손해를 보상할 것을 목적으로 하는 점에서 일반손해보험과 다르다. 책임보험의 경우 보험자의 보상책임을 지는 객체에 따라 신체손해배상책임보험과 재산손해배상책임보험으로 구분되고, 피보험자의 대상에 따라 영업책임보험, 직업인책임보험 및 개인책임보험으로 분류된다. 또 그 가입의 강제성 여부에 따라 임의책임보험(任意責任保險)과 강제책임보험(强制責任保險)으로 나눌 수 있다. 우리나라

에서 시행되고 있는 강제보험으로서는 「자동차손해배상 보장법」에 의한 자동차손해배상 책임보험, 「화재로 인한 재해보상과 보험가입에 관한 법률」에 의한 특약부화재보험, 「산업재해보상보험법」에 의한 산업재해보상보험 등이 있다.

책임보험에 있어서의 보험목적은 특정한 개개의 재화가 아니고 피보험자가 지는 배상책임이며, 그 배상책임의 담보가 되는 것은 피보험자의 모든 재산이다. 따라서 피보험자가 제3자의 청구를 방어하기 위하여 지출한 재판상 또는 재판 외의 필요비용은 피보험자가 배상책임을 지지 않는 경우에도 보험의 목적에 포함된 것으로 한다(상법 제720조1항). 그리고 영업책임보험의 경우에 피보험자의 대리인 또는 사업감독자의 제3자에 대한 배상책임도 보험의 목적에 포함된 것으로 한다(상법 제721조). 책임보험은 재산보험이므로 일반적인 물건보험과 같이 피보험이익을 평가할 수 없다. 그래서 책임보험약관은 보험료의 산정 기준으로서의 보험금액을 정하여 각 개인과 단일사고에 대하여 적용할 책임한도액을 정하는 것이 보통이다. 따라서 책임보험에서는 원칙적으로 보험가액은 존재하지 않으나, 예외적으로 보관자의 책임보험(상법 제725조)과 같이 피보험자가 보관하고 있는 목적물이나 책임의 최고한도액이 제한된 경우에는 보험가액을 정하게 된다.

책임보험계약의 보험자는 피보험자가 보험기간 중에 사고로 인하여 제3자에 대한 배상책임을 진 경우에 이를 보상할 책임을 진다(상법 제719조). 피보험자는 보험자에 대하여 피보험자가 제3자의 청구를 방어하기 위하여 지출한 재판상·재판 외 필요비용의 지급을 청구할 수 있고(상법 제720조1항), 피보험자가 담보의 제공·공탁으로써 재판의 집행을 면할 수 있는 경우에는 보험금액의 한도 내에서 그 담보의 제공·공탁을 청구할 수 있다(같은 조 2항). 또 위의 필요비용의 선급·담보의 제

공·공탁 등의 행위가 보험자의 지시에 의한 것인 경우에는 그 금액에 손해액을 가산한 금액이 보험금액을 초과하는 때에도 보험자가 이를 부담하여야 한다(같은 조 3항).

피보험자는 ① 제3자로부터 배상의 청구를 받았을 때 ② 제3자에 대하여 변제, 승인, 화해 또는 재판으로 인하여 채무가 확정되었을 때에는 지체 없이 보험자에게 통지를 발송하여야 하고(상법 제722조·제723조), 보험자는 특별한 기간의 약정이 없으면 통지를 받은 날로부터 10일 내에 보험금액을 지급하여야 한다(같은 법 제723조2항). 그러나 보험자는 피보험자가 책임을 질 사고로 인하여 생긴 손해에 대하여 제3자가 그 배상을 받기 전에는 보험금액의 전부 또는 일부를 피보험자에게 지급하지 못한다(상법 제724조1항). 또 피보험자가 보험자의 동의 없이 제3자에 대하여 변제, 승인 또는 화해를 한 경우에는 보험자가 그 책임을 면하게 되는 합의가 있는 때에도 그 행위가 현저하게 부당한 것이 아니면 보험자는 배상책임을 면하지 못한다(상법 제723조3항). 보험자는 보험계약자에게 통지를 하거나 보험계약자의 청구가 있는 때에는 제3자에게 보험금액의 전부 또는 일부를 직접 지급할 수 있고(상법 제724조2항), 보관자의 책임보험에 있어서 물건의 소유자는 보험자에 대하여 직접 그 손해의 보상을 청구할 수 있다(상법 제725조).

자동차보험
自動車保險

자동차보험계약의 보험자는 피보험자가 자동차를 소유하여 사용 또는 관리하는 동안에 사고로 인하여 생긴 손해를 보상할 책임을 부담하는데, 이때의 보험을 말한다. 손해보험의 일종이다. 자동차보험증권에는 일반적인 손해보험증권에 기재하는 사항 외에 ① 자동차소유자와 그 밖의 보유자의 성명과 생년월일 또는 상호 ② 피보험자동차의 등록번호, 차대번호, 차형연식과 기계장치 ③ 차량가격을 정한 때에는 그 가액을 기재하여야 한다(상법 제726조의3). 그리고 피보험자가

보험기간 중에 자동차를 타인에게 양도한 때에는 양수인은 보험자의 승낙을 얻은 경우에 한하여 보험계약으로 생긴 권리와 업무를 승계하며, 보험자가 양수인으로부터 자동차의 양수사실을 통지받은 때에는 지체 없이 허락 여부를 통지하여야 하고 통지받은 날부터 10일 내에 허락 여부에 관한 통지가 없을 때에는 양수인은 보험자가 승낙한 것으로 본다(상법 제726조의2~제726조의4).

또한 자동차의 운행으로 사람이 사망하거나 부상한 경우, 손해배상을 보상하는 제도를 통하여 피해자를 보호하고 자동차운송의 건전한 발전을 촉진하기 위하여 별도로 「자동차손해배상 보장법」을 제정하여, 이 법 제5조를 통하여 그 가입을 강제하고 있다.

보증보험
保證保險

채무자를 보험계약자, 채권자를 피보험자로 하는 손해보험의 일종으로 매매·고용·도급 기타 계약에서 채무불이행에 의하여 채권자가 입게 되는 손해를 보장하는 보험이다. 보증보험계약의 보험자는 보험계약자가 피보험자에게 계약상의 채무불이행 또는 법령상의 의무불이행으로 입힌 손해를 보상할 책임이 있으며, 보증보험계약에 관하여는 그 성질에 반하지 아니하는 범위에서 보증채무에 관한 「민법」의 규정을 준용한다(상법 제726조의5·제726조의7).

인보험
人保險

생명이나 신체에 관하여 보험사고가 발생할 경우에 보험계약이 정하는 바에 따라 보험자가 보험금액 기타의 급여를 하는 보험을 말한다(상법 제727조).

인보험은 손해보험과는 달리 피보험이익(被保險利益)의 개념은 인정되지 않는 것이 통설이다. 그러나 인보험도 손해보험같이 피보험이익의 개념을 인정하는 것이 타당하다는 견해도 있다. 다만, 피보험이익을 인정한다고 하더라도, 사람의 생명에 대한 객관적 가치를 산

정하는 보험가액의 개념은 존재하지 않는다고 할 수 있다. 또 인보험의 경우 보험의 도박화를 방지하기 위한 여러 가지 제한이 논의되는데, 상법 제731조는 타인의 생명을 담보로 하는 사망보험에서 피보험자의 서면에 의한 동의를 요구하고 있다. 인보험증권에는 상법 제666조에 명기한 기재사항 이외에 ① 보험계약의 종류 ② 피보험자의 주소·성명 및 생년월일 ③ 보험수익자를 정한 때에는 그 주소·성명 및 생년월일을 기재하여야 한다(상법 제728조). 손해보험에 있어서는 보험자대위제도(保險者代位制度)를 두어 보험금액을 지급한 보험자는 그 보험의 목적에 대한 피보험자의 권리(상법 제681조 본문)와 제3자에 대한 보험계약자 또는 피보험자의 권리(상법 제682조 본문)를 취득하게 하고 있으나, 인보험에 있어서는 보험의 목적의 멸실이란 있을 수 없으므로 보험의 목적에 관한 보험대위는 문제가 되지 않는다. 그러나 제3자에 대한 보험대위는 성립될 수도 있지만 상법에 의해 금지된다. 즉 상법은 '보험자는 보험사고로 인하여 생긴 보험계약자 또는 보험수익자의 제3자에 대한 권리를 대위하여 행사하지 못한다'고 규정하고 있다(상법 제729조). 이것은 예컨대 상해보험의 피보험자가 제3자의 가해행위로 손해를 입은 경우에 그가 가해자에 대하여 가지는 손해배상청구권은 보험자가 보험금액을 지급한 뒤라고 할지라도 이를 취득하지 못한다는 것을 밝힌 것이다. 그러나 상해보험은 정액보험의 성질 이외에 손해보험의 성질도 가지므로 이 경우에는 피보험자의 이익을 해하지 아니하는 범위 내에서 보험자가 대위권을 행사할 수 있도록 하는 것이 좋을 것이다.

생명보험
生命保險

피보험자의 사망, 생존, 사망과 생존에 관한 보험사고가 발생할 경우에 보험자가 약정한 보험금을 지급하는 보험을 말한다(상법 제730조). 손해보험과는 달라서 보험사고가 생기면 그것으로 인하여 실제로 손해가 생겼는가 아

닌가, 또 손해액은 어느 정도인가는 일체 관계없이 약정된 일정한 보험금액이 지급되는 점이 생명보험의 특징이다. 생명보험을 손해보험과 비교하여 **정액보험**(定額保險)이라고 한다. 생명보험은 정액보험으로서 당사자가 약정한 보험금액 이외에 보험가액의 관념이 없기 때문에 초과·중복·일부보험의 문제는 없다. 그러나 생명보험에서도 보험관계에서 보험금액의 차이를 둘 수 있다. 예컨대 사망보험의 경우 보험사고가 계약 초년에 발생한 때에는 계약금의 4분의 1, 2년 이내에 발생한 때에는 2분의 1을 지급한다든가 하는 경우이다. 생명보험은 그 보험사고의 종류에 따라 **사망보험, 생존보험**, 사망과 생존과의 **혼합보험**으로 분류된다. 또 계약자가 자기의 생명에 보험을 붙이는 '자기의 생명보험'과 타인의 생명에 보험을 붙이는 '타인의 생명보험'이 있는데, 타인의 사망을 보험사고로 하는 보험을 무제한으로 인정하면 타인의 생명으로 도박을 하여 그의 사망을 기대하는 폐해가 생기므로 상법에서는 생명보험에 대하여 피보험자의 서면에 의한 동의를 얻지 않으면 효력이 없는 것으로 하고 있다(상법 제731조1항). 생명보험에는 일정기간 내에 사망만을 보험사고로 하는 사망보험 이외에 보험기간이 피보험자의 종신에 걸치는 것으로서 피보험자의 사망시기를 묻지 아니하고 보험자의 보험금지급책임을 인정하는 종신보험이 있다.

사망보험에서 15세 미만자, 심신상실자 또는 심신박약자를 피보험자로 한 경우에는 그 보험계약은 무효로 하며, 이 경우 심신박약자가 보험계약을 체결하거나 단체보험의 피보험자가 될 때에 의사능력이 있으면 그러하지 아니하다(상법 제732조). 이에 대하여 생존보험은 피보험자가 일정한 연령까지 생존할 것을 보험사고로 하는 것이며, 타인의 생존을 기대하여도 폐해가 없으므로 피보험자의 동의는 필요 없고 기타의 제한도 없다. 다만, 실제로 순수한 생존보험은 이용되고 있지 않다.

상해보험
傷害保險

신체의 상해에 관한 보험사고가 생길 경우에 보험자가 보험금액 기타의 급여를 하는 보험을 말한다(상법 제737조). 상해보험은 인보험의 일종으로서 상법상 손해보험의 범주에 들어가지는 않으나 생명보험과 같이 반드시 정액보험에 한하는 것도 아니다. 즉, 상해보험에는 피보험자가 상해로 인하여 사망한 때에 약정한 보험금액을 지급하기로 하는 순수한 정액보험이 있고, 상해의 태양이나 정도에 따라 보험금액의 액수를 정하는 일종의 부정액보험인 경우도 있다. 또 피보험자가 상해로 입은 손해와 비용(예 : 치료비, 약품대 등)을 지급하기로 하는 손해보험의 성격을 가지는 경우도 있다. 상해보험은 피보험자의 상해를 보험사고로 하는 것이므로 보험계약자는 제3자를 피보험자로 하는 타인의 상해보험계약을 체결할 수 있으나, 피보험자와 보험수익자를 달리하는 타인을 위한 상해보험계약은 체결할 수 없다.

상해보험계약의 보험자는 피보험자의 상해에 대하여 보험금액 기타의 급여의 책임을 진다. 여기서 기타의 급여란 치료 또는 의약품의 급여와 같이 현금 이외의 급여를 말한다. 또 보험자는 생명보험과 같이 보험금액을 일시금(사망의 경우) 또는 연금(질병)의 형식으로 지급할 수 있다. 상해보험의 경우에 피보험자와 보험계약자가 동일인이 아닌 때(타인의 신체에 관한 보험)에는 인보험증권의 기재사항 중 피보험자의 주소와 성명 대신에 피보험자의 직무 또는 직위만을 기재할 수 있다(상법 제738조). 예컨대 공장의 근로자 또는 자동차의 운전자와 같이 일정한 직무 또는 직위에 있는 자를 피보험자로 한 경우, 그 지위에 있는 특정인의 교체를 문제 삼지 않고 보험사고발생이 누구이든 그 직무 또는 직위에 있는 자이면 보험자의 책임이 생기게 하는 계약을 체결할 경우를 예상한 것이다. 상해보험에 관하여는 15세 미만자·심신상실자 또는 심신박약자를 피보험자로 하는 사망보험의 무효를 규정한 상법 제732조의 규정을 제외하고는 생명보험에 관한 규정이 준용된다(같은 법 제739조). 그러나 위에서 본 바와 같이 상해보험은 순수한 정액보험의 경우도 있으나 손해보험의 성격을 가지는 경우도 있으므로 생명보험에 관한 규정의 준용만으로는 부족하고 상해보험에 관한 보다 상세한 규정을 둘 필요가 있다.

질병보험
疾病保險

피보험자가 병에 걸렸을 경우 치료비, 입원비, 수술비 등을 지급하는 보험을 말한다. 질병보험계약의 보험자는 피보험자의 질병에 관한 보험사고가 발생할 경우 보험금이나 그 밖의 급여를 지급할 책임이 있다(상법 제739조의2). 질병보험에 관하여는 그 성질에 반하지 아니하는 범위에서 생명보험 및 상해보험에 관한 규정을 준용한다(상법 제739조의3).

상호보험
相互保險

보험을 필요로 하는 사람들이 모여서 단체를 만들고 기금을 모아 그 구성원(또는 피보험자인 제3자)이 보험사고를 당하면 보험금을 지급하는 것을 말한다. 보험영업으로 취득할 이익(가입자로부터 징수한 보험료에서 사고발생 시 지급한 보험금 및 경영비를 제한 차익)을 목적으로 하는 영리보험의 반대개념이다. 상호보험에서는 보험에 가입하는 것이 그대로 단체(사단)의 구성원(사원)이 되는 것인데, 이것을 보험관계를 내용으로 하는 사단관계라고 한다. 이 사단관계는 법적 형식면은 영리보험의 계약관계와 다르지만, 상호보험의 가입자는 사단의 구성원이라고 하는 의식이 적기 때문에 실질상으로는 별로 다른 점이 없다. 이 밖에 보험기술상에 있어서도 많은 유사점이 존재한다. 따라서 상호보험에 관한 법규제는 실제 상법에 속하는 것은 아니지만 상호보험에도 그 성질이 허용하는 한, 영리보험에 관한 법규를 준용하게 되어 있다(상법 제664조). 또 현재에 있어서는 보험기간이 장기인 생명보험에 있어서는 상호보험의 방식을 취하는 경향이 있다.

해 상

해상법
海商法

상법 중에서 특히 해상기업에 관한 사법의 전체를 말한다(실질적 의미의 해상법). 상법전은 제5편, 제740조 이하에 해상에 관한 규정을 두고(형식적 의미의 해상법) 해상기업에 관한 주요한 규정을 규정하고 있으나, 이 밖에 조약이나 상관습법 등에도 해상기업에 관한 규정들이 있다. 해상기업(海上企業)에 관한 법은 육상기업(陸上企業)에 관한 법보다 앞서 발달했으며 상법의 기원이 되었다. 고대 함무라비법전에서도 해상기업에 관한 규정을 찾아볼 수 있다. 이것이 중세에 이르러 지중해·대서양 및 북해의 항구도시를 중심으로 발달하였으며, 근세에 들어와서는 프랑스·독일을 중심으로 하여 종합적인 법전이 편찬되었다. 그리고 영국에서는 판례에 의한 해상법이 형성되었다. 우리나라의 해상법은 이 가운데서 독일법계에 속한다. 해상기업은 광대한 해양을 무대로 한 고가의 선박에 의하여 행하여지는 데 그 특수성이 있다. 따라서 해상법도 선박소유자의 유한책임(상법 제769조~제776조), 선장의 광범위한 권한 및 의무(같은 법 제745조~제755조), 공동해손(같은 법 제865조~제875조), 선박충돌(같은 법 제876조~제881조), 해난구조(같은 법 제882조~제895조) 등의 특수한 제도에 관한 규정을 두고 있다. 또 해상기업은 그 성질상 활동범위가 국제적이기 때문에 해상법도 국제적·통일적인 성격을 띠고, 많은 국제통일조약이나 국제적인 보통거래약관의 성립을 볼 수 있다.

상법상의 선박
商法上의 船舶

상행위 기타 영리를 목적으로 항해에 사용하는 선박을 말한다(상법 제740조). 상법상의 선박은 항해에 사용하는 것이라야 하며, 상행위 기타 영리를 목적으로 하는 선박이어야 한다. 따라서 상행위를 목적으로 하는 상선뿐만 아니라, 어선과 같이 상행위 이외의 영리를 목적으로 하는 선박도 포함된다. 상행위는 모든 상행위를 포함하는 것이지만 실제로 중요한 것은 운송의 인수행위(引受行爲)이다(상법 제46조13호). 이 밖에 선박법 제29조는 국유 또는 공유의 선박을 제외한 일반 항행선에 모두 해상편의 규정을 준용하도록 하고 있다. 따라서 항해에 사용하는 한, 쾌유선(快遊船)·탐험선(探險船) 등과 같이 비영리선에 관하여도 해상법의 규정을 준용한다. 선박은 일정한 규모를 가지는 것에 한하여 기술적인 해상법의 규정을 적용할 가치가 있다. 따라서 단정(短艇) 또는 주로 노 또는 상앗대로 운전하는 선박(노도선)에는 해상법을 적용하지 아니한다(상법 제741조).

선박등기
船舶登記

선박등기부에 선박등기법이 정하는 바에 따라 선박의 소유권·저당권·임차권 등 선박에 관한 일정한 사항을 기재하는 것을 말한다. 선박은 본래 동산이며, 동산에는 등기제도가 인정되지 않는 것이 보통인데 선박에 관하여는 그 가액이 크고 개성이 명확하여 구별을 할 수 있는 점에서 총톤수 20톤 이상의 기선(機船)과 범선(帆船) 및 총톤수 100톤 이상의 부선(艀船, 다만 수상에 고정하여 설치하는 부선은 제외)에 대하여서만 특히 등기제도가 인정된다(상법 제743조 단서, 선박등기법 제2조). 선박등기는 선박에 관한 사법상의 권리관계를 명확히 하여 그 선박을 둘러싼 거래관계자를 보호하는 것을 목적으로 하는 제도이다. 선박등기의 효력은 등기사항에 따라 다르다. 즉 소유권이전등기(所有權移轉登記)에서는 대항요건이며(상법 제743조 단서), 저당권등기에서는 효력발생요건이 된다(같은 법 제787조3항). 선박등기에 창설적(創設的) 효력·보정적(補正的) 효력·사실상의 추정력(推定力)·완화된 공신력이 인정됨은 상업등기의 효력과 같다. 또 선박의 등기는 선적항을 관할하는 지방법원, 그 지원(支院) 또는 등기소에서 한다(선박등기법 제4조). 선박등기절차에 관하여는 선박등기규칙에 상세하게 규정되어 있다.

선장의 권한
船長의 權限

공·사법상 선장이 가지고 있는 권한을 말한다. 선장의 권한에는 공법상의 권한과 사법상의 권한이 있는데, 전자는 상법의 범위에 속하지 아니하므로 여기에서는 후자에 관하여서만 설명한다. 선장의 사법상의 권한에는 먼저 선박소유자를 위한 대리권이 있다(상법 제749조~제751조). 이 대리권의 범위는 선적항〔선박이 등기된 지(地)로서 원칙적으로 선박소유자의 주소지〕에서는 특별히 선박소유자로부터 위임을 받은 경우 이외에는 해원(선장 이외의 선원)의 고용과 해고하는 것에만 제한되어 있다(상법 제749조2항). 반면에 선박소유자의 지휘가 미치지 않는 선적항 외에서 선장의 권한은 광범위하고 항해에 필요한 재판상 또는 재판 외의 모든 행위를 할 수 있다(같은 조 1항). 따라서 선장은 선박소유자를 대리하여 소송을 제기할 수 있고, 해원의 고용·해고는 물론 선박의 의장·수선 또는 항해필수품의 조달 등을 할 권한을 가진다. 또 항해의 계속을 위하여 꼭 필요한 경우에는 선박 또는 속구를 담보로 제공하거나, 차재(借財, 돈을 꿈)하거나, 적하(선박소유자의 것은 아니다)의 전부 또는 일부를 처분할 수도 있다(상법 제750조1항). 그리고 선적항 외에서 선박을 수선하기가 불능하게 된 때에는 선장은

해무관청의 인가를 얻어 경매할 수도 있다(상법 제753조). 선장은 항해 중에 적하를 처분하는 경우에는 이해관계인의 이익을 위하여 가장 적당한 방법으로 처리하는 대리권을 가진다(상법 제752조1항). 선장의 대리권의 범위에 대한 제한은 선의의 제3자에게 대항하지 못한다(상법 제751조).

선박관리인
船舶管理人

선박을 공유하고 공동으로 해상기업을 영위하는 자(선박공유자)의 대리인으로 활동하는 자를 말한다(상법 제764조~제768조). 해상기업은 일반적으로 대자본을 요하므로 종래부터 선박공유제도(船舶共有制度)가 인정되어 있는데, 선박공유자는 거래의 편의와 행정적 취급의 필요에서 대리인으로서 선박관리인을 선임하여야 한다(상법 제764조1항). 그 선임의 방법은 원칙적으로 공유자의 지분의 가액에 따라 그 과반수로 결정하는 것이지만(상법 제756조1항), 공유자가 아닌 자를 선임하는 경우에는 공유자 전원의 동의가 있어야 한다(상법 제764조1항).

선박관리인은 선박공유자와 위임관계에 있고, 법에 열거된 특정행위〔선박의 양도·임대 또는 담보에 제공하는 행위, 신항해의 개시행위, 선박을 보험에 붙이는 행위, 선박을 대수선하는 행위, 차재행위 등(상법 제766조)〕를 제외하고 선박의 이용에 관한 재판상 또는 재판 외의 모든 행위를 할 수 있는 권한을 가지며, 이 선박관리인의 대리권에 대한 제한은 선의의 제3자에게 대항하지 못한다(상법 제765

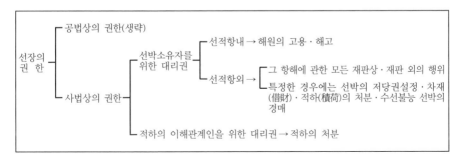

```
           ┌─ 공법상의 권한(생략)
           │                    ┌─ 선적항내 → 해원의 고용·해고
           │      ┌ 선박소유자를 │
 선장의    │      │ 위한 대리권  │         ┌ 그 항해에 관한 모든 재판상·재판 외의 행위
 권 한 ────┤      │             └─ 선적항외 →
           │      │                        └ 특정한 경우에는 선박의 저당권설정·차재
           └─ 사법상의 권한 ─┤                  (借財)·적하(積荷)의 처분·수선불능 선박의
                             │                   경매
                             └ 적하의 이해관계인을 위한 대리권 → 적하의 처분
```

조2항). 또 선박관리인의 특별의무로서 장부의 기재·비치의무(상법 제767조)와 항해의 경과상황과 계산에 관한 서면의 작성·보고·승인의무가 있다(상법 제768조).

개품운송계약
個品運送契約
개품운송계약은 운송인이 개개 물건을 해상으로 선박을 이용하여 운송을 할 것을 인수하고 그 상대방이 이에 대하여 운임을 지급하기로 약정하는 계약을 말한다(상법 제791조). 오늘날 정기적으로 일정한 항로를 운항하는 화물운송계약에서 취하는 운송형태다.

항해용선계약
航海傭船契約
선박소유자가 선복(船腹: 적재 공간)의 전부(전부용선) 또는 일부(일부용선)를 전세 내어 물건 또는 여객을 용선자가 지정하는 항구로 운송하는 것을 인수하는 계약을 말한다. 범선시대에 해상운송계약은 주로 이 용선계약에 의하여 행하여졌다.

정기용선계약
定期傭船契約
일정기간 선박 전부를 선장과 함께 대여하는 계약으로 선장의 임면권이 선주에게 있는 점은 용선계약과 유사하고, 선장에 대한 지휘권이 정기용선자에게 있는 점은 선박의 임대차에 유사하다. 정기용선계약에서는 정기용선자가 해상기업자로 된다.

선박의 임대차
船舶의 賃貸借
선박소유자가 선박 자체(적재 공간을 포함한 선박 전체)를 대여하는 것을 말한다. 임차인은 선장을 선임하여 선박을 운행시키고 스스로 해상기업자가 되는데, 용선계약의 경우에 해상기업자는 선복을 전세 낸 선박소유자(해상운송인)이다.

선하증권
船荷證券
송하인 또는 용선자가 운송물을 운송하기 위하여 해상운송인인 선박소유자에게 인도한 경우에 선박소유자가 발행하는 증권으로, 운송물을 인도하였다는 증거가 되고 목적지에서 이것과 상환하여 운송물의 인도를 받는 권리를 표창하는 유가증권을 말한다(상법 제852조~제864조).

선하증권에는 ① 선박의 명칭·국적 및 톤수 ② 송하인이 서면으로 통지한 운송물의 종류, 중량 또는 용적, 포장의 종별, 개수와 기호 ③ 운송물의 외관상태 ④ 용선자 또는 송하인의 성명·상호 ⑤ 수하인 또는 통지수령인의 성명·상호 ⑥ 선적항 ⑦ 양륙항 ⑧ 운임 ⑨ 발행지와 그 발행연월일 ⑩ 수통의 선하증권을 발행한 때에는 그 수 ⑪ 운송인의 성명 또는 상호 ⑫ 운송인의 주된 영업소 소재지를 기재하고 운송인이 기명날인 또는 서명하여야 한다(상법 제853조). 이와 같은 기재사항은 엄격한 것이 아니고, 그 일부의 기재를 결하여도 반드시 증권 전체가 무효로 되지 않는다. 선하증권은 운송물을 수령하거나 적재한 후에 용선자 또는 송하인의 청구에 의하여 선박소유자가 발행하는 의무를 부담하나(상법 제852조 1항·2항), 실제상은 운송물의 선적 전에도 발행되는 경우가 있다. 선하증권의 법률상의 성질·효력 등은 육상운송에 있어서의 화물상환증(貨物相換證)의 경우와 같고 따라서 채권적 효력·물권적 효력이 있으며, 이 증권의 인도는 운송물의 인도와 같은 효력이 있으나(상법 제133조·제861조), 같은 운송물에 대하여 수통의 증권이 발행된다는 점에서 화물상환증과 다르다. 이 경우에 양륙항에서는 그중의 1통만으로도 운송물의 인도를 받을 수 있으나(상법 제857조1항), 양륙항 외에서는 발행된 수통의 증권을 전부 가지고 있지 않으면 인도를 받을 수 없다(상법 제858조).

해손
海損
넓은 의미에서는 항해시에 선박 또는 적하에 관하여 생기는 모든 손해·비용을 말한다. 이 해손에는 선박의 충돌이나 좌초(坐礁) 등으로 생기는 불측의 손해와 항해에 의하여 생기는 선박의 자연소모(自然消耗)·도선료(導船料) 등과 같이 보통 발생하는 손해·비용이 있다. 전자를 좁은 의미에서의 해손이라고 하고, 후자를 **소해손**(小海損)이라고 한다. 소해손은 해상운송인이 운임으로 스스로 부담하여야 하는 것이므로 상법상 특별한 문제가 없으나, 좁은 의미의 해손에 관하여는 공동해손(상법 제865조~제875조)과 선박충돌(같은 법 제876조~제881조)에 대하여 상법에 규정이 있다. **공동해손**(共同海損)이란 예컨대 선복을 가볍게 하고 침몰을 면하기 위하여 선장이 어떤 적하를 버림으로써 생기는 손해를 말하며, 이 손해에 대하여는 침몰을 면한 선박의 소유자 및 다른 적하의 하주가 버림을 당한 적하의 하주의 손해를 분담하지 않으면 안 된다(상법 제866조). 공동해손에 관하여는 국제적인 요크·앤트워프규칙(York·Antwerp Rules)이 있으며, 세계 각국의 해운업자와 보험자에 의하여 국제적인 보통계약약관으로서 이용되고 있다.

해난구조
海難救助

넓은 의미에서 해난을 만난 선박 또는 적하를 구조하는 것을 말한다. 이 해난구조에는 당사자 간에 구조에 관한 계약이 있는 경우와 아무런 계약 없이, 즉 의무 없이 구조를 하는 경우가 있다. 후자를 좁은 의미의 해난구조라고 하며, 상법이 규정하고 있는 것도 이 좁은 의미의 해난구조이다. 항해 중에 조난당한 선박에 관하여 인명을 구조하는 것은 도덕상은 물론 공법상으로도 선원의 의무로 되어 있다. 그러나 조난을 당한 선박을 위해 위험을 무릅쓰고 구조한 자와 구조되어 손해를 면한 자의 이해관계를 어떻게 조정하는가는 사법상 해결해야 할 문제이다. 상법은 항해시에 해난을 만난 선박 또는 적하를 의무 없이 (구조계약에 의하지 아니하고) 구조한 것을 해난구조라고 하여 이것에 관한 관계자의 이해 조정을 도모하고 있다(상법 제882조~제895조). 구조계약에 의하여 구조가 행하여진 때에는 구조료가 계약에서 정하여져 있으므로 상법은 원칙적으로 이에 간섭하지 않는다(다만, 예외가 있다. 상법 제887조2항 참조). 그러나 항해선(航海船) 또는 항해선의 적하 기타의 물건을(인명만이 구조된 경우를 제외) 의무 없이 구조한 자는 그 결과에 대하여 상당한 보수(구조료)를 청구할 수 있다(상법 제882조 전단). 상법은 항해선과 내수항행선 간의 구조에 보수청구권을 포함시키고 있고(제882조 후단), 구조자에게는 구조된 선박 또는 적하에 관하여 우선특권이 인정된다(상법 제893조1항 본문·제777조1항3호·제782조).

구조의 보수액에 관한 약정이 없고 당사자 간의 합의가 성립되지 아니한 때에는 법원이 이를 결정한다(상법 제883조). 그러나 구조된 결과, 도리어 불이익하게 되지 않도록 구조의 보수액은 다른 약정이 없으면 구조된 목적물 가액의 한도 내에서 결정된다(상법 제884조1항). 해난구조는 선박소유자가 제공하는 선박과 선장·선원이 제공하는 노력에 의하여 행하여지는 것이므로 취득한 보수액(구조료)은 이러한 자에게 상법이 정하는 기준에 따라 분배한다(상법 제888조·제889조).

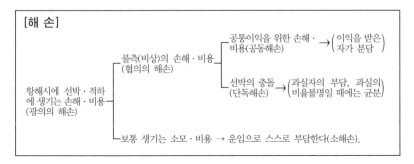

[해 손]

항해시에 선박·적하에 생기는 손해·비용(광의의 해손) ─ 불측(비상)의 손해·비용(협의의 해손) ─ 공통이익을 위한 손해·비용(공동해손) → (이익을 받은 자가 분담)

선박의 충돌(단독해손) → (과실자의 부담, 과실의 비율불명일 때에는 균분)

보통 생기는 소모·비용 → 운임으로 스스로 부담한다(소해손).

선박우선특권
船舶優先特權

법정채권(상법 제777조1항1호~4호)의 채권자가 선박, 그 속구, 그 채권이 생긴 항해의 운임, 그 선박과 운임에 부수한 채권에 대하여 다른 채권자보다 자기채권의 우선변제를 받을 수 있는 해상법상의 특수한 담보물권을 말한다(상법 제777조). 선박우선특권을 저당권과 비교하면, 전자는 특수한 채권자에게 법률상 당연히 부여되는 담보물권인 데 반하여, 후자는 당사자 간의 저당권설정계약에 의하여 설정되는 담보물권인 점이 다르다. 목적물에 대하여 우선변제권(優先辨濟權)을 가지는 담보물권이며 부종성·불가분성을 가지는 점 등에서 양자는 그 성질이 같다. 선박우선특권의 목적물은 선박, 그 속구, 그 채권이 생긴 항해의 운임, 그 선박과 운임에 부수한 채권이고(상법 제777조1항), 우선특권에 의하여 담보되는 채권은 상법 제777조1항의 1호부터 4호까지에 열거되어 있다. 선박우선특권은 한 척의 선박에 대하여 수개가 경합하는 경우도 있고 또 다른 담보물권과 경합하는 경우도 있다. 따라서 상법은 선박우선특권 상호 간의 순위와 선박우선특권과 다른 담보물권의 순위를 각각 규정하고 있다(상법 제782조~제784조·제788조). 선박우선특권의 효력으로는 목적물에 대한 경매권(상법 제777조2항 후단, 민법 제363조1항)과 우선변제권이 있으며, 이 선박우선특권은 그 선박소유권의 이전으로 인하여 영향을 받지 아니한다(상법 제785조). 또 선박우선특권은 그 채권이 생긴 날로부터 1년간 행사하지 아니하면 소멸시효가 완성한다(상법 제786조). 이러한 선박우선특권에 관한 규정은 건조 중인 선박에 대하여도 준용된다(상법 제790조).

선박저당권
船舶抵當權

등기한 선박을 목적으로 하여 저당권설정계약에 의하여 설정되는 해상법상의 특수한 저당권을 말한다(상법 제787조1항·3항). 저당권은 민법에 의하면 부동산에만 인정되는 제도로서 동산에는 인정되지 않지만, 상법에서는 선박이 동산임에도 불구하고 그 부동산유사성과 선박등기라는 공시제도(公示制度)에 의하여 특히 선박저당권제도를 인정하고 있다. 선박저당권은 상법상 특수한 것이지만, 선박의 부동산유사성에 비추어 민법의 부동산저당권에 관한 규정이 준용되고 있다(상법 제787조3항). 따라서 그 순위, 효력, 소멸 등은 그 특질에 반하지 않는 한 민법의 규정에 의하게 된다. 선박우선특권은 공시의 방법이 없고 법률에 규정되어 있는 채권에 대하여서만 인정되지만, 선박저당권은 등기라는 공시의 방법이 있고 저당자가 계약에 의하여 임의로 설정할 수 있으므로 선박금융의 법률형태로 적합하며, 경제성은 선박우선특권보다 오히려 우수하다. 그러나 선박저당권이 선박우선특권과 경합하는 경우에 공시제도가 없는 선박우선특권보다 후순위에 서게 된다는 것(상법 제788조)이 문제점이다. 선박저당권의 목적은 등기한 선박에 한하고(상법 제787조1항), 등기한 선박은 질권의 목적이 되지 못한다(상법 제789조). 또 건조 중의 선박은 법률상의 선박이라고는 말할 수 없으나 이에 대해서도 특별히 저당권설정이 인정된다(상법 제790조).

어음 · 수표법

어음 · 수표법

어 음

환어음
換어음

발행인이 기명날인 또는 서명을 하여 지급인이 일정한 금액을 수취인에게 지급할 것을 위탁하는 형식의 어음(지급위탁증권)을 말한다. 예컨대 갑이 을에게 직접 어음으로 매매대금을 지급하는 경우, 갑이 어음을 담보로 하여 직접 을로부터 금전을 차용하는 경우에 이용되고 있는 것은 약속어음이지만, 지급인 병의 신용을 이용하려고 하는 경우에는 환어음을 사용한다. 병이 인수(어음법 제21조)를 하면 병은 주된 채무자로서 지급의무를 부담하게 되고, 갑은 병이 인수와 지급을 거절한 경우에 한하여 어음금을 상환할 담보책임을 지게 된다(어음법 제9조). 지급인 병은 원래 갑에 대하여 어떤 지급채무가 있어서 인수를 하는 경우도 있고, 갑이 자금을 제공하고 병에게 지급을 위탁하는 경우도 있다. 그러나 환어음의 이용에서 가장 중요한 것은 국제적인 송금거래이며 특히 하환거래(荷換去來)이다. 예컨대 런던의 A가 서울의 갑에게 무역상의 대금 등을 송금하려면, 런던의 X은행에 현금을 납입하고 X은행 서울지점 또는 거래은행을 지급인으로 하는 환어음(송금환)을 발행해 받고, 이것을 갑에게 보내는 방법이 취하여진다. 또 갑이 빨리 현금이 필요한 때에는 하환취결(荷換取結)의 방법에 의한다(하환의 항을 참조). 따라서 환어음은 국제무역에 불가결한 결제방법으로서 매우 중요한 것이다.

약속어음
約束어음

발행인이 일정금액의 지급을 약속하는 형식의 어음(지급약속증권)을 말한다. 예컨대 갑과 을이 매매계약을 체결하고 갑이 을에게 어음으로 대금지급을 하는 경우 또는 갑이 을로부터 금전을 차입하고 차용증 대신에 어음을 교부하는 경우 등에 흔히 사용되고 있는 것이 약속어음이다. 갑이 발행인으로서 약속어음에 기명날인을 하면 환어음의 인수인과 같이 주채무자로서 만기에 어음의 지급을 할 의무를 진다(어음법 제78조). 그러므로 이 약속어음을 교부받은 을은 거절증서 작성기간의 경과 후에도 어음채권의 시효완성의 경우(어음법 제70조·제77조1항8호)를 제외하고 갑에게 어음금 및 만기 후의 이자를 청구할 수 있다. 약속어음은 처음부터 발행인이 주채무자이고 인수제도(引受制度)가 없다. 따라서 인수의 거절로 인한 만기 전의 상환청구제도는 없다. 발행인의 파산 기타 무자력화(無資力化)만이 만기 전의 상환청구원인이 된다. 약속어음의 요건은 약속어음이라는 것을 표시하는 문자 및 일정한 금액의 지급을 약속하는 문자의 기재를 요하고, 한편 지급인의 기재를 요하지 않는다는 것을 제외하고는 환어음과 동일하다(어음법 제75조). 다만, 일람후정기출급(一覽後定期出給)의 경우에 인수제시가 없으므로 일람을 위한 제시(발행일로부터 1년 내)의 제도를 두고 일람 후의 기간(일람하였다는 것을 기재하고, 기명날인한 일자부터 일람의 기재를 거절한 경우에는 일람거절증서를 작성하고 그 일자부터 계산한다)에 의하여 만기를 정한다(어음법 제78조2항).

발행
發行

「어음법」상의 요건(어음법 제1조·제75조, 수표법 제1조)이 기재된 용지(어음용지, 수표용지)에 발행인이 기명날인 또는 서명을 하고, 이것을 자기의 의사로 유통시키는 어음행위를 말한다. 발행인이 기명날인 또는 서명한 것만으로 발행이 성립된다고 해석하는 설(창조설)도 있으나, 보통은 기명날인 또는 서명이라고 하는 형식적인 의사표시가 있는 증권을 수취인에게 교부한 때에 발행이 성립된다고 해석하고 있다(교부시설). 환어음 발행의 효력으로서 발행인은 지급인이 인수를 거절하거나 또는 지급을 거절한 경우에 2차적인 담보책임자로서 어음금을 상환할 의무를 진다(어음법 제43조~제54조). 다만, '인수가 있는가 없는가는 책임지지 않는다'(인수무담보)라고 하는 문구를 기재하면, 인수가 없는 경우의 담보책임은 면할 수 있다. 그러나 발행인은 '지급이 있는가 없는가는 책임지지 않는다'(지급무담보)라고 하는 문구를 기재하여도 지급이 없는 경우에는 반드시 상환의무를 져야 한다. 그러므로 단지 '무담보'라고 기재되어 있는 경우에는 '인수만을 책임지지 않는다'고 하는 의미가 된다.

어음금액 · 수표금액
어음金額 · 手票金額

어음 · 수표면상에 기재되는 지급을 약속(또는 위탁)하는 금액을 말한다. 어음 · 수표금액은 반드시 현행의 통일어음 · 수표용지의 금액란에 체크라이터로 횡서하기로 되어 있고, 소위 부기는 하지 않는다는 것이 관례로 되어 있다. 어음(수표)법상 어음(수표)금액은 이를 발행할 당시 '일정한 금액'이어야 한다고 규정하고 있다(어음법 제1조2호 · 제75조2호, 수표법 제1조2호). 따라서 '일만원 내지 삼만원'이라고 하는 기재(선택적 기재)는 무효이다. 또 문자 또는 숫자로 중복하여 일만원 / 10,000원 또는 삼만원 / 30,000원으로 기재되어 있는 경우에는 외관상 명백한 특정금액인 경우(일방만이 금액이 체크라이터 또는 한자숫자로 기재되어 있는 경우)를 제외하고 최소금액(일만원)을 취한다(어음법 제6조2항, 수표법 제9조2항). 어음의 금액을 글자와 숫자로 적은 경우에 그 금액에 차이가 있으면 글자로 적은 금액을 어음금액으로 한다(어음법 제6조1항, 수표법 제9조1항).

지급인
支給人

환어음 및 수표의 발행인으로부터 지급을 위탁받는 사람을 말한다. 환어음과 수표에서는 지급인을 기재하는 것이 요건으로 되어 있다(어음법 제1조3호, 수표법 제1조3호). 약속어음에는 지급인이 없다. 지급인은 어음채무자는 아니지만, 환어음에서는 인수의 기명날인 또는 서명을 하면 주채무자가 된다(어음법 제25조). 지급인의 성명을 표시하는 것이 보통이지만, ○○상점 귀하(상호), 운정 귀하(아호), 금융위원회 금융정책국장 귀하(직명), 종로구 종로1가 ○○번지 치과의사 귀하(직종표시), 조부 귀하(친족관계표시), ○○아파트소유자(재산관계의 표시) 등, 그 어느 것도 누구를 지정하고 있는가를 명백히 알 수 있는 방법이면 상관없다. 지급인이 수인 기재되어 있는 경우에는 '갑과 을', '갑 및 을'이라고 하는 것과 같이 2인이 지급한다는 의미의 표시(중첩적 기재)만이 유효하고, '갑 또는 을'이라고 하는 것과 선택적 기재는 무효로 보는 것이 통설이다. 다만, 선택적 기재도 유효하고, 소지인은 갑과 을 중에서 1인을 선택하여 지급제시를 하면 된다고 해석하는 설이 유력하게 대두되고 있다. 또 '갑, 을'이라고 나란히 기재되어 있는 경우에는 선택적 기재로 본다.

만기
滿期

어음 · 수표에 기재된 금액을 지급하는 시기로 정해진 날을 말한다. 어음에서는 이 만기가 요건으로 되어 있다(어음법 제1조4호 · 제75조3호). 어음에서 지정할 수 있는 만기의 종류로서는 일람출급(청구받은 때를 만기로 결정하는 방법), 일람 후 정기출급(한 번 어음을 제시하고 나서 수일 후로 결정하는 방법), 발행일자 후 정기출급(발행일로부터 수개월 후로 결정하는 방법), 확정일출급(서기 20××년 ○월 ○일로 기일을 결정하는 방법)의 네 종류가 있으며(어음법 제33조1항), 그중 어느 것 하나를 어음에 기재하는 것이 필수적 요건으로 되어 있다(어음법 제1조4호·제75조3호). 이것과 다른 지급기일의 결정방법(예 : 3일 전에 통지를 받은 경우에 한하여 지급한다고 하는 것과 같은)을 하거나 1매의 어음 금액을 수회로 분할하여 각각 다른 기일에 지급(분할지급)하면 어음 그 자체는 무효로 된다(어음법 제33조2항). 수표는 성질상 그 자체가 지급을 위한 도구로서, 수표에 어떻게 기재되어 있어도 반드시 일람출급으로서 취급되기 때문에(수표법 제28조1항), 만기는 요건이 아니다. 주채무자(약속어음발행인·환어음인수인)가 지급을 하는 경우에 만기는 채무의 변제기(기한)로서 의미를 가지게 되나, 어음·수표는 일반적으로 지급인이나 지급담당자가 지급결제를 하는 것이 보통이므로 만기는 변제기와 다르며, 요컨대 지급사무를 처리하는 시기로서 지정된 날을 의미한다. 또한 지정된 날(만기)이 법정휴일이면 이에 이은 제1의 거래일에 지급을 청구할 수 있으므로(어음법 제72조1항), 지정된 날에 이은 제2의 거래일이 '지급을 할 날'이 된다(어음법 제38조1항).

발행인
發行人

환어음과 수표에서는 어음·수표의 지급을 위탁하는 자를 말하고, 약속어음에 있어서는 주채무자를 말한다. 어음·수표의 발행자는 발행인으로서 기명날인 또는 서명하는 것이 어음행위 성립의 요건이다(어음법 제1조8호·제75조7호, 수표법 제1조6호). 약속어음의 발행인은 주채무자이며, 환어음의 인수인과 마찬가지로 만기에 지급할 의무를 부담하고, 만약에 지급을 하지 않으면 법정이자를 지급할 책임을 진다(어음법 제28조·제48조·제49조·제78조1항). 반면에 환어음의 발행인은 어음만기에 부도가 났거나, 만기 전일지라도 인수의 거절 기타 지급되지 않을 것이라고 추정되는 사정(어음법 제43조)이 발생한 경우에 어음금액을 상환하는 2차적인 담보책임을 진다(어음법 제9조1항). 수표의 발행인은 기간 내의 제시에 대하여 지급을 하지 않는 경우에 역시 상환의 책임을 진다.

발행일
發行日

어음·수표면에 기재된 일자를 말한다. 발행일은 어음·수표의 요건으로 되어 있으므로 반드시 기재하여야 한다(어음법 제1조7호·제75조6호, 수표법 제1조5호). 발행일은 현실로 어음·수표가 발행된 일자를 말하는 것이 아니다. 따라서 사실상의 발행일보다 앞선 장래 일자를 기재한 선일자의 어음·수표도 가능하다. 「수표법」은 선일자 수표에 대해서도 그 소지인이 기재상의 발행일자가 도래하기 전에 지급제시를 할 수 있도록 하고 있다(수표법 제28조2항). 환어음의 발행일은 발행일자후정기출급(發行日字後定期出給)어음의 만기를 정하는 표준이 되고(어음법 제36조1항·2항), 일람후정기출급(一覽後定期出給)어음의 인수를 위한 제시기간을 정하는 표준이 되며(어음법 제23조), 또 원칙적으로 일람출급어음의 지급을 위한 제시기간을 정하는 표준이 되기도 한다(어음법 제34조1항). 발행일자의 기재는 정확하게 가능한 날로써 하여야 한다. 다만, 판례에는 11월 31일 또는 9월 31일을 발행일자로 기재한 어음을 세력(歲曆)에 없는 불능의 일자를 기재한 것이라고 하여 무효로 한 것이 있다. 그러나 이것은 각각 11월말 또는 9월말을 표시한 것으로 보고 그 효력을 인정하여도 무방하다는 학설이 있다. 발행일자는 단일이어야 하며 발행인이 여러 명 있는 경우에도 마찬가지이다.

발행지
發行地

어음·수표가 발행된 장소로서 어음·수표면에 기재된 장소를 말한다. 실제 어음·수표가 발행된 장소(地)와 달라도 상관없다. 발행지는 어음·수표의 요건으로 되어 있으며(어음법 제

1조7호・제75조6호, 수표법 제1조5호), 「어음법」 제37조・제41조4항, 「수표법」 제29조의 경우에 필요하다. 또 상환통지(償還通知)의 발송에는 발행지가 기재되어 있음으로써 편리함이 있다(국제사법 제84조). 발행지의 단일성은 준거법(準據法)의 단일적 추정을 해하지 않는 한 엄격하게 지킬 필요는 없다고 하는 것이 통설이다. 발행지의 기재가 없는 때에는 발행인의 명칭에 부기한 지(地)로써 보충된다(어음법 제2조3호, 수표법 제2조3호).

기명날인 또는 서명
記名捺印 또는 署名

어음・수표행위의 방식으로서 성명을 기재하거나 인장을 찍는 것을 말한다. 기명날인 또는 서명은 모든 어음행위에 최소한도로 필요한 요건이다. 발행・배서(背書)・보증・인수 등의 어음행위를 함에는 반드시 기명날인 또는 서명이라고 하는 서면행위를 하는 것이 필요하며, 서면행위에 의하지 않으면 권리관계를 창출할 수 없다(설권성). 기명날인 또는 서명의 경우의 인장은 인감도장(印鑑圖章)을 사용할 필요는 없고 또 상용(常用)하고 있는 인장이 아니라도 좋으며, 동성동명인 다른 사람의 인장을 빌려서 사용해도 무방하다. 지장(指章)을 찍는 것은 대조에 기술을 요하므로 불충분하다고 해석되고 있다. 법인이 어음행위를 하는 경우에는 그 대표기관이 법인을 위하여 한다는 것, 즉 대표자격이 있다는 것을 표시하고 그 사람이 기명날인 또는 서명하여야 한다. 또 법인격이 없는 조합이 어음행위를 하는 경우에는 조합원 전원이 어음상에 기명날인 또는 서명해야 할 것이나, 이러한 것은 거래의 신속・원활에 지장을 초래하기 때문에 대표조합원이 그 대표자격을 표시하여 기명날인 또는 서명함으로써 충분하다고 해석한다. 우리나라에서는 오랫동안 기명날인을 사용해 왔고 일일이 인장을 찍는 것이 일반적이지만 위조의 위험이 많기 때문에 은행거래에서는 미리 신고한 인감과 인

영(印影 : 도장이 문서에 찍힌 형태)을 대조하여 지급하면 면책된다.

자기지시어음
自己指示어음

발행인과 수취인(受取人)이 동일인인 환어음을 말한다. 예컨대 갑이 발행인이고 갑이 수취인으로 되어 있는 환어음은 자기지시환어음이다. 국제무역에서 매도인 갑이 매수인 을을 지급인으로 하고, 갑을 수취인으로 하는 자기지시의 환어음을 할인해 받는 경우가 있다.

자기앞어음・자기앞수표
自己앞어음・自己앞手票

발행인과 지급인이 동일인인 어음・수표를 말한다(어음법 제3조2항, 수표법 제6조3항). 환어음의 경우에는 자기지시어음과 마찬가지로 원격지 사이의 지급을 위하여 이용된다. 예컨대 A사가 지급지의 자기지점을 지급인으로 하여 B사에 지급하는 경우에 이용된다. 자기앞수표는 지급은행이 발행하는 수표이며 은행거래에서 널리 이용되고 있다. 즉 환업무(換業務)에서 갑이 원격지의 을에게 A은행 X지점 발행, Y지점을 지급인으로 하는 자기앞수표로 송금하는 경우이다. 또 지급보증에 갈음하여 자기앞수표를 사용하고 발행과 동시에 예금에서 인출함으로써 발행인의 파산이나 세금체납 등으로 인한 압류에 대처할 수 있는 편리한 점이 있다. 자기앞수표는 비록 당좌거래(當座去來)가 없는 자일지라도 누구나가 이용할 수 있는 수표이며, 더구나 은행발행으로서 지급이 확실하기 때문에 현금과 똑같은 경제적인 가치가 있다고 해석되고 있다. 그렇기 때문에 이것을 분실한 경우에 소지인이 사고신고를 하고 지급정지를 요구하여도 자기앞으로 되어 있고 지급위탁관계가 없기 때문에 지급위탁의 취소가 되지 않는다. 그러나 판례는 자기앞수표라도 사고신고가 있으면 경솔하게 지급을 해서는 안 된다고 하고 있다.

제3자방지급어음
第三者方支給어음

환어음의 지급인 또는 약속어음의 발행인의 주소 이외의 장소(지급장소)에서 지급되는 것(제3자방지급문구)을 기재한 어음을 말한다(어음법 제4조). 어음에 지급장소를 기재하는 것은 필수요건은 아니나 지급장소를 기재한 경우에는 그 장소가 지급제시를 할 장소가 된다. 지급장소를 지정하는 이유는 지급인의 영업소(또는 주소)가 지급지 내에 존재하지 않는 경우(타지출급어음)에 지급지 내의 지급장소에서 지급을 하는 것을 명확하게 하기 위해서이다(이것이 본래의 지급장소의 지정이다). 그러나 지급장소를 지정하는 주된 이유는 동지출급(同地出給)어음이라도 거래가 있는 은행점포를 지급장소로 지정하고 그 은행을 지급담당자로 지정하여 지급결제를 어음교환의 절차에 맡겨 안전하고 편리하게 지급을 끝내는 것에 있다. 제3자방지급문구(第三者方支給文句)의 기재는 발행인이 발행을 할 때 이를 기재할 수 있지만, 환어음에 있어서는 발행인이 인수를 할 때에 기재할 수 있다(어음법 제27조). 지급장소 또는 지급담당자를 지정하는 경우에는 지급지에 현존하는 장소 또는 점포이어야 한다. 지급장소를 지정한 경우에는 그 후에 그 장소의 정황이 달라진다고 하더라도 역시 그 지점에서 지급인 자신에게 지급제시를 하여야 하나, 은행을 지급담당자로서 지정한 경우에는 그 은행점포에 지급제시를 하면 된다. 그 후에 그 점포가 폐업·이전·소실된 경우에는 그 지점의 이전처나 영업의 흡수처에 제시하면 된다. 또한 단순히 'A은행'이라고만 지정되어 있고 그 지급지 내에 여러 개의 점포가 있는 경우에는 그중의 한 점포를 적당히 선택하여 제시하면 된다. 그러나 지급지 내에 해당하는 점포를 도저히 찾을 수 없는 경우에는 지급장소의 지정이 없는 것으로서 직접 지급인의 영업소(또는 주소)에 제시하면 된다. 단, 지급지 내에 같은 은행의 다른 점포가 있으면 그곳에 지급제시를 하면 된다. 지급지 밖에 현존하는 점포를 지급장소로 지정한 경우에는, 실무에서는 발행인의 동의를 얻어 지급지의 기재를 변경하고 그 점포로 보내고 있다. 또 통일어음용지의 채택으로 은행점포에 지급을 위탁하는 경우에는 반드시 그 은행명이 인쇄된 통일용지의 교부를 받게 되어 있다.

어음행위독립의 원칙
어음行爲獨立의 原則

어음행위가 수개 있는 경우에 선행하는 어떤 어음행위가 실질적으로 무효가 되거나 취소되어도 후행어음행위자는 독립하여 어음채무를 진다는 원칙을 말한다(어음법 제7조, 수표법 제10조). 어음행위의 기명날인 또는 서명이 비록 형식적인 요건을 갖추고 있다고 하더라도 환어음의 어음채무를 부담할 능력이 없는 자의 기명날인 또는 서명, 위조된 기명날인 또는 서명, 가공인물의 기명날인 또는 서명, 대리권이 없는 자의 기명날인 또는 서명의 경우에는 어음행위는 무효가 되거나 취소할 수 있으며, 위와 같은 기명날인 또는 서명한 자는 누구에 대하여도 어음책임을 지지 않는다. 그러나 어음행위가 유효인가 무효인가는 선행하는 어음행위가 유효인가 무효인가에 관계없이 개별적으로 결정되는 것이다. 예컨대 갑이 을에게 약속어음을 발행하고 을→병→정→무(소지인)로 배서양도(背書讓渡)된 경우에 선행행위인 갑의 발행기명날인(發行記名捺印)이 위조되어 무효이거나, 병이 무능력자로서 그의 배서가 취소되어도 후행행위인 배서를 한 을, 정은 각각 독립하여 배서인으로서의 어음책임을 진다. 그리고 소지인이 갑명의의 발행기명날인 또는 서명이 위조이거나, 병이 무능력자라는 것을 알고 어음을 취득한 경우에도 소지인이 실질적으로 권리자인 이상 을이나 정에게는 배서인으로서의 책임을 추구할 수 있다. 이것은 수표의 경우에도 동일하다.

어음위조
어음僞造

권한 없는 자가 타인의 기명날인을 위조하여 타인이 어음행위를 한 듯이 외관을 조작하는 것을 말한다. 위조의 어음행위는 무효를 주장할 수 있다. 보관 중인 타인의 인장을 멋대로 이용하거나 인장을 도용하여 타인명의의 기명날인 또는 서명을 하는 것이 전형적인 것인데, 그 밖에도 타인의 기명날인 또는 서명이 있는 용지를 악용하여 어음으로 만들거나 필적을 모방하는 것도 위조이다. 또 판례는 대리인이 기명날인 또는 서명하지 않고 직접 본인명의로 기명날인 또는 서명하는 것을 무권대행 또는 서명대리라고 부르고 대리의 일종으로서 무권대리(無權代理) 또는 위조로 취급하고 있다. 위조의 어음행위는 무효이므로 위조된 기명날인 또는 서명의 명의인(피위조자)은 위조의 사실을 주장하고 누구에 대하여도 청구를 거절할 수 있다. 대리관계가 아닌 이상 피위조자(被僞造者)가 추인(追認)하여도 위조기명날인 또는 서명이 유효로 되지 않고, 또 피위조자가 표현대리의 책임을 지는 것은 없다고 생각되어 왔으나, 최근에는 위조의 추인을 인정하고 피위조자에게 위조의 기회를 주는 귀책성(歸責性)이 있는 경우에는 표현책임을 부과하여야 한다는 견해가 유력하다. 위조자에 대하여도 증권상에 이름을 표시하지 않은 이상 어음책임은 없다고 해석되고 있으나, 선의자에 대하여 무권대리인(어음법 제8조)에 준한 어음책임을 진다고 하는 유력한 설이 있다. 위조자가 불법행위책임을 지고(민법 제750조) 위조자가 고용인인 경우 피위조자가 사용인의 위조에 대하여 사용자책임(민법 제756조)을 진다. 위조의 어음행위는 무효이지만, 그 이외의 기명날인 또는 서명자는 독립하여 어음책임을 진다(어음행위독립의 원칙, 어음법 제7조). 그러므로 위조의 기명날인 또는 서명이 포함된 것을 알고 있어도, 직전의 배서를 중과실 없이 진정한 기명날인 또는 서명이라고 믿고 어음을 취득하면, 선의취득자(善意取得者)로서 위조기명날인자 이외의 기명날인 또는 서명자에게 어음금액의 지급을 청구할 수 있다.

백지어음 · 백지수표
白地어음 · 白地手票

수표의 요건이 결여되어 있으나 결여부분에의 보충이 예정되어 있는 것을 말한다. '미완성으로 발행한' 경우(어음법 제10조)에 한하지 않고 발행에 앞서 요건이 결여된 어음에 인수나 배서, 보증의 기명날인 또는 서명만 한 것도 백지어음이다. 어음요건이 하나라도 결여되어 있으면 형식적으로 무효이며 어음으로서 적용되지 않는 것이 원칙이므로(어음법 제2조) '보충이 예정되어 있는가 없는가'의 여부가 백지어음인가 아닌가의 결정수단이 된다. 주관설(통설 · 판례)은 가령 아주 작은 쪽지에라도 보충권을 부여할 의사로 교부되어 있으면 백지어음이라고 주장하고, 객관설은 발행자의 의사와는 관계없이 외관상 어음으로서 이용되는 것이 예정되어 있다고 보이는 증권은 백지어음으로서 취급하여야 한다고 주장한다. 백지어음은 유통수단으로서 어음과 동일하며, 선의취득(어음법 제16조)이나 항변제한(어음법 제17조)의 보호가 있고 분실하면 제권판결(除權判決)도 할 수 있다. 다만, 어음으로 청구하거나 상환청구권을 보전하기 위하여 제시하는 때에는(어음법 제38조 · 제53조) 백지를 보충하여야 한다. 보충에 의하여 비로소 완전한 어음이 되고 발행인과 수취인 사이의 합의(예 : 100만원밖에 보충할 수 없다고 하는 약속)에 위반하여(예 : 200만원으로) 보충되어도 이 부당한 보충의 사실을 모르고 중과실 없이 어음을 취득한 제3자는 보충된 대로(200만원) 청구를 할 수 있다(어음법 제10조).

배서
背書

배서는 어음의 유통을 조장하기 위하여 법이 인정하고 있는 간편한 양도방법으로, 어음 · 수표의 액면 뒤에 수취인이 성명 등 일정한 사항을 기재하

어음 · 수표법

고 기명날인하여 그 어음을 타인에게 교부하는 어음행위이다. 어음은 소지인이 배서에 의하여 취득했느냐, 상속이나 회사합병 등에 의하여 취득했느냐에 관계없이 본문 중에 '그 지시인에게'라는 문구(지시문구)가 없더라도 모두 배서의 방법으로 양도할 수 있다(어음법 제11조). 반대로 배서라고 하는 방법이 결정되어 있는 이상 배서 이외의 방법으로는 양도할 수 없다고 해석하는 소수설이 있다. 수표는 보통 소지인출급형식이며 인도로 양도할 수 있으나 기명식(記名式) 또는 지시식(指示式)의 수표는 배서로 양도할 수 있다(수표법 제14조). 다만, 어음이나 수표에 '배서금지', '양도금지'라는 문구(지시금지문구)가 기재되어 있으면 배서의 방법으로 양도할 수 없고 지명채권양도(指名債權讓渡)의 방법(수표법 제14조2항, 민법 제450조)이 아니면 양도할 수 없게 된다.

가장 좋은 정식(正式)의 배서방식은 어음·수표의 표면, 이면(裏面) 또는 등본(어음법 제67조3항), 보전(어음·수표에 결합한 보충지)에 배서를 받는 사람(피배서인)을 지정하고 배서인이 기명날인 또는 서명하는 방법이다(어음법 제13조1항, 수표법 제16조1항). 어음용지의 배서란에는 '앞면에 적은 금액을 지시인에게 지급하여 주십시오'라는 문구(배서문구)나 배서일자란이 인쇄되어 있는데 배서일자는 요건이 아니다. 간단한 배서의 방식으로서 피배서인(被背書人)을 지정하지 않는 형식의 배서(백지식배서) 및 배서문구(背書文句)도 기재하지 않는 단순한 기명날인 또는 서명만의 배서(간략백지식배서)도 인정된다(어음법 제13조2항, 수표법 제16조2항). 기명날인 또는 서명만의 배서는 보증이나 인수의 기명날인 또는 서명(어음법 제25조1항·제31조3항)과 구별하기 위하여 반드시 어음(또는 등본)의 이면(裏面) 또는 보전(補箋)에만 할 수 있다. 그러나 어음의 표면에 '배서인 홍길동 인'이라고 기명날인 또는 서명되어 있는 경우에는 배서라

는 사실이 명확하기 때문에 보통의 백지식배서(白地式背書)로서의 효력이 있다.

어음에 배서의 기명날인 또는 서명을 한 배서인은 환어음의 지급인이 인수를 거절하거나 약속어음발행인이나 환어음지급인이 지급을 거절한 경우에 어음금을 상환할 의무를 진다(어음법 제15조, 수표법 제18조). 다만, '배서인으로서의 담보책임의 전부 또는 일부를 부담하지 않는다'고 하는 문구(반대의 문구, 어음법 제15조1항, 수표법 제18조1항)를 기재하여 배서하면 기재대로 담보책임을 지지 않는다(무담보배서). 또 '이후에는 배서를 금지한다'고 하는 문구를 기재하여 배서하면 그 이후 새로 배서를 받은 사람에 대하여는 담보책임을 지지 않는다(배서금지배서, 어음법 제15조2항, 수표법 제18조2항). 배서인으로부터 어음·수표의 교부를 받으면 피배서인은 어음·수표로 모든 기명날인 또는 서명자(인수인·발행인·배서인 등)에게 청구할 수 있는 권리를 취득한다(어음법 제14조1항, 수표법 제17조1항). 또 백지식배서를 받은 피배서인은 계속하여 배서로 어음을 양도할 수 있을 뿐만 아니라, 배서를 하지 아니하고 그대로 어음을 양도할 수 있다(어음법 제14조2항, 수표법 제17조2항).

역배서
逆背書

이미 어음에 기명날인 또는 서명하고 있는 어음채무자나 지급인에 대하여 배서하는 것을 말한다. 역배서를 환배서(還背書)라고도 한다. 역배서는 이른바 역코스의 배서이며 발행인, 배서인, 환어음의 인수인, 참가인수인 등 이들 보증인에 대하여 배서하는 것이다. 또 넓은 의미에서 어음에 기명날인 또는 서명하지 않은 환어음의 지급인이나 지급담당자(어음법 제4조), 예비지급인(어음법 제55조), 무담보배서인(어음법 제15조1항)에 대한 배서도 역배서라고 한다. 만기 전에는 어음채무자가 역배서를 받아 어음을 취득하여도 어음채권은 혼동

(민법 제507조)에 의하여 소멸하지 않으며 다시 어음을 배서로 양도할 수 있다(어음법 제11조3항, 수표법 제14조3항). 만기 후에 주채무자(인수인이나 약속어음의 발행인)가 역배서를 받은 경우에는 혼동이 생긴다. 역배서를 받은 채무자는 형식적으로는 모든 기명날인 또는 서명자에 대하여 어음권리자가 되지만, 자기가 최종채무자이기 때문에 중간의 기명날인 또는 서명자(자기보다 후자로서 기명날인 또는 서명한 자)에 대하여 어음상의 권리를 청구할 수 없다. 이 채무자로부터 다시 배서양도(背書讓渡)를 받은 제3자는 누구에 대하여도 청구할 수 있다. 역배서는 이외에도 환어음의 발행인에 대한 것과 배서인에 대한 역배서가 있고, 법률관계는 주채무자에 대한 배서와 유사하다. 다만, 역배서에 의해 어음을 취득한 배서인은 자기가 이미 한 배서를 표준으로 하여 자기의 후자로 된 어음채무자에게는 어음상의 권리를 행사할 수 없지만 인수인, 발행인 및 자기의 배서를 표준으로 그 전자인 배서인들에게는 그대로 어음상의 권리를 행사할 수 있다.

역어음
逆어음

역어음은 어음의 소지인과 같은 상환청구권자가 배서인, 발행인과 같은 상환청구의무자 중의 1인을 지급인으로 하고, 그 자의 주소에서 지급될 일람출급의 새로운 환어음을 발생하여 상환청구권의 행사에 갈음하는 것을 말한다. 이때 만들어진 새로운 어음을 역어음이라고 한다. 역어음의 발행으로 상환청구권자는 직접 상환청구권을 행사하지 않고서도 환어음의 할인을 받음으로써 어음의 상환과 유사한 신속한 결과를 얻을 수 있다.

배서의 연속
背書의 連續

배서가 소지인에 이르기까지 형식적으로 연속되어 있다고 보는 것을 말한다. 배서연속(背書連續)이 인정되는 어음에는 소지인의 자격을 증명하는 효력이 있다. 형식적으로 배서가 연결되어 있어 어음이 정당하게 양도되었다고 볼 수 있는 외관이 인정되는 경우 대부분 소지인은 진정한 권리자일 것이다. 그래서 배서의 연속이 있는 어음의 소지인은 어음으로 청구할 수 있는 자격(형식적 자격)이 인정되어 자기가 권리자임을 증명하지 아니하더라도 어음을 제시하면 된다(어음법 제16조1항). 또한 그러한 배서연속의 외관을 신뢰하고 어음을 양수한 자는 비록 그 양도인이 권리자가 아닐지라도 권리자로서 보호된다(선의취득, 어음법 제16조2항, 수표법 제21조). 또한 배서연속을 신뢰하고 소지인이 권리자라는 것을 중과실 없이 믿고 지급한 채무자는 비록 소지인이 권리자가 아닐지라도 진정한 권리자에게 중복하여 지급할 책임을 지지 않는다(선의지급, 어음법 제40조3항, 수표법 제35조). 이와 같이 법은 형식적인 외관에 대한 신뢰를 보호하고 어음(수표)의 유통을 안전·신속하게 하고 있다. 이 형식적인 자격의 전제가 되는 배서의 연속이라 함은 요컨대 제1로 수취인이 배서를 하고, 그 배서에 의하여 피배서인으로 지정된 자가 제2의 배서를 하고, 다시 제2의 배서에 의하여 피배서인으로서 지정되어 있는 자가 제3의 배서를 하여 현재의 소지인에 이르기까지 그 배서가 연속되어 있는 것을 말한다. 또 백지식배서(白地式背書)가 중간에 있는 경우에는 다음의 배서인은 정당하게 백지식배서로 어음을 취득한 것이라고 보고, 최후의 배서가 백지식인 경우에는 소지인에게 당연히 권리자로서의 자격을 인정하고 아울러 배서의 연속을 인정하고 있다(어음법 제16조1항). 피배서인의 기재와 다음 란의 배서인의 기명날인 또는 서명이 형식적으로 연결되어 있으면 충분하다. 즉 배서에 제한능력·위조·무권대리 등으로 무효인 것이 있거나 어떤 배서인이 가설인이라고 할지라도 형식상 연결되어 있으면 된다. 이와는 반대로 피배서인과 배서인이 진정으로 동일인일지라도 표시하는 방식이 객관적으로 동일인을 표시한 것이라고 인정할 수 없는 경우에는 연속은 인정되지 않는다[예 : '홍종정'이 '홍길동'의 승명(僧名)이라고 하는 것은 당연히 알 수 없으므로 두 개는 연속하지 않는다]. 다만, 동일인이라고 하는 것을 알 수 있으면 글자 하나하나까지 전부 일치할 필요는 없다(갑과 갑대리인 을, 갑회사와 갑회사 이사 을 등은 대리 기명날인 또는 서명으로서 연속이 인정된다). 또 갑과 상속인 을도 형식상 연속한다고 보아도 좋다. 배서 중의 어느 것이 말소되어 있는 경우에는 역배서 대신에 배서를 말소하는 등 정당하게 말소를 하는 경우가 많으므로 말소된 배서는 정당한 말소인지의 여부를 문제삼지 않고 없는 것으로서 연속을 결정한다(어음법 제16조1항, 수표법 제19조). 배서의 피배서인의 기재만이 말소되어 있는 경우에는 정당한 말소인지의 여부에 관계없이 백지식배서로서 연속을 결정한다. 배서연속이 있는 어음의 소지인은 어음으로 청구할 수 있는 자격만이 인정되므로 무권리라는 것을 반증하면 채무자는 이에 대한 지급을 거절할 수 있다. 또 이와는 반대로 배서가 연속되지 아니하고 자격이 인정되지 아니하더라도 자기가 확실히 권리자라는 것을 증명하면 어음상의 권리를 행사할 수 있다.

선의취득 善意取得 증권의 외관을 신뢰하여 무권리자인 양도인을 권리자라고 중과실 없이 믿고 어음·수표를 양수한 사람을 진정한 권리자로서 보호하는 제도를 말한다. 「민법」에서 규정하고 있는 동산의 선의취득(민법 제249조)에 의하면, 평온(平穩)·공연(公然)하게 동산을 양수한 자가 선의이며 과실 없이 그 동산을 점유한 경우에는 양도인이 정당한 소유자가 아닌 때에도 즉시 그 동산의 소유권을 취득한다고 규정하고 있다. 그러나 그 물건이 도품(盜品)이나 유실물인 경우에는 선의의 제3자도 보호되지 않는다(민법 제250조). 어음거래에 있어서 그 어음

(수표)이 도품이냐 유실물이냐 하는 것을 일일이 확인하지 않고는 안심하고 거래를 할 수 없다면 그의 유통기능(流通機能)을 확보할 수 없다. 그러므로 어음이나 수표에 관하여는 도난당하거나 분실한 경우도 포함시켜서 구소지인이 점유를 잃은 사유의 여하를 불문하고 현재의 소지인이 양도인의 증권의 외관을 신뢰하여 중과실 없이 양도인을 권리자라고 믿고 어음을 취득한 경우에는 비록 그 양도인이 무권리자라고 할지라도 항상 소지인을 권리자로서 보호하고 있는 것이다(어음법 제16조2항, 수표법 제21조). 다만, 현재의 소지인이 어음을 취득하는 때에 양도인이 무권리자라는 것을 알고 있었거나(악의) 보통의 주의를 하면 그것을 알았을 것이라고 인정할 수 있는 경우(중과실)에는 오히려 본래의 소지인을 권리자로서 보호하여야 하므로 선의취득의 적용은 없다. 그러므로 권리자로서의 자격이 있는 어음의 소지인(배서연속이 있는 어음의 소지인)은 자기가 권리자라는 것을 일일이 증명하지 않아도 어음만으로 어음상의 권리를 행사할 수 있지만, 청구를 받은 채무자는 소지인의 악의 또는 중과실을 증명하여 소지인의 청구를 거절할 수 있다. 양도인보다 전자가 무권리자였다는 사실을 알고 있었다고 할지라도 양도인이 무권리자라는 것에 관하여 악의·중과실이 증명되지 않으면 청구를 거절할 수 없고, 어음을 취득한 후에 양도인이 무권리자라는 사실을 알았다고 할지라도 어음취득시에 있어서의 악의·중과실이 증명되지 않으면 청구에 응하여야 한다. 선의취득의 보호는 「어음법」으로 결정된 방법(배서와 인도의 방법)에 의하여 어음을 양수하거나 입질 또는 상환(어음법 제48조·제49조)이나 참가지급(어음법 제59조)을 하여 어음을 환수하는 경우에 한하여 적용이 있고, 추심(推尋)을 위한 배서를 받은 경우에는 적용이 없다. 또 발행의 기명날인을 하여 수취인에게 인도하기 전에 증권을 분실하거나 도난당한 경우 이것을 전득한 선의의 제3자에

대하여도 선의취득의 보호가 있다. 「어음법」에 정하여진 방법 이외의 방법〔예 : 상속·회사합병·경매·전부(轉付)〕으로 어음을 취득한 자는 증권의 기재를 믿고 어음을 취득하는 것이 아니므로 선의취득의 보호는 없다.

어음항변
어음抗辯

어음으로 청구를 받은 채무자가 소지인에 대하여 지급을 거절하는 이유로서 정당하게 주장할 수 있는 사유를 말한다. 보통 항변권이라고 하면 동시이행(同時履行)의 항변권(민법 제536조)과 보증인의 최고·검색의 항변(민법 제437조)과 같이 상대방의 청구권을 인정하면서도 이행을 거절하는 것을 말한다. 어음에서는 비록 권리자로서의 형식적 자격은 갖추고 있으나 진정한 권리자가 아닌 경우도 있으므로 상대방의 청구를 부정하는 항변도 포함된다. 보통의 채권양도에서는 양수인 병은 양도인 을의 권리를 그대로 인계하므로 채무자 갑은 을에 대하여 주장할 수 있었던 항변을 병에 대하여도 주장할 수 있다. 그런데 어음의 양도나 입질(入質)에서 양도인의 자격을 신뢰하고 어음을 취득한 경우 양도인에 대한 인적항변을 인정한다면, 안전하고 신속한 어음의 유통을 기대할 수 없다. 그래서 법은 어음으로 청구를 받은 채무자 갑이 이전에 어음을 소지하고 있던 을에 대하여 주장할 수 있는 항변이 있어도 배서(또는 교부양도)로 어음을 양수한 현재의 소지인 병에 대하여는 그것을 주장할 수 없게 하고 있다(어음법 제17조·제19조2항, 수표법 제22조). 이와 같이 어음항변은 본래 직접의 당사자에 대하여서만 주장할 수 있는 성격을 지니고 있으며 이것을 **인적항변**(人的抗辯)이라고 한다. 인적인 어음항변으로는 ① 소지인에게 형식적인 수령자격이 없다는 것(소지인에게는 권리자로서의 자격이 인정되지 않는다) ② 소지인이 권리자가 아니라는 것(어음의 습득자이다, 어음을 훔쳐서 소지하고 있다, 어음에 기재되어 있는 권리

자와 동일인이 아니다 등) ③ 소지인이 악의취득자라는 것(어음법 제16조2항, 수표법 제21조) ④ 소지인에게 실질적인 수령자격이 없는 것(파산자이므로 지급을 받을 수 없다, 어음금 수령의 대리권이 없다) 등과 같이 모든 채무자가 그 특정소지인에게 주장할 수 있는 것이 있다. 다음에 특정채무자가 특정소지인에게 주장할 수 있는 항변으로서, ⑤ 지급원인이 없는 것〔원인계약이 내용의 중요부분에 착오(민법 제109조)로 취소되어 있다, 「민법」 제124조(자기계약·쌍방대리), 「상법」 제398조(이사 등과 회사 간의 거래)에 위반된 거래이다, 원인인 매매계약이 해제되어 있다 등〕 ⑥ 원인관계에 동시이행의 관계가 있는 것(매매의 목적물을 수취하고 있지 아니하다, 할인의 대가를 수취하고 있지 아니하다) ⑦ 당사자 간의 특약으로 정하여진 것(융통을 위한 어음이며, 발행인에게는 폐를 끼치지 아니하겠다, 구어음을 반환한 때에는 신어음의 책임이 발생한다, 금액의 백지를 100만원만 보충할 수 있다, 이 어음은 제3자에게 양도하지 아니하겠다, 양도배서의 형식은 취하지만 추심을 위임하는 배서이다, 10일간 지급을 유예한다 등) ⑧ 어음을 환수하지 않았지만, 지급이나 상환을 하거나 채무가 면제된 것(어음을 교부하지 않고 상계한 것도 동일하다) ⑨ 반대채권(反對債權)으로 상계(相計)하는 것 등의 항변이 있다.

물적항변
物的抗辯

어음채무자가 어느 소지인에게든지 항상 어음에 의한 어음금액의 지급을 거절할 수 있는 사유를 말한다. 어음항변은 본래 그 특정된 소지인에 대하여서만 주장할 수 있는 것이며, 어음을 배서(또는 교부양도)로 양수한 제3자에게는 주장할 수 없는 성격을 지니고 있다. 그러나 항변의 사유에 따라서는 성질상 소지인이 누가 되더라도 주장할 수 있는 것도 있다. 이것을 물적항변이라고 한다. 물적항변의 예는 여러 가지가 있는데, 첫째 어음에 명확히

기재되어야 할 「어음법」상의 요건(어음법 제1조·제75조)이나 채무내용에 대한 것으로 ① 일부지급, 일부상계, 일부면제 등으로 어음채무의 일부가 소멸되었다는 것 ② 지급기일이 아직 도래하지 않았다는 것 ③ 지급제시기간이 이미 경과하였다는 것이 있다. 두 번째는 어음행위 자체가 무효이거나 취소할 수 있다는 항변의 예인데, '기명날인 자체가 위조되었다', '어음의 교부행위가 결여되어 있다' 혹은 '무권대리에 의한 어음행위'라는 항변을 예로 들 수 있다. 세 번째로 어음채무의 소멸과 내용변경에 의한 항변을 예로 들 수 있는데, 어음금액을 이미 공탁하였다든지, 자신의 기명날인이 변조된 것으로서 변조 전에 기재된 금액만을 책임진다는 항변이 그 예들이다.

채무자는 어음이 제3자에게 양도 또는 입질되면 이러한 물적항변만을 주장할 수 있는데, 이를 항변의 제한이라고 한다.

악의의 항변
惡意의 抗辯

어음소지인이 채무자를 해할 것을 알고 어음을 취득하고 있는 경우에 그 채무자가 주장할 수 있는 특수한 인적항변(人的抗辯)을 말한다. 어음의 양수인 병은 물적항변(物的抗辯)을 제외하고 양도인 을에 관한 인적항변에 구애되지 않으나, 채무자인 갑이 소지인인 병에게 그 인적항변의 주장을 제한당함으로써 실질적으로 손해를 입는다는 것을 알고(채무자를 해할 것을 알고) 어음을 취득하고 있는 경우에는 채무자에게 이행을 강제하는 것은 불공평하다고 생각되므로, 예외로서 양수인 병의 악의를 이유로 하여 지급을 거절할 수 있다고 되어 있고, 이것을 악의의 항변이라고 한다(어음법 제17조 단서·제19조2항 단서, 수표법 제22조 단서). 다만, 양도인과 양수인이 서로 공모하여 채무자에게 손해를 입히려고 꾀할 것을 요구하거나, 양수인이 채무자에게 손해를 입히려는 의도로 양수할 것을 요구하는 것은 아니다. 요컨대 채무자인 갑이

그 항변을 제한당함으로써 실질적으로 손해를 입을 것을 알고 취득했는지가 중요하며, 그것은 항변의 사유에 따라 달라지게 된다. 항변의 사유 중에서도 갑·을 간에 지급을 할 원인이 없다(원인이 무효이거나 취소할 수 있는 것, 원인계약이 해제된 것, 원인이 불법이라는 것 등)는 것, 을이 무권리자라는 것, 어음을 환수하지 않았지만 지급(상환)은 하였다는 것, 백지를 100만원밖에 보충할 수 없는데도 200만원으로 보충한 것 등은 채무자의 항변이 제한되는 경우 당연히 손해가 발생하므로, 이러한 항변이 있는 것을 알고 어음을 취득하면 그것만으로도 채무자를 해할 것을 알고 있었다는 것이 된다. 이에 반하여 원인관계에서 동시이행의 관계가 있는 것(예 : 아직도 목적물의 인도가 없는 것)을 알고 어음을 양수했더라도, 만기까지 상대방의 이행이 있으면 채무자에게 손해가 발생하는 것은 아니기 때문에 항상 양수인이 "악의"라고 할 수는 없다. 만기에 원인계약이 결국 해제된다는 것을 알고 있었다면, 채무자를 해할 것을 알고 있었다는 것이 된다. 단순히 융통어음이라는 사실을 알고 있었다는 것만으로는 악의의 항변이 성립되지 않는다. 양수인 병이 채무자인 갑의 손해를 알고 있었는지의 여부는 어음취득시에 결정되며, 취득 후에 원인계약의 해제를 알았다고 하여도 악의의 항변은 성립되지 않는다. 또 직접의 양도인 을에 관한 사유에 관하여 악의가 없으면 양도인의 전자 갑에 관한 인적항변을 알고 있어도 악의의 항변은 성립되지 않는다. 다만, 을과 병이 공모하여 전득(轉得)한 경우에는 악의의 항변이 성립된다.

추심위임배서
推尋委任背書

배서인에 갈음하여 어음금의 추심을 하는 대리권을 부여하기 위한 배서를 말한다. 어음에 '추심하기 위하여', '회수하기

위하여', '대리를 위하여'라고 기재하여 배서를 하면, 피배서인(被背書人)은 어음에 의하여 어음금을 추심하는 무제한의 권한을 취득한다. 이음금올 추심하기 위하여는 소송이든 무엇이든 할 수 있다. 양도배서(讓渡背書)와 마찬가지로 배서가 연속되어 있으면 자격이 인정되므로 소지인은 대리권을 입증하지 아니하고 어음을 제시하면 된다. 다만, 피배서인은 어디까지나 대리인에 지나지 않으므로 채무자는 배서인에 대하여 지급을 거절하는 이유로서 주장할 수 있는 항변만을 그대로 피배서인에게도 주장할 수 있다(어음법 제18조2항, 수표법 제23조2항). 추심을 위한 배서로 어음을 취득한 사람은 양도를 위한 배서는 할 수 없지만, 배서인의 승낙을 얻지 아니하더라도 다시 추심을 위한 배서만은 할 수 있다(어음법 제18조1항, 수표법 제23조1항). 보통의 양도배서를 한 경우에도 추심을 위한 배서로서 취급한다. 추심을 위한 배서를 한 사람은 여전히 어음권리자이며, 어음을 환수하면 배서를 말소하지 않아도 어음으로 어음금을 청구하는 자격이 인정된다. 또 양도를 위한 배서와 달리 담보책임은 지지 않는다. 거래의 실제에 있어서는 '추심하기 위하여'라고 명확하게 기재하지 않고 보통의 배서를 하는 것(숨은 추심위임배서)이 많다. 피배서인을 권리자로 하는 것이 의뢰하기 쉽기 때문이다. 이 경우에는 숨은 목적은 있어도 형식상으로는 어디까지나 양도배서이므로 보통 배서의 효력을 지니며, 채무자는 원칙적으로 배서인에 대하여 주장할 수 있었던 항변을 피배서인에 대하여는 주장할 수 없다(어음법 제17조, 수표법 제22조). 다만, 배서인은 피배서인과의 사이에서는 추심을 의뢰한 관계를 인적으로 주장할 수 있으므로 추심한 금전을 인도하라고 요구하거나, 어음을 반환하라고 말할 수 있다. 또 피배서인에 대하여는 당연히 담보책임을 지지 않는다.

기한후배서
期限後背書

부도가 되어 지급거절증서(支給拒絶證書)를 작성한 후의 배서 또는 거절증서를 작성하기 위한 법정기간(어음법 제44조3항, 수표법 제40조)이 경과된 후의 배서를 말한다. 만기가 지났다고 하더라도 지급거절증서의 작성기간 중에도 어음은 유통되는 경우가 있다. 그러나 지급이나 인수가 거절되어 거절증서가 작성된 경우에는 어음의 유통이 정지된다는 것이 명백하고, 거절증서가 작성되어 있지 아니하여도 일반적으로 거절증서의 작성기간이 지난 경우에는 어음의 유통은 예정되어 있지 아니하므로, 이후에 행하여진 배서(기한후배서)에 대하여는 안전하고 신속한 유통을 확보하는 효력을 부여할 필요가 없다. 그래서 법은 기한후배서나 기한 후의 교부양도(交付讓渡)는 지명채권양도(指名債權讓渡)의 효력밖에 없다고 하고 있다(어음법 제20조1항, 수표법 제24조1항). 즉 기한후배서라는 것이 명백해지면 피배서인은 일반적인 지명채권의 양수인과 같이, 양도인 배서인의 권리와 동일한 권리만 취득한다. 따라서 배서인에 대하여 주장되는 항변은 모두 그대로 양수인 피배서인에게 인정된다. 또 배서인은 피배서인에 대하여는 담보책임을 지지 않는다. 기한 후에 행하여진 배서인가 아닌가는 어음에 기재된 배서일자로 정하는 것이 아니고, 진정으로 배서가 된 일자가 거절증서를 작성한 일자보다 전인가 또는 거절증서작성기간 중인가의 여부로 결정한다. 다만, 배서일자가 기재되어 있으면 일단 그 일자에 배서된 것이라고 추정되므로 소지인은 배서일자가 기한 전이면 기한후배서가 아니라는 것을 증명하지 않아도 좋다. 배서일자가 기재되지 아니한 경우에도 일단 기한 전에 행하여진 배서로 추정된다(어음법 제20조2항, 수표법 제24조2항). 그러므로 채무자 측에서 실제로 기한 후의 배서라는 것을 증명한 경우에 한하여 기한후배서의 효력이 인정된다.

어음·
수표법

입질배서
入質背書

어음상의 권리에 질권을 설정할 목적으로 어음에 그 뜻을 기재하여 하는 배서를 말한다. 어음상의 권리에 질권을 설정하는 방법으로는 보통의 양도배서에 의하는 수도 있으나, 이러한 '숨은 입질배서'에 의하는 때에는 배서인인 질권설정자(質權設定者)의 이익을 보호할 수가 없기 때문에 법은 입질배서라는 특수한 배서를 인정하고 있다. 배서 자체 가운데 '담보하기 위하여', '입질하기 위하여' 기타 질권설정을 표시하는 문구를 부기함으로써 한다(어음법 제19조1항). 입질배서에 의하여 피배서인은 배서인에 속하는 어음상의 권리 위의 질권을 취득하며, 그 결과 피배서인은 어음상의 모든 권리를 행사할 수 있게 되는 것이다(어음법 제19조1항 본문). 즉 피배서인은 배서의 연속에 의하여 어음의 인수 또는 지급을 위한 제시를 하고 거절증서를 작성하게 하여 상환청구를 하는 등 어음상의 권리자가 할 수 있는 모든 재판상 또는 재판 외의 행위를 할 수 있다. 이와 같이 피배서인이 어음금의 추심을 위한 모든 필요한 어음상의 권리를 행사할 수 있는 점에서 추심위임배서와 비슷하나, 입질배서의 피배서인은 자기명의로 어음상의 권리를 행사하는 점에서 상이하다. 즉 입질배서의 피배서인은 자기 고유의 권리에 기하여 어음상의 권리를 행사하는 것이다. 따라서 어음채무자는 피배서인에게 악의가 없는 한 배서인에 대한 항변으로써 피배서인에게 대항하지 못하지만, 피배서인에 대해 채무자가 직접 가지고 있는 항변은 모두 주장할 수 있다(어음법 제19조2항). 입질배서의 피배서인은 양도배서의 피배서인과는 달리 어음상의 권리를 취득하는 것은 아니다. 입질배서에는 이전적효력(移轉的效力)이 없다. 따라서 입질배서의 피배서인은 어음상의 권리를 처분할 권한이 없으며 권리의 포기·면제 등을 할 수 없고, 다시 양도배서 또는 입질배서를 하지 못한다. 그리고 입질배서의 피배서인이 한 배서는 그 기재의 형식에 관계없이 추심위임배서(推尋委任背書)로서의 효력을 가지고 있을 뿐이다(어음법 제19조1항 단서). 입질어음상의 권리의 행사에 있어서는 「민법」 제353조의 규정은 적용되지 않으며, 피배서인은 어음법에 따라 그 권리를 행사할 수 있는 것이다. 입질배서에는 이전적 효력은 없으나 자격수여적효력(資格授與的效力)은 있다. 즉 입질배서는 피배서인에게 질권자로서 어음상의 권리를 행사할 수 있는 자격을 수여하는 것이므로(어음법 제16조1항), 어음채무자는 배서가 연속되어 있는 이상 배서의 진부(眞否)를 조사하지 않고 소지인에 대하여 지급을 할 수가 있다. 입질배서의 담보적효력(擔保的效力)에 관하여는 부정설과 긍정설로 갈라져 있다. 긍정설에 따르면, 피배서인이 어음금의 지급을 받아서 우선변제에 충당할 것을 기대한다는 점을 생각할 때에는 입질배서의 배서인도 만기에 지급될 것을 담보하는 것으로 보아야 한다고 한다.

인수
引受

환어음의 지급인이 어음에 기명날인하여 주된 어음채무자로 되는 어음행위를 말한다. 환어음의 지급인은 소지인에 대한 채무자가 아니고 발행인으로부터 어음금의 지급을 위임받고 있는 수임인에 지나지 않는다(민법 제680조·제681조). 그러나 한번 인수의 기명날인을 하면 약속어음의 발행인과 같이 주채무자로서 소지인에 대하여 만기에 어음의 지급의무를 부담하게 된다(어음법 제28조). 그리고 인수를 하고 지급을 거절하면 어음금뿐만 아니라 이자나 상환비용도 지급하여야 한다(어음법 제28조2항). 인수는 신용의 도구인 환어음의 특유한 제도이며, 거래상 신용이 있는 사람이 지급인이 되어 인수를 하는 것은 매우 유리하다. 이와는 반대로 인수가 거절되면 어음의 신용도가 저하되므로 지급거절(부도)의 경우와 같이 만기 전이라도 발행인이나 배서인에 대하여

어음·
수표법

상환청구할 수 있고(어음법 제43조), 인수거절증서 작성 후에 어음을 양수한 자는 항변제한(抗辯制限)의 보호를 받지 못한다(어음법 제20조). 어음을 제시하여 인수받을 것인가에 대해 제시를 받은 때에 인수를 할 것인가의 여부는 원칙적으로 자유이다. 다만, 인수제시를 하지 않도록 기재되어 있는 경우에는 제시할 수 없고(어음법 제22조2항), 반드시 인수제시를 하도록 기재되어 있는 경우에 제시하지 않으면 상환청구권을 상실하여 불이익을 받게 된다(어음법 제22조1항·4항, 제53조2항). 또 일람후정기출급(一覽後定期出給)어음(어음법 제23조)의 경우에는 만기를 결정해야 하는 필요 때문에, 발행일 이후 1년 내에 반드시 인수제시(引受提示)를 하여야 한다. 인수제시를 받은 지급인은 지급제시(支給提示)와는 달리 제1의 제시가 있은 다음 날에 제2의 제시를 할 것을 청구할 수 있다(유예기간, 어음법 제24조). 인수의 방식은 어음정본에(기명날인만으로 하는 약식인수는 반드시 표면에) 지급인 기재와 형식상 일치하는 지급인이 기명날인하는 것을 요하고, 조건을 붙이거나 어음의 기재내용을 변경해서는 안 된다. 조건을 붙이거나 내용을 변경하여 인수를 하면 인수인은 그대로의 책임을 지며 인수를 거절한 것으로 보고 상환청구를 할 수 있다(어음법 제26조2항). 발행인이 지급장소를 지정하지 않은 경우에 지급인은 인수를 함에 있어서 제3자를 지급담당자로 지정할 수 있다(어음법 제27조). 또 일단 행한 인수의 기명날인은 어음반환 전이라면 말소할 수 있고, 인수가 말소되어 있는 경우에는 어음의 반환 전에 말소된 것으로 추정된다(어음법 제29조1항). 다만, 반환 전에 말소되어 있어도 서면으로 인수의 통지를 받은 사람에 대하여는 인수책임을 져야 한다. 수표에 있어서는 전적으로 지급의 도구로서 이용되고 있는 성격상 인수가 금지되어 있다(수표법 제4조).

어음보증·수표보증
어음保證·手票保證

어음(수표)에 보증의 기명날인을 함으로써 어떤 특정한 채무자(피보증인)와 동일한 내용의 어음(수표)책임을 지는 어음(수표)행위를 말한다. 어음(수표)·정본 또는 보전에 누구를 위하여 보증하는가를 명확히 표시기재하여 기명날인을 하면 그 자는 보증된 어음(수표)채무자와 동일한 내용으로 별개의 독립적 책임을 진다(어음법 제31조·제32조, 수표법 제26조·제27조). 어음·수표의 표면에 목적을 알 수 없는 기명날인이 있으면 지급인·발행인(수표에서는 발행인)의 기명날인을 제외하고는 어음보증이라고 볼 수 있고, 누구를 위한 보증인가가 명확하지 않은 때에는 발행인을 위한 보증으로 보게 된다(어음법 제31조3항·4항, 수표법 제26조3항·4항). 다만, 실제의 거래에서는 보증이 명확하면 보증된 어음채무자의 자력이 의심되어 오히려 어음의 신용을 해치게 되므로 어음보증을 행하지 않고 보증의 목적으로 발행·배서·인수 등의 어음행위를 하고 있다(숨은 보증). 한편 수표보증과는 별개로 수표의 지급보증은 제시기간 내에 수표가 제시된 경우 지급인이 그 수표금액의 지급채무를 부담하기로 하는 지급인의 수표행위를 말한다. 다만, 실무에서는 수표의 소지인이 은행에 대하여 지급보증을 청구하면 은행은 지급보증을 하는 대신, 수표발행인의 당좌계정으로부터 그 금액을 공제하고 은행의 자기앞수표를 발행하여 교부한다. 그러므로 현재 수표법상의 지급보증제도는 사실상 시행되고 있지 않다.

지급제시
支給提示

어음·수표의 지급을 받기 위하여 지정된 기간 내에 어음·수표를 상대방에게 내이 보이는 것을 말한다. 주채무자나 지급인·지급담당자는 지급을 함에 있어서 반드시 어음·수표증권의 반환을 요구하므로(환수성, 어음법

제39조1항, 수표법 제34조1항), 지급을 받기 위하여는 반드시 증권을 상대방에게 내어 보이고 교부하여야 한다. 주채무자(약속어음발행인 · 환어음인수인)에게 지급을 청구함에는 반드시 만기에 제시할 필요는 없고 어음채권의 시효완성(어음법 제70조)의 경우를 제외하고는 지급제시기간의 경과 후에도 언제든지 어음을 제시하여 지급을 받을 수 있다. 다만, 주채무자 이외의 기명날인자(배서인 · 환어음의 발행인 · 그들의 보증인)에 대한 상환청구권을 행사하기 위하여는 반드시 법이 정한 일정한 지급제시기간 중에 제시할 필요가 있다(어음법 제53조). 법이 정한 지급제시기간은 만기의 종류에 따라 다르며 확정일출급(지급기일 ○○년 ○월 ○일), 발행일자후정기출급(발행일자로부터 3개월), 일람후정기출급(일람 후 10일)에서는 지급을 할 날(만기일 또는 만기일이 법정휴일인 경우에는 이에 이은 제1의 거래일) 및 이에 이은 제2거래일이 지급제시기간이다(어음법 제38조1항). 일람출급의 경우에는 제시한 날이 만기이며 발행일자로부터 1년 내에 지급을 위하여 제시하도록 되어 있다(어음법 제34조). 또 시간적인 제시기간은 거래시간 내(예 : 은행이면 보통 오전 9시~오후 4시)에 한한다(상법 제63조). 이와 같은 어음에 대한 채무자가 아닌 환어음의 지급인이나 제3자방지급어음에서의 지급담당자는 어디까지나 지급제시기간 내에 있어서 어음 · 수표의 지급결제를 위임받고 있는 수임인에 지나지 않으므로 이 지급담당자로부터 지급을 받으려면 반드시 앞에서 열거한 제시기간 내에 제시하여야 한다. 다만, 수표에 있어서는 제시기간의 경과 후에 제시하여도 지급을 받을 수 있다(수표법 제32조2항). 지급제시의 장소가 제3자방지급이고 지급장소의 지정(예 : 서울시 용산구 한남동 ○○호텔 ○○호실) 또는 동시에 지급담당자의 지정(예 : 서울시 종로구 ○○은행지점)이 있는 경우에는 지급제시기간 중에 반드시 그 제3자방에게 제시하여야 하지만, 지급제시기간이 지난 후의 청구제시(請求提示)의 경우에는 채무자의 영업소(주소 · 거소)에 제시하여야 한다. 처음부터 지급장소의 지정이 없는 때에는 직접 채무자의 영업소(주소 · 거소)에 제시하면 된다.

상환(환수)
相換(還受)

어음 · 수표의 지급이나 상환에 있어서 증권을 반환받는 것을 말한다. 채무자나 지급인, 지급담당자가 어음 · 수표를 지급할 때는 소지인에게 어음 · 수표에 지급을 수령하였다는 내용을 기재하여 반환하도록 청구할 수 있게 되어 있다(어음법 제39조1항, 수표법 제34조1항). 상환(환수)은 지급의 효력요건이므로 증권을 상환(환수)하지 않고 지급하면 효력은 없고, 어음관계가 그대로 남는다. 다만, 권리자인 지급수령자가 보관 중인 어음으로 중복하여 청구해온 경우에는 부당이득을 이유로 하여 인적으로 항변할 수 있다. 그러나 한번 제3자가 선의로 어음을 전득한 경우에는 그 청구를 거절할 수 없다. 상환청구를 받은 채무자가 상환을 하는 경우에도 거절증서나 상환금액을 수령하였다는 것을 기재한 계산서와 함께 어음 · 수표증권의 반환을 청구할 수 있다(어음법 제50조1항, 수표법 제46조1항). 이 경우에도 증권을 상환(환수)하지 않고 상환을 하면, 유효한 상환이 되지 아니하므로 상환을 받은 소지인이 가지고 있는 어음을 제3자에게 배서하거나, 보다 후자인 상환의무자에게 중복하여 상환을 받은 경우에는 선의의 전득자(轉得者)나 상환자(償還者)의 청구를 거절할 수 없다. 또 증권을 상환(환수)하지 않은 이상 전자에 대한 재상환청구권을 취득할 수 없다. 다만, 상환을 받은 소지인이 가지고 있는 어음으로 중복하여 청구해온 경우에는 부당이득을 이유로 인적으로 항변할 수 있다. 지급거절증서작성기간의 경과 후(또는 거절증서 작성 후)에 지급이나 상환을 하는 경우, 채무자는 그 어음의 전득자에 대하여서도 항상 지급이 끝났다는 것을 항변할 수 있으므로 증권을 상환(환수)할 필요가 없다고 생각되지만, 기한 후의 전득은 입증이 매우 곤란하므로 상환(환수)을 청구할 수 있다. 어음채권을 상계(相計, 민법 제492조)하거나 경개(更改, 민법 제500조), 면제(민법 제506조), 대물변제(민법 제466조) 등으로 어음관계를 소멸시키는 경우에도 증권을 상환(환수)하여야 한다.

상환청구
償還請求

어음·수표가 부도로 되거나 기타 만기 전이라도 지급이 위태로운 상태가 된 경우에 담보책임자에게 상환을 청구하는 제도로, 2010년 「어음법」 개정 이전에는 '소구(遡求)'라는 표현을 썼다. 만기에 지급제시를 하였으나 주채무자 또는 지급인·지급담당자가 지급을 거절하면(부도), 소지인은 배서인, 환어음(수표)의 발행인, 그들의 보증인의 담보책임(어음법 제9조·제15조·제32조, 수표법 제12조·제18조·제27조)을 추구하여 그들의 기명날인자 가운데 누구에 대하여도 어음·수표금액, 이자 및 제비용의 합계액(상환청구금액)의 상환을 청구할 수 있다(어음법 제43조·제47조·제48조, 수표법 제39조·제43조·제44조). 또 만기 전이라도 환어음의 경우, 인수가 거절되거나 인수인(지급인이나 인수제시를 금지한 어음의 발행인)이 파산한 경우, 그 지급정지의 경우 또는 그 재산에 대한 강제집행이 주효(奏效)하지 아니한 경우, 약속어음의 발행인이 파산 또는 지급정지된 경우, 그 재산에 대한 강제집행이 주효하지 아니한 경우에는 상환청구권을 행사할 수 있다(어음법 제43조·제77조1항4호). 상환청구를 하려면 지급제시기간 내(거절증서 작성기간 내)에 백지부분을 완전히 보충한 완전어음을 지급제시하고 거절증서(공정증서)를 작성하는 것이 형식적 요건으로 되어 있다(어음법 제44조, 수표법 제40조). 이를 상환청구권 보전절차라고 한다. 상환청구에 응하여 상환청구금액을 상환하고 어음을 환수한 기명날인자는 다시 기명날인자에 대하여도 상환한 금액과 그 후의 이자 및 제 비용의 합계액(재상환청구금액)의 상환을 청구할 수 있다(재상환청구, 어음법 제49조, 수표법 제45조). 이와 같이 상환청구는 기명날인자의 합동책임을 구체화한 제도이나 실제의 거래에 있어서는 오히려 할인거래에 관련하여 어음거래약정서에 의한 '환매청구(還買請求)'의 제도가 유효한 역할을 하고 있다.

거절증서
拒絕證書

지급 또는 인수가 거절되었다는 것을 증명하는 공정증서(公正證書)를 말한다. 상환청구를 하기 위하여는 법으로 결정된 제시기간 내에 유효한 어음을 제시해야 할 장소에 제시하였다는 것과 지급 또는 인수의 거절이 있었다는 것을 증명하는 공정증서를 작성기간 내(어음법 제44조)에 공증인에게 작성시키는 것이 필요하다. 다만, 수표의 경우에는 지급인의 부도선언(不渡宣言) 및 어음교환소의 부도선언으로 대용할 수 있다(수표법 제39조). 그런데 실제의 거래에 있어서는 거의 대부분의 경우에 어음용지의 발행인란이나 배서란에는 미리 거절증서 불필요 또는 이와 같은 뜻을 가진 문구('무비용상환', 어음법 제46조, 수표법 제42조)가 인쇄되어 있으며 발행인, 배서인에 의하여 거절증서의 작성이 면제되어 있으므로 소지인은 거절증서 기타 지급거절선언(支給拒絕宣言)이 없어도 이를 상환청구할 수 있다. 거절증서를 작성하는 절차에 관하여는 「거절증서령」에서 규정하고 있다.

어음의 변조
어음의 變造

이미 적법하게 성립하고 있는 어음증권에 기재된 금액 기타 어음채무의 내용을 권한 없이 변경하는 것을 말한다. 예컨대 어음금액을 멋대로 1만원에서 3만원으로 변경하는 것 등이 무형적인 변조이다. 또 갑의 기명날인을 수정하거나 말소하여 새로 을의 기명날인을 한 경우(기명날인의 변조)에는 을의 기명날인을 조작한 행위는 위조이고, 을은 그 무효를 주장할 수 있는 동시에 갑의 기명날인을 수정·말소한 것은 변조가 된다. 백지어음의 백지보충권(白地補充權)의 남용은 변조가 아니다. 예컨대 금액이 1만원에서 3만원으로(3만원에서 1만원으로 되어도 같다) 변경된 경우에 변조의 효과는 변조 전에 기명날인한 자는 그대로 변조 전의 문구(1만원)에 대하여 책임을 지고, 변조 후에 기명날인한 자는 변조 후의 문구(3만원)에 대하여 책임을 지는 것이다(어음법 제69조, 수표법 제50조). 변조한 사실이 어음상 명확하지 않은 경우에 청구를 받은 채무자는 변조하였다는 사실과 자기가 변조되기 이전의 기명날인자라는 것을 증명하지 않으면 현재의 문구(3만원)에 대하여 책임을 져야 한다. 변조하였다는 사실이 명백할 때는 소지인측이 채무자가 변조 후의 기명날인자라는 것을 증명하지 않으면 현문구(3만원)에 따라 청구할 수 없다. 어음·수표의 지급을 위탁받은 지급인이나 지급담당자가 변조를 알지 못한 채 소지인에게 3만원을 지급한 경우에는 위조의 경우와 같이 원래 지급위탁이 없는 금액(2만원)을 지급한 결과가 되므로(선의지급의 보호도 없으므로) 환어음의 경우에는 지급인이 손실을 부담하여야 한다. 다만, 수표의 경우에는 수표계약의 성격상 육안으로 인감을 대조하고 기타 상당한 주의로 변조의 유무를 조사하고 지급한 이상, 은행은 면책되는 상관습이 있고 또 어음거래약정서에도 이러한 뜻의 약정이 있으므로 발행인이 손실을 부담하는 경우가 많다.

어음시효
어음時效

어음청구권의 소멸시효를 말한다. 어음채무자는 보통의 채무자에 비하여 엄격한 책임을 부담하므로 시효기간을 단기로 하여 어음책임에서 빨리 벗어날 수 있도록 하고 있다. 즉

환어음의 인수인 및 약속어음의 발행인에 대한 청구권은 만기일로부터 3년의 소멸시효가 적용된다. 만기일이 거래일이 아니라도 그날부터 계산한다. 해당일의 전일이 법정휴일이면 기간은 연장되지 않는다. 배서인이나 환어음 발행인 등의 상환청구권은 거절증서가 작성되어 있는 때에는 그 일자로부터 1년, 거절증서의 작성이 면제되어 있는 경우(어음법 제46조)에는 만기일로부터 1년(계산방법은 동일하다)의 시효에 걸린다. 만기 전에 상환청구권을 행사하는 경우에도 거절증서 작성의 일자부터 계산하는데, 파산 등 거절증서를 작성하지 아니한 경우에는 만기일부터 계산한다. 상환을 하여 어음을 환수한 배서인이나 환어음의 발행인, 그들의 보증인에 대한 청구권(재상환청구권)은 상환을 하여 어음을 환수한(현실의) 날로부터 6개월의 시효가 걸린다. 만약 상환하지 아니하여 소의 제기를 받은 경우도 소장의 송달을 받은 날로부터 6개월의 시효가 걸린다(상환을 하고 싶지 않아서 소송으로 연장하는 것을 방지하기 위하여). 수표의 발행인·배서인에 대한 청구권은 지급제시기간(수표법 제29조1항)이 완료한 다음 날부터 계산하여 6개월의 시효가 걸린다. 상환을 하여 수표를 환수한 배서인의 전자(前者)에 대한 청구권(재상환청구권)은 어음과 마찬가지로 환수한 날 또는 상환을 하지 아니하여 제소(提訴)된 날로부터 6개월의 시효가 걸린다. 소송으로 어음채권이 확정된 경우에는 모두 10년의 시효이다(민법 제165조). 어음시효의 중단은 「민법」상의 시효중단규정이 적용되므로 「민법」 일반에서 인정되는 중단사유와 같다(민법 제168조). 그러나 배서인이 전배서인이나 발행인에게 가지는 재상환청구권의 소멸시효중단은 재상환청구권자가 아직 어음을 환수하지 않은 경우에도 인정할 필요가 있고, 지나치게 단기로 소멸하게 하면 재상환청구권자에게 불리

한 결과를 초래하므로 「어음법」은 특별히 소송고지에 의한 소멸시효 중단제도를 인정하고 있다(어음법 제80조). 따라서 재상환청구 의무자가 소송의 고지를 받으면 시효는 중단되고, 재판이 확정되면 다시 시효를 진행하여 6개월의 시효가 적용된다. 어음시효의 중단에 어음의 제시를 요하는가에 관하여는 재판상의 청구에는 어음제시를 요하지 않고, 재판 외의 최고에는 어음의 제시를 요한다고 해석되어 왔는데, 최근에는 판례상 시효중단을 위하여는 어음의 제시나 소지를 요하지 않으며 내용증명우편(內容證明郵便)에 의한 최고만을 인정하고 있다.

어음교환소
어음交換所
어음·수표를 일정구역의 은행 간에서 한번에 모아서 서로 제시하고 결제(決濟)하는 장소를 말한다. 수표는 은행이 지급인이고(수표법 제3조), 어음도 거의 대부분이 은행을 지급담당자로 지정한 제3자방지급어음이다(어음법 제4조). 어음·수표는 대부분 은행 간에서 결제되는 것이며, 소지인과 지급인 간의 합의로 지급장소를 변경하는 것은 자유이므로, 일정구역 내의 은행이 매일 1개소에 모여 각각 상대방은행을 지급인·지급담당자로 하는 어음·수표를 가지고 와서 교환하는 방법을 취하고 있는 것이 어음교환소이다. 어음교환소는 법무부장관이 이를 지정하도록 되어 있다(어음법 제83조). 어음교환소에는 어음교환업무규약이 있고, 은행 간의 지급은 반드시 교환절차에 의하도록 되어 있다. 교환소에서 어음·수표를 받은 각 은행은 이것을 자기은행으로 가지고 가서 발행인이나 지급인의 계정에서 지급금액을 인출하여 지급결제를 끝내는데, 만약 자금이 없어 부도가 나면 어음교환업무규약 시행세칙에서 정하는 바에 따라 반환하여야 한다(어음교환업무규약 제15조). 부도어음의 발행인은 거래정지처분을 받으며, 교환소는 거래정지

처분이 있을 때 이를 참가은행에 통지하여야 한다(같은 규약 제18조).
어음교환소에서 환어음의 제시는 지급을 위한 제시의 효력이 있다(어음법 제38조2항). 지정된 교환소 이외의 장소에서 교환제시를 한 경우에도 당사자가 교환소로서의 실질을 갖추고 있다는 것을 증명하면 유효한 지급제시가 된다.

이득상환청구권
利得償還請求權
어음채무의 시효가 완성되거나 상환청구권의 보전절차를 밟지 못하여 상환청구권이 소멸된 경우에 발행인, 배서인과 같은 상환청구의무자는 이득을 얻고 있다고 할 수 있다. 이 경우에 어음권리자는 일정한 요건이 충족되는 경우에는 이러한 이득을 상환받을 수 있고 이것을 이득상환청구권이라고 한다. 일반적으로 「어음법」이 정하고 있는 배서인, 환어음·수표의 발행인에 대한 상환청구권은 엄격한 요건(어음법 제34조·제38조, 수표법 제29조)에 의해 인정되고, 상환청구권의 소멸시효도 비교적 단기로 되어 있다. 이득상환청구권의 인정근거는 「어음법」상의 권리행사를 위한 요건의 엄격성 때문에 발생하는 어음권리자들의 불이익을 구제하기 위해서이다. 특히 어음행위의 이면에는 그 원인관계가 존재하는 것이 일반적이기 때문에 비록 어음상의 권리가 모두 소멸했다고 하더라도 원인관계에 의한 채권·채무관계는 여전히 남아 있다고 할 수 있고, 이에 근거하여 발행인, 배서인 등이 가지는 이득의 반환을 청구하는 것이다(어음법 제79조, 수표법 제63조). 이러한 이득상환청구권의 인정근거는 원인관계에 의하여 존재하는 이해관계의 존재를 조정하기 위한 것이므로, 어음상의 권리가 시효 혹은 보전절차가 없어서 소멸하였다고 하여 언제나 인정되는 것은 아니고, 원인관계상 존재한 '이득'을 어음의 주채무자가 얻고 있어야 한다.

이와 같이 어떤 상환청구의무자가 이득을 얻은 경우에는 자기가 정당한 권리자라는 것, 어음채무자에 대한 상환청구권이 소멸되었다는 것(시효소멸의 경우에도 시효완성을 증명하면 되고, 채무자의 수용을 요하지 않는다), 어음채무자가 이득을 얻고 있다는 것을 증명하여 이득의 상환을 청구할 수 있다. 상환청구권을 상실한 때에 어음·수표의 소지인이 아니더라도(예 : 수표를 도난당하여 제시하지 못한 채 제시기간이 경과된 경우에도) 그 후 선의취득자가 없고 구소지인이 역시 실질적으로 권리자인 경우에는 이득상환을 청구할 수 있다.

원인관계 **原因關係**　어음·수표의 기명날인자(記名捺印者)가 채무를 부담하게 된 원인의 거래관계를 말한다. 넓은 의미에서 원인관계란 원인이 된 거래관계 이외에 어음·수표의 내용이나 결제방법을 결정하는 특약(어음예약. 대부분은 원인거래의 계약 중에 당연히 포함되어 있다)이나 환어음과 수표의 지급인과 발행인과의 지급을 위탁하는 계약관계(자금관계)를 포함한 의미로 사용되고 있으나, 보통 원인관계라고 하는 때에는 어음·수표를 수수하는 원인이 된 거래관계를 말한다. 다만, 보통의 원인관계는 상품의 매매계약, 가옥의 건축도급계약, 제품의 제조·가공의 도급계약 등의 채무이행(대금지급)을 위하여 어음을 발행하거나 배서하는 경우가 많다. 드물게는 일방적으로 증여계약에 기하여 어음을 이용하는 것도 있다. 그 외에 은행거래에서 어음을 주고받는 원인으로서는 어음할인과 어음대부가 있고, 실질적인 거래는 없으나 추심의 대리권을 수여(授與)하는 계약을 원인으로 하여 어음이 발행되거나 배서되는 경우(숨은 추심위임배서)도 있으며, 아무런 거래가 없는데도 타인에게 금액을 지급할 목적으로 호의적으로 어음을 발행하는 경우와 자력이 있다는 것을

가장하기 위하여 지시금지의 어음을 발행하는 경우도 있다. 또 상호 간의 합의로 어음의 지급을 연기하기 위하여 구어음채무를 원인으로 삼아 신어음을 발행하는 경우(어음개서)도 있다. 어음·수표에 있어서는 원인이 되는 거래가 전혀 없어도 또는 원인관계가 소멸되었거나 무효로 되어도 어음·수표에 기명날인하는 것을 인식하고 기명날인한 이상 어음채무를 부담하게 된다(어음행위 독립의 원칙). 그러므로 원인관계의 직접의 상대방에 대해 원인관계를 증명하지 않은 채 어음으로 청구할 수 있고, 채무자 측은 원인거래가 없는 것 및 무효인 것을 증명하여도 어음청구권 그 자체를 부정할 수 없다. 다만, 원인관계에서는 본래 지급을 할 원인이 없는데도 어음청구권을 가지는 것은 일종의 부당이득이므로 채무자는 원인관계가 없다는 것 및 무효인 것을 인적으로 항변하여 지급을 거절할 수 있다(원인관계에 기한 항변).

하환 **荷換**　매수인(買受人)을 지급인으로 하는 매도인(賣渡人) 발행의 자기지시 환어음에 운송증권(運送證券)을 첨부하여 은행에서 할인해 지급받는 방법을 말한다. 예컨대 원격지(遠隔地)에 있는 매수인 앞으로 상품을 보내는 동시에 대금 추심의 방법으로 매도인 갑이 자기를 수취인(受取人)으로 하고 을을 지급인으로 하는(자기지시의) 환어음(어음법 제3조1항)을 발행하여, 이것에 운송상품에 관한 운송증권(선하증권이나 화물상환증)을 담보로 첨부하여 X은행에서 할인해 지급받으면 지급을 받은 것과 똑같은 결과가 된다. 이와 같은 방법을 하환(荷換)의 취결(取結)이라고 한다. 하환어음을 할인한 X은행은 어음과 운송증권을 매수인 소재지의 지점이나 또는 거래가 있는 Y은행에 보내고, 어음을 을에게 제시하여 을이 지급을 하면, 상환으로 운송증권을 인도하기로 되어 있으므로 '상품을 받지 않으면 대금

을 지급하지 않는다'고 하는 관계(동시이행)도 실현될 수 있다. 경우에 따라서는 을이 인수를 한 것만으로 운송증권을 인도하는 방법도 있다. 만약 을이 이음을 지급하지 않으면 X은행은 갑에 대하여 상환청구를 하든가 운송증권으로 상품을 처분하여 그 대가에서 만족을 얻을 수 있다.

어음할인
어음割引

만기가 도래하지 않은 어음을 할인인(금융기관이나 할인업자)에게 배서하고 할인료(어음금액에서 만기까지의 이자와 제비용을 공제한 금액)를 받는 것을 말한다. 어음을 금융기관에 넣어 금융을 얻는 방법으로서는 어음대부와 어음할인이 있고, 이것이 은행의 여신업무(與信業務)와 쌍벽을 이루고 있다. 어음대부란 금융기관이 고객에게 돈을 대부하고, 고객은 차용증 대신에 어음을 발행하여 금융기관에 교부하는 것을 말한다. 이 경우의 어음은 고객이 발행한 약속어음 또는 자기인수환(自己引受換)어음이며, 은행이 수취인, 배서가 없는 것(단명어음)이고, 금융기관은 원인채권(대부채권)과 어음채권의 두 가지를 가지게 된다. 이에 대하여 어음할인이란 복명(複名)어음(제3자가 발행한 어음에 고객이 배서를 한 것)을 할인가격으로 금융기관이 매수하는 것이며 금융기관은 어음채권만을 가진다. 실무에서도 단명(單名)어음은 대부계정(貸付計定)에 넣고, 복명어음은 어음할인계정에 넣고 있다. 다만, 어음할인 중에서 할인업자가 할인하는 경우에는 발행인의 자력이 확고한지의 여부를 조사하여(기명날인자 신용으로) 좋은 어음을 매수하고, 은행이 어음을 할인하는 경우에는 오히려 할인을 의뢰하는 고객(할인의뢰인)의 자력에 의뢰하여 융자를 하는 경우가 많다. 이것을 할인이라고 부르고 있으나 실제로는 소비대차(消費貸借)의 관계라고 생각된다(그러나 일반적으로는 어음의 매매라고 하는 태도를 취하고 있다). 어음할인에서 가장 주의해야 하는 것은 환매청구권 제도이다. 이것은 할인한 어음 중의 1통이라도 부도가 되거나 할인의뢰인이 가처분이나 가압류를 받거나, 파산하거나, 회사정리의 신청을 받거나, 거래정지처분(어음교환소의 항 참조)을 받아서 자력이 위태롭게 된 사실이 발생한 경우에는 기한 전의 것도 포함하여 모든 할인어음을, 또 의뢰인 이외의 기명날인자에 관하여 위와 같은 사실이 발생한 경우에 그 어음을 의뢰인이 어음금액으로 환매하는 관행이며, 은행거래에서는 약정서에 의하여 명확히 정해져 있다. 이 청구권은 관습상 할인인의 권리이기 때문에 고객의 예금이 제3자에 의하여 압류된 경우에는 언제든지 환매청구권(還買請求權)에 의하여 예금을 상계할 수 있는 것이 판례에 의하여 인정되고 있다.

전자어음
電子어음

전자어음은 실물어음과 달리 발행인, 수취인, 금액 등의 어음정보가 전자문서로 작성되고 전자어음관리기관(금융결제원)의 전산시스템에 등록되어 유통되는 약속어음을 말한다. 외부감사대상 주식회사 및 직전 사업연도 말의 자산총액이 5억원 이상인 법인사업자는 의무적으로 전자어음을 발행하여야 하는데(전자어음의 발행 및 유통에 관한 법률 제6조의2, 같은 법 시행령 제8조의2), 이들 회사가 종이어음을 발행하면 500만원 이하의 과태료 처분을 받는다(같은 법 제23조2항1호). 전자어음은 전자어음관리기관에 등록하여야 한다. 전자어음관리기관에 등록되지 않으면 어음요건을 갖춘 전자문서가 발행되더라도 이것은 전자어음이 아니다. 전자어음을 등록하도록 한 것은 전자어음의 경우에는 실물어음이 존재하지 않아 악용될 위험이 크기 때문이다. 전자어음은 약속어음이다.

수 표

수표
手票
은행 등 금융기관에 당좌예금(當座預金)을 자금으로 하여 발행인이 기재한 일정금액의 지급을 위탁하는 증권을 말한다. 현금에 의한 지급은 위험하고 귀찮기 때문에 은행에 무이자의 당좌예금구좌(當座預金口座)를 개설하여 그 은행의 수표장을 받고 수표의 발행시에 사용하는 인장의 인영(印影)을 신고한 후, 지급을 위탁하는 수표계약(당좌계정거래계약)을 체결하는 것이 일반적이다. 이러한 수표계약에 근거하여 거래상대방에게 수표를 발행하는데, 수표를 발행하려면 수표자금이 있는 은행과 수표계약을 체결하여야 한다(수표법 제3조). 수표는 보통 무기명식(無記名式)이고 교부로 양도할 수 있으므로 수표를 수취(受取)한 상대방은 다시 이것을 제3자에 대한 지급에 사용할 수도 있다. 수표의 소지인은 수표를 직접 지급은행점포로 가지고 가서 지급받을 수 있으나, 보통 수표는 횡선(횡선수표)이 그어져 있으므로 자기의 거래은행의 예금구좌에 일단 수표를 입금시키고, 거래은행은 이것을 어음교환소로 지출하여 지급은행에 교환제시(交換提示)한다. 지급은행은 그 수표를 가지고 돌아와서 발행인의 당좌계정에 충분한 자금이 있는지의 여부를 확인하고 자금이 있으면 수표의 금액을 차감하여 결제를 끝낸다. 만약 자금이 부족한 경우에는 '자금부족'이라는 이유로 부도가 되어 수표를 지출한 은행에 반환한다. 다만, 당좌예금에 부수(附隨)하여 당좌대월계약(當座貸越契約 : 예금잔고 이상으로 발행된 수표에 대해서도 일정 한도까지 그 초과분을 은행이 먼저 지불하고 추후에 이를 갚기로 하는 계약)을 체결하고 있다면, 일정한 범위 내에서 부족자금을 은행이 대신하여 지급해 주므로 부도를 막을 수 있다. 당좌대월은 수표 발행인을 기준으로 한 표현으로, 은행의 입장에서는 이를 당좌차월(當座借越)이라고 한다. 당좌대월은 이자계산이 어렵고 복잡하다. 따라서 보통의 어음대부보다 이자가 높음에도 불구하고 은행에서 이를 적극적으로 이용하고 있지는 않다.

수표를 사용해 은행거래를 통하여 지급을 끝내는 것은 현금과는 달라서 매우 안전하다. 발행인이나 수표를 수취한 상대방이 수표를 분실하거나 도난당한 경우에는 사고신고(지급위탁취소)에 의하여 지급을 정지시킬 수 있다. 또 경제적으로는 은행 간의 장부상 처리로 지급을 끝내기 때문에 통화의 이용을 절약할 수 있다. 이와 같이 수표는 순수한 지급결제의 도구로 이용되는 성격(지급증권성)을 가지므로 다음과 같은 특성이 있다. ① 항상 일람출급(제시하면 곧 지급한다는 성격)이다(수표법 제28조1항). ② 지급제시기간이 매우 짧다(10일간, 수표법 제29조1항). ③ 인수가 금지되어 있다(신용을 이용하는 것은 피한다. 수표법 제4조). ④ 제시기간이 지난 후에도 발행인이 지급위탁을 취소하지 않는 한 당좌예금을 자금으로 하여 지급할 수 있다(수표법 제32조2항).

선일자수표
先日字手票
수표에 기재된 발행일자 이전에 이미 발행되어 있는 수표를 말한다. 예컨대 실제로는 3월 1일에 발행되었는데도 발행일자가 3월 10일로 되어 있는 수표이다. 이는 3월 1일에는 당좌계정에 자금이 없지만 3월 10일이 되면 자금이 준비될 가망이 있는 경우에 선일자로 수표를 발행하는 것이다. 선일자의 경우에는 발행일자보다 이전(예 : 3월 6일)에 수표를 제시하는 경우도 있다. 이런 경우에는 3월 10일까지 기다리지 않고 즉시 수표금액을 지급하도록 되어 있고(수표법 제28조2항), 만약 자금이 없으면 부도가 된다. 수표는 어음과 달리 제시하면 즉시 증권상의 금액을 지급하여야 한다는 일람출급성을 요구하고, 이에 반하는 내용을 증권상에 기재했어도 실제로 아무런 효력을 가질 수 없기 때문이다(수표법 제28조1항). 즉 당사자들이 선일자수표를 발행하는 것은 현재의 자금이 없이도 지급목적을 달성하는 일종의 신용기능을 이용하기 위해서이지만, 이러한 신용기능을 되도록 막고 지급도구로서의 성격을 확보하기 위해서 증권상의 기재와 관계없이 즉시지급을 규정한 것이라고 할 수 있다.

지급위탁의 취소
支給委託의 取消

발행인이 지급은행에 대하여 수표금의 지급의뢰를 취소하는 것을 말한다. 이것은 수표를 상실한 경우에 유효한 대책이 된다. 수표계약에 의하여 수표를 발행하면 발행인은 수표에 기재된 금액을 제시기간 중에 그 수표를 제시한 자에게 지급하는 것을 지급은행에 의뢰한 관계가 된다(지급위탁계약). 그리고 수표에서는(환어음과 달라서) 반드시 원인거래가 있고 그 지급의 도구로 되어 있기 때문에 제시기간 중에 제시하지 않아서 상환청구의무가 소멸되어도 발행인은 결국 원인거래상의 채무를 부담하거나 이득상환(利得償還)의 청구(수표법 제63조)를 받게 되므로 제시기간의 경과 후에도 발행인이 지급의뢰를 명확히 취소할 때까지 지급은행은 발행인의 당좌예금을 자금으로 하여 편리하고 안전한 수표의 지급을 할 수 있게 되어 있다(수표법 제32조2항). 즉 지급은행과의 지급위탁의 관계에 종결을 짓고 지급권한을 최종적으로 박탈하는 제도가 지급위탁취소의 제도인 것이다. 그런데 이 지급위탁의 취소는 수표법에 있어서 비록 제시기간 중에 행하여지더라도 제시기간이 경과된 후에야 비로소 효력이 발생하게 되어 있다. 이것은 제시기간 중에 제시하면 발행인의 지급위탁취소에 구애됨이 없이 언제라도 지급을 받을 수 있게 하여 제시기간 중의 지급제시를 촉진하기 위한 것이다. 그러나 실제의 거래에서는 오히려 지급제시기간 중 수표를 도난당하거나 분실한 경우에 사고신고의 형식으로(사고신고에는 '사고수표에 대한 지급을 정지해주기 바람'이라는 문구가 반드시 기재되어 있다) 수표의 지급을 정지시키는 사고대책의 의미가 가장 크다. 따라서 지급위탁취소가 제시기간 경과 후에 효력이 생기도록 하면 기간 중에 제3자가 제시한 지급을 정지할 수 없게 되어 불충분하다. 이런 이유로 실무에 있어서는 지급은행에게 사고신고에 대한 일반적인 주의의무가 있다고 하여 제시기간 중에도 고객에 대한 서비스로서 즉시지급을 정지하고 있다.

횡선수표
橫線手票

횡선수표는 수표의 도난·분실의 경우에 대비하여 부정한 수표의 소지인이 그 수표에 의하여 지급받는 것을 방지하기 위하여 지급인(은행)과 거래관계 있는 자나 은행에게만 지급하도록 한 것이다. 일반적으로 수표 표면에 두 개의 평행선을 긋고 그 안에 특정은행의 점포명을 기재한다. 여기서 횡선의 법적 성질은 수표의 발행인이나 소지인이 수표의 지급인에 대하여 지급수령자격을 제한하는 지시이다. 그러므로 지급인이 이 의무를 위반하여 지급한 경우에는 지급인의 책임문제가 생긴다. 따라서 지급은행은 다른 은행이나 자기의 거래처로부터 제시된 경우에 한하여 지급할 수 있다(수표법 제38조1항). 평행선 내에 특정은행점포가 지정되어 있는 수표(특정횡선수표)에 관하여는 지급은행은 횡선으로 지정된 특정은행점포에만 지급할 수 있고, 지정된 은행점이 지급인인 경우에는 자기의 거래처에만 지급할 수 있다(수표법 제38조2항). 또 일반횡선수표(一般橫線手票)든 특정횡선수표(特定橫線手票)든 이것을 은행이 수입(受入)하는 경우에는 자기의 거래처 또는 다른 은행에서가 아니면 수입해서는 안 되게 되어 있다(수표법 제38조3항). 이러한 제한에 의하여 결국 지급은행의 거래처나 또는 다른 은행(특정횡선수표의 경우에는 지정된 특정은행)의 거래처가 아니면 수표를 현금화할 수 없다. 이런 제한에 위반하여 지급한 지급인이나 은행은 그 결과로 생긴 손해에 관하여 발행인이나 정당한 권리자에 대하여 수표금액의 범위 내에서 손해배상의 책임을 진다(수표법 제38조5항). 수표의 발행인이나 이것을 취득한 소지인은 언제든지 그 수표에 횡선을 그을 수 있다(수표법 제37조1항). 실무에 있어서도 수표를 수입한 은행은 사고를 방지하기 위하여 반드시 창구에서 횡선을 긋는다. 또 특정횡선수표(特定橫線手票)에 있어서는 지정된 은행이 지급은행과 동일한 교환소에 속해 있지 않으면 교환소에서의 결제를 할 수 없으므로, 교환루트를 찾기 위하여 멤버인 다른 은행을 지정하여 제2의 특정횡선을 그을 수 있다(수표법 제38조4항 단서). 그러나 이 경우 이외에 지정횡선이 여러 개 있으면 지급은행은 지급할 수 없다(수표법 제38조4항 본문). 또 한번 행한 특정횡선의 은행명을 말소하여 일반횡선으로 하거나 횡선 전부를 말소하여 보통의 수표로 하여도 본래의 횡선수표로서 취급된다(수표법 제37조5항). 수표의 이면에 발행인의 인장을 찍거나 지급인과 발행인과의 합의로 횡선의 효력을 배제하는 것이 행하여지고 있는데, 이 경우에도 횡선의 효력이 완전히 없어지는 것이

아니고, 다만 횡선에 위반하여도 발행인에 대해서만은 손해배상을 하지 않아도 된다는 것뿐이다.

은행
銀行

「수표법」에서 '은행'은 '법령에 따라 은행과 같은 것으로 보는 사람 또는 시설을 포함한다'고 되어 있다(수표법 제59조). 일반적으로 법에서 말하는 '은행'이란 예금을 받거나 유가증권 또는 그 밖의 채무증서를 발행하여 불특정 다수인으로부터 채무를 부담함으로써 조달한 자금을 대출하는 업무를 규칙적·조직적으로 경영하는 한국은행 외의 모든 법인을 말한다(은행법 제2조). 그러나 「수표법」에서 말하는 은행이란 「수표법 적용 시 은행과 동일시되는 사람 또는 시설의 지정에 관한 규정」에 의하여 지정된 시설을 말하는데, 그 시설은 다음과 같다. ① 우체국 ② 「농업협동조합법」 제57조1항3호의 신용사업을 하는 지역농업협동조합 ③ 「농업협동조합법」 제106조3호의 신용사업을 하는 지역축산업협동조합 ④ 1999년 9월 7일 법률 제6018호 「농업협동조합법」 부칙 제14조에 따라 신용사업을 하는 품목별·업종별 협동조합 ⑤ 「수산업협동조합법」 제60조1항3호의 신용사업을 하는 지구별 수산업협동조합 ⑥ 1994년 12월 22일 법률 제4820호 「수산업협동조합법」 중 개정법률 부칙 제5조에 따라 신용사업을 하는 업종별 수산업협동조합 및 수산물가공 수산업협동조합 ⑦ 「새마을금고법」 제67조1항5호의 신용사업을 하는 새마을금고중앙회 ⑧ 「상호저축은행법」 제25조의2 1항의 업무를 하는 상호저축은행중앙회 ⑨ 「신용협동조합법」 제78조1항5호의 신용사업을 하는 신용협동조합중앙회

「수표법」에서는 지급인을 '은행'에 한정하고 있고(수표법 제3조), 횡선수표에 관해 '은행'이 지급 및 수입의 제한을 받도록(수표법 제37조·제38조) 규정되어 있다.

제권판결
除權判決

공시최고절차(민사소송법 제475조~제497조)를 거쳐서 기존에 발행된 어음·수표의 실효를 선고하고 상실자에게 자격을 회복시키는 판결을 말한다. 배서로 양도할 수 있는 증권(지시증권)이나 교부로 양도할 수 있는 증권(무기명증권)이 도난당하거나 분실 또는 멸실된 경우에는 공시최고의 절차에 의하여 증권의 실효를 선고하는 것이 정통적인 조치이다(상법 제65조·제360조, 민법 제521조·제524조). 그 절차로서는 최종의 소지인이 관할법원(증권에 표시된 이행지의 지방법원, 민사소송법 제476조2항)에 증권의 내용 및 증권이 소재불명이라든가 동일성을 판단할 수 없을 정도로 훼손되었다는 사실을 소명하여 공시최고를 신청하면 법원은 공시최고의 기일을 관보와 공보 및 신문지에 게재한 날부터 3월 후로 정하고(민사소송법 제481조) 그 기간 중에 권리를 주장하고 증권을 제출할 것, 만약 신고가 없는 경우에는 증권의 무효를 선고할 것 등을 공고한다. 기간 중에 신고가 없는 경우에는 다시 제권판결의 신청을 하게 하고 직권으로 사실탐지(事實探知)를 하고 나서 제권판결을 내리게 되는데, 만약 기간 중에 신고가 있으면 보통소송으로 권리자가 결정될 때까지 공시최고절차를 중지하든가, 신고인의 권리를 유보하고 제권판결을 선고한다. 제권판결의 효력은 증권을 무효로 하여 그 자격증명력을 박탈하고 구소지인에게 자격을 회복시켜서 증권 없이 판결정본으로 청구할 수 있도록 하는 것이다. 그러나 제권판결은 신청인을 정당한 권리자로 확정하는 효력이 없으므로 공시최고기간중에 증권을 선의취득한 자는 어디까지나 권리를 주장할 수 있다. 공시최고절차는 최저 3개월이라는 장시간을 요구하고 있으므로, 유통기간이 짧은 어음은 제권판결을 얻은 때에는 제시기간이 지나서 배서인 등의 상환청구권이 소멸되어버리는 경우가 있다.

부정수표
不正手票

다음의 하나에 해당하는 수표를 말한다(부정수표 단속법 제2조1항). ① 가공인물의 명의로 발행한 수표(같은 법 제2조1항1호). 여기서 가공인물의 명의란 수표발행인의 명의가 개인인 경우에는 주민등록표상의 성명, 법인인 경우에는 법인 등기사항증명서상의 상호·명칭과 일치하지 아니하는 것을 말한다(같은 법 시행령 제2조2항). ② 금융기관(우체국 포함)과의 수표계약 없이 발행하거나 금융기관으로부터 거래정지처분을 받은 후에 발행한 수표(같은 법 제2조1항2호). ③ 금융기관에 등록된 것과 다른 서명 또는 기명날인으로 발행한 수표(같은 법 제2조1항3호). 이러한 부정수표를 발행하거나 작성한 자는 5년 이하의 징역 또는 수표금액의 10배 이하의 벌금에 처하도록 되어 있다(같은 법 제2조1항 본문). 이 형사처벌을 받는 것은 부정수표를 발행한 경우뿐만 아니라, 작성하는 데 그친 경우도 포함되므로 작성만 하고 아직 교부하지 않은 경우, 즉 유통과정에 두지 않은 단계에서도 처벌되는 것이다. 그러나 아무런 채무 없이 발행하였다거나 들어올 돈이 안 들어와서 부도가 났다고 하는 사정은 「부정수표 단속법」 제2조1항·2항에 규정된 죄성립에는 영향이 없다는 것이 판례의 입장이다(대판 1969.4.29, 69도271). 그리고 예금부족으로 지급기일에 지급되지 아니한 수표로서 수표발행자가 처벌되는 경우에는 그러한 결과발생을 예견하고 이를 발행하였다는 주관적 요건이 있어야 한다는 것이 판례의 입장이다.

경 제 법

경제법

경제법 총론

경제법의 연혁
經濟法의 沿革

19세기 말 독점자본주의의 폐해를 방지하기 위하여 만들어진 사회법의 하나로 '경제법(Wirtschaftsrecht)'이라는 개념이 처음 사용되었다. 이처럼 독일을 중심으로 경제법이 하나의 법 체계로 형성하게 된 배경에는 전시통제경제 내지 전후의 경제부흥을 위한 국가적 관여라는 이유가 있었다. 미국 등의 영미법계에서는 법학 분야를 공·사법으로 분류하지 않기 때문에 경제법이라는 용어는 사용하지 않았으나, 독점기업의 폐해 방지를 위해서 경제법의 성격을 띤 반(反)트러스트법이 최초로 입법되었다. 우리나라의 경우, 해방 이후 미군정하에서의 경제조치는 물론 제헌헌법에서도 경제적 자유보다 평등을 중시하는 통제경제의 성격이 강하게 나타났다. 이후 5·16 군사정변을 거쳐 군사정부하에 자유시장경제질서의 확립과 정부규제의 강화라는 모순된 경제질서를 겪고 현재에는 '사회조화적 시장경제'라고 하는 새로운 경제질서를 탄생시켰다. 현행 헌법은 경제질서의 확립을 위해서 '사유재산제의 보장(제23조)', '시장경제의 원칙(제119조)', '사회조화의 실현(제120조 이하)'을 규정하고 있다. 이러한 경제원리를 구체화하는 경제관련 특별법으로는 시장기구의 기능을 유지 내지 회복하기 위한 법으로 「독점규제 및 공정거래에 관한 법률」, 시장기구의 한계(시장의 실패)를 극복하기 위한 법으로 「소비자기본법」, 「약관의 규제에 관한 법률」, 「할부거래에 관한 법률」, 「방문판매 등에 관한 법률」 및 각종 중소기업관련법이 있다.

경제법의 개념
經濟法의 概念

경제법의 개념은 여러 가지 견해가 있으나, 일반적으로 경제법이란 '국가가 경제일반을 통제하기 위하여 규제하는 법규범과 법제도의 총체'라 할 수 있다. 경제법도 상법(商法)과 마찬가지로 경제생활관계를 규율하지만, 상법은 자유시장 경제원리를 기반으로 자유와 창의에 입각하여 각각의 경제주체의 이익을 도모하나, 경제법은 국가가 후견적 입장에서 경제일반을 통제하기 위한 일련의 법규로서 기업생활은 물론 농업, 임업, 어업과 개인의 소비생활 등 생산·유통·소비에 걸친 시장경제 전반을 통제하여 국민경제의 조화를 이룩하려는 법규이며 기업공법이라고 할 수 있다.

경제법의 지위
經濟法의 地位

과거 공·사법을 엄격히 구분하고 국가와 시민사회의 이질성을 강조하던 때와는 달리 현대는 경제법을 공법의 자기확장인 동시에 사법의 자기발전의 결정체로 보아 그 독립적인 법체계를 인정하고 있다. 이러한 경제법의 지위는 다른 법과의 관계에서 명확히 드러나는데 특히 헌법 및 상법과의 관계에서 의의가 있다. 먼저 경제법은 자유시장경제질서의 원칙과 정부 간섭의 통제경제를 예외로 한다는 헌법상의 경제이념이 구체화된 입법이라 할 수 있다. 그리고 상법과의 관계에 있어서는, 우선 법 이념에 있어서 상법이 개별경제주체 상호 간의 이익조정을 목적으로 하는데 반해, 경제법은 국민경제 전체의 이익 조정 및 극대화를 목적으로 하고 있다. 아울러 적용대상에 있어서 상법은 상인(기업)에 국한되나, 경제법은 기업에 국한하지 않고 국가·지방자치단체 및 소비자까지 보다 포괄적이며, 적용순서에 있어서 개별적인 기업주체에 대한 법 적용시 경제법이 상법보다 우선 적용된다.

경제법의 규제
經濟法의 規制

일반적으로 국민 전체의 경제생활을 규제대상으로 하고 자유시장경제의 유지와 시장조화적 욕구의 실현을 목적으로 하는 경제법은 그 규제방법을 크게 권력적(강제적) 규제와 비권력적 규제로 나눌 수 있다. 권력적 규제는 다시 일정한 행위를 일률적으로 금지·명령하는 '법률에 의한 직접적 규제'와 경제활동의 유동성과 탄력성을 고려하여 보다 전문성을 갖춘 '행정기관의 행정처분에 의한 규제' 및 입법을 통하여 사법관계(민사 또는 상사관계)에 관여하는 '입법적 규제' 등으로 살펴볼 수 있다. 아울러 비권력적 규제에는 각종 보조금·융자 및 세제혜택 등의 '비권력적 사법적 수단에 의한 규제'와 권고·지시 등의 '비권력적 행정지도에 의한 규제'가 있다.

경제법

독점규제 및 공정거래에 관한 법률

독점규제법의 연혁
獨占規制法의 沿革

자본주의의 고도화로 나타나는 독과점의 폐해를 막고 자유시장경제질서를 유지·촉진하기 위한 독점규제법은 1963년 이른바 '삼분(三粉)사건'을 계기로 독과점 규제입법을 처음으로 추진하여 수차례에 걸쳐 국회에 상정되었으나 경제적 역효과 등을 이유로 좌절되었고, 1976년 「물가안정에 관한 법률」의 제정을 거쳐 1980년에야 비로소 「독점규제 및 공정거래에 관한 법률」이라는 명칭으로 제정되었다. 그 후 여러 번의 개정을 통해 지주회사 설립금지, 계열사

간의 상호출자금지, 채무보증한도제, 출자총액제한제도의 폐지 등 경제력집중억제책을 골자로 하는 제도를 명문화하였고, 1997년 외환위기 때에는 대처방안으로 기업결합 등의 구조조정 절차를 투명하고 신속하게 처리하기 위한 기업결합심사관련 제도를 개선하였다. 또한 출자총액제한제도 폐지, 상호출자제한기업집단의 주식소유현황 등에 대한 공시제도를 도입하였고, 납기연장 및 분할납부 사유가 해소되어 과징금납부의무자가 과징금을 납부할 수 있다고 인정되는 때에도 공정거래위원회가 납기연장 및 분할납부를 취소할 수 있도록 하였다. 포상금을 거짓진술로 지급받았거나 잘못 지급된 경우 등에 환수할 수 있는 근거규정과 신고인이 환수 대상 포상금을 반환하지 않을 경우 국세 체납처분의 예에 따라 이를 징수할 수 있는 근거도 마련하였다. 가장 최근에는 2020년 12월 29일 전부 개정되어 2021년 12월 30일부터 시행되었고 사인의 금지청구제도 도입, 법원의 자료제출명령 및 비밀유지명령제도 도입, 과징금 상한 상향, 정보교환과 담합행위, 사익편취규율대상 확대와 부당지원행위 규제 강화, 지주회사 행위제한, 의결권 제한 등, 기업결합, CVC(기업형벤처캐피탈), 벤처지주회사 인정 등의 내용을 담고 있다.

독점규제법의 목적
獨占規制法의 目的

「독점규제 및 공정거래에 관한 법률」은 시장지배적 지위의 남용과 과도한 경제력의 집중을 방지하고, 부당한 공동행위 및 불공정거래행위를 규제함을 기본 목적으로 한다(제1조). 이를 좀더 구체적으로 살펴보면, 이 법은 자유롭고 공정한 시장경쟁을 통해서 이른바 "유효경쟁의 실현"을 직접적인 목적으로 하고, 아울러 다소 학설외 대립은 있으니 지원배분의 효율성, 소비자 보호, 창의적 기업활동의 조장 및 경제력 집중의 억제를 통한 국민 경제의 균형 있는 발전을 궁극적 목적으로 한다.

폐해규제주의
廢害規制主義

불공정거래행위의 규제 형태는 크게 **원인금지주의**와 폐해규제주의로 구별된다. 양자는 일반적으로 독과점상태를 시정하기 위해 기업분할명령 등을 할 수 있는지의 여부에 차이가 있다. 먼저 독과점의 형식 자체를 원칙적으로 금지하는 원인(원칙) 금지주의는 기업분할이나 시장구조 개선을 통해 독과점의 폐해를 사전에 방지할 수 있다는 장점이 있는 반면, 지나친 정부의 간섭과 규제의 장기화를 초래한다는 단점이 있다. 한편, 독과점을 당연한 위법으로 보지 않고 공공의 이익에 반할 경우에만 규제하는 폐해규제주의의 경우, 원인금지주의에서의 단점은 어느 정도 극복이 가능하지만 이 역시 독과점시장에 대한 근본적인 해결방안으로는 한계가 있다. EU와 우리나라의 경우 폐해규제주의에 보다 가깝다고 할 수 있으나, 현실적으로는 양자의 혼합규제방식을 채택하고 있다.

행정규제주의
行政規制主義

우리나라의 경우와 같이 일반적으로 행정관료나 경제전문가에 의해서 독과점 등의 불공정거래행위를 규제하는 태도로서, 폐해규제주의와 궤를 같이 한다. 반면 법원이 1차적으로 불공정거래행위를 규제하는 태도를 **사법심사주의**(司法審査主義)라 하며, 주로 원인금지주의를 취하는 입법례에서 볼 수 있다. 한편, 각국에서는 이와 같은 입법적 태도와는 상관없이 독점규제법의 엄격하고 공정한 적용을 위해서 준입법적·준사법적 권한을 가진 독립적인 규제기구를 두는 것이 보통인데, 미국의 **연방거래위원회**(Federal Trade Commission : FTC), 독일의 **연방카르텔청**(Bundeskartellamt), 영국의 **공정거래청**(Office of Fair Trading : OFT), 우리나라와 일본의 공정거래위원회 등이 그 예이다.

직권규제주의
職權規制主義

경쟁제한행위를 행정기관이 직접 규제하는 태도로서, 우리 독점규제법이 취하는 입장이다. 그 대표적인 규정을 살펴보면 일반국민은 불공정 거래행위를 공정거래위원회에 신고할 수 있을 뿐이고, 위반행위에 대한 조사·시정권고·명령 등은 전적으로 공정거래위원회의 재량사항이다(독점규제 및 공정거래에 관한 법률 제80조 이하). 이러한 태도는 피해자 구제에 소홀하고 규제의 실효성이 낮으며, 아울러 경쟁제한행위의 규제를 당사자들의 쟁송을 통해서 해결하려는 당사자주의의 재판청구권에 대한 심각한 제한으로 위헌의 소지가 있다는 비판을 받고 있다. 우리 법은 이러한 단점에 대한 자구책으로 이의신청(같은 법 제96조), 불복의 소(같은 법 제99조), 일정한 경우 공정거래위원회의 고발의무(같은 법 제129조) 규정을 마련하고 있다.

경제법

셔먼법
Sherman法

록펠러의 스탠더드 오일 트러스트 사건을 계기로 1880년 오하이오 출신의 상원의원 존 셔먼이 제출하여 1890년에 '부당한 거래제한과 독점으로부터 상거래를 보호하기 위하여(To protect trade and commerce against unlawful restraints and monopolies)' 제정된 미국의 독점금지 법률을 말한다. 같은 법 제1조 '부당거래 금지' 조항과 제2조 '독점 금지' 조항을 제외하고는 모두 절차적 규정으로 구성되어 있고, 그 효과로서 민사적 구제조치 이외에 형사벌을 함께 규정하고 있다. 아울러 이 법의 특징은 피고의 항변을 제한하여 그 행위를 당연히 위법한 것으로 간주하는 **당연위법주의**를 채택하고 있는 것으로 그 유형으로는 끼워팔기, 가격협정, 집단배척, 시장분할협정 등이 있다.

클레이턴법
Clayton法

부당한 거래 제한의 범위를 좁게 해석하는 '합리성의 원칙'을 조리(條理)로 하는 법원의 추상적인 태도를 '보완하기 위하여(To supplement existing laws against unlawful restraints and monopolies)' 1914년 제정된 미국의 독점금지법을 가리킨다. 이 법은 부당한 거래의 유형을 보다 구체화하여 법원의 법 적용상의 재량권 남용 방지와 법 집행의 확실성 보장을 그 주된 목적으로 한다. 이 법에서 보다 구체화하여 규정하고 있는 불공정거래행위의 유형으로는 상품의 가격을 매수인에 따라 차별을 두는 것을 금지하는 '차별가격 금지', 상행위에 있어서 경쟁자의 영업을 구속하는 '구속조건부거래 금지', '경쟁제한적 기업결합의 금지' 및 '겸직임원의 금지' 등을 들 수 있다. 이 법은 특히 그 효력에 있어서 불공정거래행위로 손해를 입은 자를 대신해서 주검찰총장(**국가후견소송제도**)이 연방법원에 손해액의 3배를 배상하도록 하는 **3배 손해배상제도**를 규정하였다.

연방거래위원회법
聯邦去來委員會法

미국의 독점금지법 중 하나로, 셔먼법에 위반될 우려가 있는 행위를 사전에 간섭하여 독점을 미연에 방지하고, 아울러 보다 전문적인 경제기구로 자유경쟁을 보장하기 위해 연방거래위원회(FTC)를 설치·운영하고자 1914년 제정되었다. 이 법은 독점이나 부당한 거래 제한은 물론이고, 가격협정, 보이콧, 재판매가격유지행위, 허위광고, 경품제공 등의 행위 금지를 실체적이고 망라적으로 규정하고 있다. 또한 연방거래위원회의 설치·운영에 관해서 규정하고 있는 바, 본 위원회의 구성은 상원의 동의를 얻어 대통령이 임명한 5인의 위원으로 구성하되, 위원 중 3인 이상은 동일 정당 소속이 아니어야 한다. 같은 법의 효력으로 연방거래위원회

는 불공정거래행위에 대해서 행정적 부작위명령의 일종인 '중지명령'을 내려서 해당 사업활동을 중지시킬 수 있다.

경쟁제한방지법
競爭制限防止法

제2차 세계 대전의 패전 이후 독일은 미·영 승전국의 반카르텔 정책과는 별도로 자주적 색채의 반트러스트법안의 도입을 강구하였고, 그 결과 1957년에 비로소 경쟁제한방지법을 제정하였다. 이 법은 카르텔 계약을 원칙적으로 금지하면서도 조건카르텔, 할인카르텔, 합리화카르텔 등 그 예외를 폭넓게 인정하고 있다.

사업자의제
事業者擬制

사업자단체에 관한 규정을 적용함에 있어서 사업자의 이익을 위한 행위를 하는 임원·종업원·대리인 등을 사업자로 보는 것을 말한다(독점규제 및 공정거래에 관한 법률 제2조1호). 회사의 종업원 등이 개인 이름으로 단체를 구성하거나 참여하면서 사실상 사업인 회사의 이익을 위하여 활동하는 경우도 규제할 수 있다는 데 의의가 있다. 한편, 불공정거래행위 등에 관한 규정의 적용에 있어서는 위에서 예시한 임원 등을 사업자로 보지 않는다.

실질적 경쟁제한행위
實質的 競爭制限行爲

일정한 거래분야(거래의 객체별·단계별 또는 지역별로 경쟁관계에 있거나 경쟁관계가 성립될 수 있는 분야)의 경쟁이 감소하여 특정 사업자 또는 사업자 단체의 의사에 따라 어느 정도 자유로이 가격·수량·품질, 그 밖의 거래조건 등의 결정에 영향을 미치거나 미칠 우려가 있는 상태를 초래하는 행위를 말한다(독점규제 및 공정거래에 관한 법률 제2조4호·5호). 이처럼 독점규제법은 모든 경쟁제한을 규제하는 것이 아니라 경쟁을 실질적으로 제한

경제법

하는 경우에만 규제한다. 여기서 "실질적"이란 현실적으로 경쟁 제한의 영향을 미치는 상태가 아니라, 유효한 경쟁을 기대하기가 거의 불가능한 상태를 초래하는 경우를 말한다.

시장지배적 지위
市場支配的 地位

시장을 주어진 조건으로 받아들이는 것이 아니라 시장의 행태나 성과에 영향을 미칠 수 있는 지위, 즉 상품이나 용역의 가격·수량·품질 그 밖의 거래조건을 결정·유지 또는 변경할 수 있는 지위를 말하고, 이러한 지위에 있는 자를 **시장지배적 사업자**라 한다(독점규제 및 공정거래에 관한 법률 제2조3호 전단). 법은 일정한 기준을 마련하여 이에 해당할 경우 시장지배적 사업자로 추정하여 규제의 실효성을 강화하고 있다(같은 법 제6조). 아울러 시장지배적 지위의 남용을 유형별로 예시하고 있는 바, ① 가격이나 용역의 대가 남용행위 ② 출고조절행위 ③ 타 사업자 사업활동방해행위 ④ 신규진입방해행위 ⑤ 기타 경쟁을 실질적으로 제한하거나 소비자의 이익을 현저히 저해할 우려가 있는 행위로 나누어 규정하고 있다(같은 법 제5조).

기업결합
企業結合

기업의 외부적 성장의 대표적 형태로서, 개별기업의 경제적 독립성이 소멸됨으로써 사업활동에 관한 의사결정권이 통합되는 기업 간의 자본적·인적·조직적 결합을 말한다. 이러한 기업결합에는 기업의 거래관계에 따라 ① 같은 거래관계에 있는 동종 또는 유사상품을 공급하는 경쟁사 간의 **수평결합**, ② 다른 거래단계의 기업 간의 **수직결합**, ③ 전혀 관련성이 없는 회사 간의 **혼합결합** 등으로 분류되고, 결합의 방법과 수단에 따라 ① **주식취득**(독점규제 및 공정거래에 관한 법률 제9조1항1호), ② **임원겸임**(같은 항 2호), ③ **회사의 합병**(같은 항 3호), ④ **영업양수**(같은 항 4호), ⑤ 새로운 회사설립에의 참여(같은 항 5호) 등이 있다. 아울러 기업결합의 강도 및 조직에 따라 ① 각각의 기업들이 법률적·경제적으로 독립성을 유지하면서 특정의 목적을 위해서 공동보조를 취하는 약한 결합인 **카르텔**(cartel), ② 합병으로 개별기업의 경제적·법적 지위의 소멸은 물론 별개의 새로운 대리업을 탄생시키는 강한 결합형태인 **트러스트**(trust), ③ 기업의 법적 독립성은 유지되지만, 경영상으로는 주로 금융적 방법에 의해 결합을 주도한 특정기업의 지배하에 놓여 경제적 독립성을 잃게 되는 **콘체른**(concern) 등이 있다. 기업결합은 우리와 같이 개인 대주주 중심의 경영에 대한 폐해를 시장기구를 통해 감시하고 아울러 기업의 생산성과 자원배분의 효율성을 향상시킬 수 있다는 장점이 있는 반면, 오히려 독과점 형성과 경제력 집중 심화를 초래할 우려가 있다는 단점도 있다. 따라서 우리 법은 기업결합을 통한 경제력 집중을 방지하기 위하여 그 제한 규정을 마련하고 있다(같은 법 제3장 참조).

경제법

지주회사
持株會社

주식의 소유를 통하여 다른 회사의 사업활동을 지배·관리하는 회사로서, ① 독자적인 사업을 영위하지 않고 주식의 소유를 통하여 다른 회사의 사업지배만을 목적으로 설립된 '순수'지주회사와 ② 독자적인 사업을 영위하는 동시에 주식의 소유를 통하여 다른 회사의 경영지배를 목적으로 하는 '사업'지주회사가 그 유형인데, 특히 후자가 일반적이다. 법은 소수 재벌에 의한 경제력 집중을 이유로 지주회사의 설립을 금지하여 왔으나, 외국과의 합작지주회사의 설립을 통한 외자유치 및 비주력 사업부문의 분리·매각을 통한 원활한 기업구조조정을 위하여 일정한 요건 하에 지주회사로의 전환 및 설립을 예외적으로로 허용하고 있다(독점규제 및 공정거래에 관한 법률 제17조 이하).

공시대상 기업집단·상호출자제한 기업집단 지정제도

경제력 집중을 주도하는 대기업의 상호출자와 출자총액 등을 규제하기 위하여 마련된 제도이다(독점규제 및 공정거래에 관한 법률 제31조). 여기서 '기업집단'이란 동일인 및 동일인 관련자가 주식의 최대출자 등의 상당한 영향력 행사를 앞세워 사실상 회사의 사업내용을 지배하는 것을 말한다(같은 법 제2조11호). 공정거래위원회는 이러한 기업집단 중 총자산 합계액이 5조원 이상인 기업집단을 공시대상기업집단으로, 10조원 이상인 기업집단을 상호출자제한 기업집단으로 지정하여 통지해야 한다. 공시대상기업집단은 기업집단 현황, 대규모 내부거래, 비상장 회사의 중요사항, 주식 소유 현황 등을 공시해야 하며(같은 법 제26조~제28조), 상호출자제한기업집단은 여기에 더해 지주회사 설립의 제한(같은 법 제19조), 상호출자의 금지(같은 법 제21조), 순환출자의 금지(같은 법 제22조), 계열회사에 대한 채무보증의 금지(같은 법 제24조), 금융회사·보험회사 및 공익법인의 의결권 제한(같은 법 제25조) 등의 규제가 추가적으로 적용된다.

부당한 공동행위
不當한 共同行爲

공동행위란 사업자가 계약, 협정, 결의 등의 방법으로 다른 사업자와 공동으로 상품 또는 용역의 가격, 거래조건, 거래량, 거래상대방 또는 거래지역 등을 제한하는 행위를 말하며, 이러한 공동행위가 일정한 거래분야에서 경쟁을 실질적으로 제한하는 경우에 비로소 부당한 공동행위로 인정되어 법의 제재를 받게 된다(독점규제 및 공정거래에 관한 법률 제5장 참조). 법에서 예시하는 부당한 공동행위의 유형으로는 ① 가격협정행위(같은 법 제40조1항1호) ② 거래조건협정행위(같은 항 2호) ③ 공급제한협정행위(같은 항 3호) ④ 시장분할협정행위(같은 항 4호) ⑤ 설비제한(투자조정)행위(같은 항 5호) ⑥ 상품의 종류 및 규격제한협정행위(같은 항 6호) ⑦ 부당한 공동행위를 목적으로 하는 회사의 설립(같은 항 7호) ⑧ 입찰·경매가격협정행위(같은 항 8호), ⑨ 그 밖에 다른 사업자의 사업활동방해행위(같은 항 9호) 등이 있다.

불공정거래행위
不公正去來行爲

공정한 거래를 저해할 우려가 있는 행위로서, 여기서 말하는 '공정한 거래'란 사업자 상호 간의 경쟁수단의 공정성은 물론이고, 거래의 내용이나 조건이 부당한 경우 또는 거래를 위한 교섭이나 정보제공에 있어서 상대방의 합리적인 선택을 방해하는 행위까지 포함하는 포괄적인 개념이다. 일반적으로는 부당하게 거래를 거절하는 행위나 가격 및 거래조건에서 거래의 상대방을 차별하는 행위, 지나치게 싸게 공급하거나 비싸게 사들이는 행위, 부당하게 고객을 유인하는 행위, 거래를 강제하는 행위, 거래상 지위를 남용하는 행위, 상대방의 사업활동을 부당하게 구속하는 조건으로 거래하는 행위, 다른 사업자의 사업활동을 방해하는 행위, 특수관계인이나 다른 회사에 대하여 부당한 지원을 하는 행위 등이 있다(독점규제 및 공정거래에 관한 법률 제45조). 이 밖에 공정거래위원회에서는 경품류제공·병행수입·신문업·대규모소매업의 영업 등에 있어서 불공정행위에 대하여 고시로 규제하고 있다.

사업자단체
事業者團體

형태 여하를 불문하고 2 이상의 사업자가 공동의 이익을 증진할 목적으로 조직한 결합체 또는 연합체를 말한다(독점규제 및 공정거래에 관한 법률 제2조2호). 이러한 사업자단체는 '단체'라는 특성상 경쟁제한행위의 온상이 되는 것이 현실이며, 이에 관해 법은 일정한 경쟁제한행위를 규제하고 있다(같은 법 제55조3호 참조). 그러나 이러한 사업자단체는 항상 경쟁제한적인 성격을 갖는 것만은 아니며, 중소기업 간의 정보교환을 통한 대기업에 대한 경쟁력 강화 등 순기능적인 면도 지니고 있다.

재판매가격유지행위
再販賣價格維持行爲

사업자가 상품 또는 용역을 거래함에 있어서 거래상대방인 사업자 또는 그다음 거래단계별 사업자에 대하여 거래가격을 미리 정하여 그 가격대로 판매 또는 제공할 것을 강제하거나, 이를 위하여 규약 그 밖의 구속조건을 붙여 거래하는 행위를 말한다(독점규제 및 공정거래에 관한 법률 제2조20호). 이러한 재판매가격유지행위는 경쟁제한적인 성질로 말미암아 특수한 불공정행위로서 당연위법성이 인정되어 일정한 경우에 금지하고 있으나(같은 법 제46조), 영세소매업자의 경우 가격경쟁의 제한으로 도산을 방지하는 등 경쟁촉진적 성질을 함께 지니고 있다.

유효경쟁
有效競爭

부당한 공동행위나 기업결합의 규제에서 위법성 판단의 표준은 경쟁의 방해·침해 여부라고 할 수 있다. 이때 방해·침해되는 경쟁은 어떠한 상태이어야 하는가가 문제되는데, 현대 자본주의 사회에 있어서 완전경쟁을 실현하기는 거의 불가능할 뿐만 아니라 무의미하기 때문에 완전경쟁보다는 현실적인 경쟁상태를 의미하는 유효경쟁이란 개념을 사용하고 있다. 이러한 유효경쟁이 의미하는 것은 경쟁의 기능을 발휘하게 할 수 있는 시장의 조건을 가능한 유지·확보하는 것이라고 할 수 있다. 일반적으로 유효경쟁이 이루어

지기 위한 조건으로 첫째, 사업자 상호 간의 자유로운 경쟁이 방해되지 않아야 하고, 둘째, 어떠한 사업자도 경쟁에 참가하는 데에 제한을 받지 않아야 한다. 이 두 조건의 충족 정도에 따라 완전경쟁, 독점, 유효경쟁 등으로 분류가 가능하다. 또 유효경쟁을 판단하는 기준으로는 구조기준설과 성과기준설이 있다. 먼저 구조기준설(structural criteria)은 시장구조가 경쟁적이어야 유효경쟁이 가능하다는 주장으로, 즉 사업자의 수와 규모의 차이 및 독립성의 정도, 시장진입의 제한 등이 주요한 판단기준이 된다. 특히 구조기준설은 시장점유율과 산업집중도 등을 중점으로 고려하게 된다. 반면 성과기준설(performance criteria)은 기업들이 좋은 시장성과를 거두고 있는 시장에는 유효경쟁이 존재하는 것으로 보는 주장으로, 즉 기술개발이나 원가절감을 위한 노력, 생산비와 가격의 상관관계, 조업도, 이윤율, 판매비의 지출 등이 주요한 판단기준으로 사용된다. 다만, 최근에는 양자가 결합되어 사용되고 있다.

경제법

허핀달허쉬만지수
HHI 指數

일반적으로 합병이나 시장지배력에 대한 독점규제법의 위법성 판단에서 중요한 것은 현재 당사자들이 시장에서 가지고 있는 힘의 크기라고 할 수 있다. 사업자가 시장에서 가지고 있는 힘은 상품시장에서 해당 사업자가 가지고 있는 시장점유율로 나타난다. HHI 지수는 이러한 시장점유율의 개념을 더욱 발전시킨 것이라고 할 수 있는데, 단순히 한 사업자의 시장점유율을 나타내는 것이 아니라 그 사업자가 속한 시장의 집중도를 나타낸다. 특히 이것은 기존의 생산시설을 합치는 수평적 합병에 대한 분석도구로서 사용되어져 왔다. HHI 지수는 시장집중도의 통계적인 측정을 위해 관련시장에서 모든 회사들의 시장점유율을 제곱한 값의 합이다.

공정거래위원회의 기업결합신고 가이드라인에 의하면 위원회는 기업결합 전 HHI 지수를 측정하고, 다시 기업결합 후 HHI 지수를 측정해 비교한다. 그 결과 수평결합의 경우 기업결합 후 HHI가 1,200 미만이거나, 기업결합 후 HHI가 1,200 이상 2,500 미만이면서 HHI 증분이 250 미만이거나, HHI가 2,500 이상이면서 HHI 증분이 150 미만인 경우(안전지대)에는 경쟁제한성이 없다고 추정하고 시장점유율 등에 확인 등의 절차만 거친 후 기업결합을 승인한다. 또한 수직·혼합결합의 경우에는 당사회사가 속한 시장의 HHI가 2,500 미만이고 당사회사의 시장점유율이 25% 미만이거나 당사회사가 각각 4위 이하의 사업자인 경우를 안전지대로 본다. HHI 지수는 대규모 회사의 시장점유율에 보다 많은 중점을 둠으로써 합병 후의 시장에서 과점적 협조가능성을 보다 정확하게 반영한다고 평가된다. 즉 여러 사업자가 시장점유율을 나누고 있는 것보다 소수의 사업자가 시장점유율을 가지고 있는 때가 HHI 지수의 값이 월등히 크다.

경제법

역외적용
域外適用
한 국가의 독점금지법이 그 나라 자신의 영역을 벗어나 다른 교역상대국의 기업에 효력을 미치는 것을 의미한다. 역외적용의 한계에 대한 여러 가지 이론이 있으나, 그중에서도 역외적용의 범위를 가장 넓게 인정하고 있는 것은 영향력이론(effect theory)이다. 영향력이론은 타국 기업 간의 반경쟁적 행위로 자국의 시장경제의 자율성이 위협을 받게 되는 효과가 발생하면 곧바로 자국의 반독점금지법규정을 적용시킬 수 있다는 이론인데, 미국에서 Alcoa사건 이후 주로 주장되고 있는 이론이다. 다만, 이러한 영향력이론은 자국외 영토 안에 연고를 가지고 있지 않은 타국 기업에 대해 자국의 법을 그대로 적용시킨다는 점에서 주권침해의 문제가 있다. 따라서 실제로 미국을 비롯한 대외선진국들은 타국과의 상호양해조약을 체결하여 조약국 상호 간의 독점금지법 적용을 인정하는 형식을 취하고 있다.

가격고정
價格固定
부당한 공동행위의 한 유형으로 수개의 사업자가 공동으로 상품의 가격을 일정하게 일치시키는 것을 말한다. 가격고정은 현재의 가격수준보다 더 올리는 것뿐만 아니라, 더 낮추는 경우도 당연히 금지된다. 특히 가격과 관련된 사업자들 간의 공동협정은 세계 각국에서 전통적으로 강력한 규제의 대상이었다.

집단배척
集團排斥
수개의 사업자가 공동으로 한 사업자에게 거래거절을 하거나 집단에서 탈퇴시키는 행위를 말한다. 기존에는 이러한 집단배척 행위도 미국법상 당연위법의 취급을 받아왔으나, 최근에는 집단배척행위의 정당성이 있는 경우에는 위법하지 않다는 판단을 하고 있다. 그 주된 근거는 무임승차자를 배제하기 위한 집단배척행위는 단순한 공동의 거래거절에 비교해 볼 때 위법성이 약하다는 이유이다. 예를 들어 공동기술협력개발에서 몇 개의 사업자를 배제한 경우에 집단배척을 이유로 당연위법을 선언하는 때에는 처음부터 실패위험을 감수하고 사업에 참여한 사업자들이 나중에 성공단계에서 참여를 원하는 사업자들에게 이익을 빼앗기게 되는 결과가 발생할 수 있다.

무임동승자
無賃同乘者
미국 반독점법에서 자주 등장하는 이 개념은 타인의 노력으로 개발한 기술, 영업망, 고객관계 등을 자신의 노력 없이 얻게 됨으로써 무상이익을 취하는 자를 통칭하는 말이다. 무임동승자는 특히 집단배척의 합리성, 독점사업자의 거래거절 행위 등에 대한 위법성 판단의 주된 근거로 주장된다. 즉 법이 강제로 거래개시를 명령하는 경우에는 경쟁이익을 증가시키기보다 무임동승자를 옹호하는 결과가 되어 경쟁이익을 파괴하는 결과가 된다는 것이다.

징벌적 손해배상
懲罰的 損害賠償

민사손해배상의 원칙은 손해의 전보에 있으므로 손해배상은 가해자의 행위로 발생한 실제 손해를 전보받는 것이 원칙이지만, 영미법계에서는 이러한 원칙을 수정하여 일부러 피해자의 손해를 악화시키거나 책임을 회피한 경우, 기존의 손해의 전보를 뛰어넘어 형벌적 성격을 가지는 손해배상청구권을 인정한다. 현실적으로 대기업에 대한 일반 평배심원들의 감정 때문에 기업소송에서는 징벌적 손해배상이 선고되는 일이 자주 있다. 징벌적 손해배상이 내려지는 경우에는 손해배상액이 훨씬 가중되므로 기업 측은 상당한 타격을 받는다.

3배 손해배상제도
三倍 損害賠償制度

클레이턴법에 규정된 제도로 미국 반독점 사건에서 패한 상대방은 다른 상대방에게 3배 손해배상의 책임을 진다. 이와 같은 3배 손해배상제도는 독점금지소송에서 승리한 당사자가 이전보다 막대한 이익을 얻을 가능성을 마련해줌으로써 소 제기 욕구를 자극하고 반경쟁적 행위 당사자에게는 경고적 기능을 한다.

규모의 경제
規模의 經濟

규모의 경제는 합병의 정당성을 옹호하기 위하여 주로 사용되는 개념으로, 합병으로 인해 대규모 생산이 가능하다면 기업은 대량구입, 대량생산, 대량판매를 통한 원가절감, 물류비용의 감소를 통해 이윤을 얻을 수 있다는 것이다. 합병심사에서도 이를 바탕으로 합병에 의한 규모의 경제발생은 곧 상품가격의 하락으로 이어져 궁극적으로 소비자이

익이 향상될 수 있으므로 규제에 신중을 기해야 한다.

범위의 경제
範圍의 經濟

단순히 수평적인 기업의 합병이 아니라 다수 이종(異種)업체를 인수하는 혼합합병에서도 일종의 경제적 효과가 있다고 주장되는데, 이것이 범위의 경제이다. 예를 들어 다수의 이종업체를 경영하는 경우에 한 업체에서 손실이 발생한다고 하더라도 다른 업체에서 이익이 발생하고 있다면 그 손실을 충분히 전보함으로써 기업경영에서 감수해야 하는 위험을 분산할 수 있다는 것이다. 또 현재 상품의 제조업자가 만일 전방의 부품제조업체를 인수하는 경우 물품구매비용의 감소, 공정의 효율화를 가져올 수 있다는 측면에서 적극적으로 허용되어야 한다고 주장하기도 한다.

시장폐쇄효과
市場閉鎖效果

현재 경쟁업체 중에서 한 업체가 완제품의 부품업체를 인수하여 부품생산시장에서 독점적 지위를 확보할 수 있다면 더 이상 완제품의 경쟁업체에게는 부품을 공급하지 않을 것이고, 결국 완제품시장은 완전히 봉쇄당하는 결과가 된다. 이러한 결과를 시장폐쇄효과라고 한다.

거래거절
去來拒絕

「독점규제 및 공정거래에 관한 법률」 제45조(불공정거래행위의 금지)1항1호에 규정된 행위로 공동의 거래거절과 그 밖의 거래거절이 있다. 공동의 거래거절은 정당한 이유 없이 자기와 경쟁관계에 있는 다른 사업자와 공동으로 특정사업자에게 거래의 개시를 거절하거나 계속적인 거래관계에 있는 특정사업자에게 거래를 중단하거나 거래하는 상품 또는 용역의 수량이나 내용을 현저히 제한하는 행위이다. 일반적으로 공동의 거절은 공동 배척이 되므로 위법성이 더 강하다고 하며, 법

문의 형식도 정당한 이유가 없는 한 위법한 것으로 규정하고 있다. 그 밖의 거래거절은 부당하게 특정사업자에게 거래의 개시를 거절하거나 계속적인 거래관계에 있는 특정사업자에게 거래를 중단하거나 거래하는 상품 또는 용역의 수량이나 내용을 현저히 제한하는 행위를 의미한다.

부당염매
不當廉賣
자기의 상품 또는 용역을 공급함에 있어서 정당한 이유 없이 그 공급에 소요되는 비용보다 현저히 낮은 대가로 계속하여 공급하거나 그 밖에 부당하게 상품 또는 용역을 낮은 대가로 공급함으로써 자기 또는 계열회사의 경쟁사업자를 배제시킬 우려가 있는 행위를 의미한다. 부당염매는 「독점규제 및 공정거래에 관한 법률」 제45조(불공정거래행위의 금지)1항3호에서 규정하고 있는 경쟁사업자 배제행위의 일종으로 부당하게 경쟁자를 배제하기 위한 행위는 부당염매뿐만 아니라, 높은 대가로 물품을 구입해주는 부당고가매입도 포함된다.

위계에 의한 고객유인
僞計에 의한 顧客誘引
위계에 의한 고객유인은 「독점규제 및 공정거래에 관한 법률」 제45조(불공정거래행위의 금지)1항4호의 부당한 고객유인행위의 일종으로 부당한 표시·광고 외의 방법으로 경쟁자의 고객을 자기와 거래하도록 유인하는 행위를 말한다. 구체적으로 공급하는 상품 또는 용역의 내용이나 거래조건 및 그 밖의 거래에 관한 사항에 관하여 실제보다 또는 경쟁사업자의 것보다 현저히 우량 또는 유리한 것으로 고객을 오인시키거나, 경쟁사업자의 것이 실제보다 또는 자기의 깃보다 현저히 불량 또는 불리한 것으로 고객을 오인시켜 경쟁사업자의 고객이 자기와 거래하도록 유인하는 행위이다.

끼워팔기
거래상대방에게 자기의 상품 또는 용역을 공급하면서 정상적인 거래관행에 비추어 부당하게 다른 상품 또는 용역을 자기 또는 자기가 지정하는 사업자로부터 구입하도록 하는 행위를 말한다. 예를 들어 소비자에게 인기가 좋은 소주를 팔면서 비교적 잘 팔리지 않는 양주를 함께 사는 경우에만 소주를 공급하도록 하는 것이다. 끼워팔기는 「독점규제 및 공정거래에 관한 법률」 제45조(불공정거래행위의 금지)1항6호에서 부당하게 경쟁자의 고객을 자기와 거래하도록 강제하는 행위의 일종이다.

사원판매
社員販賣
부당하게 자기 또는 계열회사의 임직원으로 하여금 자기 또는 계열회사의 상품이나 용역을 구입 또는 판매하도록 강제하는 행위이다. 사원판매는 끼워팔기와 함께 「독점규제 및 공정거래에 관한 법률」 제45조(불공정거래행위의 금지)1항5호의 거래강제행위에 해당한다.

배타조건부거래
排他條件附去來
배타조건부거래는 부당하게 거래상대방이 자기 또는 계열회사의 경쟁사업자와 거래하지 아니하는 조건으로 그 거래상대방과 거래하는 행위를 말한다. 이것은 「독점규제 및 공정거래에 관한 법률」 제45조(불공정거래행위의 금지)1항7호에서 거래의 상대방의 사업활동을 부당하게 구속하는 조건으로 거래하는 행위인 구속조건부거래의 한 유형이다. 구속조건부거래행위에는 거래지역 또는 거래상대방의 제한행위도 해당한다.

부당내부거래
不當內部去來
「독점규제 및 공정거래에 관한 법률」 제45조(불공정거래행위의 금지)1항9호에서 부당하게 특수관계인 또는 다른 회사에 대하여 가지급금·대여금·인력·부동산·유가증권·상품·용역·무체재산권 등을 제공하거나 상당히 유리한 조건으로 거래하여 특수관계인 또는 다른 회사를 지원하는 행위 또는 다른 사업자와 직접 거래하는 편이 유리함에도 불구하고 거래상 실질적 역할이 없는 특수관계인이나 다른 회사를 매개로 거래하는 행위를 말한다. 원칙적으로 일반불공정거래행위의 규제유형과는 차이가 있으나, 현행법은 일반불공정거래행위 부분에 계열사의 부당내부지원행위를 포함시키고 있다. 부당내부거래는 부당한 자금지원, 부당한 자산·상품 등 지원, 부당한 인력지원으로 세분된다. 다만, 부당내부거래는 일반적인 불공정거래행위의 모습이라고 보기는 어렵고, 오히려 경제력집중의 방지를 위한 한 방법이다. 따라서 법규정의 체계상 일반불공정거래행위의 유형으로 규정함은 타당하지 않으나, 단순히 현재의 재벌구조뿐만 아니라 장래의 경제력집중을 방지하고, 재벌기업이 아니라고 할지라도 부당내부지원을 하는 행위는 경쟁질서의 왜곡을 가져온다는 면에서 일반불공정거래행위의 한 유형으로 규정하고 있다.

기타 경제관련법

부당한 표시·광고
不當한 表示·廣告

부당한 표시·광고는 구체적으로 사업자의 규모·연혁·생산시설 기타의 내용 또는 상품이나 용역의 가격·수량·재료·성분·품질·규격·함량·원산지·제조원·제조방법·효능 기타의 내용이나 거래조건에 관하여 일정요건에 해당하는 내용을 표시·광고함으로써 소비자를 오인시킬 우려가 있는 행위를 말한다.

종류별로는 거짓 또는 과장의 표시·광고, 기만적인 표시·광고, 부당하게 비교하는 표시·광고, 비방적인 표시·광고가 있다. 이와 같은 부당한 표시·광고에 대해서는 「표시·광고의 공정화에 관한 법률」에 의해 규제되고 있다.

표시·광고의 공정화에 관한 법률
表示·廣告의 公正化에 관한 法律

상품 또는 용역에 관한 표시·광고를 할 때 소비자를 속이거나 소비자로 하여금 잘못 알게 하는 부당한 표시·광고를 방지하여 공정한 거래질서를 확립하고 소비자를 보호하기 위해 제정된 법이다. 이 법에서 "표시"란 사업자 또는 사업자단체가 상품 또는 용역에 관한 사항을 소비자에게 알리기 위하여 그 상품 등의 용기·포장(첨부물과 내용물을 포함한다), 사업장 등의 게시물 또는 상품권·회원권·분양권 등 상품 등에 관한 권리를 나타내는 증서에 쓰이거나 붙인 문자나 도형 및 상품의 특성을 나타내는 용기·포장을 말한다. 법에서는 ① 거짓·과장의 표시·광고, ② 기만적인 표시·광고, ③ 부당하게 비교하는 표시·광고, ④ 비방적인 표시·광고를 금지유형으로 들고 있다(제3조).

소비자기본법
消費者基本法

1960년대 미국을 비롯한 선진공업국가에서 제기된 '소비자보호' 문제를 입법으로 승화시킨 제도로서, 우리나라에서는 1980년 1월 4일에 제정(제정 당시 제명은 소비자보호법)하였다. 본법은 헌법 제124조를 직접적인 근거로 하여 소비자의 지위(소비자기본법 제2조 1호, 제4조)와 이를 보장하기 위한 사업자(같은 법 제3장제2절 참조)와 국가·지방자치단체의 책무(같은 법 제3장제1절 참조)를 규정하고 있으며, 아울러 위반 시의 제재조치(같은 법 제11장 참조) 등을 규정하고 있다.

경제법

다단계판매
多段階販賣

다단계판매란 전통적인 유통망인 도·소매단계를 거치지 않고 소비자들이 판매원이 되어 연쇄적인 소개로 시장을 넓혀가는 판매방식을 말한다. 특징으로는 판매업자가 재화 등을 판매하며 ① 판매업자에 속한 판매원이 특정인을 해당 판매원의 하위 판매원으로 가입하도록 권유하는 모집방식을 취하고, ② 이와 같은 판매원의 가입이 3단계 이상 단계적으로 이루어지며, ③ 판매원이 다른 판매원의 거래실적이나 조직관리 및 교육훈련 등과 관련한 후원수당을 지급받는 방식을 취한다는 점이 있다(방문판매 등에 관한 법률 제2조5호). 다단계판매는 국내에 도입된 이래 피라미드판매와 같은 방식으로 악용되어 피해자를 양산하기도 하였다. 이와 같은 이유로 「방문판매 등에 관한 법률」은 다단계판매에 대하여 엄격한 규정을 두고 있다. 다단계판매자는 소정의 서류를 갖추어 공정거래위원회 또는 시·도지사에게 등록하여야 한다. 자본금이 3억원 이상으로서 대통령령으로 정하는 규모[5억원(자본잠식이 있는 경우에는 그 금액을 제외하고, 법정준비금이 있는 경우에는 그 금액을 더한다)] 이상이어야 하고, 소비자피해보상보험계약 등을 체결하여야 한다(같은 법 제13조, 같은 법 시행령 제21조).

그러나 다단계판매의 정의가 지나치게 엄격하여 방문판매업체로 신고하고 실질적으로는 다단계판매 영업을 하는 이른바 신방문판매업체들에 의한 소비자 피해가 확산되고 있는바, 이러한 문제점을 시정하기 위하여 2012년 2월 17일 법률 제11324호로 「방문판매 등에 관한 법률」을 전부개정하면서 후원방문판매라는 개념을 신설하였다. 후원방문판매는 특정 판매원의 구매·판매 등의 실적이 그 직근 상위판매원 1인의 후원수당에만 영향을 미치는 후원수당 지급방식을 가진 경우를 말한다. 최근 법 개정으로 후원방문매의 방식에 방문뿐만 아니라 후원방문판매업자 등이 개설·운영하는 사이버몰을 통한 전자거래의 방법으로 소비자에게 판매하는 경우를 포함하고, 전자거래의 방법으로 재화 등을 판매하는 경우에는 소비자피해보상보험 체결 의무 등 다단계판매 방식에 적용되는 의무사항을 후원방문판매 방식에도 부과하고 있다(같은 법 제2조7호·제29조2항).

통신판매
通信販賣

우편·전기통신, 그 밖에 총리령으로 정하는 방법으로 재화 또는 용역(일정한 시설을 이용하거나 용역을 제공받을 수 있는 권리를 포함한다. 이하 같다)의 판매에 관한 정보를 제공하고 소비자의 청약을 받아 재화 또는 용역을 판매하는 것을 말한다. 다만, 「방문판매 등에 관한 법률」 제2조3호에 따른 전화권유판매는 통신판매의 범위에서 제외한다. 통신판매에 의한 거래는 「전자상거래 등에서의 소비자보호에 관한 법률」을 적용받는다.

경제법

지식재산권법

지식재산권법

저작권법

저작권법의 연혁
著作權法의 沿革

「저작권법」은 저작자의 권리와 이에 인접하는 권리를 보호하고 저작물의 공정한 이용을 도모함으로써 문화 및 관련 산업의 향상발전에 이바지함을 목적으로 한다(같은 법 제1조). 세계 최초의 저작권법은 1710년 영국의 앤여왕법(Statute of Anne)으로, 그 후 미국에서는 1790년에 연방저작권법이 제정되었고, 프랑스에서는 1791년 저작물의 공연권에 관한 법률과 1793년 저작물의 복제권에 관한 법률이, 그리고 독일에서는 1870년에 연방저작권법이 최초로 제정되었다. 우리의 경우 인쇄술 발명에 있어서 독일의 구텐베르크보다 훨씬 앞섰지만, 저작권에 대한 인식 부족으로 20세기 일본의 요청으로 비로소 1908년에 한국저작권령을 명치칙령(明治勅令) 제200호로 공포하여 구 일본저작권법을 그대로 사용하였고, 그 후 한일합방으로 조선총독부 제령(制令) 제1호로서 정식으로 일본저작권법을 채용하였다. 이후 정부수립 이후에도 일본저작권법을 계속 사용하여 오다가, 1957년 법률 제432호로 대한민국 최초의 저작권법이 제정되었다. 이후 과학기술의 발달과 사회·문화의 변동으로 여러 차례에 걸쳐 개정되었으며, 2009년 4월 22일 개정에서는 저작권 보호정책의 일관성 유지와 효율적인 집행을 도모하기 위하여 일반저작물 보호 등에 관한 「저작권법」과 컴퓨터프로그램저작물 보호 등에 관한 「컴퓨터프로그램 보호법」을 통합하는 한편, 온라인상의 불법복제를 효과적으로 근절하기 위하여 온라인서비스제공자 및 불법복제·전송자에 대한 규제를 강화하였고, 2011년 6월 30일 개정에서는 저작권 보호기간을 저작자 사후 50년에서 70년으로 연장하였다. 2013년 12월 30일 개정에서는 국가나 지방자치단체에서 업무상 작성한 저작물을 납세자인 국민들이 자유롭게 이용할 수 있도록 보장하였다. 2020년 2월 4일 개정에서는 온라인 등을 통한 다양한 교육 콘텐츠 제공이 가능하도록 교과용 도서에 게재된 공표된 저작물을 공중송신할 수 있는 근거를 마련하고, 진정한 저작권자의 권리를 보호할 수 있도록 등록 관련 제도와 절차를 정비하는 한편, 저작권과 관련한 분쟁을 신속·효율적으로 해결할 수 있도록 직권조정결정 제도를 도입하였다. 저작권법은 미국의 연방헌법 및 독일의 기본법과 함께 헌법 제21조(표현의 자유), 제22조(학문과 예술의 자유), 제23조(재산권 보장)에서 저작자의 창작활동을 적극적으로 보호하기 위한 기초를 두고 있다. 이러한 저작권제도에 대한 헌법규정의 배경은 개인이 노력하여 이익을 얻도록 자극하는 것이 저작자의 재능을 통하여 공중의 복지를 가져오는 최선의 방법이라는 경제적 측면과 문화기본법으로서 국가의 정신문화의 발전에 기여한다는 문화적 측면에서 찾을 수 있다.

세계지식재산권기구
世界知識財産權機構
World Intellectual Property Organization ; WIPO 세계

지식재산기구인 WIPO는 산업재산권에 관한 파리협약과 저작권에 관한 베른협약 등의 개정시 합의를 통하여 1967년 7월 14일 스웨덴 스톡홀름에서 세계적인 지식재산권 보호 촉진을 목적으로 설립된 기구이다. WIPO는 회원국 각국 간에 지식재산권 관련 법령을 주지시키고, 타 국제협정의 체결을 장려하며, 지식재산권에 관한 연구 및 홍보활동을 그 주된 임무로 한다. 우리나라는 1973년 참관자로 참석하였다가 1979년에 가입하였다. 본부는 스위스 제네바에 있다.

국제연합교육과학문화기구
國際聯合教育科學文化機構

United Nations Educational, Scientific and Cultural Organization ; UNESCO 두 차례의 세계 대전을 치르면서 인류의 정치·경제적 협력만으로는 지속적인 평화유지가 곤란하다는 자각에서 1946년 11월 16일 유네스코 헌장을 발효하여 교육·문화·과학에 관한 국제적 협력을 목적으로 설립되었다. 유네스코의 저작권 관련 활동을 살펴보면, '저작권 보호의 촉진과 보호 대상 저작물에 대한 개발도상국의 용이한 접근'이라는 상충적인 목적의 균형을 위해 1985년 제23차 회기에서는 '저작자의 정신적·물질적 이익의 효과적 보호를 제공하여 창작성의 자극과 함께 일반대중에게 광범위한 저작물을 보급하여 교육·과학·문화의 발전을 촉진하는 활동'을 결의한 바 있다. 아울러 UCC, 인접권 보호를 위한 로마협약, 음반협약, 위성협약, 마드리드협약을 수용하여 저작권 보호의 세계적 연계에 일익을 담당하고 있다.

트립스협정

Agreement on Trade — Related Aspects of Intellectual Property Rights ; TRIPs 1994년 4월 15일에 확정된 무역관련 지식재산권에 관한 협정인 트립스는 기존의 지식재산권 관련 협약을 하나로 수용하여 지식재산권의 국제화를 보다 강화하려는 데 그 목적이 있다. 그 단적인 예로 트립스는 각 해당 협정을 보다 강화할 수 있도록 하는 최저보호수준의 원칙과 외국인의 권리보호에 차별을 두지 않도록 하는 내국인대우 및 최혜국대우 원칙을 주요 원칙으로 한다. 그리고 저작권과 관련해서도 저작인격권을 제외하고 베른협약에 포함된 최소 범위의 규범을 적용하여야 한다고 규정하고 있다.

베른협약

Berne Convention for the Protection of Literary and Artistic Works 19세기 말 유럽의 출판계는 무단복제의 횡행으로 여러 문인들이 많은 고통을 겪고 있었다. 이에 프랑스 문호 빅토르 위고 등의 문인들은 저작권 보호를 위한 범유럽적 운동을 전개하여 1886년 9월 9일 마침내 세계 최초의 저작권 관련 다국적 협약인 베른협약을 체결하게 되었다. 주요 내용을 살펴보면, 저작물의 창작에 어떤 특별한 방식이나 절차를 요하지 않는다는 **무방식주의**, 일정한 경우를 제외하고는 모든 저작물에 소급하여 권리를 인정해주는 **소급보호주의**, 선진 외국저작물을 개발도상국이 일정한 요건하에 이용할 수 있도록 하는 특례 등과 더불어 저작자가 생존해 있는 동안과 사후 최소 50년간을 저작권의 권리보호기간으로 규정하였다.

세계저작권협약
世界著作權協約

Universal Copyright Convention ; UCC 1887년 베른협약의 성립 당시 미국은 자국의 저작권제도가 방식주의를 취한다는 이유로 무방식주의를 원칙으로 하는 베른협약의 가입을 거부하였다. 반면에 미국은 베른협약상의 동시발행의 원칙을 이용하여 베른동맹국에서 자국의 저작물이 보호를 받을 수 있도록 하였다. 이에 대한 국제적 비난의 자구책으로 유네스코를 앞세워 베른동맹국과의 교두보를 위해 1952년 스위스 제네바에서 UCC를 체결하고 1955년 발효하였다. 본 협약의 주요 내용으로는 저작물의 보호기간을 25년 이상으로 하고, 소급적용을 금지하며, 무방식주의 국가의 저작물에 대해서도 ⓒ 표시를 하면 방식주의의 국가에서 권리를 보호하도록 규정하고 있다.

저작자
著作者

author 저작물을 창작한 자(저작권법 제2조2호)를 말한다. 여기에는 원저작물의 작성자는 물론 **2차적 저작물**의 작성자(같은 법 제5조)도 포함하며, 자연인 개인은 물론 다수(**공동저작물**의 저작자 : 같은 법 제2조21호)나 법인(**업무상저작물**의 저작자 : 같은 법 제9조)도 포함된다. 그러나 교정 등을 행하는 보조자나 원고 내용의 잘못을 지적하는 감수자(監修者) 등은 저작자로 볼 수 없다. 또한 컴퓨터

는 저작물을 창작하는 저작자가 될 수 없는 바, 컴퓨터 창작물의 경우에는 프로그램을 만든 프로그래머가 저작자가 된다. 그리고 저작물의 내용이나 수준은 문제가 되지 않으므로 직업적인 예술가나 학자 등이 아니라도 저작행위만 있으면 누구든지 저작자가 될 수 있다. 따라서 법률상 제한능력자인 미성년자나 피성년후견인이라 하더라도 상관없다.

저작권자
著作權者
proprietor of copyright 저작권을 소유하는 권리의 귀속주체를 말한다. 이에는 저작자인 원시적 권리자와 저작권을 양도·상속받은 승계적 권리자로 구분된다. 원래는 전자와 같이 저작자가 곧 저작권자가 되나, 저작자가 저작권을 타인에게 양도하거나 상속하는 경우에는 저작자와 저작권자가 분리된다. 이러한 현상은 저작권의 재산적 가치가 날로 증대하는 현대사회에서 **저작권위탁업자** 등의 출현으로 그 유의성이 심화되고 있다.

저작자등의 추정
著作者등의 推定
법은 저작물에 저작자의 실명이나 예명·아호(雅號) 등의 이명(異名)으로 일반에 널리 알려진 경우에는 표시된 실명자 등을 저작자로 추정하고, 저작자 표시 없는 저작물의 경우에는 **발행** 또는 **공연**한 자를 적법한 권리자로 추정함을 규정하고 있다(저작권법 제8조). 이러한 입법의 취지는 저작자의 판정을 둘러싸고 분쟁이 발생한 경우 입증의 곤란을 완화하자는 데 있다.

저작행위
著作行爲
creating 사람의 감정이나 사상을 독창적으로 표현한 행위로서, 창작행위라고도 한다. 이러한 저작행위에는 크게 **독창성**(originality)과 **표현**(expression)을 주된 요건으로 한다. 일반적으로 무엇이 독창적이라 할 때에는 절대적이며 완전하게 무엇을 만들어낸다는 의미가 아니라, 선인(先人)의 문화적 유산을 바탕으로 하여 단순한 모방을 뛰어넘는 정도의 행위를 말한다. 한편, 여기서 말하는 표현이란 대외적으로 독창성을 인식할 수 있는 정도의 행위로

서, 반드시 유형적(有形的)·고정적(固定的)일 것을 요하지 않는다.

저작물
著作物
work of authorship 인간의 사상 또는 감정을 표현한 창작물(저작권법 제2조1호)로서, 창작성 내지 독창성이 있는 대외적 표현물을 말한다. 이러한 저작물은 크게 일반저작물과 특수저작물로 나누어지는 바, 전자에는 어문저작물·음악저작물·연극저작물·미술저작물·건축저작물·사진저작물·영상저작물·도형저작물·컴퓨터프로그램저작물 등이 있고(같은 법 제4조), 특수저작물에는 2차적 저작물(같은 법 제5조)·편집저작물(같은 법 제6조)·데이터베이스 등이 있다.

저작물의 성질에 따른 분류	일반 저작물	어문저작물, 음악저작물, 연극저작물, 미술저작물, 건축저작물, 사진저작물, 영상저작물, 도형저작물, 컴퓨터프로그램저작물
	특수 저작물	2차적 저작물, 편집저작물
	보호받지 못하는 저작물	
저작물의 주체에 따른 분류		단일저작물, 공동저작물, 단체명의저작물, 외국인저작물, 결합저작물

2차적 저작물
二次的 著作物
derivative works 기존의 원저작물을 번역·편곡·변형·각색·영상제작 그 밖의 방법으로 작성한 창작물을 말한다(저작권법 제5조1항). 예를 들면, 외국소설을 한국어로 번역하는 경우의 그 번역물, 소설을 영화로 만드는 경우의 그 영화는 각각 2차적 저작물이 된다. 한편, 2차적 저작물상의 권리는 원저작자의 동의를 얻어 원저작자의 권리를 해치지 아니하는 범위 내에서 2차적 저작물 그 자체에 대한 권리(**2차적 저작물작성권**)를 가진다(같은 법 제5조·제22조).

편집저작물
編輯著作物
compilation of works 이미 존재하는 저작물 또는 기타 자료 등을 수집·선정·배

열·조합 등의 행위를 통해 전체로서 하나의 저작물이 되도록 하는 것을 말하고, 이러한 편집저작물은 독자적인 저작물로 보호를 받을 수 있다(저작권법 제6조1항). 따라서 법령이나 전화번호와 같이 보호받지 못하는 자료를 배열하는 경우에도 그 행위에 창작성만 인정되면 저작권 보호를 받게 된다. 한편, 이러한 편집저작물의 보호는 그 편집저작물의 구성부분이 되는 저작물의 저작자의 권리에는 영향을 미치지 아니한다(같은 조 2항).

데이터베이스 Data Base

다종·다수의 정보를 체계적으로 통합·정리하여 컴퓨터에 의해서 검색할 수 있는 시스템을 말한다. 이러한 데이터베이스를 「저작권법」에서는 소재를 체계적으로 배열 또는 구성한 편집물로서 그 소재를 개별적으로 접근 또는 검색할 수 있도록 한 것을 편집저작물(저작권법 제2조19호)로 보고 있다. 이러한 데이터베이스는 작성작업 중에 창작적 행위를 한 자가 이에 대한 저작자가 되지만, 실제로는 데이터베이스가 기업이나 대학에서 작성되는 경우가 많으므로, 법인 등의 단체명의 저작에 의한 것이 대부분이다.

컴퓨터프로그램 Computer Program

특정한 결과를 얻기 위하여 컴퓨터 등 정보처리능력을 가진 장치 내에서 직접 또는 간접으로 사용되는 일련의 지시·명령으로 표현된 것으로(저작권법 제2조16호), 컴퓨터 소프트웨어(software)와 같은 의미이다. 컴퓨터프로그램은 「저작권법」이외에 따로 「컴퓨터프로그램 보호법」(1986년 12월 31일 제정)이 있었으나, 성격이 유사한 일반저작물과 컴퓨터프로그램저작물을 따로 규정하고 있어 정책 수립과 집행에 효율성이 떨어진다는 이유로 2009년 4월 22일에 폐지되고 「저작권법」으로 통합되었다.

공동저작물 共同著作物

joint works 책을 공저하는 경우와 같이 2명 이상이 공동으로 창작한 저작물로서 각자의 이바지한 부분을 분리하여 이용할 수 없는 단일한 저작물을 말한다(저작권법 제2조21호). 이러한 의미에서 영상저작물이나 업무상저작물(같은 법 제9조)도 공동저작물의 일종이라 볼 수 있다. 한편, 이와 비슷한 것으로 **결합저작물**(composite)이 있는데, 옴니버스 형식의 소설처럼 창작 자체에 관해서는 공동행위가 없고 분리해서 개별적으로 이용할 수 있는 저작물이다(일본 및 독일의 저작권법 참조). 이처럼 각자의 분담부분이 명확하게 분리되어 저작권도 각자의 분담부분에 대하여 개별적으로 발생하는 결합저작물의 결합관계는 일종의 조합관계로 이해된다.

업무상저작물 業務上著作物

works made for hire 법인 등의 업무에 종사하는 자가 사용자의 기획 하에 직무상 작성하여 법인 등의 단체명으로 공표되는 저작물로서, **직무저작물**이라고도 한다(저작권법 제9조). 이 경우 직무의 범위에 관해서 입법례가 다양한 바, 우리는 일본과 같이 고용관계가 있는 경우로 한정하여 범위를 좁게 해석함에 반해서, 미국의 경우 고용관계가 없는 위탁관계인 경우에도 직무저작을 인정하고 있다. 한편, 영국은 저작재산권과 저작인격권을 분리취급하여 저작재산권만이 사용자에게 귀속하도록 하고 있다.

보호받지 못하는 저작물

「저작권법」의 근본취지에는 저작권을 보호함으로써 국가적인 차원에서 문화의 향상과 발전을 도모하기 위한 공공적 성격도 강하게 내포하고 있는 바, 저작물의 성질로 보아 국민에게 널리 알려 이용하게 함으로써 훨씬 더 유익한 효과를 가져올 수 있는 것은 보호대상에서 제외하고 있다. 법은 이처럼 보호받지 못하는 저작물을 ① 헌법·법률·조약·명령·조례 및 규칙 ② 국가 또는 지방자치단체의 고시·공고·훈령 그 밖에 이와 유사한 것 ③ 법원의 판결·결정·명령 및 심판이나 행정심판절차 그 밖에 이와 유사한 절차에 의한 의결·

결정 ④ 위의 세 가지 사항에 해당하는 편집물 또는 번역물로서 국가 또는 지방자치단체가 작성한 것 ⑤ 사실의 전달에 불과한 시사보도(저작권법 제7조) 등의 다섯 가지로 예시하고 있다.

저작권
著作權
copyright 인간의 사상이나 감정을 창작적으로 표현한 저작물을 보호하기 위하여 그 저작자에게 부여한 권리로서, 어원(copyright) 그대로 복제(copy)를 할 수 있는 권리(right)의 합성어이다. 이에는 크게 재산권으로서의 성질(저작재산권)과 인격권으로서의 성질(저작인격권)을 함께 지니고 있으며, 원저작권과는 별도로 2차적저작권(저작권법 제5조) 및 저작인접권(같은 법 제64조 이하)을 법으로 보호하고 있다. 이러한 저작권이 권리로서 보호받기 위해서는 일정한 요건을 필요로 하는데, 저작자의 창의성이 반드시 외부로 표현될 것을 요한다. 따라서 표현되지 않은 저작자의 사상·학설·원칙 등의 아이디어 그 자체는 하나의 권리로서 보호받을 수 없다.

저작재산권
著作財産權
economic right 저작자가 자신의 저작물에 대해 갖는 재산적인 권리로서, 물권과 같은 지배권이고, 상속·양도가 가능하며, 채권으로서의 효력도 가지고 있다. 또한 저작자는 자신의 저작물에 대하여 배타적 이용권도 향유하나, 실제로는 자신이 직접 저작물을 이용하는 경우보다는 남에게 저작물을 이용하도록 허락하고 그 대가를 받는 경우가 일반적이다. 법에는 복제권, 공연권, 공중송신권, 전시권, 배포권, 대여권, 2차적저작물작성권 등을 명문으로 규정하고 있다(저작권법 제16조~제22조).

복제권
複製權
reproduction right 복제는 인쇄·사진촬영·복사·녹음·녹화 등의 방법으로 유형물, 즉 구체적으로 존재하는 물건 속에 저작물 등을 수록하는 행위를 말한다(저작권법 제2조22호). 건축물의 경우에는 그 건축을 위한 모형 또는 설계도면에 따라 이를 시공하는 것을 말하고, 각본·악보 그 밖에 이와 유사한 저작물의 경우에는 그 저작물의 공연·방송 또는 실연을 녹음하거나 녹화하는 것을 말한다. 그러므로 상연이나 연주 또는 방송 등의 무형적인 것은 복제의 대상이 아니다. 이러한 복제의 개념은 인쇄나 사진 또는 복사처럼 가시적(可視的)인 복제와 녹음 등의 재생가능한 복제로 분류되어, 베른협약에서는 위의 양자를 모두 복제의 개념으로 보지만(같은 협약 제9조3항), UCC에서는 재생가능한 것은 복제로 인정하지 않는다(세계저작권협약 제6조). 이처럼 배타적으로 복제할 수 있는 권리인 복제권은 저작권 중 가장 기본이 되는 권리로서, 저작물 전체뿐 아니라 그 일부에 대해서도 미친다. 또한 작성된 복제물의 수는 상관없으며, 특히 원저작물을 다시 제작함에 다소 수정을 가하였다 하더라도 저작물의 동일성을 유지하고 있는 한 동일성의 복제로 인정된다.

배포권
配布權
distribution right 배포는 저작물의 원본 또는 그 복제물을 공중에게 대가를 받거나 받지 않고 양도 또는 대여하는 것을 말하고(저작권법 제2조23호), 이러한 배포를 할 수 있는 권리를 배포권이라 한다. 오늘날 과학기술의 발달에 따라 저작물의 복제자와 배포자가 별개의 영역으로 분류되었고, 이에 따라 저작자 보호의 충실을 기하기 위하여 1986년 개정으로 배포권을 복제권과 별개의 권리로 인정하였다. 이처럼 배포권은 저작권자의 보호를 위해 복제권에서 유래된 권리로서 복제권의 범위를 제한하는 역할을 한다. 실제로 저작권자는 복제계약을 체결하는 경우 그 복제물의 판매지역 및 기간 등을 한정할 수 있다. 한편, 저작권자가 자신의 저작물의 복제물을 일단 판매 등의 방법으로 거래에 제공하면, 거래에 제공된 복제물의 유통에 대해서는 더 이상 지배권을 가지지 않는다는 소위 **최초판매이론**(first sale doctrine)이 있다. 우리 법은

저작물의 원작품이나 그 복제물이 배포권자의 허락을 받아 판매의 방법으로 거래에 제공된 경우에는 이를 계속하여 배포할 수 있다(지직권법 제20조)고 규정하여, 일단 판매되어 나간 복제물에 대해서는 저작권자의 배포권도 미치지 않는다고 해석한다.

공연권
公演權
public performance right 공연은 저작물을 공중에게 무형적으로 전파하는 방법으로, 법은 상연·연주·가창·구연·낭독·상영·재생 등을 예시하고 있다(저작권법 제2조3호). 이처럼 각본을 상연하거나, 음악을 연주하거나, 나아가 시나 소설을 낭독하여 일반공중에게 전달할 수 있는 권리를 공연권이라 한다. 저작물의 무형적 이용권인 공연권은 저작물의 유형적 이용에 한정되는 복제권과 함께 저작재산권에 포함된 권리의 2대 지주라 할 수 있다. 한편, 저작인접권의 일종인 **실연**은 저작물을 연기·상영·연주 등의 방법으로 표현하는 행위라는 점에서는 공연과 같다. 그러나 공연이 반드시 공중에게 공개하여야 하고, 간접적인 녹음이나 녹화물의 공개재생으로도 가능하며, 반드시 저작물을 동작에 의하여 표현할 것을 요건으로 하는 것에 비해, 실연은 비공개로도 무방하고 직접적인 행위만을 대상으로 하며, 저작물이 아닌 것을 예능적으로 표현하는 곡예나 마술 등도 포함된다는 점에 차이가 있다.

전시권
展示權
display right 회화·조각·응용미술작품과 같은 미술저작물뿐만 아니라 건축·사진 등의 저작물을 일반공중이 관람할 수 있도록 이들에게 전시하는 권리로서, 저작자는 미술저작물 등의 원작품이나 그 복제물을 전시할 권리를 가진다(저작권법 제19조). 예를 들어, 미술가가 자기가 창작한 미술저작물의 원작품을 매각한 경우, 매수인은 그에 대한 소유권을 취득하지만, 전시권을 포함한 저작권은 그대로 매도인인 미술가에게 남게 된다. 그러므로 매수인이 자기가 소유하는 미술품을

공중에 전시하는 경우에는 저작재산권이 미치게 되어, 소유권의 행사에 대한 큰 제약을 받게 된다. 이에 대해서 법은 전시권에 대한 제약을 가하여 미술작품의 원작품을 가지고 있는 소유자나 그의 동의를 얻은 자는 그 작품을 전시할 수 있지만, 그 저작물의 복제물을 만들어 전시할 수 없음을 규정하고 있다(같은 법 제5조2항).

방송권
放送權
broadcast right 방송은 일반공중에게 송신할 목적으로 음성 또는 영상 등을 송신하는 것으로, 차단되지 아니한 동일구역 안에서 단순히 음을 증폭 송신하는 경우는 제외된다(저작권법 제2조8호). 1910년대에 음성전달로 시작된 방송은 1927년 영국의 법원에서 '저작물의 방송은 공연의 한 형태로 저작자의 지배를 받는다'고 판시한 바 있다. 한편, 저작자의 방송권과는 별도로 실연자는 그의 실연에 관하여 방송권을 가지며(같은 법 제73조), 방송사업자도 복제 및 동시중계방송권을 가진다(같은 법 제84조·제85조).

대여권
貸與權
rental right 저작물이나 그 복제물을 일반대중에게 빌려주는 권리로서, 우루과이라운드 등 대여권을 인정하는 세계적 추세에 따라 1994년 음반에 관해서 저작자·실연자 및 음반제작자에게 대여권을 인정하도록 규정하고 있다(저작권법 제21조·제71조·제80조). 그러나 실제로 대여가 더 활성화된 영상물에 대해서는 그 대상에서 제외되었다.

저작인격권
著作人格權
moral right 저작자가 자신의 저작물에 대해 갖는 정신적·인격적 이익을 법률로써 보호받을 수 있는 권리로서, 저작자의 일신(一身)에 전속(專屬)한다(**일신전속성**)(저작권법 제14조). 이는 크게 공표권, 성명표시권, 동일성유지권으로 분류된다(같은 법 제11조~제13조).

공표권
公表權

right of disclosure 저작인격권의 하나로서, 저작물을 일반공중에게 공개할 수 있는 권리이다. 즉, 공표 여부와 공표의 방법 및 시기를 결정하는 것을 그 구체적 내용으로 한다(저작권법 제11조1항). 저작물의 이용과 공표권은 밀접한 관계가 있다. 예컨대, 저작물의 이용을 위해서 권리의 양도나 이용허락을 받은 경우 공표는 필수적이다. 따라서 법은 저작물에 대하여 이용허락과 공표의 허락을 이중으로 받아야 하는 불합리를 제거하기 위해 다음 네 가지 경우에 공표동의의 추정 및 공표간주 규정을 두고 있다. 첫째, 저작자가 공표되지 아니한 저작물의 저작재산권을 양도하거나 저작물의 이용허락을 한 경우에는 그 상대방에게 저작물의 공표를 동의한 것으로 추정하고(같은 조 2항), 둘째, 저작자가 공표되지 아니한 미술저작물·건축저작물 또는 사진저작물의 원본을 양도한 경우에는 그 상대방에게 저작물의 원본의 전시방법에 의한 공표를 동의한 것으로 추정하고(같은 조 3항), 셋째, 원저작자의 동의를 얻어 작성된 2차적 저작물 또는 편집저작물이 공표된 경우에는 그 원저작물도 공표된 것으로 간주하며(같은 조 4항), 넷째, 공표하지 아니한 저작물을 저작자가 도서관 등에 기증한 경우 별도의 의사를 표시하지 아니하면 공표에 동의한 것으로 추정한다(같은 조 5항).

성명표시권
姓名表示權

right of paternity 저작물의 원본이나 그 복제물 또는 저작물의 공표에 있어서 그의 실명 또는 이명의 표시 여부 및 표시방법을 결정하는 권리를 말한다(저작권법 제12조1항). 저작물에 저작자명을 표시하는 것은 그 내용에 대한 책임과 평가의 귀속을 명확히 한다는 데 그 의미가 있다. 이러한 성명표시권으로 인하여 저작물을 이용하는 자는 그 저작자의 특별한 의사표시가 없는 때에는 저작자가 그의 실명 또는 이명을 표시한 바에 따라 이를 표시하여야 한다(같은 조 2항).

동일성유지권
同一性維持權

right of integrety 저작자의 저작물의 내용·형식 및 제호의 동일성을 유지할 권리를 말한다(저작권법 제13조1항). 인격의 발로로서의 저작물을 저작자만이 고칠 수 있도록 함에 그 의의가 있다. 한편, 본질적인 부분 이외의 변경에 대해서는 그 예외를 인정하고 있는 바, 첫째, 교육 목적을 위한 변경(같은 조 2항1호), 둘째, 생활의 편의상 건축의 증축·개축 등 변형(같은 항 2호), 셋째, 특정 컴퓨터 외에는 이용 불가한 프로그램을 다른 컴퓨터에서도 이용할 수 있도록 하기 위한 변경(같은 항 3호), 넷째, 특정 컴퓨터에 보다 효과적으로 이용하기 위한 프로그램의 변경(같은 항 4호), 그 밖에 저작물의 성질이나 그 이용의 목적 등에 비추어 부득이하다고 인정되는 범위 안에서의 변경(같은 항 5호)에 대해서는 동일성유지권을 주장할 수 없다.

출판권
出版權

저작물을 인쇄 그 밖에 이와 유사한 방법으로 문서 또는 도화로 발행하는 것을 말한다(저작권법 제63조1항). 이러한 출판행위를 목적으로 하는 출판권은 저작권자의 출판권 설정행위(계약)에 의해서 출판자에게 부여되는 독점적·배타적 권리로서, 준물권적 성질을 갖는다. 즉 출판권을 설정하지 않고 단지 허락만 해준다거나 위임 기타「민법」상의 채권계약에 의하여 출판을 할 수도 있으나, 출판권의 설정계약은 **준물권계약**으로서 물권적 효력이 준용된다. 한편, 출판권은「저작권법」상 독립된 지위(제2장제7절의2에서 따로 규정)를 가졌는데 이는 이중출판 등의 속출로 인한 혼란 억제, 거래질서의 확립 및 문화 발전의 기여를 위한 것이다. 이러한 출판권은 저작권에 대한 일종의 **용익권**으로서의 지위를 갖는다. 출판권은 특약이 없는 한 맨 처음 출판한 날로부터 3년의 존속기간을 가지며(저작권법 제59조1항 본문), 저작권자의 동의 없이 이를 양도하거나 질권을 설정할 수 없다(같은 법 제62조1항).

저작인접권
著作隣接權

neighbouring right 저작권을 전제로 하여 이와 별개의 독립된 저작물의 내용을 일반공중에게 전달하는 매체로서의 실연·음반·방송에 대해서 원저작물에 준하는 일종의 정신적 가치를 인정·보호하기 위해 그 행위자인 실연자·음반제작자·방송사업자에게 주어지는 권리를 말한다(저작권법 제3장). 저작권법은 영상물제작자에 관해서 따로 장을 두어 규정하고 있는데(같은 법 제5장), 이는 영상물제작자를 저작인접권의 범위에서 제외하자는 것이 아니라 영상저작물의 중요성을 감안하여 따로 특례조항을 마련한 것으로 해석하여야 한다. 이러한 저작인접권은 저작권과의 관계에 있어서 별개의 독립한 권리이므로 저작권을 행사함에 있어서 저작인접권으로 인한 방해를 받지 않는다(같은 법 제65조).

실연자의 권리
實演者의 權利

performer's right 실연은 저작물을 연기·낭송·노래·춤 또는 상영 등의 행위로 표현하는 것을 말하며, 실연자는 이러한 실연에 대한 권리의 주체로서, 실연을 행한 배우·무용가·연주가·가수는 물론 악단의 지휘자·연출자 및 스텝진 등 실연자를 지도하거나 조력하는 자도 포함된다. 실연자에게 주어지는 권리(저작권법 제3장제2절)는 크게 자신의 실연을 녹음·녹화할 수 있는 복제권(같은 법 제69조), 녹음된 판매용 음반의 방송권(같은 법 제73조) 및 음반의 대여권(같은 법 제71조) 등이 있는데, 이는 저작권자의 권리와 비교하여 살펴볼 필요가 있다. 첫째, 실연자의 복제권 및 방송권은 일반저작권자의 그것과 달리 실연자가 직접 행한 실연 그 자체를 방송·녹음·녹화하는 것에만 한정될 뿐, 그것과 유사한 다른 실연을 방송·녹음·녹화하는 것에는 권리가 미치지 않는다. 이 경우 실연자의 허락 없이 실연이 녹음된 판매용 음반을 방송에 사용할 경우 방송사업자는 실연자에게 상당한 보상을 하여야 한다(같은 법 제75조). 둘째, 실연자의 음반대여권의 경우 저작권자의 배포권과는 별도로 실연이 녹음된 판매용 음반을 영리목적으로 대여하려는 자는 실연자의 허락을 얻어야 하는데, 여기서 '대여를 허락할 권리'는 '보상을 받을 권리'로, '대여료'는 '보상금'으로 본다.

음반제작자의 권리
音盤製作者의 權利

phonograms producer's right 음반은 음(音)을 비롯한 실연상의 소리를 오로지 청각적으로 유형물에 고정한 것으로, 시각적인 영상과 함께 고정된 것은 제외한다(저작권법 제2조5호). 여기서 고정(固定)이란 이러한 음(音) 등을 음반 등의 유형물에 수록하는 행위를 말하는데, 음을 음반에 고정하는 데 있어 전체적으로 기획하고 책임을 지는 자가 음반제작자이다(같은 조 6호). 음반제작자의 권리(같은 법 제3장제3절)에는 음반의 복제권·배포권(같은 법 제78조·제79조)과 대여권·전송권(같은 법 제80조·제81조)이 있으며, 실연자의 경우와 같이 판매용 음반을 방송에 사용할 경우에는 그 보상료(사용료)를 청구할 수 있다(같은 법 제82조).

방송사업자의 권리
放送事業者의 權利

broadcasting organization's right 방송에 대한 권리의 주체로서 방송을 업으로 하는 자(저작권법 제2조9호)인 방송사업자는 방송을 위한 녹음·녹화 등의 방법에 의한 복제권과 동시중계방송권, 공연권을 가진다(같은 법 제84조·제85조·제85조의2). 여기서 동시중계방송이란 어떤 방송사업자가 행하는 방송을 다른 방송사업자가 수신하여 동시에 중계하는 재방송형태를 말하는 것으로, 동시중계방송권이란 자기 방송사에서 행하는 방송에 대하여 다른 방송업자가 동시중계방송을 할 수 있도록 허락하거나 허락 없이 행하는 동시중계방송을 금지시킬 수 있는 권리를 말한다.

지식재산권법

영상제작자의 권리
映像製作者의 權利

motion pictures pro-ducer's right 영상저작물은 연속적인 영상(음의 수반 여부는 가리지 아니함)이 수록된 창작물로서 그 영상을 기계 또는 전자장치에 의하여 재생하여 볼 수 있거나 보고 들을 수 있는 것(저작권법 제2조13호)으로, 이것의 가장 고전적인 형태는 이야기 구조를 지닌 영화이지만 그 밖에 비디오테이프나 텔레비전용 필름 등의 시청각저작물도 이에 해당한다. 이러한 영상저작물의 제작자는 영상물의 기획에서부터 제작이 완료되기까지 모든 것을 책임지는 자로서(같은 조 14호), 영상저작물의 저작재산권자가 된다. 한편, 영화 등 영상저작물은 일반적으로 종합적인 저작물이므로 저작권의 주체가 모호해질 수 있어, 「저작권법」은 따로 특례조항(제5장)을 두어 합리적 해석이 가능하도록 하고 있다. 이를 요약하면, 영상저작물의 연출·촬영·미술·음악 등을 담당한 자들이 영상제작자의 요청에 응하여 영상제작에 참여하기로 약정한 이상, 그들이 갖는 저작권은 영화의 완성과 동시에 영상제작자에게 귀속된다. 아울러 배우 등 실연자의 녹음 및 녹화 또는 실연방송과 관련한 일체의 권리 역시 영상제작자에게 양도되는 것으로 해석된다. 그러나 영상저작물의 제작에 사용된 소설이나 시나리오 또는 미술이나 음악저작물 등의 독립적인 저작재산권까지 영상제작자에게 양도되는 것은 아니다.

저작권의 양도·행사
著作權의 讓渡·行使

모든 저작권은 인격권으로서의 성질 이외에 재산권으로서의 성질을 가지므로, 권리의 양도 및 담보권(질권)의 설정이 가능하다. 권리의 양도에 있어서는 전부는 물론 일부의 양도도 가능한데, 이는 위에서 열거한 저작재산권이 각각 별개의 독립된 권리로 기능할 수 있음을 의미한다. 단, 특약이 없는 한 2차적 저작물 및 편집저작물까지 포함하여 양도할 수 없다. 다만, 프로그램의 경우는 특약이 없으면 2차적 저작물 작성권도 함께 양도된 것으로 본다(저작권법 제45조). 그리고 출판권의 양도 등에 있어서는 복제권자의 동의를 요한다(같은 법 제62조, 제63조의2). 한편, 질권의 행사를 위하여서는 해당 저작재산권자가 받을 대가 등을 미리 압류하여야 한다(같은 법 제47조).

저작권의 등록
著作權의 登錄

registration 등록이란 저작물의 명세(明細) 또는 저작자의 권리에 관한 계약을 국가의 공부(公簿)에 기재하는 것을 말한다. 이러한 등록은 국가에 따라 권리의 성립요건, 효력요건, 절차상 요건으로 기능하는데, 베른협약이나 UCC 등의 국제협약에 따르면 권리의 향유와 행사에 있어서 등록을 요하지 않는 무방식주의를 채택하고 있고, 우리 「저작권법」도 이를 따르고 있다(같은 법 제10조2항). 다만, 저작권과 관련하여 등록을 하게 되면 일반대중이 등록대장을 열람할 수 있으므로 공시적 효과를 기대함(같은 법 제53조)과 동시에 일정한 사항에 있어서는 거래의 안전을 위해 제3자에게 대항하기 위한 요건이 될 수 있도록 하였다(같은 법 제54조).

저작권의 존속기간
著作權의 存續期間

「저작권법」상 권리의 보호기간은 한정되어 있는데(단, 저작인격권은 제외), 이는 법으로 권리 보호기간을 확정하여 창작에 대한 인센티브를 통해 문화발전에 기여한다는 측면과 저작권의 문화적 공익으로서의 측면을 고려하여 저작권자 소수의 권리향유기간을 제한하여 모두가 문화적 수혜를 누리도록 하는 것도 중요하다는 점에 그 의의가 있다. 이러한 저작권은 저작자의 생존 여부가 명확하고 공표된 것에 한해서 그 저작자의 생존기간 및 사망 후 70년 동안 보호를 받는다(저작권법 제39조1항)고 하여 사망시 기산주의를 원칙으로 한다. 이는 저작물은 공표 등을 통해서 널리 알려진 상태에서만 권리의 행사 및 침해의 우려가 생겨서 보호할 가치가 있기 때문이다. 또한 저작자가 누구인지 알 수 없는 무명 또는 이명저작물의 경우에도 공표 시 기산주의를 적용하여 그 저작물이 공표된 때부터 70년간 존속한다. 다만, 이 기간 내에 저작자가 사망한 지 70년이 경과하였다고 인정할 만한 정당한 사유가 발생한 경우에는 저작자 사망 후 70년이 지났다고 인정되는 때에 소멸한 것으로 본다(같은 법 제40조1항). 그리고 공동저작물의 경우에는 마지막으로 사망한 저작자의 사후 70년간 보호하고(같은 법 제39조2항), 업무상저작물의 경우에는 공표한 때부터 70년을 원칙으로 하나, 창작 이후 50년 이내에 공표되지 않은 경우에는 창작한 때부터 70년간 존속한다(같은 법 제41조). 한편, 저작권은 위의 권리보호기간의 경과 이외에 저작재산권자가 상속인 없이 사망하거나 저작재산권자인 법인 또는 단체가 해산하여 「민법」 기타 법률의 규정에 의해서 국가에 귀속될 때 소멸한다(저작권법 제49조).

공정사용
公正使用

fair use 저작재산권 역시 하나의 사권(私權)으로서 일정한 경우 공익적인 차원에서 그 제한이 불가피한데, 「저작권법」은 저작자의 개인적 이익과 사회의 공공적 이익을 조화시키기 위해 일정한 범위 안에서 저작재산권의 제한, 즉 저작물의 자유이용을 허용하고 있다(같은 법 제2장제4절제2관). 따라서 「저작권법」에서 규정하는 저작재산권의 제한사유에 해당되는 경우에는 법이 정하는 조건에 따라 저작재산권자의 허락 없이도 저작물을 자유롭게 이용할 수 있는데, 이를 공정사용이라 한다. 우리 법에서 예시하는 제한사유로는 재판·입법·행정절차상 이용, 정치적 연설 등의 이용, 공공저작물 이용, 학교교육 목적 등에의 이용, 시사보도를 위한 이용, 시사적인 기사 및 논설의 복제, 공표된 저작물의 인용, 비영리를 목적으로 하는 공연·방송, 사적이용을 위한 복제, 도서관 등에서의 복제, 시험문제를 위한 복제, 시각장애인 및 청각장애인 등을 위한 복제, 방송사업자의 일시적 녹음·녹화, 미술저작물 등의 전시 또는 복제, 저작물 이용과정에서의 일시적 복제, 부수적 복제, 문화시설에 의한 복제, 저작물의 공정한 이용, 번역 등의 이용을 규정하고 있으며, 일정한 경우 저작물의 출처를 명시할 것을 요건으로 한다. 단, 이러한 공정사용을 함에 있어서도 저작인격권을 침해하여서는 안 된다.

저작권위탁관리
著作權委託管理

저작권자의 권리를 대리하거나 이용을 중개하거나 또는 신탁을 받아 자신의 명의로 행사하게 함으로써 저작권자에게는 자신의 저작물의 이용을 일일이 허락하는 번거로움을 덜어주는 동시에 권리보호의 효율화를 기하며, 이용자에게는 그 저작물의 이용허락을 쉽게 받을 수 있게 이용의 편의를 가져오는 **집중관리제도**의 한 형태를 말한다. 이러한 저작권신탁관리업은 대통령령으로 정하는 바에 따라 문화체육관광부장관의 허가를 받아야 한다(저작권법 제105조1항).

저작권심의조정제도
著作權審議調整制度

저작권에 있어서 복잡·다양한 이해관계는 소액의 경우가 대부분이어서 소송으로 분쟁을 해결하기에는 금전적·시간적 부담이 너무 크므로 소송 외의 방법으로 해결하기 위한 제도를 말한다. 「저작권법」은 **한국저작권위원회**를 두어 분쟁 당사자 간에 중재 및 조정·화해를 통해 문제를 해결한다(저작권법 제8장). 본 위원회의 기능은 크게 심의기능과 조정기능으로 구분되는데, 특히 후자의 경우 위원회가 내린 조정결정은 조정결과 당사자 간에 합의가 성립하거나 직권조정결정에 대하여 이의신청이 없는 경우 법원에서 내린 재판상의 화해와 같은 효력을 갖는다. 다만, 당사자가 임의로 처분할 수 없는 사항에 관한 것은 그러하지 아니하다(같은 법 제117조5항). 분쟁조정업무를 효율적으로 수행하기 위하여 한국저작권위원회에 3명의 위원으로 구성된 조정부를 두는데, 그 중 1명은 변호사의 자격이 있어야 한다. 그러나 조정신청 금액이 500만 원 이하인 사건에 대하여는 위원회의 위원장이 지정하는 1명의 위원이 조정 업무를 수행할 수 있다(같은 법 제114조 및 같은 법 시행령 제60조).

저작권 침해에 대한 구제
著作權 侵害에 대한 救濟

저작재산권의 침해와 저작인격권의 침해로 양분되어 그 구제방안으로 행정적 구제와 민사적 구제 및 형사적 구제로 나누어 살펴볼 수 있다. 먼저 행정적 구제방안으로는 저작권위원회의 조정·중재를 들 수 있고, 민사적 구제방안(저작권법 제9장)으로 침해행위정지청구권, 손해배상청구권, 명예회복청구권이 있다. 여기서 정지청구권의 경우「민법」상의 불법행위요건과는 달리 행위자에게 아무런 과실이 없는 경우라도 주장할 수 있다(무과실책임주의). 한편, 형사적 구제방안으로「저작권법」은 따로 벌칙조항을 두어(같은 법 제11장) 권리침해죄, 부정발행 등의 죄, 출처명시위반 등의 죄를 명시하고 있다. 이러한「저작권법」상의 범죄와 벌칙규정은 양벌규정으로서 해당 법인 이외에 그 개인에게도 책임을 물을 수 있으며, 같은 법 제140조 각 호의 경우를 제외하고는 범죄의 피해자나 고소인의 고소가 있어야 공소를 제기할 수 있는 친고죄이다. 아울러 이러한 형사상 구제는 권리침해 구제방안으로서의 성격보다 국가기관의 제재조치로서 제도적 의의가 크다 하겠다.

[저작권의 보호 및 구제제도]

사전적 권리 보호제도	저작권 집중관리제도
사후적 권리 구제제도	행정적 구제제도 : 저작권심의 조정제도
	민사상 구제제도 : 침해행위정지청구권, 손해배상청구권, 명예회복청구권
	형사상 제재제도(벌칙조항) : 권리침해죄, 부정발행 등의 죄, 출처명시위반 등의 죄

산업재산권법
産業財産權法

산업재산권을 규율하는 법률의 총칭으로서 통상적으로「특허법」·「실용신안법」·「디자인보호법」·「상표법」의 4법을 말한다. 입법례로서는 스페인과 포르투갈 등과 같이 통일법전을 가진 나라도 있으나, 우리나라를 비롯하여 대부분의 나라에서는 산업재산권에 관한 법령을 총괄하여 산업재산권법이라고 지칭하고 있으며「민법」·「상법」·「형법」등과 같이 단일화된 통일법전이 있는 것은 아니다. 산업재산권법은 공법인 동시에 사법인 성질을 가지고 있다. 과거에는 법을 일반적으로 공법(公法)과 사법(私法)으로 구별하고 있었으나, 현재는 공법·사법을 명확히 구별하는 것은 곤란하다. 더욱이 사회법(예 : 노동법·경제법·사회보장법 등)의 출현으로 이러한 구별은 그 실익적인 면에서 무의미하게 되었다.「특허법」·「실용신안법」·「디자인보호법」및「상표법」의 내용을 검토하여보면 출원(出願)·심사(審査)·심판(審判)·재심(再審) 등과 같이 관청의 구성 또는 국가기관에 대한 절차에 관한 규정이 있고, 가벌형(可罰刑)에 관한 규정이 있어 국민의 공적 생활에 관한 것이므로 공법에 속한다고 하겠으나, 다른 한편으로는 특허권(特許權)·실용신안권(實用新案權)·디자인권·상표권(商標權)의 발생·내용·이전·소멸 등과 같이 권리의 실체 또는 개인 간의 계약관계에 관한 규정이 있어, 이 규정의 대부분은 국민의 사적 경제생활(私的經濟生活)에 관한 규정이어서 사법에 속한다. 그러므로 산업재산권법도 공사혼합법이라고 할 수 있을 것이다. 산업재산권법은 또 실체법과 절차법으로 되어 있다.「특허법」중의 권리능력, 특허를 받는 권리·특허권의 효력과 등록의 효과 등에 관한 규정 등은 실체법으로 기능한다. 또「특허법」중 특허출원·출원심사의 청구·특허 이의신청·심사청구 등에 관한 규정은 절차법의 기능을 한다. 산업재산권의 성질을 간략하게 설명하면 다음과 같다. ① 기술적 성질을 가지고 있다. ② 공업재산권적 성질을 가지고 있다. ③ 산업정책적 성질을 가지고 있다. ④ 국제적 성질을 가지고 있다.

산업재산권
産業財産權

좁은 의미로 특허권, 실용신안권, 디자인권, 상표권의 4권리만을 말한다. **공업소유권**(工業所有權)이라고도 하며 이 용어는 Propriete industrielle를 번역한 말인데, 이 용어는 포괄하는 내용 및 권리의 법적 성격과 관련하여 현격한 차이가 있으므로 1990년 1월부터 Industrial(영)·Propriete Industrielte(프)은 "산업재산권"으로, Intellectual Property(영)·Propriete Intellectvel(프)는 "지적소유권"으로 호칭하기로 했다. 「공업소유권의 보호를 위한 파리협약」 제1조(2)에서 이 권리의 보호는 특허, 실용신안, 디자인, 상표, 서비스마크, 상호, 원산지표시 또는 원산지명칭 및 부정경쟁의 방지에 관한 것으로 한다고 규정하고, 같은 조 (3)에서는 공업소유권의 용어는 최광의로 해석하는 것으로 하고 본래의 공업·상업뿐 아니라 농업 및 채취산업의 분야 및 제조 또는 천연의 모든 산품(예 : 포도주, 곡물, 연초의 잎, 과실, 가축, 광물, 광수, 맥주, 꽃, 곡분)에 관하여도 사용된다고 규정하고 있다. 우리나라에서는 이 용어를 위와 같은 넓은 의미로 사용하지 아니하고 특허권, 실용신안권, 디자인권, 상표권만을 지칭하는 용어로 사용한다. 이 권리에 저작권을 포함시켜서 **무체재산권**(無體財産權) 또는 **지식재산권**(知識財産權)이라고 하는 용어가 사용되고 있다.

무체재산권
無體財産權

소유권이나 전세권과 같이 권리의 객체가 동산이나 부동산과 같이 일정한 형태가 있는 것이 아니라, 무형인 사상의 산물을 권리객체로 하여 이를 배타적으로 지배할 수 있는 권리를 말한다. 따라서 무체소유권(無體所有權) 또는 무체물권(無體物權)이라고 할 수 있다. 무체재산권에는 발명권·실용신안권·디자인권·상표권 등의 공업소유권과 저작권을 들 수 있으며, 이들을 보호·규율하는 법으로는 「특허법」·「실용신안법」·「디자인보호법」·「상표법」·「저작권법」 등이 있다.

특허권
特許權

Patent 특허권자라는 특정인이 특허발명에 관하여 갖는 독점적·배타적인 지배권을 말한다. 특허권이 성립하기 위해서는 특허권설정이라고 하는 국가행위를 필요로 한다. 특허권설정이라고 하는 국가행위의 성질에 관하여는 학설이 두 가지로 나누어진다. **은혜주의설**(또는 **창설적 행위설**)과 **권리주의설**(또는 **확인적 행위설**)이 그것이다. 은혜주의설에 의하면 특허권은 절대권이며 일정기간 어느 누구에 대하여도 그 효력을 주장할 수 있고 이와 같은 일반인의 자유를 제한할 수 있는 권리는 오직 국가만이 부여할 수 있으며, 특허권은 국가가 발명자에 대하여 은혜로서 부여하는 것이라고 한다. 권리주의설에 의하면 발명자는 발명을 하는 동시에 권리를 취득하고, 국가는 발명자의 요구에 의하여 이 권리를 확인하고 보호할 책임이 있고 이 확인으로 인하여 생긴 것이 특허권이라고 한다. 따라서 특허권은 발명자가 당연히 요구할 수 있는 것이며, 국가는 그 자의에 의하여 허부를 결정할 수 있는 것이 아니라고 한다. 우리나라 「특허법」은 국방상 필요할 때는 공용수용 또는 소멸 등의 은혜주의라고 볼 수 있는 규정(같은 법 제41조2항)을 두고 있으므로 은혜주의를 채택하고 있는 동시에 권리주의도 채택하고 있다고 말할 수 있다. 예컨대 우리나라 「특허법」은 산업상 이용할 수 있는 새로운 것이며 진보성이 있고 또한 불특정사유에 해당하지 않는 발명을 한 자는 특허를 받을 권리를 향유하며 국가에 대하여 특허를 출원할 수 있기 때문에 그 출원이 적법하면 특허를 부여해야 한다는 사상

에 입각하고 있다. 이 경우 특허권의 설정은 어디까지나 특허를 받을 권리를 확인하는 국가가 행하는 행위이기 때문에 국가의 임의처분은 아니지만 법의 구속행위(拘束行爲)라고 볼 수 있다.

[특허법·실용신안법·디자인보호법·상표법 비교]

	특 허	실용신안	디자인	상 표
출원공개	있음	있음	있음	없음
등록공고	있음	있음	있음	있음
이의신청	없음	없음	있음	있음
대 상	발명	고안	디자인	상표
존속기간	20년	10년	20년	10년

발명
發明

자연법칙을 이용한 기술적 사상의 창작으로서 고도한 것을 말한다 (특허법 제2조1호). ① 발명이란 자연법칙을 이용한 것이어야 한다. 즉 자연법칙을 이용하지 않은 단순한 두뇌의 산물 및 자연법칙에 반하는 것은 발명이라고 말할 수 없다. 따라서 암호작성방법, 상품의 판매방법 및 소프트웨어 등은 발명성이 없다. ② 발명은 기술적 사상의 창작이어야 한다. 발명은 자연법칙의 이용에 기초를 둔 일정한 기술에 관한 창작적인 사상인데 그 창작된 기술내용은 그 기술분야에서 통상의 지식·경험을 가지고 있는 자라면 누구든지 이것을 반복실시하여 그 목적으로 하는 기술효과를 올릴 수 있는 정도까지 구체화되고 객관화된 것이어야 한다. 발명은 창작이어야 하므로 새로운 것을 만들어내는 것이 필요하다. 따라서 이미 존재하고 있었던 것을 찾아내는 발견과는 다르다. 즉 **발견**이란 자연법칙 자체의 인식이다. 다만, 발명과 발견은 밀접한 관계를 가지고 있다(용도발명). ③ 발명은 창작 중에서 고도의 것이어야 한다. 고안(考案)은 자연법칙을 이용한 기술적 사상의 창작을 말하며 (실용신안법 제2조1호) 고도성이 요구되지 않으나, 발명은 고도성이 요구되고 있다. 결국 고도성의 유무는 발명과 고안의 차이를 나타낸다.

발명자
發明者

사실상의 발명을 한 자를 말한다. 형식적으로 불리우는 발명자는 보호의 대상이 되지 않는다. 먼저 발명을 함에 있어서는 그 자에게 발명능력이 있음을 필요로 한다. 발명구성의 지적능력이 없는 자는 발명자의 자격을 얻지 못한다. 발명행위는 말할 나위도 없이 사실행위(事實行爲)이며 법률행위가 아니다. 그러므로 사무처리능력이 없는 자, 즉 제한능력자도 할 수 있다. 그러나 제한능력자가 한 발명은 단독으로 특허청구(特許請求)를 할 수 없다. 특허청구를 하는 것은 법률행위가 되므로 법정대리인을 정하고 이 자에 의하여 대리시켜야 한다(특허법 제3조).

특허요건
特許要件

특허를 받을 수 있는 요건을 말한다. 특허를 받기 위해서는 발명이라는 것 이외에 적극적 요건으로서 산업상의 이용성(利用性)·신규성(新規性)·진보성(進步性)의 구비(특허법 제29조) 및 이전에 출원공개된 타 출원자의 명세서와 동일하지 않을 것(같은 조 3항), 소극적 요건으로서 불특허사유(不特許事由)에 해당되지 아니할 것(같은 법 제32조)을 요한다. 좀 더 자세히 살펴보자면 첫째, 산업상 이용할 수 있는 발명이 아니면 특허를 받을 수 없다(같은 법 제29조1항). 산업상 이용할 수 있는 발명이란 산업경영 중에 이용·실시할 수 있는 발명이어야 하고, 학술적 또는 실험적으로만 이용되는 발명에 지나지 않는 것은 「특허법」에서 보호되지 않는다. 둘째, 신규성이 필요한데, 이에 관하여는 별도로 설명한다. 셋째, 진보성이 필요하다. 즉 특허출원 전에 해당 발명에 속하는 기술분야에서 통상의 지식을 가진 자가 「특허법」 제29조1항 각 호의 발명에 의하여 용이하게 발명할 수 있는 것일 때에는 특허를 받을 수 없다. 통상의 지식을 가진 자가 용이하게 생각해낼 수 있는 발명은 기술의 진보에 도움이 되지 않을 뿐만 아니라, 배타성을 인정할 경우 타인의 산업활동을 방해하게 되기 때문이다. 넷째, 특허출원한 발명이 그 특허출원일 전에 출원된 특허출원이고 그 특허출원 후 출원공개되거나 등록공고된 특허출원일 경우 다른 특허출원의 출원서에 최초로 첨부된 명세서 또는 도면에 기재된 발명과 동일한 경우에 그 발명은 특허를 받을 수 없으며, 그 특허출원의 발명자와 다른 특허출원의 발명자가 같거나 그 특허출원을 출원한 때의 출원인과 다른 특허출원의 출원인이 같은 경우에는 그러하지 아니하다(같은 법 제29조3항). 또한 공공의 질서 또는 선량한 풍속에 어긋나거나 공중의 위생을 해칠 우려가 있는 발명에 대해서는 제29조1항에도 불구하고 특허를 받을 수 없다(같은 법 제32조).

신규성
新規性

출원(出願)의 발명이 출원 시에 공지·공용되지 않은 것을 말한다. 특허를 받기 위해서는 출원의 발명이 출원 시에 공지·공용되지 아니하였음을 필요로 한다. 즉 ① 특허출원 전에 국내 또는 국외에서 공지된 발명(공지) ② 특허출원 전에 국내 또는 국외에서 공연히 실시된 발명(공용) ③ 특허출원 전에 국내 또는 국외에서 반포된 간행물에 게재된 발명(간행물 기재) ④ 전기통신회선을 통하여 공중이 이용 가능하게 된 발명은 특허를 받을 수 없다(특허법 제29조1항2호). 여기에서 **공지**(公知)란 불특정 다수인이 알 수 있는 상태를 말하며 실제로 제3자가 알았거나 알지 못하였나를 불문한다. 즉 일단 공개된 상태를 말한다. **간행물**은 공개를 목적으로 하여 인쇄 기타 기계적 방법으로 복제된 문서, 도서 등을 말하며, 손으로 직접 쓴 글씨나 탄산지(炭酸紙) 등으로 복사한 깃은 포함되지 아니한다. **반포**(頒布)는 공중이 볼 수 있는 상태에 놓이는 것을 말하고 현실로 열람하였다는 사실을 필요로 하지 않는다.

출원
出願

특허를 받기 위하여 특허를 받을 권리를 가진 자 또는 그 승계인이 소정의 특허출원서를 작성하여 특허청장에게 제출하는 것을 말한다. 위의 특허출원서에는 ① 특허출원인의 성명 및 주소(법인인 경우에는 그 명칭 및 영업소의 소재지) ② 특허출원인의 대리인이 있는 경우에는 그 대리인의 성명 및 주소나 영업소의 소재지〔대리인이 특허법인·특허법인(유한)인 경우에는 그 명칭, 사무소의 소재지 및 지정된 변리사의 성명〕③ 발명의 명칭 ④ 발명자의 성명 및 주소를 기재하여야 한다(특허법 제42조1항). 그리고 특허출원서에는 발명의 설명·청구범위를 적은 명세서와 필요한 도면 및 요약서를 첨부하여야 한다(같은 조 2항). 발명의 설명은 발명의 상세한 기술문헌으로서의 역할을 하는 부분이므로 해당 발명이 속하는 기술분야에서 통상의 지식을 가진 사람이 그 발명을 쉽게 실시할 수 있도록 명확하고 상세하게 적어야 하고, 그 발명의 배경이 되는 기술을 적어야 한다(같은 조 3항). 발명의 목적에는 그 발명이 해결하려고 하는 문제점, 산업상의 이용분야 등을 종래의 기술과 관련해서 기재한다. 발명의 구성에는 발명의 목적의 항에 기재한 문제점을 해결하기 위하여 어떤 수단을 강구하였는가를 그 작용과 함께 기재하고, 필요한 경우에는 실시례(實施例)를 기재한다. 발명의 효과에는 그 발명으로 인하여 생긴 특유한 효과를 될 수 있는 한 구체적으로 기재한다. 특허청구의 범위는 출원인(出願人)이 특허를 청구하는 범위이며, 등록 후에는 특허권의 침해에 대한 방어의 범위이다. 특허청구의 범위에는 보호받으려는 사항을 적은 항이 하나 이상 있어야 하며, 그 항은 발명의 설명에 의하여 뒷받침되고 발명이 명확하고 간결하게 적혀 있어야 한다(같은 법 제42조4항). 청구범위에는 보호받으려는 사항을 명확히 할 수 있도록 발명을 특정하는 데 필요하다고 인정되는 구조·방법·기능·물질 또는 이들의 결합관계

등을 적어야 하며(같은 법 제42조6항), 청구범위의 기재방법에 관하여 필요한 사항은 대통령령으로 정하고(같은 법 제42조8항), 발명의 설명, 도면 및 요약서의 기재방법 등에 관하여 필요한 사항은 산업통상자원부령으로 정한다(같은 법 제42조9항). 특허출원일은 명세서 및 필요한 도면을 첨부한 특허출원서가 특허청장에게 도달한 날로 하며, 이 경우 명세서에 청구범위는 적지 않을 수 있으나, 발명의 설명은 적어야 한다(같은 법 제42조의2). 특허출원인이 명세서 및 도면(도면 중 설명부분에 한정한다)을 국어가 아닌 산업통상자원부령으로 정하는 언어로 적겠다는 취지를 특허출원을 할 때 특허출원서에 적은 경우에는 그 언어로 적을 수 있다(같은 법 제42조의3). 이 특허청구의 범위 기재에는 발명의 구성에 없어서는 안 될 사항 중 보호를 받고자 하는 사항을 독립특허청구(獨立特許請求)의 범위(**독립항**이라 한다)로서 기재하고, 그 독립항을 기술적으로 한정하고 구체화하는 사항을 종속특허청구(從屬特許請求)의 범위(**종속항**이라 한다)로서 기재한다. 다만, 필요한 때에는 그 종속항을 기술적으로 한정하고 구체화하는 다른 종속항을 기재할 수 있다(같은 법 시행령 제5조1항). 또 특허출원은 하나의 발명마다 하나의 특허출원으로 하며, 하나의 총괄적 발명의 개념을 형성하는 일 군(群)의 발명에 대하여 하나의 특허출원으로 할 수 있다(같은 법 제45조1항).

다항제
多項制

하나의 발명에 대하여 복수항의 특허청구의 범위를 기재하여 특허출원할 수 있는 제도를 말한다. 하나의 특허청구의 범위의 기재밖에 인정되지 않는 **단항제**(單項制)에 대응하는 용어이다. 주요한 선진국에서는 종래부터 다항제를 채택하고 있는데, 우리나라에서도 특허청구의 범위에는 보호받으려는 사항을 적은 항(**청구항**이라 한다)이 하나 이상 있어야 하며, 그 청구항은 발명의 설명에 의하여 뒷받침될 것

과 발명이 명확하고 간결하게 적혀 있을 것의 요건을 모두 충족하여야 한다고 하였다(특허법 제42조4항).

선원주의와 선발명주의
先願主義와 先發明主義

선원주의란 동일발명을 2인 이상의 자가 개별적으로 완성한 때 특허출원시를 표준으로 하여 가장 먼저 출원한 자에게 특허를 부여하는 주의를 말한다. 이에 반해 선발명주의란, 발명의 완성시를 표준으로 하여 먼저 발명을 완성한 자에게 특허를 부여하는 주의를 말한다. 미국에서는 선발명주의를 채택하고 있으나, 우리나라에서는 선원주의를 채택하고 있다. 같은 발명에 대하여 다른 날에 특허출원이 있는 경우에는 가장 먼저 한 출원인만이 특허를 받을 수 있다(특허법 제36조1항). 또 같은 날에 둘 이상의 특허출원이 있는 경우에는 특허출원인 간에 협의하여 정한 하나의 출원인만이 특허를 받고, 협의가 성립되지 아니하거나 협의를 할 수 없을 경우에는 어느 출원인도 특허를 받을 수 없다(같은 조 2항). 위의 선후원관계(先後願關係)는 특허출원(特許出願)과 실용신안출원(實用新案出願)과의 사이에서도 적용된다(같은 조 3항, 실용신안법 제7조3항). 선원주의의 예외로는 ① 출원을 분할한 경우(특허법 제52조) ② 특허출원의 일부를 새로운 특허출원으로 분리한 경우(같은 법 제52조의2) ③ 출원을 변경한 경우(같은 법 제53조) ④ 조약 또는 법률에 의한 우선권 주장의 출원이 행하여진 경우(같은 법 제54조·제55조) 등이 있다.

요지불변경의 원칙
要旨不變更의 原則

출원에 있어서 원서에 첨부한 명세서 또는 도면은 출원 후 보충정정할 수 있으나, 요지변경은 허용되지 않는 원칙을 말한다. 만약 자유롭게 요지의 변경을 허용하면 출원 시에 아직 완성되지 아니한 발명까지도 추가포함될 염려가 있고 선원주의(先願主義)의 원칙은 무시

되어 마침내는 수습할 수 없는 사태가 발생할 수 있다. 명세서 등의 보정과 요지변경과의 관계는「특허법」제47조에 규정하고 있는데 출원 시의 명세서 등에 기재한 범위 내에서의 청구범위의 증감변경(增減變更)은 요지변경(要旨變更)이 아니라고 되어 있다.

심사
審査

특허청의 심사관이 특허출원 및 특허이의신청(特許異議申請)을 심의하여 사정(査定)하는 것을 말한다(특허법 제57조1항). 심사에는 **방식심사**(方式審査)와 **실체심사**(實體審査)가 있고, 실체심사는 심사청구가 있을 때에만 이를 심사한다(같은 법 제59조1항). 출원을 하면 먼저 방식심사를 하고 큰 하자가 있는 경우에는 불수리처분(不受理處分)을 하게 되나, 보정이 가능한 경우에는 수리된다. 절차에 모자람이 있는 경우에는 특허청장은 **보정명령**(補正命令)을 할 수 있다(같은 법 제46조).

출원심사청구제도
出願審査請求制度

기술의 고도화, 복잡화 및 출원증가 등에 따라 심사가 지연되어 특허제도 본래의 기능이 저해되는 경우에 심사대상의 감소를 도모하고 심사 촉진을 도모하는 제도를 말한다. 누구든지 특허출원에 대하여 특허출원일부터 3년 이내에 특허청장에게 출원심사를 청구할 수 있다(특허법 제59조2항). 따라서 출원인뿐만 아니라 제3자도 심사청구를 할 수 있다. 특허청장은 출원공개 전에 출원심사의 청구가 있으면 출원공개 시에, 출원공개 후에 출원심사의 청구가 있으면 지체 없이 그 취지를 특허공보에 게재하고(같은 법 제60조2항), 특허출원인이 아닌 자로부터 출원심사의 청구가 있으면 그 취지를 특허출원인에게 알려야 한다(같은 조 3항). 심사청구가 있으면 심사청구의 순위에 따라 실질적 요건의 심사를 하게 된다.「특허법」제59조2항 또는 3항에 따라 출원심사를 할 수 있는 기간에 출원심사의 청구가 없으면 그 특허출원은 취하한 것으로 본다(같은 법 제59조5항).

출원공개
出願公開

출원된 발명이 출원일(특허법 제64조1항 각 호의 해당일)로부터 1년 6개월이 지난 후 또는 그 전이라도 특허출원인이 신청한 경우(**조기공개 신청**)에는 산업통상자원부령으로 출원내용을 공개하는 것을 말한다(같은 법 제64조1항). 출원공개에 의하여 특허출원을 한 발명의 내용이 공개되기 때문에 제3자에 의하여 공개된 내용이 무단으로 실시되지 않도록 출원인을 보호하여야 한다. 다만, 출원공개는 실체심사(實體審査)와 관계없이 행하는 것이므로 제3자의 이익도 고려하여야 한다. 그래서 공개된 출원에 대하여 확대된 범위를 가진 선원(先願)으로서의 지위(같은 법 제29조3항) 및 보상금청구권을 인정하여 이를 보호하고(같은 법 제65조), 우선심사제도(優先審査制度)를 인정하고 있다(같은 법 제61조, 같은 법 시행령 제9조). 보상금의 청구를 하려면 특허출원한 발명의 내용을 서면으로 제시하여 경고하여야 한다. 보상금은 그 발명을 업으로서 실시한 자에 대하여 통상 받을 수 있는 금액이다. 보상금청구권의 행사는 해당 특허출원에 대한 특허권의 설정등록이 있은 후로 하고 있다(같은 법 제65조3항).

우선심사
優先審査

특허청장은 출원공개 후 특허출원인이 아닌 자가 업으로서 특허출원된 발명을 실시하고 있다고 인정되거나, 긴급처리가 필요하다고 인정하는 특허출원에 관하여는 대통령령이 정하는 바에 의하여 심사관에게 다른 특허출원에 우선하여 심사하게 할 수 있다.

우선심사의 대상으로 할 수 있는 특허출원은 다음과 같다. ① 방위산업분야의 특허출원 ② 녹색기술[기후변화 대응 기술, 에너지 이용 효율화 기술, 청정생산기술, 신·재생에너지 기술, 자원순환 및 친환경 기술(관련 융합기술 포함) 등 사회·경제활동의 전 과정에 걸쳐 화석에너지의 사용을 대체하고 에너지와 자원을 효율적으로 사용하여 탄소중립을 이루고 녹색성장을 촉진하기 위한 기술]과 직접 관련된 특허출원 ③ 인공지능 또는 사물인터넷 등 4차 산업혁명과 관련된 기술을 활용한 특허출원 ④ 반도체 등 국민경제 및 국가경쟁력 강화에 중요한 첨단기술과 관련된 특허출원(특허청장이 우선심사의 구체적인 대상과 신청 기간을 정하여 공고하는 특허출원 한정) ⑤ 수출촉진에 직접 관련된 특허출원 ⑥ 국가 또는 지방자치단체의 직무에 관한 특허출원 ⑦ 벤처기업의 확인을 받은 기업의 특허출원 ⑧ 기술혁신형 중소기업으로 선정된 기업의 특허출원 ⑨ 직무발명보상 우수기업으로 선정된 기업의 특허출원 ⑩ 지식재산 경영인증을 받은 중소기업의 특허출원 ⑪ 국가연구개발사업의 결과물에 관한 특허출원 ⑫ 조약에 의한 우선권 주장의 기초가 되는 특허출원(해당 특허출원을 기초로 하는 우선권 주장에 의하여 외국특허청에서 특허에 관한 절차가 진행 중인 것) ⑬ 특허청이 「특허협력조약」에 따른 국제조사기관으로서 국제조사를 수행한 국제특허출원 ⑭ 특허출원인이 특허출원된 발명을 실시하고 있거나 실시준비 중인 특허출원 ⑮ 특허청장이 외국특허청장과 우선심사하기로 합의한 특허출원 ⑯ 우선심사의 신청을 하려는 자가 특허출원된 발명에 관하여 조사·분류 전문기관 중 특허청장이 정하여 고시한 전문기관에 선행기술의 조사를 의뢰한 경우로서 그 조사결과를 특허청장에게 통지하도록 해당 전문기관에 요청한 특허출원 ⑰ 65세 이상인 사람, 건강에 중대한 이상이 있어 우선심사를 받지 않으면 특허결정 또는 특허거절결정까지 특허에 관한 절차를 밟을 수 없을 것으로 예상되는 사람이 한 특허출원(특허법 제61조, 같은 법 시행령 제9조)

특허료
特許料

특허권설정의 등록을 받고자 하는 자 또는 특허권자가 산업통상자원부령으로 정하는 바에 의하여 내야 하는 요금을 말한다(특허법 제79조). 이 특허료의 납부에는 예외가 있다. 예를 들어 국가에 속하는 특허권 또는 특허출원에 관한 수수료 또는 특허료는 납부하지 않아도 좋다(같은 법 제83조1항1호). 특허에 관한 이해관계인은 특허료를 대납할 수 있게 되어 있고(같은 법 제80조1항), 특허료의 납부절차 등에 관하여 필요한 사항은 산업통상자원부령으로 정한다(같은 법 제79조3항). 특허권 설정의 등록을 받으려는 자 또는 특허권자는 특허료 납부기간이 지난 후 6개월 이내에 특허료를 추가로 낼 수 있다. 이 경우에는 특허료의 2배의 범위에서 산업통상자원부령으로 정하는 금액을 납부하게 되어 있다. 위의 추가납부기간에 특허료를 내지 아니한 경우에는 특허권설정의 등록을 받으려는 자의 특허출원은 포기한 것으로 보며, 특허권자의 특허권은 납부된 특허료에 해당되는 기간이 끝나는 날의 다음 날로 소급하여 소멸된 것으로 본다(같은 법 제81조).

납부한 자의 청구에 의하여 반환하는 특허료 및 수수료는 다음과 같다(같은 법 제84조1항).
· 특허료 및 수수료가 잘못 납부된 경우
· 특허취소결정이나 특허를 무효로 한다는 심결이 확정된 해의 다음 해부터의 특허료 해당분
· 특허권의 존속기간의 연장등록을 무효로 한다는 심결이 확정된 해의 다음 해부터의 특허료 해당분
· 특허출원(분할출원, 분리출원, 변경출원 및 우선심사의 신청을 한 특허출원은 제외한다) 후 1개월 이내에 그 특허출원을 취하하거나 포기한 경우에 이미 낸 수수료 중 특허출원료 및 특허출원의 우선권 주장 신청료
· 출원심사의 청구를 한 이후 ① 같은 발명에 대하여 같은 날 특허출원이 있는 경우 협의 결과 신고 명령 ② 거절이유통지 ③ 특허결정의 등본 송달 중 어느 하나가 있기 전까지 특허출원을 취하하거나 포기한 경우 이미 낸 심사청구료
· 출원심사 청구 이후 ① 특허출원인들 간에 협의결과신고명령 후 신고기간 만료 전 또는 ② 거절이유통지 후 의견서 제출 전까지

특허출원을 취하하거나 포기한 경우 이미 낸 심사청구료의 3분의 1에 해당하는 금액

- 특허권을 포기한 해의 다음 해부터의 특허료 해당분
- 특허거절결정 또는 특허권의 존속기간의 연장등록거절결정이 취소된 경우에 이미 낸 수수료 중 심판청구료(재심의 경우에는 재심청구료)
- 심판청구가 각하되고 그 결정이 확정된 경우에 이미 낸 심판청구료의 2분의 1에 해당하는 금액
- 심리의 종결을 통지받기 전까지 참가신청을 취하한 경우에 이미 낸 수수료 중 참가신청료의 2분의 1에 해당하는 금액
- 참가신청이 결정으로 거부된 경우에 이미 낸 수수료 중 참가신청료의 2분의 1에 해당하는 금액
- 심리의 종결을 통지받기 전까지 심판청구를 취하한 경우에 이미 낸 수수료 중 심판청구료의 2분의 1에 해당하는 금액

특허권의 취득과 효력
特許權의 取得과 效力

특허권은 설정등록에 의하여 발생하고(특허법 제87조1항), 특허권자가 업으로서 특허발명을 실시할 권리를 독점하는 것을 말한다(같은 법 제94조). 특허권의 존속기간은 특허권을 설정등록한 날부터 특허출원일 후 20년이 되는 날까지로 한다(같은 법 제88조). 타인이 정당한 권한 없이 특허발명에 관한 같은 법 제127조(침해로 보는 행위)의 행위를 하는 때에는 특허권의 침해가 되어 특허권자는 그 행위의 금지 또는 예방청구(같은 법 제126조1항), 부당이득반환청구(민법 제741조), 손해배상청구(특허법 제128조) 등을 할 수 있다.

실시권
實施權

계약·행정청의 처분 또는 법률의 규정에 의하여 타인에게 특허권자의 소유에 속하는 특허발명을 일정한 목적에 이용시키는 것을 내용으로 하는 권리를 말한다. 특허발명을 업으로서 실시하는 권리를 가진 자는 특허권자이지만, 「특허법」은 일정한 경우에 특허권자 이외의 자에게도 해당 특허발명을 업으로서 실시할 수 있는 권리, 즉 실시권을 인정하고 있다. 실시권은 법적 성질 및 효력에 의하여 전용실시권과 통상실시권으로 분류할 수 있고, 발생원인에 의하여 특허권자의 허락에 의한 허락실시권(許諾實施權), 법률상 당연히 발생하는 법정실시권 및 행정청의 처분에 의한 강제실시권으로 분류할 수 있다.

① **전용실시권**(專用實施權) : 특허권자는 그 특허권에 대하여 전용실시권을 설정할 수 있다. 이 설정행위로 정한 범위에서 전용실시권자는 그 특허발명을 업으로서 실시할 권리를 독점한다. 즉 전용실시권은 설정행위로 정하여진 범위 내에서 업으로서 타인의 특허발명을 독점적·배타적으로 실시할 수 있는 권리이다(특허법 제100조).

② **통상실시권**(通常實施權)

1. 허락실시권(許諾實施權)은 특허권자가 그 특허발명의 실시를 허락하는 의사표시를 하고 상대방이 이를 승낙함으로써 발생한다. 특허권자는 특허권에 대하여 타인에게 통상실시권을 허락할 수 있고(특허법 제102조1항), 전용실시권자도 특허권자의 동의를 받아야만 통상실시권을 허락할 수 있다(같은 법 제100조4항). 등록은 효력발생요건이 아니다. 통상실시권자는 「특허법」에 의하여 또는 설정행위로 정한 범위에서 그 특허발명을 업으로서 실시할 권리를 가지며(같은 법 제102조2항), 독점적·배타적으로 실시할 수 있는 것이 아니다. 따라서 전용실시권이 물권인 데 반하여, 통상실시권은 채권이라고 해석되고 있다. 통상실시권의 침해에 대하여 금지(또는 예방) 및 손해배상의 청구권을 인정하는지의 여부에 관하여는 견해가 갈라져 있다.

2. 법정실시권(法定實施權)은 법률의 규정(같은 법 제103조~제105조·제182조·제183조)에 의하여 당연히 발생하고 특허권자의 의사에 관계없이 발생하는 통상실시권이다.

3. 강제실시권(强制實施權)은 전시·사변 또는 이에 준하는 비상시에 국방상 필요한 경우나 공공의 이익을 위하여 비상업적으로 실시

할 필요가 있을 경우에는 특허권자의 허락 없이 강제로 특허를 사용하거나 정부 외의 자로 하여금 특허를 사용하게 할 수 있는 권리이다(같은 법 제106조, 제106조의2).

권리침해
權利侵害
특허권 또는 전용실시권에 대한 침해를 말한다. 특허권은 배타적·지배권적 성질을 가지고 있으므로 정당한 권한 없이 타인의 특허발명을 실시하는 것은 특허권을 침해하게 된다. 또 전용실시권은 설정행위로 정하여진 범위 내에서 업으로서 타인의 특허발명을 독점적·배타적으로 실시할 수 있는 권리이므로 이 설정행위의 범위 내에서 제3자가 정당한 권한 없이 특허발명을 실시하는 것은 전용실시권을 침해하게 된다.

특허취소신청
特許取消申請
기존 「특허법」에서는 특허권의 설정등록일부터 등록공고일 후 3개월 이내에는 누구든지 특허무효심판을 청구할 수 있도록 하여 특허요건을 구비하지 못한 특허를 조기에 무효로 할 수 있도록 했으나 특허무효심판절차가 복잡하여 활용도가 적은 문제점이 있었다. 이와 같은 문제를 해결하기 위해 2016년 2월 29일 법률 제14035호로 「특허법」을 개정하면서 특허취소신청 제도를 도입했다(같은 법 제6장의2). 이에 따라 누구든지 하자가 있는 특허에 대하여 선행기술정보에 기초한 특허취소사유를 특허심판원에 제공하면 심판관이 해당 특허의 취소 여부를 신속하게 결정하도록 함으로써 특허 검증을 강화했다.

심판
審判
특허의 무효나 특허청구 거부 결과 등에 대한 위법·부당성을 심사하는 절차를 말한다. 「특허법」은 특허·실용신안에 관한 취소신청, 특허·실용신안·디자인 및 상표에 관한 심사결과와 재심 및 이에 관한 조사·연구에 관한 사무를 관장하게 하기 위하여 특허청장 소속하에 특허심판원을 두고 있다. 그중에서 특허심판은 3명 또는 5명의 심판관으로 구성되는 합의체가 한다(특허법 제146조). 심판의 성질에 관하여는 행정처분이라고 하는 설과 사법재판이라고 하는 설로 갈라져 있는데, 통설은 행정기관으로서의 특허청이 행하는 행정처분이라고 해석하고 있다. 심판에는 다음의 종류가 있다. ① 특허의 무효심판(제133조) ② 특허권 존속기간의 연장등록의 무효심판(제134조) ③ 권리범위 확인심판(제135조) ④ 정정심판(제136조) ⑤ 정정의 무효심판(제137조) ⑥ 통상실시권 허락의 심판(제138조) ⑦ 공동심판(共同審判)(제139조)이 있다. 기타 부수적인 것으로 제척 또는 기피 신청에 관한 심판, 참가의 신청 및 결정의 심판 등이 있다.

재심
再審
확정된 특허취소결정 또는 확정된 심결에 대하여 중대한 심판절차의 하자 또는 심결에 불공정이 있는 경우 재심판을 청구하는 제도를 말한다(특허법 제178조1항). 일단 확정된 심결은 법적 안정의 견지에서 이것을 다툴 수 없다고 하는 것이 바람직하지만, 전적으로 불복청구의 길을 막아버리는 것은 구체적 타당성의 요청에 반한다. 따라서 심판절차에 중대한 하자 등이 있는 경우나 공모 등에 의한 사해 목적의 심결에 대하여는 제한적으로 재심의 청구를 인정할 필요가 있다(같은 법 제179조). 재심의 사유에 관하여는 같은 법 제178조2항에 의하여 「민사소송법」제451조·제453조(재심사유)의 규정이 준용되므로 같은 법 소정의 사유 이외의 사항을 사유로 하여 청구하는 것은 허용되지 아니한다. 재심의 청구권자는 당사자 심판의 당사자이고(특허법 제178조1항) 이 밖에 공모 등에 의한 사해 심결에 대한 불복청구에 있어서는 제3자이며, 이 자는 그 청구인 및 피청구인을 공동피청구인(共同被請求人)으로 하여 재심을 청구할 수 있다(같은 법 제179조). 재심은 당사자가 특허취소결정 또는 심결확정 후 재심사유를 안 날부터 30일 이내에 청구하여야 하며, 대리권의 흠을 이유로 재심을 청구하는 경우에는 이 기간은 청구인 또는 법정대리인이 특허취소결정등본 또는 심결등본의 송달에 의하여 특허취소결정 또는 심결이 있는 것을 안 날의 다음 날부터 기산한다. 또 특허취소결정 또는 재심은 심결확정 후 3년이 지나면 이를 청구할 수 없으며, 재심사유가 특허취소결정 또는 심결확정 후에 생긴 때에는 이 기간은 그 사유가 발생한 날의 다음 날부터 계산한다(같은 법 제180조). 특허취소결정 또는 심판에 대한 재심의 절차에 관하여는 그 성질에 반하지 아니하는 범위에서 특허취소신청 또는 심판의 절차에 관한 규정을 준용한다(같은 법 제184조). 그리고 심리는 재심청구이유(再審請求理由)의 범위 내에서 하여야 하며, 재심의 이유는 변경할 수 있다(특허법 제185조, 민사소송법 제459조1항). 또 재심의 사유가 있는 경우에도 심결을 정당하다고 인정한 때에는 심판기관은 재심의 청구를 기각하여야 한다(민사소송법 제460조).

실용신안권 물품이나 물품의 형상, 구
實用新案權 조를 자연법칙을 이용하여 기술적으로 창작하는 고안을 보호의 객체로 하는 권리를 말한다. 특히 고안은 현재에 이미 존재하는 물품을 응용하여 창조된 사상이란 점에서 전혀 새로운 물품을 만들어내는 발명과는 차이가 있다. 여기에서 물품이란 거래의 대상으로 되어 운반가능한 것이고, 물품의 형상이란 물품의 외관적 형태를 의미하고 입체적인 것도 평면적인 것도 포함된다. 물품의 구조란 물품의 기계적 구조이고, 물품의 조합이란 2개 이상의 물품을 관련적으로 합체하여 1개의 물품으로 사용가치가 생기는 경우를 말한다고 되어 있다.

산업상 이용할 수 있는 물품의 형상·구조 또는 조합에 관한 고안은 ① 실용신안등록출원 전에 국내 또는 국외에서 공지되었거나 공연히 실시된 고안 ② 실용신안등록출원 전에 국내 또는 국외에서 반포된 간행물에 게재되거나 전기통신회선을 통하여 공중이 이용할 수 있는 고안이 아닌 경우에는 실용신안의 등록을 받을 수 있다(실용신안법 제4조1항).

다만, 실용신안등록출원 전에 그 고안이 속하는 기술분야에서 통상의 지식을 가진 사람이 법 제4조1항 각 호의 어느 하나에 해당하는 고안에 의하여 극히 쉽게 고안할 수 있으면 그 고안은 실용신안등록을 받을 수 없다(같은 법 제4조2항). 또 국기 또는 훈장과 동일하거나 유사한 고안, 공공의 질서 또는 선량한 풍속에 어긋나거나 공중의 위생을 해칠 우려가 있는 고안은 등록을 할 수 없다(같은 법 제6조).

실용신안권은 실용신안등록원부에 설정등록을 함으로써 발생한다(같은 법 제21조1항). 실용신안권자는 그 등록실용신안의 물건을 업으로 실시할 권리를 독점하며(같은 법 제23조), 자기의 실용신안권의 침해에 대하여 금지(또는 예방) 및 손해배상의 청구권을 행사할 수 있다. 실용신안권의 존속기간은 실용신안권의 설정등록을 한 날부터 실용신안등록출원일 후 10년이 되는 날까지로 한다(같은 법 제22조1항).

디자인권 물건의 외관에 대한 창작인 디자인을 보호객체로 하는 권리이다. 특히 「디자인보호법」에서 디자인[design, Geschmacksmuster(독)]이란 물품의 형상·모양·색채 또는 이들을 결합한 것으로서 시각을 통하여 미감을 일으키게 하는 것을 말한다(디자인보호법 제2조1호). 여기에서 말하는 물품이란 거래의 대상으로 되어 운반가능한 것이다. 물품의 부분 및 글자체 및 화상(畵像)을 포함한다. 형상(形狀)이란 실용신안에서와 같이 외관적 형태이며 평면적인 것도 입체적인 것도 다 포함된다. 모양(模樣)이란 장식용 형상이며 평면적으로 표시된 점, 선(線) 또는 상(象) 등의 집합이고, 색채를 수반하는 것이 많고 부조모양(浮彫模樣)과 같이 요철로써 하는 것도 있다. 색채란 1종 이상의 색상으로 채색된 것을 가리킨다. 결합이란 여기에서 설명한 형상, 모양, 색채의 전부 또는 2 이상의 동일물품에 관하여 동시에 표현되는 경우를 말한다.

① 디자인의 등록요건 : 디자인이 등록되기 위해서는 그 디자인이 신규이고, 또한 고안으로서 진보성이 있고, 공업상 이용할 수 있는 것임을 요한다(같은 법 제33조). 「디자인보호법」에서는 「특허법」, 「실용신안법」에서 요구하는 산업상의 이용가능성(특허법 제29조1항, 실용신안법 제4조1항)보다 더 좁은 개념인 공업상의 이용가능성을 요건으로 하고 있다. 공업상의 이용가능성이란 공업적으로 양산할 수 있다는 의미이다.

② 등록을 받는 권리와 등록권리자 : 디자인의 등록을 받는 권리의 본질은 특허, 실용신안의 등록을 받는 권리와 거의 같다. 디자인등록을 받는 권리자는 창작을 한 자, 그 승계인, 직무창작의 권리귀속자(權利歸屬者)이다. 외국인의 디자인에 대하여도 특허발명 및 실용신안등록의 경우와 같이 권리능력을 인정하고 있다(디자인보호법 제27조, 특허법 제25조, 실용신안법 제3조). 디자인권은 설정의 등록에 의하여 발생하고(디자인보호법 제90조), 디자인권자는 업으로서 등록디자인 또는 이와 유사한 디자인을 실시할 권리를 독점한다(같은 법 제92조). 또 디자인권의 존속기간은 디자인권설정의 등록일로부터 20년으로 한다(같은 법 제91조1항).

관련디자인　「디자인보호법」에서는 이미 등록출원된 디자인과 유사한 디자인 또는 디자인등록출원 전에 공연히 실시된 디자인과 유사한 디자인에 대하여 디자인등록을 받지 못하도록 되어 있다(디자인보호법 제33조1항). 그러나 디자인권자 또는 디자인등록출원인이 자기의 등록디자인 또는 디자인등록출원한 디자인과만 유사한 디자인으로 디자인등록을 받으려는 경우 예외적으로 이를 인정하고 있다(같은 법 제35조). 이때, 기존의 등록디자인 또는 디자인등록출원한 디자인을 '기본디자인'이라고 하며, 이와 유사한 디자인으로서 새롭게 디자인등록을 받으려는 디자인을 '관련디자인'이라고 한다. 관련디자인의 등록을 받기 위해서는

다음과 같은 요건을 충족시킬 필요가 있다. ① 자기의 등록디자인 또는 등록출원한 디자인으로서 그 등록출원일로부터 3년 이내인 디자인과 유사한 디자인일 것 ② 디자인등록을 받은 관련디자인 또는 디자인등록출원된 관련디자인과만 유사한 디자인이 아닐 것(관련디자인의 관련디자인이 아닐 것) ③ 기본디자인의 디자인권에 대하여 타인에게 전용실시권을 설정하지 않았을 것

관련디자인 제도는 종전의 유사디자인 제도를 폐지하고 기본디자인과만 유사한 디자인의 독자적인 디자인권을 인정하는 제도로서, 관련디자인에 독자적인 권리범위와 권리존속기간을 부여함으로써 창작자의 권리보호를 강화하기 위하여 2013년 5월 28일 법률 제11848호에 의한 디자인보호법 전부개정법률에 의하여 새롭게 도입되었다.

비밀디자인　디자인등록출원인의 청구로
秘密Design　디자인권설정의 등록일로부터 3년 이내의 기간 동안 그 디자인을 비밀로 하는 제도를 말한다(디자인보호법 제43조1항). 디자인은 물품의 외관에서 나오는 일종의 미감을 그의 생명으로 하는 것이며 유행성이 풍부하고 변화성을 신조로 하는 것이지만, 다른 기술적 사상과는 달라서 타인의 모방에는 무저항(無抵抗)이라고 하는 약점이 있다. 이 점을 보호하려고 둔 제도이며 영국디자인조례는 모두 비밀제도이다. 일반적으로 발명이나 실용신안은 기술적 사상이며 이것을 공개함으로써 국가의 기술발전에 기여하는 효과가 있다. 그러나 디자인은 이와 같은 기술적 사상으로 성립되는 것이 아니며 물품의 외관에 변화를 줌으로써 표현된 디자인에 의하여 보는 자를 자극하고 물품의 구매가치, 수요의 증대라고 하는 역할을 한다. 이러한 효용이 있는 반면, 디자인은 외관에 표현된 것이기 때문에 이것을 본 자는 쉽게 그 디자인, 즉 아이디어를 얻는가 또는 모방·복제가 가능하며, 그것이 참신한 디자인일수록 모방·복제하려는 경향이 강해진다. 그리고 디자인출원

과 디자인은 설정이 등록되면 디자인공보에 게재되어 디자인권자가 실시에 착수하기 전에 디자인공보에 의하여 알게 된 제3자는 이것을 모방한다. 이와 같이 디사인공보에의 게재가 디자인권자의 실시보다 빨라서 보호를 결하게 되는 경우가 많다. 이와 같은 요청에 따라 법정된 것이 비밀디자인의 제도이다.

상표권
商標權
상표권은 산업재산권의 일종으로 상품외관에 대한 독창적인 표지를 보호하기 위한 권리이다. 배타성과 독점성을 가진다는 점에서는 다른 산업재산권과 동일하나, 단순히 외관적인 표식을 보호하기 위한 권리라는 점에서 보호정도와 방법에 차이가 있다. 첫째, 상표권은 자기의 업무에 관계되는 상품에 관하여 타인의 동종상품과 구별하기 위하여 선정사용하는 표식을 그 목적으로 하고, 각별히 지능적 소산이라고 말할 수 없는 무형의 이익을 독점적으로 지배하는 권리인 데 반하여, 다른 3권에 있어서는 그 어느 것도 창의 고안, 즉 지능적 소산을 그 목적으로 한다. 따라서 다른 3권에서는 출원 전에 이미 허가 또는 등록을 받을 수 있는 권리를 인정하고 있는 데(특허법 제29조, 실용신안법 제4조, 디자인보호법 제33조) 반하여, 「상표법」에서는 출원 전에 등록받을 수 있는 권리는 인정되지 아니한다. 둘째, 발명·실용신안·디자인에 있어서는 신규성을 특허 또는 등록의 요건으로 하고 있지만 상표권에는 신규성을 요건으로 하지 아니하고, 단지 자타상품을 식별할 수 있는 특별현저성(特別顯著性)이 있으면 된다. 셋째, 상표권은 부정경쟁을 방지하고 영업상의 신용유지를 도모하는 사권이므로 상표를 영속적으로 사용하게 하는 것이 산업의 발전을 저해하는 것이 아니다. 따라서 갱신을 허용하고 있는 데 반해, 다른 3권에서는 존속기간의 민료로 소멸되는 것이 원칙이고, 갱신 또는 연장을 인정하지 않는다. 또 다른 3권에서는 등록된 권리의 이전성(移轉性)이 인정되고 있는 데 반해, 「상표법」에서는 상표의 등록 여부를 불문하고 그 지정상품의 영업과 함께 이전하는 경우에만 이전성이 인정된다(상표법 제93조1항).

유사상표
類似商標
외관, 명칭, 관념 중 어느 하나가 유사한 경우를 말한다. 외관이 유사하다는 것은 두 개의 상표가 겉보기, 즉 시각적으로 관찰했을 때 혼란스러운 것을 말하고, 명칭이 유사하다는 것은 두 개 상품의 호칭이 듣기에 혼란스러운 것을 말하며, 관념이 유사하다는 것은 관념상 혼동의 여지가 있는 것을 말한다. 상표의 유사함을 판단하는 데는 다음과 같은 기준이 적용된다. ① 대비적 관찰이 아닌 때와 장소를 달리하여 관찰하는 격리적 관찰을 한다. ② 전체적으로 관찰해서 유사 여부를 판단할 것이나 그 요점부분을 추출하여 판단하는 것이 적절한 경우도 있다. ③ 상표의 사용태양(使用態樣)이 상품과의 관계에서 명확한 경우에는 사용의 태양도 고려한다. ④ 거래의 실정을 참작한다. ⑤ 상식 있는 소비자의 주의로써 혼동·오인할 염려가 있는지 없는지에 따라서 판단한다. 그러나 소비자의 주의는 상품의 종류, 가격, 소비자의 계층에 따라 다를 수 있다.

서비스 마크
Service Mark
은행, 보험, 금융, 방송사 등이 자신이 제공하는 서비스를 다른 서비스와 구별하기 위하여 사용하는 표장을 말한다. 서비스 마크는 상품에 대해서 사용하는 것이 아니고 서비스에 대해서 사용하는 표장이므로 「상표법」상의 상표는 아니다.

공업소유권의 보호를 위한 파리협약
공업소유권(1990년 이후 산업재산권으로 호칭 변경. 산업재산권 항목 참조)을 보호하기 위한 일반조약을 말한다. 1883년에 파리에서 처음으로 체결되고 그 후 1900년에 브뤼셀, 1911년에 워싱턴, 1925년에 헤이그, 1934년에 런던, 1958년에 리스본, 1967년에 스톡홀름에서 수

차례에 걸쳐 개정되었다. 우리나라는 1980년 3월 7일 가입서를 기탁하여 1980년 5월 4일 조약 제707조로 발효되었다. 조약당사국은 동맹을 조직하여 특허, 실용신안, 디자인, 서비스마크, 상표, 상호, 원산지표시 또는 원산지명칭을 보호하고 부정경쟁을 방지한다. 이들의 보호는 동맹국의 국민 또는 동맹국에 주소 또는 영업소를 가진 자에 대하여 모든 동맹국에서 그 국민과 동일한 보호가 부여되고, 또 국제적인 우선권의 주장도 인정되고 있다. 현재 동맹의 사무국은 스위스 제네바에 있다.

내외국인평등의 원칙
內外國人平等의 原則
파리협약이 동맹국 국민의 권리능력을 인정함으로써 산업재산권법의 보호·권리침해에 대한 사법상의 구제 등에 관하여 내외국인을 평등하게 보호하는 원칙을 말한다. 동맹국의 국민이 아니라도 동맹국에 주소 또는 영업소를 가진 자는 동맹국의 국민과 동일하게 보호를 받고 있다.

우선권
優先權
파리협약이 인정하고 있는 우선권제도를 말한다. 1국에서 행한 특허출원은 그 나라에서만 효력을 가지고 다른 동맹국에까지는 미치지 아니하므로 다른 나라에서는 별도로 출원을 하여야 한다. 그러나 다른 나라의 보호를 받기 위해서는 각국에서 각각 특허요건을 필요로 하고 있으므로 동시에 다수국에 출원하지 않으면 신규성 등을 상실하게 되는데 이러한 것은 출원인에 대하여 가혹하다. 따라서 동맹국의 제1국에서 출원한 자는 그 출원일로부터 일정기간 내에 제2국에 출원을 할 때에는 신규성, 선출원 관계에 관하여 제1국의 출원일을 기준으로 하는 우선권리제도(優先權利制度)를 두고 있다.

각국특허의 독립원칙
各國特許의 獨立原則
1국에서 특허를 받은 자는 그 나라의 영역 내에서만 효력이 있고 다른 동맹국에서는 그 특허권의 효력을 주장할 수 없다는 원칙을 말한다. 파리협약 제4조의2는 각국특허의 독립원칙을 규정하고 있다.

발명자증
發明者證
발명의 실시권이 국가에 속하는 한편, 발명자는 국가로부터 보상이나 명예 등을 받는다고 하는 법적 서류를 말한다. 이 제도는 구소련을 비롯하여 동구제국에서 채택되고 있는 제도이며, 모든 나라들이 파리협약에 가맹함에 따라 스톡홀름개정조약으로 채택된 것이다(파리협약 제4조Ⅰ). 또 발명자증제도만 있고 특허제도를 채택하지 않는 국가에 대해서는 이 파리협약의 규정은 적용되지 않는다.

외국등록상표
外國登錄商標
동맹국인 본국에서 정규로 등록된 상표는 일정한 경우를 제외하고 다른 동맹국에서도 그대로 그 등록이 인정되는 것을 말한다(파리협약 제6조의5). 이 상표는 통상의 등록상표와 달라서 본국의 등록상표에 완전히 종속되기 때문에 상표독립의 원칙〔파리협약 제6조(3)〕의 예외가 되어 있다.

특허협력조약
特許協力條約
Patent Cooperation Treaty ; PCT 1970년 6월 19일에 체결된 조약으로서 하나의 발명을 다수국에 출원하는데 있어서 국가 간의 편의를 도모하도록 조처한 것을 말한다. 하나의 발명이 다수국에 출원될 경우 거액의 비용과 각국의 방식에 따라 다수의 출원서가 작성되고 또 각국에서는 별개로 선행기술을 제각기 조사하게 되는 중복이 생기게 되는데 이 폐단을 방지하려고 한 것이 이 조약의 목적이다. 그러므로 다수국의 보호를 받으려고 하는 자는 소정의 요건에 따라 1개의 출원서를 작성하고 보호지정국을 표시한 후 소정의(1개국)특허청에 출원(**국제출원**)하면 보호지정국에 대하여 동일로 출원된 것으로 본다. 국제출원서류는 소정의 국제조사기관에 의하여 선행기술을 조사(**국제조사**)한 후 그 보고서

(국제조사보고서)를 출원인과 지정특허청에 보내면 심사권을 행사할 수 있게 된다. 우리나라의 「특허법」은 1982년 11월 29일 특허협력조약에 의한 국제출원의 장을 신설하여(제10장, 2014년 6월 11일 법률 제12753호 개정) 제1절은 국제출원절차, 제2절에서는 국제특허출원에 관한 특례를 각각 규정하고 있다. 「특허법」 제192조에 따르면 ① 대한민국 국민 또는 ② 대한민국 내에 주소나 영업소가 있는 외국인, ① 또는 ②에 해당하는 자가 아닌 자로서 ① 또는 ②에 해당하는 자를 대표자로 하여 국제출원을 하는 자, 그리고 산업통상자원부령이 정하는 요건에 해당하는 자(같은 법 시행규칙 제90조·제106조의4 참조)는 특허청장에게 특허협력조약 제2조의 국제출원을 할 수 있다.

노하우
Know-how

노하우는 기술적 비결을 말한다. 이 용어는 처음에 미국에서 사용되었으며 기술적 비결이라고 번역되고 있으나 오늘날에는 영업비밀과 동일한 의미로 사용하는 것이 일반적이다. 노하우의 정의에 관한 학설에는 기술적 노하우와 상업적 노하우가 있고, 기술적 노하우란 어떤 사람이 그가 가진 기술을 가장 좋은 조건하에 실시하는 데 필요로 하는 지식을 말한다고 하는 설과, 공업의 생산과정에서 필요 또는 유익한 기술상의 지식 및 경험이며 외부에 대하여 비밀로 되어 있는 것을 말한다고 하는 설, 또 산업상 이용할 수 있는 기술적 사상의 창작 또는 이것을 실시함에 필요한 구체적인 기술적 지식, 자료·경험이며 이것을 창작·개발·작성 또는 체득한 자(그 자로부터 전수를 받는 자를 포함)가 현재 비밀로 하고 있는 것을 말한다고 하는 설 등이 있다.

국제통일화특허
國際統一化特許

국제적으로 통일화된 특허제도를 말한다. 이 국제통일화특허의 실시가 기대되는 새로운 조약에는 출원절차와 방식심사의 통일화를 주목적으로 하는 특허협력조약(PCT·특허협력조약의 항을 참조), 출원, 등록 등의 절차면뿐만 아니라 부여되는 권익에서도 특정국 간의 국경을 초월하여 국가 상호 간에 통일화된 특허제도를 확립하려고 시도한 유럽특허조약(EPC) 및 공동체특허조약(CPC) 등이 있다.

지식재산 기본법

여러 개별법률에 근거를 두고 있는 지식재산에 관한 정책이 통일되고 일관된 원칙에 따라 추진될 수 있도록 정부의 지식재산 관련 정책의 기본원칙과 주요 정책 방향을 법률에서 직접 제시하고자 만들어진 법이다. 지식재산의 창출·보호 및 활용을 촉진하고 그 기반을 조성하기 위한 정부의 기본 정책과 추진 체계를 마련하여 우리 사회에서 지식재산의 가치가 최대한 발휘될 수 있도록 함으로써 국가의 경제·사회 및 문화 등의 발전과 국민의 삶의 질 향상에 이바지하는 것을 목적으로 2011년 5월 19일 법률 제10629호로 제정되었다.

법에서는 지식재산을 인간의 창조적 활동이나 경험 등에 의하여 창출되거나 발견된 지식·정보·기술, 사상이나 감정의 표현, 영업이나 물건의 표시, 생물의 품종이나 유전자원(遺傳資源), 그 밖에 무형적인 것으로서 재산적 가치가 실현될 수 있는 것으로 정의하고(제3조1항), 지식재산에 관한 주요 정책과 계획을 심의·조정하고 그 추진상황을 점검·평가하기 위하여 대통령 소속으로 국가지식재산위원회를 설치하고, 위원회의 업무를 지원하기 위하여 사무기구를 둘 수 있도록 한다(제6조·제7조·제11조). 정부는 5년마다 지식재산에 관한 중장기 정책 목표 및 기본방향을 정하는 국가지식재산 기본계획과 그에 따른 각 기관별·연도별 추진계획을 정하는 국가지식재산 시행계획을 수립·시행하고(제8조·제9조), 지식재산 및 신지식재산의 창출을 지원하고, 지식재산 창출자가 정당한 보상을 받을 수 있도록 하여야 한다(제17조~제19조) 등의 내용을 담고 있다.

민사소송법

민사소송법

법원 · 당사자

민사소송법
民事訴訟法

형식적 의미에 있어서는 「민사소송법」이라는 이름을 가진 법전을 말한다. 즉, 1960년 4월 4일 법률 제547호로 제정되어 시행되어오다가 2002년 1월 26일 법률 제6626호로 전부개정된 민사소송법전을 가리키나, 실질적 의미에서는 민사소송제도 전체를 규율하는 법규의 총체를 뜻한다. 실질적 의미에서의 「민사소송법」은 국가재판권의 조직작용을 규정한다는 점에서 공법에 속한다. 그러나 기능적으로는 「민법」·「상법」 등의 사법과 밀접한 관계에 있으며, 사인 간의 생활관계에 대한 법적 규제를 목적으로 한다. 양자는 실체법과 절차법의 관계에 있다. 그러나 민·상법전 중에서도 사인 간의 관계를 규율하지 않고 오로지 소송상의 재판이나 집행방법, 추정규정 등의 절차법적 규정이 있는가 하면, 「민사소송법」 중에도 소송비용의 부담(같은 법 제98조 이하), 가집행에 의거한 손해배상(같은 법 제215조) 등의 실체법적 규정이 있다.

현행 「민사소송법」은, ① 강제집행절차에 관한 규정을 따로 떼어내 「민사집행법」을 제정하여 하나의 독립된 법률로 분리하였고, ② 특허권, 실용신안권, 디자인권, 상표권, 품종보호권을 제외한 지식재산권과 국제거래와 같은 특수한 유형의 소를 전문재판부에서 관할하도록 고등법원 소재지 지방법원에 특별재판적을 인정하였고(같은 법 제24조), ③ 공동소송의 경우 선택적·예비적 소의 병합을 인정하여 하나의 소로 제기할 수 있도록 하였고(같은 법 제70조), ④ 소가 제기되면 변론 없이 판결하는 경우나 사건을 변론준비절차에 부칠 필요가 있는 경우를 제외하고 바로 변론기일을 정하도록 하는 원칙을 마련하였고(같은 법 제258조), ⑤ 재심사유에 대한 적법성 판단을 본안심리에 앞서 시행하여 재심사유가 없음에도 본안을 심리하는 사례를 방지하였고(같은 법 제454조), 아울러 ⑥ 법률수요자인 일반국민이 법조문을 쉽게 이해할 수 있도록 될 수 있는 한 어려운 한자어투 법률용어의 사용을 자제하고 어법에 맞는 문장구조로 개선하였다.

민사집행법
民事執行法

「민사집행법」은 구(舊)민사소송법상 강제집행절차와 담보권의 실행을 위한 경매 및 보전처분에 대한 규정을 따로 분리하여 제정한 것이다. 구(舊)민사소송법은 1960년에 제정된 후 1990년에 경매법을 흡수하기 위하여 개정한 것을 제외하고는 약 40년간 개정이 이루어지지 아니하여 사회·경제적 발전에 따른 신속한 권리구제의 필요성에 부응하지 못하고 있다는 지적이 있어 왔다. 이에 따라 「민사집행법」은 통일성 있고 일관된 법 집행을 위하여 민사집행에 관한 부분을 「민사소송법」에서 분리하여 별도의 법률로 제정(2002년 1월 26일 법 제6627호)하고, 채무자 등의 제도남용에 의한 민사집행절차의 지연을 방지하여 불량채무자에 대한 철저한 책임추궁을 함으로써 효율적이고 신속한 권리구제방안을 마련하는 제도를 신설·보완하는 것을 그 주된 내용으로 하고 있다. 재판절차와 집행절차를 각각 분리하여 규율하느냐, 아니면 통합하여 규율하느냐는 입법정책에 속하는 문제이지만 재판절차와 집행절차는 그 기본원리와 불복방법 등이 상이한 점을 고려하건대 이 법과 같이 나누어 규율하는 것이 바람직하다는 지적이다.

제정 「민사집행법」의 새로운 편제를 살펴보면 강제집행, 담보권 실행 등을 위한 경매 및 보전처분으로 대별하고, 부동산에 대한 강제집행절차를 다른 강제집행절차에 준용하기 위하여 부동산을 처음에 규정하고 이어 선박 등 동산의 순으로 규정하였다. 또한 보전처분절차는 소송절차와 집행절차의 양면을 포괄하고 있으나, 일반적인 소송 및 집행절차와는 달리 보전처분의 발령은 집행을 전제로 해서만 이루어지고, 보전처분의 발령절차와 집행절차는 서로 연관되어 일련의 절차로 행해지므로 함께 규정하였다.

「민사집행법」의 주요 제정 내용은 다음과 같다.

1. 집행의 실효성 확보
  가. 재산명시제도의 강화
  나. 채무불이행자명부제도의 강화
  다. 채무자 재산조회제도의 도입
2. 부동산 집행절차의 합리화
  가. 미등기건물에 대한 집행
  나. 일괄매각의 확대
  다. 기간입찰제의 도입
  라. 1기일 2회 입찰제
  마. 압류채권자의 보호 강화
  바. 항고의 남용, 절차지연의 방지
  사. 경락대금 지급기한제도의 개선
  아. 인도명령제도의 정비
3. 부동산 외의 재산에 대한 집행절차의 개선
  가. 부동산소유권이전등기청구권에 대한 집행절차
  나. 제3채무자의 공탁
4. 보전절차의 정비
  가. 가처분재판절차의 현실화
  나. 가압류, 가처분명령의 신청을 기각 또는 각하하는 결정에 대한 즉시항고 인정
  다. 기간경과에 따른 보전처분 취소기간의 단축

민사소송
民事訴訟

사인 간의 생활관계에 관한 이해의 충돌·분쟁을 국가의 재판권에 의하여 법률적으로 해결·조정하기 위한 일련의 법적 절차를 말한다. 즉 사권의 존재를 확정하여 사인의 권리를 보호하고, 국가의 사법질서를 유지하는 재판절차이다.

사법은 사인의 생활행동의 준칙으로서의 역할을 하는 한편, 그것이 인정하는 법적 지위가 국가권력에 의하여 실현되는 것을 약속한다. 그래서 사회생활에서 발생하는 사인의 이해의 충돌·분쟁이 사법에 의하여 규율되는 생활관계를 둘러싼 사건인 경우에는 그 분쟁사건의 일방당사자는 스스로 원고로서 그 분쟁사건의 해결을 법원에 청구하여 재판을 구하지 않으면 안 된다. 그리고 그 재판을 구하기 위해서는 어떻게 법적 지위를 확보해야 하는가의 판단자료를 제출하고, 또 상대방도 피고로서 원고와 주장을 다투고, 또는 어떻게 자기의 법적 지위를 지킬 것인가를 납득시키는 데 필요한 자료를 법원에 제출한다. 또 그것은 각자가 자기가 주장하고 싶은 말을 충분히, 또한 필요 있는 말을 다할 수 있도록 배려한 법률(민사소송법)에 따라서 진행되고, 최종적으로 법원이 그러한 자료를 기초로 하여 법률을 적용하여 판결을 내린다. 그 재판이 일정한 금전의 교부나 물건의 인도, 작위(作爲)·부작위(不作爲)를 내용으로 하는 이행재판인 경우에는 판결에 따라 강제집행절차를 밟는다. 이러한 일련의 절차가 민사소송이다.

관할권
管轄權

재판권을 행사하는 여러 법원 사이에서 어떤 법원이 사건을 담당·처리하느냐 하는 재판권의 분쟁관계를 정해놓은 것을 관할이라 하며, 정하여진 관할에 따라 재판을 하는 권한을 말한다. 예컨대, 대법원은 상고사건만을 취급하고 지방법원은 제1심의 소송사건을 취급하는

것은 이들 법원이 각 사건에 관하여 관할권을 가지고 있다는 것을 의미한다. 관할권의 유무는 그 법원이 재판을 할 수 있는지 없는지를 의미하므로 사건에 대하여 본격적인 심리를 시작하기 전에 그 유무를 조사하여 관할권이 있으면 심리를 진행하여도 좋으나 다른 법원의 관할에 속하는 경우에는 해당 사건을 이송하여야 한다.

토지관할
土地管轄
소재지를 달리하는 동종의 법원 사이에(특히 제1심 사건의 경우) 재판권의 분담관계를 정해놓은 것을 말한다. 「각급 법원의 설치와 관할구역에 관한 법률」에 의하여 각각 일정한 지역을 구획한 관할구역을 가진 법원이 설치되어, 소송사건이 이 구역과 어떤 관계를 가지는 경우에는 이 구역의 법원에서 그 사건을 취급하게 된다. 이와 같이 사건을 어느 지역을 담당하는 법원이 취급하게 되는가는 그 사건과 법원의 관할구역과의 관계에서 결정되는데, 이 관계를 결정하는 것을 토지관할이라고 부른다. 그러므로 소를 어떤 법원에 제기하려면, 그 법원의 관할구역 가운데 그 소송사건의 토지관할이 있어야 한다. 토지관할을 결정하는 기준은 원칙적으로 피고의 주소나 거소에 의하여 정하여지고〔**보통재판적**(普通裁判籍), 민사소송법 제2조~제6조〕, 기타 소송사건의 내용에 의하여 정하여지는 것도 있다〔**특별재판적**(特別裁判籍), 민사소송법 제7조~제24조〕.

직분관할
職分管轄
다루는 재판작용의 차이를 표준으로 여러 법원 사이의 재판권의 분담관계를 정해놓은 것으로 직무관할(職務管轄)이라고도 한다. 즉 어느 법원이 어떠한 재판작용을 분담하는가는 직분관할에 따라 정하여지게 된다. 이것은 재판권에는 여러 가지의 작용이 있다는 것을 고려한 것으로, 예컨대 판결을 받는 절차나 강제집행의 절차, 가처분의 절차라고 하는 다른 성질의 것에 관하여는 미리 법원의 사무를 구분하고, 각각 적당한 법원에 배분할 것을 정한다. 이 관할에는 판결을 하는 법원과 강제집행을 하는 법원의 구별 및 상급법원과 하급법원과의 구별〔**심급관할**(審級管轄)〕 등이 있다.

응소관할
應訴管轄
어떤 사건이 그 법원의 관할에 속하지 않음에도 불구하고 원고의 제소에 대하여 피고가 응소함으로써 생기는 관할을 말한다. 어떤 소에 관하여 법원이 심리할 관할권을 가지고 있지 않음에도 불구하고 그 소의 피고가 직접 청구의 당부에 관한 변론을 하거나 준비절차에 있어서 진술을 하는 경우에, 그 소가 다른 일정한 법원에서만 심리할 수 있는 것〔**전속관할**(專屬管轄)〕이 아닌 한, 이와 같은 관할이 틀린 소라도 그 법원에 관할이 생긴다(민사소송법 제30조, **변론관할**). 소에 관한 관할이 어느 특정법원에 있다고 하는 것과 같이, 처음부터 결정되어 있어 움직일 수 없는 경우 이외에는 비록 관할권이 없는 법원에 대해 소를 제기하더라도 피고의 이의가 없고, 그 법원에서 재판을 받으려고 하는 태도를 취하고 있는 이상 관할로 인정하는 것이 당사자에게도 편리하고 소송경제도 도모된다.

합의관할
合意管轄
당사자의 합의에 의하여 생기는 관할을 말한다(민사소송법 제29조). 이것은 법률에 의하여 정하여진 관할법원과 다른 법원에 소를 제기하려고 하는 당사자 사이의 합의에 의하여 생기는 것이므로 후에 문제가 되지 않도록 합의한 것을 서면으로 해두어야 한다. 다만, 꼭 그 사건은 일정한 법원에서 취급되어야 한다고 하는 규정(전속관할)이 있는 때에는 합의는 할 수 없고, 또 일단 소를 제기하면 그 이후에는 자의적으로 법원을 변경하는 것은 허용되지 아니한다.

전속관할
專屬管轄

재판의 적정, 공평 등 고도의 공익적 견지에서 정해진 것으로서, 특정법원만이 오히려 배타적으로 관할권을 갖게 한 관할을 말한다. 전속관할로 규정된 사항은 법원이나 당사자의 의사 또는 태도에 의하여 변경할 수 없다. 이 전속관할에 해당하는 것으로서는 직분관할(職分管轄) 또는 법률이 특히 전속관할이라고 명시한 토지관할이 있다(민사소송법 제453조1항·제463조 등). 전속관할의 정함이 있는 경우에는 합의관할이나 응소관할은 인정되지 아니한다. 또 법원으로서도 전속관할이 정하여져 있는 법원 이외의 법원으로 사건을 이송할 수 없다(같은 법 제34조4항, 제35조 단서, 제36조2항). 전속관할의 위반은 법원의 직권조사사항(職權調査事項)이고 위반이 명백하게 된 때에는 항상 이송하여야 하고, 이 위반을 간과하여 행하여진 판결에 대하여는 상소하여 다툴 수 있고, 절대적 상고이유(絶對的 上告理由)가 된다(같은 법 제424조1항3호).

소의 객관적 병합
訴의 客觀的 倂合

원고가 하나의 소송절차에서 여러 개의 청구를 하는 경우를 말한다. 1개의 소를 제기함에 있어서 이왕 재판을 받는 이상 이 기회에 차금의 지급 등 몇 개의 청구에 대하여도 심판을 받으려는 것으로, 1개의 소 중에 수개의 사건을 포함하는 데서 생기게 된다. 그러나 이를 마음대로 할 수 있는 것은 아니고, 그렇게 하는 것이 법률상 금지되어 있지 않고, 같은 종류의 소송절차에 의하여 심리될 수 있는 것이어야 한다(민사소송법 제253조).

소의 주관적 병합
訴의 主觀的 倂合

한 개의 소송절차에 3명 이상의 자가 동시에 또는 때를 달리하여 절차에 관여하는 것을 말한다. 즉, 2명 이상의 원고로부터 또는 2명 이상의 피고를 상대로 소를 제기하는 것을 말한다. 이로 인하여 1개의 소송 가운데 원고 또는 피고 어느 한쪽 또는 양쪽의 당사자는 2명 이상이 되는

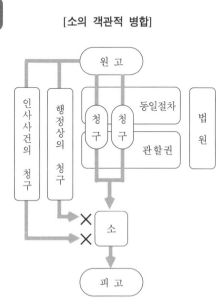

[소의 객관적 병합]

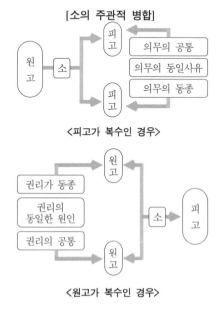

[소의 주관적 병합]

〈피고가 복수인 경우〉

〈원고가 복수인 경우〉

소송형태가 생기게 되는데 이것을 **공동소송**(共同訴訟)이라고 한다. 어떤 경우에 이와 같은 병합이 인정되는가는 법률이 정하고 있는데(민사소송법 제65조), 예컨대 당사자가 공유자라든가, 연대보증인과 주채무자와의 관계에 있거나, 또는 동일한 사고로 인한 수인의 피해자가 손해배상을 청구할 때 이와 같은 공동소송이 인정된다.

소송의 이송
訴訟의 移送

일단 어느 법원에 계속된 소송을 그 법원의 재판에 의하여 다른 법원에 이전하는 것을 말한다. 이송은 다음의 ⑤의 경우를 제외하고는 법원의 결정에 의하여 행하여지는데, 그것은 이송을 받은 법원을 기속한다. ① 관할위반에 의한 이송 : 관할위반의 경우, 소를 각하하여 다시 소를 제기시키면 시효중단이 맞지 아니하거나, 법률상의 기간을 준수할 수 없거나, 또는 동일한 소의 재차의 제기는 노력비용의 낭비이다. 또한 관할은 법원 간의 재판권의 범위를 정하고 있는 것이며, 또 그 정함은 어느 정도 전문화되어 있으므로 위에서 설명한 불이익을 원고에게 일방적으로 강요하는 것은 적당하지 않기 때문에 법원이 직권으로 관할권을 가진 법원에 이송한다(민사소송법 제34조1항).
② 재량에 의한 이송(단독부에서 합의부로의 이송) : 지방법원 단독판사는 소송이 그 관할에 속하는 경우라도 상당한 이유가 있을 때에는 직권 또는 당사자의 신청에 의하여 소송의 전부 또는 일부를 같은 지방법원 합의부로 이송할 수 있다(같은 조 2항).
③ 손해나 지연을 피하기 위한 이송 : 원고가 제소한 법원에 관할권은 있으나 다른 법원에서 심판하는 것이 피고가 받는 손해나 소송의 지연이 생기는 것을 피할 수 있는 경우에는 당사자의 신청이나 또는 법원의 직권으로 이송할 수 있다(같은 법 제35조 본문).
④ 반소제기(反訴提起)에 의한 이송 : 지방법원 단독판사가 심리하는 도중에 반소가 제기되어 지방법원 합의부의 관할로 되었을 때 본소와 반소는 합의부로 이송하여야 한다(같은 법 제269조2항).
⑤ 상급심의 환송에 갈음하는 이송 : 전심의 판결이 관할위반인 경우에는 원심법원에 환송하는 대신에 직접 관할법원에 이송한다(같은 법 제419조 · 제436조1항).

재판장
裁判長

소송의 심리 · 판결을 2명 이상의 법관(이것을 **합의부원**이라고 한다)이 협의하면서 행하는 법원합의부에서 2명 이상의 합의부원 중 1명으로서 그 합의부를 대표하는 권한을 가진 자를 말한다. 합의부에서 재판을 하는 경우에는 반드시 그중의 1명이 재판장이 된다. 재판장은 평결에 대하여는 협의에 참가하고 있는 다른 합의부원과 같은 권한을 가지고 있으나, 구술변론을 지휘하고, 당사자의 발언을 허락하거나 금지할 수 있고(민사소송법 제135조), 또 증인을 신문하고(같은 법 제327조), 판결을 선고하는 자격을 가진 점(같은 법 제206조)에서 재판의 진행과 관련하여서는 합의부의 발신기관으로서의 권한을 가지고 있다.

당사자
當事者

자기의 이름으로 국가의 권리 보호(특히 재판이나 강제집행)를 요구하거나 또는 요구받는 자를 말한다. 판결을 요구하는 절차에 있어서는 자기의 이름으로 소를 제기하여 판결을 받는 자와 그 상대방이며, 집행의 절차에 있어서는 그 이름으로 집행을 요구하는 자 또는 요구당하는 자이다. 민사소송은 개인 사이에서 발생한 분쟁을 해결하기 위하여 행하여지는 것이므로, 이 분쟁에 있어서 대립하는 이해를 가진 자로서 당사자는 반드시 제소하는 자(집행을 요구하는 자)와 제소당하는 자(집행을 요구당하는 자)라는 대립의 모습을 가지는 것이 필요하다. 이것을 **이당사자대립주의**(二當事者對立主義)라고 한다.

당사자능력
當事者能力

소송에 있어서 당사자로 될 수 있는 일반적인 능력을 말한다. 판결을 요구하는 절차에 관하여 말하면 원고로서 제소하고, 피고로서 제소당하는 능력이다. 즉 소송의 당사자로서 국가의 재판을 요구하기 위하여 필요한 소송법상의 능력을 말한다. 소송법은 어떤 자에게 이 능력을 인정하는가를 원칙적으로 「민법」 등의 실체법상의 권리능력에 상응하여 규정하고 있으므로(민사소송법 제51조), 자연인과 법인은 모두 당사자능력을 가진다. 이것은 분쟁의 해결을 위해서는 사법상의 권리능력자를 동시에 소송의 주체로서 재판을 받게 하는 것이 가장 효과적이기 때문이다. 소송법은 또한 법인 아닌 사단 또는 재단으로서 대표자 또는 관리인이 있으면, 그 이름으로 당사자가 될 수 있는 능력을 인정하고 있다(같은 법 제52조). 이것은 법인이 아니라도 단체로서 여러 가지 사회생활을 영위하고 거래사회에 있어서 타인과의 사이에 이해의 대립이 생기게 되므로, 이것을 당사자로서 취급하는 것이 그 사이의 분쟁의 해결을 위하여 편리하다고 하는 점에서 인정하게 된 것이다. 이 당사자능력을 결한 소는 적법하지 않은 것으로서 법원에 의하여 받아들여지지 않고 각하된다.

당사자적격
當事者適格

특정의 소송사건에 있어서 정당한 당사자로서 소송을 수행하고, 본안판결을 받기에 적합한 자격을 말한다. 그 소송의 원고나 피고가 분쟁과 무관하거나 그들에 대하여 판결을 해주어도 분쟁의 해결이 도모되지 않는 경우에는 당사자적격이 부정된다. 즉 이러한 경우에는 법원은 사건에 대한 판단을 해줄 필요가 없고, 적격이 있는 것은 사건에 대한 판결을 받기 위한 전제요건으로 본다. **소송수행권**(訴訟遂行權)이라고도 한다. 적격은 구체적인 사건을 소송함에 있어 누구를 원고와 피고로 해야 하는가의 문제로서 구체적인 청구의 내용과의 관계에서 결정되는 성질의 것이다. 이와 같이 당사자적격은 구체적인 사건과의 관계에서 문제가 되는 것이며 **당사자능력**이나 **소송능력**과 같이 구체적 사건과 동떨어져서 일반적으로 문제가 되는 능력과는 다르다. 따라서 적격을 가진 자는 소송의 목적인 권리관계에 관하여 법률상의 이해가 대립하는 자이고, 대부분의 경우는 그 권리관계의 귀속자(권리자로 되는 자와 의무자로 되는 자)이지만 반드시 귀속자 자신이어야 하는 것은 아니다(타인 간의 법률관계의 확인도 인정되기 때문에).

선정당사자
選定當事者

공동이해를 가지고 있기 때문에 다수자가 공동소송인이 되어 공동으로 소송을 하려는 경우에 그들 가운데서 선정되어 모든 자를 위하여 소송당사자가 되는 자를 말한다(민사소송법 제53조1항). 소수의 선정당사자를 선정하고 소송을 담당시키면 각자는 스스로 소송을 하는 번거로움을 면하게 되고 절차가 간단하여 비용도 적게 드는 편의가 있다. 선정당사자를 선정하지 않으면 소송을 할 수 없는 것은 아니고 전원이 당사자가 되어 소송을 해 나갈 수도 있지만, 그렇게 하면 위에서 설명한 바와 같은 불편이 수반되기 때문에 꼭 이와 같은 경우에는 선정당사자에 의하여 소송을 진행하게 된다.

선정은 선정을 하는 자가 각자의 권리나 이해에 관하여 소송을 진행할 권한을 선정당사자에게 수여하는 소송상의 행위이다. 선정을 함에 있어서는 당사자가 다수(2명 이상) 존재하고 있을 것, 이러한 자가 공동의 이해를 가지고 있을 것, 공동의 이해를 갖고 있는 자 가운데서 선정할 것 등의 조건을 충족해야 한다. 선정의 시기는 소제기의 진이든 후이든 상관없고 선정된 당사자는 그 자격을 서면으로 증명해야 한다(같은 법 제58조1항).

보정
補正

소송상 제출하는 서류나 소송상의 행위의 불충분한 점이나 잘못된 점을 보충하거나 고치는 것을 말한다. 보정이 필요하게 되는 대표적인 예를 들면 다음과 같다.

① 소송능력이 흠결된 자가 한 소송행위에 추인의 여지가 있는 때에는 법원은 기간을 정하여 그 보정을 명하여야 한다. 또 대리인에 의하여 소를 제기한 경우에도 그 대리권을 증명하는 서면을 제출하여야 한다. 이와 같은 경우에 보정을 하지 않으면 그 행위는 무효가 되고, 보정에 의하여 추인이 있으면 행위 시에 소급하여 유효하게 된다(민사소송법 제59조·제60조).

② 소장은 일정한 형식을 갖추어야 하고 소정의 인지를 첨부하는 것이 필요하다. 형식이 제대로 갖추어지지 못한 때에는 재판장은 원고에 대하여 상당한 기간을 정하고 그 기간 내에 흠을 보정할 것을 명하여야 하고, 재판장은 법원사무관 등으로 하여금 보정명령

을 하게 할 수 있다(같은 법 제254조1항). 이 기간 내에 보정하지 않는 때에는 재판장은 명령으로 소를 각하한다(같은 조 2항). 그러나 소의 각하명령에 대하여는 즉시항고(卽時抗告)를 할 수 있다(같은 조 3항).

공동소송
共同訴訟

소송을 하는 양 당사자의 일방 또는 쌍방이 2명 이상인 소송의 형태를 말한다. 같은 쪽에 선 2명 이상의 사람들을 **공동소송인**(共同訴訟人)이라고 부르고 또 그것이 원고이면 **공동원고**(共同原告), 피고이면 **공동피고**(共同被告)라고 부른다. 공동소송인은 각자가 각각 자기의 이름으로 판결을 받는 자이며 스스로는 판결을 받는 사람이 되지 않는 법정대리인이나 사단의 대표자, 재단의 관리인은 비록 수인이 있더라도 공동소송인이 되지 않고 반대로 현실로는 2명만이 관여하고 있는 경우에도, 예컨대 동일인이 공유자의 1명으로서 동시에 다른 공유자의 파산관재인으로서 제3의 공유자로부터 분할청구의 피고로 된 때와

민 사
소송법

[공동소송]

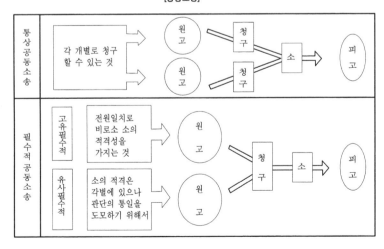

같이 다른 자격을 병유하는 때에도 공동소송의 성립을 인정할 수 있다. 공동소송의 심판은 동일소송절차에 의하므로 변론이나 증거조사는 공통으로 정하여진 기일에 행한다. 그 결과 같이 패소당했을 때는 원칙적으로 소송비용을 공동으로 부담한다.

필수적 공동소송
必須的 共同訴訟

소송의 목적인 권리관계나 법률관계에 대한 판결내용이 공동소송인인 2명 이상의 사람들에 대해 따로따로 되어서는 안 된다고 하는 요구에 지배되는 소송을 말한다. 즉 공동소송인 사이에 합일확정을 필요로 하는 공동소송으로서, 소송의 목적인 권리관계나 법률관계가 일체로서 확정되어야 할 공동소송이다(민사소송법 제67조·제68조). 본래 이 용어는 반드시 수인이 일체가 되어 제소당하여야 한다는 공동소송을 가리키는 데서 생겨난 것이지만 오늘날에는 더 넓은 의미로 사용되고 있다. 즉 항상 함께 제소하고 또는 제소당할 필요는 없으나 공동소송으로 된 이상은 공동소송인에 대한 판단을 일률적으로 해야 한다고 하는 요구가 있는 경우(유사필수적 공동소송이라고 불리우는 형태를 취하고 있는 경우)도 포함하여 필수적 공동소송의 용어가 사용되고 있다.

보조참가
補助參加

원고와 피고와의 사이에서 행하여지는 소송에 제3자가 일방을 보조하기 위하여 소송절차를 현저하게 지연시키지 않는 범위에서 참가하는 것을 말한다(민사소송법 제71조). 일방의 당사자를 보조하여 그 소송에서 이기게 하고, 그 결과 자기의 이익을 보호할 수 있도록 하는 제도이므로 참가하는 자는 그 소송의 승패에 대하여 그 자신의 이해관계가 있어야 한다. 그러나 패소하면 불쌍하기 때문이라든지, 재산이 감소되어 생활비를 받지 못하게 된다고 하는 이유로는 안 되며 법률상의 이해

관계임을 필요로 한다(예 : 금전을 차용한 자의 보증인이 되어 있는 자는 금전을 반환하라고 청구받고 있는 소송에서 차용한 자를 보조하기 위하여 참가할 수 있다. 만약 차용한 자가 패소되고 지급할 만큼의 금전이 없다고 하면 자기가 제소당하게 되기 때문이다). 소송에 보조참가하려고 하는 자는 서면이나 구술로(판례) 신청하면 된다. 당사자의 어느 쪽도 이 신청에 대하여 이의를 신청할 수 있는데, 즉시 이의를 하지 않고 있으면 이의를 신청할 수 있는 권리를 잃게 된다(같은 법 제74조). 이의가 있으면 법원은 참가의 허가 여부를 결정한다(같은 법 제73조1항).

참가한 자는 그 소송의 당사자가 되는 것은 아니지만, 참가된 당사자의 행위와 충돌하지 않는 한 소송에서 필요한 일체의 행위를 할 수 있다. 물론 이 경우에도 참가할 때의 소송진행 정도에 따라 할 수 없는 소송행위는 할 수 없다(같은 법 제76조1항). 참가하여 보조하였는데도 참가된 당사자가 패소한 경우에는 참가한 자는 당사자가 아니므로 직접 판결의 효력을 받는 것은 아니지만, 후에 참가된 자와의 사이에 분쟁이 생겼을 때 전의 소송에서 잘하였더라면 승소했을 것이라고 하는 책임의 전가(轉嫁)를 할 수 없는 구속력(참가적효력)을 받는다(같은 법 제77조).

독립당사자참가소송
獨立當事者參加訴訟

타인 간의 소송의 계속 중에 그 소송의 원고와 피고를 상대로 하여 그 소송의 목적과 관계가 있는 자기의 청구에 관하여 재판을 요구하기 위해서 그 타인 간의 소송에 당사자로서 참가하는 소송의 형태를 말한다(민사소송법 제79조).

이 참가는 타인 간에서 소송이 행하여지는 경우에 할 수 있는 것이며 참가의 이유로서 다음의 두 가지를 들 수 있다. ① 타인 간의 소송의 목적인 전부 또는 일부가 자기의 권리

임을 주장하는 경우 ② 타인 간의 소송결과에 의하여 자기의 권리가 침해되는 경우이다.

이 참가가 있으면 원고의 청구와 참가인의 청구의 당부를 일격에 해결하기 위하여 심리도 함께, 또한 공통자료에 의하여 행하여진다. 이 때문에 참가권의 심리에 있어서는 필수적공동소송(必須的共同訴訟)의 규정이 준용된다(같은 법 제67조·제79조2항).

소송인수
訴訟引受

소송의 계속 중에 제3자가 그 소송의 당사자의 일방을 승계하여 그대로 상대방과의 사이에서 소송을 계속하는 것을 말한다. 예컨대 소송의 목적으로 되어 있는 채무를 승계한 경우에 상대방의 신청에 의하여 그 채무를 승계한 자를 그 소송의 당사자로 끌어들여서 이 자가 그 소송을 계속하도록 하는 것이 그것이다. 이른바 무리하게 소송을 인수시키는 것이므로 **인수승계**(引受承繼)(민사소송법 제82조)라고 불린다. 법문상의 소송인수라고 하면 이 경우에 한하는 것으로 되어 있으나, 채무승계의 경우가 아니고 권리를 승계하는 경우에도 그 승계한 자는 스스로 그 소송 중에 참가할 수 있으므로 채무를 승계한 경우와 같이 이 경우에도 상대방은 인수의 신청을 할 수 있게 되어 있다.

공동소송참가
共同訴訟參加

소송계속 중에 당사자 간의 판결의 효력을 받는 제3자가 원고 또는 피고의 공동소송인으로서 참가하는 것을 말한다(민사소송법 제83조).

타인 간에 소송이 계속하고 있고 만약 그 소송에서 판결이 있으면 그 효력이 제3자에게까지 미치는 경우에는 제3자로서는 자기가 별도로 동일한 소를 제기하여 재판을 행하려고 하여도 먼저 타인 간의 소송이 종료하면 시간에 맞지 아니하므로 별도로 동일

한 소를 제기하는 대신에 현재 계속 중인 소송을 이용하여 공동소송인이 되어 소송을 진행해가기 위해 인정되어 있는 것이며, 이것은 소송의 경제에도 적합하고 참가인을 보호하는 데도 유용한 제도이다. 이 참가가 인정되는 것은 타인 간의 소송이 계속 중이고 소송의 목적이 당사자 간에서도 또 참가인과 상대방과의 사이에서도 일률적으로 확정된 경우이다.

소송고지
訴訟告知

소송의 당사자가 그 소송에 참가할 수 있는 이해관계인에게 그 소송이 현재 계속하고 있다는 뜻을 법률에 의하여 정한 형식에 따라서 통지하는 것을 말한다(민사소송법 제84조·제85조).

이 통지제도의 목적은 고지된 제3자에게 참가를 할 기회를 주는 것이라는 당사자의 친절이 아니고, 그 제3자가 통지를 받고 있으면서 참가를 하지 아니한 때에도 그 자에게 판결의 효력에 부수(附隨)하여 발생하는 참가적 효력을 미치게 하는 데 있다. 즉, 고지를 한 당사자는 이 통지에 의하여 패소한 책임을 고지받은 제3자에게도 분담시켜, 장래 일어날 가능성이 있는 자기와 고지를 받은 제3자와의 사이의 소송에서 이 제3자가 전의 소송에서 패소했다고 하는 결과를 무시한 주장을 하는 것을 허용하지 아니한다는 것이다. 이러한 고지를 하는가 안하는가는 원칙적으로 당사자의 자유에 맡겨져 있다. 그러나 자기가 패소한 경우에 제3자에게 구상을 청구하는 경우와, 반대로 제3자로부터 손해배상의 청구를 받을 염려가 있는 경우에는 고지를 할 이익이 있다.

소송대리
訴訟代理

소송을 대리할 권한에 의하여 당사자에 갈음하여 소송을 진행하는 행위를 말한다. 즉 소

송대리를 하기 위해서는 대리권을 가지고 있어야 하는데, 이 권한에는 법률상의 소송대리인이 갖고 있는 법정권한으로서 인정되는 것과 소송위임에 의하여 비로소 수여되는 것이 있으며, 소송법은 주로 후자의 경우를 규정하고 있다(민사소송법 제92조). 이 위임에 의한 소송대리권을 수여받은 자를 보통 소송대리인이라고 부르고 있다. 이 대리인이 되는 자는 원칙적으로 변호사이다(같은 법 제87조). 당사자인 본인은 어느 법원에서도 스스로 소송을 행할 수 있는데 타인에게 소송의 진행을 의뢰하는 경우 소송대리인은 법률사무의 전문가인 변호사에 한정된다. 다만, 단독판사가 심판하는 사건에 있어서 법원의 허가를 얻은 자는 변호사가 아니라도 소송대리인이 된다. 일단 소송대리인을 선정한 후에는 이 대리인이 대리권의 범위 내에서 한 소송행위는 본인이 한 것과 동일한 효력이 생긴다. 다만, 소송대리인에게 소송을 위임했다고 해서 본인이 소송을 하지 못하게 되는 것은 아니고, 본인은 언제든지 스스로 소송을 진행해 나갈 수 있다.

소송비용
訴訟費用
당사자가 개개의 소송수행에 직접 필요한 그 소송절차에 관하여 생긴 비용을 말한다. 국가는 민사소송제도를 두고 있는데 그 기구 자체의 경비, 예컨대 법원의 인건비나 수선비 등은 국가의 예산으로 충당하고 있으나, 개개의 소송처리에 필요한 비용은 이를 그 소송의 당사자 기타의 관계인에게 부담시키고 있다. 소송비용은 통상 재판비용과 당사자비용으로 대별할 수 있다. **재판비용**(裁判費用)이란 당사자가 소송수행함에 있어서 법원에 예납하여야 하는 비용이며(민사소송법 제116조1항), 그 예납의무자(豫納義務者) 및 기준에 관하여는 「민사소송규칙」 제19조에서 규정하고 있다.

당사자비용(當事者費用)이란 소송수행에 있어서 당사자 자신이 법원에 예납하지 않고 스스로 지출해야 하는 비용이다. 예컨대 소장 기타의 소송서류의 작성비용, 당사자가 구술변론기일(口述辯論期日)에 출석하기 위하여 필요한 여비 등이 통상의 것이다. 이러한 비용의 부담자는 원칙적으로 패소한 당사자이다(민사소송법 제98조).

소송상의 구조
訴訟上의 救助
소송비용을 지출할 자금능력이 부족한 사람을 구조하는 제도를 말한다(민사소송법 제128조~제133조). 그 구조의 내용은 다음과 같다. ① 법원이 행하는 소송행위에 필요한 비용(재판비용)의 납입을 유예해 받는 것(예 : 소장에 인지를 첨부하지 않아도 접수가 되고, 증인을 소환하기 위한 일당이나 숙박료 등도 미리 납부하지 않아도 좋다) ② 집행관이나 법원에서 선임을 명한 변호사의 보수와 체당금(替當金)의 지급유예(支給猶豫)를 받는 것 등이다(같은 법 제129조). 다만, 자기가 변호사에게 의뢰한 때에는 그 비용은 소송비용으로 인정되지 아니하므로 그 지급은 자기의 부담으로 된다. 따라서 경제적으로 어렵거나 법을 모르기 때문에 법의 보호와 권리를 행사하지 못하여 억울함을 당하는 사람이 없도록 하기 위해서는 변호사 비용을 포함한 전면적인 원조가 이루어질 필요가 있었다. 이를 위해서 1986년 「**법률구조법**」이 제정되고 이 법에 의하여 대한법률구조공단이 설립되이 법률구조를 해줌으로써 기본적 인권을 옹호하고 법률복지의 증진에 이바지하고 있다.

민 사
소송법

소 제 기

소
訴
어떤 자가 법원에 대하여 타인과의 관계에서 자기의 청구가 법률적으로 올바른 것인가 아닌가에 관하여 심판을 구하는 행위를 말한다. 즉 소란 **원고**(재판을 구하는 자)가 **피고**(상대가 되는 자)와의 사이에서 일정한 법률상의 주장이 올바른가에 관하여 법원에 심리·판결을 구하는 신청이며, 이 소에 의해 제1심의 절차가 개시된다. 소의 제기방식은 일정한 형식을 갖춘 소장이라는 서면을 법원에 제출하면 된다. 다만, **소액사건**(지방법원 및 지방법원지원의 관할사건 중 소송목적의 값이 3,000만원을 초과하지 않는 제1심의 민사사건. 소액사건심판법 제2조, 동규칙 제1조의2)에 있어서는 구술로 소를 제기할 수 있다(소액사건심판법 제4조1항). 일단 소를 제기하면, 소에 의하여 심판을 구하고 있는 권리에 관한 시효가 중단된다. 이 소에 담긴 청구가 올바른가에 관한 법원의 판단이 **본안판결**(소의 내용에 관하여 심리한 결과의 법원의 응답)이다.

소송요건
訴訟要件
소가 적법한 취급을 받기 위해 구비하지 않으면 안 될 사항을 말한다. **본안판결요건**(本案判決要件)이라고도 한다. 소송요건에 속하는 주요한 사항은 ① 법원에 관하여는 법원이 재판권·관할권을 가지고 있을 것 ② 당사자에 관하여는 당사자가 실시하고, 당사자능력·당사자적격을 가지고 있을 것 ③ 원고가 소의 내용에 관하여 판결을 받을 법률상의 이익 내지 필요(**권리보호의 이익**)를 가지고 있을 것 등이다. 만약 소송요건을 갖추지 못하였을 경우에는 본안판결을 받지 못하며 소를 각하하는 각하판결을 받게 된다.

소권
訴權
소에 의하여 법원의 심판을 청구할 수 있는 당사자의 권능을 말한다. 민사분쟁의 경우 누구나 그 해결을 위하여 소를 제기할 권능을 가진다. 이 권능을 소권이라 부른다. 법원에 소를 제기할 수 있는 것도, 법원이 피고를 소환하여 심리를 진행하고 판결을 내리는 것도, 모두 이 소권에서 출발하고 있다. 옛날에는 소권은 사권의 일부라고 생각하고 있었다〔**사법적소권론**(私法的訴權論)〕. 사권을 가지고 있는 자, 예컨

**민 사
소송법**

[소 (訴)]

대 금전채권을 가지고 있는 사람은 채무자에 대하여 금전의 지급을 청구할 수 있고 채무자가 이에 응하지 않으면 법원에 소를 제기할 수도 있다. 이 경우에 소는 사권을 행사하는 방법의 하나에 지나지 않는다. 그러나 현행법상에서는 권리나 의무가 존재하지 않는 확인을 구하는 소극적확인소송(消極的確認訴訟)이 인정되는데 사법적소권론으로는 이를 충분히 설명할 수 없다. 사법적소권론에 반하여 국가에 재판을 요구하는 공권으로서의 소권을 인정하는 것이 **공법적소권론**(公法的訴權論)이다. 공법적소권론은 이기든 지든 간에 어떤 재판을 받으면 된다고 하는 **추상적소권론**(抽象的訴權論)과 구체적으로 이기는 재판을 요구하는 **구체적소권론**(승소판결청구권론)으로 나누어져 있었으나 승소 여부는 재판이 내려져야 비로소 알 수 있는 것이므로, 소권이란 승패를 묻지 않고 소의 내용에 관하여 법원의 판결을 요구하는 공권(**본안판결청구권설**)이라고 생각하는 것이 타당하다.

권리보호의 이익
權利保護의 利益

원고가 청구에 관하여 판결을 구하는 데 필요한 법률상의 이익을 말한다. 을이 갑에게 100만원을 반환하지 않으므로 갑은 법원에 제소하여 승소의 판결을 받아 그 판결이 확정되었다고 하자(형식적확정력의 항 참조). 갑은 을의 같은 100만원에 관하여 다시 한 번 동일한 소를 제기하였다. 그러나 100만원의 청구에 관하여는 이미 법원의 확정판결에 의하여 갑은 을과의 사이의 분쟁을 해결해 받고 있다. 이중으로 법원에 판결을 받을 필요는 없다. 법원으로서는 이와 같은 소를 접수했더라도 내용에 관하여 심리·재판할 실익이 없으므로 소를 각하한다(각하판결). 이 예에서도 알 수 있듯이 법원에 소를 제기하여 본안판결을 받기 위해서는 제소하고 있는 권리에 관하여 권리보호의 이익 또는 필요가 있어야 한다(소송요건의 항 참조). 만

일, 앞의 사례에서 갑승소의 확정판결이 10년 전의 것이기 때문에 소멸시효에 걸릴 우려가 있다면, 소멸시효의 완성을 중단시키기 위하여 갑은 을에 대하여 100만원의 지급청구(이행의 소)를 제기할 필요가 있으며, 이 경우에는 소의 이익이 인정된다.

권리보호의 자격
權利保護의 資格

청구의 내용이 본안판결을 받기에 적합한 일반적 자격을 말한다. 통설적으로 받아들여지는 요건으로서는 ① 청구가 소구할 수 있는 구체적인 권리 또는 법률관계일 것 ② 법률상 계약성의 제소금지사유가 없을 것 ③ 제소장애사유가 없을 것 ④ 원고가 동일청구에 대하여 승소확정의 판결을 받은 경우가 아닐 것 ⑤ 신의칙 위반의 제소가 아닐 것 등을 그 내용으로 한다. 법원은 법률상의 쟁송을 재판하므로 자연과학상의 인식의 당부에 관한 다툼이나 종교적 신념의 다툼 등은 소송에 적합하지 않다. 단순한 사실의 존부를 둘러싼 다툼이나 법률상의 다툼이라도 추상적인 법령의 효력이나 해석의견 등은 소송에 적합하지 않다. 결국 원고의 청구는 재판상 주장하는 데 적합한 특정의 권리관계의 주장이어야 한다. 따라서 법원에 소를 제기(提起)하여 본안판결을 받기 위해서는 제소(提訴)하고 있는 권리가 판결을 받는 데 적합한 것, 즉 권리보호의 자격을 가지는 것이어야 한다. 소가 권리보호의 자격을 결하면 법원은 본안에 관하여 판단을 하지 않고 원고의 소를 각하한다.

소장
訴狀

소를 제기하려는 자는 법원에 소장을 제출하여야 한다(민사소송법 제248조1항, 예외 : 소액사건심판법 제4조1항). 법원은 소장에 붙이거나 납부한 인지액이 일정한 금액에 미달하는 경우 소장의 접수를 보류할 수 있다(민사소송법 제248조2항, 민사소송 등 인지법 제13조2항). 법원에 제출한 소장이 접수되면 소장이 제출된 때에

소가 제기된 것으로 본다(민사소송법 제248조3항). 소장에는 반드시 당사자, 법정대리인, 청구의 취지·원인 등을 적어야 한다(같은 법 제249조1항).

이행의 소
履行의 訴

원고로부터 피고에 대하여 '……할 것(이행)을 요구한다'고 하는 소를 말한다. 예컨대 '피고는 원고에 대하여 돈 100만원을 지급하라'(금전지급청구), '피고는 원고에 대하여 ○○시 ○○구 ○○동 ○○번지의 가옥을 명도하라'(가옥명도청구), '피고는 원고에 대하여 연와조 주택 1동을 건축하라'(주택건축도급계약이행청구), '피고는 원고의 다방영업을 방해하지 말라'(부작위청구), '피고는 공장의 소음을 방지할 설비를 하라'고 하는 것처럼 특정된 구체적 내용의 이행을 청구하는 것이 이행의 소이다. 원고의 이행청구를 법원이 인정하는 경우 법원은 '피고는 원고에 대하여 돈 100만원을 지급하라', '피고는 원고에 대하여 ○○시 ○○구 ○○동 ○○번지의 가옥을 명도하라'고 하는 것처럼 피고에게 이행을 명하는 형식의 판결을 하는 것이 보통이며 이것을 **이행판결**(履行判決)이라고 한다.

확인의 소
確認의 訴

권리·의무관계의 확인을 청구하는 소를 말한다. 예컨대 '○○시 ○○구 ○○동 ○○번지 소재의 토지 3,300제곱미터는 원고의 소유라는 것의 확인을 구한다'든가, '원고와 피고와의 사이의 2011년 10월 10일자의 일금 5,000만원정의 소비대차(消費貸借)에 기인한 채무는 존재하지 않는다는 확인을 구한다'[빌린 5,000만원을 변제했는데도 대주(貸主)가 아직도 되돌려받지 못하였다고 말하며 반제(返濟)를 강요하는 경우, 차주(借主)가 원고로 되고 대주를 피고로 하여 이와 같은 채무부존재확인의 소를 제기한다]고 하는 소이다. 첫 번째의 예에서 만약 피고가 원고의 토지에 불법침입하여 건물을 건축하였다면 '피고는 원고에 대하여 ××의 건물을 철거하고 ××의 토지를 명도하라'고 하는 것처럼 이행의 소를 제기하지 않으면 효과를 거두지 못한다. 이와 같은 침해행위가 아직 발생하지 않은 경우에는 첫 번째의 예와 같은 확인의 소로도 족하다. 그러나 아직은 침해가 없으나 장차 침해의 우려가 있는 경우에는 '피고는 ……의 토지에 침입하지 말라'는 형식의(부작위청구) 이행의 소를 제기할 필요가 있다.

형성의 소
形成의 訴

법률관계의 변동을 요구하는 소이다. 즉 '원고와 피고는 이혼한다'고 하는 판결을 구하기 위해 제기하는 소를 말한다. '원고와 피고는 이혼한다'고 하는 판결이 확정되면 지금까지 부부였던 원고와 피고는 부부가 아니라고 하는 효과가 형성된다. 따라서 원고인 갑이 피고인 을과 이혼하고 싶으나 을이 이혼에 동의하지 않는 경우, 갑쪽에 이혼할 정당한 원인이 있으면(민법 제840조) 갑은 을을 상대로 하여 '원고와 피고는 이혼한다'고 하는 판결을 구하기 위해 소를 제기한다. 이러한 소가 형성의 소이다.

을주식회사의 주주총회가 위법하게 소집되어 위법한 결의가 행하여진 경우(상법 제376조), 주주인 갑은 을주식회사를 상대로 하여 '피고 을주식회사의 1985년 7월 10일의 주주총회의 결의를 취소함'이라는 판결을 구하기 위해 소를 제기할 수 있다. 이 소에 대하여 '……결의를 취소함'이라는 판결이 내려져서 확정되면 지금까지 유효하게 존재하던 주주총회결의가 취소된다고 하는 형성력이 생긴다. 이 소도 또한 형성의 소이다.

그 밖에 A세무서가 잘못하여 전혀 소득이 없는 B에게 소득세를 부과한 경우, B는 '피고 A세무서의 원고 B에 대한 ○월 ○일 ××의 과세처분을 취소함'이라는 판결을 구하기 위해 소를 제기할 수 있다. 이것도 취소판결에 의하여 비로소 과세처분의 효력이 취소된다고 하는 효과가 형성되므로 **형성판결**(形成判決)이다. 공유물분할의 소(민법 제268조), 토지경계확인의 소, 지료를 정하는 소(민법 제366조 단서), 인지청구의 소(민법 제863조) 등은 판결의 내용이 법원의 재량에 맡겨져 있어서 예컨대 어떻게 경계선을 그을 것이냐 하는 요건이 법으로 정해져 있지 아니하므로 이것을 **형식적형성소송**(形式的形成訴訟)이라고 한다.

청구의 취지
請求의 趣旨
소의 결론부분, 즉 소로써 달성하려는 사회적·경제적 목적을 표시한 부분이다. 즉 소장 가운데서 '……판결을 구한다'고 쓰여져 있는 부분을 말한다. 소장에는 청구의 취지와 청구의 원인을 반드시 기재하여야 한다(민사소송법 제249조1항). 예를 들면 '○○시 ○○구 ○○동 ○○번지의 가옥은 원고의 소유임을 확인한다'는 판결을 구하거나, '피고는 원고에 대하여 일금 500만원을 지급하라'는 판결을 구하는 것 등이 그러하다. 원고는 피고와의 사이에서 어떤 권리·의무관계에 관하여 법원의 심리·재판을 구하고 있는가, 이것을 명시한 것이 청구의 취지이다. 소장의 청구취지를 보면 심판의 대상이 무엇인가를 이해할 수 있고, 법원의 판결은 이 청구를 인정하는가 인정하지 않는가의 형태로 내려진다.

청구의 원인
請求의 原因
청구취지와 같은 결론에 도달하기 위한 전제가 되는 실체법상의 권리 또는 사실관계를 표시하는 것을 말한다. 소장에는 청구의 취지와 청구의 원인을 기재하여야 한다(민사소송법 제249조1항).

청구의 취지는 원고가 어떤 내용의 판결을 구하고 있는가, 어떤 권리·의무에 관하여 심판을 구하고 있는가를 명시하는 것이다. 이에 대하여 청구의 원인은 이러이러한 원인사실이 있기 때문에 청구의 취지에 기재한 판결을 구

한다고 하는 것처럼 청구의 원인이 되는 사실을 기재한다. 이것을 **소의 원인**이라고도 한다.

청구의 기초
請求의 基礎
소에 의하여 주장하는 이익(청구이익)의 공통된 기초를 말한다. 예를 들면 갑은 을이 운전하는 자동차에 치어서 다리를 다쳐 장애인이 되었다. 갑은 을을 상대로 하여 치료비 350만원의 지급을 청구하는 소를 제기하였다. 갑은 이 소송에서 앞으로 일생을 장애인으로 지내야만 하는 정신적 고통에 대하여 5,000만원의 위자료에 대한 청구를 추가하였다. 치료비도 위자료도 모두 동일한 사고에서 발생한 것이고 기초가 공통되어 있으므로 소송의 도중에서 이와 같은 변경을 인정하여 동일한 소송절차로 심리·재판할 수 있도록 하고 있다(민사소송법 제262조).

예비적 청구
豫備的 請求
주된 주장에 관한 심판의 청구가 그 목적을 달성할 수 없는 경우에 대비하여 이것과 양립하지 않는 주장에 관해 보충적으로 행하는 심판의 청구를 말한다.

갑으로부터 을에 대하여 매매대금의 지급을 청구하고 만약 매매가 무효이기 때문에 매매대금의 지급청구가 인정되지 않는 때에는 이미 인도한 물건의 반환을 청구한다고 하는 경우, 물건의 반환청구는 예비적 청구이다. 법원은 제1의 매매대금청구를 인용하는 때에는 예비적 청구에 대하여 심판할 필요가 없게 되지만, 제1의 청구를 각하 또는 기각하는 때에는 예비적 청구를 심판하여야 한다.

일반적으로 소송행위에 조건을 붙이는 것은 심리를 불안정하게 하므로 인정되지 아니하나, 예비적 청구는 심리의 기초를 불안정하게 할 우려가 없으므로 인정되고 있다. 소의 제기시에 예비적 청구가 있으면 수가 병합되게 된다(소의 병합의 항 참조). 소송의 도중에서 예비적 청구가 있으면 청구(소)가 변경된다(청구의 변경의 항 참조).

민 사
소송법

소의 병합
訴의 併合

1개의 소송에서 당사자나 청구가 복수로 되어 있는 형태의 소를 말한다. 1명의 원고로부터 1명의 피고에 대하여 1개의 청구에 관하여 심판을 청구하는 것이 소의 기본형이다. 그러나 버스가 충돌하여 승객 50명이 부상한 경우, 50명이 따로따로 버스회사를 상대로 하여 손해배상청구소송을 제기하는 것보다도 50명이 공동하여 버스회사에 대한 소송을 제기하는 편이 여러 가지 점에서 편리하다. 이 경우의 50명을 **공동원고**(共同原告)라고 한다. 피고 측이 복수로 되는 경우를 **공동피고**(共同被告)라고 한다(공동소송의 항 참조).

갑이 을에 대하여 100만원의 대금채권을 가지고 있고 그 밖에 200만원의 물건을 판 매매대금도 가지고 있다고 하자. 이 경우 갑은 을을 상대로 하여 100만원의 대금청구와 200만원의 매매대금청구를 병합하여 1개의 소로 양쪽의 청구를 할 수 있다(민사소송법 제253조). 첫 번째 예와 같이 1개의 소송에서 원고나 피고가 복수로 되어 있는 것을 **소의 주관적 병합**(主觀的 併合) 또는 **공동소송**(共同訴訟)이라고 한다. 두 번째 예와 같이 1개의 소송에서 청구가 수개 병합되어 있는 것을 **소의 객관적 병합**(客觀的 併合)이라고 한다.

변론의 제한
辯論의 制限

법원이 심리의 편의상 변론을 제한하는 것을 말한다. 원고 갑과 피고 을이 구술변론에서 여러 가지 주장을 하고 있는 경우, 법원으로서는 그것을 방치해두면 심리가 산만하게 되어 정리할 수 없게 될 우려가 있다. 예컨대 갑은 을의 음주운전으로 인하여 부상을 입고 50만원의 손해를 입었다고 주장하고, 을은 자기가 취하지 않았고 갑이 신호를 무시했기 때문에 사고가 일어났다고 주장하고 또 갑의 손해는 5만원 정도라고 을이 주장한다고 하자. 법원으로서는 사고의 원인이 갑에 있는가 을에 있는가, 갑의 부주의인가 을의 부주의인가, 갑의 부상의 정도는 어느 정도인가, 치료비는 얼마 정도 소요되는가 등을 확인하지 않으면 안 된다. 따라서 갑·을에게 손해액의 변론을 뒤로 미루게 하고 사고의 원인에 관해서만 변론을 시키는 조치를 취한다. 이와 같이 심리의 편의상 변론을 제한하는 것을 변론의 제한이라고 한다(민사소송법 제141조).

변론의 분리
辯論의 分離

1개의 절차에 병합된 수개의 청구를 별개의 절차로 심판하기 위하여 분리하는 것을 말한다(민사소송법 제141조).

원고 갑은 피고 을에 대하여 100만원의 대금청구와 200만원의 매매대금청구를 병합하여 소를 제기했다(소의 병합의 항 참조). 법원이 이 소송을 심리하여보니 대금청구의 쪽은 간단하지만 매매대금청구의 쪽은 상품의 하자문제가 얽혀 있어서 꽤 복잡하고 심리도 시간이 걸린다는 것을 알게 되었다. 이런 경우 법원은 2개의 변론을 분리하여 따로따로 심리하고, 대금청구에 대하여는 빨리 판결을 내릴 수가 있다.

변론의 병합
辯論의 併合

동일한 법원에 계속하는 수개의 소를 1개의 절차로 심판하기 위하여 결합하는 것을 말한다.

예를 들면 갑은 을을 상대로 하여 2월 1일에 대금 100만원의 지급을 청구하는 소를 제기했다. 이보다 앞서 갑은 을에게 200만원의 상품을 팔고 그 대금의 지급기일이 3월 1일로 되어 있었으나 3월 1일이 지나도 을은 매매대금을 지급하지 아니하므로 3월 10일에 갑은 다시 을에 대하여 매매대금 200만원의 지급을 청구하는 소를 제기했다. 법원에 2개의 소가 제기되어 있는데 이것을 따로따로 심리하는 것보다도 함께 심리하는 것이 편리하다고 생각한 경우 법원은 변론의 병합을 명하고 양쪽의 청구를 1개의 절차로 심판할 수 있다(민사소송법 제141조).

민 사
소송법

중복제소의 금지
重複提訴의 禁止

소송계속 중인 동일사건에 대하여 이중으로 소를 제기하는 것을 금하는 원칙을 말한다. 이것을 이중제소(二重提訴)의 금지라고도 한다. 예를 들면 갑은 을을 상대로 하여 가옥명도청구의 소를 제기하고 현재 심리 중이다. 그러나 이 소송이 그다지 잘 진행되지 아니하므로 갑은 을을 상대로 하여 재차 가옥명도청구의 소를 제기했다. 이 경우 후의 소를 **중복제소(重複提訴)**라고 한다. 1개의 사건에 관하여 이중으로 법원을 괴롭히는 것은 1인이 법원을 독점하는 것이며, 다른 사건의 심리가 그만큼 늦어지게 된다. 법원은 공공기관이므로 사인의 재판제도 이용에는 한도가 있다. 따라서 현재 법원에서 심리를 받고 있으면 이중으로 심리를 받을 필요는 없다(권리보호의 이익이 없다). 「민사소송법」 제259조는 이러한 중복제소를 금지하고 있다.

청구의 변경
請求의 變更

소송 도중에 원고가 종전의 청구 대신에 새로운 청구로 바꾸거나 종전의 청구에 새로운 청구를 추가시키는 것을 말한다. 이것을 **소의 변경**이라고도 하며, 청구의 취지와 원인의 변경에 의하여 이루어진다. 예를 들면 갑은 을에게 주택의 건축을 부탁하고 도급대금 3,000만원을 지급했다. 그러나 을은 전혀 건축에 착수하지 아니하므로 갑은 을을 상대로 하여 '계약대로 주택을 건축하라'는 판결을 구하기 위해 소를 제기했다. 이 소송의 진행 중에 도급계약으로 정한 건축완성기한이 도래하고, 을이 도저히 계약을 이행할 수 없다는 것을 알았기 때문에 갑은 을과의 도급계약을 해제하고 을의 채무불이행을 이유로 3,500만원의 손해배상청구를 하려고 생각하고 있다. 이 경우 도급계약이행의 청구와 손해배상의 청구는 서로 관련이 있으므로 법원은 손해배상의 청구소송을 따로 심리하는 것보다도 전의 도급계약의 이행청구의 소송절차를 이용하여 손해배상의 청구를 심리하는 것이 더 편리하다. 「민사소송법」 제262조는 갑이 도급계약의 이행청구소송을 하고 있는 도중에 청구를 변경하여 손해배상청구로 바꾸는 것을 인정하고 있다. 이것이 청구의 변경이다.

중간확인의 소
中間確認의 訴

소송의 진행 중에 본래의 청구의 전제가 되는 권리관계에 관하여 당사자가 제기하는 확인의 소를 말한다. 예를 들면 갑의 소유인 카메라를 을이 망가뜨렸기 때문에 갑이 을을 상대로 하여 50만원의 손해배상청구의 소를 제기했다. 그러나 이 소송에서 을은 카메라가 갑의 소유라는 것을 부인하고 카메라는 을의 소유물이라고 주장했다. 이렇게 되면 갑으로서는 본래의 소의 목적인 손해배상청구권의 존재를 판결받기 위해서는 먼저 카메라가 갑의 소유라는 것을 명확히 해 두어야 한다. 「민사소송법」 제264조는 소송의 진행 중에 이와 같은 선결문제에 관하여 다툼이 생긴 경우, 갑은 손해배상청구의 소와 카메라의 소유권에 관한 확인의 소를 제기하고 양자를 함께 심리·재판받는 것을 인정하고 있다. 소송의 중간에서 제기되는 확인의 소이므로 중간확인의 소라고 한다.

변 론

변론주의
辯論主義

소송자료, 즉 사실과 증거의 수집·제출의 책임을 당사자에게 맡기고, 당사자가 수집하여 변론에서 제출한 소송자료만을 재판의 기초로 삼아야 한다는 원칙이다.

승소하기 위해서는 누구보다도 이해관계가 있는 당사자가 자기에게 유리한 소송자료

민 사
소송법

를 제출할 것이므로 그것에 관하여는 당사자에게 맡겨야 한다고 하는 사고방식과, 중립의 입장에 있는 법원이 그것에 개입하여도 소송자료의 수집에는 한계가 있으므로 무리하게 개입하면 불완전하게 되어 도리어 불공평하게 될 수도 있다는 것에 기인한다. 그리고 최근에는 당사자가 제출한 사실만을 판결의 기초로 할 수 있는 것은 상대방에게 '불의의 습격'을 부여하지 않기 위한 것이라는 견해가 유력하게 주장되고 있다. 따라서 한편으로는 당사자는 스스로 사실을 제출하고 스스로 증명하지 않으면 그 불이익은 스스로 부담하여야 하고 또 다른 한편으로는 법원은 당사자가 진술한 사실만을, 또한 그것에 관하여 다툼이 없으면 그대로 자백으로서 재판의 기초로 하여야 한다는 것이 된다. 예컨대 대금반환청구소송(貸金返還請求訴訟)에서 원고가 소비대차계약(消費貸借契約)의 체결사실을 주장하여도 그것을 증명하지 않으면 법원이 참작하지 않는 것은 물론이고, 피고가 변제를 하였고 그 사실이 증인의 증언에 의해 명백해지더라도 피고가 변제를 주장하지 않는 한 법원은 그 변제는 없었던 것으로서 재판하여야 한다. 또 실제로는 원고가 주장하고 있는 금전의 수수가 없었음에도 불구하고, 또한 법원이 증거조사에서 그것을 알았더라도 피고가 금전의 수령을 인정하거나 또한 일부러 그것을 다투지 않은 경우에는 법원은 그 금전의 수수가 있는 것으로 하여야 한다. 그러나 그것이 피고가 매매대금으로서 수취하였다고 잘못 생각하고 있는 경우, 법원은 석명권(釋明權)을 행사함으로써 그 점을 물어 밝히고 피고의 잘못되거나 불완전한 생각을 알아차리게 하여 소송자료의 제출에 관한 공평적정을 도모하여야 한다. 또 직권조사사항에 관하여도 소송자료의 제출책임은 당사자에게 있는데 그것에 관한 자백에는 법원은 구속되지 아니한다.

변론
辯論

정해진 기일에 수소법원의 공개법정에서 당사자 쌍방이 구술에 의하여 판결의 기초가 될 소송자료, 즉 사실과 증거를 제출하는 방법으로 소송을 심리하는 절차를 말한다. 이것을 **구술변론**(口述辯論)이라고도 한다.

당사자의 쌍방이 구술에 의한 진술로서 직접 법원에 소송자료(사실과 증거)를 제출하는 것이 심리의 방식으로 바람직할 뿐만 아니라, 민사소송의 근본원리인 공개주의·대심주의(對審主義)·구술주의·직접주의와도 용이하게 이어지기 때문이다. 따라서 판결을 하려면 특별한 규정이 있는 경우(민사소송법 제124조·제219조·제257조·제413조·제429조·제430조) 외에는 반드시 당사자의 변론에 의하지 않으면 안 된다(같은 법 제134조 1항). 이것을 **필요적 변론**(必要的 辯論)이라고 한다. 구술에 의하여 변론된 것만이 판결의 기초가 되고, 그 전부〔준비절차의 결과의 진술(같은 법 제287조), 종전 또는 제1심 변론의 결과의 진술(같은 법 제204조2항·제407조2항)도 포함한다〕가 기초로 되어야 한다. 이에 대하여 결정·명령에 의하여 재판하기 위해서는(같은 법 제28조·제62조4항·제82조2항) 변론의 여부는 법원 또는 법관의 재량에 의하여 정할 수 있으나(같은 법 제134조 1항 단서, 이것을 **임의적 변론**이라고 한다), 변론을 열지 않은 때에는 서면과 당사자의 심문(같은 조 2항)에 의하여 심리할 수 있고 변론을 여는 이상 필요적 변론의 규정에 따라 행한다. 공격·방어방법은 변론의 종결에 이르기까지 재판장이 정하는 기간에 따라 제출할 수 있으므로 변론기일이 몇 회에 걸쳐 어느 단계에서 제출하여도 변론은 같은 효과를 가진다(이것을 **변론의 일체성**이라고 한다. 같은 법 제147조). 또 당사자의 일방이 변론기일에 결석하여도 당사자가 제출한 소장, 준비서면 등에 기재한 사항은 진술한 것으로 간주하고 변론으로 의제하고 있다(같은 법 제148조).

민사
소송법

변론조서
辯論調書
변론의 경과를 명확하게 기록·보존하기 위하여 법원사무관 등이 기일마다 작성하는 서류를 말한다(민사소송법 제152조).

조서에는 변론의 형식에 관하여「민사소송법」제153조 각 호에 정하여진 형식적 기재사항을 갖추어야 한다. 실질적 기재사항(같은 법 제154조)은 변론의 내용에 관한 사항인데 그 내용의 전부를 기재할 필요는 없고 변론의 진행경과의 요지를 기재하면 족하다. 변론의 방식에 관한 사항, 예컨대 기일의 개시, 변론의 공개·비공개, 증인의 선서, 재판의 선고 등은 조서가 멸실하지 않는 한 조서의 기재에 의해서만 증명할 수 있을 뿐이고, 다른 증거로 증명하는 것이 허용되지 아니한다(같은 법 제158조). 그러나 변론의 내용이나 증거조사의 내용에 관하여는 조서만이 증거가 되는 것이 아니고 다른 증거에 의하여도 증명할 수 있다. 또 다른 한편으로는 당사자는 그 기재내용을 다툴 수가 있다. 또 법관도 조서에 기재되어 있지 아니한 사항도 판결에 이용할 수 있다.

석명권
釋明權
사건의 진상을 명료하게 하고 공정한 판결이 되도록 사실상 및 법률상의 사항에 관하여 당사자에게 질문하거나 그 입증을 촉구할 뿐 아니라, 널리 당사자가 간과한 법률상 사항을 지적하여 의견진술의 기회를 주는 법원의 권능을 말한다(민사소송법 제136조1항·4항).

판결은 당사자가 제출하는 사실과 증거에 의하여서만 행하여지는 것이므로 실체적 진실발견과 판결의 적정은 당사자 쌍방이 공정·대등한 힘을 가지고 있으며 또한 충분한 소송자료를 정확히 제출하는 것을 전제로 하여 비로소 기대할 수 있다. 그러나 실제의 소송에서는 반드시 그렇지 아니할 것이므로 당사자의 진술이나 공격·방어방법의 전부에 관하여 불명확이나 모순이 있는 경우에 이것을 명료하게 하기 위하여 법원이 당사자에게 진술시키거나, 당사자의 소송절차에 대한 무지나 오해 때문에 요증사실(要證事實)에 관해 필요한 증거의 진술을 하지 않는 때에 그 점을 주의시키는 권한을 가지고 있다. 특히 본인소송의 경우는 자기가 알고 있는 범위의 법률용어를 사용할 것이므로 그것이 정확하게 무엇을 의미하는가를 이해하기 위하여 질문한다. 예컨대 제작물공급계약에 의한 대금청구와 같은 경우에는 역시 계약의 실질적인 내용을 알지 못하면 정확한 법적 판단을 할 수 없으므로 그 점에 관한 당사자의 진술이 불충분한 경우에는 그 상세한 진술을 구하는 것이다.

수명법관
受命法官
법원합의부의 재판장으로부터 법률에 정해진 일정한 사항의 처리를 위임받은 그 합의부원인 법관을 말한다. 예컨대 수소법원(受訴法院) 외에서 증거조사를 하는 경우(민사소송법 제297조1항)라든가 당사자에게 재판상의 화해를 시키려고 권고하는 경우(같은 법 제145조)에 그 합의부원인 법관을 재판장이 지정하여(같은 법 제139조) 직무를 행하게 한다. 그 수명법관은 위임된 사항을 처리하기 위해서는 법원이나 재판장과 같은 권한이 부여된다(같은 법 제332조). 또 수명법관이 행하는 재판에 대한 불복신청은 직접 상급심에 항고할 수 없고, 먼저 수소법원에 이의를 신청하여야 한다(같은 법 제441조). 이 경우의 수명법관이 하는 재판이란 증인에 대한 과태료의 재판(같은 법 제311조·제318조), 증언 또는 선서거부에 관한 재판(같은 법 제317조·제326조) 등이다.

수탁판사
受託判事
소송이 계속하고 있는 법원의 촉탁을 받아 일정한 사항의 처리를 하는 판사를 말한다. 예컨대 소송이 계속하고 있는 법원보다도 멀리 떨어진 곳에서 증거조사를 하는 경우(민사소송법 제297조1항)와 당사자에게 재판상의 화해를 시키려고 권고하는 경우(같은 법 제145

조)에 다른 지방법원판사에게 증거조사를 의뢰할 수 있다. 이 경우 의뢰된 사항의 처리를 담당하는 판사를 말한다. 그 의뢰는 소송이 계속하고 있는 법원의 재판장이 하게 되는데(같은 법 제139조2항), 그 위촉을 받은 수탁판사는 정황을 판단하고 다시 다른 지방법원 판사에게 촉탁할 수 있다(같은 법 제297조2항).

수탁판사는 수소법원의 구성원은 아니지만 촉탁을 받고 이에 갈음하여 처리하는 것은 수명법관과 동일하므로 법원이나 재판장과 같은 권한을 가지고 있다는 것과, 수탁판사의 재판에 대한 불복신청은 직접 항고에 의하지 아니하고 수소법원에 이의를 신청하여야 한다는 것 등에서 수명법관(受命法官)의 경우와 동일하다(수명법관의 항 참조).

공격 · 방어방법
攻擊 · 防禦方法
자기의 신청의 기초를 만들기 위하여 제출하는 소송자료(진술 · 거증)의 전부를 말한다. 원고가 자기의 소의 신청이 적법하고, 소장에 기재한 대로 인용판결(認容判決)의 신청(본안의 신청)이 이유 있음을 주장하기 위하여 제출하는 일체의 소송자료를 공격방법이라고 하고, 피고가 소의 부적법이라는 것에 의한 각하의 신청 및 청구의 이유 없다고 하는 것에 의한 청구기각(請求棄却)의 신청의 기초를 만들기 위하여 제출하는 일체의 소송자료를 방어방법이라고 한다. 예컨대, 대금반환청구소송(貸金返還請求訴訟)에서는 원고가 대금채권의 성립의 기초를 만들기 위하여 먼저 소비대차계약(消費貸借契約)의 체결(합의와 금전의 수수)의 사실을 진술하는 것도 있을 것이고, 이에 대하여 피고는 대금채권의 성립을 다투고 그것을 부인하는 것도 있을 것이다(그 부인의 방법에서도 소비대차계약의 사실 그 자체를 부인하는 것도 있을 것이고, 금전의 수수만을 부정하는 것도 있을 것이고, 금전의 수령은 인정하지만 그것은 별도의 매매대금으로서 수령하였다고 하여 부인하는 경우도 있을 것이다). 그래서 원고는

금전대차의 사실을 증명하는 증거로서 차용증서를 제출한다. 피고는 또 착오나 허위표시(虛僞表示)로 인한 취소 · 무효를 주장한다. 또는 권리남용 · 기한의 유예가 있었다는 것(또는 쌍방계약이면 동시이행의 항변권) 등 권리행사를 저지할 항변을 주장할 것이고, 또 변제의 주장이나 소멸시효의 원용 등의 채권소멸의 항변을 제출할 것이다. 이에 대하여 원고는 이들의 항변을 부인하고 또한 착오에 대하여 중대한 과실이 있었다는 것, 취소에 대하여 추인(追認)이 있었다는 것, 시효의 원용에 대하여는 그 중단이 있었다는 것 등의 재항변(再抗辯)을 제출할 것이다. 그리고 원고 · 피고가 서로 증거를 제출한다. 이와 같은 청구원인사실의 주장 · 항변 · 재항변의 주장 · 부인 · 거증(擧證) 등의 전부를 공격 · 방어방법이라고 한다. 이들의 공격 · 방어방법 가운데서 예컨대 소유권확인의 소에서 매매 · 취득시효 · 상속 등의 취득원인 또는 전례에서의 변제 · 소멸시효 · 상계 등의 소멸원인 등, 그것만으로 다른 것과 독립적으로 판단할 수 있는 것을 특히 **독립된 공격 · 방어방법**이라고 한다.

진술
陳述
당사자가 자기의 신청의 기초를 만들기 위해 또는 상대방의 신청을 배척하기 위하여 사실상 또는 법률상의 상태에 관하여 자기의 인식 · 판단을 법원에 보고하는 행위를 말한다. 이것을 **주장**(主張)이라고도 한다. 이것에 거증을 보태어 공격 · 방어방법이라고 한다.

진술에는 사실상의 진술과 법률상의 진술이 있다. ① 사실상의 진술 : 변론주의하에서는 당사자가 진술한 사실만이 재판의 기초가 되므로 자기가 승소하기 위해서는 당사자가 사실을 진술하여야 하는데(주장책임), 그 사실은 구체적인 권리관계 또는 법률효과를 발생시키는 실체법상의 구성요건사실(주요사실 · 직접사실이라고 한다) ― 외계의 사실〔계약의 체결 · 물건의 인도 · 사람의 사망 · 시간의 경과 · 물건의 훼손뿐만 아니라 사람의 내

심적 사실(고의·과실·선의·악의·착오 등)〕－이고, 청구의 기초를 만들고 또는 배척하는 사실(항변)이다. 상대방이 이것을 인정하면 자백이 된다. 이에 대하여 주요사실의 존부를 추인시키는 간접사실이나 증거의 신빙성에 관한 보조사실은 당사자의 주장을 기다릴 필요도 없이 참작할 수 있고 또 상대방이 그것을 인정하여도 자백으로서 법원을 구속하지 않는다. ② 법률상의 진술 : 구체적인 권리 또는 법률관계의 존부나 개개의 법효과에 관한 진술을 말한다(광의로는 법률의 존부나 해석적용에 관한 진술도 포함하지만, 이것은 당사자의 의견으로서 법률상의 진술에는 들어가지 않는다고 하는 견해도 있다). 그중에서도 대금반환청구소송에서 원고가 대금채권의 존재를 주장하는 것처럼 소송물의 내용 자체를 이루는 권리관계의 진술(이때 피고가 그 주장을 승인하면 청구의 인낙이 되고, 원고가 스스로 부정하는 때에는 청구의 포기가 된다)과 소송물의 전제문제인 권리관계 또는 개개의 법효과의 진술을 하는 경우, 예컨대 소유권에 의한 물건의 반환청구 또는 소유권침해로 인한 손해배상청구소송에서 매매나 상속을 소유권의 취득원인으로서 주장하는 경우가 있다. 그러나 후자는 매매의 법률효과와 그것을 발생시키는 데 필요한 계약체결이라는 구성요건사실이 일체적으로 결합된 복합의 주장이므로 상대방이 권리관계나 법률효과를 다투는 때에는 그 매매계약의 체결에 관하여 주장 및 입증책임을 진다. 그러나 상대방이 그것을 승인하는 때에는 그 전체에 관한 주장 및 입증책임을 면하게 된다. 이것을 **권리자백**(權利自白)이라고 한다. 그 효력은 계약체결사실에 관하여 재판상의 자백으로서의 효력이 생기지만, 그 법률효과에 관하여는 법원도 당사자도 구속되지 아니한다.

적시제출주의
適時提出主義
변론의 종결시까지 당사자가 재판장이 정하는 기간 내에 공격·방어방법을 제출할 수 있다고 하는 원칙을 말한다(민

사소송법 제146조·제147조). 이것은 언제 제출되어도 1개의 공격·방어방법으로서 같은 효과를 가진다. 그러나 변론의 종결이란 항소심(抗訴審)의 그것을 말하므로 당사자가 처음부터 항소심에서 제출할 생각으로 공격·방어방법을 제1심에서는 제출하지 아니하거나, 중대한 공격·방어방법을 변론의 종결 직전에 처음으로 제출하여 상대방을 함정에 빠지게 하는 책략을 쓰거나, 소송을 질질 끄는 작전에 사용하는 것과 같은 폐단이 생길 우려가 있으므로 가사소송과 같은 직권탐지주의(職權探知主義)가 행하여지는 사항을 제외하고(이것은 그와 같은 폐단이 생기는 것을 감수하여도 실체적 진실의 발견이 필요하므로) 적시제출주의에는 다음과 같은 제한이 가해진다.

① 공격·방어방법이 제출되었으나 소송의 진행상태에서 보아 실제로 제출한 때보다 앞서 제출할 수 있었는데도 불구하고 고의로 또는 중대한 과실로 인하여 제출하지 않고, 뒤늦게 그것을 채택해서 소송의 완결을 지연하게 하는 경우에는 때를 놓친 공격·방어방법으로서 각하할 수 있다. 그러나 때를 놓친 것인가 아닌가의 판단은 제1·2심을 통하여 행하여진다(민사소송법 제149조1항).
② 당사자의 사실상 진술이나 항변이 무엇을 주장하려고 하는 것인가를 이해할 수 없거나, 또는 이해가 곤란한 경우에 재판장이나 법관의 석명권의 행사에 응하여 필요한 변명을 하지 않거나, 또 기일을 정하여 석명의 준비를 할 것을 명령받았음에도 불구하고, 그 기일에 출석하지 않은 경우에는 그 공격·방어방법은 각하된다(같은 조 2항).
③ 준비절차가 행하여지고 그 조서에 기재되지 아니한 사항은 변론에서 주장하지 못한다. 그러나 이것에는 예외가 있다(같은 법 제285조1항).
④ 중간판결이 행하여진 경우이다. 그 판결사항에 관한 공격·방어방법은 중간판결이 행하여진 이후에는 제출할 수 없게 된다.

이의
異議

상대방이 소송절차의 규정에 위배한 소송행위에 대하여 부당 또는 위법을 주장하는 것을 말한다. 이 이의를 하는 당사자의 권리를 **책문권**(責問權)이라고 한다.

당사의 위법소송행위의 대부분은 법관이 알 것이고, 알아차리지 못하면 당사자가 이것을 지적하고 법원은 그것을 배척한다. 특히 규정에 의하여 이의권을 인정하고 있는 경우에도 이의를 하지 아니한 때에는 이의권(異議權)을 잃는다(민사소송법 제73조·제74조·제151조·제266조6항). 그러나 재판기관의 행위에 대한 이의의 신청은 중요한 경우에는 법원이 재판한다. 예컨대 재판장의 변론지휘(같은 법 제135조), 석명권·구문권의 행사(같은 법 제136조), 석명준비명령(같은 법 제137조) 등의 변론의 진행에 대한 이의에 관하여는 법원이 결정으로 재판한다(같은 법 제138조). 또 수명법관·수탁판사의 재판에 대한 이의는 항고가 허용되는 재판에 한하여 소송이 계속하고 있는 법원에 이의신청을 하고, 이에 대하여는 결정으로 재판한다(같은 법 제441조).

책문권
責問權

당사자가 법원 또는 상대방의 소송절차에 관한 규정에 위배된 소송행위에 대하여 이의를 하고 그 무효를 주장하는 소송상의 권능을 말한다. 책문권을 전적으로 인정한 명문의 규정은 없으나, 당연히 그 행사가 인정된다.

소송절차의 진행은 법원이 지휘·감독하는 것이므로 절차규정에 위배된 소송행위는 배척되어야 하나, 법원도 그 위배를 간과하는 경우도 있을 것이므로 그것을 알아차린 당사자가 그것을 법원에 대하여 지적하고, 그 소송행위를 배척하거나 다시 할 것을 주장할 수 있는 것이 책문권이다. 그러나 책문권의 행사가 있으면 언제라도 그 하자 또는 소송행위가 무효로 되고 그것을 기초로 하여 진행되고 있는 절차를 무효로 해야 한다면 소송절차를 불안정하게 하고 또 소송경제에도 반한다. 그래서 소송절차규정에 위배된 소송행위라도 그것이 당사자의 이익의 보호를 목적으로 하는 사익규정의 위배인 때에는 그것에 의하여 불이익을 받게 될 당사자가 이에 대해 이의를 하지 아니한 때에는 무효로 할 필요가 없다. 그러므로 사익규정의 위반에 관한 한 책문권을 포기할 수 있게 되고, 당사자가 그 위배를 알고 있으면서 또는 당연히 알 수 있었는데도 지체 없이 이의를 하지 아니한 때에는 책문권을 잃는다고 하고 있다(민사소송법 제151조. 개정 민사소송법에서는 소송절차에 관한 이의권이라고 규정하고 있다). 따라서 책문권의 포기·상실에 의하여 그 위배로 인한 하자는 치유되게 된다.

이에 반하여 법원의 구성이나 법관의 제척(除斥), 반소(反訴)나 공동소송 등의 요건, 변론의 공개, 소송요건 등의 절차규정은 공익강행규정(公益强行規定)이며, 법원이 직권에 의하여 그 준수를 확보해야 할 경우이므로 책문권의 포기·상실에 의하여 그 절차규정의 위배는 치유되지 않는다. 사익규정의 주요한 예는 소제기의 방식, 소환, 송달, 참가신청의 방식에 관한 규정, 증거조사의 방식에 관한 규정 및 소송절차의 중단 또는 중지중의 행위에 관한 규정 등이다.

기일
期日

법원, 당사자 기타의 소송관계인(보조참가인·증인·감정인·경매인)이 모여서 소송행위를 하기 위해 정해진 시간을 말한다.

기일은 미리 법원 측에서 연월일과 개시시간을 표시하고 지정된다. 기일은 지정된 일시와 장소에서 재판장이 사건과 당사자의 호명으로 개시된다(민사소송법 제169조). 기일의 종료선언에 의하여 종료하며 그동안의 시간이 기일이다. 기일은 직권으로 또는 당사자의 신청에 따라 재판장이 지정하는데(같은 법 제165조1항), 이 경우 당사자 기타의 소송관계인에게 출석하도록 소환을 하여야 한다.

기일은 법원 측의 재량과 당사자의 신청에 의해 개시 전에 지정을 취소하고 새로운 기일을 정할 수 있다(**기일의 변경**이라고 한다). 그리고 변론의 최초기일이나 준비절차의 최초기일의 변경은 현저한 사유가 없는 때에도 당사자의 합의가 있으면 이를 허용하도록 되어 있다(같은 법 제165조2항).

소환장
召喚狀

법원이 기일을 지정한 경우 당사자 기타의 관계인에게 그 기일에 출석하도록 요구하기 위하여 법원서기관이 기일이 개시되는 일시·장소 등을 기재하여 작성·송달하는 서류를 말한다.

기일을 지정하여도 그것을 법원 기타 소송관계인이 모이는 일시를 지정할 뿐 출석요구를 포함하지 아니하므로 소환장을 송달하여 소환하는 것이다. 그 목적은 기일에 관하여 알리는 것이 되므로 그 사건에 관해 출석한 사람(기일에 출석한 경우는 물론 그 사건의 기록열람·서류제출·비용의 예납을 위해 출석한 경우도 포함된다)에게는 기일을 직접 고지하면 된다(민사소송법 제167조1항 단서). 따라서 기일 끝에 차회기일(次回期日)을 지정하여 고지하는 것만으로도 족하다. 즉 이와 같은 경우에는 소환장의 작성·송달은 필요가 없는 것이다. 또 소송관계인이 기일에 출석할 것을 기재한 서면을 제출한 때에는 소환장의 송달과 동일한 효력이 있다(같은 법 제168조).

송달
送達

당사자 기타의 소송관계인에 대하여 소송에 관한 서류의 내용을 알리기 위해 법정형식에 따라서 그 서류를 교부하는 재판기관의 행위를 말한다. 예컨대 참가신청을 양쪽 당사자에게 알리기 위한 것(민사소송법 제72조2항) 또는 소의 취하를 상대방에게 알리기 위한 것(같은 법 제266조4항)과 같이 소송상의 통지를 목적으로 하거나 또는 소장의 부본의 송달(같은 법 제255조1항)과 지급명령의 송달(같은 법 제469조1항) 등과 같이 소송행위의 효력발생을 목적으로 하거나 또는 기간의 진행을 위해 하는 것(같은 법 제396조1항 본문)이 있다. 어느 것이든 송달을 받는 자에게 서류의 내용을 확실히 알리는 것을 목적으로 하는 것이다. 또한, 송달서류를 보관해두고 그 내용을 둘러싼 후일의 다툼을 미연에 예방하려고 하는 것도 부차적인 목적이다. 송달을 받는 자는 당사자나 소송관계인 본인인데, 기타의 제한(무)능력자의 법정대리인(같은 법 제179조)이나 법인 기타의 사단 또는 재단에 대해서는 그 대표자 또는 관리인(같은 법 제64조), 교도소 또는 구치소에 구속된 자에게는 소장에 대하여 한다(같은 법 제182조). 송달에 관한 서류를 작성하거나, 송달의 방법을 결정하거나, 송달한 것의 증서를 보관하는 등의 송달사무를 취급하는 자는 법원사무관 등이며, 그 사무처리는 송달지의 지방법원 소속의 법원사무관 등에게 촉탁할 수 있다(같은 법 제175조). 송달하는 서류는 원칙적으로 서류의 원본이 아니고 등본인데 그 예외가 있다(기일의 소환장의 송달은 원본이고, 판결의 송달은 정본이다)(같은 법 제210조).

내용증명
內容證明

우편물의 발송인이 수취인에게 어떤 내용의 문서를 언제 발송하였다는 사실을 우편관서가 증명하는 등기취급제도를 말한다. 법률상 각종의 사건, 권리 등으로 후일 당사자 간의 분쟁 등이 생겼을 때를 대비하여 증거로서 소송이나 재판에 도움을 주기 위해 이용된다.

공시송달
公示送達

당사자의 송달장소가 불명하여 통상의 송달방법에 의해서는 송달을 실시할 수 없게 되었을 때, 법원서기관 등이 송달한 서류를 보관해 두고 송달을 받을 자가 나타나면 언제든지 그것을 그 자에게 교부한다는 것을 법원게시판에 게시함으로써 행하는 송달방법을 말한다.

송달서류를 송달받을 자에게 교부할 수 없는 경우에는 절차를 진행할 수 없으므로 교부하는 대신에 교부의 기회를 부여하는 것만으로써 송달한 것으로 간주하는 제도이다. 따라서 다른 송달방법을 취할 수 없는 경우에 최후의 수단으로서 인정된다. 공시송달은 당사자의 주소·거소 기타 송달할 장소를 알 수 없는 경우와 외국에서의 촉탁방법을 쓸 수 없거나 그 효력이 없을 것으로 인정하는 경우 법원사무관 등은 직권으로 또는 당사자의 신청에 따라 할 수 있으며(민사소송법 제194조1항), 위의 신청에는 그 사유를 소명하여야 한다(같은 조 2항). 그 절차는 소송이 계속하고 있는 법원의 재판장이 소송의 지연을 피하기 위하여 필요하다고 인정하는 때(같은 조 3항)와 원고가 소권(항소권 포함)을 남용하여 청구가 이유 없음이 명백한 소를 반복적으로 제기한 것에 대하여 법원이 변론 없이 판결로 소를 각하하는 경우에는 재판장은 직권으로 피고에 대하여 공시송달을 명할 수 있다(같은 조 4항). 재판장은 직권으로 또는 신청에 따라 법원사무관 등의 공시송달처분을 취소할 수 있다(같은 조 5항). 공시송달은 법원사무관 등이 송달할 서류를 보관하고 그 사유를 법원게시판에 게시하거나, 관보·공보 또는 신문에 게재하거나, 전자통신매체를 이용해서 공시함으로써 행한다. 또한 법원사무관 등은 공시송달을 행한 때에는 그 날짜와 방법을 기록에 표시하여야 한다(같은 법 제195조·민사소송규칙 제54조).

최초의 공시송달의 효력은 실시한 날부터 2주가 지나면 생긴다. 같은 당사자에게 하는 그 뒤의 공시송달은 실시한 다음 날부터 효력이 생긴다(민사소송법 제196조1항).

준비절차
準備節次

변론에서 집중적인 심리를 하는 준비로서 쟁점·증거의 정리 등을 하는 절차를 말한다. 변론을 준비하기 위해서는 준비서면의 제도가 있다. 그러나 복잡한 사건에서는 당사자가 직접 작성한 준비서면만으로는 충분한 변론을 준비할 수 없는 경우가 있다. 이러한 사건(합의사건)인 때에는 법원은 변론 전에 법관(합의부원)에게 준비절차를 명하고(민사소송법 제280조), 그 법관 입회하에 당사자에게 변론의 예행을 시키며, 쌍방의 주장이나 그것에 대한 응답을 명확히 시키고, 또 제출할 예정의 증거를 명확히 준비시킨다. 그것뿐만 아니라 법원이 불필요하다고 생각하는 쟁점을 줄이거나 증거의 신청을 철회하도록 권고한다. 이렇게 해두면 변론에서 미리 충분한 준비가 되어 있으므로 단숨에 집중심리(集中審理)를 할 수가 있다.

준비서면
準備書面

당사자가 변론에서 진술하려고 하는 사항을 미리 기재한 서면을 말한다. 원고·피고가 서로의 주장을 하는 것이 변론으로, 공개된 법정에서 행하여진다. 만약 법원이나 상대방이 갑자기 예기치 못한 주장을 하게 되면 즉석에서 곧 응답할 수 없기 때문에 미리 주장을 잘 검토할 여유가 필요하다. 「민사소송법」 제273조 이하에서는 준비서면의 제도를 규정하여 당사자는 변론기일 전에 변론에서 말하려고 하는 것을 준비서면에 기재하여 법원에 2통을 제출하며, 이때 법원은 1통을 보존하고 1통은 상대방에게 송달하게 되어 있다. 상대방은 이것을 읽고 반박하려면 역시 준비서면에 기재하여 법원에 제출한다. 이와 같이 준비서면을 교환하고 법원도 당사자도 충분히 준비하고 나서 변론기일에 임하기 때문에 원활하게 변론이 진행된다. 그러나 실무에 있어서는 변론의 기일 전에 상대방이 충분히 준비할 수 있는 만큼의 여유를 가지고 제출되고 있지 않다고 한다.

재판상의 자백
裁判上의 自白

그 소송의 변론 또는 수명법관(受命法官) 또는 수탁판사(受託判事)의 신문기일에서 당사자의 일방이 상대방이 주장한 자기에게 불이익한 사실이 진실이라고 진술하는 것을 말한다.

예를 들면 대금반환청구사건에서 피고가 확실히 원고로부터 금전을 차용한 일이 있다고 하는 경우, 그것은 변론조서에 명확하게 기재될 필요가 있다. 자기에게 불이익한 사실의 진술이란 그 사실이 확정되면 소송의 전부 또는 일부가 패소될 가능성이 있는 경우를 말한다. 그러나 그 사실이 자기에게 불이익하다는 인식은 필요 없고 그 사실이 판결의 기초로 된다는 인식이 있으면 충분하다. 법원에서 당사자가 자백한 사실은 그것이 법률요건을 구성하는 사실(앞의 사례에서는 돈을 빌렸다는 사실)인 한, 어떤 증거에 의한 판단을 필요로 하지 않고 판결의 기초로 된다(민사소송법 제288조 본문). 원래 사실은 증명된 때에 확정된다고 하는 것이 보통이다. 변론주의하에서는 당사자 간에 '다툼이 없는 사실'은 확정된 것으로서 판결의 기초로 하지 않으면 안 된다. 따라서 재판상의 자백이 행하여지게 되면 그 사실에 관하여는 법관의 자유로운 심증에 의한 판단이 허용되지 않게 된다.

이와 같은 효력을 가진 자백을 당사자가 취소할 수 있는가에 관하여는 「민사소송법」에 규정되어 있다. 자백한 당사자가 자기가 진술한 내용이 진실에 반하고, 또한 착오에 인한 것임을 증명한 경우에는 취소할 수 있게 되어 있다(같은 조 단서). 이밖에 명문규정은 없으나 상대방의 동의가 있는 경우, 그

것으로 인하여 형사상 처벌을 받을 타인의 행위로 자백을 한 경우(같은 법 제451조1항5호), 같은 법 제94조(당사자의 경정권)에 의한 경우에는 그 취소를 할 수 있다고 해석되고 있다.

의제자백
擬制自白

당사자가 변론이나 준비절차에서 상대방이 주장하고 있는 자기에게 불이익한 사실을 명백히 다투지 않은 경우와 변론기일이나 준비절차기일에 출석하지 아니한 경우에 상대방이 주장하는 사실을 자백한 것으로 간주하는 것을 말한다(민사소송법 제150조1항 본문·3항 본문).

상대방의 사실의 주장에 대하여 이것을 다투면 상대방에게 그것을 증명할 필요가 생기고(그 사실을 모른다고 주장하는 것은 다툰 것이 된다), 그것을 인정하면 재판상의 자백이 된다. 그러나 굳이 인정하는 것은 아니지만 그렇다고 해서 적극적으로 부인하는 것도 아닌 경우에는 그 사실의 증명이 필요 없다고 하기 위해서 자백한 것으로 간주하고, 법원은 그것을 진실한 것으로서 재판의 기초로 하지 않으면 안 된다. 다투었는가 아닌가의 판단은 변론의 종결 후에 있어서 변론의 전체에서의 종합적 관찰에 의하여 하지 않으면 안 된다. 따라서 제1심에서는 다툰 것이 명백하지 않다고 판단되어도 항소심(抗訴審)에서 다투면 자백으로 간주되지 아니한다(그러나 경우에 따라서는 같은 법 제149조에 의하여 그 부인은 각하되는 일이 있고, 또 준비절차 중에 다투지 아니했기 때문에 같은 법 제285조1항에 의하여 변론에서 다툴 수 없게 되는 일도 있다). 즉 재판상의 자백과 달리 의제자백에는 당사자에 대한 구속력은 없다(재판상의 자백의 항 참조). 당사자가 변론기일 또는 준비절차기일에 결석했기 때문에 출석한 상대방이 소장이나 답변서 기타의 준비서면에 기재하여 예고해둔 사실이 자백으로 간주되는 경우에도 의제자백으로는 간주되지 않는 예외가

있다. 출석한 상대방 주장의 사실을 다툴 것을 소장이나 답변서 기타의 준비서면에 기재해두고 또한 그것이 진술된 것으로 간주되는 경우(같은 법 제148조), 준비절차에서 다툰 경우, 제1심에서 다툰 경우(항소심의 변론기일에는 결석하였으나), 공시송달에 의한 소환을 받은 경우 등이다.

현저한 사실
顯著한 事實

소송에서 특히 조사할 것까지도 없이 이미 법관이 명확하게 알 수 있어서 조금도 의심할 여지가 없을 정도로 인식하는 사실, 특히 증거에 의하여 그 존부를 인정할 필요가 없는 사실을 말한다(민사소송법 제288조). 그러나 단순히 법관이 개인적으로 확신을 갖는 것만으로는 불충분하고, 보다 엄밀하고 또한 객관적일 것이 요청된다. 따라서 민사소송에 있어서 현저한 사실을 이유로 하여 증거불요(證據不要)로 되는 것은 **일반공지**(一般公知)의 사실과 **직무상 현저한 사실**에 한정되어 있다.

공지의 사실
公知의 事實

보통의 지식과 경험이 있는 사람들이 그 존부의 확실에 관하여 조금도 의심을 가지지 않을 정도로 알려져 있는 사실을 말한다. 법관도 알고 있는 것이 아니면 안 된다는 것은 당연한 것이다. 그 인식의 방법·시기 등은 묻지 않는 것이며 사회의 일원으로서의 지위에서 알고 있으면 충분하다.

판례에서 공지의 사실로 되어 있는 것은 자연현상(일본 동북부에서 2011년 3월 대지진에 의한 재해가 발생한 사실), 생리현상(분만소요일수, 통계상의 평균연령), 정치적 현상(세계 정치에 있어 중국의 영향력 부상), 경제적 현상(어떤 시기에서의 물가의 등락, 조세·공과금의 증감), 교통·통신상의 현상(편지의 도달을 요하는 시간, 일정한 장소에서 어떤 물건이 보이는가 안 보이는가의 사실) 등이다.

다툼 없는 사실
다툼 없는 事實

변론에서 당사자 간에 다툼이 없는 사실을 말한다. 당사자가 변론에서 상대방이 주장한 사실을 명백히 다투지 않고 변론의 전취지에 의하여도 다툰 것이라고 인정되지 않는 때에는 그 사실을 자백한 것으로 보게 된다(민사소송법 제150조). 이것을 **의제자백**(擬制自白)이라고 한다(개정법에서는 '**자백간주**'라고 함). 명시적인 자백은 없다고 하더라도 당사자의 거동 기타 변론의 전취지에 의하여 어떤 사실에 대하여 당사자에게 다툼이 없다는 것이 명백하게 인정되는 때에는 다툼이 없다는 사실이라는 점에서 자백과 같은 것이 되므로 이것이 판결의 기초로 되는 것이다. 다투었는가 안 다투었는가는 상대방이 주장한 때의 상태가 아니고 변론종결시의 상태에서 판단된다. 다만, 변론의 전취지에 의하여 그 사실을 다투고 있다고 인정되는 경우에는 의제자백으로 되지 않는 것은 물론이다. 또 상대방의 주장사실에 대하여 알지 못한다고 진술한 때에는 그 사실을 다툰 것으로 추정한다.

반증
反證

상대방이 입증책임을 지는 사실을 부정할 목적으로 그것과 반대의 사실을 증명하기 위하여 입증책임(立證責任)이 없는 당사자가 제출하는 증거방법을 말한다. **본증**(本證)이 목적을 달성하기 위해서는 요증사실(要證事實)에 관하여 법관에게 확신을 갖게 하지 않으면 안 되는데, 반증은 반대의 사실에 관하여 법관에게 확신을 갖게 할 필요는 없다. 본증에 의한 법관의 심증형성(心證形成)을 방해하거나 동요시키고, 그 사실에 관하여 진위불명의 상태로 만드는 정도에서 그 목적을 달성할 수가 있다. 이것에 의하여 상대방의 본증에 의한 요증사실의 증명은 실패하고, 입증책임의 원칙에 따라서 그 상대방이 불이익한 판단을 받는 결과가 된다.

본증·반증의 구별은 그 제출자의 입증책임의 유무에 의하는 것이고, 원고·피고의 지위에 의하는 것이 아니다. 예컨대 항변을 제출한 피고는 그 항변사실에 관하여 입증책임을 지며 그것을 증명하기 위해 피고가 제출하는 증거는 본증이고, 이 항변사실의 입증을 방해하기 위하여 원고가 제출하는 반대사실의 증거는 반증이다. 반증은 본증과 동시에 또는 사후에 행하여진다.

부인
否認
당사자가 변론에서 상대방이 주장하는 사실에 대하여 그 사실은 진실이 아니라고 주장하는 것을 말한다. 예컨대, 대금반환청구소송에서 피고가 '돈을 차용한 일이 없다'고 하는 단순한 부인(**단순부인**)과 원고가 '돈을 대여했다'(소비대차)고 하는 데 대하여 피고는 '돈을 받았지만 그것은 무상으로 받은 것이므로(증여) 소비대차가 아니다'고 답변하는 것과 같은 부인의 이유를 진술하는 경우가 있다(**이유부인**). 후자의 경우, 피고는 소비대차라고 원고가 주장하는 사실과 다른 증여라고 하는 다른 사실을 주장함으로써 간접적으로 상대방의 주장사실을 부인하게 된다. 변론주의하에서는 당사자가 자백한 사실과 현저한 사실은 증명을 필요로 하지 아니하므로(민사소송법 제288조 본문) 법원은 부인된 사실에 한하여 증거에 의해 인정하게 된다. 또 알지 못한다고 한 진술은 부인으로 추정된다(같은 법 제150조2항).

부지
不知
소송의 당사자가 상대방이 주장한 개개의 사실에 대하여 그런 것이 있었는가 없었는가를 모른다고 답변하는 것을 말한다. 당사자가 상대방의 주장사실에 대하여 대응하여 다투지 않는 때에는 그 주장사실이 진실한가 아니한가를 조사하지 않고 판결의 기초로 되는 불이익을 받게 된다. 그런데 상대방이 주장하는 사실에 대하여 부지로써 답변하는 것은 허용되지 않는 것

이 원칙이다. 즉 부지의 진술은 당사자가 상대방의 주장사실을 다툴 의사인가 아닌가 불분명한 것으로 보아야 하기 때문이다. 그러나 자기의 행위가 아닌 사실과 자기가 실험한 것이 아닌 사실에 대하여 그 진부(眞否)의 답변을 요구하는 것은 당사자에게 가혹하므로 이 경우에는 부지의 진술로서 답변한 사실은 이것을 다툰 것으로 추정하고 있다(민사소송법 제150조2항). 이것을 부인과 동일하게 취급하여 **추정적 부인**(推定的 否認)이라고도 한다.

가정항변
假定抗辯
1개의 항변이 법원에 의해 인정되지 않는 경우가 있는 것에 대비하여 같은 목적을 달성하기 위해서 예비적으로 이것과 양립하지 않는 항변을 하는 것을 말한다. 반격하기 위한 주장인 항변은 가정적(예비적)으로도 할 수 있다. 즉 2개의 사실의 진술이 서로 모순되어 일관하지 않는 경우에는 취지의 불명료로서 기각되는 일이 있는데, 1개의 사실의 존재가 부정됨으로써 공격·방어의 목적이 달성되지 않는 경우에 대비하여 미리 이것과 동시에 만일 그 사실이 긍정되면 법률상 무의미하게 되는 다른 사실을 가정적으로 진술해두는 것은 허용되며, 항변에 관하여도 같다. 예컨대 대금반환청구소송에서 피고가 '돈을 차용한 사실은 없다. 가령 차용하였다고 하더라도 이미 변제하였다'고 항변하는 경우와 같은 것이다.

상계의 항변
相計의 抗辯
소송에서 원고의 소송물인 채권을 피고가 갖고 있는 반대채권으로써 피고가 상계를 한다고 하는 주장을 말한다. 대부분의 경우는 원고의 채권이 존재하면 이것을 자기의 반대채권으로 상계한다고 하는 것이 보통이다(이것을 **예비적 상계의 항변**이라고 한다).
매매대금청구소송에서 피고는 먼저 그 매매계약 그 자체를 다투고, 그것이 받아들여지지 않은 경우에는 변제한 것을 주장하고,

그래도 역시 원고의 청구권이 존재하면 자기가 갖고 있는 반대채권으로 상계한다고 말하는 것이다. 따라서 법원도 피고의 다른 주장의 조사를 끝내고 비로소 이것을 채택한다.

상계의 항변의 법적 성질에 관하여는 다툼이 있다. 이것을 순수한 소송행위로 보는 입장도 유력하지만, 다수설과 판례는 사법행위와 소송행위가 병존하고 있다고 보는 **병존설**(倂存說)을 취하고 있다. 또 항변에 관하여는 원칙적으로 기판력은 생기지 않으나, 상계의 항변에 관해서만은 예외적으로 상계를 대항한 액수에 한하여 기판력이 생긴다(민사소송법 제216조2항). 왜냐하면 이것에 기판력을 인정하지 않으면 상계의 항변을 배척하여 그 반대채권의 존재를 주장하고 다시 한 번 그 채권에 관하여 소송이 행하여지기 때문이다. 따라서 상계의 항변을 배척한 경우는 반대채권의 부존재가 기판력으로서 확정되고, 상계의 항변을 인용하여 청구를 기각한 경우에는 상계로 대항한 가액의 한도에서 수동채권(受動債權)과 자동채권(自動債權)이 함께 존재하고, 그것이 상계에 의하여 소멸한 것으로 확정된다.

본증
本證

입증책임을 지는 당사자가 그 사실을 증명하기 위하여 제출하는 증거방법을 말한다. 법원은 입증책임을 지는 당사자가 제출한 본증이 불충분한 것이면 상대방의 반증을 조사할 필요는 없다. 본증은 요증사실(要證事實)에 관하여 법관에게 확신을 갖게 할 필요가 있는 데 반하여, 반증은 단순히 본증에 관하여 법관이 갖고 있는 확신을 방해하고 또 동요시키는 정도로 충분하다. 왜냐하면 그 정도로는 요증사실의 진부가 불명확하게 되어 입증책임을 지는 당사자가 불이익한 판단을 받게 되기 때문이다. 원고가 청구원인인 사실을, 또 피고가 항변사실을 입증하기 위하여 제출하는 증거방법은 보통 본증이다.

증거
證據

법원이 사실의 진위를 판단하기 위한 자료를 말한다. 재판을 하기 위해서는 법원은 법률의 적용에 앞서 당사자에 의하여 주장되는 사실을 조사하고 그 사실의 진위를 판단하여야 한다. 이 사실의 진위를 판단하기 위한 자료가 증거이다. 바꾸어 말하면 법관이 사실확정을 하기 위한 자료이며, 오감의 작용에 의하여 획득하는 소송상의 수단·방법과 그 획득한 자료 등을 가리키며 다음과 같이 여러 가지 의미로 사용되고 있다.

① **증거방법**: 당사자가 법원에 사실의 진위를 판단시키기 위하여 그 조사를 요구하고 또 법원이 사실인정의 자료를 얻기 위하여 조사하는 유형물을 말하며, 증인·감정인·당사자 본인·문서·검증물의 5종이다.

② **증거자료**: 법원이 증거방법을 조사함으로써 감지한 내용, 즉 증언·감정의견·증거방법으로서의 당사자 본인의 진술·문서의 기재내용·검증의 결과 등이 이에 해당한다.

③ **증거원인**: 법원이 사실인정을 함에 있어서 현실로 그 심증의 기초가 된 증거자료나 정황, 즉 증거조사의 결과·법관이 신용할 수 있는 증언·변론의 전취지(全趣旨) 등이다.

④ **증거능력**: 증거로 될 수 있는 자료, 즉 증거방법이 증거의 적격을 가지는 것을 말한다. 모든 증거방법은 원칙적으로 증거능력을 가지고 있으나, 「민사소송법」상에서는 예외적으로 증거능력을 제한하거나 부인하고 있는 것이 있다. 증거조사에 의하여 법원이 직권 또는 당사자의 신청에 의하여 당사자신문을 인정하는 것(민사소송법 제367조)은 전자의 예이고, 특정사항에 관하여 특정인에게 증인의무를 지우지 않는 것(같은 법 제304조~제306조)은 후자의 예이다.

⑤ **증거력**: 증거조사의 결과 법원이 입증의 객체에 관하여 심증을 얻게 된 효과를 그 증거의 입장에서 보아 증거력이라고 한다.

이 밖의 종류로서 인증과 물증, 본증과 반증, 직접증거와 간접증거, 단순증거와 종합증거 등 여러 가지로 분류되어 있다.

소명
疏明
증명에 비하여 낮은 정도의 개연성, 즉 법관이 일단 확실할 것이라는 추측을 얻은 상태 또는 그와 같은 상태에 이르도록 증거를 제출하는 당사자의 노력을 말한다.

소명은 법관에게 경도(輕度)의 심증을 얻게 하는 간단한 것이므로 소송절차상의 파생적인 사항(예 : 민사소송법 제73조1항, 민사집행법 제46조2항)이나 급속하게 심리가 요망되는 경우에 허용되고 있다. 소명은 이와 같이 소송을 신속하게 행할 필요가 있는 경우이거나 비교적 경미한 소송절차상의 사항에 대해서 인정되는 것이므로 그 방법은 즉시 조사할 수 있는 증거, 예컨대 변론이 개시되는 경우, 그 기일에 재정하고 있는 증인이나 그 기일에 즉시 조사할 수 있는 증거에 의하여야 한다(민사소송법 제299조1항). 따라서 소환을 필요로 하는 증인이나 제출명령을 필요로 하는 서증·현장검증 등은 소명의 방법으로 취하지 않는다. 그래서 소명의 대용으로서 법원의 재량에 의하여 당사자에게 보증금을 공탁시키거나 또는 그 주장사실이 진실하다는 것을 선서시키는 등의 방법을 취할 수 있게 하고 있다(같은 조 2항). 이러한 경우에 보증금을 공탁한 당사자 또는 법정대리인이 허위의 진술을 한 것으로 밝혀진 때에는 보증금을 몰취할 수 있으며(같은 법 제300조), 또 선서한 당사자 또는 법정대리인이 허위의 진술을 한 때에는 200만원 이하의 과태료에 처할 수 있다(같은 법 제301조).

간접증거
間接證據
주요사실을 간접으로 증명하기 위하여 사용되는 증거, 즉 주요사실의 존부를 생활경험상 추측시키는 사실(**간접사실**) 및 직접증거의 증거능력 및 증거가치에 영향을 주는 사실(**보조사실**)의 존부를 증명하기 위하여 사용되는 증거를 말한다. 이에 대하여 소송상 적용되어야 할 법률요건에 해당하는 사실(**주요사실**), 예컨대 대금반환청구소송에서 소비대차계약을 체결한 사실의 존부를 직접으로 증명하기 위하여 사용되는 증거(예 : 차용증서)를 **직접증거**(直接證據)라고 한다.

예컨대, 대금반환청구소송에서 미리 피고가 원고에게 돈을 차용하고 싶다고 의뢰한 사실이 있다면 그때 피고가 자금난을 겪고 있던 사실은 직접증거와 함께 원고·피고 간의 소비대차계약이 성립된 사실을 추측시키는 간접사실이며, 이러한 사실을 증명하기 위한 증거가 간접증거이다. 또 증언의 신빙성을 명확히 하는 보조사실인 증인의 기억력 등을 밝히는 감정 등도 간접증거이다. 소송에서 주요사실의 인정이 직접증거만으로 행하여지는 것은 드물고, 그것과 간접사실·보조사실과의 종합에 의하여 행하여지는 것이 보통이며, 특히 간접사실을 통하여 경험칙에 의해 주요사실의 존부가 인정되는 것이 많다.

주장책임
主張責任
변론주의하에서 당사자는 주요사실을 주장하지 않으면 유리한 법률효과의 발생이 인정되지 않을 위험 또는 불이익을 부담하게 되는데, 이와 같은 당사자 일방의 위험 또는 불이익을 말한다.

민사소송에서는 당사자변론주의를 채택하고 있으므로 법원은 당사자가 변론에서 주장한 사실만을 판결의 기초로 채택할 수 있을 뿐이다. 예컨대, 대금반환청구소송에서 피고가 대금을 변제하였는데도 불구하고 그 사실을 소송에서 주장하지 않으면, 비록 법원이 그 변제의 사실을 알고 있었다고 하더라도 그것을 판결의 기초로 채택할 수는 없다. 이와 같이 어떤 사실이 당사자에 의하여 주장되지 않았기 때문에 판결의 기초로 되지 않고, 소송에서도 그것이 어떤 고려도 받지 못한다는 불이익을 받게 된다. 이 불이익의 귀속 또는 어떤 사실을 주장하지 않는 것으로 인한 패소의 위험을 **주장책임**이라고 한다.

결석
缺席

변론기일에 당사자가 출석하지 않은 경우 또는 출석하더라도 변론을 하지 않는 경우를 말한다. 이 경우 기일의 종류 및 양쪽 당사자가 결석하였는가, 한쪽 당사자만이 결석하였는가에 따라서 취급이 달라진다.
① 양쪽 당사자가 결석한 때에는 증거조사기일(민사소송법 제295조), 판결선고기일(같은 법 제207조2항)과 같이 당사자가 출석하지 않더라도 행할 수 있는 경우를 제외하고는 재판장은 다시 기일을 정하여 양쪽 당사자를 소환하여야 하고, 다시 정한 기일에도 양쪽 당사자가 결석하였거나 변론을 하지 아니한 때에는 1월 내에 기일지정의 신청을 하지 않으면 소의 취하가 있는 것으로 본다. 또 1월 내에 기일지정신청에 의하여 정한 기일에 출석하지 아니하거나 출석하더라도 변론하지 아니한 때에는 역시 소의 취하가 있는 것으로 본다(같은 법 제268조).
② 한쪽 당사자가 결석한 경우에는 결석판결을 하는 입법례도 있으나 우리「민사소송법」은 이를 인정하지 않는다. ㈎ 본안에 관하여 처음으로 변론을 행하는 기일에 당사자의 일방이 결석한 때에 또는 출석하여도 본안변론을 하지 아니한 때에는 그 제출한 소장·답변서 그 밖의 준비서면에 기재한 사항을 진술한 것으로 간주하고 출석한 상대방에 대하여 변론을 명할 수 있다(같은 법 제148조). ㈏ 변론의 속행기일(續行期日)에 한쪽 당사자가 결석한 때에는 출석한 당사자에게 변론을 시키는데, 결석당사자가 전회의 기일 후에 제출한 준비서면이 있더라도 그것은 진술한 것으로 간주되지 않는다(이 점에 관하여는 이설이 있다). 이상의 것은 준비절차(같은 법 제286조), 항소심(같은 법 제408조), 상고심(같은 법 제425조) 등에도 준용된다.

문서제출의무
文書提出義務

문서를 소지하고 있는 자(당사자 또는 제3자)가 법률이 규정한 일정한 경우에 그 문서를 제출하라는 명령이 있으면 그 명령에 따라서 문서를 제출해야 하는 의무를 말한다. 이 의무를 부담하는 경우(민사소송법 제344조)는 다음과 같다.
① 당사자가 소송에서 인용한 문서를 가지고 있는 때
② 신청자가 문서를 가지고 있는 사람에게 그것을 넘겨 달라고 하거나 보겠다고 요구할 수 있는 사법상의 권리를 가지고 있는 때(민법 제475조, 상법 제277조1항·제448조2항·제466조1항 등)
③ 문서가 신청자의 이익을 위하여 작성되었거나, 신청자와 문서소지자 간의 법률관계에 관하여 작성된 것인 때(상업장부·계약서) 등이다. 이 문서제출명령에 응하지 않을 때에는 법원은 문서의 제출을 구한 자의 주장을 진실한 것으로 인정할 수 있고(민사소송법 제349조), 제3자가 문서의 제출명령에 응하지 아니한 때에는 법원은 결정으로 500만원 이하의 과태료에 처한다(같은 법 제351조). 과태료처분에 대하여는 즉시항고할 수 있다.

원본
原本

서류를 작성하는 자가 그 내용을 확정적으로 표시한 것으로서 최초에 작성한 서류를 말한다. 이 원본은 **정본**(正本)·등본·초본 등의 기본이 된다. 판결의 원본(민사소송법 제206조·제211조2항), 공정증서의 원본(공증인법 제43조·제66조), 어음원본(어음법 제67조·제68조) 등이 있다. 원본에는 보통 서류를 작성한 자가 서명날인하여야 하고, 공문서의 경우 등 법률상 일정한 장소에 보존하여야 하는 경우가 많다. 또한 원본으로서 수통이 동시에 작성되는 것이 있는데 이 경우는 모두가 원본으로서의 효력을 갖는다.

검증
檢證

사람을 신문하여 그 진술을 증거로 하는 것이 아니고 사람의 신체·모습을 검사하여 그 결과를 증거로 하는 것과 같이 법관이 다툼 있는 사실의 판단 기초로 하기 위해 그 사실에 관계되는 물체를 자기의 감각으로 스스로 실험하는 증거조사를 말한다. 검증의 대상으로 되는 것을 **검증물**(檢證物)이라고 하고, 오관으로 지각할 수 있을 것이면 생물·무생물·유체물(有體物)·무체물(無體物) 등 모두가 검증물이 된다.

검증의 신청은 검증물과 이에 의하여 증명되는 사실을 표시하고(민사소송법 제289조·제364조), 그것이 상대방이나 제3자의 소지 또는 지배하에 있는 때에는 그 자에게 제출을 명령하거나 그의 송부를 촉탁하도록 법원에 신청하여야 한다(같은 법 제343조·제347조~제350조·제352조·제366조1항). 정당한 이유 없이 상대방 또는 제3자가 이 명령에 응하지 아니한 때에는 검증을 신청한 자의 주장을 진실한 것으로 인정할 수 있고(같은 법 제349조·제350조·제366조1항), 제3자가 정당한 사유 없이 검증목적물의 제출명령에 응하지 아니한 때에는 법원의 결정으로 200만원 이하의 과태료에 처하게 된다. 이때 법원의 결정에 대하여 즉시항고를 할 수 있다(같은 법 제366조2항).

당사자신문
當事者訊問

당사자 본인이나 그에 대신하여 소송을 수행하는 법정대리인을 증거방법의 하나로 하여 그가 경험한 사실에 대하여 신문하는 증거조사를 말한다(민사소송법 제367조~제373조).

당사자신문은 당사자를 증인과 동일하게 증거조사의 대상으로 하여 그의 진술을 증거로 하는 것이므로, 법원이 소송관계를 명백하게 하기 위하여 당사자 본인 또는 법정대리인에게 출석을 명하고 사실의 내용에 대하여 행하는 질문(같은 법 제140조)과는 다르다.

당사자신문은 다툼 있는 사실에 대하여 전혀 증거가 없거나, 이미 행한 증거조사에 의하여 법원이 나툼 있는 사실에 대하여 그 존부를 판단할 수 없는 경우에 한하여 보충적으로 행할 수 있다(같은 법 제367조). 이것은 당사자가 해당 소송의 주체이기 때문에 그다지 증거력을 기대할 수 없는 것이 보통이고 또 자기의 이해에 관계되는 것에 대하여 진술을 강요하는 것은 가혹하기 때문이다. 당사자신문을 위한 소환과 그 신문의 절차에는 증인신문의 규정이 준용되고(같은 법 제373조), 본인과 법정대리인을 함께 신문하는 것도 가능하다(같은 법 제372조).

반대신문
反對訊問

증인신문의 방법으로서의 상호신문제도(相互訊問制度)하에서 신문을 신청한 당사자가 신문(**주신문**)한 다음에 그 상대방이 행하는 신문을 말한다. 이 반대신문은 상호신문 가운데서 가장 중요한 역할을 한다. 왜냐하면 일반적으로 반대신문을 받는 증인은 신문을 신청한 당사자에게는 유리한 증언을 하고, 반대신문을 하는 당사자에게는 불리한 증언을 한다. 반대신문은 이러한 불리한 증언의 모순을 지적하고 빠진 내용을 이끌어 냄으로써 증인의 신용성을 떨어뜨리는 데 목적이 있다. 따라서 반대신문에 의하여 검토되지 않은 증언은 별로 가치가 없다. 반대신문을 하는 방법 여하에 따라서 소송의 승패에 큰 영향을 미치는 경우가 많기 때문에 상대방은 이를 소홀히 해서는 안 된다.

증거보전
證據保全

정규의 증거조사의 시기까지 기다리고 있으면 그 증거방법을 사용하는 것이 곤란한 경우에 미리 본안의 절차와는 별도로 증거조사를 하는 절차를 말한다.

현재의 재판에서는 소송에서 비록 원고 또

는 피고가 자기에게 유리한 사실을 주장하여도 상대방이 그 사실에 대하여 다투면 증거에 의하여 증명할 필요가 있다. 그래서 소를 제기하기 전에 증거를 확보해두지 않으면 소송에서 증거를 이용할 수 없는 우려가 있다. 예컨대 중요한 증인이 될 사람이 고령으로 언제 사망할지 모르는 경우라든가, 상대방이나 제3자가 갖고 있는 장부나 기타의 문서를 소송이 제기된 후에는 아마도 은닉하거나 멸실해버릴 우려가 있어 그것을 이용하는 것이 곤란하게 되거나 불가능하게 될 우려가 있는 경우에는 미리 증거를 확보해둘 필요가 있다. 이와 같이 그 증거의 확보를 꾀하는 것을 **증거보전**이라고 한다(민사소송법 제375조).

증거보전의 필요가 있는 경우에는 법원에 소를 제기하기 전이나 또는 이미 소를 제기한 후에도 법원에 신청할 수 있다. 신청은 소를 제기하기 전에는 신문을 받을 자나 문서를 소지한 자의 거소 또는 검증물의 소재지를 관할하는 지방법원에 하여야 하고, 소를 제기한 후에는 그 증거를 사용할 심급의 법원에 신청하여야 한다(같은 법 제376조). 또 급박한 경우에는 소송을 제기한 후에도 소제기 전과 같은 지방법원에 신청할 수 있다. 증거보전신청에는 상대방의 표시, 증명할 사실, 보전하고자 하는 증거, 증거보전사유 등을 명시하고 증거보전사유를 소명하여야 한다(같은 법 제377조). 증거보전절차도 소송절차의 하나이므로 당사자가 참여하여야 한다. 따라서 증거조사기일에는 신청인과 상대방을 소환하여야 한다. 다만, 긴급을 요하는 경우에는 예외로 한다(같은 법 제381조). 불법행위의 현장을 검증하려고 할 때 상대방인 불법행위자를 지정할 수 없기 때문에 기일을 열 수 없는 경우 등에는 법원은 상대방이 될 자를 위하여 특별대리인을 선임할 수 있고(같은 법 제378조), 보전할 각 증거방법의 조사는 보통 조사방식에 의한다(같은 법 제375조).

소송의 종결

판결
判決

법원이 변론주의에 근거하여 「민사소송법」 제208조(판결서의 기재사항 등)에 정하여진 일정한 방식에 따라 판결원본(判決原本)을 작성하고 선고라는 엄격한 방법으로 당사자에게 고지하는 재판을 말한다. 판결에 의하여 재판하는 사항은 통상의 소송에서는 소·상소(항소·상고)의 적법성, 소송물인 권리주장의 당부, 그리고 중간판결사항(민사소송법 제201조) 등이다. 기타 가압류·가처분절차·공시최고절차에서 판결이 행하여지는 것이 있다.

판결은 원칙적으로 변론에 근거하여야 하기 때문에 판결하는 법원은 그 변론에 관여한 법관에 의하여 구성되어야 하지만(같은 법 제204조1항), 변론을 거치지 않고 판결을 하는 예외적인 경우(같은 법 제124조·제219조·제413조·제430조1항)는 이 원칙이 적용되지 아니한다. 먼저 판결의 내용은 단독판사인 경우에는 그 의견에 따라서, 또 합의부인 경우에는 그 합의부원의 과반수의 의견에 따라서 정해지며, 이를 기초로 판결원본을 작성하여(같은 법 제208조) 그것을 당사자에게 선고함으로써 판결이 성립되고 효력이 생긴다. 판결의 선고는 선고기일에 공개법정에서 재판장이 판결원본에 의하여 그 주문을 낭독하고 이유의 요지를 설명하여 행한다(같은 법 제206조). 판결원본은 판결 선고 후 지체 없이 법원서기관 또는 서기에게 교부되고, 법원서기관 또는 서기는 판결원본에 근거하여 **판결정본**(判決正本)을 작성하고 이것을 당사자에게 송달한다.

종국판결
終局判決

소 또는 상소에 의하여 소송이 계속된 사건의 전부 또는 일부를 현재 계속되고 있는 심급의 소송사건으로서 완결시키는 판결을 말한다. 판결은 변론을 거쳐서 하는 것이 원칙이므로 그 변론이 종료된 때 또는 변론을 거치지 않는 때에는 서면심리(書面審理)에 의하여 법원의 결론이 나올 수 있는 상태로 되었을 때에 법원은 판결을 하여야 한다(민사소송법 제198조). 예컨대, 소송요건이나 상소를 위한 적법요건에 부족한 점이 있다는 것을 알게 되면 그 소나 상소는 부적법으로서 소각하(訴却下)나 상소각하(上訴却下)의 판결(**소송판결**)을 하고, 또 피고의 항변(抗辯)의 하나라도 인정되는 때에는 청구기각(請求棄却)의 판결을 하고, 또는 소송요건의 전부와 청구의 이유에 필요한 사실의 존재가 인정되면 **청구인용판결**(이행판결·확인판결·형성판결)을 한다. 이러한 판결에 대하여 다시 불복을 신청하는 상소가 제기되면 상소심에서 소송이 계속되므로 소송사건 전체로서는 최종적으로 완결되지 않으나, 그래도 이러한 판결은 그 심급에서의 소송사건을 완결하는 것이므로 종국판결이다. 따라서 상급심의 환송판결(還送判決)이나 이송판결(移送判決)도 그 상급심에서의 사건의 심리를 완결하는 점에서 종국판결이다. 종국판결에는 사건을 완결하는 범위에 따라서 전부판결·일부판결·추가판결이 있고, 또 소송요건의 흠결 때문에 소송물의 실체적 판단을 하지 아니하고 소각하를 하는 소송판결과 소송물에 대한 실체적 판단을 내리는 **본안판결**(本案判決)이 있다.

전부판결
全部判決

소송이 계속되어 있는 사건의 전부에 대하여 결론을 내릴 수 있는 상태로 된 때 그 전부를 동시에 재판하는 종국판결을 말한다.

예컨대 1개의 청구의 전체에 대하여 판결하는 경우는 물론이고, 원고가 처음부터 1개의 소에 의하여 매매대금청구와 대금반환청구의 두 개를 병합청구(併合請求)한 경우(민사소송법 제253조) 또는 법원이 소송지휘로서 변론의 병합을 명하였기 때문에 1개의 소

송에 의하여 수개의 청구가 병합심리되고 있는 경우(같은 법 제141조), 또 피고가 반소를 제기하였기 때문에 본소청구(本訴請求)와 반소청구(反訴請求)가 병합심리(併合審理)되고 있는 경우(같은 법 제269조1항) 등에 있어서 그 전부의 청구가 재판할 수 있는 상태로 된 때에는 동일한 1개의 판결에 의하여 전부의 청구에 대하여 재판되는 경우이다. 다만, 이 경우 외관상은 1개의 판결이라도 실질상은 수개의 판결이라고 하는 의견도 있다. 전부판결에 대하여 상소가 제기된 때에는 전청구(全請求)에 대해 상소심(上訴審)에서 2심의 효력이 생기고, 또 판결이 확정되는 것을 방지하는 효력이 생긴다.

일부판결
一部判決

동일 소송절차에 의해 심판되는 사건의 일부를 다른 부분에서 분리하여 먼저 완결하는 종국판결이다. 즉 소송사건의 일부를 다른 부분과 분리하여 독립적으로 재판할 수 있는 상태로 된 때에 그 부분만을 재판하는 것을 말한다(민사소송법 제200조).

예컨대 원고가 피고에 대하여 100만원의 매매대금청구와 50만원의 대금반환청구를 병합하여 주장하고 있는 경우에 원고가 매매계약의 체결을 증명하고, 피고가 대금지급이 끝나지 않은 것을 다투지 아니하므로 매매대금청구의 부분만 독립적으로 재판한다든가, 수인의 연대채무자에 대한 소송에서 그중의 1명만이 주장사실을 인정하였기 때문에 그 자에 대한 판결을 한다든가, 본소와 반소 중의 한쪽을 판결한다든가, 또는 법원이 수개의 소송에 대해 변론의 병합을 명한 경우에 그중의 1개에 대하여 재판한다든가 하는 경우이다.

그러나 일부판결을 하는가 안하는가는 법원이 재량으로 결정한다. 일부판결이 행하여진 경우에는 그것은 종국판결이므로 독립하여 상소의 대상으로 되고, 또 그것만으로 확정된다. 또한 사건의 성질상 일부판결이 허용되지 않는 경우가 있다. 예컨대 필요적공동소

송(必要的共同訴訟)의 경우, 청구의 예비적 병합(豫備的倂合), 독립당사자참가소송(같은 법 제79조) 등의 경우이다.

중간판결
中間判決
소송의 진행 중에 문제가 된 실체상 또는 소송상의 각개의 쟁점을 미리 판단·해결해두고 종국판결을 준비하기 위해서 행하여지는 판결을 말한다. 중간판결은 다음의 세 가지의 경우에 허용된다(민사소송법 제201조). ① 다른 주장이나 항변에서 분리하여 독립적으로 판단할 수 있는 법률요건에 관한 주장, 또는 항변인 독립된 공격·방어방법 ② 소송요건의 존부의 판단, 소취하의 무효의 판단과 같은 소송상의 사항이나, 소송행위의 효력에 관한 당사자 간의 다툼으로 변론에 의한 심리를 필요로 하는 경우 ③ 청구의 원인과 가액의 양쪽에 다툼이 있는 때에는 먼저 그 원인의 존재를 인정하는 경우인데, 이것을 특히 **원인판결**(原因判決)이라고 한다.

중간판결을 선고하면 그 법원은 이에 구속되고, 종국판결에는 이 중간판결의 판단을 기초로 하여 재판하여야 한다. 중간판결에는 이 이상의 효력이 없으므로 이에 대해서만 독립의 상소는 허용되지 않고, 종국판결에 대한 상소에 의하여 이와 함께 항소법원의 판단을 받는다(같은 법 제392조). 당사자는 그때 새로운 공격·방어방법을 제출하고 이에 불복을 신청할 수 있다.

원인판결
原因判決
청구의 원인과 가액의 양쪽 모두 다툼이 있는 경우에 먼저 원인이 정당하다는 것을 판단하는 중간판결을 말한다(민사소송법 제201조). 예컨대 매매대금청구소송에서 피고가 그 가격은 물론이고, 매매계약 그 자체를 다투고 있는 경우에 먼저 가격이 얼마였는가의 판단을 뒤로 미루고, 그 계약체결의 존부·그 유효무효·변제·상계 등이 있었는가 없었는가 등을 심리하고, 그 매매대금채권의 존재를 인정할 것인가에 대하여 행하여지는 중간판결

이다. 그 후 따로 대가의 가액의 심리에 착수하면 되는 것이다. 불법행위로 인한 손해배상청구소송이나 부당이득의 반환청구소송 등의 경우에는 특히 유용하다. 그러나 원인판결 후에 생긴 사실(예 : 변제)을 주장하고 그 사실에 근거하여 원인판결에서 인정된 채권의 존재를 다투며 종국판결에서는 이것을 부정할 수도 있다. 그러나 그렇지 않는 한 종국판결에서는 이 원인판결의 판단을 기초로 하여야 한다.

본안판결
本案判決
소에 의하여 제기된 청구, 즉 원고의 권리주장이 실체법상 이유가 있는가 없는가, 또는 상소에 의한 불복의 주장이 실체법상 이유가 있는가 없는가를 판단하는 종국판결을 말한다. 계속한 소송이 소송요건을 구비하거나 제기된 상소가 상소의 적법요건을 구비하면 법원은 반드시 본안판결을 하여야 한다. 그것은 결국 원고의 청구가 이유 있다고 하는 원고승소의 청구인용판결(請求認容判決)이거나, 이유 없다고 하는 원고패소의 청구기각판결이다. 또는 상소인승소의 상소인용판결과 상소인패소의 상소기각판결, 청구인용판결은 소에 의한 청구의 종류에 따라서 이행판결·확인판결·형성판결(**창설판결**)로 분류된다.

상소인용판결은 원판결을 취소 또는 파기하고 나서 자판하는 종국판결과, 자판하지 아니하고 환송(還送) 또는 이송(移送)하는 종국판결로 분류된다.

판결의 경정
判決의 更正
판결의 내용에는 오류가 없으나 잘못된 계산이나 기재, 그 밖에 이와 비슷한 잘못이 있음이 분명한 때에 이것을 정정하는 것을 말한다(민사소송법 제211조1항).

경정은 당사자의 신청에 의해서 법원이 직권에 의하여 또는 상급심의 계속 중이나 확정 후에도 할 수 있는데, 이것은 결정으로 하여야 한다. 이 결정을 **경정결정**(更正決定)이라고 한다. 경정결정이 행하여지면 그 판결은 처음부터 경정된 대로 선고된 것으로 된다.

판결의 누락
判決의 漏落

법원이 소송상의 청구 전부에 대하여 재판을 할 생각으로 판결하였으나 실제로는 청구의 일부분밖에 판결하지 않은 것, 즉 판결을 유탈한 것을 말한다. 이와 같은 경우 판결되지 않은 청구는 아직도 그 법원에 계속되고 있으므로(민사소송법 제212조1항) 그것에 대하여 판결을 하여야 한다. 이 판결을 **추가판결**(보충판결)이라고 한다. 누락한 부분에 대하여 심리가 완료되어 있으면 기본인 변론에 관여한 법관은 그대로 추가판결을 내리면 되지만, 그렇지 않으면 변론을 재개하고 심리를 속행한다. 판결의 누락은 판결되어야 하는 청구에 대하여 생기는 것이며 개개의 공격·방어방법에 대하여 판단하지 아니한 경우에는 판결의 누락으로 되지 아니한다. 이 경우 당사자는 상소에서 다투고, 판결확정 후에는 재심사유(再審事由)로 된다(같은 법 제451조1항9호).

형식적확정력
形式的確定力

종국판결이 상급법원에 의하여 취소될 가능성이 없어진 취소불가능의 상태를 말한다. 종국판결에 대하여 통상의 불복신청방법인 상소(항소·상고)의 방법이 없어져서 그 종국판결이 상급법원에 의하여 취소될 가능성이 없어진 것을 **형식적확정**(形式的確定)이라고 한다. 종국판결에 대해서는 당사자가 상소하면 상급법원은 그것에 응하여 심리하고 이것을 취소하는 일이 있을 수 있으나, 그것은 당사자의 불복신청이 있는 경우에 한하므로 당사자에게 통상 인정되고 있는 불복신청의 방법이 없어지면 그 판결은 그 소송절차에서는 취소되는 일은 없고, 이와 같은 취소불가능성을 형식적확정력이라고 한다. 판결이 이와 같은 형식적확정력을 가지고 있는 경우에 판결은 확정되었다고 하고, 이 판결을 **확정판결**(確定判決)이라고 한다. 판결의 내용에 근거한 효력인 기판력·집행력·형성력은 이 형식적확

정력을 전제로 하여 생긴다. 이 형식적확정력이 생기는 시기는 (1) 상고심판결이나 당사자간에서 항소를 하지 않는 합의(민사소송법 제390조1항 단서)가 있기 때문에 항소권이 발생하지 않는 것과 같이 처음부터 불복신청을 할 수 없는 판결이면 그 선고와 동시에 확정한다. (2) 상소기간의 경과 전에 상소권을 가진 자가 그 항소권을 포기하면(같은 법 제394조) 그 포기와 함께 확정된다. (3) 상소제기의 기간 내에 상소를 제기하지 아니하고 그 기간이 경과하면 그 기간만료에 의하여 확정된다. (4) 일단 상소를 제기하여도 상소기간 경과 후에 상소를 취하하거나 상소가 각하되면 그때에 확정된다.

기판력
既判力

확정된 종국판결에 있어서 청구에 대한 판결내용은 당사자와 법원을 규율하는 새로운 규범으로서의 구속력을 가지게 된다. 따라서 이후에 동일한 사안이 문제가 되어 당사자가 이전 판결에 반하여 동일한 내용의 소송을 되풀이하는 것이 인정되지 아니하며, 어느 법원도 다시 재심사하여 그와 모순·저촉되는 판단을 해서는 안 된다는, 확정판결에 부여되는 통용성 내지는 구속력을 말한다. 일단 재판을 하면서 전의 재판의 내용과 다른 판단을 하게 된다면 영원히 그 사건을 해결하지 못하게 되며, 법원이 되풀이하여 같은 사건의 처리를 해야 하는 낭비뿐만 아니라, 특히 승소당사자가 모처럼 소송을 수행하여 승소를 얻은 것이 무의미하게 되어버리기 때문이다. 따라서 같은 사건에 대하여 전의 판결과 모순된 판결이 행하여진 때에는 재심의 소에 의하여 이것을 취소할 수 있다(민사소송법 제451조1항10호). 기판력을 가진 판결은 형식적확정력을 가진 종국판결인데, 소송물인 권리주장의 당부에 대하여 판단한 본안판결은 물론, 소송요건의 흠결을 이유로 소를 각하한 소송판결도 기판력을 가진다. 외국판결은 「민사소송법」 제217조의 요건을 구비하는 한 기판력이 생

긴다. 또 판결 이외에도 재판상의 화해(부정하는 학설도 있으나 판례는 기판력을 인정한다), 청구의 포기·인낙, 소송비용액확정결정과 같은 결정도 기판력을 가진다(소송상의 화해, 청구의 포기·인낙에 기판력을 부정하는 유력설이 있다). 원칙적으로 항변에 대한 판단에는 기판력은 생기지 않으나, 상계의 항변에 대해서는 기판력이 생긴다(같은 법 제216조2항).

법원이 이 기판력에 구속되는 것은 확정판결에 의하여 재판된 사항 그 자체가 이후 소송의 소송물이 되는 경우뿐만 아니라, 그것이 다른 소송사건에서 선결문제가 되는 경우도 포함한다. 기판력의 유무는 직권조사사항이고, 기판사항이 이후 소송의 소송물인 경우에는 권리보호의 이익이 없다고 보아야 한다(그 취급에 관하여는 권리보호의 이익의 항 참조). 기판력의 법적 성질에 관하여는 학설이 나누어져 있다. 확정판결이 당사자 간의 계약과 같은 실체법상의 법률요건의 일종으로서 새로이 창설된다고 보는 **실체법설**(實體法說), 판결이 확정된 이상 그 법적 권위에 의하여

소송절차상에서만 후소의 법관이 선소의 판결 내용에 구속된다고 보는 **소송법설**, 일반적·추상적인 법규범이 판결에 의하여 개별적·구체적인 법규범으로 구체화·창설된다고 보는 **법규범설**(法規範說) 등이 있다.

기판력의 범위
旣判力의 範圍
기판력이 무엇에 관하여, 누구와 누구와의 사이에, 그리고 어느 때를 기준으로 하여 생기는가의 범위를 말한다. 위의 것을 각각 기판력의 객관적 범위·주관적 범위·시간적 범위라고 한다. 기판력은 판결에 의하여 재판된 소송물에 대하여 또 그 범위에 대하여 생긴다(민사소송법 제216조). 예컨대 차임청구소송에서는 주장된 일정기간의 차임청구권(借賃請求權)에 대해서만 기판력이 생기는 것이고, 그 전제문제인 임대차계약의 존부나 유효·무효에 대한 판단에는 기판력이 생기지 않는다(예외 : 상계의 항변·민사소송법 제216조2항 참조). 또 기판력은 원칙적으로 원고·피고의 소송당사자에게 생기지만, 이에 한하지 않고 그 소송물인 주장된 권리·의무에 대해서는 당사자와 동일하

[기 판 력]

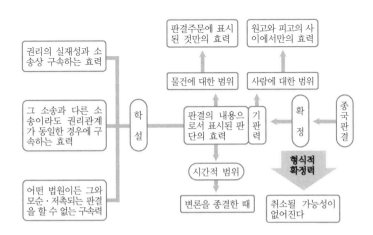

게 간주되는 자, 예컨대 당사자의 상속인이나, 합병회사 등의 포괄승계인(包括承繼人)이나, 소송물의 이전을 받은 특정승계인과 같은 자와, 당사자나 그 승계인을 위하여(소송물이 특정물인도청구와 같은 경우에) 청구의 목적물을 소지하는 자(예 : 관리인이나 수탁자 등)에게도 기판력은 미친다(같은 법 제218조1항). 소송당사자가 일정한 자격에 의하여 타인의 권리·의무에 대한 소송을 수행한 경우에는 기판력은 소송물인 그 타인의 권리·의무를 확정하는 것이므로 그 타인에게도 기판력이 미치게 된다(같은 법 제218조3항). 그리고 소외의 제3자가 종래의 당사자 일방에 가입하고, 당사자가 소송에서 탈퇴한 경우에는 그 탈퇴한 자에게도 기판력이 미친다. 기타 예외적으로 소외의 제3자에게 확장되는 경우도 있다(상법 제190조·제240조·제376조·제380조·제381조, 가사소송법 제21조). 그런데 기판력이 생기는 종국판결은 사실심의 변론종결까지 제출된 소송자료(사실과 증거)에 의하여 행하여지므로 기판력이 생기는 시점은 이때를 기준으로 한다. 따라서 그때까지 존재한 사유에 근거한 소송자료를 제출하지 않아서 패소한 경우에는 그 후 그것을 이유로 기판력을 번복하는 것은 허용되지 않으나, 그 후에 생긴 사유를 주장하여 기판력 있는 판단을 번복할 수는 있다.

형성력
形成力
확정된 형성판결(形成判決)의 내용에 따라서 법률관계의 변동(발생·변경·소멸)을 발생시키는 효력을 말한다. 예컨대 어떤 주주총회의 소집방법이나 결의방법이 법령·정관에 위반하였다면 그 결의는 이를 취소하는 형성판결에 의하여 비로소 취소된다. 이 판결이 갖는 결의취소의 효력이 형성판결의 형성력이다. 어떤 특정한 법률관계의 변동이 관계당사자뿐만 아니라 널리 제3자에게 영향을 주는 경우에 그 권리변동을 명확하고 획일적으로 발생시키기 위해 당사자에게 소를 제기시키고

판결로써 그 효력을 발생시키는 것이다. 따라서 형성판결의 형성력이 당사자 간에 한하지 않고 '제3자에 대하여도 그 효력이 있다'고 법률이 규정하는 경우가 많으며, 또 명문규정이 없는 경우에도 통설은 그렇게 인정하고 있다. 그러나 그 근거에 관하여는 형성판결의 존재를 법률요건으로 하고 이에 의하여 형성의 효과가 생긴다고 하는 견해와, 형성요건이 기판력을 갖고 확정되는 것에 근거한다고 하는 견해가 대립하고 있다.

기속력
羈束力
법원이 일단 선고한 재판(판결·결정·명령)을 법원이 취소·변경·철회할 수 없는 구속력을 말한다. 이것을 **자박성**(自縛性)이라고도 한다.
법원이 스스로 재판해두고 변경한다면 재판이 반복되어 끝이 없게 되고, 법적 안정성을 해치게 되기 때문에 이와 같은 구속력이 인정되고 있다. 그러나 기속력에는 다음과 같은 예외가 있다. 결정·명령에 관한 항고에 대하여 일반적으로 재판의 경정이 인정되어 있고(민사소송법 제446조), 소송지휘에 관한 결정·명령은 언제든지 취소할 수 있게 되어 있다(같은 법 제222조).

결정
決定
임의적 변론 또는 서면심리에 의하여 법원이 행하는 재판을 말한다. 예컨대 제척·기피의 재판(민사소송법 제46조), 참가허가 여부에 대한 재판(같은 법 제73조), 청구의 변경의 불허가재판(같은 법 제263조) 등의 소송절차상의 사항, 변론의 제한·분리 및 병합(같은 법 제141조)이나 증거결정 등의 소송의 지휘에 관한 사항, 그리고 집행방법의 이의에 대한 재판이나 채권의 압류명령과 같은 집행절차에서의 법원의 처분 등이 결정에 의하여 판결된다. 지급명령·압류명령·추심명령·전부명령(轉付命令)·가압류명령·가처분명령 등은 명령이라고는 하지만 그 법적 성질은 결정이다. 결정은 고지와 동시에 성립된다고 해석되고 있다. 결정은 명령과 마찬가지로

원칙적으로 법원이 상당하다고 인정하는 방법에 의하여 고지하면 된다. 예컨대 변론 중에 행하여지는 결정은 그 기일 중에 출석하고 있는 당사자에게 선고하면 고지된 효력이 인정되는데 기타 내용증명, 통상의 등기우편 또는 통상의 우편에 의하여도 된다. 그러나 예외가 많다는 것에 주의하여야 한다(같은 법 제211조2항, 민사집행법 제183조 등).

결정은 원칙적으로 그것을 행한 법원을 구속하지만, 소송지휘에 관한 결정과 명령은 언제든지 취소할 수 있다(민사소송법 제222조). 결정에 대한 불복신청의 방법은 원칙적으로 항고하고(같은 법 제439조), 그리고 종국판결 전의 결정은 특히 불복신청의 금지가 있는 경우를 제외하고는 종국판결과 함께 상급심의 판단을 받는다(같은 법 제465조2항).

명령
命令
재판장·수명법관(受命法官)·수탁판사(受託判事)가 행하는 재판을 말한다. 이 점에서 법원이 행하는 판결이나 결정과 구별되는데, 재판사항은 법원이 결정으로써 재판해야 하는 경우 이외에는 대체로 결정의 경우와 동일하고, 성립에 관해서도 동일하다. 또한 불복신청방법에 관하여도 합의부의 재판장이 기일에 있어서 소송지휘에 관하여 행한 명령이나 수명법관 또는 수탁판사의 명령에 대하여 소송이 계속하고 있는 법원에 이의신청을 하는 이외에는 결정에 대한 불복신청의 방법과 동일하다.

가집행의 선고
假執行의 宣告
종국판결의 확정 전에 그 판결에 근거하여 집행할 수 있는 것을 허용하는 재판을 말한다. 판결은 형식적확정력을 갖추어야 비로소 효력이 생기며, 집행력도 동일하다. 이행판결(종국판결)이 행하여지더라도 상대방의 상소에 의하여 소송이 계속되면 확정도 그만큼 늦어지게 된다. 그러나 그동안에 채무자의 재산상태가 악화되어 확정을 기다려서 집행하려는 때에는 집행이 잘 이루어지지 않을 가능성이 높다. 그렇다면 승소판결을 얻는다고 해도 무의미하므로 예외적으로 확정을 기다리지 않고 집행을 할 수 있도록 인정한 제도가 가집행의 선고이다. 따라서 상대방이 상소를 하여도 집행은 계속된다(경우에 따라서는 집행의 정지 또는 취소가 명해지는 일이 있다). 그러나 채무자인 상대방 측에서 본다면, 상소에 의하여 그 판결을 취소할 가능성이 남아 있는데도 자기의 재산에 대하여 집행당하는 것이므로[더욱이 가압류·가처분 등과 달라서 가집행이라고는 하지만 그 집행의 효력은 확정판결의 집행과 같으므로(민사집행법 제24조), 그 판결이 상급심에서 취소되어도 이미 완료한 집행절차는 무효로 되지 아니한다], 가집행의 요건을 엄격하게 하는 한편, 판결이 취소되거나 또는 변경된 경우에는 지급물의 반환은 물론이고, 손해배상도 무과실책임으로서 인정되고 있다. 또한 그것은 피고의 신청에 의하여 그 판결을 취소, 변경하는 때에 명해진다(민사소송법 제215조2항). 가집행의 요건은 먼저 재산권의 청구를 할 수 있는 판결이 있을 것, 판결이 집행에 적합할 것, 그리고 가집행의 선고의 필요가 있다고 인정되어야 할 것(같은 법 제213조) 등이다. 그리고 그 요건이 구비된 때에는 승소를 예상한 원고가 판결 전에 신청하거나 법원의 직권에 의하여 선고한다. 그러나 그때 상대방의 손해를 고려하여 원고에게 담보를 제공하는 것을 조건으로 하여 이것을 허용하거나 또는 반대로 피고가 채권 전액의 담보를 제공하면 승소원고에게 예상하지 못한 손해를 줄 염려가 없기 때문에 그러한 경우에는 가집행을 면제받을 수 있음을 선고할 수 있다.

소송상의 화해
訴訟上의 和解
소가 제기된 후 수소법원·수명법관 또는 수탁판사의 면전에서 당사자가 서로 양보하여 소송의 전부 또는 일부에 관하여 다툼을 종료시키려고 하는 소송상의 합의를 말한다.

예컨대 대금반환청구소송에서 피고가 그 소송물로 되어 있는 채무의 담보를 위하여 자기의 가옥에 저당권을 설정함으로써 다툼을 종료시키려고 합의하는 것과 같은 경우이다. 분쟁당사자가 서로 양보하여 다툼을 중지한다는 것은 바람직한 것이므로 소송법은 그것을 촉진하기 위해 당사자는 소송 중 언제든지 화해할 수 있는 한편, 법원도 언제든지 스스로 또는 수명법관·수탁판사에 의하여 화해를 권고하게 하는 권리를 가지고 또 그렇게 하기 위하여 당사자에게 출석을 명할 수 있다고 규정하고 있다(민사소송법 제145조). 소송상의 화해가 이루어진 때에는 그 내용을 조서에 기재하여야 하며, 이 조서는 확정판결과 동일한 효력이 있다(같은 법 제220조). 따라서 화해내용이 이행청구권(履行請求權)을 확정한 것인 때에는 그것에 대해서 집행력이 생기게 되며, **화해조서**(和解調書)를 집행권원으로서 강제집행을 할 수 있다고 해석된다. 소송상의 화해의 법적 성질을 단순한 사법행위로 보는가(**사법행위설**), 소송행위로 보아야 하는가(**소송행위설**), 또는 양자의 성질을 겸비하는가(**양성설**), 양자가 경합하는가(**경합설**), 그렇지 않으면 단계적으로 계층되어 있다고 보는가(**계층구조설**), 소송상 화해에 기판력을 인정하는가 안하는가의 문제와 함께 다투어지고 있다(종래에는 기판력을 인정하는 것이 통설이었으나, 현재에는 기판력을 부정하는 것이 다수설이다). 판례는 양성설의 입장을 취하고 기판력을 인정하면서도 화해가 착오·사기·강박으로 인하여 취소된 경우에는 소송은 종료되지 않고, 당사자는 그 무효를 주장하고 변론의 속행을 위한 신기일의 지정을 신청할 수 있다고 하고 있다(이에 대하여 기판력을 인정하면서 취소를 인정하는 것은 모순된다고 비판하는 견해도 있다). 그리고 화해에 재심사유가 있을 때에는 사후구제의 방법이 마련되어 있다(준재심, 민사소송법 제461조).

청구의 포기
請求의 抛棄

원고가 스스로 제기한 소송의 소송물인 권리주장의 전부 또는 일부가 이유 없다는 것을 법원에 진술하는 것을 말한다. 이것에 의하여 소송은 종료한다.

소의 취하가 심리판결의 요구 그 자체를 철회하는 진술인 데 반하여, 청구의 포기는 예컨대 매매대금청구소송을 제기하였으나 조사해 보니 아직도 물건을 인도하지 아니하고 매매계약이 무효로 판명된 것과 같은 경우에 자기의 권리주장이 실체법상 근거가 없다는 것을 인정하는 것이다. 또한 이것을 조서에 기재하면 청구기각의 판결을 받아서 그것이 확정된 것과 같은 결과가 된다. 따라서 그 청구에 대해서는 기판력이 생긴다. 청구포기의 조서에 재심사유(민사소송법 제451조1항에 열거된 사항)가 있는 때에는 같은 법 제451조 이하의 규정에 준한 재심으로 구제될 수 있다(같은 법 제461조). 또 주주총회결의취소의 소(상법 제376조), 신주발행무효의 소(상법 제429조), 주식회사합병무효의 소(상법 제529조), 주식회사설립무효의 소(상법 제328조) 등에도 인낙은 허용되지 않지만 포기는 할 수 있다고 해석되고 있다.

청구의 인낙
請求의 認諾

원고의 청구, 즉 소송물인 권리주장의 전부 또는 일부가 실체상의 이유 있음을 피고가 변론 또는 준비절차에서 인정하는 진술을 말한다.

예컨대 원고가 매매대금청구소송을 제기한데 대하여 피고가 매매계약을 체결하고 물건을 수취하고 있음에도 불구하고 기한까지 대금을 지급하지 아니한 것, 따라서 소송에서 다투어보아도 패소(청구인용판결, 즉 대금지급을 명하는 판결이 행하여진다)하는 것을 자기도 알고 있는 때에 소송에 불필요한 노력이나 비용을 쓰는 것보다도 원고의 청구를 인정하고 소송을 종료시키려고 한다면, 법원에도 바람직한 것이므로 이 인낙을 조서에 기재함으로써 청구인용판결이 확정된 것과 동일하게 취급하려고 하는 것이다. 따라서 청구의 인낙은 원고의 청구인 권리주장을 직접적으로(선결적 법률관계나 개개의 법효과 또는 개개의 사실에 관한 것이 아니고) 무조건 인정하는 것이어야 하며, 이것은 확정판결과 동일한 효력이 있으므로 기판력과 함께 원고의 청구가 이행청구인 경우에는 그것에 대하여 집행력이 생겨서 집행권원으로 된다(최근에는 기판력을 부정하는 것이 다수설이다).

주주총회결의취소의 소(상법 제376조), 신주발행무효의 소(같은 법 제429조), 주식회사 합병무효의 소(같은 법 제529조), 주식회사설립무효의 소(같은 법 제328조) 등에서는 인낙은 허용되지 않는다고 해석되고 있다.

재판상의 화해 裁判上의 和解   분쟁당사자가 법원의 면전에서 서로 그 주장을 양보하고 다툼을 중지하는 것을 말한다. 소송상의 화해와 **제소전의 화해**를 합쳐서 재판상의 화해라고 한다(소송상의 화해에 관하여는 별항 참조).

제소전의 화해(**소송방지의 화해**라고도 한다)의 절차는 분쟁당사자의 일방이 상대방의 보통재판적 소재지의 지방법원에 서면으로 청구의 취지·원인과 분쟁의 실정(實情)을 명시하여 신청하는 데서 시작된다(민사소송법 제385조1항). 이 신청이 적법한 것인 때에는 화해기일을 정하고 당사자를 소환한다. 이 기일에 화해가 성립된 때에는 법원사무관 등은 조서에 당사자·법정대리인·청구의 취지와 원인·화해조항·날짜와 법원을 표시하고 판사와 법원사무관 등이 기명날인 또는 서명한다(같은 법 제386조). 이 조서는 확정판결과 동일한 효력이 있다(같은 법 제220조). 화해가 성립되지 아니한 때에는 법원사무관

등이 그 사유를 조서에 기재하고, 이 조서등본(調書謄本)을 당사자에게 송달하여야 한다(같은 법 제387조). 또 화해가 성립되지 아니한 경우에는 당사자는 제소신청(提訴申請)을 할 수 있고, 이 신청이 적법한 때에는 화해신청을 한 때에 소가 제기된 것으로 간주하고 법원사무관 등은 지체 없이 소송기록을 관할법원에 송부하여야 한다(같은 법 제388조). 화해를 위하여 정해진 기일에 신청인 또는 상대방이 출석하지 아니한 때에는 법원은 신기일을 정할 수도 있으나, 화해가 성립되지 아니한 것으로 간주하고 절차를 종결할 수도 있다(같은 법 제387조2항). 제소 전의 화해는 소송계속 전에 소송을 예방하기 위하여 행하여지는 점에서 소송을 종료시키기 위한 소송상의 화해와 다르지만, 그 요건·방식·효과 등은 같으므로 양자를 일괄하여 재판상의 화해라고 한다.

소의 취하 訴의 取下   원고가 제기한 소의 전부 또는 일부를 철회하는 법원에 대한 단독적 소송행위를 말한다. 즉 소가 제기된 후에 심판을 구하지 않는다는 뜻의 법원에 대한 원고의 의사표시를 말한다.

예컨대 을이 갑의 소유지에 허락 없이 건물을 짓고 사용하고 있으므로 갑은 을을 상대로 하여 '건물을 철거하고 토지를 명도하라'고 청구하는 소를 제기하였다. 소송의 도중에서 을은 소송에 지는 것이 명백해졌기 때문에 판결을 기다리지 않고 스스로 건물을 철거하고 토지를 명도하였다. 이와 같은 경우, 갑은 판결을 받을 필요가 없기 때문에 소를 취하할 수 있다(민사소송법 제266조). 소는 원고가 청구에 관하여 법원의 심리재판을 요구하는 행위인데, 이와 같은 요구를 철회하는 것이 소의 취하이고 소의 취하가 있으면 소송은 종료한다.

반소
反訴

소송계속 중에 피고가 그 소송절차를 이용하여 원고에 대하여 제기하는 소로서, 이에 의하여 청구의 추가적 병합이 발생한다.

예컨대 갑이 을에 대하여 물건의 매매대금 200만원의 지급을 청구하는 소를 제기하였다. 그런데 을은 갑으로부터 아직 물건의 인도를 받지 않았기 때문에 대금을 갑에게 지급할 필요가 없다(민법 제536조). 이 경우 갑의 매매대금청구가 이유없다는 것을 주장하기 위해서는 '물건의 인도를 받지 않았다'고 주장할 수 있다. 이것은 을의 방어방법인데, 한편 을이 갑에 대하여 물건의 인도를 청구할 수도 있다. 갑의 대금청구와 을의 물건인도청구는 서로 관련이 있으므로 을은 별개의 소송절차에 의하지 아니하고, 갑이 제기한 소를 이용하여 물건인도청구의 반소를 제기하고, 갑의 본소와 함께 심판받을 수 있다(민사소송법 제269조).

[반소]

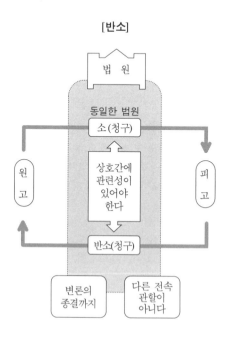

법 원

동일한 법원

소(청구)

상호간에 관련성이 있어야 한다

반소(청구)

원 고

피 고

변론의 종결까지

다른 전속 관할이 아니다

소송절차의 중단 · 중지
訴訟節次의 中斷 · 中止

계속 중의 소송을 법률상 진행할 수 없게 된 상대를 말하며, 소송절차의 중단과 중지의 두 가지가 있다.

소송절차의 중단이란, 당사자 자신 또는 당사자를 위한 소송수행자가 소송의 수행을 할 수 없는 법률상 일정한 사유(민사소송법 제233조~제237조 · 제239조 · 제240조)가 발생했기 때문에 소송을 수계받은 수행자가 소송을 속행할 수 있을 때까지 소송의 진행을 중단하고 그 당사자를 보호하려고 하는 제도를 말한다. 그러나 그 당사자 측에 소송대리인이 있으면(당사자의 파산의 경우를 제외하고), 그 대리인에 의하여 수행되므로 중단되지 않는다(같은 법 제238조). 또한 중단사유가 발생함으로써 소송이 종료되는 경우에도 중단할 필요는 없다.

소송절차가 중단되면 그동안 법원도 재판이나 증거조사를 할 수 없고(예외 : 변론종결 후의 판결의 선고 · 같은 법 제247조1항), 당사자가 소송절차상의 소송행위를 하여도 무효이다. 그러나 상대방이 **책문권**(責問權)을 포기 · 상실하면 유효하게 된다. 그런데 당사자 측에서 소송을 재개한다는 수계(受繼)의 신청이 있고(법원은 이에 대하여 조사를 한다. 같은 법 제243조1항), 그것을 상대방에게 통지한 때(같은 법 제242조)와 당사자가 수계신청을 게을리하고 있으므로 법원이 소송의 속행을 명한 때(같은 법 제244조)에 중단은 해소되고 소송절차가 재개된다.

소송절차의 중지란 법원이 천재지변, 그 밖의 사고로 직무를 수행할 수 없을 때 또는 당사자에게 절차를 속행할 수 없는 사고가 생겼을 때 법원이 결정으로 그 사고가 소멸될 때까지 소송절차가 중지되는 것을 말한다(같은 법 제245조 · 제246조).

[소송 중단 사유]

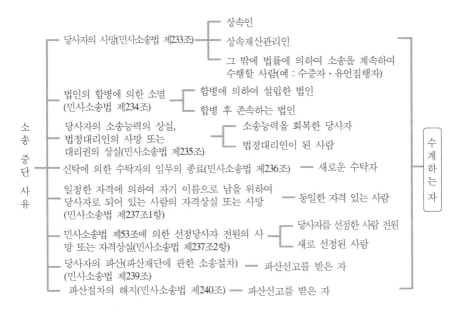

소송의 종결

소송의 승계
訴訟의 承繼

소송계속 중에 소송물로 주장된 권리·의무가 제3자에게 이전된 경우 이전을 받은 제3자를 소송에 가입시켜서 소송을 그대로 속행시키는 것을 말한다. 예컨대 대금반환청구소송에서 그 대금채권(貸金債權)·채무의 존부에 대하여 원고·피고가 다투는 경우에 소송진행 중에 그 대금채권이나 채무가 제3자에게 이전되어버리고, 그대로 어떤 조치도 취하지 않으면 지금까지 그 채권·채무의 존부를 둘러싸고 진행되어 온 소송은 현재의 당사자 간에서는 무의미하게 되어버리고(이대로라면 결국 원고의 패소로 된다), 다시 그 이전을 받은 채권자가(혹은 신채무자에 대하여) 소를 제기하고 동일한 채권·채무에 대한 심리를 개시하지 않으면 안 된다. 그래서 형평상 또는

소송경제상의 요청에서 그 권리·의무를 이전받은 자를 계속 중의 소송에 가입시켜 전당사자의 소송상의 지위를 그대로 승계시켜서 소송을 속행시키려고 하는 것이다. 따라서 전당사자의 변론, 증거조사, 재판(예: 중간판결) 등도 그대로 가입당사자에게 지속시켜서 다시 이것을 반복할 필요가 없도록 하는 동시에 전당사자가 할 수 없게 된 행위(민사소송법 제149조·제285조)는 가입당사자도 할 수 없게 하려는 것이다. 그런데 통상은 권리를 양수한 자는 스스로 소송에 가입할 것이므로 이것을 허용하고(같은 법 제81조), 의무를 인수한 자는 스스로 가입하려 하지 않을 것이므로 상대방이 소송가입을 신청하고, 법원이 그것에 대하여 심문한 다음 결정으로 이 자에게 소송을 인수시킨다(같은 법 제82조).

상 소

항소
抗訴

지방법원이나 시·군법원의 단독 판사 또는 지방법원합의부가 한 제1심의 종국판결에 대하여 다시 유리한 판결을 구하기 위하여 그 직근의 상급법원에 하는 불복신청을 말한다(민사소송법 제390조).

항소의 신청이 있으면, 판결절차에 있어서 제2의 또한 최후의 사실심으로서의 항소절차가 개시되고, 사건에 대하여 사실인정부터 다시 시작하여 제1심판결에 대한 불복의 당부를 심사한다. 이 점에서 법률상의 논점만을 심리하는 상고심(**법률심**, 민사소송법 제423조 참조)과는 다르다. 따라서 항소신청을 할 수 있는 자는 제1심의 판결에 의하여 불이익을 받은 당사자에 한하며, 원고의 청구가 **기각된 판결**에 의하여 불이익을 받지 아니한 피고는 항소할 수 없다. 그러나 원고의 청구가 일부 인정되고 일부 부정된 때에는 피고도 일부 인용된 부분에 대하여 불이익을 받았다고 하여 항소할 수 있다. 「민사소송법」은 항소심에서 사건을 심리함에 있어서 제1심에 의한 자료를 기초로 하여 이용하는 동시에 새로운 자료의 추가를 인정하는 **속심주의**(續審主義)를 취하고 있다. 항소할 수 있는 재판으로서는 지방법원단독판사의 판결과 지방법원합의부의 제1심의 종국판결에 한하고, 고등법원이 제1심으로서 판결하는 경우에는 항소심은 생략되며 즉시상고만을 할 수 있다(같은 법 제422조1항). 항소의 기간은 판결정본이 송달된 날로부터 2주 이내이다. 그러나 그 판결정본의 송달을 받기 전에도 항소할 수 있다(같은 법 제396조).

불항소합의
不抗訴合意

양쪽 당사자가 상고할 권리를 유보하고 항소를 하지 않을 것을 약속하고, 다툼이 되어 있는 사건의 판단을 제1심법원에 한한다는 뜻의 합의를 하는 것을 말한다(민사소송법 제390조1항 단서 참조).

이 합의는 당사자에게 구체적인 항소권(抗訴權)의 발생, 즉 그 어느 쪽에 구체적인 불이익의 판단이 내려진 전후를 불문하고 행할 수 있다. 따라서 첫째, 당사자 쌍방이 항소하지 않는다는 것을 약속하는 것이 필요하고, 당사자의 일방만이 항소를 하지 않는다고 하는 합의는 효력이 생기지 않는다. 둘째로, 사건이 일정한 법률관계에 근거한 다툼인 경우에 한정된다. 관할합의의 경우와 같이 그 법률관계는 당사자가 처분할 수 있는 것임을 필요로 한다. 이에 반하여 가사소송과 같이 공익성이 강한 절차에서는 제3자나 검사 등의 기회가 박탈되지 않기 때문에 이와 같은 합의는 인정되지 아니한다. 이 합의는 서면에 의하여 이루어진다(같은 법 제29조2항·제390조2항). 그래서 적법한 합의가 있으면 그 사건에 대하여는 소송이 제1심에만 한정되고, 판결선고 전에 합의가 있으면 당사자 쌍방이 모두 항소할 권리를 잃게 되며 제1심판결의 선고와 동시에 사건은 종료한다. 이것을 무시한 항소는 부적법한 것으로서 각하된다.

부대항소
附帶抗訴

피항소인이 항소에 의하여 개시된 항소심절차 중에 있어서 항소심판의 범위를 자기에게 유리하게 확장시켜서 원판결의 취소·변경을 구하는 신청을 말한다(통설).

항소심의 심판은 원칙적으로 항소인의 불복신청의 범위에 한정되므로(민사소송법 제415조 본문), 항소인은 항소가 기각된 경우에도 원판결에서 승소한 부분까지 불이익하게 변경되는 일은 없다(**불이익변경금지의 원칙**). 이와 같은 항소인에게 유리하게 작용하는 항소에 대항하여 피항소인은 이 부대항소(附帶

抗訴)의 방식에 의하여 원판결을 본인에게는 유리하고 항소인에게는 불이익하게 하는 변경을 구할 수 있다. 즉 불이익변경금지의 제한을 배제하는 역할을 하게 된다. 부대항소는 피항소인을 위하여 항소기간 내는 물론이고 항소기간의 경과, 항소권의 포기 등에 의하여 항소권이 소멸된 후에도 본항소의 변론종결시까지 제기할 수 있다(같은 법 제403조). 또 부대항소는 본항소와 운명을 함께하는 것이므로 항소의 취하가 있는 때 또는 부적법한 것으로서 각하된 때에는 당연히 그 효력을 잃는다. 그러나 항소기간 내에 부대항소를 하면 **독립항소**(獨立抗訴)로 간주된다(같은 법 제404조).

환송
還送
소권(訴權)이나 능력의 흠결 등의 이유에 의하여 소가 부적법하다고 각하한 제1심판결에 대하여 항소법원이 부적법한 소가 아니라고 하여 그 판결을 취소한 경우에 다시 변론 및 재판을 진행시키기 위해 그 사건을 제1심 법원으로 되돌려 보내는 것을 말한다(민사소송법 제418조). 이것을 **필수적 환송**이라고 한다. 항소심이 제1심의 재판을 취소하고 사건을 다시 원심법원으로 환송하는 재판은 종국판결이 아니고 중간재판이므로 그 재판에 대하여는 불복할 수 없다.

상고법원은 상고를 이유 있다고 인정한 때에는 원심판결을 파기하고 사건을 원심법원에 환송할 수 있다. 이것을 **파기환송**(破棄還送)이라고 한다. 환송을 받은 법원은 다시 변론에 의하여 재판을 하게 된다. 다만, 상고법원의 파기이유인 사실상과 법률상의 판단에 기속을 받는다(같은 법 제436조).

상고
上告
고등법원이 제2심 또는 제1심으로서 선고한 종국판결과 지방법원본원합의부가 제2심으로 선고한 종국판결에 대한 상소이며, 원판결의 당부를 전적으로 헌법·법률·명령 등의 해석·적용면에서 심사할 것을 청구하는 대법원에 대한 불복신청을 말한다. 따라서 상고심에서 당사자는 법적 평가의 면에서만 불복을 신청할 수 있으므로 일반적으로 상고심을 **법률심**(法律審)이라고 한다. 원심판결에서 확정된 사실은 특별한 직권조사사항(민사소송법 제434조)을 제외하고는 상고법원을 기속하게 되므로(같은 법 제432조) 사건의 사실인정의 당부에 관하여는 판단할 수 없다.

상고할 수 있는 재판은 원칙적으로 고등법원이 제2심으로서 선고한 종국판결과 지방법원본원합의부가 제2심으로서 선고한 종국판결인데(같은 법 제422조1항), 예외적으로 불항소합의(같은 법 제390조1항 단서)에 대한 비약적 상고를 하는 경우에는 제1심의 종국판결에 대하여 상고할 수 있고, 고등법원이 제1심인 특수한 경우에는 즉시상고할 수 있다(같은 법 제422조). 상고를 제기할 수 있는 자는 원판결의 파기로 인하여 이익을 받을 수 있는 자에 한하며 2주간의 제소기간의 제한이 있다(같은 법 제396조·제425조). 특히 상고가 허용되는 것은 원판결이 헌법·법률·명령·규칙에 위반하고, 그 위반이 없으면 그것과 다른 판결이 선고되었을 것이라고 하는 경우에 한한다(같은 법 제423조). 또 절차나 방식의 위배에 관하여는 특히 중요한 경우를 열거하고(같은 법 제424조), 이러한 경우에는 항상 상고이유로 된다고 하고 있다. 이것을 **절대적상고이유**(絕對的上告理由)라고 한다.

재심
再審
통상의 방법에 의한 상소의 방법이 없어진 확정판결에 대하여 중대한 오류가 있는 경우에 당사자의 신청에 의하여 그 판결을 한 법원에 다시 그 당부를 심사시키는 절차를 말한다. 판결에 중대한 하자가 있음에도 불구하고 그 효력을 보유시키는 것은 재판의 권위에 관계되고 또한 당사자에게도 가혹하므로 현행법은 그 하자의 제거를 위하여 다시 심사하도록 허용하고 있다. 이 불복신청은 경솔하게 허용되지 않도록 신청이유는 「민사소송법」 제451조에 열거되어 있는 것에 한정된다. 재심사유(예 : 법원구성의 위법, 증거문서의 부정을 후에 안 때 등)가 있다고 생각되는 때에는 당사자는 판결이 확정된 후 그 사유를 안 날로부터 30일 이내에 선의 소송의 판결을 행한 법원에 재심의 소를 제기할 수 있다(같은 법 제456조1항). 이 소는 반드시 서면에 의한다. 또 재심의 소는 확정판결뿐만 아니라 확정판결과 동일한 효력이 있는 화해·청구의 포기 및 인낙 등에 대해서도 제기할 수 있다(같은 법 제461조). 이 재심의 소를 **준재심**(準再審)이라고 한다.

독 촉 절 차

독촉절차
督促節次

금전, 그 밖에 대체물이나 유가증권의 지급청구에 관하여 채권자의 신청만으로도 간편하고 신속하게 이것을 확정하고 채무자에게 지급을 명하기 위해 인정된 특별소송절차를 말한다(민사소송법 제462조~제474조).

이 경우에 채무자가 이의를 신청하여 다투면 통상의 소송절차로 이행시킬 수 있기 때문에(같은 법 제473조) 채무자는 일방적 불이익을 피할 수 있다. 이 절차는 지방법원만이 행하며(같은 법 제463조), 지급명령의 신청이 있으면 채무자를 심문하지 않고 지급명령을 하고(같은 법 제467조), 이에 대하여 채무자는 이의신청을 할 수 있다(같은 법 제470조). 지급명령에 대하여 적법한 이의신청이 있는 때에는 이의 있는 청구의 가액에 대하여 소송절차로 이행하며, 지급명령을 신청한 때에 소가 제기된 것으로 본다(같은 법 제473조). 또 지급명령에 대하여 이의신청이 없거나 이의신청을 취하하거나 각하결정이 확정된 때에는 지급명령은 확정판결과 같은 효력이 있다(같은 법 제474조). 판결절차 이외에 독촉절차를 두고 있는 이유는 채무자의 자발적인

채무이행을 재촉하고, 채권자를 위하여 수고와 비용을 덜고 간단하고 신속하게 **집행권원**을 얻게 하는 데 있다.

지급명령
支給命令

변론을 열지 아니하고 간단한 절차에 의하여 채권자의 청구가 이유 있다고 인정하고, 채무자에 대하여 금전, 그 밖에 대체물이나 유가증권의 일정수량의 지급을 명하는 재판을 말한다(민사소송법 제462조 참조).

지급명령을 구할 수 있는 청구는 위와 같이 금전 기타 대체물(예를 들면 제주도산 귤 몇 킬로그램이라고 하는 것과 같이 동종·동등·동량의 것으로서 거래시에 대체할 수 있는 것)이나 유가증권의 청구에 한정되어 있다. 따라서 토지나 가옥의 명도를 구한다고 하는 것과 같이 다른 물건으로 지급을 대체할 수 없는 이른바 특정물에 대해서는 신청할 수 없다. 법원은 채권자의 청구가 위의 청구인지 아닌지, 관할법원에 신청했는지 안했는지 등을 채권자가 제출한 신청서에 의하여 서면으로 심사를 하고 요건이 구비되었다고 인정하면 지급명령을 발한다. 따라서 판결절차와 같이 변론이나 증거조사 등의 번거로운 절차를 하지 아니하고 누구라도 이용하기 쉬운 소송절차이다. 이러한 경우 채무자 측은 그 지급명령에 대하여 이의신청을 할 수 있다(같은 법 제469조2항). 채무자가 그 명령의 송달을 받은 날로부터 2주일 내에 또는 그 후, 가집행의 선고 있는 지급명령의 송달 후 2주일 내에 이의신청을 한 때 사건은 본소송으로 이행한다(같은 법 제472조).

공 시 최 고 절 차

공시최고
公示催告

도난·분실 또는 멸실된 증권, 그 밖에 「상법」에 무효로 할 수 있음을 규정한 증서(예 : 주

권·어음과 같은 증서를 분실한 경우에 그 증서 없이도 권리를 행사할 수 있도록 분실한 증서의 무효를 선고하기 위하여)가 있는 경우에 법원이 당사자의 신청에 의하여 공고의 방법으로 불특정한 이해관계인에게 실권 그 밖의 불이익의 경고를 첨부하여 권리신고의 최고를 하고, 어느 누구로부터도 권리의 신고가 없는 때에는 제권판결(除權判決)을 하는 절차를 말한다(민사소송법 제492조~제497조). 또 등기의무자의 소재불명으로 등기의 말소신청을 할 수 없을 때(부동산등기법 제56조)와 실종선고의 요건으로서 생존의 신고를 최고하는 경우(가사소송규칙 제53조~제59조)에도 공시최고절차에 의하여 제권판결을 구할 수 있다. 이 공시최고는 「민사소송법」에 규정되어 있지만, 그 본질은 비송사건절차이다. 그 관할법원은 위의 증권이나 증서에 표시된 이행지의 지방법원이다(민사소송법 제476조2항). 공시최고는 신청에 의해서만 행하여진다. 신청이 적법한 것인 때에는 법원게시판에 게시하거나, 관보·공보 또는 신문에 게재, 또는 전자통신매체를 이용해 공고하여 공시최고를 한다(같은 법 제480조, 민사소송규칙 제142조). 공시최고의 기일은 공고가 끝난 날로부터 3개월 후로 정해야 한다(민사소송법 제481조). 관보 등에 게시된 공시최고의 기일까지 신고가 없을 때에는 신청인은 출석하여 그 신청의 원인과 **제권판결**을 구하는 취지를 진술한다(같은 법 제486조). 법원은 신청인의 진술이 있은 후 제권판결의 신청이 이유 있다고 인정한 때에는 제권판결을 선고하고(같은 법 제487조1항), 제권판결의 요지를 법원게시판에 게시하거나, 관보·공보 또는 신문에 게재, 또는 전자통신매체를 이용해 공고한다(같은 법 제489조, 민사소송규칙 제142조). 법원이 제권판결에서 증권 또는 증서의 무효를 선고한 때에는 신청인은 그 증권 또는 증서에 의하여 의무를 부담한 자에 대하여 증서에 의한 권리를 주장할 수 있게 된다(같은 법 제496조·제497조).

민 사 집 행

강제집행
强制執行

확정판결이나 공정증서 등 집행권원을 가지고 채권자가 국가권력에 대하여 그 집행을 신청하고, 국가는 채무자의 의사에 반하여 실력으로 그 청구권을 실현시켜주는 절차를 말한다. 강제집행은 사법상의 청구권 실현을 목적으로 하는 것이므로 「형법」상의 벌금이나 과료 또는 공법상의 청구권에 의한 집행은 여기서 말하는 강제집행과 구별되며, 이들은 특수한 절차에 따르게 된다. 또한 강제집행은 사법상 청구권인 이상 채권적 청구권이든 소유권에 기한 반환청구권과 같은 물권적 청구권이든 가리지 않는다. 다만, 이행의무라도 성질상 강제할 수 없는 의무, 즉 배우자의 동거의무와 같은 것은 강제집행을 할 수 없다. 집행은 국가권력에 의한 청구권의 실현을 목적으로 하기 때문에 반드시 국가의 집행기관(법원)을 통하여 행하여진다. 국가가 주체가 되어 집행한다는 점에서 청구권자의 실력행사를 국가가 보조하는 데 불과한 「민사집행법」상의 경매절차와는 구별해야 한다. 민사집행의 목적이 사인 간의 분쟁을 국가권력으로 해결하는 데 있다고 하면, 이 강제집행도 민사집행절차의 일부로 보아야 한다. 그 이유는 확정판결이 있더라도 집행이 보장되지 않으면 사적 분쟁은 해결될 수 없기 때문이다. 그러나 집행은 법원에서 행하는 행정사건, 즉 비송사건이므로 소송사건이 아니다.

집행법원
執行法院

재판의 집행행위 및 집행행위를 감독하는 법원을 말한다. 특별한 규정이 없으면 집행절차를 실시할 장소나 실시한 장소를 관할하는 지방법원이 집행법원으로서의 전속관할권을 가진다(민사집행법 제3조1항). 집행법원의 직분은 첫째, 집행기관으로서 행하는 집행처분으로 채권 그 밖의 재산권에 대한 집행(같은 법 제223조 이하), 부동산에 대한 집행(같은 법 제78조 이하) 등이 있다. 둘째, 집행행위의 협력으로서 집행관의 집행에 대하여 협력하거나 그를 감독하는 것으로 나눌 수 있다. 이들의 처분은 변론 없이 결정의 형식으로 행하여진다(같은 법 제3조2항).

집행력
執行力

협의로는 집행권원에 근거하여 집행채권자가 강제집행을 신청하였을 때, 집행법원이 그 채무내용의 실현을 위하여 강제집행을 할 수 있는 효력을 말하고, 광의로는 강제집행 이외의 방법으로 재판내용에 적합한 조치를 할 수 있는 효력을 말한다. 전자에 있어서는 집행권원이 집행력의 전제가 된다. 후자의 예를 들면 혼인무효의 소에서 무효판결이 확정되었을 경우, 이 확정판결에 근거하여 가족관계등록부가 정정되는 효력, 토지소유권확인의 확정판결에 근거하여 변경등기를 할 수 있는 효력, 또 가집행취소(假執行取消)의 판결에 의하여 강제집행을 정지할 수 있는 효력 등이 그것이다. 협의의 집행력은 집행권원의 내용에서부터 발생하는 데 반하여, 광의의 집행력은 국가기관이 판결내용에 적합한 조치를 할 수 있는 법적 의무에서 비롯하는 반사적 효력이다.

집행문
執行文

집행권원에 집행력이 있다는 것 및 집행당사자를 공증하기 위하여 집행권원의 말미에 부기하는 공증문서를 말한다. 집행기관과 재판기관을 분리하는 이상, 전자에게 집행권원이 유효한가 아닌가의 판단을 할 수 있도록 하는 것은 적당치 않다. 그러므로 집행권원이 유효하고 집행력을 가지고 있는가를 따로 공증하는 문서가 필요하게 된다. 이것을 집행문이라고 하며, 집행문이 부기된 집행권원

(판결)의 정본을 **집행력** 있는 정본이라고 한다(민사집행법 제28조). 예를 들면 집행력 있는 정본이 판결원본과 상이한 데가 있거나, 집행권원이 실효되었더라도 집행기관은 집행력 있는 정본을 신뢰하고 집행할 수 있는데, 이 집행은 적법·유효한 것이다. 집행력 있는 정본이 없는 집행은 무효이므로 집행문은 집행의 절대적 요건이 된다. 집행문은 원칙적으로 모든 집행권원에 필요한 것이지만 신속한 집행을 요하는 지급명령·가압류·가처분명령에는 예외가 인정된다(같은 법 제58조1항·제292조1항·제301조 참조). 집행문은 판결의 경우에는 '이 정본은 피고 아무개 또는 원고 아무개에 대한 강제집행을 실시하기 위하여 원고 아무개 또는 피고 아무개에게 준다'라고 적고 법원사무관 등이 기명날인하여야 하며(같은 법 제29조2항), 공정증서의 경우에는 그 증서를 보존하는 공증인이 부여한다(같은 법 제59조1항).

승계집행문
承繼執行文

집행권원 또는 이에 부기된 집행문에 표시되어 있는 당사자에게 승계가 있거나 기타 집행권원의 효력이 제3자에게도 미치는 예외적인 경우, 승계인이나 제3자가 강제집행을 하거나 이들에 대하여 강제집행을 할 수 있도록 이들의 명의로 부여되는 집행문을 말한다(민사집행법 제31조1항).

이 승계집행문은 채권자로부터 신청이 있거나, 집행권원의 효력이 당사자 이외의 제3자에게 미치는 사유가 법원이 보아서 명백하거나 또는 증명서에 의하여 이것을 증명하였을 때에 재판장의 명령에 의하여 부여한다(같은 법 제31조1항 단서·제32조1항). 만일 승계사유가 법원이 보아서 명백하지 않고 증명을 할 수 없을 때에는 집행문부여(執行文付與)의 소를 제기하여(같은 법 제33조) 그 판결에 의하여 승계집행문을 부여받을 수가 있다. 승계집행문이 그 요건을 흠결하였는데도

불구하고 부당하게 부여된 때에는 채무자는 집행문부여에 대한 이의신청을 할 수 있고(같은 법 제34조), 다시 소를 제기하여 다툴 수도 있다(같은 법 제45조).

집행문부여의 소
執行文附與의 訴

판결의 집행에 조건을 붙인 때, 그 조건의 이행 여부나 승계집행문의 승계를 증명서로 증명할 수 없는 경우에 채권자가 채무자를 피고로 하여 제1심수소법원에 제기하는 집행문부여에 관한 소를 말한다(민사집행법 제33조). 집행문부여의 소는 채무자의 보통재판적이 있는 장소의 법원 또는 이 법원이 없는 때에는 「민사소송법」 제11조(재산이 있는 곳의 특별재판적)의 규정에 따라 채무자에 대하여 소를 제기할 수 있는 법원이 관할한다(민사집행법 제59조4항). 이 소의 심리는 통상의 판결절차와 같이 행하여지므로 원고는 모든 증거방법을 동원하여 조건의 이행 및 승계의 사실을 증명해야 하고, 피고는 위의 사실을 부인하는 항변을 주장해야 한다.

집행문부여에 대한 이의신청
執行文附與에 대한 異議申請

채무자가 집행문부여요건의 흠결을 이유로 이의신청하는 것을 말한다. 이 이의는 집행문을 부여한 법원사무관 등의 소속법원에서 재판한다(민사집행법 제34조1항). 공증인이 집행문을 부여한 때에는 그 공증인사무소를 관할하는 지방법원에 신청한다. 이의신청의 이유로는 판결이 아직 확정되지 않았는데 집행문을 부여했거나, 승계사실이 없음에도 불구하고 승계집행문을 부여한 경우, 기타 형식적·실질적인 요건을 흠결했을 때 등이다. 이 이의는 집행문부여로부터 그 집행이 종료되기 전까지 언제나 할 수 있다. 이의에 이유가 있다고 인정되는 경우에는 집행문부여를 불허한다는 뜻의 재판을 한다. 이 결정에 대해서는 채무자가 항고를 할 수 있다. 그러나 이의신청이 있는 것만으로 당연히 집행이 정지되지는 않으며 재판장이 일시집행을 정지하는 명령을 할 수 있을 뿐이다. 또 채권자에게 담보를 제공하게 하고 그 집행의 속행을 명할 수도 있다.

집행관
執行官

강제집행을 실시하는 자를 말한다(민사집행법 제2조). 집행관은 집행권원을 소지하면 채무자와 제3자에 대하여 강제집행과 다음에 열거하는 행위를 실시할 권한을 가진다(같은 법 제42조·제43조1항). ① 채권자가 집행관에게 집행력 있는 정본을 교부하고 강제집행을 위임한 때에는 특별한 권한을 받지 못하였더라도 지급이나 그 밖의 이행을 받는 행위·그 영수증작성교부행위·채무자가 의무를 완전이행한 때에 채권명의의 교부행위(같은 법 제42조1항) ② 채무자가 그 의무의 일부를 이행한 때에 집행력 있는 정본에 그 사유를 덧붙여 적고 영수증서를 교부하는 행위(같은 조 2항)

집행관은 집행력 있는 정본을 소지하면 채무자와 제3자에 대하여 강제집행의 행위를 실시하는 권한이 있다. 채권자는 그에 대하여 위임의 흠결이나 제한을 주장하지 못한다. 이 밖에 집행관은 집행력 있는 정본을 가지고 있다가 관계인의 청구가 있는 때에는 그 자격을 증명하기 위하여 제시할 의무가 있다(같은 법 제43조). 또한 이해관계인의 청구에 의하여 집행기록의 열람을 허가하고 기록에 있는 서류의 등본을 교부할 의무가 있고(같은 법 제9조), 일정한 사항을 명시한 집행조서를 작성할 의무도 있다(같은 법 제10조). 집행관은 집행실시에 있어 저항을 받거나 채무자의 거소에서 채무자 등을 만나지 못한 때에는 성년 2명이나 특별시·광역시의 구 또는 동의 직원, 시·읍·면의 직원 또는 경찰공무원 중 1명을 증인으로 참여하게 할 의무가 있다(같은 법 제6조). 이 밖에 집행관은 집행하기 위해 필요한 때에는 채무자의 주거·창고 그 밖의 장소를 수색하여 잠근 문과 기구를 여는 등 적절한 조치를 할 수 있고, 이 경우 저항을 받으면 경찰 또는 국군의 원조(다만, 이를 집행법원에 신청해야 한다)를 청구할 권리가 있다(같은 법 제5조).

집행에 관한 이의
執行에 관한 異議

강제집행의 방법이나 집행관이 준수해야 할 집행절차에 관하여 집행당사자가 집행법원에 대하여 하는 이의를 말한다(민사집행법 제16조). 이에 대하여는 집행법원이 재판하고 강제집행이 종료되기 이전에 신청할 이익이 있다. 여기서 강제집행의 방법이란 채권에 대한 압류명령(押留命令) 또는 전부명령(轉付命令)을 말하고, 이러한 명령에 이의가 있는 자는 집행방법에 관한 이의를 신청하고, 그 이의에 대한 집행법원의 결정에 대하여 즉시항고할 수 있다.

집행관이 정당한 이유 없이 집행위임을 거부하거나 압류할 재산을 지정하였는데도 압류하지 않거나 바로 경매를 할 수 있는데도 무단히 지연시키는 것과 집행수수료를 부당하게 요구하는 것 등은 이의의 원인이 된다. 이러한 경우에도 집행법원이 재판한다. 집행방법에 관한 이의사건의 관할법원(집행법원)은 집행을 한 지역을 관할하는 법원이 된다.

청구에 관한 이의의 소
請求에 관한 異議의 訴

집행권원의 일반적인 집행력의 배제를 구하는 소를 말한다. 집행권원에 표시된 실체법상의 청구가 그 후의 이행·시효소멸·경개·면제·상계 등에 의하여 소멸된 경우에 채무자는 채권자에 대하여 청구에 관한 이의의 소를 제기하고, 집행권원에 근거한 강제집행을 불허한다는 취지의 판결을 구할 수 있다. 이 소는 제1심 판결법원에 제기하여야 한다(민사집행법 제44조). 채무자의 이의는 위에서 말한 것과 같은 원인이 변론종결 후에 생긴 때에 한하여 할 수 있고, 수개의 이의원인이 있는 때에는 동시에 주장하여야 한다. 원래 집행기관은 집행권원(집행력 있는 정본)만 제시되면 실체법상의 권리관계를 심사함이 없이 집행을 실시하게 된다. 그러므로 집행권원이 성립된 뒤 원인에 의하여 표시된 실체법상의 청구가 소멸된 경우에는 채무자는 이 소를 제기하여 집행을 면할 수 있다. 결국 청구에 관한 이의의 소는 강제집행의 기본이 되는 집행권원의 집행력을 배제하는 데 목적이 있다.

제3자이의의 소
第3者異議의 訴

제3자가 강제집행의 목적물에 대하여 소유권을 주장하거나 목적물의 양도나 인도를 저지하는 권리를 주장하기 위하여 채권자를 상대로 제기하는 강제집행에 대한 이의의 소를 말한다(민사집행법 제48조). 이 소에서 채무자가 이의를 다투는 때에는 채무자를 공동피고로 할 수 있다. 강제집행의 목적물에 대한 제3자이의의 소는 강제집행 개시 후 그 종료 전에만 이를 제기할 수 있다. 이 소는 원칙적으로 집행법원의 관할에 속한다. 그러나 소송물이 단독판사의 관할에 속하지 아니할 때에는 집행법원의 소재지를 관할하는 지방법원의 합의부가 관할한다. 이의의 원인이 되는 제3자의 권리는 소유권(所有權)·지상권(地上權)·전세권(傳貰權)·등기한 임차권(賃借權) 및 점유권(占有權) 등이다. 이 소의 성질에 관하여는 형성소송설(形成訴訟說)·확인소송설(確認訴訟說)·이행소송설(履行訴訟說) 등이 있는데, 판결에 의한 적법집행 그 자체를 위법으로 한다는 점에서 형성소송설이 유력하지만, 실체법상의 권리귀속을 다투는 실체법상 확인의 소로 보는 것이 타당하다.

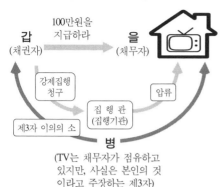

[제3자이의의 소]

100만원을 지급하라

갑
(채권자)

을
(채무자)

강제집행 청구

압류

제3자 이의의 소

집 행 관
(집행기관)

병
(TV는 채무자가 점유하고 있지만, 사실은 본인의 것 이라고 주장하는 제3자)

집행의 취소
執行의 取消

「민사소송법」이 규정한 일정사유가 있는 때 이미 실시한 집행처분을 취소하는 것을 말한다(민사집행법 제50조).

집행은 취소할 것을 명하는 재판이 있거나 집행을 종국적으로 정지하는 재판이 있으면 이미 실시한 집행도 취소하도록 하고 있다. 그리고 집행기관이 직권으로 집행을 정지하는 경우에도 집행과 집행처분이 당연히 무효로 될 만한 요건을 발견한 경우에는 집행을 취소한다. 취소의 방법은 집행의 종류에 따라서 다르다. 유체동산의 압류는 집행관이 그 물건을 점유함으로써 행하여지는데 이 압류의 취소는 점유를 포기하는 것이고, 봉인(封印)이 되었을 때의 압류의 취소는 봉인을 제거하는 것이다. 채권압류는 채권의 압류명령에 의하고, 그 취소는 압류명령을 취소하는 것이다. 집행의 취소에 의하여 가처분은 완전히 효력을 상실하게 되고 채무자는 집행대상이 되었던 자기재산에 대하여 처분권을 회복하게 된다.

집행비용
執行費用

본래의 강제집행을 위하여 필요한 비용을 말한다. 집행문부여의 절차, 집행권원의 송달 등 집행개시에 필요한 비용과 집행관수수료, 인지대, 압류물의 보관비용, 감정인의 일당 등 집행의 실시에 필요한 비용을 포함한다. 그러나 집행권원을 취득하기 위한 비용이나 집행에 관한 이의, 이의소송의 비용 등은 이에 포함되지 않는다. 집행비용은 채무자가 부담하고, 그 집행에 의하여 변상을 받는다. 강제집행의 본판결이 파기된 때에는 채권자는 집행비용을 채무자에게 변상해야 한다(민사집행법 제53조). 그리고 집행비용의 추심은 집행의 기본이 되는 집행권원에 의하여 집행과 동시에 행하여진다.

집행권원
執行權原

국가의 강제력에 의하여 실현될 청구권의 존재 및 범위를 표시하고 또한 집행력이 부여된 공정증서를 말한다. 구 민사소송법에서는 **채무명의**(債務名義)란 명칭이었다.

강제집행은 실체법상의 청구권의 실현을 목적으로 한다. 그러나 집행절차에 있어서의 집행권원은 청구권의 존부의 판단을 행하지 아니한다. 권리관계의 존부의 확립은 재판기관에 위임하여야 하며, 집행절차 때마다 청구권의 존부의 판단을 한다고 하면 신속을 이념으로 하는 집행이 마비상태에 이르게 된다. 그래서 국가는 강제집행을 보다 활발하고 신속·자유롭게 이루어질 수 있도록 권리를 정형화하여 누구라도 용이하게 인식할 수 있는 일정한 형식으로 표현하고, 집행기관은 이를 신뢰하고 진행할 수 있도록 해야 한다. 이러한 사법상 청구권의 표현형식을 집행권원이라고 한다. 채권자의 일방적 주장에 의해서만 집행을 허용할 수 없기 때문에 청구권의 존재 및 범위를 공적으로 증명하는 증서를 요구하는 동시에 집행기관은 오로지 이것에 의하여 집행만 하면 된다.

집행권원은 실현될 권리를 표시하나 반드시 이를 확정한다고는 할 수 없다. 즉 표시된 권리의 부존재는 집행권원의 효력에 영향을 주지 않으므로, 가령 어떤 청구권이 소멸되어 집행권원의 표시와 일치하지 않는 경우에도 집행기관은 집행권원에 표시된 권리를 맹목적으로 집행할 수 있다.

공정증서
公正證書

사법상 법률행위나 그 밖에 사권(私權)에 관한 사실에 대하여 공증인이 일정한 방식에 따라 작성하는 증서를 말한다(공증인법 제2조1호). 공정증서는 소송에서 강력한 증거력을 갖는다. 공정증서는 우선 진정한 공문서로서 추정되며, 명문의 규정은 없으나 강한 설명력이 인정되고 있다. 공정증서가 다음에 열거하는 세 가지 요건을 갖추게 되면 집행증서로서 법률상 집행력이 있는 집행권원이 된다(민사집행법 제56조4호).
① 공증인이 그 권한에 의하여 성문의 방식으로 작성할 것
② 일정금액의 지급이나 대체물 또는 유가증권의 일정수량의 급여를 목적으로 하는 특정된 청구가 표시되어 있을 것. 예를 들면 20××년 ×월 ××일 A · B 간에 체결된 매매계약의 대금 100만원과 같이 기재되어 있을 것. 금전이나 대체물에 한정하고 있는 것은 그 집행이 정형적이고 용이하다는 것과, 만일 집행을 잘못하더라도 금전배상을 해주면 족하고 채무자에게 회복할 수 없는 손해를 주는 일이 없기 때문이다.
③ 채무자가 소송이나 지급명령절차를 거치지 않고 집행하여도 좋다는 집행수락의 문언이 기재되어 있을 것. 집행증서에 의하면 채권자가 판결절차나 지급명령을 거치는 비용과 시간을 절약하고 집행을 할 수 있기 때문에 실제거래계에서는 소비대차 등에서 널리 이용되고 있는데 이 방법을 통한 집행사건은 대단히 많다. 다만, 공정증서는 부동산의 인도 등에는 집행력이 없다.

공증인
公證人

당사자나 그 밖의 관계인의 촉탁에 따라 법률행위나 그 밖의 사권에 대하여 **공정증서**(公正證書)를 작성하고 또한 **사서증서**(私署證書)나

공무원이 직무상 작성한 것을 제외한 전자문서 등에 인증을 하는 권한을 가진 자로 실질적 의미의 공무원이다. 공증인은 일정한 자격을 가진 자로서 법무부장관이 지정하는 지방검찰청에 소속되어 공정증서 작성과 사서증서 인증의 직무를 행한다. 국가로부터 봉급은 받지 않고 촉탁자로부터 법정의 수수료와 일당 · 여비 등을 받는다. 법무부장관이 임명하며 임기는 5년으로 재임명될 수 있으며, 정년은 75세이고, 일정한 사유가 있으면 면직 또는 당연퇴직된다(공증인법 제14조 · 제15조).

압류
押留

광의로는 국가권력이 특정의 유체물 또는 권리에 대하여 사인의 사실상 또는 법률상의 처분을 금하는 행위를 말한다. 협의로는 특히 금전채권에 대한 강제집행의 착수로서 집행기관이 우선 채무자 재산의 사실상 또는 법률상의 처분을 금지하기 위해 행하는 강제행위를 말하며, 행정법상 국세체납처분의 한 단계로서 체납자의 재산을 강제처분하는 행위도 여기에 포함된다. 위에서 광의 · 협의의 압류가 「민사소송법」상의 압류이다.

압류는 집행의 목적물에 따라서 그 방법을 달리한다. 유체동산의 압류는 집행관이 그 물건의 점유를 하거나 봉인, 그 밖의 방법으로 행하여진다(민사집행법 제189조). 채권 기타의 재산권의 압류는 집행법원의 압류명령을 채무자 또는 제3자에게 송달하여 시행한다. 부동산 · 선박의 압류는 집행법원의 강제경매개시결정 또는 강제관리개시결정을 채무자에게 송달하여 시행한다. 압류가 되면 채무자는 압류재산에 대한 처분권을 상실한다. 따라서 압류당한 토지를 제3자에게 처분하여도 그 매매는 채권자에 대해 무효이다. 다만, 압류는 압류재산의 자유로운 환가를 위하여 필요한 것이므로 그 효과로서 처분금지도 환가를 위하여 필요한 범위 내에 미치게 된다. 따라서 압류가 해제되면 제3자에게 한 매매는 완전히 유효하게 된다. 압류 중에 행하여진 채

무자의 처분행위는 계약당사자 간에서는 유효, 채권자에게는 무효, 즉 상대적 무효가 된다. 압류에 의하여 처분권은 채무자로부터 국가로 이전한다. 채권의 만족에 필요한 범위를 초과한 압류나 압류재산을 환가하여도 집행비용에 미달하는 무익한 압류, 동일목적물에 대한 이중의 압류 등은 법률상 금지된다. 또 채무자보호를 위하여 법률은 일정한 물건 또는 채권에 대하여는 압류를 금지하고 있다(같은 법 제195조·제246조).

압류금지
押留禁止

채무자를 보호하기 위하여 법률이 일정한 물건 또는 채권에 대하여 압류를 금지하는 것을 말한다(민사집행법 제195조·제246조). 사회정책적인 견지에서 채무자의 최저생활의 유지를 위해 다음에 열거하는 물건에 대하여 압류를 금지하고 있다(같은 법 제195조). ① 채무자와 그 동거친족의 생활에 필요한 의복·침구·가구와 주방기구 ② 채무자와 그 동거친족에 필요한 2개월간의 식료품, 연료 및 조명재료 ③ 채무자와 그 동거가족의 생활에 필요한 1개월간의 생계비로서 적금·부금·예탁금과 우편대체를 포함한 185만원 ④ 농업을 영위하는 자의 농업상 없어서는 안 될 농기구, 비료, 가축, 사료, 종자 등 ⑤ 어업을 영위하는 자의 어업상 없어서는 안 될 어구, 어망, 미끼, 새끼 고기 등 ⑥ 전문직 종사자, 기술직 노무자, 기타 노동에 종사하는 자의 업무상 없어서는 안 될 제복, 도구 기타 물건 ⑦ 채무자 또는 그 친족이 받은 훈장, 포장, 기장(旗章) 등의 명예증표 ⑧ 위패, 영정, 묘비 기타 제사, 상례 또는 예배에 필요한 물건 ⑨ 족보, 집안의 역사적인 기록, 사진첩 기타 선조숭배에 필요한 물건 ⑩ 채무자의 생활 또는 직무상 필요한 도장, 문패, 간판 등 ⑪ 채무자의 생활 또는 직무상 필요한 일기장, 상업장부 등 ⑫ 공표되지 아니한 저작 또는 발명에 관한 물건 ⑬ 채무자와 그 동거가족이 교육기관, 종교단체에서 사용하는 교과서, 교리서 학습용구 등 ⑭ 일상생활에 필요한 안경, 보청기, 의치, 의수족, 지팡이, 휠체어 등의 신체보조기구 등 ⑮ 채무자 등의 일상생활에 필요한 자동차로서 「자동차관리법」이 정하는 바에 따른 장애인용 경형자동차 ⑯ 재해의 방지, 보안을 위하여 법령의 규정으로 설비하는 소방설비, 경보기구, 피난시설 등이 있다. 또한 다음에 열거하는 채권에 대하여도 압류할 수 없다(민사집행법 제246조1항). ① 법률상 부양료 및 유족부조료(遺族扶助料) ② 채무자가 구호사업 또는 제3자의 도움으로 계속 받는 수입 ③ 병사의 급료 ④ 급료·연금·봉급·상여금·퇴직연금 등의 급여채권의 2분의 1의 금액 ⑤ 퇴직금 기타의 급여채권의 2분의 1의 금액 ⑥ 「주택임대차보호법」에 의하여 우선변제를 받을 수 있는 금액 ⑦ 생명, 상해, 질병, 사고 등의 보장성보험금액 중 생계유지 및 치료·장애회복에 소요될 것으로 예상되는 비용 ⑧ 채무자의 1개월간 생계유지에 필요한 예금 등이다. 또한 압류물을 환가하여도 집행비용을 보상하고 잉여가 없을 경우에도 압류가 금지된다(같은 법 제188조3항). 이 밖에 「민사집행법」이외의 다른 법률에서도 압류를 금지하고 있다(공무원연금법 제39조, 근로기준법 제86조, 형사보상 및 명예회복에 관한 법률 제23조).

이중압류
二重押留

한 채권자를 위하여 채무자의 재산을 압류한 후에 다시 다른 채권자를 위하여 동일한 재산을 압류하는 것을 말한다. 우리나라의 「민사집행법」은 매득금(賣得金)·매각대금(賣却代金) 등에 있어서 경합하는 다수 채권자에게 압류의 순서와는 상관없이 평등하게 배당하는 평등배당주의(平等配當主義)를 채택하고 있으므로 우선배당주의(優先配當主義)를 취하고 있는 독일 민사소송법과는 달리 이중압류를 인정할 실익이 없고, 이를 무조건적으로 인정하면 도리어 혼란을 초래하기 쉽다. 따라서 유체동산·부동산에 대하여 압류의 경합이 있어 이중압류가 이루어진 경우, 먼저 압류가 취하되거나 취소된 경우에도 뒤에 한 압류절차에 따라 집행절차를 속행할 수 있으며, 이에 대응하여 각각 우선권자의 배당요구의 방법을 정하고 있다(민사집행법 제87조·제88조·제215조·제217조).

채권 기타의 재산권에 대한 강제집행에 있어서도 이중압류를 허용한다고 해석되지만(같은 법 제237조1항3호), 이 경우 첫 번째의 압류에 관하여 내려지는 **전부명령**(轉付命令)은 **추심명령**(推尋命令)뿐이다.

압류명령
押留命令
제3채무자에 대하여 채무자에게 지급하는 것을 금하고 채무자에 대하여 채권의 처분, 특히 그 추심을 해서는 안 된다고 명령하는 집행법원의 결정을 말한다. 제3채무자에게 송달되면 채권압류의 효력이 생긴다(민사집행법 제227조3항). 채권과 다른 재산권에 대한 강제집행은 집행법원의 압류명령에 의하여야 하고(같은 법 제223조·제251조1항), 이 명령에 위반하는 처분, 즉 채무자의 채권양도나 제3채무자의 변제는 이로써 압류채권자에게 대항하지 못한다. 압류명령은 채권자의 신청에 의하여 행하여지며(같은 법 제225조), 압류명령을 내림에 있어서는 미리 제3채무자 및 채무자를 심문할 필요가 없다(같은 법 제226조). 유체동산 또는 부동산의 인도청구권에 대한 압류명령에는 인도명령이 포함되지만(같은 법 제243조1항·제244조1항), 인도명령은 압류명령의 요소는 아니다.

전부명령
轉付命令
채무자의 제3채무자에 대한 금전채권이 압류된 경우 지급에 갈음하여 채권을 그 액면만큼 압류채권자에게 이전시키는 집행법원의 명령을 말한다(민사집행법 제229조). 전부명령은 추심명령과 같이 금전채권을 환가하는 방법이지만, 추심명령과는 달리 전부채권을 그 액면만큼 채권자에게 이전하기 때문에 제3채무자가 무자력인 경우의 위험을 채권자가 부담

하지 않으면 안 되는 반면, 전부채권 전부를 다른 채권자에 우선하여 변제받을 수 있기 때문에 채권자에게는 아주 유리한 방법으로 이용되고 있다. 압류채권자는 압류한 금전채권에 대하여 전부명령을 신청할 수 있고, 집행법원이 이를 적법하다고 인정하면 전부명령을 내린다. 전부명령이 내려지면 압류된 채권은 지급에 갈음하여 압류채권자에게 이전된다. 전부명령에 대하여는 압류명령이 제3채무자와 채무자에게 송달하여야 하고, 압류한 금전채권에 대하여 압류채권자가 전부명령을 신청하면 즉시항고를 할 수 있고, 전부명령이 확정되거나 제3채무자에게 송달되면 전부명령의 효력이 생긴다(같은 법 제229조4항·제227조). 위의 절차를 완료하면 채무자는 원칙적으로 채무를 변제한 것으로 간주한다(같은 법 제231조). 전부명령이 있은 후에는 배당요구를 하지 못한다(같은 법 제247조2항).

추심명령
推尋命令
채무자의 제3채무자에 대한 금전채권이 압류된 경우 「민법」상의 대위절차(민법 제404조) 없이 압류채권자가 압류채권의 지급을 받을 수 있는 권한을 부여하는 집행법원의 명령을 말한다(민사집행법 제229조).

추심명령은 전부명령과 같이 금전채권의 환가방법의 하나이다. 압류채권자는 압류한 금전채권에 대하여 추심명령을 신청할 수 있고, 추심명령이 있는 때에는 압류채권자는 대위절차 없이 압류채권의 지급을 받을 수 있다. 추심명령은 제3채무자와 채무자에게 송달하여야 하고, 제3채무자에 대한 송달이 있으면 추심명령의 효력이 생긴다(같은 법 제229조4항·제227조3항).

추심명령은 원칙적으로 압류채권의 전액에 미친다. 그러나 집행법원은 채무자의 신청에 의하여 압류채권자를 심문하여 압류액을 그 채권자의 요구액에 제한하고, 채무자에게 그 초과액의 처분과 영수를 허가할 수 있으며, 이 허가를 제3채무자와 채권자에게 통지하여야 한다. 그리고 집행법원이 채권자의 요구액

을 제한한 부분에 대해서는 다른 채권자는 배당요구를 할 수 없다(같은 법 제232조).

배당요구
配當要求

강제집행에 있어서 압류채권자 이외의 채권자가 집행에 참가하여 변제를 받기 위해 집행관에게 압류금전, 매득금 등의 배당을 요구하는 것을 말한다. 우리 「민사집행법」은 **평등배당주의**(平等配當主義)를 채택하고 있으므로 압류채권자 이외의 채권자도 배당요구를 하여 평등한 배당을 받을 수 있다. 배당요구의 절차는 압류목적물의 종류에 따라서 다르다. ① 유체동산에 있어서의 배당요구 : 「민법」·「상법」, 그 밖의 법률에 따라 우선변제청구권이 있는 채권자는 매각대금의 배당을 요청할 수 있고(민사집행법 제217조), 우선권자의 배당요구는 이유를 밝혀 집행관에게 하여야 한다(같은 법 제218조). 유체동산에 압류의 경합과 우선권자의 배당요구가 있는 경우에는 집행관은 그 사유를 배당에 참가한 채권자와 채무자에게 통지하여야 한다(같은 법 제219조). ② 채권과 다른 재산권에 대한 배당요구 : 「민법」·「상법」, 그 밖의 법률에 의하여 우선변제청구권이 있는 채권자와 집행력 있는 정본을 가진 채권자는 제3채무자가 채무액의 공탁신고를 한 때, 채권자가 추심금액을 공탁하고 신고한 때, 집행관이 현금화한 금전을 법원에 제출한 때까지 법원에 배당을 요구할 수 있다(민사집행법 제247조). ③ 부동산의 강제경매에 있어서도 「민법」·「상법」, 그 밖의 법률에 의하여 우선변제청구권이 있는 채권자와 집행력 있는 정본을 가진 채권자 및 경매신청등기 후에 가압류를 한 채권자는 경락기일까지 그 원인을 명시하고 배당요구를 할 수 있다(민사집행법 제88조).

배당절차
配當節次

강제집행절차에서 압류당한 재산을 환가함으로써 얻은 금전을 배당요구신청을 한 각 채권자에게 안분하여 변제하기 위한 절차를 말한다. 여기에서는 동산집행에 있어서의 배당절차만을 설명하기로 한다(부동산집행에서의 배당절차도 이에 준한다). 배당절차를 수행하는 데는 다음의 네 가지 요건이 필요하다. ① 배당을 요구하는 복수의 채권자가 있을 것 ② 금전의 공탁 또는 사유의 신고가 있을 것(민사집행법 제252조·제253조) ③ 공탁금액이 각 채권자에게 모두 변제하기에 부족할 것(같은 법 제222조1항) ④ 채권자 사이에 협의가 성립되지 않을 것. 참가한 채권자 사이에 채권의 존부, 그 액수, 우선권의 유무 등에 관하여 다툼이 있으면 협의가 되었다고 볼 수 없다.

위와 같은 요건이 구비되면 배당절차는 법원의 직권으로 개시된다. 법원은 집행관의 사유신고서에 의하여 7일 이내에 각 채권자에게 원금·이자·비용 그 밖의 부대채권의 계산서를 제출하도록 최고하고, 그 기간이 만료된 후에 법원은 배당표를 작성한다(같은 법 제253조·제254조). 다음에 배당을 실시하기 위하여 배당기일을 지정하고 채권자와 채무자를 불러(같은 법 제255조) 배당표에 이의 유무를 진술시키고, 이의가 없으면 배당표에 의하여 배당을 실시한다(같은 법 제256조). 만일, 이의신청이 있을 때에는 다른 채권자는 이에 대하여 진술을 해야 한다. 이의가 완결되지 않으면 이의 없는 부분에 한하여 배당을 실시하고, 이의 있는 부분은 배당이의에 관한 소의 재판에 따라 해결된다. 기일에 출석하지 않은 채권자는 배당표의 실시에 동의한 것으로 보고 배당액을 공탁(供託)·배당조서(配當調書)를 작성하여 절차를 끝낸다.

경매
競賣

① 광의로는 매수하겠다는 사람이 수인 있는 때 값을 제일 많이 부르는 사람에게 매도하는 것을 말한다. ② 협의로는 경매청구권리자의 신청에 의하여 법원 또는 집행관이 동산이나 부동산을 공매방법으로 매도하는 것을 말한다.

경매는 개별적 매매에 비하여 공평한 가액으로 환가를 가능하게 하는 방법이다. 경매를 국가기관이 행하는 경우 이것을 **공매**(公

賣)라고 한다. 금전채권에 관한 강제집행에 있어서의 환가는 원칙적으로 경매에 의하며, 그중 부동산의 경매를 **강제경매**라고 부른다. 이에 대하여 재산의 보관 또는 정리방법으로서 환가하는 이른바 자조매각(경매)과 저당권·질권 등의 담보권의 실행으로서 행하여지는 경매가 있다. 위의 경매는 실체법상 권리를 가진 자가 단독·임의로 신청하여 행하여지는 것이므로 강제경매에 대하여 **임의경매**(任意競賣)라고 불린다. 이런 종류의 경매는 실체법상 청구권을 행사하기 위하여 국가권력을 빌릴 뿐, 집행권원에 표시된 청구권의 국가권력에 의한 강제적 실현절차가 아니므로 비송사건의 성질을 띠고 있다고 말할 수 있다. 그러나 임의경매와 강제경매의 절차 그 자체는 대체로 공통되어 있다. 또 판례도 절차의 유사성 때문에 그의 일반적 준용을 인정하고 있다. 다만, 임의경매에 있어서는 성질상 채권자와 채무자의 대립이 없으며 집행권원을 요하지 않고, 일반채권자의 배당청구가 원칙적으로 인정되지 않는 것이 강제경매와 다른 점이다.

강제경매
強制競賣

채권자 등이 법원에 신청하여 채무자 소유의 부동산을 압류하여 경매하는 것을 말한다. 채권자는 부동산소재지의 지방법원에 강제경매신청을 하고(민사집행법 제79조·제80조), 집행법원은 강제경매의 개시결정을 함과 동시에 부동산압류를 명하여야 한다(같은 법 제83조1항). 그 다음에 감정인에게 부동산을 평가하게 하고 그 평가액을 참작하여 최저매각가액을 정하고(같은 법 제97조), 경매 및 경락일을 공고한다(같은 법 제104조). 경매기일에 소정의 매매조건에 따라서 최고가격의 경매인을 정한다. 경락기일에 최고가격으로 경락한 사람에게 법원은 경락허가결정을 하게 된다(같은 법 제128조). 경매대금으로 배당표를 작성하고 이에 의하여 배당요구를 한 각 채권자에게 분배한다(같은 법 제145조). 강제경매는 집행법

원이 부동산의 환가권을 행사하는 점에서 공법상 처분으로 볼 수 있지만, 채권자의 환가권(換價權)을 대행하는 것이므로 채무자와 경락인과의 관계는 사법상 매매계약에 준하여 대금의 미납을 해제조건으로 하여 경락허가선고시에 결정된다. 그러므로 부동산의 경락인은 경락허가결정이 선고된 때부터 그 부동산에서 생기는 이익을 취득할 수 있게 된다. 강제경매에 의하여 취득한 부동산소유권은 등기를 하지 않아도 효력이 발생한다(민법 제187조).

재매각
再賣却

부동산에 대한 강제경매로서 매수인이 대금지급기한까지 그 의무를 완전히 이행하지 아니하였고, 차순위매수신고인이 없는 때 법원이 직권으로 부동산의 재매각을 명하는 것을 말한다. 재매각절차에도 종전에 정한 최저매각가격, 그 밖의 매각조건을 적용한다. 재매각기일의 3일 이전까지 대금, 그 지급기한이 지난 뒤부터 지급일까지의 대금에 대한 대법원규칙이 정하는 이율에 따른 지연이자와 절차비용을 지급한 때에는 재매각절차를 취소하여야 한다. 취소하는 경우에도 차순위매수신고인이 매각허가결정을 받았던 때에는 금액을 먼저 지급한 매수인이 매매목적물의 권리를 취득한다. 재매각절차에서는 전의 매수인은 매수신청을 할 수 없으며, 매수신청의 보증을 돌려줄 것을 요구하지 못한다(민사집행법 제138조).

경락허가결정
競落許可決定

부동산의 경매절차에 있어서 법원이 최고가경매인에 대하여 경매부동산의 소유권취득을 허가하는 처분을 말한다. 집행법원은 경락기일에 있어서 이해관계인의 진술을 듣고 이의의 사유(민사집행법 제121조)가 없다고 인정한 때에는 경락허가의 결정을 한다. 이 결정은 부동산의 소유권취득을 허가하는 국가의 공법상의 처분으로서 사법상의 매매계약에 대한 승낙과 같은 효력을 발생시킨다. 결정은 선고하는 외에 법원게시판 등에 공고하여야 한다(같은 법 제128조2

항, 민사집행규칙 제11조). 매수인은 매각대금을 다 낸 때에 그 소유권을 취득하며(같은 법 제135조), 부동산 위에 존재하고 있던 유치권(留置權)을 인수하지만(같은 법 제91조), 저당권 및 경매신청의 등기 후 6개월 이내에 그 기간이 만료되는 전세권(傳貰權)은 경락으로 소멸한다. 그리고 경락허가결정에 대하여는 이해관계인은 즉시항고를 할 수 있다(같은 법 제129조~제131조).

강제관리
强制管理
부동산에 대한 강제집행방법 중의 하나로서 채권자에게 금전채무를 변제할 수 있게 하기 위하여 채무자 소유의 부동산의 수익에 대하여 행하는 강제집행을 말한다. 부동산에 대한 강제집행에는 강제경매와 강제관리의 방법이 있다. 집행대상인 부동산이 양도금지가 되었거나 또는 시가가 너무 싸서 바로 경매하는 것이 불리한 경우에는 부동산을 경매하지 않고 강제관리를 하게 된다. 법원은 채권자의 신청에 의하여 강제관리개시결정을 하고(민사집행법 제164조), 관리인을 임명한다(같은 법 제166조). 관리인은 부동산에서 생기는 수익으로 관리비용과 세금 등을 공제하고 나머지를 각 채권자에게 배당한다(같은 법 제169조). 강제경매와 강제관리 중 어느 것을 선택할 것인가 또는 병행할 것인가에 대하여는 채권자가 선택할 수 있다(같은 법 제78조3항).

직접강제
直接强制
① 행정처분을 강제하는 수단의 하나로서 직접 국가의 공권력에 의해 개인을 강제하여 그 의무를 이행시키는 것을 말한다. ②「민법」상의 강제이행의 하나의 방법으로서 집행기관이 하는 집행행위에 의하여 직접(채무자 또는 제3자의 행위에 의하지 않고) 채권의 만족을 얻게 하는 것을 말한다. 전자의 예를 들면 경찰관이 교통에 방해되는 군중을 직접강제로 해산시키는 것이고, 후자의 예를 들면 금전채무나 물건의 인도채무(引渡債務)

등에 대하여 집행기관이 직접 채권의 만족을 얻게 하는 것이다. 그러므로 직접강제는 금전채무나 물건의 인도채무 등의 '주는 채무'에 대하여 인정된다.

간접강제
間接强制
임의로 채무를 이행하지 않는 자에 대하여 법원이 일정기간 내에 채무를 이행하지 아니하면 손해배상을 과할 것을 명령하여 채무자에게 심리적으로 강제하여 채무를 이행하게 하는 방법을 말한다.
감정이나 중재를 할 채무, 계산보고 또는 재산목록을 작성할 채무, 증서에 서명날인할 채무와 같이 타인이 대신해서 할 수 없는 비대체적 작위의무에 관하여 인정된다. 채무자가 스스로 이행하지 않는 경우 법원은 채권자의 신청에 의하여 상당한 기간을 정하여 그 기간 내에 이행하지 않는 때에는 그 지연기간에 따라 일정한 배상을 명함으로써 채무이행을 간접적으로 강제하는 것이다. 위 신청에 관한 재판에 대하여는 즉시항고할 수 있다(민사집행법 제261조). 그리고 간접강제를 명하는 결정은 변론 없이 할 수 있다. 그러나 결정 전에 채무자를 심문해야 한다(같은 법 제262조).

대체집행
代替執行
① 행정법상의 강제집행의 하나의 방법으로서 행정청으로부터 명령받은 행위를 그 의무자가 이행하지 않을 경우에 이것을 강제하기 위하여 관청이 의무자를 대신하여 이행하거나 또는 제3자에게 이행시키고, 그 비용을 의무자에게 부담시키는 것을 말하고 ②「민법」상 채무자가 채무를 이행하지 않을 경우에 채권자가 제3자를 시켜 채무자가 이행해야 할 행위를 실현시키고 그 비용을 채무자에게 부담시키는 것을 말한다.
가옥의 철거 등 제3자가 채무자를 대신하여 하더라도 채권의 만족을 기할 수 있는, 즉 대체적 작위의무에 대하여 인정되는 집행방법이다

(민법 제389조2항). 대체집행의 경우에는 법원은 채권자의 신청에 의하여 「민법」의 규정에 의한 결정을 하도록 되어 있다(민사집행법 제260조1항). 채권자는 제3자의 행위에 필요한 비용의 지급을 미리 채무자에게 명하는 결정을 원칙적으로 청구할 수 있다(같은 조 2항 본문). 대체집행의 신청에 관한 재판은 즉시항고할 수 있다(같은 조 3항). 위의 결정은 결정 전에 채무자를 심문하여야 하며 변론 없이 할 수 있다(같은 법 제262조).

가압류
假押留

채무자의 재산이 은폐 또는 매각에 의하여 없어질 우려가 있을 경우에 강제집행을 보전하기 위하여 그 재산을 임시로 압류하는 법원의 처분을 말한다.

가압류는 금전채권이나 금전으로 환산할 수 있는 채권에 대하여 동산 또는 부동산에 대한 강제집행을 보전하기 위하여 이를 할 수 있다(민사집행법 제276조). 또한 가압류는 기간이 도래하지 아니한 채권에 대하여도 할

[부동산가압류신청서의 예]

부동산가압류신청서

채권자　　○　　　○　　　○
주소 ○○시 ○○구 ○○동 ○○번지
채무자　　○　　　○　　　○
주소 ○○시 ○○구 ○동 ○○번지

청구금액 : 금 ○○○원(서기 20○○년 ○월 ○일자 대금)

가압류 부동산의 표시 : 별지 목록 기재와 같음

신청 취지
채권자가 채무자에 대하여 가지는 위 청구채권의 집행보전을 위하여 채무자 소유의 별지목록 기재의 부동산을 가압류한다.
라는 재판을 구합니다.

신청이유
채권자는 채무자에 대하여 위 채권을 가지고 있어 수차 그 지급을 요구하여도 응하지 아니하므로 이에 지급을 구하기 위하여 현재 그 소송제기를 준비중인 바 채무자는 현재 그 영업소에 있어서의 집기 등을 전부 타인에게 매각하고 도주함으로써 채권자의 강제집행을 면탈코자 계획하고 있음을 탐지하였음. 만약 이대로 방임한다면 가령 후일 소송의 결과 승소의 판결을 받아도 그 집행을 할 수 없고 심한 손해를 입게 될 상태에 있으므로 이 집행보전을 하기 위하여 당해 부동산에 대하여 가압류명령을 구하기 위하여 본신청에 이르렀습니다.

첨부서류
1. 채권을 증명하는 서면등본　1통
1. 부동산등기사항증명서　　　1통

20○○년 ○월 ○일
위　　　채권자　　○　　○　　○　　㊞

○ ○ 지방법원　　　귀중

수 있다(같은 조 2항). 가압류의 요건은 피보전의 권리가 존재하고 보전의 필요성이 있을 것 등이다. 이 두 요건이 구비되면 채권자는 법원에 가압류신청을 할 수 있다. '보전의 필요'란 나중에 승소하더라도 판결을 집행할 수 없거나 집행이 심히 곤란할 염려가 있는 때, 특히 외국에서 판결을 집행할 경우(같은 법 제277조)를 의미한다. 심리는 서면으로 행하며, 가압류의 요건이 소명되거나 채권자가 보증을 세운 경우에는 **가압류명령**(假押留命令)을 발하게 된다. 이 명령에 의하여 집행보전을 위하여 필요한 범위 내에서 보전집행이 행하여진다.

가처분
假處分
금전채권 이외의 특정물의 급부·인도를 보전하기 위하여 또는 분쟁 중에 있는 권리관계에 관해서 임시적 지위를 정하기 위하여, 법원의 결정에 따라 그 동산 또는 부동산을 상대방이 처분하지 못하도록 금지하는 잠정적·가정적 처분을 말한다.

가처분에는 두 가지의 종류가 있다. 첫째, 다툼의 대상이 되는 목적물에 대한 가처분이다. 특정물(토지)의 인도를 청구하려는데 상대방이 그 목적지상에 건축을 하고 있을 경우에 채권자가 이 청구권에 근거하여 장차 강제집행을 하는 것이 현재 이상으로 어렵게 될 수 있을 것일 때(가처분의 필요), 후일 집행보전을 위하여 인정하고 있는 것이 다툼의 대상에 관한 가처분이다(민사집행법 제300조). 둘째, 임시적 지위를 정하는 가처분이다. 갑이 운전하는 자동차에 을이 다쳤는데 갑은 자신의 과실이 없음을 이유로 책임이 없다고 주장하고, 을은 갑의 손해배상책임을 주장하여 다툼이 있을 때 을의 응급치료를 위하여 (임시 지위를 정하는 가처분의 필요) 을에게 손해배상청구권이 있다고 우선 가정하고 갑에게 일정액의 배상금지급을 명하는 예이다. 이와 같이 쟁의 없는 권리관계에 대하여 임시의 지위를 정할 필요가 있을 때 하는 것인데 이에는 재산법상의 권리관계에 한하지 않는다. 가처분의 요건과 가처분의 신청 및 **가처분명령**(假處分命令) 등은 가압류의 경우와 동일하다. 다만, 가처분은 보관인을 정하거나 상대방에게 행위를 명하거나 금지할 수 있고 급부를 명할 수 있다(같은 법 제305조). 또 가처분으로 부동산의 양도나 저당을 금할 수 있다.

집행보전절차
執行保全節次
장래에 있어서의 강제집행에 의한 청구의 실현 불능 또는 곤란을 예방하기 위하여 국가권력에 의하여 현상을 유지·보전하기 위한 소송절차를 말한다. 집행보전절차에는 가압류·가처분 외에 파산·화의(和議)·회사정리 등의 신청에 따르는 보전처분과 상속재산에 대한 보전처분 등이 있다. 보통 집행보전처분은 가압류와 가처분을 의미하는데, 그 어느 것이나 보전명령절차와 보전집행절차로 구분된다. 전자는 판결절차에 상당하는 것으로서 보전의 요건, 즉 보전의 자격이나 필요가 있는가 없는가를 심리하여 보전명령을 부여하는 것이다. 따라서 이 절차에는 판결절차가 많이 준용되고 있다. 다만, 판결절차와 다른 점은 잠정적이며 신속을 필요로 하기 때문에 증명 대신 소명으로 족하고 필요적 변론이 적용되지 않는다는 점이다. 보전집행절차는 보전명령을 집행하는 절차로서 강제집행에 해당하는 것이므로 집행법의 규정이 많이 준용되지만, 권리의 최종적 만족을 목적으로 하는 것이 아니므로 원칙적으로 환가와 배당은 행하여지지 않는다.

[부동산가처분명령신청서의 예]

부동산점유이전금지가처분신청

신청인(채권자)　　○　　○　　○
주소 ○○시 ○○구 ○○동 ○○번지

피신청인(채무자)　　○　　○　　○
주소 ○○시 ○구 ○○동 ○번지

목적물의 표시 : 별지 목록 기재와 같음

신청취지
1. 피신청인의 별지목록기재의 가옥에 대한 점유를 풀고 신청인이 위임하는 ○○지방법원 집행관에게 인도하여야 한다.
2. 집행관은 그 현상을 변경하지 않을 것을 조건으로 하여 피신청인에게 사용하도록 할 수 있다.
3. 집행관은 위 사실을 적당한 방법으로 공시하여야 한다.
4. 피신청인은 그 점유를 타인에게 이전하거나 또는 점유명의를 변경하여서는 안 된다.
라는 재판을 구합니다.

신청이유
1. 신청인은 별지부동산의 소유자인바　　년　　월　　일 피신청인에 대하여 기간의 정함이 없이 임차로 1개월　　원정 매월 말일 지급의 약속으로 임대하였습니다.
2. 그런데 피신청인은　　년　　월　　일 이후 위 임차료의 지급을 하지 않으므로 신청인은 피신청인에 대하여　　년　　월　　일 내용증명우편에 의하여 위 서면 도래일로부터 10일 이내에 위 연체임차료의 지급을 구하고 만일 위 기간 내에 지급이 없을 때에는 위 건물에 대한 임대차계약을 해지할 뜻의 의사표시를 하였음.
3. 위 내용증명우편은　　년　　월　　일 피신청인에게 도달하였음에도 불구하고 피신청인은 신청인에 대하여 위 최고기간 내에 연체임차료의 지급을 하지 않았으므로 위 건물에 대한 임대차계약은　　년　　월　　일 해지된 것입니다.
4. 그러므로 신청인은 피신청인에 대하여 위 건물의 명도를 구한 바, 피신청인이 이를 거부하고 제3자에게 전대하여 신청인에 대한 명도를 방해하려는 것이 조사결과 판명되었음. 신청인은 가옥명도청구의 소를 제기하고자 준비중에 있는 바 위와 같은 피신청인의 행위가 이루어진다면 후일 본안소송에서 승소판결을 받아 집행한다고 하여도 즉시 목적을 달성할 수 없게 될 우려가 있으므로 그 집행보전을 하기 위하여 본신청에 이르렀습니다.

입증방법
1. 부동산등기부등본　　　　　　　　　1통
1. 임대차계약서　　　　　　　　　　　1통
1. 내용증명우편 및 배달증명　　　　　1통

20○○년 ○월 ○일

위　　　신청인　　○　　○　　○　[인]

○ ○ 지방법원　　　귀중

민 사 특 별 법

소액사건심판법
少額事件審判法

지방법원 및 지방법원 지원에서 소액의 민사 사건을 간이한 절차에 따라 신속히 처리하기 위하여 「민사소송법」에 대한 특례를 규정하기 위하여 제정된 법률을 말한다(소액사건심판법 제1조). 이 법률은 1973년 2월 24일 법률 제2547호로 제정되고, 그 후 여러 차례의 개정을 거쳐 오늘에 이르고 있다. 이 법률이 적용되는 것은 소송목적의 값이 3,000만원을 넘지 않는 소액민사사건이다(소액사건심판규칙 제1조의2). 채권자는 채권액을 분할하여 그 일부만을 청구할 수 없다. 「민사소송법」에서는 서면에 의한 소의 제기만이 인정되고 있으나, 「소액사건심판법」에서는 구술에 의한 소의 제기를 인정함으로써 소송절차의 신속한 처리를 가능하게 하였다. 당사자 양쪽은 임의로 법원에 출석하여 소송에 관하여 변론할 수 있고, 이 경우에 소의 제기도 구술로써 한다(소액사건심판법 제5조). 소의 제기가 있는 경우에는 판사는 지체 없이 변론기일을 정하고, 되도록 1회의 변론기일로 심문을 종결하도록 되어 있다(같은 법 제7조2항). 당사자의 배우자·직계혈족 또는 형제자매는 법원의 허가 없이 소송대리인이 될 수 있다(같은 법 제8조). 다만, 소송대리인은 당사자와의 신분관계 및 수권관계를 증명해야 한다.

가사소송법
家事訴訟法

인격의 존엄과 남녀평등을 기본으로 하고 가정의 평화와 친족상조의 미풍양속을 보존하고 발전시키기 위하여 가사에 관한 소송과 비송 및 조정에 대한 절차의 특례를 규정할 목적으로 1990년 12월 31일 법률 제4300호로 제정된 법률을 말한다(2017년 10차 개정

이 있었음). 이 법은 제1편(총칙), 제2편(가사소송), 제3편(가사비송), 제4편(가사조정), 제5편(이행의 확보), 제6편(벌칙), 총 73개조와 부칙으로 구성되어 있다. 이 법에 규정된 가사사건의 심리와 재판은 가정법원의 전속관할로 되어 있다(법원조직법 제3조1항5호).

가정법원의 관할사항은 가사소송사건으로 가류·나류·다류와 가사비송사건의 라류·마류의 5가지로 나누어진다. 가정법원은 다른 법률 또는 대법원규칙에서 가정법원의 권한에 속한 사항에 대하여도 심리·재판하며, 그러한 사항에 관한 절차는 법률이나 대법원규칙이 따로 정하는 경우를 제외하고는 라류 가사비송사건의 절차에 따른다(가사소송법 제2조).

「가사소송법」의 10차까지의 주요개정 내용은 다음과 같다. **1차 개정** : 이혼 후 자녀를 양육하지 않는 일방이 「민법」에 따른 면접교섭권을 행사할 때 양육자가 거부하는 사례가 있어 비양육자의 면접교섭에 관한 권리 침해를 우려하여 면접교섭권의무를 가정법원의 이행명령 대상에 추가하였다(같은 법 제64조1항). **2차 개정** : 가사사건은 그 성격상 일반인에 대한 기록공개가 적합하지 않기 때문에 당사자나 이해관계를 소명한 제3자만이 재판장의 허가를 얻어 기록의 열람·복사 등을 신청할 수 있도록 제한하였다(같은 법 제10조의2). **3차 개정** : 친양자제도를 신설하는 등의 내용으로 「민법」이 개정됨에 따라 친양자 입양의 취소와 파양, 친양자 입양허가 등의 사건관장 및 관할에 관한 규정을 신설하는 등 관련 규정을 정비하였다. **4차 개정** : 양육비의 확보는 자녀의 안정적인 성장을 위하여 필요불가결한 요건임에도 그 액수의 소규모에 비하여 현행법상의 절차는 복잡하고 어려운 실정이어서 보다 간편한 양육비 확보를 위하여 양육비 심판에서의 재산명시절차 등과 양육비의 직접 지급명령제도를 신설하였다. **5차 개정** : 법적 간결성·함축성과 조화를 이루는 범위에서 법 문장의 표기를 한글화하고 어려운 용어를 쉬운 우리말로 풀어쓰

며 복잡한 문장은 체계를 정리하여 간결하게 다듬음으로써 쉽게 읽고 잘 이해할 수 있으며 국민의 언어생활에도 맞는 법률이 되도록 하였다. **6차 개정** : 현행 금치산·한정치산 제도를 성년후견제로 확대·개편하는 내용으로 「민법」이 개정됨에 따라 성년후견과 관련한 각 심판의 관할과 절차 등을 정하는 한편, 가사비송 절차에서도 절차비용을 지출할 자금능력이 없거나 부족한 사회취약계층에 대하여 절차구조(節次救助) 제도를 도입하였다. **7차 개정** : 단독 친권자의 사망, 입양 취소, 파양(罷養)이나 양부모 사망의 경우 가정법원이 미성년자의 법정대리인을 선임하도록 하고, 미성년자 입양에 대한 가정법원의 허가제를 도입하였다. **8차 개정** : 「민법」의 개정으로 친권의 일시정지, 일부 제한 등 친권 제한 제도가 새롭게 마련되면서 해당 사항에 대한 재판을 가정법원이 담당하도록 규정함에 따라, 친권의 제한 제도에 대한 사항 및 그 실권 회복에 관한 선고를 가정법원의 전속관할 사항에 추가하였다. **9차 개정** : 서명이 보편화되는 추세에 따라 행정기관 제출 서류의 본인확인 표식으로 기명날인 외의 서명도 허용하였다. **10차 개정** : 「민법」의 개정에 따라, 친생부인의 허가 및 인지의 허가의 심리와 재판 관할을 정하고, 관련 심판에서 전 남편의 절차적 이익을 보장하기 위하여 진술을 들을 수 있도록 하였으며, 원칙적으로 후견개시 등의 심판 확정 이후의 후견에 관한 사건은 후견개시 등의 심판을 한 가정법원에서 관할하도록 하고, 피후견인의 권익 보호와 법원의 감독기능 충실화를 기하였다.

민사조정법
民事調停法

이 법은 민사에 관한 분쟁을 조정(調停) 절차에 따라 당사자의 자주적·자율적 분쟁 해결 노력을 존중하면서 적정·공정·신속하고 효율적으로 해결함을 목적으로 한다(민사조정법 제1조). 이 법의 주요골자는 민사에 관한 모든 분쟁사건을 조정대상으로

하고, 소송계속 중인 제1심사건에 관하여 당사자 간에 동의가 있는 경우 결정으로 사건을 조정에 회부할 수 있도록 하였다. 그리고 분쟁의 당사자는 법원에 조정을 신청할 수 있으며 조정사건은 다음의 소재지를 관할하는 지방법원, 지방법원지원, 시법원 또는 군법원의 관할로 하며 또 당사자는 합의에 의하여 관할법원을 정할 수 있다(같은 법 제3조). ① 피신청인에 대한 「민사소송법」 제3조부터 제6조의 규정에 따른 보통재판적 소재지 ② 피신청인의 사무소 또는 영업소 소재지 ③ 피신청인의 근무지 ④ 분쟁목적물의 소재지 ⑤ 손해발생지

행정소송법
行政訴訟法

행정청의 위법한 처분 그 밖에 공권력의 행사·불행사로 인한 국민의 권리 또는 이익의 침해를 구제하고, 공법상의 권리관계 또는 법적용에 관한 다툼을 적정하게 해결함을 목적으로 하여 제정된 법률을 말한다(행정소송법 제1조). 이 법률은 1951년 8월 24일 법률 제213호로 제정되어 5차개정을 거쳐 오늘에 이르고 있으며, 제1장 총칙, 제2장 취소소송, 제3장 취소소송 외의 항고소송, 제4장 당사자소송, 제5장 민중소송 및 기관소송으로 나누어져 있다. 행정소송은 항고소송(抗告訴訟)·당사자소송(當事者訴訟)·민중소송(民衆訴訟)·기관소송(機關訴訟)의 네 가지의 소송으로 구분된다(같은 법 제3조). **항고소송**이란 행정청의 처분 등이나 부작위에 대하여 제기하는 소송을 말한다. 당사자소송이란 행정청의 처분 등을 원인으로 하는 법률관계에 관한 소송, 그 밖에 공법상의 법률관계에 관한 소송으로서 그 법률관계의 한쪽 당사자를 피고로 하는 소송을 말한다. 민중소송이란 국가 또는 공공단체의 기관이 법률에 위반되는 행위를 한 때에 직접 자기의 법률상 이익과 관계없이 그 시정을 구하기 위하여 제기하는 소송을 말한다. 기관소송이란 국가 또는 공공단체의 기관 상호 간에 있어서의 권한의 존부 또는 그 행사에 관한 다툼이 있을 때에 제기하는 소송을 말한다. 항고소송

은 다시 취소소송(取消訴訟)·무효등확인소송·부작위위법확인소송(不作爲違法確認訴訟)의 세 가지 소송으로 구분된다(같은 법 제4조). **취소소송**이란 행정청의 위법한 처분 등을 취소 또는 변경하는 소송을 말한다. 무효등확인소송이란 행정청의 처분 등의 효력 유무 또는 존재 여부를 확인하는 소송을 말한다. 부작위위법확인소송이란 행정청의 부작위가 위법하다는 것을 확인하는 소송을 말한다. 우리나라 법률은 항고소송에 관해서 이 세 가지로 한정하고 있으나, 학설상 의무이행소송(義務履行訴訟)의 여부는 끊임없이 문제가 되어 왔다. 의무이행소송이란 민원인의 신청에 의하여 행정청이 일정한 처분을 해야 할 의무가 있음에도 불구하고 이를 하지 않거나 신청을 거부한 경우 소송을 통하여 이를 강제로 이행토록 하는 제도이다. 행정소송에 있어서는 법원은 필요하다고 인정할 때에는 직권으로 증거조사를 할 수 있고, 당사자가 주장하지 아니한 사실에 대하여도 판단할 수 있다는 점에 일반 민사소송과는 다른 특색이 있다(같은 법 제26조).

비송사건절차법
非訟事件節次法

민사비송사건과 상사비송사건의 처리에 관한 절차를 규정함을 목적으로 하여 제정된 법률을 말한다. 이 법률은 1962년 1월 20일 법률 제999호로 제정되었다. 이 절차의 특색은 **직권탐지주의**(職權探知主義)와 **간이신속주의**(簡易迅速主義)에 있다. 비송사건은 공익에 관한 것이 많기 때문에 법원은 직권으로 사실의 탐지와 증거조사를 할 수 있다(비송사건절차법 제11조). 또 비송사건은 소송사건에 비하여 경미하고 신속을 요하기 때문에 시간·수고·비용의 점에서 간편하게 되어 있다. 민사비송사건에는 법인·신탁에 관한 사건, 재판상의 대위에 관한 사건, 보존·공탁·보관과 감정에 관한 사건, 법인의 등기, 부부재산약정의 등기 등이 있고 상사비송사건에는 회사와 경매에 관한 사건, 사채에 관한 사건, 회사의 청산에 관한 사건이 있다.

집행관법
執行官法

집행관에 관한 사항을 규정함을 목적으로 하여 제정된 법률을 말한다(집행관법 제1조). **집행관**은, 지방법원에 소속되어 법률에서 정하는 바에 따라 재판의 집행과 서류의 송달, 그 밖에 법령에 따른 사무에 종사하는 사람을 말한다(같은 법 제2조).

집행관법은 1961년 8월 31일 법률 제702호 「집달리법」으로 제정되었다. 집행관은 10년 이상 법원주사보·등기주사보·검찰주사보 또는 마약수사주사보 이상의 직에 있던 자 중에서 지방법원장이 임명한다(같은 법 제3조). 집행관의 임기는 4년으로 하되 연임할 수 없고, 정년은 61세로 한다(같은 법 제4조). 집행관은 법령에 의한 직무 외에 법원 및 검사의 명령에 의하여 서류와 물품의 송달, 벌금·과료·과태료·추징 또는 공소에 관한 소송비용의 재판의 집행 및 몰수물의 매각, 영장의 집행 등을 하여야 한다. 집행관은 소속 지방법원의 관할구역 안에서 지방법원장 또는 지원장이 지정한 곳에 사무소를 설치해야 하고(같은 법 제8조) 그 사무소에는 장부를 비치해야 한다(같은 법 제9조).

민사소송비용법
民事訴訟費用法

「민사소송법」의 규정에 의한 소송비용을 소송행위에 필요한 한도의 비용으로 정할 목적으로 제정된 법률을 말한다. 이 법률은 1954년 9월 9일 법률 제336호로 제정되어 몇 차례의 개정을 거쳐 오늘에 이르고 있다.

중재법
仲裁法

당사자 간의 합의에 의해서 사법상의 분쟁을 법원의 판결에 의하지 아니하고 중재인의 판정에 의하여 적정·공평·신속하게 해결함을 목적으로 하는 법률이다(1966년 3월 16일 법률 제1767호 제정).

중재인은 당사자 간의 합의에 의해서 그 선정방법과 수를 정한다(같은 법 제12조2항). 다만, 상행위로 인하여 발생되는 법률관계에 관한 중재계약에서 선정의 약정이 없을 때나 당사자의 의사가 분명하지 아니할 때에는 법원 또는 그 법원이 지정한 중재기관이 중재인을 선정한다(같은 법 제12조3항·4항).

중재판정은 「중재법」 제38조에 따라 승인 또는 집행이 거절되는 경우 외에는 양쪽 당사자 간에 법원의 확정판결과 동일한 효력을 가지며(같은 법 제35조), 이에 대한 불복은 법원에 중재판정취소의 소를 제기하는 방법으로만 가능하다(같은 법 제36조).

채무자 회생 및 파산에 관한 법률

재정적 어려움으로 인하여 파탄에 직면해 있는 채무자에 대하여 채권자·주주·지분권자 등 이해관계인의 법률관계를 조정하여 채무자 또는 그 사업의 효율적인 회생을 도모하거나, 회생이 어려운 채무자의 재산을 공정하게 환가·배당하는 것을 목적으로 제정한 법률을 말한다.

이 법은 채무자의 회생 및 파산에 관한 사항이 파산법·회사정리법·화의법·개인채무자회생법에 분산되어 있어서 각 법률마다 적용대상이 다를 뿐만 아니라, 특히 회생절차의 경우 회사정리절차와 화의절차로 이원화되어 그 효율성이 떨어지므로 상시적인 기업의 회생·퇴출체계로는 미흡하다는 지적에 따라 이들을 하나의 법률로 통합한, 이른바 '통합 도산법'이라 할 수 있다. 또 파산선고로 인한 사회적·경제적 불이익을 받게 되는 사례를 줄이기 위해 정기적 수입이 있는 개인채무자에 대하여는 파산절차에 의하지 아니하고도 채무를 조정할 수 있는 개인회생제도를 두고 있다.

또한 이 법에서는 파산재단에 속하는 특정의 재산(유치권·질권·저당권·담보권·전세권)에 대해서 **별제권**(別除權)이라고 하여 파산채권자에 우선하여 변제를 받을 수 있는 권리를 보장하고 있다(채무자 회생 및 파산에 관한 법률 제411조 이하). 별제권은 파산재단에 속하는 재산에 대해서 행하는 권리라는 점에서 파산재단에 속하지 않는 재산에 대해서도 행하는 환취권(環聚權)과 구별된다(같은 법 제407조 이하).

국가를 당사자로 하는 소송에 관한 법률

국가를 당사자 또는 참가인으로 하는 소송 및 행정소송(행정청을 참가인으로 하는 경우를 포함)에 필요한 사항을 규정함으로써 소송의 효율적인 수행과 소송사무의 적정한 관리를 도모하는 것을 목적으로 1951년 10월 26일 법률 제223호로 제정되었다. 국가소송에 있어서는 법무부장관이 국가를 대표하며, 국가를 상대로 하는 소의 관할은 「민사소송법」 제6조(국가의 보통재판적은 그 소송에서 국가를 대표하는 관청 또는 대법원이 있는 곳으로 한다)의 규정에 의한다. 법무부장관은 국가소송수행자로서 법무부의 직원 또는 각급 검찰청의 검사 또는 「공익법무관에 관한 법률」에서 정한 공익법무관을 지정하여 수행하게 할 수 있으며, 또 행정청의 소관 또는 감독사무에 관하여는 행정청의 장의 의견을 들은 후 행정청의 직원을 지정하여 소송을 수행할 수도 있다. 이때에는 법무부장관의 지휘를 받아야 한다. 그리고 변호사를 소송대리인으로 선임하여 국가소송을 수행하게 할 수도 있다(국가를 당사자로 하는 소송에 관한 법률 제3조). 금전지급을 목적으로 하는 사건이 국가의 패소로 확정되어 국가에서 임의변제를 하여야 할 경우에는 「국가배상법」의 규정에 의한 손해배상청구사건에 있어서는 제1심 해당 고등검찰청 또는 지방검찰청 검사장이, 특별배상심의회 및 그 소속지구배상심의회 소관사건에 있어서는 국방부장관이 각각 지급하고, 각 특별회계소관사건에 관하여는 각 특별회계 해당 행정청의 장이 한다. 그 외의 금전지급을 목적으로 하는 사건은 소관 행정청의 장이 한다. 임의변제를 받으려면 임의변제청구서와 필요서류를 각 지급기관에 제출하여야 하며, 청구를 받은 지급기관은 접수일로부터 1주일 이내에(특별회계 소관사건은 2주일 이내) 그 금액을 지급하여야 한다(같은 법 시행령 제13조).

형 법

형 법

총 칙

형법
刑法

형법이란 일반적으로 어떠한 행위가 범죄가 되고, 어느 정도의 벌을 과하게 되는지를 정한 법률을 말한다. 독일에서도 형벌의 법이라는 뜻을 표시하는 Strafrecht라는 이름이 붙어 있는데, 이는 우리나라에서 「형법」이라고 칭하는 의미와 같은 맥락이다. 그러나 프랑스, 영국, 미국에서는 형벌법이라는 의미의 Code Penal, Penal Code도 사용되고 있으나 범죄법이라는 뜻의 Droit Criminel, Criminal Law도 쓰고 있다. 대체로 전자는 형식적인 법규로, 후자는 실질적인 형사법으로 이해된다. 이러한 명칭에서 알 수 있듯이 형법은 범죄와 형벌을 정하고 있는 법이다.

죄형법정주의
罪刑法定主義

"법률 없으면 범죄도 없고, 법률 없이는 형벌도 없다(nullum crimen, sine lege nulla poena sine lege)"라는 법언에 근거한 원리로서, 1215년 영국의 대헌장(Magna Charta)에 그 기원을 두고 1776년 버지니아 권리장전(제8조)과 1787년 미합중국헌법(제1조9항), 1789년 프랑스 인권선언(제8조) 등을 통해 발전하였다. 우리 「헌법」(제13조1항)과 「형법」(제1조1항)도 이를 명문으로 규정하고 있는데, 이는 어떤 행위가 범죄에 해당하고 그에 대한 형벌을 어떻게 과할 것인가를 미리 성문의 법률에 규정하고 있어야 함을 의미한다. 구체적인 내용은 소급효금지의 원칙, 관습형법금지의 원칙, 유추해석금지의 원칙, 명확성의 원칙, 적정성의 원칙으로 분석할 수 있다.

소급효금지의 원칙
遡及效禁止의 原則

형벌법규는 그 법이 시행된 이후의 행위에 대해서만 적용하고〔행위시법주의(行爲時法主義)〕, 시행 이전의 행위에까지 소급하여 적용할 수 없다는 원칙이다〔**사후입법금지의 원칙**(事後立法禁止의 原則)〕.

관습형법금지의 원칙
慣習刑法禁止의 原則

범죄와 형벌은 성문법률에 의하여야 하고, 관습법에 의하여 가벌성을 인정하거나 형을 가중하여서는 안 된다는 원칙이다. 단, 행위자에게 불리한 관습법의 적용은 금지되지만, 유리한 것은 인정된다.

유추해석금지의 원칙
類推解釋禁止의 原則

법률에 규정이 없는 사항에 대하여 그것과 유사한 성질을 가지는 사항에 관한 법률을 적용하는 것을 금지한다는 원칙이다. 법관에 의한 입법을 금지함으로써 법의 해석·적용자인 법관의 자의로부터 개인의 자유와 안전을 보장한다는 데 의의가 있다.

명확성의 원칙
明確性의 原則

형법은 무엇이 범죄이고 그에 대한 형벌은 어떠한 것인지를 명확하게 규정하여야 한다는 원칙이다. 법관의 자의적 해석을 금지한다는 데 그 의의를 두고 있다.

적정성의 원칙
適正性의 原則

범죄와 형벌을 규정하는 법률의 내용은 기본적 인권을 실질적으로 보장할 수 있도록 적정하여야 한다는 원칙이다. 입법자의 자의적인 형벌권 남용을 방지하자는 데 그 의의가 있다.

형법

백지형법
白地刑法

독일의 형법학자 빈딩(Karl Binding, 1841~1920)이 처음 사용하였고, **백지형벌법규**(白地刑罰法規), **공백형벌법규**(空白刑罰法規)라고도 한다. 법률이 일정한 형벌만을 규정하고 그 요건인 범죄구성요건을 다른 법률 또는 명령에 위임하는 형벌법규를 말한다. 즉 범죄구성요건에 관한 부분이 백지 그대로 되어 있다는 뜻이다. 예를 들면 「형법」 제112조의 중립명령위반죄의 규정은 중립명령의 위반에 대한 형벌을 규정하고 있지만, 어떠한 행위가 그에 해당하는가는 중립명령에 의하여 결정되는 것이다. 「형법」 내용의 위임은 「헌법」 제89조5호와의 관계에 의해 대통령령 이하의 명령에 대한 포괄적 위임은 허용되지 아니하고 특정사항에 한정되어 있다.

한시법
限時法

형벌법규에 유효기간이 명시되어 있는 법률을 말하며, 더 넓게는 이러한 협의의 한시법 외에 일정한 사정에 대응하기 위한 법령, 즉 임시법을 포함한다. 만약 일반법률의 경우라면 그 법률의 폐지시기가 도래하면 효력을 잃고, 설사 그 유효기간 중에 행한 범죄행위에 대하여도 형사절차상 면소의 선고를 하여야 한다(형사소송법 제326조4호). 그러나 한시법의 경우에도 그렇게 한다면 법의 규범력을 유지할 수 없게 된다. 즉 예고된 실효시기의 직전이 되면 사람들은 면소를 예상하고서 범행을 할지도 모른다. 그래서 한시법에는 추급효를 인정하여야 하는지가 논의되고 있다. 즉 한시법에 한하여 그 법률의 실효시기가 도래한 후에도 그것이 유효하였던 당시에 행하여진 행위에 대하여는 유효한 법률규정으로서 적용을 인정하여야 한다고 한다.

범죄이론
犯罪理論

범죄가 성립하는 데 필요한 각각의 요소를 법학적·사회학적·정책학적 관점을 바탕으로 연구하는 형법학의 주된 연구대상을 말한다. 이러한 범죄이론은 일반적으로 주관주의적 접근방법과 객관주의적 접근방법을 통해서 구성요건이론을 시작으로 위법성론, 책임론, 미수론, 공범론 등을 차례로 고찰하게 된다.

구 분	내 용
객관주의	범죄에서 외부적 사실인 행위와 결과라는 객관적 요소를 형벌평가의 대상으로 하고, 형벌의 종류와 경중도 이에 상응해야 한다.
주관주의	범죄에서 주관적 요소를 중요시하여 행위자의 반사회적 성격·범죄적 위험성을 형벌적 평가의 대상으로 하고, 형벌의 종류와 경중도 이에 상응해야 한다.

형벌이론
刑罰理論

국가가 범죄에 대한 일정한 법률효과로서 부과하는 형벌을 연구대상으로 하는 형벌이론은 범죄론과 함께 형법학의 양대 연구과제로 자리잡고 있다. 형벌이론에서는 이미 성립한 각각의 범죄에 대해서 형벌의 종류와 본질 및 형량의 정도를 비교·검토하여 형벌의 근본취지를 다하는 데 의의를 갖는다.

구 분		내 용
응보형주의		형벌의 본질은 그 자체가 목적으로 범죄에 대한 정당한 응보로 봄. 형벌의 수단성을 부정하므로 형벌의 형사정책적 기여에 부적합
목적형주의	일반예방주의	형벌에 의하여 사회 일반인을 위함으로써 범죄예방의 효과를 거두려 함. 범죄인의 재사회화에 미흡
	특별예방주의	범죄예방의 대상을 범죄인 그 자체에 두고, 범죄인이 다시 범죄를 저지르지 않도록 예방함을 그 목적으로 함. 사회복귀적 형벌집행이 가능

형법

속지주의와 속인주의
屬地主義와 屬人主義
(형법의 장소적 적용범위)

주권이 미치는 자국의 영토에서 범해진 죄에 대하여는 범인이 어느 나라의 국민인가에 관계없이 모두 그 지역의 형법을 적용한다(형법 제2조)는 것이 속지주의이다. 국가의 주권은 그 영역 내에서만 존재한다는 사상에 기초한다. 현행 「형법」은 국외에 있는 내국선박·항공기 내에서 범한 외국인의 범죄에도 한국영역에 준하여 우리나라 「형법」이 적용된다(형법 제4조). 이와는 반대로 자국민의 범죄이면 국외에서 범한 것도 자국의 형법을 적용한다는 것이 속인주의이다(형법 제3조는 제한적으로 이 원리를 채용하고 있다). 또 자국의 중요한 법익을 범하는 죄에 대하여는 그 법익을 보호하기 위하여 외국에서 외국인이 범한 경우까지도 자국의 형법 적용을 인정하는 바(형법 제5조), 이를 **보호주의**(保護主義)라고 한다.

형법의 시간적 적용범위
刑法의 時間的 適用範圍

행위시와 재판시 사이에 법률의 변경이 있는 경우에 신법과 구법 중 어느 법률을 적용할 것인가의 문제를 말한다. 행위시와 재판시의 법규가 그 가벌성, 형의 경중 등에 차이가 발생할 수 있다는 점에 그 논의의 실익이 있다.

행위시법주의
行爲時法主義

사후입법에 의한 처벌 및 형의 가중을 금지하는 죄형법정주의의 내용인 소급효금지의 원칙을 천명한 것이다(형법 제1조1항). 즉 「형법」은 행위시법주의를 원칙으로 한다.

재판시법주의
裁判時法主義

우리 「형법」은 범죄를 저지른 후 법이 개정되어 더 이상 범죄가 아니게 되거나, 형이 구법보다 가벼워진 경우에는 행위자에게 유리한 신법을 소급적용해야 한다고 하여, 행위시법주의의 예외를 인정하고 있다(형법 제1조2항·3항).

형법의 인적 적용범위
刑法의 人的 適用範圍

「형법」이 어떤 사람에게 적용되는가에 관한 문제로서, 원칙적으로 「형법」의 시간적·장소적 적용범위에 있는 모든 사람에게 적용된다. 단, 대통령은 내란 또는 외환의 죄 이외에 재직 중 형사소추를 받지 않고(헌법 제84조), 국회의원은 국회에서 직무상 행한 발언과 표결에 관해 국회 밖에서 책임을 지지 않는다(헌법 제45조). 그리고 외국의 원수 그 가족 및 내국인이 아닌 개인 사용인, 신임된 외국대사, 공사, 그 수행원 및 그 가족 등에 대해서는 우리 「형법」이 적용되지 않으며(1961년 4월 18일 외교관계에 관한 비엔나협약), 외국 영사의 직무상 행위에 대해서도 적용이 배제된다(1963년 4월 24일 영사관계에 관한 비엔나협약). 또 승인받고 주둔하는 외국군대 및 군속(軍屬)에 대해서는 협정에 의하여 「형법」의 적용이 배제될 수 있다(예 : 대한민국과 아메리카합중국 간의 상호방위조약 제4조에 의한 시설과 구역 및 대한민국에서의 합중국 군대의 지위에 관한 협정의 시행에 관한 형사특별법).

행위, 행위론
行爲, 行爲論

"범죄는 행위다"라는 명제는 형법학의 오랜 명제의 하나이며, 범죄론체계의 근본을 이룬다. 이러한 행위에 대한 논의로서, 행위론은 범죄의 모든 발생형태에 보편타당하게 적용될 수 있는 행위개념은 타당한가, 또 이러한 행위개념은 존재론적으로 파악하여야 하는가, 규범론적으로 파악하여야 하는가에 관한 범죄론에 대한 체계적 상위개념에 관한 논의이다.

구 분	주장자	내 용	비 판
인과적 행위론	Beling, Liszt	내적 의사와 외적 결과 발생의 결합	고의행위의 파악곤란으로 미수 설명 불가능

형법

		행위의 본질은 '목적성'	목적성이 결여된 과실의 행위성 인정 곤란
목적적 행위론	Welzel	행위의 본질은 '목적성'	목적성이 결여된 과실의 행위성 인정 곤란
사회적 행위론	Eb.Schmidt Jescheck	행위는 사회적 의미 있는 거동	사회적 행위 개념의 다양성으로 이론적 통일성 결여
인격적 행위론	Roxin, Kaufmann	행위란 인격의 객관적 표현	사회적 행위론의 영역을 못 벗어남

결과반가치 · 행위반가치
結果反價値 · 行爲反價値

불법의 실체가 법익의 침해 또는 그 위험에 있다고 보는 입장을 결과반가치, 불법의 실질은 야기된 결과에만 있는 것이 아니라 이를 야기한 인간의 행위에 있으므로 불법은 행위자와 관련된 인(人)적 불법이라고 보는 입장을 행위반가치(인적 불법론)라 한다. 양자는 이러한 개념상의 차이 이외에 다음과 같은 구별 논의의 실익이 있다.

구 분	결과반가치	행위반가치
형법의 기능	법익 보호	사회윤리적 행위보호
위법성의 본질	법익의 침해 · 위험	사회상당성의 일탈
과실범의 불법	법익침해	주의의무위반

법인의 범죄능력, 형벌능력
法人의 犯罪能力, 刑罰能力

「형법」상의 구성요건은 모두 인간의 정신활동의 소산인 범죄행위를 그 처벌대상으로 상정하고 있으므로, 자연인이 아닌 법인도 범죄행위의 주체가 될 수 있는가가 문제되고, 아울러 법인의 범죄능력을 부인할 경우에 행정형법에서는 행위자 이외에 법인도 처벌하는 양벌규정을 두고 있는데, 이를 어떻게 설명할 수 있는가 하는 문제가 대두된다.

(1) 긍정설 : 민법상 법인실재설(法人實在說)을 근거로 하여, 법인단속의 사회적 필요성을 중시하여 그 범죄능력을 인정하여야 한다는 영미법계의 실용주의적 형법관의 산물이다. 이처럼 법인의 범죄능력을 인정할 때 비로소 행정형법상의 양벌규정을 설명할 수 있다고 하여 법인의 처벌능력을 그 논리적 귀결로 한다.

(2) 부정설 : 형법의 자기책임의 원칙 및 대륙법계의 윤리적 형법관에 입각하여, 법인은 정관 소정의 목적범위 내에서만 그 권리능력이 인정되므로 범죄가 법인의 목적이 될 수는 없으므로 그 범죄능력도 부정된다고 주장한다(대판 1984.10.10, 82도2595 전원합의체). 이 경우 법인처벌의 근거를 어떻게 설명할 것인지가 재론되는데, 판례는 '법인의 처벌규정은 범죄주체와 형벌주체의 동일을 요하는 책임주의의 예외로서 행정단속목적을 달성하기 위하여 정책상 무과실책임을 인정한 것'이라고 한다(대판 1983.3.22, 81도2545).

구성요건해당성

범죄의 성립요건
犯罪의 成立要件

범죄가 법률상 성립하기 위한 요건으로서 통설은 구성요건해당성 · 위법성 및 책임을 들고 있다.

범죄성립요건은 첫째, 구성요건해당성이다. 무엇이 범죄인가는 법률상 특정행위로 규정되어 있다. 이 법률상 특정된 행위의 유형을 **구성요건**(構成要件)이라 한다. 따라서 범죄가 되려면 먼저 구성요건에 해당하여야 한다. 어떤 행위가 구성요건에 맞는다는 성질을 구성요건해당성이라고 한다.

둘째, **위법성**이다. 구성요건에 해당한 행위도 위법한 경우에만 그 죄책을 논할 수 있다.

예를 들면 정당방위와 같은 경우에는 법률상 허용되어 있다. 범죄가 되려면 법률상 허용되지 않아야 한다.

셋째, 책임이다. 구성요건에 해당한 위법행위도 그 행위에 관하여 행위자에 대한 비난이 가능한 것이 아니면 범죄가 안 된다. 행위에 관하여 행위자에게 비난이 가능하다는 성질은 책임 또는 유책성(有責性)이라고 불리운다. 즉 범죄는 유책한 행위라야 한다.

범죄는 구성요건해당성·위법성 및 책임의 어느 하나라도 빠지면 성립되지 아니한다. 이러한 범죄성립요건과 구별되어야 하는 것에는 가벌성의 요건과 소추요건(訴追要件)이 있다. 전자에는 파산범죄에서 파산선고의 확정이라든가 친족상도례에서의 직계혈족·배우자·동거의 친족과 같은 인적처벌조각사유의 부존재 등이 있으며, 후자에는 친고죄의 고소·「형법」제110조의 외국정부의 의사에 반하여 논할 수 없다는 것 등이 있다. 또 학설 중에는 가벌성의 요건을 범죄성립요건 중에 포함시켜 가벌성의 요건이라는 관념을 부정하는 것도 있다.

구성요건해당성
構成要件該當性

구성요건은 위법한 행위를 유형적으로 규정한 것으로서, 구체적 사실이 법률이 규정한 범죄의 추상적 구성요건에 해당하는 성질을 말한다. 어떤 사실이 구성요건에 해당하면 위법성조각사유·책임조각사유가 존재하지 않는 한 범죄는 성립한다. 구성요건해당성의 구성요건과 범죄구성사실은 다르다. **구성요건**은, 구성요건해당성 판단의 기본이 되는 법적 요건으로 학자에 따라서 순수한 기술적 성질의 것이라 하기도 하고(Beling), 위법성의 인식근거라 하기도 하고(Mayer), 위법성의 존재근거 혹은 위법유형이라고도 한다(Mezger). 혹은 위법유형임과 동시에 책임유형이라고도 한다(小野). 즉 구성요건해당성은 사실이 법률상의 구성요건에 해당한다는 성질을 말하고, 하나의 판단을 의미한다. 이에 대하여 **범죄구성사실**(犯罪構成事實)은 구성요건에 해당된 사실 그 자체이다.

실질범
實質犯

구성요건이 행위 이외에 일정한 결과의 발생도 그 내용으로 하는 범죄를 말한다. **결과범**(結果犯)이라고도 한다. 대부분의 범죄는 이 실질범이다. 실질범은 보호법익침해의 현실적 발생을 구성요건적 내용으로 하는 **침해범**(侵害犯)과 단순히 그 침해위험의 발생을 내용으로 하는 **위험범**(危險犯)으로 나누어진다. 위험범은 또 법익침해의 구체적인 위험의 발생을 요건으로 하는 구체적 위험범(예 : 형법 제166조2항의 방화죄-자기소유의 일반건조물 등의 방화로 공공의 위험 발생)과 법익침해의 단순한 추상적인 위험의 발생으로 족하다는 추상적 위험범(예 : 형법 제164조의 방화죄-현주건조물 등 방화)으로 나누어진다.

거동범
擧動犯

구성요건이 일정한 행위(작위 또는 부작위)만을 필요로 하며 외부적인 결과의 발생은 필요로 하지 않는 범죄로서 **형식범**(形式犯)이라고도 한다. 예를 들면 주거침입죄, 퇴거불응죄(형법 제319조), 다중불해산죄(같은 법 제116조), 아편흡식기소지죄(같은 법 제199조) 등이 이에 속한다. 기타 법정범(행정범)에 그 예가 많다. 위증죄(같은 법 제152조), 명예훼손죄(같은 법 제307조~제309조) 등과 같이 일정한 의사나 관념을 표현하는 것이 요건으로 되어 있는 언어범·표현범은 그 행위 자체가 아니고 그로 인해서 야기되는 무형의 결과가 유해한 것으로 보여지므로, 넓은 의미의 결과범이지만 거동범(擧動犯)에 포함하여 이해하기도 한다.

거동범의 경우에는 미수가 성립할 여지가 없으나, 우리 「형법」은 퇴거불응죄의 미수를 규정하고 있다.

형법

위험범
危險犯

구성요건의 내용으로서 단순히 법익침해의 위험이 생긴 것으로 족하고, 법익침해의 결과가 실제로 생길 것을 필요로 하지 않는 범죄로서, 침해범에 대응한다. 예를 들면 신용훼손죄(형법 제313조), 교통방해죄(같은 법 제185조) 등이 있다. 위험범은 법익침해의 위험이 구체적이냐 추상적이냐에 따라 구체적 위험범과 추상적 위험범으로 나누어진다. 전자는 「형법」 제166조2항의 자기소유의 일반건조물에 대한 방화와 같이 구성요건의 내용으로서 구체적인 위험발생을 필요로 하는 경우이고, 후자는 「형법」 제164조의 주거에 대한 방화와 같이 구성요건의 내용인 행위를 하면 그것이 곧 위험발생을 의미하는 경우로, 구성요건적 행위 자체가 위험발생을 의미하게 되는 경우를 말한다.

양자를 구별하는 실익으로 통설에 의하면, 전자에는 그 위험에 대하여 고의를 필요로 함에 대하여, 후자에는 위험에 대하여 고의를 필요로 하지 않는 점에 있다고 한다.

위험성
危險性

「형법」에서 위험성은 어떠한 법률상의 보호가 되어 있는 이익을 침해할 가능성이 있음을 말한다. 「형법」에 규정되어 있는 많은 범죄는 침해범(侵害犯) 또는 실질범(實質犯)이다. 이는 일정한 법익을 침해하였다는 결과의 발생을 필요로 하고 있으나(비교적 소수의 경우이지만), 행위 자체가 위험성을 야기하고, 이러한 위험성을 야기시키는 것 자체가 곧 범죄가 성립하는 것으로 굳이 구체적 법익침해의 결과 발생을 필요로 하지 않는 경우가 있다. 이것을 위험범〔危險犯(혹은 위태범)〕이라 한다. 그것은 어떠한 법익에 대한 침해의 가능한 상태를 야기함으로써 곧 성립하며, 타인의 법익을 침해한다는 결과발생을 필요로 하지 않는 것이라 할 수 있다. 이런 의미에서 위험범의 예로서는 유기죄(형법 제271조·제272조)와 「형법」 각칙 중 미수죄 및 예비죄를 인정하고 있는 모든 경우를 들 수 있다.

위험성이란 적어도 두 개의 종류를 인정할 수 있다. 그 하나는 추상적 위험성(抽象的 危險性)이다. 예를 들면 보험금을 타기 위하여 화재보험에 들어 있는 자기가옥에 불을 질렀으나, 자기의 가옥을 태웠을 뿐 타인의 가옥 등은 타지 않은 경우, 범인은 사회공공의 안전을 침해하지는 않았다고 볼 수 있다. 그러나 적어도 '화재를 야기시킨다'는 행위는 일반적으로는 '사회공공의 안전보호'라는 일종의 사회적 법익을 침해할 가능성이 있다. 이것이 「형법」에서 이러한 행위를 방화죄로서 처벌하고 있는 이유이다(같은 법 제166조2항·제164조 이하). 이런 의미에서 방화죄(같은 법 제164조·제166조1항), 일수죄(같은 법 제177조), 방수방해에 관한 죄(같은 법 제180조)와 같은 것은 공공적 견지에서 본 경우의 '추상적 위험성'을 띤 범죄라고 할 수 있다. 또 다른 유형은 구체적 위험성(具體的 危險性)으로, 이것은 현실적으로 일정한 법익을 침해할 가능성이 발생한 경우를 말한다. 「형법」의 규정을 보면 이미 추상적 위험성이 인정되는 한 범죄로 보는 경우도 있으나, 그 정도로는 부족하고 구체적 위험성이 발생하지 않으면 범죄가 되지 않는 경우가 있다. 방화죄에 관한 「형법」 제166조2항에 '공공의 위험을 발생하게 한……'으로 한 명문은 그 전형적인 예이다. 이와 같이 구체적 위험성이 발생한 경우에 한하여, 범죄가 되는 경우를 '구체적 위험범'이라 한다. 예를 들면 방화죄에 관한 「형법」 제167조·제170조2항·제172조의 죄, 일수죄에 관한 「형법」 제179조2항·제181조의 죄 등이다.

계속범
繼續犯

구성요건의 내용인 행위의 위법상태가 얼마간 계속되는 범죄로, **상태범**에 대응하는 개념으로, 체포감금죄(형법 제276조)가 그 대표적인 예이다. 계속범은 위법상태가 단순히 일시적으로만 생긴 경우에는 미수이고, 그것이 어느 시간 동안 계속함으로써 비로소 기수가 된다. 따라서 기수에 달하기까지에는 언제든지 **공범**이 성립하고, 공소시효는 진행하지 않으며 또 이에 대하여 정당방위도 가능하다.

계속범은 위법상태를 야기하는 행위와 야기된 위법상태를 유지하는 행위를 포괄하여 포괄일죄의 한 유형에 해당하기도 한다.

퇴거불응죄(退去不應罪)나 신고의무위반 등의 부작위범도 계속범으로 해석할 것인지가 문제이다. 독일에서는 일부의 학자가 진정부작위범(眞正不作爲犯)의 대부분을 계속범으로 해석하고 있으나, 일반적으로 이와 같은 부작위범으로는 반드시 구성요건의 내용인 행위의 상태가 일정 시간 동안 계속되는 것을 필요로 하지 않으므로 소극적으로 해석하고 있다.

상태범
狀態犯

구성요건적 실행행위에 의하여 법익침해가 발생함으로써 범죄는 기수에 이르고, 그 위법상태는 기수 이후에도 존속하는 범죄를 말한다. 구성요건적 결과발생(법익침해)과 동시에 곧 범죄가 기수에 이르고, 종료는 즉시범(卽時犯)과 같은 의미로 이해하기도 한다. 예를 들면 절도죄(竊盜罪)·사기죄(詐欺罪) 등이 있다. 상태범은 사후의 위법상태가 그 구성요건에 의하여 충분히 평가되어 있으므로 범죄 이후의 사후행위가 별도의 범죄를 구성하지 않는다.

예를 들어 절도 후에는 별도로 횡령죄나 기물손괴죄(器物損壞罪)가 성립하지 않는다(**불가벌적 사후행위**).

상태범의 위법상태는 결과 속에 포함되어 있으므로 위법상태가 계속되는 장소도 토지관할의 표준으로 범죄지가 되며, 법익침해에 의하여 범죄가 기수에 이르게 됨과 동시에 공소시효가 기산된다.

목적범
目的犯

고의범(故意犯)의 경우 형벌법규를 보면 그 구성요건으로서는 일반적으로 '어떠한 행위를 한 자는'이라 하여 객관적인 행위사실만이 규정되어 있다. 그런데 어떤 종류의 범죄에 있어서는 이와 같은 객관적 행위사실 외에 '어떤 특수한

목적 내지 의도'를 구성요건 중에 규정하여, 그러한 특수한 목적 내지 의도를 가지고 법문에 규정하고 있는 행위를 하지 않았다면 범죄는 성립하지 않는 것으로 하고 있다. 이와 같은 범죄를 목적범(Absichtsdelikte)이라 한다. 예를 들면 통화위조죄(형법 제207조 이하), 문서위조죄(같은 법 제225조 이하), 유가증권위조죄(같은 법 제214조 이하), 인장위조죄(같은 법 제238조 이하)에서는 각각 '행사할 목적으로'라고 규정하고, 약취·유인죄의 경우에는 '영리 또는 결혼할 목적으로'라고 규정하고 있다.

주의해야 할 점은 '목적'과 '고의' 및 '동기'와의 개념 구별이다. 먼저 고의는 "일반적 주관적 불법요소"임에 반해, 목적은 "특수한 주관적 불법요소"이다. 그리고 동기가 "법적으로 무의미한 비유형적 관념"에 지나지 않음에 비해, 목적은 "행위와 관련이 있는 불법판단의 정형적 기준"이 된다.

한편, 이러한 목적범과 유사한 범죄개념으로 **경향범**(傾向犯)과 **표현범**(表現犯)이 있는데, 전자는 행위의 객관적 측면이 행위자의 일정한 주관적 경향의 발현으로 행하여졌을 때 구성요건이 충족되는 범죄로서, 공연음란죄·학대죄 등이 이에 속한다. 후자는 행위자의 내면적인 지식상태와 모순되는 표현으로서 행위가 행하여졌을 때 범죄로 되는 경우로서 위증죄·무고죄 등이 이에 해당한다.

신분범
身分犯

구성요건이 행위의 주체로서 일정한 신분을 요구하는 범죄를 말한다. 예를 들면 「형법」상 수뢰죄가 성립하려면 공무원 또는 중재인이어야 하고(형법 제129조), 특별공무원의 직권남용죄의 주체가 되려면 재판·검찰·경찰의 직무를 행하고 또는 이를 보조하는 자임을 요한다. 위증죄의 주체로서는 법률에 의하여 선서한 증인임을 요하며(형법 제152조), 업무상 과실치사상죄의 주체가 됨에는 일정한 업무에 종사하고 있음을 요한다. 비밀누설죄의 주체가 되려면 의사, 한의사, 치과의사, 약제사, 약종상,

조산사, 변호사, 변리사, 공인회계사, 공증인, 대서업자나 그 직무상 보조자 또는 차등의 직에 있던 자 혹은 종교의 직에 있던 자(형법 제317조)이어야 한다. 이러한 신분범에는 수뢰죄, 위증죄 등과 같이 일정한 신분이 있는 자만이 정범(正犯)이 될 수 있는 **진정신분범**(眞正身分犯)과 존속살해죄, 업무상 횡령죄 등과 같이 행위자의 신분이 형의 가중·감경사유로 되는 **부진정신분범**(不眞正身分犯)이 있다. 진정신분범과 부진정신분범의 구별실익은 공범관계에서, 첫째, 진정신분범에 가담한 비신분자는 진정신분범의 구성요건에 따라 처벌되고(형법 제33조 본문), 둘째, 부진정신분범에 가담한 비신분자는 보통범죄의 구성요건에 따라 처벌된다(같은 조 단서). 한편, 신분범의 논의에 앞서「형법」상 '**신분**'의 개념 및 종류에 대해서 살펴볼 필요가 있다. 여기서 '신분'이란 일정한 범죄에 관한 특별한 인적 표지로서 범인의 특수한 성질·지위·상태를 말한다. 신분의 종류는 크게「형법」제33조 본문을 기준으로 한 형식적 분류방법과 불법의 연대성과 책임의 개별성을 고려하여 분류하는 실질적 분류방법으로 나누어 살펴볼 수 있다.

형식적 분류	구성적 신분	진정신분범 (예 : 수뢰죄, 위증죄, 횡령죄, 배임죄 등)
	가감적 신분	부진정신분범 (예 : 존속살해, 업무상 횡령 등)
실질적 분류	위법 신분	신분이 정범행위의 위법성에 관계하여 공범에게 연대적으로 작용하는 경우
	책임 신분	신분이 책임비난에 영향을 줌으로써 그 신분자에게만 개별적으로 작용하는 경우

아울러, 신분범과 구별해야 할 범죄유형으로 **의무범**(義務犯)이 있다. 의무범이란 구성요건이 요구하는「형법」외적 특별의무를 침해할 수 있는 의무자만이 정범이 될 수 있는 범죄로서, 공무원의 직무상 범죄 등이 이에 해당한다.

자수범
自手犯

행위자, 즉 정범 자신이 직접 범죄를 실행하여야 하고 타인을 도구로 이용하는 간접정범의 형태로서는 실현할 수 없는 범죄를 말한다. 위증죄, 허위공문서작성죄, 준강간죄 등이 여기에 속한다. 자수범에 있어서 직접 실행행위를 하지 않은 자는 정범인 단독정범(單獨正犯)·공동정범(共同正犯)과 간접정범(間接正犯)이 될 수 없으며 협의의 공범이 될 수는 있다.

작위범
作爲犯

행위자의 적극적인 동작(작위)에 의하여 행하여지는 범죄를 말한다. 예를 들면 자연 그대로 두면 죽지 않을 사람에게 독을 먹여 살해하고(형법 제250조), 자동차의 운전을 잘못하여 사람을 다치게 한(같은 법 제266조) 경우이다. 이것이 행위의 일반적인 형태이고, 대부분의 범죄는 이러한 형식으로 행하여지고 있다. 형법이론의 설명에서 인용된 예는 작위범인 것이 보통이다. 즉, 작위범은 '어떠한 행위를 하여서는 아니 된다'라는 금지규범을 위반하여서는 안 된다는 것을 한 것이고, 고의로 행동한 경우와 과실로 행동한 경우가 있다.

부작위범
不作爲犯

법률상 어떠한 행위를 할 것이라고 기대되는 자가 이를 하지 않는 것, 즉 부작위에 의하여 성립하는 범죄로 작위범에 대응하는 개념이다. 구성요건이 처음부터 부작위의 형식으로 정하여 있는 경우와 작위의 형식으로 규정되어 있는 구성요건이 부작위에 의하여 실현되는 경우가 있다. 전자를 **진정부작위범**이라 하고 다중불해산죄(형법 제116조), 퇴거불응죄(같은 법 제319조), 전시군수계약불이행죄(같은 법 제103조1항), 집합명령위반죄(같은 법 제145조2항)가 이에 해당되며, 후자는 **부진정부작위범**이라 한다. 부작위범도 작위범과 같이 고의의 경우에만 한하지 않는다. 예를 들면 철로차단기의 당번이 부주의로 잠이 들어 신호를 안했기 때문에 기차가 충돌한 경우는 과실의 부작위에 의한 기차전복죄(형법 제187조)가 성립된다. 이 같은 경우를 **망각범**(忘却犯)이라고도 한다.

부진정부작위범(不眞正不作爲犯)이 성립되는 데에는 행위자에게 결과(발생)를 방지할 법적 의무(작위의무)가 존재해야 한다. 이 의무가 생기는 근거는 법령에 의하거나 계약에 의하거나 관습상 또는 조리상 인정되는가를 불문한다. 이 작위의무의 위반은 부진정부작위범의 위법성의 기초이다. 그러나 이것만으로는 충분하지 못하다. 그 부작위가 일정한 구성요건에 해당하여 실행행위로서의 정형성을 가져야 한다.

부진정부작위범은 이론상 모든 범죄에 대하여 생각할 수 있다. 그러나 종래의 학설에서 부진정부작위범이 문제되고 있는 것은 결과범에 대해서이다. 결과범에서는 어떤 결과가 생기는 것이 요건이 되어 있으므로 부작위로서 그 결과를 생기게 할 수 있을 것인가가 문제이고, 부작위의 위법성을 뒷받침하는 작위의무(作爲義務)도 그 성질·내용에서 진정부작위범의 경우와 다른 것이 있기 때문이다.

진정부작위범에는 각 개별 범죄마다 언제 실행의 착수가 있는가의 점에 대하여 학설의 다툼이 있다. 예를 들어 퇴거불응죄에 있어서 퇴거를 요구받은 자가 퇴거에 필요한 시간이 지나기 전에 강제퇴거시키는 것과 같은 경우에는 미수가 된다(학자에 따라서는 부작위 그 자체에 의하여 범죄가 구성되는 것을 진정부작위범, 결과와 결부되는 부작위를 부진정부작위범이라 하기도 한다).

인과관계
因果關係

일반적으로 선행행위와 후행사실이 원인·결과의 관계가 되는 것을 말한다(형법 제17조). 「형법」에서 문제가 되는 것은 결과범에 있다. 결과범에서는 구성요건이 충족되기 위하여는 실행행위에 의하여 구성요건에 해당하는 결과가 생기는 것이 필요하다.

예를 들면 권총을 쏘아 사람을 죽인 경우에 권총의 발사라는 실행행위를 원인으로 하여 사망이라는 결과가 생긴 때에 살인죄의 구성요건이 충족된다. 이와 같이 결과범에서는 실행행위와 결과 사이의 인과관계가 문제된다. 어떠한 경우에 인과관계가 있다고 보는가에 대하여는 학설의 대립이 있다.

(1) **조건설**(條件說) : 일정한 선행사실이 없었다면 결과도 발생하지 아니하였다는 논리적 조건관계(conditio sine qua non 공식)만 있으면 양자 사이의 인과관계를 인정하여야 한다는 견해이다. 논리적 조건관계가 있는 모든 조건은 결과발생에 등가가치를 가진다고 하여(등가가치설), 인과관계가 긍정되는 범위가 지나치게 확대된다는 비판이 있다.

(2) **원인설**(原因說) : 조건설에 의하여 인과관계가 긍정되는 조건 중에서 특별히 결과발생에 중요한 영향을 준 원인과 그렇지 않은 단순한 조건을 구별하여 원인에 해당하는 조건만이 결과에 대하여 인과관계가 있다고 하는 견해이다. 원인과 조건을 이론상 명백히 구별하기가 어렵다는 비판이 있다.

(3) **상당인과관계설**(相當因果關係說) : 사회생활상 일반적인 생활경험에 비추어 그러한 행위로부터 그러한 결과가 발생하는 것이 상당하다고 인정될 때(즉 개연성이 있을 때), 그 행위와 결과 사이에는 인과관계가 있다고 하는 견해이며, 판례(대판 1989.10.13, 89도556)의 입장이다. 상당성을 판단하는 기준이 모호하다는 견해가 있으나, 이에는 다시 '행위 당시 일반인이 인식할 수 있었던 사정 및 일반인이 인식할 수 없었던 사정이라도 행위자가 특히 인식하고 있었던 사정을 기초로 하여 상당성을 인정하여야 한다'고 하여 그 모호성을 이론적으로 보완하고 있다.

(4) **중요설**(重要說) : 인과관계와 책임의 문제를 구별하여, 인과관계는 조건설에 따라 결정되지만, 형법적 평가인 결과귀속은 개개의

형법

구성요건에 반영된 형법적 중요성에 따라 판단하여야 한다는 입장이다. 결과귀속에 있어서 구성요건적 중요성만을 강조한 나머지 그 실질적인 판단기준을 제시하지 못한다는 비판이 있다.

(5) **합법칙적 조건설**(合法則的 條件說) : 인과관계의 문제는 그 행위가 없었더라면 결과도 발생하지 않았을 것이라는 조건관계가 아니라, 행위가 합법칙적으로 결과를 발생시켰는가의 문제이므로, 결과가 행위에 시간적으로 이어지면서 합법칙적으로 연결되어 있을 때 행위와 결과 간의 인과관계를 인정할 수 있다고 한다. 이 역시 합법칙성의 내용이 분명치 않다는 비판을 받는다.

객관적 귀속이론
客觀的 歸屬理論
인과관계가 인정되는 결과를 행위자의 행위에 객관적으로 구속시킬 수 있는가를 확정하는 이론이다. 즉 인과관계가 있는가라는 존재론적 문제가 아니라, 그 결과가 정당한 처벌이라는 관점에서 행위자에게 객관적으로 귀속될 수 있는지 여부의 법적·규범적 문제에 관한 논의이다. 앞에서 언급한 인과관계론과의 관계에 있어서, 대부분의 학자들은 인과관계의 존재를 전제로 하여 객관적 귀속이론에 의하여 구성요건적 결과에 대한 객관적 구성요건해당성을 구체적으로 밝혀야 한다고 주장한다.

고의
故意
자기의 행위가 불법구성요건을 실현함을 인식하고 인용하는 행위자의 심적 태도를 말한다. 고의가 성립하기 위해서는 지적 요소와 의지적 요소가 요구되는데, 전자는 자신의 행위가 불법구성요건에 해당한다는 사실의 인식을, 후자는 이러한 인식을 행위로 나아가기 위한 실현의사를 말한다. 일반적으로 고의라 할 때에는 이러한 **확정적 고의**(確定的 故意)를 의미하고, 이 밖에도 고의는 여러 형태로 설명된다.

의도적 고의
意圖的 故意
의욕적 의사를 내용으로 하는 고의로서, 고의의 의지적 요소의 질이 특히 높은 형태를 말한다. 사람을 살해하는 것 자체를 목표로 하여 사해행위를 하는 목적범·경향범 등이 이에 속한다.

지정고의
知情故意
인식의 최고단계인 확실성을 내용으로 하는 고의로서, 지적 요소의 내용이 특별히 강조되는 형태를 말한다. 예컨대, 재벌을 살해할 의사로 재벌의 자가용 승용차에 폭약을 설치하여 그 운전자까지 함께 살해한 경우, 운전자에 대한 고의이다.

택일적 고의
擇一的 故意
행위자가 두 가지 이상의 구성요건 또는 결과 중에서 어느 하나만 실현하기를 원하지만, 그중 어느 것에서 그 결과가 발생해도 좋다고 생각하고 행위하는 경우를 말한다. 수백 명의 군중을 향해 총을 발사하고 그중 누가 죽어도 상관없다고 생각하는 경우가 그 예이다.

개괄적 고의
槪括的 故意
행위자가 첫 번째의 행위에 의하여 이미 결과가 발생하였다고 믿었으나, 실제로는 연속된 두 번째의 행위에 의하여 결과가 야기된 경우이다. 예컨대, 甲이 살인의 고의로 乙의 머리를 돌로 쳐서 乙이 실신하자, 甲은 乙이 사망한 것으로 오인하고 증거인멸의 의사로 乙을 매장하여 결국 질식사한 경우이다. 판례는 이에 대해서 전 과정을 개괄적으로 보면 피해자의 살해라는 처음에 예견된 사실이 결국은 실현된 것이므로 살인죄의 성립에 지장이 없다고 한다(대판 1988.6.28, 88도650).

미필적 고의
未必的 故意
고의의 지적·의지적 요소가 가장 위축된 형태의 약한 고의로서, 행위자가 객관적 구성요건의 실현가능성을 충분히 인식하고 또한 그것을 감수하는 의사를 표명한 경우를 말한다. 예컨대, 인화물질 근처에서 담배를 피우는 것이 위험하다는 것을 알면서도 불이 나도 괜찮다고 생각하고 담배를 피우다가 화재가 발생한 경우이다. 이러한 미필적 고의는 가장 불확정적인 고의의 형태이므로 과실, 특히 **인식 있는 과실**과의 구별이 모호하다. 그러나 고의와 과실은 형벌의 경중에서도 커다란 차이가 있으므로 그 구별을 확실히 할 필요가 있다. 이에 대해서는 많은 이론이 제시되고 있다. 판례는 행위자가 결과발생의 가능성을 인식하면서도 이를 용인(容認)한 경우는 미필적 고의이고, 용인하지 않은 경우는 인식 있는 과실이 된다고 한다. 즉 미필적 고의가 성립하려면 결과발생의 가능성에 대한 인식(인화물질 근처에서의 흡연은 위험하다는 인식)이 있음은 물론, 나아가 결과발생을 용인하는 내심의 의사(화재가 발생하여도 어쩔 수 없다는 범의)가 있음을 요한다(대판 1987.2.10, 86도2338).

사실의 착오
事實의 錯誤

실제로 발생한 사실이 행위자가 인식하고 있었던 것과는 다른 경우를 말한다. 개라고 생각하고 돌을 던졌는데 사람이 맞아 죽어버린 것같이 행위자가 인식하고 있었던 사실과 발생한 사실이 어긋난 경우가 사실의 착오이다. 이를 **구성요건적 착오**라고도 한다.

甲을 죽이려고 발포하였는데 甲이 아니고 乙이 죽은 경우도 사실의 착오이나, 이 경우는 사람을 죽이려 했는데 결국 사람을 죽였으므로 살인죄에는 변함이 없다. 그러나 개를 죽이려고 했는데 사람을 죽인 경우, 이것을 살인죄로 함은 지나친 것이다. 「형법」은 가벼운 죄를 범하려고 했는데 무거운 죄의 결과가 발생했을 때는 되도록 가벼운 범죄의 형으로 처벌하도록 규정하고 있다(형법 제15조2항).

객체의 착오
客體의 錯誤

목적의 착오라고도 한다. 행위자가 그 행위의 객체를 잘못 선택하여 그 의도한 객체와 다른 객체를 침해한 경우를 말한다. 예를 들면 甲을 乙로 알고 죽인 경우가 이에 해당한다. 동일한 구성요건 내의 객체의 착오에 대하여는 구체적 부합설(具體的 符合說)의 입장으로서는 고의는 조각되어야 하지만, 종래의 견해는 일반적으로 고의를 인정하며, 법정적 부합설(法定的 符合說)로는 당연히 고의의 성립이 인정된다. 다른 구성요건 간의 객체의 착오에 대하여 법정적 부합설에서는 원칙적으로 고의의 성립은 조각된다. 다만, 예외로서 동질적으로 경합한 구성요건 간의 객체의 착오에 대하여서만 그 경합된 한도에서 경한 죄의 고의가 인정되고, 추상적 부합설(抽象的 符合說)로는 행위자가 인식한 사실과 현실로 발생한 사실이 추상적으로 일치하는 한도에서 고의범의 기수(旣遂)를 인정한다.

방법의 착오
方法의 錯誤

타격의 착오라고도 하여 수단에 엇갈림이 생겨 의도한 객체 이외의 객체에게 결과가 발생한 경우를 말한다. 예를 들면 甲을 향하여 발포하였는데 甲에게 명중하지 않고 옆에 있던 乙에게 명중한 경우이다. 이 경우에 구체적 부합설에 의하면 甲에 대한 살인죄의 미수와 乙에 대한 과실치사죄의 관념적 경합(觀念的 競合)을 인정하고, 법정적 부합설·추상적 부합설에 의하면 乙에 대한 관계에도 살인죄의 기수를 인정한다. 최근의 유력설은 방법의 착오에 대하여 구체적 부합설을 취한다. 甲을 향하여 발포하였는데 甲뿐만 아니고 우연히 곁에 있던 乙에게도 명중한 경우에는 법정적 부합설로는 설명이 곤란하기 때문이다.

과실
過失

행위자가 보통의 주의를 게을리하여 범죄사실의 발생을 인식하지 않은 것으로 고의와 더불어 책임요건의 하나이다. 주의만 하면 그러한 결과를 가져오지 않을 수 있고, 사회생활을 영위하는 보통인이면 서로 인명이나 공공의 안전에 대하여 과실이 없도록 주의할 의무가 있는 것이다. 이 **주의의무**(注意義務)를 위반하여 중대한 피해를 발생시킨 점에 대하여 **과실범**(過失犯)으로서의 형사책임을 묻게 된다.

「형법」은 원칙적으로 고의범을 벌하고, 과실범은 예외적으로 법률에 특별한 규정이 있는 경우에만 벌하고 있다(형법 제14조). 이와 같이 과실은 부주의에 대한 「형법」적인 비난이므로 아무리 주의를 기울여도 결과의 발생을 피할 수 없었던 경우에는 불가항력으로서 과실범이 성립하지 않는다.

중과실
重過失

주의의무의 위반이 중대한 과실, 즉 현저한 부주의, 태만의 경우로서 조금만 주의를 하였다면 충분히 피해의 발생을 막을 수 있었음에도 그 주의조차 태만히 한 높은 강도의 주의의무위반을 말한다. 이 경우 보통의 과실―경과실에 비하여 형이 중하다. 「형법」 제171조(중실화)와 제268조(중과실 치사상)가 이에 해당한다.

형법

업무상과실
業務上過失

업무상 요구되는 주의를 태만히 한 것을 말한다. 의사나 자동차 운전자와 같이 사람의 생명·신체 등에 위험이 따르는 각종 업무에 종사하고 있는 자가 그 업무상 필요한 주의의무를 게을리하여 사람을 다치게 하거나 사망케 하면 보통의 과실범에 비하여 형이 중하다. 업무상과실치사상죄(형법 제268조), 업무상실화죄(같은 법 제171조), 업무상과실교통방해죄(같은 법 제188조)가 이에 해당한다. 위험발생이 따르는 업무에 종사하는 자에게 고도의 주의의무를 과한 것의 과실 여부는 동업자가 일반적으로 생각하는 평균능력을 표준으로 하여 결정된다.

신뢰의 원칙
信賴의 原則

스스로 교통규칙을 준수한 운전자는 다른 사람도 교통규칙을 준수하리라고 신뢰하는 것으로 족하고 다른 사람이 교통규칙을 위반하거나 비이성적으로 행동할 것까지 예견하여 이에 대한 방어조치까지 취할 의무는 없다는 것을 말한다. 신뢰의 원칙은 ① 아동이나 장애인 또는 노인과 같이 타인의 정당한 행동을 기대할 수 없을 때 ② 운전자가 스스로 교통규칙을 위반한 때 ③ 교통규칙의 위반이 특히 빈번히 일어나거나 운전자가 이를 인식할 수 있을 때에는 적용될 여지가 없다. 대법원은 자동차와 다른 자동차가 충돌하여 일어난 사고에 대하여는 신뢰의 원칙을 널리 적용하고 있고(대판 1971.5.24, 71도623), 보행자에 대한 관계에서도 육교 밑으로 횡단하는 보행자를 충격한 운전자의 과실을 부정한 예도 찾아볼 수 있다(대판 1985.9.10, 84도1572).

위 법 성

위법성
違法性

행위가 법률에 의하여 허용되지 않는다는 성질을 말한다. 범죄는 「형법」 각칙의 규정(예 : 형법 제250조의 살인죄, 제329조의 절도죄 등)에 해당되는 위법·유책의 행위이다. 따라서 행위가 '위법'하다는 것은 범죄가 성립하는 데 중요한 일이지만, 그럼에도 불구하고 「형법」에는 무엇이 위법한가에 대하여 정의를 내리지 않고 있다.

보통은 「형법」 각칙의 처벌규정(형벌을 규정하고 있는 조문)에 해당하는 행위가 원칙적으로 위법하다고 판단하고 있으나, 무엇이 위법한가에 대한 실질적인 답은 학설에 맡기고 「형법」에는 다만 실질적으로 위법이 되지 않는 행위만을 「형법」 제20조부터 제24조에서 소극적으로 규정하고 있다.

이러한 위법성은 구성요건해당성, 책임과 구별하여야 하고, 아울러 '불법' 개념과 구별하여 살펴볼 필요가 있다.

(1) 구성요건해당성과 위법성 : 구성요건은 당위규범을 내포하므로 어느 행위가 구성요건에 해당하면 위법성도 추정된다. 아울러 행위의 구성요건해당성을 전제로 하여 위법성 여부를 판단하게 되므로 위법성조각사유(허용규범)의 존부확인을 통해 위법 여부를 소극적으로 판단하게 된다.

(2) 책임과 위법성 : 책임이 비난가능성 유무를 판단하는 행위자에 대한 주관적 판단이라면, 위법성은 법질서 전체의 입장에서 내리는 행위에 대한 객관적 판단이다.

(3) 불법과 위법성 : 불법은 행위에 의해 실현되고 법에 의해서 부정적으로 평가된 반가치 자체이고, 위법성은 이러한 불법의 성질(속성)을 의미한다.

구 분	위법성	불 법
개념	행위의 법규범에 대한 모순(관계개념)	구성요건에 해당하고 위법한 행위 그 자체(실체관계)
판단	법질서 전체에 비추어 결정	개개의 법률에 비추어 결정
성질	동일	질적·양적 차이 존재

위법성 본질론
違法性 本質論
위법성의 이론적 체계를 위해서 그 본질을 어떻게 다루는지 논의하는 이론을 말한다.

(1) 형식적 위법성론 : 법규범의 형식은 명령과 금지로 되어 있으므로, 위법성의 본질은 법규범에 규정된 작위 또는 부작위의무의 침해에 있다고 보는 견해이다. 구성요건에 해당하면 일단 형식적으로 위법하게 되므로, 형식적 위법성은 구성요건의 충족 이상의 의미를 갖지 못한다.

(2) 실질적 위법성론 : 위법성을 규범에 대한 형식적 위반으로만 이해하지 않고, 그 규범의 실질적 기준에 따라 위법성의 본질을 파악하려는 입장이다. 이에는 다시 위법성의 본질을 권리의 침해, 법익의 침해, 규범위반 등으로 세분된다.

위법성의 평가방법론
違法性의 評價方法論
형법학의 연구 대상인 위법성을 판단하는 평가 기준의 방법에 관한 논의이다.

(1) 객관적 위법성론 : 위법성이란 객관적 평가 방법에 대한 위반을 의미한다는 입장으로, 형법규범은 객관적으로 존재하므로 이에 대한 위반도 객관적으로 확정된다고 한다. 따라서 책임무능력자의 침해도 객관적 평가규범에 위반하여 위법하므로, 이에 대한 정당방위가 가능하게 된다.

(2) 주관적 위법성론 : 위법성이란 주관적인 의사결정규범에 대한 위반을 의미한다는 입장으로, 책임무능력자는 규범의 수명자(受命者 : 법률 명령을 받는 사람)가 될 수 없으므로 위법한 행위를 할 수 없다. 따라서 이에 대한 정당방위는 할 수 없고 긴급피난만이 가능하게 된다.

가벌적 위법성론
可罰的 違法性論
행위가 어떤 구성요건에 해당하는 듯한 외관을 보일지라도 해당 구성요건이 예정하는 정도의 실질적 위법성을 구비하지 못한 때에는 구성요건해당성 또는 위법성이 부정된다는 이론이다.

우리 「형법」 제20조와 같은 포괄적인 위법성 조각사유가 없고, 선고유예제도가 없는 일본에서 경미한 사건에 대한 형벌권 제한의 필요성에서 대두한 이론이다.

그 체계적 지위에 있어서 구성요건해당성조각설과 위법성조각설의 대립이 있는데, 전자는 가벌적 위법성이 없는 행위는 처음부터 구성요건해당성이 부정된다고 하고, 후자는 가

형법

벌적 위법성이 없는 행위는 위법성이 조각된다고 한다.

그 판단기준에 따라 첫째, 위법성의 양을 기준으로 판단하면 피해법익이 경미한 경우 인정되고, 둘째, 위법성의 질을 기준으로 판단하면 법익침해행위의 태양이 사회윤리적 관점에서 경미성이 인정되는 경우에 해당한다. 한편, 동 이론은 위법성을 상대화한 나머지 불법과의 혼동을 초래하고, 우리 「형법」에는 제20조와 선고유예제도가 명문화되어 있으므로 실정에 맞지 않는 이론이라는 비판이 제기된다. 그러나 형법학의 비교법적 검토라는 측면에서는 유의성이 있다 하겠다.

위법성조각사유
違法性阻却事由

구성요건에 해당하는 행위의 위법성을 배제하는 특별한 사유를 말한다. 「형법」의 각칙 규정 중에 형벌을 규정한 조문에 해당하는 행위는 일단 위법한 것(형식적 위법)으로 판단된다. 그러나 그 행위가 실질적·사회적으로 상당한 것으로 인정될 경우에는 그러한 위법성을 배제시킨다.

「형법」은 제20조부터 제24조까지의 정당행위, 정당방위, 긴급피난, 자구행위, 피해자의 승낙 등을 위법성조각사유로 규정하고 있다. 노동쟁의행위, 치료행위 등에 대하여는 이를 「형법」 제20조의 정당행위에 포함시킬 것인가에 대하여는 다툼이 있다. 그 외에도 위법성조각사유의 범위에 견해차이가 있으나 「형법」이 규정하고 있는 위법성조각사유의 유형에 한정하지 않고, 실질적으로 보아서 사회적으로 상당성이 있는 행위는 위법성을 조각한다는 견해가 지배적이다. 이 같은 「형법」에 규정되어 있는 이외의 위법조각사유를 초법규적위법성조각사유(超法規的違法性阻却事由)라고 한다.

주관적 정당화요소
主觀的 正當化要素

정당화 상황을 인식하고서 이에 기하여 행위한다는 의사를 말한다. 정당방위의 방위의사, 긴급피난의 피난의사, 자구행위의 자구의사 등이 이에 해당한다. 위법성을 조각시키기 위해서는 이러한 주관적 정당화요소가 반드시 필요한지 이견이 있으나, 우리 「형법」은 명문으로 주관적 정당화요소를 요구하고 있다[예 : 방위하기 위한 행위(제21조), 피난하기 위한 행위(제22조)].

한편, 이러한 주관적 정당화요소의 범위를 어디까지 할 것인지에 대해서도 논의되는데, 정당화상황의 인식 이외에 특정한 정당화목적까지 갖추어야 한다는 주장이 설득력이 있다(통설). 아울러 주관적 정당화요소가 부족한 경우, 그 효과에 대해서 위법성을 조각해야 한다는 입장, 기수범으로 처벌해야 한다는 입장, 불능미수로 해야 한다는 입장 등의 대립이 있다. 예컨대, 甲이 손괴의 의사로 乙의 유리창을 깼으나, 연탄가스로 사망 직전인 乙의 목숨을 구한 경우가 이에 해당한다.

정당방위
正當防衛

자기 또는 타인의 법익에 대한 현재의 부당한 침해를 방위하기 위한 상당한 이유가 있는 행위를 말한다. 어느 누구도 부당한 침해를 감수할 의무는 없다. 이러한 취지를 규정한 것이 「형법」 제21조의 정당방위이다. 따라서 정당방위행위에 의하여 상대(침해자)를 죽이거나 상하게 하여도 살인죄(형법 제250조)나 상해죄(같은 법 제257조) 등은 성립하지 않는다. 이것이 위법성조각사유의 전형적인 사례이다.

그런데 이 정당방위가 되려면 세 가지의 요건이 필요하다. 첫째, 현재의 부당한 침해가 존재해야 한다(정당방위상황). 과거 또는 미래의 침해에 대하여는 정당방위가 허용되지 아니한다. 따라서 밤마다 술을 도둑질당하기 때문에 그 보복으로 술병에 독을 넣어두는 것 같은 경우에는 정당방위가 성립하지 않는다. 침해는 실해(實害)뿐 아니라 위험도 포함한다. 둘째, 자기 또는 남의 권리를 방위하기 위한 것이 아니면 안 된다. 여기서 말하는 권리는 법적으로 보호되는 이익이라는 넓은 의미이다. 또 방위한다는 목적이 없어서는 안 된다(주관적 정당화요소). 셋째, 부득이한 것이어야 한다. 이것은 긴급피난과 달라서 다른 수단·방법이 없었다는 경우이었음을 요하지 아니하고 필요부득이한 것이었다는 것으로 족하다.

한편, 방위행위가 필요한 정도를 넘으면 **과잉방위**(過剩防衛)가 되어 위법성을 조각하지 못하게 된다.

대물방위
對物防衛

정당방위요건의 하나인 '급박·부당한 침해'가 사람의 행위가 아니고 그 이외의 단순한 침해의 사실인 때, 이에 대하여 방위행위를 한 경우를 말한다. 문제가 되는 것은 주로 타인의 소유에 속한 동물침해의 경우이다. 이 문제에 대한 학설은 매우 세밀하게 나누어져 있다. ① 동물의 침해는 부당한 침해라고 할 수 없다는 근거에 의하여 정당방위의 성립을 인정하지 아니하고 긴급피난만이 허용된다는 설, ② 법익의 침해는 모두 위법이라 하여 정당방위의 성립을 인정하는 설. 다만, ①에 있어서도 사람이 동물을 수단으로 하여 침해를 행할 때에는 설사 그것이 고의행위가 아니고 맹견을 묶어두기를 태만히 한 것과 같은 과실행위였다고 하여도 동물이 침해자의 소유에 속하는 한 침해자의 행위와 동일시하여 정당방위를 행할 수 있는 것으로 되어 있다.

따라서 ①과 ②와의 다른 점은 ②에서는 첫째, 관리자의 고의나 과실이 없는데 그 관리를 떠난 동물의 침해(예 : 관리자가 모르는 사이에 제3자가 사육견의 목걸이를 풀어준 것과 같은 경우)나, 둘째, 보호종으로 사냥이 금지되어 있지만 주인이 없는 동물의 침해에 대하여는 정당방위를 할 수 있다는 점에 있다.

긴급피난
緊急避難

자기 또는 타인의 법익에 대한 현재의 위난을 피하기 위한 상당한 이유 있는 행위로서 위법성조각사유의 하나이다(학설에 따라서는 긴급피난의 일부 혹은 전부를 책임조각사유로 하는 경우도 있다).

자기 또는 타인의 생명, 신체, 자유, 재산에 대한 현재의 위난을 피하기 위하여 부득이 행한 행위로서 그 행위에서 생긴 피해가 피하려는 피해의 정도를 넘지 않은 경우에 인정된다. 그 피해의 정도를 넘은 때에는 **과잉피난**(過剩避難)이 되어 위법이 된다는 것은 정당방위의 경우와 같다(형법 제22조).

법익은 생명, 신체, 자유, 재산이며 명예, 정조에 대한 현재의 위난(실해와 위험)을 피하려는 경우에도 인정된다. 정당방위와 다른 점은 정당방위는 부정(不正)에 대한 정(正)이라는 관계이나, 긴급피난은 정(正) 대 정(正)이라는 관계에 있다는 점이다.

의무의 충돌
義務의 衝突

여러 개의 의무를 동시에 이행할 수 없는 긴급상태에서 그중 어느 한 의무를 이행하고 다른 의무를 방치한 결과, 그 방치한 의무불이행이 구성요건에 해당하는 가벌적 행위가 되는 경우이다. 아버지가 익사 직전의 두 아이 중 한 아이를 구하다가 다른 아이를 익사하게 한 경우이다. 그 법적 성질에 관해서 견해의 대립은 있으나, 긴급피난의 특수한 경우로 보는 것이 통설이다.

한편, 부작위의무 간의 충돌일 경우, 일반적으로 부작위의무는 둘 이상이더라도 동시에 이행할 수 있으므로 의무의 충돌이라고 보기 어렵다.

[긴급피난과 의무의 충돌 비교]

종 류	긴급피난	의무의 충돌
위난·손해의 감수	가능	불가능
타자의 개입가능성	가능	불가능
객관적 법익교량	우월적 이익	동가치도 포함
적합성의 원칙	적용	부적용
위난의 원인	불문	법적 의무 충돌
행위의 태양	작위	부작위

정당행위
正當行爲

「형법」 제20조에 규정된 법령에 의한 행위, 업무로 인한 행위 기타 사회상규에 위배되지 아니하는 행위 등 위법성조각사유를 말한다. 법령에 의한 행위란 예를 들면 공무원의 직무행위, 징계행위, 현행범의 체포, 정신병자의 감치 등을 말하고, 업무로 인한 행위란 직접 법령에 근거가 없어도 사회관념상 정당화되는 행위를 업무로 하여 행하는 경우를 말한다. 씨름, 권투, 프로레슬링 등의 스포츠 및 의술 등에 의하여 타인에게 상처를 입힌다든지, 수술로 신체를 상해하는 것이 허용되는 것이 그 예이다. 더구나 정당행위는 정당한 업무로 인한 행위에 한하지 아니하고, 법률상 정당한 행위 일반을 의미한다. 「형법」 제20조는 그러한 의미를 지닌 규정으로 해석되고 있다. 따라서 정당방위나 긴급피난은 본래 이러한 의미의 정당행위로 해석되기도 한다. 또한 노동쟁의행위도 그 범위를 일탈하지 않는 한, 정당행위가 된다.

사회상규에 위배되지 않는 행위
社會常規에 違背되지 않는 行爲

법질서 전체의 정신이나 그 배후의 지배적인 사회윤리에 비추어 원칙적으로 용인될 수 있는 행위를 말한다. 이러한 행위는 구성요건에 해당하고 개별적인 위법성조각사유에 해당하지 않더라도 그 위법성이 조각된다. 강제연행을 모면하기 위해 소극적으로 상대방을 뿌리치는 행위(대판 1982.2.23, 81도2958), 연소자의 불손한 행위에 대해 훈계의 목적으로 고함을 치는 행위(대판 1978.12.13, 78도2617) 등이 그 예이다.

안락사
安樂死

Euthanasia 회복의 가망이 없어 치료 및 생명유지가 무의미하다고 판단되는 환자에 대하여 인위적인 방법으로 안락하게 사망에 이르도록 하는 것을 말한다. 이에는 진정(眞正)안락사와 생명을 단축시키는 안락사가 있다. 이러한 안락사행위를 정당행위로 인정하여 위법성을 조각시킬 것인지에 대해서는 견해의 대립이 있다.

[안락사의 형태]

진정안락사		생명단축을 수반하지 않고 임종시 고통을 제거하기 위하여 적당량의 마취제나 진정제를 사용하여 안락하게 자연사하도록 하는 경우
생명을 단축시키는 안락사	소극적 안락사	생명연장을 위한 적극적인 수단을 취하지 않음으로써 환자로 하여금 빨리 죽음에 이르도록 하는 경우(예 : 인공호흡기 제거)
	적극적 안락사	처음부터 생명단축을 목적으로 적극적 수단을 사용하여 생명을 단축시키는 경우(예 : 독극물 투여)
	간접적 안락사	고통을 완화시키기 위한 처치가 필수적으로 생명 단축의 부수효과를 가져오는 경우(예 : 말기 암환자에 대한 모르핀주사)

자구행위
自救行爲

권리자가 권리에 대하여 불법적인 침해를 받았으나 법률에서 정한 절차에 따라서는 권리를 보전하는 것이 불가능한 경우, 이와 같은 상황을 피하기 위해 스스로 그 권리를 구제·실현하는 행위를 말한다(형법 제23조1항). 노상에서 절취당한 후 경찰관의 도움을 받기에는 어려움이 있는 경우 절취당한 본인이 직접 절취자를 체포하는 경우가 그 예이다. 여기서 긴급성은 이중의 긴급성을 필요로 하는데 첫째, 적법절차에 의한 권리보전이 불가능한 긴급사태와 둘째, 즉시 자력으로 구제하지 않으면 권리실행이 불가능하거나 현저히 곤란해지는 경우이다. 자구행위는 정당방위와는 달리 적법행위이므로, 이러한 자구행위에 대한 정당방위(절취자의 방위행위)는 허용되지 않는다.

[자구행위·정당방위·긴급피난 비교]

종류	정당방위·긴급피난	자구행위
현재성	사전적 긴급행위	사후적 긴급행위
긴급성	침해·위난의 긴급성	이중의 긴급성
보전 법익	자기·타인의 모든 법익	본인의 청구권

피해자의 승낙
被害者의 承諾

피해자가 자기의 법익에 대한 침해행위를 허용·동의한 경우 가해자의 행위는 위법이 되지 않는다는 것을 말한다. 위법성조각사유의 하나이다(형법 제24조). 처음부터 구성요건해당성 자체가 배제되는 **양해**(諒解)와 구별된다. 그러나 생명에 대한 승낙에는 적용되지 아니하고[형법 제252조는 동의(승낙)살인죄를 벌하고 있다], 신체상해에 대하여도 사회적으로 상당하지 않는 경우(수족의 절단)에는 적용되지 아니한다. 개인의 자유처분이 허용되어 있는 재산에 대하여는 원칙적으로 피해자의 승낙은 행위의 위법성을 조각한다. 피해자의 승낙이 있으면 타인의 재물을 탈취하여도 절도죄는 성립하지 않는다. 그러나 국가의 법익, 사회의 법익, 타인과 공유하는 법익(전원의 승낙이 없는 한)에 대하여는 피해자의 승낙은 위법성조각의 효과가 생기지 않는다.

추정적 승낙
推定的 承諾

피해자의 현실적인 승낙은 없었으나 행위 당시의 객관적 사정에 비추어 만일 피해자 내지 승낙권자가 그 사태를 인식하였더라면 당연히 승낙할 것으로 기대되는 경우로서, 이 역시 위법성이 조각된다. 부재중인 옆집의 불을 끄기 위해서 그 집에 침입한 경우가 그 예이다. 피해자의 현실적인 승낙이 없다는

점에서 형법상의 피해자의 승낙과 구별되고, 객관적으로 어느 쪽이 실질적으로 더 이익이 되는지 엄격한 비교가 요구되지 않는다는 점에서 긴급피난과 구별된다.

위법성조각사유의 전제사실의 착오
違法性阻却事由의 前提事實의 錯誤

행위자가 그 요건이 존재하면 위법성이 조각되는 상황이 존재한다고 오인한 경우이다(형법 제21조2항·3항). 이와 관련하여 구성요건적 사실의 착오로 취급할 것인지 또는 금지의 착오로 취급할 것인지에 대하여 다음과 같은 학설이 대립한다.

엄격책임설	허용구성요건의 착오를 비롯한 모든 위법성조각사유의 착오를 금지의 착오로 취급
소극적 구성요건 표지이론	위법성을 조각하는 행위 상황에 대한 착오는 구성요건적 착오로 취급
제한적책임설	비록 구성요건적 착오는 아니라고 하더라도 그 구조적 유사성을 이유로 구성요건적 착오로 봄
법효과 제한적책임설	회피할 수 있는 착오에 대한 책임이 질적으로 과실책임과 일치하는 이상 법적 효과에 있어서 사실의 착오로 취급

또한 그 유형은 다음과 같다.

(1) **오상방위**(誤想防衛) : 정당방위의 객관적 전제사실이 존재하지 않음에도 불구하고 이를 오신하여 방위행위로 나아간 경우이다. 즉 현재성이 있다고 착각하거나, 적법한 침해임에도 위법한 침해라고 착각하거나, 침해가 없음에도 있다고 오신한 경우이다. 한편, 방위자가 현재의 부당한 침해가 없음에도 불구하고 있다고 오신하고(오상방위), 그 상당성을 초과하는 방위행위(과잉방위)인 **오상과잉방위행위**를 어떻게 취급할 것인지 문제가 되는데, 과실범 문제로서, 오상방위와 같이 취급하여야 한다는 주장에 설득력이 있다.

구 분	오상방위	과잉방위	오상과잉방위
정당방위상황	부존재	존재	부존재
상당성	인정	결여	결여
효과	고의 또는 책임조각	책임감소 또는 소멸	고의 또는 책임조각

(2) **오상피난**(誤想避難) : 긴급피난의 객관적 전제사실이 존재하지 않음에도 불구하고 행위자는 그것이 존재하는 것으로 오신하고 행위한 경우이다.

(3) **오상자구행위**(誤想自救行爲) : 자구행위의 객관적 전제조건이 존재하지 않음에도 불구하고 이를 존재한다고 오신하고 자구행위로 나아간 경우이다.

책 임

책임
責任
책임이란 일반적으로 임무나 의무로 이해하지만 법률, 특히 형법적 견지에서 책임이란 규범이 요구하는 합법을 결의하고 이에 따라 행동할 수 있었음에도 불구하고 불법을 결의하고 위법하게 행위한 것에 대한 비난가능성을 말한다. 형법상 이러한 책임문제는 행위의 위법성이 확정된 후에 비로소 제기되는 문제이다. 형법상 책임을 논하기 위해서는 먼저 그 근거와 본질에 관한 논의가 선행되어야 한다.

[책임의 근거]

도덕적 책임론	책임의 근거를 자유의사에 두고, 책임은 자유의사를 가진 자가 자유로운 의사에 의하여 적법행위를 할 수 있었음에도 불구하고 위법한 행위를 한 것에 대한 도의적·윤리적 비난이라는 견해. 자유의사의 경험적 입증이 불가능하다는 비판
사회적 책임론	범죄는 소질과 환경에 의해서 필연적으로 결정된 행위자의 사회적 위험성이 있는 성격의 소산이므로 책임의 근거는 바로 반사회적 성격에 있다고 함. 성격의 위험성에 대한 판단은 주관적 판단이 개입될 여지가 크다는 비판
인격적 책임론	소질과 환경의 영향을 받으면서도 어느 정도의 상대적 자유의사를 가진 인간상을 전제로 하여, 구체적인 행위와 그 배후에 잠재되어 있는 행위자의 인격에 책임의 근거가 있다는 견해. 인격형성과정은 매우 복잡하므로 이를 일률적으로 확정하기 곤란하다는 비판

[책임의 본질]

심리적 책임론	책임의 실체를 결과에 대한 행위자의 심리적 관계로 이해하여, 심리적 사실인 고의·과실만 있으면 책임이 인정된다는 견해. 결과에 대한 심리적 관계가 없는 '인식 없는 과실'의 책임을 인정할 수 없다는 비판
규범적 책임론	책임을 규범적 가치관계로 이해하여, 적법행위의 기대가능성을 그 본질로 봄. 자칫 책임판단의 대상을 상실할 우려가 있다는 비판
예방적 책임론	책임의 내용은 형벌의 예방적 목적에 의하여 결정하여야 한다는 견해. 형법과 형사정책의 관계를 혼동하여 책임주의의 제구실을 다하지 못한다는 비난

[구별개념]

구분	형사책임	윤리책임
본질	법적 책임	윤리·도덕적 책임
판단 기준	법적 기준	행위의 도덕적 성질
결정 절차	법원의 재판절차	개인의 내적 양심

구분	형사책임	민사책임
본질	범죄에 대한 응보와 예방	사인 간의 손해의 공평한 보상
원리	엄격한 책임주의	위험책임·무과실책임도 인정
고의·과실	과실은 예외적으로 처벌	책임의 경중 불인정

책임주의
責任主義

'책임 없으면 형벌 없다'는 원리를 기초로 책임 없으면 범죄는 성립하지 않고, 형량도 책임의 대소에 따라서 결정하여야 한다는 원칙이다. 책임의 범위 내로 형벌권을 한정함으로써 국가의 형벌권으로부터 개인의 자유를 보장하는 수단이 된다.

책임능력
責任能力

행위자가 법규범의 의미내용을 이해하여 명령과 금지를 인식할 수 있는 통찰능력과 이 통찰에 따라 행위할 수 있는 조정능력을 말한다. 책임은 책임능력을 그 요소로 하며, 따라서 책임능력이 없으면 그 비난가능성도 없게 된다. 「형법」은 이러한 책임능력을 인정할 수 없는 경우로서, 책임무능력자제도와 한정책임능력자제도를 규정하고 있다. 전자에는 형사미성년자로서, '14세 되지 아니한 자의 행위는 벌하지 아니한다'고 규정(형법 제9조)하고, 심신장애로 사물을 변별하거나 의사를 결정할 능력이 없는 심신상실자의 행위는 벌하지 않는다고 규정하고 있다(같은 법 제10조1항). 후자인 한정책임능력자에는 심신장애로 사물을 변별하거나 의사를 결정할 능력이 미약한 자로서 심신미약자(같은 법 제10조2항)의 행위는 형을 감경할 수 있고, 청각 및 언어장애인(같은 법 제11조)의 행위는 형을 감경한다고 규정하고 있다.

원인에 있어서 자유로운 행위
原因에 있어서 自由로운 行爲

행위자가 고의 또는 과실로 자기를 심신상실 또는 심신미약의 상태에 빠지게 한 후 이러한 상태에서 범죄를 실행하는 것을 말한다. 예컨대 살인을 결심한 자가 용기를 얻기 위하여 만취한 상태에서 범행을 저지른 경우이다. 이 경우 행위자는 책임이 감경 또는 조각되지 않고 행위에 대한 완전한 책임을 부담한다(형법 제10조3항). 가벌성의 근거를 원인설정행위(만취행위)로 볼 것인지, 책임무능력상태하에서의 실행행위로 볼 것인지, 아니면 원인설정행위와 실행행위의 불가분적 연관에서 볼 것인지 견해의 대립이 있다. 이는 범행의 실행의 착수시기를 어디로 볼 것인지를 판단하는 데 논의의 실익이 있다.

위법성의 인식
違法性의 認識

행위자의 행위가 공동사회의 질서에 반하고 법적으로 금지되어 있다는 것을 인식하는 것을 말하며, 책임비난의 핵심이 된다. 위법성의 인식과 관련하여 고의가 사실의 인식 외에 위법성의 인식도 포함하는가에 대한 논의를 위법성 인식의 체계적 지위라 하며, 다음과 같이 논의된다.

[위법성과 고의와의 관계]

고의설	고의를 책임요소로 이해하고 고의의 내용으로서 구성요건에 해당하는 객관적 사실에 대한 인식 이외에 위법성의 인식(엄격고의설) 또는 그 가능성(제한적 고의설)을 요한다는 견해. 위법성의 인식이 없으면 고의가 조각되고, 회피가능성이 있는 경우 과실범으로 처벌 가능
책임설	고의는 주관적 구성요건에 속하고, 위법성의 인식은 고의와는 분리된 독자적인 책임요소가 된다는 견해. 위법성 인식의 결여가 불가피한 경우에는 책임이 조각되고, 회피가능한 경우에는 책임이 감경

확신범
確信犯

정치적 · 종교적 혹은 도덕적인 의무의 확신이 결정적 동기가 되어 일어나는 범죄를 말한다. 식인을 종교의식으로 믿고 행하는 경우가 그 예이다. 확신범은 사회의 급격한 변동기나 정치적 · 종교적인 사상이 급변하는 시기에 주로 나타난다. 정치범 · 국사범 등은 통상이 확신범으로서의 성격을 지니고 있다.

범죄론에서는 확신범에게 과연 위법성의 인식이 있는지, 또는 기대가능성이 형사정책적 측면에서 확신범에게 통상의 형벌을 과하는 것이 적당한가가 문제된다. 독일에서는 1922년 라드부르흐(Radbruch) 초안에 확신범에게는 명예구금의 성질을 지닌 감금형을 과하여야 한다는 제안이 있었으나, 현행 독일 형법은 각칙에서 규정한 죄에 대하여서만 감금형을 과할 수 있도록 되어 있다.

결과적가중범
結果的加重犯

일정한 범죄행위가 행위자가 예견하지 못했던 결과가 발생하여 그로 인해 형이 무거워지는 경우(형법 제15조2항)를 말한다. 단지 쓰러뜨릴 작정으로 안면을 구타하였더니 뇌출혈로 상대방이 죽어버린 경우에 행위자에게는 구타할 의사는 있었으나 살의는 없었고, 사망은 의외의 결과이므로 과실치사죄가 성립되고, 살인죄가 성립되지는 않는다. 그러나 「형법」은 구타라는 본래의 행위에 고의가 있으면 그 행위에서 파생한 결과(사망)에 대하여는 설사 결과의 발생을 인식하지 않았다 하여도, 그 결과에 대하여는 과실범으로서가 아니라 상해치사죄(형법 제259조)라는 별개의 죄로서 상해죄보다 무겁게 벌하고 있다. 이것이 결과적가중범이며, 그 밖에도 기차를 전복하여 승객 등을 사망시킨 경우(형법 제187조), 강도현장에서 사람을 살해한 경우(같은 법 제338조) 등 모두 기본행위에 고의가 있으면 우연히 사람을 사상케 하여도 그 결과에 의하여 기본행위보다 무거운 책임을 지게 된다.

법률의 착오
法律의 錯誤

행위자가 행위시에 구성요건적 사실은 인식하였으나 착오로 인하여 자신의 행위가 금지규범에 위반하여 위법함을 인식하지 못한 경우를 말한다. **금지의 착오**, 위법성의 착오라고도 한다. 「형법」은 이러한 착오에 정당한 이유가 있는 때에 한하여 벌하지 아니한다고 규정하고 있다(형법 제16조). 이러한 법률의 착오는 다음과 같이 나누어 살펴볼 수 있다.

직접적 법률의 착오	법률의 부지	자기의 행위를 금지하는 법규의 존재를 알지 못한 경우〔예 : 불법 현수막 철거 행위가 법령에 의하여 허용된 행위라고 잘못 인식(재물손괴죄)〕
	효력의 착오	구속력 있는 법규정을 잘못 판단한 경우(예 : 위헌이라고 오인한 경우)
	포섭의 착오	구성요건적 사실은 인식하였으나 금지규범을 좁게 해석한 경우(예 : 국립대 교수에 대해서는 증뢰죄가 성립하지 않는다고 오인한 경우)
간접적 법률의 착오	위법성조각사유의 존재 내지 한계에 대한 착오	
	위법성조각사유의 전제사실에 대한 착오(해당 항 참조)	

기대가능성
期待可能性

행위 당시 행위자가 적법 행위를 할 수 있었으리라고 기대할 수 있는 사정을 말하며, 책임요건 중 하나이다. 어떠한 경우 누구라도 그렇게 하지 않을 수 없었을 것이라는 상황 아래서 행해진 위법행위에 대하여는 그 행위를 형법적으로 비난할 수는 없다. 누구든지 그와 같은 상황에 몰린다면 나쁜 일인 줄 알면서도 그 행위를 그만두거나 나아가서 적법행위를 취하기가 불가능했으리라고 판단되기 때문이다. 즉, 행위자에게 책임을 물을 수 있을 때는 일반적으로 보통 사람이라면 누구라도 적법행위를 취할 것으로 기대되는데, 그 기대를 배반하여 위법행위를 감행한 경우에 한한다. 따라서 적법행위를 취할 기대가능성이 없는 상황에서 하게 된 행위에는 책임이 조각된다. 이 점에 대한 독일의 흥미 있는 판례가 있다. 마차를 끄는 말이 난폭하여 통행인에게 상처를 입혔다. 이 마차를 모는 마부는 예전부터 이 말의 난폭한 성질을 잘 알고 있었다. 마부는 당연히 업무상 과실상해죄로 문책받아야 했다. 그러나 마부는 그 이전에 고용주에게 말을 바꾸어 달라고 요청하였다. 그러나 고용주는 이 요청을 거절하였다. 마부로서 주인의 명령을 거역하면 해고되리라는 것은 필연의 사실이다. 법원은 이 사건에 대하여 마부에게는 그 말을 부리지 않을 것을 기대할 수 없다 하여 무죄를 선고하였다.

강요된 행위
強要된 行爲

저항할 수 없는 폭력이나 자기 또는 친족의 생명·신체에 대한 위해를 방어할 방법이 없는 협박에 의하여 할 수 없이 위법한 행위를 저지르는 경우를 말한다. 북한에서의 부득이한 이적행위가 그 예이다. 이러한 강요된 행위는 기대가능성이 없기 때문에 책임이 조각되어 벌하지 않는다(형법 제12조).

[긴급피난과 강요된 행위의 구별]

구분	긴급피난	강요된 행위
상황	현재의 위반	불법한 강제상태
기준	이익교량의 원칙	기대가능성
효과	위법성 조각	책임조각

미수(未遂)

미수
未遂

범죄의 실행행위에 착수하여 실행행위를 중단하거나, 그 실행행위가 완료되었으나 그 결과가 발생하지 않은 경우를 말한다. 범죄는 그 실행에 착수하였으나 처음 행위자가 예상한 대로 전부 실행을 끝내어 소기의 결과를 거두거나, 아직 그 중도에서 무엇인가 장애가 있어서 좌절되는 것도 있고, 스스로 중지하는 경우도 있으며, 행위는 종료하였으나 결과를 얻지 못한 경우도 있다. 그래서 형법은 범죄의 실행에 착수하여 어떠한 죄가 될 사실의 전부가 실현된 때에는 범죄가 완료한 것으로서 이를 **기수**(旣遂)라 한다. 이에 반하여 그 실행을 개시하였으나 어떤 사정에 의하여 법률이 각개의 조문에서 죄로 규정하고 있는 사실의 전부를 실현하지 못한 경우를 **미수**라 한다(형법 제25조). 즉 '미수범'이란 행위자가 주관적으로는 어떤 범죄를 실행하려는 고의를 가지고, 객관적으로는 그 죄가 될 사실(소위 구성요건적사실)의 일부가 되는 행위를 실행하였으나, 어떠한 사유 때문에 의도하고 있던 죄가 될 사실의 전부를 실현할 수 없었거나 또는 전부의 행위를 종료하였으나 소기의 결과를 얻을 수 없었던 경우를 말한다. 형법은 모든 범죄에 대하여 이 같은 미수를 죄로 인정하고 있는 것은 아니고, 방화나 살인 등 중요한 법익을 침해하는 범죄에 대하여서만 이를 인정하고 있다. 형법상 미수범에는 두 가지 경우가 있다.

첫째, 범인의 자유의사에 의하지 아니하고 외부의 사정에 의하여 범죄완료에 이르지 못한 경우이며, 이를 '협의의 미수' 또는 **장애미수**(障碍未遂)라 한다. 그 법정형은 기수죄와 같으나 법관의 자유재량에 의하여 형을 감경할 수 있다(형법 제25조2항, **형의 임의적 감경사유**). 둘째, 행위자 자신의 자유의사에 의하여 범죄를 중단시킨 경우이며, 이를 **중지 미수**라 한다. 이 경우에는 형을 반드시 감경하거나 면제해야 한다(형법 제26조, **형의 필요적 감면사유**).

실행의 착수
實行의 着手

어떤 범죄로서 규정되어 있는 범죄구성요건에 해당하는 행위의 실현을 개시함을 말한다. 미수범의 성립에는 객관적 요건의 하나로서 '실행의 개시' 또는 '실행의 착수'라는 것이 필요하다. 행위가 이 같은 단계에 들어가기 이전의 것은 '예비'에 지나지 않는다. 예비단계에서 처벌되는 것은 극히 드물며, 중요한 법익을 해하는 범죄의 경우에 한정되고 특히 명문의 처벌규정이 있는 경우에 한한다. 그러면 실제문제로서 어떠한 상태에 달하였을 때에 실행의 착수가 있는가에 대해서 대체로 두 가지의 의견이 있다.
① 객관설 : 이른바 구성요건에 속하는 행위사실의 일부분 또는 이에 밀접한 관계가 있는 행위가 행하여진 때, 범죄를 행하기에 도달할 위험이 있는 행위에 착수하였거나 혹은 범죄를 완성하기 위하여 필요불가결한 행위에 착수하는 것이라고 본다.
② 주관설 : 어떤 죄를 범하려는 고의가 행위자의 행동에 의하여 외부적으로 표현된 경우에 실행의 착수가 있었던 것으로 본다.

중지미수
中止未遂

미수범 중에서 자기의 의사에 의하여 범죄행위를 중지한 경우이다. 「형법」상 미수범에는 두 가지 경우가 있다. 즉 장애미수(障碍未遂)와 중지미수(中止未遂)이다. 장애미수는 객관적인 장애에 의하여 범죄를 완료할 수 없었던 경우이고, 중지미수는 범인의 주관적 의사에 의하여 임의적으로 범죄를 중지한 경우이다. 독일의 형법 등에서 미수범의 정의는 장애미수죄의 경우, 즉 협의의 미수범만

을 지칭한다. '시도로부터의 후퇴'(Rücktritt vom Versuch)는 범인이 자기행위에 의하여 생긴 결과의 발생을 방지하려고 노력하는 경우와 같은 것으로 보고 있다.
「형법」상 장애미수의 법정형은 기수의 경우와 같고, 법관의 자유재량에 의하여 형벌을 감경할 수 있음에 반하여, 중지범의 경우에는 법관이 반드시 형을 감경하거나 면제하여야 한다는 점에 차이가 있다(형법 제26조).

장애미수
障碍未遂

중지미수와 반대되는 개념이다. 「형법」 제25조에 '범죄의 실행에 착수하여 행위를 종료하지 못한 것은 그 형을 감경할 수 있다'라고 규정하고 있다. 즉 '범죄의 실행'에 개시는 있었지만 어떠한 사정에 의하여 범죄의 완료에 이르지 못하였을 때에는 이를 **장애미수**라 한다. 이것은 미수범의 일종인 **중지범**과 구별하는 의미에서 '협의의 미수범'이라고도 하여 그것은 주로 적극적인 행위에 의한 범행, 특히 고의범인 경우에 생기는 범죄형식이다. 이 협의의 미수범은 **착수미수**와 **실행미수**로 구별한다.
착수미수(着手未遂)란 행위자가 어떤 범죄 실행에 착수하였으나 자기의 의사 이외의 사정에 방해되어 예정한 행위의 전부를 종료하지 못한 경우를 말한다. 그중에는 ① 의외의 외부적인 장애에 의한 경우 ② 행위자의 오해가 범죄를 완료할 수 없게 한 경우 ③ 이른바 '잘못하여', 즉 행위자의 실행방법이 졸렬함에 의한 경우 등이 있다.
실행미수(實行未遂)란 예정한 행위는 전부 완료했으나 결과가 발생하지 않은 경우를 말하며, **종료미수**(終了未遂)라고도 한다. 그중에는 ① 결과의 발생은 필연적이었으나 행위자의 의사활동에서 독립한 다른 사유에 의하여 결과가 발생하지 아니한 경우(예 : 상대방에게 치명상을 주었으나 의사의 치료로 목숨을 건진 경우) ② 결과의 발생은 확

실할 것이나 현재로는 아직 결과가 발생하지 아니한 경우(예 : 상해로 반드시 죽게 될 것이나 피해자는 아직 생존하고 있는 경우) ③ 행위는 완료했으나 결과의 발생은 아직 불명확한 경우(예 : 살인행위에 의한 피해자가 중상이지만 사망할지는 불명한 경우) 등이 있다.

예비
豫備
범죄를 실현하기 위한 준비행위로 실행의 착수에 이르지 아니한 것을 말한다. 범죄는 일반적으로 어떠한 결의에 의하여 그 의사를 외부에 표현하려는 행동형식과 이에 의하여 생긴 결과를 포함한 일련의 과정으로 성립하는 것이다. 일반적으로 범죄는 그 완료(기수)로서 혹은 범죄의 불완료(미수죄)로서 처벌되지만, 이 양자는 실행의 개시, 즉 '실행의 착수'가 있은 후의 행위단계에 달한 때이다. 그러나 어떤 범죄를 실행하려는 고의는 있었으나 그 고의의 실현인 행위가 실행의 착수까지 이르지 않은 이전의 것인 때에는 이를 예비행위라 한다. 예를 들면 방화죄의 경우 방화에 사용할 석유를 구입함에 그친 경우이다. 「형법」상 이 같은 예비행위가 범죄로 취급되는 것은 극히 적고, 그것은 특히 중요한 법익을 침해하는 범죄에 관하여서만 인정되고 있다. 내란예비죄(형법 제90조), 외환예비죄(같은 법 제101조), 방화예비(같은 법 제175조), 살인예비(같은 법 제255조), 통화에 관한 죄의 예비 등이다(같은 법 제213조). 예비와 미수와의 구별은 어디까지나 실행의 개시, 즉 '착수'가 있었는가의 점에서 나누어진다.

음모
陰謀
2인 이상의 자가 일정한 범죄를 실행할 것을 모의하는 것으로, 형법상 어떤 범죄가 성립하기 위해서는 일정한 고의 또는 예외로 과실에 의하여 어떤 범죄행위사실이 있은 경우에 한한다. 단순히 고의가 있었다는 것만으로는 범죄가 되지 않는다. 극히 드문 경우이지만 2인 이상의 자가 어떤 범죄를 하기 위하여 담합한 정도로서 이를 죄로써 벌하는 경우가 있다. 이를 '음모죄(陰謀罪)'라 한다. 예를 들면 내란음모죄(형법 제90조), 외환음모죄(같은 법 제101조) 등이 있다.

불능범
不能犯
행위자가 예상하고 있는 범행의 목적 또는 수단의 착오로 처음부터 범죄의 실현이 불가능한 경우를 **불능범**이라 하고 **미수**와 구별한다. 예를 들면 병으로 인하여 이미 숨을 거둔 사람을 살해하려고 심야에 그 집에 침입한 경우이다. 이 같은 행위는 그 수단이나 목적으로는 범죄의 실현이 도저히 불가능하므로 이것은 살인의 미수범과 구별하여 당연히 죄가 되지 않는 것으로 본다.

다만, 주관주의형법이론을 취하는 학자는 적어도 어떤 고의로 어떠한 행동에 착수하는 한 모두 미수죄로 보고, 만약에 이와 반대로 절대 실현불가능한 수단에 의하여 범행을 의도했다면 그것은 고의조차 성립하지 않는다고 본다. 일반적으로 주관적으로 범죄의사가 있고 이에 의한 행위가 있어도 그것이 객관적으로 보아서 도저히 실현이 불가능할 때에는 이를 불능범으로 하여 당연무죄로 한다.

우리 「형법」은 범죄의 중대성을 감안하여 이러한 불능범 중 위험성이 있는 것을 **불능미수**라 하여 처벌하고 있다(형법 제27조).

미신범
迷信犯
범죄를 미신적 수단으로 실현하려는 것을 말한다. 저주나 굿을 통해 누군가를 해치려 하는 등의 행위가 이에 해당한다. 과학적 지식이 발달하지 않았던 시대에는 미신범도 자주 처벌의 대상이 되었으나 현재는 가장 대표적인 불능범 중 하나로 보고 처벌하지 않는다.

환각범
幻覺犯
법률상 죄가 되지 않는 행위를 죄가 된다고 잘못된 사실을 믿고 저지른 행위를 말한다. **착각범**(錯覺犯)·오상범(誤想犯)·망상범(妄想犯)이라고도 한다. 예를 들면 적법하게 지게 된 채무변제로 궁지에 몰린 자가 도망할 때 이를 사기죄가 된다고 생각하고 도망한 경우이다. 범죄가 성립함에는 해당 행위가 객관적으로 구성요건에 해당하는 위법한 행위이어야 한다. 환각범에는 해당할 구성요건이 존재하지 않는 경우와 구성요건은 존재하나 해당 행위가 위법한 경우가 있다.

환각범은 불능범과도 구별된다. 다만, 환각범에 있어서는 설사 행위자가 예견한 결과가 발생하여도 범죄가 되지 않는 경우가 있으나, 불능범에는 행위자가 예견한 결과가 실현될 가능성이 없기 때문에 범죄가 되지 않는 경우이기 때문이다.

사실의 흠결
事實의 欠缺

행위의 내용 중 구성요건에 해당하는 요소가 결여된 경우를 말한다. 구성요건의 흠결이라고도 하여 미수, 불능범과도 구별되는 범죄불성립사유의 하나로 취급된다. 예를 들면 甲이 乙을 독살하려고 식사에 쥐약을 섞어 제공하였지만, 이것을 먹은 乙이 의사의 노력에 의하여 생명을 구하게 되었다면 甲의 행위는 미수이다. 그러나 이에 반하여 임신한 여성을 낙태시키려고 약물을 먹였지만 실제로는 상대방 여성이 애초에 임신하지 않은 경우라면 구성요건의 기초적 사실을 결했으므로 당연히 무죄이며, 미수범의 문제는 발생할 여지가 없다. 이에 대하여 일부의 학설은 사실의 흠결(Mangel am Tatbestand)이라 하고 미수범과 불능범을 구별하는 하나의 기준으로 하고 있다. 즉, 불능범이란 범인의 행위가 그 목표로 하는 대상 내지 수단의 착오로 도저히 범죄의 기수가 될 수 없는 경우를 말한다. 예를 들면 설탕물로 사람을 독살하려는 것과 같은 것이지만 구성요건에 해당한다고 보는 데 필요한 '사실 그것이 흠결'하고 있는 경우도 범죄가 성립될 수 없는 것이므로 이것도 생각에 따라서는 불능범의 하나이다.

공범(共犯)

공범
共犯

1인이 단독으로도 실행할 수 있는 범죄를 2인 이상이 협력하여 실행하는 경우를 말한다(**임의적 공범**). 일반적으로 공범이란 이러한 협의의 공범을 의미하며, 이에는 공동정범, 교사범, 종범이 포함된다. 우리 「형법」은 정범·공범분리형식을 취하고 있으므로 이러한 공범개념은 정범과의 구별을 통해 구성요건해당성 여부와 양형의 구체적 판단기준을 정하는 데 논의의 실익이 있다.

동시범·준공범
同時犯·準共犯

공범이 성립하려면 주관적 요건으로 '고의의 공동', 즉 참가자 사이에 공통의 의사가 있어야 한다. 그런데 「형법」 제263조는 단독행위가 경합하여 상해의 결과를 발생케 한 경우, 의사공동 내지 연락이 없어도 공범과 같이 취급하는 경우를 규정하고 있는데 그 경우에 해당되는 것을 말한다. 예컨대 2인 이상이 폭행을 가하여 사람을 상해한 경우에 과연 그중의 누가 실제로 상해를 가하였는지, 만일 2인이 같이 하였다 해도 그 가한 상해의 정도를 알 수 없을 때에는 이들 가해자 사이에 의사의 공동이 없어도 공동정범의 예에 의하여 처벌하고 모두 결과의 발생에 대하여 형사책임을 지운다는 것이다.

이것은 일종의 의제적인 규정이지만 이 같은 규정을 설정해야 하는 이유가 있다. 진실의 정도를 증거에 의하여 입증해야 한다면 이 경우에는 분명한 증거는 없고 가해의 결과는 판명되었는데도 행위자가 행한 점이 판명되지 않아 무죄로 하여야 한다는 결과가 되기 때문이다. 상해죄의 경우에는 예외적으로 입증책임을 전환하는 규정을 두고 있다.

필요적 공범
必要的 共犯

구성요건 자체가 이미 2인 이상의 참가나 단체의 행동을 전제로 하여 성립하는 범죄를 말한다. 예를 들면 뇌물을 주고받는 증(贈)·수뢰죄(收賂罪) 혹은 다수인의 참가를 전제로 하는 소요죄(騷擾罪)와 같은 것을 들 수 있다. 그중에는 범죄의 구성상 일방적으로 수인의 존재를 필요로 하는 **집합범**(集合犯)과 상대방의 대립을 필요로 하는 **대향범**(對向犯)이 있다. 소요죄, 내란죄는 전자의 예이고, 증·수뢰죄는 후자의 예이다.

여기서 문제가 되는 것은 이 같은 필요적 공범의 경우에 「형법」의 '공범의 규정'이 적용되는가 하는 점이다. 이는 공범규정에 대한 특별규정이므로, 필요적 공범의 내부관계에 관한 한 일반공범규정을 적용할 여지는 없다. 다만, 외부참여자에 대한 관계에서는 때로 공범규정을 적용하여야만 하는 경우도 있다.

공범독립성
共犯獨立性

공범책임(共犯責任)의 근거에 관하여 공범은 독립한 범죄이며, 정범에 종속하여 성립하는 것은 아니라는 견해이다. 공범이 정범에 종속하게 되면 근대형법의 기본원리인 자기책임의 원칙에 반하게 된다.

즉 공범은 독립된 범죄이므로, 교사·방조행위가 있으면 정범의 실행행위가 없더라도 공범이 성립할 수 있다고 한다(주관주의 범죄이론).

공범종속성
共犯從屬性

공범책임의 근거에 관하여 공범은 정범의 행위에 종속되어 정범이 성립하는 때에 한하여 성립한다는 견해이다. 이것을 '공범종속성의 원칙'이라 한다.

[종속성의 정도(M.E. Mayer)]

최소한 종속형식	정범의 행위가 구성요건에 해당하면, 위법·유책하지 않더라도 공범이 성립
제한적 종속형식	정범의 행위가 구성요건에 해당하고 위법하면, 유책하지 않더라도 공범이 성립
극단적 종속형식	정범의 행위가 구성요건에 해당하고, 위법·유책할 경우에 공범이 성립
확장적 종속형식	정범의 행위가 구성요건에 해당하고, 위법·유책할 뿐 아니라, 가벌성까지 갖추어야 공범이 성립

[공범독립성과 공범종속성의 비교]

구 분	공범종속성	공범독립성
간접정범	공범과 간접정범의 구별 인정	공범과 간접정범의 구별 불인정
공범과 신분	신분의 연대성을 강조하여 「형법」 제33조 본문의 규정을 원칙규정으로 봄	신분의 개별성을 강조하여 「형법」 제33조 단서를 원칙규정으로 봄
공범의 미수	정범이 적어도 실행에 착수하여야 하므로 미수의 공범은 가능하나, 공범의 미수는 불인정	공범은 정범과 독립된 존재이므로 미수의 공범은 물론, 공범의 미수까지 인정

정범
正犯

공범에 대응하는 범죄형태로서, 행위자 자신이 직접 범행을 하는 직접정범과 행위자 자신이 직접 범행하지 않고 타인을 이용하여 간접적으로 실행하는 간접정범이 있다. 타인의 범죄에 가담하는 공범은 정범을 전제로 한 개념이다. 따라서 정범과 공범의 구별은 언제나 공범의 개념규정에 앞서 정범의 개념표지를 확정짓고 난 뒤에 이루어져야 한다(정범개념의 우위성). 이러한 논거를 바탕으로 제시된 이론이 **제한적 정범개념이론**과 **확장적 정범개념이론**이다. 전자는 구성요건에 해당하는 행위를 스스로 행한 자만이 정범이고, 그 이외의 행위에 의하여 결과야기에 가공한 자는 정범이 될 수 없고 공범에 불과하다는 이론이다. 반면, 후자는 구성요건적 결과발생에 조건을 설정한 자는 그것이 구성요건에 해당하는 행위인가의 여부를 불문하고 모두 정범이 된다는 이론이다.

행위지배설
行爲支配說

정범과 공범의 구별을 객관적 요소와 주관적 요소로 형성된 행위지배를 통해 기준화하자는 견해이다. 여기서 행위지배란 구성요건에 해당하는 사건의 진행을 조정·장악하는 것으로, 이러한 행위지배가 있는 경우는 정범이고, 없는 경우에는 공범이 된다. 록신(Clasus Roxin)은 행위지배의 개념을 행위자가 관여한 작용에 따라 규범적·가치적 측면과 존재론적 측면을 고려하여 행위지배의 실체를 유형별로 파악함으로써, 한층 이론적 발전을 꾀하였다.

공동정범
共同正犯

「형법」 제30조는 '2인 이상이 공동으로 죄를 범한 때에는 각자를 정범으로 처벌한다'라고 규정하고 있다. 그 의미는 2인 이상의 책임능력이 있는 자가 서로 공동으로 죄가 될 사실을 실현하는 한, 정도의 여하를 불문하고 전원을 정범자(교사범도 아니고 종범도 아닌 정범)로서 처벌한다는 것이다. 예를 들면 3인이 타인의 주택 내에 침입하여 절도할 것을 모의하고, 그중 1인은 옥외에서 망을 보고, 다른 1인은 입구의 창문을 열고, 또 다른 1인은 옥내에 침입하여 재물을 절취한 경우, 3인은 모두 주거침입, 절도의 정범으로 처벌된다(그중 망을 보고 있었던 자는 때로는 종범이 될 수도 있다). 즉 타인의 행위에 대하여 종속적으로 책임을 지는 것이 아니고, 그 자체가 독립적으로 정범자로서의 책임을 지는 것이다. 법문에 '각자(各自)'라고 한 것은 이러한 의미의 표현이다.

공동정범의 성립에는 먼저 객관적으로 2인 이상의 자가 공동으로 어떤 범죄를 실행한다는 공동참가의 사실이 있어야 한다. 그리고 주관적 요건으로 소위 '공동모의' 내지 서로 공동으로 어떤 범죄를 실행한다는 공동의사가 존재하여야 한다. 한편, 이와 구별해야 할 개념으로 **편면적 공동정범**(片面的 共同正犯)이 있다. 이는 공동실행의 의사가 어느 일방에게만 있는 경우로서, 의사의 상호이해가 없으므로 공동정범이 될 수 없고 동시범 또는 종범의 성립이 문제될 수 있다.

공모공동정범
共謀共同正犯

2인 이상의 자가 범죄를 공모한 후 그 공모자 가운데 일부만이 범죄의 실행에 나아간 경우에 실행행위를 담당하지 아니한 공모자에게도 공동정범이 성립한다는 이론이다. 집단적·조직적·지능적 범죄의 배후조종자인 거물·간부를 직접 실행행위를 한 부하들과 같이 공동정범으로 취급하기 위하여 판례(대판 1983.3.8, 82도3248)에 의해서 인정된 이론이다. 단, 문제는 직접 실행행위를 하지 않은 자에게도 공동정범의 성립을 인정할 것인가, 만일 인정한다면 책임주의의 원칙에 반하지 않는가이다.

승계적 공동정범
承繼的 共同正犯

공동실행의 의사가 실행행위의 일부 종료 후 그 기수 이전에 성립한 경우이다. 예컨대 甲이 강도의 고의로 丙에게 폭행을 가하여 반항을 억압한 후에 친구 乙과 함께 丙의 금품을 탈취한 경우이다. 문제는 후행자(乙)의 범행가담 이전에 선행자(甲)에 의해 이루어진 행위부분을 후행자에게도 귀책시킬 수 있는가이다. 통설과 판례는 공동실행의 의사가 사전에 있을 것을 요하지 않는 이상, 행위 도중에 공동의사가 성립한 경우에도 공동정범의 성립을 인정하는 것이 타당하다고 한다. 한편, 이와 구별하여야 할 개념으로 **예모적 공동정범**(豫謀的 共同正犯)과 **우연적 공동정범**(偶然的 共同正犯)이 있다. 전자는 공동실행의 의사가 실행행위의 개시 이전에 성립한 경우이고, 후자는 공동실행의 의사가 실행행위시에 성립한 경우이다.

간접정범
間接正犯

어떤 구성요건을 형법상 책임능력이 없는 자 또는 자유로운 의사결정에 의하여 행동할 능력이 없는 자 등을 이용하여 야기시키는 경우를 말한다. 예를 들면 형법상 책임능력이 없는 14세 미만의 자를 꾀어 절도를 시키거나, 광인(狂人)을 조종하여 타인의 가옥에 방화시키고, 상급공무원이 하급공무원을 무리하게 강제로 수뢰케 하는 경우이다. 이러한 것은 공범이 성립되지 아니하고 이를 이용한 자가 정범자가 된다(형법 제34조).

간접정범이 성립되는 주된 경우는 다음과 같다. ① 수단으로 사용한 피이용자가 책임능력 또는 책임조건이 없는 경우 ② 피이용자가 책임을 부정할 수 있는 사정을 지닌 경우(강제에 의한 경우) ③ 피이용자가 어떤 주관적 의식이 없음을 이용한 경우 ④ 피이용자가 어떤 범죄구성요건에 해당하지 않는 행동으로 나온 것을 이용하는 경우 등이다.

교사범
敎唆犯

책임능력이 있는 자에게 어떤 범죄행위를 할 것을 결의시켜 그 자로 하여금 그 범죄를 실행케 한 경우를 말한다(형법 제31조). 책임능력이 없는 소년이나 광인에게 정신적 영향을 주어 범행을 하게 한 때에는 간접정범(間接正犯)이며 교사범은 되지 않는다. 또 타인에게 어떤 범죄를 하도록 결의시키는 수단은 제한이 없으나, 만일 그것이 강제·위협·긴급의 상태·오해를 이용하였을 경우에는 간접정범은 될 수 있어도 교사범은 되지 않는다.

교사범의 성립요건으로는 먼저 주관적 요건으로 자기의 행위에 의하여 타인에게 어떤 범죄를 실행하도록 결의시켜 그 자에게 그 범죄를 실행케 하려는 의사가 있을 필요로 한다(교사고의). 다음에 객관적 요건으로 타인으로 하여금 어떤 범죄를 하려는 결의가 생기도록 하여 이 결의에 의하여 그 타인이 범죄를 실행함에 이르렀다는 결과를 필요로 한다.

교사범은 언뜻 보기에 그 책임은 정범에 비하여 가벼운 것 같으나, 타인에게 범의가 생기도록 하여 실행시킨다는 의미에서 그 책임은 반드시 가볍지 않다. 그래서 형법은 교사범의 책임은 '죄를 실행한 자와 동일한 형으로 처벌한다'고 규정하고 있다.

교사의 미수
敎唆의 未遂

「형법」 제31조에서 교사범이 성립하려면 피교사자로 하여금 단순히 범의를 생기게 하는 것에 그치지 않고 실행행위를 하도록 하여 적어도 실행의 착수 이상에 이르러야 한다. 따라서 소위 '교사의 미수', 즉 교사로 인하여 상대방에게 고의가 생기도록 하였으나, 이 자가 실행행위에 이르지 않은 때를 말하며, 이는 원칙적으로 불가벌이 된다. 우리 형법은 교사를 받은 자가 범죄의 실행을 승낙하고 실행의 착수에 이르지 아니한 때에는 교사자와 피교사자를, 그리고 피교사자가 범죄의 실행을 승낙하지 않은 때에는 교사자를 예비 또는 음모에 준하여 처벌한다고 규정하고 있다.

미수의 교사
未遂의 敎唆

교사범은 범인으로 하여금 어떤 범죄를 결의하도록 해서 그자로 하여금 그 범죄를 실행하게 함으로써 성립한다. 그렇다면 '어떤 범죄의 미수행위를 행하게 하기 위하여 타인으로 하여금 범죄를 결의하도록 하고, 이로 인하여 그자로 하여금 그 미수행위에 그치도록 하였을 때, 즉 함정수사의 형사책임은 어떻게 되는가'이다. 다시 말하면 '교사자가 정범의 미수에 그칠 것을 인식하고 교사를 한 경우에 그 책임은 어떤 것인가'의 문제이다. 이른바 **아장 프로보카퇴르**(Agent Provocateur)의 문제로 학자 간의 이론이 있다. 통설은 전연실행행위(全然實行行爲)에 착수하지 않을 것을 예상했던 경우에는 죄가 되지 않으나, 이는 다시 다음 세 가지 입장으로 세분한다.

① 제1설 : 항상 유죄로 한다. 그러나 형법은 교사범의 성립에는 피교사자가 실행행위에 착수하여야 하므로 이 설은 채택할 수 없다.
② 제2설 : 교사가 범인의 기수에 이를 것임을 예견한 경우에 한하여 범죄가 된다는 것이다.
③ 제3설 : 교사자가 그 행위의 미수임을 예상하고 있어도 이것을 실행행위에 유도하려고 교사한 경우에 한하여 죄가 되는 것으로 한다.

특수교사 · 방조
特殊敎唆 · 幇助

타인을 지휘 · 감독할 자가 그 지휘를 이용하여 피지휘 · 감독자를 교사 · 방조하여 간접정범의 결과를 발생케 한 경우, 그 형을 가중(형의 장기 또는 다액에 그 2분의 1까지 가중)하는 공범형태이다(형법 제34조2항). 지휘 · 감독자로서의 사회적 신분을 남용했다는 점에서 비난가능성이 높다. 문제는 이에 대한 형법의 규정이 공범의 특수한 형태를 규정한 것인가, 아니면 간접정범의 특수한 형태를 규정한 것인가이다.

종범
從犯

타인의 범죄를 방조(幇助)한 자를 말한다(형법 제32조). 즉 정범이 어떤 종류의 범죄행위를 행할 때에 이에 고의적으로 협력할 의사를 가지고 원조행위를 한 경우를 말한다. 다만, 교사에 속하는 것은 제외된다.
정범 내지 공동정범이 성립하는 경우와 **종범**과의 구별에 관하여는 견해가 나누어져 있다. ① 주관설에 의하면 자신의 죄를 범할 의사로 행위를 한 경우가 정범이고, 타인의 범죄에 참가할 의사로 행위한 경우를 종범이라 한다. ② 객관설 중 형식설은 실행행위를 분담한 자를 정범이라 하며, 그렇지 않고 이에 지지행위를 행한 자를 종범으로 한다. 한편 ③ 사건을 실질적으로 파악하는 견해는 결과적으로 보아 중요한 부분을 행하였는가에 의하여 양자를 구별하려고 한다.

종범의 성립요건으로 먼저 객관적으로 종범이 범인의 범죄실행을 지지 · 원조하기 위한 행위를 하여야 하며, 피원조자는 유책적으로 범죄의 실행행위를 행하여야 한다. 그리고 이 지지 · 원조행위(支持 · 援助行爲)는 물리적 힘에 의한 지지든 정신적인 것이든 불문한다. 이런 의미에서 종범행위에는 **유형적 종범**(有形的 從犯)과 **무형적 종범**(無形的 從犯)의 구별이 있다. 전자는 기구의 급여 기타 유형적인 방법으로 원조하는 경우이고, 후자는 유도지시 기타 무형의 방법으로 원조하는 경우를 말한다.
또 주관적 요건으로서는 정범을 원조한다는 의사, 즉 자신은 개인의 어떤 범죄행위를 지지한다는 인식이 필요하다. 종범의 형은 반드시 정범의 형보다 감경한다〔같은 조 2항(필요적 감경사유)〕.

공범과 신분
共犯과 身分

신분이 범죄의 성립이나 형의 가감에 영향을 미치는 경우에 신분자와 비신분자가 공범관계에 있을 때 비신분자를 신분자에 대하여 종속적으로 취급할 것인가 아니면 독립적으로 취급할 것인가에 대한 논의이다. 우리 「형법」은 제33조에서 공범의 종속성(본문)과 독립성(단서)을 함께 규정하고 있다(신분에 관한 자세한 사항은 신분범 항 참조).

죄수(罪數)

죄수
罪數

범죄의 개수(個數)를 말한다. 죄가 한 개인 경우와 여러 개인 경우는 형법상의 취급이 다르므로 무엇을 기준으로 하여 범죄의 수를 결정할 것인지가 문제가 된다.

[죄수결정의 기준]

행위 표준설	자연적 의미의 행위의 수에 의해 죄수 결정. 판례는 공갈죄에 관해서 이 견해를 취함
법익 표준설	침해되는 보호법익의 수 또는 결과의 수를 기준으로 죄수 결정. 판례는 연속범의 경우 외에는 원칙적으로 이 견해를 취함
의사 표준설	범죄의사의 수를 기준으로 죄수 결정. 판례는 연속범의 경우에 이 견해를 취함
구성요건 표준설	법률상의 구성요건에 해당하는 수를 기준으로 죄수 결정. 일부 판례가 이 견해를 취함 (대판 1968.12.24, 68도1510)

병과주의
併科主義

각 죄에 대하여 독자적인 형을 확정한 이후 이를 합산하여 형을 부과하는 방법이다. 영미법에서 흔히 볼 수 있으며, 우리 「형법」의 경우 각 죄에 정한 형이 무기징역이나 무기금고 이외의 다른 종류의 형인 때에는 병과한다(형법 제38조1항3호). 병과주의는 자유형 가운데 유기형(有期刑)을 병과할 경우 실제로는 무기형과 같은 결과가 되어 자칫 형벌을 질적으로 변화시키게 되는 문제점이 있다.

흡수주의
吸收主義

수죄 가운데 가장 무거운 죄에 대하여 정한 형을 적용하고, 다른 가벼운 죄에 대하여 정한 형은 여기에 흡수시키는 방법이다. 가벼운 죄에 대하여 정한 형의 하한이 무거운 죄에 대하여 정한 형의 하한보다 높을 경우에는 상한은 무거운 죄에 대하여 정한 형으로, 하한은 가벼운 죄에 대하여 정한 형으로 처벌한다. 우리 「형법」상 경합범(형법 제38조1항1호)과 상상적 경합(형법 제40조)이 이에 따르고 있다.

가중주의
加重主義

수죄 가운데 가장 무거운 죄에 대하여 정한 형을 가중한 후 하나의 전체형을 만들어 선고하는 방법이다. 우리 「형법」은 각 죄에 정한 형이 사형 또는 무기징역이나 무기금고 이외의 같은 종류의 형인 때에는 가장 무거운 죄에 대하여 정한 장기 또는 그 다액에 그 2분의 1까지 가중하고 있다(형법 제38조1항2호).

법조경합
法條競合

1개 또는 수개의 행위가 2개 이상의 형벌규정에 해당되는 것처럼 보여도 실은 그러한 형벌법규 상호 간의 관계상 그중 1개만이 적용되고 다른 것의 적용은 배척되는 경우이다. 예를 들면 자기의 부모를 죽인 자는 살인죄(형법 제250조1항), 존속살인죄(같은 조 2항)의 2개에 해당되는 것처럼 보이나 실은 존속살인죄만(특별관계) 적용된다. 또, 불을 놓아 남의 건조물을 태워버린 자는 방화죄(형법 제164조)의 적용만을 받아 재물손괴죄(같은 법 제366조)의 적용을 받지 아니하고(흡수관계), 타인으로부터 위탁받은 물건을 횡령하는 행위는 원칙적으로 동시에 배임죄(같은 법 제355조2항)의 요건을 갖추고 있으나 횡령죄(같은 조 1항)의 성립만 인정되며 배임죄를 적용할 여지는 없게 된다(택일관계).

과형상 일죄
科刑上 一罪

본래는 여러 개의 죄에 해당하지만 과형상 1개의 죄로서 처벌하는 죄를 말한다. 처벌상 1죄라고도 하는데, 우리 「형법」상 상상적 경합(형법 제40조)이 그 대표적 예이다. 따라서 가장 무거운 죄에 대하여 정한 형으로 처벌하고, 공소사실과 기판력의 범위도 전체에 미치게 된다.

포괄일죄
包括一罪

어떤 하나의 형벌규정에 저촉되는 여러 개의 행위를 포괄적으로 하나로 보아 한 개의 죄를 구성하는 경우이다.

사람을 체포하여 감금한 경우와 수뢰를 요구하고 약속하여 수수한 경우에는 각각 체포·감금죄(형법 제276조)와 수뢰죄(같은 법 제129조)라는 한 개의 죄에 해당한다. 또 음란문서를 여러 번에 걸쳐 판매하여도 1개의 음란문서의 판매죄가 성립한다. 판매라는 것은 당연히 반복적인 행위를 예상하는 것이기 때문이다. 이러한 포괄일죄는 소송법적으로도 한 개의 죄를 구성한다. 즉 공소의 효력과 기판력은 포괄일죄의 내용이 된 행위 전부에 대해 미친다(대판 1983.4.26, 82도2829). 이러한 포괄일죄는 유형별로 결합범, 계속범, 접속범, 연속범, 집합범으로 나눌 수 있다.

결합범
結合犯
개별적으로 독립된 범죄의 구성요건에 해당하는 수개의 행위가 1개의 구성요건에 결합하여 한 개의 죄를 구성하는 경우이다. 폭행·협박·절도죄가 결합하여 강도죄가 되는 경우, 강도·강간죄가 결합하여 강도강간죄가 되는 경우가 그 예이다.

접속범
接續犯
단독으로도 범죄가 될 수 있는 여러 개의 행위가 동일한 기회에 동일한 법익에 대하여 불가분적으로 접속하여 행하여졌을 때 포괄하여 한 개의 죄가 되는 경우이다. 절도범이 대문 앞에 대기시켜 놓은 자동차에 여러 번에 걸쳐 재물을 반출한 경우가 그 예이다.

연속범
連續犯
연속하여 행해진 여러 개의 행위가 동일한 종류의 범죄에 해당하는 경우이다. 연속된 여러 개의 행위가 반드시 구성요건적으로 일치할 것을 요하지 않고, 시간적·장소적 접속도 요건으로 하지 않는다는 점에서 접속범과 구별된다. 그 효과에 있어서, 실체법적으로는 포괄일죄로 되어 서로 다른 구성요건을 실현한 경우 가장 무거운 죄로 처벌받으며, 소송법상에 있어서도 역시 한 개의 죄로 취급하므로, 그 기판력은 판결이전에 범한 모든 행위에 미치게 된다.

집합범
集合犯
여러 개의 동일한 종류의 행위가 동일한 의사의 경향에 따라 반복될 것이 당연히 예상되어 있기 때문에 여러 개의 행위가 일괄하여 한 개의 죄를 구성하는 경우이다. 이에는 **상습범**과 **영업범**이 그 대표적 예인 바, 전자는 행위자가 범행의 반복으로 얻은 범죄경향으로 죄를 범한 경우이고, 후자는 행위자가 범행의 반복을 경제적 수입원으로 삼는 경우이다.

상상적 경합
想像的 競合
1개의 행위가 여러 개의 죄에 해당하는 경우를 말한다. 1개의 폭탄으로 여러 명을 살해한 경우가 그 예이다. 상상적 경합은 여러 개의 죄 사이의 진정한 경합이라는 점에서 외관상의 경합인 법조경합과 구별되고, 행위가 1개인 점에서 행위가 여러 개인 실체적 경합과도 구별된다. 즉, 상상적 경합이 성립하기 위한 요건으로는 행위가 단일하고 동일하며, 이로 인해 여러 개의 구성요건을 성립시켜야 한다. 형법은 이러한 상상적 경합에 관해서 실질상 여러 개의 죄에 해당하지만 과형상 일죄이므로 1개의 형으로 처벌하되, 가장 무거운 죄에 정한 형으로 처벌하도록 규정하고 있다(형법 제40조). 소송절차에 있어서도 여러 개의 죄 중 어느 일부에 대한 공소제기의 효력 및 기판력은 여러 개의 죄의 전부에 미친다. 단, 판결이유에는 상상적 경합관계에 있는 모든 범죄사실과 적용된 법조문을 기재하게 된다.

실체적 경합
實體的 競合
한 사람이 저지른 아직 판결이 확정되지 않은 여러 개의 죄(동시적 경합범) 또는 판결이 확정된 죄와 그 판결확정 전에 범한 죄(사후적 경합범)로서, 경합범이라고도 한다(형법 제37조). 실체적 경합이 성립하기 위해서는 다수의 행위에 의해서 구성요건의 침해 역시 다수이어야 한다. 실체적 경합범의 처벌은 흡수주의(형법 제38조1항1호), 가중주의(같은 조 1항2호, 2항), 병과주의(같은 조 1항3호)의 예에 의하며(자세한 것은 각 항 참조), 경합범 중 판결을 받지 아니한 죄가 있는 경우에는 그 죄와 판결이 확정된 죄를 동시에 판결한 경우와 형평을 고려하여 그 죄에 대하여 형을 선고한다. 이때 형을 감경하거나 면제할 수 있다(형법 제39조1항).

불가벌적사후행위
不可罰的事後行爲

상태범(狀態犯)에서는 범죄가 성립되어도 위법의 상태가 계속되는 것이 처음부터 예상되어 있다. 이같이 그 구성요건에서 예상되어 있는 위법상태에 포함되어 있는 한, 사후행위가 다른 구성요건을 충족하는 것이라 하여도 그 행위는 별개의 죄를 구성하지 아니한다. 이 사후행위를 불가벌적사후행위(不可罰的事後行爲)라 한다. 예를 들면 절도범인이 도품을 깨도 별개의 재물손괴죄(형법 제366조)는 성립하지 않는다.

불가벌적사후행위도 구성요건을 충족하여 위법성을 지닌 한, 이에 대한 공범은 인정할 수 있다. 그러나 훔친 저금통장을 이용하여 은행 직원을 속여 금전을 인출한 행위는 새로운 법익을 침해하는 것으로서 불가벌적사후행위가 아니라 별개의 사기죄가 성립된다.

형 벌

형벌
刑罰

국가가 범죄에 대한 법률상의 효과로서 범죄자에 대하여 과하는 법익의 박탈을 말한다. 행위자의 책임을 기초로 한다는 점에서, 행위자의 위험성을 기초로 하는 보안처분과 구별한다. 이러한 형벌의 종류는 다음과 같다(형법 제41조).

생명형	사형
자유형	징역, 금고, 구류
재산형	벌금, 과료, 몰수
명예형	자격상실, 자격정지

친고죄
親告罪

검사가 기소를 하는 데 있어서 범죄의 피해자나 법정대리인 등 고소권자의 고소를 필요로 하는 범죄를 말한다. 피해법익이 극히 작아 공익에 직접적인 영향이 없는 모욕죄, 비밀침해죄 등을 친고죄로 규정하고 있다. 일정한 자의 청구(형사소송법 제223조)나 고발이 있어야 논한다는 범죄도 친고죄의 일종이다. 친고죄가 인정되는 이유는 피해자의 의사에 반하여 그 범죄를 기소하여 결과적으로 사회 일반에 공표되게 되는 것이 오히려 피해자의 불이익이 되는 것(예 : 모욕죄, 비밀침해죄), 또는 피해가 경미한 경우에 피해자의 의사를 무시해서까지 소추할 필요가 없는 점에 있다. 친고죄에 대하여 고소가 없음에도 잘못하여 공소가 제기되었다면 법원은 공소제기의 절차가 그 규정에 위반하였기 때문에 무효로 공소기각(公訴棄却)의 판결을 하여야 한다(형사소송법 제327조2호).

반의사불벌죄
反意思不罰罪

피해자가 범죄자의 처벌을 원하지 않는다는 의사를 표시하면 처벌할 수 없는 범죄를 말한다. 단순폭행죄, 과실치상죄, 명예훼손죄, 협박죄 등이 그 예이다. 처벌을 원하는 피해자의 의사표시가 없더라도 소추할 수 있으나, 그 후 피해자가 처벌을 원치 않는다는 의사표시를 한 경우에는 공소를 제기하지 못하며, 공소제기 이후인 때에는 이를 기각하여야 한다.

누범
累犯

일반적으로는 범죄를 되풀이하는 것을 말하지만, 「형법」에서 누범이란 금고 이상의 형에 처하게 된 자가 그 집행이 종료되거나 집행이 면제된 날로부터 3년 이내에 다시 금고 이상의 형에 해당하는 죄를 짓는 것을 가리킨다(형법 제35조). 즉 확정판결을 받은 범죄(前犯) 이후에 다시 범한 범죄(後犯)를 말한다.

누범에 대하여는 형이 가중되어(누범가중) 그 죄에 대하여 정한 형의 장기의 2배까지 가중한다. 예를 들면 통상의 절도라면 6년 이하의 징역이지만, 그것이 누범의 요건에 해당되었다면 12년 이하의 징역이 된다는 것이다. 이와 같이 누범의 형이 가중되는 것은 이미 형에 처하게 된 자가 반성하지 않고 또 범행을 거듭하였다는 점이 무거운 비난의 대상이 됨과 동시에, 이러한 행위자는 특히 강한 반사회적 위험성을 지니고 있기 때문이다. 한편, 판결선고 전에 누범인 사실이 발각된 때에는 그 선고한 형을 통산하여 다시 형을 정할 수 있다[단, 선고한 형의 집행을 종료하거나 면제된 후는 제외(같은 법 제36조)].

[누범과 상습범 비교]

구 분	누 범	상습범
개념	처벌의 반복	반복적인 범죄 경향
전과	필요	불필요
죄질	동일 불필요	동일
가중 근거	행위책임	행위자책임

자수
自首

죄를 범한 자가 아직 수사기관에 발각되기 전에 자기 스스로 수사기관에 자기의 범죄사실을 신고하여 처벌을 구하는 것을 말한다. 범죄의 발각을 용이하게 하고 범죄결과의 발생을 예방하려는 정책적인 의도에서 일반적으로 자수자에 대하여는 형을 감경하거나 면제할 수 있도록 하고 있다.

범죄사실이 발각되어 있어도 범인이 발각되기 이전에 자수하면 역시 감경이 인정된다. 자수는 범인이 자발적으로 하여야 하므로 수사기관의 조사에 응하여 자기의 범죄사실을 진술하는 자백과는 다르다. 자수는 서면이나 구술로써 검사 또는 사법경찰관에게 하여야 한다. 반드시 자기 자신이 출석하여 고하지 않아도 무방하며 타인을 시켜도 상관없다. 그러나 사실만을 고하고 행방을 감추는 것 등은 자수가 되지 않는다. 또 친고죄에 대하여 고소권을 가진 자에게 자발적으로 자기의 범죄사실을 고하여 그의 의사결정에 맡기는 것을 **자복**(自服)이라 하고 자수와 같이 취급된다(형법 제52조2항).

형의 양정
刑의 量定

「형법」에 규정된 형벌의 종류와 범위 내에서 법관이 구체적인 행위자에 대하여 선고할 형벌의 종류와 양을 정하는 것을 말한다. 이러한 형의 양정의 단계로는 법정형, 처단형, 선고형이 있다.

법정형
法定刑

「형법」의 각칙조문을 비롯하여 기타 형벌을 규정한 특별법에서 각개의 범죄에 대하여 규정하고 있는 추상적인 형벌 자체를 말한다. 예를 들면 「형법」 제250조1항에서 '사람을 살해한 자는 사형·무기 또는 5년 이상의 징역에 처한다', 같은 법 제329조에는 '타인의 재물을 절취한 자는 6년 이하의 징역 또는 1천만원 이하의 벌금에 처한다'고 규정하고 있는 것 등이다.

이것을 **법정형**이라 하는 이유는 일정한 사람에 의하여 행하여진 구체적인 범행에 대하여 그 성질, 피해의 정도, 범행의 정상 등 일체의 사정을 종합적으로 고찰하여 법원이 위의 추상적인 형벌의 종류와 정도의 범위 내에서 피고인에 대하여 현실로 선고하는 구체적인 형(선고형)과 구별하기 위한 것이다.

처단형
處斷刑

법정형을 구체적 범죄사실에 적용함에 있어서 법정형에 법률상·재판상의 가중·감경을 하여 처단의 범위가 구체화된 형벌의 범위를 말한다. 처단형의 경우 먼저 형종을 선택하고, 그 다음 선택한 형에 필요한 가중·감경을 한다.

선고형
宣告刑

법원이 처단형의 범위 내에서 구체적으로 형을 양정하여 해당 피고인에게 선고하는 형을 말한다. 이에는 현행 「형법」의 원칙인 정기형과 부정기형이 있다. 후자의 경우 다시 절대적 부정기형은 죄형법정주의에 반하므로 허용되지 않으나, 상대적 부정기형은 허용된다(예 : 소년법 제60조).

형의 가중
刑의 加重

죄형법정주의의 원칙상 형벌이 늘어나는 것을 말한다. 형의 가중에는 법률상 가중만 인정되고, 재판상 가중은 인정되지 않으며, 법률상 가중도 필요적 가중만 인정된다.
① 일반적 가중사유 : 경합범, 누범, 특수교사·방조
② 특수적 가중사유 : 아편죄, 상해·폭행죄, 협박죄, 특수공무방해죄 등

형의 감경
刑의 減輕

법률의 특별규정에 의하여 형이 본형(本刑)보다 가벼운 형벌에 처하는 경우이다.
① 일반적 감경사유
㉮ 필요적 감경사유 : 청각 및 언어장애인, 종범, 중지미수
㉯ 임의적 감경사유 : 심신미약, 장애미수, 불능미수, 자수(자복), 외국에서 받은 형의 집행, 과잉방위, 과잉피난, 과잉자구행위
② 특수적 감경사유
㉮ 필요적 감경사유 : 내란죄, 외환죄, 위증죄 등
㉯ 임의적 감경사유 : 범죄단체 조직, 인질의 석방 등

작량감경
酌量減輕

법률상의 감경사유가 없더라도 법률로 정한 형이 범죄의 구체적인 정상에 비추어 과중하다고 인정되는 경우에 법관이 그 재량에 의하여 형을 감경하는 것을 말한다(형법 제53조). 법률상의 감경이란 심신장애인의 범죄라든가 미수와 같이 형을 감경하여야 하거나 형을 감경할 수 있는 것이 법률상 분명히 정하여져 있는 경우를 말한다. 감경의 정도는 법률상의 감경도 작량감경과 같은 것으로 「형법」 제55조에 규정하고 있다. 또 법률상의 감경(가중)을 하는 경우에도 다시 작량감경(酌量減輕)을 할 수 있다. 즉 이중으로 감경할 수 있다는 것이다.

가석방
假釋放

징역이나 금고의 집행 중에 있는 사람이 뉘우침이 뚜렷한 때에는 형기만료 전에 행정처분으로 석방하는 것을 말한다(형법 제72조). 가석방은 이미 반성하고 있는 수형자를 불필요하게 구금하는 것을 가급적 피함으로써 수형자에게 장래의 희망을 가지도록 하여 개선을 촉진하기 위한 형사정책적인 제도이다.

가석방의 제도는 1791년 영국의 식민지 호주에서 유형의 죄수들을 섬 안에서만 살아야 한다는 조건으로 석방한 데서 유래되었다. 이어서 1829년 및 1833년의 폴란드법률에 의한 분류제의 채용과 함께 수형자의 상급자에 대한 처우로서 취소를 조건으로 하는 가석방(Ticket of Leave During Good Conduct)이라는 것을 인정함으로써 확립된 것이라 한다.

가석방을 허가함에는 태도가 양호하고 뉘우침이 뚜렷해야 하고 무기형은 20년, 유기형은 형기의 3분의 1 이상의 기간이 경과하여야 한다. 가석방의 기간은 무기형에 있어서는 10년, 유기형에 있어서는 남은 형기로 하되, 10년을 초과할 수 없고, 가석방된 자는 가석방기간 중 보호관찰을 받는다(형법 제73조의2). 가석방은 어떤 의미에서 자유형의 연장이라고도 할 수 있고, 외부적으로는 집행이라고도 할 수 있다. 설사 구금이 풀리고 자유의 사회에 해방되기는 했지만 그 행동에 대해서는 아주 방임하는 것이 아니고, 어느 정도의 단속이 필요하다. 따라서 현행법하에서는 갱생보호법으로 가석방자도 보호관찰의 대상자(보호관찰 등에 관한 법률 제3조)로

하고 일정한 사항을 정하여 이를 준수케 하고 있다. 그리고 가석방은 취소할 수도 있다(형법 제75조, 형의 집행 및 수용자의 처우에 관한 법률 시행규칙 제260조, 가석방자관리규정 제19조).

형의 면제
刑의 免除

범죄가 성립하여 형벌권은 발생하였으나 일정한 사유로 형벌을 과하지 않은 경우를 말한다. 법률상 면제만 인정되고, 재판상 면제는 인정되지 않는다.

① 필요적 면제 : 중지미수

② 임의적 면제 : 장애미수, 불능미수, 자수(자복), 외국에서 받은 형의 집행, 과잉방위, 과잉피난, 과잉자구행위(형의 감경과 택일적)

주의해야 할 것은 위의 '형의 면제'는 '형의 집행면제(執行免除)'와 엄격히 구별해야 한다. 후자인 형의 집행면제는, 예를 들면 「형법」 제77조에서 '형(사형은 제외한다)을 선고받은 사람에 대해서는 시효가 완성되면 그 집행이 면제된다'고 규정한 것 등이다. 형의 집행면제는 형의 선고가 있어도 그 집행이 면제되는 경우를 말한다. 그러므로 형의 집행면제의 경우에는 누범이 문제될 수 있다.

형의 양형
刑의 量刑

법원이 법정형에 갈음한 수정을 가하여 얻어진 처단형의 범위 내에서 범인과 범행 등에 관련된 제반사정을 고려하여 구체적으로 선고할 형의 양을 정하는 것을 말한다. 양형판단의 자료로는 ① 범인의 연령, 성행, 지능과 환경 ② 피해자에 대한 관계 ③ 범행의 동기, 수단과 결과 ④ 범행 후의 정황을 기초로 한다(형법 제51조).

사형
死刑

범인의 생명을 박탈하는 형벌이다. 「형법」 제66조는 내란죄, 외환죄(外患罪), 방화죄, 기차 등의 전복치사죄(顚覆致死罪), 살인죄, 강도살인죄 등의 중대한 범죄에 대하여 사형을 법정형으로 규정하고 있지만, 실제로 사형선고를 받는 자의 대부분은 강도살인범이다. 사형은 교정시설 안에서 교수(絞首)의 방법으로 집행된다.

형벌제도로서 사형을 폐지시키려는 사형폐지론이 유력하게 주장되고 있으며, 그 근거로서 사형은 잔혹하며 비인도적이고, 오판에 의하여 집행되면 돌이킬 수 없다는 것, 범죄 예방 효과가 일반이 생각하고 있는 것처럼 강하지 않다는 것, 피해자의 구제에 도움이 되지 않는다는 것, 범죄인을 교화하여 사회에 복귀시킨다는 특별예방의 목적에 부합하지 않는다는 점 등을 들고 있다. 독일, 스위스, 영국 등의 국가는 사형제를 폐지했으며, 미연방최고법원에서도 사형을 위헌으로 하고 있다. 이에 대하여 사형존치론에서는 응보관념, 일반인들에게 위협적 감정을 불러일으킴으로써 경각심을 높이는 효과 및 국민의 법감정의 만족 등을 근거로 그 필요성을 인정하고 있다.

우리나라는 아직까지 형벌로서의 사형 제도는 남아있으나 1997년 12월 30일 이래 사형이 집행되지 않았다. 이에 따라 현재는 실질적 사형폐지국으로 분류되고 있다.

징역
懲役

수형자(受刑者)를 교도소에 구금하고 일정한 강제노동을 과하는 형벌이다. 현재의 형벌의 주류이며 수형자의 자유를 박탈하는 것을 내용으로 하는 것으로서, 금고·구류와 함께 **자유형**(自由刑)이라 한다. 징역에는 무기와 유기가 있고, 무기는 종신, 유기는 원칙적으로 1개월 이상 30년 이하이나(형법 제42조 본문), 형을 가중하는 경우에는 50년까지 할 수 있다(같은 조 단서).

금고
禁錮

강제노동을 부과하지 않고 수형자를 교정시설에 수용하는 것이다 (형법 제68조). 징역과 같은 자유형의 일종이며, 금고형 또는 구류형의 집행 중에 있는 사람에 대하여는 희망하면 작업에 나갈 수 있다(형의 집행 및 수용자의 처우에 관한 법률 제67조). 금고에도 무기와 유기가 있고, 그 기간 등은 징역의 경우와 같다.

금고는 징역보다도 가벼운 형벌이며, 주로 과실범이나 정치적 확신범과 같은 비파렴치적인 범죄에 대하여 처하고 있지만, 노역을 과하지 않는 것을 수형자에 대한 우대로 보는 것은 노동을 천시하는 유교적 가치관의 영향으로 보고 있다. 그러나 실제 형의 진행 과정에서 금고형과 징역형의 구분이 큰 의미가 없고, 금고형을 받은 수형자가 자발적으로 참여하는 경우도 많아 금고형을 폐지하자는 주장이 제기되고 있다.

자격상실 · 자격정지
資格喪失 · 資格停止

자격상실은 사형, 무기징역 또는 무기금고의 판결을 받은 자에게 일정한 자격을 박탈하는 명예형의 일종이다(형법 제41조4호 · 제43조). 일정한 자격이란 ① 공무원이 되는 자격 ② 공법상의 선거권과 피선거권 ③ 법률로 요건을 정한 공법상의 업무에 관한 자격 ④ 법인의 이사, 감사 또는 지배인 기타 법인의 업무에 관한 검사역이나 재산관리인이 되는 자격 등을 말한다. 자격상실은 다른 형벌과 함께 선고되는 것이 아니라, 일정한 형의 선고가 있으면 그 형의 효력으로서 당연히 일정한 자격이 상실되는 것이 특색이다.

자격정지는 수형자에게 당연히 또는 특별한 선고로써 일정한 자격의 전부 또는 일부가 일정한 기간 동안 정지되는 명예형의 일종이다(형법 제41조5호 · 제43조2항 · 제44조). 자격정지는 두 가지로 구별되는데, ① 유기징역 또는 유기금고의 판결을 받은 자에게 그 형의 집행이 종료하거나 면제될 때까지 일정한 자격이 당연히 정지되는 것 ② 특별한 판결선고로써 일정한 자격의 전부 또는 일부를 1년 이상

15년 이하로 정지시키는 것이다. 유기징역 또는 유기금고에 자격정지를 병과한 때에는 징역 또는 금고의 집행을 종료하거나 면제한 날로부터 정지기간을 기산한다(형법 제44조).

벌금
罰金

범인으로부터 일정액의 금액을 징수하는 형벌이며, 금고보다 가볍고 구류보다는 무겁다. 「형법」의 규정에 의하면 그 금액은 원칙적으로 5만원 이상으로 되어 있으며(형법 제45조→벌금 등 임시조치법 제4조 참조), 벌금을 완납할 수 없는 자는 1일 이상 3년 이하의 기간 노역장에 유치하여 작업에 복무하게 된다(형법 제69조 2항). 이와 같이 벌금형은 빈궁한 자에게는 결국 자유형으로 전환되는 결과가 된다는 점에서 비판을 받고 있다.

구류
拘留

1일 이상 30일 미만 동안 구류장에 구금하는 것이다(형법 제46조). 가장 가벼운 자유형으로서 주로 경범죄(輕犯罪)에 부과한다. 구류장도 교도소의 일종이지만 실제로는 대용교도소(代用矯導所)로서 경찰의 유치장에 구금되는 경우가 많다. 형사소송절차의 피의자나 피고인에 대한 구류와 혼동되지 않도록 주의해야 한다. 최근에는 금고형과 구류형을 폐지하고 징역형으로 통일해야 한다는 의견이 대두되고 있다.

과료
科料

벌금과 같이 범인으로부터 일정액의 금액을 징수하는 형벌이지만 금액의 범위에서 벌금과 구별된다. 즉 「형법」의 규정에 의하면 과료는 2천원 이상 5만원 미만이지만(형법 제47조→벌금 등 임시조치법 제4조 참조), 벌금은 5만원 이상으로 되어 있다. 과료는 가장 가벼운 형벌로서 구류와 같이 주로 경범죄에 대하여 부과하게 된다. 과료를 완납할 수 없는 자는 1일 이상 30일 미만의 기간, 노역장에 유치하여 작업에 복무하게 한다(형법 제69조2항).

몰수
沒收

범죄행위와 관계있는 일정한 물품을 압수하여 국고에 귀속시키는 처분이다. 몰수할 수 있는 것은 ① 범죄행위를 구성한 물건(예 : 반포된 외설문서) ② 범죄행위에 제공하였거나 제공하려고 했던 물건(살인에 사용한 권총 등) ③ 범죄행위로 생겼거나 취득한 물건 혹은 범죄행위의 대가로 얻은 물건(도박에서 취득한 재물 등), 도품의 매각대금 등이다(형법 제48조). 몰수할 것인가 아닌가는 법관의 재량에 맡겨져 있으나 수수한 뇌물 등은 반드시 몰수하여야 한다.

「형법」상 몰수는 **부가형**(附加刑)으로 되어 있다. 즉, 다른 형벌을 선고하는 경우에 한하여 과할 수 있다. 그러나 몰수만을 독립하여 과할 수도 있다(형법 제49조 단서). 이와 같이 몰수는 형식상 형벌의 일종이지만 이를 과하는 목적은 그 물건에서 생기는 위험성을 방지하는 것 또는 범인에게 범죄에 의한 부당한 이익을 갖게 하지 않겠다는 것이며, 실질적인 성격은 오히려 보안처분에 가깝다. 따라서 일정한 경우에는 범인 외의 자에게 속한 물건을 몰수(소위 제3자 몰수)할 수도 있다(형법 제48조1항). 그리고 이 부가형에는 주형을 선고하는 경우에 몰수나 몰수에 갈음하는 부가형적 성질(附加刑的 性質)을 띠는 추징(追徵)이 있으며, 주형을 선고유예하는 경우에도 몰수나 추징의 요건이 있으면 몰수나 추징의 선고를 하여야 한다.

추징
追徵

몰수할 수 있는 물건의 전부 또는 일부가 소비되었거나 분실 기타의 이유로 몰수할 수 없게 된 경우에 그 물건에 상당한 가액을 징수하는 것이다(형법 제48조2항). 범죄에 의하여 생긴 불법한 이익을 범인에게 귀속시키지 아니하기 위한 것이다. 추징은 몰수에 준하는 처분으로서 역시 부가형의 성격을 지니고 있다.

인적처벌조각사유
人的處罰阻却事由

범죄가 성립하였음에도 불구하고 범인의 특정한 신분 기타의 사정이 있기 때문에 형을 과할 수 없는 경우의 일신적인 사유를 말한다. **일신적형벌조각사유**(一身的刑罰阻却事由)라고도 한다.

예를 들면 직계혈족, 배우자, 동거친족, 동거가족 또는 그 배우자 사이에 절도, 사기, 공갈, 횡령, 배임, 장물 등의 죄를 범한 경우에는 그 형이 면제되며(형법 제344조·제354조·제361조·제365조), 이 경우 친족의 신분은 인적처벌조각사유가 된다. 또 「헌법」 제45조에 국회의원은 국회에서 직무상 행한 발언과 표결에 관하여 국회 외에서 책임을 지지 않는다고 정한 것도 인적처벌조각사유를 정한 것이라고 해석된다.

선고유예
宣告猶豫

1년 이하의 징역이나 금고, 자격정지 또는 벌금의 형을 선고할 경우에 양형에 관한 사항(형법 제51조)을 참작하여 개전의 정이 현저한 때에는 자격정지 이상의 형을 받은 전과가 없는 자에 한하여 그 선고를 유예하는 제도이다. 형을 병과할 경우에도 형의 전부 또는 일부에 대하여 그 선고를 유예할 수 있다. 선고유예를 받은 날부터 2년을 경과한 때에는 면소된 것으로 본다. 그러나 선고유예를 받은 자가 유예기간 중 자격정지 이상의 형에 처한 전과가 발견되거나, 다시 자격정지 이상의 형에 처할 때에는 유예한 형을 선고한다(같은 법 제60조·제61조).

집행유예
執行猶豫

형을 선고할 때 정상을 참작하여 일정한 기간(1년 이상 5년 이하의 범위 내에서 법원이 정하는 기간) 그 집행을 유예하여, 유예가 취소됨이 없이 무사히 그 기간을 경과한 때에는 형의 선고는 그 효력을 잃은 것으로 보는 제도이다. 집행유예를 받은 자가 그 기간 내에 다시 죄를 범하면 유예는 취소되어 실형을 받아야 한다(형법 제63조). 원래 죄를 범한 자는 그에 상응한 형의 선고를 받고 그 집행을 받는 것이 당연하다. 그러나 범죄의 정상에 따라서는 반드시 현실로 형을 집행하여야 할 필요가 없는 경우도 적지 않다. 특히 우발적인 원인에 의하여 비교적 가벼운 죄를 범한 초범자로서 이미 충분히 후회하고 재범의 우려가 없는 자에 대하여서까지 일률적으로 형을 집행하면 오히려 자포자기하여 교도소 내에서 나쁜 영향을 받아 재차 범죄인이 될 위험이 있다. 이와 같은 폐해를 피하기 위하여 집행유예제도가 채용되었다. 집행유예를 할 것인가 아닌가는 법원의 재량에 맡기고 있으나, 현재 법률상 유예가 가능한 상당수에 대하여 유예를 허용하고 있다.

보호관찰 保護觀察
죄를 범한 자에 대하여 지도 및 원호(援護)를 함으로써 범죄를 예방하기 위한 형사정책적인 제도를 말한다. 즉 재범 방지를 위하여 보호관찰, 사회봉사, 수강(受講) 및 갱생보호(更生保護) 등 체계적인 사회 내 처우가 필요하다고 인정되는 사람을 지도하고 보살피며 도움으로써 건전한 사회 복귀를 촉진하고, 효율적인 범죄예방활동을 전개함으로써 개인 및 공공의 복지를 증진함과 아울러 사회를 보호함을 목적으로 한다. 보호관찰을 받을 사람으로는 형의 선고유예를 받은 사람(형법 제59조의2), 형의 집행유예를 선고받은 사람(형법 제62조의2), 가석방되거나 임시퇴원된 사람(형법 제73조의2, 보호관찰 등에 관한 법률 제22조·제23조), 보호처분을 받은 사람(소년법 제32조1항4호·5호), 다른 법률에서 보호관찰을 받도록 규정된 사람이다. 사회봉사 또는 수강을 하여야 할 사람으로는 형의 집행유예를 선고받은 사람(형법 제62조의2), 「소년법」 제32조에 따라 명령을 받은 사람, 「보호관찰 등에 관한 법률」에 규정된 사람이다. 갱생보호를 받을 사람은 형사처분 또는 보호처분을 받은 사람으로서 자립갱생을 위한 숙식 제공, 주거

지원, 창업 지원, 직업훈련 및 취업 지원 등 보호의 필요성이 인정되는 사람으로 한다(보호관찰 등에 관한 법률 제3조3항).

형의 시효 刑의 時效
형(사형은 제외한다)의 선고를 받고 그것이 확정된 후에 그 집행을 받지 않고 일정한 기간이 경과하면 그 집행이 면제되는 제도를 말한다(형법 제77조·제78조). 범죄 후 일정한 시간이 경과하면 기소할 수 없게 되는 **공소시효**(형사소송법 제249조)와는 구별하여야 한다.

형의 시효는 형의 집행의 유예나 정지 또는 가석방 기타 집행할 수 없는 기간은 진행되지 아니하고, 형이 확정된 후 그 형의 집행을 받지 아니한 사람이 형의 집행을 면할 목적으로 국외에 있는 기간 동안도 진행되지 않는다(형법 제79조). 시효는 징역, 금고 및 구류의 경우에는 수형자를 체포한 때, 벌금, 과료, 몰수 및 추징의 경우에는 강제처분을 개시한 때에 중단된다(형법 제80조).

사면 赦免
국가원수의 특권에 의하여 형벌권(刑罰權)을 소멸시키고, 혹은 형벌권의 효력을 멸실시키는 것을 말한다. 우리 헌법에서 대통령은 법률(사면법)의 정하는 바에 의하여 사면·감형·복권을 명할 수 있고, 일반사면을 명하려면 국회의 동의를 얻어야 한다고 규정하고 있다.

사면 중에도 가장 중요한 것은 일반사면(一般赦免)으로서 죄의 종류를 정하여 유죄의 선고를 받은 모든 자에 대하여는 형의 선고 효력이 상실되며, 아직 형의 선고를 받지 아니한 자에 대하여는 공소권이 상실된다. 그 외에 **특별사면**(特別赦免)은 특정한 범죄인에 대한 형의 집행이 면제된다.

복권 復權
「사면법」에 있어서의 복권은 대통령의 명령에 의하여 형 선고의 효력으로 상실되거나 정지된 자격을 회복시키는 것을 말한다(사면법 제5조1항5호).

이러한 복권은 형의 선고로 법령에 따라 자격이 상실 또는 정지되고 형의 집행이 종료하거나 집행의 면제를 받은 자에게 행하여진다. **일반복권**(一般復權)은 대통령령으로 행하여지고, **특별복권**(特別復權)은 대통령이 행하되 국무회의의 심의를 거쳐야 한다. **당연(법정) 복권**이란 법원의 복권결정을 필요로 하지 않고 법률상 당연히 복권되는 것으로, 면책결정의 확정, 채권자의 동의로 파산폐지확정, 파산자가 선고 뒤에 사기파산으로 유죄의 확정판결을 받음이 없이 10년을 경과한 때와 같은 경우이다(채무자 회생 및 파산에 관한 법률 제574조). 신청에 의한 복권은 복권될 수 없는 파산선고를 받은 채무자가 변제 그 밖의 방법으로 파산채권자에 대한 채무의 전부에 관하여 그 책임을 면한 때에는 파산계속법원은 파산선고를 받은 채무자의 신청에 의하여 복권 결정을 한다(같은 법 제575조). 특별복권은 형의 집행종료일 또는 집행이 면제된 날로부터 3년이 경과된 자에 대하여 검찰총장의 신청으로 법무부장관이 대통령에게 상신(上申)한다(사면법 제10조·제15조). 이 경우에 특정한 자격에 대한 복권도 인정된다(사면법 제17조 참조).

보호처분
保護處分

사회보호 및 특별예방적 목적으로 소년범·누범자(과실로 인하여 죄를 범한 자는 제외)·심신장애인·마약류중독자 등에 대하여 그 환경의 조정과 성행의 교정을 위하여, 또 재범의 위험성이 있어 특수한 교육·개선 및 치료가 필요하다고 인정되는 자에 대하여 가하는 보안처분의 일종이다. 현행법상 「소년법」 및 「치료감호 등에 관한 법률」에 의한 두 가지 보호처분제도가 있다.

첫째, 「소년법」의 규정에 있어서는 소년부판사는 심리설과 보호처분의 필요가 있다고 인정한 때에는 ① 보호자 또는 보호자를 대신하여 소년을 보호할 수 있는 자에게 감호위탁 ② 수강명령 ③ 사회봉사명령 ④ 보호관찰관에게 단기 또는 장기의 보호관찰을 받게 하는 것 ⑤ 「아동복지법」에 따른 아동복지시설이나 그 밖의 소년보호시설에 감호 위탁하는 것 ⑥ 병원, 요양소 또는 「보호소년 등의 처우에 관한 법률」에 따른 의료재활소년원에 위탁하는 것 ⑦ 소년원에 송치 등의 결정을 할 수 있다.

둘째, 「치료감호 등에 관한 법률」은 종전의 「사회보호법」으로 규율해오던 치료감호제도를 보완·개선하기 위해 제정한 법이다. 이 법은 심신장애 상태, 마약류·알코올이나 그 밖의 약물중독 상태, 정신성적(精神性的) 장애가 있는 상태 등에서 범죄행위를 한 자 중에서 재범의 위험성이 있고 특수한 교육·개선 및 치료가 필요하다고 인정되는 자를 적절하게 보호하고 치료함으로써 재범을 방지하고 사회복귀를 촉진하는 것을 목적으로 한다.

보안관찰처분
保安觀察處分

내란죄 등 특정범죄를 범한 자에 대하여 재범의 위험성을 예방하기 위하여 국가의 안전과 사회의 안녕을 유지할 목적으로 검사의 청구에 의하여 법무부장관이 행하는 처분이다(보안관찰법 제1조·제2조·제14조).

신체·생명에 관한 죄

살인죄
殺人罪

고의로 타인을 살해하여 사람의 생명을 빼앗는 것이며, 수단·방법을 묻지 않는다(형법 제250조). 여기서 **고의**(故意)는 행위의 객체에 대하여 단지 사람이라는 인식만 있으면 족하고, 또 행위에 대하여는 살인의 수단으로 인하여 사망이라는 결과의 발생이 가능하다는 인식(예견) 및 그 결과발생의 인용이 있으면 족하다. 따라서 객체(목적)의 착오(甲인 줄 알고 쏘아 죽였으나, 실은 乙인 경우)·방법(타격)의 착오(甲을 죽일 의사로써 총을 쏘았으나, 총알이 빗나

가서 옆에 있던 乙에 맞은 경우)·인과관계의 착오(예견한 바와는 다른 인과관계를 거쳐서 사망의 결과가 발생한 경우)는 고의의 성립에는 영향이 없고 또한 고의의 정도는 미필적 고의로서 충분하다.

그리고 사람은 출생에서 사망에 이르기까지의 자연인을 말한다. 출생에 대하여는 진통설(陣痛說)·일부노출설(一部露出說)·전부노출설(全部露出說)·독립호흡설(獨立呼吸說)·분만개시설(分娩開始說)이 있으며, 사람과 태아를 구별하고 있다. **진통설**이 다수설이다.

① **일부노출설**은 신체 일부가 모체의 바깥에 나오면 그때부터 '태아'가 아니고 '사람'이라는 학설, 즉 모체와는 따로 살상위험의 객체가 된다는 것이다. 태아를 죽인 것과 사람을 죽인 것에는 형의 경중에 중대한 차이가 있으므로 이 점이 문제가 된다. 다만, 일부 노출하여도 이미 죽었으면 사람으로서는 취급하지 아니하고, 사체손괴죄(형법 제161조)가 성립될 뿐이다.

② **전부노출설**은 태아가 모체로부터 전부노출한 때가 '사람'의 시기라는 학설로 민법분야에서는 이것이 통설로 되어 있다. 민법상 '사람'은 권리·의무의 주체로서의 의미를 가지므로 모체로부터 완전히 독립한 때부터 이를 '사람'으로 보는 것이 합리성이 있다.

③ **분만개시설**은 분만이 개시되었다는 증거가 충분한 경우를 말한다. 따라서 단순히 진통만 가지고는 분만이 개시되었다고 볼 수 없으나, 태아가 태반에서 이탈되는 것을 의미하는 주기적 압박진통(Presswehen)인 경우에는 분만이 개시된 것이라고 볼 수 있다. 이 분만개시설의 입장은 **진통설**이 부정확한 진통의 사실만 가지고 분만도 되지 않은 태아를 '사람'이라고 보는 부당한 결론을 배제하는 의미가 있을 뿐 아니라, 일부노출설이 태아의 일부가 노출된 것을 요구하기 때문에 태아가 이미 태반을 떠나서 태아로서의 존재를 탈피한 것이 명백한 경우라도 태아라고 봄으로써, 앞에서 이야기한 바와 같이 분만 도중에 의사나 조산원의 부주의로 살해된 경우를 벌하지 못하는 문제를 해결할 수 있다고 한다.

살해란 사람의 생명을 절단케 하는 것으로서 그 수단·방법은 불문하며, 맥박이 멈출 때를 기준으로 하는 **심장고동종지설**(心臟鼓動終止說)과 호흡이 그칠 때를 기준으로 하는 **호흡종지설**(呼吸終止說)의 양설이 있다. 최근에는 심장고동(心臟鼓動), 자발호흡(自發呼吸), 동공반응(瞳孔反應) 등 세 가지 징후를 종합적으로 판단하여 사망의 시기를 정하는 **종합판단설**(綜合判斷說)과 장기이식의 필요상 **뇌전파정지설**(腦電波停止說)이 대두되고 있다.

존속살해
尊屬殺害

자기 또는 배우자의 직계존속을 살해한 경우이다(형법 제250조2항).

① '자기 또는 배우자의 **직계존속**(直系尊屬)'이란 법률상의 개념이다. ㉮ 사실상의 혈족관계가 있는 부모관계일지라도 법적으로 인지절차가 없는 한 이 조에서 말하는 직계존속이 아니다. ㉯ 위의 경우와 반대로, 타인 사이라도 합법한 입양절차가 완료된 후이면 존속살해죄의 객체가 된다. ㉰ '배우자'도 법률상의 배우자를 말하고, 사실상 동거하고 있는 관계만으로는 본죄의 배우자라 할 수 없다. ② 신분관계의 시점 : 살인행위의 실행을 착수한 때에 법률상 존속관계가 존재하면 족하고, 결과가 일어난 때에 존재함을 요하지 않는다. 또 배우자의 직계존속은 현재 존재하는 배우자의 직계존속을 가리키는 것으로 배우자가 사망하여 배우관계가 존재하지 않게 된 때에는 배우자의 직계존속이 아니다. ③ 고의 : 존속임을 알면서 범행한 것이어야 하기 때문에 객관적으로 존속살해의 결과가 일어났다 하더라도 직계존속임을 알지 못했을 때에는 보통살인죄가 된다. ④ 존속살해에 대하여 도움을 주거나 편의를 준 경우 : 어떠한 범죄에 대하여 이와 같이 방조한 경우는 해당 범죄의 종범으로 보아야 하지만, 「형법」 제33조 단서의 규정에 의하여 보

통살인죄의 종범이 된다.

⑤ 존속살해에 관한 위헌설 : 존속살인죄는 「헌법」 제11조의 평등원칙의 위배 여부와 관련하여 논란이 되고 있다. 우리나라와 가까운 일본에서도 과거 유교적 도덕관에 입각하여 이와 같은 형법규정이 존재하였으나, 1974년 위헌판결을 통하여 그 태도를 변경하였다. 자식의 부모에 대한 도덕적 의무를 중시하는 것은 봉건적 가족제도의 사상에서 비롯된 것이며, 근대시민적 도덕에서는 그렇지 않다는 것이다. 부모의 형편에 따라 자식을 살해하였을 때는 일반살인이고, 자식이 부모를 살해하였을 때에는 일반살인보다 형이 가중된다는 것은 헌법상 평등의 원칙에 위배된다는 것이 일본 판례의 입장이었으며, 이와 같은 이유로 1995년에는 해당 조항을 비롯하여 존속범죄에 대한 가중처벌 구성요건을 완전히 삭제하기에 이르렀다.

영아살해
嬰兒殺害

직계존속이 자신의 치욕을 숨기기 위하여 분만 중 또는 분만 직후의 영아를 살해하는 죄를 말한다. 기존의 「형법」에서는 이런 경우 형을 감경하여 처벌하였다.

① 구 「형법」 제251조에서 '치욕을 은폐하기 위하거나 양육할 수 없음을 예상하거나'란 대개 사생아의 경우이거나 기타 딱한 사정에서 분만하게 된 경우를 말한다.

② 공범 : 예컨대 甲남이 산모 乙녀를 교사하거나 방조하여 이 조 해당 행위를 한 경우에는 甲남은 보통살인의 교사 혹은 방조가 된다.

③ 분만 직후란 분만으로 인하여 생긴 흥분상태가 계속되는 동안(Solange der durch die Geburt bedingte Erregugstand andauett)을 의미한다. 독일판례는 분만 후 1시간 반 이내에 행한 경우 또는 산후 집안에서 일을 한 후라도 반 시간밖에 경과되지 않은 경우 등을 '분만 직후'란 개념에 해당한다고 본다. 따라서 수일이 지나서 정상의 심리상태로 회복된 이후에는 '치욕을 은폐하거나 특히 참작할 만한 동

기'가 있다고 하여도 이와 같은 경우에 해당하지 않는다.

영아살해죄는 저항 능력이 없거나 현저히 부족한 사회적 약자인 영아를 대상으로 한 범죄에 대하여 일반 살인죄보다 가볍게 처벌한다는 비판을 받아왔으며, 이에 따라 2023년 8월 「형법」 개정으로 폐지되었다.

촉탁·승낙살인
囑託·承諾殺人

사람의 촉탁이나 승낙을 받아 그를 살해한 것을 의미한다. 「형법」 제252조는 죽음이 무엇인가를 이해할 능력과 자유로이 의사를 결정할 수 있는 능력을 가진 자를 그 객체로 한다.

① '촉탁'은 피해자의 진지한 요청이 있고 명시적이며 또 그러한 의사표시를 할 수 있는 능력이 있는 경우에 한한다(유아·음주상태·정신병자 등의 촉탁인 경우는 보통살인죄가 된다). '승낙'은 피해자의 자유로운 진의에서 나온 것이고, 명시적인 것이 아니라도 가능하며 또 전술한 촉탁의 경우와 같이 의사표시를 할 수 있는 능력이 있어야 한다는 것을 전제로 한다.

② 고의 : 살인의 고의 이외에 피살자의 촉탁, 승낙을 받았다는 인식이 있어야 한다.

③ 동반자살의 미수 : 함께 죽을 의사로 자살을 시도한 경우에, 일방이 먼저 상대방을 살해하고 자신도 따라 죽으려 하다가 실패했을 때에는 촉탁살인(囑託殺人) 또는 승낙살인(承諾殺人)이 되는 경우가 있다.

자살관여
自殺關與

자살은 범죄는 아니다. 그러나 타인에게 자살을 교사하거나 방조하면 범죄가 성립한다. 자살할 생각이 없는 상대방을 부추겨 자살하게 했다면 자살교사죄(自殺敎唆罪)가 되며, 이미 자살할 생각을 하고 있는 사람에게 독약을 주는 등 자살을 도왔다면 자살방조죄(自殺幫助罪)가 된다. 동반자살을 시도했다가 어느 한 쪽만 살아남았다면 그 사람은 경우에 따라 자살교사나 방조로서 본죄에 해당된다. 그러나

강제적 동반자살은 상대의 의사에 반한 것이 므로 보통살인죄(普通殺人罪)에 해당된다. 또 유아를 살해하고 자기도 죽으려고 한 어머니 가 살아남으면 어머니는 보통살인죄가 된다. 유아가 죽는다는 것을 알고 있었는가는 문제 가 되지 않는다.

① **자살교사**(自殺敎唆) : 자살을 결의한 자가 그 자살을 실행하려고 함에 그 방법을 가르치 거나 또는 기구·약물 등을 주어 그 자살을 돕 는 행위를 말한다.

② **동반자살**(同伴自殺, Suicide Pact) : 동반자 살에는 두 가지 경우가 있다. 동반자살을 결 의한 사람 중 일부가 진정으로 죽을 의사가 없음에도 불구하고 함께 자살하려는 것처럼 꾸며 상대방을 자살하도록 하는 경우와, 동반 자살을 기도한 사람 모두가 진정한 의사로서 함께 죽을 약속이 되어 자살행위를 한 경우이 다. 전자인 경우에는 「형법」 제253조에 따라 위계에 의한 살인죄가 되고, 후자인 경우는 일방이 살아남은 경우에 사실관계에 따라 결정 해야 할 것이다. 즉 ㉠ 자살을 방조한 사실이 있는 때에는 자살방조죄, ㉡ 두 명 혹은 그 이 상이 동시에 자살행위를 한 사실만이 명백할 때에는 무죄가 될 것이고, ㉢ 교사자로서의 책 임을 지는 경우도 있을 것이다.

위계등에 의한 촉탁살인
僞計등에 의한 囑託殺人

「형법」 제253 조에서 말하 는 **위계**(僞計) 란 목적 혹은 수단을 상대방에게 알리지 아니 함으로써 또는 상대방의 착오를 이용하여 그 목적을 달성하는 것을 말한다. 다시 말해서 상 대방이 잘못 알고 있거나 알지 못하는 사실을 이용하는 것이다(예 : 함께 자살하기로 약속하 고 뒤따라 죽겠다고 속여서 자살하도록 하거 나 불치의 병이 걸렸다고 잘못된 사실을 믿게 만들어 자살하게 하는 것 등이다). **위력**(威力) 이란 상대방의 의사의 자유를 억압할 수 있는 힘을 말한다. 폭행·협박은 물론이고 유형적 이건 무형적이건 관계없으며, 사회적·경제적

지위를 이용하는 것도 포함된다(예 : 범인의 명령은 무엇이든지 복종하는 것을 이용하여 자살하도록 하는 것 등이다).

상해죄
傷害罪

타인의 신체를 상해하는 것을 내용으로 하는 범죄이다. 따라서 본죄의 보호법익은 신체의 건강 이라고 봄이 타당하다(통설·판례).

① 요건

㉠ 객체 : 타인의 신체이다. 자기의 신체는 제 외된다. 다만, 특별법에 의하여 처벌되는 경우 가 있다(군형법 제41조).

㉡ 행위 : 상해이다. '상해'란 신체의 생리적 기능에 장해를 일으키는 것으로 건강상태를 불량하게 하는 것이다.

㉢ 상해의 수단·방법에는 제한이 없다. 폭행 에 의하든 기타의 방법에 의하든, 작위·부작 위에 의하든, 직접 행위자 자신의 신체적 동작 에 의하든 간접적으로 자연력·기계(기구)의 이용·동물의 사주·피해자 자신의 부지·착 오된 행위를 이용하든 불문한다.

㉣ 고의 : 상해의 의사로 건강을 해치려는 의 사가 있어야 한다. 폭행의 고의로써 폭행을 가했는데 상해의 결과가 발생하면 폭행치사 상죄(형법 제262조)가 성립하고, 상해의 고의 를 가지고 폭행을 가했으나 상해의 결과가 발생하지 않고 단순한 폭행에 그쳤을 경우에 는 상해미수죄(형법 제257조3항)가 성립한다.

② 위법성

㉠ 피해자의 승낙 : 명문규정이 없으므로 원 칙적으로 위법성을 조각하나 사회상규에 위 배되지 않아야 한다(통설). 한편, 치료행위에 대하여는 위법성조각설, 구성요건해당성조 각설 등이 대립하고 있는바 후설이 타당하다. 상해행위는 건강을 훼손하는 행위임에 반하 여, 치료행위는 건강을 훼손하는 질병을 제 거함으로써 건강을 회복하도록 하는 조치이 기 때문이다.

㉡ 징계행위는 오직 객관적으로 징계목적달성 상 불가피하고, 주관적으로도 봉사할 목적으 로 행한 결과 상해가 발생했다면 사회상규에

반하지 않는 행위로서 위법성이 조각된다.

③ 죄수(범죄의 개수)

동일의사의 발동에 의하여 여러 개의 동작으로서 동일인에 대하여 폭행을 가하여 그 신체를 상해한 경우에 있어서 여러 개의 동작은 이를 포괄하여 1개의 상해행위로 보는 것이 상당하다. 그러나 여러 명의 신체를 상해하였을 경우에는 경합범이 된다. 사람 수를 지정한 상해의 교사는 상상적 경합이 되지만, 사람 수의 지정 없이 단순히 상해를 교사하여 여러 사람의 신체를 상해하였으면 단순일죄가 된다.

상해치사죄
傷害致死罪

상해의 의사를 가지고 폭행하여 사망하게 한 경우 본죄가 성립한다. 예컨대 피해자가 폭행을 피하려고 바닷속에 뛰어들어 익사한 경우이다. 또 폭행 이전에 피해자의 질병이 있었기 때문에 이 폭행과 아울러 사망의 결과를 발생한 경우에도 본죄가 성립한다. 그러나 폭행의 고의만 가지고 한 행위가 사망에 이르도록 한 경우에는 폭행치사죄가 성립한다. 위의 두 경우 다 같이 치사의 결과에 대하여 예견(형법 제15조2항)할 수 없는 경우이다.

폭행죄
暴行罪

폭행이란 원래 유형력(물리력)의 불법한 행사를 말한다. 형법에서 '폭행'이란 말을 쓸 때는 다음 도표와 같은 네 가지 경우가 있다.

[불법한 유형력의 행사]

불법한 유형력의 행사	대 상	예
① <최광의> 일체의 유형력의 행사	사람·물건 불문	소요죄(제115조), 다중불해산죄(제116조)
② <광의> 사람에 대한 직간접의 유형력의 행사(물건에 대한 유형력 행사가 간접적으로 작용한 간접폭행을 포함한다)	사람	공무집행방해죄(제136조), 특수도주죄(제146조)
③ <협의> 유형력의 행사가 신체에 대하여 가하여지면 족하고, 그 유형력이 신체에 접촉하지 않고 의복에 스쳐도 해당되고, 또 상해를 필요로 하지 않음	인체	폭행죄(제260조), 폭행, 가혹행위죄(제125조)
④ <최협의> 사람의 반항을 억압하거나 현저하게 곤란할 정도의 유형력의 행사	사람	강도죄(제333조), 준강도죄(제335조), 강간죄(제297조), 유사강간죄(제297조의2), 강제추행죄(제298조)

경범
輕犯

일상생활에서 일어날 수 있는 가벼운 위법행위를 말한다. 「경범죄처벌법」 제3조1항19호에 규정된 '정당한 이유 없이 길을 막거나 시비를 걸거나 주위에 모여들거나 뒤따르거나 몹시 거칠게 겁을 주는 말이나 행동으로 다른 사람을 불안하게 하거나 귀찮고 불쾌하게 한 사람'은 「형법」 제260조의 폭행에 해당하지 않는다.

특수폭행죄
特殊暴行罪

단체 또는 다중의 위력을 보이거나 위험한 물건을 휴대하여 폭행을 한 것을 내용으로 하는 죄이다(형법 제261조).

① 단체 : 일정한 공동목적을 가진 다수인의 조직적인 결합체를 말한다. 법인·조합은 물론, 기타 계속적인 단체를 포함하고 일시적인 데모를 할 공동목적으로 조직된 결합체도 이 조의 '단체'라고 봄이 타당하다.

② 다중 : 단체를 이루지 못한 다수인의 집합을 말한다. 그러나 현실적으로 그 집합인원이 몇 명 이상이어야 한다는 것은 구체적인 경우에 따라 결정해야 할 것이다. 같은 용어를 쓰고 있는 「형법」 제115조의 소요죄에서와 같이

일정한 지방의 평온을 교란할 정도의 다수임을 필요로 하지 않고, 불과 몇 명이라 하더라도 그것이 어떤 집단적 세력을 배경으로 한다든가, 다수로 볼 수 있는 단체 아닌 결합체 등이라면 이에 해당한다.

③ **위력** : 사람의 의사를 제압하는 힘이다. 그러나 「형법」 제253조(위계등에 의한 촉탁살인 등)의 '위력'과는 같지 않다. 「형법」 제253조의 경우에는 무형력의 사용도 포함하지만, 「형법」 제261조의 '위력'은 유형력의 사용만을 뜻한다. 따라서 무형력을 사용한 경우에는 특수협박죄에 해당한다. 위력을 보인다는 것은 사람의 의사를 제압시킬 만한 세력을 상대방에게 인식시키는 것을 말한다. 예컨대 시각에 작용시키든(단체임원의 타이틀이 있는 명함을 보이는 것), 청각에 작용시키든(다중의 대표자로서 왔다고 말하는 것), 촉각에 작용하든(시각장애인에게 점자를 만지게 하는 것) 불문한다. 그리고 위력을 보이기 위하여는 단체 또는 다중이 현장에 있음을 필요로 하지 아니한다.

④ **위험한 물건** : 일반적으로 사람의 생명·신체를 침해할 수 있는 기구를 말한다. 예컨대 총, 철봉, 곤봉, 폭발물, 독약물이 여기에 속한다. 안전면도용 칼날도 그 용법에 따라 위험한 물건에 해당한다.

과실치상·과실치사죄
過失致傷·過失致死罪

통상의 주의를 게을리하여 사람을 사상에 이르게 하는 죄를 말한다. 이 죄(형법 제266조·제267조)는 주관적 요건으로 첫째, 상해 또는 폭행에 대한 고의가 없어야 한다. 전자의 고의가 있으면 상해죄가 되고, 후자의 고의가 있으면 폭행치상죄(暴行致傷罪)가 문제된다. 둘째, 부주의로 결과발생을 예견하지 못하였거나(인식 없는 과실), 결과가 발생되지 않으리라고 생각한(인식 있는 과실) 경우이다. 또 객관적 요건으로는 행위가 작위이건, 부작위이건, 폭행이건 아니건 불문하며,

보통 사람의 주의능력을 표준으로 결정한다(객관설). 그러나 행위자를 표준으로 해야 한다는 주관설이 있고, 주의능력이 평균인 이하이면 본인을 표준으로, 평균인 이상이면 평균인을 표준으로 해야 한다는 절충설(折衷說)이 있다. 따라서 실제에 있어서는 구체적인 사실에 따라 판단해야 한다. 그리고 과실과 사상과의 사이에는 인과관계가 있어야 한다.

낙태죄
落胎罪

자연의 분만기에 앞서서 인위적으로 태아를 모태로부터 분리시키는 것을 내용으로 하는 범죄를 말한다. 태아가 살아있어도 낙태이고, 약물 등으로 모체 내에 살아있는 태아를 죽이는 경우도 포함한다. 임신은 발육정도 여하에 관계없이 포태의 사실만 있으면 족하다. 방법은 약물을 쓰거나 수술을 하거나를 불문한다. 낙태에는 다음과 같은 다섯 가지의 유형이 있다.

① **자기낙태**(自己落胎) : 포태(懷胎)한 부녀 자신이 낙태하는 것이다(형법 제269조1항). 부탁을 받아 낙태시킨 자는 공범이 아니다. 동의낙태죄(同意落胎罪)나 업무상동의낙태죄(業務上同意落胎罪)가 된다.

② **동의낙태죄** : 부녀의 촉탁 또는 승낙을 받아 낙태하게 하는 것으로서 의사·한의사·조산사·약제사·약종상 등의 업무에 종사하는 자 이외의 자가 주체가 되는 경우이다(형법 제269조2항).

③ **업무상 낙태죄** : 위의 업무에 종사하는 자가 부녀의 촉탁을 받아 낙태하게 하는 경우로서(형법 제270조1항) 신분범이다.

④ **부동의낙태죄** : 부녀의 촉탁 또는 승낙 없이 낙태하게 하는 것이다(형법 제270조2항).

⑤ **낙태치사상죄**(제269조3항·제270조3항) : 낙태하여 부녀를 상해 또는 사망에 이르게 하는 경우이다. 본죄의 보호법익에 대하여는 세 가지 설이 있다. 첫째, 태아는 주체성이 없으므로 부녀의 신체만이 본죄의 보호법익이라는 설. 둘째, 태아의 생명이라고 보는 설. 셋

째, 태아의 생명, 부녀의 신체의 안전성이라고 보는 설.

부녀 자신이 약물 기타의 방법으로 또는 부녀의 촉탁·승인을 받아 낙태하게 한 경우에 있어서 자손행위(自損行爲) 자체가 위법성이 있으므로 자기낙태를 통하여 신체의 위험을 가져올 위험성이 있다고 보아 법은 이러한 행위를 벌하는 것이라고 볼 수 있으므로, 제3설인 부녀의 신체의 안전성과 태아의 생명을 보호하는 것이라고 해석하는 것이 타당하다.

헌법재판소는 2019년, 낙태한 여성을 처벌하는 「형법」 제269조1항과 낙태 수술을 한 의사를 처벌하는 「형법」 제270조1항이 여성의 자기결정권을 과도하게 침해해 헌법에 어긋난다고 헌법불합치 결정을 내렸다. 「형법」은 1953년 제정된 이래 낙태를 범죄로 규정하고 금지해 왔으나, 이번 결정으로 66년 만에 처음으로 낙태를 허용하는 방향의 개정이 이루어지게 되었다.

유기죄
遺棄罪

보호할 의무가 있는 자의 생명·신체를 위험에 빠지게 하는 범죄로, 일종의 신분범(身分犯)이며 위험범(危險犯)이다(형법 제271조).
① 객체 : 노인·영유아 또는 질병 그 밖의 사정으로 인하여 도움이 필요한 사람이다. 첫째, '도움이 필요한 사람'이란 정신상·신체상의 결함으로 다른 사람의 도움이 없이는 스스로 일상생활에 필요한 동작이 불가능한 자를 말한다. 경제적 자력이 있는지는 불문한다. 경제적인 면에서 곤란하지 않은 사람도 도움이 필요한 경우가 있다. 둘째, 도움을 필요로 하는 원인에는 제한이 없다. 노인이나 영유아, 장애인은 물론이고 기타 출산 중인 임산부나 술에 심하게 취해서 몸을 가누지 못하는 사람 등도 여기에 포함된다.
② 수체 : 도움이 필요한 자를 '보호할 법률상 또는 계약상 의무 있는 자'이다. 여기서 보호의무는 법률의 규정, 계약, 관습, 사무관리, 조리 등에 의하여 발생한다.

③ 행위 : 유기(遺棄)이다. **유기**란 타인의 보호나 도움 없이는 일상적 생활이 불가능한 사람의 생명·신체를 추상적인 위험상태에 두는 것을 말한다. 첫째, 타인의 보호나 도움 없이는 일상생활이 불가능한 사람을 원래 있던 장소로부터 생명·신체가 위험한 다른 장소로 이전하는 적극적 유기가 있다. 예컨대 유아를 길거리에 버리는 행위가 여기에 속한다. 둘째, 이와 같은 사람과 장소적 거리를 생기게 하거나 생존에 필요한 보호를 하지 않는 소극적 유기이다. 예컨대 보호나 도움이 필요한 사람을 두고 멀리 떠나거나, 거동이 불편한 노모에게 식사를 제공하지 않는 경우 등이다.

[민법상 부양의무와 형법상 유기죄의 보호의무]

구분	부양의무	보호의무
원인	경제적 빈궁	생명·신체에 대한 위험
기준	민법상의 순서	사실상의 보호관계

영아유기죄
嬰兒遺棄罪

직계존속이 치욕을 숨기기 위하여 또는 양육할 수 없음을 예상하거나 특히 참작할 만한 동기로 인하여 영아를 유기한 죄이다. 기존의 「형법」에서는 일반 유기죄에 비하여 감경하여 처벌하였다. 이때 '영아'라 함은 분만 중 또는 분만 직후의 영아에 제한되지 않고, 일반적으로 유아를 의미한다. 또한 직계존속 역시 반드시 법률상 직계존속일 것을 요하지 않으며, 산모에 한하지 않고 부(父)도 포함된다. 그러나 저항능력이 없거나 현저히 부족한 사회적 약자인 영아를 대상으로 한 범죄를 일반 유기죄보다 가볍게 처벌한다는 비판에 따라 영아살해죄와 함께 2023년 8월 폐지되었다.

학대·존속학대죄
虐待·尊屬虐待罪

자기의 보호·감독을 받는 사람을 학대하거나(형법 제273조1항), 자기 또는 배우자의 직계존속을 학대한(같은 조 2항) 죄이다.
① 객체 : 자기의 보호·감독을 받는 사람이

란 그 근거가 반드시 법령의 근거뿐만 아니라, 계약 기타 일반 조리상에 근거한 경우도 포함한다.

② 행위 : '학대'란 반드시 육체적으로 고통을 가하는 행위뿐만 아니라, 정신적 고통은 물론 차별대우도 포함한다. 그리고 어느 정도로 학대하는 것을 필요로 하느냐에 대하여는 구체적인 사정에 따라서 결정된다.

③ 학대의 정도 : 본죄의 보호법익이 일반적으로 인격권에 있다고 해야 할 것이므로 인간이 가지는 인격권을 침해하는 행위라고 생각될지라도, 이에 대한 침해가 반윤리적인 침해의 정도로는 부족하고, 유기의 일종이라고 볼 수 있는 정도에 달하는 것이라야 본조에 해당하는 행위라 할 수 있다.

아동혹사죄
兒童酷使罪

자기의 보호·감독을 받는 16세 미만의 자를 그 생명·신체에 위험한 업무에 사용할 영업자, 그 종업자에게 인도하는 것을 내용으로 하는 죄이다(형법 제274조). 구체적인 발육정도나 본인의 동의 유무를 불문하며 '생명·신체에 위험한 업무'란 서커스, 광산노동 같은 인체성장에 유해한 모든 노동을 말한다(아동복지법 제17조 참조).

'인도(引渡)'란 계약에 관계없이 현실적으로 인도함을 말하고, 실제로 위험한 업무에 종사하였는가의 여부는 불문한다. 그리고 이 인도는 반드시 그 업무의 영업주에게 함을 필요로 하지 않고 그의 종업원에게 인도한 경우에도 해당한다.

개인의 자유와 안전에 관한 죄

체포·감금죄
逮捕·監禁罪

사람을 체포 또는 감금하는 것을 내용으로 하는 범죄로서, 개인행동의 자유를 박탈하는 것을 그 본질로 한다(형법 제276조). 자연인인 타인을 객체로 하고, 책임능력, 행위능력, 의사능력의 유무는 불문한다. 다만, 갓난아이는 제외된다. 그 외 주취자(酒醉者)·수면자(睡眠者) 등도 객체가 된다(통설).

① 체포 : 사람의 신체에 대하여 직접적이고 현실적인 구속을 가하여 활동의 자유를 박탈하는 것을 말한다. 유형적 방법(포박, 결박)이든, 무형적 방법(위계, 협박)이든, 또 작위이든, 부작위(해방시킬 의무 있는 자가 필요한 수단을 취하지 않는 경우)이든, 그 수단과 방법에는 제한이 없다.

② 감금 : 일정한 구역 밖으로 나가는 것을 불가능 또는 현저히 곤란케 하여 신체적 행동의 자유를 제한하는 것을 말한다. 그 수단과 방법은 불문한다.

체포·감금은 어느 정도 시간적으로 계속하여 행하여져야만 한다. 즉 계속범이다. 일순간의 구속은 폭행죄에 지나지 않는다. 해상의 선박과 같이 헤엄을 치는 등 비상특별수단에 의하지 않으면 탈출할 수 없는 장소에 두는 것도 감금이다. 또 목욕 중인 부녀의 의류를 탈취하여 욕실에서 나오지 못하게 하는 행위도 감금이다. 그러나 정당한 사유가 있는 경우에는 본죄를 구성하지 않는다. 예컨대 현행범 체포(형사소송법 제212조), 정신병자, 주취자, 자살기도자, 미아·병자·부상자의 보호조치(경찰관 직무집행법 제4조1항) 등이 그 예이다. 이는 「형법」 제20조의 정당행위로서 위법성이 조각된다.

협박죄
脅迫罪

사람을 협박함으로써 성립하는 범죄이다. 협박이란 상대방에게 공포심을 일으키게 할 목적으로 해악을 가할 것을 통지하는 것을 말한다(형법 제283조). 해악의 내용(가해의 대상)에 관하여 현행법은 아무런 규정을 두지 아니하였으므로, 구형법상의 본인 또는 친족의 생명·신체·자유·명예·재산뿐만 아니라 정조·업무·신용·비밀 등도 포함된다고 볼 수 있다. 또 본인과 특히 밀접한 관계를 가지는 제3자에 대한 것이어도 된다(예 : 상대방의 처가 간통했다는 사실을 누설하겠다고 고지하는 경우). 해악의 통지방법은 서면(익명·가명도 무방)·구두·명시(明示)·묵시(默示) 등을 포함한다. 그 시기도 현재·미래를 불문한다. 그리고 해악의 고지를 받은 자도 피해자 본인임을 요하지 않는다. 협박의 정도는 현실적으로 상대방이 공포심을 일으켰음을 요하고, 여기에 미치지 못하면 미수범이 성립된다. 이 죄는 사람(자연인)의 의사의 평온, 의사결정의 자유를 침해하는 범죄이다. 그리고 형법은 미수범을 처벌하고 있으므로 침해범이라는 것이 통설이다.

① 객체 : 자연인인 타인이다. 따라서 법인은 포함되지 않는다. 그리고 본죄가 사람의 의사의 평온과 의사결정의 자유를 보호하고 있는 것으로 볼 때 피해자는 의사결정능력자에 국한된다. 따라서 만취자·심신장애인·숙면자는 제외된다. 객체가 외국원수 또는 외교사절인 경우에는 외국원수·사절에 대한 폭행죄로서 별죄를 구성한다(형법 제107조1항·제108조1항).

② 고의 : 해악의 고지로서 상대방에게 공포심을 생기게 한다는 의사이며, 고지한 해악을 실현시킬 의도나 욕구는 불필요하다.

③ 기수시기 : 피고지자가 현실적으로 공포심을 일으킴으로써 기수가 된다(통설).

④ 위법성 : 권리행사가 사회상규에 위배되면 권리의 남용이 되고, 위법성을 조각하지 않는다. 예컨대 채권자가 채무변제를 독촉하면서 생명·신체에 대하여 위해를 가할 것을 통지하면 협박죄를 구성한다. 또 진실로 고소할 의사가 없으면서도 고소한다고 통지하면 협박죄를 구성한다.

또, 일정지역의 전체주민이 단결하여 특정인에 대하여 절교선언을 하는 경우에도 협박죄가 성립한다. 그러나 피통고자의 비행이 이를 초래하고 그 절교에 정당한 사유가 있고 또한 정당한 한도 내의 것이면 위법이라 할 수 없다.

협박죄의 특수한 형태로서, 단체 또는 다중의 위력을 보이거나 위험한 물건을 휴대하고 협박한 경우에 성립하는 **특수협박죄**(형법 제284조)와 **존속협박죄**(형법 제283조2항) 및 **상습협박죄**(형법 제285조) 등이 있다.

강요죄
强要罪

폭행 또는 협박으로 사람의 권리행사를 방해함으로써 성립하는 범죄이다(형법 제324조). 권리행사방해란 행사할 수 있는 권리를 행사하지 못하게 하거나, 의무 없는 일을 행하게 하는 행위이다. 여기서 폭행은 타인의 의사나 행동에 대해서 강제효과를 발생시킬 수 있는 일체의 유형력의 행사로서, 광의로 이해한다. 그러나 협박은 해악을 고지하여 상대방에게 공포심을 일으킬 정도의 것으로 협의로 이해한다. 한편, 이러한 권리행사 방해행위로 사람의 신체에 위험을 발생하게 한 경우에는 **중강요죄**(重强要罪)가 성립한다(형법 제326조).

약취·유인죄
略取·誘引罪

추행, 간음, 결혼 또는 영리의 목적으로 사람을 약취 또는 유인한 죄와 국외에 이송할 목적으로 사람을 약취, 유인 또는 매매한 죄(형법 제288조·제289조) 등이다. **약취**(略取)란 주로 폭행·협박에 의해서 사람을 자기 또는 제3자의 지배하에 옮기는 것을 말한다. **유인**(誘引)은 약취와 달리 기망과 유혹에 의해 행하여지는 것을 말한다. 즉 허위의 사실을 가지고 상대방을 착오에 빠뜨리게 하거나, 감언이설로 상대방을 현혹시켜 판단력이 흐려진 사람을 자기 또는 제3자의 실력적 지배 내로 옮기는 경우는 물론, 현재 실력적 지배를 하고 있는 자가 불법으로 실력적 지배를 계속하는 경우까지 포함한다.

추행(醜行)은 객관적으로는 성도덕감정을 침해하고 주관적으로는 행위자 또는 제3자의 성적 만족을 위한 행위라고 정의할 수 있다. 또, 결혼을 목적으로 사람을 약취 또는 유인한 경우 자기 또는 제3자와 법률혼을 하게 할 목적이 있어야 한다.

영리의 목적이란 재산상의 이익을 얻을 목적을 말한다. 계속적·반복적으로 이익을 얻을 것을 필요로 하지 않는다. 부녀를 작부로 종사케 하여 그로 인하여 얻는 금전으로 부녀에 대한 채권(전도금)을 변제케 하려는 행위는 영리의 목적이라고 할 수 있다. 그리고 당초에 적법하게 자기 지배하에 두었으나 후에 영리의 목적으로 이를 제3자의 지배하로 옮긴 때에도 **영리유인죄**(營利誘引罪)가 성립한다.

인신매매는 유상으로 사람의 사실상 지배를 이전하는 것을 말한다. 대금지급이 없는 경우에는 「형법」 제288조1항의 규정이 적용된다. 본죄는 필요적 공범으로서 매도인과 매수인은 다 같이 정범으로서 처벌된다. 단순한 매매계약의 체결 이외에, 현실적으로 수수가 있는 때 기수가 성립한다. 교환도 매매의 일종이다. 또 그 매매의 목적이 추행·간음·결혼·영리일 경우는 가중처벌한다(형법 제289조2항). 본죄의 미수범은 피해자를 매수인에게 인도하는 것이 실패했을 경우에 성립한다. 본죄는 풍속범 내지 공공의 법익에 대한 일면도 가지고 있으므로 피해자·보호자의 승낙이 있어도 위법성을 조각하지 않는다. 또 행위자가 보호·감독자라도 본죄는 성립한다. 그리고 같은 법 제288조3항의 국외이송을 목적으로 하는 약취·유인에 있어서 피이송자(被移送者)가 반드시 내국인일 것을 필요로 하지 않는다. 또한 그 목적의 달성도 필요로 하지 않는다. 여기서 외국이란 대한민국 영토 이외를 말한다. 그 목적은 단순히 우리나라 영토 이외에 이송할 목적이면 충분하고 그 밖의 목적, 영리·간음·추행이나 결혼 등 목적의

유무를 묻지 않는다. 과거에는 이와 같은 죄를 범한 자가 약취·유인·매매 또는 이송된 자를 안전한 장소로 풀어 준 때에는 그 형을 감경할 수 있었으며 고소 없이는 공소를 제기할 수 없었다. 또한 방조범 형태로 인정되던 약취, 유인, 인신매매 등을 위하여 사람을 모집, 운송, 전달하는 행위를 독자적인 구성요건으로 처벌하도록 하며, 인신매매죄의 규정이 대한민국 영역 밖에서 죄를 범한 외국인에게도 적용될 수 있도록 세계주의 규정을 도입하였다.

약취유인방조행위(형법 제292조)는 피약취자(被略取者), 피유인자(被誘引者)를 수수(收受) 또는 은닉(隱匿)하는 행위이다. '수수'란 피약취자 등을 자기의 실력적 지배하에 두는 것을 말하고 유상·무상을 불문한다. **은닉**이란 피약취자 등을 발각되지 않도록 도와주는 행위를 말한다. 수수나 은닉은 다 함께 일종의 **사후방조행위**(事後幇助行爲)이다. 사전의 종범이라면 공범관계의 규정이 적용된다. 그리고 죄수와 타죄와의 관계에 있어서 본죄는 상태범(狀態犯)이다. 따라서 일단 약취유인(略取誘引)한 후, 그 장소를 옮겨도 그때마다 일개의 범죄를 구성하지 않고 포괄해서 일죄가 성립한다. 그러나 약취·유인을 한 후, 계속해서 불법으로 감금을 한 때에는 약취유인죄와 불법감금죄가 따로 성립한다.

미성년자약취·유인죄
未成年者略取·誘引罪

미성년자를 자기 또는 타인의 지배하에 두어 그 정상적인 보호관계, 자유로운 생활상태를 불량하게 변경시키는 범죄이다(형법 제287조). 약취·유인한 목적이 무엇이든 상관없다. 미성년자를 보호·양육할 목적이 있는 경우에도 본죄가 성립한다. 다만, 추행·간음·영리·국외이송 또는 결혼의 목적으로 한 때에는 「형법」 제288조부터 제291조까지에 해당한다.

미성년자란 법률상 19세 미만의 남녀를 말하며 의사능력 유무에 관계없고, 성별·기혼 여부도 불문한다. 미성년자에 대한 약취죄에서 폭행과 협박은 미성년자에 가해지는 것만이 아니고 그 보호자나 감독자에 대하여 가해지는 경우도 포함한다. 미성년자에 대한 유인죄가 성립하려면 미성년자는 승낙을 주고받을 만한 의사능력이 있어야 한다.

강간죄
強姦罪

폭행 또는 협박으로 사람을 강간하는 것을 내용으로 하는 범죄이다(형법 제297조).

① 범의 : 강간에 대한 고의가 있어야 한다. 처음은 강간할 의사 없이 폭행 또는 협박을 하다가 갑자기 욕정이 발작하여 피해자가 겁에 질려 있는 것을 이용하여 간음할 의사가 생긴 경우도 이에 해당한다.

② 행위 : 첫째, 강간의 수단인 폭행 또는 협박은 강도죄의 경우와 동일하게 해석하나 상대방의 반항을 반드시 억압하는 정도는 아니더라도 상대방의 저항을 현저히 곤란하게 할 정도면 족하다. 또 폭행의 정도에 있어서는 물리적 강요와 심리적 강요의 두 가지가 있다. 협박의 경우에는 반드시 본인에 대한 해악만이 아니고, 본인의 자녀에 대한 해악을 가져올 것을 통고함으로써 저항을 불가능하게 할 정도면 족하다. 그리고 폭행의 경우로서 약물(마취제, 수면제), 최면술 등도 포함된다. 또한 범인이 그 해악을 진실로 가할 의도임을 필요로 하지 않는다. 둘째, 간음이란 성교하는 것을 말한다. 본죄의 기수시기에 대하여 삽입설과 만족설이 있다. 그러나 본죄의 보호법익이 사람의 성적 자기결정권이고, 범행자가 만족을 얻게 하는 데 있지 않기 때문에 성기의 삽입으로 그 침해는 완성한 것으로 본다. 따라서 사정 여부는 관계없다.

유사강간죄
類似强姦罪

폭행 또는 협박으로 사람에 대하여 구강, 항문 등 신체의 내부에 성기를 넣거나 성

기, 항문에 손가락 등 신체의 일부 또는 도구를 넣는 행위의 범죄를 말한다(형법 제297조의2). 기존 「형법」은 강제적인 성기의 삽입만을 강간죄의 대상으로 삼고 있었기 때문에 구강성교, 항문성교, 도구 등을 성기 등에 삽입하는 행위 등 강제적인 성 접촉은 강제추행으로 분류되어 형량이 가벼운 추행죄만 적용되었다. 그러나 성폭력범죄의 보호법익이 성적 자기결정권이라면 성기 삽입 이외 피해자 의사에 반한 성적 행위로 인한 피해도 강간피해와 다름없으며, 다양한 성범죄 상황에 대처하기 위한 사회적 필요성이 대두됨에 따라 신설(2012.12.18. 법률 제11574호)되었다.

강제추행죄
强制醜行罪

폭행 또는 협박으로 사람에 대하여 추행한 것을 내용으로 하는 죄(형법 제298조)이다. 추행(醜行)이란 성욕의 흥분 또는 만족을 목적으로 건전한 상식이 있는 상대방이 성적 수치심이나 성적 혐오감을 느끼게 하는 일체의 행위를 말한다.

이 죄의 주체에는 제한이 없다. 따라서 여자도 주체가 될 수 있으며, 남자도 강제추행의 객체가 될 수 있고, 동성추행의 경우에도 본죄가 성립될 수 있다. 그리고 강제추행행위가 공공연하게 행해진 때는 본죄와 **공연음란죄**(형법 제245조)와의 상상적 경합이 된다. 본죄가 성립함에는 그 행위가 범인(犯人)의 성욕을 자극·흥분시키거나 만족시킨다는 성적 의도하에 행해짐을 필요로 한다. 그러나 간음의 목적은 요구되지 않는다.

준강간·준강제추행죄
準强姦·準强制醜行罪

사람의 심신상실 또는 항거불능이 상태를 이용하여 간음 또는 추행함으로써 성립하는 범죄이다(형법 제299조). 폭행 또는 협박의 방법으로 간음 또는 추행한 것은 아니지만 심신상실 또는 항거불능의 상태를 이용하여 같은 결

과를 초래한 때에는 이를 강간 또는 강제추행죄와 같이 보는 것이다. 그리고 위 심신상실은 사물을 변별하거나 의사를 결정할 능력이 없는 것에 제한되지 않고, 수면 중 또는 일시 의식을 잃고 있는 사람도 여기에 해당한다.

항거불능(抗拒不能)이란 심신상실 이외의 사유로서 심리적 또는 육체적으로 반항이 불가능한 경우를 말한다. 예를 들면 의사가 자기를 신뢰한 여자환자를 치료하는 것처럼 하면서 간음한 경우를 들 수 있다.

주거침입죄
住居侵入罪

정당한 이유 없이 사람의 주거, 관리하는 건조물, 선박이나 항공기 또는 점유하는 방실에 침입한 죄이다. 또 위 장소에서 퇴거의 요구를 받고 이에 응하지 아니한 죄를 **퇴거불응죄**(退去不應罪)라 한다(형법 제319조).

'주거'란 사람이 기거하고 침식에 사용하는 장소, 즉 사람이 일상생활을 영위하기 위하여 점거하는 장소를 말한다. 주거는, ① 반드시 영구적일 필요가 없다. ② 현재 사람이 있을 것을 요하지 않는다. ③ 주거에 사용되는 건조물뿐 아니라 부수되는 정원도 포함한다. ④ 주거하고 있는 차량도 이에 포함한다. ⑤ 사무실 혹은 침식의 설비가 되어 있지 않은 기선, 선실 등도 주거로 보아야 한다. ⑥ 그 장소가 반드시 적법하게 점유된 경우에 국한할 필요가 없다. 친구들과 함께 방랑생활을 하다가 어느 날 밤 그 친구와 함께 강도의 목적으로 자기 집에 들어간 경우는 자기 집이라 할지라도 주거침입죄가 된다는 판례가 있다.

'관리'란 사실상 사람이 관리하는 것을 말하고 본인 스스로 관리하는 것만이 아니라 타인으로 하여금 감시하도록 하거나, 자물쇠를 걸어두는 등 관리의 사실이 인정되는 경우를 말한다. 그러나 '관계자외 출입금지' 등의 간판을 세우거나 표지를 붙여놓는 것만으로는 관리라

고 할 수 없다(경범죄 처벌법 제3조1항1호).

'건조물'이란 주거용이 아닌 그 이외의 건물 및 부속정원을 말한다. 극장·공장·관공서 등이다. 이 경우에도 사람이 관리하는 경우에 한한다.

'선박'이란 사람이 그 안에서 주거할 수 있는 정도의 선박이면 족하다. 따라서 하천에 놓아둔 '보트'는 여기서 말하는 선박이 아니다.

'점유하는 방실'이란 호텔·여관 등에 투숙한 방이나 기차·전차 등을 말한다.

'침입'이란 거주자의 의사에 반하여 그 목적물에 들어가는 것을 말한다. 거주자의 의사, 즉 그 '거주자'의 의미와 승낙에 대하여는 다음과 같이 해석된다. ① 거주자는 반드시 현실로 그 주거를 지키지 않는 자라도 상관없다. 집주인이 부재중에 그 집을 지키고 있는 자녀도 거주자이다. ② '승낙'이 강요된 것이나 착오에 기인했다면, 그것은 승낙이 아니다. ③ 일반공중이 자유로이 출입할 수 있는 관청, 은행, 점포 등에 들어가는 것은 사전승낙이 있는 것으로 볼 수 있으나 폭력, 절취(竊取) 등 위법한 목적이 있을 때는 그 의사에 반한 것이 된다. 특히 승낙한 경우라도 위법한 목적이 있으면 그 의사에 반한 것에 해당된다. ④ 적법하게 타인의 주거의 일부에 들어간 자라도 다른 방에 들어가는 것은 거주자의 의사에 반한 것이 된다. ⑤ 거주자의 승낙이 추정되는 경우가 있다. 즉 거주자와의 특수관계가 객관적으로 인정될 수 있는 사례의 경우이다.

'**퇴거불응**(退去不應)'이란 적법한 절차를 밟아서 타인의 주거에 들어갔거나 과실로 들어간 자가 그 주거권자 또는 관리자 등이 퇴거 요구를 하는데도 이에 응하지 않는 것을 말한다. 따라서 본죄는 계속범(繼續犯)이며 진정부작위범(眞正不作爲犯)이다. 그러나 반드시 이 같은 경우에 부작위에 의한 주거침입이 성립되는 것은 아니다. 예컨대 임차인(賃借人)

이 합법한 계약에 의하여 집에 들어가 살다가 계약기간이 만료되어 소유자로부터 거듭 인도 요구(引渡要求)를 받았으나 이에 응하지 않는다고 해서 부작위에 의한 주거침입이라고 보지 않는다.

비밀침해죄
秘密侵害罪

봉함 기타 비밀장치한 사람의 편지, 문서, 도화 또는 전자기록 등 특수매체기록을 개봉하거나 기술적 수단으로 내용을 알아내는 것을 내용으로 하는 죄이다(형법 제316조).

비밀장치(秘密裝置)란 그 문서 자체에 대하여 봉인한 것, 풀로 붙인 것, 끈으로 맨 것 등의 방법에 의한 것으로서 파괴하지 않고서는 그 안에 있는 문서 등을 볼 수 없는 장치를 말한다. 여기서 말하는 편지란 특정인에게 의사를 전달하는 문서를 말하고, 발송 전이나 발송 중이거나 발송 후를 불문한다. 우편엽서 같이 비밀장치가 없는 경우에는 해당하지 않는다. 문서란 문자 기타 부호로 어떤 의사 또는 판단을 표시한 것을 말한다. 도화(圖畵)란 문자 아닌 형상적 방법으로 어떤 의사나 판단을 표시한 것을 말한다. 전자기록 등 특수매체기록이란 녹음테이프, 비디오테이프, USB 메모리, 스마트폰 등을 가리키는데, 해킹 등 기술적 수단을 통해 내용을 알아내면 이 규정이 적용된다. 다만, 봉함된 편지를 빛에 비추어 내용을 보았다 하더라도 이 정도는 기술적 수단을 이용했다고 보기는 어렵다.

편지 등의 소유권은 발송될 때까지는 발송인에게 있고, 발송 후에는 수신인에게 있다고 보아야 할 것이다. 그러나 도착 전후를 불문하고 발송인과 수신인 모두에게 있다는 견해도 존재한다. 범의는 주관적 구성요건으로 행위자가 봉함 기타 비밀장치한 타인의 편지·문서 또는 도화를 개봉한다는 고의가 있어야 한다. 개봉이란 봉함 기타 비밀장치를 파기하여 편지·문서·도화의 내용을 알 수 있는 상태에 두는 것을 말하고, 개봉 후의 원상회복을 불문한다.

편지를 개봉하여도 위법성이 조각되는 경우는 다음과 같다. 첫째, 행위자가 그 편지 등이 자기에게 온 것이라고 착각을 일으켜 그 편지 등을 개봉한 경우에는 구성요건적 사실에 대한 착오이므로 고의가 조각된다. 둘째, 행위자가 타인에게 온 편지이지만 자기가 뜯어볼 권한이 있다고 믿고 뜯어본 경우(남편이 아내에게 온 편지를 뜯어볼 권한이 있다고 잘못 알고 뜯어본 경우 등)에는 위법성에 대한 착오이므로 본죄의 규정이 적용된다. 다만, 그렇게 잘못 알고 있었던 데 정당한 이유가 있는 경우에는 책임이 조각되어 벌하지 아니한다. 셋째, 피해자의 동의가 있는 경우. 넷째, 사무집행상 당연히 뜯어볼 수 있는 권한으로 사무를 집행하는 사람의 경우. 다섯째, 법적 근거를 가지고 일정한 편지나 문서 등을 개봉할 수 있는 권한이 인정되는 공무원(형의 집행 및 수용자의 처우에 관한 법률 제43조, 우편법 제28조2항·제35조) 등의 경우에는 그 위법성의 책임이 조각된다.

비밀누설죄
秘密漏泄罪

의사, 한의사, 치과의사, 약제사, 약종상, 조산사, 변호사, 변리사, 공인회계사, 공증인, 대서업자나 그 직무상의 보조자 또는 그러한 직에 있던 자가 그 업무처리 중 알게 된 남의 비밀을 누설한 것을 내용으로 하는 죄이다(형법 제317조1항). 또 종교의 직에 있는 자 또는 있던 자가 그 직무상 알게 된 남의 비밀을 누설한 경우도 포함한다(같은 조 2항).

① 보호법익 : 본죄의 보호법익은 타인의 비밀이다. 따라서 행위자가 비밀인 줄 알고 누설하였으나 이미 세상 사람들이 알고 있을 경우에는 구체적인 위험성이 없으므로 본죄가 성립되지 않는다.

② 비밀의 주체 : 「형법」 제113조(외교상의 비

밀) 등과 같이 특히 보호규정이 있는 것은 제외되지만, 그 이외의 국가나 공무상의 비밀을 제외할 아무런 근거가 없다. 본죄의 비밀은 한 개인이 지키려는 비밀인 이상 그것은 보호되어야 한다.

③ 비밀성의 표준 : 비밀은 그 피해자가 비밀로 생각하는 순전히 주관적인 것에 한할 것인가(주관설), 객관적으로 일반인이 보아서 비밀이라고 할 수 있는 것이어야 하는가(객관설), 혹은 위 두 가지 조건이 다 구비된 것이어야 하는가(절충설), 이 점에 관하여 견해가 일치하지 않지만 비밀은 주관적·객관적 두 가지 표준에서 보아 모두 비밀이라고 생각되는 내용을 말한다. 따라서 ㉠ 비밀보호의 의사 ㉡ 비밀을 보호할 객관적인 필요성 ㉢ 알려지지 않은 사항의 세 가지 요소로 구성된다. 한편, 누설이란 그 비밀을 모르는 제3자에게 고지하는 것을 말한다. 구두이건 서면이건, 또 제3자가 한 명이건 여러 명이건 불문한다. 만약 비밀을 공연히 누설하여 그 사항이 동시에 사람의 명예를 해할 경우에는 본죄와 명예훼손죄의 상상적 경합이 된다.

다음의 경우 비밀누설의 위법성이 조각된다.
1. 피해자의 승낙이 있는 경우
2. 법령상 비밀을 고지할 의무가 있는 경우 (예 : 감염병의 예방 및 관리에 관한 법률 제11조, 형사소송법 제112조·제149조 등)
3. 법익형량의 원칙상 위법성이 조각되는 경우[예 : 변호인이 피고인이 아닌 타인이 진범이란 것을 알고 피고인의 의사에 관계없이 피고인의 이익을 위하여 진범인이 누구라고 고지하는 경우, 의사가 그 직책상 어떤 사람이 불치의 치명적인 전염병이 있는 것을 안 경우에 그 사람이 자기의 친구집에 가사도우미로 들어가는 것을 알고 그 친구를 위하여 그 여자가 전염병이 있음을 알리는 것 등은 일종의 긴급피난(緊急避難)으로서 허용된다]

명예·신용업무에 관한 죄

명예훼손죄
名譽毀損罪

공연히 사실을 적시(摘示)하여 사람의 명예를 훼손하거나(형법 제307조) 공연히 허위의 사실을 적시하여 사자(死者)의 명예를 훼손(같은 법 제308조)하는 것을 내용으로 하는 범죄이다.

명예란 사람의 사회적 지위에 대한 사회의 평가를 말한다. 그 평가의 대상은 그 사람의 혈통, 용모, 지식, 건강, 신분, 행동, 직업, 지능, 기술, 성격 등 여러 가지가 있으나 재산적 지위에 관하여는 '신용'으로써 보호받고 있다(형법 제313조). 여기서 사람, 즉 명예의 주체는 사회생활을 영위하는 자이면 누구도 될 수 있다. 자연인뿐만 아니라 법인, 법인격 없는 단체를 포함하고 자연인은 유아, 정신질환자, 전과자, 피고인 등도 포함한다. '공연히'란 불특정 또는 다수인이 인지할 수 있는 상태를 말한다. 따라서 불특정인 경우에는 다수인이건 아니건 불문하고, 다수인인 경우에는 불특정이건 특정이건 불문한다(통설). '사실을 적시한다'란 사람의 명예를 훼손시키는 사실을 표시하는 것을 말하며, 사람의 명예를 훼손하는 데 족하는 일체의 사실을 포함한다. 추행의 적시에만 한하지 않는다. 또한 그 적시된 사실은 진실의 여부는 불문하나 구체적인 것이어야 한다. 이 점에 있어서 모욕죄와 다르다. 그러나 사자에 대한 명예훼손죄는 그것이 허구의 사실일 때에만 본죄가 성립한다.

「형법」 제307조1항의 경우에 있어서 그 행위가 진실한 사실로서 공공의 이해에 관한 사실이거나, 적시의 목적이 오로지 공익을 도모하기 위하여 행하여진 것이라고 인정될 경우에는 처벌하지 않는다(형법 제310조).

모욕죄
侮辱罪

상대방에 대하여 욕을 하거나 조롱을 하거나 또는 악평을 가하는 등, 구체적인 사실을 적시하지 아니하고서 범인 자신의 추상적 판단을 발표하여 사람의 사회적 지위를 경멸하는 것을 말한다. 그러나 모욕에 의하여 상대방이 현실적으로 그 명예에 해를 입었다는 것은 필요로 하지 않는다(형법 제311조). 모욕의 방법은 문서 혹은 구두로 하거나, 동작으로 (예 : 뺨을 치는 경우)하거나를 불문한다(동작으로 하는 경우는 폭행죄와 상상적 경합이 있을 수 있다). 그러나 표시 없는 단순한 무례행위는 여기서 말하는 모욕이 되지 않는다.

[명예훼손과 모욕의 구별]

구 분	명예훼손	모 욕
행위태양	공연히 사실을 적시	공연히 사람을 모욕
사실적시방법	구체적(요건)	추상적(사실적시불필요)
위법성조각	형법 제310조	없음(사실증명에 의한 위법성조각 없음)
처벌	반의사불벌죄	친고죄

신용훼손죄
信用毀損罪

허위의 사실을 유포하거나 위계로써 사람의 신용을 훼손하는 것을 내용으로 하는 범죄이다(형법 제313조).

신용의 주체는 자연인, 법인, 법인격 없는 단체라도 경제적 단위로서 사회적으로 독립적으로 활동하고 있으면 본죄의 주체가 된다.

'허위의 사실을 유포'한다는 것은 허위의 사실을 불특정 또는 다수인에게 전파시키는 것을 말한다. 전부 허위이건 일부 허위이건 불문한다. 그리고 그 '사실'은 범인 스스로 날조한 것을 요하지 않고, 또 범인이 직접 불특정 또는 다수인에게 전파하는 것을 필요로 하지 않는다.

'위계'란 사람의 신용을 해하는 술책을 사용하는 것이며, 기망·유혹을 수단으로 타인의 착오 또는 부지를 이용하는 행위를 말한다. 비밀히 행하거나 공공연하게 행하거나를 묻지 않는다.

'신용'이란 사람의 경제생활에 있어서 사회적 평가를 말한다. 즉 사람의 지급능력, 지급의사에 관한 타인의 신뢰를 실추하게 할 우려가 있는 행위를 하는 것을 말한다. 예를 들면 甲이 乙은 사업에 실패하여 거지같이 되었다고 허위의 사실을 유포한 경우에 이는 명예훼손죄에 해당하는 것이 아니라 신용훼손죄에 해당한다. 그러나 구체적인 사실을 적시하여 그 명예를 훼손할 때, 이를테면 그런 사업의 실패는 너무 부당한 이윤을 얻으려고 했기 때문이라는 등의 아주 구체적인 사실의 적시가 있는 때에는 신용훼손죄와 명예훼손죄는 상상적 경합이 될 것이다.

업무방해죄
業務妨害罪

허위의 사실을 유포하거나 기타 위계의 방법으로 또는 위력으로 사람의 업무를 방해하는 것을 말한다(형법 제314조).

업무란 사람이 사회상의 지위에 있어서 계속하여 종사하는 일을 말한다. 따라서 본죄에 있어서는 합법적 업무에 국한한다고 보아야 한다. 여기의 업무에는 공무가 포함되지 않고 따로 공무집행방해죄(형법 제136조), 위계에 의한 공무집행방해죄(같은 법 제137조)와 특수공무집행방해죄(같은 법 제144조1항)가 성립한다.

1. 업무는 주된 업무뿐 아니라 부수적인 업무도 포함한다.
2. 업무는 경제적이건 정신적이건 불문한다.
3. 업무는 영리의 목적이건 아니건, 또 보수가 있건 없건 불문한다.
4. 계약의 유효·무효를 불문한다.

재산에 관한 죄

절도죄
竊盜罪

타인의 재물을 훔치는 것을 말한다(형법 제329조). **타인의 재물**이란 타인이 점유(소지)하고 있는 재물을 말한다. **무주물**은 본죄의 객체가 되지 않는다. 무주물이란 원래부터 사람의 소유에 속하지 아니하였던 물건(야생의 동물)과 일단 사람의 소유에 속하였다가 그 소유권이 포기된 물건(동물의 방생)을 말한다. 타인이란 자기 이외의 자를 말하며 자연인·법인·공공단체·국가 등이 포함된다. 자연인은 의사능력의 유무를 불문한다. 점유(소지)란 물건에 대한 사실상의 지배를 말하며, 공동점유도 점유이며, 주종관계에 있어서는 주인의 점유만이 인정된다(반대론도 있다). 범인이 소지한 타인의 재물이면 절도가 아니고 횡령이다.

지배란 물건이 점유자의 지배력이 미치는 장소에 존재함으로써 족한 것이다. 그러나 피살된 피해자의 점유는 사망 후에도 계속된다는 것이 판례의 태도이다. 또 사육하고 있는 닭이 한동안 닭장에서 나와 놀다가 다시 닭장으로 되돌아가는 경우와 같은 점유이탈부정사례(占有離脫否定事例)도 있다. 이러한 지배는 민법상의 점유로 해석할 필요도 없으며, 형법 독자의 개념에 따라서 현실적인 사실상의 지배로 해석한다. 소유권의 유무도

[민법상 점유와 형법상 점유]

구 분	민법상 점유	형법상 점유
성 질	법규범적	사실적
간접점유	긍정	부정
점유개정	긍정	부정
법인의 점유	긍정	부정
점유의 상속	긍정	부정
점유보조자의 점유	부정	긍정

또한 관계가 없다. 때문에 절도죄의 성립을 입증하기 위하여는 타인의 관리에 속하는 재물을 훔친 것을 명확히 해야 하며, 그 재물이 누구의 소유에 속하느냐 하는 것은 명시할 필요가 없다. 또 동업관계로 수입된 금전(**공동점유**)의 소비는 절도죄가 구성된다는 대법원의 판례가 있다.

재물은 유체물과 관리할 수 있는 동력을 포함하며, 교환가치의 유무를 불문한다. 그러나 가치가 아주 경미한 것에 대하여는 가벌성(可罰性)이 인정되지 않는다. 부동산도 본죄의 객체가 될 수 있다는 것이 통설이다. 예컨대 인접한 경계선을 이동하여 타인의 토지 일부를 자기 토지로 잠식하는 것이 그 예이다[이 경우에는 경계침범죄(형법 제370조)와 상상적 경합]. 또한 부동산의 일부가 가동적 물건으로 취급되는 경우(예 : 타인의 토지에 자라고 있는 나무를 몰래 베어가거나 해당 토지의 흙이나 모래를 무단으로 퍼가는 경우)에도 본죄가 성립된다. 그러나 **권리의 절도**는 인정되지 않는다. 등기부상의 명의를 자기명의로 등기하는 행위는 사기죄 등에 해당될 수 있을 뿐이다.

절취(竊取)란 재물점유자(財物占有者)에게 폭행이나 협박을 하지 않고 그의 의사에 반하여 영득의 의사로써 그 지배를 자기 또는 제3자에게 옮기는 것을 말한다. 즉 고의(불법영득의 의사)를 필요로 한다(통설). 따라서 이 견해에 따르면 일시사용할 목적으로 그 지배를 옮겼다가 반환한 경우인 **사용절도**(使用竊盜)는 절도가 아니다. 그러나 재물의 경제적 가치를 감소시킨 경우에는 죄가 된다는 설과, 재산상 손해가 경미하므로 형법상 문제가 되지 않는다는 설이 있다. 아울러 **불법영득**(不法領得)의 의사에 대하여는 절도죄나 강도죄의 요건으로서 견해의 대립이 있다. '영득의 의사'란 '권리자를 배제하고 타인의 물건을 자기의 소유와 같이 그 경제적 용법에 따라 이용하거나 처분할 의사'이지만, '일단 영득할 의사로 타인의 물건을 자기 지배하에 옮긴 이상

은 그 후에 그 물건을 버리는 것과 같은 비경제적 처분을 해도' 절도죄의 성립은 인정된다는 설(이 점에 대해서는 이익의 의사와 구분된다)과, 반대설로 '형법상의 탈취나 도취는 재물의 소지를 침해하는 사실 그것만으로 성립'하기 때문에 '영득의 의사'를 필요로 하지 않는다는 견해가 있다. 예를 들면 정부소유미의 재고가마니 수를 장부 숫자와 맞추기 위하여 다른 여러 가마니에서 쌀을 뽑아서 가마니 수를 맞게 한 사실은 형식상 침해가 되나, 그 쌀을 영득할 의사는 없었기 때문에 이를 절도죄로는 처벌할 수 없다. 독일형법에는 영득할 의사를 요한다고 규정되어 있고, 우리 형법에는 그런 규정은 없으나 이론상 이를 필요로 한다고 해석한다. 대법원은 '형법상 절도죄의 성립에 필요한 불법영득의 의사란 권리자를 배제하고 타인의 물건을 자기의 소유물과 같이 그 경제적 용법에 따라서 이용하고 또는 처분할 의사를 말하는 것이고, 영구적으로 그 물건의 경제적 이익을 보유할 의사인 것을 필요로 하지 아니한다'고 설명하고 있다(대판 1961.6.28, 4294형상179).

[재산관련 죄의 비교]

구분 죄명	객 체	수단(행위)
절도죄	타인의 점유재물	폭행·협박을 수반하지 않는 영득
강도죄		상대방을 억압할 정도의 폭행·협박·일방적인 강제 취득
공갈죄	타인의 재물 또는 재산상 이득	상대방을 겁에 질리게 할 목적으로 한 폭행·협박과 이를 통한 피해자의 처분행위
사기죄		기망으로 점유자의 하자 있는 의사에 의한 편취
횡령죄	자기 보관 타인의 재물	탈취수단이 아님

야간주거침입절도죄
夜間住居侵入竊盜罪

야간에 사람의 주거, 관리하는 건조물, 선박, 항공기 또는 점유하는 방실(房室)에 침입하여 타인의 재물을 절취하는 것을 말한다(형법 제330조). '주거'란 사람이 먹고 자며 생활하는 장소를 말한다. 그러나 사람이 현존할 필요는 없다. 부재중의 저택이나 별장도 주거이다. 이와 같은 공간에 대해서는 사실상 관리·지배하는 것만으로 충분하며, 반드시 그곳에 살고 있어야 하는 것은 아니다. 예를 들면 자물쇠를 잠그고 그 열쇠를 가진 경우에도 관리하고 있다고 본다. '주거'는 가옥과 그 주위토지(담장 안)를 말하고 현거주 여부를 불문한다(빈집). '건조물'이란 주거 이외로 사용되는 가옥과 그 원내지를 말한다(사무소·공장·창고 등). '선박' 및 '항공기'는 규모를 불문한다. '점유하는 방실'은 여관·호텔 등의 방을 포함한다.

친족상도례
親族相盜例

직계혈족, 배우자, 가족, 동거의 친족 간에 있어서 절도죄 및 그 미수죄는 형을 면제하며 기타 친족관계에 있는 경우에는 고소가 있어야 논하고, 친족이 아닌 공범에 대하여는 통상의 형을 과하는 경우이다(형법 제328조). 그 사유는 친족 사이에 벌어진 일은 국가권력이 간섭하는 것보다 친족 내부에서 처리하는 것이 친족 간에 평화를 지키는 데 좋을 것이라는 취지에서 인정한 것이다. 이 특례는 재물이 친족의 소유에 속하고 아울러 점유한 경우에만 적용되는 것이며, 소유 또는 점유의 어느 것이든 친족 이외의 자에 속하는 경우에는 이 적용을 받지 못한다. 친족과 타인이 공유하고 있는 물건에 대해서도 마찬가지이다. 친족상도례는 사기·공갈·배임·횡령의 모든 죄에도 준용한다.

강도죄
強盜罪

폭행 또는 협박으로 타인의 재물을 강취(强取)하거나, 재산상의 이익을 취득하거나 제3자로 하여금 이를 취득하게 하는 것을 말한다(형법 제333조). 불법영득의 의사(절도죄 참조)로 타인의 재물 또는 재산상의 이익을 취득한 죄이다. **재산상의 이익**이란 재물을 포함한다. 재산상 가치 있는 모든 이익으로서 재산이 증가하는 적극적인 이익이거나, 채무가 감소하는 소극적인 이익이거나를 불문하며 따라서 채무의 면제, 이행의 연기, 저당권의 말소 등도 본죄의 객체가 될 수 있다.

① 폭행·협박 : 그 수단을 불문한다. 따라서 주류·마취제 등을 사용하여 혼수상태에 빠뜨리게 하는 것도 폭행이 된다. 그리고 폭행·협박의 판단은 범인 및 피해자의 연령, 성별, 체격, 행위시간, 장소, 흉기 유무 및 범인의 복면·변장 여부 등으로 피해자가 겁에 질려 반항을 할 수 없었는가를 가려야 한다. 따라서 폭행이 상대방의 반항을 억압할 정도의 것이 아니면 공갈죄(절도죄 중 도표 참조)가 성립한다. 특히 흉기제시를 방법으로 한 범행에 있어서 그 범인이 흉기를 휴대한 경우에는 특수강도죄(형법 제334조2항)에 해당한다. 본죄는 범인이 흉기를 휴대하지 아니하고 범행현장에 나가 현장에 있는 피해자 소유의 위험한 물건을 사용한 경우에도 성립한다. 폭행·협박의 상대는 재물 등을 강취하는 데 있어서 장애가 되는 모든 사람이다. 협박을 받은 자가 반드시 재물의 소유자 또는 점유자임을 필요로 하지 않는다.

② **강취**(强取) : 반드시 탈취의 형식을 취하지 않아도 된다. 따라서 피해자가 교부한 것과 같은 형식을 취하여도 피해자의 억압된 의사에 의한 것이면 이에 해당한다. 그리고 폭행·협박과 강취 사이에는 인과관계가 있어야 한다. 따라서 폭행·협박이 있었으나 동정심에서 재물을 반환한 경우는 본죄의 미수가 될 뿐이다.

자동차등 불법사용죄
自動車등 不法使用罪

권리자의 동의 없이 타인의 자동차, 선박, 항공기 또는 원동기장치자동차를 일시사용함으로써 성립하는 범죄이다(형법 제331조의2). 사용절도는 불법영득의사가 결여되어 절도죄로 처벌할 수 없으므로, 이러한 모순을 해결하기 위해서 개정 형법에서 신설한 조항이다.

[강도죄의 태양]

죄 명	수단 등
단순강도	폭행 또는 협박으로 재물강취(제333조)
특수강도	야간주거침입·흉기휴대·2인 이상 합동하여 강도 행위(제334조)
준강도 (사후강도)	절도품에 대한 탈환항거, 체포면탈, 범죄흔적인멸 등을 위한 폭행·협박(제335조)
인질강도	사람을 체포, 감금, 약취 또는 유인하여 이를 인질로 삼아 재물 또는 재산상의 이익을 취득하거나 제3자로 하여금 이를 취득하게 한 경우(제336조)
강도상해·치상죄	강도가 사람을 상해, 치상(제337조)
강도살인·치사죄	강도가 사람을 살해, 치사(제338조)
강도강간죄	강도가 사람을 강간(제339조)
해상강도	다중의 위력으로 해상에서 선박, 재물강취(제340조1항)
해상강도상해·치상죄	위와 같은 행위로 사람을 상해, 치상(제340조2항)
해상강도살인·치사·강간죄	위와 같은 행위로 사람을 살해, 치사, 강간(제340조3항)
상습강도죄	상습으로 제333조·제334조·제336조·제340조1항의 범죄
강도예비·음모죄	강도할 목적으로 예비, 음모(제343조)

편의시설부정이용죄
便宜施設不正利用罪

대가를 지불하지 아니하고 부정한 방법으로 자동판매기, 공중전화 기타 유료자동장치를 이용하여 재물 또는 재산상의 이익을 취득함으로써 성립하는 범죄이다(형법 제348조의2). 유료자동장치의 증가로 말미암아 이를 이용한 범죄 발생을 억제하기 위해서 개정 형법에서 특별히 마련한 조항이다.

사기죄
詐欺罪

사람을 기망(欺罔)하여 재물의 교부를 받거나 재산상의 이익을 취득하거나 같은 방법으로 제3자로 하여금 재물의 교부를 받게 하거나 재산상의 이익을 취득하게 하는 범죄이다(형법 제347조).

기망이란 거짓을 말하거나 진실을 숨겨서 상대방을 착오에 빠지게 하는 행위를 말한다. 착오를 일으키게 하는 방법에는 아무런 제한이 없다. 작위이건 부작위이건 상관이 없다. 예컨대 법률상 진실한 사실을 고지할 의무 있는 자가 그 진실한 사실을 일부러 묵비은폐(默秘隱蔽)하고 거래를 했을 경우에는 부작위에 의한 기망이다. 기망은 반드시 상대방에게 직접 재산상 피해를 입힐 필요는 없다. 법원에 위조한 증서를 제출하여 법원을 착오에 빠지게 하여 오신으로 기인한 판결로써 재산상의 불법이익을 얻었을 경우에도 사기죄는 성립한다. 그리고 상대방의 착오에 기인하여 재물을 교부케 하는 것을 **편취**(騙取)라 한다. 이 경우 범인에 있어서 영득의 의사가 존재함을 필요로 한다. 사람을 기망하여 딴 곳으로 주의를 돌리게 하고 그 틈을 이용하여 재물을 훔치는 것은 사기가 아니고 절도이다. 이에 반하여 사람을 기망하여 재물을 포기토록 하여 그것을 습득하는 것은 사기죄가 구성된다. 또 기망과 편취와의 사이에는 인과관계가 있어야 한다. 그리고 편취의 수단으로서 다소의 대가를 제공하여도 편취한 재물 또는 재산상의 이익의 전액에 대하여 사기죄가 성립한다. 예컨대 10만원의 보험금을 사취하기 위하여 보험료 1만원을 지급하였다 하더라도 1만원을 차감한 순이익의 9만원에 대해서만 사기죄가 성립하는 것은 아니다. 그리고 기망행위뿐만 아니라 상대방의 과실 등으로 상대방이 오신했을 경우에도 사기죄는 성립한다. 가령 모조품을 진품인 것처럼 감언이설로써 상대방을 오신케 하도록 원인을 만든 이상 설사 상대방이 자기의 판단능력을 과신하여 판단을 착오하였다 해도 사기죄는 성립한다. 그러나 상인이 흔히 상거래의 수단으로 하는 정도의 것은 상도덕의 문제이므로 어느 정도의 거짓말이나 상거래의 할인은 법률상의 문제는 아니다.

준사기
準詐欺

미성년자의 사리분별력 부족 또는 사람의 심신장애를 이용하여 재물을 교부받거나 재산상의 이익을 취득하거나, 같은 방법으로 제3자로 하여금 재물을 교부받게 하거나 재산상의 이익을 취득함으로써 성립하는 범죄이다(형법 제348조).

본죄의 특질은 사람의 사리분별력 부족을 이용하는 것을 기망수단으로 사용하는 것과 동일하게 취급하는 데 있다. 그러나 기망행위를 한 경우에는 아무리 본죄에 해당하는 행위의 객체일지라도 일반적인 사기죄(형법 제347조)에 의하여 처단된다. 의사능력이 없는 유아나 심신상실자로부터 재물을 취득했을 경우에는 본죄가 아니고 절도죄가 된다. 예를 들면 초등학교 1학년 정도의 어린이에게 과자를 주고 그 어린이가 갖고 있던 사진기를 교부하게 하는 경우이다.

부당이득죄
不當利得罪

사람의 곤궁하고 절박한 상태를 이용하여 현저하게 부당한 이익을 취득하거나, 같은 방법으로 제3자로 하여금 부당한 이익을 취득하게 함으로써 성립하는 범죄이다(형법 제349조). '곤궁하고 절박한 상태'란 반드시 경제적인 것에 한하지 않고 육체적·정신적인 것도 포함한다. 예컨대 생명·건강 또는 명예에 대한 위난도 포함한다. 그러나 그 기준은 객관적인 판단에 의할 수밖에 없다(범인의 지식정도·생활정도 및 피해자의 사회적 지위·재산정도 등). 그리고 '고의'는 피해자의 이와 같은 상태를 이용한다는 인식과 부당한 이익을 얻는다는 의사가 있어야 한다.

공갈죄
恐喝罪

사람을 공갈하여 재물의 교부를 받거나 재산상의 이익을 취득 또는 같은 방법으로 제3자로 하여금 재물의 교부를 받게 하거나 재산상의 이익을 취득하게 함으로써 성립하는 범죄이다(형법 제350조).

공갈이란 재물을 얻어낼 목적으로 타인에게 폭행 또는 협박을 가해 공포심을 일으키는 것을 말한다. 즉, 피공갈자의 공포심을 이용해서 하자 있는 동의를 하도록 하는 재물의 영득행위이다. 따라서 상대방을 완전히 반항이 불가능하게 만들어 재물을 얻어냈다면 공갈죄가 아니라 강도죄가 성립한다. 본죄에 있어서의 협박은 강도의 정도에 이르지 아니한 것을 말한다.

'재산상의 이익'은 채권면제의 의사표시를 하게 하거나 노동력을 제공하게 하는 등의 경우도 포함한다. '**교부**'는 임의의 교부 외에 피해자가 공포에 떨고 있는 상태를 이용하여 피해자의 재물제공을 기다리지 않고 그의 묵인 하에 재물을 탈취하는 소위 불량배의 경우도 포함한다.

① 공갈의 수단 : 아무런 제한이 없다. 공갈은 상대방을 겁먹게 할 때 직접적으로 하느냐 간접적으로 하느냐를 상관하지 않는다. 또 제3자로 하여금 가해의 통고를 하여 공갈했을 경우에는 범인이 그 제3자의 가해행위의 결의에 영향을 줄 수 있는 입장에 있음을 상대방이 알 수 있도록 고지하거나, 상대방이 사실상 이것을 추측할 수 있음을 요한다. 더욱이 협박의 내용인 해악의 실현은 꼭 그 자체가 불법인 것을 요하지 않는다. 상대방에게 범죄가 있는 경우에 고발하겠다는 등의 상대방의 약점을 이용하여 재물을 교부받는 것에 의해서도 본죄는 성립한다.

② 공갈의 정도 : 상대방의 반항을 억압할 정도에 이르지 않아야 한다. 대법원 판례는 산길을 지나는 사람을 숲속으로 연행하여 무릎을 꿇게 하고 주먹과 발로 차고 금품을 내라고 하는 등의 폭행·협박은 공포심을 불러일으키는 정도를 넘어 반항을 억압할 정도라고 판시했다(이 경우 강도죄가 됨).

③ 고의 : 불법영득의 의사를 필요로 한다. 그러므로 사람을 공갈하여 재물을 취득하더라도 이것이 권리의 실행으로서 행하였을 때는 공갈죄가 성립하지 않는다. 다만, 협박죄가 성립하느냐의 여부는 문제가 될 수 있다. 그러나 권리행사를 빙자하여 또는 권리를 남용하여 부당한 청구를 했을 때에는 공갈죄가 성립한다.

④ 갈취의 태양 : 피공갈자가 스스로 재물을 제공했을 경우는 물론, 피공갈자가 두려워하고 있음을 이용하여 공갈자가 재물을 탈취했을 경우에도 역시 본죄는 성립한다.

⑤ 특수공갈 : 여러 명이 범죄를 저지르거나 위험한 물건을 휴대하고 범죄를 저지른 경우 형을 가중하여 처벌한다(형법 제350조의2).

횡령죄
橫領罪

타인의 재물을 보관하는 자가 그 재물을 횡령하거나 그 반환을 거부함으로써 성립하는 범죄이다(형법 제355조1항).

보관이란 점유 또는 소지와 같은 뜻이다. 다만, 그 원인은 정당한 것이어야 한다. 같은 영득죄 중의 절도, 강도, 사기, 공갈은 타인이 점유한 재물을 탈취하는 탈취죄이지만, 횡령죄는 타인의 점유에 있지 않은 것을 영득하는 범죄이다. 자기의 소유물이라 할지라도 공무소로부터 보관명령을 받은 물건은 타인의 소유물과 동일하게 취급한다. 이와 같이 횡령죄도 신임관계가 있다고 하는 점에 있어서는 배임죄와 동일하다. 그렇다면 「민법」 제746조의 불법의 원인에 의하여 급여한 물건도 횡령죄의 객체가 될 것인가의 여부가 문제된다. 이에 대해 학설은 소극설, 적극설, 절충설로 나뉜다. 소극설은 불법원인급여의 경우에 위탁자는 그 반환청구권을 상실하기 때문에 수탁자는 이를 자유롭게 처분할 수 없는 것이 되어 횡령죄가 성립할 여지가 없고, 민법상 반환의무가 없는 자에게 형법이 제재를 가하여 그 반환을 강제하는 것은 법질서 전체의 통일을 깨뜨리는 결과가 될 뿐만 아니라, 불법원인급여의 경우에 수탁자에게 소유권이 귀속되므로 타인의 재물이라고 할 수 없다는 것을 근거로 횡령죄의 성립을 부정한다. 적극설은 범죄의 성립 여부는 형법의 독자적인 목적에 비추어 판단해야 하고, 민법상 불법원인급여가 보호받지 못한다고 하여 위탁자가 소유권을 상실하는 것이 아니므로 점유자에 대하여는 여전히 타인의 재물이 되며, 이 경우에도 신임관계를 인정할 수 있다는 점을 근거로 횡령죄의 성립을 긍정한다. 절충설은 불법원인급여를 소유권이전의 의사가 있는 점유이전(불법원인급여)과 소유권이전 의사가 없는 점유이전(불법원인위탁)으로 나누어 소유권이전 의사가 없는 점유이전의 경우에만 횡령죄가 성립한다고 보고 있다. 판례는 원칙적으로 소극설을 취하여 뇌물을 받은 금원을 전달하지 않고 임의로 타에 소비하였다고 하여 횡령죄가 성립하는 것은 아니라고 판시했다(대판 1998.9.20, 86도628). 그러나 포주가 윤락녀의 화대를 가로챈 경우에 포주의 불법성이 윤락녀의 그것보다 현저하게 크다는 이유로 횡령죄의 성립을 인정한 바 있다(대판 1999.9.17, 98도2036).

횡령행위(橫領行爲)는 영득의 의사로 보관물을 반환하지 않거나 소비·착복·매매·전집·전대·무단사용 등 일체의 행위를 말

한다. 반드시 경제적으로 이용·처분하는 것을 필요로 하지 않는다. 단지 타인을 배제하여 소유권의 내용인 권리를 행사하거나 혹은 자기의 소유물과 동일한 지배상태에 두는 것을 말한다.

업무상횡령죄 業務上橫領罪
업무상의 의무에 위배하여 횡령죄를 범한 경우이다(형법 제356조).
'업무상 타인의 물건보관'이란 직무 또는 직업으로서 타인의 물건을 보관하는 경우에만 국한하지 않는다. 즉 자기의 업무와 관련하여 타인의 물건을 보관하면 족하다. 그리고 업무상의 보관관계에 있어서 보수의 유무는 영향이 없다(배임죄 참조). 또 업무상의 점유자는 그 보관책임이 해제되지 않는 동안은 설사 업무상의 지위를 상실했더라도 여전히 업무상의 점유자이다.

점유이탈물횡령죄 占有離脫物橫領罪
유실물, 표류물 또는 타인의 점유를 이탈한 재물이나 매장물 등을 횡령하여 성립하는 범죄이다(형법 제360조).
유실물(遺失物)·표류물(漂流物)은 점유자의 의사에 의하지 않고 그 점유를 이탈하여 누구의 점유에도 속하지 않는 물건을 말한다. '점유를 이탈한 물건'이란 「유실물법」 제12조에서 말하는 '착오로 점유한 물건', '타인이 놓고 간 물건', '잃어버린 가축' 등을 말한다(예 : 바람에 날려온 옆집의 세탁물).
매장물이란 점유이탈물에 준하는 것으로서 예컨대 고분 내에 매장되어 있는 보석, 거울, 도검 등이다.

배임죄 背任罪
타인의 사무를 처리하는 자가 그 임무에 위배하는 행위로써 재산상의 이익을 취득하거나 제3자로 하여금 이를 취득하게 하여 본인에게 손해를 가함으로써 성립하는 범죄이다(형법

제355조2항). 타인의 사무를 처리하는 자란 그 사무를 처리하려는 원인이 법령에 의하였건 계약에 의하였건 또는 사무관리에 의하였건 상관하지 않는다. 또 독립고유의 권한에 의하여 타인의 사무를 처리하는 자만에 한정되지 않는다. 타인의 보조자로서 사무의 처리를 취급하는 경우도 포함된다. 그리고 처리하는 사무는 공적이냐 사적이냐를 묻지 않는다. 또한 꼭 재산상의 사무에 한정하지 않고 법률행위여야 할 필요도 없다.

'임무에 위반하는 행위로써'란 본인과의 신임관계의 취지에 반하는 행위를 말한다. 신임관계의 취지는 계약의 내용, 법률의 규정 또는 관습 등에 기인하여 신의성실의 원칙에 의하여 결정된다. 예를 들면 은행의 이사 등이 회수가망이 없음을 알면서 부실대출을 하는 경우와 같은 것이다.

본죄는 재산상의 이익을 취득하거나 제3자로 하여금 이를 취득하게 하여 본인에게 손해를 가한 때에 성립하기 때문에 본인에게 이익이 될 것으로 생각하고 행한 행위는 설사, 본인에게 손실을 입혔어도 배임죄(背任罪)는 구성되지 않는다. 본죄에서 말하는 '이익' 또는 '손해'는 재산상의 것에만 한정하는 것이 아니라, 간혹 그 밖의 신분상의 이익이나 손실도 포함하는 것이다. 본죄는 재산범이므로 이익이나 손해가 재산상의 것에 한한다고 하는 학설이 있으나, 본죄에 있어서의 이익 또는 손해는 재산상의 것에 한한다고는 할 수 없다. 왜냐하면 범인이 처리하는 사무가 반드시 재산상의 사무에 국한하지 않는 이상, 이익이나 손해도 재산상의 손실에 국한하지 않을 수 있기 때문이다. '재산상의 손해'는 적극적 손해(기존재산의 감소)나 소극적 손해(장차 얻을 수 있는 이익의 상실)를 불문한다. 즉 기존이익의 감소이거나 장래 얻을 수 있는 이익의 상실 따위는 불문이다.

가령 채권자로서 담보권을 상실시켰을 경우나, 약속어음의 배서인으로서 채무를 부담시켰을 경우 등도 재산상의 손해를 가한 것으로 본다.

① 사기에 의한 배임행위(背任行爲) : 가령 보험회사의 외판원이 피보험자의 기존 질병경력을 숨기고 회사와 보험계약을 체결시켜 회사로부터 모집수당 등을 수령했을 때는 어떤 죄가 성립될 것인가. 일본 판례는 배임행위는 사기죄의 관념 속에 당연히 포함되므로 사기죄만의 성립을 인정하였다. 그러나 배임은 반드시 사기에 포함된다고는 생각지 않으므로 상상적 경합으로 보아야 할 것이다. 이와 마찬가지로 타인의 위탁물을 손괴한 경우도 배임과 손괴의 양죄의 상상적 경합(想像的 競合)으로 될 것이다.

② 업무상 배임 : 단순한 배임죄보다 형이 가중된다. '업무'는 공무·사무를 불문하고 또 보수의 유무나 생활수단으로서의 직업, 영리행위, 적법, 본무, 겸무, 주업무, 부수적 업무(附隨的 業務) 등을 가리지 않는다. 그리고 업무는 법령이나 특별한 규정 등의 근거가 없더라도 당사자 간의 정함이 있으면 된다.

[횡령죄와 배임죄와의 구별]

죄명 구분	횡령죄	배임죄	비 고
신임관계	같 다		
주 체	특정 재물의 보관자 또는 습득자	타인의 사무를 처리하는 자	
객 체	타인의 재물	타인의 이익	
재물처분행위	자기계산 또는 자기명의	본인계산 또는 본인명의	배임설
죄성립	본죄가 성립하면 배임죄와 경합으로 배임죄불성립	횡령죄불성립의 경우에도 배임죄성립	

배임수증재죄
背任收贈財罪

타인의 사무를 처리하는 자가 그 임무에 관하여 부정한 청탁을 받고 재물 또는 재산상의 이익을 취득하거나, 제3자로 하여금 이를 취득하게 하거나 재물 또는 재산상 이익을 공여함으로써 성립하는 범죄이다(형법 제357조).

부정한 청탁이란, 임무에 관하여 신의성실의 원칙에 위반되는 행위의 의뢰를 의미한다. 따라서 정당한 청탁은 죄가 안 된다. 신의성실의 원칙이란 사람은 사회공동생활의 일원으로서 상대방의 신뢰에 어긋나지 않도록 성실하게 행동할 것이 요구된다는 윤리적 규범을 법률관계에서도 적합하게 적용하여야 한다는 것이다.

① 이익의 취득 : 이익의 취득이 있어야 하므로 약속이나 요구는 본죄가 성립되지 않는다. 그리고 청탁과 관련이 있어야 한다.

② 수뢰죄·증뢰죄와의 차이 : 부정한 청탁을 요건으로 하는 점에서 공무원의 수뢰·증뢰죄와 다르다.

장물죄
贓物罪

장물을 취득, 양도, 운반 또는 보관하거나 이러한 행위를 알선하여 성립하는 범죄이다(형법 제362조). 장물이란 재산범죄에 의하여 영득한 재물로서 피해자가 법률상 그 반환청구권(返還請求權)이 있는 물건을 말한다. 따라서 수뢰죄에 있어서 수수한 뇌물이나 도박죄에 있어서의 재물 등은 장물이 아니다. 그러나 장물이 되기 위해서는 반드시 유책행위에 의하여 취득한 물건임을 요하지 않는다. 예를 들면 형사미성년자여서 형사적으로 책임을 물을 수 없는 14세 미만의 자가 절취한 물건도 장물이다. 또 친족상도례의 적용이 있는 경우에도 절취한 물건이라면 장물이다. 그러나 피해자에게 법적인 반환청구권이 있어야만 한다. 따라서 피해자가 그 재물에 반환청구권이 없거나, 잃어버린 물건은 장물이라고 할 수 없다. 예컨대 「민법」 제249조 또는 제250조에 의하여 피해자의 반환청구권이 소멸된 물건은 장물이 아니다. 또 장물을 가공하여 원형을 변경했어도 공작자가 그 소유권을 취득하지 않는 한 여전히 장물이다. 예를 들면 자전거의 바퀴나 안장을 떼어서 다른 자전거에 부착한 경우 등은 어느 것이나 장물성을 상실하지 않는다. 장물은 범죄행위에 의하여 취득한 물건 자체를 말하는 것이며, 장물을 매각하여 얻은 대금이나 교환한 물건은 장물이 아니다. 그러나 금전이나 수표는 그 성질상 서로 교환하기도 하고 금전으로 바꿀 수도 있으므로 금전을 수표로 바꾸었을 경우 그 수표는 장물이다.

'취득'이란 구형법의 수수와 고매(故買 : 불법적 행위로 얻은 물건인 줄 알면서 구매함)를 말한다. 수수는 무상취득을, 고매는 유상취득을 말하는 것으로서 현행 형법에 있어서는 이를 합해서 '취득'이라 한다. 그리고 이 '취득'은 그 대금지급 여부를 불문한다.

'양여(讓與)' 또는 '양도'는 장물인 줄 모르고 받은 후에 그 사정을 알면서 제3자에게 유상 또는 무상으로 수여하는 행위를 말한다.

'운반'이란 장물을 장소적으로 이전함을 말한다. 유상·무상을 불문하며, 또 그 방법이나 거리를 가리지 않는다.

'보관'이란 위탁을 받아 타인을 위하여 장물을 은닉하는 행위를 말한다. 보관의 형태는 직무를 겸하거나 임대차계약에 의하거나, 또는 담보물을 보관하거나를 불문하고 또 그 보관이 유상이건 무상이건 구별하지 않는다. 만약, 타인의 죄적을 인멸하기 위하여 장물을 은닉했다면 증거인멸죄와 장물보관죄와의 상상적 경합이 된다.

'알선'이란 법률적인 처분행위, 즉 장물의 매매·교환·전집(典執) 등의 주선·매개·

조력 등을 하는 것을 말한다. 간접적 주선 등도 포함한다. 또 장물의 매매가 성립하는지의 여부는 본죄 성립에는 영향이 없다.

재물손괴죄
財物損壞罪

타인의 재물, 문서 또는 전자기록 등 특수매체기록을 손괴 또는 은닉 기타 방법으로 그 효용을 해한 범죄이다(형법 제366조). 타인의 재물 또는 문서는 그 점유자가 범인이든 아니든 상관이 없다. '재물'은 동력도 포함하고, '문서'는 공문서·사문서를 불문한다. 그러나 공용서류·물건 등에 대하여는 「형법」 제141조1항에 규정된 파괴죄의 객체가 되므로 본죄의 객체가 되지 않는다. 또 '공익건조물(公益建造物)'인 때에는 「형법」 제367조가 적용된다. 범인소유의 물건 또는 범인이 작성한 문서로서 타인이 점유한 경우에 이것을 손괴한 때에는 권리행사방해죄의 객체가 될 뿐이다.

'손괴'란 물건의 형상을 물질적으로 변경하거나 그 효용을 감소 또는 멸실하게 하는 일체의 행위를 말한다. 예를 들면 영업상 내빈용으로 쓰는 음식용기에 방뇨했을 때에는 그 감정적 가치를 손괴하는 것이므로 본죄가 성립한다. 또 동물을 사상하는 것도 손괴에 해당한다.

'은닉'이란 물건의 발견을 불능하게 하거나 또는 소재를 불명하게 하여 그 발견을 곤란하게 하는 일체의 행위를 말한다. 또 문서를 일시적이나마 이용할 수 없게 하는 행위도 포함한다. 그리고 만약 은닉함에 있어서 그것을 영득할 의사였다면 절도죄나 횡령죄가 된다.

'기타 방법'이란 손괴·은닉 이외의 방법으로 물건의 이용가치를 해하는 것으로서, 예컨대 양식장의 수문을 열어 양식중인 물고기가 빠져나가게 하는 행위나, 타인에게 속하는 자기명의의 문서 내용의 일부를 고쳐 쓴 경우도 해당된다.

강제집행면탈죄
强制執行免脫罪

강제집행을 면할 목적으로 재산을 은닉·손괴·허위양도(虛僞讓渡) 또는 허위의 채무를 부담하여 채권자를 해함으로써 성립하는 범죄이다(형법 제327조).

이 죄는 채권자의 채권보호에 중점이 두어져 있다. 강제집행에 관하여 「형사소송법」 제477조에 의한 벌금·과료·몰수 등의 집행, 「국세징수법」에 의한 체납처분도 포함시키자는 견해가 있지만, 「민사집행법」상의 강제집행에 한한다고 보는 것이 타당할 것이다. 강제집행을 면할 목적이 있어야 하지만(목적범) 그 달성 여부는 불문한다. 재산은 동산·부동산뿐 아니라 채권 기타의 재산상의 권리를 말한다. 은닉·손괴·허위양도(虛僞讓渡)·허위채무부담행위(虛僞債務負擔行爲)에 의하여 채권자를 해칠 우려가 있는 상태가 발생하는 것으로 족하며, 현실로 채권자를 해하였음을 요하지 않는다(추상적 위험범).

경계침범죄
境界侵犯罪

경계표를 손괴·이동 또는 제거하거나 기타 방법으로 토지의 경계를 인식불능하게 함으로써 성립하는 범죄이다(형법 제370조). 본죄의 보호법익은 소유권의 이용가치에 있다. 그러나 반드시 그 소유권 자체를 보호하는 것만이 아니라, 소유권이 침해를 당할 가능성이 있는 경우를 순전히 형식적으로 일정한 행위를 규정하여 보호하고 있다.

경계표란 인위적인 것이든, 자연적인 것이든, 또 자기의 것이든, 타인의 것이든, 무주물(無主物)이든 불문한다. 그리고 그것이 영속적인 것이나, 일시적인 것을 가리지 않고 경계선을 알아볼 수 없게 함으로써 성립된다. 따라서 경계표를 손괴했어도 경계가 불명하게 된 것이 아니면 본죄를 구성하지 않고, 따로 재물손괴죄가 구성될 뿐이다. 그리고 실지로 경계선과 다소 상위가 있다 할지라도 사회질서유지상 이를 법적인 구제수단에 의하지 않고 자력 구제행동으로 나오는 것은 용납하지 않는다.

권리행사방해죄
權利行使妨害罪

타인의 점유 또는 권리의 목적이 된 자기의 물건 또는 전자기록 등 특수매체기록을 취거(取去 : 점유자의 의사에 반하여 점유물을 자기 또는 제3자의 지배에 두는 것), 은닉 또는 손괴하여 타인의 권리행사를 방해함으로써 성립하는 범죄이다(형법 제323조).

객체는 타인이 점유하고 있거나 타인의 권리의 목적이 되는 자기의 물건이다. 그러나 공무소에 속하는 경우에는 「형법」 제142조의 **공무상 보관물 무효죄**가 된다.

'타인'은 자기 이외의 자로서 자연인은 물론, 법인격 유무에 관계없이 모든 단체를 포함한다.

'점유'는 자기와 타인의 공동점유도 포함한다. 그러나 공동소유인 경우는 제외된다. 그리고 '점유'는 적법한 권원에 의한 것이라야 한다(절도죄에서는 그 점유의 적법 여부를 불문한다).

'타인의 권리의 목적'은 예컨대 질권(質權)·유치권(留置權)·전세권(傳貰權) 등에 의한 점유이다. 또 물건에 대하여 점유를 수반하는 채권만을 포함하는 것이 아니라, 정지조건 있는 대물변제의 예약권을 가지는 경우도 포함한다.

'자기의 물건'은 동력도 포함한다.

'취거'는 점유자의 의사에 반하여 점유물에 대한 점유자의 사실상의 지배를 배제하고 자기 또는 제3자의 지배하에 두는 것을 말한다(점유자의 하자 있는 의사에 의하여 교부되는 사취, 편취와 구별된다).

'은닉'은 물건의 소재를 모르게 하여 그 발견을 불능케 하거나 곤란케 하는 일체의 행위를 말한다.

'손괴'는 물건의 일부 또는 전부를 용익적 또는 가치적으로 해치는 것을 말한다.

폭력 또는 협박에 의한 권리행사방해(형법 제324조)와 동일한 방법에 의한 점유강취(형법 제325조)는 위의 경우보다 무겁게 벌한다. 이 경우의 폭행은 직접적이건 간접적이건 불문하고, '협박'은 협박죄의 협박과 같은 것이나, 본죄에 있어서의 협박은 협박의 결과로 권리행사를 방해하는 점에서 구별된다. 따라서 권리행사를 현실로 방해하기에 이르지 않았을 경우에는 단순한 폭행죄 또는 협박죄를 구성할 뿐이다. 그리고 강취는 강도죄의 경우와 같은 것이나, 타인의 점유에 속하는 자기의 물건을 대상으로 한다는 점에서 다르다.

인질강요(형법 제324조의2)는 사람을 체포·감금·약취 또는 유인하여 이를 인질로 삼아 제3자에 대하여 권리행사를 방해하거나 의무 없는 일을 하게 한 것이다. 인질상해·치상과 인질살해·치사가 있고 미수범을 처벌한다. 그중 인질강요와 인질상해·치상은 인질을 안전한 장소로 풀어준 경우 그 형을 감경할 수 있다(형법 제324조의6).

공공의 안전에 관한 죄

소요죄
騷擾罪

다중이 집합하여 폭행, 협박 또는 손괴의 행위를 함으로써 성립하는 범죄이다(형법 제115조). 본죄의 보호법익은 사회공공의 평온이다. 따라서 법질서의 침해는 반드시 현실적으로 발생된 것을 필요로 하지 않고 적어도 이러한 침해의 가능성(위험성)이 있으면 성립되며, 목적범이 아니다.

'다중(多衆)'이란 어느 정도의 수를 말하는 것이냐에 대하여 그 수에 한정은 없지만, 한 지방의 공공의 평온을 해하기에 족할 정도의 폭행·협박을 하는 데 적합한 다수인을 필요로 한다. 어떠한 집단을 다중이라고 인정할 수 있는가는 구체적으로 그 인원의 수, 구성원의 성별, 연령, 휴대한 흉기, 그의 목적, 장소, 시간 등 여러 가지 사정을 고려하여 판단한다. 또 '다중'에는 그 수괴나 지휘자 등의 존부와 조직성 여부는 묻지 않는다.

'폭행'은 사람에 대한 유형력의 행사뿐 아니라, 물건에 대한 것까지도 포함한다. 즉 최광의의 폭행을 의미하는 바, 사람을 외포시키는 일체의 행위를 포함한다.

① 행위 : 소요죄가 성립하기 위해서는 다수인이 공동력을 이용하여 폭행·협박 또는 손괴를 하는 것으로써 성립하며, 반드시 현실로 한 지방의 공공의 평온을 해쳤다는 것을 필요로 하지 않고, 그러한 위험성이 있으면 족하다. 그리고 폭행·협박·손괴는 다중의 전원이 행할 필요는 없다.

② 인식 : 다중집합의 결과로 야기될 수 있는 다중의 공동력에 의한 폭행·협박의 사태의 발생을 예견하면서 감히 소요행위에 가담할 의사, 즉 소요인식이 있으면 족하고 반드시 확정적으로 구체적인 개개의 폭행·협박의 인식을 필요로 하지 않는다. 따라서 다중 간의 의사연락이나 상호인식은 필요 없다.

③ 공범관계 : ㉠ 위에서 말한 소요인식이 있어 현장에 집합한 이상 반드시 현실로 폭행, 협박, 손괴를 하지 않아도 전원이 본죄의 정범자로 처벌된다. ㉡ 집단 외에서 협력한 자(예 : 모의에 참가, 자금제공 등)를 본죄의 주체로 보는 것은 타당하지 않다고 본다. ㉢ 내란죄는 조직화된 범죄이나 소요죄는 조직화된 범죄가 아니기 때문에 가담자의 지위에 따른 형의 경중에 관한 특별규정이 없다. 본죄는 필요적 공범이므로 형법총칙의 공범규정이 전적으로 배제되지만, 다중 외에 가담한 자에게는 공범이 성립할 수 있다고 보는 견해도 있다.

[소요죄와 내란죄의 구분]

죄명 구분	소요죄	내란죄
보호법익	사회공공의 평온 <사회적 법익>	국가의 존립 <국가적 법익>
목 적	불필요	국가권력의 배제 국헌문란
수 단	한 지방의 평온을 해하는 집단적인 폭행·협박은 같으나	
	한 지방의 공안을 해할 정도	심각한 정도의 폭행·협박(폭동)
공범관계	두 죄 모두 필요적 공범이나	
	형의 경중규정이 없음	역할에 따른 형의 경중규정이 있음
예비·음모·미수규정	없 음	있 음

다중불해산죄
多衆不解散罪

폭행, 협박 또는 손괴의 행위를 할 목적으로 다중이 집합하여 그를 단속할 권한이 있는 공무원으로부터 3회 이상의 해산명령을 받고도 해산하지 아니함으로써 성립하는 범죄이다(형법 제116조).

① 목적 : 본죄는 목적범이며, 다중이 처음부터 폭행, 협박, 손괴할 목적으로 집합하였거나, 다른 목적으로 집합한 다중이 중도에서 그 의사가 발생되었거나를 불문한다. 또 공동의사나 공동목적을 필요로 하지 않는다.

② 해산명령 : 단속할 권한 있는 공무원으로부터 3회 이상의 해산명령을 받음을 요한다. 명령의 방식은 전원이 감지할 수 있는 방법이면 된다. 예컨대 구두, 문서, 확성기에 의하건 불문한다. 그리고 해산명령의 3회는 각 회의 합리적인 시간적 간격을 두어야 하며, 연속적으로 3회를 발하였을 때에는 1회의 명령밖에 되지 않는다.

③ 불해산 : 해산하지 않는 것이 그 셋째 요건이다. 즉 본죄는 진정부작위범(眞正不作爲犯)으로서 일정한 시간 내에 해산하지 않으면 곧 기수가 된다. 또 불해신한 다중이 다시 폭행, 협박을 할 경우에는 「형법」 제115조의 소요죄가 성립하고 본죄는 이에 흡수된다.

④ 본죄성립과 도주자 : 해산명령 후에 해산하지 않는 자에게만 본죄가 성립하고, 성립한 후에 체포를 면하기 위하여 도주한 자 역시 해산하였다고 보지 않는다.

방화죄
放火罪

화재에 의해 공공의 안전을 해치는 범죄이다. 때문에 방화죄는 타인의 것을 불태운 경우만이 아니라, 자기의 것을 태웠을 경우에도 성립한다. 더구나 타인의 물건을 불태웠을 경우에는 재산범(손괴죄)의 성격 또한 지니고 있다.

본죄는 위험범이며 위험의 발생을 요건으로 한다. 이러한 위험범에는 구체적으로 공공의 위험이 실제로 발생한 것을 요건으로 하는 구체적 위험범(형법 제166조2항·제167조)과 일정한 행위 자체가 바로 공공의 위험을 추정케 하는 추상적 위험범(형법 제164조~제166조1항)이 있다.

본죄가 성립하기 위하여 대상이 되는 물건을 어느 정도 불태워야 하는지는 학설상 다툼이 있다. 주의할 점은 불태운다고 하는 행위가 물리적 개념에 의해서 결정되는 것이 아니고, 규범적 개념에 의해서 결정된다는 것이다.

① **독립연소설**(獨立燃燒說) : 화력이 매개물을 떠나서 목적물이 독립하여 연소할 수 있게 되었을 때에 방화죄의 기수가 된다. 이 설은 종래부터 판례가 일관하여 취하고 있는 설이다. 이 설에 의하면 숯 가마니에 점화하여 가옥에 방화했을 경우 그 숯 가마니가 완전히 연소되어 그 가옥이 그로부터 떨어져 있었어도 자연히 불이 붙을 수 있는 정도가 되면 방화죄가 성립한다고 할 수 있다.

② **효용상실설**(效用喪失說) : 이 설은 독립연소설과는 대조적인 설이다. 즉 화력에 의하여 물건의 중요부분을 손괴하여 그 물건 고유의 효능을 상실하였을 때에 성립된다고 하는 것이다. 이 설에 의하면 방화죄의 기수의 시기가 너무 늦어지는 결점이 있다.

③ **절충설**(折衷說) : 방화죄의 성립시기를 손괴죄의 '손괴'의 정도 여부에 따라 결정하려는 것이다. 기존의 통설에 따르면 건조물의 일부라도 손괴되면 건조물손괴죄가 성립한다. 방화죄도 이와 마찬가지로 화력에 의해 건조물의 일부를 손괴했을 때가 기수시기라고 보는 학설이다.

방화죄를 유형별로 설명하면 다음과 같다.

① **현주건조물방화**(형법 제164조)

㉠ '사람의 주거에 사용하는'이란 현재 범인 이외의 자가 먹고 자며 생활하는 장소로서 일상 사용하고 있다는 것을 말한다. 일정한 사람이 계속하여 지내는 것이 아니라도 무방하다. 여관 등의 객실은 물론, 1동의 건물에 여러 가구가 구분거주하는, 소위 연립주택 등의 경우 1가구라도 사람이 거주하고 있는 이상 전체로서 주거에 사용하고 있다고 할 수 있다. 주거에 사용하고 있는 이상 방화의 경우 현재 사람이 없거나(부재중), 또 안에 사람이 있다는 인식도 필요하지 않다. 그리고 여기서 사람이란 범인 이외의 자를 말하고 범인은 포함되지 않으며, 범인의 가족은 '사람'에 포함된다.

㉡ '건조물'이란 토지에 정착하여 지붕이 있고, 벽 또는 기둥에 의지하여 적어도 내부에 사람이 출입할 수 있는 구조물을 말한다. 그러나 천막이나 개집은 건조물이라고 할 수 없다. 건조물, 기차, 전차, 자동차, 선박, 항공기는 다만 예시적인 것에 불과하다고 보아야 한다.

② **일반건조물방화**(형법 제166조)

㉠ 객체 : 사람의 주거에 사용하지 않고, 공용 또는 공익을 위해 사용하지 않는 건조물이다. 현재 주거에 사용하지 않는다는 것은 범인 이외에 아무도 거주하지 않는 빈집, 창고 등을 말한다. 범인만이 쓰고 있는 집에 방화하였다거나 범인이 보험금을 탈 목적으로 자기 가족을 다른 곳으로 내보낸 뒤에 방화하였다면 '사람이 현존하지 않는 건조물'이 된다.

㉡ 범인의 소유인 경우 : 이 경우에는 공공의 위험의 발생이 요건이다. 즉 구체적 위험범이라 할 수 있다. 공범자의 소유일 경우도 같다. 다만, 범인의 소유일지라도 압류나 강제처분을 당했거나, 타인의 권리의 목적물이 되거나 또는 보험에 들어 있을 때에는 범인 이외의 자에 속한 것으로 해석한다(형법 제176조).

㉢ 공공의 위험이란 불특정 또는 다수인의 생명·신체·재산에 대한 위험발생에 상당한 이유가 되는 상태가 발생한 것을 말한다. 이 공공의 위험은 범인이 인식함을 필요로 하지 않고, 결과로서 발생하는 것만으로 족하다. 그러나 보험금을 받을 목적인 경우에는 「형법」 제176조가 적용되므로 공공의 위험발생을 요건으로 하지 않는다.

③ **일반물건 방화**(형법 제167조)

일반물건에의 방화는 공공의 위험에 대한 인식이 필요하다고 보아야 한다. 만약에 본조를 결과적 가중범으로 해석한다면 본조의 기본행위는 순전히 개인법익의 침해가 되고, 공공의 위험을 예방하는 성격은 근본적으로 부정하는 결과가 되기 때문이다. 일반물건방화의 목적물을 예시하면 1. 공용 또는 공익을 위해 사용하는 것이 아니고, 2. 사람이 현존하지 않는 기차, 전차, 자동차, 기구 등 건조물로 볼 수 없는 문, 담장 등이다.

방화의 예비·음모죄
放火의 豫備·陰謀罪

방화할 목적으로 예비 또는 음모한 범죄이다(형법 제175조).

① 예비 : 범죄의 실행에 착수하기 전에 목적 달성을 준비하는 행위를 말한다. 예비행위에 가담한 자, 예컨대 방화목적이란 것을 알면서도 발화장치의 재료를 구해준 자 등도 예비 또는 음모한 자의 공범으로 취급될 수 있다. 이는 살인자에게 그 정을 알면서 독약을 공급해 준 자는 살인의 공범이 될 수 있는 것과 마찬가지이다. 또한 일단 공동정범의 공모가 있는 이상, 또 그 후에 행위가 동일하다고 인정되는 이상, 아무리 예비행위로 인정받는다 하여도 이 역시 공동정범에 흡수된다.

② 음모 : 2인 이상의 자가 서로 방화할 의사를 교환하는 행위, 즉 범죄의 합의를 말한다.

③ 죄의 흡수 : '음모'는 예비단계에 이르면 이에 흡수되고, '예비'는 미수 또는 기수의 단계에 이르면 이에 또한 흡수되어 따로 방화예비죄는 성립하지 않는다.

실화죄
失火罪

과실로 인하여 방화죄에서 말하는 물건을 불태우는 범죄이다(형법 제170조).

과실이란 일반인이 사회생활상 통상 지켜야 하는 주의의무를 소홀히 한 것을 말하고, 담뱃불을 함부로 버려 화재를 일으킨 작위에 의한 경우와 전열기의 스위치를 꽂아둔 채로 잊어버려서 과열로 인해 화재가 난 것과 같은 부작위의 경우가 있다. 그리고 실화에는 업무상실화와 중실화가 있다(형법 제171조).

업무상실화죄에서 '업무상 과실'은 업무상 필요한 주의를 태만히 한 것인데, 행위주체가 업무자이기 때문에 오직 업무상 요구되는 객관적 주의의무에 의하여 과실의 유무를 판단한다. 그리고 **중실화죄**에 있어서의 '중대한 과실'이란 주의의무위반의 정도가 크다는 것을 말한다. 즉 약간의 주의의무만 지켰더라도 불이 나는 것을 방지할 수 있었던 경우이다. 그 정도는 일반 사회통념에 따라 결정된다.

다만, 화재가 일어나지는 않았으나 충분한 주의를 하지 아니하고 불붙기 쉬운 물건 가까이에서 불을 피우거나 불이 옮아붙기 쉬운 물건 가까이에서 불씨를 사용한 경우에는 경범죄로 처벌한다(경범죄 처벌법 제3조1항22호).

진화방해죄
鎭火妨害罪

화재에 있어서 진화용의 시설 또는 물건을 은닉 또는 손괴하거나 기타 방법으로 진화를 방해한 범죄이다(형법 제169조). ① '화재에 있어서'란 공공의 위험이 발생할 정도의 물건 등이 연소상태에 있는 것을 말한다. 화재의 원인이 방화이건, 실화이건, 천재이건 불문한다. 그리고 해당 물건이 실제로 불에 타서 손상되었는지 여부와 상관없이 화재가 일어나고 있다는 사실만으로도 충분하다. ② '은닉'이란 일정한 행위의 객체의 발견을 불가능 또는 곤란하게 하는 행위를 말한다. ③ '손괴'란 그 물건의 제조목적을 해치는 것을 말한다. ④ '기타 방법'이란 예컨대 소방차를 못가게 한다든가, 소방원에게 폭행 또는 협박을 하여 진화작업을 못하게 하는 것 등이다. ⑤ '진화용의 시설'이란 화재경보기 등과 같은 소방용 통신시설이나 기타의 시설을 말한다. ⑥ '진화용의 물건'이란 소방자동차 또는 소방용 호스와 같이 화재를 진화하기 위하여 만든 물건을 말한다.

폭발물파열죄
爆發物破裂罪

보일러, 고압가스 기타 폭발성 있는 물건을 파열시켜 사람의 생명·신체 또는 재산에 대하여 위험을 발생시킴으로써 성립하는 범죄이다(형법 제172조). 폭발성 있는 물건이란 급격히 파열하는 성질을 가진 물건을 말하고, 이에 유사한 폭발물은 전부 포함한다.

가스·전기등 공급방해죄
가스·電氣등 供給妨害罪

가스, 전기 또는 증기의 공작물을 손괴 또는 제거하거나 기타 방법으로 가스, 전기 또는 증기의 공급이나 사용을 방해하여 공공의 위험을 발생하게 함으로써 성립하는 범죄이다(형법 제173조·제173조의2).

일수죄
溢水罪

물을 넘겨 사람이 주거에 사용하거나 사람이 현존하는(공용 또는 공익을 위해 사용하는) 건조물, 기차, 전차, 자동차, 선박, 항공기 또는 광갱을 침해함으로써 성립하는 범죄이다(형법 제177조~제179조·제181조).

'물을 넘겨'란 물의 자연력을 해방하여 물을 범람시키는 것을 말한다. 그 수력이 저수이거나 유수이거나를 묻지 않으며 그 수단에도 제한이 없다.

'침해한'이란 수력에 의해 물건을 파괴하여 그 물건의 효용을 감손시키는 것을 말한다. 주택의 마루 위까지 침수시킨 정도라면 충분하다. 그리고 침해의 방법에는 제한이 없다. 부작위에 의한 침해는 법령 기타의 근거에 의하여 적극적으로 침해를 방지할 의무가 있는 경우에 인정될 수 있다.

일수죄는 반드시 결과발생을 적극적으로 희망함을 필요로 하지 않으며 미필적인 고의로도 충분하고, 또 목적물에 대한 착오인 경우에도 본죄를 구성한다(형법 제181조). 그러나 자기소유에 속하는 물건인(형법 제179조2항) 경우에는 공공의 위험을 인식하여야 한다. 그리고 일수죄는 방화죄의 경우와 달리 공용건조물이나 현주건조물 이외의 경우와 과실일수(過失溢水)는 각각 형량이 다르다.

방수·수리방해죄
防水·水利妨害罪

방수방해는 수재에 있어서 방수용의 시설 또는 물건을 손괴 또는 은닉하거나 기타 방법으로 방수를 방해함으로써 성립하는 범죄이다(형법 제180조).

수리방해는 둑을 무너뜨리거나 수문을 파괴하거나 그 밖의 방법으로 수리를 방해함으로써 성립하는 범죄이다(형법 제184조).

방수방해죄에서의 '수재'란 반드시 수재가 남으로써 그 침해의 결과가 일어났을 때에 국한하는 것이 아니고, 수재발생이란 위험한 상태가 될 때까지를 포함한다. 그 객체로는 방수용의 시설 또는 물건의 일체이며, 그 소유의 귀속 여하를 불문한다.

'방수를 방해한다'란 수재를 미연에 방지하는 활동 또는 이미 수해가 난 것을 감퇴시키려는 활동뿐만 아니라 여기에 수반되는 손해, 예컨대 건조물의 파괴, 교량의 유실 등을 방지하는 활동도 포함한다.

수리방해죄는 그 보호법익이 수리권의 보호에 있고 공공의 위험과는 관계없으나, 수리권은 대체로 다수인이 공유하거나 또는 일수의 위험이 있는 경우가 있으므로 일수죄 중에서 규정하고 있다.

수리(水利)란 관개, 목축, 수차, 발전 등 일체의 물의 이용을 말하고 물의 이용인 한, 유수이거나 저수이거나 구별이 없다. 다만, 수도에 의한 음료수의 이용은 제외된다(형법 제195조). 방해된 수리는 타인의 권리에 속하는 것이라야 한다. 따라서 수리에 방해를 입은 타인에게 수리권이 없으면 이 죄는 성립되지 않으나, 그 수리권은 관습에 의하여 생긴 것이라도 무방하다. 다만, 경미한 수로의 유수를 방해하는 행위 등은 이에 해당하지 아니하고, 「경범죄 처벌법」의 적용을 받을 뿐이다.

교통방해죄
交通妨害罪

육로, 수로 또는 교량을 손괴 또는 불통하게 하거나 기타 방법으로 교통을 방해한 범죄이다(형법 제185조).
① 육로 : 공중의 왕래에 공용되는 육상의 도로를 말한다. 다만, 순전히 사적인 목적으로 만들어진 도로는 이에 포함되지 않는다.

② 수로 : 선박, 나룻배 등이 통행할 수 있는 하천, 운하, 해협 등으로서 공공의 사용에 공하는 것을 말한다. '해로'도 '수로'에 포함되는가에 대하여 견해의 차이가 있으나 해로 역시 수로와 마찬가지로 교통방해의 대상이 될 수 있는 한 수로의 하나로 보아야 한다.
③ 교량 : 일반의 통행에 제공되는 다리를 말한다. 그 형태 여하, 대소 여하 혹은 재질 여하 등을 불문하고 육교나 잔교(부두와 선박을 연결하는 다리)도 여기에 포함된다.

여기서 '손괴'란 물리적으로 파괴하여 그 효용을 상실케 하는 것을 말하고, 교통을 방해할 수 있는 정도의 파괴라야 한다.

'불통'이란 유형의 장애물로써 차단하는 것을 말하고, 현실로 교통이 불가능하게 될 필요는 없고 교통방해가 발생할 정도이면 족하다.

위에서 설명한 일반교통방해 이외에 **기차·선박 등의 교통방해죄**가 있다(형법 제186조). 즉 궤도, 등대 또는 표지를 손괴하거나 기타 방법으로 기차, 전차, 자동차, 선박 또는 항공기의 교통을 방해하는 행위이다.

① 궤도 : 사람이나 화물을 운송하는 데에 필요한 궤도시설과 궤도차량 및 이와 관련된 운영·지원체계가 유기적으로 구성된 운송 체계를 말한다. 케이블철도, 노면전차, 모노레일, 자기부상열차, 삭도 등이 이에 해당한다(궤도운송법 제2조).
② 등대 : 선박의 항해의 안전과 그 목표를 제시하기 위하여 시설한 등화를 말한다.
③ 표지 : 교통의 신호관계를 명확히 하기 위한 것을 말한다.
④ '기타 방법'은 일반교통방해죄의 경우보다는 확장해서 해석해야 한다. 왜냐하면 그 방해 자체가 일반도로를 방해하는 것과 여기의 궤도상을 달리는 중요교통기관을 방해하는 것은 그 방법에 근본적인 차이가 있기 때문이다. 예컨대 도로의 돌덩이를 방치하는 것이 반드시 교통방해가 되는 것인지 의문이 있지만 본죄의 경우에는 곧 범죄가 된다.

기차 등의 전복죄
汽車 등의 顚覆罪

사람의 현존하는 기차, 전차, 자동차, 선박 또는 항공기를 전복, 매몰, 추락 또는 파괴하는 범죄이다(형법 제187조).

사람의 현존시점에 대하여는 학설의 대립이 있다. 실행행위를 개시할 때에 사람이 현존하는 것으로 족하다는 설과(통설), 결과발생시에 현존함을 요한다는 설이다.

① 전복 : 기차 등을 탈선시킬 경우뿐 아니라 이것이 넘어가는 경우도 포함한다. 그리고 기차와 같이 차량이 여러 개 결합되어 있는 경우, 그 하나만을 전복한 때에도 여기에 해당하고 그중에 어느 한 차량에만 사람이 현존한 때에도 사람이 현존하는 기차를 전복한 것이 된다.

② 매몰 : 전부 또는 대부분이 가라앉은 상태를 말한다. 반드시 수중이나 지중 등에 전부 가라앉아야 하는 것은 아니다. 좌초한 경우에는 매몰이 아니나 매몰할 목적으로 실행에 착수한 후에 좌초된 결과가 생겼을 때에는 본죄의 미수가 되거나 선박의 파괴로 인한 본죄의 기수가 될 것이다.

③ 추락 : 파괴가 되지 않더라도 추락 자체로 죄가 성립한다.

④ 파괴 : 기차 등의 중요한 구성부분의 효용을 상실케 하여 교통기관으로서의 기능의 전부 또는 일부를 불능케 할 정도의 손괴를 말한다(통설). 따라서 차창에 투석하여 유리창을 깨는 것은 본죄의 파괴에 포함되지 아니한다.

먹는 물 등의 사용방해죄
먹는 물 등의 使用妨害罪

일상생활에서 먹는 물로 사용되는 물을 오염시키거나 이것에 독물을 혼입함으로써 성립하는 범죄이며, 공공의 건강의 보호를 목적으로 한다(형법 제192조·제193조).

'일상생활에서 먹는 물로 사용되는 물'이란 수도·우물·저수지 등의 일체의 마시는 물을 가리킨다(공업용수 등 겸용의 경우도 무방하다). 특정인이 마시게 할 목적인 한 컵의 물은 이 죄의 객체가 되지 않으나, 불특정 또는 다수인(가족 등)이 마시도록 제공된 때에는 본죄의 객체가 된다. 청량음료수는 정수가 아니다.

수도는 천연의 유수와 다르며 정수공급용의 인공적 장치를 말한다. 따라서 각 가정에서 용기에 받아둔 수돗물은 여기에 포함하지 않는다. 공설이거나 사설이거나를 묻지 않는다. 본죄를 범하여 그로 인하여 사람을 사상에 이르게 한 자는 상해의 죄와 비교하여 중하게 처벌한다.

'오염시키다'란 독물 등(형법 제193조2항)을 제외하고 일반적으로 건강에 해를 끼칠 가능성이 있는 물건 등을 혼입하는 것을 의미하나, 이 경우의 오물은 물리적 혹은 생리적으로 인체에 해로운 것에 국한하지 않고, 감정적 혹은 심리적으로 정수를 음용하기 어렵게 하는 것이면 족한 것이다. 또 어떤 물질을 넣는 것에만 국한할 것이 아니라, 예컨대 우물 속에 있는 흙을 들쳐 놓아 물을 흐리게 함으로써 마시지 못하게 하는 것도 포함한다. 다만, 그 행위가 더럽히는 정도에 그치고 마실 수 없게 하는 정도에 이르지 아니하면 '경범죄 처벌법'에 해당할 뿐이다(경범죄 처벌법 제3조10호).

'독물이나 그 밖에 건강을 해하는 물질을 넣다'(형법 제192조2항)란 화학적 작용에 의하여 인체의 건강을 해치는 물질을 혼입하는 것을 말하고 그 종류는 묻지 않는다.

아편에 관한 죄
阿片에 관한 罪

아편의 흡식이나 아편을 소지함으로써 국민보건의 위험을 초래하게 하는 범죄를 말한다. 아편에 관한 죄는 다음과 같이 네 종류로 구분할 수 있다.

① 아편 등의 제조 등 : 아편, 몰핀 또는 그 화합물을 제조, 수입 또는 판매하거나 판매할 목적으로 소지한 죄(형법 제198조).

② 아편흡식기의 제조 등 : 아편을 흡식하는

기구를 제조, 수입 또는 판매하거나 판매할 목적으로 소지한 죄(형법 제199조).

③ 아편흡식 등, 동장소제공 : 아편을 흡식하거나 몰핀을 주사하거나, 아편흡식 또는 몰핀주사의 장소를 제공하여 이익을 취한 죄(형법 제201조).

④ 아편 등의 소지 : 아편, 몰핀이나 그 화합물 또는 아편흡식기구를 소지한 죄(형법 제205조).

아편, 몰핀, 기타 그 화합물의 정의에 대하여는 「마약류 관리에 관한 법률」 제2조 및 같은 법 시행령 제2조와 같은 법 시행규칙 제2조에서 상세히 정하고 있다.

'제조'란 생아편, 몰핀 기타 화합물을 만드는 것을 말하고, 그 화합물은 흡식할 수 있는 상태가 아니더라도 그 화합이 이루어진 때는 기수가 된다.

'수입'이란 국내에 반입하는 행위를 말하고, 기수 시기에 대하여는 육로를 이용한 경우에는 국경선을 넘은 때, 해로를 이용한 경우에는 선박으로부터 그 물체가 양륙된 때, 항공기를 이용한 경우에는 하물을 육지에 내린 때에 각각 기수가 된다.

'판매'란 불특정 다수인에 대한 유상적 양도행위를 말한다. 따라서 유상양도의 의사가 있는 한, 단 1회의 1인에 대한 행위라도 '판매'가 된다. 수익의 유무는 불문한다.

'판매할 목적으로 소지한다'란 판매하기 위하여 자기의 사실상의 지배하에 두는 것을 말하고, 반드시 현실로 자신이 가지고 있을 필요는 없고, 타인으로 하여금 가지고 있게 하는 것도 소지이다. 절취한 경우도 판매할 목적이면 소지죄가 성립한다. 따라서 판매할 목적이 아닌 경우에는 단순소지로서 형법 제205조가 적용된다.

'아편을 흡식하는 기구'(형법 제199조)란, 아편을 피워 그 연기를 들이마시는 용도로 사용하는 특수한 도구를 말한다. 따라서 일반적으로 주사하기 위하여 쓰이는 주사기는 이에 포함되지 않는다.

'아편을 흡식하거나 몰핀을 주사한다'(형법 제201조)란 그 목적이 쾌락에 있는가의 여부를 불문한다. 따라서 치료적인 목적의 주사라 하더라도 의사의 적법한 처방에 의한 것이 아니면 죄에 해당된다.

환경에 관한 죄
環境에 관한 罪

환경오염죄(環境汚染罪), **환경오염치사상죄**(環境汚染致死傷罪), **과실환경오염죄**(過失環境汚染罪) 등을 말한다. 이 환경에 관한 죄는 「대기환경보전법」, 「물환경보전법」, 「토양환경보전법」, 「폐기물관리법」, 「자연환경보전법」, 「해양환경관리법」, 「해양폐기물 및 해양오염퇴적물 관리법」 및 「환경오염시설의 통합관리에 관한 법률」 등에서 각각 처벌규정을 두고 있으며, 오염물질의 불법 배출이나 환경보호지역에서의 오염행위 등 생활환경 또는 자연환경 등에 위해(危害)를 끼치는 환경오염행위에 대해서는 「환경범죄 등의 단속 및 가중처벌에 관한 법률」을 두어 가중처벌하고 있다.

공공의 신용에 관한 죄

통화위조 · 변조죄
通貨僞造 · 變造罪

행사할 목적으로 화폐, 지폐나 은행권을 위조하거나 변조하는 범죄를 말한다. 이 죄는 다음과 같은 네 가지 경우로 분류한다. ① 행사할 목적으로 통용하는 대한민국의 화폐, 지폐 또는 은행권을 위조 또는 변조한 경우 ② 행사할 목적으로 내국에서 유통하는 외국의 화폐, 지폐 또는 은행권을 위조 또는 변조한 경우 ③ 행사할 목적으로 외국에서 통용하는 외국의 화폐, 지폐 또는 은행권을 위조 또는 변조한 경우 ④ 위조 또는 변조한 전3항 기재의 통화를 행사하거나 행사할 목적으로 수입 또는 수출한 경우(형법 제207조 참조).

① **통용**(通用) : 강제통용, 즉 법률에 의하여 강제통용력이 부여되어 있는 것을 말한다.

② **통화**(通貨) : 법률에 의하여 강제통용력이 있는 교환의 매개물을 말한다. 다시 말하면 화폐(경화, 즉 금화, 은화 등), 지폐, 은행권을 총칭한 것이다.

③ **위조**(僞造) : 통화발행권이 없는 자가 진짜 화폐를 모사한 물건을 새로이 만들어내는 것이며, 그 만들어낸 것이 일반 통상인의 주의력을 가지고 진짜 화폐와 오인할 수 있을 정도의 것이어야 함을 필요로 한다. 모사의 정도가 이에 이르지 못한 것에 대하여는 「형법」 제211조(통화유사물제조)의 객체가 된다.

④ **변조**(變造) : 진짜 화폐가 가진 화폐로서의 특징은 그대로 두고, 화폐에 일부 변경을 가하는 것을 말한다. 변조화폐의 소재는 항상 진짜 화폐이다. 예컨대 십의 글자를 천으로 고친다거나, 화폐의 주변을 긁어내어 그 중량을 감소시키는 것 등은 변조이다. 그러나 진짜 화폐를 재료로 사용하여 화폐로서의 특징을 파괴하여 다른 것을 만드는 것은 변조라고 할 수 없다.

'내국에서 유통하는 외국의 통화'란 대한민국영역 내에서 사실상 유통하는 외국통화를 말한다. 따라서 강제통용력이 있음을 필요로 하지 않는다(예 : 달러, 엔화). 그리고 북한도 내국에 포함된다. 또 영토 내의 한 부분지역에서 유통되는 경우도 포함된다.

'유통(流通)'이란 '통용'과는 달리 사실상 내국에서 유통되는 것을 말한다.

'외국에서 통용하는 외국의 통화'란 외국에서 강제통용력을 가진 통화를 말한다.

'행사'란 진정한 통화로서 유통시키는 것을 말한다. 따라서 단순히 위조화폐를 자신의 신용능력을 과시하기 위하여 타인에게 보이는 행위는 '행사'에 해당하지 않는다.

통화유사물 제조죄 : 판매할 목적으로 내국 또는 외국에서 통용하거나 유통하는 화폐, 지폐 또는 은행권에 유사한 물건을 제조, 수입 또는 수출한 죄(형법 제211조).

위조 · 변조통화 취득 · 행사죄 : 행사할 목적으로 위조(변조)한 통화를 취득하거나 그 사정을 알고 행사한 죄(형법 제208조 · 제210조).

[위조통화 등의 취득 · 행사의 구분]

구분 조문	죄 명	인 식	행 위
제207조4항	행사죄	위조사실을 모르고 취득	행사 또는 수출입
제208조	취득죄	유형적 · 무 형적 소지	취득
제210조	지정 행사죄	위조사실을 모르고 취득 한 후 알게 된 뒤 행사	행사

공문서에 관한 죄
公文書에 관한 罪

행사할 목적으로 공무원 또는 공무소의 문서나 도화를 위조 · 변조하는 범죄를 말한다(형법 제225조). 문서에 관한 죄에 있어서 문서로서의 요건은 다음과 같다.

① 작성명의인이 있어야 한다 : 본죄의 대상이 되는 문서란 특정인이 어느 정도의 법률상 가치 있는 구체적 사상을 표시한 물체를 말한다. 문서에는 그 작성권자가 명기되어 있어야 한다. 작성명의인은 문장 자체의 내용에 기재되어 있지 않아도 서류 중에서 이해할 수 있으면 족하다. 이 작성명의인은 반드시 문서의 집필자와 일치하지 않아도 좋다. 또 개인이거나 법인이거나를 묻지 않으며, 또한 생존 여부, 실존 여부를 묻지 않는다. 그러나 사자의 명의를 사용할 때에는 그 생존 중에 문서가 작성된 것처럼 외관을 구비하지 않으면 안 된다.

② 구체적 사상의 표시가 있어야 한다 : 문서는 특정인의 구체적 사상을 표시하는 물체이다. 그렇기 때문에 구체적 사상이 없는 표찰 ·

번호표는 문서가 아니다. 그러나 문서는 이것을 단축(약식)하여 표시함으로써 성립될 수 있고, 인감증명이나 지급전표와 같은 것도 문서라고 본다.

③ 문자와 부호 : 문서라고 하기 위해서는 문자 또는 이것에 대신하는 부호를 사용하여 다소 영속성을 지닌 것이어야 한다. 형법은 문자 또는 기타 발음적 부호에 의한 경우를 문서라 하고, 상형적 방법에 의한 경우를 도화라 한다. 즉 그에 의하여 특정인의 구체적 사상을 표시한 것들이다. 따라서 전신부호·점자 등으로 표시한 것은 문서이다.

④ 영속성이 있어야 한다 : 문서에 표시된 사상은 다소 영속성이 있어야만 한다. 때문에 칠판에 판서한 것과 같은 경우는 문서가 아니다.

⑤ 법률상 가치 있는 표시가 있어야 한다 : 문서는 법률상 상당한 가치 있는 사상을 표시한 것이어야 한다. 형법은 이것을 사문서위조죄에 있어서 '권리, 의무 또는 사실증명에 관한 문서'라고 규정하고 있다. 사실증명에 관한 문서라 함은 법률상 문제가 될 수 있는 사실을 증명함에 족한 문서를 말한다.

복사문서 : 전자복사기, 복사전송기 기타 이와 유사한 기기를 사용하여 복사한 문서 또는 도화사본도 문서 또는 도화로 본다.

공문서의 위조·변조·허위작성 등의 구분은 다음과 같다.

조 문	죄 명	작성권한유무	명 의
제225조	공문서위조죄	무	타인
	공문서변조죄	무	타인
제226조	자격모용공문서작성죄	무	자격모용
제227조	허위공문서작성죄	유	작성권자
	허위공문서변조죄	유	작성권자

공문서 등의 위조, 변조죄 : 행사할 목적으로 공무원 또는 공무소의 문서 또는 도화를 위조 또는 변조한 죄(형법 제225조).

허위공문서 등 작성죄 : 공무원이 행사할 목적으로 그 직무에 관하여 문서 또는 도화를 허위로 작성하거나 변개한 죄(형법 제227조).

자격모용(資格冒用)**에 의한 공문서 등의 작성죄** : 행사할 목적으로 공무원 또는 공무소의 자격을 모용하여 문서 또는 도화를 작성한 자(형법 제226조) 등의 행사죄로 다음과 같은 두 가지의 경우가 있다.

위조 등 공문서의 행사죄 : 형법 제255조~제228조의 죄에 의하여 만들어진 문서, 도화, 전자기록 등 특수매체기록, 공정증서원본, 면허증, 허가증, 등록증 또는 여권을 행사한 죄(형법 제229조).

공문서 등의 부정행사죄 : 공무원 또는 공무소의 문서 또는 도화를 부정행사한 죄(형법 제230조).

'행사할 목적'이란 위조 등의 문서를 진정한 문서로서 사용할 목적을 말한다. 예컨대 아이들의 장난감으로 위조, 변조하였다면 죄가 안 된다.

'공무원 또는 공무소의 문서 또는 도화'란 공무원 또는 공무소의 직무권한 내에서 작성된 것이어야 한다. 또한 공무원 또는 공무소가 그 공문서를 작성함에 있어서 반드시 그 합법적인 권한 내에서 작성되었을 필요는 없다. 일정한 형식만 구비된 것이면 공문서라고 해석한다. 이와 반대로 문서의 내용이 진실에 합치하는 경우라도 공무원 또는 공무소의 작성명의를 모용하면 위조가 된다(형법 제226조). 그리고 실존하지 않는 공무원 또는 공무소의 작성명의인 때에도 일반인으로 하여금 공무원 또는 공무소가 그 권한 내에서 작성한 것으로 믿을 수 있도록 하는 정도의 형식, 외관을 갖추어 공문서의 신용을 해칠 위험이 있는 경우에는 위조죄가 된다(대판 1968.9.17, 68도981 ; 대판 1969.1.21, 68도1570).

한편, 형법 제141조1항의 공용문서와 본죄의 공문서는 서로 다르다. 공용문서는 공무소에서 사용할 목적으로 보관하고 있는 문서를 말한다. 따라서 사문서라도 공무소에서 사용할 목적으로 보관하고 있는 것이면 공용문서인 것이다.

위조 : 작성권한이 없으면서 타인명의의 문서를 작성하는 것을 말한다. 원래 위조는 작성권한을 바꾸어 문서를 작성하는 **유형위조**(有形僞造)와 자기의 작성권한을 바꾸지 않고 허위의 내용의 문서를 작성하는 **무형위조**(無形僞造)가 있다. 예를 들면 A가 함부로 B의 명의를 사용하여 문서를 작성하는 것은 전자의 예이며, 작성권한이 있는 공무원이 지시받은 것과 다른 허위내용을 기재하는 것은 후자의 예이다. 그러나 문서의 위조라고 할 때에는 통상 유형위조를 말한다. 따라서 무형위조의 경우에는 「형법」 제227조(허위공문서작성), 「형법」 제233조(허위진단서작성)와 간접적 무형위조인 「형법」 제228조(공정증서원본부실기재)의 경우만 처벌하게 된다. 타인명의의 문서작성에는 타인의 대리인으로 하여금 작성케 하는 경우도 포함된다. 판례도 대리인 자신의 문서가 아니고 본인의 문서에 속하고, 본인에 대하여 효력을 발생한다고 하여 위조로 인정하고 있다.

공전자기록위작(公電磁記錄僞作) · **변작**(變作) : 사무처리를 그르치게 할 목적으로 공무원 또는 공무소의 전자기록 등 특수매체기록을 위작 · 변작한 죄(형법 제227조의2).

변조 : 타인명의의 문서의 내용에 그 동의없이 동일성을 해하지 않는 정도의 변경을 가하는 것을 말한다. 변경을 가함으로써 전혀 다른 새로운 내용을 작출했을 경우 이것은 거래의 관념상 별개의 문서이므로 변조가 아니라 위조가 된다.

행사 : 위조 · 변조된 문서를 진정한 문서로 사용하는 것을 말한다. 이것은 위조 · 변조된 문서이면 족하고, 위조 · 변조행위가 범죄행위에 해당할 필요는 없다. 행사의 방법은 문서의 성질에 따라 다르다. 통상은 상대방에게 인도하거나 또는 제시하는 것이나, 등기부 등은 일정한 장소에다 비치한 것만으로도 행사를 한 것이 된다. 행사는 그 문서를 열람할 수 있는 상태에 있는 것으로 기수가 되며, 현재에 타인이 열람하는 것은 필요로 하지 않는다. 그리고 위조문서 등의 그 자체를 사용하지 않고 등본만을 제시하거나 위조문서 등의 형식과 내용을 구두 또는 서면으로 알리기만 하였다면 행사한 것으로 볼 수 없다.

사문서등의 위조 · 변조죄
私文書등의 僞造 · 變造罪

행사할 목적으로 권리 · 의무 또는 사실증명에 관한 타인의 문서 또는 도화를 위조 또는 변조하는 범죄이다(형법 제231조).

① 사문서 : 공문서 이외의 문서를 말한다. 명의인의 기재가 있거나, 적어도 누가 작성명의인인가를 판단할 수 있는 것이라야 한다. 그리고 그 명의인은 자연인이건 법인이건 불문한다. 그러나 사망자, 허무인명의의 문서는 본죄를 구성하지 않는다.

② 공문서와 사문서와의 구별 : 이 구별의 표준은 문서의 내용이 공적인 사항인가 사적인 사항인가에 따라 구별되는 것이 아니고, 작성명의인이 공무원 또는 공무소인가 사인인가에 있다. 예컨대 전보송달지는 공문서이다.

③ 권리 · 의무에 관한 문서 : 권리 · 의무의 발생 · 변경 또는 소멸에 관한 사항을 기재한 문서를 말한다. 다시 말해서 법적 내용을 가진 문서로서 법적으로 보호할 가치가 있는 것을 말한다. 예컨대 매매의 신청서 또는 승낙서 · 유언서 · 매도증서 · 차용증서 등이다.

④ 사실증명에 관한 문서 : 권리 · 의무에 관한 문서 이외의 문서로서 사회생활상 이해관계있는 사실을 증명함에 족한 것을 기재한 일체의

문서이다. 예컨대 이력서·안내장·광고청탁서 등을 말한다.

⑤ 자격모용(資格冒用)에 의한 사문서작성 : 다음의 경우에는 형법 제232조가 적용된다. ㉠ 대표권 또는 대리권 없는 자가 그 대표권 또는 대리권자 명의의 문서를 작성한 경우 ㉡ 대표권 또는 대리권이 있는 자가 그 권한 이외의 사항에 관하여 대표권 또는 대리권자 명의의 문서를 작성한 경우 ㉢ 대표권 또는 대리권 있는 자가 그 권한을 초월하여 문서를 작성한 경우

유가증권위조죄
有價證券僞造罪
행사할 목적으로 국내외의 공채증서 기타 유가증권을 위조 또는 변조하거나, 유가증권의 권리·의무에 관한 기재를 위조 또는 변조한 범죄이다(형법 제214조).

유가증권은 일반적으로 문서의 성질을 가지나, 다른 면으로는 화폐에 준하는 기능을 갖고 있어서 형법은 특히 유가증권위조에 관하여는 독립된 규정을 두고 있다. 행사는 반드시 유통이 있음을 필요로 하지 않는다. 그 용법에 있어서 진정한 것처럼 하여 사용하면 족하다. 따라서 행사할 목적이 없이 그 정을 아는 사람에게 한 단순한 '교부'는 본죄를 구성하지 않는다. 또 그 행사할 목적은 타인으로 하여금 행사케 할 목적도 포함한다.

유가증권 : 재산권을 나타내는 증권이며 그 권리의 행사 또는 이전에 대하여 증권의 소지를 필요로 하는 것을 말한다. 형법은 그 예시로서 공채증서, 기타 유가증권을 들고 있으나 법률상 유가증권에는 어음, 수표, 창고증권, 선하증권 등이 있고, 사실상의 유가증권에는 기차, 전차 등의 승차권, 상품권 등도 유가증권에 포함된다. 그러나 인지와 우표는 「형법」 제222조에서 따로 규정하고 있기 때문에 본죄의 객체로서의 유가증권에는 포함되지 아니한다.

[유가증권의 위조·변조·작성죄 등의 구별]

요건 등 조문	죄 명	명의인	행 위
제214조 1항	유가증권 위조	타인명의(명의인 실존 여부 불문)	위조(권한 없이 작성)
	유가증권 변조	타인명의	기존 유효증권의 내용변경
제214조 2항	유가증권 기재위조	타인명의	권리·의무 기재 위조
	유가증권 기재 변조	타인명의 또는 타인이 배서한 자기 명의증권	권리·의무에 관한 기재변조(내용변경)
제215조	자격모용에 의한 유가증권작성	대표권자 또는 대리자 명의	자격을 모용하여 증권 작성
	자격모용에 의한 유가증권 허위기재	대표권자 또는 대리자 명의	자격을 모용하여 권리 또는 의무에 관한 사항을 기재
제216조	허위유가증권 작성	명의자 불문	명의모용 없이 허위작성
	유가증권허위기재	명의자 불문	명의모용 없이 허위사항 기재(진실에 반하는 기재)

유가증권으로 본죄의 객체가 되는 것은 국내에서 발행 또는 유통되는 것에 한하며, 외국에서 발행·유통되는 것을 포함하지 않는다. 따라서 외국에서 발행한 것이라도 국내에서 유통되는 것이면 본죄의 객체가 된다. 위조·변조된 유가증권 또는 허위의 기재를 한 증권은 법률상의 유효 여부를 불문한다. 일반인이 유효한 유가증권이라고 믿을 수 있는 정도이면 족하다.

위조 : 문서위조죄의 경우와 같이 작성권한 없는 자가 타인명의의 유가증권을 작성하

는 행위를 말한다. 그러나 위조는 문서위조의 그것보다도 증서의 유가증권성 때문에 특수한 의미를 갖게 된다. 또한 「형법」 제214조 2항의 '기재의 위조'라는 개념과도 구별된다. 위조는 외형상 일반인으로 하여금 진정하게 성립된 유가증권이라고 오신하게 할 정도로써 족하고, 그것의 실질적 효력 여부는 불문한다. 또한 명의인이 실재하지 않아도 본죄는 성립한다.

변조 : 작성권한이 없는 자가 진정하게 성립된 타인명의의 유가증권의 내용에 변경을 가하는 행위를 말한다. 다만, 변경이 유가증권의 본질적인 부분에 변동이 있으면 위조가 된다. 「형법」 제214조2항의 '변조'는 작성권한이 없는 자가 부수적 증권행위(배서 등)에 관하여 진실에 반하는 기재를 하는 것을 말한다. 그러나 자기명의의 유가증권이라도 타인이 배서한 후에 증권의 문언을 변경하는 행위는 변조가 된다.

자격모용에 의한 유가증권 작성죄(형법 제215조) : 본죄는 행위자가 대리 또는 대표자의 명의를 모용하여 유가증권을 작성하는 행위로서 문서위조죄의 경우와 같다. 따라서 (1) 작성권한이 없는 경우에만 본죄가 성립하고, (2) 권한 있는 자가 그 권한을 남용하여 작성한 경우에는 내부적 관계가 있을 뿐 본죄의 성립은 없다. (3) 대리나 대표의 자격이 없는 자가 자격모용 없이 그 권한 외의 증서작성만을 한 때에는 본조의 죄가 아닌 유가증권위조죄가 성립된다. (4) 대리나 대표자의 자격은 회사의 경우 등기가 완료됨을 필요로 하지 않고, 또 법정대리인도 여기에 해당된다.

「형법」 제215조에 '유가증권의 권리 또는 의무에 관한 사항의 기재'란 본조 전단에 관하여 일정한 대리 또는 대표명의를 가지고 있는 자가 부수적 증권행위에 관하여 상술한 위조행위를 함을 말한다.

허위유가증권 작성죄(형법 제216조) : 그 작성명의를 모용함이 없이 단순히 허위의 내용을 기재하는 경우에 국한하고 그 허위를 기재하는 사항이 기본적 증권행위에 관하거나, 부수적 증권행위에 관하거나, 기존 유가증권에 대하여 허위의 기재를 하거나, 자기명의로 새로이 유가증권을 작성하면서 허위의 기재를 하거나를 불문한다.

허위유가증권 기재죄(형법 제216조) : 유가증권의 법률상 효력을 발생시킬 수 있는 사항을 사실에 반하여 기재하는 것을 말한다. 약속어음의 발행일 및 지급기일을 소급하여 기재하는 것 등이 여기에 해당한다. 그리고 허위의 기재는 형식상 일견 사람으로 하여금 유가증권으로 오신케 할 정도면 족하고 반드시 유효한 증권행위가 있는 것을 필요로 하지 않는다.

인장위조죄
印章僞造罪

행사할 목적으로 타인의 도장, 서명, 기호 등을 작성 또는 기재함으로써 성립하는 범죄이다. 이 죄는 다음과 같이 네 가지로 분류할 수 있다. ① 행사할 목적으로 공무원 또는 공무소의 인장, 서명, 기명 또는 기호를 위조 또는 부정사용한 죄(형법 제238조1항). ② 위조 또는 부정사용한 공무원 또는 공무소의 인장, 서명, 기명 또는 기호를 행사한 죄(같은 조 2항). ③ 행사할 목적으로 타인의 인장, 서명, 기명 또는 기호를 위조 또는 부정사용한 사인위조죄(형법 제239조1항). ④ 위조 또는 부정사용한 타인의 인장, 서명, 기명 또는 기호를 행사한 사인부정행사죄(같은 조 2항).

인장(印章)이란 특정인의 인격 및 동일성을 증명하기 위하여 사용하는 인영(印影) 또는 인영을 현출시키는 데 필요한 문자 등을 조각한 물체를 말한다. 인장은 반드시 특정인의 성명을 표출한 것만을 요하지 않는다. 그러므로 무인(지장)이나 우체국의 일부인도

인장으로 본다. 「형법」 제238조에서 말하는 인장은 공무원이 공무상 사용하는 모든 인장을 말한다.

서명이란 특정인격의 주체를 표시하는 문자를 말하고 스스로 직접 작성한 경우에 한정한다(기명은 포함하지 않는다). 성명을 표시하는 경우만이 아니라 성만을 쓰거나 이름만을 쓰는 경우 및 상호나 아호 등도 이에 포함한다.

기명은 스스로 직접 작성하지 않은 경우로서 대필 등이 그 예이다.

부정사용이란 진정한 인장·서명·기명 또는 기호를 정당한 권한 없이 타인에 대하여 위법하게 사용하는 것을 말한다. 권한 있는 자라도 그 권한을 남용하여 사용하는 것은 부정사용이다. 위조행위가 그 인장 자체를 거짓으로 만드는 것인 데 비해, 부정사용은 인장 자체는 진정한 것이지만 '사용의 진정'을 해하는 것이다. 행사는 위조 또는 부정사용한 인장, 서명, 기명, 기호를 그 용법에 따라 타인에 대하여 사용하는 것이다. 자기가 위조·부정사용한 것이거나, 타인에게 위조·부정사용하게 한 것이거나를 불문하나, 후자의 경우에는 위조·부정사용이라는 인식이 있음을 필요로 한다. '행사할 목적'은 행위자가 스스로 행사할 목적은 물론, 타인으로 하여금 행사케 할 목적도 포함한다. 타인이란 공무소, 공무원 이외의 타인을 말한다. 법인격 있는 자는 물론, 법인격이 없는 자도 사회거래상 독립하여 권리·의무의 주체가 될 수 있는 한 타인이다.

컴퓨터관련범죄
정보처리장치를 이용한 사기, 업무방해, 비밀침해, 공사 전자기록의 위작(僞作), 변작(變作) 및 이에 대한 행사 등 컴퓨터와 관련된 범죄를 말한다. 개정 형법에서는 컴퓨터 등 정보처리장치에 허위의 정보 또는 부정한 명령을 입력함으로써 성립하는 기존 법에 권한 없이 정보를 입력·변경하여 정보처리를 하

게 하는 행위를 구성요건에 추가하였다. 재산상의 이익을 취득하거나, 제3자로 하여금 재산상의 이익을 취득하게 함으로써 성립한다(형법 제347조의2).

풍속에 관한 죄

음행매개죄
淫行媒介罪
영리의 목적으로 사람을 매개하여 간음하게 하는 범죄이다(형법 제242조).

① 보호법익 : 자연인 모두에 해당한다. 기존 형법에서는 미성년 또는 음행의 상습 없는 부녀에 그 보호법익이 한정되어 있었으나, 변화된 시대 상황을 반영하여 성범죄의 객체를 '사람(자연인)'으로 확대하였다.

② '영리의 목적'이란 현실로 그 결과가 있었음을 필요로 하지 않고, 타인의 이익을 위한 경우도 포함한다.

③ '매개한다'란 간음할 결의를 하게 하는 일체의 행위를 말한다. 그리고 이 행위는 교사행위일 필요가 없다. 즉 피간음매개자가 간음할 생각을 가지고 있을 때라도 사람을 매개하여 구체적인 결과를 낳게 하면 여기에 해당하며, 또 폭행이나 협박 등은 여기에 포함되지 않는다. 즉 폭행이나 협박이 따르면 「형법」 제2편 제32장의 강간과 추행의 죄에 해당되기 때문이다.

음란에 관한 죄
淫亂에 관한 罪
보통사람의 정상적인 성적 수치심을 일으키거나 성적으로 흥분 또는 자극시키는 것으로서 성적 도덕관념에 반하는 행위를 내용으로 하는 범죄이다. 외설죄(猥褻罪)라고도 하는데, '외설(猥褻)'이라는 개념은 일본형법에서 쓰이는 용어이다. 음란성의 판단기준에 대하여는 많은 판례가 있다. 그

중에 주목할 만한 판례는 다음과 같다.

(판례) 형법상 어떤 것이 음란한 것인가의 판정은 그것이 추악한 것인가 어떤 것인가의 기준에 따라 정할 것이 아니라, 그것이 사회적 현실로서 위험을 가져올 것인가의 여부에 따라 결정해야 한다. 왜냐하면 형법 본래의 기능이 사회의 현실적 위험을 수호하는 것으로 충분하고 그 이상의 도덕이나 주관적인 감정의 영역까지 범할 수 없는 것이다. 즉 그것은 법률의 확대해석이라 아니 할 수 없다. 따라서 이 책에는 이러한 의미에서 사회적 현실의 위험이 없기 때문에 무죄이다(1969.7.22. 서독연방법원·판-영국소설 『패니 힐(Fanny Hill)』의 음란성 여부에 대한 판결).

(판례) 음란성은 1. 성묘사의 정도와 수법 2. 성묘사가 내용 전체에서 점하는 비중 3. 작품의 사상과 성묘사의 관련성 4. 예술·사상성에 의한 성적 자극의 완화도 5. 내용의 구성과 전개 등의 5개 기준에 의하여 그 전체가 독자의 호색적 흥미를 불러일으키느냐의 여부를 검토해야 한다(1980.11.28. 일본최고·판).

음란에 관한 죄에는 다음의 세 가지가 있다. ① 음화반포 등 : 음란한 문서, 도화, 필름 기타 물건을 반포, 판매 또는 임대하거나 공연히 전시 또는 상영한 죄(형법 제243조). ② 음화제조 등 : 위의 행위에 공할 목적으로 음란한 물건을 제조, 소지, 수입 또는 수출한 죄(형법 제244조). ③ 공연음란 : 공연히 음란한 행위를 한 죄(형법 제245조).

음화 등의 반포 등 죄에 있어서 「형법」 제243조의 '판매'는 영리의 목적이 있건 없건 불문하고, '임대'도 유상·무상을 가리지 않는다. 「형법」 제244조의 '소지'는 현실로 소지하는 것만이 아니고 자기 집에 간직해둔 것도 해당한다. 공연음란죄는 음란한 물건에 대한 일정한 행위를 처벌하는 음화 등의 제조·판매죄(販賣罪)와는 달리 음란한 행위 그 자체를 처벌하는 것이나, 선량한 성풍속을 보호하려는 점에서는 같다고 할 것이다.

간통죄
姦通罪

배우자가 있는 자가 간통하거나, 상대방이 배우자가 있다는 것을 알고서도 간통한 경우 성립하는 범죄이다. 우리나라에서는 1953년 「형법」이 제정되면서부터 간통죄를 처벌하기 위한 조항이 존재해 왔다. 그러나 미국, 영국, 일본 등 대부분의 나라는 불벌주의를 택하고 있을 뿐 아니라, 성적인 문제는 지극히 개인적인 사생활 영역이기 때문에 이것을 국가가 개입하는 것이 과연 옳은가에 대한 논의가 계속되어 온 것도 사실이다. 실제로 1992년에는 간통죄 폐지를 골자로 한 형법개정안 공청회가 열리기도 했으나 치열한 공방을 거듭한 끝에 결국 존치 결정이 내려지기도 했다.

이와 같이 간통죄에 대한 존폐 여부가 논란이 된 가운데, 간통죄는 1990년, 1993년, 2001년, 2008년 네 차례에 걸쳐 헌법재판소에서 합헌결정을 받았다. 1993년 헌법재판소는 '간통으로 야기되는 사회적 해악의 사전 예방을 위해 처벌하는 것은 성적 자기결정권에 위배되는 것이 아니다'며 '선량한 성도덕과 일부일처제, 부부간의 성적 성실의무 수호를 위해서는 간통죄가 필요하다'고 결정했다. 2001년에는 합헌결정이 내려지기는 했지만 동시에 '입법자는 간통죄 폐지론에 대해 진지한 접근이 필요하다'고 의견을 제시한 바 있다.

헌법재판소는 2015년 2월 26일, '간통죄는 국민의 성적 자기결정권과 사생활의 비밀 자유를 침해하는 것으로 헌법에 위반된다'고 판시하며 위헌 결정을 내렸다. 이로써 간통죄는 62년의 역사를 뒤로 하고 폐지되었다.

도박에 관한 죄

도박죄
賭博罪
우연적인 사정에 의하여 재물을 득실하는 것에 의하여 사회의 건전한 경제생활의 관습을 퇴폐시키는 것을 실체로 하는 죄를 말한다(형법 제246조). 보호법익은 국민의 건전한 근로정신과 조상에게서 물려받은 전통적인 공공의 미풍양속이다.

① 재물 : 재산상의 이익도 포함한다. 따라서 그 가격의 고저나 교환가치의 유무를 불문한다. 또 현실로 재물의 수수가 없다해도 그 약속만 있으면 된다.

② 도박 : 우연한 사정에 따라 재물의 득실을 다투는 것을 말하며, 승패를 결정하는 데는 상당한 기능이 관계되는 것이라고 할지라도 다소라도 우연성의 지배를 받는 것을 말한다. 여기서 우연성(偶然性)이란 필연성에 대립되는 뜻으로서 승패의 귀추가 행위자의 확실한 인식 또는 행위자의 지배 밖에 있음을 말한다. 도박이라 하더라도 '일시의 오락 정도'면 벌하지 않는다고 「형법」 제246조1항 단서에 규정하고 있다. '일시오락의 정도에 불과한 때'란 재물의 득실보다도 승부결정의 흥미를 위주로 하는 때를 말한다. 그 경제적 가치가 근소하여 도박하는 것이 근로에 의한 재산의 취득이라는 건전한 경제적 관념을 침해하지 않을 정도를 말한다. 예컨대 도박자의 신분·사회적 지위·자산정도 등에 비교하여 음식물의 가격이 근소하고 도박의 종료 후 즉시 그 장소에서 음식값으로 소비한 경우는 일시오락의 정도에 불과한 때라고 할 수 있다. 그러나 금전은 그 성질상 '일시오락 정도에 불과한' 것

이라고는 할 수 없으므로 가령 1원이라도 도박성이 있으면 도박죄가 성립한다. 그리고 상습적으로 도박한 자에 대하여는 형이 가중된다.

③ **사기도박** : 본죄에서 말하는 우연성이 아닌 처음부터 일방이 이길 수 있도록 미리 모의하고서 하는 행위로서, 이 경우는 도박죄는 성립하지 아니하고 사기죄를 구성한다.

도박개장죄
賭博開場罪
영리의 목적으로 도박장을 개장한 범죄이다(형법 제247조).

'개장'은 주재자로서 그 지배하에 도박을 위하여 일정한 장소를 제공하는 것이다. 때문에 도박의 주재자가 되지 않는 한, 단순히 도박장소를 제공한 것만으로는 설사 사례를 받았다 하더라도 본죄가 성립하지 않는다(이 경우는 도박방조죄가 성립한다). 본죄가 성립하기 위해서는 '영리'를 목적으로 하지 않으면 안 된다. 따라서 목적범이다. 그리고 도박장은 상설일 것을 필요로 하지 않고 또 개장자가 도박장에 나가 있어야 하거나 함께 도박을 할 필요는 없다.

'영리의 목적'이란 도박을 하는 자로부터 개평 등의 명목으로 도박개설의 대가로 불법의 이득을 취하려는 의사를 말한다. 그리고 영리의 목적일 때는 현실로 이익을 얻은 것을 필요로 하지 않는다.

국가기능에 관한 죄

공무집행방해죄
公務執行妨害罪
직무를 집행하는 공무원에 대하여 폭행 또는 협박함으로써 성립하는 범죄이다(형법 제136조1항). 공무집행방해죄에 있어서 문제가 되는 것은 위법한 공

무집행도 「형법」의 보호를 받아야 할 것인가 이다. 적법한 직무집행이라야 「형법」의 보호를 받는다는 적극설과, 직무의 집행인 이상 적법성 내지 합법성을 필요로 하지 않는다는 소극설이 있다. 전자가 통설이다. 그리고 적법성의 요건이 구비되었느냐의 여부 및 누구의 입장에서 판단할 것인가에 대하여 1. 법원의 법령해석에 따라 판단하자는 객관설, 2. 해당 공무원이 적법한 것이라고 믿고 행한 것이라면 적법한 것으로 보는 주관설, 3. 일반인의 견해를 표준으로 하자는 절충설이 있으며, 통설은 객관설이다. 그러나 판례는 절충설을 택하고 있다.

'직무를 집행하는 공무원'이란 법령에 의하여 국가 또는 지방자치단체 등의 사무에 종사하는 자를 말하고, 외국의 공무원이나 단순한 기계적·육체적인 노무에 종사하는 청소부, 공원, 사환 등은 이에 포함하지 않는다. 다만, 우편집배원은 단순한 기계적·육체적 노무에 종사하는 것으로 보지 않고 정신적·지능적 판단이 필요한 직무로 본다.

'집행하는'이란 직무의 집행 중임을 말하는 것이나 그 집행에 착수하려고 하는 경우도 포함한다. 그러나 직무집행이 예상되는 상태, 예컨대 출근 중에 있는 공무원에게 폭행을 가하였다면 폭행죄는 성립되지만 본죄는 성립하지 않는다. 폭행은 공무원에 대한 불법한 유형력의 행사를 말하며 공무원의 신체에 직접 가해지는 경우에 국한하지 않고, 물건 또는 그 사용인에게 가해진 경우도 간접적으로 공무원에게 향해진 것이라면, 이것도 포함한다. 또 그 폭행으로 직무집행이 방해될 가능성이 있는 정도면 족하다.

협박이란 사람에게 공포심을 일으키게 할 목적으로 해악의 통지를 하는 것을 말한다. 공포심을 일으킬 수 있는 가능성이 있으면 그 방법이나 정도를 불문한다. 따라서 상대방이 현실로 공포심을 일으키고 있는 상태가 아니라

도 무방하다.

직무강요죄(職務强要罪) : 공무원에 대하여 그 직무상의 행위를 강요 또는 저지하거나 그 직을 사퇴하게 할 목적으로 폭행 또는 협박한 범죄이다(형법 제136조2항). 본죄의 주체는 어떤 직무에 관한 권한 있는 공무원이다. 따라서 권한이 없는 행위를 강요하였다면 본죄는 성립하지 않는다.

위계에 의한 공무집행방해죄 : 위계로써 공무원의 직무집행을 방해한 범죄이다(형법 제137조).

'위계'란 행위자가 달성하려는 목적과 수단을 상대방에게 알리지 않거나, 상대방의 착오를 이용하여 자기의 목적을 달성하는 것을 말하고, 그 방법은 비밀이든 공연이든 불문한다.

봉인손상 등의 죄
封印損傷 등의 罪

공무원이 그 직무에 관하여 실시한 봉인 또는 압류 기타 강제처분의 표시를 손상 또는 은닉하거나 기타 방법으로 그 효용을 해한 경우와, 공무원이 그 직무에 관하여 봉함 기타 비밀장치한 문서 또는 도화를 개봉한 경우, 공무원이 그 직무에 관한 봉함 기타 비밀장치한 문서, 도화 또는 전자기록 등 특수매체기록을 기술적 수단을 이용하여 그 내용을 알아내는 범죄이다(형법 제140조). 공무원의 직무의 합법성에 관한 내용은 협의의 '공무집행방해죄'의 경우와 같다.

① **봉인**(封印) : 물건에 대하여 임의처분을 금지하기 위하여 물건에 시행한 봉함 기타의 설비를 말한다. 봉인은 해당 공무원의 인영을 사용한 경우에만 국한하지 않는다. 따라서 집행관이 물건명, 압류연월일, 그의 성명 등을 기입한 지편을 감아두는 것도 봉인이다. 그러나 물건에 이미 비치되어 있는 자물쇠를 잠궈두는 정도의 것은 봉인이라 할 수 없다. 그리고 이 봉인이 되면 그 물건의

점유는 그 공무원에게 이전된다.

② **압류** : 공무원이 직무상 보관하여야 할 물건을 자기의 점유하에 두거나 또는 옮기는 강제처분이다. 이 처분을 명시하기 위하여 특히 시행한 것을 **압류의 표시**라고 한다. 「민사집행법」에 의한 동산의 압류처분은 물론, 가압류 및 가처분도 그 성질에 따라서 압류에 해당하는 것이 있고, 기타의 법령이 압류를 규정한 것도 있다. 기타 강제처분은 공무원이 물건을 자기의 점유에 옮기지 아니하고 타인에 대하여 일정한 작위·부작위를 명하는 처분이라고 본다.

③ **손상** : 물질적인 파괴를 말한다. 예컨대 봉인의 외표를 훼손·파괴하는 것에 한하지 않으며, 봉인 전부를 떼어내는 등 그 시행된 위치를 옮기는 것도 포함한다.

④ **은닉** : 봉인, 압류, 강제처분된 물건 등의 발견을 곤란하게 하는 일체의 행위를 말한다.

⑤ **효용을 해한 행위** : 반드시 봉인 또는 압류 등의 표시 그 자체를 해치는 행위뿐만 아니라 사실상 그 효력을 상실할 수 있는 행위, 예컨대 토지 내에 들어가 경작하는 것을 금지한 표찰을 무시하고 토지에 들어가 경작한 경우이다.

⑥ **개봉** : 그 내용을 알아볼 수 있는 상태에 두는 것을 말하고, 투시같은 방법으로 그 내용을 알았다면 본죄를 구성하지 않는다. 그리고 법령상 인정되는 검열은 정당행위로서 위법성이 조각된다.

직무유기죄
職務遺棄罪

공무원이 정당한 이유 없이 그 직무수행을 거부하거나 그 직무를 유기한 범죄이다 (형법 제122조).

공무원은 관제에 의하여 그 직무권한이 정하여 있는 자에 한하지 않고 널리 법령에 의하여 공무에 종사하는 직원을 말한다. 따라서 공무집행을 위탁받은 사인(私人)도 포함된다. 그 공무의 내용은 단순한 기계적·육체적인 것에 한정되어 있는 것이 아니어야 한다. 따라서 공장노동자, 인부, 사환, 청소부 등은 공무원 개념에서 제외된다(통설). 그러나 우편집배원은 정신적·지능적인 판단을 필요로 하는 업무로 보고 공무원 중에 포함한다.

'직무수행을 거부한다'는 그 직무를 수행할 의무 있는 자가 이를 행하지 않는 것을 말한다. 거부는 국가에 대한 것이건 국민에 대한 것이건 또한 적극·소극을 불문한다.

'직무를 유기한다'는 직장을 무단이탈한다거나 직무를 포기하는 것을 말한다. 그러나 단순한 직무의 태만은 유기라 할 수 없다.

직권남용죄
職權濫用罪

공무원이 직권을 남용하여 범하는 범죄를 말한다. 그 유형에는 공무원이 직권을 남용하여 사람으로 하여금 의무 없는 일을 하게 하거나 사람의 권리행사를 방해한 **타인의 권리행사방해죄**(형법 제123조)와 재판, 검찰, 경찰 그 밖에 인신구속에 관한 직무를 수행하는 자 또는 이를 보조하는 자가 그 직권을 남용하여 사람을 체포 또는 감금한 **특수공무원의 직권남용에 의한 체포·감금죄**(형법 제124조), 그리고 공무원이 직무를 행하면서 형사피의자나 그 밖의 사람에 대하여 폭행 또는 가혹행위를 하는 **특수공무원의 폭행, 가혹행위**(형법 제125조) 등으로 구성되어 있다.

'의무 없는 일을 행하게 한다'는 법률상 의무가 없는 일을 행하게 하는 것이나, 의무이행기의 재촉 또는 기타 조건 등의 내용을 함부로 변경하는 경우도 포함한다.

'권리행사를 방해한다'는 법률상 행할 수 있는 권리의 행사를 방해하는 것을 말한다. 예컨대 경매입찰을 방해하는 경우와 같다.

'그 밖에 인신구속에 관한 직무를 수행하는 자'는 「사법경찰관리의 직무를 수행할 자와 그 직무범위에 관한 법률」에 명시되어 있다. 위 '보조하는 자'에는 사실상의 보조를 하는 사인(私人)은 포함되지 않는다.

'직무를 수행하면서'란 그 직무집행의 기회가 아닌 때의 행위는 본죄가 성립하지 않는다는 것이다.

'형사피의자나 그 밖의 사람'이란 수사 또는 재판에 있어서 신문, 조사의 대상이 되는 피고인, 참고인, 증인 등을 말한다.

'폭행'은 사람의 신체에 대하여 불법한 공격을 가하는 것이다. 가혹한 행위는 정신적 또는 육체적인 능욕 또는 학대를 하는 것으로서, 식사를 제공하지 않아 굶게 한다거나 옷을 벗긴다거나 또는 잠을 못 자게 하는 것 등이다. 폭행이나 가혹한 행위는 직접적이건 간접적이건 불문한다. 따라서 상사의 명령에 의한 경우도 죄가 성립한다.

피의사실공표죄
被疑事實公表罪

검찰, 경찰 그 밖에 범죄수사에 관한 직무를 수행하는 자 또는 이를 감독하거나 보조하는 자가 그 직무를 수행하면서 알게 된 피의사실을 공소제기 전에 공표한 범죄이다(형법 제126조). 즉 공소제기 전에 불특정 다수인에게 피의사실의 내용을 알리는(공표) 행위이다. 한 사람의 신문기자에게 알려주는(작위) 경우 또는 비밀을 엄수할 법령상의 의무 있는 자가 신문기자의 기록열람을 묵인한(부작위) 경우도 신문의 특성으로 보아 공표가 될 수 있을 것이다(형사소송법 제198조, 소년법 제68조 참조).

공무상비밀누설죄
公務上秘密漏泄罪

공무원 또는 공무원이었던 자가 법령에 의한 직무상 비밀을 누설한 범죄이다(형법 제127조). '비밀'은 법령에 의한 직무상의 비밀로서, 일반적으로 알려져 있지 않거나 알려서는 안 되는 사항으로

국가가 일정한 이익을 가지는 사항이다. 자신의 직무에 관한 사항이거나 타인의 직무에 관한 사항이거나를 불문한다. 누설(漏泄)이란 타인에게 고지하는 것으로서 그 방법에는 제한이 없다. 따라서 비밀서류를 열람케 하는 것도 여기에 포함된다.

수뢰죄
收賂罪

공무원 또는 중재인이 그 직무에 관하여 뇌물을 수수, 요구 또는 약속한 경우(형법 제129조1항)와 공무원 또는 중재인이 될 자가 그 담당할 직무에 관하여 청탁을 받고 뇌물을 수수, 요구 또는 약속한 후 공무원 또는 중재인이 된 경우(같은 조 2항)의 범죄이다.

중재인(仲裁人)은 법령에 의하여 중재인의 직에 있는 자를 말한다. 예컨대 「노동조합 및 노동관계조정법」에 규정된 중재인 등이다. 따라서 단순한 분쟁의 해결이나 알선을 위한 사실상의 중재인은 여기에 해당하지 않는다. 중재인은 공무원은 아니지만 그 직무의 공공성에 비추어 공무원과 함께 본죄의 주체가 되는 것이다.

'직무에 관하여'란 그 공무원의 권한에 속하는 직무행위는 물론, 또는 그 직무행위와 밀접한 관계있는 경우도 포함한다(대판 1961. 10.12, 4294형상292). 따라서 그 결정권의 유무를 불문하고, 또 행위자가 반드시 구체적으로 그 직무를 담당할 필요가 없고, 자기의 직무분담구역 내에 있을 필요도 없다.

① 뇌물 : 직무의 대가로서 부당한 이익을 얻는 것을 말한다. '직무의 대가'라 하여도 직무중의 어떤 특정한 행위에 대한 대가이거나 포괄적인 것이거나를 가릴 필요는 없다. 그리고 직무행위에 대한 대가로서 인정되는가에 따라서 뇌물성이 결정된다. 따라서 사교적 의례의 명목을 빌렸다 해도 뇌물성이 있는 이상 뇌물인 것이다. 예컨대 관혼상제를 계기로 사교적 의례의 범위를 넘은 금품의 공여(供與)나, 뇌물을 차용

금 명목으로 수수하고 실제로 이를 변제하였다 해도 뇌물죄의 성립에는 영향이 없는 것이다. 그러나 진정으로 순수한 사교적 의례의 범위에 속한 향응이나 물품의 수수는 뇌물성이 없다 할 것이다.

② **뇌물의 목적물** : 유형·무형을 불문하고 적어도 사람의 수요 또는 욕망을 충족시키는 일체의 이익이면 수뢰의 목적물이 될 수 있

다. 따라서 향응의 제공이나 정교도 목적물이 된다.

③ **수수(收受)** : 뇌물이란 정을 알고 받는 것을 말한다.

④ **요구** : 뇌물을 받을 의사로서 상대방에게 그 교부를 청구하는 것이다. 이 청구가 있는 때에 본죄는 기수가 된다. 따라서 상대방이 이에 응했는지 여부는 문제되지 않는다.

[뇌물죄의 구분]

죄 명	조 문	주 체	수뢰자	청탁 유무	증뢰자의 의사(인식)	직무 행위	대가적 증명 여부
단순 수뢰	제129조1항	현 공무원 현 중재인	본인 또는 가족	불문	요	정정·부정 불문	요
사전 수뢰	제129조2항	공무원· 중재인이 될 자	본인 또는 가족	요	요	정정·부정 불문	요
제3자 수뢰	제130조	현 공무원 현 중재인	제3자	요	불요	정정·부정 불문	불요
가중 수뢰	제131조1항	현 공무원 현 중재인 또는 될 자	본인 또는 가족	단순수뢰를 제외하고 필요	불문	부정 필요	제3자 수뢰외 요
사후 수뢰	제131조2항	현 공무원 현 중재인	본인 또는 제3자	요	제3자 수뢰만 불요	부정 필요	요
알선 수뢰	제132조	공무원	본인 또는 가족	요	요	다른 공무원의 의무위반필요	요
뇌물 공여	제133조1항	비공무원(직무에 관계되지 않는 범위 내에서 공무원 포함)	현 공무원 현 중재인 또는 될 자	단순수뢰를 제외하고 필요	요	단순수뢰외 요	요
뇌물 전달	제133조2항	비공무원(직무에 관계되지 않는 범위 내에서 공무원 포함)	현 공무원 현 중재인 또는 될 자	단순수뢰를 제외하고 필요	요	단순수뢰외 요	불문

⑤ **약속** : 양 당사자 간에 뇌물의 수수를 합의하는 것을 말한다. 그리고 뇌물의 목적물인 이익은 약속 당시에 현존할 필요는 없고, 예견할 수 있는 것이라도 무방하며, 이익이 금전일 경우에는 그 금액의 교부시기가 확정되어 있지 않아도 본죄는 성립한다. 또 약속의 의사표시는 어느 쪽이 먼저 하였는가를 불문한다.

⑥ **청탁** : 장차 공무원 또는 중재인이 될 사람에 대하여 일정한 직무행위를 부탁하는 것이다. 그 부탁은 적당성 여부를 묻지 않는다. 제129조1항(공무원 또는 중재인이 그 직무에 관하여)이 단순수뢰와 다른 점은 '공무원 또는 중재인이 될 때'라고 하는 행위자의 신분과 청탁을 받고 수뢰하는 점에 있다.

위증죄
僞證罪

법률에 의하여 선서한 증인이 허위의 진술을 하거나, 형사사건 또는 징계사건에 관하여 피고인, 피의자 또는 징계혐의자를 모해할 목적으로 위에서 말한 죄를 범한 경우(형법 제152조)이다.

'법률에 의하여 선서한 증인'이란 반드시 법률에 근거를 둔 일종의 신분범이고 또한 자수범(自手犯)임을 뜻한다. 허위의 뜻에 대하여는 학설 대립이 있다. 증인이 허위의 의사를 가지고 증언하여도 그 증언이 우연히 사실에 합치되면 위증죄의 죄책을 지게 할 수 없다는 객관설과, 증인의 주관적인 기억을 표준으로 하여 증인의 자기기억에 위배되는 진술을 하면 본죄가 성립한다는 주관설이 있다. 따라서 자기기억대로만 진술하면 설사 객관적 사실과 다르다 해도 허위의 진술이라 할 수 없다는 것이다. 대법원의 판례는 후자, 즉 주관설의 입장을 택하고 있다(대판 2009.3.12, 2008도11007). 증인은 사실을 진술하는 것이지만 때로는 의견을 진술하는 것도 허용된다. 이 의견에 관한 부분에 대해

서도 허위의 진술이 있으면 본죄가 성립한다.

증인이 신문사항에 속하는 어떤 사실에 대하여 묵비하였기 때문에 전체적으로 진술내용을 허위로 한 경우에는 부작위에 의한 위증이 된다. 이때에는 진술을 할 의무, 즉 보증인적 지위가 있어야 한다. 또 피고인 자신에게 묵비권이 있다고 하더라도 타인에게 허위의 진술을 하도록 교사하면 위증교사죄(僞證敎唆罪)가 성립한다. 그리고 허위진술이 당해 사건의 재판에 영향을 미치게 하였는가의 여부는 위증죄 성립에 아무 관계가 없다(대판 1966.9.13, 66도863).

증거인멸 등의 죄
證據湮滅 등의 罪

타인의 형사사건 또는 징계사건에 관한 증거를 인멸(湮滅), 은닉(隱匿), 위조(僞造) 또는 변조하거나 위조 또는 변조한 증거를 사용한 자 또는 그러한 증인을 은닉 또는 도피하게 한 경우와 피고인, 피의자 또는 징계혐의자를 모해할 목적으로 위와 같은 죄를 범한 범죄이다(형법 제155조).

'타인의 형사사건 또는 징계사건'은 타인의 죄의 유무나 징계사실의 유무 또는 후일의 기소 여부를 불문한다. 그리고 행위자는 장차 공소의 제기가 있을 것을 예상하고서 실행하는 것이므로 수사개시 전의 행위도 포함된다.

① **증거** : 재판에 있어서 법원에 대하여 사실의 유무에 관한 확신을 주는 자료를 말한다. 즉 범죄의 성부와 경중 등을 믿게 하는 것으로서 물적이건, 인적이건 불문한다. 또 증거는 피고인, 피의자 또는 징계혐의자 등에게 유리한 것이건 불리한 것이건 불문한다.

② **인멸** : 증거의 현출방해는 물론 그 효력을 멸실·감소시키는 일체의 행위를 말한다(대판 1961.10.19, 4294형상347).

③ **은닉** : 증거의 소재를 알 수 없게 하여 그것

을 찾아내기 곤란하게 하는 일체의 행위를 말한다.

④ **위조** : 진정하지 아니한 증거를 만들어내는 것, 즉 현존하지 않는 증거를 새로이 만들어내는 행위를 말한다. 증거위조는 증거자체를 위조하는 것을 지칭하고 증인의 위증을 포함하지 않는다. 위증을 교사하는 행위는 실질적으로 증거위조에 해당하지만 이 경우에는 본죄가 아닌 위증교사죄가 성립한다.

⑤ **변조** : 현존의 증거를 가공하여 증거로서의 가치(증거의 증명력)를 변경하는 것을 말하고, 문서인 경우에는 그 작성권한이 있는 자에 의한 경우에도 변조가 된다. '위조 또는 변조한 증거를 사용한다'란 위조 또는 변조된 증거를 법원에 제출하는 것에만 한하지 않고 수사기관 또는 징계위원회에 제출하는 것도 포함하고, 자진해서 제출하는 것이건 요구에 의하여 제출하는 것이건 불문한다.

무고죄
誣告罪
타인으로 하여금 형사처분 또는 징계처분을 받게 할 목적으로 공무소 또는 공무원에 대하여 허위의 사실을 신고한 범죄이다(형법 제156조).

'타인'이란 자기 이외의 자를 말한다. 따라서 자기 자신이 처벌받을 목적으로 허위사실을 신고하였을 때는 본죄는 성립하지 않는다. 타인은 반드시 현존함을 요한다. 사자 또는 가공인물과 같은 실존하지 않는 자에 대하여 허위신고를 하였을 경우에는 단순히 「경범죄처벌법」 제3조3항2호에 의하여 처벌됨에 불과하다. 그러나 타인에는 법인 또는 법인격 없는 단체 등도 포함된다. 또 피무고자인 타인은 반드시 형사처분 또는 징계처분을 받을 적법성을 구비함을 요하지 않는다. 형사미성년자 또는 징계처분을 받을 신분(공무원) 없는 자에 대하여도 본죄는 성립한다. '형사처분 또는 징계처분을 받게 할 목적'으로 하여야만 하므로 본죄는 목적범이다. 따라서 형

사처벌 또는 징계처분을 받았는가는 본죄의 성립에 영향이 없다. 징계처분은 특별권력관계에 기인한 징계를 의미하는 것이기 때문에 그 명칭을 묻지 않고 일체의 징계처분을 포함한다.

'공무소 또는 공무원'이란 형사처분 또는 징계처분을 할 수 있는 권한을 가진 해당 관서 또는 관헌 및 그 보조자와 감독자를 말한다.

'허위의 신고'란 객관적 사실에 반하는 사실을 신고하는 것을 말하며, 해당 관청이 잘못된 직권발동을 함에 족할 정도의 구체성을 가진 사실을 신고한 것이 아니어야 하고, 그 신고내용에는 처분을 요구하는 취지를 명시할 필요가 없다. '신고'는 허위임을 인식하고 자진하여 하여야만 한다. 관청의 추문에 대하여 허위의 진술을 하였더라도 반드시 본죄가 성립한다고는 할 수 없다. 그리고 신고방법은 구두이거나 서면이거나 혹은 고소·고발의 방식에 의하거나 익명에 의하거나를 불문한다.

도주죄
逃走罪
법률에 따라 체포되거나 구금된 자가 도주한 경우와 구금된 자가 천재지변이나 사변 그 밖에 법령에 따라 잠시 석방된 상황에서 정당한 이유 없이 그 집합명령에 위반한 범죄이다(형법 제145조). 또한 수용설비 또는 기구를 손괴하거나 사람에게 폭행 또는 협박을 가하거나 2인 이상이 합동하여 위와 같은 죄를 범한 **특수도주죄**(형법 제146조)가 있다.

'구금된 자'란 현실로 구금된 자를 말하고, 가석방 중에 있는 자나 또는 보석 중, 형집행 정지 중에 있는 자는 해당하지 않는다. 또 아동복지시설에 수용 중인 자도 구금이 아니기 때문에 여기에 해당하지 않는다. 그러나 체포되어 연행 중에 있는 자, 특히 영장 없이 긴급구속된 자는 여기에 포함된다.

'도주'란 구금상태로부터 이탈하는 것을 말

하고, 간수자의 실력적 지배로부터 이탈할 때에 기수가 된다. 6.25 전쟁 때 각 교도소 및 경찰서에 구금되었다가 불법출소하여 그 후 법무부장관이 공고한 기일 내에 자수하지 않은 자에 대하여 도주죄를 인정하였음은 정당하다(대판 1954.7.3, 4287형상45)는 판례가 있다. 특수도주행위에는 다음의 세 가지가 있다. 첫째, 수용시설 또는 기구를 손괴하는 것(수갑을 풀고 달아나는 것도 여기에 포함한다는 설이 있으나 이와는 다른 판례도 있다), 즉 특수도주죄에 있어서의 손괴란 물건의 실질에 대한 물리적 손괴를 의미하는 것으로 해석할 수 있으며, 따라서 열차로 호송 중인 죄수가 도주함에 있어 그 수단으로서 수갑이나 포승을 풀어 열차 밖으로 내버렸다고 하더라도 이러한 기구의 실질에 물리적 손괴를 가하지 않는 한 그 행위는 본조에서 말하는 손괴에 해당하지 않는다. 둘째, 폭행 또는 협박을 행하는 것. 셋째, 2인 이상 합동하여 행하는 것. 그리고 도주죄(逃走罪)에는 구금된 자의 탈취·도주원조죄(형법 제147조)와 간수자의 도주원조죄(형법 제148조)가 있다.

범인은닉죄
犯人隱匿罪
벌금 이상의 형에 해당하는 죄를 범한 자를 은닉 또는 도피하게 한 범죄이다(형법 제151조1항).

'벌금 이상의 형에 해당하는 죄'란 법정형 중 가장 중한 형이 벌금 이상의 형으로 되어 있는 죄를 말하고, 선택형으로 구류나 과료가 함께 규정되어 있어도 무방하다. 따라서 형법 각칙에 규정된 죄는 모두 이러한 죄에 해당된다고 볼 수 있다.

'죄를 범한 자'란 실제로 죄를 범한 자에 한정한다는 설(소수설)과, 그러한 죄를 범하였다는 혐의로 수사 또는 소추 중에 있는 형사피의자 또는 형사피고인도 포함된다는 설(다수설)이 있으나, 본죄가 사법에 관한 공권력의 행사를 방해한 자를 처벌한다는 것이므로 수사 중인 자도 포함된다는 것이 판례의 입장이다(대

판 1960.2.24, 4292형상555). 또 친고죄의 범인에 대하여 아직 고소가 없더라도 본죄의 객체가 된다. 왜냐하면 친고죄에 있어서의 고소는 단지 소송조건에 불과하기 때문이다. 여기에는 정범뿐만 아니라 교사·방조·미수·예비·음모를 한 자도 그 형이 벌금 이상에 해당하면 성립한다.

① **은닉** : 장소를 제공하여 수사기관원의 발견, 체포를 방해하는 것을 말한다.

② **도피** : 은닉 이외의 방법으로 수사기관원의 발견, 체포를 방해하는 것을 말한다. 예컨대 범인에게 도피를 권하는 행위·도피를 가능하게 하기 위하여 금품, 의복 등을 제공하는 행위·범인을 변장시키는 행위·도피의 장소를 가르쳐주는 행위·다른 사람이 범행한 것처럼 가장하는 행위·범인이 숨어 있는 곳에 가서 정신적으로 격려하며 가족의 상황을 알려주고, 가족은 무사하니까 안심하고 오래 숨어만 있으라는 등의 행위·범인의 자수를 저지하는 행위·변호인이 묵비권을 남용하여 범인을 알리지 않고 감추어주는 행위·경찰관이 범인을 알면서도 방임해두는 부작위 등이 그 예이다.

③ **친족특례**(같은 조 2항) : 친족 또는 동거의 가족이 본인(피은닉자 또는 도피자)을 위하여 본죄를 범한 때에는 처벌하지 아니한다(친족의 범위는 민법 제777조 참조).

법정모욕죄
法廷侮辱罪
법원의 규칙과 명령을 무시하거나 폭언, 폭행, 소란 등으로 법정의 질서를 어지럽혀 법원의 직무 집행을 방해함으로써 성립하는 범죄를 말한다. 우리 형법에서는 법원의 재판을 방해 또는 위협할 목적으로 법정 또는 그 부근에서 모욕 또는 소동한 자는 3년 이하의 징역 또는 700만원 이하의 벌금에 처하도록 하고 있다(형법 제138조). 또한 단체 또는 다중의 위력을 보이거나 위험한 물건을 휴대하여 이와 같은 죄를 범한 때에는 형을 가중한다(형법 제144조).

이와는 별도로 「법원조직법」에 따라 법원은 법정의 존엄과 질서를 해칠 우려가 있는 사람이 법정에 들어오는 것을 금지하거나 퇴정(退廷), 그 밖에 법정의 질서유지에 필요한 명령을 할 수 있다(법원조직법 제58조2항). 이를 위반하거나 폭언, 소란 등으로 법원의 심리를 방해하거나 재판의 위신을 현저하게 훼손한 사람에 대하여 법원은 직권으로 20일 이내의 감치(監置)에 처하거나 100만원 이하의 과태료를 부과할 수 있다(같은 법 제61조1항).

경 범 죄

경범죄 처벌법
輕犯罪 處罰法

「경범죄 처벌법」은 최소한도의 **도의범**(道義犯)을 규정하고 있다. 형법상 범죄는 법률상의 범죄인 동시에 인류도덕에 위반하는 범죄이다. 그러나 도의에 반하는 모든 것이 형법상 범죄라고는 할 수 없다. 왜냐하면 사회도덕에 반하는 행위는 형법위반범죄 이외에도 많이 있기 때문이다.

일상생활에서는 형법에 저촉되지 않아도 반사회적 행위, 반도의적 행위가 상당히 많이 행하여지고 있다. 그러나 이와 같은 모든 행동에 형법을 적용하여 처벌하기에는 무리가 있다.

「경범죄 처벌법」에 열거된 반도의적 행위는 불과 46개이며 또 그 행위의 내용도 극히 경미하고 흔한 사항이다. 일상생활상 일견 사소한 것으로 보이고 느껴지지만 이런 행위를 묵인하면 결국에는 보다 큰 반사회적·반도의적 행위, 예컨대 형법위반범죄와 같은 것으로 발전할 소지가 있다. 그러므로 명칭은 경범죄이나 이것이 야기되는 결과의 여하에 따라 경범죄가 아닐 때가 있다. 또 한편 국민이 사회공공상 준수해야 할 도덕률은 결코 「경범죄 처벌법」에 규정되어 있는 사항에 한하지 않는다. 그러나 본법에 규정된 행위는 법률이 벌칙으로 이것은 지켜야 된다는 것을 강제한 것의 최저선으로서, 다시 말해서 용서할 수 없는 **반도의범**(反道義犯)의 최소한도의 것이라고 할 수 있다.

형 사 특 별 법

폭력행위 등 처벌에 관한 법률
暴力行爲 등 處罰에 관한 法律

1961년 6월 20일 법률 제625호로 제정된 법률〔그 후 10차의(2016.1.6 공포) 개정이 있었음〕로서, 폭행·상해·협박 등의 강력범이 집단화·상습화하고 또는 야간에 횡행되는 점에 비추어 엄중히 단속하고 처벌하자는 데에 그 목적이 있다.

성폭력방지 및 피해자 보호 등에 관한 법률

이 법은 기존의 「성폭력범죄의 처벌 및 피해자 보호 등에 관한 법률」의 내용 중 성폭력피해자 보호·지원에 관한 사항을 분리하여 규정하고, 성폭력피해자의 보호·지원을 위한 국가 및 지방자치단체의 책무, 성폭력피해자 등에 대한 취학 지원, 성폭력피해자를 위한 성폭력통합지원센터의 설치·운영의 법적 근거 등을 규정하여 성폭력 방지 및 성폭력피해자의 보호·지원을 중심으로 하는 법률을 규정하려는 목적으로 제정되었다. 주요내용으로는 ① 국가 등의 책무(제3조) ② 성폭력피해자 등에 대한 지원(제7조~제7조의3) ③ 성폭력피해자보호시설의 입소 및 퇴소(제15조~제17조) ④ 성폭력피해자를 위한 통합지원센터의 설치·운영(제18조) ⑤ 상담원 등의 자격기준(제19조) ⑥ 상담소·보호시설 및 통합지원센터의 평가(제25조) 등이 있다.

성폭력범죄의 처벌 등에 관한 특례법

최근 성폭력범죄는 지속적으로 증가하고 있고 날로 흉포화되고 있으며, 다른 범죄에 비해 재범 가능성이 높고 은밀하게 행해지므로 이를 근본적으로 예방하기 위해서는 성범죄자에 대한 처벌 강화와 재범방지 등을 위한 제도의 보완이 필요하므로, 13세 미만의 미성년자에 대한 성폭력범죄의 처벌을 강화하고, 음주 또는 약물로 인한 심신장애상태에서의 성폭력범죄에 대해서는 「형법」상 형의 감경규정을 적용하지 않을 수 있도록 하며, 미성년자에 대한 성폭력범죄의 공소시효는 해당 성폭력범죄로 피해를 당한 미성년자가 성년에 달한 날부터 진행하도록 하고, 성인 대상 성범죄자의 신상정보를 인터넷에 등록·공개하도록 하는 등 성범죄자의 처벌 강화와 재범방지 등을 위한 제도를 보완하려는 것이다.

국가보안법
國家保安法

1948년 12월 1일 법률 제10호로 제정된 이 법은 1980년 12월 31일 법률 제3318호로 전부개정되면서 「반공법」이 흡수되었다. 그리고 1991년 5월 31일 법률 제4373호로 개정되면서 많은 논란이 있었던 입법목적을 국가의 존립·안전이나 자유민주적 기본질서를 위태롭게 하는 행위만을 처벌하도록 하고, 규제대상을 구체화하였으며, 반국가단체의 범위를 정부를 참칭하거나 국가를 변란할 것을 목적으로 하는 국내외의 결사 또는 집단으로서 지휘·통솔체제를 갖춘 단체만으로 한정하고, 국외공산계열과 관련된 잠입·탈출, 찬양·고무, 회합·통신 등의 행위 및 일부 불고지죄 등을 처벌대상에서 제외시켰다. 이 법은 전문 25개 조문으로 되어 있다.

성매매알선 등 행위의 처벌에 관한 법률

「윤락행위등방지법」을 폐지하고 2004년 3월 22일 법률 제7196호로 제정한 법률이다. 이 법은 성매매 공급자와 중간매개체를 차단하기 위하여 성매매 목적의 인신매매를 처벌하고, 성매매알선 등 행위로부터 취득한 금품 그 밖의 재산상 이익은 몰수·추징하는 규정을 두고 있다. 또 외국인 여성이 이 법에 규정된 범죄를 신고하거나 외국인 여성을 성매매피해자로 수사하는 때에는 해당 사건을 불기소처분하거나 공소를 제기할 때까지 출입국법상의 강제퇴거명령이나 보호의 집행을 유예하도록 규정하고 있다.

부정수표 단속법

국민의 경제생활의 안전과 유통증권인 수표의 기능을 보장할 목적으로 1961년 7월 3일 법률 제645호로 제정된 법률이다. 부정수표발행인과 위조·변조자의 형사책임을 규정하고, 특히 금융기관종사자가 부정수표를 발견한 때에는 48시간 내에 수사기관에 고발하여야 하며, 이를 하지 아니한 때에는 100만원 이하의 벌금에 처한다고 규정하고 있다(제7조).

특정범죄 가중처벌 등에 관한 법률
特定犯罪 加重處罰 등에 관한 法律

「형법」·「관세법」·「조세범 처벌법」·「지방세기본법」·「산림자원의 조성 및 관리에 관한 법률」 및 「마약류관리에 관한 법률」에 규정된 특정범죄에 대한 가중처벌을 목적으로 1966년 2월 23일 법률 제1744호로 제정되었다. 그 내용은 뇌물죄의 가중처벌과 알선수재의 처벌, 뇌물죄적용대상의 확대, 체포·감금 등의 가중처벌, 공무상비밀누설의 가중처벌, 국고 등 손실의 가중처벌, 약취·유인죄의 가중처벌, 도주차량 운전자의 가중처벌, 상습강도·절도죄 등의 가중처벌, 강도상해 등 재범자의 가중처벌, 보복범죄의 가중처벌, 운행 중인 자동차 운전자에 대한 폭행 등의 가중처벌과 위험운전 치사상에 대한 가중처벌, 도주선박의 선장 또는 승무원에 대한 가중처벌, 어린이 보호구역에서 어린이 치사상의 가중처벌,

「관세법」 위반행위의 가중처벌, 조세포탈의 가중처벌, 「산림자원의 조성 및 관리에 관한 법률」 등 위반행위의 가중처벌, 마약사범의 가중처벌, 외국인을 위한 탈법행위의 처벌 등에 대한 규정이 있다.

특정경제범죄 가중처벌 등에 관한 법률
特定經濟犯罪 加重處罰 등에 관한 法律

이 법은 건전한 국민경제에 반하는 특정경제범죄에 대한 가중처벌과 그 범죄행위자에 대한 취업제한 등을 규정함으로써 경제질서를 확립하고 나아가 국민경제의 발전에 이바지함을 목적으로 제정된 법률로 주요 내용은 다음과 같다.

「형법」상 사기, 공갈, 특수공갈 및 그 상습범과 횡령·배임의 죄를 범한 사람은 그 범죄행위로 인하여 취득한 이득이 5억원 이상 50억원 미만일 때 3년 이상의 유기징역에 처하고, 이득액이 50억원 이상일 때는 무기 또는 5년 이상의 징역에 처한다(특정경제범죄 가중처벌 등에 관한 법률 제3조). 또한, 법령을 위반하여 재산을 국외로 도피시켰을 때에는 1년 이상의 유기징역 또는 해당 범죄행위의 목적물 가액의 2배 이상 10배 이하에 상당하는 벌금에 처한다(같은 법 제4조). 금융회사 등의 임직원이 그 직무에 관하여 금품이나 그 밖의 이익을 수수(收受), 요구 또는 약속하거나 청탁을 받는 등 부정한 행위를 하였을 때에는 5년 이하의 징역 또는 10년 이하의 자격정지에 처한다(같은 법 제5조).

보건범죄 단속에 관한 특별조치법
保健犯罪 團束에 관한 特別措置法

이 법은 부정식품 및 첨가물, 부정의약품 및 부정유독물의 제조나 무면허 의료행위 등의 범죄에 대한 가중처벌을 목적으로 하는 법률이다. 이 법에 의하여 가중처벌을 받는 범죄는 「식품위생법」·「건강기능식품에 관한 법률」 등을 위반한 부정식품 제조, 「약사법」을 위반한 부정의약품 제조, 「화학물질관리법」을 위반한 부정유독물 제조, 「의료법」을 위반한 부정의료행위 등이며, 「축산물 위생관리법」·「주류 면허 등에 관한 법률」·「농약관리법」에 따라 허가·면허·등록을 하여야 할 축산물, 주류, 유독성 농약 또한 식품, 유독물, 취급제한·금지물질의 예에 따라 이 법을 적용한다.

환경범죄 등의 단속 및 가중처벌에 관한 법률
環境犯罪 등의 團束 및 加重處罰에 관한 法律

이 법은 생활환경 또는 자연환경 등에 위해(危害)를 끼치는 환경오염 또는 환경훼손 행위에 대한 가중처벌 및 단속·예방 등에 관한 사항을 정함으로써 환경보전에 이바지하는 것을 목적으로 한다.

이 법에 의하여 가중처벌 되는 대표적 환경범죄로는 오염물질의 불법배출과 환경보호지역 오염행위, 멸종위기 야생생물의 포획 및 폐기물 불법처리 등이 있으며 환경관련 법률 위반행위의 단속·예방을 위하여 환경부 및 그 소속기관에 환경감시관을 둔다.

특정강력범죄의 처벌에 관한 특례법
特定强力犯罪의 處罰에 관한 特例法

이 법은 기본적 윤리와 사회질서를 침해하는 특정강력범죄(特定强力犯罪)에 대한 처벌과 그 절차에 관한 특례를 규정함으로써 국민의 생명과 신체의 안전을 보장하고 범죄로부터 사회를 지키는 것을 목적으로 하는 법률이다. 특정강력범죄란 다음 각 호의 어느 하나에 해당하는 죄를 말한다(제2조).

1. 살인·존속살해(형법250), 위계 등에 의한 촉탁살인 등(형법253), 위 죄의 미수범(형법254)
2. 미성년자의 약취·유인(형법287), 추행 등 목적 약취, 유인 등(형법288), 인신매매(형법289), 위 죄의 미수범(형법294)

3. 흉기 기타 위험한 물건을 휴대하거나 2인 이상이 합동하여 범한 강간(형법297), 유사강간(형법297의2), 강제추행(형법298), 준강간·준강제추행(형법299), 위 미수범(형법300), 미성년자에 대한 간음·추행(형법305), 강간 등에 의한 치사상의 죄(형법301·301의2)

4. 강도(형법333), 특수강도(형법334), 준강도(형법335), 인질강도(형법336), 강도상해·치상(형법337), 강도살인·치사(형법338), 강도강간(형법339), 해상강도(형법340), 위 죄의 상습범(형법341), 위 죄의 미수범(형법342)

5. 「폭력행위 등 처벌에 관한 법률」 제4조(단체 등의 구성·활동)

공무원범죄에 관한 몰수 특례법
公務員犯罪에 관한 沒收 特例法

이 법은 특정공무원범죄를 범한 자가 그 범죄행위를 통하여 취득한 불법수익을 철저히 추적·환수하기 위하여 몰수 등에 관한 특례를 규정함으로써 공직사회의 부정부패요인을 근원적으로 제거하고 깨끗한 공직풍토를 조성함을 그 목적으로 제정한 것이다.

제1장 총칙, 제2장 몰수의 범위 및 요건에 관한 특례, 제3장 몰수에 관한 절차 등의 특례, 제4장 제3자 참가 절차 등의 특례, 제5장 보전절차 등 총 52조 부칙으로 구성되어 있다.

특정범죄신고자 등 보호법
特定犯罪申告者 등 保護法

범죄가 점차 흉폭화·조직화되면서 범죄피해자가 보복범행을 우려하여 기피하는 등 형사사법제도에 중대한 장애가 됨에 따라, 이를 개선하고 증인보호의 체계화를 다하기 위해서 마련된 법률이다(1999.8.31. 법률 제5997호 제정). 그 골자를 살펴보면 다음과 같다.

1. 범죄신고자등보좌인제도를 신설하여 수사과정에 동행하는 등 범죄신고자 등을 위하여 조력할 수 있도록 하고(제6조),

2. 보복의 우려가 있는 경우, 신변안전에 필요한 조치를 하고, 조서에 신고자의 인적사항을 기재하지 않아도 되며(제7조, 제8조, 제13조, 제13조의2),

3. 보복의 우려로 인하여 이사·전직하는 경우 그 비용을 보상하도록 함(제14조).

형사사법절차 전자화 촉진법

우리나라의 최첨단 IT 기술을 이용하여 형사사법기관의 모든 문서 작성을 전자화하고 형사사법 정보를 공동 활용하도록 함으로써, 종이 없는 신속한 형사사법절차의 기반을 마련하고 사건관계인이 인터넷을 이용하여 24시간 실시간으로 형사사법 진행상황 조회서비스, 각종 증명서 발급, 형사절차 및 법령 관련 정보제공서비스를 받을 수 있도록 하는 등 형사사법절차에서 국민 편익을 크게 증진시키고 국가예산이 획기적으로 절감되는 전자적 시스템의 구축을 목적으로 제정되었다.

디엔에이신원확인 정보의 이용 및 보호에 관한 법률

이 법은 강력사건의 범죄수법이 흉포화, 지능화, 연쇄범죄화됨에 따라 강력범죄를 저지른 사람의 디엔에이신원확인정보를 미리 확보·관리하는 디엔에이신원확인정보 데이터베이스제도를 도입함으로써 강력범죄가 발생하였을 때 등록된 디엔에이신원확인정보와의 비교를 통하여 신속히 범인을 특정·검거하고, 무고한 용의자를 수사선상에서 조기에 배제하며, 더 나아가 디엔에이신원확인정보가 등록된 사람의 재범 방지효과를 제고하기 위해 제정되었다.

형사소송법

형사소송법

총 론

형사소송법
刑事訴訟法

「형법」의 구체적 적용·실현을 위한 법적 절차, 즉 범죄를 조사하여 형벌을 과하고 선고된 형벌을 집행하기 위한 절차를 규정하는 법률체계를 「형사소송법」이라고 한다. 형식적 의미의 형사소송법이란 국가가 「형사소송법」이라는 명칭에 의하여 공포·실시하고 있는 법전, 즉 형사소송법전을 말한다. 「형사소송법」은 1954년 9월 23일 법률 제341호로 제정·공포되었다. 실질적 의미의 「형사소송법」은 명칭이나 형식을 불문하고 법내용이 형사사법의 조직, 특별절차, 소송비용 등 형사소송을 규율하는 법률체계의 전체를 말한다.

형사소송절차
刑事訴訟節次

근대국가는 어떠한 행위를 범죄로 규정하고 형벌을 과할 것인가에 대하여 반드시 법률로써 규정하고 있다(**죄형법정주의**). 그러나 실제로 범죄가 행해졌는가의 여부와 그 범죄를 어떻게 처벌해야 하는가는 공평한 법원의 재판을 받지 않으면 확정되지 않는다. 공평한 법원의 재판을 거친 후에야 비로소 처벌할 수 있는 것이다. 이 형사재판의 절차를 형사소송이라 하며, 형사소송절차를 어떻게 정하는가는 「형사소송법」에 규정하고 있다.

형사절차법정주의
刑事節次法定主義

「형사소송법」에 의하여 국가형벌권을 실현함에 있어서는 필연적으로 개인의 기본적 인권이 침해되지 않을 수 없다. 따라서 근대법치국가에서는 피의자 및 피고인의 기본적 인권을 보장하고 형벌권을 적정하게 행사하기 위해서 형사절차를 국회에서 제정한 법률에 의하여 규정할 것을 요구하고 있다(절차가 없으면 형벌도 없다). 이를 형사절차법정주의 또는 형사절차법정의 원칙이라고 한다. 형사절차법정주의는 형사절차에 적정의 방식이 요구된다는 것뿐만 아니라, 법률에 규정된 형사절차가 공정한 재판의 이념에 일치하는 적정절차일 것까지 요구한다(적정절차의 이념).

실체적 진실주의
實體的 眞實主義

민사재판에서는 원고·피고의 어느 편이 이기더라도 국가로서는 재판에 의하여 당사자 상호 간의 분쟁만 그친다면 그것으로 족하다. 따라서 당사자가 제출한 증거에 나타난 것으로만 원고·피고의 어느 편이 정당한가를 판단하면 충분하고, 분쟁의 밑바닥에 있는 진상이 무엇인가를 추구할 필요는 없다(형식적 진실주의). 그러나 범죄는 사회질서를 문란케 하기 때문에 형사재판에서는 민사재판의 경우와는 달리, 국가가 진상의 발견에 힘써 범죄자를 반드시 처벌하여 질서유지를 도모하여야 한다. 이것을 실체적 진실주의라 한다. 반면에 형사재판에서 오로지 실체적 진실발견만을 서두르면 관계인의 인권(특히 피의자나 피고인의 인권)을 침해하는 의외의 결과가 발생하기도 한다. 예컨대 진상발견을 빙자하여 고문이 공연하게 행해져 무고한 사람이 처벌될 경우 형사소송에서의 정의는 완전히 사라지게 된다. 반드시 범죄를 발견하여 처벌하는 것이 실체적 진실주의의 목적이지만, 그와 동시에 무고한 사람을 결코 처벌하지 않는 것도 중요하다. '100명의 유죄자를 놓치더라도 한 사람의 무고한 자를 벌하지 말라'라는 의미는 소극적인 면에서 실체적 진실주의를 말하는 것이다.

형 사
소송법

당사자주의
當事者主義

당사자, 즉 검사와 피고인에게 소송의 주도적 지위를 인정하여 당사자 사이의 공격과 방어에 의하여 심리가 진행되고, 법원은 제3자의 입장에서 당사자의 주장과 입증을 판단하는 소송구조를 말하며, **변론주의**(辯論主義)라고도 한다. 형사재판은 검사가 처벌을 요구한 사실이 과연 증거에 의하여 증명이 되었는가의 여부를 법원이 판단하는 과정이다. 이를 위해서는 될 수 있는 한 충분하게 증거를 수집하여 시기적절하게 증거조사를 하지 않으면 아니 된다. 그 역할을 검찰이나 피고인 등이 스스로 담당하는 주의를 당사자주의라 하며, 당사자주의는 법원이 직권으로 증거를 수집하여 직권으로서 조사하는 **직권주의**(職權主義)와 대립한다.

형사소송절차가 당사자주의를 취하는가 직권주의를 취하는가는 역사적인 배경에 의하여 좌우되는 것이지만, 현행법은 당사자주의를 원칙으로 하고 직권주의를 다소 보충적인 것으로서 규정하고 있다. 당사자주의는 진상을 잘 알고 있는 검찰 및 피고인이 스스로 증거를 수집하여 자기에게 유리한 증거를 내세워 공평한 법원에 그것을 판단시키려는 것으로 오히려 진상을 더 잘 발견할 수 있다. 만일 공평하게 재판하여야 하는 법원이 스스로 증거를 수집해서 직권으로 증거조사를 한다면 법원의 공평성을 의심하게 하는 폐해를 낳을 뿐만 아니라 법원은 제3자적 입장에서 공정한 판단을 할 수 없게 될 것이다. 반면, 당사자주의는 심리의 능률과 신속을 기하기 어렵고, 재판의 결과가 당사자의 이기적 소송활동에 좌우됨으로써 실체적 진실발견이 왜곡될 우려가 있다는 단점이 있다.

직권주의
職權主義

형사소송에서 주도적 지위를 법원에게 인정하는 소송구조를 말한다. 즉 형사소송절차에서 검찰이나 피고인에 대하여 구속받지 않고, 직권으로 증거를 수집·조사하여 사건을 심

리하는 소송구조를 직권주의라 한다. 직권주의는 실체적 진실발견에 효과적이고, 심리의 능률과 소송진행의 신속을 도모할 수 있다. 그러나 사건의 심리가 법원의 지의·독단에 빠질 위험이 있고, 법원 자신이 소송에 깊숙이 개입되면 공정한 판단을 하기 어렵다.

[당사자주의와 직권주의]

구 분	당사자주의	직권주의
소송의 개시	검 사	법 원
입 증	검사·피고인	법 원
절차의 감시	검사·피고인의 이의신청	법원의 직권에 의함

형사재판권
刑事裁判權

어떤 범인에 대한 범죄사실을 인정하여 형벌 등의 처분을 과할 수 있는 권한을 말한다. 이 권한은 국가에 속하며 법원이 이를 행사한다(헌법 제101조). 형사재판권은 대한민국 영역 내에 존재하는 모든 사람에게 미치며, 국적은 불문한다. 예외적으로 외국의 원수, 외교사절 및 그 수행원과 가족은 이른바 **치외법권**(治外法權)을 가지고 있기 때문에 형사재판권이 미치지 않는다. 대통령은 내란 또는 외환의 죄를 범한 경우를 제외하고는 재직중 형사상의 소추를 받지 아니한다(헌법 제84조). 국회의원은 현행범인인 경우를 제외하고는 회기중 국회의 동의 없이 체포 또는 구금되지 않는다. 국회의원이 회기 전에 체포 또는 구금된 때에는 현행범인이 아닌 한 국회의 요구가 있으면 회기중 석방된다(헌법 제44조).

외국영토에 대하여는 형사재판권이 미치지 않는다. 따라서 외국에 있는 한국인에 대하여는 국제사법공조에 따라서 범죄인의 인도를 요구할 수밖에 없다. 범죄인인도조약이 체결되어 있는 국가에만 인도요구를 할 수 있다.

형 사
소송법

법원 · 당사자

법원
法院
법원이란 말은 여러 가지 의미로 사용된다. 넓은 의미의 법원은 어느 지방법원이라는 것과 같이 국내 각지에 배치되어 있는 개개의 법원을 지칭하는 경우와 법원의 내부를 통제하는 사법행정권을 행사한다는 의미의 법원을 말한다. 넓은 의미의 법원은 직접 사건의 재판과 관련이 없기 때문에 '국법상 의미의 법원'이라고도 한다. 좁은 의미에서의 법원은 제소된 사건을 직접 재판하는 법원을 말한다. 넓은 의미의 법원에 소속하는 법관 중에서 분담이 결정되어 재판을 담당하게 되는 것이다. 이것을 '소송법상 의미의 법원'이라 한다. 1명의 법관이 담당하는 단독제와 여러 명이 담당하는 합의제가 있다.

현행법상 법원으로는 최고법원인 대법원과 하급법원인 고등법원, 특허법원, 지방법원, 가정법원, 행정법원 및 회생법원의 7종류가 있다(법원조직법 제3조). 이상은 보통법원이고 그 밖에 특별법원으로서 군사재판을 관할하기 위한 군사법원이 있다(헌법 제110조, 군사법원법 제1조).

합의제
合議制
법원이 제소된 사건을 2명 이상의 법관으로 구성된 합의부에 의하여 재판하는 제도를 말한다. 재판을 신속하게 하기 힘들다는 단점이 있지만 사건의 처리를 신중히 하고 과오가 적다는 장점이 있으므로 재판에서는 일반적으로 합의제를 더 바람직하게 본다.

대법원과 고등법원, 특허법원, 행정법원은 합의제이다(법원조직법 제7조1항·3항). 지방법원, 가정법원, 회생법원, 지방법원과 가정법원의 지원 및 가정지원은 단독제와 합의제를 병용하고 있으나 원칙적으로는 단독제이

며, 시·군법원은 항상 단독제이다(법원조직법 제7조4항·5항). 대법원의 심판권은 대법관 전원의 3분의 2 이상으로 구성되는 합의체(대법정)와 대법관 3명 이상으로 구성되는 부(소법정)가 있으며, 그 밖의 합의부는 대법관 3명 이상으로 구성된다. 합의제에서는 중요한 것은 법관의 과반수의 의견으로 결정하지만, 그 밖의 것은 구성원에게 재판장이라든가 수명법관이라는 자격을 인정하여 어느 정도 단독활동의 여지를 남기고 있다.

단독제
單獨制
기소된 사건의 재판을 1명의 법관이 담당하는 경우이다. 단독제의 장단점은 합의제의 경우와 반대된다. 형사재판에서는 가능한 한 과오를 피하기 위해 합의제가 바람직하나, 현재의 사건 수에 대한 인적·물적 설비로 인해 단독제를 취할 수밖에 없다. 우리나라에서는 법률에 따로 규정이 없으면(법원조직법 제32조) 지방법원과 지방법원지원 및 지방법원소년부지원, 가정법원 및 가정법원지원, 시·군법원의 재판권은 원칙적으로 단독판사가 행사하므로 이러한 법원은 단독제 법원이라고 말할 수 있다.

- 지방법원, 가정법원, 회생법원 – 단독제, 합의제
- 고등법원 – 합의제
- 대법원 – 합의제 대법정, 소법정

공평한 법원
公平한 法院
재판을 행하는 기관이 불공정한 재판을 할 우려가 없도록 조직되어 있는 경우를 말한다. 재판이 불공정하게 행해져서는 안 된다는 것은 당연하다. 그러기 위해서는 먼저 재판의 절차가 공정해야 함은 당연하지만, 그와 동시에 재판을 담당하는 자도 불공정한 재판을 할 우려가 없도록 구성되어야 할 필요가 있다. 그것은 재판에 대한 국민의 신뢰를 얻기 위해서도 필요한 것이다. 「헌법」 제27조1항은 피고인에게 공평한 재판을 받을 권리를 보장하고 있다.

어떠한 경우가 공평한 법원인지는 결국 사회상식에 따라 이해된다. 예컨대 그 법원을 구성하는 법관이 사건의 피해자이거나 피해자의 친족인 경우는 물론이고, 당사자주의 소송구조라는 입장에서 보면 법관이 사건에 대하여 이미 일방적으로 치우쳐 있는 경우에는 공평한 법원이라고는 할 수 없다. 여기에서 현행법은 공평한 법원을 구성할 수 있도록 법관에 대하여 제척(除斥)·기피(忌避)·회피(回避)의 제도를 두고 있다.

제척
除斥
재판을 받을 사건에서 법관이 피해자라든가 피고인과 친족인 관계가 있으면 상식적으로 그 법관에게 공평한 재판을 기대할 수 없고, 그러한 법관이라도 재판할 수 있는 지위에 설 수 있다면 재판제도에 대한 국민의 신뢰를 잃어버리게 된다.

상식적으로 공평한 재판을 기대할 수 없는 일정한 경우에 그에 해당하는 법관은 그 사건을 재판할 수 없도록 하고, 그러한 법관은 당연히 그 사건의 재판으로부터 배제되도록 규정하고 있다(형사소송법 제17조). 이것을 제척이라 하며, 제척되어야만 하는 사건과의 관계를 **제척원인**(除斥原因)이라 한다. 또 제척 제도는 법원서기관·법원사무관·법원주사 또는 법원주사보와 통역인에게도 준용한다(같은 법 제25조).

기피
忌避
제척원인이 있는 법관이 제척되지 않고 재판에 나서는 경우가 반드시 없다고는 할 수 없다. 또 제척원인이 없더라도 법관이 불공평한 재판을 할 염려가 있는 경우가 있을 수 있다. 그러한 경우에 당사자는 그 법관을 직무집행으로부터 배제할 것을 신청할 수 있다(형사소송법 제18조). 이것을 기피라 하며, 제척제도를 보충하는 제도이다.

기피는 법관뿐만 아니라 법원서기관·법원사무관·법원주사 또는 법원주사보와 통역인에 대하여도 이를 신청할 수 있다(같은 법 제

25조). 법관에 대한 기피신청이 있는 경우에는 기피당한 법관이 소속한 법원의 합의부에서 이를 결정하며, 법원서기관·법원사무관·법원주사 또는 법원주사보와 통역인에 대한 기피신청이 있는 경우에는 그 소속법원이 이를 결정해야 한다(같은 법 제21조1항·제25조2항). 기피신청이 법률의 규정에 위배된 때에는 신청을 받은 법원 또는 법관은 결정으로 이를 기각한다(같은 법 제20조1항).

회피
回避
법관·법원서기관·법원사무관·법원주사 또는 법원주사보와 통역인이 사건에 관하여 제척 또는 기피의 원인이 있다고 생각하여 스스로 사건의 재판으로부터 피하는 것을 말한다. 회피는 소속법원에 서면으로 신청하여야 하며, 기피신청의 경우와 같이 법원의 결정을 기다려야 한다(형사소송법 제24조·제25조).

[제척·기피·회피]

구분	원 인	절 차
제척	•법률에 유형적으로 정해져 있음(형사소송법 제17조)	법률상 당연히 제외됨
기피	•유형적으로 정해져 있지 아니함 •불공평한 재판을 할 염려가 있는 일체의 경우(형사소송법 제18조1항)	당사자의 신청에 의하여 법원이 판단함
회피	위와 같음	법관 스스로 직무집행으로부터 탈퇴함

관할
管轄
각 법원에 대한 재판권의 분배, 즉 특정의 법원이 특정사건을 재판할 수 있는 권한을 말한다. 사건의 경중이나 재판의 쉽고 어려움, 법원이나 피고인의 편의 등을 고려하여 결정되어 있다. 관할에는 사건의 경중에 따른 구별(사물관할)과 지역

형사소송법

적으로 본 구별(토지관할) 및 제1심·항소심·상고심이라는 심급상의 구별(심급관할)이 있다. **사물관할**(事物管轄)이란 사건의 경중 또는 성질을 기준으로 하여 법원이 제1심으로서 가지는 재판상의 권한을 말한다. 우리나라에서는 동일한 지방법원 내에서 단독부와 합의부로 구분되어 있는데 이 가운데 어느 곳에서 관할하느냐 하는 것을 사물관할이라고 한다. 제1심의 사물관할은 법률(법원조직법 제28조·제28조의4·제32조·제40조·제40조의4·제40조의7)에 규정된 경우를 제외하고는 원칙적으로 지방법원의 단독판사에 속한다. 또 법원의 역할에도 차이가 있으므로 어느 역할은 어느 법원이 담당할 것인가를 정하고 있다. 이를 **직무관할**(職務管轄) 또는 **직분관할**(職分管轄)이라 하며, 그중에서도 중요한 것은 **심급관할**(審級管轄)이다. 심급관할이란 법원의 판단에 불복하여 상급법원에 불복신청을 하는 경우 이를 어느 법원에 담당시킬지를 정하는 것이다. 1심이 어느 법원인가에 의하여 그 담당이 결정된다.

이처럼 위의 원칙에 따라 관할을 정할 때 1명이 죄를 여럿 범한 경우와 같이 여러 개의 사건이 서로 관련이 있는데 그 중 하나가 어떤 법원의 관할 내 사건이라면 이 법원은 다른 사건도 재판할 수 있다. 이것을 **관련사건의 관할**이라 한다. 어느 법원의 관할인가가 분명하지 않을 경우에는 상급법원이 지정할 수 있고 담당법원이 재판할 수 없는 경우에는 관할의 이전도 인정되어 있는데, 이를 **재정관할**(裁定管轄)이라 한다.

토지관할
土地管轄

동등 법원간에 있어서 사건의 토지관계에 의한 관할의 분배를 말하며, 재판적(裁判籍)이라고도 한다. 법원의 수는 대법원만이 하나이고, 그 밖의 법원은 모두 복수로 설치되어 있다. 법원의 조직과 각급법원의 설치 및 관할구역은 법률로서 정하고 있으며(법원조직법, 각급 법원의 설치와 관할구역에 관한 법률), 동

종의 법원마다 지역적으로 각각 분담하여 직무를 행하고 있다. 그러므로 어느 사건이 지방법원의 담당인가는 사건의 성질에 의하여 결정되지만, 어느 지방법원의 담당인가는 토지관할에 의하여 정하여진다. 토지관할은 주로 피고인을 중심으로 하여 결정된다. 범죄발생의 토지라든가 피고인의 주소가 있는 토지를 관할하는 법원에 그 사건의 토지관할이 있다.

검사
檢事

검찰권을 행사할 권한을 갖는 국가기관을 말한다. 검사는 범죄수사, 공소의 제기 및 유지, 재판의 집행지휘·감독 등 형사절차의 전단계에 관여하며, 주로 범죄사실을 수사하여 법원에 제소(提訴)함으로써 법의 올바른 적용을 위하여 활동하며 내려진 판결의 집행을 감시하는 일을 한다. 이 소임을 검찰사무라고 하는데 검사는 각자가 단독제(單獨制) 관청(官廳)으로서 모두 자기의 이름으로 검찰사무를 처리할 수 있는 권한을 가지며, 이 점에서 보통의 관청과는 다르다. 위와 같은 검찰사무는 사법과 밀접한 관계가 있기 때문에 보통의 행정관의 경우와는 달리 검사의 임명에는 엄격한 자격요건이 요구되며, 강력한 신분보장이 인정되어 있다(검찰청법 제37조).

그러나 검사 각자가 검찰사무를 관장하는 국가의 기관이라 하여도 법원과 같이 서로 무관계로 활동하여도 좋은 것은 아니다. 모든 검사는 검찰총장을 정점으로 피라미드형의 계층적 조직체를 형성하고 일체불가분의 유기적 통일체로서 활동한다. 이것을 **검사동일체**(檢事同一體)의 원칙이라 한다. 검사의 직급은 검찰총장과 검사로 구분한다(같은 법 제6조).

검찰청
檢察廳

법무부장관의 소속하에 검사의 사무를 통할하는 관서를 말한다. 검찰청 자체는 검사가 행할 사무를 통할하는 기관에 불과하며, 그 자체로는 아무런 권한을 갖지 아니한 관서에 불과하다. 검찰청은 「검찰청법」에 의하여 설치된다. 그 종류로는 대검찰청·고등검찰청 및 지방검찰

청의 3종이 있으며 각각 대법원·고등법원 및 지방법원과 가정법원에 대응하여 설치되어 있다(검찰청법 제3조). 그러므로 각각의 검찰청에 소속하는 검사는 그에 대응하는 법원이 담당하는 직무에 상응한 검찰사무를 행하는 것이다. 대검찰청의 장을 검찰총장이라 하고, 고등검찰청 및 지방검찰청의 장을 검사장이라 한다.

피고인
被告人

범죄를 범한 혐의로 법원에 기소된 자를 말한다. 검사는 공소장(公訴狀)을 법원에 제출하여 기소하는데, 피고인인가 아닌가는 공소장에 기재된 자인가 아닌가에 의하여 정해진다. 그러므로 타인의 성명을 사칭하여 재판을 받은 자가 있을 경우에는 공소장(公訴狀)에 피고인으로 기재된 자를 피고인으로 본다. 피고인이라 해도 판결이 확정되기 전까지는 진정한 범인이라고는 할 수 없다. 범인인가 아닌가가 명확하지 않는 한, 범인취급을 하는 것은 인도적으로 허용되지 않는다. 그러므로 재판에서 확정될 때까지는 일단 범인이 아닌 것으로 대우하여야 한다. 이것을 **무죄의 추정**이라 한다. 따라서 검사가 충분히 입증하지 못한 때에는 비록 혐의가 있더라도 무죄가 선고된다. 피고인은 자신의 무죄를 주장하여 적극적으로 다툴 수 있는 지위가 인정되어 있다. 이것을 소송당사자로서의 지위라 한다.

이런 의미에서 피고인에게도 당사자로서 검사와 대등한 입장에서 공격·방어할 수 있도록 하기 위해서 피고인의 지위가 충실하게 보장되어야 한다. 피고인과 검사가 실제로 힘이 균등하지 않으면 대등한 입장이라 할 수 없다. 이러한 측면에서 피고인이 변호인의 조력을 받아 검사와 대등한 입장에서 재판이 이루어져야 한다. 이것을 **당사자대등의 원칙**이라 한다. 따라서 피고인의 법률지식을 보충하는 변호인제도는 이러한 의미에서 중요하다. 또 피고인은 소송의 일방당사자로서 그 입장을 보호할 필요가 있으므로 재판시에는 언제나 법정에 출석할 권리를 가진다. 그

러므로 원칙적으로 피고인이 없으면 재판을 열 수 없다. 만약 피고인이 출석하지 않으면 체포·구인·구속이라도 해서 출석시킨다. 이와 같이 피고인의 지위는 소송의 당사자이며 재판에서 부당하게 처벌되지 않도록 자기를 수호할 지위에 있다. 현행법은 피고인이 법정에서 진술한 것도 증거가 될 수 있게 되어 있다. 그러나 이 경우에도 피고인이 말하기 싫은 것을 진술할 필요는 없으며, 말하기 싫으면 아무것도 말할 필요가 없는 권리를 피고인의 **묵비권**(默秘權) 또는 **진술거부권**(陳述拒否權)이라 한다.

피의자
被疑者

경찰이나 검사 등의 수사기관으로부터 범죄의 의심을 받아 수사를 받고 있는 자로서 공소가 제기되기 전인 자를 말한다. 피의자가 기소된 후는 피고인이라고 불리운다.

피의자는 경우에 따라 신체의 구속을 받는다. 그러나 그것은 수사기관의 조사를 받기 위하여 신체의 구속을 받는 것은 아니다. 형사재판에서는 피고인이 출석하지 않으면 원칙적으로 법정을 열지 못하고, 피고인을 자유롭게 두면 증거를 없애 재판을 열지 못할 수도 있다. 그것을 방지하기 위하여서만 피의자의 신체를 구속할 수 있다. 구속될 이유가 없는 자가 구속된 경우에는 관할법원에 구속적부심사(拘束適否審査)를 청구할 권리를 가진다(헌법 제12조6항, 형사소송법 제214조의2).

현행법은 수사기관이 피의자를 조사할 것을 인정하지 않은 것은 아니다. 그러므로 피의자는 수사기관의 조사를 받는 지위도 가지고 있다. 그러나 그것은 피의자가 임의로 수사에 응한 경우이다. 즉 피의자에게는 수사기관의 조사를 받기 위하여 출석할 의무는 없다. 또한 피의자는 수사기관의 조사에 대하여 답하기 싫으면 처음부터 말하지 않아도 된다. 이것을 피의자의 묵비권이라 한다. 피의자도 앞으로 진행될 재판에 대비하여 스스로를 보호할 필요가 있다. 그 때문에 피의자

형사
소송법

에게 변호인을 선임할 권리가 보장되어 있으며, 법관에게 요청하여 증거를 강제적으로 수집해둘 길도 열려 있다.

당사자능력
當事者能力

기소된 후 피고인으로서 소송의 당사자가 될 수 있는 자격을 말한다. 당사자능력이 없으면 기소하더라도 그 기소는 무효이다. 자연인이나 법인은 모두 당사자능력이 있으며, 법률은 피고인이 사망한 경우나 회사 등의 단체가 소멸한 경우에는 기소가 무효가 되는 것으로 규정하고 있다(형사소송법 제328조1항2호). 그러나 당사자능력은 「형법」상의 책임능력과 같지는 않다. 즉 14세 미만의 자는 「형법」상 책임능력이 없으므로 처벌할 수 없으나, 「담배사업법」 등에서는 처벌되는 경우도 있으므로(담배사업법 제31조) 14세 미만의 자라도 「형사소송법」상으로는 당사자능력이 있다. 단체도 처벌되는 수가 있으므로 마찬가지로 당사자능력이 있다.

변론능력
辯論能力

법정에서 사실을 진술하거나 법률적인 의견을 진술할 수 있는 자격을 말한다. 소송에서의 자기입장을 이해할 수 있는 만큼의 능력(소송능력)이 있으면 그를 직접 소송에 참가시켜 자기의 입장을 진술할 필요가 있다. 그러나 소송경험이 없고 법률지식도 불충분한 자가 실제로 법정에서 사실이나 법률적인 의견을 진술한다면 소송이 원활・신속하게 처리되기 어렵기 때문에 그 자격을 제한할 필요는 있다. 다만, 어떠한 경우에 제한할 것인가는 제한되는 자의 이해에도 관계되므로 간단하게 정할 수 없는 것이다.

변호권
辯護權

검사의 공소권에 대응하는 것이 피고인의 변호권이다. 검사의 **유죄판결청구권**(有罪判決請求權)에 대하여 그 권리가 존재하지 않는다거나 그 권리의 행사가 허용되지 않는다는 것 등을 주장하여 자기의 인권을 옹호하는 권리이다. 이 권리는 피고인뿐만 아니라 피의자에게도 인정된다. 변호권을 행사할 수 있는 자는 피고인 및 피의자이지만 가장 직접적・구체적으로 행사하는 자는 변호인이다. 변호인은 피고인 및 피의자의 정당한 이익을 옹호함으로써 형사사법의 공정・타당한 운영에 협력하는 것이다. 그 의미에서 변호인은 피고인 및 피의자의 이익만을 옹호하는 것이 아니다. 따라서 변호인은 피고인에게 불이익이 되는 행동을 해서는 아니 되지만, 보호하는 것은 피고인의 정당한 이익에 한하며 피고인의 의견에 구속되지 않는다. 예컨대 무죄의 피고인이 유죄를 바라고 있어도 무죄변호를 하지 않으면 아니 된다. 또 피고인의 이익이 된다 하더라도 허위의 증거를 제출하는 것은 허용되지 않는다. 만약 허위인줄 알면서도 제출하면 증거인멸죄(證據湮滅罪)나 위증교사죄(僞證敎唆罪)가 된다.

변호인
辯護人

소송에서 당사자주의가 이상적으로 효과를 거두려면 검사와 피고인과의 사이에 공격・방어의 무기를 가능한 한 평등하게 하지 않으면 아니 된다. 이것을 **무기대등의 원칙**이라고 한다. 이를 위하여 법률적인 면에서 피고인을 보조하기 위하여 변호인제도가 설치되어 있다. 변호인은 원칙적으로 변호사의 자격을 가진 자 중에서 선임된다(형사소송법 제31조). 변호인은 피고인의 권리를 옹호하는 입장에 선다. 현행법은 이 변호인제도를 수사중의 피의자에게까지 확장하여 범죄의 혐의를 받은 자는 언제든지 변호인을 선임할 수 있도록 규정하고 있다(같은 법 제30조1항). 변호인에는 피고인 자신(혹은 배우자 등 일정한 친족)이 자신의 비용으로서 선임하는 경우(**사선변호인**)와 국가가 이를 선임하는 경우(**국선변호인**)가 있다. 변호인이 사선이든 국선이든 법률에 의하여 인정되는 권리에는 차이가 없다. 어느 경우에도 변호인이 피의자나 피고인의 권리를 충분히 옹호할 수 있도록 피의자 또는 피고인과 입회인 없이도 연락할 수 있는 권리(접견·교통권), 서류증거물을 읽거나 복사할 수 있는 권리, 증인신문이나 감정·검증 등에 참여할 수 있는 권리 등이 인정되어 있다. 그러나 권리 중의 어떤 것은 피의자나 피고인의 권리를 대리함에 불과한 것도 있고(대리권), 또 어떤 것은 변호인이기 때문에 당연히 가지는 권리(고유권)도 있다. 다만, 변호인의 권리는 가능한 한 고유권으로 해석하는 것이 바람직하다. 대리권인 경우에는 피의자나 피고인이 권리를 잃으면 변호인도 권리를 잃게 되어 피의자나 피고인의 권리를 충분히 옹호할 수 없게 되기 때문이다.

구체적인 변호인의 권리로서 변호인 고유의 권리와 피고인의 대리인으로서의 권리는 다음과 같다.

• **변호인 고유의 권리** : (1) 압수·수색영장의 집행에의 참여, 검증에의 참여, 증인신문에의 참여, 증인에 대한 신문 등의 권리는 피고인도 중복하여 가지고 있다. (2) 피고인·피의자와의 접견·교통, 기록의 열람·복사(등사), 피고인신문, 상고심에 있어서의 변호 등의 권리는 변호인만 가지고 있다.

• **변호인의 대리권** : 구속에 관한 각종의 권리·증거보전의 청구, 증거조사의 청구, 증거조사에 관한 이의신청, 기피신청, 상소제기 등의 권리가 있다.

국선변호인
國選辯護人

변호인은 선임되는 것이 원칙이나, 피고인이 빈곤이나 그 밖의 사유로 변호인을 선임할 수 없는 경우에 피고인이 청구하면 법원은 변호인을 선정해야 하며, 피고인이 구속되었을 때, 미성년자이거나 70세 이상의 노인인 경우 및 듣거나 말하는 데 모두 장애가 있는 사람, 심신장애가 있는 것으로 의심되는 때, 사형·무기 또는 단기 3년 이상의 징역이나 금고에 해당하는 사건으로 기소된 때 법원이 직권으로 이를 선정해야 한다(형사소송법 제33조). 이와 같이 피고인을 위하여 국가가 선정한 변호인을 국선변호인이라 한다(피의자에게는 국선변호인제도가 없다). 또한 변호인 없이 재판을 열 수 없으므로 재판장은 반드시 국선변호인을 선정해야 한다.

필요적 변호
必要的 辯護

변호인이 없으면 공판을 열수 없는 경우를 말한다. 소송은 검사가 피고인에게 혐의를 두고, 피고인은 그로부터 자신을 지키려는 형태를 통하여 진상을 찾으려는 구조로 되어 있다. 이 경우 가벼운 사건이라면 피고인 스스로 자신을 보호할 수 있으나, 중대한 사건에서는 대개 검사와의 힘의 차이로 인하여 자력으로서는 충분히 자기의 입장을 지킬 수 없다. 이러한 경우에 변호인 없이는 진상이 명확하지 못할 수도 있고, 또 잘못 판단하여 처벌하는 일에 있어서는 그 피해를 돌이킬 수 없게 된다. 따라서 일반적으로 살인이나 강도살인과 같이 법률에 정하여진 형의 상한이 사형·무기징역에 해당하는 경우는 물론 강도나 강간과 같이 그 하한이 3년 이상의 징역, 금고로 되어 있는 범죄사건을 심리할 때에는 변호인 없이는 개정할 수 없게 되어 있다. 다만, 판결만을 선고할 경우에는 예외이다(형사소송법 제282조). 이와 같은 경우 변호인이 출석하지 않을 때 법원은 직권으로 이를 선정해야 한다(같은 법 제283조).

보조인
補助人

피고인 또는 피의자의 입장을 보조하는 자를 말한다. 그의 법정대리인, 배우자, 직계친족과 형제자매는 보조인이 될 수 있다(형사소송법 제29조1항). 보조인은 독립하여 피고인 또는 피의자의 명시적 의사에 반하는 경우를 제외하고는 소송행위를 할 수 있다(같은 조 4항). 보조인이 되고자 하는 자는 심급별로 그 취지를 신고하여야 한다(같은 조 3항).

형 사
소송법

강 제 처 분

수사
搜査

범죄의 혐의 유무를 명백히 하여 공소의 제기와 유지 여부를 결정하기 위하여 범인을 발견·확보하고 증거를 수집·보전하는 수사기관의 활동을 말한다. 따라서 그 대부분은 재판이 개시되기 전에 행하여진다(수사기관에 의한 피의자의 취조에 관하여는 피고인의 당사자로서의 지위 등의 이유에서 부정하는 학설이 적지 않다). 어느 경우이든 법치국가의 입장에서, 인권존중의 관점에서 엄격한 법적 규제에 따라야 하며, 그런 의미에서 형사소송절차의 일환이다. 그러나 수사절차는 그 성격상 자칫하면 사실적·합목적적 경향으로 치우치기 쉬우며 그것은 또한 법률적·형식적 요청과 현상적으로 모순되는 경우가 많다. 이 문제에 관하여 수사에서도 당사자주의와 직권주의의 대립을 반영시켜 보다 단적으로 적정절차인가 실체적 진실발견인가 하는 형식으로 거론되고 있다.

수사절차를 행하는 자(수사기관)는 제1차적으로는 사법경찰관리(형사소송법 제197조)이고, 제2차적으로 검사의 직책이다. 이것은 한편으로는 수사목적을 보다 능률적으로 달성하기 위하여 사법경찰이 가진 통일적 활동력·과학적 수사기술 내지 설비를 감안하여 검사에게는 재판에서 소추기관(訴追機關)으로서의 역할을 보다 중시하게 한다는 것에 있고, 다른 한편으로는 사법경찰이 동시에 행정경찰로서의 활동도 행하기 때문에 수사에 대한 행정적 압력의 배제를 고려하지 않으면 아니 된다는 점에서 검사로 하여금 이러한 기능을 보정시킨다는 점도 있다.

현행 「형사소송법」에서는 수사의 방법은 강제수단에 의하지 않는 것이 원칙이며(임의

수사) 강제적으로 행하여지는 것은 예외이다. 특히 법률이 정한 경우가 아니면 강제수사를 할 수 없다(같은 법 제199조1항). 임의수사의 예로서는 출석요구, 피의자신문, 참고인조사, 감정·통역·번역의 위촉(같은 법 제200조·제221조), 임의제출한 물건의 압수(같은 법 제218조), 공무소 등에 대한 조회(같은 법 제199조2항), 경찰관 등의 불심검문(경찰관 직무집행법 제3조), 변사자의 검시(형사소송법 제222조) 등이 있으나 그 한계에 대하여 문제가 되는 경우가 많다(예: 도청의 경우).

강제수사는 그 주체 및 대상에 따라서 다음과 같이 분류된다.

[강제수사의 분류]

( ) 안은 「형사소송법」의 조문

대상 주체	사람에 대한 것	물건에 대한 것
수사기관이 스스로 판단 하여 행하는 것	긴급체포 (제200조의3) 현행범체포 (제212조)	체포에 따른 압 수·수색·검증 (제216조·제217 조)
수사기관이 법원의 허가 를 얻어 행하 는 것	구속 (제201조)	영장에 의한 압 수·수색·검증 (제215조)
수임판사가 수사기관의 청구에 기하 여 행하는 것	증거보전 (제184조) 증인신문 (제221조의2) 감정유치 (제221조의3)	

검사 또는 경무관, 총경, 경정, 경감, 경위와 같은 사법경찰관은 범죄의 혐의가 있다고 사료하는 때에는 범인, 범죄사실과 증거를 수사한다(형사소송법 제196조1항·제197조1항). 이때 검사와 사법경찰관은 서로 협력하여야 하는데(같은 법 제195조), 사법경찰관에게 시정조치요구 등이 있거나 적법한 절차에 의하지 않은 체포 또는 구속, 고소인 등의 이의신청으로 인하여 검사가 사법경찰관으로부터 송치받

은 사건에 관하여는 동일성을 해치지 않는 범위 내에서 수사할 수 있다(같은 법 제196조2항). 수사는 한번 시작하면 반드시 기소할 것인가 아닌가를 결정해야 하고 공소제기는 검사만이 할 수 있다. 사법경찰관은 범죄를 수사한 때에 범죄의 혐의가 있다고 인정되는 경우에는 지체 없이 검사에게 사건을 송치하고, 관계 서류와 증거물을 검사에게 송부하여야 한다. 그 밖의 경우에는 그 이유를 명시한 서면과 함께 관계 서류와 증거물을 지체 없이 검사에게 송부하여야 한다. 이 경우 검사는 송부받은 날부터 90일 이내에 사법경찰관에게 반환하여야 한다(같은 법 제245조의5).

위와 같은 수사절차에 대하여 이론적으로는 그 기본적인 구조를 어떻게 생각하는가의 문제가 있고, 탄핵적 수사관(彈劾的 捜査觀) 또는 규문적 수사관(糾問的 捜査觀)의 어느 것을 기초로 하는가에 따라서 해석상 차이가 생기게 된다(피의자의 조사, 접견교통권, 영장의 성질). 그래서 실제적으로는 소위 과학적 수사의 발달 촉진과 인권보장을 어떻게 조화시키는가의 문제가 가로놓여져 있으며 강제수사와 임의수사와의 경계나 간극(間隙 : 도청, 사진촬영, 마취분석 등), 임의수사의 요건이나 한계 등이 문제가 된다.

진술거부권
陳述拒否權

미국연방헌법수정 제5조의 '누구든지 어떠한 형사사건에 있어서도 자기에게 불리한 증언을 강요받지 아니한다'라는 규정을 본받아서 우리나라 「헌법」도 제12조2항 후단에 '모든 국민은……, 형사상 자기에게 불리한 진술을 강요당하지 아니한다'라고 규정하고 있다. 이것은 우리나라 「헌법」도 자기부죄에 대한 특권을 인정한 것이며, 그 입법취지는 자백을 받아내기에 편중한 수사관행을 배제하여 피고인의 인권을 보장하고자 하는 데에 있다. 이것을 일반적으로 **진술거부권** 또는 **묵비권**이라 한다. 피의자 및 피고인은 자기에게 불리한 진술을 할 의무가 없는 것

은 물론, 일반적으로 어떠한 진술도 할 의무가 없다. 다만, 임의로 진술한 때에는 이것을 조서에 기록할 수는 있다.

함정수사
陷穽捜査

「마약류 관리에 관한 법률」위반과 같은 범죄는 집단적·조직적으로 행해지기 때문에 그 발견이나 증거를 잡기가 대단히 어려워 검거가 불가능한 경우도 있다. 그래서 수사기관이 사술(詐術 : trick)·계략(計略) 등을 써서 올가미를 거는 방법을 쓰는 경우가 있다. 즉 수사기관 또는 그 의뢰를 받은 자가 범죄를 교사하거나 또는 조력한 후에 용의자가 범죄의 실행에 착수하여 기수에 이르기 전에 잡는 것이다. 이와 같은 방법을 **함정수사**라 한다. 종래 대륙법계 나라에서는 미수의 교사의 한 형태로서 올가미에 건 자의 형사책임이 문제가 되었다. 이에 대하여 미국에서는 '올가미의 이론'으로 올가미에 걸린 자의 처분을 문제로 삼았다.

우리나라에서는 함정수사의 적법 여부에 관하여 학설과 판례가 대립하고 있다. 이를 위법하다고 보는 소극설, 적법하다고 보는 적극설, 함정에 의하여 비로소 범죄의 의도가 발생한 경우에만 위법하고, 그 이외의 함정수사는 적법하다는 절충설 등이 있다.

영장주의
令狀主義

강제처분에는 원칙적으로 법원 또는 법관의 영장을 필요로 하는 것을 말한다. 수사 등의 절차에서 행해지는 강제처분은 사람의 신체나 의사의 자유 또는 사람의 물건에 대한 지배에 제한을 가하기 때문에 그것이 남용되어 기본적 인권을 침해하는 일이 없도록 하지 않으면 아니 된다. 그 때문에 강제처분을 할 것인가 아닌가를 수사기관의 판단에 맡기지 않고 먼저 법원이 판단하여(이 판단도 재판의 하나이다) 그 결과를 영장에 표시하고, 영장이 없으면 강제처분을 할 수 없도록 한 것이 영장주의이다.

「헌법」은 체포·구금·압수·수색에 대하

여 영장을 필요로 하고 있다(헌법 제12조3항). 영장 중에도 법원 스스로 강제처분을 할 수 있는 것은 그것을 실제로 집행하는 기관에 대한 명령장의 성질을 가지고(소환장, 법원이 하는 경우의 압수·수색영장), 수사기관이 강제처분을 하는 경우는 법원의 허가장으로서의 성질을 가진다(구속영장, 수사기관이 하는 경우의 압수·수색영장). 다만, 탄핵적 수사관에 기하여 구속영장도 명령장으로 해석하는 유력설도 있다. 그러나 그 강제처분이 법원의 의사에 의한 것이 명백한 경우(예 : 공판정에서의 압수·수색), 수사기관의 지나친 행위가 아님이 명확한 경우(예 : 현행범체포), 이미 일정한 범위에서 법원의 판단이 되어 있어서 그중에 포함되어 있는 사건에 관한 경우[예 : 영장에 의한 체포에 수반하는 압수·수색(미리 수색영장을 발부받기 어려운 긴급한 사정이 있는 경우에 한정)·검증]에는 실질적으로 영장주의와 모순되지 아니하므로 영장주의의 예외로 되어 있다.

[영장주의]

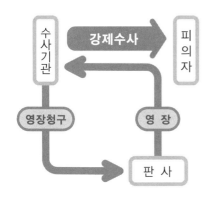

구속영장 수사기관에 구속을 허락하는
拘束令狀 법관의 허가장을 말한다. 구속은 범죄혐의자에 대한 강제처분이므로 이를 행할 경우에는 영장이 필요한 것이 원칙이다(헌법 제12조3항, 형사소송법 제201조1항). 즉 구속할 것인가 아닌가는 법

원이 판단하고, 수사기관은 법원의 허가가 있을 때에 비로소 구속할 수 있다. 이 법원의 판단을 표시한 것을 구속영장이라 하며, 집행기관에 대한 법원의 허가장으로서의 성질을 가지고 있는 것이다(물론, 명령장이라는 견해도 있다).

구속영장의 발부를 청구하는 권한은 검사에게 있으며, 검사의 청구에 대하여 법원은 구속의 이유가 상당하다고 인정한 때에는 구속영장을 발부한다(형사소송법 제201조4항 전단). 구속영장을 발부하지 아니할 때에는 청구서에 그 취지 및 이유를 기재하고 서명날인하여 청구한 검사에게 교부한다(같은 법 제201조4항 후단). 따라서 이러한 의미에서 법원은 구속영장의 청구에 대하여 실질적 심사권을 가지고 있는 것이다. 구속영장에는 피의자의 성명 및 주거, 죄명, 공소사실의 요지, 인치구금(引致拘禁)할 장소, 영장의 발부 연월일, 유효기간 및 유효기간이 지나면 집행에 착수하지 못하여 영장을 반환하여야 한다는 것 등을 기재하고, 재판장 또는 수명법관이 서명날인하여야 한다(같은 법 제75조1항). 영장에 의하여 구속할 수 있는 자는 수사기관뿐이다(같은 법 제201조1항).

현행범인 범죄를 실행하고 있거나 실행
現行犯人 하고 난 직후의 사람(형사소송법 제211조1항)을 말한다. 현행범인을 체포할 때에는 급히 서둘러야 한다. 체포로 말미암아 부당한 침해가 발생할 우려도 일단 없다고 생각되므로 영장은 불필요하며, 수사기관이 아니라도 누구든지 체포할 수 있다(같은 법 제212조·제214조 참조).

준현행범인 범죄실행 직후라고는 할 수
準現行犯人 없더라도 실행 후 시간이 얼마 지나지 않은 것이 명백히 인정되거나, 범인으로 불리며 추적되고 있거나, 장물이나 범죄에 사용되었다고 인정하기에 충분한 흉기 등을 소지하고 있거나, 신

형사
소송법

체 또는 의복류에 증거가 될 만한 뚜렷한 혼적이 있거나, 누구냐고 묻자 도망하려고 하는 등 이상의 어느 것에 해당하는 자도 현행범인과 똑같이 취급된다. 이것을 준현행범인(準現行犯人)이라 한다(같은 법 제211조2항).

긴급체포
緊急逮捕

체포를 하려면 사전에 검사의 신청에 의하여 법관이 발부한 영장을 제시하여야 하는 것이 원칙이나(헌법 제12조3항, 형사소송법 제200조의2 1항), 피의자가 사형·무기 또는 장기 3년 이상의 징역이나 금고에 해당하는 죄를 범하였다고 의심할 만한 상당한 이유가 있고, 증거인멸 혹은 도망하거나 도망할 염려가 있는 경우에 긴급을 요하여 지방법원판사의 체포영장을 받을 수 없을 때 그 사유를 알리고 영장 없이 피의자를 체포하는 것을 말한다(헌법 제12조3항 단서, 형사소송법 제200조의3). 이와 같이 피의자를 체포한 경우 피의자를 구속하고자 할 때에는 지체 없이 검사는 관할지방법원판사에게 구속영장을 청구하여야 하고, 사법경찰관은 검사에게 신청하여 검사의 청구로 관할지방법원판사에게 구속영장을 청구하여야 한다. 구속영장은 피의자를 체포한 때부터 48시간 이내에 청구하여야 하며, 제200조의3 3항에 따른 긴급체포서를 첨부하여야 한다. 이때 구속영장을 청구하지 아니하거나 발부받지 못한 때에는 피의자를 즉시 석방하여야 하며, 이에 의해 석방된 피의자는 영장 없이 동일한 범죄사실에 관하여 체포하지 못한다(형사소송법 제200조의4).

미란다원칙
Miranda原則

피의자를 체포할 때 혐의사실의 요지와 체포이유, 변호인을 선임할 수 있는 권리, 묵비권을 행사할 수 있는 권리 등이 있음을 알려주는 것을 말한다. 1966년 미국 대법원은 경찰이 피의자신문을 행하는 과정에서 피의자를 외부와의 접촉으로부터 차단한 후 신문을 행함으로써 자백을 강요하는 일이 빈번하다는 사실을 인지하였다. 미란다에 대한 애리조나 사건의 판결에서 납치와 강간의 혐의로 체포되었다가 경찰에서 2시간의 심문 후에 범행을 자백하여 유죄가 된 경우, 변호인의 조력을 받을 권리가 있고 또 진술거부권이 있다는 것을 미리 미란다에게 고지하지 않은 채 자백을 얻었다는 사실을 들어서 원심을 파기하였다.

우리나라에서도 피의자의 이와 같은 권리를 법으로 보장하고 있는데(형사소송법 제200조의5), 수사기관은 피의자로부터 이에 대한 확인서를 받아야 한다(검찰사건사무규칙 제54조·제71조, 검사와 사법경찰관의 상호협력과 일반적 수사준칙에 관한 규정 제32조).

별건구속
別件拘束

어떤 자에 대하여 범죄의 혐의를 얻었으나 그 건으로 구속까지는 할 수 없는 경우에, 전혀 다른 혐의로서 구속한 후 천천히 본래의 사건을 조사하여 자백을 얻고자 하는 수사방법을 말한다. 이것은 중대한 사건에 관하여 구속영장을 청구할 정도의 증거가 수집될 수 없거나 법정기간 내에 증거를 완비할 수 없는 경우에 이미 증거가 수집된 별도의 경미한 사건으로(예 : 살인사건의 경우에 폭력범으로) 구속영장을 청구하여 구속을 하는 방법을 말한다. 이와 같은 별건구속에 있어서는 첫째, 주목적인 본건(중대사건)에 관한 법관의 사전심사가 회피되어 영장주의 존재의의를 상실케 한다. 둘째, 구속이유의 고지가 본건에 관하여 보장되지 아니하므로 「헌법」 제12조3항에 위반할 뿐 아니라, 셋째, 그것이 자백을 얻기 위한 부당한 수단으로 이용된 경우에는 「헌법」 제12조2항에 위반되며, 넷째, 전체적으로 그 절차가 공정하지 못하고 부당한 것이라는 의미에서 적법절차에 위반된다고 본다.

인치
引致

신체의 자유를 구속한 자를 일정한 장소에 연행하는 것을 말한다. 구인(拘引)의 효력으로서 인정되며, 구인한 피고인을 법원에 인치한 경우에 구금할 필요가 없다고 인정할 때에는 그 인치한 때로부

형사
소송법

터 24시간 내에 석방하여야 한다(형사소송법 제71조). 사법경찰관이 피의자를 구속한 때에는 10일 이내에 피의자를 검사에게 인치하지 아니하면 석방하여야 하며, 검사가 피의자를 구속한 때 또는 사법경찰관으로부터 피의자의 인치를 받은 때에는 10일 이내에 공소를 제기하지 아니하면 석방하여야 한다(같은 법 제202조·제203조).

구금 拘禁 범죄를 범하였다고 의심할 만한 상당한 이유가 있고, 일정한 주거가 없거나, 증거를 인멸할 염려가 있거나, 도망할 염려가 있을 경우에 법원 또는 법관이 행하는 강제처분의 하나로서 구속영장에 의하여 행해진다(형사소송법 제70조). 도망 또는 증거인멸의 방지를 목적으로 하여, 피고인·피의자를 구치소에 가두어 두는 것이다. 유죄가 확정되지 않은 자에 대하여 행하여지는 점에서(미결구금이라고도 부른다) 형의 일종인 구류와는 다르다. 구금은 강제처분으로서 기간도 비교적 긴 것이기 때문에 부당하게 남용되는 일이 없도록 두 가지의 제도를 두고 있다. **보석**(保釋)과 **구속기간**(拘束期間)의 제한이 그것이다. 후자는 피고인에 대하여 원칙적으로 2개월로 1회에 한하지만, 특히 계속할 필요가 있는 경우에는 심급마다 2차에 한하여 갱신할 수 있으며 그 기간도 2개월로 되어 있다(같은 법 제92조). 피의자에 대하여는 사법경찰관이 행하는 때에는 10일 이내, 검사가 행하는 때 또는 사법경찰관으로부터 피의자의 인치를 받은 때에도 10일 이내로 되어 있다(같은 법 제202조·제203조).

구인 拘引 법원 또는 재판장·판사가 피고인 또는 증인을 법원 기타의 지정한 장소에 인치하여 억류하는 재판 및 그 집행(형사소송법 제69조·제152조·제166조2항)을 말한다. 구인의 요건은 「형사소송법」상으로는 구속의 경우와 동일한 것으로 되어 있으나(같은 법 제70조 참조), 실제상으로는

피고인 또는 증인이 정당한 이유 없이 소환 또는 동행명령에 응하지 아니한 경우(같은 법 제74조·제152조·제166조2항)이고, 구속영장에 의하여 하게 되어 있다(같은 법 제73조). 구인한 피고인을 법원 기타의 장소에 인치한 후에 구금할 필요가 없다고 인정되면 그 인치한 때로부터 24시간 내에 석방하여야 한다(같은 법 제71조).

소환 召喚 피고인 또는 증인 등에 대하여 법원 기타의 일정한 장소에 오라는 강제처분의 하나이며, 소환장에 의하여 법원이 행하는 것이 원칙이다(형사소송법 제68조·제73조·제74조·제76조·제142조·제150조의2·제151조·제155조·제165조·제177조). 급속을 요하는 경우 및 증거보전청구가 있는 경우에는 재판장 또는 판사가 소환할 수도 있다(같은 법 제80조·제184조). 증인이 소환에 불응하거나 정당한 사유 없이 동행을 거부한 때에는 구인할 수 있다(같은 법 제152조·제166조2항). 형을 집행하기 위한 검사의 소환(같은 법 제473조1항)은 여기서 말하는 소환과는 그 성질이 다르다.

미결구금 未決拘禁 피고인을 구금하는 강제처분을 말한다. 주로 피고인의 도망 및 증거인멸을 방지하는 것을 목적으로 한 것이지만, 재범방지의 효과도 있다. 미결구금은 대인적 강제처분 중에서 가장 큰 인권침해를 동반한다. 단순히 신체적 자유를 박탈함에 그치지 않고 피고인에 대하여 이상한 심리적 압박을 주며, 가족 전체에 대하여도 경제적·심리적 압박을 주어 피고인 및 가족의 명예·신용을 잃게 하는 수가 많다. 이와 같이 적지 않은 유형·무형의 손실은 설령 무죄가 되어 형사보상을 받는다 하더라도 그것으로서 손실의 보상이 충족되는 것은 아니다.

미결구금(未決拘禁)은 형은 아니나 실질적으로는 자유형에 가까운 성질을 가지므로 유죄판결을 받은 경우에 일정한 조건으로 본형

에 통산한다. 이에 대하여 무죄의 경우에는 형사보상이 주어진다. 미결구금기간은 법원이 임의로 본형에 통산할 수 있는 재정통산과 반드시 통산하여야 하는 필요적 통산이 있다.

구금의 절차적 요건
拘禁의 節次的 要件

사전에 피고인에게 범죄사실의 요지, 구속의 이유와 변호인을 선임할 수 있음을 말하고 변명할 기회를 준 후가 아니면 구속할 수 없다. 다만 피고인이 도망한 경우는 아니다(형사소송법 제72조).

보석
保釋

구속된 피고인에 대해서 일정한 보증금을 납입시키고, 도망하거나 기타 일정한 사유가 있는 때에는 이를 몰수하는 제재조건을 부과하여 보증금을 납입시키고 피고인을 석방하는 제도이다. 피고인·변호인 등의 청구에 의하는 **보석청구**(형사소송법 제94조)와 직권으로 행하는 **직권보석**(같은 법 제96조)이 있다. 그리고 반드시 청구를 허가해야 하는 **필요적 보석**(같은 법 제95조)과 법원의 재량에 맡겨져 있는 **임의적 보석**(같은 법 제96조)이 있다. 보증금은 피고인의 출석을 보증할 만한 금액으로 법원이 결정하는데(같은 법 제98조), 이 보증금을 납입해야 석방된다(같은 법 제100조1항). 법원이 허가하면 보증금을 납입하는 자는 보석청구자 이외의 자라도 무방하고, 또 보증서로써 보석금에 갈음할 수도 있다(같은 법 제100조2항·3항).

보석을 허가하는 경우에는 피고인의 주거를 제한하고 기타 적당한 조건을 부가할 수 있다(**조건부보석**·같은 법 제98조). 다만, 부가조건 중에 범죄를 범하지 않을 것이라는 조건을 붙일 수가 있는가에 관해서는 논의가 있으나, 피고인의 구속은 보안처분이 아니라는 이유로써 부정하는 것이 통설이다. 피고인이 도망한 때, 도망 또는 범죄의 증거를 인멸할 염려가 있다고 믿을 만한 충분한 이유가 있는 때, 소환을 받고 정당한 사유 없이 출석하지 아니한

때, 피해자, 해당 사건의 재판에 필요한 사실을 알고 있다고 인정되는 사람 또는 그 친족의 생명·신체·재산에 해를 가하거나 가할 염려가 있다고 믿을 만한 충분한 이유가 있는 때, 법원이 정한 조건을 위반한 때에 법원은 결정으로 보석을 취소하고 보증금의 전부 또는 일부를 몰수한다(같은 법 제102조·제103조). 피의자의 구속에는 보석 청구가 인정되지 않는다.

압수
押收

수사에 있어서 증거물 또는 몰수할 것으로 사료되는 물건을 확보해두기 위한 처분을 말한다. 압수는 원칙적으로 법원이 행한다(형사소송법 제106조 이하). 때에 따라서는 합의부원에게 이를 명할 수 있으며, 그 목적물의 소재지를 관할하는 지방법원판사에게 촉탁할 수도 있다(같은 법 제136조). 또한 법관의 영장을 얻어 수사기관이 행하는 경우도 있다(같은 법 제215조). 보관자에 대한 제출명령(같은 법 제106조2항)도 물건에 대한 강제처분으로서 압수의 일종이며, 압수에는 원칙적으로 영장이 필요하다(같은 법 제113조 이하). 군사·공무 및 업무상의 비밀을 보호하기 위하여 압수가 제한되는 경우도 있다(같은 법 제110조·제111조·제112조). 압수할 때에는 영장을 제시하여야 하는데, 다만 피고인의 경우에는 사본을 교부하고, 영장의 제시나 사본 교부가 불가능하거나 받는 자가 거부한 경우에는 이를 하지 않을 수 있다(같은 법 제118조). 압수한 경우에는 이들 물건의 목록을 작성하여 소유자·소지자·보관자 등에게 이를 교부하여야 한다(같은 법 제129조). 압수물에 대하여는 그 상실 또는 파손 등의 방지를 위하여 상당한 조치를 하여야 하고(같은 법 제131조), 압수를 계속할 필요가 없다고 인정되는 때에는 이를 환부하여야 한다(같은 법 제133조·제134조).

압수물의 환부
押收物의 還付

압수물을 종국적으로 소유자 또는 제출인에게 반환하는 법원의 처분을 말한다. 환부의 대상이 되는 물건은 압수를 계

형 사
소송법

속할 필요가 없다고 인정되는 압수물에 한한다. 압수한 장물은 피해자에게 환부할 이유가 명백한 때에는 사건이 종결되지 않더라도 피해자에게 환부할 수 있다(형사소송법 제134조). 환부에 의하여 압수는 그 효력을 상실한다.

수색
搜索

압수해야 할 물건이나 체포·구인해야 할 사람을 발견하기 위하여 사람의 신체·물건·가옥 또는 기타의 장소에 대하여 행하는 강제처분을 말한다. 원칙적으로 법원이 행하나(형사소송법 제109조), 법관(같은 법 제136조·제184조) 또는 수사기관이 행하는 때도 있다(같은 법 제137조·제215조·제216조). 수색에는 영장이 필요하다(헌법 제12조, 형사소송법 제113조 이하·제215조, 미리 수색영장을 발부받기 어려운 긴급한 사정이 있는 경우로 한정하는 예외로서는 제137조·제216조).

압수하여야 할 물건의 수색에 대하여는 피고인과 피고인이 아닌 자와의 사이에 구별이 있고(형사소송법 제109조), 가옥 기타 사람이 거주하는 장소의 수색에 대한 검사·피고인·변호인의 참여권(같은 법 제121조·제122조), 여자신체의 수색에 대한 성년여성의 참여(같은 법 제124조) 등 여러 가지 제한이 있다.

신체검사
身體檢査

「형사소송법」상 법원이 증거자료를 얻기 위하여 신체를 검증하는 것을 말한다. 신체검사가 거론되는 것은 수색(형사소송법 제109조 이하), 검증(같은 법 제140조 이하), 감정(같은 법 제173조)의 세 가지 경우이다. 신체수색의 경우 특별한 규정이 없으므로 검증에 관한 규정을 적용하여야 한다(예 : 수색영장과 신체검사영장의 두 가지를 필요로 하는 등)는 주장이 있다. 검증으로서의 신체검사는 명예를 해하지 않도록, 특히 여성의 수치심을 손상하지 않도록 주의하여야 한다(같은 법 제141조). 법원·법관이 행하는 것이 원칙이나, 수사기관이 행하는 경우에는 지방법원판사가 발부한 영장이 필요하다(같은 법 제215조1항). 감정으로서의 신체검사에는 검증의 규정이 준용되며, 감정인이 행할 때에는 법원의 허가장을 필요로 한다(같은 법 제173조).

증거보전
證據保全

피고인·피의자가 미리 증거를 수집·보전해두기 위하여 법관에게 청구하여 행하는 강제처분을 말한다. 현재의 형사재판은 당사자주의를 취하고 있으나, 당사자인 검사는 국가기관의 하나로서 강력한 권한을 가지고 있음에 반하여 상대적으로 피고인의 입장은 대단히 약하다. 그래서 피고인의 입장을 강화하여 평등에 가깝도록 하기 위하여 설치한 것의 하나가 이 증거보전절차이다. 피고인 측도 재판을 자기에게 유리하도록 인도하기 위하여 증거를 수집·확보하여야 하는데, 증인이 중병으로 죽을 때가 임박해 있다든지 국외로 여행하려 하고 있다든지 혹은 범죄현장이 변용되어버리거나 증거물이 소실되어버릴 우려가 있을 때에, 이를 그대로 방치해두면 실제로 공판에서 그 증거를 사용할 수가 없게 된다. 그래서 이와 같은 사정이 있을 때 검사·피고인·피의자·변호인은 제1회 공판기일 전이라도 판사에게 청구하여 미리 그러한 증거에 대한 압수·수색 기타의 처분을 하여 증거를 확보해둘 수 있도록 규정하고 있다(형사소송법 제184조1항). 이 경우 검사·피고인·피의자 또는 변호인은 판사의 허가를 얻어 법원에 보관된 증거를 열람하거나 등사할 수 있다(같은 법 제185조).

감정유치
鑑定留置

피고인의 정신 또는 신체에 관한 감정〔피고인이 정신병자인가 아닌가 등의 정신상태나 신체의 상흔(傷痕) 등의 신체적 상태 또는 능력의 감정〕이 필요한 때에 법원이 기간을 정하여 의사 등의 전문가에게 감정시키기 위하여 병원 기타 적당한 장소에 피고인을 유치하는 강제처분을 말한다(형사소송법 제172조3항).

감정유치도 「헌법」에서 말하는 체포의 일종으로 생각하여 감정유치장이라는 영장을 발부하여야 한다(같은 조 4항). 수사기관이 임의의 처분으로서 감정을 하는 때에도 유치의 필요가 있을 때에는 신체의 구속을 동반하므로 법원에 그 처분을 청구하여야 한다. 감정유치도 피고인 또는 피의자의 신체를 구속하는 것이기 때문에 「형사소송법」에 정하여져 있는 구속에 관한 규정이 적용되어 피고사건의 고지, 변호인선임권(辯護人選任權)의 고지, 변호인선임의 신고, 변호인 등에게의 통지, 접견교통(接見交通), 구속 등의 이유 고지, 구속의 취소, 집행정지 등의 규정이 준용된다.

변사자검시
變死者檢視
노쇠나 병 이외의 원인으로 사망한 경우, 즉 자연사가 아닌 모든 경우를 사고사라고 하는데, 그중에서 범죄에 의하여 사망한 것으로 의심이 가는 시체를 **변사체**(變死體)라 한다. 사고사인지 조차도 알 수 없는 경우에는 이를 변사의 의심이 있는 사체라 한다. 이러한 변사체나 변사의 의심이 있는 사체를 조사하여 범죄에 의한 것인가 아닌가를 결정하는 처분을 **변사자검시**라 한다. 따라서 변사자검시는 범죄가 행해진 것이 아닌가 하는 의심이 전제가 되며, 수사 그 자체는 아니지만 검시의 결과 범죄에 의한 것으로 판명되면 수사가 개시된다. 즉 수사의 단서라고 할 수 있으며, 결국 범죄의 발견과 동시에 증거의 확보를 위하여 행하여진다. 변사자검시는 검사 또는 검사의 명에 의하여 사법경찰관이 행한다(형사소송법 제222조).

공 소

고소
告訴
범죄의 피해자와 그 법정대리인 그 밖의 일정한 자(고소권자, 형사소송법 제223조~제228조)가 범죄사실을 수사기관에 알려 그 범죄를 기소하여 달라는 의사를 표명하는 것을 말한다. 현재의 형사소송에서 기소할 것인가의 여부를 결정하는 것은 원칙적으로 검사이다(기소독점주의). 고소가 있었다고 해서 반드시 기소되는 것은 아니고(기소편의주의) 수사를 촉구하는 것뿐이다. 소위 친고죄에 대하여는 고소가 없으면 기소할 수 없고 심리를 시작하는 것도 허용되지 않는다.

고소불가분(告訴不可分)**의 원칙** : 일개의 범죄의 일부에 대하여 고소 또는 그 취소가 있으면 그 효력은 범죄 전체에 미치고(객관적불가분), 공범자 중의 1명에 대하여 고소 또는 그 취소가 있어도 그 효력은 공범자 전체에 미친다(주관적불가분, 같은 법 제233조). 양자 모두 예외는 있다. 전자에서 소위 과형상일죄(원래는 여러 개의 범죄이지만 가장 무거운 한 가지 죄로 처벌하는 것)의 경우에 피해자가 다르거나 또는 일부만 친고죄인 때에는 각각 나누어서 고찰하고, 후자에서 소위 상대적 친고죄(예 : 형법 제344조)의 경우에는 일정한 신분을 가진 범인에만 분리하여 고찰한다.

친고죄(親告罪)**의 고소** : 친고죄의 고소는 제1심 판결선고 전까지는 취소할 수 있지만, 일단 취소되면 다시 고소할 수 없다(형사소송법 제232조). 친고죄의 고소를 할 수 있는 기간은 범인을 알게 된 날로부터 6개월이다(같은 법 제230조 · 제231조 참조). 친고죄의 경우에 고소가 없는데도 기소했다면 그 기소는 무효이므로 공소기각의 판결을 하여야 하는데, 만일 기소 후 고소가 행해졌다면 공소의 무효가 치유되는가? 이에 관하여 예전에는 통설 · 판례는 일반적으로 이를 부정하였다. 그 이유로서는 소송조건을 단지 기소의 적법조건으로 이해하여, 소송조건은 반드시 공소제기시에 구비하여야 할 것으로 고려되었기 때문이다.

이와 같은 부정설에 대하여 소송의 발전적 성격에 착안하여 절차유지의 원칙을 주장하고 소송조건의 추완을 긍정하려는 유력한 학설이 있다. 가령 공소제기 할 때에 소송조건을 결여하였더라도 후에 그것이 구비된 이상 소송을 진행시켜 실체적 심판을 하는 것을 허용하여

형 사
소송법

야 한다고 한다. 또한 이를 부정하여 일단 공소를 기각하더라도 다시 공소의 제기가 있으면 결국 실체적 심판을 행하여야 할 것이므로 무용한 절차의 중복을 가져오게 하여 소송경제의 요청에도 반한다는 것이다. 또 고소권(告訴權)을 미리 포기함은 허용되지 않는다고 하는 것이 종래의 통설·판례이지만, 법률이 고소의 취소를 인정하고 있는 이상 그 취지를 유추하여 고소권의 포기를 인정하더라도 아무런 폐해가 없을 뿐만 아니라, 오히려 공소를 제기할 것인가의 불안정한 상태가 고소기간의 경과를 기다리지 않고서 확정된다는 실익이 있으므로 고소권의 포기도 유효하다고 보는 유력한 견해도 있다.

고발
告發

고소와 마찬가지로 범죄사실을 수사기관에 고함으로써 그 범죄의 기소를 바란다는 의사를 표명하는 행위를 말한다. 그 주체에 있어서 고소와는 달리 고소권자 이외의 제3자는 누구나 할 수 있으며, 공무원은 그 직무를 행함에 있어 범죄가 있다고 생각되면 고발을 하여야 한다(형사소송법 제234조). 고발도 일반적으로는

[기 소]

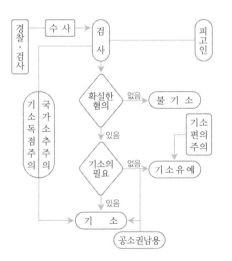

단순히 수사를 촉구하는 것에 불과하지만, 특별법에서는 친고죄의 고소와 같이 고발을 소송조건으로 하는 경우가 있다(예 : 독점규제 및 공정거래에 관한 법률 제129조). 보통고발은 비친고죄의 고소와, 특별고발은 친고죄의 고소와 각각 같이 취급된다(다만, 고발에는 그 기간의 제한이 없으며 취소 후에도 재고발할 수 있는 점에서 고소와 다르다).

기소
起訴

검사가 특정한 형사사건에 대하여 법원의 심판을 구하는 행위를 말한다. 이를 **공소제기**라고도 한다. 국가기관인 검사만이 행할 수 있으므로 **국가소추주의**(國家訴追主義) 또는 **기소독점주의**(起訴獨占主義)라고 한다.

검사는 피해자를 위하여서뿐만 아니라 사회질서의 유지라는 공익의 대표자로서 기소하는 것이다. 검사는 범죄의 혐의가 있을 때에는 반드시 기소해야만 하는 것은 아니다. 범인의 연령, 성행, 지능과 환경, 피해자와의 관계, 범행의 동기, 수단과 결과, 범행 후의 정황 등을 종합하여 기소하지 않음이 상당하다고 판단되는 때에는 기소유예처분을 할 수 있다(기소편의주의, 형사소송법 제247조). 반면에 **기소법정주의**(起訴法定主義)는 기소유예(起訴猶豫)를 인정치 않으나, 현재로선 대부분의 나라가 기소편의주의(起訴便宜主義)를 취하고 있다. 기소할 때에는 공소장이라는 서면을 관할법원에 제출하여야 한다(같은 법 제254조1항). 검사는 제1심판결의 선고 전까지는 공소를 취소할 수 있다. 또 공소취소는 이유를 기재한 서면으로써 하여야 하며, 단 공판정에서는 구술로써 할 수 있다(같은 법 제255조).

공소장
公訴狀

검사가 공소를 제기하고자 할 때 작성하는 문서를 말한다. 검사가 공소를 제기할 때에는 공소장을 관할법원에 반드시 제출하여야 한다. 구두나 전보 등에 의하는 것은 허용되지 않는다.

형 사
소송법

공소장에는 법률에 의하여 일정한 기재사항이 규정되어 있으며, 이 기재사항 이외의 것을 기재하거나 기재사항을 빠뜨리는 것은 허용되지 않는다. 이와 같이 규정에 위반한 공소장은 그 기재를 삭제 또는 보정하도록 되어 있으며, 일정한 경우에는 공소가 무효로 되는 경우도 있다. 공소장에 기재하여야 할 사항으로서는 ① 피고인의 성명 기타 피고인을 특정할 수 있는 사항 ② 죄명 ③ 공소사실 ④ 적용법조 등이다. 공소사실의 기재는 범죄의 일시·장소와 방법을 명시하여 사실을 특정할 수 있도록 하여야 하고, 수개의 범죄사실과 적용법조를 예비적 또는 택일적으로 기재할 수 있다(형사소송법 제254조). 검사는 법원의 허가를 얻어 공소장에 기재한 공소사실, 적용법조를 추가·철회 또는 변경할 수 있으며, 이 경우에 법원은 공소사실의 동일성을 해하지 아니하는 한도에서 허가하여야 한다(같은 법 제298조1항). 동일성의 판단기준에 관하여는 '공소사실의 동일성 여부는 사실의 동일성이 갖는 법률적 기능을 염두에 두고 피고인의 행위와 사회적인 사실관계를 기본으로 하되, 규범적 요소도 고려하여 판단하여야 한다'는 판례가 나와 있다(대판 2011.6.30, 2011도1651).

국가소추주의 범죄를 기소하여 소추(訴追)하는 권리를 국가기관인 검사만이 가지고 있는 것을 국가소추주의(형사소송법 제246조)라 한다. 최근에는 형벌권의 국가 집중과 재판의 방법이 **규문주의**(법원이 직권으로 형사소송절차를 개시)에서 **탄핵주의**로 옮겨감에 따라 근대국가에서는 기소독점주의가 일반적이다.

기소독점주의의 장점은 공익을 대표하는 자로서 검사가 범죄, 범인에 대한 피해자의 감정이나 사회의 반향 등에 구애받지 않고 오히려 그러한 요소까지도 고려하여 종합적인 입장에 서서 기소 여부를 결정할 수 있도록 한다는 점에서 기소편의주의·검사동일체의 원칙과 아울러 형사사법의 공정을 도모한다는 점에 있다고 한다. 그러나 다른 한편으로는 검사가 독단에 빠지거나 전횡을 일삼기 쉽고, 특히 정치세력과 검사가 결합하는 때에는 독재화될 수도 있다. 그래서 현행 「형사소송법」에서는 검사의 기소독점에 대하여 몇 가지 견제장치가 마련되어 있다. 즉 고소·고발의 청구가 있는 사건에 대하여 검사가 기소 또는 불기소처분을 한 때에는 곧 그 사실을 고소인 등에게 알려야 하며, 불기소처분을 한 때에는 그 이유도 통지하도록 되어 있다(같은 법 제258조·제259조). 또 기소의 전제가 되어 있는 친고죄의 고소, 특별한 고발 등도 일종의 제한으로서 작용하고 있다.

기소편의주의 起訴便宜主義 공소제기에 관하여 검사에게 기소·불기소의 재량을 인정하는 제도를 말한다. 기소할 수 있는 권한을 가진 사람이 기소할 것인가 아닌가를 결정하는 방식에는 두 가지가 있다. 첫째, 법률이 미리 일정한 전제조건을 정해두고 그 조건이 충족되면 반드시 기소하여야 하는 것. 둘째, 일정한 조건이 충족된 경우에도 여러 가지 사정을 고려하여 기소·불기소의 어느 것을 결정하여도 좋다고 하는 것이다. 전자를 **기소법정주의**라 하고, 후자를 **기소편의주의**라 한다.

기소법정주의의 특징은 획일적·형식적이므로 기소의 기준이 명확하고 범죄와 형벌의 연락을 긴밀히 하지만, 기소편의주의는 구체적·개별적인 사정을 고려할 수 있으며 기소의 기준에 탄력성이 많다. 또 일단 기소한 후에도 제1심 판결의 선고 전까지는 검사는 공소를 취소할 수 있다(형사소송법 제255조)고 하는 것과 같이 공소취소를 인정하는 제도를 **기소변경주의**, 인정하지 않는 것을 **기소불변경주의**라 할 수 있다. 이것도 각각 편의주의·법정주의의 연장으로 볼 수 있다. 또 「형법」의 입장에서는 개선형(改善刑 : 범죄를 저지른 자를 개선할 목적으로 부과하는 형벌. 교육형이라고도 한다)과 응보형(應報刑 : 범죄를 저지른 자에 대하여 정당한 대가를 치르도록 할 목적으로 부과하는 형벌)의 대립, 보다 일반적으로 근대학파와 고전학파라는 소위 학파의 대립으로 거슬러 올라가 생각할 수 있다. 양자의 장단점은 논리적으로는 표리의 관계에 있으나, 기소의 권한을 집중적으로 장악한 국가에 대한 사고방식이 법치국가로부터 행정국가 내지 복지국가로 이행하는 경향을 배경으로 하여 기소편의주의가 오히려 합리적인 것으로 되어 왔다. 그러나 기소편의주의는 기소독점주의와 종합하여 전체주의로 이어질 위험도 있음을 주의하여야 한다. 현행 「형사소송법」은 기소·불기소를 결정하는 표준으로서 범인의 연령, 성행, 지능과 환경, 피해자에 대한 관계, 범행의 동기, 수단과 결과, 범행 후의 정황 등을 참작하여 기소 여부를 결정하도록 하고 있다(형사소송법 제247조, 형법 제51조). 그래서 기소독점주의에 대한 시정, 억제의 수단은 여기서도 합리적인 억제수단으로서 작용하는 것이다.

공소권의 남용
公訴權의 濫用
극히 경미한 사건으로서 보통은 기소도 되지 않을 터이나, 간혹 정치적 색채를 띠고 있기 때문에 기소된 것으로 보이는 사건이 적지 않게 존재한다. 이 경우에 결과적으로 무죄나 형의 면제로 끝났다면 처음부터 기소하여야 할 사항도 아니었던 것이 아닌가 하고 의심하게 될 것이다. 이와 같은 경우에 기소독점주의·기소편의주의의 폐해를 저지하기 위하여 권리남용이론과 비교하여 공소권의 남용을 인정해야 한다고 생각하는 견해도 있다. 그러나 남용이라고 판단되는 경우의 효과에 관하여는 반드시 견해가 일치하지는 않다(예 : 공소기각을 하여야 할 것인가, 면소의 판결을 하여야 할 것인가 등). 예컨대 공소권남용의 이론은 공판이전의 단계(수사절차)에서의 공정을 어떤 형태로든 보장하고자 하는 이론의 하나로서 나타난 것이라고 볼 수 있다.

불기소처분
不起訴處分
검사가 기소하지 않는다고 결정하는 것을 말한다. 기소편의주의에 의한 기소유예(형사소송법 제247조)의 경우 외에 소송조건이 갖추어져 있지 않은 경우나 사건이 죄가 되지 않거나, 증명이 되지 않는 경우 등 결국 유죄가 될 가망이 없는 경우를 포함한다. 일단 불기소처분을 한 후 새로이 기소하여도 지장은 없으나, 불기소처분을 한 때에는 그 취지를 피의자·고소인·고발인에게 통지하여야 하며, 고소인·고발인의 청구가 있는 경우에는 7일 이내에 그 이유를 서면으로 설명하여야 한다(같은 법 제258조·제259조).

기소유예
起訴猶豫
현행 「형사소송법」은 기소편의주의를 취하여 검사는 범인의 연령, 성행, 지능과 환경, 피해자에 대한 관계, 범행의 동기, 수단과 결과, 범행 후의 정황 등의 사항을 참작하여 소추가 필요 없다고 생각되면 기소하지 않아도 되도록 되어 있다(형사소송법 제247조). 이와 같이 소위 형사정책상의 고려에서 기소하지 아니하는 처분을 기소유예라 한다. 이에 대하여 범죄가 특히 경미하여 기소할 것까지는 없다고 생각되기 때문에 기소하지 않는 처분을 **미죄처분**(微罪處分)이라 하여 실무상 구별하고 있다.

재정신청
裁定申請
고소권자로서 고소를 한 자(형법 제123조부터 제126조까지의 죄에 대하여는 고발을 한 자를 포함한다)가 검사로부터 공소를 제기하지 않는다는 통지를 받은 때에 그 검사 소속의 지방검찰청 소재지를 관할하는 고등법원에 그 당부에 관한 재정을 신청하는 것을 말한다(형사소송법 제260조). 재정신청서를 제출받은 지방검찰청 검사장 또는 지청장은 재정신청서를 제출받은 날부터 7일 이내에 재정신청서·의견서·수사 관계서류 및 증거물을 관할 고등검찰청을 경유하여 관할 고등법원에 송부하여야 한다(같은 법 제261조).

재정신청은 기소독점주의와 기소편의주의에 의한 폐단을 방지하고 소추권 행사의 공정을 확보하기 위한 제도이다.

소인
訴因

형사소송에 있어서 하나의 공소장에서 수개의 범죄를 기소할 때 각 범죄사실을 별항으로서 기재하는 그 각항, 즉 구성요건에 해당하는 사실의 기재를 말한다. 소인은 영미법상 심판대상으로서의 개념이다. 우리나라 현행 「형사소송법」은 대륙법상의 심판대상으로서 공소사실의 개념을 채택하여 검사는 법원의 허가를 얻어 공소장에 기재한 공소사실, 적용법조의 추가·철회 또는 변경을 할 수 있다. 이 경우에 법원은 공소사실의 동일성을 해하지 아니하는 한도에서 허가하여야 한다(형사소송법 제298조1항)고 규정하고 있을 뿐, 영미법계의 소인제도는 채택하고 있지 않다. 공소사실과 소인과의 관계에 있어서 어느 것이 심판의 대상인가 하는 문제가 발생한다. 이것은 결국 "소인제도의 본질은 무엇인가"라는 문제에 귀착된다고 해도 좋다. 심판의 대상을 둘러싸고 학설은 다음과 같이 세 가지 학설로 대별된다.

① **공소사실대상설**(公訴事實對象說) : 이 설은 공소사실의 개념을 유지하여 그것을 심판의 대상으로 해석한다. 이 설에 따르면 소인은 공소사실을 법률적으로 구성한 검사의 표상이고, 소송의 기술적 당사자주의화에 수반하여 도입된 순수한 방어권 보장을 위한 절차적 제도라고 한다. 즉 소인은 피고인에게 방어의 기회를 부여하고 방어의 범위를 예고하기 위하여 인정된 편의적 제도로 해석되고 있다.

② **소인대상설**(訴因對象說) : 이 설은 당사자주의를 순화하여 생각하고 영미법에 있어서와 같이 소인을 심판의 대상으로 하고, 공소사실은 실체개념이 아니고 소인변경의 한계를 의미하는 기능적 개념으로 해석한다. 이 설에 따르면 소인은 그것에 관하여 검사가 심판을 청구하는 구체적 범죄사실의 주장이고, 단순한 피고인의 방어를 위한 절차적 제도 이상의 것이라고 한다.

③ **절충설** : 이 설은 소인을 현실적인 심판의 대상, 공소사실을 잠재적인 심판의 대상으로 해석하고 있다. 이 설에 따르면 소인은 공소제기의 단계에서는 검사의 실체형성이, 공판심리의 단계에서는 법원의 실체형성이 각각 절차면에 있어서 반영된 것이라고 해석한다. 이와 같이 심판의 대상이 다르기 때문에 공소제기에 의한 소송계속에 관하여도 견해가 나누어진다. 즉 공소사실대상설과 절충설은 공소사실의 전체에 관하여 소송계속을 인정하고, 소인대상설은 소인에 관해서만 소송계속을 인정하게 된다. 그러나 이것은 이론적 차이에 불과하다. 소인대상설에서도 공소사실이 동일성을 유지하는 범위 내에서의 소인변경을 인정하므로 공소사실대상설과 소인대상설에서와 같은 범위의 사실인정이 가능하고, 실질적으로는 큰 차이가 없다고 한다. 소인변경의 요부에 관하여 공소사실대상설은 전적으로 피고인의 방어에 불이익을 미치는가의 여부를 기준으로 이를 결정하나, 소인대상설과 절충설은 구성요건적 평가가 다른 사실의 변화가 있는 경우에도 소인의 변경이 필요하다고 한다.

공소사실
公訴事實

범죄의 특별구성요건을 충족하는 구체적 사실로서 심판의 대상이 되는 범죄사실을 말한다. 즉 검사가 공소장에 적시하여 심판을 구하는 해당 범죄사실을 말한다. 본래 공소사실은 대륙법에 있어서의 심판대상의 개념이다. 현행 「형사소송법」은 공소사실개념을 채택하여 '검사는 법원의 허가를 얻어 공소장에 기재한 공소사실 또는 적용법조의 추가·철회 또는 변경을 할 수 있다. 이 경우에 법원은 공소사실의 동일성을 해하지 아니하는 한도에서 허가하여야 한다'(형사소송법 제298조1항)고 규정하고 있을 뿐이다. 공소장에서 공소사실의 기재는 범죄의 시일, 장소와 방법을 명시하여 사실을 특정할 수 있도록 해야 한다(같은 법 제254조4항). 범죄의 시일·장소와 방법은 범죄구성요건은 아니나 범죄구성요건(犯罪構成要件)의 기재만으로는 그 공소사실을 다른 사실로부터 구별할 수 없는 경우가 많기 때문이다. 그러나 시일은 법률의 개정·시효 등에 관계가 없는 한 정확한 기재를 필요로 하지 않으며 토지관할이 판별될 정도이면 족하다.

공소사실의 특정은 절대적 요건(絕對的 要件)이며, 공소사실이 특정되지 않으면 공소의 목적물이 판명되지 않으므로 피고인이 이에 대한 방어방법을 강구할 수 없다. 따라서 공소사실이 특정되지 않은 공소는 원칙적으로 무효이다. 다만, 공소사실로서 구체적인 범죄구성요건사실이 기재되어 있는 경우에는 검사는 스스로 또는 법원의 석명에 의해 그 불명확한 점을 보정(補正)·추완(追完)할 수 있을 것이다.

[공소사실과 소인관련 학설]

구 분	소인설 (심판대상은 소인)	공소사실설 (심판대상은 공소사실)
소인의 의미	주장된 사실	혐의의 법적 평가
공소사실의 의미	소인변경의 범위, 일사부재리의 효력의 범위를 긋는 관계 개념	법원에 수계된 혐의
소인변경의 여부	소인의 동일성	피고인의 방어의 필요성
법원의 소인 변경명령의 의무·형성력	없다	있다
소인에 기재 안 된 사실의 인정	절대적 항소이유	상대적 항소이유

적용법조
適用法條
검사가 기소할 때에는 자기가 법원에 대하여 무엇을 주장하는가를 명확히 하여야 한다. 그런 의미에서 공소장에는 피고인의 성명 기타 피고인을 특정할 수 있는 사항, 공소사실 외에 죄명도 기재하여야 한다. 그리고 죄명을 기재할 때에는 구체적으로 적용하여야 할 법조를 표시하여야 한다(형사소송법 제254조3항).

그러나 어느 조항을 적용할 것인가는 본래 법원이 판단하여야 할 사항이기 때문에 검사가 기재하는 적용법조에 구속되지는 않는다. 또 잘못 기재되어 있더라도 피고인 측에 불리하게 되지 않는 한 공소장은 무효가 되지 않는다(같은 법 제254조3항·제298조).

불고불리의 원칙
不告不理의 原則
「형사소송법」상 법원은 공소의 제기가 없는 사건에 관하여 심판할 수 없다는 원칙을 말한다. 즉, 공소제기가 없는 한 법원은 사건에 대하여 심판할 수 없고, 또 법원이 심판할 수 있는 사건도 이미 공소가 제기된 사건에 한정한다.

법원이 심판할 수 있는 것은 공소장에 기재된 피고인 및 공소사실에 대해서이며, 이에 의하여 심판대상의 범위가 정해지는 것이다. 이 경우 심판의 대상이 되는 것은 무엇인가. 먼저 **공소사실대상설**(公訴事實對象說)에 의하면 공소제기에 의하여 공소사실이 단일한 경우에 그 전부가 심판의 대상이 되므로 법원은 그 범위 내에서 심판할 수 있다고 한다. 다음으로 **소인대상설**(訴因對象說)에 의하면 심판의 대상은 공소장에 기재된 소인이므로 법원은 그 소인의 범위 내에서 심판하여야 하며, 그것에서 벗어나는 것은 허용되지 않는다고 한다. 소인대상설에 의하면 소인으로 표시된 사실만이 심판의 대상이 되고, 공소사실대상설에 의하면 공소제기의 효력이 미치고 있는 사건 전부가 심판의 대상이 된다. 어느 설을 취할 것인가에 따라 심판대상의 범위가 다르게 된다.

예단배제의 원칙
豫斷排除의 原則

재판의 공정을 기하기 위하여 법관이 사건에 관한 사전판단을 가지고 법정에 임하는 것을 피하지 않으면 안 된다고 하는 원칙을 말한다. 공소장일본주의(公訴狀一本主義), 제척(除斥), 기피(忌避), 회피(回避)의 제도 등은 이 원칙의 표현이라고 할 수 있다.

공소시효
公訴時效

어떤 범죄에 대하여 일정기간이 경과한 때에는 공소의 제기를 허용하지 않는 제도를 말한다. 확정판결 전에 발생한 실체법상의 형벌권을 소멸시키는 점에서 확정판결 후의 형벌권을 소멸시키는 **형의 시효**(형법 제77조 이하)와 다르다.

공소시효의 제도적인 존재이유는 시간의 경과에 따라 발생한 사실상의 상태의 존중, 소송법상으로 시간의 경과에 의하여 증거판단이 곤란하게 된다는 것, 실체법상으로는 시간의 경과로 인하여 범죄에 대한 사회의 관심 약화, 피고인의 생활안정 보장 등이 있다. 그러므로 공소시효가 완성하면 실체적인 심판을 함이 없이 면소판결을 하여야 한다. **시효기간**(時效期間)은 ㈎ 사형에 해당하는 범죄에 대하여는 25년 ㈏ 무기징역 또는 무기금고에 해당하는 범죄에 대하여는 15년 ㈐ 장기 10년 이상의 징역 또는 금고에 해당하는 범죄에 대하여는 10년 ㈑ 장기 10년 미만의 징역 또는 금고에 해당하는 범죄에 대하여는 7년 ㈒ 장기 5년 미만의 징역 또는 금고, 장기 10년 이상의 자격정지 또는 벌금에 해당하는 범죄에 대하여는 5년 ㈓ 장기 5년 이상의 자격정지에 해당하는 범죄에는 3년 ㈔ 장기 5년 미만의 자격정지, 구류, 과료 또는 몰수에 해당하는 범죄는 1년이다(형사소송법 제249조).

시효의 기산점은 범죄행위가 끝난 때이다. 시효는 해당 사건에 대하여 공소가 제기된 때에는 그 진행이 정지되고, 공소기각 또는 관할위반의 재판이 확정된 때로부터 진행한다(같은 법 제253조1항). 공범의 1명에 대한 시효정지는 다른 공범자에게도 효력이 미치고 당해 사건의 재판이 확정된 때로부터 진행하며, 범인이 형사처분을 면할 목적으로 국외에 있는 경우 그 기간 동안 공소시효는 정지된다(같은 조 2항·3항).

공 판

공판중심주의
公判中心主義

당사자주의를 취하고 있는 현재의 소송법하에서는 사건의 심리, 특히 증거의 인정은 공판정에서 하도록 되어 있는데 이것을 공판중심주의라 한다.

'판결은 법률에 다른 규정이 없으면 구두변론에 의거하여야 한다'(형사소송법 제37조1항)고 하는 규정은 이 원칙을 나타낸 것이다. 그러나 이 규정이 형식적으로 이해되어지는 것만으로는 불충분하다. 예컨대 공판 외에서 작성된 조서가 실질적으로 주요한 심증의 기초가 되게 되면 참다운 공판중심주의라고는 할 수 없다. 따라서 이 원칙은 직접심리주의와 결합하지 않으면 안 된다. **직접심리주의**(直接審理主義)란 공판정에서 직접 조사한 증거만을 재판의 기초로 하는 주의를 말한다. 공판중심주의의 실현을 보장하는 또 하나의 제도는 **공소장일본주의**이다. 이는 법관이 미리 수사기록 등을 조사하여 사건에 관한 지식을 갖고 공판에 임하는 것을 배제하고, 법관이 백지의 상태로 공판에 임하여 직접 공판에서 심증을 형성하도록 하는 주의를 말한다.

공판준비
公判準備

공판기일에 있어서의 심리를 충분히 능률적으로 행하기 위한 준비로서 수소법원 또는 재판장·수명법관·수탁판사가 행하는 공판기일 외의 절차를 말한다. 그러나 공판중심주의·공소장일본주의의 원칙 때문에 실질적인 조사를 공판준비에서 행하거나 또는 제1회 공판기일 전에 사건의 내용에 관한 준비를 행하여 예단(豫斷)을 품는 것은 허용되지 않는다. 공판준비절차로서 중요한 것을 들면 공소장부본을 신속히 피고인 또는 변호인에게 송달하는 것(형사소송법 제266조), 공판기일의 지정 및 통지(같은 법 제267조1항·3항), 피고인의 소환(같은 조 2항) 등이 있다. 또 경우에 따라서는 검사·변호인과 기일의 지정 등에 관하여 사전의 협의를 하는 경우도 있다. 물론 이와 같은 경우에 사건의 내용에 접촉하여서는 아니 된다. 그러나 검사·변호인은 제1회 기일 전에 되도록 이면 증거의 수집·정리를 완료하고 서로 연락하여 제1회 기일부터 실질적인 심리에 들어갈 수 있도록 충분한 준비를 하여야 한다.

제1회 기일 후에는 공소장일본주의의 제약이 없어지므로 사건의 내용에 관한 준비, 예컨대 증인신문·검증 등을 행하는 것도 허용되며, 또한 복잡한 사건에 대하여는 문제점 및 증거의 정리를 목적으로 하는 준비절차를 할 수 있다. 준비절차에서는 공소사실이나 적용법조를 명확히 하거나, 사건의 쟁점을 정리하거나 증거결정을 하기도 한다. 공판준비에서 행해진 증거조사의 결과 및 준비절차의 결과는 공판기일에 명확하게 하여야 한다. 공개주의·공판중심주의의 요청에서 준비의 결과를 공판절차의 정식의 기초로 할 필요가 있기 때문이다.

공판기일
公判期日

공판이 열리는 시간으로서 몇 월 며칠 오후 몇 시와 같이 일시로서 지정된다. 공판기일은 재판장이 정한다(형사소송법 제267조1항).

공판기일에는 피고인을 소환하여야 할 뿐만 아니라, 이를 검사·변호인 및 보조인에게 통지하여야 한다(같은 조 2항·3항).

제1회 공판기일과 피고인에 대한 소환장의 송달 사이에는 5일 이상의 유예기간을 두어야 한다(같은 법 제269조). 이것은 피고인에게 방어의 준비를 할 수 있도록 하기 위한 것이다. 신속한 재판을 위하여는 공판심리를 계속적·집중적으로 행할 필요가 있다(**집중심리주의**, 같은 법 제267조의2). 재판은 가급적 연속하여 심리하여야 하며, 공판기일의 변경은 부득이한 사유가 없으면 피해야 한다. 공판기일에 소환된 피고인·증인 등이 정당한 사유 없이 출석하지 않을 때에는 구인·보석의 취소 등의 조치를 하게 된다. 공판기일의 변경은 재판장이 소송관계인의 청구 또는 직권에 의하여 행할 수 있다(같은 법 제270조).

공판정
公判廷

공판기일에 있어서의 절차를 행하기 위한 기구, 공판을 여는 법정을 말한다. 법원의 공판기일에서의 심리는 공판정에서 행하여진다. 공판정은 판사와 검사, 법원사무관 등이 출석하여 개정한다(형사소송법 제275조). 피고인의 출석이 없는 경우에는 경미한 사건 등의 예외(같은 법 제277조) 외에는 특별한 규정이 없으면 공판을 개정할 수 없다(같은 법 제276조). 단, 피고인이 출석하지 않으면 개정하지 못하는 경우라도 구속된 피고인이 정당한 사유 없이 출석을 거부하고, 교도관리에 의한 인치가 불가능하거나 현저히 곤란하다고 인정될 때에는 피고인의 출석 없이 공판절차를 진행할 수 있다. 변호인의 출석은 공판개정의 요건은 아니지만, 필요적 변호사건의 경우에는 변호인이 없으면 개정할 수 없다(같은 법 제282조). 이것은 피고인의 방어를 충분하게 하기 위함이다. 공판정에서는 피고인의 신체를 구속하지 못한다. 다만, 피고인이 폭력을 행사하거나 도망칠 염려가 있을 때에는 재판장이 구속을 명하거나 필요한 조치를 할 수 있다(같은 법 제280조).

공개주의
公開主義
일반국민에게 공판절차의 방청을 허용한다는 원칙을 말한다. 비밀재판을 허용할 경우에는 권력자의 뜻대로 불공정한 재판이 행하여지기 쉽고, 공포정치를 가져오게 된다. 재판의 공정을 보장하기 위하여서는 재판절차를 국민의 감시하에 두어야 한다. 「헌법」은 '재판의 심리와 판결은 공개한다. 다만, 심리는 국가의 안전보장 또는 안녕질서를 방해하거나 선량한 풍속을 해할 염려가 있을 때에는 법원의 결정으로 공개하지 아니할 수 있다'고 규정하고 있다(헌법 제109조). 그러므로 진정한 공개주의는 판결에 한정하여 적용된다고 보아야 한다. 판결은 어느 경우에 있어서도 이를 공개하여야 하며 공개하지 않을 경우에는 위헌이 된다. 공개주의는 구술주의(口述主義)하에서만 효과를 거둘 수 있으며, 서면주의(書面主義)하에서는 그 의의가 반감된다.

법정경찰권
法廷警察權
법정의 질서를 유지하기 위하여 법원이 행하는 권력작용을 말한다.
사건의 심리내용에 관계하지 않고 법정의 질서를 유지하는 것이며, 방청인에게도 미치는 점에서 소송지휘권(訴訟指揮權)과 구별된다. 법정경찰권은 재판장이 이를 행한다(법원조직법 제58조1항). 그 작용은 방해예방작용(방청권의 발행, 방청인의 소지품의 검사 등, 법정 방청 및 촬영 등에 관한 규칙 제2조), 방해배제작용(퇴정명령, 녹음·녹화·촬영·중계방송 등의 금지, 같은 규칙 제3조·제4조) 및 제재작용(20일 이내의 감치, 100만

원 이하의 과태료, 법원조직법 제61조)의 세 가지로 되어 있다.
법정경찰권은 법정의 질서유지에 필요한 이상, 법정의 내외를 불문하고 법관이 방해행위를 직접 목격하거나 또는 들어서 알 수 있는 장소까지 미치고, 그 시간적 한계는 법정의 개정중 및 이에 접속하는 전후의 시간을 포함한다. 그러나 구체적으로 어느 범위 또는 어느 정도에까지 미치는가는 변호권이나 방청인의 권리 및 보도의 자유와 충돌하는 경우에 문제가 될 수 있다.

소송지휘권
訴訟指揮權
소송의 진행을 질서 있게 하고 심리를 원활하게 할 수 있도록 하기 위한 법원의 소송지도를 말한다. 소송지휘는 단순히 공판기일의 지정·변경, 국선변호인의 선임 등 형식적·절차적인 것에 그치지 않고, 사안의 진상을 분명히 하기 위한 실질적·실체적인 것까지 미친다. 예컨대 소인의 변경을 명하거나 필요한 입증을 촉구하는 것 등은 이에 해당한다(이 경우를 석명권이라 하기도 한다. 당사자주의하에서는 당사자의 활동이 중심이지만, 그 활동을 충분하도록 하는 것은 법원의 의무라고도 할 수 있으므로, 석명권의 행사가 충분하지 못할 때에는 항소이유가 되기도 한다). 소송지휘권은 본래 법원에 속한 것이나, 공판기일에서의 소송지휘는 특히 신속성을 필요로 하기 때문에 법은 이를 포괄적으로 재판장에게 일임하고 있다(형사소송법 제279조).

모두절차
冒頭節次
공판기일의 최초에 행하는 절차로서 진술권거부권 고지로부터 재판장의 쟁점정리 및 검사·변호인의 증거관계에 대한 진술까지의 절차를 말한다.
① 진술거부권의 고지 : 재판장은 피고인에게 진술하지 아니하거나 개개의 질문에 대하여 진술을 거부할 수 있음을 고지하여야 한다(형사소송법 제283조의2).

② 인정신문(人定訊問) : 재판장은 먼저 피고인에 대하여 그 사람이 피고인이 맞는지를 확인하기 위한 사항을 묻는다. 이것을 **인정신문**이라 하며 피고인의 성명, 연령, 등록기준지, 주거와 직업 등을 질문하여 확인한다(같은 법 제284조).

③ 검사의 모두진술 : 검사는 공소장에 의하여 공소사실·죄명 및 적용법조를 낭독하여야 한다. 다만, 재판장은 필요하다고 인정하는 때에는 검사에게 공소의 요지를 진술하게 할 수 있다(같은 법 제285조). 또한 공소장에 불명확한 점이 있으면 질문할 수 있다.

④ 피고인의 모두진술 : 피고인은 검사의 모두진술이 끝난 뒤에 공소사실의 인정 여부를 진술하여야 한다. 다만, 피고인이 진술거부권을 행사하는 경우에는 그러하지 아니하다. 피고인 및 변호인은 이익이 되는 사실 등을 진술할 수 있다(같은 법 제286조). 이것은 피고인의 주장, 청구 및 소송사실에 관한 임의적인 인부 등에 대한 총괄적인 진술을 할 기회를 주기 위한 것이다. 이 기회에 피고인으로부터 공소사실에 대한 자백이 있는 경우에는 소정의 요건을 구비하고 있으면 간이공판절차(簡易公判節次)에 의하여 심리할 것을 결정할 수 있다.

⑤ 재판장의 쟁점정리 및 검사·변호인의 증거관계 등에 대한 진술 : 재판장은 피고인의 모두진술이 끝난 다음에 피고인 또는 변호인에게 쟁점의 정리를 위하여 필요한 질문을 할 수 있고, 증거조사를 하기에 앞서 검사 및 변호인으로 하여금 공소사실 등의 증명과 관련된 주장 및 입증계획 등을 진술하게 할 수 있다(같은 법 제287조).

묵비권
黙秘權

피고인 또는 피의자가 수사기관의 조사나 공판절차 등에서 시종 침묵하거나 또는 개개의 질문에 대하여 답을 거부할 수 있는 권리를 말한다(형사소송법 제244조의3·제283조의2).

당사자주의를 취하고 있는 현행법하에서는 피고인은 조사의 대상이 아니고 소송의 주체로서 검사와 대등하게 취급된다. 이 당사자평등의 원칙을 관철하기 위하여는 진실에 대하여도 피고인이 묵비할 수 있는 권리를 인정해야 한다. 피의자에 대하여도 거의 같다고 할 수 있다. 따라서 「형사소송법」은 헌법의 취지에 따라 이익·불이익을 불문하고 일체 침묵하거나 또는 개개의 질문에 답하지 않을 수 있는 권리를 인정하고 있다(**진술거부권**, 같은 법 제244조의3).

묵비권을 침해하여 강요된 진술은 설령 그것이 진실한 것이라 하여도 증거로 할 수 없다(헌법 제12조2항, 형사소송법 제309조). 또 묵비권을 행사하였다고 해서 사실의 인정상 또는 형의 양정상 이를 피고인에게 불이익으로 처리하여서는 아니 된다.

묵비권은 성명, 주거 등의 소위 인적 사항에 대하여는 원칙적으로 미치지 않는 것으로 본다. 그러나 피의자가 성명, 주거를 진술하는 것은 이것에 의하여 피의자에게 불이익한 증거자료를 이끌어내는 경우도 적지 않으므로 이러한 사항에 대하여도 묵비권이 있는 것으로 해석하는 견해도 있다.

기소사실인부절차
Arraignment

공판정에서 피고인에 대하여 기소사실에 관하여 유죄 또는 무죄의 답변을 구하는 절차로서 영미법에서 채택하고 있다. 만일 피고인이 유죄의 답변을 한 경우에는 그것만으로써 배심의 유죄판결이 내린 것과 같은 효력이 인정되어, 증거조사를 행함이 없이 판결에 의하여 형을 선고할 수 있다. 무죄의 답변, 즉 공소장 기재의 사실을 부인한 경우에는 통상의 절차에 따라서 기소사실에 관한 증거조사가 행하여진다.

미국에서는 형사사건의 약 85%가 이 제도로서 해결되고 있으나, 우리나라에서 이 제도를 채용하는 것은 민사소송의 청구의 인낙(認諾)과 같은 제도를 도입하는 것이 되어 형사소송의 본질에 반하게 될 것이다.

간이공판절차
簡易公判節次

피고인이 모두절차에서 유죄임을 자백한 경우 증거조사를 간이화하고 증거능력을 제한하여 신속한 재판을 하는 공판절차를 말한다. 현행 「형사소송법」은 기본권 보장의 견지에서 소송절차를 신중하게 처리하고 있다. 그러나 대다수의 사건은 다툼이 없는 경우가 많기 때문에 모든 사건을 동일한 정도의 신중한 절차로 처리하는 것은 비능률적이다. 그래서 비교적 경미하고 다툼이 없는 사건에 대하여는 간단한 절차로 신속하게 처리하기 위하여 간이공판절차가 설치되었다. 그러나 그 사건에 대하여 피고인의 진술이 믿을 수 없다고 인정되거나 또는 간이공판절차로 심판하는 것이 현저히 부당하다고 인정되는 때에는 법원은 검사의 의견을 들어서 그 결정을 취소하여야 한다.

간이공판절차가 통상의 절차와 다른 것은 증거능력제한(보강증거로 되는 전문증거의 증거능력제한)의 완화와 증거조사절차의 엄격성의 간이화에 있다. 간이공판절차에 의하여 심판할 취지의 결정(형사소송법 제286조의2 · 제286조의3)이 있는 사건의 증거에 관하여는 「형사소송법」 제310조의2, 제312조 내지 제314조 및 제316조의 규정에 의한 증거에 대하여 같은 법 제318조1항의 동의가 있는 것으로 간주한다. 다만, 검사 · 피고인 또는 변호인이 증거로 함에 이의가 있는 때에는 그러하지 아니하다(같은 법 제318조의3). 또한 간이공판절차에 의하여 심판할 취지의 결정이 있는 사건에 대하여는 같은 법 제161조의2(증인신문방식), 같은 법 제290조 내지 제293조(증거조사의 시기, 당사자의 증거제시설명, 증거조사 순서, 증거서류의 조사방식, 증거물 조사방식, 증거조사 결과와 피고인의 의견) 및 같은 법 제297조(피고인 등의 퇴정)의 규정을 적용하지 아니하며, 법원이 상당하다고 인정하는 방법으로 증거조사를 할 수 있다(같은 법 제297조의2).

즉결심판
卽決審判

피고인에게 20만원 이하의 벌금, 구류, 과료에 처할 범죄사건에 대하여 정식 형사소송절차를 거치지 않고 「즉결심판에 관한 절차법」에 따라 관할경찰서장 또는 관할해양경찰서장이 관할법원에 청구하는 약식재판을 말한다. 관할경찰서장이 관할법원에 즉결심판의 청구를 한 때에는 즉시 기일을 정하여 심판을 한다. 즉결심판을 청구할 때에는 사전에 피고인에게 즉결심판의 절차를 이해하는 데 필요한 사항을 서면 또는 구두로 알려주어야 한다(즉결심판에 관한 절차법 제3조3항). 피고인이 출석하지 않으면 개정할 수 없는 것이 원칙이나, 예외적으로 벌금 또는 과료를 선고하는 경우에는 개정할 수 있다. 그리고 피고인이 정식재판을 청구하고자 하는 경우에는 즉결심판의 선고 · 고지를 받은 날부터 7일 이내에 정식재판청구서를 경찰서장에게 제출하여야 한다. 정식재판청구서를 받은 경찰서장은 지체 없이 판사에게 이를 송부하여야 한다(같은 법 제14조1항). 정식재판의 판결에 의해 판결이 있을 때에는 즉결심판은 효력을 잃는다(같은 법 제15조). 즉결심판으로 선고된 형의 집행은 경찰서장이 한다(같은 법 제18조1항).

증거
證據

형사재판의 목적은 범죄가 성립되는가 성립되지 아니하는가, 만일 범죄가 성립된다고 하면 범인에게 어떠한 형벌을 과해야 할 것인가를 명확하게 하는 데에 있다. 그리고 이 목적을 위해서는 먼저 사실관계를 확정해야 한다. 이와 같이 사실관계를 확정하기 위하여 사용하는 자료를 증거라 한다. 「형사소송법」은 사실의 인정은 증거에 의하여야 한다(형사소송법 제307조1항)고 규정하고 있는데 이것을 **증거재판주의**(證據裁判主義)라 한다. 증거에 의하지 않은 자의적인 사실인정은 허용되지 않는다.

소송법상 증거라는 말은 여러 가지 의미로 사용되고 있다. ㈎ 당사자가 법원에게 확신을 줄 수 있는 행동이라는 작용적인 의미, 즉 거증(擧證) (내) 당사자가 법원의 확신을 얻으려고 그 조사를 신청하고 또는 법관이 조사할 수 있는 유형물이라는 유형적인 의미, 즉 **증거방법** (대) 법원이 증거조사결과로 알게 된 자료라는 무형적인 의미, 즉 **증거자료** (래) 법원이 증거조사결과로 확신을 얻은 원인이라는 결과적인 의미, 즉 **증거원인**을 뜻한다. 예를 들면 증인의 경우에는 증인이 증거방법이고, 그 증언이 증거자료이다. 서면의 경우에는 서면 자체가 증거방법이고, 그 기재내용이 증거자료가 된다. 법관이 증거자료로부터 사실의 존부에 관하여 확신을 얻게 된 경우에는 그것은 증거원인이 되었다고 한다. 그러나 증거자료만이 아니고 피고인의 태도 등도 증거원인이 되는 수가 있다.

증거방법은 증인·감정인(이상 인적증거), 증거물·증거서류(이상 물적증거) 등으로 분류할 수 있다. 증명의 대상이 되는 사실(주요사실)의 증명에 직접 사용되는 증거를 직접증거, 간접사실(주요사실을 간접적으로 추인시키는 사실, 예컨대 알리바이)을 증명하는 증거를 간접증거 또는 정황증거(情況證據)라 한다. 또 자기가 거증책임(擧證責任)을 지는 사실을 증명하기 위한 증거가 **본증**(本證)이며, 그것을 다투고자 상대방이 제출하는 증거가 **반증**(反證)이다. 적극적인 증거에 대하여 단순히 증거의 증명력을 다투기 위한 증거가 있다. 이것을 **탄핵증거**(같은 법 제318조의2)라 한다.

증인
證人

법원 또는 법관에 대하여 자기가 과거에 체험한 사실을 진술하는 제3자를 말한다. 이 진술을 **증언**(證言)이라 한다. 수사기관에 대하여 진술하는 자는 증인이 아니고 **참고인**(參考人)이라 불린다.

증인은 제3자이어야 하며 그 사건에 관계하는 법관, 검사, 피고인, 변호사는 증인이 될 수 없다. 기타의 제3자는 누구라도 증인으로서 신문할 수 있는 것이 원칙이지만, 재판권이 미치지 않는 자(예 : 타국의 외교관)는 증인으로서 강제적으로 소환할 수 없다. 또 공무원 또는 공무원이었던 자가 그 직무에 관하여 알게 된 사실이 비밀에 속한 사항일 때에는 그 소속 공무소 또는 감독관공서의 승낙 없이는 증인으로 신문하지 못한다(형사소송법 제146조·제147조). 증인이 소환된 경우는 정당한 사유가 없는 한 출석하여 선서하고 증언할 의무가 있다. 이를 거부하면 제재를 받으며(같은 법 제151조·제161조) 소환에 정당한 사유 없이 불응하면 구인되기도 하고 또 허위의 증언을 하면 위증죄(형법 제152조)로서 처벌된다.

재정증인
在廷證人

증인신문의 방법은 법원이 증인의 채택을 결정하고, 신문할 장소에 출석시켜 선서하도록 한 후에 신문하는 것이다. 증인으로서 출석시킬 때에는 법원에서 소환장을 발부하여 출석을 명하는 것이 보통이다. 그러나 증인신문은 항상 소환을 전제로 하는 것은 아니다. 증인이 임의로 법원의 구내에 있는 때에는 소환을 하지 않고 신문할 수 있다(형사소송법 제154조). 이것을 재정증인(在廷證人)이라 한다. 이것은 그때마다 소환장을 발부함이 없이 소송을 신속하게 진행시킴으로써 소송경제를 도모하기 위하여 인정된 제도이다.

선서
宣誓

증인이 되기 위한 요건으로 신문 전에 양심에 따라 숨김과 보탬이 없이 사실 그대로 말할 것을 서약하는 것을 말한다(형사소송법 제156조·제157조2항). 증인에게는 신문 전에 먼저 선서를 시켜야 한다. 미국에서는 성서를 손에 들고 선서하는 데 반하여, 우리나라에서는 선서서를 낭독하고 이에 기명날인 또는 서명한다. 정당한 이유 없이 선서나 증언을 거부한 때에는 50만원 이하의 과태료에 처할 수 있다(같은 법 제161조1항). 선서의 취지를 이해할 수 없는 자, 예컨대 유아 등에 대하여는 선서를 시키지 않고 신문해야 한다. 말하자면 선서에 관한 특별행위능력(特別行爲能力)

이다. 이 경우 선서를 시키지 않고 한 증언도 증거로서 채용할 수 있는 것은 당연하다. 도리어 선서능력이 있는데도 선서시키지 않고 신문한 경우 그 진술은 증거능력이 없다.

증거조사
證據調査

법원이 범죄사실의 존부(存否) 및 양형(量刑)의 사정에 관한 심증을 얻기 위하여 각종의 증거를 조사하여 그 내용을 알아가는 소송행위를 말한다. 재판관의 쟁점정리 및 검사·변호사의 증거관계에 대한 진술이 끝나면 증거조사의 단계에 들어간다(형사소송법 제290조). 법원은 검사가 신청한 증거를 조사한 후 피고인 또는 변호인이 신청한 증거를 조사한다. 이후 법원은 직권으로 결정한 증거를 조사하는데, 이 순서는 검사, 피고인·변호인의 신청이나 법원의 직권으로 변경될 수 있다.

진술
陳述

특정인을 제외하고는 모든 사람은 법원에서 증인 또는 감정인으로서 진술할 의무가 있다. 또 피고인도 공판정에서 진술할 권리가 있다. 이들 소송관계인이 공판정에서 사실상 또는 법률상의 의견을 말하는 것을 진술이라 한다. 공판정에서의 진술 자체가 재판의 증거가 되는 것이다. 물론 법원에서는 그 진술을 녹취(錄取)하여 소송기록에 철하고 있으나, 그 서류 자체가 증거가 되는 것은 아니고 어디까지나 공판정에서 들은 진술을 증거로 하는 것이다. 이것은 직접주의의 요청이기도 하다. 그러나 법관이 바뀌거나, 법원의 구성이 변경된 때에는 바뀐 법관은 전의 진술을 직접 듣지 못했기 때문에 그것을 녹취한 서면 자체가 증거가 된다. 이 경우에는 공판절차를 갱신한다.

진술서
陳述書

진술자 자신이 작성한 서면을 말한다. 서면에 상대가 있는 경우(예 : 피해신고 등)와 상대가 없는 경우(예 : 일기)가 있다. 또 서명이 있는 경우와 없는 경우도 있다. 진술서는 진술자에 대한 반대신문을 할 수 없으므로, 전문증거(傳聞證據)로서 증거능력이 없는 것이 원칙이다(형사소송법 제310조의2). 그러나 일정한 요건에 해당하는 때에는 예외적으로 증거능력을 인정하고 있다. 피고인 또는 피고인이 아닌 자가 작성한 진술서나 그 진술을 기재한 서류로서 그 작성자 또는 진술자의 자필이거나, 그 서명 또는 날인이 있는 것(피고인 또는 피고인 아닌 자가 작성하였거나 진술한 내용이 포함된 문자·사진·영상 등의 정보로서 컴퓨터용디스크, 그 밖에 이와 비슷한 정보저장매체에 저장된 것을 포함한다)으로 공판준비나 공판기일에서의 그 작성 또는 진술자의 진술에 의하여 그 성립의 진정함이 증명된 때에는 증거로 할 수 있다(같은 법 제313조1항 본문). 다만, 피고인의 진술을 기재한 서류는 공판준비 또는 공판기일에서의 그 작성자의 진술에 의하여 그 성립의 진정함이 증명되고, 그 진술이 특히 신빙할 수 있는 상태하에서 행하여진 때에 한하여 피고인의 공판준비 또는 공판기일에서의 진술에도 불구하고 증거로 할 수 있다(같은 항 단서). 또한 진술서의 작성자가 공판준비나 공판기일에서 그 성립의 진정을 부인하는 경우에는 과학적 분석결과에 기초한 디지털포렌식 자료, 감정 등 객관적 방법으로 성립의 진정함이 증명되는 때에는 증거로 할 수 있으나, 다만 피고인 아닌 자가 작성한 진술서는 피고인 또는 변호인이 공판준비 또는 공판기일에 그 기재 내용에 관하여 작성자를 신문할 수 있었을 것을 요한다(같은 법 제313조2항). 여기에서 피고인이 아닌 자란 피고인 이외의 제3자, 예컨대 피해자·공동피고인 등을 말한다. 또 피고인 또는 피고인이 아닌 자가 작성한 진술서나 그 진술을 기재한 서류란 피고인의 일기, 편지, 시말서 또는 피해자의 피해신고, 사법경찰관이 작성한 참고인진술서 기타 일반인의 면전에서 피고인 또는 피고인이 아닌 자의 진술을 기재한 서류 및 그 내용이 포함된 문자·사진·영상 등의 정보로서 컴퓨터용디스크 등에 저장된 것을 말한다. 또 그 작성자 또는 진술자의 자필이거나 그 서명 또는 날인이 있는 것을 요건으로 하고 있는 것은 이러한 것이 있어야 비로소 그 작성내용 또는 진술내용이 작성자 또는 진술자가 한 것이라는 것이 보장되기 때문이다.

피의자신문조서
被疑者訊問調書

피의자신문이란 검사 또는 사법경찰관이 피의자를 신문하여 진술을 듣는 것을 의미한다. 이때 검사 또는 사법경찰관은 신문의 내용을 조서에 기재해야 하는데, 이것이 피의자신문조서이다(형사소송법 제244조1항). 피의자신문조서는 피의자에게 열람하게 하거나 읽어 들려주어야 하며, 진술한 대로 기재되지 않았거나 사실과 다른 부분의 유무를 물어 피의자가 증감 또는 변경의 청구 등 이의를 제기하거나 의견을 진술한 때에는 이를 조서에 추가로 기재해야 한다. 이 경우 피의자가 이의를 제기했던 부분은 읽을 수 있도록 남겨두어야 한다(같은 조 2항). 과거 우리나라의 판례는 피의자에게 열람하게 하거나 읽어 들려주지 않은 피의자신문조서라도 적법한 절차와 방식에 따라 작성되었다면 이를 증거로 인정하였다(대판 1988.5.10, 87도2716). 다시 말해서, 검사가 작성한 피의자신문조서에 피고인의 서명 날인만 제대로 되어 있다면, 설령 피고인이 법정에서 거기에 기재된 내용이 자기의 진술내용과 다르다고 주장하더라도 이와 상관없이 그 내용을 유죄의 증거로 쓸 수 있었다. 그러나 대법원 판례 2004.12.16, 선고 2002도537 전원합의체 판결에 의하여 기존의 판례를 폐기했고, 검사가 작성한 피의자신문조서는 적법한 절차와 방식으로 작성된 것으로 공판준비, 공판기일에 피고인 또는 변호인이 그 내용을 인정할 때에 한정하여 증거로 사용할 수 있도록 법률을 개정했다(같은 법 제312조1항).

진술조서
陳述調書

소송절차의 경과 및 내용을 증명하기 위하여 법원이나 기타 기관이 작성하는 공문서를 **조서**라고 한다. 우리「형사소송법」이 규정하는 조서로는 공판조서, 압수·수색·검증조서, 증인 등의 신문조서, 피의자신문조서, 참고인진술조서 등이 있다. 이 중에서 검사 또는 사법경찰관이 피의자 아닌 자의 진술을 받아 적고 검사나 사법경찰관 본인의 명의로 작성한 서류를 진술조서라 한다. 피의자신문조서, 참고인진술조서 등이 이에 해당한다. 진술한 사람이 피고인이어도 피고인은 피의자가 아니기 때문에 해당 문서는 진술조서로 본다. 진술조서는 전문증거에 해당하기 때문에 원칙적으로 증거능력이 없다. 다만, ① 적법한 절차와 방식에 따라 작성되어 피고인 또는 변호인이 그 내용을 인정하고, ② 진술자가 피고인 이외의 사람일 경우, 그 진술자를 피고인이나 피고인을 대리하는 변호사가 신문할 수 있었던 때에 한하여 진술조서의 증거능력을 인정하고 있다(형사소송법 제312조). ③ 공판준비 또는 공판기일에 진술을 요하는 자가 사망·질병·외국거주·소재불명 그 밖에 이에 준하는 사유로 인하여 진술할 수 없는 때에는 진술조서를 증거로 할 수 있지만, 그와 같은 경우에도 그 진술이 특히 신빙할 수 있는 상태에서 이루어졌음이 증명되어야 한다(같은 법 제314조).

증언거부권
證言拒否權

증인이 법률상의 일정사유로 증언의무를 거부할 수 있는 권리를 말한다. 증인은 다음 사항에 관하여는 증언을 거부할 수 있다. 그러나 이러한 사항에 대하여도 임의로 증언한 경우에는 진실을 진술하지 않으면 위증죄(僞證罪)의 제재를 받는다.
① 자기 또는 근친자의 형사책임에 관한 증언거부권의 경우 : 자기나 자기의 친족 또는 친족이었던 사람, 법정대리인 및 후견감독인

이 형사소추(刑事訴追) 또는 공소제기를 당하거나 유죄판결을 받을 사실이 드러날 염려가 있는 경우에는 증언을 거부할 수 있다(형사소송법 제148조). 이것은 영미법상의 이른바 자기부죄(self incrimination)의 강요금지와 신분관계에 기한 정의를 고려한다. 이러한 경우에는 진실한 증언을 기대하기가 어렵기 때문이다.

② 업무상비밀에 관한 증언거부권의 경우 : 변호사·변리사·공증인·공인회계사·세무사·대서업자·의사·한의사·치과의사·약사·약종상·조산사·간호사·종교의 직에 있는 자 또는 이러한 직에 있었던 자가 그 업무상 위탁을 받은 관계로 알게 된 사실로서 타인의 비밀에 관한 것은 증언을 거부할 수 있다. 다만, 본인의 승낙이 있거나 중대한 공익상 필요가 있는 때에는 예외로 한다(같은 법 제149조). 이것은 일정한 업무에 종사하는 자의 업무상의 비밀을 보호함으로써 그 상대자인 위탁자를 보호하려는 취지이다. 「형사소송법」은 증언거부권의 행사를 실효성 있게 하기 위하여 증인이 증언을 거부할 수 있는 자에 해당하는 경우에는 재판장은 신문 전에 증언을 거부할 수 있음을 설명하여야 한다고 규정하고 있으며(같은 법 제160조), 또한 증언을 거부하는 자는 거부사유를 소명하여야 하고(같은 법 제150조), 증인이 정당한 이유 없이 증언을 거부한 때에는 50만원 이하의 과태료에 처할 수 있다(같은 법 제161조).

③ 그 밖에 「국회에서의 증언·감정 등에 관한 법률」 제4조에 전술한 것에 해당하는 경우와 공무원 또는 공무원이었던 자가 그 직무상 비밀에 대하여 일정한 경우에 증언 등을 거부할 수 있는 규정을 두고 있다.

감정인
鑑定人

특별한 학식경험에 속하는 법칙 또는 이를 구체적 사실에 적용하여 얻은 판단을 법원에 보고하는 자를 말한다(형사소송법 제169조). 예컨대 사체를 해부하여 사인을 감정하다든가, 필적을 조사하여 그 일치 여부를 감정하는 것과 같은 경우이다. 증인에 관한 규정은 구인(拘引)을 제외하고는(감정인은 전문적 지식만 있으면 누구라도 상관없기 때문에) 감정인에 준용된다(같은 법 제177조).

증인이 사실을 그대로 진술하는 사람이라면, 감정인은 사실에 대한 판단을 보고하는 사람이다. 또 자기가 경험한 사실을 진술하는 자는 그 사실이 특별한 지식·경험에 의하여 지득한 것이라도 그 진술은 증언이고 따라서 진술자는 증인이다. 그러나 이것을 특별하게 감정증인(같은 법 제179조)이라고 부른다. 예컨대 살인죄의 피해자의 임종에 입회한 의사가 전문적 관점에서 관찰한 당시의 상태를 보고하는 경우가 이에 해당된다.

교호신문
交互訊問

증인을 신청한 당사자가 최초에 신문(주신문·직접신문)한 다음에 상대방 당사자가 신문하고(반대신문), 다시 필요가 있으면 신청한 당사자가 재주신문(再主訊問)을 행하며, 이에 대하여 상대방 당사자도 재반대신문(再反對訊問)을 행하는 순서로 양 당사자가 서로 교대로 신문을 하는 방식을 말한다.

주신문
主訊問

교호신문방식(交互訊問方式)에서 증인신문을 청구한 자가 최초에 행하는 신문을 말한다. 주신문은 원칙적으로 당사자의 입증을 필요로 하는 사실 및 이와 관련되는 사실에 관하여서만 행하여져야 하며 유도신문(誘導訊問)을 해서는 아니 된다.

반대신문
反對訊問

교호신문에서 증인신문을 청구한 자의 상대방 당사자가 행하는 신문을 말한다. 반대신문은 주신문에서 나타난 사항, 증인진술의 증명력 등을 다투기 위하여 필요한 사항 등에 대하여 행하여진다. 주신문에서는 통상적으로 신문청구자에게 유리한 증언이 진술된다. 이를 뒤집고자 하는 것이 반대신문이며 그를 위하여서는 유도신문도 허용된다.

유도신문
誘導訊問
증인신문자가 희망하는 답변이 무엇인가를 암시하는 신문 방법을 말한다. 증인이 "예", "아니오"만으로 답하게 되는 신문은 대체로 유도신문에 해당한다. 예컨대 증인이 언제 어느 곳에 갔었는가가 쟁점이 되어 있는 경우에 "증인은 ○월 ○일 ○시에 모처에 갔습니까?"라고 묻는 경우이다. 주신문에서의 증인은 통상적으로 신문자 측에 유리한 증인이고 신문자에게 호의를 가지고 있으므로, 주신문자가 이와 같은 신문을 하면 증인은 그 암시에 따라서 사실과 다른 증언을 할 우려가 있다. 이런 까닭에 주신문에서는 원칙적으로 유도신문이 금지되어 있다. 그러나 반대신문에서는 이와 같은 우려가 없기 때문에 유도신문이 허용된다.

증거물
證據物
그 물건의 존재 또는 상태가 범죄사실 증명에 도움이 되는 증거방법을 말한다. 예컨대 살인죄에 사용된 흉기 등이고, 증거물의 취급은 법원 및 소송관계인에게 제시하여 행한다(형사소송법 제292조의2).

증거서류
證據書類
기재된 의미내용이 증거가 되는 것을 말한다. 예컨대 검사가 작성한 참고인조서라든가, 피해자가 작성한 피해신고서 등을 의미한다. 이에 대하여 서면의 기재내용만이 아니고 그 존재 또는 상태 자체도 증거가 되는 것을 **증거물인 서면**이라 한다. 예컨대 명예훼손의 사실을 증명하기 위하여 제출된 명예훼손문서는 단순히 거기에 기재된 내용뿐만 아니라, 그러한 문서의 존재 자체 및 그 용지라든가 필적이라든가 혹은 활자의 크기 등 서면의 상태까지도 증거가 된다. 문서위조죄에서의 위조문서도 마찬가지이다.

피고인의 청구가 있는 때에는 재판장은 증거서류를 열람 또는 복사(등사)하게 하거나 서기로 하여금 낭독하게 할 수 있다. 그러나 때로는 그 요지를 고지하는 것으로써 충분한 경우도 있다. 이에 반하여 증거물인 서면에 관하여는 그 존재·상태도 증거가 될 수 있으므로 이를 낭독함과 동시에 제시함이 필요하다(형사소송법 제292조). 증거서류와 증거물인 서면과의 구별은 상대적이다. 예컨대 증인신문조서는 그 사건에 대하여는 증거서류이지만, 그 증인에 대한 위증피고사건이 발생한 경우에는 증거물인 서면이다.

메모의 이론
메모의 理論
영미법에서 거론되고 있는 것으로서, 진술자의 경험사실에 관한 기억이 사라져가고 있는 경우에 기억을 환기(喚起)하여 진술을 정확하게 하기 위하여 메모를 사용하여 진술함을 허용하거나, 기억을 완전히 상실한 경우에 메모 자체가 상당히 새로운 기억의 기록이고, 진술자가 그 뜻을 법정에서 진술한 경우에 메모 자체를 증거로 하는 것을 허용한다는 이론이다. 경험 당시에 메모한 것은 착오가 적다는 이론적 근거에 의한다.

우리나라 「형사소송법」 역시 이와 같은 이론을 일부 채용하여 수사기관의 검증조서, 감정인의 감정서에 대하여 증거능력을 인정하고 있다(형사소송법 제312조6항·제313조3항). 다만, 우리나라에서는 메모를 현재의 진술의 일부로서 제출하고, 메모 그 자체를 증거로서 제출하는 것을 인정하고 있음을 주의하여야 한다. 일반증인의 경우에는 본인이 완전히 기억을 상실하고 있고(필요성의 원칙), 특히 신빙할 수 있는 상태하에서 작성된 경우에 비로소 증거로 될 수 있다(같은 법 제314조 참조)고 해석하고 있다.

알리바이
alibi
어떤 범죄가 행해진 경우에 그 범행일시에 그 현장에 있지 않았다는 사실을 주장하여 자기의 무죄를 입증하는 방법을 말한다. 현장부재

증명 또는 단순히 **부재증명**(不在證明)이라고도 한다. 범행일시에 현장에 없었음이 입증된 경우에는 그 범죄를 행할 가능성은 경험칙상 생각할 수 없으므로 그 용의자를 범인으로 단정할 수 없다는 것이다. 범행현장에 없었다는 사실은 범행현장 이외의 장소에 있었던 사실을 입증하면 된다. 예컨대 회사에 있었다든가, 집에 있었다든가, 주점에 있었던 사실 등을 입증하면 되는 것이다. 알리바이는 우리 법에서 특별한 효과는 인정되지 않는다. 그러나 인간은 동시에 둘 이상의 장소에 있을 수는 없으므로 알리바이의 입증은 자유심증주의(自由心證主義)하에 있어서 유력한 방어방법이 될 수 있다. 공소장에 있어서 특히 공소사실의 기재는 범죄의 일시·장소·방법을 명시하여 사실을 특정할 것이 요구되고 있는데(형사소송법 제254조4항), 이것은 단지 법원의 심판대상을 명확히 함에 그치는 것이 아니라 피고인의 방어편의를 위한 제도이기도 하다. 특히 범죄의 일시·장소의 명시는 피고인의 알리바이 제시에 중요한 의미를 가지는 것이다.

증거재판주의
證據裁判主義

재판에서 사실의 인정은 증거능력이 있는 증거에 의하여야 한다는 원칙을 말한다(형사소송법 제307조). 범죄사실의 인정은 합리적인 의심이 없는 정도의 증명이 있어야 한다. 옛날에는 신판(神判), 결투(決鬪), 선서(宣誓) 따위의 증거에 의하지 않은 재판이 행해졌으나, 근대국가는 모두 이 증거재판주의에 의하고 있다.

증거재판주의는 이와 같이 근대 「형사소송법」의 대원칙을 의미하기도 하지만, 학문적으로 검토할 때에는 여기에 다시 특수한 의미내용이 부여되어 있다. 즉 여기에서 소위 증거란 증거능력을 가지고 있으며, 공판정에서 적법하게 증거조사가 행해진 증거를 의미한다. 또 사실이란 공소사실 기타의 중요한 사실을 의미한다는 것이다. 공소사실 등과 같이 형벌을 과할 것인가 또는 어떠한 형벌을 과할 것인가 하는 중요한 사항을 결정하기 위한 기초가 되는 사실에 관하여는 그것이 의심스러운 증거(예 : 강요된 자백)나 소송관계인이 확인할 수 없는(법정에서 조사되지 않은) 비밀증거에 의하여 인정되어서는 아니 된다는 원칙을 의미하는 것이다.

엄격한 증명
嚴格한 證明

증명이란 어떤 사실의 존부에 대하여 법관에게 확신을 주기 위한 것을 목적으로 하는 소송활동이며, 또한 법관이 사실에 대하여 확신을 얻은 상태를 말한다. 증명의 방식에는 엄격한 증명과 자유로운 증명의 두 가지 종류가 있다.

엄격한 증명이란 증거능력이 있고 또 공판정에서 적법한 증거조사를 거친 증거에 의하여 증명된 것을 말한다. **자유로운 증명**이란 그 이외의 증거에 의한 증명을 말한다. 공소범죄사실(위법성조각사유의 부존재 등을 포함), 처벌조건(예 : 파산범죄에서의 파산선고의 확정), 법률상 형의 가중·감면사유가 되는 사실(예 : 누범전과) 등과 같이 형벌권의 존부 및 그 범위를 정하는 기초가 되는 중요한 사실에 대하여는 엄격한 증명이 필요하다.

이에 대하여 양형의 기초가 되어야 할 정상에 관한 사실(예 : 피해변상의 사실, 피고인의 경력·성격 등) 및 소송법상의 사실에 관하여는 자유로운 증명으로 족한 것으로 되어 있다. 그러나 자유로운 증명의 경우에도 증거능력이 있는 증거가 아니라도 관계없고 또 엄격한 증거조사를 필요로 하지 않을 뿐이지 이것을 상대방에게 전혀 제시하지 않아도 된다는 취지는 아니다. 상대방에게 그 증거의 증명력을 다투기 위한 기회를 줄 필요가 있으므로 원칙적으로 증거를 법정에 제출해야 하는 것으로 해석해야 할 것이다.

증거능력
證據能力

증거가 엄격한 증명의 자료로서 사용될 수 있는 법률상의 자격을 말한다. 증거능력이 없는 증거는 사실인정의 자료로서 채용할 수 없을 뿐만 아니라 공판정에서 증거로서 제출하는 것도 허용되지 않는다. 증거의 증거능력의 유무는 법률에 정해져 있으며, 원칙적으로 법관의 자유로운 판단을 허용하지 않는다.

증거능력은 증명력과는 구별하여야 한다. 증명력이란 증거의 실질적인 가치를 말하며 법관의 자유로운 판단(자유심증주의)에 맡겨지고 있다. 그러나 어느 정도 증명력이 있는 증거라도 법에 의하여 증거능력이 부인되는 것(예 : 진실에 합치하지만 강제에 의하여 얻어진 자백)은 사실인정의 자료로 할 수 없다. 임의성이 없는 자백은 증거능력이 없다(헌법 제12조7항, 형사소송법 제309조). 반대신문권을 행사할 수 없는 전문증거(傳聞證據)도 원칙적으로 증거능력이 없다(같은 법 제310조의2). 해당 사건에 관하여 작성된 의사표시 문서, 예컨대 공소장 등도 증거능력이 없다. 실체적 진실의 발견만을 형사재판의 지상목적으로 하는 입장에서는 증명력이 있는 증거는 모두 증거로 하는 것이 바람직할 것이다. 그러나 현행 「형사소송법」은 영미법의 전통을 받아서 증명력의 평가를 착오하기 쉬운 것(전문증거) 또는 진실발견을 다소 희생하더라도 타 목적(예 : 소송절차의 공정, 인권의 보장 등)을 보호할 필요가 있는 경우에는 그 증명력의 여하를 불문하고 증거능력을 박탈하고 있다.

증명력
證明力

증거의 실질적인 가치, 즉 그 증거가 사실의 인정에 쓸모가 있는 실질적인 힘을 말하며 **증거력**(證據力)이라고도 한다. 그 판단은 원칙적으로 법관의 자유로운 판단에 맡겨져 있는데 이것을 **자유심증주의**(自由心證主義)라 한다. 증명력과 증거능력과는 엄격하게 구별되어야 한다(증거능력의 항 참조). 또 증명력을 다투기 위한 증거가 있는데 이것을 탄핵증거라 한다.

탄핵증거
彈劾證據

진술증거의 증명력을 다투기 위한 증거를 말한다. 「형사소송법」 제318조의2는 공판준비 또는 공판기일에서 피고인 또는 피고인 아닌 자의 진술의 증명력을 다투기 위한 증거에 관하여는 전문법칙의 적용을 일반적으로 배제하고 있다. 다만, 그 범위에 관하여는 해석상 다툼이 있다.

제1설은 영미법의 입장에서 같은 법 제318조의2는 자기모순의 진술에 한하여 적용된다고 한다. 자기모순의 진술이란 증인 기타의 자가 법정에서의 진술과 상이한 진술을 법정 외에서 하였던 것을 말한다.

제2설은 자기모순의 진술에 한정되지 않으나 증인의 신빙성만을 보조사실로 입증하는 증거에 한하며, 설령 증인의 신빙성을 탄핵하기 위한 것이라도 그 사실이 주요사실 또는 이에 대한 간접사실인 때에는 법원이 전문증거에 의하여 사실상 심증을 형성하는 것을 방지하기 위하여 전문법칙은 배제되지 않는다고 한다.

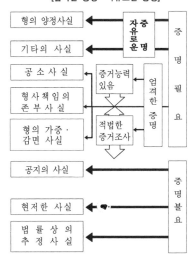

[엄격한 증명 · 자유로운 증명]

제3설은 본조를 문리해석(文理解釋)하여 증명력을 다투기 위한 증거로서는 널리 전문증거를 사용할 수 있다고 한다.

증명력을 다투기 위한 증거에는 감소된 증명력을 유지하기 위한 증거(**회복증거**)도 포함하는 것으로 해석된다. 공판정 외의 진술도 본조에 의하여 다툴 수 있다. 임의성이 없는 피고인의 진술(특히 자백)은 탄핵증거로도 사용할 수 없다는 것이 다수설이며, 증명력을 다투기 위한 증거의 조사방식에 의하여야 한다는 견해와, 공판정에서의 조사는 필요하나 반드시 법정의 절차를 요하지 않는다는 견해가 있다.

피고인 또는 피고인이 아닌 자의 진술을 내용으로 하는 영상녹화물은 공판준비 또는 공판기일에, 피고인 또는 피고인이 아닌 자가 진술함에 기억이 명백하지 아니한 사항에 관하여 기억을 환기시킬 필요가 있다고 인정될 경우에 피고인 또는 피고인이 아닌 자에게 재생하여 시청하게 할 수 있는데(같은 법 제318조의2 2항) 탄핵증거로 사용할 수 없다.

전문증거
傳聞證據

사람의 진술을 증거로 하는 진술증거로서 타인으로부터 전해들은 사실을 진술하는 것을 말한다. 반드시 정확하지는 않으나, 이른바 전해들은 증거로 이해해도 무방할 것이다. 이러한 증거는 그 내용이 진실한가 아닌가를 반대신문에 의하여 평가할 수 없으므로 그 판단을 그르칠 위험성이 있다. 그래서 법은 그 증거능력을 원칙적으로 부정하고 있다(형사소송법 제310조의2).

전문증거에는 전문진술 외에 그것을 들은 타인이 그것을 서면에 기록하여 제출한 것(예 : 검사에 의한 진술조서 등)도 포함된다. 반대신문의 테스트를 거치지 않은 점에서는 동일하기 때문이다. 그러나 이러한 전문법칙(전문증거를 배척하는 법칙)을 모든 경우에 엄격하게 적용하는 것은 사실상 불가능하다. 그 때문에 영미법에서도 여러 가지 예외를 인정하고 있다. 전문법칙의 예외가 인정될 수 있는 것은 첫째, 신용성의 정황적 보장이 있는 경우, 즉 반대신문에 의한 진실성의 음미를 필요로 하지 않을 정도로 고도의 진실성이 모든 정황에 의하여 보장되어 있는 경우이다. 그 예로서 임종시의 진술을 들 수 있다. 둘째, 필요성이 있는 경우이다. 필요성이란 원진술자의 사망·질병·행방불명·국외체재 등의 특수한 사정으로 원진술자를 공판정에 출석케 하여 다시 진술을 하게 하는 것이 불가능할 때 또는 현저하게 곤란하거나, 원진술의 성질상 다른 동가치의 증거를 얻는 것이 곤란하기 때문에 전문증거라도 이를 사용할 필요가 있는 경우를 말한다.

우리 「형사소송법」도 대체로 이와 같은 영미법의 사고방식에 따라서 전문법칙의 예외를 규정하고 있다. 「형사소송법」 제316조(전문진술)에서는 전문진술의 예외를 규정하고, 제312조부터 제315조까지는 진술기재서와 같은 서면에 의한 전문증거의 증거능력에 관하여 엄격한 조건하에 전문법칙의 예외를 규정하고 있다. 또 당사자의 동의가 있으면 전문법칙의 적용이 배제된다(같은 법 제318조).

재판의 실제에서 가장 문제가 되는 것은 수사기관이 작성한 조서의 취급이다. 이 경우에는 특히 신빙할 수 있는 상태하에서 행하여질 것이 요건으로 되어 있으나, 이 요건을 완만하게 판단하는 법관도 적지 않다. 이와 같이 해서는 공판은 서면심리로 타락하게 되고 「형사소송법」이 강조하는 공판중심주의(公判中心主義)가 관철되지 않게 된다. 이것은 오늘의 형사재판에서의 큰 폐해가 아닐 수 없다.

고문
拷問

넓은 의미의 고문이란 피의자에게 정신적 고통 또는 육체적 고통을 주어 자백을 얻는 것을 말한다. 좁은 의미에서는 유형력을 행사하여 육체적 고통을 주어서 자백을 얻는 것을 말한다. 자백은 증거의 왕이라 하여 자백을 얻는 것이 피의자 신문의 목적이 되어 자백을 얻기 위해서 고문이 행하여진 것은 동서양을 막론하고 역사적으로 뚜렷한 사실이다. 그러나 자백을 얻기 위하여 고문을 하면, 피의자는 그것에 견디지 못하여 허위의 자백을 할 우려가 있다. 또한 진범(眞犯)이라 하여도 자백을 얻기 위하여 피의자의 인권이 침해될 우려가 있다는 이중의 위험도 있다. 그래서 헌법은 고문을 금지하고 있으며 피고인의 자백이 고문·폭행·협박·구속의 부당한 장기화 또는 기망 기타의 방법에 의하여 자의로 진술된 것이 아니라고 인정될 때 또는 정식재판에 있어서 피고인의 자백이 그에게 불리한 유일한 증거일 때에는 이를 유죄의 증거로 삼거나, 이를 이유로 처벌할 수 없도록 규정함으로써 (헌법 제12조) 국민의 기본적 인권을 보장하려 하고 있다. 그리고 「형사소송법」 제309조에서 피고인의 자백이 고문·폭행·협박·신체구속의 부당한 장기화 또는 기망 기타의 방법으로 임의로 진술한 것이 아니라고 의심할 만한 이유가 있는 때에는 이를 유죄의 증거로 하지 못한다고 규정하여, 이로 얻은 자백은 진위의 여하를 불문하고 이를 증거로 채용하는 것을 금지함으로써 증거법상으로도 헌법의 정신을 보장하려는 것이다.

자백
自白

피고인 또는 피의자가 범죄사실 및 자기의 형사책임을 인정하는 진술을 말한다. 범죄사실을 인정하더라도 정당방위와 같은 위법성조각사유(違法性阻却事由)를 주장하는 경우에는 자백이라고 할 수 없다. 사람은 자기가 형사책임을 져야할 사실을 고백하는 것은 정말 어찌할 수 없는 경우에 한하는 것이 보통이며, 자백은 그만큼 진실을 말하는 것으로 본다. 옛날부터 자백이 증거의 왕이라고 일컬어졌던 것도 자백의 증명력이 절대적이었음을 뜻하는 것이다. 그러나 한편, 자백이 의심스러운 경우도 없는 것은 아니다. 수사관의 마음에 들기 위해 자진해서 허위

자백을 하거나, 강제에 의한 자백이 행하여진 예도 결코 적다고 할 수 없다. 따라서 자백만으로써 유죄가 된다고 하면 오판의 위험이 클 뿐 아니라, 수사기관이 피의자에게 자백을 강요하기 위하여 고문 등의 행위를 할 위험도 적지 않다. 그와 같은 오판위험의 방지와 강제·고문 등에 대한 인권의 보장이라는 쌍방의 견지에서 「헌법」 및 「형사소송법」은 임의성이 없는 자백 또는 임의성이 의심스러운 자백의 증거능력을 부정하고, 비록 임의성이 있는 자백이라도 자백이 피고인에게 불리한 유일한 증거인 경우에는 이를 유죄의 증거로 하지 못하도록 규정하고 있다(헌법 제12조7항, 형사소송법 제309조·제310조).

임의성이 없는 자백의 증거능력 부정은 증거능력의 문제인데 반하여, 자백이 유일한 증거인 경우 유죄의 금지는 자유심증주의에 대한 예외의 문제이다. 후자는 법관이 자백만으로 충분하게 유죄의 심증을 얻었다 하더라도 다른 증거, 즉 보강증거(補强證據)가 없는 한, 유죄를 인정해서는 안 된다는 것이다. 이런 의미에서 자백의 증명력이 법적으로 제한을 받는 경우라고 할 수 있다.

[자백]

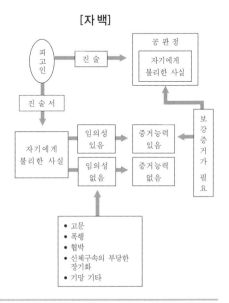

거증책임
舉證責任

소송상 권리 또는 법률관계의 존부를 판단하는 데 필요한 사실에 관하여 소송에 나타난 모든 증거자료에 의하여도 법원이 존부 어느 쪽으로도 결정할 수 없는 경우에, 법원은 이것을 어느 당사자에게 불리하게 가정하여 판단하지 않는 한 재판할 수 없게 된다. 이러한 가정을 할 경우에 당사자 일방이 받는 불이익을 거증책임(**입증책임**이라고도 한다)이라 하며, 어느 당사자에게 불이익하게 그 사실의 존부를 가정할 것인가를 정하는 것을 거증책임의 분배(입증책임의 분배)라고 한다. 형사소송에서는 거증책임은 원칙적으로 검사가 지는 것으로 되어 있다. 최선의 심리를 다하여도 범죄사실의 존부에 관하여 법원이 확신을 가질 수 없는 경우에는 거증책임의 분배에 따라서 피고인은 무죄가 된다. '의심스러울 때는 피고인의 이익으로'라는 법률격언이 타당한 것이다. 이것은 형사재판에서의 인권보장 견지에서 당연한 것이고, 「형사소송법」에서도 '범죄사실의 증명이 없는 때'는 무죄로 하여야 한다는 뜻을 규정하고 있다(같은 법 제325조).

검사는 소송범죄사실의 존부에 관한 것뿐만 아니라 정당방위·긴급피난 등의 위법성조각사유 또는 책임조각사유의 부존재, 형의 가중사유(예 : 누범전과)의 존재 등의 사항에 관하여도 모두 거증책임을 진다. 그러나 예외적으로 피고인 측에 거증책임이 있는 경우도 있다.

보강증거
補強證據

자백의 진실성을 뒷받침하기 위한 증거를 말한다. 정식재판에서 자백이 유일한 증거인 경우에는 유죄가 성립하지 않는다. 법관은 자백에 의하여 유죄의 심증을 얻은 경우에도 자백을 뒷받침할 증거, 즉 보강증거가 없는 한 유죄로 인정할 수 없다. 자백에 대한 보강증거에 대해서 판례는 범죄사실의 전부 또는 중요부분을 인정할 수 있는 정도가 되지 아니하더라도 피고인의 자백이 가공적인 것이 아닌 진

실한 것임을 인정할 수 있는 정도만 되면 족하다고 한다(대판 2010.12.23, 2010도11272). 그러나 적어도 구성요건(범죄의 객관적인 부분)의 중요부분에 내하여 보강증거를 요한다고 해석해야 한다는 견해도 있다. 반면 범죄구성요소 중의 주관적인 부분인 예컨대 고의·목적 등은 성질상 자백만으로 족하다.

보강증거가 될 수 있는 증거는 본인의 자백(공판정의 내외를 불문하고) 이외의 것으로서 증거능력이 있는 것이라야 한다. 공범자의 자백이 해당 피고인의 자백의 보강증거가 될 수 있는가에 관하여는 이를 긍정하는 것이 통설이다.

죄체
罪體

범죄구성사실 중에서 객관적인 부분을 말한다. 영미법에서 자백의 보강증거가 필요한 범위로 되어 있으며, 우리나라의 죄체설도 이 입장을 취하고 있다. 예컨대 살인죄의 경우에 어느 누군가의 행위에 의하여 사람이 죽었다는 사실이 죄체이고, 그 부분에 대하여 보강증거가 요구된다.

자유심증주의
自由心證主義

증거에 의하여 사실을 인정함에 있어서 증거의 증명력을 법관의 자유로운 판단에 맡기는 것을 말한다(형사소송법 제308조). 즉, 어느 증거를 신뢰하여 범죄사실을 인정할 것인가에 대한 판단을 모두 법관에게 일임하고 있는 것이다. 이것은 일정한 증거가 있으면 반드시 어떤 사실을 인정해야 한다거나, 일정한 증거가 없으면 어떤 사실을 인정할 수 없다고 하는 증거법정주의(證據法定主義)에 반대되는 것이다. 「형사소송법」은 실체적 진실발견을 목적으로 하고 있으므로 형식적인 증거법정주의보다도 이 자유심증주의 쪽이 더 우월한 제도임은 부정할 수 없다. 그러나 자유심증주의는 증거의 증명력만을 법관의 자유로운 판단에 맡기는 것이지, 증거가 될 수 있는 능력(증거능력)까지 법관의 판단에 일임하는 것은 아니다. 증거능력은 「형사소송법」에 규정되어 있다. 또한 자유로운 판단이라 하더라

도 법관의 자의적인 판단을 허용하는 것은 아니고 경험법칙·논리법칙에 합치되어야 한다. 따라서 판결이유에 표시된 증거로부터 범죄사실을 인정하는 것이 경험법칙·논리법칙에 반하여 불합리한 때에는 이유의 모순 또는 사실오인으로서 항소이유(抗訴理由)가 된다(같은 법 제361조의5 11호·14호). 자유심증주의에는 피고인의 자백에 관하여 중요한 예외로 법관이 피고인의 자백에 의하여 유죄의 심증을 얻었더라도 그것이 유일한 증거로서 달리 이것을 뒷받침할 증거(이른바 보강증거)가 없는 때에는 그 자백만으로써 범죄사실을 인정할 수 없다(같은 법 제310조)고 되어 있다.

경험법칙
經驗法則

경험에 의하여 알게 된 지식이나 법칙을 말한다. 반드시 학리상의 어려운 법칙에 한하는 것은 아니다. 일상생활에서 수학·자연과학에 이르기까지 모든 사물·현상의 일반적 성질 및 인과관계에 관한 지식·법칙이다. 지구는 둥글다든가, 밤이 되면 어두워져 사물이 보이지 않게 된다든가, 술에 취하면 정신이 흐려진다든가, 모든 사람의 지문은 서로 다르고 지문은 평생 변하지 않는다든가, 혈액형이 같은 O형인 부부 사이에는 A형인 자녀는 태어나지 않는다 등이 그 예이다. 법관은 사실의 인정에 있어서 경험법칙에 따라야 하지만 일반적·상식적인 경험을 넘어서 특별한 학식·경험에 의하여야 할 것은 감정 등의 방법에 의하도록 되어 있다.

증명력을 다투기 위한 증거
證明力을 다투기 위한 證據

증거의 증명력은 자유심증주의에 따라 원칙적으로 법관의 자유로운 판단에 맡겨져 있으나, 당사자도 증명력을 다투기 위한 기회를 부여받아서 증거의 증명력(증거의 가치)을 부정 또는 감쇄(減殺)하기 위하여 반증에 의한 증거조사의 신청 등을 할 수 있다. 이러한 증거를 증명력을 다투는 증거 또는 **탄핵증거**(彈劾證據)라 한다.

증명력을 다투는 경우에 증거능력(법률상 증거가 될 수 있는 자격)이 있는 증거에 의하는 경우도 있으나, 「형사소송법」은 특히 공판준비 또는 공판기일에서의 피고인·증인 등의 진술의 증명력을 다투기 위한 경우에는 제312조부터 제316조까지의 규정에 의하여 증거로 할 수 없는 서류나 진술(즉 증거능력이 없는 것)도 증거로 사용할 수 있다고 규정하고 있다(같은 법 제318조의2). 이러한 증거는 증명력을 부정하거나 감쇄하기 위하여만 사용되는 것이고, 그것이 범죄사실의 인정에 사용되는 것은 허용되지 않는다. 또 같은 법 제318조의2에 의하여 제출할 수 있는 것은 현재 증명력을 다투려는 진술을 한 자가 종전에 진술한 것을 기재한 서면 또는 진술만에 한하는 것인가 또는 제3자의 서면 또는 진술이라도 좋은가에 관하여는 다툼이 있다. 학자들은 대체로 종전의 서면·진술에 한정한다는 입장(한정설)을 취하고 있으나, 실무에서는 제3자의 서면·진술을 취하는 경우가 많다. 피고인 또는 피고인이 아닌 자의 진술을 내용으로 하는 영상녹화물은 공판준비 또는 공판기일에 피고인 또는 피고인이 아닌 자가 진술함에 기억이 명백하지 아니한 사항에 관하여 기억을 환기시킬 필요가 있다고 인정될 경우에 피고인 또는 피고인 아닌 자에게 재생하여 시청하게 할 수 있는데(같은 법 제318조의2), 영상녹화물은 증명력을 다투는 증거로는 사용할 수 없다.

논고
論告

공판절차에 있어서 증거조사가 끝난 후에 검사가 행하는 사실 및 법률적용에 관한 의견의 진술을 말한다. 예컨대 기소된 사실이 어느 증거에 의하여 인정되는가, 또 적용법조는 어느 조항인가, 형은 어느 정도가 상당하다든가를 진술하는 것이다. 논고는 단순히 법원의 참고가 될 뿐이므로 반드시 진술하여야 하는 것은 아니며, 법원으로서는 논고할 기회를 주기만 하면 족한 것으로 되어 있다. 논고 중 검사가 피고인을 징역 몇 년에 처함이 상당하다든가, 벌금 몇 원이 상당하다고 주장하는 것과 같이 형벌의 종류 및 그 양에 대한 의견을 진술하는 것을 **구형**(求刑)이라 한다. 구형은 검사의 의견일 뿐이고 법원을 구속하지 않으므로 법원은 구형보다 무거운 형을 선고하여도 무방하다.

최후진술
最後陳述
형사공판절차에 있어서 증거조사가 끝나면 검사의 논고가 행하여지는데, 재판장은 검사의 논고가 끝난 후에 피고인과 변호인에게 최종의견을 진술할 기회를 주어야 한다(형사소송법 제303조). 이를 최후진술이라고 한다. 최후진술의 기회는 피고인 또는 변호인 일방에게 이를 부여하면 충분하다는 견해가 있으나, 쌍방 모두에게 부여함이 타당하다. 최후진술이라 하더라도 그 진술이 중복된 사항이거나, 그 소송에 관계없는 사항인 때에는 소송관계인의 본질적인 권리를 침해하지 아니하는 한도에서 이를 제한할 수 있다(같은 법 제299조).

공판조서
公判調書
공판기일에서 어떠한 소송절차가 행해졌는가를 명확히 하기 위하여 일정한 사항을 기재한 조서를 말한다. 공판기일의 소송절차에 관하여는 참여한 법원사무관 등이 공판조서를 작성하여야 한다(형사소송법 제51조1항). 공판조서에는 ① 공판을 행한 일시와 법원 ② 법관, 검사, 법원사무관 등의 관직, 성명 ③ 피고인, 대리인, 대표자, 변호인, 보조인과 통역인의 성명 ④ 피고인의 출석 여부 ⑤ 공개의 여부와 공개를 금한 때에는 그 이유 ⑥ 공소사실의 진술 또는 그를 변경하는 서면의 낭독 ⑦ 피고인에게 그 권리를 보호함에 필요한 진술의 기회를 준 사실과 그 진술한 사실 ⑧ 조서에 기재한 사항 ⑨ 증거조사를 한 때에는 증거될 서류, 증거물과 증거조사의 방법 ⑩ 공판정에서 행한 검증 또는 압수 ⑪ 변론의 요지

⑫ 재판장이 기재를 명한 사항 또는 소송관계인의 청구에 의하여 기재를 허가한 사항 ⑬ 피고인 또는 변호인에게 최종진술할 기회를 준 사실과 그 진술한 사실 ⑭ 판결 기타의 재판을 선고 또는 고지한 사실 등에 관한 모든 소송절차를 기재하여야 한다(같은 조 2항).

공판조서는 각 공판기일 후 신속하게 정리하여야 하고(같은 법 제54조1항), 다음 회의 공판기일에 있어서는 전회의 공판심리에 관한 주요사항의 요지를 조서에 의하여 고지하여야 한다. 다만, 다음 회의 공판기일까지 전회의 공판조서가 정리되지 아니한 때에는 조서에 의하지 않고 고지할 수 있다(같은 조 2항). 검사, 피고인 또는 변호인은 공판조서의 기재에 대하여 그 변경을 청구하거나 이의를 제기할 수 있다(같은 조 3항). 청구나 이의가 있는 경우 그 취지와 이에 대한 재판장의 의견을 기재한 조서를 첨부하여야 한다(같은 조 4항). 공판조서의 기재는 당사자의 공격 · 방어 및 상소 여부의 결정에 있어서 중요한 자료가 되는 것이므로 당사자에게 열람 또는 복사를 청구할 권리를 인정하고 있다(같은 법 제35조 · 제55조). 또 공판기일의 소송절차로서 공판조서에 기재된 것은 그 조서만으로써 증명해야 하고(같은 법 제56조), 다른 자료에 의한 증명은 허용되지 아니한다.

판 결

판결
判決
법원의 재판으로서 원칙적으로 **구두변론**(口頭辯論)에 의거하여 행하여지도록 되어 있는 것을 말한다. 여기서 구두변론이란 당사자의 소송자료제출을 위한 일체의 소송행위뿐만 아니라 법원이 행하는 소송지휘 · 증거조사 등을 포함한 전체

절차를 의미하며, 판결은 이와 같은 구두변론에 의거하여 행해져야 한다. 다만, 예외적으로 구두변론을 거치지 않고 판결할 수 있는 경우(형사소송법 제390조·제401조1항)와 피고인의 진술을 듣지 않고 판결할 수 있는 경우(같은 법 제306조4항·제330조)가 있다.

판결은 **주문**(主文) 및 **이유**로 되어 있는데, **주문**은 피고인을 징역 3년에 처한다든가, 피고인은 무죄라든가 하는 결론적 부분이며, **이유**란 주문이 이끌어진 논리과정의 기술이다. 또 유죄판결에는 반드시 범죄될 사실, 증거의 요지 및 법률의 적용을 명시하여야 하며, 그 밖에 정당방위·심신상실과 같이 법률상 범죄의 성립을 조각하는 이유 또는 심신미약과 같이 법률상 형의 가중·감면의 이유가 되는 사실이 주장된 때에는 이에 대한 판단을 명시하여야 한다(같은 법 제323조). 또 판결서에는 피고인의 성명, 연령, 직업, 주거와 검사의 관직, 성명, 변호인 성명의 기재 및 법관의 서명날인 등이 필요하다(같은 법 제40조·제41조).

판결의 선고는 공판정에서 재판장이 주문을 낭독하고 그 이유의 요지를 설명함으로써 행한다(같은 법 제43조). 선고된 판결은 법원 스스로도 이를 취소·변경할 수 없다. 다만, 상고법원은 그 판결의 내용에 오류가 있음을 발견한 때에는 직권 또는 검사, 상고인이나 변호인의 신청에 의하여 정정의 판결을 할 수 있다(같은 법 제400조). 판결에 불복하는 자는 항소 또는 상고할 수 있다. 항소 또는 상고하지 않고 상소기간을 경과한 경우 또는 상소를 취하한 경우에는 판결은 확정되어 기판력이 생긴다.

결정
決定
법원이 행하는 판결 이외의 재판을 말하며, 구두변론을 거치지 않을 수 있다(형사소송법 제37조2항). 명령은 법관이 행하는 재판이지 법원이 행하는 재판은 아니다(명령의 항 참조). 보석을 허가하는 결정, 보석을 각하하는 결정(같은 법 제97조), 증거조사에 관한 이의신청에 대한 결정(같은 법 제296조), 공소기각의 결정(같은 법 제328조) 등 그 예는 많다. 결정은 구두변론에 의할 필요가 없으나, 신청에 의하여 공판정에서 행하는 때 또는 공판정에서의 신청에 의한 때에는 소송관계인의 진술을 들어야 하며, 그 밖의 경우에는 진술을 듣지 않고 할 수 있다. 또 결정을 하기 위하여 필요한 때에는 증인신문 등의 사실조사를 할 수 있다(같은 법 제37조3항). 판결에는 반드시 이유를 붙여야 하지만, 결정은 반드시 이유를 붙일 필요는 없다(같은 법 제39조). 또한 판결은 반드시 공판정에서의 선고에 의하여야 하지만, 결정은 결정서등본의 송달에 의하여 고지할 수 있으며, 또 송달도 필요 없는 경우가 있다. 결정에 대한 불복신청은 항고의 방법에 의하여야 한다.

명령
命令
법관이 하는 재판의 형식으로서, 구두변론을 거치지 않을 수 있다(형사소송법 제37조2항). 불필요한 변론 등의 제한(같은 법 제299조), 피고인의 퇴정허가(같은 법 제281조) 등 소송지휘나 법정의 질서유지에 관한 재판이 그 예이다. 구속영장, 압수·수색영장 등의 발부는 결정인지 명령인지 견해의 대립이 있으나, 법원이 발하는가 법관이 발하는가에 따라서 각각 결정 또는 명령의 성질을 가진 것이라고 해석하여야 할 것이다. 또 약식명령(같은 법 제448조 이하)은 명칭은 명령이지만 여기서 말하는 명령은 아니고, 결정의 성질을 가진 특별형식의 재판이다. 결정에 대하여는 소송관계인의 진술을 들어야만 하는 경우가 있으나, 명령은 소송관계인의 진술을 듣지 않고도 할 수 있다. 또 필요한 경우에 사실조사를 할 수 있는 것은 결정의 경우와 같다. 명령을 고지하는 방법은 결정의 경우와 같다. 명령은 원칙적으로 불복신청을 허용하지 않는다. 다만, 특별한 경우에 이의신청

(같은 법 제304조), 준항고(같은 법 제416조)가 허용되어 있음에 불과하다.

실체적 재판 · 형식적 재판
實體的 裁判 · 形式的 裁判

재판은 그 내용에 따라서 사건의 실체를 판단하는 재판과, 그 이외의 재판의 두 가지로 분류할 수 있다. 전자를 실체적 재판이라 하며 유죄 및 무죄의 판결이 이에 해당한다. 후자, 즉 소송절차를 판단대상으로 하는 재판을 형식적 재판이라 한다. 형식적 재판은 다시 소송을 종결시키는 재판인가, 아닌가에 따라서 형식적 종국재판과 종국 전의 재판으로 나눌 수 있다. **형식적 종국재판**(形式的 終局裁判)은 사건이 그 법원의 관할에 속하지 않는다든가, 공소시효가 완성됐다든가, 피고인이 사망한 경우와 같이 소송조건이 갖추어지지 않아서 실체심리에 들어갈 수 없어 소송을 종결시키는 재판으로서 관할위반판결(형사소송법 제319조), 면소판결(같은 법 제326조), 공소기각판결 · 결정(같은 법 제327조 · 제328조)이 이에 해당한다. 종국 전의 재판으로서는 명령의 전부 및 결정의 대부분이 이에 해당하며 보석허가결정 등 그 예가 많다.

실체적 재판과 형식적 종국재판은 다 같이 소송을 종결시키는 기능을 가지기 때문에 종국적 재판(終局的 裁判)이다. 그래서 종국적 재판을 실체적 재판과 형식적 재판으로 나누는 예가 많으나, 재판을 그 내용에 따라서 분류할 때는 여기서 설명한 바와 같이 된다.

범죄구성사실
犯罪構成事實

범죄구성요건에 해당하는 구체적인 사실을 말한다. 유죄판결에는 반드시 범죄될 사실 등 일정한 사항을 명시하여야 한다(형사소송법 제323조1항). 단순히 피고인이 타인의 현금을 절취하였다는 것만으로는 부족하고, 일시 · 장소 · 방법 등에 의하여 사건의 동일성을 확인할 수 있는 정도의 구체적

사실을 표시하여야 한다. 그 밖에 「형법」 제109조의 모욕할 목적, 제207조의 행사할 목적 등의 행위의 목적, 제188조의 사람을 상해에 이르게 한 때와 같은 행위의 결과, 상습누범절도(常習累犯竊盜)에서 전과 등은 구성요건요소로서 당연히 기재되어야 한다. 또한 처벌조건(채무자 회생 및 파산에 관한 법률 제650조 이하의 사기파산죄에 있어서 파산선고의 확정 등)도 표시되어야 한다. 또 재판서에는 주문을 도출한 이유를 붙여야 하므로 누범가중의 원인인 전과, 심신박약의 사실, 「형법」 제37조를 적용할 경우에 확정판결을 거친 사실 등은 죄가 되는 사실은 아니지만 명시하도록 되어 있다(죄가 되는 사실이므로 당연히 명시해야 한다는 설도 있다). 이에 대하여 법률상 범죄의 성립을 방해하는 이유(예 : 정당방위)의 부존재는 특별히 표시할 필요가 없다. 그 이유는 구성요건에 해당하는 사실을 표시하면 위의 사실이 부존재함을 표시한 것으로 되기 때문이다. 또 친고죄의 고소와 같은 소송조건도 표시할 필요가 없다.

공소기각의 재판
公訴棄却의 裁判

형식적 소송조건의 흠결(관할권이 없는 경우는 제외)을 이유로 공소를 무효로 하여 소송을 종결시키는 형식적 재판을 말한다. 소송조건의 흠결사유의 발견이 어려운가 쉬운가 또한 그 사유가 비교적 중대한가 그렇지 아니한가에 따라서 판결에 의하는 경우(형사소송법 제327조)와, 결정에 의하는 경우(같은 법 제328조)로 나눈다.

먼저 판결로써 공소를 기각해야 할 경우는 다음과 같다.
① 피고인에 대하여 재판권이 없을 때 ② 공소제기의 절차가 법률의 규정을 위반하여 무효인 때 ③ 공소가 제기된 사건에 대하여 다시 공소가 제기되었을 때 ④ 공소취소와 재기소를 위반하여 공소가 제기되었을 때 ⑤ 고소가 있어야 공소를 제기할 수 있는 사건에서

고소가 취소되었을 때 ⑥ 피해자의 명시한 의사에 반하여 공소를 제기할 수 없는 사건에서 피해자가 처벌을 원하지 않는다는 의사표시를 하거나 처벌을 원하는 의사표시를 철회하였을 때

결정으로써 공소를 기각하는 경우는 다음과 같다.

① 공소가 취소되었을 때 ② 피고인이 사망하였거나 피고인인 법인이 존속하지 아니하게 되었을 때 ③ 관할의 경합에 의하여 재판을 할 수 없는 때 ④ 공소장에 기재된 사실이 진실하다 하더라도 범죄가 될 만한 사실이 포함되지 아니하는 때

공소기각(公訴棄却)의 재판은 확정되더라도 기판력이 없으므로 소송조건을 보정하여 재공소를 할 수 있다.

관할위반
管轄違反
사건이 공소가 제기된 법원의 관할에 속하지 않는 것을 말한다. 관할에 속하는가의 여부는 법원이 직권으로 조사하여야 할 사항이며, 속하지 않음이 분명하게 된 때에는 관할위반의 판결을 선고하여야 한다(형사소송법 제319조). 또 법원은 피고인의 신청이 없으면 토지관할에 관하여 관할위반의 선고를 하지 못한다(같은 법 제320조1항). 관할위반의 신청은 피고사건에 대한 진술 전에 하여야 한다(같은 조 2항). 토지관할은 주로 피고인의 이익을 위하여 정하여진 것이므로, 피고인이 이의가 없는 때에는 그대로 실체적 심리를 할 것으로 하고 있다.

사건이 법원의 사물관할에 속하는가 아닌가는 공소장에 기재된 공소사실에 의하여 정하고, 만일 공소사실이 변경된 때에는 변경된 공소사실에 의하여 관할을 정한다. 법원의 토지관할을 정하는 기준이 되는 피고인의 주소·거소에 대하여는(같은 법 제4조1항) 기소된 시기를 표준으로 하여 판단한다. 관할위반의 선고 전에 행하여진 개개의 소송행위는 관할위반이 분명하더라도 급속을 요하는 경우에는 필요한 처분을 할 수 있다. 관할위반의 판결은 기판력이 없으므로 다시 관할법원에 기소할 수 있다.

면소판결
免訴判決
소송조건(소송을 진행시켜 실체판결을 하기 위한 조건) 중 실체적 소송조건(형사소송법 제326조)에 위배되어 공소가 부적당하기 때문에 소송을 종결시키는 재판을 말한다. 면소판결은 기판력(일사부재리의 효력)을 가진다. 기판력을 가지는 이유에 대하여는 면소판결의 본질과 관련하여 학설상 다툼이 있다. 실체적 재판설, 형식적 재판설, 실체관계적 형식재판설, 실체적 재판·형식적 재판 이분설 등이 있는데 피고사건의 실체심리에 들어가지 않고 소송조건이 결여된 경우에 형식적으로 소송을 종결시키는 재판이라고 보는 형식재판설이 일반적 견해이다. 그리고 **면소사유**(免訴事由)는 다음과 같다(같은 법 제326조 각 호).

① 확정판결이 있은 때(유죄·무죄·면소의 확정판결이 있은 때에는 본호에 의하여 면소가 된다. 그러나 관할위반·공소기각의 확정판결은 포함하지 않는다) ② 사면이 있은 때 ③ 공소시효가 완성되었을 때 ④ 범죄 후의 법령개폐로 형이 폐지되었을 때

기판력
旣判力
유죄·무죄의 소위 실체적 재판 및 면소의 판결이 통상의 상소 방법에 의하여 다툴 수 없게 되면(형식적 확정) 재판의 내용도 확정되어 내부적 효력으로서 그 내용에 따라 집행할 수 있는 효력이 생기고, 외부적 효력으로서 동일사건에 대하여 다시 공소제기가 허용되지 않는 효과를 말한다. 이 두 가지 효력을 합하여 기판력이라 부르기도 하지만, 일반적으로는 일사부재리(一事不再理)의 효력을 기판력이라 하고 있다. 또 재판의 효력을 어떻게 분류할 것인가, 기판력은 확정판결의 어떠한 효력

에 유래하는 것인가에 대하여 학설이 여러 가지로 나누어져 있다. 또 면소의 판결이 왜 기판력을 발생하는가에 대하여도 면소판결의 본질과 관련하여 학설이 대립하고 있다.

또한 기판력이 어느 범위까지 미치는가의 문제가 있다. 먼저 인적 범위에 관하여는 그 소송에서의 소송당사자에게만 효력이 미친다. 또 포괄일죄(包括一罪)라든가, 계속범 등의 행위가 판결의 전후에 걸쳐서 행해진 경우에 어느 시점에서 기판력이 미치는 범위를 끊어야만 하는가 하는 문제가 있다. 변론종결시설과 판결선고시설이 있으나, 통설은 후설을 취하고 있다. 기판력은 어떠한 사실의 범위에까지 미치는가에 대하여 통설은 확정판결의 내용이 되는 사실과 단일·동일의 관계에 있는 사실 전부에 미친다고 한다(예 : 돌을 던져 유리창을 깨고 사람을 상하게 한 경우, 상해만이 공소사실이 되어 이에 대하여 확정판결이 있으면 그 기판력은 위의 모든 사실에 미치고, 후에 재물손괴에 대한 심판은 허용되지 않는다). 그것은 공소사실의 추가 등에 의하여 사실 전부에 대하여 심판할 수 있는 법률적 가능성이 있었기 때문이다. 이와 같은 견해에 대하여는 비판도 있으나 「헌법」 제13조 1항과의 관계에서 볼 때에 통설의 결론이 옳다고 하여야 할 것이다.

약식절차
略式節次

지방법원이 그 관할에 속한 사건에 대하여 통상의 공판절차를 거치지 않고 **약식명령**(略式命令)이라는 재판에 의하여 벌금·과료 또는 몰수에 처할 수 있는 간이한 절차를 말한다(형사소송법 제448조). 약식명령청구는 지방법원의 관할에 속하는 사건으로서, 벌금 이하의 형에 해당하는 죄 및 선택형으로서 벌금이 정해져 있는 죄에 대해서만 할 수 있으며, 공소의 제기와 동시에 서면으로 하여야 한다(같은 법 제449조). 약식명령청구가 있는 경우에 그 사건이 약식명령으로 할 수

없거나 약식명령으로 하는 것이 적당하지 아니하다고 인정한 때에는 공판절차에 의하여 심판하여야 한다(같은 법 제450조). 여기에서 약식명령으로 할 수 없는 경우란, 법정형이 자유형 이상에 해당하는 사건인 경우와 무죄·면소·소송기각 또는 관할위반 등을 선고하여야 할 경우를 말한다. 또 약식명령으로 하는 것이 적당하지 아니한 경우란 법률상으로는 약식명령을 하는 것이 가능하나, 사안이 복잡하다든가 또는 기타의 이유로 재판을 신중하게 하는 것이 상당하다고 인정되는 경우를 말한다. 약식명령에는 범죄사실, 적용법령, 주형(主刑), 부수처분(附隨處分)과 약식명령의 고지를 받은 날로부터 7일 이내에 정식재판의 청구를 할 수 있음을 명시하여야 한다(같은 법 제451조).

약식명령의 고지는 검사와 피고인에 대한 재판서의 송달에 의하여야 한다(같은 법 제452조). 약식명령은 정식재판을 청구할 수 있는 기간이 경과하거나, 그 청구의 취하 또는 청구기각의 결정이 확정된 때에는 확정판결과 동일한 효력을 발생한다(같은 법 제457조). 약식명령에 불복하는 자(검사 또는 피고인)는 위 기간 내에 정식재판의 청구를 할 수 있다. 다만, 피고인은 정식재판의 청구를 포기할 수 없다(같은 법 제453조1항). 정식재판에 의한 판결이 확정되면, 전의 약식명령은 그 효력을 잃게 된다(같은 법 제456조).

판결의 정정
判決의 訂正

상고법원은 판결의 내용에 오류가 있음을 발견한 때에는 직권 또는 검사·상고인이나 변호인의 신청에 의하여 판결을 정정할 수 있는 권한을 말한다. 상고법원은 종심(終審)이기 때문에 이에 대한 상고는 허용되지 않는다. 그러나 상고법원이라 하더라도 인간이 하는 재판이기 때문에 잘못이 있을 수 있으므로 상고법원 자신이 판결을 정정할 수 있는 권한을 인정한 것이다. 따라서 다른 법원에는 이

권한이 없다. 판결정정의 신청은 판결의 선고가 있은 날로부터 10일 이내에 하여야 한다(형사소송법 제400조).

판결의 무효
判決의 無效

판결의 **당연무효**(當然無效)를 말하며, 외형적으로는 판결로서 존재하지만 그 효력이 당연히 발생하지 않는 것, 즉 실체적 확정력이 발생하지 않는 판결의 경우를 말한다. 따라서 판결의 법적 안정성을 강조해야 할 이익보다도 더 큰 반대이익이 있는 경우나 판결의 법적 안정성의 목적을 저해하지 않는 경우에 판결의 당연무효가 인정된다. 예컨대 이중의 실체판결이 있는 경우나, 판결이 법률상 전혀 인정되지 않는 종류의 형을 선고한 때 및 치외법권자나 이미 사망한 사람에 대하여 형을 선고한 때에는 당연무효가 된다. 그러나 당연무효라도 형식적으로는 판결이 존재하므로 무엇인가의 효력은 생긴다. 즉 기판력이 인정되는지에 대해 견해의 대립은 있으나, 해당 심급에서 이탈시키는 효력은 있으므로 형식적인 확정력을 가지게 된다. 따라서 이에 대하여 상고·비상상고를 해서 상급심에서 정당한 판결을 얻을 이익이 있으므로 당연무효의 판결이라도 상고·비상상고는 허용된다.

무죄판결의 공시
無罪判決의 公示

재심에서 무죄를 선고한 때에는 그 판결을 관보와 법원소재지의 신문에 기재하여 공고하여야 한다(형사소송법 제440조). 일단 확정된 판결이 있은 후에 재심의 결과 무죄가 된 경우에는 피고인의 무죄를 공표하기 위하여 관보·신문 등에 무죄임을 공고함으로써 피고인의 잃어버린 인권을 회복하기 위한 것이다. 그러나 무죄를 선고받은 본인이나, 본인의 사망 또는 심신장애로 인해 재심을 청구한 배우자 등이 이를 원하지 않는 경우에는 공고를 하지 않는다.

상 소

상소
上訴

아직 확정되지 아니한 재판에 대하여 상급법원에 불복을 신청하는 것을 말한다. 소송법상 재판이라 하면 판결 외에 결정·명령 등이 있는데, 재판이 행하여진 경우에 이것을 곧 확정시키지 않고 일정한 요건하에 불복신청을 허용하는 것이 원칙이며, 이 **불복신청**(不服申請)이 곧 상소이다. 상소 중에서 항소(抗訴)와 상고(上告)는 판결에 대한 불복신청이고, **항고**(抗告)는 결정·명령에 대한 불복신청이다. 재판에 대한 불복신청에는 그 밖에도 재심과 비상상고가 있으나, 양자가 모두 확정된 재판에 대한 불복신청인 점에서 상소와는 다르다. 또 이의신청 중에는 실질적으로 상소와 같은 작용을 하는 것도 있으나, 일반적으로는 상급법원에 대한 불복신청이 아닌 점에서 상소와 다르다. 피고인이 상소할 수 있는 것은 물론이지만 검사도 상소할 수 있다(형사소송법 제338조1항). 또 피고인의 법정대리인, 배우자, 직계친족, 형제자매 또는 원심의 대리인이나 변호인도 피고인을 위하여 상소할 수 있다(같은 법 제340조·제341조1항). 다만, 이러한 자는 피고인의 상소권을 대리행사하는 것이므로 그의 명시한 의사에 반하여 상소할 수 없다(같은 법 제341조2항). 상소는 한정된 기간 내에 하여야 하는 것이 원칙이지만 그 기간은 상소의 종류에 따라 각각 다르다. 기간은 모두 재판을 선고·고지한 날로부터 진행한다(같은 법 제343조2항). 또한 초일은 산입하지 않으므로(같은 법 제66조1항) 결국 상소제기기간은 재판의 선고 또는 고지가 있은 날의 익일부터 기산하여 법정일수가 경과함에 따라 종료한다.

불이익변경금지의 원칙
不利益變更禁止의 原則

어떤 재판에 대하여 피고인이 불복신청을 해서 새로운 재판이 행하여진 경우에 전의 재판보다도 피고인에게 불이익한 재판을 할 수 없다는 원칙을 말한다. 주로 상소 및 재심의 경우에 문제가 된다. 이 원칙을 인정한 이유는 이렇게 하지 않으면 피고인이 불복신청한 결과가 오히려 불이익하게 될 것을 두려워한 나머지 본의 아니게 불복신청을 단념하는 폐해가 생기기 때문이다. 「형사소송법」에서는 항소의 경우에 피고인이 항소하였거나 또는 피고인을 위하여 항소한 사건에 대하여는 원심판결의 형보다 무거운 형을 선고할 수 없다고 규정하고 있으며(형사소송법 제368조), 상고심에도 준용하고 있다(같은 법 제396조2항). 다만 기존에는 무거운 형의 선고만이 금지되어 있기 때문에(중형금지의 원칙) 새로 선고하는 형이 더 무겁지 않다면 단순히 원판결보다 무겁다는 사실을 인정하거나 적용하는 법령이나 죄명을 무겁게 변경하는 것은 무방하다. 또 재심의 경우와 달라서 피고인이 상소하였거나, 피고인을 위하여 상소한 사건에 한하여 이 원칙이 적용되며, 검사만이 상소한 경우 또는 검사와 피고인 측의 쌍방이 상소한 경우에는 더 무거운 형을 선고할 수도 있다. 이 원칙과 관련하여 무거운 형인가 아닌가가 문제되는 경우가 적지 않다. 판례에 따르면 원판결이 징역 6월에 3년간 집행유예로 한 데 대하여 금고 3개월의 실형을 선고한 경우나, 제1심의 징역 10개월을 징역 1년으로 하고 새로이 집행유예를 붙인 경우 등은 무거운 형을 선고한 것으로 되며, 징역형을 가볍게 하고 벌금형을 증액한 경우라든가, 징역형을 가볍게 하고 새로이 벌금형을 병과한 경우 등에 있어서는 불이익변경금지의 원칙에 위반되지 않는 것으로 보았다. 또한 약식명령에 있어서는 피고인의 정식재판청구권 위축 우려를 감안하여 '불이익변경의 금지'를 '형종 상향의 금지'로 대체하고 양형 상향 시 양형 이유를 기재하도록 했다(같은 법 제457조의2).

항소
抗訴

아직 확정되지 아니한 제1심법원의 판결에 대하여 지방법원단독판사가 선고한 것은 지방법원본원합의부에, 지방법원합의부가 선고한 것은 고등법원에 하는 불복신청을 말한다. 항소는 법률에 정한 이유가 있는 경우에 한하여 제기할 수 있으며, 그 이유는 항소이유서에 기재하여야 한다. 항소심의 절차에 관하여는 특별한 규정이 없으면 제1심 공판에 관한 규정이 준용된다(형사소송법 제370조). 다만, 항소심의 사후심적 성격으로부터 다음과 같은 특칙이 규정되어 있다.

• 피고인의 출정에 관한 특칙 : 피고인이 공판기일에 출정하지 아니한 때에는 다시 기일을 정하여야 한다(같은 법 제365조1항). 피고인이 정당한 사유 없이 다시 정한 기일에 출정하지 아니한 때에는 피고인의 진술 없이 판결할 수 있다(같은 조 2항).

• 항소법원의 심판범위에 관한 특칙 : 항소법원은 항소이유에 포함된 사유에 관하여 심판

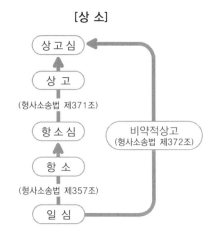

[상소]

상고심

↑

상고
(형사소송법 제371조)

↑

항소심 — 비약적상고
(형사소송법 제372조)

↑

항소
(형사소송법 제357조)

↑

일심

하여야 한다(같은 법 제364조1항). 그러나 판결에 영향을 미친 사유에 관하여는 항소이유서에 포함되지 아니한 경우에도 직권으로 심판할 수 있다(같은 조 2항). 「형사소송법」 제364조1항의 규정은 항소심의 심리가 변론주의 · 당사자주의라는 것을 명백히 밝힌 규정이라고 하겠다. 그리고 같은 조 2항은 실체적 진실주의 또는 법령의 정당한 적용의 확보라는 견지에서 판결에 영향을 미친 사유에 관하여는 항소이유서에 포함되어 있지 아니한 경우에도 직권에 의한 심판권한을 항소법원에 인정하고 있다. 다만, 이 경우에는 의무적인 직권심판이 아니므로 항소이유서에 포함되어 있지 않는 사항에 관하여 심판하지 않았다고 해서 위법이라고는 말할 수 없다.

● 증거에 관한 특칙 : 제1심법원에서 증거로 할 수 있었던 증거는 항소법원에서도 증거로 할 수 있다(같은 법 제364조3항). 이 규정은 항소심에서 판결(특히 파기자판의 경우)을 하는 경우에 제1심에서 증거능력이 있었던 증거는 항소심에서도 그대로 증거능력을 인정하여 판결의 기초로 할 수 있고, 다시 증거조사를 할 필요가 없다는 취지이다. 이것은 항소심의 사후심적 성격에서 오는 규정이다.

● 항소법원은 심사의 결과 항소가 이유 없다고 인정한 때에는 판결로써 항소를 기각하여야 한다(같은 법 제364조4항). 항소가 이유 있다고 인정한 때에는 경우에 따라서 환송 또는 이송의 판결을 하여야 하지만(같은 법 제366조 · 제367조), 소송기록과 원심법원 및 항소법원에서 조사한 증거에 의하여 직접 판결할 수 있다고 인정한 때에는 피고사건에 대하여 다시 판결할 수 있다(같은 법 제364조6항). 이것이 **파기자판**(破棄自判)이다.

항소이유
抗訴理由
항소권자가 적합하게 항소를 제기할 수 있는 법률상의 이유를 말한다. 항소는 법률에 정한 이유가 없으면 제기할 수 없다(형사소송법 제361조의5). 항소이유에는 법령위반이 되는 항소이유와 그 밖의 항소이유가 있고, 법령위반인 항소이유는 다시 절대적 항소이유와 상대적 항소이유로 나뉜다.

● 절대적 항소이유 : 그 법령위반이 판결에 영향을 미치는가 아닌가에 관계없이 항소이유가 되는 것인데, 법원의 구성이 법률에 위반되어 있거나 심판이 공개되지 않았거나, 판결에 이유를 붙이지 아니하거나 이유에 모순이 있는 경우와 그 밖의 「형사소송법」 제361조의5에 규정된 사유이다. 법령위반 이외의 항소이유로서는 형의 부당, 사실의 오인, 재심사유 및 원심판결 후의 형의 폐지 · 변경 또는 사면 등이 있다.

● 상대적 항소이유 : 판결에 영향을 미칠 것이 분명할 때에 한하여 항소이유가 되는 것이다(같은 법 제361조의5 1호). 법령위반 이외의 항소이유로서는 사실의 오인이 있어 판결에 영향을 미친 때이다(같은 조 14호).

항소이유서
抗訴理由書
항소의 이유를 기재한 서면을 말한다. 항소인은 항소장을 제출하기만 하면 되는 것이 아니고, 소정의 기간 내에 항소이유서를 항소법원에 제출하여야 한다(형사소송법 제361조의3 1항). 항소이유서에는 법령위반, 형의 양정부당(量定不當), 사실의 오인 기타 항소이유를 뒷받침할 만한 사실을 간결하게 명시하여야 한다. 항소이유서를 제출기간 내에 제출하지 않거나, 제출하더라도 그것이 「형사소송법」 혹은 법원규칙에서 정한 방식에 위반되거나, 항소권소멸 후임이 명백한 때에는 결정으로 항소를 **기각**(棄却)하여야 한다(같은 법 제360조 · 제361조의4). 반대로 항소이유서의 적법한 제출이 있으면 법원은 이에 포함된 사항은 반드시 조사하여야 한다. 또한 이에 포함되어 있지 않은 사항이라도 본래 항소이유가 되는 사항은 직권으로써 조사할 수 있다.

심리미진
審理未盡

상대적 항소이유의 하나로서, 법원이 소송사건에 관하여 심리를 충분히 다하지 못하였다는 것을 말한다. 현행법은 당사자주의를 채용하여 소송활동의 주체를 검사와 피고인에게 맡기고 있으므로, 법원이 소송활동을 적극적으로 진행하여야 할 의무는 없다. 그러나 법원은 실체적 진실발견의 의무와 적정한 소송절차의 수행을 확보할 의무가 있다. 이 의무를 태만한 경우에는 심리부진이 된다. 따라서 항소이유로서의 심리부진이란 이 의무를 태만한 것으로써 **소송절차의 법령위반**이 된다. 구체적인 예로서 법원이 직권으로 증거조사를 하여야 하는데도 이것을 태만히 하여 판단한 경우는 심리부진으로서 항소이유가 된다.

파기환송
破棄還送

상소심에서 심리한 결과 원심판결에 법률에 정한 일정한 사유(파기의 사유)가 있어서 원심판결이 지지될 수 없다고 인정된 경우에는 상소법원은 이를 파기해야 하는데(상고심에서는 다시 제1심판결까지 파기하는 경우도 있다), 이 경우에 원심판결이 파기되면 동 사건에 대하여 새로이 재판하여야 할 필요가 생긴다. 이 재판을 상소법원 자신이 하는 것을 파기자판(破棄自判)이라 하고, 사건을 원심법원(상고심에서는 제1심법원으로 환송하는 경우도 있다)에 환송하여 거기서 재판하도록 하는 것을 파기환송이라 하며, 그 밖의 법원에 이송하는 것을 **파기이송**(破棄移送)이라 한다.

환송이 있으면 환송을 받은 법원은 새로이 재판을 하여야 하는데 이 경우에 대법원의 심판에서 판시한 법령의 해석은 그 사건에 관하여 하급심을 기속(羈束)한다는 법원조직법 제8조의 규정이 적용되기 때문에 하급심은 대법원의 판단에 반하여 법령을 해석 · 적용할 수 없게 된다. 또한 환송을 받은 법원이 재판하는 경우에도 불이익변경금지의 원칙이 적용된다.

상고
上告

항소심의 종국판결 확정 전에 법령의 해석 · 적용면에서 심사를 구하는 불복신청을 말한다. 상고는 원칙적으로 항소심의 판결, 즉 제2심판결에 대한 불복신청이나, 제1심판결에 대하여도 소위 비약적 상고(飛躍的 上告)가 인정되어 있으므로 예외적으로 제1심판결에 대한 상고도 포함된다. 상고심의 관할권을 가지는 법원은 어떠한 경우에도 대법원이며 그 제기기간은 항소의 경우와 마찬가지로 7일이다(형사소송법 제374조). 상고도 상소의 일종이므로 당사자의 구제를 목적으로 하지만, 상고심의 주된 사명은 하급법원의 법령해석 · 적용의 오류를 시정함으로써 법령해석 · 적용의 통일을 기하는 것이다. 상고는 최종심이므로 상고심의 재판에 대하여는 다시 상소의 방법이 없기 때문에 현행법은 신중을 기하는 의미에서 **판결의 정정**제도를 인정하고 있다(같은 법 제400조). 상고심도 항소심과 마찬가지로 사후심으로서의 성질을 갖기 때문에 상고심의 절차에 관하여는 특별한 규정이 없으면, 항소심의 절차에 관한 규정이 준용된다(같은 법 제399조). 다만, 상고심은 원칙적으로 법률심(法律審)이므로 다음과 같은 특칙이 있다.

● 변호인의 자격 : 변호사 아닌 자를 변호인으로 선임할 수 없다(같은 법 제386조). 따라서 상고심에서는 특별변호인은 허용되지 않는다.

● 변론능력 : 상고심에서는 변호인이 아니면 피고인을 위하여 변론하지 못한다(같은 법 제387조). 이것은 상고심에서는 법률적인 면의 주장이 많으므로 피고인은 변론하지 못하도록 규정한 것이다. 따라서 상고심에서는 공판기일에 피고인을 소환할 필요가 없다.

● 변론의 방법 : 검사와 변호인은 상고이유서에 의하여 변론하여야 한다(같은 법 제388조). 이것은 구두변론의 범위를 정한 규정으로서 변론을 할 수 있는 자는 검사와 변호인에 한하고 또 그 변론의 범위도 상고이유서에 기재된 내용을 벗어나지 못하도록 한 것이다.

● 변호인의 불출석의 경우 : 변호인의 선임이 없거나, 변호인이 공판기일에 출정하지 아니한 때에는 검사의 진술을 듣고 판결을 할 수 있다(필요적 변호사건은 제외). 이 경우에 적법한 이유서의 제출이 있는 때에는 그 진술이 있는 것으로 간주한다(같은 법 제389조).

● 상고심의 심판범위 : 상고법원은 상고이유서에 포함된 사유에 관하여 심판하여야 한다. 다만, 「형사소송법」 제383조1호부터 3호까지의 경우에는 상고이유서에 포함되지 아니한 때에도 직권으로 심판할 수 있다(같은 법 제380조2항·제384조).

● 서면심리 : 상고법원은 상고장, 상고이유서 기타의 소송기록에 의하여 변론 없이 판결할 수 있다. 또한 상고법원은 필요한 경우에는 특정한 사항에 관하여 변론을 열어 참고인의 진술을 들을 수 있다(같은 법 제390조).

상고심의 재판에는 상고기각(上告棄却)의 재판과 원심판결의 파기판결(破棄判決)이 있다. 전자에는 결정으로 되는 것과(같은 법 제380조2항·제381조) 판결로써 되는 것이 있으며(같은 법 제364조·제399조), 후자에는 다시 변론을 거치지 않고 되는 것과 변론을 거쳐야 하는 것으로 나누어진다. 원심판결의 파기는 상고가 이유 있을 때 판결로써 하며(같은 법 제391조), 이 경우에는 동시에 이송(같은 법 제394조) 또는 환송(같은 법 제393조·제395조)판결이 행해져야 한다. 다만, 상고법원은 소송기록 및 원심법원과 제1심법원이 조사한 증거에 의하여 판결이 충분하다고 인정한 때에는 이송이나 환송을 하지 않고 피고사건에 대하여 직접 판결할 수 있다(같은 법 제396조). 이것이 바로 **파기자판**이다.

비약적 상고
飛躍的 上告

제1심판결에 대하여 항소를 하지 않고 직접 상고법원에 상고하는 것을 말한다(형사소송법 제372조). 비약적 상고를 할 수 있는 경우로서는 ① 원심판결이 인정한 사실에 대하여 법령을 적용하지 아니하였거나 법령의 적용에 착오가 있는 때 ② 원심판결이 있은 후 형의 폐지나 변경 또는 사면이 있는 때이다.

이와 같이 비약적 상고를 인정하는 이익은 판결의 확정을 신속히 하여 사회생활의 불안을 제거하고자 하는 데에 있다. 한편 비약적 상고는 1회만 심리를 받게 되어 상대방(특히 피고인)의 심급이익(審級利益)을 박탈하는 결과가 된다. 그리하여 「형사소송법」은 제1심판결에 대한 비약적 상고는 그 사건에 대한 항소가 제기된 때에는 그 효력을 잃는다고 규정하고 있다. 다만, 이 경우에도 항소의 취하 또는 항소기각의 결정이 있는 때에는 비약적 상고는 그 효력을 잃지 않는다(같은 법 제373조).

항고
抗告

결정·명령에 대한 상소를 말한다. 항고에는 일반항고와 재항고가 있고, 일반항고는 다시 보통항고와 즉시항고로 나누어진다. 즉시항고는 특히 이를 허용하는 규정이 있을 경우에만 할 수 있는 항고이고, 보통항고는 특별히 즉시항고를 할 수 있다는 뜻의 규정이 없는 경우에 널리 법원이 행한 결정에 대하여 허용되는 항고이다(형사소송법 제402조 본문). 항고법원 또는 고등법원의 결정에 대하여는 판결에 영향을 미친 헌법·법률·명령·규칙의 위반이 있는 경우에 한하여 대법원에 즉시항고를 할 수 있도록 되어 있는데 이를 **재항고**(再抗告)라 한다(같은 법 제415조). 보통항고는 신청의 실익이 있는 한 언제든지 할 수 있으나 즉시항고와 재항고에는 기간의 제한이 있다. 항고법원은 항고절차가 법률의 규정에 위반되었거나 또는 항고가 이유 없을 때에는 결정으로서 항고를 기각하여야 하고, 항고가 이유 있을 때에는 결정으로 원결정을 취소하고, 필요할 때에는 다시 재판을 하여야 한다(같은 법 제414조). 그 밖에 엄격한 의미에서 항고라고는 할 수 없으나 이에 유사한 불복신청으로서 준항고(準抗告)가 있다.

즉시항고
即時抗告
항고의 일종으로, 즉시항고의 제기기간은 7일로 한정되어(형사소송법 제405조) 이 기간 내에 제기할 것을 요하는 불복신청을 말한다. 집행정지의 효력이 있어서 즉시항고의 제기기간 내 및 그 제기가 있는 때에는 원재판의 집행은 정지된다(같은 법 제410조). 법률이 즉시항고를 인정한 취지는, 한편으로는 이에 집행정지의 효력을 인정하여 원재판에 불복한 자의 이익을 확보함과 동시에, 다른 한편으로는 제기기간을 극히 단기간으로 제한함으로써 부당하게 장기간 집행이 정지되는 것을 방지하려는 데에 있다. 즉시항고는 법률에 특히 규정이 있는 경우에만 허용된다(같은 법 제402조). 예컨대 기피신청(忌避申請)을 기각한 결정, 소송비용부담결정 등에 대하여는 즉시항고가 허용되어 있다.

재항고
再抗告
항고법원 또는 고등법원의 결정에 대하여 무제한으로 다시 항고를 허용한다면 그 관할은 당연히 대법원이기 때문에 대법원의 부담이 너무 커지게 될 것이다. 따라서 법률은 원칙적으로 재항고를 금지하되, 항고법원 또는 고등법원의 결정에 대하여는 재판에 영향을 미친 헌법·법률·명령 또는 규칙의 위반이 있는 경우에 한하여 대법원에 즉시항고할 수 있도록 규정하고 있는데(형사소송법 제415조) 이를 재항고라고 한다.

준항고
準抗告
법관이 행한 일정한 재판, 검사 또는 사법경찰관이 행한 일정한 처분에 대하여 법원에 제기하는 불복신청을 말한다. 먼저 법관의 재판, 즉 재판장 또는 수명법관이 한 재판에 있어서는 법률은 기피신청을 기각한 재판 등 4종의 재판에 대하여 준항고를 인정하여 소정의 법원에 위 재판의 취소 또는 변경을 청구할 수 있도록 규정하고 있다(형사소송법 제416조). 검사 또는 사법경찰관의 구금·압수 또는 압수물의 환부에 관한 처분과 변호인의 참여 등에 대하여도 각각 소정의 법원에 그 처분의 취소 또는 변경을 청구할 수 있다(같은 법 제417조). 준항고 중의 어떤 것은 즉시항고와 같은 제기기간의 제한이 있고(7일) 또 집행정지의 효력을 가지나, 그 이외의 것은 당연하게 이것을 가지는 것은 아니다(같은 법 제409조·제416조4항·제419조).

재심
再審
확정판결에서의 부당한 사실인정으로부터 피고인을 구제하기 위하여 인정된 비상구제수단을 말한다. 이미 확정된 판결에 대한 구제수단인 점에서 항소나 상고와 다르며, 주로 사실인정의 잘못을 구제하기 위한 것인 점에서 법령의 해석·적용의 착오를 시정하기 위한 비상상고와 다르다. 판결이 이미 확정된 경우에는 이에 대하여 함부로 불복의 신청을 허용해서는 안 된다는 것은 당연하지만, 판결에 잘못이 있다고 생각되는 현저한 사유가 있는 경우에는 예외적으로 불복신청을 인정하여 그 판결을 취소하고 새로이 판결을 하는 것이 실체적 진실발견과 정의에 합치한다. 이것이 재심을 인정한 이유이다.

재심은 비상수단이므로 그 신청을 할 수 있는 경우에는 원판결의 증거가 된 서류 또는 증거물이 위조 혹은 변조된 것이라든가, 증인의 증언이 허위였음이 확정판결에 의하여 증명된 때라든가, 무죄·면소·형의 면제를 선고하거나 또는 가벼운 죄를 인정해야 할 명백한 증거가 새로 발견된 때, 그 밖에 법률에 정한 중요한 사유가 있는 경우에 한정하고(형사소송법 제420조1호~7호), 예컨대 원판결에 사실오인이 있더라도 위와 같은 사유가 없는 한 재심을 청구할 수 없다. 또 재심은 유죄선고를 한 확정판결 또는 항소·상고를 기각한 확정판결에 대하여 피고인의 이익을 위하여서만 청구할 수 있으며(같은 법 제420조·제421조), 피고인에게 불이익한 재판은 허용되지 않는다. 재심의 청구는 원판결을 한 법원이 관할하며(같은 법 제423조), 이 재심개시결정(再審開始決定)이 확정된 사건에 대하여는 약간의 특칙을 제외하고는 그 심급에 따라서 다시 심판을 하여야 한다(같은 법 제438조). 다만, 이 경우 원판결보다 무거운 형을 선고할 수 없다(같은 법 제439조). 재심의 청구는 형의 집행이 종료되었거나 피고인이 사망한 경우, 기타 형의 집행이 불가능하게 된 때에도 할 수 있는데(같은 법 제427조·제438조2항1호), 이것은 이러한 경우에는 명예회복(名譽回復)이나 형사보상(刑事補償)을 받을 이익이 있기 때문이다.

비상상고
非常上告

판결이 확정된 후 그 사건의 심판이 법령에 위반하였음을 발견한 때에는 검찰총장은 대법원에 비상상고를 할 수 있다(형사소송법 제441조). 재심과 마찬가지로 확정판결에 대한 비상구제수단이지만, 피고인의 구제를 주목적으로 하지 않고 법령의 해석·적용의 잘못을 시정하는 것을 목적으로 하며, 피고인의 이익은 다만 부차적으로 고려됨에 불과한 점에서 재심과 다르다. 대법원은 비상상고가 이유 없는 때에는 판결로써 이를 기각하지만(같은 법 제445조), 이유 있는 경우에도 원판결의 법령위반의 부분 또는 원심에서의 법령위반의 절차를 기각함에 그치는 것을 원칙으로 한다. 다만, 원판결이 피고인에게 불이익한 경우에 한하여 판결 전부를 파기하고 피고사건에 대하여 다시 판결할 수 있다(같은 법 제446조). 그러므로 위 경우 이외에는 비상상고에 대한 판결은 단순히 법령의 해석·적용의 착오를 시정한다는 의미를 가질 뿐이고 피고인에게는 그 효력이 미치지 않는다(같은 법 제447조). 특히 위에서 말한 법령에 위반하였음을 발견한 때란 판결의 법령위반과 소송절차가 법령에 위반한 경우가 있다. 그 구별은 법령적용의 착오와 소송절차의 법령위반과의 구별에 대응하지만, 소송조건이 흠결되었음에도 불구하고 실체판결을 한 경우가 어느 경우에 해당하는가에 관하여 다툼이 있다. 통설은 실체적 소송조건을 결한 경우는 판결의 법령위반에 포함되고, 형식적 소송조건을 결한 경우에는 소송절차의 법령위반에 해당한다고 해석한다. 따라서 면소판결을 하여야 할 경우에 유죄판결을 하였으면 판결의 법령위반이 되고, 공소기각의 재판을 하여야 할 경우에 실체판결을 한 경우에는 소송절차의 법령위반이 된다.

사후심
事後審

법원이 상소심으로서 재판하는 경우에 하급심 재판의 옳고 그름을 심사하는 것을 말한다. 사후심 구조하에서는 상소심은 원심의 재판에 부적당한 부분은 없었는지 하는 부분만을 심사·비판하고, 스스로 사실점 및 법률점에 대하여 판단을 내리지 않는다. 재판의 자료도 원심에서 조사된 것이거나 또는 적어도 원심에서 조사의 청구가 있었던 것에 한하고, 상소심에서 새로이 증거를 제출하는 것은 허용되지 않는다. 또 원판결 후에 발생한 사실이나 법령의 변경은 이를 고려하지 않는 것이 원칙이다. 그러나 이상은 순수한 사후심의 형태로서 이에 약간의 예외를 인정한 사후심도 가능하다. 사후심에는 원재판의 옳고 그름을 심사함에 있어서 사실점과 법률점의 쌍방에 걸쳐 심사할 수 있는 사후심(사실심인 사후심)과, 단순히 법률점에 대하여서만 심사할 수 있는 사후심(법률심인 사후심)이 있다. 현행법에서는 항소심은 사실심인 사후심이며, 상고심은 법률심인 사후심이다. 그러나 모두 약간의 예외적 규정이 있어서 순수한 형태의 것은 아니다.

사후심은 첫째, 심리객체가 원심판결에 한정되고 피고사건의 새로운 심리 및 계속적 심리를 내용으로 하지 않는다. 둘째, 간접심리가 원칙이고 새로운 자료에 대한 직접심리는 극히 예외적으로 허용된다. 셋째, 심리의 내용이 원심판결의 정당성의 비판이라고 하는 것에 제약된다. 재판은 원칙적으로 원심판결의 파기 및 상소기각(원심판결의 정당성의 인정)에 한정되고, **자판**(自判)은 극히 예외적으로만 허용된다(원심판결의 비판에 의하여 사건을 심판할 수 있는 경우). 항소심은 사후심구조(事後審構造)이지만, 사실문제의 심리도 행할 수 있는 점에 있어서 그 심리범위가 상고심보다 비교적 넓다 하겠다.

사실심
事實審

법원이 사건에 대하여 심판하는 경우에 사실점과 법률점을 모두 심판할 수 있도록 되어 있는 경우를 사실심이라고 하고, 단순히 법률점에 대하여서만 심판할 수 있도록 되어 있는 경우에는 법률심(法律審)이라 한다.

원래 사건에 대하여 재판하기 위해서는 과연 피고인에 대하여 제기된 사실의 진정성이 인정되는가 아닌가, 또 그것이 인정되는 경우 그것은 법률상 어떠한 범죄가 되는가가 판단되지 않으면 안 된다. 그러므로 특수한 경우를 제외하고는 제1심은 사실심이 되어야 함은 당연하지만, 상소심에서는 반드시 사실심일 필요는 없으며 사실심으로서 사실점·법률점 쌍방에 걸쳐서 심판할 수 있는 방침을 취하거나 또는 법률심으로서 법률점에 대하여서만 심판할 수 있는 방침을 취할 수도 있다. 또 제1심판결에 대하여 불복이 있는 항소심(抗訴審)의 경우도 사실심이라고 하는 것은 일반적·추상적으로 본 경우이며, 사실인식이나 형량부당이 항소이유로 되어 있지 아니할 때에는 구체적으로는 법률심이 된다 할 것이다(형사소송법 제357조 이하).

법률심
法律審

법원이 사건에 대하여 심판하는 경우에 법률점에 대해서만 심판할 수 있다는 원칙을 말한다. 제1심을 법률심으로 하는 것은 그 성질상 원칙

적으로 허용될 수 없으나, 상고심은 사실심으로 할 수도 있고 법률심으로 할 수도 있다. 그러나 원칙적으로는 항소심(抗訴審)은 사실심, 상고심(上告審)은 법률심으로 하는 것이 적당하다. 이것은 항소심이 제1심의 재판에 대한 불복신청임에 반하여, 상고심은 원칙적으로 항소심의 재판에 대한 불복신청이기 때문이며, 적어도 상고라는 제도가 법령해석의 통일을 주된 목적으로 하여 인정된 제도이기 때문이다. 법률심에서의 심사는 법률점에 한하므로 사실의 오인이 있다든가 또는 형의 양정이 부당하였더라도 이것을 문제로 할 수 없는 것이 원칙이다. 그러나 많은 입법례에서는 약간의 예외를 인정하여 위와 같은 사항도 이를 상소이유로 하거나, 직권으로 조사할 수 있도록 하고 있다.

일사부재리
一事不再理

「형사소송법」상 어떤 사건에 대하여 유죄 또는 무죄의 실체적 판결 또는 면소의 판결이 확정되었을 경우, 판결의 기판력의 효과로서 동일사건에 대하여 재차 공소를 재기할 수 없음을 말한다. 만일 다시 공소가 제기되었을 경우에는 실체적 소송조건의 흠결을 이유로 면소판결을 선고하게 된다.

[일사부재리]

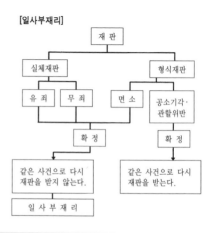

국 제 법

국제법

국제공법

국제법
國際法

국제사회에서 국가 간 국제기구간 혹은 국가와 국제기구 또는 사인 간의 관계를 규율하는 법을 말한다. 실정법으로서의 국제법은 여러 국가의 관행의 집적에서 생긴 국제관습법과 여러 국가 간에 체결된 조약으로 구성된다. 이 국제관습과 조약을 국제법의 연원이라고 한다. 이 밖에 법의 일반원칙이 제3의 연원이냐 아니냐의 문제가 있는데 학설은 이를 인정하지 않는다. 국제법은 주로 국가 간의 관계를 규율한다. 그러나 국제조직과 개인의 행동을 규제하는 경우도 있다. 국제법은 구속력이 있는 규범이며 위반에 대한 제재를 예정하고 있다〔이 점에 있어서는 국가 간의 예의나 호의, 편의상 규칙인 국제예양(國際禮讓)과 다르다〕. 그러나 국제사회의 미조직성으로 국내법과 비교하여 다음과 같은 특징을 갖는다. ① 국제사회에는 통일적인 입법기관이 없기 때문에 국제법의 제정은 보통 조약의 형식인 국가 간의 합의에 의하여 이루어진다. ② 국제재판소는 강제 관할권을 갖지 않으므로 국제재판은 당사국의 합의가 있어야만 비로소 행할 수 있다. ③ 국제법의 침해에 대한 제재도 공권력에 의하여 행하여지지 않고, 당사국 자신에 의하여 행하여지는 것이 보통이므로 공정을 기하기가 어렵다. 이와 같은 특징으로 국제법의 법적 성격이 의문시되나 오늘날 모든 국가는 그 법적 성격을 수락하고 있는 것으로 생각된다. 국제사법(國際私法)・국제형법(國際刑法)은 국제라는 단어가 붙어 있으나 국제법 자체는 아니고 국내법의 일종이다. 국제공법은 국제법과 똑같은 것으로 국제사법과 명확히 구별하기 위하여 만들어낸 용어에 지나지 않는다. 또 국제법은 평시국제법과 전시국제법으로 구분된다.

국제관습법
國際慣習法

법적 구속력을 가진 국제관행을 말한다. 조약과 함께 국제법을 구성한다. 국제관행이 법적 구속력을 가지는 시기는 모든 국가가 서로 장래에도 실행할 것을 묵시적으로 양해하여 합의가 성립된 때이다. 이때의 국제관행은 일반적 국제관행에서 법적 성격이 갖추어진 국제관습법이 된다. 종전에는 국제관습법이 국제법의 대부분을 형성하고 중요한 지위에 있었으나 최근에는 점차 조약이 중요한 지위를 차지하고 있다.

국제관행
國際慣行

많은 국가 간의 단순한 관행을 말한다. 단순히 관습의 반복적 실행에 불과하며 국제관습법과는 달리 법적 구속력을 갖지 않는다. 국제관행은 곧 국제관습법이 되는 일이 적지 않다.

조약
條約

국제법 주체 간에 국제법 법률관계를 설정하기 위한 명시적(문서에 의한) 합의를 말한다. 경우에 따라서는 협약이라고도 한다(예 : 외교관계에 관한 비엔나협약). 조약은 쌍방적 국제법률행위이며, 단독의 의사표시에 의하여 법적 효과를 발생하는 일방적 법률행위에 대응한 개념이다. ① 조약은 국제법 주체 간의 합의이다. 이러한 합의를 할 수 있는 국제법주체는 국제법률행위를 할 수 있는 자, 특히 국제법상의 권리・의무를 자기 의사로써 발생・변경・소멸시킬 수 있는 이른바, 국제법의 능동적 주체에 한한다. 오늘날의 실정 국제법하에서는 이러한 능동적 주체로서 국가가 있고, 한정적 의미에서 국가조직이 있다. 개인은 국제법상의 권리・의무의 향유자에 불과하고 스스로 그 권리・의무의 발생・소멸・변경 등의 국제법률관계의 설정에 참여할 수 없는, 이른바 수동적 주체이며 따라서 조약체결과 같은 국제법률행위의 능력이 없다. 이리하여 실정법상 조약이라고 하는 것은 결국 국가 간, 국가와 국제조

국제법

직간 또는 국제조직 상호 간의 구속력 있는 합의라고 할 수 있다. ② 조약은 국제법주체 간의 문서에 의한 명시적 합의이다. 이러한 명시적 합의는 묵시적 합의인 관습과 대응한다. 일반적으로 합의는 문서로써 작성될 때 가장 명시적이며, 후일의 분쟁을 피하기 위해서도 조약은 문서로써 작성하는 것이 원칙이다. 그러나 구두의 합의도 그것이 법적 구속력 있는 합의인 한에서는 국제법상의 효력을 가질 가능성이 부인되지는 않는다. 조약이라는 용어는 광의와 협의의 두 가지 의미로 쓰인다. 광의의 조약은 국제법 주체 간의 명시적 합의 일반을 총칭하는 것이며, 협의의 조약은 조약 중에 특별히 구체적으로 조약(treaty)이라는 명칭이 붙은 것을 말한다. 그런데 조약의 법적 효력은 명칭 여하와는 관계가 없으며, 조약에 적용될 실체법규에도 구별이 없다. 광의의 조약에는 협약(pact, convention), 규약(covenant), 헌장(charter, constitution), 규정(statute), 협정(agreement), 결정서(act), 의정서(protocol), 선언(declaration, 원칙적으로 일방적 행위이나 현행법을 선언하거나 또는 법의 정립을 위한 합의에도 사용된다), 약정(arrangement, accord), 교환공문(exchange of note), 잠정협정(modus vivendi) 등이 있으며 이 밖에도 다른 여러 가지 명칭이 있다. 조약은 여러 가지의 기준에 의하여 구별된다. 형식을 기준으로 하는 경우 다수의 국가가 참가하느냐, 2국 또는 특정국가가 참가하느냐에 따라 일반조약과 특별조약으로 구별된다. 또 체약국 이외의 제3국의 가입을 인정하느냐의 여부에 따라서 **개방조약**(開放條約)과 **폐쇄조약**(閉鎖條約)으로 구별할 수 있다. 내용면에서는 **평화조약**(平和條約)·**방위조약**(防衛條約)·**통상항해조약**(通商航海條約)·**재판조약**(裁判條約)·**어업조약**(漁業條約)·**범죄인인도조약**(犯罪人引渡條約) 기타 많은 것을 들 수 있다.

국제법의 연원
國際法의 淵源
국제법을 창설하는 법제정의 방법 또는 절차를 말한다. 국가 간의 명시적 합의인 조약과 묵시적 합의인 국제관습을 포함한다. 이 밖에 제3의 연원으로서 법의 일반원칙을 주장하는 학자도 있으나 현단계로서는 확립된 이론이라고 볼 수는 없다. 법의 일반원칙을 재판의 준칙으로(국세사법재판소규정 제38조1항) 한 판결이 구속력을 갖는다는 이유만으로는 법원이 될 수 없을 뿐만 아니라 법의 일반원칙의 내용 자체가 무엇을 포함하는지에 관하여도 일치된 의견이 없기 때문이다.

국제예양
國際禮讓
국제사회에 있어서 일정한 풍습·예의·호의 또는 편의상의 규칙을 말한다. 국제예양의 위반은 불법행위를 구성하지 않으며 오직 국제사회여론의 악화, 정치적 불이익을 초래하는 계기가 될 수 있을 뿐이다. 형식적인 유형으로서 국가대표에 대한 경칭(敬稱), 외국군함에 대한 예포, 국제회의에서의 좌석순 등을 들 수 있으며, 실질적인 것으로서는 해당 조약이 없음에도 불구하고 범죄인을 인도한다든가, 외국인의 입국 및 거주를 허용하는 경우 등을 생각할 수 있다. 국제관습법으로 발전하는 예가 많다.

평시국제법
平時國際法
평화시의 국제법을 말한다. 전쟁시의 국제법(전시국제법)에 대응하는 개념이다. 양자가 합쳐져서 국제법의 전체를 형성한다. 평시국제법은 단순히 평화시에 적용될 뿐만 아니라 전쟁시에라도 중립국 상호 간은 물론 중립국과 교전국 간에도 중립법규의 범위 외에서는 여전히 적용된다. 평시국제법은 국제법의 중요한 기본적 부분이다. 국가 간의 관계도 본래는 평화를 정상적인 관계로 하는 것이다. 전쟁이 있을 때라도 이에 관계없는 한도 내에서 평시국제법이 적용된다는 점을 보면 그것은 명백하다.

전시국제법
戰時國際法
전쟁시의 국제법을 말한다. 평시국제법에 대응하는 개념이다. 전시국제법은 교전국간의 관계를 규율하는 법과 교전국과 중립국과의 관계를 규율하는 법으로 분류된다. 전자를 **전쟁법**(戰爭法), 후자를 **중립법**(中立法)

이라 한다(전쟁법은 광의에 있어서 양자를 포함하며, 전시국제법과 같은 뜻이나 중립법과 같이 사용되는 경우에는 전자를 말한다). 교전국과 중립국과의 관계는 평화관계이며 원칙적으로 평시국제법에 의하여 지배되는 것이나 단지 긴급한 필요에 의하여 평시국제법이 허용하는 한계를 넘어서 중립국의 이익을 침해하는 경우가 있다. 이때 교전국의 권리의 한계를 정하는 것이 중립법인 것이다. 제1차 세계대전 이후 전쟁은 일반적으로 위법이란 사상이 강해진 결과 전시국제법은 필요가 없다는 견해도 있었다.

일반국제법
一般國際法
국제사회 전체에 적용되는 일반적 타당성을 갖고 국제사회의 구성자인 국가를 동등하게 구속하는 국제법규를 말하며, 국제관습조약 및 법의 일반원칙이 그의 연원이 된다.

특수국제법
特殊國際法
국제관계에 있어 2개 또는 3개 이상의 국가들 사이에 불가피하게 생기는 특수한 연대성으로 인하여 성립되는 공동체들에 적용되는 규칙들로서, 주로 조약이 그의 연원이 된다.

보편적 국제법
普遍的 國際法
모든 국가에 대하여 구속력을 가지는 국제법규를 말한다. 예를 들면 외교사절의 특권에 관한 규칙 등이 그것이다. 이것에 대조되는 것은 일반적 국제법과 특수적 국제법이다.

국제법의 주체
國際法의 主體
국제법상의 권리·의무가 귀속하는 단일체(單一體)를 말한다. 20세기의 초기까지는 국가 또는 국가유사의 단일체(교전단체 등)에 한한다고 하는 것이 통설이었으나, 최근에는 국가 이외에 국제기구나 개인의 국제법 주체성을 인정하는 견해가 지배적이다. 그러나 개인의 국제법 주체성을 어떤 범위까지 인정하느냐에 관하여는 학설이 나누어지며, 국제법이 개인의 권리에 관하여 규정한 경우 일반에 대하여 보편적으로 인정하는 것과 개인이 국제법상 자기의 이름으로 자기의 권리를 주장하는 것을 인정하는 경우가 있다.

국가승인
國家承認
새로운 국가가 성립한 경우 기존국가가 이를 국제법 주체로서 인정하는 것을 말한다. 국가로서 승인되기 위해서는 국가로서의 실질(영토·국민·정부)을 갖추는 동시에 국제법을 지킬 의사·능력을 요한다. 그것이 구비되어 있지 않음에도 불구하고 승인을 부여하는 것은 '시기상조의 승인'으로서 불법이 된다. 승인의 성질에 관하여는 승인에 의하여 비로소 신국가가 국제법 주체가 된다는 창설적 효과설(創設的 效果說)과 승인은 이미 국제법 주체성을 가지게 된 것을 확인하는 데 지나지 않는다고 하는 **선언적 효과설**(宣言的 效果說)이 있다. 또 선언·통고 등에 의한 명시의 승인 이외에 외교사절의 파견·접수, 영사인가장의 청구·부여, 조약체결 사실이 있으면 묵시의 승인이 있었다고 인정된다. 또한 기존 국가의 정부가 혁명 등의 비합법적인 수단에 의하여 교체된 경우 신정부를 기존 국가의 정통정부로서 외국이 인정하는 것을 **정부승인**이라고 한다. '정부는 바뀌어도 국가는 바뀌지 않는다'고 하는 사고에 의한 것이다.

그로티우스
Hugo Grotius
네덜란드의 국제법학자(1583년~1645년)로서, 「전쟁과 평화의 법」(1625년)을 쓰고, 근세자연법론과 국제법학의 기초를 구축하여 자연법의 아버지 또는 국제법의 아버지라고 불린다. 그의 저서 「포획법론」의 일부인 「자유해론」(1609년)에서 종래의 해양영유의 사상에 대하여 해양의 자유를 설명하여 **공해자유의 원칙**이 확립되는 단서가 되었다.

국제법전편찬
國際法典編纂
국제법의 법전화, **코디피케이션**(Codification)이라고도 한다. 종래 국제법은 대부분이 국제관습법에 따라 이루어졌기 때문에 명확하지 않은 부분이 많아 자주 국제분쟁

국제법

의 원인이 되었기 때문에 그것을 국제조약의 형식으로 성문화하려고 시도하였다. 그 주된 것으로, 전시국제법에 관하여 제1회(1899년), 제2회(1907년) 헤이그 평화회의가 있었고, 평시국제법에 관하여 국제연맹시대의 국제법전편찬회의(1930년)에서 국적에 관한 조약이 작성되었다. 국제연합이 생긴 후로 국제법위원회가 국제법의 법전화에 힘쓴 결과 해양법제조약(영해·공해·공해어업·대륙붕), 외교관계조약, 영사관계조약, 특파사절조약, 조약법에 관한 조약 등이 작성되었다.

국제법전편찬회의
國際法典編纂會議

1930년 국제연맹 주최로 연맹국뿐만 아니라 비연맹국도 초청하여 헤이그에서 열린 회의이다. 47개국의 대표단이 참석한 가운데, 회의는 3부로 구분되어 국적충돌에서의 약간의 문제에 관한 한 개의 조약과 세 개의 의정서를 작성하는 데에 성공하였다. 영해의 법적 지위에 관해서는 조약안을 작성하였으나 영해의 범위에 의견일치를 보지 못하여 조약안은 채택되지 못하였고, 외국인에게 끼친 손해에 대한 국가책임에 관해서는 아무런 성과도 거두지 못하였다.

국제법위원회
International Law Commission : ILC

1947년 국제연합총회에 의해 설립된 총회의 보조기관으로, 국제법 전문가 34명(설립 당시 15명)으로 구성되어 있다.

총회는 1946년 12월 11일 제1회 회의에서 채택한 결의에 의거하여 '국제법의 점진적인 발달과 법전화(法典化)를 위한 위원회'를 설립하였고, 1947년 11월 21일 제2회 회의에서 국제법위원회를 설립하는 것과 동시에 제6위원회에서 작성한 26조로 된 국제법위원회규정을 제정하였다. 1949년 제1회 회합을 갖고 법전화를 주제로 첫째, 조약에 관한 법규 둘째, 중재재판절차 셋째, 공해제도의 세 문제를 선정하여 연구 및 법전화 사업을 수행하고 있다. 동위원회의 초안을 중심으로 ① 해양법에 관한 조약(1958년) ② 무국적의 감소에 관한 조약(1961년) ③ 외교(1961년)·영사관계(1963년)에 대한 비엔나협약 ④ 조약법에 관한 비엔나협약(1969년)을 법전화하였다.

국제법학회
國際法學會

국제법의 점진적 발달을 목적으로 1873년 벨기에의 겐트에 설립된 국제법학회를 말한다. 회원은 60명을 정원으로 하는 정회원과 72명을 정원으로 하는 준회원으로 구성되어 있다. 설립 이래 매년 또는 격년 회합을 하고 때때로 국제법전 초안을 작성하여 국제법의 발달에 공헌해왔으며, 1904년에 노벨평화상을 수상하였다. 이 학회의 회보인 Annuaire de l'Institut de Droit International은 국제법학계에서 높은 권위를 차지하고 있다.

국제법협회
International Law Association : ILA

국제법의 발달을 위한 민간학술 연구단체로 1873년 벨기에 브뤼셀에 설립되었다. 국제법학에 관한 연구와 국가 간 학술교류 등을 진행하며, 세계의 국제법학자뿐만 아니라 실무가도 회원으로 하는 것이 특징이다. 회원은 4,200여 명에 달하며, 세계 63개국에 지부를 두고 있다.

국제법단체
國際法團體

국제법의 적용을 받는 여러 국가의 사회를 말한다. 여러 국가는 법률상 국제법의 적용을 받으며 사실상으로도 어느 정도 국제법에 따라 행동하고 있으므로 여기에 일종의 통일성이 있으며, 이 통일성 때문에 하나의 단체를 구성한다고 할 수 있다. 그러므로 국제법단체라고 한다. 단순히 국제단체라고 하는 사람도 있으나 단체의 기초가 되는 통일성이 국제법에 연유한다는 의미에서 엄격히 표현하면 국제법단체라고 하는 것이 적당하다. 국제법단체에 속하는 국가는 원래 유럽의 기독교국가에 한정되었으나 1886년의 파리회의 이후 튀르키예의 가입이 인정되었고, 1905년의 러일전쟁 후 일본 또한 완전한 지위를 인정받게 되며 오늘날은 전 세계의 국가를 망라하고 있다.

국제법규
國際法規

헌법에 의하여 일반적으로 승인된 국내법과 같은 효력을 가진 국제법규를 말한다. 우리 헌법 제6조1항은 '헌법에 의하여 체결·공포된 조약과 일반적으로 승인된 국제법규는 국내법과 같은 효력을 가진다'고 규정하고 있다. 이 규정에 의하여 국제법은 우리나라의 국내법으로서 일반적으로 수용된다. 여기서 말하는 '일반적으로 승인된 국제법규'란 확립된 국제관습법규를 의미하며, 이러한 법규는 국가의 공포절차를 요하지 않고 당연히 국내적으로 적용된다. 그러나 구체적인 경우에 있어서 어느 것이 '일반적으로 승인된 국제법규'에 해당하는 것이냐를 결정함에는 1차적으로 국가의 인용이 필요하다. 만약 그것에 관하여 국가간 분쟁이 발생한 경우에는 최종적으로 유권적인 국제기관(예 : 국제사법재판소)에 의한 결정이 필요하다(국가는 조약상의 특별한 규정이 없는 한, 어떠한 문제를 국제기관에 부탁하는 것을 거부할 수 있음은 물론이다). 국제법(관습 및 조약)과 법률과의 관계에 있어서는 양자가 동등한 효력을 갖는다고 보는 것이 일반적인 견해이다. 우리 헌법은 국제법규의 국내적 효력을 법률의 하위에 두지도 않았고 또한 상위에 둔다는 적극적 규정도 두지 않았다. 그러나 국제법상으로는 국제법규가 일반적으로 국내법에 우선하는 것이 원칙이다.

국제법과 국내법
國際法과 國內法

국제법이란 국제사회의 법이고, 국내법이란 하나의 주권이 행사되는 범위 내에서 효력을 가지는, 주로 그 나라의 내부관계를 규율하는 것을 목적으로 하는 법의 총칭이다. 국제법과 국내법의 관계에 대하여 특히 그 타당근거가 문제되며 세 가지의 학설이 있다. ① 이원론(다원론 또는 분립론이라고도 함)은, 국제법과 국내법은 각각 그 법적 타당근거를 달리하는 별개의 독립된 법질서라고 하는 것으로서 19세기 말 트리펠(Triepel)에 의해서 처음 이론적으로 전개되었다. ② 국제법상위론은 국제법과 국내법이 전체로서 통일법질서를 이루는 것임을 인정함과 동시에 양자의 관계에 있어 국제법이 우위에 있다는 것으로, 이러한 견해는 페어드로스, 켈젠을 중심으로 한 비엔나학파의 입장이다. ③ 국내법상위론은 국제법이 개별국가의 의사 혹은 헌법 그 자체에 기초하여 타당하여야만 된다는 것으로, 필립 초론(Philip Zoron), 알베르트 초론(Albert Zoron), 웬첼(M. Wenzel) 등이 대표하고 있다. 국제법과 국내법은 서로가 각각 타당근거를 두고 있는 법이나 독립된, 서로 무관계한 법은 아니며, 양자가 충돌하는 면에 관해서는 일정한 한도 내에서 국제법이 국내법에 대하여 우월한 것으로 취급받고 있다는 것을 인정하지 않으면 안 된다. 가령 한 국가가 국제법과 내용을 달리하는 국내법을 제정한 경우, 국내법이 무효로 되는 것은 아니나 대외적인 효과에 있어 국가책임문제를 발생케 하며, 또한 국가는 국제법상의 구속을 국내법을 이유로 하여 면할 수 없는 것이 원칙이다.

조약체결
條約締結

국가 상호 간에 조약을 맺는 것을 말한다. 국제법은 조약의 유효한 성립요건의 하나로서 일정한 조약체결의 절차를 정하고 있다. 그러나 조약체결의 절차에 어떤 획일적 방식이 있는 것은 아니다. 조약을 체결하는 보통의 절차로서는 먼저 헌법상의 조약체결권자〔보통 원수(元首)〕가 위임한 전권위원이 조약의 내용에 관해서 협의(교섭)한다. 교섭의 결과 조약의 내용에 대하여 의견이 일치하면 서명(조인)이 행하여진다. 서명은 전권위원(全權委員)이 조약의 내용에 관하여 합의를 보았다는 것을 증명하기 위한 행위로서 서명에 의하여 조약의 내용은 확정된다. 보통의 조약은 서명만으로는 성립하지 않고 다시 비준을 필요로 하는데, 비준을 요하지 않는 조약은 서명만으로 성립한다. 비준은 전권위원이 서명한 조약의 내용에 대해서 조약체결권자가 재검토하고 국가로서의 합의의사를 최종적으로 확정하는 행위이다. 비준은 내용이 확정된 조약에 대해서 행하는 것이므로 조약내용의 전부에 대하여 가부를 결정하여야 하며, 특히 상대국의 동의가 없는 한 일부의 수정비준이나 조건부비준은 할 수 없다. 비준에 의하여 조약은 확정적으로 성립한다. 그러나 비준만에 의해서는 조약은 아직 효력을 발생치 않으며, 효력이 발생하기 위해서는 다시 비준서의 교환·기탁의 절차를 밟지 않으면 안 된다. 그러나 조약에 따라서는 특히 시행일자를 따로 정하는 경우도 있고 비준시를 시행시기로 하는 것도 있다. 최근의 조약체결방식은 주요한 조약을 제외하고는 대개 다변조약(多邊條約)에서 점차 간략화하는 현상을 볼 수 있는데, 이러한 현상은 특히 국제기구에서 나타나고 있다(예 : 국제노동조약).

조인
調印

국제법상 조약당사국의 대표자가 조약의 내용에 관하여 합의를 이룬 것을 증명하기 위하여 서명하는 것을 말한다. 일명 기명·서명이라고도 한다. 조인에 의하여 조약은 내용적으로 확정된다. 조약에 따라서는 조인만으로 성립하는 것도 있다.

비준
批准

전권위원(全權委員)이 서명(기명, 조인)한 조약을 헌법상의 조약체결권자(대개 국가원수)가 최종적으로 확인하는 행위를 말한다. 서명은 조약체결의 권한이 부여된 전권위원이 조약의 내용에 관한 합의의 성립을 증명하기 위한 행위이며 서명에 의하여 조약의 내용은 확정된다. 보통의 조약은 서명만으로는 성립되지 않고 다시 비준을 요하며, 비준에 의하여 조약은 확정적으로 성립한다. 그러나 비준은 조약의 효력발생요건은 아니고, 그 효력이 발생하려면 다시 비준서의 교환·기탁의 절차가 취해지지 않으면 안 된다. 조약에 따라서는 서명만으로 그 성립이 인정되는 것도 있고 또 비준시를 시행시기로 하는 것도 있다.

비준서의 교환·기탁
批准書의 交換·寄託

조약체결 당사국이 조약의 비준을 증명하기 위하여 일정형식의 비준서(instruments of ratification)를 작성하여 교환 또는 기탁하는 것을 말한다. 비준서의 작성으로서 국내법

상의 비준은 완성되나 조약의 국제법상 성립은 비준서의 교환 또는 기탁시에 완성되는 것이 원칙이다(조약의 성립과 효력의 발생은 같은 일시가 아닐 수 있다). 원칙적으로 2국 간의 조약에서는 비준서를 서로 교환하며, 다수국 간의 조약에서는 비준서를 일정한 장소(보통 조약체결지국의 외무부 또는 국제기관의 사무국)에 기탁한다. 비준서교환의 정식절차에 의하여 이를 위한 전권위원을 임명하여 위원이 서로 비준서를 교환한다. 이때에 비준서교환증서를 작성하여 서명한 후 각자 이것을 보관한다. 약식절차에 의하면 국내법상의 비준의 완성을 서로 통고 또는 공표한다. 다수국 간의 조약에서 비준서를 일정한 장소에 기탁하는 이유는 비준서교환의 번거로움을 피하기 위함이다. 조약에 별도의 규정이 없는 한, 조약은 그 비준서의 교환 또는 기탁일시에 완성하며 동시에 조약의 효력도 발생하는 것이 원칙이다. 그러나 특히 소급효를 규정한 경우(미국의 관행은 서명일자에 소급한 효력발생을 인정한다) 또는 실시일을 후일로 규정한 경우에는 효력발생과 교환 또는 기탁의 일자가 일치하지 않는다. 국제연합가맹국을 당사자로 하는 조약은 연합사무국에 등록되고, 동사무국에 의하여 공표되지 않으면 안 된다(국제연합헌장 제102조1항). 등록되지 않은 조약은 연합의 어떠한 기관에 대해서도 원용될 수 없다(국제연합헌장 제102조2항). 그러나 이 등록은 조약의 효력발생요건은 아니다.

조약의 가입
條約의 加入

이미 성립된 조약에 원체약국이 아닌 제3국이 새로이 참가하는 행위를 말한다. 특히 다수국 간의 일반조약은 조약의 원체약 당사자 이외에 다른 국제법 주체의 가입을 인정하는 이른바 가입조항을 포함하는 것이 보통이다. 가입조항을 포함한 조약을 개방조약(開放條約)이라고 하는데 이러한 가입조항은 제3국의 가입을 초청하는 제안(청약)의 성질을 가진다. 그러므로 개방조약

의 경우 비당사국이 일방적 가입의사를 표시하여 당사국의 동의 없이 가입할 수 있다. 다만, 비당사국의 가입을 인정하면서 일정한 조건의 충족을 요구하는 이른바 반개방조약(예 : UN헌장)에 있어서는 그 조건을 충족시킴으로써 가입이 인정된다. 기존조약에의 가입은 가입하는 국가측에서 볼 때 하나의 새로운 조약체결을 의미한다.

가입조항
加入條項
체약국 이외에 제3국의 조약 가입을 인정하는 조항을 말한다. 제3국은 소정의 절차를 밟음으로써 체약국과 동일한 권리·의무를 인정받게 된다. 가입에는 단지 제3국의 가입통고만으로 효력이 인정되는 것과, 체약국의 전부 또는 일정한 수 이상의 동의를 요한다고 하는 조건이 붙어 있는 것이 있다. 가입조항이 붙어 있는 조약을 개방조약, 그것이 없는 것은 폐쇄조약이라 한다.

개방조약
開放條約
일정한 조약에 규정된 권리·의무를 다른 비가입국가들에도 확장적용할 목적으로 제3국의 가입을 인정하는 뜻을 그 조약 속에 명시하고 있는 조약을 말한다. 국제연합헌장이 대표적이다. 조약 속에 제3국의 가입을 인정(초청)한다고 규정하는 조항을 가입조항이라 한다. 제3국은 그 조항이 정하는 절차에 따라 동조약에 가입할 수 있다. 가입조항이 붙은 조약 중에도 일반적으로 모든 국가에 가입이 개방되어 있는 것과 그렇지 않은 것이 있다. 예컨대 특정범위의 국가에 대해서는 무조건 가입이 인정되나 기타의 국가의 가입에는 현체약국(現締約國)의 전부 또는 특정 수의 동의를 조건으로 하는 것(예 : 1944년의 국제민간항공협약, 국제연합헌장)이 있다.

조약의 개정
條約의 改正
조약의 체결 당사국 간에 합의나 동의에 의하여 행하여지는 조약의 개정을 말한다. 조약의 체결과 동일한 절차에 따라 원칙적으로는 체약당사국 전부의 합의에 의하여 행하여지나 조약에 따라서는 특별한 절차를 정하여 일정 수 이상의 동의만으로 개정이 행하여지는 것을 인정하는 경우가 있다. 그 대표적인 예로는 국제연합헌장을 들 수 있는데, 총회 또는 국제연합가맹국의 전체회의에서 3분의 2의 다수로 가결된 개정안은 안전보장이사회의 모든 상임이사국을 포함하는 가맹국의 3분의 2가 비준한 때에 개정된다(국제연합헌장 제108조·제109조2항).

조약의 성립요건
條約의 成立要件
조약당사자 간의 의사의 합치가 유효하게 성립하기 위한 요건을 말한다. ① 조약당사자에 조약체결능력이 있어야 한다. 국가는 원칙적으로 조약당사자능력이 인정되며, 국제조직은 조약이 인정하는 범위 내에서 한정적으로 능력이 인정된다. 개인은 수동적인 국제법주체에 불과하므로 조약당사자의 지위에서 제외된다. ② 조약체결은 권한(조약체결권)을 가진 자에 의하여야 한다. 일반적으로는 국가를 대표하는 행정수반이 조약체결권자가 되나 입법기관이 되는 국가도 있다. ③ 조약체결권자가 임명한 대표 간에 하자 없는 합의가 성립하여야 한다. ④ 조약의 내용은 가능하고 적법한 것이다. ⑤ 일정한 조약체결절차를 완료해야 한다. 이상의 조약성립요건의 내용은 조약의 유효성 및 무효성의 문제와 관련된다.

조약의 소멸
條約의 消滅
조약의 실시력과 강제력의 소멸을 의미한다. 첫째, 당사국의 합의에 의하는 경우로는 ① 조약체결 시에 체약국이 소멸기한 또는 소멸요건을 규정하는 방법 ② 명시적인 조약폐지의 합의, 전 조약과 저촉되는 신조약의 체결 등, 당사자 간의 새로운 합의에 의하는 방법이 있다. 둘째, 일반국제법에 의한 소멸로는 ① 불가항력에 의하여 조약이행이 불능하게 된 경우 ② 조약당사국이 소멸하는 경우 ③ 일방당사국의 의무불이행에 대하여 타방당사국이 조약의 폐지권(廢止權)을 행사한 경우에도 조약은 소멸한다.

④ 전쟁에 의하여서도 조약은 소멸하나 전쟁이 모든 조약의 소멸원인이 되는 것이 아니며 전쟁으로 효력이 발생하는 것(예 : 전시법규 및 중립법규), 계속효력을 유지하는 것(예 : 영토할양조약), 일시적으로 효력이 정지될 뿐인 것(예 : 통상조약), 그리고 소멸되는 것(일반적으로 정치적 성질의 조약) 등으로 나눌 수 있으므로 주의하여야 한다. ⑤ 사정변경으로 조약의 소멸을 주장했던 학자도 있으나 조약이 당사자 간에 명시적 또는 묵시적인 합의 없이 사정변경으로 소멸된다는 국제관행은 존재하지 않는다.

조약의 효력
條約의 效力

유효하게 성립한 조약의 실시력, 즉 조약의 목적내용인 권리·의무를 구체적으로 실행케 하는 법률상의 힘을 말한다. 조약이 별도의 규정을 두지 않는 한, 조약의 실시력이 발생하는 시기는 원칙적으로 그 성립시이다. 조약의 효력범위는 당사국에 국한되며 제3국에는 하등의 효력도 미치지 않는다. 조약당사국 간에는 조약을 성실하게 준수할 의무가 부과되는 것이므로 만약에 당사국의 어느 일방이 타방당사국의 합의 없이 국내법률에 의하여 조약을 폐지하면 국제의무 불이행에 대한 국가책임의 문제가 발생한다. 제3국에 대한 효력에 대하여 제3국에게 의무를 과하거나 권리를 제한하는 것을 내용으로 한다면 그 조약은 원칙적으로 무효이며, 제3국의 이익을 내용으로 하는 경우에도 이것은 단순한 반사적 이익으로 간주될 뿐이다. 다른 조약과의 효력관계에 있어서는 당사자의 동일성이 인정되는 한, 법의 일반원칙인 '신법우선의 원칙' 및 '특별법우선의 원칙'이 적용된다. 그러나 국제연합헌장과 모순되는 조약은 당사국 간에만 유효하게 성립할 뿐 헌장에 대항할 수 없다(국제연합헌장 제103조). 국제연합은 조약의 효력과 관련하여 조약의 등록제도를 마련하고 있다.

조약의 등록
條約의 登錄

국제연합헌장의 발효 후 가맹국이 체결하는 일체의 조약 및 국제협정은 신속히 사무국에 등록하도록 되어 있는 제도를 말한다. 국제연합헌장 제102조는 헌장의 발효 후 가맹국이 체결하는 일체의 조약 및 국제협정은 될 수 있는 대로 속히 사무국에 등록되고, 또한 사무국에 의하여 공표되어야 할 것(같은 헌장 제102조1항)과, 등록하지 않은 조약의 당사자는 국제연합의 어떠한 기구에서도 그 조약을 원용할 수 없다(같은 헌장 제102조2항)고 규정하고 있다. 조약의 등록·공표제는 원래 비밀조약의 체결을 배제하고 외교의 공개를 도모할 목적으로 국제연맹에서 처음 설정한 것인데 위의 헌장규정은 윌슨 대통령의 평화계획 14항 중의 1항의 취지를 구체화한 국제연맹규약 제18조에 약간의 수정을 가하여 답습한 것이다. 국제연맹규약 제18조는 '연맹국이 장차 체결할 모든 조약 또는 국제협정은 즉시 이를 사무국에 등록하고, 사무국은 가급적 속히 이를 공표하여야 한다'고 규정하고 나아가서 '이러한 조약 또는 국제협정은 등록이 완료될 때까지 구속력을 발생하지 않는다'고 하였다. 이 규정은 미등록조약의 법적 효력에 관하여 의문을 남겨 놓았기 때문에 해석상 논쟁이 많았다. 국제연합헌장은 이러한 해석상 문제를 해결하여 미등록의 효과는 조약의 효력발생에 영향을 주는 것은 아니며, 단지 국제연합의 어떠한 기관에 대해서도 그것을 원용하여 자기의 권리를 주장할 수 없도록 하고 있다. 조약등록의무는 국제연합가맹국에게만 있다. 따라서 가맹국과 비가맹국 간의 조약에서는 가맹국인 체결당사자에게는 등록의 의무가 있고, 비가맹국만을 당사자로 하는 조약에서는 당사자에게 등록의무는 없으나, 비가맹국에 의한 자발적 등록(自發的 登錄)을 환영하고 있다. 또 국제연합은 자신을 당사자로 하는 조약을 직무상 당연히 등록하고 전문기관도 일정한 경우에는 등록을 하게 되어 있다.

조약의 폐기
條約의 廢棄

일방당사국의 의사에 의하여 조약의 효력을 상실케 하는 것을 말한다. 조약의 폐기사유로는 다음의 세 가지가 있다. ① 권리의 포기 : 권리를 가진 자는 일방적으로 그것을 포기할 수 있으며, 조약에 인정된 권리를 가진 당사국이 포기하는 경우에는 그 권리에 관한 한 조약은 효력을 상실케 한다. ② 고지 : 조약의 고지는 조약의 효력을 상실케 한다는 일방적인 통지인데 조약 가운데는 일방당사국의 고지에 의하여 조약이 소멸할 것을 정하고 있는 것이 있다. 이러한 경우에는 고지에 의하여 조약이 폐기된다. ③ 조약의 위반 : 일방당사국이 조약을 위반할 때에는 타방당사국은 그 조약을 폐기할 수 있다. 조약의 위반은 당연히 효력을 상실케 하는 것이 아니라 다른 쪽 당사국이 폐기의 권리를 가지게 하는 것이다.

조약의 공표
條約의 公表

국제연맹에 있어서나 현 국제연합에 있어서 가맹국을 당사자로 하는 모든 조약이 그 사무국에 등록되고, 또한 사무국에 의해서 공표되는 것을 말한다(국제연맹규약 제18조, 국제연합헌장 제102조1항). 공표는 사무국의 사무적인 행위로서 조약의 효력과는 관계가 없다. 아직 공표되지 않았더라도 이미 등록된 조약이면 국제연합의 경우에는 국제연합의 모든 기관에 대해서 해당 조약을 원용할 수 있다. 공표된 조약은 국제연맹에 동기구가 간행한 조약집에 게재되었다. 이 조약집은 연맹이 폐지될 때까지 204권에 이르렀고, 거기에 게재된 조약은 4,822개에 달했다.

조정조약
調停條約

국제분쟁을 당사국이 국제조정위원회에 부탁하여 해결할 것을 약정한 조약을 말한다. 조정조약에서는 모든 분쟁 또는 일정한 분쟁을 대상으로 규정하고 위원회의 구성방법·권한·조정절차에 관해서도 규정한다. 제1차대전 전에는 쌍방 당사자 간의 조정에 한정된 조약이 통례였지만, 최근에는 조정과 국제재판을 합하여 약정하는 예가 많다. 그 예로서 1946년의 미국·필리핀 간의 조정조약, 1925년의 로카르노조약, 1924년의 제네바의 정서, 1928년의 일반의정서(一般議定書) 등이 있다.

조정재판조약
調停裁判條約

국제조정과 국제재판을 합하여 규정한 조약을 말한다. 이러한 조약은 일반조약으로서 국제분쟁의 성질에 따라 국제조정에 부탁할 사건과 국제재판에 부탁할 사건을 구분하여 규정하고 있다. 즉 법률적 분쟁은 사법적 해결을 하고, 비법률적 분쟁은 조정에 부탁하고, 그 조정이 성취되지 않으면 중재재판에 부탁하도록 규정되어 있다. 국제분쟁의 평화적 해결에 관한 조약 또는 일반의정서는 거의 다 조정재판조약에 해당한다.

중재재판조약
仲裁裁判條約

현재의 분쟁 또는 장래의 분쟁에 대해서 의무적 중재재판을 할 것을 약정하는 양국 또는 다수국 간의 조약을 말한다. 중재재판조약은 일반의 분쟁 또는 특정한 분쟁에 관하여 체결된다. 이 조약에서는 대개 의무적 중재재판을 약정하는 동시에 부탁절차와 재판절차에 관해서도 규정한다. 물론 **상설중재재판소**(常設仲裁裁判所)에 부탁하는 것을 약정한 경우에는 그에 따른다. 대부분의 조약에서는 법률적 분쟁 특히 체약국 간의 타조약의 해석에 관한 분쟁을 중재재판에 부탁하는 것으로 약정하고, 국가의 명예·독립·중대이해에 관한 문제는 제외하는 것이 일반적이다. 중재재판조약과 유사한 형식은 어떤 조약 중의 조항으로서 그 조약의 해석에 관한 분쟁을 중재재판에 부탁할 것을 규정하는 것이다. 이것을 중재재판조항이라 하며, 다자간의 경제적 또는 전문적 성질을 가지는 조약에서 그 예가 많다.

중재재판조항
仲裁裁判條項

중재재판 이외의 것을 주대상으로 하는 조약 조목 중에 체약국 간의 분쟁을 중재재판에 의하여 해결할 것을 약정한 조항을 말한다. 이것은 주로 조약의 해석 또는 적용에 관한 분쟁해결방법으로서 중재재판을 지정하는데 그 대상분쟁사건에 한정하지 않고 일반적으로 중재재판에 부탁할 것을 정하는 경우도 있다. 전자를 특별중재재판조항이라 하고, 후자를 일반중재재판조항이라 한다. 중재재판조약은 중재재판에 관한 단독적 조약이다.

강화조약
講和條約

교전당사국이 전쟁을 종결하기 위해 체결하는 조약으로 **평화조약**(平和條約)이라고도 한다. 강화예비조약과 구별하기 위한 용어로서 **확정강화조약**(確定講和條約)이라고도 한다. 이것은 강화담판 또는 평화회담에서 체결되는데, 방식은 일정하지 않으나 서면이 상례이고, 그 내용은 전쟁의 종료와 평화의 회복을 선언하는 동시에 영토의 할양(割讓), 배상금의 지급 등과 같은 강화조건을 규정하고 그 이행을 보장하기 위한 담보수단을 설치하는 것이 통례이다. 이에 체결권(締結權)과 비준권(批准權)은 일반적으로 국가의 원수가 가지며 비준에는 국회의 동의를 얻어야 한다. 그러나 제2차 세계 대전시의 강화조약은 국제사회의 구조적 변화를 배경으로 그 형태가 달라졌다. 1943년 9월 이탈리아가 항복하고, 이어 유럽의 다른 4개국이 항복했으며 독일은 1945년 5월에 완전 항복했다. 또한 일본은 같은 해 8월에 포츠담선언을 무조건 수락하고 같은 해 9월에 항복문서에 조인하여 휴전 없이 전투를 완전히 종결되었다. 이처럼 각 패전국은 연합국에 의한 점령과 관리에 복종하였다. 강화조약은 이탈리아 외의 유럽 5개국과는 1945년 2월(같은 해 9월 발효)에 체결되었고, 일본과는 1951년 9월(1952년 4월 발효)에 체결되었으나 독일과는 체결되지 않았다. 이들 여러 나라에 대해서는 항복 전에 이미 강화의 기초가 될 중요사항이 포츠담선언 등에 규정되어 있어 연합국의 점령 및 관리정책으로서 실시되었다. 체결양식으로서는 연합국, 특히 강대국의 지도하에 조약내용이 일방적으로 결정되었을 뿐만 아니라, 항복 때에 이미 결정된 기본조항을 장기의 점령·관리정책을 통하여 실현한 후 강화조약에 구현시켰다는 점과, 강화조약의 내용이 종래에 찾아 볼 수 없던 전쟁범죄의 처벌이나 정치의 민주화 또는 기본적 인권의 보장 등을 규정하고 있다는 점이 특징이다.

강화예비조약
講和豫備條約

강화조약이 체결되기 전에 강화조약의 주요한 조건을 약정하는 조약을 말한다. 이것은 반드시 체결되는 것은 아니다. 프로이센과 프랑스 간의 전쟁을 종결하기 위한 1871년의 예비조약과 같이 전쟁종결을 위한 교전국 간의 합의가 어려울 때 대체적인 강화조건을 약정하여 강화의 길을 열자는 데 그 의의가 있다.

카이로선언
Cairo宣言

제2차 세계 대전 중 1943년 11월 27일에 미국·영국·중국의 3국 원수가 이집트의 카이로에서 일본문제에 관하여 논의한 내용을 발표한 공동 선언을 말한다. 이것은 주로 일본의 영토문제에 관한 연합국의 방침을 명백히 한 것이다. 전세가 연합국에 유리하게 전개되어 갈 무렵에 공식적으로 행한 연합국의 최초결정이다. 제1차 세계 대전 후 일본이 빼앗은 태평양제도 섬들의 박탈, 만주·대만 등의 중국에의 반환, 모든 점령지역으로부터 일본세력을 몰아내고, 특히 한국의 독립을 밝혔다. 반환·구축·독립 등의 말을 사용한 것은 영토불확장의 원칙과 조화시키기 위해서였다. 마지막으로 이상의 목적을 위하여 연합국이 공동으로 어디까지나 일본의 무조건 항복을 요구한다고 선언하였다. 카이로선언의 영토조항은 그 후 포츠담선언(8항)에 승계되어서 일본이 수락하고 1951년 일본과의 강화조약(평화조약)에서 실현되었다.

포츠담선언
Potsdam宣言

1945년 7월 26일 미국·영국 및 중국이 포츠담에서 일본에게 항복의 기회를 주기 위하여 항복의 조건을 약정·선언한 것

국제법

을 말한다. 그 후 소련도 이에 가입하였다. 같은 해 8월 14일 일본은 이를 수락하고 9월 2일에 일본의 대표가 서명한 항복문서에 그 취지가 표시되었다. 선언은 13개 조항으로 되어 있으며, 군국주의적 권력 및 세력의 제거(6항), 전쟁능력의 파괴 및 평화안전과 정의의 신질서가 확립될 때까지 일본점령(7항), 카이로선언의 이행과 영토의 제한(8항), 일본군의 무장해제 및 귀환(9항), 전범의 처벌과 민주주의의 부활강화 및 기본적 인권의 확립(10항), 군수산업의 금지와 평화산업유지의 허가(11항), 민주주의 정부수립과 동시에 점령군의 철수(12항), 일본군의 무조건항복(13항) 등이 규정되어 있다. 그러나 일본이 이 선언을 거부하여 연합군은 히로시마와 나가사키에 원자폭탄을 투하하였고, 소련도 참전하자 일본은 이 선언의 수락을 결정하였고 제2차 세계 대전은 완전히 종결되었다.

포츠담협정
Potsdam協定
1945년 7월 17일부터 8월 2일까지에 걸쳐 베를린 교외 포츠담에서 트루먼, 애틀리(7월 28일 이전은 처칠), 스탈린의 미·영·소 3거두회담이 열려, 전후 유럽의 처리 및 대일전 종결에 관한 문제가 협의되었는데 이때 유럽의 전후 처리에 관하여 성립된 협정을 말한다. 이 협정은 외상이사회의 설치를 규정한 제1장을 비롯하여 21장 2부속서로 되어 있고, 독일, 이탈리아 기타의 구 적국과의 강화조약안은 미국·영국·프랑스·소련의 외상이사회에서 기초를 잡고 최후안의 결정은 이들 4개국이 의견의 일치를 보아야 한다고 규정하고 있다.

포츠머스강화조약
Portsmouth講和條約
러일전쟁의 강화조약을 말한다. 미국 대통령 루스벨트의 주선으로 강화회의가 포츠머스에서 열리고 1905년 9월 5일에 체결되었다. 조약의 중요한 내용은 한국에 있어서의 일본의 우월권

승인, 요동반도의 조차권과 남만주철도의 일본에의 양도, 러시아군의 만주철수, 만주의 문호개방, 북위 50도 이남의 사할린을 일본에 할양할 것 등이다.

세계인권선언
世界人權宣言
1948년 12월 10일 제3차 UN총회에서 국제연합헌장에 규정된 추상적·일반적 인권의 내용을 구체화하여 선언한 문서를 말한다. 제2차 세계 대전이 연합군의 승리로 종결된 당시, 이 세계에 다시는 파시즘이 발생하지 않도록 인간의 존엄과 인권의 확보를 확인하기 위해 48개국이 찬성하여 채택되었다(소련 등 7개국은 내용이 추상적이라는 이유로 기권). 전문과 본문 30조로 구성되어 있으며 인간평등권, 신체의 자유, 비호권, 참정권 등 자유권적 기본권과 생존권적 기본권을 내용으로 한다. 이 선언은 인권을 국제적인 차원에서 보장하려는 것으로 의미가 깊다.

국제연합헌장
國際聯合憲章
국제연합(UN)의 기초가 되는 조약을 말한다. 국제연맹의 경우와는 달라서 제2차 세계 대전의 평화조약과는 독립하여 그것에 앞서 만들어졌다. 미국·영국·중국·소련의 주요 연합국에 의한 모스크바선언(1943년 10월 30일), 덤버튼 옥스회의(1944년 8월~10월에 안(案)성립) 및 얄타회의(1945년 2월)를 거쳐 1945년 4월~6월에 전 연합국 50개국이 참가한 샌프란시스코회의에서 채택하여(6월 26일), 같은 해 10월 24일 발효되었다. 전문 및 19장 111조로 되어 있다. 국제연합의 근본 조직, 국제협력에 의한 세계평화의 유지·확립의 임무를 규정하고 있으며 국제사회의 헌법이라고도 할 수 있다. 영·미·불·소·중의 5대국의 책임과 지도권이 강력하게 나타나 있다. 헌장의 개정은 가맹국 3분의 2에 의한 비준으로 전 가맹국에 대하여 효력을 발생하게 되어 있으나 이 경우에도 5대국에는 거부권(拒否權)이 인정된다.

국제법

국제연합헌장의 개정
國際聯合憲章의 改正

국제연합헌장은 그 개정에 관하여 두 가지 경우를 예상하고 있다(같은 헌장 제108조). 하나는 부분적 수정의 경우, 다른 하나는 헌장 전체의 재검토의 경우이다. 전자의 경우에는 개정안에 대하여 총회를 구성하는 국가의 3분의 2의 표결에 의하여 채택되어야 하고, 후자의 경우에는 국제연합구성국 전체의 국제회의를 개최하여 이 회의의 3분의 2의 표결로 채택되어야 하나, 양자 모두 다시 안전보장이사회의 상임이사국 전체를 포함하는 구성국 3분의 2에 의하여 비준되지 않는 한 발효하지 못하는 바, 상임이사국은 다시 거부권을 행사할 수 있다.

국제연맹
國際聯盟

국제연맹규약(제1차 세계 대전 강화조약의 제1편)에 기하여 1920년 1월 10일에 성립된 국제조직을 말한다. ① 연맹의 목적은 국제평화의 확보와 국제협력의 촉진이다. ② 주요기관은 총회, 이사회, 사무국, 자치기관으로서 국제노동기구와 상설국제사법재판소가 있다. ③ 연맹의 임무는 군비축소, 분쟁의 평화적 해결, 전쟁방지 및 위임통치, 소수민족의 보호, 경제적・사회적 문제에 관한 국제협력 등이다. 제2차 세계 대전 후에 국제연합이 성립되고 국제연맹은 폐지되었다(1946년 4월 19일).

국제연맹규약
國際聯盟規約

국제연맹의 기초가 되는 법규를 말한다. 국제연맹의 헌법이라고도 불린다. 독립된 조약은 아니고 베르사유조약과 그 밖에 제1차 세계 대전 강화조약 등으로 제1편을 구성하고, 전문과 26개조로 되어 있다. 1919년 6월 28일에 서명, 1920년 1월 10일에 발효하였다.

국제연합(UN)
國際聯合(UN)

제2차 세계 대전을 계기로 국제연맹의 뒤를 이어 탄생한 일반적 국제평화기구를 말한다. 세계 대다수 국가를 포함하고 정비된 조직과 광범한 기능을 구비한 국제평화유지와 국제협력달성을 목적으로 하는 국제기관이다. 국제연합헌장에 의거하여 1945년 10월 24일 정식으로 설립, 1946년 1월 10일부터 활동을 개시하였다. 본부는 뉴욕에 있다. 원가맹국은 제2차 세계 대전 중에 연합국으로 전쟁에 참가한 국가로서 51개국이다. 미・영・러・프・중 등 5개국을 전부 포함하며 국제연맹을 능가하는 일반성과 실력을 가지고 있다. 국제연합총회・안전보장이사회・신탁통치이사회・경제사회이사회・국제사법재판소・사무국의 여섯 기관을 주요기관으로 한다. 국제연합의 제1의 목적과 임무는 국제평화와 안전의 유지이며, 안전보장이사회(제2차적으로 총회)가 이것을 맡고, 그 밑에 전쟁방지를 위한 집단적 강제조치제도가 강력히 조직되어 있다. 제2의 목적과 임무는 국제협력의 달성으로, 경제적・사회적・문화적 문제의 해결, 인권 및 기본적 자유의 존중・확보를 위하여 경제사회이사회가 활동한다. 이 경우에 국제연합은 유네스코 그 밖의 각종 전문기관과 연락・협력하는 것을 원칙으로 한다. 그 밖의 목적・임무로는 국제연맹의 위임통치를 대신하는 신탁통치의 감독이 있으며, 이를 위한 신탁통치이사회가 있다. 이와 같이 목적과 임무에 따라 3개의 이사회가 있음은 국제연맹에 없었던 특색이다. 또 각 기관의 운영에 있어서 의사의 의결에는 다수결제도를 채택한 것도 국제기관으로서 획기적인 것이다. 안전보장이사회 내의 5개국의 거부권과 함께 5개국에 특히 유력한 지위가 부여되어 있는 것도 하나의 특색인 동시에 국제연합의 활동에 있어서 현실적인 상황을 반영하는 것이지만, 반면에 그 활동을 방해하는 결과로도 나타났다. 안전보장이사회는 구속력 있는 결의를 할 수 있다. 평화와 안전의 유지에 대하여 지역주의가 인정되어 있는 것도 하나의 특색이다. 국제연합은 각 가맹국 내에서 법률상의 지위를 인정받을 뿐만 아니라 국제연합 자신이 조약체결권 등을 가지고 있으며 국제법상의 한 주체로서의 지위를 가진다.

국제연합총회
國際聯合總會

국제연합의 주요기관의 하나이다. 안전보장이사회와 함께 가장 중요한 것이다. 전 가맹국으로 구성된다(국제연합헌장 제9조1항). 헌장의 범위 내에 속하는 문제와 사항, 헌장에 규정된 여러 기관의 기능과 임무에 관한 문제와 사항에 관하여 토의하고 권고하는 권능을 가진다. 그러나 평화와 안전의 유지에 관하여는 안전보장이사회에 대하여 제2차적으로 활동하며 그 요청이 없는 한 토의·권고할 수 없다. 경제적·사회적 문제, 신탁통치 문제(전략적 신탁통치는 제외)에 관하여는 각각 경제사회이사회·신탁통치이사회의 상급기관으로서 활동한다. 의사는 출석하여 투표하는 국가의 과반수로써 의결하고(같은 헌장 제18조3항), 특히 중요한 사항만을 3분의 2로써 의결한다(같은 헌장 제18조2항). 정기총회는 연 1회로 9월 셋째 주 화요일에 열리지만 특별한 안건이 있을 경우에는 특별총회 또는 긴급총회가 소집된다. 총회의 기능이 국제연맹에 있어서보다 강화되었는데 안전보장이사회가 거부권행사로 그 평화유지의 기능을 충분히 발휘하지 못할 우려가 있을 때 그 기능을 총회가 수행할 수 있다.

자위권
自衛權

개인 또는 국가의 정당한 권리 또는 법익이 타인 또는 외국에 의해 부당하게 침해되고 공권력에 의한 구제를 기다릴 수 없을 때 스스로 위법적인 침해행위에 대한 방어를 할 수 있는 권리이다. 자위권의 개념이 국제법상 명확히 된 것은 제1차 세계 대전 후 전쟁에 대한 위법화 관념이 성립된 부전조약(不戰條約) 체결(1928년) 이후이다.

안전보장이사회
安全保障理事會

국제연합을 구성하는 주요기관의 하나이다. 국제평화 및 안전유지를 주로 담당한다. 국제연합에는 총회 외에 임무에 따라 3개의 이사회가 있는데 그중에서도 가장 중요하고도 유력한 기관이다. 15개국으로 구성되며, 그중의 5개국은 상임이사국으로서 미국·러시아·영국·프랑스·중국이고, 다른 10개국은 총회의 3분의 2의 다수결로써 선출된다. 임기는 2년, 매년 5개국씩 개선되고 재선은 허용되지 않는다. 이 비상임이사국은 국제평화유지에의 공헌과 지리적인 배치를 고려해서 선출된다. 국제연맹이사회의 경우와 달라 상임이사국·비상임이사국 수는 변경할 수 없다. 평화유지의 기능은 총회의 동종의 기능에 우선하며, 토의나 권고뿐만 아니라 총회 기타의 기관에 없는 결정과 집행의 권한도 가진다. 국제분쟁의 평화적 처리 및 평화에 대한 위협·파괴·침략행위의 방지·억압을 임무로 하며, 후자의 집단적 강제조치를 위하여서는 경제적 제재 외에 병력적 제재의 수단도 가지며, 이사회하에 있는 군사참모위원회의 원조에 의해서 이를 실시한다. 이사회는 이들 목적을 위하여 지역적 협정이나 기관을 자기의 통제하에 이용할 수 있다. 이사회의 절차사항에 관한 결정은 9개 이사국의 찬성으로 결의가 성립되나 그 밖의 본질적 사항에 있어서는 5개 상임이사국 모두를 포함하는 9개국 이상의 동의가 있어야 한다. 상임이사국은 거부권을 행사할 수 있는데, 5개국 중 어느 한 나라라도 반대하면 어떠한 결정도 내릴 수 없다. 즉 상임이사국 전원일치제를 원칙으로 한다(거부권의 항 참조). 또한 분쟁의 평화적 해결에 관한 의결에 있어서 분쟁당사국은 표결로부터 제외된다. 안전보장이사회는 상시활동의 태세에 놓여 있어야 하며, 본부가 있는 뉴욕 외에 임무수행에 편리하다고 생각되는 다른 장소에서 회의를 개최할 수도 있다.

신탁통치
信託統治

국제연합의 감독 아래 일정한 비자치지역에서 국제연합의 신탁을 받은 국가가 행하는 통치를 말한다. 제1차 세계 대전 이후 국제연맹이 당시 독일 및 튀르키예에서 분리된 지역에 대하여 실시했던 '위임통치' 제도가 그 원형이다. 제2차 세계 대전 후 국제연합으로부터 신탁을 받은 국가(시정국)는 국제연합의 감독하에 신탁통치협정에 따른 통치를 실행하였으며 그 대상은 기존의 위임통치지역, 제2차 세계 대전의 결과 패전국에서 분리된 지역, 자발적으로 신탁통치를 받고자 하는 국가 등이었다. 신탁통치의 기본목적은 국제평화와 안전을 증진하여 주민의 자치 또는 독립을 촉진하고, 인권의 존중, 연합국에 대한 평등대우를 확보하는 것 등이었다. 우리나라 역시 모스크바 3상회의의 결의로 8·15광복 직후 5년 동안의 신탁통치가 협의되었지만 국민들의 반탁운동으로 신탁통치가 이루어지지는 않았다.

신탁통치협정
信託統治協定

신탁통치지역의 통치에 관한 구체적인 규칙을 정한 개별적 협정을 말한다(국제연합헌장 제75조). 신탁통치지역에 직접 관계가 있는 국가 간의 합의이며, 그 효력 발생을 위하여는 국제연합총회(통상의 신탁통치지역의 경우) 및 안전보장이사회(전략지역의 경우)의 인가를 필요로 한다(같은 헌장 제79조·제83조·제84조). 신탁통치협정은 ① 그 지역을 통치할 시정권자(1국, 수국 또는 국제연합자신) ② 시정권자의 의무 ③ 시정권자의 권리 등을 상세히 규정하고 있다.

위임통치
委任統治

제1차 세계 대전 후 「국제연맹규약」(제22조)에 의하여 인정된 후진지역에 대한 식민지적 국제통치형태를 말한다. 국제연합의 신탁통치제도의 전신이라 할 수 있다. 미국의 윌슨대통령의 주장하에 패전국의 영토를 병합하지 않고, 독일의 식민지, 튀르키예령의 아라비아인 거주지역에 영국·프랑스·벨기에·일본 등을 수임국으로 하는 위임통치가 행하여졌다. 위임통치지역은 그 주민의 정치의식의 정도에 따라 A·B·C의 3종으로 구별하였으며

구체적으로 각 지역에 따라 위임통치조항이 정하여지고 있다. 국제연합의 신탁통치제도는 이 제도를 이어받은 것이다.

경제사회이사회
經濟社會理事會

국제연합의 주요기관의 하나이다(국제연합헌장 제7조1항). 총회 밑에서 경제·사회·문화·교육·보건 기타 항구적인 평화를 보장하기 위한 기초조건을 개선하기 위하여 연구·보고·권고한다. 총회의 3분의 2 이상의 다수로 선출되는 54개 이사국으로 구성되고 임기는 3년, 매년 18개국씩 선출하며 재선도 가능하다. 상임이사국제도는 없다. 하부기관으로서 경제고용위원회·운수통신위원회·인권위원회·유럽경제위원회·아시아태평양경제사회위원회 등 다수위원회가 있고 또한 국제노동기구(ILO)·국제부흥개발은행(IBRD)·국제통화기금(IMF)·국제연합식량농업기구(FAO) 등의 전문기관과 제휴·협력한다. 의사는 상시 단순다수결로 한다.

거부권
拒否權

veto power 국제연합 안전보장이사회의 5개 상임이사국이 실질적 문제의 표결에 있어서 갖는 권리를 말한다. 이사회의 절차사항은 9개국의 찬성으로 결정되지만(국제연합헌장 제27조2항), 그 밖의 실질사항은 상임이사국의 동의투표를 포함하는 9개 이사국의 찬성으로 결정된다(같은 헌장 제27조3항). 따라서 상임이사국 중 한 나라라도 반대하면 결정은 성립되지 않는다. 상임이사국의 거부권은 국제연합헌장에 규정되어 있어 헌장을 개정하지 않는 한 그것을 제한할 수 없는데, 헌장개정에도 거부권이 적용된다. 이 거부권은 강대국의 합의를 전제로 국제연합이 강력하게 활동할 수 있도록 한 것이지만, 상임이사국들의 의견이 일치하지 않는 한 어떠한 문제의 해결도 불가능하다는 점에서 국제연합의 기능을 현저하게 저해한다는 우려가 있다.

국제사법재판소
國際司法裁判所

국제연합의 주요기관의 하나로서 유일한 사법기관이다. 동재판소규정은 국제연합헌장과 불가분의 일체를 이루며, 재판소의 구성·권한·재판절차 등을 규정하고 있다. 대체로 국제연맹시대의 상설국제사법재판소규정을 거의 그대로 계승한 것이다. 재판소는 네덜란드 헤이그의 평화궁에 소재하며, 재판부와 사무국으로 구성되어 있다. 재판소는 총회와 안전보장이사회의 선거에 의하여 국적이 다른 15명의 재판관으로 구성되며 임기는 9년이다. 재판관 중에 사건당사국의 국적을 가진 재판관이 없는 경우에는 그 당사국은 자국의 국적을 가진 자를 재판관으로 선정할 수 있다. 이것을 국적재판관(또는 임시재판관)이라고 한다. 국제연합가맹국은 당연히 재판소 규정상 당사국이 되며, 기타의 국가도 안전보장이사회의 권고에 의거하여 총회가 각각의 경우에 결정하는 조건에 따라서 당사국이 될 수 있다. 재판소의 관할권은 당사국이 재판소에 부탁하는 모든 사건 및 국제연합헌장과 기타의 조약에 규정된 모든 사항에 미친다. 그러나 당연히 모든 분쟁에 대한 의무적 관할권(강제관할권)을 갖는 것이 아니다. 즉 재판소는 임의적 관할권을 가질 뿐이다. 재판의 준칙은 조약·국제관습·법의 일반원칙 및 법규결정의 보조수단으로서의 판결과 학설이며, 당사자의 합의가 있는 경우에는 '형평과 선'을 적용할 수 있다. 판결은 재판관의 다수결에 의하며 당사국을 법적으로 구속한다. 상소는 인정되지 않으나, 재심제도가 있다. 판결이 이행되지 않는 경우에는 안전보장이사회가 개입할 수 있게 되어 있다. 국제사법재판소는 본래의 재판 이외에 권고적 의견을 부여할 수 있는 권능을 갖는다. 권고적 의견에는 법적 구속력이 없으며, 그 절차는 재판절차가 준용되며, 실제에 있어서 권고적 의견은 존중되고 있다.

국제사법재판소규정
國際司法裁判所規程

국제연합의 주요한 사법기관인 국제사법재판소의 절차법(1945년에 서명·효력발생)을 말한다. 국제연합헌장과 불가분의 일체가 되어 있다. 이 규정은 국제연맹시대의 상설국제사법재판소규정의 후신이다. 국제연합의 가맹국은 당연히 이 규정상의 당사국이 되고(국제연합헌장 제93조1항), 기타의 국가는 안전보장이사회의 권고에 의하여 총회가 각 경우에 결정하는 조건에 따라 당사국이 될 수 있다(같은 헌장 제93조2항). 이 규정은 일반적으로 재판의무를 설정하고 있지 않다. 다만, 다른 조약이나 이 규정의 선택조항(임의조항)의 수락에 의하여 재판의무를 가지는 것뿐이다. 이 규정에 의하면 법적 분쟁에 관해서 관할권을 가진다. 이 규정의 내용은 다음과 같다. ① 재판소의 구성 및 관할 ② 재판의 기준 ③ 선택조항 ④ 권고적 의견 ⑤ 판결의 효력 등이다. 기본사항에 관하여는 국제연합헌장에 규정하고 있다.

선택조항
選擇條項

국제사법재판소규정 제36조2항의 규정을 말한다. **임의조항**(任意條項)이라고도 한다. 이 규정에 의하여 당사국의 선언으로 일정한 종류의 분쟁에 관하여 이 재판소의 의무적 관할을 인정할 수 있게 되었다. 의무적 관할의 인정은 당사국의 선언에 의하며, 그 선언은 국가의 임의이고 자유선택이 보장되므로 그 규정을 임의조항 또는 선택조항이라고 한다. 현재 국제법상 국가는 일반적으로 분쟁을 국제재판에 부탁할 의무는 없다. 국제사법재판소의 재판관할은 분쟁당사국의 합의에 의한 부탁의 경우에만 있게 된다. 이러한 임의적 재판관할의 문제를 해결하기 위하여 의무적 재판관할을 인정하고자 국제사법재판소규정에 선택조항을 두게 되었다. 임의조항으로 재판의무를 가지게 되는 것은 법률적 분쟁에

국제법

있어서 조약의 해석, 국제법상의 문제, 확인되는 경우 국제의무의 위반이 되는 사실의 존재, 국제의무의 위반에 대한 배상의 성질 또는 범위 등의 문제이다(국제사법재판소규정 제36조2항). 이러한 문제의 분쟁에 대해서 당사국이 특별한 선언을 하게 되면 동일한 의무를 수락하는 다른 국가와의 관계에 있어서 특별한 합의가 없어도 당연히 재판소의 재판관할이 의무적으로 된다. 그 선언은 무조건적으로 다수국 혹은 일정국과의 상호조건으로 또는 일정한 기간부로 할 수 있다.

유네스코 UNESCO

국제연합교육과학문화기구(United Nations Educational, Scientific and Cultural Organization)의 약칭이다. 국제연합과 제휴하는 전문기구의 하나이며, 교육 · 과학 · 문화에 관한 국제협력을 촉진하여 세계의 평화와 안전에 공헌함을 목적으로 한다. 제2차 세계 대전 중 전후의 교육이나 문화의 부흥을 협의한 연합국 교육장관회의의 사업이 발단이 되어 1945년 이 기관의 헌장이 성립되고 발족하였다. 본부는 프랑스 파리에 있고, 우리나라는 1950년 6월 14일 제5차 유네스코 총회에서 정식회원국으로 가입하였다.

전문기구 專門機構

경제 · 사회 · 문화 · 교육 · 위생 등의 각 분야에서 광범하게 국제적 책임을 지며, 특히 국제연합과 협약을 체결하여 이와 연락하고 협력하는 정부간 기구를 말한다(국제연합헌장 제57조). 전문기구와의 연락 및 협력을 하는 것은 국제연합총회하에서 경제사회이사회가 이를 담당한다. 전문기구는 현재 다음의 15개의 기구가 있다. ① 국제연합식량농업기구(FAO) ② 국제민간항공기구(ICAO) ③ 국제농업개발기금(IFAD) ④ 국제노동기구(ILO) ⑤ 국제통화기금(IMF) ⑥ 국제해사기구(IMO) ⑦ 국제전기통신연합(ITU) ⑧ 국제연합교육과학문화기구(UNESCO) ⑨ 국제연합공업개발기구(UNIDO) ⑩ 세계관광기구(UNWTO) ⑪ 만국우편연합(UPU) ⑫ 세계보건기구(WHO) ⑬ 세계지적재산권기구(WIPO) ⑭ 세계기상기구(WMO) ⑮ 국제부흥개발은행(IBRD, 세계은행이라고도 한다)이다.

국제공무원 國際公務員

국제기구의 사무국에 근무하는 직원의 총칭이다. 국제연합헌장은 국제연합사무총장 및 사무국직원을 국제공무원이라 하며, 그 임무를 수행함에 있어서 어떠한 정부로부터도 또한 기관 외의 어떠한 당국으로부터도 명령을 받지 아니하고 국제연합에 대하여서만 책임을 질 것과 가맹국은 그 임무의 국제적 성질을 존중할 것을 규정하고 있다(국제연합헌장 제100조). 국제공무원은 그 근무 중 통상의 개인과는 다른 특권이 인정되는 것이 보통이다.

국제연합군 國際聯合軍

국제연합에 있어서 가맹국의 군대로 구성되어 안전보장이사회의 요구에 의하여 침략의 방지 · 진압에 사용되는 군대를 말한다. **국제경찰군**이라고도 한다. 현재 그 구성 · 배치 · 활동을 정하는 특별협정이 아직 어느 가맹국과도 체결되지 않고 있기 때문에 진정한 국제연합군은 현실적으로 존재하지 않는다. 1950년 한국 전쟁에서는 안전보장이사회의 권고에 의하여 미국을 비롯한 10여 개국의 가맹국 군대가 미국 군대의 통일지휘하에 한국에서의 침략의 방지와 진압을 위하여 참전하였다. 이때의 군대도 편의상 국제연합군이라고 불렀다. 또 한국 전쟁 발발 후 1950년 11월 국제연합총회에서 채택된 '평화를 위한 통합 결의'에 의거한 군대도 국제연합군이라고 부르나, 위에서 말한 바와 같이 헌장이 당초에 예정한 군대는 아니다.

국제연합사무국 國際聯合事務局

국제연합의 사무적인 기관을 말한다. 국제연합의 실질적 활동을 위하여 중요하다. 사무총장 이하 다수의 국적이 다른 수천 명의 직원이 국제공무원으로서 일하고 있다. 그들은 직무에 관하여 본국으로부터 독립하여 일하며 외교상의 특권을 가진다.

국제연합사무총장
國際聯合事務總長

국제연합사무국의 장이며 국제연합의 수석행정관을 말한다. 국제공무원이다. 안전보장이사회의 권고에 의하여 총회가 임명한다. 국제연합 기관의 모든 회의에서 사무총장의 자격으로 행동하며 이들 기관으로부터 위탁받은 임무를 수행한다. 또한 국제평화와 안전의 유지가 위험하다고 인정하는 사항에 대하여 안전보장이사회의 주의를 환기할 수 있다. 사무총장, 그 배우자와 미성년자녀에 대하여는 국제법상 외교사절에 부여되는 특권·면제가 인정된다(국제연합의 특권과 면제에 관한 협약 제19절).

국제연합식량농업기구
Food and Agriculture Organization : FAO

1945년 퀘벡에서 서명되고 당일 발효된 기관으로서 국제연합식량농업기구헌장에 의하여 설립된 UN의 전문기관을 말한다. ① 각 국민의 영양 및 생활수준의 향상, ② 식량 및 농산물의 생산과 분배의 개선, ③ 농민의 생활조건개선을 통하여 세계경제발달에 기여할 것을 목적으로 한다. 본부는 로마에 있으며 총회·이사회·사무국의 3개 주요기관과 기타 보조기관으로 구성되어 있다. 이 기관은 전술한 목적을 위하여 연구·권고·기술원조 등을 행하고 있다.

세계보건기구
World Health Organization : WHO

1948년에 설립된 보건위생 분야를 담당한 국제연합전문기관이다. 콜레라, 페스트 등의 전염병과 말라리아, 뎅기열, 황열병(黃熱病) 등의 풍토병을 없앤다든가, 각 국민의 건강 증진을 꾀하기 위한 국제협력을 행하고, 유해식품 첨가물의 규제나 포장식품의 표시에 관한 기준을 정하기도 한다.

국제연합통행증
國際聯合通行證

국제연합이 그 직원을 위하여 발행하고 가맹국에 의하여 유효성이 인정되는 여행증명서를 말한다. 전문기관의 직원에게도 발급할 수 있게 되어 있다. 「국제연합의 특권과 면제에 관한 협약」(제7조)에 의하여 인정되었으며, 「전문기구의 특권과 면제에 관한 협약」(제8조)도 이것을 인정하고 있다.

국제연합행정재판소
國際聯合行政裁判所

국제연합사무총장의 결정에 불복하는 국제연합사무국직원의 소 제기를 재결하는 일종의 재판소를 말한다. 총회에서 선출하는 인원으로 구성되며, 그 결정은 당사자와 총회를 다 같이 구속한다. 그러나 1955년 이후로는 총회를 통하여 국제사법재판소에 상소할 수 있는 권리가 인정되었다. 즉 동재판소가 관할권을 행사하지 않거나, 헌장에 관한 법적 문제에 오류를 범하거나, 또는 기본적인 절차상 잘못이 있는 경우, 총회는 국제사법재판소에 권고적 의견을 구하고 그 의견이 당사자를 구속하게 되었다. 1950년에 설립된 이 기구는 처음에 60년간 운영하기로 기간을 정해두었기에 2009년에 해산되었고, 그 기능은 국제연합항소재판소에서 담당하게 되었다.

권고적 의견
勸告的 意見

국제사법재판소가 일정한 국제기관의 법률적 자문에 대해 판결과 동일한 절차를 밟아 제출하는 의견을 말한다. 1919년의 국제연합규약 제14조에 상설국제사법재판소는 '이사회 또는 총회가 자문하는 모든 분쟁 또는 문제에 관하여 의견을 제출할 수 있다'고 규정하고 있었다. 이에 기하여 당재판소는 18년의 활동기간 중 주로 연맹이사회의 자문에 응하여 27회의 의견을 제출하였다.

재판소의 의견의 작성은 소송사건에 대한 판결과 동일한 절차를 밟아 이루어졌다. 다수의견에 반대하는 재판관이 그의 소수의견을 발표하는 권리가 부여되어 있다. 재판소의 의견은 그것을 요구한 이사회 또는 총회를 구속하지 않지만 실제상 존중되었다. 1945년의 국제연합헌장은 국제연맹규약에 따라 비슷한 권한을 국제사법재판소에 부여하였고(국제연합헌장 제96조), 또 국제사법재판소 규정 중에 권고적 의견에 관한 규정을 두었다(같은 규정 제65조~제68조). 이에 의하면 자문할 수 있는 기관은 국제연합총회와 안전보장이사회 외에 국제연합의 타기관과 전문기구도 그의 활동분야에 관하여 발생하는 법률문제에 대하여 총회의 허가하에 재판소의 의견을 요구할 수 있게 되어 있다. 여기에 자문사항은 법률문제이고 주로 국제법상의 문제이다. 이 권고적 의견은 국제연맹과는 달리 당사자를 구속한다.

국제연합 한국통일 부흥위원회
國際聯合 韓國統一 復興委員會

1950년 10월 7일 제5차 국제연합총회가 채택한 결의안 제376(v)호에 의거하여 설립된 위원회를 말한다. 약칭 언커크(UNCURK)라고도 한다. 오스트레일리아·칠레·네덜란드·파키스탄·필리핀·타일랜드·튀르키예로 구성되었다. 동위원회는 한국 내의 정치·경제·군사 등 중요한 문제에 관하여 조사·보고함으로써 평화회복과 경제재건을 이룩하며, 자주적이고 통일된 민주정부를 수립할 것을 목적으로 한다(같은 결의 제1조). 이 같은 목적을 위하여 조직된 위원단은 1950년 11월 20일 도쿄에서 제1차 회합을 갖고 절차 및 규칙을 채택, 11월 26일에는 서울에 본부를 설립하였다. 위원단에는 ① 제1위원회(1950년 12월 5일)를 두어 경제문제를 담당하게 한다. ② 제2위원회(1951년 1월 5일)는 북한의 행정·정치 및 제반상태에 관한 보고서를 작성케 한다.

③ 조사단(1950년 12월 5일)을 편성하고 한국동란에 개입한 중국군에 대한 정보를 수집케 하였다. ④ 감시위원단(1950년 12월 26일)을 조직하여 남한 내의 피난민 기타 긴급문제를 조사토록 임무를 나누었다. 이 위원단은 UN군사령부와 긴밀한 연락을 취하면서 필요한 지원을 받으며 한국정부와도 연락관계를 맺어 임무를 수행하였다. 위원단장은 교대로 하며 분과위원회는 필요에 따라 구성되었다. 위원단의 끊임없는 노력에도 불구하고 북한·중국 기타 공산국가가 국제연합이 규정한 원칙에 의거하여 한국문제를 해결하려고 하지 않았다. 이후 1972년 7·4 남북공동성명을 발표하는 등 남북대화가 시작되면서 이 위원회는 1973년 12월 28일 제28차 국제연합 총회에서 만장일치로 해체가 결의되었다.

외교사절
外交使節

외교교섭 및 기타의 직능을 수행하기 위하여 상주 또는 임시로 외국에 파견되는 사절을 말한다. 원래 외교사절이란, 특정사항의 외교교섭을 위하여 임시적으로 외국에 파견되는 국가의 사절을 말했으나, 13세기 이후에 상주외교사절제도가 보편화됨에 따라 현재는 상주외교사절과 임시외교사절로 구분된다. ① 상주외교사절이란, 파견국의 외교직무를 수행하기 위하여 일정한 기간 동안 접수국에 상주하는 외교사절을 말한다. 1815년 비엔나회의에서 분류된 상주외교사절에는 특명전권대사(特命全權大使)·특명전권공사(特命全權公使)·변리공사(辨理公使) 및 대리공사(代理公使)의 4종으로 구분되었으나, 현재 변리공사를 임명하는 국가는 거의 없고, 러시아 등 일부국가에서는 전권대표만을 임명하고 있다. 또한 국제연합국제법위원회가 기초하여 1961년 4월 18일 비엔나에서 채택된 「외교관계에 대한 비엔나협약」에 의하면, 첫째 국가원수에게 파견된 대사, 교황청대사 또는 동등한 계급을 가진 그 밖의 공관장, 둘째 국가원수에게 파견된 공사 또는 교황청 공사, 셋째 외무부장관에게 파견된 대리공사의 급의 3종으로 구분하고 있다. 우리나라는 이 협약 채택시에 참가하여 서명하였다. 상주외교사절은 접수국에서의 외교활동의 편의상 외교단을 구성하여 공동행동을 취하나 특별한 법적 자격을 갖는 것은 아니다. 외교사절의 파견과 접수는 파견국과 접수국의 합의에 의하여 원칙적으로 독립국 간에 교환되나, 완전한 독립국가가 아니더라도 외교사절을 파견 및 접수할 수 있으며, 더욱이 국제기관의 발달로 국제기관도 국제법상 주체로서 그 목적범위 내에서 외교능력을 가지고 있다. 외교사절의 상호 교환에 합의한 경우는 파견국이 특정인을 외교사절로 임명하기 전에 접수국에 대하여 특정인의 임명에 관한 '아그레망'을 부여한 후에 파견국은 그를 외교사절로 임명한다. 파견국의 원수(외무장관인 경우도 있음)가 외교사절에게 교부한 신임장이 접수국에 수리된 때부터 외교사절은 정식으로 접수된 것으로 인정되어 그 직능을 수행하며 외교특권(외교사절의 특권)을 향유한다. 외교사절의 중요한 직능은 접수국의 외무당국을 통하여 외교교섭을 행하며, 자국에 관계가 있는 접수국의 정치·경제·군사·여론 등 기타 필요한 사항을 관찰하고 보고한다. 또한 접수국의 영역 내에 있는 자국민을 보호하고 감독한다. ② 임시외교사절은 특정한 외교사항에 관한 교섭, 조약체결 또는 국제회의에 참석하기 위하여 임시적으로 파견되는 전권대표이며, 국가원수의 신임장 대신에 전권위임장을 접수국에 제시하여야 한다. '아그레망'을 필요로 하지 않는다. 전권위임장은 일정한 권한을 부여한다는 공문서이며, 양국 간 교섭인 경우에는 상호 교환하고, 다자간 국제회의인 경우에는 공동심사하는 것이 보통이나 합의하여 이를 생략할 수도 있다. 상주외교사절이 조약을 체결할 경우에는 신임장 이외에 전권위임장을 요한다(외교관의 항 참조).

아그레망
agrément

특정한 인물을 외교사절로 임명하기 전에 상대접수국에게 이의의 유무에 관한 의사를 조회하는 국제관례상의 제도를 말한다. 어떠한 인물을 외교사절에 임명하고 파견하느냐는 파견국의 임의이나, 접수국은 '불만족스러운 인물'(Persona non grata)을 접수할 의무가 없다. 그러므로 그 때문에 일어날 수 있는 분쟁을 미리 방지하기 위하여 파견국은 임명에 앞서 아그레망(agrément)의 요청을 선행하는 것이 보통이다. 그러나 아그레망의 거절의 경우에도 그 이유를 명시할 의무는 없다는 것이 국제관습이다. 특정인물이 '만족한 사람'(Persona grata)이라고 생각할 때에는 아그레망을 부여한다. 아그레망을 부여한 경우에는 접수국이 그 인물을 외교사절로서 접수할 의무가 생긴다.

신임장
信任狀

특정인을 외교사절로서 파견한다는 취지의 문서를 말한다. 대리공사의 경우에는 파견국의 외교부장관으로부터 접수국의 외교부장관에, 기타의 경우에는 파견국의 원수로부터 접수국의 원수에 대하여 보내진다. 외교사절은 접수국에 도착하였을 때 신임장을 제출하며 그것이 접수된 때부터 정식으로 외교사절로서의 직무를 집행할 수 있다.

외교사절의 특권
外交使節의 特權

외교사절이 향유(享有)하는 특권을 말한다. **외교특권**(外交特權)이라고도 한다. 외교특권에는 치외법권과 불가침권(不可侵權)이 있다. 외교사절은 접수국에서 그 직무를 수행하기 위하여 외교특권을 향유할 권리를 가지며, 접수국은 이를 부여하는 것이 일반국제관습법으로 인정되고 있다. 치외법권에는 접수국의 형사 또는 민사재판권, 경찰권 및 과세권의 면제가 포함되며, 불가침권에는 외교사절의 신체와 명예·관사 및 문서의 불가침이 포함된다. 이러한 외교특권의 향유기간은 외교사절이 접수국에 들어갔을 때부터 그 임무종료 후 상당한 기간 동안 접수국을 퇴거할 때까지 인정되는 것이 관례이다. 외교사절이 접수국을 떠나서 공적목적으로 제3국을 여행하는 경우에는 무해통행의 권리가 인정될 뿐, 제3국에서의 외교특권의 향유는 원칙적으로 인정되지 않는다. 외교사절은 관원·가족·신서사(信書使 : 외교문서를 전달하는 사람) 및 사용인으로 구분되며, 관원과 가족은 외교사절과 동일한 외교특권을 가지나 어느 정도 제한적이다. 임시외교사절의 특권도 상주외교사절의 특권과 동일하다.

전권위임장
全權委任狀

외교교섭, 특히 조약을 체결하기 위한 권한을 부여한다는 취지의 위임장을 말한다. 이 위임장은 보통 헌법상의 조약체결권자인 원수에 의해서 그 자격이 증명된 것으로서 전권위원에게 부여되는 것이다. 외교부장관이나 외교사절과 같이 일반외교사무를 담당하는 사람이라 할지라도 조약의 체결을 위해서는 따로 전권위임장을 요하는 것이다. 전권대표는 서로 전권위임장을 제시(또는 교환)하여 그 자격을 확인한다. 다수국 간의 조약의 체결을 위한 국제회의에서는 특별히 위원회를 설치하여 일괄적으로 전권위임장을 심사하는 방식을 채택하기도 한다. 정규의 전권위임장을 가지지 않은 자는 잠정적으로 회의에 참석할 수는 있어도 조약에 서명할 수는 없다. 전권위임장을 심사한 결과 그 양호타당함이 확정되어 정식 서명(조인)을 할 때까지 시일을 요하는 경우에는 가조인을 행한다. 이때 전권위원은 그 머리글자만을 기입하는 것이 관례이며, 이것을 initial〔(프)parafer〕이라고 한다. 최근의 현상으로서 국제기구에 있어서는 기구 자체가 가입국 간의 조약의 교섭·준비·기초 등(나아가서는 서명의 역할까지)을 담당하게 되었으며, 그 전형적인 예로서 국제노동조약의 체결절차를 들 수 있다. 국제조직의 가입국의 대표는 국가 간의 조약체결에서와 같이 본국정부의 전권위임장을 가지고 조약의 교섭을 하는 것이 아니고, 국제조직의 구성원으로서 행동하고 보통 다수결에 의하여 국제조직으로서의 조약안을 결정한다.

외교적 보호
外交的 保護

외교절차를 통하여 자국민을 보호하는 것을 말한다. 국민이 외국에 거주하는 경우에는 본국의 외교적 보호를 받는다. 국가의 입장에서 볼 때는 외국에 거주하는 자국민에 대하여 외교적 보호를 한다. 자국민이 외국에서 차별 대우·불법 부당한 취급을 받은 경우에는 외교기관을 통하여 그 외국에 항의하여 자국민에 대한 부당한 대우의 시정을 요구할 수 있다. 국제법상 국가는 이러한 요구를 할 권리가 인정되어 있다. 다만, 이 권리는 국민의 권리가 아니고 국가의 권리이기 때문에 국가이익의 견지에서만 발동된다는 사실에 유의할 필요가 있다.

비호권
庇護權

국제법상 일정한 지역에 들어온 범죄인 및 피난자를 인도로부터 보호하는 권리를 말한다.

● 영토적 비호권 : 비호를 구한 자가 1국의 영토 내에 피난한 경우로서 비호국은 원칙적으로 비호권을 가지나 의무는 없다. 통상의 범죄에 대하여는 범죄인인도에관한조약에 규정하는 것이 일반적이며, 정치범에 관하여는 불인도를 원칙적으로 함이 국제관행이다. 전시에 중립국 영역으로 들어온 군대·군함·군항공기에 대하여서도 중립국은 이들을 일정한 장소에 억류하여 비호할 권리를 가지나, 반드시 억류할 의무가 있는 것은 아니다.

● 외교적 비호권 : 외교사절의 관사에 들어온 범죄인 또는 피난자에 대한 비호를 말한다. 통상의 범죄인을 비호할 권리는 인정되지 않으며, 따라서 접수국의 요구가 있으면 인도하거나 또는 관외로 추방하여야 한다. 정치적 피난자에 대하여는 사태의 긴급성에 비추어 일시 비호할 수도 있다.

● 군함의 비호권 : 외국에 주둔하고 있는 군대·군함·군항공기는 일반적으로 비호권을

갖지 않는다. 정치적 피난자에 한하여 위험의 중대성과 긴급성을 요건으로 일시 비호할 수도 있으나, 정치적 범죄 및 정쟁의 근거지가 되는 것을 방지할 의무가 있다. 특히 정치범에 관하여는 1933년 전미회의에서 채택된 「몬테비데오조약」 제3조 및 세계인권선언 제14조에 외국에 비호처를 구하며, 또한 보호받을 인간의 권리를 규정하고 있다.

범죄인인도
犯罪人引渡

어떤 국가에서 범죄를 행한 자가 타 국가에 도망하였을 때 그 타 국가로부터 범죄행위지국가로 외교상의 절차를 통하여 범죄인을 인도하는 것을 말한다. 범죄행위지의 국가가 아니고 범죄인의 본국에 인도할 수도 있다. 인도되는 범죄인은 인도국에서 볼 때 외국인이다. 그러므로 범죄인의 인도는 외국인의 강제추방의 일종이다. 범죄인의 인도는 문명제국의 공동이익을 위하여 필요한 것이나, 국제법상 일반적 원칙으로는 국가는 범죄인을 인도할 의무는 없다. 범죄인 인도 여부는 국가의 자유이다. 그러나 범죄인 인도조약이 체결되면 상호 인도의 의무를 진다. 인도의 객체는 일반범죄를 행한 외국인이며, 정치범(죄인)에 대해서는 인도를 하지 않는 것이 원칙이다. 이것을 '정치범 불인도의 원칙'이라고 한다. 범죄인이 자국민인 경우에도 인도하지 않는다. 이것을 '자국민불인도(自國民不引渡)'의 원칙이라고 한다.

정치범불인도의 원칙
政治犯不引渡의 原則

관행상 및 조약상 정치범은 인도할 수 있는 범죄인에서 제외된다는 원칙을 말한다. 19세기 중엽 이래 대부분의 범죄인인도조약이 이 원칙을 채택하고 있다. 그러나 정치범죄를 '특정국가의 정치질서의 변경을 목적으로 하는 범죄'라고 정의하면서도 구체적으로 그 개념을 파악하는 데는 정설이 없다. ① 국가 체제의 변경, 분리독립, 외교상 또는 내정상의 정책변경을 목적으로 하는 범죄라는 설 ② 범죄의 동기가 이상과 같을 때의 범죄라는 설 ③ 정치적인 동기와 목적을 모두 갖춘 경우에 한한다는 설 ④ 반역죄와 같은 일정범죄에 국한된다는 설 등 학설과 관행이 일치한 바가 없다. 더욱이 일반범죄와 경합된 이른바 상대적 정치범죄 및 모든 국가의 정치형태의 변경을 목적으로 하는 반사회적 범죄의 경우는 확립된 원칙을 찾아볼 수 없다.

자국민불인도의 원칙
自國民不引渡의 原則

범죄인 인도에 있어서 자국민은 인도하지 않는다는 원칙을 말한다. 범죄인으로서 인도되는 자는 청구국 또는 제3국의 국적을 가진 자에 한정되는 것이 보통이다. 그러나 미국과 영국은 예외적으로 영토 외 범죄를 처벌하지 않는 주의를 채택하고 있으므로 자국민이라도 인도한다. 입법론으로서도 자국민의 불인도가 아니라 인도가 타당한 것으로 생각된다.

외교문서
外交文書

광의로는 외교교섭(外交交涉)에 있어서 일체의 공적 문서를 말하며, 협의로는 그중에서 법률적 효력이 있는 일방적 의사표시 또는 합의를 표시한 문서를 말한다. 협의의 외교문서 중 가장 중요한 것은 조약이지만 그 이외에도 선언·통첩·각서 등이 있다.

외교교섭
外交交涉

두 나라 또는 여러 나라 간의 외교절차에 의하여 행하여지는 교섭을 말한다. 외교절차는 보통 외교부와 외교사절을 통하여 행하여진다. 조약을 체결한다든가, 분쟁을 해결한다든가, 기타 여러 가지 목적을 위하여 행하여진다. 외교교섭이 조약체결을 위한 경우에는 전권위임장이 필요하며 교섭개시 전에 이를 제출하여야 한다.

외교관
外交官

외교사절과 재외공관의 중요한 관원을 일반적으로 지칭하는 말이다. 관원의 직제는 각 국가의 국내법으로 규정하며, 따라서 현재 국제법상으로 인정된 바는 없다. 그러나 보통 참사관·서기관(1등서기관·2등서기관·3등서기관·상무관)·통역관·부속무관 등으로 구성된다. 법률고문·의사 등도 파견국에 의하여 임명되고 외교사절을 위하여 전임으로 공관 내에서 집무하는 경우에는 관원으로 인정된다. 관원은 외교사절과 유사한 특권과 면제를 향유한다.

외교단
外交團

한 나라에 주재하는 외교사절의 총체를 말한다. 외교단은 법적으로 특별한 자격을 가진 것은 아니며 외교사절이 편의적으로 공동행동을 할 때의 명의에 불과하다. 외교사절의 특권이 침해된 경우의 항의라든가, 공적인 의식의 경우 등에 외교단의 이름으로 공동으로 행동한다. 외교단의 대표자를 외교단장이라고 하고 외교사절 중의 최상계급의 최선임자가 이에 취임하는 것이 상례이다.

외교능력
外交能力

완전자치(完全自治)의 주권국가가 외국과의 교섭, 외교사절의 교환, 조약의 체결, 국제기관에의 가입 등을 행하는 외교적 행위능력을 말한다. 또한 가톨릭교회도 조약을 체결하여 사절을 파견할 수 있는 외교적 행위능력을 가지고 있다. 따라서 이러한 행위능력을 가진 국제법 주체는 조약을 체결하여 외교사절을 교환함으로써 국제법상 권리를 취득하며 의무를 부담하게 된다.

외교단절
外交斷絶

한 나라가 타국의 행동에 대해서 불만과 항의를 표시하는 강경한 수단으로서 외교관계의 단절을 말한다. 즉 상대국에 파견한 자국의 상주외교사절과 그 수행원을 소환하는 동시에 자국에 주재중인 상대국의 상주외교사절과 그 수행원의 퇴거를 명하는 정치적인 행동이다. 외교관계의 단절이란, 불만과 항의를 표시하는 수단에 불과하므로 양 당사국 간의 국제법적 관계는 지속되며, 재외국민이나 그 권익에 대한 **외교적 보호**는 제3국에 의뢰하여 그를 통해 상대국과의 교섭을 가지게 된다. 외교단절은 흔히 전쟁에 선행하여 취해지고 있으나, 엄격한 의미에서 보면 **전쟁의 개시**가 보통 외교관계를 단절시키는 데 비하여 외교관계의 단절은 반드시 전쟁을 의미하지는 않는다. 전쟁의 개시로 외교관계는 단절되고, 따라서 외교사절은 퇴거하는 것이 원칙이다. 대사·공사는 부임해 있던 국가로부터 여권을 교부받고 퇴거하는데 퇴거에 필요한 일정기간 동안은 외교특권을 향유한다. 그러나 대사·공사라 할지라도 지시된 일정기간 내에 퇴거하지 않으면 일반개인과 같은 취급을 받게 된다. **영사**도 개전(開戰)과 동시에 그 **인가장**(exequatur, 인가장 항목 참조)이 효력을 상실하므로 직무를 수행할 수 없고 귀국하게 되며 특권은 인정되지 않는다. 대사관·공사관의 서류와 자국민의 보호는 이른바 이익대표국인 중립국에 의뢰하는 것이 통례이다. 국제연합헌장은 제41조에서 평화를 파괴하거나 위협하는 국가에 대해 국제연합가맹국이 취할 수 있는 무력행동을 수반하지 아니하는 강제조치의 일종으로 외교관계의 단절을 들고 있다. 국제분쟁의 평화적인 처리에 있어 국제재판의 판결을 승소국이 집행하는 방법으로도 외교관계의 단절이 행하여진다.

전쟁
戰爭

무력을 중심으로 한 국가 상호 간 또는 국가와 교전단체 간의 투쟁상태를 말한다. 전쟁을 전쟁행위 그 자체로 보는 견해(병력투쟁설)와 투쟁상태로 보는 주장(상태설)이 있는데, 국제법상 전쟁은 보통 개시로부터 종료에까지 이르는 통일적 관계로 관념되므로 상태설이 더욱 타당하다. 전쟁이란 분명히 무력행사의 형태인 것이나 무력행사 그 자체는 국가의 목적이 아니고, 다른 일정한 목적을 달성하기 위한 방법에 불과하다. 또한 전쟁수행에 있어서는 국력전반이 동원되는 것이 상례이나 그것은 당사국의 전의로 유지되는 무력이 투쟁관계의 중심적·계속적 요인이 되어 있어야만 하는 점이 그 특징이라고 볼 수 있다. 전쟁의 목적은 적의 저항력을 좌절시키려는 데 있으므로 적을 해치기 위한 수단이 허용되지만, 이에 대해서는 투쟁의 가열성과 잔학성을 고려하여 국제법적 제한이 요구되고 있다. **교전단체**는 일정한 조건과 시간적 제한하에 전쟁주체가 될 수 있다. 전쟁에 관해서는 근세 초기에 그로티우스가 '정전'과 '부정전'을 구별하는 정전학설을 제기한 후로 많은 학자들이 전쟁의 '정당한 이유'를 구명해 왔고, 20세기에 들어와서는 실정법 특히 조약상으로 일정한 전쟁을 불법화하는 「계약상의 채무회수를 위한 병력사용의 제한에 관한 조약」(1907년), 「브라이언조약」(1913년~1914년) 안에 명시된 바 있으나, 제1차 세계 대전 후로는 전쟁 불법화의 노력이 진일보하여 1919년의 「국제연맹규약」(제12조·제13조·제15조), 1923년(미발효)의 「상호원조조약」안(제1조), 1924년(미발효)의 「제네바의정서」(제2조·제10조), 1925년의 「로카르노조약」(제2조), 1928년의 **부전**(不戰)**조약**(제1조), 1933년의 「독소(獨蘇)불가침조약」(제1조·제2조), 1945년의 「국제연합헌장」(제2장·제6장) 등에서 국제법적 규제하에 개별적·집단적인 자위전쟁과 국제제재로서의 전쟁만을 인정하고 여타의 모든 전쟁을 금지하기에 이르렀다.

전쟁의 개시
戰爭의 開始

전쟁이 전쟁의사의 명시적 표시(전쟁 선언·최후통첩) 또는 묵시적 표시(사실상의 적대행위)에 의해서 개시되는 것을 말한다. 1907년의 헤이그평화회의의 개전에 관한 조약은 제1조에서 이유를 붙인 개전선언의 형식 또는 조건부 개전선언을 포함하는 최후통첩의 형식을 가진 명료한 사전통고로서만 개전된다고 하여 비록 개전이 일방당사국의 단독의사로 행하여지는 것일지라도 전의의 사전표시는 항상 명백하여야 한다

는 국제법상의 개전방식을 규정하였고, 제2조에서 전쟁상태는 지체 없이 중립국에 통고하여야 하고, 그 통고를 수령한 후가 아니면 중립관계는 설정되지 않는다고 명시하였다. 이 개전에서 특히 문제가 되는 것은 사실상의 적대행위, 즉 실전에 의해서도 전쟁이 개시되는가 하는 것인데, 헤이그평화회의의 개전에 관한 조약은 명시적 의사표시에 의한 합법적인 경우만을 인정하고 묵시적인 개전형식이나 국내적 포고만을 하는 개전형식을 위법화하였으므로 이 조약의 당사국은 개전에 있어서 반드시 명시적인 전의를 표시해야만 된다. 그러나 이 조약은 **총가입조항**(總加入條項)을 포함하고 있어 그 적용범위가 제한되어 있다는 점과, 실제 전투에 있어서는 기습이라는 것이 고도의 군사적 가치를 지니고 있다는 점에서 흔히 야기되는 비조약 당사국과의 관련 또는 사실상의 이유에서 부득이 실전이 인정되어 왔다. 제1차 세계 대전 후 전쟁을 불법화하려는 국제사회의 확신이 고조되면서부터 일반적인 추세에 따라 「로카르노조약」, 「부전(不戰)조약」, 「독소(獨蘇)불가침조약」, 「국제연합헌장」 등이 침략행위나 평화의 파괴행위를 금지해 왔으므로 오늘날에 와서는 형태의 여하를 막론하고 개전방식의 적법성 문제는 거의 그 의의를 상실했다고 볼 수 있다. 개전의 효과에 관해서는 ① 외교관계의 단절 ② 조약의 실효(정치적·우호적 조약), 정지(비정치적 조약) 또는 발효(전쟁관계조약) ③ 적국인의 퇴거 및 일반인의 보호 ④ 소송능력의 정지(특정적국인 제외) ⑤ 대적거래의 금지 및 계약의 실효 또는 효력의 정지 ⑥ 적산에 대한 조치 ⑦ 적상선의 특별취급 등이 전쟁관계법규 및 전쟁관례에서 상규되어 왔다. 또한 전쟁이 개시되면 교전국과 제3국 간에는 중립법규가 적용되어 왔으나 전쟁이 불법화된 오늘날에 와서는 공평과 회피를 원리로 하는 중립법규는 크게 동요되기에 이르렀다.

영사
領事

외국에서 자국의 통상과 국민 보호를 담당하는 공무원을 말한다. 국제연합 국제법위원회가 기초하여 1963년 비엔나에서 채택된 「영사관계에 관한 비엔나협약」에 의하면 ① 영사의 종류에는 본무영사(전무영사, 직무영사)와 명예영사(선임영사)가 있다. 전자는 영사의 임무를 수행하기 위하여 본국이 파견한 자이며, 후자는 많은 경우 접수국의 유력한 국민에게 영사의 임무를 위촉한 자이다. ② 영사에는 총영사·영사·부영사·영사대리의 4계급이 있다(같은 조약 제9조). ③ 영사의 파견에 있어서 신임의 영사는 파견국의 위임장을 제출하고 접수국은 이에 대하여 **인가장**을 교부한다(같은 조약 제11조·제12조). ④ 영사는 특정한 영사구역에서 임무를 수행한다(같은 조약 제4조). ⑤ 그 임무는 자국민의 보호와 감독에 관한 사항 외에 접수국과 파견국과의 통상·경제상의 관계의 발전, 조장과 우호관계의 촉진, 접수국의 통상·경제상의 제 사정을 파견국 정부에 보고하거나 이해관계인에게 정보를 제공하며 여권 및 사증의 발급, 가족관계등록사무, 유언의 증명, 증권조사·소송서류의 송달 등이다(같은 조약 제5조) ⑥ 영사는 그 임무수행상 필요한 한도 내에서 특권·면제가 인정된다. 다만, 외교사절과 같이 국가의 전면적인 대표가 아니므로 그 특권은 제한적이며, 명예영사는 본국인임에 비추어 더욱 제한된다(같은 조약 제28조 이하).

인가장
認可狀
exequatur 영사파견국이 특정인을 영사로 임명하는 위임장을 접수국에 제시하면 접수국은 그 특정인을 영사로 받아들여 자국에서 영사업무를 수행하도록 허가하는 문서를 말한다. 영사는 접수국에 위임장을 제시하고 인가장을 교부받으면 접수국에서 영사로서 향유하고 그 직무를 수행할 수 있다. 영사가 접수국에서 영사인가장을 교부받지 못하면 영사직무를 행사하지 못하며 영사가 향유하는 일정한 특권도 향유하지 못한다. 영사의 특권과 면제 및 영사업무를 규정하기 위하여 관계국

은 영사조약을 체결할 수 있다. 그 예로서 한미양국은 1963년 1월 8일 **한미영사협약**을 체결한 바 있다.

한미영사협약
韓美領事協約
대한민국과 미국 간에 체결된 영사에 관한 개별 조약이다(1963년 12월 19일 발효, 1964년 1월 7일 공포). 이 협약은 전문 및 18개조로 구성되어 있으며, 영사관의 임명, 직무, 특권 및 면제, 해임 또는 퇴거, 그리고 영사의 주요한 직무로서 자국민의 이익보호, 유산관리, 선박 및 항공기의 임검 및 보호 등에 관한 제 규정을 두고, 또한 영사사무소의 토지 및 건물의 소유·점유 등에 관한 규정도 아울러 포함하고 있다. 협약의 주요한 내용은 다음과 같다.

● 영사의 임명 및 파견 : 각 체약 당사국은 영사대표를 타방당사국에 파견할 권리를 가지며, 접수국은 이에 이의가 없는 한 이를 접수한다. 또한 외교관은 영사관을 겸임할 수 있다(같은 협약 제1조1항·2항).

● 영사관의 직무 : 영사관이 그의 영사구역 내에서 수행하는 주요한 직무는 ① 공증업무 ② 자국민의 보호 ③ 유산의 관리 ④ 선박(항공기 포함)의 임검 및 보호 등(같은 협약 제4조·제5조·제6조·제7조)이나, 이 협약에서 명시하고 있는 직무는 주요한 것에 해당한다. 그의 직무는 포괄적인 것으로서 접수국이 적당하다고 인정하는 기타의 업무도 집행할 수 있다(같은 협약 제8조).

● 영사사무소의 불가침 : ① 사무소의 불가침 : 영사목적만을 위하여 전용되는 영사사무소는 불가침으로서 접수국의 경찰이나 기타 관헌이 침입할 수 없다. 그러나 영사관의 동의를 얻은 경우 또는 화재·천재지변과 같은 불가피한 경우나 폭행죄가 행하여진 경우에는 예외로 한다(같은 협약 제3조1항). 영사사무소 내에 있는 공문서는 불가침이며, 공용의 행낭과 기타의 공용용기에 의하거나 공공통신시설에 의하여 발송 및 접수되는 공문서도 또한 불가침이다(같은 협약 제9조2항). ② 기타의 권

리 : 영사관은 통신에 관한 모든 공공수단을 사용하여 통신하는 권리를 가진다(같은 협약 제9조1항). 또한 접수국에서 영사목적을 위하여 필요한 토지 및 건물을 취득·소유 또는 보유할 권리와 그러한 토지에 건물을 축조할 권리를 갖는다(같은 협약 제2조).

● **치외법권**(治外法權) : ① 재판관할권의 면제 : 영사관은 공무로 인한 행위에 관하여 접수국의 재판관할권으로부터 면제된다(같은 협약 제10조1항). 영사관은 서류의 제시 및 공무사항에 관한 증거의 제공으로부터 면제된다. 증언의 면제는 허용되지 않으나, 접수국 당국은 영사관의 공무집행에 방해가 없도록 하기 위한 조치를 취하여야 한다(같은 협약 제10조2항). 또한 영사관은 접수국 내에서 체포 및 소추로부터 면제된다. 다만, 1년 이상의 자유형에 해당하는 범죄행위인 경우에는 제외된다(같은 협약 제10조3항). ② 과세로부터의 면제 : 영사관이 공용목적으로 수입하는 물품과 영사의 개인용으로 수입하는 물품은 과세로부터 면제된다(같은 협약 제11조). 또한 영사관은 제12조5항, 제15조의 규정사항을 제외한 모든 조세의 부과로부터 면제된다(같은 협약 제12조). ③ 치외법권의 인적범위와 제한 : 이상의 치외법권은 영사고용인과 영사관 및 영사고용인의 가족에게도 인정된다. 그러나 영사관 또는 영사고용인이 접수국의 국민이거나 영주권을 가진 경우, 접수국에서 영리를 목적으로 사적 사업에 종사하는 경우 또는 파견국의 전임공무원 또는 고용인이 아닌 경우 등에는 치외법권이 인정되지 아니한다.

● **보험** : 파견국이 소유하는 영사관의 모든 차량(선박·항공기 포함)과 영사관·영사고용인 및 그들의 가족이 소유하는 모든 차량은 제3자에 대한 위험보험에 가입되어야 한다(같은 협약 제13조).

● **분쟁의 해결** : 이 협약의 해석 또는 적용에 관한 분쟁으로서 외교적 교섭의 방법에 의하여 해결되지 아니하는 것은 이를 국제사법재판소에 제소한다(같은 협약 제16조).

교전단체
交戰團體

국제법상의 교전자로서의 자격이 인정된 반도단체(叛徒團體)를 말한다. ① 교전단체는 반도단체이다. 즉 국가영역의 일부를 점령하고 사실상의 정부를 조직하여 본국과 병력으로써 투쟁하고, 본국으로부터 분리·독립하여 신국가를 건설하거나 본국 정부를 타도하고 정권을 획득하려는 단체이다. ② 교전단체는 국제법상 주체로서의 제한적 자격이 인정된 단체이다. 따라서 전쟁 및 중립에 관한 사항에 대하여 국제법상 능력이 인정된다. ③ 교전단체는 일시적(잠정적)인 단체이다. 따라서 본국과 교전단체와의 전쟁이 종결되면 교전단체는 소멸된다. 이 경우에 본국이 승리하면 교전단체가 점령한 지역은 본국 권력에 종속하며, 교전단체가 승리하면 분리된 국가로서의 승인을 받든가 종래 국가의 신정부로서 승인을 받아야 한다. 어느 경우를 막론하고 교전단체는 법적으로 소멸된다.

교전단체의 승인
交戰團體의 承認

한 나라에 내란이 발생하여 반란군이 국내의 일정한 지역을 점령하고 사실상의 정부를 조직하여 그 지역에서 실권을 장악하고 있을 때, 본국 또는 제3국에 의하여 국제법상 주체로서의 승인을 받는 것을 말한다. 교전단체의 승인은 본국이 승인하는 경우와 제3국이 승인하는 경우가 있다. 본국이 자기에게 반항하는 교전단체를 교전단체로서 승인한다는 것은 일반적으로 자국에 불이익이 될 뿐만 아니라 위신에 관계되는 문제이므로 거의 행해지지 않는 것이 보통이나, 다만 다음과 같은 이유에서 승인을 하게 된다. ① 반도단체와의 전쟁에 있어 국제법을 적용함으로써 전쟁의 잔학성을 완화하겠다는 의도 ② 자기의 권력이 현실적으로 미치지 않는 반도단체의 행위에 대한 국제법상의 책임을 면하겠다는 의도에서 승인을 하게 된다. 제3국에 의한 승인은 반도단체가 점령하고 있는 지역에 제3국의 국민 또는 재산이 존재하고, 그 권익보호를 본국

정부에 기대할 수 없을 때에 행하여진다. 본국에 의한 교전단체의 승인에는 특별한 요건이 없으나, 제3국이 승인하려면 반도가 일정한 지역을 현실적으로 지배하고 반도단체의 실력이 이 지역을 현실적으로 지배하고 본국의 실력이 이 지역에 미치지 못하는 것 외에 전쟁법규를 준수할 의사와 능력이 있어야 하며, 특히 반도단체 점령지역에 보호를 요하는 자국의 권익이 존재하여야 한다. 이와 같은 요건이 갖추어지지 못한 경우에 행한 승인은 본국에 대한 불법간섭이 된다. 본국이 반도단체를 교전단체로 승인하면 국내법상의 반란이 국제법상의 전쟁이 된다. 따라서 양자 간에는 전쟁법규가 적용되고, 교전국으로서 국제법상 의무를 부담하여야 하므로 반도단체의 병사도 국내법상의 범죄인으로 취급되지 않고 국제법상의 포로로서 취급된다. 본국 정부와 모든 제3국 간에는 중립관계가 발생한다. 또한 본국은 다른 나라들과의 관계에 있어서 교전단체의 행위에 대한 국제법상의 책임이 면제되고 교전단체 자신이 책임을 부담한다. 다음 제3국이 승인하면, 반도단체는 자기 점령지역 내에 있는 외국인의 권익을 보호하고 그 손해에 대한 책임을 부담하여야 하며, 또한 승인을 한 제3국도 본국과 교전단체에 대하여 국제법상의 중립의무를 부담하여야 한다. 이상의 교전단체 승인의 효과는 일시적이라는 점에서 **국가승인**, 정부승인과 상이하다. 따라서 본국과 교전단체와의 전쟁이 종결되면 승인의 효과도 자연히 소멸된다.

부전조약
不戰條約

「전쟁포기에 관한 조약」의 속칭이다. 1928년 8월 27일 파리에서 서명되었으며 1929년 7월 24일에 발효한 전문과 3조로 구성된 간단한 조약이다. 국가정책 수단으로서 전쟁을 포기할 뿐만 아니라 분쟁해결을 위한 전쟁이 불법임을 선언하고(같은 조약 제1조), 조약국 간의 일체의 분쟁 및 사태의 해결은 평화적 수단에만 의할 것을 규정하고 있다(같은 조약 제2조). 구체적으로는 미비한 점이 많으나 전쟁의 불법화를 시도하였다는데 획기적인 의미가 있다. 부전조약은 체결 당시 프랑스의 외상 브리앙과 미국의 국무장관 켈로그가 주도하였으므로 「**켈로그·브리앙 조약**」이라고도 한다.

총가입조항
總加入條項

교전국 전체가 조약의 가입국이 된 전쟁에 한하여 그 조약을 적용할 수 있다고 규정한 조항을 말한다〔육전(陸戰)의 법 및 관습에 관한 협약 제2조 참조〕. **연대조항**(連帶條項) 또는 **공동조항**(共同條項)이라고도 한다. 제1차 세계 대전 전에 체결된 전쟁에 관한 제조약은 총가입조항을 포함하고 있다. 다수국이 참가한 전쟁에 있어서 1국이라도 비가입국이 있으면 그 조약은 전쟁전체에 효력을 발생하지 않는다. 제1차 세계 대전 시 「헤이그조약」이 적용되지 못한 이유도 총가입조항 때문이었다. 총가입조항을 가진 조약으로는 「육전의 법 및 관습에 관한 협약」, 「세인트피터즈버그선언」, 「공폭금지선언(空爆禁止宣言)」, 「육전에 있어서 중립국 및 중립인의 권리와 의무에 관한 협약」 등이 있으나 제1차 세계 대전 이후에는 「헤이그조약」에 가입하지 않은 신생국의 증가로 조약적용의 기회는 한층 감소되었다. 그러므로 전쟁법에 관한 여러 조약들은 총가입조항을 폐지하려는 경향이 있다. 1949년의 「제네바조약」은 총가입조항을 두고 있지 않을 뿐 아니라 비체약국과의 관계에 대한 규정까지 포함하고 있다(같은 조약 제3조2항).

교전자
交戰者

① 전쟁에 참가하고 있는 국가(교전국과 전시 국제법상 주체인 교전단체를 포함한다)를 말한다. ② 병력(교전국의 병력과 교전단체의 병력을 포함한다)을 구성하고 있는 개개인을 말한다. ②의 의미의 교전자는 전투원과 비전투원을 포함하는 것으로 병력에 속하지 않는 개인을 의미하는 비교전자 또는 평화적 인민에 대한 말이다.

중립
中立

전쟁 불참가국의 국제법상의 지위를 말한다. 18세기 이후의 이른바 무차별적 전쟁관을 배경으로 하는 전통적 국제법 체계하에서 전쟁에 참가하지 않을 뿐 아니라 교전국 쌍방에 대하여 공평과 불원조의 태도를 유지하는 제3국의 국제법적 지위를 나타내기 위하여 사용된 말이다. 전통적인 국제법 체계하에서는 전쟁을 하는 것이 각국의 자유일 뿐 아니라 또한 다른 국가들 사이의 전쟁에 관여하는 것도 각국의 자유였다. 또 교전국은 쌍방 모두 평등하게 취급되었다. 그리하여 전쟁에 참가하지 않은 국가는 모두 중립국이라고 부르고, 교전국 쌍방에 대하여 공평과 불원조를 내용으로 하는 특별한 권리의무를 갖게 된다. 평시에는 부담하지 않는 이러한 특별한 권리의무를 규정하는 것이 바로 **중립법규**이다. 교전국 이외의 중립국 간의 관계는 평시관계가 계속되며 교전국과의 관계에서는 일정한 의무, 즉 ① 묵인의 의무 ② 방지 의무 ③ 회피의 의무를 진다. 중립의 개념은 전쟁을 전제로 발생된 것이므로 그 법적 지위도 전쟁개념의 변질, 국제사회 내의 정치적인 여러 조건에 따라 변화·발달한다. 즉 전쟁의 불법화 및 범죄화, 국제연합의 안전보장 제도하에서는 적어도 이론상 중립이 존재할 여지가 없다. 전통적인 중립에 대응하는 비전쟁무력충돌(非戰爭武力衝突) 내지는 평화의 파괴에 있어서 준중립과 제2차 세계 대전 때부터의 비교전상태개념(非交戰狀態概念)은 중립제도에 중대한 변화를 초래케 하였다.

중립법규
中立法規

중립에 관한 국제법상 규칙의 총체를 말한다. 즉 전쟁에 관계 있는 범위 내에서 교전국·중립국 사이의 권리·의무관계를 규율하는 국제법규이다. 이 중립법규는 교전법규와 합하여 이른바, 전시국제법을 형성한다. 종래는 거의 국제 관습법의 형태로 성립되고 있었으나, 20세기에 들어서서 1907년의 헤이그 평화회의에서 널리 성문화되었다. 이를 테면 「육전에 있어서 중립국 및 중립인의 권리와 의무에 관한 협약」(제5협약)과 「해전(海戰)에서 중립국의 권리와 의무에 관한 협약」(제13협약) 등이 그 가운데서 가장 중요한 것이다. 또 1909년의 런던선언도 중립법규의 중요한 부분을 성문화한 것이었으나 정식적으로 효력을 발생하지는 못하였다. 1856년의 파리선언도 소수이긴 하지만 전시금제품의 제도를 규정하는 등 중립에 관한 중요한 규칙을 포함하고 있다. 중립국의 의무에 관한 1871년의 워싱턴의 3원칙이 있었고 이것은 그 후에 전술한 1907년의 해전에서 중립국의 권리와 의무에 관한 협약에 거의 그대로 채택되었다.

영세중립국
永世中立國

조약에 의하여 영구중립을 약속하고 또한 중립이 보장된 국가를 말한다. 영구중립국이라고도 한다. 자위의 경우를 제외하고는 영구히 전쟁에 참가하지 않고 중립을 지키며, 또 전쟁에 개입하게 될 우려가 있는 동맹조약 같은 것도 체결하지 않을 의무를 지는 동시에 그 독립과 영사보전 및 영구중립적 지위의 침범에 대하여는 조약상의 다른 나라에 의하여 보장을 받고 있는 국가를 말한다. 이러한 영구중립을 조약상으로 보장하는 국가는 보통은 강대국이다. 이러한 조약상의 보장이 없으면 이른바 영구중립이 현실적으로 보장되지 않는다. 그러나 영구중립을 희망하는 국가가 일방적으로 영구중립을 선언하고, 타국이 이것을 승인함으로써 개별적으로 성립된 2개국 간의 합의가 다수 집적되어 조약체결과 동일한 효과를 나타내는 수도 있다(오스트리아의 경우). 이 영구중립제도는 그 국가의 안전과 독립을 위해서뿐만 아니라 이것을 완충지대로 하여 평화를 유지하기 위한 목적으로도 인정되는 것이다. 그러나 세력균형이 국제관계의 기초를 이루고 있었던 시대에는 이 제도의 존재의의가 컸으나, 오늘날처럼 국제사회가 대단히 긴밀화하여 전쟁이 각국의 이해관계에 커다란 영향을 미치는 동시에 결국에는 세계적으로 확대하게 되고 또한 항공전이나 원자력전의 출현 등 전쟁기술이 극도로 발달하고 그 영향이 여러 국가에 미치게 되는 현대에 있어서는 이 제도의 존재의의도 다소 감소되고 있다.

현존하는 가장 대표적 영세중립국인 스위스는 1815년 이래 항상 중립을 유지하려고 대단히 노력하고 있다. 중립성 훼손에 대한 우려로 국제연맹에는 조건부 가입, 국제연합에는 50년이 넘도록 가입하지 않고 있다가 2002년 국민투표를 통해서 비로소 국제연합의 회원국이 되었다. 그러나 유럽연합(EU)가입에 대해서는 아직까지 영세중립국으로서의 주권상실로 보고 가입을 하지 않고 있다. 오스트리아는 1955년 10월 26일에 국내법적으로 영세중립이 일방적으로 선언되고, 이에 대하여 여러 나라가 부여한 개별적 승인이 모아져 영세중립이 성립되었다. 이러한 형식으로 영세중립이 성립된 것은 오스트리아가 역사상 처음이다. 오스트리아는 국제연합에 가입했는데, 영세중립국이 국제연합 회원국의 의무와 양립하지 않는다는 샌프란시스코 회의 당시의 해석이 그 후에 변경되어 국제연합헌장에 있어서 중립이 재평가됨으로써 오스트리아의 국제연합 가입은 가능하였다. 그 외에 영세중립국으로 라오스, 투르크메니스탄, 코스타리카 등이 있는데, 일부 국가의 경우 형식상 중립국이나 사실상 그렇지 못하다는 지적을 받고 있기도 하다.

점령 占領

한 나라가 상대국의 영역 또는 준영역[신탁통치지역·조차지(租借地)]의 일부 또는 전부를 사실상 군의 지배하에 두는 것을 말한다. 점령국은 점령지의 입법·사법·행정에 대하여 일정한 권리의무를 가진다. 즉 치안유지와 군사상 필요에 따라 점령지의 법률을 개폐할 수 있으나 군사상 절대적 지장이 없는 한, 피점령국의 법령과 명령을 존중해야 한다. 또한 사법에 있어서도 점령지의 재판소를 존중해야 한다. 점령지의 행정은 공공질서와 생활을 회복하고 확보하기 위한 것이어야 하며, 행정관리를 그 직에 잔류토록 요구하여 불응했을 경우 추방은 할 수 있지만 처벌할 수는 없다. 점령지의 주민은 점령군의 계엄령하에 선다. 점령지의 재산취급은 공유재산과 사유재산으로 구별하는데, 공유재산도 부동산으로서 군사적인 성질의 것은 파괴·손상할 수 있어도 군사적 성질을 갖지 않은 것은 사용·수익할 수 있을 뿐이다. 특히 종교·자선·교육·학술에 관한 부동산은 사유재산의 경우와 같이 몰수의 대상이 되지 않는다. 공유재산인 동산은 압수 및 처분에 있어 제한이 완화된다. 그러나 사유재산은 비몰수를 원칙으로 하며 일시적인 사용의 경우로써 전쟁상 필요한 경우이면 배상할 필요가 없다. 또한 점령군은 조세의 징수·공납금의 제공·징발을 명할 수 있는데 이 경우에는 일정한 요건을 구비해야 한다(육전의 법 및 관습에 관한 협약 제49조 이하). 점령은 그 형태에 따라 ① 전시점령(戰時占領) ② 평시점령(平時占領) ③ 혼합점령(混合占領)으로 구분되며, 각도를 달리하여 ① 적대점령(敵對占領) ② 우호적 점령으로 구분한다.

전시금제품 戰時禁制品

전쟁 중 중립국민이 교전국에 공급하는 것을 상대방 교전국이 해상에서 포획몰수(捕獲沒收)할 수 있는 물품을 말한다. 그러나 전시금제품의 성질결정에 관하여는 일반국제법상 확립된 의견이 없다. 1856년의 파리선언에 의하면 전시금제품을 구성하기 위한 요소로서 ① 군용에 제공될 수 있을 것 ② 적성목적지를 가질 것을 요구하고 있다. 1909년의 런던선언에서는 당시의 국제관행을 인정하여 금제품과 자유품으로 구별하고, 금제품을 다시 **절대적금제품**(絕對的禁制品)과 **상대적금제품**(相對的禁制品 : 조건부금제품)으로 분류하여 열거하고 있다. 제1차 세계 대전시에는 일반적 규정만을 두어 금제품의 범위를 한층 확대시키는 경향을 보였다. 전시금제품은 전쟁 중 중립국영해 이외의 해상에서는 언제나 포획몰수된다.

봉쇄
封鎖

적국의 항구·연안에 대하여 해군력으로 일체의 선박화물의 출입을 차단하는 것을 말한다. 평시봉쇄와 전시봉쇄로 구별하나 보통 봉쇄라고 할 때는 전시봉쇄를 말한다. 적국해안의 교통을 방지하기 위하여 교전국 일방이 해군력에 의하여 적국의 해안에 봉쇄선을 치고, 이 선을 넘어서 적지와 교통하는 선박이나 화물을 포획하여 처분하는 것이다. 봉쇄가 중립통상에 미치는 영향은 막대하지만, 봉쇄는 전쟁 중에 일반해상에서 행사할 수 있는 교전권과는 차이가 있는 것이며, 봉쇄의 성립에는 엄중한 요건이 필요하다. 1856년의 파리선언 및 1909년의 런던선언에 의하여 봉쇄제도는 국제적으로 성문화되었다. 봉쇄의 성립요건으로서는 실효성과 고지가 있어야 하며 또 공평하여야 한다. ① 실효성 : 봉쇄가 유효하기 위해서는 실효적이어야 한다. 이것이 중심적인 요건이다. 즉 적국의 해안에 도달하지 못하도록 실제로 이를 방지할 만한 충분한 병력의 유지가 필요하고, 성명이나 선언으로 봉쇄를 주장하는 것은 지상봉쇄 혹은 의제봉쇄라 칭하여 유효한 봉쇄가 아니다. ② 고지 : 봉쇄는 선언되고 고지되어야 한다. 외교절차에 의하여 일체의 중립국에 대하여 하는 일반적 고지와 봉쇄지역의 관헌에 대하여 하는 지방적 고지의 두 가지가 있다. ③ 적국해안 : 봉쇄는 단지 적국 혹은 적국점령지의 해안에 대해서만 행하여져야 한다. 중립국 해안에 대하여는 행하여지지 않는다. ④ 공평 : 봉쇄는 모든 국가의 선박에 대하여 공평하게 적용되어야 한다.

공전법규안
空戰法規案

공중전투나 공폭에 관한 국제법규안을 말한다. 제1차 세계 대전 때 처음으로 대규모의 공전이 전개된 이래 공전법규의 정비가 통감되어 1922년 워싱턴군비제한회의에서 「전시법규의 개정을 심의하는 법률가위원회에 관한 결의」가 채택되었으며, 이 결의에 의거하여 같은 해 헤이그에서 미국·영국·프랑스·일본·이탈리아·네덜란드 6개 위원국에 의하여 위원회가 개최되고, 그 결과 1923년 2월에 공전법규안이 작성되었다. 요점은 ① 일체의 항공기에 적용할 것 ② 항공기를 공(군용·비군용)·사로 구분할 것 ③ 모든 국가의 영역 외에 있어서는 일체의 항공기는 공중통과·착수(着水)의 자유를 가질 것 ④ 교전권은 군용기에 한할 것 ⑤ 공중폭격은 금지하지 아니할 것 ⑥ 군사적 목표주의를 채택할 것 ⑦ 적국공항공기는 원칙으로 포획심검절차 없이 몰수할 수 있을 것 ⑧ 사(私)항공기는 교전국군용기에 의한 임검·수색·나포에 복종하나, 다만 그 항공기 및 기상의 화물은 포획심검절차를 거치게 할 것 등이다. 이 공전법규안은 관계국의 비준을 얻지 못하여 정식조약으로 성립하지는 못하였으나 공전에 관한 종합적 규칙으로서 그 권위는 각국에 의하여 인정되고 있어 항공기의 행동을 규율하는 지침으로서의 충분한 가치를 가진다.

집단적 안전보장
集團的 安全保障

국가의 안전을 상호 간에 집단적으로 보장하는 것을 말한다. 군비 등에 의하여 국가가 개별적으로 자국의 안전을 도모하는 것과 다르며, 또 제3국에 대하여 타국과의 동맹으로 안전을 도모하는 것(19세기에 예가 많다)과도 다르다. 세계 또는 그 대다수의 국가가 조약상 조직으로 결합하여 상호간에 전쟁 기타 무력행사를 금지하며 국제분쟁의 평화적 처리를 정하고, 그것에 반하여 충돌이 생겼을 때에 위반국·침략국에 대하여 다른 모든 나라가 협력하여 조직적 강제조치를 가한다. 위반행위, 침략행위의 방지·진압을 꾀하며, 국가상호의 안전을 보장한다. 20세기의 국제사회는 그 방향으로 나아가 국제연맹·국제연합 등은 그 전형적인 예이다. 지역적 협정·지역적 기관에 의하는 안전보장도 지역적 집단안전보장으로서 광의의 집단적 안전보장에 속한다. 그러나 이 경우에는 관계국 외의 국가에 대한 공동방위를 그 중요한 목적의 하나로 하는 것이 보통이다. 때로는 두 나라 간의 조약에 의한 안전보장을 이 용어로 부르기도 하나 본래의 의미는 아니다.

집단적 자위권
集團的 自衛權

한 나라가 무력공격을 받았을 때 이와 밀접한 관계에 있는 다른 나라가 그 피해국을 원조하고 공동으로 방위하는 권리를 말한다. 이 타국 자체에 대하여서는 현실적으로 무력공격이 있을 것을 필요로 하지 않는다. 「국제연합헌장」 제51조에 의하여 인정된 권리로서 안전보장이사회가 유효한 조치를 취할 때까지 개별적 자위권과 함께 집단적인 자위권을 행사할 수 있다. 전자는 본래의 자위권이지만, 후자는 종래의 국제법상 의미에 있어서의 자위권과 다르다. 집단적 자위권은 지역적 협정에 의한 강제행동이 안전보장이사회의 사전허가를 요하는 제한으로부터 필요한 경우에 그 허가 없이도 강제행동을 발동할 수 있게 하려는 동기에서 생긴 것이다. 따라서 지역적 협정에는 이 집단적 자위권의 규정이 채택되고 있는 것이 보통이다. 그러나 이 권리를 행사하기 위해서는 반드시 지역적 협정을 필요로 하는지에 관해서는 학설이 나누어진다. 그러나 이 협정에 의하여 집단적 자위권에 의한 원조를 받을 권리가 생기는 것, 다시 말해 집단적 자위가 의무로 되는 것은 확실하다. 국제평화 및 안전에 관한 연대성이 고조됨에 따라 인정되는 권리인 동시에 국제정치 정세와 결부하여 일반적 집단보장 권리를 분열시킬 위험성도 가지고 있다. 즉 **북대서양조약**과 **바르샤바조약**은 이러한 성격을 명백히 반영하고 있다.

침략
侵略

국가가 타국에 대하여 정당한 이유 없이 무력공격을 행하는 것을 말한다. 즉 일국이 타국으로부터 도발됨이 없이 그 타국에 대해서 무력공격을 가하거나, 정당한 이유(자위권의 행사 또는 국제법상의 의무에 기인하는 행위)도 없

고 또한 분쟁을 평화적으로 처리할 여지가 충분함에도 불구하고 이를 시도함이 없이 무력공격을 감행하는 것이 침략(**직접침략**)이 되는 것이다. 모든 경우에 타당한 침략에 대한 일정한 법적 정의를 내린다는 것은 오늘날과 같은 국제관계에서는 지극히 어려운 일이다. 또한 '이데올로기'의 형태를 지닌 **간접침략**의 방식이 혼용된 각종의 전략·전술이 구사되고 있는 현실에 있어서는 그 기준 설정마저 난제에 속해 버리고 만 것이다. 1924년의 제네바의정서는 그것에 열거된 분쟁의 평화적인 처리절차에 위반하여 전쟁에 호소하거나 그 절차의 결과로서 국제기관의 결정이 있는데, 이를 위반하고 적대행위를 감행하는 것을 침략이라고 보는 형식적인 정의를 내렸고, 1933년의 **침략의 정의에 관한 조약**(侵略의 定義에 관한 條約)은 ① 타국에 대해서 개전선언을 행하는 것 ② 선전(宣戰)의 유무를 막론하고 무력으로서 타국영토에 침입하는 것 ③ 선전의 유무를 막론하고 군에 의한 타국의 영토·선박 또는 항공기를 공격하는 것 ④ 타국의 연안 또는 항구에 대해서 해상봉쇄를 행하는 것 ⑤ 국내에서 편성한 무장부대로써 타국령 영내에 침입하는 자를 지지하는 것 또는 피침입국의 요구가 있음에도 불구하고 이들 무장부대에 대한 모든 원조와 보호를 억제하기 위한 자국영역 내에서의 가능한 조치를 취함을 거절하는 것 등을 열거하여 행위의 실체에 관한 정의를 내렸었다. 부전조약이나 국제연합헌장이 침략전쟁을 금지한 바에 따라 각국 헌법이 침략전쟁을 금지한 예도 있으나(대한민국헌법 제5조1항 참조), 결국 침략이란 개별적 또는 집단적인 자위권 이외의 또는 국제연합 권한기관의 결정이나 권고에 따르지 않고, 어떠한 이유나 목적을 위해 강력한 위협 또는 강력의 사용이라고 볼 수 있다. 최근 직접침략과 간접침략의 구별이 국제정치상 특히 유의되고 있다.

영토
領土

광의로는 국가의 통치권이 미치는 구역으로서 **영해·영공**까지도 포함하지만, 국제법상으로는 협의로 **국가영역** 가운데 그 중심부분인 토지에 관한 부분만을 말한다. 국가는 국제법상 그 상부 또한 내부에 광범한 배타적·전할적 권리(專轄的 權利), 이른바 주권(영토고권)을 갖는다. 영토의 범위는 각 국가가 권력행사를 정상적으로 발동할 수 있는 법률적 범위이므로 각 국가의 헌법에 규정되고 있다. 본국뿐만 아니라 해외의 영토도 포함된다. 또 영토는 여러 국가 간에 법률상 정당하게 발동할 수 있는 권력의 범위 또는 한계를 확정하므로 국제법상 영토 및 국경에 관하여 원칙이 확립되어 있다. 특히 국경은 자연적 경계 및 인위적 경계와 국제조약에 의한 경계의 2종으로 구별하고 있으며, 영토의 변경절차에 관해서는 여러 나라의 헌법중에 규정하고 있는 국가가 있다. 영토는 국제법상 할양(割讓)·병합(倂合)·정복(征服)·선점(先占)에 의하여 변경된다. 즉, 전쟁은 영토 변경의 원인이 될 수 없다. 또 영토에 관한한, 무해항행(無害航行)·무해항공(無害航空)에 대응하는 의무는 없다.

국가영역
國家領域

국가가 영유하는 지역적 범위를 말한다. 영토·영해·영공으로 이루어진다. 국가영역은 국가의 구성요소로서 또는 국가권력의 발동범위로서 국가존립의 기초가 되는 가장 중요한 것이다. 국내법상으로는 영역의 보전이 중요시되며, 국제법상으로는 각 국가의 타국가에 대한 영역불가침의 의무가 확립되어 있다. 국제연맹규약에서도 '연맹국은 각 연맹국이 영역보전 및 현존의 정치적 독립을 보장하고 외부의 침략에 대하여 이를 옹호할 것을 약속한다'(국제연맹규약 제10조)고 규정하고 또 국제연합헌장에서도 '모든 회원국은 그 국제관계에 있어서 다른 국가의 영토보전이나 정치적 독립에 대하여 또는 국제연합의 목적과 양립하지 아니하는 어떠한 기타

방식으로도 무력의 위협이나 무력행사를 삼간다'(같은 헌장 제2조4항)고 규정하고 국가영역의 불가침성을 보장하고 있다. 국가영역은 어떤 경우에는 증감하나 그것은 결국 영토의 변경으로 귀착한다. 그 원인으로는 할양·병합·정복·선점 등이 있다.

국제지역
國際地役

광의로는 조약에 의하여 한 나라의 영토주권에 타국의 이익을 위하여 과하여진 제한을 말하며, 협의로는 조약에 의하여 한 나라의 영토주권에 타국의 이익을 위하여 과하여진 제한을 말하는 것은 동일하나, 조차지(租借地)와 같은 중대한 영토상의 제한을 말하는 것이 아니고 비교적 가벼운 제한을 말한다. 즉 권리국이 의무국에 대하여 하등의 국권을 행사함이 없이, 다만 의무국이 가진 영역이용의 자유에 대한 제한을 과하거나(무장금지·영토할양의 금지 등), 그렇지 않으면 국권을 행사하는 동일지역에 의무국도 동일한 국권을 행사할 수 있는 것을 말한다. 국제지역은 적극지역과 소극지역으로 구분할 수 있다. 전자는 갑국이 을국의 영토 내에서 군대통행권과 같이 어떠한 행위를 할 수 있는 경우를 말하며, 후자는 을국이 갑국의 이익을 위하여 자국의 영토 내에 요새를 구축하지 않겠다는 약속과 같은 것을 말한다. 국제지역은 또 군사지역과 경제지역으로 구분할 수도 있다. 전자는 「포츠머스강화조약」에 의하여 러·일 양국이 사할린 섬에 상호군사시설을 할 수 없다는 약속과 같은 것을 말하며, 후자는 권리국의 경제상의 이익에 주목적을 둔 지역을 말한다(예 : 북대서양어업권). 단, 1910년 북대서양연안어업사건에서 미국이 그 권리를 국제지역이라는 관념으로서 주장하였으나 국제중재재판소는 이것을 부인하고, 국제지역은 '주권적 권리의 명시적 양도'인데 미국시민이 전기 수역에서 획득한 권리는 경제적 권리에 불과하므로 그것은 국제지역이 아니다. 따라서 영국은 그 수역에 합리적인 어업규제를 실시할 수 있다고 판결한 바 있다.

내수
內水

영해의 기선으로부터 육지 쪽에 있는 수역을 말한다. 이때까지는 보통 천·호·운하 등과 같이 해안선의 배후에 있는 수역을 의미하였다. 만의 경우에는 입구에 그은 직선의 배후에 있는 수역이 내수로서의 지위를 갖는 것으로 되어 있었다. 이와 같은 내수 이외에 1958년 제네바 해양법회의에서 채택된 「영해 및 접속수역에 관한 협약」에 의하면 영해의 기선으로부터 육지 쪽의 수역도 내수로서의 지위를 갖는 것으로 되어 있다(같은 조약 제5조1항). 이것은 **직선기선**(直線基線)의 경우에 특별히 중요하다. 통상의 기선에서는 이것과 육지와의 사이에 수역이 전혀 없거나, 있어도 극히 좁아서(통상기선은 저조선이므로 고조시에 육지와 기선 간에 약간의 수역이 생긴다) 문제가 되지 않는다. 이에 반하여 직선기선의 경우에는 상당히 넓은 수역이 생기는 것이므로 이 새로운 내수의 지위는 그만큼 중요하다.

만
灣

해안이 단순한 굴곡을 넘어서 그 들어간 정도가 입구의 폭에 비하여 현저하여 육지로 둘러싸인 수역을 형성하는 것을 말한다(해양법에 관한 국제연합협약 제10조2항 본문). 그러나 만입 면적이 만입의 입구를 가로질러 연결한 선을 지름으로 하는 반원의 넓이에 미치지 못하는 경우, 그러한 만입은 만으로 보지 아니한다(같은 항 단서). 여기서 말하는 만입면적은 만입해안의 저조선(低潮禪, 가장 낮은 수위의 조류가 형성하는 해안선)과 만입의 자연적 입구의 양쪽 저조지점(가장 수위가 낮은 지점)을 연결하는 선 사이에 위치한 수역의 넓이를 말한다. 섬이 있어서 만이 둘 이상의 입구를 가지는 경우에는 각각의 입구를 가로질러 연결하는 선의 길이의 합계와 같은 길이인 선상에 반원을 그려야 한다. 만입의 안에 있는 섬은 만입수역의 일부로 본다(같은 조 3항). 그러나 연안국이 장기간 어느 만을 그 영역의 일부로 취급하고 타국의 항의를 받지 않을 때에 인정되는 이른바 역사적만(Historic Bays)에 있어서는 예외로 한다

(같은 조 6항). 뉴펀들랜드의 컨셉션만 내의 전선부설권에 관한 사건(1877년)이나 영국·노르웨이 어업분쟁사건(1951년)은 이러한 역사적만의 이론에 입각한 것이다.

영해
領海

광의로는 국가에 속하는 해면을 총칭하지만, 협의로는 연안국이 공인한 대축척해도에 표시된 해안의 저조선(간조 때의 바다와 육지의 경계선), 일명 **통상기선**에서 일정한 거리 내에 있는 연안해를 말한다. 각국은 이 기선에서 12해리를 넘지 않는 범위에서 영해의 폭을 설정할 수 있다(해양법에 관한 국제연합 협약 제3조 및 제5조). 영해주권은 해면, 해중뿐만 아니라 상공·해저 및 하층토에까지 미친다(같은 협약 제2조). 지리적 특수 사정이 있는 수역의 경우에는 대통령령으로 정하는 기점을 연결하는 직선을 기선으로 할 수 있다(직선기선, 영해 및 접속수역법 제2조2항). 대한민국도 1977년 12월 31일 영해를 12해리(다만, 대통령령이 정하는 바에 따라 일정수역에서는 12해리 이내에서 영해의 범위를 정할 수 있다)로 하는 「영해 및 접속수역법」(제정 당시 제명은 영해법)을 제정하였다.

배타적 경제수역
排他的 經濟水域

영해의 기선에서 200해리 이내의 수역을 말한다. 중남미제국이 주장하고 있던 패트리모니얼해(세습수역)와 아프리카 제국이 주장하고 있던 배타적 경제수역의 주장을 통합하여 제3차 해양법회의(1973년부터 개최)에서는 영해의 기선에서 200해리 이내의 수역에서 연안국은 생물·비생물을 포함한 모든 천연자원을 개발할 수 있는 주권적 권리를 행사할 수 있는 배타적 경제수역을 설정할 수 있다는 것에 거의 의견이 일치하고 있다. 1977년 캐나다, 노르웨이, EC(유럽공동체), 미국, 소련 등이 200해리의 **어업전관수역**(漁業專管水域 : 경제수역 중에서 어업만에 한정된 배타적 권리를 주장하는 것)을 설정하였고 그것이 세계적인 추세로 되어 있다.

해양법에 관한 국제연합 협약
United Nations Convention on the Law of the Sea : UNCLOS

해양국제법의 법전화를 위한 노력은 끊임없이 있어왔지만 영해의 범위를 어디까지로 보아야 하는가에 대한 문제에 대해 연안국의 주권과 공해의 자유가 첨예하게 대립해 왔다. 이에 이 두 가지 가치의 조정을 위해 국제연합 해양법회의가 개최되었다. 1958년에 열린 제1차 회의에서는 「어업 및 공해의 생물자원 보존에 관한 협약」, 「대륙붕에 관한 협약」, 「영해 및 접속수역에 관한 협약」, 「공해에 관한 협약」 등 4개 협약을 체결하였지만, 제2차 회의는 결국 영해의 넓이 문제를 해결하지 못하고 실패하였다. 이후 영해와 배타적 어업관할권 확대를 주장하는 국가가 증가하면서 1973년에 제3차 회의가 개최되었다. 이 회의는 이후 무려 9년에 걸친 교섭 과정을 거쳤고 결국 1982년에 해양법에 관한 국제연합 협약이 발효되었다. 전문과 17장 320조 및 9개 부속서의 방대한 양으로 구성된 이 협약은 영해, 접속수역, 대륙붕, 공해 및 심해저 등 해양의 모든 영역을 포함하고 해양 환경·해양 환경 조사·해양기술이전 등의 내용을 담고 있다. 이 협약을 근거로 영해가 12해리까지, 접속수역이 24해리까지로 확장되었으며, 대륙붕의 확대와 배타적 경제 수역 제도가 확립되었다. 또한 공해 심해저자원의 무분별한 개발을 방지하기 위한 국제해저기구 및 해양분쟁의 해결을 위한 국제해양법재판소 등이 설립되었다. 우리나라는 1996년에 이 협약에 비준하였다.

공해
公海

어느 국가의 영역에도 속하지 않고 따라서 어느 국가도 배타적으로 이를 관리할 수 없는 특수해역을 말한다. 즉 영해를 제외한 해역을 말한다.

대륙붕
大陸棚

본래는 해양지리학적 용어이지만 국제법상으로는 '해안에 인접하고 있으나 영해 외에 있는 수심 200미터 이내(또는 해저구역의 천연자원을 개발가능한 곳까지)의 해상 및 해저지하'를 말한다. 연안국은 대륙붕에 대하여 그것을 탐색하고 그 천연자원을 개발할 수 있는 독점적인 권리를 가진다. 제2차 세계 대전 후에 캘리포니아 유전개발을 위한 트루먼선언(1945년 9월 28일) 이후 각국에 의하여 주장되었으나, 대륙붕에 관한 협약(1958년 4월 29일)에 의하여 국제법상 제도로서 확립되었다. 제3회 해양법회의에서 작성된 개정 비공식교섭통합초안에서는 대륙붕의 범위를 영해의 기선에서 200해리 또는 대륙 가장자리(Continental Margine)의 외단까지(다만, 최대한 350해리 또는 수심 250미터의 지점에서 100해리까지)로 하고 있다. 전기의 트루먼선언 이후, 이 선언을 계기로 중남미·중동·극동의 30여 개국이 대륙붕선언을 행하였다. 한국정부도 1952년 1월 18일자 대한민국인접 해양의 주권에 대한 대통령의 선언으로써 심도 여하를 불문하고 대륙붕의 상부·표면·지하에 있어서 광물 및 수산자원의 보전과 이용을 위한 주권을 유보하였다.

영공
領空

영토와 영해의 상공으로 구성되는 국가영역을 말한다. 즉 영토·영해의 한계선으로부터 수직으로 세운 내부공역이며, 상방 한계는 무한으로 인정된다. 그러나 우주 공간은 주권의 주장 등에 의하여 국가 전용의 대상이 되지 않는다고 규정한 「달과 기타 천체를 포함한 외기권의 탐색과 이용에 있어서의 국가 활동을 규율하는 원칙에 관한 조약」 제2조를 근거로 그 범위는 대기권까지로 제한된다고 본다. 영공에 대한 국가의 기능은 '완전하고도 배타적인 주권'으로 생각된다. 물론 국제법에 의거하여 그 제한이 인정된다. 요컨대 영토나 영해에 대한 것과 원칙적으로 다른 바 없다. 무해항공은 조약상 일정한 범위에서 인정되나, 영해에 있어서의 무해통항과 같이 일반국제법상 확정되어 있지 않다. 영공에 관한 국제법규중 주요한 것은 **국제민간항공협약** 및 동부속협정 등의 여러 규칙이다.

국제민간항공협약
國際民間航空協約

1919년 파리국제항공협약에 갈음하여 1944년 시카고 연합국국제민간항공회의에서 채택된 협약을 말한다. 1947년 4월 실시 당시 43개국이 참가하였다. 국제민간항공의 규정을 중심으로 영공에 관한 국가의 배타적 주권, 항공기의 종류·자격·소속·지위 등의 규정이 있다. 원칙은 파리협약과 같다. 이 협약과 같이하여 이 회의에서도 국제항공운송협약(이른바 두 가지 자유협약)을 맺고 또 국제민간항공기관을 설치하였다.

유보
留保

국가가 조약을 체결함에 있어 조약당사국이 되기 위한 승낙의 한 조건으로서 인정한 범위 내에서 자국에 관하여 조약의 적용을 제한하기 위한 의사표시(선언)를 말한다. 유보는 다자간 조약의 특유한 제도이며, 그 성질상 쌍무 조약에는 존재할 필요가 없다. 다자간 조약에 있어서 특히 유보제도가 인정되고 있는 이유는 조약 전체의 규정에 대해서 대체로 찬성하고 있는 국가가 그중의 일부에 관하여 견해를 달리하기 때문에 해당 조약의 체결(또는 가입)을 거부하는 것 같은 일이 없도록 각국의 특수한 사정이나 이해관계를 참작하여 될 수 있는 대로 다수의 국가를 조약에 참가하게 하려는 취지에 있다. 유보에는 ① 조약의 일정한 항의 적용을 제한 또는 제외하기 위한 것(조항의 유보) ② 조약이 적용될 지역을 한정하기 위한 것(적용지역의 유보) ③ 조약의 일정한 규정에 대한 해당 국가가 가지는 특정한 의미의 해석을 표시하기 위한 것(해석의 유보) 등이 있다. ①을 본래의 또는 협의의 유보, ②③을 광의의 유보라고도 한다.

평화를 위한 단결결의
平和를 위한 團結決意

1950년 11월 3일 제5회 국제연합총회에서 채택된 결의로서 안전보장이사회가 거부권으로 활동할 수 없을 때 총회가 침략방지의 권고를 할 수 있음을 명백히 한 것을 말한다. 기타 중요사항으로서 평화에 대한 위협을 현지에서 감시하는 평화관찰위원회, 집단안전보장조치의 강화를 연구하는 집단조치위원회를 설치하여 총회 또는 안전보장이사회의 권고에 응하여 국제연합부대로서 활동하는 군대의 유지를 가맹국에 권고하고 있다. 소련 등 5개국은 이 결의에 반대하였다. 이 결의는 한국전쟁의 경험에 비추어 총회의 권한을 강화한 것인데 1956년의 수에즈운하분쟁, 헝가리동란, 1958년의 중동분쟁에는 긴급특별총회가 개최되어 상당한 성과를 거두었다.

평화선
平和線

1952년 1월 18일의 「대한민국인접해양의 주권에 대한 대통령의 선언」에 의하여 설정된 것으로서 세칭 **이승만라인**을 말한다(국무원고시 제14호). 이 선언은 전문과 4개항의 조문으로 구성되어 있다. 전문에서는 이 선언이 확정된 국제적 선례에 의거하고 국가의 복지와 방어를 보장하는 요구에 의한 것임을 명백히 하였다. 즉 평화선은 이른바 **맥아더라인**에 대치할 목적으로 설정된 것이므로 일본과의 관계에 있어서 어업분쟁의 가능성을 미리 봉쇄하기 위한 의미를 가진 것이며, 더 나아가 이른바 **클라크라인**에 대치된 일종의 방위수역의 성격을 겸한 것이다. 1항에서는 한반도와 그 부속도서의 인접해안에 존재하는 해붕(대륙붕)에 대하여 그 심도 여하를 불문하고 대한민국의 주권을 보존·행사한다는 것을 선언하였다. 2항에서는 자연자원 특히 어족의 지속적 생산성을 확보하기 위하여 인접해안에 대한 주권을 선언하고 한국의 주도권에 의한 보존수역의 설정을 언명하였다. 3항에서는 전2항의 목적을 달성하기 위하여 설정한 경계선을 위도와 경도로 명시하였다. 또한 이 경계선이 과학의 발달과 보조를 같이 하여 새로운 정세에 합치하도록 수정될 수 있음을 말하고 그것에 신축성을 부여하였다. 끝으로 4항에서는 상기 수역상의 항행자유를 방해하지 않는다고 선언하여 현대 공해자유의 원칙과의 조화를 기도하였다. 평화선은 원래 국제법상의 견지에서만 설정되는 것은 아니다. 장구한 시일 동안의 일본에 의한 한국강점이라는 역사적·정치적 배경을 무시하고는 이해할 수 없는 것이다. 그러나 국제법상으로도 일본 측 주장대로 불법적이라고 단정하는 것은 잘못이다. 1958년 제네바 해양법회의에서 채택된 「어업 및 공해 생물자원의 보존에 관한 협약」 제7조에 의하면 연안국은 일정한 경우에 일방적인 보존조치를 취할 수 있게 되었다(현재까지 일본은 이 조약에 가입하지 않고 있으며, 전통적인 공해자유의 원칙만을 고집하고 있다). 다만, 이와 같은 보존조치를 정당화하는 사유로서 ① 그 조치의 긴급성 ② 그 조치의 과학적 타당성 ③ 외국어부에 대한 평등대우를 요구하고 있을 뿐이다. 일본은 과거 한국강점시대에 조선어업령을 발포하여 현 평화선에 비슷한 트롤 어업금지구역을 설정한 사례도 있다. 제정일본이 이와 같은 독점수역을 필요로 하였다면 그 남획으로부터 어족을 보호하고 지속적 적정 생산성을 유지하기 위한 수역의 설정이 독립된 한국에게 더욱 절실히 필요한 것임은 말할 것도 없다. 일본에 대한 관계에 있어서는 평화선은 「대한민국과 일본국간의 어업에 관한 협정」에 의하여 어업에 관한 수역으로 수정되었다.

어업 및 공해 생물자원의 보존에 관한 협약
漁業 및 公海 生物資源의 保存에 관한 協約

1958년 국제연합 해양법회의에서 채택된 협약을 말한다. 전통적인 공해자유의 원칙의 엄격한 적용을 지양하고 연안국 우위의 사상을 크게 반영한 것이다. 각국은 공해에서 어업의 권리를 가지며, 반면에 공해생물자원의 보존을 위해서는 어업국은 공동하여 보존조치를 취하지 않으면 안 된다고 규정하였다. 연안국은 연안국이라는 이유만으로 보존조치에 참가할 수 있고 경우에 따라서는 일방적으로 보존조치를 취할 수 있게 되었다. 보존조치에 관하여 합의가 이루어지지 않는 경우 분쟁은 강제적으로 특별위원회에 부탁된다. 이 특별위원회는 사건마다 어업전문가로 구성된다.

휴전
休戰

교전당사자의 합의에 의하여 교전행위를 일시 정지하는 것을 말한다. 일반적 휴전과 부분적 휴전이 있다. 일반적 휴전은 교전국 간의 전 지역에 있어서의 전투를 전면적으로 중지하는 것이므로, 일반적 또는 전반적 휴전은 보통 전쟁의 사실상의 종료와 같은 정치적 효과를 가져온다. 그러나 법적으로는 휴전 자체가 전쟁을 종료하는 것은 아니다. 이와 같은 정치적 중요성으로 일반적 휴전협정의 체결은 교전국정부 자신 또는 군의 총사령관만이 할 수 있으며 비준을 요한다. 부분적 휴전은 일정한 군사적 필요에 의하여 일정한 지역에서만 일시적으로 전투행위를 중지하는 것이다. 부분적 또는 지방적 휴전은 일선사령관 사이의 합의에 의하여 성립하는 것이며, 전쟁의 종료와는 아무런 관계도 없다. 특별한 규정이 없는 한 비준을 요하지 않는다. 그런데 일반적 휴전이 성립하면 교전국 군대 간의 전투행위는 전면적으로 중지되나 전쟁상태가 종료되는 것은 물론 아니다. 휴전기간 중 교전 당사자국 간에는 여전히 전쟁상태가 계속되며, 교전국과 제3국 간에는 중립관계가 존속한다. 전투행위의 준비에 대하여는 특별한 규정이 없는 한 전선 외에서는 할 수 있으나 전선 내에서는 할 수 없다고 보는 것이 다수설이다. 휴전의 종료는 휴전협정에 기간이 정해진 것은 그 기간의 만료와 동시에 또 해제조건이 붙은 것은 그 조건이 되는 사건의 발생과 동시에 종료한다. 당사자의 일방이 휴전조건을 위반하는 것은 국제법 위반행위를 구성하며 '당사자의 일방에게 중대한 휴전협정 위반이 있을 경우에는 타방이 협정 폐기의 권리를 가질 뿐만 아니라 긴급한 경우에는 즉시 전투를 개시할 수 있다'(육전의 법 및 관습에 관한 협약 제40조). 개인의 위반에 대하여는 협정 그 자체가 무효로 되지 않고, 위반자의 처벌 및 손해배상의 청구권이 발생한다(같은 협약 제41조).

한국휴전협정
韓國休戰協定

한국전쟁(충돌)을 정지시키고 최후적인 평화적 해결이 달성될 때까지 한국에서의 적대행위와 일체무장행동의 완전한 정지를 보장하는 정전을 확립할 목적으로 국제연합군총사령관 미국육군대장 마크 W.클라크와 북한군최고사령관 김일성 및 중국인민지원군사령관 팽덕회와의 사이에 1953년 7월 27일 10시 판문점에서 서명되어 같은 날 22시 발효한 협정을 말한다. 이 한국휴전협정의 조항에 기재된 정전조건과 규정을 접수하며 또 그 제약과 통제를 받는 데 각 당사자는 공동으로 상호 동의하였다. 서언 및 전조문 5조로 되어 있다. 즉 제1조(군사분계선과 비무장지대), 제2조(정화 및 정전의 구체적 조치), 제3조(전쟁포로에 관한 조치), 제4조(쌍방 관계정부들에의 건의), 제5조(부칙)로 구성되어 있다. 제2조는 군사정전위원회와 중립국감시위원회의 구성, 직책과 권한 등에 관하여 상세히 규정하고 있다. 한국휴전협정은 그 효력 발생 후 3개월 이내에 쌍방대표자로 구성된 고급정치회의를 소집하고 한국문제의 평화적 해결 등의 모든 문제를 협의하기로 하였으나 고급정치회의는 결국 실현되지 않았다.

복구
復仇

국제불법행위의 중지와 그 구제를 위한 강력행위를 말한다. 이 강력행위는 상대국이나 그 국민의 권리를 사실상 침해하는 것이나 이 경우에는 특히 위법성이 조각된다. 복구의 요건은 다음과 같다. ① 상대국의 국제불법행위가 있을 것 ② 그 중지 또는 구제를 위하여 행하여질 것 ③ 강력행위는 불법행위와 대등할 것 등이다. 이상의 요건을 구비하는 한 강력행위의 수단을 불문하지만, 상대국과의 조약 실시의 정지, 상대국의 국민이나 화물의 억류, 그 영토의 일부점령, 선박압류, 평시봉쇄 등이 비교적 많이 사용된다. 복구는 남용되기 쉽고, 특히 병력을 사용할 때 그 요건이 엄격히 충족되지 않는 경향도 있어 폐해가 적지 않다. 최근에는 부전조약·국제연합헌장 등에 의하여 전쟁 기타 병력의 사용이 금지되며, 복구를 위한 병력의 사용까지 금지되어 있다. 불법행위까지는 아니지만 국가 간에 일반적으로 행하는 관례(국제 예양) 위반이나 도덕적 또는 정치적인 비난을 살만한 행위에 대하여 같은 정도의 행위로 되돌려주는 것을 '보복(報復)'이라고 부르며 복구와 구별한다.

제네바협약
Geneva協約

광의로는 제네바에서 체결된 일체의 협약을 말하고, 협의로는 제2차 세계 대전 후 1949년 8월 12일에 체결된 「전쟁의 피해자의 보호를 위한 제네바 협약」을 말한다. **적십자협약**이라고도 한다. 이것은 4개 협약의 총칭으로서 1949년에 체결된 「육전에 있어서의 군대의 부상자 및 병자의 상태 개선에 관한 1949년 8월 12일자 제네바협약(제1협약)」을 시작으로, 「해상에 있어서의 군대의 부상자, 병자 및 조난자의 상태개선에 관한 1949년 8월 12일자 제네바협약(제2협약)」, **「포로의 대우에 관한 협약」**, 「전시에 있어서의 민간인의 보호에 관한 협약」을 포함한다. 이상의 4개 협약은 총가입조항을 포함치 않고 있으며, 전쟁이라는 명칭을 사용하지 않는 무력행사에도 적용할 수 있다는 특징이 있다.

제네바협정
Geneva協定

1946년 이래의 인도지방 전쟁종결을 위해 관계 9개국이 제네바에서 작성한 베트남, 라오스, 캄보디아 휴전협정과 일련의 선언(1954년)을 말한다. 미국은 이 협정에 서명하지 않았으나 무력행사를 삼가는 뜻의 단독선언을 행하였다.

포로의 대우에 관한 협약
捕虜의 待遇에 관한 協約

제2차 대전 후 1949년 8월 12일 제네바에서 체결된 4개의 협약(전쟁법규) 중의 하나를 말한다. 포로에 관한 일반법규로서는 1907년의 육전의 법규·관례에 관한 규칙과

1929년의 포로대우에 관한 협약이 있으며, 1949년의 동협약은 국제적십자위원회가 개정을 준비하여 성립한 것이다. 이 협약은 1966년 8월 16일에 우리나라에 대하여 발효하였고, 총 6편 143조로 되어 있다(협약의 내용은 포로의 항 참조).

포로
捕虜
전시에 적에게 체포되어 군사적 이유로 자유를 박탈당하는 사람을 말한다. 범죄나 범죄인이 아니므로 포로는 국제법에 의하여 일정한 대우를 받게 된다. 이 대우는 국제관습법에 의하여 대략 확정되어 있으나, 1907년의 헤이그 제4호 협약의 부속서인 육전의 법규·관례에 관한 규칙이 이것을 명문으로 규정하고(제4조~제20조), 다시 제1차 세계 대전의 경험에 비추어 이를 수정·증보한 1929년의 「포로의 상태개선에 관한 제네바협약」이 이에 대한 상세한 규정을 두었으며, 제2차 세계 대전 후인 1949년의 제네바 제3협약 「포로의 대우에 관한 협약」이 더욱 자세한 보호규정을 두고 있다. 포로로 취급되는 사람은 군에 속하는 자(전투원과 비전투원을 포함), 군에 속하지 않는 종군자(군용기의 민간인 승무원, 종군기자, 납품업자 등)로서 군관헌의 증명서를 가진 자, 군사상이나 정치상의 중요지위에 있는 자(원수·장관·외교사절 등)이다. 일반의 평화적 인민은 억류되는 일은 있으나 포로로는 되지 않는다. 포로의 대우로서는 일반적으로 인도적인 취급, 특히 폭행·모욕·공중의 호기심으로부터의 보호가 요구된다. 포로에 대한 **복구**도 금지된다. 포로는 그 수용국 정부의 권한 내에 속하며, 그 본국군 또는 동맹국군에 복귀하지 못하게 일정한 장소에 억류·감시되고, 장교를 제외한 포로는 그 계급·기능에 따라 과도하지 않고 작전행동에 관계없는 노동에 사용되며 공정한 임금을 받는다. 수용국은 포로를 급양하여야 할 의무가 있으며 식량·피복·침구에 대해서는 원칙적으로 수용국군대와 대등한 대우를 받는다. 포로는 수용국의 국법·군율에 복종해야

하며 위반자는 처벌된다. 탈주한 포로는 그 본국군에 도달하기 전 또는 수용국이 지배하는 지역을 이탈하기 전에 다시 체포된 때에는 처벌되나, 탈주에 성공한 후 다시 포로로 된 자에 대하여는 전의 탈주에 관해 처벌할 수 없다. 교전국은 전쟁개시와 더불어, 중립국은 그 영토에 포로를 수용했을 때 포로정보국을 설치하지 않으면 안 된다. 포로정보국은 포로에 관한 일체의 조회에 응해야 하며, 포로의 억류·이동·선서해방·교환·탈주·입원·사망 기타 포로에 관한 개인표를 작성함에 필요한 정보를 당해국 관헌으로부터 받는다. 또 포로정보국은 교환·해방된 포로 또는 탈주·사망한 포로가 남긴 일체의 개인용품·유하물·신서(信書) 등을 수집·보관하여 이를 관계자에게 송부할 의무를 진다. 포로수용국은 자선행위의 매개자로서 봉사할 목적으로 법률에 의해 정식으로 설치된 포로구휼협회(捕虜救恤協會) 및 그 정당한 위임을 받은 대리인에 대해 군사상의 필요 및 행정상의 규칙이 허용하는 범위 내에서 포로의 방문, 구휼품의 분배 등에 필요한 편의를 제공하지 않으면 안 된다. 포로는 그 전쟁 중 본국 및 동맹국에 재복무하지 않을 것을 선서했을 때 또는 포로교환 규약이 성립되었을 때에는 전쟁 중일지라도 해방될 수 있으나, 일반적으로 평화 회복시(제네바 제3협약에 의하면 실제의 적대행위의 종료시)에 해방되는 것이 원칙이다. 단, 한국전쟁에서 본 바와 같이 포로의 강제송환과 자유송환의 어느 것이 원칙이냐 하는 문제는 학설상 논쟁이 되고 있다.

독가스
毒가스
질식성(窒息性) 또는 유독성가스를 말한다. 이 독가스는 국제법상 사용이 금지된다. 제1차 세계 대전 전에는 독 또는 독을 장치한 무기의 사용을 금지(육전의 법 및 관습에 관한 협약 제23조)하였으며, 질식성 또는 유독성가스의 살포를 유일한 목적으로 하는 발사물의 사용을 금지(헤이그 제1평화회의최종

의정서의선언)하고 있을 뿐이어서 대전시 독일의 독가스 살포가 그 금지에 저촉되는 가의 여부가 문제되었다. 그 후 베르사유 협약에 규정을 두었지만, 1925년 국제연맹이 사회가 초청한 회의에서 성립된 「독가스 및 박테리아에 관한 의정서」는 질식성·독성 기타의 가스, 일체의 비슷한 액체·재료·고안을 전쟁에 사용하는 것이 불법이라고 하였다.

간첩
間諜
교전당사자의 작전지대 내에 있어서 상대방 교전자에 통보할 의사를 가지고 비밀로 또는 허위의 구실하에 행동하여 정보를 수집하거나, 하려고 하는 자를 말한다(육전의 법 및 관습에 관한 협약 제29조). 간첩은 위법인 교전수단은 아니나, 상대국은 간첩을 현행중에 체포한 경우에는 재판을 하여 처벌할 수 있다(같은 협약 제30조). 또 변장하지 않고 적의 작전지대에 잠입하는 척후(斥候)와 구별된다.

제노사이드
Genocide
집단살해(集團殺害)라고 번역되고, 어떤 종족 또는 종교적 집단의 절멸을 목적으로 하여 그 구성원의 살해, 신체적·정신적 박해 등을 행하는 것을 말한다. 제노사이드의 전형적인 것으로서 나치스 독일에 의한 유태인 학살을 들 수 있다. 1948년 12월 9일 제3차 UN총회에서 「집단살해죄의 방지와 처벌에 관한 협약」이 채택되었다.

제노사이드조약
Genocide條約
「집단살해죄의 방지와 처벌에 관한 협약」의 약칭이다. 1948년 12월 9일 제3차 UN총회에서 채택되었고, 1951년 1월 12일에 발효한 집단살해의 방지·처벌에 관한 협약이다. 국제연합의 비가맹국에도 가입이 개방되어 있으며, 우리나라는 1950년에 가입하였다. 이 협약은 '집단살해'를 ① 집단구성원의 살해 ② 중대한 육체적·정신적 위해를 가한 경우 등 5개의 구체적 항목으로 열거하고 있다(같은 협약 제2조). 범죄자의 처벌대상은 직접 범행자뿐만 아니라 공동모의에 참가한 자, 범죄의 교사자, 미수자 및 공범자이다(같은 협약 제3조). 처벌은 신분 여하를 막론하고 개인적으로 한다(같은 협약 제4조). 체약국은 이 협약의 실시를 위한 입법조치를 취하고 재판은 원칙적으로 행위지에서 행하거나 **국제형사재판소**(國際刑事裁判所)의 관할권을 수락한 체약국에 관해서는 국제형사재판소에서의 심리 및 처벌도 가능하다. 다만, 세계 최초의 상설 전쟁범죄재판소인 국제형사재판소는 2002년이 되어서야 발족하였고, 2002년 7월 이전에 발생한 행위는 다룰 수 없도록 '불소급 원칙'이 적용되었다. 국제형사재판소에서 내릴 수 있는 최고 형량은 징역 30년이며 극단적인 경우 예외적으로 종신형이 가능하다. 우리나라는 2003년 2월 국제형사재판소 정식 가입국이 되었다.

최혜국조항
最惠國條項
조약당사국의 일방이 자국 영역 내에서 제3국 또는 제3국 국민에 대하여 부여하는 대우를 타방의 당사국 또는 그 국민에게도 부여할 것을 약정한 조항을 말한다. 2국간의 통상항해조약 등에 규정되는 일이 많다. 예컨대 「한미우호통상 및 항해조약」은 제22조에서 내국민대우에 관한 규정(제1항)과 아울러 최혜국대우에 관하여 규정하고 있다(제2항). 이 규정에 의하면 최혜국대우란 '일방체약국의 영역 내에서 부여되는 대우로서 어느 제3국의 국민, 회사, 생산품, 선박 또는 기타의 대상에게 사정에 따라 같은 상황하에 그 영역 내에서 부여되는 대우보다도 불리하지 않는 것을 말한다'고 정의되어 있다. 자국민 또는 내국민대우가 내외국민의 무차별 대우임에 대해서, 최혜국민대우는 자국 내에 있어서의 모든 외국인 간의 무차별 대우를 의미한다. 최혜국대우조항의 적용에 있어서는 무조건주의와 조건주의가 있는데, 최근에는 일반적으로 무조건주의가 채택되고 있다. 「한미우호통상 및 항해조약」도 무조건주의에 입각하고 있다[전문(前文)].

한미우호통상 및 항해조약
韓美友好通商 및 航海條約

대한민국과 미합중국 간에 우호통상 및 항해에 관하여 1956년 11월 28일 서울에서 서명된 조약을 말한다. 1957년 10월 7일 서울에서 비준서를 교환하고 같은 해 11월 7일 효력이 발생하였다. 이 조약은 전문과 25개 조문으로 구성되며, 이 밖에 이 조약과 불가분의 일체로 인정되는 하나의 의정서가 있다. 이 조약은 양국 간의 통상·거주·항해 등에 관하여 서로 최혜국대우 및 내국민대우를 부여하기로 규정하였다. 다만, 이 조약상 최혜국민대우규정은 **관세와 무역에 관한 일반협정**(GATT)에 의거하여 부여되는 특별편익에는 적용하지 않기로 하였다(1882년에 미국과 최초로 성립·체결된 「평화·우호·상업 및 항해에 관한 협약」에는 미국민에 대한 치외법권적 규정이 들어 있었다). 이 조약은 내국민대우의 정의를 규정하였고(같은 조약 제22조1항), 또 조약의 해석 또는 적용에 관한 분쟁으로서 외교교섭에 의하여 해결되지 않는 것은 원칙적으로 국제사법재판소에 부탁하도록 규정하였다(같은 조약 제24조). 이 조약의 기한은 10년, 그 후 어느 때라도 1년 전의 문서에 의한 예고로써 이 조약을 종결시킬 수 있다(같은 조약 제25조).

한미상호방위조약
韓美相互防衛條約

1953년 7월 **한국휴전협정**이 성립되자 이 새로운 사태에 대처하기 위하여 미국에 의한 한국의 방위를 주목적으로 체결된 조약을 말한다. 1953년 10월 1일 워싱턴에서 서명, 다음 해인 1954년 11월 18일 역시 워싱턴에서 발효되었다. 이 조약의 주요한 내용은 다음과 같다. ① 당사국 중 어느 1국의 정치적 독립 또는 안전이 외부로부터의 무력공격에 의하여 위협을 받고 있다고 어느 당사국이든지 인정할 때에는 언제든지 당사국은 서로 협의한다(같은 조약 제2조). ② 각 당사국은 타 당사국에 대한 태평양 지역에 있어서의 무력공격을 자국의 평화와 안전을 위태롭게 하는 것이라고 인정하고 공통의 위험에 대처하기 위하여 각자의 헌법상의 절차에 따라 행동할 것을 선언한다(같은 조약 제3조). ③ 한국은 상호 합의에 의하여 한국 내 및 그 주변에 미육해공 3군을 배치할 권리를 미국에 부여하고 미국은 이 권리를 수락한다(같은 조약 제4조). 이 한미상호방위조약은 많은 취약점을 지니고 있었으며, 따라서 특히 1960년의 신미일안전보장조약의 '사전협의' 조항에 의하여 미군이 한국방위를 위하여 출동함에는 제한을 받게 되었다.

한미행정협정
韓美行政協定

1950년 6월 25일, 1950년 6월 27일 및 1950년 7월 7일의 국제연합안전보장이사회의 모든 결의와 1953년 10월 1일에 서명된 한미상호방위조약에서 한국의 영역 및 그 부근에 미군을 배치시키게 됨에 따라 필요한 세부절차 등을 정한 한미 간의 행정협정(1966년 7월 9일 서명, 1967년 2월 9일 발효)을 말한다. 미군의 주둔에 필요한 시설과 구역의 제공·반환·경비 및 유지(같은 협정 제2조~제6조), 미군·그 구성원·군속 및 그 가족의 출입국(같은 협정 제8조), 관세 기타 과세(같은 협정 제9조~제14조), 선박 등의 기착(같은 협정 제10조), 고용원의 채용(같은 협정 제17조), 외환관리(같은 협정 제18조·제19조), 형사재판권(같은 협정 제22조), 불법행위에 대한 청구권(같은 협정 제23조) 등 지위에 관한 규정과, 협정운용상의 상호 협의를 위한 합동위원회의 설치(같은 협정 제28조) 등을 규정하고 있다. 협정은 상호방위조약이 유효한 동안 효력을 가진다(같은 협정 제31조). 이 협정을 국내에 시행하기 위한 방법으로는 「한미행정협정의 실시에 따른 관세법 등의 임시특례에 관한 법률」(1967.3.3. 법률 제1898호), 「한미행정협정의 시행에 관한 형사특별법」(1967.3.3. 법률 제1903호), 「한미행정협정의 시행에 따른 국가 및 지방자치단체의 재산의 관리와 처분에 관한 법률」(1967.3.3. 법률 제1905호) 등이 있다.

모든 형태의 인종차별 철폐에 관한 국제협약

모든 形態의 人種差別 撤廢에 관한 國際協約

국제연합헌장과 세계인권선언의 정신에 입각하여 인종·피부색·가문 또는 민족이나 종족의 기원에 근거한 구별·배척·제한 또는 우선권을 주장하는 모든 것을 인종차별로 규정하고 이를 금지하기 위한 국제협약(1979년 1월 6일 조약 제667호)을 말한다. 이 협약은 전문과 25개 조문으로 구성되어 있다. 이 협약은 국제연합회원국 또는 국제연합 전문기구의 회원국, 국제사법재판소규정, 당사국 및 국제연합총회로부터 이 협약의 당사국이 되도록 권유를 받은 국가의 서명을 위하여 개방되어 있으며(같은 협약 제17조1항), 이 협약은 비준을 받아야 하고, 비준서는 국제연합 사무총장에게 기탁된다(같은 협약 제17조2항). 또 이 협약의 가입은 국제연합 사무총장에게 가입서를 기탁함으로써 성립한다(같은 협약 제18조2항). 이 협약은 27번째 비준서 또는 가입서를 국제연합 사무총장에게 기탁한 후 30일만에 효력을 발생한다(같은 협약 제19조1항). 또 27번째 비준서 또는 가입서 기탁 후 이 협약을 비준하거나 가입하는 각국에 대하여서는 이 협약이 동비준서 또는 가입서 기탁일 후 30일만에 효력을 발생한다(같은 협약 제19조2항). 또한 체약국은 국제연합 사무총장에 대한 서면통고로써 이 협약을 폐기할 수 있으며, 폐기는 사무총장이 통고를 접수한 일자로부터 1년 후에 효력을 발생한다(같은 협약 제21조).

외국 중재판정의 승인 및 집행에 관한 협약

外國 仲裁判定의 承認 및 執行에 관한 協約

1958년 UN주도 하에 중재판정 및 중재계약의 효력을 국제적으로 보장하기 위하여 체결된 협약을 말한다. 우리나라는 1973년에 이 협약에 가입하였다. 이것은 외국에서 이루어진 중재판정 및 국내에서 이루어진 것이라도, 그 국가에서 내국판정이라고 인정할 수 없는 중재판정에 대하여 일정한 조건하에 그 구속력을 승인하고 집행을 보장할 의무를 체결국에 부과하고 있다. 1923년 상사법례에 있어서의 중재조항에 관한 의정서와 1927년 제네바에서 서명된 외국중재판정의 집행에 관한 협약의 결함을 보충하고 대체하는 일반조약이다.

유류에 의한 해양의 오염 방지를 위한 국제협약

油類에 의한 海洋의 汚染 防止를 위한 國際協約

선박으로부터 배출되는 유류 및 유성 혼합물에 의한 해양의 오염을 방지하기 위하여 1954년 런던에서 서명되고 1962년 및 1969년에 개정된 국제협약을 말한다. 500톤 이상의 선박(유조선의 경우는 150톤 이상)에 대하여 적용되며(같은 협약 제2조), 유류 또는 유성혼합물의 배출금지와 그 규제기준(같은 협약 제3조), 의무위반에 대해 해당 선박이 소속하는 영역의 법령에 의거한 처벌(같은 협약 제6조), 각 선박의 유류기록부의 비치·기록(같은 협약 제9조) 등을 정하고 있다. 이 협약과 관련하여 우리나라는 「해양환경관리법」(2007년 법률 제8260호)을 제정하였다.

유류오염손해에 대한 민사책임에 관한 국제협약

油類汚染損害에 대한 民事責任에 관한 國際協約

1967년 8월 토리 캐니언호(Torrey Canyon)의 좌초에 의한 해양오염을 계기로 1969년 국제연합 정부간해사협의기구[IMCO, 현 국제해사기구(IMO)]에 의하여 채택된 민사책임에 관한 협약(사법조약)을 말한다. 유조선의 유류오염사고로 인하여 체약국의 영토·영역 내에서 생긴 오염 손해와, 이를 방지하거나 완화하기 위하여 취한 조치에 대하여 선박소유자가 무과실주의에 기하여 손해배상책임을 지는 것으로 하였다(같은 협약 제3조). 선박소유자는 이 협약상 매 사고당 5,000톤 이하의 선박의 경우에는 451만 계산단위, 5,000

톤을 초과하는 선박의 경우에는 그에 추가하여 초과하는 매톤당 631 계산단위를 더한 범위 내에서 그의 책임을 제한할 권리가 있다. 또한 이 총액은 어떠한 경우에도 8천977만 계산단위를 초과할 수 없다(유한책임, 같은 국제협약 제5조). 선박소유자는 이들 책임을 담보하기 위하여 2,000톤 이상의 유류를 수송함에 있어서는 보험·은행 기타 강제책임보험을 설정할 의무를 진다(같은 협약 제7조).

국제연합의 특권과 면제에 관한 협약
國際聯合의 特權과 免除에 관한 協約

국제연합헌장 제105조는 국제연합이 그 목적의 달성에 필요한 특권 및 면제를 각 가입국의 영역에서 향유한다고 규정한다. 국제연합의 법인격을 인정함과 동시에 국제연합에 대해 계약능력, 부동산 및 동산을 취득하거나 처분할 능력 및 소송제기능력을 부여한다. 국제연합 자체의 특권과 면제로서 해당기구의 재산 및 자산에 관한 재판관할권 면제, 국제연합기구, 국제연합의 기록과 국제연합이 소유 또는 보관하는 문서의 불가침, 수색, 징발, 몰수, 수용 기타의 간섭에서의 면제, 기금, 통화의 유지, 이동 또는 교환할 권리, 면세특권과 통신에 관한 편익에 관하여 외국 정부 또는 외교사절단에 제공되는 것과 동등한 특권과 면제가 인정된다. 또한 국제연합은 그 직원에 대해 여권을 대신한 통행증을 발행할 수 있다.

국제연합은 주최하는 회의에 대해서 각국에서 파견된 대표자(대표대리, 고문, 기술전문 및 서기를 포함)에 대해서는 외교사절에 대한 것과 동등의 특권과 면제가 인정된다. 국제연합직원에 대해서도 일정의 특권면제가 인정되지만, 상급직원에 대해서는 외교사절에 주어지는 특권과 면제가 주어진다. 또한 국제연합을 위한 임무를 수행하는 전문가는 임무수행에 필요한 특권과 면제가 주어진다. 한편 가입국 및 국제연합은 면제가 재판의 진행을 방해하고 또한 면제가 주어진 목적을 해하지 않고 포기할 수 있다고 판단한 경우에는 면제를 포기할 권리와 함께 이것을 포기할 의무를 진다. 또한 해당 조약은 분쟁해결을 위한 절차규정에 관하여 규정을 두고 있다. 1946년 2월 13일에 국제연합 제1회 총회에서 채택, 9월 17일 발효되었다. 국제연합과 136개국이 당사자이다. 우리나라에서는 1992년 4월 9일 발효되었다.

우루과이라운드
UruguayRound : UR

1986년 9월 남미 우루과이의 푼타 델 에스테에서 개최된 GATT(관세 및 무역에 관한 일반협정)의 제8차 회의로 새로운 다자간 무역교섭이다. 이 라운드의 목적은 21세기를 향한 세계무역질서의 구축에 있다. 교섭기간은 4년 이내로 하고 1987년 2월부터 스위스의 제네바에서 본교섭에 들어갔다. 교섭을 관리하는 무역교섭위원회 밑에 상품에 관한 교섭그룹(GNG)과 서비스에 관한 교섭그룹(GNS)을 설치하고 GNG 밑에 관세·비관세장벽·농산물·지적소유권·투자·GATT 기능강화 등 14개 항목을 검토하는 그룹을 두었다. 특히 농산물 문제에 관해서는 각국 간의 대립이 심각하였다. 결국 1994년 4월 모로코의 마라케시회의에서 UR의 대장막이 내려지고 각국의 비준을 거쳐 다음 해 1월부터 GATT 대체기구인 세계무역기구(WTO)가 발족하여 GATT의 정신을 계승하여 활동하고 있다. 마라케시각료회의에서 새 라운드로 제기된 그린라운드(GR)·노동라운드(BR)·경쟁라운드(CR)·기술라운드(TR) 가운데 GR은 WTO의 무역환경위원회로 채택할 것을 명문화함으로써 새로운 다자간 무역협상에 돌입하게 되었다.

그린라운드
GreenRound : GR

이미 오염된 지구환경을 개선하기 위해 환경문제를 국제무역거래와 연계하여 가트(GATT)를 중심으로 벌어질 다자간 협상을 말한다. 1991년 10

월 30일 미국 막스 바쿠스 상원의원이 워싱턴 국제경제연구소에서 행한 '지구환경문제'라는 연설에서 처음 사용되었다. 그 뒤 미국 의회를 중심으로 환경협상의 효과를 극대화하기 위해 그린라운드의 필요성이 제기되어 왔다. 일부 선진국과 개발도상국이 반대하고 있어 가트에서 그린라운드가 개최될지는 미지수였으나 1994년 4월 마라케시회의에서 UR 이후에 거론할 새라운드로 '무역과 환경에 관한 각료회담'을 채택하였고 1995년 1월부터 발족된 세계무역기구(WTO) 내에 무역환경위원회를 설치하도록 명문화하였다. GR 지지론자들은 각국이 환경규제기준을 정하고, 환경보호를 위해 만들어진 공해·환경에 관한 각종 국제협약 등도 한데 묶어 WTO 안으로 끌어들여 다자간 협상을 통해 하나의 국제규범으로 만들자는 것이다. 국제적으로 인정된 환경규범을 위반한 제품은 수입을 금지하며 국제환경협약을 이행하지 않을 경우 무역제재조치를 취하자고 주장하고 있다.

블루라운드
Blue Round : BR

1994년 4월 모로코의 마라케시에서 우루과이라운드(UR) 마무리에 이어 미국과 프랑스가 제기한 4개의 새 라운드(GR·BR·CR·TR) 중 노동환경과 무역을 연계시키는 '노동 라운드'를 말한다. 여기서 블루란 것은 생산직임금노동자(blue collar)를 가리키며 블루라운드란 이들 노동자의 노동조건에 관한 것이다. 이 협약은 국제 노동 기구 협약을 위반하여 노동자들에 대한 부당한 착취를 하는 국가나 기업에 대하여 규제를 가하는 내용을 담고 있다. 다시 말해 저임금 노동자나 아동노동자, 죄수노동자 등을 고용하여 제품을 생산하는 것을 제재하도록 하는데, 이렇게 되면 값싼 노동력으로 저렴하게 제품을 생산해서 수출하는 개발도상국에게 이 협약을 통하여 무역제재조치를 취할 수 있게 된다. 이에 대하여 개발도상국에서는 인권·노동문제로 위장한 보호무역주의라 비판하고 있다.

경쟁라운드
Competition Round : CR

1994년 4월 마라케시에서 UR의 후속협상의제로 제기된 새 라운드 4개 중 하나로 경쟁조건을 평준화하자는 것이다. 경쟁라운드의 핵심은 공정한 경쟁을 제한하고 있는 각국의 독특한 시장구조, 기업관행까지 규범화하자는 것으로서, 즉 담합이나 지명입찰제도 등에 의하여 세계시장에서 경쟁우위를 누릴 수 없게 해야 한다는 것이다. 그러한 상태하에서의 경쟁우위는 달리 표현하면 제한적인 거래관행(RBP : Restrictive Business Practices)이라고 할 수 있다.

기술라운드
Technology Round : TR

개발도상국이 선진국과의 기술격차를 따라잡기 위해 기술개발정책을 강화하는 것을 선진국이 저지하려는 다자간 협상을 말한다. 이것은 선진국에서 축적한 과학기술을 후발국가들이 거저 이용했다는 인식에서 출발하였다. 기술 라운드는 지적재산권 보호를 다자간 협상에서 주요의제로 제기하는 한편 이를 국제기술규범으로 제정, 후발국의 기술개발을 효과적으로 통제하려고 준비 중이다. OECD(경제협력개발기구)가 제시한 국제기술규범은 전략산업을 선별적으로 집중 육성하는 데 대한 제도적 규제장치를 포함, 연구·개발 활동을 위한 과학기술인력의 자유로운 이동보장, 각국별로 연구개발에 대한 정부지원정책의 차이점을 명확히 밝히는 것 등이다.

세계무역기구
World Trade Organization : WTO

우루과이 라운드(UR)의 최종의정서에 따라 '관세 및 무역에 관한 일반협정'(GATT)을 흡수·대체하여 세계의 무역을 관장하는 기구이다. 애초에 다자간무역기구(MTO : Multilateral Trade Organization)라는 명칭으로 발족하려던 것이 미국의 요구에 의하여 세계무역기구로 바뀌었다. 세계무역기구는 국제통화기금(IMF)·국제부흥개발은행(IBRD)과 함께 국제경제질서의 한 축을 형성하면서 강력한 권한을 행사하고 있다. GATT는 국제기구로서의 역할만 하여 왔을 뿐 국제기구는 아니어서 법적 구속력이 없었다. 세계무역기구는 세계무역 및 통상관계 전반을 관장하고 분쟁을 해결하는 역할을 담당하며 본부는 제네바에 있다. 최고결정기관인 각료회의는 모든 가맹국의 대표로 구성하며 최소한 2년에 1회씩 회의를 개최한다. 각료회의 밑에는 각각 상품무역, 서비스무역, 지적재산권의 3개의 위원회가 있으며 1995년 1월부터 발족한 세계무역기구의 첫 번째 이사회에서 WTO 내에 추가적으로 무역환경위원회를 설치하도록 명문화하였다. 그리고 직할기구로 무역개발위원회와 예산회계관리위원회를 별도로 두었다. 각료회의가 열리지 않는 동안 3개 위원회를 총괄할 총괄위원회는 무역정책을 검토하고 분쟁을 해결하는 업무를 담당한다.

자유무역협정
Free Trade
Agreement
: FTA

국가 간 상품의 이동을 자유화시키는 협정을 말한다. 특정국가 간에 배타적인 무역특혜를 서로 부여하는 협정으로서 가장 느슨한 형태의 지역 경제통합 형태이며, 지역무역협정(RTA : Regional Trade Agreement)의 주류가 되고 있다. FTA가 포함하고 있는 분야는 협정 체약국들이 누구인가에 따라 상당히 다른 양상을 보인다. 전통적인 FTA와 개도국 간의 FTA는 상품분야의 무역자유화 또는 관세인하에 중점을 두고 있는 경우가 많다.

그러나 WTO 체제의 출범(1995년)을 전후하여 FTA의 적용범위도 크게 확대되어 대상범위가 점차 넓어지고 있다. 상품의 관세 철폐 이외에도 서비스 및 투자 자유화까지 포괄하는 것이 일반적인 추세다. 그 밖에 지적재산권, 정부조달, 경쟁정책, 무역구제제도 등 정책의 조화부문까지 협정의 대상 범위가 점차 확대되고 있다. 다자간 무역 협상 등을 통하여 전반적인 관세수준이 낮아지면서 다른 분야로 협력영역을 늘려가게 된 것도 이 같은 포괄범위 확대의 한 원인이라고 할 수 있다.

국제사법

국제사법
國際私法

섭외적 사법관계를 규율하기 위한 준거법을 지정하는 법규의 총체를 말한다. 1834년 미국의 스토리가 사용한 jus gentium privatum이라는 표현이 각각 Private International Law, Internationales Privatrecht, Droit international prive라고 번역된 것이다. 국가와 국가의 관계를 규율하는 국제(공)법과는 달라서 국제사법은 국제적으로 성립한 법체계가 아니고, 원칙적으로 각국의 국내법이다. 예컨대 국제결혼과 같이 국제적인 사법관계에 있어서는 마치 각국의 법체계가 저촉(충돌)하고 있는 것 같은 모습을 나타내고 있다. 그 때문에 국제사법은 17세기의 네덜란드학파 이래 역사적으로는 저촉법이라고 불려왔다. 또한 이른바 외인법이나 국적법 및 섭외적인 절차문제에 관한 국제민사소송법까지도 포함하여 넓은 의미로 국제사법이라고 부르는 일이 많다. 국제사법의 본질에 관하여는 대체로 국제주의의 사조를 이어받은 학자들에 의하여 주장되는 국제법주의와 국가주의 · 민족주의의 입장에 서는 학자들에 의하여 주장되는 국내법주의가 학설상 대립되고 있으나, 어떤 한정된 사항에 관하여 한정된 국가 간의 조약으로 정립되어 있는 것 외에는 원칙적으로 국제사법은 각국의 국내법으로 정해지는 것이 현실이다.

우리나라에서는 1962년 「섭외사법」으로 제정되었고, 이후 2001년 국제적으로 널리 통용되는 「국제사법」으로 명칭을 변경하였다. 기존의 「국제사법」은 국제재판관할의 일반원칙으로서 '실질적 관련의 원칙'을 선언하는 조문과 소비자계약 및 근로계약 사건에 관한 국제재판관할을 정하는 규정 외에는 국제재판관할에 관한 사항을 규정하지 않았다는 문제점이 있었으나 신 법령은 이를 개선하여 구체적인 국제재판관할 규정을 마련하고, 국제거래·다문화가정 등 외국과 관련된 요소가 있는 법률관계에 대한 분쟁해결의 예측 가능성과 효율성을 높였다. 이 법률은 우리나라의 국제사법에 관한 단행법전으로서 전문 10장 17절 96조와 부칙으로 되어 있다.

국내법
國內法
1개의 주권이 행사되는 범위 내에서 효력을 가지며, 주로 그 나라의 내부관계를 규율할 것을 목적으로 하는 법의 총칭이다. 수개 국가에 대하여 행사되며 주로 국가 간의 관계를 규율하는 국제(공)법에 대조되는 개념으로 국가법이라고도 한다. 국내법과 국제(공)법은 서로 연원·주체·적용절차를 달리한다.

국제법주의
國際法主義
국제사법의 본질을 국제법이라고 보는 학설을 말한다. 즉 국제사법은 국가 간의 관계를 규율하는 법칙이라고 하는 설이다. 독일의 사비니가 제창한 국제사법학설의 근저를 이루고 있는 국제법적 공동단체설에서 출발한 것이다. 국내법주의에 대립하는 견해이며, 국제사법학자로서 이 설을 지지하는 자가 많다.

국내법주의
國內法主義
국제사법의 본질을 국내법이라고 보는 학설을 말한다. 국제법주의에 대응하는 견해이다. 국제사법을 단순히 국내법이라고 하는 절대적 국내법주의와, 국제사법의 대부분은 국내법이라고 하거나 각국이 장차 동일한 국제사법원칙을 승인함에 이르기까지는 국내법이라고 하는 상대적 국내법주의가 있다.

저촉법
抵觸法
본래적 의미에서의 국제사법을 말한다. 17세기의 말엽 네덜란드의 학자 후베루스가 이런 표제하에 국제사법의 문제를 설명한 이래, 그것

을 계승한 영미에 있어서는 현재도 역시 국제사법을 저촉법(Conflict of laws)이라고 부르고 있다. 본래 국제사법이란 저촉법을 말하며, 개개의 규정을 저촉규정이라고 한다. 예컨대 미국인 남편과 한국인 부인과의 사이의 이혼에 관하여는 일견 미국법과 한국법이 저촉(충돌)하는 것 같은 모습을 나타낸다. 그러나 국제사법의 목적은 법률저촉 그 자체가 아니고, 그러한 법률저촉의 상태를 해결하는 것, 즉 서로 저촉하는 법률 가운데서 준거법을 선택하는 것이다(법률선택법). 입법의 형식으로는 자국법이 적용되는 경우에 관하여 규정하는 일방적 저촉규정과 보다 일반적으로 섭외적 사건에 관하여 내·외국법을 준거법으로 지정하는 쌍방적 저촉규정으로 대별되는데, 일방적 규정은 그 적용에 있어서 필연적으로 쌍방화되게 한다. 또한 반정의 이론적 근거로서 저촉규정의 일방적 구성을 주장하는 입장도 있다. 저촉법에 대하여 생활관계를 실질적으로 규율한다고 하는 의미에 있어서 「민법」·「상법」 등을 실질법이라고 한다.

외인법
外人法
외국인의 지위를 규정하는 국내 실질법을 말한다. 프랑스에서는 '국내법상 외국인의 지위'라고도 말한다. 따라서 그것은 넓은 의미로는 공법·사법의 모든 영역에 미친다. 그중 특히 '외국인의 사법상의 지위'는 종종 국제사법의 영역에 속한다. 저촉법으로서의 국제사법과 외인법과는 전혀 법적 성질을 달리하나, 그 어느 것도 섭외적이라고 하는 것은 편의상의 고려에서이다. 외인법의 예를 들면, 「상법」의 외국회사에 관한 규정(제614조~제621조), 「부동산 거래신고 등에 관한 법률」의 외국인등의 부동산 취득 등에 관한 특례의 규정(제7조~제9조) 등이다.

국제민사소송법
國際民事訴訟法
어느 나라의 국내 민사소송법에서 섭외적 사실에 대하여 적용될 것을 규정한 법규총체를 말한다. 따라서 외국

인의 당사자능력, 외국에서 성립된 증거의 효력, 외국에서 행하여져야 할 소송행위, 외국판결의 효력 등에 관한 법규정(민사소송법 제57조·제217조·제296조2항 등)이 그 주요한 것이다. 법률관계에 관하여 그 성질에 따라서 적용할 법률을 정하는 것, 즉 ① 이른바 법률관계 성질설을 채택한 것 ② 원칙적으로 이른바 완전쌍방적 저촉규정의 형식을 가지고 있는 것 ③ 속인법으로서 본국법주의를 채택한 것 ④ 국제민법과 국제상법을 통일적으로 규정한 것 등을 들 수 있다.

저촉규정
抵觸規定
섭외적 생활관계에 관하여 내외국인 간의 이른바, 법률의 저촉을 해결하는 규정을 말한다. **충돌규칙**(衝突規則) 또는 **연결규칙**(連結規則)이라고도 한다. 「국제사법」의 규정은 이에 속하며, 특히 「민법」·「상법」 등과 같은 실질법에 대한 용어이다. 「국제사법」의 모든 규정은 저촉규정이다.

실질법
實質法
「국제사법」이 법률의 내용에 깊이가 없고 그 적용관계만을 정하며 구체적인 사안의 처리를 하지 않는 것에 반하여, 실질법은 구체적인 사안의 처리를 담당하는 규범이다. 「민법」과 「상법」이 실질법의 예이다. 「국제사법」은 여러 가지 섭외적 사법관계에 대하여 적용될 실질법을 지정하는 법률에 지나지 않는다.

준거법
準據法
「국제사법」에 의하여 어떤 법률관계에 적용될 법률을 말한다. 예컨대 능력의 준거법은 당사자의 본국법, 채권양도의 제3자에 대한 효력의 준거법은 채무자의 주소지법에 의한다고 하는 경우와 같다. 이러한 각종의 법률관계에 적용될 준거법을 지정하는 법률이 곧 「국제사법」이다. 그리고 준거법은 각 실제문제에 대하여 법률효과의 존부를 판정하는 법률이기 때문에 효과법이라고 부르는 학자도 있다.

섭외적 사법관계
涉外的 私法關係
내외 다수국가의 법률에 관계를 가지는 법률관계를 일반적으로 섭외적 법률관계라 하는데, 그것이 사법적 법률관계인 경우를 말한다. 어떤 법률관계가 그 요소, 예컨대 당사자의 국적·주소 또는 거소, 목적물의 소재지·행위지·사실발생지 등에 의하여 내외의 법률에 연결되어 있는 경우이다. 예컨대 한국인과 미국인이 매매계약을 체결하거나 외국인이 한국에서 불법행위를 한 경우 등과 같다. 이러한 섭외적 사법관계에 적용할 사법을 지정하는 법이 곧 「국제사법」이다.

국제민법
國際民法
민법에 관한 사항을 규율하는 국제사법을 말한다. 즉 민사에 관한 법률의 저촉을 해결하는 법률이다. 국제사법 중에서 상사에 관한 것, 즉 국제상법을 제외한 것이다. 실질법인 「민법」과 「상법」이 일반법과 특별법의 관계에 있는 것과 같이, 국제민법과 국제상법도 일반법과 특별법의 관계에 있다. 우리나라 「국제사법」에서는 제24조부터 제37조 및 제41조부터 제78조까지가 국제민법에 해당하는 규정이다.

국제상법
國際商法
상사에 관한 국제사법을 말한다. 즉 상사에 관한 법률의 저촉을 해결하는 법률이다. 예컨대 「국제상행위법」·「국제유가증권법」·「국제해상법」 등이 이에 속한다. 원래 상사에 관한 법률관계는 그 성질상 보편적이며, 각 국가·민족에 따라서 상이한 것은 바람직하지 않기 때문에 실질적으로 통일하는 경향이 있고, 통일법이 실현됨에 따라서 국제상법의 범위가 축소된다. 그러나 현재로서는 이러한 통일법으로 실현된 부분이 극히 적기 때문에 국제상법에 의하여 많은 문제를 해결하지 않을 수 없다. 그리하여 입법상 국제법에 관한 규정을 특히 설정하는 경우도 있고, 또한 국제사법의 일반원칙에 의하여 국제민법과 국제상법을 동일하게 취급하는 경우도 있다.

저촉규정적 지정
抵觸規定的 指定

섭외적 사법관계에 있어서 법률행위 자체를 지배하는 법률, 즉 국제사법상 준거법 자체를 당사자가 지정하는 것을 말한다. 이러한 경우에는 국제사법상의 준거법을 선정함에 있어서 당사자의 의사가 곧 연결점이 된다. 따라서 준거법이 허용하는 범위 내에서 법률행위의 구체적 내용을 당사자가 정하지 않고, 어느 실질법에 의하고자 하는 지정을 의미하는 실질법적 지정과는 엄격히 구별되어야 한다. 저촉규정적 지정을 저촉법적 지정이라고도 한다.

본국법
本國法

당사자의 국적소속국의 법률을 말한다. 국제사법상 하나의 준거법으로서 인정되고 있다. 프랑스 민법이 신분·능력에 관하여 본국법을 적용할 것을 규정한 이래 유럽대륙의 다수국의 국제사법은 본국법을 신분·능력에 관한 사항의 준거법으로 하고 있다. 우리나라 「국제사법」도 이 주의를 채택하여 사람의 권리능력·친족·상속 등에 관한 사항은 본국법을 적용하도록 하고 있다(국제사법 제16조·제26조~제29조·제64조·제67조~제75조·제77조·제78조).

국제해상법
國際海商法

해상에 관한 법률의 저촉을 해결하는 법률이다. 국제해상법에 있어서도 국제사법의 일반원칙이 적용되지만, 해상은 선박을 중심으로 하여 행하여지기 때문에 그 성질상 국제사법의 일반원칙이 그대로 적용될 수 없는 경우도 적지 않다. 이것이 국제해상법에 특별히 선적국법이 적용되는 경우가 많은 이유이다. 그러나 해상법은 그 규정이 점차 통일되는 경향이 있기 때문에 통일법이 제정됨에 따라서 국제해상법의 존재의의는 상실될 것이다. 우리나라 「국제사법」 제89조부터 제96조까지는 국제해상법에 관한 규정이다.

국제유가증권법
國際有價證券法

어음 및 수표에 관한 국제사법을 말한다. 「어음·수표에 관한 통일조약」이 1930년·1931년에 성립되었지만, 당시 비가입국 간은 물론 가입국 간에서도 조약의 유보사항 및 조약 외의 사항에 관해 법률의 저촉이 생길 것을 고려하여 전기의 통일조약과 법률저촉의 해결을 위한 통일조약을 성립시켰다. 우리나라 「국제사법」 제79조부터 제88조까지는 국제유가증권법에 관한 규정이다.

속인법
屬人法

사람에게 추종(追從)하여 적용되는 법률을 말한다. 어떠한 법률을 속인법으로 인정할 것인가에 관하여는 주소지법주의와 본국법주의가 대립되어 있다. 프랑스 민법제정 이전에는 속인법은 언제나 주소지법이었지만, 이 민법이 사람의 신분·능력에 관하여 본국법을 적용한다고 하고부터, 본국법으로써 속인법으로 하는 것이 유럽대륙제국에서 국제사법상 점차 인정되게 되었다. 현재에 있어서는 영·미·남미의 다수국 및 스칸디나비아 제국(諸國)은 주소지법주의를 채택하고, 유럽대륙의 다수국은 본국법주의를 채택하고 있다. 우리나라 「국제사법」은 본국법주의를 채택하고 있다. 어떠한 사항이 속인법의 관할에 속하는가는 국가에 따라서 반드시 동일한 것은 아니다. 대체로 신분 및 능력에 관한 사항은 속인법의 관할에 속하는 것으로 보고 있다. 우리나라 「국제사법」에서는 사람·친족 및 상속에 관한 사항을 원칙적으로 속인법인 본국법의 관할로 하고 있다.

일상거소지법
日常居所地法

당사자의 일상거소가 있는 국가의 법을 말한다. 국제사법상 준거법의 하나로 인정되고 있다. 영국이나 미국에서는 일상거소지법이 속인법으로서 인정된다. 우리나라 「국제사법」에서는 속인법에 관하여 본국법주의를 채택하고 있지만, 당사자가 무국적이거나 국적을 알 수 없는 경우 일상거소지법을 따른다(같은 법 제16조2항).

일상거소지법주의
日常居所地法主義

국제사법상 속인법을 적용하여야 할 경우에 일상거소지법을 적용하는 주의를 말하는데, 두 가지의 의미로 사용된다. 첫째, 특정한 섭외적 법률관계에 관하여 주소지법을 적용하는 주의를 의미한다. 예컨대 소비자계약·근로계약에 관한 일상거소지법주의 등이다. 둘째, 일상거소지법을 속인법으로 하는 주의를 의미한다.

주소의 저촉
住所의 抵觸

한 사람이 동시에 수개의 주소를 가지거나, 또는 어느 주소도 가지지 않는 것을 말한다. 전자를 주소의 적극적 저촉(積極的抵觸)·이중주소(二重住所) 또는 중복주소(重複住所)라 하고 후자를 주소의 소극적 저촉 또는 무주소라 한다. 국제사법상으로는 당사자의 주소지법을 결정하여야 할 경우에 주소저촉의 해결이 필요하다. 이에 대해서 우리나라 「국제사법」에서는 당사자가 둘 이상의 국적을 가질 때에는 그와 가장 밀접한 관련이 있는 국가의 법을 본국법으로 정하고, 당사자가 국적을 가지지 아니하거나 당사자의 국적을 알 수 없는 때에는 그의 일상거소(日常居所)가 있는 국가의 법에 따르고, 일상거소를 알 수 없는 때에는 그의 거소가 있는 국가의 법에 따르며, 당사자가 지역에 따라 법을 달리하는 국가의 국적을 가지는 때에는 그 국가의 법 선택규정에 따라 지정되는 법에 따르고, 규정이 없는 때에는 당사자와 가장 밀접한 관련이 있는 지역의 법에 따른다고 규정하고 있다(국제사법 제16조~제17조).

본국법주의
本國法主義

국제사법상 속인법을 적용하여야 하는 경우에 본국법을 적용하는 주의를 말한다. 다음과 같이 경우에 따라서 다른 의미를 가진다. ① 국제사법상 속인법으로서 본국법을 채택하는 주의를 의미하는 경우가 있다. 즉 국제사법상 사람의 신분 및 능력에 관한 문제는 속인법에 의하여야 한다는 것이 일반적으로 인정되고 있는데 무엇을 속인법으로 삼는가에 관하여는 여러 나라의 입법·판례상 본국법에 의한다는 입장과 일상거소지법에 의한다고 하는 입장이 대립하고 있다. 그중 전자는 본국법주의라 하고, 후자를 일상거소지법주의라 한다. 이와 같은 의미에 있어서의 본국법주의를 국적주의(國籍主義)라고도 한다. 속인법으로서의 본국법주의는 독일·프랑스를 비롯한 대륙제국의 국제사법상 널리 채택되고 있으며, 우리나라 「국제사법」도 이 주의를 채택하고 있다(제24조 이하). ② 신분 및 능력의 문제 일반에 관한 것이 아니고 특정의 법률관계에 본국법을 적용하는 주의를 의미하는 경우가 있다. 예컨대 상속에 관하여는 본국법주의에 의한다는 경우 등과 같다. ③ 국제사법상 모든 경우에 원칙적으로 본국법을 적용하는 일파의 학자가 주장하는 주의를 의미하는 경우가 있다.

속인법주의
屬人法主義

국제사법상 각종의 법률관계에 대하여 원칙적으로 속인법을 적용하는 주의를 말한다. 19세기 후반에 이탈리아에서 일어난 국제사법상의 한 학파(이탈리아 학파)로부터 주장되었다. 즉 이 학파의 학설에 의하면 법은 원칙적으로 속인적이며, 따라서 사람이 어느 곳에 있는가를 불문하고 본국법의 적용을 받아야 한다고 한다. 또한 이 밖에 특정한 법률관계에 대하여 속인법(본국법 또는 상거소지법)을 적용하는 주의를 속인법주의라고 하는 경우도 있다. 예컨대 상속에 관한 속인법주의라고 하는 경우 등이다.

속지법주의
屬地法主義

국제사법상 각종의 법률관계에 대하여 적용대상이 되는 사람들이 내국인인가 외국인인가를 불문하고 원칙적으로 그 법률관계가 발생한 장소의 법, 즉 자국법의 적용을 인정하며, 오직 일정한 경우에 예외로서 외국법에 의하는 것을 말한다. 16세기 프랑스의 국제사법학자 다르장트레(d'Aregentré)의 학설이다. 그 학설을 지지한 17세기의 이른바 네덜란드학파의 학설도 이에 속한다. 오늘날 영미의 국제사법학파는 비교적 속지법주의적인 경향이 농후하다고 할 수 있다.

이탈리아학파
이탈리아學派

국제사법상 ① 11세기에 이탈리아에서 일어난 이른바 법칙학파를 가리키고, ② 19세기 후반 이탈리아에서 일어난 본국법주의의 국제사법학파를 가리킨다. 후자는 당시 이탈리아 통일의 정치적 이유로 말미암아 일어난 것이며, 학자 겸 정치가였던 만치니의 1851년 강연에서 발단이 되었다. 이 학파는 법의 속인성을 강조하고 본국법을 국제사법의 원칙으로 삼고자 하였다. 이러한 학설은 당시 이탈리아에서 인정되었을 뿐만 아니라, 프랑스(예 : 와이스), 벨기에〔예 : 로랑(Lanrent)·롤랭(Rolin)〕등의 유력한 학자들도 적지 않은 수가 지지하였다.

만치니
Mancini

이탈리아의 정치가·학자이다 (1817년~1888년). 1851년 망명 중 토리노대학에서 국제법 강좌를 개설하여, '국제법의 기초로서의 민족성'이라고 하는 제목으로 강연을 시작하였고 강력하게 민족주의적 법사상을 강조하였다. 이것은 이탈리아의 국가통일을 위한 법적·정치적인 지주가 되었다. 국제사법상 처음으로 본국법주의를 입법화한 것은 1804년의 프랑스 민법전 제3조3항에서인데, 그것을 보다 본격적으로 법전화한 것은 무엇보다도 1865년의 이탈리아 민법전 중의 국제사법규정이다. 당시 유럽의 민족주의 풍조에 대해 이 이탈리아 국제사법의 입장이 유럽 여러 나라의 입법에 끼친 영향은 크다. 만치니는 이러한 속인법주의적 학파의 대표적 존재였다. 또 그는 외무장관 재임 중에 국제사법통일을 위한 열국회의개최를 제창하였고, 오늘날의 헤이그 회의를 위한 기초를 만드는 동시에 1874년에는 유력한 국제법연구단체인 국제법학회의 초대 회장에 취임하는 등 국제적인 업적도 컸다.

네덜란드학파
네덜란드學派

국제사법의 한 학파로서, 17세기의 네덜란드 및 벨기에에서 제창되었다. 이 학파의 학설은 극히 속지주의적(屬地主義的)이며 따라서 외국법이 적용되는 경우가 적었고, 사람의 신분·능력에 관하여 속인법이 적용되는 경우에 있어서도 그 근거를 국제예양에 두는 것이 특색이다. 16세기에 프랑스의 다르장트레의 학설이 한층 그 봉건주의적인 본질을 발휘하였다. 이 학파의 대표자로 인정되는 사람은 네덜란드의 후버이다. 그의 학설은 19세기에 들어서 미국의 스토리에 의하여 지지되어 오늘까지 영미국제사법에 중대한 영향을 미치게 되었다.

법칙학파
法則學派

국제사법의 한 학파를 말한다. 오늘날 국제사법이라고 불리는 법학부문의 발단이 된 것은 십자군 이후, 특히 북부 이탈리아를 중심으로 발달한 상업도시 간의 거래의 수요에 응하기 위하여 당시 브로니아대학에서 번영한 후기주석학파의 학자들이 로마법을 기초로 하여 statuta(조례) 상호 간의 적용관계를 설명한 것이다. 그 대표자 **바르톨루스**에 대해서는 국제사법의 시조로서의 명예가 부여되어 있다. 당시의 학자들은 법규의 적용관계를 정함에 있어서 법규를 그 성질에 따라서 사람에 관한 법규와 물건에 관한 법규로 분류하고, 또한 사람에 관한 법규는 그 사람을 추종하여 속인적으로 적용되고, 또 물건에 관한 법규는 속지적인 효력만을 가지며, 그 영역 내에서는 모든 사람에 대하여 적용된다고 하였다. 즉 **인법**(人法)과 **물법**(物法)을 구별하였다. 19세기 말에 이르러 독일의 사비니가 신이론을 제창할 때까지 국제사법이론은 모두 이러한 학설의 전통하에 있었다. **법칙구별학파**, 법규분류학파 등 다양한 용어로 불린다. 또한 16세기에 이르러 프랑스의 다르장트레는 인법, 물법 이외에 혼합법이라고 하는 범주를 인정하였다.

법칙학설
法則學說

17세기에 북부 이탈리아의 후기주석학파에 속한 학자들에 의하여 처음으로 주장되었던 국제사법에 관한 한 학설을 말한다. 대표적 학자는 **바르톨루스**이다. 이들 학자들은 법규의 적용관계를 정함에 있어서 법규를 인법(人法)과 물법(物法)으로 구별하여, 전자에 관하여는 속인적인 효력을 인정하고, 후자에 관하여는 속지적인 효력을 인정하였다. 이 학설은 법칙구별설 또는 법칙분류학설이라고도 부르며, 19세기의 전반에 이르기까지 국제사법학을 지배하였다.

외국법에 따른
대한민국 법의 적용

소송지(訴訟地)의 법률에 따라 다른 나라의 법률을 적용해야 하는 사건에서, 정작 해당 국가의 법률이 소송지의 법률이나 제3국의 법률을 적용하도록 되어 있다면 소송지의 법률이나 제3국의 법률을 적용한다. 국제법상의 일반 원칙의 하나로 **반정**(反定)이라고 하며, 이 중에서 특히 제3국의 법률을 적용하는 경우를 가리켜 **전정**(轉定)이라고 한다.

입법론상 반정을 인정할 것인가의 여부에 관하여는 학설이 나누어지고 있으나, 19세기 후반부터는 반정을 인정하는 나라들의 판례가 적지 않고 입법상으로도 일정한 범위 내에서 이것을 인정하는 나라가 많다. 우리나라 「국제사법」에서도 외국법이 준거법으로 지정된 경우에 그 국가의 법에 따라 우리나라 법이 적용되어야 할 때는 우리나라 법을 따르도록 하고 있다(같은 법 제22조1항). 또한 어음·수표의 경우에는 준거법에 따라 제3국의 법에 따를 수도 있다(같은 법 제80조). 그러나 이탈리아·브라질·그리스의 경우와 같이 명문으로 반정을 인정하지 않는 입법례도 있다. 또한 반정은 보통 소송지의 국제사법에 의하여 정해지는 문제된 섭외적 사법관계에 대하여 준거법소속국의 국제사법의 일반원칙에 의하여 종국적으로 적용할 법률을 정하는 것이며, 그 외국국제사법이 인정하는 반정의 규정을 고려하지 않는 것이다. 그러나 나아가서 그 외국국제사법의 반정의 규정까지도 고려하여 종국적으로 적용할 법률을 정하는 것을 특히 이중반정(double renvoi)이라 한다. 외국의 판례 중에는 이것을 인정한 사례가 있다. 우리나라 「국제사법」의 해석으로서는 이중반정은 인정할 수 없다. 이중반정을 인정하는 경우에는 원래 반정의 원칙에 의하여 달성하고자 하는 결과와는 반대의 결과가 발생하기 때문이다.

당사자자치의 원칙
當事者自治의 原則

법률행위(계약)의 준거법을 당사자의 명시적 또는 묵시적 의사에 의하여 결정하는 국제사법상의 원칙을 말한다. **의사자치**(意思自治)의 원칙이라고도 한다. 우리나라 「국제사법」 제45조에 의하면 국제적 계약(법률행위)의 준거법은 계약당사자가 합의할 수 있다. 바꾸어 말하면, 국제사법상 계약(법률행위)의 준거법은 당사자의 자치적인 의사에 의하여 정한다. 기본적인 사고방식에 있어서는 「민법」상 사적자치의 원칙과 공통되며, 각국의 국제사법에서도 널리 승인되고 있는 원칙이다. 국제계약(법률행위)도 대량화와 함께 정형화하고, 그것에 따라서 이러한 준거법에 관한 합의도 다른 조항, 즉 재판관할 및 중재에 관한 합의와 함께 미리 계약문서 중에 명기되어 있는 것이 많다. 준거법에 관한 명시적 합의는 법원을 구속한다. 문제는 당사자의 의사가 분명하지 않은 경우이다. 그러한 경우에는 계약에 부수된 각종 사정을 고려하여 될 수 있는 한, 당사자의 합리적인 의사를 탐구하게 된다. 그 경우는 각각의 계약의 형태를 기초로 한다. 또 당사자가 계약(법률행위)의 준거법을 지정하는 경우에 그 지정은 두 가지의 의미를 가질 수 있다. 하나는 계약(법률행위)의 성립·효력 자체를 지배하는 법률의 지정이며, 다른 하나는 준거법이 허용하는 범위 내에서 계약(법률행위)의 구체적 내용을 정하는 대신에 어느 법률에 의하게 하고자 하는 지정이다. 전자는 저촉법적 지정이라 하고, 후자를 실질법적 지정이라 한다. 당사자자치(의사자치)는 전자만을 의미한다. 이러한 의미의 당사자자치를 이론적으로 부정하는 학설도 있다.

사회질서조항
社會秩序條項

국제사법의 규정에 의하여 준거법으로서 지정된 외국법의 내용이 우리나라의 선량한 풍속 기타 사회질서에 위반하는 때에는 법원은 이러한 외국법 대신에 한국법을 적용할 수 있게 되어 있는 규정을 말한다(국제사법 제23조). 즉 사회질서조항은 국제사법에 의한 외국법의 적용에 대하여 한계기능을 가진다. 그러므로 사회질서조항을 발동하면 할수록 국제사법의 기능은 후퇴하게 된다. 표현상으로는 「민법」 제103조와 동일하다. 그러나 그 내용은 매우 다르다. 예컨대 「민법」상 강행규정은 사회질서에 속하나, 그러한 내국법상의 강행규정이 그대로 국제사법상의 사회질서로 되는 것은 아니다. 이것은 「국제사법」 제23조가 내국법상 강행규정으로 되어 있는 사항에 관하여 원칙적으로 외국법의 적용을 명하고 있는 것에 의하여도 명백하다. 중요한 것은 외국법의 규정 그 자체보다도 해당 구체적 사안에 있어서 그러한 외국법을 적용하는 것이 우리나라 법질서의 기본 목적에 반하는가 아닌가 하는 점이다. 종종 판례에 나타나고 있는 것이 이혼을 인정하지 않는 필리핀법이 사회질서위반이 되는 사례이다.

법률관계의 성질결정
法律關係의 性質決定

국제사법상의 법률개념을 어느 법률에 의하여 결정할 것인가에 관한 문제를 말한다. 어떤 외국인 처가 죽은 남편의 유산에 대한 상속분을 청구하는 소를 제기한 경우, 그것을 상속법상의 법률관계로서 성질을 결정하면 「국제사법」 제77조에 의하여 사망 당시 피상속인의 본국법이 적용된다. 또 만일 '부부재산제'상의 것으로 성질을 결정하면 「국제사법」 제65조1항에 따라서 이혼 당시에 있어서의 부부의 본국법이 준거법으로 된다. 이와 같이 어떤 법률관계 또는 제기된 구체적 법률문제의 성질을 어떻게 보는가에 따라서 적용될 저촉규정이 달라진다. 가령 국제사법규정이 국제적으로 통일되었다고 하더라도 거기에서 사용된 법률개념을 각국이 각각 자국의 사법개념에 따라서 해석한다면 표현상 통일된 것같이 보이는 국제사법도 결과적으로는 그 존재의의가 없어질 것이다. 이러한 관점에서 19세기 말 바르땅과 칸이 국제사법 통일의 불가능성의 논거로서 제창한 것이 시초이다. 그러나 같은 국내법이라도 민법상 사용되고 있는 법률개념과 국제사법상의 개념과는 그 의미내용을 전혀 달리한다. 예컨대 구체적 세목에까지 확정되어 있는 것이 「민법」에서 말하는 혼인의 개념이다. 이에 대하여 「국제사법」 제63조에서 말하는 혼인이란, 섭외사건에 관하여 준거법을 지정하는 데 필요하고 충분한 만큼 추상적이면 족하다. 국제사법상의 법률개념은 자국의 사법개념에 의거하면서도 그 기능에 비추어 널리 각국법을 포용할 수 있도록 비교법적으로 추상화된 것이어야 한다.

장소는 행위를 지배한다
場所는 行爲를 支配한다

국제사법상의 법률격언이다. 국제사법상 널리 승인되고 있는 바에 따르면, 행위지법이 정하는 방식을 구비한 법률행위는 방식상 유효로 본다. 따라서 정확하게는 '장소는 방식을 지배한다'고 하는 것이 된다. 우리나라 「국제사법」 제31조에서 법률행위의 방식은 법률행위의 실질의 준거법에 의한다고 하는 동시에 보충적으로 이 원칙을 인정하고 있다. 이 것은 될 수 있는 한 법률행위의 유효한 성립을 도모한다는 취지이다. 그러므로 법률행위의 방식에 관한 한, 법률행위 실질의 준거법이나 행위지법 또는 당사자의 의사에 의하여 법률행위의 효력을 규정한 법이 정하는 바에 따르고 있으면 유효하다(같은 법 제31조).

불통일법국
不統一法國

같은 주권하에 복수의 법률계를 가진 나라를 말한다. 전형적으로는 각주마다 상이한 사법체계를 가진 미합중국의 경우가 그 예이다. 그러한 국법이 준거법으로서 지정된 경우, 과연 구체적으로 어느 지역의 법률을 적용해야 하는가가 국제사법상 문제로 된다. 그러나 불통일법국(다수법국)에 대한 지정이라도 예컨대 물건의 소재지라든가 불법행위지(不法行爲地)라고 하는 것과 같이 국제사법에 의하여 사용된 연결점이 그 자체에 있어서 '지역적 한정'의 요소를 가지고 있는 경우에는 특히 문제가 되지 않는다. 문제는 그 자체가 아무런 지적 요소를 포함하지 않는 국적이 연결점으로 되어 있는 경우이다. 즉 불통일법국에 속하는 자의 본국법을 어떻게 하여 결정하는가의 문제이다. 이것에 관하여 법정지의 입장에 있어서 직접 어느 지역의 법률을 준거법으로 하는가를 결정하려고 하는 것이 **직접지정설**(直接指定說)이다. 이에 대하여 우리나라 「국제사법」에 의하여 지정된 본국의 그 점에 관한 내부입법에 의하여 그것을 정하려고 하는 것이 **간접지정설**(間接指定說)이다. 「국제사법」 제16조3항의 경우, 이론적으로는 그 어느 쪽도 성립할 수 있는 것이지만, 결과적으로는 **간접지정설**이 보다 타당하다고 할 수 있다.

재판관할
裁判管轄

섭외적 사법사건의 재판관할을 말한다. 어떤 경우에 일국의 법원은 섭외적 사법사건에 관하여 재판하는가 하는 문제이며 그 결정은 국제사법 또는 국제민사소송법의 문제이다. 이러한 의미의 재판관할은 국제적 재판관할이라고 하지만, 독일에서는 추상적 재판관할, 프랑스에서는 일반적 관할이라고도 한다. 이것과 구별되어야 하는 것은 한편으로는 「민사소송법」에서 말하는 토지관할이고, 한편으로는 일국의 사법권의 행사에 관한 재판권이라고 하는 관념이다. 재판관할에 있어서 문제가 되는 것은 전체로서의 일국의 법원(한국법원 또는 외국법원)이며, 토지관할에 있어서와 같이 어느 특정한 법원이 아니다(서울중앙지방법원이나 부산지방법원). 또 재판권의 한계는 국제사법상의 문제이다. 재판관할권이 문제가 되는 측면은 두 가지가 있다. 첫째, 우리나라의 법원이 직접 섭외적 사건을 재판할 때의 기준이 문제가 된다. 둘째, 외국판결의 승인의 요건으로서 그 외국법원이 우리나라에서 보아 과연 재판관할권을 가지고 있었는가가 문제가 된다.

외국판결의 승인
外國判決의 承認

외국법원에 의하여 행하여진 확정판결이 일정한 기준에 따라 내국에서 그 효력(확정력)이 승인되는 것을 말한다. 「민사소송법」 제217조는 그 요건을 정하고 있다. 그중 인정하기 곤란한 것은 상호보증의 요건이다. 이것은 특별한 양 국가간 조약이 없는 경우에도 판결이 행하여진 그 외국에서 실질적으로 동등한 요건 하에 우리나라의 판결이 승인되는 것에 관한 보증이 있는 것을 말한다. 캘리포니아주 판결에 관하여는 상호의 보증을 긍정하고, 벨기에의 판결에 관하여는 그것을 부정하는 것이 우리나라의 판례이다. 구체적 절차로서는 집행판결을 구하는 단계에서 위의 「민사소송법」 제217조의 요건이 심사된다. 그러나 이것은 집행을 목적으로 하는 재산권 상의 급부판결만에 관한 것이다. 집행이 문제로 되지 않는 신분문제에 관한 형성적인 외국판결, 예컨대 외국이혼판결의 승인에 관하여는 위의 「민사소송법」 제217조는 그대로 적용되는 것이 아니다.

행위지법
行爲地法

법률행위가 행하여진 장소의 법률을 말한다. 국제사법상 하나의 준거법으로서 인정되고 있다. 우리나라 「국제사법」에 있어서는 당사자자치의 원칙이 인정되어(당사자자치의 원칙의 항 참조) 법률행위의 성립 및 효력에 관하여는 당사자의 의사에 따라서 어느 국가의 법률에 따를 것인가를 정하지만, 당사자의 의사가 분명하지 아니한 때에는 행위지법에 따른다(국제사법 제31조). 이 밖에 유가증권(환어음·약속어음·수표)상의 권리의 행사 또는 보전에 필요한 행위의 방식에 관하여 행위지법이 적용된다(같은 법 제86조). 또 해난구조로 인한 보수청구권은 그 구조행위가 영해에서 있을 때에는 행위지법이 적용된다(같은 법 제96조).

소재지법
所在地法

물건이 존재하는 장소의 법률을 말한다. 국제사법상 물권관계의 준거법으로서 인정되고 있다. 부동산에 관한 물권 및 그 득실에 관하여 부동산소재지법이 적용되어야 한다는 것은 이탈리아 법칙구별설 이래 일반적으로 인정되어 온 바이지만, 동산에 관하여는 '동산은 사람에 따른다'고 하는 원칙에 의하여 주소지법에 의하기로 하는 것이 19세기 초에 이르기까지 일반적으로 인정되고 있었다. 그러나 그러한 경우에는 주소지법 적용의 근거에 관하여는 일치된 학설이 있던 것은 아니고, 때로는 속인법으로서 주소지법이 적용되었고 또 때로는 동산은 소유자의 주소지에 존재한다는 의제에 의하여 주소지법이 적용되기도 하였다. 오늘날에도 영국이나 미국과 같이 동산과 부동산에 따라서 국제사법상 다른 취급을 하는 국가가 있다. 우리나라 「국제사법」은 동산 및 부동산에 관한 물권뿐만 아니라 채권이라 하더라도 등기하여야 할 권리는 그 동산·부동산의 소재지법에 따르고, 그러한 권리의 취득·상실·변경은 그 원인된 행위 또는 사실의 완성 당시 그 동산·부동산의 소재지법에 따른다고 규정하고 있다(같은 법 제33조).

발행지법
發行地法

유가증권(환어음·약속어음·수표)이 발행된 장소의 법률을 말한다. 국제사법상 준거법의 하나로서 인정되고 있다. 우리나라 「국제사법」에서는 환어음·약속어음·수표상의 상환청구권을 행사하는 기간(같은 법 제83조3항)과 환어음의 소지인이 그 발행의 원인이 되는 채권을 취득하는 여부(같은 법 제84조)에 관하여 발행지법에 따른다고 규정하고 있다.

서명지법
署名地法

유가증권(환어음·약속어음·수표)에 서명을 한 장소의 법률을 말한다. 국제사법상 준거법의 하나로 인정되고 있다. 우리나라 「국제사법」에서는 환어음·약속어음의 어음행위 및 수표행위의 방식은 서명지법에 따르고(같은 법 제82조1항 본문), 수표로부터 생긴 채무의 효력(같은 법 제83조1항)과 환어음의 인수인과 약속어음의 발행인 외의 자의 환어음·약속어음에 의한 채무(같은 조 2항)는 서명지법에 따르도록 규정하고 있다.

지급지법
支給地法

유가증권에 관해 지급이 행하여지는 장소의 법률을 말한다. 국제사법상 준거법의 하나로 인정된다. 우리나라 「국제사법」에서는 수표지급인의 자격(같은 법 제81조1항), 수표행위의 방식(같은 법 제82조1항 단서), 환어음과 약속어음의 인수를 어음금액의 일부에 제한하는 경우와 소지인이 그 일부지급을 수락할 의무가 있는지 여부(같은 법 제85조), 환어음과 약속어음의 상실·도난의 경우에 취해야 할 절차(같은 법 제87조) 등은 지급지법에 따르도록 하고 있다.

유사용어

유사용어

가등기 · 예고등기
假登記 · 豫告登記

두 가지 모두 예비 등기(豫備登記)이다. ① **가등기**는 부동산 물권의 변동을 목적으로 하는 청구권을 보전하려고 할 때(예 : 가옥매매계약이 체결된 때), 그러한 청구권이 시기부 또는 정지조건부인 때, 그 밖에 장래에 있어서 확정될 것일 때(예 : 가옥매매의 예약)에 행하여지는 것이다(부동산등기법 제88조). 가등기가 행하여진 후에 본등기가 행하여지면 본등기의 순위가 가등기의 순위로 소급한다(같은 법 제91조). 즉 가등기보다 후순위의 다른 등기는 그 가등기에 기하여 행하여진 본등기보다 먼저 행하여진 것이라도 본등기가 행하여지면 그 본등기보다 후순위가 되거나 가등기 되었던 권리와 권리의 충돌이 일어나는 부분에 대하여는 효력을 잃게 된다. 따라서 가등기는 본등기의 순위를 보전하는 효력이 있다. ② **예고등기**는 등기원인의 무효 또는 취소로 인한 등기의 취소 또는 회복의 소가 제기된 경우에 이것을 제3자에게 경고하기 위하여 수소법원이 직권으로 등기소에 촉탁하여 행하여지는 것이다(2011.4.12. 법률 제10580호로 「부동산등기법」이 전부 개정되면서 예고등기제도가 폐지되었지만, 이 법 시행 당시 마쳐져 있는 예고등기의 말소절차는 종전의 규정에 따른다).

가압류 · 가처분 · 가집행
假押留 · 假處分 · 假執行

세 가지 모두 종국적인 집행에 앞서 행하는 집행절차를 말한다. ① **가압류**는 금전채권이나 금전으로 환산할 수 있는 채권에 대한 장래의 강제집행을 보전하기 위하여 집행의 대상으로 되는 목적재산(동산 또는 부동산)에 관하여 채권액의 한도에서 처분을 금지하고, 현상유지를 꾀하는 제도이다(민사집행법 제276조 이하). ② **가처분**은 다툼의 대상에 관한 가처분과 임시의 지위를 정하는 가처분으로 분류된다. 전자는 금전채권이나 금전으로 환산할 수 없는 채권 이외의 특정물에 대한 채권에 관하여 집행의 보전을 꾀하는 제도이고(같은 법 제300조1항), 후자는 분쟁 있는 권리관계에 관하여 현재에 있어서의 위험 · 불안을 제거하기 위하여, 또는 분쟁해결시까지 방치해두면 회복할 수 없는 손해가 발생할 염려가 있는 경우에 분쟁해결시까지 잠정적인 조치를 정해 두는 것이다(같은 조 2항). ③ **가집행**은 재판이 확정되기 이전에 확정된 것과 같이 집행력을 부여하는 재판이다(민사소송법 제213조). 이것은 집행보전을 목적으로 하는 제도가 아니다.

간인 · 계인 · 할인
間印 · 契印 · 割印

두 개의 서류에 걸쳐서 인장을 찍는 것 또는 그 찍힌 도장 자국(인영)을 말한다. ① **간인**은 서류가 여러 장으로 이루어진 경우, 그 앞 장과 뒷장이 적절하게 이어졌다는 것을 증명하기 위하여 날인하는 것이다. 이때, 서류의 앞 장을 접어 접힌 면과 뒷면이 이어지는 부분에 날인한다. 공무원이 작성하는 서류에는 간인이 요구되는 경우가 많다(형사소송법 제57조2항). ② **계인**은 동일한 서류가 여러 부 있을 때, 이들 서류가 모두 동일하다는 것을 증명하기 위하여 각 서류를 나란히 놓고 그 연결 면에 날인하는 것을 말한다. 매수인과 매도인이 작성하는 계약서 등에 주로 사용된다. ③ **할인**은 분리되는 두 개의 서류가 서로 관련이 있다는 것을 확인하기 위하여 분리될 면에 걸쳐 날인하고 이를 나누는 것을 말한다. 영수증 등을 발급할 때 발행인용과 지급인용을 한 장에 기재하여 절취선에 날인하고 이를 잘라서 하나씩 나누어 갖는 것이 대표적이다.

감사 · 검사인
監事 · 檢查人

양자 모두 법인 · 주식회사 또는 유한회사의 기관이다. ① 감사는 「민법」상 법인의 재산 및 업무집행의 상태를 감독하는 임의기관이고(민법 제66조), 「상법」상 주식회사에 있어서는 이사의 직무집행에 대한 감사를 임무로 하는 필요적 상설기관이고(상법 제412조1항), 유한회사에 있어서는 영업에 관한 보고요구권과 업무 및 재산상태의 조사권을 가진 임의기관이다(상법 제569조). ② 검사인은 (1) 주식회사의 설립경과, 변태설립사항, 현물출자의 조사 및 검사(상법 제298조 · 제310조1항 · 제422조1항) (2) 주식회사 · 유한회사의 업무, 재산상태의 검사(상법 제366조3항 · 제467조1항 · 제582조1항 · 제613조2항) (3) 이사가 제출한 서류와 감사 보고서의 조사(상법 제367조 · 제613조2항)를 하는 임시기관이다. 임시로 선임되는 기관이라는 점에서 주식회사의 필요적 상설기관인 감사와 다르다.

거소 · 거주지 · 주거 · 주소
居所 · 居住地 · 住居 · 住所

① 거소는 '주소'(住所)처럼 밀접한 관계를 가진 곳은 아니지만 얼마 동안 계속하여 임시로 거주하는 장소를 말한다. 거소가 가지는 법률적 의의는 다음과 같다. (1) 주소를 알 수 없을 때(민법 제19조), (2) 국내에 주소가 없는 자에 대하여는 국내에 있는 거소를 주소로 본다(민법 제20조). (3) 대한민국에 주소가 없거나 주소를 알 수 없는 경우에는 거소에 따라 정하고, 거소가 일정하지 아니하거나 거소도 알 수 없으면 마지막 주소에 따라 정한다(민사소송법 제3조 단서). (4) 토지관할은 범죄지, 피고인의 주소, 거소 또는 현재지로 한다(형사소송법 제4조1항). ② 거주지는 거주하고 있는 장소로서, (1) 하나의 세대에 속하는 자의 전원 또는 그 일부가 거주지를 이동하면 신고의무자가 신거주지의 시장 · 군수 또는 구청장에게 전입신고를 하여야 하며(주민등록법 제16조1항), (2) 소년 보호사건의 관할은 소년의 행위지, 거주지 또는 현재지로 한다(소년법 제3조1항). ③ 주거는 주소 또는 거소로서 사람이 생활에 쓰이고 있는 장소를 의미한다. (1) '사람의 주거, 관리하는 건조물, 선박이나 항공기 또는 점유하는 방실에 침입하는 자는…'(형법 제319조1항), (2) '다만, 주거가 일정하지 아니한 경우에는 수급권자 또는 수급자가 실제 거주하는 지역을 관할하는 시장 · 군수 · 구청장이 실시한다'(국민기초생활보장법 제19조1항 단서) ④ 주소는 실질적으로 생활의 근거가 되는 장소로서(민법 제18조1항), (1) 동시에 두 곳 이상 있을 수 있고(주소에 관한 복수주의, 같은 조 2항), (2) 법인에 관하여는 주된 사무소 또는 본점의 소재지가 주소로 된다(민법 제36조, 상법 제171조). 주소가 법률상 의미를 가지는 것은 재판관할, 국제사법상 준거법의 결정(민사조정법 제3조, 민사소송법 제3조 · 제14조) 등에 관해서이다. 공법(선거법 · 세법 등)상의 주소는 다른 법률에 특별한 규정이 있는 경우를 제외하고는 「주민등록법」에 의한 주민등록지가 되므로(제23조1항) 공법상의 주소는 특별한 규정이 없는 한, 한 곳에 한한다.

게시 · 공시 · 고시
揭示 · 公示 · 告示

모두 다 널리 알리는 것 또는 그 방법이다. ① 게시는 공시, 공고, 광고 등의 방법으로서 일정한 물건을 일정한 장소에 걸거나 붙여서 보게 하는 것이다. '공시최고는 대법원규칙이 정하는 바에 따라 공고하여야 한다'(민사소송법 제480조). ② 공시는 공고와 마찬가지로 널리 일반에게 알리는 경우에 쓰인다. 또 「민사소송법」에 '공시송달'(제194조~제196조), '공시최고'(제475조~제497조)의 제도가 규정되어 있다. ③ 고시는 행정기관이 국민 일반에게 널리 알리기 위하여 일정한 사항을 공고하는 일종의 공고형식으로 법적 효력이 없는 행정규칙을 의미하기도 한다. 공정거래위원회 고시가 그 예이다.

경매·공매
競賣·公賣

① **경매**란 광의로는 매도인이 다수인을 집합시켜 구술로 매수신청을 최고하고, 매수신청인 가운데 최고가격 신청인에게 승낙을 하여 매매하는 제도이다. 사인이 행하는 경매를 '사경매(私競賣)'라 하고, 국가기관이 행하는 경매를 '공경매(公競賣)' 또는 **공매**라고 한다. 여기에는 「국세징수법」에 의한 경매, 「민사집행법」상 강제집행의 수단으로서의 경매, 「민사집행법」에 의한 경매가 있다. 협의로는 강제경매에 대하여 「민사집행법」에 의한 경매를 의미하며, 「민법」·「상법」 등에서 환가권이나 환가의무를 인정받은 자가 집행관이나 또는 법원에 신청하여 개시된다. 이 가운데는 보관 또는 정리방법으로서 환가하는 자조매각·저당권·질권 등 타인의 물건에 대한 담보권의 실행으로서 행하는 경우가 있다. ② **공매**는 광의로는 국가기관이 강제권한에 기하여 행하는 매매를 말하고, 협의로는 ①의 경매를 제외한 경우를 말한다. 현행법 중 「국세징수법」에 의한 압류재산을 환가하기 위한 매각(제66조), 「형사소송법」에 있어서 압수물 중 보관하기 어려운 물건의 매각(제486조3항) 등이 있다.

고소·고발
告訴·告發

① **고소**란 피해자(형사소송법 제223조)나 그의 법정대리인(같은 법 제225조1항) 등이 수사기관에 대하여 범죄사실을 신고하여 범인의 소추를 구하는 의사표시를 말한다. 범죄사실만을 신고하는 것은 피해신고에 지나지 않는다. ② **고발**이란 범인 및 고소권자 이외의 제3자가 수사기관에 대하여 범죄사실을 신고하여 범인의 소추를 구하는 의사표시를 말한다(같은 법 제234조1항).

공소·항소·상소
公訴·抗訴·上訴

① **공소**란 형 또는 유죄의 판결을 구하는 검사의 소송수행행위이며, 형사소송의 고유한 개념이다. 공소는 검사가 제기하여 수행한다(형사소송법 제246조). ② **항소**는 제1심의 종국판결에 대한 제2심법원에의 상소이다(민사소송법 제390조, 형사소송법 제357조). 상고, 항고와 더불어 상소의 일종이다. ③ **상소**란 미확정의 재판에 대하여 불복신청을 하여 상급법원에 구제를 구하는 것을 말한다. 종국판결에 대한 상소는 항소와 상고로 구분된다. 결정·명령에 대하여 독립적으로 허용되는 상소는 '항고'라고 부른다.

공소장·소장
公訴狀·訴狀

① **공소장**은 특정한 형사사건에 관하여 법원의 심판을 구하는 검사의 공소제기의 의사를 표시하는 서면이다. 구술에 의한 공소제기는 허용되지 아니한다. 공소장에는 다음 사항을 기재하여야 한다. (1) 피고인의 성명, 기타 피고인을 특정할 수 있는 사항 (2) 죄명 (3) 공소사실 (4) 적용법조(형사소송법 제254조3항). ② **소장**은 사인(원고)이 특정자(피고)를 상대방 당사자로 하여 소를 제기하기 위하여 제1심법원에 제출하여야 할 서면이다(민사소송법 제248조). 소장에는 당사자와 법정대리인, 청구의 취지와 원인을 적어야 한다(같은 법 제249조1항).

공유·합유·총유
共有·合有·總有

단독소유에 대한 공동소유의 형태를 말한다. 세 가지 형태 모두 「민법」에서 규정하고 있다(민법 제262조~제278조).
① **공유**는 수인이 동일물건의 소유권을 양적으로 분할하여 소유하는 공동소유의 형태이다(민법 제262조1항). 공유자는 언제든지 목적물을 분할하여 단독소유로 이행할 수 있다(민법 제268조1항 참조). 분할되지 않는 동안에는 공유자는 자기의 지분〔특약이 없으면 균등한 것으로 추정된다(민법 제262조2항)〕의 비율로 공유물의 관리비용 기타 의무를 부담한다(민법 제266조1항). ② **합유**는 수인이 조합체로서

물건을 소유하는 공동소유의 형태이다(민법 제271조1항). 합유자는 전원의 동의 없이는 그 지분을 처분하거나 합유물의 분할을 청구하지 못한다(민법 제273조). 합유의 기초인 조합체가 어떤 공동목적하에 성립하는 결합체이고, 먼저 이러한 결합체가 기초가 되어 어떤 물건을 소유하게 될 때에 비로소 합유관계가 생긴다는 점에서 공유와 다르고 총유와 비슷하다. 따라서 합유는 공유와 총유의 중간적 위치에 있는 공동소유의 형태라는 견해도 있다. ③ **총유**는 법인 아닌 사단의 사원이 집합체로서 물건을 소유하는 공동소유의 형태이다(민법 제275조1항). 총유는 그 기초인 법인이 아닌 사단에 있어서 구성원의 총합체가 하나의 단일적 활동체로서 단체의 체제를 갖추는 것에 비해 합유자들은 단체로서의 체제를 갖추지 못한다. 따라서 합유는 단체적 단일성을 가지지 아니한 점에서 총유와 구별된다. 또 공유에 있어서는 소유권이 양적으로 수인에게 분속되지만, 총유에 있어서는 목적물의 관리·처분 등의 권능은 일체로서 사원의 총합체인 사단 자체에 속하고, 그 사용·수익 등의 권능은 각 사원에게 귀속하여 양자가 단체적 통제하에 유기적으로 결합되어 하나의 소유권을 이루고 있다는 점에서 공유와 구별된다.

과료 · 과태료
科料 · 過怠料

양자 모두 공적인 제재로서 금전을 지급하게 하는 것이다. ① **과료**는 형벌의 일종이며, 벌금과 마찬가지로 재산형이다(형법 제41조). 형벌 가운데서는 가장 가벼운 것이다. ② **과태료**란 국가 또는 공공단체가 국민에게 과하는 금전벌을 말하는데, 형벌이 아니고 일종의 행정처분이다. 따라서 형법총칙의 규정이 적용되지 않는다. 과료라고 할 때도 있다. 과태료는 질서벌로서의 과태료(예 : 민법 제97조, 상법 제28조, 가족관계의 등록 등에 관한 법률 제120조 이하, 민사소송법 제311조), 집행벌로서의 과태료(현행법상 그 예

가 거의 없다), 징계벌로서의 과태료(예 : 공증인법 제83조3호·제85조의5, 변호사법 제117조, 법무사법 제48조2항3호)로 분류된다.

과실상계 · 손익상계
過失相計 · 損益相計

손해배상에 관한 문제에 있어서 모든 경우 '상계'란 용어를 사용하고 있으나 거의 공통점은 없다. ① **과실상계**란 손해배상청구에 있어서 피해자 또는 채권자에게도 손해발생에 대하여 과실이 있으면 그것을 고려하여 손해액을 적당하게 감하는 것이다(민법 제396조·제763조). 피해자가 손해의 발생·확대에 기여한 이상, 그 부분만은 분담해야 한다고 하는 공평의 이념에서 나오는 것이다. ② **손익상계**란 피해자 또는 채권자가 손해발생원인에 의하여 손해뿐만 아니라 이익도 받은 경우에 그 이득을 공제하는 것이다. 예컨대 유아가 사망했을 때 부모가 자(子)가 얻어야 할 이익을 청구하는 경우, 자의 사망에 의하여 양육에 드는 비용의 지출을 면하게 된다고 하여 양육비 상당액을 공제하는 것이다. 「민법」에는 이에 관한 규정이 없으나, 당연한 것으로 인정되고 있다. 손익상계는 손해액을 산정하는 방법이며, 본래의 상계와 같이 대립하는 두 가지의 대등액(對等額)에서 소멸하게 하는 것은 아니다. 따라서 손익상계보다는 '이득공제'라는 표현이 더 적절하다는 견해도 있다.

교도소 · 구치소 · 유치장
矯導所 · 拘置所 · 留置場

모두 형사수용시설의 일종이다. ① **교도소**는 수형자(징역형·금고형·노역장유치와 구류형을 받은 자)의 교정·교화와 건전한 사회복귀를 도모하기 위한 국가의 형사수용시설이다(형의 집행 및 수용자의 처우에 관한 법률 제1조). 교도소의 일부에 미결수용실을 두어 미결수용자(형사피의자·형사피고인으로 체포되거나 구속영장의 집행을 받아 교정시설에 수용된 사람)를 수용하고 있다(같은 법

제2조). 교도소에는 일반교도소와 소년교도소가 있는데, 일반교도소는 19세 이상의 수형자를, 소년교도소는 19세 미만의 수형자를 수용한다(같은 법 제11조). ② **구치소**란 형사피의자 또는 형사피고인으로서 구속영장의 집행을 받은 자(미결수용자)를 수용하는 형사시설이다(같은 법 제11조). 앞에서 설명한 바와 같이 구치소 대신에 미결수용실로 대용할 수도 있다. ③ **유치장**이란, 경찰관서에 설치된 교정시설의 '미결수용실'에 준하는 형사수용시설을 말한다(같은 법 제87조).

교사 · 방조
教唆 · 幇助

양자 모두 「형법」상 공범의 일종이다. ① **교사**란 타인에게 범죄실행의 결의를 생기게 하는 것을 말한다. 교사의 수단·방법에는 제한이 없다. 명시(明示)·묵시(默示), 사주, 충고, 촉탁, 위협, 애원, 지시, 명령, 유도, 이익제공 등의 어느 것이든 불문한다. 이미 생긴 범의를 강화시킨 데 지나지 않는 경우는 교사가 아니고 방조이다. 교사자는 죄를 실행한 자(피교사자)와 동일한 형으로 처벌된다(형법 제31조1항). 「민법」상의 교사란 불법행위를 할 의사를 가지고 있지 않은 자에게 불법행위를 할 의사를 일으키게 하여 그 자로 하여금 불법행위를 하게 하는 것을 말한다. 교사자는 직접 불법행위자와 공동의 행위자(공동불법행위자)로 간주되어 연대하여 손해배상책임을 진다(민법 제760조3항). ② **방조**란 실행행위 이외의 행위로써 정범(피방조자)의 실행행위를 용이하게 하는 것을 말한다. 방조의 수단·방법에는 제한이 없다. 작위·부작위, 기구·흉기를 부여하는 물질적·유형적 방조, 조언을 부여하는 정신적·무형적 방조를 불문한다. 방조범(종범이라고도 한다)의 형은 정범의 형보다 감경한다(형법 제32조2항). 또 교사·방조는 피교사자·피방조자가 현실로 범죄의 실행행위에 착수한 때에 비로소 처벌된다(통설·판례).

권리능력 · 의사능력 · 행위능력
權利能力 · 意思能力 · 行爲能力

① 자연인은 모두 다 같이 사법상의 권리·의무의 주체가 될 수 있는 지위·자격, 즉 **권리능력**을 가지고 있다(민법 제3조). ② 사법상의 권리·의무관계는 행위자의 자유로운 의사에 의하여 형성된다고 하는 사적자치의 원칙에서 사람은 자기 행위의 의미나 결과를 판단할 수 있는 능력, 즉 **의사능력**이 요구된다. 의사능력이 없는 자, 예컨대 유아·광인 등의 행위는 무효이다. 따라서 의사무능력자의 보호가 도모되지만, 의사능력의 유무는 개별적·구체적으로 판단하여야 한다. 그러나 의사능력 유무에 대한 개별적·구체적 판단은 그 입증이 곤란하고 또 거래의 안전을 해한다. ③ 그래서 「민법」은 의사(판단)능력이 모자라는 자를 일정한 기준에 의하여 획일적으로 결정하고, 의사능력의 유무를 불문하고 법률행위의 취소를 인정하고 있다(민법 제3조 이하). 이것이 **행위능력** 제도이다. 우리 「민법」상 인정되고 있는 제한능력자는 미성년자·피한정후견인·피성년후견인이다.

금고 · 징역
禁錮 · 懲役

사람의 자유를 박탈하는 형벌(자유형)의 일종이다. ① **금고**는 「형법」이 규정하는 형벌의 일종이다(형법 제41조3호). 교정시설에 수용하지만(형법 제68조), 정해진 노역에 의무적으로 복무하지 않는 점에서 징역과 구별된다(형법 제67조 참조). 그러나 신청이 있는 경우에는 작업을 부과할 수 있다(형의 집행 및 수용자의 처우에 관한 법률 제67조). 금고는 정치범과 같은 비파렴치범이나 과실범에 대하여 부과되는 형벌이다. 그러나 헌법상 인정된 근로의무의 신성성이나 노동천시라는 전근대적 유산과 관련하여 문제가 제기되고 있다. 금고는 무기와 유기로 구별되며, 유기는 1개월 이상 30년 이하이다(형법 제42조 본문). 다만, 유기금고에 대하여 형을 가중하는 때에는 50년까지로 한다(같은 조 단서). 그리고 무기금고를 감경할 때에는 10년 이상 50년 이하의 금고로, 유기금고를 감경할 때에는 그 형기의 2분의 1로 한다(형법 제55조1항2호・3호). ② **징역**은 수형자를 교정시설에 수용하여 정해진 노역에 복무하도록 하는 자유형의 일종이다(형법 제41조2호・제67조). 징역은 무기와 유기로 구별되며, 유기징역의 기간은 1개월 이상 30년 이하이나, 형을 가중하는 때에는 50년까지로 한다(형법 제42조). 무기징역을 감경할 때에는 10년 이상 50년 이하의 징역으로, 유기징역을 감경할 때에는 그 형기의 2분의 1로 한다(형법 제55조1항2호・3호). 소년에 대해서는 무기징역형을 과하지 아니한다(소년법 제59조). 또 징역과 금고의 구별을 폐지해야 한다는 주장(단일자유형론)이 있다.

급부・이행・변제
給付・履行・辨濟

세 가지 모두 채무의 내용을 실현하는 것을 말하는데 용법이 다르다. ① **급부**는 광의로는 청구권의 목적인 채무자의 행위를 가리키지만, 보통 채권의 목적인 채무자의 행위를 가리킨다. 급부는 이행과 거의 동의로 쓰이는데 채무의 내용 그 자체를 가리키는 경우와 그러한 급부내용의 실현이라는 의미로 쓰인다. 「채무자 회생 및 파산에 관한 법률」에서는 '반대급부'라는 용어를 쓰고 있다(제73조・제398조 등). ② **이행**은 「민법」상의 용어이며(민법 제387조~제401조), 채무내용을 실현하는 것을 의미한다(채무의 이행・불이행, 이행기, 이행지체, 이행청구, 강제이행, 이행보조자, 담보제공의무이행, 금전채무불이행 등). ③ **변제**는 채무자 기타의 자가 채무의 내용에 따라서 급여를 하여 채권을 소멸시키는 것이다(민법 제460조~제486조).

기각・각하
棄却・却下

① **기각**이란 「민사소송법」상 신청의 내용(예：원고의 소에 의한 청구, 상소인의 상소에 의한 불복신청 등)을 종국재판에서 이유가 없다고 하여 배척하는 것을 말한다. 기각의 재판은 본안판결이며 소송・형식재판인 각하와 구별된다. 예외적으로 각하로 보아야 할 경우가 법전상 기각으로 쓰이는 경우가 있다(민사소송법 제429조). 이에 관하여 「형사소송법」상 공소기각(제327조・제328조), 정식재판청구의 기각(제455조)은 절차상 하자를 이유로 하여 절차를 종결시키는 형식재판이고, 항소기각(제360조・제361조의4・제362조・제364조4항), 상고기각(제380조・제381조・제399조), 항고기각(제413조・제414조), 재심청구기각(제433조・제434조)은 절차상 하자를 이유로 무효로 하는 경우와 청구이유 없다고 선언하는 경우이다. ② **각하**란 광의로는 국가기관에 대한 행정상 또는 사법상의 신청을 배척하는 처분을 말하고, 협의로는 「민사소송법」상 소가 소송조건을 구비하지 아니하거나 상소가 그 요건을 구비하지 아니한 때, 소 또는 상소를 부적법한 것으로 하여 본안재판에 들어가지 않고서 바로 소송을 종료시키는 것을 말한다. 광의의 각하의 예로는 「행정심판법」이 있다(제43조). 「형사소송법」에서는 각하라는 용어를 쓰지 않고 기각으로 통일하고 있다.

기간・기한・기일・시기
期間・期限・期日・時期

모두 일정한 시일에 관한 것이다. ① **기간**은 일정한 일시(시기)에서 다른 일시(종기)까지 계속된 시간적 간격이다. '당사자 일방이 그 채무를 이행하지 아니하는 때에는 상대방은 상당한 기간을 정하여 그 이행을 최고하고 그 기간 내에 이행하지 아니한 때에는 계약을 해제할 수 있다'(민법 제544조 본문). 기간의 계산방법은 「민법」제155조 이하에 정해져 있다. ② **기한**은 계속하는 시간적 간격을 나타낼 때에 지시하는 시기 또는 종기이며, 도래하는 일시가 확실한 '확정기한'과 도래하는 것은 확실하지만 그 일시가 불확실한 '불확정기한'이 있다(민법 제152조). ③ **기일**은 일정한 행위를 하도록 되어 있는 날〔소송법상은 소송상의 행위를 하도록 되어 있는 날(예 : 변론기일·증거조사기일·재판선고기일·공판기일·증인신문기일 등)〕 또는 일정한 법률상의 효과가 발생·소멸하는 날이다(예 : 1962.1.20. 법률 제1000호 상법 부칙 제12조 '시행기일과 구법의 효력', 어음법 제85조 '시행기일, 구법의 폐지' 등). ④ **시기**는 일정한 행위를 하는 시이며, 기일과 같이 일정한 날을 특정하는 것이 아니고 시(時)에 가깝다. '차주는 약정시기에 차용물과 같은 종류, 품질 및 수량의 물건을 반환하여야 한다'(민법 제603조1항).

기소 · 소추 · 제소
起訴 · 訴追 · 提訴

모두 법원에 대하여 심판을 구하는 의사표시이다. ① **기소**란 검사가 형사사건에 관하여 법원에 대해서 그 심판을 구하는 의사표시를 말한다(공소의 제기, 형사소송법 제246조). ② **소추**란 (1) 형사상의 소를 제기하여 수행하는 것을 말하며 '기소'보다 넓은 개념이다. (2) 탄핵의 발의를 하여 파면을 구하는 행위를 의미하기도 한다(헌법 제65조). ③ **제소**란 소의 제기를 말한다. 형사사건 이외의 사건에 있어서 법원에 대하여 심판을 구하는 행위를 말한다.

기업결합 · 기업연합 · 기업합동 · 기업집중
企業結合 · 企業聯合 · 企業合同 · 企業集中

모두 자본주의 경제의 발전에 따라 두 개 이상의 기업이 결합하여 보다 큰 기업을 형성하는 형태 또는 현상을 말한다. ① **기업결합**이란 기업의 결합관계, 즉 '카르텔', '트러스트', '콘체른' 등의 총칭이다. ② **기업연합**이란 기업결합 중에서 결합도가 약하고 법률상 독립한 기업이 독립한 의사를 가지고 계약관계에 의하여 결합하는 것, 즉 카르텔을 가리킨다. 「독점규제 및 공정거래에 관한 법률」에서는 '부당한' 공동행위라 표현하고 있다. ③ **기업합동**이란 기업결합 중 두 개 이상의 기업의 계약·협정에 의한 결합, 즉 '기업연합'을 제외한 것을 가리킨다. 협의로는 기업이 법률상 그 독립성을 잃는 합병과 영업양수 등을 말하고, 광의로는 경제학적 의미에서의 기업집중 형태의 전부를 포함하는 결합을 말한다. ④ **기업집중**이란 복수의 기업·자본이 결합하여 보다 큰 기업·자본을 형성하는 경제현상을 말한다. 그 종류는 일반집중, 소유집중, 자본집중 등을 나타낸다.

가장납입 · 납입가장 · 예합 · 견금 · 위장납입
假裝納入 · 納入假裝 · 預合 · 見金 · 僞裝納入

주식의 납입(출자의 이행)을 가장하는 행위를 가리킨다. ① **가장납입(=납입가장)**은 회사를 설립함에 있어서 주금이 납입되지 않았음에도 불구하고 마치 납입이 있는 것처럼 가장하여 발기인이 설립등기를 하는 회사범죄의 일종으로, 「상법」은 이를 엄격히 규제·처벌하고 있다(상법 제628조). 예합과 견금은 가장 대표적인 가장납입의 형태이다. ② **예합**은 발기인들과 주금납입은행 등 금융기관이 통모하여 이루어진다. 즉, 금융기관으로부터 돈을 빌린 뒤 이를 설립 중인 회사의 예금으로 대체하여 주식의 납입을 가장하고, 이 차입금을 변제할 때까지는 그 예금을 인출하지 않을 것을 약속하는 방법이다. 동일한 금융기관 내에서 금전의 이동이 일어나므로, 계산상으로만 납입이 있을 뿐 실제로는 금전의 이동이 일어나지 않는다. ③ **견금**은 위장납입이라고도 한다. 이 경우에는 납입은행과 결탁 없이 발기인(또는 이사)가 제3자로부터 납입자금을 차입하고, 이것을 은행에 납입하여 회사가 성립(또는 신주가 발행)되면 납입금을 인출하여 차입한 곳에 모두 갚는 방법이다. 그러나 실제로 설립된 회사를 정상적으로 운영하여 차입금을 갚는 경우도 있을 수 있기 때문에, 이와 같은 경우 가장납입으로 볼 것인가 여부는 회사 설립 후 납입금을 반환하기까지 기간과 반환이 회사 재무관계에 미치는 영향, 납입금이 회사 운영을 위해 사용되었는지 등을 종합해서 판단해야 한다.

대리상 · 중개인 · 위탁매매인
代理商 · 仲介人 · 委託賣買人

상인의 영업을 보조하는 자이다. ① **대리상**은 일정한 상인을 위하여 상시 그 영업부류에 속하는 거래의 대리 또는 중개를 영업으로 하는 자이다(상법 제87조). 상인 이외의 자를 위하여 대리 또는 중개를 하는 '민사대리'와 구별된다. 또 독립적인 영업보조자인 점에서 종속적인 '상업사용인'과 구별된다. ② **중개인**은 타인 간의 상행위의 중개를 영업으로 하는 자이다(상법 제93조). 불특정 다수의 상인의 영업을 보조하는 점에서 '대리상'과 구별되지만, '위탁매매인'과는 공통점이 있다. ③ **위탁매매인**은 자기명의로써 타인의 계산으로 물건 또는 유가증권의 매매를 영업으로 하는 자이다(상법 제101조). 법률행위를 하는 점에서 단순한 사실행위를 하는 '중개인'과 구별된다.

대리인 · 특별대리인 · 복대리인 · 법정대리인
代理人 · 特別代理人 · 複代理人 · 法定代理人

① **대리인**은 대리권에 의하여 대리행위를 할 수 있는 자이다. ② **특별대리인**은 예컨대 친권자와 자(子) 또는 수인의 자(민법 제921조), 법인과 이사(민법 제64조)와의 이해상반행위에 관해 이해관계인의 청구에 따라 본래의 대리인에 갈음하여 법원에 의하여 선임되는 대리인이다. 「민사소송법」 · 「민사집행법」상의 특별대리인은 특정소송행위에 관하여 법률상 또는 사실상 소송행위를 할 수 없는 당사자를 위하여 법원이 선임하는

임시의 법정대리인으로 그 종류는 다음과 같다. (1) 법정대리인이 없거나 법정대리인이 대리권을 행사할 수 없는 경우에 소송의 지연으로 손해가 발생할 우려가 있고, 의사능력이 없는 사람을 상대로 소송행위를 하려고 하거나 의사능력이 없는 사람이 소송행위를 하는 경우에 이를 염려하여 제한능력자 및 의사무능력자를 위하여 선임되는 특별대리인(민사소송법 제62조 · 제62조의2) (2) 증거보전절차에 있어서 상대방을 지정할 수 없는 경우에 상대방에 갈음하여 선임된 특별대리인(같은 법 제378조) (3) 강제집행에 있어서 상속재산 또는 상속인을 위하여 선임되는 특별대리인(민사집행법 제52조2항). 다음은 대리권의 발생 방법에 따라 구별된다. ③ **복대리인**은 대리인에 의하여 선임되고 직접 본인을 위하여 대리행위를 하는 자이다. 대리인의 대리인이 아니다. 복대리인은 본인에 대하여 대리인과 동일한 권리의무를 가진다(민법 제123조2항). ④ **법정대리인**은 대리권이 법률의 규정에 의하여 부여되는 대리인이다. 가장 대표적인 법정대리인의 예로서 친권자(민법 제909조 · 제911조 · 제920조)와 후견인(민법 제931조 · 제932조 · 제936조) 등이 있으며, 법원이 선임한 부재자의 재산관리인(민법 제23조 · 제24조), 상속재산관리인(민법 제1023조 · 제1053조)도 이에 속한다. 법정대리인은 그 책임으로 복대리인을 선임할 수 있다(민법 제122조 본문).

대주 · 임대인
貸主 · 賃貸人

대차계약(貸借契約)에 있어서 빌려준 쪽을 말한다. 소비대차(예 : 금전대차), 사용대차(동산 · 부동산을 무상으로 빌려주는 계약)에서는 **대주**라고 하고(민법 제602조 · 제610조2항 · 3항), 임대차(동산 · 부동산을 유상으로 임차료를 받고 빌려주는 계약)에서는 **임대인**이라고 한다(민법 제623조 · 제624조). 그러나 임대차계약에 있어서는 '대주'라고 하는 용어가 사용되는 경우도 있다.

대행 · 대표 · 대리
代行 · 代表 · 代理

타인이 본인에 갈음하여 행위를 하고 그 효과를 본인에게 귀속시키는 것이다. ① **대행**은 예컨대 국무총리가 사고로 직무를 수행할 수 없을 때에 대통령의 지명을 받은 국무위원이 대신하여 그 직무를 행하는 것과 같은 것을 말한다(정부조직법 제22조). 주식회사에 있어서 이사선임결의의 무효 · 취소 또는 이사해임의 소가 제기된 경우에 법원이 가처분으로써 이사의 직무집행을 정지할 수 있고, 직무대행자를 선임할 수 있다(상법 제407조). ② 법원 또는 단체의 기관이 어떤 행위를 한 것이 법률상 법인 또는 단체 행위와 동일한 효과를 발생할 때, 기관은 법인 또는 단체를 **대표**한다고 한다. 기관이 법률행위를 하면 이에 의하여 법인이 직접 권리의무를 취득하는 점은 '대리'와 유사하지만, 대리는 서로 대등한 2개의 인격자 간의 관계이며, 대리인의 행위가 법률적으로 본인의 행위로는 되지 않는 데 반하여 기관은 본인과 대립하는 지위에 있는 것이 아니고, 기관의 행위 그 자체가 법인의 행위로 간주되는 점에서 '대리'와 다르다. ③ **대리**는 어떤 사람(대리인)이 타인(본인)에 갈음하여 제3자(상대방)에게 의사표시를 하고(능동대리), 또는 제3자로부터 의사표시를 수령하여(수동대리) 그 법률효과가 모두 직접 본인에게 귀속되는 것이다. 이것은 법률행위에 관해서만 인정된다.

동지어음 · 동지지급어음
同地어음 · 同地支給어음

표현은 유사하지만 전혀 별개의 개념이다. ① **동지어음**은 발행지와 지급지가 동일지인 어음이다. 발행지와 지급지가 다른 **이지어음**(異地어음)에 대응하는 개념이다. ② **동지지급어음**은 지급지와 지급인(약속어음에서는 발행인)의 주소가 동일지로 표시되는 어음이다. 두 가지가 다른 **타지지급어음**(他地支給어음)에 대응하는 것이다.

등기 · 등록
登記 · 登錄

양자 모두 일정한 사실을 공시하기 위하여 공적기관에 비치되어 있는 특정장부에 기재하는 것이다. ① **등기**는 등기소에 비치되어 있는 등기부에 기재하는 것이며 효력발생요건 또는 성립요건으로 된다. 즉, '부동산에 관한 법률행위로 인한 물권의 득실 변경은 등기하여야 그 효력이 생긴다'(민법 제186조), '회사는 본점소재지에서 설립등기를 함으로써 성립한다'(상법 제172조) ② **등록**은 일정한 사실 또는 법률관계를 행정청 등에 비치되어 있는 공부에 기재하는 것이며, 그 법적 효과에는 여러 가지가 있다. 등록은 (1) 특허권 · 디자인권 · 실용신안권 · 상표권의 등록(특허법 제87조, 디자인보호법 제90조, 실용신안법 제21조, 상표법 제82조), 자동차저당 · 항공기저당의 등록(자동차 등 특정동산저당법 제5조)과 같이 권리의 효력발생인 것 (2) 저작권의 등록(저작권법 제54조), 등록국채채권의 이전 · 입질 등의 등록(국채법 제9조)과 같이 제3자의 대항요건인 것 (3) 의사 · 수의사 · 변리사의 등록(의료법 제11조, 수의사법 제6조, 변리사법 제5조)과 같이 면허의 방법인 것 (4) 자동차 · 선박 · 항공기의 등록(자동차관리법 제5조, 선박법 제8조, 항공안전법 제7조)과 같이 일정한 행위(예 : 운행)를 하기 위한 요건인 것 등 여러 가지가 있다. 국제법상 조약의 등록은 국제연맹규약과 국제연합헌장에 의하여 설정된 제도이다. '이 헌장이 발효한 후 국제연합회원국이 체결하는 모든 조약과 모든 국제협정은 가능한 한 신속히 사무국에 등록되고 사무국에 의하여 공표된다'(국제연합헌장 제102조1항).

매도담보 · 양도담보
賣渡擔保 · 讓渡擔保

두 가지 모두 담보의 목적인 재산권(통상은 물건의 소유권)을 채권자에게 이전시키는 방법을 취하는 채권의 물적 담보이다. ① **매도담보**는 당사자 간에 매매가 행하여지고(융자), 일정기간 내에 매도인이 목적물을 다시 산다(빌린 돈을 모두 갚음)고 하는 방법으로 행하여진다. 매매에 따른 재매매의 예약이나 환매(민법 제590조~제595조)가 이에 속한다. 여기서는 당사자 간에 피담보채권에 관한 채권채무관계는 없다. ② **양도담보**는 당사자 간에 존재하는 채권채무관계를 담보하기 위하여 재산권을 이전하는 방법으로 행하여진다. 요즘에는 제3자에 대한 관계에서도 될 수 있는 한 담보로서 취급되고, 실행시에도 청산이 원칙으로 되어 있다. ①과 ②를 같은 뜻으로 사용하는 경우도 있으므로 실제 계약에서는 그 구별이 곤란한 경우가 많다.

무권대리 · 표현대리
無權代理 · 表見代理

대리권이 없는 자가 대리인으로서 법률행위를 하는 것을 광의의 **무권대리**라고 말하고 본인에게 그 효과가 귀속하지 아니한다. 그중에서 대리권이 있다고 믿고 무권대리인과 거래를 한 상대방의 보호를 위하여 특별히 대리권이 있는 행위로 보아서 본인에게 효과를 귀속시키는 것을 **표현대리**라고 한다. 「민법」에서는 대리권을 수여한다는 표시가 있는 경우(민법 제125조), 권한 있는 대리인이 그 권한을 넘은 경우(민법 제126조)와 대리권이 소멸한 경우(민법 제129조)에 각각 표현대리가 인정된다. 협의의 '무권대리'는 표현대리가 성립되지 않는 경우를 가리킨다. 이것은 본인의 추인에 의하여 유효한 대리행위로 된다(민법 제130조). 상대방에게는 최고권 · 철회권이 부여되어 있으며(민법 제131조 · 제134조), 본인이 추인하지 않는 경우에는 상대방은 무권대리인에게 책임을 추궁할 수 있다(민법 제135조).

배서금지배서 · 배서금지어음
背書禁止背書 · 背書禁止어음

모두 어음의 배서를 금지 또는 제약하는 뜻을 나타내는 것이다. ① **배서금지배서**는 배서인이 배서를 함에 있어서 새로운 배서를 금지하는 취지의 문언을 기재한 배서이다(어음법 제15조2항 · 제77조1항1호). '금전배서(禁轉背書)'라고도 한다. 피배서인은 배서인의 위의 기재를 무시할 수 있으나, 금전배서인은 그 후의 피배서인에 대하여 담보책임을 지지 않는다. ② **배서금지어음**은 발행인이 지시금지 등의 문언을 기재하여 발행하는 어음이다(어음법 제11조2항 · 제77조1항1호). 지시금지어음이라고도 한다. 배서금지배서와는 달라서, 발행인이 행하는 배서금지에는 어음의 지시증권성을 상실시키는 효과가 있다. 다만, 지명채권 양도의 방법으로 양도할 수 있으며, 지명채권 양도의 효력만 생긴다.

보수 · 급여 · 급료 · 봉급 · 임금
報酬 · 給與 · 給料 · 俸給 · 賃金

모두 다 사용자가 근로의 대가로서 근로자에게 지급하는 금전 기타의 것을 말한다. ① **보수**는 사용자인 국가나 지방자치단체가 노동자인 국가공무원 및 지방공무원에게 근무의 대가로 지급하는 것이다(국가공무원법 제46조~제49조, 지방공무원법 제44조~제46조의3). 보수란 봉급과 기타 각종 수당을 합산한 금액을 말한다(공무원보수규정 제4조1호). ② **급여**는 주로 공무원 및 정부관리기업체의 직원의 봉급(공무원보수규정 제4조2호) · 연금(공무원연금법 제28조) 기타의 근무에 대한 대가라는 의미에서 고용주가 피용자에게 지급하는 임금까지 포함하여 쓰이기도 한다. 구 「민법」 · 구 「민사소송법」에서는 '급부'라는 용어가 쓰이고 있었으나 현행 「민법」 · 현행 「민사소송법」에서는 이를 대신하여 급여라는 용어가 쓰이고 있다. ③ **급료**는 옛날에 가사노무자나 하급노무자의 근로의 대가를 지칭하였던 것이다. 오늘날 남아 있는 예로서는 「민법」 제163조1호의 '급료'를 들 수 있다. 이 급료는 오늘날에는 근로자 일반에 대하여 쓰게 되면서, 임금이라는 용어의 용법과 차이가 없어졌다. ④ **봉급**이란 직무의 곤란성 및 책임의 정도에 따라 직책별로 지급되는 기본급여 또는 직무의 곤란성 및 책임의 정도와 재직기간에 따라 계급(직위를 포함한다)별, 호봉별로 지급되는 기본급여를 말한다(공무원보수규정 제4조2호). ⑤ **임금**이란 노동의 대가로서 사용자가 근로자에게 지급하는 금전 기타의 것을 말한다. 임금에는 현물급여도 포함된다.

보증인 · 물상보증인 · 신원보증인
保證人 · 物上保證人 · 身元保證人

모두 보증인이라는 명칭이 붙어 있으나 그 성격에 차이가 있다. ① **보증인**은 주채무자의 채무에 대하여 변제의 책임을 부담하는 자이다. 공동보증, 연대보증 등 여러 가지의 형태가 있다. ② **물상보증인**은 어떤 사람의 채무에 대하여 물적 담보를 설정하는 자이다. 스스로 채무는 부담하지 않고 자신의 재산으로 책임만을 부담하나, 채무자가 변제하지 아니하면 경매에 의하여 담보권이 설정된 목적물의 소유권을 잃게 되므로 사실상 변제를 강요당하는 경우가 많다. ③ **신원보증인**은 어떤 자의 고용계약에 있어서 그 자가 사용자에게 손해를 가한 경우, 그 자를 대신해서 손해의 배상을 약속하는 자이다. 고용계약 중에 생긴 손해를 신원보증인에게 부담시켜서 사용자의 손해를 경감하려고 하는 목적을 가진다. 신원보증인을 보호하기 위하여 「신원보증법」이 제정되었다. 신원보증은 통상의 보증과 같은 주채무나 부종성이 없고, 보증이라기보다는 일종의 손해담보계약이라고 하는 편이 더 좋을 것이다.

보증채무 · 연대채무
保證債務 · 連帶債務

채권담보를 위하여 사용되는 다수 당사자 간의 법률관계인데, 양자는 매우 다르다. ① **보증채무**는 주채무가 이행되지 않는 경우에 주채무자에 갈음하여 채권자에게 채무의 이행을 하는 의무이다. 주채무자의 위탁에 기하는 것이 많은데, 계약 그 자체는 채권자와 보증인과의 사이에서 행하여진다. 보증채무는 주채무에 부종하며, 따라서 주채무가 시효로 소멸되거나 변제가 되면 소멸된다. 주채무에 대하여 보충적인지 여부에 따라 연대보증과 단순한 보증으로 분류되고, 통상의 보증채무의 경우에는 최고와 검색의 항변권이 있지만, 연대보증에서는 이것이 없고 채권자는 처음부터 연대보증인에게 청구할 수 있다. ② **연대채무**는 수인이 동일내용의 채무를 부담하고 채권자는 어느 연대채무자에게도 청구할 수 있는 채무이다. 계약에 의하여 발생하는 것이 많으나 법률상 연대로 되어 있는 경우도 있다(민법 제760조1항 · 제832조 본문, 상법 제57조1항 등). 연대채무에서는 어느 연대채무자에 관한 사항이 다른 연대채무자에게 어떤 효력을 미치는가가 문제로 되고, 「민법」은 원칙적으로 다른 연대채무자에게 영향을 미치지 아니한다고 하고 있다(제423조). 그러나 다른 연대채무자에게 영향을 미친다고 하는 규정도 두고 있다(민법 제416조 · 제419조 · 제421조 · 제422조). 또 수인이 공동불법행위로 손해를 가한 경우에 가해자는 연대하여 책임을 진다(민법 제760조1항). 이 경우의 연대는 민법의 연대채무와 다르다. 즉 독립성이 강한 연대채무(**부진정연대채무**)로 해석되고 있다.

부본 · 복본
副本 · 複本

모두 같은 내용의 문서를 동시에 복수로 작성하는 경우의 그 문서이다. ① **부본**은 원본에 대응하고 본래의 목적 외의 목적에 사용하기 위하여 작성한다. ② **복본**은 원본과 다름이 없고 그 효력에 있어서 차이가 없다. '환어음은 같은 내용으로 여러 통을 복본으로 발행할 수 있다'(어음법 제64조1항), '전항의 복본을 발행할 때에는 그 증권의 본문 중에 번호를 붙여야 하며, 번호를 붙이지 아니한 경우에는 그 여러 통의 복본은 별개의 환어음으로 본다'(같은 조 2항). 또 이것들과는 달리 등본은 이미 존재하는 원본을 복사한 문서이다.

선의 · 무과실
善意 · 無過失

① **선의**는 법률상 어떤 사실을 알지 못하는 것을 말하고 도덕적인 의미를 포함하지 않는다. '…선의의 제3자…'(민법 제107조2항 · 제108조2항 · 제109조2항 · 제110조3항), '선의의 점유자…'(민법 제201조1항) ② **무과실**은 과실, 즉 주의의무위반이 없는 행위를 말한다. 일반적으로 「민법」상 선의와 함께 쓰이며, 선의인 것에 관해 과실이 없는 것을 가리킨다. '…선의이며 과실없이…'(민법 제245조2항 · 제249조). 물건의 점유에 관하여 점유자의 선의는 추정된다(민법 제197조1항). 그러나 무과실은 추정되지 아니한다.

소급 · 상환청구
遡及 · 償還請求

모두 거슬러 올라가는 것이다. ① **소급**은 법률행위나 소멸시효의 효력 등이 그 법률행위시와 소멸시효의 기산일에 거슬러 올라가서 그 이전의 사항에 미치는 것이다. '추인은 다른 의사표시가 없는 때에는 계약시에 소급하여 그 효력이 생긴다'(민법 제133조 본문), '소멸시효는 그 기산일에 소급하여 효력이 생긴다'(민법 제167조). ② **상환청구**는 어음 · 수표가 부도 처리되거나 만기 전일지라도 지급이 위태로운 상태가 된 경우 담보 책임자에게 상환을 청구하는 제도이다. '만기에 지급이 되지 아니한 경우 소지인은 배서인, 발행인, 그 밖의 어음채무자에 대하여 상환청구권을 행사할 수 있다'(어음법 제43조).

소송능력 · 당사자적격 · 당사자능력
訴訟能力 · 當事者適格 · 當事者能力

① **소송능력**은 「민사소송법」상 당사자로서 스스로 단독으로 유효하게 소송행위를 하고, 상대방 또는 법원의 소송행위를 받는 데 필요한 능력이다. 「민법」상의 행위능력자는 모두 소송능력을 가진다(민사소송법 제51조 참조). 「민법」상의 제한능력자(미성년자 · 피한정후견인 · 피성년후견인)에게는 스스로 소송행위를 시키지 않고, 그 소송은 법정대리인에 의해서만 수행한다(민사소송법 제55조 본문). 즉 소송능력이 인정되지 않는다. ② **당사자적격**은 「민사소송법」상 일정한 권리관계에 관하여 당사자로서 소송을 수행하고 판결을 받기 위하여 필요한 자격이다. '소송수행권'이라고도 하고, 이것을 가지는 자를 그 청구에 관한 '정당한 당사자'라고 한다. 그 사건을 소송으로 제기하는데 누가 원고로서 소를 제기할 것인가, 또 누가 피고로서 소를 받을 것인가 하는 문제로서 당사자능력이나 소송능력과 같이 사건의 내용과 관계없이 인정되는 일반적 · 인격적 능력과는 그 성질이 다르다. ③ **당사자능력**은 「민사소송법」상 당사자가 될 수 있는 소송법상의 능력이다. 소송절차에 관하여 말하면 원고로서 소송하고 또 피고로서 소송당하는 능력이다. 자연인과 법인은 모두 당사자능력을 가진다(민사소송법 제51조).

소송대리인 · 변호사 · 변호인 · 특별변호인
訴訟代理人 · 辯護士 · 辯護人 · 特別辯護人

① **소송대리인**은 「민사소송법」상 소송을 수행하기 위하여 포괄적인 대리권을 가진 임의대리인이다. 국가가 당사자인 경우에는 법무부장관, 각급 검찰청의 장 또는 행정청이 지정하는 자가 소송대리인이 된다(국가를 당사자로 하는 소송에 관한 법률 제7조). 소송위임에 기한 소송대리인은 원칙상 변호사이어야 하나, 지방법원단독사건에 한해 법원의 허가가 있으면 변호사가 아니라도 될 수 있다(민사소송법 제88조). 또한 「형사소송법」상 법인이 피의자나 피고인이 된 경우에는 그 대표자(형사소송법 제27조), 피의자 · 피고인이 의사무능력자인 경우에는 법정대리인(같은 법 제26조)이 법률상 당연히 포괄적으로 소송행위를 대표 또는 대리하게 되며, 그 밖에 위임에 의한 대리인도 인정할 수 있다. 그중에서

변호인은 포괄적인 대리권을 가지는 동시에 피의자·피고인의 보호자로서의 지위를 가지며, 「민사소송법」에서와 같은 단순한 소송대리인은 아니다. ② **변호사**는 당사자와 그 밖의 관계인의 위임이나 국가·지방자치단체와 그 밖의 공공기관의 위촉에 의하여 소송에 관한 행위 및 행정처분의 청구에 관한 대리행위와 일반법률사무를 하는 자이다(변호사법 제3조). ③ **변호인**은 형소법상 피고인 또는 피의자의 방어력의 보충을 직무로 하는 피고인 또는 피의자의 보조자이다. ④ **특별변호인**은 변호사가 아닌 자로서 대법원 이외의 법원에 의하여 변호인으로 선임된 자이다. 특별한 사정이 있을 때 법원이 이를 허가하며(형사소송법 제31조 단서) 소송법상의 권한은 일반의 변호인과 같다. 상고심에서는 변호사 아닌 자를 변호인으로 선임할 수 없다(같은 법 제386조). 그리고 「군사법원법」에서는 관할군사법원의 허가를 받아 특별변호인이 허가된다(제60조).

소송승계 · 소송절차의 수계
訴訟承繼 · 訴訟節次의 受繼

① **소송승계**는 소송계속(繫屬) 중에 소송물인 권리 및 법률관계에 관하여 소송할 적격이 당사자로부터 제3자에 이전되었기 때문에 그 제3자가 당사자의 소송상의 지위를 승계하는 것이다. 소송 외에 있어서 승계원인에 따라 법률상 당연히 교체가 생기는 '당연승계'와 승계인의 소송참가 또는 상대방인 당사자의 인수신청에 기하여 비로소 발생하는 '참가승계' 및 '인수승계'가 있다. 당연승계인 때에는 주로 소송절차의 중단사유가 된다(민사소송법 제233조~제237조·제239조). 그러나 '중단' 및 '수계'는 소송절차의 중단에 관한 것으로서 소송상의 지위의 승계와는 별개의 개념이다. ② **소송절차의 수계**는 소송절차의 중단을 종료시키는 당사자의 행위이다. 다만, 파산절차가 해지된 경우에 파산자는 당연히 소송절차를 수계하는 일이 있다(같

은 법 제239조). 신청자는 중단원인이 있는 당사자측의 신수행자(같은 법 제233조~제237조) 및 상대방이다(같은 법 제241조). 신청은 원칙으로 중단 당시 소송이 계속되고 있는 심급의 법원(판결송달 후의 중단인 때에는 판결법원)에 한다.

손해배상 · 손실보상
損害賠償 · 損失補償

손해를 전보하는 것을 말하는데 요건, 효과, 기능 등에 관하여 매우 다르다. ① **손해배상**이란 손해를 가한 자가 손해를 입은 자에 대하여 손해를 배상하는 것을 말한다. 「민법」에서는 채무불이행의 경우(제390조)와 불법행위의 경우(제750조)에 인정된다. 어느 경우에도 손해를 가한 자에게 '고의·과실'(민법 제390조 단서·제750조)이 필요하고, 경우에 따라서는 직접 가해자 이외의 자, 예컨대 사용자(민법 제756조), 공작물 등의 점유자·소유자(민법 제758조)에게도 손해배상의무가 있다. ② **손실보상**은 적법한 공권력의 행사에 의하여 가해진 경제상의 특별한 희생(공용징수·공용사용)에 대하여 행정주체가 행하는 재산적 보상이다. 이를 공법상의 손실보상이라고도 한다. 이것은 이론적 개념이며 토지수용에 대한 손실보상, 농지의 강제매수의 대가지급 등이 그 예이다. 적법행위로 인한 손실(재산의 침해)의 보상이라는 점에서 불법행위로 인한 국가배상 및 위법행위로 인한 손해배상(민법 제750조)과 다르다.

수사 · 수색
搜査 · 搜索

① **수사**란 공소를 제기하고 이를 수행하기 위하여 범인 및 증거를 발견하고 수집하는 수사기관의 활동을 말한다. '검사는 범죄의 혐의가 있다고 사료하는 때에는 범인, 범죄사실과 증거를 수사한다'(형사소송법 제196조). ② **수색**이란 물건 또는 사람의 발견을 목적으로 사람의 신체·물건·주거·그 밖의 장소에 대하여 행하여지는 강제처분을 말한다. 법원이 행하는 것이 원칙이나(같은 법 제109조1

유사용어

항), 증거보전상 법관이 행하기도 하고(같은 법 제184조), 수사기관이 행하는 수도 있다(같은 법 제215조). 법원이 공판정에서 행하는 수색(같은 법 제113조), 피고인에 대한 구속영장을 집행하는 경우(같은 법 제137조) 또는 피의자를 체포·구속하거나 현행범인을 체포하는 경우의 수색(같은 법 제216조·제217조) 이외에는 압수·수색영장을 필요로 한다(헌법 제12조3항, 형사소송법 제113조·제215조).

수탁판사 · 수명법관
受託判事 · 受命法官

모두 법관이 일정한 재판사무를 처리하는 경우에 있어서의 지위를 나타낸다. ① **수탁판사**는 법원 간의 공조로서, 소송이 계속된 타법원의 촉탁에 기하여 일정한 사항을 처리하는 수탁법원의 판사이다. 촉탁을 한 법원의 구성원은 아니지만 그 위임에 기하여 촉탁법원을 대신하여 사무를 처리하는 점에서 수명법관에 준하여 취급한다(민사소송법 제332조, 형사소송법 제136조·제167조). ② **수명법관**은 재판장에 의하여 지정되어 합의부를 대표하여 여러 종류의 소송행위를 행하는 합의부의 일원인 법관이다(민사소송법 제145조·제280조 이하·제313조, 형사소송법 제72조의2·제74조·제75조·제114조·제136조·제167조·제175조·제279조의6).

실종자 · 부재자
失踪者 · 不在者

모두 그 소재해야 할 장소에 없는 자이다. ① **실종자**는 「민법」상의 부재자이며 그 생사가 일정기간(5년간) 불명한 때에 법원으로부터 실종의 선고를 받은 자를 말하고 일정기간이 만료한 때에 사망한 것으로 본다(민법 제27조·제28조). '실종자의 생존한 사실 또는 전조의 규정과 상이한 때에 사망한 사실의 증명이 있으면 법원은……실종선고를 취소하여야 한다'(민법 제29조1항). ② **부재자**에는 두 가지가 있다. (1) 「민법」상의 부재자는 종래의 주소 또는 거소를 떠

나서 용이하게 돌아올 가망이 없는 자를 말한다. '부재자의 생사가 5년간 분명하지 아니한 때에는 법원은 이해관계인이나 검사의 청구에 의하여 실종선고를 하여야 한다'(민법 제27조1항). (2) 기타의 경우는 일반적으로 특정한 공권의 행사와 관련하여 그 장소에 없는 때에 사용된다. '부재자신고' 및 '부재자신고인명부'(국민투표법 제14조, 공직선거법 제37조) 등이 그 예이다.

아편 · 마약 · 대마 · 향정신성의약품
阿片 · 痲藥 · 大痲 · 向精神性醫藥品

어느 것이든 상용하면 습관성이 되어 중독증상을 일으키고, 그 사용을 중지하면 금단증상이 나타나는 물질이다. 이러한 것을 입수하기 위하여 여러 가지의 범죄가 행하여지고 또한 그 중독으로 인한 정신장해가 범죄의 원인이 되고 있다. ① **아편**은 양귀비의 액즙이 응결된 것과 이를 가공한 것(의약품으로 가공한 것은 제외한다)을 말한다(마약류 관리에 관한 법률 제2조2호나목). 아편에 관한 죄는 「형법」에 상세히 규정되어 있다(형법 제198조 이하). ② **마약**은 양귀비·아편·코카 잎 및 이들에서 추출되는 모든 알칼로이드와 이와 비슷한 작용을 하는 화학적 합성물로서 대통령령으로 정하는 것을 말한다(마약류 관리에 관한 법률 제2조2호). ③ **대마**는 대마초(칸나비스 사티바 엘)와 그 수지 및 대마초 또는 그 수지를 원료로 하여 제조된 모든 제품, 이들과 동일한 화학적 합성품으로서 대통령령으로 정하는 것, 그리고 이에 규정된 것을 함유하는 혼합물질 또는 혼합제제를 말한다(같은 법 제2조4호). ④ **향정신성의약품**은 인간의 중추신경계에 작용하는 것으로서, 오용하거나 남용할 경우 인체에 심각한 위해가 인정되어 대통령령으로 정하는 것을 말한다. 암페타민, 바르비탈 등이 있다(같은 법 제2조3호, 같은 법 시행령 별표3~별표7).

악의 · 고의 · 작위
惡意 · 故意 · 作爲

① **악의**는 여러 가지의 의미가 있다. (1) 일반적으로는 도덕적인 선악과는 관계없이 단순히 어떤 사항을 알고 있는 경우에 사용한다. '악의의 점유자는 수취한 과실을 반환하여야 하며 소비하였거나 과실로 인하여 훼손 또는 수취하지 못한 경우에는 그 과실의 대가를 보상하여야 한다'(민법 제201조2항), '악의의 수익자는 그 받은 이익에 이자를 붙여 반환하고 손해가 있으면 이를 배상하여야 한다'(민법 제748조2항). 이 두 예에 있어서 알고 있는 것의 내용이 상이하다는 것에 유의할 필요가 있다. 후자는 수익의 원인이 없는 것을 알고 있는 경우를 말하지만, 전자는 점유의 권리가 없음을 알고 있는 경우뿐만 아니라 이 권리가 없을지도 모른다고 하는 의심을 갖고 있는 경우도 포함된다. (2) 악의는 주로 '중대한 과실'과 더불어 사용된다. '소지인이 악의 또는 중대한 과실로 인하여 환어음을 취득한 경우에는 그러하지 아니하다'(어음법 제10조), '소지인이 악의 또는 중대한 과실로 인하여 어음을 취득한 경우에는 그러하지 아니하다'(어음법 제16조2항), '소지인이 악의 또는 중대한 과실로 인하여 수표를 취득한 경우에는 그러하지 아니하다'(수표법 제21조). (3) 도덕적으로 나쁘다고 하는 해악의 의도가 있는 경우에 사용되는 경우도 있다. '배우자가 악의로 다른 일방을 유기한 때'(민법 제840조2호). ② **고의**는 민사상 또는 형사상의 책임을 발생시키는 조건으로서 사용되는(그 내용은 어떤 사항을 확정적으로 알고 있을 뿐만 아니라, 이른바 미필적 고의도 포함한다고 하며 기타 위법성의 의식이 포함되는가 안 되는가의 논의가 있다) 이외에 특별한 의미내용을 갖는 것으로 사용되는 경우가 있다. '고의 또는 과실로 인한 위법행위로 타인에게 손해를 가한 자는 그 손해를 배상할 책임이 있다'(민법 제750조), '국가나 지방자치단체는 공무원 또는 공무를 위탁받은 사인이 직무를 집행하면서 고의 또는 과실로 법령을 위반하여 타인에게 손해를 입히거나 … 그 손해를 배상하여야 한다'(국가배상법 제2조1항 본문), '법률에 특별한 규정이 없는 한, 고의(범의라고도 한다)의 행위만을 벌한다'(형법 제13조), '이사가 고의 또는 중대한 과실로 그 임무를 게을리한 때에는 그 이사는 제3자에 대하여 연대하여 손해를 배상할 책임이 있다'(상법 제401조1항). 이 밖에 해악의 의도를 포함하여 사용하는 경우가 있다. 해악의 의도의 내용은 규정의 취지 여하에 의하게 된다. '고의로 직계존속, 피상속인, 그 배우자 또는 재산상속의 선순위나 동순위에 있는 자를 살해하거나 살해하려한 자'(민법 제1004조1호), '보험사고가 보험계약자 또는 피보험자나 보험수익자의 고의 또는 중대한 과실로 인하여 생긴 때에는 보험자는 보험금액을 지급할 책임이 없다'(상법 제659조1항). ③ **작위**는 알고 있을 뿐만 아니라 일정한 행위가 수반되는 경우이다. '채무자의 일신에 전속하지 아니한 작위를 목적으로 한 때에는 채무자의 비용으로 제3자에게 이를 하게 할 것을 법원에 청구할 수 있다'(민법 제389조2항)고 하는 예에서는 적극적 행위를 의미한다.

악의의 항변 · 일반악의의 항변
惡意의 抗辯 · 一般惡意의 抗辯

모두 인적 항변을 주장하여 어음 · 수표금의 지급을 거부하기 위한 항변을 말한다. ① **악의의 항변**은 어음 · 수표 채무자가 어음 · 수표소지인의 이전 소지인에 대하여 인적 항변의 주장(대항)을 할 수 있는 경우에 현재 소지인이 그 채무자를 해할 것을 알고 어음 · 수표를 취득하면 어음 · 수표 채무자는 이전 소지인에게 대항할 수 있었던 인적항변으로써 이 소지인에 대해서도 대항할 수 있는 것이다(어음법 제17조 단서 · 제77조1항1호, 수표법 제22조 단서). ② **일반악의의 항변**은 「어음법」, 「수표법」에 있어서 정하여진 개념이 아니고, 신의성실의

유사용어

원칙 또는 권리남용의 법리 가운데 나타난 것이다(민법 제2조). 로마법에서 유래하여 이것이 어음·수표법의 분야에서 어떻게 적용되는가는 어음이론에 따라서 차이가 있다. 그러나 우리 「민법」에서는 일반악의의 항변은 인정되어 있지 않고, 그 적용례로서는 개별적으로 동시이행의 항변이나 유치권의 주장 등이 규정되는 데 불과하다고 해석하는 설이 있다.

알선·중개·중재·조정
斡旋·仲介·仲裁·調停

어느 것이든 재판에 의하지 아니하고 당사자 간의 분쟁 해결을 도모하는 제도이다. ① 일반적으로 **알선**은 어떠한 일이 잘 되도록 중간에서 주선하는 일을 가리킨다. '취업알선' 등이 그 대표적인 예이다. 그러나 구 노동법상에서 말하는 '알선'은 이와 달리 노동쟁의 조정제도의 하나를 가리킨다. 구 「노동쟁의조정법」상의 '알선'은 노동쟁의가 발생하면 행정관청이 그 소속 공무원 중에서 지명한 알선공무원이 노사의 중간에 들어서 쌍방 주장의 요점을 확인하고 노동쟁의가 해결되도록 노력하는 제도였다. 알선공무원이나 제3자가 자신의 안을 제시할 필요가 없다는 점에서 조정이나 중재와는 달랐다. 그러나 1996년 12월 31일 법률 제5244호에 의하여 「노동조합법」 및 「노동쟁의조정법」이 「노동조합 및 노동관계조정법」으로 통합되면서 기존의 이와 같은 '알선' 제도는 없어지고, '조정'으로 일원화되었다. ② **중개**는 국제분쟁을 제3자(국가·국제기관·개인)의 권고(또는 조언)에 의하여 평화적으로 해결하는 방법이며, '거중조정'이라고도 한다. ③ **중재**는 (1) 국제법상으로는 당사자 간의 분쟁을 그들이 선임한 제3자의 판단에 의하여 해결하는 것이다. (2) 노동법상에서는 노동쟁의조정의 일종이다. 이 중재는 관계당사자의 쌍방이 함께 중재신청을 한 때, 관계당사자의 일방이 단체협약에 의하여 중재신청을 한 때에 중재위원회에서 행하기로

되어 있다(노동조합 및 노동관계조정법 제62조). (3) 「중재법」상에서는 당사자 사이에서 사법상의 법률관계에 관한 현재 또는 장래의 분쟁의 일부나 전부를 중재인의 판정에 의하여 해결하는 방법이다(제1조·제3조). ④ **조정**은 (1) 민사상으로는 분쟁해결을 위하여 제3자가 당사자 간을 중개하여 화해·타협의 성립에 노력하는 것이다. 민사상의 조정제도로서는 「가사소송법」에 의한 가사조정, 「광업법」에 의한 광해 조정(광업법 제81조) 등이 있다. (2) 노동법상에서는 노동위원회에 의한 노동쟁의해결의 한 방법이다(노동조합 및 노동관계조정법 제53조~제61조의2). (3) 국제법상에서는 국제분쟁의 평화적 해결방법으로서 제3자(개인·국가 또는 국제기관)가 개입하여 분쟁사실을 명확히 하고 해결책을 제안함으로써 구속성이 없는 판정 또는 판결을 모색하여 분쟁을 해결하는 절차이다.

어음대부·어음할인
어음貸付·어음割引

모두 어음을 이용하여 행하여지는 융자의 수단이다. ① **어음대부**는 융자(대부)시에 차용증서 대신에 또는 그것과 병용하여 채권확보를 목적으로 차주로부터 어음을 받는 방법이다. 통상적으로는 대주를 수취인으로 하는 약속어음이 차주에 의하여 발행되는 단명어음을 이용한다. ② **어음할인**은 어음소지인이 만기가 도래하지 아니한 어음을 금융기관에 양도하고 어음금액을 받는 것이다. 수취액은 어음금액에서 금리(할인료)를 공제한 액이다. 어음대부가 소비대차의 차용증서 대신에 하는 어음수수인 데 반하여 어음할인은 논의가 있으나 어음 자체의 매매이다. 또한 이것도 소비대차라고 하는 설이 있다.

어음등본·어음복본
어음謄本·어음複本

① **어음등본**은 어음의 원본을 일정한 방식에 따라서 복사한 것을 말한다. 어음복본과는 달리 그

자체는 어음이 아니지만 등본상에서는 원본과 같은 방법으로 배서나 보증을 할 수 있다(어음법 제67조3항). 환어음을 인수하기 위해 지급인에게 송부 중에 유통시키는 데 이용된다. ② **어음복본**은 원본과 등본의 관계와는 달리 각각 동일한 어음채무를 표창하는 여러 통의 어음이다. 이 여러 통의 어음증권은 다 정본이다(어음법 제64조~제66조). 등본제도는 약속어음에도 있지만, 복본제도는 환어음 및 수표의 특유한 것이다. 여러 통 중 한 통을 소지하면 다른 복본을 소지하지 아니하더라도 어음의 권리행사가 가능하다. 어음증권을 상실한 때의 권리행사에 편리하다.

연대보증 · 공동보증 · 보증연대
連帶保證 · 共同保證 · 保證連帶

① **연대보증**은 보증인이 주채무자와 연대하여 채무를 부담하는 보증이다. 가장 일반적인 보증이며, 보증인은 주채무자와 연대관계에 서 있기 때문에 보충성이 없다. ② **공동보증**은 동일한 주채무에 관하여 수인이 행하는 보증이다. 공동보증인은 수인의 보증인이 각자 보증인이 되며, 특별한 약정이나 법률상 규정이 없으면 균등한 비율로 책임을 진다. '분별의 이익'이라고 한다(민법 제439조). 다만, 각 보증인이 연대보증인인 경우 및 보증인 간에 연대관계가 있는 경우에는 분별의 이익은 없고 각 보증인은 전액에 대하여 책임을 진다. ③ **보증연대**는 공동보증인이 연대하여 보증채무를 부담하는 것이다.

화물명세서 · 운송증권
貨物明細書 · 運送證券

모두 육상물건운송(陸上物件運送)에 관한 증권류이다. ① **화물명세서**는 육상물건운송계약이 성립된 경우에 운송인의 청구에 응하여 송하인이 작성 · 교부하는 서면이다(상법 제126조1항). 운송증권의 일종으로서, 운송인이 운송물의 운송을 실행하는 데 필요한 사항을 정확히 파악하기 위한 것이다. 이것은 단순한 증거증권이며 운송계약의 성립요건은 아니다(2007. 8.3. 법률 제8581호 일부개정에서 '운송장'이 '화물명세서'로 변경되었다). ② **운송증권**은 육상운송에 있어서의 물건운송에 관한 증권(예: 운송상 유가증권인 화물상환증)의 총칭 또는 운송중의 물건에 관하여 발행된 증권(예: 유가증권인 선하증권 및 화물상환증)의 총칭이다.

운송주선인 · 운송인 · 송하인
運送周旋人 · 運送人 · 送荷人

모두 물건 또는 여객의 운송에 관계있는 자이다. ① **운송주선인**은 자기의 명의로 물건운송의 주선을 영업으로 하는 자로(상법 제114조), 위탁매매, 기타의 주선에 관한 행위를 영업으로 하는 상인이다(상법 제46조12호). ② **운송인**은 운송업자와 같은 의미로 사용되며 육 · 해 · 공의 운송인의 총칭, 즉 육상 또는 하천, 항만에서 물건 또는 여객의 운송을 영업으로 하는 자이다(상법 제125조). ③ **송하인**은 운송계약에서 물건의 운송을 위탁하는 자로서, 송하인은 운송인의 청구에 의하여 화물명세서를 교부하여야 한다(상법 제126조1항).

원인관계 · 자금관계
原因關係 · 資金關係

표현은 유사하지만 두 가지는 전혀 다른 개념이다. ① **원인관계**는 어음수수의 직접 당사자 간에 있어서 어음행위(발행 · 배서)를 하는 원인이 된 법률관계(매매)이다. 어음상의 권리는 원인관계상의 권리와는 분리된 별개의 권리(무인증권성)이다. ② **자금관계**는 약속어음에서는 문제로 되지 않고, 환어음 · 수표에 관한 것이다. 발행인과 지급인 사이에 존재하는 실질적인 관계, 즉 발행인이 지급인에 대하여 처분가능한 지급자금을 가지고 발행인이 발행한 어음을 지급인이 자금의 범위 내에서 지급하는 관계이다. 자금관계도 어음관계에서 분리되어 있다.

의결 · 재결 · 표결 · 결의 · 평결
議決 · 裁決 · 表決 · 決議 · 評決

모두 각종의 합의체 또는 행정기관의 의사결정 · 판정으로, 그 의의는 각각 다르다. ① 의결이란 합의체기관에 있어서 그 기관의 의사를 결정하는 것을 말한다. 예컨대 국회의 의결, 선거관리위원회의 의결, 주주총회의 의결, 지방의회의 의결 등이 그것이다. 의결은 의결기관의 구성원 재적수의 과반수 이상의 출석과 출석구성원 과반수의 찬성으로 성립되는 것이 보통이다. ② 재결이란 행정상 법률관계에 관한 다툼에 있어서 권한 있는 행정기관, 즉 행정심판위원회가 판정을 내리는 것을 말한다. 재결은 보통 문서로써 행하고 그 이유를 붙여야 한다(행정심판법 제46조). ③ 표결이란 어떤 안건의 가부에 관해서 그 구성원의 의사표시에 의하여 합의체의 의사를 결정하는 것을 말한다. 일반적으로 표결은 다수결의 원칙에 의한다. 의사는 헌법이나 국회법에 특별한 규정이 없으면 재적의원 과반수의 출석과 출석의원 과반수의 찬성으로 의결한다(국회법 제109조). ④ 결의란 합의체를 구성하는 수인의 구성원이 일정한 사항에 관하여 전체의 의사를 결정하고, 그것을 표현하는 행위 또는 그 결정된 사항을 말한다. 사법상 사원총회의 결의(민법 제75조), 주주총회의 결의(상법 제368조)가 대표적인 것이다. 공법상 국회 또는 지방의회 기타 합의체의 의결에 의하여 결정 · 표시되는 의사 중에서 그 법률상의 권한행사로 행하여지는 것(예 : 법률안 · 예산안의 의결, 징계의 의결)을 제외한 일반적인 것을 결의라고 말한다. ⑤ 평결이란 합의제 법원의 법관이 모여서 재판내용을 결정짓기 위해 의견을 피력함으로써 의결하는 것을 말한다. '합의'라고도 한다.

이의 · 재심 · 상소
異議 · 再審 · 上訴

모두 재판에 대한 불복신청이다. ① 이의는 동일심급에의 불복신청이라는 점에서 '상소'와 다르다(민사소송법 제138조 · 제441조). ② 재심은 확정된 재판에 대하여 청구자에게 유리하게 그 취소 및 재심판을 구하는 비상수단적인 불복신청이다(민사소송법 제451조 이하, 형사소송법 제420조 이하). ③ 상소는 확정되지 아니한 재판에 대하여 상급법원에 그 취소 · 변경을 구하는 불복신청이다. 상소에는 항소, 상고, 항고가 있다. 항소, 상고는 종국판결에 대한 불복신청이고 항고(재항고, 특별항고)는 결정 · 명령에 대한 불복신청이다.

이지어음 · 타지지급어음
異地어음 · 他地支給어음

표현은 유사하지만 두 가지는 전혀 별개의 개념이다. ① 이지어음은 발행지와 지급지가 다른 어음이다. 타지어음(他地어음)이라고도 한다. 발행지 · 지급지가 동일한 동지어음에 대응하는 것이다. ② 타지지급어음은 지급지와 지급인(약속어음에서는 발행인)의 주소지가 다른 어음이다. 두 곳이 동일지인 동지지급어음에 대응하는 것이다. 또한 타지지급어음과 제3자방지급어음(타소지급어음)도 표현은 유사하지만 별개의 개념이다. 후자는 제3자의 주소에서 지급할 뜻을 기재한 어음이다(어음법 제4조, 수표법 제8조). 지급인의 주소나 영업소가 지급지에 없는 경우 또는 지급을 금융기관에 맡기는 경우에 이용된다.

입증책임 · 주장책임
立證責任 · 主張責任

① 입증책임은 어떤 사실이 존부불명인 때에 그 사실을 요건사실로 하면 자기에게 유리한 법률효과의 발생이 인정되지 아니하여 당사자의 일방이 받는 불이익을 말한다. 거증책임이라고도 한다. 위의 입증책임을 어느 당사자가 부담하는가를 정하는 것을 '입증책임의 분배'라고 한다. ② 주장책임은 변론주의하에서 당사자 일방이 자기에게 유리한 주요사실을 주장하지 아니하면 그 사실이 인정되지 아니한다고 하는 불이익을 말한다. 입증책임은 변론주

의하뿐만 아니라 직권탐지주의하에서도 문제가 되는 데 반해, 주장책임은 변론주의하에서만 문제로 된다.

자기앞어음(수표) · 자기지시어음(수표)
自己앞어음(手票) · 自己指示어음(手票)

어음(수표)의 발행인이 자기를 지급받을 자로 정하여 발행한 어음(수표)이다. ① **자기앞어음(수표)**은 발행인과 지급인이 동일인인 어음(수표)이다(어음법 제3조2항, 수표법 제6조3항). A지의 발행인이 B지에 있는 자기의 영업소를 지급인으로 하는 경우에 이용한다. ② **자기지시어음(수표)**은 발행인과 수취인이 동일인인 어음(수표)이다(어음법 제3조1항, 수표법 제6조1항). 수취인과 지급인이 동일인인 어음(수표)에 관하여는 명문규정이 없다. 자기지시자기앞어음(수표)은 발행인 · 수취인 · 지급인이 동일인인 어음(수표)이다. 또한 자기지시약속어음도 명문규정은 없으나 존재가 가능하다고 봄이 일반적이다.

재판 · 판결 · 결정 · 명령
裁判 · 判決 · 決定 · 命令

① **재판**은 광의로는 재판기관의 판단을 말하는데, 통상적으로는 사법권이 속하는 법원의 판단 또는 의사표시를 말한다. ② 법원이 원칙적으로 구두변론(口頭辯論)을 거쳐서 행하는 재판을 **판결**이라고 한다(민사소송법 제134조1항 본문, 형사소송법 제37조1항, 예외 : 민사소송법 제124조 본문 · 제219조). ③ 법원이 구두변론에 의하여 행할 것이 요구되지 않는 재판을 **결정**이라고 한다(민사소송법 제134조1항 단서, 형사소송법 제37조2항). ④ 법관이 행하는 재판을 **명령**이라고 한다. 판결은 선고로 효력이 생긴다(민사소송법 제205조, 형사소송법 제43조). 결정 · 명령은 상당한 방법으로 고지하면 효력을 가진다(민사소송법 제221조1항).

쟁송 · 소송
爭訟 · 訴訟

① **쟁송**은 권리의 존부나 행위의 효력 등에 관한 분쟁 그 자체를 의미하는 경우도 있고 이 분쟁을 처리하기 위하여 행하는 일정한 국가작용 및 절차를 의미하는 경우도 있다. '법률상의 쟁송'이라고 하는 경우의 쟁송은 전자의 의미이고, '행정쟁송'이라고 하는 경우의 쟁송은 대체로 후자의 의미이다. 때로는 소송과 같은 의미로 쓰이는 경우도 있다. ② **소송**은 법원에 의한 법규의 적용 · 실현, 즉 공권력에 의한 판단으로써 구체적인 법률상태를 확정(재판)하거나, 공권력에 의하여 이에 대응하는 사실상태를 강제적으로 실현(집행)함을 목적으로 하고, 이에 관하여 이해관계가 대립하는 주체(소송당사자)를 관여시키는 법률적 절차를 말한다. 소송에는 민사 · 형사소송, 군사재판, 행정소송, 선거소송, 정당해산소송 등의 국내법상의 소송과 국제사법재판과 같은 국제법상의 소송이 있다.

제3채무자 · 제3자 · 제3취득자
第三債務者 · 第三者 · 第三取得者

① **제3채무자**는 A가 B에게 채권을 가지고 있고 B가 다시 C에게 채권을 가지고 있는 경우에 A와의 관계에서 C를 가리킨다. 입질된 채권의 채무자(A가 채권질권자, B가 채무자, C가 제3채무자. 민법 제349조 · 제353조3항)와 압류된 채권의 채무자(A가 압류채권자, B가 채무자, C가 제3채무자. 민사집행법 제226조 · 제232조3항 · 제237조 등)가 그 예이다. ② **제3자**는 널리 당사자 및 포괄승계인을 제외한 모든 자이다. 예컨대 제3자가 행하는 사기 또는 강박의 경우(민법 제110조2항), 또는 제3자를 위한 계약의 경우(민법 제539조)의 제3자가 그 예이다. ③ **제3취득자**는 담보물권이 설정된 물건에 관하여 소유권 또는 용익물권을 취득한 제3자를 말한다. 저당부동산에 대하여 소유권, 지상권 또는 전세권

을 취득한 제3자(제3취득자)는 저당권자에게 그 부동산으로 담보된 채권을 변제하고 저당권의 소멸을 청구할 수 있다(민법 제364조). 제3취득자는 채권의 변제기에 구애를 받지 않는 점(민법 제468조)에서 단순한 '제3자의 변제'와 구별된다.

준점유 · 점유
準占有 · 占有

① 준점유는 재산권을 사실상 행사하는 것을 말한다(민법 제210조). ② 점유는 자기를 위하여 물건을 현실로 지배(소지)하는 것을 말한다. 점유는 법률상의 권한(본권이라고 한다)과는 별도로 사실상 물건을 지배하고 있는 것을 보호하는 제도인데, 이것과 유사한 취지에서 재산권을 사실상 행사하고 있는 경우에 점유에 준하는 보호를 부여하기 위해서 점유에 관한 규정을 준용하고 있다(민법 제210조). 점유의 주된 효과는 권리적법추정의 효력(민법 제200조), 점유권에 기인한 소(민법 제208조), 선의취득(민법 제249조), 소유권의 취득(민법 제245조1항) 등인데, 준점유의 경우에는 변제자의 보호(민법 제470조), 재산권의 취득시효(민법 제248조) 등이 주된 효과로서 인정되고 있다.

지급에 갈음하여 · 지급을 위하여
支給에 갈음하여 · 支給을 위하여

모두 어음관계가 원인관계에 영향을 미치는가 아닌가의 문제이다. ① 지급에 갈음하여는 어음의 수수에 의하여 원인채권이 소멸하는 경우이다. 이것은 비교적 드문 것인데, 그 뜻의 합의가 있으면 어음수수에 의하여 원인채권이 소멸하고, 후에 어음이 부도난 때에도 기존채권의 부활은 없다. 이 법률관계에 관하여는 학설의 대립이 있다. ② 지급을 위하여는 어음수수에 의하여 원인채권이 소멸하지 않는 경우이다. 어음수수가 있어도 기존채무는 소멸하지 않고 어음상의 권리와 원인채권이 병존한다고 추정한다. 특히 '지급에 갈음하여' 수수된 경우 이외에는 원칙적으로 '지급을 위하여' 행하여진 것으로 본다.

지급지 · 지급장소
支給地 · 支給場所

모두 어음 · 수표의 지급에 관한 장소이다. ① 지급지는 어음 · 수표금액의 지급이 행하여지는 지역이다(어음법 제1조5호 · 제75조4호, 수표법 제1조4호). 특정 명칭으로 증권상에 표시 가능한 것이며, 어음 · 수표요건의 하나이다. '지(地)'란 최소의 독립행정구획(예 : 시 · 읍 · 면)뿐 아니라 사회관념상 이에 해당하는 지구(예 : 청량리)를 말한다. ② 지급장소는 지급지 내에 존재하는 지급이 행하여질 지점을 말한다(어음법 제27조2항). 통상적으로 어음의 '지급장소'라는 문자 밑에 은행의 영업소명을 기재한다.

지급하는 날 · 지급을 할 날 · 만기
支給하는 날 · 支給을 할 날 · 滿期

모두 어음의 지급의 날에 관한 것이다. ① 지급하는 날은 현실로 지급이 행하여진 날이다(어음법 제41조1항 후단). ② 지급을 할 날은 법정휴일(어음법 제81조)에 해당하지 않는 만기 및 만기가 법정휴일인 경우는 그 후의 제1의 거래일이다(어음법 제38조1항 · 제72조1항). 예컨대 만기가 일요일인 경우에는 월요일이다. ③ 만기는 어음금액이 지급될 날로서 어음상에 기재되어 있는 날이다(어음법 제1조4호 · 제75조3호). '만기일' 또는 '지급기일'이라고도 한다. 이것은 '지급하는 날', '지급을 할 날'과 반드시 일치하지 아니하며 만기의 기재는 어음요건이다.

지배인 · 상업사용인
支配人 · 商業使用人

모두 특정기업을 계속적으로 보조하는 경영보조자이다. ① 지배인은 특정한 상인의 기업에 종속하여 그 영업에 관한 재판상 또는 재판 외의 모든 행위를 할 수 있는 권한을 가진 '상업사용인'이다(상법 제11조1항). 지배인은 가장 상위의 상업사용인이다. 지배인의 대리권은 영업주의 영업에 관한 포괄적인 것이다. ② **상업사용인**은 지배인을 포함하는 넓은 개념이다. 고용계약에 의하여 특정기업에 종속하여 그 경영상의 노무에 종사하는 자이다. 경영상의 노무에 종사하는 자라는 점에서 예컨대 공장에서 일하는 노무자와 구별된다. 또 종속적인 경영보조자인 점에서 독립적인 대리상과 구별된다. 상업사용인에는 지배인·부분적 포괄대리권을 가진 사용인(예 : 회사의 부장·과장·계장·주임 등), 물건판매점포의 사용인(예 : 점원) 등이 있다(상법 제15조·제16조).

차주 · 임차인
借主 · 賃借人

대차계약에 있어서 빌린 쪽을 말한다. 소비대차(예 : 금전대차), 사용대차(동산·부동산을 무상으로 빌려주는 계약)에서는 **차주**라고 하고(민법 제602조2항·제603조1항·제610조), 임대차계약(동산·부동산을 유상으로 임차료를 받고 빌려주는 계약)에서는 **임차인**이라고 한다(민법 제625조·제626조).

책문권 · 구문권
責問權 · 求問權

① **책문권**이란 당사자가 법원 또는 상대방의 소송행위가 소송절차에 관한 효력규정에 위배되었다는 이의(異議)를 하여 그 무효를 주장하는 소송법상의 권리를 말한다. 당사자가 그 위배를 알면서, 혹은 당연히 알 수 있었는데 지체 없이 이의를 주장하지 않는 때는 책문권을 잃는다(민사소송법 제151조 본문). ② 소송관계를 분명하게 하기 위하여 당사자에게 사실상 또는 법률상의 사항에 대하여 재판장은 **석명권**('발문권'이라고도 한다)을 행사할 수 있다(민사소송법 제136조1항). 당사자는 필요한 경우 재판장에게 상대방에 대하여 설명을 요구하여 줄 것을 요청할 수 있는 권리를 가지는데(같은 조 3항), 이것을 **구문권**이라고 한다.

천연과실 · 법정과실
天然果實 · 法定果實

모두 물건에서 생기는 경제적 이익을 말한다. ① **천연과실**은 물건의 용법에 의하여, 즉 물건 그 자체의 경제적 용도에 의하여 수취하는 산출물이다(민법 제101조1항). '천연과실은 그 원물로부터 분리하는 때에 이를 수취할 권리자에게 속한다'(민법 제102조1항). ② **법정과실**은 물건의 사용대가로 받는 금전 기타의 물건이다(민법 제101조2항). '법정과실은 수취할 권리의 존속기간일수의 비율로 취득한다'(민법 제102조2항). 양자 모두 물건으로부터 발생하는 것이며, 따라서 권리사용의 대가인 주식배당금 등은 과실이 아니다.

철회 · 취소 · 무효
撤回 · 取消 · 無效

모두 법률행위의 효과를 소멸시키는 의사표시이지만 상당한 차이가 있다. ① **철회**는 의사표시를 한 자가 일방적으로 그 효과를 장래를 향하여 소멸시키는 것이다. 「민법」에서는 '철회'라는 용어가 사용되고 있다(민법 제16조·제134조·제456조·제527조·제543조2항). ② **취소**는 일정한 취소원인이 있는 경우에 이미 효력이 발생하고 있는 의사표시를 소급적으로 소멸시키는 의사표시이다. 일단 행하여진 법률행위를 취소하는 것은 바람직한 것이 아니므로 취소원인은 당사자의 제한능력(민법 제5조2항·제10조·제13조4항), 법정대리인의 미성년자·한정후견인의 피한정후견인에 대한 동의와 허락(민법 제7조·제13조), 착오(민법 제109조), 사기·강박(민법 제110조)에 한정되어 있다. 취소의 의사표시를 하는 것을 취소권의 행사라고 하며, 취소권이 행사되면 법률행위는 처음부터 무효인 것으로 보게 되므로(민법 제141조 본문) 법률행위의 당사자는 원상으로 회복할 의무가 생긴다. ③ **무효**는 일정한 경우 표시에 대응하는 내심의 의사가 존재하지 아니한다고 하여 표시의 효력이 생기지 않는다는 것이다. 무효로 되는 것은 표의자가 진의 아닌 경우(민법 제107조), 통정한 허위표시를 한 경우(민법 제108조) 등이다. 법률행위의 무효의 경우, 처음부터 아무런 효력이 생기지 아니한 것으로 되는데 실제로는 무효의 주장이 필요하다. 취소처럼 소급적으로 무효로 하는 것이 아니고, 처음부터 아무런 효력이 생기지 아니한 것으로 된다.

친계 · 존속친 · 비속친 · 직계친 · 방계친 · 직계존속 · 방계존속 · 직계비속 · 방계비속

親系 · 尊屬親 · 卑屬親 · 直系親 · 傍系親 · 直系尊屬 · 傍系尊屬 · 直系卑屬 · 傍系卑屬

① **친계**는 친족관계를 혈통연결의 형태에 따라서 계통적으로 본 여러 가지의 계열이다. 다음과 같은 4종의 계열이 있다. (1) 남계와 여계 (2) 부계와 모계 (3) 직계와 방계 (4) 존속과 비속 ② **존속친**은 부모 또는 부모와 동등 이상의 항렬에 속하는 친족의 총칭이다. '비속친'에 대응하는 개념이다. 부모 · 조부모와 같은 직계존속과 백숙부모 · 종조부모와 같은 방계존속을 포함한다. ③ **비속친**은 자(子)나 자(子)와 동등 이하의 항렬에 속하는 친족의 총칭이다. '존속친'에 대응하는 개념이다. 자 · 손 · 증손 등은 직계비속이며, 생질 · 종손 등은 방계비속이다. ④ **직계친**은 혈통이 조부모 · 부모 · 자 · 손과 같이 위로부터 아래로 수직으로 연결되는 친족의 총칭이다. '방계친'에 대응하는 개념이다. ⑤ **방계친**은 혈통이 형제자매 · 종형제자매와 그 자와 같이 공동의 시조에 의하여 연결된 친족 중 수직으로 연결된 직계친을 제외한 친족의 총칭이다. '직계친'에 대응하는 개념이다. ⑥ **직계존속**은 부모 · 조부모와 같이 본인을 출산토록 한 친족이다. '직계비속'에 대응하는 개념이다. ⑦ **방계존속**은 방계친 가운데서 공동시조로부터의 세대수가 본인보다도 가까운 친족의 명칭이다. '방계비속'에 대응하는 개념이다. 예컨대 백숙부모 · 종조부모 등이다. ⑧ **직계비속**은 자 · 손과 같이 본인으로부터 나온 친족의 명칭이다. '직계존속'에 대응하는 개념이다. ⑨ **방계비속**은 방계친 가운데서 공동시조로부터의 세대수가 본인보다도 먼 친족의 총칭이다. '방계존속'에 대응하는 개념이다. 예컨대 조카 · 증손 등이다.

피보험자 · 보험계약자 · 보험자

被保險者 · 保險契約者 · 保險者

모두 보험계약의 관계자이다. ① **피보험자**는 손해보험과 생명보험에서의 개념이 다르다. 손해보험에서는 피보험이익의 주체이며, 보험금의 지급을 받는 자이다. 생명보험에서는 사람의 생사(生死)라는 보험사고 발생의 객체가 되는 사람으로, 반드시 그가 보험금의 수령자가 되는 것은 아니다. ② **보험계약자**는 보험자의 상대방으로서, 그 자와 자기의 명의로 보험계약을 체결하고 보험자에게 보험료를 지급하는 자이다. 보험자와 함께 보험계약의 당사자이다(상법 제638조 · 제639조). ③ **보험자**는 보험사고가 발생한 때에 보험계약의 당사자로서 손해의 보상 기타의 약정한 보험금액을 지급할 책임을 지는 자이다.

피한정후견인 · 피성년후견인

被限定後見人 · 被成年後見人

질병, 장애 등의 사유로 인한 정신적 제약 때문에 사법상의 행위능력이 제한되는 자이다. ① **피한정후견인**은 질병, 장애, 노령, 그 밖의 사유로 인한 정신적 제약으로 사무를 처리할 능력이 부족하여 일정한 자의 청구에 의하여 법원으로부터 한정후견개시의 심판을 받은 자이다(민법 제12조, 가사소송규칙 제32조~제38조의6). 보호기관으로 한정후견인을 두며(민법 제959조의2), 한정후견개시의 원인이 소멸되면 일정한 자의 청구에 의하여 법원은 한정후견종료의 심판을 한다(민법 제14조, 가사소송규칙 제32조·제38조). ② **피성년후견인**은 질병, 장애, 노령, 그 밖의 사유로 인한 정신적 제약으로 사무를 처리할 능력이 지속적으로 결여된 자로서 일정한 자의 청구에 의하여 법원으로부터 성년후견개시의 심판을 받은 자이다(민법 제9조, 가사소송규칙 제32조~제38조의6). 보호기관으로 성년후견인을 두며(민법 제929조), 피성년후견인의 법률행위는 언제나 취소할 수 있다(민법 제10조). 피성년후견인에게는 선거권이 없는 등 「민법」 이외의 법률에 의한 제한도 있다(공직선거법 제18조1호). 성년후견개시의 원인이 소멸되면 일정한 자의 청구에 의하여 법원은 성년후견종료의 심판을 한다(민법 제11조, 가사소송법 제2조1항2호 가목1), 가사소송규칙 제32조~제38조의6).

구 「민법」 상으로는 금치산·한정치산 제도였으나 당사자들의 복리를 확대하고 후견을 내실화하며 노인 및 장애인 등에 대하여 보호를 강화하고 이들과 거래하는 상대방을 보호하기 위하여 2011년 3월 7일 법률 제10429호에 의하여 현재의 성년후견 및 한정후견 제도로 개정되었다. 구 「민법」에 따른 '금치산' 및 '한정치산' 제도를 인용한 다른 법률에 대하여서도 현재의 성년후견과 한정후견을 인용한 것으로 보고 있다.

합자회사 · 합명회사
合資會社 · 合名會社

모두 인적관계를 중시하는 회사이다. ① **합자회사**는 무한책임사원과 유한책임사원으로 구성된다(상법 제268조). 무한책임사원은 합명회사의 사원과 동일하며, 회사의 채무에 관해 회사의 채권자에 대하여 직접·무한의 변제책임을 진다(상법 제212조1항·제269조). 유한책임사원은 회사에 대한 출자가액에서 이미 이행한 지분을 공제한 가액을 한도로 하여 책임을 진다(상법 제279조1항). ② **합명회사**는 인적 회사의 전형이다. 무한책임사원만으로 구성되고, 사원 전원이 직접·무한·연대책임을 진다(상법 제212조1항). 자본적 결합보다도 인적 결합이 강한 회사이며 실질적으로 법인격 있는 조합에 가깝다.

해원 · 선원 · 선박직원 · 예비원
海員 · 船員 · 船舶職員 · 豫備員

모두 해상기업의 보조자이다. ① **해원**은 「선원법」상에서 선박에서 근무하는 선장이 아닌 선원을 말한다(제2조4호). 해원과 선장은 선박소유자의 사용인으로서, 선박에 승선하여 선내노무에 종사하고 그 대가로 보수를 받는 점에서 동일하나, 권한에 차이가 있다. ② **선원**은 선박에서 근로를 제공하기 위하여 고용된 사람을 말한다(선원법 제2조1호). ③ **선박직원**은 해양수산부장관이 발급하는 해기사 면허를 받은 자로서, 선박에서 선장·항해사·기관장·기관사·전자기관사·통신장·통신사·운항장 및 운항사의 직무를 수행하는 사람을 말한다(선박직원법 제2조3호). ④ **예비원**이란 선박에서 근무하는 선원으로서 현재 승무 중이 아닌 선원을 말한다(선원법 제2조7호).

행정기관 · 행정청
行政機關 · 行政廳

모두 행정작용을 담당하는 기관이다. ① **행정기관**은 국가 또는 지방자치단체의 행정사무를 담당하는 기관이다. 국가의 행정기관은 그 권한의 차이에 의하여 행정관청·의결기관·보조기관·자문기관·집행기관·감사기관 등으로 구별된다. 이에 대하여 이론상의 행정관청·보조기관 등에 의해서 구성되는 관서의 부·처 등을 가리키는 경우도 있다. ② **행정청**은 (1) 행정관청에 대비되는 개념으로서 지방자치단체의 의사기관을 의미한다. (2) 그러나 현행법에는 그 용례가 일정치 않아 행정관청이 여기서 말하는 협의의 행정청을 모두 포함하는 경우가 많다. (3) 한편, 통속적 의미에서는 행정의 보조기관과 물적 시설까지도 포함하여 최광의로 쓰이기도 한다.

협동조합 · 조합 · 익명조합 · 합자조합
協同組合 · 組合 · 匿名組合 · 合資組合

모두 '조합'이라는 문자가 붙어서 유사한 것 같으나 각각 다른 개념이다. ① **협동조합**이란 재화 또는 용역의 구매 · 생산 · 판매 · 제공 등을 협동으로 영위하는 사업조직을 말한다(협동조합 기본법 제2조1호). 또한 그 성격은 각 협동조합에 따라 다르지만 어느 것이든 법인격을 가진다. 협동조합에는 「농업협동조합법」에 의한 농업협동조합, 「수산업협동조합법」에 의한 수산업협동조합, 「중소기업협동조합법」에 의한 중소기업협동조합 등이 있다. ② **조합**은 「민법」상의 조합을 말하며 법인격이 없다(제703조~제724조). 공동사업을 영위하기 위한 인적 결합을 말한다. ③ **익명조합**은 「상법」상의 독자적 출자계약이다(제78조). 기업자와 자본가와의 결합이라는 점에서 합자회사와 유사하지만 법인인 회사도 아니고 「민법」상의 조합과도 다른 순수한 계약이다. 즉 익명조합원이 영업자를 위해서 출자하고 영업자가 이익을 분배할 것을 약속하는 계약이다. ④ **합자조합**은 미국의 LP(Limited Partnership)와 유사한 공동기업형태로서, 1인 이상의 업무집행자로서 조합의 채무에 대하여 무한책임을 지는 조합원(업무집행조합원)과 출자가액을 한도로 하여 유한책임을 지는 조합원(유한책임조합원)이 상호출자하여 공동사업을 경영할 것을 약정함으로써 성립한다(상법 제86조의2).

협의 · 동의
協議 · 同意

① **협의**란 어떤 사람이 일정한 사항에 관하여 다른 사람과 의견을 교환하여 의견의 일치를 보기 위해서 합의하는 것을 말한다. 사인 상호 간에서 협의하는 경우(예 : 협의상의 이혼 · 협의상의 파양 등), 2개 이상의 관청이 공동주관관청으로 대등하게 협의하는 경우, 주관관청이 관계관청과 협의하는 경우, 관청이 일정한 사업을 경영함에 있어서 그 사업의 주관관청과 협의하는 경우 등이 있다. ② **동의**란 어떤 사람이 일정한 사항에 관하여 다른 사람과 의견의 일치를 보는 것을 말한다. 협의와 동의는 다른 개념이지만, 동의를 얻지 못하였다고 하더라도 충분히 협의를 했을 때는 동의가 있는 경우와 동일하게 취급되기도 한다.

협정 · 협약 · 계약 · 약정
協定 · 協約 · 契約 · 約定

① **협정**은 국제법상의 조약의 한 명칭이다. 주로 정부가 행정권에 속하는 사항에 관하여 단독으로(즉 입법부의 동의 없이) 외국정부와 체결하는 협정(정부간 협정)에 쓰인다. 예컨대 「한미행정협정」, 「한일협정」 등이 있다. ② **협약**은 당사자의 일방 또는 쌍방이 단체(사적 단체 · 공공단체 · 국가)인 경우의 계약에 관하여 쓰인다. 또 협약은 국제법상 조약의 명칭으로 협정과 동의어로 쓰이기도 한다. 광의의 조약에는 협약, 규약, 헌장, 규정, 협정 등이 있다. 협약은 노동조합과 사용자 사이의 협정과 동의어로 쓰인다. 예컨대 '노동조합법상의 단체협약'의 경우로서 '단체협약은 서면으로 작성하여 당사자 쌍방이 서명 또는 날인하여야 한다'(노동조합 및 노동관계조정법 제31조1항) 등이다. ③ **계약**은 복수의 당사자가 법적으로 보호를 받을 만한 가치있는 일정한 사항에 관하여 약속하는 것 또는 그 약속을 말한다. ④ **약정**은 계약과 동의어로 쓰이는 경우도 있으나, 계약에 있어서 정해진 내용 · 사항이라는 의미로 쓰이는 경우도 있다. 즉 '약정이율'(민법 제397조1항 단서)이 그 예이다.

형사보상 · 국가배상 · 국가보상
刑事補償 · 國家賠償 · 國家補償

① **형사보상**이란 공소가 제기되어 심리한 결과 무죄결결을 받은 자에 대하여 체포 · 미결구금 · 구금 또는 형의 집행 등으로 받은 손해를 보상하는 것을 말

한다. 「헌법」 제28조에서 '형사피의자 또는 형사피고인으로서 구금되었던 자가 법률이 정하는 불기소처분을 받거나 무죄판결을 받은 때에는 법률이 정하는 바에 의하여 국가에 정당한 보상을 청구할 수 있다'고 규정하고 있는 것을 이어 받아, 「형사보상 및 명예회복에 관한 법률」에서 형사보상에 관한 규정을 두고 있다. 보상액은 어느 정도 정형화되어 있다(형사보상 및 명예회복에 관한 법률 제5조), 국가배상과 경합해도 좋으나(같은 법 제6조1항), 국가배상의 액수가 형사보상금의 액수보다 적을 때에는 그 금액을 공제한다(같은 조 2항). ② **국가배상**이란 국가 또는 공공단체의 위법한 행위로 타인에게 가한 손해·손실을 금전 등의 재산적 방법에 의하여 배상하는 것을 말한다. 특히 「헌법」 제29조에서 '공무원의 직무상 불법행위로 손해를 입은 국민은 법률이 정하는 바에 의하여 국가 또는 공공단체에 정당한 배상을 청구할 수 있다'고 하는 규정을 이어 받아, 공권력을 행사하는 공무원이 고의·과실로 타인에게 위법하게 가한 손해(국가배상법 제2조1항) 및 공공영조물의 설치·관리에 관한 하자로 인한 타인의 손해를 국가 또는 공공단체가 배상하는 것을 '국가배상'이라 한다. ③ **국가보상**이란 적법한 공권력의 행사에 의하여 가해진 경제상의 특별한 희생(공용징수·공용사용 등)에 대하여 행정주체가 행하는 재산적 보상을 말한다. '공법상의 손실보상'이라고도 하며, 이론적 개념이다. 토지수용에 대한 손실보상, 농지의 강제매수의 대가지급 등이 그 예이다. 적법행위로 인한 손실(재산권의 침해)의 보상이라는 점에 있어서 불법행위로 인한 '국가배상'과 구별된다.

형의 시효·공소시효
刑의 時效·公訴時效

형사시효의 일종이다. ① **형의 시효**란 형의 선고를 받은 후 일정한 기간이 경과하면 그 집행을 면제하는 것을 말한다(형법 제77조). (1) 무기징역 또는 무기금고의 시효는 20년 (2) 10년 이상의 징역 또는 금고의 시효는 15년 (3) 3년 이상의 징역이나 금고 또는 10년 이상의 자격정지의 시효는 10년 (4) 3년 미만의 징역이나 금고 또는 5년 이상의 자격정지의 시효는 7년 (5) 5년 미만의 자격정지, 벌금, 몰수 또는 추징의 시효는 5년 (6) 구류 또는 과료의 시효는 1년으로 완성한다(형법 제78조). 사형에는 시효가 없다. ② **공소시효**란 범죄행위의 종료시부터 공소의 제기가 없이 일정기간(형사소송법 제249조)을 경과한 때, 그 범죄사실에 관하여 공소제기를 허용하지 않는 제도이다. 확정판결 이전에 발생한 형벌권을 소멸시키는 점에서 확정판결 후의 형벌권을 소멸시키는 '형의 시효'(형법 제77조~제80조)와 다르다. 공소시효의 완성은 '면소사유'(형사소송법 제326조3호)에 해당한다. 공소시효기간은 (1) 사형에 해당하는 범죄에는 25년 (2) 무기징역 또는 무기금고에 해당하는 범죄에는 15년 (3) 장기 10년 이상의 징역 또는 금고에 해당하는 범죄에는 10년 (4) 장기 10년 미만의 징역 또는 금고에 해당하는 범죄에는 7년 (5) 장기 5년 미만의 징역 또는 금고, 장기 10년 이상의 자격정지 또는 벌금에 해당하는 범죄에는 5년 (6) 장기 5년 이상의 자격정지에 해당하는 범죄에는 3년 (7) 장기 5년 미만의 자격정지, 구류, 과료 또는 몰수에 해당하는 범죄에는 1년이다(형사소송법 제249조).

환어음·약속어음
換어음·約束어음

모두 유가증권인 어음의 일종이다. ① **환어음**은 발행인이 제3자인 지급인에게 어음에 기재된 금액을 일정한 기일에 어음상의 권리자에게 지급할 것을 위탁하는 어음이다(어음법 제1조 이하). 이것도 일정한 금전의 지급을 목적으로 하는 유가

증권인데, 발행인이 제3자에게 지급을 위탁하는 점에서 약속어음과 다르다. 또 이것은 신용증권이라고 하는 점에서 단순한 지급위탁증권인 수표와도 나르나. ② **약속어음**은 발행인이 일정한 금액을 소지인에게 지급한다는 내용의 단순한 약속을 기재한 일정형식을 가지고 발행되는 유가증권을 말한다(어음법 제75조 이하). 환어음 및 수표가 지급위탁증권인 것에 반하여 약속어음은 지급약속증권이다. 발행인이 처음부터 주채무자로서 어음지급의 의무를 부담하고 있어, 발행인 외에 지급인은 존재하지 않는다.

회피 · 기피 · 제척
回避 · 忌避 · 除斥

어느 것이든 법관이 구체적 사건과 특별한 관계에 있는 때, 그 사건에 관한 직무의 집행에서 그 법관을 배제하여 정당한 재판을 보장하기 위한 제도이다. ① **회피**는 법관이 사건에 관하여 제척 또는 기피의 원인이 있다고 생각하여 스스로 사건을 취급하는 것을 피하는 것이다(민사소송법 제49조, 형사소송법 제24조). ② **기피**는 법관에게 제척원인이 있을 때 또는 재판의 공정을 기대하기 어려운 사정이 있는 때에 당사자의 신청에 의하여 재판에 의해 당해 법관을 직무집행으로부터 배제하는 것이다(민사소송법 제43조, 형사소송법 제18조). ③ **제척**은 법관이 어떤 사건에 관하여 법에서 정한 일정한 관계(민사소송법 제41조, 형사소송법 제17조)가 있는 경우에 법률상 당연히 그 사건에 관한 직무를 행할 수 없는 것이다. 회피 · 기피 · 제척에 관한 규정은 법원서기관 · 법원사무관 · 법원주사 또는 법원주사보와 통역인에 준용한다(민사소송법 제50조1항, 형사소송법 제25조1항). 감정인에 관해서도 성실히 감정할 수 없는 사정이 있는 때에는 기피가 인정된다(민사소송법 제336조).

휴업중의 회사 · 휴면회사
休業중의 會社 · 休眠會社

표현은 유사하지만 다른 개념이다. ① **휴업중의 회사**는 법률상의 용어는 아니지만, 영업활동을 휴지하고 있는 상태의 회사이다. ② **휴면회사**란 일정기일 등기면에 변동이 생기지 아니한 명목상의 주식회사를 말한다. 휴면회사를 그대로 방치하는 경우에는 (1) 상호선정의 자유를 저해하고, (2) 등기사무의 번잡을 초래하며 (3) 회사범죄의 유발원인이 되는 등의 많은 폐단이 생기므로 이 같은 휴면회사를 해산한 것으로 본다고 규정하고 있다. 휴면회사의 정리의 방법은, 법원행정처장이 최후의 등기 후 5년을 경과한 회사는 본점소재지를 관할하는 법원에 아직 영업을 폐지하지 아니하였다는 뜻의 신고를 할 것을 관보로써 공고한 경우에, 그 공고한 날에 이미 최후의 등기 후 5년을 경과한 회사로서 공고한 날로부터 2개월 이내에 대통령령이 정하는 바에 의하여 신고를 하지 아니한 때에는 그 회사는 그 신고기간이 만료된 때에 해산한 것으로 보고(상법 제520조의2 1항 본문) 등기관이 직권으로 해산등기를 한다(상업등기법 제73조). 다만, 위의 신고기간 내에 등기를 한 회사에 대하여는 해산한 것으로 보지 않는다(상법 제520조의2 1항 단서). 해산한 것으로 본 회사는 그 후 3년 이내에는 주주총회의 특별결의에 의하여 회사를 계속할 수 있고(같은 조 제3항), 해산한 것으로 본 회사가 회사를 계속하지 아니한 경우에는 그 회사는 그 3년이 경과한 때에 청산이 종결된 것으로 본다(같은 조 제4항).